国家出版基金项目
NATIONAL PUBLICATION FOUNDATION

「十四五」时期国家重点出版物出版专项规划项目

# 张西堂文集

卷一

张西堂 著
张铭洽 编

陕西新华出版传媒集团
三秦出版社

**图书在版编目(CIP)数据**

张西堂文集 / 张西堂著；张铭洽编. — 西安：三秦出版社，2022.8

ISBN 978-7-5518-2486-6

Ⅰ. ①张… Ⅱ. ①张…②张… Ⅲ. ①先秦哲学—文集 Ⅳ. ①B220.5-53

中国版本图书馆CIP数据核字（2021）第220422号

**张西堂文集**

---

**张西堂著　张铭洽编**

**责任编辑** 李颖婷 赵 炜 张玉婷 雷梦雯 范 馨
**出版发行** 陕西新华出版传媒集团 三秦出版社
**社　　址** 西安市雁塔区曲江新区登高路1388号
**电　　话** （029）81205236
**邮政编码** 710061
**印　　刷** 陕西博文印务有限责任公司
**开　　本** 880mm×1230mm　1/32
**印　　张** 96.875
**插　　页** 1
**字　　数** 2510千
**版　　次** 2022年8月第1版
**印　　次** 2022年8月第1次印刷
**标准书号** ISBN 978-7-5518-2486-6
**定　　价** 1600.00元（全五卷）

---

**网　　址** http://www.sqcbs.cn

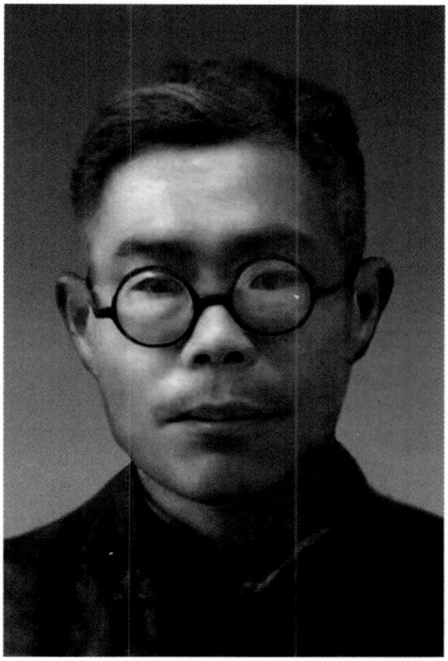

张西堂（1901—1960），20世纪经学和诸子学研究领域重要代表人物、古史辨派主要成员。20世纪20年代起直至逝世，在国内10余所大学任教，一生主攻朴学，发表多部作品并为《古史辨》第六册作序。

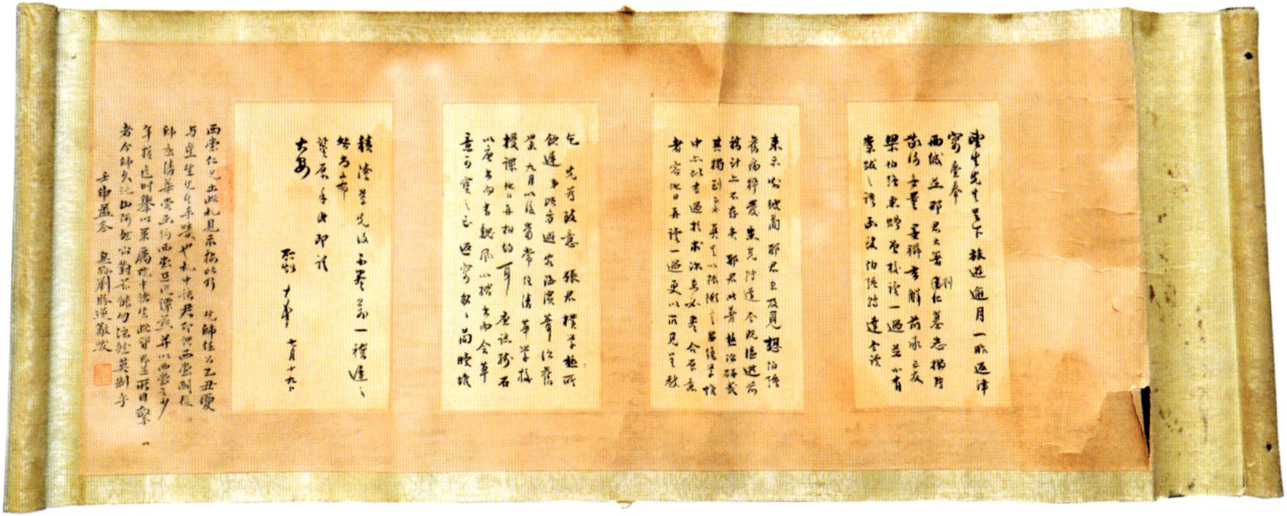

梁启超手札，此为给张西堂的复信

# 出版前言

儒家文化是中华优秀传统文化的杰出代表，在中国思想文化发展史上长期居于主流地位，影响深远。作为儒家学术思想和中华文化重要载体的儒家经典著作，数千年来传习不绝，自西汉以后，对其阐释、注解与研究也从未停息，皓首穷经者代不乏人。晚清至民国，是经学研究的又一个高潮时期，经学研究者都有相当成就，惜因战乱频仍，时局混乱，一些经学大家的著作或者毁于兵燹，或者于乱离中散佚，还有一些具有很高学术价值的著作被放置角落，数十年无人问津，险遭堙没损毁之命运。张西堂先生所撰写的数部著作，就属于这种情况。

张西堂（1901—1960），是20世纪经学和诸子学研究领域重要代表人物，“古史辨”派重要成员之一。从20世纪20年代起，曾在国内十余所大学任教，抗战时期最终落脚于西北大学，是陕西学术界和高等教育界的前辈学人。其一生主攻经学诸子，被誉为“经学家”，曾发表多部作品并为《古史辨》第六册作序。张西堂先生一生治学严谨，著述宏富，其著作对研究中国传统的学术——群经诸子之学具有较高的学术价值和文献价值。但因种种原因，迄今为止其著作并未得到完整整理和出版，殊为学界憾事。三秦出版社与先生哲嗣张铭洽研究员多次联系沟通，于2018年将先生遗著整理完善并申报了国家出版基金项目，幸获国家资助。二百五十余万言的《张西堂文集》终于得以与读者见面。

《张西堂文集》囊括了先生14部著作，其中《穀梁真伪考》

《唐人辨伪集语》《王船山学谱》《〈诗经〉六论》《〈尚书〉引论》为其生前出版过，《荀子真伪考》《颜习斋学谱》《〈诗经〉选注》为其逝世后出版，《〈春秋〉六论》《目录学四论》等曾于早年发表，《经学史纲》《两汉三国传经通经表》《朴学研究论集》《〈文心雕龙〉笔记》都是首次面世。

本文集是对张西堂先生学术成果的抢救性整理，先生遗作虽经多方搜求，惜有两部依然未成完璧。一是先生用功最勤、成就最大的《经学史纲》，仅写至先秦至两汉部分，三国之后只有大纲存留。所幸两汉之前的内容相对较为完整，可以独立成书；二是《朴学研究论集》中写于 1939—1941 年间的《晚清今文学运动》手稿只搜寻到上半部，下半部《今文学运动极盛时期之重要学者》则全部佚失，殊为可惜。不过其文虽非全貌，从中足可窥见先生学术思想的某些改变，故将其作为附录收入。

本次出版，为尊重原著，最大限度地保留了文章的真实面貌。一是出版时对著者论述与论及的典籍内容，除明显的语句字词讹误及概念不够明晰外，均不加改动；二是对著者征引的大篇幅的典籍文献内容，严守“改必有据，忌无据妄改”的编辑原则，对其中能核查到的文献谬误在参考了诸多通行版本基础上予以厘定，对无法核查到或因文献版本记载内容不同的文献，不予修改；三是对著者行文中带有个人风格、与当下语言习惯不同的语句，仅逻辑不畅、成分赘余之处做了校正，其他保留原貌；四是手稿佚失，仅余节名或题名的，收录节名或题名，后以括号标注正文阙失；五是篇章结构遵循原文编排，除标题和结构层次明显有误的调整外，一律不予更改；六是原著中标点符号误用较多，尤以逗号、分号为多，本次校订尽量予以规范。

《张西堂文集》的编辑校订工作历时三年，整理与参与编校者梳理脉络，完善体例，翻检典籍，逐字核对，付出了极大的心血和精力。然疏漏舛误在所难免，敬祈方家指正。

# 《张西堂文集》

## 总目录

### 卷一


经学史纲（上） …………………………………………………（ 1 ）


### 卷二


经学史纲（下） ………………………………………………（473 ）

两汉三国传经通经表 ……………………………………………（1047）


### 卷三


朴学研究论集 …………………………………………………（1169）

穀梁真伪考 ……………………………………………………（1599）

荀子真伪考 ……………………………………………………（1757）

唐人辨伪集语 …………………………………………………（1857）


### 卷四


《诗经》六论 …………………………………………………（1943）

《尚书》引论 …………………………………………………（2087）

《春秋》六论 …………………………………………………… (2317)
目录学四论 …………………………………………………… (2391)

## 卷五

《诗经》选注 …………………………………………………… (2417)
《文心雕龙》笔记 ……………………………………………… (2607)
王船山学谱 …………………………………………………… (2667)
颜习斋学谱 …………………………………………………… (2831)

附录　张西堂先生年谱 ……………………………………… (3051)
后记 …………………………………………………………… (3056)

# 《张西堂文集》卷一

## 目录

## 经学史纲（上）


**第一篇　引论**

第一章　经名数及其次第 …………………………… （ 3 ）

第一节　经名的起源 …………………………… （ 3 ）

第二节　经名起源的时代 ……………………… （ 11 ）

第三节　经名起源的缘由 ……………………… （ 14 ）

第四节　经名所含之意义 ……………………… （ 15 ）

第二章　经数的确定 …………………………… （ 17 ）

第三章　群经的次第 …………………………… （ 26 ）

第一节　刘歆以前各家言群经之次第 ………… （ 27 ）

第二节　刘歆及其后各家言群经之次第 ……… （ 29 ）

**第二篇　经的起源与编订**

第一章　六经与周公孔子 ……………………… （ 32 ）

第二章　《诗》的起源与编订 ………………… （ 38 ）

第一节　《诗》的起源 ………………………… （ 38 ）

第二节　《诗》的采集 ………………………… （ 40 ）

第三节　《诗》的删定 ………………………… （ 41 ）

第四节　《诗》的时代 …………………………… （45）
第三章　《书》的起源与编订 ………………………… （57）
第一节　《书》的起源 …………………………… （57）
第二节　《书》之名义 …………………………… （59）
第三节　《书》之编定 …………………………… （61）
第四节　《书》之时代 …………………………… （63）
第四章　《礼》之起源与编订 ………………………… （71）
第一节　《礼》之起源 …………………………… （71）
第二节　《仪礼》编定之时代 ……………………… （73）
第三节　《周官》著述的年代 ……………………… （79）
第四节　《礼记》纂辑的年代 ……………………… （102）
第五章　《易》之起源与编订 ………………………… （120）
第一节　《易》之起源 …………………………… （120）
第二节　《易》之编订 …………………………… （124）
第三节　《易》之时代 …………………………… （136）
第六章　《春秋》之起源与编订 ……………………… （151）
第一节　《春秋》之起源 ………………………… （151）
第二节　《春秋》之“笔削” ……………………… （154）
第三节　三传之编订 ……………………………… （164）
第七章　《语》、《孟》、《孝经》、《尔雅》之起源与编订 ……………………………………… （203）
第一节　《语》、《孟》、《孝经》、《尔雅》之起源 ……………………………………… （203）
第二节　《语》、《孟》、《孝经》、《尔雅》编定之年代 …………………………………… （208）
第八章　群经篇第与内质分析 ………………………… （232）
第一节　群经篇第之异同 ………………………… （232）
第二节　群经内质之分析 ………………………… （278）

**第三篇　殷周经学之始传**
第一章　殷周以前之经学 …………………………………… (302)
第一节　所谓古之六经之真际 ………………………… (302)
第二节　甲骨文中思想与经学（阙） ………………… (315)
第二章　西周时代之经学 …………………………………… (316)
第一节　文、武、周公与经学 ………………………… (316)
**第四篇　春秋战国时期经学之发展**
第一章　春秋初中叶之经学 ……………………………… (340)
第一节　东迁以后经学之背景（阙） ………………… (340)
第二节　列国士大夫之称诵《诗》、《书》 ……… (340)
第二章　孔子与六经之删定（阙） …………………… (366)
第一节　孔子之删《诗》、《书》定《礼》、《乐》
………………………………………………… (366)
第二节　孔子之赞《易》与修《春秋》 ………… (366)
第三节　孔子在经学上之贡献 ………………………… (366)
第三章　孔门弟子之传经 …………………………………… (367)
第一节　游、夏、师、参诸弟子之传经 ………… (367)
第二节　孔门再传至五传弟子之传经 …………… (381)
第四章　晚周诸子之传经 …………………………………… (392)
第一节　墨家称经之异同 ……………………………… (392)
第二节　孟、荀诸子之传经 …………………………… (404)
第五章　晚周经学之影响 …………………………………… (431)
第一节　道、法诸家之反对儒学 …………………… (431)
第二节　《吕氏春秋》之袭用经说 ………………… (435)
**第五篇　秦代经学之中绝**
第一章　秦焚书坑儒与经学上之影响 ……………… (442)
第一节　秦焚书坑儒之原因 ………………………… (442)
第二节　秦焚书坑儒之影响 ………………………… (449)
第二章　秦废去古文与经学上之影响 ……………… (459)

# 经学史纲（上）

# 第一篇　引论

## 第一章
## 经名数及其次第

### 第一节　经名的起源

现在我们研究的群经，无疑的它是儒家流传下来的典籍，但是这些典籍为什么叫作“经”？“经”的意义究竟是什么？它的起源究竟在何时？中国经学的研究虽说有过两千余年的历史，然而到现在这些都还是未曾解决的问题。

六经在汉儒统称为六艺、六学、六籍、六数，并不是一定的都叫作“经”，而章句训诂之学是到后汉才渐渐地发达的。所以正式地来解释经的名称的，最早莫过如班固的《白虎通·五经》篇、王逸的《离骚经序》、郑玄的《孝经注·序》、刘熙的《释名·释典艺》篇。

《白虎通·五经》篇说：

> 经所以有五何？经，常也。有五常之道，故曰五经。

王逸《离骚经序》说：

> 经，径也。言已放逐离别，中心愁思，犹依道径以讽谏君也。

郑玄《孝经注·序》说：

> 《孝经》者，三才之经纬，五行之纲纪，孝为百行之首，经者，不易之称。

刘熙《释名·释典艺》篇说：

> 经，径也，常典也。如径路无所不通，可常用也。

这些都是就经的名称做解释的。此外如《诗·小旻》“匪大犹是经”（《毛传》），《易·颐》“拂经”王肃注，《易·象传》“君子以经论”荀注，《韩诗外传》二“常谓之经，变谓之权”，以及其他经传注疏释经为法、为理、为义、为道，那都不过是诠释字义而不是来诠释经名的。《说文·系部》说：“经，织从丝也。”也只说明经的本义，更不是说明经名的。汉魏以后，从表面看来经学其衰微，更无人理会到这一名称命名的理由和起源，不过去古日远，但以为经是经常之道，渐渐地将“经”认为一种尊称罢了！有清一代是经学复兴的时期，清儒本来注重名物训诂之学，而经的今古文两派在后来又对立起来，所以这一问题也重新提出来讨论。章学诚在《文史通义·经解上》上说：

> 《易》曰：“云雷屯，君子以经纶。”“经纶”之言，纲纪世宙之谓也，郑氏注谓“论撰书礼乐，施政事”。经之命名所由昉乎！……然夫子之时，犹不名经也。逮夫子既殁……则因传而有经之名……儒家者流，乃尊六艺而奉以为经，则又不独对传为名也。《荀子》曰：“夫学始于诵经，终于习礼。”《庄子》曰：“孔子言‘治《诗》、《书》、《礼》、《乐》、《易》、《春秋》六经’。”又曰：“翻十二经以见《老子》。”荀、庄皆出子夏门人，而所言如是。六经之名，起于孔门弟子亦明矣……当时诸子著书，往往自分经传，如撰辑《管子》者之分别经言，《墨子》亦有经篇，《韩非子》则有储说经传，盖亦因时立义，自以其说相经纬耳，非有所拟而僭其名也。经同尊称，其义亦取综要，非如后世之严也。（《文史通义》卷一《内篇一》）

章氏以为墨子的《墨经》，老子的《道德经》，都是其徒自相崇奉而称经的，惟有“国家制度，本为经制”，故如李悝《法经》，“取易经论之义”，其义才是“不背于古”。他如“地理之书，多以经名，《汉志》有《山海经》，《隋志》乃有《水经》”，“义皆本于经界书”，“不与著述同科”。天文之《甘石星经》，方伎之《灵》、《素》、《难经》，师旷之《禽经》，伯乐《相马》之经，“习是术者奉为依归，则亦不得不以尊为经言者”，或者“不过好事之徒，因其人而附和”。他的结论是：“六艺初不为尊称，义取经纶为世法耳。六艺皆周公之政典，故立为经。夫子之圣，非逊周公，而《论语》诸篇不称经者，以其非政典也。”章氏是主张六经皆史、六经皆先王之政典、周公集群圣之大成、孔子学而尽周公之道的，他用“经纶”两字释经，这固然是新的见解，但是现在我们看来，六经既不是周公所作，“经纶”更不是经的溯义，他这种见解当然是不甚正确的。

继续以章氏的意见来讨论经名的，要算是龚自珍和蒋湘南。龚氏也主张六经皆史、六经不是孔子作的。他有《六艺正名》、《六经正名答问》诸文。但他虽以“正名”名篇，而其实不过说六经之名由来久远，《周礼》、《礼记》、《公羊传》、《穀梁传》、《左氏传》、《论语》、《孟子》、《尔雅》、《孝经》都不当称经。他所以要正六经之名，不过是要严格地来规定经的数目。他的原文，留在下章再行提出。蒋湘南在《七经楼文钞·六经原始》上面说：

> 经之名始见于《荀子》，曰：“夫学始于诵经。”又见于《庄子》，曰：“孔子言治《诗》、《书》、《礼》、《乐》、《易》、《春秋》六经。”荀、庄皆孔子再传弟子，则经之名起自孔子门人。门人尊孔子而名之为经者，盖以此为古帝王经论天下之大法，孔子宪章之，祖述之，即为孔子经纶天下之法也。有经必有纬，故七纬三十六篇并传为孔子作。以纬对经，则经为经纪经界之经，而

非经常之经，儒者以经常解之，殊非本义。（《七经楼文钞》卷一《六经原始》，清同治八年马氏家塾刻本）

他以为经名起于孔子门人，这是与章学诚相同的，但是纬的本义据《说文》是“织从丝也”。以纬对经，适足以证明经是纵而径直的，儒者以经常解之，虽非本义，也无由见得经之必为经纪、经界之经，他这意见也是不能令我们轻易赞同的。章、蒋二氏以经纪、经界释经，在他们略后的学者是没有什么反对的；但是他们主张六经不为孔子所作，这却很容易引起相反的论调，廖平在《知圣篇》上说：“六经孔子一人之书，学校素王特立之政，所谓道冠百王，师表万世也。”这已出六经完全是孔子作的主张。后来康有为在《新学伪经考》卷三《汉书艺文志辨伪第三下》上说：

六经笔削于孔子，礼、乐制作于孔子，天下皆孔子之学，孔子之教也，歆思夺之。于《易》则以为文王作上下篇，于《周官》、《尔雅》则以为周公作。……不知歆何怨何仇于孔子，而痛黜之深如此！……唐人尊周公为先圣，而以孔子为先师，近世会稽章学诚亦谓周公乃为集大成，非孔子也，皆中歆之毒者。但群蒙谤日，终不能以只手遮天，孔子之道自尊也。

他在《孔子改制考》卷十《六经皆孔子改制所作考》上更以为：

所作谓之经，弟子所述谓之传，又谓之记，弟子后学辗转所口传谓之说，凡汉前传经者无异论。故唯《诗》、《书》、《礼》、《乐》、《易》、《春秋》六艺为孔子所手作，故谓之经。如释家佛所说为经，禅师所说为论也。弟子所作，无敢僭称者。……皆由不知孔子所作乃得为经之义，今正定旧名，唯《诗》、《书》、《礼》、《乐》、《易》、《春秋》为六经。而于经中虽《系辞》之粹懿，《丧服》之敦悫，亦皆复其为传，如《论语》、《孟子》、大小《戴记》之精粹，亦不得不复其为传，以为经佐，而《尔雅》为佐，咸黜落矣！

廖氏是要“经学宏通，圣教尊隆”（《知圣篇》语），康氏更以为六经是“包括天下，至尊无并”（《伪经考》语）。他们对于章学诚、蒋湘南之说当然是要加以否定的。康有为的主张是“正定经之旧名也”，与龚自珍的六经正名不同，龚氏是站在“六经皆史”的立场上，说经原来只有六种，我们无由见其对于经名的解释；康氏是站在尊经尊孔的立场上而谓孔作乃得为经，他的意见当与经常之说相同。《白虎通》是汉代的今文家说，康氏是主张经今文之说的，他们的意见应当是一致的。不过这孔子所作乃得为经之义，要算是康氏一人的见解，而且他们的六经皆孔子所作的主张当然也是不对的（崔适《五经释要》即是反对康氏此说）。康氏之后，皮锡瑞著《经学历史》也主张六经是孔子作的，且更进一步以为孔子出而有经之名，他根据《礼记·经解》篇、《庄子·天运》篇、《孝经纬·钩命决》说：

孔子始明言经。或当删定六经之时，以其道可常行，正名为经。……《孝经纬·钩命决》：“孔子曰，吾志在《春秋》，行在《孝经》。”又曰：“《春秋》属商，《孝经》属参。”是孔子已名其书为《孝经》……《孝经》视诸经为最要，故称经亦最先。

但是《经解》、《天运》都不足据（详见下），而《孝经》也不是孔子作的，自朱熹以来，已怀疑其“非圣人之言”，乃“齐鲁间陋儒篡取左氏诸书之语为之”（详见下）。皮氏所举的证据都很薄弱，不足凭信，不过徒引主张经古文学者的反感而已。刘师培的《经学教科书》就是一例。他在第二章《经学之定义》下说：

案《白虎通·释名》之说，皆经字引申之义，惟许氏《说文》“经”字下云：“织也（堂案：当依《御览》

织后补：从丝，二字），从糸，巠声。”盖经字之义，取象治丝，纵丝为经，横丝为纬，引申之则为组织之义……六经为上古之书，故取经书之文，奇偶相生，声韵相协，以便记诵，而藻绘成章，有参伍错综之观。古人见经文之多文言也，于是假治丝之义，而锡以六经之名。即群书之用文言者，亦称之为经，以与鄙词示异。后世以降，以六经为先王之旧典也，乃训经为法；又以六经为尽人所共习也，乃训经为常；此皆经字后起之义也。

他用组织之义来释经，也正与《白虎通·释名》一样是用的引申之义。他以为“经书之文，奇偶相生，声韵相协，以便记诵”，这在殷《盘》、周《诰》、《仪礼》、《春秋》之中是适得其反的。他以为“《易》有文言，而六爻之中亦多韵语。《尚书》亦多偶语韵文。《诗》备入乐之用，故声成文谓之音”。（同上）这还可说得过去，但他以“孟子亦曰‘不以文害词’，又孟子引孔子之言曰‘《春秋》其文则史’，而《礼记·礼器》篇亦曰‘礼有本有文，是六经中无一非成文之书’”（同上）。这里之所谓文绝非“文言”两字之意，更不能证明是“古人见经文之多文言也”，“而锡以六经之名”。他这个新说是不确当的。他虽然蹈《白虎通·释名》之覆辙，一样地用了引申之义，但是他知道寻求本义，在方法上总算是进步了。刘氏是三世治《左氏春秋》的后裔，他本身是一个经古文学者，而且很注重名物训诂的；他不满意《白虎通》之说，故借文言二字以立新意，却不知道在证据上是未免太薄弱了。

以上所举章、龚、蒋、廖、康、皮、刘七家之解释，对于经的本义溯义都没有把握着。到了章炳麟作《国故论衡·文学总略》，才以为“书籍得名，实冯傅竹木而起”。他说：

世人以经为常，以传为转，以论为伦，此皆后儒训说，非必睹其本真。案经者，编丝缀属之称，异于百名以下用版者，亦犹浮屠书称修多罗。修多罗者，直译为线，意译为经。盖彼以贝叶成书，故用线连贯也；此以竹简成书，亦编丝缀属也。传者，专之假借。《论语》“传不习乎”，《鲁》作“专不习乎”。《说文》训专为“六寸簿”，簿即手版，古谓之忽。书思对命，以备忘忽，故引申为书籍记事之称。书籍名簿，亦名为专。专之得名，以其体短，有异于经。郑康成《论语序》云：“《春秋》二尺四寸，《孝经》一尺二寸，《论语》八寸。”此则专之简策当复短于《论语》，所谓六寸者也。论者，古但作仑。比竹成册，各就次第，是之谓仑。箫亦比竹为之，故龠字从仑。引申则乐音有秩亦曰仑，“于论鼓钟”是也；言有序亦曰仑，“生而论道”是也。《论语》为师弟答问，乃亦略记旧闻，散为各条，编次成帙，斯曰仑语。是故绳线联贯谓之经，簿书记事谓之专，比竹成册谓之仑，各从其质以为之名。（《国故论衡》中卷《文学总略》）

他在另一篇《原经》中只相对地赞成章学诚“六经皆史”之说，而且根据以上的意见，他对于章学诚六经先王之政典、经是官书之说是持相反的态度，主张经是一切群书的通称。他对于古籍称经的，于章学诚所举之外，更提出：1. 兵书可以称经，如《国语·吴语》“挟经秉枹”。2. 法律书可以称经，如王充《论衡·谢短》篇曰：“五经篇题，皆以事义别之，至礼与律，独经也。”3. 教令可以称经，如《管子》书有经言、区言。4. 历史可以称经，如《汉书·律历志序》：“伏牺以来帝王相禅，号曰世经。”5. 地志可以称经，如辨疆域者有图经，《隋书·经籍志》著录之挚虞《畿服经》。6. 师友应对可以称经，如仲尼作《孝经》。7. 其他六经和历书以外的群书也可以称经。如荀子引《道经》曰“人心之微，道心之微”。《道经》是不在六经中的（详见《国故论衡·原经》)。他这样就书籍的制度和名称来说明经名的起源(指线装书),虽然不尽确当,然而比较地可以认为探源溯本之论。在他之前后,还有所谓江藩的《经解入门》及陈汉章的《经学通论》对于经名的解释,后来经他的弟子吴承仕一方面驳斥江、陈之论,一方面发挥章氏之说,这所谓"经是线装书"之说渐渐为一般人所认为最合理之解释了!吴氏说:

> 书之称经,亦由编丝缀属得名……其始皆为质名。……经纬不乱,总纰成文,故曰经常、经纪、经法、经理之义,又有经纶、经营之义。经本从巠,义由川脉,故有经涂、经术、经界之义。布帛织组,先经后纬,故有经始之义。经为纵线,可以系着,故有经绞、经缢之义。经训为道,道为所行,故有经历、经过之义。后人习用引申之训,遂以经常一义为五经所独有……稽之经传,最初命名,殊不若是耳。江藩曰:"上古无经名。《礼记》以经解为名,实为经名所自始。"承仕案……《礼记》篇名多出后人题署……江据之以为经名之始,殆非其实。陈汉章曰:"……《文史通义·经解》篇:《易》曰,云雷屯,君子以经纶。"……经之命名所由昉乎?汉章案:屯卦象传,孔子之文,溯厥初名,非由孔子……《管子·戒篇》曰:"泽其四经。"尹知章注:"四经谓《诗》、《书》、《礼》、《乐》……实宗乐正之四术,而定名为经,经之为言术也。"……承仕案:……王念孙说之曰"泽,读为舍其路而弗由之舍,四经即孝弟忠信',则视陈说为优矣。……正名六籍为六经,盖起于齐宣王、梁惠王之时,亦即七十子后学之徒自所题署。……称《易》、《书》、《诗》、《礼》、《乐》、《春秋》为六经,始于庄子。(《经名数国各释》)

吴氏对于经名的解释,只于师说外略有发挥,其纠正江、陈之说，则是极有见地的。但是他以为“六经之名，要以《庄子·天运》篇为最朔”，这虽是自王应麟《困学纪闻》以来，为章学诚、龚自珍、蒋湘南、廖平、康有为、皮锡瑞这一般人所不反对的，但是这确实还有商量的余地。经名究竟起于何家，始见于何种书，还是我们现在所亟于要讨论的第一个问题。其次，在我们以上所举的各家之说，章学诚、龚自珍、蒋湘南的经为经纶说已为章炳麟、陈汉章所辨订，廖平、康有为、皮锡瑞的经为经常说已为刘师培、吴承仕所辨订。刘师培根据《易经》的经为文言说本来证据就极薄弱，而陈汉章根据《管子》的经为经术说，亦被吴氏加以纠正，现在剩下章炳麟的经为编丝缀属之说算是最有势力的说法了。但是这一说法真与古代简册制度相合吗？这是我们现在所亟于要讨论的第二个问题。由第一个问题的解决，我们可以考定经名起源的时代与理由，则经名的意义自然也随着解决了。现在再将这几个问题依次说明如下。





## 第二节　经名起源的时代

自来以为六经之名始见于《庄子·天运》篇，但是庄子书中说六经的还有两处：1.《天道》篇：孔子西藏书于周室，往见老聃，而老聃不许。于是翻十二经以说。2.《天下》篇：“其在于《诗》、《书》、《礼》、《乐》者，邹鲁之士，缙绅先生，多能明之。《诗》以道志，《书》以道事，《礼》以道行，《乐》以道和，《易》以道阴阳，《春秋》以道名分。”但是《庄子》的《外杂》篇从苏轼、罗勉道、焦弘、王夫之以来都很怀疑其“非《庄子》之书”。姚鼐对于《天道》篇“孔子西藏书于周室”说：“此亦汉人语。藏书者，谓圣人知有秦火而预藏之。”近如对于老子《道德经》不甚信之的胡适之在《中国哲学史大纲》也说：“这二十六篇之中，至少有十分之九是假造的。《天下》篇决不是庄子自作的。”则与《天道》篇文笔相近的《天运》篇更可见其为秦汉间人的作品了。

试将此篇与《荀子》他篇作一比较，则其后人作伪的痕迹显然。《荀子·劝学》篇说：“学恶乎始，恶乎终？曰：其数则始乎诵经，终乎读《礼》。”在荀子的意思，《礼》还不在经之内的。所以杨倞注说：

经谓《诗》、《书》，《礼》谓典礼。

可见在荀子的时候，六经之名还未形成，所以荀子在《劝学》篇只说到《礼》、《乐》、《诗》、《书》、《春秋》，在《儒效》篇也只说到《诗》、《书》、《礼》、《乐》、《春秋》，都没有说到《易》。在他以前的庄子当然更不会说到什么六经十二经了！这样看来，“六经”一词虽始见于现在的《庄子·天运》篇，但我们决不能说早于荀子的庄子之时已有“六经”之名了。

儒家的《诗》、《书》被称为经，既然不在庄子之时，那经名究竟起于何时呢？现存古籍中，只有管子的《经言》、《区言》，老子的《道德经》上下篇，墨子的《经典》、《经说》，算是比较称经最早的，其余如李悝的《法经》在《汉志》中本称为《李子》；《孝经》一书，虽见引于《吕览》，而儒家正统的孟、荀从未提过，现已可肯定它是汉代人作的；《道经》则不明其为何人之书；《韩非子》内外《储说》之分经传，都是晚出的书，可以存而不论。我们只一比较《管》、《老》、《墨》三书的后先，则经名起于何时当可以立辨。《管子》一书，前人已疑其伪，吾友罗根泽氏《管子探源》，更疏通而证明之，可无疑其为秦汉间伪托的作品。老子《道德经》是道家的格言集，我曾用“发”字的统计方法来证明其书之出当在《庄子》之后（详见1933年《学文》第四期），就其“法令滋彰”语，“法令”二字连用必出法家主张重令之后，而且谓之“滋彰”，其成书之晚尤极显明。此三书中，只有《墨子》相对而言要早些，而且经名起于《墨子》的《经典》、《经说》，我更觉有五点可以相信的地方：

第一，《庄子·天下》篇说：苦获、已齿、邓陵子之属，俱诵《墨经》。《天下》篇虽不一定是庄子自作的，但这篇较六经不称经而叙《墨子》称经，当比较的可信。王、董、宣、姚、梁均以为《庄子》之《自序》，《墨经》比之儒家称经要早。可以说这一篇是能够得到很确切的证明的。

第二，我们知道名、墨是相訾应过的，《墨经》中有驳惠施、公孙龙的地方，其书虽不甚早，但其学理艰深，决非出于追记，或后人所能依托的；其书之称经当然比《管》、《老》二书要可信些，而且在《荀子》成书以前也当早就有了的（详见下）。

第三，就《荀子》书来看，《荀子·正名》篇说："非而谒楹，有牛马非马也。"这两句是自来不得其解的。有人以为《墨子·经说上》"无久之不止，当牛非马，若矢过楹"即此"非而过楹"之所自出，"而"与"矢"、"谒"与"过"在篆文上相似，因而致误。这样看来《荀子》本书是引过《墨经》的。

第四，最足以证明的是就影响来看，《墨子》有经有说，既是真书，而墨子之徒又那样诵读，当时孔、墨并是显学，当然很容易引起他家的模仿的。《管子》的《经言》，韩非的《储说》，都是显例。如若真的有哲学诗式的老子《道德经》，或是有教科书式的分章的《孝经》，则一定也当有模仿它的作品。然而就其影响来看，只见有模仿《墨经》的，这尤足以证明《墨经》是称经的始作俑者了。

第五，《墨经》称经也比较他家有理由些。因为经名实是在不"冯傅竹木而起"（详下），而是因经而径直可为常法而来的。《墨经》中的文体，例如"誉明美也，诽明恶也"；"利所得而喜也，害所得而恶也"。这种词句确比他家来得简直。而如"平同高也，虑求也"；"圜，一中同长也，方柱隅四讙"。内中的含义也比较的是永久不易的真理，可以为常法的。故以其形式与内容来看，《墨经》之首先采用经名也比他家有理由些。

所以依据上述的五点看来，《墨经》固比他家为早，而可以相信的理由又多，这是我历年所持的意见而益信其如此的。再只证明经不是“编丝缀属之称”就更可明了了。

## 第三节　经名起源的缘由

上面我们推证经名起源的时代是当以《墨经》为最早，就它的时代而论，那已不是书籍初起之时，因为在《墨经》以前，有《诗》、《书》的存在，如若经名果是“冯傅竹木”而起，则《诗》、《书》在《墨经》前早当称经了！而章炳麟的说法更觉有五点可以令人怀疑的地方：

第一，在《论语》、《孟子》的书中，屡屡提到《诗》、《书》，这些在儒家典籍中都极重要的，而不见有经名。孟子说过，“于传有之”，又有“诸侯恶其害己也而皆去其籍”。有书有传有籍而不称经，显见《书》之称经是比较晚的，不是“冯傅竹木”而起的。

第二，《荀子》说：“始乎诵经，终乎读《礼》。”《礼》在《诗》、《书》等经之外。依照简册制度看来，《礼经》是当与《诗》、《书》一样的，何以《荀子》不将《礼》也列在经内呢？可见经在荀子时还不是书籍通称，更无论其为“冯傅竹木”而起，或是“编丝缀属之称”了。

第三，我们知道古代的书籍都用的是方策，经以竹简书写，用“编丝缀属”成书而称之为经，此则专指简策。当然要“编丝缀属”；“纶”也是比竹成册的，当然也要“编丝缀属”；何以同样的装订法，一则为之经——线装书，而传、纶偏就以长短说，独不得“锡以经名”呢？且依简策长短而言，“经”亦当以长短言，则当称为长书、修书，不当占有“编丝缀属”之专名。所以依装订与简策长短来区分都是不很合理的，且恐怕也不是古代书籍方萌芽的时候所应有的吧？故就分类而言，“经”也未见得是“编丝缀属”之名。

第四，更就简册制度来论，据汪继培、徐养原的《周代书册制度考》，日本岛田翰的《古文旧书考》，叶德辉的《书林清话》来看都可以见得“经”不当占有书籍之名。《书林清话》说：“古书只有竹简，凡竹简必编以绳，亦护以革。《史记》记孔子晚年喜《易》，韦编三绝。唐虞世南《北堂书钞》引刘向《别录》：‘孙子书以杀青简，编以缥丝绳。’《南史·王僧度传》：‘楚王家书青丝编。’”《古文旧书考》说“大抵上品用韦，下品用丝也”。此古书简策的繁重，自当以韦以绳编系的多些，故叶氏只说以绳以革，而岛田翰则谓下品用丝，然则即令是将“冯傅竹木”而起的，不当专以下品用“编丝缀属”之经命名是显然的。

第五，现在我们更从卜辞和金文来检讨吧。在卜辞中，据商承祚的《殷虚文字类编》所列，“册”字共有七个形式，作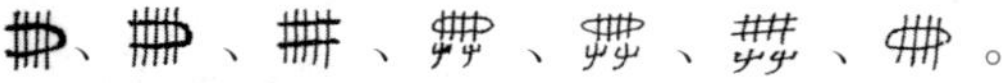。在金文中，据容庚的《金文编》所列，共有二十三个形式（详见《金文编》卷二，兹不一一列举），也和卜辞中的相去不远。这些“册”字虽各不同，我们却很可以见得《说文》“册”下所说“像其札一长一短，中有二编之形”是没有什么错误的，同时我们也可以由这些“册”字之象形，而明了所谓二编只是横的而不是纵的。若然，则即令古代简策是以丝编缀的，也只可以谓之为纬，而不当名之为经。所以，依据上述的理由来说，无论由字形来看或由简册制度来看，或由简策的分类来看，“经”都不应当是“冯傅竹木”而起的“编丝缀属”之称，何况在荀、孟之时“经”还不是一切书籍的通称。章炳麟对于经名的说解是不合古代实际情况的，经名产生的缘由是在其意义上而不在简策上，我们由此也可以断定了。

## 第四节　经名所含之意义

在《说文》上，“经”的本义虽说是“织，从丝也”，但在墨子以前，在东周以前，经的引申之义早就有了。这在《诗》、《书》、《易》、《孟子》和金文中都有许多的证明。《诗·小旻》“匪大犹是经”之经训为法，《易》颐六二“颠颐拂经为丘”之“经”训为义，《书·酒诰》“小民经德秉哲”，《孟子·尽心》篇“经德不回”之“经”训为行，都是引申之义。至于经维、经营、经界诸词，其为引申之义，离所谓“织从丝也”更远了。在金文中，如齐塦賔簋之“肇堇经德”（《贞松堂集古遗文》六）、虢季子白盘之“经维四方”（据《攈古录》三之三）、大盂鼎之“敬雒德经”，王孙遗诸钟之“巠雒明德”，虽有的是以“巠”为“经”，其意义也多以为是常道可行的。《说文》川部“巠，水脉也。从川在一下：一，地也，壬省声”。水脉本是常行的，并有直之义，故如从彳之径，《文选注》以为直也；如从月之胫，《汉书》注以为：胫，胫直耳；从水之泾，《释名》以为直波曰泾；从女之婭，《说文》以为长好也。古义多存于声，然则从糸之经，其有常法可行之训，这当然是不足怪的。《墨经》之采用经为名的，恐怕就是因为经有常法可行的意思。《墨经》的文字，比较径直，而其意义可为常法，故特采用这一个比较有意思的名称，后来因儒、墨都是显学，所以竞相模仿，而经也才渐渐地成为尊称。若如章炳麟“经为编丝缀属之称”，仅是作为一种普通线装书的名称，则墨学中最深奥之《墨经》，反无特殊之命名，还不如其他各篇，这未免太不合情理了。经的含义，当然仍以《白虎通》“经，常也”、《释名》“常典也”之说为是。如拿现在的术语来解释，则是什么大纲（经的径直之义）、什么法程（经的常法之义）之类，但这当然不能十分恰当。至于儒家流传下来的经典，本是袭用经为尊称之义，与原来《墨经》的采用经名，根本并不相同。这是甚为明显的。而至于“经学”二字连用，则始于《汉书·兒宽传》：“宽见上，语经学，上说之。”

附说：范文澜《群经概论》第一章《经名数及正义》说：

“或者以为古经无名，自孔子述周公旧典，传之弟子，师儒习业，故后儒尊奉而称经。其所以称经者，古时朝廷大典，圣贤大训，多铸于金版。”他根据的是墨子的“镂于金石”，《逸周书》的《大聚解》“铭之金版”，《太公金匮》的“武王曰请著金版”，《庄子·徐无鬼》的“从说之则以金版六弢”，张衡《西京赋》的“乃为金策”。他以为“金、经既可通用，或孔门诸儒，以金策尊夫子手定之书。其后金字废而经字用，遂以常道为训，其实常道固为后起之义，即织布先经之说，亦未必得其朔也”。他说孔门诸儒尊夫子手定之书，既不得经名的起源，而以金、经既可通用，则是完全不通声韵之学的说法，而且是毫无根据的。但他说“《国语·吴语》‘挟经秉枹’注：‘经，兵书也。’按战阵之间，十行一嬖下大夫，十旌一将军，无皆各挟持兵书之理。此经当是金之假借，即下文丁宁、淳于之属。秉枹所以击金，故吴王秉枹，亲就鸣钟鼓丁宁、淳于、振铎，而勇怯尽应，声动天地也”。他不从韦昭的注说，是很有理由的，但以经为金之假借则仍未当。




# 第二章

# 经数的确定

王应麟《困学纪闻》说：“六经始见于《庄子·天运》篇。以《礼》、《乐》、《诗》、《书》、《易》、《春秋》为六艺，始见于太史公《滑稽列传》。或云七经，或以六经六纬为十二经，或以五经五纬为十经，或云九经；《乐经》既亡而有五经。自汉武帝立博士始也。邵子定以《易》、《书》、《诗》、《春秋》为四经，犹春夏秋冬，皇帝王伯。”（卷八《经说》）但我们知道，六经的构成，在荀子时是没有的。西汉初年只说到六艺、六学，如董仲舒所云“是故简六艺以赡养之”，“六学皆大而各有所长”。《史记·太史公自序》所云“儒者以六艺为法”，“六艺经传以千数”，都是很明显的例证。其后渐渐地有五经、六经、七经、九经、十一经、十二经、十三经等等的数目，而历代的学者，复就其所讲论著述，有二经、三经、四经的配置，直到清代更有所谓二十一经之说。经的领域慢慢地扩张了。这些称号与其内容，先儒所主张者亦各不同，这就是经的领域的沿革史，在这里我们当然有详述之必要，并借此好来规定我们所叙述的范围。兹依次详列于下：

**二经**　《礼记·中庸》篇：“仲尼祖述尧舜，宪章文武。”郑康成注：“孔子曰：‘吾志在春秋，行在孝经。’二经固足以明之。”此以《春秋》、《孝经》为二经。

**三经**　晁公武《郡斋读书志》：“熙宁中置经义局，撰《三经义》，皆本王安石经说。三经，《书》、《诗》、《周礼》也。”宋杨时著《三经义辨》十卷，辨王安石《书》、《诗》、《周礼》三经义之失（见《玉海·艺文门·经解》类）。以此，《书》、《诗》、《周礼》为三经。

**四经**　《后汉书·贾逵传》：“（建初）八年，诏诸儒各选高才生，受《左氏》、《穀梁春秋》、《古文尚书》、《毛诗》。由是四经遂行于世。”此以《左氏》、《穀梁春秋》、《古文尚书》、《毛诗》为四经，其一。宋乾道九年胡铨进所解诸经，先缮写《周易》、《周礼》、《礼记》、《春秋》为四经（见《玉海·艺文门·解经》类）。此以《周易》、《周礼》、《礼记》、《春秋》为四经，其二。上述邵子定以《易》、《诗》、《书》、《春秋》为四经（见《皇极经世》），其三。《管子·戒篇》：“泽其四经。”尹知章注：“四经谓《诗》、《书》、《礼》、《乐》。”其四。（此说非是）

**五经**　《汉书·武帝本纪》：（建元五年春）“初置五经博士。”《儒林传》赞曰：“《书》惟有欧阳，《礼》后，《易》杨，《春秋》公羊而已。”《诗》在文景之时已立博士，五经是《诗》、《书》、《礼》、《易》、《春秋》。扬雄《法言·寡见》篇说：“惟五经有辩。”《汉书·艺文志》说：“三十而五经立也。”五经这一称号，在西汉末年已是通行的。汉志《六艺略》言“艺”则谓之“六”，言经则谓之“五”。这是因为实际上并没有六经。《史记·孔子世家》并没有谈到《乐》的篇章自孔氏传出，《儒林传》述汉初传经诸儒也无所谓《乐经》。即就《六艺略》而论，序乐的时候也只说“孔子曰，‘安上治民，莫善于礼；移风易俗，莫善于乐’，二者相与并行；周衰，俱坏，乐尤微渺，以音律为节，又为《郑》、《卫》所乱，故无遗法。汉兴，制氏以雅乐声律，世在乐官”，也不志乐本有经的。到了《隋书·音乐志》述梁沈约之说才以为“秦代灭学，《乐经》残亡”。因而唐徐坚《初学记》才以为“古者以《易》、《书》、《诗》、《礼》、《乐》、《春秋》为六经，至秦焚书，《乐经》亡”。他们才说《乐经》因秦焚书而亡，然而在代表经今文家说的《史记》与代表古文家说的《七略》中都没有《乐经》亡于秦的意见。清儒邵懿辰《礼经通论》也说乐本无经，但他只以为“《乐》之原在《诗三百篇》之中，《乐》之用在《礼》十七篇之中”，而不知从《史记》、《七略》立说，还算不得探源溯本之论。我们必须明了在汉代无所谓“秦焚书，《乐经》亡”之说，并且这是今古文家共同的意见，则五经、六经之称更不是什么今文学说与古文学说的不同了。

**六经**　六经的意义共有三说：1. 所谓始见于《庄子·天运》篇的六经是《诗》、《书》、《礼》、《乐》、《易》、《春秋》。这一名称之发生，邵懿辰说得最好：“先儒惜《乐经》之亡，不知四术有乐，六经无乐，乐亡非经亡也。周秦间六经、六艺之云，特自四术加以《易》、《春秋》而名之耳。”我们已明白在汉初只有六艺、六学等名称，六经之名，一方面是由四术来的，另一方面也是由六艺转化来的。乐本无经，《艺文志》犹只谓之五经，而后来竟谓之六籍了。2. 宋人又有以三传合为一，又舍《仪礼》而以《易》、《诗》、《书》、《周礼》、《礼记》、《春秋》为六经。宋杨甲撰之《六经图》就是其一例。3. 在宋以后，更有将四书五经为一经，明清每每将四书五经合刻在一起，于是坊行所谓六籍的内容与汉、宋两代又不同了。

**七经**　七经的意义共有四说：1. 陈寿《三国志·秦宓传》："文翁遣相如东受七经，还教吏民。"全祖望《经史答问》说："七经者，盖六经之外加《论语》。"2. 谢承："赵典学孔子七经，河图洛书，内外艺术，靡不贯综。"（见《后汉书·赵典传》注）全祖望《经史答问》解释说："东汉以后则加《孝经》而取《乐》。"《困学纪闻》："《春秋正义》云：'傅咸为七经诗，王羲之写。'今案《艺文类聚》、《初学记》载，傅咸《周易》、《毛诗》、《周官》、《左传》、《孝经》、《论语》诗，皆四言而缺其一。"《孝经》、《论语》之在七经之中是有证明的。3. 柴绍炳《考古类编》云："七经者，五经之外，兼《周礼》、《仪礼》也。"在清代的御纂《七经》，是其实例。4. 晁公武《郡斋读书志》："《七经小传》五卷，皇朝刘敞原父撰。"所谓七经者，《尚书》、《毛诗》、《周礼》、《仪礼》、《礼记》、《公羊》、《论语》，但这不过是他一个人的意见。

**九经**　九经的意义也有四种：1. 柴绍炳《考古类编》说："有称九经者，七经之外，兼《论语》、《孝经》也。"（《困学纪闻》原注）《经典释文·序》录《易》、《书》、《诗》、《周礼》、《仪礼》、《礼记》、《春秋》、《孝经》、《论语》，是其实例。2. 按《新唐书·选举志上》所说《礼记》、《春秋左氏传》为大经，《毛诗》、《周礼》、《仪礼》为中经，《易》、《尚书》、《春秋公羊传》、《穀梁传》为小经。3. 宋以三传合为一，又舍《仪礼》，而以《易》、《诗》、《书》、《周礼》、《春秋》为六经，又以《孟子》升经，并《论语》、《孝经》为三小经，谓之九经（见《玉海·艺文门·总六经序》）。4. 惠栋

《九经古义》所解有《周易》、《尚书》、《毛诗》、《周礼》、《仪礼》、《礼记》、《公羊》、《穀梁》、《论语》，他本来连《左传》共有十经，后来《左传》更名补注，故惟存其九。这也不过为他一人的便利而命名而已。

**十经**　十经的意义有二：1.《南史·周续之传》：“范宁于郡立学，续之年十二，诣宁受业，通五经五纬，曰十经。”2.《宋书·百官志》：“国子助教十人，《周易》、《尚书》、《毛诗》、《礼记》、《周官仪礼》、《春秋左氏》、《公羊》、《穀梁》、各为一经，《论语》、《孝经》为一经，合十经，助教分掌。”（见《玉海·艺文门·六艺类》，又见《文献通考·职官考·国子博士》条注）

**十一经**　十一经之名大约起于五代，其意义亦有两种：1.《玉海》：“周太祖广顺三年六月，已十一经及《尔雅》五经文字，九经字样版成，判监田敏上之。”又，“宋真宗景德二年九月，国子监言《尚书》、《孝经》、《论语》、《尔雅》四经字体讹缺”。是所谓十一经者，乃九经外加《论语》、《孝经》。2.元何异孙《十一经问对》以四书加《孝经》、《尚书》、《诗经》、《周礼》、《仪礼》、《春秋三传》为十一经，他以三传合为一经，以《大学》、《中庸》各为一经，亦为杜撰。

**十二经**　十二经之名始见于《庄子·天道》篇，《经典释文》引说者云：“《诗》、《书》、《礼》、《乐》、《易》、《春秋》六经又加六纬，合为十二经也。”一说云：“《易》上下经并《十翼》为十二。”又一云：“春秋十二公经也。”对于十二经的解释共有三种。晁公武《郡斋读书志》说：“唐太和中，复刻十二经，立石国学。”万氏《石经考》云：“九经之外，更有《孝经》、《论语》、《尔雅》。”唐代的开成石经表面虽只说九经，其实已有十二经。

**十三经**　十三经之名起于蜀石经。《玉海·艺文门·石经类》说：“石室十三经，孟蜀所镌。……惟三传至皇祐初方毕。”但据宋曾宏父《石刻铺叙》说：《毛诗》、《尚书》、《仪礼》、《礼记》、《周礼》、《春秋》、《左氏传》、《穀梁》、《公羊》毕工于皇祐元年己丑九月望日，《孟子》宣和五年九月入石，逾年乃成。《孟子》之列入十三经中，至迟也当在宋之宣和年间。顾炎武《日知录》卷十八云："自汉以来，儒者相传，但言五经。而唐时立之学官则云九经者，三礼、三传分而习之，故云九也。宋时程、朱诸大儒出，始取《礼记》中之《大学》、《中庸》，及进《孟子》以配《论语》，谓之四书，本朝因之，而十三经之名始立。"这是因为明代合刻《十三经注疏》，十三经之名才渐渐地确立，所以顾氏说"本朝因之，而十三经之名始立"。

**十四经**　宋史绳祖《学斋占毕》说："先时，尝并《大戴记》于十三经末，称十四经。"是宋时或有十四经之说，但不为当世所通行。所以经数算是到孟蜀石刻十三经及明刻《十三经注疏》才因习惯而确定。

**二十一经**　到了清代的段玉裁，因为他替沈涛作《十经斋记》，更主张所谓二十一经。他说："昔人并《左氏》于经，合集为十三经，其意善矣。愚谓当广之为廿一经，《礼》益以《大戴礼》，《春秋》益以《国语》、《史记》、《汉书》、《资治通鉴》，《周礼》六艺之书数，《尔雅》未足当之也，取《说文解字》、《九章算经》、《周髀算经》以益之。庶学诵习既久，于训诂名物制度之昭显，民情物理之隐微，无不了然，无道学之名而有实。"他这样要扩充经的数目，自是他个人之见，而在我们现在看来这也是大可不必的。

六经名数从西汉以来由五经扩充到十三经乃至于廿一经，这自然是要引起反感的，而在清儒治学方法主张正名实的旗帜之下，当然有人要出而正六经之名。所以龚自珍在《六经正名》中说：

孔子之未生，天下有六经久矣……六经、六艺之名，由来久远，不可以臆增益。善夫！汉刘向之为《七略》也，班固仍之，造《艺文志》，序六艺为九种，有经、有传、有记、有群书。传则附于经，记则附于经，群书颇关经则附于经。何谓传？《书》之有大、小夏侯，欧阳传也；《诗》之有齐、鲁、韩、毛，传也；《春秋》之有《公羊》、《穀梁》、《左氏》、《邹、夹氏》，亦传也。何谓记？大、小戴氏所录，凡百三十一篇是也。何谓群书？……《礼》之有《周官》、《司马法》。群书之颇关《礼经》者也。……何居乎？后世有七经、九经、十经、十二经、十三经、十四经之喋喋也，或以传为经，《公羊》为一经。《穀梁》为一经，《左氏》为一经。审如是，是则《韩》亦一经，《齐》亦一经，《鲁》亦一经，《毛》亦一经，可乎？欧阳一经，两夏侯各一经，可乎？《易》三家，《礼》分庆、戴，《春秋》又有邹、夹，汉世总古今文为经，当十有八，何止十三？……或以群书为经，《周官》晚出，刘歆始立，刘向、班固灼知其出于晚周，先秦之士掇拾旧章所为，附之于《礼》，等之于《明堂阴阳》而已。……假使《论语》、《孝经》可名，则向早名之，且曰序八经，不曰序六艺矣。……于是乎又以子（《孟子》）为经……犹以为未快意，则以经之舆佁为经，《尔雅》是也。《尔雅》者，释《诗》、《书》之书，所释又《诗》、《书》之肤末，乃使之与《诗》、《书》抗，是尸祝舆佁之鬼，配食昊天上帝也。（《文集补编》卷三，《定盦全集》，清光绪二十三年万本书堂刻本）

他在这里主张只当有六经，其实严格地来说只有五经，连六经都没有。不过现在经的领域既然发展到了十三经，而且约定俗成，我们叙述经学历史就按十三经来说罢了。但是所谓十三经，三《礼》最初只有《仪礼》，三传最初只有《公羊》，为叙述的方便起见，仍当以《诗》、《书》、《易》、《礼》、《春秋》五经为主，附以《周礼》、《礼记》、《左氏》、《穀梁》，再加上《论语》、《孝经》、《尔雅》、《孟子》，仍当依经数的发展，由五而七而九而十三来说明。

**附：** 乐本无经补证

乐本无经之说，近世论者多以为始于邵懿辰之《礼经通论》，而以为今文经学家之言，其实非也。《四库全书总目提要·乐类》小序曰："沈约称《乐经》亡于秦，考诸古籍，惟《礼记经解》有乐教之文，伏生《尚书大传》引'辟雍舟张'四语，亦谓之乐，然他书均不云有《乐经》。(《隋志·乐经》四卷，盖王莽元始三年所立，贾公彦《考工记·磬氏疏》所谓乐曰，当即莽书，非古《乐经》也）大抵乐之纲目具于《礼》，其歌词具于《诗》，其铿锵鼓舞，则传在伶官，汉初制氏所记，盖其遗谱，非别有一经为圣人手定也。"



《四库全书》之修成，《总目提要》之刊行，均在乾隆四十七年壬寅（1782），而已发"乐非别有一经为圣人所手定"之难。然其说虽出，而世多忽之。至咸丰十一年辛酉（1861）邵氏《礼经通论》始成。(国学扶轮社印张氏适园丛书本《礼经通论》后有张鼎跋云："位西先生《礼经通论》上卷十九篇，下卷十一篇，成于咸丰辛酉，上卷成，先录本示鼎。"）邵氏之言曰：

> 乐本无经也，诗言志，歌咏言，声依永，律和声。故曰：诗为乐心，声为乐体。夫声之铿锵鼓舞，不可以言传也；可以言传，则如制氏等之琴调、曲谱而已，石林叶氏以来，言之悉矣。乐之原在《诗》三百篇之中，乐之用在《礼》十七篇之中，故曰："兴于《诗》，立于《礼》，成于乐。""子所雅言，《诗》、《书》执《礼》"，不言乐也。……先儒惜乐经之亡，不知四术有乐，六经

无乐。乐亡，非经亡也。

邵氏之说，与《提要》“乐之纲目具于《礼》，其歌词具于《诗》”旨意大略相同，惟据《论语》“子所雅言，《诗》、《书》执《礼》”，不言乐也。……先儒惜乐经之亡，不知四术有乐，六经无乐。乐亡，非经亡也。

独不言乐，可为孔子时并无乐经之确证，则无论乐亡于秦火矣。近世论者，或据《汉书·艺文志》“六国之君，魏文侯最为好古，孝文时得其乐人窦公，献其书，乃《周官·大宗伯》之《大司乐》章也”。以为窦公所献，即周代之乐经。其说似是而非，稍一验之于古籍，则知《提要》与邵氏之说，实不可移也。

（一）《汉书·艺文志》云：“孔子曰：‘安上治民，莫善于《礼》；移风易俗，莫善于《乐》。’二者相与并行，周衰俱坏，乐尤微渺，以音律为节，又为郑、卫所乱，故无遗法。”此明为乐至周末而亡，在孔子时已不具。若果乐经亡于秦火，则《汉志》不容不言之，其证一。

（二）《史记》、《汉书》之《儒林传》叙“高皇帝举兵围鲁，鲁中诸儒，尚讲诵，习礼乐，弦歌之声不绝”。若有乐经，应无残缺，且言《诗》于鲁则申培公，于齐则辕固生，于燕则韩太傅；言《尚书》，自济南伏生；言《礼》自鲁高堂生；言《易》自淄川田生；言《春秋》，于齐鲁自胡毋生，于赵自董仲舒。五经皆有传授之人，若有乐经，应亦流传。《儒林传》既无一语言及乐经之亡，《孔子世家》亦不言乐传于孔氏，一若无其事者。沈约称乐经亡于秦之说，实诬语也。其证二。

（三）《礼记·经解》以“广博易良”为乐教，而诸子之中，如《庄子·天下》篇言“乐以道和”，《荀子·劝学》篇言“乐之中和”，又《儒效》篇言“乐言是其和”，《春秋繁露·玉杯》言“礼乐纯其养”，但言声乐之教，似并不及乐理、乐制、乐谱。《墨子》非乐，《吕览》论乐，并无一言及于乐经。则就诸子述乐以观，乐亦本无经也。其证三。

(四) 窦公献书云云，本未可以置信，即令诚有其事，所谓《大司乐》章，亦只《周官》之一章，更可见其本属《礼》，非别有所谓乐经。词具于《诗》，用具于《礼》，铿锵鼓舞传在《司乐》，器用制造职在《考工》，固无所用乎《乐经》也。如说乐理，则如《吕氏春秋》言乐诸篇，更无援引《乐经》之说，足为明验。其证四。

(五)《论语》“子所雅言，《诗》、《书》执《礼》”，固不言乐，他如鲤之趋庭，但言学《诗》学《礼》，子语鲁太师乐，翕如敫如之说，如有《乐经》存者，何待孔子烦言？即以《论语》一书观之，乐本无经亦甚明矣。其证五。

综上所述，孔墨诸子，《史》、《汉》诸书，固不云有《乐经》，而玩索其词意，尤见乐本无经。《四库提要》以及邵氏所论，本非诬词，师之君子，徒误会乐本无经之说为邵氏所倡，而遂忽之，乃或著论驳之，盖真狃于经今古文门户之见也。





# 第三章

# 群经的次第

群经次第的排列，在经学史上本是不甚重要的，最初只是以习惯的称述为次第，而后则以有意义的排列为次第。至康有为《新学伪经考》才提出，在西汉前无以《易》、《书》、《诗》、《礼》、《春秋》为六艺之序的，于是群经的次第好像也是一个重要的问题了。现在且将刘歆以前及刘歆以后各家之说详列于下，然后再加以辩证：

## 第一节　刘歆以前各家言群经之次第

1.《论语·泰伯》篇：“兴于《诗》，立于《礼》，成于《乐》。”

2.《论语·述而》篇：“《诗》、《书》执《礼》，皆雅言也。”

3.《礼记·王制》篇：“顺先王《诗》、《书》、《礼》、《乐》以造士。”

4.《礼记·经解》篇：“其为人也，温柔敦厚，《诗》教也；疏通知远，《书》教也；广博易良，《乐》教也；洁静精微，《易》教也；恭俭庄敬，《礼》教也；属辞比事，《春秋》教也。”（《易》在《礼》前，《乐》更在《易》、《礼》前）

5.《商君书·农战》篇：“《诗》、《书》、《礼》、《乐》。”

6.《庄子·天运》篇：“丘治《诗》、《书》、《礼》、《乐》、《易》、《春秋》六经。”

7.《庄子·徐无鬼》篇：“横说之则以《诗》、《书》、《礼》、《乐》，纵说之则以《金版》、《六韬》。”

8.《庄子·天下》篇：“《诗》以道志，《书》以道事，《礼》以道行，《乐》以道和，《易》以道阴阳，《春秋》以道名分。”

9.《列子·仲尼》篇：“曩吾修《诗》、《书》，正《礼》、《乐》。……吾始知《诗》、《书》、《礼》、《乐》无救于治乱。”

10.《荀子·劝学》篇：“《礼》之敬文也，《乐》之中和也，《诗》、《书》之博也，《春秋》之微也。”

11.《荀子·儒效》篇：“故《诗》、《书》、《礼》、《乐》之归是矣；《诗》言是其志也，《书》言是其事也，《礼》言是其行也，《乐》言是其和也，《春秋》言是其微也。”（并未及《易》）

12.《春秋繁露·玉杯》篇：“《诗》、《书》序其志，《礼》、《乐》纯其养，《易》、《春秋》明其知。”

13.《淮南子·泰族训》：“温惠柔良者，《诗》之风也；淳庞敦厚者，《书》之教也；清明条达者，《易》之义也；恭俭尊让者，《礼》之为也；宽裕简易者，《乐》之化也；刺几辩议者，《春秋》之靡也。”（案：序《易》在《礼》、《乐》之后）

14.《史记·儒林传》：“自是之后，言《诗》于鲁则申培公，于齐则辕固生，于燕则韩太傅；言《尚书》自济南伏生……于赵自董仲舒。”（西汉初鲁中诸儒弦歌之音不绝，而史迁不言有传《乐》者，此亦《乐》本无经之证）

以上所列的序六经之次第者，除伪托的《列子》而外，大体都可以认为是西汉以前乃至刘歆以前的说法。康氏说：“史迁述六艺之序，曰《诗》、《书》、《礼》、《乐》、《易》、《春秋》，凡西汉以前之说皆然。……无以《易》为先者，更无以《书》先《诗》者。……其有舍史迁《儒林传》而颠倒其序者，其真伪可引此案决之。”他这话只可相对地承认，因为我们在《荀子·劝学》篇就可以得到反证，而且在西汉之时这种次第是更无一定的。例如《淮南子·泰族训》和《礼记·经解》篇就不遵守这种次序。此外如《史记·外戚世家》：“《易》基《乾》、《坤》，诗始《关雎》，《书》美嫠降，《春秋》讥不亲迎。”《滑稽列传》：“孔子曰：六艺于治一也。《礼》以节人，《乐》以发和，《书》以道事，《诗》以达意，《易》以道化，《春秋》以道义。”《太史公自序》：“有能绍明世，正《易》传，继《春秋》，本《诗》、《书》、《礼》、《乐》之际。”“《易》著天地、阴阳、四时、五行，故长于变；《礼》经纪人伦，故长于行；《书》记先王之事，故长于政；《诗》记山川、溪谷、禽兽、草木、牝牡、雌雄，故长于风；《乐》，乐所以立，故长于和；《春秋》辨是非，故长于治人。”“伏羲至纯厚，作《易》八卦。尧、舜之盛，《尚书》载之，《礼》、《乐》作焉。汤、武之隆，诗人歌之。《春秋》采善贬恶，推三代之德……”司马迁本人也是不守这种次序的。康氏以为“史公于此数条，皆有颠倒，此则行文无定之笔，于传经体式次序无关者也”。这完全是一种遁词。其有的颠倒，有的不颠倒，正是当时并无一定的体式的缘故。否则决不当为行文便利而偶尔颠倒，乃至于随便乱写的比守秩序的还要多（例如《史记》）。但是现在偏有人要盲从康氏之说，以“《诗》、《书》、《礼》、《乐》、《易》、《春秋》”为今文学派对于六经的排列，是按六经内容的浅深，而且颇含有教育家排列课程的意味的。我们试看从今文说的史迁对于这次第之随便乱写，就足以知道今文学派对于此事并不注意，而且我们知道《乐》本无经，知道《乐》的内容决不比《诗》、《书》还要深，《书》的内容也未见得比《礼》、《乐》还要浅，更何以见得是按六经内容的浅深而排列的次序？六经本是由《诗》、《书》、《礼》、《乐》而加上《易》、《春秋》，顺着这次第而说的，只是由六经的构成的历史来说，其实在刘歆以前是没有人来规定这个次第的。





## 第二节　刘歆及其后各家言群经之次第

到了刘歆的时候，因为他负责校经传诸子诗书，歆于是总群书而奏其《七略》，才不得不按他们所见到的著述时代的早晚而对于六经的次第重新加以排列。而发生以《易》、《书》、《诗》、《礼》、《乐》、《春秋》的排列，这当然是比较有意义的。在他以后，则差不多都是从他的意见。如：

1. 扬子《法言·寡见》篇：“说天者莫辩乎《易》，说事者莫辩乎《书》，说体者莫辩乎《礼》，说志者莫辩乎《诗》，说理者莫辩乎《春秋》。”

2. 《汉书·儒林传》：“汉兴，言《易》自淄川田生；言《书》自济南伏生；言《诗》于鲁则申培公，于齐则辕固生，燕则韩太傅；言《礼》则鲁高堂生；言《春秋》于齐则胡毋生，于赵则董仲舒。”（班固治《齐诗》之学，乃今文学派，非古文说也。）

3.《白虎通·五经》篇："五经何谓也？《易》、《尚书》、《诗》、《礼》、《乐》也。"

4.《说文解字·叙》："其称《易》孟氏，《书》孔氏，《诗》毛氏，《礼》周官，《春秋》左氏，《论语》、《孝经》，皆古文也。"（按：孟氏当作费氏，说见康有为《新学伪经考》、章炳麟《检论·清儒》篇）

5.《后汉书·儒林传》："《易》有施、孟、梁、邱、京氏，《尚书》欧阳、大小夏侯，《诗》齐、鲁、韩、毛，《礼》大小戴，《春秋》严、颜，凡十四博士。"（"毛"字衍文，说见《日知录》卷二十六《史文衍字》条）

6.《文心雕龙·宗经》篇："《易》张十翼，《书》标七观，《诗》列四始，《礼》正五经，《春秋》五例。"（《尚书大传》："六誓可以观义，五诰可以观仁，甫刑可以观诫，《洪范》可以观度，《禹贡》可以观事，《皋陶谟》可以观治，《尧典》可以观美。"）

7.《经典释文·序录》："五经六籍……次第互有不同。……周《易》，虽文起周代，而卦肇伏羲，既处名教之初，故《易》为七经之首。……古文《尚书》，既起五帝之末，理后三皇之经，故次于《易》。……《毛诗》既起周文，又兼商颂，故在尧、舜之后，次于《易》、《书》。三《礼》，《周》、《仪》二礼，并周公所制，宜次文王。……《春秋》，既是孔子所作，理当后于周公，故次于《礼》。"

8.《隋书·经籍志》及《四库全书总目》并以《易》、《书》、《诗》、《礼》、《春秋》为次。

这种次第的排列，并非重要的问题，但比较从前的随便乱写当然要好得多，所以传《齐诗》之学的班固，以及白虎观会议的记录都一致地来采用它，并非是今古文学派所要争辩的，我们只看班固一人而主张不同的次第就可以明了。《经典释文·序录》说："如《礼记·经解》之说，以《诗》为首，《七略》、《艺文志》所记，《周易》居前，阮孝绪《七录》，亦同此次；王俭《七志》，《孝经》为初；原其后前，义各有当。”《经解》先后之序是无明说的（参看吴承仕《〈经典释文·序录〉疏证》），但我们知道说经的次第别有王俭的一说。王俭是想来否认《七略》之说的，结果还是因为“《孝经》专是夫子之意”，“应在《春秋》之后”，故王俭之说还是被否定了。

现在的十三经是以《周易》、《尚书》、《毛诗》、《周礼》、《仪礼》、《礼记》、《左传》、《公羊传》、《穀梁传》、《论语》、《孝经》、《尔雅》、《孟子》为次的。在本编中，关于各经的叙述，将略依六经构成的次序，传记附入经的次序，以《诗》、《书》、《礼》、《易》、《春秋》、《论语》、《孝经》、《尔雅》、《孟子》为次第。（整理者按：家父撰述中，第七章以《论语》、《孟子》、《孝经》、《尔雅》为次第。为保存著述原貌，对家父著述次第未加改动）

# 第二篇　经的起源与编订

## 第一章

## 六经与周公孔子





六经的配合，在荀子之时，还没有成立，这在《荀子》本书上是有确切的证明的。《诗》多半是古代民间的歌谣，后来由宫廷或贵族的乐师采集来加工变为乐歌；《书》是多半来自古代史官的记载，有的则出于后代史官的追记；《礼》本多是宗法制社会的行为准则和习俗，后来由儒家变为成文的仪式和制度；"《乐》之原在诗三百篇之中，《乐》之用在礼十七篇之中"，本来是无所谓经的；《易》本卜筮之书，不知其为何人所作；《春秋》本是鲁史，或者经过孔子的改编。这些各不相干的书，论其起源，多半是由古代社会的状况与古代民俗的积习自然产生出来，除了《春秋》以外，都说不上是哪一个人的著述，这是极明显的事实。在儒家的《荀》、《孟》两书之中，除了说孔子作《春秋》而外，也并未公然地提出《诗》、《书》为孔子所删，《礼》、《乐》为周公所定。六经不是周公或孔子一人的著述，这在先秦本是极明显的。因为《诗》、《书》、《礼》、《乐》本来都与所谓士大夫阶级的儒家有密切的关系，《易》是卜筮的书，与儒家也有相当的关系；《春秋》为孔子所作，这在《孟子》书中也已明白说过；所以在《庄子·天下》篇已有六经配置在一起的叙述，而且都是归之于"邹鲁之士，缙绅先生"的儒家。儒家学派是孔子创立的，后代的儒家传人当然要宣扬《诗》、《书》是孔子删定，《礼》、《乐》也都是孔子所定的了。司马迁在《史记·孔子世家》

中说：

孔子之时，周室微而礼乐废，《诗》、《书》缺，追迹三代之礼，序《书传》，上纪唐虞之际，下至秦缪，编次其事。曰："夏礼吾能言之，杞不足征也。殷礼吾能言之，宋不足征也。足，则吾能征之矣。"观殷夏所损益，曰："后虽百世可知也，以一文一质。周监二代，郁郁乎文哉。吾从周。"故《书传》、《礼记》自孔氏。孔子语鲁大师："乐其可知也。始作翕如，纵之纯如，皦如，绎如也，以成。吾自卫返鲁，然后乐正，《雅》、《颂》各得其所。"古者《诗》三千余篇，及至孔子，去其重，取可施于礼义，上采契、后稷，中述殷、周之盛，及幽、厉之缺，始于衽席，故曰："《关雎》之乱以为风始，《鹿鸣》为《小雅》始，《文王》为《大雅》始，《清庙》为《颂》始。"三百五篇孔子皆弦歌之，以求合《韶》、《武》、《雅》、《颂》之音。礼乐自此可得而述，以备王道，成六艺。孔子晚而喜《易》，序《彖》、《系》、《象》、《说卦》、《文言》。读《易》，韦编三绝。曰："假我数年，若是，我于《易》则彬彬矣。"孔子以《诗》、《书》、《礼》、《乐》教，弟子盖三千焉，身通六艺者七十有二人。……子曰："弗乎弗乎，君子病没世而名不称焉。吾道不行矣，吾何以自见于后世哉？"乃因史记作《春秋》，上至隐公，下讫哀公十四年，十二公。据鲁，亲周，故殷，运之三代。约其文辞而指博。故吴楚之君自称王，而《春秋》贬之曰子；践土之会，实召周天子，而《春秋》讳之曰"天王狩于河阳"：推此类以绳当世。贬损之义，后有王者举而开之。《春秋》之义行，则天下乱臣贼子惧焉。孔子在位听讼，文辞有可与人共者，弗独有也。至于为《春秋》，笔则笔，削则削，子夏之徒不能赞一辞。弟子受《春秋》，孔子曰："后世知丘者以《春秋》，而罪丘者亦以《春秋》。"

太史公在《史记·自序》上说："伏羲至纯厚，作《易》八卦；尧舜之盛，《尚书》载之，《礼》、《乐》作焉；汤武之隆，诗人歌之；《春秋》采善贬恶，推三代之德，褒周室，非独刺讥而已也。"又说："西伯拘羑里，演《周易》。"就史迁的意思看来，他虽以为"《书传》、《礼记》自孔氏"，"《礼》、《乐》自此可得而述，以备王道，成六艺"。他同时也承认伏羲作八卦，文王演《周易》，他并不以六经都是孔子所作，不过或经孔子的删定，或由孔子而流传，惟有《春秋》才是孔子所作。其实所谓"《书传》、《礼记》自孔氏"，"孔子删《诗》去其重"，这些话也未必尽得其实。在《尚书大传》上，虽有"周公居摄六年，制《礼》作《乐》"的话，但在史迁叙六经时没有提到与周公有关系，这种观念直到刘歆争立古学之时，也还如此。刘歆《移书让太常博士书》上说：

昔唐虞既衰，而三代迭兴，圣帝明王，累起相袭，其道甚著。周室既微，而礼乐不正，道之难全也如此。是故孔子忧道之不行，历国应聘，自卫返鲁，然后乐正，《雅》、《颂》乃得其所。修《易》序《书》，制作《春秋》以纪帝王之道。

这里他并未特别提出周公与六经有关。后来莽、歆篡汉，"发得《周礼》，以明因监"，"末年乃知其周公致太平之迹，迹具在斯"。在《左传》上更有所谓"先君周公，制《周礼》曰：'则以观德，德以处事，事以度功，功以食民。'"（文十八年）以及晋侯使韩宣子来聘，欢，于太史氏，"见《易》、《象》与鲁《春秋》，曰：'周礼尽在鲁矣！吾乃今知周公之德与周所以王也。'"（昭公二年）然而在《六艺略》上序《易》只以为"至于殷周之际，纣在上位，逆天暴物，文王以诸侯顺命而行，道天人之占，可得而效，于是重《易》六爻，作上下篇。孔氏为之《彖》、《象》、《系辞》、《文言》、《序卦》之属十篇”。叙《礼》则以为“及周之衰，诸侯将逾法度，恶其害己，皆灭去其籍。自孔子时而不具，至秦大坏”。序《春秋》则以为“左史记言，右史记事，事为《春秋》，言为《尚书》，帝王靡不同之。周室既微，载籍残缺，仲尼思存前圣之业”。无所谓周公制《周礼》，序《易》象，作《春秋》凡例之说。到了马融、陆绩才以《易》是卦辞文王，爻辞周公，曲解《六艺略》上的“人更三圣”之不数周公为父统子业（《周易正义》）。到了郑玄注《周礼》才显明地以为：“周公居摄而作六典之职，谓之《周礼》。营邑于土中，七年致政成王以此礼授之，使居雒邑治天下。”（《周礼·天官冢宰》郑注）而至杜预才以为《春秋》是“其发凡以言例，皆经国之常制，周公之垂法，史书之旧章，仲尼从而修之，以成一经之通体”（《左氏传序》）。其实这些以《易》、《礼》、《春秋》为周公所作的看法，在刘歆的初年还没有鲜明的主张，更无论其他了。以《尔雅》为周公所作，始于魏晋张揖的《上〈广雅〉表》；到崔灵恩《三礼义宗》才说：“《仪礼》者，周公所制。”（《玉海》卷二十九艺文类引）陆德明《经典释文》才说：“周、仪二《礼》并周公所制。”清代的章学诚乃以为六经完全是周公所创作的，他在《文史通义·原道》上说：

> 自有天地而至唐虞、夏、商，皆圣人而得天子之位，经纶治化，一出于道体之适然。周公成文武之德，适当帝全王备，殷因夏监，至于无可复加之际，故得藉为制作典章。而以周道集古圣之大成，斯乃所谓集大成也。孔子有德无位，即无从得制作之权，不得列于一成，安有大成可集乎？

他在《原道》篇中又说：

夫子明教于万世，夫子未尝自为说也。表章六籍，存周公之旧典，故曰："述而不作，信而好古。"又曰："盖有不知而作者，我无是也。""子所雅言，诗书执礼。"所谓明先王之道以导之也。非夫子推尊先王意存谦牧而不自作也。夫子本无可作也。

这里他以为"六艺皆周公之旧典，夫子无所事作"。言孔子只是"述六经以训后世"（《原道》中），说《诗》、《书》都是周公的政典，而《春秋》也早已有之，并非孔子所作，这就未免有些过分而不合实情了。所以后来廖平的《知圣篇》、康有为的《孔子改制考》则一反其说，而认六经都是孔子所作。廖平说：

以六经分以属帝王周公史臣，则孔子遂流为传述家，不过如许、郑之比，何以宰我、子贡以为贤于尧舜？至今天下郡县立庙，享以天子礼乐，为古今独绝之圣人？……孔子实作也，不可径言作，故托于述。所云"述而不作"，自辨于作也，"不知而作无是"，"天下有道则庶人不议"自任乎作也。意有隐显，故言不一端；且实不作，又何须述以自明乎？……帝王之制由六经而定，谓为孔子制可，谓为帝王制亦可。惟兼采四代以酌定一尊，垂法百世以为永鉴，因不尽因，革不尽革，既不能分属四朝，又不能归并一代，则不得不属之孔子。《春秋》因鲁史加笔削，《诗》与《书》、《礼》、《乐》亦本帝王典礼而加笔削，合者留，不合者去，则《诗》、《书》乃孔子之《诗》、《书》矣。……《仪礼》容经，亦作亦述，与《春秋》无异也。……正《乐》亦同于《礼》。……同为孔子之书，非独《春秋》为然。（《知圣篇》卷上，清光绪刻本）

廖、康（康说前已具引）的这种说法，自然矫枉过正。在皮锡瑞的《经学历史》中，虽从其说以为孔子以前不得有经，但在崔适的《五经释要》中已不认康氏之说为正确的。

依着我们现在看来，就古籍中比较可信的材料，孔子返鲁正乐以前，已常说“颂诗三百”，则《诗》决不是孔子所删的；《诗三百篇》中多数作品是东周时作，则当然更不是周公定的。今文《尚书》中有几篇，如《尧典》、《禹贡》、《洪范》、《金縢》等，经近人提出的证明，都疑为战国时作品，当然所谓廿八篇之书，不是周公、孔子所定的了。三《礼》中的《仪礼》，经毛奇龄、顾栋高、袁枚、崔述诸人的考证，认为是战国时代胡乱抄成的伪书。《周礼》则自汉武帝时被认为“渎乱不验之书”，何休以为六国阴谋之书，到现在我们更从天文地理各方面的确证，可以证实它是出于西汉之末，更无论其为周公或孔子所手定的。《易》的《十翼》，欧阳修已疑过，近人更有谓其出于汉代者，《卦辞》、《爻辞》，虽似西周作品，也不能定为周公或孔子所作。只有《春秋》一经，或是孔子所作，然而仅凭这一经，当然不能认为六经都是孔子作的。

我们更需要明白的是，在两汉的经今古文学者，他们对于整个六经的著者问题并没有发生过什么争论，也没有什么一致的主张。今文学者的著作如《尚书大传》一样的可以说“周公居摄，制礼作乐”，古文学派在杜预以前也并未说《春秋》的“发凡以言例”是周公作的。廖平《今古学考》以为今古学宗旨不同，并以为“今经皆孔子所作，古经多学古者润色史册”，这只是他一人的主张，在两汉是不如此的。后来的人误认古代有非常灿烂的文明，一切丰功伟绩都归之于古代的圣贤，渐渐地以为孔子作六经还不足，于是又推到周公身上去，像张揖、杜预这些人，以为周公作《尔雅》，定《仪礼》，预设《春秋》凡例，他们心目中更没有什么经今古文学派的观念的。

但是周公、孔子毕竟是中国人所谓的圣人，王国维在《殷周制度论》上说：“中国政治与文化之变革，莫剧于殷周之际……

此种制度，固亦由时势之所趋，然手定此者，实为周公……其经纶固大有在，欲知周公之圣与周之所以王，必于是乎观之矣。”（《观堂集林》卷十）郭沫若在《周彝铭中之传统思想考》上说：“历来儒者自称为承受尧、舜、汤、文、武、周公之道，尧、舜、汤事不足凭，自文、武而来者，则为经实。知此而后于周秦间之思想始可批导焉。”（《金文丛考》卷一）六经是儒家的经典，就其思想内容来说，当然与周公有关，现在我们否认六经为周公之旧典，但如认为与周公、孔子毫无相当的关系，这也是说不通的。





# 第二章

# 《诗》的起源与编订

## 第一节　《诗》的起源

在古代社会之中，在原始民族之中，歌谣与舞蹈，都是极盛的。我们从现在的《诗三百篇》看来，如：1.《邶风·简兮》的“公庭万舞”，“左手执籥”；2.《王风·君子阳阳》的“左执簧”，“左执翿，右招我由敖”；3.《齐风·猗嗟》的“舞则选兮，射则贯兮”；4.《陈风·宛丘》的“坎其击鼓，宛丘之下。无冬无夏，值其鹭羽”；5.《小雅·伐木》的“坎坎鼓我，蹲蹲舞我”；6.《小雅·宾之初筵》的“籥舞笙鼓，乐既合奏”；7.《鲁颂·有駜》的“鼓咽咽，醉言舞”；8.《商颂·那》的“庸鼓有斁，万舞有奕”。这些地方都告诉我们古代歌舞之盛。舞的时候，不惟有伴奏的音乐，而且是有歌词的。如《君子阳阳》的房敖之数，在《车舝》的“虽无德与女，式歌且舞”，及楚佘义锺的

"乐我父兄，饮御诃舞"（据《攈古录金文》卷三之一）。两处均歌舞连叙，也可以告诉我们歌、舞二者在古代是紧密联系的，现在的《诗三百篇》本是古代的乐歌。我们从民俗学的观点看来，歌词与曲调本都已包括在一起，"因为在低级文化的民族中，这两者本是不分的"。我们从现存的《诗三百篇》看来，在自来所不否认的"二《雅》本是乐歌"之中，诗与乐歌的意义也是相等的。如：1.《小雅·四牡》的"是用作歌，将母来谂"；2.《小雅·何人斯》的"作此好歌，以极反侧"；3.《小雅·巷伯》的"寺人孟子，作为此诗。凡百君子，敬而听之"；4.《小雅·四月》的"君子作歌，维以告哀"；5.《大雅·卷阿》的"来游来歌，以矢其音"，"矢诗不多，维以遂歌"；6.《大雅·桑柔》的"虽曰匪予，既作尔歌"；7.《大雅·崧高》的"吉甫作颂，其诗孔硕，其风肆好，以赠申伯"。这些例子中，"诗"、"歌"二字在涵义上并没有什么分别，"二《雅》本是乐歌"，而可以说是诗，所以二者在意义上是相等的。

上面由歌、舞的关系以及诗、歌的关系上，我们都可以见得现存的《诗三百篇》本来都是乐歌（原注：其详更见拙著《诗经六论》第一篇《诗三百篇之诗的意义及其与乐的关系》。按：今篇名改为《诗经是中国古代的乐歌总集》，商务印书馆，1957年，上海），则是诗的起源大概有一部分是由于古代社会跳舞时需要伴奏的乐歌的关系。依据民俗学上的观点来看，歌谣与宗教的关系也是很密切的，祷辞常出以歌唱咒文，也常是有韵的歌词。其它还有战歌、悲歌、儿歌、挽歌、婚歌、叙事歌等等，叙述故事的歌也可以一般地唱起来并伴以舞蹈（参看林惠祥著《民俗学》）。歌词与曲调二者既不可分离，则其它歌谣之变为乐歌，在古代也必是很盛行的。这在现存的《诗三百篇》中，如《周南》的《关雎》、《汉广》，《召南》的《野有死麕》之为恋歌，《周南》的《螽斯》、《麟之趾》，《小雅》的《南有嘉鱼》之为颂词；《魏风》的《葛屦》、《伐檀》，《陈风·墓门》，《小雅·巷伯》等之近于咒文；《邶风·击鼓》，《秦风》的《小戎》、《无衣》，《小雅·出车》等之近于战歌；其他如儿歌、挽歌、婚歌、叙事歌之类，也都是有迹可循的。但这些本是由无技术的作品进而至于专为娱乐用的乐歌，这种进步当然需要很长的时间，所以在现存的《诗三百篇》之中最早不过是西周初年的作品——《周颂》。

## 第二节 《诗》的采集



关于《诗》的采集，据古籍所记载的，约有八说之多，而且这八说中，所记采《诗》的人物与时间及其方法，都不大相同的。现在且先将这八说列举如下：

1.《礼记·王制》：“天子五年一巡狩。岁二月东巡狩……命太师陈诗以观民风。”



2.《方言》附录《刘歆与扬雄书》：“三代周秦轩车使者，遒人使者，以岁八月巡路，宷代语僮谣歌戏。”

3.《汉书·艺文志》：“故古有采诗之官，王者所以观风俗，知得失，自考正也。”

4.《汉书·食货志》：“孟春之月，群居者将散，行人振木铎徇于路，以采诗，献之大师，比其音律，以闻于天子。故曰：王者不窥牖户而知天下。”

5.《说文·丌部》：“近，古之遒人，以木铎记诗言。”

6.《公羊传·宣公十五年》何注：“从十月尽正月止……男年六十，女年五十无子者，官衣食之，使之民间采《诗》。乡移于邑，邑移于国，国以闻于天子，故王者不出户牖，尽知天下所苦。”

7.郑志《答张逸》云：“国史采众《诗》时，明其好恶，令瞽蒙歌之，其无所主，皆国史主之，令可歌。”

8.《文选·三都赋序》：“孔子采万国之《风》，正《雅》、《颂》之名，集而谓之《诗》。”

在这八说之中，虽然都说采《诗》，然而他们所述采《诗》之人不同：行人、遒人、遒人使者、轩车使者、男女老无子者、太师、采诗之官、国史、孔子；时间不同：二月、孟春、八月、从十月尽正月止；方法不同：有以为是天子巡狩命太师陈《诗》，有以为是乡移于邑以至国以闻于天子。这些虽是传说不同，但正足见无一定之制，而且都未必合于古代史实。所以崔述在《读风偶识》上说：“十三国风中，东迁以后之诗居其大半，而春秋之策，王人至鲁，虽微贱无不书，何不见有采风之使？及至《左传》之广攟博采，而亦无之，则此言出于后人臆度无疑也。”传说中以为有固定的采《诗》之官，这当然是不足为据的。但是最早的传说是以为太师陈诗。而依其记载看来，如“子语鲁太师乐”，“师挚之始，《关雎》之乱”，“吾自卫反鲁，然后乐正，《雅》、《颂》各得其所”等。我们知道，诗、乐与太师是有关系的。在孔子之时，诗犹为太师所掌，则诗的采集或者是由于古代的太师。他们因为职业的关系，而去采集民间的诗歌并配以管弦，不过不一定是“岁有定时询于路”以采而已。再依据民俗学的观点来看，原始民族中是有一种唱诗人专以歌唱为职业的，其生活有时仰给于统治者，有时由人民供给他。古代希腊的荷马便是这一种人。还有的是专门游行各地，唱着诗歌，伴着管弦，其歌词都是由口传的。然则在古代社会中，有专门的乐师，他们有时游行各地，由他们而无意识地将歌谣采集来变为歌，这实是可能的。在东周时，乐师所执掌的诗共有三百余篇，经过孔子的提倡，而变为儒家的经典。就《诗》的采集来看，实际情况只应当是如此的。

### 第三节 《诗》的删定

《诗》的采集依现在的推证，是由当时的乐师搜集的。大概在孔子时只有诗三百篇，这却是可信的。《史记·孔子世家》说：

古者《诗》三千余篇，及至孔子，去其重，取可施于礼义，上采契、后稷，中述殷、周之盛，至幽、厉之缺，始于衽席。

这三千余篇实不可信。在唐孔颖达《毛诗正义》中已怀疑地说：

案书传所引之诗，见在者多，亡逸者少，则孔子所录，不容十分去九，马迁言古诗三千余篇，未可信也。

他这话只是就《史记》“去其重”而发的，其后虽然欧阳修、朱子发、周子醇、郑樵、马端临、卢格、赵坦、王崧等人还主张删《诗》之说，但是朱子、叶适、苏大爵、黄淳耀、朱彝尊、赵翼、李淳、崔述、魏源、方玉润、皮锡瑞等多数是主张孔子未删《诗》的。朱彝尊在他的《诗论》上说：

孔子删《诗》之说，倡自司马子长，历代儒生，莫敢异议。……窃以诗者掌之王朝，班之侯服，小学、大学之所讽诵，冬夏之所教，莫之有异。故盟会、聘问、燕享，列国之大夫，赋诗见志，不尽操其土风，使孔子以一人之见，取而删之，王朝列国之臣，其孰信而从之者？且如行以《肆夏》，趋以《采荠》，乐师所教之乐仪也，何不可施于礼义，而孔子必删之；俾堂上有仪，而门外无仪，何也？凡射“王以《驺虞》为节，诸侯以《狸首》为节，大夫以《采蘩》为节，士以《采苹》为节”。今大小《戴记》载有《狸首》之辞，未尝与礼义悖，而孔子于《驺虞》、《采蘩》、《采苹》则存之，于《狸首》独去之，俾王与大夫有节，而诸侯无节，又何也？燕礼：“升歌《鹿鸣》，下管《新宫》。”《大射仪》：“乃歌《鹿鸣》三终，乃管《新宫》三终。”而孔子于《鹿鸣》则存之，于《新宫》则去之，俾歌有诗而管无诗，又何也？《肆夏》、《繁遏》、《渠》，天子所以享元侯者，故九夏掌于锺师，而《大司乐》："王出入奏王夏，尸出入奏《肆夏》，牲出入奏《昭夏》"。《乡饮酒之礼》："宾出奏《陔》"……大射之仪："公升即席奏《陔》"，"宾醉奏《陔》"，"公入骜"，此又何不可施于礼义，而孔子必删之，俾礼废而乐缺，又何也？正考父校商之名《颂》十二篇于周太师，归以祀其先王，孔子殷人，乃反以先世之所校，归祀其祖者，删其七篇，而只存其五，又何也？"穆王欲肆其心，周行天下，祭公谋父作祈招之诗，以止王心。"诗之合乎礼义者，莫此若矣！孔子既善其义，而又删之，又何也？且《诗》至于三千篇，则輶轩之所采，定不止于十三国矣，而季札观乐于鲁，所歌风诗，无出十三国之外者，又子所雅言，一则曰《诗》三百，再则曰诵诗三百，未必定属删后之言。况多至三千，乐师矇瞍，安能遍其讽诵？窃疑当日掌之王朝，班之侯服者，亦止于三百余篇而已。至欧阳子谓删《诗》云者，非止全篇删去，或篇删其章，或章删其句，或句删其字，此又不然。诗云："唐棣之华，偏其反而。岂不尔思，室是远而。"惟其诗孔子未尝删，故为弟子雅言之也。"《诗》曰：衣锦尚絅，恶其文之著也"，惟其《诗》孔子亦未尝删，故子思子举而述之也。《诗》云："谁能秉国成？"今本无能字，犹夫"殷鉴不远，在于夏后之世"，今本无于字，非孔子去之也，流传既久，偶脱去尔。昔者子夏亲受《诗》于孔子矣，其称《诗》曰"巧笑倩兮，美目盼兮，素以为绚兮"，惟其句孔子亦未尝删，故子夏所受之《诗》，存其辞以相质，而孔子亟许其可与言《诗》，初未以素绚之语，有害于义而斥之也。由是观之，《诗》之逸也，非

孔子删之，信已。（《曝书亭集》卷五九《诗论一》，四部丛刊景清康熙本）

朱氏这话，对于《史记》的“取可施于礼义”以及欧阳修之删《诗》说，都加以反驳。其后方玉润在《诗经原始》上说：

夫子返鲁在周敬王三十六年、鲁哀公十一年丁巳，时年已六十有九。若云删《诗》，当在此时。乃何以前此言《诗》皆曰“三百”，不闻有“三千”说耶？此盖史迁误读正乐为删《诗》云耳。夫曰正乐，必《雅》、《颂》诸乐，固各有其所在，不幸岁久年湮，残阙失次。夫子从而正之，俾复旧观，故曰“各得其所”，非有增删于其际也。奈何后人不察，相沿以至于今，莫不以正乐为删《诗》，何不即《论语》诸文而一细读之也？

他在这里提出孔子返鲁以前已只说《诗》三百，证据再确凿也没有了。郑樵、王崧所主张的孔子正乐即是删《诗》，也被他反驳了。欧阳修、朱子发、周子醇以为删《诗》是“篇删其章，章删其句”的，这不过是三家的异文。马端临以为“其人不可考，其意不可寻，则夫子删之”。而在现在的《诗三百篇》中也有“其人不可考，其意不可寻”的诗，这些并未删去，马氏之说是不能成立的。卢格只证明《诗》有三千是有可能的，唯有赵坦主张孔子删《诗》是“去其重”，这一说在魏源、皮锡瑞都信从而未加以反驳。但是赵坦这种说法也是不尽然的。我以为《史记》述孔子删《诗》的那一段话根本上就不可信。我曾提出五个理由来作证明。因为：

1. 史迁在《宋世家》说，《商颂》是“其大夫正考父”“追道契、汤、高宗，殷所以兴，作《商颂》”。而此处却说“上采契、后稷”，不是正考父作的了，自相矛盾，疑于窜乱。

2.《史记》“去其重”一语与下文也不相合，因为“去其重”就不是“取可施于礼义”，“去其不可施于礼义”，这两句话的意思是相冲突的。“取可施于礼义”已经朱彝尊证明为不可信，“去其重”当然也是不可信的，说它是一半去其重，另一半去其不可施于礼义，这也是不可能的。而且“去其重”也不能说是“删”。

3. 就佚诗的数目来看，真正的佚诗只有几条，也不像十重其九的。

4. 就删《诗》的情形来看，如果真是十重其九，这又何必等待孔子删呢？这已可见“去其重”之说之难信。

5.《史记·孔子世家》述《易》有“《序彖》、《系》、《象》、《说卦》、《文言》”八字，经康有为《新学伪经考》证明其为窜入；述《书》、《礼》的地方经崔适《史记探源》卷六证明其从“序《书传》”至“编次其事”十七字误在与下文“曰：‘夏礼吾能言之’”句上，致与上文言三代之礼，语意间隔。则此处述删《诗》，根本也就很难信了。王崧已说《史记》“此其属辞之未密，或文字有脱误耳”。我们对于《史记》上的删《诗》说，则再没有相信的余地。





## 第四节　《诗》的时代

现存《诗》三百篇，依《毛诗传序》及《郑诗谱》是上起太甲（《商颂·那》篇），下终陈灵（《陈风·株林》），但是此说殊不可信。《汉志》上说孔子纯取周诗，三家诗是无以《商颂》为殷诗的。现存《商颂》五篇，魏源《诗古微·商颂·鲁韩发微》已提出了十三证来证明《毛诗》之误，《商颂》比《周颂》文词畅达流利，本是正考父美宋襄公，这在《后汉书·曹褒传》、扬雄《法言》、《史记·宋世家》俱有明说。古书中颇多以商代宋，“盖鲁定公名宋，故鲁人讳宋称商，夫子录诗，据鲁太师之本，犹《卫》之称《邶》、《鄘》，晋之称《唐》，皆仍其旧”。可知《商颂》实在是宋诗。他提出的佐证是：

> 《商颂》果作于商代，如笺说《那》之祀成汤者为

太甲，《烈祖》之祀中宗者为仲丁，《玄鸟》之祀高宗者为祖庚，则皆以子祭父，如成王之于文、武何遽称之曰“自古”、“古曰在昔”、“昔曰先民”？而且一则曰“顾予烝尝，汤孙之将”，再则曰“顾予烝尝，汤孙之将”，岂非易世之后，人往风微，庶冀先祖之眷顾我佑我子孙乎？证五。

又说：

楚入春秋，历隐、桓、庄、闵止称荆，至僖二年始称楚，安得高宗即有伐楚之名？孔疏亦穷于词，故云周有天下始封熊绎为楚子。于武丁之世，未审楚君何人？证八。

这都是很明显的《商颂》为宋诗之证。皮锡瑞在《经训书院自课文》卷一《商颂美宋襄公考证》更提出七条证据来作证明，他说：

《那》汤孙奏假，毛无传，笺云：“汤孙，太甲也。”“于赫汤孙”，传云：“盛矣！汤为人子孙也。”笺云：“汤孙，呼太甲也。”《烈祖》“汤孙之将”，笺云：“中宗之享此祭，由汤之功，故本言之。”《殷武》“汤孙之绪”，笺云：“是乃汤孙太甲之等功业。”锡瑞案：毛、郑解“汤孙”之义，似皆失之。祀汤而称汤为“汤孙”，殊属不辞。以为太甲，亦不应商人颂祖德，专归美于太甲。同一“汤孙”，而前后异训，义更不确，“汤孙”乃主祭之君，即当属宋襄公。古者立二王后，以其祖有功德。成王赐鲁以天子礼乐，亦以周公功德比于二王之后，故《鲁颂》称僖公曰“周公之孙”。《商颂》称襄公曰“汤孙”，意正相同。其证一。

“《万舞》有奕”，笺云：“其《干舞》又娴习。”锡瑞案：《春秋》宣八年“《万》入，去籥”，《公羊传》

曰："《万》者何？《干舞》也。"何氏解诂曰："干，谓盾也。能为人捍难而不使害人，故圣王贵之，以为武乐；《万》者，其篇名。武王以万人服天下，民乐之，故名之云尔。"疏云："《春秋说》文。"郑君以《万舞》为《干舞》。与《公羊》合。据何氏引纬说，则《万舞》之名始于周。若《商颂》作于商时，不得有《万舞》之文。其证二。

王国维《观堂集林》卷二《说商颂下》也说：

然则《商颂》果为商人之诗欤？曰：否。《殷武之卒》章曰："陟彼景山，松柏丸丸。"毛、郑于景山均无说。《鲁颂》拟此章则云：徂徕之松，新甫之柏。则古自以景山为山名，不当如《鄘风·定之方中》传"大山"之说也。按《左氏传》商汤有景亳之命，《水经注·济水》篇："黄沟枝流北径己氏县故城西，又北径景山东。"此山离汤所都之北亳不远，商丘蒙亳以北，唯有此山，《商颂》所咏，当即是矣。而商自般庚至于帝乙居殷墟，纣居朝歌，皆在河北，则造高宗寝庙，不得远伐河南景山之木。惟宋居商丘，距景山仅百数十里，又周围数百里内，别无名山，则伐景山之木以造宗庙，于事为宜。此《商颂》当为乐（宋）《诗》，不为商《诗》之一证也。又自其文辞观之，则殷墟卜辞所祭祀礼与制度文物，于《商颂》中无一可寻，其所见之人名地名，与殷时之称不类，而反与周《诗》之称相类，所用之成语，并不与周初类，而与宗周中叶以后相类，此尤不可不察也。卜辞称国都曰商不曰殷，而颂则殷商错出。卜辞称汤曰大乙不曰汤，而颂则曰汤、曰烈祖、曰武王，此称名之异也。其语句中，亦多与周《诗》相袭，如《那》之"猗那"，即《桧风·苌楚》之"阿傩"，《小雅·

隰桑》之“阿难”，石鼓文之“亚箬”也。《长发》之“昭假迟迟”，即《云汉》之“昭假无赢”，《烝民》之“昭假于下”也。《殷武》之“有截其所”，即《常武》之“截彼淮浦，王师之所”也。又如《烈祖》之“时靡有争”，与《江汉》句同；“约軧错衡，八鸾锵锵”，与《采芑》句同。凡所同者，皆宗周以后之《诗》，而《烝民》、《江汉》、《常武》序皆以为尹吉甫所作，扬雄谓正考父即尹吉甫，或非无据矣。

《商颂》之绝非殷商时代的诗，据其文词、史迹、地理、称谓等等看来，应该是无可怀疑的。王国维说《商颂》盖宗周中叶宋人所作，这话实甚错误。《商颂》文笔非常之畅达，实在不像东周以前的作品。魏源据楚入《春秋》，隐、桓、庄、闵止称荆，至僖二年始称楚，《鲁颂·閟宫》有“荆舒是惩”，《商颂》有“奋伐荆楚”等句，认为这是召陵之师为“中夏攘楚第一举，故鲁僖、宋襄归侈厥绩，各作颂诗，荐之宗庙”。这种说法是比较有道理的。

至于《周颂》的时代，在毛、郑虽以为“其作在周公摄政，成王即位之初”，欧阳修《诗本义》卷十四《时世论》已说：

《周颂·昊天有成命》：“二后受之，成王不敢康。”所谓二后者，文、武也。则成王者，成王也，犹文王之为文王，武王之为武王也。然则《昊天有成命》当是康王已后之诗，而毛、郑之说以民《颂》皆是成王时作，遂以“成王”为成此王功，不敢康宁。《执竟》曰：“执竟武王，无竟维烈。不显成康，上帝是皇。自彼成康，奄有四方。”所谓成、康者，成王、康王也，犹文王、武王谓之文、武尔。然则《执竟》者，当是昭王已民后之诗，而毛以为“成大功而安之”，郑以为“成安祖考之道”，皆以为武王也。据诗之文，但云“成康”尔。

郑樵《六经奥论》卷三《毛郑之失》还以《周颂》作于成王、康王之世，其识见还不如欧阳修所论。姚际恒《诗经通论》是以“《颂》有在武王时作者，有在昭王时作者”，而对于《昊天有成命》更说：

此诗“成王”自是为王之成王，《国语》叔向曰“道成王之德，及武王能明文昭，定武烈”，此一证也。贾谊《新书》曰：“后，王也。二后，文王、武王也。成王者，武王之子，文王之孙也。文王有大德而功未既，武王有大功而治未成；及成王承嗣，仁以莅民，故称‘昊天’焉。”此一证也。扬雄谓“康王之时，颂声作于下”，班固谓“成、康没而颂声寝”，此一证也。然则毛、郑辈必以“成王”作“成其王”解，固泥于凡《颂》皆为成王时周公作耳。

他在这里提出三证，更足以推翻毛、郑之说，而见得欧阳修所论是不错的。现在《周颂》中如：1.《清庙》有“秉文之德”；2.《维天之命》有“文王之德之纯”；3.《维清》有“维清辑熙，文王之典”；4.《天作》有“文王康之”；5.《我将》有“仪式刑文王之典”；6.《雝》有“亦右文母”；7.《赉》有“文王既勤止”。在这七篇中，都有文王之谥，或据此为武王时或武王以后之作。8.《武》有“于皇武王”；9.《桓》有“桓桓武王”。此两篇有武王之谥，或据此为成王时作。10.《昊天有成命》有“成王不敢康”；11.《噫嘻》有“噫嘻成王”。此两篇有成王之谥，或据此为成王时作。12.《执竞》有“不显成康”，一篇为康王之谥，或据此为康王时作。但我的拙见则以为有文王之谥不必一定是武王时作，也可以是武王以后所作；有康王之谥不必一定是昭王时作，也可以是昭王以后所作。诗篇的时代，仅据谥号为证，殊不足凭。现在《周颂》中，如《清庙》的“於穆清庙，肃雍显相。济济多士，秉文之德。对越在天，骏奔走在庙。不显不承，无射于人斯”，《维天之命》的“维天之命，于穆不已。于乎不显，文王之德之纯。假以溢我，我其收之。骏惠我文王，曾孙笃之”等诗，文句在现在看来虽觉难懂，但比之《周诰》的佶屈聱牙还不及的。我以为现在的《周颂》恐怕全是成、康以后的作品。如认为成、康时诗，还觉得稍早了。否则只有说当时的白话文（《周诰》）比当时的白话诗还难懂，这个恐怕不然吧？但在金文中如《虢季子白盘铭文》说：

> 不显子白，庸武于戎工。经维四方，博伐猃狁，于洛之阳。折首五百，执讯五十。是以先行，桓桓子白，献馘俘于王。王孔嘉子白义，王格周庙，宣榭爰乡。王曰白父，孔显有光。王赐乘马，足用左王。赐用弓，彤矢其央；赐用戉，用政蛮方。子子孙孙，万年无疆。

词句比较畅达。这是宣王时的作品（据《两周金文辞大系》），则《周颂》无论如何应在其前的。我们如严格地说，《周颂》应是成、康至宣、厉之间的作品，这样来说，实比“大约总在武王至昭王的百余年中”较稳妥些。

《鲁颂》的时代，据《閟宫》末章“奚斯所作”，韩诗《薛君章句》说：“奚斯，鲁公子也。言其新庙奕奕然盛，是诗公子奚斯所作也。”《毛诗》在《駉》序上却说：“僖公能遵伯禽之法，俭以用足，宽以爱民，务农重谷，牧于坰野，鲁人尊之。于是季孙行父请命于周，而史克作是颂。”如依《毛诗》的说法，史克卒于襄公六年，则《鲁颂》当作于鲁襄之时，上距奚斯约八十年，下距孔丘之生约二十年，但《毛诗》这种说法是错误的。段玉裁在《“奚斯所作”解》上说：

> 此章自“徂来之松”至“新庙奕奕”七句，言鲁修造之事。下“奚斯所作”三句，自陈奚斯作此《閟宫》一篇，其辞甚长且大，万民皆谓之顺也。作诗之举其名者，《小雅·节南山》曰：“家父作诵，以究王讻；式讹

尔心，以畜万邦。”《巷伯》曰：“寺人孟子，作为此诗；凡百君子，敬而听之。”《大雅·崧高》曰：“吉甫作诵，其诗孔硕，其风肆好，以赠申伯。”《烝民》曰：“吉甫作诵，穆如清风，仲山甫永怀，以慰其心。”并此篇为五云。“奚斯所作”，即吉父、家父作诵之辞也；曰“孔曼且硕，万民是若”，即其诗孔硕，以畜万邦之意也。“所”字不上属，“所作”犹“作诵”、“作诗”之云，以作为韵，故不曰作诵作诗耳。（段玉裁：《经韵楼集》卷一）

段氏的这种解释是不错的。现在的《鲁颂》，就其文词言，没有晚于《商颂》的现象，《后汉书·曹褒传》说：“奚斯颂鲁，考父咏殷。”扬雄《法言》说：“正考父尝睎尹吉甫矣，公子奚斯尝睎正考父矣。”旧说亦多以为奚斯所作，《鲁颂》、《商颂》，其时代实相去不远。二《雅》的作品，应是在西周宣、厉之间至东周初叶的。其有无宣、厉以前的作品，现在难以确实证明，兹就今所能知者略分说于下：

1. 现在可知为平王时之《诗》者六首：a.《节南山》，诗中说到“国既卒斩”，足知其在东迁以后；而且又有“家父作诵”，《春秋·桓公八年》有“天王使家父来聘”，其人当桓王时……而此诗云“乱靡有定”，似平王时情形。则此诗为平王时作。b.《正月》，诗中有“赫赫宗周，褒姒灭之”。可知其与《节南山》同时。c.《雨无正》，篇中有“宗周既灭，靡所止戾”，也当是平王时所作。d.《都人士》，篇中有“彼都人士”，“行归于周，万民所望”。方玉润《诗经原始》说：“曰彼都、曰归周，明是东都人指西都而言矣。”此诗似当为平王时所作。e.《瞻卬》，诗中有“哲夫成城，哲妇倾城”及“人之云亡，邦国殄瘁”，俱可知与《正月》同时。f.《小弁》“踧踧周道，鞫为茂草”，则似当为平王时所作。

2. 现在可知为幽王时之诗者二首：a.《十月之交》，篇中的“朔日辛卯，日有食之”固可作证，而云“艳妻煽方处”，系指褒姒而言，尤足为明证。b.《鼓钟》，篇中有“淮水汤汤”，“淮有三洲”。据《左传·昭公四年》，谓幽王为大室之盟，旧说谓此刺幽王似可信。

3. 现在可知为宣王时之诗者十五首：a.《采薇》，篇中的“靡室靡家，玁狁之故”，是说宣王时伐玁狁。b.《出车》，篇中有“赫赫南仲，玁狁于襄”。南仲是宣王时的重臣，篇中的“王命南仲，往城于方”，与《六月》的“侵镐及方”相应，故知此二篇为宣王时所作。c.《六月》，篇中的“吉甫燕喜”、“张仲孝友”，都是证其为宣王时所作。d.《采芑》，篇中叙“方叔元老，克壮其犹”、“征伐玁狁，蛮荆来威”。《后汉书·南蛮传》说：“宣王中兴，乃命方叔南伐蛮方。”三家诗也是如此说的（详见《易林》等书）。故此诗当在宣王时所作。e.《祈父》，篇中说“胡转予于恤，靡所止居”。据《国语·周语》，宣王三十九年战于千亩，王师败绩于姜氏之戎。则此诗亦当为宣王时所作。f.《车攻》，篇中有“驾言徂东”，“东有甫草”，《郑笺》释“甫草”为“甫田之草”，以甫田为地名，在今河南开封中牟县西北，虽与《韩诗》释为“圃草”、“博大之茂草”有不同，但在“东”则无疑问。g.《吉日》，篇中有“漆沮之从，天子之所”。此二篇均可见作成于东迁之前，而叙周王田猎及整饬武备，非幽、厉时情形，当是宣王时诗。h.《黍苗》，篇中有“肃肃谢功，召伯营之。烈烈征师，召伯成之”。召伯实是召穆公虎，召公奭之后，历厉、宣、幽三朝，然据《崧高》及《世本》，其营建申都谢城乃宣王时事，故此诗当作于宣王时。i.《常棣》，该诗作者旧有两说，《国语》记为成王时周公所作，《左传》以为召穆公所作，崔述谓后说较胜。今定为宣王时所作。j.《抑》，据马其昶说：“《国语·楚语》谓卫武公年数九十五，犹箴于国……于是作《懿》戒以自儆。”“懿”

即是“抑”，当是宣王时作，或系幽王时作。k.《崧高》，篇中有“王命召伯，定申伯之宅”，又有“吉甫作诵……以赠申伯”等句，故知为宣王时作品。l.《烝民》，篇中有“吉甫作诵，穆如清风。仲山甫永怀，以慰其心”。知与《崧高》同时。m.《韩弈》，篇中有“韩侯取妻，汾王之甥”。(《郑笺》：“汾王，厉王也。厉王流于彘，彘在汾水之上。”）韩侯系宣王时人，此诗当在宣王时作。n.《江汉》，篇中有“江汉之浒，王命召虎；式辟四方，彻我疆土”。所叙为伐淮夷之事。诗当作于宣王之时。o.《常武》，篇中有“王谓尹氏，命程伯休父”。据《国语·楚语》，谓程伯休父当宣王时。则此诗亦当作于宣王时。

4. 现在可以知为厉王时之诗者二首：a.《巷伯》篇中有“寺人孟子，作为此诗”。《汉书·古今人表》列寺人孟子于厉王时，则此诗当为厉王时所作。b.《桑柔》，据《史记·周本纪》“芮良夫谏厉王……厉王不听”。《潜夫论·遏利》篇：“昔周厉王好专利，芮良夫谏而不入。退赋《桑柔》之诗。”或可证其为厉王时所作。但篇中有“天降丧乱，灭我立王”。朱子以为其言“灭我立王”，则疑其在共和之后也。《韩诗外传》列以证吴之亡，则此诗似以在共和后作为是。

5. 现在可知为成康之世之诗者四首：a.《文王》，《吕氏春秋》以为周公所作。b.《大明》，篇中有“长子维行，笃生武王”，当作于成王时。c.《下武》，篇中有“成王之孚，下土之式”，当作于康王时。d.《文王有声》，篇中有“维龟正之，武王成之。武王烝哉”，亦当在成王时。但这四篇专以谥号断定时代，确否尚不可知，因为后来也可以称文、武、成之谥号的。

这九项所列共二十九首，是时代略可考的，此外如：a.《四月》之“滔滔江汉，南国之纪；尽瘁以仕，宁莫我有”，据《江汉》看来，当是宣王或幽王时之诗。b.《召旻》的“昔先王受命，有如召公，日辟国百里 ，今也日蹙国百里 ”，据诗句来看，当是幽王或平王时之诗。c.《大东》之言“西人之子，灿灿衣服”。d.《瞻彼洛矣》之咏及洛水。e.《鱼藻》之言“王在在镐”。这五首之时代也略可见。其他则虽难以确定，然大体可认为由西周宣、厉至东周初叶的。在金文中，如伯犀休父彝、录伯𢦏敦、录伯𢦏卣、白犀父卣、仲称父鼎、师雍父鼎、伯雍父敦、师艅敦、曾伯霥簠、䅹卣、受尊等，都记载了伐淮夷之役；兮白吉父盘、邬惠鼎、虢季子白盘、不期敦盖等，多记伐玁狁之役。从金文中可以旁证诗的时代与其词句，如上所引虢季子白盘记伐玁狁之词，一方面可见《周颂》之时代较早，另一方面可见《采薇》、《出车》、《六月》、《采芑》、《江汉》、《常武》诸篇之时代，如以《采薇》、《出车》在厉王时，或以《常武》之在宣王时，更可以由金文正其谬误的。

国风的时代，依《毛诗》的次序是邶、鄘、卫、王、郑、齐、魏、唐、秦、陈、桧、曹、豳。这次序如以时代而论，是极错误的。《左传》记季札观乐，其次序为邶、鄘、卫、王、郑、齐、豳、秦、魏、唐、陈、桧、曹，也不甚相合，现在如以每国风中最早的诗来决定其先后，则：

1. 最早为《豳风》。据《史记·周本纪》说：“公刘卒，子庆节立，国于豳。”《左传》记“季札见歌豳曰：‘美哉，乐而不淫，其周公之东乎！’”豳地在今陕西，据此看来，已足见其非东周时作。现在《豳风》中可考者唯《破斧》，篇中有“周公东征，四国是皇”，其诗自在成王以后。然以《豳风》全体词语、技法而论，则比《周颂》进步，也决不会早于《周颂》的。《七月》一篇，叙述农事，亦近于《雅》、《颂》，其时代亦当较早。

2. 其次为《桧风》。据《史记》说，桧亡于西周的末年，而其《匪风》一诗，有“顾瞻周道，中心吊兮”、“谁将西归，怀之好音”。也好像是在西周末的情形。

3. 其次为《秦风》。魏源《诗古微》云：“《小戎》自是秦仲子、庄公以兵七千破西戎，故有兵车甲胄‘在其板屋’之语，且复其先世大辂、犬丘地并有之，居其西故犬丘。故有‘温其在邑’之语。”秦仲在宣王时，诗作于庄公破西戎之后，则实在西周末。但《黄鸟》诗有“谁从穆公，子车、奄息”，则《秦风》又有春秋文公时的。

4. 其次为《王风》。《王风・扬之水》有“戍申”、“戍甫”、“戍许”等词句；《兔爰》一诗，《毛序》且以为当桓王时。据诗看来，大约无西周末诗，而纯为东周时诗。

5. 其次为《唐风》。《唐风・扬之水》有“从子于沃”、“从子于鹄”等诗句，这是昭公分国以封沃，沃强盛；昭公微弱，国人将叛而归沃，时当东周初年。

6. 其次为《卫风》。《卫风・硕人》咏庄姜有“齐侯之子、卫侯之妻、东宫之妹、邢侯之姨”等句，诗当作于东周初年。但《击鼓》诗有“从孙子仲，平陈与宋”，据姚际恒谓“此乃卫穆公背清丘之盟，救陈为宋所伐，平陈、宋之难”。则此诗正当鲁宣公十二年时。“三家诗”以《燕燕》为卫定姜归其妇所作（《列女传》、《礼记・坊记》郑注），则未可信。

7. 其次为《齐风》。《南山》、《敝笱》、《载驱》、《猗嗟》叙鲁文姜、哀姜及鲁庄之事，其时代正当鲁桓、庄之世，在春秋的初年。

8. 其次为《魏风》。魏风七篇，咏魏亡以前之诗。魏亡在晋献公十六年，则亦当春秋鲁庄公先后，而为春秋初年之作。

9. 其次为《郑风》。《郑风》中可考者《清人》一篇。《左传・闵公二年》：“郑人恶高克，使帅师次于河上，久而弗召，师溃而归，高克奔陈，郑人为之赋《清人》。”诗云“河上乎逍遥”，“河上乎翱翔”，实合于《春秋》“郑实其师”的记载，则此诗当作于春秋初年。《毛诗》谓《郑风》中多刺郑庄、郑忽，殊不足信。

10. 其次为《曹风》。方玉润谓《候人》中“三百赤芾”，即

《左传·僖公二十八年》所谓“不用僖负羁而乘轩者三百”，及《史记·晋世家》所谓“美女乘轩者三百人”。鲁僖之世，亦当为春秋之初。

11. 其次为《陈风》。《株林》篇中“胡为乎株林，从夏南”，这是咏陈灵公通于夏姬，“皆衷其衵服以戏于朝”（《左传·宣公九年》）之事。其诗正当春秋中叶。《毛诗》以为“《诗》讫於陈灵”，其实则《卫风·击鼓》相较更晚；当然还有一些较晚的，不过我们现在不可确定而已。

至于二《南》的时代，旧说误认为在西周，其实二《南》中无一篇可证明为西周，而倒有几篇可证为东周诗的。例如：(1)《汝坟》：“鲂鱼赪尾，王室如燬；虽则如燬，父母孔迩。”正是西周末的情景。旧说以为时盖文王以修职贡之故，往来于商，汝坟之人得见而喜之（何楷《诗经世本古义》）。商人苦纣之虐，归心文王，作是诗（申培《诗说》），以“王室如燬”指纣而言。崔述《读风偶识》说：“桀纣之暴，原不行于畿外，诗人何必代为之忧？而汝之距丰千有余里，亦无缘谓之孔迩也……窃意此乃东迁后诗，‘王室如燬’，即指骊山乱亡之事。”这种说法实较合理。《毛诗》的“文王之化自北而南”的说法既不可信，也决无在纣时即有汝坟之人归向文王的；而且《周颂》是较早的诗篇，其技法远不如二《南》。《周颂》中尚无文王时诗，此“王室如燬”绝非指纣而言。此诗当为东迁以后之诗。(2)《甘棠》：《甘棠》的“召伯所茇”、“召伯所憩”、“召伯所说”，牟庭的《诗切·序》说“思召穆公也”，这话是不错的。旧说以召伯为召公奭（《郑笺》），但据《小雅·黍苗》“悠悠南行，召伯劳之”；《大雅·崧高》“王命召伯，定申伯之宅”。召伯指召穆公虎而言。《大雅·江汉》“文武受命，召公维翰”；《大雅·召旻》“先王受命，如有召公，日辟国百里”，此召公始指召公奭而言，则此诗之召伯自是指召穆公虎的。召伯卒于何时，不可考之；假定与宣王崩时相近，则此诗之作当在其崩后，如若距离有十余年而幽王在位只十一年，则正是东周的开始。此诗时近以将它断在东周为合理的。(3)《何彼襛矣》：诗中有“平王之孙、齐侯之子”，据龚橙《诗本谊》，则此诗是“美王姬之女也”。齐侯之女，平王之外孙女，嫁于诸侯，以其母始嫁之车送之，则此诗之作当在东周庄王四年(前693)之后。《春秋穀梁传·庄公元年》记载“王姬归于齐”，则王姬之女出嫁，又尚得十余年，此诗作于春秋时自不待言。《毛诗》释“平”为“正”，以为武王女、文王孙，则郑樵早已驳过了。章潢说：“若必指为文王时，非特不当作正义，而太公尚未封齐，则齐将谁指乎?”毛说显然是错误的。二《南》诗中如《汉广》、《江有汜》等篇所说地域涉及江汉，必是周的文化渐及于南方，而南方也有了中原民族式诗歌，这也是较晚的现象，故二《南》诗自当大部认为东周以后的作品，即令有一些是西周的，也当在西周末年宣幽之际，因为二《南》中的作品比较进步，也不像太早的。





# 第三章

# 《书》的起源与编订

## 第一节　《书》的起源

关于《书》的起源，在古籍中约有两说：

1.《汉书·艺文志》“《易》曰：‘河出图，洛出书，圣人则之。’故《书》之所起远矣，至孔子纂焉，上断于尧，下讫于秦，凡百篇而为之序……古之王者，世有史官，君举必书，所以慎言行，昭法式也。左史记言，右史记事。事为春秋，言为尚书。”

2.《礼记·玉藻》篇：“动则左史书之，言则右史书之。”注曰：“其书，《春秋》、《尚书》，其存者。”《疏》引熊氏云：“按《周礼》太史之职云：‘大师，抱天时，与太师同车。’又《左传》曰：‘太史书曰：崔杼弑其君’，是太史记动作之事，在君左厢记事，则太史为左史矣。《周礼》内史掌王之八枋，其职云：‘凡命诸侯及孤卿大夫，则策命之。’僖二十八年传曰：‘王命尹氏及王子虎，内史叔兴父，策命晋侯为侯伯。’是皆言诰之事，是内史所掌，在君之右，故为右史。是以《酒诰》云：‘矧太史友内史友。’郑注：‘太史内史，掌记言记行。’是内史记言，太史记行也。”

《汉志》以为左史记言，右史记事，与《玉藻》是正相反的。但是所谓“古之王者，世有史官”这一说却极有道理。不光在《酒诰》中有“矧太史友内史友”，在《顾命》中亦有“太保、太史、太宗”；在《洛诰》中有“作册逸告”；在《顾命》中有“命作册度”。“作册”也是史官，“师艅敦”铭云“王乎作册内史册命师艅”；“尢盉”铭云“王在周，命作册内史锡尢卤□□”；“刺鼎”铭云“王乎作命内史册命刺”；“师兑”敦云“王乎内史尹册命师兑”；等等。这些都足以证明古之王者确是世有史官的。从《洛诰》中的“作册逸告”看来，足见古代史官确是掌记言行的。但是太史、内史在古代都可以是掌册命的。《左传·僖公二十八年》说：“王命尹氏及、王子虎内史叔兴父策命晋侯为侯伯。”《左传·襄公三十年》却说：“使太史命伯石为卿，辞；太史退，则请命焉。复命之，又辞。如是三，乃受策，入拜。”《顾命》上说：“太史秉书，由宾阶跻，御王册命。”这尤其为太史也可以掌册命的铁证。至于左史、右史，在古籍以及古器物中，并不多见。《汉志》附会以为“左史记言，右史记事”；《玉藻》附会以为“动则左史书之，言则右史书之”，在上面已经证明“言”、“事”之分并不足信，而其实左、右之分也是不足信的。《顾命》“太史秉书，由宾阶跻”；《觐礼》“诸公奉箧服，加命书于其上，升自西阶，东面，大史是右”；《祭统》“史由君右执策命之”；《大戴礼·盛德》篇“是故天子御者，太史、内史，左右手也”，“内史、太史，左右手也”。由这几篇看来，也很难以定太史之为左史和内史之为右史。《玉藻》、《汉志》以为记言记事是为的要“慎言行”、“昭法式”，这恐怕也不合乎于古代的实情，只是一种推测吧。《周礼·大史》职：“凡射事饰中舍算。”《仪礼·大射仪》：“司射命释获者设中，大史释获。”“中”是盛“算”之器，“算”是表胜负的。《说文》曰史之“从又持中”，恐怕最初是由于记载竞赛的胜负，故谓之“史”，而后渐渐成为记载国家大事的史官的名称。我们现在流传下来的今文《尚书》二十八篇之中，多少总有几篇是东周之史官所记载的。

## 第二节 《书》之名义

《书》的起源，既由于史，《书》的名义，由《顾命》的“太史秉书”以及楚王頵编钟的“其书其言，自作铃钟”（罗振玉：《贞松堂集古遗文》卷一《钟》）看来，虽本不是专指《尚书》而言，然而于史关系极大，所以后来直以“书”名史之所记。《论语》中屡屡言“《书》曰”，以及“《诗》、《书》执礼”皆可证《书》即指现在之《尚书》言。《书》本是记事的，所以：1.《尚书·皋陶谟》说：“书用识哉。”2.《左传·僖公二十七年》：“《诗》、《书》，义之府也”；3.《庄子·天下》篇：“《书》以道事”；4.《荀子·劝学》篇：“《书》者，政事之纪也”；5.《荀子·儒效》篇：“《书》言是其事也”；6.《韩非子·喻老》篇：“《书》者，言也”；7.《春秋繁露·玉杯》篇：“《诗》、《书》序其志”；8.贾子《新书·道德说》篇：“著此竹帛谓之《书》，《书》者，此之著者也”；9.《史记·滑稽列传》：“《书》以道事”；10. 又《太史公自序》：“《书》记先王之事，故长于政”；11. 扬子《法言·寡见》篇：“说事者莫辩乎《书》”；12. 刘歆《七略》：“《书》以决断，断者，义之证也”；13.《书纬·璇玑钤》：“《书》者，如也”；14.《孝经·援神契》：“《书》者，如也，舒也，纪也”；15.《说文》：“书，著也，从聿，者声”；16. 又《说文·叙》：“著于竹帛谓之书，书者，如也”；17.《广雅·释言》：“《书》，如也，记也，著也”；18.《释名·释书契》：“书，庶也，纪庶物也，亦言著也”；19.《尚书序》题注：《书》者，舒也……则书者，写其言，如其意，情得展舒，事得彰著；20.《尚书序疏》：“《书》者，以笔画记之辞”；等等。这些说法，有的虽就《书》的内容立言，然而大体上还都是归结到《书》题疏之“写其言，如其意，情得展舒，事得彰著”这一说法上的。不过现在通常称《书》亦为《尚书》，其所以加“尚”字者，又有种种的解释，如：1.《书纬·璇玑钤》：“《书》务以天言之”，又“因而谓之《书》，加‘尚’以尊之”。2.《论衡·须颂篇》：“或说《尚书》曰：尚者，上也；上所为，下所书也。”3. 同上《正说篇》：“《尚书》者，以为上古帝王之书。”4.《尚书·孔序》：“以其上古之书，谓之《尚书》。”5.《书·疏》引马融曰：“上古有虞氏，故曰《尚书》。”6. 王肃曰：“上所言，史所书，故曰《尚书》。”7. 郑玄《书赞》：“孔子乃尊而命之曰《尚书》。尚者，上也，尊而重之，若天书然，故曰《尚书》。”8. 孔颖达《尚书序疏》：“以其上古之书，谓之《尚书》者。此文继在伏生之下，则言以其上古之书谓之《尚书》，此伏生意也。”就以上八说看来，“上所为，下所书”这一说将“尚书”二字分属上下之最不合理。“因而谓之书，加尚以尊之”也无充分的证明，唯有“以为上古帝王之书”，比较合理。江声《尚书集注音疏》根据《墨子·明鬼》篇“《尚书》，夏书，其次商、周之书”，说《尚书》本为旧名，可以证明“《尚书》者以为上古帝王之书”这一说是不错的。至于郑玄以“孔子尊而命之以《尚书》”，孔疏说“此伏生意也”，据《墨子》看来，则实不足信。至于近人以周秦传记无称《尚书》者，以为其名后出，则《史记·太史公自序》曰：“余闻之先人曰：……尧舜之盛，《尚书》载之。”司马谈年辈略与张生、欧阳生等，其“尚书”连言，盖以此最朔。可知此种错误，尤为显然。

## 第三节 《书》之编定

《史记·孔子世家》、刘歆《移让太常博士书》、班固《汉书·艺文志》都以为《尚书》是孔子删定的，于是《书纬·璇玑钤》上更以为“孔子求书，得黄帝玄孙帝魁之书，迄今秦穆公，凡三千二百四十篇。断远取近，定可以为世法者，百二十篇。以百二篇为《尚书》，十八篇为《中候》”。这里更历举原来有三千余篇而经孔子删定为百二篇。伪孔安国《书序》上也说：“先君孔子，生于周末。睹史籍之烦文，惧览之者不一，芟夷烦乱，剪截浮词，举其宏纲，撮其机要，足以垂世立教，典、谟、训、诰、誓命之文，凡百篇。”这都是累层地造成的“古史”，没有可信的价值的。但是这一问题不像删《诗》说与孔子所说“《诗》三百……思无邪”，及“放郑声……郑声淫”那样明显地冲突，所以怀疑的人还少。《朱子语类》卷七十八：“至之问：‘书断自唐虞以下，须是孔子意。’（朱子）曰：‘也未可知。且如三皇之书言大道，有何不可！便删去？五帝之书言常道，有何不可！便删去。皆未可晓。’”在《文集》卷六十五上也说：“春秋时三坟、五典、八索、九丘之书……若果全备，孔子亦不应悉删去之。或其简编脱落，不可通晓。或是孔子所见止自唐虞以下，不可知耳。”他这还只是说《书》之所以断自唐虞的缘故，对于删书没有很大的怀疑。清代万斯同在《群书疑辨》卷一《古文尚书辩一》上说：

试取今文论之，如……《甘誓》之孥戮，《酒诰》之群饮咸杀，此商鞅、韩非之法，后世庸主之所不忍者，而谓古帝王为之乎？《盘庚》之三篇，不过数十言可了，而乃演为数千言，大要迫之以威，动之以鬼神，初无体恤下民之意，此不足为有无，即不传亦可。《大诰》专以卜吉为言，亦假鬼神以胁服之，初无深义。《多士》、《多方》不过言尔先王取夏亦如此，不可违我命，亦无深义。《吕刑》之赎罪及于大辟，此岂可为后世法？《费誓》止饬行陈，反不若《秦誓》之篇有补于君道。余谓今之《尚书》，必非圣人删定之书。

他从儒家的观点上来证明今文《尚书》不是孔子所删，才论到了商周之书了。徐与乔在《经史辨体·书孔序》上说：

百篇之说无考，止据《书序》耳。《书序》非古也，序周书、商书皆三十九篇，而《费誓》、《秦誓》又诸侯事，则商书反多于周。安在……“宋不足征”乎？且商多，夏何独少？夏少，虞何独多？夏十七王，四百六十年事，得书四篇；虞一帝，六十年间事，得书十五篇，是可尽信乎？

如若《书》果有百篇，而百篇之序又为孔子所作，则孔子真不当说什么“杞不足征，宋不足征”，“文献不足故也”。由《论语》来看孔子之未曾见百篇《书》，证据是再好也没有了！崔东壁在《考信翼录》上也说：

余按，传云：“郯子来朝，昭子问焉。曰：少皋氏鸟名官，何故也？郯子曰：吾祖也，我知之。仲尼闻之，见于郯子而学之。”圣人之好古也如是。果有羲农黄帝之书，传于后世，孔子得之，当如何而爱护之，当如何而表彰之，其肯无故而删之乎？《论语》屡称尧舜，孟子言必称尧舜，其道唐虞之事尤详而皆无一言及于黄

> 炎者，则高辛氏以前无书也明矣……孔子所得者止于是，则遂取而考证整齐之，以传于门人耳，非删之。《（孔子）世家》但云序书，亦无删书之文。《汉志》虽有《周书》七十余篇，然皆后人之所伪撰，刘向但云孔子所删之余，亦未尝言孔子之所删也。

孔子之好学，如若得有古代的记载，他也决不至删去的。删书之说，实不可信。说现存的《尚书》之中，如《尧典》、《禹贡》、《洪范》、《金縢》等篇，经近人的考证，多出于孔子以后，一看这几篇之著作时代，也更可以见孔子之不曾删书。

## 第四节　《书》之时代

就现存《尚书》廿八篇看来，除掉周书的《大诰》、《康诰》、《酒诰》、《梓材》、《召诰》、《洛诰》、《多士》、《无逸》、《君奭》、《多方》、《立政》、《顾命》、《吕刑》、《文侯之命》、《费誓》、《秦誓》这十六篇或是当时史官的记载外，《商书》的《盘庚》、《高宗肜日》、《西伯戡黎》、《微子》这四篇据现在的甲骨文字看来，绝非当时史官所定，或是周初史官据旧史而追记润色。剩下来的《尧典》、《皋陶谟》、《禹贡》、《甘誓》、《汤誓》、《牧誓》、《洪范》、《金縢》，大概都是春秋末年以至西汉初年的作品或改作。现在试将这八篇的著作时代略略分述于下：

1.《尧典》。《尧典》开始的第一句“曰若稽古”，本来就告诉我们那不是当时史官的记载；康有为在《孔子改制考》卷十二《孔子改制法尧舜文王考》上说：

> 《尧典》一字皆孔子作，凡有四证：王充《论衡》：“《尚书》自‘钦明文思’以下何人所作也？曰：篇家也。篇家者谁也？鸿笔之人也。鸿笔之人何人也？曰：孔子也。”则仲任尚知此说，其证一。《尧典》制度与《王制》全同，《巡狩》一章，文亦全同。《王制》为素

> 王之制，其证二。文辞若“光被四表，格于上下，克明峻德，以亲九族”等，调谐词整，与《乾卦》彖辞爻辞“云行雨施，品物流形，大明终始，六位时乘”同，并为孔子文笔，其证三。夏为禹年号，尧、舜时禹未改号，安有夏？而不云蛮夷猾“唐”猾“虞”，而云猾“夏”。……其证四。

康氏以为孔子作，据《孟子》书之引《尧典》看来，似乎孟子时是有《尧典》的。但是其制度与汉文帝时之《王制》相同，而文辞又有一些如是之调谐词整，这明明告诉我们，其不惟不是孔子作，而且至早是西汉初年改作的。近年顾颉刚氏以为：

(1) 秦始皇三十二年使将军蒙恬发兵三十万人北击胡，略取河南地；三十三年又略取陆梁地为桂林、象、南海三郡。然今之《尧典》，则有命羲和宅南交、命和叔宅朔方之语，据疆域看来，《尧典》绝不能早过于秦的。因为南交就是汉之交州，所谓交趾，是战国时代的《禹贡》上所没有的；而朔方一名，见于《诗》之《出车》、《六月》，只是今陕西、河南、山西三省交界的地方，与汉武帝时之朔方郡在今之内蒙古阴山山脉以南、鄂尔多斯草原以北者相去绝远，因为据《左传·昭公九年》“及武王克商……肃慎、燕、亳，吾北土也”，《诗·大雅·韩奕》的“王锡韩侯，其追其貊，奄受北国”看来，周的疆域是不到今内蒙古的。而汉之朔方郡，在汉武帝以前，在《史记·秦本纪》、《赵世家》、《匈奴列传》上都只谓之“榆中”、“九原”、“高阙”、“河南地”；在《汉书·主父偃传》、《严安传》、《食货志》上也只谓之“北河”、“新秦中”，到了汉武取《诗》语“薄伐猃狁，至于太原”，“出车彭彭”，“城彼朔方”来美卫青，才名河南地为朔方郡。可见《书·尧典》“申命和叔，宅朔云”之所的“朔方”，显然地不当指陕西、河南、山西交界的地方而言，而是指汉武帝时的朔方。交趾的命名也是汉武帝元鼎元年才有的。由此看来，现在《尧典》中的《羲和四宅》章显然是汉武帝时编入的了。

(2) 现在的《尧典》巡狩四岳章是取自《王制》的。《王制》为文帝使博士诸生谋议巡狩封禅事而作者，其录入《尧典》则当在汉武帝现此种事实之后。且就文字看来，《王制》说："命典礼考时月定日，同律礼乐制度衣服正之。"《尧典》则为"协时月正日，同律度量衡，修五礼……"《王制》说："五月南巡守，至于南岳，如东巡守之礼。八月西巡守，至于西岳，如南巡守之礼；十有、一月北巡守，至于北岳，如西巡守之礼。"《尧典》则南巡狩曰"如岱礼"，西巡狩曰"如初"，朔巡狩曰"如西礼"，比较明白简练，显然是《尧典》袭《王制》的。

(3) 就"肇十有二州"这一句看来，自有分州之说，只是定为九数，传统悠久，在齐侯镈钟，《左传》之《襄四年传》、《宣三年传》，《国语·周语》下，《禹贡》，《吕氏春秋》上，都是如此的。到了汉武帝穷兵黩武，疆域日大，元封元年初置刺史，部十三州。就《汉书·地理志》所记，除司隶校尉部等于秦之内史及明清之直隶不在州数外，其余豫、冀、兖、徐、青、荆、扬、益、凉、并、幽、交，正好十二州。《尧典》"肇十有二州"，只是当时疆域的反映。

(4) 篇末有"咨汝二十有二人"这一句，司马迁、马融、郑玄、朱子、林之奇、王引之诸人的说解共有六种之多。其实本不当是十二牧、九官、四岳，而当是九牧、九官、四岳二十二人。因为改九州为十二州，所以使后人"解不清"，这也显见是删改之迹。他从疆域上、制度上、文辞上、意义上来证明"《孟子》所引为战国时之《尧典》，吾侪所见则为汉武帝时之《尧典》"，真是"援据该博，辨析精详"，不愧为胆大心细的考证，而《尧典》一篇之时代，我们大略地可以推知了。

2.《皋陶谟》。《皋陶谟》的著作时代，现在还没有人来作专门的考证。本来《尚书》是害了"大头症"的，开始的《尧典》、

《皋陶谟》、《禹贡》三篇，比后来的二十五篇（《洪范》除外）要整齐严肃，就文体上看来，写定是晚的。其中：

关于人格发展的阶段，如云“慎厥身修……敦叙九族”。

关于天人一致的观念，如云“天聪明自我民聪明，天明畏自我民明畏”。

关于折衷主义的伦理，如云“宽而栗，柔而立，愿而恭，乱而敬，扰而毅；直而温，简而廉，刚而塞，强而义”。这都好像儒家形成以后的口气，可以疑为孔子以后才写定的。其实，除这三点以外，其可疑为战国末年作品的，还有数证：

(1) 是所谓“五辰”、“五典”、“五服”、“五采”、“五色”、“五言”，这都应该是五行观念极发达以后才构成的。所以不谓之四时而谓之“抚于五辰”；“五典”是只可释为五常的；“五言”也只可释为五声之言；服的色彩以五为数，也是含有五行的意义的；这自然要晚于朴素的五行观念，在子思、孟轲“案往旧造说谓之五行”之后。





(2) 是所谓“弼成五服，至于五千”。无论依今文《尚书》说“中国方五千里”，还是依古文《尚书》说“五服旁五千里，相距万里”，其疆域观念与《禹贡》相同，也是与《禹贡》同时写成的证明（说详下）。

(3) 是所谓“予乘四载，随山刊木”。这与《孟子》中所谓“禹八年于外”的说法不同，可知孟子未见此篇，而此篇之作者也未见到《孟子》，亦为战国中世以后所作之一明证。

(4) 是所谓“州十有二师，外薄四海，咸建五长”。则其所指疆域显然是很大的，这也是战国中世以后才有的。

(5) 是所谓虞廷君臣庚歌之辞“帝庸作歌曰：‘敕天之命，惟时惟几。’乃歌曰：‘股肱喜哉！元首起哉！百工熙哉！’……乃庚载歌曰：‘元首明哉！股肱良哉！庶事康哉！’又歌曰：‘元首丛脞哉！股肱惰哉！万事堕哉！’”这既不像三百篇的诗歌，也不像春秋时代的徒歌，显然可见其出于战国之世的。其他如所谓“帝光天之下，至于海隅苍生”，“苍生”一词，也是可疑的。要之，合上所列的，足见其所出当为战国中世以后。

3.《禹贡》。《禹贡》不是真的夏代的作品，由殷代文字的始形发达是很容易看出来的。近年卫聚贤的《禹贡考》更用《春秋》与《孟子》来证明此篇之作期为战国末年，即公元前316年—前290年之间。因为：

(1)《禹贡》上说：“厥赋……”在《春秋》上却是鲁哀公十二年始用田赋。若是真有井田制，则依孟子所说“方里而井，井九百亩，其中为公田，八家皆私百亩，同养公田，公事毕然后敢治私事”。按那“同养公田”制是没有赋制的存在，夏代若有井田当无赋制。假使井田的话不确，鲁国于哀公十二年始“用田赋”的；鲁是兖州之一，是兖州于春秋末年始用田赋，何以《禹贡》于兖州说是“厥赋贞”呢？这分明是春秋末年以后的情形。

(2)《禹贡》上说：“作十有三载乃同。”在《孟子》上却说：“禹八年于外。”《禹贡》上明说禹治水十三年，孟子若见到《禹贡》，不应说八年。孟子是吹嘘禹功的，不应把十三年缩短了五年作为八年。

(3)《禹贡》说：“导淮自桐柏，东会于泗、沂，东入于海。”《孟子》说：“排淮、泗而注之江。”《禹贡》上明说淮水入海，孟子若见到《禹贡》，不应说淮水入江。

(4)《孟子》说“决汝汉”，而《禹贡》上有“渭”无“汝”，《孟子》却有“汝”无“渭”，若孟子见到《禹贡》，不应出此入彼。据上两项，孟子是没有见过《禹贡》的。换句话说，《禹贡》在《孟子》后（见《国立第一中山大学语言历史学研究所周刊》第38期，1928年）。的确，在《孟子》中，只还说“海内之地，方千里者九，齐集有其一”，不过以为中国方三千里，而《禹贡》上却说：“五百里甸服……五百里侯服……五百里绥服……五百里要服……五百里荒服。”这至少是以为中国方五千里疆域观念，比孟子时又不同，当然是较晚些。郭沫若说："中国古代的疆域只在黄河的中部……而在《禹贡》里面所谓荆州、青州、扬州、徐州等等居然已经划州分贡了，这是绝对不可能的事情，并且所划的土如像甸、侯、绥、要、荒的五服，每服规规整整的五百里，这除最近世有以经纬度为疆界的近似的办法以外，任何民族的历史上都不曾有过这样的事实。"（郭沫若：《中国古代社会研究》）中国古代的疆域固未必只在黄河的中部，然而规规整整的五百里的五服，确是不当有这样的事实。这只是战国末要求大一统的一种表现，足证其为战国末年的作品而已。

4.《甘誓》。《甘誓》一篇，也可疑为战国时代的作品。因为：

(1) 是所谓"大战于甘，乃召六卿"。这里之用六卿六事，在西周时代是没有这种官制的。《诗经》中常说的只有"三事"，《顾命》中列举大保奭、芮伯、彤伯、毕公、卫侯、毛公、师氏、虎臣、百尹、御事也无所谓"六卿"。《墨子·明鬼》篇也只引为"王乃命左右六人，下听誓于中军"。今本之作"六卿"，当是后来改的。

(2) 是所谓"威侮五行，怠弃三正"。五行与三正、建子、建丑、建寅都像是战国时代才有的名称。因为三正说必起于《春秋》修成以后，在此之前是必不当有的（说更详下）。这一篇在《墨子·明鬼》下引作《夏书·禹誓》曰："大战于甘，王乃命左右六人，下听誓于中军，曰：'有扈氏威侮五行，怠弃三正，天用剿绝其命。有曰：日中，今予与有扈氏争一日之长，且尔卿大夫庶人，予非尔田野葆士（俞樾疑为玉，即宝玉）之欲也。予共行天之罚也。……'"虽然也有五行三正之词，但是《墨子》是由三墨传下，其写定也甚晚，未必真是墨子本人所写，而就其所引之文字看来，也很卑近，其为战国时之作品实可无疑。今本《甘誓》文辞比较整洁，当然更要晚些。

5.《汤誓》。《汤誓》据今本《尚书》看来，是没有积极的证明可以见其为战国时作的。《孟子·梁惠王》篇也引过其中的两句："时日曷丧，予及汝偕亡。"但是这一篇文词之卑近，也未必是春秋时的作品。傅斯年在《周颂说》上以为"《汤誓》疑是战国时为'吊民伐罪论'作的"。又说："《牧誓》、《洪范》出来应甚后，文词甚不古，《牧誓》已是吊民伐罪之思想，和《诗》所记殷周之际事全不同义解，当和《汤誓》同出战国，其时儒者为三代造二誓以申其吊民伐罪之论。"（《中央研究院历史语言研究所集刊》第一本第一分，1928 年）就文体与思想看来，《汤誓》确与《甘誓》相近，恐怕是不能早于战国的。

6.《牧誓》。《牧誓》中的文字不如《周诰》之古，这已告诉我们它的时代之晚。其中如：

（1）"时甲子昧爽。"这种纪日法在《周诰》中是没有的。在《召诰》中的纪月日："惟二月既望，越六日乙未……越若来三月，惟丙午朏，越三日戊申……越三日庚戌……越五日甲寅。"在《顾命》中纪月日："惟四月哉生魄……甲子……越翼日乙丑……越七日癸酉。"所记都如是之详细，而此篇则甚为简单，足见其作风之不同，显见是较晚时的作品。

（2）在《诗·大雅·大明》中说："牧野洋洋，檀车煌煌，驷騵彭彭。维师尚父，时维鹰扬，谅彼武王。肆伐大商，会朝清明。"与此篇的记载不同，只是作此篇忘了加入诗中的叙事，决不是诗人之作诗时不叙此篇所记的，因为诗人夸饰"殷商之旅，其会如林"，如若武王真有那些庸、蜀、羌、髳、微、庐、彭、濮人随同伐商，诗人不当不加以夸饰而只描写"维师尚父"的。

（3）篇中说到庸、蜀、羌、髳、微、庐、彭、濮这些部族，而在《立政》中却只说到"夷微庐蒸"。蜀与中国发生密切关系是始于秦司马错的伐蜀，而在武王时是不当有的。

（4）最显明的其为春秋时代作品的，则是所谓"夫子勖哉"、"勖哉夫子"。"夫子"本是大夫之称，在春秋时才习见的。而此

则已屡屡地称“夫子”，亦足见其时代之晚。(关于夫子之称，详见拙著《诸子名谊考》，载《学文》1931年第二期中)

7.《洪范》。《洪范》的写定在战国之世，由于《墨子·兼爱下》篇引周诗曰：“王道荡荡，不偏不党；王道平平，不党不偏。”与今本《洪范》“无偏无党，王道荡荡；无党无偏，王道平平”略同。足见《洪范》在墨子时还未写定。其文体用“初一日”、“次二日”、“次三日”等等，分析显明，这也足见其出甚晚。但《吕览·贵公》篇已引过《洪范》，则在秦未统一以前，是已产生了的（详见《东方杂志》二十五卷二号及刘节：《洪范疏证》，载《古史辨》第五册）。

8.《金縢》。《金縢》一篇，袁枚等人都已疑过。据现存的《尚书》看来，可无疑其为春秋以后的作品。因为：

(1) 篇首云：“既克商二年。”这是不合于金文中记载年时之法的。

(2) 篇中说：“尔之许我，我其以璧与珪，归俟尔命，尔不许我，我乃屏璧典珪。”这和给小孩玩耍一样，说是你许我，我就给你璧与珪，你不许我，我就藏了璧与珪不给你。周初人的迷信程度相当深，不应该对于鬼神有这样轻蔑的说法的。

(3) 篇中说：“公乃为诗以贻王，名之曰《鸱鸮》，王亦未敢诮公。”就诗的本意看来，既不像是周公作来送成王的，而《孟子·公孙丑》篇且说是孔子曰：“为此诗者，其知道乎!”也不以为是周公所作的。则此篇写定的时代当然甚晚。

(4) 篇中云：“秋，大熟，未获。天大雷电以风，禾尽偃，大木斯拔。”而其结果是“王出郊，天乃雨，反风，禾则尽起……岁则大熟”。不合情理，不合事实，决不是当日的信史。以这四证看来，可无疑为春秋以后的作品。这一篇在汉代的今古文两派解说不同，“或以为葬疑，或以为信谗”（用王充《论衡·感类篇》语）。而孙星衍、皮锡瑞又主张自“秋，大熟”以下是《州

官姑》的逸文，则此篇可疑之点正多呢！（参看卫聚贤《金縢辨伪》，《国学月报》第二卷第十二号，1927 年 12 月）

廿八篇之今文《尚书》，除上列举八篇，证明其为由战国初年以至西汉初年的作品外，《费誓》经近人余永梁的《费誓的时代考》认为是鲁僖公时的作品（《中山大学语言历史学研究所周刊》第一集第一期，1927 年 11 月）。其实《吕刑》这一篇也颇可疑的。真的西周作品实在不多。《墨子》引书有所谓距年、术令、相年、禹誓、汤说、禽艾、汤之官刑、武观、三代不国、总德、子亦等等，当是春秋以后人所作。要之，《尚书》二十八篇，其非孔子定则甚明白。

# 第四章
# 《礼》之起源与编订

## 第一节 《礼》之起源

旧来传说总以为是周公制礼作乐，其实据现在比较可信的《仪礼》看来，许多礼节都是由古代民俗的遗习自然产生出来的，后来儒家的理论如《荀子·礼论》所云："人生而有欲，欲而不得则不能无求，求而无度量分界则不能不争，争则乱，乱则穷。先王恶其乱也，故为礼义以分之，以养人之欲，给人之求，使欲必不穷乎物，物不必屈于欲，两者相持而长，是礼之所起也。"《礼记·礼器》篇说："礼也者，合于天时，设于地财，顺于鬼神，合于人心，理万物者也，是故天时有生也，地理有宜也，人官有能也，物曲有利也。故天不生，地不养，君子不以为礼，鬼神弗飨也。居山以鱼鳖为礼，居泽以鹿豕为礼，君子谓之不知礼。”《问丧》篇说：“礼仪：经也，非从天降也，非从地出也，人情而已矣。”《礼运》篇说：“夫礼之初，始诸饮食。……是故夫礼，必本于大一，分而为天地，转而为阴阳，变而为四时，列而为鬼神，其降曰命，其官于天也。夫礼必本于天，动而之地，列而之事，变而从时，协于分艺，其居人曰养，其行之以货力，辞让，饮食，冠昏，丧祭，射御，朝聘。”无论其认为唯心的或唯物的起源，实际上都没有把握着古代社会的情形与这些礼制之所由产生的根源。如在《仪礼》中所谓的《冠礼》本是初民的一种成人礼，在蛮人族中儿童转为成人常须举行成年仪式。其仪式之繁简与宽严并不一定，最发达常包括：（1）耐苦自制的试验；（2）行肉体的手术；（3）行为的教训等等。新成年者又常受一新名，不复用以前的旧名。《仪礼》中冠礼的起源，也当是由于初民的一种习惯，所谓“三加弥尊”，不过是一种行为的教训；所谓“已冠而字之”不过是又来一个新名。《仪礼》写定于战国时，而又经儒家的修正，当然有许多地方丧失原意的。《仪礼》中的《士昏礼》是在战国时代写定的，当然已脱离了低级文化中的掠夺婚姻、服务婚姻等现象，然而所谓“纳采用雁”，“纳征：玄纁、束帛、俪皮，如纳吉礼”，恐怕还是买卖婚姻所留下的遗迹。在蛮族社会中，成婚的仪式如打结、握手、交杯、并坐，都在大众前面举行。又有所谓新妇禁忌，例如不得呼夫之名，或与夫之亲人谈话同食；所谓岳母的禁忌，新婚也要经过若干时日，才可以与岳母相见或谈话。这在《仪礼》的《士昏礼》中，如用合卺及“媵御沃盥交”，“设对酱”，“揖妇即对筵”，也正是初民社会交杯并坐的一种习惯。而婚礼的新婚之夜不见舅姑，要到第二天“质明，赞见妇于舅姑”；“妇入三月，然后祭行”；“若不迎亲，妇入三月，然后婿见”。论其原意当是由于新妇禁忌与岳母禁忌。不然，圣人制礼，不应当新婚之夜不让新妇拜见舅姑的。在蛮族社会中，居丧的人大都改变平时的形状，如平时剪发则留而不剪，辫发或束发则改为散发，穿衣服则故意翻转，有时完全去掉衣服，绘画身体，有的甚且断去一指，甚至刺体流血。居丧者又常断食，或者是断炊。这些状态之与平时相反。有人说是由于辟邪的禁忌，有的说是由于畏惧死人。现存《士丧礼》中所谓“主人髻发袒，众主人干房，妇人髽于室”及既夕记所谓之“居倚庐，寝苫枕块……炊粥，朝一溢米，夕一溢米。不食菜果”。儒家的理论以为是“夫悲哀在中，故形变于外也。痛疾在心，故口不甘味，身不安美也”（《礼记·问丧》）。“斩衰三日不食，齐衰二日不食……故父母之丧，既殡食粥，朝一溢米，莫一溢米……此哀之发于饮食者也。”“父母之丧，居倚庐，寝苫枕块，不说绖、带，齐衰之丧，居垩室，苄剪不纳……此哀之发于居处者也。”“斩衰三升，齐衰四升、五升、六升……此衰之发于衣服者也。”恐怕这些礼的原意未必完全如此，而其实在的来源只是由于初民居丧的习惯。祭礼起于初民的天神崇拜、先祖崇拜。乡饮酒礼、《乡射礼》起源于初民的游戏竞技，不待详言可知，只有朝聘、燕飨或起于有国家之时，然当略本于古代社会部族间之往来，也未必是由某一人定的。就现在的《仪礼》来说，则写定之时自甚晚。《周礼》是西汉末年才有的，与《礼记》相同，都是杂采传记而成，其起源可无论。





## 第二节　《仪礼》编定之时代

《仪礼》旧来认为周公所作，而其实则出于战国末年，其各篇之记有杂有古文说的，论其时代更晚些。怀疑《仪礼》的人则自宋之乐史，《经义考》卷一百三十引章如愚曰：（案：疑出《山堂考索》，然检其书，则无此文）

> 大宋朝乐史谓《仪礼》有可疑者五；儒传授曲台杂记，后马融、郑众始传《周官》而《仪礼》未尝以教

授，一疑也。《周礼》缺《冬官》，求之千金不可得，使有《仪礼》全书，诸儒宁不献之朝乎？班固《七略》，刘歆《九种》，并不著《仪礼》，魏晋、梁、陈之间，是书始行，二疑也。宾行飧饩之物，禾米刍薪之数，笾豆簠簋之实，铏壶鼎瓮之列，考之掌客之说不同，三疑也。其中一篇《丧服》，盖讲师设问难以相解释之辞，非周公之书，四疑也。《周官》所载，自王此下，至公侯伯子男，皆有其礼；而《仪礼》所谓公食大夫礼及燕礼，皆公卿与大夫之事，不及于王；其它篇所言，曰主人曰宾而已，似侯国之书，使周公当太平之时，岂不设天子之礼？五疑也。

徐积更认定其多出于汉儒。他说：

《仪礼》粗为完书，然决非尽出圣人之手，何以知之？夫礼者出乎人情者也。而《仪礼》有曰“父在母不可以为三年之服”；又曰“叔嫂无服，所以避嫌也”；又曰“师无服”。此岂人情哉！盖多出乎汉儒，喜行其私意，或利其购金而为之耳。

郑樵的《辨仪礼》亦采取乐史之说，以为：

《仪礼》一书……皆后行之所增益……春秋以来，礼典之书不存，《礼经》之意已失，三家僭鲁，六卿擅晋，礼之大者已不存矣，士大夫略于礼而详于仪。……传至后世，汉旧仪有二，即为此容貌威仪事，徐氏、张氏不知经，但能盘辟为礼容，天下群国有容史，皆诣学学之，则天下所学《仪礼》者，仅容貌威仪之末尔。今《仪礼》十七篇，郑康成、王肃等为之注，唐正（贞）观中，孔颖达撰《五经正义》，疑《周礼》、《仪礼》非周公书，其后贾公彦始为《仪礼疏》。

明儒郝敬也以为“《仪礼》者，礼之仪。周衰，礼亡，昔贤纂辑见闻，著为斯仪，非必尽先圣之旧，然欲观古礼，舍此莫由矣!”都是以为《仪礼》非必尽先圣之旧。清代姚际恒、毛奇龄、顾栋高、袁枚、崔述都尽力辨析此书之晚出，毛奇龄在《经问二》上说：“《礼记》杂篇，皆战国后儒所作，而《仪礼》、《周礼》，则又在衰周之季，《吕览》之前，故诸经说礼，皆无可据。”又说：“《仪礼》集成，实系二戴，故旧称《仪礼》为庆氏礼，为大小戴礼。”顾栋高在《春秋大事表》四十七《左传引经不及〈周礼〉、〈仪礼〉论》上说：

> 《周礼》为汉儒附会，即《仪礼》亦未敢信为周公之本文也。何则？《周礼》六官所掌，凡朝觐、宗遇、会同、聘享、燕食，其期会之疏数，币赋之轻重，牢礼之厚薄，各准五等之爵为之杀。……而《仪礼》有《燕礼》以享四方之宾客，《聘礼》以亲邦国之诸侯，《公食大夫礼》以食小聘之大夫。而《觐礼》为秋见天子之礼，其米禾薪刍有定数，牢鼎、几筵、笾豆、脯醢有常等，靡不厘然具载……而春秋二百四十年，若子产之争承，子服景伯之却百牢，未闻据《周礼·大行人》之职以折服强敌也。宁俞之不拜彤弓及湛露，叔孙穆子之不拜四牡及文王，未闻述《仪礼》燕食之礼以固辞好惠也。郄至聘楚而金奏作于下，宋享晋侯以桑林之舞，皆逾越制度，虽恐惧失席，而不闻据周公之典以折之……是皆春秋博学多闻之士，而于周公所制会盟聘享之礼，若目未之见，耳未之闻，是独何欤。……且孔子尝言“吾学《周礼》矣”。而孔子一生所称引，无及今《周官》一字者。孟子言班爵禄之制与《周官》互异，《家语》言孺悲曾学《士丧礼》于孔子，而其详不可得闻。夫《书》为孔孟所未尝道，《诗》、《书》、《三传》所未经见，而忽然出于汉武帝之世，其为汉之儒者掇拾缀辑

无疑。

袁枚在《答李穆堂先生问三礼书》上说：

孔子赞《周易》，正《雅》、《颂》，志欲行周公之道，形于梦寐，岂有周公手定之书，竟不肄业及之之理！……使《仪礼》有书，《周礼》有书，则人人依书而习之足矣，又何执礼、学礼、问礼之纷纷耶？……若使《周礼》、《仪礼》，当时俱存，则笾豆朣晓，升降裼袭，其严若彼，其细若此，周德虽衰，天命未改，自上下下，习惯自然，人安得有先进后进，从奢从俭之分哉！……

崔述在《丰镐考信录》卷五上说：

古《礼经》十七篇，世皆以为周公所作。余按：……周公曰："享多仪，仪不反物曰不享，惟不役志于享。"……今《礼经》所记者，其文繁，其物奢，与周公、孔子之意，判然相背而驰，盖即所谓后进之礼乐者，亦周公所制也。且古者公、侯仅方百里，伯七十里，子、男五十里，而今聘食之礼，牲牢笾豆之属，多而无用，费而无富，度其礼每岁不下十余举，竭一国之民力，犹恐不胜。至于上士之禄，仅倍中士，中士仅倍下士，下士仅足以代其耕，而今《士礼》执事之人，实繁有徒，陈设之物，灿然毕具，又岂分卑禄等者所能给乎？时必春秋以降，诸侯吞并之余，地广国富，而大夫、士邑亦多，禄亦厚，是以如此其备，非先王之制也。……孔子曰："拜下礼也；今拜乎上，泰也。"今《礼经》臣初拜于堂下，君辞之，遂升而成拜，是孔子所谓拜上矣。齐桓、晋文所不敢出，而此书乃如是，然则其春秋以降沿袭之礼而非周公之制，明矣！……吴楚之僭王也，《春秋》书之曰子。……今《礼经》诸之臣有所谓诸公者，此何以称焉？……然则此书乃春秋战国间学者所记，所谓诸公，即晋三家、鲁三桓之属，周公时固无此制也。《觐礼》诸侯朝于天子，天下之大礼也；《聘礼》诸侯使大夫聘于诸侯，礼之小焉者耳。《觐礼》之详虽百《聘礼》不为过，而今《聘礼》之详反十倍于《觐礼》，此何故哉？此无他，春秋以降，王室微弱，诸侯莫朝，《觐礼》久失其传矣。但学士大夫闻于前哲者，大概如此，因而既之，若《聘礼》乃当世所通行，是以极其详备，然则此书之作，当在春秋以后明甚……

这里他就春秋战国间之经济状况、政治制度，从《仪礼》本身探究其时代背景以推证其出于战国之世，比毛奇龄、顾栋高等之专据《论语》、《孟子》、《左传》、《戴记》诸书为说，实在进步多了！近来我得读到姚际恒的《仪礼通论》，他更对于《仪礼》之各篇章略有考订。他说：

《仪礼》是春秋以后儒者所作，如《聘礼》皆述春秋时事，又多用《左传》事，尤可见春秋时人之文，寓工巧于朴质，若七国以后，则调逸而气启矣，此犹近春秋本色也。（卷首《论旨》）

他对于《士冠礼记》说：

此《记》乃汉儒妄取《郊特牲》之文以增入者，宜删之。按《仪礼》正文后有记，记者杂记其事，以补前文所未备，或作《仪礼》者所自作，或后人所作，则又不可知也。十七篇中者无记者：《士冠》、《士相见》、《大射（仪）》、《士丧》、《少牢馈食》、《有司彻》六篇。《士丧》连《既夕》为一篇。《少牢馈食》连《有司彻》为一篇，《大射仪》已见于《乡射》、《燕礼》二记中，《有司彻》正文毕无杂事可记，故皆无记。而《士冠》、《士相见》仪文皆简，即以杂事三教端附缀于后，不另立记名，其实亦记也。后人因《冠礼》为一书之首而无记，遂取《郊特牲》之文以填之，不知《郊特牲》与《仪礼》各自为书，绝不谋合，安可以为记？试详之，记者补前文所未传，“今醮于客位”，“三加弥尊”，“冠而字之”等语，皆前文已有，何必重加赞论，不合一。《郊特牲》言诸侯天子冠礼，反于官爵谥法，此乃别为推广之义，与冠礼毫无交涉，不合二。……他记从不陈三代之道，而此陈之，不合四。他记皆短句叙事，而此则长调行文，又别一格，不合五。《礼辞》、《昏礼》不列正文，今此后有记，而《礼辞》有正文，与《昏礼》参差，不合六。此皆可取他记而验之者，不必法辩也。

他对于《聘礼》说：

按介与宾飨饩之费用，米若一千四百石，禾六万把，薪十二万把，刍亦十二万把，牛、羊、豕共三十六头。又按上公之使，其介七人，其前设飧，宾与上介米禾薪刍，车一百八十乘，众介六人，教半上介，亦用车一百八十乘，通车三百六十乘，无论薪米狼戾，即街衢充塞，何地可容，晏婴所谓饮食若流者，其然欤！故《聘礼》为季世之衰政，非先王之旧典也。

他对于《觐礼》的最后一段目“诸侯觐于天子”至“祭川沈，祭地瘗”说：

此一节乃后人窜入者，宜删去，意其人必以《觐礼》文字寥寥，故妄为增益，与《冠礼》之记正同。其文与《仪礼》绝不类，有目之士，可一望而辨，且非正文，非后记，不知何属。其中如曰“上玄”、“上圭”；又曰“东方青”、“东方圭”，两用圭字，为玄又为青。因上甫言圭，故以东方叙于西、南、北之后，避其重，极为可笑。其祀方明，设六色六王，象上下四方，天子乘龙及升龙降龙。又分四方门礼、日月、四渎、山川、五陵等语，事义悉不经，颇类纬书。又多为《周礼》作俑而《大戴记》朝事仪袭之，郑氏于此极喜其说，而以《周礼》及《礼记》明堂位，《大戴》朝事仪，并同串合，谓此是天子四时与诸侯会同而盟及祀盟神等事，皆不殊说梦矣！

他对于《仪礼》、《经记》都加以辨证，窜乱之处，也可以明了了！不过还以为是春秋时人之文，实不如崔述以为此书之作当在春秋以后的确当。我们试看《聘礼》之车徒的繁众，飧饩费用的数目，这实在是战国时代“革车百乘，锦绣千纯，白璧百双，黄金万溢”、“后车数其乘，从者数百人，以传食于诸侯”，而不以为“泰”的风气。即就婚礼而论，《孟子》说：“女子之嫁也，母命之，往送之门，戒之曰：‘往之女家，必敬必戒，无违夫子。’”是可以送到庙门的。而现在的《仪礼》则以为“主人不降送”。“父送女，之命：‘戒之敬之，夙夜毋违命。’母施衿结悦曰：‘勉之敬之，夙夜毋违宫事。’”是与《孟子》不相同的。而从“滕世子使然友问丧礼孟子”这一段看来，也不见得当时有成文的丧礼的模样，这都足见在孟子时所存流传下来的《仪礼》是还没有写定的。所谓《士丧礼》写定于孺悲，这话也不可靠。在《荀子·礼论》篇才说到什么“丧礼之凡”，许多地方比《孟子》说来详细。可知现存的《仪礼》写定的时间，大约总在荀子前后，其窜乱的部分，当然地更要晚些了！

## 第三节　《周官》著述的年代

在贾公彦的《周礼注疏序·周礼废兴》上说：“《周礼》后出者，以其始皇特恶之故也。是以《马融传》（按：实为马融《周官传》）云：‘秦自孝公以下，用商君之法，其政酷烈，与《周官》相反，故始皇禁挟书，特疾恶，欲绝灭之，搜求焚烧之。独悉，是以隐藏百年。孝武（按：实为惠帝四年）始除挟书之律，开献书之路，既出于山岩屋壁，复入于秘府，五家之儒，莫得见焉。至孝成皇帝，达才通人刘向子歆校理秘书，始得列序，著于录略。然亡其《冬官》一篇，以《考工记》足之，时众儒并出共排，以为非是。”这一部来历不明的书实在太令人可疑了！贾氏又说：“《周礼》起于成帝刘歆，而成于郑玄，附离之者大半，故林孝存以为武帝知《周官》末世渎乱不验之书，故作《十论》、《七难》以排弃之。何休亦以为六国阴谋之书。”（同上）在《春官·宗伯》的疏上更云：“时有孟子、张、包、周及何休等，并不信《周礼》有五百里以下之国。以王制百里 、七十里、五十里等为周法。”（《五命赐则句下》）《周礼》之在东汉，怀疑它的人已如是之多，只是可惜这些说法我们现已无由得知其详。唐代的学者赵匡、啖助都是极能辨伪的。赵匡著《五经辨惑》说：“《周官》是后人附益也。”陆淳《春秋集传纂例》也引赵子曰：“《周官》之伪，予已论之矣！所称其官三百六十，举其人数耳，何得三百六十司哉!”（并见卷四《盟会》例下）到了宋代的欧阳修、苏辙对于此书，都很攻击的。《欧阳修居士集》卷四十八《问进士策》三首之一上说：

然今考之，实有可疑。夫内设公、卿、大夫、士，下至府史胥徒以相副贰，处分九报，建五等，差尊挺进以相就理，此《周礼》之大略也。而六官之属，略见于经者五万余人，而里闾县都之长，军师卒伍之徒不与焉。王畿十里之地，为田几井，容民几家？王官、王族之国邑几数？民之贡赋几何？而又容五万人者于其间，其人耕而赋乎？如其不耕而赋，则何以给之？夫为治者，故若是之烦乎？此其一可疑者也。秦既诽古，尽去古制。自汉以后，帝王称号，官府制度，皆袭秦故，以至于今虽有因有革，然大抵皆为秦制也，未尝有意于

《周礼》者，岂其礼大而难行乎，其果不可行乎？夫立法垂制，将以遗后也，使难行而万世莫能行，与不可行等尔。然则反秦制之不若也，脱有行者，亦莫能与，或因以取乱，王莽后周是也，则其不可用决矣。此又可疑也。

苏辙《栾城集》卷二十《私试进士策问二十八首》之一上说：

今观其书，亦有所不知者二焉。夫公邑为井田而乡遂为沟洫。此二者，一夫而受田百亩，五口而一夫为役，百亩而税之什一，举无以异也。然而井田自一井而上，至于一同，而方百里，其所以通水之利者，沟洫浍三。沟洫之制，至于万夫，为地三十二里有半。其所以通水之利者，遂沟洫浍川五。夫利害同而法制异，为地少而用力博，此其所未知者一也。五家为比，比有比长；五比为闾，闾有闾胥；四闾为族，族有族帅；五族为党，党有党正；五党为州，州有州长；五州为乡，乡有一正卿。及有军旅之事，则以比长为伍长，闾胥为两司马，族师为卒长，党正为旅师，州长为师帅，卿为军将。故凡官之在乡者，军一起而皆在军矣！起军之法，自五口以上，家以一人为兵，一人为役，而家之处者甚众，而官吏举皆在外，将谁使治之？此其不可知者二也。

在《栾城后集》卷七《历代论周公》第三上他又说：

《周礼》王畿之大，四方相距千里，如画棋局，近郊远郊，甸地稍地，大都小郡，相距皆百里。千里之方地实无所容之，故其畿内远近诸法，类皆空言耳。此《周礼》之不可信者，一也。《书》称"武王克商而反商政，列爵惟五，分土惟三"。故《孟子》曰："天子之制，地方千里，公侯百里，伯七十里，子男五十里，不能五十里，不达于天子，附于诸侯曰‘附庸’。”郑子产亦云，古之言封建者盖若是，而《周礼》：诸公之地方五百里，诸侯四百里，诸伯三百里，诸子二百里，诸男百里，与古说异。……此《周礼》之不可信者二也。……井田自一井而上，至于一同，而方百里，其所以过水之利者，沟洫浍三。沟洫之制，至于万夫，为地三十二里有半。其所以通水之利者，遂沟洫浍川五。夫利害同而法制异……此《周礼》之不可信者三也。三者既不可信，则凡《周礼》之诡异远于人情者，皆不足信也。

司马光、胡安国、胡宏、晁说之及洪迈都直谓《周礼》是刘歆作的。(说见罗璧《识遗》卷一、《朱子语类》卷八十六、《容斋续笔》卷十六) 郑樵则用孙处之说：“《周礼》之作于周公居摄六年之后，书成归丰，而实未尝行也。”以为周公之为《周礼》，亦犹唐之显庆《开元礼》也，唐人预为之以待他日之用，其实未尝行也。朱子以为“《周礼》只疑有行未尽处，看来《周礼》皆是规模、皆是周公做，但其言语是他人做。今时宰相提举勅令岂是宰相一下笔。有不是处，周公须与改，至小可处，或未及改。或是周公晚年作此”。在《经义考》卷一百二十中更列举程伯子、范浚、晁公武、魏了翁、王鏊、陈仁锡各家对于《周礼》怀疑的说法。王氏说：

其间亦有可疑者焉。冢宰掌帮治，正百官，其职也。而宫禁妇寺之属皆在，乃至兽人、渔人、鳖人、司裘、染人、屦人之类，何琐屑，而天府、外府、大小史、内外史乃属之春官。司徒掌邦教，所谓教者，师氏、司谏、司救五六员而已。其它六乡、六遂，分掌郊里、征敛、财赋，纪纲、市城管钥、门关，而谓之教，何哉？职方氏、形方氏之属，岂得归之司马？大小行人之职岂得属之秋官？

陈仁锡曰：

以《周官》全经言之，洵有可疑者：墨罪五百，劓罪五百，刖罪五百，宫罪五百；太平之世，残形刻肤，赭衣菲履，交臂麻指而塞路，疑一也。泉府之职，官与民市，吏不能皆才，民不能皆愿，吏横则欺民，民猾则欺吏，疑二也。周家祭祀，莫详于《颂》，《昊天》之诗郊祀无分祭之文，《般》之诗望祀四岳河海。四望与山川无异祭之文，既右烈祖，亦右父母，妣与祖无各祭之文；其作乐亦未闻有用历代之奏以分祀之礼。疑三也。周西都则关中也；东都，今洛阳也。以千八百国计之，公五百里，侯四百里，伯三百里，子二百里，男百里，而海内之地方千里者九，何以封？疑四也。

在《周礼》中，庞大的官数，琐屑的制度，棋局式的分封，五等爵的扩大，以及征敛财赋之方法，郊祭分祀的繁复，这已足以证明不是西周所当有的。而其制度之自相违异，与他经又不相合，这显然见得不是周公所作的。司马光、胡安国、胡宏、洪迈认为刘歆所作，但是他们并未提出强有力的证据，故如程伯子、范浚、晁公武、魏了翁、王鏊、陈仁锡也都只以为《周礼》是可疑的而已。明季本之《读礼疑图》以为出于战国策士之所为，清初姚际恒著《礼仪通论》以为出于西汉人之手。毛奇龄的《周礼问》以及顾栋高的《左氏引经不及〈周礼〉、〈仪礼〉论》也都只以为出于战国之世。万斯大的《周官辨非》是以专书来考订《周官》的，他说：

世称《周礼》为周公所作……而今之所传者，后人假托之书也。……其法制典章，取校于五经、《论》、《孟》，殊多不合……就其本文详析，多自相谬戾，弊害丛生，不可一日行于天下，周公之书，决不如此。

他对于卿大夫“以岁时登其夫家之众寡，辨其可任者，国中自七尺以及六十，野自六尺以六十有五皆征之”，辩说：

郑司农云：“征之，给公上事也。”愚按养老之典，王政所先……春秋战国，兵革不休，民力大困，至有役及五十六十者，而作《周官》者，遂援以为制，多见其伪也。

他对于贾人“掌成市之货贿、人民、牛马、兵器、珍异”，屠者“敛其皮、角、筋骨入玉府”，以及司门几入不物者正其货贿，辩道：

《王制》曰：“用器不粥于市，兵车不粥于市。”此贾人所掌及于兵器，春秋战国时事也。……皮、角、筋骨，屠者之所赢以资生者也，而亦全省之，噫，敲民骨取民髓，是不留一毛之利于民，民何乐乎有生？……一商也，市征之，关征之，门复征之；一门也，出征之，入不征之，商苦于频征，不得不增其直，直增而售者病，然则非特商困也。

他对于山虞、林衡、川衡、泽虞、迹人、矿人、角人、羽人、掌葛、掌染草、掌炭、掌荼、掌蜃等辩道：

嗟乎！虞衡土之，林衡、川衡、泽虞、迹人、矿人、角人、羽人、掌葛、掌染草、掌炭、掌荼、掌蜃复物物分敛之，数十百官吏结罔罗置陷阱于山泽之中，民生其间，真一步不可行，一物无所有，累然桎梏之人耳！《孟子》曰“王者之民，嗥嗥如也”，岂其然哉！

他对于世妇每宫卿二人，下大夫四人，辩道：

《周官》于六官有六卿矣，于六卿又有六卿，已疑非先王之制，奈何于后宫复有卿乎？王朝卿止六，而后宫反倍之，纵曰后宫之卿即天子之卿，吾未闻天下之卿，至有二十四人之多也。

他对于校人掌王马之政，辩六马之属，辩道：

按天子十二闲，凡良马二千一百六十匹，驽马一千二百九十六匹，合之为三千四百五十六匹。其主马之官有校人，有仆夫，有驭夫，有趣马，有巫马，有牧师，有庾人；养马之役有圉师，有圉人……通计大夫、士为三百一十三人，府史、胥徒、医贾、圉师、圉人，为五千六百五十三人。是人之数几倍于马之数，呜呼！此即《孟子》所谓……野有饿莩之世，恐不至是。

他从经济状况、职官的制度等等来证明其非周公之旧典，他提出的证据确比欧阳修、苏辙、王鏊、陈仁锡要详细得多了！但他仍以为是春秋战国的作品。后来方苞著《周官辨》以专攻《周礼》之为伪，在他文集中也有《周官辨伪》两篇，他说：

凡疑《周官》为伪作者，非道听途说而未尝一用其心，即粗用其心，而未能究乎事理之实者也。然其间决不可信者，实有数事焉。《周官》九职贡物之外，别无所取于民，而《载师》则曰："近郊十一，远郊二十而三，甸稍县都皆无过十二。"市官所掌，惟廛布与罚布，而廛人之絘布、总布、质布，别增其三。夏秋二官，殴疫禬蛊，攻狸蠹，去妖鸟，殴水虫，所以除民害，安物生，肃礼事也，而以戈击圹，以矢射神，以书方厌鸟，以牡棒象齿杀神，则荒诞而不经。……则莽与歆所窜入也。盖莽诵六艺而文奸言，而浚民之政，皆托于《周官》……既纂下书，不能遽变十一之说，而谓汉法名三十税一，实十税五，则其意居可知矣。……故歆承其意，而增窜《闾师》之文，以示《周官》之田赋，本不止于十一也。莽立山泽、六管、榷酒、铸器，税众物以穷工商，故歆增窜《廛人》之文，以示《周官》征布之目，本如是其多也。莽好厌胜，妖妄、愚诬，为天下讪笑，故歆增窜方相、壶涿、哲蔟、庭氏之文，以示圣人之法，固如是其多怪变也。夫歆颂莽之功，既曰发得《周礼》以明因监，而公孙禄数歆之罪，又曰颠倒五经，使学士疑惑。则此数事者，乃莽与歆所窜入，决矣！（《四库全书》经部 礼类，《周官辨·辨伪一》，四一八页）

方氏之于《周礼》，算是提出刘歆窜改的确证了！在他以后的，如崔述的《丰镐考信录》，邵懿辰之《礼经通论》，以及刘逢禄、龚自珍等，虽对《周礼》怀疑，然而没有很进步的意见。其立说之最显明确当者，则无逾于康有为之《新学伪经考》，康氏说：

至《周官经》六篇，则自西汉前未之见，《史记·儒林传》、《河间献王传》无之。其说与《公》、《谷》、《孟子》、《王制》今文博士皆相反，《莽传》所谓“发得《周礼》以明因监”，故与莽所更法立制略同，盖刘歆所伪撰也。歆欲附成莽业而为此书，其伪群经，乃以证《周官》者。故歆之伪学，此书为首。……贾公彦《序周礼废兴》引《马融传》云：……云“唯歆独识”，“众儒以为非是”事理可明。此为歆作《周官》最易见，其云向著录者妄耳。或信以为真出刘向，且谓诟厉《周礼》为“误周公致太平之迹”，谓郑君取之为“不以人废言”，则受歆欺绐矣！或又据《史记·封禅书》云“上与公卿诸生议封禅，群儒采封禅《尚书》、《周官》、《王制》之望祀射（今按：原为‘土’字，校改）牛事”，信其出西汉前；不知《史记》经刘歆窜乱者甚多，史迁时盖未有《周官》，有则《儒林传》必存之。孝存以为“武帝知《周官》末世渎乱不验之书”，亦犹有误。武帝世本无《周官》，何得有所议邪！则孝存尚未知其根源也；今以《史记·河间献王世家》及《儒林传》正定之，其真伪决矣。

盖歆为伪经，无事不力与今学相反，总集其成则存《周官》。今学全出于孔子，古学皆托于周公，盖阳以周公居摄佐莽之篡，而阴以《周公》抑《孔子》之学，此歆之罪不容诛者也。其本源出于《管子》及《戴记》。《管子·五行篇》曰："昔者黄帝得蚩尤而明于天道；得大常而察于地利，得奢龙而辨于东方，得祝融而辨于南方，得大封而辨于西方，得后土而辨于北方。黄帝得六相而天地治，神明至。蚩尤为当时，大常为廪者，奢龙为土师，祝融为司徒，大封为司马，后土为李。春者，土师也；夏者，司徒也；秋者，司马也；冬者，李也。"为六官所自出；《曲礼》六太、五官、六府、六工，亦其题也。《盛德》篇："冢宰之官以成道，司徒之官以成德，宗伯之官以成仁，司马之官以成圣，司寇之官以成义，司空之官以成礼。是故天子，御者；太史、内史，左右手也；六官亦六辔也。"……《千乘》篇云："司徒典春，司马司夏，司寇司秋，司空司冬。"《文王官人》篇："国则任贵，乡则任贞，官者任长，学者任师，族则任宗，家则任主，先则任贤。"《朝事》篇则几于全袭之。歆之所为，大率类是。歆既多见故书雅记，以故规模弥密，证据深通。后儒生长其下，安得不为所惑溺也！（康有为《新学伪经考·汉书艺文志辨伪第三上》）

康氏从《史记·儒林传》、《河间献王传》来证明西汉以前本无《周官》，本是刘歆之所伪撰，这是所谓发得巢穴的办法，其说法本有可信的理由，但如以为全书都是刘歆所伪造，这种意见当然是不易令人完全接受的。原来在汪中的《述学》即以为：(1)《逸周书》《职方解》即《夏官》职方氏之文。(2)《汉书·艺文志》:“六国之君魏文侯最为好古，孝文时得其乐人窦公献其书，乃《周官·大宗伯》之《大司乐》章也。”(3)《大戴记·朝事》载《秋官》中典瑞、大行人、小行人、司仪四职文。(4)《礼记·燕义》有《夏官》诸子职文。(5)《内则》“凡食齐视春时”以下，《天官》食医职文；“春宜膏脑膳膏薌”以下，庖人职文；“牛夜鸣则庮”以下，内饔职文。(6)《诗·生民》传“尝之日莅卜来岁之芟”以下，《春官》肆师职文。他以为传习之绪，明白可据。《孟子》论井田爵禄，汉博士作《王制》，只是皆不见《周官》，不可执是以议之也。其有不可通者，只应当信古而阙疑。后来陈澧《东塾读书记》也以为:(1)《礼记·杂记》下“赞大行八日云云”，郑注云:“赞大行者，书说大行人之礼者名也。”孔疏云:“《周礼》有《大行人》篇，旧作记之前，有人说赞明大行人之事，谓之赞大行。”(2)《郊特牲》“缩酌用茅明酌也”云云，孔疏云:“此一节记人总释《周礼》，司彝尊“沸二齐”及“郁鬯……”(3)《考工记》古疏云此“记人所录众工，本拟亡篇六十而作”。(4)《大司马》“中冬教大阅”……贾疏云:“吕不韦以为此经中冬为周之中冬，当夏之季秋，是失之矣。”根据这四条来看，“《周礼》若非周室典制，作《礼记》何必赞之释之?作《考工记》者何必拟之?且吕不韦作《月令》本于《周礼》而尤有失，则《周礼》远在吕不韦之前，此皆足征《周礼》是周室典制”。而陈汉章的《周礼行于春秋时证》更杂引《左传》以为有“凡行周礼之证六十”。但是他们所举的证据都是极其薄弱的。《周礼》既是伪撰，必定杂引传记，《职方氏》之与《逸周书》，《典瑞》四职之与《大戴记》，诸子之与《燕义》，《食医》、《庖人》、《内饔》之与《内则》，《肆师》之与《毛传》，文字相同，或者是撰《周礼》者之采取诸书，或者两书采取相同的材料。窦公献书的事，据年代看来是不足据的。《礼记》赞大行人、缩酌用茅明酌也未必是释《周礼》的，郑注不言而疏言之，即其明证。《考工记》的体制与

《周礼》不同，吕不韦《月令》是用秦制的，都不足为《周礼》是周室典制的明证。陈汉章谓："隐十一年传'同之宗盟，异姓为后'，即司仪'天揖同姓，时揖异姓'礼。证一。"其实一说盟一说揖而附会以为证，他所举六十证是都不足信的。看来《周礼》之行于春秋时，这是绝对不会有这事的。

汪中、陈澧、陈汉章本是信从古学的，他们之以《周礼》为周公之旧典，本无足怪。在康氏以前的廖平，他在所著的《古学考》中也只主张《周礼》不过是刘歆窜改的，因而主张"周礼删刘"(其详见《古学考》，兹不具引)。而长寿李滋然著《周礼古学考》一书也只认《周礼》为刘歆窜改原本，也不赞同康氏之说。李氏以为：

> 《周礼》一书，多今学明文，篇中细节，即《曲礼》六大五官、六府、六工之条目也。而井田、封建、职官、食货、兵刑诸大端，多与《王制》、《孟子》不合者。盖旧籍原本与《左传》同藏秘府，西汉刘歆校订《周礼》，删汰博士明条，羼入古学异说，遂使本经文例，前后不相贯融。……如《大司马》之大国三军，次国二军，小国一军，是明用《春秋》、《王制》之三等也。而《小司徒》又云："九夫为井。四井为邑。四邑为丘。四丘为甸。"据《司马法》，甸出一乘，以求合于《礼》公五百里，侯四百里，伯三百里，子二百里，男百里计之，则甸方八里，实得六十四井，据五百里计之，则上公地二十五万井，侯十六万井，伯九万井，子四万井，男万井；以甸出军，则上公当出车三千九百乘，即以三分去一计之，亦应出车二千六百乘，甲士、兵卒当有二十九万三千二百人，于天子六军，尚有赢余，又况男方百里，仍不足一军之数乎？……外如天地四时分官，府史胥徒数万，以及六卿之说，亦从古无此

制度。刘氏盖以《天官》之名见《曲礼》，四时分官见《千乘》，六卿之名见《盛德》，遂由天子六军，大国三军，而例推之，故篇中官名，不尽见于群籍，况府史胥徒之名，此经而外，孤证莫寻，其余赋税、山泽、门关诸政之不合于群经者又无论也。今按《周官》文义详略互见，取例纷歧，详者琐细备陈，略者纲领不具，故孔子作《春秋》，东迁以后，混一以前，诸子百家所引经文，并无一字及此书者，据此则《周礼》甚为晚出，多经刘氏窜改，不祖乎孔子，不作于周公，不过与梅辑《尚书》，同归一例。（李滋然：《周礼古学考》，清宣统元年铅印本）

他这里以为《周礼》“不过与梅辑《尚书》，同归一例”，本是极好的见解，而谓季本、姚际恒、万斯大、方苞、邵懿辰直以《周礼》全经悉为刘氏伪托，是又变本加厉，不可为定论。仅以《周礼》全书，“半由刘氏增窜，原本仅存秘府，不出《左传》之先”这也只是一种平稳的说法，不及康氏之彻底的。近人考订《周官》著作的时代的，如钱穆之《周官著作的时代考》（《燕京学报》第十一期，1932 年），也差不多，以为著于战国末年，郭沫若《周官质疑》（《金文丛考》卷三）亦其一例。郭氏就铭彝中所见之周代官制来考核其真伪，辩驳与其时代之早晚。他以铭彝中的卿事寮，太史寮；三左三右；作册；宰；宗伯；大祝；司卜，冢司徒；司工；司寇；司马；司射；左右戏緐荆；左右走马；左右虎臣；师氏；善夫；小辅，鼓钟；里君；有司；诸侯诸监等来证明“同于《周官》者虽亦稍稍有之，然其骨干则大相违背”。“如是铁证，断难斥为向壁虚造。……如是而尤可谓《周官》必为周公致太平之迹，直可谓之迂诞而已。”他以为：

由前举《马融传叙》，可知周公创制之说，实倡导于刘歆，且倡导于其末年。然《周官》书中，并未著作者姓氏，且亦无“周公若曰”之文，刘歆之说，亦徒逞臆说而已。……今考其编制，以天地四时配六官，官各六十职，六六三百六十，恰合于黄道周天之度数，是乃准据星历知识之钩心结构，绝非自然发生者可比，仅此已足知其书不能出于春秋以前矣。……其以天地四时配六官之说始见于《管子·五行篇》。……此固周末学者承五行说盛行之流风而虚拟之传说，以托诸《管子》者也。《大戴礼·千乘》篇亦言“司徒典春，司马司夏，司寇司秋，司空司冬”。托为哀公与孔子之问答，此则周末或汉初儒者之所为，今《周官》以冢宰配天，司徒配地，宗伯配春，司马配夏，司寇配秋，司空配冬，三说虽小有出入，然其意则同，且同为五行说之派演，是则作《周官》者，乃周末人也。（郭沫若《金文丛考》，东京文求堂书店，昭和七年出版）





他以为《周官》一书，盖赵人荀卿子之弟子所为，袭其师“爵名从周”之意，纂集遗闻佚志，参以己见而成一家言。其书盖“为未竣之业，故书于作者，均不传于世。……《周官》既为刘歆所表彰，且由彼托之于周公，则其旧简自难保无窜乱割裂之事。……《冢司马》职文与《叙官》互易，《师氏》职文显有窜改……司马迁曾得见《周官》，其《封禅书》引《周官》曰：‘冬日至祀天于南郊，迎长日之至；夏日至祭地祇皆用乐舞，而神乃可得而礼也。’此语见今《春官·大司乐》职而详略迥异，不知是否史迁撮述大意抑系刘歆窜加，终莫能明也”。从金文上来证《周礼》之不出于周公，证据是最好没有了。但是我总觉得该书的著作时代是西汉末年，而且是刘歆一班人所伪造以迎合王莽的心理的。于此点康氏之说似乎并没有弄错。现在更提出六证来说明如下：

1. 祭天祭地的规定。祭天祭地的事情本在古代早就有的，阴阳对立的观念之浓厚则当在战国末，但以冬至郊天的办法据《春秋》看来是没有的。《礼记·郊特牲》说："周之始郊日以至"，"郊之祭也，迎长日之至也"。《左传·襄公七年》说："夫郊祀后稷，以祈农事也。是故启蛰而郊，郊而后耕。"两说并不相同，足征并无定制。《郊特牲》出于汉儒之手，其说也不一定可靠的。我们试一检查《春秋》，则记郊者凡有九条：(1) 僖三十一年夏四月四卜郊，不从，乃免牲，犹三望。(2) 宣三年春王正月，郊牛之口伤，改卜牛，牛死，乃不郊，犹三望。(3) 成七年春王正月，鼷鼠食郊牛角，改卜牛，鼷鼠又食其角，乃免牛。(4) 成十年夏四月五卜郊，不从，乃不郊。(5) 成十七年秋九月辛丑用郊。(6) 襄七年夏四月三卜郊，不从，乃免牲。(7) 襄十一年夏四月卜郊，不从，乃不郊。(8) 定十五年春王正月，鼷鼠吃郊牛，牛死，改卜牛。……夏五月辛亥郊。(9) 哀元年春王正月……鼷鼠食郊牛角，改卜牛。夏四月辛巳郊。合这九条来看，郊并不在冬至，如依《春秋》的例来看，则是郊用正月用申；不依《春秋》的例来看，则以四月郊为最多。不见得必是冬至郊天的。《吕览》月令是采用夏历（颛顼历）的，在正月里便说："是月也，天子乃以元日祈谷于上帝。"而仲冬十一月冬至，别无祭天之礼。在《淮南》时则并无正月元日祈谷之事，而于仲春之月则有择元日令民社，也无所谓冬至祭天，夏至祭地之说。汉文帝十五年，"有司礼官皆说古者天子夏躬亲礼祀上帝于郊，故曰郊"。至武帝元光二年"始以冬十月幸雍五畤"，而元鼎四年十一月冬至"立泰畤于甘泉，天子亲郊见"，朝日夕月，是为汉人以冬至郊天之始。至成帝建始元年，作长安南北郊。明年正月以正月郊祠长安南郊，三月祠后土北郊。据上所述来看，周并无冬至郊天之说，《吕览》、《淮南》也并无此例，文帝礼官更谓天子夏郊，《周官》作者的理想并不比《吕览》、《淮南》还要精细，而且《吕览》、《淮南》是由门客作的，如果其时能有这样的理想，则

《吕览》、《淮南》也应当有一点的。今此二书并无，则所谓圜丘冬至祭方泽，夏至祭地的说法，自是受了汉武以冬至郊天，汉成作长安南北郊的影响。据此看来，《周官》当作于汉成帝以后，有刘歆、王莽伪造的嫌疑，此其一证。

2. 日食月食的观念。在《春秋》二百四十二年之中，记载日食的约有三十六次，至于月食，则无记载。这自是阴阳对立的观念还未发达，所以并不以为月食一样地当"救"的。到了《周礼》在《地官·鼓人》上说："救日月则诏王鼓。"《春官·太仆》说："凡军旅田役，赞王鼓，救日月亦如之。"《秋官·庭氏》说："掌射国之天鸟，若不见其鸟兽，则以救日之弓与救月之矢射之。"《春官·大司乐》说："凡日月食，四镇五岳崩，大傀异裁，诸侯薨，令去乐。"对日食月食一样重视，一样要"救"，这种观念是很晚的，《汉书·五行志》不著月食，而《左传·襄公二十五年》却有"非日月之眚，不鼓"，这一句本是《左传》的凡例，前人考定其为刘歆附益，而《周礼》说与之相同，显见其为同出一门，此其证二。

3. 鸡人犬人的改属。在战国之末的时候，阴阳五行说始发达，所以在《吕览·月令》上已将许多东西分隶五行，谷与畜也有规定的。春食麦与羊，夏食菽与鸡，秋食麻与犬，冬食黍与彘，而属中央土的则食稷与牛。在《周礼》上则以鸡人属春官，羊人属夏官，犬人属秋官，而以牛人属之地官。孙希旦在《礼记集解·月令》上说："《令月》四时所食之谷与牲，盖亦以五行分配之。然五牲则惟牛之属土，犬之属金，彘之属水，与《周礼》合，若羊《周礼》属火而《月令》属木，鸡则《周礼》属木而《月令》属火，孔疏所谓阴阳之说多途者。至五谷所配，其义尤多不可晓。"而在《春官》贾疏则说："《鸡人》在此者，《鸡人》职云：其鸡牲，大祭祀，夜呼旦以叫百官。鸡又属木在春，故列职于此也。"《夏官》贾疏则说："《羊人》在此者，以其职有掌羊牲，又祭祀割牲等之事。羊属南方火，司马火官，故在此。……”按《五行传》云：“视之不明……则有羊祸。注云：羊，畜之远视者，属视。故列在夏官。”其实在《尚书大传·洪范·五行传》说：“貌之不恭……时则有鸡祸。”注云：“鸡，畜之有冠翼者也，属貌。”《周官》之以鸡人、羊人改属，两者都是用《五行传》之说。固然阴阳之说多途，《五行传》说当是有进步的。《周官》采用这种新说，其出当在《大传》后，据郑玄《尚书大传序》说是其徒张生、欧阳生等共撰《大传》。其时代当在武、宣之际的。依旧说则《周官》藏于秘府，显非《大传》之采《周官》，而《淮南》的作者，也都无这样的新意，《周官》著作的时代，是当在武、宣以后的。其时代与刘歆接近。《隋书·经籍志》云：“济南伏生之传，惟刘向父子所著《五行传》是其本法。”则其意见与刘歆亦接近，我们也可知道《周官》的作者应当是谁了！此其证三。





4. 十有二土的划分。在《地官·大司徒》上说：“以土宜之法辨十有二土之名物，以相民宅而知其利害，以阜人民，以蕃鸟兽，以毓草木，以任土事。辨十有二壤之物而知其种，以教稼穑树艺。”我们知道在古籍中是划分中国为九州的，即在《吕览·有始览》上也只是说：“天有九野，地有九州，土有九山，山有九塞，泽有九薮。……何谓九州？河、汉之间为豫州，周也；两河之间为冀州，晋也；河、济之间为兖州，卫也；东方为青州，齐也；泗上为徐州，鲁也；东南为扬州，越也；南方为荆州，楚也；西方为雍州，秦也；北方为幽州，燕也。”在《淮南子·地形训》上说：“天地之间，九州八极，土有九山，山有九塞，泽有九薮……”而所谓九州则变为“东南神州曰农土，正南次州曰沃土，西南戎州曰滔土，正西弇州曰并土，正中冀州曰中土，西北台州曰肥土，正北泲州曰成土，东北薄州曰隐土，正东阳州曰申土”。盖是其时中国地域已不止于九州，故《淮南子》乃袭邹衍之意而自创立新说。淮南王卒于武帝元狩元年，到元封五年部十三州，除司隶校尉部外正是十二州，十有二州应在其时始发生的。《周官》于职方氏仍用九州之说，而此则言十有二土，十有二壤，一方面想复古或是假托古制，一方面仍不免露出其时代之思想，郑注以十二分野释十有二土，其实这十二分野说也甚晚的。因为分野之说即令早就有的，而《史记·天官书》、《淮南子·天文训》，其数都为十三，不见有十二分野的说法。因《汉书·律历志》上以为十二分野，在《汉书·地理志》则仍以十三计算的。亦足知其立说之晚。《五行志》中之上曰："孝武时，夏侯始昌通《五经》，善推《五行传》，以传族子夏侯胜，下及许商，皆以教所贤弟子。其传与刘向同，唯刘歆传独异。"而其篇下之下凡主分野皆刘歆说，则十二分野之说或创自刘歆（参看崔适《史记探源》）。郑氏以十二分野释十有二土，适足证其出于刘歆。如不从郑氏说，则是必为武、宣作品，依他证亦足断其为刘歆时作品。

5. 赋敛征役的情况。在《周官》中，由其赋敛征役的情形看来，多半中是汉代才能有的思想，因为思想多半是社会生活的反映，决不会凭空就产生出来的，尤其是详细规定的制度，更不易于凭空悬想出来的。《周官·太宰》："以九赋敛财贿：一曰邦中之赋……七曰关市之赋，八曰山泽之赋，九曰币与余之赋。"其中"邦中之赋"只可依郑玄释为"口率出泉也"，"今之筭泉，民或谓之赋"（《周礼注疏》卷二郑玄注），赋即所谓口赋钱。口赋之法，虽始见于《管子·山至数》等数篇，然《管子》一书是不可靠的。据《汉书·禹贡传》：元帝时，"禹以为古民亡赋算口钱，起武帝征伐四夷，重赋于民，产子三岁，则出口钱，故民重困，至于生子辄杀，宜令儿七岁去齿乃出口钱，年二十乃算"，"天子下其议"，"令民产子七岁乃出口钱，自此始"。其实，"口赋"是在秦商鞅变法中以"初为赋"为标志在历史上才首次出现，同时“口赋”在汉代的征收数额及年龄也曾多次变动。贡禹在元帝时的建议，去武帝时甚近，正是基于这一历史事实。《周礼》这种规定，正是武、宣以后社会经济的反映。此其一。《周礼·乡大夫》之“以岁时登其夫家之众寡，辨其可任者，国中自七尺以及六十，野自六尺以及六十有五，皆征之”。这正与汉昭、宣时所谓“陛下哀怜百姓，宽力役之征，二十三始赋，五十六而免”的情形相去不远。《楚策》之所谓楚昭王使昭常守东地，悉五尺至六十，三十余万。《说苑》所谓齐伐莒鲁，下令丁男悉发，五尺童子皆至。不必照汉代定为常制，《周礼》之“以岁时登其夫家之众寡”，当是受了汉代的影响，此其二。《司市》之“国凶荒礼丧则市无征”，《质人》之“掌成市货贿人，民牛马兵器珍异，凡卖价者质剂焉，大市以质，小市以剂”，《廛人》之“掌敛市之絘布总布质布罚布廛布而入于泉府，凡屠者敛其皮角筋骨入于玉府；凡珍异之有滞者，敛而入于膳府”，《泉府》之“掌以市之征布敛市之不售货之滞于民用者，以其贾买之，物揭而书之，以待不时而卖者”，等等。这些制度，很令我们想到《周礼》的作者似曾看到一个商业比较繁盛的社会而后才能拟出这样的规定，而后言先秦诸子所不能言。这种商业繁盛的社会，应是汉武通西域平南粤，西与于阗、罽宾、安息、月氏、康居、大宛诸国（《汉书·西域传》），南与儋耳、珠崖、合浦、交趾、九真、日南诸地（同上《西南夷传》）有了交通往来以后，珍异的货物较多，例如：番禺为珠玑、犀角、瑇瑁、果布之凑，罽宾出孔爵、珠玑、珊瑚、虎魄、璧流离（《汉书·西域传》）；市场的范围扩大，例如：元狩元年张骞言使大夏见蜀布、邛竹杖，问所从来，曰以东南身毒国。可见市场扩充，货物可经印度至西域。商品多了，市场大了，自然商业繁盛起来，征敛也比较多了。《司市》规定：“以陈肆辨物而平市，以政令禁物靡而均市，以商贾阜货而行市……以泉府同货而敛赊。”发行货币，平均物价，也颇似汉代中叶以后所行的铸币平准、均输诸政策的反映。此其三。就这几点看来，《周礼》的写定，也不似出于先秦或与《吕览》同时，而当认为汉武、宣后作品。

6. 土地制度之纷歧。在《周礼》中，关于土地制度，有几种不同的规定：《地官・遂人》职说："辨其野之土——上地、中地、下地，以颁田里：上地夫一廛，田百亩，莱五十亩，余夫亦如之。中地夫一廛，田百亩，莱百亩，余夫亦如之。下地夫一廛，田百亩，莱二百亩，余夫亦如之。凡治野：夫间有遂，遂上有径；十夫有沟，沟上有畛；百夫有洫，洫上有涂；千夫有浍，浍上有道；万夫有川，川上有路，以达于畿。"这里的理想制度，一方面与《大司徒》的"凡造都鄙，制其地域而封沟之。以其室数制之：不易之地家百亩，一易之地家二百亩，再易之地家三百亩"不同。孙诒让在《周礼正义》中已说："此上、中、下三等田制，与《遂人》六遂田制略同；此所谓易，即彼所谓莱，但彼上地犹有莱五十亩，非全不易者，与此小异耳。"在同一《地官》中，其制度已不一律。而一方面又于《考工记》说"匠人为沟洫。……九夫为井。井间广四尺，深四尺，谓之沟；方十里为成，成间广八尺，深八尺，谓之洫；方百里为同，同间广二寻，深二仞，谓之浍"，也不相合。《匠人》"九夫为井，井间广四尺、深四尺，谓之沟"，《遂人》则是"十夫有沟，沟上有畛"，其制不同。孙诒让《周礼正义》说："《遂人》之洫沟，皆以十积数，不井田也；《匠人》之沟洫，以八积数，为都鄙井田之制。"他这种说法，不仅有错误，而且忘了《周礼》与《考工记》本非一人一时之作，《考工记》为六国时所录（据《士冠礼疏》），《周礼・遂人》只会比《考工记》更晚的。因为《匠人》所举只有沟、洫、浍三，《遂人》所列则遂、沟、洫、浍、川五，而且《遂人》又有遂上有径，沟上有畛等，其范围较大，而设计较密，显见得《遂人》要晚于《考工记》，而疑为两汉人所作。我们再试从《草人》来看，其所谓“掌土化之法，以物地、相其宜而为之种。凡粪种，骍刚用牛，赤缇用羊，坟壤用麋，渴泽用鹿，咸舄用貆，勃壤用狐，埴垆用豕，彊槛用蕡，轻爂用犬”。据郑注云：“土化之法，化之使美，若氾胜之术也。”土化之法的发明也是较晚的。在《吕氏春秋》中有《上农》、《任地》、《辨土》、《审时》等篇，是搜集当时农家的学说，而甚病“今之耕也，营而无获”（《辨土》）。但关于土地耕种只云：“凡耕之火方，力者欲柔，柔者欲力；息者欲劳，劳者欲息；棘者欲肥，肥者欲棘；急者欲缓，缓者欲急；湿者欲燥，燥者欲湿……地可使肥，又可使棘，人肥必泽，使苗坚而地隙；人耨必以旱，使地肥而土缓。”（《任地》）而无所谓用动物骨汁来“溲种”培植土地之种植方法。《周礼》作者所云，则与氾胜之之术极为相近。据《齐民要术》引氾胜之曰：“验美田至十九石，中田十三石，薄田一十石，择取减法，神农复加之。骨汁粪汁种种，锉马骨、牛、羊、猪、麋鹿骨一斗，以雪三斗煮之，三沸，取汁以渍附子，率汁一斗，附子五枚，渍之五日；去附子，捣麋鹿、羊矢，分等置汁中，熟挠和之，候晏温，又溲曝，状如后稷法，皆溲汁干乃止。若无骨，煮缲蛹汁和溲。如此则以区种之法浇之，其收至亩百石以上，十倍于后稷。”（《齐民要术》卷一《种谷》第三）我们试看氾胜之所云，用马、牛、猪、麋鹿骨的种种，与《周礼》的用牛、羊、麋鹿极相接近。氾胜之不是受了《周礼》的影响，因为他绝不用《周礼》之说，而《周礼》的作者则反似受了他影响的；《周礼》的作者不是农家，《周礼》本是杂采传记而成说，这是很显然易见的。既然能采取《吕氏春秋》所不能采，其书非秦以前所写定，而当在汉武、宣以后，或即刘歆之徒所为，我们也可以基本确定的。

除了以上述的六证之外，其余还有如：

《保氏》之“掌谏王恶，而养国子以道，乃教之六艺：一曰五礼，二曰六乐，三曰五射，四曰五驭，五曰六书，六曰九数。”此处以六艺指礼、乐、射、御、书、数而言，在先秦古籍中殊不多见，已颇可疑。而所谓六书，据郑注引郑司农为象形、会意、转注、处事、假借、谐声。许慎《说文解字叙》、班固《汉书·艺文志》也引《周礼》来解释六书，但是“处事”许作“指事”，班作“象事”；“谐声”许作“形声”，班作“象声”；次第先后，亦与郑说差异。足见六书的解释，在东汉犹无定说，汉儒尚在研究、探索其涵义。或以为其是六国时人所为之，如在《左传》中，虽有许多谈到文字构造的地方，然并无此种说法。益可见其不出于秦以前，而是文字学比较发达后才有的。其实细究六书之内容，当系古汉字的造字理论，它至少应是以商代甲骨文为对象、为依托的，但无论是春秋战国乃至汉代，均尚无从以甲骨文为文字的研究对象。由此可见，六书的说法可能出现很早，但其理论化出现必定较晚，《周礼》之写定，绝不出秦以前。另一方面，六书依前述上下文看来，当诂为六种的书体，才与五礼六乐等相陪衬。据许慎《说文解字叙》说：“自尔秦书有八体，一曰大篆，二曰小篆，三曰刻符，四曰虫书，五曰摹印，六曰署书，七曰殳书，八曰隶书。”又曰：“及亡新居摄，使大司空甄丰等校文书之部，自以为应制作，颇改定古文，时有六书。一曰古文，孔子壁中书也；二曰奇字，即古文而异者也；三曰篆书，即小篆；秦始皇使下杜人程邈所作也；四曰左书，即秦隶书；五曰缪篆，所以摹印也；六曰鸟虫书，所以书幡信也。”其实所谓八体，在秦始皇以前并没有八种。王应麟《汉书艺文志考证》云：“秦始皇以祈祷名山作刻符，书题印玺；萧何作署书，题苍龙白虎二阙。”程邈之作隶书，据《说文解字叙》所云，在秦始皇时，则秦以前至多只有五书，是极显明白的。由此可见《周礼》有六书的观念，即便不是按照新莽居摄时的规定，也必发生在秦以后。但由其他处看来，这必因袭新莽之制。

《周礼·太卜》职云："掌三易之法，一曰连山，二曰归藏，三曰周易。"郑注引杜子春云，"连山宓戏，归藏黄帝"。郑玄《易赞》则云："夏曰连山，殷曰归藏。"贾疏引《郑志答赵商》云："非无明文，改之无据。且从子春。近师皆以为夏、殷也。"皇甫谧《帝王世纪》又兼采杜、郑之说，而以连山属炎帝。关于连山、归藏的解释，实是异说纷纭。但我们知道，《荀子·劝学》篇说："《礼》之敬文也，《乐》之中和也，《诗》、《书》之博也。《春秋》之微也，在天地之间者毕矣。"在荀子的时代，还仿佛不知天地间有所谓《周易》也者，而《周礼》作者乃能举出《周易》之名，而又加以连山、归藏，总谓之曰三《易》。这岂不是一种奇迹？近人考证《周礼》为周末的作品，殊不知其实是晚于周末的。据黄以周说："《连山》首艮，即象传兼山艮之义；《归藏》首坤，即《说卦》传坤以藏之义。……《连山》、《归藏》，古者本不名《易》，而云三《易》者，后人因《易》之名而《易》之也。"由黄氏所说看来，亦可见"三易"之名，其起始当甚晚。或者连山、归藏这种观念，是根本因于有了象传之兼小艮，及"《说卦》传坤以藏"之而来。则是《周礼》的著作年代，也要晚在西汉末年。

《周礼·夏官·职方氏》说："职方氏：掌天下之图，以掌天下之地。辨其邦国、都鄙、四夷、八蛮、七闽、九貉、五戎、六狄之人民，与其财用、九谷、六畜之数要，周知其利害。"此处所用"七闽"一词也颇可疑的。据《郑注》说："玄谓闽蛮之别也。《国语》曰：'闽，半蛮矣。'"但我们只看孙诒让《周礼正义》所说的："《说文·虫部》：'闽，东南越，蛇种。'《山海经·海内南经》云，'瓯在海中'，郭注云：'闽越即西瓯，今建安都是也。亦在岐海中。'《文选·吴都赋》刘逵注云：'闽，越名也。秦并天下，以其地为闽中郡。'"案，闽即今福建，在周为南蛮之别也。引《国语》曰，"闽，半蛮矣"者，证闽为蛮之别。《释文》云："芈，李云，今《周礼》本或无此字，《国语》则有。"案，韦本《国语》闽作蛮。贾疏云："案《郑语》史伯曰：'蛮，芈蛮矣。'注云：'谓上言叔熊避难于濮蛮，随其俗如蛮人也。故曰蛮。'彼不作闽者，彼盖后人转写者误。郑玄以闽为正。叔熊居濮如蛮，后子从分为七种，故谓之七闽也。案，贾即隐括韦义。考《郑语》又云：'芈姓夔越。'闽为东南越，或亦出于芈姓。但以闽为叔熊之后，则古书无征。郑、韦所据，文义并殊，贾强为傅合，恐不确也。"可见闽在古籍中少征引，《国语》中的'闽，半蛮矣'实是'蛮，芈蛮矣'。而闽这一名称实始于秦并天下之后。这一点也可以助证《周礼》当写在秦以后。

《周礼·春官·大师》职说："教六诗：曰风，曰赋，曰比，曰兴，曰雅，曰颂。"六诗的解释，自当以章炳麟《六诗说》为确当，赋、比、兴不是诗之作法，只是诗的体裁。但我们知道，赋、比、兴为诗之体，章氏亦不能举出在先秦的显明的证据，这也当是秦以后《诗》学有了相当的发达，见得《诗》的作法有赋、比、兴之类。而《周官》的作者乃构成六诗之说，《毛传》还以兴为体裁，《毛序》则直接采用《周官》的六诗之说。关于这一点，虽不能单独地证明《周官》时代之晚，而从上述的许多证据看起来，也可以帮助我们估定《周礼》著作的年代较晚。此外如分国五等，出车三等；职方氏九服，大行人七服等自相矛盾。亦可见其本系杂取传记而造。而其行文之颇整洁，叙述之有次第，序官在每官之前，比较《吕览》尤觉进步，也足以见其著述时代之晚。由上述许多证据看来，则可见其作期在西汉之末，则旧说谓："莽每有兴造，必欲依古，得经文。国师公刘歆，言周有泉府之官，收不雠与欲后。"（《汉书·食货志》）"发得《周礼》，以明因监。"（《汉书·王莽传》）"刘歆以《周礼官经》六篇为《周礼》。"（荀悦《汉纪》）"王莽时刘歆为国师，始建立《周官经》为国礼"（《释文·叙录》），刘歆杂取当日周政、周法之类的书改编成为《周礼》以佐王莽之篡，容系事实，后人并未冤枉了他。近人以为出于秦代，仍是为其所蒙蔽。

## 第四节　《礼记》纂辑的年代

关于大小《戴记》的纂辑，在《汉书·艺文志》中并无明文。《汉书·艺文志》礼家之中虽著录有“记百三十一篇”，自注为七十子后学所记，实未注明其为戴德或戴圣所纂辑的。在郑玄《六艺论》中虽说：“戴德传记八十五篇，则《大戴礼》是也；戴圣传礼四十九篇，则此《礼记》是也。”亦尚无小戴删大戴之说。到了《经典释文》，陆德明引陈邵《周礼论序》说：

> 戴德删古《礼》二百四篇为八十五篇，谓之《大戴礼》，戴圣删《大戴礼》为四十九篇，是为《小戴礼》（原注：汉刘向《别录》有四十九篇，其篇次与今《礼记》同名，为他家书拾撰所取，不可谓之《小戴礼》。（《经典释文叙录疏证》）

才明言《小戴》删《大戴》。而据《隋书·经籍志》云：

> 汉初，河间献王得仲尼弟子及后学者所记一百三十一篇，献之，时无传之者。至刘向考校经籍，检得一百三十篇，向因第而叙之，又得《明堂阴阳记》三十三篇，《孔子三朝记》七篇，《王氏史记》二十一篇，《乐记》二十三篇，凡五种，合二百十四篇。戴德删其烦重，合而记之，为八十五篇，谓之《大戴记》。而戴圣又删《大戴》之书，为四十六篇，谓之《小戴记》。汉末马融遂传《小戴》之学。融又足《月令》一篇、《明堂位》一篇、《乐记》一篇，合四十九篇。而郑玄受业于融，又为之注。

这又是不惟《小戴》删《大戴》，而且今本《小戴记》的《月令》、《明堂位》、《乐记》三篇为马融所加。《初学记》亦云：

> 《礼记》者，本孔子门徒共撰所闻也，后通儒各有损益。子思乃作《中庸》，公孙尼子作《缁衣》。汉文时，博士作《王制》，其余众篇，皆如此例。至汉宣帝世，东海后苍善说礼，于曲台殿撰《礼》一百八十篇，号曰《后氏曲台记》。后苍传于梁国戴德及德从子圣，乃删《后氏记》为八十五篇，名《大戴礼》。圣又删《大戴礼》为四十六篇，名《小戴礼》。其后诸儒又加《月令》、《明堂位》、《乐记》三篇，凡四十九篇，则今之《礼记》也。

杜佑《通典》也有相同于《隋书·经籍志》与《初学记》的记载，说：

> 初，河间献王又得仲尼弟子及后学所记四百十一篇，至刘向考核经籍，才获百三十篇。向因第而叙之。而又得《明堂阴阳记》三十三篇，《孔子三朝记》七篇，《王氏》、《史记》二十一篇，《乐记》二十三篇，总二百二篇；戴德删其烦重，合而记之，为八十五篇，谓之《大戴记》；而戴圣又删《大戴》之书，为四十七篇，谓之《小戴记》。马融遂传《小戴》之学，又定《月令》、《明堂位》，合四十九篇。郑玄受业于融，复为之注。

合以上所引的四条看来，在郑玄以后，关于《戴记》的纂辑，有两种说法流行于晋唐间：一是《小戴》删《大戴》之说，一是马融、卢植增加《月令》、《明堂位》、《乐记》三篇之说。关于这两个问题，清儒钱大昕在《廿二史考异·汉书考异》中说：

> 按，郑康成《六艺论》云：戴德传记八十五篇，戴圣传记四十九篇。此云百三十一篇者，合大小戴所传而言。《小戴记》四十九篇，《曲礼》、《檀弓》、《杂记》皆以简策重多，分为上下，实止四十六篇。合《大戴》之八十五篇，正协百三十一之数。《隋志》谓《月令》、

《明堂位》、《乐记》三篇为马融所足，盖以《明堂阴阳》三十三篇、《乐记》二十三篇别见《艺文志》，故疑为东汉人附益，不知刘向《别录》已有四十九篇矣。《月令》三篇，《小戴》入之《礼记》，而《明堂阴阳》与《乐记》仍各自为书，亦犹《三年问》出于《荀子》，《中庸》、《缁衣》出于《子思子》，其本书无妨单行也。《记》本七十子之徒所作，后之通儒各有损益，河间献王得之，大、小戴各传其学，郑氏《六艺论》言之当矣。谓《大戴》删古《礼》二百四篇为八十五篇，小戴又删为四十九篇，其说始于晋司空长史陈邵，而陆德明引之。《隋志》又附益之。然《汉书》无其事，不足信也。或谓《汉书》不及《礼记》，考河间献王所得书，《礼记》居其一，而《郊祀志》引《礼记》："燔柴于泰坛，祭天也；瘗埋于太折，祭地也。"又引《礼记》："天子祭天地及山川，岁遍。"又引《礼记》："天子籍田千亩以事天地。"又引《礼记·祀典》："功施于民则祀之，天文，日月星辰，所昭仰也；地理，山川海泽，所生殖也。"又引《礼记》："唯祭宗庙社稷，为越绋而行事。"《梅福传》引《礼记》："孔子曰：'某，殷人也。'"《韦玄成传》亦引《礼记·王制》、《礼记·祀典》之文，皆在四十九篇之内。《志》不别出《记》四十九篇者，统于百三十一篇也。

钱氏以两《戴记》的篇数相合恰好等于《汉志》百三十一篇之数，所以既不信《小戴》删《大戴》之说，也不信马融足三篇之说。而戴震在《大戴礼·目录一》上则说：

郑康成《六艺论》曰："戴德传记八十五篇。"《隋书·经籍志》曰："《大戴礼记》十三卷，汉信都王太傅戴德撰。"今是书传本卷数与《隋志》合，而亡者四十六篇。《隋志》言："戴圣删《大戴》之书为四十六篇，谓之《小戴记》。"殆因所亡篇数，傅合为是言欤？其存者，《哀公问》及《投壶》，《小戴记》亦列此二篇，则不在删之数矣。他如《曾子·大孝》篇见于《祭义》，《诸侯衅庙》篇见于《杂记》，《朝事》篇自"聘礼"至"诸侯务焉"见于《聘义》，《本命》篇自"有恩有义"至"圣人因杀以制节"，见于《丧服四制》，凡大小戴两见者，文字多异，《隋志》以前，未有谓小戴删大戴之书者，则《隋志》不足据也。

戴氏从两《戴记》的篇目文字的比较结果来断定小戴删大戴之说为不足信，证据是比较钱氏所举为确实。戴氏亦不信马融足三篇之说，其所举的理由也比钱大昕的要好。关于这一点，我们只看陈寿祺对于钱说之驳辩以及对于戴说之拥护，便可以知道的。陈氏驳钱氏说曰：

寿祺案：今二《戴记》有《投壶》、《哀公问》两篇篇名同，《大戴》之《曾子大孝》篇见《小戴·祭义》，《诸侯衅庙》篇见《小戴·杂记》，《朝事》篇自"聘礼"至"诸侯务焉"见《小戴·聘义》，《本命》篇自"有恩有义"至"圣人因杀以制节"见《小戴·丧服四制》。其他篇目尚多同者。《汉书·儒林传·王式传》称：《骊驹之歌》在《曲礼》，服虔注云在《大戴礼》。《五经异义》引《大戴·礼器》，《毛诗·豳诗正义》引《大戴礼·文王世子》，唐皮日休有《补〈大戴礼·祭法〉》；又《汉书·韦玄成传》引《祭义》；《白虎通·耕桑》篇引《祭义》、《曾子问》；《情性》篇引《间传》，《崩薨》篇引《檀弓》、《王制》，蔡邕《明堂月令论》引《檀弓》，其文往往为《小戴记》所无，安知非出《大戴》亡篇中，如《投壶》、《衅庙》之互存而各有详略乎？《大戴记》亡篇四十七，唐人所见已然。《白虎通》引《礼·谥法》、《王度记》、《三正记》、《别名记》、《亲属记》、《五帝记》，《少牢馈食礼》注引《禘于太庙礼》（疏云《大戴礼》文）。《周礼注》引《王霸记》，《明堂月令论》引《昭穆》篇；《风俗通》引《号谥记》，《论衡》引《瑞命》篇，皆《大戴》逸篇。其他与《小戴》出入者略可举数，岂能彼此相足？谓二戴于百三十一篇之《记》，各以意断取，异同参差，不必此之所弃，即彼之所录也。





陈氏引申戴氏说曰：

《隋书·经籍志》因附会，谓戴圣删大戴之书为四十六篇，马融足《月令》、《明堂位》、《乐记》为四十九篇。休宁戴震辨之曰：孔颖达《义疏》于《乐记》云："按《别录》，《礼记》四十九篇。"《后汉书·桥玄传》："七世祖仁，著《礼记章句》四十九篇。号曰桥君学。"仁即班固所说小戴授梁人桥仁季卿者也。刘、桥所见篇数已为四十有九，不待融足三篇甚明。康成受学于融，其《六艺论》亦但曰戴圣传《礼》四十九篇。作《隋书》者徒谓《大戴》阙篇即《小戴》所录，而尚多三篇，遂联归于融耳。寿祺案：桥仁师小戴，《后汉书》谓从同郡戴德学，亦误。又《曹褒传》："父允持《庆氏礼》，褒又传《礼记》四十九篇，教授诸生千余人，庆氏学遂行于世。"然则褒所受于庆普之《礼记》，亦四十九篇也。二戴、庆氏皆后仓弟子，恶得谓小戴删大戴之书耶？《释文·序录》云：刘向《别录》有四十九篇，其篇次与今《礼记》同，然则谓马融足三篇者，妄矣。

这是用《别录》,《后汉书·桥玄传》、《曹褒传》来反证马融足三篇之说，比钱氏用大小戴篇数正协百三十一之数来作反证更觉可信。《四库提要》与黄以周《礼书通故》都是舍弃钱说而以戴说的。不过清儒驳《小戴》删《大戴》之说固甚确凿，但以为今《礼记》“实戴圣之原书”，则实在尚有问题。据近人的考证，则二《戴记》纂辑的时代实当在东汉之世，首先提出这个意见的是钱玄同先生的《重论经今古文学问题》，他说：

今之《大戴礼记》与《小戴礼记》这两部书，据我的研究，决非戴德和戴圣这两个人编成的；看它们的内容，虽不见得是删《古文记》而成，但的确采了好些古文记，如《大戴记》中之《千乘》、《四代》、《虞戴德》、《诰志》、《小辨》、《用兵》、《少闲》，采自孔子《三朝记》；《小戴记》中之《乐记》、《月令》与《明堂位》采自《明堂》、《阴阳》，皆有明证。又如《大戴记》之《盛德》记《明堂》之事，《朝事》与《周礼》相合，当亦采自《古文记》中。这两部书，一定是东汉人编成的，所以其中今古杂糅，不易辨析。今《大戴礼记》已多残缺脱误，所存之三十九编中，有与《小戴记》相同者，是否与郑玄、陈邵诸人所见者相合，无从审知；又其来源，除郑玄、陈邵及《隋志》所记，亦无其他异说，只可阙而不论。单说《小戴记》。《隋志》谓《小戴记》原来只有四十六篇，马融加入三篇，才成为四十九篇。前人信此说者，据我现在记忆所及，似乎只有姚际恒的《礼记通论》。康氏亦深信此说。我则以为这三篇的古文色彩特别浓厚，说是马融加入，固其可信；但此外四十六篇又何尝是戴圣所编？《隋志》之说，虽略胜于郑玄与陈邵，但尚远不及陆德明之说尤与情事相合。陆氏《经典释文·序录》于引陈邵之说之下，接着就有他自己一段极精覈之论，他说：“后汉马融、卢植考诸家同异，附戴圣篇章，去其繁重及所叙略而行于世，即今之《礼记》是也。郑玄亦依卢、马之本而注焉。”这明明说今之《礼记》是为卢植、马融所编定，郑玄所注者即是卢、马编定之本。然则无论戴圣曾否编有《礼记》，即使有之，而今郑注之《礼记》四十九篇，则决非戴圣之本也。故《月令》、《明堂位》、《乐记》三篇固为马融所编入，即其他四十六篇中，卢、马二人编入之篇亦必不少。可惜这样几句极重要的话，自来都把它忽略过了！（《国学季刊》第二卷，1932 年 6 月）

钱氏这一段话，从二戴是西汉的今文经师，其时并无所谓古文记，而两《戴记》中则今古杂糅，不易辨析，以证明这两部书一定是东汉人编成的。可谓一针见血之论。但他相信《释文·序录》之说，以为今之《礼记》为卢植、马融所编定，郑玄所注者即卢、马编定之本。而对于戴、陈两家提出的《别录》《礼记》四十九篇及《后汉书》的桥仁、曹褒得《礼记》四十九篇之说尚未提出反证。他这种说法尚须加以补证的。后来吾友童书业先生有《二戴礼记辑于东汉考》一文刊于《浙江省立图书馆馆刊》四卷二期（1935 年 4 月），亦主张“《二戴记》为马融辈所编辑”。他以为可疑之点有五：其一是《汉书》中载《二戴记》；其二是《礼记》传授渊源之渺茫；其三是《二戴记》说之晚出；其四是《二戴记》中之多古文说；其五是《二戴记》中原始材料之不可信。这五个理由比较的详细，他对于《别录》、《礼记》四十九篇的疑问则解释之曰：

刘向《别录》多后人伪窜之文，本不甚可据。……即就本节论，亦疑点滋多：刘向所录之《礼记》，名为“他家书拾撰所取”，书名不伦不类，《释文》亦谓“不可谓之《小戴记》”，可疑一也。《七略》成于刘歆，而独不列四十九篇之《礼记》，可疑二也。《隋志》明著四十九篇之《礼记》出于马融，《别录》在马融前，而

《礼记》篇次、篇数已同今本，可疑三也。《月令》、《明堂位》、《乐记》、《奔丧》、《投壶》等篇，皆西汉末古文家伪造之书，刘向安得录之？可疑四也。再征之《别录》所著其它《礼记》之文，无一不可疑。《汉志》云："记百三十一篇"，《别录》则云："礼古记百三十一篇"，加一"古"字，若《别录》在《汉志》前，以刘歆之崇古，班固之迷歆，断无削去"古"字之理。又，《汉志》无二百四篇之记，《别录》则载："古文记二百四篇"，亦可疑。此外，如《明堂阴阳记》、《王氏史记》皆极可疑之书，而《别录》皆著之；则所谓"他家书拾撰所取"之四十九篇《礼记》，其可信耶？

他对于《后汉书》之《桥玄传》、《曹褒传》的记载则解释曰：

至范（晔）书之说，作者为刘宋时人，处典午之后，文籍散亡，故其所叙儒林渊源，颇多谬讹不可究诘（原注：如《汉书》谓小戴授梁人桥仁，由是小戴有桥氏之学，范书则谓桥仁从戴德学，《汉书》，谓后氏、大小戴三家立于学官，范书则谓二戴、庆氏三家皆立博士；范书如此等谬讹处甚多。）。就此两节论，在马融前，而有四十九篇《礼记》，谬一。桥氏所传《小戴》之学，曹氏所传庆氏之学，皆《礼经》，而此云传《礼记》，谬二。……桥仁著《礼记章句》，曹褒传《礼记》，《汉书》皆不载，绝不可信。（堂案：《经义考》云："按桥、杨本传小戴之学，班、史序次甚明，此云戴德恐误。"又姚振宗《汉书艺文志拾补》云："按《百官表》孝平原始二年大鸿胪桥仁，而范书言成帝时。"范书讹误实甚多也）

他更从"《月令》、《明堂位》、《乐记》之必出于古文家"以证明今本《礼记》殆即为卢辈所为，而且说是：

> 马融即为《小戴记》，复杂取诸古记及子史等书，附益《小戴记》而为《大戴记》八十五篇，与《小戴记》相合，以影射《汉志》记百三十一篇之数，千载疑案，遂已造成。……卢植除分《礼记》四十六篇为四十九篇外，对于《礼记》文字，似尚略有增删修订（故今本《小戴记》与《大戴记》有同篇而文字不同者）……

他这一篇文字对于二《戴记》纂辑的年代，更说得明了而且将许多疑问都相当清楚地解释了。近来友人洪业先生在《礼记引得序——两汉礼学源流考》（《史学年报》二卷三期，1936 年 6 月）一文中又提出一些证明。他说：

> 窃谓《隋志》之说既不出于数目之附会，则殆有所本，其所本者何书，惜今不能考耳。唯《说文》引《礼记》辄冠以"《礼记》"二字，独其引《月令》数条，则冠以"《明堂月令》曰"，似许君所用之《礼记》尚未收有《月令》。此可佐证《月令》后加之说也。

他因为《月令》之入《礼记》，既在《说文》成书之后，则刘向《别录》中纵有小戴之记，也不能有四十九篇之目。而郑氏所引刘向四十九篇之说，更有可疑之点四：(1)《汉志》绝未道及。(2) 在《丧服四制》篇，郑云此于《别录》旧说属《丧服》。孔疏说："案《别录》无《丧服四制》之文，唯旧说称此《丧服》属《丧服》。"可见不仅唐时尚存之《别录》并无四十九篇篇名次第之记载，而且郑玄之所谓其篇于《别录》属某者，非据《别录》而言。(3) 细阅孔氏所引郑氏目录，虽可见《别录》所著《礼记》为四十九篇，但如《奔丧》、《投壶》既为逸经，何混列于记？《明堂》、《阴阳》本有三十三篇，何分其二于此？《乐记》既为篇名，何复分为十一篇，而各有一名，如《乐本》、《乐论》等。(4)《乐记》一篇内分十一篇的次第，郑引《别录》既与本书违异又与《史记·乐书》、刘向《别录》所引之次第也不相合。由这四点看来，可见刘向《别录》中并未著录四十九篇之《戴记》，不过是郑玄于《礼记》四十九篇沿旧说附和于《别录》，并未尝云此四十九篇者在《别录》中已排比编订，合成一书。不过孔疏误会以为郑玄之所注解，即刘向之所著录，而戴圣之所编撰而已。陆德明虽说汉刘向《别录》有四十九篇，其篇次与今《礼记》同，但他又说明“为他家书拾撰所取，不可谓之小戴记”。陆德明的意思，据其他的地方看来，是以今《礼记》非小戴而乃是他家书，附《别录》所戴篇名，而拾撰以成者。他更依据《礼记》中有许多古说，与《仪礼》不合，不会是戴圣所传之记，而断定：

> 后汉之《小戴记》者，非戴圣之书也。

他以为二戴的来源是后汉礼博士虽以二戴名家，至其收辑记文以为解经之助者，不必仍前汉二戴之旧，据许慎《五经异义》所引《礼记》看来，不曰戴德、戴圣，不曰《大戴》、《小戴》，而仅有《礼戴》与《大戴》之殊，颇使人疑其初先有《礼戴记》而后有《大戴记》，大之者，以其书中所辑者，较戴记为多耳。《大戴礼》的意义，好比是说增广《戴礼》。他说：

> 窃疑二戴之后，郑玄之前，今礼之界限渐宽，家法之畛域渐泯，而记文之抄合渐多，不必为一手之所辑，不必为一时之所成。故经说之牴牾，不必正剔；文字之重叠，不曾剪芟。其至多而滥之《大戴礼》，以遍注《三礼》及《礼纬》之郑玄且不为之注；顾尚信其为《大戴》所传；则其于篇幅较小之四十九篇，遂亦误会其为《小戴》所传者耳。

这是以为二《戴记》“不必为一手之所辑，不必为一时之所成”，大小戴记之分，在其篇幅多寡，不是指戴德、戴圣而言的。

我对于这个问题也是很留心的。二《戴记》多古文说，这显然是出于东汉人之手；刘向、刘歆并未获见二《戴记》，不惟向、歆未获见二《戴记》之成书，班固亦未获见，这在许多方面都可以证明的。后人误信郑玄之说，以为传自二戴，因而又发生小戴删大戴之说，清儒虽考出小戴不删大戴，然惑于所谓刘向《别录》及《后汉书》之说，仍以二《戴记》传自二戴，直到近来自从钱玄同先生提出“这两部书一定是东汉人编成的”问题，童、洪两君更为补证，真相愈加显明。不过有些地方，尚须加以补充说明，则问题更可以使我们明了。兹分述之如下：

**（一）刘向与二《戴记》**



清儒之所以不信马融足三篇之说的，正是因为郑玄《三礼目录》、《经典释文》以及孔《疏》俱提到刘向的《别录》、《礼记》四十九篇，其实刘向未尝有此《别录》。童关于此点之考证，提出五个疑点，洪序提出四个疑点，固可以使我们明了。其实单就《别录》的写定及其与《七略》之关系，也就可以得到有力的证明。刘向《别录》的构成，据阮孝绪《七录序》说：



> 汉惠四年，始除挟书之律……开献书之路，置写书之官，至孝成之世，颇有亡逸。乃使谒者陈农，求遗书于天下，命光禄大夫刘向及子俊、歆等，雠校篇籍，每一篇已，辄录而奏之。会向亡丧，帝使歆嗣其前业，乃徙温室中书于天禄阁上，歆遂总括群篇，奏其《七略》。

又说：

> 昔刘向校书，辄为一录，论其指归，辨其讹谬，随竟奏上，皆载在本书。时又别集众录，谓之《别录》，即今《别录》是也。子歆撮其指要，著为《七略》，其一篇即六篇之总撮，故以《辑略》为名。

据这两段看来，刘向所校之书，多属亡逸之书，大戴在刘向卒后数年尚为信都太傅（姚振宗说，参《廿五史补编》页五一〇五），刘向能否读到两戴的书已有问题；而刘歆的《七略》，则本是撮《别录》指要而成,《别录》与《七略》的关系,极为密切。如刘向《别录》有《戴记》四十九篇之目录,则《七略》与《汉志》不容不载,这是极明白的。但现在依《七略》而撰成之《汉志》绝无一言,则实可见刘向《别录》并无所谓四十九篇之目。我们知道,两《戴记》的来源,并不限于所谓《古文记》百三十一篇。

邵懿辰《礼经通论》亦谓:

> 武王践阼,疑与文王官人并取《周书》,祭法取之《国语》,《月令》、《明堂》取之《明堂阴阳》,《帝系》取之《世本》,《千乘》等七篇取孔子《三朝记》,《立事》等十篇取之《曾子》,《坊记》等四篇取之《子思子》。至若《王制》成于孝文时博士,《劝学》、《三年问》、《礼三本》取之《荀子》,《礼察》、《保傅传》取之《贾子》。

黄以周《礼书通故》云:

> 《大戴礼》之存者,于《汉志》礼家诸记外,又取儒家《曾子》十八篇,存其十篇;《孙卿子》三十三篇,存其《问五义》、《三本》、《劝学》、《宥坐》数篇;《贾子》五十八篇,存其《保傅》诸篇;又取《论语》家《孔子三朝记》七篇。《小戴记》、《奔丧》、《投壶》诸篇,取诸《古礼经》;《乡饮酒义》、《冠义》、《昏义》、《射义》、《燕义》、《聘义》,取诸古《礼记》,《三年问》、《哀公问》诸篇,取诸《荀子》;又取儒家《子思子》二十三篇,存其《中庸》、《表记》、《坊记》、《缁衣》四篇;取公孙尼子《乐记》二十三篇,存其十一,合为一篇。陈、邵二百四篇,据刘向《别录》为言,其实二戴所取,不专在二百四篇中也。

我们细考大小戴《礼记》所采取的篇记,实当有下列的十二种：

（1）有取自礼家之记者：如《冠义》、《昏义》、《射义》、《燕义》、《聘义》诸篇。

（2）有取自乐家之记者：如取《乐记》之十一篇为《乐记》。

（3）有取自《尚书》家之言者：如《文王》、《官人》诸篇。

（4）有取自《春秋》家之言者：如《祭法》、《帝系》诸篇。

（5）有取自《论语》家者：如《孔子三朝记》七篇。

（6）有取自《孝经》家者：如《尔雅》之本为《礼记》。

（7）有取自儒家者：如《大学》、《中庸》、《劝学》、《礼察》诸篇。

（8）有取自道家者：如《武王践阼》之本《太公阴谋》。

（9）有取自杂家者：如《月令》之取《吕氏春秋》。

（10）有取自墨家者：如《千乘》中又有墨家言。

（11）有明为汉代之作者：如《王制》、《公冠》诸篇。

（12）有近于所谓《逸礼》者：如《奔丧》、《投壶》诸篇。

二《戴记》所取范围至广，决不是限于礼家之记，自为一书，毫无疑义。如刘向时果有其书，则必有录以详记之。而《七略》不容不言，《汉志》亦不容不言。今依《七略》而撰成之《汉志》绝不道及。则所谓《别录》不为赝作，亦必诚如陆德明所谓，“名为他家书拾撰所取，不可谓之《小戴记》”。“名为他家书拾撰”所以云云者，已深致疑于《别录》四十九篇之目与《小戴》之关系及其与刘向之关系也。

**（二）刘歆与二《戴记》**

我们试由《别录》、《七略》以外来探寻证据以见刘向、歆父子之于二《戴记》并未曾寓目。这样子也可明了《别录》四十九篇之目之本无其事的。如果在刘向时有二《戴记》的流传，而且《别录》曾录其编目，是已有二《戴记》之流传，则当时诸儒之征引《礼记》，是应当依据二《戴记》为准绳的，但我们试看：

(1)《汉书·郊祀志》："莽又奏言：……《礼记》祀典，功施于民则祀之。天文：日、月、星、辰，所昭仰也；地理：山、川、海、泽，所生殖也。"

(2)《汉书·律历志》："《祭典》曰：共工氏伯九域。"

(3)《汉书·韦玄成传》："刘歆议曰：……《礼记》祀典曰：'夫圣之制祀也，功施于民则祀之，以劳定国则祀之，能救大灾则祀之。'"

他们这里所引《礼记》祀典、祭典都是现在《小戴记·祭法》篇文。但他们或谓《祀典》，或谓之《祭典》，绝不援用《小戴》的《祭法》篇名。如若我们说这是今古文的关系，则无所谓今文之《礼记》，而据《汉书·韦玄成传》看来，韦氏引《礼记》有：

> 《祭义》曰："王者禘其祖自出，以其祖配之，而立四庙。"

这几句在今《小戴·丧服小记》及《大传》中，并不是《祭义》之文，可见当日二《戴记》并未如何流行，王莽、刘歆、韦玄成等似乎并未见过《小戴记》，故引《祭法》为《祀典》，而引《祭义》之文乃不在《祭义》中。如若我们以为《祭法》是《小戴记》的篇名，《祀典》是《大戴记》的篇名，则在《大戴记》亡篇篇名之中，实则有《祭法》之名。唐皮日休《皮子文薮》有补《大戴记·祭法》，可见《大戴记》并非以《祀典》为《祭法》。而且《郊祀志》作《祀典》，《律历志》作《祭典》，当时并无一定之称，而可以断言其所依据的为古文本、《大戴》本或《小戴》本的。不过我们由莽、歆等之引《祀典》、《祭典》而绝不引作《祭法》，颇可见二《戴记》当日并未成书，刘歆实在并未见过所谓《别录》四十九篇之目，所以一方面只用《祀典》篇名，而《七略》中绝无一言道及二戴之《记》。由刘歆与二《戴记》之关系也足可以推证《别录》是不足信的。而且由韦玄成之引《祭义》文看来，一方面固可见当时并无定本，一方面也可见《后汉书·桥玄传》所谓“桥仁著《礼记》四十九篇”，《曹褒传》所谓“褒又传《礼记》四十九篇”，这些说法，都不可信。《后汉书》误以桥仁从戴德学，而仁为大鸿胪在成帝时，执谬多端，是不足为凭的。我们只看韦玄成引《祭义》之文不在今《祭义》中，大、小《戴记》篇章之互见，文字之出入，就可以知道“后汉马融、卢植，考诸家同异，附戴圣编章，去其繁重及所叙略，而行于世”，这种说法实是事出有因，今洪《序》既证马融足三篇之说为可信，则《小戴记》之为马融、卢植辈所编定，似可无疑义的！



**（三）班固与二《戴记》**

上文说过，如二《戴记》在刘向时果有其书，《七略》不容不言，《汉志》不容不言，而依《七略》撰或之《汉志》，对于二《戴记》既未著录，则已可见在班固时尚未有二《戴记》之成书。现在我们更从班固的《白虎通》所引《礼记》来作证明，我们可以知道在班固时二《戴记》尚未成书。《白虎通》引《礼记》之文者甚多，例如《王度》记者有六条，引别名所记者亦有几条，这据唐人的《五经正义》看来，可知其为《大戴记》之逸篇，但也有许多引《礼记》为今《小戴》所无，而不能断其为出于《大戴记》者，例如：



（1）《檀弓》：《白虎通·崩薨》篇引二条，《明堂论》引一条，为今《小戴》所无。

（2）《王制》：《白虎通·崩薨》篇引一条，为今《小戴》所无。

（3）《曾子问》：《丧服》、《耕桑》、《礼乐》、《通封》诸篇各引一条，为今《小戴》所无。

（4）《礼通记》：《性情》篇引一条，为今《小戴记》所无。

（5）《大传》：《丧服传》引三条，为今《小戴》所无。

(6)《杂记》:《蓍龟》、《丧服》、《通崩》诸篇各引一条为今《小戴》所无。

(7)《间传》:《性情》篇引一条为今《小戴》所无。

(8)《祭义》:《耕桑》篇引一条为今《小戴》所无。

(9)《乐记》:《礼乐》篇引二条为今《小戴》所无。

(10)《内则》:《如名》、《嫁娶》篇各引一条为今《小戴》所无。

据上列的各条,《白虎通》所引《礼记》之文不在今《小戴记》者甚多,如一概委为在已亡逸的《大戴记》中,这实在是一种臆测之言。而且《耕桑》篇引《祭义》一条,在《大戴记》中,《祭义》之文作《曾子大孝》;《蓍龟》等篇所引《杂记》几条在《大戴记》中,《杂记》文见于《诸侯衅庙》,其篇名并不同。可见《白虎通》所引《礼记》各篇之文为今《小戴记》所无者,不可以任意地说是在《大戴记》之中。而我们可以很明显地看出在班固时所谓之《礼记》,其内容与郑玄所注本不同,在班固时,尚无现在所流传之《小戴记》。我们看《白虎通》所引诸书之文,如云《士礼》、《士冠经》、《春秋穀梁传》、《韩诗外传》、《曲礼下记》之类,分别得相当的清晰,如当时大小《戴记》内容不同而各自为书,班氏必当略有分辨,以表明其所引者为何书,而竟毫无辨别,则亦可见当时二《戴记》尚未有成书,故得任意征引。《别录》四十九篇之说,范晔《后汉书》之《桥玄传》、《曹褒传》云《礼记》四十九篇之说,实不足信。《释文·叙录》说后汉马融、卢植考诸家同异,附戴圣篇章,去其繁重及所叙略,而行于世。《隋书·经籍志》说,汉末马融遂传之学,融又足《月令》一篇,《明堂位》一篇,《乐记》一篇,合四十九篇。这种说法,必有所本,不可一概抹煞。我们可确实断定二《戴记》是辑于东汉的。姚振宗在《汉书·艺文志拾补》上虽则有《礼·大戴礼》八十五篇,《礼·小戴记》四十九篇之说,但他也说：

> 按：《释文·叙录》附注云："汉刘向《别录》有四十九篇，其篇次与今《礼记》同名，为'他家书'拾撰所取，不可谓之《小戴礼》。"按小戴与刘光禄同时，岂《别录》会著其篇目欤？《七略》唯有古记原编（孔五种二百十五篇，分著《礼》类、《乐》类、《论语》类中），若大小戴、庆氏诸节本，皆所不著也。

这是他误信刘向《别录》附著有《小戴记》篇目，其实小戴与刘向同时，《别录》中不至于附著，陆德明明言"为他家书拾撰所取，不可谓之《小戴记》"，《别录》篇目不为后人羼入，亦必后人误会郑目录之意而以为《别录》真有四十九篇篇目的。

姚氏又云：

> 又按，《书录解题》及《宋史·艺文志》于郑注《礼记》之前，别有戴圣《礼记》二十卷，岂《小戴记》原编至宋犹在耶？似以《礼记》白文而即谓之《小戴记》，不知郑本《礼记》与《小戴记》实有不同者。

他这一说法，也是说郑本《小戴记》实为东汉马融、卢植所辑，这不是以疑古为能事者之言，而一样认为陆氏《释文》是不可不从，可见这一问题再没有什么疑义了。

今存的《大戴记》之纂辑，则尤不可信为出于《大戴》，刘向《别录》于《大戴》篇目更无记载，刘向是卒于《大戴》之前的。班固《白虎通》于《礼记》篇目之征引，亦毫无区别两戴之文。郑康成《六艺论》虽云戴德传《礼》八十五篇，然有无成书，殊极为可疑。《诗灵台正义》云："《大戴礼》遗逸之书，文多假托，不立学官，世无传者。其《盛德》篇云，'明堂外水，名曰辟雍'，《政穆》篇称太学，明堂之东序，皆后人所增，失于事实。"在唐人的义疏中已深觉可疑。则今本《戴记》之为后儒所窜乱，是尤为可能之事。

至于两《戴记》中各篇之撰述的人物与时代，《隋书·音乐志》引梁沈约奏答云：

案汉初典章灭绝，诸儒捃拾沟渠墙壁之间，得片简遗文，与礼事相关者，即编次以为《礼》，皆非圣人之言。《月令》，取《吕氏春秋》，《中庸》、《表记》、《坊记》、《缁衣》，皆取《子思子》，《乐记》取《公孙尼子》，《檀弓》残杂，又非方幅典诰之书也。礼既是行己经邦之切，故前儒不得不补缀以备事用。

《释文·序录》说：

《礼记》者，本孔子门徒共撰所闻以为此记，后人通儒，各有损益。故《中庸》是子思伋所作。《缁衣》是公孙尼子所制。郑玄云《月令》是吕不韦所撰。卢植云《王制》是汉时博士所为。

宋、明儒者，或以《学记》出毛生（罗璧），《礼运》子游作，《乐记》子贡作（胡寅），《三年问》荀卿所著（郝敬），其实则大抵不可信。我们现在要确定某篇的时代，非重新予以估定不可，如若盲从旧说，而以为可信之依据，这实在是要当特别谨慎。今本大小《戴记》，经马融、卢植之考诸家同异，实不免有所增删，重新估定各篇之著作年代，不是简单几句话所可了结的，兹姑从略。（《礼记》之《明堂位》、《祭法》两篇，唐儒赵匡已疑之；宋叶适疑《檀弓》不出于一人之手；清儒有疑《中庸》、《大学》者；日本武内义雄《礼运考》谓其中有墨家言，其《大学制成之年代》谓出董仲舒以后，其《中庸考》则谓是篇亦不出于一人之手。近冯友兰有《〈大学〉为荀学说》一文；顾颉刚则疑《月令》晚出）

# 第五章

# 《易》之起源与编订

## 第一节　《易》之起源

《周易》本是中国古代的一部占筮书，在秦汉时才变为儒家的经典的。《易》的八卦的起源，据《易·系辞传》的解说看来，本身已有多端：





1. 在《系辞上传》中说："是故天生神物，圣人则之；天地变化，圣人効之；天垂象，见吉凶，圣人象之。河出图，洛出书，圣人则之。《易》有四象，所以示也；系辞焉，所以告也；定之以吉凶，所以断也。"是以八卦源出于河图。后来扬雄《覈灵赋》说："大易之始，河序龙马，洛贡龟书"。（《文选注》引）班固《五行志》说："伏羲氏继天而王，受河图，则而画之，八卦是也。"正是取用这种说法。

2. 《系辞上传》中又说："是故《易》有太极，是生两仪；两仪生四象，四象生八卦，八卦定吉凶，吉凶生大业。"这种说法，是以八卦源出于太极。

3. 在《系辞下传》中又说："古者庖牺氏之王天下也，仰则观象于天，俯则观法于地，观鸟兽之文与地之宜，近取诸身，远取诸物，于是始作八卦，以通神明之德，以类万物之情。"这是以为八卦起源自然间的现象。这种说法与下说颇相近。

4. 《系辞上传》说："在天成象，在地成形……鼓之以雷霆，润之以风雨，日月运行，一寒一暑。"也是用自然间的现象来解说。《说卦》传说："天地定位，山泽通气，雷风相薄，水火不相射。"而解释乾为首，坤为腹；以乾为马，坤为牛之类，也可以作为这种说法的依据。不过这几种解释无论其以神学的、玄学的，或自然间的现象来说明，都不合于事实。因为画八卦者既不一定是庖牺，而太极与河图，也都是无稽之谈，不足以令人信服。

《易传》之外，还有许多关于《易》的八卦起源的说法，如：

5. 班固《汉书·律历志》说："伏羲画八卦，由数起。"

6. 王嘉《拾遗记》说："（伏羲）和八风以画八卦。"这些说法，实属臆测，没有按照古代社会情形来作解释。此外如：

7. 宋杨诚斋主张八卦之画即古代之文字。西人拉克伯里（Terrien de Lacouperie）以《易卦》为古文，据刘光汉在《国粹学报·小学发微补》上说："拉克伯里著《支那太古文明论》（日文版。按，今译《中国古文明西来说》），以《易卦》为古文。于一字之中，包含众多之义。又解《离卦》之文，谓古文譎字作离，'初九言履，错然敬之'，履即缡字，错即譎字，然即糎（糲）字，敬之即瞝之。'六二言黄离'，黄离即黄鹂（鸝）字。'九三言日昃之离，则大耋之嗟'，嗟即漓字。'九四言突如焚如'，焚即离字。'六五言出涕沱若'，涕沱即漓字。'上九言王用出征，有嘉折首，获匪具丑'，出征即离字，有嘉即貍字，获即㒧字，匪即篱字，具即篱字。"以证"《周易》为古文之字典"。（以孔子读《周易》"韦编三绝"，即系翻阅字典之故也）而刘氏所著《经学教科书》第二册中《论〈易经〉与文字之关系》亦云八卦为象形文字之鼻祖，乾、坤、坎、离之卦形，即天、地、水、火之字形。他所举的例，如：乾为天，今天字草书作，像乾卦之形；坤为地，古坤字作巛，像坤卦☷之倒形。坎为水，篆字水字作，像坎卦☵之倒形。离为火，古文火字作，像离卦☲之倒形。他以为伏羲之画卦，即以卦画代文字之用者也（该书页三四至三五）。

8. 在陈汉章《经学通论》中云："近今更有新说，谓八卦即楔形文字，伏羲即巴庇伦之福巴夫。(说本英国韦廉臣，花之安，日本桑原隲藏）不思迦勒底造尖挣文字，在公历纪元前二一四七年，当我中国帝挚八年，何得不顾时代，任意牵合。且楔文传至今者，尚有三种：巴底伦作，密凡佛作，米颠作，无一似卦画者。惟司马公潜虚或近之。然中国纪数之字，亦非出于尖挣文。”(宋秦九韶《数学九章》，元李治《益古演段》，纪数字并同潜虚）这种解释，陈汉章是不赞同的。而且他说：“或又用西人说，以《易》为支那太古文明之字典，不求其端，不讯其末，惟怪之欲闻，又奚言而不异?”(《经学通论》页四）确实，以上这两种新解释，都不免于附会之谈，实在是证据不足。

9. 在《古史辨》第一册中收有《钱玄同答顾颉刚先生书》，对于《易》的起源，钱氏主张：“原始的易卦是生殖器崇拜的东西，乾坤二卦即是两性生殖器的记号。初变为八，再变而为六十四，大家拿它来做卜筮之用；于是有人做上许多卦辞、爻辞，这正和现在的签诗一般；无咎、悔亡，和上上、中平、下下一般。这些签诗大概不止一种，所以《左传》所载与今《易经》颇多不同。孔丘以后的儒者借它来发挥他们的哲理，有做《彖传》的，有做《象传》的，有做《系辞传》的，有做《文言传》的，汉朝又有焦赣、京房一流人做的《说卦传》，不知什么浅人做的《序卦传》，不知哪位学究做的《杂卦传》，配成了所谓《十翼》。”(《古史辨》第一册页七七）他这种主张，以为卦的构成是生殖器的符号，但依《易经》产生的时代要在周初，早已超越了原始文化的阶段，而不是生殖器崇拜时代的东西；依殷虚文字中以阴阳爻代表生殖器的文字颇难寻其迹象。这一说法，虽比以前种种的解释都觉得好，然而恐怕也不是真的《易卦》的起源。

我们要明了真的《易卦》的起源，应当从《易》是占筮书这一点来着手。在《易》的《卦爻辞》中，讲到筮的两条。一是《蒙卦》的“初筮告，再三渎，渎则不告”。一是《比卦》的“原筮，元永贞，无咎”。《左传》、《国语》中涉及《易》的，也都是说“筮之”。据这些地方看来，《易》是用蓍筮来代替龟卜，是很明显的。《易·系辞上传》说：“大衍之数五十，其用四十有九，分而为二以象两，挂一以象三。揲之以四以象四时，归奇于扐以象闰，五岁再闰，故再扐而后挂。……是故四营而成《易》，十有八变而成卦。”这正是说《易》用蓍筮的方法。所以郑玄在《周礼注》上说：“《易》者揲蓍变易之数可占者也。”在《仪礼注》上说：“筮所以问吉凶，谓蓍也。所卦者，所以画地记爻。”《易》是用蓍筮来代替龟卜，可以说是毫无疑义的事情。我们再可以由《易》之蓍筮的起源而谈到《易卦》之起源。蓍筮与卦，在商代还没有。从甲骨文字看来，没有蓍字、筮字、卦字。周代有了筮法以后，往往卜、筮连举，如商代也有筮法，不应一次卜筮连举的也没有。商书也无卜筮连举的，直到《君奭》才有“若卜筮，罔不是孚”的调句。此其一。卜筮的起源与应用，实在是各有其社会的背景的。商代还是初进到农业的社会，田猎畜牧还是很重要的生产方式，这在甲骨卜辞所记畋猎、渔捞以及畜牧之多可以看出来。据《殷墟书契考释》说：“殷墟所出，兽骨什九，龟甲什一而已。”可见卜法的刻辞是需要大宗的兽骨来支持的。筮法之兴起，则是社会进到以农业的生产为主，脱离畜牧时代的现象，故在周代则卜筮兼用，而且渐进至于专用蓍筮。此其二。据屈原的《离骚》上说：“索藑茅以筳篿兮，命灵氛为余占之。”王逸《注》云：“藑茅，灵草也。筳，小折竹也。楚人名结草折竹以卜曰篿。”则在南方有用草卜、竹卜的。《史记·龟策列传》也说：“蛮夷氐羌虽无君臣之序，亦有决疑之卜。或以金石，或以草木，国不同俗。”《易》用筮，或者是周民族的占卜的方法，所以在殷无考。此其三。要之，蓍筮的方法，不是殷代的产物是显明的，所以我们不可以说八卦与龟卜有关。而且，由于其为某一民族中所习用的卜法，所以解释卦画为普遍性的生殖器崇拜的产物，也无确据。依我看来，这应当是由用蓍草作占筮时自然的发明。在楚民族中有用折草折竹为卜的，则周民族卦画的起源，似也应是由于拿一根不折断的草和一根折为两段的草代表事物正反两方面，由是而推演成为八卦，更进而为六十四卦，理由极其简单，进步亦极自然，后来逐渐神秘化、玄学化而成为现在流传的《周易》。但是论其起源，不过如是而已。

## 第二节 《易》之编订





《易》的起源，依据上文的断定，是由于某一民族所习用的占筮法，画卦之人，重卦之人，都是不可考见。但在《易·系辞上传》说："河出图，洛出书，圣人则之。"《系辞下传》说："古者庖牺氏之王天下也……于是始作八卦。"于是《礼纬含文嘉》等书说："伏羲德合上下，天应以鸟兽、文章，地应以河图、洛书，伏羲则而象之，乃作八卦。"马融、王肃之徒并云"伏羲得河图而作《易》"。这是后来的儒者将《系辞》上两种推测，组合而为一说。最初并无伏羲画卦之说，可以想见的，这只是一种附会之词。至于重卦之人，据《史记·周本纪》说："西伯盖即位五十年，其囚羑里，盖益易之八卦为六十四卦。"《日者列传》说："自伏羲作八卦，周文王演三百八十四爻而天下治。"《法言·问神》篇说："《易》始八卦，而文王六十四，其益可知也。"《汉书·扬雄传》说："是以宓牺氏之作《易》也。绵络天地，经以八卦，文王附六爻。孔子错其象而录其辞。"《汉书·艺文志》说："《易》曰，'宓戏氏仰观象于天，俯观法于地，观鸟兽之文，与地之宜，近取诸身，远取诸物，于是始作八卦，以通神明之德，以类万物之情。'至于殷、周之际，纣在上位，逆而暴物，文王以诸侯顺命而行道，天人之占可得而效，于是重《易》六爻，作上下篇。"《论衡·对作》篇说："《易》言伏羲作八卦。前是未有八卦，伏羲造之，故曰作也。文王图八自演为六十四，故曰衍。”《三国志·魏书·管辂传》云“上追文王六爻之旨”，是以文王重卦的。但《淮南子·要略》篇云：“今《易》之乾坤，足以穷道通意也，八卦可以识吉凶知祸福矣，然而伏牺为之六十四变，周室增以六爻……”金大定四年《正义》引《易》说云：“伏羲作十言之教，曰乾坤震巽坎离艮兑消息。”是以伏羲重卦的。《周易正义》论重卦之人则云：“重卦之人，诸儒不同，凡有四说：王辅嗣等以为伏羲重卦，郑玄之徒以为神农重卦，孙盛以为夏禹重卦，史迁等以为文王重卦。”史迁等以为文王，本是较古的传说，但孔颖达等则依据“《系辞》神农之时，已有盖取益与噬嗑”的现象，而不取夏禹及文王之说，又因《易纬》等数《易》历三圣，但云伏羲、文王、孔子，不及神农，而确定依从王辅嗣以伏羲既画八卦，即自重为六十四卦，将这一件工作完全推到伏羲身上。关于卦爻辞，《史记》、《汉书》及《易纬》看来，并无周公作《爻辞》之说。但是据京房《京氏易传》引大夫云“西伯父子研理穷通，推爻考象”（《困学纪闻》）。又，《春秋左传正义·昭公二年》云：“先代大儒郑众、贾逵等或以为卦下之彖辞文王所作，爻下之象辞周公所作。”则是后来亦有周公作《易》之说。《周易正义·论〈卦辞〉、〈爻辞〉谁作》则更云：“其《周易·系辞》，凡有二说：一说所以《卦辞》、《爻辞》并是文王所作……郑学之徒，并依此说也。二以验《爻辞》多是文王后事……以为《卦辞》文王，《爻辞》周公。马融、陆绩等并同此说。”确定了周公作《爻辞》。清儒沈彤谓：“《屯蒙》以下《爻辞》多作于周公，而乾、坤之《爻辞》，则作于文王，故乾、坤两卦象，《爻辞》并称文言。”（《果堂集》）这种说法，在过去虽没有什么反对的言论，而其实并不合理。崔述在《丰镐考信录》卷五说：

近世说《易》者，皆以《彖辞》为文王作，《爻辞》为周公作，朱子《本义》亦然。余按：《传》前章云：

《易》文兴也，其于中古乎？作《易》者其有忧患乎？初未言中古为何时，而忧患为何事也。至此章始言其作于文王时，然未尝言为文王所自作也。且曰“其当”，曰“其有”，曰“邪”，曰“乎”，皆为疑词，而不敢决。则是作传者但就其文推度之，敝露不敢决言其时也，况能决知其为何人之书乎？至司马氏作《史记》，因传此文遂附会之，以为文王羑里所演，是以《周本纪》云，西伯之囚羑里，盖益《易》之八卦为六十四卦。《自序》亦云，西伯拘羑里，演《周易》。自是遂以《易卦》为文王所重。及班氏作《汉书》，复因《史记》之言，遂断以辞为文王之所系。是以《艺文志》云：“文王重《易·六爻》作上下篇。”又云：“人更三圣，世历三古。自是遂以《彖爻》之词为文王所作矣。”然其中甚有可疑者：《明夷之五》称箕子之明夷，《升之四》称王用享于岐山，皆文王以后事，文王不应预知而预言之。《史》、《汉》之说，不复可通，于是马融、陆绩之徒，不得已乃割《爻辞》谓为周公所作，以曲全之；而郑康成、王弼复以卦为庖羲、神农所重，非文王之所演；然后后儒始以《彖词》属之文王，而分《爻辞》属之周公。而由是言之，谓文王作《彖词》，周公作《爻词》者，乃汉以后儒者，因《史记》、《汉志》之文，而辗转猜度之，非有信而可征者也。夫以卦为羲、农所重，虽无确据，而理固或有之。若周公之系《易》，则传记从未有言之者；惟《春秋》、《传》有“见《易》象而知周公之德”之语，然此自谓“《易》象”，非谓“《易》辞”也。晋文公之谋迎襄王也，筮之，遇大有之睽，“曰，吉，遇公用享于天子之卦”；则是《易》辞晋国有之，不待至鲁而后见；且即使起所见者果《易》之词，而卦爻之词果文王与周公所分系，则于文当兼言文王、周公之德，亦不得但美周公而不及文王也。秦汉以后，司马、班氏最为近古，然皆但言文王，不称周公。乃至《易纬》、《乾凿度》、《通卦验》等书，最善附会者，亦但称羲、文、孔三人，而无一言及于周公。乌得分卦爻之词而属之两人也。且《系词》传文云："其初难知，其上易知。"又云："二与四同功而异位，三与五同功而异位。"又云："爻有等，故曰物，物相杂，故曰文文不当，故吉凶生焉。"然后承之曰："《易》之兴也，其当殷之末世，周之盛德邪？当文王与纣之事耶？是故其辞危，危者使平，易者使倾。"前后呼应，词意甚明。所谓"辞危"者，正指诸爻之辞而言。若果辞内文王以后事，或《易》非文王作，而《史》、《汉》误称之，不得独摘《彖辞》属之文王，而别以《爻辞》属之周公也。

这里他以为谓文王作《彖词》，周公作《爻辞》，乃汉以后儒者，因《史记》、《汉志》之文，而辗转猜度之，非有信而可征。而且《史记》、《汉书》以及最不可信的纬书都只提到文王，并未提及周公，更不可以《彖词》属之文王，《爻辞》属之周公。《卦·爻辞》内有文王以后的事，只有《易》非文王所作，《史记》、《汉书》乃是错说了的。

康有为在《孔子改制考·六经皆孔子改制所作考》中更说：

据《史记·周本纪》、《日者传》，《法言·问神篇》，《汉书·艺文志》、《扬雄传》，《论衡·对作篇》，皆谓文王重卦为六十四卦，三百八十四爻，无有以为作《卦辞》者。是自汉以前，皆以为孔子作，无异辞，惟王辅嗣以六十四卦为伏羲所自重。《周易正义·论卦辞爻辞谁作》云："一说以《卦辞》、《爻辞》并是文王所作……郑学之徒并依此说也。"则影响附会，妄变《杨何传》

史公之真说，其可信乎？至周公作《爻辞》之说，西汉前无之。《汉书·艺文志》云："人更三圣。"韦昭注曰："伏羲、文王、孔子。"即《正义》所引《乾凿度》云："垂皇策者羲，卦道演德者文，成命者孔。"《通卦验》又云："苍牙通灵昌之成，孔演命明道经。"晋纪瞻曰："昔庖羲画八卦，阴阳之理尽矣。文王、仲尼系其遗业，三圣相承，共同一致，称《易》准天，无复其余也。"（见《晋书·纪瞻传》）亦无有及周公者。唯在《左传·昭二年》"韩宣子来聘，见《易象》与《鲁春秋》，曰：'吾乃今知周公之德'"涉及周公。此盖刘歆窜乱之条，与今学家不同。歆《周官》、《尔雅》、《月令》，无事不託于周公，《易·爻辞》之託于周公，亦此类。唯马融学出于歆，故以为《爻辞》周公所作（见《周易正义·论卦辞爻辞谁作》）。或以《爻辞》并是文王作，《周易正义·论卦辞爻辞谁作》云：以为验《爻辞》多是文王后事……遂言东西相邻而已。如《正义》言，《爻辞》又不得为文王作，则《艺文志》谓文王"重《易》六爻"，作上下篇者，谬也。





康氏又说："三圣无周公，然则舍孔子，谁作之哉？故《易》之卦爻始画于羲、文，《易》之辞全出于孔子。"他要定《易》上下篇为孔子所作。这也是无稽之言，不足凭信。不过他主张文王无作上下篇之事，这在西汉的传说本是如此，这一点却有明证。

至于《十翼》的作者，在《史记·孔子世家》说："孔子晚而喜《易》，序彖、系、象、说卦、文言，读《易》，韦编三绝。曰，假我数年，若是，我于《易》则彬彬矣。"《汉书·艺文志》也有孔子作《十翼》之说，自来并无异论。所以《周易正义·论夫子十翼》说："其彖、象等《十翼》之辞，以为孔子所作，先儒更无异论。"真的，关于《十翼》的作者，除了梁武帝谓"文言为文王所制”一种臆测而外，在唐以前，大概都信孔子作而以为实的。但在宋儒，就有提出《易》之《系辞》、《文言》非孔子作的论调。欧阳修《易童子问》卷三说：

何独《系辞》焉，《文言》、《说卦》而下，皆非圣人之作，而众说肴乱，亦非一人之言也。昔之学《易》者，杂取以资其讲说，而说非一家，是以或同或异，或是或非……《文言》曰“元者善之长也，亨者嘉之会也，利者义之和也；贞者事之乾也”，是谓乾之四德。又曰：“《乾》元者，始而亨者也。利贞者，性情也。则又非四德矣。”谓此二说出于一人手，则殆非人情也。《系辞》曰：“河出图，洛出书，圣人则之。”所谓图者，八卦之文也，神马负之，自河而出，以授于伏羲者也。盖八卦者非人之所为，是天之所降也。又曰：“庖羲氏之王天下也，仰则观象于天，俯则观法于地，观鸟兽之文与地之宜，近取诸身，远取诸物，于是始作八卦。”然则八卦者，是人之所为也，河图不与焉。斯二说者已不能相容矣，而《说卦》又曰“昔者圣人之作《易》也，幽赞于神明而生蓍，参天两地而倚数，观变于阴阳而立卦”，则卦又出于蓍矣。八卦说如是，是果何从而出耶？谓此三说出于一人乎？则殆非人情也。……凡此五说者自相简乖戾，尚不可以为一人之说，其可以为圣人之作乎？……余之所以知《系辞》而下非圣人之作者，以其言繁衍丛脞而乖戾也。……至于“何谓”、“子曰”者，讲师之言也。《说卦》、《杂卦》者，筮人之占书也。

他还有一篇《传易图序》也是攻《文言》、《系辞》的。与他同时的李清臣也说：“《十翼》皆孔子之言乎？不得而言也。然有疑焉。《序卦》者，韩康伯虽已明非《易》之蕴，而未明其所以然也。《易》卦之序，二二相从，今《序卦》之文，盖不协矣。有义之苟合者，有义之不合而强通者，是岂圣人之言耶?”苏轼也是不信《序卦》的。在他以后有赵汝谈也曾著论辩孔子作《十翼》之说。据北宋的程迥说：“朱待制新仲尝谓迥曰：《序卦》非圣人书，唐僧一行《易纂》引孟喜《序卦》曰：‘阴阳万物必讼而成之，君臣养万民，亦讼而成之。’然则今《序卦》亦出于经师可知也。”又说：“张芸叟疑‘大观在上’之文，且言陆希声病爻辞之不类，车欲去取。欧阳公《童子问》，王景山《儒志》亦疑《易》文。”疑《易》者甚多。朱子也说：“六十四卦，只是上经说得齐整，下经便乱董董地。《系辞》也如此，只是上系好看，下系便没理会。”





叶适的《习学记言》说：

班固用刘歆《七略》，记《易》所起，伏羲、文王作卦、重爻，与《周官》不合，盖出于相传浮说，不可信。言孔氏为之《彖象》、《系辞》、《文言》、《序卦》之属，亦无明据。《论语》但言“假我数年，五十以学《易》”而已。《易》学之成，与其讲论问答，乃无所见。所谓《彖象》、《系辞》作于孔氏者，亦未敢从也，然《论语》既为群弟子分别君子小人无所不尽，而《易》之象为君子设者五十有四焉，《彖象》辞意劲厉，截然著明，正与《论语》相出入，然后信《彖象》、《系辞》为孔氏作无疑。至所谓上下系、《文言》、《序卦》，文义复重，浅深失中，与《彖象》、《系辞》异，而亦附之孔氏者，妄也。

他对于上下系所怀疑之点更说：

道者，阳而不阴之谓也。一阴一阳，非所以谓道也。历考《诗》、《书》正文，自尧、舜至文、武，君臣相与，造治成德，虽不为《疏》以致败，亦无依密以成功者。君臣不密，此论杂霸战国之时事可也，去帝王远矣。

……

易有太极，近世学者以为宗旨秘义。按卦所象惟八物，推八物之义为乾、坤、艮、巽、坎、离、震、兑，……独无所谓“太极”者，不知《传》何以称之也？

他对于《序卦》说：

按《上下系》说卦，浮称泛指，去道虽远，犹时有所明。惟《序卦》最浅鄙，于《易》有害。按诸卦之名，以象取之，与文字错行于世者少。圣人重复殷勤其词以训释之，多至数十百言而未已，盖其难明如此。今《序卦》不然，以是为天地万物之所常有也，鳞次栉比而言之，以是为铅椠篆籀之常文也。

他对于《序卦》的批评，如：“《序卦》：‘物稚不可以养也’，物之稚者养，而壮者不养乎？‘饮食必有讼’，饮食则曷为必有讼？《序卦》‘讼必有众起，故受之以师’；讼而有众起乎？从起而后讼乎？‘师必有所比’，师者不比之谓也。比则安能师？”对于这些所谓先圣之言，是毫不信任的。元、明两代，疑《易》的有王中子，他说：“《序卦》之义乖理浅，决非圣人之旨。”洪化昭亦云：“若夫《说卦》、《序卦》、《杂卦》则非圣人之言。”王元美谓为汉河上公所增入者，理或然也。清代怀疑《十翼》的有姚际恒之《易传通论》，但其说不传。戴震虽是所谓正统派的经学家，但他在《周易补注目录后语》中云：

武帝时博士之业，《易》虽已十二篇，然昔儒相传，《说卦》三篇与今文《泰誓》同后出，《说卦》分之为《序卦》、《杂卦》，故三篇辞旨不类孔子之言。或经师所记孔门余论，或别有所传述，博士集而读之，遂一归孔子，谓之《十翼》矣。

他是根据《论衡·正说》篇的“孝宣皇帝之时，河内女子发老屋，得逸《易》、《礼》、《尚书》各一篇”，及《隋志》的“秦焚书，《周易》独以卜筮得存，唯失《说卦》三篇，后河内女子得之”，来断定《说卦》、《序卦》、《杂卦》之不类孔子之言，然而他说辞旨不类，则是就内容说，不一定依据旧说，他也怀疑《十翼》的。其意见较佳者，则崔述在《洙泗考信录》中云：

《世家》云：“孔子晚而喜《易》，序《彖》、《系》、《象》、《说卦》、《文言》。”由是班固以来诸儒之说《易》者，皆谓《传》为孔子所作。至于唐、宋，咸承其说。余按：《春秋》孔子之所自作，其文谨严简质，与《尧典》、《禹贡》相上下；《论语》，后人所记，则其文稍降矣。若《易传》果孔子所作，则当在《春秋》、《论语》之间，而今反繁，而文大类《左传》、《戴记》，出《论语》下远甚，何耶？《系辞》、《文言》之文，或冠以“子曰”，或不冠以“子曰”，若《易传》果皆孔子所作，不应自冠以“子曰”字，即云后人所加，亦不应或加或不加也。孟子之于《春秋》也，尝屡言之，而无一言及于孔子传《易》之事。孔、孟相去甚近，孟子之表彰孔子也，不遗余力，不应不知，亦不应知之而不言也。由此观之，《易传》必非孔子所作，而亦未必一人所为。盖皆孔子之后通于《易》者为之，故其繁而文。其冠以“子曰”字者，盖相传以为孔子之说，而不必皆当日之言。其不冠以“子曰”字者，则其所自为说也。杜氏《春秋传后序》云：“汲县冢中，《周易》上下篇，与今正同，别有《阴阳说》，而无《彖》、《象》、《文言》、《系辞》。疑于时仲尼造之于鲁，尚未播之于他国也。”余按：汲冢《纪年篇》乃魏国之史；冢中书，魏人所藏也。魏文侯师子夏，子夏教授于魏久矣。孔子弟子能传其书者莫如子夏，子夏不传，魏人不知，则《易传》不出于孔子，而出于七十子以后之儒无疑也。又按《春秋·襄九年传》，穆姜答史之言，与今《文言》篇首略同，而词小异。以文势论，则于彼处为宜。以文义论，则“元”即“首”也，故谓为“体之长”，不遂以为“善之长”。“会”者“合”也，故前云“嘉之会也”，后云“嘉德足以合礼”。若云“嘉会足以合礼”，则于文为复，而“嘉会”二字亦不可解。“足以长人，合礼，和义，而干事，是以虽随无咎。”今删其下二句，而冠“君子”字于四语之上，则与上下文义，了不相蒙。然则是作《传》者采之鲁史，而失其义耳，非孔子所为也。《论语》云：“曾子曰：‘君子思不出其位。’”今《象传》亦载此文。果《传》文在前欤？记者固当见之，曾子虽尝述之，不得遂以为曾子所自言；而《传》之名言甚多，曾子亦未必独节此语而述之。然则是作《传》者，往往旁采古人之言以足成之，但取有合卦义，不必皆自己出。既采曾子之语，必曾子以后之人所为，非孔子所作也。

他的理由实为：(1)《易》之文词不类《春秋》、《论语》。(2) 不应或冠以“子曰”或不冠以“子曰”。(3)《孟子》不言孔子赞《易》。(4) 汲冢书中无《十翼》。(5)《文言》袭《左传·襄公九年》文。(6)《象传》用曾子语。这些议论都是很确当的。后来康有为在《孔子改制考》中也说：

《十翼》之名，史迁父受《易》于杨何未之闻，殆出于刘歆之说。按：《史纪·孔子世家》有《文言》、《说卦》，而无《序卦》、《杂卦》。《汉·艺文志》亦无《杂卦》。《论衡·正说》：“孝宣皇帝之时，河内女子发老屋，得逸《易》、《礼》、《尚书》各一篇，奏之。宣帝下示博士，然后《易》、《礼》、《尚书》各益一篇。”此说“《易》益一篇”，盖《说卦》也。《隋志》云：“及秦焚书，《周易》独以卜筮得存，唯失《说卦》三篇，后河内女子得之。”《易》既以卜筮得存，自商瞿传至杨何以至史迁，未尝云亡失，又未尝有《序卦》、《杂卦》。《论衡》以《说卦》出于宣帝时，则史迁所未睹，其为后出之伪书，《孔子世家》为伪窜可知。王充云“益《易》一篇”，《隋志》云“失三篇”，因河内后得之事而附《序卦》、《杂卦》，是《序卦》、《杂卦》为刘歆伪作，可见三篇非孔子作明矣。《系辞》，欧阳永叔、叶水心以为非孔子作，考其辞频称“子曰”，盖孔子弟子所推补者，故史迁以为《大传》也。《彖》、《象》与《卦辞》、《爻辞》相属，分为上下二篇，乃孔子所作原本。歆以上下二篇属之演爻之文王，既不可通；因以己所伪作之《序卦》、《杂卦》附之河内女子所得之事，而以为孔子作十篇为《十翼》；夺孔子所作而与之文王、周公，以己所作而冒之孔子，诪张为幻，可笑可骇。

他又在《新学伪经考》中说：

至《说卦》、《序卦》、《杂卦》三篇，《隋志》以为后得，盖本《论衡·正说》篇“河内后得逸《易》”之事。《法言·内神》篇：“《易》损其一也，虽惷知阙焉。”则西汉前《易》无《说卦》可知。扬雄、王充尝见西汉博士旧本，故知之。《说卦》与孟、京《卦气图》合，其出汉时伪托无疑。《序卦》肤浅，《杂卦》则言训诂，此则歆所伪窜，并非河内所出。宋叶适尝攻《序卦》、《杂卦》为后人伪作矣。歆既伪《序卦》、《杂卦》二篇，为西汉人所未见。又于《儒林传》云“费直徒以

《彖》、《象》、《系辞》十篇《文言》解说《上下经》”，此云孔氏为之《彖》、《象》、《系辞》、《文言》、《序卦》之属十篇，又叙《易经》十二篇，而托之为施、孟、梁丘三家，又于《史记·孔子世家》窜入“孔子晚而喜《易》，序《彖》、《象》、《说卦》、《文言》”，颠倒眩乱，学者传习，熟于心目，无人明其伪窜矣。

他是主张：其一，文王但重六爻，无作上下篇之事；以为周公之作，更其后也。其二，《易》但有上下二篇，无十篇之说，以为孔子作《十翼》，固其妄也（亦见《伪经考》）。他以为《易》之上下篇为孔子作，这虽然是的，但他能坚决地说文王、周公无作上下篇之事，孔子无作《十翼》之事，这两种主张都是很正确的。孔子与《易》并不相干，《论语》上记录关于《易》的共有三则：

(A) 子曰：加我数年，五十以学《易》，可以无大过矣。(《述而》)

(B) 不恒其德，或承之羞。(《子路》)

(C) 曾子曰：君子思不出其位。(《宪问》)

这三条与《易》似有关系的话，据钱玄同《答顾颉刚先生书》说：

关于《易》的虽有三则，但是三则不特不足以证明孔丘曾经赞《易》，而且反足以证明孔丘与《易》无关。(A) 的文句，《鲁论》与《古论》大异。今本出于郑玄，郑于此节从《古论》读。若《鲁论》，则作五十以学，亦可以无大过矣（见《经典释文》）。汉高彪碑：“恬虚守约，五十以学”，即以《鲁论》。我以为《论语》原文实是“亦”字，因秦汉以来有“孔子赞《易》”的话，故汉人改“亦”为“易”以图附合。……(B) 只引《恒卦》的爻辞，也与赞《易》无涉。至于 (C) 曾参

> 语，在《易》为《艮卦》的大象，但多了一个“以”字，作“君子以思不出其位”，这明明是作大象者袭曾参语而加一“以”字，使与别卦大象的词例一律。崔述曾据此以为《象传》出于孔丘以后之证。这岂非反足以证明孔丘与《易》无关吗？

《易》与孔子无关，在《论语》中可以找到证明，由《易》的卦爻辞在周末尚无一定的写本，《易》在荀子时尚不列入儒家的经典，都可以见孔子不惟未曾作过《十翼》，即康氏以孔子作卦爻辞，这也不能成立的。至于或以天道观念、功利思想在《论语》中者与在《易传》中不同，只足以证明《易传》为晚出，不足以为《周易》晚出的铁证，我们当从《易》的卦爻辞本身上着手，这才可以见出原来《周易》之完全当在于何时。各家所提出的疑问，不过使我们知道《易》的编定与伏羲、文王、周公、孔子无干而已。





## 第三节 《易》之时代

在上文中，我们从各家的论证看来，卦辞、爻辞不一定是文王、周公所作，《系辞》、《文言》出于孔子以后，《序卦》、《说卦》、《杂卦》本为河内所得，其出更在宣帝以后。《彖传》、《象传》，讨论的人较少，但崔述等也以为出于孔子以后，我们已可以大概知道经传产生的年代了！不过卦辞、爻辞究竟是什么时候才有的，什么时候结集的？《彖》、《象》两传与《系辞》、《文言》是同一时代的产物，还是各有先后？这些地方都应详细加以讨论。现在将《周易》按照内容和篇目，分为四组，略考其年代如下：

### （一）卦辞与爻辞

卦辞与爻辞，在旧日认为文王、周公所作，在近代亦多以为西周时代的产物，其实前者固已失之，而后亦未为得也。在近多少年来，考证《周易》卦爻辞时代的文章，要以顾颉刚先生的《周易卦爻辞中的故事》一文及他的弟子李镜池所作的《周易筮辞考》两篇较好。顾先生作《周易卦爻辞中的故事》一文中推定卦爻辞的著作时代当为西周的初叶。他是从积极的和消极的两个方面做分析的：在积极方面，从卦爻辞中的：(1) 王亥丧牛羊的故事；(2) 高宗伐鬼方的故事；(3) 帝乙归妹的故事；(4) 箕子明夷的故事；(5) 康侯用锡马蕃庶的故事。在消极方面，从卦爻辞中的：(1) 没有尧舜禅让的故事；(2) 没有圣道的汤武革命的故事；(3) 没有封禅的故事；(4) 没有观象制器的故事。证明《易》的卦爻辞是作于西周初年。他说：

> 所以，我们可以说：《易经》(即卦爻辞) 的著作时代在西周，那时没有儒家，没有他们道统的故事，所以它的作者只把商代和商周之际的故事叙述在各卦爻中。《易传》的著作时代至早不得过战国，迟则在西汉中叶，那时的上古史系统已伸展得很长了，儒家的一套道统的故事已建设得很完成了，《周易》一部新书，加入这个儒经的组合里，于是他们便把自己学派里的一副衣冠罩上去了。(《古史辨》第三册，页二五)

他在结论中更说：

> 于是我们对于《周易》的经传可以作大体的估量了。作卦爻辞时流行的几件大故事是后来消失了的，作《易传》时流行的几件大故事是作卦爻辞时所想不到的：从这些的故事的有与没有上，可以约略地推定卦爻辞的著作时代。它里边提起的故事，两件是商的，三件是商末周初的，我们可以说，它的著作时代当在西周的初叶。著作人无考，当出于那时掌卜筮的官。著作地点当在西周的都邑中，一来是卜筮之官所在，二来因其言岐山，言岳，都是西方的色彩。这一部书原来只供卜筮之

用，所以在《国语》（包括《左传》）所记占卜的事中引用了多少次；但那时的筮法和筮辞不止《周易》一种，故《国语》所记亦多不同。此书初不为儒家及他家所注意，故战国时人的书中不见称引。到战国末年，才见于《荀子》书，比了《春秋》的初见于《孟子》书还要后。《春秋》与《易》所以加入《诗》、《书》、《礼》、《乐》的组合而成为六经的缘故，当由于儒者的要求经典范围的扩大。（《古史辨》第三册，页四三）

他这一篇文章所提出的意见，可以使我们认识《易经》著作年代一个大概的轮廓。他在积极方面所举出的故事虽确是殷周之际的，但是依我的意见看来，这不能断定《易》的卦爻辞出于西周初叶，即如《楚辞·天问》篇有："该秉季德，厥父是臧，故终弊于有扈，牧夫牛羊?"《山海经·大荒东》说："王亥托于有易，河伯仆牛。有易杀王亥，取仆牛。"《楚辞》与《山海经》都是春秋以后的作品，一样地保存有较古的故事，《楚辞》的"该"即王亥，"有扈"是"有易"之误（据王国维《殷卜辞中所见先王先公考》）。《易》卦爻辞保存有王亥丧牛羊的故事，这虽是顾先生的发见，然而还不能以此等故事之叙述，即为其著作时代在西周初叶的铁证。不过他所举的几个消极方面的证据，倒可以使我们相信《易》的时代不至于晚在春秋以后。但是在《左传》、《国语》中所记与今本《易》卦爻辞不同，足证《易》之有定本，其时间是更要晚些，这也是我们应当注意的。

顾颉刚先生的弟子李镜池所作《周易筮辞考》中说：

我们读《左传》的筮辞，知道了三宗事情：

第一，《左传》所载的《繇辞》，与今《易》略有不同，如"归妹之睽"。"史苏占之，曰：'不吉，其繇曰：士刲羊，亦无衁也。女承筐，亦无贶也。'"（僖十五年）今《易·归妹·上六》是"女承筐无实；士刲羊无血。天攸利”。虽然所差甚微，但其有不同的地方可知也。

第二，《左传》所载的《繇辞》与今《易》完全不同，如秦伯伐晋，卜徒父筮之，“……其卦遇蛊，曰：‘千乘三去；三去之余，获其雄狐。’”（僖十五年）今《易·蛊卦》卦辞为“元亨，利涉大川。先甲三日，后甲三日”。又，“晋侯将伐郑……筮之，史曰，‘吉，其卦遇复’，曰：‘南国蹙，射其元王，中阙目。’”（成十六年）今《易·履卦》卦辞为：“《履》，亨。出入无疾；问来无咎。反复其道，七日来复。利有攸往。”观《左传》所载，我们又不能承认它是一种《繇辞》。但它与今《易》完全两样。前人对于这个问题，无法解答，只好含糊的说，是“卜筮书杂辞”（杜注）；“是杂占之辞”（僖十五年《正义》引刘炫语）。若果我们把“现存的《周易》是完全无缺的”这种观念、这种成见除去，我们就很可以承认那些《繇辞》就是《周易》里的“卦辞”的一部分。……《周易》是编纂而成的，其卦爻辞亦必很复杂。现存的样式，难保不是经过第二次编纂。我们看《左》、《国》筮辞无九六的名目，说它是经过第二次的编纂是很可能的事情。即不然，它也难保没有遗漏。

第三，《左传》所载，还有卜官筮时临时撰辞。如，“成季之将生也，桓公使卜楚丘之父卜之。……又筮之。遇《大有》之《乾》，曰：‘同复于父，敬如君所。’”（闵二年）又如，“穆子之生也，庄叔以《周易》筮之，遇《明夷》之《谦》。以示卜楚丘。曰，‘是将行，而归为子祀，以谗人入，其名曰牛，卒以馁死’。”（昭五年）这些话很与卦爻辞有相近的地方。其实卦爻辞的原始也

> 不过卜史作的与此相类的文章。我们虽不敢说《易》卦爻辞有后加的材料，而它总有窜入的可能；只是我们研究卦爻辞，还是保存很古的色彩，可以不必作这样的怀疑。

他这一段话是来说明卦爻辞在秦火以前有遗佚的。他始终因为“我们研究卦爻辞，还是保存很古的色彩”，所以相信“卦爻的编纂年代当在西周初叶”。“不敢说《易》卦爻辞有后加的材料”，虽然是觉得“它总有窜入的可能”，然而“可以不必作这样的怀疑”的。这种态度当然是很谨慎的。



据我的意见看来，卦爻既是编纂而成，它保存很古的色彩未必即为其著作年代在西周初叶之确证，则其编纂年代实有许多可疑之点。现在我请提出六点来证明《易》之卦爻辞的产生应当是在东周初叶或者说是在春秋的时代。



1. 卦爻辞中有许多用“大人”字样的，据郭沫若在《中国古代社会研究》中的统计，“大人”一词，单举的有十一处，大人与小人对举的有一处。他说：“全经中合计大人十二处，君子十九处，小人十一处，大人可以和小人对举，君子也可以和小人对举，而大人不曾和君子对举。但《革卦》九五‘大人虎变’，上六‘君子豹变’，虽不同爻辞，而对举成文。虎强于豹，大约大人比君子还要强一点罢!”（该书页五四）大人的字样，不见于金文；在《诗》、《书》中，用的也少（《尚书》中无）。只有《诗·小雅·斯干》中有：“大人占之，维熊维罴，男子之祥。维虺维蛇，女子之祥。”《小雅·无羊》中有：“大人占之，众维鱼矣，实维丰年。旐维旟矣，室家溱溱。”这两首诗姑且承认其为西周时诗，但是就其文义看来，“大人”决不是高于“君子”的阶级，可见“大人”在西周尚非尊称。但在《论语》中就不同了！《季氏篇》：“孔子曰：君子有三畏：畏天命，畏大人，畏圣人之言。小人不知天命而不畏也，狎大人，侮圣人之言。”大人的地位才比圣人高。然则《易经》中用了许多“大人”，岂不明明告诉我们《易》卦爻辞的产生要在东周初叶或是春秋之世吗？此其一。

2. 卦爻辞中还有两处用“大君”。例如《师》上六的“大君有命，开国承家，小人勿用”。《履》六三的“武人为于大君”。“大君”一词，在《尚书》中无有，《诗经》中也无有。这不合于《诗》、《书》之用词，也是极可疑的。如《易》的卦爻辞为西周初年所产生，则必当有影响，《诗》、《书》亦当见之。而今两书并无此词，则亦足见《易》之卦爻辞的产生要在东周。此其二。

3. 卦爻辞所反映的社会也不像是由渔猎初进到农业的社会。在《蒙卦》六三说“勿用取女，见金夫，不有躬，无攸利”。这里“金夫”一词，表示有资财的人，其并非用土地等来表示财富，当然只可解释拥有“金”一类资财或金属货币的人。但是我们知道，在殷代及西周时代才开始使用货币，例如贝币，然而这些货币使用的范围并不甚广泛。在《诗经·小雅·小宛》中说：“交交桑扈，率场啄粟。哀我填寡，宜岸宜狱。握粟出卜，自何能谷？”《卫风·氓》篇上说“氓之蚩蚩，抱布贸丝”，可见当时尚未脱出自然经济物物交换之域，即如许多赏赐，如：矢令簋之“姜赏令贝十朋”，《诗·小雅·菁菁者莪》“锡我百朋”，也都还在用贝，更可见金属铸的货币尚未流行。而《易》卦爻辞乃用“金夫”之词以表示有产阶级的个体，即便此人仅拥有大批“金”——铜和锡，但这岂是周初业所能有的现象？在国家垄断采矿业、金属冶炼业的条件下，“金”并未普及到民间，“金”作为等价交换物还不够现实，这起码应是手工业、工商业相当发达以后的情景。从这一点看来，我们也立刻可以感觉到这是西周以后，工商业较发达，货币经济也较发达才能有的现象，《易》卦爻辞所代表的社会很易见其正当在春秋之世的。此外，在《噬嗑》九四说“噬干胏，得金矢”，同卦六五说“噬干肉，得黄金”，《解》九二说“田获三狐，得黄矢”，《姤》初六说“系于金柅”。以得“金矢”、“黄金”、“黄矢”为言，也是重“金”的现象。其时代已渐渐走入货币经济时代，也可以由此得到一个旁证的。郭沫若在《中国古代社会研究·〈周易〉的时代背景与精神生产》(整理者按，后定名为《〈周易〉时代的社会生活》）中，由爻辞：(1)“旅即次，怀其资，得童仆。”（《旅》六三）(2)“旅焚其次，丧其童仆。”（《旅》九三）(3)“亿丧贝。”（《震》六二）这三条，说：“资贝是当时的货币，资字亦从贝，金属的货币尚未产生。”他这种推测正是由于估作《周易》是在西周初叶产生的缘故。其实由“旅即次，怀其资”看来，所表示的时代也并非领主经济的现象，而有了一丝小农经济萌芽的意味，这是颇可以想见的。而金属的货币，在西周非可以产生，但就重金的现象看来，其现象是应该要晚于西周的。此其三。



4. 在《易·履》九二说：“履道坦坦，幽人贞吉。”《归妹》九二说：“眇能视，利幽人之贞。”《蛊》上九说：“不事王侯，高尚其志。”所谓“幽人”，所谓“不事王侯，高尚其志”，实在是有知识分子保持独立人格，有了他们隐居生活而后才有的现象。郭沫若说：“这（幽人）好像都是很有礼义道德的君子，不一定就是史巫，或者是所谓‘不事王侯’的当时的智识阶级罢。”他这话还未提出这是有了智识阶级而且有了隐居生活的现象。这种现象，必不发生于周初，因为当时的智识阶级正是贵族，而这一般贵族正是支配着小百姓的，在政治上他们正得势，没有隐居的必要，在经济上他们也未发生动摇，也没有隐居的必要。这种现象，必到西周末叶或者东周之世，贵族逐渐没落，“士”的阶层逐渐被排挤出贵族行列，这样才可以发生出来。我们固可以推测其为西周中叶以后的情形，然而由其他证据看来，如《诗经》的二《雅》中无隐居生活的痕迹，这种智识阶级过着隐居生活的现象是以发生在春秋之世者才逐渐为多，《周易》有“幽人”等词，实当是东周初叶以后才有的现象。此其四。

5. 在卦爻辞中，有许多是用韵的，而且有不少是很有诗意的。如：(1)《屯》六二："屯如，邅如，乘马斑如；匪寇，婚媾。"(2)《贲》六四："贲如，皤如，白马翰如；匪寇，婚媾。"(3)《离》卜四："突如其来如，焚如，死如，弃如!"(4)《离》九二："日昃之离，不鼓缶而歌，则大耋之嗟!"(5)《井》九三："井渫不食，为我心恻；可用汲，王明，并受其福。"(6)《中孚》九二："鸣鹤在阴，其子和之。我有好爵，吾与尔靡之。"这些句子，不少绘影绘声，亦哀亦怨之作，令我们读来，或如读《诗三百篇》或如读屈原《离骚》，"鸣鹤在阴，其子和之"更是很好的比兴的诗歌。这些词句，能发生在西周的初叶吗？我们只看在《诗三百篇》中比较的《周颂》，如：(1)《清庙》："于穆清庙，肃雝显相！济济多士，秉文之德。对越在天，骏奔走在庙。不显不承，无射于人斯。"(2)《维天之命》："维天之命，于穆不已。于乎不显！文王之德之纯。假以溢我，我其收之。骏惠我文王，曾孙笃之。"我们很可以感觉得到《周颂》的词句比较地深奥拙劣，而《周易》中这些词句是比较地浅显进步。《周颂》的著作年代不能早于成康，尚且如是之古奥拙劣；令人读着如读《诗三百篇》，如读屈原《离骚》的《易》卦爻辞，其时代较晚，尤为可知。我们说这些比兴的诗歌，当成于东周初叶，实不为过甚之谈。

6. 由上文所引的各家之说，我们可以看出：(1)《周易》的文字在《左》、《国》中有与今本不同者。(2) 在《史记》、《战国策》中所引《易》的卦爻辞也与今本不同，例如：《史记·春申君列传》引《易》曰："狐涉水，濡其尾。"《战国策》作"狐濡其尾"，而今本《易·未济》作"小狐汔济，濡其尾"。(3) 惠栋《易例》称今本初九、初六、用九、用六等词乃系汉人所加。(4) 孔、孟诸子未曾见过所谓《周易》，所以有人说爻辞现在之形状，或成于汉初之时。则我们亦可由此推知《易》的爻辞实非完成于西周初叶，因为，如果卦爻完成或于西周初叶，则①在春秋之世，早有相当的定本，何须卜筮之人自撰繇辞，如：《左传·闵公二年》的“同复于父，敬如君所”；《国语·周语》的“配而不终，君三出焉”。何以在《左》、《国》中竟有完全不同于今本的繇辞，如：《左传·成公二年》的“千乘三去，三去之余，获其雄狐”；《成十六年》的“南国蹙，射其元王，中厥目”。②《易》的卦爻辞，也颇多与儒家思想相合的，如早有相当的定本，则博学而无所成名的孔子，平时极注重文献的，何以竟不提及？直到荀子之时，还未作为儒家的经典呢？这些也可以使我们很明白地看出《周易》的撰著，不过在东周初叶，所以在春秋时，尚无定本出来，引用不免有些出入，有时还须自撰繇辞，博学如孔子者尚不自知，至东周末尚不为儒家所重。如早成于西周初叶，其影响所及必不同。



要之，我们由卦爻辞之用词如“大人”、“大君”等之不合于《诗》、《书》，由卦爻辞之时代背景之接近东周的情形；由卦爻辞之思想和文学之非西周的产物；由卦爻辞之定本或成于汉初之时，都可想见其著作年代不当在西周初叶而当在东周初叶。郭沫若在《中国古代社会研究》中以《易》为西周初叶的作品，但他在《金文丛考》中则亦改变其意见。他说：



> 卦象宜于作花纹图案，然于彝器之花纹中绝未有见。基本二卦之乾、坤二字，亦为金文所绝无。金文无与天对立之“地”字，天地对立之观念事当后起，则乾坤对立之观念亦当后起矣。且《易》之为书，虽诡谲悖谬，然其本身亦有其固有之系统，乃于著述意识之下所构成之作品，与古代自然发生之书史不类。其经部之成，或在春秋以后，即孔子亦必未即见。《论语·述而》：“子曰：加我数年，五十以学《易》，可以无大过矣。”释文出“学《易》”二字，云“鲁读《易》为亦，今从古”。阮元云：“鲁论作亦，连下句读。”惠栋云：

“《外黄令高彪碑》云：‘恬虚守约五十以学。’此从鲁论亦字连下读也。”字之当为易为亦虽无究极之证据，然以理推之，则作亦者为近是。盖如本是易字则学易正极现成，《鲁论》何必破字以读之？《易》虽至难，古人读书亦虽至不易，以好古敏求发奋忘食自鸣之孔子，何至有学《易》之心，尚须加之数年，至五十始着手耶？余意《易》之经传均孔门弟子所为，传之作尤在经后，晋时魏襄墓所出竹简，有经无传，即其证。录《论语》者偶以音同误亦为《易》，记《易》者遂造为说辞谓孔子晚年读《易》韦编三绝也。（该书页四六）

他在这里说《易》“经部之成，或在春秋以后”，“《易》之经传均孔门弟子所为”，这尚待详查。他这一说颇足证我所见《易》之著作年代不当在西周初叶而当在东周初叶。但是，我以为其中无尧、舜禅让的故事，无汤、武革命的故事，似乎不至于晚于春秋之世的。不过卦爻之辞的原文，既作之者当非一人，其结集而成为今本，则必在汉初的。





（二）《彖传》与《象传》

在上文中，我们从各方面研究，知道在荀子时《易》尚不为儒家之经典，在战国末卦辞与爻辞并无定本，则《彖传》与《象传》的著作年代不能早于战国末年，我们已可由此知其消息。据李镜池《周易探源》说：

我们研究《彖》、《象》二传，比较其思想与释典之法，很有不同的地方，我们断定它决不出于一人之手。……原来这两篇传是两个人作底，——至少是两个人。一个在前，作了《彖传》，解释六十四卦与其卦辞。《彖》的意思与《象》相同，《系辞传》说：“彖者，言乎象者也。”它解经之法，着重于卦的爻位之象与卦底取象，所以它用了个与象字同义的彖字。它所以不兼释爻辞的缘故，或许是以为有这全卦的总解释就够了。用不着再去每爻作传。到了《象传》作者出来，看见《彖传》只解卦辞，以为不是完全之作，于是采用《彖传》的方法，把爻辞也解释了。……《彖传》注重解释卦意、卦辞，虽间或插入一两句议论，并不是有意安排，只是触机而发。《象传》便不同了，他解释《爻辞》是一套，他在每卦之下发挥的议论又是一套：是很有系统很有组织的一种作法。其格式是“君子以……”、“先王以……”或“后以……”，其范围不出伦理、政治两方面。这样整齐的文章，显然是较后的写作。《彖》、《象》二传的著作年代，最早不出于战国末，最迟不到汉宣帝。大概以作于秦汉间为最可能。秦皇不是行愚民政策，焚书坑儒吗？只有《周易》以卜筮之书没有殃及，儒家既把它尊为经典，所以在这独存而不禁的书上做功夫，把儒家思想附存上去。那时的作品，当不祇这两传，不过这是幸存的完整的两篇，其余像《文言传》乾卦四段文字中“‘潜龙勿用’，下也”，及“潜龙勿用，阳气潜藏”两段，跟《象传》很相近，恐怕也是同时代作品。只是散亡殆尽，就是西汉人也无从搜集了。

他这里由《彖传》与《象传》比较其思想与释经之法很有不同的地方，断定其“不出于一人之手”，“《彖》、《象》二传的著作年代，最早不出于战国末，最迟不到汉宣帝，大概以作于秦汉间为最可能”，这种意见是正确的。他以《象传》比较《彖传》，显然是较后的写作，据我个人看来，则以为问题尚不如是之简单。

1. 《系辞传》说：“彖者言乎象者也。”《彖传》解经“着重于卦的爻位之象典卦的取象”，《彖传》既着重在象，它为什么不采取“象”这个名称，而反用这一个比较晦涩的“彖”这个名称？由它的命名看来，似乎《象传》发生在前，《彖传》的作者为避免雷同起见，才用了个与“象”字同义的“彖”字。

2.《彖传》与《象传》之释经之法，其不同的地方，是《彖传》有释卦义的词句，如：“师，众也”，“离，丽也”，“咸，感也”之类，而《象传》则没有。《彖传》较之《象传》方法多了一种，而且着重训诂，都是比较晚的现象。

3. 在李镜池《周易探源》中已说过：“其实，《象传》之解《易》，虽然模仿了《彖传》，但它对于象位等，却没有《彖传》作者高明。……它没有像《彖传》作者把全卦烂熟胸中，把卦辞解释无遗。它虽然有意模仿《彖传》，可惜学力未到。”《象传》不如《彖传》，恐怕《彖传》之解《易》是比较进步之作，其出现要在《象传》以后。

4.《彖传》作者并不是纯粹的儒家，他可以说“大哉乾元，万物资始，乃统天”；“至哉坤元，万物资生，乃顺承天”；“雷雨之动满盈，天造草昧”；“天地解而雷雨作，雷雨作而百果草木皆甲坼”等自然主义之哲学。他可以说“天地以顺动，故日月不过而四时不忒；圣人以顺动，则刑罚清而民服”，迹近无为主义的思想。《彖传》的作者确是多多少少受过道家的影响的。儒、道思想之交流，是以在汉初较盛，据这一点看来，《彖传》也似乎较晚些。不过，《象传》对于爻辞的解释，颇依爻辞的文句来解，而对于卦辞则不然，似乎小《象》为一人所作，大《象》又为一人所作，大《象》之不依卦辞作解释，似乎是见有《彖传》而后才如此，而《荀子·大略》篇引《易》的有一处接近于《彖传》，又似乎《彖传》先于《象传》。二者之先后，实疑明能明。要之，《彖传》与《象传》，由《彖传》之颇受道家影响，其著作年代，与其说在秦汉间，不如说在西汉之初，更觉适合的。

**（三）《文言》的系辞**

《文言》的著作时代大约晚于《彖传》、《象传》而早于《系辞》。文言有解释《象传》的，例如乾卦。《象传》说：“潜龙勿用，阳在下也。”《文言》则说：“潜龙勿用，下也。”“潜龙勿用，阳气潜藏。”这是很明显地依据《象传》为说。其解释《彖传》的，例如乾卦《彖传》说：“大哉乾元，万物资始，乃统天。云行雨施，品物流形。大明终始，六位时成，时乘六龙以御天。乾道变化，各正性命，保合大和，乃利贞。”《文言》则说：“乾元者，始而亨者也。利贞者，性情也。乾始能以美利利天下，不言所利，大矣哉！大哉乾乎，刚健中正，纯粹精也。六爻发挥，旁通情也。时乘六龙，以御天也。云行雨施，天下平也。”这里许多解释都是《彖传》之说。从这两点看来，可知《文言》作者确曾过见《彖传》与《象传》。在《系辞上传》说：“参伍以变，错综其数，通其变，遂成天地之文；极其数，遂定天地之象。”在《系辞下传》说：“夫易彰往而察来，而微显阐幽，开而当名辨物，正言断辞则备矣。其称名也小，其取类也大。其旨远，其辞文，其言曲而中，其事肆而隐。”所谓“通其变，遂成天地之文”，所谓“其旨远，其辞文”都是因有《文言》而后有的解释。《系辞下传》中有伏羲、神农观象制器的故事，这种现象，在《文言》中没有其痕迹；是《文言》之作，必在《系辞》之前。《文言》的著者亦未必为一人。乾文言、坤文言繁简不同，对于卦《爻辞下》以解释的次第也不同，这也很显而易见的。至于《系辞》，则顾颉刚先生在《周易卦爻辞中的故事》也告诉我们，《系辞传》中：“古者庖牺氏之王天下也……于是始作八卦，以通神明之德，以类万物之情。作结绳而为罔罟，以佃以渔，盖取诸离。庖牺氏没，神农氏作，斲木为耜，揉木为耒，耒耨之利，以教天下，盖取诸益。……神农氏没，黄帝、尧、舜氏作，通其变，使民不倦……黄帝、尧、舜垂衣裳而天下治，盖取诸乾坤……”这些观象制器的故事，是“《系辞传》袭用《淮南子》之文而改变其议论的中心”。他在《论〈易·系辞传〉中观象制器的故事》一文中更说：

《系辞传》中这一章，它的基础是建筑于说《卦传》的物象上的，是建筑于九家《易》的互见和卦变上的。我们既知道说《卦传》较《象传》为晚出，既知道《说卦传》与孟、京的《卦气图》相合，又知道京房之学是记之于孟氏的，又知道京房是汉元帝时的人，那么，我们可以断说：《系辞传》中这一章是京房或京房的后学们所作的，它的时代不能早于汉元帝。

《系辞》这一章为京房之学所窜乱，但其全文似乎早就有的。司马谈《论六家要指》说引《易·大传》：“天下一致而百虑，同归而殊途。”董仲舒《对策》引：“《易》曰：‘负且乘，致冠至。’乘车者，君子之位也；负担者，小人之事也。此言居君子之位而为庶人之行者，其患祸必至也。”《韩诗外传》卷三引《易》曰：“易简而天下之理得矣。”则在汉武以前，早已有了《系辞》，不过尚未名为《系辞》，而且未必有了定本。所以这一篇也不能估计其时代过早，必在有了《彖》、《象》以后才能发生的。

**（四）《说卦》、《序卦》、《杂卦》**

这篇在戴东原已说：《说卦》三篇与今文《泰誓》同后出，《说卦》分之为《序卦》、《杂卦》，故一篇词旨不类孔子之言，或经师所记孔门余论。康有为则更谓“《说卦》与孟京《卦气图》合，其出汉时无疑，《序卦》肤浅，《杂卦》则言训诂，此则歆所伪窜”。这两说在钱玄同《读汉石经〈周易〉残字而论及今文〈易〉的篇数问题》一文中说：

康氏谓“《序卦》肤浅”，诚哉其肤浅也；然意义肤浅，不能作为刘歆伪造之证。刘歆造了许多伪经，固是事实，然其学实不肤浅；肤浅之评，惟彼焦、京之徒适足以当之耳。《杂卦》仍是说明卦义，与《说卦》、《序卦》性质相同，与训诂之方法根本有异；说它‘言训诂’，实在不对。即使言训诂，亦不能断为刘歆所作。

他是主张："《说卦》以下三篇系西汉中叶所伪作，出现之后，即系之三家《易》本经之后。"钱氏此种论断，在我们看来，实比较妥帖。《说卦》等三篇的著作年代，实当在西汉中叶以后，刘向、刘歆著《七略》以前。因为如说《序卦》、《杂卦》为刘歆所伪作，则《七略》与《汉志》必记在所谓十二篇以内；如说是东汉人所伪造，则在东汉时忽然增入二篇，必有记载流传。东汉时增入此二篇，既无记载可凭，则这两篇自是产生在西汉中叶以后。不过，《论衡》说河内女子发老屋得逸《易》、《礼》、《尚书》各一篇，《隋志》说唯失《说卦》三篇，我们当信《论衡》之说，在汉宣时，只增多了一篇《说卦》。至于《序卦》、《杂卦》，其出恐稍在后。因为《序卦》、《杂卦》，究竟不与《说卦》相同，《序卦》好像是《易》的目录，《杂卦》是多少带有一点训诂的意味的，不能与《说卦》并为一谈。我疑这两篇本是附在《易传》之后。原来所谓《易传》，其篇数计算，本未确定，《周易正义》云："但数《十翼》，亦有多家。"可见篇数的计算，本是异说纷纭的。《周易正义》云："一家数《十翼》云：《上彖》一，《下彖》二，《上象》三，《下象》四，《上系》五，《下系》六，《文言》七，《说卦》八，《序卦》九，《杂卦》十。郑学之徒，并同此说。"《序卦》、《杂卦》列入十篇之中，当不过是一派的算法。(《史记正义》谓："上彖，卦下辞；下彖，爻卦下辞。""上象，卦辞；下象，爻辞。"此亦一家数《十翼》异说）其实目录式的《序卦》，训诂式的《杂卦》，或如他书之序，不在正篇之内。《序卦》已是最后一篇了，《杂卦》或者更是附录。则刘歆时，才列入十二篇之中，亦未可知。从《尔雅》无关于《易》的训诂这一点看来，似乎《杂卦》这一篇刘歆以前本就有了，所以《尔雅》不为《易》作训诂。我们不可因《杂卦》之名《汉书》不载，东汉诸书也没有称引，而遂疑心宣传孔子作《十翼》的刘歆与班固之流未必见到过它。

# 第六章

# 《春秋》之起源与编订

## 第一节 《春秋》之起源

《春秋》本是鲁国的史书，经过孔子笔削而成的。在《孟子》书中，一则曰："孔子惧，作《春秋》。"再则曰："王者之迹息而《诗》亡，《诗》亡然后《春秋》作。""《诗》亡"这两个字，无论解释为二《雅》或《国风》之亡，其时代都要在春秋中叶（详前），如以为《春秋》是起源于《诗》亡以后，这似乎未必得其真，而其时代似乎太晚。《汉书·艺文志》："古之王者，世有史官，君举必书，所以慎言行，昭法式也。左史记言，右史记事，事为《春秋》，言为《尚书》。"这是不依《孟子》之说，而以《春秋》之作，自古就有的。这更不合乎实际的情形，与《孟子》所说的相距太远了！关于《春秋》之起源，在前人多信奉《孟子》或《汉志》之说，例如刘知幾《史通·六家篇》说："《春秋》家者，其先出于三代。案《汲冢琐语》记太丁时事，目为夏殷春秋。孔子曰：'疏通知远，《书》教也；属辞比事，《春秋》之教也。'知《春秋》始作，与《尚书》同时。……又案《竹书纪年》，其所记事，皆与鲁《春秋》同。《孟子》曰：'晋谓之《乘》，楚谓之《梼杌》，而鲁谓之《春秋》，其实一也。'然则《乘》与《纪年》、《梼杌》，其皆《春秋》之别名者乎？故《墨子》曰：'吾见百国春秋。'盖指此也。"这是用《汉志》之说的。章学诚《文史通义·书教》上篇说："《孟子》曰：'王者之迹息而《诗》亡，《诗》亡然后《春秋》作。'盖言王化之不行也，推原《春秋》之用也。不知《周官》之法废而《书》亡，《书》亡而后《春秋》作，则言王章之不立也，可识《春秋》之体也。”这是用《孟子》之曰的。近来的人，有的谈到《春秋》的起源，仍因袭《汉志》的意见，以《春秋》为编年之史，“其起或在商代”。因为王国维说，“卜辞言王亥者九，其二有祭日，皆以辛亥。与祭大乙用乙日，祭大甲用甲日同例。是王亥确为殷人以辰为名之始，犹上甲微之为以日为名之始也”。然观殷人之名，即不同日辰者，亦取于时为多。“自契以下，若昭明，若昌，若冥，皆含朝暮明晦之意。”而王恒之名，亦取象于月弦。是以时为名或号者乃殷俗也。夏后氏亡，以日为名者，有孔甲，有履癸，要在王亥及上甲之后矣。根据王氏之说，可知殷人之俗，最重乎天时，而且既知利用辰以记名号，则次列年月以记大事，亦非不可能。说是：“编年之起，高谈虞夏，诚不敢信，下托周公，亦未必然，谓为出于殷史，而美备于周代，则庶乎近之。”但是由殷代流传下来的文献与近今发现的实物看来，编年的记载，固非不可能，然而是没有确切的证明。郭沫若在《金文丛考·金文所无考》中说：“金文纪年月日辰之例甚多，记时之例仅一见，秦商鞅量是也。‘十八年齐遣（遣）卿夫夫众来聘。冬十二月乙酉大良造鞅爰积十六尊五分尊之一为升。’十八年乃秦孝公十八年，当周显王二十五年，已是晚周之器矣。器之属于中周者所未见，即属于春秋时代者亦所未见。……甚至如春秋二字及以春秋为形声之字亦所绝无。”又说：“殷人月行三分制为旬。周人月行四分制，为初吉，为既生霸，为既望，为既死魄。卜辞凡言贞旬亡𡆥之例多至不可胜举，周金文凡言初吉、既望、生霸、死霸之例亦不可胜举。然有异者，则晦朔所未见。”据他这里所说看来，似乎“《春秋》编年，四时具然后为年”，“年有四时，故错举以为所记之名”，以及《春秋》书晦，都不是早有的现象。这两种说法，依我看来，都不甚正确。因为殷代虽利用干支来作名号，但是次列年月以记大事，在《尚书》中，没有这种迹象。如若是有，则不当在几篇真的《尚书》中完全找不到痕迹的。如说“《尚书》未析出之前，无容更编年月，既析出之后重在谟训，亦不待编年而明”，这是一种遁词。《尚书》是在什么地方析出的，有什么证明？为什么不待编年而明？难道我们读着《尚书》能明了其为哪一年所作吗？我们由《尚书》之不编年，不次年月以记大事，正可以见在春秋以前还未必有编年史。即如流传下来的《竹书纪年》以及《史记·十二诸侯年表》，都是有了《春秋》以后所著述，他们所依据的材料，是否如同《春秋》一样，逐年编次还是同题？谓为出于殷史，而美传于周代，是从“非不可能”说起，然而毫无事实足凭，说殷代就有编年史，终是毫无根据之谈。至于以金文中无春秋晦朔的字样来说《春秋》之晚起，则在《诗三百篇》之中，颇有春秋晦朔等字，完全以金文为凭验，在古器物多已佚亡的今日，只凭所已发现流传者而论，恐怕证据也还薄弱。依我的意见看来，我们要谈《春秋》的起源，还只有依据《孟子》来看，《孟子》说：“王者之迹息而《诗》亡，《诗》亡然后《春秋》作。”这一“作”字，恐指“孔子惧而作春秋”而言，孟子是认为《春秋》是孔子作的，在孔子时，像《诗三百篇》那样的诗是没有了的，所以说“王者之迹息而《诗》亡，《诗》亡然后《春秋》作”。但是孟子曾说：“晋之《乘》、楚之《梼杌》、鲁之《春秋》，一也。其事则齐桓、晋文，其文则史。孔子曰：‘其义则丘窃取之矣。’”由《乘》、《梼杌》与《春秋》之“一也”，及“其事则齐桓、晋文”看来，大概在周东迁以后，各国史记即发达，编年史的体裁，也因之而兴起，由《孟子》看是如此的。再就《史记》来看，司马迁在《三代世表序》说：“五帝、三代之记，尚矣。自殷以前，诸侯不可得而谱，周以来乃颇可著。”又说：“余读谍记，黄帝以来，皆有年数，稽其历谱谍，终始五德之传，古文咸不同，乖异。”可见殷代没有编年之史，所以自殷以前，诸侯不得而谱。而所谓“谍记”，虽皆有年数，然而也不是编年体。他在《十二诸侯年表序》上又说：“历人取其年月，数家隆于神运，谱谍独记世谥，其辞略，欲一观诸要难。”也不见自周便有编年史的迹象。即如所谓“共和”，在《史记》解释为“以宣王少，大臣共和行政”；在《竹书纪年》，“共和”则为“共伯和”，究竟很难断定谁是谁非。在西周如有编年的史文流传，恐怕不当传闻失实，相去至如是之远罢！《史记·十二诸侯年表》虽起自共和，在春秋前一百一十九年，然而记事大抵仍甚简略，在春秋以前的，只有记晋稍详，或源出于晋《乘》。我们纵不能即言晋《乘》、楚《梼杌》、鲁《春秋》为编年史之起源，然而由《史记》那两篇序文看来，这种编年史的兴起也不是过于早的。至于《春秋》之成为今日的《春秋》，当然是经过孔子的笔削，我们也不能说至孔子时才有编年的史记的。



## 第二节　《春秋》之“笔削”



《春秋》本是鲁史，经过孔子“笔削”而成。但是孔子做这样一件事情，在《论语》上并未曾提过；到了《孟子》才行提出。自来的学者，都没有异议。即如以疑古为能事的人，如姚际恒、崔述之流，也都是拥护孔子作《春秋》之说的。崔述说：“《春秋》孔子之所自作，其文谨严简质。”都在积极方面承认《春秋》为孔子所作。开始怀疑孔子不修《春秋》的要算钱玄同先生。他在《努力增刊·读书杂志》第十期（1923年6月10日）的《答顾颉刚先生书》（此文今收入《古史辨》第一册中）中以为《论语》中无记载关于《春秋》之事，他说：

> 《论语》之中……关于《春秋》的话，简直一句也没有。“答子张问十世”和“答颜渊问为邦”两节，今文家最喜征引，说这是关于《春秋》的微言大义，但我们仔细读这两节话，觉得真是平淡无奇，一点也看不出

是什么“非常异义可怪之论”，而且《春秋经》、《公羊传》、《春秋繁露》中也并没有和这两节相同或相近的话。这样一件大事业，《论语》中找不出一点材料来，不是极可疑的吗?

又说:

《春秋》，王安石（有人说不是他）说它是“断烂朝报”，梁启超说它像“流水账簿”，都是极确当的批语。孟轲因为要借重孔丘，于是造出《诗》亡而后《春秋》作，孔子《春秋》成而乱臣贼子惧的话，就这部“断烂朝报”，硬说它有义，硬说它是天子之事。……

从实际上说，六经之中最不成东西的是《春秋》。但《春秋》因为经孟轲底特别表彰，所以二千年中，除了刘知幾以外，没有人敢对它怀疑的。孟轲是第一个讲“道统”的人，他底全书底末章，由尧、舜、汤、文王、孔子叙到他的时候，明明有“独力肩道统”的意思。他全书中讲到《春秋》，共有三处:

A. 孟子曰，“世衰道微，邪说暴行又作，臣弑其君者有之，子弑其父者有之，孔子惧，作《春秋》。《春秋》，天子之事也，是故孔子曰，‘知我者其惟《春秋》乎！罪我者其惟《春秋》乎!’……孔子成《春秋》而乱臣贼子惧”。(《滕文公下》)

B. 孟子曰，“王者之迹熄而《诗》亡，《诗》亡然后《春秋》作。晋之《乘》，楚之《梼杌》，鲁之《春秋》，一也。其事则齐桓、晋文，其文则史；孔子曰：‘其义则丘窃取之矣。’”(《离娄下》)

C. 孟子曰，“春秋无义战”。(《尽心下》)

B的话实在不通，《诗》和《春秋》的系统关系，无论如何说法，总是支离牵强的。我以为这三则都是孟轲要将自己底学说依托孔丘，正与朱熹自己底格物穷理说和王守仁自己底致良知说要依托《大学》同样心理。他要辟杨墨，为了他们是“无君无父”的学说，所以有A说；他是贵王贱霸的，所以有B说；他是说“善战者服上刑”的，所以有C说。A底后面，有“吾为此惧，闲先圣之道”和“我亦欲正人心，息邪说，距诐行，放淫辞，以承三圣者”等语，则依托孔丘以肩道统之意昭然若揭了。前人讲《春秋》，很相信孟轲的话，很不相信孙复的《春秋》尊王发微的话。其实照孟轲的意思，必须像孙复那样讲法才能圆满的。(《古史辨》第一册)

他这一封书中，虽说孔丘无删述或制作“六经”之事，但他对于“孔子作《春秋》”之说，亦不过认为“可疑”而已。整个的“六经”当然不是孔子删述或制作，但是以孔子与《春秋》毫无关系，而对于《孟子》的说法一概抹煞，这也是不尽然的。钱先生在1925年10月14日《北京大学研究所国学门周刊》中又发表他的《论春秋性质书》说：“以为此书只有两个相反的说法可以成立。(一)认它是孔二先生的大著……(二)认定是历史。……”他说：“我近年来主张后一说的。但又以为如其相信孔子作《春秋》之说，则惟有依前一说那样讲还有些意思。”他对于《春秋》是否为孔子所作，实是疑莫能定。他在1931年5月《北平师范大学国学丛刊》一卷二期所发表的《左氏春秋考证书后》，更由钟鼎款识以及《春秋》本身，断定《春秋》是经过“笔削”。他说：

《春秋》一定是一部托古改制的书。你看它对于当时的诸侯各国，称某某为公，某某为侯，某某为伯，某某为子，某某为男，用所谓“五等封爵”也者把他们都限定了，不能随便乱叫。今取钟鼎款识考之，知道全不是那么一回事；原来“王、公、侯、伯、子、男”六个字都是国君的名称，可以随便用的。然则《春秋》中那

> 样一成不变的称谓，一定是儒家“托古改制”，特地改了来表示“大一统”和“正名”的理想的。又如“公子庆父如齐，齐仲孙来”，“公朝于王所”，“天王狩于河阳”，“孟子卒”，等等，都是用特殊的“书法”以明“义”，不是普通记载事实的态度。所以《春秋》的原本虽是鲁国的真历史，但经“笔削”，则事实的真相一定改变了许多，断不能全认为史料。

他这里说，“《春秋》一定是一部托古改制的书”，有许多“都是用特殊的‘书法’以明‘义’，不是普通记载事实的态度”，“所以《春秋》的原本虽是鲁国的真历史，但经‘笔削’……断不能全认为史料”。他这种意见，即不认《春秋》是一部历史而是孔二先生的大著。他本人也曾对我说过，当他说《春秋》与孔丘毫无干系的时候，不过是有为而发，也不一定主张孔子未曾“笔削”过《春秋》。不过在他发表《答顾颉刚先生书》后，有许多人直以为孔子未曾笔削《春秋》。其实这种意见是完全不正确的。现在我请提出八证以明《春秋》之必经孔子之“笔削”：

1. 从《孟子》书来看，孟子曾说：“由孔子而来至于今，百有余岁，去圣人之世，若此其未远也，近圣人之居，若此其甚也。”（《尽心下》）孟子距离孔子时世与乡里都极相近，他说：“孔子惧，作《春秋》。”“晋之《乘》、楚之《梼杌》、鲁之《春秋》，一也。其事则齐桓、晋文，其文则史。孔子曰：‘其义则丘窃取之矣。’”他说的话，我们很难完全不信。而且，孟子的弟子公孙丑曾问孟子说：“昔者窃闻之：子夏、子游、子张皆有圣人之一体，冉牛、闵子、颜渊则具体而微。敢问所安?”孟子曰：“姑舍是。”（《公孙丑上》）孟子的志愿是：“乃所愿，则学孔子也。”（《公孙丑上》）他对于孔门的大弟子如颜渊、闵子骞、冉伯牛、子夏之流，都是看不起的。假如《春秋》未经孔子“笔削”，而是孔门弟子或其他的人物所假托的，他决不会认定地说：

"孔子惧，作《春秋》。"他距离孔子的时间与地域都很相近的，如若有人伪托，他也不应该不知道，而且屡屡地以为孔子作《春秋》。所以孟子的话，在其他方面，纵有不可信的地方，然而关于《春秋》，我们是不容不信的。此其一。

2. 从《荀子》书来看。《荀子·劝学》篇说："《礼》之敬文也，《乐》之中和也，《诗》、《书》之博也，《春秋》之微也，在天地之间者毕矣。"又说："《礼》、《乐》法而不说，《诗》、《书》故而不切，《春秋》约而不速。"荀子在此篇认儒家之业只有《诗》、《书》、《礼》、《乐》、《春秋》，绝不及《易》。从"在天地之间者毕矣"一语看来，可见《荀子》是颇得当日之实情的；《荀子》所说《春秋》之"微"与"约"，又正合"《春秋》推见以至隐"的要旨；足见《春秋》在当日已成为儒家的经典，而其"微言大义"在当日已有了传授。荀子晚于孟子不过数十年，又在齐曾三为祭酒，距离孔子时世、里居也不甚远，如《春秋》果非孔子所"笔削"，他应当一反《孟子》之说的。我们知道，《荀子》的《非十二子》篇是包括攻击子思、孟轲的，"案往旧造说，谓之五行，甚僻违而无类，幽隐而无说，闭约而无解，案饰其辞而祇敬之曰：'此真先君子之言也。'子思唱之，孟轲和之，世俗之沟犹瞀儒嚾嚾然不知其所非也，遂受而传之……"。如若"孔子惧，作《春秋》"是子思、孟轲伪托之言，荀子是必定加以攻击。又，《非十二子》篇说："是子张氏之贱儒也……是子夏氏之贱儒也……是子游氏之贱儒也。"荀子是一样地看不起孔门弟子，如若《春秋》不是孔子所"笔削"，而是孔门弟子或孔子再传弟子所伪托，荀子距离孔子的时间与地域都很相近，必不至即以《春秋》为儒家之经典而加以崇奉的。故由《荀子》看来，一方面足证《孟子》之言为可信，一方面也可足证《春秋》为孔子"笔削"之说为可信。

3. 从《春秋》的内容看，《春秋》原本是鲁国的史记，在

《公羊传·庄公七年》说："不修《春秋》曰，'雨星不及地尺而复'，君子修之曰，'星陨如雨'。"《公羊传》也是以为《春秋》有原本的。但《春秋》的原本是历史，而《春秋》则是一部托古改制的书，钱先生说得好："你看它对于当时的诸侯各国……用所谓'五等封爵'也者把他们都限定了，不能随便乱叫。今取钟鼎款识考之，知道全不是那么一回事……又如'公子庆父如齐，齐仲孙来'，'公朝于王所"，"天王狩于河阳'，'孟子卒'，等等，都是用特殊的'书法'以明'义'，不是普通记载事实的态度。"我们再看《春秋》中只用"王正月"、"王二月"、"王三月"，而不像钟鼎文中，连王九月、王十月、王十二月都有，这可见《春秋》的体例，确是经过一番整理，不是如后人所讥的"断烂朝报"。据文法的统计看来，《春秋》中所用之"于"，无一字与"於"相混，不像战国时的作品。而其中所含的思想确具有正名的意思，可确知其出于孔子，或略后于孔子之人，不是前于孔子或孔子同时之史官所为。不过就《孟子》看，如《春秋》非孔子所为，孟子必不至于许为孔子所作。而据《公羊传·定公元年》说："定、哀多微辞，主人习其读而问其传，则未知己之有罪焉尔。"是《春秋》有讥切时事的地方，不像晚于孔子之人所为。就《春秋》的时代背景看来，也不像晚于孔子的人所作的。这样看来，《春秋》既非前于孔子或与孔子同时之史官记载史迹的作品，就时代背景、思想内容看来，亦不似晚于孔子之人所为，且有人托为孔子所为，孟、荀诸子必不贸然信之，我们如说现在流传下的《春秋》不是孔子所修，无论从哪一方面讲来都不能正确。

4. 从《春秋》的背景看。《春秋》所代表的时代背景，当是一个"礼崩乐坏"的时代，这也正是孔子所面对的社会现实。如《春秋·宣公十五年》记"初税亩"，而在《哀公十一年》记"用田赋"，这是两重纳税，与《论语·颜渊》篇："哀公问于有若曰：‘年饥，用不足，如之何？’有若对曰：‘盍彻乎？’曰：‘二，吾犹不足，如之何其彻也？’”情形正合，大约是旧时田制与税则俱破坏，而鲁君又令人民二重纳税的现象。这种君王不行“仁政”的情景，孔子是目睹了的，与孔子的政治理想是相去甚远的。但这也恰恰表明《春秋》与孔子的时代相合。再，在《春秋》中，尊王攘夷的观念颇浓厚。《史记·孔子世家》叙孔子修《春秋》曾说：“乃因史记修《春秋》，上至隐公，下讫哀公十四年，十二公，据鲁，亲周，故殷，运之三代。约其文辞而指博。故吴楚之君自称王，而《春秋》贬之曰‘子’；践土之会，实召周天子，而《春秋》讳之曰‘天王狩于河阳。’”这种尊周攘夷的观念，在稍后的儒家，因为时易世异，即不会发生的。例如孟子总算是贵王贱伯的，他说：“五霸者，三王之罪人也。今之诸侯，五霸之罪人也。”（《告子》）然而在他的书中，却不见有如何维护周室尊严的论调。后来有人嘲笑孟子说：“当日尚有周天子，如何声声竟王齐？”可见在孟子时已不觉地忘了尊王攘夷的观念了！这正足见时代不同，则思想因之而异。如说《春秋》是孔子以后孟子以前的人所作，则既所处之时代不同，自然也不会产生尊王攘夷的观念，“吴楚之君自称王，而《春秋》贬之曰子”。故由其思想之背景看来，《春秋》也不像孔子以后的人所“笔削”。这些都是很确切的证明。

5. 就《春秋》的来源看。《春秋》是依鲁史“笔削”而成，不是可以任意向壁虚造的。假如不是孔子所修，而为孔子以后之人之所伪托，则他从何处能得来鲁史已颇成问题。故必如孔子生于鲁国而且又身居显位，才能得见鲁史，才能伪为“笔削”之业。儒家的后辈在鲁国居显位的，除子思外，实无他人。如为子思所作，则必为荀子所攻击，而且也不必有“《春秋》正名”、“尊王攘夷”等等观念。如非子思所为，则从原始材料一方面看来，既有点不可能，而且也不必有“《春秋》正名”、“尊王攘夷”

等等观念，因为时代总是不同了，必有露出马脚的地方。

6. 就《左传》的续经看。《春秋》本是终于哀公十四年春“西狩获麟”，但在《左传》中则有续经至哀公十六年夏四月己丑孔丘卒。这三年中，《左氏》续经为数不多，但在这不多的续经之中，据刘逢禄《左氏春秋考证》看来，已有很多与《春秋》不同的地方，例如：

> “夏四月，齐陈恒执其君，置于舒州。”“六月……齐人弑其君壬于舒州。”证曰：……弑君之罪重矣，何暇详其先幽后弑哉？“执”为中国讨罪之辞，岂可以臣下施之君上？既曰陈恒，又曰齐人，孔颖达引伪例曰：“齐君无道，以纵释陈恒之罪，大违夫子请讨之义。”
>
> “有星孛。”证曰：经无此阙疑法。
>
> “成叛。”证曰：经无此书法。

在两年的续经中就有这些毛病，可见纂修《春秋》，本出一人之手，若稍有伪窜，也并非易事，很易受后人不谨严的批评，不合孔子的思想的批评。由这一点看来，也似必为孔子所修的。

7. 从《公羊传》来看。《公羊传》的著作年代，我们不能断言其早，但是《公羊传》的作者似乎未曾见过孟子，这一点是可以推证的。孟子说：“晋之《乘》、楚之《梼杌》、鲁之《春秋》，一也。其事则齐桓、晋文，其文则史，孔子曰：‘其义则丘窃取之矣。’”在《公羊传·昭公十二年》解释“齐高偃帅师纳北燕伯于阳”说：“伯于阳者何？公子阳生也。子曰：‘我乃知之矣。’(何注：子谓孔子，乃，乃是岁也。时，孔子年二十三，具知其事，后作《春秋》，案史记，知‘公’误为‘伯’，‘子’误为‘于’，‘阳’在，‘生’刊灭缺）在侧者曰：‘子苟知之，何以不革？’曰：‘如尔所不知何？’《春秋》之信史也，其序则齐桓、晋文，其会则主会者为之也，其词则丘有罪焉耳。”其文词与《孟子》不同。在《孟子·告子》篇说：“五霸，桓公为盛。葵丘之会，诸侯束牲，载书而不歃血。初命曰，诛不孝，无易树子，无以妾为妻。再命曰，尊贤育才，以彰有德。三命曰，敬老慈幼，无忘宾旅。四命曰，士无世官，官世无摄，取士必得，无专杀大夫。五命曰，无曲防，无遏籴，无有封而不告。曰，凡我同盟之人，既盟之后，言归于好。”这在《公羊传》是记在僖公三年秋“齐侯、宋公、江人、黄人会于阳谷”的，《公羊传》说：“此大会也，曷言末言尔？桓公曰：‘无障谷，无贮粟，无易树子，无以妾为妻。’”而在僖公九年“九月戊辰，诸侯盟于葵丘”下则云：“桓之盟不日，此何以日？危之也。何危尔？贯泽之会，桓公有忧中国之心，不召而至者，江人、黄人也。葵丘之会，桓公震而矜之，叛者九国。震之者何？犹曰振振然。矜之者何？犹曰莫我若也。”这尤可见《公羊传》的作者未曾见过《孟子》，所以文词大相出入。这一种现象告诉我们一件事，就是《春秋》曾经孔子“笔削”，在《孟子》与《公羊传》上都有记载，不过说法稍有不同，《孟子》非取之于《公羊》，《公羊》亦非取之《孟子》，而是各有其所依据，并非无根之谈。




8. 从《论语》书来看。答“子张问十世”，和答“颜渊问为邦”两节，最为今文家所喜征引，说这是关于《春秋》的微言大义，现在我们仔细读这两节话，真的觉得平淡无奇，一点也看不出是什么非常异义可怪之论。但是如说《论语》之中，关于《春秋》的话，简直一句也没有，这样一件大事，《论语》中找不出一点线索来，依我个人的意见看来，这也殊不尽然。讲《公羊传》的人讲起《论语》来有的颇好附会《春秋》的微言大义，例如《颜渊》篇：“樊迟从游于舞雩之下，曰：‘敢问崇德，修慝，辨惑。’子曰：‘善哉问！先事后得，非崇德与？攻其恶，无攻人之恶，非修慝与？一朝之忿，忘其身，以及其亲，非惑与？’”他们以为这是就鲁昭公二十五年秋七月上辛大云，季辛又云，鲁昭公利用云聚众以逐季氏而言。樊迟之问，孔子之答，都是有为而发，不过这也不足证明孔子与《春秋》的关系，只可说这是他们游于舞雩的感想。不过在《卫灵公》篇：“子曰：‘吾犹及史之阙文也，有马者借人乘之，今亡矣夫！’”这可见得孔子确曾见过原撰的《春秋》，这一章当与孔子修《春秋》有关。至于《论语》明不载孔子修《春秋》，则《论语》中所未载的事情正多，殊难以证明孔子未修《春秋》，所以《论语》虽未明显记载，然而并不可以以此来加以否定。

近人因《论语》中没有记载孔子之“笔削”《春秋》，或以《孟子》说的“其义则丘窃取之矣”，而以为只“取”其义，而非“作”其义，故云“《孟子》此说，与他的孔子‘作《春秋》’之说不合，而却近于事实”。又说：“孔子主张正名，是《论语》上说过的。不过按之事实，似乎不是因主张正名而作《春秋》，如传说所说；似乎孔子取《春秋》等书之义而主张正名，《孟子》所说：‘其义则丘窃取’者是也。”这一个解释是很好的。但决不能说只“取”其义，就不能“作”《春秋》，因为“取”与“作”并不是矛盾的。或者孔子因为读到未修的《春秋》，而感觉其义可“取”，感觉历史也是一种很好的教训，因取不修《春秋》而“作”之。《孟子》此说，与他的“孔子作《春秋》”之说，并没有什么不合。至于或因《孟子》之说多不可信而不信孔子作《春秋》，这在我们要看事论事，不能因《孟子》之说有不可信的地方而否认其一切可信的地方。《春秋》曾经孔子“笔削”，从种种方面都可以推证出来，而且那位使人误会了他要取消他的真姓而以疑古为姓的钱玄同先生也说，“《春秋》一定是一部托古改制的书”，“不是普通记载事实的态度”，是“经笔削”过了的，则我们也大可看出孔子“作《春秋》”之说是毋庸置疑的。不过，话虽如此，但汉儒谓“孔子修《春秋》，笔则笔，削则削，游、夏之徒不能赞一辞”，这样的以修《春秋》是如何神秘的说法，似乎渲染过甚，我们当仍视为无根之谈。

## 第三节　三传之编订

《春秋》这一部书，而有了《公羊》、《穀梁》、《左氏》三传来解释，这本是后起的现象。在《史记·孔子世家》中虽将孔子修《春秋》烘托得如何地神秘，但未叙及三传的编纂。在《汉书·艺文志》中才说到什么“有所褒讳贬损，不可书见，口授弟子，弟子退而异言”，“及末世口说流行，故有公羊、穀梁、邹、夹之《传》”。其实原来只有《公羊传》算是《春秋》的真传，这就西汉多以《春秋》之名来称《公羊传》可以看出来（参看崔适《春秋复始》）。《左传》原不是解释《春秋》的传，《穀梁》也不是《春秋》的真传。三传的问题在历代的学者都是众说纷纭的。三传都列在经之中，我们对于其著述年代，也当加以分别的讨论。



### （一）《公羊传》编定之年代

《公羊传》的作者，在从先或疑为并无其人，或疑为即卜商。罗璧在《识遗》中说：“公羊、穀梁，自高、赤作《传》外，更不见有此姓。”万见春谓皆姜字切韵脚，疑为姜姓假托。郑清之也说：“稗官有纪《公羊》、《穀梁》并出一人之手，其始则姜，盖四字反切即姜字也。”（《经义考》引）这种说法到了清末便另生一新解。廖平《知圣篇》说：“左丘明即子夏，‘明’与‘商’、‘羊’、‘梁’同音，‘左丘’即‘启予’，所谓‘左丘明’即‘启予商’。左丘丧明，即子夏丧明事。三传始师，皆为子夏。”康有为《新学伪经考》也说：“公羊、穀梁音相近，盖卜商之音讹。二书有口说，无竹帛，故传误。”更以公羊即卜商。不过这些推测都是不正确的。在《礼记·杂记下》篇上说，“凿巾以饭，公羊贾为之也”。可见古来自有此姓，《公羊传》的作者自有其人。过去这些揣测都不可信，《公羊传》的作者，决不是子夏。《公羊传》是在汉初始著竹帛。据何休（《春秋》）《隐公二年传》注说：“至汉，公羊氏及其弟子胡母生等乃始著于竹帛。”徐彦《春秋公羊传注疏》(引戴宏《序》)则云：

> 孔子至圣，却观无穷，知秦无道，将必燔书，故《春秋》之说口授子夏。度秦至汉，乃著竹帛，故《说题辞》云："传我书者，公羊高也。"戴宏《序》云：子夏传与公羊高，高传与其子平，平传与其子地，地传与其子敢，敢传与其子寿。至汉景帝时，寿乃共弟子齐人胡毋子都著于竹帛，与董仲舒皆见于图谶。

这里许多神秘的传说，多不可信，即戴宏所云之公羊传授的系统，也不可信。大抵戴《序》所云：至汉景帝时，寿乃共弟子胡毋子都著于竹帛，或系真情。不过著于竹帛虽在汉景帝时，然而不可以此遂决定其著作年代亦在景帝时。关于这个问题，讲《公羊传》的，多承袭旧说，不甚措意。清末的经学家，虽有不信戴宏之说者，然大抵以为传于子夏，其实这一说也不足凭信。章炳麟在《春秋左传读叙录》说：

> 又案，如子骏说，《公羊》、《穀梁》在七十子后，不云《公羊》出于子夏。《史记》、《别录》、《七略》、《汉书》之属，皆无其文。《孝经》说云，《春秋》属商，亦末见其授《公羊》也。又《说题辞》云，传我书者，公羊高也，亦不云出自子夏。纬书既非确据，其余亦无文可知。徐彦引戴宏《序》云：……则子夏传公羊高之说，实自宏始。宏生桓、灵之季，远在刘子骏后，欲雪传闻之耻，则托名于子夏，作伪可知。又《公羊》所引，有子沈子、子司马子、子女子、子北宫子、高子、鲁子。何氏《解诂》：沈子称子冠氏上者，著其为师；其不冠子者，他师也。是公羊本师，凡有四人，而独不及子夏，既证弟子异言之说，亦明子夏传承之妄。

他这一段破《公羊》传于子夏之说，颇为明晰，我们可知纬说固不足信，戴宏说亦不足信的。《公羊传》中载有子沈子、子司马子、子女子、子北宫子诸师之说，可见传者本非一人。而用子冠氏上，这样的称呼在《孟子》、《庄子》中并未见，至《荀子》时，才有这样的称呼法，《公羊传》的著作年代，据这一点看来，应当略与《荀子》同时，而约出在秦以前。据章炳麟《春秋左传读叙录后序》上说：

> 《公羊》之文，有曰君亲无将，将而诛焉。秦博士稍引其文。有曰拨乱世，反诸正。汉群臣为高帝议谥，亦用其文。疑高盖尝入秦，或在博士之列。何以明之？《公羊》以伯于阳为公子阳生，伯旧或书作白，公旧或书作伀。小篆白字从入从二，隶变作亼，则字近公：若古文白字作𠂤，与纯为小篆，不从隶变者，形皆不得近公。隶书子字、于字形近，小篆作子、作亐，亦有无以讹变，明作此传者，但睹隶书，不及知古文大小篆也。又《公羊》宣十五年传曰："上变古易常，应是而有天灾。"《解诂》曰："上谓宣公。"案，六国时尚无直称人君为上者，以上之名斥人君，始于秦并天下以后，《公羊》遂用之称宣公。然则《穀梁》在六国，《公羊》起于秦末，为得其情。

他这里用古文亼与𠂤来证明"公"与"白"在古文形不相近，不至有了讹误，但是所谓古文，据王国维《观堂集林·桐乡徐氏印谱序》说："《魏石经》及《说文解字》所出之壁中古文，亦为当时齐、鲁间书：此数种文字皆自相似，然并讹别简率，上不合殷、周古文，下不合小篆，不能以六书求之。"可见古文并不是殷、周的真正古文，不应当拿来写经文的。王国维是主张战国秦用籀文，六国用古文，所以以为当时齐、鲁间书。但这种见解，是不能成立的。钱玄同在《论〈说文〉及壁中古文经书》中曾对王说加以驳斥（见《古史辨》第一册）。郭沫若《金文丛考·驫羌钟铭考释》也说："曩者王国维倡为'战国时秦用籀文，六国用古文说’，自以为不可易，学者多已疑之。今此器乃战国时韩器，下距嬴秦兼并天下仅百六十年，而其字体上与秦石鼓、秦公敦，中与同时代之商鞅量、商鞅戟，下与秦刻石、秦权量相较，并无何等诡异之处，仅此已足易王之臆说而有余矣。”（《古史辨》第四册）可见战国时六国古文无非是大篆字体的变种，“并无何等诡异之处”，也不是殷、周的真正古文。章炳麟以为《春秋》原本是用古文，他的大前提已大错而特错了！至于小篆“[illegible]”字、“亏”字形本相近，如说不相近，是篆书、隶书不相近，隶书是秦人的发明，《春秋》自不可能用隶书。章炳麟将“形近”误为“形同”，所以发出如此谬论。这一点不成为问题。至于“上变古易常，应是而有天灾”上指人君而言，这在《孟子》中如：“上无道揆也，下无法守也”，“上无礼，下无学”（《离娄上》），即以上之名斥人君，《公羊》的用法与《孟子》正同，而非如章炳麟所说的始于秦并天下以后。这一点也不成问题。《公羊传》文，既经为秦博士所引用，然《公羊传》之写成，必在秦并天下以前，这却毫无疑问。不过在《荀子》书中，我们还不见有引用《公羊传》的词句，《荀子·大略》篇说：“《春秋》贤缪公，以为能变也。”这虽是《公羊》之义的，但《大略》篇是荀卿弟子集录之辞，不足以为明证，故我们不可附会地说荀子曾见《公羊》，或《荀子》与《公羊》大义相通。《公羊传》用子冠氏上，是晚于《庄子》、《孟子》之明证，则我们说，《公羊传》出于秦以前，其著作时略与《荀子》同，这大概是很正确的。





**（二）《穀梁传》编定之年代**

《穀梁传》在旧日也以为传于子夏而且与《公羊》同列入今文经的。据《御览》六一卷引桓谭《新论》说：“左氏传世后百余年，鲁人穀梁赤为《春秋》，残略多所遗失。”应劭《风俗通》说“穀梁子名赤，子夏弟子。”《礼记·王制疏》引郑玄《释废疾》说：“穀梁近孔子，公羊正当六国之亡。”《释文·序录》则云："公羊高受之于子夏，穀梁赤乃后代传闻。"穀梁名"赤"，在《论衡·案书》作"寘"，阮孝绪《七录》作"俶"，穀梁杨疏作"叔"，颜师古《汉书注》作"喜"，钱大昭《汉书辨疑》据闽本喜字作"嘉"。在唐宋以前，关于穀梁的传说已是异说纷纭。颜师古《汉书注》云："穀梁受经于子夏，传荀卿。"杨士勋《春秋穀梁传注疏》云："穀梁子名淑，字符始，一名赤。受经于子夏，为经作传。授荀卿，卿传鲁人申公，申公传瑕丘江翁。"穀梁为子夏弟子，自唐以后，其说始渐定。但是宋晁说之《景迂生集》卷十二《三传论》已云：

> 《穀梁》出于汉。因得监省《左氏》、《公羊》之违畔而正之。

《穀梁》之有问题，在宋人已提出。关于《穀梁》著竹帛之年代，清《四库全书总目提要》说：

> 其传则士勋《疏》称穀梁子名俶，字元始，一名赤，受经于子夏，为经作传。则当为穀梁子所自作。徐彦《公羊传疏》又称："公羊高五世相授，至胡母生乃著竹帛，题其亲师，故曰《公羊传》。穀梁亦是著竹帛者题其亲师，故曰《穀梁传》。"则当为传其学者所作。案，《公羊传》定公即位一条引子沈子曰："何休《解诂》以为后师。"（案此注在隐公十一年所引子沈子条下）此传定公即位一条亦称沈子曰："公羊、穀梁既同师子夏，不应又见后师。"又初献六羽一条，称穀梁子曰："传既穀梁自作，不应自引已说。"且此条又引尸子曰，尸佼为商鞅之师，鞅既诛，佼逃于蜀，其人亦在穀梁后，不应预为引据。疑徐彦之言为得其实，但谁著于竹帛，则不可考耳。

《提要》此言，考定《穀梁》著竹帛之晚，其意见是比较进步的。姚振宗在《汉书·艺文志条理》中说："按《儒林传》，申公卒，以《诗》、《春秋》授，而瑕丘江公尽能传之，徒众最盛。又曰：瑕丘江公受《穀梁春秋》及《诗》于鲁申公，传子至孙为博士。又《后汉书·儒林儒》，瑕丘江公传《穀梁春秋》，似《穀梁传》著于竹帛者，瑕丘江公也。”（《廿五史补编本》）姚氏此说，其目的则考著竹帛者究为何人，他不知《穀梁》实出于汉宣帝以后，他以为著于竹帛者为瑕丘江公，则颇难信。穀梁非子夏之门人，《穀梁》晚于《公羊》，我们从《公羊》与《穀梁》的比较可以很显明看出来。在拙著《穀梁真伪考》第五《穀梁之晚于公羊》，有论此事者数条，兹节引之如次：

【经】夏，公子庆父帅师伐于余丘。（庄公二年）

【传】国而曰伐，于余丘，邾之邑也。其曰伐何也？公子贵矣，师重矣，而敌人之邑，公子病矣。病公子，所以讥乎公也。其一曰：君在而重之也。

【经】二月庚子，子叔姬卒。（文公十二年）

【传】其曰子叔姬，贵也，公之母姊妹也。其一传曰：许嫁以卒之也。男子二十而冠，冠而列丈夫，三十而娶；女子十五而许嫁，二十而嫁。

证曰：陈兰甫《读书记》曰：“郑君云：‘《穀梁》近孔子，《公羊》正当六国之亡。’（《王制疏》引《释废疾》）《释文·序录》则云：‘公羊高受之于子夏，穀梁赤乃后代传闻。’”澧案：“宣十五年《公羊传》云：‘多乎什一，大桀小桀；寡乎什一，大貉小貉。’此用《孟子》语。《公羊》当六国之亡，此其证也。僖二十二年《穀梁传》云：‘故曰：礼人而不答，则反其敬。受人而不亲，则反其仁；治人而不治，则反其知。’此亦用《孟子》语。则不得先于《公羊》也。且《穀梁》不但不在《公羊》之先，实在《公羊》之后，《释文·序录》之言是也。庄二年‘公子庆父帅师伐于余丘’，《公羊》云：‘郏娄之邑也，曷为不系乎郏娄？国之也。曷为国之？君存焉尔。’《穀梁》云：‘公子贵矣！师重矣！而敌人之邑，公子病矣！其一曰：君在而重之也。’刘原父《权衡》云：‘此似晚见《公羊》之说而附益之。’隐二年‘无侅帅师入极’；八年‘无侅卒’。《穀梁》皆两说，刘氏亦以为‘《穀梁》见《公羊》之书，而窃附益之’。”（堂案：刘氏于庄十四年亦云然，本篇第三已举其说）澧案：“更有可证者：文十二年‘子叔姬卒’，《公羊》云：‘此未适人，何以卒？许嫁矣。’《穀梁》曰：‘其曰子叔姬，贵也，公之母姊妹也。其一传曰：许嫁以卒之也。’此所谓‘一传’，明是《公羊传》矣。”案：陈氏之说，非袒《公羊》者，而亦以《穀梁》为晚出，盖“一传”他无所指，说又与《公羊》同，舍《公羊》莫属也。《穀梁》传文多与《公羊》同者（详下），此更直称之“其一传曰”，其晚于《公羊》，本杂取传记而造者，固百喙所不能辞也。廖《疏》曰：“《丧服》有《大传》、《问传》、《服问》、《小记》、《三年问》、《丧服四制》六篇。鲁学《春秋》，当与之同。即以旧传曰：亦惟一家一本而已。”又曰：“《公羊传》此文，不言传曰。”其说矫诬实甚。《公羊》从无引传曰之说，《公羊》得《春秋》之真传，不须引他传也。即谓鲁学《春秋》，当有数传，《穀梁》所引，亦必《公羊》，谓之旧传，则无据也。柯《注》曰：“其一二字，疑误衍。传者，非经师所口授，著于简策之文。”不认《穀梁》为晚出，惟有以为衍文也。刘师培《左盦集·〈春秋〉三传先后考》曰：“所引‘一曰’之文，或系传《穀梁》者所增，或系邹、夹诸传有是说与《公羊》同。非《穀梁》后于《公羊》也。”说并无据。

陈氏又曰："《公羊》、《穀梁》二传同者，隐公不书即位，《公羊》云：'成公意。'《穀梁》云：'成公志。'郑伯克段于鄢，皆云杀之，如此者不可枚举矣。僖十七年'夏灭项'，《公羊》云：'孰灭之，齐灭之。曷为不言齐灭之？《春秋》为贤者讳，此灭人之国，何贤尔。君子之恶恶也疾始，善善也乐终；桓公尝有继绝存亡之功，故君子为之讳也。'此更句句相同，盖《穀梁》以《公羊》之说为是而录取之也。《穀梁》在《公羊》之后，研究《公羊》之说，或取之，或不取，或驳之，或与己说兼存之，其传较《公羊》为平正者，以此也。""定三年、哀十年、十一年《公羊》皆无传，《穀梁》亦无传。定五年、六年、七年、九年，《公羊》每年只有传一条，《穀梁》亦然。此尤可见《穀梁》之因于《公羊》也。"《穀梁》同于《公羊》者十之二三，皆其采摭《公羊》，晚于《公羊》之证。

【经】冬，蝝生。(宣公十五年)

【传】蝝，非灾也。其曰蝝，非税亩之灾也。

证曰：陈兰甫曰："宣十五年'初税亩'，'冬蝝生'。《穀梁》云：'蝝，非灾也。其曰蝝，非税亩之灾也。'此《穀梁》驳《公羊》之说也。《公羊》以为宣公税亩，'应是而有天灾'，《穀梁》以为不然。故曰：'非灾也。'驳其以为天灾也。又云'其曰蝝，非税亩之灾也'，驳其以为应税亩而有是灾也。其在《公羊》之后，更无疑矣。"案：陈氏此说，大略近是。《穀梁》晚出于《公羊》之后，其说多务与《公羊》为难，凡与《公羊》所不合者，大率皆欲淆乱《公羊》之说也。如论"鲁隐"、"祭仲"、"尹氏卒"、"宋襄公"诸条皆是。陈氏所举，固未备也。晁说之曰："《穀梁》晚出于汉，因得监省《左氏》、《公羊》之违畔而正之。”（《景迂生集》）《春秋复始》曰：穀梁氏云云者，《左氏》无异说，则与之代兴，以破坏《春秋》尔。《穀梁》晚于《公羊》，驳《公羊》之说者，诚非一也。

《穀梁》晚于《公羊》，我们只看陈兰甫所述也就可以明白。陈兰甫不惟不是治今文之学，而且是一位拥古文经的，他尚且如此说，我们大可以明白这不是偏袒一家之学或是以疑古为能事者之言。《穀梁》晚于《公羊》，曾见《穀梁》传文，有“其一传曰”为明证，这可见其必出于《公羊》已著竹帛之后，至早不能早于武帝之世。其实司马迁作《史记》，他也并未见过《穀梁传》，他对于《穀梁春秋传》的传授，是没有什么叙述的。《史记·儒林列传》叙述汉初传经的八经师，末后叙述董仲舒与胡毋生。《儒林列传》原文说：





董仲舒，广川人也。……汉兴至于五世之间，唯董仲舒名为明于《春秋》，其传公羊氏也。胡毋生，齐人也。孝景时为博士，以老归教授，齐之言《春秋》者多受胡毋生，公孙弘亦颇受焉。瑕丘江生为《穀梁春秋》。自公孙弘得用，尝集比其义，卒用董仲舒。仲舒弟子遂者……而董仲舒子及孙皆以学至大官。

这一段中上下文全是叙述传《公羊》之学的。中间忽插入“瑕丘江生为《穀梁春秋》”一语，实在与上下文不相承接，试将此九字去掉，在文气上更觉顺适。所以这一节在崔适《史记探源》以为这是刘歆所窜入。钱玄同在《重论经今古文学问题》一文亦云：

《史记·儒林传》末有瑕丘江生为《穀梁春秋》一节，崔君《史记探源》中谓亦刘歆窜入，其说极是。传首叙汉初之八经师中传《春秋》者上有胡母生和董仲舒二人都是《公羊》家，何以篇末忽然出一个《穀梁》家的江生来？又，此节自“仲舒弟子遂者”以下都是叙《公羊》家董仲舒的传授，把这话记在江生节下，亦觉不伦。

《史记》如若是叙《穀梁》家的，他也当如“董仲舒，广川人也”，“胡毋生，齐人也”，一样叙出瑕丘江生的藉贯以及瑕丘江生的传授来。今只有此一语在上下文全是叙述《公羊》传授的中间，可见其并非原文，实为后人所窜乱。崔氏之言，极为可信的。从来对于《春秋》的《公羊》、《穀梁》两传，因《汉书·艺文志》论《春秋》有“及末世口说流行，故有《公羊》、《穀梁》、《邹》、《夹》之《传》”，又记录《春秋》今文经云“以十一卷——《公羊》、《穀梁》二家”，所以讲经的人，都以《穀梁》属于今文，在清末的今文经师如廖平、康有为也是如此，廖平著有《穀梁古义疏》，尤其是尊信《穀梁》的。崔适于著《史记探源》外，更著《春秋复始》一书，其首卷《序证》中有“穀梁氏亦古文学家”一节，辨明《穀梁》为古文经，《汉书·儒林传》叙述《穀梁》传授及废兴源流为非事实，我们更恍然知《穀梁》亦古文学，其著述的年代当在西汉之末。崔君所编《五经释要》所言较《春秋复始》又稍加详。今将《五经释要》中辨《穀梁》之语先移录于此：





《汉书·梅福传》：推迹古文，以《左氏》、《穀梁》、《世本》、《礼记》相明。

《后汉书·章帝纪》：令群儒受学《左氏》、《穀梁》、《古文尚书》、《毛诗》。

此于《穀梁》，一则明言古文，一则与三古文并列，其为古文明矣。《汉书·儒林传》述《古文尚书》曰：

孔安国授都尉朝，朝授胶东庸生，庸生授胡常，以明《穀梁春秋》为部刺史。

案：西汉儒者无一人兼授今古文者。胡常所传《尚书》、《左氏》皆古文，则《穀梁》亦古文明矣。

《传》又述《穀梁》学曰：

始，江博士授胡常，常授梁萧秉，王莽时为讲学大夫。

正与胡常以《古文尚书》授徐敖，敖授王璜、涂恽，王莽时，诸学皆立，刘歆为国师，璜、恽等皆贵显（亦见《儒林传》），其事相类。案：王莽时所立皆古文学也。璜、恽以古文《尚书》贵显，则萧秉以《穀梁》贵显，《穀梁》为古文又明矣。



古文为刘歆所造，则武、宣之世安得有《穀梁》？刘歆、班固皆有《汉书》，后人杂之，遂成今之《汉书》（说详《史记探源》卷一《序证》“要略”节注），故其言多矛盾。以全书互证之，洞见症结矣。

《儒林传》曰：



瑕丘江公受《穀梁春秋》及《诗》于鲁申公，（案上文，“申公卒以《诗》、《春秋》授，而瑕丘江公尽能传之”，则此“授”字当作“受”。然西汉人单称《春秋》，专谓《公羊》；且八家经师无一人兼传二经者，申公既授《鲁诗》，未必复授《春秋》，若江公尽传《春秋》及《诗》，何以《穀梁春秋》传子孙，《诗》不传子孙耶？误矣）传子至孙，为博士。武帝时，江公与董仲舒并。仲舒通《五经》，能持论，善属文；江公呐（讷）于口，上使与仲舒议，不如仲舒；而丞相公孙弘本为《公羊》学，比辑其议，卒用董生。于是上因尊《公羊》家，诏太子受《公羊春秋》。太子复私问《穀梁》而善之。其后浸微，唯鲁荣广、皓星公二人受焉。广与《公羊》大师眭孟等论，数困之，故好学者颇复受《穀梁》。沛蔡千秋、梁周庆、丁姓皆从广受；千秋又事皓星公。

宣帝闻卫太子好《穀梁》，以问丞相韦贤、长信少府夏侯胜，侍中史高，皆鲁人也，言穀梁子本鲁学，公羊氏乃齐学也，宜兴《穀梁》。汝南尹更始本自事千秋，会千秋病死，征江公孙为博士；刘向以故谏大夫待诏受《穀梁》，欲令助之，江博士复死，乃征周庆、丁姓待诏保宫甘露元年……平《公羊》、《穀梁》同异。各以经处是非；时《公羊》博士严彭祖、侍郎申挽、伊推、宋显，《穀梁》议郎尹更始、待诏刘向、周庆、丁姓并论。望之等十一人（案，以上只有九人）各以经谊（义）对，多从《穀梁》。由是《穀梁》大盛。

案：此《传》宗旨与《六艺略》同，亦刘歆所作也。歆造《左氏传》以篡《春秋》之统，又造《穀梁传》为《左氏》驱除；故兼论三《传》则申《左》，并论《公》、《穀》则右《穀》。谓江之屈于董也以呐，而董又藉公孙丞相之助，以见《穀》之非不如《公》；其后荣广论困眭孟，以见《公》之不如《穀》；谓《穀梁》鲁学，则其亲炙七十子之徒，自广于《公羊》齐学矣。

但如此大议，岂不视傅太后称尊事重要相若？彼时媚说太后者为董宏，而弹劾董宏者师丹、傅喜、孔光、王莽也，四人传中皆言之。《后汉书》光武帝建武二年，韩歆欲立左氏博士，范升、陈元互相争辩，二人传中皆言之，《儒林·李育传》又引之。何以廷议《穀梁》，屈江公，申董生，《仲舒》、《公孙传》中并不言；对宣帝问，《韦贤》、《夏侯胜》、《萧望之》、《刘向传》中亦不言也？

江氏之《穀梁》学既为公孙丞相所不用，武帝因尊《公羊》而诏卫太子受《公羊》，则卫太子复安所问《穀梁》？且公孙丞相薨于元狩二年，尝逐仲舒胶西，则用董生又在其前。董生用则江公罢，太子果问《穀梁》，当在江公未罢以前，即使同在一年，是时太子甫八岁，未闻天纵如周晋，安能辨《公》、《穀》之孰善？宣帝尊武帝为世宗，谥卫太子曰戾，抑扬之意可知；独于经学则违世宗而从戾园，亦情理所不合者也。

谓贤、胜、望之皆右《穀梁》，更始、向且为《穀梁》学家。乃考其言，贤子玄成，少修父业者也，玄成为丞相，与谏大夫尹更始《陈罢郡国庙议》曰：

毁庙之主，臧乎太祖，五年而再殷祭。

萧望之《雨雹对》曰：

季氏专权，卒逐昭公。

《伐匈奴对》曰：大士丐不伐丧。

刘向《上封事》曰：

周大夫祭伯出奔于鲁，而《春秋》为讳，不言“来奔”。（《公羊传》曰：“何以不称使？奔也。”《穀梁氏》亦曰，“奔也”。《公》、《穀》文同，未见其出于《穀梁》也。张晏注引《穀梁》而不及《公羊》，偏矣）是后尹氏世卿而专恣。（惟下引“卫侯朔召不往”，文出《穀梁》而意同《公羊》。凡《公》、《穀》意同，多由《穀梁》拾袭《公羊》，则向之言仍未见其不出于公羊也）

所引皆《公羊》传文，而无引《穀梁》者，惟胜言于《公》、《穀》皆无所引。若韦、尹、萧、刘明引《公羊》尚不足为《公羊》学之证，岂不引《穀梁》转足为《穀梁》学之证乎？

然则《儒林传》谓《公》、《穀》二家争论于武、宣之世者，直如捕风系影而已矣。

至成帝绥和元年，立二王后，采梅福所上书，引《春秋》经曰：“宋杀其大夫。”《穀梁传》曰：“其不称名姓，以其在祖位，尊之也。”是为引《穀梁氏》之始，去河平三年刘歆校书时十八年矣，歆所造伪书已出故也。

他这段议论先证《穀梁》之为古文，后证明《汉书·儒林传》所叙《穀梁》之兴起及《公羊》、《穀梁》二家争论于武宣之世者，直如捕风系影，理论本极透澈。不过他尚未在《穀梁》本身寻出证据来。我在1922年撰《春秋六论》时，尚未敢深信之。后来因自1926年起讲授《公羊》、《穀梁》者凡五年，深觉《穀梁》释经之病甚深，于1931年时撰《穀梁真伪考》一书，由第一，《〈穀梁〉有无经之传》，第二，《〈穀梁〉有不释经之传》，第三，《〈穀梁〉义例之相乖戾》，第四，《〈穀梁〉文词之重累》，第七，《〈穀梁〉之违反孔子》证明其本非《春秋》之真传；更由第五，《〈穀梁〉之晚于〈公羊〉》，第六，《〈穀梁〉之不合鲁语》，第八，《〈穀梁〉之杂取传记》，第九，《〈穀梁〉亦古文学》，第十，《〈穀梁〉晚出于汉》历举《穀梁》暗袭《公羊》、《左氏》，杂取《周礼》、《毛诗》，证明其出于两汉之末。(原文太繁，兹不详引）从《穀梁》本身来证明《穀梁》本是伪传，而其与《左氏》、《周礼》、《毛诗》、《礼记》等书相合，正足以见其与古文经息息相通，则其成书之时间亦可以断定。在当时我是从崔氏之说，假定为出于西汉之末，或刘歆所伪造。后来钱玄同先生在《重论经今古文学问题》一文中一方面说：

《穀梁》为汉人所作之伪传，得崔、张两君之考证，殆可成为定谳。

一方面说：

我疑心《穀梁传》乃是武、宣以后陋儒所作，取《公羊》而颠倒之，如取《公羊·隐公三年》“癸未，葬宋缪公”下“大居正”之义，改系于隐公元年“春王正月”之下；取隐公六年“秋七月”下“《春秋》编年，四时具然后为年”之文，改系于桓公元年“冬十月”之下。诸如此类，不一而足。此外而删削《公羊》大义，或故意与《公羊》相反，或明驳《公羊》之说，或阴袭《公羊》之义而变其文。作伪者殆见当时《公羊》势力大盛，未免眼红，因取《公羊》而加以点窜涂改，希冀得立博士，与焦、京之《易》相类。刘歆要建立《左氏》，打倒《公羊》，于是就利用它来与《公羊》为难耳。

他这一段话主张：“《穀梁传》乃是武宣以后的陋儒所作。”“作伪者殆见当时《公羊》势力大盛，未免眼红，因取《公羊》而加以点窜涂改，希冀得立博士，与焦、京之《易》相类。刘歆要建立《左氏》，打倒《公羊》，于是就利用它来与《公羊》为难耳。”这种意见，在我现在就汉代今文经学之分化以及古文经学之兴起的关系看来，是很对的。《穀梁传》或者在元、成之世已有了，而后来又经过刘歆之徒为窜乱，故与今古文颇有相通之处，而被列为古文。钱氏也说：





古文经自康氏此书（《新学伪经考》）出世，先师崔君继之而作《史记探源》与《春秋复始》等书，张西堂氏又继之而作《穀梁真伪考》，伪证昭昭，无可抵赖，其为伪经，已成定谳矣。

他也是承认《穀梁》为古文学，然则《穀梁》与刘歆之徒之伪窜总是多少有些关系，说是武宣以后的陋儒所作，尚须附带说明一句：又为刘歆之徒所窜乱。这样子来估定《穀梁传》著述的年代，大约“虽不中亦不远矣”。在1931年吴兴王树荣又作有《绍邵轩丛书》五册，其中亦阐明《穀梁》为古文学。而以为《穀梁》出于东汉之初，这种意见，在我们现在看来，则不敢苟同。

### （三）《左氏传》编定之年代

《左氏传》在原来并不是解释《春秋》的传，在《史记·十二诸侯年表》虽说："是以孔子明王道，于七十余君，莫能用，故西观周室，论史记旧闻，兴于鲁而次《春秋》，上记隐，下至哀之获麟，约其辞文，去其烦重，以制义法，王道备，人事浃。七十子之徒口受其传指，为有所刺讥褒讳挹损之文辞不可以书见也。鲁君子左丘明惧弟子人人异端，各安其意，失其真，故因孔子史记，具论其语，成《左氏春秋》。"在《汉书·艺文志》虽说："周室既微，载籍残缺，仲尼思存前圣之业……以鲁周公之国，礼文备物，史官有法，故与左丘明观其史记……丘明恐弟子各安其意，以失其真，故论本事而作传，明夫子不以空言说经也。"但是据《史记》、《汉书》看来，《史记·儒林列传》中根本未叙《左氏》。《史记·太史公自序》及《报任安书》，俱言"左丘失明，厥有《国语》"。《报任安书》下又说："及如左丘明无目，孙子断足，终不可用，退论书策以舒其愤，思垂空文以自见。"《汉书·司马迁传》称司马迁"据左氏《国语》，采《世本》、《战国策》，述《楚汉春秋》。"这些地方，说到左丘明的，都只说他作《国语》，可见左丘明所作的只是《国语》，并非《春秋》的传。而在《汉书·刘歆传》又说："歆校秘书，见古文《春秋左氏传》，歆大好之。时丞相史尹咸以能治《左氏》，与歆共校经传。歆略从咸及丞相翟方进受，质问大义。初《左氏传》多古字古言，学者传训故而已，·及歆治《左氏》，引传文以解经，转相发明，由是章句义理备焉。……歆以为左丘明好恶与圣人同，亲见夫子，而《公羊》、《穀梁》在七十子后，传闻之与亲见之，其详略不同。……及歆亲近，欲建立《左氏春秋》及《毛诗》、《逸礼》、《古文尚书》皆列于学官。哀帝令歆与《五经》博士讲论其义，诸博士或不肯置对……"可见《左氏传》本是到了刘歆治《左氏》才引传以解经，原非《春秋》的真传，所以西汉的《五经》博士对于刘歆的提议置之不理。"谓左氏为不传《春秋》……诸儒皆怨恨……及儒者师丹为大司空，亦大怒，奏歆改乱旧章，非毁先帝所立。”《王莽传》公孙禄议“曰：……国师嘉信公颠倒《五经》，毁师法，令学士疑惑……宜诛此数子以慰天下”。从这上面所述看来，我们已可见所谓《左氏传》，原来只是《国语》，到了刘歆，才改窜成为《左氏春秋传》。从刘歆起，引起了《春秋》的今古文之争，在东汉也闹过几次《公羊》、《左氏》之争，范升、李育也攻击“《左氏》不祖孔子，师徒相传又无其人”。不过因为《左氏》的文辞靡丽，史料丰富，从东汉至三国六朝，文学、史学又比较发达，所以《左氏》虽不是《春秋》的真传，然而世之好治《左氏》者，渐比治《公羊》者为多。



到了唐代，虽然刘知幾在《史通·六家》篇说：“予观《左传》之释经也，言见经文而事详传内，或传无而经有，或经阙而传存；其言简而要，其事详而博。信圣人之羽翮，而述者之冠冕也。”他的《申左》篇更说：“《左氏》之义有三长，二《传》之义有五短。”将《左传》的价值抬得愈高。但是刘歆改《国语》为《左传》这一案终不会令人忘了的。在唐代即有攻击《左氏》最力的人——啖助及其弟子赵匡、陆淳。



啖氏说：

> 予观《左氏传》，自周、晋、齐、宋、楚、郑等国之事最详。晋则每一出师，具列将佐。宋则每因兴废，备举六卿。故知史策之文，每国各异。左氏得此数国之史，以授门人，义则口传，未形竹帛。后代学者，乃演而通之，总而合之，编次年月，以为传记，又广采当时文籍，故兼与子产、晏子及诸国卿佐家传，并卜书梦书及杂占书，纵横家小说讽谏等杂在其中，故叙事虽多，释意殊少，是非交错，混然难证。（《春秋集传纂例》卷一《三传得失议第二》）

赵匡也说：

啖氏依旧说，以左氏为邱明，受经于仲尼。今观左氏解经，浅于公、穀，诬谬实繁。若邱明才实过人，岂宜若此？……夫子自比，皆引往人……邱明者，盖夫子以前贤人，如史佚、迟任之流。……焚书之后，莫得详知。学者各信胸臆，见传及《国语》俱题左氏，遂引邱明为其人。……所谓传虚袭误，往而不返者也。（《春秋集传纂例》卷一《赵氏损益义第五》）

他们一个提出了《左氏》不是亲见夫子，好恶与圣人同的；一个说《左氏》是后代学者编次年月所作的传记。这比范升所说的证据确然可靠得多了。

到了宋朝，叶适说：

《左氏》有全用《国语》文字者；至吴、越语则采取绝少，齐语复不用。盖合诸国记载，成一家之言；惜他书不存，无以遍观也。（《经义考》卷一六九《春秋二》）

罗璧说：

《左传》、《春秋》，初各一书；后刘歆治《左传》，始取传文解经；晋杜预注《左传》，复分经之年与传之所相附，于是《左氏春秋》及《春秋》合而为一。（《经义考》卷一六九《春秋二》）

这两位更差不多将《左传》的原本和它的改编者完全发现了。从啖、赵起，考证《左氏》的书如陆淳《春秋集传辨疑》，刘敞《春秋权衡》，叶梦得《春秋三传谳》，程端学《春秋三传辨疑》，有的攻驳《左氏》的条例，有的批评它所述的义理，有的考证它所记载的事实，都有不少的发现。明末郝敬的《〈春秋〉非〈左〉》更是专对于《左氏春秋》而发的。《左氏春秋》的真相一天比一天暴露了！

宋、元、明的学者，受了啖、赵的影响，攻击《左传》者甚多。到了清代，考证《左氏春秋》有成绩而使案情大白的要算刘逢禄的《左氏春秋考证》。他这一部发前人所未发的突破约有三点：

第一，发现了《左氏传》之旧名《左氏春秋》，他以为《史记·十二诸侯年表序》上只有“鲁君子左丘明作《左氏春秋》”的话，无所谓《左氏传》。他说：

> 《左氏春秋》，犹《晏子春秋》、《吕氏春秋》也，直称《春秋》，太史公所据旧名也；冒曰《春秋左氏传》，则东汉以后之以讹传讹者也。（《左氏春秋考证》）

又说：

> 曰“鲁君子”，则非弟子也。曰《左氏春秋》，与铎氏、虞氏、吕氏并列，则非传《春秋》也。故曰《左氏春秋》，旧名也；曰《春秋左氏传》，则刘歆所改也。

这一问题，后来康有为在《新学伪经考》中更说：

> 或据《史记·十二诸侯年表》云“鲁君子左丘明，惧弟子人人异端，各安其意，失其真，故因孔子史记具论其语，成《左氏春秋》”以相难，则亦歆所窜入者，辨见前……而谓“《左氏春秋》犹《晏子春秋》、《吕氏春秋》也，直称《春秋》，太史公所据旧名也，冒曰《春秋左氏传》，则东汉以后之以讹传讹者矣”。盖尚为歆窜乱之《十二诸侯年表》所惑，不知其即《国语》所改。……不得其根原也。

崔適在《史记探源》中更立七证以明康氏此说，崔氏曰：

> 《七略》曰：“仲尼以鲁史官有法，与左邱明观其史记，有所褒毁贬损，不可书见，口授弟子。弟子退而异言，邱明恐弟子各安其意以失其真，故论其本事而作传。”与此表意同。《七略》与上下文意相联，此与上下文意相背，详下，则非《七略》录此表，乃窜《七略》入此表也。证一。

此表上云“七十子口授，不可书见”，中云“左邱明因孔子史记，具论其语”，则是书见，而非口授矣。若太史公一人之言，岂应自相背谬若此。证二。

刘歆誉《左氏》，所以毁《公羊》。此表下称董仲舒，无由先誉左邱明。贾逵曰：“《左氏》义长于君父，《公羊》多任于权变。”（逵此说，非实也。《左氏》以兵谏为爱君，可谓不任权变乎？《公羊》谓“君亲无将，将而诛”，不可谓不长于君父也）《太史公自序》：“余闻之董生云：‘为人臣者不知《春秋》，守变事而不知其权。’”此说正与逵之称《左氏》义相反对，若此篇亦以“惧弟子失其真”称《左氏》，则知权之说正在失真之内，不犹助敌自攻乎？证三。

据以上的论证看来，可见《左传》原名不惟不是《左氏春秋》，而且《史记·十二诸侯年表》本为刘歆所窜乱，《左传》的原名是什么？它如若原名不是《左氏春秋》，那我们就当相信，其原名为史迁所称道的《国语》！

第二，他证明了《左氏传》体例与《国语》相似。

他在桓公十一年说：

楚屈瑕篇年月无考，固知《左氏》体例与《国语》相似，不必比附《春秋》年月也。

又在桓公二十年说：

《左氏》后于圣人，未能尽见列国宝书，又未闻口授微言大义，惟取所见载籍，如晋《乘》、楚《梼杌》等，相错编年为之，本不必比附夫子之经，故往往比年阙事。刘歆强以为传《春秋》，或缘经饰说，或缘《左氏》本文前后事，或兼采他书以实其年。如此年之文，或即用《左氏》文，而增春、夏、秋、冬之时，遂不暇比附经文，更缀数语。要之，皆出点窜，文采便陋，不足乱真也。

他这话比叶水心更进一步了！叶氏只说“《左氏》有全用《国语》文字者”，尚未从体例上着想；他历举《左氏》比年阙事，年月无考，证明其与《国语》相似，提出《左氏》本不必比附夫子之经的确证了！康有为说他“虽未悟《左传》之摭于《国语》，亦知由他书所采附，亦几几知为《国语》矣”。这确是他的第二个大贡献。我们必须知道了《左氏春秋》原本的体例，然后才可想出它的“原料”是什么，这样子的过程是最重要不过的。

关于这一问题，康有为在《新学伪经考》中因刘氏所举《左传》文阙及《左氏》经传不相符合，疑其说者自来不绝，以见虽尊信《左氏》者亦不能不以为后人附益。他说：

> 《左氏春秋考证·隐公篇》“纪子帛、莒子盟于密”证曰：“如此年，《左氏》本文尽阙；”“六月戊申”证曰：“十年，《左氏》文阙”；《桓公篇》，“元年”证曰：“是年，《左氏》文阙”；“冬曲沃伯诱晋小子侯杀之”证曰：“即有此事，亦必不在此年，是年《左氏》文阙”；“冬曹太子来朝”证曰：“是年《左氏》文阙，《巴子篇》年月无考”；“冬齐、卫、郑来战于郎，我有辞也”证曰：“是年《左氏》文亦阙，《虞叔篇》年月无考”；“十二年”证曰：“是年《左氏》文阙；《楚伐绞篇》当与《屈瑕篇》相接，年月亦无考”；“十三年”证曰：“是年亦阙，《伐罗篇》亦与上相接，不必蒙此年也”；“十六年”证曰：“是年亦阙”；《庄公篇》，“元年”证曰：“此以下七年文阙，《楚荆尸篇》、《伐申篇》年月亦无考；”“十三年”、“十五年”、“十七年”，皆证曰：“文阙”；“二十七年”证曰：“比年《左氏》文阙；”“二十九年”证曰：“文阙”；“三十年”证曰：“是年盖阙”；“三十一年”证曰：“文阙”；《僖公篇》“君子以齐人之杀哀姜也

为己甚矣”证曰：“是年文阙”，《昭公篇》“冬十一月晋魏舒、韩不信如京师”证曰：“此篇重定元年，伪者比附《经》文而失检耳。”又观各条，刘申受虽未悟《左传》之摭于《国语》，亦知由他书所采附，亦几几知为《国语》矣。

盖经、传不相附合，疑其说者自来不绝。自博士谓“《左氏》不传《春秋》”，班固为《歆传》云：“及歆治《左氏》，引传文以解经，转相发明，由是章句义理备焉。”班为古学者，亦知引传解经由于歆矣。

不特班固也。范升云：“《左氏》不祖孔子而出于丘明，师徒相传，又无其人。”（《后汉书·范升传》）李育颇涉猎古学，尝读《左氏传》，虽乐文采，然谓不得圣人深意；何休作《公羊墨守》、《左氏膏肓》、《穀梁废疾》（《后汉书·儒林传》），惜不得歆作伪之由，未达一间，卒无以塞陈元、贾逵之口耳。

又不徒范升、李育、何休也，王接谓：“《左氏》自是一家书，不主为经废。”（《晋书·王接传》）《朱子语类》云：“林黄中谓‘《左传》“君子曰”是刘歆之辞’，《左传》‘君子曰’最无意思。因举‘芟夷蕴崇之’一段是关上文甚事！”

又不止王接、林黄中、朱子也，即尊信《左氏传》者亦疑其有为后人附益矣。陆淳《春秋集传纂例》，谓：“左氏功最高，能令百代之下颇见本末，因之求意，经文可知；而后人妄有附益，左氏本未释者仰为之说。”番禺陈氏澧《东塾读书记》曰：“孔冲远云：‘《春秋》诸事皆不以日月为例，其以日月为义例者，唯“卿卒”“日食”二事而已。’此说可疑，岂有一书内唯二条有例者乎！盖《左传》无日月例，后人附益者。”又：“《传》

之《凡例》与所记之事有违反者，如庄十一年《传》云：‘凡师，敌未陈曰“败某师，”皆陈曰“战”。’《释例》曰：‘令狐之役，晋人潜师夜起，而书“战”者，晋讳背其前意而夜薄秦师，以战告也。’成十八年《传》云：‘凡去其国，国逆而立之曰“入”，复其位曰“复归”，诸侯纳之曰“归”，以恶曰“复入”。’《释例》曰：‘庄六年，五国诸侯犯逆王命以纳卫朔，朔惧有违众之犯，而以国逆告。’此明知《凡例》不合而归之于‘告’，是遁辞矣。”





且《左传》多伤教害义之说，不可条举，言其大者，无人能为之回护。如文七年：“宋人杀其大夫。”《传》云：“不称名，非其罪也。”既立此例，于是宣九年：“陈杀其大夫泄冶。”杜《注》云：“泄冶直谏于淫乱之朝以取死，故不为《春秋》所贵而书名。”昭二十七年：“楚杀其大夫却宛。”杜《注》云：“无极，楚之谗人，宛所明知，而信近之以取败亡，故书名罪宛。”种种邪说出矣。宣四年：“郑公子归生弑其君夷。”《左传》云：“凡弑君：称君，君无道也；称臣，臣之罪也。”杜预《释例》畅衍其说。襄二十七年：“秋七月，豹及诸侯之大夫盟于宋。”《传》云：“季武子使谓叔孙以公命曰：‘视邾、滕。’既而齐人请邾，宋人请滕，皆不与盟。叔孙曰：‘邾、滕，人之私也，我，列国也，何故视之！宋、卫，吾匹也。’乃盟。故不书其族，言违命也。”是孔子贵媚权臣而抑公室也。凡此皆歆借经说以佐新莽之篡而抑孺子婴，翟义之伦者，与隐元年“不书即位，摄也”同一奖奸翼篡之说。若是之类，近儒番禺陈氏澧皆以为后人附益，是虽尊《左氏》者亦不能不以为后人附益矣。

他更一方面主张现存的《左传》即刘歆分《国语》以释经而改造成的。他说：

歆以其非博之学欲夺孔子之经，而自立新说以惑天下，知孔子制作之学首在《春秋》，《春秋》之传在《公》、《穀》，《公》、《穀》之法与《六经》通，于是思所以夺《公》、《穀》者。以《公》、《穀》多虚言，可以实事夺之，人必听实事而不听虚言也，求之古书，得《国语》与《春秋》同时，可以改易窜附；于是毅然削去平王以前事，依《春秋》以编年，比附经文，分《国语》以释经而为《左氏传》；（歆本传称“歆始引《传》解《经》”，得其实矣）作《左氏传微》以为书法，依《公》、《穀》日月例而作日月例，托之古文以黜今学。

又说：

《国语》仅一书，而《志》以为二种，可异一也。其一，“二十一篇”，即今传本也，其一，刘向所分之“《新国语》五十四篇”；同一《国语》，何篇数相去数倍？可异二也。刘向之书皆传于后汉，而五十四篇之《新国语》，后汉人无及之者，可异三也。盖五十四篇者，左丘明之原本也；歆既分其大半凡三十篇以为《春秋传》，于是留其残剩，掇拾杂书，加以附益，而为今本之《国语》，故仅得二十一篇也。考今本《国语》，《周语》、《晋语》、《郑语》多春秋前事；《鲁语》则大半敬姜一妇人语；《齐语》则全取《管子·小臣》篇；《吴语》、《越语》笔墨不同，不知掇自何书；然则其为《左传》之残余而歆补缀为之至明。歆以《国语》原本五十四篇，天下人或有知之者，故复分一书以当之，又托之刘向所分非原本以灭其迹，其作伪之情可见。

他这种说法，将叶适所暗示与我们的《左传》和《国语》的关系，由《汉志》中《国语》篇数的记载，《国语》之《周语》、《郑语》、《鲁语》详略的关系，《齐语》、《吴语》、《越语》笔墨不同的关系，以证明今本《国语》为《左传》之残余而歆补缀为之，论证是极明显的。钱玄同先生在《重论经今古文学问题》一文中更为之补充的说明。曰：

《左传》与今本《国语》，既证明系原本《国语》所瓜分，则瓜分之迹必有可考见者。此事当然须有专书考证，我现在姑举出一点漏洞来：

（ㄅ）《左传》记周事颇略，故《周语》所存春秋时代的周事尚详（但同于《左传》的已有好几条）。

（ㄆ）《左传》记鲁事最详，而残余之《鲁语》所记多半是琐事；薄薄的两卷中，关于公父文伯的记载竟有八条之多。

（ㄇ）《左传》记齐桓公霸业最略，所谓“管仲相桓公霸诸侯，一匡天下”的政绩竟全无记载，而《齐语》则专记此事。

（ㄈ）《晋语》中同于《左传》者最多，而关于霸业之荦荦大端，记载甚略，《左传》则甚详。

（万）《郑语》皆春秋以前事。

（ㄉ）《楚语》同于《左传》者亦多，关于大端的记载亦甚略。

（ㄊ）《吴语》专记夫差伐越而卒致亡国事，《左传》对于此事的记载又是异常简略，与齐桓霸业相同。

（ㄋ）《越语》专记越灭吴的经过，《左传》全无。

你看，《左传》与今本《国语》二书，此详则彼略，彼详则此略，这不是将一书瓜分为二的显证吗？至于彼此同记一事者，往往大体相同，而文辞则《国语》中有许多琐屑的记载和支蔓的议论，《左传》大都没有，这更露出删改的痕迹来了。

《左传》与《国语》是由一书瓜分为二的痕迹是再显然也没有了!

第三，他攻破了伪造的《左氏》传授系统。《史记》中无所谓《左氏春秋传》，在《汉书·儒林传》却有了《左氏传》传授的源流；孔颖达《春秋疏》，陆德明《经典释文》也都载有；忽然《左氏》师徒相传又有其人了！这当然是刘歆之徒所妄造的。刘氏将他们一一驳斥了！现在引崔适《春秋复始》上一段话来证明：

> 刘逢禄曰："《张苍传》曰'著书十八篇，言阴阳律术事'而已，不闻修《左氏传》也。……《贾生传》……曰'颇通诸家之书'而已，亦未闻其修《左氏传》也。……所著述，存者五十八篇……皆与《左氏》不合……《张敞传》曰'本治春秋……'，其所陈说以，《春秋》讥世卿最甚，君母下堂则从傅母，皆《公羊》义……《萧望之传》曰'治齐诗'，曰'从夏侯胜问《论语》、礼服'，其《雨雹对》以'季氏专权卒逐昭公'，《伐匈奴对》以'大士丐不伐丧'，亦皆《公羊》义……未闻引《左氏》也……"适案：尹更始与韦玄成上《罢郡国庙议》，亦引《公羊传》文，文见上篇。《翟方进传》曰'受《春秋》'，则与公孙丞相、董生、《张苍传》所云无异，皆谓《公羊传》也。无一人可见其为《左氏》学者。

这种传授系统本来很令人信仰的，刘歆之徒，为了使人尊信起见，为了避免攻击起见，所以要托之于张苍、贾谊。其实他们至多不过见到《左氏》的原本——《国语》及其他，并非现在的《左传》。否则《史记》的《儒林列传》上不会漏了《左传》学的传授，而张、贾等人的传不会每个都遗漏的。刘氏将这伪传授系统一一打破，崔氏又加以补充的证明，我们更可以明白《左氏》不传《春秋》了！

刘氏考证《左氏春秋传》为刘歆所伪，康、崔二氏更从各方面为之补充证明，我们可信今本《左传》为刘歆改窜《国语》而成。近来瑞典人珂罗倔伦著有《论〈左传〉之可信及其性质》一文，由文法的统计，如（1）“若”与“奴”，（2）“斯”字作“则”字解，（3）“斯”字作“此”字解，（4）“乎”字作“于”字解，（5）“与”字作疑问语尾，（6）“及”与“与”，（7）“于”与“於”七项，证明《左氏》的文法不同于《论语》、《孟子》——珂氏所谓之“鲁语”，证明《左氏》的作者不是鲁人。他说：

> 在周秦和汉初书内，没有一种和《左传》相同的文法组织的。最接近的是《国语》，此外便没有第二部在文法上和《左传》这么相近的了。

这一段既证明《史记》“鲁君子左丘明……成《左氏春秋》”那一段之不足信，而且又是《左氏》和《国语》本是一书的一个旁证。刘、康诸人所说《史记》那一段有窜乱及《国语》、《左传》的关系，我们可因之而更加相信的。

不过这一桩真伪问题，正如《伪古文尚书》问题一样，在阎若璩《古文尚书疏证》以后，虽有许多人拥护他的主张，而反对之者亦不乏其人，直至清末的洪良品、吴光辉、王照，还是反对阎氏之说的；刘氏之书出后，在古文经学家的眼中自然不欢迎，而且要推翻它。章炳麟著《春秋左传读叙录》就是企图推翻刘氏之说的。章氏的意见，现在也可分为三点来说：

首先，是《左氏》的名称问题。关于这一点，章氏以为名称是没有什么关系的。他以为：“名者实之宾，《左氏》自释《春秋》，不在名传与否也。正如《论语》命名，亦非孔子及七十子所定……名扶卿所名，无害其为孔子语也。”他在总结论上说：

“《左氏春秋》之名，犹《毛诗》、《齐诗》、《鲁诗》、《韩诗》、《孟氏易》、《费氏易》、《京氏易》、《欧阳尚书》、《夏侯尚书》、《庆氏礼》、《戴氏礼》，举经以包传也。以为不传孔书而自作《春秋》者，则诸家亦自作《诗》、《易》、《礼》乎。”

章氏这见解确具相当的理由。但在西汉时只有《公羊传》本名《春秋》，“其余一概算不了《春秋》”。（详见《春秋复始》）一个真的名称可说是没有关系，一个假冒的名称却应当追究。“齐诗”、“鲁说”之类，是因为家派多了，不得不加地域或氏姓以示区别；如果左氏真是鲁之夫子，他何须用“左氏”二字来表示区别；《左氏春秋》之不同于《左传》，正如《鲁诗》不同于《鲁故》、《鲁说》，《齐诗》不同于《齐后氏故》、《齐后氏传》，《欧阳尚书》之不同于《欧阳章句》，《大小夏侯尚书》之不同于《大小夏侯章句》，不能一概说是“举经以包传也”。《左氏春秋》是解经的，它的命名应该先确定，不能拿《论语》来作比。这个假冒的名称，刘氏追究出来，使《春秋左氏传》冒名的真相暴露出来，是有价值的；何况连《左氏春秋》这个名称根本就是假的呢！所以章氏的辩驳，仔细看来，至多具有相当的理由，而不能使我们完全赞同。

其次，《左氏》的体例问题。关于这一点，章氏以为：“所谓传体者如何？惟《穀梁传》、《礼丧服传》、《夏小正传》与《公羊》同体耳！毛公作《诗传》，则训诂多而说义少，体稍殊矣。伏生作《尚书大传》，则叙事八而说义二，体更殊矣。《左氏》之为传，正与伏生同体。然诸家说义虽少，而宏远精括，实经所由明，岂必专尚‘裁辨’，仍得称‘传’乎？”他说：

> 凡言“传”者，有传记、有传注……同此传名，得兼传记、传注二用。亦犹裴松之注《三国志》，撰集事实，以见同异；间有论事情之得失，订旧史之踳非，无过百分之一；而解诂文义，千无二三。今因《左氏》多

> 举事实，谓之非传，然则裴松之于《三国志》亦不得称“注”耶？且《左氏》释经之文，科条数百，固非专务事实者，而云非传之体，则《尚书大传》将又何说？

章氏在这里所说的意见，表面上看来似乎理由充足，但是这些话实在都是极牵强的。《春秋》这部书是孔子所作，“‘笔则笔，削则削’，两‘则’字见得极快……盖褒贬予夺，因事裁制，非一端所可拘，唯化裁因心者能之”。（用刘绍攽《春秋笔削微旨》语）“《春秋》言是其微也”，“《春秋》推见至隐”，替它作传的当然不能像《尚书大传》“叙事八而说义二”，故《尚书大传》说义甚少；《左氏传》是不应当如此的。“《左氏》之为传，正与伏生同体”，这是《左氏》不传《春秋》的明证。裴松之注《三国志》，是“奉诏采三国异同”，左氏却未闻受命采取异同。《左氏》记事，将许多重要的大事失于记载，或者兼有误，如记齐桓霸业之简略而失真，这也是不可与裴松之注《三国志》同日而语的。《左氏》释经之荒谬，纵有科条数百，也正是不传《春秋》的明证。章氏以为“经无而传有者，悉皆经之微言”，然则《左氏》所记与经毫不相干的话，如怪力乱神之类（详见《〈春秋〉非〈左〉》下）与经之微言有什么干系？《左氏》好恶与孔子不同，硬要说他就是左丘明，能亲见夫子，蔑视一切的铁证，这未免太牵强了。

再次，是《左氏》传授的问题。关于这一点，章氏费了许多力量，来证张苍、贾谊等之引用《左氏》，并确都治过《左氏》，《左氏》是真有传授的。祖护《左氏》的人们大都如此说法。刘师培《左盦集》中也有两篇《周季诸子述〈左传〉考》、《〈左氏〉学行于西汉考》这一类的文章，他们用力虽勤，而其结果之不足信还是毫无疑义。我们只看刘歆《移让太常博士书》便可以知道了。刘歆移书是为《逸礼》、《古文尚书》，尤其是《左氏春秋》而力争的。他说：“得此三事，以考学官所传……传问民间，则有鲁国桓公、赵国贯公、胶东庸生遗学与此同。”他只举桓、贯、庸三家传《书》、《礼》之学者，而不举出当时的《左氏》学者来；他连民间的儒生桓、贯、庸三家都要提到，而不引据朝廷执政的《左氏》大师如张丞相、尹咸、翟方进来说；个中消息，不够使我们知道当时《左氏》并无师传，张丞相、尹咸、翟方进等传授之说是确实靠不住的么！（参看廖平《古学考》）刘歆既未说出，则《汉书·儒林传》之谓张苍、贾谊等传《左氏》当然是伪托的了！张、贾等既经刘逢禄、崔适证明其“无一人可见其为《左氏》学者”，而章氏、刘氏不问所根据的材料是否真实，有无窜乱，究竟张、贾之引用《左氏》，是现行的《左氏》，还是《左氏》的旧文及其他，而一概认为是治过《左氏》的：这是不严谨因而不足信的。刘氏说“苍均有书，情不可考”，足见张苍之治《左氏》是有疑问的。刘氏说：“贾子《新书》足补《左氏》之缺。”章氏也以为：“贾书、楚惠王等八事，不知采自何书；各记别事，本与《左传》丝毫无涉……又有《左传》所不载者。……自古人异事同，传记所载所止一端。”足见贾书所说的事不一定根据《左氏》，贾谊之治《左氏》也是有疑问的。章氏、刘氏以为在他们书中有许多与《左氏》相同的话，便认定他们是治过《左氏》的，那我们可以说：“梅赜之伪古文《书》，其亦三代经传袭用梅氏耶？”（魏源《诗古微》语）而这未免太不足信了。

由以上所述的看来，章炳麟、刘师培的驳论实不足以变更刘、康、崔三人所考定的，我们且不必详细推论它。在珂罗倔伦之后，在外国的学者注意这一问题的，更有卜德（Derk Bodde）著有《左传与国语》一书，依他的结论看来，好像《国语》与《左传》原本非一书，而《左传》似乎不伪。他于珂罗倔伦用七种助词研究之外，更加以引《诗》及引用“帝”与“上帝”来判断《左氏》、《国语》的内容。他关于前者的结论说：

《左传》最欢喜引《书经》和《诗经》，《书》它引过四十六次；《诗》引过二百零七次。但是那部比了《左传》分量约少一半的《国语》，所引《诗》、《书》并不止减少了一半，它只引了十二次《书》，二十六次《诗》。这实在太少了！尤其是《诗》的比例，只有八分之一。况且《国语》引《诗》不但只有二十六次，而在这二十六次之中，有十四次都在一篇里。所以，除了这一篇之外，其余十分之九的书里，只引了十二次《诗经》而已！

这真是一个大不相同的情形，我们要替这种现象作解释，只有两种法子：(1)《左传》和《国语》所根据的材料不同；(2)《国语》的学者对于《诗》学未有深研，或者他对于引《诗》的癖好及不上《左传》的作者。





关于后者，卜德说：

《左传》和《国语》中提到“天”字的，真是多不胜数。然而“帝”或“上帝”两个名词（用作“天”解，不作“皇帝”解），在《左传》中只有八次，而在分量少了一半的《国语》里却说到十次。“上帝”不单称“帝”，《左传》中只有四次，而在《国语》的十次之中只有一次单言帝，余俱为“上帝”。这样大的差别，又岂可说是偶然的。

总之，《左传》专用“如”字而《国语》用“如”兼用“若”；《左传》最好引《诗》而《国语》则否；《左传》不大说“上帝”，比较《国语》中用的这名词只占得四分之一。

他对于钱玄同先生所举《国语》与《左传》此详则彼略的八证也逐条加以辨正，说：

这两部书的宗旨是不同的。

无论如何，一个人决不能从一部原有的书里著成或改成两部分——《左传》和《国语》。

卜德在作此文之时，曾说：

> 这（珂罗倔伦把《左传》和《国语》的文法比较研究）真是一个最有力的凭证，不过还有学者不甚信服，例如胡适先生。

珂罗倔伦的话，因为他所举的例较多，在大体上比较可信；若卜德氏所说，依我看来，则实不足凭信。因为引《诗》的例，这实在是较晚起的现象，《国语》引《诗》实在太少，或者转而成为《国语》是原本，《左传》是经过改本的明证，此其一。至于“帝”用作“天”解，在《左传》中用得少而《国语》中比较多，这也只能作为《国语》是原本，而《左传》是经过修改的明证，因为在卜辞中是以帝代表天的，据郭沫若在《先秦天道观之进展》一书中历举卜辞中的八条卜辞而说：





> 这几条是比较上文字完整而意义明白的纪录，大抵都是武丁时的卜辞。这儿的“帝”自然是至上神无疑，凡是《诗》、《书》、彝铭中所称的“帝”都是指的天帝或上帝，卜辞中也有一例称上帝的……在这儿却有一个值得注意的现象，便是卜辞称至上神为帝、为上帝，但决不曾称之为天。……卜辞既不称至上神为天，那么至上神称天的办法一定是后起的，至少当得在武丁以后。（《青铜时代》，《郭沫若全集》历史编第一卷）

他在《金文丛考·周彝中之传统思想考》则说：“宇宙之上有至上神主宰，曰天，曰皇天，曰皇天王，亦曰帝，曰上帝，曰皇帝，曰皇上帝。”可见以“帝”作“天”解本是较古的风气。《国语》是原本，虽亦经过窜乱，犹保存许多较古的用法；而《左传》则经刘歆之修改，较古的用法保存更加少了。至于卜德以《左传》专用“如”字而《国语》兼用“若”字，单凭这一个证据也不能推翻珂罗倔伦之说，因为两书关于助词的用法大多数相同，一个证据是不能推翻的。至于卜德不信钱氏此详则彼略，显然是将一书瓜分为二的现象，这也错误。因为如《国语》与《左传》不是瓜分为二，则何以二书此详则彼略？除了钱先生所指出的《国语》、《左氏》相较存在问题的数例无法回答之外，《吴语》、《越语》还颇似《左传》编到到后半篇幅已不少，故不需要太多材料而不取用之迹。卜德氏谓“无论如何，一个人决不能从一部原有的书里著成或改成两部书”，这更不成话。我们试举一二反证来说明此事，如：《小戴记》与《大戴记》，其来源是相同的，而可成为两部书，有相同的篇目，而又有相异的处所；例如《祭义》与《曾子》、《大学》、《投壶》等篇，此是一证。在《汉书·艺文志》上明说《新国语》五十四篇，是刘向分《国语》而成，他所分出来的，能比《国语》二十篇还多，这岂不是一件很有趣的事情，而且是不容我们否认的。此是一证。《新序》与《说苑》，体例相同，大旨亦复相类，据《别录》对《说苑》之说，“除去与《新序》重复者”，可见两书原来也在一书之中，而《说苑》又有“新苑”之名，这也是将一书瓜分为二的一例，此又是一证。二《戴记》，《国语》与《新国语》，《说苑》与《新序》都是将一书瓜分为两书，而且这都是无目的地分为二书，则《左传》与《国语》可由一种分为两种，更属可能。刘歆模仿他父亲之所为，抽取《国语》部分篇章内容为《左传》，是有计划的，故其详略之迹，自属显然，这是明摆着的事情，有何可疑？卜德的话，依我看来，他的论证，都是极脆弱的。

近来许多的人，或因为《左传》与《国语》同记一事，有的时间不同，如：“晋惠公卒”，《左氏》以为九月（僖公二十四年），《晋语》则以为十月；有的人名不同，如：《常棣》之诗，《左氏》以为召穆公作（僖公二十四年），《周语》则以为周文公作；有的地名不同，如：宋之大城，《左氏》以为萧亳（昭公十一年），《楚语》则以为萧蒙；有的事实不同，如：晋楚争盟，

《左氏》以为乃先晋人，《吴语》则以为吴公先歃等等，而认为决不是一人所作。殊不知这在康有为已经说过：现在的《国语》已是《左传》之残余，歆补缀为之，则无怪乎两书同记一事而有些不同的。我们试看《说苑》与《新序》两书，据《四库全书总目提要·说苑》说："以今考之，春秋时事尤多，汉事不过数条。大抵采百家传记，以类相从。"《四库简明目录》则说："所录皆春秋至汉初轶事可为法戒者，虽传闻异词，姓名、时代或有抵牾，要其大旨主于正纲纪。"而《简明目录》于《说苑》更云：

> 《说苑》与《新序》体例相同，大旨亦复相类。其所以分为两书之故，莫之能详。中有一事而两书异词者，盖采摭群书，各据所见，既莫定其孰是，宁传疑而两存也。

这可见在刘向、刘歆之时，记载关于春秋时事甚多，"传闻异词，姓名、时代或有抵牾"，故有一事而两书异词者。刘歆在当时采摭补缀甚易，我们何可因为《左传》、《国语》两书同记一事而有不同的地方遂怀疑其本非一人所作，而忘却了"现在的《国语》已是《左传》之残余，而歆补缀为之"的话？

近来又有的人以《史记》所引有些确是《左传》而非《国语》，遂疑心《国语》与《左传》非一书之分化，"《左氏》三十卷者，即《国语》之旧文，刘歆喜而治之，并无割裂之事"。这种见解，也极好笑。因为我们知道，《史记》确经后人增窜，而据《史通·正史篇》看来，刘向、刘歆都是相次撰续的人。现存《史记》中所引《左传》原文，是否为司马迁本人所引，而非后人依《左传》以改窜，已成问题。我们暂且不这样考虑，而另外来作假定，即是刘歆改《国语》以为《左传》，他明知史迁是有许多地方依据《国语》的，他可以将《史记》所引用尽量收入，以显示《左氏传》本为史迁所引，而不是他的改窜。他如有意作伪，这样提防人的攻击，是极可能的。那么，《史记》所引即完全是《左传》，一个字也不差，亦无以确定《国语》与《左传》非一书之化分，“《左氏》三十卷者，即《国语》之旧文”。问题是在刘歆之改《国语》与否，不在《史记》所引是今本《左传》与否。我们如相信“歆治《左氏》，引传文以释经，转相发明，由是章句、义理备焉”这几句话，《左氏》原不名《左氏春秋》，而是叫作《国语》；《左氏》原不是解经的，而从他起才解经；《左氏》原来只是史文，而从他起才有凡例，则是他化分《国语》为《左传》。我们如相信《左传》早就有了，只要你能解释“传自解经，何待歆引？歆引以解，则非传文”的疑问，则更无妨说《左传》在先秦时已有了的。现在更有一些人以为《国语》有晚于《左氏春秋》的痕迹，而疑心《左氏》、《国语》非一书之化分，这也是仍未注意“现在的《国语》已是《左传》之残余，而歆补缀为之”的现象。如若我们承认《国语》有晚于《左氏》的痕迹，那只是有许多真的《国语》的材料已经编入《左传》之中，故将其他较后的材料凑在《国语》之中，因而发生《国语》所述的事实有晚于《左传》的痕迹。但是不能说任何哪一个人伪造整个《国语》，因为如若整个地编造《国语》，决不可能《鲁语》所记恰好多半是琐事，《晋语》、《楚语》所记无关晋、楚之霸，而《郑语》恰好又皆春秋以前事。从《国语》的详略看来，从《国语》的体例看来，很明显地是《左传》之残余。它有晚于《左氏》的部分，则当是刘歆补缀为之，康氏之言，还是很有见地的。我曾说过，“我们根据现在的《国语》和《左传》，说它们完全出于一人之手，这是不可能的了！但是我们根据现在的《国语》和《左传》，说它们是两部各不相干的书，这也是不尽然的”。“我们不可以随便说这两书完全出于一人之手，或者以为是两部各不相干的书，因为作伪者有时与所采的原料持相反的论调，如《国语》‘民可近也，不可上也’，在伪《古文尚书》中作‘民可近，不可下’，上下相反了！康氏说：‘掇拾杂书，加以附益，而为今本之《国语》。'我们如因此而认定《国语》晚于《左传》，这也似乎是不应当的。"到现在，对于《左氏》、《国语》的问题，我还是作如是解。

至于原本《左氏春秋》著作的时间，在前人的考定，是以为当六国之时 。关于这一点，我们先试引皮锡瑞《经学通论》"论赵匡、郑樵辨左氏非丘明，《左氏传》文实有后人附益"的一段来看，他说：

> 王安石《左氏解》疑左氏为六国时人者十一事，其书不传。叶梦得疑传及韩、魏、智伯、赵襄子之事。郑樵《六经奥论》辨之尤力。曰：《左氏》终纪韩、魏智伯之事，又举赵襄子之谥。若以为丘明，自获麟至襄子卒已八十年矣。使丘明与孔子同时，不应孔子既没七十有八年之后，丘明犹能著书，此左氏为六国人，明验一也。《左氏》"战于麻隧，秦师败绩，获不更女父"。又云"秦庶长鲍、庶长武帅师，及晋师战于栎"。秦至孝公时立赏级之爵，乃有不更、庶长之号，明验二也。《左氏》云，"虞不腊矣"。秦至惠王十二年初腊，明验三也。左氏师承邹衍之说，而称帝王子孙。案齐威王时，邹衍推五德终始之运，明验四也。《左氏》言分星，皆准堪舆，案韩、魏分晋之后，而堪舆十二次始于赵分曰大梁之语，明验五也。《左氏》云，"左师展将以公乘马而归"。案三代时，有车战，无骑兵，惟苏秦合从六国，始有"车千乘，骑万匹"之语，明证六也。《左氏》序吕相绝秦、声子说齐（当作楚，此误），其为雄辨狙诈，真游说之士、捭阖之辞，明验七也。《左氏》之书序晋、楚事最详，如"楚师熸"、"犹拾渖"等语，则左氏为楚人，明验八也。据此八节，可以知左氏非丘明，是为六国时人，无可疑者。或问伊川曰："左氏是丘明

否？”曰：“传无丘明字，不可考。”真知言欤！朱子亦谓“《左传》有纵横意思，‘不腊’是秦时文字，二条盖本郑樵”。锡瑞案《史记》张守节《正义》云：“秦惠王始效中国为之。”明古有腊祭，秦至是始用，非至是始创，则以不腊为秦时文字，固未可据。“左师展将以公乘马而归”，即子家子谓“公以一乘入于鲁师”之意。一乘仍是车乘，亦未可据为乘马之证。传及智伯，或后人续增，不更、庶长之类，或亦后人改窜。《左氏》一书，实有增窜之处。文十三年传，“其处者为刘氏”，刘炫、孔颖达已明言先儒插此媚世。僖十五年传，“上天降灾”至“唯君裁之”四十一字，服、杜及唐定本皆无。林黄中谓：“《左传》‘君子曰’是刘歆之辞。”王应麟曰：“八世之后，其田氏篡齐之后之言乎？公侯子孙，必复其始，其三卿分晋之后之言乎？其处者为刘氏，其汉儒欲立《左氏》者所附益者乎？皆非《左氏》之旧也。”近儒姚鼐以“公侯子孙必复其始”，及季札闻歌《魏》，曰：“以德辅此，则明主也。”传中盛称魏绛、魏舒之类，为吴起附益以媚魏者。陈澧以《左传》凡例与所记之事有违反者，可见凡例未必尽是，而传文亦有后人所附益。刘逢禄以《左氏》凡例、书法皆出刘歆，虽未见其必然，而《左氏》有后人附益之辞，唐、宋人已有此疑矣。（皮锡瑞《经学通论》）

他这里历举自唐宋以来以及清儒的意见，说明《左氏》有后人附益之辞，其实如左氏本非鲁君子左丘明，则除凡例“书曰”、“君子曰”之类是后人增入以释《春秋》者外，当大体认为《左氏》之原文，不过其著作时代要稍晚，而其人决非与孔子同时之左丘明。郑樵所提出的八证，前五证都是极好的，后三证则不大可信。皮氏驳第六证尚可，若第三证，他根据《史记正义》说来驳郑樵，其实张守节的话，也未必就可相信。一、二两证，皮氏也说“传及智伯，或后人续增；不更、庶长之类，或亦后人改窜”，则是无法否认，可见《左氏》著作年代至早不出秦孝公以前。据第四证看来，《左传》的著作年代总要在齐威王以后，在《左传》涉及五行的地方，不胜枚举，例如：

则天之明，因地之性，生其六气，用其五行，气为五味，发为五色，章为五声。（昭公二十五年）

天有三辰，地有五行。（昭公三十二年）

我们可断言这必在五行思想颇发达以后才能有的迹象。郑樵所举的五证，是用分野来说明的，这虽不必如崔适之以为刘歆所窜入，但是它的迹象也当是在六国之末才有的。据它里面用五行分野看来，似其著作年代定在齐威、宣之后，必不能早于荀子，因为在荀子的书中，五行分野的观念，都不大常见，然则其著作年代也应当与荀子同时。不过，《左氏》书中，也保存不少较古的史料，这些史料，写成较早，这又当与《孟子》、《荀子》之书不能混为一谈的。

左氏之书，本是“广采当时文籍，故兼与子产、晏子及诸国卿佐家传，并卜书、梦书及杂占书、纵横家、小说、讽谏等，杂在其中”。所以这些记载时代较晚之事实，不能认为附益。即如桓公元年“宋华父督见孔父之妻于路，目逆而送之，曰：‘美而艳’”。桓公十六年“卫宣公烝于夷姜，生急子”。庄公十二年“楚子臧息，以息妫归，生堵敖及成王焉，不言”。庄公二十二年“陈公子完奔齐……八世之后，莫之与京”。襄公十九年“季札闻歌《魏》，曰：‘以德辅此，则明主也’”。这些事情，或出于杂占书，或出于小说家言，不能因为其与他书不合，而有些迹近于预言，而认为是后人的附益。我们须知《左传》本非丘明之作，而是杂采诸书所成。《左氏》的文体，也决不是春秋时代的产物，这本极容易辨别，故纵有附益，也决不会如后人所指摘的附益太多。如若我们说，《左氏》原本的写成在孔子殁后、《论语》未修成之前，则以《左氏》浮夸的文体要在《论语》产生之前，这也未免是奇迹了。

“……唯君裁之”四十一字及《文公十三年传》“其处者刘氏”五字，很明显地为东汉以后的人所为外，其他就是“书曰”、“凡例”、“君子曰”之属。《左传》共有五十凡例，这本是刘歆引传以解经后才有的。现在试举一二例来证明其为刘歆之所伪为。

(1)《左传·隐公七年》说：“凡诸侯同盟，于是称名，故薨则赴以名，告终，称嗣也，以继好息民，谓之《礼经》。”我们知道，在荀子时，《礼》犹不必为经，而这凡例上竟特别提出《礼经》，这是晚出于《荀子》的现象。



(2)《左传·庄公二十五年》说：“凡天灾，有币无牲，非日月之眚，不鼓。”我们知道，在《春秋》中并无注重月食的事情，这里说到月食，已与《春秋》不相合。而阴阳对立的观念是在战国中晚期才发达，但也没有注重月食的迹象。在《周礼》中，才“救日”与“救月”并举，可见《左传》这一凡例，是有了《周礼》以后才发生的。



(3)《左传·庄公二十九年》说：“凡物，不为灾，不书。”庄公二十九年有蜚，据《汉书·五行志》说：“刘歆以为负蠜也，性不食谷，食谷为灾。……《左氏传》曰：‘圣人在上无需，虽有不为灾。’”说曰：“凡物不为灾不书。”“说曰”是《左传》的凡例，而不作“《左传》曰”，这也可见凡例本是刘歆之辞。

(4)《左传·僖公五年》说：“凡分、至、启、闭，必书云物，为备故也。”“必书云物”之事，其起也甚晚。这与《周礼》保章氏以五云之物，辨吉凶、水旱，降丰荒之祲象相合。《周礼注》云：“物，色也，视日旁云气之色。郑司农云：‘以二至二分观云色，青为虫，白为丧，赤为兵荒，黑为水，黄为丰。故《春秋传》曰，凡分、至、启、闭，必书云物，为备故也。’”这也可见《左传》的凡例是受《周礼》的影响的。

我们只看这四个例证，可以明了凡例著作时代之晚。其自相矛盾，以及不合理的处所，前儒攻击之者甚多，这也可见不是本来的《左传》就有，而是刘歆等人引传以解经之后才有，其为刘歆所伪，固甚显明。

# 第七章
# 《语》、《孟》、《孝经》、《尔雅》之起源与编订



## 第一节 《语》、《孟》、《孝经》、《尔雅》之起源



《诗》、《书》、《礼》、《乐》、《易》、《春秋》的起源由民俗学的观点看来，当源于远古，《诗》、《书》、《礼》、《乐》、《易》、《春秋》之本身也不是私家著述。到了春秋以后，因为时势易转，而私家著述亦因之而起。《论语》、《孟子》是孔、孟的言行录。《孝经》据其首章“仲尼居，曾子侍”及各章“子曰”看来，是模仿言行录之作。这都是有了私学而后才能有这种体例的著述出现。至于《尔雅》本为训诂之书，以通释诸经语义为主，而所谓六经实非周公之所作，其起源则是至少有了“经学”而后才能有的。但是我们要注意，私学虽晚起于春秋之时，但私人言行之记载，则不至于晚至春秋时始出，“左史记言，右史记事”，记言之例，亦史所有，在《尚书·盘庚》篇即有“迟任有言，曰：‘人惟求旧，器非求旧，惟新。’”之语，在《康诰》中有：“绍闻衣(殷)德言……往敷求于殷先哲王，用保乂民。”“我闻曰：‘怨不在大，亦不在小，惠不惠，懋不懋。’”《酒诰》中，更有“古人

有言曰：‘人无于水监，当于民监’”。可见在殷末周初，即有古贤哲之言由传闻而笔之于书。试更考之《左传》、《国语》诸书，则左氏引周任有言者二（隐六、昭五），引史佚之言者五（僖十七、文十五、宣十二、成四、昭元），引古人有言者八（僖七、文十七、文十七、宣十五、成十七、襄二十四、襄二十六、昭七），引先民有言者一（哀十五）。《国语》引史佚者一（《周语》下三），《左氏·成公四年传》所引“季文子曰：‘《史佚之志》有之。’”《左传》、《国语》所出较晚，虽不可尽信，然《诗》、《书》所记，应当毫无疑义。可见在春秋前，即有记言之事，不过专记一人之言行而笔之于书，自非有大思想家以后不能引起这种要求。《论语》是孔门弟子所记的，其笔之书，尚不必当孔子之世，则更无论较早于孔子之私人言行，然以《诗》、《书》所记，《左传》所载来看，私人言行之有记载似当远溯于殷周之际。孟子所愿为学孔子，《孟子》之书所以不似《墨》、《庄》体例而模仿《论语》者即在此。《孝经》之作更在其后，所以虽仅论孝，而亦以答问体述之，论其远源，当与《论语》、《孟子》同科。

《尔雅》为训释群经之书，其起源当在有训释经文之后，事甚显明；严格说来，其不惟要在有训释经文之后，更当在“经”成为“学”以后。因为《尔雅》不是偶尔训释经文，而是集合解经之文而始能编，其著述时代固晚，即经有释解亦非起自殷周。在《左传》、《国语》中，有称引《诗》、《书》而加以解释之例，只是其解释较繁（详见后《列国大夫之称引诗书》）。但此亦非释诂释训之体，不过可姑以此为《尔雅》之滥觞。《论语》、《孟子》、《墨子》、《荀子》并无此等繁复解经之例，《左传》、《国语》所载是否确实可信则另是一问题。

杨向奎君《论〈左传〉之性质及其与〈国语〉之关系》一文（载北平研究院《史学集刊》第 2 期，1936 年），因受廖平《春秋左氏古经说义疏》、刘师培《左氏不传春秋辨》及《周季诸子述左传考》之启迪，据《国策》、《礼记》、《史记》、《说苑》等书，证“左氏书法凡例”等。其主要提出：

1. 其上篇为论《左传》之性质、书法及解经语。认为“自《左传》撰述之初，即与各国策书之记事合编为《左氏春秋》，非出后人之窜加”。

2. 论凡例。《左氏》凡例有见于《尚书大传》而谓“《左氏》之凡例与书法同一来源，皆为《左传》原编者所随意加入”。

3. 论“君子曰”。更“由《国语》、《韩非子》、《史记》等书证《左传》‘君子曰’，非出后人窜入”。

4.《左传》古本说。谓《左氏》“因其记事多而书法少，不若《公羊传》、《穀梁传》之因《经》立义，故西汉人多已不知其书为传《经》。及经刘歆表扬，引《传》解《经》，乃反遭诸儒之反对。终汉之世，《经》、《传》别行，至杜预作《春秋经传集解》，始‘分《经》之年与《传》之年相比附’，而因之乃有一事隔为两年者，致使辞声不接，形式乖忤。若《经》与《传》别行，则前后相接，此弊可免。然分《传》解《经》者，如能打破每年冠年，每月冠月之例，而以事为主，年月之上不碍有字，离碎之弊亦可免”。

在此文中，作者本人虽颇攻击康（有为）、崔（适）之说，为《左氏》辩护，但依我看来，此文实证成今文说。因为既认《左氏》古本以事为主，年月之上不得有字才能免去每年必以年建首，年前则归之上年尾之陋习，而后才文义可通，无文法鹘突之病。可见《左氏》体例本与《国语》相似，本不足编年的。作者承认前人“有因书法凡例多有截断上下文字之处疑为后人伪加者，此自有相当之理由”。可见《左传》之书法凡例实有可疑之处，但是他忘记了，《左氏》不足编年不是依经为传的大前提，而以“书法凡例与《左传》记事固非同一来源”，盖《左传》之记事本于各国策书旧文，《左氏》作者取而编裁再加入当时之礼俗禁忌以成其所谓“书法凡例”，故有不相协之处；更未一想

《左氏》文辞如何流利，如系“原编者所随意加入”，何至如是之多有截断上下文字之处，而至于有不相协？这如非后人伪加，则其故安在？我觉得作者依廖、刘二家所举之例，实是大上刘氏之当！如，其例1举《战国策·魏策三》“故《春秋》书之，以罪虞公”，作者谓“此用《左氏》义也”。“《公》《穀》皆同情于虞而讥晋”，他却忘了《春秋·僖公二年》有“虞师、晋师灭夏阳”，《春秋》以“微国序乎大国之上”已经罪虞，而《公羊传》更有“使虞首恶”之言，并非“同情于虞”。不能认为《战国策》所引者一为“《左氏》书法及解经语”。

其例2以《礼记·坊记》、《史记·周本纪》为证，但作者于正文即云，“未知《坊记》何所本，似有袭《左氏》之可能”、“似为《史记》所本”，其实“三传皆有讳取同姓之义”，“三传皆有不与致天子，为天王讳之说”，何能指为袭《左》之证？作者明知《史记》有“记载较详，或史有所本”，则可知《史记》之不必“用《左氏》义”，而必以《史记》袭《左氏》，然则安知非《史记》所用乃原本《国语》或其他史籍之不传于今日者？更何以知《史记》既有窜乱而所引《左氏》乃绝非窜入？此文所举四十六例，散见于《国策》、《礼记》、《史记》、《说苑》等书，在《国策》、《礼记》二书无确证，《史记》、《说苑》系晚出书，实不足凭。其论书法中谓《尚书大传》“凡宗庙有先王之主曰‘都’，无曰‘邑’”，乃引《左氏·庄公二十八年》“凡邑有宗庙先君之主曰‘都’，无曰‘邑’”，亦无明文为证，故只可云“当为《左传》所本”。其论“君子曰”依刘文所举《韩非子》难四有君子之例，这可以说是铁证，然是否《左传》之原有“君子曰”，因《左传》本身非依经为传，其书法凡例仍无足信。这一点亦当仍属疑问。而且在《左传》中之“君子曰”，在《国语》、《吕览》及《说苑》等书，或作某人某人曰，《左氏》中之“君子曰”，其有经修改而成，有为编者杜撰，林黄中谓《左传》“君子曰”是刘歆之词，自当修正，而即无《韩非子》中之铁证亦当修正，然仅据《韩非子》中之孤证，而忘《左氏》以事为主、年月上不得有字之大前提，而以《左氏》传经这也是不然的。总之，《左氏》不惟并不依经为传，而且比年文阙，年月无考，《左氏》原本体例实与《国语》相似，不过经刘歆之引传解经，而遂被认为传《春秋》，而且虽知其书法凡例阻断上下文，不能不为《左氏》回护，以为原编者所随意加入，不知原编者绝不会如是之文理不通。其改编之迹，即如是显明，仅凭一二能驳倒前人于经义之改订之反证，实无以证明古本《左氏》为传《春秋》。吾人固不同意康、崔之流谓《国策》、《礼记大传》、《韩非子》等书有刘歆窜改之迹，然是数书者，实无有力之证明，足以见《左氏》古本传《春秋》，有书法及解经语。王充《论衡·书篇》云："公羊高、穀梁实、胡毋氏皆传《春秋》，各门异户，独《左氏传》为近得实。何以验之？《礼记》造于孔子之堂。太史公汉之通人也。《左氏》之言与二书合，公羊高、穀梁实、胡毋氏不相合。又诸家去孔子远，远不如近，闻不如见……《国语》，《左氏》之外传也，《左氏》传经，辞语尚略，故复选录《国语》之辞以实。然则《左氏》、《国语》，世儒之实书也。"

"《左氏》之言与二书合"，"远不如近，闻不如见"，王充之言仍为古文家所蒙蔽，然而在《左氏》传经词语尚略，故复选录《国语》之辞以实，则实泄露刘歆改编《国语》为《左氏传》的秘密。康氏说："今本《国语》为《左传》之残余，而歆补缀为之。"我们如对《左传》、《国语》的大前提认清，自可以了解《国语》实"为《左氏》之残余"，而今本《国语》实"补缀为之"。近人更有《国语真伪考》，以《国语》为刘歆辈所伪造，而谓《左传》、《国语》"非出一人之手，而为一时之书"，皆由忽略其本属补缀为之而生疑义。不知以今本言之《左传》、《国语》固为二书，若以原本言之，以《左氏》书不传《春秋》言之，则何必有记事、记言之分？而《鲁语》所记之言，又何以过明了于《左传》？太史公又何以专歌颂左氏之作《国语》？王充又何以有选录《国语》之词？凡此种种，都可以告诉我们，“《左氏》、《国语》原本为一，现行《国语》，乃《左传》之残余，而歆补缀为之”甚明。

## 第二节 《语》、《孟》、《孝经》、《尔雅》编定之年代

### （一）《论语》之编定

《论语》有鲁、齐本之分，在王充作《论衡》时已有“篇目或多或少，文赞或是或误”之叹。《论语》在群经中，以其所记为孔子之言行，我们对于此书编纂之人物与编定之年代，尤当特别注意的。关于编定之人物相传共有五说：





1.《论语》为孔子弟子所纂辑。(1) 何晏《论语集解叙》引刘向言:“鲁《论语》二十篇，皆孔子弟子记诸善言也。”(2)《汉书·艺文志》：“《论语》者，孔子应答弟子，时人及弟子相与言而接闻于夫子之语也。当时弟子各有所记，夫子既卒，门人相与辑而论纂，故谓之《论语》。”

2.《论语》乃仲弓、子游、子夏等所撰定。(1)《释文·序录》引郑康成曰：“仲弓、子游、子夏等撰定。”(2) 邢昺《论语注疏序》引郑玄云：“仲弓、子游、子夏等撰定。”(3)《论语》出于子夏等六十四人所撰定。

3.《论语》成于有子、曾子之门人。(1) 柳宗元《论语辩》：“或问曰：‘儒者称《论语》孔子弟子所记，信乎？’曰：‘未然也。孔子弟子，曾参最少，少孔子四十六岁。曾子老而死，是书记曾子之死，则去孔子也远矣。曾子之死，孔子弟子略无存者矣。吾意曾子弟子之为之也。何哉？且是书载弟子必以字，独曾子、有子不然。由是言之，弟子之号之也。’‘然则有子何以称子？’‘曰：孔子之殁也，诸弟子以有子为似夫子，立而师之。其后不能对诸子之问，乃叱避而退，则固尝有师之号矣。今所记独

曾子最后死，余是以知之。盖乐正子春、子思之徒与为之尔。或曰：孔子弟子尝杂记其言，然而卒成其书者，曾氏之徒也。’”(2) 朱熹《论语集注·序说》引“程子曰：‘《论语》之书，成于有子、曾子之门人，故其书独二子以子称’”。

4.《论语》为七十弟子门人所撰定。皇侃《论语义疏》：“《论语》者，是孔子殁后七十弟子门徒共所撰录也。”

5.《论语》为琴张与原思所撰定。徂徕一新《论语徵》：“或乃谓：‘上论成于琴张，而下论成于原思，故二子独称名。其不成于他人之手者审矣。’”(转引自钱穆《论语要略》)

在以上五说中，第一说以《论语》为孔子弟子所纂辑。第二说以《论语》为仲弓、子游、子夏所撰定；然以“曾子少孔子四十六岁，于高足弟子中最少，而《论语》载其临殁之言，则所撰定也。(此用钱穆《论语要略》引安井息轩语)”第三说谓成于有子、曾子之门人，姚鼐于《古文辞类纂》驳之云：“《檀弓》最推子游，似子游之徒所为；而于子游称字，曾子、有子称子，似圣门相沿皆如是，非于称字、称子有轻重也。”第五说尤不合理，《子罕》篇“太宰”章称琴张之名作“牢曰”；《宪问》首章称原思之名作“宪曰”，或系“二子所记，门人编辑此书，直取其所记而载之耳，未足以为《论语》成于二子之证”（此亦用钱穆《论语要略》引安井息轩语)。在上五说中，只有第四说以为七十弟子之门人共所撰录，比较可信。但亦有当修正处，因《论语》之中，其有后人所增入者亦甚明。此崔述之言，其《洙泗考信录》卷二曰：

> 今之《论语》非孔门《论语》之原本，亦非汉初鲁论之旧本也。《汉书·艺文志》云：“《论语》古二十一篇，出孔子壁中，两《子张》；《齐》二十二篇，多《问王》、《知道》；《鲁》二十篇。”何晏《集解叙》云：“齐《论语》二十二篇，其二十篇中章句，颇多于鲁《论》。

是齐《论》与鲁《论》互异”《汉书·张禹传》云：“始鲁扶卿及夏侯胜、王阳、萧望之、韦玄成皆说《论语》，篇第或异。是鲁《论》中亦自互异”果孔门之原本，何以彼此互异？其有后人之所增入明甚。盖诸本所同者，必当日之本。其此有彼无者，乃传经者续得之于他书而增入之者也。是以季氏以下诸篇，文体与前十五篇不类，其中或称孔子，或称仲尼，名称亦别。而每篇之末，亦间有一二章与篇中语不类者。非后人有所续入而何以如是？”（赵贞信辑点《论语辨三编》中册）



他说：“其前十五篇中，惟《雍也》篇‘南子’章事理可疑，《先进》篇‘侍坐’章文体少异，语意亦类庄周，而皆称‘夫子’不称‘子’，亦与《阳货》篇同，至《乡党》篇之‘色举’章，则残缺无首尾而语意亦不伦，皆与《季氏》篇之末三章，《微子》篇之末二章相似，似后人所续入者。”（同上书，《论语辨三编》中册，第七页）他说《季氏》以下诸篇多可疑者，《论语》甚繁，兹约举如下：



一、《论语》通例称孔子皆曰“子”，惟记其与君大夫问答乃称“孔子”；而《季氏》篇章首皆称“孔子”，《微子》篇亦往往称“孔子”，《子张》篇有称“仲尼”者。

二、《论语》所记门弟子与孔子对面问答，亦皆呼之为“子”。对面呼“夫子”乃战国时人语，春秋时无之，而《阳货》篇“武城”、“佛肸”两章，于孔子前皆称“夫子”。

三、《季氏》篇“季氏将伐颛顼，冉有、季路见于孔子”云云，考冉有、季路并无同时仕于季氏之事。

四、《阳货》篇记“公山弗扰以费叛，召，子欲往”云云；又记“佛肸以中牟畔，召，子欲往”云云。考弗扰叛时孔子正为鲁司寇，率师堕费，弗扰因反抗孔子之政策而作乱，其乱亦由孔子手定之，安有以一造反之县令，而敢召执政，其执政方督师讨贼，乃欲应其召；且云“其为东周”，宁有此理？佛肸以中牟叛赵，为赵襄子时事，见《韩诗外传》，赵襄子之立在孔子卒后五年，孔子何从与肸有交涉哉？

五、《季氏》篇文多排偶，全与他篇不伦；《阳货》篇文亦错出不均，而“问仁”、“六言”、“三疾”等章文体略与《季氏》篇同，《微子》篇杂记古今轶事，有与孔门绝无涉者。

六、《尧曰》篇，古《论语》本两篇，或一章，或二章，其文尤不类，盖皆断简无所属，附之于书末者，鲁《论语》以其少故合之，不学者遂附会之以为终篇历叙尧、舜、禹、汤、武王之事，而以孔子继之矣。(《论语辨》下册，转引自钱穆《论语要略》)

这些例证颇博一般人的赞同，但“子见南子”章实非《雍也》篇最末一章，“齐景公”章也不是《季氏》篇例数第二章，是否附记误为正文，尚未可执崔氏说为一定不易之论；《阳货》篇记公山弗扰以费叛，佛肸以中牟叛，子欲往之事，是否可疑，亦待论定；崔氏之说不过是很有理由的怀疑而已。

在清儒中疑《论语》者尚有袁枚，他所著有《论语解四篇》收入《小仓山房文集》卷二十四中，他说：“诸子百家冒孔子之言多矣，虽《论语》，吾不能无疑焉。夫子之所最重者仁也，以颜子之资仅许以三月，其它令尹子文、陈文子皆不许也。何至于管仲而曰‘知其仁！如其仁！’……然则何以有此？曰，‘《论语》有《齐论》、《鲁论》之分’。齐人最尊管仲……以管仲为仁者，齐之弟子记之也。”袁氏又有《答叶书山庶子第二函》，云：

……仆因之有《论语》之疑焉。陆象山先生曰：

“观《易》、《诗》、《书》圣人手定者，方知编《论语》者颇有语病。”初闻此言，似乎太妄，然平心玩之，亦似有理。大抵《论语》记言不出一人之手，又其人非亲及门墙者，故不无“所见异词，所传闻异词”之累，即如管仲，忽而褒，忽而贬，“学不厌，诲不倦”，忽而自认，忽而不居，皆不可解。其叙事笔法，下论不如上论之朴老。（赵贞信辑点《论语辨三编》下册）

这里他以为“下论不如上论之朴老”，这与崔述《论语余说》、《论〈论语〉前后十篇之异》所见大略相同。伊藤仁斋《论语古义叙由》亦云：

《论语》二十篇，相传分上下，犹后世所谓正续三集之类乎？盖编《论语》者，先编前十篇自相传习，而又次后十篇以补前所遗者，故今合为二十篇云。盖观《乡党》一篇，其体制要当编在全书之最后，而今适居第十篇，则知前十篇本以自为成书矣。（赵贞信辑点《论语辨三编》下册）

钱穆《论语要略》综合以上诸人之说，以为约有如下之五说：

一、《论语》前十篇记孔子对答定公、哀公之问，皆变文称“孔子对曰者”，朱子所谓尊君是也；至答康子、懿子、武伯之问，则但称“子曰”。乃《先进》篇答康子弟子好学问，《颜渊》篇答问政、患盗、杀无道之问，皆称“孔子对曰”。疑前十篇去圣未远，体例方明；后十篇则后人所续记，其时卿位益尊，卿权益重，盖有习于当世之称，而未尝详考其体例者。

二、《论语》前十篇记君大夫之问，皆但言问，不言“问于孔子”。后十篇中，《先进》、《子路》两篇亦然；独《颜渊》篇三记康子之问，皆称“问于孔子”，齐景公之问政亦然，卫灵公之问陈亦然。盖后十篇皆后人所追记，原不出于一人之手，而传经者辑而合之，是以文体参差互异也。（《子路》篇义最精密，文体亦与前十篇略同，《宪问》篇次之，《季氏》篇文体最异，《微子》、《尧曰》亦参差不一；惟《子张》篇所记皆门弟子之言，无可疑者）至门人之问，更不烦称“问于孔子”；乃《阳货》篇子张问仁，《尧曰》篇子张问政，皆称“问于孔子”。其皆后人采之他书，而非孔氏遗书明甚。（崔述《论语余说》，载《崔东壁遗书》）

三、《论语》前十篇文皆简，后十篇则文皆长。《前论》文过百字者仅两篇，他虽长章不满百字；《后论》则三百余字者一章，一二百字者八九章。

四、《论语》前十篇非孔子及门弟子之言不录，惟“乡党”一章记孔子行事，故章皆无冒头突起，其它未有突起及杂记古人之言者。后十篇中如“齐景公有马千驷”、“邦君之妻”、“太师挚适齐”、“周有八士”等章，皆杂记古人之言，与《戴记》、《檀弓》各篇相似，而与前十篇体例不类。

五、《论语》前十篇篇目，皆除“子曰”、“子谓”等字，惟《子罕》即以发首二字为篇目。前十篇以人名为目者三，后十篇以人名为目者九。今制简表如次：

前十篇

| 篇　名 | 首　　句 |
| --- | --- |
| 学而 | 子曰：学而时习之 |
| 为政 | 子曰：为政以德 |
| 八佾 | 孔子谓季氏八佾舞于庭 |
| 里仁 | 子曰：里仁为美 |
| 公冶长 | 子谓公冶长可妻也 |
| 雍也 | 子曰：雍也可使南面 |
| 述而 | 子曰：述而不作 |
| 泰伯 | 子曰：泰伯其可谓至德也已矣 |
| 子罕 | 子罕言利与命与人 |
| 乡党 | 孔子于乡党恂恂如也 |





后十篇

| 篇　名 | 首　　句 |
| --- | --- |
| 先进 | 子曰：先进于礼乐 |
| 颜渊 | 颜渊问仁 |
| 子路 | 子路问政 |
| 宪问 | 宪问耻 |
| 卫灵公 | 卫灵公问陈于孔子 |
| 季氏 | 季氏将伐颛顼 |
| 阳货 | 阳货欲见孔子 |
| 微子 | 微子去之 |
| 子张 | 子张曰：士见危致命 |
| 尧曰 | 尧曰：咨尔舜 |

不过，钱氏所列五条，还是遗漏了袁氏所举的理由，兹为补列：

六、《论语》前十篇“如《道千乘之国》、《弟子入则孝》两章，直起直落，不做虚冒架子”，至《下论》则论仁而曰“能行五者于天下”，论政而曰“尊五美，屏四恶”，都先做一虚冒，如瘦词隐语，叫人猜度。倘子张不问，则不知五者为何行，五美四恶为何事矣。其它如“九思”、“三戒”、“三损”、“三益”、“三愆”、“三畏”，都是先加虚冒，开《周礼》“九贡”、“九赋”之门。“子见南子”一节，子路何以不悦，夫子何以立誓，至今解说不明。（袁枚《答叶书山庶子第二函》，引自《论语辨》下册）

有此六证，我们也可以恍然于《论语》一书编订之经历，袁、崔诸氏所论，也真有许多“十分之见”。崔氏《论语余说》辨定尤详，惜此处不能一一为之征引。赵翼《陔余丛考》卷四亦谓公山弗扰招孔子之不可信。康有为《新学伪经考》、《论语注》两书，更谓“《公冶长》篇‘巧言令色足恭’章，《述而》篇‘述而不作’章、‘甚矣吾衰’章、‘假我数年’章，《泰伯》篇‘民可使由之’章等为刘歆所窜入”，不过并无充分证据。北平研究院《史学集刊》第二期（1936年）载有赵君贞信《〈论语〉一名之来历与其解释》一文，引王充《论衡·正说》篇：“《论语》者，弟子共记孔子之言行，敕记（疑是初记之误）之时甚多，数十百篇，以八寸为尺，纪之约省，怀持之便也。以其遗非经，传文记识恐忘，故但以八寸尺，不以二尺四寸也。汉兴失亡。”云“此言汉代《论语》初出之状况，甚可信从。此时并无《论语》之名，后人追言之，遂均谓之《论语》。而《论语》实是此一大堆记孔门言行之竹简中之一部，此书虽尚保存一部分孔门正统学者所传之材料，然窜杂亦以不少，其最后编成似已在汉代。其中如言‘无为’、‘无言’，则属道家言；言‘卑宫室，恶衣服’、‘尧曰：咨尔舜，天之历数在尔躬’则属墨家言；而中庸之为德章来自《中庸》，‘予小子履，敢用玄牡’、‘虽有周亲，不如仁人’等语又来自《墨子》。其成书之晚已可概见”。《论语》中杂有“道家言”、“墨家言”，其说虽属持之有据，言之有理，然亦欠缺足够充分的证据。但是《论语》之最后编成似已在汉代，则由鲁、齐、古三论之合并为今本，已足见其论证不诬。

（二）《孟子》之编订

《孟子》为孟子自作抑或其门弟子所作，过去亦无定说，就书中所述事实看来，则似孟子门人所作。自来讨论此问题者约有四说：

1. 孟子之所自作。（1）《孟子》赵注题辞：“此书孟子所作也，故总谓之《孟子》。……于是退而论集所与高第弟子公孙丑、万章之徒，难疑答问，又自撰法度之言，著书七篇。……又有外书四篇，性善辩文说孝、说为政……似非孟子本真。”（2）应劭《风俗通·穷通》篇：“孟子作书中外十一篇。”（3）（傅玄）《傅子》：“昔仲尼既殁，仲尼之徒追论夫子之言，谓之《论语》。其后邹之君子孟子舆拟其体，著七篇，谓之《孟子》。”（4）朱熹《朱子全书》：“《孟子》疑自著之书，故首尾文字一体。”

2. 孟子与其弟子同作。（1）《史记·孟子荀卿列传》：“天下方务于合从连横，以攻伐为贤，而孟轲乃述唐、虞、三代之德，是以所如者不合。退而与万章之徒序诗书，述仲尼之意，作《孟子》七篇。”（2）苏辙《古史·孟子传》：“退而与其弟子公孙丑、万章之徒，记其平生答问称道之言，作《孟子》七篇。”（3）魏源《孟子年表》：“孟子在邹与弟子万章、公孙丑等设问答，著《孟子》一书。”

3. 孟子弟子所记。（1）吴姚信：“《孟子》之书将门人所记，非自作也。”（2）韩愈答张籍书：“孟轲之书，非轲自著，轲既殁，其徒万章、公孙丑相与记轲所言焉耳。”（3）林慎思《续孟子》：“《孟子》七篇非轲自著，乃弟子共记其言。”（4）晁公武《郡斋读书志·子部·儒家类》：“按韩愈以此书为弟子所会集，与岐之言不同；今考其书，载孟子所见诸侯皆称谥，如齐宣王、梁惠王、梁襄王、滕定公、滕文公、鲁平公是也。夫死然后有谥，轲著书时所见诸侯不应皆前死，且惠王元年至平公之卒，凡七十七年，轲始见惠王，王目之曰叟，必已老矣，决不见平公之卒也。故予以愈言为然。”（5）阎若璩《孟子生卒年月考》：“孟子之道不行，归而作书七篇，卒当赧王之世，卒后书为门人所叙足，故诸侯死皆加谥焉。”（6）崔述《孟子事实录》：“余按，谓《孟子》一书为公孙丑、万章所纂述者近是，谓孟子与之同撰或孟子所自撰则非也。《孟子》七篇之文，往往有可议者，如‘禹决汝汉，排淮泗，而注之江’、‘伊尹五就汤，五就桀’之属，皆于事理未合，果孟子所自著不应疏略如是。一也。七篇之中称时君皆举其谥，如梁惠王、襄王、齐宣王、鲁平公、邹穆公皆然，乃至滕文公年少亦如是，其人未必皆先孟子卒，何以皆称其谥？二也。七篇中于孟子门人多以子称之，如乐正子、公都子、屋庐子、徐子、陈子皆然，不称子者无几，果孟子所自著恐未必自称其门人皆曰子。三也。细玩此书，盖门人万章、公孙丑等所追述，故二子问答之言在七篇中为最多，而二子在书中亦皆不以子称也。”

4. 孟子门人弟子所记。（1）林之奇《孟子讲义序》：“《论语》、《孟子》皆先圣既设之后，门弟子所录，不惟门弟子所录，亦有出于门弟子门人者……如《孟子》之书，乃公孙丑、万章诸人所录，其称‘万子曰’者，则又万章门人之所录。盖集众人之闻见而后成也。”（2）周广业《孟子四考》：“此书叙次数十年之行事，综述数十人之问答，断非辑自一时，出自一手，其始万章之徒追随左右，无役不从，于孟子之言动无不熟察而详记之……

其后编次遗文又疑乐正子及公都子、屋庐子、孟仲子之门人与为之。”(3)《人表考》第五：“七篇中无述孟子容貌言动，与《论语》弟子记其师者不类，当为手著无疑。又公都子、屋庐子、乐正子、徐子皆不书名，而万章、公孙丑独名，《史记》谓‘退而与万章之徒作七篇’者，其为二人亲承口授而笔之书甚明。与《论语》成于有子、曾子门人故独称子者殆同一间，此其可知者。”

综上四说看来，最古而最折衷的论调，自以《史记·孟子荀卿列传》“退而与万章之徒序《诗》、《书》，述仲尼之意，作《孟子》七篇”之说最为可信，这一说较之1、3两说更觉妥当。在近人著述中，如梁启超《古书真伪及其年代》亦以为“大约是孟子弟子所编，曾经孟子看过”。罗根泽《孟子传论》一书更驳斥崔述说云：

> 考孟子见梁惠王、滕文公，则梁惠王、滕定公皆卒于孟子前，自无待言。齐宣王之卒，依《史记·六国年表》，在位十九年，卒于周显王四十五年（《田敬仲世家》亦曰：“十九年，宣王卒。”），孟子自然尚在。但《史记》遗悼子、剡子二代，致移前二十三年，以在位十九年推之，实卒于赧王十五年，孟子亦尚在也。梁襄王之卒，依《史记·六国年表》，卒于慎靓王二年，孟子自然尚在，但《史记》误以惠王后元十六年为襄王，以襄王之年为哀王，而谓哀王二十三年卒，说者谓《史》之哀王即襄王，则《六国年表》周赧王十九年哀王卒，即襄王卒，孟子亦尚在也（魏源《孟子年表》谓赧王十六年、梁惠王二十年卒，未知何据，如其书，更先三年卒）。鲁平公之卒，魏源《年表》系于周赧王二十年，言“《史记·六国年表》鲁平公立于周赧王元年，卒于赧王十九年；《鲁世家》则云：‘平公四年，秦惠王

卒；二十年，平公卒。’较《年表》多一年。故《索引》引皇甫谧云：‘鲁平公元年己巳，终甲子，是二十年也。’今本《世家》‘四年’误作‘十二年’，又云‘三十二年平公卒’，与皇甫谧及《索引》所见本不合，其误无疑”。则卒年亦先孟子。唯邹、穆、滕、文之卒，于史无考。……王应麟《通鉴答问》谓滕以赧王二十九年为宋灭。魏源《年表》以为其说近之；而谓“文公有谥，非亡国之君”。假定孟子卒于赧王二十六年，才先滕灭三年，文公非亡国之君，则卒年必在国灭之先，孟子尚在，殊不为过。邹、穆之问，魏源谓在赧王四年，虽不敢遽信，亦无法否认；果而距孟子之卒，且二三十年，况其时为初立，抑已立若干年，尚不可知，卒先孟子，亦非无理。总之，可知者皆卒先孟子，不可知者，不能据为《孟子》书必为卒后门弟子所追记之证也。至决汝汉，排淮泗而注之江之纰谬，伊尹王就汤王就桀之荒唐，亦不足为未经孟子寓目之证。……故余以为谓此为纰谬失实则可，以此断定非孟子曾经寓目则不可。

这里所述颇足以祛一般人之疑问，但既孟子“退而与万章之徒序《诗》、《书》，述仲尼之意，作《孟子》七篇”，为什么必定要作出这种对话式的记录，而不作出长篇的议论使人更易明了其宗旨？又，《荀子·非十二子》中说，子思、孟轲“案往旧造说，谓之‘五行’”，而今本《孟子》中竟绝无五行说之痕迹，如若此书果孟子与其弟子同撰或经孟子鉴定应否有此漏洞？但在现存《孟子》中颇能见出孟子学说思想，其为孟子弟子所撰，抑或孟子与其弟子同撰，时代先后，相去并不太远。《荀子·儒效》篇说：“行一不义、杀一无罪而得天下，不为也。”《王霸》篇说：“行一不义、杀一无罪而得天下，仁者不为也。”《议兵》篇说：“所存者神，所过者化；若时雨之降，莫不说喜。”并有暗袭《孟子》文之嫌疑；《吕氏春秋·上德》篇引“故曰德之速，疾乎以邮传命”。《审为》篇述太王居豳事，亦有袭用《孟子》之嫌。

（三）《孝经》之编定

《孝经》这一部书，是在群经中称经最早的，在《吕氏春秋》的《察微》篇、《孝行》篇均曾引《孝经》之文，但是关于《孝经》之著作者为何人，迄今仍无一定之论。历来推论《孝经》之作者约有八说：

1. 主张《孝经》为孔子所作者。（1）《汉书·艺文志》说：“《孝经》者，孔子为曾子陈孝道也。”（2）陆德明《经典释文》说：“《孝经》者，孔子为弟子曾参说孝道，因明天子庶人五等之孝、事亲之法。”（3）何休《公羊注》：“‘子曰，吾志在《春秋》，行在《孝经》。’则孔子自著也。”（4）徐彦《公羊疏》：“《孝经》者，尊祖爱亲，劝子事父，劝臣事君，理关贵贱，臣、子所宜行，故曰‘行在《孝经》’也。”（5）孙奭云：“夫《孝经》者，孔子之所述作也。”

2. 主张《孝经》为孔门所录者。（1）司马光云：“孔子与曾参伦孝，而门人书之，谓之《孝经》。”（2）唐仲有《孝经解·自序》：“孔子为曾参言孝道，门人录之，谓之《孝经》。”

3. 主张《孝经》为曾子所作者。（1）《史记·仲尼弟子列传》：“曾参，南武城人……孔子以为能通《孝经》，故授之业，作《孝经》。”（2）熊禾为董鼎《孝经大义》之序中云：“孔门之学，惟曾氏得其宗，曾氏之书有二：曰《大学》，曰《孝经》……而仅见于门人记录之书也。……要之，出于诸儒傅会，皆非曾氏门人所托旧文矣。”

4. 主张《孝经》为曾门所录者。（1）胡寅云：“《孝经》非曾子所自为也；曾子问孝于仲尼，退而与门弟子言之，门弟子类而成书。”（2）晁公武《郡斋读书志》云：“今首章云‘仲尼居’，则非孔子所著矣，当是曾子弟子所为书。”（3）何异孙《十一经问对》："《论语》是七十子门人所记，《孝经》只是曾子门人所记。"(4) 姚鼐云："《孝经》非孔子所为书也，而义出孔氏，盖曾子之徒所述者耳。"

5. 主张《孝经》为子思所作者。《经义考》卷二二二引冯氏云："子思作《中庸》，追述其祖之语乃称字，是书当成于子思之手。"

6. 主张《孝经》为齐鲁间陋儒所为者。(1) 朱熹云："《孝经》，疑非圣人之言。且如'先王有至德要道'，此是说得好处。然下面都不曾说得切要处着……如《论语》中说孝皆亲切有味，都不如此。"朱子又云："《孝经》独篇首六七章为本经，其后乃传文。然皆齐、鲁间陋儒家篡取《左氏》诸书之语为之，至有全然不成文理处。传者又颇失其次第，殊非《大学》、《中庸》二传之俦也。"(2) 朱子《孝经刊误后记》："熹见衡山胡侍郎《论语说》疑《孝经》引诗非经本文，初甚骇焉，徐而察之，始悟胡公之言为信，而《孝经》之可疑者，不但此也，因以书质之沙随程可久丈，程答书曰：'顷见玉山汪瑞明，亦以为此书多出后人傅会。'……"

7.《孝经》为孟子门人所作。(1) 陈澧《东塾读书记》："《孟子》七篇中与《孝经》相发明者甚多。"(2) 今人王正己著《〈孝经〉今考》也说：

> 从大体上看来，《孝经》思想有些与《孟子》的思想相同……合并起来，有以下各证：
>
> (一) 滕定公薨，世子使然友之邹，问孟子以丧事。孟子曰："不亦善乎！亲丧固所自尽也。曾子曰：'生事之以礼，死丧之以礼，祭之以礼，可谓孝矣。'诸侯之礼，吾未之学也。虽然，吾尝闻之矣，三年之丧，齐疏之服，飦粥之食，自天子达于庶人，三代共之。"以上的思想同《孝经》相出入。《孝经》有"春秋祭祀，以

时思之。生事爱敬，死事哀戚，生民之本尽矣，死生之义备矣”。又，“孝子之丧亲也，哭不哀，礼无容；言不文，服美不安，闻乐不乐，其旨不甘”。这简直是孟子思想的注解。

（二）孟子讲政治组织，次序总是以天子、诸侯、大夫，来对着天下、国、家。今《孝经·谏诤章》云：“昔者天子有诤臣七人，虽无道不失其天下；诸侯有诤臣五人，虽无道不失其国；大夫有诤臣三人，虽无道不失其家……”次序正同。





（三）孟子讲孝说是事亲能养，他的弟子听惯了这样的语调，所以《孝经》里有很多这样的词语。

（四）孟子有“子服尧之服，颂尧之言，行尧之行”的话，今《孝经·卿大夫章》说：“非先王之法服不敢服，非先王之法言不敢道，非先王之德行不敢行。”二者的意义正同。

（五）孟子说：“天子不仁，不保四海；诸侯不仁，不保社稷；卿、大夫不仁，不保宗庙；士、庶人不仁，不保四体。”而《孝经》首四章的次序正是天子、诸侯、卿大夫、士庶人；并且《天子章》云“刑于四海”，《诸侯章》云“保其社稷”，《卿大夫章》云“守其宗庙”，《士章》云“谨身”。这完全是由孟子的思想蜕化出来的。

由上五点看来，《孝经》大概是孟子门弟子作的。（《古史辨》第四册）

8.《孝经》为七十子徒之遗书。《四库全书总目提要》“《孝经》授受无绪，故陈骙、汪应辰皆疑其伪，今观其文，去二载所录为近，要为七十徒之遗书。河间献王采入一百三十一篇中，则亦《礼记》之一篇”。

综上八说看来，真是众说纷纭，莫衷一是。依我个人意见，则《孝经》实当为荀子门人所作。主张孔子所作或孔门所录，曾子所作或曾门所录，在宋人及清儒都不深信，主张为子思所作者仅据称仲尼字为证，更不足信。我们现在只有从后列三说中检讨出真相来。陈骙说《孝经·三才章》首，似据子产言礼之辞；《圣治章》末，似删北宫文子论仪之语，《事君章》“进思尽忠，退思补过”，此乃士贞子谏晋景公之辞；《圣治章》曰“以顺则逆，民无则焉，不在于善而皆在凶德”。此乃季文子对鲁宣公之辞。圣人虽远，稽格言不应雷同若此。黄震说：“晦庵朱先生因衡山胡侍郎及玉山汪瑞明之言，就古文《孝经》作《孝经刊误》，以天子至庶人五章，皆去子曰与引诗云之语，而并五章为一章，云疑所谓《孝经》者本文止如此。而指此为经，其余则移置次第而名之为传，并刊其用他书窜入者，如‘孝，天之经，地之义’至‘因地之义’，为《春秋左氏传》载子太叔为赵简子道子产之言；如‘以顺则逆’以下，为《左氏传》所载季文子、北宫文子之言；如‘进思尽忠，退思补过’，亦《左传》所载士贞子之言。遂以《孝经》为出于汉初《左氏传》未盛行之前，且云不知何世何人为之。”我们就陈、黄两氏所述看来，《孝经·三才章》首“子曰：夫孝，天之经也，地之义也，民之行也。天地之经，而民是则之。则天之明，因地之利，以顺天下”。崔氏采用《左传·昭公二十五年》“夫礼，天之经也，地之义也，民之行也。天地之经，而民实则之，则天之明，因地之性，生其六气，用其五行。气为五味，发为五色，章为五声”等语，《圣治章》中“以顺则逆，民无则焉，不在于善，而皆在于凶德，虽得之，君子不贵也”。确是采用《左传·文公十八年》“以训则昏，民无则焉。不度于善，而皆在于凶德，是以去之”等语，《圣治章》末“君子则不然，言思可道，行思可乐，德义可尊，作事可法，容止可观，进退可度，以临其民。是以其民畏而爱之，则而象之，故能成其德教，而行其政令”。确是采用《左传·襄公三十一年》“君有君之威仪，其臣畏而爱之，则而象之，故能有其国家，令闻长世。臣有臣之威仪，其下畏而爱之，故能守其官职，保族宜家”和“故君子在位可畏，施舍可爱，进退可度，周旋可则，容止可观，作事可法，德行可象，声气可乐，动作有文，言语有章，以临其下，谓之有威仪也”这一段，《孝经》袭《左传》尤为显明，在《孝经》中，不论“孝”而大讲其“德教”、“政令”，其不合一；“畏而爱之”，在《孝经》中，不如《左氏》之本以威仪言之有根，其不合二；《孝经》采《左氏》之言不如《左氏》之有伦次，“德义可尊”一语，亦不如《左氏》之有本，其不合三。《事君章》“君子之事上也，进思尽忠，退思补过，将顺其美，匡救其恶，故上下能相亲也”，亦不如《左传·宣公十二年》“林父之事君也，进思尽忠，退思补过”之有来历。陈骙、汪应辰所说，实非矫诬，只可惜他们还未看出《士章》“资于事父以事母，其爱同。资于事父以事君，其敬同”，《丧亲章》“孝子之丧亲也，哭不哀，礼无容，言不文，服美不安”之袭取《礼记·丧服四制》、《间传》、《问丧》，《丧服四制》因说“齐衰”，故有“资于事父以事母，其爱同”之语，《孝经·士章》不过利用《丧服四制》之语来释解下文，并不提到“母”、“爱”；“哭不哀”是就《间传》“大功之哭，三曲而哀”以说明斩衰之丧则不哀，“礼无容”是就《问丧》“……悲哀，稽颡触地，无容……”熔铸而成；《问丧》有“身不安美”，此则云“服不安美”，但显然“服”不及“身”之所指范围之广，意义亦不亲切。这已很可疑了。在《孝经·谏诤章》中说：“昔者天子有诤臣七人，虽无道，不失其天下；诸侯有诤臣五人，虽无道，不失其国；大夫有诤臣三人，虽无道，不失其家；士有诤友，则身不离于令名；父有诤子，则身不陷于不义。”这是袭取《荀子·子道》篇：“昔万乘之国，有诤臣四人，则封疆不削；千乘之国，有诤臣三人，则社稷不危；

百乘之家，有诤臣二人，则宗庙不毁。父有诤子，不行无礼；士有诤友，不为不义。故子从父，奚子孝？臣从君，奚臣贞？”两相对照，《荀子》之文，比较拙劣，只就二、三、四之数不及三、五、七之合用来看便可知。由这几条证据看来，《孝经》不惟暗袭《左传》，而且有暗袭《礼记》、《荀子》的地方，《荀子·子道》为荀卿弟子之作品，则《孝经》之最初出现，当出于荀卿之弟子。《荀子》亦好论孝道，述丧礼，重法行；《荀子》之论政治，亦好以天子、诸侯、大夫、士、庶人为言；荀卿弟子更获闻有诤臣、诤子之论，荀子在《臣道》篇中曾说“故谏诤辅拂之人，社稷之臣也”，有引“传曰：‘从道不从君’”，《子道》篇亦引“传曰：‘从道不从君，从义不从父’”，思想是相合的。故《孝经》为荀卿弟子所作，更比孟子所作尤有明据，而无冲突之点。《吕氏春秋·察微》篇曾引《孝经》曰：“高而不危，所以长守贵也；满而不溢，所以长守富也；富贵不离其身，然后能保其社稷而和其民人。”《孝行》篇又引《孝经》“故爱其亲不敢恶于人，敬其亲不敢慢于人；爱、敬尽于事亲而德教加于百姓，光于四海，此天子之孝也”。前者所引为《诸侯章》，后者所引为《天子章》，文字稍有不同，我们实难据此以否认《孝经》原书之出于先秦以前。朱子并其前五章为一章，其实依我看来，第六章恐至少亦与当前五章同出于先秦，《三才》、《孝治》、《圣治》、《纪孝行》、《五刑》、《广要道》、《广至德》、《广扬名》中是八章“增”、“广”前六章之义而作，《谏诤》、《感应》、《事君》、《丧亲》则补充前六章、中八章之义，本是《礼记》式的一篇文章，汉儒以之教授童蒙，故既为之分章，或更为齐鲁间之陋儒所窜入，这在我们现在已不能详加论断。

### （四）《尔雅》之编定

《尔雅》是解释群经的一部书，注重故训解释群经，是发生在西汉之世，由西汉经师所作，且为本无立名之作的。本无若何疑问，但传说上对于《尔雅》之作者亦有种种不同，主要有如下几种说法：

1.《尔雅》为周公所作。(1) 张揖《上广雅表》云："昔在周公，缵述唐虞，宗翼文武，克定四海，勤相成王……以导天下。著《尔雅》一篇，以释其义。"(2)《西京杂记》"辨《尔雅》"篇云："郭威字文伟，茂陵人也。好读书，以谓《尔雅》周公所制，而《尔雅》有'张仲孝友'。张仲，宣王时人，非周公之制明矣。"(3) 陆德明《经典释文·叙录》："《释诂》一篇，盖周公所作。"(4)《史记·三王世家》索隐："相传周公作《尔雅》，以教成王。"

2.《尔雅》为孔子所作。(1) 张揖《上广雅表》又云："今俗所传《尔雅》三篇，或言仲尼所增。"(2)《释文·序录》："《释言》以下或言仲尼所增。"

3.《尔雅》为孔子弟子所作。(1) 张揖《上广雅表》又云："或言子夏所益。"(2)《西京杂记》记郭氏说后续中云："余尝以问扬子云，子云曰：'(《尔雅》者) 孔子门徒游、夏之俦所记，以解释六艺者也。'"(3) 贾公彦《周礼疏》引郑玄《驳五经异义》云："《尔雅》者，孔子门人所作，以释六艺之旨，盖不误也。"(4)《郑志答张逸》云："《尔雅》之文杂，非一家之著。"(5)《释文·序录》："或言(《尔雅》) 仲尼所增，子夏所足。"

4.《尔雅》为秦汉时人所作。(1) 张揖《上广雅表》又云："或言叔孙通所补，或言沛郡梁文所考 ('考'字意义不明，王念孙《广雅疏证》云：考《尔雅》疏引作考，疑本作'着'，讹为'者'，又讹作'考'也)。皆解家所说，先师口传……是故疑不能明也。"(2) 欧阳修《诗本义》云："《尔雅》非圣人之书，不能无失，考其文理乃是秦汉之间学《诗》者纂集说《诗》博士解诂。"

5.《尔雅》为西汉末人所作。(1) 叶梦得《石林集》："《尔雅》多是诗类中语而取毛氏说为正，予意此但汉人所作耳。”（2）曹粹中《放斋诗说》：“今考其书，知《尔雅》，毛公以前其文犹略，至郑康成时则加详。何以言之？如‘学有缉熙于光明’，毛公云：‘光，广也。’康成则以为学于有光明者。而《尔雅》曰：‘缉熙，光明也。’又‘齐子岂弟’，康成以为犹言‘发夕’也。而《尔雅》曰：‘岂弟，发也。’‘薄言观者’，毛公无训。‘振古如兹’，毛公云：‘振，自也。’康成则以观为多，以振为古。其说皆本于《尔雅》。使《尔雅》成书在毛公之前，顾得为异哉？则其书在毛亨以后。……”案：平帝元始四年，王莽始令天下通《尔雅》者皆诣公车，故出自毛公之后矣。

6.《尔雅》为刘歆所作。康有为《新学伪经考》：“《尔雅》不见于西汉前，突出于歆校书时……盖亦歆所伪撰也……歆既伪《毛诗》、《周官》，思以证成其说，故伪此书，欲以训诂代正统。”又，“《尔雅》与《逸礼》、《古书》、《毛诗》、《周官》并征，其具为歆伪无疑。……考《尔雅》训诂，以释《毛诗》、《周官》为主，《释山》则有‘五岳’与《周官》合，与《尧典》、《王制》异；《释地》‘九州’与《禹贡》异，与《周官》略同；《释乐》与《周官·大司乐》同；《释天》与《王制》异；祭名与《王制》异，与《毛诗》、《周官》合”。

以上六说之中，《尔雅》始作于周公、孔子及孔门弟子之说，在古书中并无佐证。张揖谓为叔孙通所补，在《史》、《汉》中并无明据。梁文虽不详其为何人，但既无赫赫之名，而忽有推戴之举，或系《尔雅》最初之撰人。陈启源《毛诗稽古编》曾说：“《尔雅》与《毛诗》故训传相同。”孙星衍《〈尔雅·释地〉四篇后叙》也说：“《尔雅》所纪则皆《周官》之事。”康有为更由《释山》、《释地》、《释乐》、《释天》以说明为刘歆之伪撰，但以全书并为刘歆所伪，也未必尽然。依我看来，《尔雅》或本为《礼记》之一篇，原篇作者或系汉初经师至西汉末人，又有续添部分，和《孝经》一样，有原本，有增修。所谓《尔雅》之文杂，非一人之著，就作者言，当系如是。即非一人之著，则有汉初人所作，有治大学者所续，是很可能之事。张揖所云或为叔孙通所补，或为梁文所考，未必不可信，即康氏所云，证之以陈氏《毛诗稽古编》，孙氏《〈尔雅·释地〉四篇后叙》，《尔雅》完成于《毛诗》、《周官》既行之后，虽不必为刘歆伪撰而为治古文者所定，自非无理由之推证。《史学年报》第二卷第一期有吾友顾颉刚先生《读〈尔雅·释地〉以下四篇》一文，更论之云：

> 谓《尔雅》之作者为西汉人，予亦得有数证。其一，《释地》列九州，而云“江南曰扬州”。然《禹贡》曰“淮海惟扬州”，扬之北界为淮而非江。夺江北之地以与徐，自《尔雅》始。按西汉以临淮郡与广陵国属徐州，会稽与丹阳二郡属扬州，二州隔江相望，是正与《尔雅》之言契合也（惟此专就今江苏界言，若安徽境内之九江、庐江二郡及六安国则属扬州而在江北）。其二，《禹贡》表荆州之界曰“荆、河”，荆山在南郡临沮，若汉代之荆州则北超南郡而兼有南阳，荆山不复为其北界，故《尔雅》易之曰“汉南曰荆州”，汉水西来，固过南阳郡者也。其三，《汉书·郊祀志》记武帝元封五年，“巡南郡，至江陵而东，登礼灊之天柱山，号曰南岳”。至宣帝神爵中，定岳渎常礼，“东岳泰山于博，中岳泰室于嵩高，南岳灊山于灊，西岳华山于华阴，北岳常山于上曲阳”。今《释山》亦曰“泰山为东岳，华山为西岳，霍山为南岳，恒山为北岳，嵩山为中岳”，宛然符同（恒即常，避汉文帝讳改。霍即灊，故郭璞《尔雅注》云：“霍山今庐江灊县，灊水出焉。别名天柱山。”《广雅》亦云：“天柱谓之霍山。”）苟不出于武宣以后，何得有斯制度！其四，武帝太初元年始正历。

《汉书·律历志》记其事曰：“乃以前历上元泰初四千六百一十七岁，至于元封七年，复得阏逢摄提格之岁。”今《释天》于“岁阳”之首曰“太岁在甲曰阏逢”，于“岁名”之首曰“太岁在寅曰摄提格”，自甲寅始，岁名以寅起而子丑在末，非正历以后所纪，又安能若斯？其五，《礼记·大学》引《卫风》而释之曰：“《诗》云：‘瞻彼淇奥，菉竹猗猗。有斐君子，如切如磋，如琢如磨。瑟兮僩兮，赫兮喧兮。有斐君子，终不可谖兮。’‘如切如磋’者，道学也。‘如琢如磨’者，自修也。‘瑟兮僩兮’者，恂慄也。‘赫兮喧兮’者，威仪也。‘有斐君子，终不可谖兮’者，道盛德至善，民之不能忘也。”此承首章之“在明明德，在止于至善”言之，且以起下“克明德”与“作新民”之义也。今《释训》忽于解释细碎事物之中插入“‘如切如磋’，道学也”直至“民之不能忘也”一段，突然而来，嘎然而止，是必《尔雅》袭《大学》，非《大学》袭《尔雅》。按《大学》一书之著作时代已甚后。吾友傅斯年先生尝论之曰：“列国分立时之平天下……总都是些国与国间的关系。然而《大学》之谈‘平天下’但谈理财。理财本是一个治国的要务，到了理财成了平天下之要务，必在天下已一之后。……且《大学》末后大骂一阵‘聚敛之臣’。汉初兵革扰攘，不成政治，无所谓聚敛之臣。文帝最不会用聚敛之臣，景帝也未用过。只到了武帝，才大用而特用，而《大学》也就大骂而特骂。……如果《大学》是对时立论，意者其作于孔、桑登用之后，轮台下诏之前乎？”此论甚是。《大学》且在武帝时，况采用大学之《尔雅》乎！总斯数证，《尔雅》之作者不但可知为西汉人，且可知为武帝后人。至于采及《说苑》，其事更迟，其人且至哀、平间矣。郑樵有言：“谓华为‘荂’，谓茉初生为‘萚’，谓芦笋为‘虇’，谓藕绍绪为‘茭’，皆江南人语，又知作《尔雅》者江南人。”（《尔雅》郑注后序）予读《释水》诸篇，亦疑作者籍南方，故于淮水为较详。《释丘》举丘之专名仅有三，而“淮南有州黎丘”为其一，一也。《释水》举大川之支流而云“淮为浒”，二也。又云“濄为洵，颍为沙，汝为濆”，此三水皆入淮者，三也。按张揖之表列举本书作者，而沛郡梁文居殿，沛固当淮水之北，濄，颍，汝之下流。若然，郑氏之说亦微近之矣。（《史学年报》第二卷第一期，1934 年）

在此一文中，对于康氏说，曾谓：“此虽过于求新学伪经说之齐一，欲悉蔽罪于刘歆，而此书实有足以启人之疑者。梁文未知为西汉何时人，若在成、平之世，则亦未知其人与刘歆之关系何如，而其含有浓厚古文学色彩，与《毛诗》、《周官》二书尤相接近，是固甚显明之事也。”又说：“至于采及《说苑》等事更迟，其人且至哀、平间矣。”我们从这种迹象看来，《尔雅》之作者与其成书之年代，也大可以窥见其一斑了。

《四库提要》对于《尔雅》曾说：“其书……大抵小学家缀缉旧文，递相增益，周公、孔子皆依托之词。观《释地》有鶼鶼，《释鸟》又有鶼鶼，同文复出，知非纂自一手也。其书欧阳修《诗本义》以为学《诗》者纂集博士解诂。高承《事物纪原》亦以为大抵解诂诗人之旨。然释《诗》者不及十之一，非专为《诗》作。扬雄《方言》以为孔子门徒解释六艺，王充《论衡》亦以为《五经》之训故，然释《五经》者不及十之三四，更非专为《五经》作。今观其文，大抵采诸书训诂名物之同异，以广见闻，实自为一书，不附经义。如《释天》云：‘暴雨谓之涷。’《释草》云：‘卷施草，拔心不死。’此取《楚辞》之文也。《释天》云：‘扶摇谓之猋。’《释虫》云：‘蒺藜，蝍蛆。’此取《庄子》之文也。《释诂》云：‘嫁，往也。’《释水》云：‘瀵，大出尾下。’此取《列子》之文也。《释地·四极》云：‘西王母。’《释畜》云：‘小领，盗骊。’此取《穆天子传》之文也。《释地》云：‘东方有比目鱼焉，不比不行，其名谓之鲽。南方有比翼鸟焉，不比不飞，其名谓之鹣鹣。’此取《管子》之文也。又云：‘邛邛岠虚负而走，其名谓之蹷。’此取《吕氏春秋》之文也。又云：‘北方有比肩民焉，迭食而迭望。’《释地》云：‘河出昆仑虚。’此取《山海经》之文也。《释诂》云：‘天、帝、皇、王、后、辟、公、侯。’又云：‘洪、廓、宏、溥、介、纯、夏、幠。’《释天》云‘春为青阳’至‘谓之醴泉’，此取《尸子》之文也。《释鸟》曰：‘爰居，杂县。’此取《国语》之文也。如是之类，不可殚数。盖亦《方言》、《急就》之流……”《尔雅》取材之广，非如汉人之其他著作之可以向壁虚造，也不是一人之力所能为；在汉初时，且有一人不能尽一经之说，然则此书取材之丰，亦足以证其出于哀、平之世；平帝元始五年，“征天下通知逸经、古记、天文、历算、钟律、小学、史篇、方术、本草及以《五经》、《论语》、《孝经》、《尔雅》教授者，在所为驾一封轺传，遣诣京师。至者数千人”。这时正是增广《尔雅》的好机会，曹粹中《放斋诗说》所云，也颇有其理由。

# 第八章
# 群经篇第与内质分析

## 第一节　群经篇第之异同





在上一章中，我们由经之名数、次第，以见经名之真义、经数之发展，此两点即可以确定我们对于经学而当注意之现象以及所当叙述之范围。现在我们可从各经分别来看它们的内容以及群经篇章之多寡如何，群经所述之义理如何，这也是我们所当注意之现象以及叙述之范围的。关于篇章，因为群经在秦季统一后曾遭焚禁之厄，于是在汉代发生了古写本与今写本之争执，即所谓经今古文之争。而所谓今文古文，依贾公彦之《仪礼注疏》解释说："遭于暴秦燔灭典籍，汉兴，求录遗文，之后有古书今文。《汉书》云：'鲁人高堂生为汉博士，传《仪礼》十七篇，是今文也。至武帝之末，鲁恭王坏孔子宅，得古《仪礼》五十六篇，其字皆以篆书，是为古文也。'"（唐贾公彦：《仪礼注疏》卷一）《周礼注疏》解释说："郑注《周礼》时有数本，刘向未校之前，或在山岩石室有古文，考校后为今文。"（汉郑玄注，唐贾公彦疏《周礼注疏》二）孔颖达《尚书注疏·尧典第一》疏云："检古本并石经直言'尧典第一'，无《古文尚书》。以孔君从隶古，仍号'古文'，故后人因而题于此，以别伏生所出、大小夏侯及欧阳所传为今文故也。"由此所述看来，古文是从山岩屋壁所发现的古文写本，今文是博士所传及考校后的今文写本。马端临《文献通考》说："汉所谓古文者，科斗书；今文者，隶书也。唐所谓古文者隶书，今文者世所通用之俗字也。"（《文献通考·经籍之四》）

皮锡瑞《经学历史》说："今文者，今所谓隶书，世所传《熹平石经》及孔庙等处汉碑是也。古文者，今所谓籀书，世所传岐阳石鼓及《说文》所载古文是也。隶书，汉世通行，故当时谓之今文；犹今人之于楷书，人人尽识者也。籀书，汉世已不通行，故当时谓之古文；犹今人之于篆、隶，不能人人尽识者也。"（清皮锡瑞：《经学历史》）马氏以"科斗书"为古文，皮氏以籀书为古文，虽不如近人之考定古文为六国文字之允确（详下第四篇第二章），然以今文为隶书则是不错的。今文、古文之别是写本不同，但亦尽为版本问题，据章炳麟说："今古文底区别，本来只在文字版本上；因为六经遭秦火，秦代遗老就所能记忆的用当代语言记出，称为今文，后来从山岩屋壁发见古时原本，称为古文；也不过像近代今板古板的分别罢了。但今文所记忆，和古文所发现的篇幅的多少，已有不同；今文家所主张和古文家所说，根本上又有不同；因此分道扬镳。"（《国故学讨论集》一，群学书社，1927年）今文所记忆和古文所发现的篇幅的多少的确已有不同，这是今古文的重要问题之一。我们欲知群经篇第并略知经今古文问题之真相，对此篇第异同，应当特别加以注意。这一问题得以明了，其他今古经文之异同，今古经说之异同，都可迎刃而解。现在我们对于各经，可以根据其篇第，然后一一加以说明。





## 一　《毛诗》之篇第

《诗》之今古，据《汉志》说："孔子纯取周诗，上采殷，下取鲁，凡三百五篇。遭秦而全者，以其讽诵，不独在竹帛故也。汉兴，鲁申公为《诗》训故，而齐辕固、燕韩生皆为之传。或取《春秋》，采杂说，咸非其本义。与不得已，鲁最为近之。三家皆列于学官。又有毛公之学，自谓子夏所传，而河间献王好之，未得立。"（《汉书》卷三〇《艺文志》）今文三家《诗》之篇数，俱为三百五篇，而且遭秦而全，并无遗佚。但是我们将《毛诗》与三家《诗》比较来看：

**（一）《毛诗》篇章多于今文者。此例有二**

1.《毛诗》三百十一篇，比“三家”本多六“笙诗”：《南陔》、《白华》、《华黍》、《由庚》、《崇丘》、《由仪》。这六《笙诗》，据《毛序》说：“《南陔》，孝子相戒以养也；《白华》，孝子之洁白也；《华黍》，时和岁丰，宜黍稷也；有其义而亡其辞。”郑笺：“此三篇者，《乡饮酒》、《燕礼》用焉。曰，‘笙入，立于县中，奏《南陔》、《白华》、《华黍》是也’。……遭战国及秦之世而亡之。”（《诗》九之四）《毛序》又说：“《由庚》，万物得由其道也。《崇丘》，万物得极其高大也。《由仪》，万物之生各得其宜也，有其义而亡其辞。”郑笺：“此三篇者，《乡饮酒》、《燕礼》亦用焉。曰，‘乃间歌《鱼丽》，笙《由庚》，歌《南有嘉鱼》，笙《崇丘》；歌《南山有台》，笙《由仪》。亦遭世乱而亡之’。”（《诗》十之一）这六“笙诗”是古文《毛诗》所多于今文者，但《毛序》说其“有义而亡辞”，然郑玄以为“遭战国及秦之世而亡之”。《汉书·艺文志》明云：《诗》“凡三百五篇，遭秦而全者，以其讽诵，不独在竹帛故也”。在秦遗老所能讽诵之诗，本无一篇亡佚，何至三百五篇全能记忆，而独忘此乡饮、燕礼所常用之六“笙诗”？这完全于理不通，而至汉初，鲁、齐、韩三家《诗》，均无此六“笙诗”，三家所忘，不多不少，同此六“笙诗”；而所同忘者，非六“笙诗”之辞，乃仅六“笙诗”之目，岂非尤为奇迹？究竟是今文所记忆的六“笙诗”少，还是古文所发现的多？这自然要引起人们的疑问。第一个兴问罪之师者为洪迈，其《容斋续笔》云：

> 《南陔》、《白华》、《华黍》、《由庚》、《崇邱》、《由仪》六诗，毛公为《诗诂训传》，各置其名，述其义，而亡其辞。《乡饮酒》、《燕礼》云，“笙入堂下，磬南北

面立。乐奏《南陔》、《白华》、《华黍》”，“乃间歌《鱼丽》，笙《由庚》；歌《南有嘉鱼》，笙《崇丘》；歌《南山有台》，笙《由仪》；乃合乐，《周南》：《关雎》、《葛覃》、《卷耳》，《召南》：《鹊巢》、《采苹》、《采蘩》”。窃详文意，所谓歌者，有其辞所以可歌，如《鱼丽》、《嘉鱼》、《关雎》以下是也；亡其辞者不可歌，故以笙吹之，《南陔》至于《由仪》是也。有其义者，谓“孝子相戒以养”、“万物得由其道”之义，亡其辞者，元未尝有辞也。郑康成始以为及秦之世而亡之。又引《燕礼》“升歌《鹿鸣》、下管《新宫》”为比，谓《新宫》之诗亦亡。按《左传》：“宋公享叔孙昭子，赋《新宫》。”杜注：“为逸诗，则亦有辞，非诸篇比也。”陆德明《音义》云：“此六篇盖武王之诗，周公制礼，用为乐章，吹笙以播其曲。孔子删定在三百一十一篇内。及秦而亡。”盖祖郑说耳。且古诗经删及逸不存者多矣，何独列此六名于《大序》中乎？束皙补亡六篇，不作可也。（洪迈《容斋续笔》卷第十五）

其次是康有为，其《新学伪经考》云：

《史记·孔子世家》称“三百五篇”；王式称“臣以三百五篇谏”（见《儒林传》）；《志》亦云“孔子纯取周诗，上采殷，下取鲁，凡三百五篇”。三家说皆同，而《毛诗》多“笙诗”六篇，则篇目增多。其伪十二。他如，《汉广》“德广所及”，《白华》“孝子之洁白”，《崇邱》“万物得极其高大”，《雨无正》“众多如雨而非所以为正”之等，率皆望文生义，绝无事实，则空辞敷衍，其伪十三。

其次为皮锡瑞《经学通论》云：

汉初史迁、王式诸人皆云《诗》三百五篇，无有云三百十一篇者，是不数六“笙诗”甚明。《毛诗故训传》不列什数，则序云“有其义而亡其辞”，亡字当读有无之无。郑君以为亡逸之亡，《笺》云：“孔子论《诗》，雅、颂各得其所，时俱在耳，篇第当在于此。遭战国及秦之世而亡之，其义则与众篇之义合编，故存。至毛公为《诂训传》，乃分众篇之义，各置于其篇端。云：又阙其亡者，以见在为数，故推改什首，遂通耳，而下非孔子之旧。”自郑君为此说，陆德明、孔颖达、成伯玙皆以为《诗》三百十一篇，与汉初人云三百五篇不合矣。（皮锡瑞《经学通论·二 诗经》之《论南陔六诗与金奏三夏不在三百五篇之内》）

乃至于古文家章炳麟于《论语》学之派别中，亦不得不云：

诗因叶韵易于记忆，当时并未失传，本无今古之分，毛氏所传《诗》三百十一篇，比三家所传多“笙诗”六篇，而所谓“笙诗”也只有名没有内容的。《毛诗》所以列于古文，是立说不同。他的立说，关于事实和《左传》相同，关于典章制度和《周礼》相同，关于训诂又和《尔雅》同的。（《国故学讨论集》一，群学书社，1927 年）

由这几说看来，今文所记忆的并不少，古文所发现的也并不多，所多的“笙诗”“也只有名没有内容的”，不是真多，而是假多，那不过是以晚出书冒充古本，貌为篇幅增多，以求胜于今文，一经指摘，便是古文家亦不能为之回护。洪、皮诸家所云尚非彻底之论。我们只看古代用乐凡笙管奏原本无辞，《仪礼》于六“笙诗”言“间歌《鱼丽》，笙《由庚》”，郑注：“间，代也。谓一歌则一吹”。《周礼·春官·乐师》“教乐仪，行以《肆夏》，趋以《采荠》”。郑司农云：“《肆夏》、《采荠》皆乐名，或曰皆逸《诗》。谓人君行步以《肆夏》为节，趋疾于步则以《采荠》

为节。若今时行礼于大学，罢出以《鼓陔》为节。”《仪礼·燕礼》记“升歌《鹿鸣》，下管《新宫》”。《后汉书·明帝纪》：永平二年冬十月“诏曰……升歌《鹿鸣》，下管《新宫》，八佾具修，万舞于庭”。惠栋云：“案此则后汉《新宫》之乐尚存。”《肆夏》、《新宫》至后汉乐尚存而辞不传，足知管奏之乐原本无辞，则笙奏之乐亦无辞可知。《毛序》于六“笙诗”言“有其义而亡其辞”，“有”、“亡”相对而言。《诗》云“葛有曷亡”，《论语》言“夷狄之有君，不如诸夏之亡”；“有马者借人乘之，今亡”；“焉能为有，焉能为亡”，并“有”。“亡”相对之铁证。然《毛诗序》云“有其义”，强立各名目，貌为增多，其为赝古，不待详言。

2.《小雅·都人士》之首章，王先谦《诗三家义集疏》辩之云：“此诗毛氏五章，三家皆止四章。《孔疏》云：《左襄十四年传》引此诗‘行归于周，万民所望’二句，服虔曰：‘逸诗也。《都人士》首章有之。’《礼·缁衣》郑注云‘《毛诗》有之，《三家》则亡’，今《韩诗》实无此首章。细味全诗，二、三、四、五章‘士’、‘女’对文，此章单言‘士’，并不及‘女’，其词不类。且首章言‘出言有章’，言‘行归于周，万民所望’，后四章无一语照应，其义亦不类。是明明逸诗孤章，毛以首二句相类，强装篇首，观其取《缁衣》文作《序》，亦无谓甚矣。”王氏并不如何信今文，而对《毛诗》亦诋为“强装篇首”，“无谓甚矣”，其所持说足见《毛诗》之非真古本。

**（二）《毛诗》篇次之倒误者。此例有二**

1.《召南》中《采苹》、《草虫》的倒置。据《困学纪闻》引曹粹中《放斋诗说》云：“《齐诗》先《采苹》而后《草虫》。”陈乔枞云：“据《仪礼》，合乐歌《周南》，则《关雎》、《葛覃》、《卷耳》三篇同奏；歌《召南》，则《鹊巢》、《采蘩》、《采苹》同奏。是知古《诗》篇次原以《采苹》在《草虫》之前，三家次第容与毛异，曹说非无据也。”（《三家诗遗说考》）龚橙《诗本谊》云：“《仪礼》合乐皆言《采蘩》、《采苹》，《左传》亦言风有《采蘩》、《采苹》。孔《疏》云：‘《齐诗》先《采苹》而后《草虫》。’”（龚橙《诗本谊》，丛书集成续编，第一〇八册）王先谦云：“曹说即本《仪礼》为说，《三家》皆同。”《毛诗》如果为真古本，则不当与《左氏》、《仪礼》不合。《仪礼》：合乐《召南》，《鹊巢》、《采蘩》、《采苹》三篇同奏。足见原编此三篇本连类相及，《毛诗》次第与古本不合，显非真古写本。

2.《邶》、《鄘》、《卫》诗分卷之讹误。《邶》、《鄘》、《卫》诗的分卷，这一点也是《毛诗》貌为增多的地方，试看龚橙《诗本谊》云：“《艺文志》齐、鲁、韩《诗》皆二十八卷，独《毛诗故训传》三十传，是三家《邶》、《鄘》、《卫》不分卷也。《左传》季札观乐为之歌《邶》、《鄘》、《卫》，曰，是其《卫风》乎？北宫文子称《卫诗》曰‘威仪棣棣，不可选也’，今《邶风》之首也。是知太师之旧，本不分三。毛既分三，而同一庄姜诗《绿衣》、《日月》、《终风》在邶，《硕人》在卫；同一宣公宣姜伋寿之诗，《新台》、《二子乘舟》在邶，《鹑奔》在鄘；同一卫女诗，《泉水》在邶，《载驰》在鄘，《竹竿》、《河广》在卫。《泉水》、《新台》倒次，《载驰》、《定之方中》倒次，即以《序》论，亦不相类。”（龚橙《诗本谊》，丛书集成续编，第一〇八册）龚氏据《左氏》，以太师之旧本不分三，而《毛诗》分三，《泉水》等诗倒次，与《序》“亦不相类”，凡所指摘，实有明据，亦是以见《毛诗》与古本不合，非真古本。

**（三）《毛诗》章句之少于今文者。此例有四**

1.《卫风·硕人》篇“素以为绚兮”句，陈乔枞云：“《鲁》有‘素以为绚兮句’者，《列女传》云‘仪貌壮丽，不可不自修整’正指此章言。《论语》子夏引：‘巧笑倩兮，美目盼兮，素以为绚兮。’《说文》：‘素，白致绘也。’《聘礼》注：‘采成文曰绚。’以《列女传》证之，《鲁诗》本有此一句。‘手如柔荑’六句，历述仪貌之壮丽，‘素以为绚’，喻当加修整意。所以儆姜之衰惰，取义深至，而《毛诗》无之，故昔以为逸诗耳。”（王先谦《诗三家义集疏》卷三下）

2.《唐风·扬之水》篇“妨其躬身”句，《毛诗》之《唐风·扬之水》篇则为“我闻有命，不敢以告人”。在《荀子·臣道》篇引诗作“国有大命，不可以告人，妨其躬身”，则多一句。对此段玉裁云：“此所云即诗之异文，前二章六句，此章四句，殊太短，恐汉初相传有脱误也。”王先谦云：“荀子传《诗》于浮丘伯，为《鲁诗》之祖，盖《鲁诗》如此。”（王先谦《诗三家义集疏》卷八）凡所指摘，实有明据，很可见《毛诗》之非真古本。

3. 是《雨无正》篇《序》与诗异。《雨无正·序》说：“《雨无正》，大夫刺幽王也。雨自上下者也，众多如雨，而非所以为政也。”朱子《诗集传》云：“欧阳公曰：古之人于诗，多不命题，而篇名往往无义例。其或有命名者，则必述诗之意，如《巷伯》、《常武》之类是也。今《雨无正》之名，据《序》所言，与诗绝异。当阙其所疑。元城刘氏曰：尝读《韩诗》，有《雨无极》篇，《序》云：《雨无极》，正大夫刺幽王也。至其诗之文，则比《毛诗》篇首多‘雨无其极，伤我稼穑’八字。愚按：刘说似有理。……”（朱熹《诗集传》卷五）此《毛诗》少于今文之一例。亦《毛诗》望文生义之一例。

4.《周颂·般》篇“于绎思”句，据《诗三家义集疏》引各家说云，注：“《三家》‘命’下有‘于绎思’句，与《赉》篇同。”王先谦云：“《三家》‘命’下有‘于绎思’句者，《释文》云：‘于绎思’《毛诗》无此句。《齐》、《鲁》、《韩》有之。今《毛诗》有者，衍文也。崔《集注》本有，是采三家之本，崔因有故解之。”臧镛堂云：“此句涉上《赉》篇而误，即在三家，亦为衍文。”阮元云：“《释文》所说，自得其实，臧氏乃并三家此句亦以为衍，误矣。”“愚案：《独断》言‘《般》一章七句’，亦不数此句，陆云三家皆有，或《鲁诗》有二本也。《礼·王制》：‘五岳视三公，四渎视诸侯。’《赉》封功臣而望其绎思，《般》祭山川之神亦望其绎思，一也。《时迈》之诗曰‘怀柔百神’，若神不能绎思，无为用‘怀柔’矣。臧氏谓在三家亦为衍文，殆不然乎？”（王先谦《诗三家义集疏》卷二十六）

**（四）《毛序》、《毛诗》比三家诗多，更有《诗序》一卷**

依《汉志》所列《诗经》：二十八卷，鲁、齐、韩三家；《毛诗》二十九卷。《毛诗》比三家多之一卷，实为《诗序》。王先谦《汉书补注》谈《毛诗》云：“此盖《序》，别为一卷，故合全经为二十九。”其说甚是。但以三家全经并以《序》冠篇首，故皆二十八卷；十五国《风》十三卷（《邶》、《鄘》、《卫》共一卷），《小雅》七十四篇为七卷，《大雅》三十一篇为三卷，《鲁》、《商》、《颂》各为一卷，共二十八卷；三家《诗》是否全有《序》，实待明证，不能以零篇断简即信“三家”并有《诗序》的。《毛诗序》非经文，而亦列入经文，这实是《毛诗》所多于“三家”者。《诗序》作者，旧说甚多，然其说诗，而非诗文，实极显明。旧说多认为非孔子、子夏作，实有晚出之嫌疑，不能以为古本如是。在我所编武汉大学《经学史讲义》中，曾有《诗毛序略说》，后摘录一部分为顾颉刚辑郑樵《诗辨妄》序列，举《毛序》之病诗凡十端，以见《诗序》之妄，兹更移录以略见之：

1. 杂取传记。叶梦得说：“且宏之《序》有专取诸书之文而为之者。……‘诗有六义，一曰风，二曰赋，三曰比，四曰兴，五曰雅，六曰颂。’其文全出于周官。‘情动于中而形于言，言之不足，故嗟叹之。’其文全出于《礼记》。‘成王未知周公之志，公乃为诗以遗王。’其文全出于《金縢》。‘高克好利而不顾其君……高克奔陈。’其文全出于《左传》。‘微子至于戴公，其间礼乐废坏。’其文全出于《国语》。‘古者长民，衣服不贰，从容有常，以齐其民。’其文全出于《公孙尼子》。则《诗序》之作，实在数书既传之后，明矣。”我们现在看来，《毛序》用《左传》的地方，如《卷耳序》言“求贤审官”，及庄姜、宣姜、许穆夫人、郑庄、郑忽、齐文姜诸诗，比较最多。其次是《礼记》，《采蘩》“夫人不失职也”，《采苹》“大夫妻能循法度”，皆本《射义》为言。《潜》诗则全袭《月令》，最为“显露弊窦”。(姚际恒《诗经通论·论旨》：“诗序庸谬者多，而其谬之大及显露弊窦者，无过《大雅·抑》诗，《周颂·潜》诗……《潜》诗则全袭《月令》，故知其为汉人。”）其余同于《论语》、《孟子》的也不少。(范处义曰：“论语曰：‘周有大赉，善人是富’。此夫子记周家之政也。而与《赉》之序同。《关雎序》亦有采自《论语》，《北山序》同《孟子》。”说见前）此皆《毛序》之杂取传记者，若《卷耳》、《采苹》诸序（详下），其错误更显而易见。

2. 迭见重复。叶梦得曰：“‘《载驰》之诗，许穆夫人作也。悯其宗国颠覆矣’，又曰‘卫懿公为狄人所灭’。《丝衣》之诗，既曰‘释，宾尸’矣。又曰‘灵星之尸’，此盖众说并传。卫氏得善辞美意，并录而不忍弃之，此吾所谓杂取诸书之说而重复互见也。”今按《关雎》之序，语多重复。《江有汜序》，语意三截，至疑非一人之词。(王先谦曰：“推究序文，语意三截……且如毛说，末章‘啸歌’义不可通，知《序》之不出于一人。”）其错误也可以想见。(参看《毛诗李黄集解》李樗说)

3. 随文生义。朱子说：“《小序》大无义理，皆是后人杜撰……多就《诗》中诗采摭言语，更不能发明《诗》之大旨。才见有‘汉之广矣’之句，便以为‘德广所及’；才见有‘命彼后车’之言，便以为不能‘饮’‘食’‘教’‘载’；《行苇》之《序》，但见‘牛羊勿践’，便谓‘仁及草木’；但见‘戚戚兄弟’，便为‘亲睦九族’；见‘黄耇台背’，便谓‘养老’；见‘以祈黄耇’，便谓‘乞言’；见‘介尔景福’，便谓‘成其福禄’。随文生义，无复论理。”其实，《序》的随文生义，《汉广》而外，以《雨无正》为最（此郑樵说）。康有为也说：“《白华》孝子之洁白，《崇丘》万物得极其高大，《雨无正》众多如雨而非所以为正之类，皆望文生义，一味空衍。”（朱子《白华诗序辨说》：“此《序》尤无理。”）此类甚多，不可枚举（如以《将仲子》为祭仲，“维暴之云”为刺暴公皆是）。

4. 附经为说。叶梦得说：“《驺虞》之诗，先言‘人伦既正，朝廷既治，天下纯被文王之化’，而复继之以‘搜田以时，仁如驺虞，则王道成’。《行苇》之诗，先言‘周家忠厚，仁及草木’，然后继之以‘内睦九族，外尊事黄耇，养老乞言’。此又吾所谓委曲婉转，附经而成其义也。”我们再看：《螽斯》的《序》，说“若螽斯不妒忌，则子孙众多也”；《褰裳》的序，说“狂童恣行，思大国之正己也”；《荡》序，说“天下荡荡，无纲纪文章”。皆附会经义作解释。此类亦多，不必具举。

5. 曲解诗意。《毛序》之不合诗意者，其例甚繁，触目皆是，《小星》一诗，本是奉使言劳之诗。而《序》以为“夫人惠及贱妾”。洪迈《容斋三笔》说“《诗序》不知何人所作，或是或非，前人论之多矣。惟《小星》一篇，显为可议。……诸侯有一国，其宫人嫔妾，虽云至下，固非闾阎贱微之比，何至抱衾而行。……其说可谓陋矣!”《毛诗·终风》的《序》说：“庄姜伤己也，遭州吁之暴。”朱子说是：“详玩诗词，有夫妇之情，未见母子之意。”《雄雉》的序说：“刺卫宣公也，淫乱不恤国事。”姚际恒说：“篇中无刺讥淫乱之意。”这都是《序》与诗意不合的地方，其他妄生美刺，附会书史者，其大多如此。

6. 不合情理。朱子说：“《卷耳》之《序》，以求贤审官，知臣下之勤劳，为后妃之志，事固不伦矣。况诗中所谓‘嗟我怀人’，其言亲昵太甚，宁后妃所得施于使臣者哉！《桃夭》之诗，谓婚姻之时，国无鳏民，为后妃之所致，而不知其为文王刑家及国，其化固如此，岂专后妃所能致耶!”这都是序的不合情理的地方。《序》中措辞也多如此，如谓“若螽斯之不妒忌”。（欧阳修《诗本义》说：“诗人安知其心不妒忌。”）“德如鸤鸠乃可以配”，“节俭正直德如羔羊”。（方玉润曰：“羔羊亦何节俭正直之有。”）皆极不近情理，难怪郑樵谓“为村野妄人所作”，非诬也。

7. 妄生美刺。朱子说：“变《风》诸诗，未必是刺者，皆以为刺，未必是言此人，必附会以为此人。《桑中》之诗，放荡留连，止是‘淫’者相戏之辞，岂有刺人之恶，而反自陷于流荡之中。《子衿》词意轻儇。亦岂刺学校之辞?《有女同车》等，皆以为刺忽而作。郑忽不娶齐女，其初亦是好的意思，但见后来失国，便将许多诗尽为刺忽而作。考之于忽，所谓淫昏暴虐之类，皆无其实。至遂目为‘狡童’，岂诗人爱君之意?况其所以失国，正坐柔懦阔疏，亦何狡之有?幽厉之刺，亦有不然。《甫田》诸篇，凡诗中无诋讥之意者，皆以为伤今思古而作，其他谬误，不可胜说。”更何况《雄雉》、《匏有苦叶》诸诗的非刺卫宣，《伯兮》、《有狐》的并非刺时，直见《序》之妄生美刺。朱子说“未必是刺者，亦皆以为刺”，说甚是也。

8. 自相矛盾。《毛诗李黄集解》李樗说：“《鱼丽》之诗，既以为‘文、武以《天保》以上治内，《采薇》以下治外，始于忧勤，终于逸乐’。《常棣》之诗又曰：‘闵管蔡之失道，故作《常棣》焉。’此又成王之诗也。”朱子《常棣诗序辨说》曰：“《序》得之，但与《鱼丽》之《序》相矛盾。”我们更看：《北门序》说：“刺仕不得志也。”又说：“言卫之忠臣，不得其志尔。”那就不是刺一般的仕。（《静女序》说：“刺时也，卫君无道，夫人无德。”也不是刺一般的时）他如《抑》诗《序》说：“卫武公刺厉王亦以自儆也。”武公不与厉王同时，二义不能并存。（说详见朱子《诗序辨说》）《野有死麕》序说：“天下之乱，强暴相陵，遂成淫风。”又说：“被文王之化，虽当乱世，犹恶无礼也。”成淫风则非恶无礼。二义也不能兼有。以上都是自相矛盾的例子。欧阳修《诗本义》也说：“‘《诗序》失于二《南》者多矣！……于《芣苢序》则曰：天下和平，妇人乐有子。于《麟趾序》则曰：《关雎》化行天下，无犯非礼者。于《驺虞序》则曰：天下纯被文王之化。’既曰如此矣。于《行露序》则反有‘强暴之男侵陵贞女而争讼’。……据《野有死麕》序则又云：‘天下大乱，强暴相陵，遂成淫风，惟被文王之化者，犹能恶其无礼也。’其前后自相抵牾，无所适从。”



9. 附会书史。朱子《柏舟诗序辨说》：“诗之文意事类，可以思而得，其时世名氏，则不可以强而推。……若为《小序》者……不知其时者，必强以为某王某公之时；不知其人者，必强以为某甲某乙之事，于是附会《书》史，依托名谥，凿空妄语，以诳后人。……且如《柏舟》……今乃断然以为卫顷公之时……盖



其偶见此诗冠于三卫变《风》之首，是以求之春秋之前，而《史记》所书……独顷公有赂王请命之事，其谥又为甄心动惧之名，如汉诸侯王必其尝以罪谪，然后加以此谥，以是意其必有弃贤用佞之失，而遂以此诗与之。……凡《小序》之失，以此推之，什得八九矣。”朱子对于《鸡鸣序》之附会哀公、《蟋蟀序》之刺僖公、《宛丘序》之刺幽公、《衡门序》之诱僖公，都以为恶谥得之。(略本郑樵）这都是毛序附会书史之明验。除此而外如：《式微序》说：“黎侯寓于卫。其臣劝以归也。”《旄丘序》说：“责卫伯也，狄人逐追黎侯，黎侯寓于卫。”崔述考订这两诗说：“黎之失国，在鲁文宣之世，酆舒为政之时，上距卫之渡河，已数十年，黎侯何由得寓于卫？卫亦安能复黎之国乎？其时不符，一也。黎在山西，卫在山东，而诗乃云‘狐裘蒙茸，匪车不东’。方欲西归，而反以不东为解，岂非所谓北辕将适楚乎？其地不合。二也。且黎既失国，则其故土为狄所据，黎侯安能归国，而

其臣乃劝之。”这也是《序》之附会《书》史而失实者。又如《击鼓》一诗，《序》以为卫州吁用兵暴乱，从公孙文仲将而平陈与宋，附会鲁隐公四年伐郑之事。《扬之水》一诗，《序》以为刺平王不抚其民而远屯戍于母家，附会《史记》申侯与弑幽王之说，都不合于史实（详见姚际恒《诗经通论》、崔述《读风偶识》）。

10. 误解传记。崔述又说：“《绿衣》以下四篇，《序》皆以为庄姜之诗。《绿衣序》云：‘卫庄姜伤己也。妾上僭，夫人失位而作是诗也。’《日月序》云：‘庄姜遭州吁之难，伤己不见答于先君，以至困穷也。’余按《春秋》传文，绝无庄姜失位而不见答之事。桓公，戴妫子也，而庄姜以为己子，立以为太子；非夫妇一体，安能得之于庄公。……原序所以为是说者，无他，皆由误解《春秋》传文，谓庄姜无子，由于庄公之不答。是以《硕人序》云‘庄姜贤而不答，终以无子’，岂尽在答与不答哉?”还有《将仲子序》说：“刺庄公也……祭仲谏而公弗听，小不忍以至大乱焉。”郑庄之于叔段，实在并无亲爱之意，“避贤远讥，任其自毙”。(此用马其昶《毛诗学》语）并无小不忍之义。《载驱序》说：“刺鲁庄公也。……人以为齐侯之子焉。”齐侯之子，是文姜的谗言，并不是真的“齐侯之子”也。此皆误解传记者。杂取众说，而又误解，我们可以看出《毛序》的病痛实在是太多了。(以上引自《诗经六论》)

以上《诗》今古文之异同，我们引用洪迈、章炳麟诸家说，以见《毛诗》多六《笙诗》只有名目、没有内容之貌为增多，而非真古本；引用段玉裁、欧阳修诸家说以见《毛诗》有多于或少于三家之文句之不合古本；引用《仪礼》、《左传》及诸家说以见《毛诗》之《草虫》、《采苹》及《邶》、《鄘》、《卫》诸诗次第之非古本之真面目；更综合古籍及近儒说以《诗序》之坏诗，《毛诗》非真古本已可显见。《毛诗》还有一些与《左传》、《国语》、

《孟子》、《荀子》所引诗文不合之处，更有文句脱误，以及文字不古之处，这些留待本书第五篇再为说明。

## 二 《尚书》之篇第

《尚书》的篇目是比较《诗》、《礼》诸经稍为复杂些的。据《汉志》云："故《书》之所起远矣，至孔子纂焉。上断于尧，下讫于秦，凡百篇，而为之序，言其作意。秦燔书禁学，济南伏生独壁藏之。汉兴亡失，求得二十九篇，以教齐、鲁之间。讫孝宣世，有欧阳、大小夏侯氏立于学官。《古文尚书》者，出孔子壁中。武帝末，鲁恭王坏孔子宅，欲以广其宫。而得《古文尚书》及《礼记》、《论语》、《孝经》凡数十篇，皆古字也。恭王往入其宅，闻鼓琴瑟钟磬之音，于是惧，乃止不坏。孔安国者，孔子后也，悉得其书，以考二十九篇，得多十六篇。安国献之。遭巫蛊事，未列于学官。"我们现在所由知百篇《尚书》之目者，实由所谓百篇之《序》，但伏生所传今文只二十八篇，加后得之《泰誓》一篇，共为二十九篇。据出土之汉石经《书序》残石可知(参见钱玄同《重论经今古文学问题》，《古史辨》第五册)。《汉志》列《尚书》古文经四十六卷，注云："为五十七篇。"经二十九卷，注云："大小夏侯二家，欧阳经三十二卷，欧阳章句三十一卷，大小夏侯章句经二十九卷。"欧阳经之所以成为三十二卷者，在分《盘庚》为三，又加《书序》，多了三篇，故为三十二卷，章句向无《书序》，故为三十一卷；大小夏侯二家，仍伏生旧，不分《盘庚》，不加《书序》，故仍为二十九卷。至于古文，以伏生二十九篇析出《盘庚》二篇、《庚王之诰》一篇、《泰誓》二篇，为三十四篇；于其所得多之十六篇，分九共为九篇，多八篇为二十四；二十四加三十四，故为五十八篇。班固自注"为五十七篇"者，后又亡其一篇，伪《武成》疏引郑云"《武成》，逸篇，建武之际亡之"是也。至东晋时，更有伪《古文尚书》孔安国传出现，增多二十五篇，与孔壁得多于之十六篇析为二十四篇者又不同，宋、明、清儒考订其伪，已成定谳，伪中之伪，本无足论，但此伪书经唐人为之作《疏》，其篇目亦不可不注意。现在我们但就伏生今文与孔壁古文比较来看，我们可以察觉：

（一）《古文尚书》之多于今文者

《古文尚书》五十八篇，可以分为两组来看：一是分今文廿九为三十四，一是分所得多之十六篇为二十四。

1. 在第一组中，分《盘庚》为三而未能合于古本之次，分《泰誓》为三，而此篇实源本于今文，这两点且留待下文再细论。古《书》出《康王之诰》于《顾命》，这实是他貌为增多之绝好的例证，因《顾命》一篇，文并不太长，比较《盘庚》之显当分三篇者不同；伏生于《盘庚》且不分为三，则《顾命》自不必且不当分为二，因为无论如何分法，都是不合理的。清儒戴震曾有《书〈顾命〉后》一文论之云：

> 马、郑、王本分“王若曰”以下为《康王之诰》，东晋晚出之古文分“王出在应门之内”以下为《康王之诰》，皆非也。考此篇自“狄设黼扆缀衣”至末，踰年即位事也，必日前陈设，故不书日。踰年即位，礼之大常，不必书日而知也。“大保降，收”，则受册命毕，而“诸侯出庙门俟”，“王出在应门之内”，乃记即位之仪。
>
> 《顾命》之篇，其大端有三：群臣受顾命，一也；踰年即位，康王先受册命，二也；适治朝，践天子之位，三也。说者不察受册命及出至路门外、应门内之治朝属踰年，遂疑西方、东方诸侯为来问王疾者，则新丧内，天崩地坼之痛，而从容兴答，必无是情，又不必论其他事之礼与非礼矣。（《经学专书研究》）

马、郑、王所传之《古文尚书》分《顾命》为两篇，据戴震说，古文与伪古文所分皆非。戴氏非今文家，所论自非偏见。其实依我们看来，古文所分出之《康王之诰》实不如伪古文，因为古文本书者乃“适朝践天子之位”一节，篇幅太短，不如伪古文本，此其一。“大保降，收，诸侯出庙门俟”，正叙述康王受册命之事完毕，可为段落，“王出在应门之内”乃记即位之仪与下适治朝践天子之位，正可合为一节。古文所分不如伪古文本，此其二。但无论如何分，都不合理；伪古文之分为伪托，真古文之分，亦足见其非真古文。

2. 在第二组中，《古文尚书》有《舜典》篇，是在今文《尧典》之外与伪古文不同的。章炳麟说：

> 鲁恭王发孔壁得《尚书》，《尚书》篇数就发生问题；据“太史公曰：《书传》、《礼记》自孔氏”，可见孔安国家藏《书传》确自孔壁得来。称《书序》有百篇，而据伏生所传只有廿九篇，可分为三十四篇，壁中所得却有四十六篇（可分为五十八篇），相差七十七篇。并且《书传》所载和今文更有有许多不同的地方；孟子是当时善治《诗》、《书》的学者，他所引的“葛伯仇饷”、“象日以杀舜为事”等等，在今文确是没有的，可见事实上又不同了。（《国故学讨论集》一）

章氏在此处以《孟子》所述“象日以杀舜事”，在今文确是没有的，以为古文胜于今文，但我们一细想，章说实误。《古文尚书》虽有《舜典》列于逸《书》之中，但在东汉逸《书》十六篇已绝无师说，其中有无“象日以杀舜为事”之记载，实为疑问。据《书序》云：“虞舜侧微，尧闻之聪明，将使嗣位，历试诸难，作《舜典》。”则《舜典》内容非“虞舜侧微”时事，不当有“象日以杀舜为事”等语。孙星衍《尚书今古文注疏》云：“《孟子》所载诸舜事，不称《舜典》，未敢据增。”实较章说审慎。孙氏乃古文家之流，亦不能为古文张目也。

3. 至于“葛伯仇饷”事，应见于《汤征》，《汤征》篇名，虽见百篇《书序》，但非孔壁逸十六篇所有。《史记·殷本纪》有《汤征》逸文，云：“汤征诸侯。葛伯不祀。汤始伐之。汤曰：‘予有言：人视水见形，视民知治不。’伊尹曰：‘明哉！言能听，道乃进。君国子民，为善者皆在王官。勉哉，勉哉！’汤曰：‘汝不能敬命，予大罚殛之，无有攸赦。’作《汤征》。”王鸣盛《尚书后案》于此发出“此乃残章零句，不能成篇焉，不审子长何自采取”之疑问。(详见本书第六篇第五章)《古文尚书》仍无以感觉其有胜于今文之处，我们仍无以感觉其为真古本。

4. 又，《古文尚书》有《汤誓》，今文《尚书》亦有《汤誓》，显然并未亡佚。但真古本《汤誓》似应有二篇，在《论语·尧曰》章有云：“曰：‘予小子履，敢用玄牡，敢昭告于皇皇后帝：有罪不敢赦。帝臣不蔽，简在帝心。朕躬有罪，无以万方；万方有罪，罪在朕躬。’”

今本《汤誓》则为：“王曰：格尔众庶，悉听朕言，非台小子，敢行称乱！有夏多罪，天命殛之。今尔有众，汝曰：‘我后不恤我众，舍我穑事而割正夏。’予惟闻汝众言，夏氏有罪，予畏上帝，不敢不正。今汝其曰：‘夏罪其如台？’夏王率遏众力，率割夏邑。有众率怠弗协，曰：‘时日曷丧？予及汝皆亡。’夏德若兹，今朕必往。尔尚辅予一人，致天之罚，予其大赉汝，尔无不信，朕不食言。尔不从誓言，予则孥戮汝，罔有攸赦。”

又有与《史记》不同，《史记·殷本纪》：“遂伐桀。汤曰：格女众庶，来，女悉听朕言。匪台小子敢行举乱，有夏多罪，予维闻女众言，夏氏有罪，予畏上帝，不敢不正。今夏多罪，天命殛之。今女有众，女曰‘我君不恤我众，舍我啬事而割政’。女其曰‘有罪，其奈何’？夏王率止众力，率夺夏国。有众率怠不和，曰‘是日何时丧？予与女皆亡’！夏德若兹，今朕必往。尔尚及予一人致天之罚，予其大理女。女毋不信，朕不食言。女不从誓言，予则帑僇女，无有攸赦。以告令师，作《汤誓》。”

古文本明显内容更丰富，文字更通顺，似编订加工过的，如果为真古本，则似不当如此。

以上三事，并足见《古文尚书》虽多于今文十六篇，而其所载，并不足以见为真古本。与上文所述分《康王之诰》于《顾命》及下文所证明《泰誓》误用今文，《盘庚》篇次不合等等看来，可以无疑。

**（二）《古文尚书》之误同今文者。此有四例**

1. 《泰誓》。在上文中，我们可由《书序》残石、今文《尚书》，以见今文《顾命》、《康诰》不分，更由戴震说以明此二篇不当分之理由。据《书序》残石来看，《书序》又非今文所原有，则所谓伏生今文二十九，虽连《泰誓》计算在内，但《泰誓》一篇实晚出于汉。据《尚书正义》说：

> 案，《史记》及《汉书·儒林传》皆云"伏生独得二十九篇，以教齐、鲁"，则今之《泰誓》非初伏生所得。案，马融云"《泰誓》后得"，郑玄《书论》亦曰"民间得《泰誓》"。《别录》曰："武帝末，民有《泰誓》书出于壁内者，献之，与博士使读说之。数月，皆起传以教人。"则《泰誓》非伏生所传，而言二十九篇者，以司马迁在武帝之世，见《泰誓》出而得行，入于伏生所传内，故为史总之，并云伏生所出，不复曲别分析。云民间所得，其实得时不与伏生所传同也。但伏生虽无此一篇，而《书传》有八百诸侯俱至孟津、白鱼入舟之事，与《泰誓》事同。不知为伏生先为此说？不知为是《泰誓》出后，后人加增此语？案王充《论衡》及《后汉史》献帝建安十四年黄门侍郎房宏等说云："宣帝本始元年，河内女子有坏老子屋，得古文《泰誓》三篇。"《论衡》又云："以掘地所得者。"今《史》、《汉书》皆云伏生传二十九篇，则司马迁时已得《泰誓》，

以并归于伏生，不得云宣帝时始出也。则云宣帝时女子所得，亦不可信。或者尔时重得之，故于后亦据而言之。《史记》云伏生得二十九篇，《武帝纪》载今文《泰誓》末篇，由此刘向之作《别录》，班固为《儒林传》不分明，因同于《史记》。而刘向云武帝末得之《泰誓》，理当是一。而古今文不同者，即马融所云："吾见《书传》多矣，凡诸所引，今之《泰誓》皆无此言，而古文皆有。"（《尚书正义》卷一）

可见《泰誓》实为晚出，而马融等更疑其伪（原文引见《尚书正义》，详见本书第六篇第三章第二节）。古文亦有此篇，其非真古，实极显明。钱玄同先生《重论经今古文学问题》一文中云：

至于问今文经是否真书，这要分别说明。若对于古文经而言，当然可以说今文经是真书，因为今文经在前，古文经在后，而古文经是故意对于今文经来立异的。古文家对于今文家的态度是这样："我的篇章比你的多；我的字句比你的准；我的解释比你的古；我有你所没有的书，而你所有的我却一概都有。"因为古文家是这样的态度，所以他就上了今文家一点小当。今文经中汉朝人伪造的篇章，古文经中居然也有了，如《易》之《说卦》以下三篇和《书》之《泰誓》皆是。古文经据说非得之于孔壁，即发自中秘或献自民间，总之皆所谓"先秦旧书"也。先秦人用"古文"写的书中居然有汉朝人所写的篇章，这不是作伪的显证吗？古文经对于今文经而立异，就是对于今文经而作伪。所以今文经对于古文经，当然可以傲然地说自己是真书；而站在今文家的角度来斥古文经是伪书，是可信的，是公允的。（钱玄同《重论经今古文学问题》，《古史辨》第五册）

我们读到钱氏此论，亦可见伪作《古文尚书》者，伎俩如何幼稚，然而这经今古文问题，千载梦梦，竟无人能为之解决，一何可叹。

2.《金縢》、《亳姑》。孙星衍《尚书今古文注疏》云：“《金縢》篇‘王亦未敢诮公’下云：经文至武王既丧，至此盖史臣所记，以修周公作《金縢》之是。其‘秋大熟’以下，今文以为周公死后之事，《史记》亦云‘周公卒’及‘秋大熟’，考是《亳姑》逸文，故别行以行之。”又于篇末云“秋大熟”以上自有脱文。郑氏、王充所见本已在《金縢》篇。孙氏所疑，皮氏《今文尚书考证》颇然其说。但我们要注意的是，孙氏疑《金縢》篇中有《亳姑》，《亳姑》虽是逸《书》中所无，《金縢》篇却是在五十八篇之内，古文亦合意《亳姑》于《金縢》，则是明证孔氏逸《书》实非孔壁真本，故二篇文合同一篇。



3.《酒诰》脱简。孙疏云：“扬子《法言·问神》卷五云：‘昔之说《书》者序以百，而《酒诰》之篇俄空焉，今亡夫。’”



《困学纪闻》引《汉书·艺文志》云：“刘向以中古文校欧阳、大小夏侯三家经文，《酒诰》脱简一，《召诰》脱简二，文字异者七百有余，脱字数十。”所谓“俄空”，即脱简之谓，而《大传》引《酒诰》“王曰封，惟曰若圭壁”，今无此句，疑所脱即此等句。《酒诰》依古文谓有脱简，但仍有逸句，则所谓古文亦非足本。

4.“王曰，又曰。”《多士》篇末“王曰，又曰”，江氏《尚书集注音疏》云：“‘王曰下盖有脱文……王曰又曰之文不相连属。’又此篇文体与《多方》篇相似，与《多方》篇末云，‘王曰我不惟多诰，我惟祇告尔命’，乃更云‘又曰’。此篇‘王曰’下当亦别有一二语，而后称‘又曰’，今此则否，故以为有脱文。”（《经解》卷三九六）古文“王曰”下亦有脱文，则古本亦不必为真古本。

**（三）《古文尚书》篇章之倒误者。关于此点，例证有四**

1.《盘庚》。今文《尚书·盘庚》本为一篇，至欧阳始分为三篇，《古文尚书》亦分为三篇，但其次第，古文一如今文。据俞樾《群经平议·四》云：“《史记·殷本纪》云，‘帝盘庚崩，弟小辛主，是为帝小辛。帝小辛立，殷复衰。百姓思盘庚，乃作《盘庚》三篇’。是《盘庚》之作，在小辛时。……《吕氏春秋·慎大览》曰：‘武王乃恐惧，太息流涕，命周公旦进殷之遗老，而问殷之亡故，又问众之所说，民之所欲。殷之遗老对曰：欲复盘庚之政。武王于是复盘庚之政。’然则《史记》谓百姓思盘庚，信有征矣。《盘庚》之作，因百姓思盘庚而作，则所重者，盘庚之政也。其首篇述盘庚迁殷之后，以常旧服正法度，即所谓盘庚之政也。此作《书》之本旨也。其中下篇则取盘庚未迁与始迁之时，告诫其民之语附益之，故虽三篇，而伏生止作一篇也。”杨筠如《尚书覈诂》云：“按，此篇首云‘盘庚迁于殷，民不适有居’，则当在迁后未定居之时。中篇首言‘盘庚作，惟涉河以民迁’，则明在未迁之前。故又曰‘今予将试以汝迁，安定厥邦’。下篇首言‘盘庚既迁，奠厥攸居’，则明在迁后民已定居之时，更在上篇之后。惟中、下二篇，何以倒置，殊不可解。俞说近似，而以下篇系在始迁之始，其时似在此篇之前，则与经文不协也。”余旧亦疑《盘庚》中篇当为上篇，上篇当为中篇，杨说似稍胜于俞。（见拙著《尚书引论》）

2.《大诰》。《大传》将《金縢》列《大诰》之后，叶梦得曰：“伏生以《金縢》作于周公殁后，故次《大诰》之下，古文之篇次，转不如今文本，可见非真古本。以非古真本，而自谓古本，其亦适足以见其为伪。”

3.《康诰》。此篇之首四十八字，苏轼以为《雒诰》之错简，朱子从之，蔡沈《书集传》亦然，清儒顾亭林亦深取此说。金履祥《尚书表注》则云：“此叙《雒诰》，亦未协，当是《梓材》之叙。”蔡沈又云：“《康诰》、《酒诰》、《梓材》篇次，当在《金縢》之前。”

4.《多方》。《多方》写作之时，当在《多士》前。《书序》疏引郑注云："此伐淮夷与践庵是摄政三年伐管、蔡时事，其编篇于此，未闻。"郑玄即以《古文尚书》篇次为疑。江声《尚书集注音疏》云：

> 声谓，《多士》云"昔朕来自奄，予大降尔四国民命"，即谓此时，又不文所云"诰尔四国多方，我惟大降尔命"是也，故引彼文之"来自奄"以当此经之来自奄，于以见《多方》之诰先于《多士》，因遂云然。则《多方》在《多士》前且不比也。云"不比"者，谓《多方》后阅数篇而及《多士》不相比接也。案，《成王政》、《将蒲姑》、《多方》、《周官》四篇之叙事相承次当在一年之内，郑丁《成王政叙注》云："此伐淮夷与践奄，是摄政三年伐管、蔡时事，编篇于此，未闻。"又《郑志》："赵商问《成王》、《周官》是周公摄政三年事，此郑谊也。然则郑注《成王政叙》所云，是最括《成王政》、《将蒲姑》、《多方》、《周官》四篇言之也。"又郑注《康诰》云："是时周公居摄四年也，然则《成王政》《将蒲姑》《多方》《周官》四篇当皆在《康诰》前，是不与《多士》联比也。"（《经解》卷三九七）（整理者按：以上原见第六篇第五章，现移至此）

此外《尚书》的篇第，据《尚书疏》曰："《尧典》虽曰唐事，本以虞史所录，末言舜……非唐史所录，故谓之虞书也。案，郑序以为虞夏书二十篇，商书四十篇，周书四十篇，赞云 '三科之条五家之教'，是虞夏同科也。"（《尚书正义》卷二）"三科"者，据古文家说，谓虞夏一科，商一科，周一科也；"五家"者，今文家说谓唐一家，虞一家，夏一家，商一家，周一家。据《尚书大传》，《尧典》之前提曰"唐传"，以后题曰"虞传""夏传"，先有《书》而后有"传"，则伏生所治《尚书》当以《尧典》为

唐书，《皋陶谟》为虞书，《禹贡》以下为夏书，《汤誓》以下为商书，《牧誓》为周书（参见皮锡瑞《今文尚书考证》，卷一）

古文家与今文家所列之次第，实有不同，但我们据《墨子·明鬼》篇“故《尚书》夏书，其次商周之书”等语看来，古文亦不合于古本。

**（四）《书序》、《古文尚书》经四十六卷**

据桓谭《新论》云：“《古文尚书》旧有四十五卷，为五十八篇。”王鸣盛《尚书后案》论之云：“伏书二十九卷，增多十六卷，共四十五卷，加《序》为四十六卷。……四十五卷者除《序》言之。”《古文尚书》有《序》，今文《尚书》原本无《序》。伏生廿九篇不依百篇《书序》分篇，欧阳虽有《书序》，然如《泰誓》不分为三，《顾命》不分为二，仍不依百篇《书序》分篇，可见伏生不见《书序》，欧阳一派亦不信任《书序》。《书序》和《诗序》一样，是后出的，是《古文尚书》多出的。《书序》之作，也和《诗序》一样，杂取传记、附会书史、望文生义，决非古本。兹亦就拙编《尚书引论·关于书序的问题》摘录数说，以见其略：

今文《尚书》没有百篇《书序》，我们从《书序》残石已经获得证明。百篇《书序》是属于古文经的，是在刘、班以后才有的说法。孔子未曾删书，孔子未作《书序》，我们在《尚书之删述》这一篇已略引诸家来说明，《书序》当与古文经一般看待，不当信为自古所传，也不当信为秦汉间经师所作的。这问题在朱子早已说过：“《书序》不可信，伏生时无之。其文甚弱，亦不是前汉人文字，只是后汉末人。”又说：“《尚书小序》不知何人作，《大序》亦不是孔安国作，怕只是撰《孔丛子》底人作；文字软善，西汉文字则粗大。”在蔡沈的《书集传》中也说：“汉刘歆曰：‘孔子修《易》序《书》。’班固曰：‘孔子纂《书》，凡百篇而为之《序》，言其作意。’今考《序》文，于见存之篇，虽颇依文立义，而识见浅陋，无所发明；其间至有与经相戾者；于已亡之篇，则依阿简略，尤无所补。”在朱子、蔡沈后，谈到《书序》的人，大多数是信奉朱、蔡之说的。到了清代，魏源著《书古微》，更以为“古文《书序》，出于卫宏”。康有为著《新学伪经考》，则以《书序》是刘歆伪作。但是他还以百篇《书序》与《史记》相同的是《书序》抄《史记》，不是《史记》采《书序》。崔适著《史记探源》，更以为《史记》中的《书序》是刘歆之徒所窜入。康、崔的说法，虽然有的人相信，但也有人不以为然的。这需要我们从《史记》本文与《书序》本身来作一番检查，然后才能断定其孰是孰非。《史记》有与《书序》“自相乖异”的地方，据康氏所举，共有七证。他的前四证说：“《序》以为‘般庚五迁，将治亳，殷民咨胥怨，作《般庚》三篇’。《殷本纪》则以为‘帝般庚崩，百姓思般庚，乃作《般庚》三篇’；若谓《史记》所载本于《书序》，何与《书序》又自乖异？《史记》非采《书序》，证一。《序》以为‘秦穆公伐晋，襄公帅师败诸殽，还归，作《秦誓》’。《秦本纪》则以为缪公败于殽，复益厚孟明等，使将兵伐晋，以报殽之役，晋人皆城守不敢出，于是缪公乃自茅津渡河，封殽中尸，为发丧，哭之三日，乃誓于军，以申思不用蹇叔、百里奚之谋，故作此誓。亦与《书序》不合。《史记》非采《书序》，证二。《序》以为‘祖己训诸王，作《高宗肜日》、《高宗之训》’，《殷本纪》则以为‘武丁崩，祖己嘉武丁之以祥雉为德，立其庙以为高宗，遂作《高宗肜日》及《训》’，亦与《书序》不合。《史记》非采《书序》，证三。《序》以为‘平王锡晋文侯秬鬯、圭瓒，作《文侯之命》’。《晋世家》则以为‘晋文公重耳献楚俘于王，王命晋侯为伯，赐大辂，彤弓矢百，玈弓矢千，秬鬯一卣，珪缵、虎贲三百人……周作《晋文侯命》’。亦与《书序》不合。《史记》非采《书序》，证四。”他又说：“《序》与《史记》异者，《盘庚》、《高宗肜日》、《高宗之训》、《文侯之命》、《秦誓》五篇……若《史记》采摭古书，力求征信，声音训诂之通借，先后详略之同异，则或有之；何嫌何疑，使之剌谬至此乎！《史记》之非采《书序》断矣。”我们从康氏这里所说的看来，《史记》有与《书序》不合之处，可见《史记》不是采的《书序》，是《书序》采的《史记》；我们还可以说，司马迁并没有见到《书序》。我们有以下几点理由可以说明：

1.《史记》在《孔子世家》和《儒林传》中固然没有提到孔子作百篇《书序》，而且并不知有百篇《尚书》之说。史迁在《儒林传》说伏生求《尚书》，是“亡数十篇，得二十九篇”，并不明言亡七十一篇。如若《尚书》真有百篇，则亡其七十一篇，《史记》是不难叙明的。

2.《尚书》在秦以前，没有固定的成书，不惟墨子所引《尚书》有在今古文《尚书》以外的，即如《仲虺之诰》在《荀子·尧问》中尚引作“其在《中归之言》也”，篇名并未固定，可见百篇《书序》不会是先秦经师所作，证据甚明。

3.《史记》说：“孝文帝时，欲求治《尚书》者，天下无有，乃闻伏生能治。”又说：“伏生即以教于齐、鲁之间，齐学者由此颇能言《尚书》。”这可见《书序》也决非如朱子及其他的人所说的，是“周秦间低手人作”。秦以前《尚书》没有固定的篇数；在伏生的同时，“治《尚书》者天下无有”。又何处觅此作百篇《书序》的人？这又可见《书序》决不是秦汉间人作。

4.孝文以后传《尚书》学的人多是伏生弟子，伏生弟子更不是造此百篇之《序》的人。百篇《序》中无《尚书大传》中所有的《大诰》、《多政》等篇，可作明证。今文《尚书》无序，从石经《书序》残石也可看出，可作旁证。这也可见百篇《书序》不是司马迁以前的秦汉之际解经的人所作。

5.从《史记》本身来看，盘庚五迁，在《盘庚》上篇及《序》中说得很好，《史记》不引用，而说是百姓思盘庚作，反与本文不合。《秦誓》在《书序》说得也好，而《史记》偏说又去伐晋，晋人皆城守不敢出，比较不合情理。《史记》如采于其他的书，则这合理的《序》，何为反转不采？这岂不是《史记》并不曾采《书序》的明证？这更可令我们想到史迁并未曾见过《书序》。

6. 我们再从《书序》的体裁来看，《吕览》的"序意"、《淮南子》的"要略"，都不是这样的序，只有《史记·自序》是这样的。但《史记》并未提到百篇《书序》，然则不是《史记》模仿《书序》，而是作《书序》的模仿《史记》，这也令我们看出《书序》是晚于《史记》。



从这六点看来：(1) 书序不是孔子作的。(2) 不是先秦经师作的。(3) 不是汉初经师作的。(4) 不是伏生弟子作的。由这四点来说，司马迁作《史记》时并无《书序》可采。(5)《史记》与《书序》不相合，也并没有采用《书序》。(6)《书序》体裁要晚出于《史记》，司马迁能否得见《书序》，已成疑问。我们不能不说现在《史记》中的一些"作某篇"如"作《盘庚》三篇"，如"作《康王之诰》"，原非《史记》所应有，而是后人窜入《史记》，这是极可能的。(《史记》一书在史迁以后为后人窜改者甚多，说详见赵翼《廿二史劄记》) 崔适的话，乍看虽令人难信，但是是有理由的。宋儒如朱子和蔡沈都已说到《书序》的"依文立义"，"识见浅陋"，"与经相戾"，"无所发明"，并举其中《尧典》、《舜典》、《汩作》、《大禹谟》、《顾命》等篇作为实例说明，说是"低手人作"。《书序》之不可信已了如指掌。至于现存的《书序》，恐怕更经过作伪《孔传》者的窜改。这不等于《尚书》，如若当作史料看待，那是需要审慎处理的。《书序》的可疑，已如上述，我想在本编中不必要再作一番"书序辨"条，如欲知其详，可参考《书序辨》一书。



我们看到各家之说，亦可以恍然，知《书序》之非古矣。

以上《书》今古文之异同，我们用戴震说以见古文《顾命》、《康王之诰》为二篇之不合于古本；据孙星衍、江声说，《舜典》、《汤征》，《古文尚书》亦并不得其实。引用马融、郑、王诸家说以见《泰誓》之伪、晚出于汉，实非古本；而古文本有之，足见古文非真古本。引用俞樾、江声、孙星衍诸家说以见《盘庚》《金縢》、《康诰》、《多方》古文次第之非古本真面目。更综合诸家说以明《书序》之不可信任。《古文尚书》在许多方面已显露其实为赝古。据《尚书》本经及其他古籍，更有显见其文句多寡，有不合古本之明证，其脱误处，其文字之不古，亦足以助证古文本实出于古文家之校改今文，这些亦留待第五篇中说明。

## 三 《礼经》之篇第

《仪礼》、《周礼》、《礼记》这三《礼》中，唯《仪礼》有今古文篇第之异同，《周礼》无今文，《礼记》虽杂有今文而实属于古文记，无今古文篇第异同。《汉志》云："《易》曰：'有夫妇父子君臣上下，礼义有所错。'而帝王质文世有损益，至周曲为之防，事为之制，故曰：'礼经三百，威仪三千。'及周之衰，诸侯将踰法度，恶其害己，皆灭去其籍，自孔子时而不具，至秦大坏。汉兴，鲁高堂生传《士礼》十七篇。讫孝宣世，后仓最明。戴德、戴圣、庆普皆其弟子，三家立于学官。《礼古经》者，出于鲁淹中及孔氏，与七十（《补注》：刘敞云，当作'十七'）篇文相似，多三十九篇。及《明堂阴阳》、《王史氏记》所见，多天子诸侯卿大夫之制，虽不能备，犹愈仓等推《士礼》而致于天子之说。"（《汉书》卷三十，《艺文志》第十）《仪礼》古文比今文多三十九篇，但这三十九篇早已亡佚。朱子云："古《礼》五十六篇，班固时其书尚在，郑康成亦及见之，《注疏》中多援引，不知何时失之，甚可惜也。"王应麟曰："《逸礼》三十九，其篇名颇见于他书，若'天子巡狩礼'，见《周官·内宰》注；'朝贡礼’，见《聘礼》注；‘烝尝’礼，见《射人》疏。‘中霤礼’，见《月令》注及《诗·泉水》疏；‘王居明堂礼’，见《月令》、《礼器》注；‘古大明堂礼·昭穆’篇见蔡邕论；‘本命’篇见《通典》；《聘礼志》见《荀子》；又有《奔丧》、《投壶》、《迁庙》、《衅庙》、《曲礼》、《少仪》、《内则》、《弟子职》诸篇，见大、小《戴记》及《管子》引《逸礼》，‘中霤’在《月令》注疏，《奔丧》、《投壶》，《释文》引‘郑氏云’，实《曲礼》之正篇；又《迁庙》、《衅庙》见《大戴记》，可补经《礼》文阙。孔壁古文多三十九篇，康成不注遂无传焉（注谓：古文作某者即十七篇古文也。《论衡》以为宣帝时河南女子坏老屋得佚《礼》，恐非）。‘天子巡狩礼’、‘朝贡礼’、‘王居明堂礼’、‘烝尝礼’、‘朝事仪’见于《三礼注》，‘学礼’见于贾谊书，‘古大明堂礼’见于蔡邕论，虽寂寥片言，如断圭碎璧，犹可宝也。”（《四库全书·仪礼集编》卷首下）吴澄曰：“三十九篇唐初犹存，诸儒曾不以为意，遂至于亡，惜哉。”（朱、王、吴三家说暂据《三礼通论》引）吴氏以为“三十九篇唐初犹存”，是据唐人疏中引有《逸礼》而言，其实在《七录》中已云“余篇皆亡”，绝不至于“唐初犹存”。朱子所谓“郑康成亦及见之”，亦未必然。郑著《三礼目录》引见唐人注疏而独无《逸礼》三十九篇目，郑氏及见与否，实亦疑问。《汉书补注》引沈钦韩说：“平帝元始五年，‘征天下通知逸经’。《王莽传》云，‘通知《逸礼》意者，征诣公车’，则彼时已为绝学可验也。”我们很奇怪为什么连《别录》于《逸礼》篇目亦不传？故沈氏此说，实具有相当理由，否则《逸礼》篇数，或在歆、莽之时，另有变更，所以不传于世。

现试就《仪礼》今古文比较来看：

**（一）古文《礼》之多于今文者**

如所谓《逸礼》三十九篇，就各书所引佚文看来，实与今文之数例不合。邵懿辰《礼经通论》“论逸《礼》三十九篇为不足信”条云：

刘歆曰：“鲁恭王得古文于坏壁之中，逸《礼》有三十九，《书》十六篇。天汉之后，孔安国献之。”此刘歆之奸言也。《书》十六篇，余既博考而明辨之矣；《礼》三十九，合十七篇，为五十六。班固述之《艺文志》曰：“《礼古经》五十六卷。”桓谭述之《新论》曰：“《古佚礼记》有五十六卷。”《艺文志》本歆之《七略》曰：“虽不能备，犹愈后苍等推《士礼》而至于天子之说。”又以为汉兴，高堂生传《士礼》十七篇。其误始于太史公。《史记·儒林传》曰：“诸学者多言《礼》，而鲁高堂生最本。《礼》固自孔子时而其经不具，及至秦焚书，书散亡益多，于今独有《士礼》，高堂生能言之。”太史公疏略，见其首篇为《士礼》，概而言之。其实十七篇中，未尝无大夫以上之礼，而高堂生至后苍未必自以为所传皆《士礼》也。惟后汉称前书“鲁高堂生传《礼》十七篇”，不言《士礼》，独为不误。歆颂言《毛诗》、《左传》，逸《礼》、《古文书》之当立，至结党求助，连名《移书让太常博士》，末言“无陷于文吏之议”，以相劫制。而逸《礼》及《书》皆其作伪，宜名儒龚胜、师丹发奋而固拒也。平帝时，依藉莽势，竟得立此四经，而光武悉废之。歆之为人，宜君子所不道，而后世犹述其遗言，因其父而恕之，因其推明古学而护之也。然《毛诗》、《左传》当歆世固已流行，特以佐其逸《书》、逸《礼》之为伪，而自来无觉其诈而发其覆者。朱子曰：“古《礼》五十六篇，班固时其书尚在，郑康成亦及见之，注疏中多援引，不知何时失之，甚可惜也。”王伯厚曰：“逸《礼》三十九，其篇名颇见于他书，若‘天子巡狩礼’见《周官·内宰注》，‘朝贡礼’

见《聘礼注》，‘烝尝礼’见《射人疏》，‘中霤礼’见《月令注》及《诗·泉水注》……‘古大明堂礼’见蔡邕论，又《奔丧疏》引《逸礼》，《王制疏》引《逸礼》，云‘皆升合食于太祖’。《文选注》引逸《礼》云‘三皇禅云云，五帝禅亭亭’；《论衡》：‘宣帝时河内女子坏老屋，又得佚《礼》一篇，合五十七。’断珪碎璧，皆可宝也。”草庐吴氏曰：“三十九篇唐初犹存，诸儒曾不以为意，遂至于亡，惜哉!”按，先儒三百、三千之语，惜古《礼》散亡，而因惜三十九篇逸《礼》之亡；遂视十七篇为残阙不完之书，而失圣人定《礼》之本义。宋、明以来，直废此经，不以设科取士，则皆刘歆之奸，且妄有以淆其耳目而塞其聪明也。夫即后人所引“禘于太庙礼”、“王居明堂礼”、“烝尝礼”、“中霤礼”、“天子巡狩礼”、“朝贡礼”及吴氏所辑《奔丧》、《投壶》、《迁庙》、《衅庙》、《公冠》之类，厕于十七篇之间不相比附而连合也，何也？皆非当世通行之礼，常与变不相入，偏与正不相袭也。况其逸文之存，如《太平御览》引“巡狩礼”，文辞不古，及“三皇禅云云，五帝禅亭亭”，既诞而不足信矣。而《月令注》及《皇览》引“王居明堂礼”数条，皆在《尚书大传》第三卷《洪范·五行传》之中，吴氏不知其有全文，而仅引《礼》注合为一篇，然观其文意，实与伏生《五行传》前后相协，必非古“王居明堂礼”而伏生全引入于《大传》也，则为刘歆剽取《大传》以为“王居明堂礼”，明矣。即此一端，而其他可知。亦犹十六篇逸《书》，即伪《武成》之剽《世俘解》，见其他皆作伪也。作伪徒劳，仍发露于千载以后，赖有此二书作证耳。然或以此五十六篇，为即河间献王尝辑《礼》《乐》古事，多至五百余篇，则意其真伪杂糅，或有得自淹中，而歆剽取以为三十九篇者。要之，河间献王所得《礼》及《礼记》，止有五百余篇及二百余篇之说，并无五十六篇之说也。歆又谓："传问民间，鲁国桓公、赵国贯公、胶东庸生之遗学与此同，抑而未施外内相应。"庸生者，谓古文《尚书》也；贯公者，谓《毛诗》、《左氏春秋》也；桓公即孝文时善为《礼容》徐公之弟子，谓其学即逸《礼》也。夫桓生与公户满意、单次并为徐氏弟子，在景、武之间，距歆世远矣，而所善为容未必能为经，即能为经，未必知有逸经也。此亦歆之诬说也，故三十九篇即《王居明堂礼》一篇，断知其伪，余或有河间献王之得自淹中者，真伪殆莫可定。就令非伪，亦孔子定十七篇时删弃之余，康成不为之注，与十六篇伪古文《书》同，大抵秃屑丛残，无关理要。（《皇清经解续编》卷一二七七，邵懿辰：《礼经通论》）

邵氏此说，在丁晏《佚礼扶微》看来自不赞同，丁氏云："位西此论，谓逸《礼》不足信，过矣。当依草庐吴氏别存逸经为允，至斥逸《礼》为刘歆诬伪，颇嫌臆断。且逸《礼》古经，汉初鲁共王得于孔壁，河间献王得于淹中，《朝事仪》见于《大戴礼》，《学礼》见于贾谊书，皆远在刘歆以前，未可指为歆赝作也。"（《三礼通论》）但即丁氏所云，我们试就《大戴记》、《朝事仪》、贾子《新书·学礼》篇与十七篇文句相较，仍不相比附而连合，即令非诞而不足信，"未可指为歆赝作"，然而不是一类，不能列入一书，则是极明显的。丁氏谓"斥逸《礼》为刘歆诬伪，颇嫌臆断"，此说固自有理，然逸《礼》三十九篇，就佚文看来，与十七篇本非一书，如《考工记》与《周礼》之本非一书正同。邵氏之说，终有不尽诬伪之处，刘歆实好以性质不同之二书强合为一书也。皮锡瑞《经学通论·三礼》云，"逸《礼》即非歆赝作，亦不得与十七篇并列。邵氏云‘就令非伪，亦孔子定十七篇时删弃之余’，‘大抵秃屑丛残，无关理要’，其说最为确当。逸《礼》三十九篇，犹逸《书》十六篇也，皆传授不明，又无师说，其真其赝可以勿论。学者于二十九篇《书》、十七篇《礼》未能发明，而偏好于逸《书》、逸《礼》，拾其残剩，岂可谓知所先务乎？邵氏据诸书所引而斥其不足信，又谓《王居明堂礼》出于伏《传》，比于《武成》出于《世俘》，可谓卓识。丁氏能证古文《尚书》之伪，而必信逸《礼》为真，何也？”依我看来，我们现在一定指逸《礼》诞妄不足信，因为佚文不全，论证颇难。但逸《礼》本不与十七篇《礼》并列，而刘歆剽取之合为一书，以求立于学官，此其作伪之迹，仍不易为掩饰 。古文逸《礼》三十九篇固非真古本也。



**（二）古《礼》次第之异于今文者**

邵氏以逸《礼》三十九篇为不足信尚有一根本之理由，即邵氏以为《礼经》十七篇本无阙佚。十七篇本无阙佚，则所谓逸《礼》自更不足信。邵氏据《昏义》、《礼运》等篇之说，见今《礼》十七篇之次，《大戴》最合《小戴》次序，最为杂乱，今郑、贾《注疏》所用刘向《别录》之次，亦不若大戴之次序；就篇次论，亦足见古文本之非真古本矣。皮锡瑞说云：



> 汉初鲁高堂生传《礼经》十七篇，五传至戴德、戴圣，分为大戴、小戴之学，皆不言其有阙也。言仅存七十篇者，后人据《汉·艺文志》及刘歆《七略》，因多逸《礼》三十九而言耳。夫高堂、后苍、二戴、庆普不以十七篇为不全者，非专己而守残也，彼有所取证，证之所附之记焉耳。‘冠义’、‘昏义’诸记，本以释经，为《仪礼》之传，先儒无异说。观‘昏义’曰：‘夫礼始于冠，本于昏，重于丧、祭，尊于朝、聘，和于乡、射。’故有‘冠义’以释《士冠》，有‘昏义’以释《昏

礼》，有‘问丧’以释《士丧》，有‘祭义’、‘祭统’以释《特牲》、《少牢》、《有司彻》，有‘乡饮酒义’以释《乡饮》，有‘射义’以释《乡射》、《大射》，有‘燕义’以释《燕食》，有‘聘义’以释《聘礼》，有‘朝事’以释《觐礼》，有‘四制’以释《丧服》，而无一篇之义出于十七篇之外者，是冠、昏、丧、祭、朝、聘、乡、射八者约十七篇而言之也。更证之《礼运》，《礼运》尝两举八者以语子游，皆孔子之言也，特‘射乡’讹为‘射御’耳。一则曰‘达于丧、祭、射、乡（今本作御）、冠、昏、朝、聘’；再则曰‘其行之以货、力、辞、让、饮、食、冠、昏、丧、祭、射、乡（今本作御）、朝、聘’。货、力、辞、让、饮、食六者，礼之纬也。非货财强力，不能举其事；非文辞揖让，不能达其情；非酒醴牢羞，不能隆其养。冠、昏、丧、祭、射、乡、朝、聘八者，礼之经也。冠以明成人，昏以合男女，丧以仁父子，祭以严鬼神，乡饮以合乡里，燕射以成宾主，聘食以睦邦交，朝觐以辨上下。天下之人，尽于此矣；天下之事，亦尽于此矣。而其证之尤为明确而可指者，适合于《大戴》十七篇之次序。《大戴》：《士冠礼》一、《昏礼》二、《士相见礼》三、《士丧礼》四、《既夕》五、《士虞礼》六、《特牲馈食礼》七、《少牢馈食礼》八、《有司彻》九、《乡饮酒》十、《乡射礼》十一、《燕礼》十二、《大射仪》十三、《聘礼》十四、《公食大夫礼》十五、《觐礼》十六、《丧服》十七是一、二、三篇，《冠》、《昏》也；四、五、六、七、八、九篇，《丧》、《祭》也；十、十一、十二、十三篇，《射》、《乡》也；十四、十五、十六篇，《朝》、《聘》也；而《丧服》之通乎上下者附焉。《小戴》次序最为杂乱，

《冠》、《昏》、《相见》而后，继以《乡》、《射》四篇，忽继以《士虞》与《丧服》，又继以《特牲》、《少牢》、《有司彻》，复继以《士丧》、《既夕》，而后以《聘礼》、《公食》、《觐礼》终焉。今郑、贾《注疏》所用刘向《别录》次序，则以《丧》、《祭》六篇居末，而《丧服》一篇移在《士丧》之前，似依吉凶人神为次。盖向见《记》云‘吉凶异道，不得相干’、《荀子》云‘吉事尚尊，丧事尚亲’，遂以《昏》、《冠》、《射》、《乡》、《朝》、《聘》十篇为吉礼，居先；而《丧》、《祭》七篇为凶礼，居后焉。较《小戴》稍有条理，而要不若《大戴》之次，合乎《礼运》。疑自高堂生、后苍以来，而圣门相传篇序固已如此也。夫‘《经礼》三百，《曲礼》三千’。《仪礼》，所谓‘《经礼》’也，周公所制，本有三百之多，至孔子时，即《礼》文废阙，必不止此十七篇，亦必不止如《汉志》所云‘五十六篇’而已也。而孔子所为定《礼》、《乐》者，独取此十七篇以为教，配六艺而垂万世，则正以冠、昏、丧、祭、射、乡、朝、聘八者，为天下之达礼耳。（邵懿辰《礼经通论》）

看此一段所论，足见今《礼》不阙，共有四证：五家之传并不言其有阙，一也；“昏义”亦有“始冠本昏”之说，二也；《礼运》等两举《冠》、《昏》等八礼，三也；适合《大戴》十七篇之次，四也。此四证者，除第一证外，皆足以见古本之不合乎古之次第，如《昏义》、《礼运》等篇所云，别录次第以《丧》、《祭》六篇居末，而《丧服》一篇又移在前，更不如《大戴》之《丧服》居第十七。从次第上看来，古本之不足信亦复如此。

古文《礼》恐亦有采用今文《礼》为篇者，则《丧服传》是也。《论衡·正说》云：“至孝宣皇帝之时，河内女子发老屋，得逸《易》、《礼》、《尚书》各一篇……”《尚书》是《泰誓》，《易》

是《说卦》，这在前儒有明说，逸《礼》一篇之为何篇则无明说，依《丧服传》之有传更有记，其书当在汉初，依《丧服传》古今文之差只“冠布缨”三字，而无其他异文，亦足见其出世甚晚。依《大戴》之篇次，《丧服传》本在最后一篇；依王充说，《书》、《易》二者并有明证而非无稽之言，这样看来，所多之篇，应为《丧服》；是古文之误用今文，与古文《尚书》之误采《泰誓》一样滑稽，这亦足见古文本之非真古本。我所举前三证兹姑勿论，即就王充说，亦可为证明。

章炳麟说：“郑康成注《仪礼》，并存古今文，大概高堂生传十七篇和古文无大出入。孔壁得《礼》五十六篇，比高堂生多三十九篇，这三十九篇和今文中有大不同之点：今文语《礼》是‘推《士礼》至于天子’，全属臆测的，此三十九篇却载士以上底礼很多。”（《国故学讨论集》二）仅就表面看来，好像如此，其实则未必然。王先谦《汉书补注》曰：“朱文公云，《士礼》、《特牲》略举首篇以名之，其曰‘推而至于天子者’，盖专指冠、昏、丧、祭而言，若燕、射、朝、聘、士，岂有是礼而可推耶？先谦曰：此谓三十九篇及《明堂》、《阴阳》等记，多君大夫礼，古礼之传惟恐不备班意，具见《礼乐志》，后载不传古经，故其说如此。要之，燕、射、朝、聘、士固无是礼，即冠、昏、丧、祭，古经所传亦自有出仓等所说外者。沈氏谓今《礼经》本无不备，而诋班氏未读十七篇之文，斯为谬矣。”（王先谦《汉书补注》卷三十）可见“犹愈仓等推《士礼》而至于天子”之说，多少有些矫诬，班《志》原本《七略》，这本不足怪的。

《周礼》在《汉志》直著录为《周官经》六篇，并不言“亡其《冬官》，以《考工记》充之”，师古始为注明。《周礼》经近人考定为秦代之作，其实至少还有窜乱，然而《周官》还有故书，秦时著作，亦有孔壁古本。这现象也颇令人寻思，因无关今古异同，该问题留待本书第六篇专门讨论今古文异同时再详述之。

《礼记》在《汉志》所列，有记百三十一篇，《明堂》、《阴阳》三十三篇，《王史氏》二十一篇，《乐记》二十三篇，《孔子三朝记》七篇，等等，今本实系后汉时编定。据《河间献王传》、《说文·自序》等篇看来，鲁恭王所得自孔壁，河间献王所得自民间者，均有《礼记》，则《礼记》实为古文，特《汉志》未目言之，其中亦杂有今文，如《王制》之类，然无文字今古文之异同，在篇章文句上并无今古之争，不过在篇数上实有不同。以上并合《汉志》所列的五种，共为二百十五篇，而《隋书·经籍志》说：

> 汉初，河间献王又得仲尼弟子及后学者所记一百三十一篇献之，时亦无传之者。至刘向考校经籍，检得一百三十篇，向因第而叙之。而又得《明堂阴阳记》三十三篇、《孔子三朝记》七篇、《王史氏记》二十一篇、《乐记》二十三篇，凡五种，合二百十四篇。……

《经典释文·序录》则说“刘向《别录》云：‘古文《记》二百四篇。’”《隋志》说的二百十四篇是《记》一百三十一篇，在刘向时已少一篇；但《汉志》刘向、歆之《别录》、《七略》而仍云一百三十一篇，其故安在？则现在已无由知其详了。《释文》云二百四篇或系脱一“十”字，《礼记》之为古文，《别录》亦有明文，然而杂有今文，可见这古文也不必是有真古本。

从以上《礼》古今文篇章异同，我们引用邵懿辰、皮锡瑞二家说以见逸《礼》三十九篇不可与十七篇《礼》相比，纵其文字足信，亦不过《考工记》与《周官》之比，原本不同。由于邵氏所用《昏义》、《礼运》之说以明十七篇为完本，《礼经》并无亡佚，古文《礼经》依《别录》所载之篇次实与冠、昏、丧、祭之次不合，足见古文《礼》亦非真古本。邵氏为汉、宋兼采之学者，并非偏见，说极可信。更由王充《论衡》有汉宣帝时河内女子发得逸《礼》一篇之说，而考此篇当为晚出之《丧服传》，则古文《礼》亦有变今文为古文之嫌疑，如《书》之《泰誓》，《易》之《说卦》，实为巨谬，非其本真。古文本由文句之多寡、文字之讹误，颇足见古文本非真古本。这些亦容在本书第五篇《论经今古文字之异同》中再详言之。

### 四 《易经》之篇第

《易》今古文在篇章上无大异同。据《汉书·艺术志》云："及秦燔书，而《易》为筮卜之事，传者不绝。汉兴，田何传之。讫于宣、元，有施、孟、梁丘、京氏，列于学官；而民间有费、高二家之说。刘向以中古文《易经》校施、孟、梁丘经，或脱去'无咎'、'悔亡'，唯费氏经与古文同。"据此看来，《易》之古文传于民间者唯费氏经，费氏经亦非为古文写本，不过与汉秘府中藏之古文本相同，这是因为《易》是卜筮之书，未遭燔禁，而且传者不绝，故不应有所谓孔壁本。章炳麟也说："《易》以费氏为古文家是刘向定的；因为刘向校书时就各家《易经》文字上看，只有费氏相同，所以推为古文家。以《易》而论，今古文也还只文字上底不同。"(《国故学讨论集》二)《易》今古文"只文字上底不同"，无篇章之差异，中古文与今文经相较，也只有的脱去《无咎》、《悔亡》，不是全有脱文。但是所谓中古文与今文经相较，与今文经篇章相同，这其中实有奇迹。因为今文尚有晚出之篇，而古本与之同，也颇见古文之非真古。

王充《论衡·正说》篇云："孝宣皇帝之时，河内女子发老屋，得逸《易》、《礼》、《尚书》各一篇。奏之，宣帝下示博士，然后《易》、《礼》、《尚书》各益一篇。"《论衡》所云"逸《易》"一篇，据《隋书·经籍志》的记载，则是"及秦焚书，《周易》独以卜筮得存，唯失《说卦》三篇，后河内女子得之"。《论衡》、《隋书》之说，在王先谦《汉书补注》以为"志既云

‘传者不绝’，是此书未缺，发屋得《易》之事，乃俗说也”。但其实则不然，《说卦》三篇，包括《序卦》、《杂卦》，其中所说，实是孟、京一派经师之言，非先秦所能有。据戴震《周易补注目录后语》云：“武帝时，博士之业，《易》虽已十二篇，然昔儒相传《说卦》三篇，与今文《泰誓》同后出，《说卦》分之为《序卦》、《杂卦》，故三篇词指不类孔子之言。或经师所记孔门余论，或别有所传述，博士集而读之，遂一归孔子，谓之‘十翼’矣。”（《古史辨》第五册）

康有为《新学伪经考》更云：

> 至《说卦》、《序卦》、《杂卦》三篇，《隋志》以为后得，盖本《论衡·正说篇》“河内后得逸《易》”之事，《法言·问神篇》“《易》损其一也，虽蠢知阙焉”，则西汉前无《说卦》可知。扬雄、王充尝见西汉博士旧本，故知之。《说卦》与孟、京《卦气图》合，其出汉时伪托无疑。《序卦》肤浅，《杂卦》则言训诂，此则歆所伪窜，并非河内所出。（康有为：《新学伪经考·汉书艺文志辨伪》第三上）

康氏又辨《史记·孔子世家》中“序《彖》、《系》、《象》、《说卦》、《文言》”一句中“说卦”二字为刘歆所窜入云：

> 《隋志》之说出于《论衡》，此必王充曾见武、宣前本也。《说卦》：“帝出乎《震》，齐乎《巽》，相见乎《离》，致役乎《坤》，说言乎《兑》，战乎《乾》，劳乎《坎》，成言乎《艮》。”又曰：“《震》东方也；《离》也者，南方之卦也；《兑》，正秋也；《坎》者，正北方之卦也。”与焦、京《卦气图》合。盖宣帝时说《易》者附之入经，田何、丁宽之传无之也。史迁不知焦、京，必无之，此二字不知何时窜入。至《序卦》、《杂卦》，所出尤后，史记不著，盖出刘歆之所伪，故其辞闪烁隐

约，于《艺文志》著《序卦》，于《儒林传》不著，而以“十篇”二字总括其间。要之三篇非孔子经文。（钱玄同：《重论经今古文学问题》，《古史辨》第五册）

康氏以《序卦》、《杂卦》为刘歆伪作，固未必然，其以《说卦》为焦、京之徒作，其说甚是，所举《法言·问神篇》语，尤足证《隋志》、《论衡》之说之非诬，我们可信发屋得《易》之说并非乌有俗说。本来“十翼非孔子作”，“《孟子》书内常称述《诗》、《书》而不及《易》”，“《荀子》也不讲《易》”，“自从秦人烧书后，一辈儒生无书可讲，只好把一切思想学问牵涉到《易经》里面去讲，这是汉代初年《易》学骤盛的一个原因”。《易》之“十翼”内中有一些“道家哲学和阴阳家哲学”，当有一些篇章是在汉初写定，而竟篇篇有古文本，请看：那是奇迹，还是不是奇迹？

以上我们就篇卷上来看，据《法言》、《论衡》、《隋志》及戴东原说，以明《易》在西汉有增篇、有晚出之篇，更就“十翼”非孔子作，孟、荀并不讲《易》以见《易》学在汉初始发达，故杂有道家和阴阳家言，而晚出之篇作于汉代，实为可信。则《易》有六国古文写本，其篇数与施孟、梁丘经并同，实为可疑。在文字上费《易》尚有文字多寡与讹误处，足见其非真古本，古籍之中，如《左传》、《国语》所引《易》，颇有与今文合而与古文不合者，古本不古，证验甚明。此在第三、第六两篇再为详说。

## 五　《春秋》之篇第

《春秋》三传解述十二公经，在篇数上应无异同。《汉书·艺术志》云：“仲尼思存前圣之业……以鲁周公之国，礼文备物，史官有法，故与左丘明观其史记，据行事，仍人道……有所褒讳贬损，不可书见，口授弟子，弟子退而异言。丘明恐弟子各安其意，以失其真，故论本事而作传……及末世口说流行，故有《公羊》、《穀梁》、《邹》、《夹》之《传》。四家之中，《公羊》、《穀梁》立于学官，邹氏无师，夹氏未有书。”在经文异同上未有叙述，仅著录“《春秋》古经十二篇，经十一卷”，注云：“《公羊》、《穀梁》二家”；“《左氏传》三十卷”；“《公羊传》十一卷；《穀梁传》十一卷”；“《邹氏传》十一卷”；“《夹氏传》十一卷”，于《夹氏传》注云“有录无书”。《汉志》以《公羊》、《穀梁》、《邹》、《夹》四家并属今文，经、传并十一卷，与古经相差一卷。但在内容上，《公羊》乃合闵公于庄公卷，并非真少于古文经。反之古文经十二卷，实如《尚书》之分《盘庚》、《泰誓》为三，《顾命》、《康王之诰》为二，本是分所不必分，分所不当分，是貌为增多的。关于此点，沈钦韩《汉书疏证》云：“二家合闵公于庄公，故十一卷。彼师当缘闵公事短，不足成卷，并合之耳，何休乃云‘系闵公篇于庄公下者，子未三年，无改于父之道’。其先俗师未见古文，或分或合犹可言也，休已见古文，不当为此言。”章炳麟也说：“《左氏》多古文古言……经文本无不同。但《公羊》、《穀梁》是十一篇，《左氏》有十二篇，因《公羊》、《穀梁》是附闵于庄的。闵公只有三年，附于庄公原无大异，但何休解《公羊》却说出一番理由来，以为‘孝子三年无改于父之道’，故此附闵于庄了。”（同前书）我们细查闵公只有二年，与庄公之三十二年合并起来，也只比僖公之三十三年多一年，附闵于庄，分量不惟相去不远，依《春秋》记事详近略远的情形看来，闵公篇附于庄公分量只有少的，然则附闵于庄，以免短不成卷的篇卷，间厕于两大篇卷之间，可说正是正当附法；何况还有“孝子三年无改于父之道”可附会呢。沈、章二氏之说，明知“短不成卷”，“附闵于庄，原无大异”，而不细思古代篇卷多合，后来乃多分析，如伏生传今文，尚不以《盘庚》分三，《礼记》之《曲礼》等篇于后始分上下，分卷虽可说是一种进步，然而未必合于古真，《古文尚书》在篇数上貌为增多，《论语》、《孝经》也并有故为分析，以表示其篇章之多的事实，皆本分所不必分，分所不当分，然则古文《春秋经》多一卷，实远不如《公羊传》少一卷之合于古本的情形。何休之说，虽近附会，然而此起貌为增多，以为古经之近诬罔，其心亦固自不同。

以上我们所讨论的是《春秋》古文经之篇卷问题，据沈、章两家言“闵公事短不足成卷，附闵于庄，原无大异”，足见今文经在篇数上无不如古文之处，而古文经之多一篇，转觉其不合于古真，至于经文内容，古经中亦颇有脱误（如昭公二十四年，《公羊传》“叔孙舍至自晋”，《左传》、《穀梁传》作“婼至自晋”，脱叔孙二字；僖公九年，《公羊传》“甲戍，晋侯诡诸卒”，《左传》、《穀梁传》“戍”作“子”，《公羊传》得其实），以及不古之字（如成公八年“天子使召伯来锡公命”，《公羊》“赐”作“锡”，而据钟鼎款识，“赐”多作“锡”。昭公十一年，《公羊传》“盟于祲羊”，《左传》、《穀梁传》“羊”作“祥”，而古“祥”多省作“羊”），赵坦《春秋异文笺》、朱骏声《春秋三家异文覈》于此所述甚多，我们在后文亦将详论。

《左传》、《公羊传》、《穀梁传》三传，《左传》本非解经之传，实不当分“经”之年与“传”之年相比附，此在近人力攻今文说者已如是云，《左氏》比年文阙，案其体例实似《国语》，在今文家早已论定其非“论本事而作传”。至于《穀梁传》，汉儒误以为今文，而其实《穀梁》亦古文，此在崔适《春秋复始》已言之，余前为《穀梁春秋考证》，已明《穀梁》非为真传《春秋》，近于《穀梁》之为古文，更获有明证，足见崔说不诬。

## 六　《论语》之篇第

《论语》在《汉书·艺文志》小序中仅云“汉兴，有齐、鲁之说”，未及古文。但著录诸家，首列《论语》古二十一篇，班固自注云："出孔子壁中，两《子张》。"如淳曰："分《尧曰》篇后，子张问'何如可以从政'已下为篇，名曰《从政》。"《汉书补注》云："王应麟曰：何晏云，《古论》惟博士孔安国为之训解，而世不传。《新论》云'文异者四百余字'。"《汉书·艺文志》次列"《齐》二十二篇。多《问王》、《知道》。《鲁》二十篇，《传》十九篇"。于《齐论》下，班固自注云："多《问王》、《知道》。"如淳曰："《问王》、《知道》皆篇名也。"《汉书补注》："王应麟曰：《说文》、《学记》等书引逸《论语》言玉事，愚谓《问王》亦即《问玉》也，篆文相似。沈钦韩曰：《别录》云'齐人所学谓之齐论。'何晏序《齐论语》二十二篇，其二十篇中章句颇多。于《鲁论》，先谦曰：《隋志》：张禹本授《鲁论》，晚讲《齐论》，后遂合而考之，删其烦惑，除去《齐论》"问王"、"知道"二篇，从《鲁论》二十篇为定，号《张侯论》。汉末郑元以《张侯论》为主，参考《齐论》、《古论》，而为之注，魏陈群等为义说，何晏又为《集解》，是后诸儒多为之注，《齐论》遂亡。"（《汉书补注》卷三十）《论语》在《论衡》中引有有百数十篇，《齐论》多此二篇，既有《说文》诸书所引可考，则篇中有内容，与《古论》之仅分《尧日》后一章以为篇，其情形自不同。

《古论》现虽不传，但据郑玄以《古论》读正《鲁论》之见于《释文》者看来，其多于《鲁论》者《尧曰》篇，更有"孔子曰：不知命无以为君子也"一章，此章原文见《韩诗外传》六，据徐养原《论语鲁读考》云："按《说文》'瑮'字注云，逸《论语》曰'王粲之璠兮，其瑮猛也'。又'莹'字注引逸《论语》曰'如玉之莹秀水'，朱氏以为即《齐论》之《问王》，非也。凡不立于学官者，则谓之逸古文，终汉之世不立学官。故《古文尚书》二十四篇谓之《逸书》，古文《礼》三十九篇谓之《逸礼》，《论语》虽不在五经之列，而《古论》亦世所不行，然则《逸论语》乃《古论》，非《齐论》也。此章《鲁论》所无，郑从古而存之，则亦《逸论语》也，《鲁论·尧曰篇》‘财两’章比他篇最少，《古论》后分为两篇，则益寥之矣。”“我们只看《鲁论·尧曰篇》‘财两’章比他篇最少，而《古论》犹在最少之篇分为两篇，岂非故意表示‘我们篇数比你的多’？《古论》此章原文既已引见《韩诗外传》，则似据以校增于篇末，非古真有而鲁、齐并不传。近人力攻康、崔说者，亦谓《论语》无孔子学《易》事，只有‘加我数年，五十以学《易》，可以无大过矣’一条，据鲁论，‘易’字当作‘亦’……《古论》妄错‘易’一字，便附会到‘五十学《易》’等之说话。”（《古史辨》第三册）徐氏《论语鲁读考》云：“‘易’在支佳韵，‘亦’在鱼虞模韵，各为一义，不相假借。”“不相假借”之字《古论》且能妄错，则其据《外传》以妄增此章，实犹愈于妄错也。

《古论》有少于《鲁论》之篇，则《卫灵公》篇“子曰：‘父在观其志文，父殁观其行章’”，原文已见前篇，《古论》删之是也。然而《鲁论》有此一章，正是原本，《古论》无此一章，实显其为校改之本，而非真古本。

以上我们引用徐养原《论语鲁读考》及近人崇信古文者之说，以明《鲁论》虽多一篇，乃分所不必分，分所不当分，其所多之一章，居于篇末，亦有妄增之嫌。《古论》于《鲁论》少一章，则尤足以见其为校改之本而非真古本。《古论》文字与《鲁论》异者，除《古论》妄错“易”字一例，尚有不少之例足证其决非真古本。

### 七　《孝经》之篇第

《孝经》据《汉志》列《古孔氏》一篇，自注云：“二十二章。”师古曰：“刘向云：‘古文字也。《庶人章》分为二也，《曾子敢问章》为三，又多一章，凡二十二章。’”又《孝经》一篇，自注云：“十八章。长孙氏、江氏、后氏、翼氏四家。”《小序》

云："汉兴，长孙氏、博士江翁、少府后仓、谏大夫翼奉、安昌侯张禹传之，各自名家。经文皆同，唯孔氏壁中古文为异。'父母生之，续莫大焉'，'故亲生之膝下'，'诸家说不安处'古文字读皆异。"由班《志》所述看来，古文多出今文四章，三章是分出的，只有一章是真多的。此所多之一章，今已无从详考。王先谦《汉书补注》引诸家说云：

王应麟曰：许冲上父慎《说文》曰："《古文孝经》者，昭帝时鲁国三老所献，建武时议郎卫宏所校。"案，《志》云："'孔氏壁中古文'，则与《尚书》同出也，盖始出于武帝时，至昭帝时乃献之。沈钦韩曰：'《隋志》：《古文孝经》一卷，孔安国传。梁末亡逸，今疑非古本。'又云：'《古文孝经》与《古文尚书》同出，而长孙有《闺门》一章，其余经（文）大较相似，篇简缺解。又有衍出三章，并前合为二十二章，孔安国为之传。至刘向典校经籍，除其繁惑，以十八章为定，郑众、马融并为之注。梁代，安国及郑氏二家并立国学，而安国之本亡于梁乱。陈及周、齐惟传郑氏。至隋，秘书监王劭于京师访得《孔传》，送至河间刘炫，炫因序其得丧，述其义疏，讲于人间，渐闻朝廷，后遂著令，与郑氏并立。儒者諠諠，皆云炫自作之。'"《通考》《崇文总目》云："今孔注不存，而隶古文与章数存焉。《中兴艺文志》云：'自唐明皇时，议者排毁古文，以《闺门》一章为鄙俗，而古文遂废。'朱一新曰：'近日本人有作伪《孔传》者，流入中国。《四库提要》辟之。'"宋《黄氏日抄》谓："古文分《三才》章，'先王见教之可以化民也'以下为一章，与此注云：《庶人》章分为二者，不合又多一章。"（案，即《闺门》章也，凡二十二字，曰："闺门之内具礼矣乎，严父、严兄，妻子臣妾，犹百姓徒役也。”）

由此一段所云，长孙有《闺门》一章，又有衍出三章并前合为二十二章，古文所多之四章，三章衍出一章，同于今文长孙氏，在章数上，骤然视之，似比今文篇幅增多，而其实为衍出，据《孝经疏》引司马贞议曰：“今文《孝经》是汉河间王所得颜芝本，至刘向，以此本参校古文，省除繁惑，定为八十八章。……其古文二十二章……《闺门》一章……文句凡鄙，不合经典。又分《庶人》章从‘故自天子’以下，别为一章，仍加‘子曰’二字，然‘故’者连上之词，既为章首，不合言‘故’……”我们现在看古文多三章，无论《庶人》章也好，《三才》章也好，《曾子敢问》章也好，都是分所不必分，分所不当分。然而古文要多分出三章，亦足以见其如《诗》、《书》、《论语》一样之貌为增多；其所增之一章“文句凡鄙，不合经典”，尤足以见其非真古本。

## 八　《孟子》之篇第

《孟子》列经最晚，在《汉志》著录入《诸子略》，为十一篇。沈钦韩云：“《史记》云：‘《孟子》七篇。’”赵岐《章指题辞》云：“七篇，二百六十一章，三万四千六百八十五字。又有《外书》四篇，《性善辨》、《文说》、《孝经》、《为正》，其文不能弘深，不与内篇相似，似非《孟子》本真也。”今《外书》遂不可见。《孟子》亦有古文，略见诸书所引，然无今古之争。说详第六篇第六章。

## 九　《尔雅》之篇第

《尔雅》三卷二十篇，《汉志》列入“《孝经》家”中。《汉书补注》引叶德辉曰：“今本三卷十九篇，《汉志》盖合《序篇》言之，《诗正义》引《尔雅·序篇》云：‘《释诂》、《释言》，通古今之字，古与今异言也。《释训》言形貌也。’此《尔雅》有《序篇》之明证。《释文·叙录》引为文学、李巡、孙炎注，皆三卷，惟樊光本六卷，此每卷分上下也。《孝经序》疏引郑氏《六艺论》云：‘孔子以六艺题目不同，指意殊别，恐道离散，莫知根源，故作《孝经》以总会之。’又，《大宗伯疏》引郑氏《驳五经异义》云‘《尔雅》者，孔子门人所以释六艺之文’，言盖不误也。然则《尔雅》与《孝经》同为释经总会之书，故列入‘《孝经》家’。《隋志》析入《论语》，非也。”二十篇为合《序篇》言之，其说甚是。

《尔雅》，《汉志》不言其有今古文之分，然其书原为《礼记》之一篇，又有窜易，有释《毛诗》、《周官》说者，其书应为古文；本不为经，故无今文之传。十三经中，唯《尔雅》本无今文也。



## 第二节　群经内质之分析



由群经篇第之异同，我们可以知道群经之形式及内容的不同，但是我们更要知道，由群经所记载之内涵来看，群经更有其实质的不同，这也是启示我们研究经学所当注意之点的。自来学者对于群经，因为这些典籍，是自古流传下来的我们先民言行的记载，因此便有种种的看法，有以经学为史学的，有以经学为理学的，也有以经学为文学的。仁者谓仁，智者谓智，这三种说法，实各具有理由。我们现在仍无由决定某一说绝对是，某一说绝对非。现在我们将这些说法先分别详述，然后再略加以评判。

### 一　经学与史学

群经是自古流传下来的我们先民言行的记载，那自然容易被认为是历史，是古代史料，这一种看法在《庄子·天运》篇即有：“夫六经先王之陈迹也，岂其所以迹哉！”这以六经为先王之陈迹而非“其所以迹”，即是认六经为过去之史迹而非所谓道。《天运》篇犹可诿之西汉人说，而在《庄子·天下》篇亦有“其明而在数度者，旧法世传之史，尚多有之；其在于《诗》、《书》、《礼》、《乐》者，邹、鲁之士、缙绅先生多能明之”。《诗》、《书》、《礼》、《乐》为史所传，这种说法也有认经学为史学的意味。在汉代儒学独尊时，这种议论虽少，但如史迁说“夫学者载籍极博，犹考信于六艺。《诗》、《书》虽缺，然虞夏之文可知也”（《史记·伯夷列传》）。“万物之聚散皆在春秋。”（《史记·太史公自序》）这种议论也有以经学为史学之倾向。到了袁宏撰《后汉纪》时，他说：“记载废兴，谓之《典》、《谟》；集叙歌谣，谓之《诗》、《颂》；拟议吉凶，谓之《易》、《象》；撰录制度，谓之《礼》、《仪》；编述名迹，谓之《春》、《秋》。然则经籍者，写载先圣之轨迹者也。圣人之迹不同，如彼后之学者，欲齐之如此，焉可得哉!”（《后汉纪》卷三《肃宗孝章帝纪第三》）





隋代王通于其所著《文中子中说》云：“昔圣人述史三焉：其述《书》也，帝王之制备矣，故索焉而皆获；其述《诗》也，兴衰之由显，故究焉而皆得；其述《春秋》也，邪正之迹明，故考焉而皆当。此三者，同出于史，而不可杂也，故圣人分焉。”

《隋书·经籍志》也说：“是以大道方行，俯龟象而设卦，后圣有作，仰鸟迹以成文，书契已传，绳木弃而不用。史官既立，经籍于是兴焉。夫，经籍也者，先圣据龙图、握凤纪，南面以君天下者，咸有史官，以纪言行。言则左史书之，动则右史书之，故曰‘君举必书’，惩劝斯在。考之前载，则《三坟》、《五典》、《八索》、《九丘》之类是也。下逮殷、周，史官尤备，纪言书事，靡有阙遗。则《周礼》所称：太史掌建邦之六典、八法、八则，以诏王治；小史掌邦国之志，定世系、辨昭穆；内史掌王之八柄，策命而贰之；外史掌王之外令及四方之志，三皇、五帝之书；御史掌邦国都鄙、万民之治令，以赞冢宰。此则天子之史，凡有五焉。诸侯亦各有国史，分掌其职。则《春秋传》‘晋赵穿弑灵公’，太史董狐书曰‘赵盾弑其君’，以示于朝。宣子曰：‘不然！’对曰：‘子为正卿，亡不越境，反不讨贼，非子而谁?’齐崔杼弑庄公，太史书曰：‘崔杼弑其君。’崔子杀之；其弟嗣书，死者二人；其弟又书，乃舍之。南史闻太史尽死，执简以往，闻既书矣，乃还。楚灵王与右尹子革语，左史倚相趋而过。王曰：‘此良史也，能读《三坟》、《五典》、《八索》、《九丘》。’然则诸侯史官亦非一人而已，皆以记言书事，太史总而裁之，以成国家之典。不虚美，不隐恶，故得有所惩劝，遗文可观。则《左传》称《周志》，《国语》有《郑书》之类是也。暨夫周室道衰，纪纲散乱，国异政、家殊俗，褒贬失实，隳紊旧章，孔丘以大圣之才，当倾颓之运，叹凤鸟之不至，惜将坠于斯文，乃述《易》道而删《诗》、《书》，修《春秋》而正《雅》、《颂》，坏礼崩乐，咸得其所。”





袁宏之说，意同庄子；但在《文中子中说》与《隋志》，一个认五经之中三经为三史，一个说“史官既立，经籍于是兴焉”。实已启后来“六经皆史”之渐。到了宋代，陈傅良为徐得之《左氏国纪》序云：

> 昔夫子作《春秋》，博极天下之史矣！诸不在拨乱世反之正之科，则不录也。左氏独有见于经，故采史记次第之，某国事若干，某事书，某事不书，以发明圣人笔削之旨云尔。非直编年为一书也。古者，事、言各有史，凡朝廷号令与其君臣相告语为一书。今《书》是已；被之弦歌谓之乐章，为一书，今《诗》是已；有可藏焉，而官府都鄙邦国习行之，为一书；今《仪礼》若《周官》之六典是已；自天子至大夫士，氏族传序为一书，若所谓帝系书是已。而他星卜医祝皆各为书。至编年，则必序事如《春秋》。(《止斋文集》卷四)

他这一段话除了以“夫子作《春秋》，博极天下之史”而外，更以《书》、《诗》、《乐章》、《仪礼》、《周礼》为史，他虽未明言《周易》亦为史，但以星卜、医祝皆明为书列在史中，则亦以《易》为史。四术之《诗》、《书》、《礼》、《乐》以及《易》与《春秋》，所谓“六经”也者，在他看来，已无一非“史”了。不过他还未明言“六经皆史”。到了王阳明在其所著《传习录》中，首先提出“五经皆史”的主张。他说：“以事言谓之史，以道言谓之经，事即道，道即事。《春秋》亦经，五经亦史；《易》是包牺之史，《书》是尧、舜以下史，《礼》、《乐》是三代史，其事同，其道同。”“五经亦只是史。”（《传习录》卷一）而其弟子及李贽则更云：“天地间无非史而已。”“《春秋》一经，春秋一时之史也。《诗经》、《书经》二帝三王以来之史也，而《易经》则又示人以经之所自出，史之所从来，为道屡迁，变易匪常，不可以一定执也，故谓‘六经皆史’可也。”（《焚书·经史相为表里》）李氏以为“经而不史”、“史而不经”俱近诬罔，是主张形而上的经学，要有形而下的历史史实作为依据，这更是合经史为一体的一种看法。到了清代章学诚也是主张“六经皆史”的，他在《文史通义》中开宗明义地说：

> 六经皆史也。古人不著书，古人未尝离事而言理，六经皆先王之政典也。或曰，《诗》、《书》、《礼》、《乐》、《春秋》，则既闻命矣，《易》以道阴阳，愿闻所以为政典，而与史同科之义焉。曰：闻诸夫子之言矣。“夫《易》开物成务，冒天下之道。”“知来藏往，吉凶与民同患。”其道盖包政教典章之所不及矣。象天法地，“是兴神物，以前民用”。其教盖出政教典章之先矣。
>
> ……夫子曰：“我观夏道，杞不足征，吾得夏时焉。我观殷道，宋不足征，吾得坤乾焉。”夫夏时，夏正书也。坤乾，《易》类也。夫子憾夏、商之文献无所征矣，

而坤乾乃与夏正之书同为观于夏、商之所得；则其所以厚民生与利民用者，盖与治历明时，同为一代之法宪；而非圣人一己之心思，离事物而特著一书，以谓明道也。夫悬象设教，与治历授时，天道也。《礼》、《乐》、《诗》、《书》，与刑、政、教、令，人事也。天与人参，王者治世之大权也。韩宣子之聘鲁也，观书于太史氏，得见《易》象、《春秋》，以为周礼在鲁。夫《春秋》乃周公之旧典，谓周礼之在鲁可也，《易》象亦称周礼，其为政教典章，切于民用而非一己空言，自垂昭代而非相沿旧制，则又明矣。（《文史通义·易教上》）

这一段话将占卜与玄学的《易》用来证明其与史同科。他曾说："《易》曰：'形而上者谓之道，形而下者谓之器。'道不离器，犹影不离形。后世服夫子之教者自六经，以谓六经载道之书也，而不知六经皆器也。（《文史通义·原道中》，卷二）"政教典章人伦日用之外，更无别出著述之道。"（同上）道不离器，则六经虽然是载道之书，无论何如也可以说"六经皆史"的。相比之下，他这一段议论，比起袁枚所说的："古有史而无经，《尚书》、《春秋》，今之经，昔之史也。《诗》、《易》者，先王所存之言；《礼》《乐》者，先王所存之法。其策皆史官掌之。"（《小仓山房诗文集》卷十《史学例议序》）实较透辟。袁氏之说，不过如《庄子·天下》篇所云，无大发明。章、袁两家而后，主"六经皆史"之说者更有蒋湘南、龚自珍诸家。龚氏云：

周之世官大者史。史之外无有语言焉，史之外无有文字焉，史之外无人伦品目焉。史存而周存，史亡而周亡。殷纣时，其史尹挚抱籍以归于周，周之初始为是官者，佚是也。周公、召公、太公既劳周室。改质家跻于文家，置太史。史于百官，莫不有职事。三宅之事，佚贰之，谓之四圣。盖微夫上圣睿美，其孰任治是官也。

是故儒者言六经。经之名，周之东有之。夫六经者，周史之宗子也：《易》也者，卜筮之史也；《书》也者，记言之史也；《春秋》也者，记动之史也；《风》也者，史所采于民而编之竹帛，付之司乐者也；《雅》、《颂》也者，史所采于士大夫也；《礼》也者，一代之律令，史职藏之故府，而时以诏王者也。小学也者，外史达之四方，瞽史谕之宾客之所为也。今夫宗伯虽掌礼，礼不可以口舌存，儒者得之史，非得之宗伯。《乐》虽司乐掌之，《乐》不可以口耳存，儒者得之史，非得之司乐。故曰六经者，周史之大宗也。孔子殁，七十子不见用。衰世著书之徒蠭出泉流。汉氏校录，最为诸子。诸子也者，周史之小宗也。（《定庵文集》卷二《古史钩沉论》之二）

他认为："史之外无有语言"，"史之外无有文字"，"六经者，周史之大宗"，"诸子也者，周史之小宗"，世间上一切的一切，无不可以谓之为"史"，何况六经？何况诸子？但是他说"《易》也者，卜筮之史也"，"《乐》不可以口耳存，儒者得之史，非得之司乐"，这些话确比章学诚之但以政教典章为史更明了些。不过以语言文字为史，以《诗》、《乐》、《礼》、《易》为史，这些主张在表面上看来似乎近理，但《诗》原本是文学，《乐》原本是歌曲，《礼》原本是仪节，《易》原本是卜筮，我们只能由《诗》、《易》、《礼》、《乐》之中窥见吾先民活动的遗迹，考察出关于古史的史料，不像《尚书》、《春秋》直为记言记动之史。而且《春秋》在前儒看来，亦有不认《春秋》为史而是一部说理的书。例如家铉翁在《春秋详说》中云："《春秋》非史也，谓《春秋》为史者，后儒浅见不明乎《春秋》者也。昔夫子因《鲁史》修《春秋》，垂王法以示后世。""《春秋》主乎垂法，不主乎记事。"（宋家铉翁《春秋详说·读春秋序》）直以"六经皆史"这种意见，实未免过于笼统。我们至多只能说六经是古代史的史料，而可以将六经当作史看。

## 二 经学与理学

“六经皆史”之说，在章学诚、章炳麟他们虽然能持之有故，言之成理，但以《诗三百篇》为古代诗歌总集，《易》中卦象、卦辞和爻辞之具有高深哲学理论，而尽以为史及史料，这已不合实情。何况《春秋》确有义例，实不能尽诿为史料。《庄子·齐物论》是《庄子》中较真的作品，其中说：“《春秋》经世，先王之志。”这已不以《春秋》为史，不能曲解“经”为“纪”、“志”为“记”。在较早的议论中，如《左传·僖公二十七年》记载赵衰曰：“《诗》、《书》义之府也，《礼》、《乐》德之则也。”以《诗》、《书》为“义之府”，即并未将其单纯视为“史”。《书》虽为史，亦含有古人的政治智慧和治世的义理。他如上章所引《韩诗外传》：“千举万变，其道不穷，六经是也。”《汉书·翼奉传》载翼奉所云：“圣人见道，然后知王治之象，故画州土，建君臣，立律历，陈成败，以视贤者，名之曰‘经’。”等语，以及《论语》、《礼记》、《左传》、《荀子》、《庄子》、《贾子》、《淮南子》、《史记》与董仲舒、扬雄诸家论经之说，皆是认经学所包含的是“道”，是“义理”，如所谓“邹鲁守经学”（《汉书·邹阳传》），实是以经学为道学。此外，在宋以前儒士的言论尚有：

1. 齐太史子与适鲁……曰：“……孔子生于衰周，先王典籍，错乱无纪，而乃论百家之遗记，考正其义，祖述尧舜，宪章文武，删《诗》述《书》，定《礼》理《乐》，制作《春秋》，赞明《易》道，垂训后嗣，以为法式，其文德著矣。然凡所教诲，束脩已上，三千余人，或者天将欲与素王之乎，夫何其盛也。”（《孔子家语·本姓》）

2. 子思曰：“夫子之教，必始于《诗》、《书》，而终于《礼》、

《乐》，杂说不与焉。”（《孔丛子·杂训》）

3. 尸佼曰：“孔子云‘诵《诗》读《书》，与古人居；读《书》诵《诗》，与古人谋。’”（《意林》一引《尸子》）

4. 慎到曰：“《诗》，往志也；《书》，往诰也；《春秋》，往事也。至于《易》则吾心阴阳消息之理备焉。”（《慎子·逸文》）

5. 陆贾曰：“《传》曰：‘天生万物，以地养之，圣人成之。’”“《鹿鸣》以仁求其群，《关雎》以义鸣其雄，《春秋》以仁义贬绝，《诗》以仁义存亡，《乾》、《坤》以仁和合，《八卦》以义相承，《书》以仁叙九族，君臣以义制忠，《礼》以仁尽节，《乐》以礼升降。”“学之者明，失之者昏，背之者亡。”（《新语》）

6. 孔鲋曰：“不读《诗》、《书》、《易》、《春秋》，则不知圣人之心。”（《孔丛子·论书第二）

7. 王凤曰：“五经，圣人所制，万事靡不毕载。”（《汉书·宣元六王传·东平思王刘宇传》

8. 扬雄曰：“大哉！天地之为万物郭，五经之为众说郛。”（《法言·问神》）“舍五经而济乎道者末矣。”（《法言·吾子》）

9. 王符曰：“圣人之制经以遗后贤也，譬犹巧倕之为规矩准绳以遗后工也。”（《潜夫论·赞学》）

10. 荀悦曰：“道之本仁义而已矣。五典以经之，群籍以纬之。”（《申鉴·政体》）“施之当时则为道德，垂之后世则为典经。”（《汉纪（卷二十五）》）

11. 徐幹曰：“六籍者，群圣相因之书也。其人虽亡，其道犹存。今之学者勤心以取之，亦足以到昭明而成博达矣。”（《中论·治学》）

12. 葛洪曰：“正经为道义之渊海。”“儒者，周孔也，其籍则六经也。盖治世存正之所由也，立身举动之准绳也，其用远而业贵，其事大而辞美。有国有家不易之制也。”（《抱朴子·内篇》）

13. 王通曰："《书》以辩事，《诗》以正性，《礼》以制行，《乐》以和德，《春秋》、《元经》以举往，《易》以知来，先王之蕴尽矣。"（《文中子中说》）

在宋、元、明儒中，这类议论尤多。例如：

14. 欧阳修云："仲尼之业，垂之六经，其道闳博，君人治物，百王之用，微是无以为法。"（《经义考》二九六）

15. 程颐曰："圣人之道，传诸经学者，必以经为本。又曰：治经，实学也。又曰：古之学者，皆有传授。如圣人作经，本欲明道，今人若不克明义理，不可治经，盖不得传授之意云尔。经所以载道也，器所以适用也，学经而不知道，治器而不适用，奚益哉?"（《二程文集》卷九）

16. 张载云："圣人文章无定体，《诗》、《书》、《易》、《礼》、《春秋》，只随义理如此而言。"（《张载集》）

17. 杨时云："六经，先圣所以明天道、正人伦，致至治之成法也。其文自尧、舜，历夏、周之季，兴衰治乱，战败之迹，救弊通变，因时损益之理，皆焕然可考。网罗天地之大理文，象器幽明之故，死生终始之变，莫不详喻，曲譬较然，如数一二，宜乎后世高明超卓之士，一抚卷而尽得之也。"（《杨龟山集》卷二十五）

18. 朱熹云："古之圣人作为六经，以教后世，《易》以通幽明之故，《书》以记政事之实，《诗》以尊性情之正，《春秋》亦以示法戒之严，《礼》以正行，《乐》以和心，其于义理之精微，古今之得失，所以该贯发挥，究竟穷极，可谓盛矣！而总其书不过数十卷，盖其简易精约又如此。""圣人作经以诏后世，将使学者诵其文，思其义，有以知其事理之当然，见道义之全体，而身力行之，以入圣贤之域也。其言虽约，而天下之故幽明巨细靡不该焉。欲求道以入德者，舍此为无所用心矣。"（《经义考》八）

19. 王守仁云："经，常道也……以言其阴阳消息之行焉，则谓之《易》；以言其纪纲政事之施焉，则谓之《书》；以言其歌咏性情之发焉，则谓之《诗》；以言其条理节文之著焉，则谓之《礼》；以言其欣喜和平之生焉，则谓之《乐》；以言其诚伪邪正之辩焉，则谓之《春秋》。……故六经者，吾心之记籍也，而六经之实，则具于吾心。（王阳明：《尊经阁记》页二九七九）

但是，这些说法虽以六经“其道闳博”，“所以载道”，可以见道义之全体，他们的措辞实不如后来顾亭林直张经学即理学之帜。《亭林文集》卷之三《与施愚山书》云：

> 理学之传，自是君家弓治。然愚独以为理学之名，自宋人始有之。古之所谓理学，经学也，非数十年不能通也。故曰：“君子之于《春秋》，没身而已矣。”今之所谓理学，禅学也，不取之五经而但资之语录，校诸帖括之文而尤易也。又曰：“《论语》，圣人之语录也。”舍圣人之语录，而从事于后儒，此之谓不知本矣。

亭林这种议论虽主张《论语》、《孟子》即是圣门之语录，但亦未将所谓即是理学之经学作分析的说明，经学的基本观念如何？宇宙观、人生观、道德、政治思想又是如何？他们都未加以剖析。依我们现在来研究，群经中的思想可以分为下列几点来看：

1. 尊天信命。在《诗》、《书》中，我们可以见先民极端信仰天命，例如《尚书·大诰》篇说：“天休于宁王，兴我小邦周，宁王惟卜用，克绥受兹命。今天其相民，矧亦惟卜用。呜呼！天明畏，弼我丕丕基！”《召诰》篇说：“今天其命哲、命吉凶、命历年；知今我初服，宅新邑。肆惟王其疾敬德？王其德之，用祈天永命。”《酒诰》篇说：“在昔殷先哲王，迪畏天显小民，经德秉哲。”《多士》篇说：“在今后嗣王，诞罔显于天，矧曰其有听念于先王勤家？诞淫厥泆，罔顾于天显民祗”。《诗·烝民》说：“天生烝民，有物有则。民之秉彝，好是懿德。”“天”给予了万民的一切，也确立了做人处事的法则，人民只能“与天地合其德”（《易·乾·文言》）。他们以为天能主宰一切，天是有意志的，天之命不可违犯，而且一切当以天为法则。在《尚书》中屡屡提到“惟帝不畀，惟我下民秉为，惟天明畏”，“诞罔显于天”（《尚书·多士》）一类话，我们由“惟天明畏”、“诞罔显于天”这话看来，“显”固可释为明，实当释为“法”，古字“显”与“宪”通用，“天显”即是“天宪”，是天之法则，绝不可违背。所以《康诰》篇说“迪畏天显”，《多士》篇说“罔顾于天显”。诗人歌颂“天生烝民，有物有则”也正是认为天有天之法则，天是绝对善的；“民之秉彝，好是懿德”，遵从天之法则，社会就是和谐的，人也必会向善。

2. 事鬼奉神。因为天帝能降吉凶祸福于人间，所以欲趋吉避祸，无论何人都必须恪谨天命，事奉鬼神。例如《诗·大明》篇说“小心翼翼，昭事上帝”；《小明》篇说“神之听之，式谷以女”，即对于天神必须敬事；《楚茨》篇说“祀事孔明，先祖是皇”；《天保》篇说“吉蠲为饎，是用孝享”，对于祖先也须祀事。这虽然是初民的迷信，然而也正是不倍死忘先，使民德归厚的理论所由出发。

3. 尽己由人。天道、天神毕竟是难知的，在《尚书·盘庚》篇即说“先王有服，恪谨天命，兹犹不常宁。不常厥邑，于今五邦。今不承于古，罔知天之断命”。《君奭》篇也说“天命不易，天难谌”。殷周之际，对于天命已发生了怀疑，例如《诗经·小雅·雨无正》篇说：“浩浩昊天，不骏其德。降丧饥馑，斩伐四国。昊天疾威，弗虑弗图。舍彼有罪，既伏其辜。若此无罪，沦胥以铺。”《小雅·节南山》篇说：“昊天不佣，降此鞠讻。昊天不惠，降此大戾。……不吊昊天，乱靡有定。式月斯生，俾民不宁……昊天不平，我王不宁……”他们不惟天神不信，有时对于祖先也发出怨言来，例如《小雅·四月》篇说：“四月维夏，六月徂暑。先祖匪人，胡宁忍予？”但是他们并非一味怨天尤人，而实是主张尽己由人。例如《尚书·酒诰》篇说："故天降丧于殷，罔爱于殷，惟逸天非虐，惟民自速辜。"《诗·十月之交》篇说："黾勉从事，不敢告劳。无罪无辜，谗口嚣嚣。下民之孽，匪降自天。噂沓背憎，职竞由人……民莫不逸，我独不敢休。天命不彻，我不敢效，我友自逸。"因此他们主张无逸勤劳。《书·盘庚》篇说："无傲从康"，"无戏怠，懋建大命"。《书·无逸》篇说："君子所其无逸"，"治民祇惧，不敢荒宁"。"无戏怠"、"无逸"正是自古以来的教训。关于人性善恶在《诗》、《书》中虽不见有多少论断，然在《书·召诰》篇说："节性惟曰其迈。王敬作所，不可不敬德。"《诗·大雅·烝民》篇说："民之秉彝，好是懿德。"他们大体是主张人性为善的。

4. 用中守一。在《诗》、《书》中，我们可以看到，殷周之际即以注重教"中"教"一"之训。例如《尚书·盘庚中》说："今予告汝不易：永敬大恤，无胥绝远；汝分猷念以相从，各设中于乃心。"《盘庚下》说："式敷民德，永肩一心。"《酒诰》篇说："聪听祖考之彝训，越小大德，小子惟一。"又说："其尔典听朕教。尔大克羞耇惟君，尔乃饮食醉饱，丕惟曰：'尔克永观省，作稽中德。'"《诗·周颂·维天之命》说："于乎不显，文王之德之纯。"《小雅·白华》说："鸳鸯在梁，戢其左翼。之子无良，二三其德。"《卫风·氓》篇说："女也不爽，士贰其行。士也罔极，二三其德。""中"是中正、中和，是维持社会安宁所必须的。"各设中于乃心"，正是为了"无胥绝远"。故说"分猷念以相从"(均见《尚书·盘庚中》)。刑罚是不能过与不及的，所以说"非佞折狱，维良折狱，罔非在中"（《尚书·吕刑》）。又一切"败祸奸宄以自灾于厥身"（《尚书·盘庚上》），也是因为为之太过，例如：饮酒是需要掌握一个度的，太过了也可能造成大乱亡国。所以说"天降威，我民用大乱丧德，亦罔非酒惟行；越小大邦用丧，亦罔非酒惟辜"。所以说"丕惟曰：'尔克永观省，作稽中德。’”他们又十分注重“和”。例如《尚书·康诰》篇说“惟民其敕懋和”，《梓材》篇说“王惟德用，和怿先后迷民”，《多方》篇云：“自作不和，尔惟和哉；尔室不睦，尔惟和哉！”又说：“时惟尔初，不克敬于和，则无我怨。”古人所谓的“中”，即“中和”，是由于经验而得来，实是维系人群社会的要道，盖即所谓“恕”道。在《盘庚中》说：“今予命汝一，无起秽以自臭，恐人倚乃身，迂乃心。”“一”即是不“二三其德”，即是不贰其德，一心含有忠的意思。由“文王之德之纯”看来，则是殷周之际的社会颇重德行专一纯洁。



5. 居敬克明。道德对于修齐治本都是极重要的，在《诗》、《书》中，我们可以看出殷周间人们对于道德的重视。《盘庚上》说：“非予自荒兹德，惟汝含德，不惕予一人。”“汝克黜乃心，施实德于民，至于婚友，丕乃敢大言汝有积德。”“作福作灾，予亦不敢动用非德。”《盘庚下》说：“肆上帝将复我高祖之德，乱越我家，朕及笃敬，恭承民命，用永地于新邑。”《康诰》篇说：



“惟乃丕显考文王，克明德慎罚。”“今民将在祇遹乃文考，绍闻，衣德言，往敷求于殷先哲王，用保乂民。汝丕远惟商耇成人，宅心知训。别求闻由古先哲王，用康保民。弘于天，若德，裕乃身，不废在王命。”“亦惟君惟长，不能厥家人、越厥小臣、外正，惟威惟虐，大放王命，乃非德用乂。”这正足见修齐治平首尚有德。他们于德之条目又极重一“敬”字。如《盘庚上》：“王用丕钦，罔有逸言，民用丕变。”《盘庚中》言：“永敬大恤，无胥绝远。”《盘庚下》言：“鞠人谋人之保居叙钦。”“若否，罔有弗钦。”《康诰》篇说：“恫瘝乃身，敬哉！”“汝亦罔不克敬典乃由裕民，惟文王之敬忌乃裕民。”《召诰》篇说：“惟王受命，无疆惟休，亦无疆惟恤。呜呼！曷其奈何弗敬？”“肆惟王其疾敬德？王其德之，用祈天永命。”诗篇之中，如《诗经·周颂·敬之》云：“敬之敬之，天维显思……维予小子，不聪敬止。日就月将，学有缉熙于光明。佛时仔肩，示我显德行。”《大雅·文王》云：“穆穆文王，于缉熙敬止。”《大明》篇云：“维此文王，小心翼翼。昭事上帝，聿怀多福。厥德不回，以受方国。”这些都可以见出他们对“德”极重敬。由于这些词句，我们又可以看出他们极重“明”，例如“明德慎罚”，“敬之敬之，天维显思”“不聪敬止……学有缉熙于光明。”在《诗·皇矣》篇说：“维此王季，帝度其心，貊其德音。其德克明，克明克类，克长克君。”从“其德克明，克明克类”，尤足见他们是重“明”的。因为重明，所以他们知道注重学教。例如《尚书·酒诰》篇说：“庶士有正越庶伯、君子，其尔典听朕教。”《洛诰》篇说：“迓衡不迷，文武勤教。”都是重学教之意。《多方》篇说：“惟圣罔念作狂，惟狂克念作圣。”这真是千古的名言，这一“念”字是“敬明”的要诀。

6. 首孝明伦。古代社会既由氏族社会蜕变而来，又以人鬼与天神一样崇祀，自然对于孝、慈、友、恭诸德十分重视。在《盘庚上》篇说：“天其永我命于兹新邑，绍复先王之大业……古我先王暨乃祖乃父胥及逸勤……兹予大享于先王，尔祖其从与享之。”《盘庚中》说：“古我先后既劳乃祖乃父，汝共作我畜民，汝有戕则（贼）在乃心！我先后绥乃祖乃父，乃祖乃父，乃断弃汝，不救乃死。兹予有乱政，同位具乃贝玉。乃祖乃父丕乃告我高后曰：‘作丕刑于朕孙！’”

这些话明明在告诫我们：祖先虽已死亡，然而还可以作福作灾，人们还当孝享，则一家的父子兄弟更当慈孝友恭。《康诰》篇说：“封，元恶大憝，矧惟不孝不友。子弗祗服厥父事，大伤厥考心；于父不能字厥子，乃疾厥子。于弟弗念天显，乃弗克恭厥兄；兄亦不念鞠子哀，大不友于弟。惟吊兹，不于我政人得罪，天惟与我民彝大泯乱。”不仅对于孝弟极为注重，对于兹友也是一样注重。正是不偏不倚之道。《诗》篇之中咏孝行的有：

《小雅·蓼莪》篇：“蓼蓼者莪，匪莪伊蒿。哀哀父母，生我劬劳。”“无父何怙？无母何恃？出则衔恤，入则靡至。”“父兮生我，母兮鞠我。抚我畜我，长我育我，顾我复我，出入腹我。欲报之德，昊天罔极！”咏兄弟的有：《小雅·常棣》篇：“常棣之华，鄂不韡韡。凡今之人，莫如兄弟。死丧之威，兄弟孔怀。原隰裒矣，兄弟求矣。脊令在原，兄弟急难。每有良朋，况也永叹。兄弟阋于墙，外御其务。每有良朋，烝也无戎。”这些诗歌，都是劝孝弟、明人伦的。《大雅·思齐》篇说：“刑于寡妻，至于兄弟，以御于家邦。”更具有治国平天下之本在修身齐家的意思。



7. 崇礼贵让。由甲骨文看来，礼在殷代是已有了的。再看《尚书·洛诰》篇说：“王肇称殷礼，祀于新邑，咸秩无文。”“惇宗将礼，称秩元祀，咸秩无文。”《酒诰》篇说：“在今后嗣王酣身……诞惟厥纵淫泆于非彝，用燕、丧威仪，民罔不衋伤心。”《洛诰》篇说：“享多仪，仪不及物，惟曰不享。”可见自来极重礼仪。《诗》篇之中如《大雅·抑》篇是专说威仪的：“抑之威仪，维德之隅。”“敬慎威仪，维民之则。”《鄘风·相鼠》一诗更云：“相鼠有体，人而无礼，人而无礼！胡不遄死？”古人对于礼仪之重视于此可见。礼让是有相当关系的，后来又发明“让”之意，《尚书·君奭》中说：“其汝克敬德，明我俊民在，让后人于丕时。”《诗·小雅·角弓》篇说：“受爵不让，至于已斯亡。”都是贵让之意，不过在《诗》、《书》中，说“让”较少，专言贵让，不如崇礼，礼中有让，自不当一味地贵让。



8. 尊贤隆古。治理国家非有贤智不可。贤智不必是当时的，即古代之贤哲亦当敬崇，所以后代的人每每之仰慕前人。这是隆古之念所由产生。《尚书·盘庚上》说：“古我先王，亦惟图任旧人共政。”又引迟任有言曰：“人惟求旧；器非求旧，惟新，古我先王……”这些词句已足见在殷周之尊贤隆古、人惟求旧之风。《大诰》篇说：“弗造哲迪民康。”“尔惟旧人，尔丕克远省。”“爽邦由哲，亦惟十人迪知上帝命。”《康诰》篇说：“往敷求于殷先哲王，用保乂民，汝丕远惟商耇成人宅心知训。”《酒诰》篇说：“古人有言曰：‘人无于水鉴，当于民鉴。’”《召诰》篇说：“兹殷多先哲王在天，越厥后王后民，兹服厥命。厥终，智藏瘝在！……今冲子嗣，则无遗寿耇，曰其稽我古人之德，矧曰其有能稽谋自天。”《立政》篇说：“呜呼！其在受德暋，为羞刑暴德之人，同于厥邦；乃惟庶习逸德之人，同于厥政。帝钦罚之，乃伻我有夏，式商受命，奄甸万姓。”又说：“继自今立政，其勿以憸人，其惟吉士，用励相我国家。”更显然有亲贤臣、远小人之意。《诗·大雅·假乐》篇说：“不愆不忘，率由旧章。”《大雅·板》篇说：“先民有言，询于刍尧。”《大雅·荡》篇说：“文王曰咨，咨女殷商！匪上帝不时，殷不用旧。虽无老成人，尚有典刑。曾是莫听，大命以倾。”这些，都足见古代之极重尊贤隆古。

9. 重民慎刑。治理国家，在古代即以重民为原则。《尚书·盘庚上》说：“重我民，无尽刘。”“无侮老成人，无弱孤有幼。”《盘庚中》说：“古我先后，罔不惟民之承保。”“予岂汝威，用奉畜汝众。”《酒诰》篇说：“惟殷之迪，诸臣惟工，乃湎于酒，勿庸杀之，姑惟教之，有斯明享。”《康诰》篇说：“惟乃丕显考文王，克明德慎罚；不敢侮鳏寡，庸庸，祗祗，威威，显民。”《梓材》篇说：“王启监，厥乱为民，曰：‘无胥戕，无胥虐，至于敬寡，至于属妇，合由以容。’”《多方》篇说：“乃惟成汤，克以尔多方简，代夏作民主。慎厥丽乃劝，厥民刑用劝。以至于帝乙，罔不明德慎罚，亦克用劝。”《立政》篇说：“继自今文子文孙其勿误于庶狱庶慎，惟正是乂之。”这些也都足见“重民命，慎刑罚”在古来已认为极重要。

10. 大一统、大同思想。据《礼记·礼运》篇所记：“昔者仲尼与于蜡宾，事毕，出游于观之上，喟然而叹。仲尼之叹，盖叹鲁也。言偃在侧，曰：‘君子何叹？’孔子曰：‘大道之行也，与三代之英，丘未之逮也，而有志焉。大道之行也，天下为公，选贤与能，讲信修睦。故人不独亲其亲，不独子其子，使老有所终，壮有所用，幼有所长，矜、寡、孤、独、废、疾者皆有所养，男有分，女有归。货恶其弃于地也，不必藏于己；力恶其不出于身也，不必为己。是故谋闭而不兴，盗窃乱贼而不作，故外户而不闭。是谓大同。'”在《诗》、《书》中虽无显明的“公天下”之意，但如《尚书·洛诰》篇说：“其自时中乂，万邦咸休。”《顾命》篇说：“柔远能迩，安劝小大庶邦。”《诗经·周颂·桓》篇：“绥万邦，屡丰年。”《大雅·文王》：“仪刑文王，万邦作孚。”动辄以“万邦”为言，正是表示天下范围之大，不是一国一家，颇有大同之意。《小雅·大田》篇说：“有渰萋萋，兴雨祈祈。雨我公田，遂及我私。彼有不获稚，此有不敛穧。彼有遗秉，此有滞穗？伊寡妇之利。”“公田”实系《孟子》所云“方里而井，井九百亩，其中为公田”之公田，“我私”是八家皆私百亩之私田。古代的土地曾一度为公有制，然而货恶其弃于地也不必为己，故说“彼有……伊寡妇之利”。《礼运》之作，虽在孔子之后，但此大同思想、此天下为公之思想，在殷周间已有萌芽，并不是不可能。至于“一统”，据《春秋公羊传·隐公元年》：“元年者何？君之始年也。春者何？岁之始也。王者孰谓？谓文王也。曷为先言王而后言正月？王正月也。何言乎王正月？大一统也。”何休注云：“统者，始也。总系之辞。夫王者受命改制，布政施教于天下，自公侯至于庶人，自山川至于草木昆虫，莫不一一系于正月，故云政教之始。”何注此说，实未得《公羊传》本意。“大一统”之意，据西汉诸儒所云，实指九州共贯，六合同风而言。如“大一统”这种要求，应在晚周发生，经过春秋战国的战乱，大家都有发生大一统的要求，如《孟子·梁惠王》篇：“孟子见梁襄王……卒然问曰：‘天下恶乎定？’吾对曰：‘定于一。’”如《中庸》所云：“今天下车同轨书同文。”正是统一之后，天下始能安定，故非大一统不可。不过这种思想在西周也不是没有，如《小雅·北山》篇说："溥天之下，莫非王土；率土之滨，莫非王臣。"这也实表示九州之内、六合之中应该道一风同，不过这种思想，当时自是未普遍，所以在《诗》、《书》中，表现此种意思之词句则并不多。

以上十端，我们所举的例证多限于《诗》、《书》二经，其见于《礼》、《易》、《春秋》与《语》、《孟》之中者还不及一一列出，而已可见其内容之丰富。这些我们可以认为中国思想之源泉，《易》、《春秋》中许多思想与此相似者甚多，孔孟哲学亦多受此影响。其"说中"和"说敬明"处有许多名言，在后来汉、宋之儒始更为发明。"经学即理学"，这话总的来说很对，但我们若当群经都作哲学书看，这却不然。因《诗》毕竟是古代诗歌总集，《书》毕竟是古代史料汇编，《礼》本是古礼仪杂记，《易》毕竟是卜筮之书，《春秋》毕竟本为鲁史，不是纯粹讲学的，《尔雅》是释群籍之书，尤不能视为哲学书。"经学即理学"这一说虽具有相当的理由，然而细按之则亦不恰合。




## 三　经学与文学

六经的内容在文学家看来，又有以经学为文学之说。本来孔子曾为"周鉴于二代，郁郁乎文哉"，"文王既殁，文不在兹乎"。对于流传下的典籍，已称之为文献，儒家之道、儒家之礼并以为"文"，"子以四教，文、行、忠、信"，言语文学列四科，在孔子时，已透露经学与文学之关系。战国时韩非也说"儒以文乱法，侠以武犯禁"（《五蠹》，卷一九），"藏书策，习谈论，聚徒役，服文学而议说，世王必从而礼之曰：敬贤士，先王之道也。"（《显学》篇，同上）攻击儒学而同时攻击文学，也可见儒学与文学之关系。在《史记》中如云"上乡儒术，招贤良，赵绾、王臧等以文学为公卿"，"上征文学之士公孙弘等"（《孝武本纪》），

"晁错以文学为太常掌故"(《晁错传》),"兒宽等推文学"(《万石君传》),"夫齐鲁之间于文学,自古以来,其天性也"(《史记·儒林传》),"能通一艺以上,补文学掌故缺"(《史记·儒林传》)。太史公在这里所说的文学,虽不一定即指经学而言,但赵绾、王臧、公孙弘、兒宽等实为经学家;邹鲁本是守经学的,通一艺也是指一经言。当时对于这些关于经学之事,也笼统地用"文学"二字叙述,"经"从广义的文学观,实在均可指为文学。西汉末扬雄在《法言》中说,"玉不雕,玙璠不作器;言不文,典谟不作经"(《法言·寡见》卷)。又说:"虞夏之书浑浑尔,商书灏灏尔,周书噩噩尔。""书不经,非书也;言不经,非言也;言、书不经,多多赘矣!"(《法言·问神》卷)他以浑浑噩噩形容《尚书》之文。典、谟所以成为经,实由其言之文,但是"书不经非书"、"言不经非言",可见"经"固须"文",而为"文"亦须"经"。他将经与文之关系说得更密切了。王充《论衡·佚文篇》亦云:"五经六艺为文,诸子传书为文,造论著说为文,上书奏记为文,文德之操为文。"这都是在汉代即以经学为文学之种种论断。

在魏晋南北朝时,曹丕《典论·论文》既以为"文章,经国之大业,不朽之盛事",而以"西伯出而演《易》,周旦显而制《礼》",而将《易》、《礼》仍视为文章。曹植《与杨德祖书》也说:"吾道不行,则将采庶官之实录,辩时俗之得失,定仁义之衷,成一家之言。"他们是文学家,然而仍不能脱这种见地,以经为文,要"文以载道"。后来刘勰著《文心雕龙》,于《原道》篇说:

> 人文之元,肇自太极,幽赞神明,《易》象惟先。庖牺画其始,仲尼翼其终。而《乾》、《坤》两位,独制《文言》。言之文也,天地之心哉!若乃《河图》孕乎八卦,《洛书》韫乎九畴,玉版金镂之实,丹文绿牒之华,

谁其尸之？亦神理而已。

自鸟迹代绳，文字始炳。炎皞遗事，纪在《三坟》，而年世渺邈，声采靡追。唐虞文章，则焕乎始盛。元首载歌，既发吟咏之志；益稷陈谟，亦垂敷奏之风。夏后氏兴，业峻鸿绩，九序惟歌，勋德弥缛。逮及商周，文胜其质，《雅》、《颂》所被，英华日新。文王患忧，繇辞炳曜，符采复隐，精义坚深。重以公旦多材，振其徽烈，剬诗缉颂，斧藻群言。至夫子继圣，独秀前哲，熔钧六经，必金声而玉振；雕琢性情，组织辞令，木铎启而千里应，席珍流而万世响，写天地之辉光，晓生民之耳目矣。

爰自风姓，暨于孔氏，玄圣创典，素王述训：莫不原道心以敷章，研神理而设教，取象乎《河》、《洛》，问数乎蓍龟，观天文以极变，察人文以成化；然后能经纬区宇，弥纶彝宪，发辉事业，彪炳辞义。故知道沿圣以垂文，圣因文而明道，旁通而无滞，日用而不匮。《易》曰："鼓天下之动者存乎辞。"辞之所以能鼓天下者，乃道之文也。

《宗经篇》说：

三极彝训，其书言"经"。"经"也者，恒久之至道，不刊之鸿教也。故象天地，效鬼神，参物序，制人纪；洞性灵之奥区，极文章之骨髓者也。皇世《三坟》，帝代《五典》，重以《八索》，申以《九丘》，岁历绵暧，条流纷糅。自夫子删述，而大宝咸耀。于是《易》张《十翼》，《书》标"七观"，《诗》列"四始"，《礼》正"五经"，《春秋》"五例"。义既埏乎性情，辞亦匠于文理；故能开学养正，昭明有融。然而道心惟微，圣谟卓绝；墙宇重峻，而吐纳自深。譬万钧之洪钟，无铮铮之细响矣。

夫《易》惟谈天，入神致用。故《系》称旨远辞文，言中事隐。韦编三绝，固哲人之骊渊也。《书》实记言，而训诂茫昧，通乎尔雅，则文意晓然。故子夏叹《书》，“昭昭若日月之明，离离如星辰之行”，言昭灼也。《诗》主言志，诂训同《书》，摛风裁兴，藻辞谲喻，温柔在诵，故最附深衷矣。《礼》以立体，据事制范，章条纤曲，执而后显，采掇片言，莫非宝也。《春秋》辨理，一字见义，五石六鹢，以详备成文；雉门两观，以先后显旨；其婉章志晦，谅以邃矣。《尚书》则览文如诡，而寻理即畅；《春秋》则观辞立晓，而访义方隐。此圣文之殊致，表里之异体者也。

至根柢槃深，枝叶峻茂，辞约而旨丰，事近而喻远；是以往者虽旧，余味日新，后进追取而非晚，前修文用而未先，可谓泰山遍雨，河润千里者也。

故论、说、辞、序，则《易》统其首；诏、策、章、奏，则《书》发其源；赋、颂、歌、赞，则《诗》立其本；铭、诔、箴、祝，则《礼》总其端；纪、传、铭、檄，则《春秋》为根；并穷高以树表，极远以启疆，所以百家腾跃，终入环内者也。

他在这两篇说，“玄圣创典，素王述训：莫不原道心裁文章”、“《易》统其首；诏、策、章、奏，则《书》发其源”等等，更标明不惟六经皆文，而且六经为一切文章之本源。六经即古代的诗、文，这是不容否认的事实。《颜氏家训·文章》篇亦说：“夫文章者，原出五经：诏、命、策、檄，生于《书》者也；序、述、论、议，生于《易》者也；歌、咏、赋、颂，生于《诗》者也；祭、祀、哀、诔，生于《礼》者也；书、奏、箴、铭，生于《春秋》者也。”一切文体之源，起于六经，这也不算是片面之见。唐代所谓古文家韩愈自述其用力于文云："先生口不绝吟于六艺之文，手不停披于百家之编……上规姚、姒，浑浑无涯；周《诰》、殷《盘》，佶屈聱牙；《春秋》谨严，《左氏》浮夸；《易》奇而法，《诗》正而葩。"（《进学解》）"非三代两汉之书不敢观，非圣人之志不敢存。"（《答李翊书》）柳宗元也说"文有二道……著述者流，盖出于《书》之谟、训，《易》之象、系，《春秋》之笔削……比兴者流，盖出于虞、夏之咏歌，殷、周之风雅"（《杨评事文集后序》，《柳河东集》二十一），"大都文以行为本，在先诚其中，其外者当先读六经，次《论语》、孟轲书，皆经言。《左氏》、《国语》、庄周、屈原之辞，稍采取之……"（《报袁君陈秀才避师名书》，《柳河东集》三十四）"本之《书》以求其质，本之《诗》以求其恒，本之《礼》以求其宜，本之《春秋》以求其断，本之《易》以求其动：此吾所以取道之原也。"（《答韦中立论师道书》，《柳河东集》三十四）本来，"《易》、《诗》、《书》、《仪礼》、《春秋》、《论语》、《大学》、《中庸》、《孟子》，皆圣贤明道经世之书，虽非为作文设，而千万世文章从是出焉。"（用李耆卿《文章精义》中语）经之所以为文，是无意于为文，盖因古代的诗歌史文，其技巧在描写上虽不如后世之细腻纤巧，然"六经皆文"之说，就文学的源泉看来是不错的。章学诚是主张"六经皆史"的，他说：

周衰文弊，六艺道息，而诸子争鸣。盖至战国而文章之变尽，至战国而著述之事专，至战国而后世之文体备；故论文于战国，而升降盛衰之故可知也。战国之文，奇邪错出，而裂于道，人知之；其源皆出于六艺，人不知也。后世之文，其体皆备于战国，人不知；其源多出于《诗》教，人愈不知也。知文体备于战国，而始可与论后世之文。知诸家本于六艺，而后可与论战国之文，知战国多出于《诗》教，而后可与论六艺之文；可与论六艺之文，而后可与离文而见道；可与离文而见道，而后可与奉道而折诸家之文也。

战国之文，其源皆出于六艺，何谓也？曰：道体无所不该，六艺足以尽之。诸子之为书，其持之有故而言之成理者，必有得于道体之一端，而后乃能恣肆其说，以成一家之言也。所谓一端者，无非六艺之所该，故推之而皆得其所本；非谓诸子果能服六艺之教，而出辞必衷于是也。《老子》说本阴阳，《庄》、《列》寓言假像，《易》教也。邹衍侈言天地，关尹推衍五行，《书》教也。管、商法制，义存政典，《礼》教也。申、韩刑名，旨归赏罚，《春秋》教也。其他杨、墨、尹文之言，苏、张、孙、吴之术，辨其源委，挹其旨趣，九流之所分部，《七录》之所叙论，皆于物曲人官，得其一致，而不自知为六典之遗也。（《文史通义·诗教上》卷一）





袁枚也是主张“六经皆史”，他也说：

文章始于六经，而范史以说经者入《儒林》，不入《文苑》。似强为区分。然后世史家俱仍之而不变，则亦有所不得已也。大抵文人恃其逸气，不喜说经。而其说经者，又曰：吾以明道云尔文，则吾何屑焉？自是而文与道离矣，不知“六经”以道传，实以文传。《易》称“修词”，《诗》称“词辑”，《论语》称“为命”，至于“讨论”、“修饰”，而犹未已，是岂圣人之溺于词章哉？盖以为无形者，道也。形于言谓之文。既已谓之文矣，必使天下人矜尚悦绎，而道始大明。若言之不工，使人听而思卧，则文不足以明道，而适足以蔽道。故文人而不说经可也，说经而不能为文不可也。（《小仓山房文集》卷十《虞东先生文集序》）

以上三说，各有其理由。应该看到，就经学而言，其既包含有史学，亦包含有文学和理学，是有机统一为一体的。仅依据其某一个方面而总括其全部，显然是不完备的。经学之所以在中国传统文化中始终处于一个核心的地位，就在于其内容丰富，且不可分割，它是理论的，也是实践的，固然可以从某一个方面去研究经学的某些内容，然而这种研究却绝不是包含了经学的全部内容。经学内涵的不可分割性，决定了经学研究只能用多学科综合方法来进行，而不是把经学割裂为某几个部分，破坏其内在的统一性。因此，经学只能是经学，而不能转变为其他学科。

# 第三篇　殷周经学之始传

## 第一章

## 殷周以前之经学

### 第一节　所谓古之六经之真际



#### 一　殷周以前之《诗》、《乐》



在上篇中，我们论到中国经学之起源，不主张由谶纬而来的“六艺为图箓所生”之说，也不主张毫无实据的“六经为王官所掌”之说，而是主张依民俗学的理论来探讨中国群经之起源：《诗》、《乐》起于古代社会的歌舞与谣谚，《书》起于古代社会的竞技之记录，《礼》起于古代社会初民相沿而成的习俗，《易》起于古代社会的龟卜与蓍筮；这些都可以说起于有史以前。唯有《春秋》，因其为孔子依鲁史而编纂之编年史，是中国历史进入到东周时代之作，起于有史之后。至于现存诸经之起源，则我们既不必十分反对古文家“六经为周公所定”之说，认为周公与六经有多少撰修；也不必反对今文家“六经为孔子删定”之说，认为六经中有一些为孔子所定。但周公、孔子以前之篇籍为周、孔所未制定者，则一概不可目之为经。因为经学为周、孔之经学，今古文家所论，都未必可尽信，如更谈到殷周以前古之六经，则既必须加以一番考订，不然，以周、孔所未认定之六经，到了我们现在，反转认为“古之六经”，这实在未免近于荒谬。我们试看所谓“殷周以前古之《诗》、《乐》”，如：

1.《立基》——《孝经纬》云："伏牺之乐曰《立基》。"

2.《驾辩》——《楚辞·大招》："伏羲《驾辩》，楚《劳商》只。"王逸注："伏羲，古王者也，始做瑟。《驾辩》、《劳商》，皆曲名也。言伏羲氏做瑟，造《驾辩》之曲。楚人因之作《劳商》之歌。皆要妙之音。"（《楚辞》卷十）

3.《网罟》——元结《补乐歌十篇》："《网罟》，伏羲氏之乐歌也。其义盖称伏羲能易人取禽兽之劳，凡二章，章四句。'吾人苦兮，水深深。网罟设兮，水不深。吾人苦兮，山幽幽。网罟设兮，山不幽。'"

4.《蜡辞》：《礼记·郊特牲》："天子大蜡八，伊耆氏始为蜡……曰：'土反其宅，水归其壑，昆虫毋作，草木归其泽。'"

5.《弹歌》——《吴越春秋》卷五："范蠡复进善射者陈音。音，楚人也。越王请音而问曰：'孤闻子善射，道何所生？'……音曰：'臣闻弩生于弓，弓生于弹，弹起古之孝子。'……孝子不忍见父母为禽兽所食，故作弹以守之，绝鸟兽之害。故歌曰'断竹，续竹，飞土，逐害'之谓也。"

6.《有焱氏颂》——《庄子·天运》"故有焱氏为之颂曰：'听之不闻其声，视之不见其形，充满天地，苞裹六极'"。

7.《游海诗》——《拾遗记》："舜葬苍梧之野，有鸟如雀，自丹州而来，吐五色之气，氤氲如云，名曰凭霄雀，能群飞衔土成丘坟。此鸟能反形变色，集于峻林之上。在木则为禽，行地则为兽，变化无常。常游丹海之际，时来苍梧之野。衔青砂珠，积成垄阜，名曰'珠丘'。其珠轻细，风吹如尘起，名曰'珠尘'。今苍梧之外，山人采药，时有得青石，圆洁如珠，服之不死，带者身轻。故仙人方回《游南岳七言赞》曰：'珠尘圆洁轻且明，有道服者得长生。'"

8.《皇娥歌》——《拾遗记》卷一《少昊》："帝子与皇娥并坐，抚桐峰梓瑟。皇娥倚瑟而清歌曰：'天清地旷浩茫茫，万象回薄化无方。涵天荡荡望沧沧，乘桴轻漾着日傍。当其何所至穷桑，心知和乐悦未央。’俗谓游乐之处为桑中也。《诗》中《卫风》云：‘期我乎桑中。’盖类此也。”

9.《白帝子歌》——《拾遗记》卷一《少昊》：“白帝子答歌：‘四维八埏眇难极，驱光逐影穷水域。璇宫夜静当轩织。桐峰文梓千寻直，伐梓作器成琴瑟。清歌流畅乐难极，沧湄海浦来栖息。’”

10.《神人畅》——唐尧《古今乐录》曰：“尧郊天地，祭神座上有响，诲尧曰：‘水方至为害，命子救之。’尧乃作歌。”谢希逸《琴论》曰：“《神人畅》，尧帝所作。尧弹琴感神人现，故制此弄也。”《古今乐录》曰：“尧祀天地，座有神见尧曰：‘洪水为害，命子救之。’”歌曰：“清庙穆兮承予宗，百僚肃兮于寝堂。醊祷进福求年丰，有响在坐，敕予为害在玄中。钦哉皓天德不隆，承命任禹写中宫。”





11.《箕山操》——《太平御览》五七一引《古今乐录》：“于是许由名布四海。尧既殂落，乃作《箕山之歌》曰：‘登彼箕山兮，瞻望天下。山川丽崎，万物还普。日月运照，靡不记睹。游牧其间，何所却虑。叹彼唐尧，独自愁苦。劳心九州，忧勤后土。谓余钦明，传禅易祖。我乐何如？盖不盼顾。河水流兮缘高山，甘瓜施兮叶绵蛮。高林肃兮相错连，居此之处傲尧君。’后许由死，遂葬于箕山。”

12.《大唐歌》——《文心雕龙·明诗》：“至尧有《大唐》之歌。”

13.《康衢谣》——《列子》：“帝治天下五十年，天下治与不治与？亿兆愿戴己与，乃微服游于康衢，闻儿童谣云。”

14.《尧戒》——《淮南子·人间训》：“战战栗栗，日谨一日。人莫蹞于山，而蹞于垤。”

15.《三多祝》——《庄子·天地篇》：“尧观乎华，华封人曰：'嘻！圣人，请祝圣人，使圣人寿。'……'使圣人富'……'使圣人多男子'。"

16.《击壤歌》——《帝王世纪》："帝尧之世，天下太和，百姓无事，有老人击壤而歌：'日出而作，日入而息；凿井而饮，耕田而食。帝力于我何有哉。'"

17.《虞帝歌》——《尚书·皋陶谟》："帝庸作歌曰：'敕天之命，惟时惟几。'乃歌曰：'股肱喜哉，元首起哉，百工熙哉。'皋陶拜手稽首扬言曰：'念哉！率作兴事，慎乃宪，钦哉！屡省乃成，钦哉！'乃赓载歌曰：'元首明哉，股肱良哉，庶事康哉。'又歌曰：'元首丛脞哉，股肱惰哉，万事堕哉！'帝拜曰：'俞，往钦哉！'"

18.《卿云歌》——《尚书大传·虞夏传》："于时俊乂、百工相和而歌《卿云》。帝乃倡之曰：'卿云烂兮，纠缦缦兮，日月光华，旦复旦兮！'八伯咸进，稽首曰：'明明上天，烂然星陈。日月光华。弘于一人。'帝乃载歌，旋持衡曰：'日月有常，星辰有行，四时从经，万姓允诚，于予论乐，配天之灵。迁于圣贤，莫不咸听。鼚乎鼓之，轩乎舞之。菁华已竭，褰裳去之。'"

19.《南风歌》——《史记·乐书》曰："舜歌《南风》而天下治，《南风》者，生长之音也。舜乐好之，乐与天地同，意得万国之欢心，故天下治也。"《孔子家语·辩乐解》："昔者舜弹五弦之琴，造《南风》之诗。其诗曰：'南风之熏兮，可以解吾民之愠兮，南风之时兮，可以阜吾民之财兮。'"

20.《南风操》——《南风歌二首》：(《诗纪》卷四作"《南风歌》，下注'《玉海》逸诗'，无作者名。"又一首《南风操》，称"《琴操》以为舜作"）"反彼三山兮，商岳嵯峨。天降五老兮，迎我来歌。"又一作："有青黄龙兮自出于河，负书图兮委蛇。罗沙案图观谶兮闵嗟嗟，击石拊韶兮沦幽洞微。鸟兽跄跄兮凤皇来仪，凯风自南兮喟其增叹。"

21.《思亲操》——《古今乐录》:“舜游历山,见乌飞,思亲而作此歌。”谢希逸《琴论》曰:“舜作《思亲操》,孝之至也。”曰:“陟彼历山兮崔嵬,有鸟翔兮高飞。瞻彼鸠兮徘徊,河水洋洋兮青泠。深谷鸟鸣兮莺莺,设罥张罝兮思我父母力耕。日与月兮往如驰,父母远兮吾当安归。”

22.《大唐歌》——《尚书大传·虞夏传》:“乃作大唐之歌。”

23.《祠田辞》——《文心雕龙·祝盟》:“舜之祠田云:‘荷此长耜,耕彼南亩,四海俱有。’”

24.《普天诗》——《吕氏春秋·慎人》:“舜自为诗曰:‘普天之下,莫非王土,率土之滨,莫非王臣,’所以见尽有之也。”

25.《襄陵操》——《书》曰:“汤汤洪水方割,荡荡怀山襄陵,浩浩滔天。”《古今乐录》曰:“禹治洪水,上会稽山,顾而作此歌。”谢希逸《琴论》曰:“夏禹治水而作《襄陵操》。”《琴集》曰:“《禹上会稽》,夏禹东巡狩所作也。”曰:“呜呼,洪水滔天,下民愁悲,上帝愈咨。三过吾门不入,父子道衰。嗟嗟不欲烦下民。”

26.《涂山歌》——《吕氏春秋·音初》:“禹行功,见涂山之女。禹未之遇,而巡省南土。涂山氏之女乃令其妾候禹于涂山之阳。女乃作歌,歌曰‘候人兮猗’,实始作为南音。”又《吴越春秋》卷六《越王无余外传》:“禹三十未娶,行到涂山,恐时之暮,失其度制,乃辞云:‘吾娶也,必有应矣。’乃有白狐九尾造于禹。禹曰:‘白者,吾之服也;其九尾者,王之证也。’涂山之歌曰:‘绥绥白狐,九尾痝痝。我家嘉夷,来宾为王。成家成室,我造彼昌。天人之际,于兹则行。’明矣哉!”

27.《五子之歌》——伪《古文尚书·夏书·五子之歌》:“五子咸怨,述大禹之戒以作歌。其一曰:‘皇祖有训,民可近,不可下。民惟邦本,本固邦宁。予视天下愚夫愚妇,一能胜予,一人三失,怨岂在明,不见是图。予临兆民,懔乎若朽索之驭六马，为人上者，奈何不敬！’其二曰：‘训有之，内作色荒，外作禽荒。甘酒嗜音，峻宇雕墙。有一于此，未或不亡。’其三曰：‘惟彼陶唐，有此冀方。今失厥道，乱其纪纲，乃底灭亡。’其四曰：‘明明我祖，万邦之君。有典有则，贻厥子孙。关石和钧，王府则有。荒坠厥绪，覆宗绝祀！’其五曰：‘呜乎！曷归？予怀之悲。万姓仇予，予将畴依。郁陶乎予心，颜厚有忸怩。弗慎厥德，虽悔可追？’”

28.《孔甲歌》——《吕氏春秋·音初》：“夏后氏孔甲田于东阳萯山。天大风，晦盲，孔甲迷惑，入于民室。主人方乳，或曰：‘后来，是良日也，之子是必大吉。’或曰：‘不胜也，之子是必有殃。’后乃取其子以归，曰：‘以为余子，谁敢殃之！’子长成人，幕动坼橑，斧斫斩其足，遂为守门者。孔甲曰：‘呜呼！有疾，命矣夫！’乃作为《破斧》之歌，实始为东音。”

29.《夏人歌》——《尚书大传·殷传》：“《汤誓》云：‘夏人饮酒，醉者持不醉者，不醉者持醉者，相和而歌曰：盍归于亳？盍归于亳？亳亦大矣。故伊尹退而闲居，深听歌乐声，更曰：觉兮较兮，吾大命格兮，去不善而就善，何不乐兮。’”（《尚书大传》卷三）

30.《九德歌》——《左传·昭公二十八年》：“心能制义曰度，德正应和曰莫，照临四方曰明，勤施无私曰类，教诲不倦曰长，赏庆刑威曰君，慈和徧服曰顺，择善而从之曰比，经纬天地曰文。九德不愆，作事无悔，故袭天禄，子孙赖之。”

31.《夏箴》——《逸周书》卷三《文传解》：“《夏箴》曰：‘中不容利，民乃外次。’”

32.《开望》——《鬻子》：“土广无守，可袭伐。土狭无食，可围竭。二祸之来，不称之灾。天有四殃，水旱饥荒。其至无时，非务积聚，何以备之！”

33.《箕录》——《淮南子·氾论训》：“禹之对以五音听治，

悬、钟、鼓、磬、铎，置鞀，以待四方之士，为号曰：‘教寡人以道者击鼓，谕寡人以义者击钟，告寡人以事者振铎，谕寡人以忧者击磬，有狱讼者摇鞀。’”

34.《簨簴铭》——《鬻子》：“禹之治天下也，以五声听，门悬钟鼓铎磬而置鞀，以得四海之士，为铭于簨簴。”

35.《盘铭》——《礼记·大学》：“汤之《盘铭》曰：‘苟日新，日日新，又日新。’”

36.《桑林祷辞》——《荀子·大略》篇：“汤旱而祷曰：‘政不节与？使民疾与？何以不雨至斯极也！宫室荣与？妇谒盛与？何以不雨至斯极也！苞苴行与？谗夫兴与？何以不雨至斯极也！’”



37.《大旱祝辞》——《说苑》：“齐大旱之时，景公召群臣问曰：‘天不雨久矣，民且有饥色，吾使人卜之，祟在高山、广水。寡人欲少赋敛，以祠灵山，可乎？’群臣莫对，晏子进曰：‘不可，祠此无益也。夫灵山固以石为身，以草木为发。天久不雨，发将焦，身将热，彼独不欲雨乎？祠之无益。’景公曰：‘不然，吾欲祠河伯，可乎？’晏子曰：‘不可，祠此无益也。夫河伯以水为国，以鱼鳖为民。天久不雨，水泉将下，百川竭，国将亡，民将灭矣，彼独不用雨乎？祠之何益！’景公曰：‘今为之奈何？’晏子曰：‘今诚避宫殿，暴露，与灵山、河伯共忧，其幸而雨乎！’于是景公出野，暴露三日，天果大雨，民尽得种树。景公曰：‘善哉！晏子之言，可无用乎？其惟有德也。’”



38.《帝乙归妹辞》——《困学纪闻·易》：“‘帝乙归妹’，《子夏传》谓汤之归妹也。京房载汤嫁妹之辞曰：‘无以天子之尊而乘诸侯，无以天子之富而骄诸侯。阴之从阳，女之顺夫，本天地之义也。往事尔夫，必以礼义。’”

39.《岐山操》——《琴苑要录》：曹勋《琴操·岐山操》“豳之土兮，民之所宜。豳之居兮，民之所依。予何为兮尸之。我将全汝兮，之岐之阳。汝其保宁兮，无越汝疆。斯归斯徂兮，其谁之将。嗟今之人兮，何思何伤”。

40.《哀慕歌》——《古今乐录》：“太伯与虞仲俱去……适于吴……是后季历作哀慕之歌，章曰：‘先王既徂，长賨异都。哀丧腹心，未写中怀。追念伯仲，历我何如？梧桐萋萋，生于道周。宫馆徘徊，台阁既除。何为远去，使此空虚。支骨离别，垂思南隅。瞻望荆越，涕泗交流。伯兮仲兮，逝彼来游。自非二人，谁诉此忧。’”（玉函山房辑佚书《古今乐录》）

望虞亭立有季历《哀慕歌》碑：“先王既徂，长殡异都，哀丧腹心，未写中怀。追念伯仲，历我如何？梧桐萋萋，生于道周。宫馆徘徊，台阁既除，何为远去，使此空虚。支骨离别，重恩南隅，瞻望荆越，涕泪交流。伯兮仲兮，逝肯来游，自非二人，谁诉此忧。”

《四库全书》为：“先王既徂，长賨异都。哀防腹心，未写中怀。追念伯仲，我季如何？梧桐萋萋，生于道周。宫馆徘徊，台阁既除。何为远去，使此空虚。支骨离别，垂思南隅。瞻望荆越，涕泪交流。伯兮仲兮，逝肯来游。自非二人，谁诉此忧。”

41.《商铭》——《国语》：“嗛嗛之德，不足就也。不可以矜，而祇取忧也。嗛嗛之食，不足狃也。不能为膏，而祇离咎也。”

42.《箕子操》——《史记》曰：“纣始为象箸，箕子叹曰：‘彼为象箸，必为玉杯；为玉杯，则必思远方珍怪之物而御之矣。舆马宫室之渐，自此始不可振也。’乃披发佯狂而为奴，遂隐而鼓琴以自悲。”《古今乐录》曰：“纣时，箕子佯狂，痛宗庙之为墟，乃作此歌，后传以为操。”《琴集》曰：“《箕子吟》，箕子自作也。”曰：“嗟嗟，纣为无道杀比干。嗟重复嗟独奈何！漆身为厉，披发以佯狂，今奈宗庙何！天乎天哉！欲负石自投河。嗟复嗟，奈社稷何！”

43.《麦秀歌》——传箕子所作。《史记·宋微子世家》:“麦秀渐渐兮，禾黍油油。彼狡童兮，不与我好兮。”

44.《采薇歌》——传伯夷、叔齐作。《史记·伯夷列传》:“登彼西山兮，采其薇矣。以暴易暴兮，不知其非矣。神农、虞、夏忽焉没兮，我安适归矣！吁嗟徂兮，命之衰矣。”

45.《文王操》——《琴操》曰:“纣为无道，诸侯皆归文王。其后有凤皇衔书于郊，文王乃作此歌。”谢希逸《琴论》曰:“《文王操》，文王作也。‘翼翼翱翔，彼凤皇兮。衔书来游，以会昌兮。瞻天案图，殷将亡兮。苍苍之天，始有萌兮。五神连精，合谋房兮。兴我之业，望羊来兮。’”

46.《拘幽操》——《琴操》曰:“《拘幽操》，文王拘于羑里而作也。文王修德，百姓亲附。崇侯虎疾之，谮于纣曰:‘西伯昌，圣人也。长子发，中子旦，皆圣人也。三圣合谋，君其虑之。’乃囚文王于羑里，将杀之。于是文王四臣散宜生之徒，得美女、大贝、白马朱鬣以献于纣，纣遂出西伯。文王在羑里，演《易》八卦以为六十四，作郁厄之辞曰:‘困于石，据于蒺藜。’乃申愤而作歌云。”曰:“殷道溷溷，浸独烦兮。朱紫相合，不别分兮。迷乱声色，信谗言兮。炎炎之虐，使我愆兮。幽闭牢穽，由其言兮。遘我四人，忧动勤兮。”(《太平御览》卷六十四)

这些所谓三皇时代之诗歌，因三皇时尚无文字，古已有明说，至今考古学亦尚未发现早于甲骨文之文字，纯依口口相传，历经千年而能保持原始状态，看来实则未必可遽信。伏羲乐名《立基》，出自谶纬之记;《驾辩》、《网罟》，本为传闻之辞;郑玄在《诗谱序》曾说，“诗之兴也，谅不于上皇之世”，郑氏已不信伏羲时有诗，而我们必说诗在伏羲时已肇其端，实未免近于诬罔。尧以前之歌诗，据沈德潜《古诗源》中说，“帝尧以前，近于荒渺，虽有《皇娥》、《白帝》二歌，系王嘉伪撰，其事近诬，故以《击壤歌》为始”。这些伪撰之作，我们实不可以认为古经，即如《大唐》、《虞帝》等歌，虽明见于《尚书》、《尚书大传》等书，然由《尚书》之“曰若稽古”，本为后世所仰录，其是否真为尧舜所作，也难判定。周以前诗，如《采薇》、《拘幽》之类，《史记》已云“睹逸诗可异焉”，崔述在《考信录》等书中亦已辨其为伪，现存《诗经》以前之诗，我们都只可认为系一种传闻，不必认定某一诗为《诗经》之起源，以免有违“信以传信，疑以传疑”之旨。我们宁可以说，西周以前，在远古时已有诗篇，因其乐很难归入风、雅、颂，故文词则未入《诗三百篇》；这样笼统些地说，可能更合于古之真际。近陆侃如《中国诗史》曾就《蜡辞》、《弹歌》、《虞帝》、《卿云》、《南风》、《祠田》、《文王》、《拘幽》、《麦秀》、《采薇》等《诗经》以前的诗列举三十篇加以简单地说明，以证其不可信。（原文见《中国诗史》卷上）如必谓《诗》在三皇时已肇其端，那实在未免言过其实。





## 二　殷周以前之《书》、《礼》

在《左传·昭公十二年》中，虽曾有“楚灵王谓左史倚相能读《三坟》、《五典》、《八索》、《九丘》”，《周礼·春官宗伯》“外史”职中，亦曾述及“掌三皇五帝之书”，似三皇时已有《书》、《礼》，但依《左传》杜注，三坟五典“皆古书名”。孔颖达《正义》云：“孔安国《尚书序》云：‘伏羲、神农、黄帝之书谓之《三坟》，言大道也；少昊、颛顼、高辛、唐、虞之书谓之《五典》，言常道也。’贾逵云：‘三坟三皇之书，五典五帝之典。’延笃言张平子说：‘《三坟》，三礼，礼为大防；《尔雅》曰坟为大防。《书》曰：有能典朕三礼。三礼，天地人之礼也；《五典》五帝之常道也。’马融说：‘《三坟》，三气，阴阳始生，天、地、人之气也；《五典》，五行也。’此诸家者各以意言，无正验。”《三坟》究为《书》抑为《礼》，抑仅“皆古书名”，在东汉犹“各以意言，皆无正验”。我们也难以论定《三坟》必为三皇时代之

《书》或《礼》，而且三皇五帝之说，古时并无定论，近人或以“唐、虞、夏之古史，无非神话之演变；所谓五帝，无非各民族之上帝，帝喾或帝舜，实如希腊神话中至上神瑳宇司（宙斯），并非人王”。“颛顼与尧从高阳之义演出，盖本周民族之上帝。”（参看《禹贡》，1937 年第七卷第 6、7 合期 39—49 页，杨宽《说虞》）“‘夏后’即‘下后’，即社神之义也，古史传说中尧舜命禹等无非此，‘上帝’命‘下后’神话之演变。”（以上参看杨宽《说夏》）“黄帝实出‘皇帝’之变字。”“‘三皇’、‘五帝’的名称系统和史迹，大部分是后人有意或无意假造或伪传的。‘皇’、‘帝’的名号本属于天神，‘三’、‘五’的数字乃是一种幼稚的数学的范畴，‘三皇’、‘五帝’和古代哲学与神话是有密切的联系的。”（童书业《古史辨》第七册《自序二》）他们不惟将旧日一切之三皇说推翻，更否认实有其人。然而如必定说五帝时六经已有萌芽，这也未免太将传说认为实事。我们用极允妥的意见看来，“孔子删《书》，断自唐、虞”。唐虞之前有《书》大概未可深信。唐虞之《书》本多稽古而成，唐虞以前之《书》，纵真有《尚书》，亦难论定，固尤悠谬难信也。在《墨子·明鬼下》里，明说“《尚书》夏书，其次商、周之书”。孔、墨并只以虞夏书为《尚书》，起源于殷商或起源于殷商之前一代，即所谓夏。在夏以前者则不能深信。但我们也可如《隋书·经籍志》说，《书》之起源与文字俱起，有文字时，即有记载，这应该符合历史事实，是不容否认的。我们由甲骨文字在商代有较长之记载看来，则文字发明，如“仓颉造字”说为不可信，然则至迟亦当在殷初，或更早于殷，约定俗成的文字即已出现。





## 三　《礼》之起源

旧说谓伏羲制嫁娶，以俪皮为礼。虽不可信，但礼本由习俗而成，其起源本甚早。《礼记·礼运》篇说“夫礼之初，始诸饮食”，不成文的礼典，其起源自不必限于某一帝王之时。至于有一定之节文，笔之于书，传之于世，则依《礼记·杂记》篇说，“士丧礼于是乎书”，其事则当甚晚。而且从甲骨文中所见殷礼来看，如先妣、特祭之数，与《周礼》所传之礼不同，我们也不能即以殷周以前之礼，为古之《礼经》。

据《易·系辞下》传：“古者庖牺氏之王天下也，仰则观象于天，俯则观法于地，观鸟兽之文，与地之宜，近取诸身，远取诸物，于是始作八卦，以通神明之德，以类万物之情。作结绳而为罔罟，以佃以渔，盖取诸‘离’。”即有《易》始于伏羲之说。《周礼·春官·大卜》及《淮南子》更有三《易》之说，一曰《连山》，二曰《归藏》，三曰《周易》。郑玄注云：“名曰连山者，似山，出内云气，变也。归藏者，万物莫不归藏于中。”杜子春云：“连山，宓戏，归藏黄帝。”似伏羲、黄帝时别有连山、归藏之《易》，但所谓伏羲、黄帝在郑玄即不以为然，他并不深以杜子春说为然，贾疏引郑志答赵商云：“非无明文，改之无据。且从子春，近师皆以为夏殷也。”郑既为此说，故《易》赞云，“夏曰连山，殷曰归藏，又注《礼运》云其书存者有归藏”，是皆从近师之说也。按今《归藏·坤启筮》“帝尧嫁二女为舜妃”；又见《节卦》云，“殷王其国常毋谷”。若世依子春之说，归藏黄帝得有帝尧及殷王之事者，盖子春之意宓戏黄帝造其名，夏殷因其名以作《易》，故郑云改之无据。是以皇甫谧记亦云：“夏人因炎帝曰连山，殷人因黄帝曰归藏。”《连山》、《归藏》所载有尧殷之事自非宓戏、黄帝之作，韦昭《国语·鲁语》注说：“三《易》，亦云一夏《连山》，二殷《归藏》，三《周易》。”张华《博物志》亦云：“《连山》、《归藏》，夏商之书；周曰《周易》。”《隋书·经籍志》云：“昔宓羲氏始画八卦……因而重之，为六十四卦，及乎三代，实为三易：夏曰《连山》，殷曰《归藏》，周文之作卦辞，谓之《周易》。”这些都是因《连山》、《归藏》有尧、殷时事，故不能不从郑玄，而不用杜子春说。在《礼记·祭法》中又有“厉山氏之有天下”，《左传·昭公二十九年》及《国语·晋语》并作“列山氏”。郑玄《礼记·祭法》注云：“厉山氏，炎帝也。”孔颖达《周易正义》卷首《第三论三代〈易〉名》云：“案《世谱》等群书，神农一曰连山氏，一曰列山氏；黄帝一曰归藏氏。”皇甫谧《帝王世纪》也以连山属炎帝。在《论衡·正说》篇，朱震《汉上易传》引姚信注更有“古者烈山氏之王得《河图》，夏后因之曰《连山》；烈山氏之王得河图，殷人因之曰《归藏》；伏羲氏之王得河图，周人（因之）曰《周易》”。神农、黄帝、伏羲更都成了三《易》之祖传了。但无论如何，《连山》、《归藏》不为伏羲、神农、黄帝时书，这在汉人已很明确地解说了。但如以《连山》、《归藏》为夏、殷卜筮之书，然《汉志》并未著录此二书，《北堂书钞·艺文部》引桓谭《新论》：“《连山》藏于兰台，《归藏》藏于太卜。”《太平御览·学部》引桓谭《新论》云：“《连山》八万言，《归藏》四千三百言。”则汉代似有此二书。不过据《隋书·经籍志》载：“《归藏》十三卷。晋太尉参军薛贞沐云，《归藏》汉初已亡，案晋中经有之，唯载卜筮，不似圣人之旨。”《左传·襄公九年》疏亦斥为伪妄之书。李江《玄包》注说：“《殷易》用二十蓍……疑亦本伪《归藏》文。”至于《连山》，则《隋志》并不著录，仅《五行》类有《连山》三十卷。云梁元帝撰《唐志》有《连山》十卷，司马膺注，恐亦非汉代之伪《连山》。总之在前儒已斥为不似圣人之旨，则《周礼》之说自亦不可深信。容肇祖在《占卜的源流》一文中也说：“我们从殷墟甲骨文的刻辞，知殷卜本无定辞。”“在《周易》之先，筮辞是没有一定。”“俱是不能过信的。”（《古史辨》三册，页二七七）殷代卜辞尚无定本，三易之说既不可信，《易·系辞》传伏羲时已作《易》，实亦当为一传说。如必谓伏羲时已有十言之教，则不惟在《易经》中无明证，而且与《易》所谓“上古结绳而治，后世圣人易之以书契”不合，这些传说我们都只仅可认为是传说。

至于《春秋》，因其为编年史，其起源当晚于《尚书》，在《白虎通》上曾溯春秋之始谓自皇帝以来。《白虎通》之说多受谶纬影响，其说之不足信，不待详辩。《书》之初起，尚不能远溯于唐虞以前，谓五帝时六经皆有萌芽，这种说法实未免近于臆断。

总之，就《诗》、《书》、《礼》、《乐》来看，它们的起源都可以认为甚早，有人类，有文字，即可云有其萌芽。如就其书之于简册者论，则殷周以前之《诗》、《书》、《礼》、《乐》，其形式与内容，都不必与周公孔子所作、所定、所传、所述之《诗》、《书》、《礼》、《乐》同其旨趣。后人名周、孔所作、所定者为“经”，如以古之《诗》、《书》、《礼》、《乐》而亦谓之为“经”，已有名实不相符合之感，何况所谓三皇五帝之世，文物制度，尚待今后之考证。而叙述经学源流，谓周、孔以前有古之六经，则是以不当称“经”者而亦加之以“经”之名，这是我们所不敢苟同的。

## 第二节　甲骨文中思想与经学

（阙）

# 第二章

# 西周时代之经学

## 第一节　文、武、周公与经学





### 一　文、武之制作

#### （一）文王之贡献

我们由甲骨文看来，在殷代已有占卜，有文学，有礼节，有大段记事之文字，可说《诗》、《书》、《礼》在殷代已肇其端。由商、周金文中更可以看出，儒家思想是明显地受了西周初年思想之影响。历来儒者，自称为承受尧、舜、禹、汤、文、武、周公之道，尧、舜、禹、汤，事不足凭，自文、武而来者，则为事实，我们研究中国经学的起源，在殷代时，既有萌芽，而在西周初年，有可指名之文王、武王、周公为《诗》、《书》、《礼》、《乐》著作物，这在甲骨文中所见与史文中所记载的是多少有相合之点的。《尚书·无逸》篇说："文王卑服，即康功田功，徽柔懿恭，怀保小民，惠鲜鳏寡，自朝至于日中昃，不遑暇食，用咸和万民。"《君奭》篇说："惟文王尚克修和我有夏，亦惟有若虢叔，有若闳夭，有若散宜生，有若泰颠，有若南宫适。又曰：'无能往来，兹迪彝教，文王蔑德降于国人。'"可见文王对于德以修身，德以齐家，德以治国，已有显著之表现。不过文王是否真有著述则在现在无由考定。《易·系辞》传说："《易》之兴也，其当殷之末世，周之盛德邪？当文王与纣之事耶？"《史记·周本纪》说："西伯之囚羑里，盖益《易》之八卦为六十四卦。"《太史公自序》也说："昔西伯拘羑里，演《周易》。"《汉志》更有文王作《易·六爻》上下篇之说。这些说法，东汉郑众、马融已颇怀疑，而孔颖达《周易正义》亦不之信，但是还以《彖辞》为文王作。至清儒崔述著《丰镐考信录》始更考定《彖辞》非文王作。崔氏不惟以文王不必演《易》，即拘羑里之事亦不可尽信。其《丰镐考信录》卷二云：

> 《史记·殷本纪》云："纣以西伯昌、九侯、鄂侯为三公。九侯有女，入之纣；不喜淫，纣怒杀之，而醢九侯。鄂侯争之强，辨之疾，并脯鄂侯。西伯闻之窃叹；崇侯虎知之以告纣，纣囚西伯羑里。西伯臣闳夭之徒求美女、奇物、善马以献纣，纣乃赦西伯。西伯献洛西之地以请除炮烙之刑，纣许之。赐弓矢斧钺，使得征伐，为西伯。"《周本纪》云："崇侯虎谮西伯于殷纣曰：'西伯积善累德，诸侯皆向之，将不利于帝！'纣乃囚西伯于羑里。闳夭之徒患之，乃求有莘氏美女，骊戎之文马，有熊九驷，他奇怪物，因殷嬖臣费仲而献之纣。纣大悦，乃赦西伯，赐之弓矢斧钺，使得征伐。西伯乃献洛西之地以请纣去炮烙之刑，纣许之。"由是后之儒者皆谓文王亲立于纣之朝，北面为臣。余独以为不然。君臣之义，千古之大防也，文王既立纣之朝矣，诸侯叛纣而归文王，文王当拒其归而讨其叛，安得俨然而受之！文王生死悬于纣手，纣亲见其三分有二，其势将移商祚，而漠然不复问，此在庸弱之主犹或不能，况纣之猜忌暴虐者哉！古者天子之地一圻，列国一同。文王果受纣命而为西伯，伐密伐崇，灭之可也，人臣之义不得自私其地，皆当归诸天子，安得据之而迁都焉！晋四卿灭范中行氏而分其地，当是时，晋之公室已卑，出公犹欲讨之；纣果能制文王之死命，安有听其坐大而不问者

乎！《书》曰：“予违汝弼，汝无面从，退有后言。’纣脯醢其大臣，文王身为殷相，则当谏；若知纣不可谏，则当去；不言不去而窃叹之，可乎！楚欲戮叔孙豹，乐王鲋求货于叔孙而为之请，弗与。晋之执叔孙昭子也，申丰以货如晋，叔孙曰‘见我’，见而不使出。叔孙父子，贤大夫耳，犹不欲以货免，岂文王而反以货免，且以货得高位乎！文王之事，《诗》、《书》言之详矣，与国若虞、芮，仇国若崇、密，下至昆夷亦得附见焉；纣果文王之君，不应《诗》、《书》反无一言及之。况羑里之囚乃文王之大厄，斧钺之赐乃周王业之所自始，较之虞、芮之质，崇、密之伐，其事尤钜，尤当郑重言之，何以反不之及，若文王与纣初不相涉者，而文王之至德又无所容于讳，岂非文王原未尝立于纣之朝哉！纣囚文王之事，始见于《春秋传》。《传》云：‘纣囚文王七年，诸侯皆从之囚；纣于是乎惧而归之。’（在《襄公三十一年》）固已失于诞矣；然初未言文王立于纣之朝也。其后《战国策》衍之，始以文王为纣三公而有窃叹九鄂脯醢之事；然尚未有美女善马之献也。《尚书大传》再衍之，始谓散宜生、闳夭等取美马怪兽美女大贝以赂纣而后得归；然亦尚未有弓矢斧钺之赐也。逮至《史记》，遂合《国策》、《大传》之文而兼载之，复益之以‘为西伯，专征伐’之语。岂非去圣益远则其诬亦益多，其说愈传则其真亦愈失乎！学者奈何不取信于《诗》、《书》、《孟子》而独世俗传闻之是信哉！且《春秋传》以为囚之七年，《战国策》以为拘之百日，其久暂固已悬殊矣。《尚书大传》以为在西伯令戈耆之后，《史记》以为在虞、芮质成之前，其先后亦复抵牾矣。《春秋传》以为诸侯从之而纣归之，《尚书大传》以为散宜生赂之而纣释之，其所以得出之故又不一说矣。学者将何所取信乎？尤可异者，《殷本纪》以为窃叹九侯而被囚，《周本纪》则以为积善累德而见谮；《殷本纪》以为献洛西而后赐斧钺，《周本纪》则以为赐斧钺而后献洛西；此一人之书也，而先后矛盾亦如是，其尚可信以为实耶！曰：纣，天子也，文王，其诸侯也，安得不立其朝而生死悬于其手乎？曰：此后世郡县之法然耳。古者天子有德则诸侯皆归之，无则诸侯去之。故孟子曰：‘武丁朝诸侯，有天下，犹运之掌也。’然则武丁以前，诸侯固多不朝，天下固不皆商有也。故《商颂》曰：‘昔有成汤，自彼氐、羌，莫敢不来享，莫敢不来王。’然则成汤以后中衰之世固多有不来享来王者也。周介戎、狄之间，去商尤远，是以大王侵于獯鬻，商之方伯州牧不闻有救之者也；事以皮币珠玉，不闻有责之者也；去而迁于岐山，亦不闻有安集之者也。盖当是时，商之号令已不行于河、关以西；周自立国于岐，与商固无涉也。自凭辛至纣六世，商日以衰而纣又暴，故诸侯叛者益多！特近畿诸侯或服属之耳。是以文王灭密则取之，灭崇则取之，商不问，文王亦不让也；三分有二之国相率归周，商不以为罪，文王亦不以为嫌也。何者？诸侯久已非商之诸侯也。文王自以其德服之，其力取之，于商何与焉！由是言之，文王盖未尝立商之朝，纣焉得囚之羑里而锡之斧钺也哉！曰：然则《论语》之‘以服事殷’，《传》之‘帅叛国以事纣’，其皆不足信与？曰：孟子曰：‘汤事葛，大王事獯鬻。’汤与大王岂尝臣于葛、獯鬻者哉！所谓‘服事殷’者，不过玉帛皮马卑词厚币以奉之耳，非必委质而立于其朝也。《春秋传》韩厥之言，以喻晋、楚也；晋、楚，敌国也，而以为喻，则亦非谓文王为纣臣也。其后晋司马侯之谏平公，亦以文王喻晋而纣喻楚。假令文王果尝委质于纣，则二子之取义为不伦矣。盖自灭崇以后，周日以大，而亦渐近于商，不能不为纣之所忌；而文王委曲退让，不肯与抗；其实纣无如文王何也。故今不载羑里之事，及赐斧钺征伐等语。”“曰：文王未尝囚于羑里，则《易》何为演也？曰：此亦《史记》言耳。《易传》但言其作于文王时，不言文王所自作也；但言其有忧患，不言忧患为何事也。《史记》因《传》此文，遂以文王拘羑里之事当之，非果有所据也。且其《自序》文云：‘西伯拘羑里，演《周易》。孔子厄陈、蔡，作《春秋》。屈原放逐，著《离骚》。左邱失明，厥有《国语》。孙子膑脚，而论《兵法》。不韦迁蜀，世传《吕览》。韩非囚秦，《说难》、《孤愤》。’所引者凡七事。然以今考之，孔子作《春秋》在归鲁以后，非厄陈、蔡之时。《吕览》之成，悬诸国门，是时不韦方为秦相，亦未迁蜀。《屈原传》，作《离骚》在怀王之世，至顷襄王乃迁之江南，非放逐而赋《离骚》也。《韩非传》，作《孤愤》、《说难》皆在居韩时，秦王见其书而好之，韩乃遣非使秦，亦非囚秦而作《说难》、《孤愤》也。此三传及《孔子世家》皆迁之所自著，而皆自反之，乌在其可信乎！至《国语》与《左传》事多抵捂，文亦不类，必非一人所作，失明之说恐亦以其名明而致误耳。《孙武传》既以十三篇为武书矣，而于膑又云‘世传其兵法’，然《赞》但称‘孙武、吴起兵法’，又似膑无书者。七事之中，其谬之显然易见者四焉，渺茫恍惚不可究者二焉。孔子曰‘举一隅不以三隅反，则不复也’，况已举三隅而犹不能以一隅反乎！由是言之，《易》即文王所作，亦断不在羑里时矣。”

文王无囚羑里之事，则文王之未尝重《易》，固极显明。不过崔氏这种意见在信任经传毫无疑义的人看来，自仍以为《易》为文王所作。例如章炳麟在《驳皮锡瑞三书》中说：

> 《大传》曰：“《易》之兴也，其当殷之末世、周之盛德耶？当文王与纣之事耶？是故其辞危。”若文王不系辞，则《大传》为妄说。若曰卦名为辞，名卦者其功微，成书者其功巨，顾不曰《易》兴定、哀，当素王与七十二君之事，独绸缪于姬氏旧王，而没本师之绩，是举其微而遗其巨，详其远而略其近，此其谬七也。若以箕子岐山之属，非文王所宜言者，郑众、马融尝以爻辞出周公矣。要之，文王亲见箕子，何不可录其人？山川群神，帝王所常祀，宁知前王无享岐山者？必谓文王自拟乎？且《易》当殷末，故事状不及周世。徒有高宗、帝乙、箕子而已。若作自孔子者，当有成、康之事，五伯之迹。今近不举周世，远不举虞、夏，独以殷事为言，违其情势，其谬八也。（《太炎文录》）

他仍肯定《易》之卦爻辞为文王作，并以郑众、马融以《爻辞》止于周公为非，与崔氏之见正相反。这两相反的论证，我们据周代彝器看来，如郭沫若在《金文丛考》中云：“《易》之八卦，所托甚古，然可异者，彝器迄未有见；宋人书中有所谓卦象卣者凡二具，乃其一字之名与卦象相似，其一作☰（博古九卷十六页，啸堂上卅二页，薛氏三卷二页），又其一作||||（《续考古图》五），案此仅与卦象相似而已，绝非卦象也。张抡《绍兴内府古器评》上卷十七以第二器之鉴作者为渊卣，盖与渊字形近而云然，然亦必非渊字。古器铭中凡作一二字之图形文字，殆即作器者之族徽或花押，其字不可识也。卦象宜于作花纹图案，然于彝器之花纹中，绝未有见，基本二卦之乾坤二字，亦为金文所绝无。金文无与天对立之地字、天地对立之观念，事当后起，则乾

坤对立之观念，亦当后起矣。”（《八卦五行》）《易卦》、《爻辞》如果为文王所作，则当影响及于器铭，今金文中绝无迹象可言，而就《易·卦爻》中所用“大人”、“幽人”、“金夫”等词看来（说已详前第一篇中）亦不似周初所能有，则似文王实无作《易》之事，崔述之说，比较允确。文王既未尝作《易卦》、《爻辞》，旧说以为文王有重卦之事，此亦自未足信。章炳麟说：“重卦之象，人人能为之，何必文王？若专定其名者，羑里之囚七年，所定无过六十四名，何其短拙？”（同前书，页十）文王重卦之说，在极端崇古之章炳麟且以为疑，则可见此说之真不可信。



**（二）武王之著作**

据《尚书·牧誓》篇：“王朝至于商郊牧野，乃誓。”《左传·昭公四年》“周武有孟津之誓”，《史记·周本纪》“武王乃作《泰誓》”，“乃罢兵西归行狩，记政作《武成》”。《尚书大传》：“武王……释箕子囚，箕子不忍周之释，走之朝鲜，武王闻之，因以朝鲜封之，箕子既受周之封，不得无臣礼，故于十三祀来朝，武王因其朝而问鸿范。”《书序》：“武王既胜殷，邦诸侯，班宗彝，作《分器》。”《左传·宣公十二年》：“武王克商作《颂》曰：‘载辑干戈，载櫜弓矢，我求懿德，肆于时夏，允王保之’。”又作《武》，其卒章曰：“耆定尔功。”其三曰：“铺时绎思，我徂维求定。”其六曰：“绥万邦，屡丰年。”武王之著述，据群籍中所载，可考者约如此。但是据《孟子·尽心下》说：“尽信书则不如无书。吾于武成取二三策而已矣。”《吕氏春秋》说：“武王伐殷，荐俘馘于大宝，乃命周公作为《大武》。”可见史籍所载武王所作之书篇、诗篇亦尽有不可信之处。崔氏《丰镐考信录》云：“吾读《泰誓》，而知武王之必斩纣头悬诸太白，必不封武庚于商也。吾读《牧誓》，而知武王之必封武庚于商，必不忍斩纣头而悬诸太白也。何者？《牧誓》数纣之罪，不过曰‘惟妇言是用’而已，‘惟多罪逋逃是崇，是长，是信，是使’而已；其暴虐百姓，奸宄商邑，虽纣主之而实大夫卿士之成之也。玩其词，揆其意，克商之后必将此暴虐奸宄者尽诛之以快人心；至于纣，即使不死，亦不过废而迁之，使不得一有所为，不得复用此暴虐奸宄之人，如越句践之居吴王于甬东者而已，非惟不肯灭其社稷，亦必不肯残其身，况于已死而尚毁其尸乎！而《泰誓》数纣之罪，则曰‘淫酗肆虐’，曰‘罪浮于桀’，曰‘残害万姓’，曰‘毒痡四海’，曰‘焚炙忠良，刳剔孕妇’，曰‘斫朝涉之胫，剖贤人之心’；甚至斥为‘独夫’名为‘世雠’，念除恶之务本，必殄歼之乃止。玩其词，揆其意，克商之后必生执纣而甘心焉，然后始泄其忿；至于武庚，不杀亦已幸矣，亦必窜之流之，其尚肯封之乎！由是言之，《牧誓》与封武庚之武王一武王，《泰誓》与悬纣头之武王又一武王也；言《牧誓》之言者必不忍言《泰誓》之言，言《泰誓》之言者必不能言《牧誓》之言也；忍悬纣头于太白者必不肯封武庚于商，肯封武庚于商者必不忍悬纣头于太白也。然则此二篇必有一真一伪，此二事亦必有一是一非，显然而可见也。”





“楚子所引《武》乐三章中，有‘于皇武王’、‘桓桓武王’之语，则断非武王所自作矣。故郑、孔及《朱传》皆以为武王崩后，周公作此以象武王之功。然则‘载戢干戈’之颂亦未必即武王所作，《传》但本武王之克商而言之耳。不但此也，禹之《夏》，汤之《盘铭》，文王之《南籥》，亦未必皆其人所自作。但乐以象德，季札所赞者其乐也，即其人也，故并附于其人之篇后。遂皆以为其人所自作，则误矣。”《泰誓》、《牧誓》、《武成》等真古文，及《大武》乐章，实不必皆武王自作，或系史臣记载，或属后世赞颂，我们由其记载、赞颂分别看来，可以借知关于武王之一些言语行事，亦无勉强定某之篇为武王所自作之必要。据《论语·子张》篇：“子贡曰：‘文、武之道。未坠于地，在人。贤者识其大者，不贤者识其小者。莫不有文、武之道焉。’”《尧曰》篇：“谨权量，审法度，修废官，四方之政行焉。

兴灭国，继绝世，举逸民，天下之民归心焉。”《孟子·公孙丑》篇说：“文王之法，百年而后崩，犹未洽于天下。武王、周公继之，然后大行。”在《离娄下》篇又说：“武王不泄迩，不忘远。周公思兼三王以施四事。”《论语》、《孟子》之中，多以文、武并称，文王、武王对于经学，实并有相当之贡献则可信也。崔氏云：“《论语》之记此两节，何也？所以纪武王之新政也。圣人之征不道也，非利天下也，以正天下也。权量法度，古圣人之所以定民志而正风俗者也。权量不谨，则巧伪日滋，奸民得其利而良民受其害；法度不审，则奸吏得以上下其手，而民无所措手足，虞、舜所以‘同律度量衡’也。古之圣帝名臣皆有大功于世，其子孙皆当世守其祀而不改。当商之季，贤圣之君不作，诸侯惟以力争，强吞弱，众暴寡，圣帝名臣之裔殄灭者盖亦不少矣。至于任官用人，尤经世之大政：官废则民事无由理；不得其人则虽有官而事不治，反以病民者有之矣。观于伯夷之居北海，太公之居东海，天下之大老且犹如是，则贤才之伏处于草茅者固不可以枚举，但无由尽归于周耳。贤才不用，百姓何由得安，是以武王起而伐商以正之也。使武王不伐商，则圣帝名臣之祀遂听其灭绝乎？奸民乱俗，奸吏害民，遂听其纵恣乎？职废而不举，贤才隐居而不任职，遂听其自然任斯民之重困乎？吾知上帝之心必有所不忍，而圣人敬事上帝之心亦必有所不安也。故曰圣人非利天下也，以正天下也。兴灭继绝即《史记》所称封蓟、祝、陈、杞之事。举逸民即上文‘周亲不如仁人’，《周颂》‘求懿德，肆时夏’之意，即成汤所云‘帝臣不蔽’也。后世学者习见汉、晋以后之事，遂以为三代亦复如是，而以利天下之心度古圣人，甚至有以汤、武之征诛为得罪于名教者；而岂知圣人光明正大之心不若是哉！”

说经学者，多以经学为周公或孔子所作，不知在周、孔以前之文、武实并有相当之贡献，文王虽未必作《易》，然后世已极称之，武王之制作《诰誓》、乐章，虽亦不可尽信，然其影响于周公者，自不待烦言而明。说经学者，言周、孔而遗文、武，那都未免数典忘祖。我们须知周公至多“集禹、汤、文、武之大成”，不能以经学开辟之功一概诿之周公的。

## 二　周公之制作

### （一）关于《诗》篇

《论语·八佾》篇：“子曰：周监于二代，郁郁乎文哉！吾从周。”《述而》篇：“子曰：甚矣吾衰也！久矣吾不复梦见周公。”孔子对于周公向往之忱，溢于言表。《孟子·滕文公上》篇也说：“文王我师也，周公岂欺我哉?”孔、孟对于于周公都是极称赞的。周公的著作，在后人以为对于六经并有述造。关于《诗》篇，相传《七月》、《鸱鸮》、《文王》、《清庙》、《时迈》、《思文》、《大武》、《酌》八篇为周公作。

1.《七月》。《毛诗序》：“周公遭变故，陈后稷先公风化之所由，致王业之艰难也。”按，此说出于《毛序》。序为晚出之篇，说不足信。元代金履祥评《七月》之诗，根据其中描写技巧的娴熟与手法的高超，他判定此绝非早在殷商时期的豳人所能为，“其决为豳之旧诗也”（《订话三》）。崔述《丰镐考信录》卷四则说：“余按《鸱鸮》以下六篇皆周公时所作，此篇若又出于周公，则是七篇皆与豳无涉，何以名之为《豳》? 曰：述豳俗也。然‘流火，授衣，烹葵，剥枣’，在在皆然，以民间通行之事而独谓之豳俗，豳何在焉? 且玩此诗醇古朴茂，与成、康时诗皆不类。窃尝譬之，读《大雅》如登廊庙之上，貂蝉满座，进退秩然，煌煌乎大观也；读《七月》，如入桃源之中，衣冠朴古，天真烂漫，熙熙乎太古也。然则此诗当为大王以前豳之旧诗；盖周公述之以戒成王而后世因误为周公所作耳。”

2.《鸱鸮》。《尚书·金縢》：“周公居东二年，则罪人斯得。

于后，公乃为诗以贻王，名之曰《鸱鸮》。”但此诗是否为周公作，前人亦有疑之者。

3.《文王》。《吕氏春秋·古乐》篇：“周文王处岐，诸侯去殷三淫而翼文王。散宜生曰：‘殷可伐也。’文王弗许。周公旦乃作诗曰：‘文王在上，于昭于天。周虽旧邦，其命维新。’以绳文王之德。”《汉书·翼奉传》：“周至成王，有上贤之材，因文、武之业，以周、召为辅，有司各敬其事，在位莫非其人。天下甫二世耳，然周公犹作《诗》、《书》深戒成王，以恐失天下。《书》则曰：‘王毋若殷王纣。’其《诗》则曰：‘殷之未丧师，克配上帝；宜监于殷，骏命不易。’”

4.《清庙》。《汉书·楚元王传》：刘向“乃上封事谏曰：臣前幸得以骨肉备九卿，奉法不谨，乃复蒙恩。窃见灾异并起，天地失常，征表为国。欲终不言，念忠臣虽在甽亩，犹不忘君，惓惓之义也。况重以骨肉之亲，又加以旧恩未报乎！欲竭愚诚，又恐越职，然惟二恩未报，忠臣之义，一抒愚意，退就农亩，死无所恨。臣闻舜命九官，济济相让，和之至也。众贤和于朝，则万物和于野。故箫《韶》九成，而凤皇来仪；击石拊石，百兽率舞。四海之内，靡不和宁。及至周文，开基西郊，杂沓众贤，罔不肃和，崇推让之风，以销分争之讼。文王既没，周公思慕，歌咏文王之德，其《诗》曰：‘于穆清庙，肃雍显相；济济多士，秉文之德。’”王褒《四子讲德论》：“昔周公咏文王之德而作《清庙》，建为《颂》首。”汉儒以此诗为周公作，至明代，季本、何楷并以《维天之命》、《维清》二篇为同时之作。季氏云：“今考《清庙》一节，但言助祭者之肃雍，而尚未详文王之德必合。《维天之命》二节言之而后见其德之纯”。（《诗说解颐》卷二十六）何氏云：“试观首章言于穆，而次章亦言于穆；首章言不显，而次章亦言不显；首章言秉文之德对越在天，而次章即以维天之命与文王之德并言。又首章言清庙，而三章亦曰维清，其前后呼应，井然可数。此非同为一篇而何。”（《诗经世本古义》卷十之下）季、何两家之说，究无确据。

5.《时迈》。《国语·周语》：“穆王将征犬戎，祭公谋父谏曰：‘不可。先王耀德不观兵。夫兵戢而时动，动则威，观则玩，玩则无震。是故周文公之颂曰：载戢干戈，载櫜弓矢。我求懿德，肆于时夏，允王保之。’”《史记·周本记》说同。

6.《思文》。《毛诗序》：“《孔疏》、《思文》八句。《正义》曰：《思文》诗者，后稷配天之乐歌也。周公既已制礼，推后稷以配所感之帝，祭于南郊。既已祀之，因述后稷之德可以配天之意，而为此歌焉。《经》皆陈后稷有德可以配天之事。”《国语》云：“周文公之为颂，曰：‘思文后稷，克配彼天。’是此篇周公所自歌，与《时迈》同也。”《国语·周语上》原文为：“故颂曰：‘思文后稷，克配彼天。立我烝民，莫匪尔极。’”并未言是周公所作，至《孔疏》则认定《思文》出自周公之手。虽未足信，然亦大致可讲得通。

7.《大武》。《左传》楚庄王论武乐本有“其六曰：绥万邦，屡丰年”之言。《左传·宣公十二年》：“楚子曰：非尔所知也。夫文，止戈为武。武王克商。作《颂》曰：‘载戢干戈，载櫜弓矢。我求懿德，肆于时夏，允王保之。’又作《武》，其卒章曰：‘耆定尔功。’其三曰：‘铺时绎思，我徂求定。’其六曰：‘绥万邦，屡丰年。’夫《武》，禁暴、戢兵、保大、定功、安民、和众、丰财者也。故使子孙无忘其章。”《礼记·乐记》论《大武》之乐曰：“夫乐者，象成者也。总干而山立，武王之事也。发扬蹈厉，大公之志也。《武》乱皆坐，周、召之治也。且夫《武》，始成而北出，再成而灭商，三成而南返，四成而南国是疆，五成而分陕，周公左、召公右，六成复缀以崇天子，夹振之而驷伐，盛威于中国也，分夹而进，事早济也，久立于缀，以待诸侯之至也。故季札观乐见舞象箾南籥者，曰：‘美哉犹有’。憾见舞《大武》者，曰：‘美哉周之盛也，其若此乎！’其后成王以周公为有勋劳，命鲁公世世祀周公，以天子礼乐，升歌清庙，下管象武，朱干玉戚，冕而舞《大武》。”亦有“六成”之说，故何楷、魏源于《武酌》之外合《赉般》、《桓诸》篇以为武之“六成”。如《武酌》果为周公所作，则《赉般》、《桓诸》篇或亦当为同时之作。

8.《酌》。《春秋繁露·三代改制质文》：“周公辅成王受命，作宫邑于洛阳，成文、武之制，作《汋》乐以奉天。殷汤之后称邑，示天之变反命，故天子命无常，唯命是德庆。故《春秋》应天作新王之事，时正黑统，王鲁，尚黑，绌夏、亲周、故宋，乐宜亲招武，故以虞录亲，乐制宜商，合伯子男为一等。”

以上八诗，大致比较可以信为周公所作者，只有《文王》、《清庙》等六诗，其他尚有《常棣》一篇，《左传·僖公二十四年》：“富辰谏周襄王曰：‘召穆公思周德之不类，故纠合宗族于成周，而作诗曰：常棣之华，鄂不韡韡。凡今之人，莫如兄弟。’”故以为召穆公作。而《国语·周语》述富辰之言，则又以为周公作，云：“周文公之诗曰：‘兄弟阋于墙，外御其侮。’”崔述辩之云：“《周语》云：周文公之诗曰：‘兄弟阋于墙，外御其侮。’卫宏《毛诗序》云：‘《常棣》燕兄弟也。闵管、蔡之失道，故作《常棣》焉。’其说皆与《春秋传》异。韦氏昭、孔氏颖达咸谓‘召穆公重述此诗而歌之’。杜氏、林氏注《左传》，遂亦沿其说云：‘周公作诗，召公歌之；富辰以为召穆公所作者，盖乐章久废，召穆公始作周公乐歌也。’余按：‘作’也者，前此未有而创之之谓也，故曰‘述而不作’。若此诗果周公所作而召公但歌之，则文当云‘纠合宗族于成周而歌《常棣》焉’，不当云‘作诗’也。周公之事，此传前文言之矣，曰：‘周公吊二叔之不咸，故封建亲戚以蕃屏周。’若此诗果周公所作，则文当云‘封建亲戚以蕃屏周，而作《常棣》焉，其词云云。’不当于周公绝口不言，而于召公反历历述之也。且其诗云：‘死丧之威，兄弟孔怀。’又云：‘丧乱既平，既安且宁。’皆似中衰之后，不类初定鼎时语。况作乱者，管、蔡兄弟也，以殷畔者，管、蔡兄弟之亲其所疏而疏其所亲也，而此诗反云‘兄弟急难，良朋永叹’，‘兄弟外御其侮，良朋烝也无戎’，语语与其事相反，何邪？若周公果因闵管、蔡而作此诗，则当自愧无德以化兄弟，使陷于大戾；不然，则述管、蔡之慕间王室以为兄弟戒，不当反护兄弟之罪而斥异姓之疏，使天下勤王之贤侯，从征之义士，闻之而投戈太息也。盖此传后文云：‘周之有懿德也，犹曰“莫如兄弟”，故封建之；其怀柔天下也，犹惧有外侮，外御侮者莫如亲亲，故以亲屏周。召穆公亦云。’撰《周语》者误会其意，遂疑‘莫如兄弟’，‘外御其侮’之句为周公之所作；撰《诗序》者又为《国语》所误，因臆度之而遂以管、蔡之事当之耳。不知所谓曰‘莫如兄弟’者，但谓其意如此，其言如此，非谓其诗如此也；所谓‘惧有外侮’者，但言其心惧有外侮，非必作诗言‘外御其侮’然后得为惧也；周公之意，召公之诗，如合符节，故云‘召穆公亦云’，非以歌周公之诗为‘亦云’也。所以郑、唐旧说皆以此诗为召穆公所作。白韦氏、杜氏曲护《周语》、《诗序》之失，于是《传》之明明称为召公所作者，巧辞强说，百计以属之周公；虽以朱子之最不信《序》，亦从而附和之，遂致诗人之意大半晦于说《诗》之人，亦可为之长太息矣，且夫说经者惟期定于一是耳：《周语》、《诗序》既与《左传》不同，《左传》果是则《周语》、《诗序》必非，《周语》、《诗序》果是则《左传》必非。周则周，召则召，虽三尺童子皆知其不能两是也。乃必欲使之皆是而无非，委曲展转以求两全，而卒不可通，其亦拙矣！”（《丰镐考信录》卷八《召穆公》）则《常棣》一诗当为召穆公作。

**（二）关于《书》篇**

在《尚书》中记周公之言行者有《金縢》、《大诰》、《康诰》、

《召诰》、《洛诰》、《多士》、《无逸》、《君奭》、《立政》、《多方》，共十篇。《金縢》、《无逸》、《君奭》三篇非西周初年作品，说已详具前篇。《大诰》等七篇是否周公所作抑为史臣所记，兹固难为定论，然《书序》谓"周公作《金縢》"、"周公作《无逸》"，其说实未足据。亦记周公及。《书序》又谓《归禾》、《嘉禾》、《将蒲姑》、《亳姑》亦记周公事，此亦未可信。

（三）关于《礼》篇

《周礼》、《仪礼》旧传以为周公所作，据《左传》述及《周礼》者有四：

《闵公元年传》："冬，齐仲孙湫来省难。书曰'仲孙'，亦嘉之也。仲孙归，曰：'不去庆父，鲁难未已。'公曰：'若之何而去之?'对曰：'难不已，将自毙，君其待之。'公曰：'鲁可取乎?'对曰：'不可，犹秉周礼。周礼，所以本也。臣闻之：国将亡，本必先颠，而后枝叶从之。鲁不弃周礼，未可动也。君其务宁鲁难而亲之。亲有礼，因重固，间携贰，覆昏乱，霸王之器也。'"

《文公十八年传》：季文子使大史克对曰："先大夫臧文仲教行父事君之礼，行父奉以周旋，弗敢失队。曰：'见有礼于其君者，事之，如孝子之养父母也；见无礼于其君者，诛之，如鹰鹯之逐鸟雀也。'先君周公制《周礼》曰：'则以观德，德以处事，事以度功，功以食民。'作《誓命》曰：'毁则为贼，掩贼为藏。窃贿为盗，盗器为奸。主藏之名，赖奸之用，为大凶德，有常无赦。在九刑不忘。'行父还观莒仆，莫可则也。孝、敬、忠、信，为吉德；盗、贼、藏、奸，为凶德。夫莒仆，则其孝敬，则弑君父矣；则其忠信，则窃宝玉矣。其人，则盗贼也；其器，则奸兆也。保而利之，则主藏也。以训则昏，民无则焉。不度于善，而皆在于凶德，是以去之。昔高阳氏有才子八人：苍舒、隤敳、梼戭、大临、尨降、庭坚、仲容、叔达；齐、圣、广、渊、明、允、笃、诚，天下之民谓之'八恺'。高辛氏有才子八人：伯奋、仲堪、叔献、季仲、伯虎、仲熊、叔豹、季狸；忠、肃、共、懿、宣、慈、惠、和，天下之民谓之'八元'。此十六族也，世济其美，不陨其名。以至于尧，尧不能举。舜臣尧，举八恺，使主后土，以揆百事，莫不时序，地平天成；举八元，使布五教于四方，父义、母慈、兄友、弟共、子孝，内平外成。昔帝鸿氏有不才子，掩义隐贼，好行凶德；丑类恶物，顽嚚不友，是与比周。天下之民谓之浑敦。少皞氏有不才子，毁信废忠，崇饰恶言，靖谮庸回，服谗搜慝，以诬盛德，天下之民谓之穷奇。颛顼氏有不才子，不可教训，不知话言：告之则顽，舍之则嚚，傲狠明德，以乱天常，天下之民谓之梼杌。此三族也，世济其凶，增其恶名，以至于尧，尧不能去。缙云氏有不才子，贪于饮食，冒于货贿，侵欲崇侈，不可盈厌，聚敛积实，不知纪极，不分孤寡，不恤穷匮，天下之民以比三凶，谓之饕餮。舜臣尧，宾于四门，流四凶族，浑敦、穷奇、梼杌、饕餮投诸四裔，以御螭魅。是以尧崩而天下如一，同心戴舜以为天子，以其举十六相，去四凶也。"

《昭公二年传》："晋侯使韩宣子来聘，且告为政而来见，礼也。观书于大史氏，见《易象》与《鲁春秋》，曰：'周礼尽在鲁矣。吾乃今知周公之德与周之所以王也。'"

《哀公十一年传》："季孙欲以田赋，使冉有访诸仲尼。仲尼曰：'丘不识也。'三发，卒曰：'子为国老，待子而行，若之何子之不言也？'仲尼不对。而私于冉有曰：'君子之行也，度于礼，施取其厚，事举其中，敛从其薄。如是，则以丘亦足矣。若不度于礼，而贪冒无厌，则虽以田赋，将又不足。且子季孙若欲行而法，则周公之典在；若欲苟而行，又何访焉？'弗听。"

但由这四条明言的"周礼"、"周公之典"看来，什么"犹秉周礼。周礼，所以本也"；"则以观德，德以处事，事以度功，功以食民”；“见《易象》与《鲁春秋》，曰：‘周礼尽在鲁矣。’”；“君子之行也，度于礼，施取其厚，事举其中，敛从其薄”。所说的俱是礼意，而未征引及今《周礼》、《仪礼》原文。所以自唐宋以来，学者对于《周礼》、《仪礼》多怀疑其非是周公所自作。在上篇中我们已列举韩愈、欧阳修、苏辙、程颢、张子、胡宏、姚际恒、顾栋、高裳枚诸儒之说，以明《周礼》、《仪礼》不出于周公，其实怀疑《周礼》、《仪礼》非周公所自作者尚不止韩、欧、苏、程诸儒，更有：

1. 王开祖曰：“吾读《周礼》，终始其间名为经经而背于周公之志为不少矣，其诸信然乎哉？罗羽刺介，此微事也，然犹张官设职，奚圣人班班与？奔者不禁，示天下无礼也；复雠而义，示天下无君也。无礼无君，大乱之道，率天下而为乱者，果周公之心乎？削于六国，焚于秦，出诸季世，其存者寡矣！圣人不作，孰从而取正哉？”（《经义考》一百二十）





2. 范浚曰：“周公作六典，谓之《周礼》，至于六官之属，琐细悉备，疑其不尽为古书也。周公驱猛兽，谓虫蛇恶物为民物害者，蝈氏云：‘掌去鼃黾，焚牡蘜，以灰洒之则死。’鼃黾不过鸣聒人，初不为民物害也，乃毒死之，似非君子所以爱物者。又牡蘜焚灰，大类狡狯戏术，岂所以为经乎？司关云：‘凡货不出于关者，举其货，罚其人。’说者谓不出于关，从私道出避税者，则没其财而挞其人，此决非周公法也。文王治岐，关市讥而不征。周公相成王，去文王未远，纵不能不征，使凡货之出于关者征之足矣，何至如叔末世，设为避税法，没其货，挞其人，劫天下之商，必使从关出哉？此必汉世聚敛之臣如桑弘羊辈，欲兴榷利，故附益是说于《周礼》，托周公以要说其君耳。不然，亦何异贱丈夫登垄断而罔市利乎？”（同上）

3. 晁公武曰：“秦火后，《周礼》比他经最后出，论者不一，独刘歆称为周公致太平之迹；郑氏则曰周公复辟后，以此授成王，使居洛邑，治天下；林孝存谓之渎乱不验之书；何休亦云六国阴谋之说。昔北宫锜问孟子周室班爵禄之法，孟子谓诸侯恶其害己，皆去其籍，则自孟子时已无《周礼》矣，况经秦火乎？汉儒非之，良有以也。”（同上）

4. 魏了翁曰：“‘《周礼》、《左氏》，并为秦、汉间所附之书。《周礼》亦有圣贤礼法，然附会极多。’又曰：‘《周礼》与《左传》两部，字字谨严，首尾如一，更无疏漏处，疑秦、汉初人所作，因圣贤遗言足成之。’”

5. 刘炎曰：“或问：‘《周礼》果圣人之全书乎？’曰：‘司门讥财物之犯禁者，举而没之，司关凡货之不出于关者，举其货，罚其人，周公于民之意虑，不若是之察也。’”（同上）

6. 黄震曰：“孔子删《诗》、定《书》、系《周易》、作《春秋》……至此则善为《周礼》解者也。”（同上书）

7. 罗璧曰：“《礼记》古今议其杂，《周礼》则刘歆列上之，时包周、孟子张、林硕已不信为周公书，近代司马温公、胡致堂、胡五峰、苏颍滨、晁说之、洪容斋，直谓作于刘歆。盖歆佐王莽，书与莽苛碎之政相表里，且《汉书·儒林传》叙诸经皆有传授，《礼》独无之，或者见其详密，谓圣人一事有一制，意其果周公之遗，不知孔子于礼多从周，使周公礼书如此精详，当不切切于杞、宋求夏、商遗礼，与夫逆为继周损益之辞。又自卫反鲁，删《诗》、定《书》、系《易》、作《春秋》，独不能措一辞于《周礼》。即孟子时，周室犹存，班爵之制已云不闻其详，而谓秦火之后，乃《周礼》灿然完备如此耶？兼其中言建国之制，与《书》、《洛诰》、《召诰》异；言封国之制，与《书·武成》及《孟子》异；设官之制，与《书·周官·六典》异。周之制作，大抵出周公，岂有言之与行自相矛盾乎？”

8. 王若虚曰：“（吕）东莱云：‘《周礼》者，古帝王之旧典礼经也。始于上古而成于周，故曰《周礼》。’予谓此书迂阔烦渎，不可施之于世，谓之《周礼》，已自不可信，又可谓古帝王之典乎？”

9. 崔适在《丰镐考信录》之“《礼经》作于春秋以降”篇曰：“《古礼经》十七篇（今谓之《仪礼》），世皆以为周公所作。余按：此书周详细密，读之犹足以见三代之遗，识其名物之制，以考经传之文，大有益于学者，不可废之书也。然遂以为周初之礼，周公所作之书，则非也。”“今《礼经》所记者，其文繁，其物奢，与周公、孔子之意判然相背而驰，盖即所谓后进之礼乐者，非周公所制也。”



我们就这些人的意见看来，《周礼》所载只是“无礼无君，大乱之道”；“亦何异贱丈夫登垄断而罔市利”；“周公于民之意，虑不若是之察”；“迂阔烦渎，不可施之于世”。即不以之与金文中之职官相较，而见其本非周制，已可信其非周公之典，何况其职官实多与周金文中所有者不同，有真凭实据可验其非周公所作呢？《周礼》、《仪礼》不出于周公之手笔。在现在看来，似乎可以定谳。



《诗》、《书》、《周礼》、《仪礼》之外，与周公关系密切者尚有《逸周书》，《逸周书》中记周公言行者有《丰保》、《柔武》、《大开武》、《小开武》、《宝典》、《丰谋》、《寤儆》、《克殷》、《大聚》、《度邑》、《五儆》、《五权》、《成开》、《作雒》、《皇门》、《大戒》、《明堂》、《本典》、《官人》、《王会》，凡二十篇。称为周公之作者，有《周月》、《月令》、《谥法》三篇。要自《丰保》以下诸篇，纯驳不一，不可尽信。明郭棐以《逸周书》为“周之野史”，其说诚然。前举中如《度邑》、《作雒》、《皇门》三篇，文辞大奥，或为西周史官之遗编。昔人或以《王会》篇为奇古，然如“秽人”、“良夷”、“高夷”诸目，孔晁注：“秽人，韩秽；良夷，乐浪；高夷，高句丽也。”果然则非甚古矣。《周月》有雨水、春分、谷雨、小满、夏至、大暑、处暑、秋分、霜降、小雪、冬至、大寒等节气，皆后世之名称，且非周公作，可勿详论。其《月令》已佚，系卢文弨自《吕氏春秋》补之，但这在郑玄已以为不足信，崔述《丰镐考信录》更辩之云："《月令》一篇，世多以为周公所作。郑康成云：'此本《吕氏春秋》十二月纪之首，礼家好事者抄合之；其中官名时事多不合周法。'是汉儒固已非之矣。而唐《语林》云：'《月令》出于《周书》第七卷《周月》、《时训》两篇，蔡邕云周公作，是《吕纪》采于《周书》，非《戴记》取于《吕纪》明矣。'则又以康成为非是。余按：《逸周书》本后人所伪撰，所言武王之事皆与经传刺谬，其非周初史官所记显然。然则《周月》、《时训》两篇或即采之《吕氏春秋》或与《吕纪》同采之于一书，均未可知；焉得以《逸周书》有之而遂断以为周公之书也哉！况《月令》所言多阴阳家说，所载政事虽有一二可取，然所系之月亦未见有不可移易者；盖撰书者杂采传记所载政事而分属之于十二月，是以纯杂不均，邪正互见，岂惟非周公之书，亦断非周人之制。康成之言是也。至于所推中星日躔，尤彰彰较著者。周公上距尧世止千二百余年，而《月令》'季春昏七星中'，'季秋昏虚中'，上距《尧典》之'仲春星鸟'，'仲秋星虚'，已差一月。周公下至西汉之末千余年，至刘宋又数百年，而《月令》'孟春之月，日在营室'，下至《三统历》，正月中日犹在室十四度，至《元嘉历》，正月中日犹在室一度，才差十余度耳。虽测验或有疏密，然不至大相径庭。上溯唐、虞之世何太远？下逮汉、宋之世何太近？其为战国时人所撰，毫无疑义。不知前人论者何以不考之此而遽信以为周公之书也！"（《丰镐考信录》卷五《周公相成王下》，《崔东壁遗书》）陈逢衡《逸周书补注》亦云："《月令》全文已载在《吕氏》，又载《小戴》篇中，似不必再取以补《周书》，而且出自《吕氏》，其中有无润色损益不可知，恐未必即《周书·月令》之旧，故仍从旧阙。"谥法非周公作，崔氏辩之云："且周既制此谥法，必先分别夫应谥之人，或通行于诸侯，或兼行于卿大夫。乃今以史考之，卫康叔之后五世无谥；齐太公、宋微子、蔡叔度、曹叔振铎皆四世无谥。太公以佐命之臣，始封之君，而竟无谥。周公子伯禽亦无谥。晋唐叔子燮，父子皆无谥。周果制为谥法，何以诸国之君皆无谥乎？盖谥法非周之所制，乃由渐而起者。上古人情质朴，有名而已；其后渐尚文而有号焉。至汤拨乱反治，子孙追称之为‘武王’，而谥于是乎始。然而子孙卿士未有敢拟之者。周之二王谥为文、武，盖亦仿诸商制。以成王之靖四方也，放亦谥之曰成。而康王以后遂仿而行之。犹之乎商有三宗，西汉亦有三宗，至后汉而宗始多，及唐、宋而遂无帝不宗也。周公有大功于天下，故其没也，成王特赐之谥。召公历相三朝，康王遂仿周公之例而亦谥之。然皆以为特典，非以为常制也。是以成、康、昭、穆之代，诸侯谥者寥寥。数世之后，俗弥尚文，遂无有不谥者。然卿大夫尚未敢拟也。至周东迁以后，而卿大夫始渐有谥。尝以《春秋传》考之，晋自文公以前，惟栾共叔有谥（《国语》有韩定伯）；狐偃、先轸有佐霸之功，而谥皆无闻。至襄公世，赵衰、栾枝始有谥，而先且居、胥臣之属仍以字称，则是亦以为特典也。成、景以后，卿始以谥为常；先縠、三郤以罪诛，乃无谥。降于平顷，则虽栾盈之以作乱死，荀寅、士吉射之失位出奔，而靡不谥矣。鲁大夫有谥者，较他国为独多。然桓、庄以前，卿尚多无谥者。昭、定之间，则荣驾鹅、南宫说、子服、公父之伦，下大夫靡不谥者。郑大夫初皆无谥；至春秋之末，子思、子剩亦有谥。惟宋大夫始终无谥。果周所定一代之制，何以先后不齐，彼此互异若是？然则谥之由渐而起，彰彰明矣。”（《丰镐考信录》卷三《周制度杂考》）由这几家所举之证验看来，此三篇非周公作，实甚显明。

**（四）关于《易传》**

在汉儒因卦爻辞中有许多文王以后的事迹，故分《爻辞》以为周公所作。

崔述辩之云："近世说《周易》者皆以《彖词》为文王作，《爻词》为周公作。朱子《本义》亦然。余按：《传》前章云：'《易》之兴也，其于中古乎？作《易》者其有忧患乎？'初未言'中古'为何时而'忧患'为何事也。至此章始言其作于文王时，然未尝言为文王所自作也。且曰'其当'，曰'其有'，曰'邪'，曰'乎'，皆为疑词而不敢决。则是作传者就其文推度之，尚不敢决言其时世，况能决知其为何人之书乎！至司马氏作《史记》，因传此文，遂附会之，以为文王羑里所演；是以《周本纪》云：'西伯之囚羑里，盖益《易》之八卦为六十四卦。'《自序》亦云："西伯拘羑里，演《周易》。"（演者，增也，即《本纪》所云'益八为六十四"者也）自是遂以《易卦》为文王所重。及班氏作《汉书》，复因《史记》之言，遂断以词为文王之所系。是以《艺文志》云："文王重《易》六爻，作《上下》篇。'又云：'人更三圣，世历三古。'（谓伏羲，文王，孔子）自是遂以《易·彖爻》之词为文王所作矣。然其中有甚可疑者。《明夷》之五称'箕子之明夷'，《升》之四称'王用亨于岐山'，皆文王以后事，文王不应预知而预言之。《史》、《汉》之说不复可通，于是马融、陆绩之徒不得已，乃割《爻词》谓为周公所作以曲全之。而郑康成、王弼复以卦为包羲、神农所重，非文王之所演。然后后儒始独以《彖词》属之文王，而分《爻词》属之周公矣，由是言之，谓文王作《彖词》，周公作《爻词》者，乃汉以后儒者因《史记》、《汉志》之文而展转猜度之，非有信而可征者也。夫以卦为羲、农所重，虽无确据，而理固或有之；若周公之系《易》，则传记从未有言及之者，惟《春秋传》有见《易象》而知周公之德之语，然此自谓《易象》，非谓《易词》也。晋文公之谋迎襄王也，筮之，遇《大有》之《睽》，曰'吉，遇公用亨于天子之卦。'则是《易词》晋固有之，不待至鲁而后见。且即使起所见者果《易》之词，而《卦爻》之词果文王与周公所分系，则于文当兼言文王、周公之德，亦不得但美周公而不及文王也。秦、汉以后，司马、班氏最为近古，然皆但言文王，不称周公。乃至《易纬乾凿度》、《通卦验》等书最善附会者，亦但称羲、文、孔三圣人而无一言及于周公。乌得分《卦爻》之词而属之两人也！且《系词传》文云：'其初难知；其上易知。'又云：'二与四同功而异位；三与五同功而异位。'又云：'爻有等，故曰物；物相杂，故曰文；文不当，故吉凶生焉。'然后承之曰：'《易》之兴也，其当殷之末世，周之盛德邪？当文王与纣之事邪？是故其辞危，危者使平，易者使倾。'（此文朱子分为两章，古本合为一章）前呼后应，词意甚明。所谓'其辞危'者，正指诸爻之词而言；若果词内有文王以后事，或《易》非文王作而《史》、《汉》误称之，不得独摘《彖词》属之文王，而别以《爻词》属之周公也。乃朱子《本义》既不正其猜度之失，又不详其展转之因，而直曰此文王所系，此周公所系，若传记确有明文可据，传经以来即如是说者。无乃非阙疑之义，而使后之学者靡所考证乎！故今但录《易》、《春秋》传原文以存疑义；而不敢据汉儒展转猜度之说，遂直断何者为何人所作。仍略记其为说之因，庶使学者有所考焉。"（《丰镐考信录》卷五《周公相成王下》）马融、陆绩分《爻词》以为周公所作，或是根据《左传》"韩宣子适鲁，见《易象》与《鲁春秋》曰：'周礼尽在鲁矣！吾乃今知周公之德，与周之所以王也。'"而云然，但《左传》所言者为《易象》而非卦爻词。周公作《爻词》事，西汉诸儒，并无明言，我们实未可以信此展转猜度之辞。《春秋》之五十凡例在汉儒亦并无明言为周公所作者，至杜预为《春秋经传集解》始有"其发凡以言例皆周公之旧制，而夫子润色之"，这也是附会韩宣子适鲁见《易象》与《鲁春秋》等语而然。其实这一段话不过是见鲁有《易象》与《春秋》，因是而云周之文物制度犹存于鲁，而鲁之能保存此文物制度是由于受周公之德泽的关系，并非是说《易象》与《鲁春秋》为周公所作。《春秋》凡例之中有弑君例，岂有周公作五十凡预设弑君例之理？唐儒啖（助）赵（匡）尝辨杜说之误，杜说之为附会甚明。

**（五）关于《尔雅》**

《尔雅》亦相传为周公所作，崔述曾辩之云："世或以《尔雅》为周公所作。或云：'周公止作《释诂》一篇，余皆非也。'余按：《释诂》等篇乃解释《经》、《传》之文义，《经》、《传》之作大半在于周公之后，周公何由预知之而预释之乎！至于他篇所记制度名物之属，往往有与《经》、《传》异者，其非周公所作尤为明著。大抵秦、汉间书多好援古圣人以为重，或明假其名，若《素问》、《灵枢》之属，或传之者谬相推奉，若《本草周官》之类，皆不可信。"（同上书卷五《周公相成王下》）《尔雅》乃释经之书，周公之时六经并未完全成立。《释诂》一篇之非周公所作，可勿作详论。

# 第四篇　春秋战国时期经学之发展

## 第一章
## 春秋初中叶之经学

### 第一节　东迁以后经学之背景

(阙)

### 第二节　列国士大夫之称诵《诗》、《书》

春秋时代，因为周室东迁，王政不纲，在政治上，由诸侯之强盛者，即所谓霸主更迭领导，周室也不过等同于列国。列国诸侯，争相为霸，聘问会盟，使节往来频仍，礼仪琐细，他们在出使专对之际，需要明了《诗》、《书》、《礼》、《乐》，前言往行，表现他们在外交等活动中娴于礼仪，答对得体，并作为他们理论的根据和言谈的资料，所以颂《诗》引《书》不惟成为一时风气，而且有其必需。例如《左传·僖公二十三年》：

他日，公享之，子犯曰："吾不如衰之文也，请使衰从。"公子赋《河水》，公赋《六月》。赵衰曰："重耳拜赐!"公子降，拜，稽首。公降一级而辞焉。衰曰："君称所以佐天子者命重耳，重耳敢不拜?"

在宴飨时需要更"文"一点的人物作侍从，才能应付裕如 。《六月》诗有王子出征以佐天子之语，赵衰了解，因而叫重耳拜赐，他自己对答。反之，如不多颂《诗》、《书》，如《左传·昭公十二年》：

夏，宋华定来聘，通嗣君也。享之，为赋《蓼萧》，弗知，又不答赋。昭子曰："必亡。宴语之不怀，宠光之不宣，令德之不知，同福之不受，将何以在?"

《左传·襄公十六年》:

晋侯与诸侯宴于温，使诸大夫舞，曰："歌《诗》必类。"齐高厚之《诗》不类。荀偃怒，且曰："诸侯有异志矣!"使诸大夫盟高厚，高厚逃归。于是，叔孙豹、晋荀偃、宋向戌、卫宁殖、郑公孙虿、小邾之大夫盟曰："同讨不庭。"

这两例，不懂《诗》、《书》，小则有辱君命，大则甚至要闯出大祸来，可见当时对于赋《诗》诵《书》是该有何等的必要!孔子曾说："诵《诗》三百，授之以政，不达；使于四方，不能专对；虽多，亦奚以为?"（《论语·子路》）在当时，《诗》竟成为在政治上外交活动所必须熟读的典籍，这是"经"在古代中国，由始创时期转到发展时期很显明的变迁，同时也是促进"经"在春秋时期得以迅速发展的原因。在《左传》、《国语》中列国大夫称诵《诗》、《书》之例甚多，现在我们且试分别地来看，他们如何赋《诗》，如何引《书》:

**（一）赋诗**

《诗》在春秋时代，尚有许多新的作品出来，国风大概都出于春秋时。皮锡瑞《经学通论》云："据《毛诗》则变风终于陈灵，据"三家"则当云变风终于卫献。"如依王夫之《诗经稗疏》的考定，《无衣》为秦哀公为申包胥出师救楚之作，则《诗三百篇》中尚收录有春秋中叶鲁定、哀时作品。故赋《诗》之义，在《左传》中，有时用来等同于创作诗歌之意。如:

《左传·隐公三年》："卫庄公娶于齐东宫得臣之妹，曰庄姜，美而无子，卫人所为赋《硕人》也。"

《左传·闵公二年》："狄人伐卫……卫师败绩，遂灭卫。

……初，惠公之即位也少，齐人使昭伯烝于宣姜，不可，强之。生齐子、戴公、文公、宋桓夫人、许穆夫人。……及败，宋桓公逆诸河，宵济。卫之遗民男女七百有三十人，益之以共滕之民为五千人，立戴公以庐于漕。许穆夫人赋《载驰》。”

《左传·闵公二年》：“郑人恶高克，使帅师次于河上，久而弗召。师溃而归，高克奔陈。郑人为之赋《清人》。

《左传·文公六年》：“秦伯任好卒。以子车氏之三子奄息、仲行、鍼虎为殉，皆秦之良也。国人哀之，为之赋《黄鸟》。”

《左传·定公四年》：“申包胥如秦乞师，曰：‘吴为封豕、长蛇，以荐食上国，虐始于楚。寡君失守社稷，越在草莽，使下臣告急，曰：夷德无厌，若邻于君，疆埸之患也。逮吴之未定，君其取分焉。若楚之遂亡，君之土也。若以君灵抚之，世以事君。’秦伯使辞焉，曰：‘寡人闻命矣。子姑就馆，将图而告。’对曰：‘寡君越在草莽，未获所伏，下臣何敢即安?’立，依于庭墙而哭，日夜不绝声，勺饮不入口七日。秦哀公为之赋《无衣》，九顿首而坐，秦师乃出。”

这里所说的“赋”，与《左传·隐公元年》“公入而赋‘大隧之中，其乐也融融’；姜出而赋‘大隧之外，其乐也泄泄’”之义相同，这一类的赋诗是指作诗而言。

现在我们所要研究的是他们如何应用诗章。据《左传》所记载引诗百余条看来，当时有：赋诗以寄托已意；赋诗以直陈已意；述诗以当讽谏；述诗而加以解释种种之不同。下面分别加以分析：

1. 赋诗以寄托已意。这一种在《左传》中所记最多，所谓寄托已意，有时用来赞美，有时用来讽刺，或表示希望，或表示允许，也有多种不同。如《左传·昭公二年》：“晋侯使韩宣子来聘，且告为政而来见，礼也。观书于大史氏，见《易象》与《鲁春秋》，曰：‘周礼尽在鲁矣。吾乃今知周公之德与周之所以王也。’公享之。季武子赋《绵》之卒章。韩子赋《角弓》。季武子拜曰：‘敢拜子之弥缝敝邑，寡君有望矣。’武子赋《节》之卒章。既享，宴于季氏，有嘉树焉，宣子誉之。武子曰：‘宿敢不封殖此树，以无忘《角弓》。’遂赋《甘棠》。宣子曰：‘起不堪也，无以及召公。’”季武子赋《绵》之末章“予曰有疏附；予曰有先后；予曰有奔奏；予曰有御侮”，是赞美韩宣子懂道理和有能力。《角弓》篇说“兄弟婚姻，无胥远矣”，所以季武子拜谢他联络两国的美意。《甘棠》拿召公比韩宣子更是即景生情的佳话。这是赋他人之诗以表达己意之一例。又如：《左传·襄公二十七年》：“郑伯享赵孟于垂陇，子展、伯有、子西、子产、子大叔、二子石从。赵孟曰：‘七子从君，以宠武也。请皆赋以卒君贶，武亦以观七子之志。’子展赋《草虫》，赵孟曰：‘善哉！民之主也。抑武也不足以当之。’伯有赋《鹑之贲贲（奔奔）》，赵孟曰：‘床笫之言不逾阈，况在野乎？非使人之所得闻也。’子西赋《黍苗》之四章，赵孟曰：‘寡君在，武何能焉？’子产赋《隰桑》，赵孟曰：‘武请受其卒章。’子大叔赋《野有蔓草》，赵孟曰：‘吾子之惠也。’印段赋《蟋蟀》，赵孟曰：‘善哉！保家之主也，吾有望矣！’公孙段赋《桑扈》，赵孟曰：‘匪交匪敖，福将焉往？若保是言也，欲辞福禄，得乎？’卒享。文子告叔向曰：‘伯有将为戮矣！诗以言志，志诬其上，而公怨之，以为宾荣，其能久乎？’”这七子所赋之诗，《草虫》诗有“未见君子，我心伤悲。亦既见止，亦既觏止，我心则夷”。《隰桑》诗有“既见君子，云何不乐”，“既见君子，德音孔胶”，表示思慕赵孟的意思。《隰桑》卒章“心乎爱矣，遐不谓矣？中心藏之，何日忘之！”所以赵孟也借此表示感谢曰：“何日忘之”。《黍苗》之四章说“肃肃谢功，召伯营之。烈烈征师，召伯成之”，借此以美赵孟。《蟋蟀》中有“好乐无荒，良士瞿瞿”，“良士蹶蹶”，“良士休休”等语，赋诗宗旨在不荒淫。《桑扈》称诵君子，“君子乐胥，受天之祜”，为“万邦之屏”，末句为“彼交匪敖，万福来求”，用来比喻赵孟，所以赵孟有那样的回答。这一次赋诗，赵孟对于他们的称颂，有的谦不敢受，有的答以善言，唯有伯有赋《鹑之贲贲》，诗中之意为“人之无良，我以为兄”。“人之无良，我以为君”，这好比床头之言，是关着门说的话，不可以公开地说的，所以赵孟说“非使人之所得闻也”，更说他“诗以言志，志诬其上，而公怨之”。《野有蔓草》是私情诗，诗中有“邂逅相遇，适我愿兮”、“邂逅相遇，与子偕臧”，所以赵孟也说“吾子之惠也”。

那时有名的赋诗又有：





《左传·昭公十六年》：“郑六卿饯宣子于郊。宣子曰：‘二三君子请皆赋，起亦以知郑志。’子齹赋《野有蔓草》。宣子曰：‘孺子善哉！吾有望矣。’子产赋郑之《羔裘》，宣子曰：‘起不堪也。’子大叔赋《褰裳》，宣子曰：‘起在此，敢勤子至于他人乎？’子大叔拜。宣子曰：‘善哉，子之言是！不有是事，其能终乎？’子游赋《风雨》，子旗赋《有女同车》，子柳赋《萚兮》。宣子喜曰：‘郑其庶乎！二三君子以君命贶起，赋不出郑志，皆昵燕好也。二三君子，数世之主也，可以无惧矣。’宣子皆献马焉，而赋《我将》。子产拜，使五卿皆拜，曰：‘吾子靖乱，敢不拜德？’”这一次因为韩宣子要知郑志，所以郑六卿所赋的诗都是郑诗，郑诗中多情诗，所以这一次赋的诗中情诗也最多。《羔裘》有“岂不尔思？劳心忉忉”，“岂不尔思？我心忧伤”。《风雨》有“既见君子，云胡不喜？”《有女同车》有“德音不忘”，《萚兮》有“叔兮伯兮，倡予和女”。所以韩宣子一面说“起不堪也”，一面说“皆昵燕好也”。《褰裳》诗有：“子不我思，岂无他人？”韩宣子说：“起在此，敢勤子至于他人乎？”他们也正是针锋相对的。

赋诗言志，在飨宴时表示两国交欢之意，当然可能表示讽刺、希望、允许等意义，例如：《左传·襄公二十七年》：“齐庆封来聘，其车美。孟孙谓叔孙曰：‘庆季之车，不亦美乎？’叔孙曰：‘豹闻之：服美不称，必以恶终。美车何为？’叔孙与庆封食，不敬。为赋《相鼠》，亦不知也。”不过《左传》这一段记载，硬说庆封听了“相鼠有皮，人而无仪。人而无仪，不死何为”这几句诗都不懂得意思，这段话可靠与否，是颇有可疑的(注)。但其含有讽刺之意则无疑义。其暗寓希望与允许者如《左传·襄公二十六年》：“齐侯、郑伯为卫侯故如晋，晋侯兼享之。晋侯赋《嘉乐》。国景子相齐侯，赋《蓼萧》。子展相郑伯，赋《缁衣》。叔向命晋侯拜二君曰：‘寡君敢拜齐君之安我先君之宗祧也，敢拜郑君之不贰也。’国子使晏平仲私于叔向，曰：‘晋君宣其明德于诸侯，恤其患而补其阙，正其违而治其烦，所以为盟主也。今为臣执君，若之何？’叔向告赵文子，文子以告晋侯。晋侯言卫侯之罪，使叔向告二君。国子赋《辔之柔矣》，子展赋《将仲子兮》，晋侯乃许归卫侯。”《将仲子》诗有“人之多言，亦可畏也”句，这是谏告晋侯如不释卫侯，则人将谓其听臣（孙林文）言而执其君（卫献公)。赋诗有这样的希望之意在内，所以晋侯乃归卫侯。至于表示允许，如秦哀公赋《无衣》之类在当时也颇有其例。

由这上面所举赋诗之例看来，这样赋诗只是借过去的诗句，来表明自己的意思。那时一面将《诗》当面歌唱，一面将不好直接表达的意思也表达了，用在交际上格外显得委婉曲折。他们这样的赋诗并不必顾到“作诗之谊”，也不须避讳情诗中那种直接的感情流露，一个尽可以利用如荡妇骂恶少的口吻：“你不要我，难道就没有别人要我吗?”一个也可以这样回答：“有我在这里，何须要你寻找别人呢?”大庭广众下，他们借赋诗也可以这样开开玩笑的。所以尽管所赋的是私情诗也无妨碍，这只是“赋诗之谊”而已。

在《左传》中：还有“赋诗断章”的说法。

《左传·襄公二十八年》：“庆舍之士谓卢蒲癸曰：‘男女辨姓，子不辟（避）宗，何也?’曰：‘宗不余辟（避），余独焉辟（避）之?赋诗断章，余取所求焉，恶识宗?’”

《左传·定公九年》：“郑驷歂杀邓析，而用其竹刑。君子谓：‘子然于是不忠。苟有可以加于国家者，弃其邪可也。《静女》之三章，取彤管焉。《竿旄》“何以告之”，取其忠也。故用其道，不弃其人。’”

“赋诗断章，余取所求”，“断章取义是赋诗的惯例，赋诗人的心意并不既是作诗人的心意，所以作诗的人尽管作的是言情诗，但赋诗的人尽可用作宴宾诗”，《左传·襄公二十八年》：“庆舍之士谓卢蒲癸曰：‘男女辨姓，子不辟（避）宗，何也?’曰：‘宗不余辟（避），余独焉辟（避）之?赋诗断章，余取所求焉，恶识宗?’”“卢蒲癸的意思是说赋诗只须取自己要的东西，不必还出它的娘家。君子批评驷颛的话是说，《静女》的诗意并不好，只是《静女》诗中的‘彤管’是一个好的名目就可取了；《竿旄》一诗也并不‘忠’，只是《竿旄》诗中有‘何以告之’一句，很有‘忠告善道’的意思，就可算‘忠’了。‘恶识宗’就是不管作者的本意，弃掉不可用的而取它可用的。所以那时的赋诗很可以称作象征主义。作诗的人明明是写实，给他们一赋就是象征了。”（顾颉刚：《诗经在春秋战国间的地位》，《古史辨》三册）当时人赋诗，并未将“赋诗之谊”误会成“作诗之谊”，将赋变作比兴，将私情诗解释成为非私情诗，这是我们所切当注意的。

2. 赋诗以直陈己意。因诗即是乐歌，可以唱的，在飨宴时所有赋诗都是用乐工歌唱出来的，好比后人点戏一样。在当时，赋诗自更有杂在言语之以直陈己意作为理论的根据，事例的证明，事实的批判，情感的发舒。例如：

《左传·成公二年》：晋师从齐师，入自丘舆，击马陉。齐侯使宾媚人赂以纪甗、玉磬与地。“不可，则听客之所为。”宾媚人致赂，晋人不可，曰：“必以肖同叔子为质，而使齐之封内尽东其亩。”对曰：“肖同叔子非他，寡君之母也；若以匹敌，则亦晋君之母也。吾子布大命于诸侯，而曰必质其母以为信，其若王命何？且是以不孝令也。《诗》曰：‘孝子不匮，永锡尔类。’若以不孝令于诸侯，其无乃非德类也乎？先王疆理天下，物土之宜，而布其利。故《诗》曰：‘我疆我理，南东其亩。’今吾子疆理诸侯，而曰‘尽东其亩’而已；唯吾子戎车是利，无顾土宜，其无乃非先王之命也乎？反先王则不义，何以为盟主？其晋实有阙。四王之王也，树德而济同欲焉；五伯之霸也，勤而抚之，以役王命；今吾子求合诸侯，以逞无疆之欲。《诗》曰：‘布政优优，百禄是遒。’子实不优，而弃百禄，诸侯何害焉？”

“孝子不匮，永锡尔类”，“我疆我理，南东其亩”，成了理论的根据，摧挫敌焰的利器，义正严辞，终于得到对方允诺，也真足以服人之心，真是绝妙辞令。

再如，《左传·襄公三十一年》，叔向曰：“辞之不可以已也如是夫！子产有辞，诸侯赖之，若之何其释辞也？《诗》曰：‘辞之辑矣，民之协矣。辞之绎矣，民之莫矣。’其知之矣。”叔向引《诗》“辞之辑矣，民之协矣”是来证明“子产有辞，诸侯赖之”之事可信。当时国际关系复杂，外交辞令至为重要，这是平日所以注重诵诗专对的训练，所以孔门四科之中，言语竟也列为一科，在孔子时，此风盖犹未替。

《左传·襄公二十五年》：“卫献公自夷仪使与宁喜言，宁喜许之。大叔文子闻之，曰：‘乌乎！《诗》所谓“我躬不说，皇恤我后”者，宁子可谓不恤其后矣。将可乎哉？殆必不可。君子之行，思其终也，思其复也。《书》曰：“慎始而敬终，终以不困。”《诗》曰：“夙夜匪解，以事一人。”今宁子视君不如弈棋，其何以免乎？’”

《左传·襄公二十九年》：“郑大夫盟于伯有氏。裨谌曰：‘是盟也，其与几何？《诗》曰：“君子屡盟，乱是用长。”今是长乱之道也，祸未歇也。’”依据诗句中的教训，作为事实的批判。

又如《左传·宣公二年》：赵穿攻灵公于桃园。宣子未出山而复，大史书曰：“赵盾弑其君。”以示于朝。宣子曰：“不然。”对曰：“子为正卿，亡不越竟，反不讨贼，非子而谁？”宣子曰：“乌呼！《诗》曰：‘我之怀矣，自诒伊戚。’其我之谓矣。”这是利用诗篇来发抒自己的情感，同时也做事实的批判。像这样的用《诗》法，在《左传》中也是例证繁多，不胜枚举。





这种在言语中引诗，也一样可以断章取义。例如：《左传·成公十二年》以“赳赳武夫，公侯干城”属治世，以“赳赳武夫，公侯腹心”属乱世，实与诗之本意，毫不相合。《左传·襄公十年》孟献子见“县门发，郰人纥抉之以出门者”说道：“《诗》所谓‘有力如虎’者也。”直将“有力如虎”当作成语引用，并不顾及诗的本意。又《左传·定公十年》：“侯犯以郈叛，武叔、懿子围郈，弗克。秋，二子及齐师复围郈，弗克。叔孙谓郈工师驷赤曰：‘郈非唯叔孙氏之忧，社稷之患也。将若之何？’对曰：‘臣之业，在《扬水》卒章之四言矣。’叔孙稽首。”《唐风·扬之水》卒章是：“扬之水，白石粼粼。我闻有命，不敢以告人。”驷赤这样引用，直将诗句看作谜底，让人自去猜想。《国语·鲁语下》也有“豹之业及《匏有苦叶》矣，不知其他”的故事，当时赋诗，真有将诗句当作“谜底”一样看待的事实；这是当时的人，对于《诗三百篇》不像后世之崇奉为经，而且对于诗句，社会上一般人都了解而能记忆，当作谜底令人去猜，并非难事。这样用诗，也自然多半是断章取义。

3. 诵诗以当箴谏。诵诗以当讽谏，是说古之帝王有乐工时时诵述诗中之语以当箴谏，时时来提醒他。据《国语·周语》载：

"邵公谏厉王曰，故天子听政，使公卿至于列士献诗，瞽献曲，史献书，师箴，瞍赋，蒙诵，百工谏，庶人传语，近臣尽规，亲戚补察，瞽、史教诲，耆、艾修之，而后王斟酌焉，是以事行而不悖。"又，《国语·晋语六》"范文子戒赵文子云：'吾闻古之王者，政德既成，又听于民，于是乎使工诵谏于朝，在列者献诗使勿兜，风听胪言于市，辨祆祥于谣，考百事于朝，问谤誉于路，有邪而正之，尽戒之术也。'"《左传·襄公十四年》："自王以下，各有父兄子弟，以补察其政。史为书，瞽为诗，工诵箴谏，大夫规诲，士传言，庶人谤，商旅于市，百工献艺。"所谓"师箴，瞍赋，蒙诵"、"工诵"、"工诵箴谏"都是说乐师乐工诵诗以当讽谏，在《左传》、《国语》中，这样诵诗以讽谏天子、诸侯的实例，虽不多见，但诵诗以当讽谏大夫之例则有，例如：

> 《左传·襄公十四年》："孙蒯入使。公饮之酒，使大师歌《巧言》之卒章。大师辞，师曹请为之。初，公有嬖妾，使师曹诲之琴，师曹鞭之。公怒，鞭师曹三百。故师曹欲歌之，以怒孙子，以报公。公使歌之，遂诵之。"

又如：

> 《左传·襄公二十八年》："叔孙穆子食庆封，庆封氾祭。穆子不说，使工为之诵《茅鸱》。"

这两段记载，明言诵的《巧言》，其卒章有"彼何仁斯"，"职为乱阶"等词句；杜注《茅鸱》："逸诗，刺不敬。"当面诵来，与赋《相鼠》等情事正相类，然一则云赋，一则云诵，其唱作自不同。

4. 引诗而加以释解。赋诗以寄寓己意，诵诗以讽谏他人，虽是使人领略其意，但因其为"寄寓"、"讽谏"，故很少附加解释的。若赋诗以直陈己意，为了更加明了起见，有的又附加解释。例如：

《左传·襄公七年》：公族穆子有废疾，将立之。辞曰："《诗》曰：'岂不夙夜，谓行多露。'又曰：'弗躬弗亲，庶民弗信。'无忌不才，让其可乎？请立起也！与田苏游，而曰好仁。《诗》曰：'靖共尔位，好是正直。神之听之，介尔景福。'恤民为德，正直为正，正曲为直，参和为仁。如是，则神听之，介福降之。立之，不亦可乎？"

又如：

《左传·昭公二十八年》：魏子谓成鱄："吾与戊也县，人其以我为党乎？"对曰："何也？戊之为人也，远不忘君，近不逼同，居利思义，在约思纯，有守心而无淫行。虽与之县，不亦可乎？昔武王克商，光有天下。其兄弟之国者十有五人，姬姓之国者四十人，皆举亲也。夫举无他，唯善所在，亲疏一也。《诗》曰：'唯此文王，帝度其心。莫其德音，其德克明。克明克类，克长克君。王此大国，克顺克比。比于文王，其德靡悔。既受帝祉，施于孙子。'心能制义曰度，德正应和曰莫，照临四方曰明，勤施无私曰类，教诲不倦曰长，赏庆刑威曰君，慈和遍服曰顺，择善而从之曰比，经纬天地曰文。九德不愆，作事无悔，故袭天禄，子孙赖之。主之举也，近文德矣，所及其远哉！"

因为引《诗》而说"恤民为德，正直为正，正曲为直，参和为仁"，不仅释诗中之"正"、"直"，并及"仁"、"法"之义，对于诗的大义，也解释得极其明了。成鱄之释九德，将"度"、"莫"等动字，一概谓之"德"，文王之"文"，亦在其内。他们这样的解释，不从声音形式上着手，固然在汉学家看来很不够味，但如"正直为正"、"正曲为直"、"经纬天地曰文"、"照临四方曰明"，这些解释确比后人依照《说文》等字书作训诂有意义。

在《左传》中，更有：

《左传·文公七年》："昭公将去群公子，乐豫曰：'不可。公族，公室之枝叶也，若去之则本根无所庇荫矣。葛藟犹能庇其本根，故君子以为比，况国君乎？'"

《左传·昭公七年》：公曰："《诗》所谓'彼日而食，于何不臧'者，何也？"对曰："不善政之谓也。国无政，不用善，则自取谪于日月之灾，故政不可不慎也。务三而已，一曰择人，二曰因民，三曰从时。"

等说《诗》之例，"葛藟犹能庇其本根，故君子以为比"固可谓善于说《诗》之意，亦可见春秋时说《诗》已有所谓"比"，"彼日而食，于何不臧"的诗意在斥"不善政"，尤其不是仅在字句上推敲，当日以此等极易了解之诗句为问，可见《诗》在春秋时代，不仅是在继续发展，实已有以《诗》为"业"者，如《国语》中"豹之业及《匏有苦叶》"及《左传·文公四年》中"臣以为肄业及之也"。据此，我们很可以说在春秋时已有《诗》学。

《左传》引诗，除逸诗与仅及诗名者外，共百五十三条，其文字之参差，如《竿旄》诗今"竿"作"干"；《车辖》诗今"辖"作"舝"；《采叔》诗今"叔"作"菽"；《嘉乐》诗今"嘉"作"假"；《常棣》诗中"外御其侮"，今"侮"作"务"；《北山》诗"普天之下"，今"普"作"溥"，"或憔悴事国"，今"憔悴"作"尽瘁"；"莫其德者"，今"莫"作"貊"。由《国语》、《孟子》、《荀子》等书所引诗看来，《左氏》所引实为极古之本，故与诸书相同，他如"君子是则是效"、"民胥效矣"，今本"效"俱作"傚"；"协比其邻"、"民之协矣"，今本"协"俱作"洽"；"皇恤我后"、"莫敢怠皇"，今本"皇"俱作"遑"；"恺悌"、"恺悌君子"，今本"恺悌"俱作"岂弟"；"鹡鸰在原"，今"鹡鸰"作"脊令"，今本"题彼脊令"亦作"脊令"；"我躬不说"，今"说"作"阅"；而在《谷风》诗中，今本"说"亦作"阅"。可见今本《毛诗》，实与《左氏》所据之本不同。最有趣味的是“福禄攸同”，今本“福禄”作“万福”，实与诗中文义不合；“维此文王”，今本“文王”作“王季”，亦与诗中文义不合；尤其是“仪刑文王之典”，《左氏》“典”引作“德”；“憯不畏明”，《左氏》引“憯”作“惨”，并与“三家”义合，而反不与毛本合，这是《左氏》、《毛诗》不同出一源之明证，后人因刘歆伪《左氏》而亦伪《毛诗》，这是极谬误的。

《国语》引诗、逸诗与仅及诗名者外，共有十五条，其“侮”不作“务”，“载”不作“哉”，“叔”不作“菽”，“恺悌”不作“岂弟”，与《左传》相同。《国语·周语下》引“瞻彼旱麓”，“麓”作“鹿”；引“在夏后之世”，在“在”字上多一“近”字，与今本亦不同。



《左传》所引逸诗共有七条：a. 庄公二十二年，《诗》云：“‘翘翘车乘，招我以弓，岂不欲往，畏我友朋。’”b．成公九年，《诗》曰：“虽有丝麻，无弃菅、蒯；虽有姬姜，无弃蕉萃。凡百君子，莫不代匮。淑慎尔止，毋载尔伪。”c．襄公五年，《诗》曰：“周道挺挺，我心扃扃，讲事不令，集人来定。”d．襄公八年，“《周诗》有之曰：‘俟河之清，人寿几何？兆云询多，职竞作罗。’”e．昭公四年，《诗》曰：“礼仪不衍，何恤于人言？”f．昭公十二年，《诗》曰：“祈招之愔愔，式昭德音。思我王度，式如玉，式如金。形民之力，而无醉饱之心。”g．昭公二十六年，《诗》曰：“我无所监，夏后及商。用乱之故，民卒流亡。若德回乱，民将流亡，祝史、之为，无能补也。”



逸诗篇名则有三：a．僖公二十三年，“公子赋《河水》。”b．襄公二十六年，“国子赋《辔之柔矣》。”c．襄公二十八年，“使工为之诵《茅鸱》”。

其旧以为逸诗而今定为非逸诗者有二：a．宣公二年，“我之怀矣，自诒伊戚”。b．襄公三十年，“淑慎尔止，毋载尔伪”。其本为乐舞名而后人误为逸诗者亦二：a．襄公十年，“宋公享晋侯于楚丘，请以《桑林》”。b．昭公二十五年，“宋公享昭子，赋《新宫》”。

《国语》所引逸诗有《周语下》：“《周诗》有之曰：‘天之所支，不可坏也。其所坏，亦不可支也。’昔武王克殷，而作此诗也。以为饫歌，名之曰‘支’。”其篇名仅存者有《晋语四》：“秦伯赋《鸠飞》，公子赋《河水》。”

**（二）引《书》**

春秋时之赋《诗》是因往来聘问必有宴飨之礼，宴飨时必须赋诗，故《诗》学在当时亦随之而发达，其不在宴飨时之赋诗，则多用以为理论之依据、事例的证明，以申明己意。这种理论的依据，自然不必限于引《诗》，其他典籍，也一样可以引用。在《左传》中，列国诸侯大夫称述《尚书》的也有四五十处，这虽然远不及引诗，我们分析看来也有引书以直陈己意；引书而附加解释之不同：赋诗有断章之例，引书也有时节引。《尚书》在当时流传之情形，我们看了史籍对于引书的记载，也很可以明了。

1. 引《书》以直陈己意 。《尚书》所记载者为过去之事例，引《尚书》来对答作为自己理论上的根据，自可以引起别人的信任。《左传·僖公二十七年》：“赵衰曰：郄縠可。臣亟闻其言矣，说《礼》、《乐》而敦《诗》、《书》。《诗》、《书》，义之府也。《礼》、《乐》，德之则也。德、义，利之本也。《夏书》曰：‘赋纳以言，明试以功，车服以庸。’君其试之。”他们认定《诗》、《书》为“义之府”，称引《诗》、《书》以明义理，自是应有之现象。在《左传》中，引《书》以直陈己意者有：

> 《左传·哀公十一年》：吴将伐齐……惟子胥惧，曰：“是豢吴也夫！”谏曰：“越在我，心腹之疾也。壤地同，而有欲于我。夫其柔服，求济其欲也，不如早从事焉。得志于齐，犹获石田也，无所用之。越不为沼，

吴其泯矣。使医除疾，而曰‘必遗类焉’者，未之有也。《盘庚之诰》曰：‘其有颠越不共，则劓殄无遗育，无俾易种于兹邑。’是商所以兴也。”

越国为吴国心腹之患，子胥主张根除越国，引用“使医除疾”一喻还觉不足，还需要引《盘庚之诰》来强化自己的观点。

《左传·成公六年》：或谓栾武子曰：“圣人与众同欲，是以济事。子盍从众？子为大政，将酌于民者也。子之佐十一人，其不欲战者，三人而已。欲战者可谓众矣。《商书》曰：‘三人占，从二人。’众故也。”

这是引《书》语以明从众之理论。在《左传》中，称引《尚书》者，实多属此类。《书》与《诗》本不同，不能用来寄予己意，或如《诗》之令人赋诵，以当箴谏，故多用之于直陈己意。

2. 引《书》而附加释解《诗》、《书》，在春秋时人看来并不为艰深，但为了理论上的明了，自然有时也需加以解说，例如：

《左传·文公十八年》：季文子使大史克对曰：“先大夫臧文仲教行父事君之礼，行父奉以周旋，弗敢失队。曰：‘见有礼于其君者，事之如孝子之养父母也。见无礼于其君者，诛之如鹰鹯之逐鸟雀也。’先君周公制《周礼》曰：‘则以观德，德以处事，事以度功，功以食民。’作《誓命》曰：‘毁则为贼，掩贼为藏，窃贿为盗，盗器为奸。主藏之名，赖奸之用，为大凶德，有常无赦，在《九刑》不忘。’行父还观莒仆，莫可则也。孝敬忠信为吉德，盗贼藏奸为凶德。夫莒仆，则其孝敬，则弑君父矣；则其忠信，则窃宝玉矣。其人，则盗贼也；其器，则奸兆也，保而利之，则主藏也。以训则昏，民无则焉。不度于善，而皆在于凶德，是以去之。昔高阳氏有才子八人，苍舒、隤敳、梼戭、大临，尨降、庭坚、仲容、叔达，齐圣广渊，明允笃诚，天下之民谓之八恺。高辛氏有才子八人，伯奋、仲堪、叔献、季仲、伯虎、仲熊、叔豹、季狸，忠肃共懿，宣慈惠和，天下之民谓之八元。此十六族也，世济其美，不陨其名，以至于尧，尧不能举。舜臣尧，举八恺，使主后土，以揆百事，莫不时序，地平天成。举八元，使布五教于四方，父义、母慈、兄友、弟共、子孝，内平外成。昔帝鸿氏有不才子，掩义隐贼，好行凶德，丑类恶物，顽嚚不友，是与比周，天下之民谓之浑敦。少皞氏有不才子，毁信废忠，崇饰恶言，靖谮庸回，服谗搜慝，以诬盛德，天下之民谓之穷奇。颛顼有不才子，不可教训，不知话言，告之则顽，舍之则嚚，傲狠明德，以乱天常，天下之民谓之梼杌。此三族也，世济其凶，增其恶名，以至于尧，尧不能去。缙云氏有不才子，贪于饮食，冒于货贿，侵欲崇侈，不可盈厌，聚敛积实，不知纪极，不分孤寡，不恤穷匮，天下之民以比三凶，谓之饕餮。舜臣尧，宾于四门，流四凶族，浑敦、穷奇、梼杌、饕餮，投诸四裔，以御螭魅。是以尧崩而天下如一，同心戴舜以为天子，以其举十六相，去四凶也。故《虞书》数舜之功，曰‘慎徽五典，五典克从’，无违教也。曰‘纳于百揆，百揆时序’，无废事也。曰‘宾于四门，四门穆穆’，无凶人也。”

“无违教也”、“无废事也”等语，是就书句大意来解说。又如：

《左传·成公二年》：申公巫臣曰：“不可。君召诸侯，以讨罪也。今纳夏姬，贪其色也。贪色为淫，淫为大罚。《周书》曰：‘明德慎罚。’文王所以造周也。明德，务崇之之谓也；慎罚，务去之之谓也。若兴诸侯以取大罚，非慎之也。君其图之！”

"明德，务崇之之谓也"，"慎罚，务去之之谓也"，在《康诰》中原文虽无此意，而实可以作如此之引申的释解。在《左传》中更有补叙《尚书》之事实者，例如：

《左传·昭公七年》：郑子产聘于晋。晋侯有疾。韩宣子逆客，私焉，曰："寡君寝疾，于今三月矣，并走群望，有加而无瘳。今梦黄熊入于寝门，其何厉鬼也？"对曰："以君之明，子为大政，其何厉之有？昔尧殛鲧于羽山，其神化为黄熊，以入于羽渊，实为夏郊，三代祀之。晋为盟主，其或者未之祀也乎？"

再如：

《左传·定公四年》：子鱼曰："以先王观之，则尚德也。昔武王克商，成王定之，选建明德，以蕃屏周。故周公相王室，以尹天下，于周为睦。分鲁公以大路、大旂、夏后氏之璜、封父之繁弱，殷民六族：条氏、徐氏、萧氏、索氏、长勺氏、尾勺氏。使帅其宗氏，辑其分族，将其类丑，以法则周公，用即命于周。是使之职事于鲁，以昭周公之明德。分之土田、陪敦，祝、宗、卜、史，备物、典策，官司、彝器，因商奄之民，命以伯禽，而封于少皞之虚。分康叔以大路、少帛、绮茷、旃旌、大吕、殷民七族，陶氏、施氏、繁氏、锜氏、樊氏、饥氏、终葵氏；封畛土略，自武父以南，及圃田之北竟，取于有阎之土，以共王职。取于相土之东都，以会王之东搜。聃季授土，陶叔授民，命以《康诰》，而封于殷虚。皆启以商政，疆以周索。分唐叔以大路、密须之鼓、阙巩、沽洗，怀姓九宗，职官五正。命以《唐诰》，而封于夏虚。启以夏政，疆以戎索。三者皆叔也，而有令德，故昭之以分物。不然，文、武、成、康之伯犹多，而不获是分也，唯不尚年也。管蔡启商，惎间王室。王于是乎杀管叔而蔡蔡叔，以车七乘、徒七十人。其子蔡仲改行帅德，周公举之，以为己卿士。见诸王而命之以蔡，其命书云：‘王曰：胡！无若尔考之违王命也。’若之何其使蔡先卫也？武王之母弟八人，周公为太宰，康叔为司寇，聃季为司空，五叔无官，岂尚年哉！曹，文之昭也；晋，武之穆也。曹为伯甸，非尚年也。”

子产叙述“昔尧殛鲧于羽山，其神化为黄熊，以入于羽渊”语涉怪异，不足重视。子鱼所叙，不惟将《康诰》的本事说出，据其所称“命以伯禽”、“命以唐诰”、“命之以蔡”，则《尚书》中当有《伯禽》、《唐诰》两篇，这不惟为今文《尚书》所无，即古文《尚书》百篇书序中亦无此名。我们所更当要注意的，则《左传》所引之《尚书》，尚有三十余则不见于今本《尚书》者，如：

《左传·文公七年》：“《夏书》曰：‘戒之用休，董之用威，劝之以九歌，勿使坏。’九功之德皆可歌也，谓之九歌。六府、三事，谓之九功。水、火、金、木、土、谷，谓之六府。正德、利用、厚生，谓之三事。义而行之，谓之德、礼。”

《左传·僖公二十四年》：“《夏书》曰：‘地平天成。’称也。”

《左传·僖公二十七年》：“《夏书》曰：‘赋纳以言，明试以功，车服以庸。’”

《左传·庄公八年》：“《夏书》曰：‘皋陶迈种德，德乃降。’”

《左传·襄公二十一年》：“《夏书》曰：‘念兹在兹，释兹在兹，名言兹在兹，允出兹在兹，惟帝念功。’”

《左传·襄公二十三年》：“《夏书》曰：‘念兹在兹。’”

《左传·襄公二十六年》：“《夏书》曰：‘与其杀不辜，宁失不经。’”

《左传·襄公五年》：“《夏书》曰：‘成允成功。’”

《左传·哀公十八年》：“《夏书》曰：‘官占，惟能蔽志，昆命于元龟。’其是之谓乎！”

《左传·襄公四年》：“《夏训》有之，曰：‘有穷后羿。’”

《左传·成公十六年》：“《夏书》曰：‘怨岂在明？不见是图。’将慎其细也。”

《左传·哀公六年》：“《夏书》曰：‘惟彼陶唐，帅彼天常，有此冀方。今失其行，乱其纪纲，乃灭而亡。’又曰：‘允出兹在兹。’”

《左传·襄公二十一年》：“《书》曰：‘圣有谟勋，明征定保。’”

《左传·襄公十四年》：“《夏书》曰：‘遒人以木铎徇于路，官师相规，工执艺事以谏。’”

《左传·昭公十七年》：“故《夏书》曰：‘辰不集于房，瞽奏鼓，啬夫驰，庶人走。’此月朔之谓也。当夏四月，是谓孟夏。”

《左传·昭公十四年》：“《夏书》曰：‘昏、墨、贼，杀。’皋陶之刑也。请从之。”

《左传·宣公十二年》：“仲虺有言曰：‘取乱侮亡。’兼弱也。”

《左传·襄公十四年》：“仲虺有言曰：‘亡者侮之，乱者取之，推亡固存，国之道也。’”

《左传·襄公三十年》：“《仲虺之志》云：‘乱者取之，亡者侮之。推亡固存，国之利也。’”

《左传·昭公十年》：“《书》曰：‘欲败度，纵败礼。’”

《左传·襄公三十一年》：“《大誓》云：‘民之所欲，天必从之。’”

《左传·昭公元年》：“《大誓》云：‘民之所欲，天必从之。’”

《左传·成公二年》：“《大誓》所谓‘商兆民离，周十人同’者，众也。”

《左传·襄公二十八年》："叔孙穆子曰：必得之。武王有乱臣十人……"

《左传·昭公二十四年》："《大誓》曰：'纣有亿兆夷人，亦有离德。余有乱臣十人，同心同德。'"

《左传·襄公三十一年》："《周书》数文王之德，曰：'大国畏其力，小国怀其德。'言畏而爱之也。"

《左传·昭公七年》："昔武王数纣之罪，以告诸侯曰：'纣为天下逋逃主，萃渊薮。'"

《左传·僖公五年》："宫之奇谏曰……'臣闻之，鬼神非人实亲，惟德是依。故《周书》曰："皇天无亲，惟德是辅。"又曰："黍稷非馨，明德惟馨。"又曰："民不易物，惟德繄物。"'"

《左传·襄公二十五年》："《书》曰：'慎始而敬终，终以不困。'"

《左传·襄公十一年》："《书》曰：'居安思危。'"

《左传·昭公六年》："《书》曰：'圣作则。'"

这三十一条都是不见于今本《尚书》而多为伪《古文尚书》所剌取以成篇的，其所引篇名有《夏训》、《仲虺之志》、《大誓》等篇。而三十余条中，《夏书》要占二分之一，似乎伏生所传，《夏书》所逸独多，《商书》则《左传》所引只多一《仲虺之志》，更无其他篇句。

我们还应当注意的是，《左传》引书，并不一定依照原文，如《宣公十二年》，引"《仲虺有言》曰'取乱侮亡'"，就是取《仲虺之志》"乱者取之，亡者侮之"句陶铸而成；《左传·成公二年》云"《大誓》所谓'商兆民离，周十人同'"，也是陶铸原文而成。其不见今文《尚书》者更有十八条，如：

《左传·僖公三十三年》：《康诰》曰："父不慈子不祗，兄不友弟不共，不相及也。"

《左传·昭公二十年》：《康诰》曰："父子兄弟，罪不相及。"两引《康诰》，俱不与今《书》原文相同，《左氏》所引，不似今本难于了解，似是引用之时随意改作，如《成公六年》引"三人占，从二人"，亦不与今本"三人占，则从二人之言"相同；《哀公十一年》引"有颠越不共，则劓殄无遗育，无俾易种于兹邑"，亦与今本作"其有颠越不恭，我乃劓殄灭之，无俾易种于兹新邑"不同，或古来引书有间接引法，与赋诗"断章余取所求"一例，非古本与《左氏》同也。

其字句之差异者：如《文公十八年》引"百揆时序"，今本"序"作"叙"；"赋纳以言"，今本"赋"作"敷"，"纳"作"奏"；隐公六年、庄公十四年两引《盘庚》"恶之易也，如火之燎于原，不可乡迩"，今本无"恶之易也"一语，"乡"今本作"向"。《襄公三年》、《文公五年》、《成公六年》三引《洪范》俱作"《商书》曰"。《文公五年》引"沈渐刚克"，今本"渐"作"潜"。《成公二年》引《康诰》"明德慎罚"，今本"明"字上多一"克"字。《昭公八年》引"惠不惠，茂不茂"，今本"茂"作"懋"。"百揆时序"、"沈渐刚克"并不与古文《尚书》同而与今文《尚书》合（阮元《左传校勘记》云："古文《尚书》作'沈潜'，段玉裁云《汉书·谷永传》曰'忘湛渐之义'，湛渐即沈潜也，盖今文《尚书》作渐，与左氏合。"）。《左氏》引《书》，也与引《诗》一样，时同今文，而不同于古文。这一点实是我们所当特别注意的。《左传》、《毛诗》、《古文尚书》同为古文，而《左传》所引《诗》、《书》不自觉其合于今文，而不合于古文，恐未必即为真古本，不然则左氏所引之《诗》、《书》，无由于古文不合。由《左传》与《古文尚书》不合，如《左氏》引《盘庚》有"恶之易也"一语，以《洪范》为《商书》与今本以为《周书》不同，可见古文非刘歆一人所伪，必谓刘歆遍伪群经，则其说亦非。

《国语》引《书》共十七条属于逸《书》者：

(1)《周语上》："《夏书》有之曰，'众非元后，何戴？后非众，无与守邦'。"

(2)《周语中》："《书》曰，'民可近也，而不可上也'。"

(3)《晋语》一五："《夏书》有之曰：'一人三失，怨岂在明，不见是图。'"

(4) 《周语下》："《夏书》有之曰：'关食和钧，王府则有。'"

(5)《周语中》："先王之令有之，曰：'天道赏善而罚淫，故凡我造国，无从非彝，无即慆淫，各守尔典，以承天休。'"

(6)《周语上》："在《汤誓》曰：'余一人有罪，无以万夫；万夫有罪，在余一人。'"

(7)《楚语上》："武丁于是作《书》，曰：'以余正四方，余恐德之不类，兹故不言。'"

(8)《楚语上》："如是而又使以象梦旁求四方之贤圣，得傅说以来，升以为公，而使朝夕规谏。曰：'若金，用女作砺；若津水，用女作舟；若大旱，用女作霖雨。启乃心，沃朕心。若药不瞑眩，厥疾不瘳；若跣不视地，厥足用伤。'若武丁之神明也，其圣之睿广也，其智之不疚也，犹自谓未义，故三年默以思道。既得道，犹不敢专制，使以象旁求圣人。既得以为辅，又恐其荒失遗忘，故使朝夕规诲箴谏，曰：'必交修余，无余弃也。'"

(9)《周语中》："在《大誓》曰：'民之所欲，天必从之。'"

(10) 《周语中》："《书》有之曰：'必有忍也，若能有济也。'"

(11) 《晋语》："《西方之书》有之曰：'怀与安，实疚大事。'"

(12)《周语下》："吾闻之《大誓》，故曰：'朕梦协朕卜，袭于休祥，戎商必克。'"

其见于今本者有五，文字之差异仅“国之灭”，今本“国”作“邦”。但在这一段我们有需注意者：

《楚语下》：昭王问于观射父，曰：“《周书》所谓重、黎实使天地不通者，何也？若无然，民将能登天乎？”对曰：“非此之谓也。古者民神不杂。民之精爽不携贰者，而又能齐肃衷正，其智能上下比义，其圣能光远宣朗，其明能光照之，其聪能听彻之，如是则明神降之，在男曰觋，在女曰巫。是使制神之处位次主，而为之牲器时服，而后使先圣之后之有光烈，而能知山川之号、高祖之主、宗庙之事、昭穆之世、齐敬之勤、礼节之宜、威仪之则、容貌之崇、忠信之质、禋絜之服，而敬恭明神者，以为之祝。使名姓之后，能知四时之生、牺牲之物、玉帛之类、采服之仪、彝器之量、次主之度、屏摄之位、坛场之所、上下之神、氏姓之出，而心率旧典者为之宗。于是乎有天地神民类物之官，是谓五官，各司其序，不相乱也。民是以能有忠信，神是以能有明德，民神异业，敬而不渎，故神降之嘉生，民以物享，祸灾不至，求用不匮。及少皞之衰也，九黎乱德，民神杂糅，不可方物。夫人作享，家为巫史，无有要质。民匮于祀，而不知其福。烝享无度，民神同位。民渎齐盟，无有严威。神狎民则，不蠲其为。嘉生不降，无物以享。祸灾荐臻，莫尽其气。颛顼受之，乃命南正重司天以属神，命火正黎司地以属民，使复旧常，无相侵渎，是谓绝地天通。”

这一大段只是阐明“绝地天通”四字之义，而引用古史来层层释解，这不与《周语下》叔向之释“昊天有成命”那样注重故训，而如此长篇大论之解释，在古代实不多见。

注：《左传》引《诗》见于今本，而文字或略有异者共百五

十三则，文繁不能尽录，兹列举其篇次于下：隐元年（一则）、三年（一则），桓十二年（一则），庄六年（一则），闵元年（一则），僖二年（一则）、五年（一则）、九年（三则），十二年（一则）、十五年（一则）、十九年（一则）、二十年（一则）、廿二年（三则）、廿四年（三则）、廿八年（一则）、三十三年（一则），文元年（一则）、二年（五则）、三年（三则）、四年（二则）、六年（一则）、十年（一则）、十五年（二则），宣二年（三则）、九年（一则）、十一年（一则）、十二年（六则）、十五年（一则）、十六年（一则）、十七年（一则），成二年（五则）、四年（一则）、七年（一则）、八年（三则）、十二年（二则）、十四年（一则）、十六年（一则），襄二年（二则）、三年（一则）、七年（四则）、八年（二则）、十年（一则）、十一年（一则）、十三年（三则）、十四年（一则）、十五年（一则）、廿一年（三则）、廿二年（三则）、廿四年（二则）、廿五年（二则）、廿六年（二则）、廿七年（一则）、廿九年（三则）、三十年（二则）、三十一年（七则），昭元年（四则）、二年（一则）、三年（二则）、四年（一则）、五年（一则）、六年（四则）、七年（六则）、八年（一则）、九年（一则）、十年（三则）、十三年（二则）、十六年（一则）、廿年（四则）、廿一年（一则）、廿三年（一则）、廿四年（二则）、廿五年（一则）、廿六年（二则）、廿八年（三则）、三十二年（二则），定三年（一则）、九年（一则）、十年（一则），哀二年（一则）、五年（二则）、六年（一则）。

《左传》引《书》见于今本而文字或略不同者凡十八则，兹列举其篇次于下：隐六年（一则），庄十四年（一则），僖廿三年（三则），僖廿七年（一则），文五年（一则），文十八年（一则），宣十五年（一则），成二年（一则），成六年（一则），成八年（一则），成十六年（一则），襄三年（一则），襄廿三年（一则），昭七年（一则），昭八年（一则），昭廿年（一则），哀十一年

（一则）。

《国语》引《诗》见于今本而文字或略不同者凡廿四则：《周语》上（二则），《周语中》（二则），《周语下》（六则），《鲁语下》（二则），《晋语四》（八则），《楚语上》（二则），《赵语下》（一则）。

《国语》引《书》见于今本而文字或略不同者凡六则：周语上（一则），《周语下》（二则），《晋语一五》（一则），《楚语上》（一则），《楚语下》（一则）。





附：《左传》、《国语》引经异同表

| 《左传》引《诗》 | 《毛诗》 | 《左传》引《诗》 | 《毛诗》 |
|---|---|---|---|
| 定九年竿旄 | 干 | 僖廿二年　协比其邻 | 洽 |
| 襄廿七年 彼己之子 | 其 | 襄廿九年 协比其邻 | 洽 |
| 襄廿四年 彼己之子 | 其 | 僖十五年 僔遝背增 | 噂 |
| 昭七年 君子是则是效 | 效 | 昭十六年 宗周既减 | 周宋 |
| 昭十年 视民不佻 | | 昭十六年 莫知我肄 | 勩 |
| 昭七年 鹡鸰在原 | 脊令 | 襄廿五年 我躬不说 | 阅 |
| 《左传》引《诗》 | 《毛诗》 | 襄廿五年 皇恤载后 | 遑 |
| 僖廿四年 外御其侮 | 务 | 昭元年 褒姒灭之 | 威 |
| 昭七年 普天之下 | 溥 | 襄廿七年 匪交匪敖 | 彼 |
| 昭七年 或憔悴事国 | 尽瘁 | 昭廿五年 车辖 | 车舝 |
| 成八年 恺悌君子 | 岂弟 | 昭十七年 采叔 | 菽 |
| 僖十二年 恺悌君子 | 岂弟 | 襄十四年 恺悌 | 岂弟 |
| 文四年 惟彼二国 | 维此 | 襄十一年 福禄攸同 | 万福 |
| 昭廿八年 惟此文王 | 维王季 | 昭六年 民胥效矣 | 效 |
| 宣二年 人之无良 | 民 | 昭廿八年 莫其德音 | 貊 |

续表

| 《左传》引《诗》 | 《毛诗》 | 《左传》引《诗》 | 《毛诗》 |
|---|---|---|---|
| 宣十五年 陈锡载周 | 哉 | 昭廿八年 王此大国 | 邦 |
| 昭十年 陈锡载周 | 哉 | 文三年 嘉乐 | 假 |
| 庄六年 本枝百世 | 支 | 襄廿六年 嘉乐 | 假 |
| 昭二十年 惨不畏明 | 憯 | 昭二十年 毋从诡随 | 无纵 |
| 文十年 毋从诡随 | 无 | 文十年 刚亦不吐 | 刚吐 |
| 成八年 是用大简 | 谏 | 文十年 柔亦不茹 | 柔茹 |
| 襄三十一年 民之协矣 | 洽 | 定四年 不侮矜寡 | 鳏 |
| 襄三十一年 辞之绎矣 | 绎 | 襄廿七年 何以恤我 | 假溢 |
| 文七年 同寮 | 僚 | 昭六年 仪式刑文王之德 | 典 |
| 襄廿六年 四方其训之 | 顺 | 宣十二年 铺时绎思 | 敷 |
| 襄廿二年 慎尔侯度 | 谨 | 隐三年 百禄是荷 | 何 |
| 文三年 夙夜匪懈 | 解 | 昭二十年 布政优优 | 敷 |
| 襄廿五年 夙夜匪懈 | 解 | 成二年 布政优优 | 敷 |
| 哀五年 不敢怠皇 | 遑 | 襄廿六年 不敢怠皇 | 遑 |
| 庄十四年 不可乡迩 | 向 | 哀十一年 于兹邑 | 新邑 |
| 文十八年 百揆时序 | 叙 | 哀十一年 其有颠越不共 | 恭 |
| 僖廿七年 赋纳以言 | 敷 | 哀十一年 则劓 | 我乃劓殄灭之 |
| 隐六年 恶之易也 | 恐沈干众 | 文五年 沈渐刚克 | 潜 |
| 隐六年 不可乡迩 | 向 | 昭八年 茂不茂 | 懋 |
| 庄十四年 恶之易也 | 恐沈干众 | 彼己之子 | 其 |
| 恺悌君子 干禄恺悌 | 岂弟 | 外御其侮 | 务 |
| 恺悌君子 求福不回 | 岂弟 | 莘莘征夫 | 駪駪征夫 |

续表

| 《左传》引《诗》 | 《毛诗》 | 《左传》引《诗》 | 《毛诗》 |
|---|---|---|---|
| 亶厥心 | 单 | 陈锡载周 | 哉 |
| 瞻彼旱鹿 | 麓 | 国之臧 | 邦 |
| 是有逸罚 | 有佚罚 | 国之不臧 | 邦 |
| 不皇暇食 | 遑 | | |





# 第二章
# 孔子与六经之删定

(阙)

## 第一节　孔子之删《诗》、《书》定《礼》、《乐》

(1) 孔子无删《诗》、《书》之事；

(2) 孔子对于《礼》、《乐》之修订。

## 第二节　孔子之赞《易》与修《春秋》

(1) 孔子无作《十翼》之事。

(2) 孔子有修《春秋》之功。

## 第三节　孔子在经学上之贡献

(1) 孔子在经学上地位之崇高。

私学的开创者；儒学的创始者；确立经学之准则（礼与秩序、道德)。

(2) 孔子之贡献在《论语》与《春秋》。

# 第三章

# 孔门弟子之传经

## 第一节　游、夏、师、参诸弟子之传经

经学流传至春秋时代，经孔子提倡与开门授徒，经学始真有传授、有发明。孔子卒后，孔门弟子之传经者，据《史记·仲尼弟子列传》引“孔子曰‘受业身通者七十有七人’，皆异能之士也”。又说：“学者多称七十子之徒，誉者或过其实，毁者或损其真，钧之未睹厥容貌，则论言弟子籍，出孔氏古文近是。余以弟子名姓文字悉取《论语》弟子问并次为篇，疑者阙焉。”孔门高材生有七十余人（《史记索引》、《孔子家语》皆谓有七十七人，唯文翁《孔庙图》作七十二人），而有弟子籍足凭。此七十余弟子，《史记》排列为：颜回、闵损、冉耕、冉雍、冉求、仲由、宰予、端沐赐、言偃、卜商、颛孙师、曾参、澹台灭明、宓不齐、原宪、公冶长、南宫括、公皙哀、曾蒧、颜无繇、商瞿、高柴、漆雕开、公伯缭、司马耕、樊须、有若、公西赤、巫马施、梁鳣、颜幸、冉孺、曹恤、伯虔、公孙龙等三十五人，云：“自子石已右三十五人，显有年名及受业见于书传。其四十有二人，无年及不见书传者（《索隐》：“《家语》此列唯有三十七人。其公良孺、秦商、颜亥、叔众会四人，《家语》有事迹，《史记》阙如。然自公伯缭、秦冉、鄡单三人，《家语》，不载，而别有琴牢、陈亢、县亶当此三人之数，皆互有也。如文翁图所记，又有林放、蘧伯玉、申枨、申堂，俱是后人以所见增益，于今殆不可

考）纪于左。”其次列：冉季、公祖句兹、秦祖、漆雕哆、颜高、漆雕徒父、壤驷赤、商泽、石作蜀、任不齐、公良孺、后处、秦冉、公夏首、奚容箴、公肩定、颜祖、鄡单、句井疆、罕文黑、秦商、申党、颜之仆、荣旂、县成、左人郢、燕伋、郑国、秦非、施之常、颜哙、步叔乘、原亢籍、乐欬、廉絜、叔仲会、颜何、狄黑、邦巽、孔忠、公西舆如、公西蒧等四十二人。我们现在看来，这无年名之四十二人，事迹固早已不详；即有年名之三十五人，《史记》所载，其于传经之迹亦颇失实，如于所记既有误处。子夏云：“孔子既殁，子夏居西河教授，为魏文侯师。”《容斋续笔》考之云：“按《史记》所书，子夏少孔子四十四岁，孔子卒时，子夏年二十八，至周威烈王二十三年，魏始为侯，去孔子卒七十五年，又十六年而卒。姑以始侯之年计之，则子夏已百三岁矣。”于公孙龙云：“字子石，少孔子五十三岁。”顾炎武考之云：“按《汉书》注：‘公孙龙，赵人，为坚白异同之说者，与平原君同时，去夫子近二百年。’殆非也。且云少孔子五十三岁，则当田常伐鲁之年，仅十三四岁尔。而曰‘子张、子石请行’，岂甘罗、外黄舍人儿之比乎。”《史记》所记，又有疏略处，如《子夏传》，司马贞《索隐》云：“子夏文学著于四科，序《诗》，传《易》。又孔子以《春秋》属商。又传《礼》，著在《礼志》。而此史并不论，空记《论语》小事，亦其疏也。”其它如子游、子张、曾参诸传，亦并疏略。我们欲知孔门弟子传经之实，还需分别详考。据《论语·子张》篇所载，多孔子弟子之言，“子张曰”、“子夏曰”、“子游曰”、“曾子曰”、“子贡曰”，而又有子夏之门人问交于子张。子游曰：“子夏之门人小子……”曾子曰：“堂堂乎张也，难与并为仁矣。”是孔子之学子夏、子游、子张传授光大最盛。

在《论语》中，圣门四科所列虽为德行：颜渊、闵子骞、冉伯牛、仲弓；政事：冉有、季路；言语：宰我、子贡；文学：子游、子夏。而据《子张》篇所引，孔子弟子之言有子张、子夏、子游、曾子、子贡诸人之辞，则十哲之外，子张、曾子也是传孔学的重要人物。《孟子》书说“宰我、子贡善为说辞，冉牛、闵子、颜渊善言德行”，“子夏、子游、子张皆有圣人之一体”。(《公孙丑》上)“子夏、子张、子游欲以所事孔子事之强曾子，曾子曰不可。”可见子张、曾子外，有若也是很重要的人。《荀子·非十二子》篇所攻击的有“子张氏之贱儒”，“子夏氏之贱儒”，“子游氏之贱儒”，《解蔽》篇所称引的有“曾子曰，是其庭可以搏鼠，恶能与我歌矣”，“有子恶卧而焠掌，可谓能自忍矣，未及好也”也提及有子、曾子。《韩非子·显学》篇云：“自孔子之死也，有子张之儒，有子思之儒，有颜氏之儒，有孟氏之儒，有漆雕氏之儒，有仲良氏之儒，有孙氏之儒，有乐正氏之儒。”所谓八儒，据陶潜《圣贤群辅录》之解释，“颜氏传《诗》为道，为讽谏之儒；孟氏传《书》为道，为通致远之儒；漆雕氏传《礼》为道，为恭俭庄敬之儒；仲梁氏传《乐》为道，以和阴阳，为移风易俗之儒；乐正氏传《春秋》为道，为属辞比事之儒；公孙氏传《易》为道，为洁净精微之儒。”易孙氏为公孙氏，朱氏《经义考》乃定为公孙段；顾广圻《韩非子识误》则以孙氏即孙卿；皮锡瑞《经学历史》以子思即孔子孙孔伋，而疑公孙氏即公孙尼子，疑乐正氏即孟子弟子乐正克合。孔门一传乃至数传而相提并论，既不如《语》、《孟》、《荀》三书之允，而遗子夏、子游、曾子、有子，尤非是。现在我们可依《史记》与《语》、《孟》、《荀》三书来分述孔门弟子之传经，不过关于颜渊、闵子骞、冉伯牛、仲弓、冉有、季路、宰我诸儒材料稍少，我们仅可以窥其略。兹述子贡、子夏、子游、子张、曾子、有若对于经学之传授。

1. 子贡　在《论语·学而》篇载：“子贡曰：‘贫而无谄，富而无骄，何如？’子曰：‘可也。未若贫而乐，富而好礼者也。’

子贡曰：‘《诗》云，‘如切如磋！如琢如磨，其斯之谓与？’子曰：‘赐也！始可与言《诗》已矣，告诸往而知来者。’”是子贡传《诗》学，子贡列于圣门四科“言语”之中，其善于《诗》，自不待言。《春秋繁露》俞序引子贡曰：《春秋》“切而为国家资”。似子贡又习于《春秋》。就《论语》看，子贡曰：“夫子之文章可得而闻，夫子之言性与天道不可得而闻已矣。”（《论语·公冶长》）子贡曰：“如有博施于民而能济众，何如？可谓仁乎？”子曰：“何事于仁！必也圣乎！尧舜其犹病诸！夫仁者，己欲立而立人，己欲达而达人。能近取譬，可谓仁之方也已。”（《论语·雍也》）“子贡问曰：‘有一言而可以终身行之者乎？’子曰：‘其恕乎！己所不欲，勿施于人。’”（《论语·卫灵公》）许多要义，均藉子贡以传。则子贡之传《春秋》学似无若何疑问。《孟子》引子贡云：“见其礼而知其政，闻其乐而知其德。”《乐记》篇引魏文侯问子贡《乐》，似子贡更传《礼》、《乐》。但子贡并无著述流传于世。




2. 子夏　皮锡瑞《经学历史·经学流传时代》云：“经名昉自孔子，经学传于孔门。《韩非子·显学》篇云：‘孔子之后，儒分为八，有子张氏、子思氏、颜氏、孟氏、漆雕氏、仲良氏、公孙氏、乐正氏之儒。’陶潜《圣贤群辅录》云：‘颜氏传《诗》，为讽谏之儒；孟氏传《书》，为疏通致远之儒；漆雕氏传《礼》，为恭俭庄敬之儒；仲良氏传《乐》，为移风易俗之儒；乐正氏传《春秋》，为属辞比事之儒；公孙氏传《易》，为洁静精微之儒。’诸儒学皆不传，无从考其家法；可考者，惟卜氏子夏。洪迈《容斋随笔》卷十四《子夏经学》云：‘孔子弟子，惟子夏于诸经独有书。虽传记杂言未可尽信，然要为与他人不同矣。于《诗》则有《序》。而《毛诗》之学，一云子夏授高行子，四传而至小毛公；一云：子夏传曾申，五传而至大毛公。于《礼》则有《礼记·丧服》一篇，马融、王肃诸儒多为其训说。于《春秋》所云不能赞一辞，盖亦尝从事于斯矣。公羊高实受之于子夏。穀梁赤者，《风俗通》亦云子夏门人。于《论语》，则郑康成以为仲弓、子夏等所撰定也。’后汉徐防上疏曰：‘《诗》、《书》、《礼》、《乐》，定自孔子；发明章句，始于子夏。’斯其证云。”皮氏此处引用洪氏之说，有当加以补充者，有当加以厘正者。据《论语·子张》篇引子夏曰：“虽小道，必有可观者焉；致远恐泥，是以君子不为也。”子夏曰：“日知其所亡，月无忘其所能，可谓好学也已矣。”子夏曰：“博学而笃志，切问而近思，仁在其中矣。”子夏曰：“百工居肆以成其事，君子学以致其道。”可知子夏是主张博学切问、按部就班地去做的。子夏对于诸经多有传授，其说甚可信。《论语》中载：“子夏问曰：‘“巧笑倩兮，美目盼兮，素以为绚兮。”何谓也？’子曰：‘绘事后素。’曰：‘礼后乎？’子曰：‘起予者商也！始可与言《诗》已矣。’”（《八佾》）子游曰：“子夏之门人小子，当洒扫应对进退，则可矣，抑末也。本之则无，如之何？”子夏闻之，曰：“噫，言游过矣！君子之道，孰先传焉？孰后倦焉？譬诸草木，区以别矣。君子之道，焉可诬也？有始有卒者，其唯圣人乎？”（《子张》）可见子夏传《诗》、《礼》之学。据刘向校书所得《乐记》二十三篇内，有魏文侯问子夏古今《乐》等语，是子夏又传《乐》。据《孝经·钩命决》云：“《春秋》属商，《孝经》属参。”是子夏又传《春秋》。《韩非子·外储说右上》引子夏曰：“《春秋》之记臣杀君、子杀父者，以十数矣，皆非一日之积也。有渐而以至矣……故子夏曰：‘善持势者，蚤绝奸之萌。’”（卷十三）《吕氏春秋·察传》篇云：“子夏之晋，过卫，有读《史记》者曰：‘晋师三豕涉河。’子夏曰：‘非也，是己亥也。夫己与三相近，豕与亥相似。’至于晋而问之，则曰‘晋师己亥涉河’也。”（卷二十二）《春秋繁露》俞序引子夏曰：“有国家者不可以不学《春秋》。”《说苑·复恩》篇引子夏曰：“《春秋》者，记君不君、臣不臣、父不父、子不子者也，此非一日之事也，有渐以至焉。”子夏之传《春秋》，证见于《韩非子》、《吕览》、《繁露》、《说苑》诸书，说更可信。《论语》郑玄以为子夏所定；《尔雅》张揖以为子夏所益；是子夏于诸经并有传授。但这些话则我们当分别看：洪氏谓子夏于《易》有传授，其实子夏《易传》非止一本，选为汉唐人所依以为记，绝不可信。子夏于《诗》则有序，《毛诗》之学为子夏所传，这也是不可信的。《毛诗》文字与《左传》、《国语》、《孟子》、《荀子》、《韩非子》、《吕氏春秋》诸家均不合，可为铁证，《汉志》云其自谓子夏所传，盖已不可深信，清儒魏源《诗古微》已力攻其伪，康有为《新学伪经考》更辩之云：





> 《经典释文·序录》引徐整（三国吴人）云：“子夏授高行子，高行子授薛仓子，薛仓子授帛妙子，帛妙子授河间人大毛公，毛公为《诗故训》传于家，以授赵人小毛公，小毛公为河间献王博士。”一云：（此见陆玑《毛诗草木鸟兽虫鱼疏》，亦三国吴人）“子夏传曾申，申传魏人李克，克传鲁人孟仲子，孟仲子传根牟子，根牟子传赵人孙卿子，孙卿子传鲁人大毛公。”自东汉后，《毛诗》盖盛行，而徐整、陆玑述传授源流支派，姓名无一同者。一以为出于孙卿，一以为不出于孙卿，当三国时尚无定论，则支派不清，其伪二。同一大毛公，一以为河间人，一以为鲁人，则本师籍贯无稽，其伪三。《汉书》但称毛公，不著大毛公、小毛公之别，不以为二人。郑玄、（《毛诗周南正义》引《郑谱》：“鲁人大毛公为《训诂》，传于其家，河间献王得而献之，以小毛公为博士。”）徐整、陆玑以大毛公、小毛公别为二人。刘、班不知，郑、徐、陆生后二百年，何从知之？则本师歧乱，其伪四。《儒林传》云：“毛公，赵人也，治《诗》，为河间献王博士，授同国贯长卿，长卿授解延

年，延年为阿武令，授徐敖，敖授九江陈侠，为王莽讲学大夫。”《传》又言：“敖以《古文尚书》授王璜、涂恽。莽时，歆为国师，皆贵显。”考子夏少孔子四十四岁（见《史记仲尼弟子传》），孔子卒年至魏文侯元年凡五十七年，子夏已八十六岁；自魏文侯元年下至汉景帝二年、河间献王元年凡二百六十九年，自河间献王元年下至王莽居摄元年凡一百六十年，则自子夏退居西河至莽时凡四百二十九年。如徐整说，子夏五传至小毛公，又三传至徐敖，凡八传当莽世矣。以《儒林传》考之，《鲁诗》，申公一传免中徐公、许生，再传王式，三传张生，四传张游卿，以《诗》授元帝，仍当宣帝时也；游卿门人许晏，尚有二三传乃至莽世，则已七八传矣。《齐诗》，辕固生一传夏侯始昌，再传后仓，三传匡衡，四传满昌，五传张邯、皮容。《韩诗》亦五传至张就、发福。而伏生《尚书》六传为林尊，七传为欧阳地余，论石渠，犹当宣帝世，林尊再传为龚胜、鲍宣，上距伏生凡八传矣。商瞿传《易》，至丁宽已七传，至施、孟、梁丘已九传矣。《诗》、《书》自汉初至西汉末已八传，而《毛诗》自子夏至西汉末仅八传；《易》自商瞿至汉初已七传，而《毛诗》自子夏至西汉末亦仅八传，岂足信也！若如陆玑说，自孙卿至徐敖凡五传阅三百年，亦不足信也。且《鲁诗》出于孙卿，若源流合一，则今荀子诸诗说何以与毛不同？传授与年代不符，其伪五。《史记》无《毛诗》；《汉书》有毛公而无名；郑玄、徐整以毛公有大小二人而亦无名。陆玑《疏》、《后汉书·儒林传》以为毛亨、毛苌矣。夫刘、班、郑、徐之不知，吴、宋人如何知之？袭伪成真，歧中又歧。如公羊、穀梁本无名字，（公羊、穀梁音相近，盖卜商之音伪。二书有口说，无竹帛，故传误。）而公羊忽名高，穀梁忽名赤、名俶，几若踵事增华。习久成真，遂以"乌有先生"窃千年两庑之祀。韩退之曰："偶然唤作'木居士'，便有无穷求福人。"此与"伍子胥"为"伍髭须"、"杜拾遗"为"杜十姨"何以异？夫从祀大典，以亲传《诗》、《礼》之大儒荀卿犹不得预，而妄人伪托杜撰之名字乃得谬厕其间，非徒可笑，亦可骇矣！名字妄增，其伪六。



谓子夏传《诗》则可，谓子夏传《毛诗》则不可。至于疑子夏不作《丧服传》始于元儒，元敖继公《仪礼集说》云："先儒以《传》为子夏所作，未必然也……《汉·艺文志》言《礼经》之记，颜师故以为七十子后学所记是也。而此《传》不特释经文，亦有释记文者焉，则是作《传》者又在作记者之后明矣。""作《传》者在作记之后"，这证据再明白也没有了。《仪礼·丧服传》今古文只三字之差，也足以助证敖氏之说。子夏有著述流传于后世，实无明据，《史记》亦未之云。但子夏传《春秋》之言是不错的，然必以《公》、《穀》为子夏门人所传，亦颇难言也。



3. 子游　子游之学据《论语·阳货》篇，子游为武城宰，"子之武城，闻弦歌之声"，孔子笑他"割鸡焉用牛刀"，子游对以"君子学道则爱人，小人学道则易使"。在《子张》篇，他评子夏"抑末也，本之则无，如之何？"又子游曰："丧致乎，哀而止。"子游曰："吾友张也为难能也，然而未仁。"是他颇重根本之学，而兼传《礼》、《乐》。在《礼记·檀弓》中更有曾子袭裘而吊，子游裼裘而吊。曾子指子游而示人曰："夫夫也，为习于《礼》者，如之何其裼裘而吊也？"主人既小敛，袒、括发，子游趋而出，袭裘、带、绖而入。曾子曰："我过矣，我过矣，夫夫是也。"许多地方都表明"子游于时名为习《礼》"，沈德潜《吴公祠堂记》尝论之云：

> 子游之文学，以习《礼》自见。今读《檀弓》上、下二篇，当时公卿、大夫、士庶，凡议礼弗决者，必得子游之言以为重轻。故自论“小敛户内，大敛东阶”，以暨“陶”、“咏”、“犹”、“无”诸节，其间共一十有四。而其不足于人者，惟县子“汰哉叔氏”一言，则其毕生之合礼可知矣。

我们又看《檀弓下》所载：“有子与子游立，见孺子慕者，有子谓子游曰：‘予壹不知夫丧之踊也，予欲去之久矣。情在于斯，其是也夫！’子游曰：‘礼有微情者，有以故兴物者；有直情而径行者，戎狄之道也。礼道则不然。人喜则斯陶，陶斯咏，咏斯犹，犹斯舞，舞斯愠，愠斯戚，戚斯叹，叹斯辟，辟斯踊矣。品节斯，斯之谓礼。人死，斯恶之矣，无能也，斯倍之矣。是故制绞、衾，设蒌、翣，为使人勿恶也。始死，脯、醢之奠，将行，遣而行之；既葬而食之，未有见其飨之者也。自上世以来，未之有舍也，为使人勿倍也。故子之所刺于礼者，亦非礼之訾也。’”可见子游不惟精于《礼》、《乐》，而且他实能发明礼意。在宋儒中更有疑《礼运》为子游所作者，《朱子语类》卷第八十七《礼运》有“胡明仲言：‘恐是子游撰。’”并有“胡明仲云：‘《礼运》是子游作，《乐记》是子贡作。’”邵懿辰《礼经通论》亦云：“惟子游诸记皆为小戴所取，故曾子、子思圣学之正传，而子游则《礼》学之正传也。子夏兼通五经，而子游则《礼》学之专门也。荀卿书以礼法为宗，大、小戴多所采取，而其言曰‘仲尼、子游为兹厚于后世’，以子游与仲尼并称，疑其隆《礼》之学，自子游而来也。”

4. 子张　在《论语·先进》篇中曾说道：“师也辟，由也喭”；“师也过，商也不及”。在《子张》篇中更有子张曰：“士见危致命，见得思义，祭思敬，丧思哀。其可已矣。”“执德不弘，信道不笃，焉能为有？焉能为亡？”等句，从“祭思敬，丧思哀”，可见子张亦传《礼》。《为政》篇载子张问“十世可知也？”《宪问》篇载，子张曰：“《书》云：‘高宗谅阴，三年不言。’何谓也？”之问，则子张似又传《尚书》。《韩非子·显学》于八儒中首列子张，《吕氏春秋·尊师》云：“子张，鲁之鄙家也；颜涿聚，梁父之大盗也，学于孔子。段干木，晋国之大驵也，学于子夏。高何、县子石，齐国之暴者也，指于乡曲，学于子墨子。索卢参，东方之钜狡也，学于禽滑黎。此六人者，刑戮死辱之人也，今非徒免于刑戮死辱也，由此为天下名士显人，以终其寿，王公大人从而礼之，此得之于学也。”亦首子张，子张之传经学，固甚显明。清儒阎若璩云：“汉传《论语》有三家：一鲁论，一齐论，一古论。古论出自孔子壁中，博士孔安国为之训解，马融、郑康成注皆本之。 《艺文志》所云二十一篇，有两子张是也。”





5. 曾子　曾子据《史记》说是《孝经》之撰者，但不足据；宋儒以为其为《大学》撰者，亦无明据，说并详前。曾子为曾蒧子，于孔门中最（年）少。在《论语》中虽有孔子告曾子“吾道一以贯之”之言，似其独得孔学一贯之真传，但据《檀弓》等文看来，如“丧欲速贫，死欲速朽”误会孔子之旨；“祖者且也……胡为其不可以反宿”，从者更以为疑，可以说，曾子于礼学，初不如子游之精。惟曾子之学，因其门弟子之传授较广，而又实有著述，所以虽是孔门后辈，而其名乃能驾出子游之上。《汉书·艺文志》儒家有《曾子》十八篇，王应麟《汉书·艺文志考证》云：“《曾子》十八篇，隋、唐志二卷，参与弟子公明仪、乐正子春、单居离、曾元、曾华之徒，论述立身孝行之要，天地万物之理。今十篇，自《修身》至《天圆》，皆见《大戴礼》。”《大戴记》中所存十篇，篇目实为《曾子·立事》第一，《曾子·本孝》第二，《曾子·立孝》第三，《曾子·大孝》第四，《曾子·事文母》

第五，《曾子·制言上》第六，《曾子·制言中》第七，《曾子·制言下》第八，《曾子·疾病》第九，《曾子·天圆》第十。宋汪晫又曾编《曾子》一卷凡十二篇，一《仲尼问居》即《孝经》，二《明明德》即《大学》（从黎立武《大学发微》说），三《养老》本《内则》(记曾子言养老一节)，四《周礼》本《曾子问》(“割古者师行无迁主”一节)，五《有子问》本《檀弓》，六《丧服》亦本《曾子问》(“割古者师行必以迁庙主，行乎?”一节)，七、八并阙，九《晋楚》、十《守业》皆本《孟子》，十一《首身》、十二《忠怒》皆本《论语》。明曾承并本《大戴礼记》多《主言》一篇，则更为附会。据《孟子》、《荀子》所引曾子语看来，曾子之学实不止于孝行；但据《吕氏春秋·孝行》、《小戴·祭义》及《大戴》之《本孝》、《立孝》、《大孝》、《事文母》诸篇看来，曾子又似专门注重孝道的人，此所以后人以《孝经》为曾子作。黄以周云：

> 《释文·叙录》云：“陈邵云：戴德删古礼二百四篇为八十五篇，谓之《大戴礼》；戴圣删《大戴礼》为四十九篇，是为《小戴礼》。”《隋经籍志》云：“记百三十一篇，刘向校得百三十篇，又得《明堂阴阳记》三十三篇，《孔子三朝记》七篇，《王史氏记》二十一篇，《乐记》二十三篇，凡五种，合二百十四篇。戴德删其繁重，合为八十五篇，谓之《大戴记》；而戴圣又删《大戴》之书为四十六篇，谓之《小戴记》。汉末马融传《小戴》之学，又足《月令》一篇，《明堂位》一篇，《乐记》一篇，合四十九篇。”以周案：晋陈邵《周礼论序》语皆失实。《汉志·记》百三十一篇，《明堂阴阳》三十三篇，《王史氏》二十一篇，盖古文也。大、小戴所采记，今文为多。《大戴记》之存者，于《汉志·礼》家诸《记》外，又取儒家《曾子》十八篇，存其十篇；

《孙卿子》三十三篇，存其问《五义》、《三本》、《劝学》、《宥坐》数篇；《贾子》五十八篇，存其《保傅》诸篇；又取《论语》家《孔子三朝记》七篇。”

6. 有若　有子之言似夫子，这在《礼记》中有明文。孔子殁后，诸弟子欲以事孔子者事之（《滕文公》上），《史记》亦载“有若似夫子”之故事。在《论语》中，有子之言“孝弟也者，其为仁之本欤”（《学而》），实在颇多中肯，有子至少也当与参、商诸子并论，惟其所传何经，今亦难考。

此六人外，孔门弟子传经之有传授与著述者，更有：

7. 澹台灭明　史说他有弟子三百余人。

8. 宓不齐　《汉书·艺文志·儒家》有《宓子》十六篇，注云：“名不齐，字子贱，孔子弟子。”《淮南子·齐俗训》：“客有见人于宓子者，《赵策》作服子是也。”《淮》书又作“密”。《论衡·本性》篇：“宓子贱、漆雕开、公孙尼子之徒，亦论情性，与世子相出入，皆言性有善有恶。”

9. 商瞿　《史记·儒林列传》云：“孔子卒，商瞿传《易》，六世至齐人田何，字子庄，而汉兴。”统系甚明。《汉书·儒林传》亦云：“自鲁商瞿子木受《易》孔子，以授鲁桥庇子庸。子庸授江东馯臂子弓。子弓授燕人周丑子家。子家授东武孙虞子乘。子乘授齐国田何子装。”孔、孟、荀之治《易》虽无所据，但《史记》、《汉书》既有此记载，吾人亦只可疑以传疑。

10. 漆雕开　据《韩非子·显学》所举，“八儒”中有漆雕氏之儒，更云：“漆雕之议。不色挠。不目逃。行曲则违于臧获。行直则怒于诸侯。世主以为廉而礼之。”但韩非所述或非漆雕启之言，《汉书·艺文志》儒家著录《漆雕子》十二篇，注云“孔子弟子漆雕启后”。《补注》引叶德辉曰：“《说苑》引孔子问漆雕马人曰：‘子事臧文仲、武仲、孺子容，三大夫者，孰为贤？’《家语》好生引作凭，疑一人，名凭，字马人。孔子弟子漆雕氏之后，他无所见，或即马人。”《家语》更以漆雕开为《书》之传人，是否可信，兹姑勿论，漆雕后有传授则似可信。

在《史记》所举仲尼弟子外，尚有琴牢、申枨（见《论语》），孺悲（见《论语·阳货》、《礼记·杂记》），公罔子之裘、序子点（见《礼记·射义》），宾牟贾（见《礼记·乐记》，仲孙何忌、仲孙子说（见《春秋左传·定公》）、仲孙子说（《孔门弟子考》），惠叔兰（见《荀子·法行》、《孔子家语》），颜浊邹（见《史记·孔子世家》），鞠语（见《晏子春秋》）；廉子瑀（见《孔门弟子考》）等人。朱彝尊《经义考》卷二八一《承师一》云：“右《家语·弟子解》七十六人，又与叔孙会合传有孔璇，又别见者惠叔兰共七十八人。《史记》弟子传七十七人别见《孔子世家》者有颜涿聚共七十八人，苏辙撰《古史》著录七十九人。《家语》有而《史记》无者琴牢、薛邦、申续、陈亢、亶父也；《史记》有而《家语》无者公伯寮、郑国、申棠、鄡单、秦冉、颜何也。益以文翁礼殿之廉瑀、林放、鲁峻，石壁画象之子服、何礼，《杂记》之孺悲，《射义》之公罔之裘、序点，《春秋左氏传》之仲孙何忌、仲孙阅，《晏子》之鞠语，《孟子》之牧皮，《庄子》之常季，通计九十八人。窃谓中有姓氏相近者不当以臆见去留，先师之庭宜槩应从祀，他若《论语》之阙党互乡二童子、鲁峻石壁画象之左子虑、襄子孺、襄子鲁、公子庶、颜子思、夫子高，韦续《书品》为素王纪瑞制麒麟书之申姓名阙失，又蘧伯玉、孔子严事之友施存虽载，陶弘景《真诰》在三千人之数，不与弟子之列，不复著录，恐滋后学之惑也。”（《曝书亭集》卷五十六）他将左丘明亦列为孔门弟子，他不信《论语》中“左丘明耻之，丘亦耻之”所言，左氏在孔子前之说，而必以刘歆、班固晚出之说为可信，实在也只足“滋后学之惑”，兹从阙疑。

在《史》、《汉》中述孔门传经，仅于《易》学之传授记载分明，其他诸经传授并无明文记载。《诗》之传授系统始见于陆玑

《毛诗草木鸟兽虫鱼疏》，《春秋》三传之传授始见戴宏《解疑论》、陆德明《经典释文序录》。陆玑所述《毛诗》传授既不足信，则其所言《鲁诗》之传授，亦未必可信。戴宏《公羊》授受之说亦出汉末，《穀梁》则子夏、孙卿间仅一传，更未必可信。《左氏》传授，亦无明据，在贾逵答范升驳难《左氏》，“师徒相传，又无其人”，并未举为证验。在东汉初犹无明说可知。《书》、《礼》之传，无所明说。后儒考经学传授者，剌取孔子世系以列《书》之传授，然于《礼》之传授，仍不能强为之说。兹姑将孔门传经“礼”系二表列于下，“信以传信，疑以传疑”，其是非得失，故可以“存而不论”也。



附：商参诸子传经表

1.《鲁诗》

孔子—子夏—曾申—李克—孟仲子—根牟子—孙卿—浮邱伯—申公



2.《毛诗》

孔子—（1）子夏—曾申—李克—孟仲子—根牟子—孙卿—毛亨—毛苌

孔子—（2）子夏—高行子—薛仓子—帛妙子—毛亨—毛苌

3.《古文尚书》

孔子—孔鲤—孔伋—孔帛—孔求—孔箕—孔穿—孔顺—孔鲋—孔襄—孔忠—孔武—孔安国

孔子—漆雕开

4.《礼》

孔子—曾子—檀弓

孔子—孺悲

5.《易》

孔子—商瞿—馯臂子弓—娇子庸疵—周子家竖—光子乘羽—

田何

孔子—商瞿—公孙段

6.《春秋公羊传》

孔子—子夏—公羊高—公羊平—公羊地—公羊敢—公羊寿—胡毋生

7.《穀梁传》

孔子—子夏—穀梁赤—孙卿—申公

8.《左氏传》

孔子—左丘明—曾申—吴起—吴期—铎椒—虞卿—孙卿—张苍





## 第二节　孔门再传至五传弟子之传经

孔门再传至五传弟子之传经，在朱彝尊《经义考》卷二八二《承师二》中曾列举孔子门人以至孟、荀之弟子，但其缺漏之处甚多。近儒孙德谦乃更为《孔门再传弟子考》等文，以世为次，述至五传。刊布于孔教会杂志（第一卷三、六、七、八、一二期），兹先以其所考并其出处，表列于下：

孔子再传至五传弟子表

**（一）子夏**

子夏—段干木（《吕氏春秋·当染》）

子夏—李克（《汉书·艺文志·儒家》，陆玑《毛诗草木鸟兽虫鱼疏》）

子夏—魏文侯（《史记·仲尼弟子列传》）

子夏—曾申（陆玑《毛诗草木鸟兽虫鱼疏》，陆德明《经典·叙录》）

①—吴起（《经典·叙录》）（注一）—吴期（同上）—（《铎椒》，同上）

②—李克（《经典·叙录》）—孟仲子

子夏—高行子（《经典·叙录》）—薛仓子（同上）—帛妙子（同上）—大毛公（同上）

子夏—公羊高（《经典·叙录》）—公羊平（徐彦公义疏）—公羊地（同上）—公羊敢（同上）

子夏—穀梁赤（《经典·叙录》,《风俗通》，杨士勋《春秋穀梁疏》）—孙卿（杨士勋《春秋穀梁疏》）

子夏—馯臂子弓（《史记正义》应劭云）—周丑子家（《汉书·儒林传》）—孙虞子乘（同上）

子夏—文子（《史记索隐》引刘向《别录》,《墨子》书有文字）

（二）曾子

曾子—乐正子春（《礼记·檀弓》篇尊注—乐正子孟子赵注）

曾子—子思（柳宗元《论语辩》）

①—鲁缪公（《汉书·艺文志》）

②—费惠公（《孟子·万章》篇）

③—孟仲子（郑玄《诗谱》）

④—孟子（《汉书·艺文志·儒家》）（注二）

—a. 乐正子（《孟子》赵注）

—b. 公孙丑—孟仲子（都穆《听雨纪谈》）（注三）

—c. 孟仲子—根牟子（《经典·叙录》）

—d. 陈臻

—e. 充虞

—f. 季孙

—g. 子叔

—h. 高子

—i. 徐辟

—j. 陈化

—k. 彭更

—l. 公都子

—m. 万章

—n. 咸丘蒙

—o. 告子

—p. 屋庐子

—q. 邹衍—燕昭王（《史记·孟荀列传》）

—r. 滕更

—s. 盆成括

—t. 公明高

—u. 匡章（《吕氏春秋·不屈》篇注）

—v. 陈仲子（《淮南子·氾论训》）

—w. 离娄（应劭《风俗通义》）

—x. 公明仪（邓名世《古今姓氏书辩证》）

—y. 高叟（邓名世《古今姓氏书辩证》）

—z. 淳于髡（周广业《孟子四考》引《集语》），及桃应、孟季子（张九韶《群言拾唾》）、周霄（张九韶《群言拾唾》）、浩生不害（朱彝尊《经义考》）、曹交（宫梦仁《读书纪数略》）。

曾子—汤肤（《论语·子张》篇包注）

曾子—公明仪（《论语·子张》篇包注）—孟仲子（郑玄《诗谱》）—陈臻

曾子—子襄（《孟子·公孙丑》篇赵注）

①—鲁缪公（《汉书·艺文志》）

②—费惠公（《孟子·万章》篇）

③—孟仲子（郑玄《诗谱》）

④—孟子（《汉书·艺文志·儒家》）

曾子—沈犹行（《孟子·离娄》篇赵注）—季孙

曾子—公明高（《孟子·万章》篇赵注）—长息（同上）

曾子—吴起（《史记·吴起传》、《吕氏春秋·仲春纪·当染》篇）

曾子—公明宣（《说苑·反质》篇）

曾子—檀弓（王应麟《困学纪闻》引胡致堂）

曾子—单离居（王应麟《汉书·艺文志考证》）

**（三）子贡**

子贡—田子方（《吕氏春秋·仲春纪·当染》篇）

**（四）闵子**

闵子—孟尝君（《韩诗外传》“孟尝君请学于闵子”）

**（五）子路**

子路—成回（《说苑·敬慎》篇）

**（六）宓子**

宓子—景子（《汉书·艺文志·儒家》）

**（七）子张**

子张—公明仪（《礼记·檀弓》篇孔疏）（注四）—匡章（《吕氏春秋·不屈篇》）

**（八）商瞿**

商瞿—馯臂子弓（《史记·仲尼弟子列传》）

商瞿—桥庇子庸（《汉书·儒林传》）—馯臂子弓（同上）（注五）

**（九）左丘明**

左丘时—曾申

**（十）公孙龙**

公孙龙—綦毋子（《史记集解》引刘向《别录》）—孟季子（张九韶《群言拾唾》）

公孙龙—孔穿（《孔丛子·公孙龙》篇）

公孙龙—尹文子（陈振孙《直斋书录解题》）（注六）—宋钘（《荀子·正论》杨注）（注七）

公孙龙—宋钘（《荀子·正论》杨注）

公孙龙—田骈（《荀子·正论》杨注）

**（十一）墨子**

墨子—随巢子（《汉书·艺文志》）

墨子—胡非子（《汉书·艺文志》）

墨子—禽滑厘（《吕氏春秋·当染》篇）

①—许犯（《吕氏春秋·当染》篇）—田系（《吕氏春秋·当染》篇）

②—索庐参（《吕氏春秋·尊师篇》）

墨子—高何（《吕氏春秋·尊师篇》）

墨子—县子石（《吕氏春秋·尊师篇》）

墨子—公尚过（《吕氏春秋·高义篇》）

墨子—耕柱子（《墨子·耕柱篇》）（注八）

墨子—巫马子（《墨子·耕柱篇》）

墨子—治徒娱（《墨子·耕柱篇》）

墨子—县子硕（《墨子·耕柱篇》）

墨子—高石子（《墨子·耕柱篇》）

墨子—骆滑牦（《墨子·耕柱篇》）

墨子—弦唐子（《墨子·贵义篇》）

墨子—公良桓子（《墨子·贵义篇》）

墨子—程子（《墨子·公孟篇》）（注九）

墨子—告子胜（《墨子·公孟篇》）

墨子—项子牛（《墨子·鲁问篇》）

墨子—吴虑（《墨子·鲁问篇》）

墨子—曹公子（《墨子·鲁问篇》）

墨子—彭轻生子（《墨子·鲁问篇》）

墨子—魏越（《墨子·鲁问篇》）

墨子—孟山（《墨子·鲁问篇》）

墨子—胜绰（《墨子·鲁问篇》）

墨子—高孙子（《墨子·鲁问篇》）

**（十二）墨子—禽滑厘（注十）**

—史氏

—世子

—公孙尼子

—子沈子

—子司马子

—子北宫子

—鲁子

—高子

—子女子

—尸子

—沈子





注释：

注一：孙氏《三传考》云："案起为再传弟子，已见再传考。或谓史起本传学于曾子，此曾子即曾申也。今陆德明述左氏传经，以起为曾申弟子，则说有所本矣。"

注二：孙氏《三传考》云："《史记·孟子列传》受业子思之门人，今从班《志》。"

注三：孙氏《五传考》云："都穆《听雨纪谈》引谱，仲子名睾，孟子子也。四十五代孙宁尝得一书于峄山道人，曰公孙子，内有《仲子问》一篇，乃知仲子实孟子之子，尝从学公孙丑者。"

注四：孙氏《再传考》云："又为曾子弟子。"

注五：孙氏《再传考》云："《史记·仲尼弟子传》，弘传江东人矫子庸疵，是子庸为瞿再传弟子，与《汉书》异。”

注六：孙氏《再传续考》云：“尹文等为龙弟子，陈氏不之信，今录之，亦闻疑载疑云。”

注七：孙氏《三传考》云：“宋钘、尹文，据仲长统序，同为公孙龙弟子，今杨注如此，可以广异闻也。”

注八：孙氏《再传续考》云：“以《耕柱》名篇，亦犹《论语》之《子路》、《公冶长》，《孟子》之《公孙丑》也。”

注九：孙氏《再传续考》云：“案《三辩》篇有程繁，则繁当为程子名。”

注十：孙氏《再传考》云：“滑厘学于墨子，见《吕览·当染》篇，此云受业子夏之伦，盖必有所据，但未分析言之，故附此。”

孙氏所考，直以孟子为子思弟子、墨子为孔子弟子，此尚待考定；至以名家之公孙龙为孔子弟子，公明高、离娄、淳于髡为孟子弟子，这尤为谬误。孙氏本是“闻疑载疑”、“以广异闻”，我们但可就其所引以见经学在晚周流传之大略。我们还是当用“无稽之言，君子不信”的态度。朱彝尊考于孔子门人中列有：公孙尼子、世硕、景子、王史氏、李克、芈婴、公孙段、亶父父、公休哀、公祈哀、盆成括，于子夏弟子列有魏文侯都，于田子方弟子列有翟黄，孙氏除以景子为宓子弟子，以公孙尼子、世硕、王史氏列之二传考附录，余并无说。考《汉志》“《芈子》十八篇”注云“名婴，齐人七十子之后”，不能必见为孔门之再传弟子。《晋书》云太康二年汲郡不准发魏王冢得竹书《易》五篇，公孙段与邵陟论《易》二篇，朱氏《经义考》乃附会陶潜《圣贤群辅录》公孙氏传《易》为道为洁静精微之儒，以公孙段为再传弟子而云“此则公孙氏之易矣”，殊乏明据。县亶父、公休哀、公祈哀三人见《广歆》注，盆成适见《晏子春秋》。虽二书明言其为孔子门人，但其书均晚出，未必可信。孙氏略而不载，实差强于朱考。

孔门再传至五传弟子中，传经最显名者为子思、孟子、荀子，墨子受《礼》学之影响甚深，虽其后自为一家言，然有墨子所述，亦足见经学流传之情形。在下章中我们将详述墨、孟、荀三家之学，兹仅略述：子思、公孙尼子、世子、景子、魏文侯、李克五家如次：

（1）子思。韩非子举八儒，子思列于第二，或据《圣贤群辅录》谓其居“环堵之室，筚门圭窬，蓬户瓮牖，易衣而出，并日而食”，以道自居，以子思为原宪。原宪亦字子思，故“八儒”之子思应为原宪无疑。其实韩非所举“八儒”，与“三墨”同列，乃就学术言，不必俱为孔子弟子。原宪在《史记》中虽与季次谓死而已，四百年而弟子志之不倦。但其能自为一家言，则绝不如有著述之子思。《汉志》著录《子思》二十三篇，注云：“名伋，孔子孙，为缪公师。”王先谦《汉书补注》：“王应麟曰：‘《隋唐志》、《子思子》七卷。’沈约谓：‘《礼记》、《中庸》、《表记》、《坊记》、《缁衣》皆取子思子。’沈钦韩曰：《御览》四百三引《子思子》曰：‘天下有道则行有枝叶，天下无道则言有枝叶。’即《表记》文。子思子曰：‘东户季子之时，道上雁行而不拾遗，余粮宿诸亩首。’《孔丛·杂训》篇载‘孟轲问牧民之道何先？子思曰先利之’云云，温公采之著于《通鉴》。是二十三篇大约《戴记》、《说苑》、《孔丛》尽之矣。”《御览》三百八十六引《子思子》曰：“中行穆伯手捕虎。”五百六十五引《子思子》曰：“繁于乐者重于忧，厚于味者薄于行。君子同则有乐，异则有礼。”马總《意林》称：“《子思子》七卷，与《隋唐志》同。引《子思子》云：‘君子不以其所能者病人，不以人之所不能者愧人。’今《表记》有其文。又引云：‘小人溺于水，君子溺于口。’今《缁衣》篇有其文。至是亦可证休文之言为不诬。”《荀子·非十二子》

谓："案，往旧造说谓之五行……子思唱之，孟柯和之。"子思在孔子再传自是特出之士，不能以原宪当韩子之八儒。至于《中庸》等是否为子思自著，则是另一问题，吾人亦不能以《中庸》非子思自作，而并不信《荀子》，以子思非孔子死后之能自成一家言者也。皮锡瑞云："《韩非子》言八儒，有颜氏。孔门弟子颜氏有八，未必即是子渊。八儒有子思氏，《子思》二十三篇列《汉志》儒家，今亡。沈约谓《礼记·中庸》、《表记》、《坊记》、《缁衣》皆取《子思子》。然则《坊记》、《表记》、《缁衣》之'子言之'、'子曰'，或即子思子言，故中有引《论语》一条。后人以此疑非孔子之言，解此，可无疑矣。诸篇引《易》、《书》、《诗》、《春秋》，皆可取证古义。"实可取备一说。

(2) 公孙尼子。《汉志》著录《公孙尼子》二十八篇，注云："七十子之弟子。"《补注》："王应麟曰：《隋唐志》一卷云'似孔子弟子'。沈约谓：'《乐记》取《公孙尼子》。'刘瓛云：'《缁衣》公孙尼子所作也。'马總《意林》引之。沈钦韩曰：'《荀子·强国》篇称公孙子语。'叶德辉曰：'《初学记》引《公孙尼子》论云，乐者审一以定和此物以饰节。'《意林》引《公孙尼子》云'乐者先王所以饰喜也'，语在今《乐记》中。沈约说是也。《北堂书钞》引《公孙尼子》云：'太古之人，饮露食草木，实圣人为火食，号燧人。饮食以通血气。'《文选》沈休文《三月三日》诗注引《公孙尼子》云'众人役物而忘情'，据此则其书唐时犹存，故诸家称引独多。"《意林》又引："心者众智之要物，皆求于心。修心而不知命，犹无室而归。"亦于《乐记》语相发明。皮锡瑞云："沈约以《乐记》取《公孙尼子》，或即八儒之公孙氏欤？"

(3) 世子。《汉志》著录《世子》二十二篇，注云："名硕，陈人也。七十子之弟子。"《补注》："王应麟曰：《论衡·本性》篇'周人世硕，以为人性有善有恶，举人之善性养而致之则善长，性恶养而致之则恶长。如此，则性各有阴阳，善恶在所养焉。故世子作《养书》一篇’。”沈钦韩曰：“《繁露·俞序》篇，‘世子曰：功及子孙，光辉百世，圣人之德，莫美于恕。……春秋详已而略人，因其国而容天下’。”（王先谦：《汉书补注》）可知世子亦传《春秋》学者。

（4）景子。《汉志》著录《景子》三篇，注云：“说《宓子》语，似其弟子。”宓子能论情性，则景子亦当情性者。

（5）魏文侯。《汉志》著录《魏文侯》六篇，《补注》引叶德辉曰：“《乐记》引‘魏文侯问子夏乐’。《魏策》引‘魏文侯辞韩索兵及疑乐羊烹子、命西门豹为邺令、与虞人期猎’。《吕览·期贤》篇引‘魏文侯式段干木之闾’。《乐成》篇引‘与田子方论收幼孤’。《自知》篇引‘问任座君德’。《淮南·人间训》引‘魏文侯不赏解扁，东封上计’。《韩诗外传》引‘魏文侯问孤卷子’。《说苑·君道》篇引‘魏文侯赋鼓琴’。《复恩》篇引‘乐羊攻中山’。《尊贤》篇引‘下车趋田子方及觞大夫于曲阳’。《善说》篇引‘与大夫饮酒，使公乘不仁为觞政’。《反质》篇引‘御廪灾，文侯素服，辟正殿’。《新序·杂事二》引‘魏文侯出游见路人负刍’。《杂事四》引‘与公季成议田子方’。《刺奢》篇引‘见箕季问墙毁’。其言皆近道，当在六篇中。”

（6）李克。《汉志》著录《李克》七篇，注云：“子夏弟子，为魏文侯相。”《补注》：“王应麟曰：《韩诗外传》、《说苑·反质》篇载‘魏文侯问李克’。《文选·魏都赋》注引‘李克书’。周寿昌曰：《释文》云‘子夏传《诗》曾申，申传魏人李克’。”

皮锡瑞《经学历史》云：“五三‘六经’载籍，定自尼山；七十二子支流，分于战国。馯臂子弓之传《易》，实授兰陵；高行、孟仲之言《诗》，或师邹峄。《王制》在赧王之后，说本郑君；《周官》为六国之书，论原何氏。凡今、古学之两大派，皆鲁东家之三四传。虽云枝叶扶疏，实亦波澜莫二。是以文侯贵显，能言大学明堂；蒙吏荒唐，解道《诗》、《书》、《礼》、《乐》。秦廷议礼，援天子七庙之文；《汲冢》纪年，仿《春秋》一王之法。良由祖龙肆虐，博士尚守遗书；获麟成编，西河能传旧史。当时环堵之士，遁世之徒，崎岖戎马之间，辗转纵横之际。惜年代绵邈，姓氏湮沦，如《公羊》有沈子、司马子、北宫子、鲁子、高子六人，《穀梁》有沈子、尸子二人，皆独抱遗经，有功后学者。”孔子弟子，号称三千，其流传授受必广，年代绵邈，姓氏湮沦，现在我们自难一一详考。

# 第四章

# 晚周诸子之传经

## 第一节 墨家称经之异同





墨子是曾学儒者之业、受孔子之术的，其后虽自创了学派，但在《墨子》中可以看出，对于孔子，其始终加以相当之崇敬。在《墨子·公孟》篇说："子墨子与程子辩，称于孔子。程子曰：'非儒，何故称于孔子也？'子墨子曰：'是亦当而不可易者也。今鸟闻热旱之忧则高，鱼闻热旱之忧则下，当此，虽禹、汤为之谋，必不能易矣。鸟、鱼可谓愚矣，禹、汤犹云因焉。今翟曾无称于孔子乎？'"可见墨子对于孔子实相当加以崇敬。墨家立说虽异于儒家，但是他们的三表法，"有本之者，有原之者，有用之者。于何本之？上本之于右者帝王之事"。（《非命上》）既需要上本之于古者帝王之事，对于所谓先王陈迹之经典，尤不得不加以研讨与征引。墨子是勤于读书的，《墨子·节葬下》篇曾说："今逮至昔者三代圣王既没，天下失义，后世之君子，或以厚葬久丧以为仁也，义也，孝子之事也；或以厚葬久丧以为非仁义，非孝子之事也。曰二子者，言则相非，行即相反，皆曰：'吾上祖述尧、舜、禹、汤、文、武之道者也。'而言即相非，行即相反，于此乎后世之君子皆疑惑乎二子者言也。"《韩非子·显学》篇说："孔子、墨子俱道尧、舜，而取舍不同，皆自谓真尧、舜，尧、舜不复生，将谁使定儒、墨之诚乎？"我们由墨家的祖训尧、舜、禹、汤、文、武的异同，更可以见战国初年经学流传的情形。今本《墨子》非墨子所自著，书中应多系墨家后学的见解，尤其可见当日《诗》、《书》等各经在文字与解说上是否与孔门所传的相同。就今本《墨子》引《诗》、《书》看来：

（一）引《诗》之异同

墨子在《公孟》篇说：“诵《诗》三百，弦《诗》三百，歌《诗》三百，舞《诗》三百。”在《诗》的篇数上，墨家所传与儒家所传相同，俱为三百篇。所谓诵、弦、歌、舞，只是不同环境、不同用途的区别，并非谓《诗》有一千二百篇。今本《墨子》中引《诗》共有十一条，分析来看，其不见于今本《诗经》者三，与今本《诗经》章句不合者四，与今本《诗经》文字不同者三，与今本《诗经》完全相同者一。兹分项论析如下：

(1) 不见于今本《诗经》者。其三条所引皆不见于今本《诗经》，如：

(a)《所染》篇：“必择所堪，必谨所堪。”

(b)《非攻中》：“鱼水不务，陆将何及乎？”

这两首诗是逸诗还是《墨子》所引晚出之诗，现在很难确定。王念孙说：“‘陆将何及乎’不类诗词，‘乎’字盖浅人所加。”古代的诗，是否如王氏所想象的文句必定整齐，实在是我们很难确定的。

(c)《尚贤中》：《尚贤中》所引“《周颂》道之曰：‘圣人之德，若天之高，若地之普，其有昭于天下也。若地之固，若山之承，下坼不崩。若日之光，若月之明，与天地同常。’”《周颂》这段诗在今本《诗经》中是没有的，俞樾说此文有错误，当云“圣人之德，昭于天下，若天之高，若地之普，若山之承，不坼不崩，若日之光，若月之明，与天地同常”。俞樾的改本，文句虽然整齐了，而且每句也协韵了，但古本是否真如俞氏所想象的那样现在也很难确定。俞氏明知原文“入增‘其有、也’三虚字，则非《颂》体矣”。其实原文即如俞氏改本之为《颂》礼，也决不是《周颂》一类的诗，在文理上究有不同。所以这三条是否在“诗三百”中之诗，很可以明了。这也与上一项同为逸诗或《墨子》所引晚出之诗，不足以证明儒、墨所传《诗》不同。

（2）与今本《诗经》章句不同者。这一类共四条。四条之中，三条没有大的疑问，有一条是颇有疑问的。

（a）《尚同中》：“《诗》曰：‘我马维骆，六辔沃若。载驰载驱，周爰咨度。’又曰：‘我马维骐，六辔若丝。载驰载驱，周爰咨谋。’”

（b）《兼爱下》：“《大雅》之所道，曰：‘无言而不雠，无德而不报。投我以桃，报之以李。’”

（c）《明鬼下》：“《大雅》曰：‘文王在上，于昭于天。周虽旧邦，其命维新。有周不显，帝命不时。文王陟降，在帝左右。穆穆文王，令问不已。’”

（d）《兼爱下》：“周《诗》曰：‘王道荡荡，不偏不党，王道平平，不党不偏，其直若矢，其易若底，君子之所履，小人之所视。’”

这里所列，前三条与今本都没有大区别。

（a）条见《小雅·皇皇者华》，除“若丝”之“若”，《毛诗》作“如”外，其余均同。今《毛诗》以“我马维骆”四句为第四章，“我马维骐”四句为第三章。这是《墨子》所引者为原本，抑今本《毛诗》并未有误，则须另外证明。《墨子》引第三章有“又曰”二字，或正因与原本次第不合，所以加“又曰”二字来表明。

（b）条见《大雅·抑》篇，今本《毛诗》少两“而”字，但《墨子》所引前两句在六章，后两句在八章，此是断章取义，从诗句的用韵看来，原文当不如《墨子》所引连成一气，也可以无疑问。

（c）条见《大雅·文王》篇前八句。在今本第一章中，后两句为第二章首二句，《墨子》所引“穆之”，今《毛诗》作“宜之”，这是毛本是否为真古本的问题，也无任何疑问。

只有（d）条后四句见今本《毛诗·小雅·大东》篇中，惟今本两“若”字作“如”，又今无两“之”字为异。前四句与《尚书·洪范》篇中语略同，惟今本《洪范》篇作“无偏无党，王道荡荡。无党无偏，王道平平”。与《墨子》所引的词句互倒。《史记·张释之冯唐列传》、《说苑·至公》等引《书》，只将“无”作“不”，并不与《墨子》所引同。然则《墨子》所引实为《诗》，不为《书》，自然很可明了。不过《墨子》所引“王道荡荡”四句也并不是《大东》篇中语，《大东》七章，章八句，其首章为“有饛簋飧，有捄棘匕。周道如砥，其直如矢。君子所履，小人所视。睠言顾之，潸焉出涕”。原本不当有此四句，然则“王道荡荡”或系《书》语。据孙诒让《墨子间诂》说“古《诗》、《书》亦多互称”，并引《战国策·秦策》引《诗》云“大武远宅不涉”，谓即《逸周书·大武》篇所云“远宅不薄”，是则《墨子》本为引《书》而与引《诗》之语合并，（b）条同例。其与今本《洪范》篇不合者则今本《洪范》篇其出本稍后也（参看第一篇）。

（3）与今本《诗经》文字不同者。这一类有三条《墨子》所引字句与今本不尽相同。不过这从声义以求之，实非不同，惟与今本《毛诗》为异耳。

（a）《尚贤中》：“《诗》曰：‘告女忧恤，诲女予爵，孰能执热，鲜不用濯。’”

（b）《尚同中》：“《周颂》之道之曰：‘载来见彼王，聿求厥章。’”

（c）《天志下》：“于先王之书，大夏之道之然：‘帝谓文王，予怀明德，毋大声以色，毋长夏以革，不识不知，顺帝之则。’”

其中，（a）见今《大雅·桑柔》篇，今本“女”作“尔”，“予”作“序”，“爵”作“爵”，“鲜”作“逝”，《墨子》引用的是真古本，自比较难懂些。

（b）见《周颂·载见》篇，今本无“来”字，“彼王”作“辟王”，“聿”作“日”，今本后修，故洁而易明。

（c）见《大雅·皇矣》篇，“夏”、“雅”古通，“毋”今本作“不”。

（4）与今本《诗经》文字相同者。这只有《天志中》引《大雅·皇矣》作“《皇矣》道之曰：‘帝谓文王，予怀明德，不大声以色，不长夏以革，不识不知，顺帝之则。’”但《墨子·天志下》不作“毋”，不与今本同，而此引在《天志中》，反与今本相同。《墨子》所引，恐为后人转写改易，故与今本相同，亦未可知。



总上四项看来，墨家好引《诗》、《书》，以为其本之于古者帝王之事，正与春秋时列国大夫以为理论的根据一样，《诗》在本质虽属歌乐一类，然在春秋战国时，实以《诗三百篇》当作古史，而且是寓有哲理的。不过墨家对于儒家的礼、乐以为烦扰而不赞同，他们虽然称引《诗》、《书》，创建却不甚多，这自是宗旨不同，故不似儒家之专以读书为业。然而我们从墨家之讲“兼爱”、“非攻”、“节用”、“非乐”，他们也正是讲节用而爱人。墨子本好读书，他们凭借《诗》、《书》来证明他们的主张，不惟对于《诗》、《书》曾加研究，即如《礼》、《乐》、《春秋》，也曾加以研究，这里面蕴藏有至当而不可易之理论，虽“非儒”之墨家，也不能否认的。



**（二）引《书》之异同**

在《明鬼下》篇，墨子说“故尚者《夏书》，其次商、周之书……”墨子引《书》，无夏以前之书，与儒家所传也是相同的。今本《墨子》引《书》共有二十九条：（1）篇名、文字俱不见于今本《尚书》者十四条；（2）单词、语句不见于今本《尚书》者五条；（3）引《禹誓》而今本作《甘誓》者一条；（4）引《泰誓》而不见今本《泰誓》者二条；（5）引《泰誓》而与今本出入者二条；(6) 引《吕刑》与今本出入者三条。

(1) 篇名、文字俱不见于今本《尚书》者十四条。

(a)《尚贤中》："先王之书《距年》之言也，传曰：'求圣君哲人，以裨辅而身。'"《尚贤下》："于先王之书《竖年》之言然，曰：'晞夫圣武知人，以屏辅而身。'"

(b)《尚同中》："先王之书《术令之道》曰：'唯口出好兴戎。'"

(c)《尚同中》："先王之书《相年之道》曰：'夫建国设都，乃作后王君公，否用泰也，轻大夫师长，否用佚也，维辩使治天均。'"

(d)《兼爱下》："虽《禹誓》即亦犹是也。禹曰：'济济有众，咸听朕言，非惟小子敢行称乱，蠢兹有苗，用天之罚，若予既率尔群对诸群以征有苗。'"

(e)《兼爱下》："虽《汤说》即亦犹是也。汤曰：'惟予小子履，敢用玄牡，告于上天后曰：今天大旱，即当朕身履，未知得罪于上下，有善不敢蔽，有罪不敢赦，简在帝心。万方有罪，即当朕身，朕身有罪，无及万方。'"

(f)《天志中》："又以先王之书《驯天明不解之道》也知之，曰：'明哲维天，临君下土。'"

(g)《明鬼下》："且《禽艾之道》之曰：'得玑无小，灭宗无大。'"

(h)《非乐上》："先王之书汤之《官刑》有之，曰：'其恒舞于宫，是谓巫风。其刑，君子出丝二卫，小人否，似二伯黄径。'乃言曰：'呜呼！舞佯佯，黄言孔章，上帝弗常，九有以亡。上帝不顺，降之百殃，其家必坏丧。'"

(i)《非乐上》："《武观》曰：'启乃淫溢康乐，野于饮食，将将铭，苋磬以力，湛浊于酒，渝食于野，万舞翼翼，章闻于天，天用弗式。'"

(j)《非命上》:“于《仲虺之诰》曰:‘我闻于夏人,矫天命,布命于下,帝伐之恶,龚[袭]丧厥师。’”《非命中》:“于先王之书《仲虺之诰》曰:‘我闻有夏人矫天命,布命于下,帝代[式]之[是]恶,丧[用]阙师。’”

(k)《非命中》:“武王以《太誓》非之。有[又]于《三代》、《不(百)国》有之,曰:‘女毋崇天之有命也。’”

(l)《非命中》:“于召公之《执令》于然,且:‘敬哉!无天命,惟予二人,而无造言,不自降天[天降]之,哉(自我)得之。’”

(m)《非命下》:“禹之《总德》有之。曰:‘允不著惟天,民不而葆。既防凶星[心],天加之咎。不慎厥德,天命焉葆?’”

(n)《公孟》篇:“先王之书《子亦》有之曰:‘其傲也,出于子,不祥。’”

在这十四条中,《距年》(《竖年》)、《术令之道》(据孙诒让说,术令“当是《说命》”)、《相年之道》、《禹誓》、《汤说》、《驯天明不解之道》、《禽艾之道》(翟灏云:“《逸周书·世俘解》有‘禽艾侯’之语。”)、《官刑》、《武观》、《仲虺之诰》、《三代》、《百国》、《执令》、《总德》、《子亦》,我们无论其名称是否见于《尚书大传》百篇《书序》,都可见墨家引《书》,于儒家所传《尚书》廿九篇外,能多到十二篇。可见墨家真是能本之于上古帝王之事,祖述尧、舜、禹、汤、文、武,更奇怪的是,就这些佚文看来,并无不合儒家思想的地方,儒、墨所传实出一源。

(2)单词、语句之不见于今本《尚书》。共五条:

(a)《七患》篇:“《夏书》曰:‘禹七年水。’”

(b)同上,“《殷书》曰:‘汤五年旱。’”

(c)同上,“《周书》曰:‘国无三年之食者,国非其国也;家无三年之食者,子非其子也。’”

(d)《明鬼下》:“《商书》,曰:‘呜呼!古者有夏,方未有祸之时，百兽贞虫，允及飞鸟，莫不比方。矧隹人面，胡敢异心？山川鬼神，亦莫敢不宁。若能共允，隹天下之合，下土之葆。’”

(e)《尚贤中》：“《汤誓》曰：‘聿求元圣，与之戮力同心，以治天下。’”

这五条当属于《逸书》，由此可见在墨家引《书》之时，《尚书》确是篇数较多，现在伏生所传的，实非完本。西汉经师，以《尚书》为伪，自就当时所传授者言，在秦以前绝不如此。不过这种佚文见于他书亦多，若必执此以为儒、墨所传不同，那也是不经之谈。

(3) 引《禹誓》而今本作《甘誓》者一条，见于《明鬼下》。可分别来比较：

(a)“大战于甘，王乃命左右六人，

(b) 下听誓于中军，曰：

(c)‘有扈氏威侮五行，怠弃三正，天用剿绝其命。’

(d) 有曰：‘日中，今予与有扈氏争一日之命。且尔卿大夫庶人，予非尔田野葆士之欲也，

(e) 予共行天之罚也。左不共于左，右不共于右，若不共命。

(f) 御非尔马之政，若不共命。

(g) 是以赏于祖，而僇于社。’”

今本《尚书·甘誓》为：

“大战于甘，乃召六卿。

王曰：‘嗟！六事之人，予誓告汝：

有扈氏威侮五行，怠弃三正。天用剿绝其命，

今予惟恭行天之罚。

左不攻于左，汝不恭命；右不攻于右，汝不恭命；

御非其马之正，汝不恭命。

用命，赏于祖；弗用命，戮于社。予则孥戮汝。’”

由“大战于甘”这一句看来，篇名当为《甘誓》，今本不误；《墨子》引作《禹誓》应是传误。《兼爱下》篇引有《禹誓》，为禹征苗之辞，此是伐甘，当为《甘誓》，惟此为禹誓师所启师，是未可以臆断，《甘誓》之名，很可能为经师改定，故《墨》书是否为传误，也只可以存疑。又今本虽少一段，文句较简洁，此亦当是经师更定，《墨子》所引，比较地说当为古本，不过这当然是追述，并非真的禹、启之作。

(4)、(5) 引《泰誓》而不见今本《泰誓》二条，引《泰誓》与今本有出入者二条。

今本不见者：

(a)《尚同下》：“于先王之书也《大誓》之言然，曰：‘小人见奸巧乃闻，不言也，发罪钧。’”

(b)《非命下》：“《太誓》之言也，于去发曰：‘恶乎君子！天有显德，其行甚章，为鉴不远，在彼殷王。谓人有命，谓敬不可行，谓祭无益，谓暴无伤。上帝不常，九有以亡，上帝不顺，祝降其丧。惟我有周，受之大帝。’”

与今本有出入者：

(a)《兼爱下》：“《泰誓》曰：‘文王若日若月乍照，光于四方，于西土。’”

今本《尚书·泰誓下》：“惟我文考，若日月之照临，光于四方，显于西土。”

(b)《天志中》：“《大誓》之道之，曰：‘纣越厥夷居，不肯事上帝，弃厥先神祇不祀，乃曰吾有命。无廖僔务。天下天亦纵纣而不葆。’”

《非命上》：“于《大誓》曰：‘纣夷处，不肯事上帝鬼神，祸厥先神禔不祀。乃曰：‘吾民有命，无廖排漏。’天亦纵之，弃而弗葆。”

《非命中》：“先王之书《太誓》之言然，曰：‘纣夷之居，而不肯事上帝，弃阙其先神而不祀也。曰：我民有命。毋僇其务。’天不亦弃纵而不葆。”

今本《尚书·泰誓上》：“惟受罔有悛心，乃夷居，弗事上帝神祇，遗厥先宗庙弗祀。牺牲粢盛，既于凶盗。乃曰：‘吾有民有命，罔惩其侮。’”

今本《泰誓》，出于西汉；马融、郑玄，并疑其伪。《墨》书引《泰誓》而不见今本《泰誓》者，现在无从对照。但可见所谓真古文《泰誓》，并非真古本。至于引《泰誓》与今本出入者，《兼爱下》篇所引，今本比较修整。《天志中》、《非命上》、《非命中》所引，三篇引文虽不尽同，而实大致不差，今本亦较整洁，显非古之原本。

(6) 引《吕刑》与今本出入者三条。

(a)《尚贤中》：“先王之书《吕刑》道之曰：‘皇帝清问下民，有辞有苗。曰：“群后之肆在下，明明不常，鳏寡不盖，德威维威，德明维明。”乃名三后，恤功于民。伯夷降典，哲民维刑。禹平水土，主名山川。稷隆播种，农殖嘉谷。三后成功，维假于民。’”

今本《尚书·吕刑》：“群后之逮在下，明明棐常，鳏寡无盖。皇帝清问下民，鳏寡有辞于苗。德威惟畏，德明惟明。乃命三后，恤功于民：伯夷降典，折民惟刑；禹平水土，主名山川；稷降播种，农殖嘉谷。三后成功，惟殷于民。”

(b)《尚贤下》：“先王之书《吕刑》之书然，王曰：‘于！来，有国有士，告女讼刑，在今而安百姓，女何择言人？何敬不刑？何度不及？’”

今本《尚书·吕刑》：“王曰：‘吁！来！有邦有土，告尔祥刑。在今，尔安百姓，何择非人，何敬非刑，何度非及？’”

(c)《尚同中》：“先王之书《吕刑》之道曰：‘苗民弗用练，折则刑，唯作五杀之刑，曰法。’”

今本《尚书·吕刑》："苗民弗用灵，制以刑，惟作五虐之刑曰法。"

这三条中，第一条《墨子》所引，"皇帝清问下民，有辞有苗"二句在前，次序较当，文义顺。后两条与《墨子》只字不同，或《墨子》为古本，而今本则本有传授，未至讹误或系经过校订而成。这几条中"肆"、"逮"，"名"、"命"，"假"、"殷"，"言"、"非"，"练"、"灵"，"折"、"制"，只是形声之差，伏生所记，与《墨》书所引，并无大差。这些更不能说儒、墨传本不同。



综上六项看来，墨家引书，篇名文字不见于今文《尚书》者有十余则之多，证以《左氏》、《孟》、《荀》、《吕览》引《书》，亦颇与今本不同，可知伏生所传实非完本，然因《孟》、《荀》等书所引，亦有不见于今本者，故不能执此而以为儒、墨所传不同。墨家所引诸篇，或儒家以为不足信，故不转相授受。然经籍由儒家而传墨家，所传无反较儒家为多之理也。我们由（3）之（d），《墨子》所引"有曰：'日中，今予与有扈氏争一日之命。且尔卿大夫庶人，予非尔田野葆士之欲也。'"今本《尚书》无，虽说阻隔文气，多此一段，不如删去，然《墨子》所引或实系原本。与（5）之（b）墨家所引《泰誓》在不同的三段之中，文字虽不完全相同，然而大致不差，俱可见墨家所引，比较为古本。墨家与儒家都祖述尧、舜、禹、汤，墨家自亦可传儒家之经。



墨子对于儒术"其礼烦扰而不说"，对于儒之礼乐在《墨子》书中由《节葬》、《节用》、《非乐》、《非儒》等篇看来，都是很反对的，但墨家并无另外的典礼。在《节用上》曾引"昔者圣王为法，曰：'丈夫年二十，毋敢不处家。女子年十五，毋敢不事人。'此圣王之法也"。在《节用中》引"古者圣王制为节用之法曰：'凡天下群百工，轮、车、鞼、匏、陶、冶、梓、匠，使各从事其所能。'曰：'凡足以奉给民用，则止。'""古者圣王制为衣服之法，曰：‘冬服绀緅之衣，轻且暖，夏服絺绤之衣，轻且清，则止。’”《明鬼》篇更述及，“昔者虞、夏、商、周三代之圣王，其始建国营都日，必择国之正坛，置以为宗庙；必择木之修茂者，立以为菆位；必择国之父兄慈孝贞良者，以为祝宗；必择六畜之胜腯肥倅，毛以为牺牲；珪璧琮璜，称财为度；必择五谷之芳黄，以为酒醴粢盛，故酒醴粢盛与岁上下也”。这些概非古《礼》原文。所谓节丧之法，不过是墨子自制为之葬埋之法，实是托古改制之说，我们不当认其为《礼经》原文，而且由墨家所述。除节葬外，与儒术并无大差。墨家《非乐》，在《三辩》篇云：“昔者尧、舜有茅茨者，且以为礼，且以为乐；汤放桀于大水，环天下自立以为王，事成功立，无大后患，因先王之乐，又自作乐，命曰《护》，又修《九招》；武王胜殷杀纣，环天下自立以为王，事成功立，无大后患，因先王之乐，又自作乐，命曰《象》；周成王因先王之乐，又自作乐，命曰《驺虞》。”说稍不同。《三辩》未必为三墨原文，亦足以备一说，但此亦非与儒有何根本违异。

墨子对于《易》与孔子所修之《春秋》无所称述，但在《明鬼下》引有“著在周之春秋”、“著在燕之春秋”、“著在宋之春秋”、“著在齐之春秋”，《隋书·李德林重答魏收书》引《墨子》有“吾见百国春秋史”（今本《墨子》此文已佚，《史通·六家》篇亦引之）之言，这是“春秋”由私名而变为达名，近人或以《春秋》非鲁史之专名则非。《墨子·贵义》篇载：

> 子墨子南游使卫，关中载书甚多。弦唐子见而怪之，曰：“吾夫子教公尚过曰：‘揣曲直而已。’今夫子载书甚多，何有也？”子墨子曰：“昔者周公旦朝读书百篇，夕见漆十士，故周公旦佐相天子，其修至于今。翟上无君上之事，下无耕农之难，吾安敢废此？翟闻之，同归之物，信有误者，然而民听不钧，是以书多也。今

若过之心者，数逆于精微，同归之物既已知其要矣，是以不教以书也。而子何怪焉？”

《吕氏春秋·博志》篇谓：

孔、墨、宁越，皆布衣之士也，虑于天下，以为无若先王之术者，故日夜学之……盖闻孔丘、墨翟昼日讽诵习业，夜亲见文王、周公旦而问焉。用志如此其精也，何事而不达？何为而不成？故曰：“精而熟之，鬼将告之。”非鬼告之也，精而熟之也。



我们读这两段可见《墨子》对于讽诵、教训，并极注重。墨家对于《诗》、《书》、《礼》、《乐》及七十子之徒，态度虽不尽相同，但以墨家为显学观之，其传播经术之功，自亦不小，但如孙德谦辈以墨者之徒并列入孔门，未免失实，这是我们所不能赞同的。



## 第二节　孟、荀诸子之传经

### （一）孟子

孟子在孔门后学之中，算是最杰出的人物。孟子的著述后来由诸子而跻于群经之中，这自是孟子对于孔子之道有所发明申述的关系。《孟子》书说，孟子道性善，言必称尧舜。性善是孟子思想的基本观念，在《孟子》中载有公都子述告子及其他人的性善恶论以问孟子，孟子申述他的性善论并引《诗》以为根据：

公都子曰：“告子曰：‘性无善无不善也。’或曰：‘性可以为善，可以为不善。是故文、武兴则民好善；幽、厉兴则民好暴。’或曰：‘有性善，有性不善。是故以尧为君而有象，以瞽瞍为父而有舜，以纣为兄之子，且以为君，而有微子启、王子比干。’今曰‘性善’，然则彼皆非欤？”

孟子曰："乃若其情，则可以为善矣，乃所谓善也。若夫为不善，非才之罪也。恻隐之心，人皆有之；羞恶之心，人皆有之；恭敬之心，人皆有之；是非之心，人皆有之。恻隐之心，仁也；羞恶之心，义也；恭敬之心，礼也；是非之心，智也。仁义礼智，非由外铄我也，我固有之也，弗思耳矣。故曰：'求则得之，舍则失之。'或相倍蓰而无算者，不能尽其才者也。《诗》曰：'天生蒸民，有物有则。民之秉彝，好是懿德。'孔子曰：'为此诗者，其知道乎！故有物必有则，民之秉彝也，故好是懿德。'"

孟子以为仁、义、礼、智都是"我固有之"的本能，《诗经》也说"天生蒸民"、"民之秉彝"，天道本是善的，人性也是善的。所以说："心之所同然者何也？谓理也，义也。圣人先得我心之所同然耳。""人心同然"为善，所以重在能尽其才，重在补充其仁、义、礼、智之四端，在教育上重在尚志、尚友，在政治上注重以不忍人之心行不忍人之政，提倡所谓王道。孟子曾说："以友天下之善士为未足，又尚论古之人。颂其诗，读其书，不知其人，可乎？是以论其世也。是尚友也。"

他说颂《诗》、读《书》都要知人论世，这是为的"尚志"、"尚友"，但知人论世，实是很好的读书方法，在我们现在看来，这方法一样可以应用的。孟子对于《诗》学曾有一段颇为重要的议论，《孟子·万章上》云：

咸丘蒙曰："舜之不臣尧，则吾既得闻命矣。《诗》云：'普天之下，莫非王土。率土之滨，莫非王臣。'而舜既为天子矣，敢问瞽瞍之非臣，如何？"

曰："是诗也，非是之谓也。劳于王事而不得养父母也。曰：'此莫非王事，我独贤劳也。'故说诗者不以文害辞，不以辞害志。以意逆志，是为得之，如以辞而已矣，《云汉》之诗曰：'周余黎民，靡有孑遗。'信斯言也，是周无遗民也。孝子之至，莫大乎尊亲。尊亲之至，莫大乎以天下养。为天子父，尊之至也。以天下养，养之至也。《诗》曰：'永言孝思，孝思惟则。'此之谓也。《书》曰：'祇载见瞽瞍，夔夔齐栗，瞽瞍亦允若。'是为父不得而子也。"

孟子主张说《诗》要"故说《诗》者，不以文害辞，不以辞害志，以意逆志，是为得之"，所以他从"民之秉彝，好是懿德"悟出行善，于"周余黎民，靡有孑遗"证明并非无遗民。这自然也是很好的读《诗》法，令人去领略诗中之意，不然必是误会《诗》旨。在《孟子》中，更有孟子批评高子言《诗》之一例：

公孙丑问曰："高子曰：'《小弁》，小人之诗也。'"孟子曰："何以言之？"曰："怨。"曰："固哉，高叟之为诗也！有人于此，越人关弓而射之，则己谈笑而道之；无他，疏之也。其兄关弓而射之，则己垂涕泣而道之；无他，戚之也。《小弁》之怨，亲亲也。亲亲，仁也。固矣夫，高叟之为诗也！"曰："《凯风》何以不怨？"曰："《凯风》，亲之过小者也；《小弁》，亲之过大者也。亲之过大而不怨，是愈疏也；亲之过小而怨，是不可矶也。愈疏，不孝也；不可矶，亦不孝也。孔子曰：'舜其至孝矣，五十而慕。'"

这里孟子以"《小弁》之怨，亲亲也。亲亲，仁也"而说明《小弁》非小人之诗，"亲之过大而不怨，是愈疏也"，亲之过大而不怨，并不违仁爱之旨，他不像后儒之拘执劳而不怨，以为一责善即不祥，一怨即为不孝，使人间之真情抑郁。父慈子孝不是相对的，而是绝对的。这自是以意逆志的好处。但在一些地方，这样以意逆志实有时不免于谬误。

《孟子·尽心上》曰：

公孙丑曰："《诗》曰'不素餐兮'，君子之不耕而食，何也？"孟子曰："君子居是国也，其君用之，则安富尊荣；其子弟从之，则孝弟忠信。'不素餐兮'，孰大于是？"

这一段据赵岐注释，公孙丑之问曰，"无功而食则谓之素餐。世之君子有不耕而食者何也？"加一"有"字，虽是增字解经，但公孙丑之意实如此，孟子之答尚未大误，但如《孟子·滕文公》所云：

"今也南蛮鴃舌之人，非先王之道……《鲁颂》曰：'戎狄是膺，荆舒是惩。'周公方且膺之，子是之学，亦为不善变矣。……圣王不作，诸侯放恣，处士横议，杨朱、墨翟之言盈天下。天下之言，不归杨，则归墨。杨氏为我，是无君也；墨氏兼爱，是无父也。无父无君，是禽兽也。公明仪曰：'庖有肥肉，厩有肥马；民有饥色，野有饿莩，此率兽而食人也。'杨墨之道不息，孔子之道不著，是邪说诬民，充塞仁义也。仁义充塞，则率兽食人，人将相食。吾为此惧，闲先圣之道，距杨墨，放淫辞，邪说者不得作。作于其心，害于其事；作于其事，害于其政。圣人复起，不易吾言矣。昔者禹抑洪水而天下平，周公兼夷狄驱猛兽而百姓宁，孔子成《春秋》而乱臣贼子惧。《诗》云：'戎狄是膺，荆舒是惩，则莫我敢承。'无父无君，是周公所膺也。"

"戎狄是膺，荆舒是惩"句，在《鲁颂·閟宫》上明说是"周公之孙，庄公之子"之事，而孟子牵连周公以为言，在孟子虽明知周公只兼夷狄，驱猛兽，并未惩制舒，后人不知，如模仿孟子这样"不以文害辞，不以辞害志"，如《毛诗》处处以陈古刺今为言，则自然是大大的错误。

《孟子·梁惠王》云：

孟子见梁惠王，王立于沼上，顾鸿雁麋鹿，曰：“贤者亦乐此乎?”孟子对曰：“贤者而后乐此，不贤者虽有此，不乐也。《诗》云：‘经始灵台，经之营之，庶民攻之，不日成之。经史勿亟，庶民子来。王在灵囿，麀鹿攸伏，麀鹿濯濯，白鸟鹤鹤。王在灵沼，于牣鱼跃。’文王以民力为台为沼。而民欢乐之，谓其台曰‘灵台’，谓其沼曰‘灵沼’，乐其有麋鹿鱼鳖。古之人与民偕乐，故能乐也。”

王（齐宣王）曰：“大哉言矣！寡人有疾，寡人好勇。”对曰：“王请无好小勇。夫抚剑疾视曰，‘彼恶敢当我哉’！此匹夫之勇，敌一人者也。王请大之！《诗》云：‘王赫斯怒，爰整其旅，以遏徂莒，以笃周祜，以对于天下。’此文王之勇也。文王一怒而安天下之民。《书》曰：‘天降下民，作之君，作之师。惟曰其助上帝，宠之四方。有罪无罪，惟我在，天下曷敢有越厥志?’一人衡行于天下，武王耻之。此武王之勇也。而武王亦一怒而安天下之民。今王亦一怒而安天下之民，民惟恐王之不好勇也。”

……

王（齐宣王）曰：“寡人有疾，寡人好货。”对曰：“昔者公刘好货；《诗》云：‘乃积乃仓，乃裹糇粮。于橐于囊，思戢用光。弓矢斯张，干戈戚扬，爰方启行。’故居者有积仓，行者有裹粮也，然后可以爰方启行。王如好货，与百姓同之，于王何有?”

……

王曰：“寡人有疾，寡人好色。”对曰：“昔者大王好色，爱厥妃。《诗》云：‘古公亶父，来朝走马，率西水浒，至于岐下。爰及姜女，聿来胥宇。’当是时也，内无怨女，外无旷夫。王如好色，与百姓同之，于王何有？”

在这几处对话中，孟子很明显地在曲解诗意来兜售自己的学说。文王并不“好勇”，公刘并不“好货”，大王并不“好色”。孟子对答之词，虽然是做到了“不以文害辞，不以辞害志”，但我们也只可说是赋《诗》断章余既予求。孟子这般用诗，在他固然是信手拈来用作激励之词，在我们则正当要提防邯郸学步，“未得其能又失其故行”。

孟子论《诗》，又有一段话说：“王者之迹息而《诗》亡，《诗》亡然后《春秋》作。”（《孟子·离娄下》）这是说《诗》之时代的，但颇难令吾人索解，甚至于有人想改《孟子》这句话中“亡”字为“作”字。但是在我看来，赵岐《孟子注》说：“太平道衰，王迹止熄，颂声不作，故《诗》亡。《春秋》拨乱，作于衰世也。”《孟子注疏》孔颖达云：“孟子言自周之王者风化之迹熄灭而《诗》亡，歌咏于是乎衰亡；歌咏既以衰亡，然后《春秋》褒贬之书于是乎作……则所存者但霸者之迹而已。”这个解释比朱熹《孟子集注》云：“王者之迹熄，谓平王东迁，而政教号令不及于天下也。《诗》亡，谓《黍离》降为《国风》而《雅》亡也。”实较稳妥。《诗》在春秋中叶以后，没有大量的作品产生，这正是王迹止熄，礼乐都不如从前了，所以作诗、用诗也都不如从前之盛。如照朱注解释自不能通，孟子不至不知东迁以前仍有诗歌产生，《鲁颂》作于鲁僖之时，《商颂》作于宋襄之时，《株林》作于陈灵之时，《燕燕》作于卫献之时，岂可硬派《诗》在东迁之时已亡？朱子这一解释显然是错误的。

《孟子》引诗除以上所述外，还有《梁惠王下》：“（齐景公）召大师曰：‘为我作君臣相说之乐！’盖《征招》、《角招》是也。其诗曰：‘畜君何尤？’畜君者，好君也。”这一句诗不见于《三百篇》之中，其余所引共三十五条，今本《诗经》中均有。其文字之差异者如：(《梁惠王章句上》引)“白鸟鹤鹤”(《诗·大雅·灵台》)，今本“鹤”作“翯”；(《梁惠王下》引)“以遏徂莒”(《诗·大雅·皇矣》)，今本“莒”作“旅”；(《梁惠王下》引)“哀此茕独”(《小雅·正月》)，今本“茕”作“惸”；“乃积乃仓”(《大雅·公刘》)，今本“乃”作“迺”；(《梁惠王下》引)“思戢用光”(《大雅·公刘》)，今“戢”作“辑”；(《公孙丑上》引)“今此下民”(《豳风·鸱鸮》)，今本“此”作“女”；(《万章上》引)“娶妻如之何”(《齐风·南山》)，今本“娶”作“取”；(《万章上》引)“普天之下”(《小雅·北山》)，今“普”作“溥”；(《告子上》引)“天生蒸民”(《大雅·烝民》)，今本“蒸”作“烝”；(《万章下》引)“周道如底”(《小雅·大东》)，今“底”作“砥”；(《尽心下》引)“亦不殒厥问”(《大雅·绵》)，今“殒”作“陨”；等等。亦颇足以见今本《毛诗》不必为真古本，故与《孟子》所引不合。他如“普天之下”一语，《左传》、《荀子》所引，俱不作“溥”，这是极有力的证明。又《孟子》引《诗经·大雅·文王》：“商之孙子，其丽不亿，上帝既命，侯于周服。”今本《文王》诗中属第四章；“侯服于周，天命靡常”以下，今本属第五章，可见《孟子》引《诗》亦不注意分章。

《孟子》对于《尚书》也更有一段颇为重要的议论，《孟子·尽心下》曰：

> 孟子曰：“尽信书，则不如无书。吾于《武成》，取二三策而已矣。仁人无敌于天下，以至仁伐至不仁，而何其血之流杵也？”

“尽信书则不如无书”，这不惟讲求知人论世，对于一切典籍，须更注重客观的研究，在我们现在看来，这一论述都感觉是极为正确和重要的。因为如此，才不至因伪说所误。但《孟子》以“仁者无敌”为前提而怀疑“血之流杵”的记载，在应用上未免尚欠严谨，不过在孟子时，能用此等方法以研究古代传说与典籍，比之春秋时之学者自是颇有进步。我们现在研究孟子之所以能提出“尽信书不如无书”的见解，实缘当时有种种的传说，如：

齐宣王问：“汤放桀，武王伐纣，有诸？”孟子对曰：“于传有之。”

这其中也尽有不可信任的地方。

再如：

咸丘蒙问曰：“语云：‘盛德之士，君不得而臣，父不得而子。舜南面而立，尧帅诸侯北面而朝之，瞽瞍亦北面而朝之，舜见瞽瞍，其容有蹙。孔子曰：于斯时也，天下殆哉岌岌乎！’不识此语诚然乎哉？”孟子曰：“否。此非君子之言，齐东野人之语也。尧老而舜摄也。《尧典》曰：‘二十有八载，放勋乃徂落，百姓如丧考妣。三年，四海遏密八音。’孔子曰：‘天无二日，民无二王。’舜既为天子矣，又帅天下诸侯以为尧三年丧，是二天子矣。”

……

万章问曰：“或谓孔子于卫主痈疽，于齐主侍人瘠环，有诸乎？”

孟子曰：“否，不然也。好事者为之也。”（《孟子·万章上》）

这许多不可信任的传说，孟子自不得不辞而辟之，在《孟子》中，述及《尚书》的，也有许多不见于今本《尚书》之中，如：

(a) 万章问曰：“舜往于田，号泣于旻天，何为其号泣也？”孟子曰：“怨慕也。”万章曰：“父母爱之，喜而不忘；父母恶之，劳而不怨。然则舜怨乎？”曰：“长息问于公明高曰：‘舜往于田，则吾既得闻命矣；号泣于旻天，于父母，则吾不知也。’公明高曰：‘是非尔所知也。’夫公明高以孝子之心，为不若是恝，我竭力耕田，共为子职而已矣，父母之不我爱，于我何哉？帝使其子九男二女，百官牛羊仓廪备，以事舜于畎亩之中。”

(b) 万章曰：“父母使舜完廪，捐阶，瞽瞍焚廪。使浚井，出，从而揜之。象曰：‘谟盖都君咸我绩。牛羊父母，仓廪父母，干戈朕，琴朕，弤朕，二嫂使治朕栖。’象往入舜宫，舜在床琴。象曰：‘郁陶思君尔。’忸怩。舜曰：‘惟兹臣庶，汝其于予治。’”



(c) 万章问曰：“象日以杀舜为事，立为天子，则放之，何也？”孟子曰：“封之也，或曰放焉。”万章曰：“舜流共工于幽州，放驩兜于崇山，杀三苗于三危，殛鲧于羽山，四罪而天下咸服，诛不仁也。象至不仁，封之有庳。有庳之人奚罪焉？仁人固如是乎？在他人则诛之，在弟则封之。”曰：“仁人之于弟也，不藏怒焉，不宿怨焉，亲爱之而已矣。亲之欲其贵也，爱之欲其富也。封之有庳，富贵之也。身为天子，弟为匹夫，可谓亲爱之乎？”“敢问或曰放者，何谓也？”曰：“象不得有为于其国，天子使吏治其国，而纳其贡税焉，故谓之放，岂得暴彼民哉？虽然，欲常常而见之，故源源而来，‘不及贡，以政接于有庳’，此之谓也。”



(d) 万章问曰：“人有言，至于禹而德衰，不传于贤而传于子，有诸？”孟子曰：“否，不然也。天与贤则与贤，天与子则与子。昔者舜荐禹于天，十有七年。舜崩，三年之丧毕，禹避舜之子于阳城，天下之民从之，若尧崩之后不从尧之子而从舜也。禹荐益于天，七年。禹崩，三年之丧毕，益避禹之子于箕山之阴，朝觐讼狱者不之益而之启，曰：‘吾君之子也。’讴歌者不讴歌益而讴歌启，曰：‘吾君之子也。’丹朱之不肖，舜之子亦不肖。舜之相尧、禹之相舜也，历年多，施泽于民久。启贤，能敬承继禹之道。益之相禹也，历年少，施泽于民未久。舜、禹、益相去久远，其子之贤不肖，皆天也，非人之所能为也。莫之为而为者，天也。莫之致而至者，命也。匹夫而有天下者，德必若舜禹，而又有天子荐之者。故仲尼不有天下。继世而有天下。天之所废，必若桀、纣者也。故益、伊尹、周公不有天下。伊尹相汤以王于天下。汤崩，大丁未立，外丙二年，仲壬四年，大甲颠覆汤之典刑，伊尹放之于桐。三年，大甲悔过，自怨自艾，于桐处仁迁义，三年以听伊尹之训己也，复归于亳。周公之不有天下，犹益之于夏，伊尹之于殷也。孔子曰：'唐虞禅，夏后、殷、周继，其义一也。'"

(e)"《书》曰：'汤一征，自葛始。'天下信之。'东面而征，西夷怨；南面而征，北狄怨。曰，奚为后我?'民望之，若大旱之望云霓也。归市者不止，耕者不变。诛其君而吊其民，若时雨降，民大悦。《书》曰：'徯我后，后来其苏。'"

(f)"尧崩，三年之丧毕，舜避尧之子于南河之南。天下诸侯朝觐者，不之尧之子而之舜；讼狱者，不之尧之子而之舜；讴歌者，不讴歌尧之子而讴歌舜，故曰天也。夫然后之中国，践天子位焉。而居尧之宫，逼尧之子，是篡也，非天与也。《太誓》曰：'天视自我民视，天听自我民听'，此之谓也。"

(g)孟子曰："汤居亳，与葛为邻，葛伯放而不祀。汤使人问之，曰：'何为不祀?'曰：'无以供牺牲也。'汤使遗之牛羊。葛伯食之，又不以祀。汤又使人问之曰：'何为不祀?'曰：'无以供粢盛也。'汤使亳众往为之耕，老弱馈食。葛伯率其民，要其有酒食黍稻者夺之，不授者杀之。有童子以黍肉饷，杀而夺之。《书》曰：'葛伯仇饷。'此之谓也。为其杀是童子而征之，四海之内皆曰：'非富天下也，为匹夫匹妇复雠也。''汤始征，自葛载'，十一征而无敌于天下。东面而征，西夷怨；南面而征，北狄怨，曰：'奚为后我?'民之望之，若大旱之望雨也。归市者弗止，芸者不变，诛其君，吊其民，如时雨降。民大悦。《书》

曰：‘徯我后，后来其无罚。’‘有攸不惟臣，东征，绥厥士女，篚厥玄黄，绍我周王见休，惟臣附于大邑周。’其君子实玄黄于篚以迎其君子，其小人箪食壶浆以迎其小人。救民于水火之中，取其残而已矣。《太誓》曰：‘我武惟扬，侵于之疆，则取于残，杀伐用张，于汤有光。’”

(h)“《书》曰：‘天降下民，作之君，作之师。惟曰其助上帝宠之。四方有罪无罪惟我在，天下曷敢有越厥志？’”

(i)“《太甲》曰：‘天作孽，犹可违；自作孽，不可活。’此之谓也。”

(j)《书》曰：”若药不瞑眩，厥疾不瘳。”

(k)放勋曰：“劳之来之，匡之直之，辅之翼之，使自得之，又从而振德之。”

(l)《书》曰：“洚水警余。”

(m)《书》曰：“丕显哉！文王谟。丕承哉！武王烈。佑启我后人，咸以正无缺。”

(n)《书》曰：“‘祗载见瞽瞍，夔夔斋栗，瞽瞍亦允若。’是为父不得而子也。”

(o)伊训曰：“天诛造攻自牧宫，朕载自亳。”

(p)伊尹曰：“予弗狎于弗顺，万世有辞。”

(q)“南面而征北狄怨，东面而征西夷怨。曰：‘奚为后我？’武王之伐殷也，革车三百两，虎贲三千人。王曰：‘无畏！宁尔也，非敌百姓也。’若崩厥角稽首。征之为言正也，各欲正己也，焉用战？”

除过这些之外，又有“舜之饭糗茹草”；“舜生于诸冯”；“禹恶旨酒，而好善言”；“逄蒙学射于羿”；“伊尹以割烹要汤”；“五就汤五就桀者，伊尹也”；“由汤至于武丁，贤圣之君六七作”；“大王居邠，狄人侵之”；“伯夷辟纣”、“太公辟纣”；“周公使管叔监殷，管叔以殷畔”；等等，许多都是传闻之辞。我们读《孟子》书，很可明了一些不见于今本《尚书》中的古代传说。

《孟子》引书与今本《尚书》略同者仅五条：

(a)《梁惠王上》引《汤誓》“时日害丧”，今本“害”作“曷”。

(b)《万章上》引《尧典》“放勋乃徂落”，今本“放勋”作“帝”。

(c)《万章上》“杀三苗于三危”，今“杀”作“窜”。

(d)《万章下》引《康诰》“杀越人于货，闵不畏死，凡民罔不譈”，今本作“杀越人于货，闵不畏死，罔弗憝”。

只有(e)《告子下》引《雒诰》“享多仪，仪不及物”与今本相同。

《孟子》书中，述及礼乐的地方有明言“礼”者。例如：

(a)《公孙丑下》：“景子曰：‘内则父子，外则君臣，人之大伦也。父子主恩，君臣主敬。丑见王之敬子也，未见所以敬王也。’曰：‘恶！是何言也！齐人无以仁义与王言者，岂以仁义为不美也？其心曰‘是何足与言仁义也’云尔，则不敬莫大乎是。我非尧舜之道，不敢以陈于王前。故齐人莫如我敬王也。’景子曰：‘否，非此之谓也。《礼》曰：“父召，无诺；君命召，不俟驾。”俟固将朝也，闻王命而遂不果，宜与夫礼若不相似然。’”

(b)《滕文公上》：“诸侯之礼，吾未之学也；虽然，吾尝闻之矣。三年之丧，齐疏之服，飦粥之食，自天子达于庶人，三代共之。然友反命，定为三年之丧。父兄百官皆不欲，曰：‘吾宗国鲁先君莫之行，吾先君亦莫之行也，至于子之身而反之，不可。且志曰：丧祭从先祖。曰：吾有所受之也。’谓然友曰：‘吾他日未尝学问，好驰马试剑。今也父兄百官不我足也，恐其不能尽于大事，子为我问孟子。’然友复之邹问孟子。孟子曰：‘然，不可以他求者也。孔子曰：君薨，听于冢宰。歠粥，面深墨。即位而哭，百官有司，莫敢不哀，先之也。’”

(c)《滕文公下》："子未学礼乎？丈夫之冠也，父命之；女子之嫁也，母命之，往送之门，戒之曰：'往之女家，必敬必戒，无违夫子！'以顺为正者，妾妇之道也。"

(d)《滕文公下》："士之失位也，犹诸侯之失国家也。《礼》曰：'诸侯耕助，以供粢盛；夫人蚕缫，以为衣服。牺牲不成，粢盛不洁，衣服不备，不敢以祭。惟士无田，则亦不祭。'牲杀器皿衣服不备，不敢以祭，则不敢以宴，亦不足吊乎？"

(e)《离娄上》："淳于髡曰：'男女授受不亲，礼与？'孟子曰：'礼也。'曰：'嫂溺则援之以手乎？'曰：'嫂溺不援，是豺狼也。男女授受不亲，礼也；嫂溺援之以手者，权也。'"



(f)《离娄下》："王曰：'礼，为旧君有服，何如斯可为服矣？'曰：'谏行言听，膏泽下于民；有故而去，则君使人导之出疆，又先于其所往；去三年不反，然后收其田里。此之谓三有礼焉。如此，则为之服矣。'"



(g)《离娄下》："孟子闻之，曰：'礼，朝廷不历位而相与言，不逾阶而相揖也。我欲行礼，子敖以我为简，不亦异乎？'"

(h)《万章下》："万章曰：'士之不託诸侯，何也？'孟子曰：'不敢也。诸侯失国，而后託于诸侯，礼也；士之託于诸侯，非礼也。'"

(i)《万章下》："万章曰：'敢问不见诸侯，何义也？'孟子曰：'在国曰市井之臣，在野曰草莽之臣，皆谓庶人。庶人不传质为臣，不敢见于诸侯，礼也。'"

(j)《万章下》："'齐景公田，招虞人以旌，不至，将杀之。志士不忘在沟壑，勇士不忘丧其元。孔子奚取焉？取非其招不往也。'曰：'敢问招虞人何以？'曰：'以皮冠。庶人以旃，士以旂，大夫以旌。以大夫之招招虞人，虞人死不敢往。以士之招招庶人，庶人岂敢往哉。况乎以不贤人之招招贤人乎？欲见贤人而不以其道，犹欲其入而闭之门也。夫义，路也；礼，门也。惟君子能由是路，出入是门也。’”

(k)《告子下》：“任人有问屋庐子曰：‘礼与食孰重？’曰：‘礼重。’‘色与礼孰重？’曰：‘礼重。’曰：‘以礼食，则饥而死；不以礼食，则得食，必以礼乎？亲迎，则不得得妻；不亲迎，则得妻，必亲迎乎！’”

(l)《告子下》：“孔子为鲁司寇，不用，从而祭，燔肉不至，不税冕而行。不知者以为为肉也，其知者以为为无礼也。乃孔子则欲以微罪行，不欲为苟去。君子之所为，众人固不识也。”

(m)《公孙丑下》：“古者棺椁无度，中古棺七寸，椁称之。自天子达于庶人。非直为观美也，然后尽于人心。”

(n)《滕文公上》：“夏后氏五十而贡，殷人七十而助，周人百亩而彻，其实皆什一也。彻者，彻也；助者，藉也。龙子曰：‘治地莫善于助，莫不善于贡。’贡者校数岁之中以为常。乐岁，粒米狼戾，多取之而不为虐，则寡取之；凶年，粪其田而不足，则必取盈焉。为民父母，使民盻盻然，将终岁勤动，不得以养其父母，又称贷而益之。使老稚转乎沟壑，恶在其为民父母也？夫世禄，滕固行之矣。《诗》云：‘雨我公田，遂及我私。’惟助为有公田。由此观之，虽周亦助也。”

(o)《滕文公上》：“设为庠序学校以教之：庠者，养也；校者，教也；序者，射也。夏曰校，殷曰序，周曰庠，学则三代共之，皆所以明人伦也。人伦明于上，小民亲于下。有王者起，必来取法，是为王者师也。”

(p)《滕文公上》：“请野九一而助，国中什一使自赋。卿以下必有圭田，圭田五十亩。余夫二十五亩。死徙无出乡，乡田同井，出入相友，守望相助，疾病相扶持，则百姓亲睦。方里而井，井九百亩，其中为公田。八家皆私百亩，同养公田。公事毕，然后敢治私事，所以别野人也。此其大略也。”

(q)《万章下》：“北宫锜问曰：‘周室班爵禄也，如之何？’

孟子曰：‘其详不可得闻也。诸侯恶其害己也，而皆去其籍。然而轲也，尝闻其略也。天子一位，公一位，侯一位，伯一位，子、男同一位，凡五等也。君一位，卿一位，大夫一位，上士一位，中士一位，下士一位，凡六等。天子之制，地方千里，公侯皆方百里，伯七十里，子、男五十里，凡四等。不能五十里，不达于天子，附于诸侯，曰附庸。天子之卿受地视侯，大夫受地视伯，元士受地视子、男。大国地方百里，君十卿禄，卿禄四大夫，大夫倍上士，上士倍中士，中士倍下士，下士与庶人在官者同禄，禄足以代其耕也。次国地方七十里，君十卿禄，卿禄三大夫，大夫倍上士，上士倍中士，中士倍下士，下士与庶人在官者同禄，禄足以代其耕也。小国地方五十里，君十卿禄，卿禄二大夫，大夫倍上士，上士倍中士，中士倍下士，下士与庶人在官者同禄，禄足以代其耕也。耕者之所获，一夫百亩。百亩之粪，上农夫食九人，上次食八人，中食七人，中次食六人，下食五人。庶人在官者，其禄以是为差。’”




(r)《告子下》：“天子适诸侯曰巡狩，诸侯朝于天子曰述职。春省耕而补不足，秋省敛而助不给。入其疆，土地辟，田野治，养老尊贤，俊杰在位，则有庆，庆以地。入其疆，土地荒芜，遗老失贤，掊克在位，则有让。一不朝，则贬其爵；再不朝，则削其地；三不朝，则六师移之。是故天子讨而不伐，诸侯伐而不讨。五霸者，搂诸侯以伐诸侯者也，故曰：五霸者，三王之罪人也。”

(s)《告子下》：“天子之地方千里；不千里，不足以待诸侯。诸侯之地方百里；不百里，不足以守宗庙之典籍。周公之封于鲁，为方百里也；地非不足，而俭于百里；太公之封于齐也，亦为方百里也；地非不足也，而俭于百里。今鲁方百里者五，子以为有王者作，则鲁在所损乎？在所益乎？徒取诸彼以与此，然且仁者不为，况于杀人以求之乎？”

(t)《尽心上》：“所谓西伯善养老者，制其田里，教之树畜，导其妻子，使养其老。五十非帛不暖，七十非肉不饱。不暖不饱，谓之冻馁。文王之民，无冻馁之老者，此之谓也。”

(u)《尽心下》：“孟子曰：‘民为贵，社稷次之，君为轻。是故得乎丘民而为天子，得乎天子为诸侯，得乎诸侯为大夫。诸侯危社稷，则变置。牺牲既成，粢盛既洁，祭祀以时，然而旱干水溢，则变置社稷。’”

(v)《尽心下》：“孟子曰：有布缕之征，粟米之征，力役之征。君子用其一，缓其二。用其二而民有殍，用其三而父子离。”

此外，尚有《梁惠王下》：“齐宣王问曰：‘人皆谓我毁明堂。毁诸？已乎？’孟子对曰：‘夫明堂者，王者之堂也。王欲行王政，则勿毁之矣。’王曰：‘王政可得闻与？’对曰：‘昔者文王之治岐也，耕者九一，仕者世禄，关市讥而不征，泽梁无禁，罪人不孥。老而无妻曰鳏。老而无夫曰寡。老而无子曰独。幼而无父曰孤。此四者，天下之穷民而无告者。文王发政施仁，必先斯四者。’”《滕文公下》：“公孙丑问曰：‘不见诸侯何义？’孟子曰：‘古者不为臣不见。段干木逾垣而辟之，泄柳闭门而不内，是皆已甚。迫，斯可以见矣。阳货欲见孔子而恶无礼，大夫有赐于士，不得受于其家，则往拜其门。阳货瞰孔子之亡也，而馈孔子蒸豚；孔子亦瞰其亡也，而往拜之。当是时，阳货先，岂得不见？’”《离娄下》：“子产听郑国之政，以其乘舆济人于溱洧。孟子曰：‘惠而不知为政。岁十一月徒杠成，十二月舆梁成，民未病涉也。君子平其政，行辟人可也。焉得人人而济之？故为政者，每人而悦之，日亦不足矣。’”《万章上》：“万章曰：‘父母爱之，喜而不忘；父母恶之，劳而不怨。然则舜怨乎？’曰：长息问于公明高曰：‘舜往于田，则吾既得闻命矣；号泣于旻天，于父母则吾不知也。’公明高曰：‘是非尔所知也。’夫公明高以孝子之心，为不若是恝，我竭力耕田，共为子职而已矣，父母之不我爱，于我何哉？帝使其子九男二女，百官牛羊仓廪备，以事舜于畎亩之中。”这四条也是涉及礼制的。

由孟子所述看来，虽然他多称诵礼制，然而并未征引《礼经》原文。在孟子时，“礼”似乎为不成文之典礼。

孟子未说及《易》；其述《春秋》之处有三：《离娄下》说：“《诗》亡然后《春秋》作……其义则丘窃取之矣。”“《诗》亡”、“窃取”之义，看来虽似费解，但我们在前面已证明其意见实无可疑。《滕文公下》说：“《春秋》，天子之事也。”“孔子成《春秋》，而乱臣贼子惧。”这两句话也颇令人疑惑。赵岐《孟子章句》注云：“孔子惧正道遂灭，故作《春秋》，因鲁史记，设素王之法，谓天子之事也。”“素王”之说晚出，赵氏取以为注，自不如朱注所说之妥，如说“《春秋》天子之权”，以贬损当时诸侯，而认为“《春秋》，天子之事也”，这也并不太过；“孔子成《春秋》，而乱臣贼子惧”，迄今虽无明文可证，但亦未可遽然否认孟子此说。而我们由孟子之说看来，这些意见以“《春秋》，天子之事”，“其义则丘窃取”，或正得之于《公羊》先师之口说。由《孟子》与《公羊》有许多相同的地方看来，当时《春秋公羊传》虽未写定，而已有传说，《春秋》在孟子时已有研究，《告子下》述“蔡丘之会”略同《公羊》，尚述史，至于说“春秋无义战。彼善于此，则有之矣”（《尽心下》），则是论史，已是“微言”、“大义”之学。《孟子》书未涉及《左氏》，亦未与《左氏》同者，《左氏》在此时或尚未流传。

孟子论《诗》，主张知人论世，以义遂志；论《书》则有“尽信书则不如无书”之说，这是他个人对于《诗》、《书》诸经的发明，关于研究方法的发明。阐述诸经义理者，由上文所述者看来更多；曾评“固哉高叟之为诗”，又述长息问于公明高之言“舜往于田……号泣于旻天，于父母”，当时以《诗》、《书》为业之儒，传述诸经，因所在多有，经学流传益广，在《孟子》书中，实有确切之证明。

### （二）荀子对于经学之发明

荀子主张“天行有常”，是自然的，并无所谓善恶；人性也是自然的，亦无所谓先天的善，由其须有礼义之道、谥法之化，故所谓“善”，只是人为，故说“人之性恶，其善者伪”。但荀子既谓“人之性恶，必将待师法然后正，得礼义然后治”（《荀子·性恶》篇），故尤重学，“不闻先王之遗言，不知学问之大也”（《荀子·劝学》篇），故他主张：

> 学恶乎始？恶乎终？曰：其数则始乎诵经，终乎读《礼》。

杨倞《荀子注》中于此说：“经，《诗》、《书》。礼，谓典礼之属。”似乎经与礼有分，但以《诗》、《书》为经，在《孟子》书中，犹无此现象，认《诗》、《书》之学为经学，实始于荀子之时。他说：

> 故《书》者，政事之纪也；《诗》者，中声之所止也；《礼》者，法之大分，类之纲纪也。故学至乎《礼》而止矣。夫是之谓道德之极。《礼》之敬文也，《乐》之中和也，《诗》、《书》之博也，《春秋》之微也，在天地之间者毕矣。

他以《礼》、《乐》、《诗》、《书》总起来说，似乎《礼》也在经之内。不过，他以为：

> 学莫便乎近其人。《礼》、《乐》法而不说，《诗》、《书》故而不切，《春秋》约而不速。方其人之习君子之说，则尊以遍矣，周于世矣。故曰：学莫便乎近其人。学之经，莫速乎好其人，隆礼次之。上不能好其人，下不能隆礼，安特将学杂识志，顺《诗》、《书》而已耳。则末世穷年，不免为陋儒而已。

“不能隆礼，安特将学杂识志，顺《诗》、《书》”，只注重书本上的知识，是忘了最重要的礼。他将《礼》、《乐》、《诗》、

《书》、《春秋》总起来说，一方面特意提出《礼》，“始乎诵经，终乎读《礼》”，可见“经”当是包括《诗》、《书》、《礼》、《乐》而言，“终乎读《礼》”是特意提出《礼》，我们实未可误会荀子只以《诗》、《书》为经。荀子又说过：“将原先王，本仁义，则《礼》正其经纬蹊径也。”则《礼》自当在经之内。荀子在《劝学》篇中述《礼》、《乐》、《诗》、《书》、《春秋》，而即云“在天地之间者毕矣”，而其在《儒效》篇又说：

> 圣人也者，道之管也。天下之道管是矣，百王之道一是矣；故《诗》、《书》、《礼》、《乐》之归是矣。《诗》言是其志也，《书》言是其事也，《礼》言是其行也，《乐》言是其和也，《春秋》言是其微也……天下之道毕是矣。乡是者臧，倍是者亡。乡是如不臧，倍是如不亡者，自古及今，未尝有也！



仍以《礼》、《乐》、《诗》、《书》、《春秋》为“天下之道毕是矣”，两处都不以《易》为经，则在荀子之世，《易》犹不列于儒经中（参看梁启超著《荀卿与〈荀子〉》）。这一点我们实当注意，《荀子》书中，绝不谈《易》，尚无由证明《易》未列入诸经之中。荀子反复说“天下之道毕是矣”而不及《易》，则《鲁论》“五十以学，亦可以无大过”，自比《古论》“五十以学《易》”之说为可信。



在《荀子》中，论《诗》者有七八处，除上所引“《诗》者中声之所止也”，“《诗》、《书》之博也”，“《诗》、《书》故而不切”，“《诗》言是其志也”四语外，《荣辱》篇也说：

> 今夫偷生浅知之属，曾此而不知也，粮食大侈，不顾其后，俄则屈安穷矣；是其所以不免于冻饿，操瓢囊为沟壑中瘠者也；况夫先王之道，仁义之统，《诗》、《书》、《礼》、《乐》之分乎。……知不几者不可与及圣人之言。夫《诗》、《书》、《礼》、《乐》之分，固非庸人

之所知也。

此明以《诗》、《书》、《礼》、《乐》为“先王之道，仁义之统”，“固非庸人之所知”，也是将“经”的地位提高。在《儒效》篇、《大略》篇中，荀子说：

> 故风之所以为不逐者，取是以节之也；《小雅》之所以为《小雅》者，取是而文之也；《大雅》之所以为《大雅》者，取是而光之也；《颂》之所以为至者，取是而通之也。（《儒效》篇）
>
> 故《春秋》善胥命，而《诗》非屡盟，其心一也。（《大略》篇）
>
> 善为《诗》者不说，善为《易》者不占，善为《礼》者不相，其心同也。（《大略》篇）
>
> 国风之好色也，传曰：“盈其欲而不愆其止。其诚可比于金石，其声可内于宗庙。”《小雅》不以于汙上，自引而居下，疾今之政以思往者，其言有文焉，其声有哀焉。（《大略》篇）

《劝学》篇说：“《诗》、《书》故而不切。”杨倞注云：“《诗》、《书》但论先王故事，而不委曲切近于人。”将“故”字释为“先王故事”，亦可解释为“故训”之“故”，“故而不切”言虽依故训为解释，亦有时未必能“切”合。盖《诗》无达诂，《易》无达占，此不必其“切”。《儒效》篇说：“《诗》言是其志也。”作诗固是言志，赋诗也是言志。有时，“赋诗断章，余取所求”，也不过是言志而已，则不可必顾及作者之志。故说“《诗》言是其志也”。《大略》篇说“善为诗者不说”，正是因为“《诗》、《书》故而不切”、“《诗》言是其志也”而发，只要内心所感相同，正可以不言而喻的。《儒效》篇说：“风之所以为不逐者。”“不逐”据杨注说是“不流荡之意”，这与《大略》篇所引传云“盈其欲而不愆其止”大旨相同。从《论语》语“《关雎》乐而不淫，哀而不伤”，到荀子时说《诗》，已具有汉人所云“国风好色而不淫，小雅怨悱而不乱”的意味。从《儒效》、《大略》两篇看来，荀子《诗》说更公允，所论风、雅、颂有了一种进步，其所引“传”，虽不知为何书之言，或是说《诗》之传，则较之此前更是一种进步了。

《荀子》引《诗》共八十五条，而内中：

(a)《王霸》篇引《诗》“如霜雪之将将，如日月之光明；为之则存，不为则亡”。

(b)《天论》篇引诗“礼义之不愆，何恤人之言兮”。



(c)《解蔽》引诗“凤凰秋秋，其翼若干，其声若箫，有凤有凰，乐帝之心”。

(d) 又引“墨以为明。狐狸而苍”。“国有大命，不可以告人，妨其躬身”。

(e) 又引“长夜漫兮，永思骞兮。大古之不慢兮”。



(f)《法行》引诗“涓涓源水，不雝不塞。毂既破碎，乃大其辐。事以败矣，乃重太息”。

等等，都是逸诗，似本不在三百篇中者。余七十九条为见于今本者，《荣辱》引诗“为下国骏蒙”，今“蒙”作“厖”；《非相》引诗“雨雪瀌瀌，宴然聿消。莫肯下隧，式居屡骄”。“宴然聿消”今本作“见晛曰消”；“莫肯下隧”今“隧”作“遗”；《议兵》引诗“武王载发”，今“发”作“旆”；“则莫我敢遏”，今“遏”作“曷”；《君子》引诗“普天之下”，今“普”作“溥”；《大略》引诗“我出我舆”，今“舆”作“车”；《宥坐》引诗“天子是庳”，今“庳”作“毗”；“卑民不迷”，今“卑”作“俾”；而《富国篇》引诗曰：“雕琢其章，金玉其相，亹亹我王，纲纪四方。”今诗“雕”作“追”，“亹”作“勉”。杨倞注说：“言雕琢为文章，又以金玉为质，勉力为善，所以纲纪四方也。与《诗》义小异。”

这是荀子赋诗断章之一例。我们最感觉奇怪的是，为什么《毛诗》自称为子夏所传，后人以为毛公为荀卿传弟子，而他们所据之本不同?《毛诗》“离”要作“追”，“遏”要作“曷”，似乎更古一些。我们还可诿为《荀子》为后人所改，但《毛诗》改“发”为“旆”，改“普”为“溥”，这又是何人所改的呢?两两对照，《毛》本之非真古本，乃后人改造之古本，真凭实据无可抵赖。

荀子论《书》，语在《劝学》篇有“《书》者，政事之纪也”“《诗》、《书》故而不切”、“《诗》、《书》之博也”，《儒效》篇有“《书》言是其事也”四语，其他则《劝学》、《荣辱》、《儒效》“总论《诗》、《书》、《礼》、《乐》”。“政事之纪也”就是“说《书》以道事”，不过《荀子》将《诗》、《书》同谓之，“故而不切”。依杨倞说，“不委曲，切近于人”，其实可以诂而不切。古来引《书》实亦有如“赋诗断章”之例者。





《荀子》引《书》共十八条，内中：

(a)《君道》引“《书》曰：‘先时者杀无赦，不逮时者杀无赦。’”

(b)《臣道》引“《书》曰：‘从命而不拂，微谏而不倦；为上则明，为下则逊。’”

(c)《议兵》引“《泰誓》曰：‘独夫纣。’”

(d)《大略》引“舜曰：‘维予从欲而治。’”

(e)《尧问》引“其在《中蘬》之言也，曰：‘诸侯自为得师者王，得友者霸，得疑者存，自为谋而莫己若者亡。’”

共五条。其见于今本而文字稍有差异者，凡一十三条，《富国》引《康诰》“弘覆乎天，若德裕乃身”，今本作“弘乎天”；“《书》曰：‘乃大明服，惟民其力懋，和而有疾。’”今本“力”作“敕”，“而”作“若”。这是文字上形声之差异，足证今本《古文尚书》亦非必为真古本。《君道》篇引“惟文王敬忌，一人以择”，今本作

“惟文王之敬忌，乃裕民。曰：‘我惟有及。’则予一人以怿”。《致士》、《宥坐》俱引“《书》曰：‘义刑义杀，勿庸以即，女（《宥坐》作予）惟曰未有顺事。’”今本作“用其义刑义杀，勿庸以次汝封。乃汝尽逊，曰时叙，惟曰未有逊事”，则未免相距太远。《君子》篇引“凡人自得罪”，杨倞注云：

> 言人人自得其罪，不敢隐也。与今《康诰》义不同，或断章取义与？

引《书》亦可断章取义，这自是我们不可不注意的。《荀子》所谓“故而不切”，与《诗》同论，固不必如杨倞注所云。

《荀子》在《劝学》篇中述及《易》，但《非相》中引有“《易》曰：‘括囊无咎无誉。’”在《大略》篇引有“《易》（今本作汤）之咸，见夫妇。夫妇之道，不可不正也，君臣父子之本也。咸，感也。以高下下，以男下女，柔上而刚下”。“《易》曰：复自道，何其咎？”又说：“善为《易》者不占。”《大略》篇本为“弟子杂录荀卿之语”（杨倞注），盖与《宥坐》“以下皆荀卿及弟子所引记传杂事”（并杨倞注语）同论，未必可信。但《易》学在荀子门弟子必已有研习之者。荀子论《春秋》语，在《劝学》篇中有：“《春秋》之微也”，“《春秋》约而不速”；《儒效》篇有：“《春秋》言是其微也”；《大略》篇有：“《春秋》贤缪公，以为能变也”，“故春秋善胥命”五条。所谓“微”、“约”，实是《春秋》“微言”、“大义”。在荀子时，诸经大意荀子俱能钩玄提要，这比孟子更进一步。荀子“始乎诵经，终乎读礼”，“莫便于近其人”，对于次第、纲领均极注意，所以能提要钩玄地说出来。“《春秋》贤缪公”、“善胥命”为《公羊》义，冠以《春秋》，足见荀子于《公羊传》，认为是《春秋》传，其他近人指为《左传》、《荀子》相通，《穀梁》、《荀子》相通，在《荀子》均未明署《春秋》字样，其说纵是，然非真凭实据。

荀子论《礼》、《乐》语，在《劝学》篇有：“礼者，法之大分类之纲纪也。故学至乎礼而止矣。夫是之谓道德之极。礼之敬文也，乐之中和也”；“礼乐法而不说”；“将原先王，本仁义，则礼正其经纬蹊径也。若挈裘领，诎五指而顿之，顺者不可胜数也。不道礼宪，以诗书为之，譬之犹以指测河也，以戈舂黍也，以锥餐壶也，不可以得之矣。故隆礼，虽未明，法士也；不隆礼，虽察辩，散儒也”。《儒效》篇有“先王之道，仁之隆也，比中而行之。曷谓中？曰：礼义是也”；“《礼》言是其行也，《乐》言是其和也”。荀子受法家影响甚深，荀子以为“《礼》者，法之大分”，所以他特重于《礼》。看《劝学》、《儒效》所云，“《礼》正其经纬蹊径”，我们就可以知道荀子是以《礼》学认为最重要之学术。《荀子》有《礼论》、《乐论》二篇，其他论《礼》之处，不知凡几，大小戴记所来《荀子》之文，如《三年问》等已有数篇。在《大略》篇更有“故王者必居天下之中，礼也”；“天子外屏，诸侯内屏，礼也”等说及都邑、冠冕。服御、赙赗、奔丧、乡饮、朝聘诸礼，同时述及“《聘礼志》曰：‘币厚则伤德，财侈则殄礼。’”更说“立大学，设庠序，修六礼，明十教，所以道之也”。“六礼”是冠、昏、丧、祭、乡饮酒、相见，《荀子》所论，亦多止于士礼，并不涉及封禅、郊祀等礼。由有聘礼看来，可知不惟《礼经》已全著录，即《记》已有著录，由其不言封禅、郊祀诸礼，当可知逸礼在荀子之时并不流行。

附：《孟》、《荀》引《诗》、《书》与今本异同

《孟子》引《诗》见于今本而文字或略有不同者共三十五则，《梁惠王》篇八则，《公孙丑》三，《滕文公》五，《离娄》七，《万章》五，《告子》二，《尽心》三。

《孟子》引《书》与今本文同而文或略异者，《梁惠王》篇一，《万章》篇三，《告子》篇一，凡五则。

《荀子》引《诗》见于今本而文或略异者凡十九则：《劝学》

三，《修身》三，《不苟》三，《荣辱》一，《非相》二，《非十二子》二，《仲尼》一，《儒效》六，《王制》一，《富国》六，《王霸》一，《君道》四，《臣道》四，《致士》二，《议兵》四，《强国》四，《正论》二，《礼论》三，《解蔽》二，《正名》二，《君子》三，《大略》一二，《宥坐》五，《子道》一，《法行》一，《尧问》一。

《荀子》引《书》见于而文或略异者凡十三则：《修身》一，《王制》一，《富国》二，《君道》一，《致士》一，《天论》一，《正论》二，《君子》二，《宥坐》一，《尧问》一。





## 三　孟、荀引经异文表

| 《孟子》引《诗》 | | 《毛诗》 |
|---|---|---|
| 梁惠王上 | 白鸟鹤鹤 | 白鸟翯翯（《大雅·灵台》） |
| 梁惠王下 | 以遏徂莒 | 以遏徂旅（《大雅·皇矣》） |
| 梁惠王下 | 哀此茕独 | 哀此惸独（《小雅·正月》） |
| 梁惠王下 | 乃积乃仓，乃裹餱粮 | 迺（《大雅·公刘》） |
| 梁惠王下 | 思戢用光 | 辑（《大雅·公刘》） |
| 公孙丑上 | 今此下民 | 今汝下民（《豳风·鸱鸮》） |
| 滕文公下 | 戎狄是膺 | 戎逖是膺（《鲁颂·閟宫》） |
| 万章上 | 娶妻如之何 | 取妻如之何（《齐风·南山》） |
| 万章上 | 普天之下 | 溥天之下（《小雅·北山》） |
| 告子上 | 天生蒸民 | 天生烝民（大雅·荡） |

| 《荀子》引《诗》 | | 《毛诗》 |
|---|---|---|
| 告子下 | 周道如庭 | 周道如砥（《小雅·大东》） |
| 尽心下 | 亦不殒厥问 | 亦不陨厥问（《大雅·绵》） |
| 劝学 | 匪交匪舒 | 匪交彼纾（《小雅·采菽》） |
| 不苟 | 惟德之基 | 维德之基（《大雅·抑》） |
| 荣辱 | 为下国骏蒙 | 为下国骏大庬（《商颂·长发》） |
| 非相 | 晏然聿消 | 见晛曰消（《小雅·角弓》） |
| | 莫肯下隧 | 莫肯下遗（《小雅·角弓》） |
| | 尚有典刑 | 尚有典型（《大雅·荡》） |
| 儒效 | 是顾是复 | 是顾是覆（《大雅·桑柔》） |
| 富国 | 雕琢其章 | 追琢其章（《大雅·棫朴》） |
| | 亹亹我王 | 勉勉我王（《大雅·棫朴》） |
| 乐论 | 管磬玱玱 | 磬筦将将（《周颂·执竞》） |
| 君道 | 王猷允塞 | 王犹允塞（《大雅·常武》） |
| 臣道 | 国有大命不可以告人妨其躬身 | 我闻有命不敢以告人（《唐风·扬之水》） |
| 议兵 | 武王载发 | 武王载旆（《商颂·长发》） |
| | 则莫我敢遏 | 则莫我敢曷（《商颂·长发》） |
| 礼论 | 恺悌君子 | 岂弟君子（《小雅·青蝇》） |
| 解蔽 | 不盈顷筐 | 不盈倾筐（《周南·卷耳》） |
| 正名 | 如珪如璋 | 如圭如璋（《大雅·卷阿》） |
| 君子 | 普天之下 | 溥天之下（《小雅·北山》） |
| 大略 | 我出我与 | 我出我车（《小雅·出车》） |
| | 勿用为笑 | 勿以为笑（《大雅·板》） |
| 宥坐 | 天子是库，卑民不迷 | 天子是毗，俾民不迷（《小雅·节南山》） |
| | 眷焉顾之 | 睠言顾之（《小雅·大东》） |

| 《孟子》引《书》 | | 古《书》 |
|---|---|---|
| 梁惠王上 | 时日害丧 | 时日曷丧 |
| 万章上 | 放勋乃徂落 | （《尧典》） |
| | 三年 | 载 |
| 万章下 | 杀越人于货 | 杀人越于货 |
| | 闵不畏死 | 湣不畏死 |
| | 其民罔不譥 | 罔弗憝（《康诰》） |

| 《荀子》引《书》 | | 古《书》 |
|---|---|---|
| 王制 | 维齐非齐 | 《吕刑》 |
| 富国 | 弘覆乎天若 | 弘乎 |
| | 惟民其力懋和 | 惟民其敕懋和 |
| | 而有疾 | 若有疾（《康诰》） |
| 君道 | 惟文王敬忌一人 | 惟文王之敬忌乃裕民曰 |
| | 以择 | 我惟有及则予一人以怿（《康诰》） |
| 致士 | 义刑义杀勿庸以 | 以次汝封乃女尽逊 |
| | 即女惟曰未有顺事 | 曰时叙惟曰未有逊事（《康诰》） |
| 正论 | 克明明德 | 克明德（《康诰》） |
| 君子 | 凡人自得罪 | 凡民自得罪（《康诰》） |
| 宥坐 | 义刑义杀勿庸以 | 用其义刑义杀勿庸 |
| | 即女惟曰未有顺事 | 以次汝封乃女尽逊曰时叙<br>惟曰未有逊事（《康诰》） |

# 第五章

# 晚周经学之影响

## 第一节　道、法诸家之反对儒学

经学在晚周虽然经孔门弟子孟、荀诸儒的提倡，获有相当的发展，但在战国群雄交争之际，拥有政权的人，主张富国强兵的人，他们对于仁义礼乐都认为无裨实用，对于王道中庸也不过视为迂阔之谈。而且因有儒墨之争，更引起主张自然主义的学说——道家的主张，他们自然也不会以儒说为绝对的真理。

法家是主张以加强君权和重法来达到富国强兵的，在商鞅佐秦孝公变法之时，他曾极力攻击《诗》、《书》、《礼》、《乐》，他在更法时即说，“苟可以利民，不循于礼”。又说：

> 豪杰务学《诗》、《书》，随从外权；要靡事商贾，为技艺，皆以避农战；民以此为教，则粟焉得无少，而兵焉得无弱也？

认为务求《诗》、《书》则将妨碍农战，所以他认为“国有《礼》、有《乐》、有《诗》、有《书》、有善、有修、有孝、有悌、有廉、有辩，国有十者，上无使战，必削王亡”。他更有所谓“六虱：曰礼乐，曰诗书，曰修善，曰孝弟，曰诚信，曰贞廉，曰仁义，曰非兵，曰羞战”。而谓“国有十二者，上无使农战，必贫至削”。这些意见，在我们今天看来，是很激烈的，不过现存《商君书》并非商鞅自作，其说容有不可尽信处。但在《韩非子》中也曾述及商君“行刑，重其轻者，轻者不至，重者不来，是谓以刑去刑”之说，《韩非子·和氏》篇更谓“商君教秦孝公以连什伍，设告坐之过，燔诗书而明法令，塞私门之请而遂公家之劳，禁游宦之民而显耕战之士。孝公行之，主以尊安，国以富强”。是商君在秦更有过“燔《诗》、《书》”之事。我们可见在战国初，法家为了国家富强，从实用出发，已如何地反对儒说。不过商君终因执法太过，且刑太子之师傅，遭车裂以殉，他的主张仅行于秦国，而在其他国家法家尚未获得大的成功。

其次反儒学的当是道家，《庄子·齐物论》中虽曾述及“春秋经世，先王之志，圣人议而不辩”，但他终因有儒墨之是非，以是其所非而非其所是，儒墨之争在他看来，仍是“辩也者有不见也”，所以说“自我观之，仁义之端，是非之涂，樊然淆乱，吾恶能知其辩！”他只是主张“忘年忘义，振于无竟，故寓诸无竞”。（以上均见《庄子·齐物论》）仁义之端，在他看来只是“樊然淆乱”。《老子》书中，更主张“绝圣弃智”，老庄后学更以“自有虞氏招仁义以挠天下也，天下莫不奔命于仁义，是非以仁义易其性与？”（《骈拇》）“道德不废，安取仁义”，“毁道德以为仁义，是圣人之过也”（《马蹄》）在《庄子·天道》篇有“孔子西藏书于周室……于是繙十二经以说……老聃曰：……夫子乱人之性也！”《天运》篇有“孔子谓老聃曰：‘丘治《诗》、《书》、《礼》、《乐》、《易》、《春秋》六经……’老子曰：‘幸矣，子之不遇治世之君也！夫六经，先王之陈迹也，岂其所以迹哉！’”等，都足见老庄后学之反儒术。但在《庄子·天下》篇说：“其明而在数度者，旧法、世传之史尚多有之；其在于《诗》、《书》、《礼》、《乐》者，邹鲁之士、缙绅先生多能明之。《诗》以道志，《书》以道事，《礼》以道行，《乐》以道和，《易》以道阴阳，《春秋》以道名分。其数散于天下而设于中国者，百家之学时或称而道之。”这种论调，与《齐物论》所云“春秋经世，先王之志”，并未过于攻击儒家，只有《老子》书说“夫礼者，忠信之薄而乱之首”等等较为激烈。法家主张富国强兵，反对儒术，不过为了农战，尚无若何理论根据；道家起而批儒说仁义非人之性，非人之情，“毁道德以为仁义”，是“以仁义易其性”。后起法家因而主张燔诗书，重刑名。法家之论虽与时势有关，实受道家影响不浅。

综合道、法家诸家的理论，以反儒术而最出色的人物是韩非。他是荀卿的大弟子，更能运用经说来反儒术。本来商君之反儒术，是“因世而为之治，度俗而为之法”。韩非也正感觉“上古竞于道德，中世逐于智谋，当今争于气力”，“世异则事异，事异则备变”。所以他认为“今学者皆道书策之颂语，不察当世之实事”的。“世之愚学，皆不知治乱之情，讘詉多诵先古之书，以乱当世之治”，故以为“儒以文乱法，侠以武犯禁，而人主兼礼之，此所以乱也”。应当是“行仁义者非所誉，誉之则害功；工文学者非所用，用之则乱法”。这是很鲜明地揭出反儒术的旗帜。所以说“今世皆曰‘尊主安国者，必以仁义智能’，而不知卑主危国者之必以仁义智能也。故有道之主，远仁义，去智能，服之以法，是以誉广而名威，民治而国安，知用民之法也”。又谓：“今上尊贵轻物重生之士，而索民之出死而重殉上事，不可得也。藏书策，习谈论，聚徒役，服文学而议说，世主必从而礼之，曰：‘敬贤士，先王之道也。’夫吏之所税，耕者也；而上之所养，学士也。耕者则重税，学士则多赏，而索民之疾作而少言谈，不可得也。”仁义智慧之士，一概不当要，藏书策、习谈论这种事也不当做；不惟仁义智慧之士不当有，即轻物重生之道家亦不当有，一切当以法律为上。韩非在秦焚书前已经主张“明主之国无书简之文，以法为教；无先王之语，以吏为师……超五帝，侔三王者，必此法也”。所谓“明主之国无书简之文，以法为教；无先王之语，以吏为师”，这与主张焚书已相去不远。但是我们知道，儒、墨在当时早已私学成群，早已成为顕学，韩非虽极以“孔、墨不耕耨”、“曾、史不战攻”，然而他有一些理论仍不能不借重儒书，例如：

先王之法曰："臣毋或作威，毋或作利，从王之指：毋或作恶，从王之路。"

《周书》曰："将欲败之，必姑辅之；将欲取之，必姑予之。"

《康诰》曰："毋彝酒。"彝酒者，常酒也。常酒者。天子失天下，匹夫失其身。

齐桓公好服紫，一国尽服紫。当是时也，五素不得一紫。桓公患之，谓管仲曰："寡人好服紫，紫贵甚，一国百姓好服紫不已，寡人奈何?"管仲曰："君欲止之，何不试勿衣紫也，谓左右曰：'吾甚恶紫之臭。'于是左右适有衣紫而进者，公必曰，'少却，吾恶紫臭'。"公曰："诺。"于是日，郎中莫衣紫；其明日，国中莫衣紫；三日，境内莫衣紫也。

《诗》曰："虽无德与女，式歌且舞。"

乃令男子年二十而室，女年十五而嫁，则内无怨女，外无旷夫。

这也是或"引《诗》、《书》以明己意"或"引《诗》、《书》更加解释"。最有趣味的是，韩非往往利用《诗》、《书》传记之言以解释其法理，例如《五蠹》篇说：

楚之有直躬，其父窃羊而谒之吏。令尹曰："杀之!"以为直于君而曲于父，报而罪之。以是观之，夫君之直臣，父之暴子也。

《韩非子·忠孝》篇说：

《记》曰："舜见瞽瞍，其容造焉。"孔子曰："当是时也，危哉！天下岌岌，有道者，父固不得而子，君固不得而臣也。"臣曰：孔子本未知孝悌忠顺之道也。然则有道者进不为臣主，退不为父子耶？父之所以欲有贤子者，家贫则富之，父苦则乐之；君之所以欲有贤臣者，国乱则治之，主卑则尊之。今有贤子而不为父，则父之处家也苦；有贤臣而不为君，则君之处位也危。然则父有贤子，君有贤臣，适足以为害耳，岂得利焉哉！所谓忠臣不危其君，孝子不非其亲，今舜以贤取君之国，而汤、武以义放弑其君，此皆以贤而危主者也，而天下贤之。古之烈士，进不臣君，退不为家，是进则非其君，退则非其亲者也。且夫进不臣君，退不为家，乱世绝嗣之道也。是故贤尧、舜、汤、武而是烈士，天下之乱术也。瞽瞍为舜父而舜放之，象为舜弟而杀之。放父杀弟，不可谓仁；妻帝二女而取天下，不可谓义。仁义无有，不可谓明。《诗》云："普天之下，莫非王土；率土之滨，莫非王臣。"信若《诗》之言也，是舜出则臣其君，入则臣其父，妾其母，妻其主女也。故烈士内不为家，乱世绝嗣；而外矫于君，朽骨烂肉，施于土地，流于川谷，不避蹈水火，使天下从而效之，是天下遍死而愿夭也，此皆释世而不治是也。

他这也正是赋诗断章，不一定必须遵循原文是如何意义。《备内》篇曾说道"上古之传言，春秋所记"，在《内储说上》曾引"鲁哀公问于仲尼曰：《春秋》之记曰：'冬十二月賨霜不杀菽。'何为记此?"《韩非子·外储说右上》引有"子夏曰：'《春秋》之记臣杀君、子杀父者，以十数矣。皆非一日之积也，有渐而以至矣。'"《韩非子·奸劫弑臣》末一段也有"春秋记之曰……"韩非反对儒家，然其本身受儒学影响实深。以反对儒术之人，而不能脱离借重儒书，可知儒家之经典，本是古史，本含有许多的哲理，自有许多不可磨灭之点。

## 第二节　《吕氏春秋》之袭用经说

第一，儒家的经典既是古史，又包含着许多哲理，所以在晚周时虽有道、法诸家之激烈的反对，而在当时最后之一部集体创作——杂家之《吕氏春秋》中，仍不免有许多引用《诗》、《书》等的地方，《吕氏春秋》虽名为杂家，而其实很多地方是是倾向于儒家的。高诱《吕氏春秋序》说："庄襄王立三年而薨，太子正立，是为秦始皇帝，尊不韦为相国，号称仲父。不韦乃集儒书，使著其所闻，为《十二纪》、《八览》、《六论》，合十余万言，备天地万物古今之事，名为《吕氏春秋》。暴之咸阳市门，悬千金其上，有能增损一字者与千金。时人无能增损者。诱以为时人非不能也，盖惮相国畏其势耳。然此书所尚，以道德为标的，以无为为纲纪，以忠义为品式，以公方为检格，与孟轲、孙卿、淮南、扬雄相表里也。"《吕览》的来源是集儒书而成，故可与孟轲、孙卿之书相提并论。在《吕氏春秋》中，虽说所尚以道道德为标的，以无为为网纪，但是他们在《劝学》篇说：





先王之教，莫荣于孝，莫显于忠。忠孝，人君人亲之所甚欲也。显荣，人子人臣之所甚愿也。然而人君人亲不得其所欲，人子人臣不得其所愿，此生于不知理义，不知理义生于不学。学者师达而有材，吾未知其不为圣人。圣人之所在则天下理焉。

这里说先王之教在于忠孝，而所谓理、义也即是仁、慈、忠(用高诱注说)，可见《吕氏春秋》所提倡的并非是他家之学，而实是儒家之学，所谓"圣人之所在，则天下理焉"，这圣人还是儒家心目中之圣人。《吕氏春秋》的《八览》，在《有始览》后即继之以《孝行览》，说是：

凡为天下，治国家，必务本而后末。所谓本者，非耕耘种殖之谓，务其人也。务其人，非贫而富之，寡而众之，务其本也。务本莫贵于孝。人主孝则名章荣，下服听，天下誉。人臣孝则事君忠，处官廉，临难死。士民孝则耕芸疾，守战固，不罢北。夫孝，三皇五帝之本务，而万事之纪也。夫执一术而百善至、百邪去、天下从者，其惟孝也。故论人必先以所亲而后及所疏，必先以所重而后及所轻。今有人于此，行于亲重而不简慢于轻疏，则是笃谨孝道，先王之所以治天下也。

他这样地提倡孝行，即在《荀子·子道》篇中，亦不多见如此理论。我们再看《吕览》中之“六论”：《开春》、《慎行》、《贵直》、《不苟》、《似顺》、《士容》，看这六篇的标题，几乎使我们觉得这六篇的题材，和《荀子》中《修身》、《荣辱》、《不苟》、《君子》、《法行》等篇相去不远，首篇《开春论》虽名为“开春”，不过以首二字为标题，其篇首云“王者厚其德，积众善，而凤皇圣人皆来至矣”。篇末云：“故尧之刑也殛鲧于虞而用禹，周之刑，也戮管、蔡而相周公。……今祈奚论先王之德，而叔向得免焉。学岂可以已哉?”《开春论》子目为《开春》、《察贤》、《期贤》、《审为》、《爱类》、《贵卒》，这六篇内所云如《察贤》、《期贤》所提倡的，仍儒家的理论。《吕氏春秋》是秦王政立后八年作的，可说是先秦最后的一部著作。据《史记·秦始皇本记》：“（十年）大索，遂客，李斯上书说，乃止逐客令。李斯因说秦王，请先取韩以恐他国，于是使斯下韩。韩王患之，与韩非谋弱秦。”“（十四年）韩非使秦，秦用李斯谋，留非，非死云阳。”韩非著书，当在韩王与韩非谋弱秦以前，则当早于秦王政八年。无论如何，《吕览》可说是先秦最后一部提倡儒学的著作。

第二，《吕氏春秋》引《诗》者二十条：

(a)《先已》引《诗》：“淑人君子，其仪不忒。其仪不忒，正是四国。”

(b)《先已》引“《诗》曰：‘执辔如组。’”

(c)《古乐》引“周公旦乃作诗曰：‘文王在上，于昭于天，周虽旧邦，其命维新。’”

(d)《安死》引“《诗》曰：‘不敢暴虎，不敢冯河，人知其一，莫知其他。’”

(e)《务本》引“《诗》云：‘……雨我公田，遂及我私。’”

(f)《慎人》引“舜自为《诗》曰：‘普天之下，莫非王土。率土之滨，莫非王臣。’”

(g)(h)《报更》引“《诗》曰：‘赳赳武夫，公侯干城。’‘济济多士，文王以宁。’”

(i)《重言》引“《诗》曰：‘何其久也？必有以也。何其处也？必有与也。’”

(j)《不屈》引“《诗》曰：恺悌君子，民之父母”。

(k)《知分》引“《诗》曰：莫莫葛藟，延于条枚，凯弟君子，求福不回”。

(l)《行论》引“《诗》曰：惟此文王，小心翼翼，昭事上帝，聿怀多福”。

(m)《求人》引“《诗》曰：‘子惠思我，褰裳涉洧。子不我思，岂无他士？’”

(n)同上引“孔子曰：《诗》云：‘无竞惟人。’”

(o)《爱士》引“此《诗》之所谓曰‘君君子则正，以行其德；君贱人则宽，以尽其力’者也”。

(p)《介立》引“介子推不肯受赏，自为赋《诗》曰：‘有龙于飞，周遍天下。五蛇从之，为之丞辅。龙反其乡，得其处所。四蛇从之，得其露雨。一蛇羞之，桥死于中野。’”

(q)《谨听》引“《周箴》曰：‘夫自念斯，学德未暮。’”

(r)《权勋》引“《诗》云：‘唯则定国。’”

(s)《行论》引“《诗》曰：‘将欲毁之，必重累之。将欲踣之，必高举之。’”

(t)《原乱》引“故《诗》曰：‘毋过乱门。’”

此二十条中后六条为逸诗，我们所当注意的是《古乐》引《文王》以为周公旦乃作诗，《慎人》引《北山》以为舜自为诗，

《报更》引《兔罝》、《文王》两诗而不加以解释，又曰《不屈》引"《诗》曰：'恺悌君子，民之父母。'"而加以解说曰"恺者，大也。悌者，长也。君子之德，长且大者，则为民父母"。这足见引诗而加解释之例。远有《慎大览》引"《周书》曰：'若临深渊，若履薄冰。'"恐实系《诗·小雅·小旻》篇文，这也是古人引《诗》、《书》常有混杂之一例。其所引诗文字之异，如"晻"今本作"渰"，"云"今本作"雨"，"恺悌"今本作"岂弟"，"普"今本作"溥"，"延"今本作"施"，"凯"今本作"岂"，等等，亦足见《吕氏春秋》所引用非毛本。

第三，《吕氏春秋》引《书》者十五条：

(a)《贵公》引"《鸿范》曰：'无偏无党，王道荡荡。无偏无颇，遵王之义。无或作好，遵王之道。无或作恶，遵王之路。'"

(b)《君守》引"《鸿范》曰：'惟天阴骘下民。'阴之者，所以发之也"。

(c)《顺民》引"汤乃以身祷于桑林，曰：'余一人有罪，无及万夫。万夫有罪，在余一人。无以一人之不敏，使上帝鬼神伤民之命。'"

(d)《谕大》引"《夏书》曰：'天子之德，广运乃神，乃武乃文。'故务在事，事在大"。

(e) 同上，引"《商书》曰：'五世之庙，可以观怪。万夫之长，可以生谋。'"

(f)《听言》引"《周书》曰：'往者不可及，来者不可待，贤明其世，谓之天子。'"

(g)《孝行》引"《商书》曰：'刑三百，罪莫重于不孝。'"

(h)《报更》引"《书》之所谓'德几无小'者也"。

(i)《慎大》引"《周书》曰：'若临深渊，若履薄冰。'"

(j)《重言》引"《高宗乃言》曰：'以余一人正四方，余唯恐言之不类也，兹故不言。’”

(k)《适威》引“《周书》曰：‘民善之则畜也，不善则雠也。’”

(l)《贵信》引“《周书》曰：‘允哉允哉！’”

(m)《长利》引“君独不闻成王之定成周之说乎？其辞曰：‘惟余一人，营居于成周。惟余一人，有善易得而见也，有不善易得而诛也。’”

(n)《骄恣》引“王曰：‘仲虺有言，不穀说之。曰：诸侯之德，能自为取师者王，能自取友者存，其所择而莫如己者亡。’”

(o)《先己》引“夏后相（启）与有扈战于甘泽而不胜，六卿请复之，夏后相启曰：‘不可。吾地不浅，吾民不寡，战而不胜，是吾德薄而教不善也。’于是乎处不重席，食不贰味，琴瑟不张，钟鼓不修，子女不饬，亲亲长长，尊贤使能，期年而有扈氏服”。





此十五条除首二条见《今文尚书》外，其余均为逸《书》。《洪范》之“洪”作“鸿”，亦足见《今文尚书》之本为古本。

第四，《吕氏春秋》引《易》者三条：

(a)《务本》引“《易》曰：‘复自道，何其咎，吉。’以言本无异则动卒有喜”。

(b)《召类》引“孔子为客，子贡使令于君前，甚听。《易》曰：‘涣其群，元吉。’涣者，贤也；群者，众也；元者，吉之始也；‘涣其群，元吉’者，其佐多贤也”。

(c)《壹行》引“孔子卜，得贲。孔子曰：‘不吉。’子贡曰：‘夫贲亦好矣，何谓不吉乎？’孔子曰：‘夫白而白，黑而黑，夫贲又何好乎？’”

其中（b）解释“涣者，贤也”，这与后来的解释也颇不相同。

从以上《吕氏春秋》引《诗》、《书》、《易》的情况来看，我们应该可以了解当时的士人对于先秦典籍的熟悉程度。先秦时，古代典籍为数不多，况且又处于百家争鸣的时代背景之下，故各种流传的典籍势必都需要熟读，儒家经典亦然，各家都学，然后按各自的立场和角度加以解读。这是经学发展初期阶段的一个正常现象。

# 第五篇　秦代经学之中绝

## 第一章

## 秦焚书坑儒与经学上之影响

### 第一节　秦焚书坑儒之原因





在上篇中，我们已略述经学流传至荀子时代，对于各经精义，荀子已俱有阐发，与他同时的《吕览》的编纂者，也颇显著地倾向于儒家的色彩；经学在晚周，确是发生过极大的影响。不过晚周战国时代毕竟是一个战乱频仍的时代，侵伐兼并毕竟不大用得着儒术，而且由素来不重儒术的秦来统一天下，以至于统一八年之后就发生焚书坑儒事件，而使经学在发展的途径上有了中绝的现象，这一过程是颇耐人寻味的。

现在我们分析起来看，这大约有三个原因：

第一，历来政策之发展。

从秦国的历史上看，在其立国初期，在文化上是倾向于全面向周王朝学习，对《诗》、《书》、《礼》、《乐》等儒家经典并不排斥，这只要看在缪公时晋国公子重耳流亡到秦，双方在宴会上相互赋诗，完成政治交易便可知。缪公自己也称是以“《诗》、《书》、《礼》、《乐》、法度为政”（《史记・秦本纪》），可知在此之前秦国必是崇尚《诗》、《书》、《礼》、《乐》的。只是在缪公时由余自西戎至秦，并给缪公讲了“此乃中国所以乱”的道理，缪公任用由余以“上含淳德以遇其下，下怀忠信以事其上”为政治原则实行变革以后，秦国才舍弃了“《诗》、《书》、《礼》、《乐》、法度为政”。这是儒家经典在秦的第一次挫折。

到秦孝公时，用商鞅进行变法，提出“燔诗书”、“明法令”、“务耕战”，这是儒学经典在秦所遭遇的第二次大的挫折。商鞅主张“不法古，不修今”（《商君书·开塞》）；“因世而为之治，度俗而为之法”（《商君书·壹言》）；他说“六虱：曰《礼》、《乐》，曰《诗》、《书》，曰修善，曰孝弟，曰诚信，曰贞廉，曰仁义，曰非兵，曰羞战。国有十二者，上无使农战，必贫至削”（《商君书·靳令》）。对于《礼》、《乐》、《诗》、《书》等儒家经典，他是主张焚毁的。《商君书》在今日看未必全然可信，然而到战国末的韩非则说：“商君教秦孝公以连什伍，设告坐之过，燔诗书而明法令，塞私门之请而遂公家之劳，禁游宦之民而显耕战之士。孝公行之，主以尊安，国以富强。”（《韩非子·和氏》）这话是可信的。秦长期不重视儒术，并且本有过焚书之事，故“秦昭王问孙卿子曰：‘儒无益于人之国?’”（《荀子·儒效》篇）而应侯问孙卿子曰：“入秦何见?”荀子答以“……则其殆无儒邪！故曰：粹而王，驳而霸，无一焉而亡。此亦秦之所短也。”（《荀子·强国》篇）可见自穆公以后至秦始皇统一天下的数百年间，秦国一直“无儒”，甚至于连儒学的经典也不允许流传。秦国历代君王既然认为“儒无益于人之国”，那么到秦始皇时，因于传统，对于焚书的建议就是比较容易接受的。何况在统一以后，随着集权专制制度的确立和加强，儒生“不师今而学古，以非当世，惑乱黔首”（《史记·秦始皇本纪》），成为皇帝制度的威胁，秦始皇自然很容易地援用秦国一贯的政策，这也就必然会发展到“焚书坑儒”的一步。

第二，是时势的驱使。

本来商鞅的“燔诗书”是“因世而为之治，度俗而为之法”（《商君书·壹言》）的，到统一前夕的集法家之大成的韩非，仍坚持认为儒学为“五蠹”之一，他说：“儒以文乱法，侠以武犯禁，而人主兼礼之，此所以乱也。……故行仁义者非所誉，誉之则害功；文学者非所用，用之则乱法。”（《韩非子·五蠹》）并说：“世之愚学，皆不知乱之情；讘詨多诵先古之书，以乱当世之治。”（《韩非子·奸劫弑臣》）“今学者皆道书筴之颂语，不察当世之实事。”（《韩非子·六反》）所以他说：“今世皆曰‘尊主安国者，必以仁义智能’，而不知卑主危国者之必以仁义智能也。故有道之主，远仁义，去智能，服之以法。是以誉广而名威，民治而国安，知用民之法也。”（《韩非子·说疑》）他已经主张：“故明主之国，无书简之文，以法为教；无先王之语，以吏为师；无私剑之捍，以斩首为勇。是境内之民，其言谈者必轨于法，动作者归之于功，为勇者尽之于军。是故无事则国富，有事则兵强，此之谓王资。既畜王资而承敌国之亹，超五帝侔三王者，必此法也。”（《韩非子·五蠹》）还说：“今上尊贵轻物重生之士，而索民之出死而重殉上事，不可得也。藏书策，习谈论，聚徒役，服文学而议说，世主必从而礼之，曰：‘敬贤士，先王之道也。’夫吏之所税，耕者也；而上之所养，学士也。耕者则重税，学士则多赏，而索民之疾作而少言谈，不可得也。”（《韩非子·显学》）韩非很明确地又提出，《诗》、《书》、儒、侠都不当要。他的主张使得“李斯自以为不如”，以及“秦王见《孤愤》、《五蠹》之书”，说“寡人得见此人与之游，死不恨矣！”秦王与李斯都极佩服他，自然与他的思想有相通之处。韩非曾说：“世异则事异，事异则备变。”“上古竞于道德，中世逐于智谋，当今争于气力。”他的主张完全是为专制集权制度服务的，是受了时势的趋势而产生，因此与他同时的人，特别是在集权专制制度已初步形成的秦国，掌握了最高权力的秦王，是很容易赞同和实施他的主张的。不过韩非曾说“国平则养儒、侠，难至则用介士”（《韩非子·显学》），从这一点来说，秦始皇和李斯在统一后实行焚书坑儒，更多的是着眼于儒学及其伴生的私学对皇权的威胁，而与韩非的这一主张没什么关系。李斯在秦二世之时还说：

故申子曰“有天下而不恣睢，命之曰以天下为桎梏”者，无他焉，不能督责，而顾以其身劳于天下之民，若尧、禹然，故谓之“桎梏”也。夫不能修申、韩之明术，行督责之道，专以天下自适也，而徒务苦形劳神，以身徇百姓，则是黔首之役，非畜天下者也，何足贵哉！夫以人徇己，则己贵而人贱；以己徇人，则己贱而人贵。故徇人者贱，而人所徇者贵，自古及今，未有不然者也。凡古之所为尊贤者，为其贵也；而所为恶不肖者，为其贱也。而尧、禹以身徇天下者也，因随而尊之，则亦失所为尊贤之心矣夫！可谓大缪矣。谓之为“桎梏”，不亦宜乎？不能督责之过也。

故韩子曰“慈母有败子而严家无格虏”者，何也？则能罚之加焉必也。故商君之法，刑弃灰于道者。夫弃灰，薄罪也，而被刑，重罚也。彼唯明主为能深督轻罪。夫罪轻且督深，而况有重罪乎？故民不敢犯也。是故韩子曰“布帛寻常，庸人不释，铄金百溢，盗跖不搏”者，非庸人之心重，寻常之利深，而盗跖之欲浅也；又不以盗跖之行，为轻百镒之重也。搏必随手刑，则盗跖不搏百镒；而罚不必行也，则庸人不释寻常。是故城高五丈，而楼季不轻犯也；泰山之高百仞，而跛牂牧其上。夫楼季也而难五丈之限，岂跛牂也而易百仞之高哉？峭堑之势异也。明主圣王之所以能久处尊位，长执重势，而独擅天下之利者，非有异道也，能独断而审督责，必深罚，故天下不敢犯也。今不务所以不犯，而事慈母之所以败子也，则亦不察于圣人之论矣。夫不能行圣人之术，则舍为天下役何事哉？可不哀邪！

且夫俭节仁义之人立于朝，则荒肆之乐辍矣；谏说论理之臣间于侧，则流漫之志诎矣；烈士死节之行显于世，则淫康之虞废矣。故明主能外此三者，而独操主术以制听从之臣，而修其明法，故身尊而势重也。凡贤主者，必将能拂世磨俗，而废其所恶，立其所欲，故生则有尊重之势，死则有贤明之谥也。是以明君独断，故权不在臣也。然后能灭仁义之涂，掩驰说之口，困烈士之行，塞聪揜明，内独视听，故外不可倾以仁义烈士之行，而内不可夺以谏说忿争之辩。故能荦然独行恣睢之心而莫之敢逆。若此然后可谓能明申、韩之术，而修商君之法。法修术明而天下乱者，未之闻也。(《史记》卷八十七《李斯列传》)



对于仁爱礼义、谏说论理，一概都要灭去，民只可使，不可使知，君主必须实行绝对专制。这样的理念，对于主张集权专制制度的秦国统治集团，自然会主张“焚书坑儒”以愚黔首。

第三，是当日的情形。



秦代所以“焚书坑儒”，固然有其历史的原因，也是受时势的驱使，但同时也实在是当时的儒生不识时务所致。关于这一点，我们从《史记·秦始皇本纪》上看来，始皇自称“悉召文学方术士甚众，欲以兴太平”任命了七十位博士，还给他们配备了至少两千名“诸生”为助手，均“尊赐之甚厚”，时常招宴宫中。这些博士与诸生，应该有不少就是儒生。本来秦始皇给他们的任务，是“前收天下书不中用者尽去之”，是甄别“天下书”中哪些对于秦王朝是有用的，哪些是“不中用者”，须“尽去之”，这已经有了焚书前奏的意味。然而这些儒生却不明白此中道理，依然固守原六国地区“私学”的传统和习惯，在咸阳宫宴会上博士淳于越就公然讲“事不师古而能长久者，非所闻也”，结果招来了丞相李斯的批驳：

五帝不相复，三代不相袭，各以治，非其相反，时变异也。今陛下创大业，建万世之功，固非愚儒所知，且越言乃三代之事，何足法也？异时诸侯并争，厚招游学。今天下已定，法令出一，百姓当家则力农工，士则学习法令辟禁。今诸生不师今而学古，以非当世，惑乱黔首。丞相臣斯昧死言：古者天下散乱，莫之能一，是以诸侯并作，语皆道古以害今，饰虚言以乱实，人善其所私学，以非上之所建立。今皇帝并有天下，别黑白而定一尊。私学而相与非法教，人闻令下，则各以其学议之，入则心非，出则巷议，夸主以为名，异取以为高，率群下以造谤。如此弗禁，则主势降乎上，党与成乎下。禁之便。臣请史官非秦记皆烧之。非博士官所职，天下敢有藏《诗》、《书》、百家语者，悉诣守、尉杂烧之。有敢偶语《诗》、《书》者弃市。以古非今者族。吏见知不举者与同罪。令下三十日不烧，黥为城旦。所不去者医药卜筮种树之书。若欲有学法令，以吏为师。”制曰：“可。”

可以看出，李斯焚书之议的提出，与儒生对秦国的历史和传统茫然无知，对法家的一贯主张也茫然无知，对秦代已发生集权专制的变革更是茫然无知有着直接的关系。

只看《史记·李斯列传》就明白：

“古者天下散乱，莫能相一，是以诸侯并作，语皆道古以害今，饰虚言以乱实，人善其所私学，以非上所建立。今陛下并有天下，别白黑而定一尊；而私学乃相与非法教之制，闻令下，即各以其私学议之，入则心非，出则巷议，非主以为名，异趣以为高，率群下以造谤。如此不禁，则主势降乎上，党与成乎下。禁之便。臣请诸有文学《诗》、《书》百家语者，蠲除去之。令到满三十日弗去，黥为城旦。所不去者，医药卜筮种树之书。若有欲学者，以吏为师。”始皇可其议，收去

《诗》、《书》百家之语以愚百姓，使天下无以古非今。明法度，定律令，皆以始皇起。（《史记·李斯列传》）

秦始皇被后世称为是“千古一帝”，本来是有雄才大略的。他在统一天下后，并非一定专逞淫威，在长达八年的时间里，并没有以暴力手段去触动儒生和私学，对儒家经典如同对其他书籍一样，也并没有去禁止。在统一天下的措施中，实在也做了一些“丰功伟绩”，即如“车同轨”、“书同文”，这些事迹亦并非不足称道，而这一般“书生”，“闻令下，即各以其私学议之，入则心非，出则巷议，非主以为名，异趣以为高，率群下以造谤”，自然引起始皇和李斯产生“多诵先古之书，以乱当世之治”（《韩非子·奸劫弑臣》）的反感，而要“无书简之文，以法为教；无先王之语，以吏为师”（《韩非子·五蠹》）。结果，在秦始皇三十四年的咸阳宫宴会上，针对儒生淳于越的言论，“‘丞相臣斯昧死言：古者天下散乱，莫之能一，是以诸侯并作，语皆道古以害今，饰虚言以乱实，人善其所私学，以非上之所建立。今皇帝并有天下，别黑白而定一尊。私学而相与非法教，人闻令下，则各以其学议之，入则心非，出则巷议，夸主以为名，异取以为高，率群下以造谤。如此弗禁，则主势降乎上，党与成乎下。禁之便。臣请史官非秦记皆烧之。非博士官所职，天下敢有藏《诗》、《书》、百家语者，悉诣守、尉杂烧之。有敢偶语《诗》、《书》者弃市。以古非今者族。吏见知不举者与同罪。令下三十日不烧，黥为城旦。所不去者，医药卜筮种树之书。若欲有学法令，以吏为师。’制曰：‘可。’”终于演变成焚书之巨变。

至于坑儒，则在《史记·秦始皇本纪》上说：“侯生、卢生相与谋曰：‘始皇为人，天性刚戾自用，起诸侯，并天下，意得欲从，以为自古莫及己。专任狱吏，狱吏得亲幸。博士虽七十人，特备员弗用。丞相诸大臣皆受成事，倚辨于上。上乐以刑杀为威，天下畏罪持禄，莫敢尽忠。上不闻过而日骄，下慑伏谩欺以取容。秦法，不得兼方，不验，辄死。然候星气者至三百人，皆良士，畏忌讳谀，不敢端言其过。天下之事无小大皆决于上，上至以衡石量书，日夜有呈，不中呈不得休息。贪于权势至如此，未可为求仙药。’于是乃亡去。始皇闻亡，乃大怒曰：‘吾前收天下书，不中用者尽去之。悉召文学方术士甚众，欲以兴太平，方士欲练以求奇药。今闻韩众去不报，徐市等费以巨万计，终不得药，徒奸利相告日闻。卢生等吾尊赐之甚厚，今乃诽谤我，以重吾不德也。诸生在咸阳者，吾使人廉问，或为妖言以乱黔首。’于是使御史悉案问诸生，诸生传相告引，乃自除。犯禁者四百六十余人，皆坑之咸阳，使天下知之，以惩后。益发谪徙边。”这一次焚书坑儒事件当然是经学史上不幸的事，胡适先生《中国哲学史大纲》上说：“细看这一大段，可知秦始皇所坑杀的四百六十余人，乃是一般主星气、求仙药的方士。（《史记·儒林列传》也说：‘秦之季世坑术士。’）这种方士，多坑杀了几百个，于当时的哲学只该有益处，不该有害处。故我说坑儒一件事也不是哲学中绝的真原因。”不过《诗》、《书》、六艺是否从此而亡缺则又是一问题，我们只看在汉代，经籍流传、师承授受的情形就可以更可以理解。这是一桩很重要的公案，我们要解决经今古文问题，首先对于此事要十分注意。现在就着重从一方面来看，这次事件的影响究竟如何。





## 第二节　秦焚书坑儒之影响

秦焚书坑儒的事实，载在史籍，这是不可否认的。而且在《史记》、《汉书》中都有《诗》、《书》残缺之说，所以过去学者多主张：

(1)《诗》、《书》、六艺从此亡缺说。

在《史记》中，如：

(a)《三代世表》：“至于序《尚书》则略，无年月；或颇有，然多阙，不可录。”

(b)《孔子世家》：“孔子之时，周室微而礼乐废，《诗》、《书》缺。”

(c)《六国年表》：“秦既得意，烧天下诗书，诸侯史记尤甚，为其有所刺讥也。《诗》、《书》所以复见者，多藏人家。”

(d)《儒林列传》：“及至秦之季世，焚《诗》、《书》，坑术士，六艺从此缺焉。”

(e) 同上：“及至秦焚书，书散亡益多。”

在《汉书》中，如：

(a)《艺文志》：“书缺简脱。”

(b)《楚元王传》：“学残文缺。”

(c)《儒林传》：“及至秦始皇兼天下，燔诗书，杀术士，六学从此缺矣。”

(d)《蒯伍江息夫传》：“往者秦为无道，残贼天下，杀术士，燔《诗》、《书》，灭圣迹，弃礼义，任刑法……”



这些地方都是承认“祖龙一炬为古今籍之一大厄”（用江藩《经解入门》卷一《群经辨异》语），直到清代，虽有牟、绍两家阐发经全之说，但都未充分说明。到了康南海《新学伪经考》出，才明确主张六经未曾残缺。

(2) 六经未尝亡缺说。

康氏在《新学伪经考》卷一《秦焚六经未尝亡缺考》中说：“后世六经亡缺，归罪秦焚，秦始皇遂婴弥天之罪。不知此刘歆之伪说也。歆欲伪作诸经，不谓诸经残缺，则无以为作伪窜入之地，窥有秦焚之间，故一举而归之。一则曰‘书缺简脱’（《汉书·艺文志》、《楚元王传》）。一则曰‘学残文缺’（《汉书·楚元王传》）。又曰‘秦焚《诗》、《书》，六艺从此缺焉’（《汉书·儒林传》、《史记·儒林传》亦窜入）又曰：‘秦焚书，书散亡益多。’（《史记·儒林传》窜入）学者习而熟之，以为固然，未能精心考校其说之是非，故其伪经得乘虚而入。”他以为：

焚书之令，但烧民间之书，若博士所职，则《诗》、《书》、百家自存。夫政、斯焚书之意，但欲愚民而自智，非欲自愚；若并秘府所藏、博士所职而尽焚之，而仅存医药、卜筮、种树之书，是秦并自愚也，何以为国！《史记》别白而言之，曰“非博士所职，藏者悉烧”，则博士所职，保守珍重，未尝焚烧，文至明也。又云“若欲有学以吏为师”，吏即博士也。然则欲学《诗》、《书》六艺者，诣博士受业则可矣，实欲重京师而抑郡国，强干弱支之计耳。汉制，“郡国计偕，诣太常受业如弟子”，犹因秦制也。夫博士既有守职之藏书，学者可诣吏而受业，《诗》、《书》之事尊而方长，然则谓“秦焚《诗》、《书》，六艺遂缺”，非妄言而何！

或疑《始皇纪》云：“今天下已定，法令出一，士则学习法令辟禁，今诸生不师今而学古，以非当世。”然则秦焚书之意，盖深忌士之学古，而专欲其学习法令，岂焚书之后尚有听习《诗》、《书》之制？则所谓“欲学者以吏为师”，必为学法令明矣。释之曰：秦焚《诗》、《书》，博士之职不焚，是《诗》、《书》，博士之专职。秦博士如叔孙通有儒生弟子百余人，诸生不习《诗》、《书》，何为复作博士弟子？既从博士受业，如秦无“以吏为师”之令，则何等腐生，敢公犯诏书而以私学相号聚乎？“不师今而学古”，乃一时廷议之虚辞；至诣博士受《诗》、《书》，则一朝典制；佐验显然，必不能以虚辞颠倒者矣。

他以为若有：“‘欲学者，以吏为师。’吏即博士。”“焚书之后尚有听习《诗》、《书》之制”这未免太近于臆断。不过他辩坑儒说：

秦虽不尚儒术，然博士之员尚七十人，可谓多矣。且召文学甚众，卢生等尊赐甚厚，不为薄也。坑者仅咸阳诸生四百六十余人，诬为“妖言传相告引”，且多方士，非尽儒者。汉钩党杀天下高名善士百余人，然郡国不遭党祸之士尚不啻百亿万也。伏生、叔孙通即秦时博士，张苍即秦时御史；自两生外，鲁诸生随叔孙通议礼者三十余人，皆秦诸生，皆未尝被坑者。其人皆怀蕴六艺，学通《诗》、《书》，逮汉犹存者也。然则以坑儒为绝儒术者，亦妄言也。

这是很明显而且很有理由的。因为伏生、叔孙通，确即秦博士，张苍确即秦御史，鲁诸生随叔孙通议礼者三十余人，这全见于《史记》本传，不能以坑儒为即“绝儒术”。而且据在《史记》中：

《孔子世家》：“庙藏孔子衣冠琴车书，至于汉二百余年不绝。”

《李斯列传》：“太史公曰：……斯知六艺之归。”

《张丞相列传》：“自秦时为柱下史，明习天下图书计籍。”

《萧相国世家》：“何独先入收秦丞相御史律令图书藏之。”

《张耳陈余列传》：“陈余者……好儒术。”

《郦生陆贾列传》：“陆生时时前说称《诗》、《书》。”

《儒林列传》：“及高皇帝诛项籍，举兵围鲁，鲁中诸儒尚讲诵习礼乐，弦歌之音不绝。”

在《汉书》中：

《楚元王传》：“楚元王交字游，高祖同父少弟也。好书，多才艺。少时尝与鲁穆生、白生、申公俱受《诗》于浮丘伯。伯者，孙卿门人也。”

《贾山传》："贾山，颍川人也。祖父祛，故魏王时博士弟子也。山受学祛。"

《贾谊传》："年十八，以能诵诗书属文称于郡中。……文帝初立，闻河南守吴公治平为天下第一，故与李斯同邑，而尝学事焉，征以为廷尉。廷尉乃言谊年少，颇通诸家之书。"

《循吏传》："文翁，庐江舒人也。少好学，通《春秋》，以郡县吏察举。景帝末，为蜀郡守，仁爱好教化。"

这些人多半是秦汉时期的儒生，好读书，称《诗》、《书》，习礼乐，虽经秦刑的严峻，而其进修似毫未受焚、坑的影响。所以康氏说：

焚书在始皇三十四年，坑儒在始皇三十五年，始皇崩于三十七年七月，戍卒陈涉反于二世元年七月，李斯诛于二世二年七月，汉高祖入咸阳在二世三年十月。自焚书至陈涉反，凡四年，至高祖入关，凡六年；自坑儒至陈涉反，凡四年。至高祖入关，凡五年。坑焚之后，尚有荀卿高弟"知六艺之归"李斯其人者为丞相，死于陈涉反后。坑焚至汉兴，为日至近，博士具官，儒生甚夥。即不焚烧，罪仅城旦，天下之藏书者尤不少，况萧何收丞相、御史府之图书哉！丞相府图书，即李斯所领之图书也。"斯知六艺之归"，何收其府图书，六艺何从亡缺！何待共王坏壁忽得异书邪？事理易明，殆不待辨。（《新学伪经考》）

按：《儒林传》言战国绌儒，然齐、鲁学者不废，又言高帝围鲁，诸儒讲诵习礼、乐不绝；又言圣人遗化，好礼、乐之国，于文学其天性也，汉兴，诸儒修其经艺，习大射、乡饮之礼，诸生弟子随稷嗣而定礼仪，高、惠、文、景虽不好儒，而博士之官仍具。以斯而观，凡抱礼器之孔甲，被围之诸儒，定礼之诸生，具官之博士，皆生长焚书之前，逃出于坑儒之外。所云“讲诵”，所云“经艺”，皆孔子相传之本；加有口诵，非城旦之刑、数年之间所能磨灭，必不至百篇之《书》亡其大半，《逸礼》、《周官》、《左传》若罔闻知也。然则焚书坑儒虽有虐政，无关六经之存亡。而伪经突出哀、平之世，固不足攻，即出共王、安国之时，亦不足攻矣。（同上书）

他更依据陈余、陆贾诸传所列而云：

右见《史记》、《汉书》者，并伏生、申公、辕固生、韩婴、高堂生计之，皆受学秦焚之前，其人皆未坑之儒，其所读皆未焚之本。博士具官者七十，诸生弟子定礼者百余。李斯再传为贾谊，贾祛一传为贾山，皆儒林渊源可考者。统而计之：其一，博士所职，六经之本具存，七十博士之弟子当有数百，则有数百本《诗》、《书》矣，此为六经监本不缺者一；其二，丞相所藏，李斯所遗，此为六经官本不缺者二；其三，御史所掌，张苍所守，此为六经中秘本不缺者三；其四，孔氏世传，六经本不缺者四；其五，齐、鲁诸生，六经读本不缺者五；其六，贾祛、吴公传，六经读本不缺者六；其七，藏书之禁仅四年，不焚之刑仅城旦，则天下藏本必甚多，若伏生、申公之伦，天下六经读本不缺者七；其八，经文简约，古者专经在讽诵，不徒在竹帛，则口传本不缺者八。有斯八证，六艺不缺，可以见孔子遗书复能完，千岁蔀说可以祛，铁案如山，不能摇动矣。（同上书）

他这八证除二、三两证外，其余都可以说是“十分之见”，是有依据有理由的。现在我们还可以将康氏此说重为之疏通证明，以见秦虽焚书，六经未当亡缺。康氏之说，并非臆断，不是一人之偏见，也更不是今文家说，可以随便诋毁为荒谬绝伦的。

(a) 康氏所举第一证，明见《史记》所载李斯奏议和始皇诏令，这是大家公认不能推翻的，“七十博士之弟子当有数百，则有数百本《诗》、《书》”，这虽推测之词，然并非毫无理由。

(b) 康氏所举第二证，说是六经“官本不缺”，“丞相所藏，李斯所遗”，这既不是臆断，更非毫无理由。据《萧相国世家》：“何独先入收秦丞相御史律令图书藏之。”丞相所藏之本为萧何所得，后未藏之于石渠阁。据《三辅黄图》云：“石渠阁，萧何所造，藏入官所得秦之图籍。”这是官本不缺的明证。近来王国维在《〈史记〉所谓古文说》中谓：“《太史公自序》言，‘秦拨去古文，焚灭诗书，故明堂石室金匮玉版图籍散乱’。”而武帝元封三年司马迁为太史令，“䌷史记石室金匮之书”，是秦石室金匮之书，至武帝时未亡也（《观堂集林》）。可见秦代焚书，正有许多官本未焚。而康氏之说为今文说，我们更可举出非今文家说来作佐证。

(c) 康氏所举之三证，在前举王国维文中也说：“《史记·张丞相列传》：‘张丞相苍……好书律历。秦时为御史，主柱下方书。’”而许氏《说文·叙》言：‘北平侯张苍献《春秋左氏传》’，盖即柱下方书之一，是秦柱下之书，至汉初未亡也。”与康氏意见正同。不惟王氏有此说也，即主张古文者如陈汉章，于其《今古文家法述》中驳龚自珍说曰：“《日知录》已云，‘此中古文不知即安国所献否，及王莽末，遭赤眉之乱，焚烧无余’。顾氏此言本于牛弘，《隋书·牛弘传》云‘至孝成之世……诏刘向父子雠校篇籍。汉之典文，于斯为盛。及王莽之末，长安兵起，宫室图书，并从焚烧’。然则烧中古者，实非秦火。”（《中国学报》第2—5期，1916年）王、陈二家之意，并同康氏之说，可见这一证也不是一人之偏见。近人蒙文通著《经学抉原》，亦谓“《七略》言：‘外则有太常、太史、博士之藏，内则有延阁、广内、密室之府。’”《史记·自序》：“‘百年之间，天下遗文古事靡不毕集太史公。’则汉兴，大收篇籍者，其书毕集太史，博士之所执毕集太常，皆所谓外书，新集之民间者，子政校书所云太史书、太常书、臣吾书是也。其所谓中书、中秘书、中古文，盖汉家所固有萧，何得之于秦者。刘向校书所云中《孙卿书》、中书《列子》、中《管子》书、中书《晏子》是也。其云‘中书多外书少’（校《列子》）、‘中书无有七十章，外书无有三十六章’（校《晏子》），中外书如干篇、如干章，皆以是为中外之别也。”（《百官表》：御史大夫，秦官。有两丞，一曰中丞，在殿中兰台掌图书秘籍）

蒙文通又云：“刘向以中古文校欧阳、大小夏侯三家经文，《酒诰》脱简一，《召诰》脱简二。张霸以能百两篇征，以中书校之，非是。明汉人立一家之学，必考信于古文……以校施、孟、梁邱经，及欧阳、大小夏侯三家经文，唯脱去‘无咎悔亡’、《召诰》、《酒诰》一二简，而无亡篇，则《易经》十二篇。施、孟、梁邱三家、《书》二十九卷、大小夏侯二家、欧阳经三十二卷，视中古文无残缺也。五经皆在校中，而《志》著《诗经》二十八卷，鲁、齐、韩三家；《礼经》十七篇，后氏、戴氏；《春秋经》十一卷，公羊、穀梁二家，不言脱简，则《诗》、《礼》、《春秋》亦与中古文同可决也。”（《经学抉原》）

(d) 康氏所举之四证是依据《史记·孔子世家》，这也是大家公认，不能推翻的，而且应该孔氏传本毫无残缺。

(e) 康氏所举之第五、六两证，虽有理由，实近臆测，不足以见诸生读本必为完本，亦不足以见其必为残缺。

(f) 康氏所举之第七证，实是很有理由的，在胡适先生所著《中国哲学史大纲》说：“政府禁书，无论古今中外，是禁不尽绝的。秦始皇那种专制手段，还免不了博浪沙的一次大惊吓；十日的大索也捉不住一个张良。可见当时犯禁的人一定很多，偷藏的书一定很不少。试看《汉书·艺文志》所记书目，便知秦始皇烧书的政策，虽不无小小的影响，其实是一场大失败。”他这种说法，正是佐证康氏此说，并非一人偏见。

(g) 康氏所举第八证，则口传本不缺，则如《诗》、《书》可以如此云云，而未必各经俱能口传不缺者，此如五、六两证相同，但如一、二、三、四、七诸证，康、王、陈、胡之说不证，则此说亦可信。现举实例以言之，试研究群经经秦火究竟有无残缺。

第一是《诗》不残缺，孔子云诵诗三百，《史记·孔子世家》说：“三百五篇，孔子皆弦歌之。”《汉书·艺文志》据刘歆《七略》亦云：“凡三百五篇，遭秦而全者，以其讽诵不独在竹帛故也。”可见西汉学者无论今、古学都不以《诗》有残缺。

第二是《易》，在汉志中说“及秦燔书，而《易》为筮卜之事，传者不绝……刘向以中古文《易经》校施、孟、梁丘经，或脱去‘无咎’、‘悔亡’，唯费氏经与古文同”。依《汉志》说，《易经》也不残缺。

第三是《春秋》，《春秋》经文今古文共有三家，从无因秦火而残缺之说，《公羊》相传汉初始著竹帛，则是《春秋》不因秦火而残缺，甚明。剩下来的只有《书》、《礼》二经，《尚书》廿九篇，在汉代认为足本。古文家以《尚书》为百篇，后来孔壁本得多十六篇，但并未说因秦火而残佚。《礼》经则今文家以十七篇为完本，古文多三十九篇，据《汉志》看来《礼》“自孔子时而不具。至秦，大坏……《礼古经》者，出于淹中及孔氏，与十七篇文相似，多三十九篇”。并非因秦火，更未言原有若干残佚。

综上所述看来，《诗》、《易》、《春秋》今古文家都不认为亡缺，《书》、《礼》二经今文家不以为亡佚，古文虽《书》多十余篇，《礼》多三十九篇，亦未质言因秦火而亡佚。但我们要知道，六经监本不缺，官本不缺，中秘本不缺，孔庙所藏之六经不缺，其他齐鲁诸生读本，亦未必尽缺，康氏之说，实在是很有理由的。

(h) 我们于康氏所举八证外，更可为补一新证，即诸子不因秦火而残缺，则六经更无因秦火残缺之说，在《论衡·书解》篇说："秦虽无道，不燔诸子，诸子尺书文篇，具在可观。"《孟子章句·题辞》说："亡秦焚灭经术，其书号为诸子，故篇籍得不泯绝。"近人蒙文通《经学抉原》依据此及《家语·后序》云："李斯焚书，而《孔子家语》与诸子同列，故不见灭。"以为"是皆诸子不焚之证，《诗》、《书》、百家语同为秦人所禁，诸子不因焚书而亡，则六经不亡，固足验也"。我们只看刘向校书时云"太史书"，"太常书"，"臣吾书"，"中孙卿书"，"中书列子"，"中管子书"，"中书《晏子》"，"中书多外书少"（校《列子》），"中书无有七十章，外书无有三十六章"（校《晏子》），"所校雠中孙卿书凡三百二十二篇，以相校除复重二百九十篇，定著三十二篇（校《荀子》）"。刘向校书时，更于诸子传记得有许多重复之篇，尤可为诸子不因秦火而亡之证。诸子且不因秦火而亡，而六经在秦代明有传授，自然更不至于因秦火而亡，这一点康氏未提出，然而事实实在告诉我们：诸子不因秦火而亡，则六经不亡固足验也。

# 第二章

# 秦废去古文与经学上之影响

### （一）关于古文之种种解释

经学上今古文两派所争执的重要问题，除秦焚六经残缺与否外，还有古文一事，关系古文本是否确比今文本要“古”些。太史公在《史记·自序》中说：“秦拨去古文，焚灭诗书，故明堂石室金匮玉版图籍散乱。”扬雄也说：秦“划灭古文，刮语烧书。”许慎也说：“古文由秦绝。”但是这件事，《史记》无明文，其所以说“秦拨去古文”，实则由于秦统一文字，与焚燔《诗》、《书》二事。但是古文究指何种文字而言呢？实在“是当时所谓古文者皆以有古字，而未明言为古何字”。我们现为解决今古文问题，对于这种种解释应当首先分析清楚：

(1) 古文非大小篆。《说文解字·叙》说：“孔子书六经，左丘明述《春秋传》，皆以古文。”在《说文》中提到古文的地方，未明言为何种文字，故或认为为大篆、小篆。贾公彦《仪礼疏》说：“遭于暴秦燔灭典籍，汉兴，求录遗文之后，有古书、今文。《汉书》云鲁人高堂生为汉博士，传《仪礼》十七篇，是今文也。至武帝之末，鲁恭王坏孔子宅，得古《仪礼》五十六篇，其字皆以篆书，是古文也。”贾《疏》以古文为篆书，即其一例。这一说在《尚书》孔《疏》是不以为然的。《尚书正义》孔《疏》云：“古文者，苍颉旧体，周世所用之文字……或以古文即大篆，非也。何者？八体六书自大篆，与古文不同；又秦有大篆，若大篆是古文，不得云‘古文遂绝’。以此知大篆非古文也。”可见古文并非大篆。《说文·叙》说："及（周）宣王太史籀著大篆十五篇，与古文或异。"也很显见古文与大篆不同。"八体六书"，据《说文·叙》说："自尔秦书有八体：一曰大篆；二曰小篆；三曰刻符；四曰虫书；五曰摹印；六曰署书；七曰殳书；八曰隶书。""及亡新居摄，使大司空甄丰等校文书之部。自以为应制作，颇改定古文。时有六书：一曰古文，孔子壁中书也；二曰奇字，即古文之异者也；三曰篆书，即小篆，秦始皇帝使下杜人程邈所作也；四曰左书，即秦隶书；五曰缪篆，所以摹印也；六曰鸟虫书，所以书幡信也。"然秦不惟有大篆，而且有小篆，则所谓古文者，只有处于史籀前明其所以。《尚书》孔《疏》说"是孔子壁内古文即苍颉之体"。但是古文究竟是什么呢？

（2）古文非蝌蚪书。古文非大小篆，已很明了。然而在后汉魏晋间，更有以古文为蝌蚪书者。《后汉书·卢植传》：植上书曰"古文科斗，近于为实，而厌抑流俗，降在小学。中兴以来，通儒达士班固、贾逵、郑兴父子，并敦悦之。今《毛诗》、《左氏》、《周礼》各有传记，其与《春秋》共相表里，宜置博士，为立学官"。郑康成《尚书赞》曰："《书》初出屋壁，皆周时象形文字，今所谓科斗书。以形言之为科斗，指体即周之古文。"伪孔传《尚书序》也说："至鲁共王好治宫室，坏孔子旧宅以广其居，于壁中得先人所藏古文虞、夏、商、周之《书》及《传》、《论语》、《孝经》，皆科斗文字。……科斗书废已久，时人无能知者。"（《西京杂记》、《孔子家语后序》并载科斗文事，兹不具录）这种说法亦不可信。王相《书录》、皮锡瑞《五经通论》都有驳词，但是说得最好的，要数王国维《观堂集林·科斗文字说》，他说：

科斗文字之名，先汉无有也。惟汉末卢植上书，有"古文科斗，近于为实"之语，而其下所言乃《毛诗》、《左传》、《周官》，不及壁中书。始以《古文尚书》为科斗书。然卢、郑以前未尝有此名也。卫恒《四体书势》

始云：鲁恭王坏孔子宅，得《尚书》、《春秋》、《论语》、《孝经》，时人已不复知有古文，谓之科斗书。汉世秘藏，希得见之。伪孔安国《尚书序》亦云：鲁恭王坏孔子旧宅，于其壁中得先人所藏古文虞夏商周之书，皆科斗文字。始以科斗之名为先汉所已有，然实则此语盛行于魏晋以后。杜预《春秋经传集解·后序》云：汲郡汲县有发其界内旧冢者，大得古书，皆简编科斗文字。王隐《晋书·束皙传》亦云：太康六年，汲郡民盗发魏安厘王冢，得竹书桼字科斗之文。科斗文者，周时古文也。其头粗尾细，似科斗之虫，故俗名之焉。（《春秋正义》引）今《晋书·束皙传》亦云：汲冢书皆科斗书。是科斗书之名起于后汉，而大行于魏晋以后。且不独古文谓之科斗书，且篆书亦蒙此名。《束皙传》又云：有人于嵩高山下得竹简一枚，上两行科斗书。司空张华以问皙，皙曰，此汉明帝显节陵中策文也。检验果然。汉代册文皆用篆，不用古文（见《独断》及《通典》），而谓之科斗书，则魏晋间凡异于通行隶书者，皆谓之科斗书。其意义又一变矣。又，汉末所以始名古文为科斗文字者，果验古文体势而名之乎？抑当时传古文者所书或如是乎？是不可知。然魏三体石经中古文，卫恒所谓因科斗之名，遂效其形者。今残石存字，皆丰中锐末，与科斗之头粗尾细者略近；而恒谓转失淳法，则邯郸淳所传之古文，体势不如是矣。邯郸淳所传古文不如是，则淳所祖之孔壁古文体势亦必不如是矣。卫恒谓汲县人盗发魏襄王冢，得策书十余万言。案敬侯所书，犹有仿佛。敬侯者，恒之祖卫凯，其书法出于邯郸淳，则汲冢书体亦当与邯郸淳所传古文书法同，必不作科斗形矣。在则魏晋之间，所谓科斗文，犹汉人所谓古文，若泥其

名以求之，斯失之矣。（《观堂集林》卷七《科斗文字说》）

依王氏此说，则古文即为科斗书亦不可信。

(3) 古文与六国文字。古文非大小篆，亦非即科斗书，于是王国维先生依据其古文字学而阐明：战国时秦用籀文，六国用古文。汉人所说的古文即是此六国文字，即东方文字。他有《战国时秦用籀文六国用古文说》一文云：

余前作《史籀篇疏证序》，疑战国时秦用籀文，六国用古文，并以秦时古器遗文证之。后反复汉人书，益知此说之不可易也。班孟坚言："《苍颉》、《爰历》、《博学》三篇文字多取诸《史籀》篇，而字体复颇异，所谓秦篆者也。"许叔重言："秦始皇帝初兼天下，丞相李斯乃奏同文字，罢其不与秦文合者。斯作《苍颉》篇，中车府令赵高作《爰历》篇，太史令胡毋敬作《博学》篇，皆取史籀大篆，或颇省改，所谓小篆者也。"是秦之小篆本出大篆，而《苍颉》三篇未出大篆、未省改以前，所谓秦文即籀文也。司马子长曰："秦拨去古文。"扬子云曰："秦刬灭古文。"许叔重曰："古文由秦绝。"案：秦灭古文，史无明文。有之，惟一文字与焚《诗》、《书》二事。六艺之书行于齐、鲁，爰及赵、魏，而罕流布于秦，犹《史籀》之不行于东方诸国。其书皆以东方文字书之。汉人以其用以书六艺，谓之古文。而秦人所罢之文与焚之书，皆此种文字，是六国文字即古文也。观秦书八体中有大篆无古文，而孔子壁中书与《春秋左氏传》，凡东土之书，用古文不用大篆，是可识矣。故古文、籀文者，乃战国时东、西二土文字之异名，其源皆出于殷周古文。而秦居宗周故地，其文字犹有丰镐之遗，故籀文与自籀文出之篆文，其去殷周古文反较东方文字，即汉世所谓古文为近。自秦灭六国，席百战之威，行严峻之法，以同一文字，凡六国文字之存于古籍者，已焚烧刬灭，而民间日用文字又非秦文不得用。观传世秦权量等，始皇廿六年诏后，多刻二世元年诏，虽亡国一、二年中，而秦法之行如此，则当日同文字之效可知矣。故自秦灭六国以至楚汉之际十余年间，六国文字遂遏而不行。汉人以六艺之书皆用此种文字，又其文字为当日所已废，故谓之古文。此语承用既久，遂若六国之古文即殷周古文，而籀篆皆在其后，如许叔重《说文序》所云者，盖循名而失其实矣。（《观堂集林》）

他这种解释在研究古文字学的人多不以为然，第一个质疑此说者为钱玄同先生。他在《古史辨》第一册《论〈说文〉及壁中古文经书》说：

王氏自信“此说之不可易”，据我看来，不但可易，而且还着实该易。我现在便来“易”它一下。

秦之同一文字，其事之性质，正如今之“统一国语”相类，其竭力推行，务期普及，今昔亦正相类。所异者，今之统一国语，是舍ㄉㄝㄇㄛㄉㄦㄚㄙ的精神，所以不废止方言（咱们还很希望它发展呢）；秦之同一文字，是用专制的手腕，所以要“罢其不与秦文合者”罢了。秦所要“罢”的系专指形式“不与秦文合者”而言，大不合的固然要罢，小不合的也是要罢，因为目的在于使文字统一。六国的文字究竟比秦文差了多少？这个我们固然不能臆断，但就现存的钟鼎看来（连秦国的），则可以说这样几句笼统话：要说异，似乎各国文字彼此都有些小异；要说同，也可以说是彼此大体都相同，ㄍㄨㄟㄌㄧㄅㄠㄗㄨㄟ，一句话，大同小异而已。若区为“东土”、“西土”两种文字，则进退失据之论也。而况今所存齐、鲁、邾诸国的钟鼎文字，跟壁中古文距离之远，正与秦文跟壁中古文距离之远一样呢？还有王氏说“秦书八体中有大篆，无古文”，这是因为秦时还没有所谓“孔子书六经以古文”之说。儒者之传授六经，其初仅凭口耳，渐乃著于竹帛。著于竹帛之时通用什么样的文字，他们就写什么样的文字，传经之儒对于文字的形式是绝不注重的，所以彼此所传，异文假借非常之多。讲到《史记》中的“秦废去古文”一话，那是刘歆们窜入的，凡《史记》中“古文”二字都是刘歆们窜入的。这个意思，康氏的《伪经考》已启其端，先师的《史记探源》乃尽发其覆。扬雄之时，古文伪经已出，扬雄便是上当的一个人（他识得许多古文奇字）；许慎更是迷信古文经的，所以他们俩的话是绝不足信的。（《古史辨》）





容庚先生于其所著《中国文字学形篇》三十八页亦云：

王国维别为“战国时秦用籀文六国用古文”之说，今以彝器文证之，齐、鲁彝器文与秦固无大异，古文之异于秦者，并异于齐、鲁，不能谓为东土文字如是也。六国彝器中，如齐陈曼簠、陈侯午敦、陈侯因资敦、陈逆簋、陈逆肪、陈肪敦盖、陈猷釜、子未子釜等，陈曼而冠以“齐”字；“午”为桓公之名；“因资”即“因齐”，为威王之名；陈逆簋云：“余，陈桓子之裔孙，余寅事齐侯。”陈肪敦盖云“岭𡫱叔和子”；二釜皆出于山东胶西灵山卫，其为田陈之器，确而有据，皆不与古文相同。陈公子甗、陈侯鼎、陈侯簠、陈子匜、陈侯作嘉姬敦，陈皆作“𨻰”，与田陈之作𨻰者异。虽各器之是否出于河南，皆无可考；然陈子匜云：“陈子子□孟妫□

女媵匜。”其为妫姓之陈可知。妫陈作“陳”，田陈作“塦”，用字各别。今《三字石经》文公残石：“陈侯如会”、“陈侯鄭卒”、“陈人蔡人秦人盟于翟泉”、“晋人陈人郑人伐许”，陈字凡四见，妫陈而古文皆作田陈之“塦”，又鄦国之鄦，彝器文省邑作无，或不省，或作“鄦”从甘。而《三字石经》“晋人、陈人、郑人伐许”作“许”，且彝器文“子丑”之“子”作“□”，“辰巳”之“巳”作“□”，而《说文》云：“□，古文字，从，巛象髮也。”“己巳”、“癸巳”、“乙巳”，“巳”在古文作“□”，其他干支等字，及最通用之纪数字，如《说文》之“弌”、“弍”、“弎”、“□”，《石经》之“七”、“□”，亦不与彝器文同。窃疑壁中古文出于伪托，如宋、薛季宣以传世古文伪造《尚书》隶古定本，或魏《三字石经》虽有古文一体，然所写《尚书》乃今文本而非古文本，非复壁中古文《尚书》之旧，其字大抵未采摭晚周讹变之体。《说文》重文所收，又皆古文之别构，故“弌”、“弍”、“弎”、“□”、“□”、“□”、“□”、“□”诸字，《三字石经》作“二”、“三”、“亖”、“□”、“□”、“□”、“□”、“□”、“□”、“○○○”、“𠁡”诸字，《三字石经》同部偏旁作“示”、“王”、“𠁡”，汉简全用古文偏旁写古文，更失之矣。(《文哲月刊》一卷八期)

郭沫若在《金文丛考·驫羌钟铭考释》一文中也说：

曩者王国维倡为‘战国时秦用籀文，六国用古文’说，自以为不可易，学者多已疑之。今此器乃战国时韩器，下距嬴秦兼并天下，仅百六十年，而其字体上与秦石鼓、秦石敦，中与同时代之商鞅量、商鞅戟，下与秦刻石、秦权量相类，并无何等诡异之处。仅此已足易王

之说而有余矣。(《金文丛考》)

近孙君海波著《〈说文〉籀文古文考》一文，一反钱、容、郭诸家说，而为王氏辩谓“今《说文》及《三字石经》古文皆首足尖锐而中丰，与六国文字中的鸟篆极相近。越若王剑、越钟、者沔钟、楚王饮章璘公剑、吉日壬午剑及近所出土之楚王酓章盘等字，以与古文相较，则古文与鸟篆自是一家眷属，是壁中书即六国文字之鸟篆可断言也”。又由籀文“异文存于《说文》者凡二百二十三字，取以商周六国文字相较”，“凡三十八字，其合于商周文字者十之六；合于六国文者十之四，此可证明《史籀篇》为六国文字兴起以后之字书无疑”。又谓：“《说文》之古文，其形就与商周文字辄异，与六国文字多合，取《说文》古文，以与商周较得字七十有七，其合于商周文也四分之一；其合六国文也四分之三，则知汉代所谓古文即六国文字。”(《文哲月刊》一卷8期，1936年)我们细察此篇所云，如以壁土中即六国文字之鸟篆，不知此种鸟篆与六书中之鸟虫书，其差异点安在？而六书中所谓之古文，以及奇字，即古文有异者，何以不即谓之鸟篆？或言与鸟虫书相似？于二百二十三字中仅取三十八字与商周六国文较，而谓《史籀》为六国文字兴起后字书，不知何以知《史籀》之必为来自六国文字，而非六国文字来之《史籀》？又其所举《说文》古文七十七例之中，五十八字与六国文字合，可云四分之三；而有三十七字与殷周文字合，实为四分之二，何以知汉代所谓古文，必为六国文字而必为六国文字中之鸟篆？其立说颇不谨严，仍无以祛钱玄同先生所云：

> 壁经的伪字，《说文》所录仅可以称为“举要”，尚不能称为“大全”。《三体石经》、《古文四声韵》、汉简、《书古文训》中保存着《说文》所未录的壁经伪字不少，不过辗转传写，失其本真，伪字又须晋加“误”衔了。不曾晋加“误”衔的，便是最近发现的《三体石经》。

我觉得《三体石经》中的古文，有好些字明明白白看得出是依傍小篆而伪造的；有好些字是真古文本有其体，作伪者未之见，因杜撰一体以当之的；自然也有好些字与真古文相合的，这与《周礼》中可以埋藏着周代的真制度之理相同。（《论〈说文〉及壁中古文经书》，《古史辨》第一册）

之疑，我们还须更进一步来解决此问题。假如“孔壁书之可贵，以其为古文经，非徒以其文字为古文”（孙文中语），文字不古，篇章的分合也不古，说解也不古，则古文经还是不古，而是伪造的。钱氏据古文字来说，已足以见古文既不是殷周古文，也不一定是六国文字；即是六国文字，其文字也不一定是“古”得连汉人都不易认识的。

（4）古文与先秦旧书。王国维发明“战国秦用籀文，六国用古文”，更援引《史记》所谓古文说谓：

太史公修《史记》时所据古书，若《五帝德》，若《帝系姓》，若《牒记》，若《春秋历谱牒》，若《国语》，若《春秋左氏传》，若《孔氏弟子籍》，凡先秦六国遗书，非当时写本者，皆谓之古文。

……然则太史公所谓古文，皆先秦写本旧书，其文字虽已废不用，然在当时，尚非难识。故《太史公自序》云：“年十岁则诵古文。”太史公自公父谈时，已掌天官，其家宜有此种旧籍也。惟六艺之书，为秦所焚，故古写本较少。然汉中秘有《易》古文经，河间献王有古文先秦旧书《周官》、《尚书》、《礼三记》，故不独孔壁书为然。至孔壁书出，于是《尚书》、《礼》、《春秋》、《论语》、《孝经》皆有古文。孔壁书之所贵，以其为古文经故，非徒以其文字为古文故也。盖汉景、武间，距用古文之战国时代不及百年，其识古文，当较今日之识篆隶为易。

……是古文难读之说，起于王仲任辈未见壁中书者，其说至魏晋之间而大盛，不知汉人初未尝有是事也。（《观堂集林》）

他更有《汉书》所谓古文说，谓《汉书·艺文志》所录经籍“冠以古文二字，若古字者”，“盖诸经之冠以古字者，所以别其家数，非徒以其文字”。后汉以降，凡言古文者，大抵指壁中书，故许叔重《说文》书中言“古文者，孔子壁中书”；又云“孔氏古文也”。又有《说文》所谓古文说，谓“许叔重《说文解字·叙》言有古文者凡十，皆指汉时所存先秦文字言之”。他这些意见，近人多采用古文为先秦旧书说，如钱穆先生在《刘向歆父子年谱》也说：





又按：歆《移书》云：“及鲁恭王坏孔子宅，欲以为宫，而得古文于坏壁之中，逸《礼》有三十九，《书》十六篇。天汉之后，孔安国献之，遭巫蛊仓卒之难，未及施行。及《左氏春秋》丘明所修，皆古文旧书，多者二十余通。藏于秘府，伏而未发。”此谓“古文”，犹云“旧书”也。歆又云：“其为古文旧书，皆有征验。”歆方欲争立三书，故言其均为古文旧书，明与朝廷博士诸书为类。非谓此皆古文，与朝廷博士今文不同也。其时尚无今文、古文之别，歆所云云，正欲显其同，非以别其类。《史记》常云“《诗》、《书》古文”，其时谓“《诗》、《书》”皆“古文”也。《刘向传》：“上方精于《诗》、《书》，观古文”，“《诗》、《书》”、“古文”同指六艺，皆谓战国以前旧书，以别于诸子、传记。刘歆屡云“古文旧书”，“古文”即“旧书”也。

史迁书尝称十岁则诵古文，不离古文者近是，至秦废去古文，迁固书之古文，皆为旧书之意耳。（蒙文通

《经学抉原》）

但是直以“古文”为“旧书”，实则如《汉书·河间献王传》说“河间献王所得书，皆古文先秦旧书”，应当释为旧所书先秦旧书，所以“古文”，只用一“旧书”拿来说明，是不严密、不准确的。“古文”实当如王国维的解释：(a) 先秦古文。(b) 先秦写本。(c) 学派之名。(d) 壁中古文。王国维提出种种的解释，真是煞费了苦心替古文辩护，不可轻易推翻。

**（二）秦灭古文无关于经学**

秦废去古文，不见史明文，这不过是统一文字，将古写本变为今写本，毕竟不像焚书那样严重，将古写变作今写，并不丧失原意，所以王国维以及他的弟子都说：“孔壁书之可贵，以其为古文经，非徒以其文字为古文故也。”（王国维语）后来古文经学家所以夸张古文经者，实因篇数比今文经多，材料比今文经丰富，本子比今文经古，并不是专在文字立论。但我们要知道，如若六经不因秦火而遂残缺，今文本正和古文本一样的古，一样的可贵，所以秦拨去古文是无关于经学的。假如我们发现古文经文字并不比今文真古，篇数并不必今文真多，解释并不比今文真好，材料虽然丰富，而是从另一些书中拿来充数的，不问来历如何，则对这些古文经传，就不能不加以检讨而即承认其为古经。这是从汉代起所以有经今文古之争，而众说纷纭至今不决的根本原因。今古文之争缘于秦焚书坑儒及废弃古文二事，使今古文家发生今文本、古文本孰为古本、足本之争，我们研究经学源流变迁，于此必须要加以注意。如若秦焚“《诗》、《书》百家语”而六经未尝亡缺，则今文经为古本足本；古文经是否更古更足，则又是一问题。我们将两种本子，就其来历与内容加以比较，自然可以明了。

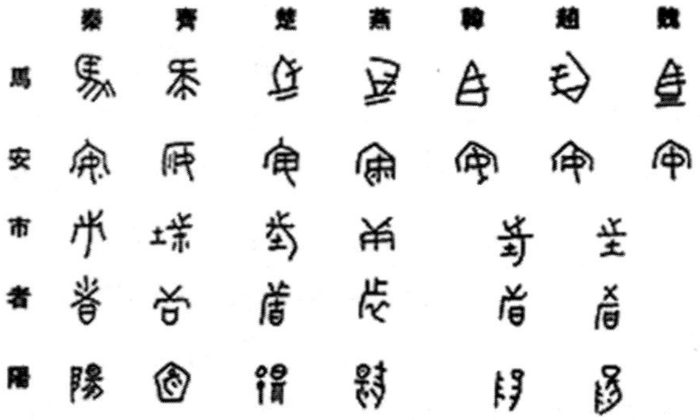


秦与六国文字比较（图为整理者所加）



注一：近人蒙文通著《经学抉原》，亦谓《七略》言：“外则有太常、太史、博士之藏，内则有延阁、广内、秘书之府。”《史记》自序：“百年之间，天下遗文古事靡不毕集太史公。”则汉兴，大收篇籍者，其书毕集太常，皆所谓外书新集之民间者。子政校书所云太史书、太常书、臣吾者是也。其所谓中书、中秘书、中古文，盖谓延阁、广内、秘书之藏汉家所固有萧何得之于秦者；刘向校书所云中《孙卿》书、中书《列子》、中《管子》书、中书《晏子》是也。其云中书多外书少（校《列子》），中书无有七十章外书无有三十六章（校《晏子》），中书云者，倘国家之旧藏耶（《百官表》：御史大夫，秦官。有两丞，一曰中丞，在殿中兰台掌图书秘籍）。(蒙文通《经学抉原》)

蒙文通又云：刘向以中古文校欧阳、大小夏侯三家经文，《酒诰》脱简一，《召诰》脱简二；张霸以能百两篇征，以中书校之非是。明西汉人立一家之学必考信于古文……以中古文校施、孟、梁邱经及欧阳、大小夏侯三家经文，唯脱去《无咎》、《悔亡》，而《无亡》篇则《易经》十二篇。施、孟、梁邱三家；《书》二十九卷，大小夏侯二家、欧阳经三十二卷，视古文无残缺也。五经皆在校中，而志著《诗经》二十八卷，鲁、齐、韩三家；《礼》经十七篇，后氏、戴氏；《春秋》经十一篇，《公羊》、《穀梁》二家，不言脱简。则《诗》、《礼》、《春秋》亦与中古文同，可决也。(蒙文通《经学抉原》)

# 张西堂文集

“十四五”时期国家重点出版物出版专项规划项目

国家出版基金项目
NATIONAL PUBLICATION FOUNDATION

张西堂 著
张铭洽 编

卷二

陕西新华出版传媒集团
三秦出版社

# 《张西堂文集》卷二

## 目录

## 经学史纲（下）


**第六篇　两汉今古文经学之纷争与糅合**

第一章　两汉经学发达之背景 ……………………… (475)

第一节　历史之积因 ……………………… (475)

第二节　大师之提倡 ……………………… (483)

第三节　帝王之尊崇 ……………………… (497)

第二章　博士制度与师法家法 ……………………… (503)

第一节　博士之建立与增损 ……………………… (503)

第二节　师法与家法之异同 ……………………… (518)

第三章　今文经学之流传迁变 ……………………… (528)

第一节　今文经学之传授 ……………………… (528)

第二节　今文经学之演变 ……………………… (546)

第三节　今文经学之精神 ……………………… (570)

第四章　纬学之兴起及其流传 ……………………… (608)

第一节　纬学之名义与篇第 ……………………… (608)

第二节　纬学之起源与编定 ……………………… (623)

第三节　纬学之内容 …………………………（638）
第四节　纬学之流传与燔禁 ……………………（660）
第五章　古文经传之出现 …………………………（672）
第一节　古文经传出现之原因 …………………（672）
第二节　今古经传文字之异同 …………………（696）
第三节　今古经传解说之异同 …………………（920）
第六章　古文经学之流传迁变 ……………………（947）
第一节　古文经学之传授 ………………………（947）
第二节　古文经学之演变 ………………………（960）
第三节　古文经学之精神 ………………………（975）
第七章　今古文经学之纷争 ………………………（990）
第一节　西汉末三次之纷争 ……………………（990）
第二节　东汉时今古文之纷争 …………………（995）
第八章　今古文经学之杂糅 ………………………（1004）
第一节　西汉末叶今古文经学之杂糅 …………（1004）
第二节　东汉经师今古文经学之杂糅 …………（1005）
第九章　熹平石经之建立及其影响（阙） …………（1016）
第十章　两汉经学之异同及其影响 ………………（1017）
第一节　两汉经学之异同 ………………………（1017）
第二节　两汉经学之影响 ………………………（1022）
附录一 ……………………………………………（1033）
附录二 ……………………………………………（1045）

## 两汉三国传经通经表

凡例 ………………………………………………（1049）
一　《易》 …………………………………………（1051）

二　《尚书》……………………………………………… (1069)
三　《诗》………………………………………………… (1093)
四　三《礼》……………………………………………… (1112)
五　《春秋》……………………………………………… (1120)
六　《论语》……………………………………………… (1140)
七　《孝经》……………………………………………… (1143)
八　《孟子》……………………………………………… (1144)
九　《尔雅》……………………………………………… (1145)
十　群经…………………………………………………… (1146)
《传经表》附录…………………………………………… (1157)
通二经诸儒………………………………………… (1157)
通三经诸儒………………………………………… (1161)
通四经诸儒………………………………………… (1162)
通五经诸儒………………………………………… (1163)
通六经诸儒………………………………………… (1164)
通七经诸儒………………………………………… (1165)
通八经诸儒………………………………………… (1166)
通九经诸儒………………………………………… (1166)
通十经诸儒………………………………………… (1166)
通十一经诸儒……………………………………… (1166)
通十二经诸儒……………………………………… (1166)

# 经学史纲（下）

# 第六篇　两汉今古文经学之纷争与糅合

## 第一章

## 两汉经学发达之背景

### 第一节　历史之积因

（一）必然的趋势

经学在秦代表面上好像经过重大的打击，焚书坑儒，灭去古文，但实际上，当秦之世，无论在朝在野，经学的流传并未停止；到了汉武帝时代更罢黜百家独尊孔氏，从此经学在中国两千余年来，随着儒学独尊的局面而其流传益形发达。我们现在推究起来，实有种种的原因。在叙述汉代经学发达的原因时，我们可以于此特别分析一下。依我看来，第一是历史的积因，而这历史的积因之一就是必然的趋势。从殷周到秦汉，儒学之所以达到独尊，经学之所以发达，都实在有其必然的趋势。

殷周的社会，本是由氏族制而转为“封诸侯，建藩卫”的封建制，经学与儒家之产生，本是在这种上有天子，下有诸侯的封建制度之中孕育而成。殷周的政治道德思想就主张“帅型祖考之德”（今按：见西周梁其锺、癲锺、单伯昊生锺、虢叔旅锺等）、“励用中道”、“德以齐家，德以治国，德以平天下”，而“有阶级存在之一日，统治者对于此种理论即须加以维护，故在周代八百年间，上自宗周下面列国而自然形成一系统。周末之儒家思想又（将）此系统之系统化耳”（郭沫若《金文丛考·周彝中之传统思想考》）。到了秦汉这种集权专制社会制度，这种思想不惟并无若何变更，而且成为专制的中央集权制度对于“帅型祖考”、“励用中道”、“德以治国，德以齐家，德以平天下”，仍然要感觉其必要。这是秦皇虽焚书坑儒不过为维护皇权、聊以愚民，汉初虽不尚儒术，而终究要尊崇儒术的原因所在。他们对于儒家的政治道德思想，如天子至尊、君臣上下等级观念及礼制等等，当他们正在兼并天下的时候，虽然不感觉十分的需要，但一旦在马上得天下之后，便不能不再偃武修文、尚德尚贤，就迫切需要有一种理论学说，一方面将自己置于独尊于天下的地位，同时又能让天下臣民发自内心地拥护、惧怕、服从自己。不尊儒术，正名定分，崇礼贵让，讲道德，说仁义，就无以为治世之具，这是秦代“把从来所执持的变法的态度改换为保守的态度，这是其时社会形势的所必然引出的结论”（郭沫若《周官质疑》）。这是秦汉为什么在一方面否认儒家的政治原理，而终究反予以接收的大道理。儒家的主张是其时维持社会秩序安宁最高的政治原理，儒家思想是自然古以来所流传下的含有宗法社会伦理道德在内的原理，儒家经典中的所有的内容也比较墨、名、法、道各家的更为丰富，可以为治世之具。秦代不重用儒术，一任刑法形成暴政而速亡；汉初不重用儒术而中央政府的权威屡遭挑战，天下难以安定的教训，更足以使汉之君臣在原则上认为提倡儒术在稳定社会秩序上有其必要。这是必然的趋势，正是儒家思想所具有的其他学说所不具备的特殊功能，而得到最高统治者的青睐，是其所以能崇高的缘故，也正是经学在两汉所以发达的原因之一。





**（二）最高的原理**

经学的发达因为必然的趋势，然而我们要问这种必然的趋势何以惟独儒家的经典从此崇高，而墨名法道诸家的思想，也未必不是治世之具而后在罢黜之列？在《史记》中，司马谈《论六家要旨》对此有精辟的论述：

> 夫阴阳、儒、墨、名、法、道德，此务为治者也，直所从言之异路，有省不省耳。尝窃观阴阳之术，大祥而众忌讳，使人拘而多所畏；然其序四时之大顺，不可失也。儒者博而寡要，劳而少功，是以其事难尽从；然

其序君臣父子之礼，列夫妇长幼之别，不可易也。墨者俭而难遵，是以其事不可遍循；然其强本节用，不可废也。法家严而少恩；然其正君臣上下之分，不可改矣。名家使人俭而善失真；然其正名实，不可不察也。道家使人精神专一，动合无形，赡足万物。其为术也，因阴阳之大顺，采儒墨之善，撮名法之要，与时迁移，应物变化，立俗施事，无所不宜，指约而易操，事少而功多。儒者则不然。以为人主天下之仪表也，主倡而臣和，主先而臣随。如此则主劳而臣逸。至于大道之要，去健羡，绌聪明，释此而任术。夫神大用则竭，形大劳则敝，形神骚动，欲与天地长久，非所闻也。夫阴阳四时、八位、十二度、二十四节各有教令，顺之者昌，逆之者不死则亡。未必然也，故曰“使人拘而多畏”。夫春生夏长，秋收冬藏，此天道之大经也，弗顺则无以为天下纲纪，故曰“四时之大顺，不可失也”。夫儒者以六艺为法。六艺经传以千万数，累世不能通其学，当年不能究其礼，故曰“博而寡要，劳而少功”。若夫列君臣父子之礼，序夫妇长幼之别，虽百家弗能易也。墨者亦尚尧舜道，言其德行曰：“堂高三尺，土阶三等，茅茨不翦，采椽不刮。食土簋，啜土刑，粝粱之食，藜藿之羹。夏日葛衣，冬日鹿裘。”其送死，桐棺三寸，举音不尽其哀。教丧礼，必以此为万民之率。使天下法若此，则尊卑无别也。夫世异时移，事业不必同，故曰“俭而难遵”。要曰强本节用，则人给家足之道也。此墨子之所长，虽百家弗能废也。法家不别亲疏，不殊贵贱，一断于法，则亲亲尊尊之恩绝矣。可以行一时之计，而不可长用也，故曰“严而少恩”。若尊主卑臣，明分职不得相逾越，虽百家弗能改也。名家苛察缴绕，使人不得反其意，专决于名而失人情，故曰“使人俭而善失真”。若夫控名责实，参伍不失，此不可不察也。

道家无为，又曰无不为，其实易行，其辞难知。其术以虚无为本，以因循为用。无成埶，无常形，故能究万物之情。不为物先，不为物后，故能为万物主。有法无法，因时为业；有度无度，因物与合。故曰“圣人不朽，时变是守。虚者道之常也，因者君之纲”也。群臣并至，使各自明也。其实中其声者谓之端，实不中其声者谓之窾。窾言不听，奸乃不生，贤不肖自分，白黑乃形。在所欲用耳，何事不成。乃合大道，混混冥冥。光耀天下，复反无名。凡人所生者神也，所托者形也。神大用则竭，形大劳则敝，形神离则死。死者不可复生，离者不可复反，故圣人重之。由是观之，神者生之本也，形者生之具也。不先定其神［形］，而曰“我有以治天下”，何由哉？

他这里叙列各家学说的长短利弊，而以道家为最高。但道家的“指约而易操”，实不足以应社会之需要，社会的维系终需要纲纪伦常，像道家那种“去健羡，绌聪明”，不注重客观的事实，是做不到的。儒家的经典对于名家的“正名实”，法家的“正君臣上下之分”，墨家的“强本节用”，阴阳家的“叙四时之大顺”，均无所不包，无所不有，儒家的传说更多渗有墨、名、法、道、阴阳诸家的思想，更是包罗万象，比各家都更为丰富，然而在这包罗万象的经典中，也有“一言而可以终身行之”（《论语·卫灵公》），“一言而可以兴邦”（《论语·子路》）的大道理存在，实是“指约而易操，事小而功多”，并非“博而寡要，劳而少功”。更许治人者以“无为而治”，与时迁徙，应物变化，立俗施事，无所不宜，比之道家之崇尚虚无更有切于实用的地方。只须有人发扬光辉，舍短从长而已。就中国古代的社会来看，“只有儒家学是代表中国对封建统治的最高的原理”，儒家经典不仅是封建统治者的思想统治工具，同时也是中国传统文化的主体。我们更可以说，儒家的思想与其著述大约都是提倡“仁”、“义”与

“时”、“中”的，“仁”即今日所谓情，属于情感一方面的；义即今日所谓理，属于理智一方面的。讲道德说仁义，不过教人“情感要理智化”，或者是说“理智要情感化”。“孔曰成仁，孟曰取义，唯其义尽，所以仁至。”“仁”包含“义”，“仁”的解释是真情之合理的流露，这样子的“仁”、“义”是在现实社会中都应当讲求的。“时”与“中”更是教我们不要忘了我们所处的时势，要以符合仁义且不偏不枉的正常方法处理事件。这些在过去与将来都可认为最高的原理，没有一个人群社会是不讲真情不要知识，不问环境不讲方法的。此所以儒家的经籍，虽在战乱时期为人所忽视，但真要“平天下”，还是离不开通经之儒。这也是两汉经学所以发达的原因之一。

**（三）时代的要求**

上述必然的趋势以及最高的原理，是从过去的社会制度以及儒经自身的价值来考察的，现在我们更可就当日的情形来检讨儒家何以独尊、经学何以发达的缘故。我们分析来看，这其中实又有四个原因：

(1) 是安内。在西汉初叶至汉武帝以前，本来黄老思想极形发达，汉高祖是“不好儒”的，“诸客冠儒冠来者，沛公辄解其冠，溲溺其中。与人言，常大骂”（《史记·郦生陆贾列传》）。“陆生时时前说称《诗》、《书》，高帝骂之曰：‘乃公居马上而得之，安事《诗》、《书》！’”（同上）在他的左右，如张良、陈平都修黄老之言，据《史记·乐毅列传》，曹参正是所谓河上丈人的六传弟子。孝惠、吕后时，公卿皆武力有功之臣，“孝文帝本好刑名之言。及至孝景，不任儒者，而窦太后又好黄老之术”（《史记·儒林列传》）。这都可见汉初统治集团不重儒术，而重视黄老刑名之学。这是因为汉承秦敝，在秦末战乱中人口死亡太多，社会经济残破，生产效率减少，故不得不采用黄老“君人南面之术”以求与民更生。但是黄老无为而无不为的统治术，对于确立至高无上的君权作用极其有限，对于制约诸侯的作用也极其有限，不惟不能平治天下，而其放任主义还可能引起政局混乱，这在公元前一八〇年的诸吕的之乱及公元前一五四年的吴楚等七国的叛乱，已经表现得十分清楚。经过这两次变乱，很可以使人感觉到黄老刑名都不必是有效的治世之术。到武帝时这种政治上的不安，仍未减少，诸王的叛谋仍时有所发生。如：

(a) 淮南厉王长，高帝少子也。……及孝文初即位，自以为最亲，骄蹇，数不奉法。……益恣，不用汉法，出入警跸，称制，自作法令，数上书不逊顺。文帝重自切责之。……六年，令男子但等七十人与棘蒲侯柴武太子奇谋，以辇车四十乘反谷口，令人使闽越、匈奴。事觉，治之。（《汉书》卷四四《淮南衡山济北王传》）

(b) 淮南王安为人好书，鼓琴……招致宾客方术之士数千人，作为《内书》二十一篇，《外书》甚众，又有《中篇》八卷，言神仙黄白之术，亦二十余万言……建元六年，彗星见，淮南王心怪之。或说王曰："先吴军时，彗星出，长数尺，然尚流血千里。今彗星竟天，天下兵当大起。"王心以为上无太子，天下有变，诸侯并争，愈益治攻战具，积金钱赂遗郡国。游士妄作妖言阿谀王，王喜，多赐予之。……元朔二年……谋为反具……元朔五年……为反谋益甚……日夜与左吴等按舆地图，部署兵所从入……令官奴入宫中，作皇帝玺，丞相、御史大夫、将军、吏中二千石、都官令、丞印，及旁近郡太守、都尉印，汉使节法冠。(同上)

(c) 衡山王闻淮南王作为畔逆具，亦心结宾客以应之，恐为所并……又数侵夺人田，坏人冢以为田……与奚慈、张广昌谋，求能为兵法候星气者，日夜纵臾王谋

反事……乃使孝客江都人枚赫、陈喜作輣车鍭矢，刻天子玺，将、相、军吏印……数称引吴、楚反时计划约束。（同上）

(d) 江都易王……招四方豪杰，骄奢甚。二十七年薨，子建嗣……建亦颇闻淮南、衡山阴谋，恐一日发，为所并，遂作兵器。号王后父胡应为将军。中大夫疾有材力，善骑射，号曰灵武君。作治黄屋盖；刻皇帝玺，铸将军、都尉金银印；作汉使节二十、绶千余；具置军官品员，及拜爵封侯之赏；具天下之舆地及军陈图。遣人通越繇王闽侯……数通使往来，约有急相助。（《汉书》卷五十三《景十三王传》）

(e) 胶东康王寄以孝景中二年立，二十八年薨。淮南王谋反时，寄微闻其事，私作兵车镞矢，战守备，备淮南之起。及吏治淮南事，辞出之。（同上）

以上数例表明，在诸吕与吴楚叛乱之后，诸侯王谋变犹时有所闻，文帝时贾谊上《治安策》也曾说："臣窃迹前事，大抵强者先反。淮阴王楚最强，则最先反；韩信倚胡，则又反；贯高因赵资，则又反；陈豨兵精，则又反；彭越用梁，则又反；黥布用淮南，则又反；卢绾最弱，最后反。长沙乃在二万五千户耳，功少而最完，势疏而最忠，非独性异人也，亦形势然也。曩令樊、郦、绛、灌据数十城而王，今虽以残亡可也；令信、越之伦列为彻侯而居，虽至今存可也。然则天下之大计可知已。"这些事例，明明告诉汉武帝不可再用黄老无为之术，而必须改弦更张，改用儒术来治天下。

(2) 攘外。汉武帝本是好大喜功的人，在汉初七十余年所集聚的财富和武力的基础上，他不惟要削平内乱，而且要大兴兵伐边，彻底消除长时期以来匈奴对汉朝的侵袭和威胁，改变汉朝屈辱挨打的形象，并扩充疆域，立不世之功。这样，限制自己权力的“无为”黄老之说、惨核寡恩的刑名之学，以及不利于集权专制的诸家学说都不能适应他的需要，他只有求之于儒家。据《汉书·万石卫直周张传》云：

> 元鼎五年……是时，汉方南诛两越，东击朝鲜，北逐匈奴，西伐大宛，中国多事。天子巡狩海内，修古神祠，封禅，兴礼乐。公家用少，桑弘羊等致利，王温舒之属峻法，儿宽等推文学，九卿更进用事……（《汉书》卷四十六《万石卫直周张传》）

> 严助，会稽吴人……郡举贤良，对策百余人，武帝善助对，繇是独擢助为中大夫。后得朱买臣、吾丘寿王、司马相如、主父偃、徐乐、严安、东方朔、枚皋、胶仓、终军、严葱奇等，并在左右。是时征伐四夷，开置边郡，军旅数发，内改制度，朝廷多事，屡举贤良文学之士。公孙弘起徒步，数年至丞相，开东阁，延贤人与谋议，朝觐奏事，因言国家便宜。上令助等与大臣辩论，中外相应以义理之文。（《汉书》卷六十四上《严朱吾丘主父徐严王贾传》）





为了攘外，除了需要加强君主御下的权力，也需要建立一种基于宗法社会的统治秩序，这种种的需求，自然也有许多地方要借重儒术。

(3) 改制。本来在文帝时，贾谊就“以为汉兴至孝文二十余年，天下和洽，而固当改正朔，易服色，法制度，定官名，兴礼乐，乃悉草具其事仪法，色尚黄，数用五，为官名，悉更秦之法。孝文帝初即位，谦让未遑也”。(《史记·屈原贾生列传第二十四》）到汉武时，据《史记·封禅书》说：“今天子初即位，尤敬鬼神之祀。元年，汉兴已六十余岁矣，天下艾安，搢绅之属皆望天子封禅改正度也，而上乡儒术，招贤良，赵绾、王臧等以文学为公卿，欲议古立明堂城南，以朝诸侯。草巡狩封禅改历服色事未就。”尤可见改弦更张已成为士大夫阶层中普遍的要求，尤非用明经之士不可。儒家所以独尊，经学所以发达，就这一点来看，也极明显，这也是时代的要求。

(4) 应变。在汉代，是天人相应、阴阳五行学说颇发达的时代，无论是符瑞也好，灾异也好，汉代的君臣总以为这与天道有关系，在汉武策问董君仲舒的时候，正是由于当时有灾变。据《汉书·董仲舒传》载，武帝制曰：“……三代受命，其符安在？灾异之变，何缘而起？性命之情，或夭或寿，或仁或鄙，习闻其号，未烛厥理。伊欲风流而令行，刑轻而奸改，百姓和乐，政事宣昭，何修何饬而膏露降，百谷登，德润四海，泽臻中木，三光全，寒暑平，受天之祐，享鬼神之灵，德泽洋溢，施乎方外，延及群生？子大夫明先圣之业，习俗化之变，终始之序，讲闻高谊之日久矣，其明以谕朕。”（《汉书》卷五十六《董仲舒传》）就是说，从天道的角度，也需要用儒术来加以解释，而其他诸家则做不到这一点。这样来看武帝时的独尊儒术，则更显示出一种历史的必然。

## 第二节　大师之提倡

经学在两汉的发达，固基于必然的趋势与时代的要求等等，但这罢黜百家、独尊孔氏的发动，是由于私人的提倡而后，才得到国家的尊崇。而私人之提倡，以董君仲舒的天人三策最为有力，才真正达到了儒学独尊的目的。现在也分为三点来叙述：

### （一）董君仲舒之前驱

在董仲舒以前，提倡儒学的人在汉高祖时计有郦食其、陆贾、叔孙通等诸人，据《汉书·郦陆朱刘叔孙传》说：

> 郦食其，陈留高阳人也。好读书，家贫落魄，无衣食业……沛公至高阳传舍，使人召食其。食其至，入谒，沛公方踞床令两女子洗，而见食其。食其入，即长

揖不拜，曰："足下欲助秦攻诸侯乎？欲率诸侯破秦乎？"沛公骂曰："竖儒！夫天下同苦秦久矣，故诸侯相率攻秦，何谓助秦？"食其曰："必欲聚徒合义兵诛无道秦，不宜踞见长者。"于是沛公辍洗，起衣，延食其上坐，谢之。（《汉书》卷四十二《郦陆朱刘叔孙传》）

陆贾，楚人也。以客从高祖定天下，名有口辩……贾时时前说称《诗》、《书》。高帝骂之曰："乃公居马上得之，安事《诗》、《书》！"贾曰："马上得之，宁可以马上治乎？且汤、武逆取而以顺守之，文帝并用，长久之术也。昔者吴王夫差、智伯极武而亡；秦任刑法不变，卒灭赵氏。乡使秦以并天下，行仁义，法先圣，陛下安得而有之？"高帝不怿，有惭色，谓贾曰："试为我著秦所以失天下，吾所以得之者，及古成败之国。"贾凡著十二篇。每奏一篇，高帝未尝不称善，左右呼万岁。（同上）

叔孙通，薛人也。秦时以文学征，待诏博士……汉王已并天下，诸侯共尊为皇帝于定陶，通就其仪号。高帝悉去秦仪法，为简易。群臣饮争功，醉或妄呼，拔剑击柱，上患之。通知上亦厌之，说上曰："夫儒者难与进取，可与守成。臣愿征鲁诸生，与臣弟子共起朝仪。"高帝曰："得无难乎？"通曰："五帝异乐，三王不同礼。礼者，因时世人情为之节文者也。故夏、殷、周礼所因损益可知者，谓不相复也。臣愿颇采古礼与秦仪杂就之。"上曰："可试为之，令易知，度吾所能行为之。"于是通使征鲁诸生三十余人。鲁有两生不肯行，曰："公所事者且十主，皆面腴亲贵。今天下初定，死者未葬，伤者未起，又欲起礼乐。礼乐所由起，百年积德而后可兴也。吾不忍为公所为。公所为不合古，吾不行。

公往矣，毋污我！”通笑曰：“若真鄙儒，不知时变。”遂与所征三十人西，及上左右为学者与其弟子百余人为緜蕞野外。习之月余，通曰：“上可试观。”上使行礼，曰：“吾能为此。”乃令群臣习肄，会十月。汉七年，长乐宫成，诸侯群臣朝十月。仪：先平明，谒者治礼，引以次入殿门，廷中陈车骑戍卒卫官，设兵，张旗志。传曰“趋”。殿下郎中侠陛，陛数百人。功臣列侯诸将军军吏以次陈西方，东乡；文官丞相以下陈东方，西乡。大行设九宾，胪句传。于是皇帝辇出房，百官执戟传警，引诸侯王以下至吏六百石以次奉贺。自诸侯王以下莫不震恐肃敬。至礼毕，尽伏，置法酒。诸侍坐殿下皆伏抑首，以尊卑次起上寿。觞九行，谒者言“罢酒”。御史执法举不如仪者辄引去。竟朝置酒，无敢讙譁失礼者。于是高帝曰：“吾乃今日知为皇帝之贵也。”（同上）

从这里所引的几段看来，汉高帝虽不喜儒术，而他的臣下颇多儒生或为学者，通过“礼”，他感觉到了帝王之尊贵地位；他经过陆贾、郦食其、叔孙通等人的劝导，开始对儒学有了一定的接受，不惟将叔孙通弟子“悉以为郎”，而且在叔孙通此后劝他不要“废适而立少”时，高帝直答以“吾听公”，不敢像从前那样轻视《诗》、《书》侮辱儒术了。当“高帝崩，孝惠即位”后，惠帝“乃谓通曰：‘先帝园陵寝庙，群臣莫习。’徙通为奉常，定宗庙仪法。乃稍定汉诸仪法，皆通所论著也。惠帝为东朝长乐宫，及间往，数跸烦民，作复道，方筑武库南，通奏事，因请间，曰：‘陛下何自筑复道高帝寝，衣冠月出游高庙？子孙奈何乘宗庙道上行哉！’惠帝惧，曰：‘急坏之。’”（同上）惠帝这样“闻叔孙通之谏则惧然”（《汉书》卷二《惠帝纪赞》），可见经郦、陆、朱、刘、叔孙诸人的努力，高、惠父子并对儒学有了相当尊重和信任了。

在文、景时，如“颇通诸子百家之书”的贾谊，其明确主张“改正朔，易服色，法制度，定官名，兴礼乐”（《史记·屈原贾生列传第二十四》），正是提倡儒术，当时文帝虽“谦让未遑”，但是匈奴强侵边，天下初定，制度疏阔，诸侯王僭儗，地过古制，贾谊又因而陈治安之策，有所谓“可为痛哭者一，可为流涕者二，可为长太息者六，若其他背理而伤道者，难遍以疏举”（《汉书》卷四十八《贾谊传》）据《汉书》所载，贾谊为了汉王朝的长治久安，多次上疏分析时政、力陈时弊：

> 商君遗礼义，弃仁恩，并心于进取，行之二岁，秦俗日败。故秦人家富子壮则出分，家贫子壮则出赘。借父耰鉏，虑有德色；母取箕箒，立而谇语。抱哺其子，与公并倨。妇姑不相说，则反唇而相稽。其慈子耆利，不同禽兽者亡几耳。然并心而赴时，犹曰蹶六国，兼天下。功成求得矣，终不知反廉愧之节，仁义之厚。信并兼之法，遂进取之业，天下大败；众掩寡，智欺愚，勇威怯，壮陵衰，其乱至矣。是以大贤起之，威震海内，德从天下。曩之为秦者，今转而为汉矣。然其遗风余俗，犹尚未改。今世以侈靡相竞，而上亡制度，弃礼谊，捐廉耻，日甚，可谓月异而岁不同矣。逐利不耳，虑非顾行也，今其甚者杀父兄矣。盗者剟寝户之帘，搴两庙之器，白昼大都之中剽吏而夺之金。矫伪者出几十万石粟，赋六百余万钱，乘传而行郡国，此其亡行义之尤至者也。而大臣特以簿书不报，期会之间，以为大故。至于俗流失，世坏败，因恬而不知怪，虑不动于耳目，以为是适然耳。夫移风易俗，使天下回心而乡道，类非俗吏之所能为也。俗吏之所务，在于刀笔筐箧，而不知大体。陛下又不自忧，窃为陛下惜之。（《汉书》卷四十八《贾谊传》）

这一段是说明秦之所以亡而汉初对于移风易俗仍未注意。

夫立君臣，等上下，使父子有礼，六亲有纪，此非天之所为，人之所设也。夫人之所设，不为不立，不植则僵，不修则坏。《管子》曰："礼义廉耻，是谓四维；四维不张，国乃灭亡。"使管子愚人也则可，管子而少知治体，则是岂可不为寒心哉！秦灭四维而不张，故君臣乖乱，六亲殃戮，奸人并起，万民离叛，凡十三岁，而社稷为虚。今四维犹未备也，故奸人几幸，而众心疑惑。岂如今定经制，令君君臣臣，上下有差，父子六亲各得其宜，奸人亡所几幸，而群臣众信，上不疑惑！此业壹定，世世常安，而后有所持循矣。若夫经制不定，是犹度江河亡维楫，中流而遇风波，船必覆矣。可为长叹息者此也。（《汉书》卷四十八《贾谊传》）

这是他提出六纪罗以为经制，君君臣，上下有差父子六亲各为其宜，这是非重儒术不可。

昔者成王幼在襁抱之中，召公为太保，周公为太傅，太公为太师。保，保其身体；傅，傅之德义；师，道之教训：此三公之职也。于是为置三少，皆上大夫也，曰少保、少傅、少师，是与太子宴者也。故乃孩提有识，三公、三少固明孝仁礼义以道习之，逐去邪人，不使见恶行。于是皆选天下之端士孝悌博闻有道术者以卫翼之，使与太子居处出入。故太子乃生而见正事，闻正言，行正道，左右前后皆正人也。夫习与正人居之，不能毋正，犹生长于齐不能不齐言也；习与不正人居之，不能毋不正，犹生长于楚之地不能不楚言也。故择其所耆，必先受业，乃得尝之；择其所乐，必先有习，乃得为之。孔子曰："少成若天性，习惯如自然。"及太子少长，知妃色，则入于学。学者，所学之官也。《学礼》曰："帝入东学，上亲而贵仁，则亲疏有序而恩相及矣；帝入南学，上齿而贵信，则长幼有差而民不诬矣；帝入西学，上贤而贵德，则圣智在位而功不遗矣；帝入北学，上贵而尊爵，则贵贱有等而下不逾矣；帝入太学，承师问道，退习而考于太傅，太傅罚其不则而匡其不及，则德智长而治道得矣。此五学者既成于上，则百姓黎民化辑于下矣。"及太子既冠成人，免于保傅之严，则有记过之史，彻膳之宰，进善之旌，诽谤之木，敢谏之鼓。瞽史诵诗，工诵箴谏，大夫进谋，士传民语。习与智长，故切而不愧；化与心成，故中道若性。三代之礼：春朝朝日，秋暮夕月，所以明有敬也；春秋入学，坐国老，执酱而亲馈之，所以明有孝也；行以鸾和，步中《采荠》，趣中《肆夏》，所以明有度也；其于禽兽，见其生不食其死，闻其声不食其肉，故远庖厨，所以长恩，且明有仁也。夫三代之所以长久者，以其辅翼太子有此具也。（同上）

这是主张以保传师来教太子。百五学者既成于上，则百姓黎民化辑于下。

凡人之智，能见已然，不能见将然。夫礼者禁于将然之前，而法者禁于已然之后，是故法之所用易见，而礼之所为生难知也。若夫庆赏以劝善，刑罚以惩恶，先王执此之政，坚如金石，行此之令，信如四时，据此之公，无私如天地耳，岂顾不用哉？然而曰礼云礼云者，贵绝恶于未萌，而起教于微眇，使民日迁善远罪而不自知也。（同上）

贾谊所陈，正是以礼义廉耻为治术，使人"日迁善远罪而不自知"。《汉书·贾谊传赞》云："刘向称'贾谊言三代与秦治乱之意，其论甚美，通达国体，虽古之伊、管未能远过也。使时见用，功化必盛。为庸臣所害，甚可悼痛’。追观孝文玄默躬行以移风俗，谊之所陈略施行矣。”（同上）可见儒经在汉代独尊，贾生的一力提倡也有相当的作用。

其次，如晁错虽是学申商刑名的人，他屡屡上书主张择圣人之术，“以古之五帝明之”，“以古之三王明之”，“以五伯之臣明之”，“以五帝之贤臣明之”（均见晁错《举贤良对策》，《汉书·晁错传》），他也主张“绝秦之迹，除其乱法；躬亲本事，废去淫末；除苛解娆，宽大爱人；肉刑不用，罪人亡帑；非谤不治，铸钱者除；通关去塞，不孽诸侯；宾礼长老，爱恤少孤；罪人有期，后宫出嫁；尊赐孝悌，农民不租；明诏军师，爱士大夫；求进方正，废退奸邪；除去阴刑，害民者诛；忧劳百姓，列侯就都；亲耕节用，视民不奢；所为天下兴利除害，变法易故，以安海内”。（《汉书》卷四十九《晁错传》）

这些正是儒术，要在儒家经典之中探求，也无异于提倡儒经。

还有贾山，于“孝文时，言治乱之道，借秦为谕，名曰《至言》”，主张“定明堂，造太学，修先王之道”（《汉书·贾邹枚路传第二十一》），自然也是主张提倡儒学。在武帝时，在朝中提倡经学的有卫绾，“所举贤良，或治申、商、韩非、苏秦、张仪之言，乱国政，请皆罢”（《汉书》卷六《武帝纪》）。这是罢黜百家、独尊孔氏的先声。而窦婴、田蚡、赵绾也是推崇儒术的。据《汉书·窦田灌韩传》说：

> 婴、蚡俱好儒术，推毂赵绾为御史大夫，王臧为郎中令。迎鲁申公，欲设明堂，令列侯就国，除关，以礼为服制，以兴太平。举谪诸窦宗室无行者，除其属藉。诸外家为列侯，列侯多尚公主，皆不欲就国，以故毁日至窦太后。太后好黄、老言，而婴、蚡、赵绾等务隆推儒术，贬道家言，是以窦太后滋不说。

“欲设明堂”、“以礼为服制”、“贬道家言”，不惟不任刑名家言，连黄老之学虽是皇太后的好尚，都要受排斥了。汉武帝受了他们的影响，所以一再征举贤良而有公孙弘、董仲舒、兒宽等的对策，公孙弘还是“习文法吏事，而又缘饰以儒术”，“不肯面折庭争”（《史记·平津侯主父列传》），不是当时第一流的儒生。但是他说：

臣闻上古尧舜之时，不贵爵赏而民劝善，不重刑罚而民不犯，躬率以正而遇民信也；末世贵爵厚赏而民不劝，深刑重罚而奸不止，其上不正，遇民不信也。夫厚赏重刑未足以劝善而禁非，必信而已矣。是故因能任官，则分职治；去无用之言，则事情得；不作无用之器，即赋敛省；不夺民时，不妨民力，则百姓富；有德者进，无德者退，则朝廷尊；有功者上，无功者下，则群臣逡；罚当罪，则奸邪止；赏当贤，则臣下劝：凡此八者，治民之本也。故民者，业之即不争，理得则不怨，有礼则不暴，爱之则亲上，此有天下之急者也。故法不远义，则民服而不离；和不远礼，则民亲而不暴。故法之所罚，义之所去也；和之所赏，礼之所取也。礼义者，民之所服也，而赏罚顺之，则民不犯禁矣。故画衣冠，异章服，而民不犯者，此道素行也。（《汉书》卷五十八《公孙弘卜式兒宽传》

又说：

陛下有先圣之位而无先圣之名，有先圣之名而无先圣之吏，是以势同而治异。先世之吏正，故其民笃；今世之吏邪，故其民薄。政弊而不行，令倦而不听。夫使邪吏行弊政，用倦令治薄民，民不可得而化，此治之所以异也。臣闻周公旦治天下，期年而变，三年而化，五年而定。唯陛下之所志。（同上）

他在这里一方面说："去无用之言则事情得"，"今世之吏邪故其民薄"，一方面说"周公旦治天下，期年而变"。在表面上来，虽未明说罢黜百家、独尊儒术，而实际上就是罢黜黄老之言，而锄去当时刑名之邪吏，独尊儒学自在不言之中。他更说"期年而变，臣弘尚窃迟之"，当时"上异其言"，可见颇打动武帝的心坎的。他还说：

> 臣闻天下通道五，所以行之者三。君臣、父子、夫妇、长幼、朋友之交，五者天下之通道也；仁、知、勇三者，所以行之也。故曰"好问近乎知（智），力行近乎仁，知耻近乎勇：知此三者，知所以自治；知所以自治，然后知所以治人"。未有不能自治而能治人者也。陛下躬孝弟，监三王，建周道，兼文武，招徕四方之士，任贤序位，量能授官，将以厉（励）百姓劝贤材也。

这里更是在提倡儒术的同时，又建议武帝多多吸纳儒生"任贤序位，量能授官，将以厉百姓劝贤材也"。前有"公孙弘以治《春秋》为丞相封侯，天下学士靡然乡风"，所以后又有董仲舒等儒学大师的出现，这些都不是偶然的。

### （二）董君仲舒之对策

《汉书·董仲舒传》曰："董仲舒，广川人也。少治《春秋》，孝景时为博士。下帷讲诵。弟子传以久次相授业，或莫见其面。盖三年不窥园，其精如此……武帝即位，举贤良文学之士前后百数，而仲舒以贤良对策焉。"董仲舒的对策共有三次，是为"举贤良对策"，因汉武策问他"求天命与情性"，故又称"天人三问"。

董仲舒对策说：

> 今陛下贵为天子，富有四海，居得致之位，操可致之势，又有能致之资，行高而恩厚，知明而意美，爱民而好士，可谓谊主矣。然而天地未应而美祥莫至者，何

也？凡以教化不立而万民不正也。夫万民之从利也，如水之走下，不以教化堤防之，不能止也。是故教化立而奸邪皆止者，其堤防完也；教化废而奸邪并出，刑罚不能胜者，其堤防坏也。古之王者明于此，是故南面而治天下，莫不以教化为大务。立大学以教于国，设庠序以化于邑，渐民以仁，摩民以谊，节民以礼，故其刑罚甚轻而禁不犯者，教化行而习俗美也。《汉书》卷五十六《董仲舒传第二十六》

今汉继秦之后，如朽木粪墙矣，虽欲善治之，亡可奈何。法出而奸生，令下而诈起，如以汤止沸，抱薪救火，愈甚亡益也。窃譬之琴瑟不调，甚者必解而更张之，乃可鼓也；为政而不行，甚者必变而更化之，乃可理也。当更张而不更张，虽有良工不能善调也；当更化而不更化，虽有大贤不能善治也。故汉得天下以来，常欲善治而至今不可善治者，失之于当更化而不更化也。（同上）





性情的他说：

陛下发德音，下明诏，求天命与情性，皆非愚臣之所能及也。臣谨案《春秋》之中，视前世已行之事，以观天人相与之际，甚可畏也。国家将有失道之败，而天乃先出灾害以谴告之，不知自省，又出怪异以警惧之，尚不知变，而伤败乃至。以此见天心之仁爱人君而欲止其乱也。自非大亡（无）道之世者，天尽欲扶持而全安之，事在强勉而已矣。强勉学问，则闻见博而知（智）益明；强勉行道，则德日起而大有功：此皆可使还（旋）至而有效者也。《诗》曰“夙夜匪解”，《书》云“茂哉茂哉！”皆强勉之谓也。道者，所繇适于治之路也，仁义礼乐皆其具也。故圣王已没，而子孙长久安宁数百岁，此皆礼乐教化之功也。王者未作乐之时，乃用先王之乐宜于世者，而以深入教化于民。教化之情不得，雅颂之乐不成，故王者功成作乐，乐其德也。乐者，所以变民风，化民俗也；其变民也易，其化人也著。故声发于和而本于情，接于肌肤，臧于骨髓。故王道虽微缺，而管弦之声未衰也。夫虞氏之不为政久矣，然而乐颂遗风犹有存者，是以孔子在齐而闻《韶》也。夫人君莫不欲安存而恶危亡，然而政乱国危者甚众，所任者非其人，而所繇者非其道，是以政日以仆灭也。夫周道衰于幽厉，非道亡也，幽厉不繇也。至于宣王，思昔先王之德，兴滞补弊，明文武之功业，周道粲然复兴，诗人美之而作，上天祐之，为生贤佐，后世称诵，至今不绝。此夙夜不解行善之所致也。孔子曰“人能弘道，非道弘人”也。故治乱废兴在于己，非天降命不可得反，其所操持悖谬失其统也。（同上）

臣闻命者天之令也，性者生之质也，情者人之欲也。或夭或寿，或仁或鄙，陶冶而成之，不能粹美，有治乱之所生，故不齐也。孔子曰：“君子之德风，小人之德草，草上之风必偃。”故尧舜行德则民仁寿，桀纣行暴则民鄙夭。夫上之化下，下之从上，犹泥之在钧。唯甄者之所为；犹金之在镕，唯冶者之所铸。“绥之斯来，动之斯和”，此之谓也。（同上）

臣谨案《春秋》之文，求王道之端，得之于正。正次王，王次春。春者，天之所为也；正者，王之所为也。其意曰，上承天之所为，而下以正其所为，正王道之端云尔。然则王者欲有所为，宜求其端于天。天道之大者在阴阳。阳为德，阴为刑；刑主杀而德主生。是故阳常居大夏，而以生育养长为事；阴常居大冬，而积于空虚不用之处。以此见天之任德不任刑也。天使阳出布施于上而主岁功，使阴入伏于下而时出佐阳；阳不得阴之助，亦不能独成岁。终阳以成岁为名，此天意也。王者承天意以从事，故任德教而不任刑。刑者不可任以治世，犹阴之不可任以成岁也。为政而任刑，不顺于天，故先王莫之肯为也。今废先王德教之官，而独任执法之吏治民，毋乃任刑之意与！孔子曰："不教而诛谓之虐。"虐政用于下，而欲德教之被四海，故难成也。(同上)





臣谨案《春秋》谓一元之意，一者万物之所从始也，元者辞之所谓大也。谓一为元者，视大始而欲正本也。《春秋》深探其本，而反自贵者始。故为人君者，正心以正朝廷，正朝廷以正百官，正百官以正万民，正万民以正四方。四方正，远近莫敢不壹于正，而亡有邪气奸其间者。是以阴阳调而风雨时，群生和而万民殖，五谷孰而草木茂，天地之间被润泽而大丰美，四海之内闻盛德而皆来臣，诸福之物，可致之祥，莫不毕至，而王道终矣。(同上)

今陛下并有天下，海内莫不率服，广览兼听，极群下之知，尽天下之美，至德昭然，施于方外。夜郎、康居，殊方万里，说德归谊，此太平之致也。然而功不加于百姓者，殆王心未加焉。(同上)

陛下亲耕藉田以为农先，夙寤晨兴，忧劳万民，思惟往古，而务以求贤，此亦尧舜之用心也，然而未云获者，士素不厉也。夫不素养士而欲求贤，譬犹不琢玉而求文采也。故养士之大者，莫大乎太学；太学者，贤士之所关也，教化之本原也。今以一郡一国之众，对亡应书者，是王道往往而绝也。臣愿陛下兴太学，置明师，以养天下之士，数考问以尽其材，则英俊宜可得矣。今之郡守、县令，民之师帅，所使承流而宣化也；故师帅不贤，则主德不宣，恩泽不流。今吏既亡教训于下，或不承用主上之法，暴虐百姓，与奸为市，贫穷孤弱，冤苦失职，甚不称陛下之意。是以阴阳错缪，氛气充塞，群生寡遂，黎民未济，皆长吏不明，使至于此也。(同上)

天人之征，古今之道也。孔子作《春秋》，上揆之天道，下质诸人情，参之于古，考之于今。故《春秋》之所讥，灾害之所加也；《春秋》之所恶，怪异之所施也。书邦家之过，兼灾异之变，以此见人之所为，其美恶之极，乃与天地流通而往来相应，此亦言天之一端也。古者修教训之官，务以德善化民，民已大化之后，天下常亡一人之狱矣。今世废而不修，亡以化民，民以故弃行谊而死财利，是以犯法而罪多，一岁之狱以万千数。以此见古之不可不用也，故《春秋》变古则讥之。天令之谓命，命非圣人不行；质朴之谓性，性非教化不成；人欲之谓情，情非度制不节。是故王者上谨于承大意，以顺命也；下务明教化民，以成性也；正法度之宜，别上下之序，以防欲也：修此三者，而大本举矣。人受命于天，固超然异于群生，入有父子兄弟之亲，出有君臣上下之谊，会聚相遇，则有耆老长幼之施；粲然有文以相接，欢然有恩以相爱，此人之所以贵也。生五谷以食之，桑麻以衣之，六畜以养之，服牛乘马，圈豹槛虎，是其得天之灵，贵于物也。故孔子曰："天地之性人为贵。"明于天性，知自贵于物；知自贵于物，然后知仁谊（义）；知仁谊（义），然后重礼节；重礼节，然后安处善；安处善，然后乐循理；乐循理，然后谓之

君子。(同上)

臣闻夫乐而不乱复而不厌者谓之道;道者万世亡弊,弊者道之失也。先王之道必有偏而不起之处,故政有眊而不行,举其偏者以补其弊而已矣。三王之道所祖不同,非其相反,将以救溢扶衰,所遭之变然也。故孔子曰:“亡为而治者,其舜乎!”改正朔,易服色,以顺天命而已;其余尽循尧道,何更为哉!故王者有改制之名,亡变道之实,然夏上忠,殷上敬,周上文者,所继之救,当用此也。孔子曰:“殷因于夏礼,所损益可知也;周因于殷礼,所损益可知也;其或继周者,虽百世可知也。”此言百王之用,以此三者矣。夏因于虞,而独不言所损益者,其道如一而所上同也。道之大原出于天,天不变,道亦不变,是以禹继舜,舜继尧,三圣相受而守一道,亡(无)救弊之政也,故不言其所损益也。繇是观之,继治世者其道同,继乱世者其道变。今汉继大乱之后,若宜少损周之文致,用夏之忠者。(同上)

民日削月朘,浸以大穷。富贵奢侈羡溢,贫者穷急愁苦;穷急愁苦而上不救,则民不乐生;民不乐生,尚不避死,安能避罪!此刑罚之所以蕃而奸邪不可胜者也。故受禄之家,食禄而已,不与民争业,然后利可均布,而民可家足。此上天之理,而亦太古之道,天子之所宜法以为制,大夫之所当循以为行也。(同上)

《春秋》大一统者,天地之常经,古今之通谊(义)也。今师异道,人异论,百家殊方,指(旨)意不同,是以上亡以持一统;法制数变,下不知所守。臣愚以为诸不在六艺之科孔子之术者,皆绝其道,勿使并进。邪辟之说灭息,然后统纪可一而法度可明,民知所从矣。

（同上）

董仲舒的对策，系统地提出了“更化”的主张，同时，他一则说“太学者，贤士之所关也，教化之本原也”，“立大学以教于国，设庠序以化于邑”。再则说“养士之大者莫大乎太学”，主张“兴太学，置明师，以养天下之士”，更进一步主张“诸不在六艺之科，孔子之术者，皆绝其道勿使并进”。他曾说：“道者，所由适于治之路也，仁义礼乐皆其具也。故圣王已没，而子孙长久安宁数百岁，此皆礼乐教化之功也。”礼乐教化都是儒学的内容，所以要罢黜百家、独尊孔氏。《汉书·董仲舒传》说：“仲舒在家，朝廷如有大议，使使者及廷尉张汤就某家而问之，其对皆有明法。自武帝初立，魏其、武安侯为相而隆儒矣。及仲舒对册，推明孔氏，抑黜百家，立学校之官，州郡举茂材孝廉，皆自仲舒发之。”

我们推求两汉今古文经学发达之故，由必然之趋势，说到时代的要求，更由郦、陆、叔孙、贾谊、晁错诸儒的提倡，以至武帝之世，窦婴、田蚡、公孙弘、董仲舒诸儒的主张，这其间真是“非一朝一夕之故，其所由来者渐矣”，在武帝董仲舒以后，两汉帝王以及经生对于儒术之尊崇提倡（详见以下各章节，兹不一一具列），我们都可以说“皆自仲舒发之”。但是我们要注意，五经博士之立实在武帝建元五年，是在仲舒对策前，这是必然的趋势与时代的要求证明黄老刑名之学不足以为治，儒学包含着当时时代最高的原理，我们也可以说这不仅仅皆自董仲舒发之。

## 第三节　帝王之尊崇

### （一）西汉时之帝王与经学

汉代在高祖、惠帝时，即受陆贾、叔孙通的劝导而尊崇儒生，在高帝时更作有“武德舞”；在惠帝四年，“举民孝弟力田者复其身”，“除挟书律”（《汉书》卷二《惠帝纪》）；文帝二年，就二诏“及举贤良方正能直言极谏者”（《汉书》卷四《文帝纪》），十二年更“置三老孝悌力田常员”（同上），十五年，“乃下诏议郊祀。公孙臣明服色，新垣平设五庙”（同上），又“诏诸侯王公卿郡守举贤良能直言极谏者，上亲策之，傅纳以言”（同上）。景帝即位，即下诏曰：“盖闻古者祖有功而宗有德，制礼乐各有由。歌者，所以发德也；舞者，所以明功也。高庙酎，奏《武德》、《文始》、《五行》之舞（孟康曰：《武德》，高祖所作也；《文始》，舜舞也；《五行》，周舞也）孝惠庙酎，奏《文始》、《五行》之舞”。其“立《昭德》之舞以明孝文皇帝之盛德”（《汉书》卷五《景帝纪》）。这些事体虽不专为经学而发，但是崇尚孝悌，尊重《诗》、《书》、《礼》、《乐》，敦厚儒术，我们已可见其走向尊崇经学之途。在文帝时，“召鲁公孙臣，以为博士”，贾谊也是“召以为博士”，申培、韩婴都是孝文时的《诗》博士，鲁“徐生以容为礼官大夫”也正在此时（说并详下）。在景帝时，辕固以治《诗》“孝景时为博士，与黄生争论于景帝前”，胡毋生、董仲舒也都是“以治《春秋》为博士”，据这些史实看来，可见汉代帝王尊崇经术，并不始于武帝之世。

到了武帝的时候，除了建元元年、元光元年诏举贤良方正孝廉，建元元年“议立明堂。遣使者安车蒲轮，束帛加璧，征鲁申公”；建元五年“置五经博士”；元光五年“征吏民有明当世之务、习先圣之术者”；元朔五年更诏令“详延天下方闻之士，咸荐诸朝。其令礼官劝学，讲议洽闻，举遗兴礼，以为天下先。太常其议予博士弟子，崇乡党之化，以厉贤材焉。丞相弘请为博士置弟子员，学者益广”。元狩六年更“遣博士大等六人分循行天下，存问鳏寡废疾，无以自振业者贷与之。谕三老孝弟以为民师，举独行之君子，征旨行在所”。《汉书·武帝纪·赞》曰：“汉承百王之弊，高祖拨乱反正，文景务在养民，至于稽古礼文之事，犹多阙焉。孝武初立，卓然罢黜百家，表章六经。遂畴咨海内，举其俊茂，与之立功。兴太学，修郊祀，改正朔，定历数，协音律，作《诗》、《乐》，建封禅，礼百神，绍周后，号令文章，焕焉可述。”在武帝可算是极其推崇儒学了。此外还有一件我们应当注意的事，据《兒宽传》说：“议欲放古巡狩封禅之事，诸儒对者五十余人，未能有所定”，“乃自制仪，采儒术以文焉”（《汉书》卷五十八《公孙弘卜式兒宽传》）。颇有后来宣帝诏诸儒讲论五经同异，上亲称制临决的意味，所以《兒宽传·赞》谓：“孝宣承统，纂修洪业，亦讲论六艺，招选茂异”（同上），这风气实是由武帝所开的。

昭帝在位时短，也屡屡举贤良文学，尊崇儒术。其曾下诏说：“战战栗栗，夙兴夜寐，修古帝王之事，通《保傅传》、《孝经》、《论语》、《尚书》，未云有明。”（《汉书》卷七《昭帝纪》）

到了宣帝之时，宣帝本是“不甚从儒术，任用法律，而中书宦官用事”（《汉书》卷七十八《萧望之传》）、“不甚用儒”的，但是他也在即位之初“遣使者持节诏郡国二千石谨牧养民而风德化”（《汉书》卷八《宣帝纪》），而在本始四年，“四月壬寅，郡国四十九地震，或山崩水出。诏曰：‘盖灾异者，天地之戒也……朕甚惧焉。丞相、御史其与列侯、中二千石博问经学之士，有以应变，辅朕之不逮，毋有所讳。令三辅、太常、内郡国贤良方正各一人’”（同上），而且说：“朕不明六艺，郁于大道。”（同上）更于甘露三年三月，“诏诸儒讲《五经》同异，太子太傅萧望之等平奏其议，上亲称制临决焉。乃立梁丘《易》、大小夏侯《尚书》、穀梁《春秋》博士”（同上）。这本是“宣帝时修武帝故事，讲论六艺群书，博尽奇异之好”，（《汉书》卷六十四下《严朱吾丘主父徐严终王贾传》）而在后来称为“旷世一见之典”的。据《汉书·儒林传》说“甘露中与五经诸儒杂论同异于石渠阁”，注云：“石渠阁在未央殿北，以藏秘书也。”据《汉书·艺文志·六艺略》：《书》有《议奏》四十二篇，《礼》有《议奏》

三十八篇，《春秋》有《议奏》三十九篇，《论语》有《议奏》十八篇，《孝经》类有《五经杂议》十八篇，班固均自注为“石渠”或“石渠论”。参与此次会议的诸儒，除萧望之外，有施雠、梁丘临、欧阳地余、林尊、周堪、张山拊、假仓、韦玄成、张长安、薛广德、闻人通汉、戴圣、严彭祖、申挽、伊推、宋显、许广、尹更始、刘向、周庆、丁姓、王亥等廿三人。这次论议的结果，在杜佑《通典·礼类》（《礼》三十三、三十七、四十一、四十三、四十九、五十、五十二、五十六、五十九、六十三各卷）中还引有一些原文，然而这只是石渠的《礼》论而已。



宣帝之后，元、成都比较崇儒术，成帝河平三年，使“光禄大夫刘向校中秘书。谒者陈农使，使求遗书于天下”；阳朔二年九月，更下诏“杂举可充博士位者，使卓然可观”（详下）。在平帝元始元年“追谥孔子曰褒成宣尼公”；三年，“夏，安汉公奏车服制度，吏民养生、送终、嫁娶、奴婢、田宅、器械之品。立官稷及学官。郡国曰学，县、道、邑、侯国曰校。校、学置经师一人。乡曰庠，聚曰序。序、庠置《孝经》师一人”（《汉书》卷十二《平帝纪》）。终前汉之世，帝王对于儒术的尊崇，都是极尽力的。



（二）东汉时之帝王与经学

后汉的光武帝他在幼年时即之长安受《尚书》，略通大义。他即皇帝位后，在建武二年，有“博士丁恭议曰”，可见一登位就立有博士。建武五年“初起太学。车驾还宫，幸太学，赐博士弟子各有差”（《后汉书》卷一上《光武帝纪》）。原来他“每旦视朝，日仄乃罢。数引公卿、郎、将讲论经理，夜分乃寐。皇太子见帝勤劳不怠，承间谏曰：‘陛下有禹汤之明，而失黄老养性之福，愿颐爱精神，优游自宁。’帝曰：‘我自乐此，不为疲也。’”光武虽在帝位，仍然好学不厌。

明帝“十岁能通《春秋》，光武奇之”。建武十九年“立为皇太子，师事博士桓荣，学通《尚书》”（《后汉书》卷二《显宗孝明帝纪》）。永平二年“宗祀光武皇帝于明堂”，“事毕，升灵台，望元气，吹时律，观物变”（同上）。“三月，临辟雍，初行大射礼”，“冬十月壬子，幸辟雍，初行养老礼。诏曰：‘光武皇帝建三朝之礼，而未及临飨。眇眇小子，属当圣业。间暮春吉辰，初行大射；令月元日，复践辟雍。尊事三老，兄事五更，安车软轮，供绥执授。侯王设酱，公卿馔珍，朕亲袒割，执爵而酳。祝哽在前，祝噎在后。升歌《鹿鸣》，下管《新宫》，八佾具修，万舞于庭……’”（同上）。永平九年，“为四姓小侯开立学校，置五经师”（同上）；十五年，“幸孔子宅，祠仲尼及七十二弟子。亲御讲堂，命皇太子、诸王说经”（同上）。到了章帝，他本也是“少宽容，好儒术”（《后汉书》卷三《肃宗孝章帝纪》），在建初四年更下诏曰：“盖三代导人，教学为本。汉承暴秦，褒显儒术，建立《五经》，为置博士。其后学者精进，虽曰承师，亦别名家。孝宣皇帝以为去圣久远，学不厌博，故遂立《大、小夏侯尚书》，后又立《京氏易》。至建武中，复置《颜氏、严氏春秋》，《大、小戴礼》博士。此皆所以扶进微学，尊广道艺也。中元元年诏书，《五经》章句繁多，议欲减省。至永平元年，长水校尉儵奏言，先帝大业，当以时施行。欲使诸儒共正经义，颇令学者得以自助。孔子曰：‘学之不讲，是吾忧也。’又曰：‘博学而笃志，切问而近思，仁在其中矣。’于戏，其勉之哉！于是下太常，将、大夫、博士、议郎、郎官及诸生、诸儒会白虎观，讲议《五经》同异，使五官中郎将魏应承制问，侍中淳于恭奏，帝亲称制临决，如孝宣甘露石渠故事，作《白虎议奏》。”（同上）在建初八年，更“诏曰：五经剖判，去圣弥远，章句遗辞，乖疑难正，恐先师微言将遂废绝，非所以重稽古，求道真也。其令群儒选高才生，受学《左氏》、《穀梁春秋》、《古文尚书》、《毛诗》，以扶微学，广异义焉”（同上）。明、章之世，敦崇儒术更比前代为甚，章帝令诸儒会白虎观“讲论五经异同”，自然也是旷世大典。这《白虎议奏》即现在流传之《白虎通》，其中当时今学博士的论议，掺杂古学的地方很少，算是一部极重要的今文经学典籍。又明、章二帝对于《尚书》都颇注重，据《后汉书·桓荣传》说：“会诸博士论难于前，荣被服儒……帝自制《五家要说章句》，令郁校定于宣明殿。”（《后汉书·桓荣丁鸿列传》）《后汉书·张酺传》说“帝先备弟子之仪”，以帝王而自制章句传弟子礼，这也是前汉所不及的。

明、章以后，汉代帝王对于经学渐不注重，据《后汉书·儒林列传》说：“孝和亦数幸东观，览阅书林。及邓后称制，学者颇懈。时樊准、徐防并陈敦学之宜，又言儒职多非其人，于是制诏公卿妙简其选，三署郎能通经术者，皆得察举。自安帝览政，薄于艺文，博士倚席不讲，朋徒相视怠散，学舍颓敝，鞠为园蔬，牧儿荛竖，至于薪刈其下。顺帝感翟酺之言，乃更修黉宇，凡所结构二百四十房，千八百五十室。试明经下第补弟子，增甲乙之科员各十人，除郡国耆儒皆补郎、舍人。本初元年，梁太后诏曰：‘大将军下至六百石，悉遣子就学，每岁辄于乡射月一飨会之，以此为常。’自是游学增盛，至三万余生。然章句渐疏，而多以浮华相尚，儒者之风盖衰矣。”“游学增盛”而“章句渐疏”，这自是当时的政治使然，后汉外戚宦官把持朝政，是对当时政治秩序的一种破坏。至于在野的还是有不少皓首穷经之士。我们又看传《齐诗》的陈寔，传《书》的杨震，传《礼》的高书隆，传《易》的荀爽、虞翻，传《公羊》的何休，传古文经的马、郑，都是东汉之末的名儒，学术的盛衰，虽与政治有关，然亦不尽与政治有关。

# 第二章

# 博士制度与师法家法

## 第一节　博士之建立与增损

两汉经学的发达，其原因固极复杂，然其渊源于周秦而借博士之传授则无疑义。我们叙述两汉经学，对于当时博士制度，不可不详加以检讨。现在分为四点叙述如下：

（一）博士之名义

关于博士之名义，向来不为人所注意，这在《汉书·成帝纪》中解释得极明显：阳朔二年“九月，奉使者不称。诏曰：‘古之立太学，将以传先王之业，流化于天下也。儒林之官，四海渊源，宜皆明于古今，温故知新，通达国体，故谓之博士。否则学者无述焉，为下所轻，非所以善道德也。’”

（二）博士之起源

博士官职据《汉书·百官公卿表序》说：“博士，秦官。”但在沈约《宋书·百官志》则说：“博士，班固云秦官。史臣案，六国时往往有博士。”王国维《汉魏博士考》则以为“博士一官，盖置于六国之末，而秦因之”。王氏云：“考《史记·循吏传》，‘公仪休，鲁博士也’。褚先生《补龟策传》：宋有博士卫平。《汉书·贾山传》：‘祖祛，故魏王时博士弟子也。’沈约所谓‘六国时往往有博士’者，指此公仪休，即《孟子》之公仪子，缪公时为鲁相，时在战国之初。卫平在宋元王时，亦与孟子同时。疑当时未必置博士一官，《史记》所云‘博士’者，犹言‘儒生’云尔。惟贾祛魏王博士弟子，则六国末确有此官，且教授弟子，与秦、汉博士同矣。至秦之博士，则有定员。《史记·秦始皇本纪》：‘始皇置酒咸阳宫，博士七十人前为寿。’又，‘侯生、卢生相与谋曰：博士虽七十人，特备员不用’。是秦博士员多至七十人。其姓名可考者，博士仆射有周青臣（《汉书·百官公卿表》：‘仆射，秦官，自侍中、尚书、博士郎皆有。’《始皇本纪》上言‘博士七十人前为寿’，下言‘仆射周青臣进颂’，是青臣实博士仆射也）。博士有淳于越（齐人。《史记·秦始皇本纪》），有伏生（济南人。《史记·儒林传》），有叔孙通（薛人。《史记》本传），有羊子（《汉书·艺文志》‘儒家’《羊子》四篇自注：‘百章。故秦博士。’），有黄疵，（同上，‘法家’《黄公》四篇自注：‘名疵，为秦博士。’）有正先。（《汉书·京房传》：‘昔秦时，赵高用事。有正先者，非刺高而死。’孟康曰：‘姓正名先，秦博士也。’）仅六人，其中盖不尽经术之士，如《黄公》之书，《七略》列于法家。而《秦始皇本纪》云：‘使博士为仙真人诗。’又有‘占梦博士’。殆诸子、诗赋、数术、方伎皆立博士，非徒六艺而已。又《始皇本纪》有‘诸生’。《叔孙通传》则连言‘博士诸生’，是秦博士亦置弟子。又，‘始皇二十六年议帝号，丞相绾等奏：臣等谨与博士议’云云，是秦博士亦议典礼、政事，与汉制同矣。”（《观堂集林》）

王氏疑六国初未必置有博士，我们据先秦书看来，似战国初尚无此职；但王氏云《史记》所云“博士犹言儒生云尔”，则是臆测。褚先生说，“宋有博士卫平”，此博士非儒生，而且当褚先生之世，博士之职务甚显，不当即用博士以代儒生。博士一职，似乎在战国初就立有博士，不过当时博士，不尽经术之士，其为士也，博杂不纯，故不为世所注重，因而少所称道，使我们感觉战国初似无此职。但我们如就贾祛为魏王博士弟子一点看来，贾祛的年辈，应比荀卿高（申公为荀卿再传弟子，贾山为祛之孙，年代正相若），而祛为魏王博士弟子，则博士一职其设立当在荀卿前；我们如一定记为置于六国之末，则似稍嫌武断。魏的博士教授弟子，当与秦汉相同，王氏这种说法则是不错的。

**（三）两汉博士之增损**

博士在秦代为朝廷命官，据《叔孙通传》看来，汉二年即释通为博士，号稷嗣君。叔孙通在惠帝时仍受尊礼，我们可知汉在高、惠二帝时即有博士。《汉书·百官公卿表序》说："博士，秦官。掌通古今，员多至数十人。"《唐六典》卷二十一《国子博士》注引《汉官仪》云："文帝博士七十余人。"汉初博士员数虽似乎甚多，但在高、惠之世，则未必有七十余人，因为据《叔孙通传》看来，王国维说："案此汉初之制，未置五经博士前事也。员数与秦略同，亦不尽用通经之士。如高帝二年，即以叔孙通为博士，通非专经之士也。又，文帝时鲁人公孙臣上书，陈终始五德之说，后文帝召以为博士，乃立博士之制。"（《观堂集林》，《汉魏博士考》）然则公孙臣实乃方士之流。据我的意见看来，叔孙通定朝仪，还要征鲁诸生，未涉及当日的博士，则当时博士员数不多，且较少通经之士，乃极显明。




在文景之世，有专经博士，有传记博士，员数或至数十人。据《楚元王刘交传》说："文帝时闻申公为诗最精，以为博士。"《儒林传》说："韩生者，燕人也，孝文帝时为博士。""辕固生者，齐人也，以治诗孝景时为博士。""孝文时，求能治《尚书》者，天下亡有，闻伏生治之……于是诏太常，使掌故朝错往受之……伏生教济南张生及欧阳生，张生为博士。"（《汉书·儒林传》）《汉书·晁错传》说：错"以为太子舍人，门大夫，迁博士"。《史记·儒林列传》说："董仲舒……以治《春秋》，孝景时为博士。""胡毋生……孝景时为博士。"可见在文景之世，《诗》、《书》、《春秋》都立博士。《后汉书·翟酺传》说："孝文皇帝始置一经博士。"其实在文帝世，恐不惟《诗》有博士，而晁错之为《书》博士正在文帝时；其实我们只看《汉书·张周赵任申屠传》："鲁人公孙臣上书，陈终始五德传，言汉土德时，其符黄龙见，当改正朔，易服色。事下苍，苍以为非是，罢之。其后黄龙见成纪，于是文帝召公孙臣以为博士，草立土德时历制度，更元年。"贾谊、公孙臣都是文帝时博士，至景帝世，更明明有《春秋》博士。据《刘歆传》说，"至孝文皇帝，始使掌故朝错从伏生受《尚书》……《诗》始萌芽。天下众书往往颇出，皆诸子传说，犹广立于学官，为置博士"。东汉赵岐《孟子题辞》云："孝文皇帝欲广游学之路，《论语》、《孝经》、《孟子》、《尔雅》皆置博士，后罢传记博士，独立《五经》而已。"这话在皮锡瑞《经学历史》以为不然："《史记》、《汉书·儒林传》：'文帝好刑名，博士具官，未有进者。'既云'具官'，岂复增置？五经未备，何及传记？汉人皆无此说，惟刘歆《移博士书》有孝文时诸子传说立于学官之语。赵氏此说当即本于刘歆，恐非实录。"对于刘歆、赵岐所云，太一概抹煞了，我们至多只可以说，刘、赵所云，未必完全是事实而已。





在武帝时，罢黜百家独尊孔氏，所以在建元五年春"置五经博士"，而因为罢黜百家故，亦罢传记博士，博士之员亦因此而大减。赵岐《孟子题辞》说："后罢传记博士，独立五经而已。"这话是不错的。五经博士，据《汉书·儒林传赞》：除《诗》博士外，《书》是欧阳，《礼》是后苍，《易》是杨何，《春秋》是公羊，这是很明显的。王国维说："案：文景时已有《诗》、《书》、《春秋》博士，则武帝所新置者，《易》与《礼》而已。《易》之有博士，始于田王孙，在武帝时。《礼》之有博士，可考者始于后苍，在昭、宣二帝之世。而苍又兼传《齐诗》，不知为《齐诗》博士欤？《礼》博士欤？疑武帝时《礼》博士或阙而未补，或以他经博士兼之。未能详也。"（《观堂集林》卷第四《艺林四》）在《汉书·儒林传赞》明明说及"《礼》后"，而以为"《礼》博士或阙而未补"，忘了那时是"置五经博士"了。不过他说：

又案：传、记博士之罢，钱氏大昕以为即在置五经博士时，其说盖信。然《论语》、《孝经》、《孟子》、《尔雅》虽同时并罢，其罢之之意则不同。《孟子》以其为诸子而罢之也。至《论语》、《孝经》，则以受经与不受经者皆诵习之，不宜限于博士而罢之也。刘向父子作《七略》，六艺一百三家，于《易》、《书》、《诗》、《礼》、《乐》、《春秋》之后，附以《论语》、《孝经》（《尔雅》附）、小学三目。六艺与此三者，皆汉时学校诵习之书。以后世之制明之，小学诸书者，汉小学之科目；《论语》、《孝经》者，汉中学之科目；而六艺，汉大学之科目也。武帝罢传、记博士，专立五经，乃除中学科目于大学之中，非遂废中、小学也。汉时，教初学之所名曰“书馆”，其师名曰“书师”，其书用《仓颉》、《凡将》、《急就》、《元尚》诸篇，其旨在使学童识字、习字。《论衡·自纪篇》：“充八岁出于书馆，书馆小僮百人以上，皆以过失袒谪，或以书丑得鞭。充书日进，又无过失。”《后汉书·皇后纪》：“邓皇后六岁能史书，十二通《诗》、《论语》。”梁皇后“少善女工，好史书。九岁能诵《论语》。”是汉人就学，首学书法，其业成者，得试为吏。此一级也。其进则授《尔雅》、《孝经》、《论语》。是汉人就学，师专授者，亦有由经师兼授者。《汉书·平帝纪》：元始三年，立学官，“郡国曰学，县、道、邑、侯国曰校。校、学置经师一人。乡曰庠，聚曰序。庠、序置《孝经》师一人”。《魏志·邴原传》注引《原别传》：邻有书舍，原“遂就书，一冬之间诵《孝经》、《论语》”。此由一师专授者也。《平帝纪》元始四年，“征天下以一经、《论语》、《孝经》、《尔雅》教授者。此由经师兼授者也。且汉时有受《论语》、《孝经》、小学，而不受一经者；无受一经而先受《论语》、《孝经》者，《汉书·昭帝纪》诏曰："朕通《保傅传》、《孝经》、《论语》、《尚书》，未云有明。"《宣帝纪》：霍光奏议曰："孝武皇帝曾孙病已，有诏掖庭养视，师受《诗》、《论语》、《孝经》。"《景十三王传》：广川王去"师受《易》、《论语》、《孝经》，皆通"。《疏广传》："皇太子年十二岁，通《论语》、《孝经》。"《后汉书·范升传》："九岁通《论语》、《孝经》，及长，受梁丘《易》，皆通。"是通经之前，皆先通《论语》、《孝经》，亦有但云《论语》者。《汉书·王尊传》："受《尚书》、《论语》。"《后汉书·邓皇后纪》："十二通《诗》、《论语》。"《梁皇后纪》："九岁能诵《论语》，治《韩诗》。"《马严传》：子续"七岁能通《论语》，十三明《尚书》"。《荀爽传》："年十二通《春秋》、《论语》。"《论衡·自纪篇》："充手书既成，辞师受《论语》、《尚书》。"此数事，或举《论语》以该《孝经》，或但受《论语》而不及《孝经》，均不可考。要之，无不受《论语》者。（汉人受书次第，首小学，次《孝经》，次《论语》，次一经。此事甚明。诸书或倒言之，乃以书之尊卑为次，不以受书之先后为次。受书时由卑及尊，乃其所也）故汉人传《论语》、《孝经》者，皆他经大师，无以此二家专门名家者。如传《齐论》者，有王吉父子、宋畸、贡禹、五鹿充宗、胶东庸生。中惟宋畸无考，王吉则传《韩诗》，王骏及五鹿充宗传梁丘《易》，贡禹传《公羊春秋》，庸生传古文《尚书》。传《鲁论》者，有龚奋、夏侯胜、韦贤、录扶卿、萧望之、张禹、朱云。奋与扶卿无考，夏侯胜则传《尚书》，韦贤传《鲁诗》，萧望之传《齐诗》，张禹传施氏《易》，朱云传孟氏《易》。传《孝经》者，有长孙氏、江翁、后苍、翼奉、张禹。长孙氏无考，江翁则《鲁诗》与《穀梁春秋》，后苍、翼奉传《齐诗》，苍又传《礼》。盖经师授经亦兼授《孝经》《论语》，犹今日大学之或有预备科矣。然则汉时《论语》、《孝经》之传，实广于五经，不以博士之废置为盛衰也。（《观堂集林》卷第四《艺林四》）

这是很精当、重要的论述，我们绝不可轻易忽略，这是汉代经学一般传授的情形，《论语》、《孝经》之传“实广于五经”，这话断然是不错的。至于传记博士是否全罢，尚非毫无疑问。不过在今已无明文可据，难以臆断。

在宣帝时，博士增加到十二人，据（a）《汉书·百官公卿表上》说：“博士……宣帝黄龙元年稍增员至十二人。”（b）《宣帝纪》则于甘露三年云：“乃立梁丘《易》、大小夏侯《尚书》、《穀梁春秋》博士。”（c）《艺文志》则云：《易》“讫于宣、元，有施、孟、梁丘、京氏列于学官”，《书》“讫孝宣世，有欧阳、大小夏侯氏，立于学官”，《诗》“鲁齐韩三家”皆立于学官，《礼》“迄孝宣世，后仓最明。戴德、戴圣、庆普皆其弟子，三家立于学官”。《春秋》“四家之中，《公羊》、《穀梁》立于学官”。（d）《刘歆传》说：“往者博士《书》有欧阳，《春秋》公羊，《易》则施、孟，然孝宣帝犹复广立《穀梁春秋》、梁丘《易》、大小夏侯《尚书》。”（e）《儒林传赞》说：“初，《书》唯有欧阳、《礼》后、《易》杨、《春秋》公羊而已。至孝宣世，复立《大、小夏侯尚书》，《大、小戴礼》，《施》、《孟》、梁丘《易》，《穀梁春秋》。”（f）《后汉书·章帝纪》建初四年则说：“汉承暴秦，褒显儒术，建立《五经》，为置博士。其后学者精进，虽曰承师，亦别名家。孝宣皇帝以为去圣久远，学不厌博，故遂立《大、小夏侯尚书》，后又立《京氏易》。”宣帝时增置博士，这七处所记载的各有不同，据王国维《汉魏博士考》云：

案：宣帝增置博士事，《纪》、《表》、《志》、《传》所纪互异。《纪》系于甘露三年，《表》系于黄龙元年，一不同也。《纪》与《刘歆传》均言立梁丘《易》、大小夏侯《尚书》、《穀梁春秋》，而《儒林传赞》复数大、小戴《礼》，《艺文志》复数庆氏《礼》，二不同也。又博士员数，《表》与《传》亦不同。据《刘歆传》则合新旧仅得八人；如《儒林传赞》则合新旧得十二人，似与《表》合矣。然二传皆不数《诗》博士。案，申公、韩婴均于孝文时为博士，辕固于孝景时为博士，则文景之世，鲁、齐、韩三家《诗》已立博士，特孝宣时于《诗》无所增置，故刘歆略之。《儒林传赞》综计宣帝以前立博士之经，而独遗《诗》鲁、齐、韩三家，则疏漏甚矣。又宣帝于《礼》博士亦无所增置，《儒林传赞》乃谓宣帝立大、小戴《礼》，不知戴圣虽于宣帝时为博士，实为后氏《礼》博士，尚未自名其家，与《大戴》分立也。《艺文志》谓庆氏亦立学官者，误与此同。今参伍考之，则宣帝末所有博士，《易》则施、孟、梁丘，《书》则欧阳、大小夏侯，《诗》则齐、鲁、韩，《礼》则后氏，《春秋》公羊、穀梁，适得十二人。《儒林传赞》遗《诗》三家，因刘歆之言而误。《赞》又数大、小戴《礼》，《艺文志》并数庆氏《礼》，则又因后汉所立而误也。又宣帝增置博士之年，《纪》、《表》虽不同，然皆以为在论石渠之后。然《儒林传》言欧阳高孙地余为博士，论石渠；又林尊事欧阳高，为博士，论石渠；张山拊事小夏侯建，为博士，论石渠，则论石渠时似欧阳有二博士，小夏侯亦已有博士，与《纪》、《传》均不合。盖所纪历官时代有错误也。又《易》施、孟二博士亦宣帝所立（但在甘露、黄龙前），则《儒林传赞》所

言是也。(《观堂集林》卷第四《艺林四》)

他这里主张"《易》则施、孟、梁丘,《书》则欧阳、大小夏侯,《诗》则齐、鲁、韩,《礼》则后氏,《春秋》公羊、穀梁,适得十二人",但是《礼》还只有一家博士,《公羊》亦只有一家博士,都极可疑。《穀梁》在宣帝时立于学官,据崔适《春秋复始》的考证,颇不足信。然则这十二博士除《诗》、《书》、《易》三经外,恐怕《礼》有二博士,大、小戴,《小戴》在《儒林传》说"以博士论石渠",《大戴》则《儒林传》有"授琅琊徐良游卿,为博士",大、小戴在前汉俱立学官,此所以《艺文志》、《儒林传赞》都有大、小戴《礼》,并非如王氏说"因后汉所立而误"。实则在前汉,大、小戴俱有博士,故云然也。这一桩公案的解决,我近来益感觉王氏此说为误,而崔适"《穀梁》为古文"之说为不诬。《穀梁》确未在宣帝时立学官;《穀梁》确为古文,也并不曾立学官。我的这一结论有两个极强有力的证据。关于前者,在《汉书·梅福传》云:

成帝久亡继嗣,福以为宜建三统,封孔子之世以为殷后,复上书曰:"……《春秋经》曰:'宋杀其大夫。'《穀梁传》曰:'其不称名姓,以其在祖位,尊之也。'此言孔子故殷之后也……"福孤远,又讥切王氏,故终不见纳。

(初),武帝时,始封周后姬嘉为周子南君,至元帝时,尊周子南君为周承休侯,位次诸侯王。使诸大夫博士求殷后,分散为十余姓,郡国往往得其大家,推求子孙,绝不能纪。时匡衡议"……《礼记》孔子曰:'丘,殷人也。'先师所共传,宜以孔子世为汤后"。上以其语不经,遂见寝。至成帝时,梅福复言宜封孔子后以奉汤祀。绥和元年,立二王后,推迹古文,以《左氏》、《穀梁》、《世本》、《礼记》相明。(《汉书》卷六十七《杨胡

朱梅云传第三十七》）

这一段话在崔氏指出，“推迹古文，以《左氏》、《穀梁》、《世本》、《礼记》相明”。以《穀梁》为古文学，这犹可曲为之解。我现在觉着传中谓“上以其语不经”一语，依师古注云：“不合于经也。”这一句话实在是暴露出有大漏洞。第一，匡衡在元帝时主“以孔子世为汤后”，如果《穀梁》在宣帝时已立学官，他何以不会举出《穀梁传》上之言以作证明？第二，匡衡说“《礼记》孔子曰：‘丘，殷人也。’先师所共传”。戴《礼》在宣帝时立学官者为一家抑二家尚不能明，可见《礼》学之微，而《礼记》更有问题的。何以忽然匡衡会说“先师所共传”？这是否匡衡之议已极可疑。第三，我们如相信匡衡议为真，何至“上以其语不经”？宣帝不重儒术，元帝却是“柔仁好儒”的人，如当时《穀梁》已立学，则元帝何至于认为“其语不经”？匡衡又何至于“出语不经”？而竟以其语为不经？则《穀梁》无论其出于何时，则都清楚不过地表明其未在宣帝时立于学官。因此，由“上以其语不经”一语看来，显有明据表明，至元帝时，“经学”尚只是今文学的天下，《穀梁》确为古文经，不仅不认为其为“经”，甚至当朝人士（包括汉元帝）并不知有《穀梁》一传，不然，那岂只是非毁先帝所立，简直是太“非圣无法”了！

这一个强有力的证据，更有二旁证：一在《汉书·翟方进传》，翟方进是治《穀梁》的，本传说他“读，经博士受《春秋》。积十余年，经学明习，徒众日广，诸儒称之。以射策甲科为郎。二三岁，举明经，迁议郎。是时宿儒有清河胡常，与方进同经。常为先进，名誉出方进下……河平中，方进转为博士。数年，迁朔方刺史……方进为丞相，封高陵侯”（《汉书》卷八十四《翟方进传第五十四》）。按说翟方进是一名极有名的《穀梁》学者，但在他的奏议中，只见他说“臣闻国家之兴，尊尊而敬长，爵位上下之礼，王道纲纪。《春秋》之义，尊上公谓之宰，海内无不统焉”。又引“昔季孙行父有言曰：‘见有善于君者爱之，若孝子之养父母也；见不善者诛之，若鹰鹯之逐鸟爵也。’”等等，没有一句是引《穀梁传》的。本传说方进“虽受《穀梁》，然好《左氏传》、天文星历，其《左氏》则国师刘歆，星历则长安令田终术师也”。这样一位《穀梁》经师，不引本经，如《穀梁》已立学官，则何至如此？

第二个旁证，是《后汉书·贾逵传》云，“至光武皇帝，奋独见之明，兴立《左氏》、《穀梁》”，如果《穀梁》在前汉已立博士，何以云“独见之明”？又何必重新“兴立《左氏》、《穀梁》”？而且据《汉官仪》曰：“光武中兴，恢弘稽古，《易》有施、孟、梁丘贺、京房，《书》有欧阳和伯，夏侯胜、建，《诗》有申公、辕固、辕婴，《春秋》有严彭祖、颜安乐，《礼》有戴德、戴胜。凡十四博士。”光武“稽古”而立的十四博士，内无《穀梁》博士，则可见前汉《穀梁》未列学官，从一云“独见之明”，一云“恢弘稽古”看来，正是可以互为证明。在之前没有人提倡过《穀梁》，所以光武皇帝才是“奋其独见之明”，如宣帝时已立博士，《汉官仪》与贾逵都不当如此云云。





关于后者这极强有力的证据，在许慎《五经异义》中亦有线索。《异义》中引今、古文说上，多冠以“今”、“古”以示区别，这古字有时又作“故”，如：

> 《异义》第五《田税》：“今《春秋公羊》说：‘十一而税，过于十一，大桀、小桀；减于十一，大貉、小貉。十一税，天子之正。十一行而颂声作。’故《周礼》：国中园廛之赋二十而税一，近郊十而税一，远郊二十而税一。”

此条“故《周礼》”之“故”字，据陈寿祺《五经异义疏证》云：“‘故’当为‘古’字误。”（《皇清经解》）

又如：

《异义·天号第六》："今《尚书》欧阳说：'春曰昊天，夏曰苍天，秋曰旻天，冬曰上天，总为皇天。《尔雅》亦然。'古《尚书》说云：'天有五号，各用所宜称之。'"（《皇清经解》）

此条"古"字据陈氏证云："《周礼疏》作'故'，误。《毛诗正义》作'古'，当从之。"这可见《五经异义》于"古"说或又作"故"。有此两证，极为明了。《穀梁》在《五经异义》中，也列入古说中，《礼记·曲礼》"约信曰誓，莅牲曰盟"下引《五经异义》云：

《异义》礼约盟不？今《春秋公羊》说："古者不盟，能言而退。"故《穀梁传》云："诰誓不及五帝，盟诅不及三王，交质子不及二伯。"故《春秋左氏》云……（《皇清经解》）

此处以"故"冠《穀梁传》之上，与"故"《春秋左氏》同列看待，尤可见《穀梁》在汉代人看来实以为古文。这一条证据，比崔氏之据《梅福传》"推迹古文，以《左氏》、《穀梁》、《世本》、《礼记》相明"及《后汉书·章帝纪》，（六年冬十二月）"诏曰：……其令群儒选高才生，受学《左氏》、《穀梁春秋》，《古文尚书》，《毛诗》，以扶微学，广异义焉"一则明言"古文"，一则与诸古文并列，更比"胡常所传《尚书》、《左氏》皆古文，则《穀梁》亦古文……王莽时所立，皆古文学也……万乘以《穀梁》贵显，《穀梁》为古文又明"要直截了当，更加强《穀梁》为古文之证明。崔氏说："《儒林传》谓《公》、《穀》二家争论于武、宣之世者，直如捕风系影。"这论断确不错。可见此一是非虽历时弥久，然拨去人为的迷雾，则真相终于显明。《穀梁》本为古文学，此问题愈觉可以水落石出，则《穀梁》未在宣帝时立学官，也极显明也。

在元帝时，又立京氏《易》，但不久就废了。据《儒林传赞》

说："至元帝世，复立京氏《易》。"《后汉书·范升传》说："先帝前世，有疑于此，故《京氏》虽立，辄复见废。"（《后汉书》卷三十六《范升传》）后汉初十四博士中无京氏《易》，范升之说是可信的。

在平帝时，又立古文《尚书》、《毛诗》、逸《礼》、《左氏春秋》、《乐经》，博士一共增加到三十人。据《汉书·儒林传赞》谓"平帝时，又立《左氏春秋》、《毛诗》、逸《礼》、古文《尚书》"。《王莽传》说：元始四年，"立《乐经》，益博士员，经各五人"。又《艺文志》："《周官》经六篇。(王莽时刘歆置博士）"《三辅黄图》云："六经三十博士。"这是在平帝时增立五经为六经，博士"经各五人"，则六经三十人，不过每一经不会有五家，盖一家博士不止一人也。

后汉初年，博士共十四人，《后汉书》卷四十四《徐防传》注引："《汉官》曰：光武中兴，恢弘稽古，《易》有施、孟、梁丘贺、京房；《书》有欧阳和伯、夏侯胜、建；《诗》有申公、辕固、韩婴；《春秋》有严彭祖、颜安乐；《礼》有戴德、戴胜。凡十四博士。太常差选有聪明威重一人为祭酒，总领纲纪也。"据《后汉书·百官志》："博士十四人。"《注》曰："《易》四，施、孟、梁丘、京氏。《尚书》三，欧阳、大小夏侯氏。《诗》三：鲁、齐、韩氏。《礼》二，大小戴氏。《春秋》二，《公羊》严、颜氏。"《后汉书·儒林列传》说："光武中兴，爱好经术……于是立《五经》博士，各以家法教授，《易》有施、孟、梁丘、京氏，《尚书》欧阳、大小夏侯，《诗》齐、鲁、韩，《礼》大小戴，《春秋》严、颜，凡十四博士，太常差次总领焉。"张金吾《两汉五经博士考》说："《古文尚书》、庆氏《礼》，东汉未立学官。而周防、杨伦以明习古文征补博士，曹充等三人以习庆氏《礼》为博士，盖以他经博士兼授《古文尚书》、庆氏《礼》耳。又案，《经典释文》曰：'后汉三《礼》皆立博士。'三《礼》者，大、

小戴及庆氏也。然则庆氏《礼》者岂亦尝立于学官。如《左氏》之旋立旋废，历史失载耶。”（《丛书集成初编》）

王国维《汉魏博士考》说：

> 案：后汉初，曾置庆氏《礼》。当时为《礼》博士者，如曹充，如曹褒，如董钧，皆传庆氏《礼》者也。传二戴《礼》而为博士者，史反无闻。疑当时《礼》有庆、大小戴三氏，故班氏《艺文志》谓“《礼》三家皆立于学官”，盖误以后汉之制本于前汉也。后庆氏学微，博士矣中废。后至汉末，《礼》博士只有大、小戴二家，故司马彪、范晔均遗之耳。（《观堂集林》卷第四《艺林四》）

这也是很有理由的意见。在治庆氏《礼》者也未必不可为二戴《礼》博士，不过，《艺文志》说“《礼》三家皆立于学官”，必定有一些来由，不然，连后汉都无有，何况于前汉？

自此后，虽也有立《春秋左氏》、《穀梁》之说，但是终于没有立定。据《后汉书·陈元传》说：“时议欲立《左氏传》博士……范升复与元相辩难，凡十余上。帝卒立《左氏》学，太常选博士四人，元为第一。帝以元新忿争，乃用其次司隶从事李封，于是诸儒以《左氏》之立，论议讙哗，自公卿以下，数廷争之。会封病卒，《左氏》复废。”（《后汉书》卷三十六《郑范陈贾张列传第二十六》）又《贾逵传》：“至光武皇帝，奋独见之明，兴立《左氏》、《穀梁》，会二家先师不晓图谶，故令中道而废。”从此到后汉末年，博士没有任何增损。

### （四）博士之职责

博士在六国至秦时已有弟子，汉初亦然，这由《叔孙通传》、《贾山传》中可见。在武帝时特为博士置弟子五十人，这在《武帝纪》及《儒林传》可见。《汉书·儒林传》云：“为博士官置弟子五十人，复其身。太常择民年十八以上仪状端正者，补博士弟子。郡国县官有好文学、敬长上、肃政教、顺乡里、出入不悖，所闻，令相长丞上属所二千石。二千石谨察可者，常与计偕，诣太常，得受业如弟子。一岁皆辄课，能通一艺以上，补文学掌故缺；其高第可以为郎中，太常籍奏。即有秀才异等，辄以名闻。其不事学若下材，及不能通一艺，辄罢之，而请诸能称者。”昭、宣以后，更有增加。《儒林传》云：“昭帝时举贤良文学，增博士弟子员满百人，宣帝末增倍之。元帝好儒，能通一经者皆复。数年，以用度不足，更为设员千人，郡国置《五经》百石卒史。成帝末，或言孔子布衣养徒三千人，今天子太学弟子少，于是增弟子员三千人。岁余，复如故。平帝时王莽秉政，增元士之子得受业如弟子，勿以为员，岁课甲科四十人为郎中，乙科二十人为太子舍人，丙科四十人补文学掌故云。”这一趋势到东汉更为迅猛，《后汉书·儒林列传》云：顺帝以后，太学弟子猛增，“自是游学增盛，至三万余生”。

博士的职责归纳起来主要有：

(a) 掌通古今（《汉书·百官公卿表》）；

(b) 辨然否（《汉官仪》）；

(c) 以五经教子弟（《通典》）；

(d) 稽合同义，讲语五始（《北堂书钞》六十七引《汉官解说》）；

(e) 国有疑事，常承问对（《后汉书·百官志》）；

(f) 录冤狱，行风俗（《汉书·孔光传》）；

(g) 建节驰传，巡省郡国，举孝、廉，劝元元（《盐铁论·刺复第十》）；

(h) 以言语为职，谏诤为官（《潜夫论·考绩》）等。

在西汉时，博士除教授弟子外，或议礼，或议政，或奉使，均需参与；而在东汉则专议礼。博士的奉给，本四百石，宣帝后为比六百石，但秩卑而职尊。博士的任用，本由征召、荐举，或由选试、擢迁，有的兼给事中，或擢迁为奉常、内史、少府、司直光禄大夫、太傅、少傅、侍中、中郎将、太中大夫、太子家令、谏大夫、尚书；在外则为郡国守或相，或诸侯王太傅、刺史、州牧、县令，盖清要之官，非同秩之文吏比矣。

在两汉时，一个人在经学上的造诣，如做到博士，其经学功底及能力自可以令人信任。如《汉书·鲍宣传》云：

> （宣）上书谏曰："……宜以时罢退。及外亲幼童未通经术者，皆宜令休就师傅。急征故大司马傅喜使领外亲。故大司空何武、师丹、故丞相孔光、故左将军彭宣，经皆更博士，位皆历三公，智谋威信，可与建教化，图安危。"（《汉书》卷七十二《王贡两龚鲍传》）



所谓"经皆更博士"，即经学通明，作到博士，自然是一大儒，可以担任大任。这博士的地位，当是通经之士所希冀的。师法、家法固由是而产生，五经分立十四博士恐怕一半也是由于希冀立学官，为博士而产生，不过，在两汉的博士之中，也有许多是滥竽充数的。据《汉书·李寻传》说："行能亡以异，又不通一艺，及博士无文雅者，宜皆使就南亩。"（《汉书》卷七十五《眭两夏侯京翼李传》）西汉时博士犹且如此，则更无论东汉，我们可见博士的量愈多，其质也愈次。不要误以为两汉博士一定就是饱学之士。



## 第二节　师法与家法之异同

### 一　师法家法之起源

在汉代有博士教授弟子，欲学者或更诣博士受业，他们称颂经术，自然要抬出他们的师说，以表示其根据。例如：

董仲舒在他对策时即云："臣愚不肖，述所闻，诵所学，道师之言，厪（仅）能勿失耳。"（《汉书》卷五十六《董仲舒传》）

他的弟子眭弘也说："先师董仲舒有言……"这都是表示他语有师承，可以信任。《后汉书·鲁丕传》云："说经者，传先师之言，非从己出，不得相让。"(《后汉书》卷二十五《卓鲁魏刘列传》)所以称师者正是此意。博士弟子既传先师之言以为法，故更有师法之称。例如：

(1)《汉书·五行志》："哀帝建平二年四月乙亥朔，御史大夫朱博为丞相……有大声如钟鸣，殿中郎吏陛者皆闻焉。上以问黄门侍郎扬雄、李寻，寻对曰：'《洪范》所谓鼓妖者也。师法以为人君不聪，为众所惑……'(《汉书》卷二十七《五行志第七中之下》)

(2)《汉书·魏相传》："相明《易经》，有师法。"(《汉书》卷七十四《魏相丙吉传》)

(3)《汉书·翼奉传》："召问奉：'来者以善日邪时，孰与邪日善时？'奉对曰：'师法用辰不用日。'"(《汉书》卷七十五《眭两夏侯京翼李传》)

(4)《汉书·李寻传》："治《尚书》，与张孺、郑宽中同师。宽中等守师法教授。"(《汉书》卷七十五《眭两夏侯京翼李传》)

(5)《汉书·张禹传》："甘露中，诸儒荐禹，有诏太子太傅萧望之问。禹对《易》及《论语》大义，望之善焉，奏禹经学精习，有师法，可试事。"(《汉书》卷八十一《匡张孔马传》)

(6)《汉书·儒林传·孟喜》："喜举孝廉为郎，曲台署长，病免，为丞相掾。博士缺，众人荐喜。上闻喜改师法，遂不用喜。"(《汉书》卷八十八《儒林传·孟喜》)

(7)《汉书·儒林传·张山拊》："无故善修章句……恭增师法至百万言。"(《汉书》卷八十八《儒林传·张山拊》)

(8)《汉书·儒林传·胡毋生》："唯嬴公守学，不失师法。"(《汉书》卷八十八《儒林传·胡毋生》)

(9)《后汉书·卓茂传》："茂，元帝时学于长安，事博士江

生，习《诗》、《礼》及历算，究极师法，称为通儒。”（《后汉书》卷二十五《卓鲁魏刘列传》）

(10)《后汉书·鲁丕传》：“臣闻说经者，传先师之言，非从己出，不得相让；相让则道不明，若规矩权衡之不可枉也。难者必明其据，说者务立其义，浮华无用之言不陈于前，故精思不劳而道术愈章。法异者，各令自说师法，博观其义。”（《后汉书》卷二十五《卓鲁魏刘列传》）

(11)《后汉书·刘宽传》注：“谢承书曰：‘宽少学欧阳《尚书》、京氏《易》，尤明《韩诗外传》。星官、风角、算历，皆究极师法，称为通儒。’”（《后汉书》卷二十五《卓鲁魏刘列传》）

(12)《后汉书·吴良传》：“骠骑将军东平王苍闻而辟之……上疏荐良曰：‘……窃见臣府西曹掾齐国吴良，……又治《尚书》，学通师法，经任博士，行中表仪。宜备宿卫，以辅圣政。’”（《后汉书》卷二十七《宣张二王杜郭吴承郑赵列传》）

师法或又称曰师道。例如：

(13)《汉书·朱云传》：“云素好勇，数犯法亡命，受《易》颇有师道，其行义未有以异。”（《汉书》卷六十七《杨胡朱梅云传第三十七》）

(14)《汉书·匡衡传》：“学者多上书荐衡经明，当世少双，令为文学就官京师；后进皆欲从衡平原，衡不宜在远方。事下太子太傅萧望之、少府梁丘贺问，衡对《诗》诸大义，其对深美。望之奏衡经学精习，说有师道，可观览。”（《汉书》卷八十一《匡张孔马传第五十一》）

(15)《汉书·王式传》：“问经数篇，式谢曰：‘闻之于师具是矣，自润色之。”不肯复授。’（《汉书》卷八十八《儒林传·王式》）

## 二　师法之名义与内容

我们就以上所举十余例看来，称引“师法”、“守师法”、“有师法”、“增师法”、“不失师法”、“自说师法”、“学通师法”、“究极师法”等等，这些“师法”字样实代表“师说”的意思，所以可“引”可“守”，亦可以加以“增”、“改”，一如王式说的“自润色之”。至于有师法可以说是有师说，亦可以说是有“师道”。“道”、“法”二字意义相近，故有师道者可以解释为有师说，亦可以解释为有为师之道，这是与别称师法不同的。两汉的经师于从师以后，可以“诸经为业”，而进一步“各自名家”，“家世传业”，故又有“家法”之称，例如：

(1)《质帝纪》:“本初元年……夏四月庚辰，令郡国举明经，年五十以上、七十以上诣太学。自大将军至六百石，皆遣子受业，岁满课试，以高第五人补郎中，次五人太子舍人。又千石、六百石、四府掾属、三署郎、四姓小侯先能通经者，各令随家法，其高第者上名牒……”(《后汉书》卷六《质帝纪》)

(2)《后汉书·鲁恭传》:“其后拜为《鲁诗》博士，由是家法学者日盛。”(《后汉书》卷二十五《卓鲁魏刘列传》)

(3)《后汉书·徐防传》:“防以《五经》久远，圣意难明，宜为章句，以悟后学。上疏曰：‘臣闻《诗》、《书》、《礼》、《乐》，定自孔子；发明章句，始于子夏。其后诸家分析，各有异说。汉承乱秦，经典废绝，本文略存，或无章句。收拾缺遗，建立明经，博征儒术，开置太学。孔圣既远，微旨将绝，故立博士十有四家，设甲乙之科，以勉劝学者，所以示人好恶，改敝就善者也。伏见太学试博士弟子，皆以意说，不修家法，私相容隐，开生奸路。每有策试，辄兴诤讼，论议纷错，互相是非。孔子称“述而不作”，又曰“吾犹及史之阙文”，疾史有所不知而不肯阙也。今不依章句，妄生穿凿，以遵师为非义，意说为得理，轻侮道术，浸以成俗，诚非诏书实选本意。改薄从忠，三代常道，专精务本，儒学所先。臣以为博士及甲乙策试，宜从其家章句，开五十难以试之。解释多者为上第，引文明者为高说；若不依先

师，义有相伐，皆正以为非’。”（《后汉书》卷四十四《邓张徐张胡列传》）

(4)《后汉书·左雄传》：“阳嘉元年，太学新成，诏试明经者补弟子，增甲乙之科，员各十人。除京师及郡国耆儒年六十以上为郎、舍人、诸王国郎者百三十八人。”雄又上言：“郡国孝廉，古之贡士，出则宰民，宣协风教。若其面墙，则无所施用。孔子曰‘四十不惑’，《礼》称‘强仕’。请自今孝廉年不满四十，不得察举，皆先诣公府，诸生试家法，文吏课笺奏，副之端门，练其虚实，以观异能，以美风俗。有不承科令者，正其罪法。若有茂才异行，自可不拘年齿。”（《后汉书》卷六十一《左周黄列传》）



(5)《后汉书·蔡伦传》：“元初……四年，帝以经传之文多不正定，乃选通儒谒者刘珍及博士良史诣东观，各雠校汉家法，令伦监典其事。”（《后汉书》卷七十八《宦者列传·蔡伦》）



(6)《后汉书·张玄传》：“少习《颜氏春秋》，兼通数家法。”（《后汉书》卷七十九下《儒林列传·张玄》）

(7)《后汉书·儒林传序》：“于是立五经博士，各以家法教授。”（《后汉书》卷七十九上《儒林列传》）

以上所举数例，均是关于“家法”的。家是表示：“儒有一家之学，故称家。”故“家法”其含义则比师法稍为狭隘，而且就“宜从其家章句”、“由是家法学者日盛”等语看来，“家法”有代表章句的意思。故“各令随家法”者，乃随其家章句之谓也；“皆以意说，不修家法”者，实“不依章句，妄生穿凿”之谓也；“诸生试家法”、“兼通数家法”，试其章句，兼通数家章句之谓也。

## 三　家法之名义与内容

师法已有代表师说的意味，家法自可以用以代表章句。所以

“儒有一家之学，故称家”，“诸经为业，各自名家”。不过“家法”实又含有虽承一师之业，其后能触类而长，更为章句，则别自为一家学，尤可见家法与章句之关系。另一方面，家法实又含有“家学”之意，在《史》、《汉》之《儒林传》中，如“徐生以容为礼官大夫，传子，至孙”；“董仲舒子及孙皆以学至大官”；“琅邪王吉……乃使其子……从临受《易》……充宗授平陵士孙张仲方……张为博士，至扬州牧，光禄大夫给事中，家世传业”；“（兒）宽授欧阳生子，世世相传，至曾孙高子阳，为博士”；“翁生信都太傅，家世传业”；“（伏）理高密太傅，家世传业”；“大戴授琅邪徐良斿卿，为博士、州牧、郡守，家世传业”；“小戴授梁人桥仁季卿、杨荣子孙。仁为大鸿胪，家世传业”；“瑕丘江公……公，传子至孙为博士”；“沛国桓荣习《欧阳尚书》……世习相传授”；等等。“家法”之称所以兴起，或由这种家世传业的关系，不尽是由于“各自名家”。我们试看治《易》的施雠，“雠授张禹、琅邪鲁伯。伯为会稽太守，禹至丞相。禹授淮阳彭宣”，于是“施家有张、彭之学”，然张、彭并不“各自名家”；治《鲁诗》的张长安，“先事（王）式”，“张生论石渠……由是张家有许氏学”，也并不“各自名家”，可见“家法”之称实含有家学之意。蒋湘南《七经楼文钞·经师家法》说云：





> 师法、家法皆本于古之官法。古者设官必有师，以云纪者为云师，以水纪者为水师，以火纪者为火师，以龙纪者为龙师，以鸟纪者为鸟师。颛顼以后，万纪于近为民师，师者即其官之长，以所掌之法传人者也。有官必有法，有法必有学，有学必有业。凡在官之执业者，皆学于其长，奉之为师，而习其法。而古之官人也，又以世传，曰重黎之后，羲氏、和氏世掌天地四时之官，周官三百六十，多以氏名，如冯相氏、保章氏之类，皆世官也。……遭值秦火，经师几绝。汉兴，田何、伏生

之流各以师传相授受，《鲁丕传》所云“传先师之训，非从己出”，正以渊源于孔门。虽有讹误，亦应阙疑，何敢凭虚忆造轻侮道术也。师法之盛，于此为极。其与家法稍别者，师法不过师弟相传，家法则以家学为师法，如公羊高之《春秋》，传子至孙；江公之《穀梁春秋》亦传子至孙。凡弟子之学其家者，亦称某家之法云尔。西汉专称师法而无家法之名，其称家者，惟一见于《施雠传》，由是“施家有张、彭之学”，然不言家法，东汉乃专称家法矣。……学于官者谓之师法，世其官者谓之家法。……官守学业，源出于一……儒生之师法仍本在官之师法。

他这种议论比之清儒一般的议论，如“前汉多言师法，而后汉多言家法”，“师法者溯其源，家法者衍其流”（阮元《诂经精舍文集》，赵春沂《两汉经师家法考》）等，实具有更深理解。他说“世其官者谓之家法”，这话固不甚佳，但能说师法“与家法稍别”，这已与一般论调的“汉人重师法如此，又称家法，谓守其一家之法，即师法也”（王鸣盛《十七史商榷·汉书二十一·师法》）。而云“西汉专称师法而无家法之名……东汉乃专称家法矣”，他是了解凡弟子之学其家学者，亦称此某家之法，家法的缘起或由于家学，则自不能说家法就是章句，只能说有代表的意思。

## 四　两汉经师之家法

赵春沂《两汉经师家法考》一文中，就两《汉书》言师法家法者，谓荐举、对问、察孝廉、举明经皆重家法。皮锡瑞《经学历史》实袭赵氏此文。但皮氏说：“师法、家法所以分者：如《易》有施、孟、梁丘之学，是师法；施家有张、彭之学，孟有翟、孟、白之学，梁丘有士孙、邓、衡之学，是家法。家法从师法分出，而施、孟、梁丘之师法又从田王孙一师分出者也。”这话实有相当理由，家法无论其为家学或章句，应由师法分出而且可以再分。这是所谓“师法者溯其源，家法者衍其流”。在《诂经精舍文集》中更有胡缙《汉经师家法考》一文，叙述汉儒家法之大略，这也是清末以来为治经学史者所认可之说法的。兹亦录其全文：

> 汉儒家法，大略有三：一曰守师说，如《易》有施、孟、梁丘、费、高，《书》有伏、孔，《诗》有毛、齐、鲁、韩，《礼》有二戴、庆氏，《春秋》有左、公、穀，其间文字异同，章句错之，各守师传，不相沿袭。故赵宾变箕子之训，则《易》家证其非焦赣；本隐士之传，光禄明其异；田何之《易》，实渊源乎商、翟，毛公之《诗》，公、穀之《春秋》，乃权舆于子夏；申公之于《鲁诗》，张苍之于《左氏》，并溯沿于荀卿；伏生传今文，先秦之博士也；安国传古学，孔氏之旧文也；高堂生传《士礼》，鲁国之老师也由七十二子，迄四百余年，如高、曾之授鼻、仍，渊源之术其渎，是之为守师法。
>
> 一曰通小学，汉儒课学僮必先讽籀书九千字，以得其旨意声形；授《尔雅》十七篇以究其诂训；转借三年而一经通，三十而五经立。故诡更正文，向壁虚造，则许慎订其违，破坏形体，便辞巧说，则班固纠其谬。汉儒研六经从文字入，研究文字从声形入，莫不考镜于姬卜，准则于籀斯。虽师承各殊而途轨实一，是之为通小学。
>
> 一日明天人之理。《易》家天学，则如孟喜明卦气，京房言纳甲飞伏，郑君阐文辰，虞翻推消息；《书》家如伏生，则以《洪范》言天，《诗》家如翼奉，则以五

际言天；《春秋》家如董仲舒，则以《公羊》言天；刘向则以《穀梁》言天，刘歆则以《左氏》言天，并上探象纬，下明人事；经之以八卦，纬之以九畴，测之以九官，验之以九数。原夫乾坤凿度，实萌芽于先秦；河雒诸篇，乃朕兆于东汉。贾、郑、何、郑诸家，九经是学，大抵原本孔经；钩摘枢要，非如后儒，守井鱼之咫，闻昧图书之奥。旨也，是之谓明天人之理。其释经之体，亦约有三：一曰以经解经或依经以析理，或错经以会文，或辨经以校误。如毛公诂《诗》，多用《尔雅》；费氏说《易》，即本系辞；依经之体也，《毛诗》之"笺"，广引《礼》经，《地官》之"注"，半参《王制》；错经之谊，也由左丘之古经；知祠兵之文误，据《鲁诗》之正字；识绣黼之传，乖辨经之法也。一曰以字解经，或拟其音，或正其读，或改其误。拟音者，古无反语，故为比方之词，如某读若某，某读如某之例是也。正读者，声有通借，故为变化之词，如某读为某，某读曰某之例是也。改误者，字或由声而误，或由形而误，故为正之词，如某当为某之例是也。观夫贾逵定弟圛之异字，何休辨登得之同声，《周官》故书必存于"注"，《仪礼》古文尽诸之篇，举一反三，余可识矣。一曰以师说解经，如仲梁子、孟仲子、高子之说，见于毛氏《诗》，子沈子、司马子、女子、北宫子、尸子、沈子之说载于《公》、《穀》、"传"、"笺"；《诗》之旨，半表发夫亨、苌"注"；《礼》之言，先引征夫杜、郑，譬后海而先厥河，非数典而遗其祖也。由兹家法，阐厥微言，以故用日少而德多称文迩。而见义远幽雅，故缀道纲，识时务，统阴阳，通天地人之谓儒，惟汉儒斯不媿焉。故家法精，汉学明；家法弃，汉学废。谨授受六经家法，不失孔书乃明。

他这里区分家法为：一、守师说；二、通小学；三、明天人之理。及释经之体：一曰以经解经，二曰以字解经，三曰以师说解经，这些意见都还不错。不过既太简略又过信汉儒守师说一成不变，其实则今古经师都不一定笃守师说，我们只看下章第二节与第六章第二节所举辕固、翼奉、伏生、大小夏侯、孟喜、京房、董君、何休诸儒立说之异，可知今古文经学皆有演变。又，通小学是东汉经师所注重的，西汉经师则注重通大义。例如：

(1)《路温舒传》："又受《春秋》，通大义。"（《汉书》卷五十一《贾邹枚路传》）

(2)《隽不疑传》："公卿大臣当用经术明于大谊。"（《汉书》卷七十一《隽疏于薛平彭传》）

(3)《丙吉传》："吉本起狱法小吏，后学《诗》、《礼》，皆通大义。"（《汉书》卷七十四《魏相丙吉传》）

(4)《王尊传》："治《尚书》、《论语》，略知大义。"（《汉书》卷七十六《赵尹韩张两王传》）

(5)《冯奉世传》："乃学《春秋》涉大义。"（《汉书》卷七十九《冯奉世传》）

(6)《匡衡传》："衡对《诗》诸大义，其对深美。"（《汉书》卷八十一《匡张孔马传》）

(7)《张禹传》："禹对《易》及《论语》大义，望之善焉。"（《汉书》卷八十一《匡张孔马传》）

(8)《翟方进传》："门下诸生至常所问大义。"（《汉书》卷八十四《翟方进传》）

(9)《儒林传·丁宽》："作《易说》三万言，训故举大谊而已，今《小章句》是也。"（《汉书》卷八十八《儒林传·丁宽》）

(10)《儒林传·京房》："大谊略同。"（《汉书》卷八十八《儒林传·京房》）

从上十例看来，西汉经师确重大义。《儒林传·赞》说：“一经说至百余万言，大师众至千余人。”“一经说至百余万言”，当然只有“讲大义”才会如此。

# 第三章
# 今文经学之流传迁变

## 第一节　今文经学之传授





秦始皇统一天下之后，下令废除六国原有的文字，“罢其不与秦文合者”，并将在秦地已普遍通行的小篆和隶书推行全国，作为法定的字体实行“书同文”；始皇三十四年，又下令焚书。可以想见，这两项措施的实行，必使得原以六国文字记载的书籍近乎消失殆尽，也使得文人熟习了秦文字的使用。这样到了汉代，“秦法未改”，流传的经籍都是用当时文字所抄写的，因后来有所谓古文经出现，遂将西汉诸儒流传之经典称为今文。故今文经学之流传，实际上先于古文，据《史记·儒林列传》说：“夫齐鲁之间于文学，自古以来，其天性也。故汉兴，然后诸儒始得修其经艺，讲习大射乡饮之礼。……然尚有干戈，平定四海，亦未暇遑庠序之事也。孝惠、吕后时，公卿皆武力有功之臣。孝文时颇征用，然孝文帝本好刑名之言。及至孝景，不任儒者，而窦太后又好黄老之术，故诸博士具官待问，未有进者。……自是之后，言《诗》于鲁则申培公，于齐则辕固生，于燕则韩太傅。言《尚书》自济南伏生。言《礼》自鲁高堂生。言《易》自淄川田生。言《春秋》于齐鲁自胡毋生，于赵自董仲舒。”这一段叙述汉初迄武帝经学之流传，我们可知《诗》、《书》、《礼》、《易》、

《春秋》在汉初始传的基本情况，现在更依《史》、《汉》诸书，分经叙述如下：

（一）《诗》

《诗》在汉初流传共为鲁、齐、韩三家，以《鲁诗》为最早。

1.《鲁诗》

《史记·儒林列传》："申公者，鲁人也。高祖过鲁，申公以弟子从师入见高祖于鲁南宫。吕太后时，申公游学长安，与刘郢同师。已而郢为楚王，令申公傅其太子戊。戊不好学，疾申公。及王郢卒，戊立为楚王，胥靡申公。申公耻之，归鲁，退居家教，终身不出门，复谢绝宾客，独王命召之乃往。弟子自远方至受业者百余人。申公独以《诗》经为训以教，无传（疑），疑者则阙不传。兰陵王臧既受《诗》，以事孝景帝为太子少傅，免去。今上初即位，臧乃上书宿卫上，累迁，一岁中为郎中令。及代赵绾亦尝受《诗》申公，绾为御史大夫。绾、臧请天子，欲立明堂以朝诸侯，不能就其事，乃言师申公。于是天子使使束帛加璧安车驷马迎申公，弟子二人乘轺传从。至，见天子。天子问治乱之事，申公时已八十余，老，对曰：'为治者不在多言，顾力行何如耳。'是时天子方好文词，见申公对，默然。然已招致，则以为太中大夫，舍鲁邸，议明堂事。太皇窦太后好老子言，不说儒术，得赵绾、王臧之过以让上，上因废明堂事，尽下赵绾、王臧吏，后皆自杀。申公亦疾免以归，数年卒。弟子为博士者十余人：孔安国至临淮太守，周霸至胶西内史，夏宽至城阳内史，砀鲁赐至东海太守，兰陵缪生至长沙内史，徐偃为胶西中尉，邹人阙门庆忌为胶东内史。其治官民皆有廉节，称其好学。"

《汉书·儒林传》云："申公卒以《诗》、《春秋》授，而瑕丘江公尽能传之，徒众最盛。及鲁许生、免中徐公，皆守学教授。韦贤治《诗》，事大江公及许生，又治《礼》，至丞相。传子玄成，以淮阳中尉论石渠，后亦至丞相。玄成及兄子赏以《诗》授哀帝，至大司马车骑将军，自有传。由是《鲁诗》有韦氏学。”

“王式字翁思，东平新桃人也。事免中徐公及许生。式为昌邑王师。昭帝崩，昌邑王嗣立，以行淫乱废，昌邑群臣皆下狱诛，唯中尉王吉、郎中令龚遂以数谏减死论。式系狱当死，治事使者责问曰：‘师何以亡谏书？’式对曰：‘臣以《诗》三百五篇朝夕授王，至于忠臣孝子之篇，未尝不为王反复诵之也；至于危亡失道之君，未尝不流涕为王深陈之也。臣以三百五篇谏，是以亡谏书。’使者以闻，亦得减死论，归家不教授。山阳张长安幼君先事式，后东平唐长宾、沛褚少孙亦来事式，问经数篇，式谢曰：‘闻之于师具是矣，自润色之。’不肯复授。唐生、褚生应博士弟子选，诣博士，抠衣登堂，颂礼甚严，试诵说，有法，疑者丘盖不言。诸博士惊问何师，对曰事式。皆素闻其贤，共荐式。诏除下为博士。式征来，衣博士衣而不冠，曰：‘刑余之人，何宜复充礼官？’既至，止舍中，会诸大夫博士，共持酒肉劳式，皆注意高仰之，博士江公世为《鲁诗》宗，至江公著《孝经说》，心嫉式，谓歌吹诸生曰：‘歌《骊驹》。’式曰：‘闻之于师：客歌《骊驹》，主人歌《客毋庸归》。今日诸君为主人，日尚早，未可也。’江翁曰：‘经何以言之？’式曰：‘在《曲礼》。’江翁曰：‘何狗曲也！’式耻之，阳醉遏地。式客罢，让诸生曰：‘我本不欲来，诸生强劝我，竟为竖子所辱！’遂谢病免归，终于家。张生、唐生、褚生皆为博士。张生论石渠，至淮阳中尉。唐生楚太傅。由是《鲁诗》有张、唐、褚氏之学。张生兄子游卿为谏大夫，以《诗》授元帝。其门人琅邪王扶为泗水中尉，陈留许晏为博士。由是张家有许氏学。初，薛广德亦事王式，以博士论石渠，授龚舍。广德至御史大夫，舍泰山太守，皆有传。”（同上）

《后汉书·儒林列传》：“高诩字季回，平原般人也。曾祖父嘉，以《鲁诗》授元帝，仕至上谷太守。父容，少传嘉学，哀、平间为光禄大夫。诩以父任为郎中，世传《鲁诗》。以信行清操知名。王莽篡位，父子称盲，逃，不仕莽世。”

“包咸字子良，会稽曲阿人也。少为诸生，受业长安，师事博士右师细君，习《鲁诗》、《论语》。……光武即位，乃归乡里。太守黄谠署户曹史，欲召咸入授其子。咸曰：‘礼有来学，而无往教。’谠遂遣子师之。……建武中，入授皇太子《论语》，又为其章句。……子福，拜郎中，亦以《论语》入授和帝。”(同上)

“魏应字君伯，任城人也。少好学。建武初，诣博士受业，习《鲁诗》。……永平初，为博士，再迁侍中。十三年，迁大鸿胪。十八年，拜光禄大夫。建初四年，拜五官中郎将，诏入授千乘王伉。”(同上)

2.《齐诗》

《史记·儒林列传》：“辕固生者，齐人也。以治《诗》，孝景时为博士。与黄生争论景帝前。黄生曰：‘汤武非受命，乃弑也。’辕固生曰：‘不然。夫桀纣虐乱，天下之心皆归汤武，汤武与天下之心而诛桀纣，桀纣之民不为之使而归汤武，汤武不得已而立，非受命为何？’黄生曰：‘冠虽敝，必加于首；履虽新，必关于足。何者，上下之分也。今桀纣虽失道，然君上也；汤武虽圣，臣下也。夫主有失行，臣下不能正言匡过以尊天子，反因过而诛之，代立践南面，非弑而何也？’辕固生曰：‘必若所云，是高帝代秦即天子之位，非邪？’于是景帝曰：‘食肉不食马肝，不为不知味；言学者无言汤武受命，不为愚。’遂罢。是后学者莫敢明受命放杀者。窦太后好《老子》书，召辕固生问《老子》书。固曰：‘此是家人言耳。’太后怒曰：‘安得司空城旦书乎？’乃使固入圈刺豕。景帝知太后怒而固直言无罪，乃假固利兵，下圈刺豕，正中其心，一刺，豕应手而倒。太后默然，无以复罪，罢之。居顷之，景帝以固为廉直，拜为清河王太傅。久之，病免。今上初即位，复以贤良征固，诸谀儒多疾毁固，曰‘固老’，罢归之。时固已九十余矣。固之征也，薛人公孙弘亦征，侧目而视固。固曰：‘公孙子，务正学以言，无曲学以阿世！’自是之后，齐言《诗》皆本辕固生也。诸齐人以《诗》显贵，皆固之弟子也。”

《汉书·儒林传》：“昌邑太傅夏侯始昌最明，自有传。”(同上)

“后苍字近君，东海郯人也。事夏侯始昌。始昌通《五经》，苍亦通《诗》、《礼》，为博士，至少府，授翼奉、萧望之、匡衡。奉为谏大夫，望之前将军，衡丞相，皆有传。衡授琅邪师丹、伏理斿君、颍川满昌君都。君都为詹事，理高密太傅，家世传业。丹大司空，自有传。由是《齐诗》有翼、匡、师、伏之学。满昌授九江张邯、琅邪皮容，皆至大官，徒众尤盛。”(同上)

《后汉书·儒林列传》：“伏恭字叔齐，琅邪东武人，司徒湛之兄子也。湛弟黯，字稚文，以明《齐诗》，改定章句，作《解说》九篇……无子，以恭为后。恭性孝……少传黯学，以任为郎。建武四年，除剧令。视事十三年……太常试经第一，拜博士，迁常山太守。敦修学校，教授不辍，由是北州多为伏氏学。……初，父黯章句繁多，恭乃省减浮辞，定为二十万言。”

“任末字叔本，蜀郡繁人也。少习《齐诗》，游京师，教授十余年。”(同上)

“景鸾字汉伯，广汉梓潼人也。少随师学经，涉七州之地。能理《齐诗》、《施氏易》，兼受《河》、《洛》图纬，作《易说》及《诗解》，文句兼取《河》、《洛》，以类相从，名为《交集》。又撰《礼内外记》，号曰《礼略》。又抄风角杂书，列其占验，作《兴道》一篇。及作《月令章句》。凡所著述五十余万言。数上书陈救灾变之术。州郡辟命不就，以寿终。”(同上)

3.《韩诗》

《史记·儒林列传》：“韩生者，燕人也。孝文帝时为博士，景帝时为常山王太傅。韩生推《诗》之意而为《内外传》数万言，其语颇与齐鲁间殊，然其归一也。淮南贲生受之。自是之后，而燕赵间言《诗》者由韩生。”

《汉书·儒林传》：“韩婴，燕人也。孝文时为博士，景帝时至常山太傅。婴推诗人之意，而作《内外传》数万言，其语颇与齐、鲁间殊，然归一也。淮南贲生受之。燕赵间言《诗》者由韩生。韩生亦以《易》授人，推《易》意而为之传。燕赵间好《诗》，故其《易》微，唯韩氏自传之。武帝时，婴尝与董仲舒论于上前，其人精悍，处事分明，仲舒不能难也。后其孙商为博士。孝宣时，涿郡韩生其后也，以《易》征，待诏殿中，曰：‘所受《易》即先太傅所传也。尝受《韩诗》，不如韩氏《易》深，太傅故专传之。’司隶校尉盖宽饶本受《易》于孟喜，见涿韩生说《易》而好之，即更从受焉。”

“赵子，河内人也。事燕韩生，授同郡蔡谊。谊至丞相，自有传。谊授同郡食子公与王吉。吉为昌邑王中尉，自有传。食生为博士，授泰山栗丰。吉授淄川长孙顺。顺为博士，丰部刺史。由是《韩诗》有王、食、长孙之学。丰授山阳张就，顺授东海发福，皆至大官，徒众尤盛。”（同上）

《后汉书·儒林列传》：“薛汉字公子，淮阳人也。世习《韩诗》，父子以章句著名。汉少传父业，尤善说灾异谶纬，教授常数百人。建武初，为博士，受诏校定图谶。当世言《诗》者，推汉为长。永平中，为千乘太守，政有异迹。后坐楚事辞相连，下狱死。弟子犍为杜抚、会稽澹台敬伯、钜鹿韩伯高最知名。”

“杜抚字叔和，犍为武阳人也。少有高才。受业于薛汉，定《韩诗章句》。后归乡里教授。沈静乐道，举动必以礼。弟子千余人。……其所作《诗题约义通》，学者传之，曰《杜君法》云。”（同上）

“召驯字伯春，九江寿春人也。曾祖信臣，元帝时为少府。父建武中为卷令，俶傥不拘小节。驯少习《韩诗》，博通书传，以志义闻，乡里号之曰‘德行恂恂召伯春’。累仕州郡，辟司徒府。建初元年，稍迁骑都尉，侍讲肃宗。拜左中郎将，入授诸王。……孙休，位至青州刺史。”(同上)

“杨仁字文义，巴郡阆中人也。建武中，诣师学习《韩诗》，数年归，静居教授。”(同上)

“赵晔字长君，会稽山阴人也。……到犍为资中，诣杜抚受《韩诗》，究竟其术。……晔著《吴越春秋》、《诗细历神渊》。蔡邕至会稽，读《诗细》而叹息，以为长于《论衡》。邕还京师，传之，学者咸诵习焉。时山阳张匡，字文通，亦习《韩诗》，作章句。”(同上)



**(二)《书》**

《书》在汉初流传虽只伏生一家，但后来也分为欧阳、大小夏侯、王家。《史记·儒林列传》：“伏生者，济南人也。故为秦博士。孝文帝时，欲求能治《尚书》者，天下无有，乃闻伏生能治，欲召之。是时伏生年九十余，老，不能行，于是乃诏太常使掌故朝错往受之。秦时焚书，伏生壁藏之。其后兵大起，流亡。汉定，伏生求其书，亡数十篇，独得二十九篇，即以教于齐鲁之间。学者由是颇能言《尚书》，诸山东大师无不涉《尚书》以教矣。伏生教济南张生及欧阳生，欧阳生教千乘兒宽。兒宽既通《尚书》，以文学应郡举，诣博士受业，受业孔安国。兒宽贫无资用，常为弟子都养，及时时间行佣赁，以给衣食。行常带经，止息则诵习之。以试第次，补廷尉史。是时张汤方乡学，以为奏谳掾，以古法议决疑大狱，而爱幸宽。宽为人温良，有廉智，自持，而善著书、书奏，敏于文，口不能发明也。汤以为长者，数称誉之。及汤为御史大夫，以兒宽为掾，荐之天子。天子见问，说之。张汤死后六年，兒宽位至御史大夫。九年而以官卒。宽在三公位，以和良承意从容得久，然无有所匡谏；于官，官属易之，不为尽力。张生亦为博士。而伏生孙以治《尚书》征，不能明也。自此之后，鲁周霸、孔安国，洛阳贾嘉，颇能言《尚书》事。”（《史记·儒林列传》页一五上第七行至页一五下第四行）欧阳一派由伏生传出。

1.《欧阳尚书》

《汉书·儒林传》:“欧阳生字和伯，千乘人也。事伏生，授兒宽。宽又受业孔安国，至御史大夫，自有传。宽有俊材，初见武帝，语经学。上曰：‘吾始以《尚书》为朴学，弗好，及闻宽说，可观。’乃从宽问一篇。欧阳、大小夏侯氏学皆出于宽。宽授欧阳生子，世世相传，至曾孙高子阳，为博士。高孙地余长宾以太子中庶子授太子，后为博士，论石渠。元帝即位，地余侍中，贵幸，至少府。戒其子曰：‘我死，官属即送汝财物，慎毋受。汝九卿儒者子孙，以廉洁著，可以自成。’及地余死，少府官属共送数百万，其子不受。天子闻而嘉之，赐钱百万。地余少子政为王莽讲学大夫。由是《尚书》世有欧阳氏学。”

“林尊字长宾，济南人也。事欧阳高，为博士，论石渠。后至少府、太子太傅，授平陵平当、梁陈翁生。当至丞相，自有传。翁生信都太傅，家世传业。由是欧阳有平、陈之学。翁生授琅邪殷崇、楚国龚胜。崇为博士，胜右扶风，自有传。而平当授九江朱普公文、上党鲍宣。普为博士，宣司隶校尉，自有传。徒众尤盛，知名者也。”（同上）

《后汉书·儒林列传》：“欧阳歙字正思，乐安千乘人也。自欧阳生传《伏生尚书》，至歙八世，皆为博士。……世祖即位，始为河南尹，封被阳侯。建武五年，坐事免官。明年，拜杨州牧，迁汝南太守。推用贤俊，政称异迹。九年，更封夜侯。歙在郡，教授数百人，视事九岁，征为大司徒。坐在汝南臧罪千余万，发觉下狱。诸生守阙为歙求哀者千余人，至有自髠剔者。平原礼震，年十七，闻狱当断，驰之京师，行到河内获嘉县，自系，上书求代歙死。……书奏，而歙已死狱中。……子复嗣，复卒，无子，国除。济阴曹曾字伯山，从歙受《尚书》，门徒三千人，位至谏议大夫。子祉，河南尹，传父业教授。又陈留陈弇，字叔明，亦受《欧阳尚书》于司徒丁鸿，仕为蕲长。"

"牟长字君高，乐安临济人也。……长少习《欧阳尚书》，不仕王莽世。……著《尚书章句》，皆本之欧阳氏，俗号为《牟氏章句》。……子纡，又以隐居教授，门生千人。肃宗闻而征之，欲以为博士，道物故。"（同上）

"宋登字叔阳，京兆长安人也。父由，为太尉。登少传《欧阳尚书》……顺帝以登明识礼乐，使持节临太学，奏定曲律。"（同上）



2.《大夏侯尚书》

《汉书·儒林传》："夏侯胜，其先夏侯都尉，从济南张生受《尚书》，以传族子始昌。始昌传胜，胜又事同郡蕳卿。蕳卿者，兒宽门人。……由是《尚书》有大小夏侯之学。"



"周堪字少卿，齐人也。与孔霸俱事大夏侯胜。霸为博士。堪译官令，论于石渠，经为最高，后为太子少傅，而孔霸以太中大夫授太子。……堪授牟卿及长安许商长伯。牟卿为博士，霸以帝师赐爵号褒成君，传子光，亦事牟卿，至丞相，自有传。由是大夏侯有孔、许之学。商善为算，著《五行论历》，四至九卿，号其门人沛唐林子高为德行，平陵吴章伟君为言语，重泉王吉少音为政事，齐炔钦幼卿为文学。王莽时，林、吉为九卿，自表上师冢，大夫博士郎吏为许氏学者，各从门人，会车数百两（辆），儒者荣之。钦、章皆为博士，徒众尤盛。章为王莽所诛。"（同上）

《后汉书·儒林列传》："张驯字子儁，济阴定陶人也。少游太学，能诵《春秋左氏传》。以《大夏侯尚书》教授。辟公府，举高第，拜议郎。与蔡邕共奏定《六经》文字。"

3.《小夏侯尚书》

《汉书·儒林传》："（夏侯）胜传从兄子建，建又事欧阳高。

胜至长信少府，建太子太傅，自有传。由是《尚书》有大小夏侯之学。”

“张山拊字长宾，平陵人也。事小夏侯建，为博士，论石渠，至少府。授同县李寻、郑宽中少君、山阳张无故子儒、信都秦恭延君、陈留假仓子骄。无故善修章句，为广陵太傅，守小夏侯说文。恭增师法至百万言，为城阳内史。仓以谒者论石渠，至胶东相。寻善说灾异，为骑都尉，自有传。宽中有俊材，以博士授太子。……由是小夏侯有郑、张、秦、假、李氏之学。宽中授东郡赵玄，无故授沛唐尊，恭授鲁冯宾。宾为博士，尊王莽太傅，玄哀帝御史大夫，至大官，知名者也。”（同上）

（三）《礼》

《礼经》在汉初的传授系统颇不显明，据《史记·儒林列传》说：“诸学者多言《礼》，而鲁高堂生最本。《礼》固自孔子时而其经不具，及至秦焚书，书散亡益多，于今独有《士礼》，高堂生能言之。而鲁徐生善为容。孝文帝时，徐生以容为礼官大夫。传子至孙徐延、徐襄。襄，其天资善为容，不能通《礼经》；延颇能，未善也。襄以容为汉礼官大夫，至广陵内史。延及徐氏弟子公户满意、桓生、单次，皆尝为汉礼官大夫。而瑕丘萧奋以《礼》为淮阳太守。是后能言《礼》为容者，由徐氏焉。”这时《礼》学不惟无大、小戴及庆氏三家，而且此三家之分也甚晚。据《汉书·儒林传》：“孟卿，东海人也。事萧奋，以授后仓、鲁闾丘卿。仓说《礼》数万言，号曰《后氏曲台记》，授沛闻人通汉子方、梁戴德延君、戴圣次君、沛庆普孝公。孝公为东平太傅。德号大戴，为信都太傅；圣号小戴，以博士论石渠，至九江太守。由是《礼》有大戴、小戴、庆氏之学。通汉以太子舍人论石渠，至中山中尉。普授鲁夏侯敬，又传族子咸，为豫章太守。大戴授琅邪徐良斿卿，为博士、州牧、郡守，家世传业。小戴授梁人桥仁季卿、杨荣子孙。仁为大鸿胪，家世传业，荣琅邪太守。由是大戴有徐氏，小戴有桥、杨氏之学。”

《后汉书·儒林列传》：“中兴已后，亦有大、小戴博士，虽相传不绝，然未有显于儒林者。建武中，曹充习庆氏学，传其子褒，遂撰《汉礼》，事在《褒传》。”

“董钧字文伯，犍为资中人也。习《庆氏礼》。事大鸿胪王临。元始中，举明经，迁禀牺令，病去官。建武中，举孝廉，辟司徒府。钧博通古今，数言政事。永平初，为博士。时草创五郊祭祀，及宗庙礼乐，威仪章服，辄令钧参议，多见从用，当世称为通儒。”（同上）

《礼经》在汉代虽相传不绝，然甚少显于儒林者。唐晏云：“及遭秦火，《礼》最失传，则放失久矣。汉兴，叔孙所制，非古《礼》也；曲台所传，非备物也。至曹褒、董钧，失之益远。故有汉一代，它经咸盛，惟《礼》无传。不全不备，偏议曲说，何足以传孔门之宏业也哉！”（唐晏：《两汉三国学案》卷七）





**（四）《易》**

《易》在汉初由田何传出，一传至王同、丁宽，再传至杨何、田王孙，三传始有施、孟、梁丘三家之分。京房又伪记为孟喜之三传弟子。《史记·儒林列传》云：“自鲁商瞿受《易》孔子，孔子卒，商瞿传《易》，六世至齐人田何，字子庄，而汉兴。田何传东武人王同、子仲，子仲传菑川人杨何。何以《易》，元光元年征，官至中大夫。齐人即墨成以《易》至城阳相。广川人孟但以《易》为太子门大夫。鲁人周霸，莒人衡胡，临菑人主父偃，皆以《易》至二千石。然要言《易》者本于杨何之家。”

《汉书·儒林传》：“丁宽字子襄，梁人也。初，梁项生从田何受《易》，时宽为项生从者，读《易》精敏，才过项生，遂事何。学成，何谢宽。宽东归，何谓门人曰：‘《易》以东矣。’宽至雒阳，复从周王孙受古义，号《周氏传》。景帝时，宽为梁孝王将军距吴、楚，号丁将军，作《易说》三万言，训故举大谊而已，今《小章句》是也。宽授同郡砀田王孙。王孙授施雠、孟喜、梁丘贺。繇是《易》有施、孟、梁丘之学。"

这是《易》在汉初之传授。

1.《施易》

《汉书·儒林传》云："施雠字长卿，沛人也。沛与砀相近，雠为童子，从田王孙受《易》。后雠徒长陵，田王孙为博士，复从卒业，与孟喜、梁丘贺并为门人。谦让，常称学废，不教授。及梁丘贺为少府，事多，乃遣子临分将门人张禹等从雠问。雠自匿不肯见，贺固请，不得已乃授临等。于是贺荐雠：'结发事师数十年，贺不能及。'诏拜雠为博士。甘露中，与五经诸儒杂论同异于石渠阁。雠授张禹、琅邪鲁伯。伯为会稽太守，禹至丞相。禹授淮阳彭宣、沛戴崇子平。崇为九卿，宣大司空。禹、宣皆有传。鲁伯授泰山毛莫如少路、琅邪邴丹曼容，著清名。莫如至常山太守。此其知名者也。繇是施家有张、彭之学。"

《后汉书·儒林列传》云："刘昆字桓公，陈留东昏人……平帝时，受《施氏易》于沛人戴宾。能弹雅琴，知清角之操。王莽世，教授弟子恒五百余人。每春秋飨射，常备列典仪……王莽以昆多聚徒众，私行大礼，有僭上心，乃系昆及家属于外黄狱。寻莽败得免。……建武五年，举孝廉，不行，遂逃，教授于江陵。光武……乃令入授皇太子及诸王小侯五十余人。……子轶，字君文，传昆业，门徒亦盛。"

2.《孟易》

《汉书·儒林传》云："孟喜字长卿，东海兰陵人也。父号孟卿，善为《礼》、《春秋》，授后苍、疏广。世所传后氏《礼》、《疏氏春秋》，皆出孟卿。孟卿以《礼经》多，《春秋》繁杂，乃使喜从田王孙受《易》。喜好自称誉，得《易》家候阴阳灾变书，诈言师田生且死时枕喜膝，独传喜，诸儒以此耀之。同门梁丘贺疏通证明之，曰：'田生绝于施雠手中，时喜归东海，安得此事？’又蜀人赵宾好小数书，后为《易》，饰《易》文，以为‘箕子明夷，阴阳气亡箕子；箕子者，万物方荄兹也’。宾持论巧慧，《易》家不能难，皆白‘非古法也’。云受孟喜，喜为名之。后宾死，莫能持其说。喜因不肯仞（认），以此不见信。喜举孝廉为郎，曲台署长，病免，为丞相掾。博士缺，众人荐喜。上闻喜改师法，遂不用喜。喜授同郡白光少子、沛翟牧子兄，皆为博士。繇是有翟、孟、白之学。”

《后汉书·儒林列传》云：“洼丹字子玉，南阳育阳人也。世传《孟氏易》。王莽时，常避世教授，专志不仕，徒众数百人。建武初，为博士，稍迁，十一年，为大鸿胪。作《易通论》七篇，世号《洼君通》。丹学义研深，《易》家宗之，称为大儒。十七年，卒于官，年七十。”



“时，中山觟阳鸿，字孟孙，亦以《孟氏易》教授，有名称，永平中为少府。”（同上）



“任安字定祖，广汉绵竹人也。少游太学，受《孟氏易》，兼通数经。又从同郡杨厚学图谶，究极其术。时人称曰：‘欲知仲桓问任安。’又曰：‘居今行古任定祖。’学终，还家教授，诸生自远而至。初仕州郡。后太尉再辟，除博士，公车征，皆称疾不就。州牧刘焉表荐之，时王涂隔塞，诏命竟不至。年七十九，建安七年，卒于家。”（同上）

3.《梁丘易》

《汉书·儒林传》云：“梁丘贺字长翁，琅邪诸人也。以能心计，为武骑。从太中大夫京房受《易》。房者，淄川杨何弟子也。房出为齐郡太守，贺更事田王孙。宣帝时，闻京房为《易》明，求其门人，得贺。……贺入说，上善之，以贺为郎。……传子临，亦入说，为黄门郎。甘露中，奉使问诸儒于石渠。临学精孰，专行京房法。琅邪王吉通五经，闻临说，善之。时宣帝选高材郎十人从临讲，吉乃使其子郎中骏上疏从临受《易》。临代五鹿充宗、君孟为少府，骏御史大夫，自有传。充宗授平陵士孙张仲方、沛邓彭祖子夏、齐衡咸长宾。张为博士，至扬州牧，光禄大夫给事中，家世传业；彭祖，真定太傅；咸，王莽讲学大夫。繇是梁丘有士孙、邓、衡之学。”

《后汉书·儒林列传》云：“杨政字子行，京兆人也。少好学，从代郡范升受《梁丘易》，善说经书。京师为之语曰：‘说经铿铿杨子行。’教授数百人。”

“张兴字君上，颍川鄢陵人也。习《梁丘易》以教授。建武中，举孝廉为郎……稍迁博士。永平初，迁侍中祭酒……为梁丘家宗。十四年，卒于官。子鲂，传兴业……”(同上)

4.《京易》

《汉书·儒林传》云：“京房受《易》梁人焦延寿。延寿云尝从孟喜问《易》。会喜死，房以为延寿《易》即孟氏学，翟牧、白生不肯，皆曰非也。至成帝时，刘向校书，考《易》说，以为诸《易》家说皆祖田何、杨叔元、丁将军，大义略同，唯京氏为异，党焦延寿独得隐士之说，托之孟氏，不相与同。房以明灾异得幸，为石显所谮诛，自有传。房授东海殷嘉、河东姚平、河南乘弘，皆为郎、博士。繇是《易》有京氏之学。”

《后汉书·儒林列传》云：“戴凭字次仲，汝南平舆人也。习《京氏易》。年十六，郡举明经，征试博士，拜郎中。”

“时，诏公卿大会，群臣皆就席，凭独立。光武问其意。凭对曰：‘博士说经皆不如臣，而坐居臣上，是以不得就席。’帝即召上殿，令与诸儒难说，凭多所解释。帝善之……”

“正旦朝贺，百僚毕会，帝令群臣能说经者更相难诘，义有不通，辄夺其席以益通者，凭遂重坐五十余席。故京师为之语曰：‘解经不穷戴侍中。’在职十八年，卒于官，诏赐东园梓器，钱二十万。”

“时南阳魏满，字叔牙，亦习《京氏易》，教授。永平中，至弘农太守。”

“孙期字仲彧，济阴成武人也。少为诸生，习《京氏易》、《古文尚书》。家贫，事母至孝，牧豕于大泽中，以奉养焉。远人从其学者，皆执经垄畔以追之，里落化其仁让。黄巾贼起，过期里陌，相约不犯孙先生舍。郡举方正，遣吏赍羊、酒请期，期驱豕入草不顾。司徒黄琬特辟，不行，终于家。”

“建武中，范升传《孟氏易》，以授杨政，而陈元、郑众皆传《费氏易》，其后马融亦为其传。融授郑玄，玄作《易注》，荀爽又作《易传》，自是《费氏》兴，而《京氏》遂衰。”(同上)



**(五)《春秋》**

《春秋》在汉初由胡毋生、董仲舒传出。据《汉书·儒林传》云：“胡母生字子都，齐人也。治《公羊春秋》，为景帝博士。与董仲舒同业，仲舒著书称其德。年老，归教于齐，齐之言《春秋》者宗事之，公孙弘亦颇受焉。而董生为江都相，自有传。弟子遂之者，兰陵褚大，东平嬴公，广川段仲，温吕步舒。大至梁相，步舒丞相长史，唯嬴公守学不失师法，为昭帝谏大夫，授东海孟卿、鲁眭孟。孟为符节令，坐说灾异诛，自有传。”可见在昭帝时，还是胡、董弟子一脉相传，至昭帝后才分为严、颜二家。



1.《严氏春秋》

《汉书·儒林传》云：“严彭祖字公子，东海下邳人也。与颜安乐俱事眭孟。孟弟子百余人，唯彭祖、安乐为明，质问疑谊，各持所见。孟曰：‘《春秋》之意，在二子矣！’孟死，彭祖、安乐各颛门教授。由是《公羊春秋》有颜、严之学。彭祖为宣帝博士，至河南、东郡太守。以高第入为左冯翊，迁太子太傅，廉直不事权贵。或说曰：‘天时不胜人事，君以不修小礼曲意，亡贵人左右之助，经谊虽高，不至宰相。愿少自勉强！’彭祖曰：‘凡通经术，固当修行先王之道，何可委曲从俗，苟求富贵乎！’彭祖竟以太傅官终。授琅邪王中，为元帝少府，家世传业。中授同郡公孙文、东门云。云为荆州刺史，文东平太傅，徒众尤盛。云坐为江贼拜，辱命，下狱诛。”

《后汉书·儒林列传》云：“丁恭字子然，山阳东缗人也。习《公羊严氏春秋》。……建武初，为谏议大夫、博士，封关内侯。十一年，迁少府。诸生自远方至者，著录数千人，当世称为大儒。太常楼望、侍中承宫、长水校尉樊儵等皆受业于恭。”

“周泽字穉都，北海安丘人也。少习《公羊严氏春秋》，隐居教授，门徒常数百人。建武末，辟大司马府，署议曹祭酒。数月，征试博士。”（同上）

“钟兴字次文，汝南汝阳人也。少从少府丁恭受《严氏春秋》。恭荐兴学行高明，光武召见……诏令定《春秋》章句，去其复重，以授皇太子。又使宗室诸侯从兴受章句。”（同上）

“甄宇字长文，北海安丘人也。清静少欲。习《严氏春秋》，教授常数百人。建武中，为州从事，征拜博士，稍迁太子少傅，卒于官。”

“传业子普，普传子承。承尤笃学，未尝视家事，讲授常数百人。诸儒以承三世传业，莫不归服之。建初中，举孝廉，卒于梁相。子孙传学不绝。”（同上）

“楼望字次子，陈留雍丘人也。少习《严氏春秋》。”（同上）

“程曾字秀升，豫章南昌人也。受业长安，习《严氏春秋》，积十余年，还家讲授。会稽顾奉等数百人常居门下。著书百余篇，皆《五经》通难，又作《孟子章句》。建初三年，举孝廉……”（同上）

2.《颜氏春秋》

《汉书·儒林传》云：“颜安乐字公孙，鲁国薛人，眭孟姊子也。家贫，为学精力，官至齐郡太守丞，后为仇家所杀。安乐授淮阳泠丰次君、淄川任公。公为少府，丰淄川太守。由是颜家有泠、任之学。始贡禹事嬴公，成于眭孟，至御史大夫，疏广事孟卿，至太子太傅，皆自有传。广授琅邪管路，路为御史中丞。禹授颍川堂溪惠，惠授泰山冥都，都为丞相史。都与路又事颜安乐，故颜氏复有管、冥之学。路授孙宝，为大司农，自有传。丰授马宫、琅邪左咸。咸为郡守九卿，徒众尤盛。宫［官］至大司徒，自有传。”

《后汉书·儒林列传》云：“张玄字君夏，河内河阳人也。少习《颜氏春秋》，兼通数家法。建武初，举明经，补弘农文学，迁陈仓县丞。清净无欲，专心经书，方其讲问，乃不食终日。及有难者，辄为张数家之说，令择从所安。诸儒皆伏其多通，著录千余人。”

“玄初为县丞，尝以职事对府，不知官曹处，吏白门下责之。时，右扶风琅邪徐业，亦大儒也，闻玄诸生，试引见之，与语，大惊曰：‘今日相遭，真解蒙矣！’遂请上堂，难问极日。”

“后玄去官，举孝廉，除为郎。会《颜氏》博士缺，玄试策第一，拜为博士。居数月，诸生上言玄廉说《严氏》、《冥［宣］氏》，不宜专为《颜氏》博士。光武且令还署，未及迁而卒。”

“李育字元春，扶风漆人也。少习《公羊春秋》。沉思专精，博览书传，知名太学，深为同郡班固所重。固奏记荐育于骠骑将军东平王苍，由是京师贵戚争往交之。州郡请召，育到，辄辞病去。常避地教授，门徒数百。颇涉猎古学。尝读《左氏传》，虽乐文采，然谓不得圣人深意，以为前世陈元、范升之徒更相非折，而多引图谶，不据理体，于是作《难左氏义》四十一事。”

“建初元年，卫尉马廖举育方正，为议郎。后拜博士。四年，诏与诸儒论《五经》于白虎观，育以《公羊》义难贾逵，往返皆有理证，最为通儒。”（同上）

“何休字邵公，任城樊人也。父豹，少府。休为人质朴讷口，而雅有心思，精研《六经》，世儒无及者。以列卿子诏拜郎中，非其好也，辞疾而去。不仕州郡。进退必以礼。”

"太傅陈蕃辟之，与参政事。蕃败，休坐废锢，乃作《春秋公羊解诂》，覃思不窥门，十有七年。又注训《孝经》、《论语》、"风角七分"，皆经纬典谟，不与守文同说。又以《春秋》驳汉事六百余条，妙得《公羊》本意。休善历筭，与其师博士羊弼，追述李育意以难二传，作《公羊墨守》、《左氏膏肓》、《穀梁废疾》。"

"党禁解，又辟司徒。群公表休道术深明，宜侍帷幄，倖臣不悦之，乃拜议郎，屡陈忠言。再迁谏议大夫，年五十四，光和五年卒。"（同上）

何休是《颜氏春秋》一派，据《石经》足证。本传说他"与其师博士羊弼，追述李育意"，则李育、羊弼并习颜氏可知。论白虎时严氏博士有樊儵，则育为颜氏博士，《后汉书》以李、何并列张玄后，亦其明证。

**（六）《论语》、《孟子》、《孝经》、《尔雅》**

《论语》、《孟子》、《孝经》、《尔雅》在两汉书《儒林传》中均未叙及其流传授受，《汉书·艺文志》序《论语》家云："汉兴，有齐、鲁之说。传《齐论》者，昌邑中尉王吉、少府宋畸、御史大夫贡禹、尚书令五鹿充宗、胶东庸生，唯王阳名家。传《鲁论语》者，常山都尉龚奋、长信少府夏侯胜、丞相韦贤、鲁扶卿、前将军萧望之、安昌侯张禹，皆名家。张氏最后而行于世。"

序《孝经》家云："汉兴，长孙氏、博士江翁、少府后仓、谏大夫翼奉、安昌侯张禹传之，各自名家。经文皆同，唯孔氏壁中古文为异。'父母生之，续莫大焉'，'故亲生之膝下'，诸家说不安处，古文字读皆异。"

《孟子》在《汉志》中本列入"诸子略"中，不以为经；《尔雅》则列入《孝经》家中，以为释经之书，也不与《论语》《孝经》等量齐观。

《儒林传》、《艺文志》述《论语》、《孝经》之传授所以如是之简略，正是以汉人传《论语》、《孝经》者皆他经大师，无以此二书专门名家者。“汉时《论语》、《孝径》之传实广于他经”，这一点我们不要误会了。

## 第二节 今文经学之演变

汉代的经学在过去误于师法家法之说，以为当时经师多守家法、守师说，而毫无改进，毫无变迁，例如胡缙《汉经师家法考》所云：“由七十二子迄四百余年，如高曾之授鼻仍，渊流之衍枝渎”；“家法精，汉（阮堂作‘经’）学明；家法弃，汉（金正喜作‘经’）学废。谨授受，研六经。家法不失，孔书乃明”(阮元编《诂经精舍文集》卷十一，嘉庆六年刻本)。这实足以代表一般人的意见。清儒之言，汉学师承，力诋后儒失汉家法，实维此故。但是我们详察汉儒治经，虽必从师受业，实不尽守师说：《易》有杨何，又有施、孟、梁邱；《书》有伏生，又有欧阳，大、小夏侯；这些家法确立师说分岐，其所以确立纷立分歧，有的实是有意造成，要增改师说，以更求进步，这在今古文经学都是如此的。西汉今文经学之流传，就经文看，就经说看，都有演变的地方。





### 一 经文之演变

今文《书》、《易》，在西汉中叶有增益。据王充《论衡·正说》篇云：“孝宣皇帝之时，河内女子发老屋，得逸《易》、《礼》、《尚书》各一篇，奏之。宣帝下示博士，然后《易》、《礼》、《尚书》各益一篇。”《论衡》所云，据《尚书正义》引马融云，“《泰誓》后得”，郑玄《书论》亦云“民间得太誓”。刘向《别录》曰：“武帝末，民有得《泰誓》书于壁内者，献之。与博士使读说之，数月，皆起传以教人。”（《尚书·书序》）《后汉书》："献帝建安十四年，黄门侍郎房宏等说云：'宣帝本始和元年，河内女子有坏老子屋，得古文《泰誓》三篇。'《论衡》又云：'掘地所得。'"这使得《今文尚书》在西汉增多《泰誓》一篇，而此《泰誓》一篇，据《尚书正义》云：

然则汉初惟有二十八篇，无《泰誓》矣。后得伪《泰誓》三篇，诸儒多疑之。马融《书序》曰："《泰誓》后得，案其文，似若浅露。又云：'八百诸侯，不召自来，不期同时，不谋同辞。'及'火复于上，至于王屋，流为雕，至五，以谷俱来'。举火神怪，得无在子所不语中乎？又《春秋》引《泰誓》，曰：'朕梦协朕卜，袭于休祥，戎商必克。'《孟子》引《泰誓》曰：'我武惟扬，侵于之疆，取彼凶残，我代用张，于汤有光。'《孙卿》引《泰誓》四：'独头受。'《礼记》引《泰誓》曰：'予克受，非予武惟朕文考无罪。受克予，非朕文考有罪，惟予小子无良。'今文《泰誓》，皆无此语。吾见书传多矣，所引《泰誓》而不在《泰誓》者甚多，弗复悉记，略举五事以明之亦可知矣王肃亦云：'《泰誓》近得，非其本经。'马融惟言后得，不知何时得之。"（《尚书正义》卷十一）

这《泰誓》一篇在马融、王肃即以为可疑，盖"为西汉人所伪作"，而西汉经师起而读说之，在《尚书》遂由二十八篇变而为二十九篇。

《论衡》所云河内女子发老屋所得逸《书》、逸《礼》一篇，现未考明，逸《易》则据《隋书·经籍志》云："及秦焚书，《周易》独以卜筮得存，唯失《说卦》三篇。后河内女子得之。"这《说卦》三篇，包括《序卦》、《杂卦》，据戴震《周易补注目录后语》云：

武帝时，博士之业，《易》虽已十二篇，然昔儒相

> 传《说卦》三篇，与今文《泰誓》同后出。《说卦》分之为《序卦》、《杂卦》，故三篇词指，不类孔子之言，或经师所记孔门余论，或别所传述，博士集而读之，遂一归之孔子，谓之《十翼》矣。
>
> 康有为《新学伪经考》则云："《隋志》之说出于《论衡》，此必王充曾见武、宣前本也。《说卦》：'帝出乎《震》，齐乎《巽》，相见乎《离》，致役乎《坤》，说言乎《兑》，战乎《乾》，劳乎《坎》，成言乎《艮》。'又曰：'《震》，东方也；《离》也者，南方之卦也；《兑》，正秋也；《坎》者，正北方之卦也。'与焦、京《卦气图》合，盖宣帝时说《易》者附之入经，田何、丁宽之传无之也。史迁不知焦、京，必无之，此（《说卦》）二字不知何时窜入。至《序卦》、《杂卦》，所出尤后，《史记》不著，盖出刘歆之所伪，故其辞闪烁隐约，于《艺文志》著《序卦》，于《儒林传》不著，而以'十篇'二字总括其间。要之，三篇非孔子经文。"（《新学伪经考》卷二）

这是说《说卦》、《序卦》、《杂卦》本汉初所无，到了西汉中叶加入今文经，盖实为孟、京之徒所为，今文经因随之而增多。

## 二　《诗》说之演变

关于今文经说之演变，在《诗》、《书》、《易》、《春秋》俱有。《诗》在今文分鲁、齐、韩三家，《鲁诗》的传授到后来演变较少，但是《齐诗》到了翼奉、匡衡，已不与辕固生所传相同，这一点我们很容易看出来。《齐诗》由辕固生一传而为夏侯始倡，据《汉书·眭两夏侯京翼李传》说："夏侯始昌，鲁人也。通《五经》，以《齐诗》、《尚书》教授。自董仲舒、韩婴死后，武帝得始昌，甚重之。始昌明于阴阳，先言柏梁台灾日，至期日果灾。时昌邑王以少子爱，上为选师，始昌为太傅。年老，以寿终。”他所传的《齐诗》，据他的再传弟子翼奉所述的看来，面目已有大改变。《汉书·翼奉传》云：

翼奉字少君，东海下邳人也。治《齐诗》，与萧望之、匡衡同师。三人经术皆明，衡为后进，望之施之政事，而奉惇学不仕，好律历阴阳之占。元帝初即位，诸儒荐之，征待诏宦者署，数言事宴见，天子敬焉。

时，平昌侯王临以宣帝外属侍中，称诏欲从奉学其术。奉不肯与言，而上封事曰：“臣闻之于师，治道要务，在知下之邪正。人诚乡正，虽愚为用；若乃怀邪，知益为害。知下之术，在于六情十二律而已。北方之情，好也；好行贪狼，申子主之。东方之情，怒也；怒行阴贼，亥卯主之。贪狼必待阴贼而后动，阴贼必待贪狼而后用，二阴并行，是以王者忌子卯也。《礼经》避之，《春秋》讳焉。南方之情，恶也；恶行廉贞，寅、午主之。西方之情，喜也；喜行宽大，巳、酉主之。二阳并行，是以王者吉午酉也。《诗》曰：‘吉日庚午。’上方之情，乐也；乐行奸邪，辰未主之。下方之情，哀也；哀行公正，戌丑主之。辰未属阴，戌丑属阳，万物各以其类应。今陛下明圣虚静以待物至，万事虽众，何闻而不谕，岂况乎执十二律而御六情！于以知下参实，亦甚优矣，万不失一，自然之道也。乃正月癸未日加申，有暴风从西南来。未主奸邪，申主贪狼，风以大阴下抵建前，是人主左右邪臣之气也。平昌侯比三来见臣，皆以正辰加邪时。辰为客，时为主人。以律知人情，王者之秘道也，愚臣诚不敢以语邪人。”

上以奉为中郎，召问奉：“来者以善日邪时，孰与邪日善时？”奉对曰：“师法用辰不用日。辰为客，时为主人。见于明主，侍者为主人。辰正时邪，见者正，侍者邪；辰邪时正，见者邪，侍者正。忠正之见，侍者虽邪，辰时俱正；大邪之见，侍者虽正，辰时俱邪。即以自知侍者之邪，而时邪辰正，见者反邪；即以自知侍者之正，而时正辰邪，见者反正。辰为常事，时为一行。辰疏而时精，其效同功，必参五观之，然后可知。故曰：察其所繇，省其进退，参之六合五行，则可以见人性，知人情。难用外察，从中甚明，故诗之为学，情性而已。五性不相害，六情更兴废。观性以历，观情以律，明主所宜独用，难与二人共也。故曰：'显诸仁，臧诸用。'露之则不神，独行则自然矣，唯奉能用之，学者莫能行。”



他这里说“故诗之为学，情性而已。五性不相害，六情更兴废。观性以历，观情以律”，与辕固生所传已相去一万八千丈。在辕固生本无此说，而“唯奉能用之，学者莫能行”，可见是他自己的发明，是他独创的。然而他却要说：“臣闻之于师曰”，假托为守师说。《翼奉传》又说：



是岁，关东大水，郡国十一饥，疫尤甚。上乃下诏江海陂湖园池属少府者以假贫民，勿租税；损大官膳，减乐府员，省苑马，诸官馆稀御幸者勿缮治；太仆、少府减食谷马，水衡省食肉兽。明年二月戊午，地震。其夏，齐地人相食。七月己酉，地复震。上曰：“盖闻贤圣在位，阴阳和，风雨时，日月光，星辰静，黎庶康宁，考终厥命。今朕共承天地，托于公侯之上，明不能烛，德不能绥，灾异并臻，连年不息。乃二月戊午，地大震于陇西郡，毁落太上朝殿壁木饰，坏败豲道县城郭官寺及民室屋，厌杀人众，山崩地裂，水泉涌出。一年地再动，天惟降灾，震惊朕躬。治有大亏，咎至于此。

夙夜兢兢，不通大变，深怀郁悼，未知其序。比年不登，元元困乏，不胜饥寒，以陷刑辟，朕甚闵焉，憯怛于心。已诏吏虚仓廪，开府臧，振救贫民，群司其茂思天地之戒，有可蠲除减省以便万姓者，各条奏。悉意陈朕过失，靡有所讳。”因赦天下，举直言极谏之士。奉奏封事曰：闻之于师曰，天地设位，悬日月，布星辰，分阴阳，定四时，列五行，以视圣人，名之曰道。圣人见道，然后知王治之象，故画州土，建君臣，立律历，陈成败，以视贤者，名之曰经。贤者见经，然后知人道之务，则《诗》、《书》、《易》、《春秋》、《礼》、《臣乐》是也。《易》有阴阳，《诗》有五际，《春秋》有灾异，皆列终始，推得失，考天心，以言王道之安危。至秦乃不说，伤之以法，是以大道不通，至于灭亡。今陛下明圣，深怀要道，烛临万方，布德流惠，靡有阙遗。罢省不急之用，振救困贫，赋医药，赐棺钱，恩泽甚厚。又举直言，求过失，盛德纯备，天下幸甚。

臣奉窃学《齐诗》，闻五际之要《十月之交》篇，知日蚀、地震之效昭然可明，犹巢居知风，穴处知雨，亦不足多，适所习耳。臣闻人气内逆，则感动天地；天变见于星气日蚀，地变见于奇物震动。所以然者，阳用其精，阴用其形，犹人之有五臧六体，五臧象天，六体象地。故臧病则气色发于面，体病则欠申动于貌。今年太阴建于甲戌，律以庚寅初用事，历以甲午从春。历中甲庚，律得参阳，性中仁义，情得公正贞廉，百年之精岁也。正以精岁，本首王位，日临中时接律而地大震，其后连月久阴，虽有大令，犹不能复，阴气盛矣。古者朝廷必有同姓以明亲亲，必有异姓以明贤贤，此圣王之所以大通天下也。同姓亲而易进，异姓疏而难通，故同姓一，异姓五，乃为平均。今左右亡同姓，独以舅后之家为亲，异姓之臣又疏。二后之党满朝，非特处位，势尤奢僭过度，吕、霍、上官足以卜之，甚非爱人之道，又非后嗣之长策也。阴气之盛，不亦宜乎！

臣又闻未央、建章、甘泉宫才人各以百数，皆不得天性。若杜陵园，其已御见者，臣子不敢有言，虽然，太皇太后之事也。及诸侯王园，与其后宫，宜为设员，出其过制者，此损阴气应天救邪之道也。今异至不应，灾将随之。其法大水，极阴生阳，反为大旱，甚则有火灾，春秋宋伯姬是矣。唯陛下财［裁］察。（同上）





所谓《易》有阴阳，《诗》有五际，《春秋》有灾异；五际的发明，翼奉又记之于师，其实在辕固生时，恐尚未有此种师说，这恐怕也是翼奉的创说，如认为他在守师说，这实是一谬误。“五际”的解释据孟康引《齐诗内传》是“五际，卯、酉、午、戌、亥也，阴阳终始际会之岁，于此则有变改之政也”。这据翼氏云，“闻五际之要《十月之交》篇”，是不错的。迮鹤寿《齐诗翼氏学》解说为“五际者，卯、酉、午、戌、亥也。亥为革命，一际也；卯为阴阳交际，二际也；午为阳谢阴兴，三际也；酉为阴盛阳微，四际也；戌为阴极生阳，五际也。……若子、丑、寅、辰、巳、未、申等，不在阴阳际会之交，故不为际”（《齐诗翼氏学》卷一）。这种说法在郑玄《六艺论》引《诗纬·泛历枢》则云：“午、亥之际为革命，卯、酉之际为改政。辰在天门，出入候听。”变卯、酉、午、戌、亥为午、亥、卯、酉、辰，这是对于翼氏五际又一改变。据迮鹤寿《齐诗翼氏学·改戌际为辰际解》说：

卯、酉、午、戌、亥为五际，此《齐诗内传》之说也。而《诗纬·泛历枢》则云“午、亥之际为革命，卯、酉之际为改政，辰在天门，出入候听”，则是改戌际为辰际矣。其所以得改者，亥为阳水，卯为阴木，午为阴火，酉为阴金，众论所同，不能改易。独土行翼氏以丑为阳，辰为阴，《诗纬》以丑为阴，辰为阳。丑为阴，土不得为际，辰为阳，土处于戌前，于是改戌际为辰际，以自异于《齐诗》焉。哀帝时尚在戌际，夏贺良等谓“汉历中衰，当更受命，宜急改元易号”，仍伪造诸纬，以济其反道惑众之私。其所以必改者，戌际《十月之交》，诸诗皆叙灾变，不如辰际《南陔》，诸诗咏歌太平，可以援引为符瑞。乃取“辰为天门”一语附会之，而卯、酉、午、亥、辰为五际，与《齐诗》名同而实异矣。（迮鹤寿《齐诗翼氏学》卷四）

迮氏之言如是。我们可见这“五际”说在西汉哀、平时已又变更“以济其反道惑众之私”，我们如误会两汉的经师都是严守师说，达四百余年，如高曾之授曰“弟仍”，那真的是大谬不然。我们知道，翼奉、匡衡、萧望之都是同师后仓，在匡衡、萧望之的对策中，无“六情五际”种种的说法，这《齐诗》五际，恐怕只是翼氏一家之学。

我们再就《韩诗》来看，《韩诗》在西汉同样很盛行，而到东汉郅恽、薛汉以后则颇为盛极一时，这是传《韩诗》的应用纬谶的原因。据《后汉书·郅恽传》说：

郅恽字君章，汝南西平人也。年十二失母，居丧过礼。及长，理《韩诗》、《严氏春秋》，明天文历数。

王莽时，寇贼群发，恽乃仰占玄象，叹谓友人曰：“方今镇、岁、荧惑并在汉分翼、轸之域，去而复来，汉必再受命，福归有德。如有顺天发策者，必成大功。”时左队大夫逯并素好士，恽说之曰：“当今上天垂象，智者以昌，愚者以亡。昔伊尹自鬻辅商，立功全人。恽窃不逊，敢希伊尹之踪，应天人之变。明府傥不疑逆，俾成天德。”奇之，使署为吏。恽不谒，曰：“昔文王拔吕尚于渭滨，高宗礼傅说于岩筑，桓公取管仲于射钩，故能立弘烈，就元勋。未闻师相仲父，而可为吏位也。非窥天者不可与图远。君不授骥以重任，骥亦俯首裹足而去耳。”遂不受署。

西至长安，乃上书王莽曰：“臣闻天地重其人，惜其物，故运机衡，垂日月，含元包一，甄陶品类，显表纪世，图录豫设。汉历久长，孔为赤制，不使愚惑，残人乱时。智者顺以成德，愚者逆以取害，神器有命，不可虚获。上天垂戒，欲悟陛下，令就臣位，转祸为福。刘氏享天永命，陛下顺节盛衰，取之以天，还之以天，可谓知命矣。若不早图，是不免于窃位也。……”莽大怒，即收系诏狱，劾以大逆。犹以恽据经谶，难即害之……

光武……后令恽授皇太子《韩诗》，侍讲殿中。





很明显，郅恽的《韩诗》中掺入了一些谶纬说；薛汉父子的《韩诗章句》也是善说灾异谶纬，薛汉且能校定图谶。有了这样的演变，至东汉而《韩诗》大行，是真有其原因所在的。

## 三　《书》说之演变

《今文尚书》经说在西汉即有演变，这在《汉书·儒林传·兒宽》中即甚显明。《儒林传》说：“宽有俊才，初见武帝。语经学。上曰：‘吾始以《尚书》为朴学，弗好，及闻宽说，可观。’乃从宽问一篇。欧阳、大小夏侯氏学皆出于宽。”可见兒宽必有改进师说，变“朴学”不“朴”的地方，所以才能三家之学都出于宽。《汉书·大小夏侯传》说：

夏侯胜字长公。初，鲁共王分鲁西宁乡以封子节侯，别属大河，大河后更名东平，故胜为东平人。胜少孤，好学，从始昌受《尚书》及《洪范五行传》，说灾异。后事蔺卿，又从欧阳氏问。为学精孰，所问非一师也。善说礼服。征为博士、光禄大夫。会昭帝崩，昌邑王嗣立，数出。胜当乘舆前谏曰：“天久阴而不雨，臣下有谋上者，陛下出欲何之?”王怒，谓胜为袄言，缚以属吏。吏白大将军霍光，光不举法。是时，光与车骑将军张安世谋欲废昌邑王。光让安世以为泄语，安世实不言。乃召问胜，胜对言：“在《洪范传》曰‘皇之不极，厥罚常阴，时则下人有伐上者’，恶察察言，故云臣下有谋。”光、安世大惊，以此益重经术士。后十余日，光卒与安世白太后，废昌邑王，尊立宣帝。光以为群臣奏事东宫，太后省政，宜知经术，白令胜用《尚书》授太后。迁长信少府，赐爵关内侯，以与谋废立，定策安宗庙，益千户。

宣帝初即位，欲褒先帝，诏丞相御史曰……胜曰：“诏书不可用也。人臣之谊，宜直言正论，非苟阿意顺指。议已出口，虽死不悔。”于是丞相义、御史大夫广明劾奏胜非议诏书，毁先帝，不道……因大赦。……

胜复为长信少府，迁太子太傅。受诏撰《尚书》、《论语说》，赐黄金百斤。年九十卒官，赐冢茔，葬平陵。太后赐钱二百万，为胜素服五日，以报师傅之恩，儒者以为荣。

……

胜从父子建字长卿，自师事胜及欧阳高，左右采获，又从《五经》诸儒问与《尚书》相出入者，牵引以次章句，具文饰说。胜非之曰：“建所谓章句小儒，破碎大道。”建亦非胜为学疏略，难以应敌。建卒自颛门名经，为议郎、博士，至太子少傅。胜子兼为左曹太中大夫，孙尧至长信少府、司农、鸿胪，曾孙蕃郡守、州牧、长乐少府。胜同产弟子赏为梁内史，梁内史子定国为豫章太守。而建子千秋亦为少府、太子少傅。（《汉书》卷七十五《眭两夏侯京翼李传第四十五》页五上第九行至页五下第十行）

我们从夏侯胜的“为学精熟，所问非一师也”，及夏侯建的“左右采获，又从《五经》诸儒问与《尚书》相出入者，牵引以次章句，具文饰说”可见，大、小夏侯对于师说俱有改进。皮锡瑞在《经学历史》上说：

《书》传于伏生，伏生传欧阳，立欧阳已足矣。二夏侯出张生，而同原伏生，使其学同，不必别立；其学不同，是背师说，尤不应别立也。试举《书》之二事证之。伏生《大传》以“大麓”为“大麓之野”，明是“山麓”。《史记》以为“山林”，用欧阳说。《汉书·于定国传》以为“大录”，用大夏侯说。是大夏侯背师说矣。伏生《大传》以“孟侯”为“迎侯”，《白虎通·朝聘》篇用之。而《汉书·地理志》，“周公封弟康叔，号曰孟侯”，用小夏侯说。是小夏侯背师说矣。小夏侯乃大夏侯从子，从之受学，而谓大夏侯疏略难应敌，大夏侯亦谓小夏侯破碎大道。是小夏侯求异于大夏侯，大夏侯又求异于欧阳。不守师传，法当严禁，而反为之分立博士，非所谓大道多歧亡羊者乎？《史记》云“言《易》者本于杨何”，立《易》杨，已足矣。施、孟、梁丘师田王孙，三人学同，何分颛门？学如不同，必有背师说者。乃明知孟喜改师法，不用，后又为立博士，此何说也？京房受《易》焦延寿，而讬之孟氏，孟氏弟子不肯，皆以为非，而亦为立博士，又何说也？施、孟、梁丘今不可考，惟京氏犹存其略，飞伏、世应多近术数。是皆立所不当立者。二戴、严、颜不当分立，亦可以此推之。

皮氏以为是“小夏侯求异于大夏侯，大夏侯又求异于欧阳，不守师传，法当严禁”。殊不知他们的求异，有的真是为求进步，想求得比较合理的解释。即如皮氏所举二例，“大麓”的解释如《史记·五帝本纪》所云：“尧使舜入山林川泽，暴风雷雨，舜行不迷，尧以为圣。”在暴风雷雨时走入山林川泽中，能够不迷失道路，这对于熟悉当地情况的人都应该不算是太困难的事，何至于独对舜“尧以为圣”？如像《于定国传》中上报定国曰“万方之事，大录于君”，大夏侯训“大麓”为“大录”，这是总览百揆之意，与《尚书》上文的“纳于百揆，百揆时叙；宾于四门，四门穆穆”意思更觉连贯。“纳于大录而烈风雷雨弗迷”，正见舜之燮理阴阳，故能风调雨顺。大夏侯的解释是比较进步的。至于《康诰》“王若曰：‘孟侯，朕其弟，小子封。’”依《尚书大传》的解释“天子太子年十八，曰孟侯。孟侯者，于四方诸侯来朝，迎于郊者（郑玄注：孟，迎也），问其所不知也”，则真不如小夏侯解释为“孟，长也。孟侯者，言为诸侯之长也”（用《汉书》颜师古注语）。“孟侯、朕其弟、小子封”俱属一人，不像《大传》以孟侯指成王与下文“小子封”分指二人。在《吕氏春秋·先识览》说：“齐愍王，周室之孟侯也，太公之所以老也。桓公尝以此霸矣，管仲之辩名实审也。”此处之“孟侯”，正是小夏侯所解释的“孟，长也。孟侯者，言为诸侯之长也”之义。

小夏侯的解释既有来历，又较合理，也是比较有进步的。我们可以为求异而随便说“不守师传，法当严禁”，清儒守师说的论调是昧于学术进化之理，而且是不顾及事实，不考察当日实际的情形的。不过像“信都秦恭延君守小夏侯说文，无故善修章句，恭增师法至百万言”（《后汉书》语），“秦近君能说《尧典》，篇目两字之谊，至十余万言，但说‘曰若稽古’，三万言”（桓谭《新语》），这样的增师说，蔓延支离，或者将较好的解释改坏了，这自然是不如不改。但是离开事实而一味地说汉儒守师说，迄四百余年，如高曾之授帛仍，则未免太错了！

除上述两例外，我们更可多列举欧阳、大小夏侯改进师说之处如下：

1. 九族。《五经异义》："母族三：母父姓为一族，母之母姓为一族，母女昆弟适人者与其子为一族。"《白虎通》："母族三者，母之父母为一族也，母之昆弟为二族也，母之女昆弟为三族也。"

2. 天号。《五经异义》："今《尚书》欧阳说：春曰昊天，夏曰苍天，秋曰旻天，冬曰上天，总为皇天。"《白虎通》："春曰苍天，夏曰昊天，秋曰旻天，冬曰上天。《尔雅》曰'一说春为苍天'等是也。"

3. 柳谷。《尚书大传·虞传》："秋祀柳谷华山。"《尚书正义》："夏侯等书'昧谷'曰'柳谷'。"

4. 六宗。《后汉书·祭祀志》刘昭注："伏生、马融曰：'万物非天不覆，非地不载，非春不生，非夏不长，非秋不收，非冬不藏。禋于六宗，此之谓也。'欧阳和伯、夏侯建曰：'六宗，上不谓天，下不谓地，傍不谓四方，在六者之间，助阴阳变化者也。'"

5. 五章。《尚书大传》："天子衣服，其文华虫、作缋，宗彝，藻火，山龙；诸侯作缋，宗彝，藻火，山龙；子男，宗彝，藻火，山龙；大夫，藻火、山龙；士，山龙。故《书》曰'天命有德，五服五章哉'。又曰……'天子服五，诸侯服四，次国服三，大夫服二，士服一'。"《后汉书·舆服志》："显宗遂就大业，初服旒冕，衣裳文章，赤舄絇屦，以祠天地，养三老五更于三雍，于时致治平矣。天子、三公、九卿、特进侯、侍祠侯，祀天地明堂，皆冠旒冕，衣裳玄上纁下。乘舆备文，日月星辰十二章，三公、诸侯用山龙九章，九卿以下用华虫七章……孝明皇帝永平二年，初诏有司采《周官》、《礼记》、《尚书·皋陶》篇，乘舆服从欧阳氏说，公卿以下从大小夏侯氏说。”陈寿祺云：“欧阳说冕服章数仍以十二、九、七为节。大小夏侯说冕服章数自天子至公侯以九为节，卿以下以七为节。”（陈寿祺辑校《尚书大传》卷二，《四部丛刊》经部影印《左海文集》本）

6. 五行。五行在《尚书·洪范》中为：“一，五行。一曰水，二曰火，三曰木，四曰金，五曰土。水曰润下，火曰炎上，木曰曲直，金曰从革，土爰稼穑。润下作咸，炎上作苦，曲直作酸，从革作辛，稼穑作甘。二，五事。一曰貌，二曰言，三曰视，四曰听，五曰思。貌曰恭，言曰从，视曰明，听曰聪，思曰睿。恭作肃，从作乂，明作哲，聪作谋，睿作圣。……四，五祀。一曰岁，二曰月，三曰日，四曰星辰，五曰历数。五，皇极。皇建其有极。……七，稽疑。择建立卜筮人，乃命卜筮。曰雨、曰霁、曰蒙、曰驿、曰克、曰贞、曰悔……八，庶征。曰雨，曰旸，曰燠，曰寒，曰风……曰休征。曰肃，时雨若。曰乂，时旸若。曰晰，时燠若。曰谋，时寒若。曰圣，时风若。曰咎征，曰狂，恒雨若。曰僭，恒旸若。曰豫，恒燠若。曰急，恒寒若。曰蒙，恒风若。……九，五福。一曰寿，二曰富，三曰康宁，四曰攸好德，五曰考终命。六极。一曰凶、短、折，二曰疾，三曰忧，四曰贫，五曰恶，六曰弱。”

在《洪范·五行传论》则云：“惟王后元祀，帝令大禹步于上帝，维时洪范六沴用咎于下，是用知不畏而神之怒。若六沴作见，若是共御，帝用不差，神则不怒，五福乃降，用章于下。若六沴作见，若不共御，六伐既侵，六极其下，禹乃共辟厥德，受命休令，爰用五事，建用王极。”“长事一曰貌，貌之不恭，是谓不肃。厥咎狂，厥罚恒雨，厥极恶时，则有服妖龟孽鸡祸下体生于上之痾，青眚青祥，唯金沴木次。二事曰言，言之不从，是谓不乂。厥咎僭，厥罚恒场，厥极忧时，则有诗妖介虫之孽、犬祸口舌之痾，白眚白祥，维木沴金次。三事曰视，视之不明，是谓不悊。厥咎荼，厥罚恒燠，厥极疾时，则有草妖倮虫之孽羊祸目痾，赤眚赤祥，惟水沴火次。四事曰听，听之不聪，是谓不谋。厥咎急厥，罚恒寒厥，极贫时则有鼓妖鱼孽豕祸耳痾，黑眚黑祥，惟火沴水次。五事曰思心，思心之不容，是谓不圣。厥咎霿，厥罚恒风，厥极短折时则有脂液之妖华孽牛祸心腹之痾，黄眚黄祥，金木水火沴土。王之不极，是谓不建，厥咎眊，厥罚恒阴，厥极弱时，则有射妖龙蛇之孽马祸下人伐上之痾，日月乱，行星辰逆行。”这与《洪范》本文所述就相去太远了。

7. 王极。皮锡瑞《尚书大传疏证》：“陈乔枞曰，《洪范·五行传·王极》郑注云：‘王或皆为皇。《白虎通·号篇》曰，皇，君也，美也，大也。皇之训为君，亦为大。故孔光、谷永说，皇极并以大中为训，此欧阳、夏侯三家之本不同也……作王极者欧阳氏之本，作皇极者夏侯氏之本也。’锡瑞案……其义皆当训君，不当训大，王之不极、皇之不极必训为君，然后可通训为大，大之不中则不辞甚矣。”





8. 百率。《史记·周本纪》载《书·甫刑》：“其四训百率。”《史记·平准书》索引：“《尚书大传》：‘死罪罚二千馔。’”《路史·后纪》卷十引：“《大传·甫刑传》：‘一馔六两。’”《汉书·萧望之传》：“《甫刑》之罚，小过赦，薄罪赎，有金选之品，所从来久矣。”陈寿祺云：“选即率也，是《今文尚书》有作选者。欧阳、夏侯三家之不同也。”

## 四　《礼》学之演变

在两汉今文经学中，独缺《礼》学，诚如唐晏云：“及遭秦火，《礼》最失传，则放失久矣。汉兴，叔孙所制，非古《礼》也；曲台所传，非备物也。至曹褒、董钧，失之益远。故有汉一代，他经咸盛，惟《礼》无传。”（唐晏：《两汉三国学案》）故不论。

## 五 《易》学之演变

《易》说在孟喜、赵宾、焦赣都是“本店制造”，一些解释而伪记为师说，这些只能说是一种演变，不能尽认为伪。纪磊《汉儒传易源流》云：“《晋书》：太康二年，汲郡人不准盗发魏襄王墓，或言安厘王冢，得竹书数十车。其《易经》二篇与《周易》上下经同，《易繇阴阳卦》二篇与《周易》略同，《周·繇辞》则异。《卦下易经》一篇，似《说卦》而异。则《易经》本有《易·繇阴阳卦》二篇。喜之所得或即此，与其说当更在孔子前。自孔子赞《易》后，而《繇》或另行，故喜得之而托于师传。”纪氏以一喜之所传即为古本，这是由于他认“孟氏章句一引，就及见之，则唐初尚存也。此卦气所自始”（同上书）。不过这不一定可信，我们还不如认为是孟氏的发明。本来田何之学本无章句，至王同、周王孙、丁宽始有《易传》。然周生独号古义，岂周氏别有所得乎？商瞿之传至周王孙、丁将军盖又一变（《两汉三国学案》卷一）。《易》学在汉初本来就多端，孟氏托之师传，以见其非私说，这却可信。如果纪氏所云，则孟氏当直明其为古本，不当托之师传。这是《易》学的一种演进。孟氏之后的焦、京也正如孟氏。据《汉书·京房传》云：

> 京房字君明，东郡顿丘人也。治《易》，事梁人焦延寿。延寿字赣。赣贫贱，以好学得幸梁王。梁王共其资用，令极意学。既成，为郡史，察举补小黄令。以候司先知奸邪，盗贼不得发。爱养吏民，化行县中。举最当迁，三老官属上书愿留赣，有诏许增秩留，卒于小黄。赣常曰：“得我道以亡身者，必京生也。”其说长于灾变，分六十四卦，更直日用事，以风雨寒温为候：各有占验。房用之尤精。好钟律，知音声。初元四年，以孝廉为郎。

永光、建昭间，西羌反，日蚀，又久青亡光，阴雾不精。房数上疏，先言其将然，近数月，远一岁，所言屡中，天子说之。数召见问，房对曰："古帝王以功举贤，则万化成，瑞应著，末世以毁誉取人，故功业废而致灾异。宜令百官各试其功，灾异可息。"诏使房作其事，房奏考功课吏法。上令公卿朝臣与房会议温室，皆以房言烦碎，令上下相司，不可许。上意乡之。时，部刺史奏事京师，上召见诸刺史，令房晓以课事，刺史复以为不可行。唯御史大夫郑弘、光禄大夫周堪初言不可，后善之。

是时，中书令石显颛权，显友人五鹿充宗为尚书令，与房同经，论议相非。二人用事，房尝宴见，问上曰："幽、厉之君何以危？所任者何人也？"上曰："君不明，而所任者巧佞。"房曰："知其巧佞而用之邪，将以为贤也？"上曰："贤之。"房曰："然则今何以知其不贤也？"上曰："以其时乱而君危知之。"房曰："若是，任贤必治，任不肖必乱，必然之道也。幽、厉何不觉寤而更求贤，曷为卒任不肖以至于是？"上曰："临乱之君各贤其臣，令皆觉寤，天下安得危亡之君？"房曰："齐桓公、秦二世亦尝闻此君而非笑之，然则任竖刁、赵高，政治日乱，盗贼满山，何不以幽、厉卜之而觉寤乎？"上曰："唯有道者能以往知来耳。"房因免冠顿首，曰："《春秋》纪二百四十二年灾异，以视万世之君。今陛下即位已来，日月失明，星辰逆行，山崩泉涌，地震石陨，夏霜冬雷，春凋秋荣，陨霜不杀，水旱螟虫，民人饥疫，盗贼不禁，刑人满市，《春秋》所记灾异尽备。陛下视今为治邪，乱邪？"上曰："亦极乱耳。尚何道！"房曰："今所任用者谁与？"上曰："然幸其愈于彼，又以为不在此人也。”房曰：“夫前世之君亦皆然矣。臣恐后之视今，犹今之视前也。”上良久乃曰：“今为乱者谁哉?”房曰：“明主宜自知之。”上曰：“不知也，如知，何故用之?”房曰：“上最所信任，与图事帷幄之中进退天下之士者是矣。”房指谓石显，上亦知之，谓房曰：“已谕。”

房罢出，后上令房上弟子晓知考功课吏事者，欲试用之。房上中郎任良、姚平，“愿以为刺史，试考功法，臣得通籍殿中，为奏事，以防雍塞”。石显、五鹿充宗皆疾房，欲远之，建言宜试以房为郡守。……

……房以建昭二年二月朔拜，上封事曰：“辛酉以来，蒙气衰去，太阳精明，臣独欣然，以为陛下有所定也。然少阴倍力而乘消息。……此上大夫覆阳而上意疑也。已卯、庚辰之间，必有欲隔绝臣令不得乘传奏事者。”

房未发，上令阳平侯凤承制诏房，止无乘传奏事。房意愈恐，去至新丰，因邮上封事曰：“臣前以六月中言《遁卦》不效，法曰：‘道人始去，寒，涌水为灾。’至其七月，涌水出。臣弟子姚平谓臣曰：‘房可谓知道，未可谓通道也。房言灾异，未尝不中……’”……

房至陕，复上封事曰：“乃丙戌小雨，丁亥蒙气去，然少阴并力而乘消息，戊子益甚，到五十分，蒙气复起。此陛下欲正消息，杂卦之党并力而争，消息之气不胜。强弱安危之机不可不察。己丑夜，有还风，尽辛卯，太阳复侵色，至癸巳，日月相薄，此邪阴同力而太阳为之疑也。臣前白九年不改，必有星亡之异。……

……房本姓李，推律自定为京氏，死时年四十一。

孟喜的卦气，据惠栋《易汉学》云：“孟氏《卦气图》以

《坎》、《离》、《震》、《兑》为四正卦，余六十卦，卦主六日七分，合周天之数。内辟卦十二，谓之消息卦；乾盈为息，坤虚为消，其实乾、坤十二画也。《系辞》云：‘乾之策二百一十有六，坤之策一百四十有四，凡三百有六十，当期之日。’夫以二卦之策，当一期之数，则知二卦之爻，周一岁之用矣。四卦主四时，爻主二十四气，十二卦主十二辰，爻主七十二候，六十卦主六日七分，爻主三百六十五日四分日之一。辟卦为君，杂卦为臣，四正为方伯。二至二分，寒温风雨，总以应卦为节。”（《皇清经解续编》卷一三九）孟喜的卦气有六日七分（附图一）、七十二候(附图二)、消息、四正、十二消息、辟卦、杂卦，更有推卦用事日，六十卦用之月，将《易》六十四卦中提四正卦分配着四方四

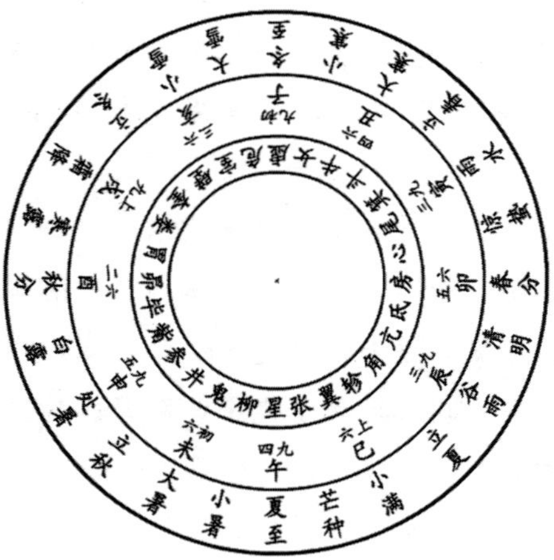


附图一

时，而又从卦爻阴阳，将六十卦分配在一年之中，于是可推卦用事之日，及六十卦用事之月；又有辟卦为君，杂卦为臣等等，封于占验，已颇有用。到了京房，据唐一行《六卦议》说：“十二

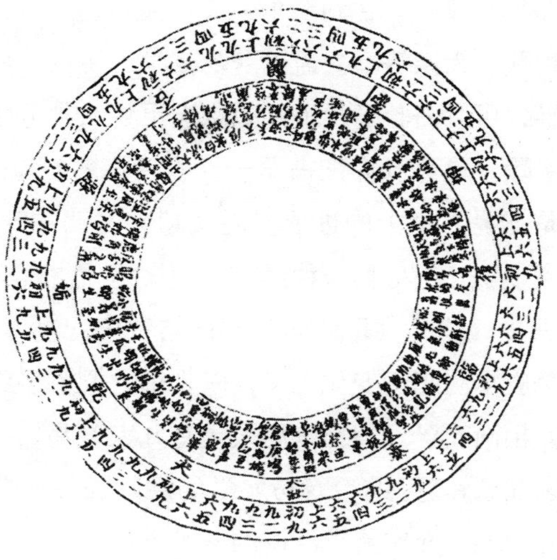

附图二

月卦，出于孟氏《章句》，其说《易》本于气，而后以人事明之。京氏又卦爻配期之日，坎离震兑，其用事自分之首，皆得八十分日之七十三，颐、晋、井、大畜，皆五日十四分，余皆六日七分。止于占灾贵与吉凶善败之事。至于观阴阳之变，则错乱而不明。自《乾象历》以降，皆因京氏。”（《皇清经解续编》卷一三九，第一册）但是据京氏《易传》看来，凡占法中的纳甲、世应、游归、飞伏、贵贱、爻等、贞悔、五行、占验、风雨寒温、蒙气，在京《易》中无所不有。据《礼记·月令正义》引《易林》云：“震主庚、子、午，巽主辛、丑、未，坎主戊、寅、申，离主己、卯、酉，艮主丙、辰、戌，兑主丁、巳、亥。”《抱朴子》云：“案《玉策记》及《开名经》皆以五音六属，知人年命之所在。子午属庚（原注：庚主震，初爻庚子、庚午）……丑、未属辛（原注：巽初爻辛丑、辛未），寅、申属戊（原注：坎初爻戊寅、戊申），卯、酉属己（原注：离初爻己卯、己酉），辰、戌属丙（原注：艮初爻丙辰丙戌），巳、亥属丁（原注：兑初爻丁巳、丁亥）。”（《抱朴子内篇》卷十一《仙药》）八卦各爻更配好干支，这是所谓纳甲，由每卦的六爻产生世应、飞伏诸说，因之而每爻更有贵贱、六亲等事。孟氏《易》学，使八卦分配到四方四时、日月气候，可以占验多少事件。京氏更将八卦分配在天地、干支、贵贱、亲疏，更可以详细占验一切吉凶悔吝。《易》之孟、京的演变，正是《易》学上的进展。后汉荀爽的"乾升坤降"，而虞翻五世传孟《易》，更发明一种纳甲，是对于孟、京、马的《易》学的补充与进步。荀氏《易》学并非传自费氏，也不是一定从孟、京，他是据爻应承应阴阳变化之义，以十篇之文解说经意。他的说法与费《易》相同而已。魏晋以后人集有九家《易》，以荀爽为首。今传有《九家逸象》。可见治《易》学的经师往往有些发明。这不要认定是不守师说，而实是于经说的一种进步。



## 六　《春秋》学之演变

《春秋》在西汉初的大师为董仲舒，据《汉书·董仲舒传》："董仲舒，广川人也。以治《春秋》，孝景时为博士。下帷讲诵，弟子传以久次相授业，或莫见其面。盖三年董仲舒不观于舍园，其精如此。进退容止，非礼不行，学士皆师尊之。""仲舒治国，以《春秋》灾异之变推阴阳所以错行，故求雨，闭诸阳，纵诸阴，其止雨反是；行之一国，未尝不得所欲。中废为中大夫。先是辽东高庙、长陵高园殿灾，仲舒居家推说其意，中稾未上，主父偃候仲舒，私见，嫉之，窃其书而奏焉。上召视诸儒，仲舒弟子吕步舒不知其师书，以为大愚。于是下仲舒吏，当死，诏赦之。仲舒遂不敢复言灾异。仲舒为人廉直。是时方外攘四夷，公孙弘治《春秋》不如仲舒，而弘希世用事，位至公卿。仲舒以弘为从谀，弘嫉之，胶西王亦上兄也，尤纵恣，数害吏二千石。弘乃言于上曰：'独董仲舒可使相胶西王。'胶西王闻仲舒大儒，善待之，仲舒恐久获罪，病免。凡相两国，辄事骄王，正身以率下，数上疏谏争，教令国中，所居而治。及去位归居，终不问家产业，以修学著书为事。……年老，以寿终于家。家徙茂陵，子及孙皆以学至大官。仲舒所著，皆明经术之意，及上疏条教，凡百二十三篇。而说《春秋》事得失，《闻举》、《玉杯》、《蕃露》、《清明》、《竹林》之属，复数十篇，十余万言，皆传于后世。”（《汉书》卷二十六）仲舒的“玉杯蕃露”之属，现传世为《春秋繁露》一书，其中论及《春秋》除五始三世等义外，更有《二端》、《十指》等篇。其《二端》篇云：“《春秋》至意有二端……小大微著之分也。”《十指》篇云：“今《春秋》之为学也，道往而明来者也。然而其辞体天之微，效难知也。弗能察，寂若无；能察之，无物不在。”“举事变见有重焉，一指也。见事变之所至者，一指也。因其所以至者而治之，一指也。强于弱枝，大本小末，一指也。别嫌疑，异同类，一指也。论贤才之义，别所长之能，一指也。亲近来远，同民所欲，一指也。承周文而反之质，一指也。木生火，火为夏，天之端，一指也。切讥刺之所罚，考变异之所加，天之一端，一指也。”

这“二端十指”，在何休《公羊解诂》中颇不多采用。何休在《解诂》中未提及董仲舒而云：“往者略依胡毋生条例，多得其正。”（何休《春秋公羊传注疏·序》）后人颇误会他是胡毋生一派，而不是董仲舒一派的。江藩在《隶经文》卷四《公羊先师考》中说：“董子书散佚已久，传于世者，仅存残阙之《繁露》，而其说往往与休说不合，《繁露》之言二端十指，亦与《条例》之三科九旨迥异。仲舒推五行灾异之说，《汉书·五行志》备载焉。休之《解诂》，不用董子之说，取京房之占，其不师仲舒可知矣。则其所谓先师者，为胡毋生、李育之徒，非仲舒、彭祖、安乐也。是董子之学盛行于前汉，寖微于后汉。至晋时，其学绝矣。”（《皇清经解续编》卷三六五，第二册）他正是不以何休为仲舒之传。康有为《春秋董氏学》卷七《传经表》亦仅以李育、羊弼、何休列入“传《公羊》而不详所受者”表中，这种见解，是由于何休在《解诂》中不多用董君说而然。其实他不过采取了比董仲舒更进一步、更有系统之说而已。唐晏《两汉三国学案》亦云："三科九旨之说，不见于《公羊传》，惟何氏记之，其说亦不详所本。故何氏《春秋公羊传注疏·序》云：'胡毋生条例多得其正，故遂隐括，使就绳墨焉。'则此说岂胡毋生之例欤？近代惠氏以《石经》考定何休为颜氏家言，故列之于颜氏派下。"唐氏明知何休为颜氏一派，而以为"三科九旨之说"，"岂胡毋生之例"？也是由于不知汉代经师对于师说往往有修正之处，故以为"不详其所本"。其实这些当是何休、羊弼、李育采用董君说稍变其面目，而推本于胡毋生。他们认为胡毋生"以《公羊经》传授董氏"，董氏还是胡毋生的弟子，故不必称董君，而说依胡毋生。据徐彦《春秋公羊疏》：

> 问曰："《春秋说》云：《春秋》设三科九旨，其义如何？"答曰："何氏之意，以为三科九旨，正是一物。若总言之，谓之三科，科者，段也；析而言之，谓之九旨，旨者，意也。故何氏作《文谥例》云：'三科九旨者，新周、故宋，以《春秋》当新王，此一科三旨也；又云所见异辞，所闻异辞，所传闻异辞，二科六旨也；又内其国而外诸夏，内诸夏而外夷狄，是三科九旨也。'"问曰："宋氏之注《春秋说》：三科者，一曰张三世，二曰存三统，三曰异外内，是三科也。九旨者，一曰时，二曰月，三曰日，四曰王，五曰天王，六曰天子，七曰讥，八曰贬，九曰绝。"

这"三科九旨"不惟不是何氏一人之发明，而且在《公羊传》中都有；"三世"之说见"公子益师卒"隐公元年传："所见异辞，所闻异辞，所传闻异辞"；"新周"之说明见宣十五年"成周宣谢灾"传；《春秋》"内其国而外诸夏，内诸夏而外夷狄"明是成十五年传文。不过徐《疏》所举"宋氏（宋衷）之注《春秋》说：三科者，一曰张三世，二曰存三统，三曰异外内，是三科也。九旨者，一曰时，二曰月，三曰日，四曰王，五曰天王，六曰天子，七曰讥，八曰贬，九曰绝。时与日月，详略之旨也；王与天王、天子，是录远近亲疏之旨也；讥与贬、绝，则轻重之旨也。及文谥例下文云，五始者，元年春王正月，公即位是也；七等者，州国氏人名字子是也；六辅者，公辅天子，卿辅公，大夫辅卿，士辅大夫，京师辅君，诸夏辅京师是也；二类者，人事与灾异是也”，及《春秋说》云：“《春秋》书有七缺，申之曰：惠公妃匹不正，隐、桓之祸生，是为夫之道缺也。文姜淫而害夫，为妇之道缺也。大夫无罪而致戮，为君之道缺也。臣而害上，为臣之道缺也。僖五年晋侯杀世子申生，襄二十六年宋公杀其世子痤，残虐枉杀其子，是为父之道缺也。文元年楚世子商臣弑其君髡，襄三十年蔡世子般弑其君固，是为子之道缺也。桓八年正月己卯蒸，桓十四年八月乙亥尝，僖三十一年夏四月，四卜郊不从，乃免牲，犹三望，郊祀不修，周公之礼缺。是为七缺也矣。”（卷一页一下至页二上）

这些有的见于传文（如“七等”，见庄十年传），有的是董君说（如“五始”，见《繁露》），也并非何君一人之发明，他不过就经传以及师说更归纳为有系统的说明而已，这是一种演进，一种比较好的演进。何氏“隐元年三世说”亦然，不能说是不详所本。苏舆《春秋繁露义证》云：“何休序《公羊解诂》云：‘往者略依胡毋生条例，多得其正。故遂隐括，使就绳墨。’而无一语及董。条例当是五始、三科、九旨、七等、六辅、二类、七缺之说，究其义，与此合者十实八九。胡毋生与董同业，殆师说同也。”苏氏看见何氏解诂与董合者实十八九，以胡、董师说相同，亦未明了何氏学本出于董，其云依胡毋生者，或其条例本出胡毋生，或当时有胡毋生本虽以《公羊经》传授董氏之说，故何氏推本于胡毋生也。

严、颜二家在后来经文与解说亦不尽同，这也是一种演变，据唐晏《两汉三国学案》云：“严氏、颜氏二家皆出于董仲舒，本一家也。然以《石经》考之，知蔡邕所书严氏本也，何休所注颜氏本也。二本间有不同，《石经》已明言之。是以《石经》于颜氏本有无不同之处，往往注出，是真歧中之岐也。至于汉儒习《严氏》者多，习《颜氏》者鲜。至何氏注行而严本亡矣。”严、颜两家异说可知。

## 第三节　今文经学之精神

西汉的今文经学，在上文中已证明其注重于通大义，西汉特出的经学家实在也是富有哲学思想、政治思想、道德思想。关于哲学思想的发展，缘于董君仲舒的天人相应论及阴阳五行说，影响到后来的经学家。而西汉经学，《易》学甚发达，自然很能启迪经师以应天顺人及阴阳五行之说，所以在董君后，这一种宗教的哲学思想颇有进展。关于政治思想，因为《春秋》推见至隐，长于治人，可予当时的经学家种种暗示，例如必尊德贵让、公天下、尊王攘夷，大一统的思想、重民轻君的民本思想，尊贵贱佞的贤人政治，加之以当时政治、社会、经济情形之不安，经师们自容易发出振聋发聩的政论。关于道德思想，在贾生、韩婴、董君已重新提出关于性情善恶、教化网纪、维续讨论先秦儒家哲学余绪，加以温柔敦厚为《诗》之教，如王式以《诗三百篇》当谏书，而“龚遂更会说，大王诵诗三百五篇，人事浃，王道备，王之所行中《诗》一何篇等也”（《汉书》卷六三《武五子传》）。《诗》学经师鉴于当日风俗之薄，尤易提出情性善恶、教化纲纪之论。西汉今文经师迥与东汉古文经师之注重小学不同，他们是富有思想的。过去述经学者多以他们好讲阴阳五行、天人灾异、希世用事利禄使然，不知他们主张改制革政、尊德贵让，对于国计民生、人情物理颇有贡献。现在我们分别述来，便可知道他们在什么地方应当引起非议，在什么地方值得我们崇敬。

## 一　哲学思想

西汉今文经师在董君仲舒提倡天人相应论、阴阳五行说以后，直到西汉末年，不惟大家仍拥护为真理，而且于两者有更进一步的论证。分析看来：

1. 天人相应论之进展。他们在董君主张的“为人者天”、“必天之为”之后，似乎更侧重于“为天者人”，这是天人相应论的一种倾向。在《汉书·刘辅传》说：

> 刘辅，河间宗室人也。……辅上书言：“臣闻天之所与，必先赐以符瑞；天之所违，必先降以灾变，此神明之征应，自然之占验也。昔武王、周公承顺天地，以飨鱼乌之瑞，然犹君臣祗惧，动色相戒，况于季世，不蒙继嗣之福，屡受威怒之异者乎！虽夙夜自责，改过易行，畏天命，念祖业，妙选有德之世，考卜窈窕之女，以承宗庙，顺神祇心，塞天下望，子孙之详犹恐晚暮，今乃触情纵欲，倾于卑贱之女，欲以母天下，不畏于天，不愧于人，惑莫大焉。里语曰：‘腐木不可以为柱，卑人不可以为主。’天人之所不予，必有祸而无福。市道皆共知之……”（《汉书·盖诸葛刘郑孙毋将何传》）

《郑崇传》说：

> 崇谏曰：“孝成皇帝封亲舅五侯，天为赤黄昼昏，日中有黑气。今祖母从昆弟二人已侯。孔乡侯，皇后父；高武侯以三公封，尚有因缘。今无故欲复封商，坏乱制度，逆天人之心，非傅氏之福也。臣闻师曰：‘逆阳者厥极弱，逆阴者厥极凶短折，犯人者有乱亡之患，犯神者有疾夭之祸。’”（同上）

看刘辅与郑崇所云，“天人之所不予”，“逆天人之心”，“犯人者有乱亡之患，犯神者有疾夭之祸”，不惟天意不可逆，人心也是一样不可逆。这种说法的出现，正是由于存在盛行天人相应、俱不可逆学说的社会大背景。不惟天变足畏，民有怨望未塞，也当密切在意，以消弭“乱亡之患”。在《匡衡传》说：

> 臣闻天人之际，精祲有以相荡，善恶有以相推，事作乎下者象动乎上，阴阳之理各应其感，阴变则静者动，阳蔽则明者晻，水旱之灾随类而至。今关东连年饥馑，百姓乏困，或至相食，此皆生于赋敛多，民所共者大，而吏安集之不称之效也（《汉书·匡张孔马传》卷八十一）

《鲍宣传》说：

> 天人同心，人心说则天意解矣。乃二月丙戌，白虹虷日，连阴不雨，此天有忧结未解，民有怨望未塞者也。（《汉书·王贡两龚鲍传》）

正是这种意见，要从人事来测天意，“人气内逆则感动天地”（《汉书·翼奉传》语），“人道不通，则阴阳否鬲”（《汉书·薛宣传》语）。所以说“天人同心，人心说则天意解”，甚且以为“天时不胜人事”（《汉书·严彭祖传》），这简直达到了人事即为天变的程度。由重天意到重人心，由从天变测人事再转到以人事胜天变。这当然是“为人者天”的表现，是一种更进步的较简明的理论。

2. 阴阳五行说之进展。阴阳五行说在董仲舒以三代质文来讲《春秋》、五行相生来讲五行以后，孟喜以“卦气”讲《易》，翼奉以“五际”讲《诗》，都比较从前有进步。他们还以为不足，更要附会到《月令》星历来解说，作更进一步探求。在宣帝时魏相已如此主张，《魏相传》说：

> 魏相字弱翁，济阴定陶人也，徙平陵。少学《易》，为郡卒史，举贤良，以对策高第，为茂陵令。……数年，宣帝即位，征相入为大司农，迁御史大夫。……于

是韦贤以老病免，相遂代为丞相，封高平侯，食邑八百户。……

相明《易经》，有师法……

又数表采《易阴阳》及《明堂月令》奏之，曰："臣相幸得备员，奉职不修，不能宣广教化。阴阳未和，灾害未息，咎在臣等。臣闻《易》曰：'天地以顺动，故日月不过，四时不忒；圣王以顺动，故刑罚清而民服。'天地变化，必繇阴阳，阴阳之分，以日为纪。日冬夏至，则八风之序立，万物之性成，各有常职，不得相干。东方之神太昊，乘《震》执规司春；南方之神炎帝，乘《离》执衡司夏；西方之神少昊，乘《兑》执矩司秋；北方之神颛顼，乘《坎》执权司冬；中央之神黄帝，乘《坤》、《艮》执绳司下土。兹五帝所司，各有时也。东方之卦不可以治西方，南方之卦不可以治北方。春兴《兑》治则饥，秋兴《震》治则华，冬兴《离》治则泄，夏兴《坎》治则雹。明王谨于尊天，慎于养人，故立羲和之官以乘四时，节授民事。君动静以道，奉顺阴阳，则日月光明，风雨时节，寒暑调和。三者得叙，则灾害不生，五谷熟，丝麻遂，屮木茂，鸟兽蕃，民不夭疾，衣食有余。若是，则君尊民说，上下亡怨，政教不违，礼让可兴。夫风雨不时，则伤农桑；农桑伤，则民饥寒；饥寒在身，则亡廉耻，寇贼奸宄所繇生也。臣愚以为阴阳者，王事之本，群生之命，自古贤圣未有不繇者也。天子之义，必纯取法天地，而观于先圣。高皇帝所述书《天子所服第八》曰：'大谒者臣章受诏长乐宫，曰："令群臣议天子所服，以安治天下。"相国臣何、御史大夫臣昌谨与将军臣陵、太子太傅臣通等议："春夏秋冬天子所服，当法天地之数，中得人和。故自天子王侯有土之君，下及兆民，能法天地，顺四时，以治国家，身亡祸殃，年寿永究，是奉宗庙安天下之大礼也。臣请法之。中谒者赵尧举春，李舜举夏，儿汤举秋，贡禹举冬，四人各职一时。”大谒者襄章奏，制曰：“可。”’孝文皇帝时，以二月施恩惠于天下，赐孝弟力田及罢军卒，祠死事者，颇非时节。御史大夫朝错时为太子家令，奏言其状。臣相伏念陛下恩泽甚厚，然而灾气未息，窃恐诏令有未合当时者也。愿陛下选明经通知阴阳者四人，各主一时，时至明言所职，以和阴阳，天下幸甚！”（《汉书·魏相丙吉传》）

后来李寻亦复如此，据《李寻传》云：

李寻字子长，平陵人也。治《尚书》，与张孺、郑宽中同师。宽中等守师法教授，寻独好《洪范》灾异，又学天文月令阴阳。事丞相翟方进，方进亦善为星历，除寻为吏，数为翟侯言事。帝舅曲阳侯王根为大司马票骑将军，厚遇寻。是时多灾异，根辅政，数虚己问寻。寻见汉家有中衰厄会之象，其意以为且有洪水为灾，乃说根曰：

《书》云“天聪明”，盖言紫宫极枢，通位帝纪，太微四门，广开大道，五经六纬，尊术显士，翼张舒布，烛临四海，少微处士，为比为辅，故次帝廷，女宫在后。圣人承天，贤贤易色，取法于此。天官上相上将，皆颛面正朝，忧责甚重，要在得人。得人之效，成败之机，不可不勉也。

……窃见往者赤黄四塞，地气大发，动土竭民，天下扰乱之征也。彗星争明，庶雄为桀，大寇之引也。此二者已颇效矣。城中讹言大水，奔走上城，朝廷惊骇，女孽入宫，此独未效。间者重以水泉涌溢，旁宫阙仍出。月、太白入东井，犯积水，缺天渊。日数湛于极阳之色。羽气乘宫，起风积云。又错以山崩地动，河不用其道。盛冬雷电，潜龙为孽。继以陨星流彗，维、填上见，日蚀有背乡。此亦高下易居，洪水之征也。不忧不改，洪水乃欲荡涤，流彗乃欲扫除；改之，则有年亡期。故属者颇有变改，小贬邪猾，日月光精，时雨气应，此皇天右汉亡已也，何况致大改之！

宜急博求幽隐，拔擢天士，任以大职。诸阘茸佞谄，抱虚求进，及用残贼酷虐闻者，若此之徒，皆嫉善憎忠，坏天文，败地理，涌跃邪阴，湛溺太阳，为主结怨于民，宜以时废退，不当得居位。诚必行之，凶灾销灭，子孙之福不旋日而至。政治感阴阳，犹铁炭之低卬，见效可信者也。……

……哀帝初即位，召寻待诏黄门，使侍中卫尉傅喜问寻曰："间者水出地动，日月失度，星辰乱行，灾异仍重，极言毋有所讳。"寻对曰：陛下圣德，尊天敬地，畏命重民，悼惧变异，不忘疏贱之臣，幸使重臣临问，愚臣不足以奉明诏。窃见陛下新即位，开大明，除忌讳，博延名士，靡不并进。臣寻位卑术浅，过随众贤待诏，食太官，衣御府，久污玉堂之署。比得召见，亡以自效。复特见延问至诚，自以逢不世出之命，愿竭愚心，不敢有所避，庶几万分有一可采。唯弃须臾之间，宿留瞽言，考之文理，稽之《五经》，揆之圣意，以参天心。夫变异之来，各应象而至，臣谨条陈所闻。

《易》曰："县象著明，莫大乎日月。"夫日者，众阳之长，辉光所烛，万里同晷，人君之表也。故日将旦，清风发，群阴伏，君以临朝，不牵于色。日初出，炎以阳，君登朝，佞不行，忠直进，不蔽障。日中辉光，君德盛明，大臣奉公。日将入，专以一，君就房，有常节。君不修道，则日失其度，晻昧亡光。各有云为：其于东方作，日初出时，阴云邪气起者，法为牵于女谒，有所畏难；日出后，为近臣乱政；日中，为大臣欺诬；日且入，为妻妾役使所营。间者日尢不精，光明侵夺失色，邪气珥蜺数作。本起于晨，相连至昏，其日出后至日中间差愈。小臣不知内事，窃以日视陛下志操，衰于始初多矣。其咎恐有以守正直言而得罪者，伤嗣害世，不可不慎也。唯陛下执干刚之德，强志守度，毋听女谒邪臣之态。诸保阿乳母甘言悲辞之托，断而勿听。勉强大谊，绝小不忍；良有不得已，可赐以货财，不可私以官位，诚皇天之禁也。日失其光，则星辰放宽。阳不能制阴，阴桀得作。间者太白正昼经天。宜隆德克躬，以执不轨。

臣闻月者，众阴之长，销息见伏，百里为品，千里立表，万里连纪，妃后大臣诸侯之象也。朔晦正终始，弦为绳墨，望成君德，春夏南，秋冬北。间者，月数以春夏与日同道，过轩辕上后受气，入太微帝廷扬光辉，犯上将近臣，列星皆失色，厌厌如灭，此为母后与政乱朝，阴阳俱伤，两不相便。外臣不知朝事，窃信天文即如此，近臣已不足仗矣。屋大柱小，可为寒心。唯陛下亲求贤士，无强所恶，以崇社稷，尊强本朝。

臣闻五星者，五行之精，五帝司命，应王者号令为之节度。岁星主岁事，为统首，号令所纪，今失度而盛，此君指意欲有所为，未得其节也。又填星不避岁星者，后帝共政，相留于奎、娄，当以义断之。荧惑往来亡常，周历两宫，作态低卬，入天门，上明堂，贯尾乱宫。太白发越犯库，兵寇之应也。贯黄龙，入帝庭，当门而出，随荧惑入天门，至房而分，欲与荧惑为患，不敢当明堂之精。此陛下神灵，故祸乱不成也。荧惑厥弛，佞巧依势，微言毁誉，进类蔽善。太白出端门，臣有不臣者。火入室，金上堂，不以时解，其忧凶。填、岁相守，又主内乱。宜察萧墙之内，毋急亲疏之微，诛放佞人，防绝萌牙，以荡涤浊濊，消散积恶，毋使得成祸乱。辰星主正四时，当效于四仲；四时失序，则辰星作异。今出于岁首之孟，天所以谴告陛下也。政急则出蚤，政缓则出晚，政绝不行则伏不见而为彗茀。四孟皆出，为易王命；四季皆出，星家所讳。今幸独出寅孟之月，盖皇天所以笃右陛下也，宜深自改。

治国故不可以戚戚，欲速则不达。经曰："三载考绩，三考黜陟。"加以号令不顺四时，既往不咎，来事之师也。间者春三月治大狱，时贼阴立逆，恐岁小收；季夏举兵法，时寒气应，恐后有霜雹之灾；秋月行封爵，其月土湿奥，恐后有雷雹之变。夫以喜怒赏罚，而不顾时禁，虽有尧、舜之心，犹不能致和。善言天者，必有效于人。设上农夫而欲冬田，肉袒深耕，汗出种之，然犹不生者，非人心不至，天时不得也。《易》曰："时止则止，时行则行，动静不失其时，其道光明。"《书》曰："敬授民时。"故古之王者，尊天地，重阴阳，敬四时，严月令。顺之以善政，则和气可立致，犹枹鼓之相应也。今朝廷忽于时月之令，诸侍中、尚书近臣宜皆令通知月令之意，设群下请事；若陛下出令有谬于时者，当知争之，以顺时气。（《汉书·眭两夏侯京翼李传》）

魏相认定阴阳者王事之本，群生之命，所以春夏秋冬天子所服，当法天地之数，还要选明经通知阴阳者四人，各主之一时，时至明言所职，以和阴阳。李寻说的也是依据天文、月令、阴阳，而且依据书历，象日月星辰。《易》曰“悬象著明莫大乎日月”，主张“诸侍中、尚书近臣宜皆令通知月令之意”。他们这种说法比孟京说得更详密，这不能不算是进一步的发展。

在《谷永传》说：

谷永字子云，长安人也。……永少为长安小史，后博学经书。建昭中，御史大夫繁延寿闻其有茂材，除补属，举为太常丞，数上疏言得失。……元年正月，白气较然起乎东方，至其四月，黄浊四塞，覆冒京师，申以大水，着以震蚀。各有占应，相为表里，百官庶事无所归倚，陛下独不怪与？白气起东方，贱人将兴之表也；黄浊冒京师，王道微绝之应也。夫贱人当起而京师道微，二者已丑。……永复说音曰：“……太白出西方六十日，法当参天，今已过期，尚在桑榆之间，质弱而行迟，形小而光微。荧惑角怒明大，逆行守尾。其逆，常也；守尾，变也。……”

时有黑龙见东莱，上使尚书问永，受所欲言。永对曰：“臣闻王天下有国家者，患在上有危亡之事，而危亡之言不得上闻；如使危亡之言辄上闻，则商、周不易姓而迭兴，三正不变改而更用。夏、商之将亡也，行道之人皆知之，晏然自以若天有日莫能危，是故恶日广而不自知，大命倾而不寤。《易》曰：‘危者有其安者也，亡者保其存者也。’”陛下诚垂宽明之听，无忌讳之诛，使刍荛之臣得尽所闻于前，不惧于后患，直言之路开，则四方众贤不远千里，辐凑陈忠，群臣之上愿，社稷之长福也。

汉家行夏正，夏正色黑，黑龙，同姓之象也。龙阳德，由小之大，故为王者瑞应。未知同姓有见本朝元继嗣之庆，多危殆之隙，欲因扰乱举兵而起者邪？将动心冀为后者，残贼不仁，若广陵、昌邑之类？臣愚不能处也。元年九月黑龙见，其晦，日有食之。今年二月己未夜星陨，乙酉，日有食之。六月之间，大异四发，二而同月，三代之末，春秋之乱，未尝有也。……

“王者必先自绝，然后天绝之。……王者躬行道德，承顺天地，博爱仁恕，恩及行苇，籍税取民不过常法，宫室车服不踰制度，事节财足，黎庶和睦，则卦气理效，五征时序，百姓寿考，庶中蕃滋，符瑞并降，以昭保右。失道妄行，逆天暴物，穷奢极欲，湛湎荒淫，妇言是从，诛逐仁贤，离逖骨肉，群小用事，峻刑重赋，百姓愁怨，则卦气悖乱，咎征著邮，上天震怒，灾异屡降，日月薄食，五星失行，山崩川溃，水泉踊出，妖孽并见，茀星耀光，饥馑荐臻，百姓短折，万物夭伤。终不改寤，恶治变备，不复谴告，更命有德。《诗》云：“乃眷四顾，此惟予宅。”

夫去恶夺弱，迁命贤圣，天地之常经，百王之所同也。加以功德有厚薄，期质有修短，时世有中季，天道有盛衰。陛下承八世之功业，当阳数之标季，涉三七之节纪，遭《无妄》之卦运，直百六之灾厄。三难异科，杂焉同会。建始元年以来二十载间，群灾大异，交错锋起，多于《春秋》所书。八世著记，久不塞除，重以今年正月己亥朔日有食之，三朝之会，四月丁酉四方众星白昼流陨，七月辛未彗星横天。乘三难之际会，畜众多之灾异，因之以饥馑，接之以不赡。彗星，极异也，土精所生，流陨之应出于饥变之后，兵乱作矣，厥期不久。……（《汉书·谷永杜邺传》）

《杜邺传》说：

案《春秋》灾异，以指象为言语，故在于得一类而达之也。日食，明阳为阴所临，《坤卦》乘《离》，《明夷》之象也。《坤》以法地，为土为母，以安静为德。《震》，大阴之效也。占象甚明，臣敢不直言其事！（同上）

谷永是“于经书泛为疏达”，“于天官、京氏《易》最密，故善言灾异”。他在这里大讲其三统五行卦气星历，而这在当时的学者倾向确实如此。《汉书·成帝纪》：“（阳朔）二年春，寒。诏曰：‘昔在帝尧立羲、和之官，命以四时之事，令不失其序。故《书》云“黎民于蕃时雍”，明以阴阳为本也。今公卿大夫或不信阴阳，薄而小之，所奏请多违时政。传以不知，周行天下，而欲望阴阳和调，岂不谬哉！其务顺四时月令。’”此明言“务顺四时月令”，可见当时风气对于阴阳五行、月令星历，要讲得越详细越佳。





这一种进展影响，为种种制度行为都用阴阳五行来解释，而因卦气星历占验等又引起哀、平以后谶纬学的流行（后者容下章再详述）。关于前者，我们只看今本《白虎通》所编纂东汉今文十四博士的议论即可以见其一斑。

（1）“爵有五等，以法五行也。或三等者，法三光也。或法三光，或法五行何？质家者据天，故法三光。文家者据地，故法五行。”（《白虎通疏证》卷一，《皇清经解续编》卷一二六五）

（2）“祭五祀所以岁一徧何？顺五行也。”（《白虎通疏证》卷二，《皇清经解续编》卷一二六六）

（3）“此谓八音也，法易八卦也，万物之数也。……埙，坎音也；管，艮音也；鼓，震音也；弦，离音也；钟，兑音也……声五音八，何声为本；出于五行，音为末象八风。”（《白虎通疏证》卷二，《皇清经解续编》卷一二六七）

（4）“乐以象天，礼以法地。人无不含天地之气，有五常之性者。故乐所以荡涤，反其邪恶也。礼所以防淫泆，节其侈靡也……功成作乐，治定制礼。乐言作，礼言制何？乐者，阳也。动作倡始，故言作。礼者，阴也。阴制度于阳，故言制。乐象阳也，礼法阴也。”（《白虎通疏证》卷二，《皇清经解续编》卷一二六七）

(5) “王者必一质一文者何？所以承天地，顺阴阳。阳之道极，则阴道受；阴之道极，则阳道受，明二阴二阳不能相继也。质法天，文法地而已。故天为质，地受而化之，养而成之，故为文。《尚书大传》曰：‘王者一质一文，据天地之道。’《礼三正记》曰：‘质法天，文法地’也。”（《白虎通疏证》卷八《三正》，《皇清经解续编》卷一二七二）

(6) “天有三光，日、月、星；地有三形，高、下、平；人有三尊，君、父、师。故一公三卿佐之，一卿三大夫佐之，一大夫三元士佐之。天有三光，然后而能遍照，各自有三法，物成于三，有始、有中、有终。明天道而终之也。”（《白虎通疏证》卷四《封公侯》，《皇清经解续编》卷一二六八）

(7) “天子所以内明而外昧，人所以外明而内昧何？明天人欲相向而治也。行有五，时有四何？四时为时，五行为节。故木王即谓之春，金王即谓之秋，土尊不任职，君不居部，故时有四也。子不肯禅何法？法四时火不兴土而兴金也。父死子继何法？法木终火王也。兄死弟及何法？夏之承春也。‘善善及子孙’何法？法春生待夏复长也。‘恶恶止其身’何法？法秋煞不待冬也。主幼臣摄政何法？法土用事于季、孟之间也。子复仇何法？法土胜水，水胜火也。子顺父，妻顺夫，臣顺君，何法？法地顺天也。”（《白虎通疏证》卷八，《皇清经解续编》卷一二七二）

(8) “男不离父母何法？法火不离木也。女离父母何法？法水流去金也。娶妻亲迎何法？法日入，阳下阴也。君让臣何法？法月三十日，名其功也。善称君，过称已，何法？法阴阳共叙共生，阳名生，阴名煞。臣有功，归于君何法？法归明于日也。臣谏君何法？法金正木也。子谏父何法？法火揉直木也。臣谏君不从则去，何法？法水润下达于土也。君子远子近孙，何法？法木远火近土也。亲属臣谏不相去，何法？法木枝叶不相离也。父为子隐何法？法木之藏火也。子为父隐何法？法水逃金也。君有众民何法？法天有众星也。王者赐，先亲近后疏远，何法？法天雨高者先得之也。”（《白虎通疏证》卷四，《皇清经解续编》卷一二六八）

(9)“长幼何法？法四时有孟、仲、季也。朋友何法？法水合流相承也。父母生子养长子何法？法水生木长大也。子养父母何法？法夏养长木，此火养母也。不以父命废王命，何法？法金不畏土而畏火。阳舒阴急何法？法日行迟，月行疾也。有分土，无分民，何法？法四时各有分，而所生者通也。君一娶九女何法？法九州，象天之施也。不娶同姓何法？法五行异类乃相生也。子丧父母何法？法木不见水则憔悴也。丧三年何法？法三年一闰，天道终也。父丧子，夫丧妻，何法？法一岁物有终始，天气亦为之变也。年六十闭房何法？法六月阳气衰也。人有五藏六府何法？法五行六合也。人目何法？法日月明也。日照昼，月照夜，人目所不更照何法？法目亦更用事也。王者监二王之后何法？法木须金以正，须水以润也。明王先赏后罚何法？法四时先生后煞也。”(《白虎通疏证》卷四《京师》,《皇清经解续编》卷一二六八)

(10)“即如是，不但言老，言三何？欲其明于天、地、人之道而老也。五更者，欲其明于五行之道而更事也。”（《白虎通疏证》卷五《乡射》,《皇清经解续编》卷一二六九）

(11)“明堂上圆下方，八窗四闼，布政之宫，在国之阳。上圆法天，下方法地，八窗象八风，四闼法四时，九室法九州，十二坐法十二月，三十六户法三十六两，七十二牖法七十二风。”

（《白虎通疏证》卷六《辟雍》，《皇清经解续编》卷一二七〇）

(12)“夏人之王教以忠，其失野，救野之失莫如敬。殷人之王教以敬，其失鬼，救鬼之失莫如文。周人之王教以文，其失薄，救薄之失莫如忠。……三教所以先忠者，行之本也。三教一体而分，不可单行，故王者行之有先后何？以言三教并施，不可单行也。以忠、敬、文无可去者也。教所以三何？法天、地、人，内忠外敬，文饰之，故三而备也。”（《白虎通疏证》卷八《三教》，《皇清经解续编》卷一二七二）

(13)“君臣，父子，夫妇，六人也，所以称三纲何？一阴一阳谓之道，阳得阴而成，阴得阳而序，刚柔相配，故六人为三纲。三纲法天、地、人，六纪法六合。君臣法天，取象日月，屈信归功天也。父子法地，取象五行，转相生也。夫妇法人，取象六合阴阳有施，化端也。”（《白虎通疏证》卷八《三纲六纪》，《皇清经解续编》卷一二七二）

(14)“情性者，何谓也？性者阳之施，情者阴之化也。人禀阴阳气而生，故内怀五性六情。情者，静也，性者，生也，此人所禀六气以生者也。故《钩命决》曰：‘情生于阴，欲以时念也。性生于阳，以就理也。阳气者仁，阴气者贪，故情有利欲，性有仁也。’五常者何？谓仁、义、礼、智、信也。……六情者，何谓也？喜、怒、哀、乐、爱、恶谓六情，所以扶成五性。性所以五，情所以六者何？人本含六律五行气而生，故内有五藏六府，此情性之所由出入也。”（《白虎通疏证》卷八《情性》，《皇清经解续编》卷一二七二）

(15)“天道所以左旋，地道右周何？以为天地动而不别，行而不离，所以左旋。右周者，犹君臣阴阳，相对之义也。”（白虎通疏证》卷九《天地》，《皇清经解续编》卷一二七二）

(16)“刑所以五何？法五行也。”（《白虎通疏证》卷九《五刑》，《皇清经解续编》卷一二七二）

(17) “经所以有五何？经，常也，有五常之道，故曰《五经》。”(《白虎通疏证》卷八《五经》,《皇清经解续编》卷一二七二)

(18)“男三十而娶，女二十而嫁，阳数奇，阴数偶。男长女幼者，阳舒，阴促。男三十，筋骨坚强，任为人父；女二十，肌肤充盛，任为人母。合为五十，应大衍之数，生万物也。”(《白虎通疏证》卷一〇《嫁娶》,《皇清经解续编》卷一二七四)

我们就所引的这些看来，爵号、礼乐、职官、人事、文质、政教、纲纪、情性、明堂、天文、刑罚、婚姻等等，无不可以拿阴阳来解释，即如“男三十而娶，女二十而嫁”，本来用意在人体发育成熟，筋骨坚强，肌肤充盈，以利后代，然偏要说阳奇阴偶，阳舒阴促；天道左旋，地道右周，这本是人观测到的天体运行的自然现象，然偏要用“犹君臣阴阳，相对之义”也，以人为的制度规定来解释天地左右的周旋。阴阳五行学说的应用越来越广，几乎无所不包了！不过《白虎通》这样广泛地应用阴阳五行来解释一切，但是其理论和思想毕竟是今文家的，他们可以说：“五行之性，火热水寒，有温水，无寒火何？明臣可以为君，君不可更为臣。”(《白虎通疏证》卷四《五行》,《皇清经解续编》卷一二六八)也可以说：“火阳，君之象也；水阴，臣之义也。臣所以胜其君何？此谓无道之君也，故为众阴所害，犹纣王也。”(《白虎通疏证》卷四《京师》,《皇清经解续编》卷一二六八)还可以说：“君让臣何法？法月三十日，名其功也。”(《白虎通疏证》卷四《京师》,《皇清经解续编》卷一二六八)“父杀其子当诛何？以为天地之性，人为贵。人皆天所生也，托父母气而生耳。王者以养长而教之，故父不得专也。”(白虎通疏证》卷五《诛伐》,《皇清经解续编》卷一二六九)《春秋经·僖公五年》：“春，晋侯杀其世子申生。”《公羊传》：“曷为直称晋侯以杀？杀世子，母弟直称君者，甚之也。”他们虽也采用古文说，如《周官》、《礼记》之类，但他们毕竟是今文经学博士，满腹的阴阳五行、微言大义，对于君、父不是看成绝对的威权，他们要应天顺人，而且天地之性人为贵，无道之君是天所不予，应该起来革命。

由五德终始说到三代质文，更由孟喜、京房的占验卦气转到魏相、李寻的推明堂月令以及阴阳五行的广泛应用，非常清晰地显示了阴阳五行说自先秦至两汉之演进的过程和脉络，这是经学发达的一个重要原因。唐晏在《两汉三国学案》中说："汉儒通经以致用，盖无人不以经学为尚。朝廷法律，本之六经，故其时臣下奏义，亦纯本经义，如周举、鲁恭为尤不失矩镬者也。然举治《尚书》，恭治《鲁诗》，而其奏则多以《易》理发明之，可知古人通一经必兼通他经，非止以一经毕乃事也。"（唐晏《两汉三国学案》卷五）

《易》学在西汉到后来，通《诗》、《书》、《礼》、《春秋》者皆必通《易》，这如是我们所当注意的。





## 二　政治思想

西汉的今学家，因受《诗》、《书》、《礼》、《易》尤其是《春秋》诸经的影响，而且他们又多是实际参与政治者，他们的政治思想却比他们宗教式的哲学思想高明得多。

1. 公天下。西汉的经学家，好讲天人相应、三统五德，那么，对于历史上的一些重要事件，特别是改朝换代的大事件，就必须有符合这一理论的合理说法，如汤武革命，是应天顺人的，则绝不是什么"弑"。在文景时的辕固，已如此主张，到后来如董仲舒、眭弘、盖宽饶、谷永、李寻、鲍宣、刘向等人，在他们的言论中都可以看出来。

如《眭弘传》云：

> 眭弘字孟，鲁国蕃人也。少时好侠，斗鸡走马，长

乃变节，从嬴公受《春秋》。以明经为议郎，至符节令。孝昭元凤三年正月，泰山、莱芜山南匈匈有数千人声，民视之，有大石自立，高丈五尺，大四十八围，入地深八尺，三石为足。石立后有白乌数千下集其旁。是时，昌邑有枯社木卧复生，又上林苑中大柳树断枯卧地，亦自立生，有虫食树叶成文字，曰“公孙病已立”，孟推《春秋》之意，以为“石、柳，皆阴类，下民之象；泰山者，岱宗之岳，王者易姓告代之处。今大石自立，僵柳复起，非人力所为，此当有从匹夫为天子者。枯社木复生，故废之家公孙氏当复兴者也”。孟意亦不知其所在，即说曰：“先师董仲舒有言，虽有继体守文之君，不害圣人之受命。汉家尧后，有传国之运。汉帝宜谁差天下，求索贤人，禅以帝位，而退自封百里，如殷、周二王后，以承顺天命。”孟使友人内官长赐上此书。时，昭帝幼，大将军霍光秉政，恶之，下其书廷尉。奏赐、孟妄设祆言惑众，大逆不道，皆伏诛。后五年，孝宣帝兴于民间，即位，征孟子为郎。（《汉书·眭两夏侯京翼李传》）

“虽有继体守文之君，不害圣人之受命”，这虽然是董仲舒的老话，其实这恐怕是见到汉初“德化未洽，后世奢侈，国家之费当数代之用，非直费财，又乃费士。孝武之世，暴骨四夷，不可胜数”（《汉书·眭两夏侯京翼李传》），弄得民不聊生，故眭弘要借五德三统来请汉帝退位。这是在集权专制条件下，还一味信仰“禅让”的办法、退位让国的办法，以求得政治的合理性，这当然是绝对行不通的。

在《盖宽饶传》说：

盖宽饶字次公，魏郡人也。明经为郡文学，以孝廉为郎。举方正，对策高第……宣帝嘉之，以宽饶为太中大夫，使行风俗……同列后进或至九卿，宽饶自以行清能高，有益于国，而为凡庸所越，愈失意不快，数上疏谏争……是时，上方用刑法，信任中尚书宦官，宽饶奏封事曰："方今圣道浸废，儒术不行，以刑余为周、召，以法律为《诗》、《书》。"又引《韩氏易传》言："五帝官天下，三王家天下，家以传子，官以传贤，若四时之运，功成者去，不得其人则不居其位。"书奏，上以宽饶怨谤终不改，下其书中二千石。时，执金吾议，以为宽饶指意欲求禅，大逆不道。谏大夫郑昌愍伤宽饶忠直忧国，以言事不当意而为文吏所诋挫，上书颂宽饶曰："臣闻山有猛兽，藜藿为之不采；国有忠臣，奸邪为之不起。司隶校尉宽饶居不求安，食不求饱，进有忧国之心，退有死节之义，上无许、史之属，下无金、张之托，职在司察，直道而行，多仇少与，上书陈国事，有司劾以大辟，臣幸得从大夫之后，官以谏为名，不敢不言。"上不听，遂下宽饶吏。宽饶引佩刀自刭北阙下，众莫不怜之。（《汉书·盖诸葛刘郑孙毋将何传》）

盖宽饶是忠直而又思想激烈的人，他眼见"以刑余为周、召，以法律为《诗》、《书》"，他真是愤慨极了！他不利用五德三统等，而是直接地提出"功成则去，不得其人则不居其位"的口号，他的思想极为明了，他这样的主张已超脱五德三统的理论，而因国政太乱，则直接请求帝王退位。这是他们要公天下，要以天下为公，而为信仰献身。这与眭弘所说又有不同。

再如谷永于其上疏中说：

天生烝民，不能相治，为立王者以统理之，方制海内非为天子，列土封疆非为诸侯，皆以为民也。垂三统，列三正，去无道，开有德，不私一姓，明天下乃天下之天下，非一人之天下也。（《汉书·谷永杜邺传》）

鲍宣是治《尚书》学的，也是如此主张。《鲍宣传》云：

鲍宣字子都，渤海高城人也。好学，明经……哀帝初，大司空何武……荐宣为谏大夫……常上书谏争，其言少文多实。是时……丁、傅子弟并进，董贤贵幸，宣以谏大夫从其后，上书谏曰："窃见孝成皇帝时，外亲持权，人人牵引所私以充塞朝廷，妨贤人路，浊乱天下，奢泰亡度，穷困百姓，是以日蚀且十，彗星四起。危亡之征，陛下所亲见也，今奈何反复剧于前乎？朝臣亡有大儒骨鲠，白首耆艾，魁垒之士；论议通古今，喟然动众心，忧国如饥渴者，臣未见也。敦外亲小童及幸臣董贤等在公门省户下，陛下欲与此共承天地，安海内，甚难。今世俗谓不智者为能，谓智者为不能。昔尧放四罪而天下服，今除一吏而众皆惑；古刑人尚服，今赏人反惑。请寄为奸，群小日进。国家空虚，用度不足。民流亡，去城郭，盗贼并起，吏为残贼，岁增于前。凡民有七亡：阴阳不和，水旱为灾，一亡也；县官重责更赋租税，二亡也；贪吏并公，受取不已，三亡也；豪强大姓蚕食亡厌，四亡也；苛吏繇役，失农桑时，五亡也；部落鼓鸣，男女遮迣，六亡也；盗贼劫略，取民财物，七亡也。七亡尚可，又有七死：酷吏殴杀，一死也；治狱深刻，二死也；冤陷亡辜，三死也；盗贼横发，四死也；怨雠相残，五死也；岁恶饥饿，六死也；时气疾疫，七死也。民有七亡而无一得，欲望国安，诚难；民有七死而无一生，欲望刑措，诚难。此非公卿、守、相贪残成化之所致邪？群臣幸得居尊官，食重禄，岂有肯加恻隐于细民，助陛下流教化者邪？志但在营私家，称宾客，为奸利而已。以苟容曲从为贤，以拱默尸禄为智，谓如臣宣等为愚。陛下擢臣岩穴，诚冀

> 有益毫毛，岂徒欲使臣美食大官，重高门之地哉！天下乃皇天之天下也，陛下上为皇太子，下为黎庶父母，为天牧养元元，视之当如一，合《尸鸠》之诗。今贫民菜食不厌，衣又穿空，父子夫妇不能相保，诚可为酸鼻。陛下不救，将安所归命乎？奈何独私养外亲与幸臣董贤，多赏赐以大万数，使奴从宾客浆酒霍肉，苍头庐儿皆用致富！非天意也。及汝昌侯傅商亡功而封。夫官爵非陛下之官爵，乃天下之官爵也。陛下取非其官，官非其人，而望天说民服，岂不难哉！……”
>
> 平帝即位，王莽秉政，阴有篡国之心，乃风州郡以罪法案诛诸豪桀，及汉忠直臣不附己者，宣及何武等皆死。（《汉书·王贡两龚鲍传》）

他们这“天下乃天下之天下，非一人之天下”，“官爵非陛下之官爵，乃天下之官爵”的主张，在集权专制的政治制度下，仍能够坚持并一脉相承，可见在当年经学并非只一味为皇权服务，而自有其积极的一面。再如，刘向是汉代皇室，然其所主张的，仍然是“公天下”，其《谏营起昌陵疏》云：

> 王者必通三统，明天命所授者博，非独一姓也。孔子论《诗》，至于“殷士肤敏，祼将于京”，喟然叹曰：“大哉天命！善不可不传于子孙，是以富贵无常；不如是，则王公其何以戒慎，民萌何以劝勉？”盖伤微子之事周，而痛殷之亡也……自古及今，未有不亡之国也。昔高皇帝既灭秦，将都雒阳，感寤刘敬之言，自以德不及周，而贤于秦，遂徙都关中，依周之德，因秦之阻。世之长短，以德为效，故常战栗，不敢讳亡。……陛下……及徙昌陵，增埤为高，积土为山，发民坟墓，积以万数，营起邑居，期日迫卒，功费大万百余。死者恨于下，生者愁于上，怨气感动阴阳，因之以饥馑，物故流

离以十万数，臣甚惛焉。（《汉书·楚元王传·附传》）

这一种天下为公的思想，其出发点仍不免为天人相应、五德三正及汉再受命说所局限，不是真正意义的“公天下”，但我们从他们所云“民有七亡而无一得”、“民有七死而无一生”等话看来，他们确是信仰民重君轻、抑富济贫，主张限田均田等制度的，他们的思想在今日看来并不足以惊奇，但他们为坚持自己的信仰敢于触犯专制君王之怒，有的甚至为此流血牺牲，这种精神是颇值得赞叹和钦佩的。

2. 大一统。大一统的思想是明见于《春秋传》，这本是在先秦就产生了的思想。董仲舒对于大一统的解释简单地为“统纪可一，法度可明”（参前引董仲舒本传）。在《路温舒传》说：

“臣闻《春秋》正即位，大一统而慎始也。”（《汉书·路温舒传》）

《王吉传》说：

圣王宣德流化，必自近始。朝廷不备，难以言治；左右不正，难以化远。民者，弱而不可胜，愚而不可欺也。圣主独行于深宫，得则天下称诵之，失则天下咸言之。行发于近，必见于远，故谨选左右，审择所使；左右所以正身也，所使所以宣德也。《诗》云：“济济多士，文王以宁。”此其本也。《春秋》所以大一统者，六合同风，九州共贯也。（《汉书·王贡两龚鲍传》）

《匡衡传》说：

春秋之义，诸侯不得专地，所以一统，尊法制也。（《汉书·匡张孔马传》）

这些都明指出大一统的意义，是法度统一，教化统一，要强本朝安内外，然后才可以达到“六合同风，九州共贯”的境况。这大一统之义，自含有尊王攘夷之意，《匡衡传》说的“诸侯不得专地”即是尊王之一例。贾谊、晁错他们主张强干弱枝，目的是必须有强大的中央政府，亦表现为尊王。汉儒是最好引用《春秋》之义的，我们试看《汉书》记载，他们是如何引用《春秋》之义的。

(1)“偃以为春秋之义，大夫出疆，有可以安社稷，存万民，专之可也……今天下为一，万里同风，故《春秋》‘王者无外’。”(《汉书·严朱吾丘主父徐严终王贾传》)

(2)“《春秋》之义，诸侯不能守其社稷者绝。”(《汉书·杨胡朱梅云传》)

(3)“《春秋》大灾未至而豫御之。”(《汉书·赵充国辛庆忌传》)

(4)“御史大夫贡禹、博士匡衡以为，《春秋》之义‘许夷狄者不壹而足’。”(《汉书·傅常郑甘陈段传》)

(5)“《春秋》之义，父不祭于支庶之宅，君不祭于臣仆之家，王不祭于下土诸侯。”(《汉书·韦贤传》)

(6)“相因平恩侯许伯奏封事，言：‘《春秋》讥世卿，恶宋三世为大夫，及鲁季孙之专权，皆危乱国家。’”(《汉书·魏相丙吉传》)

(7)“《春秋》之义，家不藏甲。”(《汉书·毌将隆传》)

(8)“《春秋》之义，大夫出疆，有可以安社稷，存万民，专之可也。”(《汉书·严朱吾丘主父徐严终王贾传》)

(9)“议者以奉世奉使有指，《春秋》之义亡遂事。”《汉书·冯奉世传》

(10)“《春秋》之义，大能变改。”(《汉书·宣元六王传》)

(11)“《春秋》之义，诸侯不得专地，所以一统尊法制也。”(《汉书·匡张孔马传》)

(12)“《春秋》之义，意恶功遂，不免于诛。”(《汉书·薛宣朱博传》)

(13)“《春秋》之义，原心定罪。”(《汉书·薛宣朱博传》)

(14) "《春秋》之义，用贵治贱，不以卑临尊。刺史位下大夫，而临二千石，轻重不相准，失位次之序。臣请罢刺史，更置州牧，以应古制。"(《汉书·薛宣朱博传》)

(15) "谏大夫龚胜等十四人以为：'《春秋》之义，奸以事君，常刑不舍。鲁大夫叔孙侨如欲颛公室，谮其族兄季孙行父于晋，晋执囚行父以乱鲁国，《春秋》重而书之。'"(《汉书·薛宣朱博传》)

(16) "司隶校尉涓勋奏言：'《春秋》之义，王人微者序乎诸侯之上，尊王命也。'"(《汉书·翟方进传》)

(17) "《春秋》之义，尊上公谓之宰，海内无不统焉。"(《汉书·翟方进传》)

(18) "《春秋》之义，以功覆过。"(《汉书·酷吏传》)

他们说"王者无外"(《汉书·严朱吾丘主父徐严终王贾传》)，"昔齐桓公前有尊周之功，后有灭项之罪，君子以功覆过而为之讳行事"(《汉书·傅常郑甘陈段传》)，"春秋夹谷之会，优施笑君，孔子诛之"(同上)，也包含着尊王之义。至于攘夷，在汉儒虽有"《春秋》之义，许夷狄者不壹而足"(《公羊传·文公九年》)种种议论，但自汉武帝大征匈奴，招怀四夷以后，天下费多，财用益屈，一般儒生仍然是反对扩大战争的，例如《严助传》说：

> 自三代之盛，胡、越不与受正朔，非强弗能服，威弗能制也，以为不居之地，不牧之民，不足以烦中国也。故古者封内甸服，封外侯服，侯卫宾服，蛮夷要服，戎狄荒服，远近势异也。(《汉书·严朱吾丘主父徐严终王贾传》)

《贾捐之传》说：

> 臣闻尧舜，圣之盛也，禹入圣域而不优，故孔子称尧曰"大哉"，《韶》曰"尽善"，禹曰"无间"。以三圣

之德，地方不过数千里，西被流沙，东渐于海，朔南暨声教，讫于四海，欲与声教则治之，不欲与者不强治也。故君臣歌德，含气之物各得其宜。武丁、成王，殷、周之大仁也，然地东不过江、黄，西不过氐、羌，南不过蛮荆，北不过朔方。是以颂声并作，视听之类咸乐其生，越裳氏重九译而献，此非兵革之所能致。及其衰也，南征不还，齐桓救其难，孔子定其文。以至乎秦，兴兵远攻，贪外虚内，务欲广地，不虑其害。然地南不过闽越，北不过太原，而天下溃畔，祸卒在于二世之末，《长城之歌》至今未绝。……臣愚以为非冠带之国，《禹贡》所及，《春秋》所治，皆可且无以为。(《汉书·严朱吾丘主父徐严终王贾传》)

《萧望之传》说：

萧望之字长倩，东海兰陵人也，徙杜陵。家世以田为业，至望之，好学，治《齐诗》，事同县后仓且十年。以令诣太常受业，复事同学博士白奇，又从夏侯胜问《论语》、《礼服》。京师诸儒称述焉。……初，匈奴呼韩邪单于来朝，诏公卿议其仪，丞相霸、御史大夫定国议曰："圣王之制，施德行礼，先京师而后诸夏，先诸夏而后夷狄。《诗》云：'率礼不越，遂视既发；相土烈烈，海外有截。'陛下圣德充塞天地，光被四表，匈奴单于乡风慕化，奉珍朝贺，自古未之有也。其礼仪宜如诸侯王，位次在下。"望之以为："单于非正朔所加，故称敌国，宜待以不臣之礼，位在诸侯王上。外夷稽首称藩，中国让而不臣，此则羁縻之谊，谦亨之福也。《书》曰'戎狄荒服'，言其来服，荒忽亡常。如使匈奴后嗣卒有鸟窜鼠伏，阙如朝享，不为畔臣。信让行乎蛮貉，福祚流于亡穷，万世之长策也。"天子采之。(《汉书》

卷七十八《萧望之传》）

他们都是不主张大兴兵以征伐，而极讲正义、和平，而能以客礼待匈奴。

3. 重民崇本。重民思想本是《春秋》之义，今文经师鉴于当日民生之憔悴，如鲍宣所提出的“民有七亡，又有七死”，自然很易发出重民的政论。至于崇本轻末，重农业、轻末作，正是重民生之一法。汉初所实行的“轻徭薄赋，与民休息”的政策，他们认为是有效的，于是提出省徭役、薄赋敛、抑豪强、薄商贾，这四点全都是重民与崇本所应有之事，重农以崇本的主张在董君前如贾谊、晁错都如此说。《汉书·食货志》记云：





> 文帝即位，躬修俭节，思安百姓。时民近战国，皆背本趋末，贾谊说上曰：管子曰“仓廪实而知礼节”。民不足而可治者，自古及今，未之尝闻。古之人曰：“一夫不耕，或受之饥；一女不织，或受之寒。”生之有时，而用之亡度，则物力必屈。古之治天下，至孅至悉也，故其畜积足恃。今背本而趋末，食者甚众，是天下之大残也……今殴民而归之农，皆著于本，使天下各食基力，末技游食之民转而缘南亩，则畜积足而人乐其所矣。可以为富安天下，而直为此廪廪也，窃为陛下惜之！于是上感谊言，始开籍田，躬耕以劝百姓。晁错复说上曰：圣王在上而民不冻饥者，非能耕而食之，织而衣之也，为开其资财之道也。故尧、禹有九年之水，汤有七年之旱，而国亡捐瘠者，以畜积多而备先具也。今海内为一，土地人民之众不避汤、禹，加以亡天灾数年之水旱，而畜积未及者，何也？地有遗利，民有余力，生谷之土未尽垦，山泽之利未尽出也，游食之民未尽归农也。民贫，则奸邪生。贫生于不足，不足生于不农，不农则不地著，不地著则离乡轻家，民如鸟兽，虽有高

城深池，严法重刑，犹不能禁也。……今农夫五口之家，其服役者不下二人，其能耕者不过百亩，百亩之收不过百石。春耕、夏耘、秋获、冬藏，伐薪樵，治官府，给徭役；春不得避风尘，夏不得避暑热，秋不得避阴雨，冬不得避寒冻，四时之间亡日休息；又私自送往迎来，吊死问疾，养孤长幼在其中。勤苦如此，尚覆被水旱之灾，急政暴赋，赋敛不时，朝令而暮改。当具有者半贾而卖，亡者取倍称之息，于是有卖田宅、鬻子孙以偿责者矣。而商贾大者积贮倍息，小者坐列贩卖，操其奇赢，日游都市，乘上之急，所卖必倍。故其男不耕耘，女不蚕织，衣必文采，食必粱［粱］肉；亡农夫之苦，有仟佰之得。因其富厚，交通王侯，为过吏势，以利相倾；千里游遨，冠盖相望，乘坚策肥，履丝曳缟。此商人所以兼并农人，农人所以流亡者也。今法律贱商人，商人已富贵矣；尊农夫，农夫已贫贱矣。故俗之所贵，主之所贱也；吏之所卑，法之所尊也。上下相反，好恶乖迕，而欲国富法立，不可得也。方今之务，莫若使民务农而已矣。

董仲舒也因此而有限田之议。《汉书·食货志》载董君说云：

"《春秋》他谷不书，至于麦禾不成则书之，以此见圣人于五谷最重麦与禾也。今关中俗不好种麦，是岁失《春秋》之所重，而损生民之具也。愿陛下幸诏大司农，使关中民益种宿麦，令毋后时。"又言："古者税民不过什一，其求易共；使民不过三日，其力易足。民财内足以养老尽孝，外足以事上共税，下足以蓄妻子极爱，故民说从上。至秦则不然，用商鞅之法，改帝王之制，除井田，民得卖买，富者田连阡陌，贫者无立锥之地。又颛川泽之利，管山林之饶，荒淫越制，逾侈以相高；邑有人君之尊，里有公侯之富，小民安得不困？又加月为更卒，已，复为正一岁，屯戍一岁，力役三十倍于古；田租口赋，盐铁之利，二十倍于古。或耕豪民之田，见税什五。故贫民常衣牛马之衣，而食犬彘之食。重以贪暴之吏，刑戮妄加，民愁亡聊，亡逃山林，转为盗贼，赭衣半道，断狱岁以千万数。汉兴，循而未改。古井田法虽难卒行，宜少近古，限民名田，以澹不足，塞并兼之路。盐铁皆归于民。去奴婢，除专杀之威。薄赋敛，省徭役，以宽民力。然后可善治也。”

魏相上疏亦云：

王法必本于农而务积聚，量入制用以备凶灾，亡六年之畜，尚谓之急。元鼎二年，平原、勃海、太山、东郡溥被灾害，民饿死于道路。二千石不豫虑其难，使至于此，赖明诏振救，乃得蒙更生。今岁不登，谷暴腾踊，临秋收敛犹有乏者，至春恐甚，亡以相恤。西羌未平，师旅在外，兵革相乘，臣窃寒心，宜早图其备。唯陛下留神元元，帅繇先帝盛德以抚海内。（《汉书·魏相丙吉传》）

贡禹在西汉经师中比较有政声，其同样也如此主张。其本传云：

贡禹字少翁，琅邪人也。以明经洁行著闻，征为博士……元帝初即位，征禹为谏大夫，数虚己问以政事……以禹为长信少府。会御史大夫陈万年卒，禹代为御史大夫，列于三公。自禹在位，数言得失，书数十上。……又言古者不以金钱为币，专意于农，故一夫不耕，必有受其饥者。今汉家铸钱，及诸铁官皆置吏卒徒，攻山取铜铁，一岁功十万人已上，中农食七人，是七十万人常受其饥也。凿地数百丈，销阴气之精，地臧空虚，不能含气出云，斩伐林木亡有时禁，水旱之灾未必不由此也。自五铢钱起已来七十余年，民坐盗铸钱被刑者众，富人积钱满室，犹亡厌足。民心动摇，商贾求利，东西南北各用智巧，好衣美食，岁有十二之利，而不出租税。农夫父子暴露中野，不避寒暑，捽屮杷土，手足胼胝，已奉谷租，又出稿税，乡部私求，不可胜供。故民弃本逐末，耕者不能半。贫民虽赐之田，犹贱卖以贾，穷则起为盗贼。何者？末利深而惑于钱也。是以奸邪不可禁，其原皆起于钱也。疾其末者绝其本，宜罢采珠玉金银铸钱之官，无复以为币。市井勿得贩卖，除其租铢之律，租税禄赐皆以布帛及谷，使百姓一归于农，复古道便。（《汉书·王贡两龚鲍传》）

贡禹主张薄赋税，其传云：

禹以为古民亡赋算口钱，起武帝征伐四夷，重赋于民，民产子三岁则出口钱，故民重困，至于生子辄杀，甚可悲痛。宜令儿七岁去齿乃出口钱，年二十乃算。（同上）

他进而主张宽徭役，又言：

诸离宫及长乐宫卫可减其太半，以宽徭役。又诸官奴婢十万余人戏游亡事，税良民以给之，岁费五六巨万，宜免为庶人，廪食，令代关东戍卒，乘北边亭塞候望。（同上）

关于抑豪强、贱商贾，如：

又欲令近臣自诸曹、侍中以上，家亡得私贩卖，与民争利，犯者辄免官削爵，不得仕宦。禹又言：孝文皇帝时，贵廉洁，贱贪污，贾人、赘婿及吏坐赃者皆禁锢不得为吏，赏善罚恶，不阿亲戚，罪白者伏其诛，疑者以与民，亡赎罪之法，故令行禁止，海内大化，天下断狱四百，与刑错亡异。武帝始临天下，尊贤用士，辟地广境数千里，自见功大威行，遂从耆欲，用度不足，乃行一切之变，使犯法者赎罪，入谷者补吏，是以天下奢侈，官乱民贫，盗贼并起，亡命者众。郡国恐伏其诛，则择便巧吏书习于计簿能欺上府者，以为右职；奸轨不胜，则取勇猛能操切百姓者，以苛暴威服下者，使居大位。故亡义而有财者显于世，欺谩而善书者尊于朝，悖逆而勇猛者贵于官。故俗皆曰："何以孝弟为？财多而光荣。何以礼义为？史书而仕宦。何以谨慎为？勇猛而临官。"故黥劓而髡钳者犹复攘臂为政于世，行虽犬彘，家富势足，目指气使，是为贤耳。故谓居官而置富者为雄桀，处奸而得利者为壮士，兄劝其弟，父勉其子，俗之坏败，乃至于是！察其所以然者，皆以犯法得赎罪，求士不得真贤，相守崇财利，诛不行之所致也。今欲兴至治，致太平，宜除赎罪之法。相守选举不以实，及有臧者，辄行其诛，亡但免官，则争尽力为善，贵孝弟，贱贾人，进真贤，举实廉，而天下治矣。(同上)

这除赎罪之法，在萧望之也如此主张。《汉书·萧望之传》云：

是岁西羌反，汉遣后将军征之。京兆尹张敞上书言："国兵在外，军以夏发，陇西以北，安定以西，吏民并给转输，田事颇废，素无余积，虽羌虏以破，来春民食必乏。穷辟之处，买亡所得，县官谷度不足以振之。愿令诸有罪，非盗受财杀人及犯法不得赦者，皆得以差入谷此八郡赎罪。务益致谷以豫备百姓之急。"事下有司，望之与少府李强议，以为："民函阴阳之气，有好义欲利之心，在教化之所助。尧在上，不能去民欲利之心，而能令其欲利不胜其好义也；虽桀在上，不能去民好义之心，而能令其好义不胜其欲利也。故尧、桀之分，在于义利而已，道民不可不慎也。今欲令民量粟以赎罪，如此则富者得生，贫者独死，是贫富异刑而法不一也。人情，贫穷，父兄囚执，闻出财得以生活，为人子弟者将不顾死亡之患，败乱之行，以赴财利，求救亲戚。一人得生，十人以丧，如此，伯夷之行坏，公绰之名灭。政教一倾，虽有周、召之佐，恐不能复。古者臧于民，不足则取，有余则予。《诗》曰'爰及矜人，哀此鳏寡'，上惠下也。又曰'雨我公田，遂及我私'，下急上也。今有西边之役，民失作业，虽户赋口敛以赡其困乏，古之通义，百姓莫以为非。以死救生，恐未可也。陛下布德施教，教化既成，尧、舜亡以加也。今议开利路以伤既成之化，臣窃痛之。"于是天子复下其议两府，丞相、御史以难问张敞。敞曰："少府左冯翊所言，常人之所守耳。昔先帝征四夷，兵行三十余年，百姓犹不加赋，而军用给。今羌虏一隅小夷，跳梁于山谷间，汉但令罪人出财减罪以诛之，其名贤于烦扰良民横兴赋敛也。又诸盗及杀人犯不道者，百姓所疾苦也，皆不得赎；首匿、见知纵、所不当得为之属，议者或颇言其法可蠲除，今因此令赎，其便明甚，何化之所乱？《甫刑》之罚，小过赦，薄罪赎，有金选之品，所从来久矣，何贼之所生？敞备皂衣二十余年，尝闻罪人赎矣，未闻盗贼起也。窃怜凉州被寇，方秋饶时，民尚有饥乏，病死于道路，况至来春将大困乎！不早虑所以振救之策，而引常经以难，恐后为重责。常人可与守经，未可与权也。敞幸得备列卿，以辅两府为职，不敢不尽愚。"望之、强复对曰："先帝圣德，贤良在位，作宪垂法，为无穷之规，永惟边竟之不赡，故《金布令甲》曰

'边郡数被兵，离饥寒，夭绝天年，父子相失，令天下共给其费'，固为军旅卒暴之事也。闻天汉四年，常使死罪人入五十万钱减死罪一等，豪强吏民请夺假貣，至为盗贼以赎罪。其后奸邪横暴，群盗并起，至攻城邑，杀郡守，充满山谷，吏不能禁，明诏遣绣衣使者以兴兵击之，诛者过半，然后衰止。愚以为此使死罪赎之败也，故曰不便。"时，丞相魏相、御史大夫丙吉亦以为羌虏且破，转输略足相给，遂不施敞议。（《汉书·萧望之传》）

量粟赎罪则富者得生，贫者独死，贫富异刑太不公允了！《孔光传》也有"平刑罚，薄赋敛"之语，可知当时的刑罚恐怕是太不公道。

4. 尊贤隆古。尊贤才的主张也是当时一般经师的议论，这不是某一人的发明，而是社会共识。任举一例，如《萧望之传》云：

地节三年夏，京师雨雹，望之因是上疏，愿赐清闲之宴，口陈灾异之意。宣帝自在民间闻望之名，曰："此东海萧生邪？下少府宋畸问状，无有所讳。"望之对，以为："《春秋》昭公三年大雨雹，是时季氏专权，卒逐昭公。乡使鲁君察于天变，宜无此害。今陛下以圣德居位，思政求贤，尧、舜之用心也。然而善祥未臻，阴阳不和，是大臣任政，一姓擅势之所致也。附枝大者贼本心，私家盛者公室危。唯明主躬万机，选同姓，举贤材，以为腹心，与参政谋，令公卿大臣朝见奏事，明陈其职，以考功能。如是，则庶事理，公道立，奸邪塞，私权废矣。"（同上）

这是尊贤才。本传又云：

宣帝崩，太子袭尊号，是为孝元帝。望之、堪本以师傅见尊重，上即位，数宴见，言治乱，陈王事。望之选白宗室明经达学散骑、谏大夫刘更生给事中，与侍中金敞并拾遗左右。四人同心谋议，劝道上以古制，多所欲匡正，上甚乡纳之。（同上）

这是隆古。当时尊崇经术之士，我们已可谓之隆古，而萧望之之辈犹如此主张，则表明当日社会实忧攘不安，我们看当时民众可以成群结队地攻官寺以及《谷永传》所云“出炮烙之陷阱，诛戮邪佞之臣”、“厉崇忠直，放退残贼”，可知非更尊贤，更隆古，不足以语于治。这也是古文经学兴起的原因之一。

### 三　道德思想

关于道德思想，西汉经师颇注重于性情论与纲纪论。他们对于人性，以为性本善，这在传《韩诗》之韩婴已提出过，在《韩诗外传》他采用《荀子·非十二子》而去掉非子思、孟轲的那一段，正是因为他主张性善论。据臧琳《经义杂记》说：

《韩诗外传》隋唐《志》十卷，今本同。读其书，少次序，又多杂见于《大戴》、《管》、《荀》、《吕览》、《淮南》、《说苑》诸书，考《汉志》本作六卷，则今书非韩氏原编，容有后人分并，且以他书厕入者。本传称婴，孝文时为博士。武帝时，尝与董仲舒论于上前。其人精悍，处事分明，仲舒不能难也。其书有曰：“子曰：‘不知命无以为君子。’言天之所生，皆有仁、义、礼、智，顺善之心。不知天之所以命生，则无仁、义、礼、智，顺善之心。无仁、义、礼、智，顺善之心，谓之小人。故曰：‘不知命，无以为君子。’《小雅》曰：‘天保定尔，亦孔之固。’言天之所以仁、义、礼、智，保定人之甚固也。《大雅》曰：‘天生蒸民，有物有则。民之秉彝，好是懿德。’言民之秉德以则天也。不知所以则天，又焉得为君子乎？斯言也，即《孟子》性善之说也。秦、汉以来，如毛公、董生，皆可为见道之醇儒矣，而性善之说，则俱未能言也。琳谓孟子之后，程、朱以前，知性善者，韩君一人而已，故特为表出之。（《皇清经解》）

这位韩诗大师主张性善，一反荀子之说。董仲舒则有“性有三等”之说：“圣人之性，不可以名性；斗筲之性，又不可以名性。名性者，中人之性。”“故性比于禾，善比于米，米出禾中，而禾未可全为米也。善出性中，而性未可全为善也。……天生民性有善质，而未能善，于是为之立王以善之，此天意也。”“茧有丝而茧非丝也，卵有雏而卵非雏也。”“孟子下质于禽兽之所为，故曰性之已善；吾上质于圣人之所善，故谓性未善。”（《春秋繁露·深察名号》）这不惟是后来“性三品”说的雏形，也颇有性善恶相混的意味。他认为“如其生之自然之资谓之性。性者，质也”(同上)。所以他的对策提出“性非教化不成”、“情非制度不节”的理论，引起后来重五性六情的议论。如《汉书·宣元六王传》云：“夫人之性，皆有五常。及其少长，耳目牵于耆欲，故五常销而邪心作，情乱其性，利胜其义，而不失厥家者，未之有也。”（《汉书·宣元六王传》）

伏生《尚书大传》曾说：“心之精神是谓圣。”

心的地位自然很重要，心、性、情都当注意。如匡衡治《齐诗》，他不像翼奉那样讲六情五际，他主张性善而且主张审所用心。其本传云：

匡衡字稚圭，东海承人也。父世农夫，至衡好学，家贫，庸作以供资用，尤精力过绝人。诸儒为之语曰：“无说《诗》，匡鼎来；匡说《诗》，解人颐。”衡射策甲科，以不应令除为太常掌故，调补平原文学。学者多上书荐衡经明，当世少双，令为文学就官京师；后进皆欲从衡平原，衡不宜在远方。事下太子太傅萧望之、少府梁丘贺问，衡对《诗》诸大义，其对深美。望之奏衡经学精习，说有师道，可观览。宣帝不甚用儒，遣衡归官。而皇太子见衡对，私善之。

会宣帝崩，元帝初即位……迁博士，给事中。

是时，有日蚀、地震之变，上问以政治得失，衡上疏曰：

臣闻五帝不同礼，三王各异教，民俗殊务，所遇之时异也。陛下躬圣德，开太平之路，闵愚吏民触法抵禁，比年大赦，使百姓得改行自新，天下幸甚。臣窃见大赦之后，奸邪不为衰止，今日大赦，明日犯法，相随入狱，此殆导之未得其务也。盖保民者，"陈之以德义"，"示之以好恶"，观其失而制其宜，故动之而和，绥之而安。今天下俗贪财贱义，好声色，上侈靡，廉耻之节薄，淫辟之意纵，纲纪失序，疏者逾内，亲戚之恩薄，婚姻之党隆，苟合侥幸，以身设利。不改其原，虽岁赦之，刑犹难使错而不用也。

臣愚以为宜一旷然大变其俗。孔子曰："能以礼让为国乎，何有?"朝廷者，天下之桢干也。公卿大夫相与循礼恭让，则民不争；好仁乐施，则下不暴；上义高节，则民兴行；宽柔和惠，则众相爱。四者，明王之所以不严而成化也。何者?朝有变色之言，则下有争斗之患；上有自专之士，则下有不让之人；上有克胜之佐，则下有伤害之心；上有好利之臣，则下有盗窃之民：此其本也。今俗吏之治，皆不本礼让，而上克暴，或忮害好陷人于罪，贪财而慕势，故犯法者众，奸邪不止，虽严刑峻法，犹不为变。此非其天性，有由然也。(《汉书·匡张孔马传》)

他以为“今日大赦，明日犯法，相随入狱”并非其天性自恶，“由上失于教化”。所以他接着说：

臣窃考《国风》之诗，《周南》、《召南》被贤圣之化深，故笃于行而廉于色。郑伯好勇，而国人暴虎；秦穆贵信，而士多从死；陈夫人好巫，而民淫祀；晋侯好俭，而民畜聚；太王躬仁，邠国贵恕。由此观之，治天下者审所上而已。今之伪薄忮害，不让极矣。臣闻教化之流，非家至而人说之也。贤者在位，能者布职，朝廷崇礼，百僚敬让，道德之行，由内及外，自近者始，然后民知所法，迁善日进而不自知。是以百姓安，阴阳和，神灵应，而嘉祥见。《诗》曰：“商邑翼翼，四方之极；寿考且宁，以保我后生。”此成汤所以建至治，保子孙，化异俗而怀鬼方也。今长安天子之都，亲承圣化，然其习俗无以异于远方，郡国来者无所法则，或见侈靡而放效之。此教化之原本，风俗之枢机，宜先正者也。（同上）

他又上疏说：

臣闻治乱安危之机，在乎审所用心。盖受命之王务在创业垂统传之无穷，继体之君心存于承宣先王之德而褒大其功。昔者成王之嗣位，思述文、武之道以养其心，休烈盛美皆归之二后而不敢专其名，是以上天歆享，鬼神祐焉。其《诗》曰：“念我皇祖，陟降廷止。”言成王常思祖考之业，而鬼神祐助其治也。

陛下圣德天覆，子爱海内，然阴阳未和，奸邪未禁者，殆论议者未丕扬先帝之盛功，争言制度不可用也，务变更之，所更或不可行，而复复之，是以群下更相是非，吏民无所信。臣窃恨国家释乐成之业，而虚为此纷纷也。愿陛下详览统业之事，留神于遵制扬功，以定群下之心。《大雅》曰："无念尔祖，聿修厥德。"孔子著之《孝经》首章，盖至德之本也。传曰："审好恶，理情性，而王道毕矣。"能尽其性，然后能尽人物之性；能尽人物之性，可以赞天地之化。治性之道，必审己之所有余，而强其所不足。盖聪明疏通者戒于大察，寡闻少见者戒于雍蔽，勇猛刚强者戒于大暴，仁爱温良者戒于无断，湛静安舒者戒于后时，广心浩大者戒于遗忘。必审己之所当戒，而齐之以义，然后中和之化应，而巧伪之徒不敢比周而望进。唯陛下戒所以崇圣德。

臣又闻室家之道修，则天下之理得，故《诗》始《国风》，《礼》本《冠》、《婚》。始乎《国风》，原情性而明人伦也；本乎《冠》、《婚》，正基兆而防未然也。福之兴莫不本乎室家。道之衰莫不始乎梱内。故圣王必慎妃后之际，别适长之位。礼之于内也。卑不逾尊，新不先故，所以统人情而理阴气也。其尊适而卑庶也，适子冠乎阼，礼之用醴，众子不得与列，所以贵正体而明嫌疑也。非虚加其礼文而已，乃中心与之殊异，故礼探其情而见之外也。圣人动静游燕，所亲物得其序；得其序，则海内自修，百姓从化。如当亲者疏，当尊者卑，则佞巧之奸因时而动，以乱国家。故圣人慎防其端，禁于未然，不以私恩害公义。陛下圣德纯备，莫不修正，则天下无为而治。《诗》云："于以四方，克定厥家。"传曰："正家而天下定矣。"（同上）

他在这里提出"尽性"、"治性"、"审好恶，理情性"、"统人情"、"探其情"，这治性三五的提出，又可以于尽性外，更多一种办法。在成帝初即位，他更"上疏戒妃匹，劝经学威仪之则"，曰：

臣又闻之师曰："妃匹之际，生民之始，万福之原。”婚姻之礼正，然后品物遂而天命全。孔子论《诗》以《关雎》为始，言太上者民之父母，后夫人之行不侔乎天地，则无以奉神灵之统而理万物之宜。故《诗》曰：“窈窕淑女，君子好仇。”言能致其贞淑，不贰其操，情欲之感无介乎容仪，宴私之意不形乎动静，夫然后可以配至尊而为宗庙主。此纲纪之首，王教之端也。自上世已来，三代兴废，未有不由此者也。愿陛下详览得失盛衰之效以定大基，采有德，戒声色，近严敬，远技能。

窃见圣德纯茂，专精《诗》、《书》，好乐无厌。臣衡材驽，无以辅相善义，宣扬德音。臣闻《六经》者，圣人所以统天地之心，著善恶之归，明吉凶之分，通人道之正，使不悖于其本性者也。故审《六艺》之指，则天人之理可得而和，草木昆虫可得而育，此永永不易之道也。及《论语》、《孝经》，圣人言行之要，宜究其意。（同上）





他又上奏“正南北郊，罢诸淫祀”，在当时民间风俗大约还不大好，如《魏相传》所云：“今郡国守相多不实选，风俗尤薄，水旱不时。案今年计，子弟杀父兄、妻杀夫者，凡二百二十二人，臣愚以为此非小变也。”（《汉书·魏相丙吉传》）魏相也是主张遣谏博士大夫巡行天下，察风俗，以了解实际情况，“子弟杀父兄，妻杀夫”的太多了，真使他们不得不注重社会秩序和纲纪人伦。

“三纲”一语，在西汉末已为一般人所乐于引用，如《谷永传》云：“勤三纲之严。”（《汉书·谷永杜邺传》）“三从”之说因之而起，《杜邺传》云：“故礼明三从之义。”（同上）这种纲纪论，在阳尊阴卑的学说流行时，自易奉为与经典一般重要的理论。然而这些实在是不见经传的。在元帝时杜钦曾说：“臣者，君之阴也；子者，父之阴也；妻者，夫之阴也；夷狄者，中国之阴也。”（《汉书·杜周传》）当时的三纲之议实由阴阳对立的观念而起。当时元帝尽召直言之士诣白虎殿对策，策曰：“天地之道何贵？王者之法何如？《六经》之义何上？人之行何先？取人之术何以？当世之治何务？各以经对。”（《汉书·杜周传》）

杜钦对曰：

> 臣闻天道贵信，地道贵贞；不信不贞，万物不生。生，天地之所贵也。王者承天地之所生，理而成之，昆虫草木靡不得其所。王者法天地，非仁无以广施，非义无以正身；克己就义，恕以及人，《六经》之所上也。不孝，则事君不忠，莅官不敬，战陈无勇，朋友不信。孔子曰：“孝无终始，而患不及者，未之有也。”孝，人行之所先也。观本行于乡党，考功能于官职，达观其所举，富观其所予，穷观其所不为，乏观其所不取，近观其所为主，远观其所主。孔子曰：“视其所以，观其所由，察其所安，人焉廋哉？”取人之术也。殷因于夏尚质，周因于殷尚文，今汉家承周、秦之敝，宜抑文尚质，废奢长俭，表实去伪。孔子曰“恶紫之夺朱”，当世治之所务也。（同上）

这些实际上都是来源于阴阳五行学说的引发，而并非真正是对于经、传本身的阐述。

# 第四章

# 纬学之兴起及其流传

## 第一节　纬学之名义与篇第

在上章中，我们叙及西汉今文经学的流传迁变，我们看到有许多的经学大师都极好谈灾异，好作预言。本来这种灾异瑞应神话的预兆的推测，在古代社会中早就有的，秦汉的方术家尤好作这样的占验。到了西汉末年东汉初年，此种风气渐染日甚，于是借着说经之名而有种种的谶纬的出现。这此谶纬，有的与经学有关，为今文经师之言，有的实为古文家言，有的实与经学无关。在过去多以纬学为今文，其实是大错误。我们现在要明了今文经学对于这一问题也应当予以分析地检讨的。





### （一）纬学之名义

所谓谶纬，从表面看来，只是谶与纬，其实是包含着图谶、纬候、河洛等书。据蒋清翊《纬学原流兴废考》卷上《名义》所辑《说文》等书之解释说：

(1)《说文》：(a)“经，织纵丝也”；(b)“纬，织横丝也”；(c)“计划难也。从口啚。啚，难意也”；(d)“谶，验也。有征验之书，河洛所出书曰谶”（“有征验”以下十二字，段玉裁注）”；(e)“候，司望也”。

(2)《释名》：“经，径也，常典也。如径路无所不通可常用也。纬，围也，反复围绕以成经也。图，度也，尽其品度也。谶，纤也。其义纤微而有效验也。”

(3)《广雅》：“谶，验也。”

(4)《一切经音义》：(a)“三苍谶，秘书也，出河洛。”(b)“《说文》：谶，验也。谓占后有效验也。”

(5)《汉书·贾谊传》注：“谶，验也。有征验之为谶。谶音初禁反。”

(6)《后汉书》：(a)《光武帝纪》注：“图，河图也。谶，符命之书。谶，验也。言为王者有受命之征验也。”(b)《桓谭传》注：“图书即谶纬符命之类也。”(c)《张纯传》：“七经谓《诗》、《书》、《礼》、《乐》、《易》、《春秋》及《论语》也。”(d)《方术列传》：“纬七经，纬也；侯尚书，中候也。”

(7)《文选·思玄赋》旧注：“《仓颉》篇，谶书，河洛也。”

(8)蔡邕《郭有道碑》李贤注：“图，河图也。纬六经及《孝经》皆有纬也。”

(9)《后汉书》：(a)《苏竟传》：“孔丘秘经，为汉赤制，玄包幽室，文隐事明。”注：“秘经，幽秘之经，即纬书也。包，藏也。言纬书玄秘，藏于幽室，文虽微隐，事甚明验。”(b)《班固传》：“启灵篇兮披瑞图。”注：“灵篇谓河洛之书也。”(c)《方术列传》：“自是习为内学，尚奇文，贵异数，不乏于时矣。”李贤注：“内学谓图谶之书也。其事秘密，故称内。”

由这上面种种解释看来，我们可知纬学实包含着纬候、图书、谶验、符命等类，这几类中，图谶更可称之为秘经、灵篇、内学，故汉人又谓之㟴纬、秘纬、密奥、奥书。纬候与图谶在意义与内容上实在是有些不同的，纬是七经纬，据各书所引的“七纬”看来，是《诗》、《书》、《礼》、《乐》、《易》、《春秋》六经加《孝经》之“纬”，《论语》则只有谶。《后汉书·张纯传》说的解释是错了的。《四库全书总目提要》说：“儒者多称谶纬，其实谶自谶，纬自纬，非一类也。谶者诡为隐语，预决吉凶。《史记·秦（始皇）本纪》称卢生‘奏录图书’之语，是其始也。纬者，经之支流，衍及旁义。《史记·自序》引《易》‘失之毫厘，差以千里’。《汉书·盖宽饶传》引《易》‘五帝官天下，三王家天下’，注者均以为《易纬》之文是也。盖秦汉以来，去圣日远，儒者推阐论说，各自成书，与经原不相比附。如伏生《尚书大传》、董仲舒《春秋阴阳》，核其文体，即是纬书，特以题有主名，故不能托诸孔子。其他私相撰述，渐杂以术数之言，既不知作者为谁，因附会以神其说。迨弥传弥失，又益以妖妄之词，遂与谶合而为一。然班固称‘圣人作经，贤者纬之’；杨侃称‘纬书之类，谓之称经；图谶之类，谓之内学；河洛之书，谓之灵篇’。胡应麟亦谓‘谶纬二书，虽相表里，而实不同’。则纬与谶别，前人固已分析之，后人连类而讥，非其实也。”

赵在翰《七纬·总叙》说：

> 七纬配七经而出也。帝王神圣之兴，沉浮交错之运，三古洪纤之度，五气休咎之征，经阐其理，纬绎其象，经陈其常，纬究其变。所以抉擿天人，纮维王政，辖辖诂训，荣镜物情者，譬之四七列次，七政以齐，三五余分，四时以定。昔孔繇先命，鲁儒阐扬，盖在是矣。世夐文隐，秘藏晚出，汉世诸儒并藉据其文以通经艺。北海郑君训注炳著，宋氏兄弟继踵缵修。而言占候者，或窥其指以司天；谈术数者，遂窜其说以惑世。真虽存矣，伪亦凭焉。建武以来，与谶并称。隋灭其书，咎有由致。然而纬自纬，谶自谶，诡号乱流，邃义悬越。许懋云：“纬者，有经必有纬。”徐广云：“谶之为言纤，其义纤微。”杨侃谓：“纬书为秘经，图谶为内学，河洛为灵篇。”别白纬谶，诸论为精。而世乃与方士、录图，闭房私记，比例齐观，弃置勿道，不亦过乎！所幸逸册断简，历劫犹存，贾孔欧虞，征引具在。明孙瑴始搜辑为《古微书》。拨煨烬之寒灰，缀什一之余绪，洵汉学之后劲，华容之先达也。但孙氏所摭，尚

有遗文，且艮限不明，杂入诸谶，厥功虽勤，不无可议。圣朝文治景铄，经术昌明，罗列《易纬》，补昚完书。汉学之兴，于斯为盛。在翰少蒙义方，略窥经训，窃以世代绵邈，立言湮散，义在稽古，是须广求，谨刊《易纬》，布广前文，复取《古微书》补其阙漏，正其踳驳。本《隋书·经籍志》著录以纂集，依《书》、《诗》、《礼》、《乐》、《春秋》、《孝经》以立次。纂成二十有九卷，附于《易纬》之后，总题曰《七纬》，从其朔也。

阮元在该书《七纬·叙》中也说：

毖纬之兴，始于哀、平，终于大业。洎虐宋、郑两家为之作注，而纬与经迺相杂而不越。然异学争鸣，七纬之外复有候有图，最下而及于谶，而经训愈漓。不知纬自为纬，谶自为谶，不得以谶病纬也。自贾公彦《周官疏》造为汉时禁纬之说，后儒不督，并为一谭，以为古人纬谶同讳，此谬论也。今以《隋书·经籍志》证之，云："孔子既叙六经，以明天人之道，知后世不能稽同其意，故别立纬及谶。"及者遂事之辞也。观下文"王莽好符命，光武以图谶兴，遂盛行于世"，则谶者，特纬之流弊也。谶纬之别，此一证也。《志》云："《七纬》三十六篇，并孔子所作，并前为八十一篇。而又有《尚书中候》、《雒罪级》、《五行传》、《诗推度灾》、《氾历枢》、《含神雾》、《孝经句命决》、《援神契》、《杂谶》等书。汉代有郗氏、袁氏说。汉末郎中郗萌辑图纬谶杂占为五十篇，谓之《春秋灾异》。宋均、郑玄并为谶纬之注。然其文词浅俗，颠倒舛谬，不类圣人之恉。"其重言汉代者，见前之非出于汉也，则后人所疑者，或伪注之谶尔，未尝疑及于纬也。此又一证也。《志》云："汉时又诏东平王苍正五经章句，皆命从谶。俗儒趋时，益为其学，言五经者，皆凭谶为说。唯孔安国、毛公、王璜、贾逵之徒独非之，相承以为妖妄。”则当日所谓古学者，亦弟不及图谶尔，未尝诋讦及于纬也。此又一证也。《志》云：“至宋大明中，始禁图谶。梁天监以后又重其制。及高祖受禅，禁之逾切。”始者，言乎其前之未有也。然则隋以前图谶且不禁，何以而及于纬乎？此又一证也。唯《志》云：“炀帝即位，迺发使四出，搜天下书籍与谶纬相涉者，皆焚之。”曰“涉”曰“皆”者，病及于纬也。贾氏不省，因谓汉时禁纬，真不稽之言矣。否则，朱氏彝尊所引诸书及汉人碑碣称姚浚则尤明图纬秘奥，姜肱则兼明星纬，郭泰则探综图纬，李休则又精群纬，袁良则亲执经纬，杨震则明河雒纬度，祝睦则七典并立、该洞七典，唐扶则综纬河雒，刘熊则敦五经之纬图，杨著则穷七道之奥，曹全则甄极毖纬，蔡湛则少耽七典，武梁则兼通河雒，张表则该览群纬，丁鲂则兼究秘纬，李翊则通经综纬。不曰谶而曰纬，则纬之醇固异于谶之驳也。使其有禁，奚习者之多乎？此又不待智者而决矣。

纬与谶的不同，在这两段中，都说得极明显。但我们要注意的是，这一类书内容都很具有神秘性，也只可“纬之醇固异于谶之驳”，因为这些纬书有不少伪窜，何况在根本上就不大醇，本来就不是专释经的。徐养原说：“按刘熙《释名·释典艺》曰：‘纬，围也。反复围绕，以成经也。图，度也，尽其品度也。谶，纤也，其义纤微而有效验也。’此三者同实异名，然亦有分别，盖纬之名所以配经。故自六经《论语》、《孝经》而外，无复别出。《河图》、《洛书》等纬，皆《易》也。若谶之依附六经者，惟《论语》有谶八卷，余皆别自为书，与纬体制迥别。以《隋书·经籍志》考之，孔、老谶十二卷，老子河洛谶一卷，尹公谶四卷，刘向谶一卷，杂谶书二十九卷，又有尧戒舜禹一卷，孔子明镜一卷，郭文金记一卷，王子年歌一卷，嵩山道士歌一卷，戒谶之类也。”他以为“微有分别”，实皆纬自为纬，谶自为谶更合事实。不过他这里说“纬之名所以配经，故自六经《论语》、《孝经》而外，无复别出。河图洛书等纬，皆《易》也”。《七伟》之中并无《论语》纬，河洛等篇也不能属于《易》纬，徐氏此言尚略有误。

**（二）纬学之篇第**

上文检讨纬、谶名义，可知纬、谶不同。现在我们可以从篇目上来表见出纬、谶之别，我们更可知道《河》、《洛》也并不属于《易》。《隋书·经籍志一》载：

《河图》二十卷　梁《河图洛书》二十四卷，目录一卷，亡。

《河图龙文》一卷。

《易纬》八卷　郑玄注。梁有九卷。

《尚书纬》三卷　郑玄注，梁六卷。

《尚书中候》五卷　郑玄注。梁有八卷，今残缺。

《诗纬》十八卷　魏博士宋均注。梁十卷。

《礼纬》三卷　郑玄注，亡。

《礼记默房》二卷　宋均注。梁有三卷，郑玄注，亡。

《乐纬》三卷　宋均注。梁有《乐五鸟图》一卷。亡。

《春秋灾异》十五卷　郗萌撰。梁有《春秋纬》三十卷，宋均注；《春秋内事》四卷，《春秋苞命》二卷，《春秋秘事》十一卷，《书》、《易》、《诗》、《孝经》、《春秋》、《河洛纬秘要》一卷，《五帝钩命决图》一卷。亡。

《孝经勾命决》六卷　宋均注。

《孝经援神契》七卷　宋均注。

《孝经内事》一卷　梁有《孝经杂纬》十卷，宋均注；《孝经元命苞》一卷，《孝经古秘援神》二卷，《孝经古秘图》一卷，《孝经左右握》二卷，《孝经左右契图》一卷，《孝经雌雄图》三卷，《孝经异本雌雄图》二卷，《孝经分野图》一卷，《孝经内事图》二卷，《孝经内事星宿讲堂七十二弟子图》一卷，又《口授图》一卷；又《论语谶》八卷，宋均注；《孔老谶》十二卷，《老子河洛谶》一卷，《尹公谶》四卷，《刘向谶》一卷，《杂谶书》二十九卷，《尧戒舜、禹》一卷，《孔子王明镜》一卷，《郭文金雄记》一卷，《王子年歌》一卷，《嵩高道士歌》一卷。亡。

右十三部，合九十二卷。　通计亡书，合三十二部，共二百三十二卷。



同书亦说：



《易》曰："河出图，洛出书。"然则圣人之受命也，必因积德累业，丰功厚利，诚著天地，泽被生人，万物之所归往，神明之所福飨，则有天命之应。盖龟龙衔负，出于河、洛，以纪易代之征，其理幽昧，究极神道。先王恐其惑人，秘而不传。说者又云，孔子既叙六经，以明天人之道，知后世不能稽同其意，故别立纬及谶，以遗来世。其书出于前汉，有《河图》九篇，《洛书》六篇，云自黄帝至周文王所受本文。又别有三十篇，云自初起至于孔子，九圣之所增演，以广其意。又有《七经纬》三十六篇，并云孔子所作，并前合为八十一篇。

《河图》九篇，《洛书》六篇，更别有三十篇，为四十五篇；《七经纬》三十六篇，故共为八十一篇。《河图》、《洛书》是在《易纬》之外，说属于《易》，是不对的。河、洛七纬篇目据蒋清翊《纬学原流兴废考》引汪师韩辑撰《韩门缀学》云：

汉哀、平之世，谶纬兴焉。纬有七，凡三十六篇：《易》之纬六，曰《稽览图》（二卷又称三卷），《乾凿度》（二卷），《坤灵图》（一卷），《通卦验》（亦作验卦），《是类谋》（一卷），《辨终备》（一卷）；《诗》之纬三，曰《推度灾》、《氾历枢》、《含神雾》；《书》之纬五，曰《璇玑钤》、《考灵曜》、《帝命验》、《刑德放》、《运期授》（卷二）；《礼》之纬三，曰《含文嘉》、《稽命征》、《斗威仪》；《乐》之纬三，曰《动声仪》、《稽耀嘉》、《叶图征》；《孝经》之纬二，曰《援神契》、《钩命决》；《春秋》之纬十四，曰《演孔图》、《元命苞》、《文耀钩》、《运斗枢》、《感精符》、《合诚图》、《考异邮》、《保乾图》、《汉含孳》、《佐助期》、《握诚图》、《潜潭巴》、《说题词》、《命历序》。凡三十六篇，所谓七纬也。《困学记闻》载七经纬，阙载《命历序》，只三十有五，应是遗漏。李善《文选注》，《易纬》无《稽览图》、《辨终备》，《书纬》无《运期授》；而《易》有《通系卦》；《乐》有《乐录图》；《春秋》有《孔录法》，其《通系卦》或即《通卦验》也。《太平御览》、《书纬》有《帝验期》，《礼纬》有《稽命曜》，或即《帝命验》与《稽命征》。而《孝经》有《左方契》、《威嬉拒》，则又《选注》所不及也。《隋书》言"《河图》九篇，《洛书》六篇，自黄帝至周文王所受本文，又别有三十篇，自初起至于孔子九圣之所增衍以广其意。又有七经纬三十六篇，并云孔子所作，并前合为八十一篇"。今考《尚书·中候》之外，《河图》九篇具见《选注》，曰《括地象》，曰《帝览嬉》，曰《帝通纪》，曰《著命》，曰《闿包受》，曰《会昌符》，曰《龙文》，曰《玉版》，曰《考钩》，其数相符。惟《洛书》只有其二，曰《摘亡辞》，曰《天淮听》。而有独称《尚书雒书》者，岂本无篇名耶？又有曰《春秋河图揆命篇》者，岂即《著命》耶？有《乐录图》，又有《春秋录图》，其皆在别三十篇之数耶？《隋书》于《中候》外，有《洛罪级》、《五行传》。《文献通考》有《坤凿度》（二卷），《乾坤凿》（二卷），《周易乾元序制记》（一卷），名之各异，其同异不可知矣。至谶与纬异，而《唐志》有《论语纬》十卷，则谶亦称纬。谶有十，其可举者，曰《论语比考谶》，曰《论语撰考谶》，曰《论语阴嬉谶》，曰《论语纠滑谶》，曰《论语摘辅像谶》，曰《论语素王受命谶》，曰《论语崇爵谶》，曰《论语摘衰圣承进谶》，尚有二者之名不知也。郑氏释《礼》于七纬，皆曰说，不曰纬。（《续修四库全书》第184册，《韩门缀学卯卷续一卷》）





汪氏所举七纬篇目实根据唐代李贤《后汉书·方术列传·樊英传》注说：

七纬者，《易纬》，《稽览图》、《乾凿度》、《坤灵图》、《通卦验》、《是类谋》、《辨终备》也；《书纬》，《璇玑钤》、《考灵曜》、《刑德放》、《帝命验》、《运期授》也；《诗纬》，《推度灾》、《氾历枢》、《含神务》也；《礼纬》，《含文嘉》、《稽命征》、《斗威仪》也；《乐纬》，《动声仪》、《稽耀嘉》、《叶图征》也；《孝经纬》，《援神契》、《钩命决》也；《春秋纬》，《演孔图》、《元命苞》、《文耀钩》、《运斗枢》、《感精符》、《合诚图》、《考异邮》、《保乾图》、《汉含孳》、《佐助期》、《握诚图》、《潜潭巴》、《说题辞》也。

但他以《春秋命历序》加入三十六篇中，对于《河》、《洛》篇目，更未能详细地考出。蒋清翊《纬学原流兴废考》曾为订补云：

汪氏谓《春秋纬》十有四疑，《困学记闻》阙载《命历序》，其实汪氏亦据《樊英传》耳。赵鹿园辑《七纬》亦无《命历序》，所谓七纬三十六篇者，本《隋书·志》。然观《隋志》本文，似《诗》“推度灾”、“泛历枢”、“含神雾”，《孝经》“钩命决”、“援神契”五篇，又在三十六篇之外。不知汪氏毅然以《命历序》入七纬何所依据。

又为补出《洛书》篇名，他说：

汪氏只据《选注》，故《洛书》篇名仅得其二。今《洛书》篇名可考者亦适合六篇之数，曰《洛书甄曜度》，曰《洛书灵准听》（此自《选注》所引《天汇听》），曰《洛书宝号命》，曰《洛书录运期》（期或作德），曰《洛书稽命曜》，曰《洛书摘六辟》（六或作亡，此即《选注》所引摘亡辟）。

姚振宗《隋书经籍志考证》云：

梁有《礼记默房》三卷，郑玄注，亡。按本志篇叙云《七经纬》三十六篇。张衡上事，亦云六艺四九，谓四九三十六篇也。而范书《方术传》注言七纬篇目止于三十有五，尚缺其一，疑即此《默房》也。盖《七纬》之中，《礼纬》实有四种，故郑、宋两家并有注。

我们现在对于《河》、《洛》七纬篇目比较可以明白，只是《后汉书·方术列传·樊英传》注阙载七纬三十六篇之一篇，以及《隋志》与《樊英传》注之异，现在仍不知其原来篇第，只好存疑。

这些纬谶的名目多半很令人难以索解，明孙瑴《古微书》对于这些古怪的名称曾努力加以释解，例如：

《尚书考灵曜》：“学莫大于稽天……而不知其秘皆原于纬书，汉儒窮纬，故谈天为至精。此《考灵曜》所繇名也。”

《春秋元命苞》："元者大也，命者理之隐深也，包言乎其罗络也，万象千名靡不括也。然主以春秋立元之意，为之履端，故其名。"

《春秋演孔图》："此端为血书鸟图而述也，故以演孔立名，而旁及帝王。"

《春秋文耀钩》："大率阐星耀而幽曲言之故曰钩。"

《春秋感精符》："此言一切灾祥皆精神之感召，而天物来符，故多述人事。"

《春秋潜潭巴》："潜潭者水之沉深也，巴又木曲屈也。蜀江学巴字而流，盖其远也。"

《易通卦验》："阴阳律历皆祖于《易》。气也者，物之先者也，故物无以验则验之气，气无以验则验之风，而其朕其集几动于卦。此王者所以体天元，而圣人所以法天行，必谨于卦气也。"

《易河图数》："《易》大衍之数原起河图，故河图虽自有纬而未尝言数，此传《易》者穷其数之原也。"

《礼含文嘉》："《礼》质法天，文法地，周季之文滥矣，安得有嘉？所珍者含文而依之乎，质则天地交焉，如言黄裳元吉，文之美在中也。"

《乐动声仪》："凡奸声感人而逆气应之，正声感人而顺气应之，能动物者莫如乐也，其翼在仪，仪动则人心为之动矣。"

《孝经援神契》："此言孝道之至行于阴阳，通于鬼神，上下古今若执符契也。"

《孝经钩命决》："纬书以命言者莫如元、包，以钩言者莫如《春秋》之《文耀钩》。《河图》之《稽耀钩》兹撰《孝经纬》则直言诀矣，殆即元命钩耀之命而忝其奥以示人也，故以诀名。"等等。

他这里虽特别努力为之解释，但有些地方实过于牵强，孙氏又未明通假校勘之例，所说实多未谛。赵在翰《七纬叙录》也偶加一释解，例如：

(a)《易纬叙录》云："《易纬》钦尊武英殿本也。《后汉·樊英传》注：凡六篇，曰《稽览图》，曰《乾凿度》，曰《坤灵图》，曰《通卦验》，曰《辨终备》。隋、唐、宋《志》互有详略。《绍兴续书目》有仓颉注《乾坤凿度》二卷、晁氏《读书志》、陈氏《书录解题》、马氏《经籍考》，又有《乾元序制记》一卷。终明之代，《乾坤凿度》、《乾凿度》书存，余皆散矣。华容孙瑴缀集遗文，《乾凿度》、《辨终备》、《乾元序制记》三篇皆不录。别以《九厄谶》、《易杂纬》附焉。乾隆三十八年购求遗书，采辑《永乐大典》中得《易纬》全书，御题冠篇，刊行海内，嘉惠儒林。草莽微臣，幸逢郅治，获睹全书，谨重刊《易纬》八卷于所纂纬书之端云。"

(b)《尚书纬叙录》云："昔北海郑君受《古文尚书》于张恭祖，注释万言，学者宗之。东晋《伪孔传》出而郑学微。厌故喜新，昔人有慨乎其言之矣。考北海释经根据纬言，如夫子加尚，稽古同天，禹铁放勋，类取诸纬。今书虽佚，其存者足见郑学之精也。《隋·经籍志》、《唐·艺文志》有郑君注三卷。《七录》云六卷，篇目阙如。惟《后汉·樊英传》注备述五篇之名，首《璇机钤》。璇机者，帝王御运、治历观天之器也。历之理非数无以显，历之数非象无以明，于事为首，故弟为先。璇机立九野之道，四游之极，得而考焉，《考灵曜》次之。王者观象治民，德为政本，刑以弼教，斗华取象，庶狱哀矜，《刑德仿》又次之。《帝命验》、《运期授》则明五行相代之期，易姓而兴之理，故以终焉。《经义考》又有《钩命决》、《洛罪级》二篇，《钩命决》为《孝经纬》之讹，《洛罪级》为谶学之流，未足以相参也。"

(c)《诗纬叙录》云："《诗纬》，《隋志》题魏博士宋均注十八卷，《七录》云十卷。其目具存，与《后汉·樊英传》注同。《隋志》又有《诗杂谶》，孙瑴谓《含神雾》、《推度灾》、《氾历枢》皆谶类，非也。其次弟首明五行之运、天人之应，曰《推度灾》。历数之运，际始之道，曰《氾历枢》。图箓之神，祯祥之降，曰《含神雾》。汉儒翼奉、郎凯之说多出于此。盖《齐诗》所本也。单辞只句，莫见全书，裒合残编，亦凤一毛、虬一甲矣。”

(d)《礼纬叙录》云：“孔子曰：‘安上治民，莫善于礼。’礼之兴也，其源远矣。周文郁郁，经曲昭明。洛邑颓纲，诸侯去籍，素王籍记，弟子绍闻，述经作纬，以授将来。经毁秦焰，纬秘民间。炎汉炳兴，茅蕝定仪。曲台大戴，不见全经。至北海郑君宣明秘纬，阐释经言，数陈义举，众说折衷焉。《隋志》、《崇文总目》有郑君注《礼纬》三卷、《礼记默房》宋均注三卷。《七录》郑注《礼纬》三卷。王充《论衡》、蔡邕《明堂论》又有《瑞命记》之名。《瑞命记》疑逸礼篇名。《经义考》列于谶纬，恐未然也。正纬三卷次弟，首明文质之殊，为《含文嘉》；由文质以征命，次《稽命征》；命由所征，天昭其象，物贡其灵，主威仪也，《斗威仪》终焉。采摭旧闻，搜罗逸简，厘而次之，为礼学者，其以是为椎轮夫！”

(e)《乐纬叙录》云：“《周礼·大司乐》一篇，《礼记·乐记》十二篇。或曰古乐经之遗也。《大司乐》非全文。《乐记》撰自炎刘，义举而器数阙焉。古乐经之亡二千余年于兹矣。其佚纬时见于经史疏志，《隋志》载其篇目。一曰《动声仪》，言咏歌舞蹈，揄扬雍容，德盛物感也。次《稽耀嘉》，言器良制备，功成事举，光耀永嘉也。三《叶图征》，所谓桉器作图、存图作征者。宋均注三卷，今佚。又《七录》有《五鸟图》一篇，盖纬图也，亦无闻焉。”

(f)《春秋纬叙录》云：“《春秋纬》者，诸弟子私记夫子成《春秋》之微言也。周纲草萎，秦关虎视，赤权授天，元圣制命。夫子知以藏往，神以知来。获麟之后，端门演图，广求百二十国宝书，修为《春秋》。合八卦以演文，统三才而明象。褒善贬恶，新鲁故周，垂法万世，肇为汉制，赜词奥义，书不尽言。两楹道丧，弟子默记前闻，推衍遗训，编纬一十三篇。圣人范围天地，曲成万物，征于是矣。大矣哉！其叙首《演孔图》，纪黑精之降，应图而生。圣人生而制命，《元命苞》次之。制命书成九月，万八千字，烛地动天，《文耀钩》次之。文以道运，得度有常，稽之于天，青赤相宜，次舍灿列，其枢在斗，《运斗枢》次之。斗降精，圣人起，《感精符》次之。天人之合，以诚通其象，《合诚图》次之。天垂象，示吉凶，《考异邮》又次焉。承天时行，膺运受箓，《保乾图》次之。两汉继兴，天所授也，《汉含孽》、《佐助期》次之。诚者天道，王者所握，《握诚图》又次之。其机难测，其理难明，幽则潜也，曲如巴也，《潜潭巴》又次之。终以《说题辞》，总解经言，阐扬纬理也。余纬不入十三篇者，据诸书著录有《包命》、《命历叙》、《勾命决》、《含文嘉》、《括地象》、《少阳篇》、《撰命篇》、《春秋灾异》、《春秋录图》、《春秋秘事》、《春秋文义》、《春秋内事》、《春秋玉版谶》。考《包命》为《元命苞》之讹，《勾命决》为《孝经纬》之讹，《括地象》为《河图》之讹，《含文嘉》则《白虎通论》引《礼纬》、《春秋纬》篇目不明之讹也。余皆谶类，例不录。”

(g)《孝经纬叙录》云：“圣人志在《春秋》，行在《孝经》。《孝经》之作也，北辰降瑞，赤帛裂书。明者为经，微者为纬。经成四卷，纬就二篇。孝通神明，上假天命，祯祥之应，义皞之源，炳哉麟哉，综贯之已。汉翟酺有《援神勾命解诂》十二篇，《益部耆旧传》谓其弟子杜真所著，书久佚。张彦远《名画记》又有《孝经谶图》十二卷，《七录·元命苞》一卷，《古秘援神》一卷，《古秘图》一卷，《左右握》二卷，《左右契图·中契》一卷，《分野图》一卷，《内事图》二卷，《内事星宿讲堂七十二弟子图》一卷，《口授图》一卷，《雌雄图》二卷，《异本雌雄图》二卷。《雌雄图》，《五代会要》载其书。周显德六年八月高丽遣使所进，止说月之环晕、星之彗孛、灾异之应。庞元英云：‘非奇书也。’宋永亨云：‘本《京房易传》，日星占相之书也。’《隋志》又有《孝经内事》一卷。朱彝尊谓‘系借经说灾祥之事’。《旧唐志》有《应瑞图》一卷，《内记星图》一卷，《元辰》二卷。《齐民要术》又引《孝经河图》之目。《册府元龟》又有《孝经皇义》一卷，宋均为河内太守时撰。《三国·魏志》、《宋·符瑞志》又引《孝经中黄谶》。谬泳又述《孝经错纬》，佹名烦众，皆谶属也。正纬惟《隋志》载宋均注《援神契》七卷、《勾命决》六卷者是。呜呼！我夫子穷年韦布，获麟掩袂，吾道终穷，删述之富，煨于咸阳，后世方术之士，或托名以肆意，或诬圣以自奇，真者反隐，伪者日新。纬为谶隐，悲矣！其亡者不可考已，其幸存者，或疑而不之信，散佚无纪，将就湮灭，滋余惧也。”





但是他解释《春秋潜潭巴》，仍说“幽则潜也，曲如巴也”，仍是孙瑴之义，也未从声音通假字形讹误解释，仍多未当。我以为纬书因多神秘，但其内容除了荒唐之外并非难于索解，则其命名自亦不至令人难解。我们如果细为寻绎，未必不能理解。不过这种功夫至今犹未有人作过，这是大家不注意纬，以为不必为之寻求合理的解释之因罢。

现在我就上文所述及孙、赵二家之说，也如群经一样，列一纬学篇目表以备参稽。

附纬学篇目表：兹列纬书名目于下：

1.《易纬》八：(1)《乾坤凿度》；(2)《乾凿度》；(3)《稽览图》；(4)《辨终备》；(5)《通卦验》；(6)《乾元序制记》；(7)《是类谋》；(8)《坤灵图》。(自《乾凿度》以下均郑玄注)

2.《尚书纬》五：(1)《璇玑钤》；(2)《考灵曜》；(3)《刑德仿》；(4)《帝命验》；(5)《运期授》。(皆郑玄注)

《尚书中候》十八篇：(1)《握河纪》；(2)《考河命》；(3)

《题期》；(4)《立象》；(5)《运衡》；(6)《敕省图》；(7)《苗兴》；(8)《契握》(亦作《契握汤》)；(9)《洛予命》；(10)《稷起》；(11)《我应》；(12)《雒师谋》；(13)《合符后》；(14)《挝洛戒》；(15)《准谶哲》；(16)《仪明》；(17)《霸免》；(18)《觊期》。(皆郑玄注)

3.《诗纬》三：(1)《推度灾》；(2)《汜历枢》；(3)《含神雾》。(皆宋均注)

4.《礼纬》三：(1)《含文嘉》；(2)《稽命征》；(3)《斗威仪》。(皆宋均注)

5.《乐纬》三：(1)《动声仪》；(2)《稽耀嘉》；(3)《叶图征》。(皆宋均注)

6.《春秋纬》十四：(1)《感精符》；(2)《文耀钩》；(3)《运斗枢》；(4)《合诚图》；(5)《考异邮》；(6)《保乾图》；(7)《汉含孳》；(8)《佐助期》；(9)《握诚图》；(10)《潜潭巴》；(11)《说题辞》；(12)《演孔图》；(13)《元命苞》；(14)《命历叙》。(皆宋均注)(《春秋内事》孙穀曰："《春秋》、《孝经》各有内事，虽不系纬谶篇目，而其文辞殊甚庞噩，均有宋均之注，故以为录。")

7.《孝经纬》九：(1)《援神契》；(2)《钩命决》；(3)《中契》；(4)《左契》；(5)《右契》；(6)《内事图》；(以上宋均注)(7)《章句》；(8)《雌雄图》；(9)《古秘》。

8.《论语谶》八：(1)《比考谶》；(2)《撰考谶》；(3)《摘辅象》；(4)《摘衰圣承进谶》；(5)《阴嬉谶》；(6)《素王受命谶》；(7)《纠滑谶》；(8)《崇爵谶》。(皆宋均注)

## 第二节　纬学之起源与编定

### (一) 谶纬之起源

纬候图谶从上节所列举之其名义与篇目看来，是在西汉末年才发达，所以纬之起源，我们至多可以说是起于西汉之世。因为纬本依经而立，阴阳五行、灾异瑞应之说也是在西汉时才发达，历来也有许多说法。“经”在汉人以为是孔子删定的，纬学之兴当在西汉，这本是不成问题的。不过关于这个问题原当然要推之孔子，因为围绕孔子与纬学实在历来也有种种说法，有说纬书作于孔子，有说纬学起于哀、平，有说纬学起于西汉中叶，有说起于周之季世，更有以为自古有之。这些说法除了纬书为孔子作，在东汉初即有谭尹敏诸人不以为然，其余四种说法各有其理由，现我们如要明了它，也须加以分析地检讨。



(1) 纬学起于哀、平说。纬书非孔子作，这在桓谭上疏即以为“盖天道性命，圣人所难言也。自子贡以下，不得而闻，况后世浅儒，能通之乎！今诸巧慧小才伎数之人，增益图书，矫称谶记”，后来他又“极言谶之非经”，已不以纬谶为孔子所作。尹敏、张衡、荀爽并曾摘发其伪（详见下文）。在汉魏六朝人，虽有种种意见，但多从张衡言，以为纬学起于哀、平。据《后汉书·张衡列传》说：



> 张衡字平子，南阳西鄂人也……衡少善属文，游于三辅，因入京师，观太学，遂通《五经》，贯六艺。……尤致思于天文、阴阳、历算。……初，光武善谶，及显宗、肃宗因祖述焉。自中兴之后，儒者争学图纬，兼复附以訞言。衡以图纬虚妄，非圣人之法，乃上疏曰：“臣闻圣人明审律历以定吉凶，重之以卜筮，杂之以九宫，经天验道，本尽于此。或观星辰逆顺，寒燠所由，或察龟策之占，巫觋之言，其所因者，非一术也。立言于前，有征于后，故智者贵焉，谓之谶书。谶书始出，盖知之者寡。自汉取秦，用兵力战，功成业遂，可谓大事，当此之时，莫或称谶。若夏侯胜、眭孟之徒，以道术立名，其所述著，无谶一言。刘向父子领校秘

书，阅定九流，亦无谶录。成、哀之后，乃始闻之。《尚书》尧使鲧理洪水，九载绩用不成，鲧则殛死，禹乃嗣兴。而《春秋谶》云‘共工理水’。凡谶皆云黄帝伐蚩尤，而《诗谶》独以为‘蚩尤败，然后尧受命’。《春秋元命苞》中有公输班与墨翟，事见战国，非春秋时也。又言‘别有益州’。益州之置，在于汉世。其名三辅诸陵，世数可知。至于图中讫于成帝。一卷之书，互异数事，圣人之言，势无若是，殆必虚伪之徒，以要世取资。往者侍中贾逵摘谶互异三十余事，诸言谶者皆不能说。至于王莽篡位，汉世大祸，八十篇何为不戒？则知图谶成于哀、平之际也。且《河》、《洛》、《六艺》，篇录已定，后人皮傅，无所容篡。永元中，清河宋景遂以历纪推言水灾，而伪称洞视玉版。或者至于弃家业，入山林。后皆无效，而复采前世成事，以为证验。至于永建复统，则不能知。此皆欺世罔俗，以昧势位，情伪较然，莫之纠禁。且律历、封候、九宫、风角，数有征效，世莫肯学，而竞称不占之书。譬犹画工。恶图犬马而好作鬼魅，诚以实事难形，而虚伪不穷也。宜收藏图谶，一禁绝之，则朱紫无所眩，典籍无瑕玷矣。”

他这种根据夏侯胜、眭孟不引谶记，刘向父子亦无谶录，“共工理水”与《尚书》不相合，公输班与墨翟事见战国，益州之置在于汉世，一卷之书，互异数事；从历来著录史迹内容，以证实图谶成于哀、平之际。他所举的都是强有力的证据，而且也比较详细，所以张衡此说颇见信于后世。

刘勰《文心雕龙·正纬篇》说：

夫神道阐幽，天命微显，马龙出而大《易》兴，神龟见而《洪范》耀。故《系辞》称“河出图，洛出书，圣人则之”。斯之谓也。但夐世文隐，好生矫诞，真虽存矣，伪亦凭焉。夫六经彪炳，而纬候稠迭；《孝》、《论》昭晰，而《钩》、《谶》葳蕤。按经验纬，其伪有四：盖纬之成经，其犹织综，丝麻不杂，布帛乃成；今经正纬奇，倍適千里，其伪一矣。经显，圣训也；纬隐，神教也。圣训宜广，神教宜约，而今纬多于经，神理更繁，其伪二矣。有命自天，乃称符谶，而八十一篇皆托于孔子，则是尧造绿图，昌制丹书，其伪三矣。商周以前，图箓频见，春秋之末，群经方备；先纬后经，体乖织综，其伪四矣。伪既倍摘，则义异自明，经足训矣，纬何豫焉？原夫图箓之见，乃昊天休命，事以瑞圣，义非配经。故河不出图，夫子有叹，如或可造，无劳喟然。昔康王河图，陈于东序，故知前世符命，历代宝传，仲尼所撰，序录而已。于是伎数之士，附以诡术：或说阴阳，或序灾异；若鸟鸣似语，虫叶成字，篇条滋蔓，必假孔氏。通儒讨核，谓起哀、平。东序秘宝，朱紫乱矣！至于光武之世，笃信斯术，风化所靡，学者比肩。沛献集纬以通经，曹褒撰谶以定礼，乖道谬典，亦已甚矣。是以桓谭疾其虚伪，尹敏戏其浮瑕，张衡发其僻谬，荀悦明其诡诞。四贤博练，论之精矣。若乃羲、农、轩、皞之源，山渎钟律之要，白鱼赤乌之符，黄金紫玉之瑞，事丰奇伟，辞富膏腴，无益经典而有助文章。是以后来辞人，采摭英华。平子恐其迷学，奏令禁绝；仲豫惜其杂真，未许煨燔。前代配经，故详论焉。

唐孔颖达等编纂的《五经正义》中，也就纬学起于哀、平说：

《尚书序》曰："古者伏羲氏之王天下也，始画八卦，造书契，以代结绳之政，由是文籍生焉。"疏曰："《艺文志》曰：'仲尼没而微言绝，七十子丧而大义乖。'况遭秦焚书之后，群言竞出，其纬文鄙近，不出圣人，前贤共疑，有所不取。通人考正，伪起哀、平，则孔君之时，未有此《纬》，何可引以为难乎?"

纬学起于哀、平，经过这两书的考订，更成为有权威之说，但是此说实不无商量之余地，下文中我们将更引征其他的论证，以见此说之尚需修正。

(2) 纬学起于西汉说。纬候虽非孔子所作，但经张衡说始于哀、平，则似又说得太晚了。在东汉时，怀疑谶非孔子作而以为起于哀、平前的有荀爽，其侄荀悦在《申鉴·俗嫌篇》中说：

世称纬书，仲尼之作也。臣悦叔父故司空爽辨之，盖发其伪也。有起于中兴之前，终张之徒之作乎？或曰："杂。"曰："以己杂仲尼乎？以仲尼杂己乎？若彼者以仲尼杂己而已，然则可谓八十一首非仲尼之作矣。"或曰："燔诸?"曰："仲尼之作则否，有取焉则可，曷其燔?"

荀氏说有起于中兴之前，终张之徒，据《后汉书》注说，这是以为纬学起武帝之世。《后汉书·方术列传》说：

仲尼称《易》有君子之道四焉，曰"卜筮者尚其占"。占也者，先王所以定祸福，决嫌疑，幽赞于神明，遂知来物者也。若夫阴阳推步之学，往往见于坟记矣。然神经怪牒，玉策金绳，关扃于明灵之府，封縢于瑶坛之上者，靡得而窥也。至乃《河》、《洛》之文，龟龙之图，箕子之术，师旷之书，纬候之部，钤决之符，皆所以探抽冥赜，参验人区，时有可闻者焉。其流又有风角、遁甲、七政、元气、六日七分、逢占、日者、挺专、须臾、孤虚之术，及望云省气，推处祥妖，时亦有以效于事也。而斯道隐远，玄奥难原，故圣人不语怪神，罕言性命。或开末而抑其端，或曲辞以章其义，所谓"民可使由之，不可使知之"。汉自武帝颇好方术，天下怀协道义之士，莫不负策抵掌，顺风而届焉。后王莽矫用符命，及光武尤信谶言，士之赴趣时宜者，皆骋驰穿凿，争谈之也。故王梁、孙咸名应图箓，越登槐鼎之任，郑兴、贾逵以附同称显，桓谭、尹敏以乖忤沦败，自是习为内学，尚奇文，贵异数，不乏于时矣。是以通儒硕生，忿其奸妄不经，奏议慷慨，以为宜见藏摈。子长亦云："观阴阳之书，使人拘而多忌。"盖为此也。夫物之所偏，未能无蔽，虽云大道，其硋或同。若乃《诗》之失愚，《书》之失诬。然则数术之失，至于诡俗乎？如令温柔敦厚而不愚，斯深于《诗》者也；疏通知远而不诬，斯深于《书》者也；极数知变而不诡俗，斯深于数术者也。故曰："苟非其人，道不虚行。"意者多迷其统，取遣颇偏，甚有虽流宕过诞亦失也。中世张衡为阴阳之宗，郎𫖮咎征最密，余亦班班名家焉。其徒亦有雅才伟德，未必体极蓺能。今盖纠其推变尤长，可以弘补时事，因合表之云。

范晔此论，大约亦同荀说，虽不以为终张之徒，但叙纬学之盛，从汉武帝说起，他自是以纬说起于西汉中叶。荀、范之说，历代诸儒多不厝意，朱彝尊作《经义考·说纬》云：

纬谶之书，相传始于西汉哀、平之际，而《小黄门谯敏碑》称，其先故国师谯赣，深明典奥、谶录、图纬，能精微天意，传道与京尹明，则是纬谶远本于谯氏、京氏也。征之于史，如'亡秦者胡'、'明年祖龙死'、'楚虽三户，亡秦必楚'，已为纬谶兆其端矣。迨新莽之篡，丹书白石金匮铜符，海内四出，于是刘京、谢嚣、臧洪、哀章、甄寻、西门君惠等争言符命，遂遣五威将军王奇等乘乾文车驾坤六马将军持节称天一之使帅持幢称王帝之使，颁《符命》四十二篇于天下，不过藉以愚一时之耳目。尔乃光武笃信不疑，至读之庑下。终东汉之世，以通七纬者为内学，通五经者为外学。盖自桓谭、张衡而外，不为所惑焉。”

朱氏以为纬谶远本于焦、京，又以“亡秦者胡”、“亡秦必楚”是“已为纬谶兆其端”，他不从张衡说，也不从荀悦说，而以焦、京与秦谶为渊源，又将纬学起源的真相更作进一步的说明，不过他没有明文确定。兹姑将朱氏说亦列于此。

(3) 纬学起于周秦说。纬学起于周秦，这在《魏书·高祖纪》说：“图谶之兴，起于三季。”颜亭林《日知录》也说：“然则谶记之兴实始于秦人，而盛于西京之末也。”（卷三十）朱氏说纬，实用亭林之说。后来全祖望《原纬》又多考出秦以前的一些谶记，他说：

纬书之说，吾党所羞称，然除灾祥怪诞之之外，不无可采，如律、历之积分，典礼之遗文，旁罗博综，其言有物，但使择焉而精，未尝不极有资经术也。按《隋书·经籍志》，汉世纬书大行，言五经者皆为其学，惟孔安国、毛公、王璜、贾逵之徒独非之，相承以为妖妄。故因鲁恭王、河间献王所得古文参而考之，以成其义。然则谶候流传，直出诸经师笺故之前。后世以为始于东京者，尚考之不详也。铜符金匮，萌于周秦之世，王泽既衰，伪言日起，但百家杂流不过自名为子，而纬则窃附于经，是以儒者不免为所惑。以圣人《春秋》之笔削，重以子夏之谨守也，而再传之《公羊》，遂有善谶之名，然则其渊源不亦远乎哉！是故秦有公孙枝之册，而兆西戎之霸；赵有董安于之册，而兆孟姚之亡。陈宝之祀野鸡，苌弘之射狸首，或识三户之复楚，或征二世之亡秦。夫孰非图箓之微言也？且夫“天垂象，见吉凶”，是不易之理也。五行之运，如环无端，是自然之运也。为纬者未尝不窃是意以炫饰其间，岂知其惑世而诬民一至此哉！

吾观西汉大儒，虽以董仲舒、刘向，尚不免于灾祥之说，则《隋志》所云，果为不诬，又未尝不叹儒者之不善读纬，而反以其所学陷溺其中也。若郑康成于纬，或称为“传”，或称为“说”，《正义》以为汉时禁纬，故特讳之，则未必然。《隋志》，汉时诏东平王苍正五经章句，皆命从谶，安在其禁之也？观康成答张逸曰，“当为注时，在文网中，嫌引秘书，故隐其名”，然则康成因己党锢之故，有所忌而不言耳，非汉世禁纬之明文也。独隋炀帝焚纬书，而唐初诸公如孔颖达、李善辈，皆淹通贯穿，则其在民间者，亦未能尽毁也。经学既昌，彼妄诞者将何所用之哉！





全氏所举之证，如以谶论，说是启于周秦之世，自无不可。而汪继培《纬候不始于哀平辨》云：

纬候之书，周季盖已有之，谶言赤龙感女媪，刘季兴；刘秀发兵捕不道；以及当途、典午，莫不事合符节，智神著蔡。然而“亡秦者胡”、“庐生奏其录”、“亡秦必楚”，南宫述其言。秦楚之际，秘文迭显，其证一也。《汉书·儒林传》称，孟喜得《易》家候阴阳灾变书；隶释谯敏碑称，故国师谯赣，深明簴谶图录纬，能精微天意，传道与京君明，是谶纬之书，宣元诸儒并已传习。其证二也。孔演图曰：“《诗》含五际六情”；《氾历枢》云：“午亥之际为革命，卯酉之际为改正。”《汉书》言：“翼奉治《齐诗》，事元帝，乃云《易》有阴阳，《诗》有五际，《春秋》有灾异。”《公羊传》隐元年何休注云：“所见，谓昭、定、哀；所闻，谓文、宣、成、襄；所传闻，谓隐、桓、庄、闵、僖；疏谓本《春秋纬》文；而董子《繁露》实用其说。”其证三也。“失之毫厘，差以千里”见《易纬·通验卦》，而《礼记·经解》载之；“天道无亲，常与善人”《后》书《郎𫖮传》称为《易》曰，而《史记·伯夷传》用之；“有一道，大足以守天下，中足以守国家，小足以守其身”，《说苑》亦称《易》曰，而《韩诗外传》引之。凡斯逸文，类本《易纬》。其证四也。宣帝时，王褒作《九怀》，其《株昭》篇云：“神章灵篇。”王逸以为河图洛书谶纬文。成帝时，李寻说王根云：“五经六纬。”孟康注以“六纬为五经与乐纬”；张晏注以为“五经就《孝经纬》”。本文义隐，注为阐达。其证五也。汉初求遗书，谶纬不入中秘，故刘向《七略》不著于录，而民间诵习，历可案验。张衡谓“成、哀之后，乃始闻之”；又言“成于哀、平之际”。要据其盛行之日而言。刘勰《正纬》遂谓“起于哀平”；荀悦《申鉴·俗嫌》篇以为“起于中兴之前，终、张之徒之作”。均未为得也。

此处所举之证，未有早于秦楚之际者，只可说与朱彝尊说同，但他的意见则与全氏同。全举出宣帝时王褒作《九怀》，其《株昭》篇有“神章灵篇”一语，据王逸注断为谶纬之文，实是一条好的证据。

(4) 纬学起于远古说。全氏推论纬学起源在于周秦，其实还不如说起自远古，因为神话预言在古代社会中颇易发生，不过成文的著录于典籍而流传在古代是不会有的。

徐养原说：

昔刘彦和（刘勰）著书，称“纬有四伪，通儒讨覈，谓起哀平”。自尔相沿，俱同此说。……窃意纬书当起于西京之季，而图谶则自古有之。《史记·赵世家》："扁鹊言秦穆公寤而述上帝之言，公孙支书而藏之，秦谶于是出矣。"《秦（始皇）本纪》："燕人卢生使入海还，以鬼神事，因奏录图书。"盖图谶之名，实昉于此。他如三户之谣、祖龙之语，《史记·大宛（列）传》："天子发书《易》，神马当从西北来。"大率类是。要之图谶乃术士之言，与经义初不相涉。至后人造作纬书，则因图谶而牵合于经义；其于经义，皆西京博士家言，为今文学者也。盖前汉说经者，好言灾异，《易》有京房，《尚书》有夏侯胜，《春秋》有董仲舒，其说颇近于图谶，著纬书者，因而文饰之。今有《乾凿度》，与孟、京《易》学相表里，卦气起中孚，《稽览图》详之。张霸伪撰百两篇，作纬者即造中候十八篇，以符百二十篇之数；何休注《公羊》，述演孔图于终篇；郑康成曰"《公羊》长于谶"；又翼奉曰"臣奉窃学《齐诗》，闻五际之要"，其说见于《氾历枢》，此其缘饰经术之大略也。《易》、《书》、《春秋》言灾异者多，故纬书亦多；《诗》、《礼》、《乐》言灾异者少，故纬书亦少。既比附经义，必剿袭古语，然后能取信于人。《礼记·经解》引"君子慎始，差若毫厘，缪以千里"。祗称《易》曰，不称纬曰，而《通卦验》有之；《史记·天官书》引"虽有明天子，必视荧惑所在"，祗称故曰，不称纬曰，而《春秋文耀钩》有之。此乃纬书袭用古语，非古人预知纬书而引之也。后汉小黄门谯敏碑称其先故国师谯赣，深明典隩，谶录图纬，能精微天意，传道与京君明，益束取之世，以纬为内学，而谯京说《易》流于术数，故遂以明纬推，其实谯赣时安得有纬耶？《庄子·天道》篇："孔子西藏书于周室，翻十二经以说老聃。"其说本属污漫，而说者以六经六纬当之，谬矣。迨《李寻传》始有“六经六纬”之文。按寻说王根，在成帝之世，是时纬已萌芽，未入秘府，故刘向校书，独不见录，以为始于哀平之际，王莽之篡，亦未必然也。夫纬书虽起于西京之末，而书中之说，多本于先儒，故纯驳杂陈，精粗互见，谈经之士，莫能废焉。康成之信纬，非信纬也，信其经义有合者也。《诗》注中所引，皆淳确可据，比之何休特为谨严。欧阳永叔欲删九经疏中谶纬之文，幸而其言不行，充其说将并《大传》之“河出图洛出书”而亦删之，不但注疏无完本而已。善乎昔人之言曰，纬书之文未必尽出妄人之手，其间谬妄，虽亦不无，要在学者择言而已。又曰纬书起自前汉，去古未远，彼时学者多见古书，凡为著述必有本，不可以其不经而忽之。斯可谓持平之论矣。

刘光汉《谶纬论》也说：

粤在上古，民神杂糅；祝史之职特崇，地天之通未绝；命符受命，乃御宇而作君；持斗运机，即指天而立教；故祷祈有类于巫风，设教或凭乎神道；唐虞以降，神学未湮，玄龟锡禹，玄鸟生商，降及成周，益崇术数，保章司占星之职，《洪范》详锡畴之文，旧籍所陈，班班可考。王室东迁，卮言日出；狸首射侯于洛邑，雉鸣启瑞于陈仓，赵襄获符常山，卢生奏图于秦阙，推之三户亡秦，五星聚汉，语非征实，说或通灵。盖史官失职，方技踵与，故说杂阴阳，仍出羲和之联守；而家为巫史，犹存苗俗之遗风；是为方士家言，实与儒书异轨。及武皇践位，表章六经，方士之流，于售其术，乃援饰遗经之名，别立谶纬之淆杂今文，号称齐学（大约齐学多信谶纬，鲁学则不信谶纬）。故玉带献明堂之制，儿宽草封禅之仪；卦气爻辰，京氏援之占《易》；五行灾异，中垒用以释书；经学之淆，至此始矣。乃世之论谶纬者，或谓溯源于孔氏，或谓创始于哀、平。吾谓谶纬之言，起于太古；然以经淆纬，始于西京；以纬谶俪经，基于东汉。故图书秘记，不附六艺之科（《汉志》列天文家）；翼、李、京、眭，弗列儒林之传；刘略班书，章章可考。及光武建邦，兼崇谶纬，以为文因赤制，字别卯金，乃帝王受命之符，应验历中兴之运，遂谓历数在躬，实唐虞之符箓；阴嬉撰考，亦洙泗之微言；尊为秘经，颁为功令，谶以辅纬，纬以正经，而儒生稽古，博士释经，或注中候之文，或阐秘书之旨，故麟经作注，何休详改制之文，虎观论经，班固引微书之说。纬学之行，于斯为盛。

刘氏这里一方面以为"谶纬之言起于太古"，另一方面"以纬俪经，其于东汉"，说固与徐氏相同，但不如徐说"纬书当起于西京之季，而图谶则自古有之"，"乃纬书袭用古语，非古人预知纬书"，"夫纬书虽起于西京之末，而书中之说多本于先儒"分析的清楚。而且我们要知道，上古之时人神杂糅，有许多神话或预言，我们固可说谶记起源在远古之世，但其性质与目的都与东汉后所流行的图谶不同，古代的谶，是偶然地无目的地发生出来，而东汉的谶记则是有所为而发。他们有的解经义，有的补古史，有的谈天文，有的说地理，有的述典礼，有的明政事，有的考文字，有的传异闻，其主要的目的，还在利用这些谶记来抬高孔子的地位，表明帝王禅让，造成古史系统。虽然内中有些荒唐悠渺之言，但是有所为而发则极明显，不可将这些图谶与古代的谶记等量齐观。我们固可说一般的谶记起于远古，但汉人的图谶自是随天人相应、阴阳五行等说产生。即是两汉的谶纬，不源于上古，不作于孔子，不起于周季，也不起于秦汉之际，西汉今文谶纬以西汉今文经学之思想与潮流为其背景，东汉的纬谶与古文经学则是相互影响，而应是纬谶影响着古文经学为多。

（二）纬谶之编定

纬谶盛于哀、平之际，在王莽时，这些谶记已有一次结集。据《后汉书·尹敏传》载："（建武二年）帝以敏博通经记，令校图谶，使蠲去崔发所为王莽著录次比。"薛汉也曾"受诏校定谶记"。这可见王莽时谶记之有一次的结集，光武时又有删定。据《后汉书·光武帝纪》"（中元之年）宣布图谶于天下"，而《东观汉记·明帝纪》说"帝尤垂意经学删定拟议稽合图谶"，则在明帝时又有一次删定。

在明帝后，似更有些谶记出现，据《三国志·魏书·文帝纪》说：

> 辛亥，太史丞许芝条魏代汉见谶纬于魏王曰："……《春秋汉含孳》曰：'汉以魏，魏以征。'《春秋玉版谶》曰：'代赤者魏公子。'《春秋佐助期》曰：'汉以许昌失天下。'……《佐助期》又曰：'汉以蒙孙亡。'……《孝经中黄谶》曰：'日载东，绝火光。不横一，圣聪明。四百之外，易姓而王。天下归功，致太平，居八甲；共礼乐，正万民，嘉乐家和杂。'此魏王之姓讳，著见图谶。《易运期谶》曰：'言居东，西有午，两日并光日居下。其为主，反为辅。五八四十，黄气受，真人出。'言午，许字。两日，昌字。汉当以许亡，魏当以许昌。今际会之期在许，是其大效也。《易运期》又曰：'鬼在山，禾女连，王天下。'……河洛所表，图谶所载，昭然明白。

《三国志·蜀书·先主传》说：

> 二十五年，魏文帝称尊号，改年曰黄初。或传闻汉帝见害，先主乃发丧制服，追谥曰孝愍皇帝。是后在所并言众瑞，日月相属，故议郎阳泉侯刘豹，青衣侯向

举，偏将军张裔、黄权，大司马属殷纯，益州别驾从事赵莋，治中从事杨洪，从事祭酒何宗，议曹从事杜琼，劝学从事张爽、尹默、谯周等上言："臣闻《河图》、《洛书》，五经谶、纬，孔子所甄，验应自远。谨案《洛书甄曜度》曰：'赤三日德昌，九世会备，合为帝际。'《洛书宝号命》曰：'天度帝道备称皇，以统握契，百成不败。'《洛书录运期》曰：'九侯七杰争命民炊骸，道路籍籍履人头，谁使主者玄且来。'《孝经钩命决录》曰：'帝三建九会备。'臣父群未亡时，言西南数有黄气，直立数丈，见来积年，时时有景云祥风，从璇玑下来应之，此为异瑞。又二十二年中，数有气如旗，从西竟东，中天而行，《图》、《书》曰：'必有天子出其方。'加是年太白、荧惑、填星，常从岁星相追。近汉初兴，五星从岁星谋；岁星主义，汉位在西，义之上方，故汉法常以岁星候人主。当有圣主起于此州，以致中兴。时许帝尚存，故群下不取漏言。顷者荧惑复追岁星，见在胃、昴、毕；昴、毕天纲，《经》曰'帝星处之，众邪消亡'。圣讳豫睹，推揆期验，符合数至，若此非一。臣闻圣王先天而天不违，后天而奉天时，故应际而生，与神合契。愿大王应天顺民，速即洪业，以宁海内。"

太傅许靖、安汉将军麋竺、军师将军诸葛亮、太常赖恭、光禄勋（黄权）［黄柱］、少府王谋等上言："曹丕篡弑，湮灭汉室，窃据神器，劫迫忠良，酷烈无道。人鬼忿毒，咸思刘氏。今上无天子，海内惶惶，靡所式仰。群下前后上书者八百余人，咸称述符瑞，图、谶明征。间黄龙见武阳赤水，九日乃去。《孝经援神契》曰'德至渊泉则黄龙见'，龙者，君之象也。《易》乾九五'飞龙在天'，大王当龙升，登帝位也。又前关羽围樊、襄阳，襄阳男子张嘉、王休献玉玺，玺潜汉水，伏于渊泉，晖景烛耀，灵光彻天。夫汉者，高祖本所起定天下之国号也，大王袭先帝轨迹，亦兴于汉中也。今天子玉玺神光先见，玺出襄阳，汉水之末，明大王承其下流，授与大王以天子之位，瑞命符应，非人力所致。昔周有乌鱼之瑞，咸曰休哉。二祖受命，《图》、《书》先著，以为征验。今上天吉祥，群儒英俊，并起《河》、《洛》，孔子谶、记，咸悉具至。伏惟大王出自孝景皇帝中山靖王之胄，本支百世，乾祇降祚，圣姿硕茂，神武在躬，仁覆积德，爱人好士，是以四方归心焉。考省《灵图》，启发谶、纬，神明之表，名讳昭著。宜即帝位，以纂二祖，绍嗣昭穆，天下幸甚。臣等谨与博士许慈、议郎孟光，建立礼仪，择令辰，上尊号。”即皇帝位于成都武担之南。





此所引谶记有《春秋汉含孳》、《春秋佐助期》、《孝经中黄谶》、《孝经钩命决录》等等，预示着曹丕、刘备的名姓，这些纬文其出现应稍后。还有七纬之中，颇多依据古文经而立之说解，这也当出现于古文师说比较发达而后。在明、章后又有新出谶记掺入，事实上是很可能的。关于依据古文经而立之纬说，在下节内中，可以详举一些例证，此处兹不列举。在这里我所要举的例子，是有的谶记预示着汉代将亡，例如：

(1)“《春秋保乾图》曰：‘阳起于一，天帝为北辰，气成于三，以立五神，三五展转，机以动运。’故三百岁斗历改宪也。”(《后汉书·郎凯襄楷列传》)

(2)“孔子曰：‘汉兴三百载计历改宪。’”(同上)

(3)“王者三百年一蠲法。”(《后汉书·郭陈列传》)

(4)“《春秋保乾图》曰：‘汉以魏征，黄精接期，天下归高。’”(《七纬·春秋纬)

(5) “刘四百岁之际，褒汉王辅，皇王以期，有名不就。”（《春秋演孔图》）

(6) “四百年之间，闭四门，听外难，群异并贼，官有孽臣，州有兵乱，五七弱，暴渐之效也。”（《后汉书·苏竟杨厚列传》）

这几条也预示汉代将亡于四百年之间，不是说王莽、刘秀了。证以说经多依古文经说，谈史谈到三皇以前，天文引用刘歆三统历，地理用到后汉的地名，而在纬书中又有说“‘图有九篇，书有六篇’（《春秋说题辞》），得括象图”（按：《七纬·春秋说题辞》为“河龙图发，洛龟书感。《河图》有九篇，《洛书》有六篇”）。叙及《河》、《洛》篇数、篇名都是晚出于后汉的现象，可见纬谶之编定颇有在明、章后的可能。



## 第三节　纬学之内容

纬候图谶，有醇有驳，这在前人已多如此议论，对于纬书的性质与内容，也有人曾为约略地举出，钱大昕《易稽览图序》曾说“要其精者足以传经义，其驳者亦足以博异闻”。俞正燮《纬书论》说“纬者，古史书也。通记天地人，盖灵台所候簿。古之藏书在史氏，稽之天文，察之地理，知七政、五步、十二次之度，五方刚柔习尚，山川险阻，明堂四门，延访得穷荒之迹，合之三皇五帝外史之学。太史、小史、冯相、保章、内史、外史、御史官为联；明堂、太庙、灵台、辟雍、观台判宫地相接；其中书，皆史也”（《癸巳类稿》卷一四，《俞正燮全集》）。更有《纬字论》一篇列举纬中之近鄙别字，颇类世俗之辞者。综钱、俞诸家说，可知纬书中有说经补史、测天释地、考文征礼、博物明政的地方，刘光汉《谶纬论》就是综合钱、俞诸家的意见而立说的。他分析为：



（一）补史

他说：“夫察来彰往，立说诚妄渺不经，而只句单词，古籍或因文附篇，试详考之，得数善焉。迹溯洪荒，事穷皇古，三王异教（见《尚书璇玑钤》），五帝立师（见《论语撰考谶》），九牧则起源轩帝（同上），三皇则并列女娲（见《春秋元命苞》），七辅各竭其功能（见《论语摘辅象》），四帝各殊其方色（见《尚书运期授》诸书。四帝即《万机论》所言黄帝削平之四帝，非高阳为黑帝少昊为白帝）。石耳即神农之号（见《春秋命历序》诸书）。羲和与重黎同功，有巢敷治于石楼，夏禹藏书于金匮（皆见《遁甲开山图》）；九龙记官，尊卑莫别（见《春秋命历序》）；六书制字，子母相孳（见《孝经援神契》）；人皇九头，始宅中州之土（见《尚书璇玑钤》）；燧人四佐，亦征群辅之贤（见《论语摘辅象》）。循蜚、合雒，纪名列疏仡之前；栗陆、伯皇，爵位袭庖牺之号；衣皮处穴，识前民开创之艰（皆见《春秋命历序》）；石鼓铜刀（见《遁甲开山图》），溯古器变迁之迹。是曰补史，其善一也。”（见《长编》）

在纬书中，诚有许多地方是叙述古史的，但俞正燮以为古史，刘光汉以为补史，这实在都未免过于相信纬说了。我们现在试引纬书原文来看，如：

（1）“三王有失，故立三教以相变。夏人之立教以忠，其失野，故救野莫如敬。殷人之立教以敬，其失鬼，救鬼莫若文。周人之立教以文，其失荡，故救荡莫若忠。如此循环，周则复始，穷则相承。”（《春秋元命苞》）

（2）“黄帝师力牧，颛顼师绿（一作箓）图，帝喾师赤松子，帝尧师务成子，帝舜师尹寿，禹师国先生，汤师伊尹，文王师吕望，武王师尚父，周公师虢叔，孔子师老聃。”（《论语比考谶》）

（3）“轩辕知地利，九牧倡教。黄帝受地形，象天文以制官，爰有九州之牧，伏羲以前虽有三名，未必具立官位，至黄帝，名位乃具。”（《论语撰考谶》）

（4）“伏羲、神农、女娲为三皇。”（《春秋元命苞》）

(5)“黄帝七辅，风后受金法。”“天老受天箓。”“五圣受道级。”“知命受纠俗。”“窥纪受变复。”“地典受州络。”“力墨受准斥。”（《论语摘辅象》）

(6)“东宫苍帝，其精为龙。南宫赤帝，其精为朱鸟。西宫白帝，其精白虎。北宫黑帝，其精玄武。”（《春秋文耀钩》）

(7)“有神人，名石耳，苍色大眉，戴玉理，驾六龙，出地辅，号皇神农，始立地形，甄度四海，东西九十万里，南北八十一万里。”（《春秋命历序》）

(8)“奎主文章，苍颉文字者，总而为言，包意以名事也。分而为义，则文者祖父，字者子孙，滋蔓而相生尔。得之自然，备其文理，象形之属则谓之文。因而滋蔓，母子相生，形声会意之属，则谓之字。字者，言孳乳浸多也。题于竹帛谓之书，书者如也、舒也、纪也。”（《孝经援神契》）



(9)“人皇九头，提羽盖，乘云车，出旸谷，分九河。人皇氏依山川土地之势，裁度为九州，谓之九囿，各居其一而为之长。人皇居中州，以制八辅。”（《春秋命历序》）



(10)“自开辟至获麟二百二十七万六千岁，分为十纪，每纪为二十六万七千年。凡世七万六百年,，一曰九头纪，二曰五龙纪，三曰摄提纪，四曰合雒纪，五曰连通纪，六曰叙命纪，七曰循蜚纪，八曰因提纪，九曰禅通纪，十曰疏仡纪。”（《古微书》）

(11)“古初之人卉服蔽体，次民氏没，辰放氏作，时多阴风，乃教民攟木茹皮以御风霜，绹发阔首以去灵雨，而人从之，命之曰衣皮之人。”（《春秋命历序》）

(12)“燧人四佐，明由晓升级。”“必育受税役。”“成博受古诸。”“陨邱受延嬉。”“燧人出天，四佐出洛。”（《论语谶》卷三《论语摘辅象》）

我们由此所举十余例来看，这些纬说哪里是在补史，实在是在造作古史。关于三皇五帝，在《白虎通·篇号》所说的是:

"三皇者，何谓也？谓伏羲、神农、燧人也。或曰：伏羲、神农、祝融也。《礼》曰：'伏羲、神农、祝融，三皇也。'""五帝者，何谓也？《礼》曰：'黄帝、颛顼、帝喾、帝尧、帝舜，五帝也。'"《白虎通》以伏羲、神农、燧人为三皇，是依据《尚书大传》，燧人为燧皇，伏羲为戏皇，神农为农皇。其以伏羲、神农、祝融为三皇，则是依据《礼记》谥号之说（《风俗通·皇霸》篇）。而在纬说中则《礼纬含文嘉》还是用《大传》说，而《春秋纬文耀钩》即有"女娲以下至神农七十二姓"之说（《礼记正义》宋均注，《运斗枢》同）。《运斗枢》即谓"伏羲、女娲、神农是三皇也"。《春秋纬元命苞》也说"伏羲、神农、女娲为三皇"（《七纬》）。他们对于这三皇都有相当详细的描写，对于神农的描写，在《春秋命历序》中已有；对于女娲，《春秋保乾图》说："女娲氏命娥陵氏制都梁管，以一天下之音。命圣氏为班管，以合日月星辰，名曰充乐。又令随作笙簧。"（《七纬》）对于伏羲的描写，在《春秋合诚图》中说："伏羲龙身牛首，渠肩达掖，山准日角，奯目珠衡，长九尺有一寸，望之广，视之专。"（《七纬》不尽同）在《保乾图》中有"天皇、地皇、人皇兄弟九人，分为九州长天下"，"天皇于是斟元陈枢，以立易威"（《七纬》）。于是《春秋命历序》有"天地初立，有天皇氏十二头，澹波无所施为，而俗自化，木德王……地皇，十一头，火德王，姓十一人。兴于熊耳、龙门等山，亦各万八千岁。人皇，九头，乘云车，驾六羽，出谷口。兄弟九人分长九州，各立城邑。凡一百五十世，合四万五千六百年"（《古微书》卷一三，《丛书集成初编》）之说。在王符《潜夫论·五德志》里，直以天皇、地皇、人皇为三皇。皇甫谧《帝王世纪》更以伏羲、神农、黄帝为三皇。关于五帝，《白虎通》说是采用《国语》、《易传》、《礼记》、《史记》之说，在纬说中，则既有东宫苍帝、南宫赤帝之说（《春秋文耀钩》），又有"太微宫有五帝座星"，"苍帝春受制，其名灵威仰；赤帝夏受制，其名赤熛怒；黄帝受制王四季，其名含枢纽；白帝秋受制，其名白招拒；黑帝冬受制，其名汁光纪”（《春秋文耀钩》）。而《春秋命历序》又有“黄帝一曰帝轩辕，传十世，二千五百二十岁。次曰帝宣，曰少昊，一曰金天氏，传八世，五百岁。次曰颛顼，则高阳氏，传二十世，三百五十岁。次曰帝喾，即高辛氏，传十世，四百岁。乃至尧”（《古微书》卷一三，《丛书集成初编》本)。《春秋元命苞》说：“黄帝时，大星如虹，下流华渚，女节梦接，意感，生白帝朱宣。”（《七纬》）这些即是古文家贾逵所说，五经家皆言颛顼代黄帝而尧不得为大德，《左氏》以为“少昊代黄帝，即图谶所谓帝宣也”的张本(说更详下)。《命历序》所说显然为经古文家所增，因为《易传》、《礼记》、《国语》、《史记》的五帝是真的五人，而《命历序》依据《元命苞》，将“曰帝宣”加一“曰少昊”的解释，则五帝变为六人。郑玄《尚书中候·敕省图》注云：“德合五帝，坐星者称帝，则黄帝、金天氏、高阳氏、高辛氏、陶唐氏、有虞氏是也。实六人，而称五者，以其俱合五帝座星也。”五帝从《史记》、《家语》、《吕览》高注及张守节《史记正义》引谯周、宋均说并同，只有郑玄别增少昊，与诸家特异。这只好说是古文经的特异之说，五帝弄得有六人了。这如何是好呢？王符《潜夫论·五德志》于是将天、地、人三皇为三皇，而将三皇中之伏羲、神农合并黄帝、少昊、颛顼为五帝。皇甫谧《帝王世纪》、《伪古文尚书》于是以伏羲、神农、黄帝为三皇，少昊（皞)、颛顼、高辛（帝喾)、唐虞（唐尧、虞舜）为五帝。这是纬说之补史之一例。造纬说者对于三皇五帝补了一些说法，《孝经钩命决》更有“华胥履迹，怪生皇牺”（《七纬》），神农“名轨”，“附宝出，降大灵，生帝轩”（《七纬》），“命星贯昴，脩纪梦接，生禹”（《七纬》）。《元命苞》有“黄帝龙颜”、“颛顼骈幹”、“颛帝戴干”、“尧眉八彩”、“舜重瞳子”、“后稷歧颐”、“汤臂四肘”、“禹耳三漏”、“文王四乳”、“文王龙颜”、“武王骈齿”（《七纬》）等等，对于三皇五帝如何产生，有何特征，都有详记。更说“伏羲乐为《立基》，神农乐为《下谋》，祝融乐为《祝绩》”。“伏羲乐名《扶来》，亦曰《立本》。神农乐名《扶持》，亦曰《下谋》。”（《孝经钩命决》）“少昊乐曰《九渊》。”（《孝经援神契》）将黄帝以前的乐名都一一补叙出来，将我们“真正”的史前史说得愈来愈古了！引纬说中这些话，固不能说绝无来历，但造作这些古史的人们实具有一种整理古史的意义。吾友顾颉刚先生说：

> 谶纬书的出现负有三种使命：其一是把西汉二百年中的术数思想作一次总整理，使得它系统化；其二是发挥王莽、刘歆们所倡导的古史和新祀典的学说，使得它益发有证有据；其三是把所有的学问、所有的神话都归纳到“六经”的旗帜之下，使得孔子真成个教主，“六经”真成个天书，借此维持皇帝的位子。在两汉之际“民神杂糅”的社会中，自然该有这种东西大批的出现。（《汉代学术史略》）

我们看纬说中，整理古史溯及三皇以前，他们的目的实不止于为古文经说弥缝，他们实在是要将史前史溯追到开天辟地，所以说“自开辟至获麟”（《春秋元命苞》），“冥茎无形，蒙鸿萌兆，浑浑沌沌”、“天地初立，有天皇氏”（《春秋命历序》）。不过这些话实多好古的古学家所造作，后人不知，以古诬今，殊不知当时的今文家虽免不了“荒谬绝伦”之讥，而古文家之“荒谬绝伦”恐怕比今文家更甚。这不是我们任意加诬，请看这些纬说之中五帝而有六人等例便知道了！

**（二）考地**

（1）刘光汉说：“《河图》括地，《遁甲》开山，铜柱辨形（《河图括地象》），铁山稽数（《孝经钩命决》），流洲、玄洲释其名（《龙鱼河图》），大秦、中秦辨其地（《河图玉版》），嵎夷、禺铁，同实异名（《尚书帝命验》），赤县神洲，居中御外（《河图括地象》），天皇被迹，地征无热之陵（《遁甲开山图》）；王母献环，境隔昆仑之阙（《尚书帝命验》）；州土则域区内外，不数邹衍之谈天（《河图括坤象》）；水泉则性判刚柔（《河图始开图》）；已启夷吾之释地，恒、岱、嵩、华，既辨方而正位；河、淮、渭、洛，亦思义而顾名（《春秋说题辞》）。凡兹图箓之遗（《尚书璇玑钤》言五帝受箓图，又屡言《河图》之用；《河图》者，即古代之舆地图也）。足补山经之缺，是曰考地，其善二也。”（《长编》）刘氏所条举的地方，现在我们也试引几条原文来看：出灌兖州，凶在济阴、任城。寅日昼冥者，虎山崩，水灌徐州，凶在下邳、琅琊。卯日昼冥者，水山崩，一曰风，山水灌青州，凶在平原、齐国。辰日昼冥者，风山崩，水出灌扬州，凶在豫章、庐江。巳日昼冥者，龙山崩，一曰水山崩，水灌豫州，凶在淮扬、汝南、会国；一曰凶在淮扬、南昌。午日昼冥者，水山崩，一曰上山，水灌幽州，凶在日南、苍梧。一曰水灌青州，凶在平原、齐南。未日昼冥者，土山崩，一曰水山，水出灌荆州，凶在南阳。申日昼冥者，石山崩、水灌益州，凶在蜀郡、广汉。酉日昼冥者，铁山崩，水灌并州，凶在河内、五原。戌日昼冥者，气山朋，水灌兖州，凶在河内、太原，一曰凶在河内、京兆。亥日昼冥者，岑山崩，水灌冀州，凶在赵国、清河；一曰，水灌兖州人民也。”（《孝经雌雄图》）

（2）“宅禺铁”（陆德明《尚书释文》为嵎夷，《尚书考灵曜》及《史记》作禺铁）。（《尚书考灵曜》）

（3）“西王母于太荒之国得益地图，慕舜德，远来献之。”“（西）王母之国在西荒，凡得道授书者，皆朝王母于昆仑之阙。”（《尚书帝命验》）

（4）“河之为言荷也，荷精分布，怀阴引度也。”“淮出桐柏。淮者均也，均其务。”“谓之为言布也，谓之流行貌。”“洛水出熊

耳山。洛之为言绎也；绎，其耀也，言水绎之光耀也。”（《春秋说题辞》）

（5）“五岳：东岳岱，南岳衡，西岳华，北岳恒，中岳嵩。”（《孝经钩命决》）

（6）“孔子曰：五帝出，受箓图。”“河图，命纪也。图天地帝王终始存亡之期，录代之矩。”（《尚书璇玑钤》）

关于地的面积，更说有“计校九州之别，土壤山陵之大，川泽所注，莱沛所生，鸟兽所聚，九百一十万八千二十四顷，硗确不垦者，其余提封千五百万二千顷”（《孝经援神契》略有不同）。他们没有测量和统计，却放大胆地说出来具体的数字，也只可说是“考地”了！

（三）测天

刘光汉说：“凿度运枢之说，推灾考耀之文，辨地域之广轮（《诗含神雾》）；测星辰之高远（《春秋考异邮》）；地乘气立（《春秋元命苞》）；月假日明（《春秋说题辞》）；气触石而生云，阴激阳而成电（《春秋元命苞》）；天圆则象征覆载（《尚书考灵曜》），地动则义取左旋。三百六旬，定时成岁（《春秋元命苞》）；七十二候，送暑迎寒（《孝经援神契》）；度密度疏，启《周髀》步天之学（见《尚书刑德放》、《春秋异词》）；景长景短，开土圭测日之先（见《春秋玄命苞》及注中）；四表四游（《尚书考灵曜》），明太空之无极；二分二至（《孝经援神契》），辨日晷之迁移。莫不甄明度数，稽合历文。屈平《天问》之作，讵足相衡？张氏《灵宪》之书，于焉取法。是曰：测天，其善三也。”（《长编》）于此，现在我们也引一些原文来看：

（1）“天地东西二亿三万三千里，南北二亿一千五百里，天地相去一亿五万里。”（《诗含神雾》）

（2）“天从上临下八万里。天以圆覆，地以方载。”（《尚书考灵曜》）

（3）“天左旋，地右转。”“地所以右转者，气浊精少，含阴而起迟，故右转迎天，佐其道。”（《春秋元命苞》）

（4）“日以圆照，月以亏全。”（《春秋保乾图》）

（5）“山者气之苞含，所以含精藏云，故触石而出。”“阴阳合为雷，阴阳激为电。”（《春秋元命苞》）

（6）“自开辟至获麟二百七十六万岁。每纪为一十七万六千年。”“日行一度以立序，行三百六十五度四分度之一。日径千里。”（《春秋元命苞》）

（7）“周天七衡六间曰：大寒后十五日，斗指艮，为立春……斗指寅，为雨水……斗指甲，为惊蛰……斗指卯，为春分……斗指乙，为清明……斗指辰，为谷雨……斗指巽，为立夏……斗指巳，为小满……斗指丙，为芒种……斗指午，为夏至……斗指丁，为小暑……斗指未，为大暑……斗指坤，为立秋……斗指申，为处暑……斗指庚，为白露……斗指酉，为秋分……斗指辛，为寒露……斗指戌，为霜降……斗指乾，为立冬……斗指亥，为小雪……斗指壬，为大雪……斗指子，为冬至……斗指癸，为小寒……斗指丑，为大寒，十二月中，至此栗烈极矣。斗指子为冬至，至有三义：……三者日行南至，故谓为至。”（《孝经援神契》）

（8）“周天一百七万一千里，一度为二千九百三十二里七十一步二尺七寸四分四百八十七分分之三百六十二。”（《春秋考异邮》）

（9）“日永景一尺五寸，日短景尺三寸。”（《尚书考灵曜》）

（10）“天如弹丸，围圜三百六十五度四分度之一。”“一度二千九百三十二里千四百六十一分里之三百四十八，周天百七万一千里。”“二十八宿之外上下东西各有万五千里是为四游之极，谓之四表。”“地与星辰四游，升降于三万里之中。”“春则星辰西游，夏则辰北游，秋则星辰东游，冬则星辰南游。”“地有四游，冬至地上，北而西三万里。夏至地下，南而东复三万里。春、秋二分则其中矣。地恒动不止，人不知。譬如人在大舟中闭牖而坐，舟行而人不觉也。七戎六蛮九夷八狄形类不同，总而言之，谓之四海，言皆近海。海之，昏晦无所睹也。”（《尚书考灵曜》）

(11)“周天七衡六间者，相去万九千八百三十三里三分里之一，合十一万九千里，从内衡以至中衡，从中衡以至外衡，各五万九千五百里……周天有七衡，夏至日在内衡；冬至日在外衡；春分之日，日在中衡；秋分日在内衡。日在外衡，牵牛之初，冬至之日。”（《孝经援神契》）

(12)“月之为言阙也，两说蟾蜍与兔者，阴阳双居，明阳之制阴，阴之制阳。”（《春秋元命苞》）

就上所引纬说看来，似乎真是“甄明度数，稽合历文”，但是在这些纬候之中，他们说星辰的分野者，例如《春秋文耀钩》说七星主九州，对于太白、荧惑、辰星、填星、流星、慧星等星位置的复动都有一定的占法，以预示人间的祸福吉凶；又说“日蚀有三法”，人间有何事变，则天上的日月也可以有反应，日蚀于二十八宿中某一宿，分别预示着天下国家的某种灾祸（《春秋感精符》）；甚至甲子曰蚀是如何，乙丑日蚀又如何，都有明确的规定（《春秋潜潭巴》）。他们以为天文地理都有所主，北斗有七星，天子有七政（《春秋合诚图》）；又说地为山川，山川之精各应其州域（《春秋感精符》）；等等。这些，我们可以说他们是对于天人相应说要作一番整理。他们太相信讲占验了，在《孝经内事图》中说“日夜出，明臣贼其主，夺其家。一日兵起，天下饥，再出三年，君死国亡”。《孝经雌雄图》又有“子日日斗者，李氏欲为天子”，“丑日日斗者，赵氏欲为天子”等等，这些地方未免过于荒谬绝伦。他们可以推测“日夜出”、“日再出”、“日中分”、“日斗”等毫无道理的事，自然要引起当时人的憎恶，要加以燔禁，更无论我们看的这些是如何荒谬了。

**（四）考文**

刘光汉《谶纬论》说："毖纬之说，训故是资。礼、履则训近双声（《礼含文嘉》），民、萌则义详互训。(《礼含文嘉》、《孝经纬》又曰：'言不文者。指士民也。'此古代下民无学之确证也）土力于地，日生为星（见《春秋说题辞》，即八星出于日球之说)。以刀守井曰刑（亦皆见《春秋元命苞》）；推日合月为易（《易经纬》）；十一相加是为士，两人相合则为仁（皆见《春秋元命苞》，此即郑君相仁偶说之所本)。虫动几而为风（《春秋考异邮》），禾入水而为黍（《春秋说题辞》），律以六书之学，咸归会意之条。若夫分别部居，依类讬义，律训率而岁训遂（《春秋元命苞》），义取谐声；王训往而皇训煌（亦见《春秋元命苞》），说符迭韵。阳为天而阴为地（《春秋说题辞》），遗文征洨长之书（《说文》用其说)；水象《坎》而火象《离》，佚象合羲经之卦（《春秋元命苞》云：'两人交，一而中出者为水。人散二者为火。'《乾坤凿度》云：'三，古火字，两人交一为水，人散二为火。'盖火字古文象离卦之形，而水字古文象坎卦之形)。是曰考文，其善四也。"（《长编》）他这一段所说，比较俞正燮《纬学论》更有条理。现在我们也引出一些原文来看：

(1)"礼者，覆也。"（《礼含文嘉》）

(2)"民者，冥也。言不文者指古民也。"（《孝经援神契》）

(3)"天之为言颠也。居高理下，为人经纬。故其字一大以镇之。"（《春秋说题辞》）

(4)"地之为言媲也，承天行其义也，居下以山为位，道之经也。山陵之大，非地不制，含功以牧生，故其立字土力于一者为地。"（《春秋说题辞》）

(5)"星之为言精也，阳之荣也。阳精为日，日分为星，故其（立）字日生为星。"（《春秋说题辞》）

(6)“刑字从刀从井，井以饮人。人入井争水，陷于泉。以刀守之，割其情欲，人畏慎，以全命也。故字从刀从井也。”(《春秋元命苞》)

(7)“土为言吐也。言子成父道，吐也。气精以辅也，阳立于三，故成生。其立字十加一为土。”(《春秋元命苞》)

(8)“仁者，情志好生爱人，故其为仁以人，其立字二人为仁。”(《春秋元命苞》)

(9)“风之为言萌也，其立字蟲动于几中者为风。”(《春秋考异邮》)

(10)“精移火转生黍，夏出秋改。黍者缩也，故其立字禾入水为黍。”(《春秋说题辞》)

(11)“律之为言率也，所以率气令达也。率，犹导也。”(《春秋元命苞》)

(12)“皇者，煌煌也。道烂然显明。帝者，谛也。王者，往也。神之所输向，人所乐归。”(《春秋元命苞》)

(13)“水之为言演也，阴化淖濡，流施潜行也。故其立字，两人交，一以中出者为水。一者数之始，两人譬男女，言阴阳交，物以一起也。火之为言委随也，故其立字人散二者为火。”(《春秋元命苞》)

在纬说中，以字音作训释的尚有如：“霜者阴精，冬令也，四时代谢，以霜收杀，霜之为言亡也，物以终身也”(《春秋考异邮》)；“螽之为言，众暴寡也”(《春秋佐助期》)；“侯，候也，所以守蕃也”(《孝经援神契》)。“臣者坚也，守节明度，修义奉戝也”(《春秋纬》)。“政者正也，正德名以行道”(《孝经纬》)；“禄者，录也。取上所以敬录接下，下所以谨录事上”(《孝经援神契》)等等，这些解释较之“土力于一者为地”还要有理由些。

**(五) 征礼**

刘光汉《谶纬论》又说：“礼名定于黄帝(《礼含文嘉》)。

礼经设于文王（《礼稽命征》诸书）。叙郊邱则旁征《礼》经，叙祫禘则阴符《王制》（亦见《礼稽命征》）。辨物举四夷之乐（《乐纬》），赏功详九锡之文（《礼含文嘉》）；千雉百雉异其规（《春秋纬》），外屏内屏殊其制（《礼纬》）；鼎俎则详其度数（《春秋纬》），旗物则辨其等差（《礼含文嘉》）；观阙为悬法之区（《礼纬》），灵台即望氛之地（《易纬》及《礼纬》）；分土列爵，立制隐合于《公羊》（《春秋元命苞》云：周爵五等，殷爵三等），按亩授田，陈说迥殊于孟子（《乐纬》谓'九夫为井，八家共治公田八十亩，以外二十亩以为八家井灶庐舍'。与孟子之论井田不同）；推之稽三统之历（《春秋感精符》），正五刑之名（《尚书璇玑钤》）；二穆二昭，制详七庙（《春秋元命苞》）；四望四类，典异六宗（《礼稽命征》）；梁父、太山，刻石不忘纪号（《诗含神雾》及《孝经钩命决》）；明堂崇屋，祀帝即以配天（《尚书帝命验》）；莫不制征四代，典溯三王。是曰征礼，其善五也。"（《长编》）





纬说有许多是用以释经的，与典礼制度关系尤大，所以纬书中有很多说制之文。如：

(1)"礼名起于黄帝。"（《礼含文嘉》）

(2)"文王见礼坏乐崩，道孤无主，故设《礼经》三百，威仪三千。"（《礼稽命征》）

(3)"三年一祫，五年一禘。以衣服，想见其容色，三日斋，思亲志意，想见所好喜，然后入庙。"（《礼稽命征》）

(4)"礼：祭天，牲角茧栗。社稷、宗庙、角握。六宗五岳四渎，角尺。"（《礼稽命征》）

(5)"东夷之乐曰韎，持矛，助时生。南夷之乐曰任，持弓，助时养。西夷之乐曰助侏离，持钺，助时杀。北夷之乐曰禁，持楯，助时藏。皆于西门之外右僻。"（《孝经钩命决》）"东夷之乐曰株离，南夷之乐曰任，西夷之乐曰禁，北夷之乐曰昧。"（《乐纬》）

（6）“礼有九锡，一曰车马，二曰衣服，三曰乐则，四曰朱户，五曰纳陛，六曰虎贲，七曰斧钺，八曰弓矢，九曰秬鬯，皆所以劝善扶不能。（《礼含文嘉》）

（7）“嫡长称伯，庶长称孟。文家称叔，质家称仲。”（《礼含文嘉》）

（8）“天子外屏，诸侯内屏，大夫以帘，士以帷。”（《礼含文嘉》）

（9）“五祀：南郊，北郊，西郊，东郊，中郊，兆正谋。五者，天子公侯伯子男卿大夫士，所以承天也。”（《礼含文嘉》）

（10）“天子之旗九仞，十二旒曳地。诸侯七仞，九旒齐轸。卿大夫五仞，七旒齐较。士三仞，五旒齐首。”（《礼稽命征》）

（11）“天子坟高三仞，树以松。诸侯半之，树以栢。大夫八尺，树以栾。士四尺，树以槐。庶人无坟，树以杨柳。”（《礼含文嘉》）

（12）“天子有灵台，以候天地。诸侯有时台，以候四时。”（《礼含文嘉》）

（13）“天统，十一月建子，天始施之端也。谓之天统者，周以为正。地统，十二月建丑，地助生之端，谓之地统，商以为正。人统，十三月建寅，物生之端，谓之人统，夏以为正。”（《春秋感精符》）

（14）“涿鹿者，竿人头也。黥者，马羁竿人面也。髌者，脱去人之髌也。髌法之属五百，象七精。宫者，女子淫乱，执置宫中，不得出也。割者，丈夫淫，割其势也。”（《尚书刑德放》）

（15）“天子五庙，二昭二穆，与始祖而五。”（《春秋元命苞》）

（16）“天子祭天地宗庙六宗五岳，得其宜，则五谷丰登。雷雨时至，四夷贡物。青鸟黄马黄龙翔，黄雀集。”（《礼稽命征》）

（17）“刑罚藏，颂声作，凤凰至，麒麟臻，封泰山，禅梁甫。封禅刻石纪号也。”（《孝经钩命决》）“刑法格藏，世作颂声，封乎泰山，考绩柴燎。禅于梁甫，刻石纪号，英炳巍巍，功

平世教。”(《礼纬》)

(18)“明堂所以通神灵，感天地，正四时，出教令，崇有德，章有道，褒有行。”(《礼含文嘉》)

(19)“帝者承天，立五府以尊天重象。五府，五帝之庙。苍曰灵府，赤曰文祖，黄曰神斗，白曰显纪，黑曰玄矩。唐虞谓之五府，夏谓世室，殷谓重屋，周谓明堂，皆祀五帝之所也。”(《尚书帝命验》)

纬说中释礼者，其实多与经义相关。在《礼纬》中，说礼数的还有“有正经三百，动仪三千”(《七纬·礼纬·附录》)。说礼意的还有“孔子谓子夏曰：‘礼以修外，乐以治内，丘已矣夫。’”(《七纬·礼稽命征》)。说灵台的还有“天子灵台所以观天之际、阴阳之会也。揆星度之验，征六气之瑞应，原神明之变化，睹日气之所验，为万物获福于无方之原，招大极之清泉以兴稼穑之根。仓廪实，知礼节；衣食足，知荣辱。天子得灵台之礼，则五车三柱明，制可行，不失其常，水泉川流，无滞寒暴暑之灾，陆泽山陵，禾尽丰穰。”(《七纬·礼含文嘉》)。说三统的还有：“天有三统，物有三变，故正色有三。”“舜以十一月为正统，尚赤；尧以十二月为正，尚白；高辛氏以十三月为正，尚黑；高阳氏以十一月为正，尚赤；少昊以十二月为正，尚白；黄帝以十三月为正，尚黑；神农以十一月为正，尚赤；女娲以十二月为正，尚白；伏羲以上未有闻焉。”(《古微书·礼稽命征》)说庙制的还有：“唐虞五庙，亲庙四，始祖庙一。夏四庙，至子孙五。殷五庙，至子孙六。周六庙，至子孙七。夏无大祖，宗禹而已，则五庙。殷人祖契而宗汤，则六庙。周尊后稷，宗文王、武王，则七庙。自夏及周，少不减五，多不过七。天子之元士二庙，诸侯之上士亦二庙，中、下士一庙。一庙者，祖祢共庙。”(《七纬·礼稽命征》)说明堂的还有：“明堂，文王之庙，夏后氏曰世室，殷人曰重屋，周人曰明堂。东西九筵，筵九尺，南北七筵，堂崇一筵五室。凡室二筵，盖之以茅。宗祀文王于明堂，以配上帝。明堂上圆下方，八窗四闼，布政之宫在国之阳。帝者禘也，象上可承五精之神。五精之神实在太微，于辰为巳。得阳气明朗谓之明堂。”（《七纬·孝经援神契》）“明堂之制，东西九筵，筵长九尺也。明堂东西八十一尺，南北六十三尺，故谓之太室。周之明堂，在国之阳，三里之外，七里之内，在辰巳者也。”(同上) 这些纬说都不见于经文，而可以备说《礼》之参考的。

（六）博物

刘氏《谶纬论》又云：“若夫情由性生（《孝经援神契》），仁从爱起（《春秋元命苞》），以敬胜怠（《尚书帝命验》），以义强躬（《论语撰考谶》）。渐兰渐鲍（亦《论语撰考谶》），证孔门习远之言；太素、太初（《孝经钩命决》），近老氏真空之旨。凡兹粹语，足辅九流。推之礼详卉服（《春秋命历序》），地测温泉（《诗经纬》诸书），横行为蛮貊之书（见《诗含神雾》），画象别古初之制（《孝经钩命决》）。数止于五，至六以上皆互乘（《易河图数》云：‘一与六共宗，二与七同道，三与八为朋，四与九为友，五与十同途。’足证古人纪数至五而止，至六以上皆用互乘之法）；气成于三，与九相推无所戾（《春秋元命苞》云：‘阳气成于三，阳数极于九’，亦足为江都汪氏释‘三九’之证）；计六经之尺度（《孝经钩命决》），辨百体之殊名（《春秋元命苞》）。六律则溯其起源（见《乐协图征》），五谷则稽其名义（《春秋说题辞》）。阳墟石室，奇铭辨苍颉之文（见《河图玉版》），洞庭、包山，秘籍识夏王之字（《春秋命历序》）。亦足助博物之功，辅多闻之益。殷周绝学，赖此可窥（俞正燮曰：谶纬者古史书也，其说近是）。”（《长编》）他这里所举之例，如：

(1)“情者魂之使，性者魄之使。情生于阴以计念，性生于阳以理契。”“情者阴之数，精内附着生流通也。”（《孝经援神契》）

（2）“仁者，情志好生爱人。”（《春秋元命苞》）

（3）“季秋之月甲子，赤雀衔丹书入于酆，止于昌户。其书云：敬胜怠者吉，怠胜敬者灭。义胜欲者从，欲胜义者凶。凡事不强则不枉，不敬则不正。枉者废灭，敬者万世。以仁得之，以仁守之，其量百世。以不仁得之，以仁守之，其量十世。以不仁得之，不仁守之，不及其世。”（《尚书帝命验》）

（4）“仁义在身，行之可强。”（《论语比考谶》）

（5）“渐于兰则芳，渐于鲍则臭。”（《论语撰考谶》）

（6）“雄生八月仲节，号曰太初，行三节。……雄雌俱行三节，而雄合物魂，号曰太秦。三气未分别，号曰浑沦。”（《诗推度灾》）

（7）“十月之交，气之相交，周十月，夏之八月。”（同上）

（8）“月，三日成魄，八日成光。蟾蜍体就，穴鼻始萌。”（同上）

（9）“三皇无文，五帝画象，三王肉刑。”（《孝经纬》）

（10）“六经册长尺四寸，《孝经》册长尺二寸。《春秋》二尺四寸书之，《孝经》一尺二寸书之。”（《孝经钩命决》）

在以上所举，如（1）说情性，（2）、（4）说仁义，这些地方讨论心性和德行，不当归于博物一类。其实还有“五凤皆五色，为瑞者一，为孽者四”（《七纬·乐叶图征》）；“朱英蔓竹紫脱”（无此句，《礼斗威仪》仅有“远方神献其朱英紫脱”）；“鹤知夜半，鸡应旦鸣”（《春秋考异邮》）；“山车垂句福草”（无此句，《礼纬》中仅有“山车垂句”）。

刘氏《谶纬论》又说：

> 及夫胪幽明之序，穷祸福之源。以五常法五行，以八风象八卦（《礼纬》），九州咸有其分星（《春秋元命苞》），五纬或凭以推日，或以灾祥验行事，或以星象示废兴。（见《春秋演孔图》、《诗纬》、《春秋文耀钩》、

《春秋运斗枢》诸书）四始五际（《齐诗》说），已失经义之真，六甲九宫（《春秋合诚图》），遂启杂占之学。是则前知自诩，格物未明，易蹈疑众之诛，允属诬天之学。复有仓圣四目，虞舜重瞳，丹凤含书（皆见《春秋元命苞》），赤龙纪瑞（《诗含神雾》），白云覆孔子之居，赤血辨鲁门之字（见《春秋演孔图》），亦复说邻荒谬，语类矫诬。此尹敏所由致疑，而君山所由耻习也。然敬天明鬼，实为古学之滥觞，以元统君，足儆后王之失德。是则汉崇谶学，虽近诬民，而隋禁纬书，亦为蔑古。学术替兴，不可不察也。若夫网罗散失，参稽异同，掇宋均之注，萃郗萌之书，删彼芜词，独标精旨，庶天文、历谱，备存七略之遗（以纬书归入天文、历谱类），《钩命》、《援神》，不附六经之列（经自为经，纬自为纬）。则校理秘文，掇拾坠简，殆亦稽古者者所乐闻而博物家所不废者与？（《长编》）

他所列举之例如：

(1)“性者，生之质也。若木性则仁，金性则义，火性则礼，水性则智，土性则信。情者既有知，故有喜怒哀乐好恶。”（《孝经钩命决》）

(2)“阳立于五，极于九，五九四十五日一变风，以阴合阳，故八卦主八风，距同各四十五日。艮为条风，震为明庶风，巽为清明风，离为景风，坤为凉风，兑为阊阖风，乾为不周风，坎为广莫风。”（《春秋考异邮》）

(3)“天有九野，九千九百九十九隅，去地五亿万里。何谓九野？中央钧天，其星角、亢；东方皡天，其星房、心；东北变天，其星斗、箕；北方玄天，其星须、女；西北幽天，其星奎、娄；西方成天，其星胃、昴；西南朱天，其星参、狼；南方赤天，其星舆鬼、柳；东南阳天，其星张、翼、轸。”（《尚书考灵

曜》）

(4)“列宿二十八，是日月五星之所由，吉凶之所由兆也(吉凶兆之要处也)。”(《春秋文耀钩》)

(5)“黄帝坐玄扈洛水上，与大司马容光等临观，凤皇衔图置帝前，帝再拜受图。”(《初学记·凤第一》)“尧坐中舟，与太尉舜临观，凤皇负图授。”(《春秋元命苞》)“黄帝坐于扈阁，凤皇衔书至帝前，其中得五始之文。”(《七纬·春秋纬·附录》)

(6)“仓颉四目，是谓并明。颛顼戴干，是谓崇仁。帝俈戴干，是谓清明。尧眉八彩，是谓通明。舜目重瞳，是谓无景。禹耳三漏，是谓大通。汤臂三肘，是谓柳翼。文王四乳，是谓含良。武王骈齿，是谓刚强。”(《春秋演孔图》)

(7)“孟子生时，其母梦神人乘云自泰山来，将止于峄，母凝视久之，忽片云坠而寤，时闾巷皆见有五色云覆孟子之居焉。”(同上)

(8)“得麟之后，天下血书鲁端门曰：趋作法，孔圣没，周姬亡，彗东出，秦政起，胡破术，书记散，孔不绝。子夏明日往视之，血书飞为赤鸟，化为白书，署曰《演孔图》，中有作图制法之状。”(同上)

此所举八例中除(1)、(3)等例外，其余自不可信。我们只可以谓之述异，还够不上“博物”之类。不过要注意的，分野之说起源较早，纬候加以推演，这与他们讲五德、三统、八卦、八风是对于阴阳五行说作一番整理相同，原不足异。他们述及孔、孟的灵异，则是要将孔子事迹也神话化。《演孔图》说孔子修《春秋》成，有“天下血书鲁端门”，这已经够奇怪了。在《孝经右契》中更有“孔子作《春秋》、制《孝经》既成，使七十二弟子向北辰磬折而立，使曾子抱《河》、《洛》事北向，孔子斋戒，簪缥笔，衣绛单衣，向北辰而拜，告备于天曰：《孝经》四卷、《春秋河洛》凡八十一卷，谨已备。天乃洪郁，起白雾，摩地赤虹，自上下化为黄玉，长三尺，上有刻文。孔子跪受而读之，曰：‘宝文出，刘季握。卯金刀，在轸北。字禾子，天下服。’”他们以为“天子皆五帝之精宝，各有题叙，以次运相据起，必有神灵符纪，使开阶立遂”（《七纬·春秋纬·春秋演孔图》）。“圣人不空生，必有所制，以显天心。丘为木铎，制天下法。”（《七纬·春秋纬·春秋演孔图》）故要说“玄丘制命，帝卯行”（《七纬·春秋纬·春秋演孔图》）。“丘揽史记，援引古图，推集天变，为汉帝制法，陈叙《图》、《录》。”（《七纬·春秋纬·附录》）孔子不在帝位不过是“黑龙生为赤”，因为“丘水精，治法为赤始制功”（《七纬·春秋纬·附录》）。因为“丘为制法之主，黑绿不代苍黄”（《七纬·春秋纬·春秋演孔图》）。孔子不合“代周家木德之苍”，只好说“玄丘制命，帝卯行”，但他们也说“《春秋》经文备三圣之度”（《七纬·春秋纬·春秋说题辞》），不过对孔子的神化并不能显出神灵符纪，像这些地方才真够记神述异。





（七）释经

纬书之作，本来有的是真释经的。《尚书璇玑钤》曰：“孔子求《书》，得黄帝玄孙帝魁之书。”“书务以天言之，因而谓之《书》，加‘尚’以尊之。”（同上）《春秋说题辞》曰：“孔子作《春秋》，一万八千字，九月而书成，以授游、夏之徒，游、夏之徒不能改一字。”“传我书者，公羊高也。”（同上）。这些虽属似是而非，但其本意在于释经则极显明，其中解释尚好并勉强可以引用的例如：

(1)“六经所以明君父之尊，天地之开辟，皆有教也。”（《春秋说题辞》）

(2)“《诗》者天地之精、辰星之度、人心之操也。在事为诗，未发为谋，恬淡为心，思虑为志，故《诗》之为言志也。”（《春秋说题辞》）

(3)“《尚书》者二帝之迹，三王之义，所以推期运，明命授之际。《书》之言信，而明天下之情、帝王之功。凡百二篇，次弟委曲而不紊。尚者上也，上世帝王之遗书也。”（《春秋说题辞》）

(4)“礼者体也，人情有哀乐，五行有兴灭，故立乡饮酒之礼，终始之哀，婚姻之宜，朝聘之表，尊卑有序，上下有体，王者行礼得天中和。礼得则天下咸得厥宜。阴阳滋液，万物调，四时和，动静常用，不可须臾惰也。”（《春秋说题辞》）

(5)“《易》者气之节，含五精，宣律历。上经象天，下经计历，《文言》立符，《彖》出期节，《象》言变化，《系》设类迹。”（《春秋说题辞》）

(6)“哀十四年春，西狩获麟，作《春秋》，九月书成。以其春作秋成，故曰《春秋》也。”（《春秋演孔图》）

(7)“《孝经》者，所以明君父之尊、人道之素，天地开辟皆在孝。”（《春秋说题辞》）

(8)“孔子作法五经，运之天地，稽之图像，质于三王，施于四海。”（《春秋演孔图》）

(9)“《诗》者，持也。”（《诗含神雾》）

(10)“《尚书》篇题号，尚者上也。上天垂文象布节度书也。书者如也，如天行也。”（《尚书璇玑钤》）

(11)“礼有三起：礼理起于太一，礼事起于遂皇，礼名起于黄帝。”（《古微书·礼含文嘉》）

(12)“《易》建八卦，序六十四卦，转成三百八十四爻，运机布度，其气转易，故称经也。”（《孝经援神契》）

(13)“子夏问：‘夫子作《春秋》不以初哉首基为始何?’”“孔子曰：‘丘作《春秋》始于元，终于麟，王道成也。’”（《春秋元命苞》）

(14)“孔子曰：‘吾志在《春秋》，行在《孝经》。’”（《孝经

钩命决》）“孔子曰：‘欲观我褒贬诸侯之志在《春秋》，崇人伦之行在《孝经》。’”（《七纬·附录·孝经纬》）

这里所举十四例中，如“《诗》者天地之精”、“《孝经》者所以明君父之尊”等，这些话固然很奇怪，但较之如释《易》之“其气转易故称经也”，这些地方还不失为有理由的释解。其他如《春秋纬》中之“《春秋》三科九旨”，“《春秋》书有七缺”，“昭定哀为所见之世，文宣成襄为所闻之世，隐桓庄闵僖为所传闻之世”，“《春秋》元年者何？元宜为一，谓之元，何注曰：君之始年也”（《春秋元命苞》）。《诗纬》中之“关雎知原，冀得贤妃主八嫔”、“鹊以复至之月始作室家，鸤鸠因成事，天性如此也。”（《诗推度灾》）“陈，王者所起也”，“颂者，王道太平，功成治定而作也”（《诗含神雾》）。《礼纬》中之说殷爵三等、周爵五等，三网六纪以及“文家称叔，质家称仲”、“嫡长称伯，庶长称孟”（《礼含文嘉》）。《乐纬》中之说《诗》者如“《周南》无美而《召南》有之”。“以《雅》治人，《风》成于《颂》”（《七纬·乐纬·乐动声仪》）。“天道本下，亲亲而质省。地道敬上，尊尊而文烦”（《七纬·乐纬·附录》）。《春秋纬》中之“天人同度，正法相授。天垂文象，人行其事，谓之教。教，效也，言上为而下效也”（《春秋元命苞》）；《孝经纬》中之“命有三科：有受命以保庆，有遭命以谪暴，有随命以督行”（《孝经援神契》），更不失为中正通达之说。这些解释多系纬书说来自师说。因其本为师说，我们也不可就误会以为纬说。

不过这些纬说既多出于东汉，则自当受古经之影响。而有些是释古经的，例如：《尚书帝命验》有“天宗日、月、北辰，地宗岱山、河、海，日月为阴阳宗，北辰为星宗，岱为山宗，河为水宗，海为泽宗”。《诗含神雾》有“北极天皇大帝”（《古微书》卷八《春秋合诚图》云“天皇大帝北辰星也”），“赤龙感女娲”（《诗含神雾》）。《礼含文嘉》有“五祀，南郊、北郊、西郊、东郊、中郊，兆正谋。五者，天子公侯伯子男卿大夫士，所以承天也”(《礼含文嘉》)。及“宫室之饰：士首本，大夫达棱，诸侯斲而砻之，天子加密石焉”(《郑氏礼记笺》)。《礼稽命征》有“古者以五灵配五方。龙，木也；凤，火也；麟，土也；白虎，金也；神龟，水也。其五行之序，则木爇生火，火炧生土，土圳生金，金漻生水，水液生木，五者修其母则致其子”。《礼斗威仪》有“颛顼有三子，生而亡去，为疫鬼。一居江水，是为疟鬼；一居若水，为魍魉鬼；一居人宫室区隅，善惊人小儿，为小鬼。于是常以正岁十二月，令礼官方相氏蒙熊皮，黄金四目，玄衣纁裳，執戈揚盾，帅百隶及童子而时傩，以索食而驱疫鬼。以桃弧，苇矢，工鼓且射之，以赤丸五谷，播洒之，以除疾殃”(《礼斗威仪》)。《乐纬》有“狄人与卫战，桓公不救，于其败也，然后救之”(《乐稽耀嘉》)。《春秋纬》有“长狄兄弟三人，各长百尺，狄者阴气，时中国衰，有夷狄萌”(《春秋考异邮》)。《春秋内事》曰：“天有十二分次，日月之所躔也；地有十二分，王侯之所居也。”《论语谶》有“左邱明为素臣”(《论语摘辅象》)。我们分别这些纬谶之何者为今古文，可以就其所依以依次立说经为今文抑为古文，可以就其所援用之古史其系统为今说抑为古说。邵瑞彭《泰誓决疑》曾说“用五行相胜说者为今纬，用五行相生说者为古纬；用四分历者为今纬；用三统术者为古纬”。而“五行相生兴三统术”正是古文家说古史系统，我们不当只限于邵说之二种。




## 第四节　纬学之流传与燔禁

纬学是依经而立的，应起于西京之世，而在哀、平间逐渐发达。据《汉书·路温舒传》说：“温舒从祖父受历数、天文，以为汉厄三七之间。”《汉书·淮阳宪王刘钦传》说：“宪王有外祖母舅张博……欲循行郡国求幽隐之士，闻齐有驷先生者，善为

《司马兵法》，大将之材也，博得谒见，承间进问五帝、三王究竟要道，卓尔非世俗之所知……又闻北海之濒有贤人焉，累世不可逮，然难致也……驷先生蓄积道术，书无不有……”由这些传文，我们可知在哀、平前，眭弘、夏侯始昌、夏侯胜、翼奉、京房之外，颇有一些“幽隐之士”、“蓄积道术”，在我们现在看来不过是一些方士之流在那里讲求灾异占验。温舒从祖父有“以为汉厄三七之间”，这话后来流传为谷永所引用。而张博正是京房的岳父，他所崇拜的驷先生想必也是翼、京之流，所以我们推测纬学之兴，实远在哀、平以前。据《汉书·李寻传》说：

> 初，成帝时，齐人甘忠可诈造《天官历》、《包元太平经》十二卷，以言“汉家逢天地之大终，当更受命于天，天帝使真人赤精子，下教我此道”。忠可以教重平夏贺良、容丘丁广世、东郡郭昌等，中垒校尉刘向奏忠可假鬼神罔上惑众，下狱治服，未断病死。贺良等坐挟学忠可书以不敬论，后贺良等复私以相教。哀帝初立，司隶校尉解光亦以明经通灾异得幸，白贺良等所挟忠可书。事下奉车都尉刘歆，歆以为不合《五经》，不可施行。而李寻亦好之。光曰：“前歆父向奏忠可下狱，歆安肯通此道?”时郭昌为长安令，劝寻宜助贺良等。寻遂白贺良等皆待诏黄门，数召见，陈说：“汉历中衰，当更受命。成帝不应天命，故绝嗣。今陛下久疾，变异屡数，天所以谴告人也。宜急改元易号，乃得延年益寿，皇子生，灾异息矣。得道不得行，咎殃且亡，不有洪水将出，灾火且起，涤荡民人。”
>
> 哀帝久寝疾，几其有益，遂从贺良等议。于是诏制丞相御史：“盖闻《尚书》‘五曰考终命’，言大运壹终，更纪天元人元，考文正理，推历定纪，数如甲子也。朕以眇身人继太祖，承皇天，总百僚，子元元，未有应天

心之效。即位出入三年，灾变数降，日月失度，星辰错谬，高下贸易，大异连仍，盗贼并起。朕甚惧焉，战战兢兢，唯恐陵夷。惟汉兴至今二百载，历纪开元，皇天降非材之右（佑），汉国再获受命之符，朕之不德，曷敢不通夫受天之元命，必与天下自新。其大赦天下，以建平二年为太初（元将）元年，号曰陈圣刘太平皇帝。漏刻以百二十为度。布告天下，使明知之。”后月余，上疾自若。贺良等复欲妄变政事，大臣争以为不可许。贺良等奏言大臣皆不知天命，宜退丞相、御史，以解光、李寻辅政。上以其言亡验，遂下贺良等吏。（《汉书·眭两夏侯京翼李传第四十五》）



我们看了这一段，知道在哀、平时，这种谶纬之学是在如何流行私以相教，而当时帝王竟至相信其说，诏令以改元、易号、增益漏刻。《汉书·李寻传》“赞曰：汉兴推阴阳言灾异者，孝武时有董仲舒、夏侯始昌，昭、宣则眭孟、夏侯胜，元、成则京房、翼奉、刘向、谷永，哀、平则李寻、田终术。此其纳说时君著明者也。察其所言，仿佛一端”。在汉武时，董仲舒虽推阴阳、言灾异，然而他还未造作谶记，与董君同时之方士已不免于诈造。到了元、成之世，自然可能的有诈造之《天官历》、《包元太平经》十二卷，而且私相传授。《汉书·王莽传》又说“甘忠可、夏贺良谶书藏兰台”，他们的书并未焚毁，这无论如何要算得是纬学流传上极重要的一页史料。刘向虽反对他们，但刘向实在也好言灾异；刘歆虽然也以为汉再受命说为不合五经，但他与田终术同门，最终是相信这谶记的。



在王莽时，也出现了许多谶记符命，据《汉书·王莽传》：“前辉光谢嚣奏武功长孟通浚井得白石，上圆下方，有丹书著石，文曰‘告安汉公莽为皇帝’。符命之起，自此始矣。”又有“广饶侯刘京、车骑将军千人扈云、大保属臧鸿奏符命。京言齐郡新井，云言巴郡石牛，鸿言扶风雍石，莽皆迎受”，“齐郡临淄县昌兴亭长辛当一暮数梦，曰：‘吾，天公使也。天公使我告亭长曰：“摄皇帝当为真。”即不信我，此亭中当有新井。’亭长晨起视亭中，诚有新井”。又有“梓潼人哀章学问长安，素无行，好为大言。见莽居摄，即作铜匮，为两检，署其一曰‘天帝行玺金匮图’，其一署曰‘赤帝行玺某传予黄帝金策书’。某者，高皇帝名也。书言王莽为真天子”。

而光武之兴，则据《后汉书·光武帝纪》说：

> 地皇三年，南阳荒饥，诸家宾客多为小盗。光武避吏新野，因卖谷于宛。宛人李通等以图谶说光武云：“刘氏复起，李氏为辅。”光武初不敢当，然独念兄伯升素结轻客，必举大事，且王莽败亡已兆，天下方乱，遂与定谋，于是乃市兵弩。十月，与李通从弟轶等起于宛。
>
> ……
>
> 行至鄗，光武先在长安时同舍生强华自关中奉《赤伏符》，曰“刘秀发兵捕不道，四夷云集龙斗野，四七之际火为主”。群臣因复奏曰：“受命之符，人应为大，万里合信，不议同情，周之白鱼，曷足比焉？今上无天子，海内淆乱，符瑞之应，昭然著闻，宜答天神，以塞群望。”光武于是命有司设坛场于鄗南千秋亭五成陌。六月己未，即皇帝位。

据《东观汉记·光武纪》说：“自上即位，按图谶，推五运，汉为火德。”又“建武六年……天下悉定，唯独公孙述、隗嚣未平……当此之时，贼檄日以百数，忧不可胜，上犹以余间讲经艺，发图谶”。又建武“十七年，帝以日食，避正殿，读图谶，移御坐庑下，浅露中风，发疾，苦眩甚”。可见光武因图谶之应验，是如何的喜于诵读研究。他据谶说来任命景丹、王梁，据

《后汉书·景丹传》说："世祖即位，以谶文用平狄将军孙咸行大司马，众咸不悦。"《后汉书·王梁传》说："世祖……即位，议选大司空，而赤伏符曰'王梁主卫作玄武'，帝以野王卫之所徙，玄武水神之名，司空水土之官也，于是擢拜梁为大司空，封武强侯。"他在答公孙述时也称图谶，《华阳国志》卷五说："述乃移檄中国，称引图纬以惑众。世祖报曰：'《西狩获麟谶》曰，乙子卯金，即乙未岁授刘氏，非西方之守也。光废昌帝，立子公孙；即霍光废昌邑王立孝宣帝也。黄帝始公孙，自以土德，君所知也。……汉家九百二十岁以蒙孙亡，受以丞相。其名当涂高，高岂君身耶？'"（《华阳国志》卷五）

凡不信谶者他都不信任，据《后汉书·桓谭传》："世祖即位，征待诏。上书言事失旨，不用。后大司空宋弘荐谭，拜议郎给事中，因上疏陈时政所宜……是时帝方信谶，多以决定嫌疑。……谭上疏曰：'……凡人情忽于见事而贵于异闻，观先王之所记述，咸以仁义正道为本，非有奇怪虚诞之事。盖天道性命，圣人所难言也。自子贡以下，不得而闻，况后世浅儒，能通之乎！合诸巧慧小材伎数之人，增益图书，矫称谶记，以欺惑贪邪，诖误人主，焉可不抑远之哉！臣谭伏闻陛下穷折方士黄白之术，甚为明矣；而乃欲听纳谶记，又何误也！其事虽有时合，譬犹卜数只偶之类。陛下宜垂明听，发圣意，屏群小之曲说，述《五经》之正义，略雷同之俗语，详通人之雅谋。又臣闻安平则尊道术之士，有难则贵介胄之臣……'帝省奏，愈不悦。其后有诏会议灵台所处，帝谓谭曰：'吾欲以谶决之，何如？'谭默然良久，曰：'臣不读谶。'帝问其故，谭复极言谶之非经。帝大怒曰：'桓谭非圣无法，将下斩之！'谭叩头流血，良久乃得解。"《后汉书·郑兴传》："帝尝问兴郊祀事，曰：'吾欲以谶断之，何如？'兴对曰：'臣不为谶。'帝怒曰：'卿之不为谶，非之邪？'兴惶恐曰：'臣于书有所未学，而无所非也。'帝意乃解。兴数言政事，依经守义，文章温雅，然以不善谶故不能任。”

桓谭说谶之非经，光武认为非圣无法。《后汉书·祭祀志上》：建武“三十二年正月，上斋，夜读《河图会昌符》曰：‘赤刘之九，会命岱宗。不慎克用，何益于承。诚善用之，奸伪不萌。’感此文，乃诏松等复案索《河》、《洛》谶文言九世封禅事者。松等列奏，乃许焉”。无论何事都欲以谶断之，可见谶说在东汉的势力。此后的明帝也是好图谶的，《后汉书·明帝纪》：永平三年“秋八月戊辰，改大乐为大予乐”。《东观汉记·明帝纪》说“帝尤垂意于经学，即位，删定拟议，稽合图谶”，秋八月，又“《尚书璇玑钤》曰：‘有帝汉出，德洽作乐，名予。’其改郊庙乐曰大予乐，乐官曰太予乐官，以应图谶”。可见明帝时谶纬学之声势还是仍大的。

至于纬学的流传，据蒋清翊《纬学原流兴废考》卷中《师承》所载，自汉讫隋，通纬候之学者有孔安国、司马迁、东方朔、焦延寿、京房、谯敏、翼奉、李寻、西门君惠、李守、李通、蔡少公、鲁恭、刘宽、赵典、苏竟、杨春卿、周循、郑伯山、炎高、楼厚、杨统、杨厚、昭约、寇欢、何苌、侯祈、郎宗、郎凯、襄楷、樊儵、朱浮、梁松、张纯、曹充、曹褒、陈宠、施延、郑玄、贾逵、班固、宋均、刘辅、刘苍、胡广、翟酺、应奉、崔瑗、徐稺姜、姜仲海、姜季仁、申屠蟠、杨震、杨赐、李云、刘瑜、刘琬、张衡、马融、蔡邕、周勰、陈寔、李固、魏朗、郭泰、任安、尹敏、景鸾、薛汉、何休、黄香、侯瑛，范冉、任文孙、任文公、郭宪、谢夷吾、郭凤、杨由、李南、李合、段翳、廖扶、樊英、郤巡、王辅、唐檀、公沙穆、韩说、董扶、法真、尹珍、何英、何汶、郑子侯、杨宣、朱苍、卫衡、史晨、蔡湛、潘乾、唐扶、刘熊、袁良、武梁、祝睦、张表、李翊、杨著、丁鲂、曹全、蔡朗、李休、姚俊、郗氏、袁氏、郗萌、宋衷、方储、辛缮、王远、姜合、周舒、周群、杜琼、谯岍、谯周、何宗、何随、张华、郭璞、郑隐、葛洪、虞喜、范隆、杜夷、宋纤、郭瑀、陈训、戴洋、鲍靓、黄泓、王嘉、台产、法护、尹轨、周续之、顾越、李先、刘兰、刁冲、李业兴、徐之才、宋景叶、沉重、熊安先、王劭、房晖远、马光、诸葛颍、萧吉，凡一百六十余人。蒋氏以孔安国列入，是依据伪《古文尚书》孔传，实不可信。其以司马迁、东方朔列入，则以司马迁引《易》则“差以毫厘，谬以千里”，颜师古说“谓见《易纬》”。东方朔之研精阴阳，图谶之学是根据夏侯湛，东方朔昼赞。在司马迁、东方朔时，谶纬尚未流行，他们是否明习纬谶，实在还须加以考定。焦赣、京房之通纬学，既见本传。在宣、元时，纬学大约已经兴起，蒋氏以焦、京、翼、李列入则是不错的。蒋氏所列纬学传授又将平当、龚胜、甘忠可、夏贺良、谷永、何敞，许商、刘向、刘歆、孟通、刘京去，扈鸿、崔发，哀、章时的甄丰、张永、崔篆、郅恽、张楷、许慎、王京、许靖、陆瑜、陆绩、张永二十余人遗去，这也是很大的漏洞。因“甘忠可、夏贺良谶书藏兰台”明见于《王莽传》，谷永、刘向明见《李寻传》，这些都不当漏列在这一百余人之中。此外，还有些是我们应当注意的，例如：





(1) 西门君惠。《汉书·王莽传下》说：“先是，卫将军王涉素养道士西门君惠，君惠好天文谶记，为涉言‘星孛扫宫室，刘氏当复兴，国师公姓名是也’。”

(2) 李守、李通。《后汉书·李通传》：“李通，字次元，南阳宛人也。父守，身长九尺，容貌绝异，为人严毅，居家如官廷。初事刘歆，好星历谶记，为王莽宗卿师。通亦为五威将军从事，出补巫丞，有能名。莽末，百姓愁怨，通素闻守说谶云“刘氏复兴，李氏为辅”，私常怀之……会光武避吏在宛……及相见，共语移日，握手极欢。通因具言谶文事……”

(3) 蔡少公。《后汉书·邓晨传》：“王莽末，光武尝与兄伯升及晨俱之宛，与穰人蔡少公等宴语。少公颇学图谶，言刘秀当为天子。或曰：‘是国师公刘秀乎？’光武戏曰：‘何用知非仆耶？’坐者皆大笑，晨心独喜。”

（4）杨统、杨厚。《华阳国志》（中）：“杨统，字仲通，新都人也。事华里先生炎高，高戒统曰：‘汉九世王出《图》、《书》，与卿适应之。’建武初，天下求通《内谶》二卷者不得。永平中，刺史张志举统方正。司徒鲁恭辟掾，与恭共定音律，上家法章句及二卷解说。迁侍中、光禄大夫。以年老道深，养于辟雍，授几杖为三老，卒。《内谶》二卷竟未详。”又，“杨厚弟子雒昭约节宰、绵竹寇欢文仪、蜀郡何苌幼正、侯祈升伯、巴郡周舒叔布及任安、董扶等皆征聘辟举，驰名当世”。《后汉书·杨厚传》：“杨厚字仲桓，广汉新都人也。祖父春卿，善图谶学，为公孙述将。汉兵平蜀，春卿自杀，临命戒子统曰：‘吾绨帙中，有先祖所传秘记，为汉家用，尔其修之。’统感父遗言，服阕，辞家从犍为周循学习先法，又就同郡郑伯山受《河洛书》及天文推步之术。建初中为彭城令，一州大旱，统推阴阳消伏，县界蒙泽。太守宗湛使统求为郡求雨，亦即降澍。自是朝廷灾异，多以访之。统作家法章句及《内谶》二卷解说，位至光禄大夫，为国三老。年九十卒。统生厚……厚少学统业，精力思述。初，安帝永初二年太白入北斗，洛阳大水。时统为侍中，厚随在京师。朝廷以问统，统对年老耳目不明，子厚晓读图书，粗识其意。邓太后使中常侍承制问之，厚对以为‘诸王子多在京师，容有非常，宜亟发遣各还本国’。太后从之，星寻灭不见。又克水退期日，皆如所言。除为中郎。太后特引见，问以图谶，厚对不合，免归。复习业犍为……永建二年，顺帝特征，诏告郡县督促发遣。厚不得已，行到长安，以病自上，因陈汉三百五十年之厄，宜蠲汉改宪之道，及消伏灾异，凡五事。制书褒述，有诏太医致药，太官赐羊酒。及至，拜议郎，三迁为侍中。”

（5）翟酺。《后汉书·翟酺传》："翟酺字子超，广汉雒人也。四世传《诗》。酺好《老子》，尤善图纬、天文、历算……著《援神》、《钩命》解诂十二篇。"注："《益部耆旧传》曰：时诏问酺阴阳失序，水旱隔并，其设销复兴济之本。酺上奏陈图书之意曰：'汉四百年将有弱主闭门听难之祸，数在三百年之间。宜升历改宪，行先王至德要道，奉率时禁，抑损奢侈，宣明质模，以延四百年之难。'帝从之。"

（6）李云。《后汉书·李云传》："李云字行祖，甘陵人也。性好学，善阴阳。"《三国志·魏志·文帝纪》裴松之注："太史丞许芝条魏代汉见谶纬于魏王曰：'……故白马令李云上事曰："许昌气见于当涂高，当涂高者当昌于许。"当涂高者，魏也，象魏者，两观阙是也，当道而高大者魏，魏当代汉。'"



（7）姜合。《三国志·魏志·文帝纪》注："《献帝传》载禅代众事曰：左中郎将李伏表魏王曰：'昔先王初建魏国，在境外者闻之未审，皆以为拜王。武都李庶、姜合羁旅汉中，谓臣曰："必为魏公，未便王也。定天下者，魏公子桓，神之所命，当合符谶，以应天人之位。"臣以合辞语镇南将军张鲁，鲁亦问于合知书所出？合曰："孔子《玉版》也。天子历数，虽百世可知。"是后月余，有亡人来，写得册文，卒如合辞。合长于内学，关右知名。'"



（8）周群。《三国志·蜀志十二》："周群字仲直，巴西阆中人也。父舒，字叔布，少学术于广汉杨厚，名亚董扶、任安。数被征，终不诣。时人有问：'《春秋谶》曰代汉者当涂高，此何谓也？'舒曰：'当涂高者，魏也。'乡党学者私传其语。群少受学于舒，专心候业。"

由这些人的传记中，我们可以看出他们是如何迷信谶记的；而所谓谶记也真的言则屡中，容易引起他们迷信。还有我们当注意的是，纬学在东汉影响于经学的也有极重要的几件事情：

A 以纬正经。例如：

(a)《东观汉记·显宗孝明皇帝》："孝明皇帝尤垂意于经学，即位，删定拟议，稽合图谶……亲自制作五行章句。"

(b)《后汉书·樊儵传》："儵，字长鱼……永平元年，拜长水校尉，与公卿杂定郊祠礼仪，以谶记正《五经》异说。"

(c)《隋书·经籍志》："汉时，又诏东平王苍，正五经章句，皆命从谶。"

(d)《隶释十一·高阳令杨著碑》："穷七道之奥……特以儒学诏书敕定经东观顺言丘之指躅历世之疑。"(《四库全书·史部十四·隶释》)

B 以纬淆经。例如：

(a)《后汉书·张纯传》："纯以圣王之建辟雍，所以崇尊礼义，既富而教者也。乃案七经谶、明堂图、河间《古辟雍记》、孝武太山明堂制度，及平帝时议，欲具奏之。"

(b)《后汉书·曹褒传》："曹褒字叔通，鲁国薛人也。父充，持《庆氏礼》……显宗即位，充上言：'汉再受命，仍有封禅之事，而礼乐崩阙，不可为后嗣法。五帝不相沿乐，三王不相袭礼，大汉当自制礼，以示百世。'帝问：'制礼乐云何?'充对曰：'《河图括地象》曰："有汉世礼乐文雅出。"《尚书璇玑钤》曰："有帝汉出，德洽作乐，名予。"'帝善之，下诏曰：'今且改太乐官曰太予乐，歌诗曲操，以俟君子。'拜充侍中。作章句辩难，于是遂有庆氏学。褒少笃志……结发传充业……征拜博士。会肃宗欲制定礼乐……章和元年正月……褒既受命，及次序礼事，依准旧典，杂以五经谶记之文，撰次天子至于庶人冠婚吉凶终始制度，以为百五十篇，写以二尺四寸简。其年十二月奏上……褒博物识古，为儒者宗……作《通义》十二篇，演经杂论百二十篇，又传《礼记》四十九篇，教授诸生千余人，庆氏学遂行于世。"

(c)《后汉书·祭祀志上》："乃诏松等复案索《河》、《洛》

谶文言九世封禅事者。松等列奏，乃许焉。”

（d）《后汉书·景鸾传》：“景鸾字汉伯，广汉梓潼人也。少随师学经，涉七州之地。能理《齐诗》、《施氏易》，兼受《河》、《洛》图纬，作《易说》及《诗解》，文句兼取《河》、《洛》，以类相从，名为《交集》。又撰《礼内外记》，号曰《礼略》。又抄风角杂书，列其占验，作《兴道》一篇。及作《月令章句》。凡所著述五十余万言。”

（e）《后汉书·樊英传》：“樊英字季齐，南阳鲁阳人也。少受业三辅，习《京氏易》，兼明《五经》。又善风角、星算，《河》、《洛》七纬，推步灾异……著《易章句》，世名樊氏学，以图纬教授。颍川陈寔，少从英学……陈郡郤巡，学传英业，官至侍中。”

C 以纬注经。例如：

（a）何休注《公羊传·襄二十九年传》引孔子曰：“三皇设言民不违，五帝画象世顺机，三王肉刑揆渐加，应世黠巧奸伪多。”语出《孝经钩命决》。

（b）郑玄注三《礼》，多引纬说为注。

D 为纬作注。例如：

（a）杨统“作家法章句及内谶二卷解说”。

（b）翟酺“著《援神》、《钩命解诂》十二篇”。

（c）张宁著《河洛解》。

（d）何休“注训《孝经》、《论语》、风角、六日七分”。

（e）郑玄所著有《中候乾象历》等。

（f）宋均有《诗纬》诸注（蒋氏云：“案，本传不言注纬，而《隋志》题魏博士宋均，似别一人，然《册府元龟》卷六百五称宋均撰《孝经皇义》一卷，注《诗纬》十八卷，注《礼记默房》二卷，注《乐纬》二卷，注《孝经钩命诀》六卷，注《孝经援神契》七卷，注《论语谶》八卷。后为河内太守。叔庠无疑矣。”）

(g) 宋衷亦有纬注（蒋氏云：“案，《隋书志》有宋衷注《周易太玄》、《法言》诸书，不言注纬，而《文选》李善注时引宋衷纬注”）。

(h)《隋书·经籍志》：“汉末，郎中郗萌，集图纬谶杂占为五十篇，谓之《春秋灾异》。”

由以上所述的看来，东汉时谶纬无论在政治上抑或是在学术上势力都极庞大，但是这种不合理的迷信决不能如此维持长久，所以终于引起张衡、荀爽他们的反对。不过正式由政府下令禁止，则在晋代。据《晋书·石季龙载记》上说：“禁郡国不得私学星谶，敢有犯者诛。”《晋书·苻坚载记》上说：“及王猛卒，坚置听讼观于未央之南。禁《老》、《庄》、图谶之学。”《魏书·高祖纪》：“（魏孝文帝太和）九年春正月戊寅，诏曰：‘图谶之兴，起于三季。既非经国之典，徒为妖邪所凭。自今图谶、秘纬及名为《孔子闭房记》者，一皆焚之。留者以大辟论。’”《隋书·高祖纪》：“（开皇十三年）丁酉，制：私家不得隐藏纬候图谶。”《隋书·经籍志》更总说之云：“至宋大明中，始禁图谶，梁天监已后，又重其制。及高祖受禅，禁之愈切。炀帝即位，乃发使四出，搜天下书籍与谶纬相涉者，皆焚之，为吏所纠者至死。自是无复其学，祕府之内，亦多散亡。”这流传甚久之纬谶，到了隋、唐才真正日就衰歇。不过这些纬说还有些保存于六朝人所为“义疏”之中，唐人因六朝人疏为之《九经正义》，并未加以删削。我们现在所以能于汉人纬说中得之一二者，全赖这《九经义疏》以及其他类书中所征引的词句。宋欧阳修曾请删去《九经正义》中谶纬，不过这事是当时执政者不甚主张之事，竟不行。

# 第五章

# 古文经传之出现

## 第一节　古文经传出现之原因





今文经学在西汉流传都是立于学官的，在今经之外自然还有许多篇籍，例如《礼经》外之《礼记》，左丘明之《国语》流传在民间，前者有些可据以解释礼文，后者叙述春秋时之史事，都有益于经传，可以立于学官。更有一些私学，其说足以名家，颇有纠正今文学的地方。这些经传，或本为先秦旧籍，或自谓早有传授，或实为汉儒授述，到了成帝、哀帝之世，因刘向、刘歆典校秘籍，于是刘歆有建立古文经传、《左氏春秋》及《毛诗》、逸《礼》、《古文尚书》皆立于学官之事，及来刘歆依附王莽，更有《周礼》、《乐经》这些经传，有的来历不明，有的颇有窜改，有的实为伪记，其流传较今文经传为晚，而骤然以古文为号而大批地出现，自然引起当时很多儒生的反对与怀疑。而自东汉起至近今，这问题还不算解决。但是古文经传为伪，本为一般人所指摘，非一家之意见，即如古文经师，在东汉如马融、郑玄，在近今如章炳麟等，也无意中流露出古文经传不足信。这样我们可以说，这一桩公案，已接近于解决；在本章中我们可更提出比较严密的方法，对于本问题之解决做更进一步的试探。现在我们为方便起见，对于古文经传兴起之始末暂分别来叙述，俾于本问题可藉以明了。

### 一　志传之记载

关于古文经传之兴起，其事发生在汉末，在《史记》中叙述既少，而且有一二处不免有后人窜改的嫌疑，其最早的记载，存于今者，要算《汉书·艺文志》。《志》云：

昔仲尼没而微言绝，七十子丧而大义乖。故《春秋》分为五，《诗》分为四，《易》有数家之传。战国从衡，真伪分争，诸子之言纷然淆乱。至秦患之，乃燔灭文章，以愚黔首。汉兴，改秦之败，大收篇籍，广开献书之路。迄孝武世，书缺简脱，礼坏乐崩，圣上喟然而称曰："朕甚闵焉！"于是建藏书之策，置写书之官。下及诸子传说，皆充秘府。至成帝时，以书颇散亡，使谒者陈农求遗书于天下。诏光禄大夫刘向校经传诸子诗赋，步兵校尉任宏校兵书，太史令尹咸校数术，侍医李柱国校方技。每一书已，向辄条其篇目，撮其指意，录而奏之。会向卒，哀帝复使向子侍中奉车都尉歆卒父业。歆于是总群书而奏其《七略》，故有《辑略》，有《六艺略》，有《诸子略》，有《诗赋略》，有《兵书略》，有《术数略》，有《方技略》。今删其要，以备篇籍。

这里叙"《春秋》分为五，《诗》分为四，《易》有数家之传"，与《史记·儒林列传》所述汉初经传不同，《汉书·艺文志》于《易》列十三家，无古文经，但云：

及秦燔书，而《易》为筮卜之事，传者不绝。汉兴，田何传之。讫于宣、元，有施、孟、梁丘、京氏列于学官，而民间有费、高二家之说。刘向以中古文《易经》校施、孟、梁丘经，或脱去"无咎"、"悔亡"，唯费氏经与古文同。

于《书》，首列《尚书》古文经四十六卷，云为五十七篇，与今经二十七卷不同。云：

秦燔书禁学，济南伏生独壁藏之。汉兴亡失，求得二十九篇，以教齐鲁之间。讫孝宣世，有欧阳、大小夏侯氏，立于学官。《古文尚书》者，出孔子壁中。武帝末，鲁共王坏孔子宅，欲以广其宫，而得《古文尚书》及《礼记》、《论语》、《孝经》凡数十篇，皆古字也。共王往入其宅，闻鼓琴瑟钟磬之音，于是惧，乃止不坏。孔安国者，孔子后也，悉得其书，以考二十九篇，得多十六篇。安国献之。遭巫蛊事，未列于学官。刘向以中古文校欧阳、大小夏侯三家经文，《酒诰》脱简一，《召诰》脱简二。率简二十五字者，脱亦二十五字，简二十二字者，脱亦二十二字，文字异者七百有余，脱字数十。

于《诗》，列六家，有《毛诗》二十九卷，《毛诗》故训传三十卷，不冠以古文，云：

又有毛公之学，自谓子夏所传，而河间献王好之，未得立。

于《礼》首列《礼古经》五十六卷，又有《周官经》六篇，《周官传》四篇，计百三十一篇，《明堂阴阳》三十三篇，《王史氏记》二十一篇，上并未冠古字。云：

《礼古经》者，出于鲁淹中及孔氏，与十七篇文相似，多三十九篇。及《明堂阴阳》、《王史氏记》所见，多天子诸侯卿大夫之制，虽不能备，犹愈仓等推《士礼》而致于天子之说。

于《乐》，首列《乐记》二十三篇，未冠古字。云：

汉兴，制氏以雅乐声律，世在乐官，颇能纪其铿锵鼓舞，而不能言其义。六国之君，魏文侯最为好古，孝文时得其乐人窦公，献其书，乃《周官·大宗伯》之《大司乐》章也。武帝时，河间献王好儒，与毛生等共采《周官》及诸子言乐事者，以作《乐记》，献八佾之舞，与制氏不相远。其内史丞王定传之，以授常山王禹。禹，成帝时为谒者，数言其义，献二十四卷记。刘向校书，得《乐记》二十三篇，与禹不同。

于《春秋》，首列《春秋》古经十二篇，又有《左氏传》三十卷，《邹氏传》十一卷，《夹氏传》十一卷，云：

> 周室既微，载籍残缺，仲尼思存前圣之业，乃称曰："夏礼吾能言之，杞不足征也；殷礼吾能言之，宋不足征也。文献不足故也，足则吾能征之矣。"以鲁周公之国，礼文备物，史官有法，故与左丘明观其史记，据行事，仍人道，因兴以立功，就败以成罚，假日月以定历数，藉朝聘以正礼乐。有所褒讳贬损，不可书见，口授弟子，弟子退而异言。丘明恐弟子各安其意，以失其真，故论本事而作传，明夫子不以空言说经也。《春秋》所贬损大人当世君臣，有威权势力，其事实皆形于传，是以隐其书而不宣，所以免时难也。及末世口说流行，故有《公羊》、《穀梁》，邹、夹之《传》。四家之中，《公羊》、《穀梁》立于学官，邹氏无师，夹氏未有书。

于《论语》，首列《论语》古二十一篇（原注：出孔子壁中，两《子张》，如淳曰："分《尧曰》篇及子张问'何如可以从政'以下为篇，名曰《从政》'）。

又《孝经》古孔氏一篇（注：二十二章。师古曰："刘向古文字也，《庶人》章分为二也，《曾子敢问》章为三，又多一章，凡二十二章"）。《尔雅》三卷二十篇。则未为古文于名经，云：

> 经文皆同，唯孔氏壁中古文为异。"父母生之，续莫大焉"，"故亲生之膝下"，诸家说不安处，古文字读皆异。

据《汉书·艺文志》所载，《易》费氏出于民间，但与中古文同；《古文尚书》、《礼记》、《论语》、《孝经》则由武帝末鲁共王坏孔子宅，得之于孔壁；《毛诗》不言出处，但云河间献王好之。《礼古经》则云出古淹中，《乐》则由于窦公所献，《乐记》则由毛生等采《周官》及诸子言乐事者而成，而二十三篇之《乐记》则又由刘向校书所得。《左氏春秋》亦不言其出处。此《志》所云，于古经之出处及出现之时间，实欠明了。我们再试一检鲁共王及河间献王传，《汉书·景十三王传·河间献王传》云：

> 河间献王德以孝景前二年立，修学好古，实事求是。从民得善书，必为好写与之，留其真，加金帛赐以招之。繇是四方道术之人不远千里，或有先祖旧书，多奉以奏献王者，故得书多，与汉朝等。是时，淮南王安亦好书，所招致率多浮辩。献王所得书皆古文先秦旧书，《周官》、《尚书》、《礼》、《礼记》、《孟子》、《老子》之属，皆经传说记，七十子之徒所论。其学举六艺，立《毛氏传》、《左氏春秋》博士。修礼乐，被服儒术，造次必于儒者。山东诸儒多从而游。武帝时，献王来朝，献雅乐，对三雍宫及诏策所问三十余事。其对推道术而言，得事之中，文约指明。立二十六年薨。

《鲁恭王传》说：

> 鲁恭王余以孝景前二年立为淮阳王。吴楚反破后，以孝景前三年徙王鲁。好治宫室苑囿狗马，季年好音，不喜辞，为人口吃难言……恭王初好治宫室，坏孔子旧宅以广其宫，闻钟磬琴瑟之声，遂不敢复坏，于其壁中得古文经传。

这两传所云，于古经出处亦不甚显明，其他处的记载则有：

(1)《说文解字》云：“鲁恭王坏孔子宅而得《礼记》、《尚书》、《春秋》、《论语》、《孝经》。”又云：“北平侯张苍献《春秋左氏传》。”

(2)许冲《上〈说文解字〉表》云：“《古文孝经》者，昭帝时鲁国三孝所献。”

(3)《论衡·案书篇》云：“《春秋左氏传》者，盖出孔子壁中。孝武皇帝时，鲁共王坏孔子教授堂以为宫，得佚《春秋》三十篇，《左氏传》也。”

(4) 马融《周官传》云：“秦自孝公以下用商君之法，其政酷烈，与《周官》相反……孝武帝始除挟书之律，开献书之路，既出于山岩屋壁，复入于秘府，五家之儒，莫得见焉。”

(5) 郑玄《六艺论》云：“后得孔子壁中河间献王《古文礼》五十六篇，《记》百三十一篇，《周礼》六篇，其十七篇与高堂生所传同，而字多异。”

(6)《经典释文·序录》则云：“河间献王开献书之路，时有李氏上《周官》五篇，失《事官》一篇。乃购，千金不得。取《考工记》以补之。”

古文经传的出处大致有三：一曰发之孔壁，《说文解字·叙》谓其“所得共有《尚书》、《礼记》、《春秋》、《论语》、《孝经》”是也。二曰献自故老，《汉志》所云孝文时乐人窦公献其书，《河间献王传》所云《周官》、《尚书》、《礼记》许冲上，《说文解字》所云《古文孝经》鲁国三老所献是也。三曰传自民间，《汉志》民间有费、高二家之说，《释文·序录》所谓“李氏上《周官》一篇”，殆亦此类。四曰出自鲁淹中，淹中据《汉书》注，苏林云“为里名”，非发自孔壁，亦非献自故老，故属于此类。以时间论，则自惠文王至武、昭，世莫不有。以经而论，则《易》、《书》、《诗》、《礼》、《乐》、《春秋》莫不有，篇卷较今文多，其流传之写本，则据王国维《汉时古文本诸经传考》，凡有：

(1)《周易》有：(a) 中秘本，(b) 费氏本；

(2)《尚书》有：(a) 伏生本，(b) 孔壁本，(c) 河间本；

(3)《毛诗》有：河间本；

(4)《礼经》有：(a) 淹中本，(b) 孔壁本，(c) 河间本；

(5)《礼记》有：河间本；

(6)《周官》有：河间本；

(7)《春秋》经有：孔壁本；

(8)《春秋大氏传》有：中秘本；

(9)《论语》有：孔壁本；

(10)《孝经》有：孔壁本。

王氏云以上十种，十有五本，王氏不信《周官》有李氏本、《左传》有孔壁本，但《孝经》鲁国三老所献之本，则不容即以为孔壁本。王氏又有《汉时古文诸经有转写本说》云：





上既述汉时诸经传古文本矣，夫今文学家诸经，当秦汉之际，其著于竹帛者，固无非古文。然至文景之世，已全易为今文。于是鲁国与河间所得者，遂专有古文之名矣。古文家经如《尚书》、《毛诗》、《逸礼》、《周官》、《春秋》、《左氏传》、《论语》、《孝经》，本皆古文，而《毛诗》、《周官》，后汉已无原书。惟孔壁之《尚书》、《礼经》、《春秋》、《论语》、《孝经》，及张苍所献《春秋左氏传》尚存，于是孔壁之书遂专有古文之名矣。然汉时古文经传盖已有传写本，虽无确证，然可得而悬度也。《河间献王传》言献王"从民得善书，必为好写与之，留其真"。此就真本可得者言之，若真本不可得，则必降而求写本矣。《传》记献王所得古文旧书，有《尚书》、《礼》，此二书者皆出孔壁，或出淹中，未必同时更有别本出。而献王与鲁恭王，本系昆弟；献王之薨仅前于恭王二年，则恭王为书之时，献王尚存，不难求其副本。故河间之《尚书》及《礼》，颇疑即孔壁之传写本。此可悬拟者一也。又鲁恭王得孔壁书，当在景、武之际，而孔安国家献《古文尚书》，乃在天汉之后（《汉书·刘歆传》及荀悦《汉纪》），鲁国三老献《古文孝经》更在昭帝时（许冲《上〈说文解字〉表》）。安国虽读古文以今文，未必不别为好写藏之，而后献诸朝。其迟之又久而始献者，亦未必不因写书之故。此可悬拟者二也。杜林于西州得漆书《古文尚书》一卷，此卷由来，迄无可考。虽后汉之初，秘府《古文尚书》已亡《武成》一篇，然杜林所得，未必即秘府所亡。又西州荒裔，非齐鲁比，则此卷又不能视为西州所出，疑亦孔壁之传写本。此可悬拟者三也。两汉《古文尚书》及《春秋》、《左氏传》人间均有传业。《后汉书·贾逵传》："帝令逵自选《公羊》严颜诸生高才者二十人，教以《左氏》，与简纸经传各一通。"是当时授业皆有经本，且其经本，犹当为古文。观汉代古学家，如张敞、杜林、卫宏、徐巡、贾逵、许慎等，皆以小学名家，盖以传古学者，均须研究古文字故，此可悬拟者四也。后汉古文学家如卫宏、贾逵、许慎、马融，或给事中，或领秘书，或校书东观，故得见中祕古文；然如郑玄平生未尝窥中祕，而其注《尚书》、《周官》，颇引逸书。又其注《礼经》，也不独以古文校今文，且其所据之古文亦非一本，如《聘礼》"缫三采"注云："古文缫或作藻，今文作璪。"《公食大夫礼》设洗如飨，又皆如"飨拜"注，皆云："古文飨或作乡。"《士丧礼》"设决丽于"注云："古文丽亦为连。"《既夕礼》"夷床輁轴"注云："古文輁或作拱。"《士虞礼》"祝入尸谡"注云："古文谡或为休。"又"明日以其班祔"注云："古文班或为辨。"又"中月而禫"注云："古文禫或为导。"凡言某古文或为某者八，是其所据古文，必非一本，且皆非中秘之本。夫两汉人未闻有传古文《礼》者，而传世之古文《礼》尚有数本，则《古文尚书》、《左氏传》等，民间本有是学者，其有别本可知。此可悬拟者五也。卫恒《四体书势》言魏初传古文者出于邯郸淳；恒祖敬侯尝写淳《尚书》以示淳，而淳不别，是淳有《古文尚书》写本。《隋书·经籍志》亦言“晋秘府有《古文尚书》经文”。此种既不能视为壁中原本，当系由壁中本转写。此可悬拟者六也。立此六义，则汉时古文经皆有别本甚明。由是观之，不独魏三体石经之古文具有渊源，既梅赜之伪书，其古字亦非全出杜撰也。

据王氏此说，可见两汉古文本转写本之多，有多几样的转写本，我们可据以对比今古文本之孰优孰劣、孰真孰伪了。

## 二 真伪之纷争

在刘歆争立古文经传时，“哀帝令歆与五经博士讲论其义，诸博士或不肯置对……以《尚书》为备，谓《左氏》为不传《春秋》”，而且“奏歆改乱旧章，非毁先帝所立”（《汉书·刘歆传》），或说他“颠倒《五经》，毁师法，令学士疑惑”（《汉书·王莽传》）。

到东汉时，如范升则谓“《左氏》不祖孔子，而出于丘明，师徒相传，又无其人”（《后汉书·范升传》）。对于《周礼》，“何休亦以为六国阴谋之书”，并非“周公致太平之道，迹具在斯”（《周礼正义·天官》）。

到了唐代，则赵匡的《五经辨惑》，陆淳的《春秋集传纂例》，都认为《周官》是“后人附益”，《左氏》乃是“后代学者”，“编次年月以为传记”（《唐人辨伪集语》）。

宋代大儒如朱子则以“《书》百篇之序，出孔氏壁中”，“颇依文立义而亦无所发明”（《晦庵先生朱文公文集》卷六五、《朱子全书》）。“《诗序》汉儒所作，有可信处绝少。”（《朱子语类》）至于《左传》，则林黄中谓“《左传》君子曰是刘歆之辞”。

朱子也以为“《左传》‘君子曰’最无意思”（《朱子语类》）。清儒如方苞《周礼辨伪》直以“《周礼》为刘歆作”，姚际恒《周礼通论》亦以为“出于西汉之末”（《古今伪书考及其他一种》，《丛书集成初编》）。后来刘逢禄作《左氏春秋考证》，谓：“《左氏》后于圣人，未能尽见列国宝书，又未闻口授微言大义。惟取所见载籍，如晋《乘》、楚《梼杌》等相错编年为之，本不必比附夫子之经。故往往比年阙事，刘歆强以为传《春秋》，或缘经饰说，或缘左氏本文前后事，或兼采他书以实其年。”（《古今伪书考及其它一种》，《丛书集成初编》）于《左氏》名称则谓：“《左氏春秋》，犹《晏子春秋》、《吕氏春秋》也，直称《春秋》，太史公所据旧名也。”“曰《春秋左氏传》则刘歆所改也。”于《左氏》传授则谓“亦歆附会”。于《左氏》体裁、于《左氏》义例，则谓“凡书曰之文，皆歆所增益”，断定《左传》是刘歆强以为传《春秋》。

刘氏又有《书序述闻》，谓逸《书》十六篇为“不足信”，谓刘歆之造逸《嘉禾》篇，假王莅政，咸和天下之文以附会居摄，且出逸十六篇之外，则其作伪亦何不至？宋翔凤亦不信逸十六篇之说，攻《左氏》与《周礼》（详下）。龚自珍于《说中古文》则谓：“成帝命刘向领校中《五经》秘书，但中古文之说余所不信。”凡立有十二证，凡为或即刘歆所自序之言如此，记于其文并无此事。于《周礼》则谓“《周官》晚出，刘歆始立……后世称为经是为述刘歆”。于《左氏》则于“其刘歆窜益《左氏》，显然有迹者，为《左氏》抉疣一卷”（《己亥杂诗》）。邵懿辰撰《礼经通论》，于逸《书》、逸《礼》并指为伪，谓“刘歆曰鲁共王得古文坏壁之中，逸《礼》有三十九篇，《书》十六篇，天汉之后孔安国献之，此刘歆之奸言”。魏氏作《诗古微》、《书古微》，他虽仍信逸《书》多十六篇，而以“西汉今古文本即一家”，但于“世之矫诬（诗）三家者”，“皆一一破其疑，起其坠”。谓《毛诗》“传授源流”，“展转附会”，“自谓子夏所传，自言云者，人不取信之词”。而“《书大微》乃所以发明西汉《尚书》今古文之微言大义，而辟东汉马、郑古文之凿空无师传”，他还是要尽黜伪古文十六篇，并尽黜马、郑之说（《书古微序》）。他在《两汉经师今古文家法考序》中，更说东汉初刘歆、杜林、卫宏、贾逵、马融、郑玄又别创古文之学，也还是以古学张于刘歆。廖平作《今古学考》、《古学考》，也以为今学传于游、夏，古学张于刘歆；今学传于周秦，古学立于东汉（《古学考》）。这些说法都是力攻古文，凡刘歆所主张建立的《左氏春秋》、《毛诗》、《逸礼》、《古文尚书》种种伪证，都为刘、龚、邵、魏诸家提出，到康有为作《新学伪经考》，更发明河间献王及鲁共王无得古文经之事，将刘歆作伪的总根据一一为之推翻。他在《新学伪经考》卷四中说：

> 按：古学惑人最甚，移人最早者，莫若《汉书》。自马融伏东阁受读后，六朝、隋、唐传业最盛。二千年来，学者披艺受学，即便诵习，先入人心，积习生常，于是无复置疑者，古学所以坚牢不可破也。余读《史记·河间献王》、《鲁共王世家》，怪其绝无献王得书、共王坏壁事，与《汉书》绝殊。窃骇此关《六艺》大典，若诚有之，史公何得不叙？及读《儒林传》，又无《毛诗》、《周官》、《左传》，乃始大疑。又得魏氏源《诗古微》，刘氏逢禄《左氏春秋考证》，反复证勘，乃大悟刘歆之作伪；而卒无以解《汉书》也，以为班固校书，本从古学而然耳。今按葛洪《西京杂记》，谓“《汉书》本刘歆作，班固所不取不过二万许言”，刘知几《史通·正史篇》，亦谓刘歆续《太史公书》，即作《汉书》也。盖葛洪去汉不远，犹见《汉书》旧本。乃知《汉书》实出于歆，故皆为古学之伪说，听其颠倒杜撰，无之不

可，其第一事则伪造河间得书、共王坏壁也。后人日读古文伪经及《汉书》，重规迭矩，掩蔽无迹；故千载邈邈，群盲同暗室，众口争昼日，实无见者，岂不哀哉！

《太史公自序》称："于是汉兴，萧何次律令，韩信申军法，张苍为章程，叔孙通定礼仪，则文学彬彬稍进，《诗》、《书》往往间出矣。自曹参荐盖公言黄、老，而贾生、晁错明申、商，公孙弘以儒显。百年之间，天下遗文古事靡不毕集太史公；太史公仍父子相续纂其职。"则天下凡有佚书出者，史迁莫不见之。故《自序》云："紬史记石室金匮之书，罔罗天下放失旧闻，厥协六经异传，整齐百家杂语。"《自序》又曰："讲业齐、鲁之都，观孔子之遗风，乡射邹、峄。"则山东诸儒之学，盖皆详访而熟讲之矣。

今考《史记·河间献王世家》，但云"好儒学，被服造次必于儒者，山东诸儒多从之游"十九字，下即叙卒。若为《汉书》所叙，献王得书等于汉朝，史迁好学，不应绝不一叙。至于得《周官》，立《毛氏诗》、《左氏春秋》博士，尤为艺林殊功重事，何以史迁于《献王世家》绝不一叙？而总括《六艺》作《儒林传》，遍详诸经，于《诗》则鲁、齐、韩，于《礼》则唯有高堂生《士礼》，于《春秋》则《公羊》、《穀梁》，未尝知天下有所谓《毛氏诗》、《周官》、《左氏春秋》者，何哉？若谓河间虽得古文先秦旧书，而史迁不获见之，则史迁少讲业齐、鲁之都，《毛氏诗》、《左氏春秋》既立博士，山东诸儒从之游者，必皆熟闻。迁生后三十余年，亲与山东诸儒讲业，岂有《六艺》大业不获一闻其名者！又身为太史，百年之间，《诗》、《书》间出，天下遗文古事靡不毕集太史公，《毛诗》、《左氏春秋》，河间既立博士，彰明显彻，自必集于太史公，何以不获一见？且左氏之书，则云“左丘失明，厥有国语”；《汉书·司马迁传赞》叙其作《史记》所援据之书，亦曰据《左氏国语》与《世本》、《战国策》、《楚汉春秋》等，皆为叙事之书。可知左氏之书，分国为体，并非编年而为《春秋》作传；故《儒林传》叙《春秋》之学，有《公羊》、《穀梁》而无左氏，以其纪事而不释经，与《春秋》绝不干预。《太史公自序》尊《春秋》至矣；其为《世家》、《列传》，多据《左氏》，其熟精《左氏》至矣；使《左氏》有经文释义。史迁博达，宜扶微学，何昧昧焉诬其为《国语》，置之与《世本》、《战国策》、《楚汉春秋》同列，而黜之于《公羊》、《穀梁》之外哉！其事至明，浅学者一加详考，未有不失笑其纰漏嗤黠者也。





按：《史记·鲁共王世家》无共王坏孔子宅得古文经传事。史迁好学，又为太史，天下遗文古事毕集，不应共王得古文经传而不知其事，不见其书。正与《献王传》同，皆歆之伪窜者也。本传但云“得古文经传”，不著何经。《艺文志》称“武帝末，鲁共王坏孔子宅，欲以广其宫，而得《古文尚书》及《礼记》、《论语》、《孝经》凡数十篇，皆古字也”，则共王与献王同得《尚书》、《礼记》。然即使献王在武帝初，共王在武帝末，相距数十年，则献王之《古文尚书》应大行，何以山东诸儒未尝有之，俟共王得书后，而孔安国乃传之哉？其自相矛盾，作伪日劳，抑可概见。且按以共王本传，二十八年而薨，为元光六年，正在武帝初年，下距巫蛊事将四十年，不知安国何以久不献也！其诬妄支离，不待辨矣！

据《艺文志》、《刘歆传》、《河间献王传》，《古文书》、《礼》、《礼记》，共王与献王同得，而皆不言二家所得之异同，岂残缺之余，诸本杂出，而篇章文字不谋而合？岂有此理！其为虚诞，即此已可断。然《艺文志》又言"《礼古经》者，出于鲁淹中及孔氏，与十七篇（依刘敞校）文相似，多三十九篇"，是《古文礼》淹中又得。淹中及孔氏所得，与十七篇同一相似，同一多三十九篇，不谋而同，绝无殊异。焚余之书，数本杂出，而整齐画一如是，虽欺童蒙，其谁信之！而欺绐数千年，无一人发其覆者，亦可异也。

他这几段，叙明他受刘、龚等诸家启发，因而疑及《史记》无河间献王、鲁共王得古文经事，用《史记》、《汉书》对照的方法，而发得刘歆作伪的巢穴。而据《太史公自序》："天下遗文古事靡不毕集太史公"，以见史迁好学，不应不叙古学了，作《儒林传》不应不及古文，如左氏本释《春秋》，不应诬为《国语》，又为献王之书应大行于世，何以必俟共王得书后，而孔安国乃传之；古文《尚书》、《礼》、《礼记》共王、献王同得，何以残缺之余，诸本杂出而篇章文字乃不谋而合？他以为"虽欺童蒙，其谁信之"？在该书卷三《汉书艺文志辨伪》中，更以为《易》学为歆乱伪之说有三，壁中古文之事其伪凡十，《毛诗》其伪十五，《礼经》十七篇自西汉诸儒无以为不全者，于《春秋》也说："于《春秋》则《公羊》、《穀梁》，未尝知天下有所谓……《左氏春秋》者"；《河间献王世家》无得《左氏春秋》立博士事，马迁作史多采《左氏》，若丘明诚传《春秋》，史迁安得不知？《儒林传》述六艺之学彰明较著，可为铁案。又《太史公自序》称"讲业齐、鲁之都，天下遗文古事莫不毕集太史公"，若河间献王有是事，何得不知？虽有苏张之舌不能解之者也。从古文经的流传来看，如史公好古文，应当视为一件大事，而种种地方，并不加以叙述，一若无知。这实在是一件离奇至极的事情，我们不奇认为康氏之说为有理由的，不过康氏说刘歆之伪古文发源于《左氏》，成于《周官》，遍伪诸经为之佐证；又刘歆伪撰古经，由于总校书之任，故得托名中书恣其窜乱。说刘歆一人而遍伪群经，而且托名中书恣其窜乱，以一人之智力、文采已不易做到，而时间、情势又未必许可，所以康氏书出，赞成他的意见的固多，而攻驳之者亦不乏人。康氏又好说刘歆揣合王莽之意“伪为经记，以奖莽篡”，这也未免将理由说得太简单而不尽合于事实。

继续康氏辨古文最力者又有崔适，其所著有《史记探源》、《春秋复始》、《五经释要》诸书。《史记探源卷一·序证》提出：《春秋》古文，谓《史记》之文，凡与《左氏传》同者，有真出自左丘明者，列国世系及政事典章之属是也。出自刘歆者，有：①终始五德；②十二分野；③变象互体；④告则书；⑤官失之。他认为《左传》、《史记》中有关于此五者都系刘歆窜入，《春秋复始·卷一》亦云左丘明不传《春秋》，更谓《穀梁》亦古文学，更于卷三十八提出《左氏》之言与《春秋》无所系属。而与先秦古书相刺谬或自相矛盾者如：（1）凿空谓关于少皞、重、该、修、熙、昧、文格、台骀、共工、句龙、刘累、刘氏、周庙、周公等事庙皆系刘歆窜入；（2）误析一事为二事，共举晋楚之盟、游氏庙、羊舌虔、羊舌食我、子产间晋侯疾四事；（3）分野；（4）互体等类。崔氏这些说法，在许多地方对康有为重为证明，但与康氏也犯了同样的毛病，好说刘歆处处窜伪，一样地引起许多人的不满。不过崔氏是有见而云然，对于康氏《伪经考》虽认为字字精确，对于康氏《孔子改制考》则认为巨谬，他也并非阿其所好。

从刘歆起，古文家对于今文家所提出的论证也都有相当的答辩，清末古文家眼见今文家对于古经肆力攻击，在治古文经的，自然也要辨诬，对于刘逢禄《穀梁废疾申何》的反驳，则有柳兴恩《穀梁大义述》；对于邵懿辰之攻《逸礼》，则有丁晏《逸礼抉微》。仪征刘氏三世治《左氏春秋》，刘师培在《左盦集》中有《春秋三传先后考》、《左氏不传春秋辨》。前者根据《史记·十二诸侯年表》序，《汉书·艺文志》、《刘歆传》，为“此二传后于《左传》之证”，又根据桓谭《新论》、郑君《释废》所说，为此“公羊后于《穀梁》”之证，对于康有为说《史记·河间献王世家》无立《左氏春秋》一概无驳。后者谓近人刘申受之俦，均以《左传》书法、凡例及“君子曰”以下增于刘歆。今观《国策》言罪虞则书法、凡例、《左传》旧文，又《韩非子·外储》说述高渠弥弑君事，语同《左传》，复言“君子曰昭公知所恶”则“君子曰”以下非歆所益；此均刘氏等所未考也，所提出“君子曰”见《韩非子》当属相当证明。刘氏又有《周季诸子述左传考》、《左氏学行于西汉考》两文，以为周季诸子、西汉诸儒引用《左传》，但是所引既非《左传》原文，更不知其是否为引左氏原本，对于康、崔所提出的问题，仍无解答。

刘氏后在《国粹学报》更有《汉代古文学辨诬》诸文，但对于康氏的“河间献王、鲁共王无得古文经事”仍无如何解答。章炳麟是治古文的，他有《春秋左传读》一书，其《叙录》乃是驳刘逢禄《左氏春秋考证》的；章氏又有《与康长素书》、《驳皮锡瑞三书》等文，但持论均不佳，对于康氏所说并未驳例。在本编中，我们只看所引章说，可助证古文经为伪也。可见是非实在是愈久而愈明。此外刘汉章著有《今古文家法述》，驳辨龚自珍之《说中古文周礼不伪证》、《仪礼行于春秋时证》等文，其方法既不严密，而且又未明了诸书所引并非原文（此论证详前），他们都是在用魏源说的“梅赜之《古文尚书》其亦三代经传袭用梅氏”这种例装论证，这些实还不足以为古文回护。

本来经今古文问题是一桩极不容易解决的公案，康氏提出“《史记》无河间献王、鲁共王得古文经事”，我们用班、马异同的方法来看，他这话确是不错的。只是他说刘歆“恣其改乱，颠倒五经”，这些则未免武断；他又好说刘歆“伪为经记，以奖莽篡”，这些也不合事实。他所用的《史记》、《汉书》对照的方法终竟是在史文上面下功夫，而不曾在经文上用功；他未注意将今古经文字和今古文解说加以对照辨析，在方法上还欠严密，亦不够全面，这也需要我们再作一番探索的功夫，再提出比较好的证明。今古文的不同，章炳麟曾说：“今古文底区别，本来只在文字版本上……也不过像近代今版古版的分别罢了。今文所记忆，和古文所发现底篇幅的多少，已有不同，今文家所主张和古文家所说根本上又有不同，因此分道扬镳。”（《国故学讨论集》第二集）钱玄同先生也曾说：“古文家对于今文家的态度是这样：我的篇章比你的多，我的文字比你准，我的解释比你的古；我有你所没有的书，而你有的我却一概都有。”（《古史辨》）



我们现在如要证明今文古文孰真孰伪，尽可用今古文的版本对照的方法，看看何者为真古本，何者为伪古本，这比康、崔之《史记》、《汉书》对照当然要准确而毫无可辩驳。至于二者主张的不同，我们也可以将今古文的立说不同对照一下，看看孰先孰后，孰是孰非，由其所代表之背景来作判断。这些根本上的问题解决，其它枝节上的问题自然也可以随着解决。



## 三　真实的背景

在本编中，依着上面所提出解决今古文本真伪的方案，在下两节之中，我们对照今古经文篇第文字之异同，以及各经今古两派释解之异同，我们尽量采用古文家言以及无今古文成见之人的说法来作判断。我们由文字与解释来看，只能得出古文本不惟不是秦汉以前流传下的真正古籍，而且其篇第不如今文之古，文字也不如今文之古，说解也不如今文之古之结论。古文并非真古本，而是假装看我的篇章比你的多，我的文字比你的准，我的解释比你的古；其篇幅之真正多的不过古《书》、逸《周礼》、《左传》，然而这些在东汉古文家如马融、郑玄以及清代古文家如戴震、江声、朱骏声、章炳麟，都无意地流露出一些怀疑的论断，可籍以证明经古文之伪；比康、崔之只在史传上做功夫而用今文家一曲之偏见来立论，在方法与论证上都比较地客观一些。现在为了易于了解起见，我们可先将问题的症结先为质疑问难，再于当时的背景更略分别以说明。这两点都可以有助于了解本问题的真相。关于前者，我们的疑问是：

(1) 古经如果为真古本，何以与古籍中所引经文不尽相合？如《论语》引诗有“素以为绚兮”，《左传》引《盘庚》有“恶之易也”一语，与传世古经并不相同？

(2) 古经如果为真古本，何以《书》、《易》晚出之篇，亦并列为古文？如《尚书·泰誓》，马融曾疑为伪；《易》之《说卦》，戴震谓出经师，皆本今文，而亦列入古文？

(3) 古经如果为真古本，何以古经篇章仍有脱误，一如今文？如《尚书·盘庚》三篇，上篇、中篇实系互倒；《康诰》篇首四十八字，实为错简，何以古经亦然？

(4) 古经如果为真古本，何以古经篇章，按其次第不与古合？如《毛诗》之《草虫》、《采苹》，次第与《仪礼》经不合，《尚书》之《多士》、《多方》次第，郑玄亦以为疑？

(5) 古经如果为真古本，何以分篇分卷，貌为增多，而实不多？如《诗》多《六笙》诗，《春秋》分闵于庄，《论语》有两《子张》，实并未增多。

(6) 古经如果为真古本，何以增多篇章，汉宋诸儒并多攻驳？如《诗序》、《书序》、《左氏》、《周礼》历代诸儒，多不之信，甚者以为伪作？

(7) 古经如果为真古本，何以古经经义，治古文者，并多怀疑？此如许慎《五经异义》驳《周礼》，直云“五经无说，庶人、工商有贽”；郑玄于《左传》“岁聘问朝”直云“说无所出”，并质疑于古经经文。

(8) 古经如果为真古本，何以古经经说，较之今文，转觉不古？此如章炳麟论《尚书》直云：“古文家亦不尽有征。”据王国维说《商颂》：“以今文说，长于毛说远矣！”为古说不古之明征。

(9) 古经如果为真古本，何以古经文字，如洲、沚、趾、栉，多后起字？此在徐养原于《仪礼》之今古，赵坦于《春秋》之今古，并不以古文为是？

(10) 古经如果为真古本，何以古经文字，较之今文，并不准确，此如江声说《尚书》“在治忽”，朱骏声论《左氏》“君氏卒”，亦不以古文为是？

(11) 古经《毛诗》，谓有传授，何以按其体制，注重故训，实为晚出？此如日本学者本田成之亦已怀疑及此，非今文家一家之言。此又何也？

(12) 古经《尚书》亦有传授，何以刘歆议立学官，孔光亦不之助，此在攻击康、崔最有力者亦无从加以恰当之解释。抑又何也？

(13) 古经《左氏》夙有传授，何以贾、服诸儒仍须由《公羊》以释经？章炳麟亦云其“自己违背的地很多”，可见左氏“师徒相传，并无其人”，故迄东汉犹不能不借《公羊》为说也。

(14) 古经文字并不难识，何以《逸书·汤征》，见于《史记》，古经无有？江声云“此《汤征》篇则孔《逸书》所无”；徐时栋《尚书逸汤誓考》更谓“有二《汤誓》”（《序录》第九）。然则古文之非真古本，此亦明验也。

(15) 古经文字既不难识，何以《逸书》绝无师说并无大段征引？《古文尚书》非无传授，何至有目无书？不知治古文者于此作何说解？

(16) 古经文字既不难识，何以《逸礼》亦无师说，而其篇目从无著录？《汉志》、《移书》极诋今文，极言议《礼》，而此并曰亦未有。不知治古文者又将何说？

(17) 古经如果为真古本，何以所发现者，尽为六国文字写本？秦以前文字并未统一，古本当籀文写本，何以并无？

(18) 古经如果为真古本，何以孔壁藏本，独无殷周文字写本？古本原本，当用籀文，孔门并无改用古文必要，何以并无？

(19) 古经如果为真古本，何以不由记忆口授，文字仍不一律？例如马、郑《易注》、《尚书注》，师、弟之间文字即不尽同？

(20) 古经如果为真古本，何以各处发现之本残缺乃竟一律？如有残缺，何以此一处所发现者，恰相同于他处？

(21) 如谓今文由记忆而传，古文由发现而得，何以《诗》三家之所记，三百五篇皆同，而又同忘《六笙》诗篇名，如此巧合，岂非异事？

(22) 如谓今文由记忆而传，古文由发现而得，何以《易》本卜筮之书，未经秦火之劫，而诸家并脱去《无咎》、《悔亡》？如此巧合，岂非异事？

(23) 诸子不闻因秦火残缺，何以六经公藏私藏俱有，而竟残缺？岂非异事？

(24) 诸子不闻因秦火残缺，何以六经当秦汉有传授，而竟残缺？岂非异事？

(25)《史记》无河间献王、鲁共王得古经事；《世家》、《儒林列传》并未叙及；其称《左传》，每云《国语》。史公健忘，一至于此？如此异事，是何情理？

(26)《史记》记秦焚六经，明云博士书不焚；伏生当时正为博士，而《儒林传》何以又云"秦时焚书，伏生壁藏"，如此矛盾，如何可信？

(27)《汉书》记河间献王得古文经本，修学好古，并立《毛诗》、《左氏春秋》博士，献王既曾来朝汉廷，又献雅乐，对三雍宫，当即言于汉廷，而无所云。如此异事，岂合情理？

(28)《汉书》记鲁共王坏孔子宅因得古文经传，汉高过鲁犹且敬礼孔子，何物共王，好治宫室而必坏孔子宅？且闻乐声，遂止不坏，语涉神怪。如此异事，岂合情理？

(29)《史记》、《汉书》之《儒林传》载武帝制诏，但云礼坏乐崩，刘歆《移书》，并以“书缺简脱”四字诬为诏语，果何为者？

(30)《汉书·王莽传》中，明云“发得《周礼》，以明殷鉴”，歆、莽之时，更立《乐经》。《移书》所无，突然而出，歆之好古，窜伪之迹，果何为者？

由于这些疑问，我们更参照贾、马、许、郑及历代诸儒，如戴震、江声、孙星衍、徐养原、朱骏声、章炳麟、王国维等对古文之议论，古文家言犹有一偏之见，颇难令我们信古文为真古本，更参照康南海所云刘歆窜伪之迹，我们仍觉古文为歆所伪。不过我们当然也不能完全赞同康说，硬指刘歆“恣其私意，处处窜入”。在论证上，我们也不能以《史记》、《汉书》对照为完满的方法，因为那所举出的不过是历史上的证据，而未在经文上做过功夫，结论不见得足以服人，而且康、崔对刘歆之争立古文经的背景也未予以较充分之说明。关于后者，即古经之背景，我们更可以进一步加以分析：

(1) 学术文化的背景。这一点更可分为两层来说明：

(a) 是博士之增立。本来五经只五博士，在宣帝时增为十二，至元帝时，又立京《易》。经有数家，家有数说，只要别自名家，就可以立博士。如此利禄之路，自易启人觊觎。所以有的古经不过是“冀分博士之地盘”而造成的，说不上是古本，不过因为争立学官，假记之为古文，其书亦无若何奥义，实在不及今文，只不过有的地方故与今文立异而已。《毛诗》、《穀梁》，可说属于此类。

(b) 是伪书之迭见。《汉书·艺文志》说“至成帝时，以书颇散亡，使谒者陈农求遗书于天下”，这时又求遗书，正可予作伪书者以良好之机会，有些书或正由于此时造出。而即皆充秘府，所谓河间献王、鲁共王得古文经事，或者是由他们造出也未可知。《汉书·儒林传》说：“世所传《百两篇》者，出东莱张霸，分析合二十九篇以为数十，又采《左氏传》、《书叙》为作首尾，凡百二篇。篇或数简，文意浅陋。成帝时求其古文者，霸以能为《百两》征，以中书校之，非是。霸辞受父，父有弟子尉氏樊并。时太中大夫平当、侍御史周敞劝上存之。后樊并谋反，乃黜其书。”张霸伪《百两篇》而公然以《百两》征，据《论衡·佚文篇》说：“孝成皇帝读百篇《尚书》，博士、郎吏莫能晓知，征天下能为《尚书》者。东海张霸通《左氏春秋》，案百篇序，以《左氏》训诂，造作百二篇，具成奏上。成帝出秘《尚书》以考校之，无一字相应者。成帝下霸于吏，吏当器辜大不谨敬。成帝奇霸之才，赦其辜，亦不灭其经，故百二《尚书》传在民间。”这样子“赦其辜，亦不灭其经”，无异于奖励其作为，告人以有机可乘。造作伪经以分地盘，这也是极可能的。康氏误认为伪经由刘歆一人所伪造成，这实在未免看得太简单。当时已有纬书出现，还有“成帝时，齐人甘忠可诈造《天官历》、《包元太平经》十二卷，以言‘汉家逢天地之大终，当更受命于天……’忠可以教重平夏贺良、容丘丁广世、东郡郭昌等，中垒校尉刘向奏忠可假鬼神罔上惑众，下狱治服，未断病死”（《汉书·眭两夏侯京翼李传》）。伪造诈造谶书，罪并不大，成则为博士家世传业，败亦不过下狱，罪不至死，这样的勾当，自然有人敢于尝试。古文之伪，是投机的事业，不过这不能以证刘歆。刘歆还有较好的见地与动机。他或者看见当时今文经师用阴阳五行来解经，实在有些不合理性，扫除这些乌烟瘴气，更进一步在故训上谋合理的解释，实属急需，这样也逼着人伪造古经。就“经”而言，其真伪是一个问题，而是非是又一问题，不是古文千虑而无一得，康、崔对于古文经也未免太蔑视。我们对于任何事件，应当仔细地、全面地分析，我以为古文经虽属伪托，但其出现有种种的理由，有相当的价值，只可惜不是以创作的形式发表，而要假托为古文的形式以伪乱真！

（2）政治经济的背景。这一点也可分为几层来说明：

（a）礼制之改革。今文经学的发达，由于汉武帝之“内多欲而外施仁义”（《史记·汲郑列传》），他要安内攘外，改制应变，不得不重经学。古文经学的发生，除了上述学术的背景外，其原因也在改革当日国家的许多大事。在本篇第三章中，我们曾举出王吉、贡禹、匡衡诸儒复古的议论，讲求“述旧礼，明王制”（《汉书·礼乐志》），“承衰救乱，矫复古化”（《汉书·贡禹传》），不过他们虽主张“述旧礼”，而实际上他们的意见也不尽相同。据《汉书·郊祀志》说：“元帝好儒，贡禹、韦玄成、匡衡等相继为公卿。禹建言汉家宗庙祭祀多不应古礼，上是其言。”后韦玄成、匡衡皆承禹意持论，甚至建议成帝大大简省了高祖时定立的祭祀制度。然而，由于“古今异制，经无明文，至尊至重，难以疑说正也。前始纳贡禹之议，后人相因，多所动摇”（同上），所以一旦出现自然灾异等，便“众庶多言不当变动祭祀者”，学者于此也莫衷一是，于是“天子复亲郊礼如前。又复长安、雍及郡国祠著明者且半”（同上）。其后建平三年，刘歆等重申匡衡议，复长安南北郊。仅从礼制改革的反复过程，即可见在当时对于解决现实问题的一些新的说法和解释，已经成为社会的迫切需要。

《汉书·郊祀志》说匡衡承贡禹意，其实所见并不尽同（参看本篇第三节）。例如刘向、刘歆父子在礼制改革上的意见之异，也正是他们在旧礼上并无依据。父子之间，学有异同，不能谓凡向者皆是，凡歆则尽非也。但是为了争胜起见，自然要有依据才好。这是王肃攻郑而自己又伪作《圣证论》的道理。刘歆领校中书，利用一些断简零篇，记为古文自是可能，刘歆《移书》明明提出“国家将有大事，若立辟雍、封禅、巡守之仪，则幽冥而莫知其源”。为了礼制因而改造古经，这在刘歆《移书》中说得极其显明。不过他说是古经，而其实就体例等等看，那并不是真古经。

(b) 经济大变革。在汉武帝兴兵攻伐四夷以后，国用日益不足，民生日益憔悴，我们试看《汉书·张敞传》：“伏闻胶东、勃海左右郡岁数不登，盗贼并起，至攻官寺，篡囚徒，搜市朝，劫列侯。吏失纲纪，奸轨不禁。”《汉书·孔光传》：“阴阳错谬，岁比不登，天下空虚，百姓饥馑，父子分散，流离道路，以十万数。而百官群职旷废，奸轨放纵，盗贼并起，或攻官寺，杀长吏。”还有《汉书·鲍宣传》所云：“民有七亡，又有七死。”可见当日民不堪命，至于铤而走险，攻官寺，杀长吏，情形已颇严重。所以在哀帝初即位，即有诏议田宅奴婢限列之事，诏云：“制节谨度以防奢淫，为政所先，百王不易之道也。诸侯王、列侯、公主、吏二千石及豪富民多畜奴婢，田宅亡限，与民争利，百姓失职，重困不足。其议限列。”（《汉书·哀帝纪》）在王莽始建国元年，也下诏禁买卖田宅奴婢。这是当日经济情形所引起的一种改革。王莽又新设五均六筦之令，这也是一种改革。据《汉书·食货志》说：“莽性躁扰，不能无为，每有所兴造，必欲依古得经文。国师公刘歆言周有泉府之官，收不雠，与欲得，即《易》所谓‘理财正辞，禁民为非’者也。莽乃下诏曰：‘夫《周礼》有赊贷，《乐语》有五均，传记各有斡焉。今开赊贷，张五均，设诸斡者，所以齐众庶，抑并兼也。’遂于长安及五都立五均官……皆自占司市钱府，顺时气而取之。又以《周官》税民：凡田不耕为不殖，出三夫之税；城郭中宅不树艺者为不毛，出三夫之布；民浮游无事，出夫布一匹。其不能出布者，冗作，县官衣食之。诸取众物、鸟、兽、鱼、鳖、百虫于山林、水泽及畜牧者，嫔妇桑蚕、织纴、纺绩、补缝，工匠、医、巫、卜、祝及它方技、商贩、贾人坐肆、列里区、谒舍，皆各自占所为于其所之县官，除其本，计其利，十一分之，而以其一为贡。敢不自占、自占不以实者，尽没入所采取，而作县官一岁。”我们看到此处，可知王莽对于一切兴造“必欲依古得经文”，在迎合莽意者自当为之设法，发得《周礼》以明殷鉴，背景甚明。刘歆伪《周礼》以迎合莽意，有《食货志》语为证，无论你如何解释，一个是必欲依古的经文，一个在六经所无的条件之下偏能替他寻出经文，使之更好以《周礼》税民，这痕迹岂不显然？康有为说刘歆伪经以助莽纂，在动机上，歆不见得即助王莽，不过在莽篡汉的过程中，歆为之提供经文的依据，这一点也不诬刘歆。



## 第二节　今古经传文字之异同



古文经传真伪之纷争，在康有为用《史记》、《汉书》对照的方法，提出《河间献王传》、《鲁共王传》得古文经事，在《史记》并无其事；更用刘逢禄、魏源、龚自珍、邵懿辰之说，提出种种证伪，以明古文经为刘歆所伪。他所欠缺的地方则一在武断地硬说刘歆编伪群经，而且说他窜改其他的典籍；一在尚未能用今古文对照的方法，以鉴定古文是否为真古本。我们试更切实地将两者对照一下，便知古文绝不是真古本，而且是不如今文。两者立说，则古说尤为晚出，这样庶几可更明了。不过两汉的今古文，流传至今都难免有传写讹误之处，我们还须慎重将二者厘清。

吴承仕在《尚书今古文说》一文云：

> 清儒分别今古文者，每以两汉博士治欧阳《尚书》载在今用，因谓诏策章奏所引皆为今文，纬书作于哀、平，碑板俱依时制，亦今文也。此乃无虑之言。不能刻

定何者？古文引《书》，每有训诂《易经》之例，一也；断章取义，不尽依据本经，二也；引经之文多有删易改更，三也；随意用字，颇以假音造之，四也；而唐写宋刊辗转讹变，违离本真，犹不在此数。论者不察见为同属今文，而引经歧见互遂，谓此夏侯、彼欧阳，此今文通说、彼今文异义，凭臆想畸形儿轨断，了无准的，徒滋纠纷，名寔不应是其蔽也。今古文说与今古文字异撰，《白虎通》说“九族”用欧阳、夏侯义，而“无逸”不妨作“亡逸”，“俪皮”不妨作“离皮”。故承仕谓今古文说之异当据明文；今古文字之异当据古文。原平若据后师所引以别今古，则徒滋外行而已。

吴承仕这个意见自然是很慎重的说法，但在章炳麟即不深以其说为然。章氏与吴承仕《论尚书今古文答吴检斋书》则云：

昔人传注本与经文别行。古文家每传一经，计有三部，与近世集钟鼎款识者相类。其原本古文，经师摹写者，则犹彼之摹写款识也。其以今字迻书者，则犹彼之书作今隶也；其自为传注，则犹彼之释文也。但彼于一书中分作三列，而此乃分为三书耳。伏《书》旧简，盖未尝传之其徒。所传声衹其迻书今字之本，孔《书》旧简虽入秘府，而摹写古文之本与迻书今字之本，必并存之……古文传至郑氏，则亦等于今文而已。古文家所以异于博士者，其故书在也。《说文》录古经文字至众，郑仲师康成亦时有所摄引，若不迻写古文，寻检形状，何以能委悉如此。且邯郸淳受古文《尚书》于度尚，其后卒能成石经，则知尚之所以传淳者，非徒隶书训说，其真本自在也。

他这里以为“古文传至郑氏，则亦等于今文”，“孔书旧简虽入秘府，而撰写古文之本与迻书今字之本，必并存之”。这种说法，可见古文在东汉不止一种本子，而且在郑玄时古文的真本还存在，则是郑氏所注明，何者为古文，何者为今文，因其所据不止一本，而且又曾得见真本，当然比较可信。我们正可以由郑氏说以分别今古，此其在郑氏及孔书以“诂训《易经》”，或“断章取义”，或“删易改更”，以及“以叚音造之”，因为尊经的关系已不甚多见。经史诸书传写之本虽多，但其文字异同有释文、音义、诸书为证。吴氏所考虑之四点，仍然无法补救清儒所云，亦非亡虑之言。我们仍有分别之法，此其二。不过我们所当考虑的唐写宋刊实有不免辗转讹变之处，但是如字句今古果郑有明注，或有其他引文旁证，还是可以信任。而且如属篇章异同，大段脱简错简这尤不是训诂易经、断章取义或以假音造之而删易更改的。我们就今古文经文字异同看来，还是可分别出孰为真古本，孰为伪古本。现在我们试先将群经今古文又一一表列，然后再加以说明，便可知由版本文字来看，实是解决今古文问题方案之一。我们更可先举一例，即由《周礼》故书与今书之对照，我们可以看来所谓古文有故书的是如何的现象，而所谓今书即改读以后之今文是如何的现象。我们仅将《周礼》今书与故书对照便可知：





1.《周礼》故书有文字少于今书者。此有四例：

（1）“酒正奉之”。郑玄注云：“故书酒正无酒字。”郑司农云：“正奉之，酒正奉之也。”徐养原《周官故书考》云：“故书无酒字，今书有酒字，其特载先郑之说者。欲见故书、今书初无异义也。”

（2）“‘各掌其族之戒令政事。月吉，则属民而读邦法……’郑注：‘故书上句或无事字。’杜子春云：‘当为正月吉。’书亦或为‘戒令政事，月吉则属民而读邦法’”（《周礼注》，《十三经注疏》）。段玉裁《周礼汉读考》卷一云：“杜易政为正，下属读之。郑君不从者州长正月之吉，读法党；正四时孟月吉日，读法族师则每月吉日，皆读亡于义为长，不得族师转同于州长也”。

（3）“司烜氏”。郑注：“烜，火也，读如卫侯毁之毁，故书毁为垣，郑司农云：‘当为烜’。”徐考云：“按，此节疑义颇多，《说文》爟、烜同字，《周礼》分为二官，一疑也；既合爟、烜为一字又以司爟为取火于日之官，与司烜无别，二疑也；经非司烜，注云：故书毁为烜。经、注不相应，三疑也；凡言读如者，必字异而音义相近，故改此从彼，烜之与毁声类不同，卫侯毁乃人名，无义可取，四疑也；今谓爟、烜同字，许君未必妄言取大于日当作取大于木，盖偶然笔误。”“爟、烜同字而《周礼》分为二官”，实今书增窜之一例。说已详前。

（4）“十分寸之一谓之枚”，郑注：“故书‘十’与上‘二’合为‘二十’字。”杜子春云：“当为四尺者二十分寸之一。”贾公彦疏：“故书十与上二合为廿字，则二十、三十、四十字，一字为两读。因有之，子春不从者，文理俱周乃合于义。若以十合二为廿，是则于文字得矣；若读以分，向下读之，其义安在？故子春经为正也。”

以上四例除了（3）是属于增窜而尚待其他的决定的证明外，(1)、(2)、(4）是很明显的增字。我们可知古文家有于经文任意增字之实例，而且在杜子春、郑大夫、郑司农都可臆改，今文随即可以认为定夺。这种校改因有故书，可明知其为校订，可明知其非伪，然如无郑注标明故书，岂不也要令今人认改本为古本而真伪不分？

2.《周礼》故书文字之多于今书者。此有二例：

（1）“仆左左执辔”郑注：“杜子春云：‘文当如此，“左”不当重，重非是。’”《书》亦或如子春言，此故书多一左字，今书自杜子春藏省删去其复重。（徐养原《周官故书考》卷三）

（2）“则掌行人之劳辱事焉，使则介之”。郑注：“故书曰夷使。郑司农云：‘夷使，使于四夷……’。玄谓夷，发声。”王引之曰："焉字属上为句。使则介之，故书'使'上有'夷'字，夷乃发声……周官一书用焉字者多矣，皆句末语助，无为句首发声者。"（徐养原《周官故书考》卷三）又"辀"注："则利准准，利准则久，和则安。"郑注："故书准作水，郑司农云：'注则利水，谓辕脊上雨注，令水去利也。'玄谓利水重读，似非也。注则利，谓辀之揉者形如注星，则利也。准则久，谓辀之在舆下者平如准，则能久也。"（徐养原《周官故书考》卷四）此亦故书字多而未经杜子春、郑司农改读，故今书仍重读，后郑之较晚，未改为今书而已。

由比二例可见古文家校改经文可文义减省一、二字，不必据有古本，而所改本后世即奉为定本。

3.《周礼》故书之显然倒易者。此亦有二例：

（1）"黼挞罚之事"。郑注："故书或言'黼挞之罚事'。杜子春云：'当言黼挞罚之事。'"段考云："所以必从杜者，嫌黼挞之外别有罚事也。"徐考云："事非一端，不止于黼挞罚，故读'罚'在'之'上。"（徐养原《周官故书考》卷一）

（2）"荐加豆笾"。郑注："故书为'笾豆'。郑司农云：'谓妇人所荐。'杜子春云：'当为豆笾。'"段考云："下文两言豆笾，不当乖异，故杜据以改易。"（徐养原《周官故书考》卷二）

故书倒误，今书为之改正。其倒误者为真古本，不倒误者，实非真本，不能明其文义，合即视为真古本也。

4. 故书文字之显然讹误者。此类之例甚多：

（1）"六曰廉辨"。郑注："杜子春云：'廉辨或为廉端。'"贾《疏》云："端亦正，与廉正为重，故不从。"

（2）"掌冰正，岁十有二月"。郑注："故书'正'为'政'。郑司农云：'掌冰政，主藏冰之政也。'杜子春读掌冰为主冰也。'政'当为'正'。正谓夏正。"段考云："考《周礼》今书言正岁者皆谓寅月，言岁终，岁十有二月者皆谓丑月，凡言岁者皆谓夏正也。言岁十有二月则为夏正巳显明，不必加正字以混于。全书内之谓寅月者。司农从故书为长。”王引之《经义述闻》：“段说是也……若建丑之月则当谓之岁终，何得谓之正岁乎？”（徐养原《周官故书考》卷一、《皇清经解》卷二六九）

（3）“诸侯则共熊侯、豹侯”。郑注：“故书‘诸侯则共熊侯虎侯’，杜子春云：‘虎当为豹。’”段考云：“《说文》侯字下曰：‘天子射熊虎豹，服猛也；诸侯射熊豕虎；大夫射麋，麋惑也；士射鹿豕，为田除害也……’此从故书。但今书经文天子侯以虎居首故杜知其最贵。”徐考云：“……盖《周礼》传本甚多，许所据之本或杜、郑所未见。杜、郑本王虎、熊，诸侯熊、虎，次序颠倒，故须改虎为豹。若如《说文》，则不烦改字矣。夫虎熊豹同为猛兽，孰贵孰贱？以经之序次为凭，非别有他义。然则许、郑二家并存可也……古书改者多矣，杜子春则可，吾则不可。”（徐养原《周官故书考》卷一）

（4）“乃分地域而辨其守”。郑注：“故书域为邦，杜子春云：‘当为域。’”徐考云：“按《说文》或邦也，或又从土作域。然则邦、域义同，杜必改邦为域者。”段氏曰：‘邦者统词，域者别词。’郑云：‘分地域谓建邦国，造都鄙，制乡遂也。今按《大司徒》以天下土地之图周知，九州之地域与此经地域同义。’”（徐养原《周官故书考》卷一）

（5）“世奠系”。郑注：“故书奠或为帝。……杜子春云：‘帝读为定，其字为奠，书亦或为奠。世奠系，谓帝系，诸侯卿大夫世本之属是也。’”徐考云：“按帝与定形声俱不相近，故必转为奠，然后可读为定也。故书或为帝，或为奠，义乃不同。”（徐养原《周官故书考》卷二）

（6）“以授射甲革、椹质者”。郑注：“故书椹为鞎，郑司农云：‘椹字或作鞎，非是也。《圉师职》曰：“射则充椹质。”又此《司弓矢职》曰：“泽，共射椹质之弓矢。”言射椹质自有弓，谓

王、弧弓也。以此观之，言鞎质者非。’”此据上下文校勘之一例。(徐养原《周官故书考》卷三)

(7)“锎二十有八”。郑注：“公锎四十二，侯伯二十八，子男十八，非衰差也。二十八，书或为‘二十四’，亦非也。其于衰，公又当三十，于言又为无施。礼之大数，锎少于豆，推其衰，公锎四十二，宜为三十八，盖近之矣。”（徐养原《周官故书考》卷三)

(8)“挢角欲孰于火而无燂”。郑注：“故书燂或作‘朕’，郑司农云：‘字从燂。’”徐考云：“燂与朕形声回别，无由致误。”(徐养原《周官故书考》卷四)

以上八例，足见今书之与故书除因形声之误。如：

(9)“七事，故书七为小”。

(10)“禽兽，故书为兽为献”。

(11)“粉餈，故书餈为茨”。

(12)“陛枑，故书枑为柜”。

(13)“二事，故书二为三”。

(14)“醇制，故书醇为敦”。

(15)“玉齍，故书玉为王”。

(16)“铈焉，故书焉为马”。

(17)“翣柳，故书翣柳为接柳”。

(18)“廛人，故书廛为坛”。

(19)“泉府，故书泉为钱”。

(20)“祭酺，故书酺为步”。

改正者有仅从文义校订者，如（1）、（7）两例；有从上下文而改定者，如（3）、（6）两例；有故书字本无误但加修饰之者，如例（4）；有故书字本未误而改订转误者，如例（2）；有形声俱不相近而辗转改订之者，如例（5）；有形声无由致误而亦能改订之者。我们看了这些例证，固佩服古文家校勘之精，然其结果，所改之本既丧失原本之真面目，而时不免有误，或不如不改真经文。这种改法结果纵好，然不能不会发生“古书改者多矣，杜子春则可，吾则不可”之叹。在清儒徐养原之崇奉古文学犹且如是，以为失真，何况我们更明了，古书之不当任意校改的。《周礼》今书是依故书改订而成，改订以后没有“正奉之”“戒合政”“仆左左执辔”“夷使”“政岁”“地邦”等等不好念的词句，但是那毕竟是改本，不是真本。古文经也正如《周礼》今书之比，仅有一二种是依古文旧书改订，其他大约是依今文校订而成。我们试用今文、古文对照，一样也可以发现其字数多于今文者有之，但多者未必是真多；其文字少于今本者有之，其少者亦未必本当少；其例易重复之处有之，但其所例易重复者亦未必是；其单字之改订者亦有，但其所改定者亦不必准。今文流传日久，非若《周礼》之晚出于武、宣以后，又经过刘歆的窜易，所以古文本改订今文之例较多。因其较多，我们更可以见其谬误迭出而非真古。再由（1）其篇卷之多寡，以古文而杂有晚出之伪篇；（2）自以为古文经而实与《左》、《国》、《孟》、《荀》所引不合；（3）自以为有传授，而其传授之迹乃极不可信，更可以决定其文字之进步非真本，乃系校订今本而成。未经整个地、详细地对照，偶见今文字句乖异，古文文义完伪，自信古文为真古本，不知字句乖异实保存着本来面目，文义完伪反不必为真古本。这经古文问题由于版本对照，正可显见何为真古，何为赝古。

关于经今文篇卷之多寡，在本编第一篇第二章论《群经篇第之异同》已加详论；关于古文经与《左》、《国》、《孟》、《荀》所引经文不同，在本编第三篇第二章《列国大夫之称诵诗书》、第四章《孟、荀诸子之传经》已举例证；关于古文经之传授系统，在第三篇第三章《游夏参商诸子之传经》亦有明说。下文将更由版本对照明今古经文字之异同，以考见古文经之真赝。

## 一　《诗》今古文文字之异同

《诗》今古文文字之异同，首先在篇章上可析为四点来看：

1.《毛诗》之多于三家者，有六《笙诗》与《都人士》首章，我们已引用洪迈、章炳麟诸家之说，以见六《笙诗》只有名目，没有内容，乃是《毛诗》故为增多，非真古本。

2.《毛诗》之少于三家者，如《卫风》中《硕人》"素以为绚兮"，《唐风》中《扬之水》"妨其躬身"等句，我们已引用陈乔枞、段玉载诸家之说，以见《毛诗》所少亦不合于古真本。

3. 关于《毛诗》篇次之倒误者，如《草虫》、《采苹》之例，置鄘、卫诸风诗之误，我们已引用曹粹中、龚橙诸家之说，以见《毛诗》篇卷倒误之不合于古。

4. 更于《毛序》于《诗》之谬妄，引用各家之说，列举十端以明之。这已足见《毛诗》之非真古本了。

在文句方面也可析为四点来看：

a.《毛诗》文字之多于三家者。

《诗》因为是乐歌以吟诵，遭秦而全，不独在竹帛不易任意校增窜伪，所多者仅六《笙诗》及《都人士》首章四句，辨已见前，兹不赘论。

b.《毛诗》文字之少于三家者。

《毛诗》中字句少者，在第一篇第二章所举有三例，辨已详前。此外还有如：

(1)《魏风·陟岵》之"父曰：嗟！予子行役"，据汉《石经·鲁诗》，"'父'下有'兮'字"。(王先谦：《诗三家义集疏》)

(2)《豳风·鸱鸮》之"予维音哓哓"，据诗"注"，三家诗为"予维音之哓哓"，"音"字下多一"之"字。(同上书)

(3)《小雅·节南山》之"谁秉国成"句，据《礼记》："《齐(诗)》'谁'下有'能'字。""《礼记·缁衣》引《诗》云：'谁

能秉国成，不自为正’。”（同上书）

（4）《小雅·蓼莪》之“鲜民之生”句，据《大戴记》及“注”云：“《齐（诗）》‘生’下有‘矣’字。”（同上书）

（5）《大雅·卷阿》之“似先公酋矣”句，据《尔雅》郭注：“《鲁（诗）》‘公’下多‘尔’字。”（同上书）

（6）《周颂·天作》之“子孙保之”句，据《说苑·君道》篇：“《诗》云‘子孙其保之’。”注：“《鲁（诗）》一本‘孙’下多‘其’字。”（同上书）

（7）《鲁颂·有駜》之“岁其有”句，据《孔疏》：“《三家》‘有’下多‘年’字。”“诒孙子”句，据《列女传》：“《鲁（诗）》‘诒’下有‘厥’字。”（同上书）

这些都是《三家》多一二字而《毛诗》少一二字的，不是《毛诗》脱误，就是《毛诗》经有意改削。《毛诗》字少而较《三家》修整，但古诗作者的技巧不高，作者亦不一律，可说愈修整愈不是是古本。此所举十余例中如（1）（2）两例不合《论语》、《荀子》，在极端崇信古文之段玉裁尚认《毛诗》有讹脱，则《毛》本并非真古本，不待详说。

c.《毛诗》文字之故为复迭与倒误者。

《毛诗》文字与三家比较，在多与少两方面看来，俱足见其非真；由其例误之字句看来，更见《毛诗》非真古本。例如：

（1）《周南·关雎》之“钟鼓乐之”句，“《（韩诗）外传》五引《诗》曰‘鼓钟乐之’”（同上书，卷一）。“……即此语推之，知圣人所见《诗经》必作‘鼓锺’，而‘钟鼓’乃后出误本”。（同上）清儒皮锡瑞于此论曰：“《外传》言，古者天子左五仲、右五钟，而不及鼓。侯包《韩诗翼要》曰：‘后妃房中乐有钟磬’，亦不及鼓，是《韩诗》不作‘钟鼓’甚明。《周礼·磬师》‘教缦乐、燕乐之钟磬’，郑注：‘燕乐，房中之乐，所谓阴声也。二乐皆教其钟磬。’《疏》：‘云“燕乐，房中之乐”者，此即《关雎》二《南》也。谓之房中者，房中谓妇人。后妃以风喻君子之诗，故谓之房中之乐。’据此则古《周礼》说与《韩诗》合，皆谓房中乐有钟磬而无鼓。钟磬清扬，于房中宜。鼓音重浊，于房中不宜。或据《薛君章句》‘鼓人上堂’，谓《韩诗》亦当兼言鼓。不知鼓人上堂，不入房中，不与钟磬并列，仍不当兼言鼓。‘鼓钟’之‘鼓’训‘击’，是虚字，是一物。‘钟鼓’之‘鼓’是实字，是二物。毛作‘钟鼓’，与古礼不合，此毛不及《韩诗》者一。”（《经学通论二·诗经·论毛义不及三家略举典礼数端可证》）

（2）《魏风·硕鼠》之“逝将去女，适彼乐土。乐土乐土，爰得我所”、“逝将去女，适彼乐国。乐国乐国，爰得我直”。《韩诗》引“乐土乐土”，但作“适彼乐土”；“乐国乐国”，但作“适彼乐国”。刘向《新序·杂事》引同张慎仪《诗经异文补释》卷五云：“刘习《鲁诗》，引与《韩》同，益见古本多重上句。”《诗三家义集疏》注：“《韩（诗）》……‘适彼乐土’重句，不作‘乐土乐土。’”“卢文弨云：……后‘适彼乐土’亦重上句，盖重上句者是古本，后人以《毛诗》改之。”则《毛诗》非古本可知。（《诗三家义集疏》，卷七）

（3）《大雅·皇矣》：“维此二国，其政不获。维彼四国，爰究爰度。”《左传》引作“惟彼二国”“惟此四国”。张慎仪云：“《左》于此句‘此’字引作‘彼’，于下文‘维彼四国’‘彼’字引作‘此’，或古本如是。”则《毛》本与古本异可知。

（4）（同上）“维此王季”张氏《补释》云：“《左·昭二十八年》引《诗》‘唯此文王’，《中论·务本》引诗‘惟此文王’。按《诗正义》云，今王肃注及《韩诗》亦作‘文王’。以经文考之，作文王为是。自郑笺《礼》注误作‘王季’，而各本因之。”此亦《毛诗》不合于古本之显证。

（5）（同上）“帝谓文王，询尔仇方，同尔弟兄。以尔钩援，与尔临冲，以伐崇墉。”周寿昌在《后汉书注补正》中评之云：“《伏湛传》湛上疏曰：‘臣闻文王受命而征伐五国，必先询之同姓，然后谋于群臣，加占蓍龟，以定行事；故谋则成，卜则吉，战则胜。其《诗》曰：“帝谓文王，询尔仇方，同尔弟兄，以尔钩援，与尔临冲，以伐崇鄘。”崇城守先退后伐，所以重人命，俟时而动，故参分天下有其二。’寿昌案：湛之祖理受《齐诗》，学于匡衡。湛少传父业，此应是《齐诗》说也，与《毛传》义略同，惟《毛传》‘仇，匹也’。郑《笺》云：‘怨耦曰仇’，仇方谓旁国，为暴乱大恶者，女当谋征讨之，以和协女兄弟之国。《正义》云：‘当询谋于汝匹已之臣，以向其伐人之方和同女之兄弟。’似笺、传意微异。伏引《诗》作‘弟兄’，与方为韵，必《齐诗》如此。《毛诗》作兄弟，陈奂《毛诗传疏》亦改此作‘弟兄’。然观郑《笺》及《正义》俱作‘兄弟’，知《毛诗》固如此，不得妄改也。”（《丛书集成》本，卷三）《毛诗》为真古本，必不当为不如《齐诗》之作“同尔弟兄”，与方为韵，《毛》本与《左》、《国》、《孟》、《荀》所引不同，又不及《三家诗》，从此数例看来亦可获有明证。

（6）《大雅·荡》：“不明尔德，时无背无侧。尔德不明，以无陪无卿。”《汉书·五行志》引作“尔德不明，以亡陪亡卿；不明尔德，以亡背亡仄”与《毛诗》互易。《毛诗》改“以”为“时”，又不似《齐诗》之隔句用韵，应为晚出。

（7）《小雅·采芑》：“征伐玁狁，蛮荆来威。”《汉书·韦玄成传》“蛮荆”作“荆蛮”。王氏《诗考》引《汉书》同。

（8）《小雅·雨无正》之“周宗既灭”。《左传·昭公十六年》引诗“宗周既灭”，《北堂书钞》十六引诗同。陈奂云：“周宗当作宗周。正月传，宗周镐京也。此及《黍离》笺皆同。则郑所据经本作宗周。”

（9）《小雅·何人斯》之“不愧于人，不畏于天”。张氏《补

释》云："《后汉书·殇帝纪》作'不畏于天，不媿于人'。或《三家》与《毛》异读。"(卷九)

(10)《小雅·采菽》之"乐只君子，殿天子之邦。乐只君子，万福攸同"句，张氏《补释》云："《左·襄十一年传》引诗'乐旨君子，殿天子之邦。乐旨君子，福禄攸同'。按此章前后，两言'福禄'，此应从《左》引作'福禄'为当。"(卷十一)

此诸例亦既显见《毛诗》之非古本。

d.《毛诗》文字之讹误与显系修订者。

此类之例甚多，兹略举以见之：



(1)"溥天之下。"张释云："《左传·昭七年传》、《国策·东周策》、《孟子·万章》、《荀子·君子篇》、《韩非子·忠孝》、《吕氏春秋·慎人》、《新书·匈奴》、《史记》、《汉书·司马相如传》、《汉书·王莽传》、《白虎通·封公侯丧服》、《三国志·吴志·孙权》传注、《韩诗外传》各引《诗》'普天之下'；《文选·班孟坚〈东都赋〉》当诗注，《太平御览》六百四十引《会稽典录》各引诗同。"按朱骏声云："《说文》：'溥'，大也。从水，尃声。本义为水之大，转注为凡大之称。经传多以'普'为之。'普'，日无色也。今隶作'普'，《说文》亦读若普。"(卷十)《毛诗》作'溥'为以本字易假借字，而不知古本约作"普"。凡先秦汉初所引无同于《毛诗》者，《毛诗》为校改之古本，其何说之辞？



(2)《小雅·大田》之"兴雨祁祁"句。张释云："《释文》'兴雨'本作'兴云'，唐石经、南宋石经、相台本山井鼎考文古本作'兴雨祁祁'。《初学记》一、白帖二各引诗同。王氏《诗考》引《韩诗外传·小雅》为'兴云祁祁'。《吕氏春秋·务本》、《汉书·食货志》、《艺文类聚》、唐韩鄂《岁华纪丽》各引诗同。赵明诚《金石录》载'无极山碑'亦同。按马瑞辰云，'祈祈'各本作'祁祁'，惟监本作'祈祈'。严可均谓'避明帝讳也'。韩奕诗'祁祁如云'，则此诗从《韩诗》作'兴云祁祁'为是。"

(卷十)“兴雨”，《吕览》、《韩诗》俱作“兴云”，则先秦汉初之本不误，而《毛诗》改作“兴雨”，然以诗文证之，“兴雨”实属非是。马氏治《毛诗》者亦不能讳《毛诗》之非古本，其何说之辞。

此外如：

(3)《鄘风·君子偕老》之“玉之瑱也”，“邦之媛也”《三家》本“也”俱作“兮”。

(4)《陈风·墓门》之“歌以讯之”，《三家》“之”作“止”。

(5)《秦风·权舆》之“吁嗟乎，不承权舆”句，《三家》“乎”作“胡”。

(6)《小雅·巷伯》之“慎尔言也”句，《三家》本“也”作“矣”。

(7)《小雅·谷风》之“无草不死，无木不萎”句，《三家》本“无”俱作“何”。

(8)《小雅·菀柳》之“无自瘵焉”句，《三家》本“焉”作“也”。

这些地方《毛》本易“兮”为“也”，易“也”为“兮”等等，在意义或音节长于《三家诗》，使人误信《毛》本为佳。但我们试由篇卷次第、章句多寡看来，《毛》本为改订今文而成，不合于古。则这些地方自亦是窜易，故反不如《三家》之古拙。至于如：

(9)《周南·关雎》之“在河之洲”句，《毛》本用“洲”，《三家》用“州”。

(10)(同上)“辗转反侧”句，《毛》本用“辗”三家用“展”。

(11)《周南·葛覃》之“服之无斁”句，《毛》本用“斁”，《三家》用“射”。

(12)《周南·兔罝》之“赳赳武夫”句，《毛》本用“赳”，三家用“纠”。

(13)《召南·野有死麕》之“白茅纯束”句，《毛》本用“纯”,《三家》用“屯”。

(14)《邶风·谷风》之“湜湜其沚”句，《毛》本用“沚”《三家》用“止”。

(15)《邶风·简兮》之“赫如渥赭”句，《毛》本用“渥”,《三家》用“屋”。

(16)《邶风·静女》之“说怿女美”句，《毛》本用“怿”,《三家》用“释”。

(17)《鄘风·君子偕老》之“邦之媛也”句，《毛》本用“媛”,《三家》用“援”。

(18)《卫风·河广》之“跂予望之”句，《毛》本用“跂”,《三家》用“企”。

(19)《郑风·大叔于田》之“火烈具举”句，毛本用“列”三家用“烈”。

(20)《郑风·清人》之“河上乎逍遥”句，《毛》本用“逍遥”,《三家》本作“消摇”。

(21)《魏风·伐檀》之“不稼不穑”句，《毛》本用“穑”,《三家》用“啬”。

(22)《唐风·扬之水》之“扬之水”句，《毛》本用“扬”,《三家》用“杨”。

(23)《秦风·驷驖》之“驷驖孔阜”句，《毛》本用“驷驖”,《三家》用“四载”。

(24)《小雅·蓼萧》之“寿考不忘”句，《毛》本用“忘”,《三家》用“亡”。

(25)《秦风·黄鸟》之“惴惴其慄”句，《毛》本用“慄”,《三家》用“栗”。

(26)《秦风·无衣》之“与子偕行”句，《毛诗》作“偕”,

《三家》作“皆”。

(27)《陈风·泽陂》之“伤如之何”句，《毛》本用“伤”，《三家》用“阳”。

(28)《豳风·七月》之“四之日举趾”句，《毛》本用“趾”，《三家》作“止”。

证例太多，举不胜举。所谓古本竟多用后起字本字，而与《左》、《国》、《孟》、《荀》引经不同，《左》、《国》、《孟》、《荀》反与《三家诗》合。如前举“溥天之下”“仪式刑文王之典”诸例，是真子夏所传、荀卿所授的古本，岂有如是之怪现象？由这样的实证两两对照下来，《毛》本为依今文而修订之古本亦大可明。由篇章上、由文句上、由古书之征引上、由传授之系统等等看来，都不见其为获有真古本而加以校订之现象。此所以《汉志》于《毛诗》不冠以“古”字之原因。郑玄在东汉时为《毛诗》作《笺》，亦不如其为《仪礼》、《论语》作注标明今文古文。《毛诗》似与《仪礼》、《周礼》等书不同，并无古文写本。

《毛诗》在文字上不惟与古书所引本不合，与历年来出土之钟鼎彝器上之文字亦不合，例如近出之函皇父鼎［按：1933 年出土于陕西省扶风县，周厉王时器。其释文：“圅（函）皇父乍（作）琱（周）⿰女鼎（妘）般（盘）盉（尊）⿰女鼎、器，鼎𣪘（簋）(⿰女鼎)（具)。自豕鼎降十又、𣪘（簋）八、两罍、两鍂（壶)。琱（周）⿰女鼎（妘）𠀠（其）万年子子孙孙永宝用。”］，其中“琱”“妘”等字，《毛诗》中就完全未有出现。

附：

《诗》今古文异同表

| 古文 / 毛诗 | 今文 | | |
|---|---|---|---|
| | 鲁 | 齐 | 韩 |
| 关关雎鸠 | 鴡鸠 | 鴡鸠 | |
| 在河之洲 | 州 | 州 | 州 |
| 君子好逑 | 仇 | 仇 | |
| 参差荇菜 | 槮差莕菜 | 槮差莕菜 | 槮差莕菜 |
| 辗转反侧 | 展 | 展 | 展 |
| 左右芼之 | | | 现 |
| 钟鼓乐之 | | | 鼓钟 |
| 葛之覃兮 | 蕈 | | |
| 集于灌木 | 樌木 | | |
| 是刈是濩 | 镬 | | |
| 服之无斁 | 射 | 射 | |
| 归宁父母 | | 以晏 | 以晏 |
| 采采卷耳 | 菤 | | |
| 不盈倾筐 | | | 顷 |
| 我马虺隤 | 瘣颓 | 瘣颓 | 瘣颓 |
| 我姑酌彼 | 㔻 | 㔻 | 㔻 |
| 陟彼砠矣 | | 岨 | 岨 |
| 云何吁矣 | 盱 | | |
| 南有樛 | | | 朻 |
| 葛藟累之 | 虆之 | | |
| 螽斯羽 | 螽蜇 | 螽蜇 | 螽蜇 |

续表

| 古文<br>毛诗 | 今文 | | |
| --- | --- | --- | --- |
| | 鲁 | 齐 | 韩 |
| 诜诜兮 | 鲜鲜 | 鲜鲜 | 鲜鲜 |
| 薨薨兮 | | | 肱肱兮 |
| 揖揖 | 集集 | | 集集 |
| 赳赳武夫 | | | 纠纠 |
| 施于中逵 | | | 中馗 |
| 采采芣苢 | | | 芣苡 |
| 不可休息 | | | 休思 |
| 江之永矣 | 漾 | | 漾 |
| 不可方思 | 舫 | | |
| 言刈其蒌 | 采 | | |
| 遵彼汝坟 | | | 濆 |
| 惄如调饥 | 朝 | 周 | 愵 |
| 鲂鱼赪尾 | | | 赧 |
| 王室如毁 | | | 毁 |
| 于嗟麟兮 | | | 吁 |
| 麟之定 | 顁 | | |
| 于以采蘩 | | 繁 | |
| 被之僮僮 | 童童 | 童童 | 童童 |
| 趯趯阜螽 | 蛗螽 | | |
| 忧心忡忡 | | 冲冲 | |
| 亦既觏止 | | 遘止 | |
| 于以湘之 | | | 鬺之 |
| 有齐季女 | | | |
| 蔽芾甘棠 | | | 茀 |

续表

| 古文<br>毛诗 | 今文 | | |
|---|---|---|---|
| | 鲁 | 齐 | 韩 |
| 勿翦勿伐 | 鬋 | | 划 |
| 召伯所发 | 邵 | | 废 |
| 勿翦勿拜 | | | 扒 |
| 厭浥行露 | 湆 | | 湆 |
| 委蛇委蛇 | | 逶迤 | 逶迤、祎佾 |
| 素丝五緎 | | 黬 | |
| 殷其雷 | | 隱 | |
| 莫敢遑息 | | | 皇 |
| 摽有梅 | 蔈 | 蔈 | 蔈 |
| 顷筐塈之 | | | 倾、摡 |
| 嘒彼小星 | | | 嘒 |
| 寔命不同 | | | 实 |
| 抱衾与裯 | 祷 | 祷 | 祷 |
| 江有汜 | 洍 | 汜 | 洍 |
| 其啸也歌 | 謌 | 謌 | |
| 白茅纯束 | 屯 | 屯 | 屯 |
| 舒而脱脱 | 娧 | 娧 | 娧 |
| 无感我帨 | 撼 | 撼 | 撼 |
| 何彼襛矣 | | | 茂 |
| 壹发五豝 | 一 | 一 | 一 |
| 于嗟乎 | 吁 | 吁 | 吁 |
| 耿耿不寐 | 炯炯 | | |
| 如有隐忧 | 殷 | 殷 | 殷 |
| 不可选也 | 算 | 算 | 算 |

续表

| 毛诗 \ 古文 | 今文 | | |
|---|---|---|---|
| | 鲁 | 齐 | 韩 |
| 觏闵既多 | 遘愍 | 遘愍 | 遘愍 |
| 寤辟有摽 | 晤 | 晤 | 擗 |
| 胡迭而微 | | | 载 |
| 以勖寡人 | 畜 | 畜 | |
| 报我不述 | | 遹 | 术 |
| 终风且暴 | | 瀑 | |
| 惠然肯来 | 冐来 | | |
| 愿言则嚏 | 即 | 即 | |
| 曀曀其阴 | | 壹 | |
| 击鼓其镗 | | 鼞 | |
| 死生契阔 | | 挈 | |
| 于嗟洵兮 | | | 敻 |
| 悠悠我思 | 遥遥 | | |
| 匏有苦叶 | | 枯 | |
| 深则厉 | | 砅、濿 | |
| 雝雝鸣鴈 | 嗈嗈 | 痽痽、鴈 | |
| 旭日始旦 | | | 煦日 |
| 卬须我友 | 褮 | | |
| 无以下体 | | | 礼 |
| 黾勉同心 | 密勿 | | 密勿 |
| 不远伊迩 | | 尔 | |
| 湜湜其沚 | 止 | 止 | 止 |
| 不我屑以 | | 已 | |
| 我躬不阅 | 今 | 今 | 今 |

续表

| 毛诗＼古文 | 今文 | | |
|---|---|---|---|
| | 鲁 | 齐 | 韩 |
| 遑恤我后 | 皇 | 皇 | 皇 |
| 匍匐救之 | 扶服捄之 | 扶服救之 | |
| 不我能畜 | 能不我慉 | 能不我慉 | 能不我慉 |
| 贾用不售 | | 庸、雠 | |
| 胡为乎中露 | 路 | | |
| 旄丘之葛 | 嵍丘 | 嵍丘 | 嵍丘 |
| 必有以也 | | 似 | |
| 流离之子 | 留 | | |
| 硕人俣俣 | | | 扈扈 |
| 左手执钥 | | | 籥 |
| 右手秉翟 | | | 狄 |
| 赫如渥赭 | 屋 | 屋 | 屋 |
| 毖彼泉水 | | | 秘 |
| 出宿于泲 | 齐 | | |
| 饮饯于祢 | | | 坭 |
| 已焉哉 | | | 亦 |
| 交徧谪我 | 适 | | 谪 |
| 交徧摧我 | | | 誰 |
| 其虚其邪 | 徐 | 徐 | |
| 雨雪其霏 | 霏霏 | | |
| 静女其姝 | 袾 | 袾 | |
| 我于城隅 | 乎 | | |
| 爱而不见 | 薆 | 僾 | 如 |
| 搔首踟蹰 | | 跱 | 躅 |

续表

| 毛诗＼古文 | 今文 | | |
| --- | --- | --- | --- |
| | 鲁 | 齐 | 韩 |
| 说怿女美 | 释 | 释 | 释 |
| 洵美且异 | | | 瘱 |
| 新台有泚 | 玼 | 玼 | 玼 |
| 河水瀰瀰 | 洋洋 | 洋洋 | 洋洋 |
| 燕婉之求 | 嬿 | | 嬿 |
| 新台有洒 | | | 漼 |
| 河水浼浼 | | | 浘浘 |
| 籧篨不殄 | 腆 | 腆 | 腆 |
| 得此戚施 | | | 鼀黽 |
| 中心养养 | | 洋洋 | |
| 髧彼两髦 | | 紞、髳 | 紞、髳 |
| 之死矢靡它 | 他 | | |
| 实维我特 | | | 直 |
| 墙有茨 | | 荠 | 荠 |
| 不可详也 | | | 扬 |
| 委委佗佗 | 袆袆它它 | | |
| 不屑髢也 | 鬄 | 鬄 | |
| 玉之瑱也 | 䪴 | 䪴 | 䪴 |
| 是袣袢也 | 亵 | 亵 | 亵 |
| 邦之媛也 | | 兮 | 援 |
| 鹑之奔奔 | 贲贲 | 贲贲 | |
| 鹊之强强 | 姜姜 | 姜姜 | |
| 人之无良 | | | 人而 |
| 作于楚宫 | 为 | 为 | 为 |

续表

| 古文<br>毛诗 | 今文 | | |
|---|---|---|---|
| | 鲁 | 齐 | 韩 |
| 终焉允臧 | 终然永臧 | | |
| 蝃蝀在东 | 螮 | | |
| 朝隮于西 | | 跻 | |
| 如之人也 | 兮 | | 兮 |
| 人而无仪 | 亡仪 | | |
| 不死何为 | 胡为 | | |
| 不死何俟 | | | 胡 |
| 胡不遄死 | 何 | 何 | 何 |
| 孑孑干旄 | 竿 | 竿 | 竿 |
| 何以予之 | 奥 | | |
| 大夫跋涉 | | 軷 | |
| 视尔不臧 | | | 我 |
| 言采其蝱 | 莔 | | |
| 瞻彼淇奥 | 隩 | 隩、澳 | |
| 绿竹猗猗 | | | |
| 有匪君子 | 斐 | 斐 | 邲 |
| 如切如磋 | 瑳 | 瑳 | 瑳 |
| 如琢如磨 | | 摩 | |
| 赫兮咺兮 | 烜 | 喧 | 宣 |
| 不可谖兮 | | 諠 | |
| 充耳琇莹 | 璓 | 璓 | 璓 |
| 会弁如星 | 冠 | | 髺 |
| 宽兮绰兮 | | | 婥 |
| 猗重较兮 | 倚 | 倚 | 倚 |

续表

| 古文<br>毛诗 | 今文 | | |
| --- | --- | --- | --- |
| | 鲁 | 齐 | 韩 |
| 考盘在涧 | 盘 | 盘 | 盘 |
| 硕人之轴 | 逐 | | |
| 衣锦褧衣 | 絅 | 絅 | 苘 |
| 谭公维私 | 覃 | | |
| 领如蝤蛴 | 螬 | | |
| 齿如瓠犀 | 栖 | | |
| 螓首蛾眉 | 娥 | | |
| 说于农郊 | | | 税 |
| 朱幩镳镳 | | | 儦儦 |
| 翟茀以朝 | 蔽 | 蔽 | 蔽 |
| 施罛濊濊 | 罟 | | |
| 鳣鲔发发 | 泼 | 鲅 | 鲅 |
| 庶姜孽孽 | | | 钀 |
| 庶士有朅 | | | 桀 |
| 卬之蚩蚩 | | | 嗤嗤 |
| 泣涕涟涟 | 波 | | |
| 体无咎言 | | 履 | 履 |
| 于嗟女兮 | | | 吁 |
| 信誓旦旦 | 怛 | | |
| 淇水滺滺 | 油油 | | |
| 芄兰之支 | 枝 | | |
| 垂带悸兮 | | | 萃 |
| 能不我甲 | | | 狎 |
| 一苇杭之 | 斻 | | |

续表

| 古文 毛诗 | 今文 | | |
|---|---|---|---|
| | 鲁 | 齐 | 韩 |
| 跂予望之 | 企 | 企 | |
| 伯兮朅兮 | | | 杰 |
| 焉得谖草 | 萱 | | 諠 |
| 有狐绥绥 | | 文文 | |
| 中心摇摇 | 愮愮 | 愮愮 | |
| 悠悠苍天 | | | 仓 |
| 鸡栖于桀 | 榤 | | |
| 其乐只且 | | | 旨 |
| 扬之水 | | 杨 | |
| 暵其干矣 | | 鸿 | |
| 啜其泣矣 | | | 惙 |
| 大车槛槛 | | | 轞 |
| 毳衣如璊 | 璊 | 璊 | 璊 |
| 火烈具举 | 列 | | |
| 襢裼暴虎 | 袒 | 袒 | 膻 |
| 驷介旁旁 | 騯騯 | 騯騯 | 騯騯 |
| 二矛重乔 | | | 鷮 |
| 河上乎逍遥 | | 之乎 | 消摇 |
| 左旋右抽 | 搯 | 搯 | 搯 |
| 洵直且侯 | | | 恂 |
| 彼其之子 | 已 | | 已 |
| 舍命不渝 | | | 偷 |
| 邦之彦兮 | 喭 | | |
| 颜如舜华 | 蕣 | | |

续表

| 毛诗＼古文 | 今文 | | |
|---|---|---|---|
| | 鲁 | 齐 | 韩 |
| 佩玉将将 | 锵锵 | | |
| 隰有遊龙 | 游 | | |
| 裳锦褧裳 | 絅 | 絅 | |
| 有践家室 | | | 靖 |
| 风雨凄凄 | 湝湝 | 湝湝 | 湝湝 |
| 鸡鸣胶胶 | 嘐嘐 | 嘐嘐 | 嘐嘐 |
| 宁不嗣音 | 诒 | | 诒 |
| 聊乐我员 | | | 魂 |
| 清扬婉兮 | | | 青、宛 |
| 方涣涣兮 | 汍汍 | 灌灌 | 洹洹 |
| 方秉蕳兮 | | 菅 | |
| 洵吁且乐 | 询 | | 恂盱 |
| 浏其清矣 | | | 漻 |
| 子之还兮 | | 营 | 嫙 |
| 乎猛之间 | | 嶩 | |
| 从两肩兮 | 狷 | | |
| 谓我儇兮 | | | 婘 |
| 雄狐绥绥 | | | 文文 |
| 衡从其亩 | 横 | 横 | 由 |
| 取妻如之何 | | | 娶 |
| 析薪如之何 | | 伐柯 | |
| 维莠骄骄 | 乔乔 | | |
| 卢令令 | 泠泠 | 泠泠 | 泠泠 |

续表

| 毛诗 \ 古文 | 今文 | | |
| --- | --- | --- | --- |
| | 鲁 | 齐 | 韩 |
| 其鱼鲂鳏 | 鲲 | 鲲 | 鲲 |
| 其鱼唯唯 | | | 遗遗 |
| 抑若扬兮 | | | 印、阳 |
| 猗嗟名兮 | | 觊 | |
| 舞则选兮 | | | 纂 |
| 四矢反兮 | | | 交 |
| 掺掺女手 | | | 纤纤 |
| 好人提提 | | | 媞媞 |
| 宛然左辟 | 如、僻 | 如、僻 | 如、僻 |
| 维是褊心 | 惟 | | |
| 父曰 | 父兮曰 | | |
| 夙夜无已 | 毋 | | |
| 上慎旃哉 | 尚 | | |
| 陟彼屺兮 | 峐 | | |
| 犹未无弃 | 猷 | | |
| 桑者泄泄 | 詍詍 | 詍詍 | 呭呭 |
| 坎坎伐檀 | 欿欿 | 饖饖 | |
| 置之河之干 | | 诸 | |
| 清且涟猗 | 澜兮 | | |
| 不稼不穑 | | 啬 | |
| 不素餐兮 | 飧 | 飧 | |
| 无食我黍 | 毋 | | |
| 三岁贯汝 | 宦 | | |
| 逝将去女 | | | 汝 |

续表

| 毛诗 \ 古文 | 今文 | | |
|---|---|---|---|
| | 鲁 | 齐 | 韩 |
| 适彼乐土 | 乐土乐土 | 乐土乐土 | 乐土乐土 |
| 日月其慆 | | | 陶 |
| 山有枢 | 蓲 | | |
| 弗曳弗娄 | 楼 | | 搂 |
| 他人是愉 | 媮 | 媮 | |
| 何不日鼓 | 胡 | | |
| 扬之水 | 杨 | | |
| 素衣朱襮 | 绡 | 宵 | |
| 云何不乐 | 胡 | | |
| 我闻有命 | 国有大命 | | |
| 不敢以告人 | 不可以告人 | | |
| 见此邂逅 | 觏 | | |
| 独行茕茕 | 惸 | | |
| 噬肯适我 | 遾 | | 逝 |
| 有车邻邻 | 辚辚 | 辚辚 | |
| 寺人之令 | | | 伶 |
| 驷驖孔阜 | 四驖 | 四驖 | 四驖 |
| 惴惴其慄 | | 栗 | |
| 如可赎兮 | | 也 | |
| 鴥彼晨风 | 鷐 | | 鹔 |
| 郁彼北林 | 宛 | 温彼 | |
| 山有苞栎 | 枹 | | |
| 与子同仇 | | | 雠 |
| 与子同泽 | | 襗 | |

续表

| 毛诗 \ 古文 | 今文 | | |
|---|---|---|---|
| | 鲁 | 齐 | 韩 |
| 与子偕行 | | 皆 | |
| 曰至渭阳 | 至于 | | |
| 夏屋渠渠 | 蘧蘧 | | |
| 于嗟乎不承权舆 | | 胡不承 | |
| 子之汤兮 | 荡 | | |
| 谷旦于差 | | | 嗟 |
| 越以鬷迈 | | | 从迈 |
| 可以乐饥 | 疗饥 | | 疗饥 |
| 墓门有梅 | 棘 | | |
| 歌以讯之 | 谇止 | | 谇止 |
| 谁侜予美 | | | 娓 |
| 邛有旨鹝 | 虉 | 虉 | 虉 |
| 有蒲与荷 | 茄 | | |
| 硕大且俨 | | | 孅 |
| 辗转伏枕 | 展 | | 展 |
| 棘人栾栾 | 脔脔 | | |
| 猗傩其华 | 旖旎 | | |
| 匪车偈兮 | | 揭 | 揭 |
| 中心怛兮 | | 悳 | 制 |
| 谁将西归 | 孰 | | |
| 衣裳楚楚 | 黼黼 | 黼黼 | 黼黼 |
| 蜉蝣掘阅 | 堀 | 堀 | 堀 |
| 何戈与祋 | | 荷、缀 | |
| 彼己之子 | | | 其 |

续表

| 毛诗 \ 古文 | 今文 | | |
|---|---|---|---|
| | 鲁 | 齐 | 韩 |
| 三百赤芾 | | | 绂 |
| 不濡其咮 | | | 噣 |
| 荟兮蔚兮 | 嬒 | | |
| 忾我寤叹 | 慨 | | 嘅 |
| 一之日觱发 | 滭 | 泼 | 毕 |
| 四之日举趾 | | 止 | |
| 蚕月条桑 | | | 桃 |
| 曰为改岁 | | 聿 | |
| 六月食郁及薁 | 蘡 | | 蘡 |
| 黍稷重穋 | 种稑 | | 种稑 |
| 四之日其蚤 | 早 | 早 | |
| 万寿无疆 | | 受福 | |
| 恩斯勤斯 | 殷 | | |
| 彻彼桑土 | | | 杜 |
| 风雨所漂摇 | 飖 | 飖 | 飖 |
| 予维音哓哓 | 音之哓哓 | 音之哓哓 | 音之哓哓 |
| 慆慆不归 | 滔悠 | 滔悠 | 滔悠 |
| 零雨其蒙 | 霝、蒙 | 霝 | |
| 蜎蜎者蠋 | 蜀 | 蜀 | 蜀 |
| 烝在栗薪 | | | 蓼 |
| 皇驳其马 | 騜 | | |
| 四国是吪 | 讹 | | |
| 衮衣绣裳 | 緄 | | |
| 载疐其尾 | | 踕 | 踬 |

续表

| 毛诗 \ 古文 | 今文 | | |
|---|---|---|---|
| | 鲁 | 齐 | 韩 |
| 赤舄几几 | 击击，己己 | 击击，己己 | 击击，己己 |
| 视民不恌 | 示、偷 | 示、偷 | 示、佻 |
| 君子是则是傚 | 效 | 詨 | |
| 周道倭迟 | | 郁夷 | 威夷 |
| 啴啴骆马 | 瘆瘆 | 瘆瘆 | 瘆瘆 |
| 不遑启处 | 偟 | | |
| 皇皇者华 | 葟葟 | | |
| 駪駪征夫 | 侁侁 | | 莘莘 |
| 周爰咨谋 | 谟 | | |
| 常棣之华 | 棠 | | 夫移 |
| 鄂不韡韡 | 萼 | | 萼炜 |
| 兄弟孔怀 | 昆 | | |
| 原隰裒矣 | 桴 | | |
| 傧尔笾豆 | | | 宾 |
| 饮酒之饫 | | | 醧 |
| 和乐且湛 | | | 沈 |
| 乐尔妻帑 | 孥 | | |
| 嘤其鸣矣 | 莺 | | |
| 伐木许许 | 斫、浒 | 斫、浒 | 斫、浒 |
| 釃酒有藇 | 醧 | 醧 | 醧 |
| 坎坎鼓我 | 赣赣 | 赣赣 | |
| 蹲蹲舞我 | 墫墫 | | |
| 俾尔单厚 | 亶 | | |
| 何福不除 | 胡 | | |

续表

| 毛诗 \ 古文 | 今文 | | |
|---|---|---|---|
| | 鲁 | 齐 | 韩 |
| 吉蠲为饎 | 圭惟 | 圭 | |
| 我行不来 | 糇 | | |
| 彼尔维何 | 薾 | 薾 | 薾 |
| 小人所腓 | 茈 | 萉 | |
| 岂不曰戒 | | 日 | |
| 载渴载饥 | | 饥 | |
| 莫之我哀 | | 知 | |
| 我出我车 | 舆 | | |
| 王命南仲 | | 中 | |
| 出车彭彭 | 俥 | | |
| 玁狁于襄 | 攘 | 攘 | |
| 檀车幝幝 | 缘 | | 繵繵 |
| 期逝不至 | 胡誓 | | |
| 物其旨矣 | 指 | | |
| 维其偕矣 | 唯 | | |
| 维其时矣 | 唯 | | |
| 蒸然罩罩 | 淖淖 | | |
| 嘉宾式燕以乐 | 讌 | | |
| 蒸然汕汕 | | 浐浐 | 浐浐 |
| 嘉宾式燕以衎 | | 宴 | |
| 厌厌夜饮 | 恹恹 | | 愔愔 |
| 菁菁者莪 | | 蓁 | |
| 我是用急 | | 戒 | |
| 整居焦获 | 护 | | |

续表

| 古文<br>毛诗 | 今文 | | |
|---|---|---|---|
| | 鲁 | 齐 | 韩 |
| 白茷央央 | 帛旆英英 | | |
| 朱芾斯皇 | 绋 | | |
| 有玱葱珩 | 衡 | 衡 | 衡 |
| 振旅阗阗 | | 軥 | 嗔 |
| 克壮其犹 | 猷 | | 猷 |
| 啴啴焞焞 | 推 | | |
| 东有甫草 | 圃 | 圃 | 圃 |
| 搏兽于敖 | 狩 | | |
| 四牡奕奕 | 駷駷 | | |
| 赤芾金舄 | 绋 | | |
| 决拾既佽 | 次 | | |
| 助我举柴 | 胔 | 掌 | 掌 |
| 儦儦俟俟 | 駓 | | |
| 庭燎晣晣 | 晢 | | |
| 鸾声哕哕 | 銮 | | 钺 |
| 可以为错 | 厝 | | |
| 祈父，予王之爪牙 | | | 维 |
| 有母之尸饔 | | | 雍 |
| 在彼空谷 | | 穹 | 穹 |
| 言采其蓫 | | 蓄 | 蓄 |
| 不思旧姻 | 惟因 | | |
| 约之阁阁 | 格格 | | |
| 椓之橐橐 | 欜欜 | | |
| 君子攸芋 | 宇 | | |

续表

| 毛诗＼古文 | 今文 | | |
|---|---|---|---|
| | 鲁 | 齐 | 韩 |
| 如跂斯翼 | 企 | | |
| 如矢斯棘 | | | 朸 |
| 如鸟斯革 | | | 翱 |
| 维熊维罴 | 惟 | | |
| 朱芾斯皇 | 绋 | | |
| 载衣之裼 | | | 禘 |
| 或寝或讹 | | | 讹 |
| 众维鱼矣 | 惟 | | |
| 室家溱溱 | 蓁 | | |
| 维石岩岩 | 惟 | | |
| 忧心如惔 | | | 炎 |
| 天方荐瘥 | 嗟 | | |
| 维国之氐 | 底 | | |
| 秉国之均 | | 钧 | |
| 天子是毗 | | 痹 | |
| 俾民不迷 | 卑 | | |
| 昊天不佣 | | | 庸 |
| 谁秉国成 | 谁能秉国 | | |
| 不自为政 | 不自为正 | | |
| 家父作诵 | 嘉父 | 嘉父 | 嘉父 |
| 忧心愈愈 | 瘐瘐 | | |
| 视天梦梦 | | 芒芒 | |
| 不敢不局 | 跼 | | 跼 |
| 维号斯言 | 惟 | | |

续表

| 毛诗 \ 古文 | 今文 | | |
|---|---|---|---|
| | 鲁 | 齐 | 韩 |
| 不敢不蹐 | | 趚 | |
| 有伦有脊 | | 趚 | |
| 胡为虺蜴 | | 蜥 | |
| 燎之方扬 | | 阳 | |
| 宁或灭之 | | 能 | |
| 褒姒威之 | 灭 | | |
| 亦孔之照 | 昭 | | |
| 佌佌彼有屋 | | 佌 | 佌 |
| 蔌蔌方有谷 | 速速方穀 | | |
| 天夭是椓 | 夭加 | | |
| 哀此惸独 | 茕 | | |
| 番惟司徒 | | 皮 | 繁 |
| 仲允膳夫 | | 中术 | |
| 聚子内史 | | 掫 | |
| 蹶为司马 | | 橜 | |
| 楀惟师氏 | 踽 | 萬 | |
| 艳（剡）妻煽方处 | 阎、扇 | 偏炽 | |
| 俾守我王 | 屏 | | |
| 黾勉从事 | 密勿 | | |
| 谗口嚣嚣 | 嗸嗸 | | 嗸嗸 |
| 噂沓背憎 | 僔 | 僔 | 僔 |
| 悠悠我里 | 攸攸 | 痗 | 痗 |
| 雨无正 | 政 | | 雨无其极，伤我稼穑 |

续表

| 古文<br>毛诗 | 今文 | | |
| --- | --- | --- | --- |
| | 鲁 | 齐 | 韩 |
| 弗虑弗图 | 不 | | |
| 沦胥以铺 | 熏胥 | | 勄、痡 |
| 莫肯用讯 | 谇 | | |
| 听言则荅 | 对 | | |
| 谋犹回遹 | | 穴 | 鴥泬 |
| 潝潝訿訿 | 歙歙呰呰 | | 翕 |
| 是用不集 | | | 就 |
| 民虽靡膴 | | | 腜 |
| 或哲或谋 | | 悊 | |
| 翰飞戾天 | | | 厉 |
| 念昔先人 | | 彼 | |
| 壹醉日富 | 一 | | |
| 螟蠃负之 | 蝸 | | |
| 题彼脊令 | 相 | | 鹡鸰 |
| 毋忝尔所生 | 无 | 无 | 无 |
| 哀我填寡 | | | 瘨 |
| 宜岸宜狱 | | | 犴 |
| 惄焉如捣 | | | 疛 |
| 假寐永叹 | | | 寣 |
| 维忧用老 | 惟 | | 唯 |
| 萑苇淠淠 | 莞 | | 藋 |
| 不知所届 | 艐 | | |
| 譬彼坏木 | 瘣 | | |
| 尚或墐之 | | | 殣 |

续表

| 古文 / 毛诗 | 今文 | | |
| --- | --- | --- | --- |
| | 鲁 | 齐 | 韩 |
| 僭始既涵 | 谮减 | 谮减 | 谮减 |
| 秩秩大猷 | 载 | 繇 | 繇 |
| 圣人莫之 | | 漠 | 谟 |
| 跃跃毚兔 | | 趯趯 | 趯趯 |
| 蛇蛇硕言 | 虵虵 | | |
| 居河之麋 | 湄 | | |
| 既微且尰 | 微、瘇 | 微、瘇 | 微、瘇 |
| 不见其身 | 人 | | |
| 我心易也 | | | 施 |
| 萋兮斐兮 | | | 緀 |
| 哆兮侈兮 | 誃 | | |
| 缉缉翩翩 | 咠 | | 缤 |
| 慎尔言也 | | | 矣 |
| 倢倢幡幡 | 唼唼 | 捷捷 | 咠咠 |
| 骄人好好 | 旭 | | |
| 劳人草草 | 慅 | | |
| 彼谮人者 | 谗 | | |
| 寘予于怀 | 我 | | |
| 弃予如遗 | 我 | | |
| 维山崔嵬 | 惟 | | 岑原 |
| 无草不死 | 何 | | |
| 无木不萎 | 何 | | |
| 缾之罄矣 | 瓶、窒 | 瓶、窒 | 瓶、窒 |
| 鲜氏之生 | | 生下有矣 | |

续表

| 古文<br>毛诗 | 今文 | | |
|---|---|---|---|
| | 鲁 | 齐 | 韩 |
| 拊我畜我 | 抚 | 抚 | 抚 |
| 昊天罔极 | 皡 | | |
| 佻佻公子 | 苕 | | 嬥 |
| 鞙鞙珮璲 | 琄 | 绢珮 | 绢珮 |
| 不以服箱 | 不可以 | 不可以 | 不可以 |
| 东有启明 | 启 | 启 | 启 |
| 载翕其舌 | | | 吸 |
| 百卉具腓 | | | 俱 |
| 乱离瘼矣 | 斯瘼 | | 斯莫 |
| 冬日烈烈 | | | 栗 |
| 侯栗侯梅 | 维维 | 维维 | 维维 |
| 维以告哀 | 唯 | | |
| 溥天之下 | 普 | 普 | 普 |
| 或燕燕居息 | 宴宴 | 宴宴 | 宴宴 |
| 或尽瘁国事 | 顇 | 顇 | 顇 |
| 念彼共人 | | 恭 | |
| 睠睠怀顾 | 眷眷 | 眷眷 | 眷眷 |
| 靖共尔位 | 靖恭 | 静共 | 静恭 |
| 无恒安息 | | 毋常 | |
| 忧心且妯 | | | 陶 |
| 祝祭于祊 | 閍 | 鬃 | 鬃 |
| 礼仪卒度 | | | 义 |
| 苾芬孝祀 | | | 馞 |
| 维禹甸之 | | | 敶 |

续表

| 古文<br>毛诗 | 今文 | | |
|---|---|---|---|
| | 鲁 | 齐 | 韩 |
| 雨雪雰雰 | 纷纷 | 纷纷 | 纷纷 |
| 疆场有瓜 | | | 壃 |
| 倬彼甫田 | | | 菿 |
| 或耘或耔 | | 芸、芓 | |
| 黍稷薿薿 | | 儗儗 | |
| 以我覃耜 | 剡耜 | | 剡耜 |
| 秉畀炎火 | | | 卜畀 |
| 有渰萋萋 | 晻 | 黤、凄 | 弇 |
| 兴雨祈祈 | 兴云 | | |
| 靺韐有奭 | 赩 | | |
| 裳裳者华 | 常 | | 常 |
| 维其有之 | 唯 | | |
| 彼交匪傲 | | 匪敖 | |
| 先集维霰 | 霓 | | |
| 乐酒今夕 | 昔 | | |
| 辰彼硕女 | 展 | | |
| 以慰我心 | | | 愠 |
| 营营青蝇 | 謍謍 | 謍謍 | 謍謍 |
| 止于樊 | 藩 | 蕃藩 | 棥 |
| 谗人罔极 | 言 | | |
| 殽核维旅 | 核惟 | 核 | |
| 威仪反反 | | | 阪 |
| 威仪怭怭 | 佖 | 佖 | 佖 |
| 屡舞傞傞 | 姕 | 姕 | 姕 |

续表

| 古文<br>毛诗 | 今文 | | |
|---|---|---|---|
| | 鲁 | 齐 | 韩 |
| 有頍其首 | 赟 | | |
| 岂乐饮酒 | 恺 | | |
| 又何予之 | 与 | | 与 |
| 觱沸槛泉 | 滥 | | 滭滥 |
| 赤芾在股 | 绋 | | |
| 彼交匪舒 | 匪交 | | |
| 平平左右 | | | 便 |
| 绋纚维之 | 缡 | | |
| 福禄膍之 | | | 肶 |
| 优载游敖 | | | 柔 |
| 民胥傚矣 | 斯效 | | |
| 如食宜饇 | 仪饇 | | |
| 雨雪瀌瀌 | 麃 | | 麃 |
| 见晛曰消 | 咽晛聿消 | | 咽晛聿消 |
| 莫肯下遗 | 隧 | | 隤 |
| 上帝甚蹈 | | | 陶 |
| 上帝甚蹈 | 帝神 | | |
| 无自瘵焉 | 也 | | |
| 垂带而厉 | 若 | 如 | |
| 终朝采绿 | 菉 | | |
| 薄言观者 | | | 覩 |
| 英英白云 | | | 泱 |
| 滮池北流 | 滤沱 | | |
| 视我迈迈 | | | 怖 |

续表

| 毛诗 \ 古文 | 今文 | | |
|---|---|---|---|
| | 鲁 | 齐 | 韩 |
| 月离于毕 | 丽 | | |
| 俾滂沱矣 | 比 | | |
| 牂羊坟首 | 羵首 | | |
| 陈锡哉周 | 载 | | 载 |
| 无念尔祖 | 毋 | | |
| 聿修厥德 | 述 | | |
| 宜鉴于殷 | | 仪 | |
| 骏命不易 | | 峻 | |
| 上天之载 | 縡 | | |
| 仪刑文王 | 形 | | |
| 万邦作孚 | | 国 | |
| 天难忱斯 | 谌 | | 谌 |
| 曰嫔于东 | 聿 | | |
| 大任有身 | 娠 | 娠 | 娠 |
| 维此文王 | | 惟 | 唯 |
| 聿怀多福 | | 允 | |
| 伣天之妹 | | | 磬 |
| 其会如林 | | 旝 | 旝 |
| 无贰尔心 | | 毋二 | |
| 驷騵彭彭 | | 四 | |
| 凉彼武王 | 亮 | | 亮 |
| 肆伐大商 | 袭 | | |
| 会朝清明 | | | 滰 |
| 自土沮漆 | | 杜 | |

续表

| 古文 / 毛诗 | 今文 | | |
|---|---|---|---|
| | 鲁 | 齐 | 韩 |
| 陶复陶穴 | 寝 | 寝 | 寝 |
| 来朝走马 | | | 趣 |
| 周原膴膴 | | | 腜 |
| 爰契我龟 | | 挈 | |
| 缩版以载 | | 板 | |
| 乃立皋门 | | | 高 |
| 皋门有伉 | | | 阆 |
| 应门将将 | 锵锵 | | |
| 混夷駾矣 | 突 | 突 | 突 |
| 维其喙矣 | 呬 | | |
| 予曰有疏附 | 聿（四） | 胥 | |
| 予曰有奔奏 | 走辏 | | |
| 勉勉我王 | 亹 | | 亹 |
| 瑟彼王瓒 | 恤 | 恤 | 恤 |
| 遐不作人 | 胡 | | |
| 施于条枚 | | | 延 |
| 岂弟君子 | | 凯 | 恺悌 |
| 求民之莫 | 瘼 | 瘼 | |
| 维此二国 | 惟 | | |
| 乃眷西顾 | 睠 | | |
| 此维与宅 | 予度 | | |
| 其菑其翳 | | | 殪 |
| 天立厥配 | 妃 | | |
| 维此王季 | 文王 | 文王 | 文王 |

续表

| 古文 / 毛诗 | 今文 | | |
| --- | --- | --- | --- |
| | 鲁 | 齐 | 韩 |
| 貊其德音 | 莫 | | |
| 克顺克比 | 俾 | 俾 | |
| 比于文王 | 俾 | 俾 | |
| 无然畔援 | | 换 | 换援 |
| 密人不恭 | 共 | | |
| 不知不识 | 弗 | | |
| 同尔兄弟 | | 弟兄 | |
| 与尔临冲 | | | 隆 |
| 白鸟翯翯 | 皜皜 | | |
| 鼍鼓逢逢 | 韸韸 | | |
| 蒙瞍奏公 | 功、工 | | |
| 孝思维则 | 惟 | | |
| 应侯顺得 | 慎 | | |
| 昭兹来许 | 哉御 | 哉御 | 哉御 |
| 绳其祖武 | 慎 | 慎 | 慎 |
| 遹观厥成 | 欥 | 欥 | 欥 |
| 筑城伊淢 | 洫 | | 洫 |
| 匪棘其欲 | | 亟 | |
| 遹追来孝 | | 聿 | |
| 自西自东 | | 东、西 | |
| 考卜维王 | | 惟 | |
| 宅是镐京 | | 度 | |
| 武王岂不仕 | | 事 | |
| 诒厥孙谋 | 贻 | | |

续表

| 毛诗＼古文 | 今文 | | |
| --- | --- | --- | --- |
| | 鲁 | 齐 | 韩 |
| 以燕翼子 | | 宴 | |
| 时维姜嫄 | 惟 | 原 | |
| 以弗无子 | 祓 | 祓 | 祓 |
| 克岐克嶷 | | | |
| 蓺之荏菽 | | | 戎 |
| 禾役穟穟 | 颖 | 颖 | 颖 |
| 瓜瓞唪唪 | 菶菶 | 菶菶 | 菶菶 |
| 茀厥丰草 | | | 拂 |
| 有邰家室 | 台 | 斄 | 台 |
| 誕降嘉种 | 谷 | 谷 | 谷 |
| 维秬维秠 | 惟 | 惟 | 惟 |
| 维穈维芑 | 亹 | | |
| 或舂或揄 | 舀 | 舀 | 舀、抌 |
| 释释叟叟 | 淅溞 | | |
| 蒸之浮浮 | 烰 | | |
| 后稷肇祀 | 兆 | | |
| 维叶泥泥 | 惟、柅 | | 苨 |
| 敦弓既句 | 雕彀 | | |
| 黄耇台背 | 鲐 | | |
| 厘尔女士 | 士女 | | |
| 公尸来止熏熏 | 燕醺 | | |
| 假乐君子 | | 嘉 | |
| 顯顯令德 | | 宪 | |

续表

| 毛诗＼古文 | 今文 | | |
|---|---|---|---|
| | 鲁 | 齐 | 韩 |
| 保右命之 | | 佑 | |
| 穆穆皇皇 | | 煌煌 | |
| 不愆不忘 | | 骞 | |
| 率由群匹 | | 仇 | |
| 民之攸塈 | 呬 | | |
| 乃造其曹 | 告 | 告 | 告 |
| 于豳斯馆 | 观 | | |
| 汭鞫之即 | 芮陀 | | 芮陀 |
| 岂弟君子 | 恺悌 | 凯弟 | 恺弟 |
| 似先公酋矣 | 嗣先公尔矣 | | |
| 雝雝喈喈 | 噰噰 | | |
| 汔可小康 | 迄 | | |
| 憯不畏明 | 惨 | 朁 | 朁 |
| 以谨惛怓 | 讙哓 | | |
| 下民卒瘅 | | 瘁瘅（亶） | |
| 无然泄泄 | 泄泄 | 呭呭 | 呭呭 |
| 听我嚣嚣 | 敖 | | |
| 老夫灌灌 | 欢 | | |
| 小子蹻蹻 | 矫矫 | | |
| 多将熇熇 | 墒墒 | | |
| 民之方殿屎 | 㕧 | | |
| 天之牖民 | 诱 | 诱 | 诱 |
| 价人维藩 | 介惟 | | |
| 荡荡上帝 | 盪盪 | | |

续表

| 古文<br>毛诗 | 今文 | | |
| --- | --- | --- | --- |
| | 鲁 | 齐 | 韩 |
| 其命匪谌 | 訦 | | |
| 曾是强御 | 圉 | | |
| 不明尔德，时无背无侧；吕尔德不明，以无陪无卿 | 尔德不明，㠯亡陪亡卿；不明尔德，㠯亡背亡仄 | | |
| 式号式呼 | | 諕 | |
| 本实先拨 | 败 | | |
| 殷鉴不远 | 监 | | |
| 靡哲不愚 | 无 | | |
| 无竞维人 | 惟伊 | | |
| 有觉德行 | 一 | 梏 | |
| 维民之则 | 惟 | 惟 | 惟 |
| 荒湛于酒 | | 沈 | 煁 |
| 克共明刑 | 拱 | | 拱 |
| 洒埽庭内 | | | 洒 |
| 修尔车马 | 舆 | | |
| 弓矢戎兵 | 戈 | | |
| 用戒戎作 | 作则 | | |
| 用逷蛮方 | 逖 | | |
| 质尔人民 | 告 | 诰 | 告 |
| 白圭之玷 | 珪 | | 珪 |
| 无言不讐 | 酬 | 酬 | 酬 |
| 于乎 | | | 呜呼 |
| 我心惨惨 | 懆 | | |

续表

| 毛诗 \ 古文 | 今文 | | |
| --- | --- | --- | --- |
| | 鲁 | 齐 | 韩 |
| 诲尔谆谆 | 忳忳 | | |
| 听我藐藐 | 邈邈 | 眊眊 | 邈邈 |
| 曰丧厥国 | | | 聿 |
| 取譬不远 | 辟 | | |
| 其下侯旬 | 洵 | | |
| 国步斯矉频 | 矉 | 矉 | 矉 |
| 忧心殷殷 | 隐 | | |
| 自独俾臧 | 卑 | | |
| 胡斯畏忌 | 此 | | |
| 大风有隧 | 泰 | | 队 |
| 王曰于乎 | | 呜呼 | |
| 饥馑荐臻 | | 荐 | |
| 蕴降虫虫 | 爞爞 | | 郁烔 |
| 涤涤山川 | 蔋蔋 | 蔋蔋 | 蔋蔋 |
| 如惔如焚 | 炎 | 炎 | 炎 |
| 黾勉畏去。<br>胡宁瘨我以旱 | 密勿 | 密勿<br>疹 | 密勿 |
| 有嘒其星 | 譿、声 | 譿、声 | 譿、声 |
| 崧高维岳 | 嵩 | 嵩 | 嵩 |
| 骏极于天 | 峻 | 峻 | 峻 |
| 四国于蕃 | | | 藩 |
| 王缵之事 | 荐 | | 践 |
| 于邑于谢 | 序 | | |
| 锡尔介圭 | 玠 | | |

续表

| 古文<br>毛诗 | 今文 | | |
| --- | --- | --- | --- |
| | 鲁 | 齐 | 韩 |
| 既入于谢 | 徐 | | |
| 天生烝民 | | | 蒸 |
| 民之秉彝 | 夷 | | |
| 古训是式 | 故 | | |
| 肃肃王命 | | 赫 | |
| 夙夜匪解 | 懈 | | 懈 |
| 征夫捷捷 | | | 倢倢 |
| 有倬其道 | | | 晫 |
| 王锡韩侯 | 赐 | 赐 | |
| 诸娣从之 | 侄 | | |
| 鲂鱮甫甫 | 诩 | 诩 | |
| 武夫洸洸 | 僙 | 潢 | 趪 |
| 矢其文德 | | 弛 | |
| 洽此四国 | | 协 | |
| 铺敦淮濆 | | 敦彼敷 | |
| 王旅啴啴 | | 师驒 | |
| 徐方既来 | | 倈 | |
| 懿厥哲妇 | 悊 | | |
| 维厉之阶 | 惟 | | |
| 鞫人忮忒 | 伎 | | |
| 伊胡为慝 | | | 嫕 |
| 舍尔介狄 | 逖 | | |
| 无忝皇祖 | 尔 | | |
| 式救尔后 | 讹 | | |

续表

| 古文<br>毛诗 | 今文 | | |
|---|---|---|---|
| | 鲁 | 齐 | 韩 |
| 我居圉卒荒 | | | 御 |
| 皋皋訿訿 | 诰 | | |
| 草不溃茂 | 汇 | | |
| 如彼栖苴 | 柤 | 柤 | 柤 |
| 不云自频 | 滨 | | |
| 骏奔走在庙 | | 逡 | |
| 无射于人斯 | | 斁 | |
| 维天之命 | 惟 | | |
| 假以溢我 | | | 誐谧 |
| 维周之祯 | 祺 | | |
| 子孙保之 | 孙其保 | | |
| 夙夜基命宥密 | 谧 | 其 | |
| 刑文王之典 | | 德 | 德 |
| 薄言震之 | | | 振 |
| 莫不震迭 | | | 振 |
| 及河乔岳 | 峤 | | |
| 钟鼓喤喤 | 锽 | 锽 | 锽 |
| 磬筦将将 | 管磬玱鎗 | 锵 | 跄 |
| 降福穰穰 | 禳 | | |
| 威仪反反 | 板 | | |
| 立我烝民 | 蒸 | | |
| 贻我来牟 | 厘、麰 | 诒、麰 | 嘉、麰 |
| 无此疆尔界 | | | 介 |
| 率时农夫 | | | 帅 |

续表

| 毛诗＼古文 | 今文 | | |
|---|---|---|---|
| | 鲁 | 齐 | 韩 |
| 骏发尔私 | | 浚 | |
| 在此无斁 | | | 射 |
| 以永终誉 | 众 | | 众 |
| 以洽百礼 | | 祫 | |
| 降福孔皆 | 偕 | 偕 | 偕 |
| 潜有多鱼 | 琽 | | 涔 |
| 和铃央央 | 鉠 | | |
| 鞗革有鎗 | 鸧 | 玱 | 鸧 |
| 耆定尔功 | 武 | | |
| 嬛嬛在疚 | 茕、宊 | 茕 | 惸惸 |
| 念兹皇祖 | | 我 | |
| 陟降庭止 | | 廷 | |
| 维予小子 | 惟 | | |
| 佛时仔肩 | | 弗 | |
| 示我显德行 | 视 | | |
| 莫予荓蜂 | 甹、夆 | 拼螽 | |
| 自求辛螫 | 赦 | | |
| 拚飞维鸟 | | | 翻 |
| 其耕泽泽 | 郝 | | |
| 有略其耜 | | | |
| 驿驿其达 | 绎 | | |
| 绵绵其麃 | 穮 | | 民 |
| 有椒其馨 | 馥 | 馥 | 馥 |
| 其馕伊黍 | | 饷 | |

续表

| 古文<br>毛诗 | 今文 | | |
| --- | --- | --- | --- |
| | 鲁 | 齐 | 韩 |
| 其镈斯赵 | | 椆提 | |
| 以薅荼蓼 | 茠蒤 | | |
| 积之栗栗 | 穦秩 | | |
| 载弁俅俅 | 戴、頍 | | 戴、頍 |
| 自羊徂牛 | | | 来 |
| 不吴不骜 | 虞骜 | | |
| 于皇时周 | 明 | | |
| 隓山乔岳 | 堕 | | |
| 时周之命 | “三家”该句下有“于绎思”句，与《周颂·赉》篇同。 | | |
| 駉駉牧马 | 駫 | 駫 | 駫 |
| 在坰之野 | 駉 | 駉 | 駉 |
| 有驈有皇 | 騜 | | |
| 岁其有 | “三家”其下有“下有年” | | |
| 诒孙子 | | “诒”下有“厥”字 | |
| 鸾声哕哕 | 銮 | 銮，鐬鐬、钺钺 | 鐬鐬、钺钺 |
| 狄彼东南 | | 鬄 | |
| 不吴不扬 | 虞、阳 | | |
| 憬彼淮夷 | 犷 | | 犷 |
| 閟宫有侐 | | | |
| 王曰叔父 | | 谓 | |
| 戎狄是膺 | 应 | | |
| 荆舒是惩 | 荼 | | |
| 黄发台背 | 鲐 | | |
| 鲁邦所詹 | 鲁侯是瞻 | | |

张西堂文集卷二

续表

| 毛诗 \ 古文 | 今文 | | |
|---|---|---|---|
| | 鲁 | 齐 | 韩 |
| 奄有龟蒙 | 弇 | | |
| 遂荒大东 | 忼 | | |
| 保有凫绎 | 峄 | | |
| 黄髮儿齿 | 齯 | | |
| 新庙奕奕 | 寝绎 | 寝绎 | |
| 汤孙奏假 | 嘏 | | |
| 鼗鼓渊渊 | 鼘鼘 | 鼘鼘 | 鼘鼘 |
| 庸鼓有斁 | 镛 | | |
| 鬷假无言 | | 奏 | |
| 宅殷土芒芒 | 殷社芒芒 | | |
| 奄有九有 | | | 域 |
| 大糦是承 | | | 饎 |
| 玄王桓拨 | | | 发 |
| 率履不越 | 礼 | 礼 | 礼 |
| 圣敬日跻 | | 齐 | |
| 敷政优优 | 布、忧 | 布 | |
| 百禄是遒 | 揫 | | |
| 受小共大共 | 珙、拱 | | |
| 为下国骏厖 | 骏蒙 | 恂蒙 | |
| 何天之龙 | 宠 | | |
| 敷奏其勇 | 傅 | | |
| 武王载旆 | 发 | | 发 |
| 则莫我敢曷 | 遏 | | 遏 |
| 苞有三蘖 | | 包、枿 | |

续表

| 毛诗 \ 古文 | 今文 | | |
|---|---|---|---|
| | 鲁 | 齐 | 韩 |
| 九有有截 | | | 域 |
| 商邑翼翼 | 京 | 京 | 京 |
| 四方之极 | 是则 | 是则 | 是则 |
| 方斲是虔 | 梴 | | |

## 二 《书》今古文文字之异同



《书》今古文文字之异同，在篇章上，关于：

1. 《古文尚书》篇数之多于今文者，如《盘庚》、《顾命》、《唐王之诰》分篇，我们已引用俞樾、戴震说以见其非；如《舜典》、《汤誓》、《汤征》等篇，我们已引用孙星衍、江声、徐时栋诸家之说以见古文之并不得其贯，显非古本。



2.《古文尚书》之误用今文者，如汉世所得之《泰誓》、《金縢》、《亳姑》佚文，《酒诰》脱简“王曰，又曰”等例，我们引用马融、郑玄、孙星衍、江声诸家之说，以明古文本不当为古。

3. 《古文尚书》篇卷之例误者，如《盘庚》上中两篇之次，《大诰》、《康诰》、《多方》之次，我们亦引用俞樾、江声诸家之说以见古本之次第失真。

4. 更由《书序》之可疑，引用朱熹、蔡沈诸家之说，以明《书序》乃赝作。

综此四点及所引诸古文家说，非一偏之见，已足以显示古本不古。在文字上，也还有许多的证明，亦可分为四项以言之：

1.《古文尚书》文字之多于今文者。

在《古文尚书》中，有些词句较今文字数为多，如就其所多之字句细究起来，并非古本真多，实系校增而成。例如：

(1)“帝曰：咨！汝羲暨和”。《尧典》：“帝曰：‘咨，汝羲暨和，朞三百有六旬有六日，以闰月定四时成岁。’”《史记·五帝本纪》作“岁三百六十六日，以闰月正四时”；《汉书·律历志》作“岁三百有六旬有六日”。据皮锡瑞《今文尚书考证》说：“盖三家之本不同。而皆无上文‘帝曰咨汝羲暨和’七字，盖今文《尚书》本无之，非省文也。”（卷一）

《古文尚书》多此七字，但此七字，《史记》等所引俱无，据上文其是否“分命羲仲”“分命和仲”而校增，殊属疑问。因上文“乃命羲和，钦若昊天”并无“帝曰”等语，下文更无如命鲧之“帝曰：‘往钦哉。’”等语，颇疑其为校增。

（2）“汤汤洪水方割”。《尧典》：“帝曰：‘咨，四岳，汤汤洪水方割，荡荡怀山襄陵，浩浩滔天……’”今文作“汤汤鸿水滔天，浩浩怀山襄陵”，皮氏《今文尚书考证》云：“《史记》作‘汤汤洪水滔天，浩浩怀山襄陵’。臧琳说：‘……古文《尚书》“荡荡洪水”，今文《尚书》“汤汤洪水”。孔本不当别出“汤汤”字，盖于“怀山襄陵”上误衍“荡荡”两字，俗人欲区别之，因据今文改上“荡荡”为“汤汤”。今文无“方割”，或史公所略也。……经是倒句，《史》以义读顺之……，锡瑞谨案：“臧云‘荡荡’误衍，是也。云‘经是倒句，《史》以义读顺之’，则非。据《史记》文，则今文《尚书》直当作‘汤汤鸿水滔天，浩浩怀山襄陵’耳。《皋陶谟》曰：‘鸿水滔天，浩浩怀山襄陵。’此经当与《皋陶谟》同，特其上多‘汤汤’二字。若‘方割’字，盖今文《尚书》本无之，非史公省文。无‘方割’二字，文义为顺。臧云‘《史》以义读顺之’，断‘滔天浩浩’为句，安见经文非即与《皋陶谟》同耶？《论衡·感虚》篇曰：‘尧之时，洪水滔天，怀山襄陵。帝尧吁嗟，博求贤者。’此今文《尚书》以‘鸿水滔天，怀山襄陵’为句之证。仲任引经，惟省去‘汤汤’、‘浩浩’四字耳。”（卷一）

（3）“夔曰：‘于，予击石拊石’”。《尚书·皋陶谟》“夔曰：

'于，予击石拊石'"，孙星衍《尚书今古文注疏》云："'夔曰'，郑注《周礼·大司乐》引作'夔又曰'，知古文有此二'夔曰'。蒙上文，故云'又'也。《史记》并此'夔曰'俱无者……以禹、伯夷、皋陶相与语帝前时，本无夔，此文又已见《尧典》，不应重出也。"时本无"夔"而有"夔曰"，古文本重出此八字，益足以见非真古本。

（4）《尚书·甘誓》："左不攻于左，汝不恭命。"皮氏考证云："《史记》'左不攻于左'下无'女不共命'句。《墨子》引《书》亦无，疑古本无之。"此《古文尚书》非真古本之显证；校增一句，文较顺适，然不知其适足见其非古本也。

（5）"方兴沈酗于酒"。《尚书·商书·微子》："天毒降灾荒殷邦，方兴沈酗于酒，乃罔畏畏，咈其耇长旧有位人。今殷民乃攘窃神祇之牺牷牲"，《史记·宋世家》作"天笃下菑亡殷国，乃毋畏畏，不用老长。今殷民乃陋淫神祇之祀"。皮氏考证云："方兴沈酗，今文当作'并兴沈湎'，说见上。《史记》无'并兴沈湎于酒'句，此句之文皆见于上，不应重出，疑今文本无之。无'旧有位人'句，疑今文亦无之，或经师以旧训老，以有位人训长，误入正文也。"（同上）。《古文尚书》多"方兴沈酗于酒"句，皮氏云皆见于上，不应重出；上文以"方兴"形容"相为敌雠"，此文以"方兴"形容沈酗于酒，实与史实未必吻合，皮氏所见甚是。《古文尚书》云："人以殷民乃攘窃神祇之牺牷牲"，亦不如今文作"今殷民乃陋淫神祇之祀"之合于古。足见《古文尚书》实经校补而失真也。

（6）"一五行"。《洪范》："一五行"。孙星衍云："史公无'一'字，古今文《尚书》、《熹平石经》'为天下王''三德'相连，则今文皆无'一'、'二'、'三'、'四'、'五'、'六'、'七'、'八'、'九'可知。古文《尚书》盖有之。《释文》及《疏》皆不言，马、郑本异于孔本也。""《说苑·修文》篇云：'书曰："五事：一曰貌。”……’‘五事’上亦无‘二’字”，《古文尚书》相较于今文本还要浅显明白，这是古文本的可疑之点。

(7)《洪范》：“曰时五者来备”，今文作“五是来备”，《古文尚书》文义较为明，然而不合于古；《史记》、《后汉书》、李云、荀爽俱引今文。

(8)“以庶邦惟正之供”。《无逸》：“以庶邦惟正之供”，“以万民惟正之供”。今文无“以庶邦”、“以万民”等字。《国语·楚语》左史倚相引《周书》：“文王至于日中昃，不皇暇食，惠于小民，唯政之恭。”《汉书·谷永传》引“经曰：‘继自今嗣王，其毋淫于酒，毋逸于游田，惟正之共。’”《熹平石经》亦作“……酒，毋劮于游田，维□□共。”皮锡瑞云：“石经与《谷永传》引下文皆无‘以万民’三字，《楚语》引此文亦无‘以庶邦’三字，盖今文《尚书》本无之。《楚语》与今文合”，《古文尚书》转与《楚语》不合。亦足见其非真古本。“毋淫于酒，毋劮于游田”，古文作“则其毋淫于观、于逸、于游、于田，以万民惟正之供”，亦系以意校改。

(9)“三年不言。其惟不言，言乃雍”。今文无“其惟不言”句，《史记》、《大传》、《论语·宪问》、《礼记》之《檀弓》、《丧服》、《四制》及《论衡·儒增》所引并无。皮氏云：“以文义论，古文《尚书》亦不当有。惟《礼·坊记》引：‘高宗云：“三年其维不言，言乃讙。”’郑注：‘高宗，殷王武丁也，名篇，在《尚书》。’案：《书序》有《高宗之训》，《高宗》即《高宗》之训也。”(卷二十) 知此句乃作伪古文者增窜。

(10)“乃汝尽逊，曰时叙”。《康诰》：“乃汝尽逊，曰时叙，惟曰未有逊事。”《荀子》之《致士》、《君道》两引均无此句，此《古文尚书》与《荀子》所见古本不合。可知其非真古。

2.《古文尚书》文字之少于今文者。

此类亦有：

（1）“帝曰：‘我其试哉。’”《尚书·尧典》：“帝曰：‘我其试哉。’”皮氏考证云：“《论衡》所引经，与今本同。臧琳说：‘今文《尚书》作“吾其试哉。观其德于二女”。’其说非是。《史记》、《论衡》皆有‘尧曰’，则今文《尚书》有‘帝曰’二字，马、郑、王本皆无‘帝曰’，由当时庸生之徒漏之，直以‘我其试哉’为四岳语，其义殊不可通。古文《尚书》不如今文《尚书》，即此可证。段玉裁偏执古文为是，尤非也。”（同上）《史记》、《论衡》所引皆有“尧曰”，马、郑、王本明无“帝曰”，《古文尚书》直以“我其试哉”为四岳说，自不通。古文少“帝曰”二字且不如今文，此证甚为明显。

（2）《舜典》：“望秩于山川。”今文《尚书》作“望秩于山川，偏于群神”。《古文尚书》少“偏于群神”四字。

（3）“如西礼”。《尧典》：“至于北岳，如西礼。”今文《尚书》更有“还至嵩，如初礼”。伏生实以嵩山列五岳之中，《古文尚书》故为删去，然于实际殊不合也。

（4）“修五礼、五玉”。《尧典》：“修五礼、五玉、三帛”，《汉书·郊祀志》作“修五礼五乐”，孙星衍云：“《大传》‘五玉’作‘五乐’……《郊祀》‘五玉’亦作‘五乐’，是今文有‘五乐’，在‘五礼’之下，或即‘五玉’之异文。”陈乔枞云：“《王制》云：‘礼乐制度衣服正之。’则其所据《尚书·尧典》亦有‘修五礼五乐’之文”，皮锡瑞云：“据《大传》与《汉志》，今文有‘五乐’字无疑。然帛所以荐玉，下有‘三帛’字，无‘五玉’则文义不完，经文‘五乐’、‘五玉’皆当有之。”（卷一）此足见《古文尚书》少此“五乐”二字之非。

（5）“帝乃殂落”。《尚书·舜典》：“帝乃殂落”，段氏《证异》云：“《孟子》、《春秋繁露》、《帝王世纪》皆作‘放勋’字，董子用今文《尚书》者，许叔重、皇甫士安用古文《尚书》者，疑古文作‘方勋’，今文作‘放勋’，皆不作‘帝’也。《说文》

无‘落’字，当是古文《尚书》。《孟子》、《繁露》、《尔雅》、《白虎通》有‘落’字，则同今文《尚书》。”《古文尚书》不与《孟子》同，今文《尚书》反与《孟子》同，可见古《书》实非古本。

(6)《尚书·益稷》：“帝曰：……无若丹朱傲……禹曰：予……娶于涂山”，《史记》云：“帝曰：‘毋若丹朱傲，维慢游是好。”’《正义》云：“此二字及下‘禹曰’，《尚书》并无。太史公有四字，帝及禹相答极为次序，当应别见书。”皮锡瑞云：“要以今文有此四字为长。”（卷二）

(7)《尚书·微子》：“殷其弗或乱正四方。”今文作“殷其不有治政，是不治四方。”孙星洐曰：“史公‘四方’上又有‘不治’二字者，言殷其不有治政，是不治四方也。”（据孙星衍《尚书今古文注疏》）今文多二字而语意圆融，古文削去二字，虽觉简古，而于文法实不合，貌为古本，而实失真。

(8)《尚书·微子》：“用乱败厥德于下。”据《史记》曰：“妇人是用，乱败汤德于下”。皮氏考证云：“今文《尚书》多‘妇人是’三字，于‘用’字绝句。‘厥德’作‘汤德’，则亦史公易之使人易晓也。《汉书·谷永传》灾异对曰：‘湛湎荒淫，妇言是从。’又黑龙见东莱对曰：‘臣闻三代所以陨社禝丧宗庙者，皆由妇人与群恶沈湎于酒。’《五行志》成帝永始二年星陨如雨，谷永对曰：‘臣闻三代所以丧亡者，皆繇妇人群小湛湎于酒。’是子云所据今文《尚书》有‘妇人是用’句，与《史记》合。《列女·殷纣妲己传》曰：‘比干谏曰：“不修先王之典法而用妇言，祸至无日。”’不修先王典法，所谓败汤德也。孙星衍说：‘按：《大誓》：“纣乃断弃其先祖之乐，乃为淫声，以说妇人。”则史公言“妇人是用，败汤德于下”，正谓弃其先祖之乐，为淫声。’”（同上）今文《尚书》多‘妇人是’三字，于用字句绝，不惟有《史记》与《谷永传》、《列女传》足证，更有《泰誓》足证，可见今文《尚书》有本，《古文尚书》删去此三字以求文从字顺，实非古本，由《泰誓》言之，其证甚确也。

(9)“昏弃厥肆祀弗答”。《牧誓》：“昏弃厥肆祀，弗答；昏弃厥遗王父母弟不迪。”据《史记》引为“自弃其先祖肆祀不答，昏弃其家国，遗其王父母弟不用”，皮锡瑞云：“案：今文《尚书》多‘先祖’字与‘家国’字，于‘国’字绝句。‘厥’作‘其’，‘迪’作‘用’，故训字。”(卷十) 今文《尚书》多先祖字，据《泰誓》：“遗厥先宗庙弗祀”；《墨子·天志中》引《太誓》：“弃厥先神祇不祀”；《非命上》引《太誓》：“祸厥先神禔不祀。”《牧誓》、《太誓》文多相同，今文《尚书》多“先祖”字实较有本，《古文尚书》之非真古本，于此亦可见。

(10)“日月之行”。《书·洪范》：“日月之行，则有冬有夏。”今文作“则有冬有夏，有寒有暑”，盖古文故删“有寒有暑”四字以表示其与今本不同，为古本也。

(11)“六伐七伐”。《书·牧誓》“不愆于四伐、五伐、六伐、七伐，乃止齐焉。”江声云：“《乐记》注引此经，云：‘不过四伐五伐。’《曲礼》疏、《乐记》疏引此经，皆无‘六伐七伐’字。此注云‘多者五伐’，疑郑本古文《尚书》无‘六伐七伐’。但《史记》及《石经》皆有此四字。”今文《史记》、《石经》传者多此四字，《古文尚书》转无此四字，则颇疑《古文尚书》其未必为真古本。

(12)“克明德慎罚”。《书·康诰》：“惟乃丕显考文王克明德慎罚。”《尚书大传》引作“惟乃丕显考文王，克明俊德……此之谓慎罚”。今文《尚书》“克明德”本作“克明之德”，不单作“克明德”的。《荀子·正论》引作“克明之德”，皮氏考证云：“《荀子·正论》篇：‘《书》曰：“克明明德。”’谓王道贵宜明，不当以玄而难知使人疑。《荀子》在焚书前，其所引《书》可据。大、小戴《记》与大、小夏侯《尚书》同出自夏侯始昌，而《大学》引《康诰》曰‘克明德’，与《大传》异者，盖《大传》多‘俊’字，乃欧阳异文。段玉裁云：‘“俊”字当是本作“明”，浅人所改。’恐未可据。”（卷十四）由《荀子》看来，《古文尚书》本作“克明明德”，更有《大传》为证；今本《古文尚书》但作“克明德”，与《荀子》不合，其非真古本，此亦一证。

(13)“无作怨”。《康诰》：“无作怨，勿用非谋、非彝，蔽时忱。”今文作“毋作怨，毋倗德”。皮氏考证：“《史记·三王世家》燕王旦策文曰：‘毋作怨，毋倗德。’……《汉书·武五子传》燕王旦策文曰：‘毋作怨，毋作棐德。’……段玉裁说：‘“毋倗德”疑亦用《康诰》“勿用非谋、非彝，蔽时忱，丕则敏德”等语。’”（卷十四）《古文尚书》少此一语，与今文《尚书》不合，恐《古文尚书》亦系由删订使然。

(14)“罔弗憝”。《康诰》：“杀越人于货，暋不畏死，罔弗憝。”《孟子·万章下》引作“杀越人于货，闵不畏死，凡民罔不憝。”比《古文尚书》多“凡民”二字，此《古文尚书》与《孟子》不合之证。

(15)“旧为小人，作其即位”。《尚书·无逸》：“旧为小人，作其即位，爰知小人之依”，今文作“久为小人，于外，知小人之依”。《古文尚书》据上文增“作其位”句，其实虽无此句，文义亦明。

以上所举十五例虽非具有明证，然(1)、(3)、(6)、(9)、(10)、(13)等证看来，《古文尚书》或与《墨子》、《荀子》、《繁露》等书不合，系晚出校订本，可知其非真古本。

3.《古文尚书》之故为误倒复迭者。

《古文尚书》与今文之异同，更有重迭与颠倒之文，如：

(1)《尧典》：“肇十有二州，封十有二山，浚川。”《尚书大传》：“坛四奥，沈四海，封十有二山，兆十有二州，浚川。”郑注：“兆，域也，为营域以祭十二州之分星也。坛、沈、封、兆，皆因所宜为之名。”江声《音疏》云：“先儒以肇之言始，解为始分十二州，殊未安也。声窃谓十二州盖自古有之，此当如《大传》作‘兆十有二州’，皮氏考证云：“郑以兆为垗之假借，盖今文家说如是，故‘兆十有二州’在‘封十有二山’之下。”（皮锡瑞《今文尚书考证》卷一）

（2）《益稷》：“帝曰：吁，臣哉邻哉，邻哉臣哉！”皮氏考证《史记》曰：“帝曰：‘臣哉，臣哉。’”“《三国·魏纪》何晏奏曰：‘舜戒禹曰：“邻哉，邻哉。”言甚所近也。’盖皆今文《尚书》与古文异。”（皮锡瑞《今文尚书考证》卷二）以上二例，今文文句似远不及古文，实因《古文尚书》既非真古本，而其文句有修饰，词义或不及，则出于《古文尚书》之修饰可知。

（3）《盘庚下》：“今予其敷心腹肾肠，历告尔百姓于朕志。”据《正义》云：“夏侯等《书》‘心腹肾肠’曰‘忧’‘优’之误。肾‘贤’之误。肠，‘扬’之误。”今文“心腹肾肠”作“优贤扬”与下“历”字为句。《三国志·魏书·管宁传》：“太仆陶丘一等荐宁曰：‘优贤扬历，垂声千载。’”裴松之注云：“今文《尚书》曰‘优贤扬历’，谓扬其所历试。”《文选》左太冲《魏都赋》曰：“优贤著于扬历”（皮锡瑞《今文尚书考证》卷六）张载注曰：“《尚书·盘庚》曰：‘优贤扬历。’历，试也。”“《今文尚书》‘优贤扬’虽误为‘忧肾肠’，然其说不误，其义亦不误。《古文尚书》改为‘心腹肾肠’，治古文者以古文易于明了而讪笑今文因夏侯之‘优贤扬’为非是。”（《文选注》）其实，这明是古文的修订。我们如细思：①说到“敷心腹”，如后来所常用之“敢布腹心”也就够了，并无说到肾肠之必要，后来人亦但用“腹心”，“心腹肾肠”四连用于意义已不类。②依《古文尚书》“历当下属为”句作“历告尔百姓于朕志”，“历告”在下文“亦但”说“今我既羞告尔于朕志”，始用“羞告”，不用在《盘庚上》，更只云“格汝众，予告汝训汝”，更无所谓“羞告”、“历告”，依古文本，

“历”字是大不好讲的。③既云“今”、“予其敷心腹肾肠”，则下文亦不当云“历告尔百姓于朕志”。“今”只代表现在，“历”显代表较长之时间的。④下文云“予其懋简相尔，念敬我众”、“式敷民德，永肩一心”，正是“优贤”，《盘庚下》篇所云一切亦正是“扬历”。由此四点看来，《今文尚书》所云与下文合，《古文尚书》所改辞既重迭义亦不合，古文家只看见“心腹肾肠”好懂而诋今文，殊不知今文说并不误，而古文实讹误。

(4)《洪范》：“五曰思……思曰睿。”今文《尚书》“五曰思”，“思”下多“心”字，“思曰睿”作“思心曰睿”。皮氏《考证》引钱大昕说云：“容与恭、从、聪为韵。康成以为之讹，破容为睿，晚出古文因之，未必郑是而伏非。……若睿哲之义，已于明聪中该之矣。”（皮锡瑞《今文尚书考证》卷十一）《古文尚书》“容”作“睿”于韵于义并不合，钱氏治古文崇郑学，亦不能为之讳也。



(5)“惟辟作福，惟辟作威”。《洪范》：“惟辟作福，惟辟作威，惟辟玉食。臣无有作福、作威玉食。臣之有作福作威玉食”，据《汉书》之《王嘉传》、《楚元王传》、《王商传》，《后汉书》之《李固传》、《襄楷传》、《张衡传》、《荀爽传》、《第五伦传》、《王震传》、《蔡邕传》所引《书》语看来，汉人所引此段文皆先“威”后“福”，《古文尚书》与今文之次第不同，当亦系有意为之，故为立异。 

(6)“恐沈于众”。《盘庚上》：“恐沈于众。”孙星衍云：“引下文有云‘恶之易也’，恐恶众易。字形相似，或古文作‘恶之易’三字，未敢定之。”（《尚书今古文注疏》卷六）这是《古文尚书》与古传不相合的地方。《古文尚书》是否为真古本，在孙星衍亦以为未敢定之。

(7)“曰圛”。《洪范》：“曰雨，曰霁，曰蒙，曰圛……。”江声《尚书集注音疏》云：“圛……《正义》本改作圛，《说文》及

《周礼注》皆引作圛。……《说文》口部引此经曰：‘圛，而说之云圛，升云半有半无，是其说也。许叔重受学于贾侍中逵，所纂《说文解字》颇用师说，此经圛字古文作悌，贾君从今文定为圛。’”（《经解》卷三九四。今据《清经解 清经解续编》。）古文为悌，贾氏从今文定“圛”，则古本之字亦未必更准于今文。

(8)“在治忽”。《益稷》：“予欲闻六律五声八音。在治忽。”《史记》作“来始滑”，《汉书》作“七始咏”，“忽”又或作“曶”，郑康成曰：“笏也。”江声云：“‘在治忽’今文作‘采政忽’。案：郑君传古文，据郑君注，古文作‘在治’，非忽也。兹不从古文者，以‘七始咏’之谊，实精于‘在治忽’，吾择善而从焉。据《书大传》，有‘六律五声八音七始’之文，则‘七始咏’之本，乃当时博士所传，其原出于伏生者，实是今文矣。而《索隐》乃云今文作‘采政忽’，盖当时今文家有三，其本容有互异。”（《尚书集注音疏》，《经解》卷三九一。今据《清经解 清经解续编》）江氏明云“七始咏”之谊实精于“在治忽”，孙星衍亦据《国语·楚语》等书云“可证今文之有本”，可见古文本确非原本，不如今文，江、孙二氏立说并同。皮锡瑞云：“疑《班志》用今文作‘七始训’，《史记》则作‘黍始滑’，文异而义不异。……《班志》今讹作‘咏’，盖因《班志》下云‘顺以歌咏五常之言’，浅人遂改‘训’为‘咏’耳。”（皮锡瑞《今文尚书考证》卷二）

除上举数例外，尚有：

(9)《盘庚中》：“后胥戚鲜”，今文本“戚”作“高”。

(10)《盘庚中》：“自怒曷瘳。”今文本“怒”作“怨”。

(11)《盘庚中》：“汝有戕则在乃心。”今文本“戕”作“近”。

(12)《盘庚中》：“各设中于乃心。”今文本作“各翕中于乃心”。

(13)《盘庚上》：“汝无老侮成人”，今文本作“汝无翕侮成人”。

(14)《盘庚上》:“有佚罚。”今文本作“是有逸罚”。

(15)《盘庚下》:“无戏怠,懋建大命。”今文作“无戏怠,女罔台民”。

(16)《洪范》:“天乃锡禹,洪范九畴”,今文本“洪”作“鸿”。

(17)《洪范》:“沉潜刚克”,今文本“潜”作“渐”。

(18)《梓材》“戕败人,宥。王启监,厥乱为民。”今文本为“强人有王,开贤厥率化民”。

(19)《君奭》:“割申劝宁王之德”,今文本作“厥乱劝宁王之德”。

(20)《尧典》:“钦明文思”,今文本“思”作“塞”。

(21)《尧典》:“静言庸违”,今文本作“靖言庸回”。

(22)《舜典》:“汝后稷”,今文本“后”作“居”。

(23)《舜典》:“惟刑之恤哉。”今文本“恤”作“谧”。

(24)《舜典》:“朕堲谗说殄行”,今文本“谗”作“齐”,“行”作“伪”。

(25)《益稷》“戛击鸣球。”今文“戛击”作“拮隔”。

(26)《皋陶谟》:“庶明励翼”,今文本“励”作“高”。

(27)《禹贡》:“厥篚檿丝。”今文本作“檿”作“禽”。

(28)《汤誓》:“夏罪其如台。”今文本“夏”作“有”。

(29)《盘庚上》:“惟汝含德”,今文本“含”作“舍”。

(30)《盘庚上》:“相时憸民”,今文本“憸”作“散”。

(31)《盘庚上》:“器非求旧”,今文本“求”作“救”。

(32)《盘庚中》:“尔谓朕”,今文本“谓”作“惠”。

(33)《微子》:“今殷其沦丧”,今文本“沦”作“典”。

此三十余例,如例(1)、(5)、(6)、(8),江声所认古文非而今文是;例(2),孙星衍以为古文不合;例(4),钱大昕以为古文不合；例（14）、（16）、（17）等则《古文尚书》不合于《左传》、《国语》、《吕氏春秋》等书。《古文尚书》与古书所引本不合，而文义又多谬误，其非真古本，甚显明。昧者不察，以其校改之处易于了解，不如今文之多难明而误信为真古，甚非也。此外，《古文尚书》与《今文尚书》文字多寡之异同，尚有：

（1）《皋陶谟》：“亦言其人有德”，今文无“人”字。

（2）《益稷》：“既益奏庶鲜食”，今文“鲜”上多一“稻”字。

（3）《益稷》：“又歌曰”，今文作“帝又歌曰”。

（4）《皋陶谟》：“予敢动用非罚”，今文“敢”上多一“不”字。

（5）《盘庚中》：“汝不忧朕心”，今文“汝”上多一“今”字。

（6）《高宗肜日》：“惟天监下民”，今文作“惟天监下”。

（7）《高宗肜日》：“民中绝命”，今文作“中绝其命”。

（8）《微子》：“我祖底遂陈于上”，今文无“底”。

（9）《微子》：“我用沈酗于酒”，《今文尚书》少一“用”字。

（10）《微子》：“若涉大水，其无津涯”，《今文尚书》作“昔涉水，无津涯”。

（11）《洪范》：“于其无好德。”《今文尚书》本作“于其毋好”。

（12）《洪范》：“身其康强，子孙其逢吉”。《今文尚书》作“而身其康强，而子孙其逢吉”。

（13）《金縢》：“惟尔元孙某”，《今文尚书》作“惟尔元孙王发”。

（14）《金縢》：“亦永有依归”，《今文尚书》作“亦永有所依归”。

（15）《金縢》：“今我即命”，《今文尚书》作“今我其即命”。

（16）《洛诰》：“扬文武烈”，今文作“扬文武之德烈”。

（17）《洛诰》：“和恒四方民”，今文作“和恒万邦四方民”。

（18）《多士》：“时惟天命，无违”，《今文尚书》作“维天命元”。

(19)《多士》:“王曰多士”，今文本作“王曰告尔多士”。

(20)《无逸》:“七十有五年”。今文本作“七十五年”。

(21)《无逸》:“嗣王，其监于兹”，今文本作“嗣王监于兹”。

(22)《立政》:“谋面用丕训德”，今文本作“乱谋面用丕训德”。

(23)《立政》:“惟克厥宅心”，今文作“维厥度心”。

(24)《立政》:“不训于德”，今文本作“不训德”。

(25)《吕刑》:“劓刵椓黥（劅刵）”。今文本作“膑宫劓割头庶剠”。

(26)《吕刑》:“皇帝清问下民”，今文本作“帝清问下民”。

此二十余例，《古文尚书》比今文多一二字或少一二字，这有一种很大的可能就是据上下文增补删削而成，我们只看上举“帝乃徂落”、“汝不恭命”、“恐沈于众”、“六伐七伐”、“克明德慎罚”、“以庶邦惟正之共”等等不合于《孟子》、《墨子》、《左传》、《国语》、《荀子》等书，《古文尚书》在有古人征引的文句中都任意删削增补，则可无疑于此二十余条之究为真本抑未必为原文了。

附：

《尚书》今古文文字异同表

| 古　文 | 今　文 | | | |
|---|---|---|---|---|
| | 欧阳 | 大夏侯 | 小夏侯 | 今文 |
| 曰若稽古 | | | 曰若 | 粤若 |
| 帝尧曰放勋（注一） | 勋 | | | 勋 |
| 钦明文思 | 钦思 | | | 聪塞 |
| 安安 | 晏晏 | | | |
| 允恭克让 | 让 | | 攘 | |
| 光被四表广 | | 光横 | 光横 | 广 |
| 格于上下（注二） | 假 | | | 格 |
| 克明俊德 | 驯逡 | | 峻 | 俊 |
| 平章百姓 | 辨辨 | | 辨乎 | 便章 |
| 协和万邦 | 恊、国 | | 恊、国 | 叶 |
| 于变时雍 | | | 蕃 | 卞 |
| 乃命羲和 | 曦 | | 乃羲 | |
| 敬授人时 | 民 | | 民 | |
| 宅瑀夷 | 度铁 | | 度瑀铁 | 郁夷 |
| 曰旸谷 | 汤 | | 崵 | |
| 平秩东作 | 辨秩 | | 平秩 | 便程 |
| 以殷仲春 | 中 | | | 中 |

续表

| 古　文 | 今　文 | | | |
|---|---|---|---|---|
| | 欧阳 | 大夏侯 | 小夏侯 | 今文 |
| 鸟兽孳尾 | 字微 | | | |
| 宅南交 | 度 | | | |
| 平秩南为 | 辨、伪 | | | 便程、为 |
| 以正仲夏 | 中 | | | |
| 分命和仲 | 中 | | | |
| 宅西 | 度西 | | | |
| 曰昧谷 | 柳谷 | 柳谷 | | |
| 寅饯纳日 | 入 | | | |
| 平秩西成 | 辩秩 | | | 便程 |
| 宵中星虚 | 夜 | | | 夜 |
| 以殷仲秋 | 正中 | | | 正中 |
| 厥民夷 | 易 | | | |
| 鸟兽毛毨 | 毨 | | | |
| 宅朔方 | 北方 | | | |
| 平在朔易 | 辩在 | | | 便在 |
| 以正仲冬 | 中 | | | |
| 厥民隩 | | | | 奥 |
| 鸟兽氄毛 | 毴 | | [illegible] | |
| 帝曰咨汝羲暨和 | (均无此七字) | | | |
| 朞三百有六旬 | 岁 | | 岁 | 朞 |
| 以闰月定四时 | | | 定 | 正 |
| 庶绩咸熙 | 咸熙 | | | 咸喜 |

续表

| 古　文 | 今　　文 | | | |
| --- | --- | --- | --- | --- |
| | 欧阳 | 大夏侯 | 小夏侯 | 今文 |
| 帝曰畴咨 | 训咨 | | | 畴咨 |
| 若时登庸 | 征 | | | |
| 胤子朱启明 | 开 | | | |
| 帝曰吁嚚讼 | 顽凶 | | | |
| 驩兜曰都 | 讙 | | 讙 | 欢 |
| 共工方鸠僝功 | 旁 | | 旁僝 | |
| 静言庸违 | 靖言庸回 | | | 靖 |
| 象恭滔天 | 恭 | | | 龚 |
| 咨四岳 | 咨岳 | | | 咨岳 |
| 汤汤洪水方割<br>荡荡怀山襄陵<br>浩浩滔天 | 汤汤鸿水滔天<br>浩浩怀山襄陵 | | 襄山、襄陵 | |
| 有能俾乂 | 艾 | | | |
| 佥曰于鲧哉 | | | 鲧 | |
| 方命圮族 | 放 | | 方 | |
| 绩用弗成 | 不 | | | |
| 咨四岳 | 岳 | | | |
| 巽朕位 | 践 | | | |
| 否德忝 | 鄙 | | | |
| 明明扬侧陋 | 侧 | | 仄 | |
| 有鳏在下 | 鳏 | | | 矜 |
| 象傲 | 弟 | | | |
| 以孝烝烝 | 蒸蒸 | | 蒸蒸 | |

续表

| 古　文 | 今　文 | | | |
| --- | --- | --- | --- | --- |
| | 欧阳 | 大夏侯 | 小夏侯 | 今文 |
| 乂不格奸 | 艾 | | | |
| 我其试哉 | 帝曰我其试哉 | | | |
| 纳于百揆 | 入 | | | |
| 百揆时叙 | 序 | | | |
| 纳于大麓 | 入 | | 纳录 | |
| 烈风雷雨弗迷 | 不 | | | 列 |
| 底可绩三载 | | | | 年 |
| 弗嗣 | 不台 | | 不台 | |
| 在璇机玉衡 | 旋 | | 璇玑 | 璇机、璇玑 |
| 肆类于上帝 | 肆遂 | | 遂 | |
| 禋于六宗 | 湮、烟 | | | 禋 |
| 望于山川 | 望秩 | | 望秩 | |
| 偏于群神 | 班、辩 | | 偏班辩 | 辩 |
| 辑五瑞 | 揖 | | 揖 | |
| 既月乃日 | 择吉月日 | | 择吉月日 | |
| 觐四岳群牧 | 见四岳诸 | | 见四岳诸 | |
| 班瑞于群后 | 牧班瑞 | | 牧班瑞 | |
| 岁二月东巡守 | 狩 | | 守 | |
| 至于岱宗柴 | 柴 | | 祡 | |
| 望秩于山川 | 望秩于山川<br>偏于群神 | | 望秩于山川<br>班于群神 | |
| 肆觐东后 | 遂觐 | | 遂见 | |

续表

| 古文 | 今文 | | | |
|---|---|---|---|---|
| | 欧阳 | 大夏侯 | 小夏侯 | 今文 |
| 协时月正日 | 协 | | 叶 | |
| 同律度量衡 | | | 乃同 | |
| 修五礼五王 | 五礼五乐 | | 五礼五乐 | |
| 二生 | 牲 | | 牲 | |
| 贽 | 为挚 | | 为贽 | |
| 至于南岳 | 嶽 | | | |
| 至于西岳 | 嶽 | | | |
| 至于北岳 | 嶽 | | | |
| 如西礼 | 如西礼还白<br>嵩如初礼 | | 如西礼还白<br>嵩如初礼 | |
| 归格于艺祖 | 假弥祖 | | 祖弥 | |
| 五载一巡守 | | | 狩 | 岁狩 |
| 敷奏以言 | 傅 | | 傅 | |
| 肇十有二州，<br>封十有二山浚川 | 封十有二山兆<br>十有二州浚川 | | 肇十有二 | 州、决川 |
| 眚灾肆赦 | 裁过 | | | |
| 惟刑之恤哉 | 谧 | | 恤 | |
| 流共工于幽州 | 都州 | | | |
| 帝乃殂落 | 放、勋 | | | |
| 三载 | 三年 | | | |
| 汝后稷 | 居 | | | |
| 五品不逊 | 训 | | 训 | 驯 |
| 敬敷五教 | 而敬敷 | | | 祇、傅 |

续表

| 古　文 | 今　　文 | | | |
|---|---|---|---|---|
| | 欧阳 | 大夏侯 | 小夏侯 | 今文 |
| 在宽 | 五教在宽 | | | |
| 蛮夷猾夏 | 滑、猾 | | 猾 | |
| 寇贼奸宄 | 奸宄、奸轨 | | 奸轨 | 奸轨 |
| 汝作士 | | | | 士师 |
| 五流有宅五宅三居 | 度 | | | |
| 惟明克允 | 维明 | | | 维明维允 |
| 殳斨暨伯与 | | | 朱、誉 | |
| 佥曰益哉 | 禹 | | | |
| 咨四岳 | 嶽 | | | |
| 佥曰伯夷 | | | 柏夷 | |
| 咨伯 | | | 咨尔伯 | |
| 夙夜惟寅 | 维 | | | |
| 直我惟清 | 维 | | | |
| 帝曰夔 | 夔 | | 夔 | 归 |
| 教胄子 | 育 | | 胄 | |
| 宽而慄 | 栗 | 栗 | 栗 | 栗 |
| 歌永言，声依永 | 永 | | 哥咏 | |
| 无相夺伦 | 无 | | | 毋 |
| 予击石拊石 | | | | 磬 |
| 塈谗说殄行<br>震惊朕师 | 振、伪 | | | 振（齐说） |
| 命汝作纳言<br>夙夜出纳朕命 | 入纳 | | 入 | |

续表

| 古　文 | 今　　文 | | | |
|---|---|---|---|---|
| | 欧阳 | 大夏侯 | 小夏侯 | 今文 |
| 惟时亮天功 | 工 | | 工 | |
| 三载考绩 | 岁 | | | 载 |
| 三考黜陟幽明 | | | | 载 |
| 庶绩咸熙 | | | | 喜 |
| 舜生三十征庸 | 用 | | | |
| 三十在位，五十载陟方乃死 | 二 | | | |
| 惇叙九族 | 序 | | 叙 | |
| 庶明励翼 | | | | 高 |
| 禹拜昌言 | 昌 | 党 | 谠 | |
| 惟帝其难之 | 帝其难 | | 帝其难 | 帝难 |
| 知人则哲 | | | 悊 | |
| 能哲而惠 | 能 | | | 能（且） |
| 皋陶曰都 | 俞、都 | | | |
| 亦言其人有德 | 其、有 | | | |
| 愿而恭 | 共 | | | |
| 彰厥有常 | 章 | | | |
| 夙夜浚明有家 | 蚤 | | | |
| 日严祗敬六德 | 振 | | | |
| 亮采有邦 | 国 | | | |
| 翕受敷施 | 普 | | | |
| 俊乂在官 | 乂 | | 艾 | |
| 无教逸欲有邦 | 教 | | | 教 |

续表

| 古文 | 今文 | | | |
|---|---|---|---|---|
| | 欧阳 | 大夏侯 | 小夏侯 | 今文 |
| 兢兢业业 | 兢兢 | | | 矜矜 |
| 一日二日万几 | | | | 机 |
| 无旷庶官 | 毋 | | 毋 | |
| 天工人其代之 | 功 | | 功 | |
| 五刑五用哉 | 用 | | 庸 | |
| 懋哉懋哉 | 茂 | | | |
| 天明畏 | 威 | | | |
| 达于上下 | 通 | | | |
| 予未有知 | 余 | | | |
| 帝予何言 | 予何言 | | | |
| 予思日孜孜 | 孽 | | | 孽 |
| 洪水滔天 | 鸿 | | | |
| 予乘四载 | 予陆行乘车水行乘舟泥行乘撬山行乘欙 | | 陆行载车水行乘舟泥行乘毳山行则梮 | 陆行乘车水行载舟泥行蹈毳山行即桥 |
| 暨益奏庶鲜食 | 暨益奏庶稻鲜食 | | | |
| 浚畎浍 | 浚 | | | |
| 懋迁有无 | 贸 | | 楙、茂 | |
| 烝民乃粒（注三） | 立 | | | |
| 万邦作乂 | 国、艾 | | | |
| 师汝昌言 | 斯 | | | |
| 其弼直 | 德 | | | |

续表

| 古文 | 今文 | | | |
|---|---|---|---|---|
| | 欧阳 | 大夏侯 | 小夏侯 | 今文 |
| 臣哉邻哉 | | | | |
| 藻火 | 藻 | | | 璪 |
| 彰施于五色 | 章 | | | |
| 在治忽以出 | 七始训 | | 七始咏 | 桼始曶 |
| 纳五言汝听 | 入女 | | 内女 | |
| 万邦黎献 | | | | 仪 |
| 共惟帝臣 | | | | 具 |
| 敷纳以言 | 傅 | | 傅 | 赋 |
| 明庶以功 | | | 试 | |
| 车服以庸 | 轝、有 | | | 车、以 |
| 无若丹朱傲 | 帝曰毋傲 | | | |
| 惟慢游是好 | 维 | | | |
| 罔昼夜额额 | | | | 鄂鄂 |
| 朋淫于家 | 风 | | | |
| 娶于涂山 | 禹曰予娶 | | | |
| 启呱呱而泣 | 开 | | | |
| 苗顽弗即工 | 不、功 | | | |
| 惟叙 | 序 | | | |
| 皋陶方祗厥叙 | 旁、绪 | | | |
| 方施象刑惟明 | 旁、维 | | | |
| 夔曰戛击鸣球 | | | | 拮隔 |
| 祖考来格 | 假 | | | |

续表

| 古文 | 今文 | | | |
|---|---|---|---|---|
| | 欧阳 | 大夏侯 | 小夏侯 | 今文 |
| 下管鼗鼓 | | | 鼗 | |
| 合止柷敔 | 柷敔 | | | 祝圉 |
| 鸟兽跄跄 | 鸧鸧 | | | |
| 夔曰于予击石拊石 | （无此八字） | | | （无此八字） |
| 敕天之命 | 陟 | | | |
| 惟时惟几 | 维 | | | |
| 扬言曰 | 扬 | | | |
| 又歌曰 | 帝又歌曰 | | | |
| 禹敷土 | 傅 | | 敷 | |
| 随山刊木 | 栞 | | 栞 | |
| 至于岳阳 | 岳 | | 岳 | |
| 至于衡漳 | | | 章 | |
| 厥赋惟上上错 | 赋上上 | | 厥赋上上 | |
| 厥田惟中中 | 田中中 | | 厥田中中 | |
| 岛夷皮服 | 鸟 | | 鸟 | |
| 入于河 | 海 | | 河 | |
| 济河惟兖州 | 维沇 | | 沸 | |
| 潍沮会同 | 雍 | | 雍 | |
| 是降丘宅土 | 民乃度 | | | |
| 厥草惟繇 | 草、繇 | | 蘨 | |
| 厥木惟条 | 木条 | | 木条 | |
| 厥田惟中下 | 田中下 | | 厥田中下 | |

续表

| 古文 | 今文 | | | |
| --- | --- | --- | --- | --- |
| | 欧阳 | 大夏侯 | 小夏侯 | 今文 |
| 厥赋贞 | 赋贞 | | 赋贞 | |
| 十有三载乃同 | 年 | | 年 | |
| 厥篚织文 | | | 棐 | |
| 浮于济漯 | 济 | | 泲 | |
| 达于河 | 通 | | 通 | |
| 海岱惟青州 | 维 | | 惟 | |
| 嵎夷既略 | 禺铁 | | | 禺铁 |
| 潍淄其道 | 既 | | 惟甾 | |
| 海滨广斥 | 滨舄 | | 濒舄 | |
| 厥田惟上下 | 田上下 | | | |
| 厥赋中上 | 赋中上 | | | |
| 厥贡盐絺 | | | 贡盐絺 | |
| 海物惟错 | 维 | | | |
| 厥篚檿丝 | 篚 | | 棐檿 | |
| 达于济 | 通济 | | 通泲 | |
| 惟徐州 | 维 | | 惟 | |
| 大野既猪 | 都 | | 壄 | |
| 厥田惟上中 | 田上中 | | | |
| 厥赋中中 | 赋中中 | | | |
| 厥贡惟土五色 | 贡维 | | 贡 | |
| 羽畎夏翟 | | | 狄 | |
| 泗滨浮磬 | 濒 | | | |

续表

| 古文 | 今文 | | | |
|---|---|---|---|---|
| | 欧阳 | 大夏侯 | 小夏侯 | 今文 |
| 淮夷蠙珠暨鱼 | 臮 | | 臮 | 玭珠臮 |
| 厥篚玄纤缟 | 篚 | | 棐 | |
| 达于河 | 通、河 | | 菏 | |
| 淮海惟扬州 | 惟、杨 | | 惟、杨 | 扬 |
| 彭蠡既猪 | 都 | | 猪 | 猪 |
| 阳鸟攸居 | 攸 | | 逌 | |
| 震泽底定 | | | | 振 |
| 筱簜既敷 | 竹箭既布 | | 竹箭既敷 | 筱簜既敷 |
| 厥土惟涂泥 | 厥土涂泥 | | | |
| 厥田唯下下 | 田下下 | | | |
| 厥赋下上，上错 | 赋下上上 | | 赋下上 | |
| 厥贡惟金三品 | 贡金三品 | | | |
| 瑶琨筱簜 | 竹箭瑶琨 | | 瑶瓀筱簜 | |
| 齿革羽毛惟木 | 齿革羽旄 | | 齿革羽旄 | |
| 岛夷卉服 | 鸟 | | 鸟 | |
| 厥篚织贝 | 篚 | | 棐 | |
| 沿于江、海 | 均 | | 均 | |
| 达于淮、泗 | 通 | | | |
| 及衡阳惟荆州 | 维 | | 惟 | |
| 沱潜既道 | 沱潜既道 | | 灊 | |
| 云土梦作乂 | 艾 | | 艾 | |
| 厥土惟涂泥 | 厥土涂泥 | | | |

续表

| 古文 | 今文 | | | |
| --- | --- | --- | --- | --- |
| | 欧阳 | 大夏侯 | 小夏侯 | 今文 |
| 厥田惟下中 | 田下中 | | 田下中 | |
| 厥赋上下 | 赋上下 | | 赋上下 | |
| 厥贡羽毛齿革 | 贡羽旄 | | | |
| 惟金三品 | 金三品 | | | |
| 杶干栝柏 | | | 干 | 苞 |
| 砺砥砮丹 | | | 厉 | |
| 惟菌簵楛 | 维 | | 维 | 惟箭足杆 |
| 三邦厎贡厥名 | 国 | | 国 | |
| 九江纳锡大龟 | 入赐 | | 纳锡 | |
| 厥篚玄纁玑组 | | | 棐 | |
| 浮于江沱潜汉 | 汵于汉 | | 灊汉 | |
| 逾于洛 | 踰雒 | | 逾雒 | |
| 荆河惟豫州 | 维 | | 惟 | |
| 伊洛瀍涧 | 雒 | | 廛 | |
| 荥波既猪 | 播、都 | | | 荧 |
| 导菏泽 | 道菏泽 | | 道菏泽 | |
| 被孟猪 | 孟诸 | | 盟猪 | 明都 |
| 厥土惟壤 | 厥土壤 | | 厥土维壤 | |
| 厥田惟中上 | 田中上 | | 田中上 | |
| 厥赋错上中 | 赋错上中 | | 赋错上中 | |
| 厥贡漆枲絺纻 | 贡漆丝 | | 贡漆枲 | |
| 厥篚纤纩 | | | 棐 | |

续表

| 古文 | 今文 | | | |
|---|---|---|---|---|
| | 欧阳 | 大夏侯 | 小夏侯 | 今文 |
| 浮于洛达于河 | 雒通 | | | |
| 华阳黑水惟梁州 | 维 | | 惟 | |
| 岷嶓既艺 | 汶、执 | | 岷、艺 | |
| 沱、潜既道 | 涔 | | 灊 | |
| 厥土青黎 | 骊 | | 黎 | |
| 厥田惟下上 | 田下上 | | 田下上 | |
| 厥赋下中三错 | 赋下中 | | 赋下中 | |
| 西倾因桓是来 | 倾来 | | 倾倈 | |
| 浮于潜逾于沔 | 涔踰 | | 灊逾 | |
| 黑水西河惟雍州 | 维 | | 惟 | |
| 沣水攸同 | | | 酆、逌 | |
| 终南惇物 | 敦 | | 惇物 | |
| 至于猪野 | 都野 | | 猪壄 | |
| 三危既宅 | 度 | | | |
| 厥土惟黄壤 | 土惟黄壤 | | | |
| 厥田惟上上 | 田上上 | | | |
| 厥赋中下 | 赋中下 | | | |
| 厥贡惟球琳 | 贡球琳 | | 贡球琳 | |
| 织皮昆崘析支 | 昆仑 | | 昆仑 | |
| 渠搜西戎即叙 | 搜、序 | | 叟、序 | |
| 导岍及岐 | 道九山 | | 道 | |
| 逾于河 | 踰 | | 逾 | |

续表

| 古文 | 今文 | | | |
|---|---|---|---|---|
| | 欧阳 | 大夏侯 | 小夏侯 | 今文 |
| 至于太岳 | 岳 | | 岳 | |
| 厎柱析城 | 砥 | | 底 | |
| 太行恒山 | 常 | | 恒 | |
| 西倾朱圉 | 倾 | | 倾圄 | |
| 至于陪尾 | 负 | | 倍 | |
| 导嶓冢 | 道 | | 道 | |
| 岷山之阳 | 汶 | | 缗 | |
| 至于敷浅原 | | | 傅 | |
| 导弱水 | 道九水 | | 道 | |
| 至于合黎 | | | | 离 |
| 导黑水 | 道 | | 道 | |
| 导河 | 道 | | 道 | |
| 南至于华阴 | 南至华阴 | | | |
| 东至于厎柱 | 东至厎柱 | | | |
| 又东至于孟津 | 盟 | | 盟 | |
| 东过洛汭 | 雒 | | 雒 | |
| 至于大伾 | 邳 | | 俖 | 岯 |
| 北过降水 | 绛 | | 绛 | |
| 同为逆河 | 迎 | | | |
| 入于海 | 渤海 | | | |
| 嶓冢导漾 | 道漾 | | 道漾 | |
| 东为沧浪之水 | 苍 | | 沧 | |

续表

| 古文 | 今文 | | | |
|---|---|---|---|---|
| | 欧阳 | 大夏侯 | 小夏侯 | 今文 |
| 至于大别 | 入 | | 至 | |
| 岷山导江 | 汶、道 | | ?、道 | |
| 又东至于澧 | 醴 | | 醴 | |
| 导沇水 | 道 | | | |
| 东流为济 | 东为济 | | 东流为泲 | |
| 溢为荥 | 泆 | | 轶 | |
| 东出于陶丘北 | 东出陶丘北 | | | |
| 又东至于菏 | 荷 | | 荷 | |
| 又北东入于海 | 东北 | | 北东 | |
| 导淮 | 道 | | 道 | |
| 导渭 | 道 | | | |
| 东会于澧 | 醴 | | | |
| 又东会于泾 | 东北至于 | | 东会于 | |
| 导洛 | 道雒 | | | |
| 又东北入于河 | | | | |
| 九州攸同 | 攸 | | 逌 | |
| 四隩既宅 | 奥度 | | 奥度 | |
| 九山刊旅 | 栞 | | 栞 | 甄 |
| 九川涤源 | 既疏 | | | |
| 九泽既陂 | 既洒 | | | |
| 六府孔修 | 六府 | | | 大府三事 |
| 中邦 | 国 | | 国 | |

续表

| 古　文 | 今　文 | | | |
|---|---|---|---|---|
| | 欧阳 | 大夏侯 | 小夏侯 | 今文 |
| 百里赋纳总 | 纳 | | 内 | |
| 二百里纳铚 | 纳 | | 内 | |
| 三百里纳秸服 | 纳 | | 内戛服 | |
| 二百里男邦 | 任国 | | 男国 | |
| 朔南暨声教 | 臮 | | | |
| 天用剿绝其命 | 剿 | | 剿 | 摷或剿 |
| 惟恭行天之罚 | 维共 | | 共 | 龚 |
| 左不攻于左 | 左不攻左 | | | 左不共于左 |
| 汝不恭命 | 左右不攻 | | | 左 |
| 右不攻于右 | 于右汝不 | | | 右不共于 |
| 汝不恭命 | 共命 | | | 右 |
| 御非其马之正 | 正 | | | 正 |
| 汝不恭命 | 共 | | | 共 |
| 弗用命，戮于社 | 不僇 | | | |
| 予则孥戮汝 | 奴僇女 | | 奴僇女 | |
| 格尔众庶悉听 | 格女众庶 | | | |
| 朕言非台小子 | 未悉听朕 | | | |
| 敢行称乱，有夏 | 言匪台小 | | | |
| 有夏多罪天命殛之 | 子敢行举 | | | |
| 今尔有众，汝曰 | 乱有夏多 | | | |
| 我后不恤我众 | 罪予维闻 | | | |
| 舍我穑事而割 | 汝成言夏 | | | |

续表

| 古 文 | 今 文 | | | |
|---|---|---|---|---|
| | 欧阳 | 大夏侯 | 小夏侯 | 今文 |
| 正夏予惟闻 | 氏有罪予 | | | |
| 汝众言夏氏有罪 | 罪上即不 | | | |
| 予畏上帝不敢不正 | 敢不正今有夏多罪天命殛之今尔有众汝曰我后不恤我众舍我穑事而割正夏 | | | |
| 今汝其曰夏罪其如台 | 汝其曰有罪其如台 | | | |
| 率割夏邑 | 夺国 | | 割邑 | |
| 曰时日曷丧 | | | | 害 |
| 予及汝皆亡 | | | | 偕 |
| 尔尚辅予一人 | 及 | | | |
| 尔无不信 | 汝 | | | |
| 尔不从誓言 | 汝 | | | |
| 予则孥戮汝 | 奴僇 | | | |
| 罔有攸赦 | 无 | | | |
| 盘庚 | 般 | | | |
| 率吁众戚 | 戚 | | 戚 | |
| 颠木之有由蘖 | | | 甹欁 | |
| 格汝众 | | | 裕女 | |
| 王播告之 | | | 譒 | |
| 今汝聒聒 | | | 懖懖 | |

续表

| 古文 | 今文 | | | |
| --- | --- | --- | --- | --- |
| | 欧阳 | 大夏侯 | 小夏侯 | 今文 |
| 惟汝含德 | 女舍 | | | |
| 不愓予一人 | | | 施 | |
| 予亦拙谋 | | | | 炪 |
| 服田力穑 | | | 啬 | |
| 不暋作劳 | 昏 | | 昏 | |
| 汝悔身何及 | 命 | | | |
| 相时憸民 | 散 | | | |
| 恐沈于众 | 于众恶之易也 | | | |
| 若火之燎于原 | 若火 | | | |
| 人惟求旧 | 人维旧 | | | |
| 器非求旧 | 救 | | | |
| 胥及逸勤 | 肄 | | | |
| 予敢动用非罚 | 予不敢 | | | |
| 予不掩尔善 | 绝 | | | |
| 兹予大享 | 予享 | | | |
| 尔祖其从与享之 | 从享 | | | |
| 若射之有志 | 矢 | | | |
| 汝无侮老成人 | 毋翕侮成人 | | 无老侮成人 | |
| 无弱孤有幼 | 流 | | | |
| 用德彰厥善 | | | | 章 |
| 邦之臧 | | | | 国 |
| 惟汝众 | | | | 则维汝众 |

续表

| 古文 | 今文 | | | |
|---|---|---|---|---|
| | 欧阳 | 大夏侯 | 小夏侯 | 今文 |
| 邦之不臧 | | | | 国 |
| 惟予一人 | | | | 则维余 |
| 有佚罚 | | | | 是有逸 |
| 各恭尔事 | 共 | | | |
| 度乃口 | 尔 | | | |
| 后胥戚 | 高 | | | |
| 予将试以汝迁 | 尔 | | | |
| 安定厥邦 | 国 | | | |
| 汝不忧朕 | 今女 | | | |
| 不其或稽 | 迪 | | | |
| 自怒曷瘳 | 怨 | | | |
| 汝诞劝忧 | 永 | | | |
| 恐人倚乃身 | 踦 | | | |
| 予丕克羞尔 | 不 | | | |
| 高后丕乃崇降罪疾 | 不、知 | | | |
| 汝有戕则在 | 近 | | | |
| 迪高后丕乃崇降 | 兴 | | | |
| 弗祥呜呼 | 不永若戏 | | | |
| 丕乃告我高后 | | | | 乃祖乃父 |
| 汝分猷念 | 女比犹 | | | |
| 各设中于乃心 | 翕 | | | |
| 无戏怠 | 女罔台民 | | | |

续表

| 古文 | 今文 | | | |
|---|---|---|---|---|
| | 欧阳 | 大夏侯 | 小夏侯 | 今文 |
| 懋建大命 | 勖 | | | |
| 今予其敷心腹 | 我 | | 优 | |
| 肾肠，历告尔百姓 | | 贤扬 | 扬 | |
| 嘉绩于朕邦 | 绥 | | | |
| 尔谓朕 | 今尔惠朕 | | | |
| 曷震动 | 祇 | | | |
| 尚皆隐哉 | 乘 | | | |
| 予其懋简相尔 | 勖蕳 | | | |
| 保居 | | | | 萃 |
| 越有雊雉 | | | 粤 | |
| 惟先格王 | | | 假 | |
| 惟天监下民 | 维天监下 | | | |
| 民中绝命 | 中绝其命 | | | |
| 天既孚命正厥德 | 付 | | 付 | 附 |
| 呜呼王司敬民 | 嗣 | | | 呜呼 |
| 无丰于昵 | | | | 礼、弃道 |
| 西伯戡黎 | 戓耆 | | 黎 | 戡饥 |
| 格人元龟 | 假 | | 尔 | |
| 罔敢知吉 | 无 | | 罔 | |
| 惟王淫戏 | 维、虐 | | | |
| 今我民罔弗欲丧 | 不 | | | |
| 大命不挚 | 至 | | | |

续表

| 古文 | 今文 | | | |
|---|---|---|---|---|
| | 欧阳 | 大夏侯 | 小夏侯 | 今文 |
| 乃罪多参在上 | 系 | | | |
| 父师少师 | 大师 | | | |
| 殷其弗或乱正 | 不有治政 | | | |
| 乱正四方 | 不治四方 | | | |
| 我祖厎遂陈于 | 我祖遂陈 | | | |
| 我用沈酗于酒 | 我沉湎于 | | | |
| 用乱败厥德于下 | 妇人是用 | | | |
| 殷罔不小大 | 既 | | | |
| 凡有辜罪 | 皆有罪辜 | | | |
| 乃罔恒获 | 乃无维获 | | | |
| 今殷其沦丧 | 典 | | | |
| 若涉大水 | 若涉水 | | | |
| 其无津涯 | 无津涯 | | | 无舟航 |
| 我其发出狂 | 往 | | | |
| 吾家耄逊于荒 | 保于丧 | | | 于是家 |
| 今尔无指告 | 告 | | | |
| 父师若曰王子 | 大 | | | |
| 天毒降灾荒殷邦，方兴沈酗于酒。乃罔畏畏，咈其耇长、旧有位人。今殷民，乃攘窃神只之牺牷牲 | 天笃下灾亡殷国乃无畏畏不用老长今殷民乃陋淫神祇之祀 | | | |

续表

| 古　文 | 今　　文 | | | |
| --- | --- | --- | --- | --- |
| | 欧阳 | 大夏侯 | 小夏侯 | 今文 |
| 我旧云刻子 | 我旧云孩子 | | | |
| 王子弗出 | 不 | | | |
| 自靖 | | | | 清 |
| 时甲子昧爽 | 正月 | | | |
| 王朝至于商郊 | 武王 | | | |
| 我友邦冢君 | 有国 | | | |
| 御事司徒 | 司徒 | | | |
| 古人有言曰 | 言 | | 言曰 | |
| 惟家之索 | 维 | | 惟 | |
| 今商王受 | 殷纣 | | 殷纣 | |
| 惟妇言是用 | 维 | | 惟 | |
| 昏弃厥肆祀 | 自弃先祖肆祀 | | | |
| 昏弃厥遗王父母弟不迪 | 昏弃厥家国厥遗王 | | | 厥遗任 |
| 以奸宄于商邑 | 轨 | | | |
| 惟恭行天之罚 | 维共 | | | 龚 |
| 不愆于四伐五伐六伐七伐 | 六伐七伐 | | | |
| 如虎如貔 | 如虎如罴 | | | |
| 如熊如罴 | 豺、嵩 | | | 如财如离 |
| 弗迓克奔 | 不御 | | | |
| 洪范 | 鸿 | | | |

续表

| 古文 | 今文 | | | |
|---|---|---|---|---|
| | 欧阳 | 大夏侯 | 小夏侯 | 今文 |
| 惟十有三祀 | 维 | | | |
| 王乃言曰呜呼 | 于乎 | | 乃、乌謼 | |
| 惟天阴骘 | 维 | | 惟 | |
| 彝伦攸叙 | 序 | | 逌叙 | |
| 鲧堙洪水 | 伊鸿 | | 陻洪 | 陻 |
| 汩陈其五行 | 曰汩 | | 汩 | 汩 |
| 帝乃震怒不畀洪范九畴 | 鸿 | | 乃、弗 | |
| 彝伦攸斁 | | | 逌 | 殬 |
| 天乃锡禹洪范九畴彝伦攸叙 | 鸿、序 | | 乃、逌 | |
| 敬用五事 | | | 羞 | |
| 协用五纪 | | | 叶 | |
| 建用皇极 | 王 | | 皇 | 皇 |
| 乂用三德 | 艾 | | 艾 | |
| 向用五福 | 乡 | | 向 | 向 |
| 威用六极 | 畏 | | 畏 | 畏 |
| 土爰稼穑 | 曰 | | 爰 | |
| 五曰思 | 思心 | | | |
| 思曰睿 | 思心曰容 | | | |
| 从作乂 | 艾 | | | |
| 皇建其有极 | 王 | | | |
| 用敷锡厥庶民 | 傅 | | | 敷 |

续表

| 古文 | 今文 | | | |
|---|---|---|---|---|
| | 欧阳 | 大夏侯 | 小夏侯 | 今文 |
| 惟时厥庶民 | 维 | | | |
| 无有淫朋 | 无 | | | 毋 |
| 惟皇作极 | 维王 | | | |
| 不协于极不罹于咎 | 叶、丽 | | | |
| 惟皇之极 | 维 | | | |
| 无虐茕独 | 毋侮矜寡 | | 无侮鳏寡 | |
| 使羞其行 | 羞 | | 修 | |
| 而邦其昌 | 国 | | 国乃 | |
| 汝弗能使 | 女不 | | | |
| 于其无好德 | 毋 | | | |
| 汝虽锡之福 | 女 | | | |
| 其作汝用咎 | 女 | | | |
| 无有作好遵王之道 | 毋 | | 无或 | |
| 无有作恶遵王之路 | 毋 | | 毋或、素 | |
| 无偏无党王道荡荡 | 毋 | | 无、不 | |
| 无党无偏王道平平 | 毋 | | 无、不，便便 | |
| 皇极之敷言 | 王、傅 | | | |
| 是彝是训 | 夷、顺 | | | |
| 强弗友刚克 | 不 | | | |
| 燮友柔克 | 内 | | | |
| 沈潜刚克 | 渐 | | | |
| 惟辟作福惟辟作威 | 维 | | 惟 | |

续表

| 古　文 | 今　　文 | | | |
|---|---|---|---|---|
| | 欧阳 | 大夏侯 | 小夏侯 | 今文 |
| 臣无有作福作威玉食 | 毋 | | 无/亡 | |
| 凶于而国 | 而凶 | | 凶 | |
| 人用侧颇僻 | 辟 | | | |
| 曰雨曰霁 | 曰雨曰济 | | | |
| 曰蒙曰驿 | 曰涕曰雺 | | | |
| 卜五，占用二 | 五占之用 | | | |
| 衍忒 | 貣 | | | |
| 三人占 | | | 议 | |
| 汝则有大疑 | 女 | 女 | | |
| 谋及庶人 | 民 | | | |
| 汝则从 | 女 | | | |
| 身其康强 | 而身 | | | |
| 子孙其逢吉 | 而子 | | | |
| 汝则从 | 女 | | | |
| 汝则逆 | 女 | | | |
| 曰雨曰旸曰燠 | 阳、奥 | | | |
| 曰时五者来备 | 五是 | | 五氏 | |
| 各以其叙 | 序 | | | |
| 庶草蕃庑 | 緐 | | 屮、芜 | |
| 一极无凶 | 亡 | | | |
| 曰乂时旸若 | | 艾、阳 | | |
| 曰晰时燠若 | 奥 | 悊奥 | | |

续表

| 古　文 | 今　　文 | | | |
|---|---|---|---|---|
| | 欧阳 | 大夏侯 | 小夏侯 | 今文 |
| 曰僭恒阳若 | | 阳 | | |
| 曰豫恒燠若 | 荼、奥 | | 舒 | |
| 曰蒙恒风若 | 雺 | 霿 | 雺、瞀 | |
| 曰王省惟岁 | 王眚维 | | | |
| 岁月日时无易 | 毋 | | | |
| 乂用明 | | | 艾 | |
| 俊民用章 | 畯 | | | |
| 乂用昏不明 | | | 艾 | |
| 俊民用微 | 畯 | | | |
| 庶民惟星 | 维 | | | |
| 日月之行则<br>有冬有夏 | 有冬有夏<br>有寒有暑 | | | |
| 一曰寿二曰富 | | | 一曰富 | |
| 猷大诰尔多邦 | | | 大诰猷 | |
| 弗吊天降割 | | | 不、丧 | |
| 弗造哲 | | | 不、悊 | |
| 能格知天命 | | | 往 | |
| 已予惟小子 | | | 熙 | |
| 敷贲敷前人 | | | 奔傅 | |
| 予不敢闭于 | | | 闭 | |
| 西土人亦不静 | | | 靖 | |
| 诞敢纪其叙 | | | 犯、序 | |
| 知我国有疵 | | | 呰 | |

续表

| 古文 | 今文 | | | |
|---|---|---|---|---|
| | 欧阳 | 大夏侯 | 小夏侯 | 今文 |
| 反鄙我周邦 | | | 图、国 | |
| 民献有十夫 | | 仪 | 仪 | |
| 尔庶邦君 | | | 国 | |
| 王害不违 | | | 王 | |
| 呜呼 | | | 乌虖 | |
| 予造天役 | | | 遭 | |
| 不卬自恤 | | | 邛 | |
| 义尔邦君 | | | 国 | |
| 己予惟小子 | | | 熙 | |
| 不敢替上帝命 | | | 僭 | |
| 兴我小邦周 | | | 国 | |
| 宁王惟卜用 | | | 惟卜 | |
| 呜呼 | | | 乌虖 | |
| 天明畏 | | | 威 | |
| 弼我丕丕基 | | | 其 | |
| 尔丕克远省 | | | 不 | |
| 天閟毖我成功 | | | 毖劳 | |
| 天棐忱辞 | | | 谌 | |
| 其考我民 | | | 累 | |
| 予曷其不于 | | | 害敢 | |
| 勤毖我民 | | | 劳 | |
| 攸受休毕 | | | 弼 | |

续表

| 古文 | 今文 | | | |
|---|---|---|---|---|
| | 欧阳 | 大夏侯 | 小夏侯 | 今文 |
| 厥子乃弗肯堂 | 不克 | | 不克 | |
| 予曷敢不越卬 | | | 害 | |
| 民养其劝弗救 | | | 长 | |
| 呜呼 | | | 乌虖 | |
| 爽邦由哲 | | | 国 | |
| 越天棐忱 | | | 粤 | |
| 罔敢易法 | | | 定 | |
| 若穡夫 | | | 啬 | |
| 予曷敢 | | | 害 | |
| 敢弗于从 | | | 不卜 | |
| 有指疆土 | | | 旨 | |
| 王有疾弗豫 | 不 | | | |
| 公乃自以为功 | 质 | | | |
| 植璧秉珪 | 戴圭 | | | |
| 史乃册祝 | 策 | 策 | | |
| 惟尔元孙某 | 王发 | | | |
| 遘厉虐疾 | 勤劳阻疾 | | | |
| 是有丕子之责 | 负 | | | |
| 以旦代某之身 | 王发 | | | |
| 予仁若考 | 旦巧 | | | |
| 乃元孙不若旦 | 王发如 | | | |
| 用能定尔子孙 | 女 | | | |

续表

| 古文 | 今文 | | | |
|---|---|---|---|---|
| | 欧阳 | 大夏侯 | 小夏侯 | 今文 |
| 罔不祗畏呜呼 | 敬畏 | | | |
| 天之降宝命 | 葆 | | | |
| 亦永有依归 | 有所依归 | | | |
| 今我即命 | 我其即命 | | | |
| 我其以璧与珪 | 圭 | | | |
| 归俟尔命 | 以归 | | | |
| 启籥见书 | 开 | | | |
| 乃并是吉 | 逢 | | | |
| 体王其罔害 | 王其无 | | | |
| 予小子 | 旦 | | | |
| 惟永终是图 | 维 | | | |
| 兹攸俟 | 道 | | | |
| 乃纳册于金縢 | 策 | | | |
| 王翼日乃瘳 | 翊 | | | |
| 名之曰“鸱鸮” | 命 | | | |
| 王亦未敢诮公 | 训 | | | |
| 天大雷电 | 雨 | | | |
| 邦人大恐 | 国 | | | |
| 以启金縢之书 | 开 | | | |
| 百执事 | | | 士 | |
| 信噫 | 噫 | | | |
| 其勿穆卜 | 缪 | | | |

续表

| 古　文 | 今　文 | | | |
|---|---|---|---|---|
| | 欧阳 | 大夏侯 | 小夏侯 | 今文 |
| 惟予冲人 | 幼 | | | |
| 其新逆 | 其逆 | | | |
| 天乃雨反风 | 止雨 | | | |
| 二公命邦人 | 国 | | | |
| 惟三月哉生魄 | | 哉霸 | 载魄 | |
| 侯甸男邦 | 任国 | | | |
| 克明德慎罚 | 克明浚德 | | 克明明德 | |
| 祇祇威威 | 畏畏 | | | |
| 殪戎殷 | | | 壹 | |
| 冒闻于上帝 | | | | |
| 弘于天若 | | | 宏覆乎天 | |
| 德裕乃身 | 矜 | | | |
| 天畏棐忱 | 威谌 | | | |
| 往尽乃心 | 悉 | | | |
| 无康好逸豫 | 毋侗毋桐 | | | |
| 乃其乂民 | 艾 | | | |
| 已汝惟小子 | 熙 | | | |
| 呜呼 | | | 于戏 | |
| 小罪非眚 | | | 匪省 | |
| 式尔 | | | 戒 | |
| 非终乃惟眚灾 | | | 匪、省我 | |
| 时乃不可杀 | | | 亦 | |

续表

| 古　文 | 今　　文 | | | |
|---|---|---|---|---|
| | 欧阳 | 大夏侯 | 小夏侯 | 今文 |
| 惟民其敕懋和 | | | 力 | |
| 若有疾 | | | 而 | |
| 若保赤子 | | | 如 | |
| 惟民其康乂 | | | 艾 | |
| 又曰劓刵人 | | | 刵 | |
| 兹殷罚有伦 | | | | |
| 勿庸以次汝封 | | | 即 | |
| 乃汝尽逊曰时叙 | | | (《荀子》引无) | |
| 惟曰未有逊事 | | | 顺 | |
| 已汝惟小子 | | | 熙 | |
| 暋不畏死 | | | 闵 | |
| 罔弗憝 | | | 凡民罔不譈 | |
| 则予一人以怿 | 择 | | 择 | |
| 无作怨 | 毋作怨，毋倗德 | | 毋作怨，毋作德 | |
| 王若曰 | | | 成王 | |
| 无彝酒 | | | 毋 | |
| 德将无醉 | 毋 | | | |
| 远服贾用 | | | | |
| 孝养厥父母 | | | 钦 | |
| 成王畏相 | | | 正 | |
| 侯甸男卫邦伯 | | | 任卫作国 | |
| 人无于水监 | | | 毋、鉴 | |

续表

| 古文 | 今文 | | | |
|---|---|---|---|---|
| | 欧阳 | 大夏侯 | 小夏侯 | 今文 |
| 当于民监 | | | 鉴 | |
| 汝勿佚 | | | 失 | |
| 尽执拘以归 | | | 尽执抲献 | |
| 戕败人宥 | 强人有 | | | |
| 王启监 | 王开贤 | | | |
| 厥乱为民 | 厥率化民 | | | |
| 至于敬寡 | 鳏 | | | |
| 至于属妇 | 媰 | | | |
| 皇天既付中国 | | | 附 | |
| 已 | | | 熙 | |
| 惟二月既望 | | | 维 | |
| 越六日乙未 | | | 粤 | |
| 惟太保 | 维大 | | | |
| 越若来三月 | | | 粤 | |
| 惟丙午朏 | | | 维、蠢 | |
| 越三日戊申 | | | 粤 | |
| 太保朝至于洛 | | | 大雒 | |
| 若翼日乙卯 | | | 翊 | |
| 周公朝至于洛 | | | 雒 | |
| 则达观于新邑营 | | | 通 | |
| 越三日丁巳 | | | 粤 | |
| 越翼日戊午 | | | 粤、翊 | |

续表

| 古　文 | 今　　文 | | | |
|---|---|---|---|---|
| | 欧阳 | 大夏侯 | 小夏侯 | 今文 |
| 越七日甲子 | | | 粤（任国） | |
| 呜呼 | | | 于戏 | |
| 无遗寿耇 | | | 无遗耇老 | |
| 监于有夏 | | | 鉴 | |
| 监于有殷 | | | 鉴 | |
| 越友民 | | | 有 | |
| 洛诰 | | | 雒 | |
| 伻来来视予 | | | 辨、示 | |
| 王肇称殷礼 | | 肇修 | | |
| 祀于新邑 | | 祀新邑 | | |
| 汝其悉自教工 | 学功 | | | |
| 孺子其朋其往 | | | 慎其往 | |
| 已汝惟冲子 | | | 熙 | |
| 惟曰不享 | | 惟曰 | 曰 | |
| 扬文武烈 | 武之德烈 | | | |
| 奉答天命 | 对 | | | |
| 和恒四方民 | 万邦四方 | | | |
| 明光于上下 | 光明 | | | |
| 勤施于四方 | 施四方 | | | |
| 迓衡不迷 | | | 御 | |
| 公无困哉 | | | 毋、我 | |
| 作册逸祝册 | | 策 | | |

续表

| 古文 | 今文 | | | |
|---|---|---|---|---|
| | 欧阳 | 大夏侯 | 小夏侯 | 今文 |
| 初于新邑洛 | | | | 雒 |
| 上帝引逸 | 佚 | | | |
| 有夏不适逸 | 佚 | | | |
| 诞淫厥泆 | 佚 | | | |
| 时惟天命无违 | 维天命元 | | | |
| 予惟率肆矜尔 | 夷怜 | | | |
| 时惟天命 | 维 | | | |
| 王曰多士 | 王曰告尔 | | | |
| 于兹洛 | 雒 | | | |
| 予惟四方罔攸宾亦惟尔多士攸服 | 维、罟，维 | | | |
| 维 | | | | |
| 有年于兹洛 | 雒 | | | |
| 无逸 | 毋劮 | | 毋佚 | |
| 呜呼 | | | 于戏 | |
| 君子所其无逸 | 毋佚 | | | |
| 知稼穑之艰难 | 啬 | | | |
| 乃逸 | 乃佚 | | | |
| 不知稼穑之艰难 | 啬 | | | |
| 乃逸乃谚 | 劮、宪 | | | |
| 既诞否则 | 延、丕 | | | |
| 呜呼我闻曰 | 于戏 | | | |

续表

| 古文 | 今文 | | | |
| --- | --- | --- | --- | --- |
| | 欧阳 | 大夏侯 | 小夏侯 | 今文 |
| 在殷王中宗 | 太 | | | |
| 天命自度 | 亮 | | | |
| 治民祗惧 | 祗 | | 震 | |
| 肆中宗之享国 | 飨 | | | |
| 七十有五年 | 七十五年 | | | |
| 时旧劳于外 | 久 | | | |
| 爰暨小人 | 为 | | | |
| 乃或亮阴 | 梁闇 | 凉阴、谅闇 | 有亮、谅阴 | |
| 三年不言其惟不言言乃雍 | 三年不言、言乃讙 | | | |
| 嘉靖殷邦至于 | | | 密国 | |
| 小大无时或怨 | | | 小大无怨 | |
| 肆高宗之享国 | 飨 | | | |
| 五十有九年 | 百年 | | 五十五年 | |
| 其在祖甲 | 殷王太宗 | | | |
| 不义惟王 | 维 | | | |
| 旧为小人 | 久 | | | |
| 作其即位爰知 | 于外知 | | | |
| 能保惠于庶民 | 施小 | | | |
| 不敢侮鳏寡 | 不侮 | | | |
| 肆祖甲之享国 | 飨 | | （太宗） | |
| 生则逸生则逸 | 佚 | | | |

续表

| 古　文 | 今　　文 | | | |
|---|---|---|---|---|
| | 欧阳 | 大夏侯 | 小夏侯 | 今文 |
| 稼穑之艰难 | 啬 | | | |
| 不闻小人之劳 | 知之劳苦 | | | |
| 惟耽乐之从 | 唯、维湛 | | | |
| 亦罔或克寿 | 有 | | | |
| 或四三年 | | | 三四 | |
| 周公曰呜呼 | | | 于戏 | |
| 厥亦惟我 | | | 维 | |
| 徽柔懿恭 | 柔共 | | 恭 | |
| 怀保小民 | 人 | | | |
| 惠鲜鳏寡 | 于矜 | | 鳏 | |
| 自朝至于日中昃 | 日仄 | | 稷 | |
| 不遑暇食 | 暇 | | 夏 | |
| 盘于游田 | 游田 | | 盘 | |
| 庶邦惟正之供 | 维正之共 | | | |
| 厥享国五十年 | 飨 | | | |
| 周公曰呜呼 | | | 于戏 | |
| 则其无淫于观 | 酒 | | | |
| 于逸于游于田 | 毋劮于游 | | | |
| 以万民惟正之供 | 田维正之共 | | | |
| 无皇曰 | 毋兄曰 | | | |
| 无若殷王受之 | 毋、纣 | | | |
| 酗于酒德哉 | 湎 | | | |

续表

| 古　文 | 今　文 | | | |
|---|---|---|---|---|
| | 欧阳 | 大夏侯 | 小夏侯 | 今文 |
| 周公曰呜呼 | | | 于戏 | |
| 民无或胥 | 无或 | | | |
| 诪张为幻 | 舟 | | 侜、辀 | |
| 此厥不听 | 听 | | | |
| 人乃训之；乃变 | 人训乃变 | | | |
| 乱先王之正刑 | 乱正刑 | | | |
| 周公曰呜呼 | | | 于戏 | |
| 自殷王中宗及 | | | 太宗 | |
| 高宗及祖甲 | | | 中宗、高宗 | |
| 则皇自敬德 | 兄曰 | | | |
| 此厥不听 | | | 圣 | |
| 周公曰呜呼 | 于戏 | | | |
| 王其监于兹 | 王监 | | | |
| 其终出于不祥 | 道、详 | | | |
| 呜呼 | 于戏 | | | |
| 我后嗣子孙 | | | 嗣事 | |
| 大弗克恭 | | | 不克共 | |
| 遏佚前人光 | | | 过失 | |
| 不知天命不易 | | | 命不易 | |
| 天难谌 | | | 天应棐谌 | |
| 乃其坠命 | | | 亡 | |
| 格于皇天 | 假 | | 假 | |

续表

| 古文 | 今文 | | | |
| --- | --- | --- | --- | --- |
| | 欧阳 | 大夏侯 | 小夏侯 | 今文 |
| 时则有若保衡 | | | (今文无) | |
| 格于上帝 | 假 | | | |
| 巫咸乂王家 | 咸 | 戊 | 咸 | |
| 则有若甘盘 | 般 | 般 | | |
| 率惟兹有陈 | | | 维 | |
| 天惟纯佑 | | | 醇 | |
| 矧咸奔走 | 辏 | | | |
| 故一人有事于四方 | | | 迪使四方 | |
| 在昔上帝 | | 昔在 | | |
| 割申劝宁王 | 厥乱 | | | |
| 有若泰颠 | 大 | 大 | | |
| 无能往来 | | | 亡 | |
| 亦惟纯佑秉德 | | | 醇 | |
| 冒闻于上帝 | | | 勖 | |
| 昭武王惟冒 | | 勖 | | |
| 尔曷不 | | | 害 | |
| 至于再至于三 | | | 至于再三 | |
| 乃有不用 | | | 有不用 | |
| 越惟有胥伯 | 维赋 | | | |
| 小大多正 | 正 | | | |
| 常伯常任准人 | 辟 | | | |
| 缀衣 | | 赘 | | |

续表

| 古文 | 今文 | | | |
|---|---|---|---|---|
| | 欧阳 | 大夏侯 | 小夏侯 | 今文 |
| 虎贲 | | | 奔 | |
| 呜呼 | | | 于戏 | |
| 宅乃事宅乃牧 | | | 度 | |
| 宅乃准 | | | 度、辟 | |
| 谋面用丕训德 | 乱谋面用 | | | |
| 则乃宅人兹乃三宅 | | | 度 | |
| 三有宅克即宅 | | | 度 | |
| 三有俊克即俊 | | | 会 | |
| 三宅三俊 | | | 度、会 | |
| 呜呼其在受德暋 | | | 于戏、纣 | |
| 克知三有宅心 | | | 度 | |
| 灼见三有俊心 | 会 | | | |
| 准夫 | | | 辟 | |
| 虎贲缀衣 | | | 奔、赘 | |
| 夷微卢烝 | | | 纑 | |
| 惟克厥宅心 | | 维厥度心 | | |
| 率惟敉功 | | | 维 | |
| 受此丕丕基 | 兹、其 | | | |
| 呜呼 | | 于戏 | | |
| 准人牧夫 | | | 辟 | |
| 时则勿有间之 | 物 | | | |
| 我则末惟成德 | | | 维 | |

续表

| 古　文 | 今　　文 | | | |
|---|---|---|---|---|
| | 欧阳 | 大夏侯 | 小夏侯 | 今文 |
| 呜呼予旦 | | | 于戏 | |
| 已受人之徽言 | 前、微岂 | | | |
| 准人则克宅之 | | | 辟、度 | |
| 克由绎之 | | | 犹 | |
| 不训于德 | 训德 | | | |
| 是罔显在厥世 | 哉 | | | |
| 其惟吉士 | | | 维 | |
| 用劢相我国家 | | | 勱 | |
| 惟有司之牧夫 | | | 维 | |
| 方行天下 | | ? | | |
| 以觐文王之耿光 | 勤、鲜 | | | |
| 扬武王之大烈 | 训 | | | |
| 呜呼 | | | 于戏 | |
| 其惟克用常人 | | | 维 | |
| 惟四月哉生魄 | | | 霸 | |
| 王不怿 | | | 有疾不豫 | |
| 王乃洮颒水 | | | 沬 | |
| 凭玉几 | | | 冯 | |
| 彤伯 | | 师 | | |
| 师氏虎臣 | | 龙 | | |
| 既弥留 | | | 流 | |
| 用克达殷集大命 | 通、就 | | | |

续表

| 古　文 | 今　　文 | | | |
|---|---|---|---|---|
| | 欧阳 | 大夏侯 | 小夏侯 | 今文 |
| 在后之侗 | | | | |
| 弗兴弗悟 | | | 不 | |
| 兹既受命还 | 即 | | | |
| 出缀衣于庭 | | | 赘 | |
| 翼日乙丑王崩 | | 翌日、成王 | | |
| 仲桓南宫毛 | | 中、髦 | | |
| 虎贲百人逆子钊 | | | 奔、迎 | |
| 入翼室恤宅宗 | | 度 | 翌 | |
| 黼扆缀衣 | 衣 | | 赘 | |
| 牖间南向 | | | 向 | |
| 敷重篾席 | | | 布、莫 | |
| 陈宝 | | | 葆 | |
| 天球河图在东序 | 杼 | | | |
| 缀辂 | | | 赘 | |
| 二人雀弁 | 爵 | 爵 | | |
| 上宗奉同瑁 | 铜 | 同 | 铜 | |
| 皇后凭玉几 | | | 冯 | |
| 再拜兴答曰 | | 对 | | |
| 太保受同 | | | 铜 | |
| 王答拜 | | | 对 | |
| 皆布乘黄朱 | | 黼黻衣黄 | | |
| 侯甸男卫 | | | 任 | |

续表

| 古文 | 今文 | | | |
| --- | --- | --- | --- | --- |
| | 欧阳 | 大夏侯 | 小夏侯 | 今文 |
| 心罔不在王室 | | | 无 | |
| 吕刑 | 甫 | | | |
| 惟吕命王 | 甫 | | | |
| 享国百年 | | | 飨 | |
| 耄荒度作刑 | 荒毻度时 | | | |
| 鸱义奸宄 | | | 消 | |
| 夺攘矫虔 | 敚挢 | | | |
| 苗民弗用灵 | 命 | | 匪命 | |
| 劓刵椓黥 | 膑宫割劓头鹿刺 | | | |
| 泯泯棼棼 | 湎棼 | | | |
| 庶戮，方告无辜 | 僇 | | | |
| 于上 | 天帝 | | | |
| 报虐以威 | 用 | 以 | | |
| 皇帝清问下民 | 帝 | | | |
| 德威惟畏 | | | 威 | |
| 伯夷降典 | 典礼 | 典 | | |
| 折民惟刑 | 以 | 悊惟 | | |
| 主名山川 | | | 命 | |
| 士制百姓 | | | 爰 | |
| 于刑之中 | | | 衷 | |
| 乃明于刑之中 | | | 衷 | |
| 罔有择言在身 | 躬 | | 而罔躬 | |

续表

| 古文 | 今文 | | | |
|---|---|---|---|---|
| | 欧阳 | 大夏侯 | 小夏侯 | 今文 |
| 播刑之迪 | | | 不迪 | |
| 五刑之中 | | | 衷 | |
| 天齐于民 | 乎人 | | | |
| 俾我一日 | 假 | | | |
| 尔尚敬逆天命 | | | 迎 | |
| 兆民赖之 | | 万 | 万 | |
| 有邦有土 | 国 | | | |
| 告尔祥刑在今 | 尔女详 | | | |
| 两造具备 | 遭 | | | |
| 惟来其罪惟均 | 求、钧 | | | |
| 其审克之 | | 核 | | |
| 惟貌有稽 | 帷緢 | | | |
| 不听具严天威 | 疑共 | | | |
| 墨辟疑赦 | 墨罚 | 墨罚 | 黥 | |
| 其罚百锾 | 馔 | 选 | 率 | |
| 劓辟疑赦 | | | 罚 | |
| 其罚惟倍 | | | 倍洒 | |
| 剕辟疑赦 | 膑 | | 罚 | |
| 宫辟疑赦 | | | 罚 | |
| 其罚六百锾 | | | 五率馔选 | |
| 大辟疑赦 | | | 大辟之罚 | |
| 其罚千锾 | | | 率馔选 | |

续表

| 古文 | 今文 | | | |
|---|---|---|---|---|
| | 欧阳 | 大夏侯 | 小夏侯 | 今文 |
| 墨罚之属千 | | 辟 | | |
| 劓罚之属千 | | 辟 | | |
| 剕罚之属五百 | | 臏辟 | 臏 | |
| 宫罚之属三百 | | 辟 | | |
| 大辟之罚其属二百 | | 之属 | | |
| 其审克之 | 一 | | 核 | |
| 上刑适轻下服 | 挟 | | | |
| 下刑适重上服 | 挟 | | | |
| 惟齐非齐 | | | 维 | |
| 人极于病 | | | 佞 | |
| 哀矜折狱 | 哲 | 鳏哲 | | |
| 明启刑书 | | | 开 | |
| 其审克之 | | | 核 | |
| 报以庶尤 | | | 訧 | |
| 昭升于上 | 登 | 登 | 登 | |
| 敷闻在下 | 傅 | 铺 | 布 | |
| 惟时上帝 | | | 维 | |
| 集厥命于文王 | | | 文武 | |
| 造天丕愆 | | | 遭 | |
| 罔或耆寿 | | 克 | | |
| 俊在厥服 | | 畯在厥躬 | | |
| 永绥在位 | | | 其 | |

续表

| 古　文 | 今　　文 | | | |
|---|---|---|---|---|
| | 欧阳 | 大夏侯 | 小夏侯 | 今文 |
| 汝多修扞我于艰 | | 捍 | | |
| 卢弓一，卢矢百 | 旅弓矢千 | | 旅弓矢千 | |
| 费誓 | 鲜 | | | |
| 无敢越逐 | | | 勿 | |
| 祗复之 | | | 振 | |
| 逾垣墙 | | | 墙垣 | |
| 鲁人三郊三遂 | | | 隧 | |
| 无敢不多 | | | 反 | |
| 予誓告汝 | | | | |
| 询兹黄发 | | | 黄发之言 | |
| 则罔所訾 | | | 无 | |
| 番番良士 | | | 皤皤 | |
| 惟截截 | 戋戋 | 諓諓 | 諓諓 | |
| 善谝言 | 竫 | | 静 | |
| 俾君子易辞 | 怠 | | 怠 | |
| 我皇多有之 | 兄 | | 况 | |
| 如有一介臣 | 个 | | 介 | |
| 断断猗 | | 兮 | 马 | |
| 其心休休焉 | | | 其心休休 | |
| 其如有容 | | 如容焉 | 能有容 | |
| 如自其口出 | | 若 | | |
| 是能容之 | | 寔 | | |

续表

| 古文 | 今文 | | | |
|---|---|---|---|---|
| | 欧阳 | 大夏侯 | 小夏侯 | 今文 |
| 亦职有利哉 | 亦尚 | 亦尚 | | |
| 冒疾以恶之 | | 娼 | | |
| 而违之俾不达 | | 通 | | |
| 是不能容 | | 寔 | | |
| 子孙黎民，亦曰殆哉 | | | | |
| 邦之杌陧 | | 阢陧 | | |

（注一）《说文》：“勛，古文作勳。”伏生今文亦有古文。

（注二）《说文》所引夏侯书也。

（注三）汉时通行今文，至“乃”则与古书多不合也。





## 三　《礼》今古文篇章文句之异同

《礼》只《仪礼》有今古文之分，《周礼》、《礼记》俱属古文，《礼》经今古文异同之对照，我们只能专就《仪礼》经记着手。关于《仪礼》：①古文比今文多的有逸《礼》三十九篇，然而这三十九篇已逸，据各书所征引的单词剩句看来，即令是真的，也不是《仪礼》这一类的东西。在《引论》中，我们已引用邵懿辰、皮锡瑞诸家之说，证明逸《礼》三十九篇为不可信。②至于《仪礼》十七篇今古文次第不同，在《引论》中，我们亦引用邵氏说，指出《别录》之次第不如大戴之次第。古文本果系真古本，实不应所有次第反与《礼运》、《昏义》诸篇不合。③在《引论》中，我们更指出今文十七篇中尚有逸篇与《易》之《说卦》，《书》之《太誓》同出。此亦本汉儒所为，而古文经亦有是篇。以汉儒之作，而亦有古文，这岂不也是奇迹。十篇今古文在篇章虽无大异，然而就其次第与逸篇看来，其是否为真古本，实甚显见。我们由文句的对照，尤可以将真相明了。

现在流传的《礼经》，由郑注之标明今古异同，今古文本来面目犹可窥见，未大丧失，比《诗》、《书》之今古文须由各书征引之文来看，尤有依据。郑注于古文不尽遵从，实由于古文不尽可信；只不过郑为古文之名所欺，仍旧信为古本。其实两两对照，我们可以看出：

1. 古文字句之多于今文者

例如：

(1)《士冠礼》："宾曰"，古文作"宾对曰"。

(2)《士冠礼》："冠而字"，古文作"冠而字之"。

(3)《士昏礼》："妇赞祭"，古文作"妇赞成祭"。

(4)《士昏礼》："又不敦"，古文作"又弗能敦"。

(5)《士相见礼》："请见"，古文作"请终赐见"。

(6)《士相见礼》："其将见"，古文作"某将走见"。

(7)《士相见礼》："某不依于贽"，古文作"某也不依于贽"。

(8)《士相见礼》："某固辞，不得命"，古文作"某也固辞，不得命"。

(9)《士相见礼》："某非敢求见"，古文作"某也非敢求见"。

(10)《士相见礼》："某既得见矣"，古文作"某也既得见矣"。

(11)《士相见礼》："弥蹙以为仪"，古文作"容弥蹙以为仪"。

(12)《士相见礼》："执玉"，古文作"执玉者"。

这一类的古文本比今文本多一二字，但这一二字之增加特为文义较足外并无他义。胡承珙《仪礼古今文疏义》于例（1）云："案，上文戒宾、宾辞及宾许皆有对，此宿宾亦当有对，故不从今文。"于例（2）云："郑从古文有之者，取其文备。"于例（3）云："此'妇赞成'，《祭义》重于成，故郑从古文。"于例（4）云："案，下文《纳吉》对曰：'某之子不教，盖至纳吉。'则事已定而情弥亲，故其辞径遂，此《纳采》则礼初行而情未惬，故其微婉耳。”于例（5）云：“郑从古文，有终赐者盖以辞谦为得礼耳。”于例（6）引旧《疏》云：“无走于文义不足，故不从今文。”于例（7）、（8）、（9）、（10）云：“案，此四节皆从古文作某也者，取其配文足句，非有他义。”于例（11）云：“若无‘容’字则于义不明，《孟子·万章上》：‘其容有蹙’，古文有‘容’义长，故郑从之。”于例（12）云：“案，上文云‘凡执币者不趋’，此‘执玉者’文相配，亦当有者。”在这十二例中，古文所多于今文之字如例（4）、例（12）可以案上下文而得；或如例（3）、例（11）可以以意增补，然多半是为配文足句，非有他义，此类多一二字不必真有古本，即可更定。试看：

（13）《士昏礼》：“某得以为昏姻之故”，古文以为“某得以为外昏姻之故”。

（14）《士相见礼》：“固请”，古文作“固以请”。

（15）《士相见礼》：“将走见”，古文作“某将走见”。

（16）《乡饮酒礼》：“少立”，古文作“少退立”。

（17）《乡射礼》：“拜受爵”，古文作“再拜受爵”。

（18）《乡射礼》：“酬者不拜”，古文作“受酬者不拜”。

（19）《乡射礼》：“遂命倚旌”，古文作“又命获者倚旌”。

（20）《大射仪》：“阼阶下再拜稽首”，古文作“阼阶下北面再拜”。

（21）《大射仪》：“遂卒爵”，古文作“卒爵不拜”。

（22）《聘礼》：“公答拜”，古文作“公答再拜”。

（23）《燕礼》：“使某固以请”，今文无“使某”。

（24）《燕礼》：“与卿燕，则大夫为宾。与大夫燕，亦大夫为宾。”今文无“则”，下无“燕”。

（25）《聘礼》：“上介奉币，皮先，入门左，奠皮”，古文重“入”。

（26）《乡饮酒礼》：“至于阶，让”，古文作“至于阶，三让”。

(27)《聘礼》："迎于门外"，古文作"迎于外门外"。

(28)《公食大夫礼》："以辨擩于醢"，今文无"于"。

(29)《燕礼》："主人北面于东楹东答拜"，古文曰"东楹之东"。

(30)《有司彻》："主人就筵"，古文作"主人升就筵"。

这一类三十例中，古文所多之一二字，即不合于文义。如：例（13）胡氏《疏义》云："上言自以得为婚姻之骤，故谦而言外，下言得其胥以我为婚姻之故，故亲而不言外。"古文多一"外"字，是否为真古本，已属疑问。于例（14）胡氏云："古文盖涉下文'宾对之辞有固以请'而误衍耳。"于例（15）云："于上已云'某也固辞不得命'，于下不须云某，于文便，古文更云'某将走见'，文迭，故不从也。"此古文本更有不如今本之处。如于例（16）云："郑以《乡饮》、《燕礼》、《大射》决知当从今文作'少立'也。"于例（17）云："案，《大射仪》'献服不。服不侯西北三步，北面拜受爵'，与此'献获者'事同，知古文'再'字衍也。"于例（18）云："案，此酬者谓堂上酬堂下者，注云：'言酬者不拜者，嫌酬当拜也。下乃云受酬者不拜受，则此古文受字衍也。'"于例（19）引旧《疏》云："司马命张侯与命倚旌基事相因，故云遂明，同是西阶前，然则今文不言获者，从可知也。"于例（20）云："……盖凡拜君无不稽首……《大射仪》云：'长致者阼阶下再拜稽首'，注亦云：'再拜稽首，重君命'。郑以彼决之，故不从古文。"于例（21）云："案，上文'主人献工……一人拜受爵……卒爵，不拜……'，此众工更贱，受爵且不拜矣，言遂受爵勿庸更言不拜。《大射仪》亦云'众工不拜受爵，坐祭，遂卒爵。'郑以彼决之，故不从古文。"于例（22）云："此经注疑有脱误，经文当是'公答再拜'，注云：'古文曰公答拜'。盖凡曰再拜稽首公皆答以再有，但言公答拜者省文。"于例（23）云："郑从古文，有使某者取其文义备。"于例

(24)云：“郑从古文，有‘则’字‘燕’字者亦取其文义备。”于例（25）云：“郑云‘皮先者介随执皮者而入也入门左，介至揖位而立，执故者奠皮，以有不敢授之义’。承珙案，注义甚明，古文重入字衍也。”于例（26）引郑云：“让不言三，不成三也。……客但一辞或再辞，俟主人一再让即升，不成其为三让，故经只言让而不言三，……以宾先升，不能成三让也。”于例（27）云：“上文‘归饔饩’云，‘宾皮弁，迎大夫于外门外’，郑以彼决此，故不从今文，无外字。”“案，敖继公《仪礼集说》云：‘案，《聘礼》则舍惟有一门而已。此虽有外门外之文，然以其行礼之节，求之绝无可以为二门之征。（徐养原《仪礼古今文异同》卷三）古文于《觐礼》亦言门外此多一外字，不能见其必为是。’”（同上）于例（28）云：“以辨擩于醢”，今本无“于”。（29）云：“案，下文云‘主人北面于东楹东答拜’，郑以彼决此，故从今文。”（《仪礼古今文疏义》卷十七）于例（30）云：“既云就则，升字可省。故郑从今文。”（《仪礼古今文疏义》卷十七）这一类古文句字之多者，在郑玄、胡承珙辈或以为衍文，或以为文迭，或以为与文义不合，或以为与上下文不合，古文所多的字，不过配足文句，非有他义。而所谓配足文句，竟有时增字太多了，至有文衍、文重之误，较不如今文本；古文本之若为真古本，在古今文对照之下，真只有今人较觉其不如今文本的所在。





2. 古文本文字之少于今文者

上文我们举古文在字句中比较今文多者为证，较觉其不如今文本；现由古文本字句少于今文者看来，古文本亦不可信，试看：

(1)《士相见礼》：“若君赐之爵”，古文本作“若赐之爵”。

(2)《士冠礼》：“宾服乡服”，古文作“宾乡服”。

(3)《乡饮酒之礼》：“其笙则献诸西阶上”，古文本作“其笙则献诸西阶”。

(4)《乡射礼》:“释获者执余获进告:‘左右卒射’,如初”,古文本作“升告”。

(5)《乡射礼》:“以翿旌获”,古文作“翿旌获”。

(6)《乡射礼》:“士鹿中翿旌以获”,古文无“以获”。

(7)《聘礼》:“庭实入设”,古文作“庭实设”。

(8)《公食大夫礼》:“宰东夹北西面南上”,古文本作“宰东夹北西面”。

(9)《士丧礼》:“兆基无有后艰”,古文作“期无有后艰”。

(10)《士虞礼》:“宾长以肝从”,古文作“宾以肝从”。

(11)《有司彻》:“主妇南面立于席西”,古文作“主妇立于席西”。

这十一例。据胡氏《疏义》看来,古文本不当少字。胡氏于例(1)云:“案,无‘君’字则不明沂赐,且此上下与《玉藻》文略同,《玉藻》有‘君’字,此不当异。”(《仪礼古今文疏义》卷三)于例(2)云:“朱子曰:‘注云,今文曰“宾服乡服”,明古文经“宾”下无服,今有之衍文也。’”(《仪礼古今文疏义》卷四)胡氏此条未有案语,然古文去上一“服”字不过为求文省,非必当少也。于例(3)云:“案,经言主人献笙于西阶上,《乡射礼》记其‘笙则献诸西阶上’,此亦当有‘上’字,故从今文。”(《仪礼古今文疏义》卷四)于例(4)云:“此云‘升告左右卒射如初’,亦是告于宾,不言可知。犹《大射》于再射时既云卒射,释获者遂以所执除获适阼阶下北面告于公,曰:‘左右卒射’。其后三射既毕,亦但云释获者执除获进告,‘左右卒射如初’,不复言告于公矣。”(《仪礼古今文疏义》卷五)此与例(2)同,古文少二字亦可也。于例(5)云:“古文无‘以’,文不备,故又从今文。”(《仪礼古今文疏义》卷五)于例(6)云:“案,‘无以获’则文不备,故郑亦不从。”(《仪礼古今文疏义》卷五)

于例（7）云："案，上文宾问卿云，'庭实设，揖让如初'，不云入设。郑以彼决此，故从古文。"（《仪礼古今文疏义》卷八）然徐养原《仪礼古今文异同疏证》引敖氏曰："此庭实云入设，方见庭实，既出而复入之意，若无入字则文不明白矣，宜从今文。"此亦今文是而古文非。于例（8）云："注云：'宰，宰夫之属也。'《疏》云：'以经云，南上则非止一人，但宰官之内有宰夫之等，是以下有宰夫之官，皆于此立可知。……此节但言宰即兼宰夫之属在内，故必以西面南上之文见之……'故郑从今文，有南上也。"（《仪礼古今文疏义》卷九）而例（9）云："案，上文云'主人皆往兆南北面'，则此宜有'北'字。郑云：'基，始也，古文作期者，借期为之。或谓古文作期当属下句'；'期无有后艰'犹言'庶几无后艰'。敖继公云：'当从古文，无北字而基亦宜作其属下句皆非也。'"（《仪礼古今文疏义》卷十二）于例（10）云："案，《少牢馈食礼》云：'尸祭酒啐酒，宾长羞牢肝，用俎'，郑以彼决此，故于'啐酒'从古文，于'宾长'从今文也。"（《仪礼古今文疏义》卷十五）于例（11）云："案，今文但云'南面立于席西'，无主妇则文义不明，故郑从古文。"（《仪礼古今文疏义》卷十七）胡氏此说实误，今文非无主妇二字。徐氏《疏证》云"敖氏曰：'宜从今文入南面字。'"养原"案，设席南面，则主妇南面立可知，故不从今文。"（徐养原《仪礼古今文异同》卷五）

由上举十一例看来，古文本用字少于今文者，除一二例古文所少具有相当理由外，其余则今文是而古文非。古文本后出，非今文校古本而有进步，实古文本不如今文本。这不能说古文本是偶尔脱误，偶尔脱误不会脱离到恰巧可解释的程度，而如例（8）之少"南上"二字，例（9）之少一"兆"字，在极端信古文之胡承珙亦不以古文为是，不为古文回护。然则古文由其字少于今文者看来，亦令我们感其非真古本，故在多少两方面俱有不如今文本者。

3. 古文本文字之显然倒易者

古文本文字显然例误者亦有数例可以证明其不如今文，例如：

（1）“宾与大夫坐反奠于其所”，古文“坐反”二字误例为“反坐”。胡氏《疏义》云：“案，此宾与大夫当举觯者奠于荐右之时，既坐受觯以兴矣，至此乃坐，而反奠于其所。反奠者谓还奠于荐右，上文一人举觯，亦云举觯解者西阶上拜送宾，反奠于其所。彼不言坐者省文，然反奠连文与此正同。古文作‘反坐’者误倒，郑所不从。”（《仪礼古今文疏义》卷五）

（2）“射人内宾”，今文曰“摈者”。胡氏《疏义》云：“案，郑云‘射人为摈者也’，此经‘请宾命宾皆射人’，若如今文云，摈者纳摈，则嫌异人。故郑从古文。”（《仪礼古今文疏义》卷六）徐氏《疏证》云：“案，《大射》作‘摈者’。”（徐养原《仪礼今古文异同疏证》卷二）“《大射》作‘摈者’”，则今文本与《大射》合为较古之本，古文本与不与《大射》合，容为校订而成。

（3）“还右乃降”，今文曰“右还”。胡氏《疏义》：“郑云：‘还右’还君之右也，犹出下射之南，还其后也。”贾《疏》云：“……不从右还者若右还，则右还于上射，不得还君。故不从也。……当以《注疏》为正。”（《仪礼古今文疏义》卷七）徐氏《疏证》：“敖氏曰：‘还右，围右物也……’盛氏世佐曰：‘今文曰右还，义似长盖由右物之南适西阶，即右还也。’养原案，‘注云，还君之右，敖氏、盛氏并言还右物，与注不合，姑存其说以俟考。’”（徐养原《仪礼今古文异同疏证》卷二）

（4）“明日问大夫”，古文曰“问夫人”。胡氏云：“古文曰‘问夫人’者，盖涉下文‘夕，夫人归礼’而误耳。”（《仪礼古今文疏义》卷八）此古文之显然二字并误者。

（5）“宾立于阶西”，今文曰“西阶”。胡氏云：“案，宾位本

在西阶之西，诸礼皆无宾立于西阶上者，故郑从古文。”（《仪礼古今文疏义》卷九）

（6）“由门入升自阼阶”，今文曰“入门自阼阶”，无“升”。胡氏云：“郑从古文者，亦以其文义伪。”（《仪礼古今文疏义》卷九。按，原文作“其文义备。”）此古文文义虽伪，然较之今文，实为浅近。

（7）“主妇洗爵酌，致爵于主人”，今文曰“主妇洗酌爵”。胡氏云：“案，《有司彻》云：‘主妇答拜受爵酌以致于主人’，郑盖约彼文知今文爵酌二字误倒，故从古文。”（《仪礼古今文疏义》卷十五）

在以上七例之中，第（1）、（2）、（4）三例显为古文之误；第（3）例疑莫能明；第（6）例则今文不误，而郑从古文，不过以其文义备，然文从字顺，反令觉其不古，不如今文；第（5）、（7）两例今文亦非绝对为误，由上二节证明古文非真古本看来，由古文本之每有讹误，并非绝对胜于今文看来，此二例纵是然，亦当属改订而成。

4. 古文本文字之显然讹误者

在古文本中，例当用古字，但我们由《仪礼》之古文看来，其中用今字者实多，以徐养原《仪礼今古文异同疏证》书中所举，例如：

（1）古文“栉”为“节”。徐氏云：“按‘节’为‘栉’之省文，……以齐为立助绩。”（徐养原《仪礼今古文异同疏证》卷一）

（2）古文“啐”为“呼”。徐氏云：“按，‘呼’乃字之误。《说文》（口部），小也。段氏‘若膺’注引此注云：‘呼’与‘啐’音、义皆隔，当是之误。”（徐养原《仪礼今古文异同疏证》卷一）

（3）古文‘止’为‘趾’。徐氏云：“按《左传·桓十三年》，‘举趾高’，惠氏补注：‘趾，《汉书》引作止。师古曰：止，足也。’今按《说文》无‘趾’字，‘止部：止，下基也。象草木出有址。’故以‘止’为足。然则古固借‘止’为‘趾’也，此经今文作‘止’，古文作‘趾’，岂古文自有‘趾’字？至今文始借‘止’为‘趾’字乎？疑不能明也。”（徐养原《仪礼今古文异同疏证》卷一）

(4) 古文“始”为“姑”。徐氏云：“按，上言‘妇馂姑之馔’，故此句古文亦作‘姑’，然与错义不合，知为‘始’字之误。”(徐养原《仪礼今古文异同疏证》卷一)

(5) 今文“亏”为“于”。徐氏云：“按，《说文》（亏部）‘亏，于也。象气之舒，亏从丂从一。一者，其气平之也。’又，(乌部)‘于，象古文乌省’（古文乌作‘𦾔’），于即乌之重文，音与亏同，故借为亏字，今世犹然。《礼经》内‘亏’‘于’甚多，注不尽迭，古今文者以二字古今俱通用，彼此互见，不欲烦言也。”(徐养原《仪礼古今文异同》卷五）今文用“于”，实比古文用“亏”为古，此实古文本不真古之证。





(6) 古文“声”为“磬”。徐氏云：“《说文》：声，音也。从耳，殸声。殸，籀文磬。盖古文从简，声省作殸，殸乃声字，非磬字也。至籀文始以殸为声，传古文者直书作磬，失其初意矣。”(《经解本》卷五二一)(徐养原《仪礼今古文异同疏证》卷二)

(7) 古文“而后”作“後”，非也。徐氏云：“按，《礼记》(《曲礼下》)：‘再拜稽首，而后对又(《檀弓上》)拜，而后稽颡。’《大学》一篇皆作‘後’。《礼记》乃今文也，《纬书》亦今文说，‘后’乃本字，‘後’为假借。古文多假借，今文多用本字。此经今文作‘后’，而古文翻作‘後’，故知非也。盖汉世传写古文者之失也。”(《经解本》卷五二一)(徐养原《仪礼今古文异同疏证》卷二)郑氏不以为传写古文者之失，徐氏故为回护，其实适足以见古文之非真古本。(参看胡氏说，见《疏义》卷五)

(8) 今文“无终赐”。徐氏云：“按，《士相见礼》亦有‘请终

赐见’之文，注不迭今文，则今文亦有也。彼有此盖脱误耳。”（《经解本》卷五二〇）（徐养原《仪礼今古文异同疏证》卷一）

（9）“某不敢为仪，固请吾子之就家也”。注云：“今文不为非，古文云‘固以请’（疏云：非敢于义不便，故不从今文。）云‘固以请’，有‘以’字，于文赊缓，故不从古文。”养原按：“古文衍‘以’字，因下文相涉而误。”（《经解本》卷五二一）（徐养原《仪礼今古文异同疏证》卷一）

（10）“某将走见”，注云：“今文无走。”疏：“无‘走’于文义不足，故不从。”“将走见”，注云：“古文曰‘某将走见’，疏：上已云‘某也，固辞不得命’，更云‘某将走见’，文迭，故不从。”养原按：“古文衍某字，亦因上文相涉而误，又注于上文‘走’字，训往此经，‘走’字训出，文同而义别。”（同上，卷五二一）（徐养原《仪礼今古文异同疏证》卷一）



（11）古文“且”为“阻”。徐氏云：“惠氏栋曰：古文‘祖’字皆作‘且’，如祖乙卣、盄和钟、文王命厉鼎、师毁敦，皆以‘且’为‘祖’，故曾子曰：‘祖者，且也。’今按，‘祖’字既通作‘阻’，又通作‘且’，故‘阻’亦通‘且’矣。”（《经解本》卷五二一）（徐养原《仪礼今古文异同疏证》卷二）



（12）古文“获”皆作“护”，非也。徐氏云：“‘护’乃字之误，盖传古文者失之。”（《经解本》卷五二一）（徐养原《仪礼今古文异同疏证》卷二）

（13）古文“羹”作“羔”、“饪”作“脍”。徐氏云：“按，‘羔’乃‘羹’字之烂。《说文》无‘脍’字，《食部》：‘饪，大熟也。’古文作‘饪’，亦作‘恁’，《礼记·郊特牲》：‘腥、肆、焰、脍祭’，注：‘脍，孰也’。《释文》：‘脍而审反，脍与饪音义俱同’。盖即一字因？字恁字形相涉而误。”（《经解本》卷五二二）（徐养原《仪礼今古文异同疏证》卷三）

（14）今文无“冠布缨”。徐氏云：“按，《丧服》一篇，古今文不同者惟《齐衰期》章‘冠布缨’三字，古有今无为异，至《传》则更无一字异同，何也？疑《传》非古今兼有者也，但不知其为古文乎？为今文乎？注《丧服》经传始于马融，融专治古文者也。始《传》为今文，则融不注之矣。《斩衰》章‘冠绳缨’，《传》曰：‘冠六升齐衰三年冠布缨。’《传》曰：‘冠者，沽功也。’《齐衰期》章《传》又发‘何冠’之问，盖经每言冠，则《传》必详升数以示区别，经不言冠，则《传》不空发，若今文期章无此三字，则《传》何不于《三年》章统释之乎？又《大功九月》章郑注云：‘正言三月者，天子、诸侯无大功，主于大夫、士也。’此虽有君为姑姊妹女子嫁于国君者，非内丧也，古文依此礼也。戴氏震校李氏《集释》言，‘古文下疑有脱误’。今按，下经‘君为姑姊妹女子嫁于国君者’，《传》曰：‘何以大功也，尊同也。尊同则得服其亲。’然则所谓‘古文依此礼’者，正指此传而言。谓古文说‘尊同得服其亲’，服乃依诸侯外丧礼也。《传》为古文，此亦一证，但无明文，终不敢决耳。”（《经解本》卷五二三）（徐养原《仪礼今古文异同疏证》卷四）



（15）今文“铭”皆为“名”。徐氏云：“按，《说文》无‘铭’字。小祝故书作‘铭’，此经古文作‘铭’，则‘铭’字自古有之矣。窃疑‘明旌’与器物不同，‘明旌’当作‘名’，器物当作‘铭’，此经乃‘明旌’之‘名’，古文作‘铭’，假借也。今文作‘名’，正字也。”（《经解本》卷五二三）（徐养原《仪礼今古文异同疏证》卷四）

（16）今文“笏”作“忽”。徐氏云：“按，《说文》有、（籀作曶，隶作曶）二字，曶，出气词也。从曰，象气出形。《春秋传》曰：‘郑太子曶。籀文曶。一曰佩也。象形。曶曶同字。’《说文》虽以佩之一训注，字下其实曶亦训佩，故《尚书》（《咎繇谟》）‘在治忽’郑本作‘曶’，云曶者，臣见君所秉书，思对命者也。诸书‘曶’字俱通作‘忽’，《论语》‘仲忽’，《古今人

物表》作‘仲曶’；扬雄《甘泉赋》：‘翕赫曶霍’，《河东赋》：‘蠁曶如神’，师古曰：‘曶读与忽同’是也。其训‘佩’者，亦当通作忽，其别作‘笏’，其字不见于《说文》，必非古文所有。此经当云今文‘曶作忽’，今本为妄人臆改，殆非郑氏之旧。惠定宇云：‘今文当作古文传写之误’，其意以古文多假借故也。然‘曶’字甚古，未必不在籀文之前，其通作‘曶’当起于汉世耳。”（《经解本》卷五二三）（徐养原《仪礼今古文异同疏证》卷四）

（17）今文“免”皆作“絻”。徐氏云：“按，《说文》‘絻’在月部，即‘冕’之或字也。盖古文止作免，今文加‘纟’不觉与‘冕’之或体同，然止借‘絻’不借‘冕’也。《说文》无‘免’字，（子部）‘娩’，生子免身也，从子从免。段氏注云：‘据此条则必当有免字，偶然逸之。’今按，段说是也。此经古文作免，则其字非始于汉矣。”（《经解本》卷五二三）（徐养原《仪礼今古文异同疏证》四）





（18）古文“角觯”为“角柶”。徐氏云：“按，大敛用‘角觯木柶’，故此不从古文。”（《经解本》卷五二三）（徐养原《仪礼今古文异同疏证》卷四）

（19）古文“恶”作“垩”。徐氏云：“按，‘垩’，白饰也。木车无饰，为饰之以白而已。”（徐养原《仪礼古今文异同》卷四）胡氏云：“郑注‘巾车’云：‘素车以白土垩车，此古文作垩，溷于素车。故郑从今文。’”（《仪礼今古文异同疏证》卷十三）

（20）古文“特”为“俎”徐氏云：“按，上言‘俎二以成’，此言特谓无偶也，言‘俎’则不辞，故定从今文。”（徐养原《仪礼古今文异同》卷四）

（21）古文曰“左股上”此字从肉殳声。徐氏云：“‘股’与‘膉’形声绝不相类……而‘股’与‘嗌’尤不类，无因致误。故郑释其偏傍以志疑耳。”（《经解本》卷五二三）（徐养原《仪礼今古文异同疏证》卷四）

(22) 古文“常”为“祥”。徐氏云：“按，下经云‘荐此祥事’，则此当为‘常’。”(《经解本》卷五二三)(徐养原《仪礼今古文异同疏证》卷四)

(23) 古文“彀”皆作“谷”。徐氏云：“‘谷’为字之误。”(《经解本》卷五二四)(徐养原《仪礼今古文异同疏证》卷五)

(24) 古文“甑”为“蒸”。徐氏云：“按，‘蒸’为声之误。”(《经解本》卷五二四)(徐养原《仪礼今古文异同疏证》卷五)

(25) 古文“干”为“肝”。徐氏云：“按，‘肝’。为声之误。又因下文‘宾长羞牢肝相涉’而误。又，《释名》(形体)‘肝，干也。于五行属木。’故其体状有枝干也。凡物以木为干也。然则以‘肝’为‘干’，似亦有理。”(《经解本》卷五二四)(徐养原《仪礼今古文异同疏证》卷五)

(26) 古文“传”为“傅”。徐氏云：“傅为字之误。”(《经解本》卷五二四)(徐养原《仪礼今古文异同疏证》卷三)

(27) “绥”或作“挼”。“挼”读为“堕”，古文“堕”为“肵”。徐氏云：“按，《礼经》《堕祭》今文作‘绥’，郑皆不从。惟《士虞礼》‘不绥祭’，郑注‘但云绥，当为隋。’……疑古文偶脱此简，遂无从校正耳。此经及下经其‘绥祭’古文皆作‘肵’，《有司彻》‘其绥祭’古文作‘挼’。《说文》无‘肵’字，《特牲》‘肵俎’，郑注以为‘心、舌之俎’，《释文》音‘肵’，与隋之音义绝不相类。郑于《士虞礼》详论‘堕祭’，不言经有作‘肵’者。《疏》备举五名，亦不及‘肵’，殊属可疑。窃意‘肵’乃‘隋’字之误耳。”(同上书，卷五二四)(徐养原《仪礼古今文异同》卷五)此非假借之例，实古文不如今文，古本不必为真古本也。

胡承珙《仪礼今古文疏义》一书中，亦多有指出古文文字的讹误之处，例如：

(28)“古文‘黍’为‘稷’”。胡氏云：“此经云‘赞尔黍授肺脊皆食。以湇酱。’注：‘皆食’，食黍也，是郑义。此《昏礼》‘尔敦惟尔黍’而不及稷。下文‘三饭卒食’注云：‘同牢示亲，不主为食起，三饭而成礼也。’此可知不必遍食黍稷矣，且黍重于稷，下文‘妇馈舅姑’有黍无稷，故此‘尔敦’不及稷。古文作稷，郑所不用。”（《仪礼古今文疏义》卷二）

（29）古文曰“陈乐此首”。胡氏云：“后可言首，需不可言首。故郑从今文。”（《仪礼古今文疏义》卷二）

（30）今文“飨”皆为“乡”。胡氏云：“《周礼》、《礼记》‘飨燕’字多作‘飨’，《左传》则多作‘享’，此古今文又有作‘乡’者，则又因‘飨’而借，郑所不从。”（《仪礼古今文疏义》卷八）

（31）古文“肆”为“肄”。胡氏云：“古‘肆’、‘肄’字多互讹，《周礼·小宗伯》‘肄仪为位’注：‘肄，习也。故书肄为肆。’杜子春读肆当为肄，此为肆之肆。郑云：‘肆犹陈列也，非肄习之义。’故不从古文。”（《仪礼古今文疏义》卷八）





（32）“义之至也”今文“至”为“砥”。胡氏云：“案，‘砥’本‘厎’之或字，《说文》：‘厎从厂，氐声。或从石作砥。’《尔雅》：‘厎，(致）也。’《诗·祈父》：‘靡所厎止’《传》，《小旻》‘伊于胡厎’《笺》，并云‘厎，至也。’郑以当文易晓，故不从今文。”（《仪礼古今文疏义》卷八）

（33）古文“止”作“趾”。胡氏云：“《说文》：‘止，下基也。象草木出有址，故以止为足。’段氏玉裁曰：‘此引伸假借之法，凡以韦为皮韦，以朋为朋党，以来为行来之来，以西为东西之西，以子为人之称，皆是也。以止为人足之称，与以子为人之称，正同许书无趾字。止即趾字，许同郑从今文，故不录趾字……趾当为今文名，止当为古文……止者古文也，铭趾者后出之古文也……古本出于周，从后出之古文；今本行于汉，转从最初之古文，犹隶、楷之体时或有舍小篆用古籀体者也。’”（《仪礼古今文疏义》卷二）本例与“徐氏云”之例义同。“古本出于周，从后出之古文；今本行于汉，转从最初之古文”，此为古本不真之显证。古文本以古文写，如不用古文，适足以证其非古本也。

(34) 今文“奠”为“委”，古文“待”为“持”。胡氏《疏义》：“敖氏继公曰：‘奠于鼎西’之‘奠’，后篇皆作‘委’，宜从今文。”胡氏云：“又，古文‘待’作‘持’者，‘待’、‘持’古同声，犹《昏礼》古文‘侍’又作‘待’也。《周礼》：‘服不氏以旌居，乏而待获’，杜子春云：‘待书亦或为持’，是二字古多假借，此时俎犹未入，当云‘待载’，故郑从今文。”（《仪礼古今文疏义》卷九）

(35) 古文曰“外昏姻”。胡氏云：“上文‘某以得为外昏姻之数，某之子未得濯溉于祭祀，是以未敢见。’《注疏》数字无解释，文亦不为数字作音，敖氏疑上言之数，下言之故，必有一误。王氏引之曰：‘数之言骤也。言前此骤为婚姻，其时未久，某之子尚未濯溉于祭祀，是以未敢往见吾子也。此解甚谛，然则上言自以得为婚姻之骤，故谦而言外；下言得其婿，以我为婚姻之故，故亲而不复言外。邵氏晋涵谓上言“外昏姻”此不宜异，非也。’”（《仪礼古今文疏义》卷二）此非有他义，尤足见今本非不如古本，古文特貌为增多。

(36) 古文曰“某将走见”。胡氏云：“此迭。古文不从者，以上第一番请宾主，皆无不敢为仪，第二番宾及主人皆云不敢为仪。文句既异，若不云某于文不便，故须云某也。此三番于上已云某也，固辞不得命，于下不须云某，于文便。古文更云‘某将走见’，文迭，故不从也。”（《仪礼古今文疏义》卷三）此亦貌为增多之一例。

(37) 今文无“也”。胡氏《疏义》云：“‘宾对曰：某也不依于挚，不敢见’；‘宾对曰：某也固辞不得命，敢不敬从’；‘宾对曰：某也非敢求见，请还挚于将命者’；‘宾对曰：某也既得见矣，敢辞’；案，此四节皆从古文作‘某也’者，取其配文足句，非有他义，然亦足见郑君于经文一句一字可谓审慎不苟矣。”（《仪礼古今文疏义》卷三）此与上一例亦貌为增多。

（38）古文曰“少退立”。胡氏云：“案，《乡饮酒礼》云：‘司正实觯，降自西阶，阶间北面坐奠觯。退共，少立。’注云：‘共，拱手也。少立，自正慎其位也。’《燕礼》云：‘司正降自西阶，南面坐，取觯，升酌散。降，南面坐奠觯。右还，北面少立。’注云：‘少立者，自严正慎其位。’《大射仪》云：‘司正降自西阶，南面坐，取觯，升酌散。降，南面坐奠觯，兴右还，北面少立。’盖此所奠之觯，将以察仪，须少立，自慎而后取觯，以副司正之义。故言少者以为立节，非以为退节。少下立上，不当有‘退’字。郑以《乡饮酒》、《燕礼》、《大射》决，知当从金文作少立也。”（《仪礼古今文疏义》卷五）

（39）古文曰“反坐”。胡氏云：“案，此宾与大夫当举觯者奠于荐右之时，既坐受觯以兴矣。至此乃坐而反奠于其所反奠者，谓还奠于荐右。上文一人举觯，亦云举觯者西阶上拜送宾，返奠于其所。彼不言坐者，省文。然返奠连文与此正同。古文作‘反坐’者，误倒，郑所不从。”（《仪礼古今文疏义》卷五）

（40）古文曰“受酬者不拜”。胡氏云：“案，此酬者谓堂上酬堂下者。注云：言酬者不拜者嫌酬堂下异位当拜也。下乃云受酬者不拜受此。古文‘受’字衍也。”（《仪礼古今文疏义》卷五）

（41）古文“更”为“受”。胡氏云：“惠氏栋曰：‘《周礼·巾车》云：岁时受读。’杜子春云：‘受当为更。《春秋·昭廿九年传》云，以更豕韦之后。《史记》更作受，知古文更字皆为受。’承珙案，郑注：‘更爵者不敢袭至尊也。’《特牲》注云：‘主人更爵自酢，男子不承妇人爵也；宾更爵自酢，亦不承妇人爵。’‘更’与‘受’音义皆不相近，古文作‘受’者字之误，郑所不从。”（《仪礼古今文疏义》卷六）

（42）古文云“阼阶下北面再拜”。胡氏云：“案，上文‘媵爵者阼阶下北面再拜稽首’注云：‘再拜稽首，拜君命也。’又云：‘若君命，致则序进，奠觯于篚，阼阶下皆再拜稽首。’盖凡拜君无不稽首者，此一人致爵与上皆致同为拜君，不应独无稽首。《大射仪》云：‘长致者阼阶下再拜稽首’，注亦云：‘再拜稽首重君命。’郑以彼决之，故不从古文。”（《仪礼古今文疏义》卷六）

(43) 古文曰“卒爵不拜”。胡氏云：“案，上文‘主人献工一人拜受爵卒爵不拜’，注云：‘一人工之长者，贱不备礼，是工之长者以贱，故只受爵拜，卒爵不拜。此众工更贱，受爵且不拜矣。言遂卒爵无庸更言不拜。’《大射仪》亦云：‘众工不拜受爵坐祭，遂卒爵。’郑以彼决之，故不从古文。”（《仪礼古今文疏义》卷六）

(44) 古文曰“降造阼阶下”。胡氏云：“《礼经》多用适少用造……郑意，以‘造’字义别，故于此不从古文。”（《仪礼古今文疏义》卷七）

由以上四十余例，我们可以看出古文本文字之以古文而用今字，及形误、声误以至于形声绝不相类无因致误的地方，在相信古文为真古本的郑注也不得不发出“古文‘而后’作‘后’，非也”，“古文‘获’皆作‘护’，非也”等公允的评判。在胡承珙、徐养原辈虽一再以为“传古文者失之”，“传古文者失其初意”，然于古文而用今字，终不能不说“疑莫能明”，而不得不以“《礼经》多用适，少用造”；“后可言首，需不可言首”；“言‘俎’则不辞，故定从今文”；“古文作垩，溷于素车”等等。试问古文本如为真古本，何以其讹误如是之多？胡承珙说：“郑以当文易晓，故不从今文。”古文本在许多地方比今文本更“当文易晓”，然则其出之孰先孰后，可以察知；其非真古本，本甚易明，特世儒以其拥有古文之名而不敢轻议之耳。《荀子·大略》篇引《聘礼志》曰：“币厚则伤德，财侈则殄礼”；今《仪礼·聘礼》记作“多货则伤于德，币美则没礼”。古文本《仪礼》如果为真古本，何以与《荀子》所引不同？又《士丧礼》“渜濯弃于坎”，郑注古文“‘渜’作‘缘’，荆沔之间语。”（参看胡氏《仪礼古今文疏义》卷十二）《有司彻》：“二手执桃匕枋，以挹湆”，郑注：“桃谓之歃，读如‘或舂或抌’之抌。字或作‘桃’者，秦人语也。今文‘桃’作‘抌’，‘挹’皆为‘扱’。”（《仪礼古今文疏义》卷十七）古文本文字所表示的方言是“荆沔之间语”，是秦人语，然则古文本出于孔壁，出于鲁淹中，岂不又为虚语？证之以文字则不“古”，证之以文义则不“准”，证之以古本亦不“古”，证之以方言亦不“准”。综之七十余例看来，古文本如果为真古本，是否当有如此可疑之现象？



同时，在以上四类八十余例之外，古文本文字较今文本多或少者，尚有“皆入左”，古文本作“皆入门左”；“坐奠于篚下”，古文本作“坐奠爵于篚下”；“介右拜送爵”，古文本作“介右北面拜送爵”；“主人前西面坐”，古文本作“主人阼阶前西面坐”；“不殄酒”，古文本作“不腆之酒”；“马北面”，古文本作“马则北面”；“负右房立”，古文本作“负右房而立”；“如之何”，古文本作“如曰之何”；这些古文本字多今文者都是在校订之时尽可据上下文增补或竟以意增补。多一“之”字，多一“则”字，多一“而”字，多一“曰”字，只是令人感觉文从字顺。即如多一“门”字，多一“爵”字，以及多“北面”、“阼阶”等字样，亦不过为“当文易晓”，其实如有传说而不轻易增补仍然“易晓”，而可不失本真。《士虞礼》：“用专肤为折俎”，郑注：“今文字为‘折俎’而说以为‘胙俎’，亦已诬矣。”今文有师授，故不须易字仍旧保存本来面目，正如古文尽管有误字流传至今，然仍可辨明；当时古文家如获有古本而多加校订，以致失真，此已非是，何况其所谓古文本，乃系依本经之上下文及其他传说校改而成以求胜于今文，而兹千古之疑，诚非是也。古文本中如《乡射记》之“献工与笙”多“与笙”二字，《丧服》“疏衰裳齐，牡麻绖，冠布缨，削杖，布带，疏屦期者”多“冠布缨”三字，实觉胜于今文，然前者可据经文“遂献笙于西阶上”及《乡饮酒》、《礼记》“献工与笙”而增补（参看《仪礼古今文疏义》卷五）后者则因“疏衰已下与前章不殊”，“故须重列七服”，“既须重列七服不应独无冠布缨”（参看《仪礼古今文疏义》卷十一）亦非必有真古本而后始能知，在这两点，古文似觉胜于今文的地方仍不觉古文之为真古，实在是由以上四类七十余例看来，古文所多所少倒误讹误之处太多，不是真古本所当有的现象。

附录：

## 《仪礼》今古文异同表

| 今文 | 古文 |
| --- | --- |
| 士冠礼第一 | |
| 闑西阈外 | 槷西蹙外 |
| 旅占 | 胪占 |
| 纁裳 | 纁裳 |
| 侧尊一甒醴 | 侧尊一庑醴 |
| 各一匴执以待于西坫南 | 各一纂执以待于西襜南 |
| 兄弟毕袗玄 | 兄弟毕均玄 |
| 将冠者采衣紒 | 将冠者采衣结 |
| 赞者盥于洗西 | 赞者浣于洗西 |
| 赞者奠纚笄栉于筵南端 | 赞者奠纚笄节于筵南端 |
| 一揖一让升 | 一揖一让升 |
| 覆之面叶 | 覆之面擖 |
| 加柶，面柄 | 加柶，面枋 |
| 筵末坐啐醴 | 筵末坐呼醴 |
| 束帛俪皮 | 束帛离皮 |
| 再醮，摄酒 | 再醮，聂酒 |
| 设铉鼏 | 设扃密 |
| 蜗醢 | 嬴醢 |
| 主人紒而迎宾 | 主人结而迎宾 |
| 醴于阼 | 礼于阼 |
| 某有子某 | 谋有子谋 |
| 以病吾子 | 以秉吾子 |

续表

| 今　文 | 古　文 |
| --- | --- |
| 士冠礼第一 | |
| 宾曰 | 宾对曰 |
| 眉寿万年 | 麋寿万年 |
| 嘉荐亶时 | 嘉荐瘅时 |
| 孝友时暇 | 孝友时格 |
| 冠而字 | 冠而字之 |
| 章斧（父）殷道也 | 章甫（父）殷道也 |
| 士昏礼第二 | |
| 宾升西阶，当庪 | 宾升西阶，当阿 |
| 授，如初礼 | 授，如初醴 |
| 授校 | 授技 |
| 面叶 | 面擖 |
| 玄熏 | 纁 |
| 腊一肫 | 腊一钧 |
| 髀不升 | 脾不升 |
| 设铉鼏 | 设扃密 |
| 大羹汁 | 大羹湆 |
| 皆南柄 | 皆南枋 |
| 姆加憬 | 姆加景 |
| 赞开会 | 赞启会 |
| 却于敦南 | 绤于敦南 |
| 赞尔黍 | 赞尔稷 |
| 主人税服于房 | 主人说服于房 |
| 妇税服于室 | 妇说服于室 |

续表

| 今　文 | 古　文 |
| --- | --- |
| 士昏礼第二 | |
| 北止 | 北趾 |
| 媵侍于户外 | 媵侍于户外 |
| 赞见妇于舅姑 | 赞见妇于咎姑 |
| 舅即席 | 咎即席 |
| 并南上 | 并南上 |
| 妇赞祭 | 妇赞成祭 |
| 于是与始饭之错 | 于是与姑饭之错 |
| 酬以束锦 | 酬以束帛 |
| 加于镐 | 加于桥 |
| 又不教 | 又弗能教 |
| 至于某之室 | 至于某之室 |
| 我与在 | 我豫在 |
| 夙夜毋违命 | 夙夜无违命 |
| 示诸衿鞶 | 视诸衿鞶 |
| 请见 | 请终赐见 |
| 某得以为昏姻之故 | 外昏姻 |
| 士相见礼第三 | |
| 奉之 | 左头奉之 |
| 某将见 | 某将走见 |
| 某非敢为仪 | 某不敢为仪 |
| 固请吾子之就家也 | 固以请 |
| 某非敢为仪，固以请 | 某不敢为仪，固以请 |
| 将走见 | 某将走见 |

续表

| 今　　文 | 古　　文 |
|---|---|
| 士冠礼第三 | |
| 某不依于挚 | 某也不依于挚 |
| 某也固辞 | 某也固辞，不得命 |
| 某既得见矣 | 某也既得见矣 |
| 某非敢求见 | 某也非敢求见 |
| 一拜其辱也 | 一拜其辱也 |
| 左胆 | 头 |
| 君答一拜 | 一拜 |
| 妥而后传言 | 绥而后传言 |
| 毋改终皆若是 | 无改。众皆若是 |
| 若甫则游目，毋上于面，毋下于带 | 若父，则游目，无上于面，无下于带 |
| 君子欠伸，问日之早晏 | 君子欠信，问日之蚤晏 |
| 膳荤 | 膳熏 |
| 咕尝膳 | 遍尝膳 |
| 若赐之爵 | 若君赐之爵 |
| 弥蹙以为仪 | 容弥蹙以为仪 |
| 执玉 | 执玉者 |
| 举前抴踵 | 举前曳踵 |
| 讬者在邦 | 宅者在邦 |
| 草茅之臣 | 草苗之臣 |
| 乡饮酒礼第四 | |
| 宾揖介入门左介揖厌众宾 | 宾厌介入门左介厌众宾 |
| 众宾皆入左 | 众宾皆入门左 |
| 爵于篚下 | 奠爵于篚下 |

续表

| 今　　文 | 古　　文 |
|---|---|
| 乡饮酒礼第四 | |
| 主人一揖、一让，升 | 主人一揖一让，升 |
| 坐捝手，遂祭酒 | 坐说手，遂祭酒 |
| 介进，受爵，复位 | 介进，北面受爵，复位 |
| 众宾遍有脯醢 | 众宾辩有脯醢 |
| 宾揖介升，介揖众宾升 | 宾厌介升，介厌众宾升 |
| 遍有脯醢 | 辩有脯醢 |
| 众受自左 | 众受酬者受自左 |
| 宾受于其所 | 宾介奠于其所 |
| 僎（全）者降席 | 遵者降席 |
| 税屦 | 说屦 |
| 宾服乡服以拜赐 | 宾乡服以拜赐 |
| 主人释服 | 主人舍服 |
| 宾介不与 | 宾介不预 |
| 介俎脊胁肫骼肺 | 介俎脊胁肫胳肺 |
| 其笙，则献诸西阶上 | 其笙，则献诸西阶 |
| 磬，阶闲缩溜 | 磬，阶闲蹙溜 |
| 乡射礼第五 | |
| 宾揖众宾 | 宾厌众宾 |
| 主人前西面坐 | 主人阼阶前西面坐 |
| 盥洗 | 浣洗 |
| 一揖一让以宾升 | 一揖一让以宾升 |
| 坐捝手 | 坐说手 |

续表

| 今　文 | 古　文 |
|---|---|
| 乡射礼第五 | |
| 大夫若有僎者 | 大夫若有遵者 |
| 皆升，就序 | 皆揖，就序 |
| 少立 | 少退立 |
| 坐取觯 | 进坐取觯 |
| 坐奠之拜 | 坐奠觯拜 |
| 兼挟乘矢 | 兼接乘矢 |
| 某御于子 | 某从于子 |
| 弟子税束 | 弟子说束 |
| 阼阶下之东，堂前三笴 | 阼阶下之东南，堂前三笴 |
| 序则钩楹内 | 豫则钩楹内 |
| 适序西 | 适堂西 |
| 执旌负侯而立 | 执旌负侯而俟 |
| 挟弓矢而后下射射 | 挟弓矢而后下射射 |
| 不贯不释 | 不关不释 |
| 尚握焉 | 上握焉 |
| 十纯则缩而委之 | 十纯则蹙而委之 |
| 获者负侯，北面拜受爵 | 获者负侯，北面再拜受爵 |
| 各与其耦进 | 各以其耦进 |
| 作升射如初 | 作上射如初 |
| 执余获，升告于宾 | 执余获，升告左右卒射 |
| 视数，如初 | 视筭，如初 |
| 宾与大夫坐反 | 宾与大夫反坐 |
| 酬者不拜 | 受酬者不拜 |

续表

| 今　文 | 古　文 |
| --- | --- |
| 乡射礼第五 | |
| 宾爵 | 觯 |
| 大夫之爵 | 大夫之觯 |
| 卒受者以虚爵降，奠于篚 | 卒受者以虚觯降，奠于篚 |
| 宾之反奠于宾与大夫 | 执觯者洗，升宾觯，反奠于宾与大夫 |
| 宾不与 | 宾不豫 |
| 五膱（植）祭半膱（植） | 五臧，祭半臧 |
| 献工 | 献工与笙 |
| 遂命倚旌 | 遂命获者倚旌 |
| 则以白羽与朱羽缩 | 则以白羽与朱羽糅 |
| 以鸿脰翻上，二寻 | 以鸿脰韬上，二寻 |
| 众宾不与射者不降 | 众宾不豫射者不降 |
| 侯道五十肱 | 侯道五十弓 |
| 君射，则为下 | 君射，则为下射 |
| 则繁竖中，以翻旌获 | 则皮树中翻旌获 |
| 白羽与朱羽绦 | 白羽与朱羽糅 |
| 士，鹿中，翻旌以获 | 士，鹿中，翻旌 |
| 唯君有射于国中 | 唯君又射于国中，其余否 |
| 君在，大夫则肉袒 | 君在，大夫射则肉袒 |
| 燕礼第六 | |
| 幂用绤若埸 | 幂用绤若锡 |
| 摈者纳宾 | 射人纳宾 |
| 坐取觚洗 | 坐取觯洗 |
| 主人坐奠觚于篚 | 主人坐奠觯于篚 |

续表

| 今　　文 | 古　　文 |
| --- | --- |
| 燕礼第六 | |
| 宾洗南坐奠爵 | 宾洗南坐奠觚 |
| 主人辞 | 主人辞降 |
| 更爵洗，升 | 受爵洗，升 |
| 升腾觚于宾 | 升媵觯于宾 |
| 大夫遍受酬 | 大夫辩受酬 |
| 主人以虚爵降 | 以虚爵降奠于篚 |
| 更爵洗 | 受爵洗 |
| 阼阶下再拜稽首 | 北面再拜 |
| 遂卒爵 | 卒爵不拜 |
| 大夫升拜受觚 | 大夫升拜受觯 |
| 主人拜送觚 | 主人拜送觯 |
| 宾降洗象觚 | 宾降洗象觯 |
| 公坐取宾所媵觚 | 公坐取宾所媵觯 |
| 公答拜 | 公答再拜 |
| 以赐钟人于门内溜 | 以锡钟人于门内溜 |
| 士御于大夫 | 士御于大夫 |
| 寡君有不腆酒 | 寡君有不殄之酒 |
| 固以请 | 使某固以请 |
| 与卿大燕大夫为宾 | 与卿燕则大夫为宾 |
| 与大夫亦大夫为宾 | 与大夫燕亦大夫为宾 |
| 大射第七 | |
| 颂磬东面 | 庸磬东面 |
| 幂用锡（緆）若絺（绤） | 幂用锡若絺 |

续表

| 今　　文 | 古　　文 |
| --- | --- |
| 大射第七 | |
| 缀诸箭 | 缀诸晋 |
| 更爵洗升酌散以降 | 受爵洗升酌散以降 |
| 媵觚于宾 | 腾觚于宾 |
| 降适阼阶下 | 降造阼阶下 |
| 大夫遍受酬 | 大夫辩受酬 |
| 后首 | 后手 |
| 挟乘矢于弓 | 接乘矢于弓 |
| 士御于大夫 | 士御于大夫 |
| 皆适次而待 | 皆适次而俟 |
| 不异侯 | 不辞侯 |
| 三耦立于次北 | 三耦俟于次北 |
| 至乏，声止 | 至乏，磬止 |
| 授获者退立于西方。获者兴，共而俟 | 授护者退立于西方。护者兴，共而俟 |
| 获而未释获 | 获而未舍获 |
| 且左还 | 阻左还 |
| 既拾取矢捆之 | 既拾取矢魁之 |
| 扬触，捆复 | 扬触魁复 |
| 不贯不释 | 不关不释 |
| 司射去扑阼阶下 | 司射去扑，适阼阶下 |
| 右还 | 还右 |
| 以袂循左右限 | 以袂顺左右限 |
| 公亲揉之 | 公亲纽之 |
| 遂以所执余获适阼阶下 | 遂以所执余筭适阼阶下 |

续表

| 今文 | 古文 |
| --- | --- |
| 大射第七 | |
| 十纯则缩而委之 | 十纯则蹙而委之 |
| 宾升就筵 | 宾升就席 |
| 师命获者 | 司马师命获者 |
| 士长升拜受觚 | 士长升拜受觯 |
| 媵觚于公 | 媵觯于公 |
| 公答拜 | 公答再拜 |
| 聘礼第八 | |
| 帅众介多 | 率众介多 |
| 管人敷幕于寝门外 | 官人布幕于寝门外 |
| 加其卷于左皮上 | 加其奉于左皮上 |
| 马北面 | 马则北面 |
| 使者载旃 | 使者载膳 |
| 垂璪 | 垂缫 |
| 介皆与，北面西上 | 介皆豫北面西上 |
| 陈皮北首西上 | 陈币北首西上 |
| 卿为上大夫为承士为绍出请事 | 卿为上摈，大夫为承摈，士为绍摈。摈者出请事 |
| 介皆入左 | 介皆入门左 |
| 裼，降立 | 赐，降立 |
| 公侧受几于序端 | 公升，侧受几于序端 |
| 宾进梧受几于筵前 | 宾进，讶受几于筵前 |
| 公壹拜送 | 公一拜送 |
| 上介奉币，皮先，入门左 | 上介奉币，皮先入入门左 |

续表

| 今　　文 | 古　　文 |
|---|---|
| 聘礼第八 | |
| 归（馈）饔饩五牢 | 归饔饩五牢 |
| 皆二以并 | 皆二以并 |
| 车秉（逾）有五籔 | 车秉有五籔 |
| 至于阶，让，大夫先升一等 | 至于阶，三让，大夫先升一等 |
| 至于阶，让，宾升一等 | 至于阶，三让，宾升一等 |
| 庭实入设 | 庭实设 |
| 宾拜醴于朝 | 宾拜礼于朝 |
| 一食，再乡 | 一食，再飨 |
| 燕与羞，俶献，无常数 | 燕与羞，淑献，无常数 |
| 致之以侑币 | 致之以宥币 |
| 迎于门外 | 迎于外门外 |
| 帅大夫以入 | 率大夫以入 |
| 升由自西阶，自左受圭 | 升自西阶自左南而受圭 |
| 醴玉 | 礼玉 |
| 君使卿赠，如觌币 | 公使卿赠，如觌币 |
| 朝服，载旃 | 朝服，载膳 |
| 讣者未至 | 赴者未至 |
| 问几月之资 | 问几月之赍 |
| 释韍 | 释祓 |
| 圭与璪皆九寸 | 圭与缫皆九寸 |
| (約）组 | 绚组 |
| 俟于郊，为肆 | 俟于郊，为肄 |
| 义之砥也 | 义之至也 |

续表

| 今　文 | 古　文 |
|---|---|
| 聘礼第八 | |
| 宾入门皇 | 宾入门王 |
| 皮马相闲可也 | 皮马相干可也 |
| 贿，在聘于贿 | 悔，在聘于悔 |
| 醴不拜至 | 礼不拜至 |
| 摈者立于阈外以相拜 | 摈者立于蹷阈外以相拜 |
| 负右房立 | 负右房而立 |
| 不礼 | 不醴 |
| 赐饔，唯羹饪 | 赐饔，唯羹饪 |
| 如馈食礼 | 如馈食之礼 |
| 朌肉及廋、车 | 纷肉及廋、车 |
| 明日，问大夫 | 明日，问夫人 |
| 夕，夫人馈礼 | 夕，夫人归礼 |
| 既致饔 | 饩致饔 |
| 日如其饔既之数 | 日如其饔饩之数 |
| 贿反币 | 无行，则重贿反币 |
| 十六斗曰逾 | 十六斗曰籔 |
| 十筥曰稯 | 十筥曰緵 |
| 公食大夫礼第九 | |
| 设铉鼏 | 设扃密 |
| 设洗如飨 | 设洗如飨（乡） |
| 宰，东夹北，西面，南上 | 宰，东夹北，西面 |
| 坐委于鼎西 | 坐奠于鼎西 |
| 左人待载 | 左人持载 |

续表

| 今　　文 | 古　　文 |
|---|---|
| 公食大夫礼第九 | |
| 伦（论）肤七 | 伦肤七 |
| 卒盥，公壹揖、壹让 | 卒盥，公一揖、一让 |
| 宾立于西阶 | 宾立于阶西 |
| 昌本南麋麋 | 昌本南麋臡 |
| 以西菁菹、鹿麋 | 以西菁菹、鹿臡 |
| 宰夫设黍、稷六簋于俎西 | 宰夫设黍、稷六轨于俎西 |
| 二以并，东北上 | 二以并，东北上 |
| 大羹汁不和 | 大羹湇不和 |
| 入门自阼阶 | 由门入，升自阼阶 |
| 以辩擩醢 | 以辩擩于醢 |
| 壹以授宾 | 一以授宾 |
| 膷以东臐、膮、牛炙 | 香以东熏、膮、牛炙 |
| 醢、牛鮨 | 醢、牛鮨 |
| 从者梧受皮 | 从者讶受皮 |
| 鱼、腊不与 | 鱼、腊不豫 |
| 庶羞，西东毋过四列 | 庶羞，西东无过四列 |
| 二以并，北陈 | 二以并，北陈 |
| 二以并，南陈 | 二以并，南陈 |
| 皆如飨拜 | 皆如飨（乡）拜 |
| 侑币、锦也 | 侑币、束锦也 |
| 加莞席寻 | 加萑席寻 |
| 牛藿、羊苄 | 牛藿、羊苦 |
| 簠有盖幂（幕） | 簠有盖幂 |

续表

| 今　　文 | 古　　文 |
|---|---|
| 觐礼第十 | |
| 天子锡舍 | 天子赐舍 |
| 伯父帅乃初事 | 伯父率乃初事 |
| 侯氏裨絻 | 侯氏裨冕 |
| 以瑞圭，有缫（璪） | 以瑞玉，有缫 |
| 伯父寔来，予一人贺之 | 伯父实来，予一人嘉之 |
| 迎于外门外，再拜 | 迎于门外 |
| 大史是右 | 大史氏右 |
| 尚左 | 上左 |
| 四传摈 | 四傅摈 |
| 祭地，瘗 | 祭地，殪 |
| 丧服第十一 | |
| 疏衰裳齐、牡 | 疏衰裳齐、牡麻 |
| 绖削布杖 | 绖冠布缨、削杖 |
| 带疏屦期者 | 布带、疏屦期者 |
| 士丧礼第十二 | |
| 对足用燕几 | 缀足用燕几 |
| 为名，各以其物 | 为铭，各以其物 |
| 书名于旆 | 书铭于末 |
| 为垼于西墙下，东面 | 为垼于西墙下，东乡 |
| 不绮 | 不精 |
| 布巾，环幅，不凿 | 布巾，还幅，不凿 |
| 幎目，用缁 | 幎目，用涓 |

续表

| 今　　文 | 古　　文 |
| --- | --- |
| 士丧礼第十二 | |
| 緆中方寸 | 牢中旁寸 |
| 决，用正王棘，若泽棘 | 决，用正玉棘，若檡棘 |
| 褖衣 | 缘衣 |
| 竹忽 | 竹笏 |
| 挋用巾 | 振用巾 |
| 渜濯弃于坎 | 缘濯弃于坎 |
| 鬠用组 | 括用组 |
| 洗贝以入 | 洗贝，执以入 |
| 宰洗柶，建于米以从 | 宰洗柶，建于米，执以从 |
| 设韐、带、搢笏 | 设合、带、搢笏 |
| 设决，丽于掔 | 设决，丽（连）于捥 |
| 设冒，櫜之 | 设冒，櫜之 |
| 幂用疏布，久之 | 密用疏布，久之 |
| 幂用苇席 | 密用苇席 |
| 幂奠用功布 | 幂尊用功布 |
| 其实特豚，四剔 | 其实特豚，四鬄 |
| 去蹄，两迫 | 去蹄，两胉 |
| 设扃鼏 | 设扃密 |
| 二人以并 | 二人以并 |
| 主人髻发，袒 | 主人括发，袒 |
| 主人絻于房 | 主人免于房 |
| 男女奉尸，夷于堂 | 男女奉尸，侇于堂 |
| 抽铉予左手，兼执之 | 抽扃与左手，兼执之 |

续表

| 今　　文 | 古　　文 |
|---|---|
| 士丧礼第十二 | |
| 取鼏，委于鼎北 | 取密，委于鼎北 |
| 乃杙，载，载两髀于两端 | 乃匕，载，载两脾于两端 |
| 两迫亚 | 两胉亚 |
| 进胝，执而俟 | 进柢，执而俟 |
| 緣者以褶，则必有裳 | 緣者以袭，则必有裳 |
| 蜗醢。两笾无縢 | 蠃醢。两笾无甸 |
| 鱼左首，进鬐 | 鱼左手，进耆 |
| 踊出 | 成踊出 |
| 妇人踊，主人送 | 妇人踊，主人拜送 |
| 启会，面足 | 敦启会，面足 |
| 执之，南面受命 | 兼执之，南面受命 |
| 度兹幽宅兆基，无有后艰 | 度兹幽宅期，无有后艰 |
| 不述命 | 不术命 |
| 席于闑西阈外 | 席于槷西蹙外 |
| 占曰某日从 | 占日某日从 |
| 既夕礼第十三 | |
| 请开期，告于宾 | 请启期，告于宾 |
| 商祝絻袒 | 商祝免、袒 |
| 取名置于重 | 取铭置于重 |
| 设藩 | 设披 |
| 缁浅，有幅 | 缁翦，有幅 |
| 幂用疏布 | 密用疏布 |
| 甒二，醴、酒 | 庑二，醴、酒 |

续表

| 今　　文 | 古　　文 |
| --- | --- |
| 既夕礼第十三 | |
| 两桙 | 两杅 |
| 宾奠币于軨栈左服出 | 宾奠币于栈左服出 |
| 髀不升 | 脾不升 |
| 蜗醢 | 蠃醢 |
| 特鲜兽 | 俎鲜兽 |
| 执筭从 | 执筴从 |
| 商祝执功布御柩 | 商祝执功布以御柩 |
| 属引 | 烛引 |
| 乃封 | 乃窆 |
| 如之何 | 曰如之何 |
| 士居适寝，寝东首于北墉下 | 士处适寝，寝东首于北墉下 |
| 设床第，当牖 | 设床茨，当牖 |
| 楔，貌如厄，上两末 | 楔，貌如軛，上两末 |
| 校在南 | 枝在南 |
| 讣曰："君之臣某死。"讣母、妻、长子 | 赴曰："君之臣某死。"赴母、妻、长子 |
| 坅坎 | 掘坎 |
| 绖用块 | 役用块 |
| 凡绞用布 | 凡绞紟用布 |
| 伦如朝服 | 轮如朝服 |
| 实角觯四，木柶二 | 实角柶四，木柶二 |
| 主人税髦 | 主人说髦 |
| 主人乘恶车 | 主人乘垩车 |
| 白狗幦 | 白狗幂 |

续表

| 今　　文 | 古　　文 |
| --- | --- |
| 既夕礼第十三 | |
| 御以蒲菆 | 御以蒲驺 |
| 大服 | 犬服 |
| 木镨 | 木錧 |
| 木镳 | 木苞 |
| 马不齐毛 | 马不齐髦 |
| 启之昕，外内不哭 | 开之昕，外内不哭 |
| 夷床、輁轴馔于西阶东 | 夷床、輁（拱）轴馔于西阶东 |
| 序如初 | 序从如初 |
| 革靾，载旜 | 革杀，载膳 |
| 潦车，载蓑笠 | 稾车，载蓑笠 |
| 抗木，刊 | 抗木，竿 |
| 弓矢之新，古功 | 弓矢之新，沽功 |
| 有柲 | 有柴 |
| 设依、铦焉 | 设依、挞焉 |
| 士虞礼第十四 | |
| 藉用苇席 | 席用苇席 |
| 设铉鼏 | 设扃鼏（密） |
| 东缩 | 东蹙 |
| 左人抽铉鼏 | 左人抽扃密 |
| 鱼亚 | 鱼亚之 |
| 佐食出，立 | 佐食出，立于户西 |
| 命佐食开会 | 命佐食启会 |
| 开会，却于敦南 | 启会，却于敦南 |

续表

| 今　　文 | 古　　文 |
| --- | --- |
| 士虞礼第十四 | |
| 祝命佐食绥祭 | 祝命佐食堕祭 |
| 尸饭，播余于篚 | 尸饭，半余于篚 |
| 酌酒酳尸 | 酌酒酌尸 |
| 祝取肝 | 祝取肝擩盐 |
| 祝入，尸谡 | 祝入，尸谡（休） |
| 虞，沐浴 | 虞，沐，不栉 |
| 杀于门西 | 杀于庙门西 |
| 肤祭三，取诸左膉上 | 肤祭三，取诸左股上 |
| 皆设铉鼏，陈之 | 皆设扃密，陈之 |
| 载犹进胝，鱼进鬐 | 载犹进柢，鱼进耆 |
| 铏芼，用苦（苄），若薇，有滑 | 铏芼，用枯，若薇，有滑 |
| 尸坐不说屦 | 尸坐不说屦 |
| 声三，开户 | 声三，启户 |
| 明粢醙酒 | 明齐溲酒 |
| 哀荐合事 | 哀荐祫事 |
| 它用刚日 | 他用刚日 |
| 未彻，乃饯 | 未彻，乃践 |
| 尊两甒于庙门外之右 | 尊两庑于庙门外之右 |
| 馔笾豆，脯四脡 | 馔笾豆，脯四挺 |
| 有干肉折俎，二尹缩 | 有干肉折俎，二尹蹙 |
| 尸谡，从者奉篚哭从之 | 尸休，从者奉篚哭从之 |
| 丈夫税绖带于庙门外 | 丈夫说绖带于庙门外 |
| 入彻，主人不与 | 入彻，主人不豫 |

续表

| 今　　文 | 古　　文 |
|---|---|
| 士虞礼第十四 | |
| 犹出，几席设如初 | 犹出，几筵设如初 |
| 来日某齐祔尔于尔皇祖某甫 | 来日某隮祔尔于尔皇祖某甫 |
| 妇曰孙妇于皇祖姑 | 妇曰孙妇于皇祖姑某氏 |
| 明日，以其胖祔 | 明日，以其班（辨）祔 |
| 沐浴、栉、搔翦（蚤揃、鬋） | 沐浴、栉、搔翦 |
| 用专肤为折俎，取诸脰膉 | 用专肤为折俎，取诸头嗌 |
| 普荐、醙酒 | 普荐、溲酒 |
| 期而小祥 | 基而小祥 |
| 荐此常事 | 荐此祥事 |
| 中月而禫 | 中月而禫（导） |
| 特牲馈食礼第十五 | |
| 不诹日 | 不诹日 |
| 席于门中，闑西，阈外 | 席于门中，槷西，蹙外 |
| 乃宿（速、肃）尸 | 乃羞尸 |
| 占曰吉，宿 | 占曰吉，敢宿 |
| 陈鼎于门外，北面北上，有鼏 | 陈鼎于门外，北面北上，有密 |
| 主妇视饎爨于西堂下 | 主妇视糦爨于西堂下 |
| 藉用萑 | 藉于萑 |
| 佐食升肵俎，鼏之 | 佐食升肵俎，密之 |
| 祝命绥祭 | 祝命挼祭 |
| 设大羹汁于醢北 | 设大羹湆于醢北 |
| 主人洗角，升，酌，酌尸 | 主人洗角，升，酌，酳尸 |
| 尸祭酒，啐之 | 尸祭酒，啐酒 |

续表

| 今　文 | 古　文 |
|---|---|
| 特牲馈食礼第十五 | |
| 宾长以肝从 | 宾以肝从 |
| 尸以醋主人 | 尸以酢主人 |
| 佐食授挼祭 | 佐食授妥祭 |
| 挂于季指 | 卦于季指 |
| 主妇洗酌爵 | 主妇洗爵，酌 |
| 坐捝手 | 坐说手 |
| 主人更爵，酌 | 主人受爵，酌 |
| 更爵，酢于主人 | 受爵，酢于主人 |
| 宾辞 | 宾辞洗 |
| 尸备答拜焉 | 尸复答拜焉 |
| 举觯者皆奠于荐右 | 举觯者皆奠觯于荐右 |
| 祝命尝食，籑者 | 祝命尝食，馂者 |
| 铏芼，用苄，若薇 | 铏芼，用苦，若薇 |
| 执匜者西面激沃 | 执匜者西面淳沃 |
| 切肺三 | 刌肺三 |
| 主妇俎，觳折 | 主妇俎，谷折 |
| 少牢馈食礼第十六 | |
| 宿。前宿一日，宿戒尸 | 羞。前羞一日，羞戒尸 |
| 廪人摡甑、甗、匕与敦于廪爨 | 廪人摡烝、甗、匕与敦于廪爨 |
| 司马升羊右胖，髀不升 | 司马升羊右辩，脾不升 |
| 皆二骨以并 | 皆二骨以并 |
| 卒脀，皆设铉鼏 | 卒脀，皆设扃密 |
| 司宫尊两甒于房户之闲 | 司宫尊两庑于房户之闲 |

续表

| 今　　文 | 古　　文 |
|---|---|
| 少牢馈食礼第十六 | |
| 皆有鼏 | 皆有幂 |
| 乃开二尊之盖幂 | 乃启二尊之盖幂 |
| 覆之，南柄 | 覆之，南枋 |
| 长朼 | 长匕 |
| 心皆安下刌上 | 心皆安下切上 |
| 舌皆刌本末 | 舌皆切本末 |
| 主妇被緆衣移袂 | 主妇被锡衣移袂 |
| 执葵菹、蜗醢以授主妇 | 执葵菹、蠃醢以授主妇 |
| 主妇入于房 | 主妇兴，入于房 |
| 尸取韭菹，遍于三豆 | 尸取韭菹，辩于三豆 |
| 上佐食举尸牢干 | 上佐食举尸牢肝 |
| 北面酌酒，乃酳尸 | 北面酌酒，乃酌尸 |
| 缩执俎，肝亦缩 | 蹙执俎，肝亦蹙 |
| 上佐食以绥祭 | 上佐食以肵祭 |
| 以嘏于主人曰 | 以格于主人曰 |
| 使女受禄于天 | 使女受福于天 |
| 眉寿万年 | 微寿万年 |
| 勿䇄（替）引之 | 勿袂（载）引之 |
| 挂于季指 | 卦于季指 |
| 其绥祭如主人之礼 | 其肵祭如主人之礼 |
| 祝拜受 | 祝拜，坐受爵 |
| 赉桼于羊俎两端 | 资桼于羊俎两端 |
| 司士乃遍举 | 司士乃辩举 |

续表

| 今　　文 | 古　　文 |
|---|---|
| 少牢馈食礼第十六 | |
| 主人答一拜 | 主人答壹拜 |
| 有司彻第十七 | |
| 司宫聂酒 | 司宫摄酒 |
| 乃燅尸俎 | 乃寻尸俎 |
| 乃议侑于宾，以异姓 | 乃议宥于宾，以异姓 |
| 西缩。二俎皆设于二鼎西，亦西缩 | 西蹙。二俎皆设于二鼎西，亦西蹙 |
| 陈于羊俎西并 | 陈于羊俎西并 |
| 羊肉汁 | 羊肉湆 |
| 二手执枕匕枋以扱湆 | 二手执桃匕枋以挹湆 |
| 主人北面于东楹东答拜 | 主人北面于东楹之东答拜 |
| 妇赞者执麷、蕡 | 妇赞者执二笾麷、蕡 |
| 取糗与断修 | 取糗与腶修 |
| 主妇，主人之北答拜 | 主妇主人之北、西面答拜 |
| 南面立于席西 | 南面主妇立于西席 |
| 坐挩手 | 坐说手 |
| 众宾门东，北面，皆答壹拜 | 众宾门东北面，皆答一拜 |
| 羊骼一 | 羊胳一 |
| 宰夫赞主人酌，如是以遍 | 宰夫赞主人酌，若是以辩 |
| 其脀体，(肞)(议)也 | 其脀体，仪也 |
| 主人受酌降 | 主人受爵降 |
| 主人就筵 | 主人升就筵 |
| 兄弟之后生者举觯于其长 | 兄弟之后生者举爵于其长 |
| 腊辩，无髀 | 腊辩，无脾 |

续表

| 今　　文 | 古　　文 |
| --- | --- |
| 有司彻第十七 | |
| 乃摭于鱼、腊俎 | 乃摕于鱼、腊俎 |
| 其绥祭，其嘏 | 其挼祭，其嘏 |
| 尸以酢（醋）主妇 | 尸以酌主妇 |
| 妇也赞者执枣 | 妇人赞者执枣 |
| 乃籑，如傧 | 乃馂，如傧 |
| 右几，厞用席 | 侑几，茀用席 |



## 四　《易》今古文文字之异同

《易》之篇次或据《汉志》，今古文在表面上无若何差异，但就篇章看来，古文《易》不当有《说卦》三篇，这在《引论》已为叙明。戴震之说非今文家之言，尤可据依。以古文本而杂有晚出之《说卦》，其非真古本可知。我们再由《易》今古文文字之异同，亦足以证见古本之非。在清儒中辨《易》今古文异文者，有李富孙《易经异文释》，李氏论“可与几也”，古本“几”上有“言”字云：“李鼎祚《集解》本山井鼎《考文》引足利学，古本足利本与下并有‘言’字。案，崔憬云：‘可与言微也，则崔本有言字。山井鼎所称往往与古书合，当为旧本之遗，惟经文语助字与今本多寡甚伙，其舛异不足据，兹不复引。’”（《皇清经解续编》卷一）李氏未详列古今文字数之多寡，现在我们但就李氏所引可信为今古文之异者列下，以明古文《易》之非真。

1. 古《易》文字之多于今文者，如：

(1)“比之匪人”，《经典释文》云：“王肃本作‘匪人凶’。”李氏云“案《魏志·王肃传》云：‘肃善贾、马之学而不好郑氏……撰定父朗所作《易传》，此当即其父所传之本。’”案，王朗习京《易》，或今文本如是，“匪人凶”较“比之匪人”为有意义，古文《易》似属校订而成。

（2）“小狐汔济，濡其尾”，李释云：“《春申君列传》引作‘狐涉水，濡其尾’。案，汉初时或别本如此，或史公以诂训窜易之。”今案，李氏后说非是。《战国策》亦引作“狐涉水，濡其尾”，古本与今不同，古文《易》非古本即此已足证明。

（3）“而为罔罟”，《释文》作为罟云，黄本作网罟，云“取兽曰网，取渔曰罟”。李氏云：“《乾凿度》同《集解》，引虞无‘网’字，《系传》引作‘网’。案，《说文》云：‘网，庖牺所结绳以渔’，或体作（罓），今隶变作‘罔’。”似古《易》多一“网”字，然《说文》据孟《易》，则今文亦有“网”字。

2. 古《易》文字之少于今文者，如：

（1）“利御寇”，蔡邕《明堂月令论》引作“利用御寇”，足利古本同。李氏云：“蔡引作‘利用’，古本当如此，或亦涉《象传》之文。”（卷一）蔡习今文，是古文《易》删此一“用”字以见其为古本也。

（2）“需于沙”，李氏云：“何氏《订诂》引孟喜本，‘沙’下有‘衍’字……《穆天子传》云：‘天子东征，渴于沙衍’，注云：‘沙衍，水中有沙者。’依此《象传》‘衍’字属上读，则爻当亦有‘衍’字。”（卷一）此孟《易》胜于古《易》之证。

（3）“位当也”，《释文》云：“本或作‘当位实’，非也。《集解》本作‘当位实’。”李氏云：“案，陆氏以‘位当’与上当、长音协，故言‘当位实’为非。然古读实如至，与下谓、内亦协……据荀、虞注，皆作‘当位实也’。惠氏曰：阳为实，四正，故当位；应初，故云实。”（卷二）古《易》少如此一“实”字，实未当也。

（4）“默而成之”。李释云：“《释文》无‘之’字，云本或作‘成之’。《集解》本同。晁氏《易》云：‘九家本无之字’。案，第八章虞注有‘之’字，依上下文似当有‘之’字。”（卷五）

(5) “吉之先见者也”。《汉书·楚元王传》引作“吉凶”，《公羊传·昭公廿一年》注引作：“事之先见。”李氏云：“案，汉时诸家本俱存，故所引与今本多不同。《正义》云：‘诸本或有凶字，其定本则无也。’”（卷六）

(6) “能研诸侯之虑”。李释云：“《易》略例，《集解序》作‘能研诸虑。’邢璹注作‘诸侯之虑’。案，《集解》引虞云：‘震为诸侯，故能研诸侯之虑’。韩康伯本《正义》皆有此二字。王昭素云：‘侯之’二字必是王辅嗣以后，韩康伯以前错，然虞翻已如此，则古本有此二字。”（卷六）

(7) “故水火相逮，雷风不相悖”。《汉书·郊祀志》引作“水火不相逮，雷风不相悖”。《释文》作“不相逮”，云：“郑、宋、陆、王肃、王廙无不字。”《集解》本、唐石经同。案，定本不从郑、陆诸家玩（说），上节“雷风相薄（悖）”二句，定本为长。（同上）郑所习为古文，古文少一“不”字。

以上（1）、（2）、（3）、（6）、（7）诸例，是足见古文本不合于古，不如今文。

3. 古《易》之故为倒置与复迭者，此类亦有数例，如：

(1) “雷电噬嗑”，说辞引汉石经作“电雷”。李氏云：“案，晁公武云：‘六十四卦大象无倒置者’，程、朱说同。据‘宋哀侯果俱作雷电’，宋在后汉时亦不与石经同。”（卷二）古文倒置“电雷”，与他卦虽一律，然与今文不一律，正以不经修饰，犹存古真。

(2) “无攸遂”。在《中馈》、《大戴礼记·本命》注“攸”引作“由”，《汉书·谷永传》引作“在中馈，无攸遂”。李氏云：“案，‘由’与‘攸’以同音相杂，《说文》云：‘馈，饷也。’馈，吴人谓祭曰馈。二字义本异，后多假借通用，引经当亦偶倒尔。”（卷三）此文是否为偶倒不可知，然古文《易》如此，实足证其非真古本。以《恒卦》：“初六，浚恒，贞凶，无攸利”；《遯卦》

上九："肥遯无不利"；《大壮卦》："上六，羝羊触藩，不能退，不能遂，无攸利"；《家人卦》："初九，闲有家，悔亡"等例之，谷永引经非倒，或系古真如此。

（3）《姤卦》："后以施命诰四方"，"《说文·后部》作'施令以告四方'。《后汉·鲁恭传》引作'施令'……《鲁恭传》云：'君以夏至之日，施命令止四方行者。'"（卷三）此文古文《易》"以"字亦倒置。

（4）"刚柔者，昼夜之象也"。《释文》云："虞作'昼夜者，刚柔之象也'。"李氏云："案以上吉凶、悔吝、变化例之，当作'刚柔者'。韩注亦作'昼夜'者，是与虞本同。"原注："《说卦》虞注又同今本。"（卷五）

（5）"盛衰之始也"。"《音训》引《释文》云，郑、虞作衰盛（今本脱），《集解》本、影宋本同"。李氏云："案，虞云：'损泰初益上，衰之始；损否上益初，盛之始。则作衰盛为是。'"（卷六）虞传孟《易》郑氏盖用今文以易古文，足见今文是而古文实非。

以上五例中，（1）、（2）、（3）、（5）诸例并足为古文本不必为真古本之显证。

4. 古《易》之故为修饰与讹误者，古文《易》之文字颇有与古本不合，古文用本字，今文用假借之例，如：

（1）"亢龙有悔"。《说文·心部》引作"忼龙"，李氏引段氏曰："许君作'忼'，当为孟氏《易》。忼之本义，为忼慨。《易》则假忼为亢，亢，高也。是'亢'为正字，'忼'假借字。"（卷一）此古文用本字之例。

（2）"君子体仁，足以长人"。《释文》云："京房、荀爽、董遇本作'体信'。"李氏云："案，《说文》'信'古文作'㐰'，与'仁'字形相似，故易淆尔。"（同上）。今案，《说文》古文"仁"作"忎"，与"㐰"并不易淆。

5.《易》今古文异文。《易》在篇次上今古文无若何差异，只是古文《易》不当有《说卦》，这在前文已叙明，可勿赘论。兹将《易》今古文之异足以证明古文《易》非真古本者，录李富孙《易经异文释》说以见之：

(1)“善之长也”。李富孙云：“‘善之长也’，《左氏襄九年传》作体之（下文嘉会作嘉德）。案，夫子言‘述而不作’，此言四德即述穆姜之语，惟体字德字为异。然《昭十二年传》子服、惠伯所称亦作‘善之长’，是亦古相传之文也。《左氏》疏云与《易》文言唯二字异耳，其意亦不异也。元是体之长，以善为体，知亦善之长也。身有美德，动与礼合嘉德，足以合礼也。”（《易经异文释》卷一）今案，此足见古本《易》“善”作“体”，“嘉会”作“嘉德”，古文《易》不必为真古本，故不与古《左氏》合。

(2)“坤”。李富孙云：“‘坤’本又作巛。巛，今字也。案，巛字《说文》不录，《隶释·华山庙碑》云：‘乾巛定位如此作’则为隶体。《大戴记·保傅》‘坤’字作‘巛’，《诗·采薇》笺《释文》云‘坤’本亦作‘巛’，《天作》笺《释文》‘坤’作‘巛’，《广雅》亦有‘巛’字，此皆从隶体《乾凿度》以八卦之画为古文天、地、风、山、坎、火、雷、泽字，是古‘坤’作‘☷’，此即转横画而为‘巛’耳。”（同上）今案，此足见今文《易》所用为古“巛”字，而古文《易》所用者为今“坤”字。

(3)“舆说辐”。李富孙云：“《说文·车部》引作‘舆脱輹’，云‘輹，车轴缚也’；《释文》云：‘辐本亦作輹，音服’；《集解》引虞作‘车说辐’。……《老子》云‘三十辐共一毂’，辐非可脱之物。今本作辐，传写之讹。项氏安世曰：‘辐以利轮之转，輹以利轴之转。然辐无说，理必轮破毂裂而后可说。若輹则有说，时车不行则说之矣。’”（同上）此亦足见古文《易》不如今文之得当。

(4)“勿恤”。李富孙云：“《说文·目部》引作‘勿恤’。案，

《说文》恤、䘏并训忧，音义皆同。段氏曰：古书多用䘏字，后人多改为恤。疑古祇有䘏，恤其或体。”（同上）此亦古文《易》用晚出字，未必为真古本之一证。

（5）“谦”。李富孙云：“‘谦’，《子夏》作‘嗛’，云‘嗛，谦也’。案，《说文》云：‘嗛，口有所衡也。’与‘谦’字义别。《汉书·艺文志》云：‘《易》之嗛嗛’，师古曰：‘嗛’与‘谦’同。《司马相如传》注、《文选·魏都赋》注并云：‘嗛，古谦字。’《汗简》云：‘《史记·乐书》及冯焕残碑皆以嗛为谦，此并通借字。’钱氏曰：‘古书言旁字与口旁字生生相通，故谦或为嗛。’段氏曰：‘嗛假借为歉字，《商铭》“嗛嗛之食，嗛嗛之德”是也。’亦假借为谦字，如《子夏传》《汉书》《谦卦》作‘嗛’是也。”（同上，卷二）今案，此与上同例，真古本当作“嗛”不当作“谦”也。



（6）“颠颐拂经”。李氏云：“《释文》云：‘拂，《子夏传》作



弗，云辅弼也。’《玉篇·口部》引作咈，云违也。《晁氏易》云：‘刘表、一行作弗。弗，古弼字。’案，《孟子》：‘法家拂士’，赵注云：‘辅弼之士，《音义》拂，音弼。’《子夏》从省作‘弗’，训为辅弼，亦别一义。《说文》云：‘拂，过击也。’《书》‘拂其耇长’，《说文》引作‘咈’，训违，与《玉篇》义正同。段氏曰：‘今《易》作拂，盖误。’”（同上）段氏亦云“今《易》作拂盖误”，然《释文》不言马、郑之异，则古文本《易》作‘拂’本不合于古也。

（7）“纳约自牖”。李氏云：“晁氏《易》云：‘纳，京一行作内，云内自约束。’《集解》引虞云：‘坎为纳。’《释文》云：‘牖，陆作诱。’案，《周礼》‘钟师纳夏’注云：‘故书纳作内’。杜子春云：‘内当为纳’。《书》‘百里赋纳总’，《汉·地理志》作‘内总’。盖古‘纳’字皆作‘内’。”（同上）然今古文本“内”作“纳”，非古字也。

(8) “罔孚”。李氏云：“《说文·衣部》引作‘有孚’。案，‘罔’与‘有’或以字形相杂，然从许书义较长。段氏曰：‘虞、王作网，未知许所据孟《易》独异，与抑字讹与。’”（同上，卷三）从许书义较长，孟《易》为是，古文非也。

(9) “未退听也”。李氏云：“《集解》本作‘违听’，虞云‘坎为耳，故未违听也。’案，‘退’与‘违’亦字形相似，作‘违’字义较长。”（同上，卷四）

(10) “所乐而玩者”。李氏云：“《释文》云：乐、虞本作‘变’（下‘乐天知命’《释文》乐、虞作‘变’），‘玩’，郑作‘翫’；《集解》本作‘变’；虞云：‘旧作乐字，误。’案，下言‘动则观其变’，又云‘爻者言乎变’，当从虞为长。”（同上，卷五）

(11) “以行其典礼”。李氏云：“《释文》云：‘京作等礼’。案《晋语》曰‘从其等礼。’韦注云：‘从尊卑之等谓之礼’。《大戴·立言》曰‘圣人等之以礼’。京氏正依此义。《说文》典古文作箅，与等字亦形声相近。”（同上，卷五）

(12) “不见利不劝”。李氏云：“《集解》引虞说，劝作动，云坎为动。……案：坎当作震，动与劝亦以字形相似而异。”（同上卷六）

以上四者皆以形近而异，而古文《易》并不如今文孟、京《易》，则古文之为古本实为可疑矣。

附：

## 《易经》今古文异同表

| 古　　文 | 孟《易》 | 京《易》 | 今文 |
|---|---|---|---|
| 夕惕若厉 | 夤 | | 厉 |
| 飞龙在天 | | | 蜚 |
| 亢龙有悔 | 忼 | | |
| 反复道也 | | | 覆 |
| 大人造也 | | 造 | 聚 |
| 善之长也嘉会 | | | 德 |
| 体仁足以长人 | | 信 | |
| 利物足以和义 | 之 | 之 | |
| 确乎其不可拔 | 隺 | | |
| 可与几也 | | | 与言几 |
| 贵而旡位 | | | 亡 |
| 与四时合其序 | | | 叙 |
| 坤 | | ☷ | |
| 乃终有庆 | | | 乃 |
| 地势坤 | | | 坠 |
| 盖言顺也 | | | 逊 |
| 阴疑于阳 | 凝 | | |
| 为其嫌于旡阳 | 兼 | | |

续表

| 古　　文 | 孟《易》 | 京《易》 | 今文 |
| --- | --- | --- | --- |
| 动乎险中 | | | 俭 |
| 雷雨之动满盈 | 形 | | |
| 天造草昧 | | | 中 |
| 盘桓 | | | 般 |
| 屯如邅如 | 趁驙 | | 亶 |
| 乘马般如 | 班 | | 般 |
| 匪冠婚媾 | 婚媾 | | 冓 |
| 即鹿无虞 | 麓 | | 鹿 |
| 君子几 | | | 机 |
| 泣血涟如 | 涕连 | | 连 |
| 匪我求童蒙 | 僮 | | |
| 童蒙求我 | 来求 | | |
| 以往吝 | 遴 | | |
| 包蒙 | | 彪 | |
| 勿用取女 | | | 娶 |
| 利御寇 | 利用 | | |
| 需于沙 | | 沙衍 | |
| 致寇至 | | | 戎 |
| 丈人吉 | | | 丈 |
| 叱之匪人 | | | 匪人凶 |
| 邑人不诫 | 戒 | | |
| 舆说辐 | 脱輹 | | |
| 有孚挛如 | | | 恋 |

续表

| 古　　文 | 孟《易》 | 京《易》 | 今文 |
|---|---|---|---|
| 尚德载 | 得 | 得 | 得 |
| 月几望 | | 近 | 近 |
| 愬愬终吉 | 虩虩 | | 愬愬 |
| 包荒 | 巟 | | |
| 无平不陂 | | | 颇 |
| 勿恤 | 乡 | | |
| 六四翩翩篇 | 翩翩 | | 翩翩 |
| 城复于隍 | 隍 | | 埠/湟 |
| 不可荣以禄 | 营 | | 荣 |
| 大车以载 | | | 笑 |
| 公用亨于天子 | 享 | 享 | |
| 匪其彭 | 尪 | | 旁 |
| 明辩哲也 | 折 | | |
| 谦 | | | 嗛 |
| 天道亏盈而益谦 | | | 毁 |
| 鬼神害盈而福谦 | | 富 | |
| 撝谦 | | 挥 | |
| 而四时不忒 | | 貣 | |
| 殷荐之上帝 | | 隐 | |
| 以配祖考 | | | 享 |
| 盱豫悔 | | 汙 | 纡 |
| 朋盍簪 | 戠 | 撍 | 簪 |
| 位当也 | 当位实也 | | |

续表

| 古　文 | 孟《易》 | 京《易》 | 今文 |
|---|---|---|---|
| 当实也 | | 上 | |
| 雷电噬嗑 | | 电雷 | 雷电 |
| 明罚敕法 | | | 饬 |
| 噬干胏 | | | 脯 |
| 贲如濡如 | 嫣 | 嫣 | 嬬 |
| 贲如皤如 | 蹯 | | 蹯 |
| 束帛戋戋 | 残残 | | 残 |
| 剥之无咎 | | | 剥无咎 |
| 剥床以肤 | | | 簠 |
| 朋来无咎 | | 崩 | 崩 |
| 无妄 | 无妄 | 无望 | 毋望 |
| 笃实辉光日新 | | 晖 | |
| 能止健 | | 健止 | |
| 君子以多识前言 | 志 | | 志 |
| 良马逐 | | 逐 | 逐 |
| 曰闲舆卫 | 日 | | |
| 童牛之牿 | 僮告 | | 牿 |
| 观我朵颐 | | 椯 | 朶 |
| 颠颐拂经 | | | 弗 |
| 虎视眈眈 | | | |
| 其欲逐逐 | 笾笾 | | 攸、浟 |
| 枯杨生稊 | | | 荑 |
| 习坎 | | 欿 | |

续表

| 古　　文 | 孟《易》 | 京《易》 | 今文 |
|---|---|---|---|
| 水洊至 | | 臻 | |
| 纳约自牖 | 内 | 内 | |
| 祇既平 | 禔 | 禔 | |
| 寘于从棘 | | | 湜 |
| 草木丽乎土 | 麓于地 | | |
| 日昃之离 | 昃 | | |
| 大耋之嗟 | | 经 | |
| 突如其来如 | 厶 | | |
| 戚嗟若 | | | 嘁 |
| 咸丌拇 | | | 其踇 |
| 憧憧往来 | | 恇恇 | |
| 咸丌脢 | | | 其脢 |
| 咸其辅颊舌 | 侠 | | |
| 滕口说也 | 媵 | | 腾 |
| 恒其德贞 | | | 德侦 |
| 振恒 | 榰恒 | | 震恒 |
| 肥遯 | | | 飞肥 |
| 羸其角 | 累 | | |
| 丧羊于易 | | | 场 |
| 晋 | | | 齐 |
| 以自昭明德 | | | 照 |
| 罔孚 | 有 | | 网 |
| 晋如鼫鼠 | | | 硕鼠 |

续表

| 古　　文 | 孟《易》 | 京《易》 | 今文 |
|---|---|---|---|
| 失得勿恤 | 矢 | | |
| 夷于左股 | | 眱 | 睇 |
| 用拯马壮 | 抍 | | 抍 |
| 箕子之明夷 | | | 黄兹 |
| 无攸遂在中馈 | | 在中无攸遂 | |
| 妇子嘻嘻 | | | 喜喜 |
| 其牛掣 | 犎 | | 挈 |
| 其人天且劓 | 劓 | | |
| 后说之弧 | 壶 | 壶 | |
| 往蹇来连耒 | 连 | | |
| 救过宥罪 | | 尤 | |
| 君子维有解 | 惟 | | |
| 惩忿窒欲 | 恎谷 | | |
| 已事遄往 | 以事 | | 以祀 |
| 偏辞也 | 徧 | | |
| 其行次且 | 趑趄 | | |
| 牵羊悔亡 | | | 掔 |
| 苋陆 | 苋睦 | | |
| 以施命诰四方 | 施令以告四方 | | |
| 系于金柅 | 柅 | | 鈮 |
| 有陨自天 | | | 實 |
| 萃亨 | 萃亨 | | |
| 赍咨涕洟 | 资 | | |

续表

| 古　文 | 孟《易》 | 京《易》 | 今文 |
|---|---|---|---|
| 君子以顺德 | | | 慎 |
| 积小以高大 | 以成 | | |
| 允升 | 䡅 | | |
| 刚揜也 | 弇 | | |
| 来徐徐 | | | 荼荼 |
| 劓刖 | | 劓刽 | |
| 于臲卼 | 槷𣃁 | | |
| 井渫不食 | | | 井泄不食 |
| 可用汲 | | 以 | 以 |
| 井收勿幕 | | | [illegible] |
| 其文蔚也 | | | 斐 |
| 享饪也 | 饪 | | |
| 其形渥 | 刑剭 | 刑剭 | |
| 亿丧贝 | | | 噫 |
| 震遂泥 | | 隧 | |
| 未退听 | 违 | | |
| 列其夤厉熏心 | 裂𦙍熏 | 裂𦙍熏 | 䏰危熏 |
| 言有序 | 孚 | | |
| 日中则昃 | 稷 | | |
| 遇其配主 | 妃 | | |
| 日中见斗 | 主 | | |
| 丰其沛 | | | 芾 |
| 日中见沬 | 昧 | | 昧 |

续表

| 古　　文 | 孟《易》 | 京《易》 | 今文 |
| --- | --- | --- | --- |
| 丰 | 豐 | | |
| 其屋 | 豐 | | 豐 |
| 阒其无人 | 窒 | | |
| 天际翔也 | 降祥 | | |
| 自藏 | 戕 | 戕 | 戕 |
| 得其资斧 | 齐 | 齐 | 齐 |
| 旅人先笑 | | | 咲 |
| 巽 | 顨 | | |
| 豚鱼 | 遯 | | |
| 吾与尔靡之 | 糜 | 劘 | 縻 |
| 妇丧其茀 | 髴 | | 髴 |
| 繻有衣袽 | 襦絮 | 絮 | 襦茹 |
| 小狐汔济 | | | 狐涉水 |
| 刚柔相摩 | | 磨 | |
| 八卦相荡 | 荡 | 荡 | 荡 |
| 坤作成物 | 化 | | |
| 刚柔者昼夜之象也 | 昼夜者刚柔 | | |
| 易之序也 | 象 | | |
| 所取乐而玩者 | 度 | | |
| 原始反终 | 及 | | |
| 旁行而不流 | | 留 | |
| 藏诸用 | | | 臧 |
| 其静也翕 | | | 胁 |

续表

| 古　　文 | 孟《易》 | 京《易》 | 今文 |
| --- | --- | --- | --- |
| 以见天下之赜 | 啧 | 啧 | |
| 以行其典礼 | | 等礼 | |
| 几事不密 | | | 机 |
| 作易者 | 为 | | |
| 慢藏诲盗 | 悔 | | |
| 冶容诲淫 | 野 | | |
| 故再扐而后挂 | 卦 | 卦 | |
| 是故可与酬酢 | | 醋 | |
| 参伍以变 | | 五 | |
| 遂成天地之文 | 爻 | 文 | |
| 极深而研几 | | | 机 |
| 易以贡 | 工 | 工 | |
| 圣人以此洗心 | 先 | 先 | |
| 而不杀者 | 衰 | | |
| 莫大乎蓍龟 | | | 善 |
| 圣人象之 | | 则 | |
| 洛出书 | | | 雒 |
| 又以尚贤也 | 有 | | |
| 其易之缊邪 | 韫 | | |
| 隤然示人简矣 | 退 | | |
| 像此者也 | 象 | 象 | 象 |
| 圣人之大宝 | 保 | | |
| 何以守位曰仁 | | 仁 | 仁 |

续表

| 古文 | 孟《易》 | 京《易》 | 今文 |
|---|---|---|---|
| 包牺 | 伏羲 | 伏羲 | |
| 而为罔苦 | 为苦 | | |
| 以佃以鱼 | 田鱼 | | |
| 揉木 | | | 煣 |
| 耒耨之利 | 耨 | | |
| 服牛乘马 | 犕 | | |
| 重门击柝 | 欜、榜 | | |
| 葬之中野 | | | 臧 |
| 百官以治 | 百工以乂 | | 百官以理 |
| 不见利不劝 | 动 | | |
| 知小而谋大 | 少 | | |
| 力小而任重 | 少 | | 少 |
| 吉之先见者也 | | | 吉凶 |
| 天地絪缊 | 壹壹 | | 氤氲 |
| 万物化醇 | | | 化湻 |
| 杂而不越 | | | |
| 初率其辞 | 帅 | | |
| 兼三才而两之 | 材 | | |
| 能研诸侯之虑 | 诸侯 | | |
| 参天两地 | | | |
| 易六位而成章 | 画 | | |
| 妙万物而为言 | 眇 | | |
| 莫熯乎火 | 暵离 | | |

续表

| 古　　文 | 孟《易》 | 京《易》 | 今文 |
|---|---|---|---|
| 故水火相逮 | | | 火不相 |
| 坎为豕 | | 彘 | |
| 为瘠马 | | 柴 | |
| 为龙 | 駹 | | |
| 为旉 | 专 | | |
| 为馵足 | | 朱 | |
| 为的颡 | 馰 | | 时 |
| 为反生 | 阪 | | |
| 为矫輮 | | 柔 | |
| 为蠃 | | 螺 | |
| 为科上槁 | 折 | | |
| 为果蓏 | | 堕 | |
| 为狗 | 枸拘 | | |
| 为羊 | 羔（养） | | |
| 剥，穷上反下 | | | 剥之不可<br>以遂尽也 |
| 必反其家 | 于 | | |
| 终动止外 | | | 动动必 |
| 盛衰之始也 | 衰盛 | | |
| 谦轻而豫怠也 | 怡 | 治 | |





## 五　《春秋》今古文之异同

### （一）《春秋》今古文篇章之异同

在本书第一篇《引论》中，我们已引用章炳麟等诸家说以明，《春秋左氏》经虽多十二卷，而实貌为增多，依古本分篇卷之情形，闵公篇本不当分卷。就此已足见《左氏》本身并非传经之作。其他关于《春秋》今古文篇章之异同可不论。

**（二）《春秋》今古文字之异同**

孔子因鲁史作《春秋》，有史实，有微言，有大义，故后有《公羊》、《穀梁》、《左氏》三传。三传俱已入经，故《春秋》今古文字之异同，皆在三传之中。因为三传殊论，在此兹仅录赵坦《春秋异文笺》、朱骏声《春秋三家异文核》诸家之论，以见其非一家之私言。如：

（1）（隐公五年春）“公矢鱼于棠”。赵氏云：“《左氏传》以陈释矢与观鱼义通古，方音支真部。有通转者，真谆、臻文、欣元、魂痕、寒桓、删山、先仙同为一部，则观之通矢亦无足异。朱子、王伯厚释‘矢鱼’为射鱼，其说似新，存以备考。”（《皇清经解》卷一三〇三）

（2）（隐公十一年）“夏五月 公会郑伯于时来”。案，《左氏》脱“五月”二字。赵氏云：“谨案，‘来’古音‘厘’，《公羊》作‘祁’，‘黎’亦假音。《左氏传》作‘郲’，又时来之，合言耳。”（同上，卷一三〇三）

（3）（庄公二年）“（《左氏》）冬十有二月 公人姜氏会齐侯于禚”、“（《公羊》）冬十有二月 公人姜氏会齐侯于郜”赵氏云：“谨案，《说文·示部》无‘禚’字，禾部有之。‘禚’从羔得声，与‘郜’音相近，故《公羊》假‘郜’为‘禚’”

又引莫潍山先生云：“案，‘禚’字《广韵·药部》注曰‘齐地名’，又《广韵·沃部》‘郜’字音古沃切，又有‘䅵’字，亦古沃切。注云：‘禾皮又地名’。《玉篇·禾部》‘䅵’注云之弱，枯督二切，未皮也又齐地名。《左》《谷》作‘禚’，似因‘䅵’字误作‘禚’，《说文》无‘禚’字也。‘䅵’与‘郜’有同音之互用。”（同上，卷一三〇五）

（4）（庄公六年）“（《左氏》）冬，齐人来归卫俘”。赵氏曰：

"《传》，'冬，齐人来归卫宝，文姜请之也。'注：《公羊》、《穀梁》经传皆言'卫宝'，此传亦言'宝'，唯此经言'俘'，疑经误俘囚也。《正义》释例曰：齐人来归卫宝，《公羊》、《穀梁》经传及《左氏传》皆同，唯《左氏经》独言'卫俘'。考三家经传，有六而其五皆言'宝'，此必《左氏经》之独误也。案，《说文》，'保：从人呆，省声'。古文保（）不省。然则古字通用'宝'，或''字与'俘'相似，故误作'俘'耳。杜既为误而又解'俘'，为囚是其不敢正决，故且从之。"（同上，卷一三〇五，页六）云：《左氏经》作"俘"乃"保"字之讹。

（5）（《穀梁·庄公十六年》）"冬十有二月，会齐侯、宋公、陈侯、卫侯、郑伯、许男、曹伯、滑伯、滕子，同盟于幽"。赵氏云："案，《左氏》无'公'字，杜氏以为使微者会，夫以齐桓之盛，而鲁敢使微者与之会，于理未可信，当是脱文。《左氏》无'曹伯'二字，亦脱漏。《古经解钩沈·十六》引折衷云：'《左氏》《穀梁》无公字，阙文也。'"（同上，卷一三〇五）

（6）（庄公二十八年）"（《左氏》）冬筑郿。""（《公羊》）冬筑微"（《穀梁》同《公羊》）《释文》："微，《左氏》作麋。"赵氏云："谨案，《公》、《穀》'郿'作'微'，或假音字。《水经注》则以'微'为是《公》、《穀》。《释文》云：'《左氏》作麋，麋、郿古字通。'"（同上，卷一三〇五）

（7）（庄公三十年）"（《左氏》）夏次于成"。赵氏云："谨案，《左氏·庄三年传》：凡师一宿为舍，再宿为信，过信为次。则次为师再宿以后之辞，此年经《左氏》无'师'字或脱字。"（同上，卷一三〇五）

（8）（僖公九年）"（《左氏》）甲子，晋侯诡诸卒"。赵氏云："谨案，经书：'九月戊辰，诸侯盟于葵邱。甲子，晋侯诡诸卒。'杜氏云：甲子九月十一日，戊辰十五日也。书在盟后从赴然。《左氏传》云：'秋齐侯盟诸侯于葵邱。曰：凡我同盟之人，既盟之及言归于好。宰孔先归，遇晋侯，曰：可无会也。齐侯不务德而勤远略，故北伐山戎，南伐楚，西为此会也。东略之，不知西则否矣。其在乱乎君务，靖乱无勤于行。晋侯乃还。九月，晋献公卒。'据此则献公之卒实在盟后，《公羊》作甲戌，为九月二十一日，似得其实。《左》、《穀》经作'甲子'，或讹一字。（同上，卷一三〇七）

(9)（宣公五年）"（《左氏》）秋九月，齐高固来逆叔姬"；"(《公羊》）秋九月，齐高固来逆子叔姬"。赵氏引："《传》：秋九月，齐高固来逆女，自为也，故书曰逆叔姬。卿自逆也。"（同上，卷一三〇九）谨案，《左氏》脱"子"字，此自传为证。

(10)（成公八年）"（《左氏》）秋七月，天子使召伯来赐公命"；"(《公羊》秋七月，天子使召伯来锡公命"；《穀梁》同《公羊》)。赵氏云："谨案，'赐''锡'音（形）相近，然古器物款识多作'锡'，则《公》、《穀》作'锡'，亦得。（同上，卷一三一〇）

(11)（襄公十一年）"（《左氏》）秋七月己未，同盟于亳城北"；"(《公羊》）秋七月己未，同盟于京城北"；(《穀梁》同《公羊》)。赵氏云："谨案，亳是宋地，去郑迂远。经文上书伐郑，下书同盟，则同盟之地当属郑邑。《公》、《穀》及服氏皆作'京城北'，于义为得，作'亳'者字之讹。《公羊古义》栋案，'京'，郑地。在荥阳。《隐元年传》谓之'京城大叔'是也。亳城无考。此传写之讹，当从《公》、《穀》是正。"(同上，卷一三一一)

(12)（襄公十六年）"（《左氏》）己未，卫侯出奔齐"；"(《公羊》）己未，卫侯衎出奔齐"；(《穀梁》同《左氏》）赵氏云："谨案，《礼记》曰：'诸侯失地名'。《左氏传》云：'定姜曰，告亡而已，无告无罪，则诸侯之策当书卫侯名为得。'《左》、《穀》或脱'衎'字。"(同上，卷一三一一)

(13)（昭公三十二年）"（《左氏》）冬，……曹人、莒人、薛人、杞人、小邾人城成周"；"(《公羊）》冬，……曹人、莒人、邾娄人、薛人、杞人、小邾娄人城成周"；"（《穀梁》）曹人、莒人、

薛人、杞人、小邾人城成周”。赵氏云：“谨案，……《左氏》‘莒人’下脱‘邾人’二字。”（同上，卷一三一一）

（14）（定公四年）“（《左氏》）夏四月庚辰，蔡公孙姓帅师灭沈，以沈子嘉归杀之”；“（《公羊》）夏四月庚辰，蔡公孙归姓帅师灭沈，以沈子嘉归杀之”；（《穀梁》同《左氏》）赵氏云：“谨案，昭公元年经：‘会于虢’，《左》、《公》、《穀》皆作‘蔡公孙归生’。此经《左》、《穀》无归字，或阙文。”（同上，卷一三一三）

（15）“‘隐三年，君氏卒。’《左氏》谓隐公母声子。《公》、《穀》‘君’皆作‘尹’，而以为周大夫。按声子当年卒于惠公娶仲子之前；周大夫如文三年之王子虎，当赴以名，皆非确诂。明季氏本云：《左·隐十一年传》：‘隐公之为公子也，与郑人战于孤壤，止焉，因之尹氏。赂尹氏而遂与归焉。’则此尹氏，郑大夫而居鲁者。有德于公，故临其丧而书卒。说有根据，实剩三传”。

（16）“‘桓二年，杞侯来朝。三年，公会杞侯于郕。’《公羊》‘杞’皆作“纪”。按《左传》‘七月，来朝，不敬；九月，入杞讨之。’不敬则当时辱之可也，而遽兴师，恐无是理。按，春秋初年，鲁、纪有婚姻，故朝会相继。纪畏齐九世之雠，处心积虑谋之，故既讬于鲁为婚姻，又托于周为婚姻，思有以自固，而不知周、鲁咸弱，不能保一小国。至庄公四年卒为强齐所灭而大去其国也。《公羊》是而《左氏》误。”

（17）“‘庄元年，单伯送王姬。’《公》、《穀》‘送’作‘逆’，按此即‘何彼禯矣’之诗所咏‘平王之孙，齐侯之子’也。周大夫有单氏后，经皆称‘子’。鲁自有单伯，是年至文公十五年，经凡四见。文公时计已百岁外，未知即此一人否。以周言，则为‘送’；以鲁言，则为‘逆’。虽皆可通，疑《公》、《穀》是而《左氏》非也。”

（18）“‘僖九年九月甲子，晋侯佹诸卒。’《公羊》作‘甲戌’。按，是月甲寅朔，甲子为十一日。经书‘戊辰诸侯盟于葵邱’，是十五日。据《左传》‘宰孔先归，遇晋侯，晋侯乃还。’则献公实卒于盟后。甲戌为二十一日，《公羊》得其实，而《左》、《穀》误也。”

(19)“‘僖九年，杀其君之子奚齐。’《公羊》‘杀’作‘弑’，是也。”

(20)“‘文十七年，葬我小君声姜。’《公羊》‘声’作‘圣’。按，‘声’、‘圣’同音，通写。据‘隐公母谥声’，或宜变异宜，《公羊》是也。”

(21)“‘成十五年，宋世子成’，《公羊》‘成’作‘戌’。‘昭公十年，宋成公卒’，同按此，宋平公也。《左氏·昭二十年传》：‘公子城’，杜预注‘平公子，若父名。’成子不应名城也，《左》、《穀》皆误。成字当作“戌”，其先世有丁公申。”

(22)“‘襄五年，救陈。’《公》、《穀》皆有莒、邾、滕、薛四国，在齐前。按此，《左氏春秋》经误脱也。”

(23)“‘襄十一年，同盟于亳城北’。《公》、《穀》‘亳’皆作‘京’。按，亳在今河南偃师县，当时为周地，去郑甚远，此京即叔段所居之京，在今河南荥阳县。‘亳’‘京’字形近而讹，《公》、《穀》是而《左氏》非也。”

(24)“‘襄十四年，卫侯出奔齐’。《公羊》‘侯’下有‘衎’字，是也。《左传》脱误。杜注非是。”

(25)“‘昭三十二年，城成周。’《公》、《穀》‘莒人’下有‘邾人’。《左氏》经脱误也。”

(26)“‘定四年，蔡公孙姓’《公羊》作‘公孙，归姓’。案，‘昭元年，会虢’，三家皆作‘蔡公孙归生。’‘生’、‘姓’周声通写，《左》无归字，脱也。”

以上二十余例，皆可见古文的《左》、《穀》讹误并不少，古文未必为真古本矣。

附：

《春秋》今古文异同表

| 《春秋》 | 《左传》 | 《公羊》 | 《穀梁》 |
| --- | --- | --- | --- |
| (隐公元年) 公及邾仪父盟于蔑 | 公及邾仪父盟于蔑 | 盟于眛 | 盟于眛 |
| (二年) 无骇帅师入极 | 司空无骇入极 | 无骇 | 无侅 |
| 九月，纪裂繻来逆女 | 九月，纪裂繻来逆女 | 纪履緰 | 纪履緰 |
| 纪子帛莒子盟于密 | 纪子帛莒子盟于密 | 纪子伯 | 纪子伯 |
| (三年) 夏四月辛卯，君氏卒 | 夏，君氏卒 | 尹氏卒 | 尹氏卒 |
| 癸未，葬宋穆公 | 八月庚辰宋穆公卒 | 葬宋缪公 | 葬宋缪公 |
| (四年) 卫州吁弑其君完 | 卫州吁弑桓公而立 | 卫州吁 | 卫祝吁 |
| 卫人杀州吁于濮 | 丑莅杀州吁于濮 | 杀州吁 | 杀祝吁 |
| (五年) 春，公矢鱼于棠 | 春，公将如棠观鱼 | 观鱼于棠 | 观鱼于棠 |
| 秋，卫师入郕 | 卫师入郕 | 卫师入盛 | 卫师入郕 |
| (六年) 春，郑人来渝平 | 郑人来渝平 | 输平 | 输平 |
| (八年) 三月，郑伯使宛来归祊 | 郑伯使宛来归祊 | 归邴 | 归邴 |
| 公及莒人盟于浮来 | 公及莒人盟于浮来 | 盟于包来 | 盟于包来 |

续表

| 《春秋》 | 《左传》 | 《公羊》 | 《穀梁》 |
| --- | --- | --- | --- |
| 无骇卒 | 无骇卒 | 无骇 | 无侅 |
| (九年) 挟卒 | | 侠卒 | 侠卒 |
| 冬，公会齐侯于防。 | 公会齐侯于防 | 于邴 | 于防 |
| (十年) 宋人、蔡人、卫人伐戴 | 伐戴 | 伐载 | 伐载 |
| 齐人、郑人入郕 | 入郕 | 入盛 | 入郕 |
| (十一年) 夏，公会郑伯于时来 | 会郑伯于郲 | 夏五月，公会郑伯于祁黎 | 夏五月，公会郑伯于时来 |
| (桓公二年) 秋七月，杞侯来朝 | 杞侯来朝 | 纪侯来朝 | 纪侯来朝 |
| (三年) 六月，公会杞侯于郕 | 公会杞侯于欢，杞求成也 | 会纪侯于盛 | 会杞侯于郕 |
| (五年) 天王使仍叔之子来聘 | | 仍叔之子 | 任叔之子 |
| 螽 | | 螽 蛛 | 螽 |
| (六年) 夏四月，公会纪侯于成 | 夏，会于成 | 公会纪侯于成 | 公会纪侯于郕 |
| (十一年) 公会宋公于夫钟 | | 于夫童 | 于夫钟 |
| (十二年) 公会杞侯、莒子盟于曲池 | 夏，盟于曲池 | 盟于殴蛇 | 盟于曲池 |
| 公会宋公于虚 | 又会于虚 | 于郯 | 于虚 |
| (十四年) 郑伯使其弟语来盟 | 郑子人来寻盟 | 语来盟 | 御来盟 |

续表

| 《春秋》 | 《左传》 | 《公羊》 | 《穀梁》 |
| --- | --- | --- | --- |
| 宋人以齐人、蔡人、卫人、陈人伐郑 | 宋人以诸侯伐郑 | 齐人，卫人，蔡人、陈人 | 齐人、蔡人、卫人、陈人 |
| (十七年）公会邾仪父，盟于趡 | 乃邾仪父盟于趡 | 公及邾娄仪父盟于趡 | 公及邾仪父盟于趡 |
| 夏五月丙午，及齐师战于奚 | 夏，及齐师战于奚 | 五月丙午，及齐师战于奚 | 及齐师战于郎 |
| (十八年）公与夫人姜氏遂如齐 | 公将有行，遂与姜氏如齐 | 公夫人姜氏 | 公与夫人姜氏 |
| (庄公元年）夏，单伯送王姬 | | 单伯逆王姬 | 单伯逆王姬 |
| (二年）夫人姜氏会齐侯于禚 | 冬，夫人姜氏会齐侯于禚 | 会齐侯于郜 | 会齐侯于禚 |
| (三年）冬，公次于滑。 | 冬，公次于滑 | 公次于郎 | 公次于郎 |
| (四年）夫人姜氏享齐侯于祝丘 | | 飨齐侯 | 飨齐侯 |
| 冬，公及齐人狩于禚 | | 狩于郜 | 狩于郜 |
| (五年）秋，郳犁来来朝 | 郳犁来来朝 | 倪黎来来朝 | 郳黎来来朝 |
| (六年）春王正月，王人子突救卫 | 春，王人救卫 | 王三月，王人子突救卫 | 王三月，王人子突救卫 |
| 冬，齐人来归卫俘 | 齐人来归卫宝 | 齐人来归卫宝 | 齐人来归卫宝 |
| (七年）夏四月辛卯，夜，恒星不见。夜中，星陨如雨 | 夏，恒星不见 | 夜，恒星不见，夜中，星陨如雨 | 辛卯昔，恒星不见 |

续表

| 《春秋》 | 《左传》 | 《公羊》 | 《穀梁》 |
| --- | --- | --- | --- |
| （八年）甲午，治兵 | 春，治兵于庙 | 甲午，祠兵 | 甲午，治兵 |
| 夏，师及齐师围郕，郕降于齐师 | 围郕。郕降于齐师 | 围城，成降于齐师 | 围郕。郕降于齐师 |
| （九年）公及齐大夫盟于既 | 盟于既 | 盟于暨 | 盟于暨 |
| 夏，公伐齐纳子纠 | 公伐齐，纳子纠 | 公伐齐纳纠 | 公伐齐纳纠 |
| （十年）以蔡侯献舞归 | 以蔡侯献舞归 | 以蔡侯献舞归 | 以蔡侯献武归 |
| （十二年）八月甲午，宋万弑其君捷 | 宋万弑闵公于蒙泽 | 弑其君接 | 弑其君捷 |
| （十三年）春，齐侯、宋人、陈人、蔡人、邾人会于北杏 | 春，会于北杏，以平宋乱 | 齐侯、宋人、陈人、蔡人、邾娄人会于北杏 | 齐人、宋人、陈人、蔡人、邾人会于北杏 |
| （十五年）秋，宋人、齐人、邾人伐郳 | 秋，诸侯为宋伐郳 | 宋人，齐人、邾娄人伐儿 | 宋人、齐人、邾人伐郳 |
| （十六年）冬十有二月，会齐侯、宋公、陈侯、卫侯、郑伯、许男、滑伯、滕子同盟于幽 | 冬，同盟于幽，郑成也 | 公会齐侯、宋公、陈侯、卫侯、郑伯、许男、曹伯、滑伯、滕子同盟于幽 | 会齐侯、宋公、陈侯、卫侯、郑伯、许男、曹伯、滑伯、滕子，同盟于幽 |
| （十七年）春，齐人执郑詹 | 齐人执郑詹 | 齐人执郑瞻 | 齐人执郑詹 |
| 夏，齐人歼于遂 | ……齐人歼焉 | 瀐于遂 | 歼于遂 |

续表

| 《春秋》 | 《左传》 | 《公羊》 | 《穀梁》 |
|---|---|---|---|
| 秋，郑詹自齐逃来 | | 郑瞻自齐逃来 | 郑詹自齐逃来 |
| （二十年）冬，齐人伐戎 | | 齐人伐戎 | 齐人伐我 |
| （廿二年）春王正月，肆大眚 | | 肆大省 | 肆大眚 |
| 陈人杀其公子御寇 | 陈人杀其大子御寇 | 陈人杀其公子御寇 | 陈人杀其公子御寇 |
| （廿六年）春，公伐戎 | | 公伐戎 | 春，公伐戎 |
| （廿八年）公会齐人、宋人救郑 | | 公会齐人、宋人、邾娄人救郑 | 公会齐人、宋人救郑 |
| 冬，筑郿（麋） | 筑郿 | 筑微 | 筑微 |
| （三十年）夏，次于成 | | 师次于成 | 师次于成 |
| （三十二年）春，城小穀 | 春，城小穀 | 春，城小穀 | 春，城小穀 |
| 冬十月己未，子般卒 | 冬十月己未，共仲使圉人荦贼子般于党氏 | 冬十月乙未，子般卒 | 冬十月乙未，子般卒 |
| （闵公元年）秋八月，公及齐侯盟于落姑 | 盟于落姑 | 盟于洛姑 | 盟于洛路 |
| （僖公元年）夏六月，邢迁于夷仪 | 夏，邢迁夷仪 | 邢迁于陈仪 | 邢迁于夷仪 |
| 八月，公会齐侯、宋公、郑伯、曹伯、邾人于柽 | 盟于荦 | 于朾 | 于柽 |

续表

| 《春秋》 | 《左传》 | 《公羊》 | 《穀梁》 |
|---|---|---|---|
| 九月，公败邾师于偃 | 九月，公败邾师于偃 | 公败邾娄师于缨 | 公败邾师于偃 |
| 冬十月壬午，公子友帅师败莒于郦。获莒拏 | 公子友败诸郦，获莒子之弟拏 | 公子友帅师败莒师于犁，获莒挐 | 公子友帅师败莒师于丽，获莒挐 |
| (二年) 虞师、晋师灭下阳 | 晋里克、荀息帅师会虞师伐虢，灭下阳 | 虞师，晋师灭夏阳 | 虞师、晋师灭夏阳 |
| 秋九月，齐侯、宋公、江人、黄人盟于贯 | 秋，盟于贯 | 盟于贯泽 | 盟于贯 |
| (三年) 冬，公子友如齐位盟 | 冬，公子友如齐位盟 | 如齐莅盟 | 如齐莅盟 |
| (四年) 齐人执陈辕涛涂 | 执辕涛涂 | 执陈袁涛涂 | 执陈袁涛涂 |
| 葬许穆公 | 许穆公卒于师，葬之以侯 | 葬许缪公 | 葬许穆公 |
| 冬十有二月，公孙兹帅师会齐人、宋人、卫人、郑人、许人、曹人侵陈 | 冬，叔孙戴伯帅师，会诸侯之师侵陈 | 公孙慈帅师 | 公孙兹帅师 |
| (五年) 公及齐侯、宋公、陈侯、卫侯、郑伯、许男、曹伯会王世子于首止 | 会于首止 | 会王世子于首戴 | 会王世子于首戴 |
| (七年) 秋七月，公会齐侯、宋公、陈世子款、郑世子华盟于宁母 | 秋，盟于宁母 | 盟于宁毋 | 盟于宁母 |

续表

| 《春秋》 | 《左传》 | 《公羊》 | 《穀梁》 |
| --- | --- | --- | --- |
| 曹伯班卒 | | 曹伯般卒 | 曹伯班卒 |
| （八年）春王正月，公会王人、齐侯、宋公、卫侯、许男、曹伯、陈世子款盟于洮 | 春，盟于洮 | ……陈世子款、郑世子华盟于洮 | ……陈世子款，盟于洮 |
| （九年）春王三月丁丑，宋公御说卒 | 春，宋桓公卒 | 宋公御说卒 | 宋公御说卒 |
| 甲子，晋侯佹诸卒 | 九月，晋献公卒 | 甲戌，晋侯诡诸卒 | 甲子，晋侯诡诸卒 |
| 冬，晋里奚克杀其君之子奚齐 | 冬十月，里克杀奚齐于次 | 晋里克弑其君之子奚齐 | 晋里克杀其君之子奚齐 |
| （十年）晋里克弑其君卓及其大夫荀息 | | 弑其君卓子及其大夫荀息 | 弑其君卓及其大夫荀息 |
| 冬，大雨雪 | | 冬，大雨雹 | 冬，大雨雪 |
| （十一年）春。晋杀其大夫平郑 | 晋侯使以平郑之乱来告 | 晋杀其大夫丕郑父 | 晋杀其大夫丕郑父 |
| （十二年）冬十有二月丁丑，陈侯杵臼卒 | | 陈侯处臼卒 | 陈侯杵臼卒 |
| （十四年）夏六月，季姬及鄫子遇于防。使鄫子来朝 | 鄫季姬来宁……以鄫子之不朝也……而使来朝 | 季姬及鄫子遇于防，使鄫子来朝 | 季姬及缯子遇于防，使缯子来朝 |
| （十五年）公孙敖帅师及诸侯之大夫救徐 | | 公孙敖率师 | 公孙敖帅师 |

续表

| 《春秋》 | 《左传》 | 《公羊》 | 《穀梁》 |
| --- | --- | --- | --- |
| (十六年）春王正月戊申朔，陨石于宋五 | 春，陨石于宋五 | 霣石于宋五 | 陨石于宋五 |
| 是月，六鹢退飞过宋都 | 六鹢退飞过宋都 | 六鹢退飞过宋都 | 六鶂退飞过宋都 |
| (十八年）春王正月，宋公、曹伯、卫人、邾人伐齐 | 春，宋襄公以诸侯伐齐 | 宋公会曹伯、卫人、邾娄人伐齐 | 宋公、曹伯、卫人、邾人伐齐 |
| (十九年）夏六月，宋公、曹人、邾人盟于曹南 | | 宋人、曹人、邾娄人 | 宋公、曹人、邾人 |
| 鄫子会盟于邾 | | 鄫子会于邾娄 | 缯子会盟于邾 |
| 冬，会陈人、蔡人、楚人、郑人盟于齐 | 冬，盟于齐 | 公会陈人、蔡人、楚人、郑人 | 会陈人、蔡人、楚人、郑人 |
| (廿一年）秋，宋公、楚子、陈侯、蔡侯、郑伯、许男、曹伯会于盂 | 秋，诸侯会宋公于盂 | 会于霍 | 会于雩 |
| (廿二年）春，公伐邾，取须句 | 春，伐邾，取须句 | 公伐邾娄，取须朐 | 公伐邾，取须句 |
| (廿三年）春，齐侯伐宋，围缗 | 春，齐侯伐宋，围缗 | 齐侯伐宋，围缗 | 齐侯伐宋，围闵 |
| 夏五月庚寅，宋公兹父卒 | 夏五月，宋襄公卒 | 宋公慈父卒 | 宋公兹父卒 |
| (廿六年）春王正月，己未，公会莒子、卫宁速盟于向 | 春，王正月，公会莒兹、卫宁庄子盟于向 | 公会莒子、卫宁漱盟于向 | 公会莒子、卫宁速，盟于向 |

续表

| 《春秋》 | 《左传》 | 《公羊》 | 《穀梁》 |
| --- | --- | --- | --- |
| 齐人侵我西鄙，公追齐师，至巂，不及 | | 公追齐师至巂，弗及 | 公追齐师，至巂，弗及 |
| 秋，楚人灭夔，以夔子归 | 楚成得臣、斗宜申帅师灭夔，以夔子归 | 楚人灭隗，以隗子归 | 楚人灭夔，以夔子归 |
| (廿八年) 冬，公会晋侯、齐侯、宋公、蔡侯、郑伯、陈子、莒子、邾人、秦人于温 | 冬，会于温 | 公会晋侯、齐侯、宋公、蔡侯、郑伯、陈子、莒子、邾娄子、秦人于温 | 公会晋侯、宋公、蔡侯、郑伯、陈子、莒子、邾子、秦人于温 |
| 天王狩于河阳 | 天王狩于河阳 | 天王狩河阳 | 天王守于河阳 |
| (廿九年) 夏六月，会王人、晋人、宋人、齐人、陈人、蔡人、秦人盟于翟泉 | 夏，公会王子虎、晋狐偃、宋公孙固、齐国归父、陈辕涛涂、秦小子憖，盟于翟泉 | 盟于狄泉 | 盟于翟泉 |
| (三十二年) 夏四月己丑，郑伯捷卒 | | 郑伯接卒 | 郑伯捷卒 |
| (三十三年) 夏四月辛巳，晋人及姜戎败秦师于殽 | 夏四月辛巳，败秦师于殽 | 晋人及姜戎败秦于殽 | 晋人及姜戎败秦师于殽 |
| 公伐邾，取訾娄 | 公伐邾，取訾娄 | 公伐邾娄，取丛 | 公伐邾，取訾楼 |
| 陨霜不杀草 | | 賈霜不杀草 | 陨霜不杀草 |
| (？文公元年) 二月癸亥，日有食之 | | 二月癸亥朔，日有食之 | 二月癸亥，日有食之 |

续表

| 《春秋》 | 《左传》 | 《公羊》 | 《穀梁》 |
| --- | --- | --- | --- |
| 冬十月丁未，楚世子商臣弑其君頵 | | 楚世子商臣弑其君髡 | 楚世子商臣弑其君髡 |
| (二年)夏六月，公孙敖会宋公、陈侯、郑伯、晋士縠盟于垂陇 | 六月，穆伯会诸侯及晋司空士縠盟于垂陇 | 盟于垂敛 | 盟于垂敛 |
| (三年)晋阳处父帅师伐楚以救江 | 晋阳处父伐楚以救江 | 晋阳处父帅师伐楚救江 | 晋阳处父帅师伐楚救江 |
| (五年)三月辛亥，葬我小君成风。王使召伯来会葬 | 召昭公来会葬 | 王使召伯来会葬 | 王使毛伯来会葬 |
| (六年)八月乙亥，晋侯欢卒 | 八月乙亥，晋襄公卒 | 晋侯欢卒 | 晋侯驩卒 |
| 晋狐射姑出奔狄 | 贾季奔狄 | 晋狐射姑出奔狄 | 晋狐夜姑出奔狄 |
| (七年)三月甲戌，取须句 | 三月甲戌，取须句 | 取须朐 | 取须句 |
| 夏四月，宋公王臣卒 | 夏四月，宋成公卒 | 宋公王臣卒 | 宋公壬臣卒 |
| 戊子，晋人及秦人战于令狐。晋先蔑奔秦 | 己丑，先蔑奔秦 | 晋先眜以师奔秦 | 晋先蔑奔秦 |
| (八年)乙酉，公子遂会洛戎盟于暴 | | 公子遂会伊雒戎盟于暴 | 公子遂会雒戎，盟于暴 |
| 公孙敖如京师，不至而复。丙戌，奔莒 | | 公孙敖如京师，不至复。丙戌，奔莒 | 公孙敖如京师，不至而复。丙戌，奔莒 |

续表

| 《春秋》 | 《左传》 | 《公羊》 | 《穀梁》 |
| --- | --- | --- | --- |
| （九年）冬，楚子使椒来聘 | 冬，楚子越椒来聘 | 楚子使椒来聘 | 楚子使萩来聘 |
| （十年）楚子、蔡侯次于厥貉 | 冬，遂及蔡侯次于厥貉 | 楚子、蔡侯次于屈貉 | 楚子、蔡侯次于厥貉 |
| （十一年）春，楚子伐麇 | 春，楚子伐麇 | 楚子伐圈 | 楚子伐麇 |
| （十二年）春王正月，郕伯来奔 | 春，郕伯卒，郕人立君。大子以夫钟与郕邽来奔 | 盛伯来奔 | 郕伯来奔 |
| 秦伯使术来聘 | 秦伯使西乞术来聘 | 秦伯使遂来聘 | 秦伯使术来聘 |
| 季孙行父帅师城诸及郓 | 城诸及郓 | 季孙行父帅师城诸及运 | 季孙行父帅师，城诸及郓 |
| （十三年）邾子蘧蒢卒 | 五月，邾文公卒 | 邾娄子蘧篨卒 | 邾子蘧篨卒 |
| 大室屋坏 | | 世室屋坏 | 大室屋坏 |
| 冬，公如晋。卫侯会公于沓 | 冬，公如晋，朝，且寻盟。卫侯会公于沓 | 冬，公如晋。卫侯会于沓 | 冬，公如晋。卫侯会公于沓 |
| （十四年）晋人纳捷菑于邾。弗克纳 | 晋赵盾以诸侯之师八百乘纳捷菑于邾 | 晋人纳接菑于邾娄，弗克纳 | 晋人纳捷菑于邾。弗克纳 |
| （十六年）六月戊辰，公子遂及齐侯盟于郪丘 | 公使襄仲纳赂于齐侯，故盟于郪丘 | 公子遂及齐侯盟于犀丘 | 公子遂及齐侯盟于师丘 |

续表

| 《春秋》 | 《左传》 | 《公羊》 | 《穀梁》 |
| --- | --- | --- | --- |
| 冬十有一月，宋人弑其君杵臼 | 十一月甲寅，宋昭公将田孟诸，未至，夫人王姬使帅甸攻而杀之 | 宋人弑其君处臼 | 宋人弑其君杵臼 |
| （十七年）夏四月癸亥，葬我小君声姜 | 夏四月癸亥，葬声姜 | 葬我小君圣姜 | 葬我小君声姜 |
| （宣公元年）宋公、陈侯、卫侯、曹伯会晋师于棐林，伐郑 | 会于棐林，以伐郑也 | 会晋师于斐林，伐郑 | 会晋师于棐林，伐郑 |
| 冬，晋赵穿帅师侵崇 | 冬，赵穿侵崇 | 晋赵穿帅师侵柳 | 晋赵穿帅师侵崇 |
| （二年）秋九月乙丑，晋赵盾弑其君夷皋 | 赵穿攻灵公于桃园。宣子未出山而复，大史书曰“赵盾弑其君”。 | 晋赵盾弑其君夷獆 | 晋赵盾弑其君夷皋 |
| （三年）楚子伐陆浑之戎 | 楚子伐陆浑之戎 | 楚子伐贲浑戎 | 楚之伐陆浑戎 |
| 葬郑穆公 | | 葬郑缪公 | 葬郑穆公 |
| （五年）秋九月，齐高固来逆叔姬 | 齐高固来逆女 | 齐高固来逆子叔姬 | 齐高固来逆子叔姬 |
| （八年）戊子，夫人嬴氏薨 | | 夫人熊氏薨 | 夫人熊氏薨 |
| 楚人灭舒蓼 | 楚为众舒叛，故伐舒蓼，灭之 | 楚人灭舒蓼 | 楚人灭舒鄝 |

续表

| 《春秋》 | 《左传》 | 《公羊》 | 《穀梁》 |
|---|---|---|---|
| 冬十月己丑，葬我小君敬嬴 | 冬，葬敬嬴 | 葬我小君顷熊 | 葬我小君顷熊 |
| （十年）公孙归父帅师伐邾，取绎 | 师伐邾，取绎 | 公孙归父帅师伐邾娄，取蘱 | 公孙归父帅师伐邾，取绎 |
| （十一年）夏，楚子、陈侯、郑伯盟于辰陵 | 夏，楚盟于辰陵，陈、郑服也 | 盟于辰陵 | 盟于夷陵 |
| 丁亥，楚子入陈。纳公孙宁、仪行父于陈 | 书曰：楚子入陈，纳公孙宁、仪行父于陈 | 纳公孙宁、仪行父于陈 | 纳公孙宁、仪行父于陈 |
| （十三年）春，齐师伐莒 | 春，齐师伐莒 | 齐师伐卫 | 齐师伐莒 |
| 冬，晋杀其大夫先縠 | 晋人讨邲之败……归罪于先縠而杀之 | 晋杀其大夫先縠 | 晋杀其大夫先縠 |
| （十五年）仲孙蔑会齐高固于无娄 | | 仲孙蔑会齐高固于牟娄 | 仲孙蔑会齐高固于无娄 |
| （十六年）夏，成周宣榭火 | 夏，成周宣榭火 | 夏，成周宣谢灾 | 成周宣榭灾 |
| （十八年）秋七月，邾人伐鄫子于鄫 | 秋，邾人戕鄫子于鄫 | 邾娄人戕鄫子于鄫 | 邾人戕缯子于缯 |
| 甲戌，楚子旅卒 | 楚庄王卒 | 楚子旅卒 | 楚子吕卒 |
| 归父还自晋，至笙。遂奔齐 | 及笙……遂奔齐 | 至柽，遂奔齐 | 至柽，遂奔齐 |
| （成公元年）秋，王师败绩于茅戎 | 秋，王人来告败 | 王师败绩于贸戎 | 王师败绩于贸戎 |
| （二年）……曹公子首…… | | 曹公子手 | 曹公子手 |

续表

| 《春秋》 | 《左传》 | 《公羊》 | 《穀梁》 |
| --- | --- | --- | --- |
| 秋七月，齐侯使国佐如师。己酉，及国佐盟于袁娄 | 秋七月，晋师及齐国佐盟于爰娄 | 盟于袁娄 | 盟于爰娄 |
| 庚寅，卫侯速卒 | | 卫侯漱卒 | 卫侯速卒 |
| (成公三年) 辛亥，葬卫穆公 | | 葬卫缪公 | 葬卫穆公 |
| 晋郄克、卫孙良夫伐啬咎如 | 晋郄克、卫孙良夫伐啬咎如 | 伐将咎如 | 伐牆咎如 |
| (四年) 三月壬申，郑伯坚卒 | | 郑伯臤卒 | 郑伯贤卒 |
| (五年) 夏，叔孙侨如会晋荀首于谷 | 夏，晋荀首如齐逆女，故宣伯餫诸谷 | 叔孙侨如会晋荀秀于谷 | 叔孙侨如会晋荀首于谷 |
| (六年) 晋栾书帅师救郑 | 晋栾书救郑 | 晋栾书率师侵郑 | 晋栾书帅师救郑 |
| (八年) 秋七月，天子使召伯来赐公命 | 秋，召桓公来赐公命 | 天子使召伯来锡公命 | 天子使召伯来锡公命 |
| (十年) 冬十月 | | 无“冬十月”三字 | 冬十月 |
| (十一年) 晋侯使郄犨来聘，己丑，及郄犨盟 | 郄犨来聘，且莅盟 | 晋侯使郄州来聘。己丑，及郄州盟。 | 晋侯使郄犨来聘。己丑，及郄犨盟 |
| (十二年) 夏，公会晋侯、卫侯于琐泽 | | 公会晋侯、卫侯于沙泽 | 公会晋侯、卫侯于琐泽 |
| (十三年) 曹伯卢卒于师 | 曹宣公卒于师 | 曹伯庐卒于师 | 曹伯庐卒于师 |

续表

| 《春秋》 | 《左传》 | 《公羊》 | 《穀梁》 |
|---|---|---|---|
| （十五年）癸丑，公会晋侯、卫侯、郑伯、曹伯、宋世子成、齐国佐，邾人同盟于戚 | | ……邾娄人同盟于戚 | ……邾人同盟于戚 |
| （十六年）九月，晋人执季孙行父，舍之于苕丘 | 九月，晋人执季文子于苕丘 | 晋人执季孙行父，舍之于招丘 | 晋人执季孙行父，舍之于苕丘 |
| （十七年）春，卫北宫括帅师侵郑 | 卫北宫括救晋，侵郑 | 卫北宫结率师侵郑 | 卫北宫括帅师侵郑 |
| 壬申，公孙婴卒于狸脤 | 壬申，（声伯）至于狸脤……之莫而卒 | 公孙婴齐卒于狸轸 | 公孙婴齐卒于狸蜃 |
| （十八年）晋侯使士鲂来乞师 | 晋士鲂来乞师 | 晋侯使士彭来乞师 | 晋侯使士鲂来乞师 |
| （襄公元年）夏，晋韩厥帅师伐郑 | | 晋韩屈帅师伐郑 | 晋韩厥帅师伐郑 |
| 仲孙蔑会齐崔杼、曹人、邾人、杞人次于鄫 | 东诸侯之师次于鄫，以待晋师 | ……邾娄人、杞人次于合 | ……邾人、杞人，次于鄫 |
| （四年）秋七月戊子，夫人姒氏薨 | 秋，定姒薨 | 夫人弋氏薨 | 夫人姒氏薨 |
| 八月辛亥，葬我小君定姒 | | 葬我小君定弋 | 葬我小君定姒 |
| （五年）仲孙蔑、卫孙林父会吴于善道 | 孟献子、孙文子会吴于善道 | 会吴于善稻 | 会吴于善稻 |

续表

| 《春秋》 | 《左传》 | 《公羊》 | 《穀梁》 |
| --- | --- | --- | --- |
| 公会晋侯、宋公、卫侯、郑伯、曹伯、齐世子光救陈 | 冬，诸侯戍陈……十一月甲午，会于城棣以救之 | 公会晋侯、宋公、卫侯、郑伯、曹伯、莒子、邾娄子、滕子、薛伯、齐世子光救陈 | 公会晋侯、宋公、卫侯、郑伯、曹伯、莒子、邾子、滕子、薛伯、齐世子光，救陈 |
| (七年)郑伯髡顽如会，未见诸侯，丙戌，卒于鄵 | 郑僖公……及鄵，子驷使贼夜弑僖公 | 郑伯髡原如会，未见诸侯，丙戌卒于操 | 郑伯髡原如会，未见诸侯；丙戌，卒于操 |
| (八年)郑人侵蔡，获蔡公子燮 | 郑子国、子耳侵蔡，获蔡司马公子燮 | 郑人侵蔡，获蔡公子燮 | 郑人侵蔡，获蔡公子湿 |
| (九年)春，宋灾 | 春，宋灾 | 春，宋火 | 九年春，宋灾 |
| 秋八月癸未，葬我小君穆姜 | | 葬我小君缪姜 | 葬我小君穆姜 |
| (十年)夏五月甲午，遂灭逼阳 | 五月庚寅，荀偃、士匄帅卒攻逼阳，亲受矢石。甲午，灭之 | 遂灭逼阳 | 遂灭傅阳 |
| 冬，盗杀郑公子騑、公子发、公孙辄 | 尉止……帅贼以入，晨攻执政于西宫之朝，杀子驷、子国、子耳 | 盗杀郑公子斐…… | 盗杀郑公子斐…… |
| (十一年)秋七月己未，同盟于亳城北 | 秋七月，同盟于亳 | 同盟于京城北 | 同盟于京城北 |
| (十二年)春王二月，莒人伐我东鄙，围台 | 春，莒人伐我东鄙，围台 | 春王三月，莒人伐我东鄙，围台 | 王三月，莒人伐我东鄙，围邰 |

续表

| 《春秋》 | 《左传》 | 《公羊》 | 《穀梁》 |
| --- | --- | --- | --- |
| 季孙宿帅师救台，遂入郓 | 季武子救台，遂入郓 | 季孙宿帅师救台，遂入运 | 季孙宿帅师救邰，遂入郓 |
| 夏，晋侯使士鲂来聘 | 夏，晋士鲂来聘 | 晋侯使士彭来聘 | 晋侯使士鲂来聘 |
| （十三年）夏，取邿 | 夏，邿乱，分为三。师救邿，遂取之 | 夏，取诗 | 夏，取邿 |
| （十四年）春王正月，季孙宿、叔老会晋士匄、齐人、宋人、卫人、郑公孙虿、曹人、莒人、邾人、滕人、薛人、杞人、小邾人会吴于向 | 春，吴告败于晋。会于向 | 季孙宿、叔老会晋士匄、齐人、宋人、卫人、郑公孙囆、曹人、莒人、邾娄人、滕人、薛人、杞人、小邾娄人会吴于向 | 季孙宿，叔老会晋士匄、齐人、宋人、卫人、郑公孙虿、曹人、莒人、邾人、滕人、薛人、杞人、小邾人，会吴于向 |
| 己未，卫侯出奔齐 | 四月己未，子展奔齐 | 卫侯衎出奔齐 | 卫侯出奔齐 |
| （十七年）春王二月庚午，邾子卒 | | 邾娄子瞷卒 | 邾子瞷卒 |
| 秋，齐侯伐我北鄙，围桃 | 秋，齐侯伐我北鄙，围桃 | 齐侯伐我北鄙，围洮 | 齐侯伐我北鄙，围桃 |
| 高厚帅师伐我北鄙，围防 | 高厚围臧纥于防 | 齐高厚帅师伐我北鄙，围防 | 齐高厚帅师伐我北鄙，围防 |
| （十八年）秋，齐师伐我北鄙 | 秋，齐侯伐我北鄙 | 齐师伐我北鄙 | 齐侯伐我北鄙 |
| （十九年）春王正月，诸侯盟于祝柯 | 春，诸侯还自沂上，盟于督扬 | 诸侯盟于祝阿 | 诸侯盟于祝柯 |

续表

| 《春秋》 | 《左传》 | 《公羊》 | 《穀梁》 |
| --- | --- | --- | --- |
| 秋七月辛卯，齐侯环卒 | 夏五月壬辰晦，齐灵公卒 | 七月辛卯，齐侯瑗卒 | 七月辛卯，齐侯环卒 |
| 郑杀其大夫公子嘉 | 甲辰，子展、子西率国人伐之，杀子孔而分其室 | 郑杀其大夫公子喜 | 郑杀其大夫公子嘉 |
| （廿年）春王正月辛亥，仲孙速会莒人盟于向 | 孟庄子会莒人，盟于向 | 仲孙遬会莒人盟于向 | 仲孙速会莒人，盟于向 |
| 蔡杀其大夫公子燮 | 公子燮求从先君以利蔡，不能而死 | 蔡杀其大夫公子燮 | 蔡杀其大夫公子湿 |
| 陈侯之弟黄出奔楚 | （陈）公子黄出奔楚 | 陈侯之弟光出奔楚 | 陈侯之弟光出奔楚 |
| （廿一年）公会晋侯、齐侯、宋公、卫侯、郑伯、曹伯、莒子、邾子于商任。 | 会于商任，锢栾氏也 | 公会晋侯、齐侯、宋公、卫侯、郑伯、曹伯、莒子、邾娄子于商任 | 公会晋侯、齐侯、宋公、卫侯、郑伯、曹伯、莒子、邾子于商任 |
| （廿二年）冬，公会晋侯、齐侯、宋公、卫侯、郑伯、曹伯、莒子、邾子、薛伯、杞伯、小邾子于沙随 | 冬，会于沙随 | 公会晋侯、齐侯、宋公、卫侯、郑伯、曹伯、莒子、邾娄子、滕子、薛伯、杞伯、小邾娄子于沙随 | 公会晋侯、齐侯、宋公、卫侯、郑伯、曹伯、莒子、邾子、滕子、薛伯、杞伯、小邾子于沙随 |
| （廿三年）夏，邾畀我来奔 | | 邾娄鼻我来奔 | 邾畀我来奔 |

续表

| 《春秋》 | 《左传》 | 《公羊》 | 《穀梁》 |
| --- | --- | --- | --- |
| 八月，叔孙豹帅师救晋次于雍榆 | 叔孙豹帅师救晋次于雍榆 | 叔孙豹帅师救晋，次于雍渝 | 叔孙豹帅师救晋，次于雍渝 |
| (廿五年) 公会晋侯、宋公、卫侯、郑伯、曹伯、莒子、邾子、滕子、薛伯、杞伯、小邾子于夷仪 | 晋侯济自泮，会于夷仪 | 公会晋侯、宋公、卫侯、郑伯、曹伯、莒子、邾娄子、滕子、薛伯、杞伯、小邾娄子于陈仪 | 公会晋侯、宋公、卫侯、郑伯、曹伯、莒子、邾子、滕子、薛伯、杞伯、小邾子于夷仪 |
| 冬，郑公孙夏帅师伐陈 | 冬十月，子展相郑伯如晋……子西复伐陈 | 冬，郑公孙囆帅师伐陈 | 郑公孙夏帅师伐陈 |
| 十有二月，吴子遏伐楚 | | 吴子谒伐楚 | 吴子谒伐楚 |
| (廿六年) 秋，宋公弑其世子痤 | (宋) 大子痤……乃缢而死 | 宋公杀其世子痤 | 宋公杀其世子座 |
| (廿七年) 夏，叔孙豹会晋赵武、楚屈建、蔡公孙归生、卫石恶、陈孔奂、郑良霄、许人、曹人于宋 | | 叔孙豹会……陈孔瑗、郑良霄、许人、曹人于宋 | 叔孙豹会……陈孔奂、郑良霄、许人、曹人于宋 |
| 卫侯之弟鱄出奔晋 | | 卫侯之弟鱄出奔晋 | 卫侯之弟专出奔晋 |
| (廿九年) 仲孙羯会晋荀盈、齐高止、宋华定、卫世叔仪、郑公孙段、曹人、莒人、滕子、薛人、小邾人城杞 | | 仲孙羯会晋荀盈、齐高止、宋华定、卫世叔齐、郑公孙段、曹人、莒人、邾娄人、滕人、薛人、小邾娄人城杞 | 仲孙羯会晋荀盈、齐高止、宋华定、卫世叔仪、郑公孙段、曹人、莒人、邾人、滕人、薛人、小邾人、城杞 |

续表

| 《春秋》 | 《左传》 | 《公羊》 | 《穀梁》 |
| --- | --- | --- | --- |
| (三十年) 王正月，楚子使薳罢来聘 | 楚子使薳罢来聘 | 楚子使薳颇来聘 | 楚子使薳罢来聘 |
| 五月甲午。宋灾。宋伯姬卒 | 甲午，宋大灾。宋伯姬卒 | 宋灾，伯姬卒 | 宋灾。伯姬卒 |
| 天王杀其弟佞夫 | 五月癸巳，尹言多、刘毅、单蔑、甘过、巩成杀佞夫 | 天王杀其弟年夫 | 天王杀其弟佞夫 |
| 秋七月，叔弓如宋，葬宋共姬 | 秋七月，叔弓如宋，葬共姬 | 叔弓如宋葬宋共姬 | 叔弓如宋，葬共姬 |
| (昭公元年) 叔孙豹会晋赵武、楚公子围、齐国弱、宋向戌、卫齐恶、陈公子招、蔡公孙归生、郑罕虎、许人、曹人于虢 | 正月乙未……遂会于虢 | 叔孙豹会晋赵武、楚公子围、齐国酌、宋向戌、卫石恶、陈公子招、蔡公孙归生、郑轩虎、许人、曹人于漷 | 叔孙豹会晋赵武、楚公子围、齐国弱、宋向戌、卫齐恶、陈公子招、蔡公孙归生、郑罕虎、许人、曹人于郭 |
| 三月，取郓 | 季武子伐莒，取郓 | 三月取运 | 三月，取郓 |
| 晋荀吴帅师败狄于大卤 | 晋中行穆子败无终及群狄于大原 | 晋荀吴帅师败狄于大原 | 晋荀吴帅师败狄于大原 |
| 莒展舆出奔吴 | 展舆奔吴 | 莒展出奔吴 | 莒展出奔吴 |
| 冬十有一月己酉，楚子麇卒 | 十一月己酉，公子围至，入问王疾，缢而弑之 | 楚子卷卒 | 冬，十有一月己酉，楚子卷卒 |
| (三年) 春王正月丁未，滕子原卒 | 丁未，滕子原卒 | 滕子泉卒 | 滕子原卒 |

续表

| 《春秋》 | 《左传》 | 《公羊》 | 《穀梁》 |
| --- | --- | --- | --- |
| (四年)春王正月，大雨雹 | | 大雨雪 | 大雨雪 |
| 秋七月，楚子、蔡侯、陈侯、许男、顿子、胡子、沈子、淮夷伐吴，执齐庆封，杀之。遂灭赖 | 执齐庆封而尽灭其族 | 执齐庆封杀之……遂灭厉 | 执齐庆封杀之……遂灭厉 |
| (五年)戊辰，叔弓帅师败莒师于蚡泉 | 戊辰，叔弓败诸蚡泉 | 叔弓帅师败莒师于濆泉 | 叔弓帅师败莒师于贲泉 |
| (六年)楚薳罢帅师伐吴 | 楚子……使薳泄伐徐 | 楚薳颇帅师伐吴 | 楚薳罢帅师伐吴 |
| (七年)三月，公如楚。叔孙婼如齐莅盟 | | 叔孙舍如齐莅盟 | 叔孙婼如齐莅盟 |
| (八年)冬十月壬午，楚师灭陈。执陈公子招，放之于越。杀陈孔奂 | | 楚师灭陈，执陈公子招，放之于越。杀陈孔瑗 | 楚师灭陈。执陈公子招，放之于越。杀陈孔奂 |
| (九年)夏四月，陈灾 | 夏四月，陈灾 | 四月，陈火 | 四月，陈火 |
| (十年)夏，齐栾施来奔 | | 晋栾施来奔 | 齐栾施来奔 |
| 秋七月，季孙意如、叔弓、仲孙貜帅师伐莒 | 秋七月，平子伐莒 | 季孙隐如、叔弓、仲孙貜帅师伐莒 | 季孙意如、叔弓、仲孙貜帅师伐莒 |
| 十有二月甲子，宋公成卒 | 十二月，宋平公卒 | 宋公成卒 | 宋公成卒 |

续表

| 《春秋》 | 《左传》 | 《公羊》 | 《穀梁》 |
|---|---|---|---|
| (十一年)春王二月，叔弓如宋。葬宋平公 | 二月，叔弓如宋，葬平公 | 正月，叔弓如宋。葬宋平公 | 二月，叔弓如宋。葬宋平公 |
| 仲孙貜会邾子，盟于祲祥 | 孟僖子会邾庄公，盟于祲祥 | 仲孙貜会邾娄子盟于侵羊 | 仲孙貜会邾子盟于祲祥 |
| 秋，季孙意如会晋韩起、齐国弱、宋华亥、卫北宫佗、郑罕虎、曹人、杞人于厥慭 | | 季孙隐如会晋韩起、齐国酌、宋华亥、卫北宫佗、郑轩虎、曹人、杞人于屈银 | 季孙意如会晋韩起、齐国弱、宋华亥、卫北宫佗、郑罕虎、曹人、杞人于厥慭 |
| 冬十有一月丁酉，楚师灭蔡，执蔡世子有以归，用之 | 冬十一月，楚子灭蔡，用隐大子于冈山 | 楚师灭蔡，执蔡世子有以归用之 | 楚师灭蔡，执蔡世子友以归，用之 |
| (十二年)楚杀其大夫成熊 | | 楚杀其大夫成然 | 楚杀其大夫成虎 |
| 冬十月，公子慭出奔齐 | | 公子整出奔齐 | 公子慭出奔齐 |
| (十三年)楚公子弃疾杀公子比 | | 楚公子弃疾弑公子比 | 楚公子弃疾杀公子比 |
| (十五年)春王正月，吴子夷末卒 | | 吴子夷昧卒 | 吴子夷末卒 |
| 夏，蔡朝吴出奔郑 | 夏，蔡人遂朝吴。朝吴出奔郑 | 蔡昭吴奔郑 | 蔡朝吴出奔郑 |
| (十六年)楚子诱戎蛮子杀之 | 楚子闻蛮氏之乱也，与蛮子之无质也，使然丹诱戎蛮子嘉杀之，遂取蛮氏 | 楚子诱戎曼子，杀之 | 楚子诱戎蛮子杀之 |

续表

| 《春秋》 | 《左传》 | 《公羊》 | 《穀梁》 |
| --- | --- | --- | --- |
| (十七年)八月，晋荀吴帅师灭陆浑之戎 | 九月丁卯，晋荀吴帅师涉自棘津，使祭史先用牲于洛。陆浑人弗知，师从之。庚午，遂灭陆浑 | 晋荀吴帅师灭贲浑戎 | 晋荀吴帅师灭陆浑戎 |
| (廿年)夏，曹公孙会自鄸出奔宋 | 三月，大子建奔宋 | 曹公孙会自鄸出奔宋 | 曹公孙会自梦出奔宋 |
| 秋，盗杀卫侯之兄縶 | | 盗杀卫侯之兄辄 | 盗杀卫侯之兄辄 |
| 冬十月，宋华亥、向宁、华定出奔陈 | 戊辰，华、向奔陈 | 宋华亥、向宁、华定出奔陈 | 宋华亥、向寗、华定出奔陈 |
| (廿一年)宋华亥、向寗、华定自陈入于宋南里以叛 | | 宋华亥、向宁、华定自陈入于宋南里以畔 | 宋华亥、向寗、华定自陈入于宋南里以叛 |
| 八月乙亥，叔辄卒 | 八月，叔辄卒 | 叔痤卒 | 叔辄卒 |
| 冬，蔡侯朱出奔楚 | 蔡侯朱出奔楚 | 蔡侯朱出奔楚 | 蔡侯东出奔楚 |
| (廿二年)大搜于昌间 | | 大搜于昌奸 | 大搜于昌间 |
| (廿三年)戊辰，吴败顿、胡沈、蔡、陈、许之师于鸡父，胡子髡、沈子逞灭，获陈夏啮 | | 吴败顿、胡、沈、蔡、陈、许之师于鸡父。胡子髡、沈子楹灭，获陈夏啮 | 吴败顿、胡、沈、蔡、陈、许之师于鸡甫。胡子髡、沈子盈灭 |
| 冬，公如晋，至河，有疾，乃复 | 公为叔孙故如晋，及河，有疾而复 | 公如晋，至河，公有疾乃复 | 公如晋，至河，公有疾，乃复 |
| (廿四年)婼至自晋 | 二月，婼至自晋 | 叔孙舍至自晋 | 婼至自晋 |

续表

| 《春秋》 | 《左传》 | 《公羊》 | 《穀梁》 |
| --- | --- | --- | --- |
| 丁酉，杞伯郁厘卒 | | 丁酉，杞伯郁厘卒 | 杞伯郁厘卒 |
| （廿五年）夏，叔诣会晋赵鞅、宋乐大心，卫北宫喜、郑游吉、曹人、邾人、滕人、薛人、小邾人于黄父 | 夏，会于黄父 | 叔倪会晋赵鞅、宋乐世心、卫北宫喜、郑游吉、曹人、邾娄人、滕人、薛人、小邾娄人于黄父 | 叔倪会晋赵鞅、宋乐大心、卫北宫喜、郑游吉、曹人、邾人、滕人、薛人、小邾人于黄父 |
| 有鸲鹆来巢 | 今鸲鹆来巢，其将及乎 | 有鹳鹆来巢 | 有鸲鹆来巢 |
| 九月己亥，公孙于齐，次于阳州 | 己亥，公孙于齐，次于阳州 | 公孙于齐，次于杨州 | 公孙于齐……次于阳州 |
| （廿六年）尹氏、召伯、毛伯以王子朝奔楚 | 召伯盈逐王子朝，王子朝及召氏之族、毛伯得、尹氏固、南宫嚚奉周之典籍以奔楚 | 尹氏、召伯、毛伯以王子朝奔楚 | 尹氏、召伯、毛伯以王子朝奔楚 |
| （廿八年）夏四月丙戌，郑伯甯卒 | | 四月丙戌，郑伯宁卒 | 四月丙戌，郑伯甯卒 |
| 秋七月癸巳，滕子宁卒 | | 秋七月癸巳，滕子甯卒 | 七月癸巳，滕子宁卒 |
| （三十年）冬十有二月，吴灭徐，徐子章羽奔楚 | 己卯，灭徐。徐子章禹断其发……遂奔楚 | 冬十有二月，吴灭徐，徐子章禹奔楚 | 十有二月，吴灭徐。徐子章羽奔楚 |
| （三十一年）季孙意如会晋荀跞于适历 | | 季孙隐如会晋荀栎于适历 | 季孙意如会晋荀跞于适历 |
| 冬，黑肱以滥来奔 | 冬，邾黑肱以滥来奔 | 黑弓以滥来奔 | 黑肱以滥来奔 |

续表

| 《春秋》 | 《左传》 | 《公羊》 | 《穀梁》 |
| --- | --- | --- | --- |
| （三十二年）冬，仲孙何忌会晋韩不信、齐高张、宋仲几、卫世叔申、郑国参、曹人、莒人、薛人、杞人、小邾人城成周 | 己丑，士弥牟营成周 | 仲孙何忌会晋韩不信、齐高张、宋仲几、卫世叔申、郑国参、曹人、莒人、邾娄人、薛人、杞人、小邾娄人城成周 | 仲孙何忌会晋韩不信、齐高张、宋仲几、卫大叔申、郑国参、曹人、莒人、邾人、薛人、杞人、小邾人，城成周 |
| （定公三年）二月辛卯，邾子穿卒 | 春二月辛卯，邾子……遂卒 | 三月辛卯，邾娄子穿卒 | 三月辛卯，邾子穿卒 |
| 冬，仲孙何忌及邾子盟于拔。 | 冬，盟于郯，修邾好也 | 仲孙何忌及邾娄子盟于枝 | 仲孙何忌及邾子盟于拔 |
| （四年）夏四月庚辰，蔡公孙姓帅师灭沈，以沈子嘉归，杀之 | 夏，蔡灭沈 | 夏四月庚辰，蔡公孙归姓帅师灭沈，以沈子嘉归，杀之 | 夏四月庚辰，蔡公孙姓帅师灭沈，以沈子嘉归，杀之 |
| 五月，公及诸侯盟于皋鼬 | | 五月，公及诸侯盟于浩油 | 五月，公及诸侯盟于皋鼬 |
| 杞伯成卒于会 | | 杞伯戊卒于会 | 杞伯成卒于会 |
| 晋士鞅、卫孔围帅师伐鲜虞 | | 晋士鞅、卫孔圄帅师伐鲜虞 | 晋士鞅、卫孔圉帅师伐鲜虞 |
| 冬十有一月庚午，蔡侯以吴子及楚人战于柏举，楚师败绩 | 十一月庚午，二师陈于柏举 | 蔡侯以吴子及楚人战于伯莒，楚师败绩 | 蔡侯以吴子及楚人战于伯举。楚师败绩 |
| 庚辰，吴入郢 | 庚辰，吴入郢 | 庚辰，吴入楚 | 庚辰，吴入楚 |
| （五年）春王三月辛亥朔，日有食之 | | 正月辛亥朔，日有食之 | 正月辛亥朔，日有食之 |
| （六年）春王正月癸亥，郑游速帅师灭许，以许男斯归 | 春，郑灭许，因楚败也 | 郑游遫帅师灭许 | 郑游速帅师灭许 |

续表

| 《春秋》 | 《左传》 | 《公羊》 | 《穀梁》 |
|---|---|---|---|
| (七年)齐侯、卫侯盟于沙 | | 齐侯、卫侯盟于沙泽 | 齐侯、卫侯盟于沙 |
| (八年)晋士鞅帅师侵郑，遂侵卫 | 秋，晋士鞅会成桓公，侵郑，围虫牢，报伊阙也。遂侵卫 | 晋赵鞅帅师侵郑，遂侵卫 | 晋士鞅帅师侵郑，遂侵卫 |
| (九年)夏四月戊申，郑伯虿卒 | | 四月戊申，郑伯囆卒 | 四月戊申，郑伯虿卒 |
| (十年)夏，公会齐侯于夹谷 | 夏，公会齐侯于祝其，实夹谷 | 公会齐侯于颊谷 | 公会齐侯于颊谷 |
| 齐人来归郓、欢、龟阴田 | 齐人来归郓、欢、龟阴之田 | 齐人来归运、讙、龟阴田 | 齐人来归郓、讙、龟、阴之田 |
| 秋，叔孙州仇、仲孙何忌帅师围郈 | 武叔懿子围郈 | 叔孙州仇、仲孙何忌帅师围费 | 叔孙州仇、仲孙何忌帅师围郈 |
| 宋乐大心出奔曹 | | 宋乐世心出奔曹 | 宋乐大心出奔曹 |
| 宋公子地出奔陈 | 公子地奔陈 | 宋公子池出奔陈 | 宋公子地出奔陈 |
| 冬，齐侯、卫侯、郑游速会于安甫 | | 齐侯、卫侯、郑游遬会于鞌 | 齐侯、卫侯、郑游速会于安甫 |
| 宋公之弟辰暨仲佗、石彄出奔陈 | 冬，母弟辰暨仲佗、石彄出奔陈 | 齐公之弟辰暨宋仲佗、石彄出奔陈 | 宋公之弟辰暨宋仲佗、石彄出奔陈 |
| (十二年)冬十月癸亥，公会齐侯盟于黄 | | 公会齐侯盟于晋 | 公会齐侯、盟于齐 |
| (十三年)春，齐侯、卫侯次于垂葭 | 春，齐侯、卫侯次于垂葭 | 齐侯、卫侯次于垂瑕 | 齐侯次于垂葭 |

续表

| 《春秋》 | 《左传》 | 《公羊》 | 《穀梁》 |
|---|---|---|---|
| 冬，晋荀寅、士吉射入于朝歌以叛 | 丁未，荀寅、士吉射奔朝歌 | 晋荀寅及士吉射入于朝歌以叛 | 晋荀寅士吉射入于朝歌以叛 |
| (十四年)春，卫公叔戍来奔。卫赵阳出奔宋 | 春，卫侯逐公叔戍与其党，故赵阳奔宋，戍来奔 | 卫公叔戍来奔。晋赵阳出奔宋 | 卫公叔戍来奔。晋赵阳出奔宋 |
| 二月辛巳，楚公子结、陈公孙佗人帅师灭顿，以顿子牂归 | 顿子牂欲事晋，背楚而绝陈好。二月，楚灭顿 | 三月辛巳，楚公子结、陈公子佗人帅师灭顿，以顿子牄归 | 二月辛巳，楚公子结、陈公孙佗人帅师灭顿，以顿子牂归 |
| 五月，于越败吴于檇李 | 吴伐越。越子句践御之，陈于檇李 | 于越败吴于醉李 | 于越败吴于檇李 |
| 公会齐侯、卫侯于牵 | 公会齐侯、卫侯于脾、上梁之间 | 公会齐侯、卫侯于坚 | 公会齐侯、卫侯于牵 |
| (十五年)郑罕达帅师伐宋 | 郑罕达败宋师于老丘 | 郑轩达帅师伐宋 | 郑罕达帅师伐宋 |
| 齐侯、卫侯次于渠蒢 | 齐侯、卫侯次于蘧挐 | 齐侯、卫侯次于籧篨 | 齐侯、卫侯次于渠蒢 |
| 秋七月壬申，姒氏卒 | 秋七月壬申，姒氏卒 | 七月壬申，姒氏卒 | 七月壬申，弋氏卒 |
| 丁巳，葬我君定公，雨不克葬。戊午日下昃，乃克葬 | 葬定公。 | 丁巳，葬我君定公。雨不克葬，戊午日下昃，乃克葬 | 丁巳，葬我君定公，雨不克葬。……戊午，日下稷，乃克葬 |
| 辛巳，葬定姒 | 葬定姒 | 辛巳，葬定姒 | 辛巳，葬定弋 |
| (哀公元年)鼷鼠食郊牛，改卜牛 | | 鼷鼠食郊牛，改卜牛 | 鼷鼠食郊牛角，改卜牛 |

续表

| 《春秋》 | 《左传》 | 《公羊》 | 《穀梁》 |
| --- | --- | --- | --- |
| (二年) 秋八月甲戌，晋赵鞅帅师及郑罕达帅师战于铁，郑师败绩 | 大子复伐之，郑师大败，获齐粟千车 | 晋赵鞅帅师及郑轩达帅师战于栗，郑师败绩。 | 晋赵鞅帅师及郑罕达帅师战于铁。郑师败绩 |
| (三年) 季孙斯、叔孙州仇帅师城启阳 | | 季孙斯、叔孙州仇帅师城开阳 | 季孙斯、叔孙州仇帅师城启阳 |
| (四年) 春王二月庚戌，盗杀蔡侯申 | 春，蔡昭侯……公孙翩逐而射之 | 三月庚戌，盗杀蔡侯申 | 三月庚戌，盗弑蔡侯申 |
| 晋人执戎蛮子赤归于楚 | 蛮子听卜，遂执之，与其五大夫，以畀楚师于三户 | 晋人执戎曼子赤归于楚 | 晋人执戎蛮子赤归于楚 |
| 六月辛丑，亳社灾 | | 六月辛丑，蒲社灾 | 六月辛丑，亳社灾 |
| (五年) 春，城毗 | | 春，城比 | 春，城毗 |
| 秋九月癸酉，齐侯杵臼卒 | 秋，齐景公卒 | 九月癸酉，齐侯处臼卒 | 九月癸酉，齐侯杵臼卒 |
| (六年) 春，城邾瑕 | | 春，城邾娄葭 | 春，城邾瑕 |
| 齐陈乞弑其君荼 | | 齐陈乞弑其君舍 | 齐陈乞弑其君荼 |
| (八年) 夏，齐人取讙及阐 | 夏五月，齐鲍牧帅师伐我，取讙及阐 | 齐人取讙及僤 | 齐人取讙及阐 |
| (十年) 薛伯夷卒 | | 薛伯寅卒 | 薛伯夷卒 |
| (十一年) 夏，陈辕颇出奔郑 | 夏，陈辕颇出奔郑 | 陈袁颇出奔郑 | 陈辕颇出奔郑 |

续表

| 《春秋》 | 《左传》 | 《公羊》 | 《穀梁》 |
| --- | --- | --- | --- |
| （十二年）秋，公会卫侯、宋皇瑗于郧 | 秋，卫侯会吴于郧 | 公会卫侯、宋皇瑗于运 | 公会卫侯、宋皇瑗于郧 |
| （十三年）夏，许男成卒 | | 夏，许男成卒 | 夏，许男成卒 |
| 晋魏曼多帅师侵卫 | | 晋魏多帅师侵卫 | 晋魏曼多帅师侵卫 |
| 盗杀陈夏区夫 | | 盗杀陈夏彄夫 | 盗杀陈夏区夫 |





## 六　《论语》今古文之异同

在本书《引论·第二章》中，对于《论语》今古文篇章之异同，于《论语》古二十一篇，分《尧曰》篇后，“子张问何如可以从政”以下为篇名曰《从政》。我们已引用徐养原说，指出《尧曰》篇在《论语》中为篇幅较短之一篇。而古论复分为两篇，实属故为增多。如春秋之分闵于庄之比，自属赝古。其古论中所多“孔子曰不知命”一章附于篇末，明系依《韩诗》校增。其所少之一章，乃因《鲁论》重此一章，故为删去。《古论》有妄易文字之处，章数之多寡自亦可妄加增减，不必为真古本。《论语》编定甚晚，亦未必真有古文本。至于《论语》今古文文字之异同，据桓谭《新论》说“《论语》今古文异者四百余”；据徐养原《论语鲁读考》所收郑注鲁古之分及《石经》与今本之异看来，亦可见其赝古。

1. 古《论》文字之多于《鲁论》者。此类有：

（1）“车中不内顾”之“不”；

（2）“今之从政者殆而”之“而”；

（3）“孔子曰：不知命无以为君子也”章；

(4)“亦不可行也”之“可”；

(5)“起予者”之“者”；

(6)“无恶也”之“也”；

(7)“好仁者”之“者”；

(8)“于父母乎”之“乎”；

(9)“君子亦有恶乎”之“亦”；

(10)“子曰有恶”之“恶”；

(11)“恶居下流而讪上者”之“流”；

(12)“曰是也，曰是知津矣”之“也”“曰”；

(13)“以告夫子”之“夫”

(14)“吾闻诸夫子”之“夫”；

(15)“万方有罪罪在朕躬”之“罪”。

这十五例，《古论》所多并不足以见《古论》之是而《鲁论》之非，如：例(1)“车中不内顾”，据《文选·东京赋》“车中内顾”薛综注：“内顾谓不外视，臣下之私也。”车中外视是通常的状态，故云应当内顾，若不内顾，则是孔子教人伸首四望，于情理更不合。例(2)“今之从政者殆而”，《古论》多一“而”字，与《庄子》不合，说详下节。例(3)“孔子曰：不知命无以为君子也”章，《古论》多此一章。由《古论》之貌为增多，则知是章为依《韩诗外传》校增，非古真有之。说已详前。例(9)、(10)、(11)，徐养原云：“鲁读无‘亦’字‘恶’字，视今本为简当。”又引惠氏论“下流”字曰：“当因《子张篇》‘恶居下流’涉彼而误。”《盐铁论》大夫曰：“文学居下而讪上”；《汉书·朱云传》云：“小臣居下讪上”。汉以前皆无“流”字，可见“流”字实不当有。例(4)、(5)、(6)、(7)、(8)诸例，《古论》多“可”“也”“者”“乎”等语助字，不过取配文义，文从字顺，似比《鲁论》为优，然而不古，古本在文字上是应较拙劣些的。例(12)徐考云：“鲁读无‘也’‘曰’二字，亦较今本为简捷”。例

（15）据阮元《十三经注疏校勘记》云："汉《石经》皇本、高丽本不重'罪'字。案，《书·汤诰》云：'其尔万方，有罪在予一人'；《国语·周语》引《汤誓》云'万夫有罪，在余一人'；《墨子·兼爱下》亦云：'万方有罪，即当朕身'；《吕氏春秋·季秋纪》云：'万夫有罪，在余一人'；《说苑·贵德篇》云：'百姓有过，在予一人'；与此并大同而小异，核其文义，俱不重'罪'字。"《鲁论》与《尚书》、《国语》、《墨子》、《吕览》等并合。

此所举十五例，具足见《鲁论》之为真古本，而《古论》反不必为真古本。



2.《古论》文字之少于《鲁论》者。此类有：

（1）"子曰：父在观其志，父殁观其行"章；

（2）"何而德之衰也"之'而'、'也'二字；

（3）"往者无可谏也，来者犹可追也"之二"也"字；

（4）"执舆者为谁子"之"子"字；



（5）"如之何其庆之也"之"也"字。

由这五例看来，例（1）《卫灵公》篇，《古论》无"父在观其志，父殁观其行"章，盖因此章已见《学而》篇而删去。例（2）、（3），则今本作"凤兮凤兮，何德之衰？往者不可谏，来者犹可追；已而已而，今之从政者殆而"，比《鲁论》文字整洁，然而实非古本。《庄子·人间世》："孔子适楚，楚狂接舆游其门曰：'凤兮凤兮，何如德之衰也！来世不可待，往世不可追也。'"亦有两"也"字。"如"与"而"古代字通，《鲁论》与《庄子》接近，《古论》则与《庄子》相远。《人间世》下云："已乎已乎，临人以德！殆乎殆乎，画地而趋。"《鲁论》作"期斯已矣，今之从政者殆。"《鲁论》上句既无"而"字，故下句亦无"而"；《古论》因鲁"期斯已矣"语意不明而改作"已而已而，今之从政者殆而"，说《古论》就《庄子》改"乎"为"而"，则是其实《古论》并不与《庄子》合（参看徐考，页七）。例（4）、

(5)，则《古论》自亦可以意去一“子”字、“也”字。总此五例，由（2）、（3）二例，《古论》之不合于《庄子》，足证其非真古本。

3. 古论文字之显然倒误者。此类有：

（1）”可谓好学已矣”。今本“已矣”作“也已”；

（2）“人未有自致也者”。今本“也者”作“者也”；二例，又

（3）《史记·孔子世家》：引“夫子之言性与天道”作“夫子之言天道与性命”；

（4）引“朝与下大夫言侃侃如也，与上大夫言訚訚如如也”，作“朝与上大夫言訚訚如也，与下大夫言侃侃如也”；

（5）《史记·仲尼弟子列传》引“言语：宰我、子贡。政事：冉有、季路”作“政事：冉有、季路。言语：宰我、子贡”；

（6）引“柴也愚，参也鲁，师也辟，由也喭”作“师也辟，参也鲁，柴也愚，由也喭”。

此数例中，《鲁论》“已矣”“也者”俱不如今本之文从字顺，可证《鲁论》实为古本。《史记·孔子世家》所引先天道而后性命，先上大夫而后下大夫，先政事而后言语，次第较合，“辟鲁愚喭”虽不及“愚鲁辟喭”之类次，但先师、参而后柴、由，亦极有理。《史记》所引本非《古论》，而今本出于《古论》，《古论》之非真古本亦可知。

4. 古论文字之显然讹误者

由《鲁论》与《古论》文字比较看来，《古论》讹谬之处尤多。崔适《论语足征记序》云：

> ……论语之出也晚。汉宣帝时，自齐人王吉传者曰《齐论》，鲁人殷奋传者曰《鲁论》。西京之末，始出《古论》，以蝌蚪文作之，谓为先秦人书，欲以凌驾齐、鲁《论》之为今文；实则刘歆所造，托之孔安国所传，

并为作注以征之尔。今又得一确证。古者字少，一字恒管数义，故多假字；后世各造本字分用之。故有古人用假字，后世易以本字者。鲁、古异读，率鲁用假字，古用本字。如“可使治其赋也”为“其傅”，则“傅”假字，“赋”本字；“吾未尝无诲焉”，鲁读为“无悔”，则“悔”假字，“诲”本字，皆是。或曰“读为”者，改其字也，义当从所读之字。曰，此说诚然。然此二句从“傅”字“悔”字之本义，于经义岂可解释，乃知“鲁读为‘傅’、为‘悔’者”，犹言《鲁本论语》作此字耳。以为鲁用假字，古用本字，则文从字顺然则《古论》之出后于《鲁论》明甚，其为赝古亦明甚。

此所举为（1）“傅”（2）“悔”二例，《古论》反不如《鲁论》之古，其他如（3）“哀公问主于宰我”，崔氏云：“案，作‘问主’者今文也，作‘问社’者古文也。《春秋·文二年》‘练主用栗’，《解诂》曰：‘夏后氏以松，殷人以柏，周人以栗’。《疏》曰：‘出《论语》也。’而郑氏注云：‘谓社主’，正以《古文论语》‘哀公问社于宰我’故也。《今文论语》无‘社’字，是以何氏以为庙主耳。”徐氏《鲁读考》云：“郑于经文虽不从古，而其义则以古文参之，知‘问主’者，问社主也。”（《清经解续编》第2册，上海书店出版社，1988年）（4）“未知焉得仁”。崔氏云：“案，《释文》‘知’如字，郑音‘智’，下同。班《（汉）书·古今人表》引‘未知焉得仁’之语，《表》中所列九品，智人下仁人一等。师古曰：‘言智者虽能利物，犹不及仁者所济远也。’《论衡·问孔》篇曰‘子文智蔽于子玉’，《皇疏》引李充曰‘子玉之败，子文之举；举以败国，不可为智也’。陈文子所之，骤称其乱，不如宁子之能愚。蘧生之可卷，亦未可为智也。然则班固、王充、郑君，皆以孔子论子文、文子，谓未得为智人，焉得为仁人也。何晏引为孔安国注曰：‘未知其仁也’。故《释文》

知先音如字，果尔，则未知下岂应增‘焉得’二字。孟武伯问‘子路仁乎’，子曰：‘不知其仁也’。不曰‘不知’，焉得仁也。《集注》从之，误矣。”(卷上，页三上）第（5）（6）（7），“崔”字《鲁读考》为“高”，崔氏云：“案，《释文》据郑引《鲁》、《古》异读，计二十三条，异义者三之一，义同者三之二，皆《鲁》用假字，《古》易以本字。犹《史记》引经，用训诂字易经文也。如可使治其赋也。《鲁》读‘为其傅’，则‘傅’假字，‘赋’本字也。‘吾未尝无诲焉’，《鲁》读为‘无悔’，则‘悔’假字，‘诲’本字也。‘君子坦荡荡’，《鲁》读为‘坦汤’；《诗·毛传》：‘汤，荡也。’则‘汤’假字，‘荡’本字也。‘好行小慧’，注：‘慧，才智也。’《鲁》读为‘小惠’，则‘惠’假字，‘慧’本字也。然则‘崔高’亦其例，《鲁》读‘高’为假字，《古》易以本字，故作‘崔’尔。‘崔’、‘高’有此异读者，或以族同，犹《史记》‘秦’亦每称‘赵’；或以义近，如以声转而，如《易卦》‘晋’亦作‘齐’之比。或曰‘读为’者，改其字也，义当从所读之字。案，此经从所读之字，其义有必不可通者。若作‘由也，可使治其傅也；自行修束以上，吾未尝无悔焉’，岂可解乎？且‘齐崔杼弑其君光’，见于襄二十五年《春秋》经文，岂有弑君之高子乎？(8)《鲁论》“三分天下有其二”上有“文王为西伯”句，崔氏云：“案，高诱注《吕氏春秋·古乐篇》云：‘《论语》曰，文王为西伯，三分天下有其二，以服事殷。’是高氏所见《论语》。‘三分天下’句上，有‘文王为西伯’句也。《集解》：‘包威曰，殷纣淫乱，文王为西伯而有圣德，天下归周者三分有二，而犹以服事殷。’案，此注‘殷纣淫乱’句，乃述经文缘起。‘文王为西伯’五字，是述经文。不然，何与高氏引经无一字差别耶？是包氏所见《论语》‘三分天下’句上，亦有‘文王为西伯’句也。魏以后始脱。不信文王称王之事者，引此节为证，几于南山可动。此案为不可移矣。”（9）“瓜祭”，《鲁》

读为“必”。徐氏云：“‘瓜’‘必’形相似，易至混淆。《鲁读》义似较长”(页四)。崔氏云：“《释文》郑云：‘《鲁》读瓜为必。’案，先有《鲁论》，后有《古论》。此古改‘必’为‘瓜’，非古改‘瓜’为‘必’也。其改为‘瓜祭’，正以《玉藻》有此文。谓可附会也。好赝鼎者正堕其彀中耳。”案，“羹食”大名，“瓜”则小名，三者并列，义颇不伦。且均薄物，既有瓜，何无果？而《曲礼》所载，酰酱葱瓜之属，亦在祭品。此经何不及之？但举一瓜，转嫌挂漏，何如举蔬食菜羹，已足包括其余耶？若疏食也，菜羹也，瓜也，三者并举，于义理为不伦，于文章为不顺。颜黄门曰：“吾尝笑许纯儒不达文章之体，愚谓此训诂家通病。”《古论》此条亦是也。且《玉藻》云：“子卯稷食菜羹”，程瑶田《九谷考》曰：“凡经言稷食者，蔬食也。稷形大，故得疏称，然则此云‘疏食菜羹’，即《玉藻》之‘稷食菜羹’也。彼‘菜羹’下不连‘瓜’字。”此亦当然。证‘瓜’可连‘稷’于《玉藻》，何不证‘菜羹’不连‘瓜’于《玉藻》乎？朱子从鲁，毛奇龄意主驳朱，故以《玉藻》为证。今仍以《玉藻》破之。”(10)《鲁》读“躁”为“傲”。徐氏云：“‘躁’‘傲’”虽同在“萧”“宵”“肴”“豪”韵，各为一义，不相假借也。“躁”，《说文》作“趮”，在“走”部。徐氏曰：“今俗别作‘趮’，非是。然则此‘躁’字亦非孔子壁中原文。”(11)鲁读“传”为“专”。(12)“傩献”。(13)“生”为“牲”。(14)“仍”为“仁”。(15)“折”为“制”。(16)“廉”为“贬”。(17)“窒”为“室”。皆《鲁》用假借字，《古》用本字。崔氏谓“为赝古其说”诚不诬也。

《论语》今古文之异同，比较下来，亦可见《古论》之非真古本，所谓古文“俱属赝鼎”可知。徐氏《论语鲁读考序》云：“陆氏《释文》曰：“郑校周之本以齐古读，正凡五十事，郑本或无此注者，然《皇览》引《鲁读》六事，则无者非也。案，郑所据者《张侯论》，《张侯论》不纯乎鲁而言《鲁读》者，以鲁为主也。所读正五十事，见于《释文》者二十三事而已，皆从古者也。其从齐者当有二十七事，而《释文》不载何邪？岂陆氏时郑注已多佚脱，《鲁读》或尚有之，而《齐读》尽缺邪？《新论》言《古论》文异者四百余字，则郑之从古亦仅矣。”《古论》如真为古本，郑氏所采者当更多，而如徐氏之信古者之流，亦必不以“必祭”，说《鲁读》“义似较长”及认定“躁”字“非孔子壁中原文”。

附：

《论语》今古文异文表

| | 古《论语》 | 鲁《论语》 |
|---|---|---|
| 1 | 传不习乎 | 專 |
| 2 | 可使治其赋也 | 傅 |
| 3 | 崔子弑其君 | 高 |
| 4 | 吾未尝无诲焉 | 悔 |
| 5 | 五十以学易 | 亦 |
| 6 | 正唯弟子不能学也 | 诚 |
| 7 | 君子坦荡荡 | 汤 |
| 8 | 弁衣裳者 | 绕 |
| 9 | 下如授 | 趋 |
| 10 | 瓜祭 | 必 |
| 11 | 乡人傩 | 献 |
| 12 | 君赐生 | 性 |

续表

| | 古《论语》 | 鲁《论语》 |
|---|---|---|
| 13 | 车中不内顾 | 车中内顾 |
| 14 | 仍旧贯 | 仁 |
| 15 | 咏而馈 | 归 |
| 16 | 片言可以折狱 | 制 |
| 17 | 好行小慧 | 惠 |
| 18 | （古皆无此章） | 子曰：父在观其志 |
| 19 | （古皆无此章） | 父殁观其行 |
| 20 | 谓之躁 | 傲 |
| 21 | 馈孔子豚 | 归 |
| 22 | 古之矜也廉 | 贬 |
| 23 | 天何言我 | 夫 |
| 24 | 恶果敢而窒者 | 室 |
| 25 | 已而已而 | 期斯已矣 |
| 26 | 今之从政者殆而 | 殆 |
| 27 | 孔子曰不知命 | （《鲁论》无此章） |
| 28 | 抑与之与 | 意予 |
| 29 | 子贡 | 赣 |
| 30 | 亦不可行也 | 亦不行也 |
| 31 | 可谓好学也已 | 止矣 |
| 32 | 吾十有五而志于学 | 乎 |
| 33 | 无达 | 毋 |
| 34 | 书云孝乎 | 于 |
| 35 | 起于者 | 起予 |
| 36 | 邦君为两君之好 | 国 |

续表

| | 古《论语》 | 鲁《论语》 |
|---|---|---|
| 37 | 无恶也 | 无恶 |
| 38 | 好仁者恶不仁者 | 好仁恶不仁者 |
| 39 | 夕死可矣 | 也 |
| 40 | 于父母乎 | 父母 |
| 41 | 君子亦有恶乎 | 有 |
| 42 | 子曰有恶 | 有 |
| 43 | 恶居下流而讪上者 | 下 |
| 44 | 年四十而见恶焉 | 卌 |
| 45 | 何德之衰 | 何而衰也 |
| 46 | 往者不可谏，来者犹可追 | 谏也、追也 |
| 47 | 执舆者为谁 | 车谁子 |
| 48 | 曰是也曰是知津矣 | 是 |
| 49 | 辟世之士 | 避 |
| 50 | 耰而不辍 | 不 |
| 51 | 子路行以告夫子 | 以告子 |
| 52 | 植其杖而耘 | 置、芸 |
| 53 | 义如之何其废之 | 礼之也 |
| 54 | 其斯而已矣 | 以乎 |
| 55 | 夷逸 | 佚 |
| 56 | 其不可拒者 | 距 |
| 57 | 子游 | 斿 |
| 58 | 闻诸夫子 | 诸子 |
| 59 | 未有自致者也 | 也者 |

续表

| | 古《论语》 | 鲁《论语》 |
|---|---|---|
| 60 | 不若是之甚也 | 是其 |
| 61 | 未坠于地 | 堕 |
| 62 | 贤者识其大者 | 志 |
| 63 | 譬之宫墙 | 辟诸墙 |
| 64 | 无以万方 | 毋 |
| 65 | 万方有罪罪在朕躬 | 在在 |
| 66 | 未有贫而乐 | 乐道 |
| 67 | 而众星共之 | 拱（郑） |
| 68 | 有酒食先王馔 | 馂（郑） |
| 69 | 从之能如也 | 纵（世） |
| 70 | 无适也 | 敌 |
| 71 | 夫子之言性与天道不可得而闻也 | 天道与性命弗闻已 |
| 72 | 不可得而闻也 | 也已矣（世） |
| 73 | 未知焉得仁 | 智（论） |
| 74 | 不知所以裁之 | 吾不 |
| 75 | 命矣夫斯人也而有<br>斯疾也斯人也而有 | 命也夫斯人也而有 |
| 76 | 斯疾也 | 斯疾命也夫 |
| 77 | 文质彬彬 | 份份（说） |
| 78 | 予所否者 | 不（世）鄙（论） |
| 79 | 子之燕居 | 晏（郑） |
| 80 | 加我数年 | 假（世） |
| 81 | 其为人也发愤忘食 | 也学道不倦诲人不厌（世） |

续表

| | 古《论语》 | 鲁《论语》 |
|---|---|---|
| 82 | 揖巫焉期而进之 | 旗 |
| 83 | 民无得而称焉 | 德（郑） |
| 84 | 而不与焉 | 豫（白） |
| 85 | 空空如也 | 悾（郑） |
| 86 | 夫子循循然善诱人 | 恂（孟） |
| 87 | 沽之哉我待贾者也 | 贾、价（白） |
| 88 | 恂恂如也 | 逡（索） |
| 89 | 便便言惟谨尔 | 辩 |
| 90 | 朝与下大夫言侃侃如也<br>与上大夫言訚訚如也 | 朝与上大夫言訚訚如也<br>与下大夫言侃侃如也（世） |
| 91 | 不使胜食气 | 既（说） |
| 92 | 执圭鞠躬如也 | 穷（郑） |
| 93 | 仲弓问仁 | 政 |
| 94 | 现弁者 | 绕 |
| 95 | 朋友死无可归曰于我殡 | 朋友无所归至于我乎饭死于我乎殡 |
| 96 | 言语宰我子贡政事 | （白）政事冉有季路言语 |
| 97 | 冉有季路 | 宰我子贡 |
| 98 | 南容三复白圭 | 珪 |
| 99 | 毋吾以也 | 已 |
| 100 | 柴也愚参也鲁师也 | 师也辟参也鲁柴也 |
| 101 | 辟由也喭 | 愚也有喭 |
| 102 | 国之以饥馑 | 饥 |
| 103 | 吾兴点也 | 黑（说） |

续表

| | 古《论语》 | 鲁《论语》 |
| --- | --- | --- |
| 104 | 子之迂也 | 于（郑） |
| 105 | 故君子名之必可言<br>也言之必可行也 | 夫君子为之必可<br>名言之必可行（世） |
| 106 | 吾党有直躬者 | 弓（郑） |
| 107 | 硁硁然小人哉 | 悻（孟） |
| 108 | 朋友切切偲偲 | 即即（毛） |
| 109 | 兄弟怡怡 | 熙熙（毛） |
| 110 | 有荷蒉而过孔氏之门者 | 臾（说） |
| 111 | 高宗谅阴三年 | 闇（公）（郑） |
| 112 | 在陈绝粮 | 粻（郑） |
| 113 | 小人穷斯监矣 | 媿（说） |
| 114 | 必先利其器 | 厉（文） |
| 115 | 友便佞 | 谝（说） |
| 116 | 邦君之妻 | 旺（白） |
| 117 | 邦人称之 | 旺（白） |
| 118 | 涅而不缁 | 泥淄（史） |
| 119 | 无所不至矣 | 亡至（汉） |
| 120 | 天下之通丧也 | 义（史） |
| 121 | 恶徼以为知者 | 绞（郑） |
| 122 | 齐人归女乐 | 馈（郑） |
| 123 | 滔滔者天下皆是也 | 悠（文） |
| 124 | 来张 | 倈（郑） |

续表

| 125 | 古《论语》 | 鲁《论语》 |
| --- | --- | --- |
| 126 | 百工居肆以成其事 | 致（白） |
| 127 | 君子之道焉可诬也 | 怃（文） |
| 128 | 卫公孙朝向问于子贡 | 陈子禽问 |
| 129 | 敢昭告于皇皇后帝（弟） | 天上（白） |

## 七　《孝经》今古文之异同

《孝经》今古文篇章之异同，在《孝经》古孔氏一篇是二十二章，据《隋志》云："汉初，芝子贞出之，凡十八章，而长孙氏、博士江翁、少府后苍、谏议大夫翼奉、安昌侯张禹，皆名其学。又有《古文孝经》，与《古文尚书》同出，而长孙有《闺门》一章，其余经文，大较相似，篇简缺解，又有衍出三章，并前合为二十二章，孔安国为之传。至刘向典校经籍，以颜本比古文，除其繁惑，以十八章为定。郑众、马融，并为之注。"古文本多出四章，刘向等尚且不从，亦可见其貌为增多，明为赝古。由此一点看来，古文本之非真古本，已可决定。我们再由今行古文经与《今文孝经》对照，亦可决知其真赝。不过据《隋志》说，《古文孝经》亡于梁乱，"至隋，秘书监王劭于京师访得《孔传》，送至河间刘炫。炫因序其得丧，述其议疏，讲于人间，渐闻朝廷，后遂著令，与郑氏并立。儒者喧喧，皆云炫自作之，非孔旧本，而秘府又先无其书"。可知《古文孝经》在隋代已有伪中之伪之嫌疑，在唐代这古文已废不行。现在我们所能见的《古文孝经》是由日本传入，《四库提要》已攻其伪，这更是伪中之伪了。但《黄氏日钞》谓古文分《三才》章，"先王见数之可以化民"以下为一章，与颜师古引刘向说《庶人》章分为二不合。黄氏所云或系刘炫伪作，今本《古文孝经》不如是，则或如《提要》所云“传”伪而“经”不伪。但无论如何，我们可将今古异文对照以觇其作伪之术。在《古史辨》第四册中，曾载王正己《孝经今考》一文，于古文之伪曾分别论之甚详，兹录其说以见古文之伪，所以攻之者众，非一人之私见。王考云：

（一）由文字方面来看——今古文《孝经》文字的差异，从前节所列三个表观察：

（A）古文比今文所少的有二十二个语助词“也”字及两个连词、两个代名词、一个介词，固然古文之所以为古文，助词、连词等的省略是一特征，然而《孝经》却省的不是地方。换句话说，《孝经》文字如果省却了这些“也”字，读起来倒反觉得不古，有时语气简直落不下。若同今文比较一读，一定知其为故意矫揉造作的，而且前于《孟子》、《庄子》、《中庸》、《大学》等书，未见得对虚字抹杀得这样厉害。那是自然的古奥，而《孝经》是倔强的造作，所以古文是由今文节省而来。其伪证一。

（B）古文比今文所多的，多半是无关紧要的代名词，在意义上不占重要位置。换句话说，这多添的字有无皆可，而且加上更足以减却古香古色的气味。例如古文：“仲尼闲居，曾子侍坐，子曰‘参，先王有至德要道以安天下。’”反不如今文作“仲尼居，曾子侍，子曰‘先王有至德要道以安天下”有些古味。多添“闲”字“坐”字和无用的“参”字，同今文一比较，更觉其不古。而且在这几个字的意义上，看增加的都不得当，既云“闲居”，何以说是“讲孝”？既然“讲孝”就便不是“闲居”了。其实“仲尼居”的意义就是孔子在那里坐着，如果曾子是在孔子跟前站着的话，何须再加

“坐”字？加“坐”字明明是把曾子的动作限制出来。古文固略字，而意义晦隐，这是不能避免的，而添上的“闲坐”二字来限制和补足文意，在文法上是进步了，然而却不像古文。至于两人对面谈话何须叫名？《论语》中不见此例。不明古人情节而妄行加字，这明是汉代人之伪加字之及反不如今文之古，这是显而易见的。其伪证二。

(C) 古今文所不同的，不过是字的改装换样而已，意义绝对一样。如今文的“无”“不”“云”古文作“毋”“弗”“曰”，“是以”改为“是故”，固然古气了，可是“则”字换“而”，“禄位”换“爵禄”，岂非“朝三暮四”换“朝四暮三”吗？至于动词“思”字改为“斯”字，真是古奥得不可解了。无怪乎朱子说“至有不成文理处也”，这样的乱改是其伪证三。

(D)《孝经》今古文本是一种。《隋书》云：“长孙氏有《闺门》一章。”可知汉初的今文家是有《闺门》章的，在消极方面，这也足以证明古文是从今文蜕变出来的。其伪证四。

(二) 由引书的例证来看——《孝经》的文字他书早有征引，如《吕氏春秋·察微篇》：“孝经曰：‘高而不危，所以长守贵也；满而不溢，所以长守富也。”完全是与今文相同的，而古文是没有两个“也”字的，这足以证明古文在汉以前是没有的，所以古文是汉初人依今文而改的。其伪证五。

(三) 由汉初知识界的趋势来看——《汉书·儒林传赞》曰：“自武帝立《五经》博士，开弟子员，设科射策，劝以官禄，讫于元始，百有余年，传业者浸盛，支叶善滋，一经说至百余万言，大师众至千余人，盖禄利之路然也。”可见汉初经学之盛，是由于升官发财的利禄在那里做诱饵。知识界为要求把利禄拿到手，对于经学上，就不得不伪造新说，使立言不同，以资标榜。汉人伪《古文孝经》，大概是出于这种目的，其伪证六。

对于以上六证，王氏总结云：“由此看来，《古文孝经》在汉前是没有的，其为汉初人依托《今文孝经》所作，毫无疑义。”这一结论也应是确论。

附：





《孝经》今古文异文表

| 今　　文 | 古　　文 |
| --- | --- |
| 仲尼居 | 间居 |
| 曾子侍 | 侍坐 |
| 子曰先王有至德 | 子曰：参，先王 |
| 教之所由生也 | 所由生 |
| 无念尔祖 | 勿念 |
| 盖夫子之孝也 | 之孝 |
| 所以长守贵也 | 守贵 |
| 长守富也 | 守富 |
| 诸侯之孝也 | 之孝 |
| 用天之道 | 子曰：用天之道 |
| 故自天子至于庶人 | 自天子以下 |
| 夫孝天之经也，地之义也，民之行也 | “经、义、行”后均无“也” |
| 故明王之以孝治天下也 | 治天下 |
| 无以加于孝乎 | 其无以 |

续表

| 今　　文 | 古　　文 |
| --- | --- |
| 各以其职来祭 | 来助祭 |
| 天性也，君臣之义也 | “性、义”后均无“也” |
| 故不爱其亲 | 子曰：不爱其亲 |
| 而皆在于凶德 | 皆在凶德 |
| 君子不贵也 | 不贵 |
| 言思可道，行思可乐 | 斯可道，行斯可乐 |
| 而行其政令 | 而行政令 |
| 三者不除 | 此三者 |
| 此之谓要道也 | 要道 |
| 为人父者也 | 为人父者 |
| 为人兄者也 | 为人兄者 |
| 为人君者也 | 为人君者 |
| 是以行成于内 | 是故 |
| 敢问子从父之令 | 敢问从父之令 |
| 子不可以不争于父 | “不”均为“弗” |
| 臣不可以不争于君 | “不”均为“弗” |
| 君子之事上也 | 事上 |
| 故上下能相亲也 | 能相亲 |
| 诗云 | 诗曰 |
| 孝之丧亲也 | 丧亲 |
| 此哀戚之情也 | 之情 |
| 此圣人之政也 | 之政 |
| 示民有终也 | 有终 |
| （今文无此章） | 子曰闺门之内其礼矣乎严父严兄妻子臣妾犹百姓徒役也 |

## 第三节　今古经传解说之异同

### 一　今古经传说义之异同

在上文中，我们举出吴承仕《尚书今古文说》的意见："今古文说之异，当据明文。今古文之异，当据古文原本，若据后师所引，以别今文，则徒滋纠纷。"（《中大季刊》）所以兼用篇章的同异，如《齐诗》之先《采苹》而后《草虫》；据《仪礼》合乐台南，《鹊巢》、《采蘩》、《采苹》同奏，证明古文《毛》本不如今文；用《礼经》之古文亦有脱简，证明古文本不如今文本。这不是一字一句的关系，不是就后师引本立论，而是就古文原本立论，可确见古文本不如今文本。现在我们更从今文解说来作比较，也可以见古文本不如今文本。为比较客观起见，我们就各方所引的许慎《五经异义》先详列一表：





今古文经传说解异同表

| | 《五经异义》 | 今　　文 | 古　　文 | 许、郑异同 |
|---|---|---|---|---|
| 1 | 田税 | 今《春秋》公羊说，十一而税，过于十一，大桀小桀；减于十一，大貉小貉。十一税，天子之正（蒙文通案：当作天下之中正，文见《公羊》宣十五年传）。十一行而颂声作。 | 《左氏》说，山林之地，九夫为度，九度而当一井；薮泽之地，九夫为鸠，八鸠而当一井；京陵之地，九夫为辨，七辨而当一井；淳卤之地，九夫为表，六表而当一井；疆潦之地，九夫为数，五数而当一井；偃猪之地，九夫为规，四规而当一井；原防之地，九夫为町，三町而当一井；隰皋之地，九夫为牧，二牧而当一井；衍沃之地，九夫为井。赋法，积四十五井，除山川坑岸，三十六井定出赋者九井，则千里之畿，地方百万井，除山川坑岸，三十六万井，定出赋者，六十四万井，长毂万乘。（《礼记》十一《王制》正义） | 许从古，郑今。 |

续表

| | 《五经异义》 | 今　　文 | 古　　文 | 许、郑异同 |
|---|---|---|---|---|
| 2 | | 《礼》戴说《王制》云：五十不从力政，六十不与服戎。《易》孟氏、《韩诗》说年二十行役，三十受兵，六十还兵。<br>谨案，五经说各不同，是无明文可据。汉承百王，而制二十三而役，五十六而免；六十五已老，而周复征之，非用民意。 | 古《周礼》说，国中自七尺以及六十，野自六尺以及六十有五，皆征之。<br>郑驳之云：《周礼》是周公之制，《王制》是孔子之后大贤所记。先王之事，《周礼》所谓皆征之者，使为胥徒，给公家之事，如今之正卫耳。六十而不与服戎，胥徒事暇，坐息之间，多其五岁，又何大违之云？徒给公家之事，云非用民意耶？《王制》所云力政挽引筑作之事，所谓服戎，谓从军为士卒。二者皆劳于胥徒，故早舍之。（《礼记》十三《王制》正义） | 许，今；郑，古。今是古非。 |
| 3 | 天号 | 今《尚书》欧阳说，春曰昊天，夏曰苍天，秋曰旻天，冬曰上天，总为皇天。（蒙案：《毛诗》正义无此四字。）《尔雅》亦然。 | 古《尚书说》云，天有五号，各用所宜称之，尊而君之，则曰皇天。元气广大，则称昊天。仁覆愍下，则称旻天。自上监下，则称上天。据远视之苍苍然，则称苍天。 | 许两不从。<br>古说进步。<br>郑从《尔雅》。 |
| 4 | 罍制 | 《韩诗说》：金罍，大夫器也。天子以玉，诸侯大夫皆以金，士以梓。 | 《毛诗说》：金罍，酒器也，诸臣之所酢。人君以黄金饰，尊大一硕，金饰龟目，盖刻为云雷之象。 | 许从古说，不从今说。古是今非。 |

续表

| | 《五经异义》 | 今　　文 | 古　　文 | 许、郑异同 |
|---|---|---|---|---|
| | | 今《韩诗说》，一升曰爵。爵，尽也，足也。二升曰觚。觚，寡也，饮当寡少。三升曰觯。觯，适也，饮当自适也。四升曰角。角，触也，饮不能自适触罪过也。五升曰散。散，讪也，饮不能自节，为人所谤讪也。总名曰爵，其实曰觞。觞者，饷也。觥亦五升 | 古《周礼》说爵一升，觚二升，（〔蒙案〕二当为三字之误。）献以爵，而酬以觚。一献而三酬，则一豆矣。食一豆肉，饮一豆酒，中人之食。《毛诗》说觥大七升。谨案，《周礼》云一献三酬当一豆。若觚二升，不满一豆。又觥罚不过一，一饮而七升，为过多。（《左传》成十四年正义，引此下有当谓五升四字，当补。） | 许从《周礼》，不从《毛》说。古同今说。 |
| | | 《公羊》说祭天无尸 | 左氏说晋祀夏郊，以董伯为尸。《虞夏传》云舜入唐郊，以丹朱为尸。 | 许从左说。 |
| | 类祭典 | 今《尚书》夏侯、欧阳说：类，祭天名也。以事类祭之奈何？天位在南方，就南郊祭之，是也。 | 古《尚书》说：非时祭天谓之类，言以事类告也，肆类于上帝，时舜告摄，非常祭。许慎谨案：《周礼》郊天无言，类者知类，非常祭。从古《尚书》说。《五经异义》曰：夏至，天子亲祀方泽。侍中骑都尉贾逵说曰：鲁无圜丘方泽之祭者，周兼用六代礼乐，鲁用四代，其祭天之礼亦宜损于周，故二至之日不祭天地也。 | 许从古。古是今非。 |

续表

| | 《五经异义》 | 今　　文 | 古　　文 | 许、郑异同 |
|---|---|---|---|---|
| 8 | | 《春秋公羊》说：礼郊及日，皆不卜，常以正月上丁也；鲁于天子并事变礼，今成王命鲁使卜，从乃郊，不从即已，下天子也；鲁以上辛郊，不敢与天子同也。 | 孟春正月，乘大路，祀帝于郊；又云鲁用孟春建子之月，则与天子不同，明矣；鲁数失礼，牲数有灾，不吉，则改卜后月。（《礼记》二《曲礼上》正义） | 古非今是。 |
| 9 | | | 古《诗》毛说以龙旗承祀为郊祀。 | |
| 10 | | 今《尚书》欧阳、夏侯说：六宗者，上不及天，下不及地，旁不及四方，居中央，恍惚无有神助阴阳变化。 | 古《尚书》说：六宗，天地神之尊者，谓天宗三，地宗三；天宗日月星辰，地宗岱山河海日月。 | 许从古。古似进步。郑自有说。 |
| 11 | | 今《孝经说》曰：社者，土地之主；土地广博，不可遍敬，封五主以为社。 | 古左氏说共工氏有子曰句龙，为后土；后土为社。 | 许古郑今。今是古非。 |
| 12 | | 今《孝经说》：稷者，五谷之长，谷众多，不可遍敬，故立稷而祭之。 | 古左氏说：列山氏之子曰柱，死，祀以为稷；稷是田正，周弃亦为稷 | 今是古非 |
| 13 | | 谨案：《叔孙通》宗庙有日祭之礼，知古而然也。 | 古《春秋左氏》说：古者，先王日祭于祖考，月荐于曾高，时享及二祧，岁祷于坛，禘及郊，宗石室。 | 许古 |

续表

| | 《五经异义》 | 今文 | 古文 | 许、郑异同 |
|---|---|---|---|---|
| 14 | | 今《春秋公羊》说，宗庙筮而不卜，传曰禘祫不卜。 | 古《周礼》说：《大宗伯》曰，凡祀大神，享大鬼，祭大祇，率执事而卜。 | 许从古，郑无驳。 |
| 15 | | | 左氏说，凡君薨，祔而作主，特祀主于寝，毕三时之祭：期年然后烝尝禘于庙。 | 左氏说与《礼》同，郑无驳。 |
| 16 | | 《诗》鲁说：丞相匡衡以为殷中宗、周成宣王皆以时毁。 | 古文《尚书》说，经称中宗，明其庙宗而不毁。谨案：《春秋公羊》御史大夫贡禹说，王者宗有德，庙不毁；宗而复毁，非尊德之义。 | 许从古。 |
| 17 | | 《礼》戴引此。《郊特牲》云，诸侯不敢祖天子，大夫不敢祖诸侯。又匡衡说，支庶不敢荐其祢，下土诸侯不敢专祖于王。 | 古《春秋左氏》说，天子之子，以上德为诸侯者，得祀所自出。鲁以周公之故，立文王庙。《左氏传》宋祖帝乙，郑祖厉王，犹上祖也。 | 许从古，郑无驳。 |
| 18 | | 今《春秋公羊》说，祭有主者，孝子之主系心，夏后氏以松，殷人以柏，周人以栗。 | 《周礼》说，虞主用桑，练主以栗，无夏后氏以松为主之事。 | |
| 19 | | 《公羊》说，卿大夫非有土之君，不得祫享昭穆，故无主；大夫束帛依神；士结茅为菆。 | 《春秋左氏传》曰：卫孔悝反祏于西圃。祏，石主也，言大夫以石为主。 | 许从古说，郑依《仪礼》。 |

续表

| | 《五经异义》 | 今　　文 | 古　　文 | 许、郑异同 |
|---|---|---|---|---|
| 20 | | 戴《礼》及《公羊》说，虞主埋于壁，两楹之间。一说，埋之于庙北鄘下。 | 《春秋左氏传》曰徙主祏于周庙，言宗庙有郊宗石室，所以藏栗主也。虞主所藏，无明文也。 | |
| 21 | | 《公羊》说虞而作主。 | 古《春秋左氏》说既葬反虞……既虞，然后祔死者于先死者；祔而作主，谓桑主也。 | 许从古说，与《礼记》同。 |
| 22 | | | 《左氏》说脤社祭之肉，盛之以蜃。宗庙之肉，名曰膰。 | |
| 23 | | 《公羊》董仲舒说，跻僖公，逆祀，小恶也； | 《左氏》说为大恶也。 | 许从古说,今是。 |
| 24 | 告朔朝庙 | 《公羊》说每月告朔朝庙，至于闰月不以朝者，闰月残聚余分之月，无正，故不以朝。经书闰月犹朝庙，讥之。 | 古《春秋左氏》说，闰以正时，时以作事，事以厚生，生民之道于是乎在；不告闰朔，弃时政也，弃时政则不知其所行。 | 许从古说；郑驳朝庙告朔之异，从今。 |
| 25 | 灶神 | 今《礼》戴说引此燔柴盆瓶之事。……灶者，老妇之祭。 | 古《周礼》说，颛顼氏有子曰黎，为祝融，祀以为灶神。 | |
| 26 | 明堂制 | 今《礼》戴说，《礼盛德记》曰：明堂自古有之，凡有九室，室有四户八牖，三十六户七十二牖，以茅盖屋，上圆下方，所以朝诸侯。其外有水，名曰辟雍明堂。 | 古《周礼》《孝经》说：明堂，文王之庙；夏后氏世室，殷人重屋，周人明堂，东西九筵，筵九尺，南北七筵，堂崇一筵，五室，凡室二筵，盖之以茅。 | |

续表

| | 《五经异义》 | 今　文 | 古　文 | 许、郑异同 |
|---|---|---|---|---|
| 27 | | 《公羊》说天子三台，诸侯二。天子有灵台以观天文，有时台以观四时施化，有囿台，观鸟兽鱼鳖。诸侯当有时台、囿台。诸侯卑，不得观天文，无灵台。皆在国之东南二十五里。东南少阳用事，万物着见；用二十五里者，吉行五十里，朝行暮反也。《韩诗》说辟雍者，天子之学，圆如璧，壅之以水示圆；言辟，取辟有德；不言辟水言辟雍者，取其雍和也，所以教天下春射秋飨，尊事三老五更；在南方七里之内，立明堂于中，五经之文所藏处，盖以茅苇，取其洁清也。 | 《左氏》说：天子灵台在太庙之中，壅之灵沼，谓之辟雍；诸侯有观台，亦在庙中；皆以望嘉祥也。《毛诗》说灵台不足以监视；灵者，精也，神之精明称灵，故称台曰灵台，称囿曰灵囿，称沼曰灵沼。 | 许云：《公羊传》、《左氏》说，皆无明文。 |
| 28 | | 《公羊》说：诸侯比年一小聘，三年一大聘，五年一朝天子。 | 《左氏》说：十二年之间，八聘，四朝，再会，一盟。 | 许云：《公羊》说虞夏制，《左氏》说《周礼》。 |
| 29 | 朝名 | 《公羊》说，诸侯四时见天子及相聘，皆曰朝，以朝时行礼；卒而相逢于路，曰遇。 | 古《周礼》说春曰朝，夏曰宗，秋曰觐，冬曰遇。 | |
| 30 | 天子聘诸侯 | 《公羊》说：天子无下聘义。 | 《周礼》说：间问以谕诸侯之志。 | 许从古说。 |

续表

| | 《五经异义》 | 今文 | 古文 | 许、郑异同 |
|---|---|---|---|---|
| 31 | 礼约盟不 | 今《春秋公羊》说古者不盟，结言而退。故《穀梁传》云诰誓不及五帝，盟诅不及三王，交质子不及二伯，诅（〔蒙案〕诅，旧作且讹）盟非礼。 | 古《春秋左氏》云周礼，有司盟之官，杀牲歃血，所以盟事神明。又云凡国有疑盟，诅其不信者。是知于礼得盟。 | 许从《左氏》。 |
| 32 | 盟牲所用 | 《韩诗》云：天子诸侯以牛豕，大夫以犬，庶人以鸡。 | 《毛诗》说：君以豕，臣以犬，民以鸡。《左传》云郑伯使卒出豭，行出犬鸡，以诅射颍考叔者。 | 许古郑今。 |
| 33 | | 《公羊》说曰：师出曰祠，兵入曰振旅。祠者，祠五兵，矛戟剑楯弓鼓及祠蚩尤之造兵者。 | 《左氏》说：治兵为授兵于庙。 | 许从古说，郑俱不从。 |
| 34 | | 今《礼》戴说：男子阳也，成于阴，故二十而冠。 | 古《尚书》说云武王崩时，成王年十三，后一年管蔡作乱，周公东辟之，王与大夫尽弁，以开《金滕》之书。时成王年十四，言弁，明知已冠矣。 | |
| 35 | 周公冠记无乐 | 《春秋传》说：君冠必以金石之乐节之。 | | |
| 36 | 诸侯娶同姓 | 今《春秋公羊》说：鲁昭公娶于吴，为同姓也，谓之吴孟子。 | 《春秋左氏》说，孟子非小君也，不成其丧，不当讥。 | |

续表

| | 《五经异义》 | 今　　文 | 古　　文 | 许、郑异同 |
|---|---|---|---|---|
| 37 | | 《礼》戴说：天子亲迎。《春秋公羊》说：自天子至庶人娶，皆亲迎。 | 《左氏》说：天子至尊无敌，故无亲迎之礼。 | |
| 38 | 人君年几而娶 | 今大戴《礼》说：男子三十而娶，女子二十而嫁，天子已下及庶人同礼。 | 《左氏》说：人君十五生子，礼三十而娶，庶人礼也。 | |
| 39 | | 《公羊》说：殷三千诸侯，周千八百诸侯。 | 古《春秋左氏传》说：禹会诸侯于涂山，执玉帛者万国。唐虞之地万里，容百里地万国，其侯伯七十里，子男五十里，余为天子闲田。 | |
| 40 | | 今《尚书》欧阳、夏侯说：中国方五千里。 | 古《尚书》说：五服方五千里，相距万里。 | 许从古说。 |
| 41 | | 《公羊》说：存二王之后，所以通天，三统之义。《礼·郊特牲》云：天子存二代之后，犹尊贤也。尊贤不过二代。 | 古《春秋左氏》说：周家封夏殷二王之后以为上公，封黄帝尧舜之后谓之三恪。 | 许不从《左氏》说。 |
| 42 | 朝宿之邑，汤沐之邑 | 《公羊》说：诸侯朝天子，天子之郊，皆有朝宿之邑，从泰山之下，皆有汤沐之邑。 | 《左氏》说：诸侯有功德于王室，京师有朝宿之邑，泰山有汤沐之邑。鲁周公之后，郑宣王母弟，此皆有汤沐邑，其余则否。 | |

续表

| | 《五经异义》 | 今文 | 古文 | 许、郑异同 |
|---|---|---|---|---|
| 43 | 刑不上大夫 | 戴说：刑不上大夫。 | 古《周礼》说：士尸肆诸市，大夫尸肆诸朝，是大夫有刑。 | 许古，郑今。 |
| 44 | | 夏侯、欧阳说：云墨罚疑赦、其罚百率，古以六两为率。 | 古《尚书》说：百锾，锾者率也，一率十一铢二十五分铢之十三也，百锾为三斤。 | |
| 45 | | 今《论语》说郑国之为俗，有溱洧之水，男女聚会，讴歌相感，故云郑声淫。 | 《左氏》说烦手淫声谓之郑声者，言烦手踯躅之声，使淫过矣。 | |
| 46 | | 《公羊》说：乐万舞以鸿羽，取其劲轻，一举千里。 | 《毛诗》说：万以翟羽……《尔雅》说：翟，鸟名，雉属也；知翟，羽舞也。 | |
| 47 | | 《公羊》说：讥二名，谓二字作名，若魏曼多也。 | 《左氏》说：二名者，楚公子弃疾弑其君，即位之后，改为熊居，是为二名。 | 许从《左氏》。 |
| 48 | | 今《礼》戴、《尚书》欧阳说：云九族乃异姓有属者。 | 古《尚书》说：九族者，从高祖至玄孙，凡九，皆同姓。 | 许今郑古。 |
| 49 | | 《诗》齐鲁韩、《春秋公羊》说：圣人皆无父，感天而生。 | 《左氏》说：圣人皆有父。 | 许古郑今。 |

续表

| | 《五经异义》 | 今文 | 古文 | 许、郑异同 |
|---|---|---|---|---|
| 50 | 天子有爵不 | 《易》孟、京说：《易》，有君人五号：帝，天称，一也；王，美称，二也；天子，爵号，三也；大君者，兴盛行异，四也；大人者，圣人德备，五也。是天子有爵。 | 古《周礼》说：天子无爵，同号于天，何爵之有？ | 许古郑今。 |
| 51 | | 今《尚书》夏侯、欧阳说：天子三公，一曰司徒，二曰司马，三曰司空；九卿，二十七大夫，八十一元士，凡百二十。在天为星辰，在地为山川。 | 古《周礼》说：天子立三公，曰太师、太傅、太保，无官属，与王同职，故曰坐而论道，谓之三公；又立三少，以为之副，曰少师、少傅、少保，是为三孤；冢宰、司徒、宗伯、司马、司寇、司空，是为六卿之属；大夫士庶人在官者，凡万二千。 | 许从古说，云：五帝三王不同物。 |
| 52 | | 《春秋》公羊、穀梁说：王使荣叔锡鲁桓命，追锡死者，非礼也。 | 《春秋左氏》讥其锡篡弑之君，无讥锡死者之文也。 | 许从古说。 |
| 53 | 天子驾数 | 《易》孟、京，《春秋公羊》说：天子驾六。 | 《毛诗》说：天子至大夫同驾四，士驾二。 | 许从今说。 |
| 54 | | 礼《王度记》曰，天子驾六，诸侯与卿同驾四，大夫驾三，士驾二，庶人驾一。说与《易》《春秋》同。 | 《周礼》说五玉挚，自公卿以下，执禽。 | |

续表

| | 《五经异义》 | 今　　文 | 古　　文 | 许、郑异同 |
|---|---|---|---|---|
| 55 | | 《礼》戴说：在衡为鸾，在轼为和（《大戴礼记·保傅》）。 | 《毛传》说：在轼曰和，在镳曰鸾。 | 许从古说。 |
| 56 | 卿得世不 | 《公羊》《穀梁》说：卿大夫世，则权并一姓，妨塞贤路，事（案，当作专，写误。）政犯君，故经讥周尹氏、齐崔氏也。 | 《左氏》说：卿大夫得世禄，不得世位，父为大夫死，子得食其故采，而有贤才，则复升父故位。 | 许从古说，郑同。 |
| 57 | | 《公羊》说：诸侯不纯臣。 | 《左氏》说：诸侯者，天子藩卫纯臣。 | |
| 58 | | 《公羊》说：云质家立世子弟，文家立世子子，而《春秋》从质，故得立其弟。 | | |
| 59 | 未逾年之君，立庙不 | 《春秋公羊》说：云未逾年君，有子则书葬立庙，无子则不书葬，恩无所录也。 | 《左氏》说：云臣之奉君，悉心尽恩，不得缘君父有子则为立庙，无子则废也。 | |
| 60 | 诸侯未逾年，出朝会与不出会何称 | 《春秋公羊》说：云诸侯未逾年，不出境，在国中称子，以王事出亦称子，非王事而出会同，安父位不称子。 | 《左氏》说：诸侯未逾年，在国内称子，以王事出则称爵，诎于王事，不敢伸其私恩。 | |
| 61 | 未逾年之君系父不 | 《公羊》说云：未逾年之君皆系于父，晋里克杀其君之子奚齐，是也。 | 《左氏》说：未逾年之君，未葬系于父，杀奚齐于次，时父未葬，虽未逾年称子；成为君，不系于父。 | |

续表

| | 《五经异义》 | 今　　文 | 古　　文 | 许、郑异同 |
|---|---|---|---|---|
| 62 | 妾母之子为君，得尊其母为夫人不 | 《春秋公羊》说：妾子立为君，母得称夫人，故上堂称妾屈于嫡，下堂称夫人尊行国家，则士庶起，为人君母，亦不得称夫人。 | 《穀梁》说：鲁僖公立妾母成风为夫人，入宗庙，是子而爵母也，以妾为妻，非礼也。古《春秋左氏》说：成风得立为夫人，母以子贵，礼也。 | 许从《公》《左》。 |
| 63 | 诸侯有妾母丧，得出朝会不 | 《春秋公羊》说：妾子为诸侯，不敢以妾母之丧，废事天子大国。出朝会，礼也。 | 《左氏》说：云妾子为君，当尊其母，有三年之丧，而出朝会，非礼也。 | 许古郑今。 |
| 64 | | 《公羊》说：天王丧，赴者至，诸侯哭，虽有父母之丧，越绋而行事，葬毕乃还。 | 《左氏》说：王丧，赴者至，诸侯既哭，问故，遂服斩衰，使上卿吊上卿，会葬。 | 许从古，郑从今。 |
| 65 | 诸侯自相奔丧 | 《礼》《公羊》说：遣大夫吊，君会其葬。 | 《左氏》说：诸侯之丧，士吊，大夫会葬 | 许古，郑同。 |
| 66 | 诸侯夫人丧 | 《公羊》说卿吊，君自会葬。 | 《左氏》说：诸侯夫人丧，士吊，士会葬；文、襄之霸，士吊，大夫会葬。 | 许古郑今。 |
| 67 | | 今《春秋公羊》说诸侯曰薨，赴于邻国，亦当称薨。经书诸侯言卒者，《春秋》之文，王鲁，故称卒以下鲁。 | 古《春秋左氏》说：诸侯薨，赴于邻国，称名，则书名称卒。卒者，终也，取其终身，又以尊不出其国。 | 许古郑今。 |

续表

| | 《五经异义》 | 今文 | 古文 | 许、郑异同 |
|---|---|---|---|---|
| 68 | | 《公羊》说：臣子先死，君父犹名之。 | 《左氏》说：既没，称字而不名。 | 许古，郑同。 |
| 69 | | 《公羊》说：雨不克葬。 | 《穀梁》说：葬既有日，不为雨止。《左氏》说：卜葬，先远日。 | 许同《公》《左》。 |
| 70 | | 《公羊》说：国灭君死，正也。故《礼》云君死社稷，无去国之义。 | 《左氏》说昔太王居豳，狄人攻之，乃逾梁山，邑于岐山，故知有去国之义也。 | 许从今说。 |
| 71 | | 《公羊》说：复百世之仇。 | 古《周礼》说：复仇可尽五世之内。 | |
| 72 | 凡君非理杀臣 | 《公羊》说：子可复仇，故子胥伐楚春秋贤之。 | 《左氏》说：君命天也，是不可复仇。 | 许古郑今。 |
| 73 | 卫辄拒父 | 《公羊》以为孝子不以父命辞王父之命，许拒其父。 | 《左氏》以为：子而拒父，悖德逆伦，大恶也。 | 许古郑今。 |
| 74 | | 妻甲，夫乙殴母，甲见乙殴母而杀乙。《公羊》说甲为姑讨夫，犹武王为天诛纣。 | 郑驳之云，乙虽不孝，但殴之耳，杀之太甚。凡在官者未得杀之，杀之士官也。(《礼记》十《檀弓》下正义) | 郑不从此。 |
| 75 | | 戴《礼》及《韩诗》说：八尺为板，五板为堵，五堵为雉；板广二尺，积高五板为一丈；五堵为雉，雉长四丈。 | 古《周礼》及《左氏》说：一丈为板，板广二尺，五板为堵，一堵之墙长丈高丈；三堵为雉，一雉之墙，长三丈高一丈。以度其长者用其长，以度其高者用其高也。 | |

续表

| | 《五经异义》 | 今　　文 | 古　　文 | 许、郑异同 |
|---|---|---|---|---|
| 76 | | 《今文尚书》欧阳说：肝，木也；心，火也；脾，土也；肺，金也；肾，水也。 | 古《尚书》说：脾，木也；肺，火也；心，土也；肝，金也；肾，水也。 | 许古郑今，今是古非。 |
| 77 | | 《公羊》说：哀十四年获麟，此受命之瑞，周亡失天下之异。 | 《左氏》说：麟是中央轩辕大角兽，孔子备（案备当为作字之误）《春秋》者，礼修以致其子，故麟来，为孔子瑞。 | 许古郑今，今是古非。 |
| 78 | | 《公羊》说：麟，木精。 | 《左氏》说：麟，中央轩辕大角之兽。陈钦说：麟是西方毛虫。 | 许古。 |
| 79 | | 今《诗》韩、鲁说：驺虞，天子掌鸟兽官。 | 古《毛诗》说：驺虞，义兽，白虎，黑文，食自死之肉，不食生物；人君有至信之德，则应之。《周南》终《麟趾》，《召南》终《驺虞》，俱称嗟叹之，是麟与驺虞皆兽名。 | 许古。 |
| 80 | | 《公羊》以为，鸜鹆，夷狄之鸟，穴居，今来至鲁，之中国，巢居，此权臣欲自下居上之象。《榖梁》亦以为夷狄之鸟来中国，义与《公羊》同。 | 《左氏》以为，鸲鹆来巢，书所无也。 | 许今，郑变从今。 |
| 81 | | 今《易》京氏说：臣动养君，其义，理也。必望利下，弗养以道，厥妖，国有被发于野祭者。 | | |

续表

| | 《五经异义》 | 今　　文 | 古　　文 | 许、郑异同 |
|---|---|---|---|---|
| 82 | | | 《穀梁》说云：陨石于宋五，象宋公德劣，国小，阴类也，而欲行霸道，是阴而欲阳行也；其陨，将拘执之象也，是宋公欲以诸侯行天子道也。 | |
| 83 | | 《公羊》说：后夫人之家，专权擅世，秉持国政，蚕食百姓，则虫飞反坠。 | | |



本表所列共有八十余例，两两对照，今古文说各不相同，极为显明。我们由这八十余例中分析看来，可以见出：(1) 古说所反映之时代；(2) 古说是而今说非者；(3) 古说似是而实非者；(4) 古说之不及今说者；(5) 古说之自相违异者；(6) 许、郑之怀疑于古文许多有趣的事例。这些都可以帮助我们检定今古说之真伪与是非。下分项讨论之：



## 二　附说

### （一）古说所反映之时代

在上列八十余例中，我们对于今古异同最易察觉出来的有两点：一是古文说所表示的疆域较今文为大。如表（38）、（39）所云，诸侯多寡，方化千里。《公羊》所说："殷三千诸侯，周千八百诸侯。"据《逸周书·殷祝解》："汤放桀，而复薄三千诸侯大会"，及《尚书大传·洛诰传》："天下诸侯之来进受命于周，退见文武尸者，千七百七十三诸侯"，看来并非无根之谈。《左氏》

说在许慎谨案引《易》曰“万国咸宁”，《书》曰“协和万邦”来看，也并非毫无依据。不过“万”表虚数，不是实有万国。古文以为真有万国，则殊错谬。郑玄驳云：“诸侯多少，异世不同，万国者谓唐虞之制也”；“周公制礼之后，准王制千七百七十三国而言，周千八百者举其全数”。这种调和之论，实在讲来，较之《王制》的一七七三国比较近真。古说的“八州凡九千六百国，其馀四百国在圻内”（《尚书皋陶》疏引郑玄），足足一万，实为理想制度，自然进化之迹决不如此。古文家从汉时疆域看来，以为古来地域真足“五服方五千里，相距万里”，许慎谨案：“以今汉地考之，自黑水至东海，衡山之阳至于朔方，经略万里。”对此，“郑玄无驳”。他们实以为中国版图之大，可以容纳万国，故以为五服实方五千里，相距万里。郑玄《王制注》云：“《春秋传》云：‘禹会诸侯于涂山，执玉帛者万国。言执玉帛者，则是唯谓中国耳；中国而言万国，则是诸侯之地有方百里，有方七十里，有方五十里，禹承尧、舜而然矣。要服之地，内方七千里乃能容之。夏末既衰，夷狄内侵，诸侯相并，土地减，国数少。殷汤承之，更制中国方三千里之界，亦分为九州，而建此千七百七十三国焉。周公复唐虞之旧域，分其五服为九，其要服之内亦方七千里，而因殷诸侯之数，广其土，增其爵耳。《孝经》说曰：周千八百诸侯布列五千里内，此文改周之法，关盛衰之中，三七之间以为说也。终此说之意，五五二十五，方千里者二十五，其一为畿内，馀二十四州，各有方千里者三，其馀诸侯之地，大小则未得而闻。”郑玄明知“中国而言万国”，则须“要服之地，内方七千里乃能容之”，乃造为“夏末既衰”“殷汤承之，更制中国方三千里之界”；及“周公复唐虞之旧域”“而因殷诸侯之数，广其土，增其爵。”他这种论调，实忘了《禹贡》的疆域，并无“要服之内亦方七千里”的痕迹，而“周公复唐虞之旧域”历史更无记载。周初分五服为九服，并非实有其事。古经所说是虚数的，是理想的，那是古经欲改今制以合汉家天下。古文学者见汉疆域之扩大，以为这是真的如此，不知其实悖谬于史乘也。

古经古说所想象的疆域比今经今说较大，故古经所主张之官职多于今经，如三公九卿、二十七大夫、八十一元士，今文以为只有百二十官职。古文家这样以三倍递进的规定，固然是符合集权制度下扩充官职以加强统治需要的趋势，但其实也是为更便于进入仕途制造了理论根据。他们按《周礼》理想制度，改变三公三孤六卿，凡万二千的人数，则属晚出，而似比今说合乎实用，故合于汉后儒者的想法。不过今文以司徒、司马、司空为三公，较合于古，《周礼》说的则无依据。同样，卿不得世，是《春秋》的理想制度，而《左氏》说卿大夫得世禄，不得世位。这种世禄如官职过多，也颇难维持，非疆域较大不可。《左氏》说十二年之间八聘四朝再会一盟，及《周礼》说“春朝夏宗秋觐冬遇”，也正是因为古经所云疆域较大，交通较便，人事较繁，往复较频，因而改订的制度。古《周礼》十二年一巡狩，今《王制》五年一巡，反将巡狩期间延长的原因，则一由于疆域较大，事务较繁，帝王能够外出的时间有限，且天子至尊，故天子不能常外出而诸侯朝聘时则增多。其实十二年巡狩之说与表（28）（29）所云是站在同一立场而假定的，郑玄对于朝聘朝名，于《左氏》《周礼》之说并极怀疑，不知这些制度本有的是理想的，并不是那一代的礼。

同时，因为疆域大，故田税制不同表（1）田税，今《春秋公羊》说“十一而税”，我们无论《公羊》说是否为理想制度，但在《孟子》中有，是比较有据的；《周礼》分为“园廛二十而一，近郊十一，远郊二十而三，甸稍县都皆无过十二，唯其漆林之征，二十有五”（《周礼·地官司徒·载师》）等，比较详细，实为后出转精之说。许慎案：“汉制收租，田有上、中、下，与《周礼》同义。”《周礼》这种制度，是因秦汉社会立说，此极为明显。郑玄驳云“玄之闻也，《周礼》制税法，轻近而重远者，为民城道沟渠之役，近者劳，远者逸故也。其授民田，家所养者多，与之美田；其所养者少，则与之薄田，其调均之而是，故可为常法。汉无授田之法，富者贵美且多，贫者贱薄且少，美薄之收不通相倍蓰，而非上中下也，与《周礼》同义，未之思也。又《周礼》六篇，无云军旅之岁，一井九夫百亩之税，出禾刍秉釜米之事，何以得此言乎？”（《周礼注疏·卷十三》（下）这里郑玄驳许慎说，可以看出古说之是，但其所以是者，不在其合于古代社会，而在其合于汉之社会，所以似是而实非。郑云“《周礼》六篇无云军旅之岁，一井九夫百亩之税，出禾刍秉釜米之事”，可见当日《周礼》学者还在努力制造不依经的创说。如（23）“跻僖公，逆祀”。《左氏》说以为大恶，更尊君父；（36）“天子不亲迎”，《左氏》说以为天子至尊无敌；（49）“天子有爵不”，《周礼》说以为“天子无爵，同号于天”；（56）“诸侯不纯臣”《左氏》说：“诸侯者，天子藩卫纯臣”；（71）“凡君非理杀臣”，《左氏》说“君命天也，是不可复仇”；（72）“卫辄拒父”，《左氏》以为“子而拒父，悖德逆伦，大恶也。”这些地方，对于君父比今文经都较尊崇，没有战国时的“‘斶前！’斶亦曰：‘王前！’”汉高时“群臣饮酒争功，醉或妄呼，拔剑击柱”等君臣间那样的没有规矩的现象，不像今文家那样的随便说“天下乃天下之天下”，“官爵乃天下之官爵”那样重民轻君。古文经的解说，也显见是去古较远，受君主专制淫威较久而产生，或有意维护君主专制而产生的经说。我们知道，春秋时之华夏文化南不过洞庭湖，可见周初中国疆域尚未向南扩展。郑玄则云：“周公复唐虞之旧域，分其五服为九”（《礼记注疏》卷十一），他这是忽然一想就想到周公复唐虞之旧域，然而是武功呢，还是德化呢？他并不问事实，而即云然。殊不知周昭王南征不返，还只是汉水流域，并没有到衡山。西汉人所说周公时代的疆域，也不过只

《禹贡》所及；春秋时期中原政权所治并没有自黑水至东海、衡山之阳至于朔方，并不如古文家所说。同时，对于帝王，如眭弘谓“虽有继体守文之君，不害圣人之受命”；盖宽饶谓：“不得其人，则不居其位”；京房云：“陛下视今为治邪，乱邪?”谷永云：“陛下轻夺民财，不爱民力”；等等。那样的不忌讳，显见残留着先秦时期君臣间关系的风气，对于君主的错误敢于直言批评也极明顯。这两点在古文经说都只合于时而不合于古，尤其是疆域等制度，明见经文，足见经文之晚出。这是《周礼》在近人多以为六国末所作之重要原因。而就种种制度看来，实是武、宣以后之作，且颇有刘歆所作的嫌疑。这在前篇已说明了。

（二）古说是而今说非者

例如（3）“天号”，今说“春曰昊天，夏曰苍天，秋曰旻天，冬曰上天，总为皇天”，将昊天、苍天、旻天、上天分配在四时，其实不如古说之各用所宜称之。所以许慎“谨案：‘《尚书》尧命羲和，钦若昊天，总敕四时，知昊天不独春。《春秋左氏》曰：夏四月己丑，孔子卒，称旻天不吊，时非秋天。’”今说再有理由，实不及古说之圆融而有根据。再如（4）“罍制”亦然，《韩诗》说“金罍，大夫器也。天子以玉，诸侯大夫皆以金，士以梓”，似乎是有等级的制度；但是此说既不如《毛诗》说“金罍，酒器也”之圆融，而且正如许慎“谨案：‘天子以玉，经无明文。’”《韩诗》说不如《毛诗》实在很明显。再如（7）“类祭”、（10）“六宗”的解释，古文说都比今文说进步。今文说以事类祭的解释虽能讲通，但以类为祭天，不如古说之非时祭天来得准确。“六宗”的解释，欧阳、大小夏侯说的真若恍兮惚兮，贾逵等说的“天宗三，地宗三”，比较进步多了。他如（30），《公羊》说“天子无下聘义”，实不及《周礼》说“间问以谕诸侯之志”，因为有“下聘”确实合情理些。许慎“谨案：《礼》，‘臣疾，君亲问之。’”断定“天子有下聘之义”。据《春秋》来看，亦实当如此。孔广林曰："《春秋》王使宰，周公聘于鲁。经无贬词"。可见古说依据"诸侯不纯臣"之义，不惟合情理，而且有根据。再如（42）"刑不上大夫"，今说终是理想制度，许慎"谨案：'《易》曰：鼎折足，覆公餗，其刑渥凶'，无刑不上大夫之事。"其实我们从《春秋》看来，列国诸侯杀大夫之事正多，古《周礼》说"肆诸市"、"肆诸朝"，是否有据且不论，但大夫有刑，史载良多，确是不错的。再如（41）"朝宿之邑"、"汤沐之邑"，古文说也较合理。许慎"谨案：'京师之地皆有朝宿邑，周千八百诸侯，京师地不能容之，不合事理之宜。'"是符合史实的。（51）"追锡之事"。依《公羊》说，追锡死者非礼。但《左氏》说，追鲁桓公命桓为篡弑之君，不当追锡尤明。《公羊》说虽不误，而《左氏》说据孔广林云："其生有勋力于王室者，死更追锡之，若后世哀策，在古则高圉亚圉死为追命矣。于礼无乖，当从左氏。"（陈寿祺《五经疑义疏证》）并非不合于理。这些地方是古文说确比较为合理的，而且有依据的解释，以上所举的八例，古说在许多地方实比今说进步，其进步为有依据且合情理。今文说所云，有一些无根据不合理的地方，实在需要古文经传出而为之纠正。真伪是一问题，是非则又是另一问题。





（三）古说之似是而非者

由异义中比较今古文说，我们又可以察觉古说有许多似是而非的地方。例如：表（40）之"三恪"，许慎"谨案云：治《鲁诗》丞相韩玄成，治《易》施雠，说引外传曰：'三王之乐，可得闻观乎？知王者所封三代而已。'不与《左氏》说同。"（44）"郑声淫"。许慎"谨案云：'郑诗三十一篇，说妇人者十九，故郑声淫也。'"（47）之九族。许慎"谨案云：'《礼》缌麻以上服恩之所及，《礼》为妻、父母有服，明在九族中，不得但施于同姓。'"此三者许氏均不从古说，郑玄于"郑声淫"亦不从古说，可见古说是求进步改今说，而不知其似是而实非。（48）关于

"感天而生"，骤然看来今说真够荒谬绝纶，许慎"案云：'《尧典》以亲九族，即尧母庆都感赤龙而生尧'，尧安得九族而亲之礼。"谶云唐五庙，知不感天而生，这是很合理的批判，但是郑玄执拗偏见，他根据《商颂》的"天命玄鸟，降而生商"，提出圣人感生见于经之明文。神话当中可能的有感生之说，今说比较近古，故犹保存一些古时的说法。《左氏》说圣人皆有父，当然合理性些，但也表明比今说晚出。表（59）《左氏》说"以王事出则称爵"，虽云出于王事，实似是而非，不如称"子"。（62）"妾子尊母而不出朝会"，似是而非，故郑不从。（69）、（70）古《左氏》、《周礼》说都不及《公羊》说之严正，故许、郑于（69）从今文说。于（70），《公羊》云："九世犹可以复仇乎？虽百世可也。"是就国体言，讲君、国之仇；《周礼》说："复仇可尽五世之内，五世之外，施之于己则无义，施之于彼则无罪。"也是求合理而谈，然而并没有其合理性的依据，理由很勉强，仍是似是而非。但我们要注意，上举八例有些古说本依经而立说如三恪、复仇等，都是经有明文，我们可见这些经文在《周礼》《左传》中的，必定也如其解释一样比今文经晚出，为着合理，为着进步，古文家们要造出一些古文来与今文对抗。

（四）古说确不及今说者

例如（6）《公羊》说"祭天无尸"，许慎引鲁《郊礼》曰："祝延帝尸，从左氏之说。"好像古说为是。但这虽许、郑用古说，而古实不及今。孔广林说："尸，神象也。天无象，何以尸为？况丹朱之不肖耶？郊之有尸，配帝之尸耳。舜郊喾，丹朱喾孙，益知丹朱为帝喾之尸非天尸矣。《周礼》大祝大禋祀逆尸即配尸也，或援以证上帝有尸，误。"许、郑虽用古说，但这古说向有商量馀地。又关于（10）"六宗"的，在许、郑异同中又有涉及三望四望之地方。许慎"案云：欧阳、夏侯说云宗实一而有六，名实不相应。《春秋》鲁郊祭三望，言郊天，日、月、星、河、海、岱，凡六宗”。这是《春秋》之三望指河、海、岱而言。据《汉书·郊祀志》：王莽引《周官》大合乐，祀四望，释之曰四望，“盖谓日、月、星、海也。”这是《周礼》中“四望”的解释，与《春秋》不同的。“望”在《尚书》中明云“望于山川”，郑司农注《周官·大宗伯》云“四望，日月星海”，与王莽说同。没有山在内，这显然错误。《左氏》说则贾逵、服虔以为“三望，野之分星，国之山川”（《左传·僖公三十一年》注：“分野之星，国中山川，皆因郊祀，望而祭之。”），都是不合于《尚书》经“望于山川”的明文。我们可以比较，古说反不如今《公羊传》所云“望祭，祭太山河海”。后来郑玄以“海、岱、淮”为三望，改变《公羊传》说，但也并非无商量之馀地的。(11)、(12) 古《左氏》说：“社稷都是人神”，郑驳许说以为“社者，五土之总神；稷者，原隰之神”。郑说与《白虎通》《孝经纬》相合，其实郑驳许氏《异义》颇用《周礼》“大司徒五地之物”，“宗伯以血祭祭之社稷五祀五狱”，《大司乐》“五变而致介物及土示”，断定土示为五土之总神，即谓社也。又据“六乐于五地无原隰而有土祇。则土祇与原隰同用乐也”，引“《诗·信南山》云：‘畇畇原隰’，下云‘黍稷彧彧’，原隰生百谷，稷为之长……然则稷者原隰之神。”《左传·昭公二十九年》云：“共工氏有子曰句龙，为后土”及“列山氏之子，曰柱，死祀，以为稷”，在郑驳都不从。无论如何，《左传》、《周礼》必有一误。但我们就郑引各经来看，就蛮野社会来看，社稷的神不当是人神。《左氏》说不及如今文家说，《周礼》比《左氏》说较妥当些。(22) 太学所在地址，今说谓在南郊，古说谓在太庙。郑驳之谓“《王制》与《诗》，其言察察，亦足以明之矣”，“《大雅·灵台》一篇之诗，有灵台，有灵囿，有灵沼，有辟雍。其如是也，则辟雍及三灵皆同处在郊矣”。此古说不如今说。(63) 古说不如今说，郑驳均佳（说详下方）。郑氏直云“说《左氏》者”“自违其传”。可见古说之非。

(75) 关于“五行”，许慎“案云：《月令》‘春祭脾，夏祭肺，季夏祭心，秋祭肝，冬祭肾’，古《尚书》同”。郑驳之云：“《月令》祭四时之位，乃其五藏之上下次之耳。冬位在后，而肾在下；夏位在前，而肺在上；春位小前，故祭先脾；秋位小却，故祭先肝。肾也，脾也，俱在鬲下。肺也，心也，肝也，俱在鬲上。祭者必三，故有先后焉，不得同五行之义。今医病之法，以肝为木，心为火，脾为土，肺为金，肾为水。则有瘳也，若反其术，不死为剧。”(卷一二五，页五六）我们只看以古文说，以古文说“不死为剧”，可见古说之确不如今说。

以上所举八例，虽多属古说，然如（11）、(12）两例，却牵涉经文，《左传》那一段，与《周礼》不合，或系刘歆之流治古学者所窜入。这是古史上的一个问题，我们另行讨论。

（五）古说有自相违异者

在八十余条《五经异义》中，我们更可以看出古说有些是无根之谈，例如（13）的古《春秋左氏》之说，日祭之制实与祭法不合。据《礼记正义》“祭法”说：“此经祖、祢月祭，《楚语》云‘日祭祖祢’，非郑义，故《异义》驳郑所不用”。孔广林说：“记云：‘虞而立尸，有几延，卒哭而讳，生事毕而鬼事始已。’日祭祖考，汉之寝日上食也，是从人道事神明，不应礼制。”《国语》与《祭法》说自相违异，二者必有一不合于古制。又（21）《毛诗》说：“盟牲所用，君以豕，臣以犬，民以鸡。”在《周礼·夏官·戎右》“职云：‘若盟，则以玉敦辟盟，遂役之，赞牛耳、桃茢。’”《左传·哀公十七年》曰：“（孟）武伯问于高柴曰，诸侯盟，谁执牛耳?”《毛诗》说也有不合《周礼》《左氏》的地方。(32)“祠兵”。《左氏》说：“甲午治兵，为授兵于庙。”这在《周礼·大司马》职说“仲夏教茇舍，仲秋教治兵”下云：“如战之阵”，“仲冬教大阅，修战法，虞人莱所田之野，乃为之”。“治兵”在《周礼》为习战，与《左氏》说也不合。

(34)《礼·公冠记》:“冠时无乐。”《春秋传》说:“君冠必以金石之乐节之。”两说亦自相违异。孔广林曰:“卢辩《公冠》注云:‘成人代父始宜尽孝子之感,不可以欢乐。取之孔子曰娶妇之家三日不举乐,思嗣亲。’若然无乐是也。故《周礼》备详乐事,独不及冠乐。彼《春秋》之文,乃衰世变礼耳。”可见《春秋传》又与《周礼》不相合。

从这所举数例来看,古文也并非有定说。这自然是因作者不同,然亦可见出古说所代表的时世不同。

**(六)评郑之怀疑古文说**



在许慎《五经异义》、郑《驳五经异义》中,最有趣味的是我们由他们的驳难中,看出他们也对于古经传说的不满。例如(26)明堂制度。许慎说:“今《礼》、古《礼》,各以其义说,无明文以知之。”郑玄云:“《礼》戴所云,虽出《盛德记》,及其下,显与本章异。九室,三十六户,七十二牖,似秦相吕不韦作春秋时说者,所益非古制也。”这是许、郑对于今古说不满之一,《盛德记》是古文,并非真大戴书。(28)朝聘制度。许慎以为“《公羊》说,虞夏制;《左氏》说,《周礼》”,“三代不同物,明古今异说”。郑玄驳云“三年聘,五年朝,文襄之霸制,《周礼·大行人》‘诸侯,各以服数来朝,其诸侯岁聘间朝之属’(按:《左传·昭公十三年》云:岁聘以志业,间朝以讲礼,再朝而会以示威,再会而盟以显昭明),说无所出。晋文公强盛诸侯耳,非所谓三代异物也。”(29)关于朝名。郑玄对于古《周礼》的朝宗觐遇颇不信任,他说:“此皆有似不为古者。案,《觐礼》云:‘诸侯前朝皆受舍于朝’,朝通名。又说朝通名也,秋之言觐。据时所用礼。”他不惟不从古《周礼》说,而且说是“皆有似不为古昔”。《王制》引《左传·昭公十三年》孔疏云:“贾逵、服虔自以为朝天子之法,崔氏以朝霸主之法,郑康成以为不知何代之礼。”然则《周礼》不是周公所制之古礼了。(52)天子驾数。郑玄驳云："《王度记》云：'今天子驾六者，自是汉法，与古异。大夫驾三，于经无以言之。'"（53）"五玉挚"。许慎云："礼不下庶人，工商又无朝仪，五经无说庶人工商有挚。"对于《周礼·大宗伯》"以禽作六挚，以等诸臣……庶人挚鹜，工商挚鸡"也。郑反驳直云："庶人工商又无朝仪，五经无说庶人工商有挚。"（《御览》卷339）。对于《周礼》也够不信任的了。（62）郑玄驳《异义》云："丧服缌麻，庶子为后，为其母。此义自天子下至庶人同，不得三年……因是言妾子立，母卒得为之三年，于礼为通乎？"（63）郑驳云："天子于诸侯无服，诸侯为天子斩衰三年，尊卑有差。案鲁夫人成风薨，王使荣叔归含且赗，毛伯来会葬，传曰礼也。襄王崩，叔孙得臣如周葬襄王。天子于鲁，既含且赗，又会葬，为得礼，则是鲁于天子一大夫会，为不得礼可知。"这两条虽足驳《左氏》说，然亦可见其"师徒相传并无其人"。（76）许慎"案云：'《礼运》云，麟、凤、龟、龙，谓之四灵；龙，东方也；虎，西方也；凤，南方也；龟，北方也；麟，中央也。'郑玄驳云："古者圣贤言事，亦有效三者，取象天地人；四者，取象四时；五者，取象五行。今云麟、凤、龟、龙，谓之四灵，则当四时，明矣。虎不在四灵中，空言西方虎者，则麟中央，得无近诬乎？"这一条也是驳《左氏》说，可见古说在许多地方真是"向壁虚造"，即治古文者亦对之有不满之词。

古文说之不可信，在章炳麟与吴承仕《论尚书今古书文》也说："若乃立说同异，古文家亦不尽有征，非徒成周之制不可以说四代，经文简质，行事不尽详。古文师所说事状，其果有根抵否也？《大传》为今文之祖，伏生生秦时，其言或有征，顾古事异论，自周末诸子已然。伏生视诸师差前，于诸子则晚，其所记录，亦犹蒙怙述周公事矣。"章炳麟明说"伏生生秦时，其言或有征"，"古文家亦不尽有征"，他怀疑"古文师所说事状，其果有根抵否也"。古文经说不如今文，不仅在说，实在于"经"不止《尚书》一经如是，即他经亦莫不如是。章炳麟尚如此说，可知今古文之真伪问题究竟如何了。

《诗》申公为荀子再传，《礼》之《王制》作于文帝之时，《易》之施、孟源出于田何，《春秋》之《公羊》其著竹帛，皆视古文诸师差前，其所论自不同古文诸师。之果否有根柢，则今文说自优于古文说，不过有些地方想改正今文说，觉得比较合理，而其实正如章炳麟所说："古文家不尽有征"，即"成周之制不可以说四代"，则所谓周公制作之《周礼》，正如郑玄所云："此皆有不似为古昔者"。这是《周礼》之所以有疑义。章炳麟又说"治《左传》的，汉末有服虔，只解'传'不解经的，晋有杜预，两家虽非大不同，其中却也有抵触之处。原来汉人治《左氏》，多引《公羊》，并由《公羊》以释经，自己违背的地方很多。杜预《春秋释例》将汉人学说一一驳倒"。（章炳麟《国学的派别》第一节《经学的派别》）这可见东汉人攻击《左氏》"师徒相传又无其人"实在不诬。则《左传》之有疑问亦甚明。汉代古文家如许、郑，清代古文家如江声、章炳麟，对于古文也无意流露出许多疑问，证明今文家言不诬。则经之今古文问题，关于何为古本，何者真有传授，可以迎刃而解。不过真伪是一问题，是非是又一问题，我们不能将其相混淆。

# 第六章

# 古文经学之流传迁变

## 第一节　古文经学之传授





在上章中，我们虽证明古文诸经其非真古本，但其立说颇有胜于今文者，所以我们主张真伪是一问题，是非是又一问题。古文诸经在两《汉书》之《儒林传》中，俱曾叙述其传授，有的固属依托，有的则是实事，现在我们也分经为之叙述：

（一）《诗》

《汉书·儒林传》云：

> 毛公，赵人也。治《诗》，为河间献王博士，授同国贯长卿。长卿授解延年。延年为阿武令，授徐敖。敖授九江陈侠，为王莽讲学大夫。由是言《毛诗》者，本之徐敖。

《后汉书·儒林传》云：

> 赵人毛苌传《诗》，是为《毛诗》，未得立……卫宏字敬仲，东海人也。少与河南郑兴俱好古学。初，九江谢曼卿善《毛诗》，乃为其训。宏从曼卿受学，因作《毛诗序》，善得《风》、《雅》之旨，于今传于世。后从大司空杜林更受古文《尚书》，为作训旨。时济南徐巡师事宏，后从林受学，亦以儒显，由是古学大兴。光武以为议郎。宏作《汉旧仪》四篇，以载西京杂事；又著赋、颂、诔七首，皆传于世。中兴后，郑众、贾逵传

《毛诗》，后马融作《毛诗传》，郑玄作《毛诗笺》。

**（二）《书》**

《汉书》云：

孔氏有古文《尚书》，孔安国以今文字读之，因以起其家逸《书》，得十余篇，盖《尚书》兹多于是矣。遭巫蛊，未立于学官。安国为谏大夫，授都尉朝，而司马迁亦从安国问故。迁书载《尧典》、《禹贡》、《洪范》、《微子》、《金縢》诸篇，多古文说……都尉朝授胶东庸生。庸生授清河胡常少子，以明《穀梁春秋》为博士、部刺史，又传《左氏》。常授虢徐敖。敖为右扶风掾，又传《毛诗》，授王璜、平陵涂恽子真。子真授河南桑钦君长。王莽时，诸学皆立。刘歆为国师，璜、恽等皆贵显。世所传《百两篇》者，出东莱张霸，分析合二十九篇以为数十，又采《左氏传》、《书叙》为作首尾，凡百二篇。篇或数简，文意浅陋。成帝时，求其古文者，霸以能为《百两》征，以中书校之，非是。霸辞受父，父有弟子尉氏樊并。时太中大夫平当、侍御史周敞，劝上存之。后樊并谋反，乃黜其书。

《后汉书》云：

又鲁人孔安国传《古文尚书》，授都尉朝，朝授谬东庸谭为《尚书》古文学，未得立。……尹敏字幼季，南阳堵阳人也。少为诸生。初习《欧阳尚书》，后受《古文》，兼善《毛诗》《穀梁》《左氏春秋》。建武二年，上疏陈《洪范》消灾之术。时世祖方草创天下，未遑其事，命敏待诏公车，拜郎中，辟大司空府。

……与班彪亲善，每相遇，辄日旰忘食，夜分不寝，自以为钟期、伯牙，庄周、惠施之相得也。后三迁长陵令。永平五年，诏书捕男子周虑。虑素有名称，而善于敏，敏坐系免官。及出，叹曰："喑聋之徒，真世之有道者也。何谓察察而遇斯患乎?"十一年，除郎中，迁谏议大夫。卒于家。周防字伟公，汝南汝阳人也。父扬，少孤微，常修逆旅，以供过客，而不受其报。防年十六，仕郡小吏。世祖巡狩汝南，召掾史试经，防尤能诵读，拜为守丞。防以未冠，谒去。师事徐州刺史盖豫，受《古文尚书》。经明，举孝廉，拜郎中。撰《尚书杂记》三十二篇，四十万言。太尉张禹荐补博士，稍迁陈留太守，坐法免。年七十八，卒于家。子举，自有传。

孔僖，字仲和，鲁国鲁人也。自安国以下，世传《古文尚书》、《毛诗》。曾祖父子建，少游长安，与崔篆友善。及篆仕王莽为建新大尹，尝劝子建仕。对曰："吾有布衣之心，子有衮冕之志，各从所好，不亦善乎!道既乘矣，请从此辞。"遂归，终于家。僖与崔篆孙骃复相友善，同游太学，习《春秋》。……元和二年春，帝东巡狩，还过鲁，幸阙里。以太牢祠孔子及七十二弟子，作六代之乐，大会孔氏男子二十以上者六十三人，命儒者讲《论语》。僖因自陈谢。帝曰："今日之会，宁于卿宗有光荣乎?"对曰："臣闻明王圣主，莫不尊师贵道。今陛下亲屈万乘，辱临敝里，此乃崇礼先师，增辉圣德。至于光荣，非所敢承。"帝大笑曰："非圣者子孙，焉有斯言乎!"遂拜僖郎中，赐褒成侯损及孔氏男女钱帛，诏僖从还京师，使校书东观。冬，拜临晋令，崔骃以《家林》筮之，谓为不吉，止僖曰："子盍辞乎?"僖曰："学不为人，仕不择官，凶吉由己，而由卜乎?"在县三年，卒官，遗令即葬。二子长彦、季彦，并十余岁。蒲坂令许君然劝令反鲁。对曰："今载柩而归，则违父令；舍墓而去，心所不忍。”遂留华阴。长彦好章句学，季彦守其家业，门徒数百人。延光元年，河西大雨雹，大者如斗。安帝诏有道术之士极陈变眚，乃召季彦见于德阳殿，帝亲问其故。对曰：“此皆阴乘阳之征也。今贵臣擅权，母后党盛，陛下宜修圣德，虑此二者。”帝默然，左右皆恶之。举孝廉，不就。三年，年四十七，终于家。初，平帝时王莽秉政，乃封孔子后孔均为褒成侯，追谥孔子为褒成宣尼。及莽败，失国。建武十三年，世祖复封均子志为褒成侯。志卒，子损嗣。永元四年，徙封褒亭侯。损卒，子曜嗣。曜卒，子完嗣。世世相传，至献帝初，国绝。

杨伦字仲理，陈留东昏人也。少为诸生，师事司徒丁鸿，习《古文尚书》。为郡文学掾。更历数将，志乖于时，以不能人间事，遂去职，不复应州郡命。讲授于大泽中，弟子至千余人。元初中，郡礼请，三府并辟，公车征，皆辞疾不就。后特征博士，为清河王傅。是岁，安帝崩，伦辄弃官奔丧，号泣阙下不绝声。阎太后以其专擅去职，坐抵罪。顺帝即位，诏免伦刑，遂留行丧于恭陵。服阕，征拜侍中。是时邵陵令任嘉在职贪秽，因迁武威太守，后有司奏嘉臧罪千万，征考廷尉，其所牵染将相大臣百有余人。伦乃上书曰：“臣闻《春秋》诛恶及本，本诛则恶消；振裘持领，领正则毛理。今任嘉所坐狼藉，未受辜戮，猥以垢身，改典大郡，自非案坐举者，无以禁绝奸萌。往者湖陆令张迭、萧令驷贤、徐州刺史刘福等，衅秽既章，咸伏其诛，而豺狼之吏至今不绝者，岂非本举之主不加之罪乎？昔齐威之霸，杀奸臣五人，并及举者，以弭谤讟。当断不断，《黄石》所戒。夫圣王所以听僮夫匹妇之言者，犹尘加嵩岱，雾集淮海，虽未有益，不为损也。惟陛下留神省察。”奏御，有司以伦言切直，辞不逊顺，下之。尚书奏伦探知密事，激以求直。坐不敬，结鬼薪。诏书以伦数进忠言，特原之，免归田里。阳嘉二年，征拜太中大夫。大将军梁商以为长史。谏诤不合，出补常山王傅，病不之官。诏书敕司隶催促发遣，伦乃留河内朝歌，以疾自上，曰：“有留死一尺，无北行一寸。刎颈不易，九裂不恨。匹夫所执，强于三军。固敢有辞。”帝乃下诏曰：“伦出幽升高，宠以籓傅，稽留王命，擅止道路，托疾自从，苟肆狷志。”遂征诣廷尉，有诏原罪。伦前后三征，皆以直谏不合。既归，闭门讲授，自绝人事。公车复征，逊遁不行，卒于家。中兴，北海牟融习《大夏侯尚书》，东海王良习《小夏侯尚书》，沛国桓荣习《欧阳尚书》。荣世习相传授，东京最盛。扶风杜林传《古文尚书》，林同郡贾逵为之作训，马融作传，郑玄注解，由是《古文尚书》遂显于世。

（三）《礼》

《后汉书·儒林传》：

《前书》鲁高堂生，汉兴传《礼》十七篇。后瑕丘萧奋以授同郡后苍，苍授梁人戴德及德兄子圣、沛人庆普。于是德为《大戴礼》，圣为《小戴礼》，普为《庆氏礼》，三家皆立博士。孔安国所献《礼》古经五十六篇及《周官经》六篇，前世传其书，未有名家。中兴已后，亦有《大戴》、《小戴》博士，虽相传不绝，然未有显于儒林者。建武中，曹充习庆氏学，传其子褒，遂撰《汉礼》……董钧字文伯，犍为资中人也。习《庆氏礼》。事大鸿胪王临。元始中，举明经，迁廪牺令。病去官。建武中，举孝廉，辟司徒府。钧博通古今，数言政事。永平初，为博士。时草创五郊祭祀，及宗庙礼乐，威仪章服，辄令钧参议，多见从用，当世称为通儒。累迁五官中郎将，常教授门生百余人。后坐事左转骑都尉。年七十余，卒于家。中兴，郑众传《周官经》，后马融作《周官传》，授郑玄，玄作《周官注》。玄本习《小戴礼》，后以古经校之，取其义长者，故为郑氏学。玄又注小戴所传《礼记》四十九篇，通为《三礼》焉。

（四）《易》

《汉书》云：

田何传《易》授丁宽，丁宽授田王孙，王孙授沛人施雠、东海孟喜、琅邪梁丘贺，由是《易》有施、孟、梁丘之学。又东郡京房受《易》于梁国焦延寿，别为京氏学。

费直字长翁，东莱人也，治《易》为郎，至单父令。长于卦筮，亡章句，徒以《彖》、《象》、《系辞》十篇文言解说《上下经》。琅邪王璜平中能传之，璜又传《古文尚书》。高相，沛人也。治《易》与费公同时，其学亦亡章句，专说阴阳灾异，自言出于丁将军。传至相，相授子康及兰陵毋将永。康以明《易》为郎，永至豫章都尉。及王莽居摄，东郡太守翟谊谋举兵诛莽，事未发，康候知东郡有兵，私语门人，门人上书言之。后数月，翟谊兵起，莽召问，对"受师高康，莽恶之，以为惑众，斩康。繇是《易》有高氏学。高、费皆未尝立于学官。

《后汉书》云：

又有东莱费直，传《易》，授琅邪王横，为费氏学。本以古字，号《古文易》。又沛人高相传《易》，授子康及兰陵毋将永，为高氏学。施、孟、梁丘、京氏四家皆立博士，费、高二家未得立……建武中……陈元、郑众皆传《费氏易》，其后马融亦为其传。融授郑玄，玄作《易注》，荀爽又作《易传》，自是《费氏》兴，而《京氏》遂衰。

（五）《春秋》

《汉书》云：

汉兴，北平侯张苍及梁大傅贾谊、京兆尹张敞、太中大夫刘公子皆修《春秋左氏传》。谊为《左氏传》训故，授赵人贯公，为河间献王博士，子长卿为荡阴令，授清河张禹长子。禹与萧望之同时为御史，数为望之言《左氏》，望之善之，上书数以称说。后望之为太子太傅，荐禹于宣帝，征禹待诏，未及问，会疾死。授尹更始，更始传子咸及翟方进、胡常。常授黎阳贾护季君，哀帝时待诏为郎。授苍梧陈钦子佚，以《左氏》授王莽，至将军。而刘歆从尹咸及翟方进受。由是言《左氏》者本之贾护、刘歆。

瑕丘江公受《穀梁春秋》及《诗》于鲁申公，传子至孙，为博士。武帝时，江公与董仲舒并。仲舒通《五经》，能持论，善属文。江公呐于口，上使与仲舒议，不如仲舒。而丞相公孙弘本为《公羊》学，比辑其议，卒用董生。于是上因尊《公羊》家，诏太子受《公羊春秋》，由是《公羊》大兴。太子既通，复私问《穀梁》而善之。其后浸微。唯鲁荣广王孙、皓星公二人受焉。广尽能传其《诗》、《春秋》，高材捷敏，与《公羊》大师眭孟等论，数困之。故好学者颇复受《穀梁》。沛蔡千秋少君、梁周庆幼君、丁姓子孙皆从广受。千秋又事皓星公，为学最笃。宣帝即位，闻卫太子好《穀梁春秋》，以问丞相韦贤、长信少府夏侯胜及侍中乐陵侯史高，皆鲁人也，言穀梁子本鲁学，公羊氏乃齐学也，宜兴《穀梁》。时千秋为郎，召见，与《公羊》家并说，上善《穀梁》说，擢千秋为谏大夫给事中，后有过，左迁平陵令。复求能为《穀梁》者，莫及千秋。上愍其学且绝，乃以千秋为郎中户将，选郎十人从受。汝南尹更始翁君本自事千秋，能说矣，会千秋病死，征江公孙为博士。刘向以故谏大夫通达待诏，受《穀梁》，欲令助之。江博士复死，乃征周庆、丁姓待诏保宫，使卒授十人。自元康中始讲，至甘露元年，积十余岁，皆明习。乃召《五经》名儒太子太傅萧望之等大议殿中，平《公羊》、《穀梁》同异，各以经处是非。时《公羊》博士严彭祖、侍郎申挽、伊推、宋显，《穀梁》议郎尹更始、待诏刘向、周庆、丁姓并论。《公羊》家多不见从，愿请内侍郎许广，使者亦并内《穀梁》家中郎王亥，各五人，议三十余事。望之等十一人各以经谊对，多从《穀梁》。由是《穀梁》之学大盛。庆、姓皆为博士。姓至中山太傅，授楚申章昌曼君，为博士，至长沙太傅，徒众尤盛。尹更始为谏大夫、长乐户将，又受《左氏传》，取其变理合者以为章句，传子咸及翟方进、琅邪房凤。咸至大司农，方进丞相，自有传。

《后汉书》云：

又瑕丘江公传《穀梁春秋》，三家皆立博士。梁太傅贾谊为《春秋左氏传训诂》，授赵人贯公。丁恭字子然，山阳东缗人也。习《公羊严氏春秋》。恭学义精明，教授常数百人，州郡请召不应。建武初为谏议大夫博士，封关内侯。十一年，迁少府。诸生自远方至者，著录数千人，当世称为大儒。太常楼望、侍中承宫、长水校尉樊儵等皆受业于恭。二十年，拜侍中祭酒、骑都尉，与侍中刘昆俱在光武左右，每事谘访焉。卒于官。周泽字稺都，北海安丘人也。少习《公羊严氏春秋》，隐居教授，门徒常数百人。建武末，辟大司马府，署议曹祭酒。数月，征试博士。中元元年，迁黾池令。奉公克己，矜恤孤羸，吏人归爱之。永平五年，迁右中郎将。十年，拜太常。泽果敢直言，数有据争。后北地太守廖信坐贪秽下狱，没入财产，显宗以信臧物班诸廉吏，唯泽及光禄勋孙堪、大司农常冲特蒙赐焉。是时京师翕然，在位者咸自勉励。堪字子稺，河南缑氏人也。明经学，有志操，清白贞正，爱士大夫，然一毫未尝取于人，以节介气勇自行。王莽末，兵革并起，宗族老弱在营保间，堪常力战陷敌，无所回避，数被创刃，宗族赖之，郡中咸服其义勇。

建武中，仕郡县。公正廉洁，奉禄不及妻子，皆以供宾客。及为长吏，所在有迹，为吏人所敬仰。喜分明去就。尝为县令，谒府，趋步迟缓，门亭长谴堪御吏，堪便解印绶去，不之官。后复仕为左冯翊，坐遇下促急，司隶校尉举奏免官。数月，征为侍御史，再迁尚书令。永平十一年，拜光禄勋。堪清廉，果于从政，数有直言，多见纳用。十八年，以病乞身，为侍中骑都尉，卒于官。堪行类于泽，故京师号曰“二稺”。十二年，以泽行司徒事，如真。泽性简，忽威仪，颇失宰相之望。数月，复为太常。清洁循行，尽敬宗庙。常卧疾斋官，其妻哀泽老病，窥问所苦。泽大怒，以妻干犯斋禁，遂收送诏狱谢罪。当世疑其脆激。时人为之语曰：“生世不谐，作太常妻，一岁三百六十日，三百五十九日斋。”十八年，拜侍中骑都尉。后数为三老五更。建初中致仕，卒于家。

钟兴字次文，汝南汝阳人也。少从少府丁恭受《严氏春秋》。恭荐兴学行高明，光武召见，问以经义，应对甚明。帝善之，拜郎中，稍迁左中郎将。诏令定《春秋》章句，去其复重，以授皇太子。又使宗室诸侯从兴受章句。封关内侯。兴自以无功，不敢受爵。帝曰："生教训太子及诸王侯，非大功邪?"兴曰："臣师于恭。"于是复封恭，而兴遂固辞不受爵，卒于官。

甄宇字长文，北海安丘人也。清净少欲。习《严氏春秋》，教授常数百人。建武中，为州从事，征拜博士，稍迁太子少傅，卒于官。

传业子普，普传子承。承尤笃学，未尝视家事，讲授常数百人。诸儒以承三世传业，莫不归服之。建初中，举孝廉，卒于梁相。子孙传学不绝。

楼望字次子，陈留雍丘人也。少习《严氏春秋》。操节清白，有称乡闾。建武中，赵节王栩闻其高名，遣使赍玉帛请以为师，望不受。后仕郡功曹。永平初，为侍中、越骑校尉，入讲省内。十六年，迁大司农。十八年，代周泽为太常。建初五年，坐事左转太中大夫，后为左中郎将。教授不倦，世称儒宗，诸生著录九千余人。年八十，永元十二年，卒于官，门生会葬者数千人，儒家以为荣。

程曾字秀升，豫章南昌人也。受业长安，习《严氏春秋》，积十余年，还家讲授。会稽顾奉等数百人常居门下。著书百余篇，皆《五经》通难，又作《孟子章句》。建初三年，举孝廉，迁海西令，卒于官。

张玄字君夏，河内河阳人也。少习《颜氏春秋》，兼通数家法。建武初，举明经，补弘农文学，迁陈仓县丞。清净无欲，专心经书，方其讲问，乃不食终日。及有难者，辄为张数家之说，令择从所安。诸儒皆伏其多通，著录千余人。

玄初为县丞，尝以职事对府，不知官曹处，吏白门下责之。时右扶风琅邪徐业，亦大儒也，闻玄诸生，试引见之，与语，大惊曰："今日相遭，真解矇矣！"遂请上堂，难问极日。后玄去官，举孝廉，除为郎。会《颜氏》博士缺，玄试策第一，拜为博士。居数月，诸生上言玄兼说《严氏》、《冥氏》，不宜专为《颜氏》博士。光武且令还署，未及迁而卒。

李育字元春，扶风漆人也。少习《公羊春秋》。沉思专精，博览书传，知名太学，深为同郡班固所重。固奏记荐育于骠骑将军东平王苍，由是京师贵戚争往交之。州郡请召，育到，辄辞病去。常避地教授，门徒数百。颇涉猎古学。尝读《左氏传》，虽乐文采，然谓不得圣人深意，以为前世陈元、范升之徒更相非折，而多引图谶，不据理体，于是作《难左氏义》四十一事。

建初元年，卫尉马廖举育方正，为议郎。后拜博士。四年，诏与诸儒论《五经》于白虎观，育以《公羊》义难贾逵，往返皆有理证，最为通儒。再迁尚书令。及马氏废，育坐为所举免归。岁余复征，再迁侍中，卒于官。

何休字邵公，任城樊人也。父豹，少府。休为人质朴讷口，而雅有心思，精研《六经》，世儒无及者。以列卿子诏拜郎中，非其好也，辞疾而去。不仕州郡。进退必以礼。

太傅陈蕃辟之，与参政事。蕃败，休坐废锢，乃作《春秋公羊解诂》，覃思不窥门，十有七年。又注训《孝经》、《论语》、风角七分，皆经纬典谟，不与守文同说。

又以《春秋》驳汉事六百余条，妙得《公羊》本意。休善历算，与其师博士羊弼，追述李育意以难二传，作《公羊墨守》、《左氏膏肓》、《穀梁废疾》。党禁解，又辟司徒。群公表休道术深明，宜侍帷幄，幸臣不悦之，乃拜议郎，屡陈忠言。再迁谏议大夫，年五十四，光和五年卒。

服虔字子慎，初名重，又名祇，后改为虔，河南荥阳人也。少以清苦建志，入太学受业。有雅才，善著文论，作《春秋左氏传解》，行之至今。又以《左传》驳何休之所驳汉事六十条。举孝廉，稍迁，中平末，拜九江太守。免，遭乱行客，病卒。所著赋、碑、诔、书记、《连珠》、《九愤》，凡十余篇。

颍容字子严，陈国长平人也。博学多通，善《春秋左氏》，师事太尉杨赐。郡举孝廉，州辟，公车征，皆不就。初平中，避乱荆州，聚徒千余人。刘表以为武陵太守，不肯起。著《春秋左氏条例》五万余言，建安中卒。

谢该字文仪，南阳章陵人也。善明《春秋左氏》，为世名儒，门徒数百千人。建安中，河东人乐详条《左氏》疑滞数十事以问，该皆为通解之，名为《谢氏释》，行于世。仕为公车司马令，以父母老，托病去官。欲归乡里，会荆州道断，不得去。少府孔融上书荐之曰："臣闻高祖创业，韩、彭之将征讨暴乱，陆贾、叔孙通进说《诗》、《书》。光武中兴，吴、耿佐命，范升、卫宏修述旧业，故能文武并用，成长久之计。陛下圣德钦明，同符二祖，劳谦厄运，三年乃欢。今尚父鹰扬，方叔翰飞，王师电鸷，群凶破殄，始有櫜弓卧鼓之次，宜得名儒，典综礼纪。窃见故公车司马令谢该，体曾、史之淑性，兼商、偃之文学，博通群艺，周览古今，物来有应，事至不惑，清白异行，敦悦道训。求之远近，少有畴匹。若乃巨骨出吴，隼集陈庭，黄熊入寝，亥有二首，非夫洽闻者，莫识其端也。隽不疑定北阙之前，夏侯胜辩常阴之验，然后朝士益重儒术。今该实卓然比迹前列，间以父母老疾，弃官欲归，道路险塞，无自由致。猥使良才抱朴而逃，逾越山河，沉沦荆楚，所谓往而不反者也。后日当更馈乐以钓由余，克像以求傅说，岂不烦哉？臣愚以为可推录所在，召该令还。楚人止孙卿之去国，汉朝追匡衡于平原，尊儒贵学，惜失贤也。”书奏，诏即征还，拜议郎。以寿终。

建武中，郑兴、陈元传《春秋左氏》学。时尚书令韩歆上疏，欲为《左氏》立博士，范升与歆争之未决，陈元上书讼《左氏》，遂以魏郡李封为《左氏》博士。后群儒蔽固者数廷争之。及封卒，光武重违众议，而因不复补。

（六）《语》、《孟》、《孝经》、《尔雅》

《语》、《孟》、《孝经》、《尔雅》由经文看来，都是有古文的，《论语》、《孝经》、《尔雅》之有古文在《汉志》中均已叙明。《孟子》之有古文，据陈汉章《经学通论》说："汉文所立博士，皆为今文。汉河间献王所得书皆古文，先秦旧书《周官》、《尚书》、《礼记》、《孟子》、《老子》之属。则《孟子》亦如诸经别有古文。今见于樊隼、乐松及许君、应劭诸家所引者，类与赵注本不同，或即以今古文故欤。赵氏言传授众多，惜多遗佚矣。"不过，《语》、《孟》、《孝经》在东汉也正如西京一样，并无专门名家。唐晏《两汉三国学案》云："《古论语》……西汉习者已鲜，至东汉只有洨长一人。"(唐晏《两汉三国学案》)

可见当时经师治《论语》、《孝经》者，多半是兼及此二经，即如《孟子》，后汉赵岐、程曾既不是古文家，也不是专攻《孟子》的。至于《尔雅》，唐氏称：“《尔雅》，古小学也。考《大学》曰：‘物格而后知致’，自汉逮宋，解者纷如乱丝，无从是正。然古人为学未闻‘格物’之说。《论语》二十篇，亦未以‘格物’训学者……古人学文，果从何书入手乎？然则，《尔雅》盖有取焉尔。学者，幼学固必先通小学，必先识字；识字则先读《尔雅》，是不易之宗旨也。然则大学之‘格物’亦谓正于一名一物，以开其知识之先声焉耳。然则格物者，格此也；正名者，正此也；学文者，学此也。所从言之有异，而其旨一也。故《尔雅》者，六艺之关键也。”（唐晏《两汉三国学案》）



## 第二节　古文经学之演变



古文经学的兴起，在上章我们从篇章文句说解，推证其本晚出于西汉之末，就古文经学之传授看来，也以起于西汉之末的成分为最多。《毛诗》自谓子夏所传，而至东汉卫宏、徐巡其传始盛；《书》、《礼》于前汉并无名家，而所谓孔氏世传《古文尚书》，就孔霸、孔光之习今文而绝不言古文，亦未必古文在西汉有传授；《礼》之传授不著，尤为明显；《易》之费氏，据“王璜为成帝时人”，可见其传甚晚；《春秋左氏》虽记始于张苍，《穀梁》虽记始于瑕邱江公，然在刘歆争立古文经以前之传授，也经刘逢禄、崔适诸人指摘为不足信。无论如何，古文经的流传就其晚出于山岩屋壁这一点看来，师承授受，绝不如今文经年代的长久，学者之众多的。但是虽说如此，古文经学在东汉也并非一成不变，这一点我们仍需详为考察。现在也分为六项来说明。

### （一）经文之演变

今文经在前汉有续出之篇，如《泰誓》、《说命》等篇，古文经在后汉也正与今文相若，有续出之篇。例如《毛诗序》首句以下，颇有续出的嫌疑。《尚书》本为四十六卷五十八篇，据颜师古《汉志》注引郑玄《叙赞》云，后又亡其一篇，为五七十篇。《武成疏》引郑玄云："《武成》逸篇，建武之际亡"，这是《尚书》逸篇又有亡逸减少之一例。已于《左氏》中"其处者为刘氏"一语，则《左氏正义》明明提出。

（二）《诗》之演变

《毛诗》说之演变最显经的，是《小序》之下又有《续序》，这明非一人作，我们在论《毛序》之伪已略叙及。但这一些犹可诿为经文的演变。至于《毛序》与《毛传》立说并不同，郑《笺》与《毛传》尤更多相异之处，这实是说解的演变。关于前者，我们试看：

(1)《出其东门》邱光庭曰："先儒言《诗序》并《小序》子夏所作，或曰毛苌所作，明曰：非毛苌所作也。何以知之？按《郑风·出其东门序》云：'民人思保其室家。'经曰：'缟衣綦巾，聊乐我员。'《毛传》曰：'愿其室家，得相乐也。'据此《传》意，与《序》不同，自是又一取义也。"（〔唐〕邱光庭：《诗序不作于毛公辨》，《全唐文》卷一九九）

(2)《羔羊》曹粹中曰："'羔羊之皮，素丝五紽。'《毛传》谓'古者素丝以英裘，不失其制，大夫羔裘以居。'其说如此而已，而《序》云'在位皆节俭正直，德如羔羊。'且以退食为节俭，其说于康成，毛无此意也。"（〔宋〕曹粹中：《放斋诗说》）

(3)《鹊巢》曹氏云："'维鹊有巢，维鸠居之'。《毛传》谓'鸠不自巢，居鹊至成巢'，其说如此而已。而《序》云：'德如鸤鸠，乃可以配焉。'"（同上）

(4)《君子偕老》曹氏云："'君子偕老，副笄六珈'。《毛传》云：'能与君子偕老，乃宜居尊位，服盛服。'而《序》云：'故陈人君亡德，服饰盛，宜与君子偕老。'则与《传》意先后颠倒矣。《序》若出于毛，亦安得自相违戾如此。要知《毛传》初行之时，犹未有《序》也。"（同上）

(5)《关雎》曹氏云：“《关雎序》云：‘忧在进贤……思贤才。’《传》云：‘后妃有关雎之德，乃能共荇菜，备庶物，以事宗庙也。’《传》无进贤思贤之意，与序不合。”(同上)

(6)《葛覃》曹氏云：“《葛覃序》云：‘后妃在父母家，则志在于女功之事。’《传》云：‘大夫命妇……庶士以下各衣其夫。……父母在则有时归宁耳。’《传》无在父母家之意。”

(7)《芣苢》曹氏云：“《芣苢序》云：‘和平则妇人乐有子矣。’《传》云：‘芣苢……车前也。宜怀妊焉。’车前非宜怀妊者，此传误也。《传》犹无乐有子之义，《序》并承传之讹，而实不合。”(同上)

(8)《采苹》曹氏云：“《采苹序》云：‘大夫妻能循法度也。’《传》云：‘古之将嫁女者，必先礼之于大宗室。’《传》之所言，大夫女学祭事也，无大夫妻之义，与序合。

(9)《小星》曹氏云：“《小星序》云：‘夫人无妬忌之行，惠及贱妻。’《传》云：‘命不得同于列位也，夫人贱妾，不得言同列位。’盖《传》犹知《小星》为奉使言劳之诗，《序》所云乃为大谬矣。”(同上)

(10)《静女》曹氏云：“《静女序》云：‘刺时也。卫君无道，夫人无德。’《传》云：‘既有静德，又有美色，可以配人君也。’《传》无刺时之义，且与《序》意无道无往相反。显自遗戾。”(同上)

(11)《竹竿》曹氏云：“《竹竿序》云：‘卫女思归也。适异国而不见答。’《传》云：‘舟楫相配得水而行，男女相配得礼而备。’无‘不见答’之义，与序不合。”(同上)

(12)《东方之日》曹氏云：“《东方之日序》云：‘君臣失道，男女淫奔，不能以礼化也。’《传》云：‘日出东方，人君明盛。’则非失道之谓；《传》云：‘姝者初昏之貌。’则非淫奔之谓。与《序》显相遣矣。”(同上)

(13)《绸缪》曹氏云:“《绸缪序》云:‘国乱则昏姻不得其时焉。’《传》云:‘男女待礼而成,……三星在天,可以嫁娶。’《传》意谓得其时,与《序》所云正违。”(同上)

(14)《无衣》曹氏云:“《无衣序》云:‘刺用兵也。秦人刺其君……不与民同欲。’《传》云:‘上与百姓同欲,则百姓乐致其死。’《传》释诗无刺义,与《序》不合。

毛为《诗传》,不释《诗序》,很明显的《序》出在后而与《传》相违戾。这自是一种演变。至于郑《笺》易毛,人所皆知,这里姑不一一举例。

(三)《古文尚书》说之演变

关于《尚书》,马、郑立说也颇大不相同。而郑玄则在许多方面优于马,亦可见《古文经学》之演进,例如:

(1)“粤若稽古”。《三国志·魏志四·三少帝纪》:“帝幸太学……讲《易》毕,复命讲《尚书》。帝问曰:‘郑玄曰“稽古同天,言尧同于天也”。王肃云“尧顺考古道而行之”。三义不同,何者为是?’博士庾峻对曰:‘先儒所执,各有乖异,臣不足以定之。然《洪范》称“三人占,从二人之言”。贾、马及肃皆以为“顺考古道”。以《洪范》言之,肃义为长。’”(《皇清经解》卷三九〇)

(2)“群后四朝”。郑云:“巡守之年,诸侯朝于方岳之下,其间四年,四方诸侯分来朝于京师,岁遍。”江声云:“……郑君注《王制》云:‘虞夏之制,诸侯岁朝。’据此文也。《释文》引马、王之解,‘四朝’皆云四面朝于方岳之下。案,朝于方岳即是肆觐之事。上既有其文,此不应重见。其说非也。”(同上)

(3)“流宥五刑”。马曰:“流,放也。宥,三宥也。郑曰:‘三宥,一曰不识,二曰过失,三曰遗忘。’江声云:‘马注:此下《申论》三宥有云,一曰幼弱,二日老耄,三曰蠢愚。’案,《司刺职》云‘一宥曰不识,再宥曰过失,三宥曰遗忘。一赦曰幼弱,再赦曰老旄(俗作耄),三赦曰蠢愚。’马君所云,乃是三

赦，非三宥也。”(同上)

(4)“五宅三居”。马云：“三等之居，大罪投四裔，次九州之外，次中国之外。”郑云：“三居者，自九州之外至于四海，三分其地以为远近，若周之夷镇番也。”江声云：“九州以内为中国，九州之外即中国外。马君分之以当三居之二，亦非也。”

(5)“典朕三礼”。马曰：“三礼，天神、地祇、人鬼之礼。”郑曰：“天事、地事、人事之礼。”江声云：“郑云……与马略同，而比马为赅备。”(《皇清经解》卷三九〇)

(6)“奏庶艰食”。马云：“根生之食，谓百谷。”郑云：“禹复与稷教民种泽物菜蔬，难厄之食，授以水之众。”江声云：“郑本作艰，马本作根，各如其字为说。但马、郑皆传古文，而字有异，盖古文有二本也。说虽不同，不可偏替。”(同上，卷三九一)

(7)“流之为睢”。马云：“雕，鸷鸟也。”郑云：“雕当为雅，雅，鸟也。”江声云：“《书》说、《礼》说……武王之端实是鸟，非雕也。郑有明据，故不从马说，其说优于马矣。”(同上)

(8)“卜五占之用”。郑曰：“‘卜五占之用’，谓雨济圛雾克也。二衍忒谓贞，悔也。卦象多变，故言衍忒同。”江声云：“《释文》引马注云，占筮也是与占属，贞悔，则马以占之用二为句矣。郑不从之。”

(9)“成王若曰”。马曰：“言成王者未闻也。俗儒以为成王骨节始成，故曰成王；或曰以成王为少成二圣之功，生号曰成王，没因为谥。卫、贾以为戒成康叔以慎酒，成就人之道也。”

(10)“维四月哉生魄”。郑云：“此成王廿八年。”江声云：“刘歆《三统历》云：‘成王元年正月己巳……后三十年四月庚戌朔，十五日甲子哉生魄……’是则谓成王即位三十年而崩也。郑君不从之者，盖《三统历》索引《尚书》年月，皆率意妄说，全不可信，且以‘哉生魄’为月之十五日，尤大谬也。郑君焉肯据之哉?”

在以上所举十例中，郑玄不惟与贾、马之说不同，而且亦不从刘歆，这是古文说的演进。我们由马、郑之异同，亦可见古文说在东汉仍在创造中。

（四）《礼》学之演变

古文《礼》学以《周礼》为宗周礼，在郑玄前有杜子春、郑兴、郑众、马融等说，但郑玄《周礼注》颇有与他们不合的地方，郑注所说也每每有与贾逵不同的地方。关于后者，我们为方便计，试引陈寿祺《五经异义疏证》数段为例加以说明：

（1）“九夫”。陈寿祺云：“《左氏传》襄二十五年《正义》引贾逵注，说赋税差品与《异义》同，是许所引《左传》说，即贾逵说也。《周礼·小司徒》云：‘乃经土地而井牧其田野。’先郑注：‘井牧，即《春秋传》所谓井衍、沃牧、隰皋者也。’后郑注云：‘隰皋之地，九夫为牧，二牧而当一井。今造都鄙授民田，有不易，有一易，有再易，通率二而当一，是之为井牧。’是二郑与贾、许说井牧也。然《左氏》说九等，与《周礼》《禹贡》又各有别，孔颖达《王制正义》曰：‘如《异义》此说，则方十里凡百井，三十六井为山川坑岸，六十四井为平地出税。’案，郑注《小司徒》：‘成方十里，缘边一里，治为沟洫，则三十六井；其余方八里为甸，六十四井出田税。’与《异义》不同者，《异义》所云，通山林薮泽九等而言之；郑注《小司徒》者，据衍沃千里而言之也。《异义》九等者，据大略国中有山林至衍沃之等言之；《周礼》九等者，据授民地肥瘠有九等也。《尚书·禹贡》注（此郑康成注）云：‘一井上上，出九夫税；上中，出八夫税；上下，出七夫税；中上，出六夫税；中中，出五夫税；中下，出四夫税；下上，出三夫税；下中，出二夫税；下下，出一夫税。’所以又有此九等者，以《禹贡》九州有上中下九等，出没不同，故以井田计之，以一州当一井。假令冀州上上出九百万夫之税，兖州下下出一百万夫之税，是九州大较相比如此，非谓冀州之民皆出上上、兖州之民皆出下下，与《周礼》九等又不同也。”（《清经解》卷三四）

(2)“郊祭”。陈寿祺云：“郑君谓周郊以寅月，鲁郊日以王以建子月。注《郊特牲》云：‘三王之郊，一用夏正。鲁以无祭天于圜丘之事，是以建子之月郊天，示先有事也。’注《大司乐》：‘冬日至圜丘之祭，以为禘其祖之所自出’，皆与贾侍中说不同。”

《左氏》说“九等”与《周礼》、《禹贡》又各有别，贾、郑对于《周礼》“郊祭”之说解释各异，也可见古文家说在东汉正在创造的时期。关于前者我们只看郑氏《周礼注》中，例如：

(3)“三农九谷”。郑司农云：“三农，平地、山、泽也。九谷，黍、稷、秫、稻、麻、大小豆、大小麦……玄谓三农原、隰及平地。九谷无秫、大麦而有粱、菰。”

(4)“九赋”。郑司农云：“邦中之赋，二十而税一，各有差也。币余，百工之余。”玄谓：“赋，口率出泉也，今之算泉，民或谓之赋，此其旧名与。乡大夫以岁时登其夫家之众寡，辨其可任者，国中自七尺以及六十，野自六尺以及六十有五，皆征之。《遂师》之职亦云‘以征其财征’，皆谓此赋也。邦中在城郭者，四郊去国百里，邦甸二百里，家削三百里，邦亲四百里，邦都五百里，此平民也，关市山泽，谓占会百物，币余谓占卖国中之斥币，皆末作当增赋者，若今贾人倍算矣。”(同上，卷一)

(5)“宫刑”。杜子春云：“宫皆当为官。玄谓宫刑在王宫中者之列。”(同上，卷二)

(6)“政役傅别”。郑司农云：“政谓军政也……傅别，谓券书也，听讼责者以券书决之。傅，傅着约束于文书；别，别为两，两家各得一也。……傅别故书作‘傅辨’，郑大夫读为‘符别’，杜子春读为‘傅别’。玄谓政谓赋也，凡其字或作‘正’，或作‘征’，以多言之，宜从‘征’。如《孟子》‘当征利’云。傅别，谓为大手书于一扎，中字别之。”(同上，卷二)

(7)“王宫之士，庶子”。郑司农云：“庶子，宿卫之官。……玄谓，王宫之士谓王宫中诸吏之适子也，庶子其支庶也。”

(同上，卷二)

(8)“祭祀共萧茅”。郑大夫云：“‘萧字或为莤，莤讀为缩者，束茅立之祭前，沃酒其上，酒渗下，若神饮之，故谓之缩。’缩，浚也。故齐桓公责楚不贡包茅，王祭不供，无以缩酒。杜子春读为‘萧’。‘萧’，香蒿也，玄谓诗所云‘取蒿祭脂’，《郊特牲》云：‘萧合黍稷，臭阳逵于墙屋’。故既奠，然后焫萧合馨芗。‘合馨芗’者，是萧之谓也。茅以共祭之苴，亦以缩酒，苴以藉祭。缩酒，泲酒也，醴齐缩酌。”(同上，卷三)

(9)“小宗伯兆五帝于四郊”。郑注：“兆为坛之营域。五帝，苍曰灵威仰，太昊食焉；赤曰赤熛怒，炎帝食焉；黄曰含枢纽，黄帝食焉；白曰白招拒，少昊 食焉；黑曰汁光纪，颛顼食焉。黄帝亦于南郊。”郑司农云：“四类，三皇、五帝、九皇、六十四民，咸祀之。”“玄谓四望，五岳、四镇、四窦。四类，日、月、星、辰，运行无常，以气类为之位。兆日于东郊，兆月与风师于西郊；兆司中、司命于南郊，兆雨师于北郊。”(同上，卷二)

(10)“挈壶氏”。《周礼·夏官·挈壶氏》：“凡军事，县壶以序聚柝。凡丧，县壶以代哭者，皆以水火守之，分以日夜。”郑司农曰：“县壶以为漏者，为漏也；以火守壶者，夜则视刻数也；分以日夜者，异昼夜漏出也；漏之箭，昼夜共百刻，冬夏之间有长短焉，太史立成法有四十八箭。”(同上，卷一七)

**(五)《易》学之演变**

古文《易》学据《汉书·儒林传》费氏《易》是本无章句的，《隋志》著录有《费直注》四卷，陆德明《释文叙录》及新旧《唐书·志》都列有《费直章句》四卷，与本传所称之章句徒以录象文言解说上下经者不合。这《章句》虽疑为费学者附益之，实足以证明《费易》在后来的演变。据《隋书·经籍志》所载，又有《易林》二卷，《易内神筮》二卷，《易筮占林》五卷，都明云费直撰。在《晋书·天文志》引有“费直《周易分野》，寿星起轸七度”，“起氐十一度”，“起尾九度”，“起斗十度”，“起女六度”，“起危十四度”，“起奎二度”，“起娄十度”，“起毕九度”，“起井十二度”，“起柳五度”，“起张十三度”，说是据费氏分野。则是《费易》不惟有章句而且，又讲占候分野，这也与《汉书》本传不合，当是后人附益。然而也可证明古《易》在费氏本身上就有演变，徒以彖象解经是不能明于象数之学的。在东汉陈元、郑众、马融、郑玄、荀爽皆号称为传《费易》。陈元治《易》，不见本传；郑众《易》学，今亦不传；马融传说其《易》治费氏，与陈元、郑众并名于世，但在荀悦《汉纪》即云“马融著《易》解，颇生异说”。颜延之《庭诰》云“马、陆得其象数，取之于物；荀、王举其正宗，得之于心”。所谓“颇生异说”，“得其象数”，可见马氏在许多地方都不守费氏学的固说。荀爽治《费氏易》，但是据荀悦说：“叔父故司徒爽，著《易传》，据爻象，承应阴阳变化之义，以十篇之文解说经意，由是兖、豫之言《易》者，咸传荀氏学。”（《汉书·孝成皇帝纪二》）。荀氏又自创“阴阳升降之说”，他于《易》学更能自名一家。





据纪磊《汉儒传易源流》说：“《后汉书》谓荀氏之《易》亦出费氏，然荀氏注随大亨贞无咎，谓随者震之。《归魂》又注：雷雨作而百果草木皆甲坼，谓解者震世，则京氏说也。又谦三劳、谦君子，谓体坎为劳，则用互体矣。蒙亨以亨行时中也，谓此本艮卦也。案，二进三，三降居二，刚柔得中，故能通发。蒙时令得时中矣，则用卦变矣。《费易》已不可考，岂费亦同于京，而互体卦变皆所不废矣。”（《长编》，页九）荀氏也不是尽守《费易》，而参用孟京以及互体卦变改变《费易》。荀氏又自创为阴阳升降之说，他于《易》学更能自名一家。据惠栋《易汉学七说》说：

> 荀慈明论《易》，以阳在二者，当上升坤五为君；阴在五者当降居乾二为臣，盖乾升为坎，坤降为离。成既济定，则六爻得位。乾彖所谓各正性命，保合太和，

利贞之道也。坎为性，离为命，二者乾坤之游魂也。乾坤变化，坎离不动，各能还其本体，是各正之义也。此说得之京房。《左传》、《史》《墨》论鲁昭公之失民，季氏之得民。云在《易卦》，雷来乾曰大壮天之道，言九二之大夫当升，五为君也。慈明之说，有合于古之占法，故仲翔注《易》亦与之同。（惠栋《易汉学》卷七《荀慈明易·乾升坤降》）

他这乾升坤降之说，是取材于《左氏》，古之占法，一变而为荀氏创说。郑玄是传《费易》的，但他也有“爻辰之说”，与《费易》亦不尽同。惠栋《易汉学》卷六，载郑氏《周易爻辰图》：

图一　（《续经解》一四四）

爻辰之说是取材《周易·乾凿度》，据《乾凿度》云：“乾，阳也；坤，阴也。并治而交错行，乾贞于十一子左行，阳时六；坤贞于六月未右行，阴时六。以奉顺成其歳，歳终次从于屯蒙。”（孙《古微书》卷十六）又云：“阴卦与阳卦同位者，退一辰以为贞，其爻右行，间辰而治六辰。”

爻辰以乾坤十二爻值十二辰，当然可由十二辰值十二月。惠栋论之曰：

《乾凿度》之说与十二律相生图合。郑于《周礼·

太师》注云："黄钟，初九也，下生林钟之初六；林钟又上生太簇之九二，太簇又下生南吕之六二，南吕又上生姑洗之九三，姑洗又下生应钟之六三，应钟又上蕤宾之九四，蕤宾又下生大吕之六四，大吕又上生夷则之九五，夷则又下生夹钟之六五，夹钟又上生无射之上九，无射又下生中吕之上六。"《周语》韦昭注云："十一月黄钟，乾初九也；十二月大吕，坤六四也；正月太簇，乾九二也；二月夹钟，坤六五也；三月姑洗，乾九三也；四月中吕，坤上六也；五月蕤宾，乾九四也；六月林钟，坤初六也；七月夷则，乾九五也；八月南吕，坤六二也；九月无射，乾上九也；十月应钟，坤九三也。"郑氏注《易》、陆绩注《太元》，皆同前说。是以何晏《文言》注以初九当十一月，九二当正月，九三当三月，九四当五月，九五当七月，上九当九月也。(《续经解》四四)

由十二月又可以推之以值二十八宿。惠氏《易汉学》又有爻辰所值二十八宿图，云：

图二　(同上)

右图朱子发云："子、寅、辰、午、申、戌，阳也，乾坤之六位；未、巳、卯、丑、亥、酉（原注：此亦误。当云未、酉、亥、丑、卯、巳，所谓右行阴时六也）阴也，坤之六位；位之升降不违少时。故曰大明终始六位时成。"栋案，康成注《月令》云："正月宿直尾、箕，八月宿直昴、毕，六月宿直鬼，九月宿命直奎，十月宿直营室。又云，卯宿直房、心，申宿直参、觜。又注'季冬'云，此月之中月历虚、危，《参同契》曰：'青龙处房六兮，春花震东卯，白虎在昴七兮，秋芒兑西酉，朱雀在张二兮，离南午。'又云，含元虚、危，播精于子，皆与图合。"（同上）

郑氏有了这爻辰值月与宿之说，他可以利用之以释《易》中与时月有关之事例。如：

"比卦：初六，有孚，比之无咎，有孚盈缶。"注云："爻辰在未，上值东井，井之水人所汲，用缶汲器。"（同上）

"泰六五：帝乙归妹，以祉，元吉。"注云："五爻辰在卯，春为阳中，万物以生。生育者，嫁娶之。仲春之月，嫁娶男女之礼，福禄大吉。"（同上）

郑氏又有用互训释《易》的地方，例如：

《大过》注云："大过者，巽下兑上之卦，初六在巽，本巽为本，上六位，在已巳当巽位，巽爻为木，二木在外以夹四阳，四阳互体为二乾，乾为君、为父，二木夹君，父是棺椁之象。"（同上）

"坎：六四，樽酒簋贰用缶，纳约自牖，终无咎。"注曰："六四上承九五，又互体在震上，爻辰在丑，丑上值斗，可以斟之象。斗上有建星，建星之形似簋贰副也。建星上有弁星。"（同上）

（六）《春秋》学之演变

古文《春秋左传》是从刘歆起引传以解经，这在《刘歆传》有明文足证。刘歆的大弟子虽有桓谭、郑兴、贾徽诸人，但一直传至贾逵，才于《左传》有章句训诂，而且还是释传不释经的。郑玄未为《左传》作注，据《世说新语》，说他因闻服虔注《左传》与他的意见相同，所以郑玄以为自己不必再为《左传》作注。贾逵、服虔之注，现均亡佚，清儒李贻德有《春秋左传贾服注辑述》一书。就李氏所辑的看来，贾逵的注解，有许多不正确的地方，服虔又加之以修正，例如：

（1）“周之宗盟”。贾曰：“宗，尊也。”服曰：“宗盟，同宗之盟。”（《续经解》七五八）

（2）“大雩”。贾曰“言大雩者，别于山川之雩。”服曰：“大雩，夏祭天名雩，远也。远为百谷求膏雨也。”（同上）

（3）“初服振振”。贾曰：“初，同也。”服曰：“初，黑服也。”（同上）

（4）“谓之梼杌”。贾曰：“梼杌，顽凶无匹俦之貌。谓鲧也。”服曰：“案，《神异经》云：梼杌状似虎，毫长二尺，人面虎足，猪牙，尾长丈八尺，能斗不退。”（同上，七六四）

（5）“见叔牂曰”。服曰：“贾逵云：叔牂，宋守门大夫。华元既见叔牂，牂谓华元曰：‘子见获于郑者，是由子之马使然也。’华元对曰：‘非马自奔也，其人为之也，为羊斟驱入郑也。’奔，走也。言宋人赎我之事。既和合，而我即来奔耳。郑众云：‘叔牂即羊斟也，在先得归，华元见叔牂，牂即诬之曰奔入郑军者子之马然也，非我也。华元对曰非马也其人也，言是女躯之耳。叔牂既与华元会语，而即来奔鲁。’又一说，叔牂，宋人，见宋以马赎华元，谓元以赎得归。谓之曰：子之得来当以马赎故然。华元曰：‘非马也，其人也’，言已不由马赎，自以人事来耳。赎事既合，而我即来奔。”（同上，七六五）

(6) “王室之不怀，繄伯舅是赖”。贾作“不坏”。服曰：“怀，柔也。”(同上，七六七)

(7)“见卫在城上，号之，乃下。问守备焉以无备，告，揖之，乃登。”贾曰：“卫下与齐侯语，齐侯以卫告诫，揖而礼之，欲生之也。卫志于战死，故不顺。齐侯之揖而还，登城。”服曰：“齐欲诛卫，呼而下，与之言。固可取之。无为揖之复令登城。仲愽以为齐侯号，卫之惭而下。云问守备焉，问卫之守高唐者，卫无恩信，故令守者以无备告齐侯。善其言，故揖之乃命士卒登城。此说近亡。”

(8)“民人痛疾，而或燠休之”。贾曰：“懊，厚也；休，美也。”服曰：“懊休，痛其痛而念之。若今时小儿痛，父母以口就之曰‘懊休’，代其痛也。”(同上，七七〇)

(9)“好以大屈”。贾曰：“大屈，宝金，可以为剑。大屈，金所生地名。”服曰：“一曰：大屈，弓名。”鲁连书曰：“楚子享鲁侯于章华之台，与大曲之弓，既而悔之。芳启强见鲁侯，鲁侯归之。大屈即大曲也。”(同上，七七一)

(10)“今兹火出而章，必火入而伏”。服本曰：“火出而章，必火火入而伏。”重火，别句。贾氏旧文无重火字。(同上，七七三)

(11)“琴张闻宗鲁死”。贾曰：“子张即颛孙师。”服曰：“《七十子传》云：‘子张少孔子四十余岁’，孔子是时四十，知未有子张。郑、贾之说不知所出。”(同上，七七三)

(12)“遂济穷桑”。贾曰：“处穷桑以登为帝，故天下号曰‘穷桑’”。服曰：“穷桑，颛顼所居。”

以上所举十六例，为贾、服意见不同之处，其实服、郑对于《春秋》，当然也不是那样的认同，据赵坦《宝甓斋札记》云：

> 《世说新语》云：“郑玄欲注《春秋传》，尚未成，时行与服子慎（虔）遇，宿客舍，先未相识。服在外车

上与人说己注《传》意，玄听之良久，多与己同。玄就车与语曰：‘吾久欲注，尚未了。听君向言，多与吾同。今当尽以所注与君。’”……愚案，服注虽本郑氏，然时与郑违，如郑注《尚书·微子》篇以箕子为纣之诸父，服氏以为纣之庶兄；郑注《礼祀·内则》篇以《左氏传》鞶厉为鞶裂，益谓鞶囊裂帛为之饰。服氏以鞶为大带，厉是大带之垂者。郑注《明堂位》篇云，“周公曰太庙，鲁公曰世室，群公称宫”。服注《左传》“太室屋坏”云：“太庙之室。”郑注《杂记》引《春秋传》曰：齐晏桓子卒，晏婴麤缞斩，苴、绖带、杖、菅屦，食粥，居倚庐，寝苫枕草，其老曰：“非大夫之礼也。”曰：“惟卿为大夫。”此平仲之谦也。言己非大夫。故为父服士服耳。注又云：“惟大夫以上乃能备仪尽饰。”郑意益以麤衰，即疏衰平仲谦抑不尽大夫礼来服斩衰之麻尔。服注：“《左传》亦与郑违。”是服氏不尽本郑氏也。《世说》所记，或未可深信……又《左氏僖四年传》管仲曰：“昔召康公命我先君太公曰：五侯九伯，汝实征之，以夹辅周室。”服注云：“五侯：公、侯、伯、子、男，九伯：九州之长，大公为王官之伯，掌司马职。以九伐之法征讨邦国，故得征之。”郑云：“五侯，侯为川牧也。九伯，伯之为州伯也。一州一牧，二伯佐之。太公为王官之伯，二人共分陕而治。自陕以东，当四侯半，一侯不可分，故言五侯。九伯则九人……”《左氏昭四年传》：“西陆朝觌而出之。”服虔以二月日在娄四度，春分之中，奎始晨见东方，蛰虫出矣……郑答孙皓云：“‘西陆朝觌’，谓四月立夏之时……《诗·小雅·四月》、《大雅·生民》下及《卷阿》、《小雅·南有嘉鱼》下及《菁菁者莪》，周公、成王之诗也。”《左氏襄二十九年传》为吴季札歌《小雅》，服注云："自鹿鸣至菁菁者莪，道文武修小政，定大乱，致太平。"是服氏以《小雅》无成王之诗。传又云："为之歌《大雅》。"服虔注云："陈文王之德、武王之功，自《文王》以下至《凫鹥》，是为正《大雅》。是服氏以《生民》、《行苇》、《既醉》、《凫鹥》为武王诗，皆与郑异。"（《清经解》一三一六）

我们只看赵氏所举之例，服、郑不同之处甚多，尤其是关于《毛诗》与大、小《雅》正夏之说，服、郑之见亦并不合。所谓汉儒守家法一成不变，不知求进步，这实在是很谬误的观念。在此处我们就李氏所辑刘歆及贾、服、郑之说，绝无征引及于贾谊、张敞之说，又可以为《左传》师徒相传本无其人的佐证，所谓《左传》学行于西汉，那真是捕风捉影之说。

## 第三节　古文经学之精神

汉代的古文经师，因为他们所习的是古文经，并没有成为官方的政治思想指导和官方的意识形态。他们不能像西汉今文经师之侧重于举大义，他们对于文字故训不得不特别注重，所以他们对于哲学思想，尤其是像西汉经师所讲的天人之学，他们是不愿意多谈论的。他们倾向通小学、重故训。东汉的古文经学，毕竟还是民间之学，未立于学官，一二特出之古文经师也未必即参与政治，所以他们对于政治思想亦不能有好的贡献。但是他们所研习的《周礼》，本是一部托古改制的书，他们对于礼制与政制，自不能有一番比较的研究。所谓通小学、重训诂与礼制时制之注重，都需要找历史的依据，所以东汉古文经师颇注重于史学，对于经义喜以史事来相附会，这也是他们与今文家不同的。至于道德思想，他们也没有若何的贡献，他们的精神实在是颇与今文经师异趣，这些只要稍一读古文经师的传记与其著述就可明了。在此，也将古文经学的根本精神略为分述如下。

（一）小学之注重

古文经师注重小学，在汉经师家法考中已略说明，我们现在就《周礼》郑玄注中表现出的特点略举数例：

(1)（《天官·冢宰》）“小宰之职掌建邦之宫刑”。郑注：“杜子春云：‘宫皆当为官，玄谓宫刑在王宫中者之刑。’”孙诒让《周礼正义》云：“注杜子春云‘宫皆当为官’者，子春，河南缑氏人，刘歆弟子，郑大夫、郑司农皆从受学，详贾序《周礼庆典》引《马融传》、马、郑《序》，皆不云杜有诂释之书，‘射人先’郑注，引子春说而纠之，则注中所述杜义疑皆先郑所口受，著之解诂者，后郑又传录之也。杜意此节三‘宫’字，及职末乃退以宫刑，宪禁于王宫，诸‘宫’字并当为‘官’以大宰八法、大司寇五刑，并有官刑，无宫刑。‘宫’、‘官’字形又相近，故破‘宫’为‘官’。段玉裁云，凡易字之例，于其音之同部或相近而易之，曰‘读为’，其音无关涉。而改易字之误，则曰‘当为’，或音可相关，义绝无关者，定为声之误，则亦曰‘当为’，云玄谓‘宫刑在王宫中者之刑’名，郑不从杜易字也。”

(2)（《天官·冢宰》）“四曰廉正……六曰廉辨”郑注：“辨，辨然，不疑惑也。杜子春云，‘廉辨或为廉端。’”孙诒让《正义》云：“杜子春云‘廉辨或为廉端’者，贾疏云：‘经本或为廉端，后郑不从者。若为端，端亦正与廉正为重，故不从。’”段玉裁云：“或为者志其本之异也。子春乃刘歆弟子，而所见之本已有乖异不同之处。”

(3)（《天官·庖人》）“共丧纪之庶羞，宾客之禽献”。郑注：“‘献’，古文为‘兽’，杜子春云‘当为献’。”孙氏《正义》云：“段玉裁云，‘此字之误也，故曰当为’。徐养原云：‘兽’为字误。古文即故书也。案，注云：‘古文者惟此经与桌氏两见。’”徐谓‘古文即故书’，是也。此即谓旧本，非古文大篆，与《仪礼》古文亦异。”

(4)(《周礼·外府》)“共其财用之币赍”。郑注:“郑司农云:‘赍或为资’,今《礼》家定赍作资。玄谓赍、资同耳,其字以齐次为声,从贝变易,古字亦多或。孙氏《正义》云:‘郑司农云,赍或为资者。’《典妇功》注,故书赍为资,杜子春读为资者,典集注,故书赍作资。《考工记》注,‘故书资作赍’,杜子春云:‘赍当为资’。古赍、齐、资并通用。云‘今礼家定赍作资’者,先郑据《聘礼》记今文作‘资’,与古文异,今《礼》家,即谓《礼》今文家也,云‘玄谓赍、资同耳’,其字以齐次为声。从贝变易。‘古字亦多或’者,段玉裁云:‘此司农说礼家定赍当作资,而郑君非之,谓二字皆可用。’赍从贝,齐声;资从贝,次声;实一字也。‘古字亦多或’者,谓字多或体,如《说文》多云,某或某字者,是也。《说文》贝部:‘资,货也’;‘赍,持遗也’;不云是一字。似较郑君为长。”

以上四例由音、形、义三者来辨正旧书、旧注的讹误,在刘歆的弟子杜子春已然,可见古文经师对于小学之注重,非一朝一夕之故,其所由来者甚早。郑注《仪礼》亦然。例如:

(5)(《士虞礼》)“肤祭三,取诸左膉上”。郑注:“‘膉,脰肉也。古文曰左股上。此字从肉殳,殳矛之殳声’。疏云:‘郑迭古文,从经今文又说古文解之者,郑欲两从故也。’但字从肉义可知,而以殳与股不是形声之类,其理未审。段氏玉裁曰:‘郑意谓股者,髀也。《礼经》多言髀,不升则取诸左股为肤祭,非也。寻古文用字之例,假股为膉,正与假脾为髀、假肫膊为腨、假胳为骼、假头为脰,皆以异物同音相假借。股与膉当是同音,益从肉役省声,如投、疫、毅皆从役,省声之比。役与益同部,此股非股肱,字注当云此字从肉,从役省声,非从殳矛之殳声。’今本脱误不完,据贾疏云:‘郑以殳与股不是形声之类,其理未审。’贾实错解,而可证有非字,今本又夺非字,则更不可通

矣。”（胡承珙《仪礼古文今文疏义》，卷十四）

（6）（《士丧礼》）“久之”。郑注：“久当为灸”。胡氏《疏义》云：“《周礼》庐人灸诸墙，以眂其桡之，均也。注云：‘灸犹柱也。’《说文》：‘久从后灸之，象人两胫，后有距也。’《周礼》曰：‘久诸墙以观其桡’，此引《周礼》作‘九’，不作‘灸’。盖二《礼》古文皆当作‘久’，‘灸’训‘灼’，与柱距义无涉。郑本《周礼》作‘灸’者，乃借字。《仪礼》作‘久’者，为正字。郑云：‘久读为灸’者，必当时人读九，距之久音，如灸灼之灸，故因其声读，使学者易晓，是借灸，明久非破久，从灸。注读为当作，读如《既夕礼》注‘当为’，亦应作‘读如’。《说文》从后灸犹云从后久之，亦取灸声，不取灸义。段氏玉裁曰：久灸迭韵。火部灸，灼也，灼灸也。灸有迫箸之义，故以灸训久。承珙案，郑注《士丧礼》‘久之’云，‘谓以盖塞鬲口也’；注《既夕礼》‘皆木桁久之’云，‘桁所以庋苞筲。瓮，甒也，久当为灸，灸谓盖塞其口。’注《周礼》‘庐人’云，‘灸犹柱也，以柱两墙之间，挽而纳之，本末胜负可知也。正于墙，墙涩。’考《广雅》‘柱，距也’。郑云‘云者，谓以矛戟柄横两头距墙于中间掣而引之，以知其体之强弱。’又，《说文》‘歫，枪也。’（堂）樘，歫也。歫与樘距同，（堂）樘与（掌）同先。郑注《考工记·弓人》‘云，樘读如（掌）’，距之（掌）是郑以久为柱，许以久为象，后距楮柱抵距皆与案塞义近。段以‘灸有迫箸之义’，故以‘灸’训‘久’，非也。”（同上，卷十二）

（7）（《士丧礼》）“幎目”郑注：“幎，读若《诗》云‘葛藟萦之’之‘萦’，古文‘幎’为‘涓’。”郑云：“幎目，覆面者也。”胡氏《疏义》云：“……此‘幎目’《荀子》作‘儇目’，《礼论》云：‘设掩面儇目，鬠而不冠笄矣。’杨倞注云：‘幎读如萦。萦与还义同。’承珙案：“古从‘⺮’、从‘睘’、从‘肙’之字以声近，每多通借。”

(8)(《丧服》)“冠六升”。郑注:“布八十缕为升,‘升’字当为‘登’。”郑云:“‘登’,成也。今之《礼》皆以‘登’为‘升’俗误已行久矣。”胡氏《疏义》云:“疏云,‘布八十缕为升’者,此无正文,师师相传言之。是以今亦云八十缕谓之宗,宗即古之升也。郑注《仪礼》之时,古今二礼并观,迭古文者则从经今文,若迭今文者则从经古文。此注云‘今之《礼》皆以登为升’,则今古《礼》皆作‘升’字。若然《论语》云‘新谷既升’,‘升’亦训为‘成’。今从‘登’,不从‘升’者,凡织纫之法皆缕缕相登上乃成绘布。‘登’义强于‘升’,故从‘登’也。”承珙案:“《说文·禾部》‘布八十缕为稯’,《王莽传》‘十緵布二匹’。孟康云:‘緵,八十缕也。《说文》有稯无緵,盖此无正字。故贾疏又谓之‘宗稯’,宗、登、升皆一语之转。”(同上书,卷十一,页十)

这都是由形、声、义的通假上作训释,字形的构造、音义的转变都是有相当的讲究。王国维说东汉古文学家多小学家,在原则上这话是不错的。

**(二)历史之注重**

史学在东汉比较发达,东汉古文经师之解经,也多援引史事说经。本来古文经如《古文尚书》、《左氏春秋》原是以史料为多,求争胜于今文,《周礼》中史之职官也占居多数,古文经的精神,真是具有“六经皆史”的意味的。他们改定群经之次第,为《易》、《书》、《诗》、《礼》、《春秋》是按着他们所认定的著述时代排列而成;他们改定篇目的次第,如《诗·十月之交》等四篇也是按照他们所认定的著作年代重新排列。但是《古文尚书》、《左氏传》、《春秋》、《周礼》等之用历史的眼光来研究本无不可,而古文家对于一切的一切都好用历史来附会,则实在未免矫诬。例如,解释《诗》之美利,完全依照先后之次,绝不思诗篇之次。本不依时代排列,附和史事,自然谬误丛生。朱子《诗序辨》说云："诗之文义事类，可以思而得，其时世、名氏则不可强以推。……为《小序》者，……于不知其时者，必强以为某王某公之时；不知其人者，必强以为某甲某乙之事，于是傅会书史，依托名谥，凿空妄语，以诳后人。"古文经说像这样附会的地方，则不惟不是对历史注重，而且是伪造些古史以欺后世之人，这是我们对于古文经与经说有不能尽信的地方。

但我们也还有一事当注意的，即是古文经师如刘歆、卫宏等固有"凿空妄语，以诳后人"之处，但后出的经师，也正有不从刘歆、卫宏的地方，例如马融辨《泰誓》，以为伪作；郑玄辨《尔雅》以为悉信亦非，以及许、郑对于《周礼》、《左氏传》之云"说无所出"、"此皆有不似为古昔者"，他们也仍有求真的态度。又，先郑、后郑之注《周礼》，每喜引史事为证明，这一种重佐证的态度，我们也不可以忽视。



在《周礼》中，我们可以从一些例证中看到这种情况，如：



(1)"九曰物贡"。郑司农云："物贡，九州之外，各以其所贵者为挚。肃慎氏贡楛矢之属是也。"(卷一)

(2)"象魏"。郑所农云："象魏开也，故鲁灾季桓子御公立于象魏之外，命藏象魏曰：'旧章不可忘'。"(卷二)

(3)"外府掌邦布之出入"。郑玄注云："布，泉也。……泉始盖一品，周景王铸大泉而有二品，后数变易，不复识本制。"

(4)"外史掌外令，掌四方之志"。郑注："志，记也。谓若鲁之《春秋》、晋之《乘》、楚之《梼杌》。"(卷十五)

(5)"司爟：季春出火，民咸从之。季秋内火，民亦如之"郑注："火，所用以陶冶。民随国而为之。郑人铸刑书，火星未出而出火，后有灾。"郑司农云："以三月本时昏心星见于辰上，使民出火；九月本黄昏心星伏在戌上，使民内火。"(卷十六)

(6)"大行人：间问以谕诸侯之志。归脤以交诸侯之福，贺庆以赞诸侯之喜。致禬以补诸侯之灾。"郑注："此四者，王使臣于诸侯之礼也，间问者，间岁一问诸侯。谓存省之属，谕诸侯之志者。谕言语，谕书名，其类也，交或往或来者也。赞，助也。致禬凶礼之致禬，凶礼之吊礼……补诸侯灾者，若《春秋》澶渊之会，谋归宋财。”（卷二十）

以上数例可以看出，古文家引用史实说经，其方法与引他经以证经，引本经以证经，引师说以解经等作用正同，这一点也是清儒考汉师家法者所未言，而这确比引纬注经、引律注经俱为重要。

郑玄于《诗》著有《诗谱》，于《礼》著有《三礼目录》，谱、录都是有关于历史的，不过郑氏于《诗》从毛氏说，其所作《诗谱》恐无真据。

（三）礼制之注重

古文经的争立，据刘歆《移书让太常博士》说：“若国家将有大事，若立辟雍巡狩封禅之仪，则幽冥而莫知其原。”可见古文经师正以他们说礼制是比较今文经师之抱残守缺不同。古文经除了《周礼》是今文经所本无而外，《仪礼》则古文要多三十九篇，《礼记》虽有些篇数是今文也有的，但其数量也不及古文之多。古文经师在材料方面有了这些假古本，自然很容易向这一方发展。我们只看东汉古文家多为《礼》学家，也就可以知道了。在上列表中，我们可以看出古文经师本为刘歆一传、再传乃至于数传之弟子，其系统一为刘歆、郑兴、郑众，一为刘歆、贾徽、贾逵，一为刘歆至马融、郑玄，这三大系中都传三《礼》。郑众兼治《诗》、《易》、《春秋》，贾逵兼治《诗》、《书》、《春秋》，马、郑兼通《诗》、《书》、《易》、《春秋》，《书》、《易》郑众、贾逵可不兼治。我们由此也可见其中之盈虚消息。在《周礼》郑玄注中，例如：

(1)（《周礼·地官》）《小司徒》：“乃经土地而井牧其田野。九夫为井，四井为邑。四邑为丘。四丘为甸。四甸为县。四县为都，以任地事而令贡赋。凡税敛之事……”郑注：“此谓造都鄙也。采地制井田，异于乡遂，重立国。小司徒为经之，立其五沟五涂之界，其制似井之字，因取名焉。《孟子》曰：‘夫仁政必自经界始。经界不正，井地不均，谷禄不平；是故暴君污吏必漫其经界。经界既正，分田制禄，可坐而定也。’郑司农云：‘井牧者，《春秋传》所谓井衍、沃牧、隰皋之地。’郑玄云：‘隰皋之地，九夫为牧，二牧而当一井。今造都，鄙授民田，有一易者，有再易者，通率二而当一，是之谓井牧。昔少康在虞，思有田一成，有众一旅，一旅之众，而田一成，则井牧之法，先古然矣。九夫为井者，方一里，九夫所治之田也，此制小司徒经之，匠人为之，沟洫相包乃成耳。邑丘之属相连比，以出田税。沟洫为除水害。四井为邑，方二里，四邑为丘，方四里。四丘为甸，甸之言乘也，读如衷甸之甸。甸方八里，旁加一里，则方十里，为一成。积百井，九百夫，其中六十四井。五百七十六夫。出田税三十六井。三百二十四夫。治洫。四甸为亲。方二十里，四亲为都。方四十里，四都方八十里。旁加十里。乃得方百里，为一同也。积万井，九万夫，其四千九十六井，三万六千八百六十四夫，出田税：二千三百四井，二万七百三十六夫治洫；三千六百井，三万二千四百夫治浍。井田之法，备于一同。今止于都者，采地食者皆四之一。其制三等：百里之国凡四都，一都之田税入于王；五十里之国凡四县，一县之田税入于王；二十五里之国凡四甸，一甸之田税入于王。地事谓农牧衡虞也，贡谓九谷山泽之材也，赋谓出车徒给徭役也。司马法曰六尺为步，步百为亩，亩百为夫，夫三为屋，屋三为井，井十为通，通出匹马，三十家、士一人、徒二人。通十为成，成百井，三百家，革车一乘，士十人，徒二十人。成十为终，终千井，三千家，革车十乘，士百人，徒二百人。十终为同，同方百里，同万井，三万家，革车百乘，士千人，徒二千人。’”

（2）（《周礼·地官》）《载师》：“以廛里任国中之地，以场圃任园地，以宅田、士田、贾田任近郊之地，以官田、牛田、赏田、牧田任远郊之地，以公邑之田任甸地，以家邑之田任稍地，以小都之田任县地，以大都之田任疆地。”郑注：“故书，廛或作坛，郊为蒿，稍或作削。郑司农云：‘坛读为廛。’市中空地未有肆，城中空地未有宅者。民宅曰宅，宅田者，以备益多也。士田者，士大夫之子得而耕之田也。贾田者，吏为县官卖财与之田。官田者，公家之所耕田牛田者，以养公家之牛。赏田者，赏赐之田。牧田者，牧六畜之天。《司马法》曰：‘王国百里为郊，二百里为州，三百里为野，四百里为县，五百里为都。’杜子春云：‘蒿读为郊，五十里为近郊，百里为远郊。’玄谓‘廛里者，若今云邑居里矣，廛民居之区域也，里居也。圃，种果蓏之属。季秋，于其中为场。樊圃谓之园。宅田者，致仕之家所受田也’。《士相见礼》曰：‘宅者在邦，则曰市井之臣；在野，则曰草茅之臣。士读为仕，仕者亦受田，所谓圭田也。’孟子曰：‘自卿以下，必有圭田，圭田五十亩。’贾田，在市贾人其家所受田也。官田，庶人在官者，其家所受田也。牛田，牧田，畜牧者之家所受田也。赏田者，赏赐之田。公邑谓六遂余地，天子使大夫治之，自此时以外皆然。二百里三百里，其大夫为州长；四百里五百里，其大夫如县正，是以或谓二百里为州，四百里为县云。遂人亦监焉，家邑大夫采地，小都卿采地，大都公采地，王子弟所食邑也，畺五百里，王畿界也。皆言任者，地之形实不方平如图，受田邑者，远近不得尽如制。其所生育赋贡取正于是耳，以廛里任国中，而《遂人职》授民田，夫一廛，田百亩，是廛里，不谓民之邑居在都城者与，凡王畿内方千里，积百同，九百万夫之地也，有山陵、林麓、川泽、沟渎，城郭宫室涂巷三分去一，余六百万夫，又以田不易、一易、再易，上中下相通，定受田者三百万家也。远郊之内，地居四同，三十六万夫之地也。三分去一，其余二十四万夫，六乡之民七万五千家，通不易、一易、再易，一家受二夫，则十五万夫之地，其余九万夫。廛里也，场圃也，宅田也，士田也，贾田也，官田也，牛田也，赏田也，牧田也，九者亦通受一夫焉，则半农人也，定受田十二万家也。《食货志》云，农民户一人已受田，其家众男为余夫。亦以口受田如比。士工商家受田五口，乃当农夫一人，今余夫在遂地之中，如此则士工商以事入在官，而余夫以力出耕公邑，甸稍县都，合居九十六同，八百六十四万夫之地，城郭宫室差少，涂巷又狭，于三分所去六而存一焉，以十八分之十三率之，则其余六百二十四万夫之地，通上中下六家，而受十三夫，定受田二百八十八万家也，其在甸七万五千家为六遂，余则公邑。”



(3)(《周礼·地官》)《遂人》：“凡治野，夫间有遂，遂上有径，十夫有沟，沟上有畛，百夫有洫，洫上有涂，千夫有浍，浍上有道，万夫有川，川上有路，以达于畿。”郑注：“十夫，二邻之田。百夫，一酂之田。千夫，二鄙之田。万夫，四县之田。遂、沟、洫、浍，皆所以通水于川也。遂，广、深各二尺，沟倍之，洫倍沟。浍，广二寻，深二仞，径、畛、涂、道、路，皆所以通车徒于国都也。径容牛马，畛容大车，涂容乘车一轨，道容二轨，路容三轨。都之野涂与环涂同，可也。万夫者，方三十三里少半里，九而方一同。以南亩图之，则遂从沟横，洫从浍横，九浍而川，周其外焉。去山陵、林麓、川泽、沟渎、城郭、宫室、涂巷三分之制，其余如此，以至于畿，则中虽有都鄙，遂人尽主其地。”)



(4)(《周礼·春官》)《大宗伯》：“以肆献祼享先王，以馈食享先王，以祠春享先王，以禴夏享先王，以尝秋享先王，以烝冬享先王。”郑注：“宗庙之祭，有此六享。肆献祼、馈食，在四时之上，则是祫也，禘也。肆者，进所解牲体，谓荐孰时也。献，献醴，谓荐血腥也。祼之言灌，灌以郁鬯，谓始献尸求神时也。《郊特牲》曰：“魂气归于天，形魄归于地，故祭所以求诸阴阳之义也。殷人先求诸阳，周人先求诸阴。”灌是也。祭必先灌，乃后荐腥荐孰。于祫逆言之者，与下共文，明六享俱然。祫言肆献祼，禘言馈食者，著有黍稷，互相备也。鲁礼，三年丧毕，而祫于大祖；明年春，禘于群庙。自尔以后，率五年而再殷祭，一祫一禘。”

(5)（《周礼·春官》）大司乐：“以六律、六同、五声、八音、六舞大合乐，以致鬼神示，以和邦国，以谐万民，以安宾客，以说远人，以作动物。”郑注：“六律，合阳声者也。六同，合阴声者也。此十二者以铜为管，转而相生。黄钟为首，其长九寸，各因而三分之，上生者益一分，下生者去一焉。《国语》曰：‘律所以立均出度也。古之神瞽，考中声而量之，以制度律均钟。’言以中声定律，以律立钟之均。大合乐者，谓遍作六代之乐，以冬日至作之，致天神人鬼，以夏日至作之，致地祇物鬽。动物，羽赢之属。《虞书》云：‘夔曰：戛击鸣球、搏拊、琴瑟以咏，祖考来格，虞宾在位，群后德让，下管鼗鼓，合止柷敔，笙镛以间，鸟兽鎗鎗，《箫韶》九成，凤皇来仪。’夔又曰：‘于，予击石拊石，百兽率舞，庶尹允谐。’此其于宗庙九奏效应。”

(6)《大司乐》：“凡乐，圜钟为宫，黄钟为角，大蔟为征，姑洗为羽，靁鼓靁鼗，孤竹之管，云和之琴瑟，《云门》之舞，冬日至，于地上之圜丘奏之，若乐六变，则天神皆降，可得而礼矣。凡乐，函钟为宫，大蔟为角，姑洗为徵，南吕为羽，灵鼓灵鼗，孙竹之管，空桑之琴瑟，《咸池》之舞，夏日至，于泽中之方丘奏之，若乐八变，则地示皆出，可得而礼矣。凡乐，黄钟为宫，大吕为角，大蔟为徵，应锺为羽，路鼓路鼗，阴竹之管，龙门之琴瑟，《九德》之歌，九磬之舞，于宗庙之中奏之，若乐九变，则人鬼可得而礼矣。”郑注：“此三者，皆禘大祭也。天神则主北辰，地祇则主昆仑，人鬼则主后稷，先奏是乐以致其神，礼之以玉而祼焉，乃后合乐而祭之。”《大传》曰：“王者必禘其祖之所自出。”《祭法》曰：“周人禘喾而郊稷。”谓此祭天圜丘，以嘗配之。圜钟，夹钟也。夹钟生于房心之气，房心为大辰，天帝之明堂。函钟，林钟也。林钟生于未之气，未坤之位，或曰天社在东井舆鬼之外，天社，地神也。黄钟生于虚危之气，虚危为宗庙。以此三者为宫，用声类求之，天宫夹钟，阴声，其相生从阳数，其阳无射。无射上生中吕，中吕与地宫同位，不用也。中吕上生黄钟，黄钟下生林钟，林钟地宫，又不用。林钟上生大蔟，大蔟下生南吕，南吕与无射同位，又不用。南吕上生姑洗。地宫林钟，林钟上生大蔟，大蔟下生南吕，南吕上生姑洗。人宫黄钟，黄钟下生林钟，林钟地宫，又辟之。林钟上生大蔟，大蔟下生南吕，南吕与天宫之阳同位，又辟之。南吕上生姑洗，姑洗南吕之合，又辟之。姑洗下生应钟，应钟上生蕤宾，蕤宾地宫林钟之阳也，又辟之。蕤宾上生大吕。凡五声，宫之所生，浊者为角，清者为徵羽。此乐无商者，祭尚柔，商坚刚也。郑司农云："雷鼓、雷鼗，皆谓六面有革可击者也。云和，地名也。灵鼓、灵鼗，四面。路鼓、路鼗，两面。九德之歌，《春秋传》所谓水、火、金、木、土、谷谓之六府，正德、利用、厚生谓之三事，六府三事谓之九功，九功之德皆可歌也，谓之九歌也。"玄谓雷鼓、雷鼗八面，灵鼓、灵鼗六面，路鼓、路鼗四面。孤竹，竹特生者。孙竹，竹枝根之末生者。阴竹，生于山北者。云和、空桑、龙门皆山名。"九磬"读当为"大韶"，字之误也。

(7)（《周礼·夏官》）《序官》："凡制军，万有二千五百人为军，王六军，大国三军，次国二军，小国一军，军将皆命卿；二千有五百人为师，师帅皆中大夫；五百人为旅，旅帅皆下大夫；百人为卒，卒长皆上士；二十五人为两，两司马皆中士；五人为伍，伍皆有长。"郑注："军、师、旅、卒、两、伍，皆众名也。伍一比，两一闾，卒一旅，旅一党，师一州，军一乡，家所出一人。将、帅、长、司马者，其师吏也。言军将皆命卿，则凡军帅不特置，选于六官、六乡之吏。自乡以下，德任者使兼官焉。郑司农云：“王六军，大国三军，次国二军，小国一军，故《春秋传》有大国、次国、小国，又曰：‘成国不过半天子之军。周为六军，诸侯之大者三军可也。’《诗·大雅·常武》曰：‘赫赫明明，王命卿士，南仲大祖，大师皇父，整我六师，以修我戎，既儆既戒，惠此南国。’《大雅·文王》曰：‘周王于迈，六师及之。’此周为六军之见于经也。《春秋传》曰：‘王使虢公命曲沃伯以一军为晋侯。’此小国一军之见于传也。百人为卒，二十五人为两，故《春秋传》曰：‘广有一卒，卒偏之两。’”

(8)（《周礼·冬官·考工记》）《匠人》：“周人明堂，度九尺之筵，东西九筵，南北七筵，堂崇一筵，五室，凡室二筵。”郑注：“明堂者，明政教之堂。周度以筵，亦王者相改。周堂高九尺，殷三尺，则夏一尺矣，相参之数。禹卑宫室，谓此一尺之堂与？此三者或举宗庙，或举王寝，或举明堂，互言之，以明其同制。”

(9)（《周礼·天官》）《凌人》：“大丧，共夷盘冰。”郑注：“夷之言尸也。实冰于夷盘中，置之尸床之下，所以寒尸。尸之盘曰夷盘，床曰夷床，衾曰夷衾，移尸曰夷于堂，皆依尸而为言也。《汉礼器制度》大盘广八尺，长丈二尺，深三尺，漆赤中。”

(10)（《周礼·天官》）《内司服》：“掌王后之六服。”郑注：“郑司农云：袆衣，画衣也。《祭统》曰：‘君卷冕立于阼，夫人副袆立于东房。’揄狄，阙狄，画羽饰。展衣，白衣也。《丧大记》曰：‘复者朝服，君以卷，夫人以屈狄，世妇以襢衣。’屈者音声与阙相似，襢与展相似，皆妇人之服。鞠衣，黄衣也。素沙，赤衣也。”玄谓狄当为翟。翟，雉名，伊雒而南，素质，五色皆备成章曰翚；江淮而南，青质，五色皆备成章曰摇。王后之服，刻缯为之形而采画之，缀于衣以为文章。袆衣画翚者，揄翟画摇者，阙翟刻而不画，此三者皆祭服。从王祭先王则服袆衣，祭先公则服揄翟，祭群小祀则服阙翟。今世有圭衣者，盖三翟之遗俗。鞠衣，黄桑服也，色如鞠尘，象桑叶始生。《月令》：“三月荐鞠衣于上帝，告桑事。”展衣以礼见王及宾客之服，字当为襢，襢之言亶，亶，诚也。《诗·国风》曰“玼兮玼兮，其之翟也”。下云“胡然而天也，胡然而帝也”，言其德当神明。又曰“瑳兮瑳兮，其之展也”。下云“展如之人兮，邦之媛也”，言其行配君子。二者之义与礼合矣。《杂记》曰：“夫人复税衣、揄狄。”又《丧大记》曰：“士妻以褖衣。”言褖衣者甚众，字或作税。此缘衣者，实作褖衣也。褖衣，御于王之服，亦以燕居。男子之褖衣黑，则是亦黑也。六服备于此矣。袆、揄、狄、展，声相近，缘，字之误也。以下推次其色，则阙狄赤，揄狄青，袆衣玄。妇人尚专一，德无所兼，连衣裳不异其色。素沙者，今之白缚也。六服皆袍制，以白缚为里，使之张显。今世有沙縠者，名出于此。”



(11)（《周礼·天官》）《追师》：“追师掌王后之首服。”郑注：“郑司农云：追，冠名。《士冠礼记》曰：‘委貌，周道也。章甫，殷道也。母追，夏后氏之道也。’追师，掌冠冕之官，故并主王后之首服。副者，妇人之首服。《祭统》曰：‘君卷冕立于阼，夫人副袆立于东房。’衡，维持冠者。《春秋传》曰：‘衡紞纮綖。’玄谓副之言覆，所以覆首为之饰，其遗象若今步繇矣，服之以从王祭祀。编，编列发为之，其遗象若今假紒矣，服之以桑也。次，次第发长短为之，所谓髲髢，服之以见王。王后之燕居，亦纚笄总而已。追犹治也。《诗》云：‘追琢其璋’。王后之衡笄皆以玉为之。唯祭服有衡，垂于副之两旁，当耳，其下以紞县瑱。《诗》云：‘玼兮玼兮，其之翟也。鬒发如云，不屑髢也，玉之瑱也。’是之谓也。笄，卷发者。外内命妇衣鞠衣、襢衣者服编，衣褖衣者服次。外内命妇非王祭祀宾客佐后之礼，自于其家则亦降焉。《少牢馈食礼》曰：‘主妇髲鬄衣移袂’，《特牲馈食礼》曰“主妇纚笄宵衣”是也。《昏礼》女纯衣，摄盛服耳。主人爵弁以迎，移袂，禒衣之袂。凡诸侯夫人于其国，衣服与王后同。”

(12)（《周礼·秋官·司寇》）《朝士》：“朝士掌建邦外朝之法，左九棘，孤卿大夫位焉，群士在其后。右九棘，公侯伯子男位焉，群吏在其后。面三槐，三公位焉，州长众庶在其后。左嘉石，平罢民焉。右肺石，达穷民焉。”郑注：“树棘以为位者，取其赤心而外刺，象以赤心三刺也。槐之言怀也，怀来人于此，欲与之谋。群吏，谓府史也。州长，乡遂之官。郑司农云：‘王有五门，外曰皋门，二曰雉门，三曰库门，四曰应门，五曰路门。路门一曰毕门。外朝在路门外，内朝在路门内。左九棘，右九棘，故《易》曰：系用徽纆，实于丛棘。’玄谓《明堂位》说鲁公宫曰：‘库门，天子皋门。雉门，天子应门。’言鲁用天子之礼，所名曰库门者，如天子皋门。所名曰雉门者，如天子应门。此名制二兼四，则鲁无皋门、应门矣。《檀弓》曰：‘鲁庄公之丧，既葬，而绖不入库门。’言其除丧而反，由外来，是库门在雉门外必矣。如是，王五门，雉门为中门，雉门设两观，与今之宫门同。阍人几出入者，穷民盖不得入也。《郊特牲》讥绎于库门内，言远，当于庙门，庙在库门之内，见于此矣。《小宗伯职》曰：‘建国之神位，右社稷，左宗庙。’然则外朝在库门之外，皋门之内与？今司徒府有天子以下大会殿，亦古之外朝哉。周天子诸侯皆有三朝，外朝一，内朝二。内朝之在路门内者，或谓之燕朝。”

从以上十数例“郑注”中，可以看出，古文学家是将《周礼》看作是一种社会组织形态和社会礼制规则的，因此必须烂熟于心，并努力将之付诸社会实践。这种对于礼制的注重，则顺理成章，古文学家是必定要极为重视并要努力掌握《周礼》的。

# 第七章
# 今古文经学之纷争

## 第一节　西汉末三次之纷争



在上两章中，由版本和文字异同的对照，证明古文经传是依据一种传本加以校订修饰而成，校订修饰并有讹误，并非真正之古本，故可定其为为伪撰。由师说的演进，我们看出古文经说其出甚晚，系由贾、马、许、郑之异同以及贾、服注《左氏》之异可以看出，古文真是“师徒相传，并无其人”。由文字与说解看来，古文本均不及今文，这样的伪古本要净立于学官，在社余上流行，自不免有明眼之人发觉其可疑而加以攻击。所以今古文之纷争，在古文经初出世时即醸成很严重的纠纷，在西汉末，古文经为舆论所不容，已遭受二三次的排挤。在此分述于下：



### 一　刘歆与太常博士之争

这可以说是第一次之纷争。在刘歆争立古文经传之时，据《汉书·刘歆传》说：

> 歆及向始皆治《易》，宣帝时，诏向受《穀梁春秋》，十余年，大明习。及歆校秘书，见古文《春秋左氏传》，歆大好之。时丞相史尹咸以能治《左氏》，与歆共校经传。歆略从咸及丞相翟方进受，质问大义。初《左氏传》多古字古言，学者传训故而已，及歆治《左氏》，引传文以解经，转相发明，由是章句义理备焉。

歆亦湛靖（沉静）有谋，父子俱好古，博见强志，过绝于人。歆以为左丘明好恶与圣人同，亲见夫子，而公羊、穀梁在七十子后，传闻之与亲见之，其详略不同。歆数以难向，向不能非问也，然犹自持其《穀梁》义。及歆亲近，欲建立《左氏春秋》及《毛诗》、《逸礼》、《古文尚书》皆列于学官。哀帝令歆与《五经》博士讲论其义，诸博士或不肯置对，歆因移书太常博士，责让之曰：

"昔唐虞既衰，而三代迭兴，圣帝明王，累起相袭，其道甚著。周室既微而礼乐不正，道之难全也如此。是故孔子忧道之不行，历国应聘。自卫反鲁，然后乐正，《雅颂》乃得其所；修《易》，序《书》，制作《春秋》，以纪帝王之道。及夫子没而微言绝，七十子终而大义乖。重遭战国，弃笾豆之礼，理军旅之陈，孔氏之道抑，而孙吴之术兴。陵夷至于暴秦，燔经书，杀儒士，设挟书之法，行是古之罪，道术由是遂灭。汉兴，去圣帝明王遐远，仲尼之道又绝，法度无所因袭。时独有一叔孙通略定礼仪，天下唯有《易》卜，未有他书。至孝惠之世，乃除挟书之律，然公卿大臣绛、灌之属咸介胄武夫，莫以为意。至孝文皇帝，始使掌故晁错从伏生受《尚书》。《尚书》初出于屋壁，朽折散绝，今其书见在，时师传读而已。《诗》始萌牙。天下众书往往颇出，皆诸子传说，犹广立于学官，为置博士。在汉朝之儒，唯贾生而已。至孝武皇帝，然后邹、鲁、梁、赵颇有《诗》、《礼》、《春秋》先师，皆起于建元之间。当此之时，一人不能独尽其经，或为《雅》，或为《颂》，相合而成。《泰誓》后得，博士集而读之。故诏书称曰：'礼坏乐崩，书缺简脱，朕甚闵焉。'时汉兴已七八十年，离于全经，固已远矣。

及鲁恭王坏孔子宅，欲以为宫，而得古文于坏壁之中，《逸礼》有三十九，《书》十六篇。天汉之后，孔安国献之，遭巫蛊仓卒之难，未及施行。及《春秋》左氏丘明所修，皆古文旧书，多者二十余通，臧于秘府，伏而未发。孝成皇帝闵学残文缺，稍离其真，乃陈发秘臧，校理旧文，得此三事，以考学官所传，经或脱简，传或间编。传问民间，则有鲁国桓公、赵国贯公、胶东庸生之遗学与此同，抑而未施。此乃有识者之所惜闵，士君子之所嗟痛也。往者缀学之士不思废绝之阙，苟因陋就寡，分文析字，烦言碎辞，学者罢老且不能究其一艺，信口说而背传记，是末师而非往古，至于国家将有大事，若立辟雍、封禅、巡狩之仪则幽冥而莫知其原。犹欲保残守缺，挟恐见破之私意，而无从善服义之公心，或坏妒疾，不考情实，雷同相从，随声是非，抑此三学，以《尚书》为备，谓《左氏》为不传《春秋》，岂不哀哉！

今圣上德通神明，继统扬业，亦闵文学错乱，学士若兹，虽昭其情，犹依违谦让，乐与士君子同之。故下明诏，试《左氏》可立不，遣近臣奉指衔命，将以辅弱扶微，与二三君子比意同力，冀得废遗。今则不然，深闭固距，而不肯试，猥以不诵绝之，欲以杜塞余道，绝灭微学。夫可与乐成，难与虑始，此乃众庶之所为耳，非所望士君子也。且此数家之事，皆先帝所亲论，今上所考视，其古文旧书，皆有征验，外内相应，岂苟而已哉！

夫礼失求之于野，古文不犹愈于野乎？往者博士《书》有欧阳，《春秋》公羊，《易》则施、孟，然孝宣皇帝犹复广立《穀梁春秋》，《梁丘易》，《大小夏侯尚书》，义虽相反，犹并置之。何则？与其过而废之也，宁过而立之。传曰：'文武之道未坠于地，在人；贤者志其大者，不贤者志其小者。'今此数家之言所以兼包大小之义，岂可偏绝哉！若必专己守残，党同门，妒道真，违明诏，失圣意，以陷于文吏之议，甚为二三君子不取也。"

其言甚切，诸儒皆怨恨。是时名儒光禄大夫龚胜以歆移书上疏深自罪责，愿乞骸骨罢。及儒者师丹为大司空，亦大怒，奏歆改乱旧章，非毁先帝所立。上曰："歆欲广道术，亦何以为非毁哉？"歆由是忤执政大臣，为众儒所讪。（《春秋研究讲义》五三十行至五四下十三行）

看这一段所述，刘歆自信满满地攻击当时博士"信口说而背传记，是末师而非往古，至于国家将有大事，若立辟雍、封禅、巡狩之仪，则幽冥而莫知其原。犹欲保残守缺，挟恐见破之私意，而无从善服义之公心，或坏妒疾，不考情实，雷同相从，随声是非"。但是我们依据刘歆《移书》看来，在他自己说的话里面即可看出种种破绽：

（1）他说在"在汉朝之儒，唯贾生而已。至孝武皇帝，然后邹、鲁、梁、赵颇有《诗》、《礼》、《春秋》先师，皆起于建元之间。"由这几句看来可见孝武前之张苍传《左氏》为不可信，他这里也不说贾谊传《左传》，足见其伪托。

（2）他述武帝诏书中说"礼坏乐崩，书缺简脱，朕甚闵焉。"等语，实在并非诏书原文，是他有意改作。辨已详前。

（3）他说，"天汉之后，孔安国献之"。《汉书·艺文志》云"武帝末，鲁共王坏孔子宅，欲以广其宫，而得《古文尚书》及《礼记》、《论语》、《孝经》凡数十篇"，"安国献之。遭巫蛊事，未列于学官"。我们由鲁共王死在武帝初年，"巫蛊之难"起于武帝末年，这中间经过了三十余年的长时期，而又在武帝表章六经之时，不应该在天汉之后才由孔安国献之；而且《史记·孔子世家》提到“安国为今皇帝博士，至临淮太守，早卒”，也不会有“天汉之后，孔安国献之”之事。清儒为《汉志》弥缝说是“孔安国家献之”，这就成了改历史了，因为总不应《汉志》有误，《刘歆传》有误，而《文选》所选《移书》也有误。

刘歆的《移书》所云已极不可信。

(4) 他说“传问民间，则有鲁国桓公、赵国贯公、胶东庸生之遗学与此同，抑而未施”。据桓、贯、庸三家皆传《书》、《礼》之学者，也可见《左传》云传授并无其人。如果有人，他何以不叙及尹咸、翟方进而独举异学民间之儒生？且说“遗学与此同”，也未免太误会了！

由刘歆《移书》中已可看若干作伪之迹，则当时博士之不肯置对，龚胜上疏愿乞骸骨，师丹奏歆改乱旧章；孔光为孔安国之后，亦不加以援助。这自是歆所争立之古文经传显有破绽，令人疑惑，近人或谓民间本有古学，而又谓歆伪书必待中秘，因以时间考之，谓歆伪书不如是之速，殊乏卓识。这时刘歆只提出孔壁中只有《逸礼》和古《书》，古书中秘只《左氏春秋》，并无《毛诗》，在王莽居摄时，他们更引有《尚书》逸《嘉禾》篇；居摄三年九月，莽母功显君死，时刘歆与博士诸儒七十八人议功显君服，又说“发得《周礼》，以明因监”，可见他们任意伪造古文，所以引发了这第二次纷争。





## 二　公孙禄之奏劾刘歆

据《汉书·王莽传》：

> 莽召问群臣擒贼方略……故左将军公孙禄征来与议，禄曰：“太史令宗宣典星历，候气变，以凶为吉，乱天文，误朝廷。太傅平化侯饰虚伪以偷名位，‘贼夫

人之子'。国师嘉信公颠倒《五经》，毁师法，令学士疑惑。明学男张邯、地理侯孙阳造井田，使民弃土业。牺和鲁匡设六筦，以穷工商。说符侯崔发阿谀取容，令下情不上通。宜诛此数子以慰天下！"

公孙禄所云"国师嘉信公"刘歆之"毁师法"这可证明其颠倒五经正是颠倒经文，其"毁师法"则是毁师说，令学士疑者不止一人。不过为莽势所独，而刘歆他们作伪也非一人，到这时所伪诸经不止《佚礼》、古《书》、《左氏春秋》三种，又有《费易》、《礼记》、《乐经》、《论语》、《孝经》，这些在《移书》中并未提出，而且其明说过"陈发秘藏，校理旧文，得此三事"，《费易》、《周官》、《礼记》、《乐经》等书后出，是极明显的。《毛诗》中有与《周官》、《礼记》、《左氏春秋》相合者，《毛诗序传》后出，亦极明显。公孙禄说他"颠倒《五经》"，比师丹说他"改乱旧章"更严重。





### 三　胥君安之议《左氏传》

据《华阳国志十下》引《春秋穀梁传》首序云：

成帝时议立三《传》博士，巴郡胥君安独驳《左氏》不祖圣人。

这里说"成帝时议立三《传》博士"，与《汉书》不合，成帝或为哀帝之误。这也是西汉末今古文纷争之一例。据《汉书》说，《公羊》与《穀梁》有过纷争，无论如何，今古文纷争在西汉至少应有三次，《穀梁》在西汉之立概不可信。《华阳国志》所载无为胥君安作伪之意，所记时代虽有讹误，然事实应比较可信。兹姑附列于此。

## 第二节　东汉时今古文之纷争

东汉时今古文之争，以年限论，其次数自较西汉末为多。兹列于下：

## 一　韩歆与范升

据《后汉书·儒林传》说：

> 建武中，郑兴、陈元传《春秋左氏》学。时尚书令韩歆上疏，欲为《左氏》立博士，范升与歆争之未决，陈元上书讼《左氏》，遂以魏郡李封为《左氏》博士。后群儒蔽固者数廷争之。及封卒，光武重违众议，而因不复补。





据《后汉书·范升传》云：

> 时尚书令韩歆上疏，欲为《费氏易》、《左氏春秋》立博士，诏下其议。四年正月，朝公卿、大夫、博士，见于云台。帝曰："范博士可前平说！"升起对曰："《左氏》不祖孔子而出于丘明，师徒相传又无其人，且非先帝所存，无因得立。"遂与韩歆及太中大夫许淑等互相辩难，日中乃罢。

这是就《左氏》之传授以及过去之未立学官来立论。

> 范升退又奏曰："孔子曰：'博学约之，弗叛矣夫。'夫学而不约，必叛道也。颜渊曰：'博我以文，约我以礼。'孔子可谓知教，颜渊可谓善学矣。《老子》曰：'学道日损。'损，犹约也。又曰：'绝学无忧。'绝末学也。今《费》、《左》二学，无有本师，而多反异；先帝前世有疑于此，故《京氏》虽立，辄复见废。疑道不可由，疑事不可行。《诗》、《书》之作，其来已久，孔子尚周流游观至于知命，自卫反鲁，乃正《雅》、《颂》。今陛下草创天下，纪纲未定，虽设学官，无有弟子，《诗》、《书》不讲，礼乐不修，奏立《左》、《费》，非政急务。孔子曰：'攻乎异端，斯害也已。'《传》曰：'闻

疑传疑，闻信传信，而尧舜之道存。’愿陛下疑先帝之所疑，信先帝之所信，以示反本，明不专己。天下之事所以异者，以不一本也。《易》曰：‘天下之动，贞夫一也。’又曰：‘正其本，万事理。’《五经》之本，自孔子始。”

由这里所说的看来，“《费》、《左》二学，无有本师，而多反异”，“奏立《左》、《费》，非政急务”，韩歆、范升并非专为《春秋》之《公》《左》争辨，实牵涉《费易》而起。范升“奏《左氏》之失凡十四事”，及古文学家则以史记多引《左氏》反驳，“升又上太史公违戾《五经》，谬孔子言，及《左氏春秋》不可录三十一事”。这是东汉时第一次今古文之争，韩、范之争的结局是古学的失败。



## 二 陈元与范升



韩、范之争虽然古学失败，但即有陈元诣阙上书力主《左氏》。据《后汉书·陈元传》说：

时议欲立《左氏传》博士，范升奏以为《左氏》浅末，不宜立。元闻之，乃诣阙上疏曰：

“陛下拨乱反正，文武并用，深愍经艺谬杂，真伪错乱，每临朝日，辄延群臣讲论圣道。知丘明至贤，亲受孔子，而《公羊》、《穀梁》传闻于后世，故诏立《左氏》，博询可否，示不专己，尽之群下也。今论者沉溺所习，玩守旧闻，固执虚言传受之辞，以非亲见实事之道。《左氏》孤学少与，遂为异家之所覆冒。夫至音不合众听，故伯牙绝弦；至宝不同众好，故卞和泣血。仲尼圣德，而不容于世，况于竹帛余文，其为雷同者所排，固其宜也。非陛下至明，孰能察之。

臣元窃见博士范升等所议奏《左氏春秋》不可立，

及太史公违戾凡四十五事。案升等所言，前后相违，皆断截小文，媟黩微辞，以年数小差，掇为巨谬，遗脱纤微，指为大尤，抉瑕擿衅，掩其弘美，所谓‘小辩破言，小言破道’者也。升等又曰：‘先帝不以《左氏》为经，故不置博士，后主所宜因袭。’臣愚以为若先帝所行而后主必行者，则盘庚不当迁于殷，周公不当营洛邑，陛下不当都山东也。往者，孝武皇帝好《公羊》，卫太子好《穀梁》，有诏诏太子受《公羊》，不得受《穀梁》。孝宣皇帝在人间时，闻卫太子好《穀梁》，于是独学之。及即位，为石渠论而《穀梁氏》兴，至今与《公羊》并存。此先帝后帝各有所立，不必其相因也。孔子曰：‘纯，俭，吾从众；至于拜下，则违之。’夫明者独见，不惑于朱紫，听者独闻，不谬于清浊，故离朱不为巧眩移目，师旷不为新声易耳。方今干戈少弭，戎事略戢，留思圣艺，眷顾儒雅，采孔子拜下之义，卒渊圣独见之旨，分明白黑，建立《左氏》，解释先圣之积结，洮汰学者之累惑，使基业垂于万世，后进无复狐疑，则天下幸甚。

　　臣元愚鄙，尝传师言。如得以褐衣召见，俯伏庭下，诵孔氏之正道，理丘明之宿冤；若辞不合经，事不稽古，退就重诛，虽死之日，生之年也。”

　　书奏，下其议，范升复与元相辩难，凡十余上。帝卒立《左氏》学，太常选博士四人，元为第一。帝以元新忿争，乃用其次司隶从事李封，于是诸儒以《左氏》之立，论议讙哗，自公卿以下，数廷争之。会封病卒，《左氏》复废。

他这里所说的“《左氏》孤学少与”颇不合乎事实，《左氏》在东汉是与《毛诗》、《古书》、《周礼》、《费易》相符合的。谓

"年数小差"，"遗脱纤微"，可见《左氏》年数确有小小的差误。文字也有纤微的遗脱，并不是真古本，真为《春秋》之"传"。陈元、范升辨难多次，《左氏》虽可以立，但是"论议讙哗，公卿大夫数廷争之"，仍不为舆论所容，终于"《左氏》复废"。

### 三 李育与贾逵

到明、章时，有李育与贾逵之争。据《后汉书·李育传》说：

> （育）少习《公羊春秋》……颇涉猎古学。尝读《左氏传》，虽乐文采，然谓不得圣人深意，以为前世陈元、范升之徒更相非折，而多引图谶，不据理体，于是作《难左氏义》四十一事。建初元年，卫尉马廖举育方正，为议郎。后拜博士。四年，诏与诸儒论《五经》于白虎观，育以《公羊》义难贾逵，往返皆有理证，最为通儒。

这第三次的争辨，是由《公羊》家提出。贾逵的答复是：

> 臣谨擿出《左氏》三十事尤著明者，斯皆君臣之正义，父子之纪纲，其余同《公羊》者十有七八，或文简小异，无害大体。至如祭仲、纪季、伍子胥、叔术之属，《左氏》义深于君父，《公羊》多任于权变，其相殊绝，固以甚远，而冤抑积久，莫肯分明。臣以永平中上言《左氏》与图谶合者，先帝不遗刍荛，省纳臣言，写其传诂，藏之秘书。建平中，侍中刘歆欲立《左氏》，不先暴论大义，而轻移太常，恃其义长，诋挫诸儒，诸儒内怀不服，相与排之。孝哀皇帝重逆众心，故出歆为河内太守。从是攻击《左氏》，遂为重雠。至光武皇帝奋独见之明，兴立《左氏》、《穀梁》，会二家先师不晓图谶，故令中道而废。凡所以存先王之道者，要在安上

理民也。今《左氏》崇君父，卑臣子，强干弱枝，劝善戒恶，至明至切，至直至顺。且三代异物，损益随时，故先帝博观异家，各有所采。《易》有施孟，复立梁丘，《尚书》欧阳，复有大、小夏侯；今三《传》之异亦犹是也。又《五经》家皆无以证图谶，明刘氏为尧后者，而《左氏》独有明文。《五经》家皆言颛顼代黄帝，而尧不得为火德。《左氏》以为少昊代黄帝，即图谶所谓帝宣也。如令尧不得为火，则汉不得为赤，其所发明，补益实多。陛下通天然之明，建大圣之本，改元正历，垂万世则，是以麟凤百数，嘉瑞杂沓。犹朝夕恪勤，游情六艺，研几综微，靡不审核。若复留意废学以广圣见，庶几无所遗失矣。《春秋序》云：'孔子览史记，就是非之说立素王之法'。（《左氏长经章》，页一二）（东汉文纪 明 梅鼎祚编第二部分）



上一次陈、范的争辩是因多引图谶，《左氏》获得胜利；这

一次贾逵又明说独有《左氏》有明文，明刘氏为尧后。《左氏》之兴，由于图谶，由此可见。然而《李育传》说："育以《公羊》义难贾逵，往返皆有理证，最为通儒"，舆论上还是拥护李育的。

## 四　马融与刘瓌

在安帝时，有马融与刘瓌之争。据《后汉书·郑玄传》说：

初，中兴之后，范升、陈元、李育、贾逵之徒争论古今学，后马融答北地太守刘瓌及玄答何休，义据通深，由是古学遂明。

马融与刘瓌之争仅见《郑玄传》，其所争为何经，现无从详考。

## 五　羊弼、何休与郑玄、服虔

在桓、灵时，何休因废锢而闭户著书，以《春秋》驳汉事六

百余条，妙得《公羊》本意。又与其师羊弼追述李育意，作《公羊墨守》、《左氏膏肓》、《穀梁废疾》，以难《左》、《谷》二《传》。他们这里以《春秋》驳汉事六百余条，是依据《公羊》而立说，自易引起治古文学者之反驳，我们只看服虔有《春秋左氏膏肓释痾》，又以《左传》驳何休之所驳汉事六十余条，为《春秋汉议驳》(《隋志》有十卷，《唐志》五卷)。这是何、服今古之争。郑玄也有《发墨守》、《针膏肓》、《起废疾》三书，专为答复何休而作。据《后汉书·郑玄传》说：

> 时任城何休好《公羊》学，遂著《公羊墨守》、《左氏膏肓》、《穀梁废疾》，玄乃发《墨守》，针《膏肓》，起《废疾》。休见而叹曰："康成入吾室，操吾矛，以伐我乎！"

这是何、郑今古之争。何君对于《周官》也有抨击之词，贾公彦《序周礼废兴》说："何休以《周礼》为六国张谋之书"。郑、服于此则并未作答。马融、刘瓌、何休、服虔、郑玄这几次的争辨都是在民间的，时古学尽管未立学官，但在民间还是免不了为人所攻击。

## 六　临硕与郑玄

据《郑玄传》，郑又著有《答临孝存周礼难》，贾公彦《序周礼废兴》说："林孝存以为武帝知《周官》未世不验之书，故作《十论》、《七难》以排之。"是郑玄与林孝存对于《周礼》也有过争论。《后汉书·孔融传》、《三国志·魏志》裴松之注引《续汉书》，并云北海、临孝存，临孝存即林硕，林、郑之争在《周礼·春官·女巫》、《夏官·叙官》、《诗·卫风·伯兮》、《诗·大雅·棫朴》、《礼记·王制》孔疏中，各引有佚文。我们试引几条来看：

(1)《周礼·春官·女巫》贾疏说："按，林硕难曰：'凡国有大灾，歌哭而请。鲁人有日食而哭。'《传》曰：'非所哭，哭者哀也，歌者是乐也。有哭而歌，是以乐灾，灾而乐之，将何以请？哀乐失所，礼又丧矣。’孔子曰：‘哭则不歌，歌哭而请，道将何为？’玄谓：‘日食，异者也，于民无困，哭之为非，其所灾害，不害穀（谷）物，故歌必礼也。董仲舒曰：‘雩，求两之术，呼嗟之歌。《国风·周南》、《小雅·鹿鸣》、《燕礼》、《乡饮酒》、《大射之歌》焉。然则《云汉》之篇，亦大旱之歌。’《考异邮》曰：‘集《二十四旱志》，玄服而缓云，刑理，察挺罪，赦过，呼嗟哭泣以成发气。’此数者非大灾歌哭之证也。多灾哀也，歌者乐也，今丧家挽歌亦谓乐，非。孔子哭则不歌，是出何经？《论语》曰：‘子于是日哭则不歌’。谓一日之中既以哀事哭，又以乐而歌，是为哀乐之心无常，此所以讥此礼。若然，此云歌者夏愁之歌，若《云汉》之诗是也。”



（2）同书《夏官·序官》贾疏说：“郑答林硕云：‘军者，兵之大名，军礼重言军，为其大悉，故《春秋》之兵，虽有累万之众，皆听师。《诗》云六师，即六军也。’然军旅卒两皆众名，独举师者，故《易·师·彖》云：‘师：贞，丈人吉，无咎。’军二千五百人为师，丈之言长也，以法度为人之长，故吉无咎。谓天子诸侯而主军，军将皆命卿，天子六军，兵众之名移矣。正言师者，出兵而多，以军为名，次以师名，少旅为名，言众，举中言之也。”



（3）《毛诗》“周王于迈，六师及之”。孔疏说：“临硕并引《诗》三处六师之文，以难《周礼》。郑释之云：‘《春秋》之兵，虽累万之众，皆称师。《诗》之六师，谓六军之师。’总言三文，六师皆云六军，是亦以此为六军之意也。”（《毛诗正义》卷十六）

（4）“《伯兮》，刺时也……卫宣公之时，蔡人、卫人、陈人从王伐郑。”“《公羊传》曰：‘其言从王伐郑何？从王，正也。’郑答临硕引《公羊》之文，言‘诸侯不得专征伐，有从天子及伯者之礼。’”（《毛诗正义》卷三）

还有林硕指出《孟子》与《王制》关于“王者之制禄爵”的不同，郑答临硕云：“孟子当赧王之际，《王制》之作，复在其后。”（《礼记正义》卷十一）。

仅以上几例，可以看出临硕是以《公羊传》等今文之说来攻击《周礼》等古文说，郑玄则从古文说角度予以回应，然其总貌若何，亦已无考。

## 七　东汉末今古之纷争

以上所举韩歆、陈元、贾逵、郑玄、服虔与范升、李育、何休、羊弼、临硕的争辩，是有主名可考见的，据《周礼疏》说：“士燮传更说：‘闻京师古今之学，是非忿争。’”可见在东汉末年，今古之争仍甚激烈，并未稍息。可以说，在东汉一朝，今古学之争自始至终从未停息，此起彼伏，从经学发展的角度看，已经需要各取所长，有所糅合统一了。所以荀悦在《申鉴·时事篇》中说：“古今文不同，而皆自谓真本经，古今先师，义一而已。异家别说不同，而皆自谓古今。仲尼邈而靡质，昔先师殁而无闻。先师已丧义无所闻，将谁使折之者？秦之灭学也，书藏于屋壁，义绝于朝野，逮至汉兴，收摭散滞，固已无全学矣。文有磨灭，言有楚夏，出有先后。或学者先意有所借定，后进相仿，弥以滋蔓，故一源十流，天水违行，而讼者纷如也。执不俱是，比而论之，必有可参者焉。”荀悦所说的“将使谁折之者？”又说“比而论之，必有可参者焉”。可见他是主张糅合今古，而今古文之糅合，到东汉后期时实感觉有其必要。

# 第八章

# 今古文经学之杂糅

## 第一节　西汉末叶今古文经学之杂糅





在刘歆争立古文经前后，据《汉书》所载各经师传文看来，有好多人已在引用古文经。例如《梅福传》明引"《穀梁传》曰：'其不称名姓，以其在祖仕尊之也'"，"《礼记》曰：'丘也，殷人也'"；《韦玄成传》载：元帝时，"玄成等四十四人奏议曰：……《祭义》曰：'王者禘其祖自出，以其祖配之，而立四庙。'"所引《祭义》虽有各别文字缺误（今按，原文为"王者禘其祖之所自出"），实《礼记·丧服·小记》文。又"哀帝即位……太仆王舜、中垒校尉刘歆议曰：……《礼记·王制》及《春秋穀梁传》……其文曰：'天子三昭三穆，与太祖之庙而七；诸侯二昭二穆，与太祖之庙而五。'故德厚者流光，德薄者流卑。《春秋左氏传》曰：'名位不同，礼亦异数。'自上以下，降杀以两，礼也。"他们又引有《礼记·祀典》、《春秋外传》，周寿昌说："西汉奏议内引《左氏传》始见此及《翟方进传》"，他们所引《祀典》之文，则在今《礼记·祭法》中（翟方进引《左传》已详本篇第二章）。古文经在西汉征引之者甚少，说不上有什么杂糅，只有刘歆、王莽等人喜于征引，以为议礼之据，若元帝永光四年韦玄成等议，以"春秋之义，父不祭于支庶之宅，君不祭于臣仆之家，王不祭于下土诸侯，请勿复修"。（《汉书·韦贤传》）这不出于《公羊》，亦非见于《左氏》，不能说是引《左传》。即如"谏大夫龚胜等十四人以为'《春秋》之义，奸以事君，常刑不舍。鲁大夫叔孙侨如欲颛公室，谮其族兄季孙行父于晋，晋执囚行父以乱鲁国，《春秋》重而书之。’”（《汉书·薛宣朱博传》）这里未明言引自《左传》，我们不得臆断推测，以为是引《左传》。因为汉儒每有称引《春秋》而我们往往查考不出他的出处。我们知道，在贾谊《新书》、桓宽《盐铁论》之中都引有《春秋》，西汉今文家别有所依据，我们更不能以此为今古杂糅。我们可认为杂糅今古者，则二戴于《士礼》中加有古文的一段，这或是当时今文学家所为；而西汉古文家将今文《泰誓》、《王制》亦加入古文《书》、《礼》之中，这倒是杂糅今古之例。《尔雅》一书有今文说，有古文说；纬谶之中，有今文说，有古文说；这也可以说是今古杂糅之一例。古文的材料并不多，解释也并不好，不得不仍援用今文，尽管王莽、刘歆那样好依周公之礼，王莽还是要说“孔子作《春秋》以为后世法。”（《汉书·王莽传》）要“莽以《周官》、《王制》之文，置卒正、连率、大尹，职如太守”。他们没有办法，不能不用今文。刘歆解《春秋左氏传》，于“齐人降鄣”条，也还是要依二传，以“鄣，纪之遗邑”(庄公三十年《正义》引刘、贾)。今古文之杂糅是势所必然的，皮锡瑞说：

> “后汉……风气益开，性灵渐起；其过于前人之质朴而更加恢张者在此，其不及前人之质朴而未免杂糅者亦在此。”

皮氏此论，实未憭于经说本已有今古杂糅的倾向，而就经文而论，更早有今古杂糅的古经，这并不是某一个人的意见。

## 第二节　东汉经师今古文经学之杂糅

### （一）在经文之杂糅

经学发展过程中，今古文之杂糅既有其不得不然之趋势，如刘歆、王莽且不能杂糅古今，到了东汉，这倾向自然更变本加厉。儒生们因今古经之异同择善而从，所以对于经文将两种不同的本子合而为一。例如《尚书》、《春秋》，贾逵于《书》有《古文尚书同异》三卷，于《春秋》有《三家经本训诂》十二卷，《春秋左氏经传朱墨列》一卷；马融于《春秋》有《春秋三传异同说》；刘陶有《中文尚书》；荀爽有《尚书正经》，是校正经文异同，杂糅今古之作。《后汉书·刘陶传》说："刘陶字子奇，一名伟，颍川颍阴人，济北贞王勃之后……陶时游太学……明《尚书》、《春秋》，为之训诂。推三家《尚书》及古文，是正文字三百余事，名曰《中文尚书》。"他这种《中文尚书》虽不流传于世，然他不谓为"今文"、"古文"，而独谓为《中文尚书》，则是他杂糅经文尤明显。至于郑玄，他的《诗笺》杂糅今古，自谓"注诗宗毛为主，毛义若有隐略，则更表明；如有不同，即下己意，使可识别也"。（《经典释文·毛诗音义上》引郑玄《六艺论》）是今古文之《诗》有杂糅。郑玄之注《仪礼》，于《礼》今古文杂糅为一本。他的《论语注》，据《释文·序录》说："安昌侯张禹受《鲁论》于夏侯建，又从庸生、王吉受《齐论》，择善而从，号曰'张侯论'，最后而行于汉世。禹以《论》授成帝，后汉包咸、周氏并为章句，列于学官。郑玄就《鲁论》张、包、周之篇章，考之《齐》、《古》，为之注焉。""郑本《论语》又参合《古》、《齐》、《鲁》三书定之，非张、包、周之旧"。经文之杂糅，在东汉末叶，《诗》、《书》、《礼》、《易》、《春秋》、《论语》诸经都有其迹象可见的。





**（二）经义之杂糅**

东汉古文经师多先习今文，后及古文。郑兴父子本是先习《公羊》，晚善《左氏》，贾逵也是先习《夏侯尚书》。许慎是贾逵的弟子，而其所著《说文》，则于《易》用孟本，于《书》也间用欧阳、夏侯说。郑玄更是先治《京易》、《韩诗》、《公羊春秋》的。服虔是习《韩诗》的。他如《后汉书·儒林传》所记，古文学家如尹敏、丁鸿诸人，都是先习今文，然后及于古文的。后汉的今文家亦未尝不涉猎古学，李育、何休均曾研诵《左氏》，这从其本传与其著作都可以看出来。我们更要注意的是，《白虎通奏议》虽说出于今文十四博士，然其中实有依用古文的地方。当时的《礼》家，如张纯、曹充、曹褒、董钧等都有依用古文说之处，他们已不似西汉今文家那样壁垒森严。古文家因为师徒相传并无其人，更不得不暗袭今说，如贾逵之《春秋左氏传解诂》，在唐人《正义》中即曰“病其杂取《公羊》《穀梁》以解《左氏》”，谓之“以冠双履，将丝综麻”。

就《旧疏》等书所引贾逵的佚说看来，例如：

(1)“经：(僖公)三年春王正月，不雨。夏四月，不雨。”贾氏云：“《穀梁传》曰：‘一时言不雨者，闵雨也。闵雨者，有志乎民者也。六月，雨。雨云者，喜雨也。喜雨者，有志乎民者也。’《文二年传》曰：‘自十有二月不雨，至于秋七月。历时而言不雨，文不忧雨也。不忧雨者，无志乎民也。’言僖有忧民之志，故每时一书；文无忧民之志，是以历时总书。”(《春秋左氏传解诂》卷上)

(2)“成十七年九月辛丑，用郊。”贾氏云：“公羊曰：‘用者何？用者不宜用也。九月，非所用郊也。’《穀梁传》曰：‘夏之始，可以承春。以秋之末承春之始，盖不可矣。九月用郊，用者不宜用也。’诸言‘用’，皆不宜用，反于礼者也。”(同上)

(3)“襄十六年三月，公会晋侯、宋公、卫侯、郑伯、曹伯、莒子、邾子、薛伯、杞伯、小邾子于溴梁。戊寅，大夫盟。”贾氏云：“《公羊》以为溴梁之盟，君若赘旒然。《穀梁》云：‘溴梁之会，诸侯失正矣。诸侯会而曰大夫盟，正在大夫也。诸侯在而不曰诸侯之大夫，大夫不臣也。’不曰诸侯之大夫者，刺大夫不臣也。言恶大夫专，而君失权也。”(同上)

(4)“襄十九年春。王正月……取邾田，自漷水。”《左传》

“（经）取邾田，自漷水，归之于我。”贾氏云：“传《公羊传》曰：‘取邾娄田自漷水。其言自漷水何？以漷为竟也。何言乎以漷为竟？漷移也。’其意言邾、鲁以漷水为竟，漷水移入邾界，鲁随而有之。言刺晋偏而鲁贪。”（同上）

（5）“昭九年……夏四月，陈火。”贾氏云：“《穀梁传》曰：‘国曰灾，邑曰火。火不志，此何以志？闵陈而存之也。’言愍陈不与楚，故存陈而书之，言陈尚为国也。”（同上）

（6）“昭十二年……冬十月，晋伐鲜虞”。贾氏云：“《穀梁传》曰：‘其曰晋，狄之也。其狄之何也？不正其与夷狄交伐中国，故狄称之也。’”（同上）

（7）“定五年……夏，归粟于蔡”。贾氏云：“《公羊传》曰：‘孰归之？诸侯归之。曷为不言诸侯归之？离至不可得而序，故言我也。’《穀梁传》亦然。不书所会后也。”（同上）



以上数例，都是明引《公》、《穀》之文，其后马融作《春秋三传异同说》，于文十八年“秦伯罃卒”引“《穀梁传》曰：‘云秦伯偃’”；于昭四年“大雨雹”引《穀梁》作“大雨雪”（《玉函山房辑佚书》）；服虔作《春秋左氏传解谊》；于僖四年“楚屈完来盟于师”引用《公羊传》说（卷二）；于襄十六年“戊寅，大夫盟”也是用《公羊传》说；昭十二年“晋代鲜虞”，更引用《穀梁》说（卷四）；《公羊传》昭三十二年《疏》，更引有服氏《春秋成长说》引《公羊传》：“五分之，然后受之”。也是引用今文杂糅今古之一例。



**（三）郑玄与今古文之杂糅**

在这里我们所特别要注意的，是郑玄之杂糅今古。他和郑兴、贾逵一样，在经文、经义上都有杂糅，而且实在比他们来得更进一步。他本是今古兼治的学者，他曾说明他治学的态度是要“既知今，亦当知古”（《郑志疏证》二）。他又说：“天下之事，以前验后，其不可合者何可悉信？是故悉信亦非，不信亦非。”

(《郑志疏证》三）他的思想本已具有综合今、古择善而从的作风，他注三《礼》、《论语》，都在笺诗之前。据《诗·邶风·燕燕》之《疏》引《郑志》："答炅模云：'初为记注，后得《毛传》，不复改之。时直执就庐君先师，亦然，后乃得毛公传，既古书义，又宜然，记注已行，不复改之。'"（《郑志疏证》三）。"答刘琰云：'《论语注》人间行久，义或宜然，故不复定。是其所著书先后不合，并非有意矛盾，故云参差之迹，正可考见经学门户之广，去圣人久远，记者各尊所闻，今古文皆有师承，不可偏废，有前所据而后追改者矣，亦有前所据而后不必追改者矣。'"

据此可知注三《礼》、注《论语》并在笺诗之前。《礼记·檀弓疏》引《郑志》答张逸云："当为注时在文纲中，嫌引秘书，故诸所牵图谶皆谓之说曰云。"则郑注《尚书》亦在笺诗前。据皮锡瑞辑本《郑志疏证》看来，郑云：





（1）答赵商云：成王崩之时在西都，文王迁丰作灵台、辟雍而已，其余犹诸侯制度，故丧礼设衣物之处，寝有夹室与东西房也。周公摄政太平，制礼作乐，乃立明堂于王城。（《郑志疏证》二）

（2）答周张逸云：周公制礼建国上中，《洛诰》王入太室课是也。《顾命》："成王崩于镐京，承先王宫室耳。宣王承乱未必如周公之制。"（同上）

（3）答云：《礼记》后人所集。据时而言，或诸侯同天子，或天子与诸侯等所施不同，故难据《王制》之法，与周异者多，当以经为正。（同上）。

（4）答曰：《尔雅》之文杂，非一家之注，不可尽据以难《周礼》。（同上）

（5）答曰：族师之职周公新制礼，使民相共敕法。《康诰》之时，周法未定，天下又新诛三监，务在尚宽以安天下，先及异时，各有云为，乃谓是错也。（同上）

(6) 答："《职方氏》四夷八蛮，七闽九貉，五戎六狄之人民"。赵商问："职方氏掌四夷八蛮，七闽九貉，五戎六狄之数。注云：周之所服国数，《礼记·明堂位》曰，周公六年制礼作乐，朝诸侯于明堂，有朝位服事之国，数夷九蛮八戎六狄，五礼文事异，未达其数。郑答：《职方氏》四夷四方夷狄也，即九夷在东方，八蛮在南方，闽其别也。戎狄之数，或六或五，两文异。《尔雅》惟有其数耳，皆无别国之名，校未甚明，放不定。(同上)

(7) 答赵商曰：是殷礼。若周礼则奔丧曰云师哭诸庙门外。(同上)

(8) 答曰：葬乃朝庙当周之正礼也，其末世诸侯国何能同也?《传》合不合当解《传》耳，不及难经。(同上)

(9) 答云：祭法，《周礼·王制》之云或以夏、殷杂，不合周制。(同上)

(10)《礼记》之云，何必皆在《春秋》之例。(同上)

(11) 答云：古者据时而道，前代之言，唐、虞之礼，五载一巡守；夏、殷之时，天子盖六年一巡守，诸侯闻而朝天子，其不朝，罢朝，五年再朝。似如此别礼典，不可得而详。(同上)

(12) 不可以《国语》乱周公所定法。(同上)

可以看出，郑玄每以时代之先后、地域之分别为言，今古经说矛盾之处，他全可以用此特殊之法来为之综合。例如"田制"，《孟子》说"百亩之田，毋失其时"。《礼记·王制》篇则说"制农田百亩"，并无等级之差。《周礼·大司徒》职云："不易之地家百亩，一易之地家二百亩，再之地三百亩"。《遂人》职则谓"上地夫一廛，田百亩，莱五十亩，余夫亦如是；中地夫一廛，田百亩，余夫亦如之；下地夫一廛，田百亩，莱二百亩，余夫亦如之。"《大司徒》与《遂人》所列不同，郑《注》于《大司徒》则谓"此都鄙之制"，于《遂人》则"此六遂之制"。《大司徒》引郑众注云："不易之地岁种之，地美，故家百亩；一易之地休一岁乃复种，地薄，故家二百亩；再易之地休二岁乃复种，故家三百亩；因上中下而有休与不休之分。”《周礼》的二百亩、三百亩还是等《王制》的一百亩，但《遂人》之地仍多《王制》与《大司徒》。郑《注》则云：“六遂之民，奇受一廛，虽上地犹有莱，皆可以饶远人也。”他又以远近之分，将《周礼》自相互矛盾之处解释得很圆满。关于税制也是如此，《载师》职谓“国宅无征，园廛二十而一，近郊十一，远郊二十而三，甸稍县都皆无过十二，唯其漆林之征，二十而五。”此与古者谓“什一之税”亦不合。郑《注》说道“周税轻近而重远，近者多役也。园廛亦轻之者，廛无谷园少利也。《周礼》税制所以轻近而重远者，为民城道沟渠之役，近者劳，远者佚故也。”关于爵土之制，《周礼》封土公、侯、伯、子、男为方五百至方百里，而《王制》则“公、侯之田方百里，伯七十里，子、男五十里”，五等、三等不同。郑玄又因纬文殷、周之分而有夏、殷、周之分，《王制注》云：

此地，殷所因夏爵三等之制也。殷有鬼侯、梅伯，《春秋》变周之文，从殷之质，合伯、子、男以为一，则殷爵三等者，公、侯、伯也。异畿内谓之子。周武王初定天下，更立五等之爵，增以子、男，而犹因殷之地，以九州之界尚狭也。周公摄政致大平，斥大九州之界，制礼成武王之意，封王者之后为公，及有功之诸侯，大者地方五百里，其次侯四百里，其次伯三百里，其次子二百里，其次男百里。所因殷之诸侯，亦以功黜陟之。其不合者，皆益之地为百里焉。是以周有爵尊而国小、爵卑而国大者。

又云：

《春秋传》云：“禹会诸侯于涂山，执玉帛者万国。”言执玉帛，则是惟谓中国耳。中国而言万国，则是诸侯之地，有方百里，有方七十里，有方五十里者。禹承尧、舜而然矣，要服之内，地方七千里，乃能容之。夏末既衰，夷狄内侵，诸侯相并，土地减，国数少。殷汤承之，更制中国方三千里之界，亦分为九州，而建此千七百七十三国焉。周公复唐、虞之旧域，分其五服为九，其要服之内，亦方七千里，而殷诸侯之数，广其土，增其爵耳。

关于沟洫之制，在《遂人》与《匠人》不同，郑注："《匠人》云：'此畿内采地之制。九夫为井，井者，方一里，九夫所治之田也。采地制井田，异于乡遂及公邑。'"他这样的注解，将《周礼》一书自相矛盾之处，就"时"与"地"之差，也都予以综合的解释，这是郑玄所以令人钦佩的地方，同时也是他受人攻击的地方。例如郑氏所作《毛诗笺》，据陈奂《诗毛氏传疏》和《郑氏笺考征》说："郑康成习《韩诗》，兼通齐鲁，最后治《毛诗》，《笺诗》乃在注《礼》之后。以《礼》注《诗》，非墨守一氏，《笺》中有用《三家》申《毛》者，有用《三家》改《毛》者，例不外此二端……《毛》古文，郑用《三家》从今文，于以知毛与郑固不同术也。"这还不是过激之论，李申耆《序张金吾〈五经博士考〉》说："今之所谓汉学者，独奉一康成氏焉耳。而不知康成氏者汉学之大贼也。西汉经师大抵各为一说，不能相通，就其不相通而各适于道也，此正圣人微言大义殊途同归之所存也。康成兼治众家而必求通之，于是望文穿凿，惟凭私臆以为两全，徒成两败……惜哉！汉学亡而所存者独一不守家法之康成也。"李氏所云，真是一语中的。两汉今古文学经郑玄之糅合，《诗》今文受其影响，《三家》中《韩诗》虽在唐初犹未亡，终于经文次第散佚。《毛诗》之失，又因郑说暴露于世，使我们感觉《毛诗》之不可信任，至今遂无一适当之善本。《书》今古文经说俱亡；《礼》因伪《孔传》之出现，而今古文仅保存于郑注；

《易》学京氏虽尚保存一些异说，但是汉儒象数之学亦均相继湮没不彰。今古文因杂糅合流而至诸多经文、经义散失，“以为两全，徒成两败”，李氏这话真是极平允的评价。只是郑玄本人因其杂糅今古，沟通诸经之义，颇受后世推崇。东汉以后，一些学者对此也颇有议论，如《旧唐书·元行冲传》曰：

初，有左卫率府长史魏光乘奏请行用魏徵所注《类礼》，上遽令行冲集学者撰《义疏》，将立学官。行冲于是引国子博士范行恭、四门助教施敬本检讨刊削，勒成五十卷。十四年八月奏上之。尚书左丞相张说驳奏曰：“今之《礼记》，是前汉戴德、戴圣所编录，历代传习，已向千年，著为经教，不可刊削。至魏孙炎始改旧本，以类相比，有同抄书，先儒所非，竟不行用。贞观中，魏徵因孙炎所修，更加整比，兼为之注，先朝虽厚加赏锡，其书竟亦不行。今行冲等解征所注，勒成一家，然与先儒第乖，章句隔绝，若欲行用，窃恐未可。”上然其奏，于是赐行冲等绢二百匹，留其书贮于内府，竟不得立于学官。行冲恚诸儒排己，退而著论以自释，名曰《释疑》。其词曰：

客问主人曰：“小戴之学，行之已久；康成铨注，见列学官。传闻魏公，乃有刊易；又承制旨，造疏将颁。未悉二经，孰为优劣？”主人答曰：“小戴之礼，行于汉末，马融注之，时所未睹。卢植分合二十九篇而为说解，代不传习。郑因子干，师于季长。属党锢狱起，师门道丧，康成于窜伏之中，理纷挐之典，志存探究，靡所咨谋，而犹缉述忘疲，闻义能徙，具于《郑志》，向有百科。章句之徒，曾不窥览，犹遵覆辙，颇类刻舟。王肃因之，重兹开释，或多改驳，仍按本篇。又郑学之徒有孙炎者，虽扶玄义，乃易前编。自后条例支分，箴石间起。马伷增革，向逾百篇；叶遵删修，仅全十二。魏公病群言之错杂，紬众说之精深。经文不同，未敢刊正；注理睽误，宁不芟砻。成毕上闻，太宗嘉赏，赍缣千匹，录赐储藩。将期颁宣，未有疏义。圣皇纂业，耽古崇儒，高曾规矩，宜所修袭，乃制昏愚，甄分旧义。其有注移往说，理变新文，务加搜穷，积稔方毕。具录呈进，敕付群儒，庶能斟详，以课疏密。岂悟章句之士，坚持昔言，特嫌知新，欲仍旧贯，沉疑多月，摈压不申，优劣短长，定于通识，手成口答，安敢铨量。”客曰：“当局称迷，傍观见审，累朝铨定，故是周详，何所为疑，不为申列？”答曰：“是何言欤？谈岂容易！昔孔安国注壁中书，会巫蛊事，经籍道息。族兄臧与之书曰：‘相如常忿俗儒淫词冒义，欲拨乱反正而未能果。然雅达通博，不代而生；浮学守株，比肩皆是。众非难正，自古而然。诚恐此道未申，而以独智为议也。’则知变易章句，其难一矣。

“汉有孔季产者，专于古学；有孔扶者，随俗浮沉。扶谓产云：‘今朝廷皆为章句内学，而君独修古义，修古义则非章句内学，非章句内学则危身之道也。独善不容于代，必将贻患祸乎！’”则知变易章句，其难二矣。“刘歆以通书属文，待诏官署，见《左氏传》而大好之，后蒙亲近，欲建斯业。哀帝欣纳，令其讨论，各迁延推辞，不肯置对。刘歆移书责让，其言甚切，诸博士等皆忿恨之。名儒龚胜，时为光禄，见歆此议，乃乞骸骨；司空师丹，因大发怒，奏歆改乱前志，非毁先朝所立。帝曰：‘此广道术，何为毁耶？’由是犯忤大臣，惧诛，求出为河南太守，宗室不典三河，又徙五原太守。以君实之著名好学，仲公之深博守道，犹迫同门朋党之议，卒令子骏负谤于时。”则知变易章句，其难三矣。“子雍规玄数十百件，守郑学者，时有中郎马昭，上书以为肃缪。诏王学之辈，占答以闻。又遣博士张融案经论诘，融登召集，分别推处，理之是非，具《呈证论》。王肃酬对，疲于岁时。则知变易章句，其难四矣。

“卜商疑圣，纳诮于曾舆；木赐近贤，贻嗤于武叔。自此之后，唯推郑公。王粲称伊、洛已东，淮、汉之北，一人而已，莫不宗焉。咸云先儒多阙，郑玄道备，粲窃嗟怪，因求其学。得《尚书注》，退而思之，以尽其意，意皆尽矣。所疑之者，犹未喻焉。凡有两卷，列于其集。又王肃改郑六十八条，张融核之，将定臧否。融称玄注泉深广博，两汉四百余年，未有伟于玄者。然二郊之祭，殊天之祀，此玄误也。其如皇天祖所自出之帝，亦玄虑之失也。及服虔释《传》，未免差违，后代言之，思弘圣意，非谓扬己之善，掩人之名也。何者？君子用心，愿闻其过，故仲尼曰‘过也人皆见之，更也人皆仰之’是也。而专门之徒，恕己及物，或攻先师之误，如闻父母之名，将谓亡者之德言而见压于重壤也。故王劭《史论》曰：‘魏晋浮华，古道夷替，洎王肃、杜预，更开门户。历载三百，士大夫耻为章句。唯草野生以专经自许，不能究览异义，择从其善。徒欲父康成，兄子慎，宁道孔圣误，讳闻郑、服非。然于郑、服甚愦愦，郑、服之外皆仇也。’则知变易章句，其难五也。

“伏以孔安国《尚书》、刘歆《左传》，悉遭摈于曩叶，见重于来今。故知二人之鉴，高于汉廷远矣。孔秀产云：‘物极则变。比及百年外，当有明直君子，恨不与吾同代者。’于戏！道之行废，必有其时者欤！仆非专经，罕习章句，高名不著，易受轻诬。顷者修撰，殆淹年月，赖诸贤辈能左右之，免致愆尤，仍叨赏赍，内省昏朽，其荣已多。何遽持一己之区区，抗群情之噂沓，舍勿矜之美，成自我之私，触近名之诫，兴犯众之祸？一举四失，中材不为，是用韬声，甘此沉默也。”

其所谓“变易章句”竟有五“难”。而郑学竟能暂时统一，这是最易引起争执的，今古经学的杂糅统一自然也是很不容易的事。郑玄的思想本具有综合古今、择善而从的意味，这从他的《周礼注》采辑杜子春、卫次仲、郑兴、郑众诸家之说，实在一部《周礼》“集解”。不过“集解”之名未兴，他仍标题为“注”。服虔的《左氏解谊》也是采辑刘歆、贾逵、许淑、颖容诸家之说，与郑注《周礼》的作风相同，也并不标明为“集解”。郑玄的《毛诗笺》实是一种“义疏”，他不惟解经，而兼及“传”“注”，这与后来的“义疏”奉一家之注为主，作风正同。六朝人的义疏也有不守注说，有不名为“疏”的，内容也极相近。我们不可因郑“笺”之名为“笺”，而忽略其“义疏”之雏形。这些容在下篇中再为详细讨论。




## 第九章

## 熹平石经之建立及其影响

（阙）

# 第十章

# 两汉经学之异同及其影响

## 第一节　两汉经学之异同

### 一　专经与通经



两汉经学流传共约四百余年，在前汉与后汉，由今古文经学之分歧以及师法、家法之不同，其精神与方法自有一些不同之点。皮锡瑞撰《经学历史》对于两汉之异同曾举出一些实例来说明。他说：



> 后汉经学盛于前汉者，有二事：一则前汉多专一经，罕能兼通。经学初兴，藏书始出，且有或为《雅》，或为颂，不能尽一经者。若申公兼通《诗》、《春秋》，韩婴兼通《诗》、《易》，孟卿兼通《礼》、《春秋》，已为难能可贵。夏侯始昌通五经，更绝无仅有矣。后汉则尹敏习《欧阳尚书》，兼善《毛诗》、《穀梁》、《左氏春秋》；景鸾能理《齐诗》、施氏《易》，兼受河洛图纬，又撰《礼内外说》。何休精研六经，许慎五经无双，蔡玄学通五经。此其盛于前汉者一也。

皮氏这种说法只可以说是一种大概的情形。他说前汉“经学初兴，藏书始出，且有或为雅，或为颂，不能尽一经者”，这是根据刘歆《移书》立论，其实据《史》、《汉》所载，《诗》三家在汉初并无如此情形。刘歆之言别有用意，不必可信。皮氏说像“夏侯始昌通五经，更绝无仅有矣”，这尤不合于当时的情形。据

《汉书·儒林传》:“武帝时江公与董仲舒并，仲舒通五经，能持论，善属文。”(卷八十八页四)《兒宽传》:“梁相褚大通五经，为博士”;《王吉传》:“吉兼通《五经》，能为驺氏《春秋》，以《诗》、《论语》教授，好梁丘贺《易》，令子骏受焉。”(卷七十)《两龚传》:“舍亦通五经，以《鲁诗》教授”(同上)。《儒林传·郑宽申》:“严然总《五经》之眇论，立师傅之显位”(卷八十八)。是前汉之通五经者，尚有贾谊、董仲舒、司马迁、褚大、王吉、龚胜、龚舍、郑宽申诸儒，董仲舒于其著作中也可考见。西汉末又有刘向、刘歆、扬雄等人。前汉之通五经者，实不可以说像夏侯始昌那样的绝无仅有。我们最多只能说后汉通五经者较多于前汉，这是经学在发达的途径上应有的现象，由专经到通儒不能说是绝对的异同。



## 二　笃守与注述



两汉经学之异同由表面上看来，似乎前汉多笃守遗经，而后汉多有所撰述，这也是经学在发达的途径上所必有的现象。皮锡瑞《经学历史》说：

> 一则前汉笃守遗经，罕有撰述。章句略备，文采未彰。《艺文志》所载者，说各止一二篇，惟《灾异孟氏京房》六十六篇为最伙。董子《春秋繁露》，《志》不载。韩婴作《内外传》数万言，今存《外传》。后仓说《礼》数万言，号曰《后氏曲台记》，今无传者。后汉则周防撰《尚书杂记》三十二篇、四十万言。景鸾作《易说》及《诗解》，又撰《礼略》及作《月令章句》，著述五十余万言。赵晔著《吴越春秋》、《诗细》、《历神渊》。程曾著书百余篇，皆五经通难，又作《孟子章句》。何休作《公羊解诂》，又训注《孝经》、《论语》，以《春秋》驳汉事六百余条，作《公羊墨守》、《左氏膏肓》、

> 《穀梁废疾》。许慎撰《五经异义》，又作《说文解字》十四篇。贾逵集《古文尚书同异》三卷，撰齐、鲁、韩《诗》与毛氏异同，并作《周官解故》。马融著《三传异同说》，注《孝经》、《论语》、《诗》、《易》、三《礼》、《尚书》。此其盛于前汉者二也。风气益开，性灵渐启；其过于前人之质朴而更加恢张者在此，其不及前人之质朴而未免杂糅者亦在此。至郑君出而遍注诸经，立言百万，集汉学之大成。

皮氏此说也有许多谬误。《汉书·儒林传》说："自武帝立《五经》博士，开弟子员，设科射策，劝以官禄，讫于元始，百有余年，传业者浸盛，支叶蕃滋，一经说至百余万言，大师众至千余人，盖利禄之路然也。"在解经时"一经说至百余万言"，这比郑玄遍注群经立言百万只有更不质朴更恢张的。我们更看东汉传《齐诗》之伏恭，以父伏黯章句繁多，乃删减浮词，定为二十万言；传《韩诗》之杜抚受业于薛汉，定《韩诗章句》；传欧阳《尚书》之张奂，将牟长所著的《尚书章句》原书四十五万余字删节成九万字；传《春秋公羊》之钟兴受"诏令定《春秋章句》，去其复重"；樊儵以谶记述五经异说，删定严氏章句；张霸也有减定严氏章句。东汉初的经师对于所流传下来的章句一删再删，还有数十万言，足见班固所说"一经说至百余万言"之不诬。扬雄也说"今之学也，非独为之华藻也，又从而绣其鞶帨"（［汉］扬雄《法言·寡见》）。在西汉末，经师之不笃守遗经而有所撰述其事至明。皮氏所云，是未曾细按两《汉书》中经师本传立论，后汉儒林未列张奂、樊儵、张霸之删减章句，以为东汉著述始繁，西汉多守遗经。其实这只是就表面现象之谈。

## 三　大义微言与章句训诂

皮氏《经学历史》又说："治经必宗汉学，而汉学亦有辨。

前汉今文说，专明大义微言；后汉杂古文，多详章句训诂。章句训诂不能尽餍学者之心，于是宋儒起而言义理。此汉、宋之经学所以分也。”（页十八）皮氏此说以大义微言与章句训诂分别两汉经学，这自然也不是鸿沟之界，不能说前汉绝不讲训诂，后汉绝不讲大义。关于这一点，钱玄同先生《重论经今古学问题》一文中曾大加以指摘，他说：

> 近人或谓今文家言“微言大义”，古文家言“训故名物”，这是两家最不同之点，此实大谬不然。今文家何尝不言训故名物？《汉书·艺文志》于《诗》有《鲁故》、《鲁说》、《齐后氏故》、《齐孙氏故》、《韩故》诸书，于《书》有《大小夏侯解故》诸书，都是言训故名物的。（汉师说经，“解故”以外，尚有“章句”，《书》之欧阳、大小夏侯，《易》之施、孟、梁丘，《春秋公羊传》、《艺文志》皆有著录章句之书。章句虽非专言训故名物，然亦并非绝不言训故名物也）至于“微言”、“大义”本是两词，近人合为一词，谓凡今文经说，专务发挥微言大义，而近代今文家亦多以发挥微言大义之责自承。其实此两词绝不见于西汉今文家的书中。最早用此两词的是古文家的始祖刘歆。他的《移让太常博士书》中有云：“夫子没而微言绝，七十子终为大义乖。”又《汉书·艺文志》为刘歆《七略》之要删其篇首即云：“昔仲尼没而微言绝，七十子丧而大义乖。”是当以此两词归之古文家方为适当耳。若云“微言大义”即指《公羊传》所言“春秋之义”，则《孟子》、《公羊传》、《史记》、《春秋繁露》中言及“春秋之义”皆无微言大义之称，且古文家之刘歆亦曾造有伪《左》的。“春秋之义”即可谓“五十凡”，等等是也。古文家何尝不言“微言大义”乎？“微言”“大义”两词既为古文家所创，则称

“五十凡”等等为“微言大义”更为切合大檗。刘歆亦正指此耳。(《古史辩》第五册)

钱氏此说是不错的。在《汉志》中说《左传》者，还有《左氏微》、《铎氏微》、《张氏微》、《虞氏微》等，当正指微言而言，不止是讲大义，讲今文的倒没有以“微”为书名的。后汉初，桓谭是“遍习五经，皆诂训大义，不为章句”；后汉末还有程秉“与刘熙考论大义”，可见古文学家更不是不讲大义。以“微言大义”与“章句训诂”分别前汉今文、后汉古文，这显然不合实情。不过皮氏虽创此说，但他还无大误。

皮氏又说

“惟前汉今文学能兼义理训诂之长。武、宣之间，经学大昌，家数未分，纯正不杂，故其学极精而有用。以《禹贡》治河，以《洪范》察变，以《春秋》决狱，以三百五篇当谏书，治一经得一经之益也。当时之书，惜多散失，传于今者，惟伏生《尚书大传》多存古礼，与《王制》相出入，解《书》义为最古；董子《春秋繁露》，发明《公羊》三科九旨，且深于天人性命之学；《韩诗》仅存《外传》，推演诗人之旨，足以证明古义。”

他说前汉今文能兼义理训诂之长，而所举实例仍是讲义理之著述，此所以读皮氏书者，仍多误会以“微言大义”与“章句训”分前后汉今古经学也。

## 四　今文与古文

两汉经学的异同，由专经与通儒、笃守与撰述、义理与故训这三点看来，都不能作为绝对的区分标准，现在我们可以略略信任的只有前汉尽从今文、后汉杂以古文之说比较合于实际。依今文家说，古文为伪乃出自刘歆，是前汉无所谓古文，不过到了刘歆才有古文；依古文家说，古文虽在前汉有传授，但只传在民间，而且并未兴盛，刘歆争立古文且遭受诸儒之排挤，则前汉无所谓古文，亦甚明。到了后汉，古文家如陈元、郑兴、郑众、贾逵都是在朝之儒，当时国家有立古文于学官之倾向，且令教授太学，与前汉对于古文的态度不同。后汉的今文家从张纯、曹充、尹敏、丁鸿起，已兼习古文经，后汉诸儒兼从古文是很显明的。今文之名是因有了古文而后才起，在前汉今文古文之名不如后汉之显见，这也正是前汉专从今文、后汉兼用古文之确证。近人或以前汉无今古文之名而遂谓前汉亦无今古文之分，实是大谬不然。但是两汉经学虽因今古文而略有异同，今古文家均可以不专一经而兼通五经，均可以不专笃守而有撰述，均可以于义理故训并重不悖。今古文是因版本、文字、说解而大相径庭，所以以前三者区分两汉经学，不如以今古文划分为较可信。



## 第二节　两汉经学之影响



### 一　在教育上之影响

两汉经学因国家之尊崇，而有博士制度之设置利禄之路，使当时经学因以昌明，从学者亦因以众多。在武帝时，为博士官置弟子五十人，昭帝时增至百人，宣帝时倍增之，元帝设员千人，平帝时增至三千人，东汉顺帝时游学增盛至三万余人。国家立学作育人才，而从学者日众，至于经师转相传授门徒之众，亦有多至数千人以致万余人的。就下列经师传授弟子人数表看来，即可见于一斑：

（一）《诗》学

1. 申公　弟子千余人（《汉书·儒林列传》）；

2. 魏应　弟子著录于册者数千人（《后汉书·儒林列传》）；

3. 薛汉　教授常数百人（同上）；

4. 杜抚　弟子千余人（同上）；

5. 伏理　教授数百人（同上）；

6. 李恂　教授诸生常数百人（《后汉书·李陈庞陈桥列传》）；

7. 夏恭　习《韩诗》及孟氏《易》，为讲授门徒常千余人（《汉书·儒林列传》）；

8. 钟皓　教授门生千余人（《后汉书·荀韩钟陈列传》）；

（二）《书》学

1. 欧阳歙　教授数百人（《后汉书·儒林列传》）；

2. 曹曾　门徒三千余人（同上）；

3. 牟长　诸生讲学常有千余人著录，前后万人（同上）；

4. 牟行　诸生讲学者常有千余人（同上）；

5. 宋登　教授数千人（同上）；

6. 丁鸿　远方至者数千人（《后汉书·桓荣丁鸿列传》）；

7. 桓荣　数百人（同上）；

8. 桓焉　数百人（同上）；

9. 桓典　数百人（同上）；

10. 张酺　聚徒以百数（《后汉书·袁张韩周列传》）；

11. 张奂　弟子千人（《后汉书·皇甫张段列传》）；

12. 吴章　弟子千余人（《汉书·儒林列传》）；

13. 王良　教授诸生千余（《后汉书·宣张二王杜郭吴承郑赵列传》）；

14. 杨厚　门徒三千余人（《后汉书·卷三十·苏竟杨厚列传》）；

15. 张楷　门徒常数百人（《后汉书·郑范陈贾张列传》）；

16. 孔季彦　门徒数百人（《后汉书·儒林列传》）；

17. 周盘　门徒常千余人（《后汉书·刘赵淳于江刘周赵列传》）；

18. 杨伦　弟子至千余人（《后汉书·儒林列传》）；

19. 索卢放　教授千余人（《后汉书·独行列传》）；

20. 鲍永　数十人（《后汉书·申屠刚鲍永郅恽列传》）；

（三）《礼》学

1. 刘茂　教授门生常数百人（《后汉书·独行列传》）；

2. 董钧　常教授门生百余人（《后汉书·儒林列传》）；

3. 曹褒　教授诸生千余人（《后汉书·张曹郑列传》）；

4. 马融　教养诸生，常有千数（《后汉书·马融列传》）；

5. 郑玄　学徒相随已数百千人（《后汉书·张曹郑列传》）；

（四）《易》学

1. 刘昆　教授皇太子及诸王小侯五十余人，教授弟子恒五百余人（《后汉书·儒林列传》）；

2. 洼丹　徒众数百人（同上）；

3. 杨政　教授数百人（同上）；

4. 张兴　弟子自远至者，著录且万人（同上）；

5. 董春　远方门徒学者常数百人（同上）；

6. 挚恂　教授数百人（同上）；

7. 虞翻　门徒常数百人（同上）；

8. 刘表　学者归者千数（《后汉书·袁绍刘表列传下》）；

（五）《春秋》学

1. 嬴公　门生眭孟弟子百余人（《汉书·儒林列传·严彭祖传》）；

2. 丁恭　弟子著录数千人（《后汉书·儒林列传》）；

3. 周泽　门徒常数百人（同上）；

4. 甄宇　教授常数百人（同上）；

5. 甄承　教授常数百人（同上）；

6. 楼望　诸生著录九千余人（同上）；

7. 程曾　弟子等数百人（同上）；

8. 张霸　郡中习经以千数（《后汉书卷·郑范陈贾张列

传》);

9. 张玄　著录千余人(《后汉书·儒林列传》);

10. 李育　教授门徒数百(同上);

11. 颍容　聚徒千余人(同上);

12. 谢该　门徒数百千人(同上);

(六) 其他

1. 蔡玄　门徒常千人,其著录者万六千人(《后汉书·儒林列传》);

2. 徐子盛　诸生数百人(《后汉书·宣张二王杜郭吴承郑赵列传》);

3. 史弼　聚积同学数百人(《后汉书·吴延史卢赵列传》);

4. 刘淑　明五经……诸生常百余人(《后汉书·章帝八王传》);

5. 李膺　教授学生常达千人(《后汉书·党锢列传》);

6. 赵典　弟子自远方至,受业百有余人(《后汉书·宣张二王杜郭吴承郑赵列传》);

7. 姜肱　就学者三千余人(《后汉书·周黄徐姜申屠列传》);

8. 唐檀　教授常百余人(《后汉书·方术列传》);

9. 法真　弟子……范丹等数百人(《后汉书·逸民列传》);

10. 杨宣　教授弟子以百数(《华阳国志·广汉士女·杨宣传》)

弟子以千余计者,有申公、杜抚、夏恭、钟皓、牟行、吴章、王良、周盘、杨伦、索卢放、曹褒、马融、刘表、丁恭、张霸、张玄;弟子以数千计者有宋登、丁鸿、张奂、杨厚、郑玄,曹曾门徒三千人,姜肱就学者著录三千人,楼望诸生著录九千余人,有牟长、张兴弟子数皆逾万,蔡玄弟子著录至万六千余人。在一些不著名的经师门徒之众犹且如此,益可知当日从学者之多，必尚有许多为史籍所不及传载者。这在文化教育上应发生有极良好的影响。皮锡瑞《经学历史》云：

“后汉取士，必经明行修，盖非专重其文，而必深考其行。前汉匡、张、孔、马皆以经师居相位，而无所匡救。光武有鉴于此，故举逸民，宾处士，褒崇节义，尊经必尊其能实行经义之人。后汉三公，如袁安、杨震、李固、陈蕃诸人，守正不阿，视前汉匡、张、孔、马大有薰莸之别。《儒林传》中所载如戴凭、孙期、宋登、杨伦、伏恭等，立身皆可有观。范蔚宗论之，以为：“所谈者仁义，所传者圣法也。故人识君臣父子之纲，家知违邪归正之路。自桓、灵之间，君道秕僻，朝纲日陵，国隙屡启。自中智以下靡不审其崩离；而权强之臣息其窥盗之谋，豪俊之夫屈于鄙生之议者，人诵先王言也，下畏逆顺势也。……迹衰敝之所由致，而能多历年所者，斯岂非学之效乎！”顾炎武以范氏为知言，谓：“三代以下，风俗之美，无尚于东京者。”然则，国家尊经重学，非直肃清风化，抑可撑拄衰微。无识者以为经学无益而欲去之，观于后汉之时，当不至如秦王谓儒无益人国矣。”

的确，在中国自有史以来，人才之盛，风俗之美，少有过于东汉者。这是经学之盛对于教育文化上所发生极良好的影响。经学所蕴藏的是道德的教训，而国家取士又在德行上注意，自然易收“违邪归正”之效，不提倡气节而气节自提倡，这不得不归功于当日经学之教育。皮氏又云：

“《汉书·儒林传》赞曰：‘自武帝立《五经》博士，开弟子员，设科射策，劝以官禄，讫于元始，百有余年。传业者浸盛，支叶善滋，一经说至百余万言，大师众至千余人，盖禄利之路然也。’案经学之盛，由于禄利，孟坚一语道破。在上者欲持一术以耸动天下，未有不导以禄利而翕然从之者。汉遵《王制》之法，以经术造士，视唐、宋科举尚文辞者为远胜矣。大师众至千余人，前汉末已称盛；而《后汉书》所载……比前汉为尤盛。所以如此盛者，汉人无无师之学，训诂句读皆由口授；非若后世之书音，音训备具，可视简而诵也。书皆竹简，得之甚难，若不从师，无从写录；非若后世之书，购买极易，可兼两而载也。负笈云集，职此之由。至一师能教千万人，必由高足弟子传授，有如郑康成在马季长门下，三年不得见者；则著录之人不必皆亲受业之人矣。"

这一段话，皮氏所见犹有未莹之处。两汉书籍购买虽不如现代之易，但至少前汉末书籍已商品化。据《御览》五三四引《三辅黄图》说"……诸生朔望会此市，各特其郡所出货物，及经书传记、笙磬乐器与买卖，雍容揖让，或论议槐下"。（《汉书补注》九十九上，页四十五）将"经书传记……与买卖"一定说是"若不从师，无从写录"，这实未必尽然。不过这种书籍商品化之促成，或系由于当日从学者之众多。这也当是经学之盛所发生的影响。又因为经学之盛而中国之文化传播渐远，如《汉书·文翁传》载："文翁……景帝末为蜀郡守，仁爱好教化。见蜀地僻陋有蛮夷风……乃选郡县小吏开敏有材者张叔十余人，亲自饬厉，遣诣京师，受业博士，或学律令。数岁，蜀生皆成就还归……又修起学宫于成都市中，招下县子弟以为学宫弟子，为除更徭。县邑吏民见而荣之，数年，争欲为学宫弟子，富人至出钱以求之。由是大化，蜀地学于京师者比齐鲁焉。"《后汉书·西南夷列传》载："桓帝时，郡人尹珍，自以生于荒裔，不知礼义，乃从汝南许慎、应奉受经书图纬，学成，还乡里教授，于是南域始有学焉。"他们所处的是中国边徼地带，而因响慕经学来至内地，又传播经学于其本地，则此种文化之传播亦不得不归功于经学的兴盛。

## 二　在律法上之影响

皮锡瑞《经学历史》论两汉经学曾说："武、宣之间，经学大昌，家数未分，纯正不杂。故其学极精而有用，以《禹贡》治河，以《洪范》察变，以《春秋》决狱，以《三百五篇》当谏书，治一经得一经之益也。"汉代的经学与后来之专讲经学的义理、故训不同，他们实在是很注重通经致用的，所谓"以《禹贡》治河"，在《汉书·沟洫志》所述的，有许商"治《尚书》，善为算，能度功用。"许商以为：'古说九河之名，有徒骇、胡苏、融津……'公卿皆从商言。""哀帝初，平当使领河堤，奏言：'九河今皆寘灭，按经义治水，有决河深川，而无堤防雍塞之文。'"都是以明引经义指导治水。在王莽时，还有贾让、关并、张戎、韩牧、王横等人也是治《尚书》的，但所谓"以《禹贡》治河，以《洪范》察变"，在我们现在看来，关系实不甚大，较重要的还是"以《春秋》决狱"及所谓"国有大疑，辄引《春秋》为断"。（《经学历史》）例如前汉武、昭之时的隽不疑引《春秋》大义以决国家大疑，解决了昭帝时有人冒充卫太子一案，"天子与大将军霍光闻而嘉之，曰：'公卿大臣当用经术明于大谊（义）。'"汉代以经释法，犹如在秦法的外壳内，注入儒学的思想，对汉代法律的更张及对后世法制原则的影响是极为巨大和深远的。汉始建立，仅是在惠帝、文帝时废除了如"挟书律""三族罪""妖言令"等，总体来说沿用了秦代的法律，"秦法未败"，而秦代法律，是法家思想的体现，轻罪重判、严刑酷法，极易激化社会矛盾，是促使秦代短命而亡的重要因素之一，这一点在汉初的人已经看得十分清楚。汉代前期因实行的是"与民休息""无为而治"的道家方略，社会矛盾尚不十分突出，而欲使统治牢固，达到长治久安的目的，则必须有法律制度的“更化”，这也是汉武帝最迫切需要解决的政治难题。

破解这一难题的首推董仲舒。他除了在“天人三策”中系统地提出政治指导理论“更化”为儒术外，同时也开始在法律层面实行“更化”，即“《春秋》决狱”。《后汉书·应劭传》曰：“故胶西相董仲舒老病致仕，朝廷每有政议，数遣廷尉张汤亲至陋巷，问其得失，于是作《春秋决狱》二百三十二事，动以经对，言之详矣。”可见“《春秋》决狱”就是在具体的法律案例中，以儒家经义来解释法律，使法律不再是冰冷生硬、不近人情的条文，而有了理论的说明并与伦理原则相结合。《春秋决狱》书已佚，《太平御览》和《通典》等书收录了董仲舒以经义决狱的几个案例，如：

> 时有疑狱曰：“甲无子？拾道旁弃儿乙养之，以为子。及乙长，有罪杀人，以状语甲，甲藏匿乙。甲当何论？”仲舒断曰：“甲无子，振活养乙，虽非所生，谁与易之！《诗》云：‘螟蛉有子，蜾蠃负之’。《春秋》之义，父为子隐，甲宜匿乙，昭不当坐。”（《通典》六十九东晋成帝成和五年散骑侍郎乔贺妻于氏上表引）

在这里，孔子所云“父为子隐”成为正当的理由，并不因包庇而获罪。“亲亲相隐”较为符合人之常情，使得法律多了一丝人情味。再如：

> 君猎得麑，使大夫持以归。大夫道见其母随而鸣，感而纵之。君愠，议罪未定，君病恐死，欲托孤，乃觉之，大夫其仁乎，遇麑以恩，况人乎？乃释之，以为子傅。于议何如？仲舒曰：“君子不麛不卵，大夫不谏，使持归，非义也。然而中感母恩，虽废君命，徙之可也。”（《白帖》二十六引）

这里，董仲舒认为大夫未执行君的命令，并且知道“君子不麛不卵”，对君的不恰当行为应进谏而无进谏，是有过错的，应受到惩罚。大夫为麑母子情深所感，而放了麑子，虽然违背了君命但情有可原，因此，按照《春秋》“原心定罪”之义，不当升迁，从轻发落即可。再如：

> 甲父乙与丙争言相斗，丙以佩刀刺乙，甲即以杖击丙，误伤乙。甲当何论？或曰：“殴父也，当枭首。”议曰：“臣愚以父子至亲也，闻其斗，莫不有怵怅之心，扶杖而救之，非所以欲诟父也。《春秋》之义，许止父病，进药于其父而卒，君子原心，赦而不诛。甲非律所谓殴父也，不当坐。”（《太平御览》卷六四〇）

在这里，董仲舒强调甲的动机是为救父乙，致误伤，按《春秋》“原心定罪”之义，“不当坐”。犯罪事实须符合犯罪动机，既无此动机，又有父子之情，即无罪。再如：

> 甲有子乙以乞丙，乙后长大，而丙所成育。甲因酒色谓乙曰：“汝是吾子”，乙怒杖甲二十。甲以乙本是其子，不胜其忿，自告县官。仲舒断之曰：“甲生乙，不能长育，以乞丙，于义已绝矣。虽杖甲，不应坐。”（《通典》六十九东晋成帝成和五年散骑侍郎乔贺妻于氏上表引）

在这里？董仲舒认为甲未曾养育乙，生父子关系“于义已绝”，因此“不应坐”。再如：

> 甲夫乙将船，会海风盛，船没溺流死亡，不得葬。四月，甲母丙即嫁甲，欲皆何论？或曰：“甲夫死未葬，法无许嫁，以私为人妻，当弃市。”议曰：“臣愚以为《春秋》之义，言夫人归于齐，言夫死无男，有更嫁之道也。妇人无专制擅恣之行，听从为顺，嫁之者归也；甲又尊者所嫁，无淫行之心，非私为人妻也，明于决事，皆无罪名，不当坐。”（《御览》六百四十引）

在这里，董仲舒认为甲夫死于海中，“不得葬”，是没办法的事；而“妇人无专制擅恣之行，听从为顺”，《春秋》之义“有更嫁之道也”，“非私为人妻也”，因此“皆无罪名”。既考虑到前因后果，又看到整个过程，从而避免了其被“弃市”，这就非常客观并具有人情味。还有一些案例，不一一列举了。这些例证之中，可以清楚地看到：在董仲舒等儒生的努力下，经义成为法律的一种理论来源。董仲舒“表《春秋》之义，稽合于律，无乖异者”(王充《论衡·程材》)，汉代的法律制度由此被增添进大量的人性化因素，秦法实际被架空，刑罚因此明显减轻，这当然容易被臣民所理解和接受，这等于是在强制性力量之外，使法律又多了一些伦理的感情色彩，整体社会矛盾由此可以得到缓解，这对于巩固集权专制的国家政权，无疑是极为有效的维护手段。同时，在汉代广大的乡村地区，以血缘关系为纽带的宗族势力是极为强大的，经义融入法律，使得国家法律和社会伦理道德的基本原则，如父为子隐、君子大居正、以功覆过、不娶同姓、大义灭亲、诛首恶而已、逐君侧之恶、子不报仇非子也等，成为社会习俗及宗族家庭的伦理支柱，这无疑更成为维护统治秩序和社会稳定的强有力的内在力量。

汉世以经释法，在当时已蔚为风气，这从其他执法案例中可窥见。《汉书·终军传》：“徐偃使行风俗。偃矫制。使胶东、鲁国鼓铸盐铁。御史大夫张汤劾偃矫制大害，法至死。偃以为大夫出疆，有可以安社稷，存万民，专之可也。有诏下军问状，军诘偃曰：‘古者诸侯国异俗分，百里不通，时有聘会之事，安危之势，呼吸成变，故有不受辞造命专己之宜。今天下为一，万里同风，偃巡封城之中，称以出疆，何也？且盐铁，郡有余藏，国家不足以为利害，而以安社稷存万民为辞，何也？偃直矫作威福，以从民望，干名采誉，此明圣所必加诛也？’偃穷诎。”可见当时以经释法也是反对生搬硬套的，徐偃生硬引经为自己辩护，而终军则以历史和现实的变化对经义加以符合实际的解读，终使“偃穷讪”。可说“通经致用”是包含着一定的进步作用的，从这些方面来看，实足以见经术在当日对于政治发生了极良好的影响。

《后汉书·何敞传》云：敞“以宽和为政，举冤狱，以《春秋》义断之。是以 郡中无怨声”。后儒亦认为“元成以后，刑名渐废，上无异教，下无异学，皇帝诏书，群臣奏议，莫不援引经义以为据依，国有大疑，辄引《春秋》为断。一时循吏多能推明经意，移易风化，号为以经术饰吏事。汉治近古，实由于此。盖其时公卿大夫、士吏未有不通一艺者也”（皮锡瑞《经学历史》）。故而汉武帝“独尊儒术”绝不是偶然的，两汉必要推崇经学之士亦是必然。当然亦应看到，“原心定罪”，以经释法，亦使得法律增添了不少主观随意，甚至“人情”可以从多方面干扰法律的情况。但以经术更化了秦法，并指导了社会生活的方方面面，起到了稳固皇权统治秩序的作用，这在汉代已是政治上的巨大成功，故两汉的立法原则流传后世，终未能改，已足见经学对两汉乃至后世政治的巨大影响。

# 附录一

## 《经学史纲》（写作大纲）

### 第一篇　引　论

第一章　经名数及其次第

第一节　经名之起源及其意义

(1) 历来经名之解释

(2) 经名起源之时代

(3) 经名所含之意义

第二节　经数发展及其次第

(1) 由一经至二十四经所表示之内容

(2) 今古文经学家排列群经之异同

第二章　经之起源与编订

第一节　群经起源之分析

(1) 诗、书、礼、易、春秋之起源

(2) 语、孟、孝经、尔雅之起源

第二节　群经编订之年代

(1) 诗、书、礼、易、春秋删定之年代

(2) 语、孟、孝经、尔雅编订之年代

第三章　群经内容之分析

第一节　群经编第之异同

(1) 诗、书、礼、易、春秋篇第之异同

(2) 语、孟、孝经、尔雅篇第之异同

第二节　群经内容之分析

(1) 经学与哲学

(2) 经学与史学

(3) 经学与文学

(4) 经学与小学

(5) 经学与政治。(无)

第四章　经学之流传派别

第一节　经学之重要派别

第二节　经学演变之大势

第五章　经学研究之方法



**第二篇　殷周经学之始传**

第一章　殷周以前之经学



第一节　所谓古之六经之真际

(1) 殷周前之诗、书、礼、乐

(2) 六经本为周礼之六经

(3) 根本无所谓古之六经

第二节　甲金文中的思想与哲学

(1) 甲骨文中思想与哲学

(2) 殷周金文中思想与哲学

第二章　西周时代之经学

第一节　文王、周公与经学

(1) 文王演易说

(2) 周公制礼说

(3) 殷周之制度

(4) 周公之著述

第二节　西周中叶之经学

(1) 诗篇之创作

(2) 书篇之述作

(3) 卦辞之记载

(4) 春秋之萌芽

**第三篇　春秋战国时期经学之发展**

第一章　春秋初至中叶之经学

第一节　东迁以后经学之背景

第二节　列国大夫之称颂诗书

(1) 赋诗

(2) 引书

第二章　孔子与六经之删定

第一节　孔子之删诗书定礼乐

(1) 孔子无删诗书之事

(2) 孔子对于礼乐之修订

第二节　孔子之赞易与修春秋

(1) 孔子无作十翼之事

(2) 孔子有修春秋之功

第三节　孔子在经学上之贡献

(1) 孔子在经学上地位之崇高

(2) 孔子之贡献在论语与春秋

第三章　孔门弟子之传经

第一节　参、商诸子与经学之传授（附表）

(1) 子夏 (2) 曾子 (3) 子游 (4) 子张 (5) 子贡

第二节　再传至五传弟子之传授

(1) 子思 (2) 世子 (3) 公孙龙子 (4) 魏文侯 (5) 其它

第四章　晚周诸子之传经

第一节　墨家称经之异同

(1) 墨家引诗之异同

(2) 墨家引书之异同

第二节　孟、荀诸子之传经

(1) 孟子对于经学之发展

(2) 荀子对于经学之发展

附：孟、荀引经异文表

第五章　晚周经学（诸经）之影响

第一节　吕氏春秋之采用经说

第二节　道、法诸家之反对经说（文中为"儒学"）

**第四篇　秦代经学之中绝**

第一章　秦焚书坑儒与经学上之影响

第一节　秦代焚书之始末（原因）

(1) 历来之政策

(2) 李斯之主张

(3) 帝王之思想（当时之情形）

第二节　秦代焚书之影响

(1) 六经因秦火而残缺说

(2) 六经不因秦火残缺说

(3) 康氏八证之重新证明

第二章　秦废弃古文与经学之影响

第一节　关于古文之种种解释

(1) 古文非大小篆

(2) 古文非蝌蚪书

(3) 古文非即旧书

(4) 战国时秦用籀文而六国用古文

(5) 古文为刘歆所伪造

第二节　秦灭去古文说之真际

(1) 秦灭去古文之疑问
(2) 秦灭去古文之影响
(3) 关于秦代经学之点点滴滴

**第五篇　两汉经今古文学之发达、纷争与糅合**

第一章　两汉经学发达之背景
第一节　历史之积因
(1) 必然之趋势
(2) 中庸之思想
(3) 时代之要求（A. 安内 B. 攘外 C. 改制 D. 应变）
第二节　大师之提倡
(1) 董仲舒之前驱
(2) 董仲舒之对策
(3) 董仲舒之继承
第三节　帝王之尊崇
(1) 西汉时之帝王与经学
(2) 东汉时之帝王与经学
(3) 最重要之原因
第二章　博士制度与师法家法
第一节　博士制度之建立与增强
(1) 博士之名义
(2) 博士之起源
(3) 博士之增损
(4) 博士之职务
第二节　师法与家法之异同
(1) 师法家法之起源
(2) 师法之名义与内容
(3) 家法之名义与内容

(4) 两汉经师之家法

第三章　今文经学之流传迁变

第一节　今文经学之传授

(1)《诗》学之传授 (附表)

(2)《书》学之传授 (附表)

(3)《礼》学之传授 (附表)

(4)《易》学之传授 (附表)

(5)《春秋》学之传授 (附表)

(6)《语》《孟》《孝经》《尔雅》之传授 (附表)

第二节　今文经学之演变

(1)《诗》学之演变

(2)《书》学之演变

(3)《礼》学之演变

(4)《易》学之演变

(5)《春秋》学之演变

(6) 群经经文之演变

第三节　今文经学之精神

(1) 哲学思想 (A. 天人关系论之进展 B. 阴阳五行说之进展)

(2) 政治思想 (A. 公天下 B. 大一统 C. 重民思想——崇本去末、抑商济贫、薄税减役 D. 德治思想——尊贤隆古、尚德缓刑)

(3) 道德思想 (A. 性情论 B. 纲纪论)

第四节　今文经学之大师

(1) 诗学大师

(2) 书学大师

(3) 礼学大师

(4) 易学大师

(5) 春秋学大师

第四章　纬学之兴起及其流传

第一节　纬学之名义与类别

第二节　纬学之起源与编订

第三节　纬学之内容与分析

第四节　纬学之流传与燔禁

第五章　古文经与经说之出现

第一节　古文经学兴起之原因

(1) 志传之记载

(2) 写本之流传

(3) 真伪之考订

(4) 真实之背景（A. 学术文化的 B. 政治经济的）

第二节　今古传经文字之异同（附表）

(1) 诗今古异文表（附说）(今古文字之异同)

(2) 书今古异文表（附说）

(3) 礼今古异文表（附说）

(4) 易今古异文表（附说）

(5) 春秋今古异文表（附说）

第三节　今古经传说义之异同

(1) 今古传经异议表

(2) 附说——A. 古说所反映之时代 B. 古说是而今说非者 C. 古说之似是而非者 D. 古说之不如今说者 E. 古说之自相违异者 F. 许、郑之怀疑古文说

第六章　古文经学之流传迁变

第一节　古文经学之传授

(1)《毛诗》之传授（附表）

(2) 古《书》之传授

(3) 古《易》之传授

(4)《三礼》之传授

(5) 古文《春秋》之传授

(6)《语》、《孟》、《孝经》、《尔雅》之传授

第二节　古文经学之演变

(1) 经文之演变

(2)《诗》学之演变

(3)《书》学之演变

(4)《礼》学之演变

(5)《易》学之演变

(6)《春秋》学之演变

第三节　古文经学之精神

(1) 小学之注重

(2) 史学之注重

(3) 礼制之注重

第四节　古文经学之大师

第七章　今古经学之纷争

第一节　西汉末三次之争辩

(1) 刘歆与太常博士

(2) 公孙禄之奏劾刘歆

(3) 胥君安之议左氏传

第二节　东汉时八次之争辩

(1) 范升与韩歆

(2) 陈元与范升

(3) 李育与贾逵

(4) 马融与刘瑰

(5) 羊弼、何休与郑玄、服虔

(6) 羊弼、何休与郑玄

(7) 临硕与郑玄

(8) 东汉末今古文之纷争
第八章　今古文经学之杂糅
第一节　西汉末今古文经学之杂糅
第二节　东汉经师今古文经学之杂糅
(1) 经文之杂糅
(2) 经义之杂糅
(3) 郑玄与今古文之杂糅
第九章　熹平石经之建立及其影响
第十章　两汉经学之异同及影响
第一节　两汉经学之异同
(1) 举大义与通小学
(2) 专经与通经
(3) 论天人与通古今
(4) 政治与政制
第二节 两汉经学之影响
(1) 教育上之影响
(2) 政治上之影响
(3) 经济上之影响（以下无文）

**第六篇　魏晋南北朝经学之巨变与分立**

第一章　魏晋南北朝经学之背景
(1) 文化的
(2) 政治的
(3) 经济的
第二章　魏晋南北朝博士之增损
第一节　魏晋时代博士之增损
第二节　魏晋而后之国学制度
第三章　郑学统一与郑王之争

第一节　郑学统一与今文经说之衰替亡佚
(1) 郑学统一之真际
(2) 今文经学之衰替
(3) 今文经传之亡佚
第二节　三王郑学之争与伪古文书之出现
(1) 王灿与郑玄
(2) 王弼与郑玄
(3) 王肃与郑玄
(4) 虞翻与郑玄
(5) 李撰与郑玄
(6) 伪古文《尚书》
(7) 伪古文《论语》
(8) 伪古文《孝经》
第四章　集解之兴起及其影响
第一节　集解之兴起及其起源
(1) 郑玄《周礼注》以前之集解
(2) 郑注《周礼》与集解之内容
第二节　集解之种类
(1) 标题为注之集解
(2) 杜预之经传集解
(3) 范宁之《穀梁》集解
(4) (未详)
第五章　南北朝经学分立之真际
第一节　玄学与北朝之影响
第二节　南北朝经学之异同
第六章　义疏学之发达及其影响
第一节　义疏发达之原因
第二节　义疏体例之演进

第七章　魏晋南北朝之重要经师
第八章　魏晋南北朝义疏之影响

## 第七篇　唐代经学之统一

第一章　唐代经学之背景
第二章　唐代之国学制度
第三章　唐代之九经正义
第四章　唐代经学之演变
第五章　唐代之经学与史学
第六章　唐代之经学与文学
第七章　唐代之经学大师
第八章　唐代经学之影响

## 第八篇　宋代经学之革新

第一章　宋代经学之背景
第二章　宋代之书院制度
第三章　宋代注疏之续修
第四章　宋代经学之派别
第五章　宋代经学之演变
第六章　宋儒之疑古与复古
第七章　宋儒之经学与理学
第八章　宋代经学之大师
第九章　宋代集注之修撰

## 第九篇　元明经学之中衰

第一章　元明经学之背景
第二章　元明之科举制度
第三章　明代之五经大全

第四章　元明经学之演变
第五章　元明之经学大师
第六章　元明经学之影响

**第十篇　清代经学之复兴**

第一章　清代经学之背景
第二章　清代之国家与经学
第三章　清代经学之流别
第四章　清初诸儒之经学
第五章　乾嘉时代之经学
第六章　晚清之今文经学
第七章　清代经学之特征
第八章　清代之经学大师
第九章　清儒新疏之修撰
第十章　清代经学之影响





**第十一篇　近三十年来之经学**

第一章　近三十年经学之演变
第二章　近三十年经学之特征

**第十二篇　结论**

第一章　经学应有之趋势
第二章　经学研究之方法

# 附录二

1. 经学年表（阙）
2. 经传集目录（阙）
3. 经传集目（阙）
4. 各章篇首引文出处（书目）（阙）

# 两汉三国传经通经表

# 凡例

一、两汉经学，号为极盛，经师传授，至于三国，犹可考见。传世洪亮吉代毕沅所为《传经表附通经表》（以下省称《毕表》）自云“较明朱睦㮮《授经图》（以下省称《朱图》）、朱彝尊《经义考》（以下省称《朱考》）师承所录，详实倍之”。然其遗漏既多，讹误亦尚多有，兹故更立为斯表以明之。

二、本表以史传《朱图》、《朱考》、《毕表》为主，更参之：(1) 纪磊《汉儒传易源流》（吴兴丛书本）以下省称《纪流》；(2) 陈乔枞《今文尚书经说考》（续经解本，以下省称《陈考》）；(3)《鲁诗遗说考》(同上，以下省称《鲁考》)；(4)《齐诗遗说考》(同上，以下省称《齐考》)；(5)《韩诗遗说考》(同上，以下省称《韩考》)；(6) 江藩《隶经文·公羊先师考》(以下省称《江考》)；(7) 赵继序《汉儒传经记》(安徽丛书本，以下省称《赵记》)；(8) 吴之英《汉师传经表》(寿栎庐丛书本，以下省称《吴表》)；(9) 唐晏《两汉三国学案》(龙溪精舍丛书本，以下省称《唐案》)；(10) 田普光《后汉书儒林传补逸》(鄦斋丛书本，以下省称《田补》)；(11) 徐乃昌《续后汉书儒林传补逸》(鄦斋丛书本，以下省称《徐续》)；(12) 徐炳昶《两汉经师传授系统表》(《国故学讨论集》第二集，以下省称《徐表》)；(13) 钱大昭《补续汉书艺文志》(史学丛书，以下省称《钱志》)；(14) 侯康《补后汉书艺文志》(史学丛书本，以下省称《侯补》)；(15) 顾櫰三《补后汉书艺文志》(金陵丛书，开明书店二十五史补编本，下同。省称《顾志》)；(16) 姚振宗

《汉书艺文志拾补》(以下省称《姚拾》);(17)姚振宗《补后汉艺文志》(以下省称《姚补》);(18)曾朴《补后汉艺文志并考》(以下省称《曾考》);(19)侯康《补三国艺文志》(以下省称《侯志》);(20)姚振宗《三国艺文志》(以下省称《姚志》);(21)王国维《汉魏博士题名考》(以下省称《王考》)诸书,表列而成,庶几既免讹误,且无遗漏之虞,盖必博稽众籍,乃可袪此弊也。

三、本表于《易》、《书》、《诗》、《礼》、《春秋》经师传授,概分六表列之。表(一)以列汉初经师之传授分明者;由(二)至(五)以列各派经师之传授;以传授分明者隶之(甲),以传授不明者列之(乙),仅有二三者之传授亦入表(乙);(六)列流派不明之经师。然如《尚书》经师则以(甲)列今文经师,《礼》经则以(乙)列三《礼》经师,《春秋》则以(甲)列《公羊》经师。以便稽览。其他《论语》、《孝经》、《孟子》、《尔雅》说经师,略用斯例。表十则收所治经已先考之经师,不更列目录,以免妄立名目。

四、《朱考》、《毕表》于经师之时代概不注明,于所依之出处亦不注明,致令不便考核,顾难知其究竟。兹于人名前以括号注明时代,而于其下缀以出处。如遇为博士者,更以数字为识,遇有疑义之处,则更以附注注明之。

五、本表草创,历经五载,舛漏之处,知有不免,补苴之功,容俟异日。

# 一　《易》

## （一）

【齐】田何（子庄）（注一）

——【东武】王同（子中）

——【淄川】杨何（叔元）

——京房

——（宣）【琅琊】梁邱贺

——【河东龙门】司马谈（注三）

——【广川】孟但

——【齐】即墨成

——【鲁】周霸

——【莒】衡胡

——【齐国临淄】主父偃

——【齐】服生（注二）

——【雒阳】周王孙

——【卫】蔡公

——【梁】项生

——【梁】丁宽（子襄）

——【梁】丁宽（子襄）（四一）

——【砀】田王孙

——（宣）【沛】施雠（长卿）（注四）……

——【东海兰陵】孟喜（长卿）……

——（宣）【琅琊】梁邱贺（长翁）……

——……………………………【沛】高相

**（二）**

（甲）

【沛】施雠（长卿）

——【琅琊】梁邱临

——【河内轵】张禹（子文）

——【淮阳阳夏】彭宣（子佩）

——【沛】戴崇（子平）

——【琅琊】鲁伯

——【泰山】毛莫如（少路）

——【琅琊】邴丹（曼容）





（乙）

…………【沛】①戴宾（注五）

——【陈留东昏】②刘昆（桓公）

——刘轶③（君父）

——明帝

………【广汉梓潼】④景鸾（汉伯）

**（三）**

（甲）

【东海兰陵】孟喜（长卿）

——【东海兰陵】白光（少子）

——【沛】翟牧（子兄）（注六）

——（宣）【魏郡】盖宽饶（次公）

………【蜀】赵宾

………（传一）【梁】焦延寿（赣）

——（昭、元）【东郡顿丘】京房（君明）

（注七）……

（乙）

………（成、光）【南阳育阳】洼丹（子玉）

11………④（传六）（平、光）【汝南汝阳】袁良（安祖）

——⑤（明、章）袁安（邵公）

——⑥（传八）袁京（仲誉）

——⑧（传九）袁彭（伯楚）

——（传十）袁闳

——⑨（传九）（桓）袁汤（仲何）

——⑦（传八）袁敞（叔平）

3………⑤（光）【梁国蒙人】夏恭（敬国）

——夏牙（注八）

5………（明）【中山山阳】鲑阳鸿（孟孙）

7………（光）【临淮】袁太伯

8………【下邳国相】甘容（注十）

10……（和、安）【汝南召陵】许慎（叔重）

——【夜郎毋敛】尹珍（道真）

9………（桓）【广陵海西】徐淑（伯进）（12）

——（献）【广陵海西】徐璆（孟本）（注九）

4………⑩（明）【安定乌氏】梁竦（叔敬）

11……（明、桓）【广汉】杨厚（仲桓）

——（安、献）【益州绵竹】任安（定祖）

——20（传一）【蜀】【梓潼涪县】杜微

（国辅）

………【蜀】张超（注十）

——【广汉郪】冯颢（叔宰）（注四二）

………【东平】虞叔雅………【歙】方侪

………（顺、灵）【南阳安众】宗资（叔都）

……4【歙】方储（圣公）（注十二）

………5【歙】方侪

……6【歙】方俨

12……（顺、桓）【南郡华容】胡硕（季叡）（注十一）

13……（传一）【会稽余姚】虞光

——（传二）虞成（注八）

——（17）（传三）虞凤

——（18）（传四）虞韵

——（19）（传五）（桓、灵）虞翻（仲翔）



**（四）续**



（甲）

（昭、元）〔东郡顿丘〕京房（君明）

——【东海】殷嘉（注十三）

——【河东】姚平

——【河南】乘宏（注十四）

——任良

（昭、元）【东郡顿丘】京房（君明）——张博

——董春（纪阳）

——（传三）【吴郡】周敞

（乙）

1………1（元）【长安】谷永（子云）

2………②（新）【涿郡安平】崔篆

——崔毅（注十二）

——（和）崔骃

——（章、顺）⑦崔瑗（子玉）

——崔寔（子真）（注十二）

——苏祇（注十二）

3………③（光）【汝南平舆】戴凭（次仲）③

3………（明）【南阳】魏满（叔牙）④

6………⑤（明）【沛】刘辅

7………（传一）（安）【北海安丘】郎宗（仲绥）⑧

——（传二）（顺）郎顗（稚光）

7……4（光、安）【弘农华阴】杨震（伯起）

——（和、桓）杨秉（叔节）

——（灵）杨赐（伯献）（注十五）

——【东海郯县】王朗（景兴）

8………8（安、顺）【南阳汝阳】樊英（季齐）⑩

——（安、灵）【陈留外黄】范冉（史云）

15………16（顺）【豫章南昌】唐檀（子产）（11）

14………15（顺、献）【任城樊】何休（邵公）（注十六）

16………17（顺、献）【河内林虑】杜乔（叔容）

11………12（传三）【京兆】第五元先（12）

——③（传四）（顺、献）【北海高密】郑玄（康成）

13………14（安、灵）【弘农华阴】刘宽（文饶）⑩（注十六补）

——【北地灵州】傅燮（南容）

17………19（灵）【京兆】韦著（休明）（16）

12………13（安、灵）【豫章南昌】徐穉（孺子）（14）

18………18（顺、献）【济阴城武】孙期（仲彧）⑤

14………20（献）韩宗

——（桓、吴）【广陵】张纮（子纲）

9………19（安、桓）【山阳湖陆】度尚（博平）(18)

22………【广汉雒】折象（伯式）(4)

9………（安、顺）【南阳酂】李昺（子然）(15)

10………11（安、献）【陈留外黄】申屠蟠（子龙）(注十六)

21………【东平】田君

23………9【陈留已吾】张骞（公方）(注十六补)

23………谯敏（汉达）(注十六补)

23………16（19）北唐子真（注十七）

25………（吴）【吴郡】陆绩（公纪）

26………【蜀】任熙（伯远）

26………【昆陵】陆瑲（仲芳）



**（五）**



(甲)

【琅琊诸】梁邱贺（常翁）

——【琅琊诸】梁邱临

——【琅琊】王骏

——五鹿充宗（君孟）(注十八)

——【平陵】士孙张（仲方）(注十九)

——【沛】邓彭祖（子夏）

——【齐】衡咸（长宾）

——【阳陵】冯商（子高）

(乙)

………（6）(光)（传三）【颍川鄢陵】张兴（君上）

——①（传四）张鲂

2………①（光、明）（传一）【代】范升（辨卿）

——（章）（传二）【京兆】杨政（子行）

3………②（光）梁恭

4………③（光）吕羌

5………4、⑧（光）【南阳宛】张堪（君游）

6………3、⑨（章）【京兆】祁圣元

7………⑨杜晖（慈明）

## （六）

（甲）

【东莱】费直（长翁）

——【琅琊】王璜（平中）

（乙）

1………1（光）【南阳】韩歆（翁君）

3………4、②（光）【苍梧广信】陈元（长孙）（注二〇）

3………4（章）【河南开封】郑众（仲师）（注二〇）

——【沛】桓驎

4………5【京兆】挚恂（季直）

……③（章、桓）【扶风茂陵】马融

——⑤（顺、献）【北海高密】郑玄（康成）

——【乐安】国渊（子尼）

——（昭、光）【乐安】住暇

——【河内】赵商

——【山阳】郄虑（鸿豫）

——【东莱】王基（伯兴）

——【清河】崔琰（季珪）

——【北海】张逸

——泠刚

——田琼

——灵模

——焦乔

——王权

——鲍遗

——陈铿

——崇精

6………3【魏郡】许淑（惠卿）（注廿一）

（七）

………（高、文）【楚】陆贾（注廿二）

………【燕】韩婴

——○——韩商

……【涿】韩生

——【魏】盖宽饶（次公）（注四）

………【丰】刘安

3………3（宣）【济阴定陶】魏相（弱济）

………（武）【平原厌次】东方朔（曼倩）（注廿二补）

………弘成子（注廿二）

——五鹿充宗（君孟）（注廿四）

4………2（传一）白子友

——（元）【鲁，徙平陵】朱云（游）

——（传三）【九江】严望

——（传四）严元（仲）（注廿六）

——（传四）【长安】惠庄（注廿六）

6………4（宣）【汝南】桓宽（次公）

5………5、（4）（宣）【上党潞县】冯逡（子产）

5………6（昭、哀）【丰】刘向（子政）

——刘伋

——（宣、更）刘歆（子骏）

8………7（宣、平）【蜀郡郫县】何武（君公）

——（传八）王莽（巨君）

………8（元）【沛国铚】徐宣（传七）

——（传八）徐宪

——（传九）徐防（谒卿）

10……9（成）【巴郡阆中】谯玄（君黄）（传十）

——（传十一）谯瑛

——明帝

10……12【蜀郡】严遵（君平）

——【蜀郡成都】扬雄（子云）

………【沛】高相

——（平、新）高康

——【兰陵】毋将永

11……11（平）【扶风平陵】苏竟（伯况）

13……13（平、明）【南阳宛】任延（长孙）

……15【于陵】钦（注廿八）

14、16……17（新、光）（17）【河内朝歌】向长（子平）

……伏万寿（注廿八）

……救仁（注廿八补）

15……17、18a【舞阴】李生（传五）

——（传六）（光）【南阳冠军】贾复（君文）

——〇——贾宗（武儒）（注廿九补）

16………19（明）【乐浪】王景（仲通）

……（安）邓宏（叔纪）

——邓广德

——邓甫德

18………20（光、和）【扶风】班固（孟坚）

19………21（章）【扶风茂陵】马廖（敬平）

18………23（安、顺）【安定临泾】王符（节信）

18b………【南阳新野】邓晨（注三〇补）

23b………【江西余干】张遐（子远）（注三一补）

20………24【山阳高平】王畅（叔茂）

——18【山阳高平】刘表（景升）

26………【平原】王君公

27………张满（注三一）

28………张巨君

——14 许峻（季山）（注三一）

——〇——15 许曼

28………12【蜀郡成都】杨由（哀侯）

………32【彭城】蔡景君（注三三）

30………【蜀郡广汉新都】段翳（元章）

………33 翟子玄（注三二）

31………（桓）【会稽上虞】魏伯阳

——徐氏

32b——淳于叔通

——【陈国长平】潘干（元卓）（注三二补）

25………（灵、献）【北海】徐干（伟长）

36………（献、魏）【颍川长社】钟繇

——（魏）钟会（传十三）

——【利漕】郭恩（义博）（传十二）

——【平原】管辂（公明）（传十三）

——刘邠（令先）（注三四）

39………⑩【山阳高平】王弼（辅嗣）

37………（献、魏）【东海兰陵】王肃（子雍）

21…35【南阳章陵】宋衷（仲子）（注三〇）

——【梓潼涪】尹默（思潜）

——【梓潼涪】尹宗（注三四）

——【梓潼涪】李仁（德贤）

——李撰（钦仲）

25………（明、灵）【安定朝那】皇甫规（威明）

38………【南阳宛】何晏（平叔）

42………（魏）【乐安】孙炎（叔然）

——【吴兴】姚信（元直）

——贺部（注三五）

50………范平

43………（魏）淳于俊

………26（魏）【颍川颍阴】荀融（伯雅）

………27（魏）【颍川颍阴】荀辉（景文）

44………（魏）【陈留尉氏】阮籍（嗣宗）

——【陈留尉氏】阮浑（长成）

——【陈留尉氏】阮咸（仲容）

45………（魏）【谯郡铚县】嵇康（叔夜）

48………24（安、顺）【绵竹】杜真（孟宗）

49………24、9 李孟元

47………（蜀）【蜀郡】常宽（泰恭）（注三六）

46………（蜀）【南阳】许慈（仁笃）

51………（吴）【河南】征崇（子和）

16………（光）【弘农】辛缮（公文）

52………【晋阳】郭琦（公伟）

——王游

12………14（新）【长安】国由

55、C………32 丁鲂（叔河）（注三七）

24………（安）【汝南安城】周燮（彦祖）（注三七）

54………12（平）【南阳安众】宋胜之（即子）

55、B………33、22 景风

58、A……33 洞沐孟阳

56、A……33 尚广（注三八）

59、A……33 张氏（注三九）

60、E……33 朱氏（注四〇）

5………⑥（顺、献）【颍川】荀爽（慈明）（注二九）

——（桓、献）【颍川】荀悦（仲豫）

7………40（献）【弘农】董遇（季直）

41………（献、吴）【汝南南顿】程秉（德枢）





附注：

注一、《毕表》于田何前列孔子、商瞿、公孙段、桥庇、馯臂子弓、周丑、孙虞凡七人。按《汉书·儒林传》云："自鲁商瞿子木受《易》孔子，以授鲁桥庇子庸。子庸授江东馯臂子弓，子弓授燕周丑子家。子家授东武孙虞子乘，子乘授齐田何子装。及秦禁学，《易》为筮卜之书，独不禁，故传受者不绝也。汉兴，田何以齐田徙杜陵，号杜田生。"据此，可知田何实生于汉前。《高士传》亦云："田何字子庄，齐人也。自孔子授《易》，五传至何。及秦禁学，以《易》为卜筮之书，独不禁，故何传之不绝。汉兴，田何以齐诸田徙杜陵，号曰杜田生，以《易》授弟子。东武王同子仲、洛阳周王孙、丁宽、齐服生等皆显当世。惠帝时，何年老家贫，守道不仕，帝亲幸其庐以受业，终为《易》者宗。"何至惠帝时已年老，尤为明证。兹以田何为始，何以前考不录。《史记·仲尼弟子列传》云："孔子传易于瞿，瞿传楚人馯臂子弘，弘传江东人矫子庸疵，疵传燕人周子家竖，竖传淳于人光子乘羽，羽传齐人田子庄何，何传东武人王子中同，同传淄川人杨何。何元朔中以治《易》为汉中大夫。”《史》、《汉》弘、弓，矫、桥，疵、庇，竖、丑，光、羽，孙、虞，庄、装之异，盖以音形相近而讹。《史》、《汉》馯臂、矫庸次第互倒，实当从《史记》之说也。《毕表》从《汉书》，实甚误。

注二、《毕表》作“服光”。按《汉志》有《服氏》二篇，注引刘向《别录》云：“服瓦，齐人，号服光。”《毕表》盖即从《别录》直作“服光”，今仍依《汉书·儒林传》。

注三、《汉书》师古注云：“自别一京房，非焦延寿弟子为课吏法者，或书字误耳，不当为京房。”

注四、《纪流》于施雠前列此四人，兹从其说。《毕表》直以涿韩生为韩婴三传，按《汉书》但云“孝宣时，涿郡韩生其后也”，并未著其为商之子，兹从《徐表》。

注五、戴宾受学何人，两《汉书》无明文，惠栋云：“宾盖崇之后”，亦作疑词。《毕表》于“戴宾”下云“戴崇授”；《唐案》于戴崇下直云子宾，俱非。

注六、诸书俱作“子兄”，《纪流》引作“子况”。《唐案》云：“李氏《周易集解》有翟元，未详其人，此传之翟牧，字子兄，疑当作子元。”殊属臆测，兹不从之。

注七、《毕表》以赣为名，延寿为字，明与《汉书》违牾，殊属非是。延寿云“当从孟喜《周易》”，则焦、京《易》突出孟氏，兹先列于孟《易》下，再另列京氏《易》，以表明之。

注八、《夏恭传》云：“子牙，少习家业。”则牙实传父恭之学，《毕表》、《唐案》、《纪流》俱未列入，非是。

注九、案，璆为淑子，《唐案》列之《明经文学列传》中，盖其父乃习孟氏《易》者，今列于此，以略见其家学，明无确据，他经不更列之。

注十、见《任安传》中，兹录入表，以见任安之师承。

注十一、见蔡邕《集胡硕碑》云：“交趾都尉之孙，太傅安乐侯少子也。”“治孟氏《易》、欧阳《尚书》、韩氏《诗》。”

注十二、《纪流》但列崔篆孙骃、曾孙瑗，《唐案》列瑗于京《易》，而列篆于不知宗派中，兹补入此三人，苏祇为瑗门生，明见《瑗传》也。

注十三、《毕表》云：“《儒林传》：‘京房授东海殷嘉’。《艺文志》：‘《京氏段嘉》十二篇。’注：苏林曰：东海人。按，当是一人，传写误耳。”又按，段肃在班固集中作段，《（后）汉书》固传作殷，与此正类。



注十四、《毕表》：乘或作桑。

注十五、《秉传》中有“少传父业”之说，《赐传》亦然。兹增录此二人。

注十六、今按：《何休传》言其注训《孝经》、《论语》、风角七分，江藩《隶经文·公羊先师考》亦谓其取京房之占，则何休实精通《京易》者，兹入吾表。诸家漏列。十六补，《唐案》于刘宽后复列有宗资，按谢承书，但云宗氏治孟氏《易》，《唐案》实误。亦见《徐续》。十六补，又《高士传》明言申屠蟠学治京氏《易》，兹录入表。诸家漏列。



注十七、《朱考》北唐子真列治京氏《易》下，附注云，“唐韶德”。《毕表》但列“唐子真”，无“北”字。今检唐韶入声廿五德“北唐”下注云：“汉有北唐子真，治京氏《易》”。《世本》云：“晋有高人隐于北唐，因以为氏。”北唐乃复姓甚明。《毕表》讹误殊甚。

注十八、《朱考》、《毕表》并以五鹿充宗为代郡人。案《汉书》云：“至少府贺传子临，临代五鹿充宗君孟为少府”，非以充宗为代郡人，兹从盖阙。

注十九、《纪流》以士孙为一人，张仲芳为一人（页五），案

《汉书》云："繇是梁丘有士孙邓衡之学"，则知士孙张仲芳实一人，士孙复姓，仲芳字也。

注二〇、《纪流》不列韩歆，于陈元云："陈元本传不言受《易》。"

注廿一、《毕表》统通二经者有许淑，云治费氏《易》、《左氏》。兹从补入。《纪流》漏列。

注廿二、《唐案》有此二人。《纪流》于王同下云："刘向《别录》:《九师道训》者，淮南王安所造。王聘善为《易》者九人，从之采获，故中书著曰《淮南九师书》。"则九师皆汉初说《易》者。传记不载姓名，高诱序以为苏飞、李尚、左吴、田申、雷被、毛被、伍被、晋昌等八人。洪迈谓寿春有八公山，正安所延致客之处。因传受未明，姑附志于此。诸书漏列，兹以增录。

注廿三、《纪流》:魏相《上宣帝疏》有"东方之卦不可以治西方，南方之卦不可以治北方；春兴'兑'治则饥，秋兴'震'治则华，冬兴'离'治则泄，夏兴'坎'治则雹"之语，盖亦治孟《易》者。

注廿四、《纪流》:"张华曰：五鹿充宗受《易》于弘成子。成子少时，尝有人遇之，授以文石，大如燕卵。成子吞之，遂大明悟，为天下通儒。成子后病，吐出此石，以授充宗，充宗又为硕学也。"

注廿五、《纪流》云从白子友受《易》，盖传孟《易》者也。

注廿六、《朱考》《毕表》并以允字仲能，按《朱云传》云："其教授，择诸生，然后为弟子。九江严望及望兄子元，字仲，能传云学，皆为博士。"玩其语气，似元之字为仲，"能"乃着重其能传学，与上文"择诸生，然后为弟子"，下文"皆为博士"相呼应。《徐表》已有论说，兹更为之证明。

注廿七、《西京杂记》卷二云："长安有儒生曰惠庄，闻朱云折五鹿充宗之角，乃叹息曰：'茧栗犊反能尔耶？吾终耻溺死沟中。'遂裹粮从云。云与言，庄不能对，逡巡而去。拊心谓人曰，'吾口不能剧谈，此中多有。'"

注廿八、《纪流》：于陵钦著《易吉凶》，《汉志》蓍龟家廿三卷。伏万寿，著《易集林》，《隋志》五行家十二卷。据《姚拾》增补。

注廿九、《朱考》以荀爽、宋忠、董遇、王肃、王弼并列入治费氏《易》中，实不可从。观《纪流》云：《后汉书》谓荀氏之《易》亦出费氏，然荀氏注"随大亨贞，无咎"，谓"随"者震之归魂；又注"雷雨作而百果草木皆甲坼"，谓解者震也，则京氏说也。又，"九三：劳谦，君子有终。体坎为劳"，则用互体矣；"蒙，亨。以亨行，时中也"，谓此本艮卦也，二进居三，三降居二，刚柔得中，故能通发蒙时，令得时中矣。费《易》已不可考，言费已同于京，而互体卦变，皆所不废欤？则知荀氏亦不尽乎费《易》。荀悦云："臣悦叔父故司空爽著《易传》，据爻象承应阴阳变化之义，以十篇之文解说经意。由是兖、豫之言《易》者咸传荀氏学。"固不言其治费氏易也。《毕表》仅以宋忠、董遇为治费氏《易》，然又以宋忠列于不名谁家中，可知忠亦非本费《易》，《唐案》则以王肃、董遇入治《京易》中，固为巨谬，然足见以诸家治费《易》为无据也。兹并不从，列此类中。兹依《田补》增。

注三〇、襄亦作忠，《毕表》析为二人，非是。兹依《田补》增。

注三一、《纪流》：许曼著《周易林》。朱彝尊曰：张满未详何代人，《唐志》列于许峻之前，姑附于此。又张巨君传许峻，而峻孙曼传祖业，诸家论列张巨君、许峻二人，非是。兹依《顾补》增。

注三二、《纪流》作翟玄，朱彝尊曰，九家《易》作翟高元。依《徐续》补增。

注三三、《纪流》：虞氏尝引彭城蔡景君说。

注三四、《管辂别传》：“故郡将刘邠字令先，清和有理思，好《易》而不能精，与辂相见，自说注《易》将讫，今明府欲劳不世之神，经纬大道，诚富美之秋。然辂以为注《易》之急，急于水火，水火之难，登时之验，《易》之清浊，延于万代，不可不先定其神而后垂明思也。”是邠尝从辂请益，故附于此。《纪流》有尹默，兹更补入默子宗。

注三五、《吴志·陆逊传》：“逊外生顾谭、顾承、姚信，并以亲附太子，枉见流徙。”又《孙和传》：“宝鼎二年冬十月，遣守丞相孟仁、太常姚信等备官僚中军步骑二千人，以灵舆法贺，东迎神于明陵。”又《晋书·范平传》：“平字子安，研览《坟》《索》，遍识百氏，姚信、贺邵之徒皆从受业。”

注三六、《华阳国志·后贤志·常宽》言其“尤耽意大《易》”，诸家漏列。

注三七、《隶释》载“丁鲂治《易》，周燮传言其专精《礼》《易》”，诸家漏列。

注三八、《纪流》：著《周易杂占》九卷，见《隋志·五行家》。

注三九、《纪流》：朱彝尊曰：“按张氏《易》见《九家易注》，不详其名。陆氏《释文》载有张伦本，上有‘《易》曰’二字，未审即其人否。考之《叙录》，又未列其姓氏，不敢臆定也。”按陆氏《经典·释文》：“《周易音义》直方大，不习无不利，则不疑其所行。”张璠本此上有“《易》曰”二字，此作张伦，疑有误。又荀九家，如荀爽、京房、马融、郑玄、宋衷、虞翻、陆绩、姚信、翟子元皆汉魏时人，张璠亦非所及（璠为东晋人）。汉儒张姓前后通《易》者有张禹、张典、张鲂、张衡、张满诸人，疑不能定，姑阙之。

注四〇、《纪流》：朱彝尊曰，按李鼎祚《周易集解》引诸家

《易》中有朱仰之，疑即其人也。按张、朱二氏，并未详其名，因见荀爽九家《易》，知为汉人，故录之。

注四一、梁项生随田何学《易》，时丁宽是梁项生的随从，读《易》精敏，才能超过梁项生，于是事奉田何。后丁宽至洛阳，又跟周王孙学古义，号称《周氏传》（见《汉书·儒林传》）。原稿此处以斜线标明丁宽从学田何与周王孙的关系，今无法表示，在此说明。

注四二、冯颢少时从杨厚学《易》，后又拜蜀郡张光超、东平虞叔雅为师。(原稿此处以斜线标明冯颢从学张光超与虞叔雅的关系，今无法表示，在此说明。)

## 二　《尚书》

### （一）

（甲）

（周文）【济南】伏胜（子贱）（注一）

——【子】（注二）

——孙——○

——（武）伏孺——○——○

——（元、成）伏理

——（光）【琅琊东武】伏湛（惠公）（注三）

——（光）伏隆（伯文）

——伏瑗

——伏咸

——伏翕

——伏光

——伏晨

——（顺）伏无忌

——伏质

——伏完

——（文、景）【颍川】晁错

——（景、宣）【汝阴】何比干（少卿）——

○——○—○—○—（章）【扶风平陵】何敞（注四）

（文高）

——【济南】张生

——【鲁】夏侯都尉

——（武）【族子】夏侯始昌

——（武、宣）【族子】夏侯胜（长公）

……

——昌邑王

——【千乘】欧阳容（和伯）（注五）

——【千乘】倪宽

——简卿——（武、宣）夏侯胜（长公）（注五二）

——欧阳生子（注六）——〇

——（武、昭）欧阳高（子阳）（注六）…

——武帝





（乙）

——【鲁】周霸（注七）

——【鲁】孔安国（子国）（注八）

——【兄子】孔延年

——（宣、元）【鲁】【子】孔霸（次孺）

——（景、昭）【河东龙门】司马迁（子长）（注九）

——【雒阳】贾嘉（注七）

**（二）**

（甲）

（武、宣）【鲁】夏侯胜（长公）（注十）

——夏侯兼

——夏尧

——夏侯蕃（注十二）

——【弟子】夏侯赏

　　　　——夏侯定国

——（宣）【齐】周堪（少卿）

　　——【固城】张猛

　　——【长安】许商（长伯）

　　　　　　——【沛】唐林（子高）

　　　　　　——（平）【平陵】吴章（伟君）

　　　　　　　　——（更）【平陵】云敞

　　　　　　　　——王宇

　　　　　　——【重泉】王吉（少音）

　　　　　　——【齐】炔钦（幼卿）

　　　　　　——班伯

　　——牟卿

　　　　　　——（宣、平）孔光

——（宣）【淮阳夏阳】黄霸（次公）

——（宣、元）【鲁】孔霸（次孺）

　　　——（宣、平）孔光（子夏）

　　　　　　——孔放

　　　　　　——【兄子】孔永

　　　　　　——平帝

　　　——孔喜

　　　——孔捷

　　　——孔福

　　　　　　——孔房

　　　　　　　　——孔均（注十二）

　　　——元帝

　　　——○——○——○——○——○——孔昱

——【陇西上邽】孝昭上官后（注十一）

——（宣）【族子】夏侯建（长卿）……

(乙)

1………（光）【齐】吴良（大仪）

2………（传一）【南阳安众】宋京（孟孙）（注十三）

——⑧（明、和）宋意（伯意）

5……（明、章）【北海安丘】牟融（子优）

3……（明）【山阳】鮭阳鸿（注十四）

4………③（光、和）【扶风平陵】贾逵（景伯）

6………⑤（献）【济阴定陶】张驯（子雋）

## (三)

(甲)

(昭宣)【鲁】夏侯建（长卿）

——夏侯千秋

——（宣）【平陵】张山拊（长宾）

——【平陵】李寻（子长）

——（宣）【陈留】假仓（子骄）

——（元）【平陵】郑宽中（少君）

——【扶风】班伯

——（哀）【东郡】赵玄

——成帝

——【山阳】张无故（子孺）

——（新）【沛】唐尊

——【都信】秦恭（延君）

——【鲁】冯宾

(乙)

1………（传一）【蜀郡新都】杨仲续

——（传二）○

——（传三）（光）杨春卿

——传四（章）杨统（通仲）（注十四）

——（传五）（明宣）杨厚（仲桓）

——（传六）【广汉绵竹】任安（定祖）

——（传七）【涪】杜微（国辅）

——（传七）【成都】杜琼（伯瑜）

——（传七）【郪】何宗（秀英）（注十四）

——（传六）【阆中】周舒（叔布）

——（传七）周群（仲直）

——（传八）周巨（注十五）

2………（新、光）【东海兰陵】王良（仲子）

3………②【成阳】闾葵廉（仲洁）（注十六）





## （四）

(甲)

(武、昭)【千乘】欧阳高（子阳）

——○——（元）欧阳地余（长宾）

——（新）欧阳政

——（光）欧阳歙（正思）

——欧阳复（注十七）

—【平原】礼震（仲威）

—【济阴】曹曾（伯山）

——曹祉

——【汝新南息】高获
（敬公）
——元帝
——【鲁】夏侯建（长卿）
——【济南】林尊（长宾）
——【梁】陈翁生
——【邪琅】殷崇
——（宣、新）【楚】龚胜
——（哀）【平陵】平当（子思）
——（新）平晏
——【九江彭城】朱普（文公）
——彭闳（作明）
——（光、明）【沛郡龙亢】桓荣
（春卿）
——（明）【汝南】张酺（子侯）
——张蓄
——张盘
——张济（元江）
——张根
——张喜
——章帝
——和帝
——【豫章】何汤（仲公）
——（明）【颍川】丁鸿（孝公）
——丁湛
——丁浮
——丁夏
——【陈留】陈弇（叔明）

——【彭城】刘恺
——【北海】巴茂
——【九江】朱伥
——【九江】鲍骏
——【九江】胡宪
——（章）【赵国襄国】张禹（伯达）
——桓雍
——（明、章）桓郁（仲思）
——【兄子】桓泛
——【弘农】杨震（伯起）
——（和、桓）杨秉（叔节）
——虞放
——陈翼
——杨牧
——（灵）杨奇
——杨亮
——杨奉
——杨敷
—杨众
——杨赐（伯献）
——杨彪（文光）
——杨修（德祖）
——灵帝

——【东海】王朗（景兴）
——桓帝
——章帝
——和帝
——【京兆杜陵】朱宠（仲威）
——（和、灵）【敦煌酒泉】张奂（然明）
——张芝（伯英）
——桓普
——桓延
——（安、顺）桓焉（叔元）
——（章、桓）【江夏安陆】黄琼（世英）
——○
——（顺献）黄琬
——杨赐
——桓衡
——桓顺
——（献）桓典（公雅）
——安帝
——顺帝
——桓俊
——桓酆
——桓麟（元凤）
——（顺、灵）桓彬（秀林）
——明帝
—桓良
——（安、灵）桓鸾（始春）——桓晔（文林）

——（吴）皋宏（奉卿）

——皋徽

——（新）【上党长子】鲍宣（子都）

——（更、光）鲍永（君长）—

——（光）鲍昱（文泉）

——鲍德

——鲍升（注十八）

（乙）

1………（传一）【卢江】许子威

——（传二）韩生

——【汝南细阳】张充——○

——张酺……

——光武

3………邓禹（注十九）

——邓训

——传一（安）邓弘

——邓广德

——（传二）邓甫德

4………③（光、明）【南阳堵阳】尹敏（幼季）

2……（哀、光）【弘农华阴】杨宝

——（光、安）杨震（注二〇）

5………④（传三）【乐安临济】牟长（君高）

——牟纾

8………④（顺）【京兆长安】宋登（叔阳）

11………⑨（桓）【河内林虑】杜乔（叔荣）

7………（安、灵）【弘农华阴】刘宽（文饶）

——【北地灵州】傅燮（南容）

7……… （安、灵）【豫章南昌】徐穉（孺子）

——徐胤（季登）

16………⑩（顺、灵）【南阳安众】宗资（叔都）

14………【汝南平舆】廖扶（文起）

——谒焕

——廖孟举

——廖伟举

15………（献）韩宗

——（献、吴）【广陵】张纮（子纲）

16………2、（14）【任城】景君

——（15）〇——

——（16）景君（注廿一）

9………3、（11）（安、桓）郑固（伯坚）

17………熊范

——熊师

——4、（12）熊乔

——熊口（注廿二）

18………董扶（茂安）（注廿三）

19………刘宏（子高）

20………5、（13）【成阳】闾葵龚（叔谦）（注廿六）

21………6、（17）王政（季辅）

22………7、（18）陈宣（彦威）

13………【蜀郡郫人】何隋（季叶）（注廿五）

12………（灵）【南郡华容】胡硕（季叡）（注廿四）

## （五）

（甲）

【鲁】孔安国（子国）（注四二）

——司马迁

——倪宽

——孔延年

——孔霸（次孺）

——孔福

——孔房

——孔均

——孔志

——孔损

——孔曜

——孔完

——孔光（子夏）

——都尉朝

——【胶东】庸谭

——【清河】胡常（少子）

——【虢】徐敖—琅琊王璜（子中）

——【平陵】涂恽（子真）

——【河南】桑钦（君长）

——【扶风】贾徽（元伯）

——（光、和）贾逵（景伯）

——（安）【汝南召陵】许慎（叔重）

——【夜郎毋敛】尹珍（道真）

——（新）孔子建—〇—〇—

——（章）孔僖（仲和）

——孔长彦（注四二）

——（章、安）孔季彦

………孔驩

………孔昱

（乙）

1………1（昭、哀）【丰】刘向（子政）

——（宣、更）刘歆（注四三）

2………2 王君仲

——（成）【会稽】董春（纪阳）

4………5【扶风茂陵】杜林（伯山）

——【东海】卫宏

——【济南】徐巡

3………3（成、平）【九江寿春】梅福（子真）（注四四）

5………4（传一）盖豫

——（光、明）【汝南汝阳】周防（伟公）

——周举（宣光）

6………6（光、明）【南阳堵阳】尹敏（幼季）

7………7（明）【颍川】丁鸿（孝公）

——【陈留东昏】杨伦

8………8（章、桓）【扶风茂陵】马融（季长）

——【涿郡】卢植

9………9【东郡】张恭祖

——（顺、献）【北海高密】郑玄（康成）（注五三）

——【汝南南顿】程秉（德枢）

12………【济阴成武】孙期（仲彧）

10………10 ⑤（和、安）【汝南安成】周盘（坚伯）

12………13 ⑤（桓）【蜀郡成都】张楷（公超）

14………②（灵）【中山安国】刘佑（伯祖）

15………④【宛】孔乔（子松）

11………11（安、桓）【山阳湖陵】度尚（博平）

16………【梓潼涪】李仁（德贤）

——李譔（钦仲）

17………（献、魏）【东海兰陵】王肃（子雍）

## （六）

（甲）

1………1【楚】陆贾

2………2（高、文）【雒阳】贾谊

5………5【广川景武】董仲舒（注廿八）

6………【燕】韩婴

………（文、武）【沛郡豊】刘安

5………7（武）【平原厌次】东方朔（曼倩）（注廿七）

7………10（宣）【梁】戴德（延君）（注三二）

8………11【梁】戴圣次君（注三三）

8………（昭）【鲁国番】眭弘（孟）（注三十）

9………【东郡顿丘】京房（君明）

10………12（宣）【汝南】桓宽（次公）

6………6（景、宣）【彭城】韦贤（长孺）

9………13（昭、哀）【丰】刘向（子政）（注三一）

………（宣、新）【蜀郡成都】扬雄（子云）（注四五）

12………22（更）刘恭

14………（元）【长安】谷永（子云）

13………23（光）【丰】刘嘉（孝孙）

14………24（光）【沛国相人】桓谭（君山）

………（传一）【舞阴】李生

——（传一）（光）【南阳冠军】贾复（公文）

——○——贾宗（武孺）（注三四补）

28………36【扶风茂陵】马续（季则）

29……【代】范升（辨卿）（注三五）

28………30（光、安）【扶风平陵】鲁丕（叔陵）

29………42（顺、桓）【巴郡宕渠】冯允

25………31（光、安）【汝南安成】周盘（坚伯）

18………28（光、安）【鲁国薛】寒郎（伯奇）

36………46（桓、献）【陈留圉】蔡邕（伯喈）

32………43（顺、献）【颍川】荀爽（慈明）

——（献）【兄子】荀悦

——【兄子】荀彧





16………26（光）【东郡】索卢放（君阳）

24………34【汉中南郑】李顿

——（和、安）李合

——（和、桓）李固（注三五）

27………39（安、顺）【南阳汝阳】樊英（季齐）

25………47（桓、献）【会稽山阳】韩说（叔孺）

17………27（光）【扶风郿】井丹（大春）

30………48（桓）（传一）【颍川颍阴】刘陶（子奇）

36………49、7（顺、献）【陈国武平】虞诩（升卿）

32………45（顺、献）【涿郡】卢植（子干）

23………35（和）【广汉郪】王涣（稚子）

26………40（安）【南阳蔡阳】刘珍（秘孙）

35………（明、和）【沛国铚】徐防（谒卿）

77………21（平、光）【扶风平陵】苏竟（伯况）（注三四）

22………32（光、和）【会稽上虞】王充（仲任）（注三六）
31………44（顺、献）【任城樊】何休（邵公）（注四〇）
36………41（殇、献）【京兆长陵】赵岐（邠卿）（注三九）
6…………贾让（注三三）
7…………【平陵】关并（子阳）（注三三）
………20【琅琊】王横（平仲）（注三三）
………19【临淮】韩牧（子台）（注三三）
………18【长安】张戎（仲功）（注三三）
………15 解光（注三三）
4………33（光、和）【扶风安陵】班固（孟坚）（注三七）

（乙）
1………1（成）【上党潞】冯参（叔平）
2………2（成）【涿郡高阳】王尊（子赣）
4………5【南阳新野】阴庆
6………（章）【任城】郑均（仲虞）
7………a【陈留外黄】范冉（史云）（注四六补）
7………b【扶风平陵】梁鸿（伯鸾）（注四六补）
8……（灵、献）【北海】徐干（伟长）（注四六）
9………（灵、献）【汝南南顿】应劭（仲远）（注四七）
10………（灵、献）董巴（注四八）
12………（灵、献）【山阳高平】王粲
12………a【河南偃师】孟郁（敬幸）（注四七补）
12………b 谯敏（汉达）（注四七补）
13………（魏）【颍川鄢陵】庾峻（山甫）（注四九）
15………a 田琼（注四九补）
15………b 韩益（注四九补）
15………c 范顺（注四九补）

15………d 刘毅（注四九补）

………16（献、蜀）【南阳】许慈（任笃）

………17（蜀）【蜀郡江原】常勖（修业）（注五〇）

………18（蜀）【蜀郡】常宽（泰恭）

………19（桓、灵）【会稽余姚】虞翻（仲翔）

………20（灵、吴）【琅琊】诸葛瑾（子瑜）（注五〇）

………15（魏）【诸暨】程遐（注五〇）

………20【淮阴临淮】步骘（子山）

………21（吴）【彭城】严峻（曼才）（注五〇）

………22（吴）【昆陵】陆瑁（仲芳）

………（魏）【颍川长社】钟会（注五〇）

………【巴西西充】谯岍（荣始）

——谯周

——【巴西安汉】陈寿（承祚）

——谯同

…………（安、灵）夏承德

…………（新）唐昌

…………王鲔

…………张霸父

——【东荣】张霸（注五一）

——【尉氏】樊并

…………【阆中】赵闳（温柔）

《尚书》附注：

注一、《史》、《汉》之《儒林传》并不著伏生名字，据《后汉书·伏湛传》云："九世祖胜，字子贱，所谓济南伏生也。"是伏生名胜，字子贱。《颜氏家训·书证篇》云："孔子弟子虙子贱为单父宰，即虙羲之后，俗字亦为'宓'，或复加'山'。今兖州永昌郡城，旧单父地也，东门有《子贱碑》，汉世所立，乃曰：‘济南伏生，即子贱之后。’是虙之与伏，古来通字，误以为宓，较可知矣。”《徐表》：“据此，则伏生乃子贱之后。《后汉书》中之字子贱，或因其为子贱之后而误传，亦未可知。”《徐表》又云：“《毕表》：按，《洞冥记》谓胜受《书》于秦博士李克。遍查《洞冥记》，并无此语。第二卷中虽历见李克名，然一谓其为汉武时人，一谓其自言三百岁，并不言其为秦博士。且《洞冥记》亦一伪书，非郭宪所作，即实有此说亦未可据。”按，《朱考》已云，按郭子横《洞冥记》谓伏生受《书》于秦博士李克，然不见于他书。未敢深信。《毕表》固不当以疑传疑也。

注二、《陈考》于伏生后列伏生女，盖以卫宏定《古文尚书序》有：“伏生老，不能正言，言不可晓也，使其女传言教错。齐人语多与颍川异，错所不知者凡十二三，略以其意属读而已。”今案，阎若璩《尚书古文疏证》已引冯班（定远）辨：“颜注《伏生传》，晁错往受《书》事，引卫宏《定古文尚书序》为妄。”卫说既不可信，则仍当列伏生子也。兹故不从《陈考》。

注三、《徐表》：《后汉书·伏湛传》称湛之：“九世祖胜，字子贱，所谓济南伏生也。湛高祖父孺……父理……”建立伏博士始末，（在平津馆丛书中）引伏氏谱：“始祖胜，二世三世阙名；五世孺，六世七世阙名，八世理，九世凤、湛。”与《后汉书》合。毕氏误将伏孺列于第六世，伏理、伏湛列于第八世、第九世，则伏孺为伏湛之曾祖，与《后汉书》不合（伏氏谱似据《后汉书》）。

注四、《后汉书·何敞传》：“何敞字文高，扶风平陵人也。其先家于汝阴。六世祖比干。学《尚书》于晁错。”

注五、《后汉书集解》引《欧阳氏谱》云：“欧阳钦，字子敬。生三子：曰容，曰述，曰性，同受业于伏生。容为博士，生子曰巨，巨生远，远生高，高生仲仁，仲仁生地余，地余生政，政生歙。”欧阳修云：“汉氏以歙为和伯八世孙，今谱无生而有容，疑汉世所谓欧生者，有其经师谓之生、如伏生之类，而其实名容，容字和伯，于义为通。”

注六、《毕表》以欧阳生列二世，欧阳世列四世，欧阳高列七世，欧阳论列十一世。孟误读《儒林传》“宽授欧阳生子，世世相传，至曾孙高子阳，为博士”，而误以世为欧阳生子，名世也。以欧阳高列第七世，则高为欧阳生玄孙，非曾孙矣。舛误实甚，宜采《徐表》之抨弹也。高，许氏《说文》引作“乔”。

注七、《徐表》云：夏侯胜初从夏侯始昌受《书》，又从同郡简卿受，毕氏将简卿误作欧阳生。夏侯胜初受业于始昌，始昌学于夏侯都尉，都尉为张生之弟子，而张生、欧阳生同为伏生之弟子，夏侯胜与欧阳生年代不相及，其讹误不辨自明。今按，《毕表》以夏侯胜又从欧阳生受固误，然夏侯胜又从欧阳氏问，则《汉书》胜本传所载甚明。欧阳氏非欧阳和伯，或为欧阳生子，或为欧阳高，兹疑不能明，谨附志之于此。





注八、《朱考》以孔安国为伏氏弟子，云：“按安国少学《诗》于申公，受《尚书》于伏生，见《家语》后序。”今按，《家语》王肃所伪，实不足信。且据《儿宽传》：“宽以郡国选诣博士，受业孔安国，补廷尉文学卒史。”时在武帝元朔三年乙卯，史迁称“安国为今皇帝博士，至临淮太守，蚤卒”。则安国为博士时，年不过二十有余，在武帝初年不过十岁，其不得奉事伏生甚明。兹故以乙表录之。

注九、《陈考》：又云：按，迁当从孔安国问《尚书》，孔氏家世传业，安国、延年皆以治《尚书》为武帝博士。安国得壁中书后治古文，实先通《今文尚书》，则迁之兼习《左》今文从可知矣。

注十、《徐表》谓贾嘉与张霸为张生授，但《汉书·儒林传》止言鲁周霸、雒阳贾嘉颇能言《尚书》，《史记·儒林列传》亦言

“自此之没，鲁周霸、孔安国、雒阳贾嘉颇能言尚书事”。亦未言三人受学谁氏。按，以贾嘉、周霸为张生弟子，《朱考》已如是。兹从徐表，以乙表录之。

注十一、《徐表》云：《毕表》孝昭帝及孝昭上官后条下，皆言从夏侯胜受《尚书》，但《汉书·孝昭帝纪》、《夏侯胜传》、《外戚传》皆无此文。今按：《夏侯胜传》明言“胜复为长信少府，迁太子太傅。受诏撰《尚书》、《论语说》，赐黄金百斤。年九十卒官，赐冢茔，葬平陵。太后赐钱二百万，为胜素服五日，以报师傅之恩”。《毕表》于孝昭上官后条下云从夏侯胜受《尚书》，实不误也。其为太子太傅则当是以《书》授元帝。兹列上官后于胜下。

注十二、《汉书·夏侯胜传》云夏侯蕃为其曾孙，曾任郡守、州牧、长乐少府，是传其家学。兹录入。

注十三、依《朱考》、《毕表》录，未知何据。

注十四、依《毕表》录。陈寿《益都耆德传》杨统本传但言代修儒学，以夏侯《尚书》相传，未明言其传小夏侯之学也。

注十五、《三国志·蜀书·周群传》云：“父舒，字叔布，少学术于广汉杨厚，名亚董扶、任安。数被征，终不诣。”“群少受学于舒”，“群卒，子巨颇传其术”。兹录入。

注十六、《朱考》、《毕表》并以此作，《唐案》作闾邱葵，殊误。

注十七、按，《后汉书·儒林传·欧阳歙》：“自欧阳生传《伏生尚书》，至歙八世，皆为博士。歙既传业……子复嗣。”则复亦当传欧阳《尚书》者，诸书并漏列复，非是。

注十八、《陈考》、《唐案》并列鲍宣子永、孙昱，《陈考》并列昱子德，而于永弟升漏列。按升当亦传鲍宣之学者，兹为补列。

注十九、《陈考》于《尧典》：“契，百姓不亲，五品不逊。

汝作司徒，敬敷五教，在宽。”引《邓禹传》云：“案，《邓禹传》言其孙弘少治《欧阳尚书》，授帝禁中，诸儒多归附之。”帝者，安帝也。然则邓氏家世亦习《欧阳尚书》矣。《叙录》未列邓禹，兹从增补。

注二十、《毕表》以杨宝为陈翁生授。按，《后汉书·杨震传》但云“父宝，习《欧阳尚书》，哀、平之世，隐居教授。”兹不从毕氏说。

注廿一、《唐案》但列“景君”二字。按，《朱考》列有“河南尹任城景君”，“步兵校尉景君”，“郯令景君”，注云：“三世传业。”《陈考》亦引洪适《隶释·汉郯令景君阙铭》：“治《欧阳尚书》。祖父，河南尹。父，步兵校尉。业门徒上录三千余人。”《唐案》殊误。

注廿二、《唐案》、《朱考》列有绥民校尉领曲江长熊乔汉举，《唐案》则有“熊师，上计掾。熊乔，字汉举，师之子，五官中郎将。熊口，乔之子，曲红长绥民校尉，治《欧阳尚书》”。《陈考》列有熊范，并引《隶释·绥民校尉熊君碑》“高祖义筹，口祖父旻，曾祖父范，治《欧阳尚书》，六日七分。祖父师口君口乔，字汉举”。并云：“案，乔上缺一字，必父也。高、曾之间又有祖父旻，其上阙文盖伯叔祖，惜熊君名皆残阙，欧阳永叔以乔为即绥民，非也。”兹合《宋考》、《陈考》、《唐案》列熊师、熊乔、熊范、熊口四人，庶稍完备。

注廿三、《唐案》以董扶列入小夏侯氏派。案，陈寿《益部耆旧传》明云：“扶善《欧阳尚书》。”《唐案》非是。

注廿四、蔡邕《集胡硕碑》明云：“硕治《孟氏易》、《欧阳尚书》、《韩氏诗》。”诸书并漏列，兹并录入。

注廿五、常璩《华阳国志》明云：“随治《韩诗》、《欧阳尚书》。”诸书并漏列，并录入。

注廿六、《朱考》作闾葵龚，《毕表》作闾丘龚，《唐案》但作闾龚，非是。

注廿七、《陈考》：《尧典》“日中星鸟，以殷仲春”下，引《淮南子·主术训》云，按淮南王时，《尚书》唯有欧阳氏传伏生之学，初立博士，《主术训》之云，皆用今文家《尚书》说也。

注廿八、《陈考》：《洪范》“稼穑作甘”下，引《春秋繁露·五行顺逆篇》云：“案，董子此篇与《洪范五行传》说大惜相同。……董子生于汉初，为世大儒，于《尚书》之学，自必精通。……今故采其通论五行者列入伏生《大传》后。”案，仲舒学通五经，其治《尚书》，在古文未出前，必今文说。兹列于此。

注廿九、案，《韦贤传》云“兼通《礼》、《尚书》，以《诗》教授”，是贤亦治《尚书》也。其在古文未出以前，必今文说，故列于此。

注三〇、《陈考》：《洪范》“稼穑作甘”引《汉书·五行志》“是以揽仲舒、别向、歆，传载眭孟、夏侯胜、京房、谷永、李寻之徒所陈行事”，眭孟、京房、谷永所陈《洪范》五行皆今文家言。《陈考》：《无逸》“惠鲜鳏寡”下引《汉书·谷永传》云。《隶释》载汉石经残碑文与《汉书·谷永传》同，尤是谷永诸家皆治今文家言。落列眭孟、京房、谷永三家于此。

注三一、《陈考》：《尧典》“车服以庸”下引《说苑·修文》云。按，《说苑》所称，即录《尚书大传》之文，皆今文《尚书》之言也。又，《洪范》“睿作圣”下引《汉书·五行志》云，子政亦尝据《中古文尚书》考其同异，而其传仍与夏侯等同。足见刘向治今文家说，兹列于此。

注三二、《陈考》：《尧典》“帝尧曰放勋”下引《大戴礼·五帝德》篇云：“夏侯始昌为伏生三传弟子，兼通五经，后苍事始昌，亦通《诗》、《礼》，为博士。戴德、戴圣皆其弟子，大、小戴《礼记》与大、小夏侯《尚书》并出自始昌。师传既同，则其所述师说宜无不同。”二戴通今文家《尚书》，师传既同，兹故从陈说，列二戴于此。

注三三、《陈考》：《禹贡》“入于渤海”下，引《沟洫志》云：“李寻师事张山拊，治《小夏侯尚书》，而解光所言与之同，则光当亦治小夏侯之学也。”又云：“贾让于《尚书》虽不知其习何家，然观其所言，与平当之意正相同，当亦治欧阳之学也。”又云：“师古注引桓谭《新论》云：（平陵关）并字子阳，材智通达也。”又云：“今据仲功（张戎）此言，与李寻意亦相同，则皆习《小夏侯尚书》之学也。”又云：“今据韩牧言，与许商意合，知其为《大夏侯尚书》之学也。”又云：“今详（王）横言，亦与贾让所奏意合，知其皆习《欧阳尚书》也。”兹据陈说，列解光、贾让、关并、张戎、韩牧、王横六人于此。



注三四、《陈考》：《太誓》“至于孟津之上”引《后汉书·苏竟传》云：“平帝世，竟以明《易》为博士，讲《书》祭酒。”章怀注云：“竟为讲《尚书》祭酒。”是竟通今文《尚书》。



注三五、《陈考》：《尧典》“曰若稽古，帝尧曰放勋”下引《后汉书·范升传》、《李固传》云：“李固解说‘稽古’之义，亦承天言之，与范博士同。是皆以古为天，用今文《尚书》之训故，皆述所闻之言也。……升非好古学者，故知于《尚书》必习三家今文也。”兹列范升并缀李固于李颉、李合下。

注三六、《陈考》：《尧典》“第一”下云：“案，《论衡·书解篇》云：著作者为文儒，说经者为世儒，世儒当时虽尊，不遭文儒之书，真迹不传。《诗》家鲁申公，《书》家千乘欧阳、公孙，不遭太史公，世人不传。乔梴谓仲任着书立说，于《诗》三家独称鲁申公，《书》三家独称千乘欧阳氏。”此是习《鲁诗》及《欧阳尚书》之明征也。

注三七、《陈考》：《康诰》“王若曰孟侯朕其弟小子封”下引《汉书·地理志》云：“案《汉志》以孟侯为康叔号，谊与伏生不同，盖小夏侯之说也。……固之从祖，班伯从郑宽，中受《小夏侯尚书》，固修其世叶，当亦习小夏侯之学也。”

注三八、《陈考》：《尧典》“震惊朕师”下引《汉书·贾捐之传》、王符《潜夫论》云：“贾、马引《书》，亦三家之异文。”又，《皋陶谟》“赋内以言”下引《潜夫论》云：“《潜夫论》引《书》……当亦今文《尚书》，与古文之不同也。”又，《西伯戡耆》“假尔元龟”下引《潜夫论》云：“王符所引殆《小夏侯尚书》欤。”兹据陈说，王符实治今文《尚书》者。

注三九、《陈考》：《皋陶谟》“禹拜谠言”引《孟子》赵岐注云：“此所引《尚书》据今文。”

注四〇、《陈考》：《尧典》“还至嵩，如初礼”下，何休《公羊传·隐八年》“解诂”云“段玉裁云：何所据者今文《尚书》，其说六宗用今文说”，可证。兹列何氏于此。

注四一、《陈考》：《洪范》“稼穑作甘”引高诱注《吕览》云：“高诱亦用今文《尚书》说。”

注四二、《毕表》于孔安国前有“一、孔子，二、漆雕开、孔鲤，三、孔伋，四、孔帛，五、孔木，六、孔箕，七、孔穿，八、孔顺，九、孔鲋，十、孔襄，十一、孔忠”，十二世以孔武、孔安国并列，兹略录。《唐案》有僖子季彦而无长彦，按长彦当亦传家学，兹系僖下。

注四三、歆治古文，诸书漏列。

注四四、梅福似亦治今文者，说见《陈考》。

注四五、《陈考》：《禹贡》“荆及衡阳维荆州”引扬雄《荆州牧箴》云“盖皆本今文《尚书》说”，兹列于此。

注四六、《陈考》：《无逸》“治民只惧”下引徐幹《中论》云：“徐幹生于汉末，时《古文尚书》已盛行，学者诵习务广涉猎，不为颛家之学，故引书多参用古文今文。”兹列于此。四六补、依《田补》增。

注四七、《陈考》：《洪范》“睿作圣”下引《汉书·五行志》

应劭注云："东汉以来，《古文尚书》已显于世，通儒多涉猎之，故应劭时亦兼采古文家说也。"四七补、依《徐续》增。

注四八、《陈考》：《洪范》"稼穑作甘"引《续汉书·五行志》云："案，司马彪《续汉志》云：'……故泰山太守应劭，给事中董巴，散骑常侍谯周，并撰建武以来灾异，今合而论之，以续前《志》云'，则其义皆东汉经师旧说，亦今家《尚书》之学也。"今按董巴、谯周与应劭同，当亦兼揉古文家言，兹俱列此。谯周治史，《尚书》当为家学，兹并列其父子。

注四九、《魏志》："高贵乡公幸太学，问《尚书》义，博士庾峻对。"峻当是治《尚书》者，诸书漏列，非是。四九补、依《侯补》、《侯志》增。

注五〇、俱见本传。诸书并漏列，兹录入吾表。《毕表》治《尚书》者有秋故其人，其生年或言在春秋时，兹故略去。

注五一、霸传伪《百两篇》，兹附录此。

注五二、夏侯胜"从始昌受《尚书》及《洪范五行传》"，"好学，为学精孰，所问非一师也"。原稿此处以斜线标明夏侯胜从学始昌与简卿的关系，今无法表示，在此说明。

注五三、郑玄曾入太学，并从张恭祖学《古文尚书》、《周礼》和《左传》等，最后从马融学古文经。原稿此处以斜线标明郑玄从学张恭祖与马融的关系，今无法表示，在此说明。

# 三　《诗》

## （一）

(甲)

【齐】浮丘伯（注一）

——（高）楚元王交（游）

——【鲁】穆生

——【鲁】白生

——【鲁】申公培（注二）

——刘富（注四）

——刘辟强

——刘德

——刘向

——刘伋

——刘赐（注五）

——刘歆

——【楚元王子】刘郢（注三）

【鲁】中公　　——楚王戊

——孔安国

……○……孔霸

——孔光（注六）

——司马迁（注六）

——【兰陵】王臧

——【代】赵绾

——【鲁】周霸

——夏宽

——【砀】鲁赐（叔疆）

——【兰陵】缪生

——徐偃

——【邹】阙门庆忌

——（武）瑕丘江公

——【鲁】荣庆

——江翁

——江生（注七）

——（宣、光）【南阳宛】卓茂（子康）

——（景、宣）【邹】韦贤（长孺）（注六五）

——韦弘

——韦常（注八）

——○——韦彪

——韦顺（元远）

——韦豹（季明）

——韦义（季节）

——韦玄成（少翁）

——哀帝

——昭帝

——义倩（注九）

……○……【嘉祥】武荣（舍和）

——【鲁】许生

——【免中】徐公

——（昭）【东平新桃】王式（翁思）

——【山阳】张长安（幼君）

——（宣、元）【山阳】张斿卿

——【陈留】许晏

——【琅琊】王扶（注十）

——元帝

——【沛】褚少孙

——（宣）【沛郡相】薛广德（长卿）

——（宣新）【楚国彭城】龚胜（君宾）

——高晖

——【楚】龚舍

——【东平】唐长宾（长卿）

——昌邑王





（乙）

1………1（高）【鲁】叔孙通（注十一）

2………2（高）【邹】韦孟

——○——○——○——韦贤

3………3（高、文）【雒阳】贾谊

——○——贾嘉

……贾捐之（注十二）

4………4（文）【颍川】贾山（注十三）

5………5（文、武）淮南王安（注十四）

6………6（武）【平原厌次】东方朔（曼倩）

7………8（元）【平原般】（传一）高嘉

——传二（哀、平）高容

——传三（平、光）高诩（季回）

——元帝

9………9（元）【长安】谷永（子云）（注十五）

10………10（元）【南阳在衍】杜钦（子夏）（注十一）

11………11（哀）【扶风茂陵】杜邺（子夏）（注十六）

8………7（宣）【蜀郡】王褒（子渊）（注十七）

12………12（宣、新）【蜀郡成都】扬雄（子云）（注十一）

14………14 许晃

………【广汉梓潼】李业（巨游）

13………13【长安】右师细君

——（哀、明）【会稽曲阿】包咸（子良）

——包福

——黄谠子

15………15（新）【上党长子】鲍宣（注十八）

19………20（传一）【任城】魏应（君伯）

——（传二）【千乘】王伉

19………18（11）【扶风平陵】鲁恭（仲廉）

——李合

——（和、恒）李固（注十九）

18………19（光、安）【扶风平陵】鲁丕（叔陵）

——章帝

26………16【豫章宜春】陈重（景公）

21………17（新、光）【豫章鄱阳】雷义（仲公）

16……21（15）（光）【沛国萧人】陈宣（子兴）

24………24（章）【陈留圉】蔡朗（仲明）

23………22（光、和）【会稽上虞】王充（仲任）

22………23（光、安）【弘农华阴】杨震（伯起）

——（和恒）杨秉（叔常）

——杨赐（伯献）

25……25（29）（安、顺）【南阳西鄂】张衡（平子）

26……24（25）（和、安）【安定临泾】王符（节信）（注十

一）

30……29（30）（顺、献）【宣城】王逸（叔师）（注十一）

33……34（35）（灵）【河间郑】张超（子并）（注二十）

31……30（31）（顺、献）【任城樊】何休（邵公）（注廿三）

32……31（32）（顺献）【陈留圉】蔡邕（伯喈）（注十一）

36……32（33）（桓、灵）【汝南西平】李咸（元章）

34……35（36）【涿郡】高诱（注十一）

37………41【鄚】李炳（子然）

35………36（灵献）【汝南南顿】应劭（仲远）（注二〇）

………（安、灵）【山阳昌邑】鲁峻（仲严）

26……27、28（殇、献）【京兆长陵】赵岐（邠卿）（注廿一）

25……26、27（和、桓）【南阳宛人】朱穆（公叔）（注廿二）

33……34、35（桓）【上谷昌平】寇荣（注廿四）

39………39（武）（壶关三老）令狐茂（注廿五）

37……38、40（灵献）【北海】徐干（伟长）（注廿一）

40………41【犍为敝邑】舍人（注十一）

42………42 樊光（注十一）

43………43 李巡（注十一）

## （二）

（甲）

齐辕固生（廿六）

——（武）【鲁】夏侯始昌

——昌邑王

——【东海郯】后苍（近君）

——白奇

——（武、元）【东海兰陵】萧望之（长倩）

——萧育

——萧咸

——萧由

——（元）【东海下邳】翼奉（少君）

——（元）【东海承县】匡衡（稚圭）

——【琅琊东武】师丹（公仲）

——（成）【扶风】班伯

——（平、光）班彪（注廿八）

——（光、和）

班固

（孟坚）（注廿八）

——（光、和）

班超

（仲升）（注廿八）

——班昭

（惠班）（注廿八）

——匡咸

——（元、成）【琅琊东武】伏理（君游）

——伏黯（稚文）

——（哀、章）伏恭（叔齐）

（注廿八）

——伏寿（注廿七）

——（光）伏湛（惠公）

——（光）伏隆（伯文）

——伏瑗（注廿七）

——伏咸

（注廿七）

——伏翕

（注廿七）
——伏光
（注廿七）
——伏晨
——（顺）
伏无忌
——伏质
（注廿七）
——（献）
伏完
（注廿七）

——成帝

——【颍川】满昌（君都）
——【九江】张邯
——【琅琊】皮容
——（成、光）【扶风茂陵】马援（文渊）
——（新、和）马严
——马续

（乙）

1………（武）【广川】董仲舒（注三〇）
——【赵】吾邱寿王（子赣）（注三〇）
4………（昭、宣）【东平】夏侯胜（长公）（注三一）
3………（昭）【东海】澓中翁（注三二）
——宣帝
6………（宣、成）【梁】戴德（延君）（注三一）
7………（宣、成）【梁】戴圣（次君）（注三一）
8………【沛】庆普（孝公）（注三一）

9………（宣）【汝南】桓宽（次公）（注三一）
2………【梁国睢阳】焦赣（延寿）（注三一）
11………【平陵】李寻（子长）（注三三）
5………（武、元）【琅琊】贡禹（少翁）（注三四）
10………【东海郯人】薛宣（赣君）（注三二）
12………（传一）【涿郡】崔发
——（传二）【荆州】申屠建
13………孙氏
14………（平、明）【南阳新野】邓禹（仲华）
16………（章、和）【鲁国薛人】曹褒（叔通）（注三五）
15………（明）【颍川】丁鸿（孝公）（注三三）
17………【沛国洨人】陈忠（伯始）（注三六）
19………（顺）【北海安邱】郎顗（雅光）（注三七）
21………（安、顺）【南阳涅阳】左雄（伯豪）（注三八）
22………（明）【会稽山阴】钟离意（子阿）（注四〇）
20………（桓）（传一）【京兆长陵】乐恢（伯奇）
——（传二）赵牧
23………（光）【南阳安众】宋均（叔庠）（注四一）
24………（桓）【广陵】刘瑜（季节）（注四二）
——刘琬
27………（魏）【中山】张晏（子博）（注四三）
18………20【颍川许县】陈寔（仲躬）（注四四）
——【颍川许县】陈纪（元方）
——【颍川许县】陈群
——【颍川许县】陈谌
——【太原】王烈（彦方）
——【颍川定陵】贾彪（伟节）
——（安、灵）【颍川襄城】李膺（元礼）

——【颍川舞阳】韩融（元长）

——（顺、献）颍川荀爽

——（桓、献）【兄子】荀悦

25………【广汉梓潼】景鸾（汉伯）

26………【蜀郡繁】任末（叔本）

28………（魏）【安平广宗】孟康（公休）

**（三）**

(甲)

(文、武)【燕】韩婴

——○—— 韩商

……（宣）【涿郡】韩生

——【河内】赵子

——【河内温】蔡谊

——【河内】食子公

——【泰山】栗丰

——【山阳】张就

——（宣元)【琅琊皋虞】王吉（子阳）

——王骏

——王崇

——【淄川】长孙顺

——【东海】发福

——昭帝

——【淮南】贲生

(乙)

1………（传一）【淮阳】薛方丘

——（光、明）（传二）薛汉（公子）

——（章）（传三）【犍为武阳】杜抚（叔和）

——冯良（君卿）

——【会稽山阴】赵晔（长君）

——【巨鹿】韩伯高

——【会稽】澹台恭（敬伯）

——（传三）【京兆杜陵】廉范（叔度）

——尹勤

2………（新、光）【汝南西平】郅恽（君章）

——郅寿

——明帝

——刘疆（注五二）

3………（光）【平陵】朱勃（叔阳）

4………【南阳】张匡（文通）

5………【梁国蒙人】夏恭（敬公）——夏牙

6………（光、明）【京兆杜陵】冯衍（敬通）

——冯豹（仲文）（注四六）

8………（明）【九江寿春】召驯（伯春）

——章帝

10………（章）【安定临泾】李恂（叔英）

11………【巴郡宕渠】冯焕

——（顺桓）冯绲（鸿卿）（注四七）

9………（明）【巴郡阆中】杨仁（文义）

15………（顺）【豫章南昌】唐檀（子产）

16………（顺）【安定乌氏】梁商（伯夏）

17………（顺、献）【河内林虑】杜乔（叔荣）

——杨匡（文通）（注四七）

18………（桓）【济阴已氏】祝睦（元德）

23………（桓）梁景

24………（桓）武梁（绥宗）

19………（桓）【济阴乘氏】马江（元海）

29………（桓）【南阳湖阳】樊安（子仲）

12………【东郡】张恭祖

——（顺献）【北海高密】郑玄（康成）

——（魏）【清河东武】崔琰

21………【汝南南顿】应奉（世叔）（注四六）

27………【河南荥阳】服虔（子慎）（注五一）

7………（光、安）【汝南安成】周盘（坚伯）（注五〇）

25………（灵）【扶风平陵】韦着（休明）

26………（灵）【南郡华容】胡硕（季叡）

13………（安、灵）【弘农华阴】刘宽（文饶）

14………（安、献）【广汉绵竹】任安

——【蜀郡成都】杜琼（伯瑜）

——高阮（伯珍）

25………【陈留外黄】濮阳闿

——（桓、吴）【广陵】张纮（子纲）

——张尚

29………【汝南平舆】廖扶（文起）

——谒焕（注四七）

30………【北海胶东】公沙穆（文义）

——公沙孚

33………陈嚣（君期）

35………侯包（注四八）

34………丁鲂（叔河）

31………【蜀郡郫】何随（季业）

32………【会稽】陈修（君迁）

33………【犍为】杨定

——【蜀】王阜（世公）（注五七）

36………朱辅（注四九）

39………【关中】田君

29………（桓）【东平】田君

40【京兆】隗禧（子牙）（注五三）

——鱼豢（注五三）

41………（献、魏）【沛国谯】曹植（子建）

42………和熹邓后绥（注五五）

43………顺烈梁后妠（注五六）

…………夏侯恭（注五七补）

**（四）**

（甲）

——河间献王

——（武）【赵】毛苌（注五八）

——【赵】贯长卿

——解延年

——【虢】徐敖

——【九江】陈侠

——【九江】谢曼卿

——【扶风平陵】贾徽（元伯）

——（光和）贾逵（景伯）

——（和、安）【汝南召陵】许慎（叔重）

——【牂牁毋敛】尹珍（道真）

——【东海】卫宏（敬仲）

——【济南】徐巡

(乙)

1………孔子建——○——○——（章）孔僖（仲和）

2………（章）【河南开封】郑众（仲师）

3………（光、明）【南阳堵阳】尹敏（幼季）

4………（章、桓）【扶风茂陵】马融（季长）

——（顺、献）【北海高密】郑玄（康成）

——【东莱曲城】王基（伯舆）

——【乐安】孙炎（叔然）

5………【颍川阳翟】司马徽（德操）

——【梓潼涪】李仁（德贤）

——李譔（钦仲）

6………刘熙（注六〇）

——【南阳】许慈（仁笃）

7………（献）【东平】刘桢（公干）

…………【东海兰陵】王肃（子雍）

8………【诸暨】程遐

9………【巴郡临江】文立（广休）

10………【广汉绵竹】司马胜之（兴先）

11………【蜀郡江原】常勖（修业）

12………【广汉郑】王化（伯远）

13………【蜀郡成都】任熙（伯远）

14………【蜀郡江原】常骞（季慎）

15………【蜀郡江原】常宽（泰恭）

16………（灵、吴）【琅琊阳都】诸葛瑾（子瑜）

…………（吴）【吴郡云阳】韦昭（弘嗣）

…………（吴）【吴郡】陆玑（元恪）

…………（吴）【豫章】徐整（文操）

## （五）

1………【鲁】丙吉

2………（宣、成）【上党潞】冯野王（君卿）

3………（平、明）【南阳宛】任延（长孙）

6………【扶风茂陵】耿况（侠游）

——（平、明）耿弇（伯昭）（注六一）

9………（安、顺）【广汉雒】翟酺（子超）

10………（桓）【东莱牟平】刘方

9………（甲）吕叔玉（注六三）

7………（和、灵）【安定朝那】皇甫规（威明）

5………（章、桓）【颍川长社】钟皓（叔明）

4a………（光）【弘农】辛缮（公文）

12………【汝南安成】周燮（彦祖）

13………（魏）【颍川长社】钟会（士季）

14………（蜀）【广汉郪】李毅（允刚）

15………（吴）【彭城】严畯（曼才）

16………（吴）【陈郡扶荣】袁准

8………（安、灵）夏承（仲兖）

9（乙）………【扶风平陵】梁鸿（伯鸾）（注六二补）

9（丙）………（灵）【陈国长平】潘干（元卓）（注六三补）

9（丁）………谯敏（汉达）（注六三补）

9（戊）………朱育（注六四）

15………【淮阴临淮】步骘（子山）（注六三）

《诗经》附注：

注一、《毕表》、《陈考》于浮丘伯前列孔子、子夏、曾申、李克、孟仲子、根牟子、孙卿凡七人。兹不录入。《史记·儒林列传》云："高祖过鲁，申公以弟子从师入见高祖于鲁南宫。吕太后时，申公游学长安，与刘郢同师。"《汉书·楚元王传》亦云："高后时，浮丘伯在长安，元王遣子郢客与申公俱卒业。"是《鲁诗》之传，始浮丘伯，伯于汉初犹存也。

注二、《史记·儒林列传》云"言《诗》，于鲁则申培公"，韦昭曰："培，申公名。"

注三、《汉书》作郢客。

注四、《陈考》于郢客后列红侯刘辟彊，阳城侯刘德，刘向，刘歆，而遗刘富。案，《汉书·楚元王传》云："元王好诗，诸子皆读诗……景帝即位……富为休侯……乃更封为红侯。""富子辟彊等四人供养，仕于朝"。是红侯乃富之爵号，辟彊受之于富，富受之元王，传文所载章章可考。《陈考》既失刘富，又以辟彊为红侯，并失疏舛，兹为补正。

注五、赐为向子，其习何经固不可考，然传元王之《鲁诗》则可信也。兹与歆并缀向下。《毕表》、《陈考》俱无，似非。

注六、《陈考》云："以《史记》证之，其传儒林首列申公，叙申公弟子首列孔安国，据是以断，《史记》所载《诗》必为鲁说无疑矣。"今案，《汉书·儒林传》言史迁从安国问故，则史迁《鲁诗》之传，当亦得之安国。今即将史迁缀安国下。又《汉书·孔光传》：光为霸子，霸者，安国从孙也。霸、光宜传家学，《毕表》漏列，今兹录入。

注七、博士江生见《后汉书·儒林传》，诸家皆不列博士江生。今案，前《汉书·儒林传》言，瑕邱江公传子至孙为博士，是瑕邱江公者大江公，博士江公者大江公之子，《卓茂传》之博士江生则大江公之孙也。由大江公四传而至后汉卓茂时，亦犹韦贤四传而至哀帝也。若以元王六传而至刘歆，许生、徐生五传而至元帝例之，则大江公尤不能三传而至卓茂时矣。诸家多混博士江公与博士江生为一，未有能正其失者，兹故表而出之。

注八、韦赏之承家学，果为何人所授，《汉书》未有明说。《毛诗》李黄《集解》以为韦贤所授，《毕表》以为博士江公所授，近或以玄成所授，俱无明据。今按，《韦贤传》云："遗子黄金满嬴，不如一经。"又，洪迈《隶释》载《武荣碑》云："治《鲁诗》韦君章句。"《鲁诗》为韦氏家学，宏亦必受鲁诗，赏当受之于宏，此甚可信者也。兹列宏于表，缀赏于其下，赏子孙彪、豹等，亦必传家业者，并录入表。

注九、《汉书·韦玄成传》明载："贤病笃……贤门下生博士义倩等与宗家计议。"《毕表》以义倩为瑕丘江公授，殊误。



注十、《毕表》从《御览四九六·陈留风俗传》："许晏字伟君，授《鲁诗》于琅琊王政学"，及《经典释文·序录》，"扶授许晏"，列许晏于王扶下。今案，《汉书·儒林传》、陆玑《毛诗草木疏》俱以许晏为斿卿门人。兹从《儒林传》说。

注十一、从《陈考》，《鲁诗遗说考·自序》录入。《杨赐传》云"少传家学"，兹缀赐于杨震、杨秉之下（参看《陈考》、《鹤鸣》篇）。



注十二、《陈考》，《驺虞》篇云："贾时惟有《鲁诗》。"《采芑篇》云："捐之贾谊曾孙，《谊传》言，'孝武初立，举贾生之孙二人至郡守。贾嘉最好学，世其家'。君房之为谁子，其本传不详，要其上承家学，当亦习《鲁诗》也。兹从《陈考》。"

注十三、见《陈考》，《桑柔》篇。

注十四、见《陈考》，《卷耳》篇。

注十五、见《陈考》，《羔羊》篇。

注十六、见《陈考》，《棠棣》篇。

注十七、见《陈考》，《甘棠》篇。

注十八、见《陈考》，《尸鸠》篇。

注十九、《陈考》，《板》篇云："考《华阳国志》，李合师事鲁恭，固为合子，习《鲁诗》无疑。"兹从陈说。

注二〇、见《陈考》,《关雎》篇。

注廿一、见《陈考》,《兔罝》篇。

注廿二、见《陈考》,《邶·柏舟》篇。

注廿三、《陈考》,何邵公述《破斧》诗义,与《白虎通》合。公羊家用《齐诗》,邵公则用《鲁诗》也。

注廿四、见《陈考》,《青蝇》篇。

注廿五、见《陈考》,《小弁》篇。

注廿六、《陈考》:《叙录》云,"陆玑《毛诗草木疏》云,公孙弘亦事固,然则公孙弘亦固之弟子也。"今按,《史记·儒林列传》曰:"固之徵也,薛人公孙弘亦徵,侧目而视固。"《汉书》"视"讹作"事",因致《陆疏》之误,说不可从。

注廿七、《汉书·儒林传》云:"(伏)理高密太傅,家世传业。"《后汉书·伏湛传》云:"自伏生以后,世传经学。"伏氏子孙世传经学,《毕表》仅列湛、黯恭、云、忌,《陈考》仅增列晨隆,今据湛、隆等传,增翕、光、完、寿、咸、瑗于表。

注廿八、《陈考》,《关雎》篇云:"班固《汉书》多用《齐诗》。"又云:"曹大家言《关雎》与匡衡义同,盖用《齐诗》说,传其从祖班伯之学也。"于《淇奥》、《民劳》等篇,援引班彪、班超用诗,今录彪、固、超、昭入表。

注廿九、《陈考》,《十月》篇云:"严为文浦兄子,文渊习《齐诗》,则严承其家学,亦当为《齐诗》也。"于马续亦云然。今据增严、续于援下。

注三〇、见《陈考·自序》与《青蝇》篇。

注三一、俱见《陈考·自序》。

注三二、见《陈考》,《伐木》篇。

注三三、见《陈考》,《十月》篇。

注三四、见《陈考》,《大明》篇。

注三五、见《陈考》,《閟宫》篇。

注三六、见《陈考》,《鼓钟》篇。

注三七、见《陈考》,《关雎》篇。

注三八、见《陈考》,《正月》篇。

注四〇、见《陈考》,《鹿鸣》篇。

注四一、见《诗三家义集疏·关雎》篇。

注四二、见《陈考》,《采薇》篇,兹更缀琬。

注四三、据《陈考》,《宛丘》篇。

注四四、见《陈考·叙录》及《思齐》篇。

注四五、见《陈考》,《羔羊》篇。

注四六、见《陈考》,《关雎》篇。

注四七、据《陈考·叙录》增。

注四八、"包"一作"苞"。

注四九、见《陈考》,《天作》篇。

注五〇、见《陈考》,《汝坟》篇。

注五一、见《诗·小雅·都人士》孔疏。《陈考》以服虔习《鲁诗》,殊误,兹据魏源《诗古微》说订正。

注五二、《郅恽传》云:"令恽授皇太子《韩诗》,侍讲殿中。"今案,皇太子者,东海泰王疆也。时明帝尚未立为太子,明帝从包咸习《鲁诗》,《陈考》以为习《鲁诗》,殊误,兹为订正。

注五三、见《陈考》,《伐檀》篇。

注五四、见《陈考》,《黍离》篇。

注五五、见《陈考》。

注五六、见《陈考》,《螽斯》篇。

注五七、据《唐案》,《田补》录。阜与第五伦同时。五七补、据《朱考》录。

注五八、《毕表》于毛苌前录一孔子、二子夏、三曾申、四季克、五孟仲子、六根年子、七孙卿、八毛亨,又列一孔子、二子夏、三高行子、四薛仓子、五帛妙子、六毛亨，云“按此自孔子五传即至大毛公，较前差远，故另列。”兹并从略。

注五九、按，《李譔传》云：“父仁，字德贤，与同县尹默俱游荆州，从司马徽、宋忠等学。譔俱传其业。”考譔治古文《易》、《尚书》、《毛诗》、《三礼》、《左氏传》，其《易》与《左传》，盖受之宋忠；其《尚书》不知何人所传；《毛诗》、《三礼》，盖受之司马徽，兹录徽于此，以见仁譔之师承。

注六〇、《慈传》云“师事刘熙”，今姑录熙于此。

注六一、参看《毕表》。

注六二、《朱考》姚拾有之。六二补、田补录入。

注六三、本传云：“治《诗》、《书》、《三礼》”，兹录入表。六三补、依《徐续》增。

注六四、依《侯补》增。

注六五、韦贤及江翁曾从学于瑕丘江公与鲁许生，原稿以斜线标明，于此说明。

# 四　三《礼》

## （一）

【鲁】高堂伯（注一）

　　——【瑕邱】萧奋（注二）

　　　　——【东海】孟卿

　　　　　　——【东海郯】后苍（近君）

　　　　　　　　——（宣）【沛】闻人通汉（子方）

　　　　　　　　——（宣、成）【梁】戴德（延君）

　　　　　　　　——（宣、成）【梁】戴圣（次君）

　　　　　　　　——【沛】庆普（孝公）

　　　　　　——【鲁】闾丘卿

　　——（文）【鲁】徐生（注二）

　　　　　　　　　——桓生

　　　　　　　　　——单次

　　　　　　　　　——公户满意

　　　　　　　　　——〇——延

　　　　　　　　　——〇——襄

## （二）

(甲)

【梁】戴德（延君）——【琅琊】徐良（斿卿）

## （三）

(甲)

【梁】戴圣（次君）——【梁】桥仁（季卿）

—○—○—○—○—○—○—○—

（安、灵）桥玄（公祖）

——【梁】杨荣（子孙）

(乙)

1……（和）淳于登

2……（章、桓）【扶风茂陵】马融（季长）

——4【涿】卢植（子干）——高诱

——【北海高密】郑玄（康成）

——○——郑小同

——【安乐】孙炎（叔然）

3……【东郡】张恭祖

5……（顺、灵）【陈留圉】蔡邕（伯喈）

7……（桓、灵）【汝南西平】李咸（元卓）

4……（桓）【广陵西海】徐淑（伯进）

9……（顺、献）【颍川】荀爽（慈明）

10……（灵）【中山安国】刘佑（伯祖）

6……（安、献）【陈留外黄】申屠蟠（子龙）

9……【陈留外黄】濮阳闿

——（桓、吴）【广陵】张纮（子纲）

11……【东海兰陵】王肃（子雍）

12……【梓潼涪】李仁（德贤）

——【梓潼涪】李譔（钦仲）

14……【彭城】射慈（孝宗）

13……【彭城】严峻（曼才）

15……【杜陵】杜宽（务叔）

**（四）**

（甲）

【沛】庆普（孝公）——【鲁】夏侯纹

——【族子】庆咸

（乙）

……1 王临——2【犍为资中】董钧（文伯）

……3【鲁国薛人】曹充——4 曹褒（叔通）

**（五）**

（甲）

——【河南缑氏】杜子春

【丰】刘歆（子骏）——【河南开封】郑兴（少赣）

——（章）郑众（仲师）

——【扶风平陵】贾徽（元伯）

——6（光、和）贾逵（景伯）

——（和、安）【汝南召陵】许慎（叔重）

——【夜郎毋敛】尹珍（道真）

（乙）

1……2 王莽（巨君）

3……卫次仲（注九）

4……吕叔玉

5……【南郡华容】胡广（伯始）

——（章、顺）【南阳西鄂】张衡（平子）

6……（章、桓）【扶风茂陵】马融（季长）

——【涿郡】卢植（子干）

——（顺、献）【北海高密】郑玄（康成）

7……【东郡】张恭祖

9……（章）【广陵西海】徐淑（伯进）

8……（桓、灵）【汝南西平】李咸（元卓）

13……（灵献）【山阳高平】仲长统（公理）

11……【东海兰陵】王朗（景兴）

——（献、魏）王肃（子雍）

12……【陈郡扶乐】袁准（孝尼）（注十一）

1（甲）………陈参

1……河间献王（注九甲）



**（六）**

（甲）

……【韩】张良（子房）

……【薛】叔孙通

……（武、宣）【鲁】夏侯胜（长公）（注四）

……（景、宣）【邹】韦贤（长孺）（注三）

……（武、元）【东海兰陵】萧望之（长倩）（注五）

——【东海下邳】翼奉（注六）

……【太原晋阳】刘茂（子卫）（注二）

——【扶风平陵】梁鸿（伯鸾）（注十一补）

……（新、光）【陈留东昏】刘昆（桓公）

………临硕（孝存）

6……（宣、光）【南阳宛】卓茂（注七）

10……（哀、光）【京兆杜陵】张纯（仁伯）
——张奋（稚通）
12……（顺、献）【任城樊】何休（邵公）
14……（献）【山阳高平】刘表（景升）
13……（桓）【南阳湖阳】樊安（子佑）（注十一）
15……（光）【南阳安众】宋均（叔庠）（注十一）
16b……孔丹（伯本）（注十三）
11a……吕植（注十四）
16b……蒋济（注十五）
16c……缪袭（注十五）
17……【广汉梓潼】景鸾（汉伯）
16……【汝南安城】周燮（彦祖）
18……【泰山平阳】高堂隆
19……察静（注八）
………【陈留】苏林（孝友）（注八）
21……（献、晋）【巴西西充】谯周（允南）
22……【零陵湘乡】蒋琬（公琰）
23……【广汉郪】李毅（允刚）
24……【会稽山阴】阚泽（德润）
20……田琰
8……（新）宗伯凤
9……（新）陈咸
（乙）
1……丙吉 ………侍其生
2……【豫章鄱阳】雷义（仲公）
3……（平、明）【扶风茂陵】耿弇（伯昭）（注十）
4……（章、桓）【扶风茂陵】马融（季长）
——【涿郡】卢植（子干）

——（顺献）【北海高密】郑玄（康成）

——〇——郑小同

——【乐安】孙炎（叔然）

8……【梓潼涪】李仁（德贤）（注十一）

——李譔（钦仲）

5……（章）【广陵海西】徐淑（伯进）

7……（献、魏）【东海兰陵】王肃（子雍）

9……【南阳】刘熙

——【南阳】许慈（仁笃）

——许勋（十甲）

……（吴）【沛郡竹邑】薛综（敬文）

10……【巴郡】文立（广休）（注十一）

11……【广汉绵竹】司马胜之（兴先）（注十一）

12……【广汉郪】王化（伯远）

13……【蜀郡汜原】常骞（孝慎）（注十一）

14……【蜀郡】常宽（泰恭）

——【淮阴临淮】步骘（子山）

………【陈留】阮谌（士信）

16……王孙滑



《礼记》附注：

注一、《毕表》于高堂生前列一孔子、二曾子，孺悲三，檀弓、公孙尼子、青史氏、王氏、史氏八人，兹从略。《朱考》于高堂生下列“侍其生得十七篇”，附注云，“与《汉书·艺文志》、《七录》所说不同，要是一书。”《毕表》则以高堂生下附注云“按，侍其生得十七卷”，兹亦从略。《史记索隐》谢承云：“‘秦氏季代有鲁人高堂伯’，则‘伯’是其字。云‘生’者，自汉已来儒者皆号‘生’，亦‘先生’省字呼之耳。”

注二、《朱图》、《万派》、《毕表》皆以萧奋系于高堂生。《朱图》所引章俊卿《考索图》则以萧奋系于徐生下。《朱考》则以徐生、萧奋为治《仪礼》，并不列之高堂生下。《毕表》于徐生亦云未详所受。《吴表》则以徐生系高堂生下，而以萧奋系徐生下。今案，《汉书·儒林传》云："汉兴，鲁高堂生传《士礼》十七篇，而鲁徐生善为颂。孝文时，徐生以颂为礼官大夫，传子至孙延、襄。襄，其资性善为颂，不能通经；延颇能，未善也。襄亦以颂为大夫，至广后内史。延及徐氏弟子公户满意、桓生、单次皆尝为汉礼官大夫。而瑕丘萧奋以《礼》至淮阳太守。"此文骤读之，似萧奋为徐生弟子，而徐亦非传高堂生之学者。然细按其文，则于徐生孙襄云不能通经，则徐氏家学非不传经者。而《孟卿传》云，事萧奋以授后苍，由是衍为二戴庆氏之学，萧奋之传《士礼》十七篇尤明。徐生、萧奋之传经，由汉兴高堂生传《士礼》十七篇言之，则明为高堂生所授也。瑕丘萧奋以《礼》传孟卿，孟卿传后苍，由其世数考之，亦不当为授之徐生。孟由奋再传至后苍，例之《齐诗》之由辕固生再传而至后苍，《易》之由田何三传而至孟喜（喜为孟卿子，与后苍同时），萧奋似不当为徐生弟子。如为徐生弟子，则由徐生三传而至后苍，徐生必与田何年相若乃可也。由萧奋之传《礼》言之，盖必由高堂生三传而至后苍，是则萧奋非徐生弟子可如也。据《史记》："诸学者多言《礼》，而鲁高堂生最本。""于今独有《士礼》，高堂生能言之。"及"言礼自鲁高堂生"诸文观之，则萧奋与徐生实皆为高堂生之弟子，《史记》特未明言之耳，兹缀萧奋、徐生于高堂生下而附说于此。





注三、韦贤本传云，"兼通《礼》、《尚书》"，诸书漏列。

注四、夏侯胜本传云，"善说礼服"诸书漏列。《史记正义》引《七录》古经于鲁淹中博士，传其生得十一篇。

注五、萧望之本传云，"又从夏侯胜问《论语》、《礼服》"，诸书漏列。

注六、本传载（翼奉）上书云“《礼经》避之”，知必习礼也。诸书漏列。《元和姓纂（五）》引《陈留耆旧传》：“王孙滑治《三礼》，为博士。”

注七、卓茂本传云，“习《诗》、《礼》及历算，究极师法”。诸书漏列。

注八、《魏书·高堂隆传》云：“从光禄勋隆、散骑常侍林、博士静，分受四经三礼。”则知林静亦必习《礼》者。诸书漏列。

注九、《毕表》云，见郑玄《周官序》，亦官议郎，与议郎卫敬仲应是二人。九补、据《姚拾》补。

注十、本传云，习《鲁诗》、《春秋公羊传》、《三礼》。诸书漏列。十补、刘熙、许勋等《毕表》列入“不名何经”中，今案，慈、综俱治《三礼》，必传熙学，勋亦当传慈学，兹并列此。熙有《谥法》三卷，尤足见其治《三礼》也。

注十一、诸书漏列十人，俱依本传所述增入吾表。十一补、据《田补》增。

注十二、据《姚志》增。

注十三、参看《徐续》。

注十四、见《田补·跋》。

注十五、据《侯补》增。

# 五 《春秋》

## （一）

（景）【齐】胡毋生（注一）

——（高、武）【淄川薛】公孙弘

【广川】董仲舒——【兰陵】褚大

——【东平】嬴公

——（武、光）【琅琊】贡禹（少翁）

——东海孟卿

——（宣)【东海兰陵】疏广（仲翁）

——【兄子】疏受（注六）

——【琅琊】管路

——元帝

——（昭）【鲁国蕃人】眭弘（孟）

——【东海下邳】严彭祖（公子）……

——【鲁国薛人】颜安乐（公孙）……

——【琅琊】贡禹（少翁）

——【颍川】堂溪惠

——泰山冥都

——【广川】段仲

——【温】吕步舒（注三）

——【赵】吾邱寿王（子赣）

——鲍敞（注四）

——【左冯诩夏阳】司马迁（子长）（注五）

**（二）**

(甲)

【东海】严彭祖（公子）——（元）【琅琊】王中

——【琅琊】公孙文

——【琅琊】东门云

(乙)

1……（光）【琅琊姑幕】徐子盛

——【琅琊姑幕】承宫

2……（光）【山阳东缗】丁恭（子然）

——（光、和）【陈留雍邱】楼望

——（光）【南阳湖阳】樊光儵（长鱼）

——（和）【蜀郡成都】张霸（伯饶）

——（桓）张楷（公超）

——孙林

——刘固

——段着

——【颍川】李修

——【九江】夏勤（伯宗）

——（光）【汝南汝阳】钟兴（次文）

——明帝

3………（新、光）【汝南西平】郅恽（君章）

4………（光、明）【北海安邱】周泽（稚都）

5………（光）【北海安邱】甄宇（长文）

——甄普

——（章）甄承

6………（光）【河内】李章（第公）
………【梁】桥玄（公祖）（注八补）
………【豫章南昌】徐穉（孺子）
……（章）【豫章南昌】程曾（秀升）
——顾奉
……（桓）【济阴己氏】祝睦（元德）
……（灵）【中山安国】刘佑（祖伯）
……【间】葵班（注七）
……【间】葵让（注七）
……（安、献）【陈留外黄】申屠蟠（子龙）（注八）
……严欣（少通）
……（灵、献）樊敏（升达）
……（和、桓）【鲁】孔宙（季将）
——【巨鹿瘿陶】张云（子平）
——【巨鹿瘿陶】赵政（元正）
——【广宗】捕巡（升台）
——【宁阳】韦勋（幼昌）
——【魏郡馆陶】张上（仲举）
——【魏郡馆陶】王时（子表）
——【魏郡阴安】张典（少高）
——【魏郡魏】孟忠（待政）
——【魏郡魏】李镇（世君）
——【魏郡馆陶】吴让（子敬）
——【魏郡馆陶】文俭（元节）
——【魏郡馆陶】乡瑱（仲雅）
——【魏郡邺】暴香（伯子）
——【东郡东武阳】梁淑（元祖）
——【东郡】赵恭（和平）

——【东郡东武阳】张表（公方）
——【东郡东武阳】滕穆（奉德）
——【东郡乐平】桑演（仲厚）
——【东郡乐平】靳京（君贤）
——【东郡乐平】梁布（叔光）
——【东郡乐平】桑显（伯异）
——【陈留平丘】司马规（伯昌）
——【安平下博】张禖（叔松）
——【安平下博】张朝（公房）
——【安平下博】苏观（伯台）
——【安平堂阳】张琦（子异）
——【北海安丘】齐纳（荣帧）
——【北海都昌】吕升（山甫）
——【北海剧】秦麟（伯麟）
——【北海剧】如庐浮（遗伯）
——【北海剧】薛顗（胜辅）
——【北海剧】高冰（季超）
——【济南梁邹】赵震（叔政）
——【济南梁邹】徐璜（幼文）
——【济南东平陵】吴进（升台）
——【甘陵广川】李都（元章）
——【甘陵贝丘】贺曜（升进）
——【魏郡清渊】许祺（升明）
——【魏郡馆陶】史崇（少贤）
——【魏郡馆陶】孙忠（府文）
——【东郡乐平】卢修（子节）
——【任城】任景汉
——【安平下博】张忠（公直）

——【北海剧】陆逞（孟辅）
——【陈留襄邑】乐禹（宣举）
——【下邳】朱班
——【东平宁阳】周顺
——【沛】周升（仲甫）
——【鲁国汶阳】陈褒（圣博）
——【汝南平舆】谢洋（子让）
——【山阳瑕丘】丁瑶（实坚）
——【鲁】戴璋（元珪）
——【鲁国卞】王政（汉方）
……【鲁】孔稣
……华松（注十一）
……冯君（注九）
……孔褒（文礼）（注九补）
……孔谦（德让）（注九补）





**（三）**

（甲）

【鲁】颜安乐（公孙）——【淮阳】泠丰（次君）
——【豊】刘向（子政）（注十三）
——【东海戚】马宫（斿卿）（注十四）
——【琅琊】左咸
——【淄川】任公
——【琅琊】管辂
——（平）【颍川鄢陵】孙宝（子严）
——【泰山】冥都
——王彦（注十二）

(乙)

1………（光）【河内河阳】张玄君夏

2………【豫章鄱阳】陈重（景公）

3………【豫章宜春】雷义（仲公）

4……（章）【扶风漆】李育（元春）

……羊弼

——【任城樊】何休（邵公）（注十五）

6………【豫章南昌】唐檀（子产）（注十六）

7………（安、灵）【山阳昌邑】鲁峻（仲严）

8……【汝南】干口

8……【沛】丁直

10……【魏郡】马萌

11……【渤海】吕图

12……【任城】吴盛

13……【陈留】诚屯

14……【东郡】夏侯弘





**(四)**

【楚】陆贾——

(甲)

【鲁】申公（培）（注廿六）——【瑕邱】江公

——皓星公——（宣）【沛】蔡千秋（少君）

——【瑕邱】江翁

——【瑕邱】江生

——刘向（注廿七）

——【河清】胡常（少子）

——（新）【梁】萧秉（君房）

——【鲁】荣广（王孙）

——【梁】周庆（幼君）

——（宣）蔡千秋

——【汝南】尹更始（翁君）

——尹咸

——【汝南上蔡】翟方进（子威）

——翟宣（太伯）

——【琅琊不其】房凤（子元）

——（成、光）【河南密】侯霸（君房）

——丁姓（子孙）

——【楚】申章昌（曼君）（注廿八）

——卫太子



（乙）



………王亥（廿九）

………（成、平）【九江寿春】梅福（子真）

………（光、明）【南阳堵阳】尹敏（幼季）（注三〇）

………【扶风】段肃

………【会稽乌阳】陈修（奉迁）

………钟宁（君律）

………【东海】糜（麋）信（南山）

………（吴）【丹阳】唐固（子正）

**（五）**

（甲）

（周景）【武阳】张苍

—〇—贾嘉

—〇—〇—〇—（新、光）【扶风平陵】

贾徽（元伯）

——（光、和）贾逵（景伯）

——〇——贾伯升（注三六）

——堂溪典

—— 延笃

——许慎（叔重）

——【夜郎毋敛】尹珍（道真）

——崔瑗

（高、文）【雒阳】贾谊

——（赵）贯公（注三二）

——贯长卿

——【河清】张禹（长子）

——【汝南】尹更始（翁君）

—— 尹咸

——【汝南上蔡】翟方进（子威）

——翟宣

——田终术

——（宣、更）【丰】刘歆（子骏）

——（光）【扶风茂陵】

孔奋

——孔嘉

——孔奇（注三五）

——【河南开封】郑兴

（少赣）

——（章）郑众

（仲师）

——郑安世

——【沛国相人】桓谭

（君山）

——李守

——丁隆

——【清河】胡常（少子）

——（哀）【黎阳】贾护（季君）

——（哀）【苍梧广信】陈钦（子佚）

——（光）陈元（长孙）

——（新、和）【扶风】马严

——王莽（巨君）

刘公子（注三一）——【扶风茂陵】张敞（子高）（注三三）

——张吉

——（哀）【扶风茂陵】杜邺（子夏）

——（光）杜林（伯山）





（乙）

1………柏公（注三七）

2………【琅琊不其】房凤（子元）（注三六）

3………【高辛】王龚

4………（哀）【无锡】虞俊（仲卿）

5………金子严——【河南开封】郑兴（少赣）

6………（光）【颍川父城】冯异（公孙）

7………（光）【上谷昌平】寇恂（子翼）

8………【南阳】韩歆（翁君）

9………（光）李封

11………（光、明）【南阳堵城】尹敏（幼季）（注三九）

13………（章、桓）【扶风】马融（季长）

——【南阳】延笃（叔坚）

14………【东郡】张恭祖

——【北海高密】郑玄（康成）

——【东莱曲城】王基（伯舆）

15………（灵）【弘农】杨赐（伯献）

——【陈国长平】颖容（子严）

12………（光、安）【汝南安城】周盘（坚伯）

——【东海兰陵】王朗（景兴）

——王肃（子雍）

16………【颍川颍阴】刘陶（子奇）

——【苍梧广信】士燮（威彦）

22………（献）【南阳章陵】谢该（文仪）

——【河东】乐详（文载）

………【南阳章陵】宋忠（子仲）

——【梓潼涪】李仁（德贤）

——李撰（钦仲）

——【梓潼涪】尹默（思潜）

——尹宗（注四〇）

——【武陵漢寿】潘浚（承明）

——蜀后主（注四〇）

………（献）【济阴定陶】张驯（子儁）

28………【南阳宛】孔乔（子松）

25………【义阳】来歙（叔君）

……来敏（敬达）

——来忠

26………【陈留外黄】濮阳闿

——（桓、吴）【广陵】张纮（子网）

27………白侯子安——（桓、吴）【彭城】张昭（子布）

18………（献）【颍川许】陈纪（元方）

——【北海朱虚】管宁（幼安）

——管邈（注四〇）

………（灵）【河南荥阳】服虔（子慎）

10………【魏郡】许淑（惠卿）

29………【汝南】彭汪（仲博）

………武荣（含和）

33………王玢

23………【陈留】边让（文礼）

——【获嘉】杨俊（季才）

24………（桓、魏）【颍川长社】钟繇

——钟会（士季）

——【利漕】郭恩（义博）

25………【弘农】董遇（季直）

36………【京兆新丰】贾洪（叔业）

37………（魏）【山阳钜野】李典（曼成）

38………（魏）【谯国】稽康（叔夜）

39………曹耽

43………【犍为】李密（令伯）

44………【蜀】寿良（文叔）

42………【河东】关羽（云长）

46………（灵、吴）【琅琊阳都】诸葛瑾（子瑜）

………（吴）【河南】征崇（子和）

39………（魏）【诸暨】程遐

21………【汝南】许公

——（灵）【无锡】高彪（义方）

——（吴）高岱（孔文）

41………（魏）【河东襄陵】贾逵（梁道）

34………周生烈

32………【扶风】许伯升

48………【杜陵】杜宽（务叔）

45………李敏

## （六）

(甲)

1………（武）【齐国临淄】主父偃（注十六）

2………（景、武）【庐江舒】文翁（仲翁）（注十七）

3………【巨鹿东里】路温舒（长君）（注十七）

4………（武）【吴】朱买臣（翁子）（注十七）

5………【蜀郡】张宽（叔文）（注十七）

6………【会稽吴】严助（注十七）

7………（昭）【渤海】隽不疑（曼倩）（注十七）

8………杨恽（注十七）

15………【汝南】桓宽（次公）

10………（宣、元）【上党】冯奉世（子明）（注十七）

——〇——冯衍（敬通）（注十八）

——冯豹（仲文）（注十八）

………【上党】冯立（圣卿）（注十七）

9………（昭、元）【东海郯】于定国（曼倩）（注十七）

11………伊推（注十九）

12………申挽（注十九）

13………宋显（注十九）

14………许广（注十九）

16………（哀）【河内河阳】息夫躬（子微）（注十七）

18………（新、光）【北海都昌】逢萌（子康）

19………（新、光）【太原广武】周党（伯况）（注十七）

17………（哀）【无锡】虞俊（仲卿）

22………【河南开封】郑兴（少赣）
23………【沛】刘辅
26………【鲁】孔僖（仲和）（注二〇）
22………（平、光）【扶风】班彪（叔皮）
——（光、和）班固（孟坚）
——班超（仲升）
——【会稽上虞】王充（仲任）
……（光、和）【会稽山阴】谢夷吾（尧卿）
——第五伦子（注廿三）
25………【京兆】第五元先
——郑玄 ……【汉中南郑】李固（注廿三甲）
35………【北海】公沙穆……王辅（注廿三乙）
30………（桓、灵）【北海西平】李咸（元卓）
28………（章）【广陵海西】徐淑（伯进）
29………（顺、献）【颍川】荀爽（慈明）
33………【东莞】綦毋君
——【琅琊】赵昱（元达）
31………（桓、灵）【河南雒阳】孟光（孝裕）（注廿四）
32………【济北刚人】戴宏（元襄）
34………闵因
36………（魏）【冯翊】严干（公卿）（注廿四）
37………（蜀）【蜀郡成都】张裔（君嗣）
38………【广汉郪】王化（伯远）（注廿五）
39………杜晖（慈明）
27………（安、灵）尹宙

（乙）

3………（光）【丰】刘嘉（孝孙）

5……… （明）【丰】刘睦

6……… （明、和）【蜀郡成都】杨终（子山）

1……… （成）【巴郡阆中】谯玄（君黄）（注四一）

——谯英

2……… （平、明）【南阳宛】任延（长孙）（注四一）

——孔驩（注四一甲）

7……… （和）【涿郡安平】崔骃（注四一）

8a——【扶风平陵】梁鸿（伯鸾）（注四二）

4……… （光、顺）【犍为武阳】张皓（叔明）

—— （光、顺）张网（文纪）（注四一）

8e……任棠（季卿）（注四二）

8………焦永——（京兆长陵）乐恢（伯奇）

——【长安】赵牧（仲师）

——何融

14………【蜀】张宁——【什邡】朱仓（云卿）

3a………（光）【弘农】辛缮

11………【昌邑】虞溥（允源）

11………李齐（注四三补）

12………丁鲂（叔河）（注四一）

13………孙炎

9………【南阳隆】娄寿（元考）（注四三）

9……… 杜真

16………【巴西安汉】陈寿（承祚）（注四一）

15………【吴郡】沈珩（仲山）

8a………【成皋】屈伯彦（注四二）

——【介休】郭泰

——【介休】宗仲

8b………郄巡（仲信）（注四二）

——【会稽上虞】魏朗（少英）

8c………郄萌

9a………【山阳防东】侯成（伯盛）（注四三）

9b………孔融（注四四）

9c………王纯（伯敦）（注四三）

16………韩益（注四五）

17………顾启期（注四五）

18………黄复（注四五）

20………丁季（注四五）



《春秋》附注：

注一、《毕表》于“《公羊》学”胡毋生前列孔子、子夏、公羊高、公羊平、公羊地、公羊敢、公羊寿七人，按，《史》、《汉》并不言公羊寿于汉初传《春秋》，兹不具录。



注二、《朱考》胡毋生弟子仅列公孙弘一人，《毕表》则列嬴公、公孙宏、褚大、段仲、吕步舒，而于褚大下注云；“此下三人归董仲舒下”，其说不同。《吴表》则更似同《毕表》而致深疑于《汉书》，其说曰：“《汉志》胡毋子都治《公羊春秋》，为景帝博士，为董仲舒同业，年老归教于齐，齐之言《春秋》者宗之，公孙弘亦颇受焉。”而董生为江都相。《史记·儒林列传》董仲舒于胡毋生之前云：“以治《春秋》，为孝景博士。”又云，“弟子遂者：兰陵褚大，广川殷忠，温吕步舒”。班固以三人皆胡毋生弟子，而入董仲舒于胡毋生传中。既云仲舒著书称其德，又云董生为江都相自有传，与他传叙弟子例同。固盖不知董学所出而阑入之也。史迁称：言《春秋》于齐鲁自胡毋生，于赵自董仲舒，盖汉初《公羊》先兴，实二家开之，异时同业，非师弟也。迁于《儒林传序》先胡而传先董者，后人刊订之错简也。瑕邱江公传属胡毋生后，且多叙董事，不伦。知当并入董传，叙中唯称申、辕、韩、伏、高、田、胡、董八师，江公不在列，考真传亦如叙之列，唯高堂生、田生属伏生传，不列标首，则亦刻误也。然则胡传当次董前，江公当附董传明矣。今据史迁胡师后增董师，亦纠班谬。今案，《吴表》以胡毋生、董仲舒“异时周业，非师弟也”，其说容是。然据李固引仲舒语：“胡毋子都贱为布衣，贫为匹夫，然而乐义好礼，正行至死，故天下尊其身而俗慕其声。甚可荣也。”（文馆《词林》六九九；唐晏撰《两汉三国学案》）则《汉书》谓仲舒著书称其德，语实不诬。《汉书》于仲舒下云“弟子遂之者，兰陵褚大，东平嬴公，广川殷仲，温吕步舒”。则褚大、嬴公等，无论其是否先事胡毋生，而四人实皆仲舒弟子则甚明，《毕表》于嬴公不归仲舒，则甚误也。按《眭弘传》云，“从嬴公受《春秋》”，又称“先师董仲舒”，弘为董仲舒再传弟子，固甚明也。《毕表》、《吴表》于仲舒下不列嬴公，而反以嬴公为胡毋生弟子，俱属舛误。《毕表》犹知以眭弘缀于仲舒下，然《眭弘传》云，“长乃变节，从嬴公受《春秋》”，恐不得逮事仲舒也。仲舒以元狩二年（前121）免胶西相，睦弘以元凤三年（前78）被杀，相距已四三年。使眭弘卒年六十，则仲舒免相之时，犹不过十七岁，恐尚未从嬴公受《春秋》也。兹定眭弘为董仲舒再传弟子，而从《汉书》、《朱考》以嬴公系仲舒下，胡毋生下则从《史记》、《朱考》列公孙弘一人，而着其说于此。

注三、《吴表》从《史记》作殷忠，云班固《汉书·儒林传》以褚大、殷仲、吕步舒为胡毋生弟子，殷形近段，忠、仲同声，盖古字作仲，实一人也。

注四、《朱考》、《毕表》并有，《唐案》以之入《严氏春秋》，误。

注五、据《史记·自序》称“余闻董生曰”，则史迁当得董生之传者，兹以司马迁系董生下。

注六、诸家漏列。按《汉书》载，广兄子受为少傅，广谓受曰："岂如父子归老故乡，以寿命终，不亦善乎？"广视受犹子也。受必传《疏氏春秋》者。

注七、《唐案》载此二人，而不列之《严氏春秋》传授之中，殊属疏舛。

注八、诸家漏列。按本传明云，治《京氏易》、《严氏春秋》、《小戴礼》。八补、参看田补。

注九、《毕表》云：《隶释·汉严欣碑》，政和中出于下邳，云治《严氏春秋》《冯君章句》。两汉传《春秋》严氏无姓冯者，盖史之阙文。今按，《后汉书·冯绲传》引谢承书，"绲学《公羊春秋》"，但不着谁家。杜佑《通典》引《公羊》说，或向高堂隆曰，昔冯君八万言章句云云，下言冯君系说《公羊春秋》者，亦不著家数，冯君或即是绲，未可和，但不敢臆断，姑附表干此。九补、参看《徐续》，依孔寅、孔稣习《严氏春秋》列此。

注十、《隶释》明云欣治《严氏春秋》，《毕表》以入治《公羊》中，殊误。

注十一、《唐案》仅列华松其人而无传，云见谢承书。

注十二、《朱考》、《毕表》并列王彦为颜安乐弟子，未知所据。

注十三、《朱考》、《毕表》并以向为泠丰弟子，未知所据。

注十四、《毕表》云，按本传言宫治《春秋》严氏，《儒林传》言颜安乐授泠丰，丰授马宫、琅邪左咸。恐当以《儒林传》为正。

注十五、江藩《隶经文·公羊先师考》云："前汉时严、颜之学盛行，皆仲舒之学也。胡毋生之弟子为公孙弘一人，余无闻焉。爰及东京，多治严氏《春秋》……治颜氏《春秋》者，惟张君夏一人，张氏兼说严氏、冥氏（冥，《后汉书》误作宣)，亦非专治颜氏之学者。至于李育，虽习《公羊》，然不知其为严氏之学欤？颜氏之学欤？"何休之师，则博士羊弼也。传称休与弼追述李育意以难二传，作《公羊墨守》，则休之学出于李育，无所谓严氏、颜氏矣。吴表《东汉传经表》则云，育意不宗严、颜，盖自为季氏学也。又曰，何休、邵公作《春秋公羊解诂》，题曰何氏学，亦不主严、颜。《唐案》则云："近代惠氏以《石经》考定何休为颜氏家言，故列之于颜氏派下。"又云："按：严氏、颜氏二家皆出于董仲舒，本一家也。然以《石经》考之，知蔡邕所书严氏本也，何休所注颜氏本也。二本间有不同，《石经》已明言之。是以《石经》于颜氏本有无不同之处，往往注出，是真歧中之歧也。"至于汉儒，习严氏者多，习颜氏者鲜，至何氏注行而严本亡矣。兹以李育、羊弼、何休并列于《颜氏春秋》中。

注十六、诸书漏列，兹据本传所云增辅。

注十七、此十三人，《毕表》似入之治《春秋》中，《唐案》尔然，案此皆系前汉时人，其时《左》、《穀》未立学官，当并为治《公羊》者也。

注十八、《唐案》列有冯豹，兹更增入冯衍，以见冯氏家学。

注十九、《唐案》伊推、申挽、宋显入《严氏春秋》中，许广则入治《公羊》中，《毕表》俱入治《公羊》中。今案，《毕表》不误。

注二〇、《唐案》孔僖入颜氏派中，殊无据。兹为订正。

注廿一、诸书不列范升，案《升传》言左氏不祖孔子，亦当为治《春秋》学者，兹入吾表。

注廿二、《唐案》以班超入治《公羊》中，而以班固入治《春秋》中。今案，班固非尚古学者，宜入治《公羊》中，其传《春秋》，当亦家学，故增班彪一人。《王充传》云："师事班彪。"今案，充不传班氏《夏侯尚书》、《齐诗》之学，兹列于此。谢夷吾荐充才，充于《春秋》，盖传彪之学矣。

注廿三、《唐案》有谢夷吾，其本传云，第五伦遣子从受《春秋》，兹更增入第五伦子。廿三甲、据《公馆词林》补。廿三乙、据本传增。

注廿四、《毕表》三人入治颜氏中，殊无据，兹从《唐案》。

注廿五、诸书漏列。

注廿六、《毕表》申公前列有孔子、子夏、谷梁赤、孙卿四人，说未可信。兹以申公为始。

注廿七、《朱考》、《唐案》江生弟子有刘向，《毕表》漏，非是。

注廿八、《唐案》以申章为一人，昌曼君为一人，殊为巨谬，辨已详明。



注廿九、《唐案》于《穀梁》派列有王龚、庸潭、严彭祖、夏侯胜、韦贤、史高诸人，案，王龚、庸潭、严彭祖、夏侯胜、韦贤、史高之治《穀梁》，史无明文。《毕表》于王亥前亦列史高，兹并此六人不入表，以符史实。

注三〇、《唐案》治《穀梁》有贾逵，兹从李育不入《左氏》，马融不入治《公羊》之例，不录入表。



注三一、《毕表》于张苍前列孔子、左邱明、曾申、吴起、吴期、铎椒、虞卿、荀卿八人，兹从略。又《朱考》、《毕表》并以张苍传贾谊，《毕表》云，按，《梁书·武帝答刘之遴诏》云："张苍之传《左氏》，贾谊之袭荀卿。"则《左传》亦渊源于荀卿，疑即张苍所授。今按，张苍传贾谊之说，《汉书·儒林传》并无明文，兹不从朱、毕说。

注三二、《朱考》以贾公为贾嘉弟子，以从《经典释文》。《毕表》则以贾嘉、贯公并列于贾谊下，与《汉书》合。兹从《毕表》。

注三三、《朱考》、《毕表》以张敞为贯长卿弟子，此《经典释文》之说，与《汉书》不合，兹不从。

注三四、《毕表》以田终术列方进下，按田终术从方进学星历，不必为《左氏》也。兹姑从《毕表》而附列于此。

注三五、《毕表》但以孔奋列为刘歆弟子，今按，奋弟奇亦治《左氏》者，当亦为歆弟子，兹列奇以缀歆下。

注三六、《释文》有堂溪典受《左氏春秋》于贾逵之孙伯升之说，兹缀伯升等于逵下，以明其传。

注三七、《朱考》云，按刘歆书有鲁国柏公，《毕表》亦列有柏公。今按，依刘歆书，“柏”相实作“桓”。

注三八、《朱考》治《左氏》者列有严彭祖、房凤，《毕表》并略去。今案，彭祖治《公羊》，固不当列。若房凤则与王龚同为助歆者，既列王龚，则当列房凤也。

注三九、《尹敏传》明云“善《左氏春秋》”，诸书漏列，

注四〇、诸书漏列。

注四一甲、据《姚拾》补。

注四一、诸书漏列。

注四二、参看《田补》。

注四三、参看《徐续》。四三补、参看《顾补》。

注四四、参看《钱补》。

注四五、参看《钱补》。

《通志·氏族略》：虢广

# 六　《论语》

## （一）

………（宣、元）【琅琊皋虞】王吉（子阳）

——（宣、成）【河内】张禹（子文）

——班伯

………宋畸

……（元）【琅琊】贡禹（少翁）

………五鹿充宗（君孟）

………【胶东】庸生

——张禹

——【扶风】班伯

………【琅琊】王卿

## （二）

………龚奋

………【东平】夏侯胜（长公）

………【东海兰陵】萧望之（长倩）

——【鲁】朱云（游）

——【族子】夏侯建（长卿）

——【河内】张禹（子文）

——【扶风】班伯

………（昭、宣）【邹】韦贤（长孺）

——（元）韦玄成（少翁）

………【鲁】扶卿

………【琅琊皋虞】王骏

………【长安】右师细君

——（平、明）【会稽曲阿】包咸（子良）

——包福

——黄说子

**（三）**

【鲁】孔腾（子襄）

………孔安国（子国）

………【汝南召陵】许慎（叔重）

**（四）**

………【涿郡高阳】王尊【子赣】

……盍氏

………【南阳堵阳】尹敏（幼季）

……毛氏

……【代】范升（辨卿）……周氏

………【豊】刘辅

………【扶风平陵】贾逵（景伯）

………【河南开封】郑众（少师）

………（扶风茂陵）马融（季长）

——【北海高密】郑玄（康成）

………【扶风茂陵】马续（季则）

………【颍川】荀爽（兹明）

——○——荀顗（景倩）

………【任城樊】何休（邵公）

………【汝南安城】周燮【彦祖】
………【南阳】樊安（子佑）
………【敦煌】周生烈（文逸）
………武荣（含和）
………【江源】李几（孟元）（《华阳国志》卷十上）
………麻达（《经义考》卷二百十一：汉有麻达注《论语》。）
………【东海兰陵】王肃（子雍）
………【青州乐安】孙邕（宗儒）
………【荥阳】郑冲（文和）
………曹羲
………【宛】何晏（平叔）
………【山阳】王弼（辅嗣）
………【颍川许】（陈群）
………【汝南南顿】程秉（德枢）
………【清河东武】崔琰（季珪）
………【南阳】许慈（仁笃）
………【巴西西充】谯周（允南）
………【会稽】虞翻（仲翔）
………【彭城】张昭（子布）
………【云阳】韦昭（宏嗣）

# 七　《孝经》

## （一）

……董仲舒

……长孙氏

……瑕邱江公

……【东海郯】后仓（近君）

——【东海承】匡衡（稚圭）

——【东海下邳】翼奉（少君）

……【河内】张禹（子文）

## （二）

【河间】颜芝 ——【子】贞

【鲁】孔腾（子襄）………孔安国（子国）

## （三）

………王玄………孙熙

附注一：依《侯补》录入

## 八　《孟子》

………【京兆长陵】赵岐（邠卿）

………【豫章南昌】程曾（秀升）

——顾奉

………【北海】刘熙（成国）

………【北海高密】郑玄（康成）

………【涿】高诱

………刘复（一）

附注：一、依《顾补》录。

# 九　《尔雅》

………郭舍人

………【豊】刘歆（子骏）

………樊光

………李巡

………【乐安】孙炎（叔然）（一）

附注：一、依《田补》录。

## 十　群经

………【邛】胡安

　　——司马相如

………林闾翁（孺）

　　——【蜀郡成都】扬雄（子云）

　　——【巨鹿】侯芭

………【扶风】吕叔公

………【南阳】朱明叔

　　——【梓潼】杨克（盛国）

………【颍川】白仲职

………【汉中南郑】李颉

　　——李合（孟卿）

　　　　——李固（子坚）

　　　　　　——渤海王调

　　　　　　——【朗陵】郭亮（恒直）

　　　　　　——【颍川】杜访

　　　　　　——【河内】赵承

　　　　　　——【汝南】郑遂

　　　　　　——王成

　　　　　　　　——李燮（德公）

　　　　——李历（季子）

　　　　——【上党】冯胄（世威）

………【彭城广戚】姜肱（伯淮）

——【陈留】刘操

………【汝南平舆】陈蕃（仲举）

——【会稽】周昕（大明）

………【颍川颍阴】荀淑（季和）

——李固

——【襄城】李膺（元礼）

——【蜀郡】景顾

——【浚仪】符融（伟明）

………【安平观津】乐隐

——【安平观津】牵招（子经）

——史路

………【东海】申君

——【济北】戴封（平仲）

………【南阳】樊英（季齐）

——【陈郡阳夏】郄巡

——【颍川许】陈实（仲弓）

——【太原】王烈

——荀爽

——贾彪

——李膺（元长）

………【扶风郿】法真（高卿）

——【陈留外黄】范冉（史云）

………【山阳湖陆】度尚（博平）

——【颍川阳翟】邯郸淳（子礼）

………皇象

——张融

——张温

………郄仲信

——【上虞】魏朗（少英）

………【成皋】屈伯彦

——【介休】郭泰（林宗）

………【平陵】窦武（游平）

——【桂阳】胡腾

……何苌

——杨班

——罗衡

………杨序

——侯柞

……周循

……郑伯山

——杨统

——寇欢

……【汝南召陵】许慎（叔重）

………杨宣

——严象

……【汝南南顿】应奉（世叔）

——尹珍（道真）

——昭绚

……【会稽】焦贶

——【山阴】郑宏（巨君）

——赵翘

……韩子方

——张贞

………樊志张

——【南郑】卫衡（伯梁）

……祝恬——【江夏竟陵】刘焉（君郎）

………【颍川】司马徽（德操）

——【宜城】向朗（巨达）

……濮阳闿

——韩宗

——【广汉】张纮

——【汝南】赵达

——尹默——尹宗

——李仁——李譔

………【京兆】挚恂（季直）

——【扶风茂陵】马融（季长）

——【涿】卢植（子干）

——刘德然

——【涿】高诱

——公孙瓒

——【南阳犨】延笃（叔坚）

——马日磾（翁叔）

——范冉（史云）

——杨克

——郑玄（康成）

——郄虑等十五人（注一）

——孙炎（叔然）

——刘宣

——公孙方

——孙皓

——【汝南南顿】程秉（德枢）

——马昭

………【襄阳】杨虑

——许洗
………【陈留】韩子助
——邴原
………【长安】栾文博
——石德林
………【余汉】张遐
——诸葛瑾
——陆逊
………黄生
………公孙臣
………公孙光
………狄山
………【杜陵】张安世（子孺）
………桑迁
………【泰山刚】郑昌（次卿）
………【泰山刚】郑宏（穉卿）
………金涉
………金钦
………夏侯常
………第八矫
………【济南】王咸
………【琅琊】纪逡（王思）
………【齐】薛方（子容）
………【太原】郇越
………【太原】郇相（稚宾）
………【齐】栗融（容卿）
………【北海】禽庆（子夏）
………【北海】苏章（游卿）

………曹竟（子期）
………【琅琊】左咸
………郑崇
………郑立【郑崇弟】
………【河内】王仲翁
………【温】傅喜（稚游）
………【东海】申咸
………赣遂
………张安
………阎崇
………驱胜
………薛顺
………【扶风】班斿【班伯弟】
………【扶风】班嗣
………胥君安
………【天水成纪】隗嚣（季孟）
………吴柱
………【丰】刘复【临邑侯】
………【丰】刘毅【平望侯】
………【丰】刘騊駼【刘复子】
………【丰】刘敏【甘里侯】
………【茂陵】董崇
………【新野】邓嗣
………【南阳舞阴】贾宗（孺武）
………【宛】朱佑（仲先）
………郭凉
………【平陵】窦瓌
………【扶风平陵】窦章（伯向）

………【南阳宛】刘宣（子高）

………黄景

………【长安】宋汉（仲和）

………【湿阴】襄楷（公矩）

………席广

………【新野】阴嵩

………【乌氏】梁松（伯孙）

………【乌氏】梁扈（松子）

………【桂阳】刘常

………【东莱】司马均（少宾）

………【陈】汝郁（叔异）

………张佚

………成封

………【沛国蕲】赵孝（长平）

………【丰】刘般（伯兴）

………【燕】赵畅

………赵咨

………【京兆】郭基

………【宛】朱晖（文季）

………【宛】朱颉【晖子】

………【南阳】赵康（叔盛）

………【庐江舒】周荣（平孙）

………周兴

………【颍川阳翟】郭禧

………陈宠

………赵博

………【下邳淮浦】陈球（伯真）

………【南郡湖陆】单扬（武宣）

………钟仪
………【会稽山阴】贺纯
………【蜀郡成都】赵戒（志伯）
………【蜀郡成都】赵典
………耿伯
………王允
………【高唐】刘瓆（文理）
………成瑨（季明）
………羊陟
………【瑕邱】檀敷（文有）
………【颍川鄢陵】庾乘（世游）
………【晋阳】王泽（季道）
………【陈留考城】仇览（季智）
………【余姚】黄昌（圣真）
………良史
………袁遗
………【缑氏】孙堪（子稺）
………（光）【琅琊】徐业
………【江夏安陆】黄香（文强）
………刘梁
………鲁平
………【陈留】李充（大逊）
………【沛国谯】华佗（元化）
………【南阳叶】高凤（文通）
………谢廉
………赵建
………周仲文
………薛苞

………【汉中成固】陈纲（仲卿）

………陈宗

………【蜀郡梓潼】寇祺（宰朝）

………【蜀郡涪】王晏（叔博）

………尹方

………陈髦

………【扶风】士孙端（君策）

………【昆明】许叔

………【上党】良夔（惟和）

………（和）【郁林州】养奋

………贸充国（德卿）

………环济

………玄沂

………左立

………孙表

………黄伯思

………赵陟

………刘宏

………张文

………苏陵

………傅桢杂

………侯瑾

………郭整

………卫嵩

………逢汾

………逄丝

………【昌邑】凉茂（伯方）

………【巨鹿】张瑧（子明）

………【颍川】胡昭（孔明）
………【天水】薛夏（宣声）
………【郑】卑湛
………【东海】缪斐（文雅）
………【任城】孙该（公达）
………傅祇
………澹台恭
………比人交
………【魏郡】胡潜（公兴）
………【汉中】陈术（仲伯）
………【阴济】马普
………盛冲
………【南阳岑棘】岑晊（孝公）（注二）
………【京兆】王况（高卿）
………【沛国蕲】施延（君子）
………【河内武德】王奂（子昌）
………【汝南南顿】蔡玄（叔陵）
………【齐临淄】邹阳
………【山阳】龚遂（少卿）
………【九江寿春】召信臣（翁卿）
………【京兆杜陵】韩延寿（长公）
………【琅琊】诸葛丰（少季）
………【扶风平陵】王嘉（公仲）
………【东海兰陵】毋将隆（君房）
………【颍川颍阳】祭遵（弟孙）
………【冯翔栎阳】景丹（孙卿）
………【河内怀】蔡茂（子礼）
………【南阳穰】郭丹（少卿）

………【扶风郿】井丹（大春）
………【南阳】樊准（幼陵）
………【汉中南郑】李法（伯度）
………【汝南项】蔡衍（孟喜）
………【东莱牟平】刘丕
………【东莱牟平】【丕子】刘宠（祖荣）
………【陈留考城】史弼（公谦）
………【河间乐成】刘淑（仲承）
………【汝南细阳】范滂（孟博）
………【魏郡邺】霍谞（叔智）
………【陈留外黄】爰咸（季平）
………【吴郡吴】陆康（季宁）
………【东海郯】刘虞（伯安）
………【太原晋阳】王昶（伯舒）
………【天水冀】姜维（伯约）
………【吴郡武进】华核（永先）
………孙晨（元公）（注二）
………杜安（伯夷）（注二）

附注：

一、郄虑等十五人已见《易》。

二、依《田补》录。

# 《传经表》附录

## 通二经诸儒

主父偃　《易》《春秋》
刘昆　《施易》《礼》
夏牙　《孟易》《韩诗》
夏恭　《孟易》《韩诗》
任安　《孟易》《小夏侯尚书》
杜微　《孟易》《小夏侯尚书》
杨厚　《孟易》《小夏侯尚书》
五鹿充宗　《梁丘易》《论语》
杜晖　《梁丘易》《公羊春秋》
孙期　《京易》《古文尚书》
宗资　《京易》《欧阳尚书》
韦著　《京易》《韩诗》
李郃　《京易》《公羊春秋》
董春　《京易》《古文尚书》
陆瑁　《京易》《尚书》
关中田君　《京易》《韩诗》
王璜　《费易》《古文尚书》
朱云　《易》《论语》
李生　《易》《尚书》
贾复　《易》《尚书》

邓宏　《易》《尚书》
邓甫德　《易》《欧阳尚书》
董扶　《易》《欧阳尚书》
虞翻　《易》《论语》
黄琼　《易》《尚书》
王弼　《易》《论语》
何晏　《易》《论语》
董遇　《易》《左氏春秋》
钟繇　《易》《左氏春秋》
徵崇　《易》《左氏春秋》
丁鲂　《易》《韩诗》
谯玄　《易》《春秋》
谯英　《易》《春秋》
杜真　《易》《春秋》
李孟元　《易》《论语》
皇甫规　《易》《诗》
郭思　《易》《春秋》
王基　《易》《诗》
度尚　《京易》《古文尚书》
韩宗　《京易》《欧阳尚书》
夏侯建　《尚书》《论语》
何随　《欧阳尚书》《韩诗》
廖扶　《欧阳尚书》《韩诗》
张驯　《大夏侯尚书》《左氏春秋》
杜琼　《夏侯尚书》《韩诗》
杜林　《古文尚书》《左氏春秋》
卫宏　《古文尚书》《毛诗》
徐敖　《古文尚书》《毛诗》

徐巡　《古文尚书》《毛诗》
孔子建　《古文尚书》《毛诗》
梅福　《古文尚书》《榖梁春秋》
贾嘉　《尚书》《春秋》
王尊　《尚书》《论语》
孙宝　《尚书》《公羊春秋》
刘嘉　《尚书》《春秋》
伏理　《尚书》《齐诗》
刘陶　《尚书》《春秋》
夏承　《尚书》《诗》
常勖　《尚书》《毛诗》
士燮　《尚书》《左氏春秋》
申公　《鲁诗》《春秋》
江生　《鲁诗》《孝经》
卓茂　《鲁诗》《礼》
右师细君　《鲁诗》《论语》
包咸　《鲁诗》《论语》
陈重　《鲁诗》《颜氏春秋》
翼奉　《齐诗》《论语》
匡衡　《齐诗》《论语》
乐恢　《齐诗》《春秋》
赵牧　《齐诗》《春秋》
鲁骏　《鲁诗》《颜氏春秋》
韩婴　《韩诗》《易》
韩商　《韩诗》《易》
涿郡韩生　《韩诗》《易》
公沙穆　《韩诗》《公羊春秋》
冯绲　《韩诗》《严氏春秋》

陈修　《韩诗》《穀梁春秋》
崔琰　《韩诗》《论语》
祝睦　《韩诗》《严氏春秋》
郅恽　《韩诗》《严氏春秋》
东平田君　《韩诗》《孝经》
贯长卿　《毛诗》《左氏春秋》
宗广　《诗》《穀梁春秋》
丙吉　《诗》《礼》
耿弇　《诗》《礼》
冯豹　《诗》《礼》
宋均　《诗》《礼》
李毅　《诗》《礼》
孟卿　《礼》《春秋》
杜宽　《礼记》《论语》
郑小同　《礼》《孝经》
贡禹　《公羊春秋》《论语》
唐固　《公羊春秋》《穀梁春秋》
虞俊　《公羊春秋》《左氏春秋》
尹更始　《穀梁春秋》《左氏春秋》
尹咸　《穀梁春秋》《左氏春秋》
房风　《穀梁春秋》《左氏春秋》
韩歆　《左氏春秋》《费易》
陈元　《左氏春秋》《费易》
周生烈　《左氏春秋》《论语》
张昭　《左氏春秋》《论语》
孔乔　《左氏春秋》《左氏春秋》
张楷　《古文尚书》《严氏春秋》

## 通三经诸儒

司马迁　《易》《尚书》《春秋》

张禹　《施易》《论语》《孝经》

景鸾　《施易》《齐诗》《礼记》

胡硕　《孟易》《欧阳尚书》《韩诗》

范升　《梁丘易》《论语》《孝经》

崔駰　《京易》《齐诗》《春秋》

雀瑗　《京易》《齐诗》《春秋》

徐穉　《京易》《欧阳尚书》《严氏春秋》

唐檀　《京易》《韩诗》《颜氏春秋》

杜乔　《京易》《欧阳尚书》《韩诗》

刘尧　《京易》《欧阳尚书》《韩诗》

杨震　《京易》《欧阳尚书》《鲁诗》

杨秉　《京易》《欧阳尚书》《鲁诗》

任延　《易》《诗》《春秋》

周霸　《易》《尚书》《鲁诗》

王符　《易》《尚书》《鲁诗》

荀悦　《易》《齐诗》《春秋》

辛缮　《易》《诗》《春秋》

袁准　《周易》《诗传》《论语》

孔霸　《夏侯尚书》《鲁诗》《春秋》

孔光　《夏侯尚书》《鲁诗》《春秋》

李寻　《易》《夏侯尚书》《齐诗》

班伯　《夏侯尚书》《齐诗》《论语》

胡常　《古文尚书》《穀梁春秋》《左氏春秋》

孔僖　《古文尚书》《毛诗》《春秋》

周盘　《古文尚书》《诗》《左氏春秋》

刘祐　《古文尚书》《礼》《严氏春秋》
陆贾　《尚书》《诗》《穀梁春秋》
贾谊　《尚书》《诗》《左氏春秋》
马续　《尚书》《诗》《论语》
韦玄成　《鲁诗》《礼》《论语》
后仓　《齐诗》《礼》《论语》
萧望之　《齐诗》《礼》《论语》
濮阳闿　《韩诗》《礼记》《左氏春秋》
江公　《鲁诗》《穀梁春秋》《论语》
诸葛瑾　《毛诗》《尚书》《左氏春秋》
程遐　《毛诗》《尚书》《左氏春秋》
韦昭　《毛诗》《论语》《孝经》



**通四经诸儒**



徐淑　《孟易》《周礼》《礼记》《公羊春秋》
杨赐　《京易》《欧阳尚书》《鲁诗》《左氏春秋》
延笃　《易》《尚书》《礼》《左氏春秋》
周燮　《易》《礼》《诗》《论语》
孔安国　《尚书》《诗》《论语》《孝经》
韦贤　《尚书》《鲁诗》《礼》《论语》
夏侯胜　《夏侯尚书》《齐诗》《礼》《论语》
庸谭　《古文尚书》《穀梁春秋》《左氏春秋》《论语》
贾徽　《古文尚书》《毛诗》《周礼》《左氏春秋》
高诱　《尚书》《诗》《礼》《孟子》
卢植　《尚书》、三《礼》
陈寿　《尚书》、《春秋》三传
武荣　《鲁诗》《左氏春秋》《论语》《孝经》
樊安　《韩诗》《礼》《论语》《孝经》

常骞　《毛诗》、三《礼》

文立　《毛诗》、三《礼》

司马胜之　《毛诗》、三《礼》

**通五经诸儒**

董仲舒　《儒林传》："仲舒通五经，能持论，善属文。"

夏侯始昌　"通五经，以《齐诗》、《尚书》教授"。

褚大　通《五经》，从胡毋生治《春秋》。

龚胜　通五经。

龚舍　通五经，以《鲁诗》教授。

桓谭　遍习五经，皆诂训大义，不为章句。

鲁丕　兼通五经，以《鲁诗》、《尚书》教授。

鲁恭

魏应　本传："会京师诸儒于白虎观，讲论《五经》同异。"

丁鸿　与桓郁、贾逵等论定五经同异于白虎观。

张霸　从樊儵受严氏《公羊春秋》，遂博览五经。

张恭祖　通《古文尚书》、《韩诗》、《周礼》、《礼记》、《左氏春秋》。

姜肱　博通五经，兼明星纬。

张衡　通五经，贯六艺。

申屠蟠　博贯五经，兼明图纬。

刘淑　明五经，讲授诸生常百余人。

蔡玄　学通五经，门徒常千人，其著录者万六千人。

李郃　通五经，善河洛风星。

樊英　习京氏《易》，兼明五经。

韩说　博通五经，尤善星纬之学。

井丹　少受业太学，通五经。

法真

王况　《谢承书》："该总五经，志节高亮。"

胡广　同上：学究五经，古今艺术皆毕览之。

施延　同上：明于五经，星官风角靡有不综。

朱穆　同上：少有英才，学明五经。

刘虞　同上：学通五经。

王奂　同上：明五经，负笈追业。

李固　同上：学五经，积十余年，博览古今。

李咸　通《鲁诗》、三《礼》、《公羊春秋》。

尹默　学通五经，尤精《左氏春秋》。

王化　通《毛诗》、三《礼》、《公羊春秋》。

李仁　通《古文易》、《毛诗》、三《礼》。

刘表　撰定《五经章句》。

魏朗　从博士郄仲信学《春秋》、图纬，又诣太学受五经。

折像　《时人为折像宾客谚》曰："折氏客谁？朱云卿。段节英。中有佃子赵仲平。但说天文论五经。"

严畯　通《尚书》、三《礼》。

任嘏　"诵五经，皆究其义"（嘏别传见《王昶传》注）。

王朗　通《易》、《欧阳尚书》、《周礼》、《春秋》、《孝经》。

桓郁　与丁鸿、贾逵等论定五经同异于白虎观。

樊儵　与公卿杂定封禅礼仪，以谶记正五经异说。

周举　博学洽闻，为儒者宗。京师语曰："五经纵横周宣光。"

**通六经诸儒**

郑宽中　本传："总五经之眇论。"

王吉　兼通五经，能为《邹氏春秋》，以《诗》、《论语》教授。

刘向　著有《五经要义》五卷，见《旧唐书》，又《孟子注》见《文选注》。

扬雄

郑众　通《费易》、《毛诗》、《周礼》、《左氏春秋》、《论语》、《孝经》。

尹敏　通《古文尚书》、《毛诗》、《左氏春秋》、《穀梁春秋》、《论语》。

雷义　通《鲁诗》、《颜氏春秋》、三《礼》。

程曾　本传："著书百余篇，皆五经通难，又作《孟子章句》。"

程秉　博通五经，著《周易摘》、《尚书驳》、《论语弼》，凡三万余言。

蔡邕　与五官中郎将堂谿典，光禄大夫杨赐，谏议大夫马日磾，议郎张驯、韩说，太史令单扬，奏求正定六经文字。

谯周　本传："研精六经，尤善书札。"

## 通七经诸儒

张宽

刘辅　善说《京氏易》、《孝经》、《论语传》及图谶，作《五经论》，时号之曰《沛王通论》。

班固　博贯载籍，九流百家之言，无不穷究……缀集所闻，以为《汉书》。……傍贯《五经》，上下洽通。

贾逵　通《古文尚书》、《大、小夏侯尚书》、《毛诗》、《周礼》、《穀梁春秋》、《左氏春秋》。

李育　与诸儒讲五经异同于白虎观。

许慎　与诸儒讲五经异同于白虎观。

荀爽　通《易》、《尚书》、《诗》、《礼》、《公羊春秋》、《左氏春秋》、《论语》。

杨充　《梓潼志》："受古学于扶风马季长、吕叔公、南阳朱明叔、颍川白仲职，精研七经。"

赵典　《谢承书》："典学孔子《七经》、《河图》、《洛书》，内外艺术，靡不贯综。"

许慈　通《郑氏易》、《尚书》、《毛诗》、三《礼》、《论语》。

李譔　通《古文周易》、《尚书》、《毛诗》、三《礼》、《左氏春秋》。

**通八经诸儒**

刘歆　通《易》、《尚书》、《诗》、《周礼》、《公羊春秋》、《左氏春秋》、《穀梁春秋》、《尔雅》。

孙炎　通《易》、《毛诗》、《周礼》、《礼记》、《春秋》三传、《尔雅》。

**通九经诸儒**

王肃　通《易》、《尚书》、《诗》、三《礼》、《左氏春秋》、《论语》、《孝经》。





**通十经诸儒**

何休　本传："精研《六经》，世儒无及者……作《春秋公羊解诂》……又注训《孝经》、《论语》、风角七分……作《公羊墨守》、《左氏膏肓》、《穀梁废疾》。"六经加《论语》、《孝经》、《左氏》、《穀梁》是通十经也。

**通十一经诸儒**

马融　《周易》、《尚书》、《诗》、三《礼》、《左氏》、《公羊》、《穀梁》、《论语》、《古文孝经》。

**通十二经诸儒**

郑玄　从第五元通《京氏易》、《公羊春秋》，又从张恭祖受

《周官经》、《礼记》、《左氏春秋》、《韩诗》、《古文尚书》，凡玄所注《周易》、《尚书》、《毛诗》、《仪礼》、《礼记》、《论语》、《孝经》，又著《六艺论》、《驳许慎五经异义》、《答林孝存周礼难》，又针《左氏膏肓》，发《公羊墨守》，起《榖梁废疾》，又《周礼疏》引玄《尔雅注》，玄实通《易》、《书》、《诗》、三《礼》、《春秋》三传、《论语》、《孝经》、《尔雅》十二经。

国家出版基金项目
NATIONAL PUBLICATION FOUNDATION

『十四五』时期国家重点出版物出版专项规划项目

# 张西堂文集

卷四

张西堂 著
张铭洽 编

陕西新华出版传媒集团
三秦出版社

# 《张西堂文集》卷四

## 目录

### 《诗经》六论


自序 …………………………………………………………… (1945)

一　《诗经》是中国古代的乐歌总集 ………………… (1948)

二　《诗经》的思想内容 ………………………………… (1966)

三　《诗经》的艺术表现 ………………………………… (1997)

四　《诗经》的编订 ……………………………………… (2023)

五　《诗经》的体制 ……………………………………… (2042)

六　关于《毛诗序》的一些问题 ……………………… (2061)


### 《尚书》引论


自序 …………………………………………………………… (2089)

一　《尚书》之名义 ……………………………………… (2095)

二　《尚书》之起源 ……………………………………… (2100)

三　《尚书》之删述 ……………………………………… (2111)

四　《尚书》之类别 ……………………………………… (2121)

　　(一) 伏生之今文《尚书》 ………………………… (2121)

（二）西汉所得之《泰誓》 …………………………… (2130)
（三）孔壁之古文《尚书》 …………………………… (2140)
（四）河间献王之古文 ………………………………… (2150)
（五）张霸之伪《百两篇》 …………………………… (2151)
（六）杜林之漆书古文 ………………………………… (2153)
（七）刘陶之《中文尚书》 …………………………… (2157)
（八）梅赜所上伪孔传本 ……………………………… (2157)
（九）姚方兴所上《舜典孔传》本 …………………… (2161)
（十）刘炫所上姚书《舜典》本 ……………………… (2162)
五　《尚书》之篇第 ………………………………………… (2168)
（一）伏生今文《尚书》之篇第 ……………………… (2168)
（二）孔壁古文《尚书》之篇第 ……………………… (2201)
（三）梅赜伪《孔传》本之篇第 ……………………… (2214)
六　《尚书》之考证 ………………………………………… (2217)
（一）伪《孔传》本之伪证 …………………………… (2217)
（二）孔壁古文《尚书》之伪证 ……………………… (2250)
（三）今文《尚书》之考证 …………………………… (2260)
（四）关于《书序》的问题 …………………………… (2293)
附录：
《尚书》逸文 ………………………………………………… (2297)
（一）有篇名及可审知其篇名者 ……………………… (2297)
（二）引有《虞书》、《夏书》、《商书》、《周书》者
…………………………………………………………… (2305)
（三）引有《书》曰，《尚书》曰者 ………………… (2309)

(四) 疑为《尚书》逸文者 …………………………(2310)
参考书目 …………………………………………(2312)

## 《春秋》六论

前言 ……………………………………………(2319)
《春秋》旨要论第一 ……………………………(2320)
《春秋》正名论第二 ……………………………(2332)
《春秋》慎微论第三 ……………………………(2343)
《春秋》原心论第四 ……………………………(2354)
《春秋》安仁论第五 ……………………………(2362)
《春秋》经世论之六 ……………………………(2374)

## 目录学四论

一 论目录之起源 ……………………………(2393)
二 论目录之功用 ……………………………(2398)
三 论书目之体例 ……………………………(2406)
四 论(阙) …………………………………(2416)

# 《诗经》六论

# 自序

这里搜集的六篇论文，有的是我 1931 年到 1933 年在武汉大学讲授《诗经》时写的，有的是我 1953 年到 1956 年在西北大学讲授《诗经》时写的，现在把它们收集成册，命名为《诗经六论》，以供读者们参考指正。

现在我把每篇的重点提出如下：

第一篇，《诗经是中国古代的乐歌总集》。是 1955 年我将 1934 年发表于《北平师大月刊》第十四期的《诗三百篇之诗的意义及其与乐之关系》一文删去前半改写而成的。目的是从一般的诗歌的起源、《诗》三百篇的采删、《风》诗之决非徒歌、古代歌舞的关系、古代“诗”、“乐”的关系来证明《诗经》所录当全为乐歌。这一问题有许多人已经说过，也有一些人认为这是对的，但是现在还有人以为《雅》、《颂》的诗不全是乐歌。我们从《墨子·公孟》篇“诵诗三百，弦诗三百，歌诗三百，舞诗三百”的话看来，先秦的人，是认为《诗》三百篇全都可以弦诵歌舞，全为乐歌，墨家是非儒的，可见“《诗》三百五篇，夫子皆弦歌之”，决非儒家所造的谣言。

第二篇，《诗经的思想内容》。我着重在分析《风》诗。关于劳动生产的 10 首、关于恋爱婚姻的 72 首、关于政治讽刺的 40 首、爱国主义诗篇 5 首，其他的杂诗 16 首，剩余的应当是统治阶级的作品。这样分类不过是我个人初步研究的结果，在现在也很难取得一致的看法，但不能不这样地尝试探讨。《风》诗绝大部分来自民歌，我们应当着重分析。关于《雅》、《颂》我也着重就其中一些篇来进行了分析，其余的只好从略。近来谈《诗经》人民性的人很多，但是忘了提出《鹑之奔奔》这首具有极强烈的人民性的诗，在古代是起了教育人民的作用的。我引用王先谦《诗三家义集疏》所引诸家之说来特为阐明。关于《鸱鸮》也多为旧说所迷误，我提出从宋儒以及王夫之、袁枚等都已认《金縢》为伪篇，足见旧说不可信，《鸱鸮》是一首富有强烈的人民性的诗是很明显的了。在这一篇中，我没有多少创见，多半倚傍旧说，稍为变动，如旧说实系谬误，我才改立新说，但我自信我没有立异以为高。



第三篇，《诗经的艺术表现》。主要是要从艺术的角度上来评价《诗经》这部现实主义作品高度的艺术成就。过去研究《诗经》的学者，多从赋比兴或双声叠韵的角度来谈《诗经》的艺术，现在我改从新的文艺理论及民歌表现方法的角度来谈这一方面的问题。分为八项：一、概括的抒写；二、层叠的铺叙；三、比拟的摹绘；四、形象的刻画；五、想象的虚拟；六、生动的描写；七、完整的结构；八、艺术的语言。对于一些思想性强的诗，如《七月》诸诗也从艺术的角度予以分析，并引用了汤姆生的《论诗歌源流》，从音乐角度上来考察《诗经》的层叠铺叙。在《形象的刻画》与《想象的虚拟》两节中，引用了姚际恒、方玉润诸人的说法以及与唐宋诗词作了说明与对比。关于《诗经》的篇章结构和修辞格等也都作了详细的介绍。不过这也只是初步研究的结果，而且在这短短的篇幅中，不能对《诗经》的重要篇章作专门分析。希望我们从事《诗经》研究的人，能作更进一步的探讨。



第四篇，原名《采诗删诗辨》，是在武大时写的，主要谈采诗删诗的问题。关于采诗，我提出古代的种种说法，采诗之人不同，采诗之时不同，其方式也不同，足见古无定制，采诗之说并不可信。关于删诗，朱彝尊驳斥了《史记》“取可施于礼义”之说，我更证明《史记》“去其重”之说亦不可信，并利用了王崧《说纬》以及康有为、崔适之说来作证明，足见删诗不可信。诗的起源，本与音乐有关，诗的采集，本是乐师的事，孔子弦歌之本，应即当时乐师传出之本。我们从这一点也可以看出孔子本无删诗之事。《墨子》引书，多与儒家不同，而说“诵诗三百，弦诗三百”与儒家同，也可以证明《诗》的流传在孔子时，只有三百五篇，孔子并无删诗之事。

第五篇，原名《说南、风、雅、颂》，是 1953 年写的。重要论点是从《诗经》来证明南、雅、颂都是乐器，风是声调的意思，《诗》三百篇全是乐歌，风的伴奏也是应当有乐器的，不过不一定是特殊的乐器（可能是类似于笙、竽、箫、埙等等一类吹奏乐器），难以举出是哪一种。从音乐是诗的形式考虑，我不赞成打破南、风、雅、颂原来的区分。至于二《南》与《国风》的不同，在《吕氏春秋·音初》篇所说的“周公、召公取风焉，以为《周南》、《召南》”尚不以南为地名，我们知道，《吕氏春秋》是集体的创作，儒家色彩很重，如“南”也是国风的一种，他们就当以“南”为地名了。《周南》、《召南》既不是国名，地域也难划分，我们不应当随便地与《国风》混为一谈。

第六篇，原名《毛诗序略说》，是在武大时写的。主要是在说明《毛序》的名称、作者以及《毛序》之种种谬妄。

我虽然这多少年来每年都讲《诗经》，但对这方面的知识还是感觉很不够的；我的理论水平很低，在各篇中不免有错误，希望读者不客气地批评指正。

1957 年 4 月 14 日

## 一　《诗经》是中国古代的乐歌总集

现在我们大家都说，《诗经》是中国古代的一部诗歌总集，这一句话是不能表现出《诗经》的本来面目的。《诗经》是中国古代的一部乐歌总集，用一句话说得更明显些，《诗经》是中国秦汉以前的《乐府》；正如《乐府》一样，《诗经》中的诗歌，绝大部分是来自各地方的民歌。这些民歌，是来自广大劳动群众的最底层，是劳动人民大众的作品；或是接近劳动人民而为劳动人民所喜爱的作品。这些诗歌，歌唱着他们的劳动生活、他们的思想、他们的情感、他们对于统治阶级的愤怒与斗争，是具有极丰富的思想内容的。这些诗歌，因为从他们日常生活中产生，从他们口头上流传，多半是一些比较优秀的作品。在这里面，他们对于生产真实的描写，人物形象的刻画，情节表现的生动，语言运用的巧妙，是具有极优越的艺术形式的。这是《诗经》之所以是在基本上具有现实主义精神与熟练艺术技巧的一部中国古代诗歌总集，是我们中国古代的最有价值的一部文学遗产。

《诗经》的流传，从周初到现在，具有三千多年的历史。在这样悠久时间里，又因为遭受封建社会一些腐儒的讲授，不免发生一些曲解。我们现在研究《诗经》，应当将这些曲解与误传，一一地加以廓清。要解决这些问题，我们第一要知道《诗经》所录全是乐歌，《诗经》是中国古代的一部乐歌总集。这是一个基本问题。明了了《诗经》全是乐歌，我们对于《诗经》的起源、《诗经》的编订、《诗经》的体制等等问题，都可以有个深刻的明了：就是关于《诗经》的篇数上的问题，《诗经》的年代上的问题，这在现在看来，本无多大争论，也可以获得一个此较清楚的了解。

关于《诗经》的篇数，在先秦传下的只有三百零五篇。到了汉代，传《毛诗》学的人，他们在《小雅》中又增加了只有名目，没有正文的六首“笙诗”：《南陔》、《白华》、《华黍》、《由庚》、《崇丘》、《由仪》，以为是“有其义而亡其辞”。在篇目上比鲁、齐、韩三家诗多了六首，成为三百十一首。这是传《毛诗》的误将《仪礼·燕礼》的“笙入立于县（悬）中，奏《南陔》、《白华》、《华黍》。……乃间（原注：间，代也，言一歌则一吹）歌《鱼丽》，笙《由庚》；歌《南有嘉鱼》，笙《崇丘》；歌《南山有台》，笙《由仪》”六个笙乐的篇目，当作了乐歌，来混淆诗篇的数目，表示《毛诗》的篇数比三家诗多。其实这六首笙乐本来就是无词的，朱熹在《诗集传》中已说：“曰笙、曰乐，曰奏，而不言歌，则有声而无辞明矣。”清儒姚际恒的《仪礼通论》，牟庭的《诗切序》，皮锡瑞的《诗经通论》也都推论很详细。在《仪礼》中凡言笙、管，奏的都是无辞，这是“器乐”，不是乐歌，不应当与《诗》三百篇混为一谈。《诗经》中《南》、《风》、《雅》、《颂》各有伴奏的乐器（说详第五篇），《雅》的伴奏是“集”，即编钟、编磬或状如漆筩的乐器，并不是笙。所以，从《诗》三百篇全是乐歌来看，这个疑问是很容易剖辨的。

关于《诗经》的年代，过去有种种不同的说法。《商颂》不是殷代的诗，经魏源《诗古微》、皮锡瑞《商颂美宋襄公证》、王国维《说商颂》等等的考订，我们现在都认为他们的结论是可信的。现存的诗，大家都认为是周诗。至于什么诗是最后的一首诗，有的奉《毛诗》的传统说法，以为是《陈风》的《株林》（前 599 年）；有的依《齐诗》所传的说法，以为是《曹风》的《下泉》（前 510 年）。王夫之在《诗经稗疏》中主张《秦风》的《无衣》是秦哀公为申包胥乞师而作，那又比起《下泉》更晚 4

年（前 506 年）。这些年代上的差异，只能是一个大体的说法。我们从《诗经》全是乐歌这一点来看，在古代社会里，生产劳动是集体进行的，诗歌“不是某一个人的创作，而是一群人的创作，因此许多流传广泛的诗歌是没有作者的姓名的”。《诗经》中的诗歌，据段玉裁《经韵楼集·奚斯所作解》中说：“作诗之自举其名者：《小雅·节南山》曰‘家父作诵，以究王讻’。《巷伯》曰‘寺人孟子，作为此诗’。《大雅·嵩高》曰‘吉甫作诵，其诗孔硕’。《烝民》曰‘吉甫作诵，穆如清风’……并此篇（《鲁颂·閟宫》）为五。”有姓名的不过五篇；还有很少的诗，只能推证出他们的作者；绝大部分是不知道作者姓名的。他们的时代就很难以肯定。况且这些作品，“因为比较的优秀，大家口口相传的”（鲁迅《门外文谈》），“从上一代传给下一代，已经不免转换着它的色彩”（汤姆生《论诗歌源流》），又经乐师配以管弦，加以修饰，更难免失去本来面目，我们很难说其中没有周以前的诗歌，也难以说没有比《秦风·无衣》更晚的诗歌。我们也不好说诗配以管弦，是在某一固定时期。我们如明白《诗经》所录全是乐歌，它们的采集不一定是某一人，也不一定是某一时，我们对于诗的年代可以不固定地看问题。





联系着《诗经》产生的社会基础来说，现在关于中国社会史分期的说法尚无一定之论，但我们可以大体说从周初到春秋中叶是一个由奴隶制社会过渡到初期封建社会的时期。从生产力与生产关系来看，殷代已经是奴隶制社会，那时“人们所拥有的已经不是石器，而是金属工具”，已经“出现了畜牧业以及这些部门彼此间的分工”。这在殷墟发现的实物以及流传下来的文献都可以证明。到了周初，从周公对殷顽民的公告说：“今予惟不尔杀，予惟时命有申。”他一再声明他们不杀俘虏来的殷民，而且他允许他们“宅尔宅，畋尔田”，分配土地和住屋给他们。周灭商后，是解放了一些奴隶，改善了当时的生产关系，初步踏进了封建社会。不过我们从《周颂·噫嘻》的“率时农夫，播厥百谷”、“亦服尔耕，十千维耦”。《豳风·七月》的“七月流火，九月授衣”、“采荼薪樗，食我农夫”看来，耕种有人督率，寒衣需要发给，还有些奴隶制社会的迹象。不惟如此，周初的建国，因为地区扩张，所以由以氏族为单位的封建统治一变而为以地区来分封的封建统治。天子以地分给诸侯，诸侯以地分给大夫；天子有权向诸侯索取赋贡，因之诸侯大夫也有权向人民索取赋贡。他们更订立了一些“礼”、“刑”，来枷锁人民，剥削人民；在奴隶与奴隶主，农奴与封建领主之间的矛盾是不可能不日益加深的。到了宗周中叶，由于周王朝的政治腐败，由于种族间的战争发生，人民生活愈加困苦，统治阶级内部也发生矛盾，大领主欺压小领主，充满了贫富不均、劳逸不均的现象。到了春秋时代，一些诸侯互相兼并，战争时常发生，有的更加紧剥削，聚敛财富，荒淫无道，人民的愤怒尤其不可遏止。这是在二《雅》与《国风》中，由西周时期到春秋中叶一些讽刺诗所以产生的根源。不过《风》诗的绝大部分是民歌，比起二《雅》的多一半是士大夫之作，从他们的阶级性看来，《风》诗是更具有强烈的人民性的。但是一方面，周初的农民（农奴或奴隶）有了一部分土地即所谓私田，可以自己经营，更有一些时间经营其他工作，因而工商业逐渐兴起，社会经济文化也都有了提高。周初建国，分封诸侯，产生了一些小的国家，交通往来，经济更好发展。这些小国多一半在黄河流域，平原千里，土地肥沃，这正是劳动人民从事生产的好场所，也正是劳动人民过着他们的劳动生活、歌唱他们的劳动生活的好场所，这即是《风》诗产生的根源。这是《风》诗在思想内容上比起《雅》、《颂》更为丰富、更为突出的原因。从《诗经》是中国古代的一部乐歌总集来看，我们如若了解风诗的绝大部分是民歌，是能更深刻地了解它们与它们所产生的社会基础。

现在我们再来谈谈《诗经》所录全是乐歌，《诗经》是中国古代的乐歌总集这一基本问题。我们先从一般的理论说起，先从诗歌的起源说起。劳动创造文艺，诗歌的发生是劳动的动作所促成。关于这一点，普列汉诺夫在他的《艺术论》中曾说：

> 在原始种族中，各种各样的劳动，有他各种各样的歌。那调子常常是极精确地适应那一种特有的生产动作的韵律。……歌谣的韵律，常常是被生产过程的韵律所规定的。……劳动和音乐以及诗歌之相互关系的研究，使毕海尔得出如下的结论："在其发达的最初阶段上，劳动音乐和诗歌是最紧密的相结合着的。然而这个三位一体之基础的要素是劳动。"（据《马克思主义与文艺》引）



劳动的动作，促进了诗歌的发生，诗歌与音乐在最初是紧密相结合的。关于这一点，汤姆生在《论诗歌源流》中更有阐明，他说：



> ……总之，舞蹈、音乐、诗歌三种艺术开头是合一的。它们的起源，是人体在集体劳动中的有节奏的运动。这运动有两个构成部分——身体的和嘴巴的。前者发展为舞蹈，后者发展为语言。开始是标志节奏的无意识的呼喊，后来发展为诗的语言和普通语言。抛弃了口唱，运用工具来表演，于是无意义的呼喊就转而为器乐的起源，达到正式所谓诗。第一步是舞的取消，这样就变成了歌。在歌中，诗是音乐的内容，音乐是诗的形式。

诗歌的起源是人体在集体劳动中的有节奏的运动，这在我们中国古代是有证明的。舞蹈、音乐、诗歌三种艺术的源头是合一的，在《诗经》中最早的《颂》诗，就是确切的例证。关于《诗》三百篇全是乐歌，在中国旧日的学者，差不多也都采取这样的说法。他们有的从诗歌的原理来看，有的从《诗经》的编纂来看，都认为《诗经》所录全是乐歌。在《史记·孔子世家》

中说：

> 孔子语鲁太师："乐，其可知也。始作翕如，纵之纯如，皦如，绎如也，以成。""吾自卫返鲁，然后乐正，《雅》、《颂》各得其所。"……三百五篇，孔子皆弦歌之以求合《韶》、《武》、《雅》、《颂》之音。礼乐自此可得而述。

郑樵在《通志·乐略·正声序论》上也说：

> 乐以诗为本，诗以声为用……仲尼编诗，为燕享祀之时用以歌，而非用以说义也。……得诗而得声者三百篇。则系于《风》、《雅》、《颂》，得诗而不得声者则置之。

这都是就诗的编订而言，认为诗、乐本来是不分的。范家相在《诗沈》卷一《声乐》上说：

> 生于心而节于音谓之诗，故一言诗而乐自寓焉。委巷小儿，联歌拍臂，皆可以配管弦；优伶俗乐，吹竹弹丝，亦能别翻新调，一言乐而章曲自生焉。

这里他以为"委巷小儿，联歌拍臂，皆可以配管弦"。足见无论什么诗词，没有不可以入乐的。"一言诗而乐自寓焉"，足见诗与声乐本不可分，《诗》三百篇在原则上本来都是乐歌。现在《诗经》所录全都是乐歌，依下列的十说来看，也是很显明的。

(1)《墨子·公孟篇》："诵诗三百，弦诗三百，歌诗三百，舞诗三百。"

(2)《荀子·劝学篇》："诗者，中声之所止也。"

(3)《仪礼·乡饮酒礼》："正歌备乡乐惟欲。"（郑《注》："乡乐者风也。"）

(4)《左传·襄公二十九年》："吴公子札来聘，请观于周乐，使工为之歌《周南》、《召南》……为之歌《邶》、《鄘》、《卫》……为之歌《王》……为之歌《郑》……为之歌《齐》……为之歌《豳》……为之歌《秦》……为之歌《魏》……为之歌《唐》……为之歌《陈》……自《桧》以下无讥焉。”

(5)《史记·孔子世家》：“三百五篇，孔子皆弦歌之，以求合《韶》、《武》、《雅》、《颂》之音。”

(6)《郑风·子衿》诗《毛传》云：“古者教以诗乐，诵之歌之，弦之舞之。”

(7)《汉书·食货志》：“行人振木铎徇于路以采诗，献之太师，比其音律。”

(8)《公羊传·宣十五年·注》：“男女有所怨恨，相从而歌，饥者歌其食，劳者歌其事。男年六十、女五十无子者，官衣食之，使之民间求诗。”



(9)《郑志·答张逸》云：“国史采众诗时，明其好恶，令瞽蒙歌之，其无所主，皆国史主之，令可歌。”

(10)《困学记闻》卷三：“《杜夔传》旧雅乐四曲，一曰《鹿鸣》，二曰《驺虞》，三曰《伐檀》，四曰《文王》，皆古声辞。《琴操》曰：古琴有诗歌五曲：曰《鹿鸣》、《伐檀》、《驺虞》、《鹊巢》、《白驹》。”（《晋书·乐志上》）



在这十说之中，由《墨子》、《荀子》、《仪礼》、《史记》等书看来，足见《诗》三百五篇，无论《南》、《风》、《雅》、《颂》，在古代都是入乐的。《汉书·食货志》与《公羊传》注所述采诗的传说虽不足尽信，然而从诗的搜集看来，也当全是入乐的。而《伐檀》在变风中亦可歌，更足以证明《风》诗之全入乐：所以直至唐代，还以“诗为乐章”，以为《诗经》所录全是乐歌的。

到了宋程大昌作《诗论》十七篇，他说：“诗有《南》、《雅》、《颂》，无《国风》。其曰《国风》者，非古也。”因而他只以《南》、《雅》、《颂》为乐名，至于邶、鄘、卫、王、郑、齐、魏、唐、秦、陈、桧、曹、豳这十三国的诗虽然都可采，而声不入乐，不过只算得徒诗而已。他在《诗论二》上说：

春秋战国以来，诸侯、卿、大夫、士，赋诗道志者，凡诗杂取无择；至考其入乐，则自《邶》至《豳》，无一诗在数也。享之用《鹿鸣》，乡饮酒之笙《由庚》、《鹊巢》，射之奏《驺虞》、《采蘋》，诸如此类，未有或出《南》、《雅》之外者，然后知《南》、《雅》、《颂》之为乐诗，而诸国之为徒诗也。

他根据《左传》以为自《邶》至《豳》十三国的诗，“直以徒诗系之本土”，季札所见，周工所歌的，“单举国名，更无附语，知本无《国风》”。他却忘了《左传》还有“是其《卫风》乎”这一句。他根据《仪礼》的《乡饮酒》、《乡射》以为诗之入乐未有出《南》、《雅》之外者。他却忘了《乡饮》、《乡射》在“明日息司正”之下还有“乡乐唯欲”这一句。他的证据本不十二分可靠，但是后来朱熹、焦竑、顾炎武都是赞同他的说法，而且更进一步地附会《毛诗》正变之说，以为变风、变雅都不入乐。朱子说：

二《南》正风，房中之乐也，乡乐也。二《雅》之正《雅》，朝廷之乐也。商、周之《颂》，宗庙之乐也。至变雅则衰周卿士之作，以言时政之得失，而《邶》、《鄘》以下，则太师所陈以观民风者耳，非宗庙燕享之所用也。

朱子这一说，显然是受了程大昌的影响，马端临在《文献通考》上曾驳他说：

夫《左传》言季札来聘，请观周乐，而所歌者，《邶》、《鄘》、《卫》、《郑》皆在焉，则诸诗固雅乐矣。使其为里巷狭邪所用，则周乐安得有之？

马端临的意见是很好的，只是所举证据太少。所以焦竑的《国史·经籍志》仍用程大昌之说，直用程氏原文“至考其入乐，自《邶》讫《豳》，无一在数”，不承认《风》诗为乐歌。所以顾炎武在《日知录》卷三也主张《诗》有入乐不入乐之分。他说：

《鼓钟》之诗曰，“以《雅》以《南》”，子曰：“《雅》、《颂》各得其所。”夫二《南》也，《豳》之《七月》也，《小雅》正十六篇，《大雅》正十八篇，《颂》也，诗之入乐者也。《邶》以下十二国之附于二《南》之后而谓之变风，《鸱鸮》以下六篇之附于《豳》而亦谓之《豳》，《六月》以下五十八篇之附于《小雅》，《民劳》以下十三篇之附于《大雅》，而谓之变雅，诗之不入乐也。

清儒治经是好抨击宋人的，而且《毛诗序传》也没有“诗不入乐”之说，所以大多数人都是反对程大昌之说的。陈启源虽然主张“诗与乐实分二教”，但他在《毛诗稽古篇举要》上说：

三百十一篇，皆古乐章也。……鲁人歌周乐，则十三国继二南之后，《周礼》籥章迎寒暑则龡《豳》诗，祈年则龡《豳》、《雅》，祭蜡则龡《豳》、《雅》。《大戴·投壶之礼》称可歌者八篇，则《魏风》、《文王》并列，十三国变风之入乐，又历历可据也。

他在这里也以为诗皆古乐章，不过他用《周礼》和《大戴记》来反对变风不入乐，证据自然还不十分充足。在他之后的如胡承珙的《毛诗后笺》，陈奂的《毛诗传疏》都没有更进一步的驳论，马瑞辰的《毛诗传笺通释》却对于程大昌之说辨订极其明晰。他在卷一《诗入乐》上说：

《诗》三百篇，未有不入乐者，《虞书》曰：“诗言志，歌永言，声依永，律和声。”歌、声、律皆承诗递言之。《毛诗序》曰：“在心为志，发言为诗。”又曰：“言之不足，故嗟叹之；嗟叹之不足，故永歌之。”此言诗所由作，即《虞书》所谓“诗言志，歌永言”也。又曰：“情发于声，声成文，谓之音。”此言诗播为乐，即

《虞书》所谓“声依咏，律和声”也。若非诗皆入乐，何以被之声歌，且协诸音律乎？《周官》大师教六诗，而云“以六德为之本，以六律为之音”，是六诗皆可调以六律已。《墨子·公孟》篇曰：“诵诗三百，弦诗三百，歌诗三百，舞诗三百。”《郑风·子衿》诗《毛传》云：“古者教以诗乐，诵之歌之，弦之舞之。”其说正本《墨子》，是三百篇皆可诵歌弦舞已。若非诗皆入乐，则何以六诗皆以六律为音？又何以同是三百篇，而可诵者即可歌可弦可舞乎？《左传》吴季札请观周乐，使工为之歌《周南》、《召南》，并及于十二国；若非入乐，则十四国之诗不得统之以“周乐”也。《史记》言“《诗》三百五篇，孔子皆弦歌之，以求合于《韶》、《武》、《雅》、《颂》”。若非入乐，则《诗》三百五篇，不得皆求合于《韶》、《武》、《雅》、《颂》也。《六艺论》云：“诗，弦歌讽喻之声也”。《郑志》答张逸云：“国史采众诗，时明其好恶，令瞽蒙歌之，其无所主，皆国史主之，令可歌。”据此，则郑君亦谓诗皆可入乐矣。程大昌谓《南》、《雅》、《颂》为乐诗，自《邶》至《豳》皆不入乐，为徒诗，其说非也。

在这一篇之中，他更提出《尚书》、《墨子》、《左传》、《史记》、《毛诗》、《郑志》为验，比陈启源之专据《周礼》、《大戴记》立说，证据就可靠得多了！俞正燮《癸巳存稿·诗入乐》也提出不少的证明。他说：

《史记》云“三百篇皆可弦诵”，谓弦歌皆诗。三代时，宁戚歌《硕鼠》，卫太师歌《巧言》之卒章，鲁为吴公子札歌《风》、《雅》、《颂》，师乙言歌《商》、歌《齐》。汉时。《雅》乐可歌者八篇，有《白驹》、《伐檀》，不必如笙诗正《小雅》也。东汉曹氏时，乐工肆

> 歌《鹿鸣》、《驺虞》、《伐檀》、《文王》，魏太和中，惟传《鹿鸣》一篇，后并亡之，则其调不传。……赋诗诵诗，本对歌诗言之，诗不可歌，则不采矣。

后来魏源虽主张“诗有为乐作不为乐作”之分，但他在《诗古微·夫子正乐论》上也以为“周时无不入乐之诗”。康有为《新学伪经考·汉书艺文志辨伪》上关于诗乐是多半采取魏氏之说，亦谓“晋魏时大雩祈旱皆歌《云汉》之章，汉时雅乐可歌者八篇，变风之《伐檀》，变雅之《白驹》在焉，尤可见诗皆入乐之证”。皮锡瑞《诗经通论》的“论《诗》无不入乐，《史》、《汉》与《左氏传》可证”篇更以为：

> 《诗》之入乐，有一定者，有无定者。如《乡饮酒礼》：“闲歌《鱼丽》，笙《由庚》；歌《南有嘉鱼》，笙《崇丘》；歌《南山有台》，笙《由仪》。合乐《周南·关雎》、《葛覃》、《卷耳》，《召南·鹊巢》、《采蘩》、《采苹》。”《乡射礼》合乐同。《燕礼》间歌歌乡乐，与《乡饮酒礼》同。《大射》歌《鹿鸣》三终。《左氏传》云：“《湛露》，王所以宴乐诸侯也；《彤弓》，王所以燕献功诸侯也；《文王》，两君相见之乐也；《鹿鸣》、《四牡》、《皇华》，嘉邻国君、劳使臣也。”此《诗》之入乐有一定者也。《乡饮酒礼》正歌备后有“无算乐”，注引《春秋》襄二十九年“吴公子札来聘，请观于周乐，此国君之无算”。然则《左氏传》载列国君卿赋《诗》言志，变《风》、变《雅》皆当在“无算乐”之中，此《诗》之入乐无一定者也。若惟正《风》、正《雅》入乐，而变《风》、变《雅》不入乐，吴札焉得而观之？列国君卿焉得而歌之乎？至宋儒，乃有《诗》不入乐之说……锡瑞案：谓《诗》不入乐，与《史》、《汉》皆不合，亦无解于《左氏》之文。古者《诗》教通行，必无徒诗不

入乐者。唐人重诗，伶人所歌皆当时绝句；宋人重词，伶人所歌皆当时之词；元人重曲，伶人所歌亦皆当时之曲；有朝脱稿而夕被管弦者。宋歌词不歌诗，于是宋之诗为徒诗；元歌曲不歌词，于是元之词为徒词；明以后歌《南曲》不歌《北曲》，于是《北曲》亦为徒曲。……周时《诗》方通行，必不如是。宋人与顾氏之说，窃未敢谓然也。

他根据《史记·孔子世家》"孔子皆弦歌之"，以为孔子时诗无不入乐；根据《汉书·食货志》"献之大师，比其音律"，以为孔子前诗无不入乐；又以周时诗方通行，必无徒诗不入乐者。由各方面推翻了程、顾之说了！诗与乐的关系，由三百篇全为乐章之说到宋儒"诸国为徒诗之说"算是两个对立的意见。皮氏的"诗之入乐有一定者有无定者"，与陈启源"诗乐实分二教"，魏源的"诗有为乐作，不为乐作之分"，都是来辨订这两个对立的意见的。



但是以上我们所举的陈启源、马瑞辰、俞正燮、皮锡瑞诸家之说，他们主张诗全入乐，不过就《墨子》、《荀子》、《左传》、《史记》这些传说来证明《诗》三百篇无不入乐，对于《诗》三百篇本文是否为乐的形式，尚未说到。直到顾颉刚撰《论诗经所录全为乐歌》一文，就春秋时的徒歌与《诗》三百篇本文来作比较的研究，从《诗经》的本身上证明《诗经》是乐歌。而汉代《乐府》的分地著录，好像是承接着国风一样，古代留传下来的无名氏的诗歌也都是乐歌，这都足以证明《诗经》所录全为乐歌的。在那一篇长文之中，他所作的简短的结论说：

春秋时的徒歌是不分章段，词句的复沓也是不整齐的，《诗经》不然，所以《诗经》是乐歌。凡是乐歌，因为乐调的复奏，容易把歌词铺张到多方面；《诗经》亦然，所以《诗经》是乐歌。两汉六朝的乐歌很多从徒歌变来，那时的乐歌集又是分地著录，承接着国风，所以《诗经》是乐歌。徒歌是向来不受人注意的，流传下来的无名氏诗歌亦皆为乐歌；春秋时的徒歌不会特使人注意而结集入《诗经》，所以《诗经》是乐歌。（《古史辨》第三册）

他从《诗经》章段的划分，词句复沓的不整齐，以及因乐调而复奏，而歌词多方面铺张，来证明《诗经》所录全为乐歌，这是极确切可信的。他所举的《桑中》、《扬之水》，更是极好的例证。《桑中》一诗，说在一地期会三个女子，除非认为乐歌，当然是不可解的。假如我们曲解为"男子发抒渴想女子的热情，说孟姜、孟弋、孟庸泛代一切美貌的女子，名虽三称，实际上诗人所期待的只是他理想中一个美好女子"，这是无由证明其为泛代与理想的。而且这位诗人不从美好上来铺张，而只在名称上变更，都总结在桑中上宫同一地点的幽会。情绪没有深浅，进行没有程序，假如不认为是乐歌，那这一首诗未免太无技术与内容，而且太令人难解了！至于《扬之水》虽不是同时戍申、戍甫又戍许，而从"曷月予还归哉"这一句看来，决不是"征夫一年之中迁戍几个地方的口气"。如若不认为乐章的重沓，而认为叙述一人之事的，那也不可理解。所以由这两个例证看来，我是赞成顾先生之说的。我以为现存的《诗》三百篇中，有的是诗人所作而后被之管弦，有的是由徒歌以后变成乐歌的。关于前者，可以借用范家相的"委巷小儿，联歌拍臂，皆可以配管弦"来作理论的说明；关于后者，则顾先生在《论诗经所录全为乐歌》一文中已详细的说明徒歌如何变为乐歌。这里都无需详述了。我之认为《诗经》所录全为乐歌的还有四个理由：

第一，由《诗》三百篇的搜集看来，《诗经》所录当全为乐歌。

第二，由《风》诗之决非徒歌看来，《诗经》所录当全为乐歌。

第三，由古代歌舞的关系看来，《诗经》所录当全为乐歌。

第四，由古代“诗”、“乐”的关系看来，《诗经》所录当全为乐歌。

现在依次的说明如下：

第一，由《诗》三百篇的搜集看来，《诗经》所录当全为乐歌。现在的《诗》三百篇本是谁采集的，我们已无由知其详。在唐以前，关于采诗的传说，有七八说之多；有以为是国史的，有以为是遒人的，有以为是轩车使者、逌人使者，有以为古有采诗之官；但是比较早的说法则以为是太师陈风。这些说法，在现在看来固都不可靠，但也决不是如崔述《读风偶识》上所说：“美斯爱，爱斯传……偶遇文学之士，录而传之。”这是后世的事，不能以推证古代的。我们知道孔子“反鲁正乐之时，年已六十有九，而前此言诗，皆曰三百”，足见《诗》并不是孔子删的。孔子说：“吾自卫反鲁，然后乐正，《雅》、《颂》各得其所。”又说：“师挚之始，《关雎》之乱，洋洋乎盈耳哉！”即就这两句话看来，足见《雅》、《颂》、《南》之为乐歌，且是与当日的乐师发生关系。由孔子说的“郑声淫”足知《风》诗亦为乐歌，也当与当日的乐师发生关系的。诗与声乐既有关系，在孔子时，犹为乐师所掌，则是诗的采集，本是乐师因为职业的关系而去采诗，或配管弦而变徒诗为乐歌，所以最早而最多的传说以为太师采诗，这传说由《论语》的证明是比较可信，不过不必是岁有定时“徇于路以采”而已。故从诗的职掌及其采集看来，《诗》三百篇应当是经过最有关系的乐师的搜集或配以管弦或变为乐歌。然则现在《诗经》所录当全为乐歌了！（本节所引诸说之出处并详下第四篇《诗经的编订》一文。）

第二，由《风》诗之决非徒歌看来，《诗经》所录当全为乐歌。关于《风》诗之决非徒歌这一点，我们更可分为四层来说：

(1) 在前面所列的自《墨子》至《困学纪闻》十说中，由《墨子》、《荀子》看来，三百篇全入乐的。在后汉雅乐郎杜夔所传旧曲之中有变风的《伐檀》，而蔡邕的《琴操》中也有《伐檀》、《白驹》两歌曲，这都是所谓变风变雅入乐的铁证，所以在汉魏时犹有旧曲的流传。

(2) “风”诗的“文体”最近于二《南》，也有与大小《雅》相似的。《南》、《雅》、《颂》既全为乐歌，“风”诗就其“文体”看来，异于《左传》中之徒歌，而同于二《南》、大小《雅》，也应当是全为乐歌的。



(3) “风”诗的“风”只可释为声调；《大雅·崧高》说“吉甫作颂，其诗孔硕，其风肆好”。《左传·成公九年》“钟仪操南音”，范文子说是“乐操土风”。这都是极好的证明。(此外还有其他的例证，详下第五篇《诗经的体制》。)“风”既是声调的意思，“风”诗也当是全为乐歌的。



(4)《论语·卫灵公》篇：“放郑声……郑声淫。”《阳货》篇：“恶郑声之乱雅乐也。”郑声的意思，后来虽有用为代表土乐的，但在汉儒释经，仍以为郑国的郑。《五经异义》：“《鲁论》说：‘郑国之俗，有溱、洧之水，男女聚会、讴歌相感，故云郑声淫。’《左传》说：‘烦手淫声，谓之郑声者，言烦手踯躅之声，使淫过矣。’谨案：《郑》诗二十一篇；说妇人十九矣，故郑声淫也。”许氏治古学的，也从《鲁论》之说。然则乱《雅》的“郑声”，实是入乐的《郑风》，“风”诗之当全为乐歌，在《论语》上也可以得到证明。

故从旧曲的流传，“风”诗的体制，“风”是声调的意思，与所谓郑声之乱《雅》，都是见“风”诗并非徒歌，然则《诗经》所录当全为乐歌了。

第三，由古代歌舞的情形看来，《诗经》所录当全为乐歌。我们知道，古代社会歌与舞是离不开的，现在更试从古代的乐舞、歌舞、歌诗、乐器这四点来看，也足见《诗》三百篇之当全为乐歌。

(1) 先从乐与舞来说，我们从《简兮》的“公庭万舞……左手执籥”。《君子阳阳》的“左执翿，右招我由敖”。《猗嗟》的“舞则选兮，射则贯兮”。《宛丘》的“坎其击鼓，宛丘之下。无冬无夏，值其鹭羽”。《伐木》的“坎坎鼓我，蹲蹲舞我”。《宾之初》的“籥舞笙鼓，乐既和奏”。《有駜》的“鼓咽咽，醉言舞”。《那》的“庸鼓有斁，万舞有奕”。这些地方看来，知道古代跳舞的风气是极盛的。同时也可以看出跳舞时所奏的乐器有“籥”、“鼓”、“笙”、“镛”之类，鼓最多，籥次之，其乐调则有“敖”、“房”（《君子阳阳》）等。在西周时，歌舞之际，已不仅是夹杂着简陋的音乐了！

(2) 我们再从歌舞看来，在《诗》三百篇中，有《车辖》“式歌且舞”连叙歌舞。在传世的彝器中，是不见有用“诗”的(据《金文编》)，而在楚余义钟却有：“乐我父兄，御饮诃舞(歌舞)，孙孙用之，后民是语”。（《集古录》三之二，《周金文存》一）“诃舞”二字连叙。在较晚的《楚辞》上，《九歌》有“展诗兮会舞”。《招魂》中有“起郑舞些……发激楚些”。这都足以证明在古代歌、舞同时，是且歌且舞的。这是不容否认的事实：在跳舞的时候，一面步伐应着乐节，一面还唱着乐歌的。

(3) 我们更从歌诗的关系来看，在《大雅》、《小雅》中，如：《四牡》“式用作歌，将毋来谂”。《何人斯》的“作此好歌，以极反侧”。《巷伯》的“寺人孟子，作为此诗。凡百君子，敬而听之”。《四月》的“君子作歌，维以告哀”。《卷阿》的“来游来歌，以矢其音”和“矢诗不多，维以遂歌”。《桑柔》的“虽曰匪予，既作尔歌”。《崧高》的“吉甫作诵，其诗孔硕”。所用歌诗二字，直若毫无判别。二《雅》本是乐歌，而说“作为此诗”，“其诗孔硕”，“矢诗不多，维以遂歌”，足见当时所谓之“诗”，都是可以被之管弦的乐歌。

(4) 我们从当时的乐器来看，如《灵台》的“虡业维枞，贲鼓维镛……鼍鼓逢逢，矇瞍奏公”。《有瞽》的“设业设虡，崇牙树羽，应田县鼓，鞉磬柷圉，既备乃奏，箫管备举”。都足证明当时乐器是很发达的。这些诗既然不是假的，而叙述当代的事实，也非后世推测前代。就上所列两诗中的籥、笙、箫、管以及他篇琴、瑟、埙、篪之类，发声都不是单纯的音调，而又有专门的乐工，歌乐当然也很发达的，孔子在齐闻韶，“三月不知肉味”，几乎弄得这位老先生要成了“音乐迷”，也足见古代音乐之决不简陋，徒歌之变为乐歌，在当时是可能的。



总之，在殷代已有文字的发明，而且农业又如是之发达，诗歌在殷代应已经产生，在甲骨文中已有“乐”字出现，那是象形，像丝附在木上。甲骨文中也有“舞”字，像人执牦牛尾而舞之形。可见当时是有了乐器，有了舞蹈。到了周代，文化进步，这时有了更精细的乐器，有了专门职业的乐师，则徒歌之变为乐歌，在当时实是可能的（这当然不是说所有的乐歌都是由徒歌变的）。而由乐舞、歌舞、乐诗看来，所谓诗即是乐歌，与舞与乐都有很密切的不容否认的关系；现在《诗》三百篇，又是由乐师流传，其本来面目只是一些乐歌，在孔子以后才成为儒家的经典的。然则《诗经》所录本当全为乐歌了！



第四，由古代“诗”、“乐”的关系看来，《诗经》所录当全为乐歌。古来“乐”本无经的，所以乐歌就是诗。邵懿辰在《礼经通论》上说：“乐本无经也。‘诗言志，歌永言，声依永，律和声’。故曰：‘诗为乐心，声为乐体。’……乐之原在《诗》三百篇之中，乐之用在《礼》十七篇之中，故曰‘兴于诗，立于礼，成于乐’。‘子所雅言，《诗》、《书》执礼’，不言乐也。”他这话虽没有什么发明，然而却是极其有道理的。在《四库全书总目提要·乐类叙录》上也说过：“沈约称《乐经》亡于秦，考诸古籍，惟《礼记·经解》有‘乐教’之文，伏生《尚书大传》引‘辟雍舟张’四语，亦谓之《乐》，然他书均不云有《乐经》。大抵《乐》之纲目具于《礼》，其歌词具于《诗》，其铿锵鼓舞则传在伶官，汉初制氏所记，盖其遗谱，非别有一经为圣人手定也。”在《提要》中已显白地阐明“乐之原在《诗》三百篇之中”，乐本无经，并非清末经今文学者的私说。这些虽是清儒的推证，而实际上是合于古的（别详余《乐本无经补证》，见1936年10月30日《北平晨报·思辨》）。要之，在先秦所谓的乐歌，实在就是《诗》三百篇，而在《诗》三百篇以外，也不多见别的乐歌：此尤为《诗》三百篇本为乐歌的明证。故从古代“诗”、“乐”的关系来看，《诗经》所录也当然全为乐歌的。

以上所举的四个理由，第一是就《诗》三百篇的采集来看，第二是就《诗》三百篇的体制来看，第三是就《诗》与歌舞的关系来看，第四是《诗》与乐经的关系来看。我觉得只要有一个理由能成立，便足以见《诗》三百篇之当全为乐歌。我们明白了诗歌起源的情况，可以明白这四个理由是都可以相信的。

《诗》的采集，在孔子以前；配以管弦，是乐师的事，这样看来，可见孔子不曾删《诗》。我们还有许多证明可以看出《史记》孔子删诗之说不足信。《诗》的曲调，是《南》、《风》、《雅》、《颂》，这个体制，不可随便推翻，这是有历史根源、阶级基础的，如若我们按诗篇的内容分或按它们的性质分，那也不属于体制或形式上的问题。关于这两点留待我们另外再谈。

## 二 《诗经》的思想内容

《诗经》的诗，以篇数论，虽只三百零五篇，以时代论，就从西周开始，下至春秋中叶，有五六百年间的距离。《诗经》的诗，是在这样长的时间所产生下的诗歌，无疑地是反映了当时人民真实的生活，政治社会的面貌，范围是颇为广阔的。《诗经》是中国古代的一部乐歌集，从“音乐是它的形式”这一点来看，《诗经》的体制是本来就分为《南》、《风》、《雅》、《颂》；但如若依思想的内容来看，《南》、《风》、《雅》、《颂》是有着不同的思想内容的。《周颂》大半是周初的诗，《鲁颂》、《商颂》是春秋时代的作品。三《颂》的内容，是一些祈祷歌颂的诗篇，是对天神与祖先的颂祷，内容多一半是炫耀他们祖先的建国的功勋，战争的胜利；炫耀他们自己的畜牧的发达，农业的丰收，而其实这些都是骑在人民头上、劳役人民的结果。二《雅》的诗篇，有的是叙述周民族初步的发展，有的是叙述种族间战争的获胜，有的也是涉及农业畜牧的诗篇，有的不过是统治阶级宴饮酬答的歌辞。在一百零五首二《雅》的诗篇中，只有三十余首是当时某些士大夫不满意于当时的统治集团，他们描写统治阶级内部的矛盾，统治阶级日趋没落的诗歌。这里面的思想有的是符合人民的思想感情与愿望的。三《颂》二《雅》里面没有什么恋歌，关于劳动人民的生活也没有很多叙述，范围比较狭窄，因而它们的内容也是比较贫弱的。从思想内容来看，只有二《南》与《风》诗的绝大部分是民间诗歌，是人民歌唱他们的生活、思想感情与企望的作品，内容比较起来异常丰富。我们可以说《诗经》的四诗，从思想内容的角度来看，《南》、《风》的绝大部分是民间诗歌，《雅》、《颂》则主要是庙堂诗歌，而这里面还各有不同的内容。我们现在分析《诗经》的思想内容，是应当依据这一经典名言：“艺术是属于人民的，它的最深的根源，应该出自广大群众的最底层。”侧重地来分析《风》诗，但二《雅》中也有不少的涉及社会生活情况，反映人民思想感情的诗篇，我们在谈《风》诗内容时，可以附带地来谈一下《雅》、《颂》。这样我们也可以有个比较的看法，可以帮助我们更为了解它们的内容。

现在我们分为四项来说明如下：

### （一）关于劳动生产的诗歌

在古代社会里，畋猎、畜牧是早就有了的劳动生产，以后才渐进至于农业生产。在二《南》与国《风》中，歌唱他们的畋猎生活的，二《南》中有《兔罝》、《驺虞》，《郑风》中有《叔于田》、《大叔于田》，《齐风》中有《还》、《卢令》等六篇。显是描写一个猎手可以作为“公侯”的“干城”，“公侯”的“腹心”；在歌颂中，有讽刺这位猎士将来成为统治阶级的爪牙的意思。《驺虞》是赞美一个为统治阶级看守苑囿的虞人的诗，“壹发五豝”，是说他一次射箭，就能射中五豝，他射猎的技术特别精巧，与众不同，所以诗人作了这首诗来赞美他。（《汉书·匈奴传》注：“服虔曰：‘发，十二矢也。’……师古曰：‘发，犹今言箭一放两放也。今则以一矢为一放也。’”“《周礼·保氏》贾疏释“参连”云：“前放一矢，后三矢连续而去。”此“一发五豝”，盖连续五矢而去，故可中五豝。）贾谊《新书》说是“虞人翼（驱）五豝以待一发”，好像射猎的不是这位虞人，但我据诗句“吁嗟乎驺虞”看来，是赞叹这位虞人的。《郑风》《叔于田》和《大叔于田》也都是赞美猎士的诗。但《叔于田》只说到他“于田”、“于狩”，没有详细说出他射猎的技术，而用了一些夸大的描写，如："叔于田，巷无居人，岂无居人？不如叔也，洵美且仁。"来衬托出这位猎士的才能。《大叔于田》第一章说："叔于田，乘乘马；执辔如组，两骖如舞。叔在薮，火烈具举；襢裼暴虎，献于公所。将叔无狃，戒其伤女！"第二章说："叔于田，乘乘黄；两服上襄，两骖雁行。叔在薮，火烈具扬；叔善射忌，又良御忌；抑磬控忌，抑纵送忌。"第三章说："叔于田，乘乘鸨。两服齐首，两骖如手。叔在薮，火烈具阜。叔慢忌，叔发罕忌，抑释掤（音冰）忌，抑鬯弓忌。"是一首描写极生动的诗。这诗旧说以为是歌咏郑庄公弟太叔段的，说是"得众"，"国人从而归之"并无一定的证据。不过这诗所描写的一定是一位人民所喜爱的人物。诗中说是"襢裼暴虎，献于公所"，可见他能除去虎害，实际上客观上可以为人民有好处，所以人民有了歌颂他的诗篇。朱注《叔于田》诗说："或疑此亦民间男女相悦之辞"，《大叔于田》可能也与《叔于田》一样是民间男女相悦之词。而且是比"叔于田"稍"大"一些，稍长一些的诗。这诗也是用夸张的描写手法，所以令人看得诗中的主人翁是一位贵族。其实我们可以说这"叔"不一定是贵族，更不必是什么太叔段了。《齐风》中的《还》也是一首很好的猎歌，歌辞说"子之还兮，遭我乎猺之间兮。并驱从两肩兮，揖我谓我儇兮"。描写两个猎手相遇，由诗句的流利，可以看出他们是很轻松愉快地工作着的。《卢令》诗上句写猎犬，下句写猎人，也是一首简短的猎歌。

关于畜牧的诗，在二《南》与《国风》中没有整篇叙述的。在《小雅》中有《无羊》，在《鲁颂》中有《駉》。《駉》是叙鲁僖公"牧马之盛"，铺陈各种各色的马，在技巧上了无生气。《无羊》诗也是说当时统治阶级的畜牧之盛，不过写的比较情节逼真。这诗第一章说："谁谓尔无羊，三百维群。谁谓尔无牛，九十其犉。尔羊来思，其角濈濈。尔牛来思，其耳湿湿。"第二章说："或降于阿，或饮于池，或寝或讹。尔牧来思，何蓑何笠，或负其糇。三十维物，尔牲则具。”第三章说：“尔牧来思，以薪以蒸，以雌以雄。尔羊来思，矜矜兢兢，不骞不崩。麾之以肱，毕来既升。”第四章说：“牧人乃梦，众维鱼矣，旐维旟矣。大人占之，众维鱼矣，实维丰年。旐维旟矣，室家溱溱。”整个诗篇的主题思想是表现着拥有这些牛羊的主人翁，他如何如何地剥削劳动的牧人，他如何做着追求农产丰收、家庭繁荣的幻梦。但这里面描写牧人的形象却异常动人，牧人无论刮风下雨，披蓑戴笠，背着干粮出去畜牧，归来的时候，还要打些柴火，劈些麻秆（《说文》：蒸，析麻中干也），有的时候或者打些野兽带回家去。他所牧的羊群是很矜持，很畏惧，不会有了走失。羊群到了，他用手一招挥，便全进入羊圈。这个牧人的工作是格外的劳累，显出这个领主的剥削也是异常繁重的。诗篇描写羊牛的形色动态也刻画入微，只“或降于阿，或饮于池，或寝或讹”这几句就抵一幅画图。这是真实的反映，这当是袭取自古的牧歌编写而成，在《诗经》中算是一首好诗，不过我们读这首诗，不要忽略了“尔牧”并不是这群牛羊的主人，那个梦却是这主人所理想的幻梦。

关于农业的诗，在《周颂》中就有五篇：《臣工》、《噫嘻》、《丰年》、《载芟》、《良耜》。在《小雅》中有四篇：《楚茨》、《信南山》、《甫田》、《大田》。在《风》诗中只有一篇《七月》。这十篇农业诗，就其思想内容来看，也是《颂》不如《雅》，《雅》不如《风》，十篇之中，以《七月》最真实生动地反映出当时的社会生活的各个方面，似一幅极其写实而又充满美感的社会风情画，具有极强的人民性，我们只一比较就可以看出来。

《载芟》、《良耜》是周颂中的两首最好的农业诗，《良耜》篇说：

> “畟畟（严利）良耜，俶（始）载（事）南亩。播厥百谷，实函（深）斯活（阔）。”接着说，“或来瞻女载筐及筥”“其饟（饷）伊黍。”“其笠伊纠（高），其镈

斯赵，以薅荼蓼。荼蓼朽止，黍稷茂止。”又说，“获之挃挃（获声），积之栗栗。其崇如墉，其比如栉。以开百室，百室盈止，妇子宁止”。最后说，“杀时犉（黄牛黑唇）牡，有捄（曲）其角，以似以续，续古之人”。

这一首诗描写当时的农民从播种耕耘到收获贮存，一直到最后的祭神的一些琐事，尽管它描写得如此的生动，插入一些送饭的人的琐屑情况，农夫的服装如何别致，和他们的工具如何好用，但是在这里面说：“杂草肥了田，庄稼茂盛了。割起来戚戚察察的响，堆起来密密栗栗的高。高得像城墙，排起像梳子的齿，百打百间的仓库都打开了。百打百间的仓库都堆满了，大大小小的眷属都没有担心的了。”（用郭沫若译文）这是描写封建大领主在收获时的模样，我们在这里面实在看不出有丝毫农民大众的思想实质和具体生活内容。相反的我们只能想象到这百打百间的农民劳动的果实是被旁人掠夺，他们的家小并不能真正的快乐。《良耜》这首诗，在技巧上比起其他《周颂》的诗固有进步，但如就思想实质来说，是站在封建领主的角度来描写的。《周颂》中其余的四首农业诗也大约如此，我们就不必详述了。

在《小雅》中的四首农业诗：《楚茨》是描写贵族们在秋收完毕祭神求福大家欢宴的情景。他们用新出的谷物来作酒食。牵着牛羊去赶祭祀，准备的祭品很丰盛，祭神的仪式也很隆重。在祭毕之后，他们在一起欢宴，希望他们的福泽绵延，子孙万代不绝。《信南山》大意也是如此。《甫田》开始也是说他们庄稼的茂盛，接着叙述他们祭神祈雨，再叙到田畯的督率农民耕种，最后叙述到这些贵族收获的丰富。这诗在开篇就说到“倬彼甫田，岁取十千，我取其陈，食我农人”。他们是毫不知耻地叙述他们压榨农民，剥削农民。这些虽是农业诗，实际对于农民生活是丝毫没有触及的。这四首中以《大田》一诗较好，《大田》说道：

“大田多稼，既种既戒，既备乃事；以我覃耜，俶载南亩，播厥百谷。既庭且硕，曾孙是若。”“既方既皁，既坚既好。不稂不莠，去其螟螣。及其蟊贼，无害我田穉。田祖有神，秉畀炎火。”“有渰萋萋，兴云祁祁。雨我公田，遂及我私。”“彼有不获穉，此有不敛穧，彼有遗秉，此有滞穗，伊寡妇之利。”

这诗前儒推断是站在农夫一方面的叙述。先刻画他们准备好了种子与农具，拿着耒耜去播种，再说在将结实的时候去掉各种害虫。再说雨水的降下，收获的成功。在收割的时候，有了遗留下来的禾穗，这里一些，那里一些，都留给那些寡妇来拾去。作者是同情那个失去生产能力、“已经做了乞丐的老寡妇”。比起《雅》、《颂》中其他农业诗，歌颂统治阶级掠夺人民大众劳动的果实，所反映的人民生活的真实是大相悬殊的。

真正能达到全面反映农民生活、思想、情感的是《风》诗中的《豳风·七月》。这首诗将农奴在全年十二个月中他们从事劳动所过的悲惨生活，用夹带着有思想情感的情调歌唱出来，同时用对比的手法将当时统治阶级压榨劳动人民的情况也作了充分的暴露。在他们整年之中，除了农业生产之外，还要为统治阶级作养蚕、绩麻、打野兽，盖房屋，造酒，凿冰，祭神、祝福种种事情，无论冬夏，不分昼夜，要替他们辛勤劳动。他们“为公子裳”、“为公子裘”，而他们自己是“无衣无褐，何以卒岁？”需要等待统治阶级来“九月授衣”。他们将整年辛勤劳动所得的果实收割完毕，就要送给人家，而他们自己的生活则是吃的苦荼，烧的臭柴。他们为统治阶级“昼尔于茅，宵尔索绹”，赶忙地盖住屋；而他们自己住的是破烂房屋，要堵地洞，熏老鼠，塞住北窗，糊起门户，来度过寒冬。在衣、食、住各方面都用对比的叙述，暴露了当时统治阶级对他们如何地压榨剥削，刻画出他们是如何地终年劳动过着悲惨的生活。从这些词句：“女心伤悲，殆及公子同归。”“嗟我妇子，曰为改岁，入此室处。”“采荼薪樗，食我农夫。”“嗟我农夫，我稼既同，上入执宫功。”是可以看出他们的思想感情，有着对敌对阶级极大的愤恨，虽然在表面上没有表示对敌对阶级作反抗斗争的情绪。这首诗不惟比起《周颂·良耜》、《载芟》等篇的歌颂统治阶级丰收大异其趣，即比之《小雅·大田》仅仅描写些“彼有遗秉，此有滞穗，伊寡妇之利”的情况，是更具有高度的思想性与强烈的人民性的。这也可以看出《风》诗与《雅》、《颂》诗不惟在乐调上不同，形式上不同，即在思想内容上也是有着显著的差别的。

在《风》诗中，《芣苢》是一首很好的妇女劳动的诗歌。它的内容，虽不是描写农业生产，但是刻画了一群妇女在那里愉快地劳动，采了又采，由“采”而“有”，更进一步地，“捋之”“掇之”，最后更用衣襟兜起它们来，全篇以复沓的词句，和谐的曲调，表示出她们有节奏的劳动，歌词虽简短朴素，然而正刻画出一群妇女在集体劳动过程中劳动和歌唱的形象。方玉润在《诗经原始》中解释这首诗说：“读者试平心静气，涵咏其诗，恍听田家妇女，三三五五，于平原绣野、风和日丽中，群歌互答，余音袅袅，若远若近，忽断忽续，不知其情之何以移，而神之何以旷，则此诗不必细绎而自得其妙焉。”这一段话，确实体会到《芣苢》这诗在当时歌唱的情景。“芣苢”旧来解释为车前，说是妇人吃了“宜子”，但是前人根据医药上的看法，车前并不是宜子的药物，她们何以要去采，已无从考其原因。清儒牟庭在《诗切》一书中曾说“芣苢”是以“不”“以”得声，是大家不要的东西。她们那样高兴地采去吃，也可以看出她们的困苦。这一类的诗歌，如方玉润所说的是像后世所谓“竹枝词”，是人民口头创作，这是《雅》、《颂》中所绝对没有的。《风》诗是真实地反映人民的生活，具有现实主义精神的作品，这又是一个极好的证明。

蚕桑是古代妇女从事生产的工作，葛麻也是一样。《魏风》

的《十亩之间》说“十亩之间兮，桑者闲闲兮，行与子还兮”，“十亩之外兮，桑者泄泄兮，行与子逝兮！”可见采桑的人很多而且工作得很快乐。但这诗的主题思想是描写男女恋爱的，还不是叙述劳动生产的，我们只可借来说蚕桑在古代的情况。《邶风》中有一首《绿衣》，全诗四章，第一章是“绿兮衣兮，绿衣黄里。心之忧矣，曷维其已”。二章是“绿兮衣兮，绿衣黄裳。心之忧矣，曷维其亡”。三章说：“绿兮丝兮，女所治兮。我思古人，俾无訧兮！”四章是“絺兮绤兮，凄其以风。我思古人，实获我心”！

这明明是女子在丝织缝纫的劳动中所唱出的歌声。她一方面叙述她的劳动，一方面愤恨当时社会上种种的不正常，正当的黄色不能表现出来，说明当时的社会是那样的黑暗，好人不能居在上位。她又怨到绿颜色的丝，她更不免有团扇秋风之感，她只有拿古人的事情来安慰自己。这是女子在劳动中的抒情诗，是具有强烈的人民性的。但这诗被《毛诗》学者歪曲了许久，以为是卫庄姜伤己的诗。朱熹的《诗集传》说：“庄姜事见《春秋传》。此诗无所考，姑从序说。”朱熹不了解古代有劳动歌，虽然怀疑《毛诗》的话“无所考”，但是不敢断然的不从《毛序》说。我们现在应确认这一首诗是女子在丝织缝纫的劳动中所唱出的抒情诗歌。

关于采葛织麻劳动的，如《周南》中的《葛覃》刻画了妇女在采葛织布时的情景。这诗第一章“葛之覃兮，施于中谷，维叶萋萋。黄鸟于飞，集于灌木，其鸣喈喈。”是叙述在葛草蔓延之时，她所工作的地方，是一个风景美丽的场所。第二章“葛之覃兮，施于中谷，维叶莫莫。是刈是濩，为絺为绤，服之无斁。”这是叙说采回葛之后，她采葛煮葛，织成精的“絺”葛布，织成粗的“绤”葛布，做成衣服，穿起来十分可爱，将她采葛织布做衣的劳动过程描画无遗。第三章“言告师氏，言告言归。薄污我私，薄浣我衣。害浣害否，归宁父母。”用复叠的字句，急促的音调，表现出她在工作完毕之后，告诉指导她的老师回她母家的愉快的心情，这愉快是她劳动得来的。这个女子生在封建社会的时代，过着被奴役不自由的生活，由这末一章所表现的思想感情可以看出，她对于劳动却是十分愉快。

另外还有一些与恋爱相结合的劳动诗歌，留待下节分解。

### （二）关于恋爱婚姻的诗歌

在《雅》、《颂》中没有什么恋歌，关于婚姻的诗歌，也不过只一两首，这是《雅》、《颂》多为统治阶级所作的诗的一个证明。在《风》诗中，即便我们严格一点计算，关于恋爱婚姻的诗也要占三分之一以上。从这些抒情诗中，又可以看出当时劳动人民的生活思想情感，是值得我们仔细地分析的。



这几十首恋爱婚姻的诗歌，我更可细分为十类：第一种描写的是各式各样的单方相思，如《汉广》、《简兮》、《干旄》、《有狐》、《丘中有麻》、《有女同车》、《东门之墠》、《风雨》、《蒹葭》、《汾沮洳》、《东门之池》、《月出》、《泽陂》等诗。第二种描写的是各式各样的两情相好，如《野有死麇》、《桑中》、《静女》、《野有蔓草》、《溱洧》、《东方之日》、《十亩之间》、《宛丘》、《东门之枌》、《东门之杨》、《隰有苌楚》等诗。第三种是描写暂别的想念。如《采葛》、《大车》、《子衿》、《甫田》等诗。第四种是描写失恋后的心情：如《江有汜》、《终风》、《遵大路》、《山有扶苏》、《狡童》、《褰裳》等诗，也都是各式各样的。第五种是描写女子对于封建社会恋爱不自由的控诉。如《鄘风》中《柏舟》、《将仲子》等诗。第六种是描写婚后感情的笃厚，如《君子阳阳》、《女曰鸡鸣》、《出其东门》、《郑风·扬之水》、《防有鹊巢》等诗。第七种是描写婚后久别的想念，如《卷耳》、《汝坟》、《草虫》、《殷其雷》、《击鼓》、《伯兮》、《君子于役》、《王风·扬之水》、《小戎》、《晨风》等诗。第八种是描写婚后夫妻反目，女子遭受遗弃。如《柏舟》、《日月》、《谷风》、《氓》、《中谷有蓷》、《墓门》等诗。这些类的诗，写的也各有不同。第九种是描写结婚、催妆、送嫁、亲迎等仪式的诗。如《关雎》、《桃夭》、《鹊巢》、《丰》、《著》、《绸缪》、《伐柯》。第十种是其他关于恋爱婚姻的诗。如《行露》、《摽有梅》、《新台》、《蝃蝀》、《木瓜》、《箨兮》、《葛生》、《素冠》等诗。以上所举已是七十二首之多，还有其他意义不甚显著的未列入。这些诗歌，将当时广大人民群众关于恋爱结婚各式各样的情况，一一歌唱出来，思想都极淳朴，感情十分健康，都是很好的诗歌，现在我们选择其中比较典型的略作一分析。

在写单方思念的恋歌中，以《汉广》篇最能曲折地表达出单相思的思想实际。这是描写男子见到一个可爱慕的女子，但是距离很远，不易追求，而内心却是很愿意同她接近。不过这首诗实际上是一支斫柴的歌，是与劳动相结合的诗歌，是唱来解除疲劳的，并不一定实有其事。方玉润在《诗经原始》中批评此诗说："此诗即为刈楚刈蔞而作，所谓樵唱是也。近世楚、粤、滇、黔间，樵子入山，多唱山讴，响应谷林。盖劳者善歌，所以事忘劳耳。其词大抵男女相赠答私心爱慕之情……当其佳处，往往入神。有学士大夫所不能及者。"他以为这诗"首章先言乔木起兴，为采樵地。次即言刈楚，为题正面。三兼言刈蒌，乃采薪余事。中间带言游女，则不过藉以抒怀，聊写幽思，自适其意云尔。终篇忽叠咏江汉，觉烟水茫茫，浩渺无际，广不可泳，长更无方，唯有徘徊瞻望，长歌浩叹而已"。《汉广》的写单相思是以内心的描写，但不是那样地苦恋，所以思想感情上都是极健康的。《汾沮洳》、《东门之池》也都是与《汉广》类似的诗歌，《汾沮洳》是妇女拾菜的歌谣，她们想念的人物应是比较贵族好得多的劳动人民。《东门之池》是男子沤麻的歌。朱熹说："此亦男女会遇之辞。盖因会遇之地，所见之物，以起兴也。"一章沤麻，二章沤苎，三章沤菅，所写的都是一件事，看起来一定是沤麻时唱的歌，但这些诗比起《汉广》来在思想内容以及在艺术技巧上都相差很远。《干旄》的“彼姝者子”应是一个女子。旄，据《周礼·旄人注》，也可以是“舞者所持以指挥”的对象，这诗应是一个男子怀念一位善于舞蹈的女子而无从表达自己心情的诗。《有狐》、《丘中有麻》，朱注已认为是恋爱诗。其他诗意都是很显明，可以不必一一叙述。

第二类的诗歌如《野有死麇》、《桑中》、《静女》、《溱洧》，都是一些很好的恋歌。《野有死麇》写的是一位男子拿他猎得的死麇赠给一位女子，因而他们达到爱情的成熟；在诗句中，说“吉士”，说“白茅纯束，有女如玉”，这表明他们的相爱，虽没有当时封建贵族那些繁文缛节，但他们的对象是洁白如玉的，他们的爱情是纯洁健康的。《桑中》一诗应当也是与劳动相结合的诗歌，这是由一章演成三章，诗中的人不必真有，诗中的事也未必真有，只是一群劳动的人即兴唱出。后来不了解这诗本是乐歌，认为是一首“淫诗”，那是不恰当的。《静女》、《溱洧》就艺术手法来说，固然是通过了形象突出地刻画的好诗，即就思想而论，他们的活泼天真，恋爱自由，也是真实地反映了古代劳动人民恋爱生活的好诗。关于这两首诗的艺术手法，留待下篇再来详谈。《宛丘》的“洵有情兮，而无望兮”，林义光《诗经通解》说：“望”读若“忘”。有情而无忘，应是两人情感已合。可属于这一类。其他的诗，意思都很显明，无庸赘述。

关于描写暂别后的思念的恋歌，《采葛》所思念的是一位劳动女子，她的工作或是采葛，或是采萧、采艾。“一日三秋”，表达出他的渴念，在近代社会还有人拿来表达思慕的心情。《大车》思念的应当是一个赶车的小伙子，表示女的恋着男的，只怕男的不敢，不能逃奔，所以指日为誓。《甫田》开始说“无田甫田，维莠骄骄”，是从事农业的劳动妇女所唱出的；拿耕种的耗费劳力比喻思远人的耗费心力，这不是根据亲身经历，不能这样的写出。这些诗是通过了他们劳动及生活的真实，所以唱出来特别有感染力。

《江有汜》、《终风》、《遵大路》、《狡童》写失恋的悲哀，诗意都极明显。有的诗如《江有汜》，还希望重温旧梦，但是终于决裂；《山有扶苏》诗是失恋以后自责所遇的人并不甚好；《狡童》像是在进行恋爱时自己安慰自己的戏弄之词。

对于封建社会恋爱不自由，婚姻不自由所引起的反抗，这是必然有的事情。《鄘风·柏舟》就是一个女子坚决地反抗她母亲的命令，决心要嫁给她自己认为最好的对象所作的诗。她说“髧彼两髦，实维我仪。之死矢靡它。母也天只！不谅人只！”那个额前两边披着头发的，实在是她理想的标准人物，从形象上说，从思想情感说，她宁死是决不嫁给别人。她责备她的母亲，她对于包办式的婚姻的反抗，意志坚强表现得极其明显。《将仲子》诗表现了在封建社会中一个女子对于恋爱不自由的矛盾心理和不满情绪，诗中的女子请她心爱的仲子不要攀墙逾园而来，因为经常这样地做，可能折断树木，痕迹败露，不免引起父母和诸兄的责难、其他人的批评。她欢迎仲子采取比攀墙逾园更妥善的办法，来达到他们两相结合的目的。她承认了“仲可怀也”，坚决地表明她的爱他，她重复地说不是爱惜那些树木，是怕人们的纷纷议论，她对于她心爱的人，和她对于当时封建社会礼教束缚的不满在诗篇中是完全描画了出来。她的言词在表面上看来虽是十分委婉，但这正说明她对于仲子不是有所拒绝，相反地，只是她对于当时的社会有着一种曲折反抗的心情的流露。

《女曰鸡鸣》是描写已婚夫妇的家庭生活的一首好诗，这诗中的男女双方应当都是热爱劳动的人，他们在天还未大明时就起床，就一同去打野鸭和雁鹅，这是劳动，也是娱乐。归来的时候将劳动果实做成佳肴，同饮为欢。在最后一章用“知子之来之，杂佩以赠之”，概括地描写出他们是互爱互敬的一对夫妇。《出其东门》也是刻画夫妻情感笃厚的诗，通过男子在外面见了许多女子，但是他绝不动心：“出其东门，有女如云。虽则如云，匪我思存，缟衣綦巾，聊乐我员。”他家中穿着那白色的衣服，系着深绿色的佩巾的那一个，是足以安慰他的心情的人。他的爱情是专一的。从“缟衣綦巾”看来，他的室家是贫而且陋，但是他们比那些贵族的荒淫无耻，在思想上是高出一等。这两首诗都是足以教育人民的好诗。《郑风·扬之水》说“终鲜兄弟，惟予与女。”《防有鹊巢》说“谁侜予美？心焉忉忉。”都是妇人惦念她的丈夫，写出妇人爱护男子的心情。



描写婚后久别思念之情的，如《卷耳》、《伯兮》、《君子于役》、《小戎》，都是刻画得极生动的好诗，《卷耳》写一个妇人在采取卷耳之时，采了又采，但是还不满一个歪歪的箩筐，她的心并不在采卷耳，而是想念她那位颠簸在路上的行人。她想到他的丈夫在外如何上山，他的马如何疲劳，他的丈夫如何置酒解除劳累，完全通过形象的描写显示出她思念的心情。《伯兮》说“自伯之东，首如飞蓬。岂无膏沐，谁适为容。”“其雨其雨！杲杲出日。愿言思伯，甘心首疾。”写出妇人在她丈夫出征以后她头疼，心疼，不愿梳头，不施脂粉。用一些突出的事具体说明她的思念的心情，在艺术上都是很有成就的。但如《汝坟》诗说：“鲂鱼赪尾，王室如毁。虽然如毁，父母孔迩。”《殷其雷》说：“何斯违斯，莫敢或遑。振振君子，归哉！归哉！”用几句简单的话说出当时政治上的纷乱，影响到每个人的不安宁，我们在今日读来还可以看出他们是如何对当日统治阶级奴役他们感到不满的。《击鼓》和《王风·扬之水》是戍卒思家所作，更是充满反战思想的诗篇。《击鼓》末章“于嗟阔（远）兮，不我活（会）兮！于嗟洵（远）兮，不我信（伸）兮！”《王风·扬之水》的每章都用“怀哉怀哉，曷月予还归哉！”结束，都表达出他们久戍在外，思归不得的心情。《击鼓》篇痛骂那个不带他回家的“孙子仲”，《扬之水》诅咒那个派遣他出来的“彼其之子”，方玉润解《击鼓》篇说，“夫国家大役，无过‘土工城漕’，然尚为境内事。即征伐敌国，亦尚有凯还时。惟此边防戍远，永断归期，言念室家，能不怆怀?”我们由这一类的抒情诗也可以看出当时的社会形势，这一类诗是具有很坚强的思想性与人民性的。

《谷风》和《氓》是描写女方在结婚后遭到遗弃的诗歌。《谷风》的主题是刻画一个妇人在结婚后因男子另娶遭受遗弃，因而控诉她故夫的恶行，这一首诗通篇是用顺序的对照的手法，“今”、“昔”对照，“新”、“旧”对照，写出她在被弃以后内心的愤怒。开始她责难男子应当共同生活，不该另有外心。接着叙述她在决绝的时候，她是如何怀着满心的愤恨慢慢地走着，而她的故夫却很快地将她送出大门，不顾她的苦难，只图新婚之乐。接着拿泾渭之分来对照出她丈夫的快乐和她自己的苦闷，她也不顾一切，不让他们迈过她的鱼梁，拨动她的鱼笱。在这三章中已经是拿她丈夫对待新旧的情况，对照出今昔的不同。她又回想起她如何善于劳动生产、乐于帮助人们，她回想起她与他曾经共同患难，而他们一旦生活好转，她就遭受她丈夫无情地遗弃，她回想起她丈夫行动的野蛮、性情的暴躁，他丝毫不想起从前，就狠心地将她抛弃。这些更是用回忆的手法写出今昔之别。愤慨的情绪，充满在字里行间，这首诗刻画出男子的薄情，也反映出在封建社会中婚姻制度的罪恶。《氓》诗的主题思想只是叙述男女在婚前的热恋，而在婚后女子因色衰爱弛遭受遗弃。这诗是从他们恋爱到结婚而终于感情破裂的发展过程刻画出他们的“今”、“昔”的不同。前三章叙写他们的恋爱结合的经过，马上利用他们生活环境中的形象“桑之落矣，其黄而陨”，“淇水汤汤，渐车帷裳”来形容女子的色衰，男子的爱弛，女的是三岁为妇，便劳其室家，夙兴夜寐，丝毫没有怠惰，但是男子是忘了从前的欢爱，而终于背叛了她。最后一章是用回忆的对照的手法，唱出男子原来的“言笑晏晏，信誓旦旦”，更加深刻地显现出男子的三心二意，辜负了她，终于遗弃了她。这也是女子对封建社会婚姻制度的哭诉。《邶风·柏舟》是描写女子在婚后受到家庭各方面的压迫，她不能忍受，但是不得不忍受。通过“我心匪鉴，不可以茹”，“我心匪石，不可转也；我心匪席，不可卷也。”“心之忧矣，如匪浣衣。”“静言思之，不能奋飞!”这些形象的描写，显示着她内心的苦痛。她说“威仪棣棣，不可选也”（选有去掉的意思，《说文》：“选，遗也”），表明是她不满意于当时的吃人的礼教。这些抒情的诗歌都是具有强烈的人民性与强大的感染力的。

《关雎》虽是一首像是“后世催桩花烛”、“咏新婚”的诗，但内面叙述男子苦恋不得，辗转反侧的情景，丝毫没有触及到什么父母之命，媒妁之言，没有封建气息。《绸缪》的写新婚更像一首男女幽会的诗。《桃夭》、《鹊巢》、《丰》、《著》是送嫁和亲迎的婚姻仪式诗，有的写得很精细，如《丰》、《著》就是如此；有的用夸张的手法，如《鹊巢》用“百两（辆）”车来形容迎亲场面的盛大；有的用形象作比拟，如《桃夭》借桃花形容少女的颜色，都极有感染力。《摽有梅》是和现在民歌拾棉花一样的诗，是一群少女在打梅子的劳动中盼着早得对象的歌唱。《箨兮》应是青年妇女在扬场时的劳动中向男子挑战的歌唱。《新台》是咏新婚的诗。《木瓜》“疑亦男女相赠答之辞”。《行露》写的是一个男子因家境贫困不能结婚，而被女方诉于官。《蝃蝀》写的是女子不顾一切礼法、媒妁之言、父母之命，就与人结了婚。这两首虽是关于婚姻的诗篇，但也反映出在封建社会中人民因生活的贫困，或是因礼教的束缚，婚姻不能自由的苦痛。《葛生》、《素冠》是两首妇人对男子的悼亡的诗。

从上述的这些诗篇看来，在主题思想上虽是属于恋爱婚姻的内容，但我们可以看出许多的恋歌是人们在集体劳动中唱出，他们热爱着他们的劳动。许多的诗篇是在不满情绪中唱出，他们痛恨着当时的封建社会礼教的束缚和当日政治经济上的一切压迫和劳役。这些诗篇的思想感情都是极纯洁、真挚，而且十分健康的。

**（三）关于政治讽刺的诗歌**

关于政治上的诗，一般的是以为在二《雅》中比《风》诗中多，其实在《风》诗中涉及的也并不少，不惟不少，而且是更具有强烈的人民性。我们现在仍主要地分析《风》诗，因为这些诗歌是来自劳动人民的最底层的，比之二《雅》的诗，在作者的阶级性本身上是不同的。

在二《南》中，政治讽刺诗比较的少。诗中主题思想比较明显的只《小星》一首，诗中提到："肃肃宵征，夙夜在公。""抱衾与裯，实命不犹。"可以看出他是抱怨他"夙夜在公"的苦楚。他自己抱衾与裯，没有仆人，这主角应是一个劳动人民，不是士大夫阶级。诗人是悲叹他的命运，也是咒骂当日统治阶级对于他的奴役。

咒骂统治阶级最为突出的是《鄘风》的《鹑之奔奔》。诗篇只"鹑之奔奔，鹊之强强。人之无良，我以为兄！鹊之强强，鹑之奔奔。人之无良，我以为君"这寥寥的两行诗，但这两行诗却痛骂了当时的人君，痛惜人民把不善良的人当作了人君。自来这诗是受了《毛诗传序》歪曲的解释的影响，把"君"当作"小君"。真相埋没了许久。但是古义并不如此，王先谦在《诗三家义集疏》上说：

> 《左》《襄二十七年传》：郑七卿享赵孟，伯有赋《鹑之奔奔》，赵孟曰："床笫之言不踰阈，况在野乎？非使人之所得闻也。"杜注："卫人刺其君淫乱，鹑鹊之

不若，义取‘人之无良，我以为兄’、‘我以为君’也。”又《传》云：“文子告叔向曰：‘伯有将为戮矣。诗以言志，志诬其上而公怨之，以为宾荣，其能久乎？’”杜注：“言诬则郑伯未有其实。”《正义》：“伯有赋此诗，有嫌君之意。”是伯有之赋、赵孟之言，皆不以诗之“君”为“小君”，此最古义。司马迁、刘向用《鲁诗》，而《史记》、《列女传》无公子顽通宣姜事，是《鲁》义必与《毛》异，不以“兄”为顽也。《礼表记》：子曰：“唯天子受命于天，士受命于君，故君命顺则臣有顺命，君命逆则臣有逆命。《诗》云：‘鹊之姜姜，鹑之贲贲。人之无良，我以为君。’”郑注：“姜姜、贲贲，争斗恶貌也。良，善也。言我以恶人为君，亦使我恶，如大鸟姜姜于上，小鸟贲贲于下。”《记》义与郑注皆不以“君”为“小君”，知《齐》义必与《毛》异，不以君为宣姜也……





根据王先谦这一段的考证，在《左传》鲁襄公二十七年郑国伯有的赋诗、赵孟的议论，以及《注疏》的解释，都是以“君”为当时的人君。郑伯有就是利用了诗句来诅咒当时的郑君，表明这诗在当时人民群众中已起了很大的作用。《礼记·表记》说：“君命顺则臣有顺命，君命逆则臣有逆命。”这是这首诗在后来更引起了教育人民的作用。但是经过《毛传》的歪曲，这首诗的真相，直到最近还是没有被人发现。诗意是很明显地说：(这个人)像鹑那样的恶毒，像鹊那样的强狠，如此的不好，我们竟把他当作了君。这是明明启示人民要起来“逆命”，起来革命。这是如何活生生地表现出人民的希冀与愿望的诗，这真是在《诗经》中一首极具有高度的思想性与坚强的人民性的诗。

《鄘风》的《墙有茨》、《相鼠》两诗也是对统治阶级咒骂的诗歌，《墙有茨》的开始第一章说：“墙有茨，不可扫也。中冓之言，不可道也。所可道也，言之丑也。”《相鼠》第一章说：“相鼠有皮，人而无仪。人而无仪，不死何为！”这两首诗的二、三章都是由第一章扩大而成。也是从头咒骂到底，毫不容情的咒歌。《相鼠》这诗，班固的《白虎通》歪曲成为妻谏夫之辞，这也歪曲了诗意。这两诗要依《毛诗》“刺其上”的解释才是。《卫风》还有一首刺虐的《北风》，最后一章说“莫赤匪狐！莫黑匪乌！惠而好我，携手同车。其虚其邪，既亟只且！”“莫赤匪狐，莫黑匪乌”是指着阴险毒辣的统治阶级。后汉的人还有用“豺狼当道，安问狐狸”的话比喻小人当道的这一种说法。他们要想着逃避，准备实在急了就要离开他们。这虽然有些悲观成分，但实际上是反抗当时统治阶级的呼声。这三首都是有极坚强的人民性的。

《卫风》的《北门》说：“出自北门，忧心殷殷。终窭且贫，莫知我艰。已焉哉！天实为之，谓之何哉！”“王事适我，政事一埤益我。我入自外，室人交徧谪我。已焉哉！天实为之，谓之何哉！”控诉他的贫困，痛骂那是“天”所给予的。也表现出他的贫富的不均，正是由于当时政治的腐败所造成。这一首与《小星》一样，还不好肯定地就说是士大夫阶级的作品而不是极贫困的劳动人民所作。

《邶风》的《式微》第一章说：“式微式微，胡不归？微君之故，胡为乎中露！”痛恨因为“君”的缘故而让他们奔波在道途之中。（“露”，《鲁诗》作“路”）第二章说：“式微式微，胡不归？微君之躬（依马瑞辰说，“躬”与“穷”通），胡为乎泥中！”痛恨因为“君”的没有办法，而让他们陷在“泥中”。这明明是人民怨恨统治阶级陷他们于涂炭之中的诗。《旄丘》诗说：“叔兮伯兮，何多日也？”“狐裘蒙戎，匪（彼）车不东。叔兮伯兮，靡所与同。”“琐兮尾兮，流离之子。叔兮伯兮，褎如充耳。”细玩全诗之意，也应是人民当卫国为狄侵犯，人民痛恨那些大夫不早到东方去求救，而陷卫国于危难的政治讽刺诗。这两诗，《毛诗》认为黎臣劝君归，黎人责卫伯，依崔述《读风偶识》的考证是不确的。既非黎人之诗，那就是卫国人民所作的政治讽刺诗，这是很明显的。

《王风》的《黍离》旧说是“周室东迁，大夫行役至于宗周，过故宗庙宫室，尽为禾黍，闵周室之颠复，旁徨不忍去而作是诗”。但我们从诗篇本身看来，“行迈靡靡，中心摇摇”，还只是苦于行役的诗，“悠悠苍天，此何人哉！”是指天痛骂派他出去行役的人。诗中的思想情感，比较《小星》要激烈些，在全诗中并无“至于宗周，过故宗庙”之意。《王风》的《兔爰》，从诗篇的起兴看来，“有兔爰爰，雉离于罗”，是指斥着当日的虐政，到处都是网罗，所以说“我生之初尚无为，我生之后，逢此百罹，尚寐无吪”！还不只是表示时代一天一天变坏了而有没落之感。这都是对当时的政治怀极端不满的情绪的诗歌。《王风》的《葛藟》说：“终远兄弟，谓他人父。谓他人父，亦莫我顾！”这才是确实的表现了亡国的悲哀。

《郑风》的《清人》旧说是“郑弃其师”的讽刺，从诗句“二矛重英，河上乎翱翔”，这确是人民讽刺郑君久役人民，翱翔在河上，不爱惜民众的诗。《齐风》的《东方未明》说“折柳樊圃，狂夫瞿瞿”，骂的是那监工的人。说“颠之倒之，自公召之”指斥齐国的政治上的昏乱，都很明显。从这些诗篇看来，当时的人是毫无畏惧的可以公开指责当时的“人君”，这些诗都具有强烈的人民性的。

《魏风》的《伐檀》是一首刺贪的诗，刻画出当时统治阶级剥削人民劳动果实的罪行。诗篇从一群劳动人民或劳工在河边上集体的劳动写起，“坎坎伐檀兮，置之河之干兮，河水清且涟猗”。用这些歌句突出地刻画出他们劳动的节奏，劳动的场所。他们终日工作，而所得却如他们的环境那样清白；衬托出那些既贪而污的人，是如何卑鄙龌龊有害于人民。然后用质问的语气继续着说："不稼不穑，胡取禾三百廛兮？不狩不猎，胡瞻尔庭有县貆兮？"这是质问，也是咒骂。最后用"彼君子兮，不素餐兮"作结。我们读到这诗，可以想象出这是一群匠人或工奴在他们工作中所发出的英勇斗争的呼声。这首诗的乐调一直流传到三国时还歌唱在广大人民群众之间，是极具有教育人民的作用与很大的感染力的。《魏风》的《硕鼠》也是刺贪的诗。诗篇用硕鼠刻画出当时统治阶级贪而畏人的丑恶状态，"硕鼠硕鼠，无食我黍。三岁贯女，莫我肯顾"，从食黍、食麦，一直到食苗。劳动人民再也禁不起他们的剥削，只有逃到乐土、乐国、乐郊中去。郑玄解释这篇的硕鼠是指的人君。确实这诗是很直截了当地咒骂当时的人君，对统治阶级发出反抗的斗争的呼声。"逝将去女，适彼乐郊。乐郊乐郊，谁之永号？"他们将用逃亡的方式来反抗，"乐郊"是他们理想的境地。他们是想获得了解放，消灭了剥削阶级，但是可惜他们还不能做到。

《魏风》的《葛屦》应是一首缝纫女工的作品，主题思想是诅咒当时的人君悭吝刻薄，拿着夏天的葛屦去践踏秋冬的寒霜，奴役女子，叫她缝裳。这是"俭之过而至于吝啬迫隘，计较分毫之间，而谋利之心急"。由这里所刻画的也可见出他们欺压人民，剥削人民。篇中的"好人"就是指的"人君"，诗篇明明指出："维是褊心，是以为刺。"是很大胆地发出反抗的呼声。《园有桃》表面上看来是一位士大夫想要逃避现实的诗，但就内容来说，也是痛骂当时的人君的。诗中的"彼人是哉"是指的魏君，郑玄的《诗笺》早已如此提出。"彼人是哉，子曰何其？"即"那个人对吗？你说如何？"作者分明是咒骂那个贪婪的君主。他说："心之忧矣，其谁知之。其谁知之，盖（盍）亦勿思？"是明明指点人们去想想那个贪婪剥削的人，要大家起来打倒他。《魏风》的《陟岵》是一首戍卒思家的诗，想象他登高瞻望见家乡的父母，父母都希望他不要死，这是他想着能生还的厌战诗。

《唐风》的《羔裘》应是一首讽刺当时大夫的诗，诗篇说：“羔裘豹祛，自我人居居（倨）。岂无他人？维子之（是）故（固）。”“羔裘豹褎，自我人究究。岂无他人？维子之好。”“居居”“究究”，是恶的意思。林义光解释这几句诗说：“固犹拥护也。岂无他人，维子是固，谓我辈岂无他人可以拥护而必拥护汝乎?”这是诅咒当日的大夫那一阶层的诗。《唐风》的《鸨羽》也是一首厌战的诗，诗中借“鸨鸟连蹄，性不树止，树止则为苦”起兴，描写连年征战所带给人民的的痛苦。诗篇用沉痛的语句提出“王事靡盬，不能蓺黍稷，父母何食？悠悠苍天，曷其有极?”这明是一个农奴因为出征而耽误了他的农事，使父母都没有吃的。他咒骂天，也就是咒骂当日的领主。





《秦风》中的《黄鸟》是诅咒当时残忍的人殉制度的诗。诗篇用黄鸟的止于“棘”、“桑”、“楚”，借音双关显示出那是疾恨悲伤痛楚的事件，用“临其穴，惴惴其栗”的具体事实写出那殉葬的人悲惨恐惧在墓穴边的情况；然后用“彼苍者天，歼我良人”表示出人民对这件事的无比愤怒。他们表面上咒骂的是天，实际上咒骂的就是那万恶的制度和秦君。这首抗议的诗歌，是引起了广大人民的同情的。《秦风》的《权舆》是刻画一个贵族走上没落道路的诗歌，他从前居的“夏屋渠渠”，到现在只有饭吃，没有其他了；从前吃的是很好的饭菜，现在每顿饭都吃不饱了。这是在弱肉强食的激流中社会逐渐转变所必有的现象。

《曹风》的《候人》是和《唐风·羔裘》一样，讽刺当时的君大夫“彼其之子，三百赤芾”的“不称其服”。诗人是很大胆地指出当时政治上的黑暗，不用贤能。指责那些统治阶级的无能，不配占居上位。

《豳风》的《鸱鸮》，也是具有极强烈的人民性的诗，这诗假托一个小鸟咒骂鸱鸮夺取了他的爱子，还要毁灭他的家室，来咒骂统治阶级使他感到人亡家破的苦痛。将统治阶级比喻成为鸱鸮那样的恶毒残忍，全篇中愤怒之意是完全表达出来了的。第一章叫喊着鸱鸮，“既取我子，无毁我室”，说他殷殷勤勤地养着这个爱子，是耗费了心力的，而结果被这恶毒的人夺去了，这是如何地可怜。第二章就上章“无毁我室”的意思说他要未雨绸缪，保护他的家庭。假托着鸟在树上，说你们这些卑下的人们有谁能来欺侮我。欺侮他的下民正是上章所说的“既取我子，无毁我室”的鸱鸮，也是比喻着统治阶级的。第三章说他对他的家室的缔造艰难，煞费苦心。第四章终于叹息他的微弱的家庭终不免被统治阶级的暴风雨所飘摇。他只有发出很尖锐的哀鸣了。这诗因为《尚书·金縢》篇有“（周）公乃作诗以诒王，名之曰《鸱鸮》”，而被认为周公所作的诗，实是不合情理的。周公不应将他的兄弟管蔡比作“子”。那时的周是新兴之国，也决不会怕纣子武庚动摇了周室。他可以用武力来征服，也不应当将周室说成“予室翘翘，风雨所漂摇”。假如认为周公所作，是与全诗情节不合的。《孟子》上引孔子的话说：“为此诗者，其知道乎！”也并未以为周公作。可见以为此诗是周公作的是后世的伪托。《尚书·金縢》是一篇不可信的书篇，从宋代的程颐已怀疑其非圣人之书。金履详《尚书表注》说：“此篇（金縢）叙事，意多浅晦，程子疑其间不可尽信。”（卷四）后来王廉、王夫之、袁枚也都疑《金縢》。袁枚的《金縢辨》上下两篇列举了不下十证，来证明《金縢》是伪书。我们解释此诗，是不当依据《金縢》这篇来看问题的。

《豳风》的《东山》是写戍卒归家的诗，但从诗句的“我徂东山，慆慆不归。”“伊威在室，蟏蛸在户。町畽鹿场，熠燿宵行。”“自我不见，于今三年。”写出战士“往来之劳，离家之久”，归来的时候见到他的家中一切荒废凄凉的情况，是有反战情绪的。《破斧》诗说：“既破我斧，又缺我斨。……哀我人斯，亦孔之将。”也是一首厌战的诗。

综合上面所述的诗歌看来，它们有的是咒骂当时统治阶级的恶毒强狠，欺压人民，如《鹑之奔奔》、《北风》、《黄鸟》、《鸱鸮》；有的是刻画他们的剥削贪婪，如《葛屦》、《伐檀》、《硕鼠》；有的是暴露他们的荒淫无耻，不守礼法，如《墙有茨》、《东方未明》、《相鼠》；有的是怨恨他们的劳役战乱，如《小星》、《式微》、《旄丘》、《黍离》、《清人》、《陟岵》、《鸨羽》、《东山》、《破斧》；有的是讽刺一些贵族傲慢无能，如《羔裘》、《候人》；有的是表现出人民被欺压得无路可走想着逃亡，发出怨言，如《北门》、《兔爰》、《园有桃》；有的是写贵族阶级的没落，如《权舆》；有的表现出他们亡国的悲哀，如《葛藟》。只这二十几首小诗中是将当时统治阶级丑恶的面貌，人民对于他们憎恨的心情都有声有色地、如怨如诉地刻画出来，表达出来。像《鹑之奔奔》、《伐檀》等诗，尤其是教育了人民，提高了人们在政治上的觉悟，是不可多得的诗篇。





在二《雅》中，士大夫阶层所作的政治讽刺诗大约有二三十首，最令人乐道的是：《小雅》的《节南山》、《正月》、《十月之交》、《雨无正》、《小旻》、《大东》、《四月》、《北山》，《大雅》的《民劳》、《桑柔》、《瞻卬》、《召旻》。《节南山》是东迁以后的作品，它的主题思想虽然是讽刺当时的“桓王”，但主要的是讽刺“尹氏太师”，只是当时统治阶级内部的矛盾，诗中值得我们注意的是：“不吊昊天，不宜空我师。”“昊天不佣，降此鞠讻。昊天不惠，降此大戾。”“不吊昊天，乱靡有定。”对于“天”也谴责起来了。在周代最敬奉的就是“天”，这表示统治阶级所利用的宗教思想进一步的动摇，人民对于天道的观念慢慢会认为是自然的，慢慢地可以提高到征服自然的思想。不过我们不要忽略，这些怨天之词，在《风》诗中是也有的，并不是士大夫阶级的独创。《节南山》末章：“家父作诵，以究王讻。式讹尔心，以畜万邦。”作者虽然公开的攻击“王”，但还希望他能改变，不如《鹑之奔奔》直截了当地说："人之无良，我以为君。"《正月》也是东迁以后之作，诗中说是："今兹之正，胡然厉矣?"即"现在的政治，何以这样暴虐啊?"也是很能大胆说话。《十月之交》是讽刺幽王的诗，但主要的是讽刺《皇父》，第五章说："抑此皇父，岂曰不时？胡为我作，不即我谋，彻我墙屋，田卒污莱？曰予不戕，礼则然矣。"他们侵犯人家的房屋，损害人家的田亩，还以为是合礼！这诗虽然没有正面的攻击礼法，而实际是对礼法的愤恨。这与《邶风·柏舟》说："威仪棣棣，不可选（去）也"一样，是对礼法不满的诗，愤怒的情绪都表现在字里行间。统治阶级枷锁人民的工具，是很容易被人民看透的，人民的眼睛是雪亮的，他们会戳穿这些假面具。《雨无正》是攻击一些官吏不负责任，"戎成不退，饥成不遂"；《小旻》是攻击统治阶级，误听邪言，"谋之其臧，则具是违。谋之不臧，则具是依"。《大东》的"东人之子，职劳不来。西人之子，粲粲衣服。舟人之子，熊罴是裘。私人之子，百僚是试"。是用对照的手法写出当时的赋役不均，群小得志的黑暗政治。《四月》用"匪鹑匪鸢，翰飞戾天。匪鳣匪鲔，潜逃于渊"形容出人民遭受痛苦，无处投奔的悲伤情况。《北山》写的是"大夫不均，我从事独贤"。《小旻》、《大东》、《四月》、《北山》等，表现的思想情感虽不如《节南山》等四篇那样的明确，但也够激昂慷慨的。

《大雅·民劳》提到"民亦劳止，汔可小康"，"式遏寇虐，无俾民忧"，还是用讽劝口吻的讽刺诗。这一首是《大雅》中较早的讽刺诗。《桑柔》说"大风有隧，贪人败类"，"自有肺肠，俾民卒狂"。是毫不容情地诅咒这些败类。《瞻卬》说"人有土田，女反有之。人有民人，女复夺之。此宜无罪，汝反收之。彼宜有罪，女复说之"。《召旻》的"旻天疾威，天笃降丧。瘨我饥馑，民卒流亡。我居圉卒荒"、"蟊贼内讧。昏椓靡共，溃溃回遹，实靖夷我邦"愤怒悲伤的情绪，是眼看见他们的危难就要到来发出的悲惨的呼声。

在上述二《雅》中比较著名的十二首诗之外，在《小雅》中还有《祈父》、《鸿雁》、《蓼莪》、《渐渐之石》、《苕之华》、《何草不黄》六首，《大雅》中还有《板》、《荡》两首，主题思想和诗中词句都很明显地可以看出是士大夫所作的讽刺诗。《祈父》是攻击“祈父，予王之爪牙。胡转予于恤”的厌战诗，这诗和《渐渐之石》说，“武人东征，不皇朝矣”，“武人东征，不皇他矣”。《何草不黄》说，“哀我征夫，独为匪民”，“哀我征夫，朝夕不暇”大意相同，都是苦于戍役的诗。《蓼莪》诗是“人民生活劳苦，孝子不得终养”所作的诗，诗中说：“鲜民之生，不如死之久矣!”“民莫不谷，我独何害?”写出他那没有吃喝，痛不欲生的悲伤情况。《苕之华》更说道“知我如此，不如无生”，“人可以食，鲜可以饱”。这比起《鸿雁》的“鸿雁于飞，哀鸣嗷嗷”，写流民的悲哀是表现得更要深刻，更引起人的同情。这些诗没有在正面上攻击当时的统治阶级，但在内心里蕴藏着忿怒的火焰，是不言而喻的。《大雅·板》说，“上帝板板，下民卒瘅。出话不然，为犹不远”，“犹之未远，是用大谏”。《荡》篇假“托于文王所嗟叹殷纣者”，来讽刺当时的“暴虐众敛之臣”。这两篇的词意都比较软弱，但确也刻画出那些统治阶级“炰烋于中国，敛怨以为德”那种无恶不作的政治面貌。

以上所列举的二十首诗都是二《雅》中比较好的一些政治讽刺诗。我们由这些诗可以看出在西周末年至东周初年那些统治阶级如何不顾及人民的利益，贪污剥削、欺压人民、劳役人民，连统治阶级内部一些士大夫阶级也感到他们互相欺凌、互相倾轧，一直弄到民不聊生，“日蹙国百里”的情况，这些诗歌，就是他们作出来“维以告哀”的一些显着的悲歌。《小雅》中还有一些诗如《巧言》、《何人斯》、《巷伯》、《谷风》等等也是这一类的作品，在这里都未及详叙。在《风》诗中，如《卫风·芄兰》的讽刺卫君臣，《齐风·鸡鸣》、《南山》、《敝笱》、《载驱》、《猗嗟》的讽刺齐君荒淫以及《唐风》的《蟋蟀》、《山有枢》、《杕杜》、《有杕之杜》、《采苓》，《陈风》的《株林》，《桧风》的《匪风》，《曹风》的《下泉》等，都是一些可以看出当时的政治社会面貌的诗，这里也一概从略，不能全部的叙述。

### （四）史诗及其他杂诗

在《风》诗中，值得我们注意的还有几首爱国主义诗篇，而且有些是女诗人的作品，就是《鄘风·载驰》、《卫风·竹竿》和《邶风·泉水》三首诗。《载驰》是卫宣姜的女儿许穆公夫人所作，她听见卫国被狄人所灭，急忙要回去吊唁卫侯，但是结果不能回去，她作了这诗。第一章说："载驰载驱，归唁卫侯。驱马悠悠，言至于漕。大夫跋涉，我心则忧。"这是她听到卫国大夫报告的消息，就很忧虑，想着回到卫国。不过"妇人既嫁不逾境"，封建礼教的束缚，在当时她是不应当回去的。她只有责备"许人尤之，众（既）稚且狂"。她还要想象地说："我行其野，芃芃其麦。控于大邦，谁因谁极？"她自己去控诉到大邦，来挽救卫国。她的爱国主义思想是不能被旧礼教和许国人束缚的。《竹竿》篇据魏源的考订，也是许穆公夫人作，她也是想象的"籊籊竹竿，以钓于淇。岂不尔思，远莫致之"。而其实并没有真回去，只有"驾言出游，以写我忧"。《邶风·泉水》应当也是她的作品，第一章说"娈彼诸姬，聊与之谋"谋是要谋救卫。第四章说"思须（沬）与漕，我心悠悠。驾言出游，以写我忧"。这与《竹竿》如出一口，也应是一人之作。方玉润认为是卫女和《载驱》，还未必合乎实际情形。这几首诗，虽是出于许穆公夫人之手，但是因为符合于卫国人民的思想情感，所以流传在卫国，为卫国人民所歌唱。这几首诗虽是出于封建贵族之手，但里面贯穿的爱国主义精神，是符合于卫国人民的爱国主义精神，是具有人民性的爱国主义诗篇。

《卫风》中的《定之方中》是赞美卫文公在遭受狄入侵略之后复兴卫国的诗。《魏风》中的《陟岵》虽本是一首感到父母兄弟离散厌战的诗，但由“犹来无止”，“夙夜必偕”，这几句看来，他们不愿打败仗，也是有爱国主义精神的诗。《秦风》的《无衣》，如不依王夫之的解释，而认为秦人的作品，从“与子同仇”这一句看来，也显明是一首反侵略的诗篇，也应列入具有爱国主义精神的作品中。在大雅中，有一些是歌颂周民族发展的历史、周初建国的经过的史诗，如《生民》、《公刘》、《绵》、《皇矣》、《大明》。《生民》共八章，是写周民族始祖后稷如何的诞生、如何的发明种植的故事。这诗前三章是神话式的叙述，说后稷的母亲，因为踏上了上帝脚迹而受了感应，就生下了后稷。这“知有母而不知有父”的传说，显见得那时还是母系氏族社会时代的流传下来的故事。第三章说“诞寘之隘巷，牛羊腓字之。诞寘之平林，会伐平林。诞寘之寒冰，鸟覆翼之”。用神话式的夸饰的手法写出这个发明种植的人物的神异，来引起人们对于这个人物的崇敬。第四章说他所发明的能种的谷物很多：“荏菽旆旆，禾役穟穟，麻麦幪幪，瓜瓞唪唪。”是用复叠的列叙的手法，写出那些农产生长的茂盛。第五章更连用十个“实”字：“实方实苞，实种实褎，实发实秀，实坚实好，实颖实栗……”来形容他的庄稼如何长大结实。这些夸大的写法都是为了加强感染力来引起人们对于他们祖先的崇拜。《公刘》篇共六章，是叙述后稷曾孙公刘迁居到豳的故事。第一章叙述公刘不敢安居，他经营好了田地，贮存了许多积蓄，于是带着干粮，背着武器，去扩张他们的领土，迁居到另一地方。第二章叙说他找到了一块适合于生长繁荣、适合于大家居住而不发愁的地方；他爬到高山，下到平原，来回地考察。第三章叙述他又在那旷野平原中找到一个南山，一个高丘，他们可以在那里挖好窑洞安居起来。第四章叙述他们在那里建设完成之后，他们饮酒宴乐，他受到大家的崇敬。第五章还是叙述的他在那里“相其阴阳，观其流泉”，“度其隰原，彻田为粮。度其夕阳，豳居允荒”。好好考察地势，水利，土壤，开辟为田地，这才提出那个地名是豳。最后一章更叙述他们定居之后，疆理田地，人众财多，更扩张他们的居处到皇涧、过涧两条水的涯岸。我们读到这诗，可以想象到他们是如何辛勤地勘探、而后开辟他们的新居。诗篇也是用了许多叠字来加强感染力。《绵》篇共有九章，是叙述文王祖父古公亶父从豳迁居到岐的故事。这诗第一章说他们的祖先直到古公亶父的时候还是“陶复陶穴，未有家室”，掏些窑洞居住。第二章“率西水浒，至于岐下。爰及姜女，聿来胥宇”是叙述他们牵着马匹，循着水滨，到达岐下。他同他的妻子来寻觅他们居住的地方。据《孟子》书说，这是因为“狄人侵之，事之以皮币、珠玉、犬马而不得免”，他才离开豳地的。第三章说他们找到周原那块肥沃的地方，他们计划在那里居住。第四章说：“乃慰乃止，乃左乃右，乃疆乃理，乃宣乃亩。自西徂东，周爰执事。”这是他们安居在那里，开垦土地。第五章说：“乃召司空，乃召司徒，俾立室家。其绳则直……”这是建筑房屋。第六章说：“捄之陾陾，度之薨薨。筑之登登，削屡（偻）冯冯。”这是建筑的情况。第七章说，“乃立皋门，皋门有伉。乃立应门，应门将将”，这是说建筑城门。这几章也用各样复叠的词句，来表示他在建设时欢欣鼓舞的精神。第八章说他们建设完成之后，“混夷駾矣，维其喙矣”。他们也克服了被异族侵略的祸难。诗人在最后一章用赞叹的词句说：“予曰有疏附，予曰有先后，予曰有奔奏，予曰有御侮。”更叠用“予曰”四次，诗人是要利用他自己赞叹的情感来引发人们对于他们祖先的崇敬。这三首诗都是追述周民族发展的经过的事迹的。《皇矣》篇是叙述周的开国从太王王季开始，但是天帝最是赞成文王，所以他能阻止密人的侵略，又能伐崇，所以周室日益强大起来。《大明》篇是叙述武王的事迹，篇中叙说到武王的父母与祖父母，最后一章提到他伐商，“牧野洋洋，檀车煌煌，驷騵彭彭。维师尚父（太公望），时维鹰扬，凉彼武王。肆伐大商，会朝清明”。这是周民族在开国时的一次大胜利。合起这五首诗来看，我们可以想象到从后稷到公刘到文王的祖父古公亶父一代一代的逐渐发展的情形，而从文王才开始强大起来，诗人在诗篇中能将他们的事迹重点地加以刻画，使人读到这些诗仿佛看到当日情景。这些史诗，不过分的夸大，不过分的铺张，是很忠实的描写当时的情景的。读到这些诗，可以增强民族自豪心，也可以增长爱国主义思想，如《绵》篇的“予曰有御侮”，是极其明显的可以鼓舞人的词句。





在二《雅》中还有《出车》、《采芑》、《江汉》、《六月》、《常武》五首诗也可以当作史诗来看。《出车》叙述南仲，“猃狁于襄”（攘），以及“薄伐西戎”的事迹，《采芑》叙述方叔“征伐猃狁，蛮荆来威”的事迹。《六月》叙述猃狁“整居焦获。侵镐及方，至于泾阳”。尹吉甫“薄伐猃狁，至于太原”的事迹。《江汉》叙到周宣王命召虎征淮夷的事迹，《常武》叙到周宣王命皇父征伐徐方的事迹。但这五首诗不能与《生民》等篇一样看待，这些诗的内容，赞美他们的战功多于叙述他们战事的经过。由于这些诗，我们可以看到在西周末年统治阶级是如何挣扎地来反抗侵略，是值得我们注意的。这五首诗夹带着一些叙事，比起《周颂》的《昊天有成命》、《武》、《酌》、《桓》、《赉》、《般》所谓大武六章（此依王国维《观堂集林·周大武乐章考》说），只是歌颂他们的武功也不同，所以还可以当作史诗看待。

相当于二《雅》中这些史诗还有《鲁颂》的《泮水》、《閟宫》，《商颂》的《玄鸟》、《长发》、《殷武》。《閟宫》篇是颂美鲁僖公伐楚征淮夷的事迹，开始从“赫赫姜嫄”、“是生后稷”叙起，叙到“后稷之孙，实维大王，居岐之阳，实始翦商”，在

"敦商之旅"以后，他们的祖先封侯于鲁。这是他们开国的历史。以后提到他们"戎狄是膺，荆舒是惩"，宣扬他们"攘夷"的功勋。《泮水》篇叙述征服淮夷之后"在泮献馘"的事迹。后一首颂祷之辞比较多些。《商颂》的《玄鸟》说到"天命玄鸟，降而生商，宅殷土芒芒。古帝命武汤，正域彼四方"。《长发》篇说到"有娀方将，帝立子生商"。说到商汤的伐韦、顾、昆吾与夏桀。这两首诗歌是在祭祀宗庙时追述商人祖先的事迹。《殷武》也是叙述伐楚的武功的，据《史记》说，是颂美宋襄公伐楚的诗。《商颂》比起《盘庚》文字浅显，不会是殷代的作品，《史记》说是可信的。但这些诗究竟是颂诗，颂祷的气氛比起《生民》、《公刘》等篇还要浓厚，不能完全的当作史诗。这些诗与《生民》、《公刘》、《绵》篇等，还有不同，绝对的是统治阶级的作品，应当区别看待。

以上我们将诗三百篇的思想内容大致的分析一下，《风》诗在上述的四类中共有一百二十多篇，其余的三十多篇，如《凯风》、《二子乘舟》，是抒写母子之情的；《雄雉》、《匏有苦叶》、《考盘》、《衡门》，是没落贵族对于政治不满具有逃避现实思想的诗。像二《南》中的《樛木》、《螽斯》、《采蘩》、《采蘋》等篇是当时的一些礼俗诗，此外便是封建贵族或士大夫所作，或是描写他们的诗歌。但是这些诗中如《召南》的《甘棠》，《卫风》的《淇奥》，《郑风》的《缁衣》，《召南》的《羔羊》，这些诗所歌颂的人物必是能够"为人民服务"的人物，所以尽管他们是封建领主或是士大夫阶级，歌颂他们的诗得以流传到今日。从这一点来看这些诗也是与人民思想感情相符合的。

再如《卫风》中有两首诗《硕人》、《君子偕老》，是描写卫庄姜的美丽的，我们由《君子偕老》的末二句来看："展如之人兮，邦之媛（援）也。"仍是由于她是"齐侯之子"，嫁到卫国，对于卫国有了帮助，所以人们对于她的美丽加以赞扬。《风》诗中完全是统治阶级所作、或为统治阶级而作的应不过于二十首，我们说《风》诗的绝大部分出于民歌，是人民歌唱他们的生活思想情感与企望的作品，在上述的四项分类中可以很明白的看出。

**附注：**

1. 本篇及下篇中关于诗篇训诂与诸家不同之处，另详拙著《诗经选注》。
2. 《周颂》、《大武》乐章六篇应为《时迈》、《武》、《赉》、《般》、《酌》、《桓》，说详余《〈周颂·时迈〉为大武乐章首篇考》，此文已收入拙著《学术思想论集》中，该书将由陕西人民出版社出版。

## 三　《诗经》的艺术表现

《诗经》是中国古代的一部乐歌集，是中国秦汉以前的乐府诗。《诗经》中的诗歌，绝大部分是来自各地方的民歌，是劳动人民歌唱他们的劳动生活、他们的思想、他们的情感、他们对于统治阶级的愤怒与斗争，是具有坚强的人民性的现实主义精神的作品。我们从艺术的角度来看，这些诗歌也是具有高度的艺术成就的诗歌。这些诗歌的表现方法，尤其是他们的艺术语言，在现在看来，有许多地方是值得我们来研究、来学习的。高尔基在谈到民歌及民间文艺曾说："你在这里可以看到丰富的形象，比拟的确切，有迷人力量的朴素和形容的动人的美。"我们读到《诗经》正可以看出这里面一些朴素简短的歌词，概括了生活斗争的真实，刻绘了丰富多彩的形象，表达出生动活泼的情节。尤其在比兴方面，一些比拟，多是维妙维肖，成为我们中国文学的优良传统，所以流传到了现在，还是我们广大人民所爱好的光辉日新的作品。





但是在过去，尽管在《诗经》中有着迷人力量和形容动人的美，研究《诗经》的学者受了《毛诗传》序的迷误，很少的人对《诗经》的写作方法与艺术技巧作过详尽的发挥。首先，有的在字句声韵方面上过分绕圈子。其实《诗经》虽以四言为主，但也有的句子并不限于四言，有时杂以二、三、五、六、七、八言，这在挚虞《文章流别》、成伯玙《毛诗指说》等书已说过。近人黄侃《文心雕龙札记》更推阐到有二十八字一句的例证（《大雅·韩奕》"王锡韩侯"至"鞗革金厄"七句）。这些字句的长短，只是语言声调的关系，这不是重要的表现手法与写作技巧。即就声韵来说，在《诗经》中固多用一些双声叠韵的词句及一些其他重言叠字用韵的地方，固然是有助于歌调的美感，但也决不是像丁以此《毛诗正韵》所说："诗之于韵，亦有成式，若词曲字皆中律，不可假贷。"关于这些琐屑的形式方面的问题，我们现在是应当不必多加理会的。其次，没有多少人对赋、比、兴的问题十分注意。赋、比、兴是诗的作法，对《风》、《雅》、《颂》说来，一是三经，一是三纬，这在孔颖达、朱熹都说过，是不应当将赋、比、兴也当作诗体。关于赋的解释，郑玄在《周礼注》说："赋之言铺，直铺陈今之政教善恶。"挚虞《文章流别论》说："赋者，敷陈之称。"《文心雕龙·诠赋》篇说："铺采摛文，体物写志也。"钟嵘《诗品》说:"直书其事，尽言写物，赋也。"孔颖达《诗疏》说:"诗文直陈其事，不譬喻者，皆赋也。"朱熹《诗集传》说："赋者，直陈其事而直言之者也。"赋就是直接陈述事物的写作方法，除了郑玄的说法不妥以外，其余的解释，是没有多大问题。关于此，《周礼》郑注说："比，见今之失，不敢斥言，取比类以言之。"挚虞《文章流别论》说："比者，喻类之言也。"《文心雕龙·比兴》篇说："比者，附也……附理者，切类以指事。"钟嵘《诗品》说："因物喻志，比也。"孔疏引郑司农说："比者，比方于物。诸言如者，皆比辞也。"朱熹《诗集传》说："比者，以彼物比此物也。"比是用另外的一些事物作比拟譬喻的写作方法。郑玄的说法将比限制在"见今之失，不敢斥言"，这是错了的。其他说法，合起来看，可以说也没有多大问题。至于兴，郑玄《周礼注》说："兴见今之美，嫌于媚谀，取善事以喻劝之。"这个解释固是错误。但如钟嵘《诗品》是"文已尽而意有余"，当作"余兴"讲，也是错误的。挚虞《文章流别论》说："兴者，有感之辞也。"《文心雕龙·比兴》篇说："兴者，起也。……起情者，依微以拟议。"孔疏引郑司农说："兴者，托事于物。则兴者起也。取譬引类，起发己心。”这些解释也都不十分妥当。到了宋代，苏辙在《栾城应诏集诗论》中说：“夫兴之体，犹云其意云尔，意有所触乎当时，时已去而意不可知，故其类可以意推，而不可以言解也。《殷其雷》曰‘殷其雷，在南山之阳’，此非有取于雷也，盖必其当时之所见，而有动乎其意，故后之人，不可以求得其说，此其所以为兴也。”郑樵在《六经奥论》中也说：“《诗》三百篇第一句曰‘关关雎鸠，后妃之德也’，是作诗者一时之兴，所见在是，不谋而感于心也。凡兴者，所见在此，所得在彼，不可以事类推，不可理义求也。”朱子也说：“兴是借彼一物以引起此事，而其事常在下句。”又说：“诗之兴多是假他物举起，全不取其义。”《困学纪闻》引李仲蒙说：“叙物以言情谓之赋，情物尽也。索物以托情谓之比，情附物也。触物以起情谓之兴，情物动也。”姚际恒《诗经通论》说：“兴者但借物以起兴，不必与正意相关也。”由这些家的说法看来，我们可以了解兴与赋、比不同，兴不过是一个“起头”。“山歌好唱起头难”，有的诗歌的开始一二句不直接地说出那件事情，也不用个比喻引起，只是即兴地唱出而与下文无关，既不是赋，又不是比，而只是一个“起头”。这就是兴。所谓兴的意义，只当如此解释。后人因为不能严格地这样解释兴，于是说《诗经》的又用一些“兴而比也”，（朱注：《汉广》、《椒聊》）“比而兴也”，“赋而兴也”（朱注：《氓》、《黍离》、《溱洧》、《东山》）来说诗。姚际恒的《诗经通论》更加上一个“比而赋也”，以为这样才“兴比之意了然”。其实如若严格地按“起头”的意义来看，这种“兴而比”，“兴而赋”，实在是不需要这样说的，兴而比已成了“比”，兴而赋那就是“赋”，不必另外立一些名词。而且姚际恒已说过：“古今说《诗》者多不同，人各一义，则各为其兴比赋。”赋、比、兴在说《诗》的人各有不同的看法，在《毛诗》与三家诗的解释，即有许多不同（例如：《邶风·柏舟》、

《郑风·风雨》）。所以我们如专从赋、比、兴来谈《诗经》，那我们对于《诗经》的艺术表现，既不免于纠纷，而且要分析出哪一句是比、哪一句是赋，忘了赋、比、兴不过只是一些笼统的说法，忘了诗歌是一个艺术完整体，我们现在是不应当过分地注意这些问题的。

《诗经》的艺术表现，在现在看来，是可以从下列的几点来看。

**（一）概括的抒写**





“通过语言，用生动的形象，再现现实和反映生活，这是文艺的特点”。而“反映生活的重要特点，首先是在反映中提出人所共知的生活现象的概括，其次是把这些现象具体地描写出来”。(毕达可夫《文艺学引论》）我们看《诗经》中的诗，因为它的绝大部分是古代的民歌，是“饥者歌其食，劳者歌其事”，这些诗歌多一半是通过劳动人民日常生活产生的，他们所唱出的，有的是他们生活中一般的情况，有的是他们生活中的突出的一面，这些作品，有的是很能概括地表现出他们生活的真实的。这些诗，有的可以是比较长篇的叙述，有的只是用很简短的语言，但是在简短的诗歌中，也不失为概括抒写的好诗。《豳风·七月》是一首长篇的诗歌，在这一首诗中概括地写出农民受尽领主的剥削的一般情况，他们自己终年劳动，但是因为受到领主剥削，他们“无衣无褐”，“采荼薪樗”，过着极艰苦的生活。这诗前半写的是他们关于衣一方面的事，后半写的是他们关于食一方面的事，从艺术的角度来看，这诗也是被后人称誉为“千古的奇文”。姚际恒在《诗经通论》批评这诗说：“鸟语虫鸣，草荣木实，似《月令》。妇子入室，茅绹升屋，似风俗书。……其中又有似《采桑图》、《田家乐图》、《食谱》、《谷谱》、《酒经》。一诗之中，无不具备，洵天下之至文也。”这诗的第二章写“女执懿筐，遵彼微行，爰求柔桑。”三章又说：“蚕月条桑，取彼斧斨，以伐远扬，猗彼女桑。”合起来看，真仿佛是一幅采桑画图，恍然在我们眼帘之下。而那“春日迟迟，采蘩祁祁，女心伤悲，殆及公子同归”，对她们心中怨恨的描写，还是图画不能描画出的。这诗的第六章对一些食物，“凡菜豆瓜果，以及酿酒取薪，靡不琐细详述，机趣横生”。确实是综合了他们的复杂多样的生活的真实，而无一丝一毫有意为文的模样。不过所抒写的不是农民的乐，而只是农民悲惨的生活。姚际恒说是“田家乐图”，那是错了的。《邶风》的《谷风》也是一首较长的诗篇，是描写一个女子在婚后因男子另娶遭到遗弃而控诉他故夫罪行的诗。这诗虽是用的顺序的对照的手法，今昔对照，新旧对照，写出她在被遗弃后愤怒的心情，所描写的好像是她个人突出的一面，但是这突出的一面正概括出来封建社会婚姻制度的罪恶。这诗第二章说：“行道迟迟，中心有违（帏），不远伊迩，薄送我畿。”描写她在与她丈夫决绝之时，是如何满心怀着愤恨出来慢慢走着，她的丈夫却很快地把她送出大门。这与后来《白头吟》所写的“蹀躞御沟上，沟水东西流”，正是一般的情况。这诗的第五章说：“昔育恐育鞫，及尔颠覆，既生既育，比予于毒!”第六章说：“我有旨蓄，亦以御冬，宴尔新昏，以我御穷。有洸有溃，既诒我肄，不念昔者，伊余来塈（忾)!”与后来古诗“上山采蘼芜”所写的“新人不如故”的情况也大致相同。但是《谷风》控诉出他们生活一旦好转，她就遭到遗弃。她更控诉出她丈夫行动的野蛮、性情的暴躁、所发掘出那种社会罪恶的本质，是比“上山采蘼芜”那诗更具有力量的。“一般只存在个别中”，这诗所描写的突出的一面是概括出了封建婚姻的罪恶。《卫风·氓》篇等，也是用的这样手法，当时诗人是善于运用这样的表现手法的。至于短篇，我们知道《芣苡》这诗不过从“采采芣苡，薄言采之”这一句扩大成为三章六句的诗。在三章中，只换用了六个字，但是这诗读起来便令人想出这是一些“田家妇女，三三五五，于平原绣野、风和日丽中群歌互答”的劳动诗歌。这虽是一首极简短朴素的诗，但也概括出她们在劳动中的形象。从《芣苡》由不以得声（牟庭《诗切》说）想来，她们的生活是很艰苦的，但是这诗在艺术上的成就也正如乐府中“江南可采莲”一样，令人百读不厌。《召南》的《驺虞》是一首很简短的关于田猎的诗，描写出别的射猎的人一次射箭只能用上四矢，而这驺虞却具有一次射中五兽的本领，所以得到诗人的表扬。在全诗中只用“一发五豝”概括的叙述这一件突出的事情。《齐风》的《还》，概括地叙述两个猎人相遇，彼此赞扬，互相合作。我们一读这诗，使我们感觉得他们两人很有才干，很有技能。章潢《图书篇》批评这诗说：“‘子之还兮’，己誉人也；‘谓我儇兮’，人誉己也。‘并驱’，则人己皆与有能也。寥寥数语，自具分合之妙。猎固便捷，诗亦轻利，神乎技矣。”《卢令》这诗，虽是每章两句的短诗，但一句表达出一个形象，我们合起来读也可见得这是一位猎人带着他的猎犬出去打猎，他是有仁、有勇、有知。这首短诗是能这样简单明了地写出他的才能来的。这种概括的朴素的写法，在许多恋爱婚姻的诗歌中表现的也是这样。例如《王风·采葛》说“那个人采葛去了啊！一天不见，就像三个月啊!”这直是很朴素地说出他对于情人的想念，丝毫没有绕弯子。《郑风》的一些情歌尤其如此，例如《狡童》的“彼狡童兮，不与我言兮，维子之故，使我不能餐兮”。《褰裳》的“子惠思我，褰裳涉溱。子不我思，岂无他人?狂童之狂也且!”《东门之墠》的“东门之墠，茹藘在阪。其室则迩，其人甚远”，“东门之栗，有践家室。岂不尔思？子不我即”。这些都是将他们心中的话毫不隐讳地和盘托出，但是在这里面，有戏弄，有嘲笑，有深情，有思念，也都表现在字里行间。一些政治讽刺的短诗，如：《鹑之奔奔》、《硕鼠》、《墙有茨》、《相鼠》等，咒骂当日领主的凶恶、残酷、荒淫，也都是很痛快淋漓毫无忌讳地将当日领主的丑恶形象概括地表现出来。这是《诗经》的表现手法之一，在艺术的表现上好像太简单朴素了。但是我们如想到“文体的单纯及明了，并不是由文学的质的降低所能达到，反之，只有由真正技术熟练的结果才能达到的”（《高尔基文学论文集·儿童文学主题论》）。我们可以看到这些概括的抒写，也并不是真的那样简单，而是真的通过了他们生活的真实，有剪裁，有布置，有分两，有精神，才能写出的。

**（二）层叠的铺叙**

《诗经》的诗全是乐歌，我们研究《诗经》的艺术表现，是应当特别地提出在《诗经》中的许多诗，是以重沓叠奏的方法一层一层地表达他们的思想感情的。汤姆生在《论诗歌源流》中说：“劳动歌是扩大即兴部分的变化而发展成功的。”又说：“在谣曲中，一节是一乐段，一联是一个乐句，一行是一个乐词。两个乐词成为一个乐句，两个乐句成为一个乐段。每一对中的组成分子是互相补充的，类似的，而又不是相同的，这就是音乐学者所指二段体 AB……我们多数的民歌是二段体的，可是有些便更加精细。……在音乐术语中，第一乐旨之后，跟着第二乐旨再是重复第一乐旨，这就是三段体 ABA。更技巧的歌手，把第二个 A 唱得不仅是第一个 A 的重复，这是受 B 的影响之后新的第一个 A。”汤姆生这种说法，是按音乐的学科来说的，是很正确的说法。《诗经》中许多的诗，也正如汤姆生所说，是扩大即兴部分的变化而发展。有的诗歌，在第二章、第三章是重复了第一章的词句，有的则字句上加以改变，但是在意义上是没有大的分别。上面我们所举的诗，如《驺虞》、《狡童》、《褰裳》、《东门之墠》，是后章重复前章，后章字句对于前章是互相补充的类似的而又不是相同的。《还》与《卢令》等篇是三章重叠的，但是也只是换了几个类似的字眼。我们再看一些劳动歌，如《汉广》是一首关于樵采的歌，由于三章叠咏“汉之广矣，不可泳思！江之永矣，不可方思”，所以令人觉得是一片“烟水茫茫，浩渺无际，广不可泳，长更无方”的景象。《鄘风·桑中》也是农民的劳动歌。这诗第一章一、二两句写出他们工作的地点，三、四两句写出他们所想念的人物。但是由于三章叠咏“期我乎桑中，要我乎上宫，送我乎淇之上矣”，我们可以看出这所唱出的并非真有其人、真有其事，而是一经道出，仿佛若有其人若有其事，在他们的“神灵恍惚、梦想依稀之际”。这样子叠咏的，如《邶风·北门》三章都说“已矣哉，天实为之，谓之何哉”，《王风·黍离》三章都叠咏“知我者，谓我心忧，不知我者，谓我何求。悠悠苍天！此何人哉”，都是利用音乐的旋律，重叠的字句，来表达诗中的情感。所谓“一弹再三叹，慷慨有余哀”，来引起读者的同情的，这也是民歌表现手法之一。这样的表现方法，能将一些简短的诗，变成更有趣味的诗、更富有感染力的诗。



其次，我们读到《诗经》，可以很容易察觉出来，诗人的歌唱有一些是用渐层的方法来描摹他们所要说出的情景的。在前面所说的诗《芣苢》是这样：先只说“采”，渐渐说到“掇”，“捋”，最后说到“袺”、“襭”。《采葛》是这样：先说“三月”，由“三月”说到“三秋”、“三岁”，不须详叙，就很可动人。《将仲子》诗是这样：由“畏我父母”、“畏我诸兄”说到“畏人之多言”，令人格外想起“人言可畏”。《硕鼠》也是这样：由“无食我黍”、“无食我麦”，说到“无食我苗”，连苗都吃光，更可看出当时领主的残酷。这不需要详细描写，就能将客观事物发展的情况毫不费力地描画出来。此外，还有一些以恋爱婚姻为主题的诗，也是用渐层的方法，配合着比兴的运用，来歌唱他们的恋爱是成功还是失恋，还是离婚。例如《关雎》是咏新婚的诗，诗人在第一章肯定地说了“窈窕淑女，君子好逑”以后，第二章用“参差荇菜，左右流之”。流，依牟庭的解释是“捞”的意思，来比喻下文的“求”。捞不一定捞着，求也可以“求之不得”。第四章说“参差荇菜，左右采之”，表示已经采得，所以可以比喻下文的“琴瑟友之”。第五章的“参差荇菜，左右芼之，”这芼字是当依韩诗作“覒”讲，“覒”是仔细端详的意思（如今山西话说“覒一覒去”，湖北话说去瞄一瞄）。这是已经采得了更仔细地去看的意思，所以比喻的下文是“钟鼓乐之”。这是恋爱成功，所以结婚，所以编个歌来贺新婚。《摽有梅》是少女打下落梅时想象寻求对象的歌。第一章说“打梅子，打落了的是那果实的十分之七”，比喻着寻她们的对象还可以等待一个吉日子。第二章说的是打落了的是那果实的十分之三，那么，寻她们的女婿只有更快些，只好就在现在这个时间。第三章说打落了所有的梅子，可以拿一个破筐子拾起它来。时间更急了，那么，寻她们的对象就只有赶上那个说说就行的。这在比兴和正文上也与《关雎》一意，都是用渐层法来写出客观事物的发展的。失恋的诗，《江有汜》、《终风》都是这样，“汜”是“水决复入”，比喻着女方可能后悔，回心转意，“渚”是水有歧流，比喻着女方真有变心，居然安处。“沱”是水成支流，比喻着女方再不来往，只好悲歌。《终风》在二、三章的比喻还只是阴霾的天气，还有天气明朗的希望，最后说到“曀曀其阴，虺虺其雷”，不仅天阴而且有雷，这是绝无希望了。所以只有想起来就伤心。渐层的写法也只是由于重沓叠奏换上一些互相补充的类似而又不是相同的字样而来，不过渐层的方法更能描写客观事物的发展，这是不同于简单重叠的地方。

**（三）比拟的摹绘**

《诗经》的诗，从表现方法来看，是最善于利用形象来表现诗中思想感情的。比拟的运用，正是利用形象来表现的主要方法之一，刘勰在《文心雕龙·比兴》篇说：“夫比之为义，取类不常，或喻于声，或方于貌，或拟于心，或譬于事。”比拟是没有一定的，可以从声音相貌来刻绘，也可以从一般事物上来描写，但是主要的是要比拟得确切、生动。《诗经》中比拟的确切是多不胜举的，例如拿硕鼠来比喻剥削阶级的贪而畏人，拿鸱鸮来比喻统治阶级的凶狠恶毒，拿狐乌（《邶风·北风》）来表示“豺狼当道，安问狐狸?”拿虺蜴（《小雅·正月》）来比喻一般官吏行凶作恶。这样的比喻，既是非常恰当，又把这些为恶的人们，深刻地形象化，使读者更加深对他们的憎恶。至于《汝坟》篇说：“未见君子，惄如调饥。”拿早起的饥饿来比喻渴盼。《柏舟》篇说“我心匪席，不可卷也”。拿心不可如席卷来表示意志坚决。又如形容内心的难受，说“心之忧矣，如匪澣衣”。形容播弄是非的人说“巧言如簧，颜之厚矣”（《小雅·巧言》）。拿“鹊巢鸠居”形容女子出嫁；拿“草虫”、“阜螽”形容夫唱妇随。这些比拟，都是十分妥贴、十分恰当。刻画美人形象的如《桃夭》说“桃之夭夭，灼灼其华”。拿桃花的鲜艳，比少女的颜色，尤其可以说是善于比喻，尤其用上“灼灼”两字，仿佛照眼方明。姚际恒说，这诗“开千古词赋咏美人之祖”，这不是过当的称誉。《齐风·东方之日》也是用日月来比喻女子的颜色的。马瑞辰在《毛诗传笺通释》上说：“古者喻人颜色之美，多取譬于日月，诗‘月出皎兮’，笺：‘喻妇人有美色之白皙也。’宋玉《神女赋》：‘其始出也，耀乎若白日初出照屋梁。其少进也，皎若明月舒其光。’义本此诗。”《诗经》所用的比拟的确切，确是多到不胜枚举的。

我们从修辞学的修辞格的角度来看诗经所用的比拟的方法，在譬喻方面，有明喻，例如许多用“如”的比拟。有隐喻，一些不用“如”的比拟，例如朱熹《诗集传》在《汉广》篇说的：“乔木起兴，江汉为比。”有类喻，例如“我心匪石，不可转也。我心匪席，不可卷也”。有博喻，例如《小雅·天保》的“如山如阜，如冈如陵，如川之方至，以莫不增。”“如月之恒，如日之升。如南山之寿，不骞不崩。如松柏之茂，无不尔或承。”有对喻，依陈骙《文则取喻之法》所说的原则，是“先比后证，上下相符”。《诗经》所用以比拟兴起的多属于这一类。有详喻，依陈骙所说的原则，是用许多句来作比喻，这在《诗经》，以一章或一篇作比的，属于这一类。这些，我们可见当时的诗人，人民的歌手善于用比拟的方法来形象化一些事物。还有，值得我们注意的是：在拟托方面有的是拟人法，例如《鸱鸮》一诗，是用小鸟比作人，将人民的困苦一一叙述出来；用鸱鸮比作统治阶级，将他们为恶的情况描画出来。这是很明显的，“鸱鸮鸱鸮，既取我子，无毁我室”，是统治阶级的罪行；“予羽谯谯，予尾修修，予室翘翘，风雨所漂摇，予维音哓哓”，这是用小鸟的痛苦来比况人民所感受的苦痛。有的是拟物法，如《螽斯》的“螽斯羽，诜诜兮。宜尔子孙，振振兮”是将人比作物（《周南》的《麟之趾》：“麟之趾，振振公子，于嗟麟兮！”直接赞叹麟也是如此）。但我们看《硕鼠》一篇，通篇好像是对硕鼠的控诉，这尤其是显明的拟物的一证。至于《相鼠》的“相鼠有皮，人而无仪”，那是在比拟中更作一番的比较，可以说是“较物”。

《诗经》的比拟，不仅是在每一章的开始，也有用在中间作起兴或作承上启下的转折句子的。《氓》篇的“桑之落矣，其黄而陨，自我徂尔，三岁食贫。淇水汤汤，渐车帷裳，女也不爽。士贰其行”，淇水二句是一个转折点。《诗经》的比拟，有的也用在一篇的首章，例如《行露》的“厌浥行露，岂不夙夜，谓行多露”，比喻着不敢冒犯危难。有的用在篇中的全章，如《谷风》的第四章“就其深矣，方之舟之。就其浅矣，泳之游之”，此喻着女方的有才德；承上文，启下文。有的是篇末全章用比作结，例如《大东》的末章“维南有箕，不可以簸扬。维北有斗，不可以挹酒浆”，用来比喻西人的实在无用。

比拟是将所要铺陈的事物形象化的重要手法之一，《诗经》的作者，早在两三千年的诗人，善于各式各样地运用这个手法，这是《诗经》之所以成为我们宝贵的文学遗产、尤其值得我们学习的地方。

**（四）形象的刻画**

有的借助于比拟的运用表现出来，有的只须概括的抒写就可以表达出来，这在上面我们所举《七月》等诗已可看出来。在《诗经》中，还有一些是特别的从人物的形象、环境、动态、心理的突出的一面来刻画的。《卫风》的《硕人》和《鄘风》的《君子偕老》都是刻画卫庄姜的美丽的形象的诗。《硕人》是写的卫庄姜作为一个新嫁娘初到卫国来时的形象的诗，她的服装，她的美丽，是在这个时间、这个环境最值得描写的，可以说诗人写的形象，是有代表性的，是有所谓“典型环境中的典型性格”的。这首诗在第一章说明她身穿着新婚服装之后，即点清她是“齐侯之子，卫侯之妻。东宫之妹，邢侯之姨”，详细地指出她的门第、身份。接着就从她身体的各部分的美丽，一一加以形象化的描写，“手如柔荑，肤如凝脂，领如蝤蛴，齿如瓠犀，螓首蛾眉。巧笑倩兮，美目盼兮”。柔荑、凝脂、蝤蛴、瓠犀分别的刻绘出那是洁白的颜色，柔嫩的实质，肥胖的形状，齐整的模样等的美丽，再概括地说是“螓首蛾眉”，好的头面，最后写出她那最传神的明眸皓齿，嫣然一笑的模样，可以说是作者是在极力摹绘她的美丽了。第三章说她初到卫国时的车服之盛，最末一章又写到她初到卫时那些郊外的自然情景，和一些陪从的人物。方玉润说这诗“从旁摹写，极意铺陈，无非为此硕人生色，画龙既就，然后点睛，滃云已成，而月自现”。“从旁摹写，极意铺陈”确是这诗刻画形象的手法。《鄘风》的《君子偕老》是以服装之盛来描写她的美丽，写作的时间应在稍后。第一章“委委佗佗，如山如河”两句，拿山河的壮丽来形容她整个人的美丽。第二章又用“胡然而天也？”将她夸成天仙一般。但是主要的是从“玼兮玼兮，其之翟也”、“瑳兮瑳兮，其之展也”这两句提出她怎样穿翟衣、穿白衣，怎样是她当暑的亵衣，怎样是她的玉瑱和象揥，怎样是她颜色的晳白，来形容她的美丽。方王润评此诗说："至其藻采之工，音节之妙，则姚氏际恒谓为'神女感甄之滥觞'。山河天帝，广揽遐观。惊心动魂，传神写意，有非言辞所能释者。"我们还可以说《君子偕老》对于形象的刻画也和《硕人》一样是"从旁摹写极意铺陈"的。

《硕人》和《君子偕老》形容卫庄姜的美丽是用了许多比拟的词句，通过她装饰的物品，来刻画出她的形象。还有一些诗只是从自然景物、从环境上的描写来烘托出那人物的美丽。《陈风》的《月出》只寥寥"月出皎兮，佼人僚兮，舒窈纠兮，劳心悄兮"几句诗，没有对人物如何刻画，但我们一读此诗，便可以想象出在月色之下"活现出一美人"。"舒窈纠兮"是说她是一切都很美好（"舒读"为"舍"，是"一切"的意思。）所以使人想起她来心里惦念、动荡、焦急。《秦风》的《蒹葭》也这样，只"蒹葭苍苍，白露为霜，所谓伊人，在水一方。溯洄从之，道阻且长。溯游从之，宛在水中央"几句从自然景物和环境上来看，便觉得那在水中央的是一位颜色洁白、气质高超的女子，她不是随便可以令人追求的，读起这首诗，比较唐人的"荷叶罗裙一色裁，芙蓉向脸两边开，乱入池中看不见，闻歌始觉有人来"，是有异曲同工之妙，而更别饶风致。

在一些恋歌中，有的也是从人物的动态上加以刻画，使得诗中人物活生生的表现出来。如《野有死麇》第一、二章写出一个青年男子，携带着白茅扎好了的死麇去诱一位情窦初开的少女，那女子却是天真烂漫、洁白如玉的。末章用女方的口吻刻画那最紧张最突出的一幕说："慢慢地，小心点呵！不要动我的佩巾啊，不要惹得狗惊叫啊！"至于究竟怎样，那是没有再刻画的必要的。《静女》一诗刻画出一位痴情男子在城角边等待他的情人，当他还看不见她的到来的时候，他急得独自搔首走来走去，刻画出一般男子等待情人时所共有的神情。二、三两章叙述那女子从郊外归来，送给他一根红色的草管、一些柔嫩的白茅，红管是光辉灿烂的，柔荑更是美而可爱的，又刻绘出这痴情男儿珍爱这些物品。正是这美人的馈赠，也衬托出他对情人爱慕的心情，这是在一般恋爱中所常见不鲜的。《关雎》写一个男子在恋爱的过程中，“求之不得，寤寐思服，悠哉悠哉，辗转反侧”。《泽陂》写一位女子仿佛失恋似的“寤寐无为，涕泗滂沱”，“寤寐无为，辗转伏枕”，这已经是后人描写相思的“忘餐废寝舒心害”，“一万声长吁短叹，五千遍倒枕捶床”的情况。我们古代的诗人，是早已“历历如绘”地将他们刻画了出来。



在妇人想念她的丈夫的诗中，如《伯兮》的“自伯之东，首如飞蓬。岂无膏沐，谁适为容”，刻画这女子不理梳妆不施脂粉的懒散心情。“其雨其雨，杲杲出日，愿言思伯，甘心首疾”，比拟出她的渴盼，正如大旱之望云霓。“焉得谖草，言树之背，愿言思伯，使我心痗”，写出她想消愁而愁更愁以至于要求“忘忧”的心情。这诗比李清照“香冷金猊，被翻红浪，起来慵自梳头……休休，这回去也，千万遍阳关，也则难留”的词句所描绘的更深刻。《君子于役》刻画了一个农村妇女在将近黄昏时所见到的一切，衬托出来她睹物思人的心情。“鸡栖于埘，日之夕矣，羊牛下来。君子于役，如之何勿思。”到了黄昏时候了，鸡卧窝了，羊牛也都下山了，但是她的丈夫却不见归来。她的“寻寻觅觅冷冷清清”的心情，也正如图画一般的呈现出来。《秦风·小戎》一诗更用妇人回忆她丈夫临行时情况来加以刻画，第一章主要描写戎车的构造与配备；第二章主要描写马匹的毛色与类别；第三章主要描写兵器的精良等情况，形色并绘，琐细毕陈。姚际恒、方玉润都认为这诗“刻画典奥，瑰丽已极，为汉赋所不能及”。但是忘了这诗“方为何期？胡然我念之”，正是描写那妇人在怎样渴盼她的丈夫。



在二《雅》中的《小雅·无羊》，是刻画动物形象极好的诗，只“或降于阿，或饮于池，或寝或讹”，就抵一幅图画。《斯干》诗描写新屋落成，第四章说“如跂斯翼，如矢斯棘，如鸟斯革，如翚斯飞”，叠用四个比拟的词句，来形容他们房屋的高耸、直立、宽敞、华丽。尤其“如翚斯飞”，这句形容他们的雕檐画栋，正如五彩的野雉正在天空中飞舞，这是如何形容得生动确切，维妙维肖。第五章“殖殖其庭，有觉其楹，哙哙其正，哕哕其冥”，说到他们的庭堂，说到他们的楹柱，他们正房和里面的光线，这样各面的刻绘，又给予读者一些深刻的印象。如若《无羊》这诗以牧歌为底本，《斯干》这样描写建筑情形的诗应是从史诗脱胎而来。《大雅·绵》篇，“乃召司空，乃召司徒，俾立室家。其绳则直，缩版以载，作庙翼翼。捄之陾陾，度之薨薨，筑之登登，削屡冯冯。百堵皆兴，鼛鼓弗胜”，以及建立皋门冢社等，形容劳动人民在那儿建筑热闹的情形，对于建筑刻绘得是极其细腻的，《斯干》应是受到这些史诗的影响的。《小雅》的《楚茨》和《宾之初筵》是一些宴饮诗，如《楚茨》的“执爨踖踖，为俎孔硕，或燔或炙。君妇莫莫”，《宾之初筵》的“宾既醉止，载号载呶。乱我笾豆……侧弁之俄”，也刻绘了烹饪时的景象，以及一些醉汉的模样，这些也是很动人的描写。

**(五) 想象的虚拟**

诗人的歌唱，有的是运用他的想象和推测来写出他所想念的事情的。这种想象和推测是本无其事，但是写出来时却像煞有介事，这也是刻画形象的一种手法。如《卷耳》是妇人思行役的诗，在她想起所想念的人，奔波在通到周室的大路上以后，她想象出她丈夫是在路上如何辛苦奔忙。她想到丈夫爬上一些土山，一些高冈，他的人也困了，他的马也乏了，她更想到他会喝上一大杯酒，用的是黄金为饰的大酒杯，或是一个犀牛角样子的大酒杯，为的是不要长久因疲劳而受伤。最后更说到他上了一个石山，他的马累病了，为他赶马的人也累病了，她说：“这是如何可叹呀!”其实她丈夫在路上经历的一切只是她在想象中创造出来的。《魏风》的《陟岵》也是一首用想象写成的诗，这是一位出征军人因为想念父母所作的诗。他说：“登上一个高山，遥望他的父亲，他的父亲真在说他的儿子在外当兵，不得休息，希望他小心一点，不要打了败仗，被敌人俘虏。”他母亲也正在惦念这样地说，他的哥哥也正在这样地说，希望他“早晚身体都要强壮”。其实这些都是想象所创造出来的。这样的写作方法是虚构的，是艺术创造上极重要的手法。但是我们两三千年以前的人民诗人，就会运用着来创造人物形象、表现他的思想。这个优良的传统被杜甫承袭着写出《月夜》一诗，他在长安想念他的妻子，却说：“今夜鄜州月，闺中只独看，遥怜小儿女，未解忆长安。香雾云鬟湿，清辉玉臂寒。”他想象出他妻子在月下独自赏月的形象。王维也运用着写出《九月九日忆山中兄弟》的诗：“独在异乡为异客，每逢佳节倍思亲，遥知兄弟登高处，遍插茱萸少一人。”他在异乡想到他的兄弟登高，计算着少了他。方玉润评《卷耳》诗说：“下三章皆从对面着笔，思想其劳苦之状，末乃极意摹写，有急管繁弦之意，后世杜甫‘今夜鄜州月’，一首，脱胎于此。”我想王维的诗更应是脱胎于《陟岵》，《陟岵》虽是一首小诗，其实有写得比《卷耳》有好的地方，《卷耳》只是表现的一方面的想念，《陟岵》表现的是双方面的想念，而且思想健康，为《卷耳》所不及。这一点我们不当轻易忽略的。

《豳风》的《东山》是一个出征军人在还家时所作的诗，他在归途中想到他家中的荒凉景象，他想到他妻子是正准备来欢迎他。他更惦念到他在婚后久别的妻子，想到他这次还家与他妻子再相见的情况。但是最难得的是这诗每章都对他想象的事物刻画得极其细致，极其动人。第二章说“果臝之实，亦施于宇。伊威在室，蠨蛸在户。町疃鹿场，熠耀宵行”，他想象到了他那室内外荒凉情况的一些细节。第三章说“鹳鸣于垤，妇叹于室。洒扫穹窒，我征聿至。有敦瓜苦，烝在栗薪。自我不见，于今三年”，他想象到他的家人在叹念、在洒扫，盼望着他归来，他又想到他曾经收获的一堆苦瓜，长久放在栗薪上，没有见到也已经三年，这些锁碎的情节。末章说“之子于归，皇驳其马。亲结其缡，九十其仪”，他回忆到他在新婚的时候，他的新妇是如何由他母亲系上蔽膝（围裙），那样隆重繁多的仪式。这诗是真是善于对他所想象的情景加以精细的刻画，这样的诗，在《诗经》中是不可多得的诗篇，也是文学史中历来所不可多得的诗篇。

《邶风》的《泉水》和《卫风》的《竹竿》是许穆公夫人的作品，她不能还家而想到还家，在《泉水》篇一则说“出宿于泲，饮饯于祢”，再则说“出宿于干，饮饯于言”。说到“载脂载舝，迁车言迈”，仿佛她是真的出发了，但从篇末的“驾言出游，以写我忧”看来，她并没有真的回去。她想象得像煞有介事。《竹竿》篇也如此，一则说“籊籊竹竿，以钓于淇”，再则说“淇水悠悠，桧楫松舟”，三则说“巧笑之瑳，佩玉之傩”，她想到她在淇水中荡舟钓游，她听见了她的姑姊妹的笑语声、行路声、佩玉声，但是这些都是她的想象，这样的写作手法在后来诗词中还是很少见的。由她的作品我们更可以看出当时封建贵族女子所受的束缚，她们的行动不能自由，所以只有托之想象。

**（六）生动的描写**

《诗经》中有许多描写人物形象动态的诗，在前面我们所举的如《还》、《野有死麕》、《静女》等篇都可以看出所写的人物情景十分生动活泼。我们还可以从以下一些诗来看诗人借助对话的手法，心情的描绘，很生动地描写出诗中的人物动态。

《卫风》的《北风》，在每章最后都用“其虚其邪，既及只且”。这实在仿佛是这一对男女，他们要逃出那黑暗的环境，所以一个说“慢慢地慢慢地”，而另一个说“已经急了我们只有一走”。这不像一个人口吻，由上面所说的“惠而好我，携手同车”

可以看出。所以这一定是一对青年男女的对话。

《郑风》的《溱洧》是描写郑国人民的习俗在三月上巳之日要到溱洧的水边去游春踏青的诗。这诗写出："溱与洧，方涣涣兮。士与女，方秉蕑兮。女曰观乎，士曰既且。且往观乎，洧之外，洵吁且乐。维士与女，伊其相谑，赠之以芍药。"女的说"看吗"，男的说"就走"。他们走到溱洧两水的岸边，那儿真的热闹快乐，那些男男女女，他们彼此互相笑谑，彼此互送一些芍药。我们读到这诗，可以看出在他们的节日里，他们是如何的走动，如何的狂欢度过。这诗将他们的愉快的心情很生动地描绘出来。



《郑风》的《女曰鸡鸣》是一首描写一对夫妇情感笃好、早晨起来射猎野鸭野雁来当作下酒物的诗，这诗开始也是用对话的笔调写出："女曰鸡鸣，士曰昧旦。子兴视夜，明星有烂。将翱将翔，弋凫与雁。"二章说："弋言加之，与子宜之。宜言饮酒，与子偕老。琴瑟在御，莫不静好。"一个说"鸡打鸣了"，一个说"天亮了"。他们起来看看天色，还有很灿烂的明星，他们要出去游玩，想射来一些凫雁。他们射中了一些回来，又做成嘉肴来吃，吃着嘉肴还喝着酒，表现他们夫妇感情之笃，是如"琴瑟在御"，没有不和调的。在末后一章，更用"知子之来之，杂佩以赠之。知子之顺之，杂佩以问之。知子之好之，杂佩以报之"概括地作结。我们一读此诗，可以感到这比《浮生六记》的闲情记趣，只有过之而无不及。这样生动的描写，是能将诗中的神情格外的呈现出来。



《齐风》的《鸡鸣》是讽刺统治阶级荒淫无耻、不肯早起上朝的诗。全篇是用对话的方式写出：女的说"鸡既鸣矣，朝既盈矣"，催促男的起来，但男的还贪眠不起，说是："匪鸡则鸣，苍蝇之声。"第二章又用女方的口吻说："东方明矣，朝既昌矣"，但是男的仍旧推托着说："匪东方则明，月出之光。"第三章的开始，换用男方的口吻说：“虫飞薨薨，甘与子同梦。”但是女的说：“会且归矣，无庶予子憎。”这诗写的活像一首男女幽会的诗，他们缠绵流连，贪眠不起，不肯分手。但是这朝字很难以增字解经的讲为“朝气”，朝气也不能说出“盈”、“昌”，“朝”只可以解为“朝会”。这诗正是描写这一个荒淫无耻的齐君，如齐襄公之流，与人私通。所以诗人用一首像是幽会的诗，写出他的放纵。这首诗敢于将他们的丑态很生动地活画出来。

在《诗经》中，还有一些喜情的诗往往也是写得极生动流利的。这如《王风》的《君子阳阳》：“君子阳阳，左执簧，右招我由房。其乐只且。”《郑风》的《野有蔓草》：“野有蔓草，零露漙兮。有美一人，清扬婉兮。邂逅相遇，适我愿兮。”《齐风》的《东方之日》：“东方之日兮，彼姝者子，在我室兮。在我室兮，履我即兮。”《魏风》的《十亩之间》：“十亩之间兮，桑者闲闲兮。行与子还兮。”都是以很愉快的心情写出的，所以表现的人物都极生动。我们读《桧风》的《隰有苌楚》，也是这样。这诗和《桃夭》一样，用鲜花来比喻女子颜色之美的。“隰有苌楚，猗傩其枝，夭之沃沃，乐子之无知。”表现出这是一个男子与一个女子初见的时候，男的很高兴的知道她还没有知心的朋友，没有许配给人家，所以不觉冲口而出狂欢道“乐子之无知”。如若是如朱熹的解释“不如草木之无知”，那就不会说成“乐”，是应当直接了当地说成“不如子之无知”。

**（七）完整的结构**

《诗经》的艺术表现，除上述的一些形象的描写手法之外，我们还可以从一些诗的篇章结构来看。《诗经》中的小诗，只有两章或三章的，一般的是用重叠、渐层或是顺序这样的手法将所要叙述的内容铺叙出来。但具有三章的诗篇，有一些是在末章变调。我们试看：二《南》、《国风》的三章诗末章变调的有《葛覃》、《野有死麕》、《采蘩》、《何彼秾矣》、《北风》、《静女》、《新台》、《蝃蝀》、《大车》、《女曰鸡鸣》、《子衿》、《鸱鸮》、《东方未明》、《甫田》、《匪风》这些篇。这是在第二章叙述已经达到了顶点，不能再用重叠渐层的方法作结，所以在末章将未尽之意，或最后的一幕特别的用变调写出，如《葛覃》、《野有死麇》、《子衿》、《匪风》，这是一类。有的是将原因点出，如《新台》、《蝃蝀》、《东方未明》等诗，这是一类。有的则是加强篇中的叙述，如《北风》、《大车》、《甫田》等诗，这是一类。有的只是概括地叙述，如《女曰鸡鸣》等诗这又是一类。我们分析诗篇这样的写法，可以看到这末章的变调更加强了诗篇的感染力。这是新的一个A，但也是由于内容决定。“绝笔断章，如乘舟之振楫”，结局是更需要有力量的。相反的有的三章诗是在第一章写法不同，例如《汉广》、《草虫》、《行露》、《晨风》、《宛丘》、《东门之枌》、《衡门》，这些都在第一章将全篇之意概括的说出。例如《汉广》，主要的意思是“汉有游女，不可求思”。《草虫》，主要的意思是用草虫、阜螽来比喻夫妇应当形影不离。这都是将主要的先说出，然后再扩大这些主旨。这好像是一些引言的作法。诗人对于篇章的布置，我们可以看出是煞费经营的。

四章诗在二《南》、《国风》中有：《卷耳》、《绿衣》、《日月》、《终风》、《凯风》、《雄雉》、《匏有苦叶》，《简兮》、《泉水》、《硕人》、《竹竿》、《伯兮》、《丰》、《南山》、《载驰》、《候人》、《鸤鸠》、《下泉》、《东山》等篇。有的诗如《鸤鸠》、《东山》、《日月》、《终风》是以渐层或顺序的方法来进行的。有的在前两章与后两章句法稍有不同，但也是依着渐层或顺序的方法来进行的。如《凯风》、《雄雉》。其余的也多是在末章变调，达到顶点。最显明的例证是《绿衣》、《简兮》、《终风》、《下泉》等篇。更有的一些诗如《匏有苦叶》、《旄丘》、《泉水》、《竹竿》、《南山》、《载驰》、《候人》，我们更觉着这是有起有结，是达到所谓“引论从结论中出”，“启行之辞，逆萌中篇之意，绝笔之言，追胜前句之旨”的做法。首尾照应，次第分明的布置。试以《匏有苦叶》为例，第一章说“深则厉，浅则揭”（河水）。深了要利用那个匏瓜，浅了只须牵起衣裳。表示要看时间、地点、条件说话。所以末章以“招招舟子，人涉卬否。人涉卬否，卬须我友”作结，如若将这诗解成女子在河边盼望情人，那第一章就与下文不相关，与全诗之意不相连，既不合乎“引论从结论出”，也不合乎“（开始）第一句，如同在音乐上，全曲的音调都是它给与的”（高尔基《我的创作经验》）。这些原则，在民歌中也是没有此例。又如《候人》这诗，如末一章的季女指的第三章“不遂其媾”所遗弃的女子而言，则第三章“不遂其媾”照上文的比兴看来，与第二章“不称其服”是一样的意思：是“无以对答其所得之优遇”的意思，不是婚媾的意思。可见是不可以解释成为季女被遗弃。如若勉强这样解释，就与上文不相联系，更与第一章所说的距离太远，我们不当以这样的解释来破坏《诗经》的艺术的完整。这“季女斯饥”，如若解为比喻人民受困，才与第一章相应，加强了“三百赤芾”小人当道的意思。

《诗经》中以五章以上组成的诗，我们分析起来也都是合乎诗学“起”、“中”、“结”的原则的。例如《关雎》第一章说“窈窕淑女，君子好逑，”肯定了他们是好配偶，所以用“窈窕淑女，钟鼓乐之”作结，结局是结婚了，不只是见而悦之。《邶风·柏舟》第一章说“微我无酒，以敖以游”，表示她不能毫无忌讳地举杯涫愁，所以末章以“静言思之，不能奋飞”作结。《击鼓》第一章说到“土国城漕，我独南行”，表示他被特别派遣远行，所以这诗以“于嗟洵兮，不我信兮”（“啊呀，地点好远呀！不能随我的心呀”）作结。《葛生》也是这样，“予美亡此，谁与独处”，是男子已死了，所以说末章“百岁之后，归于其室”。更长的两首六章诗：《谷风》是这样，用“习习谷风，以阴以雨”引起来比拟她的厄运，所以篇末“不念昔者，伊余来塈”说不想想从前，就对“我”生气（依王引之说）。《氓》篇也是这样，第一句“氓之蚩蚩”是形容那小伙子嬉笑的样子，在末章说的“言笑晏晏，信誓旦旦”正是回忆到这嬉笑的情形。引论由结论中出，《诗经》的篇章的构造确是一个完整体。《七月》是八章的诗，朱子已分析说：“一章前段言衣之始，后段言食之始，二章至五章终前段之意，六章至八章终后段之意。”在篇章结构上也是“首尾圆合，条贯统序”的。这是叙述衣食的叙事诗，是顺序的，“起”、“中”、“结”不必那样的显明。





我们还要指出的就是在五章组成的诗中，有中间的一章——第三章，往往是一篇主要的环节。如《关雎》的第三章“求之不得，寤寐思服，悠哉悠哉，辗转反侧”。这是主要环节，是恋爱常经的过程。《邶风·柏舟》的“我心匪石，不可转也。我心匪席，不可卷也。威仪棣棣，不可选也”是主要的环节，是表明她的意志坚定，但是她不能冲破礼教的网罗。《击鼓》的“爰居爰处，爰丧其马”，写出他的久戍无聊的模样，《葛生》的“角枕粲兮，锦衾烂兮”写出她的睹物思人的心情，这都是主要的环节，然后转到下文。《谷风》第三、四两章写出女方的才德，更说明男子的忘恩负义。《氓》篇的三、四两章写出一般的色衰爱弛，说明男子的“二三其德”，也是主要环节，所以引起结论。诗篇的构造确是很美妙的。

**（八）艺术的语言**

我们再从诗经所用的语言来看，《诗经》虽然是我们两三千年以前的民间诗人的作品，但是在语言的运用上是极其丰富多彩、极其巧妙的。早在《文心雕龙·物色》已说：“诗人感物，联类不穷。流连万象之际，沉吟视听之区；写气图貌，既随物以宛转；属采附声，亦与心而徘徊。故‘灼灼’状桃花之鲜，‘依依’尽杨柳之貌，‘杲杲’为出日之容；‘湿湿’拟雨雪之状，‘喈喈’逐黄鸟之声，‘喓喓’学草虫之韵，‘皎日嘒星’，一言穷理；‘参差沃若’，两字穷形：并以少总多，情貌无遗矣。”我们从修辞学的修辞格的角度来看，诗经的修辞有：

（1）引用有的引言，如“先民有言：‘询于刍荛’”（《大雅·板》）。有的用事，如“殷鉴不远，在夏后之世”（《大雅·荡》）。

（2）比喻有明喻，有隐喻，有类喻，有博喻，有详喻〔例子见前（三）比拟的摹绘〕。

（3）拟记有拟人，有拟物〔例子见前（三）比拟的摹绘〕。

（4）摹绘有摹形，如“肃肃兔罝”（《兔罝》）；“檇檇竹竿”（《竹竿》）。有摹状，如“容兮遂兮，垂带悸兮”（《芄兰》）。有绘声，如“喓喓草虫”（《草虫》）；“交交黄鸟”（《黄鸟》）；“间关车之舝兮”（《小雅·车舝》）。

（5）详密有辨言，如“岂敢爱之，畏我父母”（《将仲子》）；“匪我愆期，子无良媒”（《氓》）。有拨言，如“匪报也，永以为好也”（《木瓜》）。有助语，如“日居月诸”（《邶风·柏舟》）。有增字，如“玉之瑱也，象之揥也，扬且之皙也”（《君子偕老》）。

（6）借代，如“乘彼垝垣，以望复关；不见复关，泣涕涟涟”（《氓》）；“缟衣茹藘，聊可与娱”（《出其东门》）。

（7）省略，如“硕人其颀，衣锦褧衣”（《硕人》）；“良马五之”，“良马六之”（《干旄》）；“一之日觱发，二之日栗烈”（《七月》）。

（8）曲折有反言，如“好人提提，宛然左辟”（《葛屦》）。有稀薄，如“舒而脱脱兮，无感我帨兮，无使尨也吠”（《《野有死麕》）。

（9）双关有借音双关，如“琐兮尾兮，流离之子”（《旄丘》）；“交交黄鸟止于桑（伤）”（《黄鸟》）。有借义双关，如“岂其食鱼，必河之鲤”（《衡门》）。

（10）层递有渐层，如《芣苢》等篇。有连环，如“介尔昭明，昭明有融……摄以威仪……威仪孔时”（《大雅·既醉》）。

（11）对偶，如“觏闵既多，受侮不少”（《邶风·柏舟》）。“出自幽谷，迁于乔木”（《小雅·伐木》）。

（12）对照，如“彼候人兮，荷戈与祋，彼其之子，三百赤芾”（《候人》）。“东人之子，职劳不来；西人之子，粲粲衣服”（《大东》）。

（13）列叙，如“齐侯之子，卫侯之妻，东宫之妹，邢侯之姨”（《硕人》）；“尔羊来思，其角濈濈。尔牛来思，其耳湿湿”（《无羊》）。

（14）复叠有重言，如“喓喓草虫”（《草虫》）；“杨柳依依”（《小雅·出车》）。有叠句，如“终远兄弟，谓他人父。谓他人父，亦莫我顾”（《葛藟》）。有类字，如《北山》叠用十二“或”字，《生民》叠用十“实”字。

（15）问对有问答，如“女曰观乎？士曰既且”（《溱洧》），有设疑，如“方何为期？胡然我念之”（《小戎》）。

（16）夸饰，如“叔于田，巷居无人”（《叔于田》）；“维此奄息，百夫之特……如可赎兮，人百其身”（《黄鸟》）。

（17）奇警有警句，如“鱼网之设，鸿则离之”（《新台》）；“睆彼牵牛，不可以服箱”（《大东》）；“牂羊坟首，三星在罶”（《小雅·苕之华》）。有愤激，如“人之无良，我以为君”（《鹑之奔奔》）；“彼人是哉，子曰何其”（《园有桃》）；“不狩不猎，胡瞻尔庭有县貆兮”（《伐檀》）。

（18）咏叹有顿呼，如“母也天只！不谅人只”（《鄘风·柏舟》）；“吁嗟鸠兮，无食桑葚”（《氓》）；“於！我乎！夏屋渠渠”（《权舆》）。有咏叹，如“已焉哉，天实为之，谓之何哉”（《北门》）；“哿矣富人，哀此茕独”（《正月》）。

（19）垫拽有抑扬，如“仲可怀也，父母之言也，亦可畏也”（《将仲子》）；“巷居无人。岂无居人，不如叔也，洵美且仁”（《叔于田》）。有错综，如“维南有箕，不可以簸扬。维北有斗，不可以挹酒浆。维南有箕，载翕其舌。维北有斗，西柄之揭”（《大东》）。有进退，如“子惠思我，褰裳涉溱。子不我思，岂无他人”（《褰裳》）。

（20）变换有倒装，如“无庶予子憎”（《鸡鸣》）；“叔兮伯兮，倡予和女”（《箨兮》）。有转品，如“螓首蛾眉”（《硕人》）。有断续，如“及尔谐老，老使我怨。淇则有岸，隰则有泮。总角之宴，言笑晏晏，信誓旦旦”（《氓》）。

以上所举在表面上看来，大纲目虽只二十个，实可以细分为三十多个，这还只仅仅举了一些显著的、比较易于举出的。可以列举的还有，甚至可以用一篇专文来研究。但我们仅就这三十多个来看已可以明白古代的诗人、民间的诗人是如何善于艺术地运用语言，使得我们现在所读到如双关、连环诸例感到真是十分巧妙，而在一些奇警的句子，如“鱼网之设，鸿则离之”，“牂羊坟首，三星在罶。人可以食，鲜可以饱”，是如何善于利用想象联想。另外，一些比兴，如以“鹳鸣于垤”，引起“妇叹于室”；以“维鹈在梁，不濡其咮”，比喻小人只居高位而不工作，不能对答他的优遇。他们又是如何善于观察事物，所以能创造出来一些具有鲜明的具体性和表现力的美妙的词句，描摹出来各种各样的人物，有着迷人的美和动人的力量。高尔基说：“接近民间语言吧，寻求朴素简洁健康的力量，这力量用两三个字就造成一个形象。”《诗经》在艺术方面的表现有很多的地方是值得我们好好学习的。

我们从上面概括的抒写、层叠的铺叙、比拟的摹绘等来看《诗经》的艺术表现，我们是很可以看出《诗经》的表现手法已经达到极高度的艺术成就。当然，这里面的诗歌，在一首诗中所用的手法，并不局限在某一方面而是多种多样的。正如旧说，一篇之中，可以有赋、有比、有兴。也正如“在每个真正的艺术形象里，在每部著名文学里都有着概括和个性化”一样，《诗经》的诗篇在艺术表现上是不应当孤立从某一点来看的。还有，《诗经》的一些被人咏诵的名句，如《小雅·采微》的“昔我往矣，杨柳依依。今我来思，雨雪霏霏”（谢玄说，见《世说新语》卷二）；《郑风·鸡鸣》的“风雨如晦，鸡鸣不已。既见君子，云胡不喜”（王国维说，见其所著《人间词话》）。这还需要结合着诗篇的思想感情来看，不能专从手法上来说。又如魏伯子曾推重的《邶风·谷风》“泾以渭浊”，说是“四字精简极矣，却不费解”。这些地方，我们还待提出一些诗篇来详细研究，还不是本文所能详说的。在本篇中，仅仅提出一个大致的轮廓，《诗经》是我们中国的一部优秀文学遗产，在艺术表现上有高度的成就，却是显而易见和不容置疑的。

# 四　《诗经》的编订

我们研究《诗经》，明白了《诗经》的本来面目本是中国古代的一部乐歌总集，明白了《诗经》的思想内容和艺术表现，我们可以更进一步来考察它的编订问题了。弄清楚这个问题，一方面可以使我们明了它在搜集与流传上的一些情况，同时也可以使我们更深刻地了解《诗经》本是乐歌这一问题。

关于《诗经》的编订，历来有所谓采诗和删诗的一些说法，但这些说法都是有问题的。现在我们先谈采诗之说。关于采诗之说，古籍所记载的，一共约有八见，但是这些记载所讲的都有一些不完全相同的地方：

1.《礼记·王制》：“天子五年一巡狩。岁二月，东巡狩……命太师陈诗以观民风。”

2. 刘歆《答扬雄书》：“三代、周秦轩车使者，逌人使者，以岁八月巡路，求代语僮谣歌戏。”(《方言》附)

3.《汉书·艺文志》：“故古有采诗之官，王者所以观风俗，知得失，自考正也。”

4.《汉书·食货志》：“孟春之月，群居者将散，行人振木铎徇于路，以采诗，献之大师，比其音律，以闻于天子。故曰王者不窥牖户而知天下。”

5.《说文·丌部》：“辺，古之遒人以木铎记诗言。”

6. 宣十五年《公羊传》注：“从十月尽正月止。……男年六十、女年五十无子者，官衣食之，使之民间采诗，乡移于邑，邑移于国，国以闻于天子，故王者不出牖户，尽知天下所苦。”

7. 郑志《答张逸》：“国史采众诗时，明其好恶，令瞽蒙歌之。”

8.《文选·三都赋序》：“故孔子采万国之风，正《雅》、《颂》之名，集而谓之《诗》。”

以上八说，虽都说有采诗之事，然而采诗之人不同，如轩车使者、逌人使者、采诗之官、老而无子者、国史、孔子等；采诗之时不同，如二月、孟春、八月、从十月尽正月止等；采诗的方式也各异，有的说天子巡守时命太师陈诗，有的说徇于路以采诗，有的说太师正其音律以闻于天子等。这虽可能是传闻有所不同，然而一方面也正好说明古代并无定制，且无明据，因此才众说不一。甚至同是一个人的说法，前后并不一致，如刘歆在《答扬雄书》与《七略》中所说的不同；或同是今文家言，《王制》与《公羊传注》也彼此不同。由此可见，陈风采诗之说是不足深信的，我们就现存的十五国风来看，也可以证明这一点。《毛诗正义》说：





> 列国政衰，变风皆作，南国诸侯，其数多矣，不得全不作诗……巡守陈诗者，观其国之风俗，故采取诗，以为黜陟之渐。亦既僭号称王，不承天子威令，则不可黜陟，故不录其诗。……又且小国政教狭隘，故夷其诗，轻蔑之而不得列于国风也。滕、邾、纪、莒，春秋时之小国，亦不录之，非独南方之小国也。其魏与曹、桧，当时犹大于邾、莒，故得录之。春秋时燕、蔡之属，国大而无诗者，薛综答韦昭云：或时不作诗，或有而不足录。

《正义》是认为有采诗之事的。但是，东迁之初，诸侯的国家还没有灭亡的很多，如谭、遂、宿、邢、虞、虢等都是，而现在只有桧、魏有诗，虞、虢等都没有。如说因为它是小国，所以不得列于国风，像《正义》所解释的那样，那便失去陈诗观风的意义。如说虽是大国，但因没有作诗，或者有作而不足录，那也更说不过去，我们试想一想，一国之中，岂能在数百年间竟无诗歌，或者有而不足录？《正义》的说法是进退无所依据，不能成立，因而也可见采诗之说是不足深信的。

近世学者论诗，又有认为《诗》三百篇不尽是大师所采，还有采风之使所搜集的说法，这是沿袭了汉代以来《诗经》学者的揣测而来。范家相《诗沈》卷一引黄楚望曰：

> 今之三百篇，有出于太师之所采者，如《周南》、《召南》是也。有出于史官之所录者，《豳风》及周大夫所作是也。其余国风，多是东迁以后，诸国史官所自记录者。

他觉得太师采诗之说不尽可靠，所以才又说还有各国史官所记录的。他这种说法是依据《毛序》"国史明乎得失之迹"一语而来，但是这一句话朱熹已予明辨，并不足信（《朱子语类》卷八十曰："《诗大序》亦是后人作，其间有病句。又曰：国史明乎得失之迹，这一句也有病，《周礼》、《礼记》中，史并不掌诗。《左传》说自分晓，以此见得《大序》亦不是圣人做，《小序》更不须说。"）。所以崔述在《读风偶识》中也说：

> 旧说，周太史掌采列国之风，今自《邶》、《鄘》以下十二国风，皆周太史巡行之所采也。余按，克商以后，下逮陈灵，近五百年，何以前三百年所采殊少，后二百年所采甚多？周之诸侯千八百国，何独此九国有风可采，而其余皆无之，曰孔子之所删也？成康之世，教化大行，刑措不用。诸侯贤者必多，其民岂无称功颂德之词，何为尽删其盛而独存其衰？伯禽之治，郇伯之功，亦卓卓者，岂尚不如郑、卫，而反删此存彼，意何居乎？且十二国风中，东迁以后之诗居其大半，而春秋之策，王人至鲁，虽微贱无不书，何不见有采风之使？

乃至《左传》之广搜博采，而亦无之？则此言出于后人臆度无疑也。盖文章一道，美斯爱，爱斯传，乃天下之常理，故有作者，即有传者。但世近则人多诵习，世远则渐就湮没；其国崇尚文学而鲜忌讳则传者多，反是则传者少；小邦弱国，偶遇文学之士录而传之，亦有行于世者，否则遂失传耳。不然，两汉、六朝、唐、宋以来，并无采风太史，何以其诗亦传于世也！大抵汉以降言《诗》者，多揣度而为之说，其初本无的据，而递相沿袭，递相祖述，遂成牢不可破之解，无复有人肯考其首尾而正其失者。



崔氏从时代的关系立论，说克商以后，五百年中，前三百年中所采的诗很少，而后二百年采的却很多，来批评采诗之说，但是这还不是无采风之使者的明证。因为《诗》之始作，未必就在克商以后，近代出土的宗周彝器，不下数千（见王国维《金文著录表》），但在这些铭文中，并无一个“诗”字（参看容庚《金文编》）。而且《大雅》、《周颂》都是西周时诗，但是文词佶屈，不及《周诰》，显见得《诗》并不一定都作于克商以后，因而说前三百年采诗甚少，还不是至当不易之论。但是他说《邶》、《鄘》诸国风，既认为周太师巡行所采，那么为什么唯独这九国有风，而其余的国家没有，从这点来证明采诗之说，是汉代以后《诗经》学者揣度之词，我们就古籍所载采诗之事来看，知道采诗并无定制，也可见崔氏这种说法是不错的。



但是我认为所谓采诗之官，徇于路以采诗，当时虽不必有其事，但是《诗》三百篇，也决不是偶而碰上了一个文学之士录而传之的。做这些诗歌的搜集工作的，也必一定另有人在，这应当就是当时的乐师。《诗》三百篇的流传决不会像后世的诗歌文词一样，“美斯爱，爱斯传”，没有一定的人来采集（其实传世的诗歌文词也都有搜集的人在）。我们从孔子的言论中来看，《论语》

中一则曰“诗三百”，再则曰“诵诗三百”，这些话并不是删诗以后的话（详见朱彝尊《诗论》，方玉润《诗经原始》），可见在孔子之时，诗的搜集已有成数，那当然一定有搜集的人在，这是其一。《论语》载：“太师挚适齐，亚饭干适楚，三饭缭适蔡，四饭缺适秦，鼓方叔入于河，播鼗武入于汉，少师阳、击盘襄入于海。”（《微子》）此外像师乙、师旷等（见《礼记·乐记》及诸子书），足见古代的乐师很多，在什么地方有了新的歌谣，他们就可从而采之，配以管弦，好像汉代乐府的采诗夜诵一样，这是其二。《史记》说孔子“就太师而正《雅》、《颂》，因鲁史以修《春秋》”；孔子自己也说“吾自卫反鲁，然后乐正，《雅》、《颂》各得其所”。可见诗的搜集有了成数，其职掌在太师，这是其三。太师虽有采诗之事，但不必需要徇于路以采，所以《王制》上只说“命太师陈风”，此后传闻异辞，于是产生了“轩车使者”、“岁八月巡路”等采诗的臆说。

《汉书·郊祀志》说：“乃立乐府，采诗夜诵，有赵、代、秦、楚之讴。以李延年为协律都尉，多举司马相如等数十人造为诗赋，略论律吕，以合八音之调，作十九章之歌。”乐府有采诗之事，但不必徇于路以采，有赵、代、秦、楚之讴，但也不必各郡国都有。由此可知，往古太师采风，不必一定要徇于路；《诗》三百篇中，也不必各国都有风。西汉去古未远，拿它来证明古代情况，是完全可以相信的。就拿我们现在来说，我们的地域辽阔，可以多少倍于古代了，然而童谣歌戏，也并不是每地都有；各地如有新声，乐师也要采集，但却不必要每年巡行全国以为之。以今证古，也可以想见当时的情况的。所以我认为：采诗之官，古时固然没有，然而搜集当时诗歌的却一定另有人在。这应当就是当时的太师，其后以讹传讹，才发生了巡行采诗等臆说。

根据以上所说的种种，我们可以看出流传至今的《诗经》，本来是当时乐师采集民歌等等入乐的。到孔子时，已有成数，所以孔子早在返鲁以前一再说："诗三百，诵诗三百。"弄清楚这一点，我们就可以更进一步来谈删诗的问题。

关于孔子删诗之说，最初见于《史记·孔子世家》，《孔子世家》说：

> 古者诗三千余篇，及至孔子，去其重，取可施于礼义，上采契后稷，中述殷周之盛，至幽厉之缺，始于衽席。

自有此说以后，许多学者都认为除现存的《诗》三百五篇之外，其余的诗都是孔子删去的。赞成这个说法的有欧阳修、朱子发、郑樵、周子醇、王应麟、马端临、赵坦、王崧等人，但是怀疑这说法也有，例如孔颖达、朱熹、朱彝尊、崔述、李惇、方玉润、魏源等人。清儒皮锡瑞在其《诗经通论》中，采取了赵坦、王崧的说法，以为删诗只是"去其重"而已，且以"魏说主不删诗，而可证《史记》去其重之义"，而谓"删诗之说，逸诗之名，学者宜姑置之"。皮氏这一说法，乍看起来好像是在作调人之论，实际上还是主张删诗之说。但是皮氏这种论调，实在是不彻底的。我觉得孔子不曾删诗，除前人已论述的以外，我们还可以有一些明证，以下我们就来对前人的说法加以抉择、剖辨与论证。

《史记》所载孔子删诗的说法，在唐代的孔颖达已开始怀疑它了。《诗经正义·诗谱序》疏上说：

> 如《史记》之言，则孔子之前诗篇多矣。案：书传所引之诗，见在者多，亡逸者少，则孔子所录，不容十分去九。马迁言古诗三千余篇，未可信也。

但是因为他论证的还不够，所以到了欧阳修等仍然主张删诗之说，他说：

> 以郑康成《谱图》推之，有更十君而取其一篇者，有二十余君而取其一篇者，由此观之，何啻三千？删诗云者，非止全篇删去，或篇删其章，或章删其句，或句

删其字。如“唐棣之华，偏其反而，岂不尔思，室是远而。”此《小雅·唐棣》之诗也。夫子谓其以室为远，害于兄弟之义，故篇删其章也。“衣锦尚絅，文之著也。”此《鄘风·君子偕老》之诗也。夫子谓其尽饰之过，流而不反，故章删其句也。“谁能秉国成？不自为政，卒劳百姓。”此《小雅·节南山》之诗也。夫子以“能”为意之害，故句删其字也。（据《吕氏家塾读诗记》引）

王应麟《困学纪闻·卷三》曰：

逸诗篇名，若《貍首》（原注：《射义》）、《骊驹》（原注：《大戴礼》、《汉书》注）、《祈招》（原注：《左传》昭公十二年）《辔之柔矣》（《左传》襄公二十六年，《逸周书》太子晋解），皆有其辞，惟《采荠》（原注：《周礼·春官》乐师注）、《河水》、《新宫》、《茅鸱》（《河水》，僖二十三年，《新宫》，昭二十五年，《茅鸱》，襄二十八年）、《鸠飞》（原注：《晋语》）无辞。或谓《河水》，《沔水》也（原注：韦昭）；《新宫》、《斯干》也（原注：朱子）；《鸠飞》，《小宛》也（原注：韦昭）。周子醇《乐府拾遗》曰：孔子删《诗》，有全篇删者，“骊驹”是也；有删两句者，“月离于毕，俾滂沱矣。月离于箕，风扬沙矣”是也；有删一句者，“素以为绚兮”是也。愚考之《周礼疏》引《春秋纬》云：（集证：《周礼·大宗伯“风师、雨师”疏》，又引见《洪范正义》）“月离于毕，风扬沙”非诗也。“素以为绚兮”，朱文公谓《硕人》诗四章，皆七句，不应此章独多一句，盖不可知为何诗，然则非删一句也。若全篇之删，亦不止“骊驹”。

《困学纪闻·卷三》又引朱子发曰：

《诗》全篇削去者二千六百九十四篇，如《狸首》、

《曾孙》之类是也。篇中删章者，如“唐棣之华，偏其反而，岂不尔思，室是远而”之类是也。章中删句者，如“巧笑倩兮，美目盼兮，素以为绚兮”是也。句中删字者，如“谁能秉国成，不自为政，卒劳百姓”是也。（翁注：全云：深宁开卷不取“月离于毕”,“素以为绚”为孔子所删之说，则朱子发之论亦非其所取。此条必尚有辨正之说，而今失之。又云：李淇水亦常有此说，见《象山集》。）

朱彝尊《经义考》引卢格曰：

《史记》：古诗三千余篇，孔子取三百五篇，孔颖达以为未可信。按：《王制》天子五年一巡守，命太师陈诗以观民风。西周盛时，环海内而封者，千八百国，使各陈一诗，亦千八百篇矣。载于经者，惟邶、鄘、卫、郑、齐、魏、唐、秦、桧、曹十一国，皆春秋时诗，其他亦无所录，孟子诗亡之论，其有慨于此乎？





这些都是以删诗之说为可信的（郑樵、马端临、赵坦、王崧四家说详下)。但是他们这些议论是不能使后人完全信服的，所以朱子一则说：

人言夫子删诗，看来只采得许多诗，夫子不曾删诗，只是刊定而已（据《经义考》引，下同)。

又说：

当时史官收诗时，已有各编次，但到孔子时已经散失，故孔子重新整理一番，未见得删与不删。

叶水心也说：

《史记》：古诗三千余篇，圣王取三百五篇。孔安国亦言删诗为三百篇。按：周诗及诸侯用为乐章，今载于《左氏传》者，皆史官先所采定，就有逸诗，殊少矣，疑不待孔子而后删十取一也。又《论语》称诗三百，本谓古人已具之诗，不应指其自删者言之，然则诗不因孔子而后删矣。

苏天爵也说：

今考之孔子之言曰："吾自卫反鲁，然后乐正，《雅》、《颂》各得其所。"又曰："诗三百，一言以蔽之曰，思无邪。"未尝言删诗也。……其谓夫子删诗，果可信乎？

黄淳耀也说：

孔子有正乐之功，而无删诗之说，盖删诗者，汉儒之说。（以上俱据《经义考》引）

但是，他们这些议论，也还不能深破《史记》孔子删诗之说，直至清代朱彝尊才写了《诗论》二篇，力辨删诗之非，他说：

《诗》者，掌之王朝，班之诸侯，小学、大学之所讽诵，冬夏之所教，莫之有异；故盟会、聘问、燕享，列国之大夫赋《诗》见志，不尽操其土风。使孔子以一人之见，取而删之，王朝列国之臣，其孰信而从之者？且如行以《肆夏》，趋以《采荠》，乐师所教之乐仪也，何不可施于礼义，而孔子必删之，俾堂上有仪，而门外无仪，何也？凡射，王以《驺虞》为节，诸侯以《狸首》为节，大夫以《采蘩》为节，士以《采蘋》为节，今《大、小戴记》有《狸首》之辞，未常与礼义悖，而孔子于《驺虞》、《采蘩》、《采蘋》则存之，于《狸首》独去之，俾王与大夫、士有节，而诸侯无节，又何也？……穆王欲肆其心，周行天下，祭公谋父作《祈招》之诗，以止其心，《诗》之合乎礼义者莫此若矣，孔子既善其义，而又删之，又何也？且诗至于三千篇，则輶轩之所采，定不止于十三国矣，而季札观乐于鲁，所歌

《风》诗，无出十三国之外者。又子所雅言，一则曰《诗》三百，再则曰诵《诗》三百，未必定属删后之言，况多至三千，乐师蒙叟安能遍为讽诵？窃疑当日掌之王朝，班之侯服者，亦止于三百余篇而已。至欧阳子谓"删《诗》云者，非止全篇删去，或篇删其章，或章删其句，或句删其字"，此又不然。《诗》云："唐棣之华，偏其反而。岂不尔思，室是远而。"惟其《诗》孔子未尝删，故为弟子雅言之也。《诗》云："衣锦尚絅，文之著也。"惟其《诗》孔子亦未尝删，故子思子举而述之也。《诗》云"谁能秉国成"，今本无"能"字，犹夫"殷鉴不远，在于夏后之世"，今本无"于"字，非孔子去之也，流传既久，偶脱去尔。昔者，子夏亲受《诗》于孔子矣，其称《诗》曰："巧笑倩兮，美目盼兮，素以为绚兮。"惟其句孔子亦未尝删，故子夏所受之《诗》存其辞以相质，而孔子亟许其可与言《诗》，初未以素绚之语有害于义而斥之也。由是观之，《诗》之逸也，非孔子删之，可信已。

然则诗何以逸也？曰：一则秦火之后，竹帛无存，而口诵者偶遗忘之。一则作者章句长短不齐，而为章句之学者，必此而齐之，于句之重出者去之故也。一则乐师蒙叟止记其音节而亡其辞，窦公之于乐，惟记《周官大司乐》一篇，而其余不知；制氏则仅记其铿锵鼓舞，而不能言其义，此乐章之所阙独多也。……《王制》变礼易乐为不从，不从者君流，今以太师之所陈，大司乐之所教，瞽蒙之所讽诵，辄取篇章字句而删去之，是变礼易乐也。若移《秦》于《魏》、《唐》之后，《桧》后于《陈》，《豳》后于《桧》，其亦何所取义，而孔子必更之。……以自取不从之罪哉！（《诗论一》）

他在这里对史记取其可施乱义之说和欧阳修删章句删字之说，也同时予以论驳，删诗之说，已不足信。后来赵翼又更统计了一下逸诗的数目，来证实朱氏的说法，他说：

孔颖达、朱彝尊皆疑古诗三千本无三千，今以《国语》、《左传》二书所引之诗校之，《国语》引诗三十一条，惟卫彪傒引武王《饫歌》，（原注：其诗曰："天之所支，不可坏也。"谓武王克殷而作，谓之《饫歌》，名之曰支，使后人监戒。）及公子重耳，赋《河水》二条是逸诗。而《河水》一诗，韦昭注以为"河"当作"沔"，即"沔彼流水"，取朝宗于海之义也。然则《国语》所引逸《诗》仅一条，而三十条皆删存之《诗》，是逸《诗》仅删存诗三十之一也。《左传》引《诗》共二百十七条，其间有丘明自引以证其议论者。犹曰丘明在孔子后，或据删定之《诗》为本也。然丘明所述，仍有逸《诗》，则非专守删后之本也。至如诸国公卿所引，及宴享所赋，则皆在孔子未删以前也。乃今考左丘明自引，及述孔子之言所引者，共四十八条，而逸诗不过三条。（原注：成九年引《诗》曰："虽有丝麻，无弃管蒯；虽有姬姜，无弃蕉萃；凡百君子，无不代匮。"襄五年引《诗》曰："周道挺挺，我心扃扃；讲事不令，集人来定。"襄三十年引《诗》曰："淑慎尔止，毋载尔伪。"）其余列国公卿自引《诗》共一百一条，而逸诗不过五条。（原注：庄二十二年引《诗》曰："翘翘车乘，招我以弓，岂不欲往，畏我友朋。"襄八年引《诗》曰："俟河之清，人寿几何！兆云询多，职竞作罗。"昭四年引《诗》曰："礼义不愆，何恤乎人言？"昭十二年引《祈招之诗》曰："祈招之愔愔，式昭应音，思我王度，式如玉，式如金。形民之力，而无醉饱之心。"昭二十六年引《诗》曰："我无所监，夏后及商，用乱之故，民卒流亡。"）又列国宴享歌《诗》赠答七十条，而逸诗不过五条。（原注：僖二十三年晋公子赋《河水》，襄二十六年齐国子赋《辔之柔矣》。二十八年工诵《茅鸱》。昭十年宋以《桑林》享晋侯。二十五年宋公赋《新宫》。）是逸诗仅删存诗二十之一也。若使古诗有三千余，则所引逸《诗》，宜多于删存诗之十倍，岂有古《诗》则十倍于删存《诗》，而所引逸《诗》反不及删存《诗》二三十分之一？以此而推，古《诗》三千之说不足凭也。况史迁谓古《诗》自后稷以及"殷、周之盛，幽、厉之衰"，则其为家弦户诵久矣，岂有反删之，而转取《株林》、《车辚》之近事以充数耶？……推此益可见删外之诗甚少，而古诗三千余篇之说，愈不可信矣。（《陔余丛考》）





赵翼的这一段话，是根据叶水心的说法而来，很有道理。既然逸诗的数字还没有删存诗的二三十分之一，那么所谓三千之数，十倍于今者，显然是不可信的。赵氏之后，主张不删诗之说的还有很多人，如崔述在《读风偶识·卷一》中说：

孔子删诗，孰言之？孔子未尝自言之也。《史记》言之耳，孔子曰："郑声淫"。是郑多淫诗也。孔子曰："诵诗三百"，是诗止有三百，孔子未尝删也。学者不信孔子所自言，而信他人之言，甚可怪也。

李惇在《群经识小》卷三中说：

《史记》谓古诗三千，孔子删为三百，误矣，即删诗之说亦非：孔子考诗篇，使之得所则有之，删则未也，观经传所引诗，逸者不及十之一，且其辞多雅正，亦不在可删之列，其所以逸者，或亡于夫子之前，非夫子删之也？卫、郑、齐、陈，皆有"淫诗"，夫子不删，所删者何等诗耶？……《论语》一则曰“诗三百”，再则曰“诵诗三百”，诗不止于三百，而三百是其大数，夫子岂取既删之后以为言，而曰人诵我所删三百乎？必不然矣！

但他们都不过是就叶水心，苏天爵，黄淳耀，朱彝尊四人的说法，触类而引伸之，并没有什么新的发明。而且在叶、苏、黄、朱四人的言论中，黄淳耀犹以为孔子虽然没有删诗之事，却还有正乐之功；朱彝尊虽然力辨《史记》“取其可施于礼义”的说法的不足信，但仍认为《诗经》原本很多，后经失逸，才成为今存的三百五篇；仍认为原作“章句长短不齐”，“而后之为章句之学者，必比而齐之，于句之重出者去之”。所以主不删诗的人尽管很多，而主删诗说的人仍然可以说，孔子正乐时曾有所删除，可以说孔子曾经删诗，不过是去其重复罢了。清儒王崧《说纬》中说：

《史记》之书谬误固多，皆有因而然，从无凿空妄说者。……世所传之逸《诗》，有太师比音律时所弃者，有孔子正乐时所削者，所采既多，其原作流传诵习，后人得以引之。是则古《诗》三千余篇，去其重，取其可施于礼义，乃太师所为；司马迁闻孔子正乐，时于《诗》尝有删除，而遂以归之孔子，此其属辞之未密，或文字有脱误耳。然谓孔子皆弦歌之，以求合《韶》、《武》、《雅》、《颂》之音，可知非独取其辞意已。《通志·乐略》第一：“乐以《诗》为本，《诗》以声为用，八音六律为之羽翼耳。仲尼编《诗》，为燕享祭祀之时用以歌，而非用以说义也。……得《诗》而得声者三百篇，则系于《风》、《雅》、《颂》；得《诗》而不得声者则置之，谓之逸《诗》。……”《文献通考》卷一百八十七《经籍考》：“作诗之人可考，其意可寻，则夫子录之，殆述而不作之意也，其人不可考，其意不可寻，则夫子删之，殆多

> 闻阙疑之意也。”……《史记》谓“取其可施于礼义”，“皆弦歌之以求合《韶》、《武》、《雅》、《颂》之音”，参以郑氏、马氏之言，则于事理尤协。（《孔子删诗》）

王崧因看到后世流传有逸诗，于是便和郑樵一样，认为“正乐”即“删诗”。赵坦在《宝甓斋文集》中也说：

> 删诗之旨可述乎？曰：去其重复焉尔。今试举群经诸子所引《诗》不见于三百篇者一证之，如《大戴礼·用兵篇》引诗云：“鱼在在藻，厥志在饵，鲜民之生矣，不如死之久矣！校德不塞，嗣武丁孙子。”今《小雅》之《鱼藻》、《蓼莪》，《商颂》之《玄鸟》等篇，辞句有相似者。《左传》襄八年引诗云：“兆云询多，职竞作罗。”今《小雅》之《小旻》篇，句有相似者。（中略赵氏不指为相似者两条。）《荀子·臣道篇》引诗云：“国有大命，不可以告人，妨其躬身。”与今《唐风·扬之水》篇亦相似。凡若此类，复见叠出，疑皆为孔子所删也。至若字句不异，则引诗者之误。惟《大戴礼·投壶篇》、《大射》诗不见于经为可疑。

这都是因为朱彝尊的《诗论》讨论孔子未删诗，对于去重之说，剖析未尽精密稳妥，所以王氏、赵氏仍然以为删诗是“正乐”，是“去其重”。不过王崧认为孔子删诗即正乐的说法，我们一看方玉润在《诗经原始》对于这个问题的论述，可以恍然知其谬误。方氏说：

> 夫子反鲁，在周敬王三十六年，鲁哀公十一年，丁巳，时年已六十有九。若云删诗，当在此时。乃何以前此言《诗》皆曰“三百”，不闻有“三千”说耶？此盖史迁误读正乐为删《诗》云耳。夫曰正乐，必《雅》、《颂》诸乐，固各有其所在，不幸岁久年湮，残阙失次。夫子从而正之，俾复旧观，故曰“各得其所”，非有增

删于其际也。奈何后人不察，相沿以至于今，莫不以正乐为删《诗》，何不即《论语》诸文而一细读之也？

孔子正乐以前，已经在说“诗三百”、“诵诗三百’，可知正乐绝不是删诗。这是十分明显的。赵坦认为删诗乃去其重者的说法，则虽以魏源《诗古微》立说之明辨，仍旧因袭这种谬见。魏氏说：

且夫删诗之说，不过据逸诗为词，而吾之谓不删诗者，则直以夫子之后无逸诗为断。何则？……今所奉为正经章句者，《毛诗》耳。而《孔疏》谓《毛诗》经文，与三家异者，动以百数，故崔灵恩载《般》、《颂》末三家有“于绎思”一语，而《毛》无之。后汉陈忠疏引诗云：“以雅以南，韎任朱离。”《注》谓出齐鲁诗，而《毛诗》无之。《韩诗》北宋尚存，见于《御览》，乃刘安世述《雨无正》篇，首有“雨其无极，伤我稼穑”二语，而《毛》无之。至《选》注引《韩诗》经文，有“万人颙颙，仰天告愬”二语，郑司农《周礼注》述三家诗云：“敕尔瞽，率尔众工，奏尔悲诵。”则今并不得其何篇。（王氏诗考以万人颙颙二句系之《节南山》下）使不知为三家经文，必谓夫子笔削之遗无疑矣。……是皆但据《毛诗》之蔽也。夫《毛》以三家所有为逸，犹《韩》以《毛》所有为逸，果孰为夫子所删之本也？是逸诗之不尽为逸有如斯者。推之《韩诗》，《常棣》作《夫移》，齐诗《还》作《营》，韦昭谓《鸠飞》即《小宛》，《河水》即《沔水》，是逸篇之不尽为逸有如斯者。……善乎《鲁诗》班固之言曰：孔子纯取周诗，上取殷，下取鲁，凡三百五篇，曰纯取者，明无所去取其间也。因是以通《史记》之言曰，孔子去其重，取可施于礼义者，凡三百五篇。曰去其重者，谓重复倒乱之篇，而非谓乐章可删，列国可黜也。吾故曰：夫子有正乐之功，无删诗之事，三家之文有同异，则三百之外不尽为逸诗也。

魏源根据鲁、齐、韩三家的经文，来证明逸诗篇之不尽为逸，既没有逸诗，自然删诗的说法是不足信的了，然而魏氏却又说："曰去其重者，谓重复倒乱之篇。"因而皮锡瑞《诗经通论》说："孔子删诗，乃去其重。"而且以"魏说主不删诗，而可证《史记》去重之义"，这直是以诗本三千之说为可信的了。既然如此，难道认为孔子不曾删诗的人都错了吗？这还有必要来作进一步的讨论。



我觉得《史记·孔子世家》所载孔子删诗之说，朱彝尊已指出"取其可施于礼义"之说的错误，这是毫无可疑的。我们就现存的诗三百篇来看，《桑中》等诗，亦未必可施于礼义，为什么不删去呢？这已可见《史记》的说法的不可信。方玉润指出孔子正乐以前已在说"诵诗三百"，魏源又根据三家异文来证明逸诗之不尽为逸，因而认为正乐即删诗者，或因逸诗而主删诗者，他们的意见是不能成立的。只是《史记》去重一语，还没有予以剖辨，致使学者们多少年来，纠缠不清。我们知道，《史记》一书，后人增窜的地方很多（详见赵翼《廿二史札记》、《诸少孙补史记十篇》条、《史记有后人窜入》条），因而对《孔子世家》的话，必须慎重考虑，我认为这一段话也是不可信的，我们有以下几点理由：



1.《史记·宋世家》说："襄公之时，修行仁义，欲为盟主。其大夫正考父美之，故追道契、汤、高宗，殷所以兴，作《商颂》。"史迁用《鲁诗》说，以《商颂》为宋诗，词意是很显明的（说更详见魏源《诗古微·商颂鲁韩发微》，皮锡瑞《经训书院自课文商颂美宋襄公证》）。不应当在《孔子世家》中却说："古者诗三千余篇，及至孔子，去其重。……上采契后稷……"又把《商颂》当作商代的诗，不是正考父所作。这显然与《宋世家》

不合，而且也与三家义相违背！由此可见这一段古诗三千之说，也必是经过后人的窜乱。孔子固未尝说过删诗，史迁也未必说过。《史记》这一段不可信是很明白的。此其一。

2.《史记》去其重这一句话，与下文也不相合。其不可信，约有三点。(1) 说删诗是取其可施于礼义，那也就是说是去其不可施于礼义。但是去其重，并不是去其不可施于礼义的意思，去其不可施于礼义者，也并不是去其重的意思。这两句话意义不相合，可见删诗的意思，并非去其重，就意义来说可见这是不足信的。这是一。(2) 根据群经诸子所引逸诗来看，赵坦《孔子删诗辨》所举，和现存《诗经》辞句相似的，不过《大戴礼·用兵》、《左传·襄公八年》、《荀子·臣道篇》所引三条，与今《鱼藻》、《蓼莪》、《玄鸟》、《小旻》、《唐风·扬之水》五篇似为重复，其他字句小异的，或是三家异文（此魏源说），或是引诗者之误（此赵坦说），并非复见叠出。再据今逸诗之数来看，《左传》、《国语》所引逸诗不过十五条，其他经籍所引者也不过三四十条，共为五十余条（别详余《逸诗篇句表》一文），和现在三百篇似为重复者不过五条。《史记》以为十重其九，实际不过十重其一，可知去重的说法是真不可信的。不是去其重，不是取其可施于礼义（赵氏以为"《大射》诗不见于经为可疑"）也不是去其重，兼去不可施于礼义（卫、郑、齐、陈都有所谓"淫诗"）。可见《史记》的话，进退无所依据，一定是后人的窜入。这是就逸诗来说也可见其不足信，这是第二点。(3) 我们试想：古诗三千余篇，今诗三百五篇，如果十重其九，乐师蒙叟必然不能偏为讽诵，岂能等到孔子才去其重，任何乐师，都可以将重复的诗篇去掉，这是势所必然的。孔子反鲁正乐以前，已在说"诗三百"，不等待孔子就去其重，证据是再明白没有了。王崧《说纬》说："史记所谓三千余篇者，盖太师所采之数，迨比其音律，闻于天子，不过三百余篇。"就情势论，也可见《史记》这话是不足信的，这是第三点。王崧既说"《史记》谬误固多"，又谓"有孔子正乐时所削者"，既说是"太师所为"，又以归之孔子，但是他说到“《史记》属辞未密，或文字有脱误”。魏源不细加以考察，硬说“去其重者，谓重复倒乱之篇”，致使皮锡瑞趁着机会妄从赵坦之说，说删诗就是去重。他们是没有注意到《史记》文字有窜乱，漏洞很多，常见谬误，不仅像王崧所说“或文字有脱误”而已。就是《史记》并无窜乱，但就其意义、事实、情势三点来看，我们也无从相信孔子去重之说，此其二。

3. 再就《史记·孔子世家》全文来看，亦有可见其为后人所窜乱者。《世家》谈到《易》的地方，说：“序彖、系、象、说卦、文言”八字，康有为《新学伪经考》卷三，谓为刘歆之所窜入。崔适《史记探源》卷六更谓其“《序》、《卦》先于彖辞，《说卦》先于《文言》，语无伦次”。《世家》谈到《尚书》和《礼》的地方，“序《书传》”至“编次其事”十七字，崔氏说是“误在‘曰夏礼’句上，致与上文言三代之礼，语意间隔”（同上）。由此可见，《孔子世家》文中被窜乱的很多，其前后既有窜乱，则其中之说诗的地方，当也不免窜乱，因此才与《宋世家》不合，与三家之义也相违背，何况“去其重”这一句，进退都无理据，《世家》这一说之可疑，不待详辨，已是显然易见的了，此其三。





4. 《史记》去其重一语的谬误，又可以从本无逸诗来证明。相信《史记》说法的人，总以为有许多逸诗，其实所谓逸诗，或逸于孔子之前，或逸于三百篇之后，并不是因孔子删削而后逸的。诗三百篇终于《下泉》（据三家义，详王先谦《诗三家义集疏》），那是正当鲁昭公之世，下至六国之亡，几百年间，岂能无诗，怎能把各个书所引诗，一概都说成逸诗呢？《战国策》甘茂引诗曰“行百里者，半于九十”，又见贾谊《疏》，但不以为是诗。范睢引诗曰：“木实繁者披其枝，披其枝者伤其心。”又见《周祝》解，也不是诗。《荀子·正名篇》引诗曰：“长夜漫兮！永思骞兮！太古之不漫兮！礼义之不愆兮！何恤人之言兮。”《吕氏春秋·爱士篇》引诗曰：“君君子则正以行其德，君贱人则宽以尽其力。”这些诗都和三百篇不相同。《逸周书·太子晋》解，诗曰：“国诚宁矣，远人来观；修义经矣，好乐无荒。”《大戴记·骊驹》之诗曰：“骊驹在门，仆夫具存；骊驹在路，仆夫整驾。”用韵也多与三百篇不同。都像是晚于三百篇，而为后人所创作的。以周金铭文比较来看，铭文中所用的词汇和三百篇相类似的多，和逸诗相类似的很少（别详余《逸诗篇句表》），可见逸诗非三百篇之逸，《史记》去重的话，是不可信的。此其四。

5.《史记》去其重一语的谬误，又可以本无采诗之说来作证明。相信去其重之说的人，是由于他们误认为古诗本有三千余篇。其所以如此的，又必定是以为古有采诗之事的缘故。如前所述，采诗之说是不可信的，则古诗三千之说，当然也是不可信的了。时间相距较近则人多诵习，时间较远就可能失传，在孔子时，鲁太师所传，应当就是现存的三百五篇；再换一句话说，现在的《诗》三百篇就是鲁太师所传。所以孔子才一则曰“诗三百”，再则曰“诵诗三百”才既以郑声为“淫”，但也存之而未尝删。反本溯源来立论，《孔子世家》去重之说的不可信，更是显然易明了，此其五。

总之，采诗之说，概不足信。孔子正乐以前，也只说“诗三百”，可知孔子并不曾“去其重”。更就逸诗来看，逸诗尚不及十分之一，而且其文词又多与三百篇不类，可见逸诗并非三百篇之逸，由此也可以证明孔子并不曾去其重。《史记·孔子世家》之说，词意自相矛盾，必是后人有所窜乱，一考其意义，情势，应是没有疑问的。那么，根据《史记》之说，以为孔子删诗乃“去其重”，显然是不可信的了。《史记》去重之说既不可信，孔子删诗之说之不可信更是显然易见的了。

由以上所述，现在流传的《诗经》，本是当时乐师采集入乐的乐歌，在孔子时，它在合乐演奏的过程中就已经编订流传，不是孔子编订的。我们更不当主观地、毫无依据地以为另有一人编订的。

# 五 《诗经》的体制

我们现在流传下来的《诗经》，本来是一部古代的乐歌总集，古代的乐歌，依普列哈诺夫所引毕海尔的说法，是与韵律分不开的。所以，因为伴奏的乐器与歌唱的声调的不同，在《诗》三百篇中分列着有《南》、《风》、《雅》、《颂》四样的诗歌。《南》、《风》、《雅》、《颂》之所以分，是由于音乐的关系，不是由于它们在体制上的不同。汤姆生说过："诗是音乐的内容，音乐是诗的形式。"《诗经》的四诗应当从音乐的角度来考察，而不当从意义上分类、或从其他方面来考察的。因为乐调失传，后世的人不知道这四样的诗歌有显着的分别，有的将《南》、《风》混为一谈，甚至有的想打破原来的分类，这都是一些不正确的说法。自从《史记·孔子世家》说："故曰，《关雎》之乱，以为《风》始；《鹿鸣》为《小雅》始；《文王》为《大雅》始；《清庙》为《颂》始。三百五篇，孔子皆弦歌之。"将《周南》的《关雎》属于《风》，才正式地以为《诗》只有《风》、《雅》、《颂》，伪《毛诗传序》也以《南》属于《风》说："是以一国之事系一人之本谓之《风》，言天下之事，形四方之风谓之《雅》。雅者正也，言王政之所由废兴也；政有大小，故有《大雅》焉，有《小雅》焉。《颂》者，美盛德之形容，以其成功告于神明者也。是谓'四始'，诗之至也。"又说："故诗有六义焉：一曰风，二曰赋，三曰比，四曰兴，五曰雅，六曰颂。"在《周礼》也说："大师教六诗：曰风、曰赋、曰比、曰兴、曰雅、曰颂。"有了这些说法，汉唐以来的学者，大多数只知道"四诗风雅颂"，不知道"南"

在古代是指的一种乐器，《周南》、《召南》是应当独立的，不应当与《国风》相提并论。

二《南》的独立是到了宋代程大昌著《诗论》十七篇才将这个疑问道破。程氏在《诗论》一上说：

诗有《南》、《雅》、《颂》，无国风。其曰“国风”者，非古也。夫子尝曰：“《雅》、《颂》各得其所。”又曰：“《大雅》云。”又曰：“人而不为《周南》、《召南》。”未尝有言“国风”者。予于是疑此时无“国风”一名。然犹恐夫子偶不及之，未敢遽自主执也。《左氏》记季札观乐，历叙《周南》、《召南》、《小雅》、《大雅》、《颂》，凡其名称与今无异。至列叙诸国，自邶至豳。其类凡十有三，率皆单纪国土，无今《国风》品目也。当季札观乐时，未有夫子，而《诗》名有无，与今《论语》所举悉同。吾是以是知古固如此，非夫子偶于《国风》有遗也。盖《南》、《雅》、《颂》，乐名也，若今乐曲之在某宫者也。《南》有《周》、《召》，《颂》有《周》、《鲁》、《商》，本其所从得而还以系其国土也。二《雅》独无所系，以其纯当周世，无用标别也。均之为《雅》。音类既同，又自别为大小，则声度必有丰杀廉肉，亦如十二律然，既有大吕，又有小吕也。若夫邶、鄘、卫、王、郑、齐、魏、唐、秦、陈、桧、曹、豳，此十三国者，《诗》皆可采而声不入乐，则直以徒诗著之本土，故季札所见与夫周工所歌，单举国名，更无附语，知本无《国风》也。（案：程氏以《风》不入乐，这是错误的，详见前第一篇。）

程氏在《诗论》二上又说：

《鼓钟》之诗曰：“以雅以南，以籥不僭。”季札观乐，有舞《象箾》、《南籥》者……其在当时亲见古乐者，

> 凡举《雅》、《颂》，率参以《南》。其后《文王世子》又有所谓“胥鼓《南》”者，则《南》之为乐古矣。《诗》更秦火，简编残阙，学者不能自求之古，但从世传训故，递相授受。于是创命古来所无者，以为“国风”，参匹《雅》、《颂》，而文王《南》乐，遂包统于“国风”部汇之内。虽有卓见，亦莫敢出众疑议也。

到了清代，顾亭林也说：

> 《周南》、《召南》，《南》也；非《风》也。……自《周南》至《豳》，统谓之《国风》，此先儒之误。（《日知录》卷三）



崔述在《读风偶识》中也说：

> 《南》者诗之一体，盖其体本起于南方，而北人效之，故名曰《南》。



从他们的意见看来，的确，在《诗经》上，“以雅以南，“雅”、“南”对举；在《论语》上，“《雅》、《颂》各得其所”，“人而不为《周南》、《召南》”，“南”只是“南”，不是《风》；自《周南》至《豳》统谓之《国风》，这确实是一种错误的看法。

我们试想：《周南》、《召南》如和《国风》一样，那“南”当有一定的地域，一定的国家，这样才可以与《邶》、《鄘》、《卫》这些《国风》并列，《周南》、《召南》的地域，如依周、召分陕的解释来说，分陕之说，本不可信，即如可信，那末《召南》应是在陕以西的地方的诗。但是《召南》说及“江有汜”，这证明《召南》不是陕以西的地方的诗。如依《三家诗》说周南是在洛阳，召南在南阳、南郡之间，而且《周南》却又有汉广等诗，这证明以“古之周南，今之洛阳”，和“南阳、南郡之间”来分周、召二南也是不恰当的。这样看来，《周南》、《召南》是不当与《邶》、《鄘》、《卫》诸《国风》并列，既不可名之曰“南风”，也不可名之曰“周南风”、“召南风”。我们现在实是应当承认二

《南》的独立，将《南》划出《国风》之外，而说四诗是:《南》、《风》、《雅》、《颂》。严格地要认识《南》、《风》、《雅》、《颂》这四诗的区分是从乐器或声调来区分，我们以《诗》三百篇证《诗》三百篇，可以看出这种意见是科学的，完全符合事实的，因而是正确的；同时我们还可以看出这二千多年以来关于《南》、《风》、《雅》、《颂》的解释，哪些是正确的，哪些不是正确的。现在依次为说如下：

**（一）说《南》**

关于“南”的解释，过去共有六种说法。1.“南”为南化说。2.“南”为南乐说。3.“南”为南土说。4.“南”为南面说。5.“南”为诗体说。6.“南”为乐器说。这六种解释以最后一说最为正确。

1.“南”为南化说。这一说创始于伪《毛诗·关雎序》。《毛序》解释《周南》说：

> ……然则《关雎》、《麟趾》之化，王者之风。故系之周公。“南”，言化自北而南也。

信奉《毛诗》的人大概都采此说。到了清代，崔述著《读风偶识》说：

> 《序》以为“化自北而南”亦非是。江、沱、汝、汉，皆在岐周之东，当云自西而东，岂得自北而南乎？

我们只看崔述的评论，可以断定伪毛序说之不合客观实际，是完全不正确的。

2.“南”为南乐说。在先秦古书中有许多关于南人、南音的记载，因而汉、宋的学者也多以“南”为南方之乐。例如：

(1)《诗·小雅·鼓钟》篇：“以雅以南，以籥不僭。”《毛传》：“南夷之乐曰南。”

(2)《左传·成公九年》：“晋侯观于军府，见钟仪，问之曰：

'南冠而絷者，谁也?'有司对曰：'郑人所献楚囚也。'……使与之琴，操南音。……文子曰：'……乐操土风，不忘旧也'。"

(3)《左传·襄公十八年》："师旷曰：'不害，吾骤歌北风，又歌南风。南风不竞，多死声，楚必无功。'"

(4)《左传·襄公十九年》："季札观乐，有舞象箾南籥者。"杜《注》："南籥，文王之乐。"

(5)《吕氏春秋·音初》篇："禹行功，见涂山之女，禹未之遇而巡省南土。涂山氏之女乃令其妾候禹于涂山之阳，女乃作歌，歌曰：'候人兮猗。'实始作南音。周公及召公取风焉，以为《周南》、《召南》。"

(6)《礼记·文王世子》："胥鼓南。"郑注："南，南夷之乐也。"

(7)《礼记·乐记》："昔舜作五弦之琴以歌南风。"

(8)《白虎通·礼乐篇》："南夷之乐曰南。"

(9)《韩诗》薛君《章句》："南夷之乐曰南。"

(10)王质《诗总闻》："南，乐歌名也。见《诗》'以雅以南'。见《礼》'胥鼓南'，郑氏以为西南之乐，又以为南夷之乐。见《春秋》传'舞象箾南籥'，杜氏以为'文王之乐'，其说不伦。大要乐歌名也。"又说："南、大夏也，正午也，故字作午，亦作丙，亦作丁。南之取名以此。礼王夏、肆夏、昭夏、纳夏、章夏、齐夏、族夏、祴夏、骜夏，凡九。……诸夏皆南声也。"

这些说法，由(1)说看来，"南"不是乐调之名，就是乐器，但《毛传》只解释为南方之乐，不知二《南》也本是由南方之乐而来，而说什么"南，言化自北而南"。由(2)、(3)、(4)、(5)等说看来，南是南音、南风，《吕氏春秋·音初》篇说"周公及召公取风焉，以为《周南》、《召南》"，显明地是以"南"指南音而言。由(6)、(7)、(8)、(9)等说看来，可见过去也多以"南"是乐调之名，只有(10)宋王质以为乐歌名，但牵涉到九夏，这解释也是不正确的。梁启超在《释四诗名义》上也说："《礼记·文王世子》'胥鼓南'，《左传》说'象箾南籥'，都是一种音乐的名。都是指这一种诗歌。"他也是主张以"南"为音乐之名的。

3. "南"为南国说。《诗·小雅·四月》篇说"滔滔江汉，南国之纪"，"南"明明的是指地域而言。《毛传》解"南有樛木"说，"南、南土也。"郑玄《诗谱·周南召南谱》也说："至纣又命文王典治南国江、汉、汝旁之诸侯……故雍、梁、荆、豫、徐、扬之人，咸被其德。"郑氏在《樛木笺》上说，"南土，谓荆、扬之域。"《鲁诗》、《韩诗》的解释，也是这样。《史记集解》引张晏说："古之周南，今之洛阳。"这是《鲁诗》说。《水经注》引《韩诗序》："二南在南阳、南郡之间。"这是《韩诗》说。司马贞《史记·燕世家索隐》说："诗有周、召二南，言皆在岐山之阳，故言南也。"汉唐以来的学者多如此说，所以朱熹在《诗集传》也说："周，国名。南，南方诸侯之国也。……武王崩，子成王诵立。周公相之，制礼作乐，乃采文王之世风化所及民俗之诗，被之管弦。……其得之国中者，杂以南国之诗，而谓之《周南》。"这些都是以"南"为"南国"、"南土"的说法。作这样解释的人很多，我们不必一一列举。这一说，在我们现在看来，"南"本是南方的乐器，因而以这乐器指南方，所以"南"为南国、南土说好像有部分的理由，但是这是似是而非之见，不是正确的说法。

4. "南"为南面说。创立这一说的是宋刘克，他在刘氏《诗说》中说：

> 南之为言无他义也。《易》曰：圣人南面而听天下，乡明而治，义止于此。文王之化，自闺门以达之天下，道化之行，格于人心，及于动植，圣人之盛德也。

他这话是受了南化的影响而创立的，但是这种说法，毫无根据，我们可以不必详论。

5.“南”为诗体说。自《毛序》创立南化说以来，经过汉宋学者的接受承认，如上述的“南国”、“南面”诸说，谁都没有道破《毛序》的谬妄，到了清代，崔述著《读风偶识》，他说：

> 且“南”者，诗之一体，《序》以为“化自北而南”亦非是。江、沱、汝、汉，皆在岐周之东，当云自西而东，岂得云“自北而南”乎？盖其体本起于南方，北人效之，故名以“南”。若汉人效《楚词》之体，亦名之为《楚词》者然。故《小雅》云“以雅以南”，自武王之世，下逮东周，其诗而雅也，则列之于《雅》；风也，则列之于《风》，南也，则列之于《南》，如是而已。

崔氏这种论断，驳倒《毛序》“南，言化自北而南”的说法，比较近理。梁启超的《释四诗名义》也主张此说。他更以为：

> 《诗·鼓钟》篇“以雅以南”，“南”与“雅”对举，“雅”既为诗之一体，则“南”亦必为诗之一体。

但他又说：

> 这种诗歌，何以名为南，颇难臆断。据《鼓钟》篇《毛传》“南方之乐曰南”，或因此得名，亦未可知。但此说纵令不错，也不能当南北的南字解。因为这个南字本是译音。《周礼·旄人》郑《注》、《公羊》昭二十五年何《注》，皆作“南方之乐曰任”。与北方之昧，西方之侏离并举，南任同音，恐是一字两译。因此我又连带想到两个字：汉魏乐府有所谓“盐”者，如《昔昔盐》、《黄帝盐》、《乌鹊盐》、《突厥盐》之类；六朝唐乐府有所谓“艳”者，如《三妇艳》、《罗敷艳》、《鞍子艳》之类。皆诗词中一体之专名。

他以为“南”是一种音乐，但又说“音乐之何以得名，本来许多是无从考据的”。他又根据《论语》上说的“关雎之乱，洋洋乎盈耳哉”，凡曲终歌名曰乱，说“把这些资料综合起来，‘南’或者是一种合唱的音乐”。总之，自崔氏说出，“南化”、“南国”、“南面”诸说可不攻自破。至于认“南”为诗之一体，二《南》的诗多与《风》同，《汉广》等篇，正是明证；但如专从文体的角度来看，那就无法区别《南》与《风》，忘了《诗经》的四诗是当从音乐的角度来考察的。

6. “南”为乐器说。本来《小雅·鼓钟》篇的“以雅以南，以籥不僭”，和《礼记·文王世子》的“胥鼓南”很显明的都是指乐器而言。但是年久失传，后人不知真义，只能说为南方之乐。究竟这个乐器何以得名，到了近来是可以考出来了的！郭沫若《甲骨文字研究》（一九二一年大东书局印本）《释南》一文，列举许多甲文南字，断定甲文南字：“本钟铸之象形，更变而为铃。”

他说：

> ……知此，可知卜辞之“八南九南”或“一羊一南”，实即八铃九铃或一羊一铃。《小雅》之“以雅以南”，《文王世子》之“胥鼓南”，实即“以雅以铃”，“胥鼓铃”也。

“南”字本像钟铸之形，更变而为铃；那是南方民族的乐器，所以即以“南”作为南方之南。他在结论中更说：

> 《诗》之《周南》、《召南》、《大雅》、《小雅》，揆其初当亦以乐器之名，孳乳为曲调之名，犹今人言大鼓、花鼓、鱼琴、简板、梆子、滩簧之类耳。《诗序》谓“南，言化自北而南”，乃望文生训之臆说。

他从文字上证明了南是乐器，是钟铃样的乐器，《周南》、《召南》是以乐器得名，正如大鼓、花鼓、梆子、坠子之类。郭氏这个论断，大致上是不错的，不过这还更需要利用《诗经》来加强证明。我以为《小雅·鼓钟》篇说：“以雅以南，以籥不僭。”这里三个“以”字并列叠叙，在下面的名词应属于一类的东西，所以下文更说“不僭”。籥是乐器（《邶风·简兮》《毛传》：“籥，六孔。”《周礼·笙师》郑注：“籥，如笛，三孔，舞者所吹也。”《说文》：“籥，乐之所管、三孔，以和众声也。”）不是诗歌之名，不是舞容之名，自来无异说。以“以籥”证明“以雅以南”，雅、南当然也属于乐器无疑。以本经证本经再明白没有了！我举出这一说，可以作一个有力的证明。现在我们可以恍然大悟，“南”是一种曲调，是由于歌唱之时，伴奏的是一种形状像“南”而现在读如铃的那样的乐器而得名，“南”是南方之乐，是一种唱的诗，其主要的得名的原因只是由于“南”是一种乐器。



### （二）说《风》

“风”的解释在《毛序》上就很多，后人的解说也比较多，它最本质的决定义也还是要用《诗》三百篇来证明。



1. 风风说。伪《毛序》：“风，风也。”下一字应读如风动之风，不当如讽刺之讽。

2. 风教说。伪《毛序》：“风，风也，教也，风以动之，教以化之。”

3. 风动说。伪《毛序》：“风以动之。”朱熹在集传中也说：“谓之风者，以其被上之化以有言，而其言又足以感人，如物因风之动以有声，而其声又足以动物也。”

4. 风化说。伪《毛序》：“风以动之，教以化之。”

5. 风刺说。伪《毛序》：“上以风化下，下以风刺上。主文而谲谏，言之者无罪，而闻之者足戒。故曰风。”

6. 风俗说。伪《毛序》：“是以一国之事系一人之本谓之风。”《汉书·五行志下》之上“天子省风以作乐”注引应劭曰：“风，土地风俗也。”

这以上六说，都是伪《毛序》望文生义解释出来的。作序者不得正解，因为风可以动人及物，因而联想起风动教化之说；又一变而为讽刺，而为风俗。所以在《毛序》中就一连串有几个解释。

7. 风土说。郑樵《六经奥论》卷三说："风土之音曰风"。又说："风者出于风土，大概小夫贱隶妇人女子之言，其意虽远，其言训浅近重复，故谓之风。"

8. 风者，风雨之风。说见郑樵《诗辨妄》。

9. 风者，民俗歌谣之辞。见朱熹《诗集传》。

10. 风讽说。梁启超《释四诗名义》："风即讽字，但要训讽诵之讽，不是训讽刺之讽。《周礼·大司乐》注，'背文曰风'，然则背诵之词，实'风'之本义'。

11. 风气说。章炳麟说："风为空气之激荡，气自口出故曰风。当时之所谓风者只是口中所讴唱罢了!"

12. 风为声调说。顾颉刚《论诗经所录全为乐歌》说：

> 《大雅·崧高》篇说，"吉甫作诵，其诗孔硕，其风肆好"；又《左传》成九年说"钟仪操南音"，范文子说他"乐操土风"，则风字的意义似乎就是声调。声调不仅是诸国之风所具，《雅》、《颂》也是有的。所以风的一名，是把通名用成专名的。所谓国风，犹之乎说"土乐"。

这十二说外，还有以风为诗之一体的说法，例如崔述说："《风》、《雅》之分，分于诗体，不以天子与诸侯也。"梁启超也说："《南》、《风》、《雅》、《颂》是四种诗体。"更有一些略同《毛诗》之说的，我们现在不必一一列举。在这十二说中，比较解释得圆满的要算最后一说：风为声调说。《左传》"钟仪操南音"，范文子说他作的是本地调子（土风）；《吕览》"实始作南音，周公、召公取风焉"，取风也只可解释为采取其声调。我们最重要的证据莫如《诗经》，《大雅·烝民》篇说："吉甫作诵，穆如清风”，“清风”决不可如《毛传》、《朱注》之释为“清微之风化”，当时文学批评还未发展，也决不是指的“风骨”、“风格”，这只可解释为很清的声调。《大雅·崧高》篇的“其风肆好”，此“风”尤其不是天上的清风，也不是风格的风，只是指的声调而言。以《诗》三百篇证《诗》三百篇，就当时客观发展的情形而言，风是声调的意思，可以无疑。

“风”指声调而言，《郑风》就是郑国调，《卫风》就是卫国调，这正如现在所用的秦腔、昆腔、汉调、徽调、京调之类，在腔调上加以地名一样，说明各地方的腔调，古之所谓诸国风。风虽然不指乐器言，但伴奏的也有乐器，不是徒歌。梁启超、章炳麟不了解这道理，以为是徒歌，那是错了的。



“风”，正如腔调一样，本来是一个通称，专指《国风》而言，是比较后起的。顾颉刚在《论诗经所录全为乐歌》讨论程大昌《诗论》的论断说：



> 《国风》确是后起之名，但似不是秦以后人题的。《荀子·儒效》篇中有“风之所以为不逐者，取是以节之也”的话，是和《小雅》的“取是而文之”，《大雅》的“取是而光之’，《颂》的“取是而通之”，并列的。《乐记》记师乙的话，有“正直而静，廉而谦者宜歌《风》”，是和“宽而静，柔而正者宜歌《颂》，广大而静，疏达而信者宜歌《大雅》，恭俭而好礼者宜歌《小雅》”连着说的。如果《儒效》篇与《乐记》不出于汉人的手笔，则《风》的一名想来是在战国时就成立的。……较前于《荀子》和《乐记》的有《左传》，里面没有把《风》字概称诸国诗的（隐公三年《传》的“风有《采蘩》、《采蘋》”的君子的话是汉人加上去的）。又较前的有《论语》，里面说及《周南》、《召南》，又说及《雅》、《颂》，但也没有说及诸国诗……

他说《国风》之名起于战国，大概是不错的。这是程大昌所以说“非古也”。至于以《风》为诗体这种种说法，那末《风》诗有许多与《南》、《雅》同，不能证明《风》的特点，《风》的真义，而且是不能作为区别它们的标准。

**（三）说《雅》**

关于《雅》的解释，过去共有七说：

1. 雅者，正也。毛诗序说：“雅者，正也，言王政所由废兴也。”郑玄《诗笺》也说：“雅者正也，言今之正者，以为后世法。”

2. 雅为万舞。郑玄《诗鼓钟笺》云：“雅，万舞也。”

3. 雅为乐歌。王质《诗总闻》：“雅，乐歌名也。”

4. 雅者，乌鸦之鸦。郑樵《诗辨妄》说。

5. 雅是一种乐器。章炳麟《大疋小疋说》上：“凡乐言疋者有二焉，一曰‘《大小疋》’（雅）；再曰‘春牍应雅’，雅亦疋也。”《周礼·春官·笙师》：“笙师掌教……应、雅，以教祴乐。”郑司农说《笙师》曰：“雅，状如漆筩而弇口，大二围，长五尺六寸，以羊韦鞔之，有两纽疏画。”

6. 雅者，秦声乌乌。章炳麟《大疋小疋说》下：“甲曰、《诗谱》云；‘迩及商王，不风不雅’，然则称雅者放自周。周秦同地。李斯曰：‘击瓮叩缶，弹筝搏髀，而呼乌乌快耳者，真秦声也’。杨恽曰：‘家本秦也，能为秦声。酒后耳热，仰天击缶，而呼乌乌。’说文：‘雅，楚乌也’。雅乌古同声，若雁与鴈，凫与鹜矣。《大小雅》者，其初秦声乌乌。”

7. 雅者中原正声。梁启超《释四诗名义》说：“依我看，《大小雅》所合的音乐当时谓之正声，故名曰《雅》。《仪礼·乡饮酒礼》：‘工歌《鹿鸣》、《四牡》、《皇皇者华》、笙《南陔》、《白华》、《华黍》、乃间歌《鱼丽》，笙《由庚》，歌《南有嘉鱼》，笙《崇丘》，歌《南山有台》，笙《由仪》。……工告于乐正曰：‘正乐备。’……”《左传》说：‘歌《彤弓》之三，歌《鹿鸣》之三。’凡此所歌，皆《大小雅》之篇。说‘正乐备’可见公认这是正声了。然则正声为什么叫做‘雅’呢？‘雅’与‘夏’古字相通。《荀子·荣辱篇》：‘越人安越，楚人安楚，君子安雅。’《儒效篇》则云：‘居楚而楚，居越而越，居夏而夏。’可见‘安雅’之‘雅’即‘夏’字。荀氏《申鉴》、左氏《三都赋》皆云：‘音有楚夏。’说的是音有楚音夏音之别，然则《风》、《雅》之‘雅’，其本字当作‘夏’无疑。《说文》：‘夏，中国之人也。’雅音即夏音，犹言‘中原正声’云尔。”



这以上七说，在我们现在看来，也只有以雅为乐器之说为比较正确。我们还是以本经证本经来看，《鼓钟》篇说：“以雅以南，以籥不僭”三个“以”字并列叠叙，“南”、“籥”都是乐器，“雅”应当也是指乐器而言，这是绝好的证明。这一句说的雅不是《二雅》，也并非如《郑笺》之突然拉上一个“万舞”可作解释的。其他“秦声乌乌”、“中原正声”都不能在《诗经》上获得证明。由《诗》三百篇证《诗》三百篇，《雅》是决然的指乐器而言。



至于大、小《雅》之分，伪《毛诗序》说，“政有大小，故有《小雅》焉，有《大雅》焉”。这是说《大小雅》以政治分。《孔疏》说，“诗体既异，乐音亦殊”。这是说大、小《雅》以音乐分。程大昌说，“均之为《雅》，音类既同，又自别为大小，则声度必有丰杀廉肉，亦如十二律然，既有大吕，又有小吕也”。郑樵在《六经奥论》中也说：“《小雅》、《大雅》者，特随其音而写之律耳。律有小吕大吕，则歌《大雅》、《小雅》，宜有别也。”这都是说大、小《雅》当以音乐分。姚际恒在《诗经通论》上说：“大、小《雅》之分，或主政事，或主道德。或主声音，唯严氏主辞体者近之。”主道德的是苏辙，其主张见于他所著的《诗传》；主辞体的是严粲，其主张见于他所著的《诗缉》。其实大小二《雅》仍当以音乐别之；因为《雅》是以乐器得名，主政事、道德、辞体的说法都是不妥当的。清儒惠周惕在其所著《诗说》中说：

> 《风》、《雅》、《颂》以音别也。《雅》有大小，义不存乎大小也。《自序》之言曰："《雅》者，王政所由废兴，政有大小，故《诗》有《小雅》，有《大雅》。"小大正变之名立，而难辨之端起矣。……

其后朱晦翁则谓："《小雅》燕享之乐，《大雅》朝会之乐，受厘陈戒之辞。"严华谷则谓："明白正大，直言其事者，雅之体，纯乎《雅》之体者为《雅》之大，杂乎风之体者为《雅》之小。"章俊卿则谓："风体语皆重复浅近，妇人女子能道之。雅则士君子为之也。《小雅》非复风之体，然亦间有重复，未至浑厚大醇。《大雅》则浑厚大醇矣。"三家之说，朱子于理为长。……大小二雅，当以音乐别之，不以政之大小论也。如律有大小吕，诗有大小明，义不存乎大小也。

大小雅当以音别，我们从古代歌辞与曲调不分，从《南》、《风》、《雅》、《颂》是以乐器或声调得名，当然《雅》之大小，不当以政治分。至于以辞体分之说也是不对的。例如何楷在《诗经世本古义》上说："《棫朴》、《旱麓》、《灵台》、《凫鹥》，非杂乎《风》者耶？何以载于大？《天保》、《六月》、《车攻》、《吉日》，非纯乎《雅》者耶？何以载于小？"这就是不赞成以辞体分之一例。

在《毛序》中关于大、小《雅》更有正变之说，郑樵在《六经奥论》中说："正变之首，不出于夫子而出于序，未可信也。"汪琬在《诗问》中也说："风雅之分正变也，其孰昉乎？曰，此《大序》之言也。吾疑之，何疑乎尔？曰，一国之诗，有正有变焉，一时之诗，有正有变焉，吾疑其不可以国次世次拘也。"这都可见《毛诗》正变之说的不合实际情形。兹不赘述。

**（四）说《颂》**

关于《颂》的解释，在过去约有四说：

1. 颂者，颂容诵也。《毛诗序》说："颂者美盛德之形容，以其成功告于神明者也。"郑玄在《诗谱》中也说："颂之言容，天子之德，光被四表，格于上下……此之谓容。"郑玄在《周礼注》上又说："颂之言诵也，容也，诵今之德广以美之。"

2. "颂"本"颂容"之容。郑樵《诗辨妄》说："《风》、《雅》、《颂》皆声，无形与象，故无其文，皆取他文而借用。如风本风雨之风，雅本乌鸦之鸦，颂本颂容之容。"

3."颂"字即"容"字也。阮元《研经室集·释颂》："《诗》分《风》、《雅》、《颂》，《颂》之训为美盛德者余义也。《颂》之训为形容者，本义也。且颂字即容字也。故《说文》：'颂，皃也。'……容、养、羕一声之转；……今世俗传之'㨾'字，始于《唐韵》，即容字转声所借之'羕'字。……所谓《商颂》、《周颂》、《鲁颂》者，若曰商之样子，周之样子，鲁之样子而已。何以三颂有样，而《风》、《雅》无样也？《风》、《雅》但弦歌笙、间，宾主及歌者皆不必因此而为舞容；惟三《颂》各章皆是舞容，故称为《颂》。若元以后戏曲，歌者舞者与乐器全动作也。"

4.《颂》声较《风》雅缓。王国维《说周颂》说：

> 《毛诗序》云，"《颂》者美盛德之形容，以其成功告于神明者也"。盛德之形容，以貌表之可也；以声表之，亦可也。窃谓《风》、《雅》、《颂》之别，当于声求之。《颂》之所以异于《风》、《雅》者，虽不可得而知。今就其著者言之，则《颂》之声较《风》、《雅》为缓也。何以证之？曰，《风》、《雅》有韵，而《颂》多无韵也。凡乐诗之所以用韵者，以同部之音，间时而作，足以娱

入耳也。故其声促者，韵之感人也深；其声缓者，韵之感人也浅。韵之娱耳，其相去不能越十言或十五言，若越十五言以上，则有韵与无韵同。即令二句在十言以内，若以歌二十言之时歌此十言，则有韵亦与无韵同。然则《风》、《雅》所以有韵者，其声促也。《颂》之所以多无韵者，其声缓，而失韵之用，故不用韵，此一证也。其所以不分章者亦然。《风》、《雅》皆分章，且后章句法多叠前章，其所以相叠者，亦以相同之音间时而作，足以娱人耳也。若声过缓，则虽前后相叠，听之亦与不叠同。《颂》之所以不分章，不叠句者，当以此。此二证也。《颂》如清庙之篇，不过八句，不独视《鹿鸣》、《文王》，长短迥殊，即比《关雎》、《鹊巢》，亦复简短。此亦当由声缓之故。三证也。……《肆夏》一诗，不过八句，而自始奏以至乐阕，所容礼文之繁如此，则声缓可知。此四证也。然则《颂》之所以异于《风》、《雅》者，在声而不容。则其美盛德之形容者，亦在声而不在容可知。以名《颂》，而皆视为舞诗，未免执一之见矣。

以上四说，《毛序》、《郑笺》所谓“美盛德之形容，以其成功告于神明”，“诵之言容”，“诵德以美之”。都不免望文生义的臆说。所以，阮元认为余义。即就《毛序》来说，《周颂·敬之》《序》云，“群臣进戒嗣王”，这就不是美盛德之形容。何况《颂》中还有一些祈求诗，这也说不上是以其成功告于神明。所以毛、郑之说是不正确的。阮元说《颂》是舞容，但不合乎“《风》、《雅》、《颂》之别，当于声求之”的原则，而且《周颂》各篇舞容的样子，说是周的样子，这特征是表现不出来的。所以阮元之说也并不圆满。王国维的说法比较合理，他说“《颂》之所以异于《风》、《雅》者虽不可得知，今就其著者言之，则《颂》之声较《风》、《雅》为缓”。他只片面地从韵句一方面来看问题，而忽略了从乐器一方面来看问题，所以只知声缓。而其所以缓者，仍不可得而知，所以他也只解答了问题的一半。依我看来，《颂》的得名，应当也如《南》、《雅》一样，是由于乐器。这个乐器应当是‘镛”，就是所谓大钟，宗教仪式是用钟的，在古代的跳舞也有用钟的。这在文字通假上有证明，在《颂》诗本身上有证明。这个假定有助于王国维、阮元、《郑笺》、伪《毛序》之说而不与它们相违背。现在让我依次说来：

(1) 从文字通假上来看，古字“颂”、“镛”通用、《仪礼·大射仪》“颂磬东面”，注：“西方钟磬谓之颂，古文颂为庸。”《周礼·视瞭》“击颂磬笙磬”，注：“颂或作庸。”《书》“笙镛以间”正作“镛”。朱骏声在《说文通训定声》上说：“按凡大钟曰镛，次日转，小曰编钟，西阶本有镛不须县设，故编磬之与镛同在西阶者曰颂磬，与笙同在东阶者曰笙磬，编钟亦然，或说与笙相应者曰笙磬、笙钟，与歌相应者曰颂磬、颂钟，谓借为诵，非也。”这是“颂”、“镛”二字通假的证明。




(2) 从《颂》诗本身上来看，在《周颂·有瞽》篇说，“有瞽有瞽，在周之庭；设业设虡，崇牙树羽；应田悬鼓，鼗磬柷圉。既备乃奏，箫管备举。喤喤厥声，肃雍和鸣。先祖是听，我客戾止，永观厥成。”这明明是祭祖的情形，所以有“先祖是听”的诗句。所用乐器，是有镛的。据《大雅·灵台》篇说，“虡业维枞，贲鼓维镛；于论鼓钟，于乐辟雍”。虡是植木以悬钟磬的器具。其横者曰枸，业就是枸上的大板。业上悬钟磬处，以彩色为崇牙。所以《有瞽》篇说“设业设虡，崇牙树羽。”这表明《有瞽》在奏乐时一定是有镛的，《灵台》篇说“虡业维枞，贲鼓维镛”，也是明证。这可见所谓告于神明者所奏的乐是有镛这一个乐器，在《周颂》本身有明证。

(3) 古代歌舞也用钟为乐器。《商颂·那》篇是所谓祀成汤的,《那》篇说:“庸鼓有斁,万舞有奕。”“庸”就是“镛”。《毛传》说:“大钟曰庸。”张衡《东京赋》“镛鼓设衡”,用《鲁诗》作“镛”。可见万舞时伴奏的有镛钟一类的乐器。马瑞辰《毛诗传笺通释》说,“《宾之初筵》‘籥舞笙鼓’。传,‘秉籥而舞,与笙鼓相应。此诗‘庸鼓有斁,万舞有奕’,则万舞与庸鼓相应,故特盛之。”舞时用镛,所以即以庸(镛)表歌舞祭神之曲。庸(镛)、颂古字通用,《颂》就是‘庸(镛)。”后人不知道颂之所以得名,才解释为美盛德之形容。又:《左传》襄公十一年:“郑人赂晋侯以歌钟二肆”。这足见歌时也用钟。阮元《释颂》说:“《周礼·钟师》于二《南》之诗亦称奏者,彼以弓矢为舞容,故有金奏,非舞不称奏也。钟磬分笙钟、笙磬、颂钟、颂磬者,笙在东方,专应《风》、《雅》之歌,颂在西方,专应《夏颂》之舞也。”这都足见舞时一定是有钟(颂)的。

(4)宗教仪式多用钟为乐器,佛教、道教、天主教、伊斯兰教礼拜时都用钟。颂是祭神的舞曲,钟也应当是主要的乐器。一般民俗可以借作证明。

所以从古字通假来看、从《颂》诗本身来看、从歌舞用钟来看、从祭神用钟来看、镛钟是《颂》的主要乐器。然则《颂》之异于《风》、《雅》,《颂》之所以得名,是由于庸鼓之“庸”无疑。《颂》是舞蹈的诗,但阮元的“样子说”没有追溯它命名的根由;《颂》的声调是缓的,但王国维的说法也忘了从乐器方面着想。我们一从乐器着想,更可以证成阮、王两家之说。

以上我们证明,《南》、《雅》、《颂》都是以乐器得名,我们的证明,是从《诗经》本身上看出来的,这应当是很可靠的论证。

《诗经》的《南》、《风》、《雅》、《颂》,是以音乐为诗的形式,我们不主张从文体或意义上或其他观点来讨论《诗经》的体制问题,更不应当打破《南》、《风》、《雅》、《颂》原来的区分。

如若想用劳动歌、恋歌、政治讽刺诗、礼俗诗等来分类，那是思想内容分析上的问题，不当与体制混为一谈，这是我们今日谈《诗经》的体制所不可忽略的地方。

# 六　关于《毛诗序》的一些问题

《诗经》是中国古代流传下来的一部乐歌总集，这里面绝大部分是来自各地方的民歌，具有坚强的人民性与高度的艺术技巧。但是到了汉代，传《诗经》的学者，为了“利禄之路”，不惜对这部极可珍贵的文学作品加以种种曲解，来为当时的统治阶级服务。传《鲁诗》的学者如王式，可以“以三百篇当谏书”；传《齐诗》的学者如翼奉，更牵涉阴阳五行来说《诗》义，这样子使《诗经》蒙受了许多乌烟瘴气，使后人产生了许多曲说误解。晚出的《毛诗》，传其学者，“自谓子夏所传”，其实这是说《诗》最迷误人的一家。后人曾痛恨地说到“（毛）诗序之坏诗而诗亡”。我们现在研究《诗经》，对于《毛序》的谬妄及其有关问题，是不能不加以剖析的。现在略说如下：

《毛诗序》本来不是一人所作，所以有所谓《小序》与《大序》之分，然而除此而外，还有称之为《古序》、《续序》的，有称之为《前序》、《后序》的，有称之为《首序》、《下序》的，甚而又有以《小序》为《大序》、《大序》为《小序》者，总计起来，大约共有六种说法，八个名称：

1.《经典·释文·关雎》序下云：“旧说云：起此（‘关雎，后妃之德也’）至‘用之邦国焉’，名《关雎序》，谓之《小序》。自‘风，风也’讫末，名为《大序》。沈重云：‘案郑《诗谱》意，《大序》是子夏作，《小序》是子夏、毛公合作，卜商意有不尽，毛更足成之。或云《小序》是东海卫敬仲所作’。今谓此序止是《关雎》之序，总谕诗之纲领，无大小之异。”

2. 成伯玙《毛诗指说》："学者以《诗》大小序皆子夏所作，未能无惑。如《关雎》之序，首尾相结，冠束二《南》，故昭明太子亦云《大序》是子夏全制，编入文什。其余众篇之《小序》，子夏惟裁初句耳，至'也'字而止，《葛覃》，后妃之本也；《鸿雁》，美宣王也。如此之类是也。其下皆是大毛公自以诗中之意而系其辞也。"（案：此与《郑谱》意实相同，郑说已见前，故列此以备一说）

3. 程大昌《诗论》曰："古序之与（卫）宏序，今混并无别，然尤可考者，凡《诗》发序两语，如'《关雎》，后妃之德也'，世人谓之《小序》者，古序也；两语而外，续而申之，世谓《大序》者，宏语也。"（案：龚橙《诗本谊》多用"续序"之名）



4.《二程全书·程氏遗书》："《诗》'前序'必是当时人所传，国史明乎得失之迹者是也。不得此，则何缘知得此篇是甚意思？《大序》则是仲尼所作，其余则未必然。要之，皆得大意，只是后之观《诗》者亦添入。"（《遗书》卷二上，元丰己未吕与叔见二先生语。范家相《诗沈》多用"后序"之名。见卷三《关雎序》下）



5. 郝敬《毛诗原解》曰："《诗序》相传子夏与毛公合作，今案各序首一句为各诗根柢，下文皆命首句之意，故先儒谓《首序》，作于子夏，余皆毛公增补，今观《首序》简当精约。盖古人有诗即有题，或国史标注，或掌故记识，曾经圣人删正，决非苟作。"

6. 郑樵《六经奥论》曰："诗之《下序》，序所作为之意，其辞显者其序简，其辞隐者其序备。其善恶之微者，序必明著其迹，而不可以言殚者。其亦阙其目而已。"

以上六种说法，对于毛序共立小、大、前、后、古、续、首、下、八个名称，关于这一点，姚际恒曾论述道：

> 世以发端一二语谓之《小序》，以其少也；以下续

申者谓之《大序》，以其多也。又有以《小序》为古序、前序，《大序》为后序，今皆从之。《郑谱》所谓《大序》，今所谓《小序》也；所谓《小序》，今所谓《大序》也。今不用其说。（《古今伪书考》）

姚氏在这里解释了其所以叫作《大序》、《小序》的原因，但是他还不知道有续序、首序、下序等名称。古、续、前、后、首、下等等，都是根据其时间的先后而定的。而且，《郑谱》以《关雎》为《大序》，《葛覃》以为《小序》，并不是以《小序》为《大序》，《大序》为《小序》。其所以如此，这是根据字数的多少而定的，这虽然与众说相反。但是唐宋诸儒，从之的还很多（如成伯玙、程伊川、李樗、黄櫄、范处义等皆是）只是后来很少采用罢了。以上这些说法，多认为《毛序》有大小之别，即是程颐、郝敬诸人意思也是如此，只有《释文》说："今谓此序……总谕诗之纲领，无小大之异"，这一说法最有见地。

我觉得：

第一，其所以叫做《大序》、《小序》，主要是根据字数的多寡而定，当然，《关雎》之序，长达三百五十七字，较之于《葛覃》等序，字数固然较多，叫做《大序》，似无不可。可是如《六月》之《序》，也有二百一十九字，文字也很多，把这也叫做《小序》，那就不很妥当了。

第二，既然认为《关雎》为大序，《葛覃》以下为小序，可是《关雎》、《葛覃》序中又各有《大序》、《小序》，真所谓樊然淆乱，愈区分愈糊涂了。

第三，有很多诗篇的序中，只有《小序》而无《大序》，如"《斯干》，宣王考室也"；"《无羊》，宣王考牧也"等；也有些大小之分很不明显的，如《关雎》之类（说详后），可见要强分大小是很困难的，所以我认为应当从《释文》的说法，取消大、小序之分。

我们现在再从大、小序的起讫来说明这一点。关于这个问题，以往的学者大约共有五种说法，而对《关雎》一序中大、小序的起讫则有四种。

**（一）《小序》**

1.《释文》引旧说云："起此（《关雎》，后妃之德也）至'用之邦国焉'……谓之《小序》。"

2.《葛覃》以下为《小序》。（《毛诗李黄集解》李樗曰："诗皆有序，独《关雎》为最详，先儒以谓《关雎》为《大序》，《葛覃》以下为《小序》。"案：此《郑谱》说，详前。）

3. 范处义《诗补传·明序》篇："《小序》一言国史，记作诗者之本义也。"（古序、首序、前序略同此）

4. 朱子《诗序辨》说："《小序》，自'《关雎》，后妃之德也'至'教以化之'，又自'然则《关雎》、《麟趾》之化'至'是《关雎》之义也'。"（案：朱子《诗序辨》说惟《关雎》有《大序》、《小序》，《关雎》以下各篇皆只《小序》。）

5. 游儆所记朱子之一说："诗序起'《关雎》后妃之德也'至'教以化之'。"（见《朱子语类》卷八十及朱鉴《诗传遗说》二，《序辨》）

**（二）《大序》**

1.《释文》引旧说云："自'风，风也'讫末，名为《大序》。"

2.《十一经问对》："《大序》者，《关雎》之序也。《小序》者，各篇之序也。"（参考李樗说）

3. 范处义《诗补传》："《小序》一言……之下，皆《大序》也，亦国史之所述。"（续序、下序、后序、略同此）

4. 朱子《诗序辨》说："《大序》，起'《诗》者志之所之也'至'诗之至也'。"

5. 范家相《诗沈》卷三：“‘风，风也’至‘王化之基’为《大序》。”（又云：“篇末《关雎》乐得淑女……云云，乃《小序》中之后序”。与朱子异）

以上五种说法，划分大、小序的起讫既各不相同，而朱子一人的意思亦前后各异，由此可见强立大、小序名称的弊端了。《关雎》一序，《释文》旧说所划分的，朱子二说皆不从，而范处义《诗补传》又说：“《关雎》后妃之德也，谓之《小序》，白‘风之始也’以后，谓之《大序》。”又立一说。《关雎》一序中大、小、序之起讫，即有四种说法，聚讼纷纭，莫衷一是，可见要强立名目加以区别，那是很困难的。崔述说：“余案《诗序》自‘《关雎》后妃之德也’以下，句相承，字相接……章法井然，首尾完密，此固不容别分为一篇也。……由是言之，序不但非孔子、子夏所作，而亦原无大小之分，皆人自以意推度之耳。”又说：“余按序之首句，与下所言，相为首尾，断无止作一句之理。至所云‘刺时’、‘刺乱’者，语意未毕，尤不可无下文，则其出于一人之手无疑也。由是言之，序本无大小之分也。”确是如此，例如《大雅·行苇序》首句云“忠厚也”；《既醉序》首句云，“太平也”。语意都没有完毕，一定要有下文，绝不会故意只作一句等待后人去续。而且如果真有续序的人，那么在《斯干》、《无羊》等序之下，为什么又没有人去续呢？朱子《汉广诗序辨说》曰：“先儒尝谓《序》非出于一人之手，此其一验。但首句未必是，下文未必非耳。苏氏乃例取首句而去其下文，则于此类两失之矣。”“首句未必是，下文未必非”，可见强立大、小、古、续、前、后、首、下等名称是不必要的。所以我认为应当采取《释文》的说法，取消大、小序的区分。

至于毛序的作者是谁，说法分歧尤多，一直到现在还没有定论。尊序的以为是孔子、子夏所作，诋序的以为“村野妄人所为”，综合前人的论述，大约有十六种说法。

1. 孔子所作。郑玄《毛诗·南陔白华华黍序笺》：“孔子论《风》、《雅》、《颂》……其义则与众篇之义合编，故存。至毛公为诂训传，乃分众篇之义，各置于篇端云。”（案：成伯玙《毛诗指说》云：“序者绪也，如茧丝之有绪，申其述作之意也。”亦与此义同。姚氏《古今伪书考》云“郑玄且以《小序》为孔子作”，本此。前人主张此说最力者，是范处义，说见《诗补传·明序篇》。）

2. 子夏所作。王肃《家语七十二弟子解注》：“子夏所序诗意，今之《毛诗序》是也。”（据贵池刘氏景宋蜀本《孔子家语》）《释文·叙录》：“孔子最先删诗，以授于子夏。子夏遂作序焉。”

3. 卫宏所作。《后汉书·儒林传》：“卫宏字敬仲，东海人也。……初，九江谢曼卿善《毛诗》，乃为其训。宏从曼卿受学，因作《毛诗序》，善得风雅之旨，于今传于世。”

4. 子夏、毛公合作。《释文》引沈重云：“案《诗谱》意，《大序》是子夏作，《小序》是子夏、毛公合作。”（案：成伯玙云：“子夏惟裁初句耳……其下皆是大毛公自以诗中之意而系其辞也。后人见《序》下有注，又曰东海卫宏所作，事虽两存，未为允当。当是郑玄于毛公《传》下，即得称《笺》，于毛公《序》末，略而为注耳。毛公作传之时，汉兴已亡其六篇，但据亡篇之《小序》，惟有一句，毛既不见诗体，无由得措其辞也。又，高子是战国时人，在子夏之后，当子夏之世，祭皆有‘尸’，灵星之‘尸’，子夏无为取引。一句之下，多是毛公，非子夏明矣。”）

5. 子夏、毛公、卫宏合作。《隋书·经籍志》：“先儒相承，谓《毛诗序》子夏所创，毛公及卫敬仲又加润益。”

6. 汉之学者所作。韩愈《诗之序议》曰：“子夏不序诗有三焉：知不及，一也；暴扬中冓之私，《春秋》所不道，二也；诸侯犹世，不敢以云，三也。（案：此据杨慎《升庵经说》引）察夫《诗序》，其汉之学者欲自显立其传，因借之子夏，故其序大国详，小国略，斯可矣。”（案，此据《毛诗李黄集解》李樗所录引。又案，《升庵经说》驳韩氏曰：“韩公可谓失言矣！孔子亲许子夏以可与言《诗》。”子夏犹云不及，岂谁宜为哉？且子顽、宣姜中冓之私，生子五人，二为诸侯，昭昭在人耳目，岂是《春秋》所不道？孔子既取之于《国风》，至子夏反为之讳乎？至谓诸侯犹世。不敢以云，是为史官惧人祸天刑之说也。岂齐南、晋董之笔乎？”（案，此对韩氏所说“其序大国详、小国略”，并未驳辨。范处义、范家相也都驳韩氏说，但都不及杨氏。兹不具引。）

7. 诗人之所自作。范家相《诗沈》引王安石曰：“《诗序》者，诗人所自制。”（案：《经义考》引无‘者’字）《吕氏家塾读诗记》引王氏曰：“世传以为言其义者子夏也。《诗》上及于文王、高宗、成汤，如《江有汜》之美媵，《那》之为祀成汤，《殷武》之为祀高宗，方其作时，无义以示后世，则虽孔子亦不可得而知，况子夏乎哉？”

8. 国史、孔子所作。《二程遗书》卷十八：“问《诗》如何学？曰：‘只在《大序》中求。《诗》之《大序》，分明是圣人作’。……问诗《小序》何人作……曰：‘序中分明言国史明乎得失之迹，盖国史得诗于采诗之官，故知其得失之迹。如非国史，则何以知其所美所刺之人。使当时无《小序》，虽圣人亦辨不得’。”（《伊川先生语》四）“《诗小序》便是当时国史作。如当时不作，虽孔子亦不能知，况子夏乎？如《大序》，则非圣人不能作。”（第十九，《伊川先生语》五）又曰：“《诗大序》国史所为，其文似系辞，其义非子夏所能言也。《小序》国史所为，非后世所能知也。”（第廿四：《伊川先生语》十）《吕氏读诗记》引程氏曰：“国史得诗必载其事，然后其义可知，今《小序》之首者也。其下则说诗者之词也。”（案，《毛诗李黄集解》黄櫄曰：“程氏谓《大序》仲尼所作，则未敢信也。《大序》之言，深得《风》、

《雅》之旨而其所以滋后世之异论者，以其言辞重复，前后失伦耳。若吾夫子为之，必不若是也。……程氏之说无以加矣！予请推而广之曰：《小序》国史之旧题，《大序》记夫子之言而非夫子所作。其余《小序》，则汉儒之言或杂其间，如卫人以宣姜鹑鹊之不若，如贪而畏人若大鼠也之类，决非吾圣人之言。”（此与程氏说相同。）

9. 孔子弟子、毛公、卫宏所作。苏辙《诗集传》曰：“今毛诗之序，何其详之甚也。世传以为出于子夏，予窃疑之。……岂必子夏为之，其亦出于孔子，或弟子之知诗者与？然使诚出于孔氏也，则不若是之详也……其言时有反复烦重，类非一人之辞者，凡此皆毛氏之学，而卫宏之所集录也。……故予存其一言而已，……以为此孔子之旧也。”（案：《毛诗李黄集解》李樗曰：“《毛诗》所传亦非成于一人之手。……《诗》之《序》多有重复者，惟《关雎》为尤甚。”黄櫄曰：“李迂仲以苏氏之说为当，李氏亦以隋志说为深得之。”）





10. 孔子、毛公所作。王得臣《尘史》曰：“《诗序》……盖出于孔子，非门弟子所能与也。若‘《关雎》，后妃之德也’；‘《葛覃》，后妃之本也’；此一句孔子所题，其下乃毛公发明之。”

11. 村野妄人所作。郑樵《诗辨妄》：“《诗序》……皆是村野妄人所作。”（《朱子全书诗纲领》引。）

12. 山东学究所作。朱子：“《小序》，汉儒所作，有可信处绝少。《大序》好处多，然亦有不满人意处。”又：“看来《诗序》只是个山东学究等做，不是老师宿儒之言。”又：“《诗小序》或是后汉卫宏所作，《大序》亦不是子夏作。”（案，朱鉴《诗传遗说》二《序辨》引。《语类》卷八十云，“某又看得亦不是卫宏一手作。”）

13. 毛公门人记师说者。曹粹中《放斋诗说》：“《毛传》初行之时，犹未有序也。意毛公既托之子夏，其后门人互相传授，各记其师说，至宏而遂著之，后人又复增加，殆非成于一人之手，则或以为子夏，或以为毛公，或以为卫宏，其势然也。”（《宋史·艺文志》曹粹中《放斋诗说》三十卷）

14. 秦汉经师所作。范家相《诗沈》：“郑氏谓《大序》子夏所作，今详其文义，牵合联缀，实杂出于秦汉经师之手，非一人所作也。”（卷三《关雎序》下）

15. 经师所传、弟子所附者。《四库总目提要》：“今参考诸说、定序首二语为毛苌以前经师所传。以下续申之词为毛苌以下弟子所附。”（案，范家相谓序作在毛公前，曹粹中谓序作在毛公后，此合上两说者。）

16. 刘歆、卫宏所作。康有为《新学伪经考》：“考《毛诗·大序》，以《风》、《大雅》、《小雅》、《颂》为四始，与三家《诗》不合……又三《颂》不知据鲁新周故宋之义；至于《小序》……于《史》有《世家》者，皆傅之恶谥，至魏、桧之无《世家》者，则但以为刺其君、其大夫，而无一谥号世次之可附会。又‘《汉广》，德广所及’；‘《白华》，孝子之洁白’；‘《崇丘》，万物得极其高大’；《雨无正》，‘众多如雨而非所以为正’之类，皆望文生义，一味空衍……则《大序》及《小序》初句为刘歆所伪，其余则卫宏所润饰，不特非子夏作，亦非刘歆作矣？”（卷十《经典释文纠谬》）

郑玄认为毛序是孔子所作，但他却没有更多的道理与论据使人信服，所以后来又有些人以为是子夏所作。至唐成伯玙、韩愈又一变此说，认为并非子夏所作。到了宋代，王安石更认为虽孔子亦不得而知，于是主张序是诗人自制，国史所传，后经孔子写定。但是《毛序》多重复叠见、杂取传记、附会书史、随文生义、不合情理、妄作美刺、强立分别、自相矛盾的地方，所以又多以为经师弟子所传（如苏辙、王得臣、曹粹中、范家相等以为毛公，卫宏两人所作的都是如此主张）。更有以为是“村野妄人”

所为的。直到清代以后，虽然间或仍有以为子夏所作者（如朱彝尊、钱大昕等人，说详后），然而究竟因为《毛序》的毛病彰彰在人耳目，所以崔述、魏源等诋之于前（说详下），至康有为乃更以为刘歆所伪托。前人论述《毛序》作者的过程大致是这样的。究竟谁是谁非，下面我们更来作进一步地探讨。

关于以毛序为诗人自制的这一种说法，前人批评的约有三说：

1. 晁公武说："《诗序》……至王介甫独谓诗人所自制。案，《韩诗序·芣苢》曰'伤夫也'，《汉广》曰'悦人也'；序若诗人所自制。《毛诗》犹《韩诗》也，不应不同若是。况文意繁杂，其不出于一人之手甚明。不知介甫何以言之？"（晁公武《郡斋读书志》）

2. 范家相说："王安石曰：'《诗序》者诗人所自制。'此妄谈也。古人之诗，岂必如今人先命题而作乎？"（《诗沈·诗序》四）

3. 姚际恒说："王安石且以《小序》为诗人自制，益可笑矣。"（《古今伪书考·诗序》）

诗人无先作序之事，也无篇篇作序之理；而且序意繁杂，其词又不类三代之文，加之四家传授，迥不相同。因此，我们可以肯定地说，《毛序》绝不是诗人自制，王安石的说法是错误的。

关于认为《毛序》是国史所传、孔子所作的这一说，前人评论的约有四家：

1. 朱子说："国史明乎得失之迹，这一句也有病。《周礼》、《礼记》中，史并不掌诗，《左传》说自分晓。以此见得《大序》亦未必是圣人作，《小序》更不须说。"（《语类》卷八十）

2. 范家相说："程子曰：'《大序》文似《系辞》，分明是圣人作。'范处义曰：'观《赉》序合于《论语》，《都人士序》合于《缁衣》、《柏舟》、《淇澳》诸篇，合于《孔丛》者二十，以是知为孔子之言。'不知此皆经师之守而不失其传者耳。子夏尚不序

诗，何得举而属之孔子!”(《诗沈·诗序四》)

3. 黄以周说：“《诗》有四家：《毛诗》有序，《齐诗》、《鲁诗》不闻有序，《韩诗》之序，又不与《毛》同，如《诗序》出自国史、孔圣，则齐、鲁二家，当与正经并传，不应删削序说，《韩序》亦当与《毛》合一，不应别生异议，何以《关雎》一篇，《毛诗序》以为美，而三家皆以为刺乎？《芣苢》、《汝坟》诸篇，《韩》、《毛》两序说不归一乎？谓《诗序》出于国史、孔圣者，可以知其非矣!”(《经说略》一)

4. 崔述说：“夫《论语》所载孔子论《诗》之言多矣！若‘关雎’章，‘思无邪’章，‘诵诗三百’，以及‘兴观群怨’，‘周南召南’等章，莫不言简意赅，义深词洁，而《诗序》独平衍浅弱，虽有精粹之言，亦多支蔓之语，绝与《论语》之言不类，岂得强属之孔子？至于各篇之序，失诗意者甚多，其文亦殊不类三代之文。”(《读风偶识》卷一)

国史不掌《诗》，朱熹指出这一点是非常重要而且正确的。其次，《小序》不像三代的文字，意思又很空洞，有经可据者则直指其人，否则只略言其意（参看郑樵《诗辨妄》说），这也是国史不作《诗序》的明证。再次，所谓《关雎大序》，重复最甚，又多袭用《乐记》之言，而且用之不得其当。（熊氏《经说》：“《诗大序》多引《乐记》，其中异处，亦《乐记》为得其当，作《诗序》之人，必出于《礼记》已传之后。”）根据《乐记》与《论语》来看，已可断定《毛序》非孔子所造，再证之以四家之传授各异，更可信而无疑。

对于认为毛序是子夏所传这一说法，前人驳倒这一说也有三人：

1. 郑樵说：“设如子夏所传之序，因何齐鲁间先出，学者却不传，反出于赵也？《序》既晚出于赵，于何传此学？”(据顾辑本《诗辨妄》。)

2. 范家相说："《汉志》但云《毛序》自谓出于子夏所传，未尝谓是子夏所作也。即毛公亦不言子夏所序，其曰传者，不过经师之递相传授云尔也。其间闻见异词，记录舛错，故得失时见，岂子夏笔之于书以授学者哉！如毛公谓是子夏所作，何不明标子夏之名，如标孟仲子、高行子之文乎？是《诗小序》非子夏所作，即《大序》亦非出自西河之手无疑。"（《诗沈·诗序一》）

3. 崔述也说："子夏之门人在鲁者不乏矣！齐鲁既传其诗，亦必并传其序，何以齐鲁之诗，均不知有此序，而独赵人乃得之乎？"（《读风偶识》一）



子夏不曾序诗，成伯玙、韩愈已有论述，序中说大国详，说小国略，记录舛错，得失互见，袭用诸书之言，而且多支蔓之词，这些都是很明显的证明。郑樵、范家相、崔述他们又从传授的角度上加以论证，更可以见此说之不能成立。但是在清儒也还有深信是子夏所作的，如：



1. 朱彝尊说："惟《毛诗》之序，本乎子夏。子夏习《诗》而明其义，又能推原国史，明乎得失之故。试稽之《尚书》、《仪礼》、《左氏》内外传、《孟子》，其说无不合。……惟其《序》作于子夏，子夏受《诗》于高行子，此《丝衣序》有高子之言，又子夏授曾申，申授李克，克授孟仲子，此《维天之命》注有孟仲子之言。皆以补师说之未及，毛公因而存之不废。"（《诗论》二）

2. 钱大昕说："《孟子》说《北山》之诗云，'劳于王事而不得养父母'，即《小序》说也。唯《小序》在《孟子》之前，故《孟子》得引之。汉儒谓子夏作，殆非诬矣。"（《养新录·诗序》）

大约传授《毛诗》之学的，莫不以《诗序》乃子夏所作，以上二说不过是其中较重要的论调，魏源曾批评他们说："据孟子'劳于王事不得养父母'为《孟子》之用《小序》，《缁衣》篇'长民者衣服不贰，从容有常'为公孙尼子之用《小序》，则不如据《论语》'《关雎》乐而不淫，哀而不伤'为夫子用《小序》之为愈也。”（《诗古微·齐鲁韩毛异同论》）我们一看魏源的说法，就可以知道钱氏之说是错了的。康有为《新学伪经考》中曾根据许多证明立十五论据以论断《毛诗》传授之伪，高行子、孟仲子都是伪托的人。朱氏之说法也是不足信的。《郑笺》以序为孔子作，而沉重按《诗谱》却又以为子夏、毛公合作，因知郑玄对于《毛序》的作者，已不能有定论。以为孔子作固不可信，以为子夏作也无明据，传《毛诗》的郑玄尚且如此，《序》不是子夏作是可想见的。

对于认为毛序是毛公所作的这一说法，前人论之者约有二：

1. 邱光庭说："先儒言《诗序》并《小序》子夏所作，或曰毛苌所作。明曰，非毛苌所作也。何以知之？按《郑风·出其东门序》云：'民人思保其室家'。经曰：'缟衣綦巾，聊乐我员'。《毛传》曰：'愿其室家，得相乐也'。据此《传》意与《序》不同。自是又一取义也。……"（《兼明书》。）

2. 曹粹中说："'羔羊之皮，素丝五紽'。《毛传》谓'古者素丝以英裘，不失其制；大夫羔裘以居'，其说如此而已。而《序》云：'在位皆节俭正直，德如《羔羊》。'且以退食为节俭，其说于康成，毛无此意也。'维鹊有巢，维鸠居之'，《毛传》谓'鸠不自为巢，居鹊之成巢'，其说如此而已。而《序》云：'德如《鳲鸠》，乃可以配焉'，'君子偕老，副笄六珈'，《毛诗》云：'能与君子偕老，乃宜居尊位，服盛服'。而《序》云：'故陈人君之德，服饰之盛，宜与君子偕老'，则与《传》意先后颠倒矣。《序》若出于毛，亦安得自相违戾如此。要知《毛传》初行之时，犹未有《序》也。"（据《经义考》引）

毛公为诗作传，但未曾解释《诗序》，尤其是《毛传》与《序》时时自相违戾，这便是《序》非毛公所作的铁证。邱、曹二人曾列举《出其东门》、《羔羊》、《鹊巢》、《君子偕老》四诗为证，其实，像这样的地方还很多，我们姑且再举十条来进一步的证明：

1.《关雎序》云，“忧在进贤……思贤才”。《传》云，“后妃有关雎之德，乃能共荇菜，备庶物，以事宗庙也。”《传》无进贤、思贤之意，与《序》不合。此其一。

2.《葛覃序》云：“后妃在父母家，则志在于女功之事。”《传》云：“大夫命妇……庶士以上各衣其夫。……父母在则有时归宁耳。”（陈奂谓为笺语窜入，非是）《传》无在父母家之意。此其二。

3.《芣苢序》云：“和平则妇人乐有子矣。”传云：“芣苢……车前也，宜怀妊焉”。车前不是宜怀妊的，《毛传》说是错的。但是《毛传》并没有“乐有子之义’，《序》承袭了《传》的错误，而又不合。此其三。

4.《采苹序》云：“大夫妻能循法度也。”《传》云：“古之将嫁女者，必先礼之于大宗室。”《传》之所言，“大夫女学祭事也。”（参《诗本谊》）无大夫妻之义，与《序》不合。此其四。

5.《小星序》云：“夫人无妒忌之行，惠及贱妾。”《传》云：“命不得同于列位也。”如《传》以为“夫人贱妾”，不得说“同于列位”，是《传》还知道《小星》是奉使言劳的诗，而《序》所云却全错了。此其五。

6.《静女序》云：“刺时也。卫君无道，夫人无德。”《传》说：“既有静德，又有美色，可以配人君也。”《传》无刺时之义，而且与《序》意“无道无德”意义相反。此其六。

7.《竹竿序》云：“卫女思归也。适异国而不见答。”《传》云：“舟楫相配，得水而行；男女相配，得礼而备。”无“不见答”之义，与《序》不合。此其七。

8.《东方之日序》云：“君臣失道，男女淫奔，不能以礼化也。”《传》云：“日出东方，人君明盛”，显然不是失道之谓。又云：“姝者初昏之貌。”也不是“淫奔”之谓。《传》与《序》之意显然相反。此其八。

9.《绸缪序》云："国乱则昏姻不得其时焉。"《传》云："男女待礼而成……三星在天，可以嫁娶。"《传》意谓得其时，与《序》所云正相反。此其九。

10.《无衣序》云："刺用兵也。秦人刺其君……不与民同欲。"《传》云："上与百姓同欲，则百姓乐致其死。"《传》释诗无刺义，与《序》不合。此其十。

此外还有：《摽有梅序》言"男女及时也"，《传》云"今急辞也，不待备礼"。《葛屦序》言"其君俭啬褊急"，《传》云"妇人三日庙见，至门，夫揖而入"，都是序传不相合的例子。《序》如真出于毛公，绝不至与《传》互相矛盾如此。然而又有人以此为陈古刺今（如《东方之日》等），其实这都是说不通的，难道《传》皆"陈古"而《序》独"刺今"吗？总之，《序》非毛公所作，而且也不是毛公以前秦汉经师所作，我们从《毛诗传序》不相应这一点也可以看出来的。崔述说："如谓为子夏、毛公所作，则《史》、《汉》传说从无一言及之。"这也是一个有力的证据。

对于认为《毛序》是卫宏所作这一说法，前人评论它的约有四：

1. 范处义说："子夏尚未必为《诗序》，则谓毛、卫润色者，何足信也？"（《诗补传·明序篇》）

2. 朱彝尊说："论者多谓序作于卫宏。夫《毛诗》虽后出，亦在汉武帝时，《诗》必有《序》而后可授受，韩、鲁皆有序，《毛诗》独无序，直至东汉之世，俟宏之序以为序乎？"（《诗论》二）

3. 范家相说："《毛序》行于新莽之世，去敬仲已百数十年，立之学官，流传天下久矣？敬仲以一人之私见，起而更益之，其谁肯信？且汉时最重师传……宏乌能明目张胆以作为伪哉？况毛公本古序以作传，使宏伪序，宁不与传相左？……康成与宏略相先后，岂有不知？而以宏之言为子夏之言者？其理甚明，予谓宏与贾微同受业于曼卿之门，使宏作伪，徽等岂肯听之？”（《诗沈》卷三《卫宏》）。

4. 黄以周说：“《郑笺·十月之交序》云：‘刺幽王当言刺厉王，作诂训《传》时，移其篇第，因改之耳。……’郑君与卫宏时代不甚远，岂卫宏作《序》，郑君有及知，而忘为斯说乎！且范书言宏作《序》，别为之《序》耳，非今之《诗传》也。是犹郑君序《易》，非《十翼》之《序卦》。马融《书序》，非古百篇序也。则谓《诗序》作自卫宏者，尤不可信矣。”（《经说略》二）



范处义认为《毛序》乃孔子所作，因而断定卫宏不曾作《诗序》，他是误认《序》为孔子作。朱彝尊、范家相、黄以周三人，论述《毛序》不是卫宏作的，是有道理的，但是论证还不够。《毛序》不是卫宏所作，也不是子夏、毛公所制，专以郑玄的话为据，还不能完全说明问题。其可疑处，我觉得还有三点：



第一，王引之《经义述闻》说：“《诗》、《书》之有序，或别为一卷，或分冠篇首。《志》云，‘《诗经》二十八卷，鲁、齐、韩三家’。……此盖以十五《国风》为十五卷，《小雅》七十四篇为七卷，《大雅》三十一篇为三卷，三《颂》为三卷，合为二十八卷，而以《序》分冠篇首者也。”（案：《三家诗》实合《邶》、《鄘》、《卫》为一卷，分《周颂》为三卷，《鲁颂》、《商颂》各为一卷。参看《诗三家义集疏》。）《志》又曰：“《毛诗》二十九卷，此盖以《序》别为一卷，次于二十八卷之后者也”。（伏生《尚书二十九篇说》）陈奂《毛诗传疏序》也说：“《序》别为一卷，故二十九卷。”（王先谦《汉书补注》说同此）《诗》、《书》之《序》，既或别为一卷，《毛诗》二十九卷，当本连《序》而言，由此可知当刘歆《七略》时，《毛诗》已有序了。这可见《毛序》不是出于卫宏之手，此其一。

第二，《后汉书·儒林传》曰：“宏从曼卿受学，因作《毛诗序》……后从大司空杜林更受《古文尚书》，作《训旨》。”《儒林传》说宏曾治《诗》、《书》，没有说他曾治《左传》。可是《诗序》却多同《左氏》，其谬误之处，如《墙有茨》之以公子顽通乎君母，《新台》之刺卫宣公纳伋之妻，与《左传》正同。（详见《诗沈》卷五、卷六，《读风偶识》卷二）《关雎序》言国史明乎得失之迹，每篇之序也多以美刺为说。卫宏不曾治《左传》，然而作序者却明于《左传》，卫宏不曾治《春秋》，然而作序者却喜言褒贬美刺。如《毛序》果是出于卫宏之手，一定不会这样的。此其二。

第三，《后汉书·儒林传》又说：“宏从大司空杜林更受《古文尚书》，作《训旨》。”《毛序》如果是宏所作，则其杂取传记，应多本于《尚书》。然而事实并不是这样，其所取除《左传》而外，以《礼记》为最多（详下），《关雎序》袭《乐记》，《都人士序》袭《缁衣》；而“诗有六义”，出于《周官》。（此三者叶梦得说，详见下）《蒹葭序》言，“未能用《周礼》”，只有《鸱鸮》一序，略本于《金滕》耳。（此亦叶氏说，详见下）《序》取材《尚书》的很少，而取《礼记》、《周礼》者却很多，这也可见《诗序》并非出于卫宏之手。此其三。

根据以上所述，加之，郑玄去卫宏的时代不远，贾徽与宏一同受业，他们都没有提及此事，可知毛序绝非卫宏所作。

至于认为《毛序》乃毛公门人各记师说，或为经师所传而弟子所附者，因《序》与《传》常不一致，也不足信。康有为《后汉书儒林传纠缪》曰：“《毛诗》伪作于歆，付嘱于徐敖、陈侠，传授于谢曼卿、卫宏；《序》作于宏，此传最为实录。然首句实为歆作，以其与《左传》相合也。”（《伪经考》卷九）他以为《序》乃卫宏所作不足信，却还近于事实。不过刘歆以一人之力，未必能伪造群书，我想作序的人应当是当时的一些古学之徒，依据伪《毛传》而制作《毛序》的。西汉时博士分立，一家增置，余家怨望，如孟喜明改师法，竟立学官；张霸伪造《百两》，也不治其罪过。可见当时作伪的人很多，当不止刘歆一人。康氏说《毛序》首句乃刘歆作，不如说是刘歆之党徒所作。总之，韩愈说‘其汉之学者，欲显立其传，因借之子夏”，这一说法最近事实。

郑樵说“《诗序》皆是村野妄人所作”，这话好像太过，但是实在有些地方足以证明郑氏并非漫骂。现总结前人所论为十点，并加以申述，以证明《毛序》之谬妄：

其一，杂取传记。叶梦得说：“《序》有专取诸书之文而为之者。……‘诗有六义，一曰风，二曰赋，三曰比，四曰兴，五曰雅，六曰颂’。其文全出于周官。‘情动于中而形于言，言之不足，故嗟叹之’。其文全出于《礼记》。‘成王未知周公之志，公乃为诗以遗王’。其文全出《金縢》。‘高克好利而不顾其君……高克奔陈’。其文全出于《左传》。‘微子至于戴公，其间礼乐废坏’。其文全出于《国语》。古者‘长民衣服不贰，从容有常，以齐其民’。其文全出于《公孙尼子》，则《诗序》之作，实在数书既传之后明矣。”我们现在看来，《毛序》用《左传》的地方，如《卷耳序》言“求贤审官”，及庄姜、宣姜、许穆夫人、郑庄、郑忽、齐文姜诸诗，比较最多。其次是《礼记》、《采蘩》“夫人不失职也”，《采苹》“大夫妻能循法度”，皆本《射义》为言。《潜》诗则全袭《月令》，最为“显露弊窦”。（姚际恒《诗经通论·论旨》：“诗序庸谬者多，而其谬之大及显露弊窦者，无过《大雅·抑》诗，《周颂·潜》诗《潜》诗则全袭《月令》，故知其为汉人。”）其余同于《论语》、《孟子》的也不少。（范处义曰：“论语曰：‘周有大赉，善人是富’。此夫子记周家之政也。而与《赉》之序同。《关雎序》亦有采自《论语》，《北山序》同《孟子》。”说见前。）此皆《毛序》之杂取传记者，若《卷耳》、《采苹》诸序（详下），其错误更显而易见。

其二，叠见重复。叶梦得曰：“‘《载驰》之诗，许穆夫人作也。悯其宗国颠复矣，又曰卫懿公为狄人所灭’。《丝衣》之诗，既曰‘释宾尸矣’，又曰，‘灵星之尸’，此盖众说并传，卫氏得善辞美意，并录而不忍弃之。此吾所谓杂取诸书之说而重复互见也。”我们更看《关雎》的序，语多重复。《江有汜序》，语意三截，至疑非一人之词。(王先谦曰：“推究序文，语意三截，且如《毛诗》，末章啸歌，义不可通，知《序》之不出于一人。”）其错误也可以想见。(参看《毛诗李黄集解》李樗说)

其三，随文生义。朱子说：“《小序》大无义理，皆是后人杜撰，多就《诗》中诗采摭言语，更不能发明《诗》之大旨。才见有‘汉之广矣’之句，便以为‘德广所及’；才见有‘命彼后车’之言，便以为不能‘饮’‘食’‘教’‘载’；《行苇》之序，但见‘牛羊勿践’，便谓‘仁及草木’；但见‘戚戚兄弟’，便为‘亲睦九族’；见‘黄耇台背’，便谓‘养老’；见‘以祈黄耇’，便谓‘乞言’；见‘介尔景福’，便谓‘成其福禄’。随文生义，无复理论。”其实，《序》的随文生义，《汉广》而外，以《雨无正》为最(此郑樵说)。康有为也说：“《白华》孝子之洁白，《崇丘》万物得极其高大，《雨无正》众多如雨而非所以为正之类，皆望文生义，一味空衍。”（朱子《白华诗序辨说》：“此序尤无理”。）此类甚多，不可枚举（如以《将仲子》为祭仲，“维暴之云”为刺暴公皆是)。

其四，附经为说。叶梦得说：“《驺虞》之诗，先言‘人伦既正，朝廷既治，天下纯被文王之化’，而复继之以“蒐田以时，仁如驺虞，则王道成”。《行苇》之诗，先言周家忠厚，仁及草木，然后继之以‘内睦九族，外尊事黄耇，养老乞言’，此又吾所谓委曲婉转，附经而成其义也。”我们再看：《螽斯》的序，说“若螽斯不妒忌，则子孙众多也”。《褰裳》的序，说“狂童恣行，思大国之正己也”。《荡》序，说“天下荡荡，无纲纪文章”，皆附会诗句作解释。此类亦多，不必具举。

其五，曲解诗意。《毛序》之不合诗意的地方，触目皆是，《小星》一诗，本是奉使言劳之诗。而《序》以为“夫人惠及贱妾”。洪迈《容斋三笔》说：“《诗序》不知何人所作，或是或非，前人论之多矣。惟《小星》一篇，显为可议。……诸侯有一国，其宫人嫔妾，虽云至下，固非闾阎贱微之比，何至抱衾而行。……其说可谓陋矣！”《毛诗·终风》的《序》说：“庄姜伤己也，遭州吁之暴。”朱子说是：“详玩诗词，有夫妇之情，未见母子之意。”《雄雉》的序说：“刺卫宣公也，淫乱不恤国事。”姚际恒说：“篇中无刺讥淫乱之意”。这都是《序》与诗意不合的地方，其他妄生美刺，附会书史的，大多数是如此。

其六，不合情理。朱子说：“《卷耳》之《序》，以求贤审官，知臣下之勤劳，为后妃之志事，固不伦矣。况《诗》中所谓‘嗟我怀人’，其言亲昵太甚，宁后妃所得施于使臣者哉！《桃夭》之诗，谓婚姻以时，国无鳏民，为后妃之所致。而不知其为文王刑家及国，其化固如此，岂专后妃所能致耶！”这都是序的不合情理的地方。《序》中措词也多如此，如谓“若螽斯之不妒忌”、（欧阳修《诗本义》说：“诗人安知其心不妒忌。”）“德如鸤鸠乃可以配”、“节俭正直德如羔羊”，（方玉润曰：“羔羊亦何节俭正直之有”。）皆极不近情理，难怪郑樵谓“为村野妄人所作”。

其七，妄生美刺。朱子说：“变《风》诸诗，未必是刺者，皆以为刺；未必是言此人，必附会以为此人。《桑中》之诗，放荡留连，止是‘淫’者相戏之辞，岂有刺人之恶，而反自陷于流荡之中。《子衿》词意轻儇，亦岂刺学校之辞？《有女同车》等，皆以刺忽而作。郑忽不娶齐女，其初亦是好的意思，但见后来失国，便将许多诗尽为刺忽而作。考之于忽，所谓淫昏暴虐之类，皆无其实。至遂目为“狡童”，岂诗人爱君之意？况其所以失国，正坐柔懦阔疏，亦何狡之有？幽厉之刺，亦有不然。《甫田》诸篇，凡诗中有诋讥之意者，皆以为伤今思古而作。其他谬误，不可胜说。”更何况《雄雉》、《匏有苦叶》诸诗的非刺卫宣，《伯兮》、《有狐》的并非刺时，直见《序》之妄生美刺。朱子说是“未必是刺者，亦皆以为刺”，这话是十分正确的。

其八，自相矛盾。《毛诗李黄集解》李樗说：“《鱼丽》之诗，既以为‘文武以《天保》以上治内。《采薇》以下治外，始于忧勤，终于逸乐’。《常棣》之诗又曰：‘闵管蔡之失道，故作《常棣》焉。’此又成王之诗也。”朱子《常棣诗序辨说》曰：“序得之，但与《鱼丽》之序相矛盾。”我们更看：《北门序》说：“刺仕不得志也。”又说：“言卫之忠臣，不得其志尔”，那就不是刺一般的仕。《静女序》说：“刺时也，卫君无道，夫人无德。”也不是刺一般的时。他如《抑》诗《序》说：“卫武公刺厉王亦以自儆也。”武公不与厉王同时，二义不能并存。（说详朱子《辨说》）《野有死麕》序说：“天下之乱，强暴相陵，遂成淫风。”又说：“被文王之化，虽当乱世，犹恶无礼也。”成淫风则非恶无礼。二义也不能兼有。以上都是自相矛盾的例子。欧阳修《诗本义》也说：“《诗序》失于二《南》者多矣！……于《芣苢序》则曰：‘天下和平，妇人乐有子’。于《麟趾序》则曰：‘《关雎》化行天下，无犯非礼者。’于《驺虞序》则曰：‘天下纯被文王之化’。既曰如此矣。于《行露序》则反有‘强暴之男侵陵贞女而争讼’。……据《野有死麕》序则又云：‘天下大乱，强暴相陵，遂成淫风，惟被文王之化者，犹能恶其无礼也。’其前后自相抵牾，无所适从。”

其九，附会书史。朱子《柏舟诗序辨说》：“诗之文意事类，可以思而得，其时世名氏，则不可以强而推。……若为《小序》者……不知其时者，必强以为某王某公之时；不知其人者，必强以为某甲某乙之事。于是附会书史，依托名谥，凿空妄语，以诳后人。……且如《柏舟》……今乃断然以为卫顷公之时，……盖其偶见此诗冠于三卫变《风》之首，是以求之春秋之前，而《史记》所书。……独顷公有赂王请命之事，其谥又为甄心动惧之名，如汉诸侯王必其尝以罪谪，然后加以此谥，以是意其必有弃贤用佞之失，而遂以此诗与之。……凡《小序》之失，以此推之，什得八九矣。”朱子对于《鸡鸣序》之附会哀公、《蟋蟀序》之刺僖公、《宛丘序》之刺幽公、《衡门序》之诱僖公，都以为恶谥得之。(略本郑樵）这都是毛序附会书史之明验。除此而外如：《式微序》说：“黎侯寓于卫，其臣劝以归也。”《旄丘序》说，“责卫伯也，狄人迫逐黎侯，黎侯寓于卫。”崔述考订这两诗说：“黎之失国，在鲁文宣之世，酆舒为政之时，上距卫之渡河，已数十年，黎侯何由得寓于卫？卫亦安能复黎之国乎？其时不符，一也。黎在山西，卫在山东，而诗乃云‘狐裘蒙茸，匪车不东’。方欲西归，而反以不东为解，岂非所谓北辕将适楚乎？其地不合。二也。且黎既失国，则其故土为狄所据，黎侯安能归国，而其臣乃劝之。”这也是《序》之附会书史而失实者。又如《击鼓》一诗，《序》以为卫州吁用兵暴乱，从公孙文仲将而平陈与宋，附会鲁隐四年伐郑之事。《扬之水》一诗，《序》以为刺平王不抚其民而远屯戍于母家，附会《史记》申侯与弑幽王之说，都不合于史实（详见姚际恒《诗经通论》、崔述《读风偶识》）。

其十，误解传记。崔述又说：“《绿衣》以下四篇，《序》皆以为庄姜之诗。《绿衣序》云：‘卫庄姜伤己也。妾上僭，夫人失位，而作是诗也’。《日月序》云：‘庄姜遭州吁之难，伤己不见答于先君，以至困穷也。’余按《春秋》传文，绝无庄姜失位而不见答之事。桓公，戴妫子也，而庄姜以为己子，立以为太子；非夫妇一体，安能得之于庄公。……原序所以为是说者，无他，皆由误解《春秋》传文，谓庄姜无子，由于庄公之不答。是以《硕人序》云：‘庄姜贤而不答，终以无子。’岂尽在答与不答哉?”还有《将仲子序》说：“刺庄公也……祭仲谏而公弗听，小不忍以至大乱焉。”郑庄之于叔段，实在并无亲爱之意，“避贤远讥，任其自毙”。(此用马其昶《毛诗学》语。）并无小不忍之义。《载驱序》说：“刺鲁庄公也。……人以为齐侯之子焉”。齐侯之子，是文姜的谗言，并不是真的“齐侯之子”也。这些都是误解传记的地方。杂取众说，而又误解，我们可以看出《毛序》的病痛实在是太多了。

《毛序》中的错误本来不胜枚举，以上所说的不过是一些显著的地方。郑樵说“《诗序》村野妄人所作”，并不是故意惊世骇俗，事实原是如此。所以朱子虽屡说“序出于汉儒”，”断然知《小序》之出于汉儒所作”（见《语类》卷八十)，但终于说“当时只是个山东学究等人做，不是个老师宿儒之言”。因此我们可以认为《毛诗》不必出于刘歆之手，只是当时的古学之徒所作的。

《毛序》之谬妄，从以上所述十点已可想见，兹更引章如愚的一段话再加说明，他说：

> “《诗序》之坏诗，无异三传之坏《春秋》。然三传之坏《春秋》而《春秋》存，《诗序》之坏《诗》而《诗》亡。……且如《二南》之诗……彼序《诗》者，乃以《关雎》、《麟趾》之化，王者之风，系之周公；《鹊巢》、《驺虞》之德，诸侯之风，故系之召公，谬妄之甚也。即以《二南》系之二公，则遂以其诗皆为文王之诗，见《关雎》、《葛覃》妇人之诗，则遂以他诗亦皆出之妇人。文王一人，在《周南》则以为王者，在《召南》则以为诸侯，太姒一人，在《周南》则以为后妃，在《召南》则以为夫人，岂夫子正名之意乎？……其间大可怪者，如《小星》之诗……此无疑其为使臣勤劳之诗也。今其《序》乃曰：‘夫人无妒忌之行，惠及贱妾，进御于君’。……不知进御于君，何用‘肃肃宵征。夙

夜在公'为哉？又何用'抱衾与裯'而往乎？……《汝坟》……《殷其雷》……皆其'室家思见君子之辞，而'勉之以义'、'劝之以义'，吾未见其可也。既曰《召南》之国被文王之化，《兔罝》之武夫皆好德，又安得强暴之男侵陵贞女而致《行露》之讼，又安得'有女怀春，吉士诱之'，如《野有死麕》之辞？谓文王、太姒之化只及妇人不及男子，亦非也。况妇人果皆贞洁。则亦如汉上之女不可犯，安有"无感我帨，无使龙吠"之语？《序》于此……委曲讳护，亦以劳矣！予谓不然，《二南》之诗，虽大概美诗，而亦有刺诗……何以辨之？据《何彼秾矣》一诗可知矣。其曰……'何不肃雍？王姬之车！'诗人若曰：言其容色固如棠棣矣，汝王姬之车，何不肃雍乎？是讥之也。……观此一篇之义，则《二南》之诗与夫三百篇，坏于《诗序》，暗昧磨灭，礼义殆尽矣！……呜呼！齐女文姜嫁于鲁，鸟兽之行，终以弑夫灭国，《春秋》屡书，为戒万世；彼则刺郑忽云：'齐女贤而不娶。'齐桓之霸，正讥其无救卫之功，惟书'城楚丘'以讥之。彼则云：'齐桓公攘夷狄而封之，国人思厚报之。'若此之类，背理乱教为甚，世人乃酷信之，《诗》乌得而不亡乎？然此无他，学者不深于《春秋》，故诗义无自而见，《诗序》无由知谬也。"（《山堂考索》）

朱子也说：

"今欲观《诗》，不若且置《小序》及旧说，只将原诗虚心熟读，徐徐玩味。候仿佛见个诗人本意，却从推寻将去，方有感发。如人拾得一个无题目诗，再三熟看，亦须辨得出来。若被旧说一句局定，便看不出。"又说："看诗不当只管去《序》中讨，只当于诗辞中吟咏着教活络贯通方得。”（据《诗传遗说》。）

他主张废《序》言诗，的确是有道理的。

马端临说：

> “《诗》、《书》之《序》，自史传不能明其为何人所作，而先儒多疑之。至朱子之解经，则依古今文析而二之，而备论其得失，而于《诗·国风》诸篇之《序》，诋斥尤多。以愚观之，《书序》可废而《诗序》不可废。就诗而论之，《雅》、《颂》之序可废，而十五《国风》之《序》不可废。……愚之所谓不可废者，谓《诗》之所不言而赖《序》以明者耳。至诗之所已言，则《序》语虽工，不读可也，况其鄙浅附会者乎？”（《文献通考》）

马端临是力尊《毛序》的人，但他究竟也认为《序》中有“鄙浅附会”之处，那么今日学习《诗经》的人是应当怎样去看待《毛诗序》，那就不言而喻了。

# 《尚书》引论

# 自序

《尚书》是我们研究中国古史、古代语言文学和学术思想所必需学习的一部古籍。但是《尚书》流传甚久，关于《尚书》的名义、起源、编定、传本、篇目、真伪等等，问题颇为复杂，而又不易判辨。我们现行的《十三经注疏》本《尚书》是依据伪《孔传》本。这里面的五十八篇，除了汉初伏生所传今文《尚书》二十八篇分为三十三篇是真的《尚书》外，其余二十五篇都是所谓“伪古文”。“伪古文”一案，从唐宋学者怀疑起，到清代的阎若璩、丁晏等人才慢慢地考证出来这是王肃伪造。但是也还有人想推翻这一公案，这是更加需要解决的。汉代又有所谓孔壁古文，在《汉志》中列有《古文尚书经》四十六卷。这个四十六卷本是五十八篇，是将同于伏生今文的古文《尚书》分为三十四篇，另加《逸书》十六篇，这十六篇又分为二十四篇才构成的。关于这一种的传本篇数，也是问题多端。清儒王鸣盛在《尚书后案》中说：“尚书卷篇之数，千载梦梦，直至阎（若璩）、惠（栋）方加釐正，十得八九，犹不无小误，至予论始定。”可见这一问题也是经过许久才获得解决。但是谈《泰誓》的人往往忘了古文《尚书》四十六卷中也有《泰誓》，这也是我们现在应当加以纠正的。伏生今文原是二十八篇，加入后得之《泰誓》一篇，才成为二十九篇，这问题到熹平石经《书序》残石出土才获得实物证明。我们对于在《书序》残石出土以前的一些不正确的说法是应当重新予以评价，不能不加考虑地就去盲从。今文二十八篇的真伪及其年代也是我们急于需要解决的，这更需要我们继续加以努力。所有这等等的问题，在我们学习《尚书》的同时，都应当有一个明确的认识。一九三七年我在广东省立襄勤大学教育学院文史系担任讲授尚书一课，为了只在课堂讲授本文，另写了一部《尚书研究讲义》，目的就是想将关于尚书的一些问题作一个比较详细而又扼要的叙述以供初学者参考。现在我将它略加整理，定名为《尚书引论》出版。为了读者方便起见，现更将这部书中每篇的重点略略提出如下：

《尚书》的名义是比较容易了解的问题，但是关于“尚书”二字连言，有的主张是孔子，有的主张是伏生，有的主张是伏生的弟子欧阳氏。在抗战前吴承仕著《经典释文序录疏证》却以为始于《史记》，为了澄清是吴氏所说，我根据清儒江声的《尚书集注音疏》及简朝亮《尚书集注述疏》引用《墨子·明鬼》篇的“尚书夏书，其次商周之书”，以明《尚书》之名应起于《墨子》。“尚”与“上”古通用，“上”可以是“上古”的意思。《吕氏春秋·荡兵》篇“兵之所自来者上矣”高注以为“上”即“上古”，是其明证；“尚书”二字可以直接解作“古书”，这在以前是没有这样提法的。





关于《尚书》的起源，《汉书》以为起于《河图》、《洛书》，更有“左史”“右史”之说，这些说法，前人都已驳过。我们从卜辞、金文和《尚书》、《仪礼》等古籍中还可以断定古代并无“左史”、“右史”之分，而且并无“左史”、“右史”之称。《尚书》的起源应以《尚书·多士》篇的“惟殷先人，有册有典”为比较可信。但我们还要谈到“史”的起源的解释，一般的都信奉王国维《观堂集林·释史》说史之“以手持中”，“不取诸持筭（筹码）而取诸持策”（简策）。这是不了解古代社会竞技战争之事的记载是更要早的。我们根据《仪礼·大射仪》中司射命释获者设中（盛筭之器），太史释获。可见史的职务本是为获胜者放下一支筹码，在晚出的《仪礼》、《周礼》中，还保留着痕迹，这是比较可信的事情。

《尚书》中有许多篇是出在孔子以后，《尧典》等篇今人多疑为是战国、秦汉间作，这样看来，以前以为孔子删书之说自不足信。清末今文经学家有的还主张孔子删书，殊不知崔适《五经释要》曾力驳康有为《孔子改制考》之说，今文家是不尽主张孔子删书之说。我是赞成《尚书》在先秦时“既无成书，便无所谓完全或残缺”这样的提法。

关于《尚书》的类别，我列举了《尚书》的传本从伏生今文到刘炫所上姚书《舜典》本共十种。在问题比较复杂的传本如伏生今文《尚书》，西汉所得《泰誓》及孔壁古文《尚书》等，更从它们传出的时间，传出的人物、篇数、名称、写本的文字以及所发生过的疑问，作了一些详细的说明。我特别要在这里提出的是：（一）关于《泰誓》传出的问题，我以为《泰誓》传本应当有四个系统：一是古《泰誓》，二是今文《泰誓》，三是古文《泰誓》，四是伪《泰誓》。古文有《泰誓》，在许多书上都说过，王引之在《经义述闻·伏生尚书二十九篇说》中已说古文有《泰誓》，顾广圻在梅鷟《尚书考异序》也说“梅氏、阎氏皆不知真《泰誓》伏、孔皆有，即《史记》所载、郑康成所注之类”，我们只看古文《尚书》四十六卷五十八篇中有《泰誓》，古文《尚书》马、郑《注》里有泰誓，如古文无《泰誓》，则四十六卷五十八篇缺少一篇。据马、郑《注》看来，古文《泰誓》与今文《泰誓》有文异之处，如古文《尚书·泰誓》“流为雕”，郑注说“雕”当为“鸦”。《史记》本引的《泰誓》作“流为乌”。这是文异之处，也可证明古文是有《泰誓》的，但是说《尚书》的往往只说《泰誓》有三，如臧琳的《经义杂记》如此，吴承仕的《经典释文序录疏证》如此，这是错误的说法。（二）关于古文《尚书》我未列举孔安国本、中秘本这两种传本。关于前者刘歆《移书让太常博士》和《汉书·艺文志》都说古文出于孔子壁中，孔安国得其书，孔氏本应即是孔壁古文。中秘本在《汉志》也明说："安国献之，遭巫蛊事，未列于学官。刘向以中古文校欧阳、大小夏侯三家经文"，可见中秘本是安国所献。江声在《尚书集注音疏述》中说孔壁本"又名为中古文"，所以我未列入这两种本子。谈伪《孔传》本的往往只注意到了《孔传》的伪，到了齐姚方兴就已完成。我在这篇特别提出"刘炫所上姚书《舜典》本"，引用臧琳《经义杂记》及王鸣盛《尚书后案》两家之言来作说明，这样才可以见伪《孔传》本的作伪是在隋代才完成的。

《尚书》的篇第的计算是一件比较繁杂的事，伪《孔传》本有现行《十三经注疏》本在，可以一目了然。古文《尚书》篇卷之数，王鸣盛在《尚书后案》已经论定，只有伏生今文《尚书》原本究竟是二十八篇还是二十九篇，虽然石经《书序》残石可以告诉我们"旧说以为伏生本二十八篇，加后得之《泰誓》一篇，故为二十九篇，实在没有错"。但有的人还为龚自珍、皮锡瑞之说所迷误。《书经通论》主张"当以龚自珍《大誓答问》分《顾命》、《康王之诰》为二，不数《大誓》、《书序》为是"。但是皮氏却于伏生弟子欧阳、大小夏侯三家以《顾命》与《康王之诰》为一篇，无法解释，只得说疑因后得《泰誓》下示博士，"乃以《顾命》、《康王之诰》合为一篇，而掺入《大誓》"。这完全是毫无依据的臆说。《顾命》和《康王之诰》是在根本上就不应当分为两篇的。戴东原在《书顾命后》一文中曾说："马、郑、王本分'王若曰'已下为《康王之诰》，东晋晚出之古文分'王出在应门之内'已下为《康王之诰》，皆非也。"他以为："《顾命》之篇，其大端有三：群臣受顾命，一也；逾年即位，康王先受册命，二也；适治朝，践天子之位，三也。"我们从《顾命》篇全文看来，那一篇确是写的如戴氏所说的三件大事，是不当分割为二的。如分割为二，由中段既非《顾命》中所应有之事，也非《康王之诰》所应有之事，是不当分为两篇的；而且《盘庚》三篇各有起讫，伏生本尚且未分开，《顾命》所述的三大端是不易分割的，自然不当分为二。马郑本、伪《孔传》本那种分法，全属谬误，所以古文学派的戴东原也以为“皆非也”。皮锡瑞说：“博士乃以《顾命》、《康王之诰》合为一篇”，博士奉令解释《泰誓》，如若伏生《尚书》原本是二十九篇，他们是可以增加作三十篇，是不必以《顾命》、《康王之诰》又合为一篇的。欧阳经由二十九卷改作三十二卷，将《盘庚》分为三篇，他们又何必将原来已分开的又合并起来呢？所以皮氏这种说法完全是臆断。关于郑《注》非今文本以及关于古文经的篇卷的计算中，有人提出错误的主张，本书都一一为之剖辨。

伪古文《尚书》一案从唐宋学者怀疑起，到了明代梅鷟著《尚书考异》，已将破绽完全看出。阎若璩的《尚书古文疏证》只不过是“推广为疏证”，但是一般说《尚书》的，只提出阎氏而没有详细谈到梅氏的《考异》，我在本书中，特别着重提出梅氏“差不多已将伪古文的破绽尽量寻出”。关于想推翻梅、阎之说而要拥护“伪古文”的也举出要点来评判，这样对于“伪古文”才更明了。吴承仕著《尚书孔王传异同考》想推翻丁晏《尚书余论》所说“伪古文”是王肃所作一案，以为作于郑冲。吴氏说“剽窃肃注，冲之徒所为”，我们还不如以为王肃所作，是王肃将自己著作改编以与郑学对抗，好来打倒郑玄的说法。假如是郑冲之徒，他们是不必有这样作伪的动机的。吴氏还知道，西晋初年已有伪传，似乎见过了陈汉章的《西晋有书孔传说证》。如更以伪古文为东晋孔安国作，那就无以解于西晋有《书孔传》，而且也无以解于伪孔安国《传序》中“会国有巫蛊之事”之一段文字，这个说法是不能成立的。关于今文二十八篇，我在本书中也分作四组，一一为之考订其真伪及其年代，但是多半采取近人的说法，而后下以己意。《牧誓》、《无逸》、《吕刑》、《君奭》等篇，我的说法比较多些。今文《尚书》的考证是我们今后更要加强努力的。

这部稿子开始写于一九三七年秋，到了次年暑假，已将第六篇写成。原计划是至少还要写一篇关于《书序》的问题的。我基本上同意朱子以来的《书序》是伪作的说法，不过《史记》中引有《书序》，这需要考查以下是否《书序》窜入《史记》，如崔适《史记探原》中所说的；所以未继续写下去。现在我们从一《史记》不言百篇《书序》，二《荀子》引《仲虺之诰》作《中蘬之言》，三《史记》说："孝文帝时，欲求治《尚书》者，天下无有。"可以看出，在伏生以前并无《书序》，而且无从觅此作序之人，可以见《书序》并不是秦汉人作的。《史记》有与《书序》"自相乖异"等等地方，似乎《史记》非采《书序》，而是《书序》窜入《史记》，崔适的话不是没有理由的。我现在想来，不需要在本书中更作《书序》条辨，愿知其详者，可径参看《书序辨》一书（顾颉刚辑点，在《古籍辨伪丛刊》中）。关于《尚书》逸文，我现在将孙星衍《尚书逸文》一书改编作为附录，以供研究古史者参考。

这部稿子写作时间虽在二十年前，但是一直搁置，未曾极谋出版。去年我稍得暇，始决定加以整理出版。我觉得这稿写的时间距离现在虽久，但在今日看来，还是可以供有志于《尚书》之学的人们参考。疏漏之处，自亦不免，尚请读者提出批评。

1957 年 9 月 13 日

# 一　《尚书》之名义

《尚书》的名称，最初本只称《书》；通称为《尚书》，是比较晚起的。“书”本是记“言”述“事”之称，在《尚书》中，有《顾命》的“太史秉书，由宾阶𬯀”，有《金縢》之“启钥见书，乃并是吉”。在金文中，有楚王頵编钟之“其书其言，自作铃钟”（《贞松堂集古遗文》一）足为明证。所以后来即以“书”之名称来称呼流传下来的上古以来之书《尚书》。例如：

1.《论语·述而》篇：“子所雅言，《诗》、《书》执礼。”

2.《左传·僖公二十七年》：“《诗》、《书》，义之府也。”

3.《庄子·天下》篇：“《书》以道事。”

4.《荀子·劝学篇》：“《书》者，政事之纪也。”

5.《荀子·儒效篇》：“《书》言是其事也。”

6.《韩非子·喻老》篇：“《书》者言也。”

7.《春秋繁露·玉杯》篇：“《诗》、《书》序其志。”

8.《贾子新书·道德说》：“著此竹帛谓之《书》。《书》者，此之著者也。”

9.《史记·滑稽列传》：“《书》以道事。”

10.《史记·自序》：“《书》记先王之事，故长于政。”

11.《扬子法言·寡见》篇：“说事者莫辩乎《书》。”

12. 刘歆《七略》：“《书》以决断，断者义之证也。”

这些说法统是以“书”之名来称《尚书》，而称《尚书》为“尚书”者，则极少见。可见《尚书》的名称，起初本只称《书》，不是统称为《尚书》的。这些说法，既称《尚书》为

《书》，而且大多数是就《尚书》的内容来解释《书》之意义，故以“书”为“道事”、“记事”。因事可以见义，故又以为“政事之纪”，或又以为“《书》长于政”。在古籍中，另有一些解释“书”之名义的，如：

1.《尚书纬·璇玑钤》：“书者，如也。”

2.《孝经·援神契》：“书者如也、舒也、纪也。”

3.《说文·曰部》：“书，著也。从聿，者声。”

4.《说文·自序》：“著于竹帛谓之书，书者如也。”

5.《广雅·释言》：“书，如也。……书，记也。……书，著也。”

6.《释名·释书契》：“书，庶也，纪庶物也；亦言著也。”

7.《尚书序·题疏》：“言者意之声、书者言之记，是故存言以声意，立书以记言，故《易》曰：‘书不尽言，言不尽意。’是言者意之筌蹄，书言相生者也。书者，舒也。《尚书纬·璇玑钤》云：‘书者，如也。’则书写其言，如其意，情得展舒也。又刘熙《释名》云：‘书者庶也，以记庶物。’又为著，言事得彰著。”

8.《尚书序·疏》：“书者，以笔画记之辞。”（“以其上古之书谓之《尚书》。”）

这些都是从声义上来讲“书”之意义，《尚书序·题疏》所解释的，是集合各家而下的意见，其说似乎比较完满。但如以“书”为《尚书》之名称，则其解释仍当从《尚书序疏》的“书者，以笔画记之辞”，或是《说文·自序》的“著于竹帛谓之书”，因为“书”本是“言事”、“记事”的。

至于《尚书》这一名称，在“书”上加一“尚”字，究为何人所加？则旧来的说法，亦不相同。例如：

1. 刘歆《七略》：“《尚书》，真言也。始欧阳氏先名之。”

2.《尚书纬·璇玑钤》：(1)“《尚书》篇题号：尚者，上也。上天垂文象，布节度。书者，如也，如天行也。”(2)“书务以天言之。”（3）“因而谓之书，加‘尚’以尊之。”

3.《春秋说题辞》：“《尚书》者二帝之迹、三王之义……尚者上也，上世帝王之遗书也。”

4.《论衡·正说篇》：“《尚书》者，以为上古帝王之书。”

5. 同上，《须颂篇》：“或说《尚书》曰：‘尚者，上也，上所为，下所书也。’”

6.《尚书序》疏引马融：“上古有虞氏之书，故曰《尚书》。”

7.《尚书序》疏引郑玄：（1）“《尚书》，上也，尊而重之，若天书然，故曰《尚书》。”（2）“孔子乃尊而命之曰《尚书》。”

8.《尚书序》疏引王肃：“上所言，史所书，故曰《尚书》。”

9. 刘熙《释名》：“《尚书》，尚，上也。以尧为上始而书其时事也。”

10. 伪孔安国《尚书序》：“济南伏生，年过九十，失其本经，口以传授，裁二十余篇，以其上古之书，谓之《尚书》。”

11.《尚书序》题疏：“尚者，上也。言此上代以来之《书》，故曰《尚书》。”

12.《尚书序》疏：“以其上古之书，谓之《尚书》者，此文继在伏生之下，则言以其上古之书谓之《尚书》，此伏生意也。”

由上所列的看来，我们可以知道解释加“尚”字的有三种意见：一是“加上以尊之”、“尊而重之，若天书然”；二是“上所为，史所书”，或说“上所言，史所书”；而最好的解释要算是其三，“尚者，上也，上世帝王之遗书也”、“《尚书》者，以为古帝王之书”、“言此上代以来之书，谓之《尚书》”。至于“尚”字为何人所加的问题，则刘歆主张是欧阳氏，郑玄主张是孔子，伪《孔序疏》主张是伏生，近人更有以“周秦传记无称‘《尚书》’者。《太史公自序》曰：‘余闻之先人曰：“尧舜之盛，《尚书》载之。”’太史谈年辈略与张生、欧阳生等，‘尚书’连言，盖以此最朔”（吴承仕《经典释文序录疏证》）。其实这都是不然的。江声《尚书集注音疏》已说。

案《墨子·明鬼》篇云："《尚书·夏书》，其次商周之《书》。"则《尚书》之名旧矣，安得云伏生谓之，自是孔子命是也。

简朝亮《尚书集注述疏》也说：

> 夫书讫《秦誓》，未可概之上古也。《墨子》云："《尚书·夏书》，其次商周之书。"盖《尚书》之名，旧名也，不自伏生始矣。（卷首）

由此二说看来，可见伏生、欧阳氏始名《书》为《尚书》，其说自不可信，郑玄主张为孔子所加，是依纬文而来，也不是有稿据的。"尚书"二字之义，依简朝亮说：

> 夫天不言，岂有书乎？……夫史录君臣，岂惟"上"之书乎，亦岂惟"言"之书乎？夫书讫《秦誓》，未可概言之《尚书》也。（同上）

简氏主张："'尚'古通'上'，谓上代之史书也。"依《墨子》的"《尚书·夏书》，其次商周之书"看来，我们实觉孔《疏》的"言此上代以来之'书'谓之《尚书》"，及简氏所谓"上代之史"，是比较妥当的解释。古字"尚"与"上"通用，《仪礼·乡射礼》"上握焉"今文"上"作"尚"，《诗·陟岵》"尚慎旃哉"《汉石经》"尚"作"上"，是其明证。"上"可以直接解释作"上古"，《吕氏春秋·荡兵篇》："兵之所自来者上矣"，《注》以为"上"即"上古"；"上"也可当作"古"讲，《文选·晋武帝华林园集诗》："悠悠太上"，《注》："太上，太古也。""尚书"二字连言即是现代汉语"古书"的意思，《墨子》书是没有错的。至于近人谓"尚书"连言，以《史记》为最朔，这简直是不知有江、简二家之说，所以才如此说法的。

在《论语》中，虽以"《书》"代表"《尚书》"，但是在当时"书"也是一切书籍的通称，《左传·昭公二年》的韩宣子适鲁，“观书于太史氏”，这一节虽未必可信，然而《论语》上有子路说的“何必读书，然后为学”，这应当是指一切的书籍而言的。以达（公）名代私名，自然有此混淆；汉代为了清晰起见，渐渐采用“尚书”这个私名，这是必然的。伪《孔序》的意见，以为《尚书》之名始于伏生，这个固然是错了，但如说《尚书》之名通行于伏生以后，则似不至于大误的。

## 二　《尚书》之起源

《尚书》是我们中国的一部上古时代以来的史籍，这一部史籍究竟起源于何代，在古籍中没有明确的记载。从班固的《汉书·五行志》、《艺文志》看来，大约可析为两说：

（一）《汉书·五行志》说：

> 《易》曰："天垂象，见吉凶，圣人象之；河出图，洛出书，圣人则之。"刘歆以为虙羲氏继天而王，受《河图》，则而画之，八卦是也；禹治洪水，赐《洛书》，法而陈之，《洪范》是也。

在《艺文志·尚书类小序》上也说：

> 《易》曰："河出《图》，洛出《书》，圣人则之。"故《书》之所起远矣。至孔子纂焉，上断于尧，下讫于秦，凡百篇，而为之序，言其作意。

这是以"河出《图》，洛出《书》"为《尚书》的起源。刘、班的这种说法，大约俱是受了《易传》的影响，而认定《尚书·洪范》篇的："帝乃震怒，不畀洪范九畴，彝伦攸斁。鲧则殛死，禹乃嗣与。天乃锡禹洪范九畴，彝伦攸叙。"以为《洪范》出于《洛书》，又以《洪范》"初一曰五行"，至"威用六极"，"凡此六十五字，皆《洛书》本文"。这种意见是刘歆因《易传》已有其说而提出，并非完全起于刘歆，而且关于《河图》、《洛书》，在古代更有许多传说，例如：

1.《墨子·非攻》篇曰："天命文王，伐殷有国，泰颠来宾，河出录图。"

2.《广博物志》十四引尸子曰："禹理洪水，观于河，见白面长人鱼身，出曰：'吾河精也。'授禹《河图》而还于渊中。"

3.《礼运疏》引《中候握河纪》云："尧时受《河图》，龙衔赤文绿色。"

4.《太平御览》八七二引《尚书·中候》云："尧率群臣，东沉于洛，退候至于下稷，赤光起，元龟负书，中背有赤文朱字。"宋均曰："稷，读曰侧。此即禹所受《洛书》。"

5. 李鼎祚《周易集解》引郑玄《注》曰："《春秋纬》云：'河以通乾，出天苞。洛以流坤，吐地符。河龙《图》发，洛龟《书》成。'《河图》有九篇，《洛书》有六篇也。"

6.《宋书·符瑞志》："周公旦摄政七年，与成王观于河，沉璧。礼毕，荣光出河，青龙临坛，衔元甲之图，坐之而去。周公援笔写之。"

7. 班固《典引》："御东序之秘宝，以流其占。"蔡邕注云："《尚书》曰：'颛顼《河图》、《洛书》，在东序。'流，演也。《河图》、《洛书》，皆存亡之事，尚览之以演祸福之验也。"

就此七说，连同《易》之"河出《图》，洛出《书》"看来，或以为在伏羲时，或以为在颛顼时，或以为尧所得，或以为禹所得，或以为在文王时，或以为在周公时，其时世无一定。而且无论哪一种说法，都是颇涉神怪，以此为《书》之起源，这自然是不可信的。况且刘歆以为六十五字，皆《洛书》文；前乎刘歆之《史记》，则此六十五字为四十三字；后乎刘歆之马融，则以为只三十八字，而桓谭《新论》则云："《河图》、《洛书》，但有兆朕，而不可知。"可见汉儒虽有图书配"卦"、"畴"之说，而其实也并无定论。他们所谓《河图》《洛书》为《书》的起源之说，实无可信任之价值。齐召南曾说：

> 案：《易大传》曰："河出《图》，洛出《书》，圣人则之。"是言《图》、《书》二者皆出伏羲之世，故则之

以画八卦。即《尚书》本文，祇云："天乃锡禹《洪范》、《九畴》"，不云锡禹以《洛书》，亦不云禹因《洛书》而陈《洪范》也。以《洛书》为《洪范》，始于刘歆父子，后儒遂信之！

"河出《图》，洛出《书》"，依《易大传》之说，是并出伏羲之世，而刘歆附会以《洛书》为《洪范》之源，根本上就是错误的，我们自不应信此说。而《洪范》篇文字，实写定于战国之世，其所说"天乃锡禹洪范九畴"本是无根之谈，也不足令我们取信。我们只可当作一种神话传说来看待而已。（阎若璩《尚书古文疏证》已有驳论，可参看）



（二）在《汉书·艺文志·春秋类小序》上，班固又论《尚书》与《春秋》之起源说：

古之王者世有史官，君举必书，所以慎言行，昭法式也。



左史记言，右史记事，事为《春秋》，言为《尚书》，帝王靡不同之。

班《志》的这一种说法，大概是受了《礼记·玉藻》的影响，《玉藻》篇说：

动则左史书之，言则右史书之。

古代本有史官，而班《志》因《玉藻》之说，以为《尚书》出于古之"左史记言"。不过左史、右史，实与《玉藻》所说不同。左史、右史的解释，据孔颖达《礼记正义》引熊氏云：

按《周礼》太史之职云："大师，抱天时与太师同车。"又襄二十五年《左传》曰："太史书曰：'崔杼弑其君。'"是太史记动作之事，在君左厢记事，则太史为左史矣。《周礼》"内史掌王之八枋"，其职云："凡命诸侯及孤卿大夫，则策命之。"僖二十八年《传》曰："王命内史叔兴父策命晋侯为侯伯。"是皆言诰之事，是内史所掌，在君之右，故为右史。是以《酒诰》云“矧太史友、内史友”，郑《注》：“太史、内史，掌记言记行。”是内史记言，太史记行也。

熊氏以太史记事为左史，内史记言为右史，是从《玉藻》之说。他在古籍找不出左史、右史之分，故不得不牵合太史、内史以为说，其实左史记言、右史记事之分，根本上是不可信的。章学诚在《文史通义·书教上》说：

《记》曰：“左史记言，右史记动。”其职不见于《周官》，其书不传于后世，殆礼家之愆文欤？后儒不察，而以《尚书》分属记言，《春秋》分属记事，则失之甚也。夫《春秋》不能舍传而空存其事目，则左氏所记之言，不啻千万矣。《尚书》典谟之篇，记事而言亦具焉；训诰之篇，记言而事亦见焉。古人事见于言，言以为事，未尝分事言为二物也。

简朝亮《尚书集注·述疏》也说：

班氏固《汉书·艺文志》云：“左史记言，右史记事，事为《春秋》，言为《尚书》。”此别乎《春秋》，亦其大略尔，《尚书》岂记言而不记事哉？

从理论上看来，左史、右史记言记事之分，已不足信。即依熊氏之说，太史记事为左史，内史记言为右史，而从古籍看来，太史、内史之分掌言事，也无真凭实据，例如《尚书·顾命》篇说：

太史秉书，由宾阶隮，御王册命。

《左传·襄公三十年》说：

郑使大史命伯石为卿，辞。大史退，则请命焉。复命之，又辞。如是三，乃受策入拜。

这与《左传·僖公二十八年》所说“王命内史叔兴父策命晋侯为侯伯”对勘起来，可见内史固掌册命，太史也掌册命，并非如熊氏所云太史记事为左史，内史记言为右史，太史、内史之记言记事有分。此其一。熊氏附会太史、内史为左史、右史，也是毫不足信的。在《仪礼·观礼篇》说：

诸公奉箧服，加命书于其上，升自西阶，东面，大史是右。

《礼记·祭统》篇云：

史由君右执策命之。

《大戴礼记·盛德》篇说：

太史、内史，左右手也……内史、太史，左右手也。



依此数篇所述看来，太史为左史，内史为右史，实无明确之分，熊氏所云，实不足凭。此其二。在古籍中，找不出左史、右史之分；在卜辞与金文之中，更无所谓有左史、右史之名。如：

1. 卿史（《殷虚书契》前编卷二，又卷四)。
2. 御史（同上，卷四)。
3. 师艅敦：王呼作册内史册命师艅。
4. 冘盉：王在周，命作册内史锡冘卤□□。
5. 剌鼎：王乎作命内史册命剌。
6. 师兑敦：王呼内史尹册命师兑。
7. 师晨鼎：王呼作册尹册命师农。
8. 毛公鼎：御事寮太史寮。



以及其他铭彝所载，俱无所谓左史、右史，确如章学诚所说的“其职不见于《周官》”，左史、右史，盖真为“礼家之愆文”。此其三。班《志》所谓“左史记言，右史记事，事为《春秋》，言为《尚书》”这一说法也是不足信的。

但是班《志》所说的“古之王者世有史官”这确近于事实。不过所谓“古之王者”，在班《志》既未明言，我们仍须加以探讨。伪《孔传序》云：

古者伏羲氏之王天下也，始画八卦，造书契，以代结绳之政，由是文籍生焉。伏羲、神农、黄帝之书，谓之《三坟》，言大道也；少昊、颛顼、高辛、唐、虞之书，谓之《五典》，言常道也。至于夏、商、周之书，虽设教不伦，雅诰奥义，其归一揆。故历代宝之，以为大训。八卦之说，谓之八索，求其义也。九州之志，谓之九丘，丘，聚也；言九州所有，土地所生，风气所宜，皆聚此书也。《春秋左氏传》曰："楚左史倚相能读《三坟》、《五典》、《八索》、《九丘》。"即谓上世帝王之遗书也。

伪《孔序》这种说法，以伏羲、神农、黄帝之书谓之《三坟》，主张伏羲时即有"书"，依《尚书》孔《疏》所说，我们即可见其不可依据。孔《疏》云：

《尚书纬》及《孝经谶》皆云，三皇无文字。又班固、马融、郑玄、王肃诸儒皆以为文籍初自五帝，亦云三皇未有文字，与此说不同，何也？又仓颉造书，出自《世本》，仓颉岂伏羲时乎？且《系辞》云黄帝、尧、舜为九事之目，末乃云"上古结绳而治，后世圣人易之以书契"，是后世圣人即黄帝、尧、舜，何得为伏羲哉？孔所据而更与《系辞》相反，如此不同者，《艺文志》曰："仲尼没而微言绝，七十子丧而大义乖。"况遭秦焚书之后，群言竞出，其纬文鄙近，不出圣人，前贤共疑，有所不取，通人考正，伪起哀、平。则孔君之时，未有此纬，何可引以为难乎？其马、郑诸儒，以据文立说，见后世圣人在九事之科，便谓书起五帝，自所见有异，亦不可难孔也。

孔《疏》是明知三皇无文字之说与《易·系辞传》相合，伏羲时不能有书，惟因笃守疏不破注之例，且信孔君为真孔安国，乃曲为之回护的。历来的学者虽有的相信《周礼》"外史掌三皇五帝之书”之说，如《周礼》郑《注》云：“即楚灵王所谓《三坟》、《五典》。”刘勰《文心雕龙》云：“皇世《三坟》，帝代《五典》。”刘知几《史通》云：“《春秋传》载楚左史能读《三坟》、《五典》，《礼记》曰：‘外史掌三皇五帝之书。’由斯而言，则坟、典文义，三、五史策，至于春秋之时犹大行于世。”

王应麟《困学纪闻》云：

> 前贤谓：“皋、夔、稷、契有何书可读？”理实未然。黄帝、颛项之道在丹书，武王所以端絻东面而受于师尚父也。少皞氏之纪官，夫子所以见郯子而学也。孰谓无书可读哉！

又云：

> 《吕氏春秋·序意》曰：“尝得学黄帝之所以诲颛顼矣：爰有大圜在上，大矩在下，汝能去之，为民父母。”不韦《二十纪》。成于秦八年，岁在涒滩，上古之书犹存，前圣传道之渊源可考也。

这都是相信有所谓三皇五帝之书，但是怀疑所谓“《三坟》、《五典》”、“三皇五帝之书”的也大有人在。金履祥在《尚书表注》上说：

> 《周官》外史固有三皇五帝之书，未闻《坟典》之名也。左史称《三坟》、《五典》、《八索》、《九丘》之书，未知何书也。或当时别有异书，倚相读之以为博耳。《书序》以尧、舜有《二典》，遂引《三坟》、《五典》以配三皇五帝之数，证定书之原，反滋纷纷。

这是怀疑以《三坟》、《五典》配三皇五帝之书。吴莱说：

> 周官外史掌三皇五帝之书。楚左史倚相，能读《三坟》、《五典》矣。太史公所谓搢绅先生难言之者也。孔安国《尚书序》始以伏羲、神农、黄帝之书谓之《三坟》。坟者，大也，言大道也。苟言大道，孔子不删。

孔子删之，此其文诚不雅驯矣。

这是根本地怀疑《三坟》。黄震《黄氏日钞》也说：

《周礼》六典，晚出于王莽、刘歆，始有《连山》、《归藏》、《周易》三者之名，意谓夏、商之世，各自有《易》，于义无稽。而好异者喜言之，自谓博古，已成空谈，况于窃取其名为《三坟》之书？然乎？否耶！

这虽是攻击“伪《三坟》书”，而于所谓《周礼》六典，也持根本怀疑的态度的。朱彝尊著《经义考》虽于书首列“三皇五帝之书”，然而也说：

按外史所掌三皇五帝之书，若许行为神农之言，《列子》称黄帝之书皆是，岂《三坟》、《五典》哉？以《三坟》、《五典》实三皇五帝之书，本于伪孔安国《序》也，观杜氏注《左传》坟、典、丘、索，第云皆古书名，未尝定为三皇五帝之书，定以证其非矣。

这是既不赞成伪孔之说，而且以三皇五帝之书，若许行为神农之言，《列子》称黄帝之书，非真可以为《尚书》之渊源。清儒王鸣盛《尚书后案》引阎若璩之说以辨伪孔安国《序》曰：

阎若璩曰：此云书契起于伏羲，司马贞《三皇本纪》、刘恕《外纪》、陈桱《外纪》皆本之，非也。《系辞》曰：“上古结绳而治，后世圣人易之以书契。”后世圣人，指黄帝、尧、舜，岂伏羲乎？许慎《说文解字·自序》曰：“黄帝史仓颉见鸟兽之迹，初造书契。”《晋书·卫瓘传》子恒作《书势》曰：“昔在黄帝，有沮诵、仓颉者，始作书契，以代结绳。”则书契之作，始于黄帝，无疑矣。谓包牺氏为万世文字之祖者，此自为画八卦言之也。六书之学，原本于八卦。而八卦之书，不待于六书。伪《孔序》非是。

这是只承认书契起于黄帝，书之起源，当在黄帝时的。这种说法，直至近人如陈汉章所著《经学通论》，犹持如是之见。陈氏曰：

> 书自黄帝以来有之。《说文·叙》："仓颉之初作书，盖依类象形谓之文，形声相益谓之字，著于竹帛谓之书。是书之名起于竹帛已兴之后。"《礼记·玉藻》："动则左史书之，言则右史书之。"注："左史、右史所书，《春秋》、《尚书》其存者。"是书之职，起于史官已立之后。古史官之可考者，自黄帝始。《汉书·古今人表》、《论衡·骨相篇》、《说文叙》并云仓颉为黄帝史。《吕氏春秋》之《君守》、《勿躬》二篇：《淮南子·修务训》称之曰史皇。《世本·作篇》又云："仓颉沮诵，并黄帝史官。"黄帝时始有史书矣。而《周官》"外史掌三皇五帝之书"，《注》"即楚灵王所谓《三坟》、《五典》"，《疏》引《孝经纬》云："三皇无文，文字起于黄帝。今此有三皇之书者，三皇虽无文，以有文字之后，仰录三皇时事也。"案后录前事，犹修史然，自古有明证。《周易集解》伏曼容《注》引《尚书大传》曰："乃命五史，以书五帝之蛊事。"夫当三王时，史书五帝之蛊事，可知五帝时史，自书三皇之蛊事，故《三坟》与《五典》并称也。

陈氏这种说法，还认为"书自黄帝以来有之"，"五帝时史，自书三皇之蛊事"。依我们现在看来，文字的发明，绝对不是某一个人的创造，它应该是众人所画、约定俗成的。而如旧来所云："仓颉之初作书"，文字由仓颉一人而发明，顶多是由他归纳汇总而已。中国传统上喜将某一发明系于某个"圣人"名下，因之传说中归之于仓颉。我们由殷商卜辞来看，在商代时，文字不过开始发达，连篇累牍的史的记载，在商代是否已有，颇成问题，更勿论传说上的黄帝时期。陈氏谓"黄帝始有史书"，这也还有待实物证明的。《周礼》所云三皇五帝之书，《左传》所云《三坟》、《五典》，在我们看来，至多只能当作一种传说，未必实有其书。书之起源，我们现在只能承认《尚书·多士》篇所说：

惟殷先人，有册有典。

在殷商之世，已有册有典，这是真正《尚书》的起源。早于殷商的《尧典》、《皋陶谟》之类，本用“曰若稽古”开端，那是后世的追记，不足以作为证明《书》之起源是比较殷商还要早些的。

至于史之起源，近人王国维《观堂集林》卷六《释史》谓：“吴氏大瀓曰：史象手执简形。然‘中’与简形殊不类。江氏永《周礼疑义举要》云：凡官府簿书谓之‘中’，故诸官言‘治中’、‘受中’，小司寇断庶民狱讼之‘中’，皆谓簿书，犹今之案卷也。此‘中’字之本义。故掌文书者谓之史，其字从又从中，又者右手，以手持簿书也。史字事字，皆有中字，天有司中星，后世有治中之官，皆取此义。江氏以中为簿书，较吴氏以中为简者得之。”王氏主张：“古者简与筭为一物”，“古筭、策二字往往通用”，“筭与简、策本是一物，又皆为史之所执，则盛筭之‘中’，盖亦用以盛简，简之多者，自当编之为篇，若数在十简左右者，盛之于中，其用较便”。又谓：“史之义不取诸持筭，而取诸持荚”，“有持筭为史事者，正由持荚为史事故也”。史之职专以藏书、读书、作书为事，其字所从之中，自当为盛荚之器，此得由其职掌证之者也。依我们现在来看，史之职专以读书、藏书、作书为事，这恐怕还是后起之事，不必合于古代社会情形。王氏说：“有持筭为史事者，正由持筴为史事故也。”依照古代社会情形、原始社会看来，那时竞技、战争之事较多，然则只有持筭为史事者在先，持荚为史事者在后。王氏说：“史之义不取诸持筭，而取诸持荚。”在我们现在看来，王氏是适得其反的。我们现在由民俗学所述的在落后的民族社会中也常有竞技之事，知道史之为用，或本原始社会之中，古代社会之中，用以记载游戏竞技之胜负的。然则我们只可以说：有持筭为史事较先，而持荚为史事较后，我们只可以说：有持策为史事者，正由持筭为史事故也。史之起源，应由先民之记载游戏或竞技的结果，故所用为筭。后来文字渐形发达，能以文字记载史事，故即以掌记载游戏或竞技的结果的人谓之曰史，故所谓太史，本是很尊严的职官，而《仪礼·大射仪》上说：

> 司射命释获者设中，大史释获。

《周礼·大史职》云：

> 凡射事，饰中，舍筭。

以尊官而犹掌释筭，可见其本为先民遗习。由此可见确见史之起源，是由于记载游戏或竞技之结果而转为记载国家大事的。“中”固不为盛简之器，即从旧说以为盛筭之器，亦是可以不必拘泥，因为古代的记载是不必一定用筭的。

## 三　《尚书》之删述

《尚书》之起源，由于古之史官；《尚书》之编次，则后代有以为孔子删定之说。《史记·孔子世家》说：

> 孔子之时，周室微而礼乐废，《诗》、《书》缺，追迹三代之礼，序《书传》，上纪唐虞之际，下至秦缪，编次其事。曰："夏礼吾能言之，杞不足征也。殷礼吾能言之，宋不足征也。足，则吾能征之矣。"观殷夏所损益，曰："后虽百世可知也，以一文一质。周监二代，郁郁乎文哉。吾从周。"故《书传》、《礼记》自孔氏。

这一段所叙述，虽未明言孔子删书，而已颇令人误会为孔子有删《书》之事，后来《尚书纬·璇玑钤》则直云：

> 孔子求《书》，得黄帝玄孙帝魁之书，迄于秦穆公，凡三千二百四十篇。断远取近，定可以为世法者，百二十篇。以百二篇为《尚书》，十八篇为《中候》（《尚书序疏》引）。（《史记·伯夷列传》司马贞《索隐》引《尚书纬》云："孔子求得黄帝玄孙帝魁之书，迄秦穆公凡三千三百三十篇，乃删以一百篇为《尚书》。十八篇为《中候》。与此所引篇数稍异。"案：《索隐》所引实不足据，恐是司马贞随文为之，有所增损于其间。《春秋说题辞》亦云："凡百二十篇。"则以百二篇为《尚书》，十八篇为《中候》，适合百二十篇之数。当时纬说，盖本如是）

刘歆《移书让太常博士》则说：

> 孔子忧道不行，历国应聘，自卫反鲁，然后乐正，《雅》、《颂》乃得其所。修《易》序《书》，制作《春秋》，以记帝王之道。

班固《汉书·艺文志·尚书类小序》也说：

> 故《书》之所起远矣，至孔子纂焉，上断于尧，下讫于秦，凡百篇，而为之序，言其作意。

这都是以为孔子有删《书》之事的。《尚书纬·璇玑钤》所云较详，而以为删的结果是“百二篇”，这只有汉成帝时张霸之伪《百两篇》，其数与之合。班固所云百篇，本依刘歆《七略》，是上与《墨子·贵义》篇“昔周公旦朝读书百篇”相合，而且有所谓百篇书为证，所以扬雄《法言》上即说：

> 昔之说《书》序以百……虞夏之书浑浑尔，商书灏灏尔，周书噩噩尔。

在扬雄的时期，孔子删《书》为百篇之说，大概是已经很流行的。后来伪孔安国《尚书序》也说：

> 先君孔子，生于周末，睹史籍之烦文，惧览者之不一，遂乃定礼乐，明旧章。删《诗》为三百篇，约史记而修《春秋》，赞《易》道而黜《八索》，述职方以除《九丘》。讨论《坟》、《典》，断自唐、虞以下，讫于周。芟夷烦乱，翦截浮辞，举其宏纲，撮其机要，足以垂世立教。典、谟、训、诰、誓、命之文，凡百篇。

孔子删《书》之说，因为流行于世的颇多古帝王之传说，而且又有所谓《尚书》逸篇，所以至唐代孔颖达等虽怀疑孔子删《诗》之说，而于删《书》之说，则仍旧尊信，没有提出若何疑问。

到了宋代，因宋儒颇受唐人辨伪的影响而其风愈炽，关于古经，颇多怀疑，对于删《书》之说，才有人提出疑问来。林之奇

《尚书集解》说：

《书》孔子所定，凡百篇。孔子之前，《书》之多寡不可得而见。《书纬》云：孔子得黄帝玄孙帝魁，凡三千二百四十篇，为《尚书》；断远取近，定其可为世法者百二十篇，为《简书》。此说不然。古书简质，必不若是之多也。班孟坚《艺文志》于古今书外，又有《周书》七十一篇。刘向云：周时号令，盖孔子所论百篇之余。于周时所删去者才七十一篇，自周以前疑愈少矣，谓有三千余篇，非也。

这虽然相信"《书》孔子所定，凡百篇"，但于《尚书纬》谓有三千余篇，则以为"必不若是之多"，已认为《尚书纬》之说不足信。其后怀疑孔子删《书》的，还有朱子，据《朱子语类》卷第七十八载：

至之问："《书》断自唐虞以下，须是孔子意？"曰："也不可知。且如三皇之书言大道，有何不可！便删去。五帝之书言常道，有何不可！便删去。皆未可晓。"

又说：

春秋时《三坟》、《五典》、《八索》、《九丘》之书……若果全备，孔子亦不应悉删去之，或其编简脱落不可通晓，或是孔子所见止自唐、虞以下，不可知耳。（《文集》卷六十五《尚书》）

他这样说，一方面是指出《书》之所以断自唐虞的缘故，一方面对于"删《书》"说："有何不可？便删去。""孔子亦不应悉删去之"，就伪《孔序》所言孔子删《书》之事，而提出种种的疑问。

其后如孙宜说：

《尚书纬》言孔子求《书》，得黄帝玄孙帝魁之《书》，迄秦穆公，凡三千二百四十二篇。黄帝至尧、舜不远，尧、舜至秦穆公不千年，《书》至三千二百四十二篇，不过多耶？斯汉儒侈大之言，无足信也。

这是同于林之奇的怀疑删《书》说之来源——《尚书纬》，而以篇数之多为可疑的。

沈自选亦说：

《序》称百篇，商周皆三十九篇，夏止四篇，而虞反十五，此不可信。

这也是就篇数而言，而以虞、夏、商、周四代之《书》在百篇中多寡之数颇相悬殊为疑的。

顾炎武《日知录》卷二引孙宝侗之言曰：

益都孙宝侗仲愚谓："《书序》为后人伪作，《逸书》之名，亦多不典。至于《左氏传》定四年，祝佗告苌弘，其言鲁也；命以伯禽，而封于少皞之虚；其言卫也，曰，命以《康诰》，而封以殷虚；其言晋也；曰，命以《唐诰》，而封以夏虚；是则《伯禽之命》、《康诰》、《唐诰》，《周书》之三篇，而孔子所必录也。今独《康诰》存，二书亡，为《书序》者，不知其篇名，而不列于百篇之内，疏漏显然。则不但《书序》可疑，并百篇之名，亦未可信矣。"

这是就篇名与《书序》言，孔子删《书》为百篇之事，不必尽信。

万斯同《群书疑辨》说：

试取今文论之，如……《甘誓》之孥戮，《酒诰》之群饮咸杀，此商鞅、韩非之法，后世庸主之所不忍者，而谓古帝王为之乎？《盘庚》之三篇，不过数十言可了，而乃演为数千言。大要迫之以威，动之以鬼神，初无体恤下民之意，此不足为有无，即不传亦可。《大诰》专以卜吉为言，亦假鬼神以胁服之，初无深义。

《多士》、《多方》，不过言尔先王取夏亦如此，不可违我命，亦无深义。《吕刑》之赎罪及于大辟，此岂可为后法？《费誓》止饬行陈，反不若《秦誓》之入世有补于君道。愚谓今之《尚书》，必非圣人删定之书。（卷一，《古文尚书辨》一）

这是由现存的今文《尚书》看来，以结果言，亦不似孔子曾有删《书》之事的。

徐与乔《经史辨体》说：

百篇之说无考，止据《书序》耳。《书序》非古也，序《周书》、《商书》皆三十九篇，而《费誓》、《秦誓》又诸侯事，则《商书》反多于周，安在……“宋不足征”乎？且商多，夏何独少？夏少，虞何多？夏十七王，四百六十年事，得书四篇；虞一帝，六十年间事，得书十五篇，是可尽信乎？（《书孔序》）

王咏霓《书序考异》曰：

孔子曰：“《诗》三百，一言以蔽之。”又曰：“诵《诗》三百。”《诗》三百十一篇，言三百者，举其凡也。遍阅书，无孔子言《书》百篇之语。且《仪礼》三百，威仪三千，《中庸》言之。而于《书》无闻也。

（《论孔子不言书百篇》）

这又是由《书序》与《论语》来看，《论语》言“杞不足征”，“宋不足征”，而未尝言《书》百篇，可见孔子并无得黄帝玄孙帝魁之书三千余篇而删为百篇之事。

崔述也说：

伪《孔传书序》云：“伏羲、神农、黄帝之书，谓之《三坟》，言大道也；少昊、颛顼、高辛、唐、虞之书，谓之《五典》，言常道也。孔子睹史籍之繁文，惧览者之不一，讨论《坟》、《典》，断自唐、虞而下。”

《书纬》云："孔子得黄帝玄孙帝魁之书迄于秦穆公，凡三千二百四十篇为《尚书》，断远取近，定其可为世法者百二十篇为简书。"后世多以此说为然。余按，《传》云："郯子来朝，昭子问焉。曰：'少皞氏鸟名官，何故也？'郯子曰：'吾祖也，我知之。'仲尼闻之，见于郯子而学之。"圣人之好古也如是。果有羲、农、黄帝之《书》，传于后世，孔子得之，当如何而爱护之，当如何而表彰之，其肯无故而删之乎？《论语》屡称尧、舜，《孟子》言必称尧、舜，其道唐、虞之事尤祥，而皆无一言及于黄、炎者，则高辛氏以前无《书》也明矣。唯《春秋传》颇言上古时事，然其文多平而弱，其事多奇而诡，与《尧典》、《禹贡》大不类。盖皆出于传闻，必非当时之书之所载也。《三坟》、《五典》之名，虽见于传，然不言为何人所作。故杜氏《注》但云皆古书名。若《书序》果出于安国，杜氏岂容不见而不注也？《虞书》曰："慎徽《五典》"，又曰："天叙有典，自我《五典》"，是知尧、舜之世，已有《五典》，盖即五伦之义。书之策以教民者，安知传之所云，非此《五典》欤？古者以竹木为书，其作之也难，其传之也亦不易。孔子所得止于是，则遂取是而考订整齐之，以传于门人耳，非删之也。《世家》但云序《书》，亦无删《书》之文。《汉志》虽有《周书》七十余篇，然皆后人之所伪撰，刘向但云孔所论百篇之余，亦未尝言孔子之所删也。（《洙泗考信录》卷三）

崔氏此种说法，于《论语》外，更用《左传》来为证明，而以"果有羲、农、黄帝之书，传于后世，孔子得之，当如何而爱护之，当如何而表彰之，其肯无故而删之乎"？又以《论语》"无一言及黄、炎者，则高辛氏以前无书也明矣"。这种论证，都有理由。删《书》之说，看来是不可信的。而且，就《墨子》看来，《墨子》引《书》有许多篇名不在所谓《尚书》百篇之内，墨子之时，无所谓孔子删定本《尚书》。再就《孟子》看，孟子说："尽信《书》则不如无《书》，吾于《武成》取二三策而已矣。"（《尽心下》）如孔子删有定本之《尚书》，《孟子》亦当有所依凭，而不至于如此说的。据现存的《尚书》看来，《尧典》、《禹贡》、《洪范》诸篇，经近人的考订，多出于孔子以后，则不惟《尚书纬》所云孔子删《书》之说不可信，即史迁所云，"序《书传》，上纪唐虞之际，下至秦缪"亦不足以深信。

钱玄同先生曾说：

> 《书》似乎是三代时候的"文件类编"或"档案汇存"。……但我颇疑心它并没有成书。凡春秋战国时所引夏志周书等等，和现在所谓《逸周书》者，都是这一类的东西。所以无论今文家说是二十八篇，古文家说是一百篇，都不足信。既无成书，便无所谓完全或残缺。（《古史辨》第一册）

如《尚书》在孔子时并无成书，则所谓孔子删《书》之说，更不足信了！总之，《尚书》中有许多篇出在孔子后，实很难说《尚书》是孔子所删定的。

孔子删《书》之说，虽不可信，但在先儒之中，则颇有深信此说者，而且清末的今文经学家，也多力主孔子有删《书》之事。刘知几在《史通》之《疑古》、《惑经》诸篇是颇能辨伪的，但是他说：

> 孔子观书于周室，得虞、夏、商、周四代之典，乃删其善者，定为《尚书》百篇。《尚书》者，七经之冠冕，百氏之襟袖，学者必先精此书，次览群籍，譬夫行不由径，非所闻焉。

程子是相信《诗大序》是孔子作的，对于孔子删《书》，也极其相信，他说：

> 孔子讨论《坟》、《典》，断自唐、虞以下。使诚有所谓羲、农之书，乃后世称述当时之事，失其义理，如许行所谓神农之言，及阴阳、医方称黄帝之说尔。此圣人所以去之也。或疑阴符之类是，甚非也。此出战国权变之术，窃机要以为变诈之用，岂上古至淳之道耶？

何异孙的《十一经问对》也极信孔子定《书》百篇，但亦只是相信旧说而已。他以为：

> 《书》者，古之史也。当时事实，有当纪载者，史官书之简策，有君臣相告诰之言，有君命臣者，有臣告君者，有君告民者。孔子定《书》百篇，名之曰：虞、夏、商、周之书。

清儒治《尚书》之学者如阎若璩、惠栋、江声、王鸣盛，皆不怀疑孔子删《书》之说，但如江声云：

> 六艺定于孔子，皆厄而后兴。(《尚书集注音疏述》)

他所以信六艺定于孔子，乃只是信《孔子世家》之说而已。他的理由，不过说“孔子编《书》，欲以垂世立教”而已。我们试看这些信孔子删《书》的说法，大概都是因袭旧说，别无新见，都不足以解释攻击孔子删《书》说者之疑难。

清末的今文经学者颇好附会《公羊》“通三统”之说的，他们以为孔子于群经皆有所删述，删《诗》、删《书》，皆有“通三统”之意。例如刘逢禄《书序述闻》说：

> 孔子序三统之《书》，首《夏书》，而唐、虞者，夏之三统也，故皆以“曰若稽古”首之。

这种说法，在宋翔凤、龚自珍、魏源、廖平，他们的看法都大约相同，都以为孔子删《书》，是具有微言大义的。宋翔凤《书谱》已谓：

> 《论衡·须颂》篇云：“问说《书》者：‘钦明文思’

以下，谁所言也？曰：篇家也。篇家谁也？孔子也。”则汉儒有以《尧典》为孔子之言矣。

已直信《尧典》为孔子作。廖平《知圣篇》说：

> 《春秋》因鲁史加笔削，《诗》与《书》、《礼》、《乐》，亦本帝典礼而加笔削。合者留，不合者去，则《诗》、《书》乃孔子之《诗》、《书》矣。

后来康有为也是主张“六经笔削于孔子，《礼》、《乐》制作于孔子”。他以为：“《尚书》二十八篇，为孔子删定大法。”（《新学伪经考》卷十三）他在《孔子改制考》上也深信王充《论衡》之说，他以为：

> 《尧典》一字皆孔子作，凡有四证。王充《论衡》：“《尚书》自‘钦明文思’以下何人所作也？曰：篇家也。篇家者谁也？鸿笔之人也。鸿笔之人何人也？曰：孔子也。”则仲任尚知此说，其证一。《尧典》制度与《王制》全同，巡狩一章文亦全同。《王制》为素王之制，其证二。文辞若“光被四表，格于上下，克明峻德，以亲九族”等，调谐词整，与《乾卦》彖辞爻辞“云行雨施，品物流行，大明终始，六位时乘”同，并为孔子文笔，其证三。夏为禹年号，尧、舜时禹未改号，安有夏？而不云蛮夷猾唐猾虞而云猾“夏”……证四。

他们这种说法，不惟以孔子有删《书》之事，而且信《尧典》为孔子所作。据我们现在看来，《尧典》与《王制》文同，正足以证明《尧典》之晚出，王充《论衡》之说，本不可信，不可以妄引以为证的。六经笔削于孔子，《礼》、《乐》制作于孔子，这本是清末今文经学家数人之私言，例如崔适也是主张今文经的，他所作的《五经释要》即痛驳康有为孔子改制之说。则可见孔子于六经并非俱有所笔削，孔子删《书》之说，终是不足信的。

王充谓《尧典》为孔子所作，固不可信，即如《书序》所云书篇之作者，亦多不可信。陈汉章《经学通论》云：

> 《书》本史记，多无作者名氏，惟《五子之歌》，为太康昆弟五人作，《典宝》为谊伯、仲伯作，《仲虺之诰》为仲虺作，《明居》、《沃丁》为咎单作，《伊训》、《肆命》、《祖后》及《咸有一德》、《太甲》等篇为伊尹作，《微子》为微子作，《洪范》为箕子作，《旅獒》为召公作，《旅巢命》为芮伯作，《大诰》、《嘉禾》、《康诰》、《酒诰》、《梓材》、《多士》、《无逸》、《君奭》及《将蒲姑》、《多方》皆周公作，《贿肃慎之命》为荣伯作，《费誓》为鲁侯伯禽作，《秦誓》为秦穆公作，明见《书序》。

《书序》之出较晚，本身就不可信。其所云书篇之作者，亦大抵不足信。我们至多只可以《书序》所云，聊备一说而已。

# 四　《尚书》之类别

《尚书》在先秦时，是否已有成书，颇成问题。所谓“以百二篇为《尚书》”，及“凡百篇而为之序”之说，好像本有百篇，实际上在西汉初年，是早已不见有《尚书》百篇的。依史籍之所载，《尚书》之流传有：（一）伏生之今文《尚书》；（二）西汉所得之《泰誓》；（三）孔壁之古文《尚书》；（四）河间献王之古文；（五）张霸之《伪百两篇》；（六）杜林之漆书古文；（七）刘陶之《中文尚书》；（八）梅赜所上之伪《孔传》本；（九）姚方兴之《舜典孔传》本；（十）刘炫所上姚书《舜典》本。经过如此之流传，《尚书》之种类，可说是极复杂的。我们为要明了《尚书》之内容以及对《尚书》之考订，对于上述各种尚书之传出，不可不先为明了，然后才能论及其篇目之计算，以及其真伪之考订。

## （一）伏生之今文《尚书》

伏生的今文《尚书》，是在汉代最早比较流行的，据《史记·儒林列传》说：

> 伏生者，济南人也。故为秦博士。孝文帝时，欲求能治《尚书》者，天下无有，乃闻伏生能治，欲召之。是时伏生年九十余，老，不能行，于是乃诏太常使掌故晁错往受之。秦时焚书，伏生壁藏之。其后兵大起，流亡，汉定，伏生求其书，亡数十篇，得二十九篇，即以

> 教于齐鲁之间。学者由是颇能言《尚书》，诸山东大师无不涉《尚书》以教矣。伏生教济南张生及欧阳生……自此之后，鲁周霸、孔安国，洛阳贾嘉，颇能言《尚书》事。孔氏有古文《尚书》，而安国以今文读之，因以起其家。逸《书》得十余篇，盖《尚书》滋多于是矣。

《史记》这里所述伏生今文《尚书》之来源，可以令我们注意的，约有以下几个问题：

1. 伏生今文《尚书》始传的时间问题。《史记》说孝文时，欲求能治尚书者，这是很易令人误会为“伏生传于既耄之后”。首先疑伪《孔传》本的吴棫就是如此说的。明梅鷟已为之辨明。到了清代阎若璩《尚书古文疏证》也说：

> 梅氏鷟亦谓：吴才老云伏生得于既耄之后为失考……盖汉定，伏生即求其书，以教于齐、鲁之间，不待孝文时始然。生未耄也。今文二十八篇亦从屋壁得之，手授之其人，非待晁错来，始背诵。……凡此等，皆远胜先儒者。

这是伏生在汉定时已传其书，不必要到孝文帝时。

康有为《新学伪经考》更云：

> 按：伏生当孝文时年九十余，计当焚书时，年已六七十矣。从始皇三十四年焚书之时上推，鲁灭于楚，当庄襄王元年，仅三十七年，正值春申君为相之时。荀卿自齐归春申君，伏生当其时已二三十岁矣，上距孟子亦不过数十年。齐、鲁诸儒生千百，而治《尚书》者唯伏生为首，藏书之禁仅数年，藏书之刑仅城旦，不能害也。然则伏生之《书》，为孔子之正传确矣。

康氏此说，虽不免有微误，然而上推伏生之传之早，则为确论。由此看来，我们可知伏生今文渊源之古了！

2. 伏生今文《尚书》传出的人物问题。据《史记》说："于是乃诏太常使掌故晁错往受之。"而在颜师古《汉书注》更引有卫宏定古文《尚书序》云：

> 伏生老不能言，言不可晓也，使其女传言教错。齐人语多与颍川异，错所不知凡十二三，略以意属读而已。

卫宏此说，实不足信。阎若璩《尚书古文疏证》考之云：

> 冯班定远，常熟钱氏之门人也，谓颜注《伏生传》晁错往受《书》事，引卫宏《诏定古文尚书序》为妄。《艺文志》："《尚书》经二十九卷，伏生所传者。"又《志》："秦燔书禁学，伏生独壁藏之。汉兴，求得二十九篇，以教齐、鲁之间。"云壁藏而求之得二十九篇，是伏生自有本，不假口传明矣。《儒林传》："伏生教济南张生及欧阳生。欧阳生千乘人，事伏生。夏侯都尉从济南张生受《尚书》，以传族子始昌。始昌传胜，胜传从兄子建。"则是欧阳、夏侯二家汉人列于学官者，自是伏生亲传，非晁错所受之本明矣。又："伏生有孙，以治《尚书》征。"伏生有孙，则应有子，何至令女传言？若其子幼，不能传书，则伏生年已九十余，安得有幼子乎？且其女能传言，亦应通文字，何至晁错不能得者且十二三，乃以意属读之耶？某曾身至济南、颍川，其语音绝不相远。虽古今或异，大略可知，何至言语不相通耶？卫宏且勿论，颜注《汉书》，号为班氏忠臣，亦赘列斯语，疑误至今，殊可怪耳。

戴震《尚书今文古文考》亦云：

> 卫宏《诏定古文尚书序》云（段玉裁案：当作《诏定古文官书》）："伏生老不能正言，言不可晓，使其女传言教错。齐人语多与颍川异，所不知者，凡十二三，

> 略以其意属读而已。”此不察之说也。济南张生及欧阳生和伯实躬事伏生受书，由是《书》有欧阳、大小夏侯之学。《史记》及《汉书》皆曰：“秦时燔书，伏生壁藏之，汉兴、即以教于齐、鲁之间。”其非得之口诵，无女子传言事甚显白。

这是卫宏所说之不足信。阎氏又云：

> 按《书大序》云：“伏生年过九十，失其本经，口以传授。”此亦是魏晋间卫宏使女传言教错之说盛行，故撰序者采入，而不觉其于史文相背。刘歆有言：“晁错从伏生受《尚书》，《尚书》初出于屋壁，朽折散绝。今其书见在。”曾口授云乎哉？

这是伪孔安国《序》谓伏生“失其本经，口以传授”之说不足信。

3. 关于伏生今文《尚书》壁藏的疑问。据《史记》说：“秦时焚书，伏生壁藏之，其后兵大起，流亡。”其实这也未必是事实。

康有为《新学伪经考》云：

> 《儒林传》虽粹然完书，然云“秦时焚书，伏生壁藏之，其后兵大起，流亡。汉定，伏生求其书，亡数十篇，独得二十九篇，即以教于齐、鲁之间”。又云：“孔氏有《古文尚书》，而安国以今文读之，因以起其家，《逸书》得十余篇，盖《尚书》滋多于是矣。”又云：“《礼》固自孔子时而其《经》不具，及至秦焚书，书散亡益多，于今独有《士礼》，高堂生能言之。”此三条是刘歆窜乱以惑人者。考《六经》之传，有书本，有口说。博士所职，孔庙藏书，是传本也。然吴祐写书，汗青盈车，其子辄以薏苡之谤为谏，则当时写本甚难，颇赖口说。伏生于《尚书》是其专门，即有百篇，皆所熟

诵。当时《春秋》赖口说流传，《诗》则以其讽诵，皆至公羊寿、申公、辕固生、韩婴乃著竹帛，以故《公》、《穀》二传，鲁、齐、韩《三家诗》，文字互异、良由口说之故。……《诗》不过三百五篇，《书》不过二十八篇，为文甚简，人人熟诵，诚不赖书本也。若专赖壁藏之简而后二十九篇得存，则《诗》、《春秋》未闻有壁藏之简，何以三百五篇之文，二百四十二年之事得全乎？若谓《诗》有韵语，讽诵易存，《书》文聱牙，非简不存，则《春秋》及《二传》，岂有韵语乎？故《隋志》之言曰："至汉，唯济南伏生口传二十八篇，又河内女子得《泰誓》一篇，献之。"曰"口传"，曰"二十八篇"，曰"河内女子得《泰誓》一篇"，其说出《论衡》，此必今学家之说，足以破壁藏流亡数十篇之谬，并足破伏生得二十九篇之误矣。且伏生为秦博士，秦虽焚书而博士所职不焚，则伏生之本无须藏壁而致亡也。知此，则壁藏亡失之说更不待攻，而二十八篇为孔子未经秦火之《书》愈明矣。

我们仔细想来，博士所职不焚，则无须乎壁藏的。所以《史记》伏生壁藏之说，实未可信。

4. 关于伏生今文《尚书》篇数的问题。据《史记》说，伏生求其书，亡数十篇，独得二十九篇。此二十九篇之说，在王充《论衡·正说篇》则谓：

《尚书》本百篇，孔子以授也。遭秦用李斯之议，燔烧五经，济南伏生抱百篇藏于山中。孝景皇帝时，始存《尚书》。伏生已出山中，景帝遣晁错往从受《尚书》二十余篇。伏生老死，《书》残不竟。晁错传于倪宽。至孝宣皇帝之时，河内女子发老屋，得逸《易》、《礼》、《尚书》各一篇，奏之。宣帝下示博士，然后《易》、

《礼》、《尚书》各益一篇，而《尚书》二十九篇始定矣。

《正说篇》又云：

> 或说《尚书》二十九篇者，法曰斗七宿也。四七二十八篇，其一曰斗矣……

王充是传今文《尚书》欧阳之说的，据他所说看来，伏生所得本只二十八篇，非二十九篇。后来王肃伪《孔丛子·连丛篇》载孔臧《与其弟书》也说：

> 臧闻《尚书》二十八篇，取象二十八宿，谓为信然。不知其有百篇也。

《孔丛子》虽然出于王肃，然如即以此言为肃之言，则当时惟闻有二十八篇之说，可见在汉代是确有此传说，不是王充一人的意见。

《汉书·楚元王传》臣瓒《注》亦云：

> 当时学者，谓《尚书》唯有二十八篇，不知本有百篇也。

据颜籀《汉书序例》云："有臣瓒者，莫知氏族，考其时代，亦在晋初。"则可见《尚书》二十八篇之说，在晋以前，是通行的。故《隋书·经籍志》亦云：

> 至汉，唯济南伏生口传二十八篇。又河内女子得《泰誓》一篇，献之。

伏生所传只有二十八篇，而《史记》所以以为得二十九篇的，据陆德明《经典释文·叙录》的解释说：

> 《泰誓》本非伏生所传，武帝世始出而得行，史因以入于伏生所传之内，故曰二十九篇。

这种说法，在孔颖达《尚书正义》也是主张如此。康有为《新学伪经考》卷二则云：

> 云"二十九篇"者，盖《泰誓》后得，后人忘其本原，轻改《史记》"八"字为"九"字，必非史迁原文，

并非歆窜原文。犹戴圣《礼记》本四十六篇，马融增三篇为四十九篇，而《后汉书》曹褒、桥仁传《礼记》皆四十九篇，盖亦后人追改之辞也。

康氏此说，则当以史迁是否已知有增入之篇为准。如史迁已知有此一篇，则或是《史记》原文已如此。要之，《史记》本为二十八篇之说，是比二十九篇之说，较为可信。此二十九篇，后来欧阳《尚书》将《盘庚》一篇，分为上中下，多出两篇，成为三十一篇。马融、郑玄所注《尚书》，更将《顾命》一篇，分出《康王之诰》，将《泰誓》一篇，也分为三篇，又多出三篇，为三十四篇。二十九篇之说，在清代又有主张不加入《泰誓》，而加入《书序》；或以《泰誓》一篇，本在二十九篇之内；或以伏《书》并无《泰誓》，而《顾命》与《康王之诰》，在原来就是分开的。其详当于下篇再述之。

5. 关于伏生今文《尚书》之名称的问题。伏生所传之《书》，本只谓之曰《尚书》，其称为今文《尚书》，是晚起之事。

孔颖达《虞书正义》曰：

案：伏生所传三十四篇者，谓之今文，则夏侯胜、夏侯建、欧阳和伯等三家所传及后汉末蔡邕所勒石经是也。

其《礼记·月令正义》曰：

晁错所受伏生二十九篇，夏侯、欧阳所传者，谓之今文《尚书》。

“今文”二字之解释，则据熊朋来云：

晁错所受伏生，以汉隶写之，故曰今文。

马端临《文献通考》曰：

汉所谓古文，科斗书；今文者，隶书也。唐所谓古文，隶书；今文，世所通用之俗字也。

皮锡瑞《经学通论·书经》说：

汉时所谓今文，今谓之隶书，世所传《熹平石经》与孔庙等处汉碑是也。汉时所谓古文，今谓之古籀，世所传钟鼎、石鼓与《说文》所列古文是也。隶书汉时通行，故谓之今文，犹今人之于楷书，人人尽识者也。古籀汉时已不通行，故谓之古文，犹今人之视篆、隶，不能人人尽识者也。

至于今文《尚书》这一名称之起源，则江声《尚书集注音疏》说：

今文《尚书》，其始止称《尚书》耳。盖以别有古文，故目此为今文《尚书》。今文者，即汉时之隶书。（《经解》卷四〇二）

皮锡瑞《经学通论》也说：

孔子写定六经，皆用古文，见许氏《说文·自叙》。伏生为秦博士，所藏壁中之《书》，必与孔壁同为古文，至汉发藏以教生徒，必易为通行之隶书，始便学者诵习。江声《尚书集注音疏》始用篆文，书不通行，后卒改用今体楷书。观今人不识篆文，不能通行，即知汉人不识古文，不能通行之故。此汉时立学所以皆今文，而古文不立学也。古文《尚书》之名虽出汉初，尚未别标今文之名，但云《欧阳尚书》、《夏侯尚书》而已。刘歆建立古文《尚书》之后，始以今《尚书》与古《尚书》别异。许慎《五经异义》列古《尚书》说，今《尚书》夏侯、欧阳说，是其明证。

今文《尚书》之名，其起甚晚，我们只看《汉志》列《尚书古文经》四十六卷，关于伏生所传之经，但云经二十九卷，亦可见在班固时，所谓今文《尚书》之名尚未通行，更勿论古文《尚书》这一名称了。宋翔凤《尚书略说》云：

汉时但有古文《尚书》，以别于欧阳、夏侯列于学官之书，无今文《尚书》之名，惟《儒林传》言孔氏有古文《尚书》，孔安国以今文读之，因以起其家云云，所谓今文字者，指当时所行隶书之字，以读古文书；非指欧阳、夏侯为今文《尚书》也。东晋伪古文出，而伏生所传微灭，其后乃有今文之目，汉人引欧阳、夏侯从无以今文别之者。

据宋氏此说，则可知今文《尚书》之名当出于东晋以后。

6. 关于伏生今文《尚书》原本的文字问题。今文《尚书》的名称是后加的。更有人以伏生今文在原来并非今文的。龚自珍《泰誓答问·总论汉代今文古文名实》说：

请纵言今文古文。答曰：伏生壁中书，实古文也，欧阳、夏侯之徒以今文读之，传诸博士，后世因曰伏生今文家之祖。此失其名也。孔壁固古文也，孔安国以今文读之，则与博士何以异？而曰孔安国古文家之祖，此又失其名也。今文、古文，同出孔子之手，一为伏生之徒读之，一为孔安国读之。未读之先，皆古文矣；既读之后，皆今文矣。惟读者人不同，故其说不同。源一流二，渐至源一流百。此如后世翻译，一语言也，而两译之，三译之，或至七译之，译主不同，则有一本至七本之异。未译之先，皆彼方语矣；既译之后，皆此方语矣。其所以不得不译者，不能使此方之人晓殊方语故；经师之不能不读者，不能使汉博士及弟子员悉通周古文故。然而译语者未尝取所译之本而毁弃之也，殊方语自在也。读《尚书》者，不曰以今文读后而毁弃古文也，故其字仍散见于群书及许氏《说文解字》之中，可求索也。又译字之人，必华夷两通而后能之；读古文之人，必古今字尽识而后能之。此班固所谓晓古、今语者，必冠世大师如伏生、欧阳生、夏侯生、孔安国庶几当之，余子皆不能也。此今文、古文家之大略也。

龚氏此说，看来似乎甚巧，令人觉着他所说的是不错的，他以为“伏生壁中书，实古文也”。“孔安国以今文读之，则与博士何以异”？好像今古文没有多少分别，其实今文本在原来是否古文，实未可臆定。今文、古文之说，多不相同，决非其文字之差别或异同所能尽其能事的。古文本系伪托，其目的固不在文字上与今文争胜，而有许多是在说解上的。龚氏专在文字上讲异同，是未免知其名而不知其实。

综上所述，我们须知：



1. 伏生今文《尚书》来源之久远，伏生早年，实在先秦之世，其所传授，应比较可信。

2. 伏生今文《尚书》，原有成文，非以口诵相传，如卫宏《诏定古文官书》所云，或如伪《孔序》所云之“失其本经”。

3. 伏生既有本经，而《史记》谓秦时焚书，伏生壁藏之，其后兵大起，流亡，此说实不可信，因为伏生本为秦之博士，无须乎壁藏的。



4. 《史记》谓伏生《书》二十九篇，实只当云二十八篇。加入《泰誓》才成二十九篇。

5. 伏生所传之《书》，本只谓之《尚书》，其曰今文《尚书》，实起东晋之世。

6. 伏生之《书》原本是否古文，不可臆定。龚自珍说伏生壁中书实古文，其说亦不可从。明乎此，然后可以论及伏生今文《尚书》之篇目与真伪。说更详下。

### （二）西汉所得之《泰誓》

《论衡·正说篇》说：“至孝宣皇帝之时，河内女子发老屋，得逸《易》、《礼》、《尚书》各一篇。”此所得之《尚书》一篇，即西汉所得之《泰誓》。

据刘向《别录》云：

> 武帝末，民有得《泰誓》于壁内者，献之与博士，使读说之，数月皆起，传以教人。

刘歆《七略》亦云：

> 孝武皇帝末，有人得《泰誓》书于壁中者，献之与博士，使读说之，因传以教，今《泰誓》篇是也。

刘歆《移书让太常博士》亦云：

> 《泰誓》后得，博士集而读之。

在王充以前，本有此种说法，可知后得之篇，实为《泰誓》。我们对于此西汉所得之《泰誓》，也有几个当注意的问题。

1. 西汉所得《泰誓》的时间问题。王充以为在宣帝时，刘向以为在武帝时，这两说究以何说为当，是我们要知道的第一件事。

据孔颖达《尚书正义》说：

> 《史记》及《儒林传》皆云“伏生独得二十九篇，以教齐、鲁”，则今之《泰誓》非初伏生所得。按马融云：“《泰誓》后得。”郑玄《书论》亦云：“民间得《泰誓》。”《别录》曰：“武帝末，民有得《泰誓》书于壁内者，献之，与博士，使读说之，数月皆起，传以教人。”则《泰誓》非伏生所传。而言二十九篇者，以司马迁在武帝之世，见《泰誓》出而得行，入于伏生所传内，故为史总之，并云伏生所出，不复曲别分析。云民间所得，其实得时不与伏生所传同也。但伏生虽无此一篇，而《书传》有八百诸侯俱至孟津、白鱼入舟之事，与《泰誓》事同。不知为伏生先为此说？不知为是《泰誓》出后，后人加增此语？案：王充《论衡》及《后汉书》献帝建安十四年黄门侍郎房宏等说云：宣帝本始元年，河内女子有坏老子屋，得古文《泰誓》三篇。《论衡》

又云："以掘地所得者。"今《史》、《汉书》皆云伏生传二十九篇，则司马迁时已得《泰誓》，以并归于伏生，不得云宣帝时始出也。则云宣帝时女子所得，亦不可信。或者尔时重得之，故于后亦据而言之。《史记》云伏生得二十九篇，由此，刘向之作《别录》、班固为《儒林传》，不分明因，同于《史记》。

据孔颖达此处所云，则《泰誓》确是武帝时得，故《史记》得以载之。由此看来，是《泰誓》之出，果在武帝时的。不过孔《疏》此说也非无可议论之余地。例如《汉书·武帝纪》：

有司奏议曰："……夫附下罔上者死，附上罔下者刑，与闻国政而无益于民者斥，在上位而不能进贤者逐，此所以劝善黜恶也。"

《汉书·娄敬传》：

敬曰："……武王伐纣，不期而会孟津上八百诸侯……"

这些地方，都与《泰誓》文同，而是否出于《泰誓》，则颇成为问题。《武帝纪》的有司奏议，在元朔元年，时《泰誓》尚未出。娄敬说高祖在汉五年，是时壁中书尚未出，更无论后得之《泰誓》了，则是孔《疏》云"宣帝时女子所得已不可信，"而断以为"司马迁时已得《泰誓》以归并于伏生"。其说亦不可尽信。《别录》、《七略》之说，早于《论衡》以及房宏所云，我们此时只有从《别录》及《七略》之说，《泰誓》后得而已。

2. 西汉所得《泰誓》之真伪的问题。西汉所得之《泰誓》，在马融已颇疑其伪。因马融之颇疑其伪，而有主张伏《书》本无《泰誓》的。据《尚书疏》等书引马融说曰：

《泰誓》后得，按其文似若浅露。又云八百诸侯，不召自来，不期同时，不谋同辞，及火复于上，至于王屋，流为鹏，五至以谷俱来。举火神怪，得无在子所不语中乎？又《春秋》引《泰誓》曰："民之所欲，天必从之。”《国语》引《泰誓》曰：“朕梦协朕卜，袭于休祥，戎商必克。”《孟子》引《泰誓》曰：“我武惟扬，侵于之疆，取彼凶残，杀伐用张，于汤有光。”孙卿引《泰誓》曰：“独夫受。”《礼记》引《泰誓》曰：“予克受，非予武，惟朕文考无罪；受予克，非朕文考有罪，惟予小子无良。”今文《泰誓》皆无此语。吾见书传多矣，所引《泰誓》，而不在《泰誓》者甚多，弗复悉记。略举五事以明之，亦可知矣。

王肃也说：

《泰誓》近得，非其本经。

西汉所得之《泰誓》，经马、王此说之疑难，颇有以马、王之言为是者，例如孔颖达于《孔序疏》云：“《泰誓》理当是一，而古今文不同者，既马融所云‘吾见书传多矣’，凡诸所引，今之《泰誓》皆无此言。而古文皆有，则古文为真，亦复何疑?”《孔疏》正是由马融之疑今文《泰誓》，而以西汉所得之今文《泰誓》为可疑转而以伪古文《泰誓》为可信的。清儒江声始不以马融之说为然。他在《尚书集注音疏》中云：

案融之意，以《泰誓》非伏生所传，故疑之尔。融独不见伏生之《尚书大传》乎?《泰誓》“维四月，太子发上祭于毕”云云，《大传》即引其文矣，其所以不传者，盖生年老，容有遗忘，自所得二十八篇之外，不能记忆其全故尔。《大传》引《九共》曰“予辨下土，使民平平，使民无敖”，引《帝告》曰“施章乃服明上下”，能录其片语，而不传其全文，是其不能记忆之明验也。然则《泰誓》虽不出于伏生，不得谓非秦火已前伏生所藏之旧文矣。……又若火流为雕，以穀俱来，斯乃符命之应，犹《龟书》《马图》之属也。孔子系《易》曰：“河出《图》，洛出《书》，圣人则之。”《论语》记孔子之言曰："凤鸟不至，河不出《图》，吾已矣乎！"然则符瑞之征，圣人且觊幸遇之，而乃以火流谷至为神怪，谓为子所不语，岂通论乎！……融又以《书传》所引《泰誓》甚多，而疑此《泰誓》皆无有。声又案……《大传》引《般庚》曰："若德明哉，汤任父言，卑应言。"引《无逸》曰："厥兆天子爵。"今《般庚》、《无逸》俱在，而皆无是言。经与传俱出于伏生，不应传录其文，经反遗其语。然则伏生既传之后，欧阳、夏侯递有师承，犹不能无阙逸，况《泰誓》经灰烬之余，百年而出，反怪其有遗逸邪？……传之者仅守残篇而不敢补缉，故无诸传记所引之语，斯何足怪乎！季长之说，吾不谓然，故为此辨。(《经解》三九四)

江氏此说，虽亦言之成理，但在他前后的人，仍多信马融所云，而不信江氏此说的。例如龚自珍《泰誓答问》主张"后得者非《泰誓》"，正是以《泰誓》之文为不可信（说更详下)。





3. 西汉所得《泰誓》的篇数问题。因为马融说"吾见书传多矣，所引《泰誓》而不在《泰誓》者甚多"，所以有的学者，主张《泰誓》有三。臧琳《经义杂记〈尚书·泰誓〉有三》云：

《书序正义》引马融云："……又《孟子·滕文公下》引《泰誓》。"赵注云："《泰誓》古，《尚书》百二十篇时之《泰誓》也。今之《尚书·泰誓》篇，后得以充学，故不与古《泰誓》同也。诸传记引《泰誓》，皆古《泰誓》也。"据赵、马之说，知记传《孟》、《荀》所引，皆未焚书前之《尚书》，所谓古《泰誓》，此一也。《史记·周本纪》云："武王上祭于毕，东观兵，至于盟津。为文王木主，载以车，中军。武王自称'太子发'，言奉文王以伐，不敢自专。乃告司马、司徒、司空、诸节：齐栗，信哉。予无知，以先祖有德臣，小子受先功，毕立赏罚，以定其功，遂兴师。师尚父号曰：'总尔众庶，与尔舟楫，后至者斩！'武王渡河，中流，白鱼跃入王舟中，武王俯取以祭。既渡，有火自上复于下，至于王屋，流为乌，其色赤，其声魄云。"《集解》引马、郑之言。《索隐》曰，皆见《周书》及今文《泰誓》。《齐世家》亦载斯事。《索隐》引马融说，以为今文《泰誓》，《汉书·礼乐志》："《书序》殷纣断弃先祖之乐，乃作淫声，用变乱正声，以悦妇人。"《郊祀志》："《泰誓》曰，正稽古立功立事，可以永年，丕天之大律。"《董仲舒传》："《书》曰：白鱼入于王舟，有火复于王屋，流为乌，周公曰：复哉、复哉。"《平当传》："《书》云：正稽古建功立事，可以永年，传于无穷。"《谷永传》："《书》曰：乃用妇人之言，自绝于天。四方之逋逃多罪，是宗是长，是信是使。"《白虎通·爵篇》："天子之子称太子，《尚书》曰：太子发升于舟。"《周礼·大祝》："《书》曰：王动色变。"贾《疏》："《泰誓》云，周公曰：'都！懋哉！予闻古先哲王之格言。'太子发再拜手稽首。"又今文《泰誓》，得火乌之瑞："使上附以周公书，报诰于王，王动色变。"《艺文类聚·十六》引《尚书》曰："太子发上祭于毕，下至于盟津之上，乃告司马、司徒、司空。"又曰："太子发升于舟，中流，白鱼入于舟，王跪取出涘，以燎，群公咸曰：'休哉。'"《说文·攴部》："孜，汲汲也。《周书》曰，孜孜无怠。"《水部》："涘，涯也。《周书》曰，王出涘。"手部："搯，搯也。《周书》曰：师乃搯。搯者，拔兵刃以习击刺。"此俱汉初壁内别出之《泰誓》，即马氏所称"其文似若浅露、神怪，在子所不语"者。然两汉大儒皆见之，马、郑、王肃为古文学者，皆为之注，此二也。至

东晋臧彦始授梅赜《古文尚书》，内又有《泰誓》三篇，自唐以来，立于学官，即今日所诵读者，此三也。(《经解》卷一九五)

臧氏谓《泰誓》有三，古《泰誓》、汉《泰誓》、伪《泰誓》，其说尚未尽是，似当更有孔壁古文之《泰誓》。关于这一点，我们只需一理会到古文经四十六卷五十八篇中有《泰誓》三篇便可立刻明了。王引之在《经义述闻·伏生〈尚书〉二十九篇说》云：

桓谭《新论》曰："古文《尚书》，旧有四十五卷，五十八篇。"(案：桓谭不将《序》算在内，所以说是四十五卷）五十八篇者，于十六篇中，九分《九共》为二十四篇；于二十九篇中，三分《盘庚》及《泰誓》，又于《顾命》分出《康王之诰》，为三十四篇，统计之则为五十八篇也。其实《九共》九篇同为一事，合而言之，亦可称为一篇，合则二十四篇减其八，仍为十六篇矣。《盘庚》三篇，《泰誓》三篇，《顾命》、《康王之诰》二篇，此八篇合而言之，亦可称为三篇，合则三十四减其五，仍为二十九篇矣。统计十六篇，与二十九篇为四十五篇，篇各为卷，则为四十五卷，是古文二十九篇有《泰誓》矣。

王氏又以《史记》中引用的《泰誓》"流为乌"，马融本"乌"作"雕"；郑《注》说："雕当为鸦，鸦，乌也。"王氏说："马、郑传《古文尚书》，作'雕'者古文《泰誓》，作'乌'者则今文《泰誓》也。"

这也可见古文有《泰誓》。顾广圻在《梅鷟尚书考异序》中也说：

梅氏、阎氏皆不知真《泰誓》伏、孔皆有，即《史记》所载、郑康成所注之类，又俟惠征君栋之《古文尚书考》出而后正之。

清儒考明《泰誓》有古文者不只王引之一人，臧琳以为《泰誓》有三，吴承仕《经典释文序录疏证》也只以"《泰誓》有三"。我们应当严格地说，《泰誓》有四：（一）古《泰誓》；（二）今文《泰誓》；（三）古文《泰誓》；（四）伪《泰誓》。在这四种本子中，如今文《泰誓》，还可以分别其传本的不同，如娄敬、董仲舒、终军、司马相如都引用《泰誓》，还很难以说只有《大传》本、《史记》本与河内本的。不过从这里所说的《泰誓》有四，我们可因此以明西汉后得之《泰誓》，只是《泰誓》本子中之一种，不可与古《泰誓》、孔壁古文《泰誓》、伪《泰誓》并为一谈。清代的学者，不明于《泰誓》之有四，或以西汉所得之《泰誓》为上篇，古《泰誓》为中下篇，这是不当的。龚自珍《泰誓答问》第二十《论近儒遁词》曰：

> 自马、王而外，尚有赵岐、韦昭、服虔、杜预之言，而赵岐注《孟子·滕文公》篇，则明曰："《泰誓》者，古百二十篇之《泰誓》也。"（赵用《书纬》之说，故曰百二十篇）今之《泰誓》，后得以充学，故不与古《尚书》同。伟哉此论，与季长重规叠矩，厥后韦于《国语》，服、杜于《左传》，皆屡疑之。近儒无可如何，乃曰："凡《左氏春秋》、《国语》、《管》、《墨》、《孟》、《荀》所引皆《泰誓》中下篇，其允学者，民间所献一篇，独上篇。"则何民间本、孔壁本不约而同适皆独此上篇也？又曰："虽已完具，而间有脱简。"何脱简之多也？且又何以民间本、孔壁本同此简也？遁词知其所穷。（《经解续编》卷九三〇）

这是妄以西汉所得之《泰誓》为上篇，或中篇。而以古《泰誓》当西汉时所得《泰誓》之一篇之不合。龚氏又论充学之《泰誓》是一篇、是三篇处处不合曰：

宝鼠腊之徒，欲诬今文家则以为一篇，欲诬孔壁，则以为三篇，凡诬今文而一篇之者，则欧阳、夏侯增二十八为二十九，及二十八宿加北斗之说是也。欲诬古文而三篇之者，则曰五十八，曰去《武成》尚五十七之说也。至伪《孔序》则又以一篇诬古文，如曰增多伏生二十五是也。至唐人则又以三篇诬今文，如曰伏生三十有四篇是也。率惝恍而难凭，终游移而失据。是书之为一为三，何足深论？（同上）

龚氏是主张西汉所得《泰誓》根本与伏生家法无涉，所以说“是一篇是三篇处处不合”。但他以为：“意者民间献书时原止一篇，厥后博士俗师憙事之徒，欲塞诏书，起传教人者，见百篇之序甚明，因析而为三，使合于孔门之旧。”则他仍不反对由一而析为三之说。不过今文《尚书》对西汉所得之《泰誓》，则俱以为一篇，在欧阳、大小夏侯俱如此，古文则以为三，这是我们当注意的而已（说详下章）。





4. 西汉所得《泰誓》的名称问题。此西汉所得之《泰誓》，既经博士之起传以教人，后来即归并于伏生今文《尚书》中，所以亦谓之曰今文《泰誓》。江声《尚书集注音疏》说：

案：《泰誓》初出屋壁，当是古文，既入于学官，博士遂用隶写之，以合于伏生之书，故亦为今文。东晋时又别有伪古文《泰誓》，故颜师古《汉书注》，司马贞《史记·索隐》，皆称此为今文《泰誓》也。（《经解》四〇二）

陈乔枞《今文尚书经说考》也说：

案，《泰誓》不在伏生《书》二十八篇之内。刘向《别录》云：“武帝末，民有得《泰誓》书于壁内者，献之，与博士，使读说之数月，皆起传以教人。”刘歆《七略》亦云然。是当时《泰誓》列于学官，博士所课者。故师古《汉书注》，章怀《后汉书注》，小司马《史记·索隐》，李善《文选注》引《泰誓》文，皆以为今文《尚书》也。(《续经解》)

这两说都是不错的。王引之是主张伏生二十九篇原来即有《泰誓》，他在《经义述闻·伏生〈尚书〉二十九篇说》中说：

曰：伏书有《泰誓》，则《别录》何以谓武帝末？民间献《泰誓》，与博士使读说之，传以教人乎？曰：此向、歆传闻之伪也。伏生书本有《泰誓》，民间惟有献书者，亦与之同。伏生、张生、欧阳生读而说之也久矣，何待民间献之，而始传以教人乎？又安得以为后得乎？且依后得之说，则前此诸儒，皆应不见《泰誓》。何以董仲舒对策引《泰誓》，而欧阳生、张生之徒论述伏生之《书》，又屡言《泰誓》乎？窃以向、歆之言，失事实矣。曰：鲁恭王坏孔子宅，得古文《尚书》，当在景帝时，而歆以为武帝末；孔安国早卒，未尝至天汉时亦见《疏证》，而歆以为天汉之后；安国献古文《尚书》，皆非事实，学者亦将从而信之乎？大抵考古当论时代，向、歆在宣、元、成、哀之世，去伏生传经时已远，故传闻或讹。若欧阳生、张生亲受业于伏生者，其可信远过于向、歆，学者据《大传》以正向、歆之失，可也。自向、歆误言后得，而马融、王肃诸儒并承其误，咸谓《泰誓》可疑。其后伪孔乃臆撰《泰誓》以易之。而伏生之《泰誓》竟由此亡矣。考据之不审，其流弊乃至于是。哀哉！(《经解》一一八三)

王氏此说，谓《泰誓》后得，乃向、歆传闻之讹，《史记》言二十九篇，原本即有《泰誓》，其说之是非，容再为详论。其以《泰誓》为今文，则与历代诸儒之说同。历代《尚书》学者，大约都以《泰誓》为今文，惟龚自珍《泰誓答问》则以“后得者非《泰誓》”而主张“泰誓晚立，与伏生家法无涉”，不以《泰誓》为今文《尚书》之一，这种说法，则尚觉其不甚允当。我们只有将此种《泰誓》与伏生今文《尚书》合并为一，以论其篇目次第（说更详下）。

**（三）孔壁之古文《尚书》**

《史记·儒林传》说：“孔氏有古文《尚书》，而孔安国以今文读之，因以起其家逸《书》，得十余篇，盖《尚书》滋多于是矣。”这是关于古文《尚书》之来历最初见于史籍之记载者，不过此处所记，依康有为《伪经考》说是刘歆所窜入，古文《尚书》之来历，最初称述的，要算是刘歆。据《汉书·楚元王传》之刘歆《移书让大常博士》云：



> 鲁恭王坏孔子宅，欲以为宫，而得古文于坏壁之中，逸《礼》有三十九篇，《书》十六篇。天汉之后，孔安国献之，遭巫蛊仓卒之难，未及施行。



后来《汉书·艺文志》也说：

> 古文《尚书》者，出孔子壁中，武帝末，鲁共王坏孔子宅，欲以广其宫，而得古文《尚书》及《礼记》、《论语》、《孝经》凡数十篇，皆古字也。共王往入其宅，闻鼓琴瑟钟磬之音，于是惧，乃止不坏。孔安国者，孔子后也，悉得其书，以考二十九篇，得多十六篇。安国献之，遭巫蛊事，未列于学官。

其后《论衡·正说》篇则云：

> 孝景帝时，鲁恭王坏孔子教授堂以为殿，得百篇《尚书》于墙壁中。武帝使使者取视，莫能读者，遂秘于中，外不得见。

伪《古文尚书·孔序》亦云：

> 及秦始皇灭先代典籍，焚书坑儒，天下学士逃难解

散，我先人用藏其家，书于屋壁。汉室龙兴，开设学校，旁求儒雅，以阐大猷。济南伏生年过九十，失其本经，口以传授，裁二十余篇。以其上古之书，谓之《尚书》。百篇之义，世莫得闻。至鲁共王好治宫室，坏孔子旧宅，以广其居，于壁中得先人所藏古文虞、夏、商、周之书，及《传》、《论语》、《孝经》，皆科斗文字。王又升孔子堂，闻金石丝竹之音，乃不坏宅，悉以书还孔氏。

伪孔之说，正是依据刘、班与《论衡》以编成的。但在我们现在看来，刘、班与《论衡》所云，略有不同。他们所述孔壁古文《尚书》之来源，我们须注意的，亦略数事：



1. 孔壁古文《尚书》始传的时间问题。《汉书·艺文志》所云"鲁共王坏孔子宅"的时间作武帝末，"武帝末"三字当依据《论衡》作孝景帝时。这在阎若璩《尚书古文疏证》已为辨明。阎氏云：



王充《论衡》，或得于传闻。传闻之与亲见，固难并论也。且云武帝使使者取视，不云安国献之而云武帝取视，此何据也？惟云孝景帝时鲁共王坏孔子宅较武帝末三字则确甚。何也？鲁共王以孝景前三年丁亥徙王鲁，徙二十七年薨，则薨当于武帝元朔元年癸丑，武帝方即位十三年，安得云武帝末乎？且恭王初好治宫室，季年好音，则其坏孔子宅以广其宫，正初王鲁之事，当作孝景帝时三字为是。（《续经解》）

阎氏此种考证，可谓信而有征，在清代中，说《尚书》者，大约俱从其说。

2. 孔壁古文《尚书》传出的人物问题。刘、班所云，俱以献书者为孔安国，其实天汉之后，孔安国早已死去，这说法也是有错误的。阎若璩《尚书古文疏证》云：

按《孔子世家》，安国为皇帝博士，至临淮太守，蚤卒。司马迁亲与安国游，记其蚤卒，应不误。然考之《汉书》，又煞有可疑者。《兒宽传》，宽以郡国选诣博士，受业孔安国。补廷尉文学卒史，时张汤为廷尉。案汤为廷尉，在武帝元朔三年乙卯。《楚元王传》，天汉后，孔安国献古文《书》，遭巫蛊之难，未施行。案巫蛊难在征和元年己丑，二年庚寅，相距凡三十五六年。汉制择民年十八以上，仪状端正者，补博士弟子。则为之师者，年又长于弟子。安国为博士时，年最少，如贾谊亦应二十余岁矣。以二十余岁之博士，越三十五六年始献《书》，即甫献《书》而即死，其年已五十七八，且望六矣，安得为蚤卒乎？况孔氏子孙都无高寿者，不过四十五、十耳。四十、五十俱不谓之蚤卒，何独于安国而夭之乎？（同上，卷二九）



又云：



予尝疑安国献《书》，遭巫蛊之难，计其年必高，与马迁所云蚤卒者不合。信《史记》蚤卒，则《汉书》之献《书》者，必非安国；信《汉书》献《书》，则《史记》之安国必非蚤卒。然马迁亲从安国游者也，记其生卒，必不误者也。窃意天汉后，安国死已久，或其家子孙献之，非必其身，而苦无明证。越数载，读荀悦《汉纪·成帝纪》云："鲁恭王坏孔子宅，得古文《尚书》，多十六篇。武帝时，孔安国家献之。会巫蛊事，未列于学官。"于安国下增一"家"字，足补《汉书》之漏，益自信此心理之同。而《大序》所谓作《传》毕，会国有巫蛊。出于安国口中，其伪不待辨矣。

阎氏以安国蚤卒，天汉之后，献书者为孔安国家，举荀悦《汉纪》为证。这在朱彝尊也是如此主张的。朱氏《经义考》云：

考之《汉书》，司马迁尝从孔安国问故，迁盖与都尉朝同受《书》于安国者也。然迁述《孔子世家》称："安国为今皇帝博士，至临淮太守，蚤卒。"《自序》则云："予述黄帝以来，至太初而讫。"是安国之卒，本在太初以前。若巫蛊事发乃征和二年，距安国之殁，当已久矣。班固叙《艺文志》，于古文《尚书》云，遭巫蛊事，未列于学官，乃史氏追述古文所以不列学官之故耳。而伪作安国《序》者，乃云："会国有巫蛊事，经籍道息。"竟出自安国口中，不亦刺谬甚乎？或曰，刘歆《移书让太常博士》，其文载于《汉书》、《文选》，称古文《书》十六篇。天汉之后，孔安国献之，此不足信耶？曰：荀悦《汉纪》于成帝三年备述刘向典校经传，考集异同，于古文《尚书》、《论语》、《孝经》云："武帝时孔安国家献之，会巫蛊事，未列于学官。"则知安国已逝，而其家献之。《汉书》、《文选》锓本流传，脱去"家"字耳。按其本末，安国《书序》之伪，不待攻而自破矣。

又云：

或曰：《史记》虽讫太初，然《自序》又云："论次其文，七年而遭李陵之祸。"实天汉三年也。故荀悦《汉纪》亦云："司马迁据《左氏春秋》、《国语》，采《世家》、《战国策》，逮《楚汉春秋》，接其后事，迄于天汉。"今于《李广传》附载陵事，《大宛传》载李广利事。又如《卫将军骠骑列传》载公孙贺、公孙敖、韩说、赵破奴，皆直书巫蛊狱，多系征和年事，安见安国不卒天汉后乎？曰：《家语》附录称安国受书于伏生，生故秦博士，至文帝时，年已九十，安国从而问业，最幼年已十五六矣。司马迁谓安国早卒，《家语》后序安国年六十卒于家。今就文帝末年安国年十五计之，则其卒当在元鼎间。若天汉之后，改元太始，安国年已七十二，迨征和二年，巫蛊事发，安国年七十有七矣，尚得谓之早卒乎？当依《汉纪》增“家”字为是。

朱氏此种说法，所举之证，犹不如阎氏所举之坚确，不过所说较易明了，故如简朝亮《尚书集注述疏》，直采用朱氏之说。而王鸣盛《尚书后案》则云：

愚谓阎、朱二说俱佳。宋本《文选》刘歆《移书》亦有‘家’字。巫蛊出安国口中，其谬可知。但安国之生卒，当依《史记·世家》为定。《世家》载孔氏子孙年皆四十、五十，皆不谓之早卒，而独言安国早卒，则安国之年，只可以四十为断。《家语·附录》云六十者，不可信。《家语》本王肃私定，况《附录》又何足据？以安国年四十推之，倪宽受业于安国在元朔三年，时安国约年二十余。则其生当在景帝中年，其卒当在元鼎、元封之间，此为定论。则谓安国于文帝时已受业于伏生者，更谬。（《经解》四三四上）





由此看来，朱氏之说，实远不如阎氏之说，近人说《尚书》者，但知采朱氏之言，以为朱氏之所发明，殊不知其非是也。

3. 关于孔壁古文《尚书》壁藏者的问题。刘、班说鲁恭王坏孔子宅，得古文《尚书》于孔壁之中，这壁藏者为谁，亦是有问题的，据《汉书》师古注云：

《家语》云：“孔腾，字子襄，畏秦法峻急，藏《尚书》、《孝经》、《论语》于夫子旧堂壁中。”而《汉纪·尹敏传》云“孔鲋所藏”。二说不同，未知孰是。

陆德明《经典释文·叙录》则说：

古文《尚书》者，孔惠之所藏也。

刘知几《史通》外篇《古今正史篇》亦本《释文》与《隋志》云：

属秦为不道，坑儒禁学，孔子之末孙曰惠，壁藏其书……古文《尚书》者，即孔惠之所藏，科斗之文字也。

沈钦韩《汉书疏证》又云：

> 《孔丛子·独治篇》："陈余谓子鱼曰：'秦将灭先王之籍，而子书籍之主，其危矣乎?'子鱼曰：'吾将先藏之。'"《家语序》云："孔腾子襄，子襄即子鱼弟，容得同计也。"

这几种说法或以为孔腾，或以为孔鲋，或以为子鱼，或以为孔惠。即令孔襄、孔惠是以形近而讹，还有三种不同的说法。但《家语》、《孔丛》，并王肃伪作，其说既颇难据；《汉纪》所载，亦无所依凭。这些说法，都很难令我们置信，现在我们对于这种种的异说，最好存而不论。

4. 关于孔壁古文《尚书》之"古文"解释的问题。所谓古文《尚书》的古文，其解释也各不同。依马端临的解释是："汉之所谓古文者科斗书。"而皮锡瑞则又以为："汉时所谓古文，今谓之古籀。"这两种说法不同。据《说文解字·自序》云：

> 仓颉之初作书，盖依类象形，谓之文……及宣王太史籀，著《大篆》十五篇，与古文异。至孔子书六经，左丘明述《春秋传》，皆以古文。……及亡新居摄……甄丰等校文书之部，自以为应制作，颇改定古文，时有六书一曰古文，孔子壁中《书》也。……壁中《书》者，鲁恭王坏孔子宅而得……

许慎这种说法，是谓古文与史籀不同。而伪《孔序疏》引郑玄《书赞》则云：

> 《书》初出屋壁，皆周时象形，今所谓科斗书。以形言之为科斗，指体即周之古文。

则是以古文为科斗书，据王鸣盛《尚书后案》云：

> 郑又云皆周时象形文字，今所谓科斗书者。王隐

> 《晋书·束晳传》云："竹书漆字科斗文。头粗尾细，似科斗之虫，故俗名之焉。"孔颖达伪孔安国《序疏》引郑此文而释之云："书有六体：一曰指事，二曰象形，三曰形声，四曰会意，五曰转注，六曰假借，此造字之本。郑云：周之象形文字者，总指书像科斗之形，不谓六书之内一曰象形也。郑又云："以形言之为科斗，指体即周之古文者。"《水经》二十五泗水注云："鲁恭王坏孔子宅，得《尚书》。时人已不复知有古文，谓之科斗书。"王隐《束晳传》云："科斗文者，周时古文也。"许慎《自叙》云……据此谓史籀、大篆与仓颉古文异。而《汉书·艺文志》亦云。然惟孔书六经用古文，盖籀文为周时世俗通行之字，孔子好古，故用古文，即安国得之而递传之康成者也。《说文·自序》又云："今叙篆文，合以古籀。其称书孔氏，皆古文也。"慎子冲上书亦云："臣父慎，从贾逵受古学，学孔氏古文说。"今《说文》所载古文，皆作两头锐形，不为头粗尾细，则不可知矣！（《经解》四三三）

科斗书为头粗尾细，而今《说文》所载古文皆作两头锐形，已是可疑，其实所谓科斗书与古文，从根本上看来，也都是可疑的。王国维《观堂集林·卷七·科斗文字说》云：

> 科斗文字之名，先汉无有也。惟汉末卢植上书"有古文科斗近于为实"之语，而其下所言，乃《毛诗》、《左传》、《周官》，不及壁中书。郑康成《书赞》云："书初出屋壁，皆周时象形文字，今所谓科斗书。"始以古文《尚书》为科斗书，然卢、郑以前，未尝有此名也。卫恒《四体书势》始云："鲁恭王坏孔子宅，得《尚书》、《春秋》、《论语》、《孝经》时人已不复知有古文，谓之科斗书。汉世秘藏，希得见之。"伪孔安国

《尚书序》亦云："鲁恭王坏孔子宅，于其壁中，得先人所藏古文虞夏商周之书，皆科斗文字。"始以科斗之名为先汉所有。实则此语盛行于魏晋以后。杜预《春秋经传集解·后叙》云："汲郡有发其界内旧冢者，大得古书，皆简编科斗文字。"王隐《晋书·束皙传》亦云："太康元年，汲郡民盗发魏安厘王冢，得竹书漆字科斗之文。科斗文者，周时古文也，其头粗尾细，似科斗之虫，故俗名之焉。"今《晋书·束皙传》亦云："汲冢书皆科斗书。"是科斗之名起于后汉，而大行于魏晋以后。且不独古文谓之科斗书，且篆文亦蒙此名。《束皙传》又云："有人于嵩高山下，得竹简一枚，上两行科斗书，传以相示，莫有知者。司空张华以问皙，皙曰：'此汉明帝显节陵中策文也。'"检验果然。夫汉代册文，皆用篆不用古文，而谓之科斗书，则魏晋间凡异于通行隶书者，皆谓之科斗书，其意义又一变矣。又汉末所以始名古文为科斗文字者，果自验古文体势而名之乎？抑当时博古文者所书或如是乎？是不可知。然魏三体石经中古文，卫恒所谓因科斗之名遂效其形者，今残石存字，皆丰中锐末，与科斗之头粗尾细者略近。而恒谓转失淳法，则邯郸淳所传之古文体势不如是矣。邯郸淳所传古文不如是，则淳所祖之孔壁古文体亦必不如是矣。卫恒谓："汲县人盗发魏襄王冢，得策书十余万言。案敬侯所书，犹有仿佛。"敬侯者，恒之祖卫觊，其书法出于邯郸淳，则汲冢书体，亦当与邯郸淳所传古文书法同，必不作科斗形矣。然则魏晋之间所谓科斗文，犹汉人所谓古文，若泥其名以求之，斯失之矣。

王国维这一篇文字的结论以为魏晋之间所谓科斗文，犹汉人所谓古文，他是要说明科斗文与古文实一而二、二而一的。但科斗文这一名称之起源，决非无故而来，如只如汉时所谓古文，不是头粗尾细，则如卢植、郑玄又何以用此名呢？王氏说“泥其名以求之，则失之矣”，我们实不解何以不当泥其名的。王氏之说，无非欲以科斗文与古文合而为一，然而并无确据。且即如其说，而所谓古文仍是可疑的。钱玄同先生在《重论经今古文学问题》一文中依据王国维《桐乡徐氏印谱序》所考明古文经所用古文之来源说：

> ……王氏这几段话，明明告诉我们三件重要的事实：(1) 壁中古文经的文字，与殷、周、秦的文字都不相合。(2) 这种文字与六国的兵器、陶器、玺、印、货币四种文字为一系。(3) 这种文字的字体，讹别简率，不能以六书求之。
>
> 根据这三件事实，更可证实孔子用古文写六经之说之确为伪造，足为康氏考辨伪经加一重要证据。（原文太繁，兹略节录。敬请参阅《古史辨》第五册转载钱氏原文）

从这里所述看来，我们可知所谓古文，无论其为科斗也好，其非科斗也好，确是很可疑的。

5. 关于孔壁古文《尚书》之异名与篇数问题。孔壁古文在当时或称之曰“中古文”（《汉书·艺文志》师古注曰：“中者天子之书也，言中以别于外也。”）据《汉书·艺文志》说：

> 安国献之，遭巫蛊事，未列于学官。刘向以中古文校欧阳、大小夏侯三家经文。《酒诰》脱简一，《召诰》脱简二，率简二十五字者，脱亦二十五字，简二十二字者，脱亦二十二字。文字异者，七百有余，脱字数十。书者古之号令。号令于众，其言不立具，则听受施行者弗晓。古文读应《尔雅》，故解古今语而可知也。

这可见安国所献，后来又名为“中古文”，而所谓得多十六篇，因无师说，（《尚书正义·尧典》第一《疏》引马融《书序》："逸十六篇，绝无师说。"）故又谓之《逸书》，江声《尚书集注音疏》云：

> 《史记》、《汉书》之《儒林传》并云《逸书》得十余篇。《正义》言刘歆、贾逵、马融等并云十六篇逸。郑于《汩作》、《典宝》等，皆云已逸。是当时皆以为《逸书》也。

这十六篇，因其中《九共》一篇可分为九篇，多了八篇，所以有时又称为二十四篇。加今文三十四篇为五十八篇，四十六卷。说更详下。

6. 关于孔壁古文《尚书》之写本的文字问题。伏生今文《尚书》，在龚自珍以为"伏生壁中'书'，实古文也"。近来亦颇有从其说者，例如吴汝纶《写定尚书·后记》说：

> 自汉时言《尚书》有今文古文，其别由伏、孔二家。二家经皆出壁中，皆古文，而皆以今文读之。欧阳、夏侯受伏氏读，不见其壁中"书"，壁中"书"本古文，以传晁错，入中秘，自是今文始盛行。吾疑安国与其徒亦故用今文教授，孔氏所由起其家。用此二家之异，在篇卷多寡耳，不在文古今也。若废弃逸十六篇不讲，而止传伏氏所有二十八篇，则与晁错所授书何以异？且又何以大远乎今文耶？但如王国维《汉时古文诸经有转写本说》中说：夫今文学家诸经，当秦汉之际，其著于竹帛者，固无非古文，然至文景之世，已全易为今文，于是鲁国与河间所得者，遂有古文之名矣。古文家经如《尚书》、《毛诗》、《逸礼》、《周官》、《春秋左氏传》、《论语》、《孝经》本皆古文，而《毛诗》、《周官》，后汉已无原书，惟孔壁之《尚书》、《礼经》、《春秋》、《论语》、《孝经》及张苍所献之《春秋左氏传》尚存。

于是孔壁之“书”遂专有古文之名矣。

王氏此种分别，实比“既读之后，则皆今文”较为允妥。因为说他们原来都是古文，则于伏生本无确证，说他们读后皆为今文，则于孔壁本无确证，龚氏之说虽巧，然而不一定正确的。

综上所述我们知道：(1) 孔壁古文的始得当在汉景帝时，非武帝末。(2) 献书者非孔安国，当为孔安国家。(3) 孔壁本原来之壁藏者，古无定说。(4) 孔壁本所用之古文或称为科斗文，然俱可疑。(5) 孔壁本或称中古文，或称《逸书》，其十六篇，或析为三十四篇。(6) 孔壁本读后易为今文之说不必可从。明乎此，而后乃可以论及篇目之计算与真伪之考证。



**(四) 河间献王之古文**

古文《尚书》除鲁恭王坏孔子宅所得以外，又有所谓河间献王之古文《尚书》，《汉书·景十三王传》载：



> 河间献王德……修学好古，实事求是。从民得善书，必为好写与之，留其真，加金帛赐以招之。由是四方道术之人不远千里，或有先祖旧书，多奉以奏献王者，故得书多，与汉朝等……献王所得书皆古文先秦旧书，《周官》、《尚书》、《礼》、《礼记》、《孟子》、《老子》之属，皆经传说记……

这一种古文《尚书》在《汉书》所述者止此。其他传记亦并未言其文字之异同，卷数之多寡，似乎与孔壁之古文《尚书》无若何之差别。王国维在《汉时古文诸经有转写本说》中说：

> 汉时古文经传盖亦有转写本，虽无确证，然可得而悬度也，《河间献王传》言献王从民得善书，必为好写与之，留其真，此就真本可得者言之。若真本不可得，则必降而求写本矣。《传》记献王所得古文旧书有《尚书》、《礼》，此二书者皆出孔壁，或出淹中，未必同时

更有别本出。而献王与鲁共王本系兄弟，献王之薨，仅前于共王二年，则共王得书之时，献王尚存，不难求其副本，故河间之《尚书》及《礼》，颇疑即孔壁之转写本。

河间献王得古文旧《书》之事，在《史记》中未有，是有问题的。就王氏所说看来，则纵令《汉书》所记为信，其文字、篇数及其真伪，当与孔壁之古文同论，因其为孔壁古文之转写本，在内容是不发生任何问题，而且从来亦未有言河间本之异于孔壁古文的。

### (五) 张霸之伪《百两篇》

《尚书》的流传，到了西汉，已有作伪书者，张霸之伪《百两篇》即其一种。《汉书·儒林传》说：

世所传《百两篇》者，出东莱张霸，分析合二十九篇以为数十，又采《左氏传》、《书序》，为作首尾，凡百二篇，篇或数简，文意浅陋。成帝时，求其古文者，霸以能为《百两》征，以中书校之非是。霸辞受父，父有弟子尉氏、樊并。时大中大夫平当、侍御史周敞劝上存之。后樊并谋反，乃黜其书。

在《论衡·正说篇》说：

至孝成皇帝时，征为古文《尚书》学。东海张霸，案百篇之序，空造百两之篇，献之成帝。帝出秘百篇以校之，皆不相应，于是下霸于吏。吏白霸罪当至死，成帝高其才而不诛，亦惜其文而不灭。故百两之篇传在世间者，传见之人则谓《尚书》本有《百两篇》矣。

张霸之《百两篇》是在当时已发见其作伪。但是据《汉书》及《论衡》看来，也有几件当注意的事：

(1) 存在的时间。据《论衡》说传在世间者，可知此伪《百两篇》在东汉时犹存。《论衡·感类篇》引《百两》云：

伊尹死，大雾三日。

这是其佚文之仅存者。不过其作伪之迹，彰明较著，其结果则终至于全书佚亡。

(2) 真伪之辨明。我们明知这是伪造的《百两篇》，但是《尚书》孔《疏》云：

孔君所传，值巫蛊不行。以终前汉，诸儒知孔本有五十八篇，不见孔传。遂有张霸之徒，于《郑注》外伪造《尚书》凡二十四篇，以足《郑注》三十四篇为五十八篇。

此说殊为错误。张霸所伪造的明为《百两篇》，且在当时已发觉其为伪作，不可与《郑注》二十四篇之古文混为一谈。孔《疏》所说，且几误认张霸在郑玄后，这是所以在后代传为笑柄的。

(3) 与纬说之关系。张霸之伪《百两篇》，显与《尚书纬》所云“以《百二篇》为《尚书》”相合，但其篇数与纬说之关系，也是有问题的，据《尚书序》孔《疏》说：

或云《百二篇》者，误有所由。以前汉之时，有东莱张霸伪造《尚书》百两篇，而为纬者附之。

孔《疏》假定纬书是：“通人考正，伪起哀、平。”纬书后起，所以说“而为纬者附之”。但依清儒的考订，纬说非起于哀、平，在哀、平以前，既已有纬说，则正恐张霸之伪《百两篇》，是依附纬说而来，纬说以《百二篇》为《尚书》，十八篇为《中候》，《中候》后来流行于世，其篇数既实在，而与《百二篇》配合，较有理由。张霸之伪《百两篇》依附纬说，也是较有理由的。张霸之《伪百两》，正当时即已发觉，造纬说者，又何必依此伪说呢？孔疏所云，实臆断不足信。

(4) 与《书序》之关系。张霸采《左传》及《书序》之说，亦未可信，如果他见《书序》，则只应伪造百篇，不应伪造“百两”，以自彰其作伪之迹，王咏霓已有此说（详见下章），这论断是可信的。要之，这一种在当时已明其伪，在后代亦已不传，本可置之弗论。不过我们所最要注意的是这一种与孔壁古文另为书，决不可混为一谈而已。

### （六）杜林之漆书古文

与孔壁之古文《尚书》关系较密切者，除河间献王之古文外，又有杜林之漆书古文一种，据《后汉书·杜林传》说：

> 杜林字伯山，扶风茂陵人也。……博洽多闻，时称通儒。……光武……乃征拜侍御史。……东海卫宏……长于古学……见林，暗然而服。济南徐巡，始师事宏，后更受林学。林前于西州得漆书古文《尚书》一卷，常宝爱之，虽遭艰困，握持不离身。出以示宏等曰：“林流离兵乱，常恐斯经将绝。何意东海卫子、济南徐生复能传之，是道竟不坠于地也。古文虽不合时务，然愿诸生无悔所学。”宏、巡益重之，于是古文遂行。

《后汉书·儒林传》又说：

> 鲁人孔安国传古文《尚书》，授都尉朝，朝授胶东庸谭，为《尚书》古文学，未得立。扶风杜林传古文《尚书》，林同郡贾逵为之作训，马融作传，郑玄注解，由是古文《尚书》遂显于世。

这是杜林传漆书古文与古文《尚书》之事见于《后汉书》本传及《儒林传》者。不过这一种漆书古文，由其文字与其传授看来，都可知其为孔壁古文本。兹分述于下：

(1) 由文字上来看。王鸣盛《尚书后案》说：

> 林尝客陇西隗嚣所，故云西州漆书，即科斗。古无纸，笔以漆书竹简，故头粗尾细，状腹圆，似水虫之科斗。《束皙传》，汲郡人不准发魏襄王墓，所得漆书，皆

科斗字，是也。《尚书》惟安国壁中本用科斗，则林之所得，即壁中本，明矣。《儒林传》云：卫宏字敬仲，东海人。从大司空杜林受古文《尚书》，为作训旨。济南徐巡从林学，亦以儒显，由是古学大兴。语与林传略同。要与梅赜伪本无涉。（《经解》四三四上）

这是由漆书古文即科斗文来证明其为孔壁本。王国维《汉时古文诸经有转写本》说云：

杜林于西州得漆书古文一卷，此卷由来，迄无可考。虽后汉之初，秘府古文书，已亡《武成》一篇，然杜林所得，未必即秘府所亡，又西州荒裔，非齐、鲁比，则此卷又不能视为西州所出，疑亦孔壁之写本。

王氏此说，虽不如王鸣盛直断其与孔壁本合，然谓“西州荒裔、非齐鲁比，则此卷又不能视为西州所出”，则无异由文字上证明其系两本一源的。





（2）由传授上来看。杜林本之传授为卫宏、徐巡、贾逵、马融、郑玄，据王鸣盛《尚书后案》说：

逵之书本于涂恽。自恽溯而上之，以至安国，一脉相承，历历可指也。逵之《书》既安国之《书》明矣。《儒林传》又言，逵与马、郑所注，乃杜林本，林之《书》即安国之《书》又明矣。壁中真本传授统条，明确如此。孔颖达因其与东晋突出者不同，乃悉举而归之张霸。何物张霸，徒以供袒护伪《书》之用也，大可笑矣。（《经解》四三四上）

这是由贾逵之书看来，杜林之书即安国之书。他又说：

郑虽受古文于张恭祖，以山东无足问，西入关师马融。融所注古文，即卫宏、贾逵所传杜林本，而郑亦注此本。或疑杜林漆书得自西州，似不出于安国。然《书赞》称安国为先师，其渊源于安国明矣。孔颖达《礼记·

缁衣》疏云："伏生所传，欧阳、夏侯所注者，为今文《尚书》。卫、贾、马所注者，原从壁中所出之古文，即郑注《尚书》是也。"《尚书疏》与《礼记疏》同出颖达，《礼记疏》即知郑注即壁中《书》矣。《书疏》又强指张霸，何哉？（《尧典》"我其试哉"，《疏》云：马、郑、王本皆无"帝曰"，当时庸生之徒漏之。是马、郑、王本即庸生本，亦即孔壁本。颖达口中，又不觉无心透露出来）（经解四三四上）

这是从卫宏、贾逵、马融、郑玄的传授系统来看的，可见杜林漆书之渊源于孔壁古文。程廷祚《晚书订疑》也说：

愚案：《后（汉）书》：贾逵父徽受古文《尚书》于涂恽，是恽之弟子，不独桑钦也，二《汉（书）》言古文《尚书》必推本于安国，东汉之初，杜林虽以漆书倡导古学，其本不应与安国有异。至林所授者乃卫宏、徐巡等，而贾逵则自传其父业，或更以林本参较。值肃宗特好古文《尚书》，逵又数为帝言，遂撰诸家同异，选生徒受业，而古文远行于世。其后逵自作训，马、郑相继为之传注，是逵父子由涂恽以上接安国之传，而马、郑诸儒之古学，不可谓其尽出于杜林，明矣。

程氏此说，实较宏通。两汉言古文《尚书》必推本于安国，杜林之漆古文，其本不应与安国有异，而且马、郑以来，亦未有言其与孔壁本大异者，则此种古文亦犹河间献王之古文，实孔壁古文之写本也。

（3）由杜林所习之卷数来看。杜林之漆书古文，在《后汉书·杜林传》只说："林前于西州得漆书《古文尚书》一卷"，其本既与孔壁不异，其所传授亦疑为孔氏古文而不止于一卷，简朝亮《尚书集注述疏》云：

朱氏云：漆书古文，不本乎孔氏，非也。漆书者，古以漆书竹，即科斗书也，王隐《晋书·束皙传》言竹书者，托于斯也。盖古文《尚书》者，四十六卷也，今漆书者，得一卷焉，斯其宝矣，非谓林之所传，惟一卷已也。《儒林传》所以言林传古文《尚书》，不言一卷也。贾逵父徽受古文《尚书》于涂恽，逵传父业，而"训"林之古文，明其本乎孔氏也。《说文》称"书孔氏"，而慎子冲上书云，慎本从逵受古学，考之于逵作《说文》，然则林之古文与孔氏古文同，此马、郑所以传之也。

此所云谓杜林所传为孔氏古文，由许氏《说文》亦可以见之，其说甚是。简氏是以林传古文《尚书》，非止于一卷的。皮锡瑞《书经通论》云：

案：杜林古文，马、郑本以之作传注，所谓古文遂行也。此漆书，或是中秘古文遭乱佚出者，杜林作《仓颉训纂》、《仓颉故》。《汉书》云："世言小学者由杜公。"杜既精于小学，得古文一卷，可以校刊俗本之讹。故贾逵作训，马融作传，郑玄注解，皆据以为善本。许慎师贾逵，《说文》所列古文，当即贾逵所传杜林漆书一卷，故其字亦无多。或以为杜林见孔壁全《书》，固非；或又以漆《书》为杜林伪作，亦非也。《说文》"𤁴"字注引卫宏说。《隋书·经籍志》："《古文官书》一卷，后汉卫敬仲撰。"《史记·儒林传·正义》、《汉书·儒林传·注》，皆引作卫宏《诏定古文尚书》。卫宏传杜林之学，《官书》一卷盖本杜林。

皮氏此说依卫宏之《古文官书》一卷，而断定杜林所传者止一卷。皮氏是以简说为非的。其以漆书一卷为杜林伪作者，此乃康有为之说。康氏《新学伪经考》云：

歆既位国师，为王莽所尊信，爰礼、扬雄、甄丰皆其私党。杜林事莽，亦其私人。王璜、涂恽受其古文伪《书》，徐敖、陈侠，受其《毛诗》，皆藉歆力擢至贵显；两次诏求古文、奇字，集之王庭，天下学者耳目咸为所涂，几以为真壁中古文矣。杜林为张敞外孙，既夙有师承，易于托附，故西州漆简为东汉伪古文书之始祖。(卷三下)

康氏之说，在我们现在看来，似乎太过，其实如孔壁古文《尚书》根本是伪的，则林所传之一本，其不可信，自不待言。其真伪问题，当与孔壁之《古文尚书》一并解决。

### (七) 刘陶之《中文尚书》

刘陶之《中文尚书》是今文《尚书》与古文《尚书》的一种参订本，《后汉书·刘陶传》说：

刘陶，字子奇，一名伟，颍川颍阴人。……游太学……明《尚书》、《春秋》，为之训诂，推三家《尚书》及古文，是正文字七百余事，名曰《中文尚书》。

这是《中文尚书》之所由成。王鸣盛《尚书后案》说：

唐张怀瓘《书品》……云：灵帝时，刘陶删定古文、今文《尚书》，号《中文尚书》，以北山本为正。刘陶事亦见《后汉书》，据此知陶亦本之于林者也。(《经解》四三四上)

王氏以刘陶本之于杜林，但《后汉书》本传说是推三家《尚书》及古文，则刘陶之中古文《尚书》实有本于今文，不过此种《尚书》非另有所本，只是就今、古文《尚书》参订而成，只在文字上有校正，其篇目与其伪，都无若何问题。而且此书自陶死后无传，并不为人注意，我们也可以不必注意的。

### (八) 梅赜所上伪孔传本

孔壁古文之《尚书》，除与伏生所同者外，其得多十六篇，并无若何传授。据《礼疏》引马融《书序》云："逸十六篇，绝无师说。"马融、郑康成并未为之注；永嘉之乱，更就逸亡。到东晋时，又有所谓古文《尚书孔传》出现。据陆德明《经典释文·序录》云：

> 案：今马、郑所注并伏生所诵，非古文也。孔氏之本绝，是以马、郑、杜预之徒皆谓之《逸书》，王肃亦注今文，而解大与古文相类，或肃私见《孔传》而秘之乎？江左中兴，元帝时豫章内史梅赜，奏上《孔传》古文《尚书》。亡《舜典》一篇，购不能得。乃取王肃注《尧典》从"慎徽五典"以下分为《舜典》篇以续之，学徒遂盛。后范宁变为《今文集注》，俗间或取《舜典》篇以续孔氏。



梅赜所上，据后儒的考证，即是伪《孔传》本，《隋书·经籍志》亦云："至东晋豫章内史梅赜，始得安国之传奏之，时又阙《舜典》一篇。"《释文》与《隋志》都是信东晋梅赜所上之伪《孔传》本的，释文所云"非古文也"，"而解大与古文相类"。



所谓古文，实指孔传古文《尚书》而言，这一种伪《孔传》本，也有几件可注意的问题：

(1) 篇数与卷数上之问题。据伪《孔传》本所载伪孔安国《序》云：

> ……悉以书还孔氏。科斗书废已久，时人无能知者。以所闻伏生之书，考论文义，定其可知者，为隶古定，更以竹简写之，增多伏生二十五篇。伏生又以《舜典》合于《尧典》，《益稷》合于《皋陶谟》，《盘庚》三篇合为一，《康王之诰》合于《顾命》，复出此篇，并序，凡五十九篇，为四十六卷。其余错乱磨灭，弗可复知。悉上送官，藏之书府，以待能者。承诏为五十九篇

> 作传。于是遂研精殚思，博考经籍，采摭群言，以立训传。约文申义，敷畅厥旨，庶几有补于将来。《书序》，序所以为作者之意，昭然义见，宜相附近，故引之各冠篇首，定五十八篇。既毕，会国有巫蛊事，经籍道息，用不复以闻。传之子孙，以贻后代。

这是伪《孔序·自序》其书之内容。所谓四十六卷，五十八篇，在表面上与孔壁古文合，而其实是多二十五篇，与孔壁古文之二十四篇不合，其卷数之计算与篇数之计算，亦多与孔壁古文不合，所以这个破绽后人是很容易看出的。这一种是将《尧典》分为二篇，故当其奏上时亡《舜典》一篇，乃取王肃注《尧典》，从"慎徽五典"以下，分为《舜典》以续之。

(2) 始传的时间与传授之人物的问题。据《尚书》孔《疏》云：

> 后汉初，卫、贾、马亦传孔学，故《书赞》云："自世祖兴，后汉卫、贾、马二三君子之业是也，所得传者三十三篇古经，亦无其五十八篇及传说，绝无传者。至晋王肃注《书》，始似窃见《孔传》，故注'乱其纪纲'，为夏太康时。"又《晋书·皇甫谧传》云："姑子外弟梁柳边得古文《尚书》，故作《帝王世纪》，往往载《孔传》五十八篇之书。"《晋书》又云："晋太保郑冲，以古文授扶风苏愉字休预，预授天水梁柳字洪年，即谧外弟也。年授城阳臧曹字彦始，始授汝南梅赜字仲真，为豫章内史，遂于前晋奏上其书而施行焉。时已失《舜典》一篇，晋末范宁为解时已不得焉。"（《尧典第一》下）

此五十八篇本及《传》说，本至东晋始出，此处《疏》云"前晋奏上"，盖是误文，在《舜典》"乃命以位"句《疏》中是说"昔东晋之初，豫章内史梅赜上《孔氏传》"的。《疏》说

"王肃始似窃见孔传"，又说皇甫谧作《帝王世纪》往往载《孔传》，故后儒颇疑此书出自王肃或皇甫谧。《晋书·皇甫谧传》云："姑子外弟梁柳边得古文《尚书》。"据简朝亮《尚书集注述疏》云：

> 《晋书》言梁柳边者，"边"犹"所"也，若《礼》之言边坐也，《史记·晁错传》云："受《尚书》伏生所。"《宋史》云："三老坐前。"其例也。齐氏《召南》云："'边'衍文，上脱'从'字，言从姑子外弟梁柳得之尔，盖失'边'之义而易其文也。"

《疏》所云《晋书》，亦非今之《晋书》修于唐者，江声《尚书集注音疏》云："案：今所传唐太宗《晋书》无此文，则《正义》所引，其或臧荣绪之书，抑或王隐之书也。"

简朝亮《尚书集注述疏》亦云：

> 由今考之，所谓《晋书》者，非今《晋书》修之于唐者也。今《晋书》于《谧传》不言其得古文《尚书》，于《冲传》亦不言其传之也。其殆为王隐、臧荣绪之《晋书》欤。

(3) 伪孔传本原本之文字的问题。据伪孔安国《序》云："考论文义，定其可知者为隶古定，更以竹简写之。""隶古定"的解释，据《释文》云："谓用隶书写古文。"

《孔疏》则云：

> 言隶古者，正谓就古文体而从隶定之。存古为可慕，以隶为可识，故曰"隶古"，以虽隶而犹古。由此，故谓孔君所传为古文也。

是伪《孔传》本所用的文字与孔壁古文也不同，据《释文》说，后范宁变为今文《集注》，则是改古文为今文者，当自范宁始。《新唐书·艺文志》云："天宝三载，诏集贤学士卫包改古文从今文。"《崇文总目》云："（宋）开宝中，诏以陆德明所释《尚书》乃古文，与唐所定今文异，令陈鄂删定焉。改从今文。”到这时梅赜所上之隶古文本，都改从今文，连《释文》所存者也改从今文了。说《尚书》者，每每只注意卫包改从今文，而忘了范宁之变为今文《集注》，殊不知范宁之《注》，俗间或取《舜典》篇以续孔氏，与《孔传》之流传，也颇有关系的。（孔《疏》亦云：“多用王、范之注补之。”）

**（九）姚方兴所上《舜典孔传》本**

伪《孔传》本在东晋梅赜奏上时说是亡失《舜典》一篇，购不能得；到萧齐时，又有姚方兴奏上《舜典礼传》一篇，据《释文》云：“齐明帝建武中，吴兴姚方兴采马、王之注，造《孔传舜典》一篇，云‘于大桁市买得’，上之。梁武时为博士，议曰：《孔序》称伏生误合五篇，皆文相承接，所以致误。《舜典》首有‘曰若稽古’，伏生虽昏耄，何容合之？遂不行用。”

《隋书·经籍志》也说：

……时又阙《舜典》一篇。齐建武中，吴（兴）姚方兴于大桁市得其书，奏上，比马、郑所注多二十八字，于是始列国学。

《孔疏》亦云：

至齐萧鸾建武四年，姚方兴于大桁头得而献之，议者以为孔安国之所注也。值方兴有罪，事亦随寝。

《隋志》与《孔序》所云，俱略有误，我们当从《释文》之说。而且所要注意的是：《隋志》云多二十八字，其实只多十二字，据《经典释文·舜典释文》云：

《舜典》王氏注相承云：“梅赜上孔氏传古文《尚书》，亡《舜典》一篇。时以王肃注颇类孔氏，故取王注，从‘慎徽五典’以下为《舜典》，以续《孔传》。徐仙民亦音此本，今依旧音之。齐建武中，吴兴姚方兴造传《舜典》一篇上之，‘曰若稽古，帝舜曰重华，协于帝。’十二字是姚方兴所上，孔氏传本无。阮孝绪《七录》亦云：然方兴本或此下更有‘浚哲文明，温恭允塞，玄德升闻，乃命以位’，凡二十八字异，聊出之于王注，无施也。

陆氏云：“曰若稽古，帝舜曰重华，临协于帝，此十二字，是姚方兴所上，《孔氏传》本无。”可确知方兴所上《舜典》本，只多此十二字，其下十六字，并非方兴本所有，据陆氏所云：“阮孝绪《七录》亦云然。”可知《七录》所见，亦只多十二字，在齐梁时尚未有二十八字之说的。



### （十）刘炫所上姚书《舜典》本

《舜典》首有二十八字，是在隋刘炫奏上姚书《舜典》时才完成。《尚书》孔《疏》云：“昔东晋之初，豫章内史梅赜上孔氏传，犹阙《舜典》。自此‘乃命以位’以上二十八字，世所不传。多用王、范之注补之。而皆以‘慎徽’以下为《舜典》之初。至齐萧鸾建武四年，吴兴姚方兴于大桁头得孔氏传古文《舜典》，亦类太康中书，乃表上之。事未施行，方兴以罪致戮。至隋开皇初，构求遗典，始得之。”



刘知几《史通·古今正史篇》云：

> 齐建武中，吴兴人姚方兴，采马、王之议，以造孔传《舜典》，云于大桁头得之，诣阙以献，举朝集议，咸以为非。及江陵板荡，其文入北，中原学者，得而异之。隋学士刘炫，遂取此一篇，列诸本第。故今人所习《尚书·舜典》，原出于姚氏者焉。

据此两条所载，可知今本伪古文《舜典》是在隋开皇初购求遗书，刘炫乃以姚本孔传《舜典》列诸本第。今本伪孔传本到刘炫时才完成。则方兴本之多十六字或系刘炫伪为。在清儒中论及此事者，有臧琳之《经义杂记》，其言曰：

姚方兴虽伪造经、传，齐明未尝行用也。至隋初，购求遗典，刘炫复以姚书上之. 并姚本“协于帝”下，又撰“浚哲文明，温恭允塞，玄德升闻，乃命以位”一十六字及孔传，与《尧典》“钦明文思”四句相配。以见首十二字亦本有。陆德明所见最真，故以王肃本为据，非特不用“浚哲文明”十六字，并不收“曰若稽古帝舜”十二字，故书此二十八字以辨之，云：“于王注无所施设，也。孔氏《正义》则用刘炫本，不便驳难其经，故具有二十八字，逐字为之训释，谓晋阙《舜典》，姚方兴表上，未得施行，隋始得之，是以齐、隋伪撰之文为真孔传《舜典》矣。然云自此‘乃命以位’以上二十八字，世所不传，此犹其一隙之明之未尽泯者。”（《经解》一九九页二十四《舜典二十八字》）

王鸣盛《尚书后案》亦论之云：

夫方兴所献，梁王既黜其谬，举朝咸以为非，废已久矣。妄一刘炫，擅取列之，专辄之罪，已无可逭。乃“浚哲”十六字，并非方兴所有，即炫所造耳。开皇中，购古文《孝经》二十二章，当时以为刘炫伪作。此十六字及“浚深”、“哲知”等训，非炫造而何？此则又方兴之所不及料也。然欧阳询《艺文类聚·帝王部》于尧采“曰若稽古”至“于变时雍”，于舜止采“慎徽”云云，于二十八字亦不信用。陆德明《释文》载其首十二字而辨之，至十六字则并不载于大字中，仅于小字夹注中别而驳之。其“慎徽”以下，传虽用方兴本，而经文则仍用王肃本音之。惟颖达作疏，始于二十八字及“慎徽”以下之经与传，一概遵方兴及刘炫所造而用之，逐为典据，直传至今。（《经解》四

三四上页四一)

据此两说看来，方兴本此下更有“浚哲文明”等十六字，或本刘炫所伪。攻伪古文者，多不注意及此，以为孔传之伪，止于齐姚方兴，不知在隋唐时始定著今本。《舜典》二十八字，尤系伪中之伪。

这两种《舜典》本，本是足成伪《孔传》本的，其真伪已略如上述，在篇目上则当与伪《孔传》本并论。《释文》用王肃本，《正义》用刘炫本，在唐写本《尚书舜典释文》中还可见到，兹不赘述。(可参看《华国月刊》二卷三、四号吴承仕：《唐写本尚书舜典释文笺》)



以上所述《尚书》之类别，共凡十种。西汉后得之《泰誓》，已加入伏生之今文《尚书》中；河间献王之古文，杜林之漆书古文则与孔壁之古文《尚书》相同。姚方兴之《舜典孔传》本，刘炫所上姚书《舜典》本，则已并入梅赜所上之伪《孔传》本。我们讨论《尚书》篇目的计算及其真伪的考订，当以伏生之今文《尚书》，孔壁之古文《尚书》，东晋之伪《孔传》本，这三种最为重要，张霸之伪《百两篇》，其真伪早经判明，其篇目则已失传；刘陶之《中文尚书》，则本今古文之参订本，而无其他之重要差异，这两种《尚书》篇目之计算与真伪之考订，无由再为详述。刘陶之《中文尚书》，严格说来，实不当作为《尚书》之一类，因为像这样的文字上之改订本，与后来所谓之今文《尚书》相同，没有发生什么影响的。



解说《尚书》的人或又以《逸周书》为《尚书》之逸篇，在《汉书·艺文志·尚书类》著录有《周书》七十一篇。班固自注曰：“周史记。”颜师古《汉书注》引刘向曰：“周时诰誓号令也。”到了《隋志》才说：“似仲尼删《书》之余。”颜师古《汉书注》也以为是：

盖孔子所论百篇之余也，今之存者四十五篇矣。

刘知几《史通》也说：

《周书》与《尚书》相类，即孔氏刊约百篇之外，凡为七十一章，上自文、武，下至灵、景，其有典雅高义，亦有浅末常说，滓秽相参，殆似后之好事者所增益也。至若《职方》之言，与《周官》无异；《时训》之说，比《月令》多同。斯百王之正书，五经之别录。

但是这在宋人即颇有异议，例如洪迈《容斋五笔》、《容斋续笔》说：

《周书》今七十篇，殊与《尚书》体不相类，所载事物，亦多过实……无所质信。……唐太宗时，远方诸国来朝者甚众，服装诡异，颜师古请图以示后，作《王会图》，盖取诸此。《汉书》所引："天予不取，反受其咎，毋为权首，将受其咎。"以为《逸周书》，此亦无之，然则非全书也。

陈振孙《直斋书录解题》也说：

晋太康中，汲郡发魏安厘王冢，所得竹简书，此其一也。凡七十篇，叙一篇，在其末。今京口刊本以叙散在诸篇，盖以仿孔安国《尚书》。相传以为孔子删《书》所余者，未必然也。文体与古文不类，似战国后人仿效为之者。

王引之《经义述闻》也说：

刘向以《逸周书》为孔子所论百篇之余。今考其书，有《太子晋》篇，晋为周灵王太子，灵王二十二年晋尝谏王，是年鲁襄公之二十四年也，而《太子晋》篇有告晋死事，则在晋既殁之后，篇末又有孔子闻之曰"惜夫杀吾君也"之语。见于《风俗通》、《潜夫论》，则又在孔子后矣。其书多涉阴谋，故陈振孙以为战国时人所为。

这都是认为与《尚书》不类，而且不是孔子所论百篇之余。其他信之者疑之者说各不同。要之，此书在刘、班时即系之许商《五行传记》以后，宣帝时“石渠论议奏”以前，不放在欧阳、大小夏侯之前，可见已不与《尚书》相提并论，后人误会为孔子删《书》之余，这种说法，实未可以尽信。《逸周书》自为《逸周书》，不当与《尚书》并为一谈，此其一。

在齐、梁时又有所谓《尚书逸篇》一书流行于世，据《隋志》说：

> 又有《尚书逸篇》，出于齐、梁之间，考其篇目，似孔壁中《书》之残缺者，故附《尚书》之末。



《隋志》著录有《尚书逸篇》二卷，《新唐志》更著录有徐邈《尚书逸篇注》三卷，这一种《尚书逸篇》，据《隋志》说“似孔壁中《书》之残缺者”，则当与孔壁古文《尚书》为一，但这实是一种伪书，阎若璩《古文尚书疏证》辨之曰：



> 《新唐书·艺文志》有《尚书逸篇》三卷，为晋徐邈注，宋初犹存，李昉等修《太平御览》曾引用之。余约见其四条，其一条重出，其三条云：“尧子不肖，舜使居丹渊为诸侯，故号曰丹朱。”又：“呜呼！七世之庙，可以观德。”又：“太社惟松，东社惟柏，南社惟梓，西社惟栗，北社惟槐。天子社广五丈，诸侯半之。”余窃谓“尧子不肖，舜使居丹渊”云云，即本《汉书·律历志》：“尧让天下于虞，使子朱处于丹渊为诸侯。呜呼！七世之庙，可以观德。”即用《吕氏春秋》引《商书》曰：“五世之庙，可以观怪”，而易“五”为“七”，“怪”为“德”，亦同《孔传》。“太社惟松”云云，即用《白虎通论》引《商书》曰“太社惟松”五句，而下连“天子社广五丈”，乃别出《春秋》文义。以所见如此，则所不见者，谅亦多附会可知矣。余故曰，此齐梁间好

事者为之也，而又假托晋儒者徐邈注以自重。

《尚书逸篇》是孔壁古文的逸文，其可信之程度，可说极微，这一种逸篇，后来亦早失传。此其二。

清儒治《尚书》之学者，如江声、孙星衍又根据先秦古书，别有《尚书佚文》之辑，刊于《岱南阁丛书》中，单词剩句，虽觉可贵，但是引用时须加考虑。此其三。

清同治间，徐时栋（同叔）更有《尚书逸篇·汤誓考》一书，据其卷五《序录篇》第九云："《逸汤誓》者所以考《商书》祷旱之誓之佚者也。昔者成汤正夏，《汤誓》爰作；于后祷旱，史录为书，同厥名篇，是有二《汤誓》焉。"这也是由古籍中辑逸出来的。其可信的程度也是须加考虑的。此其四。

# 五　《尚书》之篇第

《尚书》的类别，固可以细分为十种，若论《尚书》之篇第，则：1. 西汉所得之《泰誓》当与伏生今文《尚书》合并为一种来说。2. 河间献王之古文，杜林之漆书古文当与孔壁古文合并为一种来说。3. 姚方兴之《舜典》孔传本，刘炫所上姚书《舜典》本当与伪孔传本合并为一种来说。而张霸之伪《百两篇》，其篇目已失传；刘陶之《中文尚书》，没有篇第上的异同可言，所以《尚书》之类虽为十种，而讨论其篇第则只须讨论上述三种。这三种篇第的计算，后儒的主张说亦不同，不先明其孰是孰非，也无以解决《尚书》类别之真象。





## （一）伏生今文《尚书》之篇第

伏生今文二十八篇，其传于欧阳、大小夏侯者，已亡于东晋之世，现在仅保存于伪《孔传》本中，其面目虽不与伏生之本尽同，但其篇第尚可考见。伪《孔序》说："增多伏生二十五篇。伏生又以《舜典》合于《尧典》，《益稷》合于《皋陶谟》，《盘庚》三篇合为一，《康王之诰》合于《顾命》，复出此篇，并序凡五十九篇。"我们就伪《孔传》本，根据陆德明《经典释文》及《孔疏》所说除去其所增多之二十五篇及序，为三十三篇；更以《舜典》合于《尧典》，《益稷》合于《皋陶谟》，《盘庚》三篇合为一，《康王之诰》合于《顾命》；三十三篇，更少五篇，恰好是二十八篇。这二十八篇的篇第，现在先录熊朋来之说以见之。熊氏曰：

晁错所受伏生，以汉隶写之，故曰今文，凡二十八

> 篇。及武帝时，得伪《泰誓》一篇，故《艺文志》称二十九篇。伏生二十八篇者，《虞书》则《舜典》合于《尧典》，《益稷》合于《皋陶谟》，凡二篇；《夏书》则《禹贡》、《甘誓》凡二篇；《商书》则《汤誓》、《盘庚》、《高宗肜日》、《西伯戡黎》、《微子》凡五篇；《周书》则《牧誓》、《洪范》、《康诰》、《酒诰》、《金縢》、《大诰》、《君奭》、《多方》、《多士》、《梓材》、《召诰》、《雒诰》、《立政》、《无逸》、《康王之诰》合于《顾命》、《吕刑》、《文侯之命》、《费誓》、《秦誓》凡十九篇，通为二十八篇。

伏生的二十八篇是好计算的，但是《史记》、《汉书》，都说伏生独得二十九篇，比二十八篇，多了一篇。于是便异说纷纭，至今犹难解决。二十八篇多的本是《泰誓》，这在陆德明以来，就如此主张的。这是一派的意见。而到了明代的梅鷟则以为多的是《书序》，不是《泰誓》。朱彝尊《经义考》，亦主是说，陈寿祺更力主今文二十九篇是《序》当其一。这是一派的意见。清儒王鸣盛是信《史》、《汉》之说，以为伏生独得二十九篇，原本就有《泰誓》的。王引之更力主此说，这又是一派的意见。后来龚自珍著《泰誓答问》，则以《泰誓》与伏生书无涉，但他也主张伏生原本是二十九篇，是《康王之诰》与《顾命》在伏生时已分篇，他这一说，俞正燮、皮锡瑞、王先谦大略俱以为是。这又是一派的意见。康有为是主张《泰誓》后得，加入伏生今文之内，但他以为《史记》原是二十八篇，后人忘其本原，轻改《史记》"八"字为"九"字，这又是一种说法。所以二十八篇与二十九篇只相差一篇，而有五种不同的主张，我们究竟常以何说为是呢？究竟哪一种是合于真实的情况呢？我们必先判明，然后才能知其孰是孰非，而决定其篇目的排列。

1. 主张二十八篇加入后得之《泰誓》者。这一种说法，流行最早，《论衡》、《释文》、《隋志》、《孔疏》，并是主张如此，上文已引其说。宋代林之奇《尚书集解》说：

至汉时，伏生口授，得二十八篇，后又得伪《泰誓》一篇，为二十九篇。

蔡沈《尚书集传》也是主张如此，该书卷四云：

按：伏生二十八篇，本无《泰誓》。武帝时，伪《泰誓》出，与伏生今文《书》合为二十九篇。孔壁《书》虽出而未传于世，故汉儒所引皆用伪《泰誓》，……至晋孔壁古文《书》行，而伪《泰誓》始废。



宋元学者，大约都是从此说的。清儒如阎若璩之《尚书古文疏证》说：

伪《泰誓》三篇，或云宣帝时得，或云武帝时得，皆非也。武帝建元元年，董仲舒对策即引伪《泰誓》书曰："白鱼入于王舟，有火复于王屋，流为乌。周公曰：复哉！复哉！"则知此书出于武帝之前，决矣。或武帝时方立于学官，故曰武帝时得，亦未可知。(卷一第七)



他不反对《泰誓》后得之说，而屡云"二十八篇之书"(《续经解》卷三〇)。可见他也是信伏《书》原只有二十八篇，将《泰誓》加入，才成为二十九篇，不是以《书序》加入的。惠栋《尚书古文考》说：

伏生二十八篇，《泰誓》后得，故二十九。刘歆《移书让太常博士》曰："抑此三学，以《尚书》为备。"臣瓒曰："当时学者谓《尚书》唯有二十八篇，不知本有百篇也。"(《经解》三五一)

戴震《尚书今文古文考》说：

伏生《书》无《泰誓》，而《史记》乃云："伏生求其《书》，亡数十篇，独得二十九篇"，殆因是时已于伏生所传内，益以《泰誓》，共为博士之业，不复别识言耳。刘向《别录》曰："民有得《泰誓》书于壁内者，献之，与博士使读说之，数月，皆起传以教人。"刘歆《移书让太常博士》曰："孝文皇帝使掌故晁错从伏生受《尚书》，《尚书》初出屋壁，朽折散绝，《泰誓》后得，博士集而读之。"郑康成《书论》曰："民间得《泰誓》。"刘、郑所记，可援以补史家之略。

他们对于二十八篇之数，都是主张既不计《泰誓》，也不计《书序》，伏生原本只有二十八篇。戴氏也说：

《泰誓》外有百篇之序，《史记》并见采录。前此太常蓼侯孔臧与安国书曰："臧闻《尚书》二十八篇，取象二十八宿，何图乃有百篇邪？"（此语见《孔丛子》伪书，不足据）是《泰誓》并序为伏生书所无明甚。（同上）

程廷祚《晚书订疑》则云：

《史》、《汉》、《儒林传》及《汉书·艺文志》并云伏生所得之《书》为二十九篇。《志》于古文经四十六卷外别载经二十九卷者是也。以今考之，《虞书》二篇，《尧典》、《皋陶谟》（《舜典》、《益稷》不分）；夏书二篇，《禹贡》、《甘誓》；商书五篇，《汤誓》、《盘庚》（合一篇）、《高宗肜日》、《西伯戡黎》、《微子》；《周书》十九篇，《牧誓》、《洪范》、《金縢》、《大诰》、《康诰》、《酒诰》、《梓材》、《召诰》、《雒诰》、《多士》、《无逸》、《君奭》、《多方》、《立政》、《顾命》（《康王之诰》）、《吕刑》、《文侯之命》、《费誓》、《泰誓》，二十八篇而已。将以其一为《书序》耶？彼五篇后儒所分者，今皆无之，此显违于《书序》，则伏书之无《序》可知矣。或其一为后出之《泰誓》耶？《史》、《汉》俱谓伏生得《书》在汉初，晁错往受亦当孝文之世，民间《泰誓》，

武帝后得，其不应在二十九篇之数，抑又明矣。（《晚书订疑》二）

孙星衍《尚书今古文注疏》也说：

王充既称宣帝时得《泰誓》三篇，则合二十八篇，不止二十九篇，而云“二十九篇始定”，盖今文以三篇连属为一，每篇空一字，如熹平石经《盘庚》之式也。《艺文志》云：“经二十九卷，大小夏侯《章句》各二十九卷，大小夏侯《解故》二十九篇。”明今文家以《泰誓》为一篇。不独今文如是，郑本亦为一篇。郑注《曲礼》云：“誓之辞，《尚书》见有六篇。”谓《泰誓》及《甘誓》、《汤誓》、《牧誓》、《费誓》、《秦誓》也。《史记》以“还师”以上为与太公作此《泰誓》，“十一年，师毕渡孟津”以下为武王作《泰誓》，告于众庶，则似史公所见仅有上下二篇。其中篇告诸侯之词，《史记》约其文云：“殷有重罪。”似其时已不见全文，故《书传》所引《泰誓》不在《泰誓》中也。史公所载，盖从孔安国问故得之者，既非伏生所藏，亦非武帝末壁内所得。或后得之《泰誓》文，与之适合耳。

这些说法，都是以伏生本二十八篇，《泰誓》后得，然后为二十九篇。若以伏生本二十九篇，其一为《序》；或是《顾命》与《康王之诰》分为两篇，虽亦主张《泰誓》后得，其意见与此显然不同的。惟如康有为之既不以伏生本有二十九篇，亦本无《序》，亦非以《顾命》与《康王之诰》分篇，才与此种意见相合。这一种说法，虽所起较早，然在今日看来，其主张是不错的。

2. 主张本为二十九篇而以《书序》当一篇者。这一种说法，是不否认《泰誓》后得，而以《史》、《汉》云二十九篇，是将《书》序加入计算，明梅鷟《尚书考异》即主张此说者。其言曰：

> 孔颖达氏、蔡（沈）氏皆瞽说也。《史记·儒林传》言秦焚书，伏生壁藏之。其后兵大起，流亡。汉定，伏生求其书，亡数十篇，独得二十九篇，即以教于齐鲁之间，则伏生壁藏之时，初不止二十九篇，其后亡数十篇，独得此耳。是二十九篇，皆伏生壁藏者，安得谓今加《泰誓》一篇，故为二十九篇哉？……伏生当汉初定之时，即以二十九篇教于齐鲁之间，安得谓太史"迁在武帝之世，见《泰誓》出而得行，入于伏生所传内，故为史总之，并云伏生所出，不复曲别分析，云民间所得，其实得时不与伏生所传同也哉?"《汉书·艺文志》云："凡百篇而为之序，言其作意。……求得二十九篇，……"今按《艺文志》所言，……见百篇之书，共序为百一篇，亡失者七十二篇，止求得二十九篇；二十九篇之内，二十八篇为《尚书》经，而一篇为《序》，其言甚明。……试以《史记》考之，则百篇之序，散见于夏、殷、周《本纪》中，虽不尽完备，然头末可考，正可以见伏生二十九篇之经，乃并序言之，而非以伪《泰誓》矣。故曰孔氏、蔡氏，皆瞽说也。

他这种意见，即是以伏书本有二十九篇，乃并序言之，而非加入后得之《泰誓》。朱彝尊《经义考》也正是如此主张，他说：

> 按今文《尚书》，伏生所授止二十八篇，故汉儒以二十八宿。然《史记》、《汉书》俱称伏生以二十九篇教于齐鲁之间，司马氏、班氏，古之良史，不应以非生所授之《泰誓》杂之其中也。故王肃云："《泰誓》近得，非其本经。"窃疑生所授二十九篇，其一篇乃百篇之序，故马、郑因之，亦总为一卷。惟缘《艺文志》云："经二十九卷"，后儒遂以《泰誓》入尔。……又按古者《书序》自为一篇列于后，故陆德明称："马、郑之徒，

百篇之《序》，总为一卷。”至孔氏《传》出，始引《小序》分冠各篇之首。后人习而不察，遂谓伏生今文无《序》，《序》与孔氏《序》、《传》并出，不知《别录》暨马、郑传训，皆有之矣。予故疑二十九篇，其一是《序》也。又按伏生授书在孝文帝时，晁错所授济南张生，千乘欧阳生所传，颁之学官，掌之博士，本无《泰誓》，惟董仲舒对策引《书》曰：“白鱼入于王舟，有火复于王屋，流为乌。周公曰：复哉！复哉！”与伪《泰誓》文偶合，因而附会以武帝初即有《泰誓》一篇，不知董生所引，只称“《书》曰”，不言《泰誓》曰，安见非《逸书》之文，而必属《泰誓》之辞乎？且“复哉！复哉！”特赞叹之语，非誓辞也，况刘向《别录》明言“武帝末民有得《泰誓》书于壁内者，献之，与博士使读说之，数月，皆起传以教人。”故赵岐注《孟子》云：“今之《泰誓》，得以充学。”合之王充、马融、郑康成、卫宏、王肃诸家之说，虽有不同，而要为后得之书，非伏生之本经矣，林之奇亦云：“晁错从伏生受书二十八篇，其时未有《泰誓》，以《泰誓》一篇，足二十九篇之数者，妄也。”又按王充《论衡》云：“或说《尚书》二十九篇者，法北斗七宿也，四七二十八篇，其一曰斗矣，故二十九。”是汉人并不以《泰誓》足二十九篇之数。陆德明则云：“汉宣帝本始中，河内女子得《泰誓》一篇，献之，与伏生所诵，合三十篇，汉世行之。”则今文《泰誓》，原置伏生二十九篇之外矣。（《经义考》卷七十四）

这两说虽出，但阎若璩、惠栋、戴震等并不信从（阎、惠、戴以为二十八篇加《泰誓》，详上节）。后来主张伏生二十九篇之中，原无《泰誓》而有《书序》的，要以陈寿祺之说最为有力。

他在《左海经辨·今文尚书泰誓后得说》一文中说：

考向、歆领校秘书，在成帝河平三年，然向生于昭帝始元元年（据本传年七十二卒，卒后十三岁而王莽代汉推知之）。及宣帝甘露三年，诏诸儒五经讲五经于石渠，《尚书》则欧阳地余、林尊、周堪、孔霸、张山拊、假仓，皆欧阳高及两夏侯弟子，两夏侯子政所与同朝；地余诸人，子政所与同议；其上距武帝末，不过数十年间耳，《泰誓》之后出与否，《尚书》家诸儒，安有懵然罔觉者；子政奚至不稽事实，遽以耳食者笔之于书哉？即子骏方移让博士，岂能以虚诞之词关其口耶？吾是以信向、歆而决伏生之书之无《泰誓》也。然则《史记》何以言伏生得二十九篇也？孔颖达谓司马迁见《泰誓》出而得行，入于伏生所传内，故总云伏生所得，不后曲别分析，非也。迁既见《泰誓》后出矣，追述伏书，何得不还其旧？而以后冒前，以无为有？是颖达诬迁，又使迁诬伏生也，乌乎可？且夫伏生今文，惟有欧阳、大小夏侯三家，颖达所谓入于伏生所传内者，欧阳之经也？夏侯之经也？《汉书·艺文志》：《尚书》家经二十九卷，班固自注曰："大小夏侯二家，欧阳经三十二卷。"卷即篇也。欧阳受经前于夏侯，武帝初先立学，迁欲以当时所见行书并归伏生所得，则宜以欧阳经言三十二篇矣，何以减之为二十九也？若两夏侯经自甘露以前，未尝立学官也，迁传儒林，考六艺之文，胡于伏生本经，追述既疏；而取后来附益者以溷之，又舍学官肄业之书不据，而反据未立学官之本也，不亦傎乎？近江处士声又谓，迁据古文家，分《顾命》为《康王之诰》，实二十九篇，遂云伏生得二十九篇；亦不得其说，而迁就以求合者也。愚以为惟朱检讨彝尊以百篇之《序》当

> 其一者得之。特其说未详耳。《艺文志》曰："书之所起远矣，至孔子纂焉，上断于尧，下讫于秦，凡百篇，而为之《序》。秦焚《书》禁学，伏生独壁藏之。"是伏生壁中《书》有《序》也。《尚书》引《序》各冠篇首，出梅赜本。古《书序》皆总为一篇，直卷末，今所存《逸周书》犹可见。桓谭《新论》云："古文《尚书》旧有四十五卷，为五十八篇。"而《艺文志》载《尚书》古文经四十六卷。《新论》合二十九卷及逸篇十六卷，除序数之；《艺文志》并序数之，诸录从其实也。古文如是，今文度亦宜然，且《尚书正义》引《史记》云，伏生得二十九篇，下既云，由此刘向作《别录》，因同于《史记》。是《别录》亦言伏生得二十九篇也。使伏生得二十九篇已有《泰誓》，而《别录》又记后得《泰誓》，乃始读说传教，何自矛盾若是？故惟以伏生得二十九篇，并序数之，而无《泰誓》，则其词直矣。





陈氏此说，据刘向与两夏侯同朝，与欧阳地余诸人同议于石渠，以见刘向所云《泰誓》后得之言为可信，这确实是不错的。他觉得《史记》二十九篇无法解释，故以为当并序计算，而云："惟以伏生得二十九篇，并序数之，而无《泰誓》，则其词直矣。"他说：

> 《泰誓》之合于伏生，其始于欧阳氏乎？案武帝建元五年置五经博士，《书》惟有欧阳，武帝世，《尚书》博士见于史者，有孔安国、欧阳高。考兒宽诸博士受业孔安国，后授欧阳生子，世世相传，至曾孙高为博士。高，伏生六传弟子。夏侯胜、伏生五传弟子，胜为博士，在昭帝世，则向歆所言武帝末之《尚书》博士，得非欧阳子阳乎？当时既以《泰誓》付博士读说，立于学官，即合于伏生书矣。况欧阳经独三十二卷，今文家

《顾命》不分，《盘庚》亦不异卷，其三十二卷是于伏生经文及《序》二十九篇外，增以后出之《泰誓》三篇明矣。夏侯胜宣帝时卒，年九十，计得观见《泰誓》之出，传称其又从欧阳问，从子建又师事欧阳高，左右采获。欧阳既增《泰誓》，立于学官，故两夏侯亦从而增入其书，特并《泰誓》为一篇，而除序不数，故仍为二十九篇，以合伏书篇数之旧，与欧阳小异，所以然者，岂非缘《泰誓》后出，而序非经文，故可各以意增减卷数耶？否则三家之经，同出伏生，安有多寡参差若此者哉！

陈氏以为："《泰誓》之合于伏生，其始于欧阳氏。""两夏侯亦从而增入《书》，特并《泰誓》为一篇，而除序不数，故仍为二十九篇，以合伏《书》篇数之旧。"从他所说的看来，仍觉稍有不妥。因为：(1)《书序》确在二十九篇之外（详下节所引王引之说）；(2)《序》果为伏生所传，夏侯不当除去不数；(3)如伏书有《序》，则《尧典》、《舜典》、《皋陶谟》、《益稷》当分篇。陈氏所说的在我们现在看来，是不能成立的。他更有《今文尚书有序说》一篇，共立十有七证，以明今文之有《序》，不过这只能证明东汉时今文《尚书》有《序》，而不能证明西汉时今文《尚书》有《序》，他立的十七证，已为王咏霓、康有为所反驳(原文俱详见下)。故今文《尚书》有《序》，伏生二十九篇有《序》，这种主张，不能作为解决伏生今文《尚书》篇数之途径。

3. 主张本为二十九篇而以《泰誓》非后得者。伏生二十九篇有《序》之说，发于梅鷟而成于朱彝尊，虽后来陈寿祺力持此说，但在陈氏以前，实无信从之者。王鸣盛为《尚书后案》，乃更持伏《书》本为二十九篇原有《泰誓》一篇之说，其言曰：

《疏》引《别录》，言武帝末得《泰誓》，《文选注》引《七略》同。但董仲舒于建元元年对策，即引《泰誓》："白鱼入于王舟，有火复于王屋，流为乌。周公曰：复哉！复哉！"司马相如死，武帝求得其《封禅书》，亦引"白鱼入舟"事。是此篇出于武帝之时甚明。不但王充云宣帝得者大谬，即《别录》云武帝末者亦非，况伏生《大传》已有之。可见《史记》云伏生乱后求得二十九篇者，此时即有《泰誓》。且不特此也，娄敬说高祖，已用其语，恐《泰誓》之出，尚在伏生之前。盖此篇人间流传已久，不由伏、孔而得，反启后人纷纭之疑。要之，郑《六艺论》云：民间得《泰誓》者，岂疑也耶？正明别得之《书》与伏合耳。而孔所得，又与之合。《周本纪》所载，正受之孔者。颖达据晚晋伪本，反诬彼为张霸作，冤哉！（《经解》四三四上）

又说：

朱氏彝尊以伏《书》只二十八，云二十九者，其一是《序》，非也。





他这种意见，是正与朱氏相反，朱氏认二十九篇有《序》，此则认二十九篇无《序》，朱氏以《泰誓》为后得，此则以《泰誓》为本有。不过王氏此说，其举证尚不多，后来王引之《经义述闻》更力主此说。其伏生《尚书二十九篇说》云：

……曰：伏生本《书》有《泰誓》，此说亦有据乎？曰：有。董仲舒对策在武帝即位之七年，是时民间犹未献《泰誓》也。而《汉书·董仲舒传》载仲舒对策曰："《书》曰：'白鱼入于王舟，有火复于王屋，流为乌。周公曰：复哉，复哉。'"《颜籀》注曰："今文《泰誓》之辞。"若伏生书无《泰誓》，仲舒安得而引之？其证一也。《汉书·艺文志》尚书家，"经二十九卷，大小夏侯二家"。颜注曰："此二十九卷，伏生传授者。"案下文曰："大小夏侯章句各二十九卷。"卷数与经相合。……

二十九卷之经，有一卷是《大誓》，二十九卷之《章句》，二十九篇之《解故》，亦有一卷一篇释《大誓》，较然甚明。不然，何以《章句》、《解故》传与经同为二十九邪？其证二也。……《艺文志》言刘向以中古文校欧阳、大小夏侯三家经文，《酒诰》脱简一，《召诰》脱简二，文字异者七百有余，脱字数十。而不言阙《大誓》一篇，则三家经文皆有《泰誓》矣。三家经文同出于伏生，岂得谓（伏）生《尚书》无《大誓》乎？其证三也。《艺文志》曰："伏生求得二十九篇。"又曰："孔氏得古文以考二十九篇，得多十六篇（十六篇篇目参看本篇《孔壁古文之篇目》）。是孔氏所考者即伏生之二十九篇也。而云得古文以考二十九篇，得多十六篇，是古文十六篇为今文所无，其二十九篇则古今文皆有之也。……若谓《大誓》为伏生今文所无，则伏生今文但有二十八篇，孔氏古文多于今文者，自十六篇外又加《大誓》而为十七篇。《汉书》何不言以考二十八篇得多十七篇乎？此理之必不可通者也。其证四也。《汉书·儒林传》曰："伏生求其《书》，独得二十九篇。"又曰："张霸分析合二十九篇为数十。"是霸所分析者，即伏生之二十九篇也。而下文曰："又采在《左氏传》、《书序》为作首尾。"则《序》在二十九篇之外矣。其二十九篇必以《大誓》当其一。若谓伏生《书》无《大誓》，则经文当止二十八篇，何以言分析合二十九篇邪？其证五也。《说苑·臣术篇》引《大誓》曰："附下而罔上者死，附上而罔下者刑，与闻国政而无益于民者退，在上位而不能进贤者逐。"而《汉书·武帝纪》元朔元年有司奏议曰："夫附下罔上者死，附上罔下者刑，与闻国政而无益于民者斥，在上位而不能进贤者退。"元朔元年为武帝即位之十三年，民间犹未献《大誓》也。而有司已称引《大誓》之文，则为伏生《尚书》所有矣。其证六也。《尚书大传》者，伏生弟子张生、欧阳生之徒所为，而《太平御览》引《尚书大传》曰："唯四月大子发上祭于毕，下至于盟津之上，乃告于司马、司徒、司空、诸节，允才，予无知，以先祖父之有德之臣，左右小子，予受先公，毕力赏罚以定厥功，明于先祖之遗，大子发升舟，中流，白鱼入于舟，王跪取出涘以燎，群公咸曰休哉。"凡九十字。……皆出《大誓》。然则伏生《书》有《大誓》矣。其证七也。《仪礼经传通解续》引《大传》曰："《周书》自《大誓》就《召诰》而盛于《雒诰》。"《大誓》、《召诰》、《雒诰》皆伏生《书》所有也。如谓伏生《书》无《大誓》，则《大传》何以有自《大誓》之文。其证八也。《太平御览》、《书古文训》、《困学纪闻》并引《大传》曰："六誓可以观义，五诰可以观仁。"六誓者，《甘誓》、《汤誓》、《大誓》、《牧誓》、《粜誓》、《秦誓》也。五诰者，《大诰》、《康诰》、《酒诰》、《召诰》、《雒诰》也。皆伏生《书》所有也。如谓伏生《书》无《大誓》，则《大传》当称五誓，不得称六誓矣。其证九也。董仲舒在景帝时已为博士，而《春秋繁露·同类相动》篇引《尚书传》曰："周将兴之时，有大赤乌衔谷而集王屋之上，武王喜，诸大夫皆喜，周公曰：'茂哉！茂哉！'天之见此，以劝之也，恐恃之。"则《尚书大传》之作又在景帝以前，距武帝末年甚远，民间犹未献《大誓》也，而其书已举《大誓》赤乌之事而释之矣，则《大誓》一篇为伏生所本有而非民间所献甚明。其证十也。《汉书》终军《白麟奇木对》奏于武帝即位之十八年，司马相如《封禅书》奏于二十三年，皆未至武帝末年，民间犹未献《大誓》也。而《白麟奇木对》曰："昔武王中流未济，白鱼入王舟，俯取以燎，群公咸曰，休哉！"《封禅书》曰："盖周跃鱼陨杭，休之见燎。"皆与《大传》所引《大誓》合，则皆本于伏生所传明矣。其证十一也。《史记·周本纪》曰："武王乃作《大誓》，告于众庶。"……又曰："武王渡河，中流，白鱼跃入王舟中。"……《索隐》曰："见《大誓》。"……子长论述古今，至大初而讫，作史时未至武帝末年，民间犹未献《大誓》也，而已详列今文《大誓》，非伏生所有而何？其证十二也。合十二证观之，伏生《书》之有《大誓》，灼然无可疑者。

王氏所举之十二证，第二证、第三证是依据欧阳、大小夏侯三家经文立论；第四证是依据《汉书·艺文志》、桓谭《新论》立论；第五证是依据张霸伪造《百两篇》立论；第七证、第八证、第九证都是依据《尚书大传》立论，这六证就时间看来，是汉武以后的记载，不足以证《泰誓》之必出武帝末以前，故不足据。第一证依董仲舒引书立论，第六证依据《汉书·武帝纪》立论，第十证依据董仲舒《春秋繁露》立论，第十一证依据终军《白麟奇木对》、司马相如《封禅书》立论，第十二证依据《史记·周本纪》立论，似可证明《泰誓》出于武帝末以前，而为伏生今文所本。但是这种说法，终不足以破陈寿祺"盖《泰誓》之文往往散见传记久矣"的论证。因为汉高祖时，娄敬说高祖，其时伏生《书》犹未出，而已引有《泰誓》之文，则如董仲舒、终军、司马相如、司马迁引"《泰誓》曰"不必要在武帝末以后，才可以见到《泰誓》的；其引《泰誓》在武帝末以前，我们仍可以信《别录》之说为非传讹。《史记》说的伏生独得二十九篇乃是二十八篇加后得之《泰誓》。王氏于陈寿祺以刘向与两夏侯同朝，与欧阳地余诸人，同议于石渠；刘向所云《泰誓》后得为可信，则无法反驳。则可见陈氏所云，不是无理由的。由此看来，刘向所言，既不必为传闻之误，而王充本习，其所云当亦有所本，则是《泰誓》后得之说是不可以抹杀，而以在武帝末以前引《泰誓》的都出于伏生之今文，不是"《泰誓》之文之往往散见于传记"，相信伏生今文已有《泰誓》，这种意见，实甚牵强（详见下节）。王氏之说，看来虽极稳妥，然而由其太过于抹杀向、歆之言，故不必为定论。在他以后的龚自珍就力持《泰誓》与伏生家法毫无干涉，《泰誓》本身就不可信，不是伏生所传的这一种说法。



4. 主张伏生本有二十九篇乃《顾命》分出《康王之诰》的。主张这一说的是以伏生书二十九篇并非以《泰誓》或《书序》计算在二十九篇之内，而是伏生原来就以《顾命》下篇分为《康王之诰》，所以多出一篇，这样子成为二十九篇。最初主张此说的是江声，他在《尚书集注音疏》中已说："（司马）迁据古文家分《顾命》为《康王之诰》，实二十九篇，遂云伏生得二十九篇。"后来龚自珍著《泰誓答问》一书，更畅此说，他以为：



> 百篇之序，孔子之所订也，七十子之所序也。"自无坯我高祖寡命"以上为《顾命》，自"王若曰庶邦"以下为《康王之诰》。孔子所见如此，不必问伏生矣。（第五《论近儒异序同篇之讹非是》）

他以为在伏生以后，夏侯氏无增篇，欧阳氏无增篇，而皆是原本之二十九篇，其第四《论今文篇数具在》曰：

> 一、《尧典》，二、《皋陶谟》，三、《禹贡》，四、《甘誓》，五、《汤誓》，六、《盘庚》，七，《高宗肜日》，八、《西伯戡黎》，九、《微子》，十、《牧誓》，十一、《洪范》，十二、《金縢》，十三、《大诰》，十四、《康诰》，十五、《酒诰》，十六、《梓材》，十七、《召诰》，

十八、《雒诰》，十九、《多士》，二十、《无逸》，二十一、《君奭》，二十二、《多方》，二十三、《立政》，二十四、《顾命》，二十五、《康王之诰》，二十六、《粜誓》，二十七、《吕刑》，二十八、《文侯之命》，二十九、《秦誓》。

他以《顾命》分为《康王之诰》以足成二十九篇之数。他虽然信《书序》今古文并有，然而不以《书序》当一篇，而以为二十九篇之中也不当加入《泰誓》，其第十《论后得非太誓》曰：

马季长疑之矣，王子雍又疑之矣。盖白鱼赤乌之文，厕于三十二篇之中，如碔砆之混珠璧然。马、王皆不定其为何等书。吾友刘申受尝目之曰战国《泰誓》，泰兴陈君潮曰：殆《艺文志》所载七十一篇之《周书》，晋世汲冢所得其正同类。二说良是。周末之徒往往有此类言语，马融疑之而注之，赵岐疑之而引之，要不失为故书雅记云尔。

又说：

观古书真伪，审其类否。周初史臣之文，气体类不类，不难知也；文法类不类，不难知也。《周书》二十篇，有此文法，有此助辞乎？而坚不服马氏，师旷与离朱争明。

这是从马融、王肃之说，而以为后得者乃《逸周书》之类，不当是百篇《尚书》中之《泰誓》。他更进一步以为此篇与伏生家法无涉。其第十一《论〈泰誓晚〉立与伏生家法无涉》曰：

刘向《别录》：武帝末，民间献《泰誓》，使博士赞说之，数月皆起传以教人。刘歆曰：《泰誓》后得，博士集而读之。此言功令而外，别增此学；欧阳家法而外，别增此师也。余考《书》博士有欧阳、夏侯之学，欧阳、夏侯皆未尝自为《书》博士，今向、歆言如此，与伏生弟子无涉明矣。

他既以为得者非《泰誓》，又不信孔《疏》二十九篇乃“为史总之”之说，以为二十九篇之数，不待《泰誓》出而早定；故分《顾命》为两篇，以足二十九篇之数，而以为增入《泰誓》，乃系欧阳、夏侯以后之事，故可以云《泰誓》晚立与伏生家法无涉。他对于《尚书大传》引《泰誓》，则以为欧阳生、张生当汉初群书四出之年，引此《书》之文以说《泰誓》。其第十二《论〈尚书大传〉引此文之故》曰：

问曰：“闻之《尚书大传》者，伏生老，不能正言，口授大义。生终后，欧阳生、张生各论所闻，以已意弥缝其阙，《志》称四十一篇者是也。而见引‘鱼入舟’、‘火流乌’之文，是欧阳与此《泰誓》为眷属之佐证。”答曰：“辨哉问，而不知汉儒引书之例也。汉人引《易说》谓之《易》，引《书说》谓之《书》，引《礼》家、《春秋》家说谓之《礼》、《春秋》，见于一切书者，不可枚数。以《尚书大传》论之，于《盘庚》则引《书》曰：“若德明哉。”汤任父言卑应言，此古《盘庚》说也。于《康诰》则引《书》曰：“王曰封，若圭壁。”此古《康诰》说也。于《毋佚》则引《书》曰：“厥兆天子爵。”此古《毋佚》说也。许叔重引“山行乘樏，水行乘舟，泥行乘撬，泽行乘钏，”此古《皋陶谟》说也。欧阳生、张生当汉初群书四出之年，博摭传记，何说不引？引此书之文，以说《泰誓》尔。夫伏生无《泰誓》，而有说《泰誓》之文，此亦《九共》、《帝诰》、《说命》、《高宗之训》、《归禾》等篇例也。假使《大传》所引是真《尚书》，董仲舒著书，转引此文，不当不从其本而称之，乃但称《尚书传》，则董生之陋极矣。向不云乎？娄敬、董生、终军皆先献书而见此文，不必张、欧阳不之见。此何得谓伏生弟子增二十八为二十九之佐证。

他在这里以为伏生无《泰誓》而有说《泰誓》之文，犹如本传有说《九共》、《帝诰》、《说命》、《高宗之训》、《归禾》等篇之文一样，而不能必其本有《泰誓》。他据汉人引书之例，以解释《大传》之引《泰誓》，而董生著书为转引，则亦可见《泰誓》不必出在武帝末以前。即如娄敬先献书而引《泰誓》之文，也不能据此以断定《尚书大传》之引《泰誓》为伏生二十九篇本有《泰誓》的。他的主张虽不信后出者为《泰誓》，然而实足以证明伏生本有《泰誓》之说为不可信，王引之所主张的，还不如陈寿祺《左海经辨》之说，但是他以为二十九篇的计算是分《康王之诰》于《顾命》，在孔子所订百篇《书序》已如此，这种说法，我们还是不能轻易赞同，因为：（1）百篇《书序》不必孔子所作。（2）伏生今文《尚书》是原本无《序》。（3）如《顾命》、《康王之诰》分为两篇计算，则《盘庚》早当分为三篇计算，而当云得三十一篇。（4）《盘庚》篇文长，而未分为三篇，则《顾命》、《康王之诰》文短而分为二篇，其说尤不可信。（5）《顾命》、《康王之诰》之分篇方法，马、郑本不如伪孔本，更不得以说伏生之今文是分篇的。戴东原《书顾命后》一文曾说：“马、郑、王本分‘王若曰’以下以为《康王之诰》，东晋晚出之古文分‘王出在应门之内’以下以为《康王之诰》，皆非也。考此篇自‘狄设黼扆缀衣’至末，逾年即位事也。必日前陈设，故不书日。逾年即位，礼之大常，不必书日而知也。‘大保降收’，则受册命毕。而诸侯出庙门俟，王出在应门之内，乃记即位之仪。《顾命》之篇，其大端有三：群臣受顾命，一也；逾年即位，康王先受册命，二也；适治朝，践天子之位，三也。说者不察受册命及出至路门外，应门内之治朝属逾年，遂疑西方、东方诸侯为来问王疾者，则新丧内，天崩地坼之痛，而从容与答，必无是情，又不必论其他事之礼与非礼矣。”（《戴东原集》卷一）《顾命》分为二篇，依戴氏所说看来实是不合理的。(6) 马、郑说伏生、欧阳、夏侯皆以《康王之诰》合《顾命》，故止二十八篇。他们所说，必定是有根据的。伏生今文必以《顾命》、《康王之诰》相合，不可轻于不从。就此看来，王引之说，固不可信；龚自珍说，亦无可信之由。旧来以为二十九篇乃史迁不复区别分析之辞，还是不能否认的。不过龚氏此说既出，信从之者，亦颇有人。例如俞正燮《癸巳类稿·尚书篇目七篇说·伏生今文二十八篇目第一》曰：

> 《史记》云伏生得二十九篇者，孔颖达云，兼《泰誓》言之，其说非是。司马迁见古文，以分出《康王之诰》，追数之。本在伏生书中，故可云伏生得也。(《经解续编》卷八三四)

皮锡瑞《书经通论》：“论伏生传经二十九篇，非二十八篇，当分《顾命》、《康王之诰》为二，不当数《书序》与《泰誓》。”说：

> 或谓今文二十九篇，当合《顾命》、《康王之诰》为一，而以《大誓》当一篇者，王引之《经义述闻》是也。或以《书序》当一篇者，陈寿祺《左海经辨》是也。案以《书序》当一篇，《经义述闻》已辨之矣。……当从《大誓答问》分《顾命》、《康王之诰》为二，不数《大誓》、《书序》为是。惟龚氏论夏侯、欧阳无增篇，无解于《释文》所云，欧阳、夏侯既无增篇，又并二篇为一，则仍止二十八，而无二十九矣。《史记·周本纪》云，“作《顾命》”，“作《康诏》”，(《康诰》即《康王之诰》)，则史公所传伏生之《书》，明分二篇，其后欧阳、夏侯乃合为一，疑因后得《大誓》下示博士，使读说以教人，博士乃以《顾命》、《康王之诰》合为一篇，而掺入《大誓》，此夏侯篇数所以仍二十九，欧阳又分

《大誓》为三，所以篇数增至三十一也。《论衡》所云益一篇而《尚书》二十九篇始定，乃据其后言之，云伏生传晁错适得二十九篇，乃据其先言之。如此解则二说皆可通。而伏生所传篇数，与博士所传篇数，名同而实不同之故，亦可考而知矣。若《书正义》谓“司马迁在武帝之世，见《大誓》出而得行，入于伏生所传内，故为史总之，并云伏生所出，不复曲别分析，云民间所得也。”史公不应谬误至此，其说非是。汉所得《大誓》，今残缺，考其文体与二十九篇不类，“白鱼”、“赤乌”之瑞，颇近纬书，伏生《大传》虽载之，似亦说经之文，而非引经之文，故董子但称为《书传》，马融疑之，是也。唐人信伪孔古文，以此《大誓》为伪，遂致亡佚；近人以为不伪，复掇拾丛残而补之，似亦可以不必矣。





皮氏说“疑因后得《大誓》下示博士，使读说以教人，博士乃以《顾命》、《康王之诰》合为一篇而掺入《大誓》。”这完全是毫无根据的怀疑，是不足凭信的。这与他说的欧阳《泰誓》又分为三，所以篇数增至三十一篇一样的错误。我们知道汉代博士并不是绝对地守家法，他们不必维持二十九之数。如本为二十九篇，可以改作三十篇，正如他们对于《盘庚》所为，改作三篇。我们没有理由说明他们将已分开的两篇合并为一篇；何况加这一篇还是奉了命令的，他们何必又以《顾命》、《康王之诰》合一呢？《易》、《礼》各增加一篇并未发生将原篇合并之事，这也是一个旁证。所以皮氏这种说法只是他的怀疑，是不可信的。王先谦的《汉书·艺文志补注》虽以为“伏生二十九篇，非二十八篇，以本志及《史记·儒林传》为定。王氏《述闻》谓二十九篇今文有《泰誓》，非宣帝时河内女子所得是也”。但他在《尚书孔传参正》一书中则从龚氏之说，而以《顾命》、《康王之诰》分为两篇以足二十九篇之数。不过此说虽巧，而有许多地方可疑，我们还当信《泰誓》后得而后《尚书》二十九篇始定之说。

5. 主张《史记》原为二十八篇后人改为二十九者。此说为康有为《新学伪经考》所主张，其《〈史记〉经说足证伪经考》第二云："史迁所传孔子六艺之源流，……其书，但有伏生今文二十八篇，其'八'字作'九'字，后人追改。"又云：

> 二十八篇为孔子未经秦火之书……云二十九篇者，盖《泰誓》后得，后人忘其本原。轻改《史记》"八"字为"九"字，必非原文，并非歆窜原文。

他主张后人改《史记》"八"字为"九"字，其说固未必确。但他在同书卷十三《书序辨伪》中力辟今文无《泰誓》，今文无《书序》，其说则颇多可采。他辨伏生今文无《泰誓》曰：

> 今据伏生传《书》二十八篇，以为孔子全经篇数止此，而近人每持伏《书》有《太誓》之说，请得条其说而辨之。《太誓》后得，汉人刘向、刘歆、王充、马融、郑康成、赵岐、房宏等，皆同此说。众口一辞，未必举国尽误，伏《书》之无《太誓》一。《史记·儒林传》称伏生独得二十九篇，语已伪窜，然即二十九篇之说论之，亦不过如孔冲远武帝世见《太誓》入伏生《书》内，故并云伏生所出之说耳。不然，《史记》非僻书，诸儒岂未之见。事关经文增减，诸儒纵不能援《史记》以折异说，亦岂敢蔑《史记》而构虚辞？又，《史记》伏生独得二十九篇之说，《汉书·儒林传》亦袭之，马融尝从曹大家受《汉书》业，岂得不知？而《太誓》后得之说，马融持之尤力。知独得二十九篇之说，诸儒固知其非，故不援据。伏《书》之无《太誓》二。《汉书·艺文志》、《书家》、《经》二十九卷。自注曰："大小夏侯二家，欧阳《经》三十二卷。"盖《太誓》，博士读说传教

之后，即附入欧阳、大小夏侯《书》。既附入欧阳、大小夏侯《书》，则经文卷数，自当并数之。《志》载大小夏侯《经》二十九卷即由于此。或谓《志》载大小夏侯《经》二十九卷，中有后得《太誓》一卷，何以不别白其说？不知《艺文志》即刘歆《七略》之旧。《七略》又见武帝末民间得《太誓》，则固已别白其说，《志》引《七略》，其辞未尽耳。伏《书》之无《太誓》三。《尚书大传》虽有《太誓》，然《大传》所载，亦不尽伏生之《书》。《大传》又有"《六誓》可以观义"，及"《周书》自《太誓》就《召诰》而盛于《雒诰》"之言，以《太誓》与二十八篇并称，似为真孔子《书》。考《大传》称《六誓》观义，乃引孔子告子夏之言，汉儒淳朴，附益古书则有之，断不敢假托古人之语。然必后人据既增《太誓》改"五"为"六"。至"《周书》至《太誓》"一语，更后人据既增《太誓》窜入无疑。否则伏《书》二十九篇，有《大传》为据；《大传》之书，人所诵习，郑康成并为之注，岂得皆不知，而犹以为《太誓》后得乎；知《大传》以《太誓》并称，当时固知其非矣。伏《书》之无《太誓》四。《史记·周本纪》虽载有《太誓》，然《史记》网罗放失，非纯据伏生之《书》，如《周本纪》下文"斩纣头"及"武王及于周，自夜不寐"之类，即引《逸尚书》。其引《太誓》乌知其必据伏《书》？伏《书》之无《太誓》五。《汉书·董仲舒传》：仲舒《对策》引"《书》曰"，即《太誓》之文。仲舒《对策》未及武帝之末，似伏《书》无《太誓》，何由引之？不知《春秋繁露》引《君陈》文亦称"《书》曰"，若仲舒引"《书》曰"者必伏《书》，岂《君陈》亦伏《书》所有乎。伏《书》之无《太誓》六。

《汉书·武帝纪》，元朔元年有司奏议曰："附下罔上者死"云云，文见《说苑·臣术篇》引《太誓》，又终军《白麟奇木之对》，司马相如《封禅之奏》，皆未及武帝末年，而皆已引《太誓》，似非据伏《书》而何？然诸所引不明言《太誓》？即以为《太誓》，亦不过如董仲舒《对策》所引之例，未必即伏生《书》。伏《书》之无《太誓》七。平当习欧阳《书》，班伯习小夏侯《书》，而《汉书·平当传》、《叙传》二家书引《太誓》，欧阳、大小夏侯即伏生所传，似伏《书》当有《太誓》。然二家皆元、成以后人，尔时《泰誓》入欧阳、大小夏侯《书》已久，二家既习欧阳、大小夏侯《书》，自当肄业及之，其引《太誓》，何足为异？伏《书》之无《太誓》八。《毛诗思文正义》引《太誓》曰："有火自上复于下，至加王屋，流之为雕。"《郑注》曰："'雕'当为'雅'。"《史记·周本纪》作"流为乌。"王氏《经义述闻》以为作"雕"古文；作"乌"伏生今文。然考《史记》引书，每多改易其字，见于诸篇者班班可考。其作"乌"者，何以知其今文？伏《书》之无《太誓》九。《汉书·艺文志》云："刘向以中古文校欧阳、大小夏侯三家经文，《酒诰》脱简一，《召诰》脱简二，文字异者，七百有余，脱字数十。"似伏《书》无《太誓》，更当脱《太誓》一篇，何得止曰"脱简"、"脱字"而已？不知刘向以古文校三家之说乃刘歆所造。然即如其说，向校书在三家增《太誓》后，三家并有《太誓》，何得复以为脱？伏《书》之无《太誓》十。或谓古文虽刘歆所伪，然伏生篇数，歆必知之。伏《书》诚止二十八篇，则古文《太誓》并为伏生所无，歆当以为孔安国考二十八篇得多十七篇。今日考二十九篇得多十六篇，则伏《书》有《太誓》审矣。曰：其人之言，必当还以其人之言解之，方不凿枘。歆之说，以为共王得书，安国考二十九篇，皆在武帝之末。武帝末，《太誓》既入博士《书》，故歆以为考二十九篇，得多十六篇。不然，考二十九篇，得多十六篇，及《太誓》后得，皆歆《七略》之言，歆虽荒谬，何至矛盾若是乎？伏《书》之无《太誓》十一。以十一说观之，《书》二十八篇之为全书益明。《序》百篇之为伪作愈显矣。

康氏此说是驳王引之《经义述闻》的。其所举之一、二、三及五、六、七诸证，皆颇足以补陈寿祺、龚自珍两家所未及。其第八证以下，亦颇言之成理。《泰誓》之为后得，由康氏说看来已无可怀疑了。今文《尚书》有《序》之说，自朱彝尊、陈寿祺主张之后，王引之虽以今文《尚书》原本无《序》，但仍承认今文有《序》，不过"今文有《序》，不在篇卷之列"。龚自珍《大誓答问》亦从段玉裁之说而以"《书序》古今文并有"。宋翔凤也是信陈寿祺证今文无《太誓》而有《序》，确不可移。皮锡瑞《书经通论》亦以《书序》有今古文之异，《史记》所引《书序》皆今文，可据信，其实则当从阎若璩伏生时未有《书序》，王鸣盛"《序》亦从屋壁中得"之说。康有为乃力辨今文《尚书》无《序》，孔子作《书序》之说始于刘歆，《史记》无此说。《史记》所载篇目乃《书序》袭《史记》，非《史记》采《书序》。他以为"陈氏寿祺著今文《尚书》有《序》说，欲申其'伏《书》二十九篇，《序》当其一'之说，立为十七证，繁称博引，强辞夺理，上诬先师，下诳学者，则不可以不辨"。又以"近人主今文有《序》者甚多，以陈氏之说最为强辨"。于是对于陈说，逐条为之驳辩，其文甚繁。在康氏前，黄岩王咏霓著有《书序答问》一书，已逐条为之驳辩。康书比较通行，兹姑移录王氏《答问》之说以见"今文《尚书》有《序》说"之不可信。王氏《答问》曰：

问：陈氏寿祺《左海经辨》谓今文《尚书》有《序》，列十有七证以明之：其一曰《艺文志》欧阳经三十一卷，按伏生经文二十八篇，增《大誓》三篇，止三十一卷，其一卷必百篇之序也。（第一证）

答曰：《艺文志》欧阳章句三十一卷，三十一卷者，分《盘庚》为三，非《大誓》也。伏生分《顾命》、《康王之诰》为二十九，故大小夏侯经章句并同欧阳分《盘庚》为三，故云三十一卷，章句如是，则经亦可知，阎氏《尚书古文疏证》、惠氏《古文尚书考》、王氏《尚书后案》并引《汉志》作欧阳经三十一卷，今本作三十二卷，转写之误也。《盘庚》当三，孔门之旧，故今文家仍之，蔡邕石经残碑《盘庚》中篇之末"建乃家"下空一字，始接下篇经文，知上篇末亦然，是今文家分《盘庚》为三之证。孙氏星衍作篇目表，以欧阳章句三十一卷分《盘庚》为三，是也。





班固称司马迁书载《尧典》、《禹贡》、《微子》、《洪范》、《金縢》多古文说，则五篇之外，盖多取诸今文家矣。独于《书序》，胪举十之八九，说义文字，往往与古文异，则显然兼取之伏《书》。（第二证）

答曰：史公所载《书序》，所谓杂采博记者也，若以兼取伏《书》，则《史记》所载，固有与《大传》异者，且有异于《大传》而并异于今本《书序》者，其何说之辞？

《论衡·佚文篇》曰：东莱张霸通《左氏春秋》，案百篇《序》以《左氏》训诂，作《百两篇》。《汉书·儒林传》，张霸分析合二十九篇以为数十，又采《左传》、《书序》为作首尾，凡百二篇。是霸但见今文有百篇之《序》，而不见孔《书》，如所采《书序》出古文，则其中逸书二十四篇，擩拾较易，乃不并取为百两篇，故知霸所取《书序》，出今文也。（第三证）

答曰：高邮王氏亦尝为是论，然霸书自魏晋以来，未见称述，其遗文仅见于《论衡》，有云："伊尹死，大雾三日。"其不经实甚。使霸得见百篇之《序》，亦必依托时事为之。如东晋伪古文之比，何至或分析之，或合之，即二十九篇为数十乎？霸之作伪，必不如是之愚，然则霸所未析者，固属今文，而亦未见《书序》者也。安得据是谓今文有《序》乎？如陈氏说，二十九篇之内有《序》，则当其分析二十九篇《序》已在内。而下文又言采《书序》，何其自相矛盾耶？

《书正义》曰：伏生二十九卷而《序》在外。（卷一）其言《序》在外者，必见石经《尚书》有百篇之序，故为是言耳。（第四证）

答曰：隋唐《志》皆未载一字《尚书》石经六卷，则唐人或未及见之。然石经之有《序》与否，已不可知，即或有之，亦《尚书序》盛行之后为末师所掺，如后得《泰誓》之附今文，决非伏生本经也。陈氏谓二十九卷而《序》在外者，非伏生原本，至于《序》而独可以意必之见诬伏生并诬夏侯氏乎？

《书大传》"遂践奄"，践之者，籍之也。籍之谓杀其身，执其家，猪（潴）其宫，是明出于《成王政》之《序》，而释其文。（第五证）

答曰：此作《序》者采之《大传》，非《大传》为《序》释也。“遂践奄”者，《尚书》佚文，伏生记而为之训释。使今文有《序》，则《将蒲姑序》明言成王践奄，迁其君于蒲姑矣。奄君犹存，《传》何以言“杀其身也”。

《书传》言周公葬于毕，盖本于《亳姑》之《序》。（第六证）

答曰：《大传》以周公葬毕事与《金縢》合而为一，若及见百篇《序》次，必不如此立异。





《大传》言武丁祭成汤，有雉飞升鼎耳而雊，此出《尚书·高宗肜日》之《序》也。（第七证）

答曰：《大传》以《高宗肜日》与《高宗之训》为一篇，与《书序》二篇同《序》者异。则武丁祭成汤云云，非出于《高宗肜日》之《序》可知。《史记·殷本纪》云：祖己嘉武丁，以祥雉为德，立其庙为高宗，遂作《高宗肜日》，如谓今古文省有《序》，则史公所载者，何并不相合耶？

《大传》曰：成王在丰，欲宅洛邑，使召公先相宅，此述《召诏》之序。又曰：夏刑三千条，此本《甫刑》之序；又篇目有《九共》、《帝告》、《巽命》，《序》又有《嘉禾》、《揜诰》，此皆在二十九篇外，若非见《书序》，何以得此篇名？（第八、第九、第十证）

答曰：此《召诰》、《甫刑》之《序》取之《书传》，而非《书传》取之《序》也。《书传》自释经文，夏刑三千条，伏生近古，必有所受也。《九共》、《帝告》等篇，是伏生所记逸书之目，若见《书序》，何不全为录之？亦何必一二之目而志之，以此知伏生今文无《书序》也。

《白虎通》引《尚书》悉用今文家说，《诛伐》篇引《尚书》曰：武王伐纣，此《周书·大誓序》及《武成序》之文也。则亦出之今文无疑。（第十一证）

答曰：《白虎通》所引无称《序》者，惟此一条见《太平御览》卷三百四引有序字。今遍检诸本俱作"《尚书》曰"，未必《御览》果是而各本尽非。考《白虎通义》出于班固、贾逵诸儒，则《书传》盛行久矣，即引之亦何足为证。

《汉书·孙宝传》："宝曰：周公上圣，召公大贤，尚犹有不相说，著于经典。"此引《周书·君奭》之《序》也。宝为大司农，在原始二年，是时古文未立，则其所诵之经，亦今文也。（第十二证）

答曰：《儒林传》既云，平帝时立古文《尚书》，则宝何得尚未之见？《王莽传》元始四年益博士员，云益，则前此之既有博士可知，宝之为司农即在二年，不得云古文未立也。百篇之《序》，史公明载之《史记》，而谓孙宝必不及见，亦目论矣。

《后汉书·杨震传》曾孙彪论迁都曰："盘庚五迁，殷民胥怨。"此引《尚书·盘庚》之《序》也。彪世传欧阳《尚书》，所据乃其本经。（第十三证）

答曰：当杨彪时，无论杜林漆书古文盛于世，贾、马、郑、诸君作注；俱在其时，彪即守欧阳《尚书》，蚩于今文之外，并《书序》而未之见者？今欲据东京之季，以定炎汉之初，可谓挹其流而忘其源者矣。

《法言》："至书之不备者过半矣，而习者不知，惜乎《书序》之不如《易》也。"子云引书，昔用今文，"不备"、"过半"，唯今文为然。若古文则前汉存者五十八篇，不得云尔。《法言》又曰："古之说《书》者《序》以百，而《酒诰》之篇俄空焉，今亡矣夫。"按《酒诰》惟今文有脱简，故其言如此。（第十四、第十五证）

答曰：此子云不信《书序》而笃守今文之学也。子云与刘歆同时，歆方欲立古文，而子云不之信，故以为《书序》之不如《易》。其言《酒诰》俄空者，谓《序》有百篇，《酒诰》独无之也。如以今文《酒诰》有脱简，则《召诰》脱简视《酒诰》为多。（《酒诰》脱简一，《召诰》脱简二）子云何不之言？

《论衡·正说篇》驳或说《尚书》二十九篇法斗七宿曰，按百篇之《序》，阙遗者七十一篇。此所引或说，乃今文家言，其驳诘亦据今文为说。若古文则百篇之《序》二十九篇外，尚有逸书二十四篇，不得云阙遗者七十一篇。（第十六证）

答曰：《论衡》所谓七十一篇遗脱者，据古文百《序》以诘今文也。然伏生之《书》，可分之为三十有一，合后得之《太誓》，则三十有四矣。以百篇之《序》校之，则亡六十六篇耳。以一《序》为一篇计之，则百篇之六十三篇，伏生所传二十九篇，除《康诏》、《酒诏》、《梓材》三篇同序外，尚得二十七篇，皆辗转迁就而不得有合者也，且《论衡》所指者，今文家之经，与逸书二十四篇无与也。若以是为今文家有百篇之《序》，则今文家何以有'法斗七宿'之说，盖不然矣。（江氏《集注音疏》曰：假使伏生《尚书》有《序》，则百篇之名具见，虽妄人亦不造此"法斗七宿"之说矣，是可知伏生《书》无《序》也。江氏此论至确）

杜预《春秋后序》曰："《纪年》称太甲潜出自桐，杀伊尹，此言大与《尚书序》说太甲事乖异。不知老叟之伏生，或致昏忘；将此古书，亦当时杂记，未足以取审也。"详预此言，直以《书序》为出自伏生。（第十七证）

答曰：此杜预之误也。预注《春秋左传》多有违误，近人已辞而辟之，今以《序》出伏生，盖亦一时记忆之差，亦可为《书序》非孔子所作之证。（今文家之传，至后汉之季微矣，魏晋之间，又加甚焉。预不知今文家法，为此臆论，何得据此以羼本师）

王氏答辨陈氏之说，最令吾人满意者，则石经之有《序》与否，已不可知，即或有之，亦《尚书序》盛行之后，为末师所羼，如后得《泰誓》之附经文，决非伏生本经也。这比康氏之驳陈氏，以为"陈氏此说，最不足据，果如其说，二十九卷外尚有《序》一卷，则《汉书·艺文志》载大小夏侯经文当曰三十卷矣。何以仍曰二十九卷乎？孔既曰《序》在外，则二十九卷断不能以为并《序》数之，是二十九卷，乃既增《泰誓》之数，志并《泰誓》亦惟曰二十九，则大小夏侯之无序断矣"。（驳第四证）

"《汉志》卷数误文、脱文最多，颜师古亦言之，其欧阳经三十二卷，章句三十一卷之数，并难引据，若谓二十八篇，增《泰誓》三篇，故三十一。考今文《书》，凡一篇分为数篇者，亦止以一篇计之，《盘庚》有三而自来数今文卷数者，亦止为一篇。然则《泰誓》三篇，增入今文之《书》，亦当以一篇计之，岂有仍为三篇，作三十一卷之理？若谓《泰誓》旧本三篇，不能并为一，以失其旧；然如《盘庚》之例，不过篇数为一，而篇章仍三，又何尝失其旧？而必篇数亦析为三，以是为乖刺之例乎？必不然矣。又陈氏据西汉经师不为《序》作训，以弥缝欧阳《经》、《章句》卷数不合之故，然《汉志》载大小夏侯《经》二十九卷，《章句》、《解故》亦皆二十九卷，岂大小夏侯独为《序》作训耶？大小夏侯不为《序》作训，则二十九卷中无《序》可知。”（驳第一证）



由大小夏侯《经》与《章句》、《解故》皆二十九卷，由二十九卷而《序》在外，则《汉志》当曰三十卷，俱足以证明大小夏侯之经文无《序》，则石经纵有《序》只是末师所属，不足以证今文之有《序》。由王氏、康氏所云，参之以阎若璩、王鸣盛、江声诸家之说，我们是可以确信今文无《序》的。



不过陈氏推证石经《尚书》有《序》，这也是不错的，在近年出土有汉石经《书序》残石，可见蔡邕所勒石经有《序》，不过这石经中的《书序》，只有二十九篇之《序》，此外七十一篇一概没有，适足以证明西汉之今文无《序》，石经之有《书序》，或是欧阳本如是，乃是末师羼入，非今文本有百篇之《序》的。据钱玄同先生《重论经今古文学问题》一文考之曰：

> 汉石经中的《书序》，却很别致，仅有今文经所有的二十九篇之《序》，此外七十一篇《序》一概没有。这是计算它的行数、字数而可以断定的。这样别致的《书序》，不但陈氏所未知，且西汉人及刘歆等亦从未道及。西汉今文家绝无言及《书序》者。也绝无称引《书序》文句者，刘歆、扬雄、王充诸人皆据百篇《书序》以证今文《尚书》为不全。绝不据百篇《书序》以证二

十九篇《书序》为不全。由此可知一定是东汉的今文家就古文的百篇《书序》，删去今文所无的七十一篇，以成此二十九篇《书序》。

……今汉石经的《书序》中，《洪范序》存"以箕子"三字，《君奭序》存"周公作君"四字，计其字数，知其上下文必与古文《书序》相同，这也是东汉今文家抄古文《序》的一个证据。所以得此二十九篇的《书序》，更可十分坚决的说：西汉今文《尚书》绝对无《序》！

他又说：

此二十九篇《书序》中，有《泰誓序》（应在《书序》第三行）无《康王之诰序》（《顾命序》在第六行，其下应接《粊誓序》，方与字数相合，故知无《康王之诰序》），则今文《尚书》二十九篇之一，陈寿祺等以《书序》当之，龚自珍等分《康王之诰》以当之，而均不数《太誓》者，皆非也。旧说以为伏生本二十八篇，加后得之《太誓》一篇，故为二十九篇，实在没有错。《汉志》叙大小夏侯《经》、《章句》及《解故》皆二十九卷，必是如此。汉石经分《盘庚》为三，则三十一；又加《书序》，则三十二。欧阳《经》的卷数适与《汉石经》相同，故疑《汉石经》所用的是欧阳《经》。至于欧阳《章句》三十一卷，则因不为《书序》作训之故，陈寿祺之说是也。（其实是西汉经师作训时尚未有《书序》耳）

## 附：　欧阳、大小夏侯及汉石经分卷异同表

| 篇名 | 大小夏侯《经》、《章句》及《解故》各二十九卷 | 欧阳《经》三十二卷（汉石经与此同） | 欧阳《章句》三十一卷 |
|---|---|---|---|
| 尧典 | 一 | 一 | 一 |
| 皋陶谟 | 二 | 二 | 二 |
| 禹贡 | 三 | 三 | 三 |
| 甘誓 | 四 | 四 | 四 |
| 汤誓 | 五 | 五 | 五 |
| 盘庚 | 六 | （上）六 | （上）六 |
| | | （中）七 | （中）七 |
| | | （下）八 | （下）八 |
| 高宗肜日 | 七 | 九 | 九 |
| 西伯戡黎 | 八 | 十 | 十 |
| 微子 | 九 | 十一 | 十一 |
| 大誓 | 十 | 十二 | 十二 |
| 牧誓 | 十一 | 十三 | 十三 |
| 洪范 | 十二 | 十四 | 十四 |
| 金縢 | 十三 | 十五 | 十五 |
| 大诰 | 十四 | 十六 | 十六 |
| 康诰 | 十五 | 十七 | 十七 |
| 酒诰 | 十六 | 十八 | 十八 |
| 梓材 | 十七 | 十九 | 十九 |
| 召诰 | 十八 | 二十 | 二十 |
| 雒诰 | 十九 | 二十一 | 二十一 |
| 多士 | 二十 | 二十一 | 二十二 |
| 无逸 | 二十一 | 二十三 | 二十三 |
| 君奭 | 二十二 | 二十四 | 二十四 |
| 多方 | 二十三 | 二十五 | 二十五 |
| 立政 | 二十四 | 二十六 | 二十六 |
| 顾命 | 二十五 | 二十七 | 二十七 |
| 粊誓 | 二十六 | 二十八 | 二十八 |
| 吕刑 | 二十七 | 二十九 | 二十九 |
| 文侯之命 | 二十八 | 三十 | 三十 |
| 泰誓 | 二十九 | 三十一 | 三十一 |
| 书序 | | 三十二 | |

由汉石经《书序》残石“更可十分坚决的说，西汉《今文尚书》绝对无《序》!”“旧说以为伏生本二十八篇，加后得之《太誓》一篇，故为二十九篇，实在没有错。”我们对于这一问题的解决，有实物作证明，更比之清儒所作的臆断者不同，这是论《尚书》问题的一件最愉快的事。

关于欧阳《经》三十二卷的解释，在陈寿祺以为：“按伏生经文二十八篇者，增《太誓》三篇，止三十一卷，其一卷必百篇之《序》。”王引之以为：“三十二卷当为三十三卷，三十一卷亦当为三十三卷。盖伏生本经二十九篇，篇各为卷，而为二十九卷。欧阳氏分《盘庚》为三篇，《大誓》亦为三篇，篇各为卷，故三十三卷也。因而每卷为之章句，故章句亦三十三卷，写者脱画耳。”康有为亦以为：“欧阳《经》及《章句》卷数讹误。”又云“欧阳《经》及《章句》卷数难明。”又云：“欧阳《经》卷数难明，无可考据。”现在因《书序》残石的发现，对于这一个问题也可以水落石出，自然地明了了。





### (二) 孔壁古文《尚书》之篇第

孔壁古文《尚书》的卷数、篇数，在《汉志》所列者为《尚书》“古文经四十六卷”。班固自注曰：“五十七篇。”但据刘向《别录》则云：“五十八篇。”而《太平御览》引桓谭《新论》亦云：“古文《尚书》旧有四十五卷，为五十八篇。”班固所以注为五十七篇者，据《尚书正义·武成》引郑玄云：

《武成》逸书，建武之际亡。

颜师古《艺文志》注亦引郑《叙赞》云：

后又亡其一篇，故五十七。

这是五十七与五十八篇数之所以异。

五十八篇的构成，据《尚书·孔疏》云：

郑玄则于伏生二十九篇之内，分出《盘庚》二篇、《康王之诰》，又《泰誓》三篇，为三十四篇，更增益伪书二十四篇为五十八；所增益二十四篇者，则郑注《书序》：《舜典》一、《汩作》二、《九共》九篇十一、《大禹谟》十二、《益稷》十三、《五子之歌》十四、《允征》十五、《汤诰》十六、《咸有一德》十七、《典宝》十八、《伊训》十九、《肆命》二十、《原命》二十一、《武成》二十二、《旅獒》二十三、《囧命》二十四。以此二十四为十六卷，以《九共》九篇共卷，除八篇，故为十六。故《艺文志》、刘向《别录》云五十八篇。《艺文志》又云："孔安国者，孔子后也，悉得其《书》。"以古文又多十六篇。篇即卷也，即此伪《书》十六篇也。

孔《疏》是误认孔壁古文《尚书》为张霸之伪《百两篇》的。此所云："郑玄则于伏生二十九篇之内"及"郑注《书序》"云云，郑所注本，实是孔壁古文《尚书》。我们可即依孔《疏》所云，以考孔壁古文之篇卷。不过孔壁古文之篇卷问题，决不是单纯的以得多十六篇始为二十四篇，加伏生之二十九篇折为三十四，二十四加三十四即可以构成的。这其间有卷数的问题、篇次的问题、篇名的问题，以及所谓"同序同卷"、"异序异卷"的问题，对于这四个问题不加以了解，则所排列的篇次与卷数必是错误的。现在我们先说明这几个问题而后再来排列孔壁古文《尚书》之篇次：

1. 卷数的问题

《汉志》列《尚书》古文经四十六卷，而桓谭《新论》云："古文《尚书》旧有四十五卷，为五十八篇。"两处所云，篇数都可知为五十八篇，而卷数相差一卷者，即是《汉志》并《书序》计算，桓谭不并《书序》计算。我们知道今文无《序》，但是古文是有《书序》的。据陆德明《经典释文》云：

马、郑之徒，百篇之《序》，总为一卷，孔以各冠篇首，而亡篇之《序》，即随其次第，居见存者之间。

这可见马、郑所传的古文本，不惟有《书序》，而且《书序》总为一卷，至伪孔才引之各冠篇首。《书序》与古文同出，则孔壁之卷数当以有《书序》计算在内者。惠栋《古文尚书考》云：

桓谭《新论》云：古文《尚书》旧有四十五卷，为五十八篇。盖贾、马《尚书》三十四篇，益以逸篇二十四篇，为五十八。内《盘庚》三篇同卷，《大誓》三篇同卷，《顾命》、《康王之诰》二篇同卷，实二十九篇。逸书《九共》九篇同卷，实十六篇，合四十五卷之数。（原注：篇即卷也）与桓君山说合。（原注：《艺文志》四十六卷，兼《序》言之）（《经解》三五一）

戴震《尚书今文古文考》云：

以此十六卷，合今文所有之二十九卷，百篇之《序》一卷，是为《艺文志》："《尚书古文经》四十六卷。"

《九共》析为九，则逸书凡二十四，而今文所有者，析为三十四，《盘庚》、《大誓》各分而三，《顾命》分"王若曰"以下为《康王之诰》也。不数百篇之《序》；故刘向《别录》云"五十八篇"。桓谭《新论》云："古文《尚书》旧有四十五卷，为五十八篇。"《艺文志》虽数百篇之《序》，增多一卷，而四十六卷者，一卷篇亡，郑康成所谓："《武成》逸篇，建武之际亡。"适当其亡篇，故《志》仅称五十七篇。（《戴东原集》一，《尚书今文古文考》）

他们都是主张桓谭之少一卷与班固之多一卷，都是计《序》

不计《序》的分别。王鸣盛《尚书后案》正同此说。如不以班《志》之多一卷为计序，而是计其他篇目，则桓谭也应同是五十八篇，其计算方法，不应不同的。此其一。

2. 篇次的问题

我们计算孔壁古文《尚书》的篇第，决不可以伪孔本引《序》各冠篇首，而以亡篇之《序》，即随其次第居见存者之间，即用伪孔的次第，来作为孔壁本的次第。据《尚书》孔《疏》云：

> 其百篇次第，于《序》，孔、郑不同。孔以《汤誓》在《夏社》前，于百篇为第二十六；郑以为在《臣扈》后第二十九。孔以《咸有一德》，次《太甲》后第四十；郑以为在《汤诰》后第三十二。孔以《蔡仲之命》次《君奭》后第八十三；郑以为在《费誓》前第九十六。孔以《周官》在《立政》后第八十八；郑以为在《立政》前第八十六。孔以《费誓》在《文侯之命》后第九十九；郑以为在《吕刑》前第九十七。不同者，孔依壁内篇次及《序》为文，郑依贾氏所奏《别录》为次，孔未入学官，以此不同。

两家篇次之排列，各不相同，如以伪孔之次，误为孔壁古文之次，这也是错误的。孙星衍著有《尚书篇目表》，于伏生今文二十八篇本，大小夏侯二十九篇本，欧阳《章句》三十一篇本，孔壁古文五十八篇本，马、郑所注三十四篇本，伪孔安国五十八篇本，并表列其次第，兹迻录于下，一方面来显示百篇《书序》之篇名，一方面来显示孔壁古文之次第。

## 孙星衍《尚书篇目表》

| 《尚书》百篇 | 伏生壁藏得存二十八篇《泰誓》后得，大小夏侯为二十九篇 | 欧阳篇三十一篇 | 孔壁古文五十八篇，《武成》后亡为五十七篇 | 马、郑注伏生《书》分二十九篇为三十四篇，述古文二十四篇（注） | 伪孔安国《书传》五十八篇，伪孔《书序》目次与郑异，见《书序》 |
|---|---|---|---|---|---|
| 尧典一 | 有一 | 有一 | 有一 | 注一 | 有一 |
| 舜典二 | 无 | 无 | 有二 | 述一 | 无 |
| 汩作三 | 无 | 无 | 有三 | 述二 | 无 |
| 九共四 | 无 | 无 | 有四 | 述三 | 无 |
| 九共五 | 无 | 无 | 有五 | 述四 | 无 |
| 九共六 | 无 | 无 | 有六 | 述五 | 无 |
| 九共七 | 无 | 无 | 有七 | 述六 | 无 |
| 九共八 | 无 | 无 | 有八 | 述七 | 无 |
| 九共九 | 无 | 无 | 有九 | 述八 | 无 |
| 九共十 | 无 | 无 | 有十 | 述九 | 无 |
| 九共十一 | 无 | 无 | 有十一 | 述卞 | 无 |
| 九共十二 | 无 | 无 | 有十二 | 迫十一 | 无 |
| 藁饫十三 | 无 | 无 | 无 | 无 | 无 |
| 大禹谟十四 | 无 | 无 | 有十三 | 述十二 | 伪三 |
| 皋陶谟十五 | 有二 | 有二 | 有十四 | 注二 | 有四益稷五 |
| 弃稷十六 | 无 | 无 | 有十五 | 述十三 | 无 |
| 禹贡十七 | 有三 | 有三 | 有十六 | 注三 | 有六 |
| 甘誓十八 | 有四 | 有四 | 有十七 | 注四 | 有七 |
| 五子之歌十九 | 无 | 无 | 有十八 | 述十四 | 伪八 |
| 允征二十 | 无 | 钮 | 有十九 | 述十五 | 伪九 |
| 帝诰二十一 | 无 | 无 | 无 | 无 | 无 |
| 厘沃二十二 | 无 | 无 | 无 | 无 | 无 |
| 汤征二十三 | 无 | 无 | 无 | 无 | 无 |

续表

| 《尚书》百篇 | 伏生壁藏得存二十八篇《泰誓》后得，大小夏侯为二十九篇 | 欧阳篇三十一篇 | 孔壁古文五十八篇，《武成》后亡为五十七篇 | 马、郑注伏生《书》分二十九篇为三十四篇，述古文二十四篇（注） | 伪孔安国《书传》五十八篇，伪孔《书序》目次与郑异，见《书序》 |
|---|---|---|---|---|---|
| 汝鸠二十四 | 无 | 无 | 无 | 无 | 无 |
| 汝方二十五 | 无 | 无 | 无 | 无 | 无 |
| 夏社二十六 | 无 | 无 | 无 | 无 | 无 |
| 疑至二十七 | 无 | 无 | 无 | 无 | 无 |
| 臣扈二十八 | 无 | 无 | 无 | 无 | 无 |
| 汤誓二十九 | 有五 | 有五 | 有二十 | 汁 | 有十 |
| 仲虺之诰三十 | 无 | 无 | 无 | 无 | 伪十一 |
| 汤诰三十一 | 无 | 无 | 有二十一 | 述十六 | 伪十二 |
| 咸有一德三十二 | 无 | 无 | 有二十二 | 述十七 | 伪十七 |
| 典宝三十三 | 无 | 无 | 有二十三 | 述十八 | 无 |
| 明居三十四 | 无 | 无 | 无 | 无 | 无 |
| 伊训三十五 | 无 | 无 | 有二十四 | 述十九 | 伪十三 |
| 命肆三十六 | 无 | 无 | 有二十五 | 述二十 | 无 |
| 徂后三十七 | 无 | 无 | 无 | 无 | 无 |
| 太甲三十八 | 无 | 无 | 无 | 无 | 伪十四 |
| 太甲三十九 | 无 | 无 | 无 | 无 | 伪十五 |
| 太甲四十 | 无 | 无 | 无 | 无 | 伪十六 |
| 沃丁四十一 | 无 | 无 | 无 | 无 | 无 |
| 咸乂四十二 | 无 | 无 | 无 | 无 | 无 |
| 咸乂四十三 | 无 | 无 | 无 | 无 | 无 |
| 咸乂四十四 | 无 | 无 | 无 | 无 | 无 |
| 咸乂四十五 | 无 | 无 | 无 | 无 | 无 |
| 伊陟四十六 | 无 | 无 | 无 | 无 | 无 |

续表

| 《尚书》百篇 | 伏生壁藏得存二十八篇《泰誓》后得，大小夏侯为二十九篇 | 欧阳篇三十一篇 | 孔壁古文五十八篇，《武成》后亡为五十七篇 | 马、郑注伏生《书》分二十九篇为三十四篇，述古文二十四篇（注） | 伪孔安国《书传》五十八篇，伪孔《书序》目次与郑异，见《书序》 |
|---|---|---|---|---|---|
| 原命四十七 | 无 | 无 | 无 | 无 | 无 |
| 仲丁四十八 | 无 | 无 | 无 | 无 | 无 |
| 河亶甲四十九 | 无 | 无 | 无 | 无 | 无 |
| 祖乙五十 | 无 | 无 | 无 | 无 | 无 |
| 盘庚五十一 | 有六 | 有六 | 有二十七 | 注六 | 有十八 |
| 盘庚五十二 | 有六 | 有七 | 有二十八 | 注七 | 有十九 |
| 盘庚五十三 | 有六 | 有八 | 有二十九 | 注八 | 有二十 |
| 说命五十四 | 无 | 无 | 无 | 无 | 伪二十一 |
| 说命五十五 | 无 | 无 | 无 | 无 | 伪二十二 |
| 说命五十六 | 无 | 无 | 无 | 无 | 伪二十三 |
| 高宗肜日五十七 | 有七 | 有九 | 有三十 | 注九 | 有二十四 |
| 高宗之训五十八 | 无 | 无 | 无 | 无 | 无 |
| 西伯戡黎五十九 | 有八 | 有十 | 有三十一 | 注十 | 有二九五 |
| 微子六十 | 有九 | 有十一 | 有三十二 | 注十一 | 有二十六 |
| 泰誓六十一 | 夏侯二十九 | 有十二 | 有三十三 | 注十二 | 有二十七 |
| 泰誓六十二 | 夏侯二十九 | 有十二 | 有三十四 | 注十三 | 有二十八 |
| 泰誓六十三 | 夏侯二十九 | 有十二 | 有三十五 | 注十四 | 有二十九 |
| 牧誓六十四 | 有十 | 有十三 | 有三十六 | 注十五 | 有二十九 |
| 武成六十五 | 无 | 无 | 有三十七 | 述二十二 | 伪三十一 |
| 洪范六十六 | 有十一 | 有十四 | 有三十八 | 注十六 | 有三十二 |
| 分器六十七 | 无 | 无 | 无 | 无 | 无 |
| 旅獒六十八 | 无 | 无 | 有三十九 | 述二十三 | 伪三十三 |
| 旅巢命六十九 | 无 | 无 | 无 | 无 | 无 |

续表

| 《尚书》百篇 | 伏生壁藏得存二十八篇《泰誓》后得，大小夏侯为二十九篇 | 欧阳篇三十一篇 | 孔壁古文五十八篇，《武成》后亡为五十七篇 | 马、郑注伏生《书》分二十九篇为三十四篇，述古文二十四篇（注） | 伪孔安国《书传》五十八篇，伪孔《书序》目次与郑异，见《书序》 |
|---|---|---|---|---|---|
| 金縢七十 | 有十二 | 有十五 | 有四十 | 注十七 | 有三十四 |
| 大诰七十一 | 有十三 | 有十六 | 有四十一 | 注十八 | 有三十五 |
| 微子之命七十二 | 无 | 无 | 无 | 无 | 伪三十六 |
| 归禾七十三 | 无 | 无 | 无 | 无 | 无 |
| 嘉禾七十四 | 无 | 无 | 无 | 无 | 无 |
| 康诰七十五 | 有十四 | 有十七 | 有四十二 | 注十九 | 有三十七 |
| 酒诰七十六 | 有十五 | 有十八 | 有四十三 | 注二十 | 有三十八 |
| 梓材七十七 | 有十六 | 有十九 | 有四十四 | 注二十一 | 有三十九 |
| 召诰七十八 | 有十七 | 有二十 | 有四十五 | 注二十二 | 有四十 |
| 雒诰七十九 | 有十八 | 有二十一 | 有四十六 | 注二十三 | 有四十一 |
| 多士八十 | 有十九 | 有二十二 | 有四十七 | 注二十四 | 有四十二 |
| 无逸八十一 | 有二十 | 有二十三 | 有四十八 | 注二十五 | 有四十三 |
| 君奭八十二 | 有二十一 | 有二十四 | 有四十九 | 注二十六 | 有四十四 |
| 成王政八十三 | 无 | 无 | 无 | 无 | 无 |
| 将薄姑八十四 | 无 | 无 | 无 | 无 | 无 |
| 多方八十五 | 有二十二 | 有二十五 | 有五十 | 注二十七 | 有四十六 |
| 周官八十六 | 无 | 无 | 无 | 无 | 有四十八 |
| 立政八十七 | 有二十三 | 有二十六 | 有五十一 | 注二十八 | 有四十七 |
| 贿息慎之命八十八 | 无 | 无 | 无 | 无 | 无 |
| 亳姑八十九 | 无 | 无 | 无 | 无 | 无 |
| 君奭九十 | 无 | 无 | 无 | 无 | 伪四十九 |
| 顾命九十一 | 有二十四 | 有二十七 | 有五十二 | 注二十九 | 有五十 |
| 康王之诰九十二 | 有二十四 | 有二十七 | 有五十三 | 注三十 | 有五十一 |

续表

| 《尚书》百篇 | 伏生壁藏得存二十八篇《泰誓》后得，大小夏侯为二十九篇 | 欧阳篇三十一篇 | 孔壁古文五十八篇，《武成》后亡为五十七篇 | 马、郑注伏生《书》分二十九篇为三十四篇，述古文二十四篇（注） | 伪孔安国《书传》五十八篇，伪孔《书序》目次与郑异，见《书序》 |
|---|---|---|---|---|---|
| 毕命九十三 | 无 | 无 | 无 | 无 | 伪五十二 |
| 君牙九十四 | 无 | 无 | 无 | 无 | 伪五十三 |
| 囧命九十五 | 无 | 无 | 有五十四 | 述二十四 | 伪五十四 |
| 蔡仲之命九十六 | 无 | 无 | 无 | 无 | 伪四十五 |
| 费誓九十七 | 有二十五 | 有二十八 | 有五十五 | 注三十一 | 有五十七 |
| 吕刑九十八 | 有二十六 | 有二十九 | 有五十六 | 注三十二 | 有五十五 |
| 文侯之命九十九 | 有二十七 | 有三十 | 有五十七 | 注三十三 | 有五十六 |
| 秦誓一百 | 有二十八 | 有三十一 | 有五十八 | 注三十四 | 有五十八 |
| 书　序 | | | 书　序 | 注旧序 | 书序各冠于篇 |





**【注】**：

孙氏此处云注伏生《书》分二十九篇为三十四篇，述二十四篇，是说马、郑所注的篇数同于伏生的共三十四篇，另外又述古文二十四篇。并不是以郑注的是今文本。孙氏在他所撰的《古文尚书马郑注序》中说：“马、郑所注，虽止伏生之《书》，即从张恭祖受逸十六篇，分为二十四，又注壁中百篇之《序》，遂题曰古文《尚书》，唐人犹谓此为今文者，以惑于伪古文也。”又说：“汉武帝末孔子壁中所出古文《尚书》，杜林得之西州，郑氏受之张恭祖皆即其本。”孙氏是知道郑氏所注即是杜林所传本，是古文《尚书》，所以说“唐人犹谓此为今文者，以惑于伪古文也”。孙氏所说的唐人指的是孔颖达。其实孔颖达的《正义》也并没有直以郑注为古文，孔氏《正义》在“篇数并与三家同”之后，更说“郑承其后所注者同贾逵、马融之学，题曰古文《尚书》，篇与夏侯等同而经字多异，夏侯等书‘宅嵎夷’为‘宅嵎铁’，‘昧谷’曰‘柳谷’，‘心腹肾肠’曰‘忧肾肠’，‘劓刵劅剠’云‘膑宫劓割头庶剠’，是郑注不同也。”孔颖达看到郑注本题曰古文《尚书》，看到郑注本篇与夏侯等同而经字多异，他虽然惑于伪古文，还没有直以郑注为今文，只不过说郑注“篇数并与三家同”而已。在《后汉书·儒林传》早已说过：“扶风杜林传古文《尚书》，林同郡贾逵为之作训，马融作传，郑玄注解，由是古文《尚书》遂显于世。”郑注非今文本，这是很显明的。

3. 篇名的问题

上述孔疏所列郑注《书序》二十四篇之名，其《益稷》十三，《益稷》当为《弃稷》。阎若璩《尚书古文疏证》虽谓今《皋陶谟》、《益稷》本一，别有《弃稷》篇见《扬子》，他所列的孔壁古文《尚书》篇名仍有《益稷》一篇，惠栋《古文尚书考》虽列《弃稷》篇名，而云《弃稷》即《益稷》，亦未说其所以然。江声《尚书集注音疏·尚书序》才说：

> 据《正义》，马、郑所据《书序》此篇名为《弃稷》，然则《尚书》本无《益稷》篇目，伪孔氏分《咎繇谟》下半篇，妄立名为《益稷》，乱经之罪大矣。

据此可知《益稷》篇名为伪孔所立，不可以乱孔壁古文之篇目。孔《疏》所列《囧命》之篇名，当为《毕命》，据惠栋《古文尚书考》云：

> 逸《书》有《囧命》，愚谓“冏”当作“毕”字之误也。刘歆《三统历》云：“《毕命丰刑》曰：‘惟十有二年六月庚午朏，王命作策《丰刑》。’”（一云：“作策书《丰刑》。”）康成《毕命序》注云：“今其逸篇有册命霍侯之事不同。与此《序》相应。”盖亦据孔氏逸《书》为说。

惠氏据郑玄《毕命序》以《囧命》之为《毕命》，而引刘歆《三统历》为证。这说也是确当的。现在论列孔壁古文《尚书》篇名，也不当忽略此点。

4. 同序同卷异序异卷问题

同序同卷是孔《疏》弥缝伪《孔传》的说法。《尚书》孔

《疏》解释伪《孔序》“凡五十九篇，为四十六卷”说：

此云四十六卷者，不见安国明说，盖以同序者同卷，异序者异卷，故五十八篇为四十六卷。何者？五十八篇内，有《太甲》、《盘庚》、《说命》、《太誓》，皆三篇共卷，减其八；又《大禹谟》、《皋陶谟》、《益稷》又三篇同序共卷，其《康诰》、《酒诰》、《梓材》亦三篇同序共卷，则又减四；通前十二。以五十八减十二，非四十六卷而何？其《康王之诰》乃与《顾命》别卷，以别《序》故也。

这种同序同卷、异序异卷的办法，拿来解释伏生本、孔壁本本就不适合，而且并无此例。据王鸣盛《尚书后案》说：

且所谓同序同卷、异序异卷者，亦非也。伏书《康诰》、《酒诰》、《梓材》同序而异卷，《顾命》、《康王之诰》异序而同卷，孔书《汩作》、《九共》、《大禹谟》、《弃稷》、《伊训》、《肆命》皆同序而异卷。作伪者乃创为此例，何足信哉！

由伏生今文与孔壁古文两种看来，全无此例，则知孔壁古文有两篇共一卷，异序可以同卷，不一定是同序同卷的。必明于此，而后《尚书》之篇第乃可不为《尚书》孔《疏》之说所迷误。王氏此种说法，更可由篇数、卷数上来证明。

关于计算孔壁古文之篇次问题，以王鸣盛《尚书后案》之说为最妥当。王氏云：

伏《书》二十九卷、增多十六卷，共四十五卷，加《序》为四十六卷。二十九卷者，内《盘庚》三篇同卷，《太誓》三篇同卷，《顾命》、《康王之诰》二篇同卷，实三十四篇。十六卷者，《九共》九篇同卷，实二十四篇。为五十八篇。班固自注云：“五十七篇。”而颜师古又引郑《序赞》以明之云：“亡其一篇，故五十七。”所亡之篇，则《武成》疏引郑云：“《武成》逸《书》，建武之际亡。”是也。桓谭《新论》云：“古文《尚书》旧有四十五卷，为五十八篇。”四十五者，除序言之。谭在建武前，《武成》尚存，故曰五十八。其一一印合如此。师古虽知引《叙赞》，其于真伪，实茫然莫辨。故夹入《伪孔》序，直以梅氏之卷数、篇数，为孔壁之卷数、篇数，岂知其似合而实不合哉！今依元第次之《尧典》卷一（梅本分出《舜典》）(1)，《舜典》卷二（别有《舜典》）(2)，《汩作》卷三(3)，《九共》九篇卷四(4—12)，《大禹谟》卷五(13)，《皋陶谟》卷六（梅本分出《益稷》）(14)，《弃稷》卷七（别有《弃稷》）(15)，《禹贡》卷八(16)，《甘誓》卷九(17)，《五子之歌》卷十(18)，《允征》卷十一(19)，《汤誓》卷十二(20)，《汤诰》卷十三(21)，《咸有一德》卷十四（梅本次《太甲》）(22)，《典宝》卷十五（梅本次《汤誓》）(23)，《伊训》卷十六（梅本次《汤诰》）(24)，《肆命》卷十七(25)，《原命》卷十八(26)，《盘庚》三篇卷十九(27—29)，《高宗肜日》卷二十(30)，《西伯戡黎》卷二十一(31)，《微子》卷二十二(32)，《太誓》三篇卷二十三(33—35)，《牧誓》卷二十四(36)，《武成》卷二十五（建武之际亡，班氏作《志》已亡，而虚其卷数，仍刘氏《别录》之旧，不敢擅改）(37)，《洪范》卷二十六(38)，《旅獒》卷二十七(39)，《金縢》卷二十八(40)，《大诰》卷二十九(41)，《康诰》卷三十(42)，《酒诰》卷三十一(43)，《梓材》卷三十二(44)，《召诰》卷三十三(45)，《雒诰》卷三十四(46)，《多士》卷三十五(47)，《无逸》卷三十六(48)，《君奭》卷三十七(49)，《多方》卷三十八(50)，《立政》卷三十九(51)，《顾命》、《康王之诰》

卷四十（52—53），《冏命》（《律历志》载《毕命》文，即刘歆载之《三统历》者，颖达作《冏命》，“冏”当为“毕”，字之讹也）卷四十一（54），《费誓》卷四十二（梅本次《蔡仲之命》）（55），《吕刑》卷四十三（56），《文侯之命》卷四十四（57），《秦誓》卷四十五（58），百篇之《序》合为一篇卷四十六。（括号中数字是现在加上的，表明篇数的关系，以便一目了然）

这是孔壁古文四十六卷五十八篇计算之法。王氏所举比阎、惠两家俱有进步，而与戴氏之说也正相同。据王氏云：

阎氏若璩所次，不知《益稷》当为《弃稷》，误一。《咸有一德》等篇仍依梅本之次，误二。《武成》不入卷数，误三。《顾命》、《康王之诰》异卷，误四。不知《冏命》当为《毕命》，误五。

他说：“《尚书》卷篇之数，千载梦梦，直至阎、惠方加厘正，十得八九，犹不无小误，至予论始定。”王氏虽误认欧阳分出《太誓》二篇而非分出《盘庚》二篇，不无小误，然此处论孔壁古文《尚书》之篇数，则大体是不错的。在他以后，如龚自珍《太誓答问·论五十八篇之名》，主张：

伏生二十九，析《盘庚》为三十一，今文之都数毕矣。古文多十六析《九共》为二十四，合其复重则五十有五，古文之都数又毕矣。孔安国既上古文五十五篇，而秘府取民间《大誓》合并数之（时析为三），兼三事言，因曰五十八矣。

此龚氏一人之见，必须说《泰誓》晚立与伏生家法无涉，而且说孔壁中无《太誓》这样子才能成立。龚氏谓今文《泰誓》与伏生家法无涉，既不可必，而云孔壁中无《太誓》亦不必可信。则其说自难成立。俞正燮《癸巳类稿·汉志古文经四十六卷目第三》亦不列《泰誓》三篇以《书序》为一篇，而云就小篇目则为五十六篇，且云：

> 桓谭《新论》云："古文《尚书》旧有四十五卷"者，建武之际，《武成》一卷亡也。《艺文志》本注云："五十七篇"者，与众本皆不应。"七"是误文也。《书正义》引刘向《别录》云五十八篇者以五十六篇亡《武成》一，益《泰誓》三，遂为五十八，此非向所及知，"八"亦误文。

俞氏谓"七"、"八"皆为误文，皮锡瑞《书经通论》已驳之，其说尤不可信。我们须知今文二十九篇加得多十六篇，篇即为卷，故其数正为四十五。加《序》一卷而为四十六卷。班《志》根本刘《略》，其时四十六卷之中，除《序》一卷另计。四十五卷，已包含有五十八篇，这自是《顾命》予《康王之诰》分篇而不分卷。到桓谭时，或因《武成》一篇已亡，或以《书序》不计在内，乃云四十五卷五十八篇，其云"旧有"尤四十五卷中有五十八篇之明证。桓谭之说应后起于四十六卷，近人乃云：

> 于今文同有之二十九篇，加得多古文十六篇，此《新论》所以曰四十五卷也。于今文同有之二十九篇中，出《康王之诰》于《顾命》，是为三十，加得多十六篇，此《班志》所以曰四十六卷。（顾实：《汉书艺文志讲疏》）

此乃以班《志》晚于桓谭，谬误殊甚。如刘歆为《七略》，已出《康王之诰》于《顾命》，桓谭正是刘歆之徒，决不当又合起来算，少数一卷，而但云四十五卷的。可见四十五卷中有五十八篇，必是《顾命》与《康王之诰》只分篇而不分卷，故能于四十五卷，容纳此五十八篇，王鸣盛《尚书后案》之说是不错的。

### （三）梅赜伪《孔传》本之篇第

关于梅赜伪《孔传》本之篇第，这在《尚书》孔《疏》中说得明显：

> 以伏生本二十八篇，《盘庚》出二篇，加《舜典》、《益稷》、《康王之诰》凡五篇，为三十三篇，加所增二十五篇，为五十八，加《序》一篇，为五十九。故云："复出此篇，并《序》，凡五十九篇。"此云"为四十六卷"者，谓除序也。下云"定五十八篇，即毕"，不更云卷数，明四十六卷故尔。

《尚书大传·虞书疏》云：

> 孔为传者，凡五十八篇，为四十六卷。三十三篇与郑《注》同，二十五篇增多郑《注》也。其二十五篇者，《大禹谟》一，《五子之歌》二，《胤征》三，《仲虺之诰》四，《汤诰》五，《伊训》六，《太甲》三篇九，《咸有一德》十，《说命》三篇十三，《泰誓》三篇十六，《武成》十七，《旅獒》十八，《微子之命》十九，《蔡仲之命》二十，《周官》二十一，《君陈》二十二，《毕命》二十三，《君牙》二十四，《冏命》二十五。

据孔《疏》所述看来，二十五篇之篇数与篇目，显然与马、郑所传孔壁古文二十四篇及所注伏生今文三十四篇本不同。孔《疏》也明知二者之相违异，乃云"但孔君所传，值巫蛊不行。以终前汉，诸儒知孔本有五十八篇，不见孔传，遂有张霸之徒，于郑注之外，伪造《尚书》二十四篇，以足郑注三十四篇为五十八篇。其数虽与孔同，其篇有异。孔则于伏生所传二十九篇内，无古文《泰誓》，除《序》尚二十八篇，分出《舜典》、《益稷》、《盘庚》三篇，《康王之诰》为三十三，增二十五篇，为五十八篇。郑玄则于伏生二十九篇内，分出《盘康》二篇、《康王之诰》，又《泰誓》二篇，为三十四篇，更增益伪《书》二十四篇为五十八。"伪孔之与孔壁古文之别，孔《疏》在此已说极明显。孔壁古文所增为二十四，非二十五，二者在篇数、篇目迥不相同，不过孔《疏》沿讹承谬，以不伪为伪，乃以伪为不伪，遂使伪《孔传》本流传至今，无论孔壁古文或即伏生之今文，也不及其流传之时之长久的。惠栋《古文尚书考》云：

> 汉元以来，《尚书》无所谓三十三篇者。二十八篇者，伏生也。三十一卷者，欧阳也。（盖《般庚》出二篇，加《大誓》一篇，故三十一。一说二十八篇之外加《大誓》，析为三篇）二十九篇者，夏侯也。（依伏生篇数，增《大誓》一篇）三十四篇者，马、郑也。（《般庚》、《大誓》皆析为三篇，分《顾命》"王若曰"以下为《康王之诰》，故三十四）梅氏去《大誓》三篇（梅既去《大誓》，则止有三十一篇），而分《尧典》、《皋陶谟》为《舜典》、《益稷》二篇，于是有三十三篇之文是其谬耳。（《经解》三五一）

我们对于伪孔传本于其二十五篇与二十四篇不同外，亦须知其三十篇是与欧阳、大小夏侯、马、郑皆不同，然后才可以辨真伪而定是非。

伪孔传本四十六卷，其分卷方法必须有同序同卷、异序异卷之例乃可，这与伏生今文、孔壁古文分卷也不相同，已如上文所述，兹不复赘。要之，其内容与孔壁古文颇相悬殊，这是极其明显的。

## 六 《尚书》之考证

在上文中，我们将《尚书》之种类及其篇第已次第叙明，现在可以讨论其真伪及其年代了。在上述十种的《尚书》之中，西汉之《泰誓》当归入伏生之今文《尚书》中计算。而《泰誓》之为真为伪，早在马融已加疑难；今文《尚书》如《金縢》等篇，在从前的学者已多怀疑，其他各篇之真伪与年代，也是研究《尚书》所当知的，此其一。孔壁之古文《尚书》，河间献王之古文，杜林之漆书古文，这三种常合并一类来计算。这既不是伏生所传出来的，始得的时间有问题，献书的人物有问题，壁藏的人物有问题，所用的古文有问题，这一种虽已经逸亡，然尚有人信以为真，也应当加以讨论，此其二。张霸的伪《百两篇》，在当时已发觉其伪，刘陶之《中文尚书》只在文字上有校正，这两种也亡逸了，现在可置之勿论。梅赜所上之伪《孔传》本，姚方兴之《舜典》《孔传》本，刘炫所上姚书《舜典》本，这是已经发觉而且一般地承认其为伪造的伪古文《尚书》，但是从谁起发现这一问题，到何人才有定案，其为伪之证据如何，其出现之时间如何，有无有人企图来翻此案，也是我们所当知的，此其三。伪古文本发觉比较早，定案也较早，其次则是孔壁古文；而今文《尚书》之真伪及其年代，在我们现在还在陆续发见，加以考订。所以我们现在先从古文《尚书》说起，次及孔壁古文之真伪，次及今文《尚书》之考证，兹分为三点述之于下：

### （一）伪《孔传》本之伪证

东晋梅赜奏上伪《孔传》本，在六朝及唐初的学者，对于这一种伪《书》是一般地相信为真古文的。我们只看孔《疏》上说："马融所云：'吾见书传多矣，凡诸所引，今之《太誓》皆无此言。'而古文皆有，则古文为真，亦复何疑。"这是他们相信它的理由。伪《孔传》本是杂采古书编制而成，有许多的佚文在从前是认为在逸篇中的，而现在伪《孔传》本都有，所以很容易取得一般人的信任。他们以为："孔君所传，值巫蛊不行。以终前汉，诸儒知孔本有五十八篇，不见孔传，遂有张霸主徒，于郑注之外伪造《尚书》凡二十四篇，以足郑注三十四篇为五十八篇。"他们不疑伪《孔传》本为伪，却将孔壁古文本之二十四篇误认为伪，所以毫不加以怀疑。不过伪古文本究竟是后代撰集而成，它与伏生所传今文之文体不一律，这是很显而易见的。在唐代自啖、赵大阐疑古之风而后，在以"文起八代"之衰的韩愈的弟子李汉就已说：

> 《易》繇爻象，《春秋》书事，《诗》咏歌，《书》、《礼》剔其伪，皆深矣乎！（《昌黎先生序》）

他们已感觉到《尚书》中有伪篇。据吴汝纶在《写定尚书后记》中说：

> 由晋宋以来，士汩於晚出之伪篇，莫复知子云之所谓，独韩退之氏称《虞夏书》亦曰"浑浑"，於商於周，独取其"诘屈聱牙"者。《诗》曰："惟其有之，是以似之。"信哉！其徒李汉叙论《六艺》，又曰："《书》、《礼》剔其伪。"《书》之伪，盖自此发，且必退之与其徒常讲说云尔。而汉诵述之不然，汉之智殆不及此！

我们虽不敢像吴氏一样确定地说李汉的话是专指"晚出之伪篇"而言，但是他们认为《尚书》有伪篇，自然以伪古文本的成分为多。吴氏这话，是有一部分理由的。到了宋代林之奇在《尚书集解序》中虽然一方面仍以为："汉儒闻孔氏之书有五十八篇，遂以张霸之徒造伪书二十四篇为古文《尚书》。两汉儒者之所传，大抵皆霸伪本也，其实尚未见真古文《尚书》也。故杜预注《左氏传》，韦昭注《国语》，赵歧注《孟子》，凡所举《书》出于二十五篇之中，皆指为逸《书》，其实未尝逸也。”但是他在一方面又说：

> 盖有伏生之《书》，有孔壁续出之《书》，其文易晓，不烦训诂可通者。如《大禹谟》……此二十五篇皆孔壁续出，其文易晓；余乃伏生之《书》，多艰深聱牙，不可易通。

这里他已经将《孔传》之伪几乎发觉出来，不过他以为：“伏生之《书》所以艰深不可通者，伏生齐人也，齐人之语多艰深难晓。”所以对此问题，终于忽视。但是到了南宋，吴棫（才老）作《书裨传》，终以两者之文体不一，而怀疑伪《孔传》为伪。他的《书裨传》凡十三卷，首卷《举要》：曰《总说》，曰《书序》，曰《君辨》，曰《臣辨》，曰《考异》，曰《诂训》，曰《差牙》，曰《孔传》，凡八篇。在《差牙》、《孔传》两篇中想必有许多疑伪古文的议论，但其全书早已失传，兹由梅鷟《尚书考异》转引一节来看，他说：

> 伏生传于既耄之时，而安国为隶古，又特定其所可知者，而一篇之中，一简之内，其不可知者盖不无矣。乃欲以是尽求作书之本意，与夫本末失后之义，其亦可谓难矣。而安国所增多之《书》，今书目具在，皆文从字顺，非若伏生之《书》诘曲聱牙，至有不可读者。夫四代之书，作者不一，乃至二人之手，而遂定为二体乎？其亦难言矣。

在蔡沈《书传·泰誓》篇目下引吴氏曰，大概也是他的意见：

> 汤武皆以兵受命，然汤之辞裕，武王之辞迫。汤之数桀也恭，武之数纣也傲。学者不能无憾，疑其《书》之晚出。或非尽当时之本文也。

这两段话都是怀疑伪《孔传》本之不可信。他这种意见在朱子是颇赞成的，他说：

按汉儒以伏生之《书》为今文，而谓安国之《书》为古文，以今考之，即今文多艰涩，而古文反平易。或者以为今文自伏生口授晁错时失之，则先秦古书所引之文皆已如此，恐其未必然也。或者以为记录之实语难工，而润色之雅词易好，故训、诰、誓、命有难易之不同，此为近之。然伏生倍文暗诵，乃偏得其所难，而安国考定於科斗古书，错乱摩灭之余，反专得其所易，则又有不可晓者。



又说：

某尝疑孔安国《书》是假书……岂有千百年前人说底话，收拾於灰烬屋壁中与口传之余，更无一字讹舛！理会不得。兼《小序》亦可疑……疑是晋宋间文章。况孔《书》是东晋方出，前此诸儒皆不曾见，可疑之甚！



又说：

孔氏《书》注，疑非安国所注，盖文字固善，不是西汉人文章。安国汉武时人，文章岂如此？但有太粗处，决不如此固善也。

又说：

《书序》恐不是孔安国做，汉文粗枝大叶，今《书序》细腻，只是六朝时文字。

朱子这几段话，不但从文字上怀疑，而且就来历上怀疑，不但对于二十五篇之古文怀疑，而且对于《书序》与孔安国也极其怀疑，他断定其为魏晋六朝文字，总算是很大胆的假定，对于伪古文提出了一些有力的证据。到了元代，攻击伪古文者有吴澄的《书纂言》，他在《目录后序》中说：

《书》二十五篇，晋梅赜所奏上者，所谓古文《尚书》也。《书》有今文古文之异，何哉？晁错所受伏生《书》，以隶写之，隶者，当世通行之字也，故曰今文。鲁恭王坏孔子宅，得壁中所藏，皆科斗书，科斗者，仓颉所制之字也，故曰古文。然孔壁真《古文书》不传。后有张霸伪作《舜典》、《汩作》、《九共》九篇，《大禹谟》、《益稷》、《五子之歌》、《允征》、《汤诰》、《咸有一德》、《典宝》、《伊训》、《肆命》、《原命》、《武成》、《旅獒》、《冏命》二十四篇，目为《古文书》。《汉·艺文志》云，《尚书经》二十九篇。古经十六卷二十九篇者，即伏生《今文书》二十八篇及武帝时增伪《泰誓》一篇也。古经十六卷者，即张霸伪《古文书》二十四篇也。汉儒所治，不过伏生《书》及伪《泰誓》，共二十九篇尔。张霸伪古文虽在，而辞义芜鄙，不足取重于世以售其欺，及梅赜二十五篇之《书》出，则凡传记所引《书》语，诸家指为"逸书"者，收拾无遗，既有证验，而其言率依于理，比张霸伪《书》辽绝矣。……窃尝读之，伏氏《书》虽难尽通，然辞义古奥，其为上古之《书》无疑；梅赜所增二十五篇，体制如出一手，采集补缀，虽无一字无所本，而平缓卑弱，殊不类先汉以前之文。夫千年古书，最晚乃出，而字画略无脱误，文势略无龃龉，不亦大可疑乎？吴才老曰："增多之《书》，皆文从字顺，非若伏生之《书》，诘曲聱牙。夫四代之《书》，作者不一，乃至二人之手，而定为二体，其亦难言矣。"朱仲晦曰："《书》，凡易读者皆古文，岂有数百年壁中之物，不能损一字者？"又曰："伏生所传皆难读，如何伏生偏记其所难，而易者全不能记也？"又曰："孔《书》至东晋方出，前此诸儒皆未见，可疑之甚。"又曰："《书序》，伏生时无之，其文甚弱，亦不是前汉人文字，只似后汉末人。”又曰：“《小序》决非孔门之旧，安国《序》亦非西汉文章。”又曰：“先汉文文字重厚，今《大序》格致极轻。”又曰：“《尚书》孔安国《传》，是魏、晋间人作，托孔安国为名耳。”又曰：“孔《传》并《序》皆不类西京文字，气象与《孔丛子》同是一手伪书，盖其言多相表里，而训诂亦多出《小尔雅》也。”夫以吴氏、朱子之所疑者如此，顾澄何敢质斯疑，而断断然不敢信此二十五篇之为古《书》，则是非之心，不可得而昧也。



他才开始“故今以此二十五篇自为卷秩，以别于伏氏之《书》，而《小序》各冠篇首者，复合为一，以置其后；孔氏《序》亦并附焉；而因及其所可疑，非澄之私言也，闻之先儒云耳”。(同上) 将梅赜伪《孔传》本驱逐于真的《尚书》之外，他之所注，亦“止以伏生二十八篇之经为正”。



与吴澄同时疑伪古文的有赵孟頫，著有《书今古文集注》，在赵氏《松雪斋集》有《书今古文集注序》一篇，可以略见其意。王充耘著《读书管见》亦疑古文。明代疑伪古文者有梅鷟《尚书谱》、《尚书考异》，罗敦仁《尚书是正》，郝敬《尚书辨解》，郑瑗《井观琐言》，以及归有光诸人。梅氏所说最为有理，实开清初阎若璩《尚书古文疏证》之先河。我们细看他所说的，实有几点可以大书特书的。我现在将梅、阎二家之说分别列出如下：

1. 梅鷟《尚书考异》所提出者

(1)《史记》无伏生失其本经之事。他说：

今按太史公当汉武帝时，伪说未滋，故其言多可信。如云伏生“书出于壁藏”、“独得二十九篇”，又云，即以教于齐鲁之间，山东大师无不涉《尚书》以教，历历皆可信。然则汉文帝时非无《尚书》也，求能治《尚书》者耳。山东诸大师，非无治《尚书》者，皆伏生弟子，而推隆于宗师云耳。晋人不知，遂创为失其本经，口以传授，其诞妄不足信可知矣。今伏生《书》俱在，古今所引者皆如此，昭然日星之明，失其本经何篇，以意属读者何章何句邪？又太史公未尝言，安国古文出于壁藏，既曰“颇能言”，又曰“盖《尚书》滋多于此矣”。其言容有抑扬哉！

这一段辨伏生无失其本经之事，以见伏生所传本为原本，伪古文要增多《尚书》的篇数，所见才诬赖伏生失其本经，其实据《史记》看来，实诞妄不足信。阎若曔在《尚书古文疏证》所辨，其大意也不过如此。梅氏更言“太史公未尝言安国古文出于壁藏”，可见不惟伪古文可疑，即真古文也难以凭信。

(2) 伪古文《尚书》传授之不可信。他说：

今按范蔚宗历述伏生今文《书》及安国古文《书》传授颠末，较然可寻，遂尽除云诞妄不经之说，使人得有所考，有以知晋人古文二十五篇，决非安国所传之本，何其精详而简当也哉？……今观安国传之数世，至孔僖世传古文《尚书》则其子孙之传者也，都尉朝、庸谭、尹敏、盖豫、周防、丁鸿、杨伦、杜林、贾逵、马融、郑玄，则其弟子之相传者也，虽其不得立之学官，而其家传及弟子之相传，正为先汉之伪古文，而非晋人始出之古文，明矣。

他这里由《后汉书·儒林传》证明马融、郑玄所治的《尚书》即是先汉之伪古文，其篇数、篇目与东晋古文不合，可见东晋古文之不可信。这一点在阎若璩《尚书古文疏证》卷二第一七言“安国古文学源流真伪”中所说（详下）只比他稍觉详细而已。

(3)《史》、《汉》无孔氏安国作《书传》之事。梅氏云：

《史记》言孔有古文《尚书》，而安国以今文读之，因以起其家，逸《书》得十余篇，盖《尚书》滋多于此，而未尝言二十五篇也。至《汉书》始言安国献之，遭巫蛊事，未列于学官，而未尝承诏作传也。至东晋伪《序》始云：……承诏为五十九篇作《传》……既云承诏为五十九篇作《传》，汉武虽暴，未至有焚书禁学之令颁行天下，安国岂得废阁诏令，《书传》成而不复以闻者哉？安国既不见闻矣，其后都尉朝，安国之弟子也；庸生辈，受业于朝之弟子也；亦寂然未尝言安国之传，何也？由是观之，安国承诏作《传》不复以闻者，又妄说也。

他这一段的意见与后来丁晏在《尚书余论》所说的意见正相同，不过梅氏所见，尚不如丁氏之彻底，不如丁氏更在积极方面又寻出证据就是了。





(4) 汉儒无引用伪《古文书》之事。梅氏云：

晋人假古文书，东晋方出，不惟前此诸儒皆不曾见，虽前此真孔安国，亦不曾见。盖安国子孙，孔臧、孔僖，递递相承，安国诸弟子兒宽、庸生，表表人望，安国诸友董仲舒、太史迁，名世儒者，曾无一人一言及于二十九篇之内者，则亦不必置疑而的然可知其伪矣。又况搜集补缀，如泥中斗兽，踪迹形状，亦焉能廋哉？

他在他的《序》中又说：

若乃孔壁所藏，高祖过鲁祀孔子时，不言古文；惠帝除挟书令时，不言古文；文帝求能治《尚书》时，不言古文；虽景帝时亦无一人言孔氏有古文者；军孝武世，延七八十年间，圣孙孔安国者，专治古文，谓以今文读之，因以起其家。降及东晋，有高士皇甫谧者，见安国《书》摧弃，人不省惜，造《书》二十五篇，《大序》及《传》，冒称安国古文，以授外弟梁柳，柳授臧曹，曹授梅赜，遂献上而施行焉。人遂信为真安国《书》。前此诸儒，如王肃、杜预，晋初人；郑冲、何晏、韦昭，三国人；郑玄、赵岐、马融、班固，后汉人；刘向、歆、张霸，前汉人，皆未见。不曰“逸书”则曰“今亡”。《史》、《汉》所载，绝无二十五篇影响，其曰郑冲、苏愉，皆诬之耳。

这是很详细地疏证朱子说的“前此诸儒皆不曾见，可疑之甚”的。这个问题到了清代，阎若璩、崔述都有补充的说明。

(5) 伪古文《尚书》篇数之不合。以上的四证不过是就伪古文《尚书》的来源说，所举的还是旁证；最重要的，还是证明伪古文之异于真古文，这样才可以见伪孔之实属假冒。他说：

《汉书》……但云古文《尚书》十六篇，正与《史记》所载逸《书》得十余篇者合。既未尝以为二十五篇，亦未尝以为五十九篇也。由是观之，谓五十九篇，未列于学官。史迁所不载者，此妄说也。且前汉之末，刘歆移书太常，请建《周官》、《左传》、古文《尚书》皆立博士，而其言亦云古文《尚书》十六篇，未尝言二十五篇，可见晋人皆妄说也。

二十五篇显然与十六篇不同，晚《书》与壁《书》不同，则前者自属赝造，他所举的证据也是颇详细的。

(6) 伪古文《尚书》篇名之不合。伪古文《尚书》篇数虽与所谓孔壁古文不合，但是还必须举出篇名以为实在例证，关于这一点，他说：

孟子引《尧典》曰：“二十有八载，放勋乃徂落。”邾、鲁相去地近，孟子相距孔子时未远，思、曾又适传，岂孔子所传《尚书》，顾脱《舜典》二字？必俟秦

> 火之余，数百年后，土壁所藏之本，然后增此二字耶。且伏生年已九十，当其传晁错时，固在文、景世，考其生之辰，犹在秦火未然之前，司马迁《史记》亦以“慎徽五典”接于《尧典》之下，原未尝分，则伏生所传之本，正孟子所读之本；而安国所传之本，决非孔壁所藏之本。安国所传之本既非孔孟所传之本，则《舜典》二字，决为赝增可知矣。

这是要以《舜典》篇名之可疑来讲晚书之伪，其实则《舜典》篇名在所谓孔壁十六篇中也有，不能算作很好的证明。关于其他的篇名，他虽也有怀疑，但始终未完全举出十六篇之名以与二十五篇对照，这到了阎若璩才完全举出，所以他对于这一点还不算成功，不过开了一个路径而已。

(7) 伪古文《尚书》文体上之可疑。关于伪古文的文体与今文不同，从宋吴棫以来，凡疑伪古文者，大都有此意见。梅氏于《大禹谟》更云：

> 变乱圣经之体者，《大禹谟》是也。凡伏生《书》，典则典，谟则谟，誓则誓；典、谟、誓杂者，未之有也。今此篇自篇首至“万世永赖”，至“时乃功”，谟之体也。自“帝曰，格汝禹”至“率百官若帝之初”，典之体也。自“帝曰咨禹，惟时有苗弗率”至“七旬有苗格”，誓之体也。混三体而成一篇。吾故曰，变乱圣经之体者，《大禹谟》是也。

又说：

> 若夫古文者，除《大禹谟》一篇之外，余自《五子之歌》而下，如出一律，间或有异者，不过改易增换，略加润色，即为一篇耳，非若今文之篇出于事实也。……耕野王先生曰：《大禹谟》一篇出，殊与余篇体制不类。

古文与伏生今文难易悬殊，实可见东晋伪古文之为赝造。

(8) 伪古文《尚书》文义上之可疑。梅氏对于伪古文《尚书》的饾饤掇拾，差不多尽量寻出它的根源，而有的更于文义上证明具难取传说，显露破绽。他说：

> 《尚书》惟今文四十二篇传自伏生口诵者为真古文，十六篇出孔壁中者，尽汉儒伪作。大抵依约诸《经》、《论》、《孟》中语，并窃其字句而缘饰之。其补《舜典》二十八字，则窃《易》中“文”、“明”，《诗》中“温”、“恭”、“允”、“塞”等字成文；其作《大禹谟》“后克艰厥后，臣克艰厥臣”等句，则窃《论语》“为君难，为臣不易”成文；“惟精惟一，允执厥中”等句则窃《论语》“允执其中”等句成文；征苗誓师，赞禹还师等，原无此事，舜分北三苗与窜三苗于三危，已无烦师旅，伪作者徒见《舜典》有此文，遂模仿为“誓命还兵”、“有苗格”诸语；《益稷》赓歌，亦窃《孟子》“手足”、“腹心”等句成文。其外《五子之歌》窃《孟子》“忸怩”之语，《泰誓》三篇取《语》、《孟》“百姓有过在予一人”、“若崩厥角稽首”之文，其外《胤征》、《仲虺之诰》、《汤诰》、《伊训》、《太甲》、《咸有一德》、《说命》、《武成》诸篇，文多浅陋，必非商周之作。（据《经义考》卷七十四）

后来惠栋著《古文尚书考》，实是继续他这一项工作的。

统观梅氏所云，他差不多已将伪古文的破绽尽量寻出，只是未将壁《书》篇目拿来对照，又信廿四篇为张霸伪造，故不及阎若璩所说完善。后人多以为古文《尚书》一案，至阎氏而大白。但其实则不过阎氏将梅氏之说“推广为疏证”，伪古文《尚书》一案，可以说至梅氏已渐明的。在崇祯十六年有国子助教雒镛疏请分今、古文《尚书》而专以今文取士，会京师戒严不及报。可见当时对此问题，虽不免仍有反对梅氏之说者，但是赞成他的意见还是占居多数。我们只看清初对于辨析古文之热烈就不难想见学者们的基本态度了。

2. 阎若璩为《尚书古文疏证》所提出者

在清初继续梅氏而攻辨伪古文的，除阎若璩外，还有姚际恒之《古文尚书通论》、钱氏煌之《壁书辨疑》、黄宗羲的《书经笔授》等书，黄氏《孟子师说》中颇有攻辨伪古文的地方，朱彝尊之《经义考》也是怀疑伪古文以为难于过信，但是所提出的证据实以阎书最为坚确。阎氏除了补证梅氏所提出的诸证而外，对于辨伪古文的关键之处可以说是很明了的，其对于伪《古文尚书》文义之可疑所做的考证尤详而立论甚为坚实，颇足令人信服。现在试再分为八项述之于下：

(1)《史记》无伏生失其本经之事。关于这一点，阎氏的意见比较梅氏析述，更加详密，其原文已详前述本书第四篇《〈尚书〉之类别》，兹不复赘。





(2) 伪古文《尚书》来源之不可信。关于这一点，阎氏在《疏证》卷二第一七言“安国古文学源流真伪”中说：

> 安国古文之学，其传有四，一传于都尉朝，朝传庸谭，谭传胡常，常传徐敖，敖传王璜、涂恽，恽传桑钦，王莽时立于学官，璜、恽皆贵显。恽又传贾徽，徽传子逵，逵数为肃宗言古文《尚书》，诏选高才生从逵学，由是古文遂行。一传于兒宽，一传于其家，《孔僖传》所谓“自安国以下，世传古文《尚书》”是也。一传于司马迁，迁书所载多古文说是也。东汉杜林于西州得漆书古文《尚书》一卷……同郡贾逵为之作《训》，马融作《传》，康成注解，古文之说大备。康成虽云受之张恭祖，然其书《赞》曰‘我先师棘子下生安国，亦好此学’，则其渊源于安国明矣。东晋元帝时汝南梅赜

奏上古文《尚书》，乃安国所传，其篇章之离合，名目之存亡，绝与两汉不合。赜自以得之臧曹，曹得之梁柳，皇甫谧亦从柳得之，而载于《帝王世纪》，柳得之苏愉，愉得之郑冲，郑冲以上则无闻焉。呜呼！其果安国之旧也，抑魏晋之间假托者耶？

这是一方面证明马、郑所传是所谓孔壁古文，一方面由郑冲以前，则无闻焉。以见其为魏晋之间所假托者。所举的论证是不止于侧重一方面的。

(3)《史》、《汉》无孔安国作《书传》之事。关于这一点，阎氏从《传》的体例与《传》的内容来证明非孔安国所为，在卷五上第六十九言“安国传就经下为之，汉武时无此”条说：

> 汉初为《传》训者，犹与经别行。三《传》之文不与经连，故石经书《公羊传》皆无经文，而《艺文志》所载《毛诗故训传》亦与经别。……今安国《传》出武帝时，详其文义，明是就经下为之，与《毛诗》引经附《传》出后人手者不同。岂得谓武帝时辄有此耶？

在卷六上第八十七言“汉金城郡乃昭帝置，《安国传》突有”；第八十八言“晋省谷城入河南，《安国传》亦然”；卷六下第八十九言“济渎枯而复通乃王莽后事，《安国传》亦有”。这都是用地理的沿革来证明伪《孔传》非安国所为，这比专从《史》、《汉》上着手自然容易令人信服。

(4) 汉儒无引用伪古文之事。阎氏由传授体例、文义、史实来证明伪《孔传》之赝造，他自然也相信朱子的“前此诸儒皆不曾见”的意见。在《疏证》卷二第一八言“赵岐不曾见古文”；第二十五言“《说文》皆古文，今异”；不过所举的例证，已为梅氏指出，他但加以补充而已。

(5) 伪古文《尚书》篇数之不合。这是所以证明伪古文之不同于所谓孔壁古文的。这种证据最为重要，阎氏开宗明义在卷一第一“两汉书载古文篇数与今异”就说：

> 《艺文志》……《楚元王传》……夫一则曰“得多十六篇”，再则曰“逸《书》十六篇”，是古文《尚书》篇数之见于西汉者如此也……马融《书序》则云“逸十六篇”。是古文《尚书》篇数之见于东汉者，又如此也。此《书》不知何时遂亡，东晋元帝时豫章内史梅赜忽上古文《尚书》，增多二十五篇。无论其文辞格制，迥然不类，而只此篇数之不合，伪可知矣。

他这里虽比梅氏所举只多马融《书序》的“逸十六篇”一条，然而他知道这是最为重要的，是鉴别真伪的关键，所以它作为全书之首，而且即举十六篇之篇目以与二十五篇对照。

(6) 伪《古文尚书》篇名之不合。二十五篇之《书》，如若拿逸十六篇的篇目与之对照，其真伪尤可以立见。阎氏在《疏证》卷一第三言“郑康成注古文篇名与今异”中说：

> 《尚书》百篇，《序》原自为一篇，不分置各篇之首；其分置各篇之首者，自孔安国《传》始也。郑康成注《书》、《序》，尚自为一篇，唐世尚存孔颖达《尚书疏》，备载之。所云《尚书》亡逸篇数，迥与《孔传》不合，孔则增多于伏生者二十五篇，郑则增多于伏生者十六篇。二十五篇者，即今世所行之：《大禹谟》一，《五子之歌》二，《胤征》三，《仲虺之诰》四，《汤诰》五，《伊训》六，《太甲》三篇九，《咸有一德》十，《说命》三篇十三，《泰誓》三篇十六，《武成》十七，《旅獒》十八，《微子之命》十九，《蔡仲之命》二十，《周官》二十一，《君陈》二十二，《毕命》二十三，《君牙》二十四，《冏命》二十五是也。十六篇者，即永嘉时所亡失之：《舜典》一，《汩作》二，《九共》九篇三，《大禹谟》四，《益稷》五，《五子之歌》六，《胤征》七，

> 《典宝》八，《汤诰》九，《咸有一德》十，《伊训》十一，《肆命》十二，《原命》十三，《武成》十四，《旅獒》十五，《冏命》十六是也。十六篇亦名二十四篇，盖《九共》乃九篇，析其篇而数之，故曰二十四篇也。郑所注古文篇数，上与马融合，又上与贾逵合，又上与刘歆合，歆尝校秘《书》，得古文十六篇，传问民间，则有安国之再传弟子胶东庸生者，学与此同。逵父徽实为安国六传弟子，逵受父业，数为帝言古文《尚书》与经传《尔雅》诂训相应，故古文遂行。此皆载在史册，确然可信者也。孔颖达不信汉儒授受之古文，而信晚晋突出之古文，且以《舜典》、《汩作》、《九共》二十四篇为张霸之徒所伪造。不知张霸所伪造乃《百两篇》，在当时固未尝售其欺也。

这里由两种篇目的对照，十六篇传授之可信，非张霸所伪造之《百两篇》，使人一目了然，确知东晋古文之伪。他这一点所说的，实已超迈前人，而可以使案情大白，更加以其他的例证，故我们实可以说他比梅鷟进步得多了！他又曾统计古文四十六卷五十八篇的卷篇的计算，不过所述尚不如王鸣盛之精，我们再看王氏《尚书后案》便更可了然。（王氏《尚书后案》关于篇目之计算前已具引）

(7) 伪古文《尚书》文体上之可疑。关于这一点，阎氏在《疏证》卷八第一百十四言“朱子于古文犹为调停之说”，即是根据文体来判断真伪，他有一段话说：

> 余谓《尚书》中如《尧典》、《皋陶谟》可称秀才文章，但不可以之拟《微子之命》、《蔡仲之命》、《冏命》诸篇，何者？诸篇古文，故古文自易晓，如殷三《盘》、周八《诰》，则与狱辞相类，盖俱今文，试问二十五篇，有一似此否？此亦今古文断案处。

他曾有一次向他的朋友马骕宣传伪古文之可疑，于是马骕当他面前曾做过一次“射覆”的游戏，猜中孰为今文古文，结果马骕因而也疑古文。(卷八第一百十五言“马公骕信及古文可疑”)，可见文体真也是今古文断案处。不过阎氏曾说：

> 天下事由根柢而之枝节也易，由枝节而反根柢也难。窃以考据之学亦尔。予之辨伪古文，吃紧在孔壁原有真古文为《舜典》、《汩作》、《九共》等二十四篇，非张霸伪撰。孔安国以下，马、郑以上，传习尽在于是。《大禹谟》、《五子之歌》等二十五篇，则晚出魏晋间，假托安国之名者，此根柢也。根抵在手，然后以攻二十五篇，其文理之疏脱，依傍之分明，节节皆迎刃而解矣。不然，仅以子史诸书仰攻圣经，人岂有信之哉？(卷八第一一三)



这是他所以成功的地方。他对于文体上之可疑，因为这不是

根柢，他所说的，还不如后来崔述在《古文尚书辨伪》中说得好。

(8) 伪古文《尚书》文义上之可疑。这是就伪古文《尚书》文理之疏脱，依傍之分明，来考辨伪古文《尚书》的赝伪的。这虽然不是根柢上的问题，然而可以助证伪古文本之出于假托，证据是多多益善的。阎氏在这一方面的成就也极超迈前人，而值得令人信服。现在将他在全书中所说的再细分为八项述之于下：

①不合古籍梅氏所举诸证，已足证明伪古文《尚书》之与古籍不合，阎氏对于此点所述尤详，例如卷一第九言“《左传》德乃降之语，今误入《大禹谟》”云：

> 文有承讹踵谬，历千载莫觉其非，而一旦道破，令人失笑者。古文《大禹谟》“皋陶迈种德，德乃降”二句是也。……《左氏·庄八年》：夏，师及齐师围郕，郕降于齐师。仲庆父请伐齐师，公曰：“不可。我实不

德，齐师何罪？罪我之由。《夏书》曰：‘皋陶迈种德，德乃降。’姑务修德，以待时乎？”秋，师还。杜预注“皋陶迈种德”一句曰：“《夏书》，逸《书》也。”注“德乃降”一句曰：“言苟有德，乃为人所降服也。……”“德乃降”之为庄公释《书》之语，皆历历有证，而伪作古文者一时不察，并窜入《大禹谟》中，分明现露破绽。

又如：阎氏在第十《言论语孝乎惟孝为句，今误点断》云：

《书》有句读，本宜如是，而一旦为晚出古文所割裂，遂改以从之者。《论语》“《书》云孝乎惟孝，友于兄弟，施于有政”三句是也。何晏《集解》引汉包咸《注》云：“孝乎惟孝，美大孝之辞。”是以“书云”为一句，“孝乎惟孝”为一句，“友于兄弟”为一句。……伪作《君陈》篇者，竟将“孝乎”二字读属上，为孔子之言。历览载籍所引《诗》、《书》之文，从无此等句法。……然则载籍中亦有“孝乎惟孝”句法耶？余曰：“有之。”仲尼燕居：“子贡曰：‘敢问将何以为此中者也。’子曰：‘礼乎礼’，夫礼所以制中也。”“礼乎礼”非此等句法耶？伪作古文者不又于句读间现露一破绽耶？

②不合史例。例如卷五第五十四《〈泰誓〉上惟十有三年春系以时非史例》云：

朱子有“古史例不书时”之说，以二十八篇《书》考之：如《康诰》“惟三月哉生魄”，《多方》“惟五月丁亥”，书三月、五月皆不冠以时。《洪范》“惟十有三祀”，《金縢》“既克商二年”，书十三祀、二年，皆不继以时。……今晚出《泰誓》上开卷大书曰“惟十有三年春”，岂古史例也？（页一二）

③不合事实。例如卷七第一百四《言太康失国时母已不存，

五人御母以从乃妄语》云：

五子之歌……“厥弟五人，御其母以从”……必无是物也。……也。……启生，……历尧之崩，俄而禹崩，即启即位……年已八十九矣，所以享国仅七年，寿九十五而终。……又历太康十九年……方有失国之祸，使启若存，寿一百一十四岁。……然则太康失国之时，固已无复母存矣。

④不合典礼。例如卷四第六十二言“《周官》从汉《百官公卿表》来不合《周礼》”云：



一代有一代之官名，与其职任不得相混，窃以唐虞时四岳自官名，百揆非官名也。……伪作《周官》者不通此义，竟认百揆与四岳俱官名，曰：“内有百揆、四岳。”其殆昔人所谓图对偶亲切者欤？

⑤不合历法。例如卷六上第八十一言“以历法推仲康日食



《胤征》都不合”云：

余向谓伪作古文者，略知历法。当仲康即位初有九月日食之变，遂以瞽奏鼓等礼当之。……今余既通历法矣……推算……则仲康始即位之岁，乃五月丁亥朔日食，非“季秋月朔”也。……在位十三年中，惟四年九月壬辰朔，日有食之。却又与经文“肇位四海”不合。

⑥不合地理。例如卷六上第八十五言“武成认商郊牧野为二地”云：

今文《牧誓》篇“王朝至于商郊牧野，乃誓”。牧野在朝歌之南，即商郊地，犹有扈氏之郊名甘云尔，非二地也。故誓师之辞曰“于商郊”，不必复言牧野。《诗·大雅》曰“矢于牧野”，又曰“牧野洋洋”，即不必言商郊。伪作《武成》篇者，昧于此义，叙武王“癸亥，陈于商郊，俟天休命。甲子昧爽，受率其旅若林，会于牧

野”。似武王于癸亥仅顿兵商郊，次日甲子昧爽始及牧野誓师，誓已而战。一地也，分作两地用之，可乎？

⑦不合训诂。在卷四第五十六言“《尔雅》解郁陶为喜，今误为忧”是一条很有名的例子。他说：

又余向谓文有承讹踵谬，千载莫知其非，而一旦道破，真足令人笑者。不独《大禹谟》之于《左传》，抑且见《五子之歌》之于《尔雅》矣。《尔雅·释诂》篇：“郁繇，喜也。”郭璞注引《孟子》曰：“郁陶，思君。”《礼记》曰：“人喜则斯陶，陶斯咏，咏斯犹。”犹即繇也。邢昺《疏》：“皆谓欢悦也。”郁陶者，心初悦而未畅之意也。又引《孟子》赵氏注云：“象见舜正在床鼓琴，愕然，反辞曰：‘我郁陶思君，故来。尔，辞也。’忸怩而惭，是其情也。”又引下《檀弓》郑注云：“郁陶，陶也。”据此则象曰“郁陶思君尔”乃喜而思见之辞，故舜亦从而喜曰：“惟兹臣庶，汝其于予治。”《孟子》固已明下注脚曰：“象喜亦喜。”盖统括上二段情事，其先言象忧亦忧，特以引起下文，非真有象忧之事。大凡凶恶之人伪为忧尚易，伪为喜实难，故象口虽云然，而色则否，赵氏《注》一段颇为传神。伪作古文者一时不察，并窜入《五子之歌》中，曰：“郁陶乎予心，颜厚有忸怩。”不特叙议莫辨，而且忧喜错认，此尚可谓之识字也乎？

这里阎氏所云，在后人虽有不深以为然者（见王先谦《诗三家义集疏·王风·君子阳阳》），但是这叙议莫辨，忧喜错认，伪作古文者实不能辞其责。

⑧不合义理。关于这一点，阎氏在卷四第六十三言“《泰誓》有族诛之刑为误本《荀子》”条云：

呜乎！痛哉，作伪《书》者可谓之不仁也乎！古未有夷族之刑也。即苗氏之虐，亦只肉刑止尔，初何尝举人之三族而歼绝之？有之，自秦文公二十年始。……伪作古文者，偶见《荀子》有乱世‘以族论罪，以世举贤’之语，遂窜入《泰誓》篇中。无论纣恶不如是甚，而轻加三代以上以惨酷不德之刑……苟一详思，未有不痛其言之易者。我故曰：作伪《书》者，可谓之不仁也乎！

这实在是由不仁的观点来责伪古文者。他在卷七第九十八言“《泰誓》声纣之罪，诟厉已甚，必非圣人语”中，也是就义理而论晚《书》之伪。不过如此类之论证，阎氏所说的也只一二条，不及其他论证揭发之多。

阎氏在《疏证》中尚有指摘作伪古文者对一些材料忘了采用的地方，例如《史记》有“《夏书》曰”，《说文》有《虞书》、《商书》、《周书》等曰（卷五下第七七、第七八两证），这不过指出作伪之疏忽，不可以为伪证。

我们只看以上所举的许多例证，也可以想见伪古文经阎氏这样坚强而又细密的考证，已经立足不住。阎氏此书一出，虽然在当时以及后来不免还有反驳的论调，但是这伪古文一案，总算经阎氏而大白，大家公认东晋古文为伪古文，而江藩述《汉学师承记》直以阎氏列于最前，可见他的《疏证》在当时是如何令人信服的。

在阎氏以后继续考证伪古文者，有程廷祚的《晚书订疑》（说详下）及惠栋的《古文尚书考》。惠氏也是用逸《书》篇目与伪古文《书》篇对照，惠氏又有辨正混逸《书》与张霸伪《百两篇》为一之误等共四条，证孔氏逸《书》九条，辨梅氏增多古文之伪十七条，辨《尚书》分篇之谬一条。

惠氏《古文尚书考》的下一卷是仿梅鷟《尚书考异》而为伪古文寻出来历，所考也较梅书为密。惠氏之后，王鸣盛《尚书后案》一书，对于伪古文也攻击不遗余力，王书最有功绩的地方是将伪《孔传》本模仿《汉志》所载孔壁古文卷数、篇数的异同尽量揭发出来，使我们可以知其貌同而实异。他辨伪《孔序》“增多伏生二十五篇”，“并《序》凡五十九篇为四十卷”说：

> 此段皆作伪者辗转迁就之词，其谬不可胜言。何则？伏生之《书》二十九，欧阳则《太誓》分出二篇为三十一，夏侯仍为二十九，至杜林、卫宏、贾逵及马、郑，则用欧阳本，又分出《盘庚》二、《康王之诰》一，为三十四。而从无所谓三十三篇者。有之，自伪《书》始。孔壁增多之《书》十六，内《九共》出八为二十四篇，而从无所谓二十五篇者。有之，亦自伪《书》始。盖作伪者贪《太誓》文多，易于剽袭，既已别撰三篇，乃于伏《书》去其《太誓》，则三十四者仅存三十一。又于其中妄分《舜典》、《益稷》，于是遂为三十三矣。至增多之《书》难亡，其篇目、篇数，郑具述之。作伪者岂不欲照彼撰之？无奈中有《汩作》、《九共》等，皆不能凭空构造，故不得已只就其有可据摭依傍者，缀集以成篇，而不顾其与郑所述不合，于是遂为二十五矣。夫真《书》五十八篇，伪《书》亦五十八篇，其篇数似合，而不知真《书》乃三十四与二十四为五十八，伪《书》则三十三与二十五为五十八，此篇数似合而实不合也。真《书》四十六卷，伪《书》亦四十六卷，其卷数似合，而不知真书三十四篇内，《盘庚》三篇同卷，《太誓》三篇同卷，《顾命》、《康王之诰》二篇同卷，实二十九卷，二十四篇，内《九共》九篇同卷，实十六卷，共四十五卷耳。桓谭《新论》云“古文《尚书》旧有四十五卷，为五十八篇”是也。《汉书·艺文志》云四十六卷者，兼《序》言之，而伪《书》乃除《序》为

四十六，此卷数似合而实不合也。作伪者既欲同于真《书》之篇数、卷数，而无如不能尽合，进退两无所据。《疏》曲为附会，乃援伏《书》之《序》在卷数外以为例，一若以《艺文志》所载《序》即在卷数内为非者然。然则何以篇数、卷数又必有意曲与之合也。（《经解》卷四三四上）

王氏又谈到同序同卷的问题，根据伏《书》来驳伪孔也是很重要的。他又纠正阎书统计篇数、卷数之讹误，实可以说是阎书的功臣诤友，其原文前已详引，兹不赘。





王氏以后，辨伪古文者有崔述及其弟崔迈（有《古文尚书黏签标记》），崔述著有《古文尚书辨伪》一书，他由《史记》来观察伪古文而说：

按真《古文尚书》二十八篇，《史记》全载其文者十篇，载其半者四篇，略载其大意者八篇，其未载者《周书》六篇而已。盖此十四篇者，诰体为多，文辞繁冗，而罕涉于时事，故摘共略而载之，或竟不载，从省之也？《皋陶谟》载矣，《大禹谟》何以反不载？《甘誓》、《汤誓》、《牧誓》皆载矣。《泰誓》何以独不载？《吕刑》衰世之法犹载之，《周官》开国之制而反不载？至于《武成》乃纪武王伐商之事，尤不容以不载。然则司马氏之未尝见此书也明矣。夫迁既知有古文而从安国问故矣，何以不进取而观之？安国既出二十八篇以示迁矣，即何吝此二十五篇而秘不以示也？然则此二十五篇不出于安国，显而易见。

这虽是发挥梅氏“《史》、《汉》所载绝无二十五篇影响”之说，而实精悍绝伦，发前人所未发。他又从文体来看，以为：a.《大禹谟》与《皋陶谟》不类，《皋陶谟》高古谨严，《大禹谟》则平行浅易。b.《五子之歌》、《胤征》与经传所引同者外，皆浅陋不成文理。c.《泰誓》三篇与《汤誓》、《牧誓》、《费誓》皆不类；《汤》、《牧》二誓，和平简切，《泰誓》三篇则繁冗愤激，而章法亦难乱。d.《仲虺之诰》、《汤诰》、《武成》、《周官》与《盘庚》、《大诰》、《多士》、《多方》皆不类；《盘庚》诸诰，诘屈聱牙之中具有委婉恳挚之意，《仲虺》三诰则皆浅易平直。e.《伊训》、《太甲》、《咸有一德》、《旅獒》与《高宗肜日》、《西伯戡黎》、《无逸》、《立政》皆不类，《伊训》、《太甲》诸篇在《肜日》、《戡黎》前百余年，乃反冗乏平弱。《周书》之《旅獒》乃与《伊训》等篇如出一手。f.《说命》、《微子之命》、《蔡仲之命》、《君陈》、《毕命》、《君牙》、《冏命》与《顾命》、《文侯之命》皆不类，而浅陋尤甚。

说得这样详尽，也是前人所不及的。后来孙星衍更搜集证据而为之说曰：

> 今考梅赜《书》，篇数与古不相应，采会《书传》又多舛错。或非经文而以为经，（“水、火、金、木、土、谷”四句乃郄缺之语；“德乃降”庄公之语；“于父母”长息之语；“兼弱攻昧”，随武子引武之《善经》，下云兼弱也；随武子释《仲虺》之言：“推亡固存”，中行献子及子皮之言。而皆误作经文）或非《传》义而以为《传》。（孔安国注《论语》“予小子履”四十五字云，此伐桀告天之文，《墨子》引《汤誓》，其言若此，伪传以为《汤诰》。安国又注《论语》，“虽有周亲，不如仁人”，以周亲为管、蔡，仁人为箕子、微子，伪《传》则云：“周，至也。言纣至亲虽多，不如周家之多仁人。”）或以此篇为彼篇。（“舜往于田，号位于旻天”，《舜典》文，而以为《大禹谟》；“惟彼陶唐”四句，贾、服解为夏桀之时，而以为《五子之歌》；“葛伯仇饷”，《汤征》文，而以为《仲虺之诰》；“惟尹躬先见于西邑

夏”，郑云《尹告》则《咸有一德》文而以为《太甲》；“厥篚元黄”，《允征》文；“殪戎殷”即“壹戎衣，”《中庸》篇引《康诰》文，而以为《武成》）或以此言为彼言（《孟子》言舜舍己从人，而以为舜称尧，《太平御览》引《尸子》曰：“舜云：‘从道必吉，反道必凶，如影如响。’而以为禹言），或背于典礼（《九歌》启乐而为禹言；古制天子驾四而云“六马”；夏、商五庙而云“七庙”；日食在夏四月始伐鼓用币，而云在“季秋月朔”；虞官五十而以为百，周司徒掌十二教而云敷“五典”；太仆正于群仆，侵太驭之职），或乖于史例（《尚书》例不书时，至《春秋》乃日月时年皆具，而《泰誓》有十三年春之文；越日皆从本日数，丁未越三日则为己酉，而《武成》有越三日庚戌之文），或谬于是非（分北三苗，遏绝苗民，皆见于书，而以为七旬有苗格；五子即五观淫佚失家之人，而以为述戒作歌），或叙事而失词（《孟子》：“象曰，‘郁陶思君尔’”，下云“忸怩”，叙事之词；武王曰，“无畏宁尔也，非敌百姓也”，下云“若崩厥角稽首”，亦叙事词，而以为五子及武王之言：成王命蔡仲而称乃祖），或重文为二字（敩即学字，而作“敩学半”，古今字并用，《礼记》俱作学也”，其他经义，大异史迁所从孔安国问故之文，与显背郑说者，益更仆难数。《古文尚书马郑注序》）

我们看孙氏在此处所说很可以见出伪古文的破绽之多，其假象是无论如何再也隐藏不住了！

伪古文一案，从南宋的吴棫、朱熹说起，经过明末清初的梅鷟、阎若璩而案情大白，降而至于惠栋、王鸣盛诸人加以补充证明，其作伪的证验虽已次第考辨出来了，而对于作伪的人物则尚无定说。梅氏在《尚书考异》中说：

东晋之古文乃自皇甫谧而突出，何者？前乎谧而授之，曰郑冲，曰苏愉，曰梁柳，而他无所征也。冲、愉又授之何人哉？冲、愉有片言只字可考证者哉？此可知其书之杜撰于谧而非异人，一也。后乎谧而上之者曰梅赜，而乃得之梁柳，柳即谧之外兄，亦可知谧之假手于柳以传而非异人，二也。至其作《帝王世纪》也，凡《尚书》之言，多创为一纪以实之，此其用心将以羽翼是书而使之可以传远，则其情状不可掩矣，尚何疑哉？

这是以为作伪者为皇甫谧。阎氏《疏证》虽屡云伪《孔传》本是"魏晋之间假托者"（卷二），"孔传出于魏晋之间"，他对于梅氏的意见是不大以为然的。他说：

梅氏之论如此，余复考之《正义》引《晋书》"晋太保公郑冲以古文授扶风苏愉，字休预"，以授《书》在其暮年，与上《论语》时不同。上《论语》为魏光禄大夫，在正始中，魏尚盛。此《书》出于魏晋之间，安得预见之，而载之《集解》？未可以是为冲诬。然则《书》实始授之冲云。

这似乎以郑冲为有作伪的嫌疑，故云"郑冲以上，则无闻焉"，但是都还是以为伪古文出于东晋之世的。程廷祚《晚书订疑》则说：

二十五篇与孔氏五十八篇之《传》，皆非东晋所得有也，何以言之？东晋有李氏撰《集解尚书》十一卷（见隋志），其书所解乃汉之伪《泰誓》，又每引孔安国注，此见颖达《疏》中，若谓渡江之初，孔书已出，则颙为《集解》时，必无取于伪《泰誓》，安国既为二十五篇作《传》矣，何由复有伪《泰誓》之注？此东晋不见晚《书》与《传》之确证也。

他主张"晚《书》见于宋元嘉以后"，他的论证是以范蔚宗

《后汉书》、徐广《史记音义释》、裴松之《三国志注》都不引伪古文，“此三君子皆终于元嘉之世者也”。这又是很特别一种说法。伪古文的作者，在清代初犹无定论可见。这个问题的解决要算是到了丁晏作《尚书余论》，他才以为《古文尚书孔传》见王肃《家语·后序》，又见于《孔丛子》，皆为一手伪作，其说曰：

> 王肃《家语·后序》云：“孔安国，字子国，天汉后，鲁恭王坏夫子故宅，得壁中《诗》、《书》，悉以归子国，子国乃考论古今文字，撰众师之义，为古文《论语训》十一篇，《孝经传》二篇，《尚书传》五十八篇，皆所得壁中科斗本也。”……《家语》本肃所伪撰，则此古文书传亦肃所私造而托名安国者也。且《后序》一篇，所言无一可信。鲁恭王，汉景帝子，薨于元朔元年，不得至天汉之后。刘子政，经学大儒，如有圣裔著书，岂得不记？《家语》为王肃私定，巧为弥缝，其伪可立见也。《汉·艺文志》言古文《尚书》与《论语》出孔子壁中，孔安国悉得其书献之，并不言作《传》。……遍考两汉之书，无有言安国作《传》者，独《家语·后序》言之，此肃之臆造也。

这是一方面由《家语》、《孔丛》立论，一方面又由两汉之《书》无有言安国作《传》者，独《家语》、《孔丛》言之，可见伪《孔传》本乃是王肃所作，王肃善造伪书，《家语》、《孔丛》并其所伪，则他伪造《孔传》，是极可相信的。丁氏更依据王肃注《书》多同《孔传》，始见于唐陆氏《释文》，再见于唐孔氏《正义》，三见于唐刘氏《史通》，四见于宋董逌《广川书跋》，而论定王肃私造古文以难郑君，并《论语》孔注皆肃一手伪书，《古文尚书传》与王肃注多同，唐孔颖达实见之，备载于《疏》，足证《书传》为肃所造。他所举的证据是再确实也没有了，他的说法行世以后，一般的都是赞同其说，所以伪古文一案可说是到丁晏而论已定。

以上我们说的攻辨伪书的人，从吴棫算起已有十余家，在清代还有庄存与《尚书既见》、姚鼐《书说》、黄冕《尚书记疑》、孙乔年《尚书古文证疑》及其他信奉阎若璩、丁晏之说者，真是难以枚举。但是拥护伪古文者也仍有人在，梅氏书出，而陈第著《尚书疏衍》，要求推翻梅氏之说，阎氏书出，而毛奇龄著《古文尚书冤词》，想来推翻阎氏之说，其他如：陆陇其《古文尚书考》，顾昺《书经札记》，郭兆奎《心园书经知新》，徐世沐《尚书惜阴录》，江昱《尚书私学》，茹敦和《尚书未定稿》，王劼《尚书后案驳正》，张崇兰《古文尚书私议》，林春溥《开卷偶得》，王端履《重论文斋笔录》，邵懿辰《尚书通义》等，都是拥护伪古文的。至清末光绪时，黄冈洪良品著《古文尚书辨惑》(四种)，吴光耀著《古文尚书正辞》，王照著《表章先正正论》，不惟拥护伪古文而且遍攻阎若璩以下诸家之说，为毛氏张目。这些人的意见，本是站在圣经的立场，害怕古文《尚书》之将废，而故意地强词夺理来为伪古文辩护，他们的见解是不值识者一驳的。现在我们将其较著者毛、洪、吴诸家之说略引一下来看。

辨伪古文的吃紧处是在晚出《书》二十五篇与所谓孔壁古文十六篇篇数的不同，但是他们以为：二十五篇与十六篇之异乃系“彼此分并各有不同”，例如洪良品说：

> 刘向在宣帝神雀五凤间观校中古文已云古文五十八篇，著之于《别录》，则二十九篇去伪《泰誓》一篇，计之当云得多三十篇，何以云得多十六篇也？盖实为同序同卷、异序异卷之故，班《志》略而不言耳。且班亦注为五十七篇，郑《赞》释以后亡其一篇，是亦仍用安国五十八篇之数，而《序》云增多二十五篇，此云得多十六篇，要均为四十六卷，盖彼此分并各有不同，亦如今文有二十八篇、二十九篇、三十篇、三十一篇、三十

三篇、三十四篇之异。此自古书常例，不足怪耳。

他们以为二十五篇如依同序同卷之例，则可合并为十六篇，洪良品《古文尚书辨惑》说：

诸家特泥于汉《志》之四十六卷，刘向《别录》之五十八篇耳。不知古书为卷，分并各有不同。一今文也，为二十八篇，为二十九篇，为三十篇，为三十一篇，为三十三篇，为三十四篇，分数无定，岂亦有误字耶？其云四十五卷者，乃举总计之数，其云十八篇者，乃举增多之数。总计之数，今不可考。分篇之数，毛奇龄尝定之。其言曰："五十八篇既以一序为一篇，作四十六卷矣。兹又除伏《书》三十三篇，但以孔壁二十五篇就序分之，《太甲》、《说命》、《泰誓》九篇共三序，应去六篇，《伊训》、《咸有一德》以无序，语不成序，当附《太甲》篇内，与'咎单作《明居》''周公作《立政》'同，又去一篇，凡二十五篇，共去七篇，为十八篇。"

又说：

增多二十五篇，凡十八序。应十八篇，其言十六，何也？毛奇龄曰：《大禹谟》与《皋》、《益》三篇同序，则一序不当两出，又二十九篇内本有《泰誓》，则此增多之《泰誓》又当以抵伏《书》篇数，去此两序，实得十六序，则十六篇矣。苟明于二十五篇之即为十六，自不必别求二十四篇以当真古文，而《正义》所谓伪《书》者，更无容凿空臆断，目为康成所受矣。（卷二）

吴光耀《古文尚书正辞》则说：

二十五篇其实数，刘歆、班固作十六篇者，自著录家并各以意并弃，定名为十六篇可，谓二十五篇亦可。何与经义？

他们以为彼此分并各有不同，妄以今文为例，殊不知今文分并之不同，是有痕迹可循；他们以二十五并为十六篇，则是毫无根据，即以毛、吴两说即已各不相同，而且理由并不充分，是不能推翻阎氏之说的。

辨伪古文的吃紧处又在于马、郑所见古文为真古文，而非张霸所伪之《百两篇》。但是他们以为马、郑所见并非孔壁古文而是杜林所传之漆书古文。毛奇龄在《古文尚书冤词》中说：

> 若贾、马、郑三人原非孔学，虽贾逵父贾徽曾受《书》涂恽，是古文正派，而其后逵与马、郑则皆受杜林漆书之学。虽名为古文而实与孔壁古文不同，一是漆书，一是壁经也。

殊不知《后汉书》明说“逵悉传父业”，不得谓与孔壁不同。《后汉书·儒林传》也说“扶风杜林传古文《尚书》”，不得说马、郑所见非孔壁古文，所以毛氏所说不能成立。吴光耀则说：

> 马、郑传漆书古文三十四篇而已。未尝增益《汨》作等二十四篇，强合汉《志》五十八篇之数。不以增益，故其本别行。唐时马、郑、王漆书古文皆存，独整整亡此二十四篇，故孔冲远等仅得其目于郑注《书序》，其文亦止略见引于郑注《书序》、《毛诗笺》，盖马、郑本百篇之叙合为一卷，今文所无者注曰逸，已亡者注曰亡，此二十四篇下注曰逸，故知伪逸《书》是此二十四篇。（《古文尚书正辞》卷六）

吴氏以为这二十四篇“《正义》谓张霸之徒伪造，吾则疑为霸害之残缺者，适得二十篇”。而洪良品则直从《正义》之说，以为二十四为张霸之徒所伪造，出于康成之后。他说：

> 汉伪古文有二。其一为张霸《百两篇》：“分析合二十九篇以为数十，又采《左氏传》、《书序》为作首尾，篇或数简，文义浅陋，刘向以中古文校之，非是，乃黜

其书。”此其伪，人无异辞，无待辨者也。乃有书非张霸，袭张霸之故智而为之者，《孔疏》斥为张霸之徒伪造古文二十四篇是也。彼其审定《汉志》，知为十六篇，又依《书序》厘为同序同卷，异序异卷，自以为无瑕可指矣。而岂知其前后歧出之间，往往龃龉而不合？请试言之。《九共》九篇既以同卷计，此依《书序》同序同卷例也。而《书序》、《汩作》、《九共》同序，《大禹》、《皋陶谟》、《益稷》同序，《伊训》、《肆命》同序，亦当以同卷计，则篇数不得另算。除此数篇，数即不符，其伪一。汉人初行民间伪《泰誓》，马融历引传记所述，知古文有真《泰誓》，而二十四篇无之。阎若璩知其如此，辄私补入，又与原目不合，其伪二。《周礼·保氏序官疏》引郑氏曾与赵商论周官师保之文，则古文有《周官》，郑已知之，二十四篇果为郑所注，何以无此一篇，其伪三。二十四篇既云是郑注，其出于康成之后可知，何以郑注《书序·武成》云："建武之际亡"，注《缁衣》引尹吉"《书序》以为《咸有一德》今亡"。而二十四篇有之，则非郑所述明矣。其伪四。《九共》寥寥三语，见于《尚书大传》，尚至今存；若煌煌九篇，全文岂有出而复亡之理？且《九共》数语，郑尚注之；九篇全文，郑果有注，何以不传一字？其伪五。

此处洪氏所提出之五证，其大前提谓"乃有书非张霸而系袭张霸之故智而为之者"。这在史传毫无记载，纯系臆测之言，是不能成立的。其所谓同序同卷之例，与伏生今文不合，这是伪孔后来造成的例子，不可以绳二十四篇，故其所谓"伪一"不能成立。马融并非知古文有真《泰誓》，特晚出之《泰誓》与传记所引之《泰誓》不合，马融云"吾见传记"，非引据真《泰誓》可知。其所谓"伪二"亦不能成立。郑与赵商论师保亦非据《周官》。其所谓“伪三”不成立。郑注《咸有一德》云亡，与注《书序》言“《武成》建武之际亡”，其意义实相近，二十四篇不惟可有《咸有一德》，抑且本有《武成》，故郑虽云亡，仍可以见其本见二十四篇以为说，非二十四篇出于康成后也。其所谓“伪四”实不能成立。郑注《尚书大传》，并无注二十四篇事。其所谓“伪五”尤不能成立。总之，他们要翻伪古文一案，在篇数上，他们既是强词夺理，先变二十五为十八，再由十八变为十六，于古毫无证验，而所说亦无定凭，张霸伪《书》，明在郑玄以前，而硬说二十四篇为霸《书》之残缺，或张霸之徒所伪，都无确据，而且所提出的理由，都是站不住的。

关于伪古文是否为王肃所作，说亦不一。陈汉章有《西晋有书孔传说证》谓：

> 《隋书·经籍志》：“东晋豫章内史梅赜，始得安国之传奏之。”《经典释文·叙录》同。《晚书订疑》更疑二十五篇出宋元嘉初，皆非也。杜预议《礼》，郭璞注《尔雅》，皆引《书传》。景纯卒于明帝太宁甲申，犹在元帝之后；元凯卒于武帝太康甲辰，生于魏文帝黄初壬寅，假令时无《孔传》，何由引“信默”之文以说“亮阴”，其证一。《孔传序》云：“太康元年，汲郡发冢得古书，皆科斗文字，藏在秘府。”《正义》引王隐《晋书·束皙传》云：“太康元年汲郡民得竹书漆字科斗之文，表藏秘府，诏以隶字写之。”今本《晋书·束皙传》称：“太康二年，皙在著作，得观竹书，随疑分释。”然则皙校竹书，正如伪孔之隶古定，能读古文，故引壁中《书·盘庚序》“将始宅殷”。《隋志》云：永嘉以后，绝无壁中古文，是壁中古文即孔传，其证二。《尚书正义》称古文安国注历及魏晋，方始稍兴。引《晋书》云：郑冲以古文授苏愉，愉授梁柳，柳为黄甫谧姑子外弟。谧得

古文《尚书》，故作《帝王世纪》，往往载《孔传》五十八篇之书。考元晏生汉生建安乙未，卒晋太康壬寅。《毛诗·玄鸟·正义》、《水经·汳水注》并云：皇甫谧称引古文《仲虺之诰》，《后汉书·逸民传》又引谧称孔安国《书注》之说，其证三。《周书·立政·正义》云，郑玄以为三亳、阪尹者共为一事，皇甫谧以为三亳三处之地。蒙为北亳，谷熟为南亳，偃师为西亳。《商颂·玄鸟·正义》详引谧说，殷有三亳，二在梁国，一在河洛之间。谷熟南亳即汤都。蒙为北亳，即景亳，是汤所受命。偃师为西亳，即盘庚所徙者。《太平御览》卷八十三引《帝王世纪》又云：商盘庚徙都殷，始改商曰殷，今偃师是也。《水经·谷水注》引皇甫说同。盖谧虽引《书序》"将治亳殷"，实据壁中《书》"将始宅殷"，与束广微所见本同。但一以为河北，一以为河南耳。其证四。且《晋书·职官志》、《宋书·百官志》并云晋初承魏制，置博士十九人，及江左初，减为九人。又云皆不知掌何经。今据《晋书·荀崧传》称：泰兴中，置《周易》王氏，《尚书》郑氏，古文《尚书》孔氏，《毛诗》郑氏，《周官》、《礼记》郑氏，《春秋左传》杜氏、服氏，《论语》、《孝经》郑氏，博士各一人，是江左九博士，所掌经，已可考见。《崧传》又称武帝时十九博士，有贾、马、郑、杜、服、孔、王、何、颜、尹之徒，其余不详，数之似止十人。然所谓王者王肃，非王弼（弼《易注》江左始立，见《南齐书·陆澄传》），《三国·魏志》言，肃为《尚书》、《诗》、《论语》、《三礼》、《左氏解》及撰定父郎所作《易传》，皆立于学官。则王郎《易》，王肃《书》、《诗》、《三礼》、《论语》、《左氏传》已有六人，加以郑《易》、《书》、

《诗》、《三礼》，孔、贾、马《书》，贾、服、杜《左氏春秋》，颜安乐《公羊春秋》，尹更始《穀梁春秋》，何晏《论语》，适得十九人，所掌经一一可考，乌得云不知掌何经？由是知武帝时十九博士即有《尚书孔传》，故当时人士称引之，其证五。唐著《晋书》，不著梅赜献《书》事，殆亦以此五证而疑之欤？（《国故》第四期）

这是补充丁晏《尚书余论》的意见，而以为西晋有《尚书孔传》，近人吴承仕或根据孔、王异同，以为伪书非出王肃，以为孔《疏》引《晋书》，谓传自郑冲较为可信，其剽窃肃注，冲之徒所为也。而“以此书之成，实分数期：存篇伪《传》最早，元凯绍统（《续汉书·祭祀志》注晋武帝初司马绍统表引孔安国说）所见，郭景纯《尔雅》‘鸟鼠同穴’注所引是也。伪逸篇次之。士安所见《仲虺之诰》，景纯《释诂》注引《大禹谟》、《太甲》二篇，经文是也。然二十五篇亦非同时所成。伪逸篇之《传》又次之，景纯《释诂》注引孔氏《尚书传》即《旅獒传》也。伪《泰誓》、伪《武成》二篇又次之。因《泰誓》为孔壁所无，河内本又通行于世，《武成》亡于建武之际，明见郑说，故迁延再四，始行作伪，景纯未见伪《武成》，故《释诂》注引‘钊我周王’，但云逸《书》，是其证也。伪目伪序，伪安国《大序》又次之，殆由梅赜奏上时，匆促造成，《尧典》、《皋陶谟》之分割，亦在此时”。更谓“王肃伪作《家语·后序》，有安国为五十八篇作《传》之文，近人据为子雝作伪之证，窃意此乃子雝悬拟之文，意谓安国虽作《传》而已先亡，郑冲之徒乃伪造以实其言，否则此序东晋以后伪作，二者必居其一”。其实这些说法，都不及丁晏之说，因为《家语·后序》明言孔安国作《传》，如果不是王肃所伪为，则《家语》、《孔丛》何以一再叙及《孔传》？吴承仕以《家语·后序》为东晋伪作，或说《孔丛》之作，疑其出于王学之徒，其立证并不足凭。我们还当依丁说以为伪《孔传》出于王肃。

### （二）孔壁古文《尚书》之伪证

梅赜伪《孔传》本乃王肃所伪造，这在清儒已为考明，而且已成为定案了。其实孔壁古文也是伪造的，这在近来也可以说成为定案。梅鷟在《尚书考异》中说：

> 今按《汉书》与《史记》异者数处：古文经四十六卷，《史记》无此句；孔子纂书凡百篇而为之序，《史记》无此句；鲁共王坏宅以书还孔氏事，《史记》不载；孔安国得古文《尚书》多十六篇，安国献之，遭巫蛊事，未列于学官，《史记》不载；二十九卷，《史记》作二十九篇，盖一篇为一卷也，《汉书》与《史记》不同者若此，宜从《史记》为当。（卷一页三）

又说：

> 太史公未尝言孔安国《书》出于壁藏，既曰颇能言，又曰盖《尚书》滋多于此矣，其言容有抑扬哉！

这是由《史》、《汉》的对照而于孔壁得多十六篇之说，从其来源上加以怀疑。程廷祚著《晚书订疑》亦有一段，怀疑孔壁古文之说为刘歆所伪造，他说：

> 夫先汉言古文之渊源者三家，谓安国得逸《书》十余篇而不言献者，太史公也；谓安国献之，遭巫蛊未立于学官者，班固也；谓献之于天汉之后者，刘歆也。案鲁恭王以景帝前三年王鲁，好治宫室苑囿，时黄老方盛，儒术未兴，不知尊孔子，恭王坏孔子宅，得古文经传，疑在景帝之末，《艺文志》以为武帝末者，字之讹也。武帝即位之初，十余年中，崇儒兴学，而安国适为博士，其献《书》疑在此时，奚为迟至天汉也。且天汉三年，乃李陵败降匈奴而史迁受祸之岁也。其时迁著

《史记》已七年矣，安国至此尚存，而遽云蚤卒何也。此言显与《史记》不合。以愚度之，汉代学者，本不知有安国书，其必于立之者，刘歆一人而已。歆无以塞天下之口，故造为此言；若曰向之未立，非以其书为不美也，会国有此事云尔。不推之于天汉之后，不能借巫蛊为说，歆于此盖亦忘安国之蚤卒，《史记》有明文矣，《儒林传》不知歆之矫诬，而信为实然。（《经解》续编一五七）

又说：

荀悦《汉纪》又云：古文《尚书》，武帝时孔安国家献之，会巫蛊事，未列于学官，未知所据。或荀氏有见于安国之蚤卒，而不能察刘歆天汉以后之诬，故特增"家"字以实其说，近日竹垞朱氏主之。然考安国之书，子长具知其得十余篇。如《汤征》、《汤诰》，复见收于《史记》，则安国生前，何难献之，而待身后乎？（同上）

这是由刘歆"天汉以后"一语而怀疑到汉代学者，本不知有安国之《书》，其必欲立之者，刘歆一人而已。孔壁古文的作伪者，已颇见其为刘歆了，到了清代中业，刘逢禄著《书序述闻》一书更说：

刘歆《移让太常博士书》始云逸《书》有十六篇，而《书正义》载其目……马融云："逸十六篇，绝无师说。"则亦《逸周书》之类。未必孔壁中本。且刘歆自造逸《嘉禾》篇"假王莅政，咸和天下"之文，以附会居摄，且出逸十六篇之外，则其作伪亦何所不至？乌知非其增窜，以抑今文博士者乎？

王咏霓（旌甫）《书序考异》亦言：

孔壁所出得多十六篇之名，亦有不可信者。

这两家之说都是由十六篇的篇名及其内容以证明逸《书》得

多十六篇为刘歆所伪，康有为在《新学伪经考》中也说：

刘氏已能发歆之伪矣，然犹以为“亦《逸周书》之类，未必出于孔壁”，则仍为歆所谩也。……若《舜典》者，《书序》乃有之，伏生、《史记》并为《尧典》一篇，无二篇之说。……至于《汤诰》，窃于《殷本纪》。推以为例，则十六篇皆歆所偷窃伪造至明也。……要而论之，安国传业于兒宽，欧阳、大小夏侯出于宽，其门徒星罗云布于汉世，而未闻古文十六篇之异说，歆《移》文谓庸生学同古文，《隋志》谓安国私传其业于都尉朝，何朝、庸生之幸而宽与司马迁之不幸邪？考其源流，殆不值一噱也。



他除了从十六篇的篇名与内容来证明十六篇皆歆所偷窃伪造，更由十六篇的传授来说明，真是，何以兒宽与司马迁不得十六篇之传，而独无名的都尉朝与庸生偏得其传？而且既有其传，



何以马、郑在东汉是传古文《尚书》的，何以偏又说：“逸十六篇绝无师说？”这岂不是很奇怪的事么？这种现象都适足证明其为刘歆之讆言。

其实所谓壁中古文，在根本上讲来，实无其事。在根本上讲来，只是刘歆及一般拥立古文的人所虚构之辞。康有为在《新学伪经考》中曾立十证以明其伪。其言曰：

壁中古文之事，其伪凡十：秦虽焚书，而六经不缺，孔氏遗《书》藏于庙中，世世不绝，诸儒以时习之，篆与籀文相承，无从有古文；孔襄为孝惠博士，孔忠、孔武并为博士，亦无从突出于共王之手，其伪一。按《史记·鲁共王世家》无坏孔子壁得古文经事，史迁讲业齐、鲁之都，加性好奇，若有之，必详述之，其伪二。共王以景帝前二年即位，二十八年薨，为武帝元朔元年，乃武帝初年，《志》云“武帝末”，其伪三。自元

朔元年至征和二年巫蛊事起，凡三十六年，武帝崇奖经学，搜访遗书，安国何为迟数十年致遭巫蛊之时？且安国蚤卒，何得至征和时遇巫蛊？阎若璩《古文尚书疏证》据荀悦《汉纪》“安国家献之”，然既献之，何以武帝久不立？欧阳氏不一言之？或据《外戚·陈皇后传》“元光五年，女子楚服等坐为皇后巫蛊祠祭祝诅，大逆无道，相连及诛者三百余人”，其时安国正为博士，然此后都尉朝等仍可请，何不见也？其伪四。河间献王亦得古文书，天下遗古文事靡不毕集太史公，何以史迁不见？又此本何传？与共王出孰先后？本孰同异？增多几何？何以《志》不叙及？岂有亡失之余，遗书间出，而篇简文字不谋而合之理？其为伪造即此已明，其伪五。孔安国以今文字读古文，纵有壁中《书》，安国亦仅识二十九篇耳，若何而知为多十余篇？其伪六。兒宽受业于安国，欧阳、大小夏侯学皆出于宽，则皆安国之传也。司马迁亦从安国问故，则使确有古文，确多十六篇，欧阳、大小夏侯皆传之，则今古文实无异本矣。《儒林传》云：“迁书载《尧典》、《禹贡》、《洪范》、《微子》、《金縢》诸篇多古文说。”凡此皆今文篇，无一增多篇者，所异者乃安国古文说耳。然则古文所异在字，安国仍读以今文，更无说也。即安国确有其说，亦与兒宽同传。且今考史迁载《尧典》诸篇说，实皆今文，以为古文者妄，其伪七。安国为得古文之人，为欧阳、大小夏侯之本师，经应全同，何以有脱简三，脱字数十，文字异者七百有余？其伪八。欧阳、大小夏侯既传安国学，则亦传古文学，何以无此十六篇，而都尉朝、胶东庸生独有之？其伪九。安国传书至龚胜者八传，至孔光者五传，至赵玄者七传（详《〈汉书·儒林传〉辨伪》），以今学经八传而至胜，古学经三传而至胡常，即当哀、平世矣，何相去之远乎？其伪十。比附观之，盖不待辞之穷而其伪已露矣。（卷三上）

崔适《史记探源》亦谓其有五不合，其说曰：

刘歆假托古文《经》、《传》之所出，于《尚书》为独详，今依其说折之。……《五宗世家》鲁共王用孝景前二年立，二十六年卒，景帝在位十六年，则共王卒于武帝即位之十一年，即元光五年，武帝在位五十四年，则末年安得有共王？不合者一。孔安国以今文读之，需岁月几何？乃越四十余年，至巫蛊祸作之年而始献之乎？且安国若有得古文《尚书》事，何以《孔子世家》不言，但曰“安国为今上博士，迁临淮太守，蚤卒”？……既云“蚤卒”，安得献于巫蛊祸作之年耶？荀悦《汉纪》云：“安国家献之。”此“家”字亦知安国之年不及巫蛊祸作而增。然安国有子卬，何以不云孔卬献之，而于安国下增“家”字，弥缝之迹甚彰，不合者二。《世家》但曰安国为博士，不自言从之问故也。自序云：“太史公受《易》于杨何，习道论于黄子。”于其父所受业，尚言之甚详，若迁自从安国问故，何得不言？《汉书·迁传》亦不言，惟于《儒林传》言之。且太史公生年亦不及武帝之末，《七略》言武帝末鲁共王得古文《尚书》而后安国献之，迁亦何由从问故耶？不合者三。刘歆《移让太常博士书》曰：“或以《尚书》为备。”则自歆以前经师所传，固以孔子所定之书，伏生已备，非残缺之本也。《史》、《汉》皆言欧阳生事伏生，授倪宽，宽又受业孔安国，不言安国所受业，其为家学可知。欧阳、大小夏侯之学皆自宽出，宽自伏氏出，又自孔氏出，则孔氏之书与伏生同矣。不然宽何不以所异者互补，必待孔壁古文出而滋多耶？伏《书》备则孔《书》亦备，安所得滋多之古文而迁从之问故耶？不合者四。古文说与古文《经》本不同物，《七略》曰：“坏孔子宅，得古文数十篇，皆古字也。”《儒林传》曰：“孔安国以今文读之。”皆古文经，非古文说也。《七略》虽云《尚书传》四十一篇，不注作者姓名，惟东晋梅赜所上伪孔安国《序》有“承诏作传”之文，亦非汉儒所及料也。《后汉书·儒林传》曰：“杜林传古文《尚书》，贾逵为之作训，马融作传，郑玄注解。”见于《杨伦传》末。然则贾逵以后乃始有古文说，太史公何从载之？不合者五。

康、崔二氏所说虽然不无尚须补正之处（如康之第六证），然如他们所提出的武帝末安得有共王这一证，正可以见本无其事，故《史记》不载，而刘歆《移书》以及《志汉》才都说错了。《汉志》说武帝末，刘歆《移书序》“至孝武皇帝”，“时汉兴已七八十年”，然后再说“及鲁恭王坏孔子宅”，他正是以为鲁恭王坏孔子宅在“武帝末”。我们根据《论衡》考定其事，当在景帝时则可，如说武帝末当为景帝时，“盖传写之误也”，则不能两处都恰好传写错误，所以这一证是驳不了的。其次如安国果献书，必不当迟之又久，即解释为写书之故，也不当迟至三四十年，从献的迟早来看，决定其伪托，实不错误。阎氏谓“安国献之”，国下当有“家”字，这也是考定当如此，而不作为校勘之例，因为《汉书》文异不能说恰好都有脱误，加一“家”字正是荀悦想弥补这种错误，所以《汉书》不言孔印献之，既不是承上文孔安国言之（《刘歆传》孔安国献之上未叙孔安国），更不是“取便文也”。所以这一证也是驳不了的。伏生的分篇法是不按百篇之序的，传今文《尚书》的之以《尚书》为备，正是因为他们不见百篇之《序》之故，并非专己守残，要装着不知道。伏

《书》与孔《书》不同，如果孔安国得多十六篇，不使兒宽以所异互补，而必传于都尉朝等，有所偏倚，岂非怪事？所以这一证也是驳不了的。《史记》多用今文《尚书》之说，陈寿祺著《左海经辨》已为发明，治《尚书》学者，且久已视为定论，班固谓迁书载《尧典》、《禹贡》、《洪范》、《微子》、《金縢》诸篇多古文说，实不可信。今人于陈、皮诸家书并未寓目，乃欲妄驳康、崔之说，殊属可哂。崔氏第五证也不是可以轻易驳斥的。

最重要的当然还是康氏所举的第一证，篆文与籀文相承，根本不会有孔子用古文写六经之一事。近人或依据王国维“战国时秦用籀文，六国用古文说”来反证有所谓孔壁古文之事，殊不知王氏之说，实绝对不可从。现在我们试引两个研究文字学的人的讲法来看，一是钱玄同在《论〈说文〉及壁中古文经书》上说：



> 我尝稍稍涉猎吴、孙、罗、王、容诸家之书，觉得《说文》中的小篆近于钟鼎，钟鼎近于甲骨，而《说文》中的古文则与钟鼎、甲骨均极相远，而且有些字，显然是依傍小篆而改变着。



这一点罗、王两氏亦早致疑，罗振玉说：

> 刻辞（按：指甲骨文）中文字，同于篆文者十五六，而合于许书所载之古籀乃十无一二。盖相斯所罢者皆列国诡更正文之文字，所存多仓史之旧文。秦之初虽僻在西戎，然密迩西周之旧都丰岐，文化流风未沫，其文字应胜于列国也。（《殷商贞卜文字考》）

他又说：

> 而由文字（按：亦指甲骨文）之可识者观之，其与许书篆文合者十三四，且有合于许书之或体者焉，有合于今隶者焉，顾与许书所出之古籀则不合者十八九，其仅合者又与籀文合者多而与古文合者寡。以是知大篆者盖因商周文字之旧，小篆者又因大篆之旧，非大篆创于

史籀，小篆创于相斯也。……至许书所出之古文，仅据壁中书，所出之籀文乃据《史籀篇》，一为晚周文字，一则亡佚过半之书，其不能悉合于商周间文字之旧，固其宜矣，至于篆文，本出古籀，故与卜辞合者颇多。（《殷虚书契考释》）

商代的甲骨文能合于秦、汉的小篆跟篆书，反不能合于《说文》所录出于壁中《书》之古文，则壁中古文之为后人伪造，非真古字，即此已足证明。

王国维也知道壁中古文与殷周古文不合，但他又造出“战国时秦用籀文，六国用古文”之说。他说：

司马子长曰“秦废去古文”。扬子云曰：“秦刬灭古文。”许叔重曰：“古文由秦绝。”案秦灭古文，史无明文，有之惟有“一文字”与“焚诗书”二事。六艺之书，行于齐、鲁，爰及赵、魏，而罕流布于秦（原注：犹《史籀篇》之不行于东方诸国）。其书皆以东方文字书之，汉人以其用以书六艺，谓之“古文”，而秦人所罢之文与所焚之书皆此种文字，是六国文字即古文也。观秦书八体中有大篆无古文，而孔子壁中《书》与《春秋左氏传》，凡东土之书，用古文不用大篆，是可识矣。故古文、籀文者，乃战国时东西二土文字之异名，其源皆出于殷周古文，而秦居宗周故地，其文字犹有丰镐之遗，故籀文与自籀文出之篆文，其去殷周古文反较东方文字（原注：即汉世所谓古文）为近。自秦灭六国，席百战之威，行严峻之法，以同一文字，凡六国文字之存，于古籍者已焚烧刬灭，而民间日用文字，又非秦文不得行用，观传世秦权量等，始皇二十六年诏后多刻二世元年诏，虽亡国一二年中，而秦法之行如此，则当日同文字之效可知矣。故自秦灭六国，以至楚、汉之际十余年间，六国文字遂遏而不行。汉人以六艺之书皆用此种文字，又其文字为当日所已废，故谓之“古文”，此语承用既久，遂若六国之古文，即殷周古文，而籀、篆皆在其后，如许叔重《说文序》所云者，盖循名而失其实矣。（《观堂集林》卷七）

王氏自信“此说之不可易”（见所引一段的前面）。据我看来，不但“可易”，而且还着实该“易”，我现在便来“易”它一下。

秦之“同一文字”（“书同文”），其事实之性质，正与今之“统一国语”相类，其竭力推行，务期普及，今昔亦正相类，所异者今之“统一国语”，不废止方言（咱们还很希望它发展呢），秦之同一文字，是用专制的手腕，所以要“罢其不与秦文合者”罢了。秦所要“罢”的系专指形式“不与秦文合者”而言，大不合的固然要罢，小不合的也是要罢，因为目的在于使文字统一。六国的文字究竟比秦文差了多少，这个我们固然不能臆断，但就现存的钟鼎看来（连秦国的），则可以说这样几句笼统话，要说异，似乎各国文字彼此都有些小异；要说同，也可以说是彼此大体都相同，一句话，大同小异而已。若区为“东土”、“西土”两种文字，则进退失据之论也。而况今所存齐、鲁、邾诸国的钟鼎文字跟壁中古文距离之远，正与秦文跟壁中古文距离之远一样呢？还有王氏说“秦书八体中有大篆无古文”，这是因为秦时还没有所谓“孔子书六经以古文”之说，儒者之传授六经，其初仅凭口耳，渐乃著于竹帛，著竹帛之时通用什么样的文字，他们就写什么样的文字，传经之儒对于文字的形式是绝不注重的，所以彼此所传，异文假借，非常之多。讲到《史记》中的“秦废去古文”一语，那是刘歆们窜入的，这个意思，康氏的《伪经考》已启其端，先师的《史记探源》乃尽发其覆。扬雄之时，古文伪经已出，扬雄便是上当的一个人（他识得许多古文奇字），许慎更是迷信古文经的，因而《说文》中收入的古文是不足信的。

钱氏等人这种驳法还不十分彻底，近来郭沫若在《金文丛考·𠪚羌钟铭考释》一文中说：

> 曩者王国维倡为战国时秦用籀文，六国用古文说，自以为不可易，学者多已疑之。今此器乃战国时韩器，下距嬴秦兼并天下仅百六十年，而其字体上与秦石鼓、秦公敦，中与同时代之商鞅量、商鞅戟，下与秦刻石、秦权量相类，并无何等诡异之处，仅此已足易王之臆说而有余矣。（一九五二年改编本第三册）

有了𠪚氏编钟的文字来作证，更可以断定王国维之“臆说”，而可以见“孔子用古文写六经之说之确为伪造，足为康氏考辨伪经加一重要证据”（钱玄同语，见《古史辨》第五册），即孔壁《古文尚书》的不足信是极其明显的。

孔壁古文《尚书》之不足信，我们还可以从《尚书》本身上来提出证明，例如《盘庚》三篇，今文本上篇是本当作下篇的，现在篇次倒置，只好依俞樾说是“中下篇则取《盘庚》未迁与姑迁之时告诫其民之语附益之”。《康诰》的篇首四十八字，苏轼以为《雒诰》之错简，朱熹、顾炎武并赞同此说，金履祥虽不以为然，但亦以为非《康诰》之文。古文本的错误和今文本一样，可见并不是什么真的古本。再从文字异同上来看，《尧典》“帝曰：‘我其试哉。’”《史记》“帝曰”作“尧曰”，马、郑本无“帝曰”。这一句话本是尧答四岳的话，如无“帝曰”，那就成为四岳要试舜为天子，是不合情理的。又“佥曰益哉”《史记》“佥曰”作“皆曰”，根据上下文都作“佥曰”，而马、郑本作“禹曰益哉”。这也是不如今文本的地方。《盘庚》下篇的“今予其敷心腹肾肠，历告尔百姓于朕志”，今文本“敷心腹肾肠”作“优贤扬”连下文“历”字为句。“优贤扬历”是说举出优点，总结经验来告诉百姓，这是一篇的纲领，如作“敷心腹肾肠”便无提纲挈领之意，而且说“心腹”二字就够了，又何必说“肾肠”呢？这些文异之处，也可见古文本并不如今文本，仅从以上数例看来，孔壁《古文尚书》之不可信是很明显的。

**（三）今文《尚书》之考证**

伏生所传今文《尚书》二十八篇，从传授上看来，似乎是没有什么疑问的，但是今文各篇，其著作的年代与著作的人物，大多数在现在还未考明，这是我们现在所急于要求解决的。《四库全书总目提要》“王柏《书疑》”条说：

> 疑古文者，自吴棫、朱子始，并今文而疑之者，自赵汝谈始（见陈振孙《书录解题》），改定《洪范》自龚鼎臣始（见所作《东原录》），改定武成刘敞始（见《七经小传》），其并全经而移易补缀之者，则自柏始。

朱彝尊《经义考》说：

> 按：吴文正诗云：“前汉今文古，后晋古文今，若论伏胜功，遗像当铸金。”……盖古文出于东晋，宋元诸儒疑之者多，而今文则未有疑焉者。至程正叔疑《金縢》之文不可信，而括苍王廉熙阳作论，谓《金縢》非圣人之书，则并今文而疑之矣。甚矣，说经者之纷纶也。（卷七四）

《提要》之言，不如朱考允确，但我们由此两说可见在宋元明时，疑今文者已非一人，在《提要》与朱《考》那两段话所未提及的还有晁以道疑《尧典》、《禹贡》、《洪范》、《吕刑》、《甘誓》、《盘庚》、《酒诰》、《费誓》诸篇，改定《洪范》的尚有苏轼、余涛、黄震、吴澄、金履祥、文本心（及翁）、贺成大、胡一中、黄道周，苏轼、金履详更疑《雒诰》有缺文。不过我们试看晁以道说：

> 予于《尧典》见天文矣，而言四时者不知中星。

《禹贡》敷土治水，而言九州者不知经水。《洪范》性命之原，而言九畴者不知数。舜于四凶，以尧庭之旧而流放窜殛之。穆王将善其祥刑，而先丑其耄荒。汤之伐桀，出不意而夺农时。文王受命为僭王，召公之不说，类乎无上。太甲以不顺伊尹而放，群叔才有流言而诛，启行孥戮之刑以誓不用命，盘庚行劓殄之刑而迁国，周人饮酒而死，鲁人不板干而屋诛。先时不及时而杀无赦。威不可讫，老不足敬，祸不足畏，凶德不足忌之类。惟此经遭秦火煨烬之后，孔壁朽折之余，孔安国初以隶篆推科斗。既而古今文字错出东京，乃取正于杜林。传至唐，弥不能一，明皇帝诏卫包悉以今文易之，其去本几何其远矣！今之学者尽信不疑，殆如手授于洙、泗间，不亦惑乎？（见《容斋三笔》卷一“晁景迂经说”条）



他这里对《尚书》怀疑只不过是戴着一副卫道的眼镜，怀疑《尚书》不合圣道，不足以谓真正的考证。即如王柏的《书疑》，在《四库提要》上说他是“并全经而移易补缀之者”，但如他在《书疑》中说： 

以《舜典》记载如此之详，而《尧典》反简略若未断章，向二典之不同若此？

《盘庚》之言，所见者理明词达，而《盘庚》之书，加以殽乱脱简，此所以未易传释也。

《雒诰》自“周公曰”之下，朱子以为自此渐不可晓，盖不知是何时所言。又取叶氏之言以此篇与《召诰》参看。又取王氏曰，此诰有不可知者，当缺文。朱子尚谓有疑，而后学敢谓无疑者，妄人也。愚窃谓诸诰之中，辞语之不可晓者固多矣，而一篇之体统，大概亦可见。惟《召诰》、《雒诰》，破碎庞杂，体统不明，此最未为易校理者也。《大诰》以下诸篇，固多错简之可疑，一也；告戒之词，明白而反聱牙，二也。

他这些说法，只专就文体立论，并非从真伪与年代上考证，远不如吴棫、朱子之有成绩，依我们现在看来，宋元诸儒对于今文廿八篇考证的成绩，只在《洪范》与《金縢》两篇，这两篇本较可疑，所以后者在清儒王夫之、袁枚也都以为不足信的伪书。

真的对于今文《尚书》的真伪与年代加以考证，要算是近二三十余年来的事。在一九二三年六月，顾颉刚有答胡适《论今文〈尚书〉著作时代书》，他才重提《尚书》的公案，指出今文《尚书》不可尽信。他将二十八篇今文《尚书》分为三组，他说：

第一组（十三篇）：《盘庚》、《大诰》、《康诰》、《酒诰》、《梓材》、《召诰》、《雒诰》、《多士》、《多方》、《吕刑》、《文侯之命》、《费誓》、《秦誓》。这一组在思想上，在文字上，都可信为真。

第二组（十二篇）：《甘誓》、《汤誓》、《高宗肜日》、《西伯戡黎》、《微子》、《牧誓》、《洪范》、《金縢》、《无逸》、《君奭》、《立政》、《顾命》。这一组，有的是文体平顺，不似古文，有的是人治观念很重，不似那时的思想。这或者是后世的伪作，或者是史官追记，或者是真古文经过翻译，均说不定。不过决是东周间的作品。

第三组（三篇）：《尧典》、《皋陶谟》、《禹贡》。这一组决是战国至秦汉间的伪作，与那时诸子学说有相连的关系，那时拟书的很多，这三篇是其中最好的，那些陋劣的（如《孟子》所引“舜浚井”一节）都失传了。

他这种见解本是受了晚清今文学家托古改制说的影响才如此的，在这时之后，对于《禹贡》、《洪范》、《金縢》、《费誓》等篇，也渐渐有重新加以考订的，我们现在对于今文《尚书》的真伪与年代才比较地考证得有相当的结果，但是成绩还不一定好。

现在将各家之说及拙见所及分为四组略考于后：

第一组：《尧典》、《皋陶谟》、《禹贡》三篇。战国秦汉间作。

1.《尧典》。《尧典》一篇开始就用"曰若稽古"，这已告诉我们这一篇不是当时史官的记载，我们从历史唯物论和社会发展史的观点看来，《尧典》、《皋陶谟》、《禹贡》三篇没有显明反映原始共产社会奴隶制社会的经济基础，《禹贡》一篇写作甚晚而有"铁"字的出现，这都可证明这三篇不是当时的记载而是后代的叙述。不过究系何时何人所作，我们还需要加以考查。康有为在《孔子改制考》卷十二《孔子改制法尧舜文王考》上说：

> 《尧典》一字皆孔子作，凡有四证：王充《论衡》："《尚书》自'钦明文思'以下何人所作也？曰：篇家也。篇家者谁也？鸿笔之人也。鸿笔之人何人也？曰：孔子也。"则仲任尚知此说，其证一。《尧典》制度与《王制》全同，巡狩一章文亦全同。《王制》为素王之制，其证二。文辞若"光被四表，格于上下，克明峻德，以观九族"等，调谐词整，与《乾卦》象辞爻辞"云行雨施，品物流形，大明终始，六位时乘"同，并为孔子文笔，其证三。夏为禹年号，尧舜时，禹未改号，安有夏？而不云"蛮夷"、"猾唐"、"猾虞"，而云"猾夏"？……证四。

康氏以为孔子作，其结论虽属错误，但由文辞典制度来看，可见原来《尧典》著作年代是不能早于孔子的。不过《孟子》书中曾引过《尧典》，则在孟子以前，必已有了《尧典》，但是，其制度与汉文帝时之《王制》相同，而文辞又有些如是之"调谐词整"，这已明明告诉我们有经过西汉初年改作的痕迹。顾颉刚在《论今文〈尚书〉著作时代书》（《古史辨》第一册）中，曾提出今本《尧典》、《皋陶谟》的出现是："取事实于秦制"，"取思想于儒家（禅让）与阴阳家（五行）"，"取文材于《立政》（三宅九德）与《吕刑》（降三后绝苗氏）”，“以及思想进化程度的违背”，又提出所以考定为秦汉时书之故。后来他在他的《尚书研究讲义》中更有一册是专门考证《尧典》的。他以为：

（1）从意义上来看。他说：“中国一统之局，至秦始立。”“当始皇统一之后，即令一法度衡石丈尺，车同轨，书同文字，今《尧典》亦有同律度量衡之语。”“始皇二十七年治驰道，遂频年出巡。东上泰山，登之罘，至琅琊，又之碣石。南渡淮水，之衡山南郡，又浮江下，至钱塘，上会稽。西出鸡头山，过回中。北巡边，从上郡入。其之罘刻石之辞曰：‘时在仲春，阳和方起，皇帝东游，巡登之罘。’以较《尧典》所云‘岁二月东巡守’以及‘巡守四岳’之文，何其似耶。”“夫与秦制相似固不能断为秦人所作，然一统之意味至是其重，君主之势若是其厚，则必不能在秦之前。且秦以不师古自标，偶语《诗》、《书》者罪至弃市，假使今之《尧典》竟先秦之统一而存在，则秦且事事师古矣。”





（2）从制度上来看。他说：“《尧典》之为西汉人作，不仅此一点。即‘肇十有二州’一语，亦一坚强之证据。自有分州之说，即固定为九州。齐侯镈钟然，《禹贡》然，《吕氏春秋》然，《王制》然，《淮南王书》然。即迁僻之邹衍，以九州为不足。推而广之为八十一州，亦为九之自乘数。然《尧典》乃特异为十二，与《禹贡》同言一时代之历史而有二制。”“遂使后人迷不能辨曰：尧本九州，舜增为十二，禹又减为九。以国家治民之大政而举措不定，乃如儿戏，岂传授心法之三圣人所宜出者乎？”“按《汉书·武帝纪》元封五年，初置刺史，部十三州。”“此十三部中，司隶校尉等于秦之内史及明清之直隶，不在州数。”“若《尧典》唐虞时作乎，则汉武帝时之版图正上符于尧舜，又何以言‘汉家地广二帝三王’耶？”

（3）从疆域上来看。他说：“《尧典》之袭汉制，《尧典》固自言之矣。羲和四宅之地，羲叔宅于南交，和叔宅于朔方。南交者何？汉之交州也。朔方者何？汉之朔方郡也。”“朔方之名，最早见于《诗》，《小雅·出车》云：‘王命南仲，往城于方，出车彭彭，旂旐央央。天子命我，城彼朔方。赫赫南仲，猃狁于襄。’又《六月》云：‘猃狁匪茹，整居焦获；侵镐及方，至于泾阳。织文鸟章，白旆央央。元戎十乘，以先启行。’‘戎车既安，如轾如轩。四牡既佶，既佶且闲，薄伐猃狁，至于太原。文武吉甫，万邦为宪……’”“方在何处，前人无能指言之。”“王静安先生作《周莽京考》。”“谓莽即小雅之方，秦汉之蒲坂。”“又谓吉甫伐猃狁所至之太原”，“当在汉之河东郡境。”“又谓泾阳”，“即今之陕西泾阳县”。“焦获之地，旧说在陕西。”“总上地名，泾阳也，镐也，方与朔方或莽京也，焦获也，太原也，皆不出陕西、河南、山西，三省交错之地，悉在北纬三十四度至三十六度之间。若汉武帝之朔方郡，则在今绥远之鄂尔多斯，当北纬四十度，相去绝远矣。”又说：“《左传》昭九年王使詹桓伯辞于晋曰：‘武王克商……肃慎燕亳，吾北土也。’不言及河套，亦不言有朔方。《雅》、《颂》所载，绝无开拓北边至千里以外之事。”“秦有泾、洛、渭诸水上游之地，实在战国中叶之后。然是指地虽广，尚不能至河套。”“按汉族始有河套地者为赵武灵王……然其地名曰榆中，曰九原，曰高阙，不闻有朔方也。其后始皇使蒙恬北击胡，《本纪》云：‘略取河南地’，《匈奴列传》云：‘悉收河南地’，亦不云朔方也。自秦得其地，名曰北河”，“北河之外又有名新秦者，亦不曰朔方也。”“《汉书·卫青传》云：‘明年青复出云中，西至高阙，遂至于陇西，捕首虏数千……遂取河南地，为朔方郡……使建筑朔方城。上曰……诗不云乎？‘薄伐猃狁，至于太原’，‘出车彭彭，城彼朔方。……’武帝取《诗》语以美卫青，亦取《诗》语以名所筑之城与新立之郡。”是则河套之地之名朔方，乃古典主义下之产物，而非周人原地明矣。“明乎此则知《小雅》朔方一名最在前，其地在河曲，汉朔方郡之名次之，其地在河套，《尧典》‘宅朔方’出最迟。乃在朔方郡既立之后。”

(4) 从文辞上看来。他说：“又如巡守之章，《王制》本文云：‘命典礼，考时月定日，同律、礼、乐、制度、衣服正之。文辞殊不修洁。一入《尧典》，则为协时月正日，同律度量衡。’‘修五礼。’其言明且清，修改之迹，不可见乎？又云：‘五月南巡守，至于南岳，如东巡守之礼；八月西巡守，至于西岳，如南巡守之礼。十有一月北巡守，至于北岳，如西巡守之礼。’其文辞画一而无变化。一入尧典，则南巡守曰‘如岱礼’，西巡守曰‘如初’，朔巡守曰‘如西礼’。视《王制》为简练，修改之迹不又可见乎？夫《王制》根据《孟子》之言以成书，且谓古者以周尺八尺为步，今以周尺六尺四寸为步，其著作时代明已入汉，而善于修辞之《尧典》乃更在其后，此非《王制》为文帝时作而《尧典》为武帝时作之确证耶？若曰此非《尧典》袭王制，乃《王制》袭《尧典》，然则《王制》之作者，何乃舍弃此明清与简练之典文不用而自造此拙劣之语以易之耶？”





根据上述从意识、制度、疆域、文辞等等方面来看，可知今本《尧典》实经汉人的修改。他更说：“孟子答咸丘蒙问引‘二十有八载’之文而冠之‘《尧典》曰’，是知孟子时必已有《尧典》存在。然观‘百姓如丧考妣’一语，以父与祖母连称，尚非春秋时之词法。”则其书必出在妣义不明之后，不得甚前于《孟子》，或竟与《孟子》并世。孟子为‘言必称尧舜之人，然其所述尧舜时事甚与今本《尧典》异”。“第一，尧之时代在《孟子》中尚是草莱未辟之景象，而在今本《尧典》中则天下之平固已久。”“第二，舜之身分，在《孟子》中完全为一起于田野之匹夫，而在今本《尧典》中，则固是一贵族。”“第三，舜之感化瞽瞍，在《孟子》中时期特长，而在今本《尧典》中则至短。”“第四，禹、益、稷、契之服官，《孟子》中皆在尧时，而今本则皆在尧崩后。”可知孟子所引为战国之《尧典》，然吾侪所见，则为汉武之《尧典》。他又以今本《尧典》篇末的“咨汝二十有二人”，司马迁、马融、郑玄、朱子、林之奇、王引之所解释者不同，而都不甚妥当，他见为“今之《尧典》之文显然有受时势影响而增窜者。……‘觐四岳群牧’之原文当为‘觐四岳九牧’；‘肇十有二州，封十有二山’之原文当为‘肇九州，封九山’；‘咨十有二牧’之原文当为‘咨九牧。……’知十二牧之为九牧，则合以四岳九官，正得二十二人”。这种假设也很有理由。他在这一册中所说虽不无枝节的可议之处，然而引据该博，辨析精详，实不愧为胆大心细的考证。从文辞上看来，王制的纂辑者不抄《尧典》，而偏要自造拙劣之语，可见实未见过今本《尧典》，已可为《尧典》为汉武时改作之确证。再由疆域、制度等等来看，他的意见大概是不错的。我们可说《孟子》所引为战国之《尧典》，吾侪所见为汉武之《尧典》。



2.《皋陶谟》。《皋陶谟》之著作年代，现在还没有人来作专篇的考证。顾颉刚在《今文〈尚书〉著作时代书》中以为今本《尧典》、《皋陶谟》的出现是有取事实于秦制的地方，他对于《尧典》、《皋陶谟》的评论及所以考定为秦汉时书之故也有涉及《皋陶谟》的，例如说秦以六纪，而此之山州师均以六纪。他的意思是以《皋陶谟》写定的时期也要在秦汉。后来郭沫若在《中国古代社会研究》中说：“据最近考古学的成绩，特别是殷虚书契的研究，不仅是殷以前的古物已经渺无可考，连殷代末年的文字都还在构成的途中，所以我们可以断定《虞书》和《夏书》的四篇完全是不可信的。再分别的细说时，《尧典》、《皋陶谟》、《禹贡》三篇是后世儒家所伪托的，论理该是孔丘，其他一篇的《甘誓》，或许是《商书》掺入的。”他所举的理由第一点是大头症的征候，第二点是《禹贡》的夸张，第三点是人格发展的阶段，在《皋陶谟》中说：“慎厥身，修思永。惇叙九族，庶明励翼，迩可远，在兹。”第四点：天人一致观的表现，在《皋陶谟》

中说："天聪明，自我民聪明。天明畏，自我民明畏。达于上下。"第五点，折衷主义的伦理，在《皋陶谟》有："宽而栗，柔而立，愿而恭，乱而敬，扰而毅，直而温，简而廉，刚而塞，强而义。"依据这些理由，他以为《尧典》、《皋陶谟》、《禹贡》三篇，完全是儒家的创造。但是他还不以《皋陶谟》之出现要晚在秦汉之间。依我的拙见，《皋陶谟》篇的最初写成，似乎在春秋战国间。《左传·僖公二十七》年曾引有《夏书》曰："赋纳以言，明试以功，车服以庸。"似乎是《皋陶谟》篇文。但我们现在所见的《皋陶谟》实应当在秦汉间才写定。因为：



（1）就五行的观念来看。这一篇说"抚于五辰，庶绩其凝"，"天叙有典，敕我五典五惇哉！天秩有礼，自我五礼有庸哉……！天命有德，五服五章哉！天讨有罪，五刑五用哉。""以五采彰施于五色，作服。""予欲闻六律、五声、八音，在治忽，以出纳五言，汝听。"这里所谓"五辰"、"五典"、"五服"、"五采"、"五色"、"五言"，都应该是五行观念比较发达以后才构成的。所以不谓之"四时"，而是"播五行于四时"的说法。"五典"是只可释为"五常"，"五言"也只可释为"五声之言"。服的色彩要见"五"来说，也自然含有五行意味，"五礼"也是较晚的用法，《尧典》还是说"典朕三礼"。这些五行观念应用较多，自然是晚于朴素的五行观念，在子思、孟轲"案往旧造说谓之五行"之后，此其一。



（2）就疆域的观念来看。这一篇说"弼成五服，至于五千"无论依今文《尚书》说"中国方五千里"，还是依古文《尚书》说"五服旁五千里，相距万里"。其疆域观念与《禹贡》相同，是要晚于孟子，而与《禹贡》同时写定。但如从"弼"字的解释，无论依史迁说或郑玄说都训为"辅"看来，似古文说对于这这一句的解释更觉妥当，而且说至于"五千"，明有扩充的意思，《禹贡》的"侯"、"绥"、"要"、"荒"的五百，是按一方面计算的，这五千当然也是按一方面计算的。古文说的“五服旁五千里，相距万里”，自是较妥当的解释。然则《皋陶谟》的疆域观念比《禹贡》的还要大，似乎是晚于《禹贡》了。“州十有二师”是以秦以六纪的办法，颇有出于秦代的嫌疑。而“外薄四海，咸建五长”，比《禹贡》来得还要周密。《禹贡》还只说：“东渐于海，西被于流沙，朔南暨，声教讫于四海。”没有如此篇之规定。我们从疆域的观念来判断，《皋陶谟》只有比《禹贡》还晚的嫌疑。这一篇的写定，纵不晚在汉初，也要在战国末年或秦代的。

(3) 从“予乘四载”句来看。这一篇说“予乘四载，随山刊木”，“四载”有两种的解释，依史迁在《夏本纪》上说为：“予陆行乘车，水行乘舟，泥行乘橇，山行乘檋。”这是以“四载”为四种乘用的工具。据《吕氏春秋·慎势》说：“水用舟，陆用车，途用輴，沙用鸠，山用樏。”《史记集解》引《尸子》说：“山行乘樏，行途以輴，行险以樶，行沙以轨。”以为在古来本有此传说，故史迁等以此来解释“四载”。但是这种传说，所起甚晚，《尸子》也不是尸佼作的，且无论《吕览·慎势》篇上本是说：“天下之民，穷矣苦矣。民之穷苦弥甚，王之者弥易，凡王也者，穷苦之救也。水用舟，陆用车，途用輴，沙用鸠，山用樏，因其盛也。”《吕览》并不是说《尚书》的，与“予乘四载”毫无关系，拿这种传说来解“予乘四载”，终是无根之谈。在夏僎《尚书详解》中说：“四载之说，解者不同。或以为‘鲧九载绩用弗成。”兖州言“十有三载“及同，是九载之后，乘以四载，是为十三载。其实禹之代鲧乃四载而成，世多喜此说。”这种解释，恐怕是正合《皋陶谟》的作意，其与《禹贡》合而与《孟子》“禹八年于外”不合，也足见此篇写定的时期是要晚于《禹贡》的。

(4) 在这一篇篇末说：“帝庸作歌曰：‘敕天之命，惟时惟几。’乃歌曰：‘股肱喜哉，元首起哉，百工熙哉！’乃赓裁歌曰：

'元首明哉！股肱良哉！庶事康哉！'又歌曰：'元首丛脞哉！股肱惰哉！万事堕哉！'"这既不像三百篇的诗歌，也不像春秋时的徒歌。显然可见其出于战国之末。要之，合上所列的四证看来，五行观念的发达，疆域观的彼大，晚于《禹贡》的嫌疑，都可以见得这一篇的写定，直早在战国末年，而有在秦代或汉初写定的嫌疑。

3. 禹贡。《禹贡》是战国时代的作品，在顾颉刚与钱玄同先生《论古史书》中即说："在《论语》之后，尧、舜的事迹编造得完备了，于是有《尧典》、《皋陶谟》、《禹贡》等篇出现。"（《古史辨》第一册）后来顾氏又有《论今文〈尚书〉著作时代书》，提出《禹贡》作于战国时期的观点，谓："古代对于禹的神话只有治水而无分州"，"古代只有种族观念而无一统观念"，"古代的'中国'地域不甚大，战国七雄的疆域开辟得大了，故有一统观念；交通便利，种族观念糅杂得多了，故无种族观念。因此，九州之说得以成立，而秦始皇亦得统一之功"。其所以考定《禹贡》为战国时书而非秦汉时书之故，则："一、禹尚是独立而非臣于舜；二、每州尚无一定之镇山；三、不言南交。"（同上）后来丁文江有《答顾颉刚先生论禹治水不可信书》，说："禹治水之说绝不信。江河都是天然水道，没有丝毫人工疏导的痕迹"。"《禹贡》系晚出的书，是没有疑问的。据我的朋友章演群的考证（《石雅》末篇），铁是周末（最早是周的中叶）才发明的，而《禹贡》已讲梁州贡铁。钢的发明比铁还迟，而《禹贡·梁州》贡璆铁银镂，许慎训镂为钢。若许氏说的不错，则《禹贡》为战国之书无疑。"（同上）后来马衡作《中国铜器时代》一文，亦谓"此问题前人颇有疑之者，而近人梁启超、顾颉刚君等，疑之尤力，二君所疑，皆有其相当之理由，与相当之证据……当禹之时，水土初平，即使有分置九州之事，而于土田、贡赋等之调查厘定，又岂能若是之详且尽耶？"（同上，第二册）地质学者翁文灏也说："在纪元前二二〇〇年前，《禹贡》已将土壤分为九等：黄壤、白壤、黑坟、白坟、赤坟、埴、垆、青黎、涂泥，似尚驾吾人今日而上之。疑古学家以为《禹贡》出于汉儒之手，良有以也。"（《翁氏演讲录》）郭沫若在《中国古代社会研究》上说："中国古代的疆域只有黄河的中部，就是河南、直隶、山西、陕西一部分的地方。直隶、山西的北部，是所谓北狄，陕西的大部分是所谓西戎，黄河的下游是所谓东夷。一直到周宣王的时候，长江流域的中部都还是所谓蛮荆。所谓南蛮，淮河流域是所谓淮夷、徐夷。而在《禹贡》里面所谓荆州、青州、扬州、徐州等等，居然已经画土分贡了。这是绝对不可能的事实。"在国外的学者更有疑《禹贡》的撰作年代要在秦以后的，据德国柏林大学曾任东亚史地及文化交通史教授 A. Hermarm 的推测："《禹贡》的由来有三：a. 由机关或团体先调查各地方情形，再将所得材料加以汇纂，始成此篇。b. 依据各地报告所勒成。c. 关于此项材料已有地图记载，后来有人按图著成此篇。依此推测，著成此篇非在统一政府成立以后不易进行。那么，《禹贡》的著作似在汉高统一以后的时代了。"（《禹贡》半月刊，第二卷第五期）更有的以为今本禹贡多有非汉代则不能得之的材料，故在大体上是以战国至汉初关于地理学一种产物之传说，渐次发展，乃有此种种记事甚明。（《先秦经籍考》上）郭沫若后来又在《金文丛考》中说：

分天下为九州曰冀、兖、青、徐、扬、荆、豫、梁、雍，其地"东渐于海，西被于流沙，朔南暨，声教讫于四海"。据有东部亚细亚之全部。《尔雅》释地，《逸周书·职方》篇，《吕氏春秋·有始览》所举九州之名均无梁而有幽，《职方》更无徐而有并，《尔雅》则青作营。所载疆域均各有出入。论者以《禹贡》为夏制，《尔雅》为殷制，《职方》为周制，又因诸书所错见之州名，恰为十有二，故又以为乃《虞书》“十有二州之旧”。案此均莫须有之说也。虞夏之书，均系伪托，九州之分划，盖春秋时某一大师之私见，传其学之弟子各敷衍为文，故小有出入耳。虞可无论，即夏之存在亦尚无古物可徵。纵令存在，其疆域断无《禹贡》所言者之广大；其文化程度，至高亦无过新石器时代之末期，绝无《禹贡》所言者之夸诞也。《禹贡》之为伪，近人已屡能知之，其构成当在春秋战国之际，作者或本系戏为寓言，无心作伪，后之未深考者乃录之为正史也。（《九州》）



他则仍以为《禹贡》的作期乃在春秋战阀之际。在《禹贡》半月刊第二卷第五、六、八期，载有马培棠《梁惠王与禹贡》、《大梁学术》、《禹贡与禹都》等文，也是考证《禹贡》的著作年代的。他以为：



（1）“《禹贡》一篇，取材复杂，尝试就九州、导山、导水、五服，逆为先后而研究之。……五服者……极规律极整齐之地理划分，要为纸上作图之把戏。……其四隅辽阔，东西南北各数千里。……孟子曰：夏后殷周之盛，地未有过于千里者也。盛周犹不能过千里，夏后氏当更在千里之内。而九州四至乃在数千里外，则《禹贡》此说盖出盛周之后。”

（2）“导水之文……有洛水者，特峙于八川之末……但如洛之水，颇不乏有，江之沱，河之泽，胡为乎而厚爱于洛，盖天下之中也。以中视洛，实始于周……而果都洛者乃为平王。……则《禹贡》之说又出东迁之后。”

（3）导山之文，《禹贡》曰：“导岍及岐，至于荆山，逾于河；壶口、雷首至于太岳；砥柱，析城，至于王屋、大行、恒山，至于碣石，入于海。……山脉本与水道相发挥，奈何去匀称，轻中心，转原于山西，特详于河东一隅。山西河东，于周属晋，则《禹贡》编制有关于晋。”

(4)“至于九州，冀州居首……冀州为兖，兖东为青，青南为徐，徐南为扬，扬西为荆，荆北为豫，豫北为冀，复归于初，恰成圈形。荆、豫之西为梁，冀、豫之西为壅，梁南雍北恰成直线，列于圈右，正如阿拉伯数字之‘10’，此圈线之间，抑所谓崤函之固，岂非战国合从之局乎？”

这是他所以定《禹贡》之时地。他以为“《禹贡》作者，于此合从暂时维持之下，稍感和平之新机，因再进一步，想象世界统一，政由天子……于是垂大典，开新世，宰制区域，判其轻重，废国分州，使相牵制”。他认为此篇之作，实出于魏史。他又根据《史记·魏世家》邹衍、淳于髡、孟轲皆至梁。邹、孟皆有九州说，于是以为“禹贡九州”，改组之“孟轲九州”；“《禹夏》五服者”，“改装之邹衍九州也”。更谓：“邹、孟二子，于梁惠王后元十五年至梁，十六年又他去。史官编制，至早不过十五年。但禹九州之排列次序，合从气味太浓，则《禹贡》编制，又在合从未失效用之前。……然则《禹贡》编制，又至晚不出襄王元年。”而且断定是在“惠王后元十六年”（《大梁学术》）。

这种种说法，依我的拙见看来，《禹贡》中说到铁，而且有这样大的疆域观念，自然不是东周以前的作品，但是说它成于春秋战国之间，这未免失之过早，因为孟子说“禹八年于外”，而《禹贡》说“作十有三载乃同”。似乎孟子未见过《禹贡》。荀子在《正论篇》说：“封内甸服，封外侯服，侯卫宾服，蛮夷要服，戎狄荒服。”与《禹贡》的“甸”、“侯”、“绥”、“要”、“荒”五服不同。似乎荀子也未曾见过《禹贡》，所以其著作年代不当早于春秋战国之际。但如以其为汉初所作，则它不说“十二州”与“南交”，则又不似在汉初所作的。马培棠《大梁学术》据《禹贡》合从气味太浓，而断为惠王后元十六年所作，亦未免于臆测。《禹贡》的作期，盖实在战国末年，与荀子著作同时，故荀子未得见。其时《孟子》书成否亦未定。故《禹贡》亦不必得见孟子。因为它的出世之晚，故有汉初所作的嫌疑。其实是应当比《皋陶谟》还早，或是这一篇与《尧典》、《皋陶谟》的作者与作地都不同，故其意见也不同。这一篇在战国末年实有写成的可能。不必以为成于汉初。

关于这三篇写定的年代，在顾氏提出的论点以后，也有人提出不同的意见（参看《古史辨》及《禹贡》半月刊），但我们从社会发展史的观点看来，这三篇决不是什么尧、舜时代的作品。这些同是儒家的经典，而与孟、荀所说不同，孟、荀所见与吾侪异，是不难想见其写定时间之晚的。



第二组：《甘誓》、《汤誓》、《牧誓》、《洪范》、《金縢》五篇，战国初中叶作。

1.《甘誓》。这一篇在《墨子·明鬼》下篇引《夏书·禹誓》曰："大战于甘，王乃命左右六人，下听誓于中军，曰：'有扈氏威侮五行，怠弃三正，天用勦绝其命。'又曰：'日中，今予与有扈氏争一日之命，且尔卿大夫庶人，予非尔田野葆土之欲也，予共行天之罚也。'"……这一篇实当作《禹誓》。据《庄子·人间世》曰："禹攻有扈，国为虚厉。"《吕氏春秋·召类篇》曰："禹攻曹、魏、屈敖、有扈以行其教。"《说苑·政理篇》曰："禹与有扈氏战，三陈而不服。禹于是修教一年，有扈氏请服。"也是禹攻有扈传说在前。在《吕览·先己篇》曰："夏后伯启（旧本作'夏后相'）与有扈战于甘泽而不胜，六卿请复之，夏后伯启曰：'不可，吾地不浅，吾民不寡，战而不胜，是吾德薄而教不善也。'"才有说到启的嫌疑，可见这篇本当作《禹誓》。但是这一篇中用"五行"、"三正"等字样，实当出于战国初年或稍晚些。五行说不能早于思、孟，"三正"也当是《春秋》修成以后才能有的现象。这一篇虽经《墨子》所引，但《墨子》是三墨传下来，其著作年代在战国之末，我们不能说此篇在春秋战国之际就有，而是当成于战国初中叶的。今本比《墨子》所引文词更整洁些，当更要晚。郭沫若说这是上甲微伐有扈的誓辞，以此篇应该归于《商书》。然说本是关于殷商的故事则可，直认为商代的誓辞则尚待考订。

2.《汤誓》。《汤誓》的文辞是很浅显的，一望而可知为非殷代的作品。这一篇说："我后不恤我众，舍我穑事。"也决不是殷代初年所当有的。据郭沫若在《先秦天道观之进展》一书（此书现已收入《青铜器时代》中）中引了八条关于殷代至上神的观念在卜辞上的证明，而后说："几条是比较上文字完整而意义明白的记录，大抵都是武丁时的卜辞。这儿的'帝'自然是至上神无疑，凡是《诗》、《书》、彝铭中，所称的'帝'都是指的天帝或上神。卜辞也有一个例称'上帝'的……大抵殷代对于至上神的称号，到晚年来在'帝'上是加了一个'上'字的。……在这儿却有一个值得注意的现象，便是卜辞称至上神为'帝'、为'上帝'，但决不会称之为天。……那么至上神称天的办法一定是后起的，至少当得在武丁以后。"（该书第六页）由此看来，《汤誓》篇说："有夏多罪，天命殛之。""尔尚辅予一人致天之罚。"有两处用"天"的，也显见其不是真正商代的作品。这一篇文字的浅显，也更不像春秋以前的作品，因为《费誓》、《秦誓》等真春秋时的文字也比此篇艰深，可以推知。傅斯年在《周颂说》上以为"《汤誓》疑是战国时为弔民伐罪论做的"，又说："《牧誓》、《洪范》出来应甚晚后，文词甚不古。《牧誓》已是吊民伐罪之思想和《诗》所记殷周之际事全不同义解，当和《汤誓》同出战国，其时儒者为三代造三誓以申其吊民伐罪之论。"就文体与思想上看来，《汤誓》确与《甘誓》相近，恐怕不能早于战国。不过《孟子·梁惠王》篇曾引过其中的两句："时日曷丧，予及汝偕亡!"然则《汤誓》之出世，当在《孟子》之前或比《甘誓》略早些。

3.《牧誓》。《牧誓》中的文字，不如《周诰》之古，这已告诉我们它的时代之晚。我们更有四证，可见其不出于西周而实是在战国之世写的。

（1）这一篇第一句说："时甲子昧爽。"这种纪月日法在《周诰》中是没有的。在《召诰》中的纪月日是"惟二月既望，越六日乙未……越若来三月，惟丙午朏，越三日戊申……越三日庚戌……越五日甲寅"。在稍晚的《顾命》中的纪月日是"惟四月哉生魄……越翼日乙丑……越七日癸酉"。所记的极其详细，而此篇则其简单，足见风格不同。《顾命》已不是西周初年之作，有人疑为东周所作，则此篇当更要晚了。

（2）在《诗·大雅·大明》篇说："牧野洋洋，檀车煌煌，驷騵彭彭，维师尚父，时维鹰扬，凉彼武王。肆伐大商，会朝清明。"与此篇的记载不同。只是作此篇的人忘了加入诗中的叙事，决不是诗人之作此诗时不叙此篇所记的。因为诗人夸饰"殷商之旅，其会如林"。如若武王真有此篇所叙的那些"庸、蜀、羌、髳、微、卢、彭、濮"人，诗人不当不加以夸饰，而只描写"维师尚父"的。要之，这一篇不是当日的实录极为明显。

（3）这一篇说："今商王受，惟妇言是用，昏弃厥肆祀弗答，昏弃厥遗王父母弟不迪，乃惟四方之多罪逋逃，是崇是长，是信是使，是以为大夫卿士。俾暴虐于百姓，以奸宄于商邑。"此处用"百姓"二字与钟鼎文中所见的不相合，据杨筠茹《尚书覈诂》引王国维之说云"百姓"吉金文止作"百生"，伯吉父盘"其惟诸侯百生"，史颂敦"里君百生"，王师谓"百生即百官"，考《逸周书·商誓》解"昔及百官里居"，又曰"百姓里居"，"居"为"君"字之讹。是"百姓"即"百官"之明证。此处百姓则指人民而言，其非宗周时作亦极明显。

（4）更可以断定其非春秋时作的明证是这一篇连用"夫子勖哉"、"勖哉夫子"，夫子本是大夫之称，在春秋时才习见的。此则已屡屡称“友邦冢君、御事、司徒、司马、司空”，及“庸、蜀、羌、髳、微、卢、彭、濮”人为夫子，可见其既不是春秋所当有的，也失却春秋时用夫子的意义。崔述《洙泗考信录》谓夫子一词起于战国，这不尽然；但用夫子而失其原义，泛指一般人说，则当在战国时关于夫子之称，我曾在《诸子名谊考》一文(载 1931 年《学文》第二期) 中略有论定，可以参看。

4.《洪范》。《洪范》不是箕子所作，在这南宋的赵汝谈已怀疑过，清儒陈澧《东塾读书记》曾说：“洪范九畴，天帝不锡鲧而锡禹，此事奇怪，而载在《尚书》。反复读之，乃解所谓‘我闻在昔’者，箕子上距鲧与禹千年矣，天帝之锡不锡，乃‘在昔传闻’之语也。”《洪范》的开始就令人怀疑。今人刘节因梁启超有《阴阳五行说之来历》一文，推证阴阳五行说起于战国以后，在梁氏指导之下，曾作《洪范疏证》一文，其论据有：

(1)“《荀子》曰：‘案往旧造说谓之五行。’则虽有旧说，尚未称为五行。……若以洪范为往旧造说，则先秦以来认为孔氏所删定之书，‘何以谓之甚僻讳而无类？’”

(2)“恭作肃，从作乂，明作哲，聪作谋，容作圣。……肃、乂、哲、谋、圣五义亦有所本，盖出于《诗·小雅·小旻》。其诗曰：‘国虽靡止，或圣或否，民虽靡膴，或哲或谋，或肃或乂，如彼泉流，无沦胥以败。’……诗有六义，此节其五，其为袭诗，显然有据。”

(3)“岁月日时无易，百谷用成，乂用明，俊民用章，家用平康。……”此章、成、明、章、康、宁为韵……与《诗经》不合。战国时东、阳、耕、真诸韵多相协。……《诗经》则分别甚严……‘成’与‘明’协，乃战国时协韵之通例，亦可为《洪范》作于战国时之一证。”

(4)“无偏无颇”一节见于先秦诸子者凡四，见于《左传》者一。《墨子·兼爱》下篇曰：“且不惟誓命与汤说为然，周

《诗》亦犹是也。周《诗》曰：‘王道荡荡，不偏不党。王道平平，不党不偏。其直若矢，其易若底；君子之所履，小人之所视。’……”假使此数句确在《洪范》，《墨子》决不名为《诗》。

(5) 金文中“王”与“皇”绝无同训。……在春秋战国以前，“皇”决无训“王”、训“君”之说。今《洪范》“惟皇作极”、“皇则受之”皆作“王”字解，其非古义可知。战国时“皇”作“王”字用者，如《庄子·天运》“是谓上皇”，《离骚》“诏西皇使涉予”，《九歌·东皇太一》“穆将愉兮上皇”，亦可证《洪范》非春秋以前之作矣。



据上五证，他主张《洪范》一篇，据前诸证，实非周初箕子所传，其著作年代当在秦统一中国之前、战国之末。依我看来，刘氏《洪范疏证》依“皇”字的用例，来评判《洪范》非春秋以前之作，这证据在有的人则以为不能专依金文为凭，因为殷周铜器，现在所发现的还是少数，在未发掘的周金之文，安知没有“皇”用作“王”的？这种反驳，还不太好，我以为今本《洪范》作“皇”的，在《史记》与《尚书大传》之中都作“王”，可见作“皇”的是古文，不足凭信；而其原本则“皇”作“王”。纵使“皇”在春秋前无用作“王”的，而《洪范》的原本，本是作“王”，这一论证，并不足凭。《洪范》本没有错，此其一；他说“无偏无颇”一节，《墨子》引之为诗，假使此数句确在《洪范》，《墨子》决不名之为诗。这一证也不能成立，因为古来引《诗》、引《书》，常多相混，《墨子》所引下文既确为诗，不在《洪范》，《墨子》只可谓之“周诗”，不可谓之《洪范》，不可因其上文在《洪范》，而疑《洪范》也。此其二。至于《洪范》袭《诗·小旻》，及“成”与“明”协韵，这些都不能证明其必出战国之末。因为《小旻》著作时期既早，“成”与“明”亦未必是用为协韵，这些都还是有问题。根据这些证据而断为出于战国末，在我们殊不敢苟同。此其三。依据《左传》看来，《左传》引《洪范》者实有三处：一是《左传·襄公三年》引《商书》曰“无偏无党，王道荡荡”，一是《左传·文公五年》引《书》曰“沈渐刚克，高明柔克”，一是《左传·成公六年》传引《书》曰“三人占则从二人之言”。则《洪范》的原本在《左传》著作以前当已出世。“《左传》是否先秦旧籍，固然尚成问题。”但是《左传》的原本出世当在战国中晚期，《左传·文公五年》引《书》曰，决非后人加入，故由《左传》看来，《洪范》原本出世至迟当在战国中叶，决不好说在战国末。至于今本《洪范》，实经后人窜乱，故与《吕览·贵公》篇所引不同。“一五行”、“二五事”之“一”、“二”等字，今文本皆无，显系古文所增，今本《洪范》经过汉儒一度修改，也不成为问题。《洪范疏证》的结论实根本不能成立。郭沫若在《金文丛考》中以为《洪范》即子思作，这话尚待研究，不过他将时代提前是比刘节《洪范疏证》稍好。关于这一问题，童书业在《五行说起源的讨论》一文中也推定《洪范》非战国末期以后之作品，也说《洪范疏证》的结论不能成立，不过他推定“《洪范》当是战国初期的作品”，这与我所见者还略有不同（其文已收入《古史辨》第五册中，可以参看）。我觉着《洪范》出于战国中世是要比说出于战国初期更为妥当。





5.《金縢》。《金縢》这一篇在程颐已怀疑其非圣人之言，金履祥《尚书表注》说：“此篇叙事，意多浅晦，程子疑其间不可尽信。”（卷下页九）后王廉的《金縢辨》、王夫之的《尚书稗疏》，都疑《金縢》。袁枚在他的《金縢辨》上也说：

> 《金縢》虽今文亦伪书也。孔子曰：“不知命，无以为君子。”又曰：“丘之祷久矣。”三代圣人，夭寿不贰，武王不豫命也。岂大王、王季之鬼神需其服事哉？以身代死，古无此法，后世村巫里媪之见则有之矣。广陵王胥曰：“死不得取代，庸身自逝。”周公岂广陵之不若乎？……周人以讳事神，“名终将讳之”，故礼卒哭乃

讳。其时武王虽病，并未终也。而称元孙某以讳，是先以死人待武王也。某某者，后世之俗讳，三代所无也。……治民事神一也，故曰："未能事人，焉能事鬼？"元孙既无才无艺不能鬼神矣。又安能君天下，子万民乎？赞周公之材之美始于《论语》，造伪《书》者，窃孔子之言，作公自称语，悖矣。……武王已瘳，已身无恙，公之心已安，公之事已毕，此私祷之册文，焚之可也，藏之私室可也，乃纳之于太庙之《金縢》，预为日后邀功免罪之计，其居心尚可问乎？……尔汝者，古人挟长之称，而圭璧者，所以将敬之物也。公呼先王为"尔"，不敬，自夸材艺，不谦，终以圭璧要之，不顺；若曰许我则以璧与圭，不许我则屏璧与圭，如握果饵以劫婴儿，既骄且吝，慢神蔑祖。

其《金縢辨》下云：

"案经文云：公乃自以为功。"云云，是并二公不告，且不知也。二公尚不知，百辟卿士，何以知之？曰："噫！公命，我勿敢言。"百辟卿士既知之，则二公必知之久矣。……乃耳闻流言，目击去国，相与坐视，寂若吞炭，何其忍也？……况兄终弟及，商法皆然，即使周公代成王而践其位，在武庚视之，亦不过如盘庚、阳甲，外丙、仲壬之相承而已矣。何不利孺子之有？何流言之有？若夫鸱鸮，恶鸟也，周公忧盛危明，借绸缪未雨之意，君臣交儆可也，若为王信流言而作，是以恶鸟比君父矣。拟人不伦，指斥已甚，周公其不圣矣乎？康成解，"既取我子，毋毁我室"，以为捕我党羽矣，宜还我土地爵位，何蚩妄乃尔？总之，汉求亡经过甚，致伪书杂出。梅福曰："昔成王以诸侯礼葬周公，而皇天动威，雷雨著灾。"《鲁世家》曰："周公薨，大风拔木，成王乃启金縢。”《尚书大传》曰：“成王葬周公，遇风雷，追念前事，序而记之。”蒙恬曰：“成王有疾，周公揃爪沉河，书而藏之，二叔作乱，周公奔楚，成王读记府之文，乃迎周公。”四说者言人人殊，皆与《金縢》不合。善乎谯周之言曰：“《尚书》遭秦火，多缺失，学者谈《金縢》都难凭信。”斯得之矣。

袁氏在这两篇中所列举的不下十证，他怀疑：

(1)《金縢》的讳武王名为某；

(2) 袭《论语》赞周公之才之美；

(3) 许我则以璧与圭为如握果饵以劫婴儿；

(4) 兄终弟及，何流言之有？

(5) 鸱鸮以恶鸟此君父，拟人不伦。

这些证据都极明显。这一篇说“既克商二年”，它的纪年法与今文不合，篇中说“秋大熟，未获。天大雷以风，禾尽偃，大木斯拔”。而结果是“王出郊，天乃雨，反风，禾则尽起……岁则大熟”。不合物理，不合事实，决不是当日的信史。《鸱鸮》诗不像周公送成王的，《孟子·公孙丑》引孔子曰：“作此诗者，其知道乎？”孔孟俱不以为周公所作，则《金縢》谓：“公乃作诗以贻王，名之曰《鸱鸮》。”显见《金縢》也出于《孟子》之后，至早当在战国之中世。这一篇实是说武王有疾，周公为之祈祷，后来管、蔡流言，周公出而东征；其后天大雷电，成王发现《金縢》，乃悔悟而迎公。篇首明言“既克商二年，王有疾”，自是指武王言，下文有代武王之说可证。蒙恬所言代成王说，或系他篇之事，不必以疑此篇。《史记》两载其文，或亦当有其事。居东自是指伐管、蔡而言，“惟朕小子其迎”是迎周公。至于关于葬周公之事，《史记》、《大传》说葬于毕，后来变为以王礼葬周公。这种葬仪之说，其起较晚，实不可信。孙星衍乃因《书序》断“秋大熟”以下为《亳姑》，殊不可信。皮锡瑞《今文尚书考证》

从之，非是。这一篇以著作年代言，当从《大传》次《大诰》后。在《墨子·耕柱篇》有："周公旦非关叔，辞三公，东处于商盖。"在《大传》、《史记》中又有关于《金縢》之记载，所以也不可因后来传说之纷纭而疑《金縢》之晚出于汉。

第三组：《高宗肜日》、《西伯戡黎》、《微子》、《无逸》、《君奭》、《顾命》、《费誓》、《吕刑》、《文侯之命》、《秦誓》十篇。疑为西周春秋间所作。

1.《高宗肜日》。这一篇虽列在《商书》之中，史迁说为祖庚时祖己作，但是这篇的文体浅近，与周诰殷盘迥不相同，可断其不出于西周初年。这篇顾氏列为东周间的作品，是不错的。但顾氏未举出证据来。近年郭沫若著《先秦天道观之进展》，根据"天"与"帝"的用法，也断定此篇为不可信。他说："《高宗肜日》据《史记》是作于祖庚时代，在武丁之后，称'帝'为'天'庸或有之。但那种以民为本的观念，特别是'王司敬民，罔非天胤'的说法，在古代是不能有的。民在周人本是和奴隶相等的名词，卜辞中没有见到民字以及从民的字。《高宗肜日》的那一句也是不能相信的。"这一篇既不可信为殷代之作，而它的词句，有模仿周诰的地方，其文字又非常浅近，只可信其写定于东周。

2.《西伯戡黎》。《史记》以此篇《西伯戡黎》指文王而言，以为在文王受命之四年。宋林之奇、吴棫则以西伯指武王言："盖以祖伊辞气为甚迫。"（《尚书表注》上，第三十页）顾氏以此篇为东周间作品，但也未举出证明。这一篇的文字也很浅近，与盘、诰大不同，这一篇说："不虞天性，不迪率典。"这里所用的"天"字多少都有一点以天为自然之天的意义，不似当时就有的现象。这一篇说："天子，天既讫我殷命。"用"天子"字样，已可疑其晚出；而云"天既讫我殷命"，预知殷代之亡，也是出于追记，此篇既非当时之作，而其疑点亦多，实当写成于东周间。

3.《微子》。《微子》这一篇用有“太师”、“少师”字样，“太师”、“少师’这种官职，在周金中无有（参看郭沫若《金文丛考·周官质疑》），在《酒诰》、《立政》中列举许多官名，也无所谓“太师”、“少师”，即有也不是重要的官名，所以古文说要将它改为“父师”、“少师”。这一篇说：“今殷其沦丧，若涉大水，其无津涯。殷遂丧，越至于今。”说到“殷遂丧，越至于今”，似说殷已亡了。马融解“越至于今”为“于是至矣”。其实对于“遂”字仍“解不通”。“遂”字只好作“于是就”解，“越至于今”是“于是到了今日”，可见其时代之晚了。这一篇用“王子”字样，在他篇也是不见的，这也可疑为出于东周。这一篇疑与《高宗肜日》、《西伯戡黎》同出于春秋末，其风格颇相近，皆后世据传说所追录。

4.《无逸》。《无逸》这一篇文字也很浅近，一见而可疑其非周初所作。篇首云：“君子所其无逸，先知稼穑之艰难。”说君子当先知稼穑之艰难，这不是西周初年所当有的事，那时耕种是小民的事情，贵族不必要知稼穑之艰难。篇中又说：“文王卑服，即康功田功……自朝至于日中昃，不遑暇食。”这不是文王的故事，而加在文王身上，显系后来传闻失实。在《诗经》中所描写的文王没有称赞他即田功的迹象，这是很好的证明。胡宏《皇王大纪》说：“《无逸》为周公绝笔，考于《君奭》、《雒诰》诸篇，皆有‘冲’、‘孺’之称，此篇不然，故知其最后。”其实这一篇文字尚不如《费誓》、《秦誓》之难懂，应出于《秦誓》后，换言之，即当在春秋末年，这种假定应无大误。

5.《君奭》。这一篇可知其为东周间作者，其证有二：

(1) 这一篇说：“若卜筮罔不是孚。”卜筮连用，在《大诰》、《雒诰》等篇是无有的。《易》的卦爻辞结集于东周，筮法之兴，当由南方民族传来。我们只看《雒诰》屡云卜而不云筮，可见筮不是周民族本来所有的占卜法，这是后起的。这里说“若卜筮罔不是孚”，显见非西周初的产物。

（2）这一篇说：“我则鸣鸟不闻，矧曰其能有格？”鸣鸟，马、郑释为凤凰，这是不错的。《国语·周语》云：“周之兴也，鸑鷟鸣于岐山。”鸑鷟是鸾凤的别名，这是在后来有凤鸟来至为周兴之祥瑞的传说，所以云然，不过这在真的《周诰》与《周诗》都没有。《君奭》既说“我则鸣鸟不闻”，下文又云“矧曰其能有格”，可见不是指普通的鸣鸟而言，这必是受了“周之兴也，鸑鷟鸣于岐山”这种传说的影响而后才有此种词句。从这两点看来，这一篇的定写在东周间，极为显然。不过这篇比《费誓》、《秦誓》文字艰深，至少当是东周初叶写定的作品。

6.《顾命》。《顾命》可知为东周间作者，其证亦有二：

（1）篇中叙康王即位时敷陈极为华丽，又有大训、河图等物。这一段说：“越七日癸酉……狄设黼扆缀衣，牖间南向，敷重篾席，黼纯，华玉仍几。西序东向，敷重底席，缀纯，文贝仍几。东序西向，敷重丰席，画纯，雕玉仍几。西夹南向，敷重笋席，元纷纯，漆仍几。越玉五重，陈宝，赤刀、大训、弘璧、琬、琰，在西序。大玉、夷玉，天球、河图，在东序。胤之舞衣、大贝、鼖鼓，在西房。兑之戈、和之弓、垂之竹矢，在东房。……”种种陈设，种种宝玉，在西周的初年，是否能有，已成疑问；成王在位的年数，旧说不到三四十年，这一篇提到太保奭，则召公奭还在，其时距周之兴当亦不过久。在《康诰》中还叙述“绍闻衣德言，往敷求于殷先哲王”，“师兹殷罚有伦”，“罚蔽殷彝”，在许多地方都接受殷的文化，不到许久时间，忽然“陈宝”有“大训”，这岂是当日的实录？更有所谓“河图”者，成为传国之宝，这实属不可信。孔子说：“凤鸟不至，河不出图。”春秋时才有此传说，此篇既疑为非实录，而又用有“河图”字样，恐怕其产生亦当在春秋之世。

（2）篇中又说：“大保率西方诸侯入应门左，毕公率东方诸侯入应门右。”这是有了周、召分封的传说而后才有的。周、召分封本无其事，《召诰》等篇，既无此事迹象，《史记》等书所谓“文王受命，作邑于丰，乃分岐邦周、召之地，为周公旦、召公奭之采地”。此时何能有所谓东方诸侯，西方诸侯之说。到后来又变为“分陕而治”的说法，分陕既无理由，分配又不平均，实起东周传说，而此种传说，也未可信以为实录。此处所叙东方诸侯、西方诸侯之来，在成王死后七日内，更是夸饰，也是可疑之点，但这一篇近人定其为东周间所作则可，然决非战国时作品，因其文字大体上与《文侯之命》、《费誓》等篇相去不远，定为战国时作，则未免太晚了！

7.《费誓》。《费誓》在《史记》以为伯禽即位之后，有管、蔡等反，淮夷、徐方亦并兴反，于是伯禽率师伐之于肸。孙星衍云：“伯禽封鲁，据《雒诰》经文‘命公后’及‘惟告周公其后’，则在七年归政之时，此云即位之后有管、蔡、淮夷等反，殊不可解。……《后汉书·东夷传》云：‘康王之时，肃慎复至。后徐戎僭号，乃率九夷以伐宗周，西至河上。穆王畏其方炽，乃分东方诸侯，命徐偃王征之。’此疑今文说。则鲁公征徐戎在穆王时，故编篇于《顾命》后、《吕刑》前也。”孙氏此说，不以为伯禽伐徐戎，虽似较妥，但《后汉书》所云，伐徐戎者乃徐偃王，亦非今文家说，以之说此篇，实不甚佳。近人余永梁有《〈粊誓〉的时代考》一文，说：“《粊誓》说‘徂兹淮夷，徐戎并兴’。诗‘匪且有且’，传‘此也’。‘徂’是‘今’字的意思。就是说现在淮夷、徐戎都来了。看看徐夷在周初有没有称戎的？这一国对别国的名称，最早是‘方’在甲骨文、金文及古书中可以证实。……徐在最早是应当称‘方’后而为‘土’、‘国’、‘夷’、‘戎’……公伐𨚕钟，公伐𨚕鼎为周初伯禽作器，而铭中正是称‘𨚕方……可知《粊誓》不是伯禽时作的。”他由此断定“《粊誓》是春秋时僖公作”。这种说法，从《鲁颂·閟宫》以及此篇文体上看来，似较可信，我们可以说这一篇实为春秋时作。

8.《吕刑》。《吕刑》旧说以为周穆王时所作，近人亦颇有疑之者。郭沫若在《金文丛考》中说："金文中天若皇天等字样多见，均视为至上神，与天为配之地若后土等字样，则绝未有见。……金文既无地字，亦无后土之称，所见土字，义均质实，如南宫中鼎'王令大史兄（贶）怀土，大保殷王保大保锡林余土'，大盂鼎'受民受疆土'，宗周钟'王肇遹省文武堇疆士，南国𠭯孳敢陷虐我土'等，又如司徒，徒驭等亦有叚土字为之者，然用为神祇之例绝未有见。是则地字当是后起之字，地与天为配，视为万汇之父与母然者，当是后起之事。《尚书》之《金縢》与《吕刑》二篇有地字。《金縢》云：'乃命于帝庭，敷佑四方，用能定尔子孙于下地。'《吕刑》云：'乃命重黎，绝地天通，罔有降格。'案此二篇同属可疑，即有地字之出现，已足知其非实录矣。"（第三十二页）郭氏此说，因天地对立的观念在金文中无有而怀疑《吕刑》，证据尚不充足。这一篇中，叙述的古史有："皇帝清问下民，鳏寡有辞于苗……乃命三后，恤功于民：伯夷降典，折民惟刑；禹平水土，主名山川；稷降播种，农殖嘉谷。三后成功，惟殷于民。"据童书业说，皋陶、伯夷是比较早出的古史传说（参看《禹贡》半月刊第二卷第三期《四岳考》）。但是这一篇说："若古有训，蚩尤惟始作乱，延及于平民，罔不寇贼，鸱义奸宄，夺攘矫虔。苗民弗用灵，制以刑，惟作五虐之刑曰法……皇帝哀矜庶戮之不辜，报虐以威，遏绝苗民，无世在下。乃命重黎，绝地天通……"蚩尤与重黎的传说，其起甚晚，因为据《吕刑》所说的看来，蚩尤与重黎的故事是在禹以前的；这与发生尧、舜、颛顼、黄帝等传说的时期应很接近，不能远在西周的穆王时代。此其一。《吕刑》今文本作《甫刑》，甫之有国，不能早于宣王，据《诗·崧高》说："崧高维岳，骏极于天。维岳降神，生甫及申。维申及甫，维周之翰。四国于蕃（藩），四方于宣。"又说：

“亹亹申伯，王缵之事。于邑于谢，南国是式。王命召伯，定申伯之宅。登是南邦，世执其功”。这诗是周宣王时所作，由诗所叙看来，申与甫都是始封的邦国君，在“周穆王时未有甫名”(孙星衍语)。可见吕侯是在宣王以后才有的。《诗·王风·扬之水》咏“不与我戍申”、“不与我戍育”，与周王朝在东周还接近。申、甫的地方都在今河南南阳一带，与当日南方的蛮族接近，故能传来蚩尤等故事，宣三时已距东周很近，这一篇之作必在宣王以后，故当为东周间所作。此其二。这一篇说“其罚六百锾”、“其罚干锾”，应是金属货币比较多而比较通行时所有的现象，不像西周所当有。“大辟疑赦，其罚千锾”亦非好的法制，也不像宗周盛世所当有。此其三。这一篇据“王曰：‘吁！来，有邦有土！告尔祥刑’”，这是周天子的口吻。但是又说“王曰：‘呜呼！念之哉！伯父、伯兄、仲叔、季弟、幼子、童孙，皆听朕言。……”又像号令不出于都门的口吻，这尤不像宗周盛时所当有的，此其四。故我以比篇为东周间的作品。

9.《文侯之命》。《文侯之命》是关于晋文公的。《史记·晋世家》说：“（晋文公五年）五月丁未，献楚俘于周……天子使王子虎命晋侯为伯，赐大辂，彤弓矢百，旅弓矢千，秬鬯一卣，珪瓒，虎贲三百人。晋侯三辞，然后稽首受之。周作晋文侯命……”这种说法是不错的。马融释此经曰：“王顺曰：父能以义和我诸侯。”他还是以文侯为晋文公。郑玄说：“义读为仪，仪、仇皆匹也，故名仇字仪。”则是以为周平王时的晋文侯。“但文侯名仇，见《春秋左氏·桓二年传》及《晋世家》，其字仪，则未见所出也。”(孙星衍语）可见郑玄说之无稽；且于“和”字不能解释，亦更见其不妥。则《史记》所用今文说，实在是不可易。这一篇为东周间作，在旧说已是无异议的。

10.《秦誓》。这一篇为秦穆公之誓辞，不过《史记》说在败晋人，报怨之后，《书序》说在还归之后，《白虎通·号篇》以

“邦之荣怀”知秦穆公之霸。则《史记》所用今文说，实较妥当。以上这十篇都是春秋时作的，这一篇更有明据。

第四组：《盘庚》、《大诰》、《康诰》、《酒诰》、《梓材》、《召诰》、《雒诰》、《多士》、《多方》、《立政》十篇。西周时作。

1.《盘庚》。《盘庚》旧来列于《尚书》，但这一篇写定之时应当是在周初。据郭沫若《先秦天道观之进展》所云“天”字用例来看，《盘庚上》说：“先王有服，恪谨天命。……罔知天之断命。……天其永我命于兹新邑。”《盘庚中》说：“予迓续乃命于天。”《盘庚下》说：“肆上帝将复我高祖之德。”这几处用“天”作为上帝的称呼，都可见其本非实录。此其一。这一篇说：“乃不畏戎毒于远迩，惰农自安，不昏作劳，不服田亩，越其罔有黍稷。”《盘庚上》：“无总于货宝，生生自庸。”（《盘庚上》）有了对于农业怠工的现象，有了重货宝的现象，这不当是殷代社会农业刚有萌芽时代的状况。此其二。这一篇有用偶句的地方，如云“式敷民德，永肩一心”（《盘庚下》），“汝无侮老成人，无弱孤有幼”（盘庚下），写作技巧很高，这也不像是殷代的文章。《盘庚》大约本是殷史而经过西周初年改定的作品，有人以为《盘庚》为春秋末年人作，这又未免太晚了。这一篇今本《盘庚》分为上中下三篇，但是次序颇疑倒置。据俞樾《群经平议》四云：“《史记·殷本纪》：‘……帝盘庚崩，弟小辛立……殷复衰，百姓思盘庚，乃作《盘庚》三篇。’是《盘庚》之作，在小辛时。……《吕氏春秋·慎大览》曰：‘武王乃恐惧，太息流涕，命周公旦进殷之遗老，而问殷之亡故，又问众之所说、民之所欲。殷之遗老对曰：“欲复盘庚之政。”武王于是复盘庚之政。’然则《史记》谓百姓思盘庚，信有征矣。《盘庚》之作，因百姓思盘庚而作，则所重者，盘庚之政也。此作书之本指也。其中下篇则取盘庚未迁与始迁之时告诫其民之语附益之，故虽三篇，而伏生止作一篇也。”杨筠如《尚书覈诂》则说：“按此篇首云：‘盘庚迁于殷，民不适有居。’则当在迁后未定居之时。中篇首言：‘盘庚作，惟涉河以民迁。’则明在未迁之前。故又曰‘今予将试以汝迁’。下篇首言‘盘庚既迁，奠厥攸居’。则明在迁后，民已定居之时，更在上篇之后。惟中下二篇，何以倒置，殊不可解。……俞说近似，而以下篇系在始迁之时，其时似在此篇之前，则与经文不协也。”这两说依我个人看来，《盘庚》上篇末句有“其惟致告”一语，是最后一次诰令之意。上篇当是盘庚定居之后，人民不安于所居住的地方，出来“矢言”，而盘庚又加以一番告诫的记录。俞樾所说，比较合理。

2.《大诰》。《大诰》依《史记》说为管、蔡畔周，周公讨之，三年而毕定，故初作《大诰》。此所说似无何疑义。或疑此篇为周宣王时东征徐淮作，则殊非是。此篇明说“殷小腆”，又云“于伐殷逋播臣”，可见非伐徐淮时作。

3.《康诰》。《康诰》据《史记》说为周公旦以成王命兴师伐殷，杀武庚、禄父，以武庚殷余民封康叔为君，谓之《康诰》以命之。所说似亦可无疑义。此篇篇首四十八字，苏轼以为《雒诰》之错简，朱子从之。清儒顾亭林亦深取此说。金履祥则云：“此叙《雒诰》亦未协，当是《梓材》之叙，详辨于《梓材》、《召诰》之首。”实不及苏说之允。

4.《酒诰》。《史记》谓周公惧康叔齿少，告以纣之所以亡者，以淫于酒，故谓之《酒诰》以命之。从此篇的内容看来，可无疑义。

5.《梓材》。《史记》谓周公旦惧康叔齿少为《梓材》，示康叔可法，则此篇为周初作，亦无疑义。金履祥《尚书表注》云：“此篇周公营洛，道王德意，以谕诸侯之书。其叙误冠《康诰》，所谓‘洪大诰治’者。以前有《大诰》，故此名《梓材》。”又云：“《梓材》，伏生今文作周公教伯禽之书，孔安国古文作成王诰康叔之书。王介甫、吴才老、朱子、蔡氏皆疑之。吴才老断自‘王启监'以下似《雒诰》文，蔡氏断自'今王惟曰'以下，人臣告君之辞。今案此书即《康诰》之叙所谓惟三月云云，乃'洪大诰治'者。即《召诰》之叙所谓周公用书命侯甸男邦伯者也。本与《多士》篇同列，今躐于《召诰》之前，又亚于《康诰》、《酒诰》之后，故其叙误冠《康诰》之首；而首句又误衍《酒诰》之尾而曰封也。且苏氏既以《康诰》之叙为《雒诰》之叙，而吴氏又以《梓材》之文似《雒诰》之文，朱子皆尝是之。则是前儒之意，皆以此为营洛之书矣。今以《康诰》之叙冠《梓材》之书，则前半篇即周公咸勤之事，后半篇即'洪大诰治'之文，'集庶邦'一节则营东都，为四方朝贡道里先后之均，'先后迷民'一节乃毖殷迁洛，密迩王室之化，似复古书之旧云。"金氏此说，虽是兼取苏、吴两家之说及朱子之意见而成，但就《梓材》本文看来，其与营东都之关系，实不明显，我们还不如从旧说为是。



6.《召诰》。《召诰》在《史记》是以为："周公行政七年，成



王长，周公反政成王，北面就群臣之位。成王在丰，使召公复营洛邑，如武王之意。周公复卜申视，卒营筑，居九鼎焉。曰：'此天下之中，四方入贡道里均。'作《召诰》、《雒诰》。"今人于省吾《尚书新证》则云："昔人以《召诰》为召公之词，今审其语义，察其文理，亦周公诰庶殷戒成王之词，史官缀述其事以成篇也。"他的理由是：

(1)"乃复入锡周公曰"，按"周公"二字，应有重文，后人误捝。

(2)自"周公曰"以下至末，均系周公告戒庶殷御事及成王之词，旧说谓以下召公之言，朱子乃强为之言曰："此盖因周公以告于王耳。"夫召公代王锡周公，而反因周公以告王，自有文字以来，无此例也。

(3)若谓命庶殷者为周公，诰告庶殷者为召公，究周公所命者为何事而"庶殷丕作"也。《尚书》文虽简质，无此歉缺也。

(4) 如谓“旅王若公”之“公”为周公，下之“旦曰，其作大邑”，何以又称周公之名耶？周书《金縢》、《雒诰》、《君奭》、《立政》及此篇“旦”字凡七见，皆周公自谓，凡成王称周公多曰“公”，无直称其名者，安有召公代王致锡而反称周公之名者乎？且称周公之名为旦，则应作“旦其作大邑”，缀以曰字，谓非周公之所言，可乎？于氏此说尚待详证。篇首言“周公乃朝用书命庶殷”，“厥既命庶殷”，可见周公自有诰告庶殷之词，此篇乃召公诰告庶殷，旧说似尚未误。

7.《雒诰》。《史记》说作《召诰》、《雒诰》，在周公七年反政之后，《雒诰》为周公之词，似无若何疑问。金履祥《尚书表注》云：“《召诰》、《雒诰》相为首尾，惟《雒诰》所纪，若无伦次，有周公至洛使告图卜往复之辞；有周公归周，迎往往洛对答之辞；有成王在洛，留周公于后，而归之辞；有周公留洛相勉叙之辞。辞从其辞，事从其事，各以类附。然无往来先后之叙，盖其日月必已具在系年之史，故此篇辞事各以类附不嫌于乱杂。但其间亦必有缺文错简，皆伏生口授之讹，而孔氏又以所闻伏生之书为定，以此致误。”案金氏所说，亦疑其所不当疑者。

8.《多士》。《史记·周本纪》云：“成王既迁殷遗民，周公以王命告，作《多士》。”此篇或即《召诰》篇所云“周公乃朝，用书命庶殷侯、甸、男邦伯”之辞。

9.《多方》。这一篇写作的时期，当更在《多士》之前，《尚书大传》说：“周公摄政，一年救乱，二年克殷，三年践奄，四年建侯卫，五年营成周，六年制礼作乐，七年致政成王。”《书序疏》引郑注云：“此伐淮夷与践奄，是摄政三年伐管、蔡时事。其编篇于此，未闻。”这一篇的次第应当与《多士》列在《召诰》、《雒诰》之前。这两篇都叙有践奄之事，而《多方》尤疑在《多士》之前。王柏《书疑》云：“《多方》当在前，《多士》当在后。”金履祥《尚书表注》用其意云：“《多方》叙云‘王来自奄’，《书》云‘我惟大降尔四国民命’。则《多方》在《多士》诸篇之前也。故《皇王大纪》系《多方》于前，《多士》于后。又疑其间章有差互，以其俱有洛邑之云也。履祥案：周公初年秉政，既而群叔流言，周公居东二年，成王悟而迎公归，归而三叔竟挟武庚以叛，于是东征，三年践奄；则东征之最后也。践奄而归降四国殷民之命，迁之洛邑，归于宗周，作《多方》之诰，于是制礼作乐，明年遂营洛邑为东都，作《多士》篇。是则《多方》作于东征之归，《多士》作于宅洛之始。”金氏此说，颇觉明晰，阎若璩《尚书古文疏证》亦从之。我们不可以为宋儒之创说而忽视之，今人或以此篇用四国多方，“方”、“国”并称，为春秋时现象，殊不知在《大诰》、《康诰》、《酒诰》、《梓材》中间都有用国的，此说实不可从。



10.《立政》。《史记》以立政为周公作，从篇首“周公若曰……告嗣天子王矣”看来，似乎可信。今人或据篇中有“其克诘尔戎兵，以陟禹之迹，方行天下，至于海表，罔有不服”。以中国为禹迹，又在四海之内，是春秋战国时现象。不过禹的传说，在《诗》的“二雅”中很有几处，在《多士》中也述及夏代事，则禹的传说不一定到春秋时才有，所以根据这一点来判断，似不甚允。或又以篇中有“迪知忱恂于九德之行”，似乎九德分析如此之细，不是周初所当有的，其实这也不必可信。我们现在固不能逆揣周初不能说到九德，所以这不能算作确据。依我看来，这一篇所述官制有“准、夫、牧作三事，虎贲、缀衣、趣马、小尹、左右携仆、百司庶府、大都小伯艺人、表臣百司、大史、尹伯、庶常吉士、司徒、司马、司空、亚旅”等等，与《康诰》、《酒诰》等篇所述颇有不同，写作时代，或比较要晚些。但如以为出于东周，则无确证。



这一组中，《大诰》、《康诰》、《酒诰》、《梓材》、《多方》、《多士》、《召诰》、《雒诰》，都可信为当时作，《盘庚》或经过周初的润色，此篇或亦出于追记，这十篇都至少应当信为真的西周之作。

### （四）关于《书序》的问题

以上，我们对于《尚书》的伪古文、孔壁古文，以及今文《尚书》二十八篇的考证都已提到了，只有关于《书序》的真伪及其年代还得提出。但是，今文《尚书》没有百篇《书序》，我们从《书序》残石已经获得证明。百篇《书序》是属于古文经的，是在刘、班以后才有的说法。孔子未曾删《书》，孔子未作《书序》，我们在《〈尚书〉之删述》这一篇已略引诸家来说明，《书序》当与古文经一般看待，不当信为自古所传，也不当信为秦汉间经师所作的。这问题在朱子早已说过："《书序》不可信，伏生时无之。其文甚弱，亦不是前汉人文字，只是后汉末人。"又说："《尚书小序》不知何人作。《大序》亦不是孔安国作，怕只是撰《孔丛子》底人作。文字软善，西汉文字则粗大。"在蔡沈的《书集传》中也说："汉刘歆曰'孔子修《易》序《书》。'班固曰：'孔子纂《书》，凡百篇而为之《序》，言其作意。'今考《序》文，于见存之篇，虽颇依文立义，而识见浅陋，无所发明；其间至有与经相戾者；于已亡之篇，则依阿简略，尤无所补。"在朱子、蔡沈后，谈到《书序》的人，大多数是信奉朱、蔡之说的。到了清代，魏源著《书古微》，更以为"古文《书序》，出于卫宏"。康有为著《新学伪经考》，则以《书序》是刘歆伪作。但是他还以百篇《书序》与《史记》相同的是《书序》抄《史记》，不是《史记》采《书序》。崔適著《史记探源》，更以为《史记》中的《书序》是刘歆之徒所窜入。康、崔的说法，虽然有的人相信，但也有人不以为然的。这需要我们从《史记》本文与《书序》本身来做一番检查，然后才能断定其孰是孰非。《史记》有与《书序》"自相乖异"的地方，据康氏所举，共有七证。他的前四证说："序以为'般庚五迁，将治亳，殷民咨胥怨，作《般庚》三篇’。《殷本纪》则以为‘帝盘庚崩，百姓思盘庚，乃作《盘庚》三篇’。若谓《史记》所载本于《书序》，何与《书序》自相乖异？《史记》非采《书序》，证一。序以为‘秦穆公伐晋，襄公帅师败诸殽，还归，作《秦誓》’。《秦本纪》则以为‘缪公败于殽，复益厚孟明等，使将兵伐晋以报殽之役，晋人皆城守不敢出；于是缪公乃自茅津渡河，封殽中尸，为发丧，哭之三日，乃誓于军，以申思不用蹇叔、百里奚之谋，故作此誓’。亦与《书序》不合。《史记》非采《书序》，证二。《序》以为‘祖己训诸王，作《高宗肜日》、《高宗之训》’，《殷本纪》则以为‘武丁崩，祖己嘉武丁之以祥雉为德，立其庙以为高宗，遂作《高宗肜日》及《训》’，亦与《书序》不合。《史记》非采《书序》，证三。《序》以为‘平王锡晋文侯秬鬯、圭瓒，作《文侯之命》’。《晋世家》则以为‘晋文公重耳献楚俘于王，王命晋侯为伯，赐大辂、彤弓矢百，兹弓矢千、秬鬯一卣、珪缵、虎贲三百人，作晋侯命’。亦与《书序》不合。《史记》非采《书序》，证四。”他又说：“《序》与《史记》异者，《盘庚》、《高宗肜日》、《高宗之训》、《文侯之命》、《秦誓》五篇……若《史记》采摭古书，力求征信，声音训诂之通借，先后详略之同异，则或有之，何嫌何疑，使之刺谬至此乎？《史记》之非采《书序》断矣。”我们从康氏这里所说的看来，《史记》有与《书序》不合之处，可见《史记》不是采的《书序》，是《书序》采的《史记》；我们还可以说，司马迁并没有见到《书序》。我们有以下几点理由可以说明：

(1)《史记》在《孔子世家》和《儒林传》中固然没有提到孔子作百篇《书序》，而且并不知有百篇《尚书》之说。史迁在《儒林传》中说伏生求《尚书》，是“亡数十篇，得二十九篇”，并不明言亡七十一篇。如若《尚书》真有百篇，则亡其七十一篇，《史记》是不难叙明的。

(2)《尚书》在秦以前，没有固定的成书，不惟墨子所引

《尚书》有在今古文《尚书》以外的，即如《仲虺之诰》在《荀子·尧问》中尚引作“其在《中𧆨之言》也”，篇名并未固定，可见百篇《书序》不会是先秦经师所作，证据甚明。

（3）《史记》说：“孝文帝时，欲求治《尚书》者，天下无有，乃闻伏生能治。”又说：“伏生即以教于齐、鲁之间，齐学者由是颇能言《尚书》。”这可见《书序》也决非如朱子及其他的人所说的，是“周秦间低手人作”。秦以前《尚书》没有固定的篇数；在伏生的同时，“治《尚书》者天下无有”。又何处觅此作百篇《书序》的人？这又可见《书序》决不是秦汉间人作。

（4）孝文以后传《尚书》学的人多是伏生弟子，伏生弟子更不是造此百篇之《序》的人。百篇《序》中无《尚书大传》中所有的《大诰》、《多政》等篇，可作明证。今文《尚书》无序，从石经《书序》残石也可看出，可作旁证。这也可见百篇《书序》不是司马迁以前的秦汉之际解经的人所作。

（5）从《史记》本身来看，盘庚五迁，在《盘庚》上篇及《序》中说得很好，《史记》不引用，而说是百姓思盘庚作，反与本文不合。《秦誓》在《书序》说得也好，而《史记》偏说又去伐晋，晋人皆城守不敢出，比较不合情理。《史记》如采于其他的书，则这合理的《序》，何为反抟不采？这岂不是《史记》并不曾采《书序》的明证？这更可令我们想到史迁并未曾见过《书序》。

（6）我们再从《书序》的体裁来看，《吕览》的“序意”，《淮南子》的“要略”，都不是这样的序，只有《史记·自序》是这样的。但《史记》并未提到百篇《书序》，然则不是《史记》模仿《书序》，而是作《书序》的模仿《史记》，这也令我们看出《书序》是晚于《史记》。

从这六点看来：（1）《书序》不是孔子作的；（2）不是先秦经师作的；（3）不是汉初经师作的；（4）不是伏生弟子作的。由这四点来说，司马迁作《史记》时并无《书序》可采；（5）《史记》与《书序》不相合，也并没有采用《书序》；（6）《书序》体裁要晚出于《史记》，司马迁能否得见《书序》，已成疑问。我们不能不说现在《史记》中的一些“作某篇”如“作《盘庚》三篇”，如“作《康王之诰》”，原非《史记》所应有，而是有人窜入《史记》，这是极可能的（《史记》一书在史迁以后为后人窜改者甚多，说详赵翼《廿二史札记》）。崔適的话，乍看虽令人难信，但是是有理由的。宋儒如朱子和蔡、沈都已说到《书序》的“依文立义”，“识见浅陋”，“与经相戾”，“无所发明”，并举其中《尧典》、《舜典》、《汩作》、《大禹谟》、《顾命》等篇作为实例说明，说是“低手人作”。《书序》之不可信已了如指掌。至于现存的《书序》，恐怕更经过作伪《孔传》者的窜改。这不等于《尚书》，如若当作史料看待，那是需要审慎处理的。《书序》的可疑，已如上述，我想在本编中不必要再作一番“《书序》条辨”，如欲知其详，可参考《书序辨》一书。

附录：

# 《尚书》逸文

（依孙星衍补订本增订）

## （一）有篇名及可审知其篇名者

《尚书大传·九共》　《书》曰：予辩下土，使民平平，使民无敖。（今本无《九共》，孔壁古文有）

曰予乘四载，水行乘舟，陆行乘车，山行乘樏，泽行乘𬨎。（今本《皋陶谟》但有“予乘四载”句，以下四句并无。孙云，疑伪孔删之）（注一）

《墨子·兼爱下》　虽禹誓即亦犹是也。禹曰：“济济有众，咸听朕言，非惟小子敢行称乱，蠢兹有苗，用天之罚，若予既率尔群对诸群，以征有苗。”

《墨子·非命下》　禹之总德有之。曰：“允不著惟天，民不而葆。既防凶心，天加之咎。又慎厥德，天命焉葆？”（注二）

《墨子·非乐上》　武观曰：“启乃淫溢康乐，野于饮食，将将铭苋，磬以力，湛浊于酒，渝食于野，万舞翼翼，音闻于天，天用弗式。”（惠栋云：“启乃当作启子。”江声云：“启子五观也。”孙诒让《墨子闲诂》云：“此当作将将锽锽，管罄以方。天今本《墨子》作大。”孙云：“善本《墨子》正作天。”）

《尧典正义》　郑注《禹贡》引《胤征》：“篚厥玄黄，昭我周王。”（江云：“周当为君。”孙云：“忠信为周。”）（注三）

《尚书大传·帝告》　《书》曰：“施章乃服，明上下。”

《史记·殷本纪》　汤征诸侯。葛伯不祀，汤始伐之。汤曰：“予有言：人视水见形，视民知治不。”伊尹曰：“明哉！言能听，道乃进。君国子民，为善者皆在王官。勉哉，勉哉！”汤曰：“汝不能敬命，予大罚殛之，无有攸赦。”

《孟子·梁惠王下》　《书》曰：“汤一征，自葛始。”天下信之，东面而征西夷怨，南面而征北狄怨，曰：“奚为后我？”民望之，若大旱之望云霓也。归市者不止，耕者不变，诛其君而吊其民，若时雨降，民大悦。书曰：“徯我后，后来其苏。”

《孟子·滕文公下》　“汤始征，自葛载”，十一征而无敌于天下。东面而征，西夷怨；南面而征，北狄怨。曰：“奚为后我？”民之望之，若大旱之望雨也。归市者弗止，芸者不变，诛其君，吊其民，如时雨降，民大悦。《书》曰：“徯我后，后来其无罚！”“有攸不惟臣，东征，绥厥士女，匪其玄黄，绍我周王见休，惟臣附于大邑周。”其君子实玄黄于匪以迎其君子，其小人箪食壶浆以迎其小人。救民于水火之中，取其残而已矣。

《孟子·滕文公下》　孟子曰：“汤居亳，与葛为邻。葛伯放而不祀，汤使人问之曰：‘何为不祀？’曰：‘无以供牺牲也。’汤使遗之牛羊，葛伯食之，又不以祀。汤又使人问之曰：‘何为不祀？’曰：‘无以供粢盛也。’汤使亳众往为之耕，老弱馈食。葛伯率其民，要其有酒食黍稻者夺之，不授者杀之。有童子以黍肉饷，杀而夺之。《书》曰‘葛伯仇饷’，此之谓也。”

《墨子·尚贤中》　《汤誓》曰：“聿求元圣，与之戮力同心，以治天下。”

《论语·尧曰》　曰：“予小子履，敢用玄牡，敢昭告于皇皇后帝：有罪不敢赦。帝臣不蔽，简在帝心。朕躬有罪，无以万方；万方有罪，罪在朕躬。’周有大赉，善人是富。虽有周亲，不如仁人。百姓有过，在予一人。”

《墨子·兼爱下》　虽汤说即亦犹是也。汤曰：“惟予小子履，敢用玄牡，告于上天后曰：今天大旱，即当朕身履，未知得罪于上下。有善不敢蔽，有罪不敢赦，简在帝心。万方有罪，即当朕身，朕身有罪，无及万方。”

《国语·周语上》　内史过曰：“在汤誓曰：‘余一人有罪，无以万夫，万夫有罪，在余一人。’”

《吕氏春秋·顺民》　昔者汤克夏而正天下，天下旱，五年不收，汤乃以身祷于桑林曰：余一人有罪，无及万夫；万夫有罪，在余一人。无以一人之不敏，使上帝鬼神伤民之命。

《说苑·君道》　《书》曰：百姓有罪，在予一人。

《墨子·非命上》　于《仲虺之告》曰：“我闻于夏人，矫天命，布命于下，帝伐之恶，龚丧厥师。”（伐之依中篇作“式是”，江云：式，用也。“龚”中篇作“用”）

《墨子·非命中》　先王之书《仲虺之告》曰：“我闻有夏，人矫天命，帝式是恶，用阙师。”（《墨子闲诂》：毕云，阙当是丧厥二字）

《墨子·非命下》　《仲虺之告》曰：“我闻有夏，人矫天命于下，帝式是憎，用爽厥师。”（孙云：布命于下，下篇脱二字）

《荀子·尧问》　其在《中蘬之言》也，曰：诸侯自为得师者王，得友者霸，得疑者存，自为某而莫己若者亡。

《吕氏春秋·骄恣》　李悝曰：“楚庄王曰：‘仲虺有言，不谷说之，曰：诸侯之德，能自为取师者王，能自取友者存，其所择而莫如己者亡。’”

《左传·襄公十四年》　晋中行献子曰：“仲虺有言曰：‘亡者侮之，乱者取之。’”

《左传·襄公三十年》　郑子皮曰：“仲虺之志云：‘乱者取之，亡者侮之。’”

《左传·宣公十二年》　传随武子曰：“仲虺有言曰：‘取乱侮亡。’”

《史记·殷本纪》　既绌夏命，还亳，作《汤诰》：“维三月，王至自于东郊。告诸侯群后：‘毋不有功于民，勤力乃事。予乃大罚殛汝，毋予怨。’曰：‘古禹、皋陶久劳于外，其有功乎民，民乃有安。东为江，北为济，西为河，南为淮，四渎已修，万民乃有居。后稷降播，农殖百谷。三公咸有功于民，故后有立。昔蚩尤与其大夫作乱百姓，帝乃弗予，有状。先王言不可不勉。’曰：‘不道，毋之在国，女毋我怨。’”

《礼记·缁衣》　尹吉曰：“惟尹躬及汤，咸有壹德。”（郑注：吉当为告。尹告，伊尹诰也。《书序》以为咸有壹德。）

《礼记·缁衣》　尹吉曰：“惟尹躬天见于西邑夏，自周有终，相亦惟终。”（注：尹吉亦尹诰也。天当为先）

《孟子·万章上》　伊训曰：“天诛造攻自牧宫，朕载自亳。”（赵注：牧宫，桀宫，朕谓汤也，载始也）

《汉书·律历志》　引《伊训》曰：“维太甲元年十有二月乙丑朔，伊尹祀于先王，诞资有牧方明。”（孟康曰：方明者，神明之象也）

《尧典正义》　郑注《典宝》引伊训曰：“载孚在亳，征自三朡。”

《礼记·表记》　太甲曰：“民非后无能胥以宁，后非民无以辟四方。”（注四）

《礼记·缁衣》　太甲曰：毋越厥命，以自覆也，若虞机张，往省括于厥度，则释。

《孟子·公孙丑上》　太甲曰：“天作孽，犹可违；自作孽，不可活。”

《礼记·缁衣》　太甲曰：“天作孽，可违也；自作孽，不可以逭。”

《礼记·大学》　太甲曰：“顾諟天之明命。”

《左传·隐公六年》　君子曰，《商书》曰：恶之易也，如火之燎于原，不可乡迩，其犹可扑灭。（孙云：今脱上句疑伪孔

删之）

《左传·庄公十四年》　君子曰：“《商书》所谓‘恶之易也，如火之燎于原，不可乡迩，其犹可扑灭’者。”

《尚书大传·盘庚》　《书》曰：“若德明哉！汤任父言，卑应言”。

《尚书大传·说命》　《书》曰：“高宗谅闇，三年不言。”（郑曰：闇读如鶕，鶕谓庐也）

《国语·楚语上》　白公曰：“昔殷武丁能耸其听，至于神明，以入于河，自河徂亳，于是乎三年默以思道。卿士患之，曰：‘王言以出令也，若不言，是无所禀令也。’武丁于是作书曰：‘以余正四方，余恐德之不类，兹故不言’如是而又使以梦象旁求四方之贤，得傅说以来，升以为公，而使朝夕规谏，（孙云：如是以下二十九字是白公子张语）曰：‘若金，用女作砺；若津水，用女作舟；若天旱，用女作霖雨。启乃心，沃朕心。若药不瞑眩，厥疾不瘳。若跣不视地，厥足用伤。”

《礼记·文王世子》　兑命曰：“念终始典于学。”（注：兑当为说，说命，《书》篇名）

《礼记·学记》　兑命曰：“念终始典于学。”

《礼记·学记》　兑命曰：“学学半。”

《礼记·学记》　兑命曰：“敬孙务时敏，厥修乃来。”

《礼记·缁衣》　兑命曰：“惟口起羞，惟甲胄起兵，惟衣裳在笥，惟干戈省厥躬。”

《礼记·缁衣》　兑命曰：“爵无及恶德，民立而正。（郑注：民将立以为正，言放效之疾）事纯而祭祀，是为不敬。事烦则乱，事神则难。”

《礼记·坊记》　高宗云：“三年其惟不言，言乃欢。”（郑注：名篇在《尚书》。《正义》谓是《高宗之训》）（注五）

《墨子·非命上》　于《大誓》曰：“纣夷处，不肯事上帝，鬼神祸厥先神祇不祀，乃曰：吾民有命，毋僇排漏。(《墨子闲诂》：当依中篇作毋僇其务）天亦纵弃之而弗葆（吴钞本作‘保’）。”

《墨子·非命中》　先王之书《太誓》之言然，曰：“纣夷之居而不肯事上帝，弃厥其先神而不祀也。曰：‘我民有命，毋僇(侮辱）其务。’天不亦弃纵而不葆。”

《墨子·天志中》　大明之道之曰：纣越厥夷居，不肯事上帝，弃厥先神祇不祀，乃曰吾有命，无僇偪务天下。天亦纵弃纣而不葆。”

《墨子·尚同下》　于先王之书也《太誓》之言然，曰：“小人见奸巧，乃闻不言也，发罪钧。”

《左传·昭公二十四年》　周苌弘曰，《太誓》曰：“纣有亿兆夷人，亦有离德。余有乱臣十人，同心同德。”

《左传·成公二年》　君子曰，《太誓》所谓：“商兆民离，周十人同者。”

《孟子·万章上》　《太誓》曰：“天视自我民视，天听自我民听。”

《左传·襄公三十一年》　鲁穆叔曰：“《太誓》云：‘民之所欲，天必从之。’”

《左传·昭公元年》　郑子羽曰：“《太誓》曰：‘民之所欲，天必从之。’”

《国语·周语中》　单襄公曰：“《太誓》曰：‘民之所欲，天必从之。’”

《国语·郑语》　史伯曰：“《太誓》曰：‘民之所欲，天必从之。’”

《国语·周语下》　单襄公曰：“吾闻之《太誓》故曰：‘朕梦协朕卜，袭于休祥，戎商必克。’”

《墨子·兼爱下》　《泰誓》曰：“文王若日若月，乍照光于四方于西土。”(《兼爱中》与此同）

《礼记·坊记》　《泰誓》曰：“予克纣，非予武，惟朕文考无罪。纣克予，非朕文考有罪，惟予小子无良。”（注六）

《墨子·非命下》　引《太誓》之言，于去发曰：“恶呼君子，天有显德，其行甚章。为鉴不远，在彼殷王。谓人有命，谓敬不可行，谓祭无益，谓暴无伤。上帝不常，九有以亡。上帝不顺，祝降其丧。惟有我周，受之大帝。”

《荀子·议兵》　《泰誓》曰：“独夫纣。”

《管子·法禁》　《泰誓》曰：“纣有臣亿万人，亦有亿万之心；武王有臣三千，而一心。”

《孟子·滕文公下》　《泰誓》曰：“我武惟扬，侵于之疆，则取于残，杀伐用张，于汤有光。”（赵注：侵纣之疆界则取于残贼者，以张杀伐之功也）

《汉书·律历志》　《武成》曰：“惟一月壬辰，旁死霸，若翌日癸已，武王乃朝步自周，于征伐纣。粤若来三月，既死霸，粤五日甲子，咸刘商王纣。惟四月既旁生霸，粤六日庚戌，武王燎于周庙。翌日辛亥，祀于天位。粤五日乙卯，乃以庶国祀馘于周庙。”（注：祀馘，献于庙而告祀也）

《汉书·王莽传》　群臣上奏引《书》逸《嘉禾》曰：“周公奉鬯立于祚阶，延登，赞曰：‘假王莅政，勤和天下。’”

《左传·僖公三十三年》　晋臼季曰：康诰曰：“父不慈，子不孝，兄不友，弟不恭，不相及也。”

《左传·昭公二十年》　齐苑何忌日，在《康诰》曰：“父子兄弟，罪不相及。”

《尚书大传》　《酒诰》：“王曰封，唯曰若圭壁。”

《尚书大传·无逸》　《书》曰：“厥兆天子爵。”（《白虎通·爵篇》引同）

《周礼·保氏序官疏》　《郑志》赵商问，案成王《周官》云：“立太师、太傅、太保，兹惟三公。”

《礼记·坊记》　君陈曰："尔有嘉谋嘉猷，入告尔君于内，尔乃顺之于外，曰：此谋此猷，惟我君之德。呜呼，臣人咸若时，惟良顾哉。"（注：君陈盖周公之子伯禽弟也）

《礼记·缁衣》　君陈曰："未见圣，若己弗克见。既见圣，亦不克由圣。"

《礼记·缁衣》　君陈曰："出入自尔师虞，庶言同。"

《礼记·缁衣》　君雅曰："夏日暑雨，小民惟曰怨。资冬祁寒，小民亦惟曰怨。"

《左传·定公四年》　"管、蔡启商，惎间王室，王于是杀管叔而蔡蔡叔。以车七乘，徒七十人，其子蔡仲，改行帅德，周公举之，以为已卿士，见诸王，而命之以蔡，共命《书》云：'王曰胡，无若尔考之违王命也。'"



《墨子·非乐上》　曰："先王之《书》汤之官刑有之。曰：'共桓（恒）舞于宫，是谓巫风。其刑，君子出丝二卫（纬），小人否（倍）似二伯（百）黄径（经）。'乃言曰：呜呼，舞佯佯（洋洋），黄言（簧音）孔章，上帝弗常，九有以亡，上帝不顺，降之日（百）殃，其家必坏丧。'"



《墨子·尚贤中》　"先王之《书》，距年之言也。《传》曰：求圣君哲人，以裨辅而身。"

《墨子·尚贤下》　"先王之《书》，竖年之言然，曰：'晞夫圣武知人，以屏辅而身。'"

《墨子·尚同中》　"先王之《书》术令之道曰：'唯口出好兴戎。'"

《墨子·尚同中》　"先王之《书》相年之道曰：'夫建国设都，乃作后王君公，否用泰也，轻（卿）大夫师长，否用佚也，维辩使治天钧。'"

《墨子·天志中》　"先王之《书》驯天明不解之道也知之。曰：'明哲维天，临君下出（王引之曰，"下出"二字义不可通，

“出”当为“土”）。’”

《墨子·非命中》　“于召公之执令于然，且：敬哉！无天命，惟予二人而无造言，不自降天之哉得之。”

《墨子·公孟》　“先王之《书》子亦有之曰：‘其傲也，出于子不祥。’”

《墨子·明鬼下》　“禽艾之道之曰：‘得玑无小，灭宗无大。’则此言鬼神之所赏，无小必赏之；鬼神之所罚，无大必罚之。”

**（二）引有《虞书》、《夏书》、《商书》、《周书》者**

《宋书·礼志》　高堂降引“《书》曰：‘若稽古帝舜曰重华，建皇授政改朔。”（此可知为《虞书》）

《孟子·万章上》　《书》曰：“只载见瞽瞍，夔夔齐栗，瞽瞍亦允若。是为父而不得子也。”（同上）

《太平御览·地部》　《尚书》逸篇曰：“尧子丹朱不肖，舜使居丹渊为诸侯。”

《孟子·滕文公下》　当尧之时，水逆行，氾滥于中国，蛇龙居之，民无所定，下者为巢，上者为营窟。《书》曰：“洚水警余，洚水者洪水也。”

《说文·辵部》　《虞书》曰：“旁逑孱功。”（怨匹曰逑）

《说文·目部》　眊、目少精也，《虞书》耄字从此。

《墨子·七患》　故虽上世之圣王，岂能使五谷常收，而旱水不至哉？然而无冻饿之民者，何也？其力时急，而自养俭也。故《夏书》曰“禹七年水”，《殷书》曰“汤五年旱”，此其离凶饿甚矣，然而民不冻饿者，何也？其生则密，其用之节也。

《史记·河渠书》　《夏书》曰：“禹抑洪水十三年，过家不入门。陆行乘车，水行载舟，泥行蹈毳，山行即桥。”

《左传·庄公八年鲁庄公》　曰，《夏书》曰：“皋陶迈种德。”

《左传·昭公十四年》 晋叔向曰，《夏书》曰：“昏墨贼杀。”

《吕氏春秋·谕大》 《夏书》曰：“天子之德，广运乃神，乃武乃文。”

《左传·僖公二十四年》 君子曰：《夏书》曰：“地平天成。”

《左传·襄公五年》 召子谓，《夏书》曰：“成允成功。”

《左传·襄公二十一年》 鲁臧纥曰：《夏书》曰：“念兹在兹，释兹在兹。名言兹在兹，允出兹在兹，惟帝念功。”

《左传·襄公二十三年》 鲁臧孙曰：《夏书》曰：“念兹在兹。”

《左传·哀公六年》 鲁孔子曰：《夏书》曰：“惟彼陶唐，帅彼天常，有此冀方。今失其行，乱其纪纲，乃灭而亡。又曰：允出兹在兹。”

《左传·襄公二十六年》 蔡声子对曰：“善为国者，赏不僭而刑不滥。赏僭则惧及淫人，刑滥则惧及善人。若不幸而过，宁僭无滥，与其失善，宁其利淫，无善人，则国从之。《诗》曰：‘人之云亡，邦国殄瘁。’无善人之谓也。故《夏书》曰：‘与其杀不辜，宁失不经。’惧失善也。”

《左传·文公七年》 晋郤缺曰：《夏书》曰：“戒之用休，董之用威，劝之以九歌，俾勿坏。”

《左传·哀公十八年》 君子曰：《夏书》曰：“官占，唯能蔽志，昆命于元龟。”

《国语·周语上》 内史过曰：《夏书》有之曰：“众非元后何戴，后非众无与守邦。”

《国语·周语下》 单穆公曰：《夏书》有之曰：“关石和钧，王府则有。”

《国语·晋语九》　知伯国曰：《夏书》有之曰："一人三失，怨岂在明？不见是图。"

《左传·襄公十四年》　晋师旷曰："自王以下，各有父兄子弟，以补察其政，史为《书》，瞽为《诗》，工诵箴谏，大夫规诲，士传言，庶人谤，商旅于市，百工献艺。故《夏书》曰：'遒人以木铎徇于路。'官师相规，工执艺事以谏。"

《左传·昭公十七年》　鲁太史曰：故《夏书》曰："辰不集于房，瞽奏鼓，啬夫驰，庶人走。"

《荀子·君道》　《书》曰："从命而不拂，微谏而不倦，为上则明，为下则逊。"（孙本列入《商书》）

《墨子·明鬼下》　《商书》曰："呜呼！古者有夏，方未有祸之时，百兽贞虫，允及飞鸟，莫不比方。矧在人面，胡敢异心？山川鬼神，亦莫敢不宁。若能共允，住天下之合，下土之葆。"（江云，住字盖佳惟之误）

《吕氏春秋·孝行》　《商书》曰："刑三百，罪莫重于不孝。"

《吕氏春秋·谕大》　《商书》曰："五世之庙，可以观怪。万夫之长，可以生谋。"

《说文·心部》　《商书》曰："以相陵懱。"

《孟子·梁惠王下》　《书》曰："天降下民，作之君，作之师。惟曰其助上帝，宠之四方。有罪无罪，惟我在，天下曷敢有越厥志？"（注九）

《左传·襄公三十一年》　卫北宫文子曰，《周书》数文王之德曰："大国畏其力，小国怀其德。"

《左传·僖公五年》　虞宫之奇曰，故《周书》曰："皇天无亲，惟德是辅。"又曰："黍稷非馨，明德惟馨。"又曰："民不易物，惟德系物。"

《说文·手部》　《周书》曰："粤三日丁亥。"

《吕氏春秋·贵信》　《周书》曰："允哉允哉。"

《说文·于部》　《周书》曰："以记之。"（许曰：㧑，乡饮酒罚不敬挞其背。）

《说文·宀部》　《周书》曰："宫中之宂食。"

《说文·心部》　《周书》曰："来就惎惎。"

《墨子·七患》　故《周书》曰："国无三年之食者，国非其国也；家无三年之食者，子非其子也。"

《韩非子·说林上》　《周书》曰："将欲败之，必姑辅之；将欲取之，必姑与之。"（《战国策》二十二卷引《周书》曰同）

《吕氏春秋·听言》　《周书》曰："往者不可及，来者不可待，能明其世者谓之天子。"

《吕氏春秋·适威》　《周书》曰："民善之则畜之，不善则离也。"

《吕氏春秋·慎大》　《周书》曰："若临深渊，若履薄冰。"

《淮南子·览冥训》　《周书》曰："掩雉不得，更顺其风。"

《淮南子·氾论训》　《周书》有言曰："上言者，下用也；下言者，上用者。"（《韩非子·说林下》：此《周书》所谓下言而上用者）

《史记·蒙恬列传》　及王能治国，有贼臣言："周公旦欲为乱久矣，王若不备，必有大事。"王乃大怒，周公旦走而奔于楚。成王观于记府，得周公旦沈书，乃流涕曰："孰谓周公旦欲为乱乎？"杀言之者，而反周公旦。故《周书》曰："必参而伍之。"（《索隐》：参谓三卿，伍即五大夫，欲参伍更议）

《史记·货殖列传》　《周书》曰："农不出则乏其食，工不出则乏其事，商不出则三宝绝，虞不出则财匮少。"

《史记·楚世家》　周武公引《周书》曰："欲起无先。"

《说苑·善说》　《周书》曰："前车覆，后车戒。"

《汉书·王商传》　《周书》曰："以左道事君者诛。"

《汉书·陈汤传》　《周书》曰：“记人之功，忘人之过，宜为君者也。”

《后汉书·杨震传》　《周书》曰：“天子见怪则修德，诸侯见怪则修政，大夫见怪则修职，士庶人见怪则修身。”

**(三) 引有《书》曰，《尚书》曰者**

《左传·襄公十一年》　晋魏绛曰，《书》曰：“居安思危。”

《左传·襄公二十一年》　晋祁奚曰，《书》曰：“圣有暮勋，明征定保。”

《左传·襄公二十五年》　卫大叔文子曰，《书》曰：“慎始而敬终，终以不困。”

《左传·昭公六年》　晋叔向曰，《书》曰：“圣作则。”

《左传·昭公十年》　郑子皮曰，《书》曰：“欲败度，纵败礼。”

《礼记·坊记》　《书》曰：“厥辟不辟，忝厥祖。”

《春秋繁露·王梧》　《书》曰：“厥辟不辟，去厥祇。”

《孟子·滕文公下》　周公相武王，诛纣伐奄，三年讨其君，驱飞廉于海隅而戮之，灭国者五十，驱虎豹犀象而远之，天下大悦。书曰：“丕显哉！文王谟。丕承哉！武王烈。佑启我后人，咸以正无缺。”

《孟子·滕文公上》　《书》曰：“若乐不瞑眩，厥疾不瘳。”

《孟子·滕文公下》　《书》曰：“有攸不为臣，东征，绥厥士女，篚厥玄黄，绍我周王见休，惟臣附于大邑周。”

《国语·周语中》　富辰曰，《书》有之曰：“必有忍也，若能有济也。”

《国语·周语中》　毕襄公曰：《书》曰：“民可近也，而不可上也。”

《荀子·君道》　《书》曰：“先时者杀无赦，不及时者杀无赦。”

《吕氏春秋·报更》　此《书》之所谓：“德几无小者也。”

《韩非子·外储说左上》　《书》曰：“绅之束之。”

《韩非子·外储说左上》　《书》曰：“既雕既琢，还归其朴。”

《战国策》　《书》曰：“树德莫如滋，除害莫如尽。”

《战国策》　《书》曰：“去邪无疑，任贤勿贰。”

《史记·蔡泽列传》　《书》曰：“成功之下，不可久处。”

《史记·商君列传》　赵良引《书》曰：“恃德者昌，恃力者亡。”

《白虎通·号篇》　《尚书》曰：“裕汝众。”

《白虎通·社稷篇》　《尚书》曰：“太社唯松，东社唯柏，南社唯梓，西社唯栗，北社唯槐。”

《白虎通·考黜篇》　《尚书》曰：“三年一考，少黜以地。”

《白虎通·王者不臣篇》　《尚书》曰：“咨尔伯。”

《白虎通·绋冕篇》　《书》曰：“黼黻衣、黄朱绋。”

**（四）疑为《尚书》逸文者**

《孟子·万章上》　舜往于田，号泣于旻天。

《孟子·万章上》　帝使其子九男二女，百官牛羊仓库备，以事舜于畎亩之中。

《孟子·万章上》　父母使舜完廪，捐阶，瞽瞍焚廪。使浚井，出，从而掩之。象曰：“谟盖都君咸我绩，牛羊父母，仓廪父母，干戈朕，琴朕，弤朕，二嫂使治朕栖。”象往入舜宫，舜在床琴。象曰：“郁陶思君尔！”忸怩。舜曰：“唯兹臣庶，汝其于予治。”

《孟子·万章上》　欲常常而见之，故源源而来。“不及贡，以政接于有庳”。

《论语·尧曰》　尧曰：咨！尔舜！天之历数在尔躬，允执其中。四海困穷，天禄永终。

《孟子·滕文公上》　放勋曰："劳之来之，匡之直之，辅之翼之，使自得之，又从而振德之。"

《孟子·公孙丑》　伊尹曰："予不狎于不顺"。

《孟子·尽心下》　王曰："无畏！宁尔也，非敵百姓也，若崩厥角稽首。"

**注释**

注一：孙本以百篇《尚书》为次，以上二条列为《虞夏书》，《虞书》。

注二：此二条孙本列为百篇外逸《书》，今改隶于此。

注三：以上二条孙本列为《虞夏书》，《夏书》。

注四：孙本说作《缁衣》。

注五：以上孙本列为《商书》。

注六：孙本说作《缁衣》。

注七：以上孙本列为《周书》。

注八：以上《墨子》引《书》孙本均列为百篇外逸《书》，兹改隶于此；后三条，孙书漏列，兹为增补。

注九：孙本列为《周书》。

# 参考书目

孔颖达　《尚书正义》(《十三经注疏》本)
林之奇　《尚书全解》(通志堂经解本)
夏　僎　《尚书详解》(聚珍版丛书本)
蔡　沈　《尚书集传》(通行本)
王　柏　《书疑》(通志堂本)
金履祥　《尚书表注》(通志堂本)
吴　澄　《书纂言》(通志堂本)
赵孟頫　《书今古文集注》
王充耘　《读书管见》(通志堂本)
梅　鷟　《尚书谱》
《尚书考异》(浙江局本)
陈　第　《尚书疏衍》
罗敦仁　《尚书是正》
郑　瑗　《井观琐言》
郝　敬　《尚书辨解》(湖北丛书本)
阎若璩　《尚书古文疏证》(《皇清经解续编》本)
黄宗羲　《书经笔授》
王夫之　《尚书稗疏》(《船山遗书》本)
姚际恒　《古文尚书通论》
钱　煌　《壁书辨疑》
万斯同　《群书疑辨》(通行本)
宋　鉴　《尚书考辨》(嘉庆刊本)

朱彝尊　《经义考》(通行本)

　　　　《尚书古文辨》(学海类编本)

徐与乔　《经史辨体》(敦化堂本)

程廷祚　《晚书订疑》(续经解本)

惠　栋　《古文尚书考》(《皇清经解》本)

江　声　《尚书集注音疏》(《皇清经解》本)

王鸣盛　《尚书后案》(《皇清经解》本)

戴　震　《尚书今文古文考》(《戴东原集》)

孙星衍　《尚书今古文注疏》(《皇清经解》本)

　　　　《古文尚书马郑注》(岱南阁丛书本)

　　　　《尚书逸文》(同上)

　　　　《尚书篇目表》(同上)

段玉裁　《古文尚书撰异》(《皇清经解》本)

陈寿祺　《左海经辨》(《皇清经解》本)

王引之　《经义述闻》(《皇清经解》本)

臧　琳　《经义杂记》(《皇清经解》本)

刘逢禄　《书序述闻》(《续经解》本)

　　　　《尚书古文集解》(《续经解》本)

龚自珍　《大誓答问》(《续经解》本)

魏　源　《书古微》(《续经解》本)

宋翔凤　《尚书谱》(《续经解》本)

　　　　《尚书略说》(《续经解》本)

丁　晏　《尚书余论》(《续经解》本)

崔　述　《古文尚书辨伪》(《崔东壁遗书》本)

崔　迈　《读古文尚书黏签标记》

章学诚　《文史通义》(通行本)

陈乔枞　《今文尚书经说考》(《续经解》本)

简朝亮　《尚书集注述疏》(原刊本)

皮锡瑞　《书经通论》(师伏堂丛书本)
王先谦　《尚书孔传参正》(虚受堂本)
王咏霓　《书序考异》(原刊本)
　　　　《书序答问》(原刊本)
俞　樾　《群经平义》(《续经解》本)
吴汝纶　《写定尚书》(石印本)
袁　枚　《金滕辨》(小仓山房文集本)
王　廉　《金滕辨》
毛奇龄　《古文尚书冤词》
陆陇其　《古文尚书考》
庄存与　《读书既见》
姚　鼐　《书说》
黄　冕　《尚书记疑》
孙乔年　《古文尚书证疑》
顾　昺　《书经札记》
郭兆奎　《心园书经知新》
徐世沐　《尚书惜阴录》
江　昱　《尚书私学》
茹敦和　《尚书未定稿》
王　劼　《尚书后案驳正》
张崇兰　《古文尚书私议》
林春溥　《开卷偶得》
王端履　《重论文斋笔录》
邵懿辰　《尚书通议》
洪良品　《古文尚书辨惑》(《古文尚书四种》本)
吴光耀　《古文尚书正辞》(原刊本)
王　照　《表章先正正论》
陈汉章　《经学通论》(北大油印本)

王国维　《观堂集林》（《王忠慤公遗书》本）
康有为　《新学伪经考》（通行本）
崔　適　《史记探源》（北大排印本）
吴承仕　《经典释文序录疏证》（排印本）
　　　　《尚书孔氏传异同考》（《华国》月刊）
　　　　《唐写本尚书舜典释文笺》（国学汇编本）
钱玄同　《重论经今古文学问题》（北大《国学》季刊）
杨筠如　《尚书核诂》（排印本）
于省吾　《尚书新证》（石印本）
顾颉刚　《尚书研究讲义》（石印本）
　　　　《古史辨》一、二、五册（排印本）
　　　　《书序辨》（排印本）
郭沫若　《中国古代社会研究》（初印本）
　　　　《金文丛考》（重印本）
　　　　《先秦天道观之进展》（青铜时代）





（注）上列诸书未注明版本者，多属考订辩护伪古文之作，读者欲知其略，可更参看《经义考》、《四库全书总目提要》、洪良品《古文尚书辨惑》等书。关于注解《尚书》之书如姚永朴《尚书谊略》、孙诒让《尚书骈枝》、黄式三《尚书启蒙》等未列入。

# 《春秋》六论

# 前言

壬戌（1922年）冬，余撰《春秋六论》，专以哲理阐述《春秋》大义。至辛未夏，复别著《穀梁真伪考》，旋即印行；而此六论虽属先成，仍未谋公之于世也。辛未（1931年）癸酉（1933年）间，余在武汉大学任教，所任课程适有《春秋研究》一门；诸生有以印是稿为请者，国难方殷，余亦恐是稿或散佚，乃付印为讲义，以供诸生参考。今年冬间，蛰居北平，本刊（整理者按：北平《孔子月刊》）编辑汪君叔义，征文于余，余不获已，姑即以此讲稿付之。旧时所作，未暇更张，几我同好，幸无讥焉。

**民国二十五年（1936年）除夕张西堂识于北平寓居之觉今是斋**

# 《春秋》旨要论第一

《春秋》上明天理，下正人心，制事之准则，治道之规范也。董君仲舒明孔子述作之旨曰："周道衰废……孔子知言之不用，道之不行也，是非二百四十二年之中，以为天下仪表……子曰：'我欲载之空言，不如见之行事之深切著明也。'"故《春秋》者，盖假于史以明义，因其事而穷理；推见隐情，显扬奥义，以明天理；详著是非，分辨善恶，以正人心；论世事之臧否，举国政之得失，以为制事之准则，治道之规范；不以空言为说，而征成效相证，虽假于史文，然而非史文也。孔广森叙《公羊通义》曰："理不穷其变则不深，事不当其势则不切，高论尧舜之道，而无成败之效，则不著不明；故近取诸《春秋》，因乱世之事，季俗之情，渐裁以正道，庶贤者易勉，不肖者易晓，亦致治太平之所由基也。"此《春秋》所以假于史文以明义理之意也。学《春秋》者，宜原本孔子述作之旨，以探讨经传之意，明察微言，揽求大义，而后知《春秋》之要也。六艺之中，《易》足以明道，《诗》足以顺情，《书》足以道事，《乐》足以养和，《礼》足以成行，垂教已备矣！孔子所以笔削《春秋》者，必有至意存焉，学孔子之道者，未可或忽也。

先儒有论《春秋》之旨者：太史公曰："《易》本隐以之显，《春秋》推见以至隐，《易》与《春秋》，天人之道也。"朱子曰："《易》以形而上者，说出在那形而下者上；《春秋》以形而下者，说上那形而上者去。"邵子以为《春秋》是"尽性之书"；胡氏以为是"传心之典"；庄子曰："《春秋》以道名分。"扬子曰："说理者莫辩乎《春秋》。”程子曰：“观圣人之书，而知《论语》之安仁，书于《春秋》者，无非此理。夫子之赞《易》，即其所以修《春秋》也。”又曰：“《春秋》一句即一事，是非便见于此，乃穷理之要，学者只观《春秋》，亦可以尽道矣。”此论《春秋》上明天理，下正人心者也。董君仲舒曰：“《春秋》正是非，故长于治人。”《史记·太史公自序》云：“故有国者不可以不知《春秋》，前有谗而弗见，后有贼而不知。为人臣者不可以不知《春秋》，守经事而不知其宜，当变事而不知其权。”王通曰：“《春秋》之于王道，是轻重之权衡，曲直之绳墨也。”子贡言其“切而为国家资”。子夏言“有国家者不可以不知《春秋》”。胡安国曰：“百王之法度，万世之准绳，皆在此书。故君子以谓五经之有《春秋》，犹法律之有断例也。学是经者，信穷理之要矣；不学是经，而处大事，决大疑，能不惑者，鲜矣！”此皆论《春秋》为制事之准则，治道之规范者也。由是观之，《春秋》之经，以说理明道为指归，以经事安民为效用，诸儒所论，皆《春秋》之纲要也。

尝试论之。《春秋》有四旨：一曰属辞比事之教，二曰原心重志之说，三曰正谊明道之辨，四曰经事安民之旨。此四旨者，求诸旁经，必皆缺而不备，偏而不全。欲考其义，非习于《春秋》而不可得也。至若显著几微，通达权变，宅心仁恕，明察人伦，传于《春秋》者，亦足以补他经之简略，而明验其效用。窃以为不学《春秋》，必不知圣道之博大与其本真也。《易》本天地阴阳，变化之端，玄奥之理，不易得其旨要。《论语》传自曾门，小康之道（据康有为《论语注》），早年之语（廖平《今古学考》云：“《论语》少壮、晚年之语俱有”），亦难资为信据。唯《春秋》以人事之显，达天之道，推究隐微，阐发玄妙，准乎中庸，合乎一贯，学者弗可不详考之也。程子谓：“只观《春秋》，亦可尽道”，盖非虚美，实得其真。《春秋》孔学之验证，有《春秋》

而孔子之学益明，有《春秋》而孔子之道益著也。先儒徒见《春秋》之一端，以为论治理者多，说道义渺，是谓“不能察，寂若无”者也，若仅于检讨章句训诂，典章制度者，更无论矣！

《春秋》之义，见于辞例。援辞可以知义，因事可以穷理，不待传说也。《春秋》辞例，约有十端：

1. 有省略而不书者。略是以著非（如诸合礼不书，以见不合礼者是也），略常以明变（如诸常事不书，以见非常者是也），略外以详内（如外取邑不书之类是也），略同以显异（词已明者去是之类，及特笔变文俱是也）。



2. 有重复其辞文者，或连书其事以见义（如桓三年连书六事，皆为昏文姜事是也），或辞繁不杀以见正。（如僖二十二年冬十有一月乙巳朔，宋公及楚人战于泓，宋师败绩。传曰：“偏战者日尔，此其言朔何？《春秋》辞繁而不杀者，正也。”）

3. 有变文言其事者，或诡其实（如晋文召君，而经曰：“天王狩于河阳”是也。诸纬文同），或倒其文（如僖二年，虞师、晋师灭夏阳，虞以小国序晋上）。



4. 有特书其所为者。（如桓二年，公会齐侯、陈侯、郑伯于穆，以成宋乱，会不言所为，此言成宋乱）

5. 有没事以托义者。（如赵盾本未弑君，而曰赵盾弑其君是也，此类甚多）

6. 有举重以见义。（如君将不言率师）

7. 有异其文实者。（如僖十四年，诸侯城缘陵。《传》曰：“桓公城之，曷为不言桓公城之？不与诸侯专封也。曷为不与？实与而文不与。文曷为不与？诸侯之义，不得专封。诸侯之义，不得专封，则其实与之何？上无天子，下无方伯，天下诸侯有相灭亡者，力能救之，则救之可也。”）

8. 有辨其等级者。（如庄十年，荆败蔡师于莘。《传》曰：“荆者何？州名也。州不若国，国不若氏，氏不若人，人不若名，名不若字，字不若子。”七等之例是也。）

加之以：

9. 目凡之别。（僖五年，诸侯盟于首戴。《传》曰：“一事而再见者，前目而后凡也。”）

10. 日月之例。（大抵日月为详略，恒辨轻重之异）

此十端者，虽其用辞各殊，非重于记事，则甚明验。或详或略，或予或夺，或褒美之，或贬抑之；《春秋》之义，固在明义也。（昭十三年，蔡侯庐归于蔡，陈侯自吴归于陈。据《传》注：“陈、蔡实楚所灭，而经不言其实。”《公羊通义》曰：“壹若陈、蔡之自绍其国者，此即《春秋》贵明义，不贵明事之效也。”）

《春秋》所书，不备首尾，不具本真，或细事而必载，或大事而不书（凡城邑皆志，细事必书也。哀元年夫椒之战不见于经，此大事不书也），皆足知其重于义理，轻于史文。后世诸儒或以《春秋》为史，过矣。就《春秋》述作之旨考之。子曰：“我欲载之空言，不如见之于行事之深切而著明也。”是孔子之作《春秋》非以传史，盖以明道也。故董君、史公、庄周、扬雄诸儒，或生往古，或精问学，皆谓《春秋》明理之书。由《春秋》之辞例观之，诡实以成文，没事以托义，而又首尾不备，大事不书。而谓《春秋》为史，是诚“断烂朝报”之不若，则孔子修此《春秋》以传言于后世，非圣智之所为也。学者溺于形迹，未能审思，以为同于史文，而不察其义理，此以史惑经，诬经为史之所由来也。家铉翁曰：“《春秋》非史也，谓《春秋》为史者，后儒浅见，不明乎《春秋》者也。”学者必达此旨，然后可以言《春秋》之义。

今世《春秋》有三传，曰《公羊》，曰《穀梁》，曰《左传》。三传之所由分者，《汉书·艺文志》曰：“《春秋》所贬损大人当世君臣，有威权势力，其事实皆形于《传》，是以隐其书而不宣，所以免时难也。及末世口说流行，故有《公羊》、《穀梁》、《邹》、

《夹》之传。四家之中，《公羊》、《穀梁》立于学官，邹氏无师，夹氏未有书。”此《公》、《穀》所分之由来也（《艺文志》本刘歆《七略》，盖不足据，兹姑假以为说耳）。《史记·十二诸侯年表序》曰：“鲁君子左丘明，惧弟子人人异端，各安其意，失其真，故因孔子史记，具论其语，成《左氏春秋》。”此后之所以有《左氏传》也（据康有为《新学伪经考》，则《史记·十二诸侯年表序》亦未足信。）。三传之中，惟《公羊》为真传，《穀梁》未可信，《左氏》则以伪乱真者也。然自三传并行，学者依违莫定，多从《左氏》，故《春秋》大义，于以浸微，自孔子殁后，二千有余年矣！欲拨云雾而睹青天，不可不明辨《左》、《穀》之非，以见《公羊》之是。请取诸说，以略言之。

《左氏》本伪也。为之说者，以丘明、孔子弟子，生当其世，得见鲁史，故传说可信，而史文可遵（此杜预说）。然《史记·仲尼弟子列传》，不列丘明。故刘逢禄《左氏春秋考证》曰：“丘明果与夫子同时，共观鲁史，史公何不列于弟子？论本事而作传，何史公不名为《传》，而曰《春秋》？”又曰：“丘明盖生鲁悼之后（悼薨于获麟后五十余年，而《左氏》称其谥），徒见夫子之经，及史记、晋乘之类，而未闻口授微旨，当时口说多异，因具论其事实，不具者阙之。曰鲁君子，则非弟子也；曰《左氏春秋》，与《铎氏》、《虞氏》、《吕氏》并列，则非传《春秋》也；故曰《左氏春秋》，旧名也，曰《春秋左氏传》，则刘歆所改也。”此《左氏》不传《春秋》之明证也。郑樵《六经奥论》，且考见《左氏》为六国时人所造作，凡有八证；其最著者《左氏》举赵襄子之谥，必作于襄子既卒之后，若以丘明与孔子同时，不应孔子殁后，七八十年，犹能著述此书也。窃谓《左氏》文辞靡丽浮荡，不似邹鲁朴质之士所为，其书序晋、楚最详，故郑樵以为楚人，此就其书以考之，《左氏》去圣甚远，亦非传《春秋》者也。今之《左传》，本刘歆篡改《国语》而成（今《国语》中，《周语》、《晋语》、《郑语》，多《春秋》以前事，《左传》无所用之，故仍其旧。《鲁语》载敬姜语过半，于十二公之事，转从阙略，即《左氏》之残篇也。《吴语》、《越语》，极为详贯，乃未经割裂入《左传》者也。本无释经之词，而今有者，皆刘歆所加也。详见《伪经考》)，而说者以为得诸孔壁。康有为《新学伪经考》驳其说曰："按《史记·儒林传》，《春秋》只有《公羊》、《穀梁》二家，无《左氏》；河间献王世家（《五宗世家》）无得《春秋》、立博士事；马迁作史多采《左氏》，若丘明诚传《春秋》，史迁安得不知？《儒林传》述六艺之学，彰明较著，可为铁案。又《太史公自序》称'讲业齐、鲁之都'，'天下遗文古事靡不毕集太史公'，若河间献王有是事，何得不知！虽有苏、张之舌，不能解之者也。"故由是观之，《左氏》盖记史之文，非传经之传，作于战国之世，未闻口授之旨，后世加以窜改，遂生淆乱，以伪夺真，以非泯是，甚可痛也。

《左氏》说经，亦甚诬枉，专以成败论事，昧于大义微言。以丧中图婚为合礼；（文公二年冬，公子遂如齐纳币。《左氏》曰："礼也。"万斯大《春秋随笔》论之曰："《左氏》以为合礼，盖以僖公之薨，在季年十一月，今纳币书冬，必十二月，丧既毕，可以图婚也。独不思婚礼有六，纳币之先，已有纳采、问名、纳吉，纵纳币在十二月，其未详而纳采、问名，未纳采、问名而纳吉，断可知矣。安得谓非丧娶乎。"）以齐杀哀姜为已甚(哀姜纵淫，致弑二君，齐桓公召杀之是也)；宋宣公舍子立弟，而谓"可谓知人矣"；（舍子以贾祸，非君正也。何以谓之"知人"?）郑庄公专封许叔，而曰："于是乎有礼"（诸侯之义，不得专封，而曰有礼）；赵盾亡不越境，反不讨贼，以为弑君者也，而曰："惜也越境乃免"；季孙行父，助襄仲杀嫡立庶者也，而曰："季文子之忠于公室。"狂妄之论，害教伤义，难以详言之矣。后世谓刘歆篡改经说，以佐新莽，故奖奸翼篡，为人饰非，为己文过，此《春秋》之学，以《左氏》之书，转而未昌明也。

《左氏》考史，亦失精确。桓、文志在攘楚，必先破其党与，翦其手足，《左氏》于齐桓之侵蔡，则曰为蔡姬故；于晋文侵曹伐卫，而曰为观浴与块故。是以赵匡曰："凡《左氏》谬释经文，必广加文辞，欲以证实其事。"《左氏》不为信史，盖甚明也。宣十年崔氏出奔卫，《左氏》以为崔杼有宠于惠公，高、国畏其逼，因惠公死而逐之，书崔氏，非其罪也。家铉翁《春秋详说》论之曰："愚以岁月考之，是岁至崔杼弑君，盖五六十年，使杼得年七十，此时方在弱冠，不应权势已盛，为人所畏。"此《左氏》说崔杼事，未必真也。定十四年卫世子出奔宋，《左氏》以为蒯聩将杀其母南子，未遂而走。刘敞《春秋权衡》以为：宋为南子父母之邦，蒯聩杀南子，必不敢奔宋。是知《左氏》说蒯聩之事，亦非实也。且尝思之，左氏为六国时人，其书又窜乱而成，则传闻之词、附会之语，可以想见。举臧僖伯、臧哀伯谏隐、桓之辞，与《秦誓》合而观之，何《秦誓》之古简，而《左氏》之浮夸，是其书必有溢言矣！庄生曰："凡溢之类妄。"《左氏》殆多妄说，治经者故不当依为信据，考史者亦宜详审其得失也。

《穀梁》一传，颇多刻峭之论，穿凿之说，甚反圣人之情；其书虽传自圣门，而比于《公羊》为晚，传闻之误，窜改之弊，犹未免也。近吴兴崔适，著《春秋复始》，明《穀梁》为古文学，谓刘歆伪造《左》、《穀》二传，藉以破坏《春秋》（崔氏又谓《儒林传》谓《公》、《穀》二家争论于武、宣之世者，直如捕风捉影。《汉书·梅福传》、《后汉书·章帝纪》并以《穀梁》为古文）。其言虽非定论，要亦足见《穀梁》之不可深信也。

窃谓《穀梁》疵病，厥有二端：1. 不传讥世卿之旨（钟文烝《穀梁补注》、刘逢禄《穀梁废疾申何》，并有是说），是以时世之弊，不必矫也。2. 不达通权变之义（此类甚多），是以机要之宜，不可行也。盖不可执以说经，而谓孔子之意若此也。专取《穀梁》以解经，必多违牾。虽然刘逢禄以为“《穀梁》长于《公羊》者十之一，同于《公羊》者十之二三。”（《穀梁废疾申何》）康有为以为“徒摘《公》、《穀》口传大义，则无一不同。”（见《春秋笔削大义微言考·发凡》）又谓“《公》、《穀》终各有所长。”（同书僖廿四年）其说甚允，《穀梁传》可以为《公羊》之验证者，固甚多也。若能取为参校之资，不以所短，汨我所长，斯为善读《穀梁》者矣。

若《公羊》则异于二传。说既裁辨，例亦详明；仁人之言，劝善之心，溢于辞表，盖真得孔子之传授也。其中多非常异议可怪之论：祭仲废君，以为行权；叔术妻嫂，贤其让国……（并详见后）学者多以平常之义，疑此变故之大则，以横加诟病，不为好学深思，心知其意者矣！孟子曰：“《春秋》，天子之事也。”故孔子曰：“罪我者其惟《春秋》乎!”后世乃以孔子为僭妄，无其位而托二百四十二年南面之权。是知庸俗之见，固多疑也。达于此旨，必无疑《公羊》非常异议可怪之论。本贤其可贤也。贾逵曰：“《公羊》多任于权变。”举为《公羊》之短。不知权者，时也，义也，合乎中庸者也；孔子之学，以权为高，《公羊》任于权变，《公羊》之长也，不得短之。此后世之多诬辞也。若以《公羊》考事未精，举为疵病，则《春秋》经传，皆主明义，得义已足，故不详其事，乃据《左氏》之伪史，谓《公羊》为失传，甚不可也。由是验之，三传惟《公羊》为优，何休解诂，依胡毋生条例，亦善；治《春秋》不可舍而他求也。然而后世右尚文辞，沈迷史事，此《左氏》所以盛行，经义所以晦塞也。

自三传纷歧，是非莫定，《春秋》之学，寻其流传之迹，论其风尚之殊，约有五变焉：

1. 两汉之时，学者各守师说，争立学官，党同伐异，互相诋毁；是以有董、江之辩（汉武时，武帝使董君仲舒与瑕邱江公辩《公》、《穀》，武帝卒尊《公羊》，用董君），石渠之争（汉宣时，召五经名儒、太子太傅萧望之等，大议殿中，评《公》、《穀》同，望之等多从《穀梁》)，贾逵《左氏长义》之作（东汉贾逵作《左氏长义》，谓《公》、《穀》不如《左氏》者三十事)，《墨守》、《膏肓》、《废疾》之篇（何休作《公羊墨守》、《左氏膏肓》、《穀梁废疾》等)。此一变也。

2. 魏晋之世，或以三传并传，莫知所从，而范宁注《穀梁》，始开择善而从之风。或以墨守已深，宜定于一，故晋刘兆作《春秋调人》，欲和解之。此风未盛，然南北朝时，固《左氏》盛行，二传浸微矣。此二变也。



3. 唐代啖助、赵匡、陆淳（有《春秋集传辨疑》、《春秋集传纂例》)，以传注浩繁，是非淆乱，不本诸经，不尽可据，乃欲束传高阁，独抱遗经，《春秋》之学，是用晦塞。此风至于北宋之初，固犹如是（如孙复作《春秋尊王发微》，刘敞作《春秋传》等，俱是)。此三变也。



4. 自是之后，迄于清初，说《春秋》者，大抵事据《左氏》，义参《公》、《穀》，或搜集前儒之说，或自成一家之言。其最善者：宋胡安国（有《春秋传》三十卷)，高闶（有《春秋集注》四十卷)，萧楚（有《春秋经辨》十卷)，张洽（有《春秋集注》十一卷)，家铉翁（有《春秋详说》)，元赵汸（有《春秋属辞》十五卷）等诸家，亦有可观。此四变也。

5. 迨所传闻世，经师辈出，汉学复兴，又竞为专家之业，三传俱有发明，亦互相掊击矣。此五变也。

《左氏》伪学，其案已明，故《公羊》之学，于以大行；自庄存与，孔广森、刘逢禄、宋翔凤、包慎言、凌曙、陈立，诸家起而张之，微辞隐义，举白于世。庄、刘兼取《穀梁》，广森溺信《左氏》，未可为训，然其说固可贵，其功亦不可没也。

综此五变观之：唐代啖、赵，实叠常轨；宋明之世，比于魏晋；有清之季，则同汉代矣。惟近今诸儒，勤于考古，专于所习，扬诚灭伪，明是去非，继此以往，《公羊》或可独行于世，《春秋》之义，可以昌明矣（近为《公》、《穀》之学者，若廖平、康有为，皆杰出一世，大抵后出转精也）。

然考先儒之说，以为俱有所失：

1. 先儒说经，每喜考索事由，推校书法，然后求之于经。原其心意，无可厚非，然而未明斯学之道也。《春秋》有无其事而托义者，有文不与而实与者，若专求事由，必不达其旨意。且隐微之义，时中之宜，庸俗所见，不与圣哲同科；今不量度德力，欲因事以考义，虽有所得，一人之私说，未必大公至正也。故放者为之，不以立异，必以论事，皆与考求微言大义相去甚远。此先儒之一失也（如季札辞国，不受为义，而胡安国谓"使争弑祸兴，覆师丧国，徇匹夫之节，失时措之宜。"此三传所不传，虽持之有故，不为《春秋》之旨，失圣人善让原心之意矣。若此立论者也。如公败邾师于偃，而高闶曰："公往要而败之。何以知其要而败之？曰无伐邾之事，而败邾于邾地故也。"凡此，皆当时不必有其事，而以意推见其事由．假令果如此，亦论事而已）。

2.《春秋》之书，所正将来，非以诛已往也。故立法虽严，而宅心甚恕，善善从长，恶恶从短，说《春秋》者，必先识圣人醇厚之意，然后褒贬得当；必先知采择纤毫之善，然后免于刻峭。（黄泽曰："凡说经者，须先识圣人气象，要识圣人浑然醇厚，凡一切峭刻琐碎之说，皆除去之。"）窃尝思之：春秋之世，失礼成俗，虽有过恶，或不自知。孔子欲求于庸众之中，采取纤毫之善，以为后世之法，则不能论其前后之恶，惟贤者责备加深耳！后世不察，遍考终身，详察先后，欲加之罪，不患无辞，汩失《春秋》劝善之心矣。此先儒之失二也（高闶《春秋集注》曰："或问春秋孰贤？曰：东迁之后，土疆不守，职贡不奉，朝觐之礼尽废，征伐之事专出，皆罪人也。"孙复《春秋尊王发微》曰："称国以弑君者，国之人皆不赦也。"凡此皆欲申《春秋》之旨，而不得其平者也。韩愈云：“《春秋》书王法，不诛其人身。”先儒不守此义，故陷于刻峭也）。

3. 自唐世啖、赵之后，学者多不信传说，肆意掊击，旧贯荡灭，异义横生，《春秋》愈失之乱矣。若日月之例，名字之别，《春秋》属辞比事之绳墨也。而吕大圭曰：“必先破以日月为例之说，与夫以名称爵号为褒贬之说，而后《春秋》之旨可得而论矣。”何不思之甚也！（吕氏说见所著《春秋五论》）《春秋》日月之例，自来疑者甚多。王充《论衡》谓：“《公羊》、《穀梁》日月之例，使平常之事，有怪异之说；径直之文，有曲折之义，非孔子之心。”钟文烝《穀梁补注》论之曰：“夫惟俗儒见以为怪异曲折，斯其为圣人之经也。盖《春秋》盟会，俱有时日可考，而《春秋》或著之，或削之，此可见《春秋》有日月例也。”（此本惠士奇《春秋说》语）《春秋》无阙文，而西狩获麟，《春秋》只著其时，不言其日，此孔子削去之也。（见刘绍攽《春秋笔削微旨》）盖不从传说，必有伪舛，而谓执以通经，非愚则诬矣。其三传并采者，疵病亦相若。孔广森曰：“倘将参而从焉，衡而取焉，彼孰不自以为择善者？”（《公羊通义叙》）恐所取适一传之大失，所去者反一传之独得。盖务于采取，必疏于发明；笃信不疑，则专研不易也。此先儒之失三也（不从传说者，如赵汸《春秋属辞》，谓《春秋》外取邑不书，虽取诸我不书，春秋之初则书之。陈傅良曰：“春秋之初，犹以取邑为重也。”此说盖论事耳，以《春秋》为记史之书也。若《公羊传》以为疾始取邑，则孔子重始爱民之义，俱可见矣。此传义也，故《传》说不可不从之者也）。

4. 先儒说经之病，其最甚者，则短于贯通，而未明治学之途术也。凡为学之道，必条析之以极其精，又综合之以观其大，而后可以明其本原，搜其来由。《春秋》属辞比事之学，盖必三五而比之，博贯而通之，非彼义与彼义无关，此经与他经无涉也。

《春秋》明义之学，其理必相贯通，学者亦必牵其玄旨，细其要义，知其根本，明其枝叶，然后免于就经论经，就传论传之弊。夫别嫌微，所以慎微也；重本始，亦所以慎隐微也；合而观之，则可以知慎微之大。原心意，所以养善志也，亦所以正人心，通恕道也；析而察之，则可以知原心之细。《春秋》慎微，故必原心意以重本始；《春秋》原心，亦必别嫌微以扬诚伪，二义又相互通也。故黄泽有言曰："《春秋》本是一贯之学，夫子以一理裁万事，洪纤高下，各有攸当，而学者竟未知其一贯也。"（赵汸《春秋师说》）其说是也。乃先儒之说经，或专考典章制度，或通论史迹辞例，皆知钩取经传，贯通为说；然而通绎大义者，则不多见。若柳兴恩之《穀梁大义述》，以述日月例，述三传异文，述经师为说，则又不称其实。此先儒之失四也。

先儒说《春秋》者，不啻数十百家，然皆不能尽免此四失，加以传说纷纭，此《春秋》之学所以难明也。惟董君仲舒著《春秋繁露》，最为杰出。其言曰："是故论《春秋》者，合而通之，缘而求之，五（伍）其比，偶其类，览其绪，屠（著）其赘。"盖知为学之方也。虽然，《繁露》一书，多隐而未发，略而未备之说，条理失次，析合未精，又其遗憾也。清季诸儒，或骛于训诂注疏，或专于典章制度，或从事三传之争，或辨明今古之学，未能重于《春秋》义理，是以详推《春秋》"慎微"、"正名"、"原心"、"安仁"、"明政"等诸旨，著为六论。其所未备，则俟诸异日焉。

# 《春秋》正名论第二



春秋之世，王政不纲；礼教浸微，刑罚错乱；是非不辨，分义不明；故臣弑其君者有之，子弑其父者有之，几于成俗，莫知其非。然而奇词异说，又杂然并兴，淆惑情实，违害理义，凡民愚昧，失所遵循，此圣智所隐忧也。深察乱之所起，起于名之未正。故卫君待孔子为政，孔子曰："必也正名乎。名不正则言不顺，言不顺则事不成"也。盖名者所以辨情实，示分义，明是非，别嫌疑，大而明道治世，小而传言达意，莫不恃赖以为功；《春秋》正名之书，而孟子以为孔子作《春秋》而乱臣贼子惧，比于一治，其效验若此。呜呼！不可不察。今案遗经，犹可上考孔子之意；其缘由何在，其途术何存，宜大白于世也。（以上明其缘由）



（一）《春秋》正名，所以辨情实也。名生于实，所以明实；有实则不可无名，有名亦不可无实，名实盖离而为两，合而为一者也。患在名离于实，实乱于名，故必辨订名号，以察情实；虽不能无差，犹可得而说也。《春秋》正名，亦所以正实者。凡辨订名实，其术有二：或先察实以正名，或因其名以核实。正名者必察实以正名，察实者亦必正名乃明其实，其途术虽异，其指造则一，均相类也。故由是言之，《春秋》正名，亦所以辨情实，非仅正其名号而已也。董君曰："《春秋》辨物之理，以正其名，名物如其真，不失秋毫之末。"又曰："名生于真，非其真，弗以为名。名者，圣人之所以真物也。"（深察名号）盖深得《春秋》之旨。所谓辨物之理，所谓所以真物，皆辨情实之意也。若谓仅于考订书字，则失之矣！（郑康成注《论语》谓正名为正书字，非是。《春秋》单言正名，后世言正名实，其义一也。故训中惟释名，“名者名也，名实使分明也”说最善。）《春秋》僖十六年春王正月戊申朔，陨石于宋五；是月，六鹢退飞过宋都。传曰：“曷为先言陨而后言石？陨石记闻，闻其磌然，视之则石，察之则五。”“曷为先言六而后言鹢？六鹢退飞，记见也。视之则六，察之则鹢，徐而察之则退飞。”《春秋》正名尽实，其义皆若此也。（《穀梁传》曰：“先陨而后石，何也？陨而后石也。于宋四境之内曰宋。后数，散辞也。耳治也。……六鹢退飞过宋都，先数，聚辞也。目治也。子曰：‘……君子之于物，无所苟而已，石鹢且犹尽其辞，而况于人乎？故五石六鹢之辞不设，则王道不亢矣！’”说亦可）故“初献六羽”不言佾，妇人无武事，言佾则干舞在中也。（隐五年）谭子奔莒不言出，无所自出也，国已为人所灭，不可言出奔也。（庄十年）多麋而先言多。（庄十七年）蝝生而后言生。（宣十五年。萧楚《春秋辨疑·石鹢辨》曰：“蝝，害物之虫，不宜生，故直名其生曰蝝生也。麋者所有也，多则异常，抑或为害，故以多目之曰多麋也。”）庄七年星陨如雨而后言雨。（《传》曰：“如雨者何？如雨者，非雨也。非雨则曷为谓之雨？《不修春秋》曰：‘雨星不及地尺而复。’君子修之曰：‘星陨如雨。’”何君注曰：“明其状似雨尔，不当言雨星。”）文三年雨螽于宋而先言雨。（《传》曰：“雨螽者何，死而坠也。”何君注曰：“言雨螽者，本飞从地上，而下至地，似雨尤醇。”）若此皆正名以尽实也。详见先后，明察情实，或加损其文，或变易其词，审于名字，循乎义理，不差毫厘，不稍假借，若实已辨，虽有嫌疑，亦可通假，此《春秋》正名之意，亦在于辨情实，可得而察者也，说在贵贱不嫌同号，美恶不嫌同名。

（二）《春秋》正名，所以示分义也。人有恒言，“顾名思义”，“因名见分”，此谓分义虽根生于实，而寓寄于名也。其理至显。故由是言之，《春秋》正名，亦所以明分也。（《春秋》正名之书，而《庄子》曰：“《春秋》以道名分。其词虽殊，其义相同。”）分定则私不行，义明则乱不作，明定分义，以防暴乱，此《春秋》所由作也。鲁定公从季孙假马，孔子曰：“君之于臣，有取无假”。而君臣之义立。（定十年何注引。）孔子之言，足以征信。其在《春秋》：僖二十六年，齐人伐我西鄙，公追齐师至，弗及。可言公追齐师，而不言公追齐人。（《公羊通义》说。据上言齐人。）定九年得宝玉大弓，可言为盗所窃，而不言为盗所归。（上年书盗窃宝玉大弓，今年盗归之，不直书。）晋文不与致天子。（僖二十八年）吴楚之君不书葬。（宣十八年传曰：吴楚之君不书葬，辟其号也。）殊会王世子。（僖五年）大夫不敌君。（宣二十年）皆正名以明分也。春秋王姬归于齐，与列国之女同辞，家铉翁论之曰：“尧之女舜也，书曰‘厘降二女于妫汭’，《诗序》言王姬适诸侯，而曰‘下嫁于诸侯。’曰‘降’曰‘下’，犹有自上而下之义。至《春秋》垂法，则王姬归于齐，与列国女嫁诸侯者无异辞。此圣人之特笔……不以天子女至贵，而乱居室之大伦，其虑后世远矣！”由是观之，一字之异，一名之别，而大义以明，乱萌以止，此正名明分之要也。





（三）《春秋》正名，所以别嫌疑也。高闶《春秋集注》曰：“《春秋》之作，常施于可疑，而不施于所不可疑。董君曰：“《春秋》常于其嫌得者，见其不得。”（楚庄王）此皆《春秋》之旨也。隐四年卫人立晋，传曰：“立者何？立者不宜立也。其称人何？众立之之辞也。然则孰立之？石碏立之。石碏立之，则其称人何？众之所欲立也。众虽欲立之，其立之非也”。（《穀梁传》曰：立者，不宜立也。其称人以立之何？得众也。得众则是贤也。贤则其曰不宜立，何也？《春秋》之义，诸侯与正而不与贤也。）晋为得众，疑于宜立，故《春秋》特书其事（《春秋》例不书立），以见其非，所以明疑也。楚灵王诛齐庆封。（昭四年秋七月楚子……伐吴，执齐庆封杀之。何注曰：称侯而执者，伯讨也。月者，善义兵。）灵王非贤，而诛庆封，以乱治乱，疑于不得，而《春秋》善其义兵，以为伯讨。盖以“庆封胁君乱国，本国不能诛，中夏不能讨，楚以蛮夷，诛以行霸，虽云怀恶，圣人不逆诈，不亿不信，犹以义与之也。”（录《公羊通义》说）《春秋》之明疑，盖若是也。《春秋》用辞，亦辟于嫌。桓十二年及郑师伐宋。丁未，战于宋。传曰：“战不言伐，此其言伐何？辟嫌也。恶乎嫌？嫌与郑人战也。”（不言伐则成“及郑师战于宋”，故必言伐。）凡此之类，盖谨于词文，而察于事理，析纤微之嫌，明毫厘之分。故淆惑无由而生，祸乱无从而伏，《春秋》正名之旨，其意固甚深也。

(四)《春秋》正名，凡以明是非也。名者明也，名实使分明也。名之为义，有明之道，（古名明字通用）情实既明，是非自见，而《春秋》又“常因人所惑而立词以大明之”（此董君语）故《春秋》一经，或直书其事，或变词成文，虽以细事而发，必寓大义于中，皆所以诏示天下，晓谕来兹；《春秋》所书，皆所以表明天下之是非也。是非之明，系于名实，故董君曰：“名之审于是非也，犹绳之审于曲直也。诘其名实，观其离合，则是非之情不可以相谰已。”（深察名号）其说是也。《春秋》之直书其事以见是非者：桓二年公会齐侯、郑伯、陈侯以成宋乱。《传》曰：“内大恶讳（宋弑君而成之，大恶），此其目言之何？……隐贤而桓贱也。”详言其事，以明其非。文元年楚世子商臣弑其君髡。何君注曰：“言世子者，所以明有父之亲；言其君者，所以明有君之尊。”直书其罪，无有加损，而情实并明矣。《春秋》之变词成文以见是非者：庄四年公及齐人狩于郜。《传》曰：“公曷为与微者狩？齐侯也。齐侯则其称人何？讳与雠狩也。”变侯称人，以明复雠之义。僖二年虞师、晋师灭夏阳。《传》曰：“虞，微国也，曷为序乎大国之上？使虞首恶也。曷为使虞首恶？虞受赂，假灭国者道，以取亡焉。”变词成文，以示贪赂亡国之戒。此皆《春秋》正名以明是非之效。词例甚繁，不遑枚举。(以上明其意义。)

《春秋》正名，凡以辨情实，示分义，别嫌疑，明是非，此皆所以为治世之具也。后世有论之者，《尸子》曰：“治天下之要在正名，正名去伪，事成若化，以实覆名，百事皆成。”《荀子》曰：“故王者之制名，名定而实辨，道行而志通，则慎率民而一焉。……如是，则其迹长矣。迹长功成，治之极也。”（正名）《吕氏春秋》曰：“名正则治，名丧则乱。”（正名）董君曰：“治天下之端，在审辨大。辨大之端，在深察名号。”（深察名号）由是言之，正名之效，治道之要。此《春秋》之所由作也！此《春秋》作而乱臣贼子惧也！且尝思之，《易》曰“鼓天下之动者存乎辞”，《春秋》之正名，其亦鼓天下之动欤！借已往之事迹，示未来以蹊径，劝善惩恶，明非见是，而得义理之安，中庸之道，使天下后世，读是经者，知所奋发，知所向往，知所警惕，知所避免；所以鼓天下之动，劝天下以善，固莫此若也。《春秋》正名之义，亦大矣哉！(以上明正名之用意。)

《春秋》正名，所以期于尽实而已。其用词之各殊，若省略不书，诡易其词，直书其事，特笔变文，托义举重，异其文实，辨其等级，日月之例，目凡之别，皆正名之法术也。（见《旨要篇》第一）然而剖嫌析疑，不遗纤芥。（剖嫌析疑，已见上例。阙疑者，昭公十二年春，齐高偃率师纳北燕伯于阳。《传》曰：“伯于阳者何？公子阳生也。子曰：‘我乃知之矣！’在侧者曰：‘子苟知之，何以不革？’曰：‘如尔所不知何？’”）其文字之相应，美恶之同称，则所独也。隐七年《传》曰：“《春秋》贵贱不嫌，同号；美恶不嫌，同辞。”何君注曰：“贵贱不嫌者，通同号称也。”若齐亦称侯，滕亦称侯；微者亦称人，贬亦称人。皆有起文（以他事明其故），贵贱不嫌同号是也。“若继体君亦称即位，继弑君亦称即位，皆有起文，美恶不嫌同辞是也。”“此《春秋》之用词，贵在明实，情实已明，不避其嫌，异乎情实未明，必绝其嫌也。故《春秋》正名，非正书字；辨实明分，为尤要也。《春秋》多巽顺其词，以示分义，而明善恶，故不以同号同辞为嫌。然而文约法明，无害于实。庄存与《春秋正词》，孔广森《公羊通义》，论说此例，最为详审，庄氏曰："《春秋》事异则旨异。事异而辞同，则以事见之；事不见则以文起之。嫌者使异，不嫌使同。若子般弑亦称卒，子野毁亦称卒，则以闵公不言即位异之，宣公亦言即位，昭公亦言即位，则子卒不日异之。又若晋侯杀其世子申生，宋公杀其世子痤，则不书葬，以明晋侯之志乎杀以异之。"孔氏曰："《春秋》美恶不嫌同词，许叔入于许，言入则恶已见，故字不嫌美。纪季以酅入于齐，称字则美已见，故入不嫌恶。"又曰："盖《春秋》正百物之名，理群事之然否，必其不嫌，乃得同号同辞。苟嫌矣，析疑辨微，纤芥不遗。是故纪履緰来曰逆女，（隐二年）莒庆来曰逆叔姬（庄廿七年）；救邢先言次而后言救（僖元年）；救晋先言救而后言次（襄廿三年）；牟娄、防兹言及（昭五年）；郓、讙、龟阴不言及（定十年）；王用诸侯之师曰从（桓五年）；诸侯之师相为用曰以（定四年）；善曰还，不善曰复，（庄八年、宣八年）善曰归，不善曰入（桓十五年）；皆使贵贱不相假，美恶不相错，难可悉数者也。"由是观之，《春秋》文词之相应，亦可以概见矣。谨严精审，未尝疏忽，遂开先秦诸子研讨名实之风，呜呼！不可不详察之也。（以上明正名之法及美恶不嫌同辞）

《春秋》又有属辞比事之教，《礼记·经解》述孔子之言曰："入其国，其教可知也。……其为人也，属辞比事，《春秋》教也。"属者属合之谓（《说文》：属，连也。广韵：属，聚也，会也。《周礼》州长月吉则属其邦之民读弗法。注曰：属犹合聚也。）比者比次之谓。""《春秋》之义，是是非非，皆于其属合、比次、异同、详略之间见之，是其本教也。"（钟文烝《穀梁补注》语）属辞比事之教，学《春秋》者，最宜深研之；是正名之要义，而正名不足以尽之也。属辞比事，其义各殊，然而不可以相离，必先属合其辞，以验其同异，而后伦比其事，以察其缘由；其义始可得明。善于其道者，可以由同以求同，由异以求异，由异以求同，由同以求异，比同异而兼察，搜其缘由所存。董君曰：“弗能察，寂若无能，察之，无物不在；是故为《春秋》者，得一端而多连之，见一空而博贯之，则天下尽矣。”（精华）能属辞而比事者，必闻一以知十，举一而反三，守其本教而不乱也。后世学者，多所拘执，仅于属合其辞，伦比其事，未能察同异之辨，及其缘由所存，是属辞比事，乃寻常之事，鲜微妙之理，非所教也。本教未显，此五经俱昌明，而《春秋》独郁而未发也。窃谓属辞比事，可以由同以知同，由异以知异，由诸异以求其所同，由诸同以知其所异，务以搜其缘由，明其本真，而后可以详察事物也。先世诸儒为《春秋》者，有知推援侔比之道，以求缘由本真之详，虽有身行之者，亦寡能说其故，是以属辞比事之教，犹未著也。请扬其例，以说其义：





(例甲)

隐公六年秋七月九年秋七月

桓公元年冬十月（四年、七年并去秋冬。）九年夏四月秋七月十三年秋七月冬十月十八年秋七月

庄公元年春王正月四年秋七月五年春王正月十二年夏四月十三年秋七月十五年冬十月十八年冬十月十九年夏四月二十年秋七月二十一年春王正月二十二年夏五月三十年春王正月

僖公六年春王正月十年秋七月十二年秋七月二十四年秋七月三十年春王正月三十一年秋七月三十二年春王正月

文公八年夏四月

(例乙)

隐公十一年冬十一月壬辰公薨

桓公十八年夏四月丙子公薨于齐

庄公三十二年八月癸亥公薨于路寝

闵公二年秋八月辛丑公薨

僖公三十三年（十有二月）乙巳公薨于小寝

文公十八年春王二月丁丑公薨于台下

宣公十八年冬十月壬戌公薨于路寝

成公十九年八月己丑公薨于路寝

襄公三十一年夏六月辛巳公薨于楚宫

昭公三十二年十二月己未公薨于干侯

定公十五年夏五月壬申公薨于高寝

(一)《春秋》属辞比事，由诸异以求同者，盖二而俱于之一也。于诸异词之中，求其相同之由，是其术也。孔子曰："书之重，词之复……其中必有大美恶焉。"（《繁露》及僖四年何注引，俱无恶字。据张洽《春秋集注》、胡安国《春秋传》增）。意在斯矣。于诸异同之词，而寓美恶之意，使天下读是经者，可以推其缘由，因明其本真，果属合其词，比次其事，而求同也。《春秋》重乎城邑，其缘由何在，其旨趣何存，传注未详也。而《盐铁论》曰："《春秋》动众则书，重民也。"程子曰："《春秋》凡用民必书……虽时且义亦书，见劳民为重事也。"此属合异词，钩取同谊，以明其本原，可征者也。《春秋》录乎伯姬（自成八年至十年，录伯姬者凡六事)，其书重词复，特笔详录，亦有大美恶焉。而比次其事，伯姬守礼，逮火而死（襄三十年宋灾，伯姬卒)，知《春秋》之意，书以善之，此不待传注亦可明也。故《春秋》属辞比事之教，有求同之术存焉。从甲例以观之：春正，夏四，秋七，冬十，皆四时之首月也。以无事而书，知《春秋》虽无事，四时之首月必书。此由诸词之中，可以见其相同之端，其例一也。《传》曰："《春秋》虽无事，首时过则书。"是其证也。从乙例而观之：庄、僖、文、宣、成、襄及定，俱无故薨，

《春秋》书其地；隐、闵俱弑，薨而不地；是《春秋》公薨封内无故则地，弑则不地，由诸异词之中，可以见其相同之端，其例二也。公薨于外则地，异于封内，传注虽不言，可得而明也。然后世诸儒，略习其道，未明其由，不知《春秋》属辞比事，有求同之教也。（所谓不待传注而自明者，极言之耳。《春秋师说》曰："《周易》、《春秋》，是有绳墨之文，不比他经；若能探其旨，知其绳墨，识其规矩，则虽不下注脚，而经旨亦明。《春秋》大事表曰：'而联属上下之词观之，其大义何待传注始明也。'此二说者，足证属辞比事之效，而未可为训。盖求同犹可，其求最难，不待传说，或失于乱，且多口授微言，以平常之法求'春秋大义'，必误。"）

（二）《春秋》属辞比事，由诸同以求异者，盖一而俱于是二也。于诸同词之中，求其各殊之端，是其术也。《春秋》之用词，略常以明变，略同以著异，略是以著非，略轻以明重，于诸同词之中，见其特异之端，示天下以求异之术，以推其本原与终极也。虽然，求异之术，多见于殊异之一事，最难考索；其术可贵，宜于详察，不可或忽。记曰："《春秋》之失乱，乱于求异也。"学《春秋》者，必谨察之。《春秋》记虞师、晋师灭夏阳（第三页）。虞以小国序乎大国之上，异于其所同者，此必有其故也，比次其事，则知虞公贪宝假道，自取灭亡，故异其文，以罪虞也。《传》曰"使虞首恶也"是其证矣。从甲例以观之，桓公四年，不著秋冬，殊异之端，必有由焉。桓公杀隐，国中不能讨，天王不加诛，四年之夏，反行聘焉（天王使宰渠伯纠来聘），奖奸成篡，故去二时。以见无道。七年之春，桓焚咸丘，以火攻人，作俑之始，故去二时，以见不仁。（两者俱从何君注说。《春秋》去时之义，世多疑之，非也。昭十年去冬，《通义》曰："此公羊师说相承，必有所受。"《坊记》曰："鲁《春秋》去夫人之姓，曰吴。"谓书夫人至自吴，不书姬氏，是不修《春秋》文，如是，君子修而削之矣。盖事在是年冬十月，或十一月，不存其事，故亦不存其月。此可证也。）庄二十七年夏以五月首时，何君注曰："讥庄公取仇国女（而庄公是年如齐纳币），不可事先祖，奉四时祭祀，犹五月不宜以首时。"此其故可推而求者也。从乙例可以观之，凡公薨无故则地，反而求之，公薨有故不地矣。昭公之薨，无故为地，其由则在晋也；桓公之薨，有故为异，推其原由，则在齐也。缘诸侯卒封内不地之例（据襄六年传，诸侯卒其封内不地，卒于外则地），则可以知之矣。求异之术，最为难能，以《春秋》特笔变文之繁，盖未可以妄测意推，谨从传注，斯无过失，若知《春秋》有求异之术，而能施于格物致知，则甚善矣。

（三）求同求异之术，主于推验事例。事例之繁，可求其相同之则者，未必不可求其特异之端，苟能既求其同，复察其异，兼求同异，其术尤善。必不失于偏倚，且不至于有误。《春秋》属辞比事之教，既寓求同求异二术，亦必有兼求同异之法，存于其中，合求同求异观之，无待例证矣（如上举乙例是其证）。三法俱备，而推验之术尽矣。此可缘所已知，以求其所未知，然而学《春秋》者，多有躬行其术，而未能言之者。

（四）《春秋》属辞比事之教，有缘同以知同之术，此举一以反三，闻一以知十之义也。董君曰："是故为《春秋》者，得一端而多连之，见一空孔而博贯之，则天下尽矣……以鲁国之若是也，亦知他国之皆若是也；以他国之皆若是，亦知天下之皆若是也。"董君习于《春秋》，其推演者，本乎《经》、《传》，是《春秋》隐寓以同知同之术，不待详言矣！

（五）《春秋》属辞比事之教，有由异以见同之术。《春秋》词已明者去之，词未明者著之，是其道所存也。楚庄王杀陈夏征舒（宣十一年冬十月楚人杀夏征舒。详见《慎微》篇），《春秋》贬之为人，诸侯之义，不得专讨也。而楚灵王执齐庆封杀之（见前），《春秋》与其伯讨，称为楚子，盖不得专讨之义已明，而齐庆封之罪未见，虽称楚子，与以伯讨，而由其异词之中，不得专讨之义，犹可见也。《春秋》恶灭同姓，卫侯灭邢，名以绝之。（僖二十五年卫侯毁灭邢，详见《安仁》篇）是通例也。而晋人执虞公，同姓相灭，不绝晋侯。沈氏钦韩《左传补注》曰："《春秋》之义，有见于彼而略于此者，于彼见一义，于此又见一义。灭同姓，恶之甚者也；于卫侯毁灭邢见之，则其例可类推，此言晋人执虞公（僖五年冬，晋人执虞公），则虞公之国亡身虏，有以自取，又别起一义，非以晋之为可恕也。"综此二者，属辞比事之教，有由异以见同之术，例甚明也。（以上明《春秋》有求同求异诸术。）

《春秋》属辞比事之教，有求同，求异，同异兼求诸术，非虚加之也。不然，属合其词，比次其事，而不能知其共同之则，不能见其殊异之端，直非教也，何足贵乎？凡此诸术，皆隐寓于中；隐寓于中，而谓有是教，无是术，亦不可也。孔子之道，贵乎闻一知十，能近取譬。是孔子重推求之道，其传于《春秋》者，有属辞比事之教，盖知求同，求异，同异兼求之理者也。此孔子明智之法也，此孔子正名之学也。明智之要，所以慎微，所以安仁。孔子曰："仁者安仁，智者利仁。"又曰："未知，焉得仁？"孰谓孔子不贵知哉。

# 《春秋》慎微论第三

《春秋》之义，自其细者观之，则为慎微；自其大者观之，则为安仁。慎微始也，安仁终也；不慎微则无由安仁，不安仁亦忽于慎微，二者相依而行，相待而成者也。《春秋》欲善其始以善其终，故必慎于隐微；董君曰："《春秋》至意有二端，……小大微著之分也。夫览求微细于无端之处，诚知小之将为大也，微之将为著也。吉凶未形，圣人所独立也"（二端）。盖有见于《春秋》之意矣。窃尝思之，《春秋》显著几微，凡重本始，正名实，原心意，安仁恕，大居正，通权变，理政事，鲜不寓有慎微之意。阐发幽隐，别察嫌惑，或申其意，或通其理，甚博切而著明。谓《春秋》为慎微之书，无不可也。（吕大圭《春秋五论》亦以著几微为《春秋》要义）其故何在？其术何存？请循其本，以详言之。

《春秋》推见以至隐者也，察于天地之间，事物之众，皆由极微以至极著，极简以至极繁；而生长消息，周流转易，皆以积渐而成。百行之善，一乱之源，皆小大微著之分而已。忽于细小则乱萌；慎于隐微，则善成。《春秋》欲人迁善以绝乱，此《春秋》所以敬慎几微也。且尝察之，嬗变之生，至为迅速；祸福之来，存乎几微；以几微之隐，居迅速之变；理义之坊，动定之则，又杂厕其间；故举止错置，决一策，断一谋，必察明时势，周详道义，而以敬慎行之，然后免于危害。此孔子之道，以时为大，以权为高也。审时度权，存乎隐微，此亦《春秋》所以敬慎几微也。《春秋》安于仁而大居正，仁者忠恕之心，凡克己复礼之道，经世安民之术，皆不能离群而外物也，则嬗变之生，积渐之来，不能免矣。故安仁之术，必当慎微。(四勿即慎微也。)正者中庸之谓，盖以无偏倚之道，而求经正之常，亦不可免于权变，且不可差以毫厘。故居正之法，亦在慎微。（中庸即慎微也。）由是言之，百行之善，一乱之源，审时度权，安仁居正，皆始于慎微，此《春秋》之义，贵慎微也。《易》曰："知几其神乎！"又曰："夫易者，圣人之所以极深而研几也。唯深也，故能通天下之志；唯几也，故能成天下之务。"《易》言研几，《春秋》慎微，几微一也，《易》与《春秋》所言，皆天下人之道也。(以上言其故)

《春秋》慎微之术，一曰重本始。夫本不正者末必倚，始不慎者终必败，此二者为善之端，去恶之初也。为善而重本慎始，可以积累而至于大，疾恶而重本慎始，则敝害无由而生。故《易》曰："建其本而万物理，失之毫厘，差以千里。"又曰："君子以作事谋始。"始而不谋，必至于讼；讼而不竟，必至于师也。《春秋》意存慎微，故重本慎始也。（案：陈立《公羊义疏》曰："盖凡始皆微，圣人系心于微，正以正始故也，其说非是。圣人正始，正以系心于微耳。"）一曰防积渐。《中庸》曰："是故君子戒慎乎其所不睹，恐惧乎其所不闻。"其最传斯义。所谓戒慎乎其所不睹者，非探之茫茫也；所谓恐惧乎其所不闻者，非索之冥冥也。谨几渐，防嫌微而已。《春秋》常于可危者危之，而言之甚早，盖欲人杜祸患之渐，先绝其萌，有以早变耳。苟不如此，仓卒祸发，不可救矣。故《春秋》慎微之术，亦存乎防积渐也。(以上言其术)

虽然，《春秋》重本始，防积渐，固慎微之术矣，然非习于仁智，不可得也。智者洞烛祸福，明辨利害；事至而知所措，物动而知其化；缘往察来，以同知异；逆测变故之生，而推见终极所至，故可明隐发微，因时制宜，以重本始，而杜积渐。《春秋》

别嫌疑，明是非，所以明智也；故知慎微之术，起于明知。《说苑·建本》篇曰：“魏武侯问‘元年’于吴子，吴子对曰：‘言国君必谨始也。’谨始奈何？曰：‘正之。’正之奈何？曰：‘明智，智不明何以见智？多闻而择焉，所以明智也。’”是其证矣。仁者秉心至善，守道至坚；嗜欲智而怨望希，天极敏而真情挚；不以利害义，不以难悖德；又知几甚速，力行甚勇；故能敬慎于微而不忽也。此所以谓不安仁则忽于慎微也。故由是观之，慎微之术，最难能也。智以明之，仁以行之，且无往而可不敬慎几微也。(以上明其本。) 以《春秋》之义证之，亦无往而非慎微：

(一)《春秋》重本始，所以寓慎微之意者何？重本慎始，亦慎始微也，隐四年莒人伐杞取牟娄。《传》曰：“牟娄者何？杞之邑也。外取邑不书，此何以书？疾始取邑也。”桓七年焚咸丘。《传》曰：“焚之者何？樵之也。樵之者何？以火攻也。何言乎以火攻？疾始以火攻也。”闵二年吉禘于庄公。《传》曰：“吉禘于庄公，何以书？讥。何讥尔？讥始不三年也。”重始之义，传于《春秋》者，盖若是也。僖二十五年宋杀其大夫。《传》曰：“何以不名？宋三世无大夫，三世内娶也。”何君注曰：“疾其末故正其本。”此《春秋》重本之意也。

(二)《春秋》防积渐，所以寓存慎微之意者何？祸以渐生，福以积至，积渐微矣，故慎之也。《春秋》于宋有冯之弑（桓公二年)，而危之于缪公之卒。（隐三年癸未葬宋缪公，《传》曰：“危不得葬也。”）于齐有无知之弑（庄公八年)，而危之于僖公之卒。（桓十五年夏四月己巳葬齐僖公，当时而曰，危不得葬也。）皆先预为之危，慎之至也。（说本《公羊义疏》）顾栋高曰：“会嬴至聘（桓三年公会齐侯于嬴，同年冬齐侯使其弟年来聘。)，一年中连书六事，皆为昏文姜、盟防至用币（庄二十二年及齐高傒盟于防，二十四年秋夫人姜氏入，戊寅大夫宗妇觌用币。)，三年中连书十三事，皆为昏哀姜；志闺门之祸，谨履霜之渐。”《春秋》示人防积渐，有如此者也。庄二十三年公至自齐，《传》曰：“桓之盟不日，其会不致”（与齐桓盟则不日，会则不书至。），信之也。此之桓国何以致？危之也。何危尔？公一陈佗也。（何注：公如齐淫，与陈佗相似如一也。）庄公后无危，而《春秋》危之，盖即戒慎乎所不睹，恐惧乎其所不闻，以有危道，故危之耳。《春秋》之意固甚察也。（文十年，楚子蔡侯次于屈貉。《通义》云：“庄侍郎曰：‘屈貉之役，左氏以为陈侯、郑伯在焉，而又有宋公后至，麇子逃归。《春秋》一切不书，主书蔡侯者，甚恶蔡焉。蔡同姓之长，而世役于楚，自绝诸夏。商臣罪大恶极，犬彘将不食其余，盖窃位以来，诸侯尚未有与盟会者。蔡庄侯首道以搂上国，独与同恶相济，同气相求，不再传，而蔡亦有弑父之祸，遂使通。《春秋》唯商臣与般相望于数十年之间。若蔡侯者，所谓用夷变夏者也。广森三复斯言，诚《春秋》之微旨。昔卫州吁弑君自立，使公孙文仲平陈与宋，及宋殇公、陈桓公之身，而冯弑、佗篡之难作，鲁翚会之卒之，弑隐者翚也。子夏有言曰：《春秋》之记臣弑君、子弑父者以十数矣。皆非一日之积也，有渐而以至矣。……则知党弑君之贼者，其国必有乱臣，……党弑父之贼者，其家必有逆子。呜呼！国有风，家有俗。久闻习见，风俗以成。白羽素丝，唯其所染；履霜乘火，宁可不慎！’”今案：庄侍郎语见《春秋正辞》。《通义》所云，实略本张洽《春秋集注》隐四年说。庄孔立论虽善，惜犹本《左氏传》，自乱家法。实则楚蔡本与国，其风俗当有相同者，鲁、卫、宋弑君亦不必牵合陈桓言。要之，当防积渐也。）

（三）《春秋》正名实，所以寓慎微之意者：正名之义，存乎辨情实，示分义，明是非，别嫌疑；盖恐纤芥之不明，故因名以正之，实有慎微之意存焉。文十四年齐公子商人弑其君舍，舍立未踰年，例不当称君，《春秋》成之为君，所以重商人之弑，亦以未踰年君，若不称君以讨贼，则逆乱之臣，皆以君未踰年，可肆其凶恶矣。故《春秋》正名明实，此有慎微之意存者也。成二年取汶阳田，汶阳田者，本齐反鲁侵地，《春秋》不曰归汶阳田，而正其名曰取者，高闶曰：“凡取人之有，其恶已见；而取己之旧，不以其道者，其罪难知，圣人所书，亦正名曰取，以显微也。”此《春秋》明分示义之有慎微之意者也。若“《春秋》之用辞，常于嫌得者见其不得”，或“因人所惑而立词以大明之”，虽以别嫌疑，明是非，亦意存慎微，甚显明也。孔子曰：“必也正名乎！名不正，则言不顺；言不顺，则事不成。事不成，则礼乐不兴；礼乐不兴，则刑罚不中；刑罚不中，则民无所措手足。故君子名之必可言也，言之必可行也。君子于其言，无所苟而已矣。”由是言之，孔子正名，而推见名不正则民无所措手足，有慎微之意存焉。则《春秋》正名实，其所以寓慎微之意者，亦可察矣。

(四)《春秋》原心意，所以寓慎微之意者：凡百行事，莫不夙存乎心，然后形见于外，一念之差，而美恶立判；一意之生，臧否已见；故作于其心，必发于其事，欲正其事者，则宜原其心也。《春秋》重本始而慎几微，是以原心意而论行事。心意微矣，故《春秋》原心意即所以慎隐微也。且《春秋》褒美贬损，或缘其心以著其恶，或称其意而著其善，或责之深，或责之浅。（详见《原心论》篇）此虽主于察别善恶，扬摧诚伪，其论之靡有定衡，其义之玄妙深邃，不有慎微之心，何以论说于此哉。文公二年公子遂如齐纳币，《传》曰：“纳币不书，此何以书？讥。何讥尔？讥丧娶也。娶在三年之外，则何讥乎丧娶？三年之内不图婚。……三年之恩疾矣！非虚加之也！以人心为皆有之。以人心为皆有之，则曷为独于娶焉讥？娶者，大吉也，非常吉也，其为吉主于己，以为有人心焉者，则宜于此焉变矣。”盖《春秋》之义，原心以教孝，讥于纳币之时，责以三年之内，所以明诚治伪，彰礼著义，有微意也。（《左氏》以为合礼，万斯大已辩之，详见《旨要》第一。）明察乎此，《春秋》之义，亦可知矣。

（五）《春秋》大居正，所以寓慎微之意者：大居正者，合于道义，无有偏倚者也。合于道义，故不失常轨；无有偏倚，故不生乱源。其义甚广，不止慎微，然而居正则无危害，故《春秋》之大居正，亦有慎微之意也。春秋之世，行多失正，虽本仁让之心，而似义理所安者，《春秋》亦弗之许。宋宣公舍子立弟，以启乱源，《传》道孔子之意曰："君子大居正。宋之祸，宣公为之也。"（隐公三年《传》曰："宣公谓缪公曰：'以吾爱与夷，则不若爱女；以为社稷宗庙主，则与夷不若女。盍终为君矣！'宣公死，缪公立。缪公逐其二子庄公冯与左师勃，曰：'尔为吾子，生毋相见，死毋相哭。'与夷复曰：'先君之所为不与臣国而纳国乎君者，以君可以为社稷宗庙主也。今君逐君之二子，而将致国乎与夷，此非先君之意也。且使子而可逐，则先君其逐臣矣。'缪公曰：'先君之不尔逐可知矣。吾立乎此，摄也。'终致国乎与夷。庄公冯弑与夷。故君子大居正。宋之祸，宣公为之也。"）齐桓公存亡继绝，至于三国，然而《春秋》之义，则以诸侯之义，不得专封，以明正道。（萧楚《春秋辨疑》曰："齐桓存三亡国，而封卫之功尤为彰著。卫人欲厚报之，至形于篇咏，当时归其仁，而远人自是向慕，江人、黄人来会于贯泽是也……观《木瓜》之什列于《国风》，则是圣人亦以为善矣。于《春秋》独没其事实何也？夫存亡继绝、建邦开国，正所谓作天下之福……福者，积微以为用，以晦而彰，以柔而强，及其至也，威不足以言之……故《春秋》书执人之君、灭人之国者，著其无王，罪之也。至恩惠之事，诸侯擅之，虽未足以倾周，皆削而不书。"今案：此慎微之意也。）由是言之，《春秋》大居正，不失纤毫而甚敬慎，其意亦昭然若揭也。

（六）《春秋》通权变，所以寓慎微之意者通权达变，所以应一事之宜，而反乎经正之常；且必观于时势，而参详以道义，其应对之方虽殊，而终极所至必善，能如是者，乃可行也。然而时势易变，义理虽明，非慎几微，必有舛错。目夷行权，舍君救国，而《春秋》贤之，其义明也。（僖二十一年，楚人执宋公以伐宋，宋公谓公子目夷曰：“子归守国矣！国，子之国也。”公子目夷曰：“君虽不言国，国固臣之国也！”于是归，设械而守国。楚人谓宋人曰：“子不与我国，吾将杀子君矣！”宋人应之曰：“吾赖社稷之神灵，吾国已有君矣！”楚人知虽杀宋公，犹不得宋国，于是释宋公。宋公释乎执，走之卫，公子目夷曰：“国为君守之，君曷为不入？”然后逆襄公归。）丑父遭变，杀身代君，而《春秋》贱之，其道非也。（成二年季孙行父、臧孙许、叔孙侨如、公孙婴齐帅师，会晋郤克、卫孙良夫、曹公子手，及齐侯战于鞍，齐师败绩。《传》曰：“师还齐侯。……逢丑父者，顷公之车右也。面目与顷公相似，衣服与顷公相似，代顷公当左。使顷公取饮，顷公操饮而至，曰：‘革取清者。’顷公用是佚而不反。逢丑父曰：‘吾赖社稷之神灵，吾君已免矣。’郤克曰：‘欺三军者，其法奈何？’曰：‘法斫。’于是斫逢丑父。”董君曰：“丑父措其君于人所甚贱，以生其君，《春秋》以为不知权而简云。”）士匄不遵君命，而不伐丧，《春秋》大之，其时当也。（襄十九年，晋士匄帅师侵齐，至穀，闻齐侯卒，乃还。《传》曰：“还者何？善辞也。何善尔？大其不伐丧也。此受命乎君而伐齐，则何大乎其不伐丧？大夫以君命出，进退在大夫也。”刘敞曰：“穀者，齐地也。其曰‘至穀’，而后称其义也。”胡安国曰：“丧必不可伐，非进退可疑而待请者。故‘至穀闻齐侯卒乃还’，善之也。”）子反专擅君命，以救宋人，而《春秋》贬之，其势乖也。(宣公十五年宋人及楚人平。《传》曰：“外平不书，此何以书？大其平乎已也。何大乎其平乎已？庄王围宋，军有七日之粮尔，尽此不胜，将去而归尔。于是使司马子反乘堙而窥宋城，宋华元亦乘堙而出见之。司马子反曰：‘子之国何如？’华元曰：‘惫矣！’曰：‘何如？’曰：‘易子而食之，析骸而炊之。’司马子反曰：‘嘻！甚矣惫！虽然，吾闻之也，围者，柑马而秣之，使肥者应客，是何子之情也？’华元曰：‘吾闻之，君子见人之厄则矜之，小人见人之厄则幸之。吾见子之君子也，是以告情于子也。’司马子反曰：‘诺。勉之矣！吾军亦有七日之粮尔，尽此不胜，将去而归尔。’揖而去之，反于庄王。庄王曰：‘何如？’司马子反曰：‘惫矣！’曰：‘何如？’曰：‘易子而食之，析骸而炊之。’庄王曰：‘嘻！甚矣惫！虽然，吾今取此，然后而归尔。’司马子反曰：‘不可。臣已告之矣，军有七日之粮尔。’庄王怒曰：‘吾使子往视之，子曷为告之？’司马子反曰：‘以区区之宋，犹有不欺人之臣，可以楚而无乎？是以告之也。’庄王曰：‘诺。舍而止。虽然，吾犹取此然后归尔。’司马子反曰：‘然则君请处于此，臣请归尔。’庄王曰：‘子去我而归，吾孰与处于此？吾亦从子而归尔。’引师而去之。故君子大其平乎已也。此皆大夫也，其称人何？贬。曷为贬？平者在下也。”何君注曰：“言在下者。讥二子在君侧不先以便宜反报。”）目夷、丑父皆志乎忠，士匄、子反俱志于仁，而其通权达变，又相合同；而《春秋》之义，或大贤之，或贬损之，盖使天下后世，比而观之，知义理之辨，存乎几微也。此《春秋》通权变亦有慎微之意也。





（七）《春秋》安仁恕所以寓慎微之意者，仁恕之心存乎中，必有以形于外者。上而治国平天下，至于齐家修身，凡与人交接，以相人偶，皆不可忽于微细，以亏德行，故安仁必慎微也。鲁隐公忽于几微而遭弑，《春秋》危之。（隐元年《传》曰：“公何以不言即位？成公意也。何成乎公之意？公将平国而反之桓。……故凡隐之立，为桓立也。”隐十一年秋七月壬午，公及齐侯、郑伯入许。何君注曰：“日者，危录隐公也。为弟守国，不尚推让，数行不义，皇天降灾，谄臣进谋，终不觉悟，又复构怨入许，危亡之衅，外内并生，故危录之。”刘敞《春秋意林》曰：“伐宋，败宋，取郜，取防，滕侯、薛侯来朝，入许，隐公之所以弑也。德薄而多大功，虑浅而数得意也。备其四竟，祸反其内，可不哀与！孔子曰：‘人无远虑，必有近忧。’不在颛臾，而在萧墙也。”）邾叔术勇于让国而免祸，《春秋》善之。（昭三十一年冬，黑弓以滥来奔。《传》曰：“文何以无邾娄？通滥也。曷为通滥？贤者子孙宜有地也。贤者孰谓？谓叔术也。何贤乎叔术？让国也。其让国奈何？当邾娄颜之时，邾娄女有为鲁夫人者，则未知其为武公与？懿公与？孝公幼。颜淫九公子于宫中，因以纳贼，则未知其鲁公子与？邾娄公子与？臧氏之母，养公者也。君幼则宜有养者，大夫之妾，士之妻，则未知臧氏之母者曷为者也。养公者必以其子入养。臧氏之母闻有贼，以其子易公，抱公以逃。贼至，凑公寝而弑之。臣有鲍广父与梁买子者，闻有贼，趋而至。臧氏之母曰：‘公不死也，在是，吾以吾子易公矣。’于是负孝公之周，诉天子。天子为之诛颜而立叔术，反孝公于鲁。颜夫人者，妪盈女也，国色也，其言曰：‘有能为我杀杀颜者，吾为其妻。’叔术为之杀杀颜者，而以为妻。有子焉，谓之盱。夏父者，其所为有于颜者也。盱幼而皆爱之，食必坐二子于其侧而食之，有珍怪之食，盱必先取足焉。夏父曰：‘以来！人未足而盱有余！’叔术觉焉，曰：‘嘻！此诚尔国也夫！’起而致国于夏父。夏父受而中分之，叔术曰：‘不可。’三分之，叔术曰：‘不可。’四分之，叔术曰：‘不可。’五分之，然后受之。”陈立《义疏》四十三引包慎言曰：“单伯淫而绝，则叔术之妻嫂窃国，论其绝也必矣。《公羊》以其让国之功，除其前之淫罪，盖论人君与士大夫异科。君与国为体，有功于国，其余小过则略之。故齐桓之姊妹不嫁，晋文之纳怀嬴，《春秋》皆不之责焉，以其拯生民之功大也。叔术妻嫂之罪宜绝，而其见几能作，举国授之夏父，免数世争篡之祸。以隐、桓之事衡之，则术之当机立断，而不受辱，其智为不可及矣。故《春秋》即其绝于邾娄者，通其子孙于天下，功罪并见。言如叔术者乃可免于诛，其子孙乃可不以先人为辱耳。圣人目睹时变，举一叔术为鉴，非恶叔术也。以为如此而不免于诛，则诛之不胜诛矣。”今案：《公羊》非常异议可怪之论，叔术之事，其最甚者。包氏所论甚允。且以古时情势核之，男女分际未严，礼教之施未备，未足多怪也。）比鲁隐之事于叔术之事，不慎微而有杀身之祸，能知几则免数世之争，知安仁之由慎微也。有子曰：“君子务本，本立而道生，孝弟也者，其为仁之本欤？”本始微也，然则为仁之道，系乎细微，有证验矣。

（八）《春秋》明政事所以寓慎微之意者，为政治国，莫要于重本始，杜积渐，修法守正，明分喻义，此皆有慎微之意存焉。《春秋》疾始灭国，（隐二年无骇帅师入极，《传》曰：“无骇者何？展无骇也。何以不氏？贬。曷为贬？疾始灭也。……《春秋》之始也。”），疾始取邑（见前），以禁暴乱，而止争夺。《春秋》尊周内鲁，内夏外夷（成十五年《传》曰：“《春秋》内其国而外诸夏，内诸夏而外夷狄。王者欲一乎天下，曷为以外内之辞言之？言自近者始也。”），虽欲一统，必以渐治。此《春秋》明政事之重本始以慎微也。《春秋》之义，防微杜渐，刘逢禄曰：“故公子遂遂卒弑子赤，季孙宿遂卒逐昭公，见微知著，为万世戒也。”（《穀梁废疾申何》）鞌之战也，鲁四卿并书。胡安国曰：“成公初立，主幼国危……四卿并出，肆其愤欲。虽无人乎成公之侧，有不恤也，然后政自季氏出矣！……四卿皆书者，岂特为详内录哉，坚冰之戒亦明矣。”此《春秋》明政事之防积渐以慎微也。《春秋》楚庄王不与专讨（宣十一年冬十月，楚人杀陈夏征舒。《传》曰：“此楚子也，其称人何？贬。曷为贬？不与外讨也。不与外讨者，因其讨乎外而不与也，虽内讨亦不与也。曷为不与？实与而文不与。文曷为不与？诸侯之义，不得专讨也。”），齐桓公不与专封（见前），此《春秋》之修法守正以慎微也。《春秋》晋文不与再致天子（僖二十八年五月，公朝于王所。《传》曰："曷为不言公如京师？天子在是也。天子在是，则曷为不言天子在是？不与致天子也。"僖二十八年冬，天王狩于河阳。《传》曰："狩不书，此何以书？不与再致天子也。"），首戴殊会王世子（僖五年公及齐侯、宋公、陈侯、卫侯、郑伯、许男、曹伯会王世于首戴。《传》曰："曷为殊会王世子？世子贵也。"），此《春秋》之明分示义以慎微也。若庄公之追戎于济西（庄十八年公追戎于济西。《传》曰："此未有言伐者，其言追何？大其为中国追也。此未有伐中国者，则其言为中国追何？大其未至，而豫御之也。"），大其未至而豫御之，以明为政之道，宜于先觉乱萌。晋杀其大夫阳处父（文六年晋杀其大夫阳处父，晋狐射姑出奔狄。《传》曰："晋杀其大夫阳处父，则狐射姑曷为出奔？射姑杀也。射姑杀，则其称国以杀何？君漏言也。"），见晋君漏言之大害，以示为政之道，机事不密则害成，故谓《春秋》明政事有慎微之意存焉。见微知著，由简知繁，此所以有国家者不可以不知《春秋》也。《春秋》之义，自其细者观之，固为慎微。

# 《春秋》原心论第四

董君仲舒曰："《春秋》之论事，莫重乎志。"（《玉林》）察《春秋》之经，所以如此者，其缘由甚繁，弗可以不深考之也。有为略迹诛心之论者，皆上本于《春秋》，然或用之失当，或失其要义，欲匡其谬以正其说，舍《春秋》莫由也。《春秋》所以原心诛意者，盖所以重本始，详道义，通仁恕，著诚伪，动善惩恶，论功定罪；必如此，则平章黑白，浃理人事，有准程矣。《大学》明正心诚意之道，其主旨略同于《春秋》，此原心重志之所以贵也。隐元年公及邾娄仪父盟于眛。《传》曰："及，犹汲汲也；暨，犹暨暨也。及，我欲之；暨，不得已也。"何君注曰："举及、暨者，明当随意善恶而原之。欲之者，善重恶深；不得已者，善轻恶浅，所以原心定罪。"此《春秋》原心重志之大凡也。凡治孔子之学者，盖不可不明其义，《春秋》传之，亦最详尽，闲有他经所未备者。先儒虽各见其一端，惜乎未得其全，故原心意之旨，其理犹未彰著，其道尤待详明也。

凌曙《公羊答问》曰："何以言原心定罪？曰：桓宽曰：'《春秋》治狱，论心定罪；志善而违于法者免，志恶而合于法者诛。'《后汉书·霍谞传》曰：'《春秋》之义，原情定过，赦事诛意。故许止虽弑君而不罪，赵盾以纵贼而见书，此仲尼所以垂王法，汉世所宜遵前修也。'"凡此所举，其论《春秋》原心之义，且或失当，而以论人议罪，盖不可也。孔子修《春秋》，以明是非，以正人心，所以垂原心之训，示重志之意者，盖使人正心诚意，非主于论狱定罪也。故孔子曰："不逆诈，不亿不信。"知不以逆亿测度为规矩绳墨也。《春秋》原心重志，亦以明道，非以定罪。盖示未来，非诛既往。其不主于断狱议事，较然甚明；后世不察，以为缘心重志，专主定罪论过，故多陷于刻峭，近于诬枉，而不知以著诚伪为高，通仁恕为大也。颠倒其义，有害《春秋》之旨矣。此说略迹诛心者，首宜详考者也。（以上明先儒所见唯一端。）原本心意，略于事迹，虽为《春秋》要指，然而有时亦不略迹。《春秋》原心，必重成效；心志虽善，行事违法，《春秋》不之许也。若宋宣公有让国之心，而开争夺之祸，故《传》道《经》意曰："宋之祸，宣公为之也。"（见《慎微论》）公子比无弑君之志，而罹篡夺之名，故《传》道《经》意曰："比之义宜乎效死不立。"（昭十三年楚公子比自晋归于楚，弑其君虔于干溪。《传》曰："此弑其君，其言归何？归无恶于弑立也。归无恶于弑立者何？灵王为无道，作干溪之台，三年不成。楚公子弃疾胁比而立之，然后令于干溪之役曰：'比已立矣。后归者，不得复其田里。'众罢而去之，灵王经年而死。"同年楚公子弃疾弑公子比。《传》曰："比已立矣，其称公子何？其意不当也。其意不当，则曷为加弑焉尔？比之义宜乎效死不立。"）齐桓公不与专封（见《慎微》篇），楚庄王不与专讨（同上），《春秋》之义，非不嘉宋宣楚比之意，而善齐桓楚庄之心，然而或失于正，或违于法，不能以心意之善，而忽其事迹之非。盖徒具一念之善，不计其行之差，是祸之源而乱之阶，非能尽美者，故原本心意，必及行事，志善而违于法者，其心可嘉，其事难恕，此《春秋》之意也。《春秋》重志，所以垂教，盖欲人人存心于善，必求其行止之安，非止于心意已足，若志善而违于法者免，志恶而合于法者诛，是只求其心志之善，而可不尽其事迹之美，是以之论事，犹恐诬枉，岂可以垂教而诏示天下与？此宜详察者一也。（以上不略迹，当察者一。）

《春秋》立法谨严，宅心仁恕；善善从长，恶恶从短；是则原心重志，不专主定过诛意，亦甚著明也。钟文烝《穀梁补注》曰："夫君子之恶恶也，有所谓诛意者矣；君子之善善也，未尝苛求其心也。事善则善之，犹曰有功于子，可食而食之矣，夫何以其志为哉?"是则志恶而合于法者，其心虽非，其行犹是，《春秋》明其心志之恶耳，未当加以斧钺之诛也。楚灵诛庆封，而《春秋》以为伯讨（见《正名》篇）。孔广森论之曰："庆封胁君乱国，本国不能诛，中夏不能讨，楚以蛮夷诛以行霸，虽云怀恶，圣人'不逆诈，不亿不信'，故犹以义与之也。"吴救蔡败楚，《春秋》称以子爵。(定四年蔡侯以吴子及楚人战于伯莒，楚师败绩。《传》曰："吴何以称子？夷狄也而忧中国。"）胡安国论之曰："阖庐、子胥、宰嚭皆怀谋楚之心，蔡人往请，会逢其适，非有救灾恤邻，从简书，忧中国之实也。圣人道大德宏，乐与人为善，故因其从蔡，特进而书爵。"故由是言之，合观圣经之意，先儒之说，知原心重志者，不在逆亿苛求，盖劝善垂教耳。张敞曰："心之微妙，口不能言也；言之微妙，书不能文也。学者善体孔子之意，而详玩《春秋》之文，则可拨云雾而睹青天矣。"此宜详察者二也。(以上不专主定过，当察者二。)

《春秋》养遂善志，而重力行，不以一念之善为可忽略，而于力行之怠必加贬损，此原心重志，其旨在于存心于善，而又勉力于行，亦甚深切著明也。夫有知过之心，则能无惮改；有见义之勇，则能底于行。故《春秋》心行并重以为教也。宣十五年公孙归父会楚子于宋。何君传经意曰："善内为救宋行，虽不能解，犹为见人之厄则矜之，故养遂其善志。"此不以一念之微而忽之也。庄五年冬公次于郎。《传》道《经》之意曰："其言次于郎何？刺欲救纪而后不能也。"此以其力行之怠而加贬损也。一念之微而不忽，力行有怠而贬之，《春秋》教天下以善，而勉天下于行，其意甚切也。明乎此，乃可以见原心重志之义。此宜详察者三也。(以上养遂善志，当察者三。)更以《春秋》证之：

（一）《春秋》原心重志，以通仁恕为高也。仁恕一也，存乎以己之心，度人之心；以己之情，度人之情。忠恕违道不远。子贡问孔子曰："有一言可以终身行之者乎？"子曰："其恕乎！己所不欲，勿施于人。"（仲弓问仁，子曰："己所不欲，勿施于人。"此仁恕一也之验。）《大学》曰："所恶于上，毋以使下；所恶于下，毋以事上。"《中庸》曰："所求乎子以事父，所求乎弟以事兄。"《孟子》曰："老吾老以及人之老，幼吾幼以及人之幼。"此皆言仁恕也。皆本心意也。所欲者施于人，所恶者勿施之。非以己之情志度人，而原人之心意行事，不可得也。故《春秋》原心意，其旨在通仁恕。执此以觇彼，举一以反三，以己心意所欲，原人心意所欲，以己心意所恶，原人心意所恶，推其精细之处，明其微妙之端，可以知人论事，亦可以通仁行恕矣。襄二十九年吴子使札来聘。《传》曰："吴无君、无大夫，此何以有君、有大夫？贤季子也。何贤乎季子？让国也。……贤季子，则吴何以有君、有大夫？以季子为臣，则宜有君者也。"何君注曰："……缘臣子尊荣，莫不欲与君父共之。"故使夷狄有君，此《春秋》之恕也。孔广森曰："叔武不欲其兄有杀弟名，《春秋》为之讳杀。"（僖二十八年，晋人执卫侯归之于京师。《传》曰："卫侯之罪何？杀叔武也。何以不书？为叔武讳也。《春秋》为贤者讳，何贤乎叔武？让国也。其让国奈何？文公逐卫侯而立叔武。叔武辞立而他人立，则恐卫侯之不得反也。故于是己立，然后为践土之会，治反卫侯。卫侯得反，曰：'叔武篡我。'元咺争之曰：'叔武无罪。'终杀叔武。"）喜时不欲负刍有篡名，《春秋》不言复归。（成十五年晋侯执曹伯归之于京师。注："为篡喜时。"十六年曹伯归自京师。《传》曰："执而归者名，曹伯何以不名？而不言复归于曹何？易也。其易奈何？公子喜时在内也。公子喜时在内，则何以易？公子喜时者仁人也，内平其国而待之，外治诸京师而免之。其言自京师何？言甚易也。"）又曰："目夷之事

（见前）《春秋》欲彰其贤而反讳之。此圣经之高义，贤传之达言。盖以鸣其孝者非令子，矜其忠者非令臣。原臣子之道，莫不欲尊荣君父，故让德归美，过则称己。曹羁以义去（庄二十四年冬戎侵曹，曹羁出奔陈。《传》曰：‘曹羁者何？曹大夫也。曹无大夫，此何以书？贤也。何贤乎曹羁？戎将侵曹，曹羁谏曰：“戎众以无义，君请勿自敌也。”曹伯曰：“不可。”三谏不从，遂去之，故君子以为得君臣之义也。’），公子目夷以仁守，二子易地皆然。目夷有成劳矣，羁虽不克济君于难，而并有爱国之心，悃悃忱忱，要殊武安倖败之意，终鲜庆郑愎谏之怼。《春秋》缘羁与目夷之心，而君死国辱，为之不忍言焉。”故由是观之，《春秋》原本心意，察别情伪，其用于通仁恕者，比之于论功过者，实尤重也。何君注与孔氏所论，皆得原心重志之微旨。

（二）《春秋》原心重志，以正本始为要也。《春秋》上明天理，下正人心，人心既正，则天理流行。《春秋》论事，莫重于志，所以端正人心，扶持天理也。惟原心故可以正心，惟诛意故可使诚意。又心意为行止之主宰，善恶之本源；以之劝善，正其本始则其末难倚；以之去恶，疾其本始则其害易尽；以之论功，原其本始，则片善以彰；以之明过，考其本始，则纤毫不失；此《春秋》原心重志之缘由也。作于其心者，必发于其事；故欲正其事，必原本其心。此原心意为重本始，不待烦词以明者。

（三）《春秋》原心重志，以著诚伪为大也。凡孝弟之心，礼义之行，必出诸本心，发于至诚，若貌似恭谨，隐藏奸邪，徒具节文，实生诈伪，则礼仪之繁缛，纲常之义指，适足以助成其虚饰之心，蒙蔽其情实之真，非徒无益，而又害之矣。孔子曰：“视其所以，观其所由，察其所安。”又曰：“礼云礼云，玉帛云乎哉？乐云乐云，钟鼓云乎哉？”皆谓原心重志，以著诚伪之意也。《春秋》文二年公子遂如齐纳币，《传》曰：“纳币不书，此何以书？讥。何讥尔？讥丧娶也。娶在三年之外，则何讥乎丧娶？三年之内不图婚。……三年之恩疾矣，非虚加之也，以人心为皆有之。以人心为皆有之，则曷为独于娶焉讥？娶者，大吉也，非常吉也。其为吉主于己，以为有人心焉者，则宜于此焉变矣。”此《春秋》原心重志，明诚治伪，责其图婚于三年之内，见其毫无哀悼之心，以礼义为虚文也。董君曰：“志为质，物为文；文著于质，质不居文，文安施质？质文两备，然后其礼成；文质偏行，不得有我尔之名，俱不能备而偏行之，宁有质而无文。”（《玉杯》）董君之说，盖深得《春秋》之旨义也。

(四)《春秋》原心重志，以明道义为本也。《春秋》原心以通仁恕，重志以著诚伪，则是通仁恕以见道，著诚伪以明义，盖可知矣。推而论之，原人之心意，以正其心意，故使天下不计利害，不论成败，以仁恕守之。论事之成效，以励其行迹，故使天下急于礼义，明于教训，以智勇成之。夫如是，则是非辨矣，善恶彰矣。可以至于人欲遏绝，天理流行。孔子之道，以仁义为本，以忠恕为高，是皆本诸至情，发乎良心，非故设科条，以为号召，盖深知夫欲行仁义之道，必出于心情之真，而又恐天下慕其美好，而加以矫揉造作，是以原心重志，以重其本而觇其诚也。此必然之理，盖无可疑者。可不待证验以明之。

(五)《春秋》原心重志，自其明教者言之，则动劝善惩恶也；自其论事而言之，则论功定罪也。其义甚明。然而论功定罪者，亦实劝善惩恶也。彰诚意之片善，绝纤芥之细恶，缘善者之心以见其善，因恶者之心而甚其恶，此劝善惩恶之大旨也。故论定功过，科条从同，缘善者之心而责之深，因恶者之意而治之浅，亦所以为讽劝当时，晓谕后世也。秦伯使遂来聘（文十二年秦伯使遂来聘。《传》曰：“遂者何？秦大夫也。秦无大夫，此何以书？贤缪公也。何贤乎缪公？以为能变也。”何君注曰：“秦缪公自伤前不能用百里子、蹇叔子之言，感而自变悔，遂霸西戎，故因其能聘中国，善而与之。”），许其悔过，此彰诚意之片善也。齐人取济西田（宣元年六月，齐人取济西田。《传》曰：“外取邑不书，此何以书？所以赂齐也。”何君注曰：“未之齐坐者，由律行言许受赂也。”），责其受赂，此绝纤芥之细恶也。公子牙卒（庄三十二年秋七月癸巳，公子牙卒。《传》曰：“何以不称弟？杀也。杀则曷为不言刺？为季子讳杀也。曷为为季子讳杀？季子之遏恶也，不以为国狱，缘季子之心而为之讳。季子之遏恶奈何？庄公病，将死，以病召季子。季子至而授之以国政，曰：‘寡人即不起此病，吾将焉致乎鲁国？’季子曰：‘般也存，君何忧焉？’公曰：‘庸得若是乎？牙谓我曰：“鲁一生一及，君已知之矣。庆父也存。”’季子曰：‘夫何敢？是将为乱乎？夫何敢？’俄而，牙弑械成。季子和药而饮之，曰：‘公子从吾言而饮此，则必可以无为天下戮笑，必有后乎鲁国。不从吾言而不饮此，则必为天下戮笑，必无后乎鲁国。’于是从其言而饮之。饮之无傫氏，至乎王堤而死。公子牙，今将尔，辞曷为与亲弑者同？君亲无将，将而诛焉。然则善之与？曰，然。杀世子、母弟，直称君者，甚之也。季子杀母兄，何善尔？诛不得辟兄，君臣之义也。然则曷为不直诛而酖之？行诛乎兄，隐而逃之，使托若以疾死然，亲亲之道也。”），为之讳杀，此明缘善者之心以见其善也。郑伯伐许（成四年三月郑伯坚卒。夏葬郑襄公。冬，郑伯伐许。何君注曰：“未逾年君称伯者，时乐成君位，亲自伐许，故如其意以著其恶。”），不言郑子，此缘恶者之心以甚其恶也。许世子止弑其君买，而不没其情志之善（昭十九年夏五月戊辰，许世子止弑其君买。冬，葬许悼公。《传》曰：“贼未讨，何以书葬？不成于弑也。曷为不成于弑？止进药而药杀也。止进药而药杀，则曷为加弑焉尔？讥子道之不尽也。……是以君子加弑焉尔。曰‘许世子止弑其君买’，是君子之听止也；‘葬许悼公’，是君子之赦止也。赦止者，免止之罪辞也。”），楚子虔诱杀蔡侯般，而明著其怀恶之心（昭十一年夏四月丁巳，楚子虔诱蔡侯般杀之于申。《传》曰："楚子虔何以名？绝。曷为绝之？为其诱讨也。此讨贼也，虽诱之则曷为绝之？"蔡侯般弑父而立者也，怀恶而讨，不义，君子不予也。)，赵盾本非弑君，而《春秋》仍其弑君之文(宣二年秋九月乙丑，晋赵盾弑其君夷獆。六年《传》曰："亲弑君者，赵穿也。亲弑君者赵穿，则曷为加之赵盾？不讨贼也。何以谓之不讨贼？晋史书贼曰：'晋赵盾弑其君夷獆。'赵盾曰：'天乎！无辜！吾不弑君，谁谓吾弑君者乎？'史曰：'尔为仁为义，人弑尔君，而复国不讨贼，此非弑君如何？'")。潞子本为戎狄，而《春秋》因可责而责之（宣公十五年六月癸卯，晋师灭赤狄潞氏，以潞子婴儿归。《传》曰："潞何以称子？潞子之为善也躬，足以亡尔。虽然，君子不可不记也。离于夷狄，而未能合于中国。晋师伐之，中国不救，狄人不有，是以亡也。"何君注曰："录以归者，因可责而责之。")。是缘善者之心而责之深也。蔡世子般弑其君固（襄三十年夏四月，蔡世子般弑其君固)，不言其日；楚子诱戎曼子杀之，不言其名（昭十六年楚子诱戎曼子杀之。《传》曰："楚子何以不名？夷狄相诱，君子不疾也。"何君注曰："顾以无知薄遭责之。")，是因恶者之意而治之浅也。(案：治之浅者，若不疾乃疾之也。）凡此皆《春秋》原心重志之旨，其功效不可不察。

# 《春秋》安仁论第五





尝试论之：《春秋》之义，自其细者观之，则为慎微；自其大者观之，则为安仁，《春秋》盖以安仁为本根者也。凡天理之幽深，人道之极致，百政之得失，万事之是非，皆准乎仁。故程子论《春秋》曰："夫其至动至赜之不齐，而圣人何以一之哉？曰：'仁而已矣'。故万物之聚散，经世之纪纲，圣人一道以成之曰仁。观《论语》之书，而知圣心之安仁，书于《春秋》者，无非此理。"（据张洽《春秋集注》）董君论《春秋》曰："《春秋》之所治，人与我也。所以治人与我者，仁与义也。以仁安人，以义正我。"（仁义法）庄氏论《春秋》曰："圣人之心，不宁惟是，仁而已矣。仁为让本，以仁去利；让为礼本，以让去争；礼为国本，以礼去兵。"（庄存与《春秋正辞》）此皆善于论《春秋》者也。圣人之学，一贯于仁，欲察于仁，必习《春秋》。《春秋》慎微，重本正始，安仁之首也。《春秋》正名，尽实明智，安仁之途也。《春秋》原心，彰善惩恶，安仁之术也。《春秋》明政，经世安民，安仁之极也。故综《春秋》大义，旨归于仁，于斯可验。然而学《春秋》者，鲜有论其终于安仁也。（以上论《春秋》之旨在安仁）

虽然，仁之为义，至广且深，亦未易言也。《礼记·中庸》曰："仁者人也。"郑注："人也读如人偶之人。"相人偶者，相亲爱之谓（贾谊《新书·匈奴篇》曰："胡婴儿得近侍侧，胡贵人更近得进佐酒前，时人偶之。"盖人偶亲爱之谓）。故仁者自粗者言之，爱之深也（仁深于爱，如言仁民爱物）。爱之既深，则无封域，起于一家，放乎四海，凡本于慈惠之心，合乎亲爱之意者，皆仁也。仁乎父母谓之孝，仁乎兄长谓之弟，仁乎国家谓之忠，仁乎友朋谓之信。故慈惠恭谨，明敏中正，皆爱人之一术，仁心之一端，其名虽殊，其事相若，亦皆仁也。虽然，仁从二人，必见于外。故有仁心，必有仁行。父兄存焉，必有孝弟；老少见焉，必有安怀；心存孝弟，志加安怀，弗施之行，不可谓仁。若闭户齐居，端坐静观，虽有慈善之心，而无亲爱之行，则不可也。故凡为仁者，有见于外，必有待于行，是以论为仁之方，则尤尚力行之道。非如世人所谓即心即仁，所可已也。若自其精深者言之，仁者众善之共名也。尽人己之性，参化育之功；与天地同体，与神明合德，其应也时，其贵在生，其心甚静，其感甚速，此其要也。力行众善，所以尽人己之性，养遂韦生，所以参化育之功；动定之则，可与天地同体，言行之归，可与神明合德。其应也时故变通道；其贵在生，故长养有法；道义存乎中，故其心甚静；神思通于外，故其感甚敏。此仁所以为孝、弟、忠、信、礼、义、廉、节之共名也，此仁所以为慈惠、恭谨、明敏、中正之本心也。综而论之，仁者亦德义之心，爱亲之理，既存诸中，必行诸外。可以意会神通，力行默验，难以繁词详说者也。其在《春秋》，示道义之极致，明中庸之轨则，笃亲安民，通恕善让，不出于孝弟忠信礼义廉节，不外乎慈惠恭谨明敏中正，其所以隐示为仁之方，力行之道，亦详备也。故《春秋》之义，一言以蔽之，曰："仁而已矣！"（以上论仁之意义）

董君仲舒曰："仁人者，正其谊不谋其利，明其道，不计其功。"此《春秋》之大旨，安仁之要义，最不可忽者也。窃尝察之，人道之大，虽存乎理义，人事之兴，实发于情欲；理义虽不可废，情欲亦未易绝也。然而阐扬理义，足以调节情欲，放纵情欲，必以伤害理义，《春秋》正谊明道，所以阐扬理义，亦以调节情欲也。其意深矣！《春秋》正谊明道，纳功利于正轨，顺情欲于至谊，而情欲可以和畅，礼仪不至丧亡。百行且以为楷素，此即所以顺自然之道，参化育之功，流行天理，彰明大义，而为《春秋》安仁之要旨也。且薄于功利而民兴让；放纵情欲，则民喜争；让则相安，争必启乱。如奖饬功利，而放逸情欲，是暴乱之阶，祸衅之媒也。非所以安仁明矣。《春秋》之义，笃于礼而薄于利，尊信贱诈，正谊明道，有微旨焉。宋襄守正而败，《春秋》大之。（僖二十二年“冬十有一月己巳朔，宋公及楚人战于泓，宋师败绩。《传》曰：偏战者日尔，此其言朔何？《春秋》辞繁而不杀者，正也。何正尔？宋公与楚人期战于泓之阳，楚人济泓而来。有司复曰：‘请迨其未毕济而击之。’宋公曰：‘不可。吾闻之也，君子不厄人，吾虽丧国之余，寡人不忍行也。’既济，未毕陈，有司复曰：‘请迨其未毕陈而击之。’宋公曰：‘不可，吾闻之也，君子不鼓不成列。’已陈，然后襄公鼓之，宋师大败。故君子大其不鼓不成列，临大事而不忘大礼，有君而无臣。以为虽文王之战，亦不过此也！”）





楚人怀恶而讨，《春秋》绝之（见《原心》篇）。晋师救江而《春秋》以为谖。（谖，诈也。文三年晋阳处父率师伐楚救江。《传》曰：“此伐楚也。其言救江何？为谖也。其为谖奈何？伐楚为救江也。”）楚子舍郑而《春秋》与之礼（宣十二年楚子围郑。夏六月乙卯，晋荀林父帅师及楚子战于邲，晋帅败绩。《传》曰：“大夫不敌君，此其称名氏以敌楚子何？不与晋而与楚子为礼也。曷为不与晋而与楚子为礼也？庄王伐郑，胜乎皇门，放乎路衢；郑伯肉袒，左执茅旌，右执鸾刀，以逆庄王。曰：‘寡人无良，边垂之臣，以干天祸，是以使君王沛焉，辱到敝邑。君如矜此丧人，锡之不毛之地，使帅一二耊老而绥焉，请唯君王之命。’庄王曰：‘君之不令臣交易［狡伫］为言，是以使寡人得见君之玉面，而微至乎此。’庄王亲自手旌，左右㧑军，退舍七里。将军子重谏曰：‘南郢之与郑，相去数千里，诸大夫死者数人，厮役扈养死者数百人，今君胜郑而不有，无乃失臣民之力乎？’庄王曰：‘古者杅不穿，皮不蠹，则不出于四方，是以君子笃于礼而薄于利，要其人而不要其土。告从，不赦，不详，吾以不详道民，灾及吾身，何日之有！’既则晋师之救郑者至，曰：‘请战。’庄王许诺。将军子重谏曰：‘晋，大国也，王师淹病矣，君请勿许也。’庄王曰：‘弱者吾威之，强者吾辟之，是以使寡人无以立乎天下！’令之还师而逆晋寇。庄王鼓之，晋师大败，晋众之走者，舟中之指可掬矣。庄王曰：‘嘻！吾两君不相好，百姓何罪？’令之还师而佚晋寇。”案：而微至于此，谓非至于此，旧说误。）。

善士匄之不伐丧（见《慎微》篇）；大郤缺之不克纳（文十四年晋人纳接菑于邾娄，弗克纳。《传》曰：“纳者何？入辞也。其言弗克纳何？大其弗克纳也。何大乎其弗克纳？晋郤缺帅师，革车八百乘，以纳接菑于邾娄，力沛若有余，而纳之。邾娄人言曰：‘接菑，晋出也，貜且，齐出也。子以其指，则接菑也四，貜且也六。子以大国压之，则未知齐、晋执有之也？贵则皆贵矣，虽然貜且也长。’郤缺曰：‘非吾力不能纳也，义实不尔克也。’引师而去之。故君子大其弗克纳也。”）。

察此六事，有四旨焉。皆示道义为本，功利为末也。不由其道而胜，不如由其道而败（如宋襄）；不由其道而得，不如由其道而失（如郤缺）；其旨一也。不临难而忘义（如楚庄），其旨二也。不徼功以害德（如士匄），其旨三也。虽有善事，不可因之以为利（如怀恶事）；虽有懿行，不可因之以失正（如救江事）；其旨四也。凡功之所存，利之所趋，权之所通，变之所适，壹是皆以道义为本，此正谊明道传于《春秋》为最明也。且试思之，《春秋》正谊明道，举凡国政之措施，军旅之进退，皆先仁义而后功利；国家犹且如此，况于一人乎？师旅犹且如此，况于他事乎？此《春秋》明道义之大旨，节情欲之微意，使天下化于理义；盖必如是而后可以顺自然之道，参化育之功，流行天理，扶持人道也。其崇礼让，去争乱，尤其秣马者，此不可不察也。（以上论正谊明道为《春秋》安仁之一义）

虽然，尚有待于详辨者也，尝试思之，正谊明道，亦非欲弃功利。盖其道苟明，其谊苟正，虽言功利，不为垢病；若其道未明，其谊未正，而待功利以去奸邪，亦《春秋》所尚也。故功利之兴，合乎道义者，本《春秋》所许，非说道义即弃功利也。此二旨者，区以察矣。且利者，义之和也；功者，行之敏也，功利所存，或即道义，神而明之，存乎其人。然而自斯义不详，遂有操翰奋说，以攻正谊明道之指者，此非是也。公追戎于济西（庄十八年），《春秋》大鲁庄豫御之功。（《传》曰："此未有伐者，其言追何？大其未至而豫御之也。"）屈完来盟于师（僖四年），《春秋》序齐桓之绩。（《传》曰："序绩也。"）宋襄之败，亦非兵道也。（《左传》子鱼曰："未知战。"）由是言之，功绩非不可尚，经意可以察也。（以上辨正谊明道非不可计功利）





程子曰："《春秋》以何为准无如《中庸》。欲知《中庸》，无如权。何谓权？时也，义也。"其言是也。《春秋》之义，以中庸为常，以权变相应，盖道义之枢机，仁恕之准则也。《春秋》明道安仁，或见于事，或应乎物；若有反乎中庸，泥于权变，必失轻重之宜，乖措施之方，伤是非之公，乱情理之则；故通恕安仁，中庸不可离，权变不可去也。故孔子之道，以中为大，以权为高。虽然，所谓中庸，亦若权变，时而已矣，义而已矣。此二指者，《春秋》最深切著明之。夫让国懿行也，而大乎居正。（见《慎微》篇）争战危事也，而善于行义。（见《原心》篇）尊贤本善也，而卫人立晋则贬之。（见《正名》篇）废君本恶也，而祭仲行权则许之。（桓十一年九月，宋人执郑祭仲。《传》曰："祭仲者何？郑相也。何以不名？贤也。何贤乎祭仲？以为知权也。其为知权奈何？古者郑国处于留。先郑伯有善于郐公者，通乎夫人，以取其国而迁郑焉，而野留。庄公死，已葬，祭仲将往省于留，涂出于宋，宋人执之，谓之曰：‘为我出忽而立突。’祭仲不从其言，则君必死，国必亡；从其言，则君可以生易死，国可以存易亡。少辽［远］缓之，则突可故出，而忽可故反。是不可得则病，然后有郑国。古人之有权者，祭仲之权是也。权者何？权者反于经，然后有善者也。权之所设，舍死亡无所设，行权有道，自贬损以行权，不害人以行权。杀人以自生，亡人以自存，君子不为也。”《公羊义疏》引包氏慎言云：“祭仲之事，《公羊》言之矣。曰：‘权之所设，舍死亡无所设。行权有道，自贬损以行权，杀人以自生，亡人以自存，君子不为也。’祭仲省留，为宋人所执，非有辱国之罪，仲不宜死。宋执仲而习胁仲以废立，仲宜效死。然宋大于郑，忽又弱主，内无所倚，仲死而无解于郑之亡，无救于忽之死，故宁蒙不韪之名，顺宋而挈突以归。突归忽出，而忽犹可以生。突挈于仲，仲能立之，亦能废之，则忽可以故反。忽之得归而反正，仲之智为之也。子捽父发当诛，父溺而子捽其发，俄顷之变存亡系焉，避诛而陷父于死，非子也。仲之出忽，子捽父发之说也，君子无诛焉。仲无足取，而其机变之深能使天日再明，足以为凡世处危急者法。后世遇祭仲之变者，能如祭仲之所为则生，不能如祭仲之所为则死，圣人岂轻以许人哉。身之存亡不足系，君国之存亡，而偷生以从逆者，祭仲之罪人也。蜀汉姜维有祭仲之志，事几成而败，君子悲焉。”《通义》云：“权之所设，良以事有歧趋，道或两窒，利害资于审处，轻重贵其称量。是故身与义权，则义重；义与君权，则君重；君与国权，则国重。古之人，谋其君，不私其身，况私其名乎？……夫君子之行权，虽若反经，然要其后必有善存焉。若仲者，未能善后者也，《诗》曰：‘采葑采菲，无以下体。’《春秋》之于祭仲，取其诡词从宋，以生乎忽存郑，为近于知权耳。仲后逡巡畏难，不终其志，经于忽之弑，子亹、子仪之立，一切没而不书，所以醇顺其文，成仲之权，使可为后法。故假祭仲以见行权之道，犹齐襄公未必非利纪也，而假以立复雠之准，所谓《春秋》非记事之书，明义之书也。苟明其义，其事可略也。”按：孔、包说俱是。）废弃君命，疑于失也，而不必为失。（此士匄事，见前）死于国难，疑于得也，而不必为得。（逢丑父事，见前）扬父之恶，宜于诛也，而于鄫世子无讥（襄五年叔孙豹、增鄫世子巫如晋。《传》曰：“外相如不书，此何以书？为叔孙豹率而与之俱也。叔孙豹则曷为率而与之俱？盖舅出也。莒将灭之，故相与往殆乎晋也。莒将灭之，则曷为相与往殆乎晋？取后乎莒也。其取后乎莒奈何？莒女有为鄫夫人者，盖欲立其出也。”何注：“时莒女嫁为鄫后夫人，夫人无男有女，还嫁之于莒，有外孙。鄫子爱后夫人，欲立其外孙……虽扬父之恶，救国之灭者可也。”）。弑兄之罪，不可赦也，而为季子则讳之（见《原心》篇）。绝文姜不为不孝（庄元年三月，夫人孙于齐。《传》曰：“孙者何？孙犹孙也。内讳奔，谓之孙。夫人固在齐矣，其言孙于齐何？念母也。正月以存君，念母以首事。夫人何不称姜氏？贬。曷为贬？与弑公也。其与弑公奈何？夫人谮公于齐侯，公曰：‘同非吾子，齐侯之子也。’齐侯怒，与之饮酒，于其出焉，使公子彭生送之，于其乘焉，搚干而杀之。念母者，所善也，则曷为于其念母焉贬？不与念母也。”何注：“念母则忘父背本之道也。故绝文姜不为不孝，距蒯聩不为不顺胁灵社不为不敬，盖重本尊统，使尊行于卑，上行于下。”）；距蒯聩不为不顺，（哀三年春，齐国夏、卫石曼姑帅师围戚。《传》曰：“齐国夏曷为与卫石曼姑帅师围戚？伯讨也。此其为伯讨奈何？曼姑受命乎灵公而立辄，以曼姑之义，为固可以距之也。辄者，曷为者也？蒯聩之子也。然则曷为不立蒯聩而立辄？蒯聩为无道，灵公逐蒯聩而立辄。然则辄之义可立乎？曰可。其可奈何？不以父命辞王父命，以王父命辞父命，是父之行乎子也。不以家事辞王事，以王事辞家事，是上之行乎下也。”包慎言曰：“卫辄之事，夫子不为，而公羊不责其拒父，何也？曰：蒯聩自绝于父出奔，义无得国之理，夫子之不为卫君者，谓其所以处骨肉之间者，未尽其道耳，非谓辄之不宜君卫也。使辄之事果为逆天悖伦，圣人安肯受其公养者？……况灵公以夏卒，蒯聩以六月入戚。父在殡而儳然称兵，以图复国，父死之谓何？又因以为利。苟有人心者，则宜于此变矣。”胡安国论之曰：“人莫不爱其亲，而志于杀；莫不敬其父，而忘其丧；莫不慈其子，欲其子之富且贵也，而夺其位。蒯聩之于天理逆矣，何疑于废黜？”今案：胡、包所论并是。)。由是观之，经权之分，正变之谊，可以察矣。萧楚曰：“守道之经而不观时之会通者，未足与议道，执义之常而不度于事之机变，未足与言义。之二者，胥失也。君子于此，贵乎观时会通；而不拘于道之经；度事机变，而不牵于义之常。故能因时乘理，裁宜通变，以济当世。自非其深足以通天下之权，孰能与此者！此其说吾于《春秋》见之矣。”(《春秋辨疑》、《春秋统辨》)盖《春秋》之义，以为平定之理不必悉是，变通之则有所必行，故以因时乘理，裁宜通变，为可尚也。(以上论中庸即权，为仁恕之准则)

当试验之，义之合宜，必依时会，凡经正权变，皆一于时而已，时之为义，盖为最大也。何以言之？义有固常，时多移易。然而固常之义难以泥定；移易之时，实其枢机。此所以必以时为要也。天地之大，人事之繁，化迁无穷，嬗变靡止；而淹速之度，趣舍之殊，又未有定程；故处事接物，不可拘牵；或进或退，宜于详审。然而事之各殊，人之相异，地之不同，理之所安，莫不与时纠缠，不可离析，故时为大。且义者宜也。宜者，宜于其事，宜于其人，宜于其地，宜于其理之谓也。亦莫不与时纠缠，不可离析。此义之合宜，依于时会，经正权变，皆一于时而已。时乎正而正，时乎变而变，时乎行而行，时乎止而止；此孔子所以为圣之时也，此孔子之所以大也。《春秋》安仁，其应在时，善读《春秋》者可以玩索而有得焉。（凡前举例，俱有时义。）经传虽未言，然而不可不察也。（以上言《春秋》安仁，以时为大。）安仁之道，正谊明道，时中而外，其可述复有四焉：

（一）安仁之道，以笃为始者也。孔子曰："君子务本，本立而道生，孝弟也者，其为仁之本与！"（《说苑》引作孔子语）春秋是非二百四十二年之中，所以示孝弟者，亦非一端也。隐元年郑伯克段于鄢（《传》曰："克之者何？杀之也。杀之，则曷为谓之克？大郑伯之恶也。曷为大郑伯之恶？母欲立之，己杀之，如勿与而已矣！段者何，郑伯之弟也。"），孔广森发《春秋》之义曰："《春秋》承衰周之敝，文胜而离，人知贵贵，莫知亲亲。开端首见郑段之祸将大，矫其失，非因人情所易亲者而先示之亲……故至所见之世，且录责小国杀公子，以广亲亲之义，明非专厚于同母也。"广森之言韪矣。《春秋》安仁，立爱自亲始，所以诏示来许，固甚白也。晋侯杀其世子申生，不书其葬。（僖五年晋侯杀其世子申生，《传》曰："杀世子、母弟。直称君者，甚之也。九年，晋侯诡诸卒。"何君注曰："不书葬者，杀世子也。"《白虎通·诛伐》篇曰："父杀其子当诛何？以为天地之性，人为贵，人皆天所生也，託父母气而生耳。王者以养长而教之，故父不得专也。"）楚世子弑其君髡，极恶其恶（见《正名》篇）。于子叔姬之罪，不尽其辞（文十四年冬齐人执单伯，齐人执子叔姬，《传》曰："单伯之罪何，道淫也。恶乎淫？淫乎子叔姬。"十五年齐人来归子叔姬，《传》曰："其言来何？闵之也。此有罪，何闵尔？父母之于子；虽有罪，犹若其不欲服罪然。"何君注曰："孔子曰：'父为子隐，子为父隐，直在其中矣。'所以崇父子之亲也。"）；于卫侯毁灭邢，名以绝之（僖二十五年卫侯毁灭邢。《传》曰："卫侯毁，何以名？绝。曷为绝之？为灭同姓也。"）；天王之不能乎母（僖二十四年冬，天王出居于郑。《传》曰："王者无外，此其言出何？不能乎母也。"何君注曰："故绝之言出。”）；秦伯之不言于弟（昭元年夏，秦伯之弟针出奔。《传》曰：“秦无大夫，此何以书？仕诸晋也。曷为仕诸晋？有千乘之国，而不能容其母弟，故君子谓之‘出奔’也。”胡安国曰：“春秋以均爱望人父，以能友责人兄。父母有爱妾，犹没身敬之不衰，况兄弟乎？兄弟翕而后父母顺矣。故不曰公子，而特称秦伯之弟。”）。《春秋》俱有微辞，盖所以明人伦之道（立仁爱之始），有必如此者也。尝试论之，人之为性，惟情为一，情爱之理，有所同然。孝于亲必忠于国，慈于子者，必爱其民，泛爱之道，推恩之理也。父子天性，犹为致爱，兄弟骨肉，犹不相亲，焉有仁民之心、爱物之意哉？此孔子谓孝弟也者，其为仁之本也。此《春秋》笃于亲，所以使天下与于仁也。

（二）仁恕之道，以安民为大者也。仁者爱人之理，好生之德，心存乎善，行发乎身，普天之下，生民之属，莫不爱之好之。故仁恕之道，莫大于安民好生也。子贡问于孔子曰：“如有博施于民而能济众，何如？可谓仁乎？”孔子曰：“何事于仁，必也圣乎！尧舜其犹病诸。夫仁者，己欲立而立人，己欲达而达人，能近取譬，可谓仁之方也已。”安民好生，博施济众，厥为仁恕，此其证也。《春秋》大义，总于安仁，然而修礼明谊，拨乱反正，尊贤儆邪，重民恶战（详见下篇），皆所以安民成仁也。反而观之，《春秋》之恶无道、残酷之行，莫不加贬，亦其明证。鲁桓公焚咸丘，《春秋》疾其不仁（见《慎微》篇）；邾娄人用鄫子，《春秋》恶其无道（僖十九年邾娄人执鄫子，用之。《传》曰：“恶乎用之？用之社也。其用之奈何？盖叩其鼻以血社也。”何君曰：“恶无道也。”庄存与《春秋正辞》曰：“《春秋》有不忍书，用人所不忍也，而书之，则将有所大不忍者乎？……所不忍者一人，所大不忍者，天下万世之人。”）。由是言之，仁者之心，亦可以察矣。(以上用其起止)

（三）安仁之道，以恕而成者也，恕为仁术，所以通仁，故若是也。尝试论之，恕者推己及人，缘心探意，察情好以辨事理，本仁慈以相周旋，爱人而能顺遂其心，行事而能明达于义，故行恕之道，即安仁之术。且己所不欲，不施于人，则不拂人之所好；推己之爱，以及于众，则可感化其心情。溥天之下，人人而不拂逆人之欲好，人人而知感化人之心情，则残贼无自而生，争攘无因而起，各相安于无事，化猜忌于和辑矣。此行恕所以安仁也，此恕亦即仁也。此孔子以为可以终身行之者其恕也。其在《春秋》，原心论意，是为行恕之道。（详《原心》篇）而《春秋》之责己，《春秋》之用词，有诏示行恕之道者，亦甚明矣。《春秋》之义，主于责己，先自整饬而后及人，此恕道也。徐乾《中论·修本篇》曰："《春秋》详内而略外，急己而宽人；故于鲁也，小恶必书，于众国也，大恶始笔。"此其验也。《春秋》之用词，不掩人之功，不蔽人之善，亦恕道也。桓十三年公会纪侯郑伯，己巳，及齐侯、宋公、卫侯、燕人战，齐师、宋师、卫师、燕师败绩。《传》曰："曷为后日？恃外也。其恃外奈何？得纪侯、郑伯然后能为日也。"何君注曰："得纪侯、郑伯之助，然后乃能结战日以胜，君子不掩人之功，不蔽人之善，故后日以明之。"）此其验也，《春秋》立法贵严，而宅心甚恕，其意甚察，所以安仁也。(详见《原心》篇)

（四）安仁之道，以让为高者也。让者仁慈之心，礼仪之本，以让恭为怀，以巽顺为德，见可欲而不贪，虽其位而弗居，不骛于利，不喜于争，是爱人之甚，弭乱之本。故《春秋》安仁，以让为高。孔子曰："泰伯，其可谓至德也已矣。三以天下让，民无得而称焉。"又曰："能以礼让为国乎，何有？不能以礼让为国，如礼何?"察孔子之意，至德之大，治国之经，皆归本于让，孔广森发《春秋》之微旨曰："《春秋》拨乱之教，以让为首。君兴让，则息兵；臣兴让，则息贪；庶人兴让，则息讼。"天下莫不治于让而乱于争，此《春秋》贵让之指也。宣公让国失正，

《春秋》为恕其罪（详见《慎微》篇）；隐公让国不成，《春秋》为成其意（详见《慎微》篇）；季札辞国，春秋使吴有君（详见《慎微》篇）；喜时让国，春秋免治其后（昭二十年夏，曹公孙会自鄸出奔宋，《传》曰："奔未有言自者，此其言自何？畔也。畔则曷为不言其畔？为公子喜时之后讳也。《春秋》为贤者讳，何贤乎公子喜时？让国也。其让国奈何？曹伯庐卒于师，则未知公子喜时从与？公子负刍从与？或为主于国，或为主于师。公子喜时见公子负刍之当主也，逡巡而退。贤公子喜时，则曷为为会讳？君子之善善也长，恶恶也短。恶恶止其身，善善及子孙，贤者子孙，故君子为之讳也。"）。《春秋》彰让之贤，以明争之过，谓之拨乱之教可也。谓之立仁之则，亦无不可也。学《春秋》者，宜详察之。（上以明其途行）

# 《春秋》经世论之六





《春秋》之义，自其细者视之，则为慎微；自其大者视之，则为安仁。安仁之道，非可以託之空言，盖必见之行事者也。"子贡曰：'如有博施于民，而能济众，何如？可谓仁乎？'子曰：'何事于仁，必也圣乎！尧舜其犹病诸。夫仁者，己欲立而立人，己欲达而达人，能近取譬，可谓仁之方也已。"（《论语·雍也》）立己达人之方，内圣外王之道，莫不以恩被天下，仁及万物为极致，斯则欲安于仁，必更讲求经世之道，亦可知矣，此《春秋》之所由作也。《孟子》曰："世衰道微，邪说暴行有作，臣弑其君者有之，子弑其父者有之，孔子惧，作《春秋》。《春秋》，天子之事也。是故孔子曰：'知我者其惟《春秋》乎，罪我者其惟《春秋》乎！'"《公羊传》曰："君子曷为《春秋》？拨乱世，反诸正，莫近诸《春秋》。其诸君子乐道尧舜之道与？"孟子以孔子成《春秋》，而乱臣贼子惧，比之一治。《春秋》之作，固为博施济众，拨乱反正，此其所以"急切而为国家资也"，此后世所以谓"《春秋》之于王道，是轻重之权衡，曲直之绳墨"，"百王之法度，万世之绳准，皆在此书"。《史记·自叙》曰："夫《春秋》，上明三王之道，下辨人事之纪，别嫌疑，明是非，定犹豫，善善恶恶，贤贤贱不肖，存亡国，继绝世，补敝起废，王道之大者也。"《庄子》曰："《春秋》经世，先王之志。"《春秋》为经世安民明政之书，固有明论矣。

虽然，《春秋》经世，先王之志，实原本于仁，依据于仁，而旨归于仁也。《荀子》曰："人生而有欲，欲而不得，则不能无求，求而无度量分界，则不能不争。争则乱，乱则穷。先王恶其乱也，故制礼义以分之。”，“《春秋》者，礼义之大宗也”。孔子曰：“能以礼让为国乎，何有？不能以礼让为国，如礼何？”又曰：“人而不仁，如礼何？人而不仁，如乐何?”仁又为礼让之本也。庄存与曰：“仁为让本，以仁去利；让为礼本，以让去争。”欲绝欲利之争，必以仁让为治，蒿目忧世，以治天下，固原本于仁也。董君曰：“《春秋》之所治，人与我也。所以治人与我者，仁与义也。以仁安人，以义正我。”程子曰：“夫其至动至赜之不齐，而圣人何以一之哉，曰仁而已矣！故万物之聚散，经世之纪纲，圣人一道以成之曰‘仁’。书于《春秋》者，无非此理。”则知所以经世安民，其道亦依据于仁矣。孔子曰：“一日克己复礼，天下归仁焉。”又曰“君子笃于亲，则民兴于仁。”《公羊通义》曰：“子曰：我欲托之空言，不如见之行事之深切著明也。盖理不穷其变则不深；事不当其势则不刃。高论尧舜之道，而无成败之效，则不著不明。故近取诸《春秋》，因乱世之争季俗之情，渐裁以正道，庶贤者易勉，不肖者易晓，亦致太平之所由基也。”

《春秋》之义，先仁义则后功利，贵仁义而贱勇力。（《穀梁·昭八年传》）居正笃义，首孝明伦，皆所以使贤者易勉，不肖者易晓，亦犹使民兴仁，天下归仁之义也。故《春秋》经世之志，欲天下一归于仁，此又不可不察也。学者必明乎此。而后乃可以言《春秋》经世之要。

《春秋》经世，指在安仁，以修己为始也。《论语》子贡问孔子，子曰：“修己以敬。”曰：“如斯而已乎?”曰：“修己以安人。”曰：“如斯而已乎?”曰：“修己以安百姓，尧、舜其犹病诸。”盖即仁者己欲立而立人，己欲达而达人也。政者正也，为政以德，在位之人，必先有修齐之功，然后乃有治平之效，此一定不可移易之理也。非然者，小人道长，君子道消，天下恶乎平?《说苑·建本篇》：“孔子曰：‘君子务本，本立而道生’。夫本不正者未必倚，始不盛者终必衰。《诗》云：‘原隰即平，泉流既清’。本立而道生，《春秋》之义。有正春者无乱秋，有正君者无危国。《易》曰：‘建其本而万物理，失之毫厘，差以千里’”，知《春秋》经世，以正本修己为要也。《春秋》有五始之义，三世之说，或以正本，或以省己。五始者一曰元，二曰春，三曰王，四曰正月，五曰公即位。《春秋公羊隐公元年传》（注一）何君注曰：“政莫大于正始，故《春秋》以元之气，正天之端；以天之端，正王之政；以王之政，正诸侯之即位；以诸侯之即位，正境内之治……五者同日并见，相须成体，乃天人之大本，万物之所系，不可不察也。”《汉书·董仲舒传》曰：“臣谨按《春秋》之文，求王道之端，得之于正；正次王，王次春；春者天之所为也，正者王之所为也。”《王褒传》曰：“共惟《春秋》，法五始之要，在乎审己正统而已。”包慎言曰：“统者何？本也，正本在乎省己，省己者，省所睹所闻于《春秋》，而反之于己则本正。”此五始省己以正本也。三世者一曰所传世，二曰所闻世，三曰所见世（注二）。何君注曰：“于所传闻之世……内其国而外诸夏，先详内而后治外，录大略小，内小恶书，外小恶不书。”《后汉书·陈蕃传》曰：“《春秋》于鲁，小恶必书，宜先自整饬，后以及人。”徐干《中论·修本篇》云：“孔子之制《春秋》也，详内而略外，急己而宽人。故于鲁也，小恶必书，于众国也，大恶始举。”《孟子正义》曰：“君义莫不义，君正莫不正，一正君而国定矣”。又曰于众也。

《春秋》之义，善善恶恶，贤贤贱不肖，固以为不贤者，不宜在高位；是以政莫大于正始，故必修己为急也。

注一：《春秋》隐公元年“元年春王正月”。《公羊传》曰：“元年者何？君之始年也。春者何？岁之始也。王者孰谓？谓文王也。曷为先言王而后言正月？王正月也。何言乎王正月？大一统也。公何以不言即位？成公意也。何成乎公之意？公将平国而反之桓；曷为反之桓？桓幼而贵，隐长而卑，其为尊卑也微，国人莫知。隐长又贤，诸大夫扳隐而立之，隐于是焉而辞立，则未知桓之将必得立也。且如桓立，则恐诸大夫之不能相幼君也。故凡隐之立为桓立也。隐长又贤，何以不宜立？立嫡以长不以贤，立子以贵不以长。桓何以贵？母贵也。母贵则子何以贵？子以母贵，母以子贵。”何君注曰：“即位者一国之始，政莫大于正始，故《春秋》以元之气，正天之端；以天之端，正王之政；以王之政，正诸侯之即位；以诸侯之即位，正境内之治。诸侯不上奉王之政，则不得即位，故先言正月而后言即位；政不由王出，则不得为政，故先言王而后言正月也；王者不承天以制号令则无法，故先言春而后言王；天不深正其元，则不能成其化，故先言元而后言春。五者同日并见，相须成体，乃天人之大本，万物之所系，不可不察也。”

注二：《春秋公羊隐公元年传》曰：“公子益师卒。何以不日？远也；所见异辞，所闻异辞，所传闻异辞。”何君注曰：“所见者，谓昭、定、哀，己与父时事也；所闻者，谓文、宣、成、襄，王父时事也；所传闻者，谓隐、桓、庄、闵、僖、高祖、曾祖时事也。异辞者，见恩有厚薄，义有深浅，时恩衰义缺，将以理人伦、序人类，因制治乱之法。故于所见之世，恩己与父之臣尤深。大夫卒，有罪无罪皆日录之，丙申季孙隐如卒是也。于所闻之世，王父之臣恩少杀，大夫卒，无罪者日录，有罪者不日略之，叔孙得臣卒是也。于所传闻之世，高祖曾祖之臣恩浅，大夫卒，有罪无罪皆不日略之也，公子益师无骇卒是也。于所传闻之世，见治起于衰乱之中，用心尚麄觕，故内其国而外诸夏，先详内而后治外，录大略小，内小恶书，外小恶不书，大国有大夫，小国略称人，内离会书，外离会不书是也。于所闻之世，见治升平，内诸夏而外夷狄，书外离会，小国有大夫，宣十一年秋晋侯会狄于攒函；襄二十三年邾娄劓我来奔，是也。至所见之世，著治大平，夷狄进至于爵，天下远近小大若一，用心尤深而详，故崇仁义，讥二名，晋魏曼多仲孙何忌是也。所以三世者，礼为父母三年，为祖父母期，为曾祖父母齐衰三月，立爱自亲始。故《春秋》据哀录隐，上治祖祢，所以二百四十二年者，取法十二公，天数备足，著治法式，又因周道始坏绝，于惠隐之际，主所以卒大夫者，明君富隐痛之也，君敬臣，则臣自重；君爱臣，则臣自尽。”



《春秋》经世，旨在安仁，以重民为本也。天下者非一人之天下，天下人之天下也。人民者非止邦国之本，乃邦国之主也。殷周哲王，并知重民，《盘庚》之篇曰：“古我先王，罔不惟民之承保”。又曰：“重我民，无尽刘。”《康诰》曰：“惟乃丕显考文王，克明德慎罚，不敢侮鳏寡，庸庸，祇祇，威威，显民。”至于《春秋》，重民之意，尤为显见。萧楚《春秋辨疑》曰：“孟子曰：‘民为重，君为轻，是《春秋》之义也’。……故《春秋》所民，大致以民为重。”民贵之说，非自孟子发之，实《春秋》之义也。《春秋》文公十八年莒弑其君庶其，《公羊传》曰：“称国以弑者，众弑君之辞。”注曰：“一人弑君，国中人人尽喜，故举国以明失众，当坐绝也。”莒君失众见弑，《春秋》称国以弑，君失众心，弑之者无罪。僖公十九年梁亡，《公羊传》曰：“此未有伐者，其言梁亡何？自亡也。其自亡奈何？鱼烂而亡也。”《注》曰：“梁君隆刑峻法，一家犯罪，四家坐之。一国之中无不被刑者；百姓一旦相率俱去，状若鱼烂。鱼烂从内发故云尔。”梁君严刑自败，《春秋》著其自亡，以明暴虐之君，百姓得以去之。此皆以人民为一国之主，非以君为一国之主也。僖公五年晋人执虞公，《公羊传》曰："虞已灭矣！其言执之何？不与灭也。曷为不与灭？灭者，亡国之善辞也；灭者，上下之同力也。"人民为一国之主，而虞人未尽其责，故《春秋》不与灭。僖公二十一年楚人使宜申来献捷，《公羊传》曰："楚人果伏兵车，执宋公以伐宋。宋公谓公子目夷曰：'子归守国矣！国，子之国也，吾不从子之言，以至乎此。'公子目夷复曰：'君虽不言国，国固臣之国也。'"降至西汉，谷永、鲍宣有云："天下乃天下之天下，非一人之天下也"，"官爵非陛下之官爵，乃天下之官爵也。"犹知此义，惜乎日久而此义不彰，后儒乃不能扬言之。此亦由于《春秋》之义久湮晦而不彰故也。

《春秋》经世，旨在安仁，故必行仁政。梁君严刑峻法，《春秋》著其当绝（见前）；晋侯放其大夫，《春秋》以为近正（注三）；宣公初税亩，《春秋》讥其履亩而税（注四）；哀公用田赋，《春秋》讥其量过什一（注五）。此所以见行仁政者，必省刑罚，薄税敛也。又必重劳民力：隐公七年城中丘，《近思录》曰："为民立君，所以养之也，养民之道，在爱其力。民力足则生养遂，生养遂，则教化行而风俗美，故为政以民力为重也。《春秋》凡用民必书，其所兴作，不时害义，固为罪矣。虽时且义，亦书，见劳民为重也。"庄公二十八年冬，筑微。大无麦、禾。《公羊传》曰："冬既见无麦、禾矣，曷为先言筑微，而后言无麦、禾？讳以凶年造邑也。"《穀梁传》亦曰："山林薮泽之利，所以与民共也，虞之非正也。"又曰："古之君人者，必时视民之所勤，民勤于力则功筑罕，民勤于财则贡赋少，民勤于食则百事废矣。冬筑微，春新延厩，以其用民力为已悉矣。"疾恶战伐，《春秋》疾始灭国（注六），疾始取邑（注七），千数兴兵相伐（注八），则称人畏略之；于稍免战乱，则系辞以喜之（注九），疾始以火攻

（注十），痛迫杀之甚（注十一），恶弃师（注十二），重乞师（注十三），仁者爱人，故必施行仁政也。

注三：《春秋公羊宣公元年传》曰：“晋放其大夫胥甲父于卫：放之者何？犹曰无去是云尔。然则何言尔？近正也。此其为近正奈何？古者，大夫已去，三年待放。君放之，非也；大夫待放，正也。古者臣有大丧，则君三年不呼其门，已练，可以弁冕，服金革之事。君使之，非也；臣行之，礼也。闵子要绖而服事，既而曰：‘若此乎！古之道不即人心’。退而致仕，孔子盖善之也。”

注四：《春秋公羊宣十五年传》曰：“初税亩。初者何？始也。税亩者何？履亩而税也。初税亩何以书？讥。何讥尔？讥始履亩而税也。何讥乎始履亩而税？古者什一而藉。古者曷为什一而藉？什一者，天下之中正也。多乎什一，大桀小桀；寡乎什一，大貉小貉。什一者，天下之中正也，什一而行而颂声作矣！”

注五：《春秋公羊哀公十二年传》曰：“十有二年春，用田赋。何以书？讥。何讥尔？讥始用田赋也”。何君注曰：“田，谓一井之田，赋者，敛取其财物也。言用田赋者，若今汉家敛民钱，以田为率矣！不言井者，城郭里巷亦有井，嫌悉赋之。礼，税民公田不过什一，军赋十井不过一乘。哀公外慕强吴，空尽国储，故复用田赋，过什一。”

注六：《春秋公羊隐公二年传》曰：“无骇帅师入极。无骇者何？展无骇也。何以不氏？贬。曷为贬？疾始灭也。始灭昉于此乎？前此矣。前此则曷为始乎此？托始焉尔。曷为托始焉尔？《春秋》之始也。此灭也，其言入何！内大恶，讳也。”

注七：《春秋公羊隐公四年传》曰："四年，春，王二月，莒人伐杞，取牟娄。牟娄者何？杞之邑也。外取邑不书，此何以书？疾始取邑也。"

注八：《春秋公羊文公十二年传》曰："冬，十有二月，戊午，晋人、秦人战于河曲。此偏战也，何以不言师败绩？敌也。曷为以水地？河曲疏矣，河千里而一曲也。"《穀梁传》曰："不言及，秦晋之战已亟，故略之也。"

注九：《春秋公羊襄公十一年传》曰："公会晋侯、宋公、卫侯、曹伯、齐世子光、莒子、邾娄子、滕子、薛伯、杞伯、小邾娄子伐郑，会于萧鱼。此伐郑也，其言会于萧鱼何？盖郑与会尔。"何君注曰："中国以郑故，三年之中五起兵，至是乃服，其后无干戈之患二十余年，故喜而详录其会，以得郑为重。"

注十：《春秋公羊桓公七年传》曰："七年，春，二月，己亥，焚咸丘。焚之者何？樵之也。樵之者何？以火攻也。何言乎以火攻？疾使以火攻也。咸丘者何？邾娄之邑也。曷为不系乎邾娄？国之也。曷为国之？君存焉尔。"何君注曰："征伐之道，不过用兵；服则可以退，不服则可以进。火之盛炎，水之盛冲，虽欲服罪，不可复禁，故疾其暴而不仁也。"

注十一：《春秋公羊庄公三十年传》曰："齐人伐山戎。此齐侯也，其称人何？贬。曷为贬？子司马子曰：'盖以操之为已蹙矣。'此盖战也，何以不言战？《春秋》敌者言战，桓公之与戎狄，驱之尔。"何君注曰："操，迫也；已，甚也；蹙，痛也；迫杀之甚痛。时桓公力，但可驱逐之而已，戎亦天地之所生，而乃迫杀之甚痛，故去战贬见其事，恶不仁也。"

注十二：《春秋公羊闵公二年传》曰："十有二月，狄入卫。郑弃其师。郑弃其师者何？恶其将也，郑伯恶高克，使之将，逐而不纳，弃师之道也。"

注十三：《春秋公羊僖二十六年传》曰："公子遂如楚乞师。乞师者何？卑辞也。曷为以外内同若辞？重师也。曷为重师？师出不正反，战不正胜也。"

《春秋》经世，旨在安仁，故为国以礼。《中庸》曰："仁者人也，亲亲为大；义者宜也，尊贤为大；亲亲之杀，尊贤之等，礼所生也。"《礼》："卿大夫任重职大，不当世，为其秉政久，恩德广大，小人居之，必夺君子威权。故尹氏世，立王子朝；齐崔氏世，弑其君光"。故《春秋》于尹氏卒（《隐公三年传》），崔氏出奔卫（宣公十年），讥其世卿非礼，以明尊贤为大。于天王使仍叔之子来聘，讥父老子代致，亦以讥其不合于礼。《春秋》恶恶疾始，善善乐终（《僖公十七年传》），"善善也长，恶恶也短；恶恶止其身，善善及子孙"（《昭公二十年传》），善善恶恶，故贤贤贱不肖；于郑瞻自齐逃来（注十四），以著佞人之始来；于叔肸卒书公弟（注十五），以显逸民之当举，此皆所以见为国以礼，道之以德，齐之以礼也。然卫人立晋，则著其不宜立（《隐公四年传》），宋宣让国则以为大君正（《隐公三年传》），又于其嫌得者在见其不得。监礼者本所以定亲疏，决嫌疑，别同类，明是非也。庄存与《春秋正辞》曰："春秋以礼表天下之乱，凡所书者，皆所表也（正天子词）。"《春秋》者，固礼义之大宗也。至其尊信（注十六），贱诈（注十七），笃礼薄利（注十八），书之重词之切，为国以礼，义固深切著明也。

注十四：《春秋公羊庄公十七年传》曰："秋，郑瞻自齐逃来。何以书？书甚佞也。曰：佞人来矣！佞人来矣！"

注十五：《春秋公羊宣公十七年传》曰："冬，十有一月，壬午，公弟叔肸卒”。何君注曰：“称字者，贤之。宣公簒立，叔肸不仕其朝，不食其禄，终身于贫贱。故孔子曰：‘笃信好学，守死善道，危邦不入，乱邦不居，天下有道则见，无道则隐。’此之谓也。礼，盛德之士不名，天子上大夫不名。《春秋》公子不为大夫者不卒，卒而字者，起其宜为天子上大夫也。孔子曰：兴灭国，继绝世，举逸民，天下之民归心焉。’”

注十六：《春秋公羊僖公十年传》曰：“晋里克弑其君卓子，及其大夫荀息。及者何？累也。弑君多矣！舍此无累者乎？曰：有。孔父、仇牧皆累也，舍孔父、仇牧无累者乎？曰：有。有则此何以书？贤也。何贤乎荀息？荀息可谓不食其言矣！其不食其言奈何？奚齐、卓子者，骊姬之子也，荀息傅焉。骊姬者，国色也。献公爱之甚，欲立其子，于是杀世子申生。申生者，里克傅之。献公病，将死，谓荀息曰：‘士何如则可谓之信矣。’荀息对曰：‘使死者反生，生者不愧乎其言，则可谓信矣？’献公死，奚齐立。里克谓荀息曰：‘君杀正而立不正，废长而立幼，如之何？愿与子虑之。’荀息曰：‘君尝讯臣矣！’臣对曰：‘使死者反生，生者不愧乎其言，则可谓信矣！’里克知其不可与谋，退，弑奚齐。荀息立卓子，里克弑卓子，荀息死之。荀息可谓不食其言矣！”

注十七：《春秋公羊文公三年传》曰：“晋阳处父帅师伐楚救江。此伐楚也，其言救江何？为谖也。其为谖奈何？伐楚为救江也。”

注十八：《春秋公羊宣公十二年传》曰：“夏，六月，乙卯，晋荀林父帅师及楚子战于邲，晋师败绩。大夫不敌君，此其称名氏以敌楚子何？不与晋而与楚子为礼也。曷为不与晋而与楚子为礼也？庄王伐郑，胜乎皇门，放乎路衢；郑伯肉袒，左执茅旌，右执鸾刀，以逆庄王。曰：‘寡人无良，边垂之臣，以干天祸，是以使君王沛焉，辱到敝邑。君如矜此丧人，锡之不毛之地，使帅一二耋老而绥焉，请唯君王之命。’庄王曰：‘君之不令臣交易为言，是以使寡人得见君之玉面，而微至乎此。’庄王亲自手旌，左右㧑军，退舍七里。将军子重谏曰：‘南郢之与郑，相去数千里，诸大夫死者数人，厮役扈养死者数百人，今君胜郑而不有，无乃失民臣之力乎？’庄王曰：‘古者杅不穿，皮不蠹，则不出于四方，是以君子笃于礼而薄于利，要其人而不要其土。告从，不赦，不详。吾以不祥道民，灾及吾身，何日之有！’既则晋师之救郑者至，曰：‘请战。’庄王许诺。将军子重谏曰：‘晋，大国也，王师淹病矣！君请勿许也。’庄王曰：‘弱者吾威之，强者吾辟之，是以使寡人无以立乎天下。’令之还师而逆晋寇，庄王鼓之，晋师大败，晋众之走者，舟中之指可掬矣。庄王曰：‘嘻！吾两君不相好，百姓何罪？’令之还师而佚晋寇。”





《春秋》经世，旨在安仁，以一统为法也。孔子曰：“天下有道，则礼乐征伐自天子出；天下无道，则礼乐征伐自诸侯出……天下有道，则政不在大夫；天下有道，则庶人不议。”春秋之世，礼乐征伐自诸侯出，政在大夫，陪臣当国，此春秋所以为乱世也。孔子修《春秋》，当一王之法，大一统，尊法制。此所以拨乱世反之正也。《春秋公羊隐元年春王正月传》：“何言乎王正月？大一统也。”何君注曰：“统者始也，总系之辞。”汉儒说之曰：“统纪可一，而法度可明”（《董仲舒传》）。“六合同风，九州共贯”（《王吉传》）。“春秋之义，诸侯不得专地，所以壹统，尊法制焉。”大一统者：“普天之下，莫非王土；率土之滨，莫非王臣。”故《春秋传》又说之曰：“《春秋》内其国而外夏，内诸夏而外夷狄，王者欲一乎天下，曷为以外内之辞言之？言自近者始也”（《成公十五年传》）。王者欲一乎天下，故曰“王者无外”（《隐公元年传》），“王者无敌”（《成公元年传》），“不与诸侯专地”（《桓公元年传》），“不与诸侯专封”（《僖公元年传》），“不与诸侯专讨”（注十九），“卿不得忧诸侯”（注二十），“大夫之义，不得专废置君”（注二十一），“不得专平”（注二十二），“不得专执”（注二十三），“不以家事辞王事”（注二十四）。此礼乐征伐，不得自诸侯出，政不得在大夫也。《春秋》内其国而外诸夏，内诸夏而外夷狄，故“不与夷狄之执中国”（《隐公七年传》），“不与夷狄之获中国”（《庄公十年传》），“不与夷狄之主中国”（《哀公十三年传》），“许夷狄者不一而足”（《文公九年传》），而于齐桓之服楚，则书之重辞之复以大美之。僖公四年楚屈完来盟于师，盟于召陵。《公羊传》曰：“喜服楚也，何言乎喜服楚？楚有王者则后服，无王者则先叛，夷狄也，而亟病中国。南夷与北狄交，中国不绝若线，桓公救中国而攘夷狄，卒怗荆，以此为王者之事也。”齐桓公之功，在尊周攘夷，九合诸侯，一匡天下，王者之事也。故孔子称齐桓、管仲之功曰：“如其仁，如其仁。”此大一统之义，亦原本于仁也。





注十九：《春秋公羊宣公十一年传》曰：“冬十月，楚人杀陈夏征舒。此楚子也，其称人何？贬。曷为贬？不与外讨也。不与外讨者，因其讨乎外而不与也，虽内讨亦不与也。曷为不与？实与而文不与。文曷为不与？诸侯之义，不得专讨也。诸侯之义不得专讨，则其曰实与之何？上无天子，下无方伯，天下诸侯有为无道者，臣弑君，子弑父，力能讨之则讨之，可也。”

注二十：《春秋公羊襄公三十年传》曰：“晋人、齐人、宋人、卫人、郑人、曹人、莒人、邾娄人、滕人、薛人、杞人、小邾娄人会于澶渊，宋灾故。宋灾故者何？诸侯会于澶渊，凡为宋灾故也。会未有言其所为者，此言所为何？录伯姬也。诸侯相聚，而更宋之所丧，曰：'死者不可复生，尔财复矣！'此大事也，曷为使微者？卿也。卿则其称人何？贬。曷为贬？卿不得忧诸侯也。"

注二十一：《春秋公羊文公十四年传》曰："晋人纳接菑于邾娄，弗克纳。纳者何？入辞也。其言弗克纳何？大其弗克纳也。何大乎其弗克纳？晋郤缺帅师，革车八百乘，以纳接菑于邾娄，力沛若有余，而纳之。邾娄人言曰：'接菑，晋出也，貜且，齐出也。子以其指，则接菑也四，貜且也六。子以大国压之，则未知齐、晋孰有之也？贵则皆贵矣，虽然貜且也长。'郤缺曰：'非吾力不能纳也，义实不尔克也。'引师而去之。故君子大其弗克纳也。此晋郤缺也，其称人何？贬。曷为贬？不与大夫专废置君也。曷为不与？实与而文不与。文曷为不与？大夫之义，不得专废置君也。"

注二十二：《春秋公羊宣公十五年传》曰："夏，五月，宋人及楚人平。外平不书，此何以书？大其平乎己也。何大乎其平乎己？庄王围宋，军有七日之粮尔，尽此不胜，将去而归尔。于是使司马子反乘堙而窥宋域，宋华元亦乘堙而出见之。司马子反曰：'子之国何如？'华元曰：'惫矣！'曰：'何如？'曰：'易子而食之，析骸而炊之。'司马子反曰：'嘻！甚矣惫！虽然，吾闻之也，围者，柑马而秣之，使肥者应客，是何子之情也？'华元曰：'吾闻之，君子见人之厄则矜之，小人见人之厄则幸之。吾见子之君子也，是以告情于子也。'司马子反曰：‘诺。勉之矣！吾军亦有七日之粮尔，尽此不胜，将去而归尔。’揖而去之，反于庄王。庄王曰：‘何如？’司马子反曰：‘惫矣。’曰：‘何如？’曰：‘易子而食之，析骸而炊之。’庄王曰：‘嘻！甚矣惫！虽然，吾今取此，然后而归尔。’司马子反曰：‘不可。臣已告之矣，军有七日之粮尔。’庄王怒曰：‘吾使子往视之，子曷为告之？’司马子反曰：‘以区区之宋，犹有不欺人之臣，可以楚而无乎！是以告之也。’庄王曰：‘诺，舍而止。虽然，吾犹取此然后归尔。’司马子反曰：‘然则君请处于此，臣请归尔。’庄王曰：‘子去我而归，吾孰与处于此？吾亦从子而归尔。’引师而去之。故君子大其平乎已也。此皆大夫也，其称人何？贬。曷为贬？平者在下也”。何君注曰：“言在下者，讥二子在君侧，不先以便宜反报归美于君，而生事专平，故贬称人。等不勿贬，不言遂者，在君侧无隧道也。以主坐在君侧遂为罪也，知《经》不以文实贬也。凡为文实贬者，皆以取专事为罪。月者专平不易”。

注二十三：《春秋公羊定公元年传》曰：“三月，晋人执宋仲几于京师。仲几之罪何？不蓑城也。其言于京师何？伯讨也。伯讨则其称人何？贬。曷为贬？不与大夫专执也。曷为不与？实与而文不与。文曷为不与？大夫之义，不得专执也。”

注二十四：《春秋公羊哀公三年传》曰：“春，齐国夏、卫石曼姑帅师围戚。齐国夏曷为与卫石曼姑帅师围戚？伯讨也。此其为伯讨奈何？曼姑受命乎灵公而立辄，以曼姑之义，为固可以距之也。辄者，曷为者也？蒯聩之子也。然则曷为不立蒯聩而立辄？蒯聩为无道，灵公逐蒯聩而立辄。然则辄之义可立乎？曰可。其可奈何？不以父命辞王父命，以王父命辞父命，是父之行乎子也。不以家事辞王事，以王事辞家事，是上之行乎下也。”

春秋经世，旨在安仁，以大同为极也。大同之说，《礼运》言之，虽不见于《春秋》，而《春秋》亦有其义，齐桓存三亡国，《春秋》于救邢（僖公元年）、卫（僖公三年）、城杞（僖公十四年），三传皆盛美齐桓之功，曰：“诸侯之义，不得专封，则其曰实与之何？上无天子，下无方伯，天下诸侯有相灭亡者，力能救之，则救之可也。”僖公十七年夏，灭项，《春秋》于齐桓讳灭，《传》更发其义曰：“《春秋》为贤者讳，此灭人之国，何贤尔？君子之恶恶也疾始，善善也乐终，桓公尝有继绝存亡之功，故君子为之讳也。”存亡继绝，所以使天下免于相侵凌、相兼并之祸，亦天下为公之义也。楚灭陈、蔡，《春秋》昭公四年书“陈火”。《传》曰：“陈已灭矣，其言陈火何？存陈也。”





昭公十三年书“蔡侯庐归于蔡，陈侯吴归于陈”，《传》曰：“此皆灭国也，其言归何？不与诸侯专封也。”注曰：“使若有国者自归也。”《春秋》存亡国继绝世，此所以为王道之大也。《春秋》内其国而外诸夏，内诸夏而外夷狄，而宣十二年书“夏六月乙卯，晋荀林父帅师及楚子战于邲，晋师败绩”。《传》曰：“不与晋而与楚子为礼也”（注二十五）。定公四年书“蔡侯以吴子及楚人战于伯莒”，《传》曰：“吴何以称子？夷狄也而忧中国”（注二十六）。严于礼义之防，而不严于夷夏之辨，此亦所以示天下为公也。《春秋》三世之法，何君注云：“至所见之世，著治太平，夷狄进至于爵，天下远近小大若一”。康有为《春秋笔削大义微言考》云：“《春秋》三世之法，与《礼运》小康大同之义同”。又曰：“道之以政，齐之以刑，小康据乱也；道之以德，齐之以礼，大同太平也。莒人胜残去杀，据乱也；王者必世而后仁，升平也；老安少怀，皆言大同也”。《春秋》书夷狄进至为爵，其所以示“天下远近小大若一”者甚明。凛凛乎大同之世，天下为公。然则《春秋》虽不自言大同，其义亦可推知矣！

注二十五：《春秋公羊宣公十二年传》（见注十八）。

注二十六：《春秋公羊定公四年传》曰：“冬，十有一月，庚午，蔡侯以吴子及楚人战于伯莒，楚师败绩。吴何以称子？夷狄也而忧中国，其忧中国奈何？伍子胥父诛乎楚、挟弓而去楚，以干阖庐，阖庐曰：‘士之甚，勇之甚！’将为之兴师而复雠于楚。伍子胥复曰：‘诸侯不为匹夫兴师，且臣闻之，事君犹事父也。亏君之义，复父之雠，臣不为也。’于是止。蔡昭公朝于楚，有美裘焉，囊瓦求之，昭公不与。为是拘昭公于南郢，数年然后归之。于其归焉，用事乎河，曰：‘天下诸侯苟有能伐楚者，寡人请为之前列。’楚人闻之，怒。为是兴师，使囊瓦将而伐蔡。蔡请救于吴，伍子胥复曰：‘蔡非有罪也，楚人为无道，君如有忧中国之心，则若时可矣！’于是兴师而救蔡。曰：‘事君犹事父也，此其为可以复雠奈何？曰：‘父不受诛，子复雠可也；父受诛，子复雠，推刃之道也。’复雠不除害，朋友相卫而不相迿，古之道也。”

**（原载于北平《孔子月刊》民国二十六年第一期，1937年1月）**

# 目录学四论

# 一　论目录之起源

目录之学，其传久矣。然目录专书，究起于何时？其缘由何在？直至今日，犹未有定论；此非不可以论定也，特治目录学者，未能详察之耳。自来论目录之起源者，约有数说，如：

(1)《隋书·经籍志》“簿录类”小序云：“古者史官，既司典籍，盖有目录，以为纲纪；体制湮灭，不可复知。孔子删《书》，别为之序，各陈作者所由。韩、毛二《诗》，亦皆相类。汉时刘向《别录》、刘歆《七略》，剖析条流，各有其部，推寻事迹，疑则古之制也。”

(2)《四库总目提要》小序云：“郑玄有《三礼目录》一卷，此名所昉也。”

(3) 卢文弨《钟山札记》云：“《太史公自序》即《史记》之目录也。班固之《叙传》，即《汉书》之目录也……古书目录，往往置于末，如《淮南》之《要略》，《法言》之十三篇《序》皆然。吾以为《易》之《序卦传》，非即六十四卦之目录欤？《史》、《汉》诸序，殆昉于此。”

案此之说，《隋志》以为古者史官盖有目录，经传无征，未可凭信；《四库提要》以为目录之实，虽起于向、歆，而目录之名，昉于郑玄，不知《文选注》引《别录》有《列子》目录（王康琚《反招隐诗》注)，《七略》言“尚书有青丝编目录”（任彦升《为范始兴作求立太宰碑表》注），《提要》之说，实为失考也。

《隋志》谓《诗》、《书》之序，疑即古之目录，卢氏以谓

《易》之《序卦》即六十四卦之目录，说并未谛。《诗序》、《书序》作于何人？起于何时？迄无定说。《易》之《序卦》、《传》亦晚出于汉，戴东原《周易补注·后语》云：

> 昔儒相传《说卦》三篇，与今文《大誓》同后出，《说卦》分之为《序卦》、《杂卦》，故三篇词指，不类孔子之言，或经师所记孔门余论，或别有传述，博士集而读之，遂一归孔子，谓之《十翼》矣。

其说是也。吴承志《横阳札记》谓《荀子·大略篇》，《易》之"咸见夫妇"，夫妇之道，不可不正也，君臣父子之本也，《汉书·艺文志》云，孔子为《序卦》，原出于此。《淮南子·谬称训》：故《易》曰："《剥》之不可以遂尽也，故受之以《复》。"亦《序卦》文。案，今《序卦传》云："有天地然后有万物，有万物然后有男女，有男女然后有夫妇，有夫妇然后有父子，有父子然后有君臣，有君臣然后有上下，有上下然后礼义有所错。"与《荀子》文不同。《序卦传》云："剥者剥也，物不可以终尽"，亦与《淮南》所引不同。此盖袭取《荀》、《淮》，非《荀子》、《淮南》引用《序卦》。文句甚明。然则目录之起，源未可以《诗序》、《书序》当之也。





窃谓战国以前，既无私家著述，晚周诸子之作，亦无所谓序目，则目录之兴起，固不能早于秦以前，此可有明证也。今传世诸子书，疑为其自序者，有《庄子·天下篇》，然《天下篇》是否庄子自作，直至今日，亦无定论；即令为周所作，其不条列篇第，如《序卦传》，至为显明。其前有管、商诸家，其后如荀、韩二子，凡所述作，并无自序。逮及秦汉，《吕氏春秋》有《序意》，《春秋繁露》有《俞序》，皆仅撮其旨意，而不条其篇目，其非目录，亦甚易见。稍后《淮南子》之《要略》篇，此为自序而兼有篇目者，一书之有序目，宜莫早于《淮南》。故其后《太史公书·自序》，《扬子法言·后序》，《汉书·叙传》，诸书自序并用其体。刘歆《七略》沿用其名，此《七略》之所由命名为略故也，虽然《淮南·要略》为一书之序略，究非目录专书之比也，其列举群书而为之录者，则当以杨仆之《兵录》为最早。《汉书·兵书略》云：

> 汉兴，张良、韩信序次兵法，凡百八十二家，删取要用，定著三十五家。诸吕用事而盗取之，武帝时，军政杨仆捃摭遗逸，纪奏兵录，犹未能备。

《汉志》明言杨仆有纪奏之兵录，则此录当为兵书之目录，其体例或为专记书目，或与“刘向校书，每一书已，向辄条其篇目，撮其旨意，录而奏之”相若，特其时未有目录之名，而仆之兵录，又早失传，后人不知“录”即目录，遂不能谓目录之书起于杨仆，乃远溯于古之史官，或推本于《诗》、《书》之《序》，而其实不然也。近之论者或谓“杨仆始奏兵录，向、歆校书，将以进御，故用仆旧例，一书校竟，辄撰一录，随书奏上，谓之‘书录’。”“刘向奏上群书，皆‘条其篇目，撮其旨意’，谓之‘书录’，而《汉志》云：‘武帝时，军政杨仆捃摭遗逸，纪奏兵录’，‘兵录’者，兵书之录，第其体例当与刘向书录同，而不能知仆‘兵录’为目录专书之初祖，则囿于《周易·十翼》有序卦传，《汉志》以为孔氏为之，其文见引于《荀子》、《淮南》，渊源极古。……目录之作，莫古于斯”之见，而不知《易》序卦传本属晚出，採摭《荀子》、《淮南》，非见引于《荀子》、《淮南》，不类孔子之言。且篇中仅序六十四卦，而不录彖、系、十翼之名，尚不足以当一书之目录也。一书之目录，实始于《淮南》；群书之目录，实始于杨仆，刘向之《书录》、《别录》，沿用杨仆《兵录》之名，此“目录”之名所由缘起也。

虽然，目录专书，始于杨仆，然《兵录》之体例，是否一如刘向“条其篇目，撮其旨意，篇目之后，又为叙录，则不可知。盖仆记奏兵录，事则有之，是否校雠，则无明说；今日推论刘向校书，用仆旧例，则殊难臆定。此则又有待于目录名义之商榷矣。《论语》载‘颜渊问仁’，孔子曰：‘克己复礼为仁’；颜渊曰：‘请问其目’。”目者，详也（《正义》：“目者如人目，有所识别也。”）注言：“条目者非止一目，当有细数，若木枝条也。”《春秋经》：“桓二年，公会齐侯、陈侯、郑伯于稷，以成宋乱。”《公羊传》曰：“内大恶讳，此其目言之何?”目者，明也（何注：“目，见也。”），目以表示详明，其后乃云：凡目，《中庸》曰“知凡之目”（原作“知风之自”，此依俞樾说）。《春秋传》曰：“前目而后凡也。”（僖五年《公羊传》，《春秋繁露》云：“目者，遍辨其事也；凡者，独举其大事也。”）其专指篇目次序，则在有目录书以后，《汉书·刘向传》云：“校中秘书各有条目。”《艺文志》云：“向辄条其篇目。”

“录”之为言犹记也。《礼记·檀弓》：“爱之斯录之矣。”俞樾《儿笘录》云：“录者，录之或体也。”《说文·录部》：“录，刻木录录也。刻木必用金，故或从金。”隐公十年《公羊传》：“《春秋》录内而略外。”盖古人文字，著在方策，故谓之“录”，即从刻木之义而引申之也。章炳麟《小学答问》云：“凡言记录者，藉为‘刻木录录’之录。古者书契本刻木为之也。”“录”之本义因为记也。“《春秋》录内而略外”（隐十年《公羊传》）。目录者，详明之记录也，篇目之记录也，故曰目录之书，成于记录。荀勖谓之《中经新簿》，王俭谓之《七志》，阮孝绪谓之《七录》，许善心谓之《七林》，《隋志》更名之曰《簿录》。固不必拘泥于“目谓篇目”，“录则合篇目与叙言之”，录者记录而已矣。“六略”之录者，“六略”之记也；“集录”之左者，集记于左也；“序录”者，序记也；“录目”者，记目也。杨仆之《兵录》，盖兵书之记录，或专记书名不记篇目，或合书名篇目与叙并记录之，其体例或不同于刘向。《汉志》言：“刘向校书，每一书已，向辄条其篇目，撮其旨意，录而奏之。”其所录，“兼篇目及旨意"，其不必用仆旧例，固亦甚明。然向虽不用仆旧例，仆所记奏之《兵录》，固目录专书之初祖也。只但云"录"，不云"目录"，则知目录之书，最初但谓之"录"，"目录"之名，固非其朔也。

近之论者或谓："'目'为'篇目'，'录'则合篇目及叙言之，《汉志》言：'刘向校书，每一书已，向辄条其篇目，撮其旨意，录而奏之。''旨意'即叙中所言一书之大意，故必有目有叙，乃得谓之'录'。'录'既兼包叙目，则举录可以该目，故向奏上之篇目旨意，载在本书者谓之'录'，编集别行者谓之'别录'也。其所以又有'目录'之名者，因向之著录起于奉诏校书，当时古书多篇卷单行，各本多寡不一，向乃合中外之书，除其重复，定著若干篇，遂著其篇目，以防散佚，且以见定本之与旧不同，篇目之后又作《叙》一篇，发明其意，随书奏上。因编校之始，本以篇目为主，故举目言之，谓之'目录'也。"又谓："向但自名为'录'，实兼包篇目、旨意二者言之，杨仆所奏之《兵录》，其体亦当如此。及各从所重言之，有'目录'、'叙录'之名。录、目录、叙录；目，条其篇目；叙，撮其旨意。此亦足见目录之书，最初但名为'录'，浸假而有'目录'之名，杨仆谓之为'录'，向亦自名为'录'，则仆书为目录初祖，又甚明矣。"

然以"诸书所载向、歆之奏，亦或谓之'叙录'（《晏子》、《说苑》、《山海经》），盖二名皆举编该全，相互以见意耳，实则'录'当兼包叙目，班固之言甚明；其后沿袭用，以'录'之名专属于'目'，于是有篇目而无'叙'者亦谓之'目录'，又久之而记书名不载篇目者，并冒'目录'之名"。此则未瞭于目录之命名本由于记录，名目之记录，详明之记录，从其初祖言之，不必有目有叙乃得谓之'录'也。""目录之为篇目，而非书名"，此则由目录之起源亦可以推见目录之名谊，更不必以"别录"之体例，为释目录之准则。

## 二　论目录之功用

《汉志》言："刘向校经、传、诸子、诗赋，……每一书已，向辄条其篇目，撮其旨意，录而奏之。"《隋志》亦谓："汉时刘向《别录》、刘歆《七略》，剖析条流，各有其部，推寻事迹，疑则古之制也。"目录之书，非仅"条其篇目"，而兼"撮其旨意"、"推寻事迹"、"剖析条流"，则目录之功用，非仅综合群籍，类居部次，取便稽考，其可藉以考镜源流，辨章学术，指示术径，至为明显。唐毋煚《古今书录·序》云：

> 夫经籍者，开物成务，垂教作程，圣哲之能事，帝王之达典。而去圣已久，开凿遂多，苟不剖判条源，甄明科部，则先贤遗事，有卒代而不闻，大国经书，遂终年而空泯。使学者孤舟泳海，弱羽凭天，衔石填溟，倚杖追日，莫闻名目，岂详家代？不亦劳乎！不亦弊乎！将使书千帙于掌眸，披万函于年祀，览录而知旨，观目而悉词，经坟之精术尽探，贤哲之睿思咸识，不见古人之面，而见古人之心，以传后来，不其愈已！（见《旧唐书·经籍志》）

唐智昇《开元释教录·序》亦曰：

> 夫目录之兴也，盖所以别真伪，明是非，记人代之古今，标卷部之多少，摭拾遗漏，删夷骈赘，欲使正教纶理，金言有绪，提纲举要，历然可观也。

此所云：（1）别真伪；（2）明是非；（3）摭拾遗漏，删夷骈赘；（4）提纲举要，历然可观；（5）剖判条源；（6）甄明科部；

(7) 览录而知旨，观目而悉词。于目录之功用，言之益详。近人多举章学诚《校雠通义》之言："校雠之义，盖自刘向父子部次条别，将以辨章学术，考镜源流，非深明于道术精微群言得失之故者，不足与此。"所谓"辨章学术，考镜源流"，为章氏独得之秘，不知目录之功用，昔人固夙已言之，非章氏独创也。兹更就毋煚、智昇诸家之说，析为十项，分述于次：

一曰指示门径。

王鸣盛《十七史商榷》云："目录之学，学中第一紧要事，必从此问途，方能得其门而入。然此事非苦学精究，质之良师，未易明也。"张之洞《𬨎轩语·语学·第二》："读书宜有门径。泛滥无归，终身无得；得门而入，事半功倍。或经，或史，或词章，或经济，或天算地舆。经治何经，史治何史，经济是何条，因类以求，各有专注。至于经注，孰为师授之古学，孰为无本之俗学。史传，孰为有法，孰为失体，孰为详密，孰为疏舛。词章，孰为正宗，孰为旁门，尤宜抉择分析，方不致误用聪明。此事宜有师承，然师岂易得？书即师也。今为诸生指一良师，将《四库全书总目提要》读一过，即略知学术门径矣。"张之洞《书目答问·略例》云："读书不知要领，劳而无功。知某书宜读而不得精校、精注本，事倍功半。"又《书目答问》史部谱录类书目之属末注云："此类各书，为读一切经史子集之途径。"皆谓目录之功用在指示门径也。

二曰考镜学术之源流。

郑樵《通志·校雠略·编次必谨类例论》云："类例既分，学术自明，以其先后本末俱在。观图谱者可以知图谱之所始，观名数者可以知名数之相承。谶纬之学盛于东都，音韵之书传于江左，传注起于汉、魏，义疏成于隋、唐。睹其书，可以知其学之源流。"乙亥（民国二十四年）之春，余考三国六朝经学，据《隋志》载"梁有《尚书义疏》四卷，晋乐安王友伊说撰，亡"；

"又《毛诗释义》十卷，谢沈撰"；"《毛诗草木虫鱼疏》二卷，乌程令吴郡陆玑撰"。更据黄逢元《补晋书·经籍志》引《晋书·文六王传》："乐安平王鉴……武帝践阼，封乐安王。帝为鉴及燕王机高选师友。"云："伊说当即师友中明经者。"而论定"义疏起于晋代，疏名起于陆玑"（余谓郑笺实即疏体，详《师大月刊》第十八期《三国六朝经学上的几个问题》一文）。又，"《汉志》著录《吴楚汝南歌诗》十五篇"，而于《诗赋略·序》云："自孝武立乐府而采歌谣，于是有代、赵之讴，秦、楚之风，皆感于哀乐，缘事而发，亦可以观风俗，知薄厚云。"由"代、赵之讴，秦、楚之风"列于《乐府》，可以觇《诗三百篇》之风诗本皆为乐歌（说详顾颉刚《论〈诗经〉所录全为乐歌》）。以上三事，皆足证目录之利用，可以考镜学术之源流也。



三曰考觇学术之兴替。



梁阮孝绪《七录序》云："刘氏之世，史书甚寡，附见《春秋》，诚得其例……《七略》诗赋，不从六艺诗部，盖由其书既多，所以别为一略。"此足以睹诗赋于周季、秦汉而日浸盛。《通考》云："按：班孟坚《艺文志》，《七略》无史类，以《世本》以下诸书附于《六艺略·春秋》之后。盖《春秋》即古史，而《春秋》之后，惟秦、汉之事，编帙不多，故不必特立史部。"此足以睹乙部之学于时尚未兴也。愚按，东汉之世，杂史之属，如《古今注·灵、献二帝纪》、《汉末英雄记》；杂传之属，如《三辅决录》、《陈留耆旧传》、《豫章烈士传》之类，史学一类著述繁多，此晋荀勖《中经新簿》，所以不得不变《七略》之成规，而别为四部之创建，至宋元嘉十五年，乃更有"儒"、"玄"、"史"、"文"凡四学并建之议（见《宋书·隐逸传》）。此亦《隋志》以前经学、史集之分，隶于甲乙丙丁四部也。又六朝之时，丧服之学，甚为发达，《隋志》所列注释丧服经传之书，凡三四十种，绝后空前，盛极一时。亦足为利用目录，可以睹一代学术兴替之一证。

四曰考见学术之是非。

孙德谦《汉书·艺文志举例·辨章得失见后论例》云："《四库提要》载著书，皆为论列得失，所以示人知所去取也。然而《汉志》观之，史体则异乎是，何也？提要者，专家目录之书也；《汉志》于一书不过略述大旨，或仅记姓名，其辩章得失，则于后论中见之。如'诸子略'云：'儒家者流……及放者为之'云云，皆辨章得失之大较也。此所谓得失，即明是非也。予谓《毛诗》之学，世人多以为是，然《汉志》于诗家小序已云，'孔子纯取周诗，上采殷，下取鲁，凡三百五篇，遭秦而全者，以其讽诵，不独在竹帛故也。汉兴，鲁申公为诗训故，而齐辕固、燕韩生皆为之传，或取《春秋》，采杂说，咸非其本义。与不得已，鲁最为近之。三家皆列于学官。又有毛公之学，自谓子夏所传，而河间献王好之，未得立。'据《志》所言，则知《毛诗》之学其传授不可信，《毛诗》较之《三家诗》多六笙诗，与三百五篇亦不合，后世固可以执此以明《诗》四家之是非矣。《志》于其他诸家，多承刘歆之说，其言或不足取，然而此已可利用以窥见古文诸经非是矣。若《提要》之《总序》、《小序》，论列是非更详，此所以张孝达《輶轩语》以为读一过即《略》，便知学问门径也。"

五曰考见一书之要指。

孙氏《汉志举例》一书下挈大旨例云："藏书家编纂目录于其书之为宋为元，或批或校，皆著明之；甚者篇页之行款，收藏之图记，亦纤悉无遗，至一书之宗旨，则不之辨也；盖彼以典籍为玩好之具而已。读书家者，加以考据，斯固善矣，如晁公武《读书志》、陈直斋《书录解题》，每一书下，各有论说，使承学之士，藉以晓此书之得失，未尝不可然即谓其宗旨如此，犹未足奉为为定评者也。若史家则何如？史家者，凡一类之中，是非异同，别为议论以发明之，其于一书之下，则但挈大旨可耳。《汉志》：‘《易》家《古五子》……自甲子至壬子，说《易》阴阳。’《春秋》家《世本》云：‘古史官记黄帝以来讫春秋时诸侯大夫。’儒家《周政》云：‘周时法度政教。’《周法》云：‘法天地，立百官。’《谰言》云：‘陈人君法度。’公孙固云：‘齐闵王失国，问之，固因为陈古今成败也。’小说家《周考》云：‘考周事也。’青史子云：‘古史官记事也。’班氏于《六略》中未必一一注明，而此数书者，欲知旨意何在，即可以得其大略矣。”此所举诸书，今已多亡佚，《汉志》挈其要指，使后世得以窥见其崖略，此固言目录学之功用者，所必不可忽者也。



六曰考辨一书之性质。

王应麟《汉书艺文志考证》引晁氏曰：“《尔雅》小学之类，附《孝经》，非是。”此以《尔雅》附《孝经》为非是也。《尔雅》本训故之书，《汉志》列于《孝经》之属。考臧庸《拜经日记》云：“《公羊·宣十二年》注：‘礼，天子造舟，诸侯维舟，卿大夫方舟，士特舟。’《疏》云：‘释水文也。’考何邵公引《尔雅·释水》而称〈礼〉，魏张揖《上广雅表》言《尔雅》，秦叔孙通撰置《礼记》，此盖汉初之事，《大戴礼记》中，当有《尔雅》数篇，为叔孙氏所取入。故班孟坚《白虎通》引《尔雅》释‘亲’文，称为‘礼亲属记’（原注：《三纲六纪篇·礼亲属记》曰：‘男子先生称兄，后生称弟；女子先生为姊，后生为妹。’《孟子·席馆》：‘甥于贰室。’赵注云：‘《礼记》，妻父曰外舅，称我舅者，吾谓之甥。’）。应仲援《风俗通·声音篇》引《释乐》：‘大者谓之产，其中谓之仲，小者谓之箹。’为《礼·乐记》。则《礼记》中之有《尔雅》，信矣。或疑《汉志》礼家不及叔孙通，张氏之言恐未得实，盖未考之班氏诸书也（《大戴礼》有‘尔雅’条。）。陈寿祺《左海经辨》亦云‘《尔雅》为通所采，当在大小戴《记》中’（《大小戴礼记考》）。”此不惟足见《尔雅》本《礼记》之一篇，《尔雅》本为古文，无今古文之异，以足以见《礼记》所包孕者甚多，有《乐记》，有《尔雅》，礼之所及，亦何其杂也。

七曰考辨一书之真伪。

班固《汉书·东方朔传》云："朔之文辞，此二篇最善（按此二篇者谓《答客难》及《非有先生论》也）。其余《封泰山》、《责和氏璧》及《皇太子生禖》、《屏风》、《殿上柏柱》、《平乐观赋猎》，八言、七言上下，《从公孙弘借车》，凡刘向所录朔书具是矣（师古曰：刘向《别录》所载）。世所传他事皆非也。"（师古曰：谓如《东方朔别传》及俗用五行时日之书，皆非实事也）。又《后汉书·张衡传》云："初，光武善谶，及显宗、肃宗因祖述焉。自中兴之后，儒者争学图纬，兼复附以訞言。衡以图纬虚妄，非圣人之法，乃上疏曰：'臣闻圣人明审律历以定吉凶，重之以卜。刘向父子领校秘书，阅定九流，亦无谶录。（案，谶录谓谶纬图录也）成、哀之后，乃始闻之……则知图谶成于哀、平之际也。"此皆以《别录》、《七略》为考古书真伪之准的也。降及清初，如姚际恒《古今伪书考》，考子夏《易传》云"《汉书·艺文志》无"；阎若璩《尚书古文疏证》，考梅颐《古文尚书》云；《艺文志》……《楚元王传》……一则曰得多十六篇，再则曰《逸书》十六篇是《古文尚书》篇数，之见于西汉者，如此也。……东晋元帝时豫章内史梅颐忽上《古文尚书》，增多二十五篇，无论其文辞格制，迥然不类，而只此篇数之不合，伪可知也。皆其例。

八曰考见一书之篇卷。

如邵懿辰《礼经通论》据《三礼目录》以论《礼》十七篇"当从大戴之次，本无阙佚"曰："而其证之尤为明确而可指者，适合大戴十七篇之次序，按大戴《士冠礼》一，《昏礼》二，《士相见礼》三，《士丧礼》四，《既夕》五，《士虞礼》六，《特牲馈食礼》七，《少牢馈食礼》八，《有司彻》九，《乡饮酒》十，《乡射礼》十一，《燕礼》十二，《大射仪》十三，《聘礼》十四，《公食大夫礼》十五，《觐礼》十六，《丧服》十七。是一、二、三篇，冠昏也；四、五、六、七、八、九篇，丧祭也；十、十一、十二、十三篇，射乡也；十四、十五、十六篇，朝聘也；而《丧服》之通乎上下者附焉。……大戴之次合乎《礼运》。疑自高堂生、后苍以来，而圣门相传篇序固已如此也。”此以大戴之次合于昏义“夫礼始于冠，本于昏，重于丧祭，尊于朝聘，和于乡射。”反《礼运》“冠、昏、丧、祭、射乡、朝聘”之说，而论《礼》十七篇之次第，且以见其未阙佚也。近人杨树达有《韩诗内传未亡说》一文，谓“《隋志》、《韩诗外传》十卷。此十卷乃《汉志》内传四卷、及外传六卷之合”，因以说明《韩诗内传》未亡。此则篇卷之分合以见其未亡也。此所以谓目录之学其功用在考镜源流，辨章学术也。





九曰考求书籍之存佚。

卢文弨云：“《太史公自叙》，而《史记》之目录也。”《史记》一书，传迄元成时，已有阙佚。今《史记·三王世家》后，附褚先生补曰：“臣……好览观太史公之列传。传中称三王世家文辞可观，求其世家终不能得。”《龟策列传》褚先生补曰：“窃好太史公之传。……臣往来长安中，求《龟策列传》不能得。”此因《史记》一书之目录而访求篇卷之阙佚者也。此在近来，亦有其事。如“殿本《旧五代史》，辑自《永乐大典》，并非薛氏原书，然不敢谓原书必亡也。昔闻有人于殿本刊行后，曾见金承安四年南京路转运司刊本，有谢在杭、许芳城藏印，甚以当时修史诸臣未见其书为惜。又明末，福建连江陈氏世善堂、清初浙江余姚黄氏二老阁，均有其书。”近影印《百纳本二十四史》，亦曾多方购求，冀得原书。于所选用宋元旧本，以年代辽远，不免残缺者，亦曾公告访求宋元旧刊诸史阙卷（详见商务印书馆《百纳本二十四史》预约样本），此近日之因目录书以访求阙佚者也。昔余谱颜习斋学，颇喜恽皋闻说，后至羊城，读中大图书书目，见有恽氏《大学正业》一书，此未见诸家称引者，此亦可谓因目录以访求疑书阙佚之书也。

十曰考究书籍之版本。

张之洞《辅轩语·语学》云：“善本之义有三：一足本。二精本。三旧本。”“知某书宜读而不得精校、精注本，事倍功半。”则书籍之版本亦宜加以讲求。叶德辉《书林清话》卷一《古今藏书家纪板本》云：“古人私家藏书，必自撰目录。今世所传，宋晁公武《郡斋读书志》、陈振孙《直斋书录解题》，是也。……无所谓异本重本也。自镂板兴，于是兼言版本，其例创于宋尤袤《遂初堂书目》，目中所录，一书多至数本，有成都石经本、秘阁本、旧监本、京本、江西本、吉州本、杭本、旧杭本、严州本、越州本、湖北本、川本、川大字本、川小字本、高丽本，此类书以正经正史为多，大约皆州郡公使库本也。”清季之藏书家亦多好言版本，如莫友芝《邵亭知见传本书目》，丁丙《八千卷楼书目》，邵位西《四库全书简明目录标注》，收藏赏鉴，虽非藏书家之上乘，其可藉以考求一书之善本，固非利用此类目录不为功。抑有进者，则书肆之插架，与行坊间之书目，并当视为目录而即加以利用，果能如是，则不愧为好学深思之士矣。

# 三　论书目之体例

（原发表于北平图书馆《图书季刊》二卷三期，1935 年）

簿录之学，所以辨章学术，考镜源流，自会稽章氏明斯义以来，学者间夙已视为定论矣。近今治图书馆之学者，虽多谓簿式之目录不如卡式者之利便，虽多谓目录目之用在于有无之稽核，然而对于类例之区分，典籍之记述，亦未尝不以辨章学术为极则，考镜源流为要务。盖目录之功用，其多至十余端，而所谓“即类求书，因书究学”者，实为要图；其必当以辨章学术，考镜源流，悬为职志，在此迩来之论著，犹可窥见略也。近今之从事于图书馆之业者，多感分类与编目为二大难事，时贤之论，亦多以此二者为说，且多就卡式目录立论，而于辨章学术，考镜源流，比较尤有关系之书目之体例，则多弗甚厝意，窃谓此亦当略为一言也。

虽然，将欲明于所谓书目之体例，则于所谓书目之类别，不可不先为之区分。胡应麟曰：“书之有目，体制虽同，评厥流品，实分三类：吴、尤诸氏，但录一官之藏者也（按唐吴兢《西斋书目》、宋尤袤《遂初堂书目》，但非官藏，此语有误。）；隋唐诸史，通志一代之有者也；《古今书目》、《群书会记》，并收往籍之遗者也。”（《经籍会通》）龚自珍之言曰：“目录之学，始刘子政氏，嗣是而降，有三支：一曰朝廷官簿，荀勖《中经簿》，宋《崇文总目》、《馆阁书目》，明《国史经籍志》是也；一曰私家著录，晁公武《郡斋读书志》、陈振孙《直斋书录解题》以下是也；

一曰史家著录，则《汉书·艺文志》、《隋书·经籍志》以下皆是也。三者其例不同，颇相资为用。”（上海《李氏藏书志序》）孙德谦之言曰：“目录之学，有藏书家焉，有读书家焉……今观于班《志》，则知又有史家也。”（《汉书艺文志举例》）张尔田《序》说略同龚自珍。此数说者，类别目录，约为三支，或以官私与史为例判，或以藏书读书为衡，然所谓史家者，不为官则为私，而所谓藏书之家，亦非尽不读书也。此其分类，盖据撰录之人，以为准的，然未据依也。

《四库总目·目录类》小序曰：“其有解题……今所传者，以《崇文总目》为古，晁公武、赵希弁、陈振孙并准为撰述之式，惟郑樵作《通志·艺文略》，始无所诠译……自是以后，遂两体并行。”（龚自珍说略同）叶德辉之言曰：“凡目录家派别：或专记宋元旧本，如《钦定天禄琳琅》，钱遵王《读书敏求记》，张金吾《爱日精庐藏书志》，黄荛翁《士礼居题跋记》之类是也；或依四部分列，录为一编，如叶文庄《菉竹堂书目》，黄俞邰《千顷堂书目》，倪迂存《江上云林阁书目》之类是也；或自成著作，损益刘、班，如孙渊如《祠堂书目》，近张孝达制军《书目答问》之类是也。”（赵晋斋《竹崦庵传钞书目序》）近之论者，则谓：“目录之书，盖有三类：一部类之后有小序，书名之下有解题者。一有小序而无解题者。一小序解题并无，只著书名者。”“属于第一类，即有小序有解题之书目，见存者如晁、陈书目；《通考·经籍考》、《四库提要》小类是也。”“属于第二类者，即有小序无解题之书目，见存者如汉、隋《志》之类是也。”“属于第三类者，即无小序解题之书目，见存者如《通志·艺文略》、遂初堂及各家藏书目皆是也。”此数说者，或以类例之损益，或以解题之有无，以区分书目之类别。今案：“解题之有无，不过体例之殊，实不足以定目录之称类。”且解题之有无，亦难截然判别。即如汉、隋二《志》，望之似无解题。孙诒让《温州经籍志叙例》

曰："中垒校书，是有《别录》，释名辨类，厥体綦详。后世公私书录，率有题解。自泝宋之《崇文》，逻熙朝之《四库》，目诵所及，殆数十家，大都繁简攸殊，而轨辙不异。"籀顾之以"公私书录，率有解题"；"目送所及，殆数十家"；则所谓有解题者，固不拘限于晁、陈书目之类，即汉、隋二《志》，亦可谓之有解题。特其语甚简略耳。《汉志》于一书下，或略述大旨，或仅记姓名。于《易》家《古五子》下云："自甲子至壬子，说《易》阴阳。"《春秋》家《世本》云："古史官记黄帝以来讫春秋时诸侯大夫。"儒家《周政》云："周时法度政教。"《周法》云："法天地，立百官。"《谰言》云："陈人君法度。"公孙固云："齐闵王失国，问之，固因为陈古今成败也。"《乐》家《雅琴师氏》云："传言师旷后。"《论语·鲁王骏说》云："王吉子。"儒家《漆雕子》云："仲尼弟子漆雕启后。"《芊子》云："七十子之后。"此其所述，与所谓解题者，所以考一人之源流，述作者之宗旨，其实相若，诚所谓"繁简攸殊，而轨辙不异"也，且如陈氏《书录解题》，于《吕氏家塾记》下云："侍讲吕希哲原明撰。"《鄂国金佗粹编》下云："岳珂撰。"（并传记类）《广川书跋》下云："董通撰。"（谱牒类）《经学理窟》下云："张载撰。"（行家类）陈氏所谓之解题，亦但录作者之姓氏，以视班氏略述大旨，目有弗能逮焉者，此孙氏所以谓后世"公私书录，率有解题"，"如汉、隋二《志》者，即谓之有解题，亦无不可也。"（近刘咸炘亦谓目录："诸类亦皆有解题。"）然则据解题之有无以判目录之类别，实未见其可也。（《新唐志》所谓无题解者，然如《尚书正义》等书，亦解释甚详。）且尝察之，如晁、陈书目，《通考·经籍考》，《四库提要》，诸书体例亦不尽同；晁书只有总序而无小序，陈书间有小序而无总序，《通考·经籍考》小序不全有，《四库》则总序与小序并有，亦未可以等视齐观。是则执体制之殊异，以判辨目录之类别，实尤有待于商略也。

周贞亮、李之鼎《书目举要》析书目为十一类，曰："部录之属，编目之属，补志之属，题跋之属，考订之属，校补之属，引书之属，版刻之属，未刊书之属，藏书约之属，释道目之属。"陈钟凡则益以自著书之属为十二。邵瑞彭《书目长编》则析为贮藏、史乘、征存、评论四类。周、李之说，既不以藏弃与否为别，亦不以总专之分为判，部类与编目二者颇嫌相滥，考订藏书约之属亦非书目，虽其列类较详，实未可为准的。邵氏之书，既"未能博访周咨，仅杂抄诸目，毫无定则，而又编次失当，收之过滥"（北平图书馆馆刊评语）。强立名目，甚多讹谬，已夙见抨弹，兹可勿论已。

迩来论目录之类别者，或析为总目、专门目录、杂目录三类，或析为史家书目、学术书目、引用书目、书目之书目、版刻书目，书目考订、书目解题、毁阙书目八类，或析为一书之目录、群书的目录、私人藏书家的目录、公共图书馆的目录、史书的目录、方志的目录、考订家的目录、汇刻本的目录、为特种编之目录、鉴赏家的书目十类，或析为总目、藏目、专目、选目四类。外此尚有以意分者，或无甚定准，或其实相淆乱，其说之较善者当以刘国钧《图书目录略说》之于目录之分类。其言曰："目录亦有二类。就一人一地之所藏，撮录其名目，以便于稽核有无者，若诸家藏书目，此一类也。泛录书籍，不拘于是否为一人一地之所藏，其范围不一，或泛录一切，或加以选择，或仅录某类。其体裁亦不一，或仅撮其名目，或考其历史，究其版本，其目的在使人知大地间果有如是之一书，殆近于为书作传，此又一类也。"（《图书馆学季刊》二卷二期）窃谓目录之类别，实当以藏弃与著录为准。藏弃之目，可以公藏私藏为别，亦可再为种类之分（如以编纂形态与排列顺序分）。著录之目，则当先为总专之别，而再详为种类之分，而所谓专门之目，更可以著录之殊异，特为详细分之，不使彼此杂厕，如以学术、文字、刊刻、装订、字体、图解分者，而学术之部门极繁，文字亦有时地之异，刊刻有人代区域之分，装订有大小残缺之别，字体图解，其类非一，皆可详细分之，而难以域限定。要之，藏弃之目，既限于所藏矣，其所谓之总目，实不能为总目，其所谓之专目，亦未必真专目，著录之目，既不属于著录矣，则事虽出于公，其成或在于私，且有公私之判，界画甚难言者，故不如以藏否为判，转可其情实为愈也。

目录类别，实不外著录与藏弃二者，则其体例，亦可言矣。藏弃之目，如为公家之藏，如图书馆所藏，则谋便于稽核有无，出纳迅速，自有分类编目诸法，其体例如何，时贤论之亦甚详，兹可勿赘。如为私家之藏，则其目录之体例，实存乎编订之人。昔《洪北江诗话》论藏书家有数等，曰："考订家……校雠家……收藏家……赏鉴家……掠贩家"；缪荃孙《古学汇刊序》则分藏书家为两派，曰："赏鉴家……收藏家"；叶德辉《书林清话》以谓私家藏书，或自撰目录，或兼言版本；而于洪氏之说，则谓考订校雠，是一是二，而可统名之著述家。综合诸家之说，以论私藏之目，实唯记述、鉴赏、收藏三者。私家藏书，于古固有以辨章学术，考镜源流为志者；然私家之藏，网罗不必罄尽，奇秘不必并搜，欲其于一家之私藏，考镜源流，辨章学术，其势盖必有所不能。故藏家之目，每多无解题，即其流品之高者，亦但能略记版本；故如钱遵王之《读书敏求记》，所谓匾置箧中，视为鸿宝者，而彭元瑞谓其"书中并无考证，间有舛误。每拳拳于版本、钞法，乃骨董家气习。朱墨评阅者更陋，徒作狂语耳"（《知圣道斋读书跋》）。故知藏家之目，虽其体例甚善，亦未见其果能辨章学术，考镜源流；则其体例若何，固可置勿论也。

今兹所欲言者，则著录之目之体例也。今之说者，多谓"目录之体例制，大要有三：一曰篇目，所以考一书之源流。二曰叙录（即题解），所以考一人之源流。三曰小序，所以考一家源流。

三者相为出入，皆所以辨章学术者也。三者不备，则其功效不全”。余案其说，实有未尽。尝试察之，汉、隋二《志》，实具六者：一曰序例，二曰总序，三曰小序，四曰名目（书名、篇目、卷数），五曰解题，六曰总结。而《四库总目》，于六者外，复益以附注、案语，盖其组织之成分，实已备具七者也。今开为四分，分述于下：

（一）例序　序例之称，虽始见于刘、班以后，然汉、隋二《志》实已有之。《汉书·艺文志》自“昔仲尼没而微言绝”至“今删其要以备篇籍”；《隋书·经籍志》自“夫经籍也者”至“故列之于此志云”，旧所谓二《志》之序者（姚明辉：“《汉书·艺文志》注解谓之总序，或又谓之大序。”）。实则其全篇之序例也。《汉志》之序，明其摄取《七略》，以为斯篇；《隋书·经籍志》之序，谓其“今考见存，分为四部”；皆以序取材之由来，定全篇之体例，非仅述典籍之源流，学述之兴替也。虽名为序，实为例。王俭《七志》：“九篇条例，编乎首卷”，善心《七林》“各为总叙，冠于篇首”，或为刘歆辑略之类，而有班《志》叙例之体；若阮氏《七录》，其序文犹存，则虽亦名为序，实所以定全书凡例者矣。《隋书·经籍志》以后，作者弥繁，大抵并有前序，以发凡而起其较著者，如《崇文总目》之有《序录》一卷，《馆阁书目》之有《序例》一卷，《四库总目提要》首列《凡例二十则》，近人书画、书录、解题更著《序例》六十余则，皆所以上规刘、班之遗意，而亦以略定全书之纲领；虽其名称或有不同，或其繁简相去甚远，夷考其质，盖无差异。如以后来为《序例》，而汉、隋二《志》非序例，则非是矣。凡例之作，虽他书亦应有，而簿目之为体，或著录一国一代之述作，或专载一科一类之典籍，则全书之首，宜冠以《序例》，窃谓此尤著录之目之所必当有者也。

（二）总序、小序　《四库总目凡例》：“四部之首，各冠以总序，撮述其源流正变，以挈纲领；四十三类之首，亦各冠以小序，详述其分并改隶，以析条目。”总序、小序之分，《四库》言之甚晰，实则亦上规汉、隋二《志》而然也。《汉志》于每类之后有“小序”，而于每略之后复有“总序”；《隋志》亦然，特《四库》移之于前耳。（孙氏《汉书艺文志举例》谓为后论总论，未免失之过泥）章实斋《校雠通义》曰：“《汉志》分艺文为六略，每略又各别为数种，每种始叙列为诸家，犹如《太玄》之经，方州部家，大纲细目，互相维系，法至善也。每略各有总叙，论辨流别，义至详也。惟《诗赋》一略，区为五种，而每种之后，更无叙论，不知刘、班之所遗耶？抑流传之脱简耶？”（《汉志·诗赋第十五》）金门诏《补三史艺文志序》曰：“唐兴，长孙无忌等奉敕撰《隋书》，缀辑艺文，更名《经籍》，所云远览马《史》、班《书》，近观王、阮《志》《录》，约文绪义，凡五十五篇，各列小序于本条之下，……条理森然，义既精密，……依类参稽，展卷瞭如，迈《汉志》多矣。”章氏谓《汉志》总序论辨流别，其义至详；金氏谓《隋志》小序依类参稽，展卷瞭如；总序、小序，皆所以辨章学述，考镜流源者。而《四库》以总撮述其源流正变，汉、隋二《志》之论辨流别亦在“总序”，是则“总序”之功用，实较“小序”为尤要。盖“小序”只是以述一家一类之源流，而“总序”可用以叙一部一门之源流，其范围有广狭之异，其功用自不相侔也。孙德谦《汉书艺文志举例》曰：“班《志》于一类后，既作后论以究学术之得失矣，其于一略中再用总论者，盖后论只及一家，总论则包举全体也。《六艺略》云：‘五者，盖五常之道，相须而备，而《易》为之原。’《诸子略》云：‘合其要归，亦六经之支与流裔。’一则明《易》为六艺之原，一则明诸子之学其要皆本于经。是其一家之中有不能言者，故复作总论以发挥之。”“总序”之要，甚于“小序”，睹孙氏此说，亦可以知之矣。“总序”之中，撮述源流，推陈利病，可以使学者“览录而知旨，观目而悉词”，如有“小序”而无“总序”，心至于徒见其细，不见其大，亦甚失所以论辨流别之本意矣。且“小序”之中，于一类著述，可以叙论其得失，推究其正变，指陈其纲领，而示从学以途径，固不止于考一家一类之源流；而“总序”之中，当因其会通，且以明其嬗变之由来，风气之移易，时势之影响，将来之趋势，亦不止于叙一部一门之流源；如于每类每部之首，各有极简明之叙述，如近之所谓大纲者，既以示扼要诸端，亦以见门径所存，使开卷不至茫然，而精神有所奋发，窃谓于古虽斯例，而今亦当创设之也。会稽章氏有云：“校书之人……必取专门名家。”如以专门之学，作为专门书目，而不详厥源流，兼以指示途径，是谓考镜辨章云者，不惟非著录家之事，且非专门家之事矣。苟明于此，则知著录之目，实当冠以叙说，而总序之用，有甚于小序，必其体例兼具二者，乃尽善也。

(三) 名目、解题　名目之体，如书名之当详为并列，篇目卷数之当从实记载，凡此之类，可勿赘论。解题之体，大要不外四者：一曰撰人传略。凡其姓氏、里居、生平事迹，固当略为之传，尤当详其生卒，说其性情，述其遭遇，明其师承，其轶闻琐事，亦或加采录；其本有传者择录之，其本无传者补作之，其有疑似者表明之，其有讹误者辨订之。二曰本书纲要。则当首列著作之时地，刊行之年月，其显明者固当可以录入，其难考者亦当详为推定。其次则述全书之篇章，而略挈其纲领，使未读书而仅见目者，亦可知其要概。其次则略述撰人之其他著述，以见其与本书之关系，如有其书或出于依托，则尤当详举例证而依述之。三曰板刻异同，则当记刊刻之后先，而或详列其异同，以见两本之得失，而省读者之精力。如叶德辉《郎园读书志》谓《书目答问》：“有初刻本、再刻本。再刻之后，又有剜改本。此本是也。再刻校初刻，正目删去二十余种，增入百余种；小注删去三数种，增入六十余种。”但云别有校记，而不详为开列，使欲知其究竟者，必耗无谓之精力，则非所以便学者也（藏家之目，尤当详列刊刻文字异同）。四曰考目得失，则或择录他人之题跋，或自著论以略评述之，此则学非专门，自不易于为力。要之，神而明之，固存乎其人矣。迩来编目法，犹多主于详列（以编书志之法编目，所谓书志体之书目）。公藏之目，犹且如是，若著录之目者，实可假以时日，其当详列，则可知也。

（四）总结、附注、案语　所谓总结者，《汉志》已有之，孙氏《举例》亦已言之。总结之用，便于统计，此在今世，尤不可废。附注、案语，亦非《四库》之创，而《四库》始多用之，盖叙述既详，自当有此也。其编制之法，则未可拘定。今欲更加详明，则又当附以图表（如版本源流表，异文校勘表，书影等类）、索引之类（此本当列附录；又为一体，兹姑略附说于此），不可以辟难而就易也。





凡此七者，以视公私藏目之但列名目（编目法所谓之书名卷数）、解题（编目法所谓之著者版本稽核附注各项），其体例实悬殊。盖此无分类法，故必有所谓叙例；而总序、小序、总结、按语之属，或以摄述源流，或以提出纲领，或以便于统计，或以用于补叙，两者之为用不同，故其体例亦相异，非此故为详也。《四库提要》兼具七者，故其类例虽不尽善，而其体例实较完备，故缪艺风《善本书室藏书志·序》曰：“《四库提要》实集古今之大成。”近人张森楷《贲园书库目录辑略》亦曰：“《四库》书目，遂集其大成焉。目录之学，俨然名家，后有作者，弗可及已！”《四库》虽集大成，然其全书体例，实亦远袭刘、班，其所增者甚少，此又言目录之学者所不可或忽也。

以上所述，多就著录之目立言，且多就学术书目而言，良以“在一切目录之中，大规模之总目录，甚少透澈，详细，正确，能令人视为满意者。其所记载，多不足据，不可以谓通用之图书指南”，且“学者之所需，多为其所研究之学术之分类目录，学者之于目录，……多以为检查图书之内容之指南”（以上略用 J. Ferguson（英）福开森《目录学概论》说）；是则学术书目为切要也。且学术书目之著录，于推比次序，得有详细之说明，每书内容，得有忠实之介绍．或著论学术源流，或专研一科一义，或论某科之沿革，或便之学，所以辨章学术，考镜源流，固非诬也。近今吾国国家书目虽未闻有纂修，而学术书目则颇从事者，窃谓其范围当勿求其广（经则当专一经，子则当专一子），而其叙述当极求其详，不惟宜具篇目、解题、小序三体，而实当备具《四库》所有之七者，且附以图表、索引之类，则庶几乎可以令人览录而知旨，观目而悉词矣。

# 四　论

（阙）

『十四五』时期国家重点出版物出版专项规划项目

# 张西堂文集

卷三

张西堂 著
张铭洽 编

陕西新华出版传媒集团
三秦出版社

国家出版基金项目
NATIONAL PUBLICATION FOUNDATION

# 《张西堂文集》卷三

## 目录

### 朴学研究论集

古书辨伪方法 …………………………………………………… (1171)
《诗三百篇》之诗的意义及其与乐之关系 ……………… (1183)
《周颂·时迈》本为周《大武》乐章首篇说 ……………… (1202)
逸诗篇句表（附考） ………………………………………… (1219)
《诗辨妄》序 ………………………………………………… (1240)
说“曰若稽古” …………………………………………… (1250)
《尚书·盘庚》篇今译简解 ………………………………… (1254)
《春秋》大义是什么 ………………………………………… (1273)
《春秋》大义与孔子哲学思想 ……………………………… (1285)
三国六朝经学上的几个问题 ……………………………… (1295)
校点《古学考》序 …………………………………………… (1323)
《左氏春秋考证》序 ………………………………………… (1330)
《孝经通考》序 ……………………………………………… (1358)
诸子名谊考 …………………………………………………… (1360)
荀子思想概要 ………………………………………………… (1365)
老子思想概要 ………………………………………………… (1388)
尹文子哲学通论 ……………………………………………… (1398)
书评：《尹文子校正》 ……………………………………… (1413)

公孙龙哲学 …………………………………………………………… (1418)
老庄先后的问题 ……………………………………………………… (1429)
《古史辨》第六册序 ………………………………………………… (1431)
清代思想的一个特征 ………………………………………………… (1440)
黄梨洲的哲学思想 …………………………………………………… (1458)
《颜李师承记》匡谬补遗 …………………………………………… (1480)
附：
晚清今文学运动 …………………………………………………… (1491)
平津闻见记 ………………………………………………………… (1581)

## 穀梁真伪考

自序 ……………………………………………………………………… (1601)
**上篇 《穀梁》不传《春秋》证** ………………………………… (1602)
第一 《穀梁》有无经之传 ………………………………………… (1603)
第二 《穀梁》有不释经之传 ……………………………………… (1607)
第三 《穀梁》义例之相乖戾 ……………………………………… (1612)
第四 《穀梁》文词之重累 ………………………………………… (1619)
第五 《穀梁》之晚于《公羊》 …………………………………… (1631)
第六 《穀梁》之不合鲁语 ………………………………………… (1636)
第七 《穀梁》之违反孔子 ………………………………………… (1640)
第八 《穀梁》之杂取传记 ………………………………………… (1647)
第九 《穀梁》亦古文学 …………………………………………… (1654)
第十 《穀梁》晚出于汉 …………………………………………… (1657)
**下篇 《公羊》、《穀梁》详略异同证** ………………………… (1661)
第一 《穀梁》之详于礼制 ………………………………………… (1662)
第二 《穀梁》之详于琐节 ………………………………………… (1669)

第三　《穀梁》之略于大义 …………………… (1677)
第四　《穀梁》之略于本事 …………………… (1686)
附录一 …………………………………………… (1695)
附录二 …………………………………………… (1745)
后序 ……………………………………………… (1752)

## 荀子真伪考

**略例** ………………………………………………… (1759)
**一、引言** ……………………………………………… (1760)
(一)《荀子》与刘向、杨倞 …………………… (1760)
(二)《荀子》之真伪问题 ……………………… (1764)
(三)《荀子》与《戴记》、《外传》 ………………… (1768)
**二、《荀子》各篇真伪考** …………………………… (1776)
(一)《天论》、《性恶》、《解蔽》、《正名》 ………… (1776)
(二)《富国》、《正论》、《礼论》 ………………… (1786)
(三)《劝学》、《修身》、《不苟》 ………………… (1796)
(四)《非十二子》、《王制》、《王霸》、《乐论》 ……… (1814)
(五)《非相》、《荣辱》、《君道》、《臣道》 ………… (1830)
(六)《仲尼》、《致士》、《君子》 ………………… (1846)
(七)《儒效》、《议兵》、《强国》 ………………… (1851)
(八)《成相》以下各篇 …………………………… (1853)
**结语** ………………………………………………… (1855)

## 唐人辨伪集语

**序** …………………………………………………… (1859)

一　《五经正义》…………………………………………（1869）
二　《隋书·经籍志》……………………………………（1880）
三　颜师古　…………………………………………（1883）
四　刘知幾　…………………………………………（1884）
五　司马贞　…………………………………………（1906）
六　啖　助　…………………………………………（1908）
七　赵　匡　…………………………………………（1913）
八　杜　佑　…………………………………………（1921）
九　权德舆　…………………………………………（1922）
一〇　韩愈　…………………………………………（1923）
一一　柳宗元　………………………………………（1924）
一二　李　汉　………………………………………（1929）
一三　张　籍　………………………………………（1930）
一四　刘　肃　………………………………………（1931）
一五　李　肇　………………………………………（1933）
一六　皮日休　………………………………………（1934）
一七　司空图　………………………………………（1935）
一八　韦承造　………………………………………（1936）
一九　道　世　………………………………………（1937）
二〇　成伯玙　………………………………………（1939）
二一　邱光庭　………………………………………（1940）
二二　乐　史　………………………………………（1941）

# 朴学研究论集

# 古书辨伪方法

## 一

现在辨订古代伪书的方法，胡适之先生在《中国哲学史大纲》上已经提出五条了，梁任公先生在《中国历史研究法》上又扩充为十数条。这两位先生所举之方法是很可采用的；但我们不可自以为满足，说是“淋漓详书”，而不再讨论了。大概方法愈加严格，产生之结果必定真实；方法愈加详细，产生之证据必益加多。我以为严格的方法，正确的标准，至少尚有许多地方该加讨论、说明。我们应当精益求精才是。

我平日很注意这个问题，故于梁、胡二先生所说之外，尚有上十条意见，现在将这些条意见分别写出，并附带地讨论诸子考证的一些问题。这篇文字实有两个目的，希读者注意。但我要声明两件事：第一，我觉得古书辨伪的事业是很重要的，故我大胆地提出这复杂的问题，其中当然不免有些误处与偏见，我希望读者不客气地批评、指教。第二，因为我没有关于以“史事”、“来历”为考订方法的意见，现在只讨论以“思想”、“文字”、“文体”、“旁证”为辨伪的一些方法。缺漏之处，尚请原谅。兹摘抄梁、胡各条于前（同者不录），再附以新增各条于后，分为四层说明。

## 二

（梁）各时代之思想，其进化阶段，自有一定。若某书中所表现之思想与其时代不相衔接者。即可断其为伪。

（胡）凡能著书立说成一家言的人，他的思想学说，总有一个系统可寻，决不致大相矛盾，故看一部书里面的学说是否能联络贯串，也可帮助证明那书是否是真的。……大凡一种重要的新学说产生以后，决不会完全没有影响。

（增）大凡哲学家之思想，必有个性可见，由此亦可证明古书之真伪。

（增）大凡思想矛盾冲突之处，宜加审查，不可骤然确定古书之真伪。

在辨订古书真伪之方法中，我以为最重要的莫如思想，故列为第一项。为什么呢？先秦的古书，有许多不是自己编定的；流传既久，难保无窜乱的地方，这在现存古书中，很可察见的。我们现在如若仅根据文字、史事等类辨订古书的真伪，恐不免有些冤枉。且一段一节的文字，有时在文字上、史事上，查不出证据来，我们单恃思想就是可做确凿的证据了。但是孙星衍说："凡称子书，多非自著。"（《晏子春秋序》）严可均说："先秦诸子，皆门第子，或宾客，或子孙撰定，不必手著。"（《铁桥漫稿》）他们的话是不错的，他们拿来辩护《晏子春秋》、《管子》这一类却错了。我们须注意思想，须不以"凡称子书，多非自著"而没灭旁的证据。

凡是哲学的著作，必定出于个体精神之努力，在哲学家之著作中，很易见出个性来。我们读王充的《论衡》，处处见得有批评的精神；我们读《庄子》的《内篇》，亦能见出有浪漫的意味。《论语》上见得有孔子的个性，《孟子》上见得有孟子的个性。故哲学思想不合个体精神，至少总是假造的证明之一。譬如一部《管子》，我们决不能见出个体精神来的。《论语》上说："管氏有三归，官事不摄，焉得俭?"又说："邦君树塞门，管氏亦树塞门；邦君为两君之好，有反坫，管氏亦有反坫。管氏而知礼，孰不知礼?"管子的见解，只是如此，其个性可以想见，他哪是提倡"礼义廉耻，国之四维"的政治家！梁任公先生说："《管子》书中许多奥衍的法理，我绝对承认是由后人引申放大，但这种引申放大的话，为什么不依托令尹子文，不依托狐偃、赵衰，不依托子产，独独依托管仲？便可推想管仲和这些思想的渊源，一定有些瓜葛。"梁先生是怕把"祖宗遗产荡去一大半"，故有此话。但是我们实在不能"刀下留人"，只有对于《管子》"宣告死刑"罢？此外伪书，如《鬼谷子》、《鹖冠子》，都是看不出个体精神，惟有《商君书》似有个性存在，但须另加讨论其真伪。

思想是活泼的东西，不能绝对没有变迁，也不能说没有似乎矛盾的地方；我们凭活泼的思想作史料的考证，应当以慎重的态度处之。思想之矛盾，有因年代之关系而发生，兹以《论语》为例。廖季平说："《论语》少壮、晚年之语俱有，故不一律。"又说："《论语》'周监于二代，郁郁乎文哉，吾从周。'此孔子初年之言，'古'学所祖也；'行夏之时，乘殷之辂，乐则韶舞'。此孔子晚年之言，'今'学所祖也。"(《今古学考》)如不明白年代之关系，必以为孔子之思想有矛盾，某句不是孔子之言了。有人以为"述而不作，信而好古，窃比于我老彭"，不是孔子的，因为孔子实在作了《春秋》。其实如明白年代的关系，绝不致有此种疑问。思想之矛盾，有因特别事故而发生的，请以廖季平为例。廖季平于"今"、"古"划分甚严，后来因受贿而自驳其说。他自己也说过："旧由用东汉法，于'今'、'古'划分甚严。壬辰以后，化去'今'、'古'之迹；丁酉以后，乃著'小'、'大'

之分。”（《穀梁古义疏》）假使千百年后，人们不知道他思想之变迁，一定疑惑《穀梁古义疏》或《今古学考》不是廖季平的了。胡适之先生说：“如《韩非子》第一篇劝秦王攻韩，第二篇劝秦王存韩，这是绝对不相容的。司马光不仔细考察，便骂韩非请人灭他自己的祖国，死有余辜，岂不冤煞韩非了！故说：《韩非子》第一篇是张仪说秦王的书。”其实这一篇不是张仪的，前人如王应麟早已说过了：篇中“华军之胜”在秦昭王三十四年，长平之胜在昭王四十七年。张仪死在秦武王元年，在长平之战前五十一年，张仪哪能见到这次大战呢？这种思想之不相容发生在《韩非子》，我们也无法说是不是韩非子的，我们于古人思想有不相容处，宜审慎处之才是！

注一：以《论语》证《管子》，是略本朱子之说而变其意的。关于《商君书》之真伪，另有讨论。





## 三

（胡）一时代有一时代的文字，不致乱用。作伪书的人，多不懂这个道理，故往往露出作伪的形迹来。

（增）在音韵上有一音之误用，即可见出古书之真伪。

（增）在意义上有一义之误用，即可见出古书之真伪。

（增）在文法上有一字之误用，即可见出古书之真伪。

文字在考证古书上是很重要的，伪造古书的人们，虽能假装得十分像是真的，但于一音一义一字之分别上，决不甚留心的。钟文烝说：“《春秋》言‘降’后言‘下’，《春秋》言‘取’后言‘拔’，《春秋》言‘败’后言‘破’，《春秋》言‘灭’后言‘屠’，《春秋》言‘伐’后言‘击’。”（《穀梁补注》）黄楚望说：“《左氏》成于春秋，无战国‘拔某城’、‘下某邑’、‘大破之’等词。”（赵汸《春秋师说》）这都是以一字为考证古书的方法的先例。梁任公先生说："不必从字句上求枝叶之反证。"其实又何妨从字句上求枝叶之反证呢？岂不较确着些？我恐怕繁琐的证据格外使人心服些罢！汉学家考订一字之意义，有不惜费数千万言之笔墨的，考证只求精确，不管他枝叶也好，琐屑也好。故我今于文字一项，更细分为三层。

音韵之变迁是以时代为转移，故即因音韵之时代，以见书籍窜伪之时代，亦是一种方法。老子是孔子以后的人物，其书是战国时代的出产，可以一字之音为证。《老子》是有韵之文，如"谷神不死，是谓玄牝；玄牝之门，是谓天地根。绵绵若存，用之不勤"，如"道常无为而无不为，侯王若能守之，万物将自化"，这都极合古韵。但是据顾亭林的考证，"离"字音就不同了，"离"古音同"罹"，戈歌韵；而《老子》的"离"字竟用在支韵，读若今音了！顾亭林在《唐韵正》上说："按《老子》'载营魄抱一，能无离乎？专气致柔，能如婴儿乎？涤除玄览，能无庛乎？爱民治国，能无为乎？天门开阖，能无雌乎？明白四达，能无知乎？''知其雄，守其雌，为天下溪；为天下溪，恒德不离，复归于婴儿。'《庄子·马蹄篇》'同乎无知，其德不离'，《在宥篇》'若彼知己，乃是离之'。始以'离'、'为'二字，与'知'为韵。"顾氏明知古音支、歌二部，"在古诗截然不相入，《楚辞》亦然"（在《楚辞》有例外）。因为不敢说《老子》是后人作的，和《庄子·马蹄》、《庄子·在宥》都靠不住，竟认"离"、"知"在孔子前之"老子"时已合用了！现在我们知道老子在孔子后，由这"离"字，又加一层说明了。《易经》的《杂卦》也是靠不住的。顾亭林说："《易·杂卦传》：'咸，速也；恒，久也；涣，离也；节，止也。''久'与'止'为韵。犹之'大有，众也；同人，亲也；革，去故也；鼎，取新也；小通，过也；中孚，信也。''亲'、'新'、'信'为韵，'离'字亦不入韵也。”这也有可疑的地方。总之，以一字之音为准，我们也可作为辩订古书之方法。（段玉裁《六书音韵表》上，亦与顾亭林有同样之错误，不可信。）

在意义上一字之误用，亦可见出古书之真伪，譬如“徼”字在《说文》上训为“循也”，“王弼注《老子》‘始’作‘归终’也”。于今《列子》书上有“死也者，德之徼也”这句，把“徼”字当“终”解，可见“《列子》一定是假造的书”。（参看《列子伪书考》）阎百诗作《古文尚书疏证》，以一二字鉴别伪古文之处甚多，如《五子之歌》中之“郁陶”二字，即其一例。《尔雅·释诂》：“郁陶，繇喜也。”郭璞注引《孟子》“郁陶思君”，《礼记》“人喜则斯陶，陶斯咏，咏斯犹”，“犹”等于“繇”。刑昺疏说：“皆谓欢悦也，郁陶者，心初悦而未畅之意。”总之，“郁”和“陶”都无忧意，今伪古文竟把它们误了！（看原书五十七）这种意义上一字之误用，是极明白浅显的证据，研究文字学即知。





古代的文字与现今的文字，在文法上有许多不同的地方，譬如“然而”古作“如是而”讲，在现今就不同了。清儒的文字，很有讨论古今用字之区别的，胡适之先生在《尔汝篇》、《吾我篇》亦说过古代文法一字之使用，有谨严之区别。故今就文法上一字之误用，来考订古书之真伪。胡先生说：“《尚书·大禹谟》曰：‘天之历数在汝躬。’《论语·尧曰篇》引此语乃作‘在尔躬’。此可见《尚书》之不可靠。”这是据“汝”字只用为单数对称词主格宾格的结论考证古书。我常以为《老子》书中多用“此”字，亦是老子在孔子后之明证。顾亭林考见《论语》多用“斯”字而不用“此”字，至《孟子》才用“此”字不用“斯”字。假如老子在孔子以前，何以书中多用“此”呢？（《老子》书用“此”字例很多，无须详举例证）此文法上指示代名词之一字可为证明之例。又《列子·杨朱篇》曰："但伏羲以来，三十余万岁，贤愚好丑，成败是非，无不消灭；但迟速之间耳。"在古书上用"但"字为连接字的，似乎没有，而此篇竟连用二"但"字，恐怕也是作伪之明证罢？"但"在古时作"裼"字讲，但"裼，肉袒也"，我们现在作"袒裼"，古只用"但裼"；现在的用法，只是后人引申的，古来并不如此。这也不和"责"、"债"，"畐"、"逼"等古今字相同，说这"但"字是后人改的，我们可以引为证明无碍，此亦就一字之使用而见古书之真伪。

梁任公先生说：各时代之社会状态，吾侪据各方面之资料，总可推见崖略，若某书中所言其时代之状态，与情理相去悬绝者，即可断为伪。社会之风俗、习惯，以及所使用之器具等类，皆可由一字上见出来的；但是不是文字自身的，只应列入史事一项上说。我在上面所举一字之证，我想很可推用，如若中国文字学者、文法学者，能考见字之使用的时代更详细些，则考证书必可更加详明。我希望研究国学的人们，对于此事注意。证据是愈复杂愈不能驳倒，我们还只有从枝叶的琐屑的方面求复杂的证据。



## 四

(梁) 各时代之文体，盖有天然之界划，多读书者，自能知之，……但一望其文体，即能断其伪者。

(胡) 不但一个时代有一个时代的文体，一个人也有一个人的文体。……

(增) 文体从地域上看去，亦有区别。故若发见有不合处，即可断其为伪。

中国的地域广大，故此（习）惯、风俗民性，向有南北之分，故学者亦不免有地方色彩，这是没有什么疑问的。文学之有地方的色彩，在诗词曲上他们有很多的例子；故从地域方面着眼，以见文体之区别，因而考证全书或一篇之真伪，当然也是可能的事了。譬如《左传》的作者，《史记》上说是鲁君子左丘明，这话固不可靠（看《新学伪经考》），其不可靠之处，正由文体之地域上的区别看出来。郑樵《六经奥论》说："《左氏》之书，序晋、楚事最详，如'楚师熸'、'猶拾瀋'等语，则左氏为楚人。"其实《左传》中之文体，靡丽浮夸，决不是北方之鲁人朴直刚强，所能描叙出来的。我们由文体的地方色彩着眼，我相信总可作为一个证据。我这种意见，可以适用到两方面去：第一，看书中描写的社会情形，属于哪种区域最多；凡使用时器具、生活的状态，如此等类，可见出作者是属于何方人物，因此以考证之各种不同的说法。如墨子究竟是宋人呢，还是鲁人呢？这个问题或者可以在文体之地方色彩上寻出根据。第二，思想之发生，或与地域上也有关系，这话说的甚多。我以为因缘主客都可以说有些须之牵连的，故持以考订书籍之真伪，虽说似乎隔一层，其实不无可能之如。这两层是我现在极其相信的，我将来总要尝试以证明一下。





## 五

(胡) 还有一些证据，是从别书里寻出来的，故名为旁证。旁证的重要，有时竟与内证等。

(增) 旁证之来历，须加审查，然后引用。

(增) 旁证之内容，须加鉴别，方可征信。

(增) 孤证不能为定说，须求复杂之证据。

我们搜求旁证，原以作根据为目的，如其来历有许多不可靠处，我们何必拿来自欺欺人呢？旁证之来历不可靠的有两种：第一是后人臆度之言。譬如左丘明这人，《史记·孔门弟子列传》

中并无他的大名，《十二诸侯年表序》上也只说是鲁君子左丘明，刘歆一般《左氏》学者，更未说过左丘明是孔子弟子，受经于仲尼。但杜预作《春秋左氏传序》偏说“左丘明受经于仲尼”，而错认为孔门弟子。后来《左传》学者，也不问这句话的来历，究竟《史记》说过没有？刘歆说过没有？竟将杜预的话奉若天经地义，作为根据，和人辨难，岂不冤哉！又如晁公武《读书志》说老子以周平王四十二年授书潼关尹喜，这也是无根据的推想，如以为证明老子时代之资料，虽再旁征博引些，我恐怕只是欺骗人罢！我以为凡属于后世的臆度之词，都须加以一番审查或证明，然后才可引用。

第二类的来历不可靠的东西，是后世编造的书籍。伪造的书籍，拿来作旁证，当然是等于无证，这不必说。就是杂抄的书，如《戴记》、《说苑》之类，亦须加以审查。如《战国策》把《韩非子·初见秦篇》当作张仪的，是不可相信的。如《荀子·劝学篇》、《礼论·乐论》，我以为只是《戴记》抄《荀子》，恐怕不是《荀子》抄《戴记》等书，他们本是抄别人的东西而编成，胡适之先生以为“究竟不知谁抄谁”，这话未免过于怀疑了。我们只拿《荀子》各篇对照一下就知道了。如《乐论》上非墨的意见，与《荀子》别篇的思想相同，这分明是别人抄他的东西。有许多旁证，其来历并非后人的臆度，而出于较可靠之古书上，我们也不可尽信。譬如《吕氏春秋》是比较可信之古书，其《本味篇》引伊尹说汤的一段，如“肉之美者，猩猩之唇”等类，一定是托古自重的人们的话，我们若据此依托之言以证明“伊尹割烹要汤”一事，虽有参验，亦不免“非愚则诬”的讥评。又如《左传疏》引《严氏春秋》引《孔子家语·观周篇》说：“孔子将修《春秋》，与左丘明乘，如周观书于周史。”这一段话，我们无法证明这《家语》是王肃伪造，或《严氏春秋》本有可疑。但我们如问果是真的，刘歆何以不征引？杜预何以不征引？直至《注疏》才征引呢？我们据种种证明，见得左丘明是六国时人，据这可疑的《观周篇》，便能推翻这种种的证明吗？其实这《严氏春秋》所引只有靠不住的（看皮锡瑞《春秋通论》）。故我们对于旁证，应加鉴别；有许多像是铁证，其实尽有不能信任之处。

我为什么主张孤证不足为定说呢？我们中国的古书，几无一种没有窜乱的痕迹，如以一种孤证就断言全书之伪，这恐怕有些冤枉。我并不是要替古代伪书辩护，我不过想用暂时取保的办法，等我们搜集了许多旁的证据，再审讯，然后宣判就是的。人们考证古书，我希望不以一条证据，就以为满足，请他另多的搜集些，以求更复杂之明证。比如胡适之先生说王充的《论衡》之不可全信，我的意见亦复如是。但他说："但其中如《乱龙篇》极力为董仲舒作土龙致雨辩护，与全书宗旨恰相反。篇末又有'论衡终之，故曰乱龙，乱者，终也'的话，全无道理。明是后人假造的。"《乱龙篇》确是与全书宗旨相反，但王充那样信命运，也与全书宗旨相反。人们说这是因他自己遭遇不时，故极信命运，我们又安知他信"土龙致雨"没有特别理由？我们又怎敢担保他是一个主张彻底的学者？他所说的能"全有道理"？如以篇末举出篇名、书名为可疑，则《论衡》书中如《谢短篇》曰："《程材》、《量知》，言儒生、文吏之材不能相过。"又曰："论衡训之，将使懒然各知所之（乏）"。自称书名、篇名，恐怕也不是强证罢！王充本说过"论衡篇以十数，亦以言也，曰'疾虚妄'"，但他以为命运不虚不妄。要说他以"土龙致雨"必虚必妄，这也有讨论之必要。我不过提出这个问题，以证明孤证之难为定说，我们应当再搜寻证据，以讨论这种问题。我这段话似与梁任公先生说的"无极强之反证，足以判定某书为伪者，吾侪只得暂以为真"相同；但我的主旨在于辨伪，而梁先生之意在于求真，且尚有旁的不同的地方。

## 六

现在我请提出三个重要的事情。

第一，我们不要只注意整个的赝品，我们对于片断的假货，也要加以检查。现在所谓辑轶、钩沉的书籍颇不少见。作辑轶、钩沉的事业者，只顾搜集材料而不鉴别来源，其中不无假造的东西和错误之处，我们若不个别的审查了，其害将与伪书同。最显著的例子，如现今的《尸子》，决不是尸佼的作品，然而已公然取得哲学史料的第一等地位了！《慎子》的佚文有许多不是慎到的，田骈自己决不会说出“田子贵均”。然而如马国翰《玉函山房辑佚书》之类，不曾加以检查，我们须要认清这假冒的招牌。

第二，我们决不怕把祖宗遗产荡去大半，如果我们一方面将可认为之真书考订出来，另一方面的辨伪也就等于同时在进行了。我以为辨伪与求真是一样的重要，应当一样的努力去做。不辨伪则哲学史、文化史固成了《述异记》、《灵异经》之类，不求真则哲学史、文化史也成了断烂朝报似的东西，不完全了。我们若欲不将祖宗遗产荡去大半，若欲构成一部完全无缺陷的文化史之类，则考订一方面可认为真书的事业，势不容缓。求真的方法，可以从辨伪的方法中采用，只变换其目的便是。我要请大家注意这一件“废物利用”的事业，把它变成精制品。

第三，我希望人们多做些这类枯燥无味的考证事业，我以为如不把这些“古董”一件一件问出“娘家”来，则整理国故的事业必劳而无功。近来讲老子哲学的文章不少，但在不明瞭“老子在孔子后”的时期，对于老子的解释，简直是废话。由此可见现在考证“古董”之重要。记得黄楚望曾说：“宋氏诸儒，经学极深，然考古之功却疏。若以宋儒之精，用汉魏晋儒考古之功，则全美矣。”我们不要像宋儒只讲义理，而不究来源，或望文生义，使整理之功白费去，那就好了。疑点正多，考订急需，此我之所望于青年之研究国学者。我是不愿意作使“书受我之益”的工夫的，但处现在时代而讲古时学问，我以为不能免去这种苦功。

最后，我们有见于辨伪求真之必要，而偏有一般人用欺骗的手段，曲解证据、隐匿证据来哄我们，这是要大张挞伐的。我们更不要自己做出这种“不德”的事。国学研究界中批评太少，我希望能多有些批评，尤其是对于使用欺骗的手段的加以严格之批评。

民国十四年（1925年）二月十三日于太原

（原载《国故学讨论集·第三集》）

# 《诗三百篇》之诗的意义及其与乐之关系

## 一

《诗三百篇》之“诗”的意义是什么，在从前研究《诗经》的学者是很少用专篇来解释的。在唐以前，据现存的古籍看来，释诗之义的有二三十说之多，而自唐代以来，如成伯玙的《毛诗指说》，吕祖谦的《吕氏家塾读诗记》，严粲的《诗缉》，范家相的《诗渖》，陈启源的《毛诗稽古编》，乃至如俞正燮《癸巳存稿·论诗》，虽略有片断的解释，然而因为历史限制了他们，都没有得到探源溯本之论。现在我们所要讨论的虽只是诗三百之“诗”，也是应当作比较详细些的解释，兹先将唐及唐以前各家之说一一列举于下。

(1)《尚书·尧典》：“诗言志。”

(2)《管子·山权数》：“诗者，所以记物也。”

(3)《左传》：a. 僖二十七年：“《诗》、《书》，义之府也。”b. 襄二十七年：“诗以言志。”

(4)《国语·鲁语下》：“诗所以合意，歌所以咏诗也。”

(5)《毛诗序》：“诗者，志之所之也，在心为志，发言为诗。”

(6)《庄子·天下篇》：“诗以道志。”

(7)《意林》引《慎子》：“诗往志也。”

(8)《荀子·儒效篇》：“诗言是其志也。”

(9)《荀子·劝学篇》：“诗者，中声之所止也。”

(10)《新书·道德说》：“诗者，志德三理而明其指，令人缘之以自成也。故曰：诗者，此之志者也。”

(11)《淮南子·泰族训》：“温惠柔良者，诗之风也。”

(12)《春秋繁露·玉杯篇》：“《诗》、《书》序其志。”

(13)《史记·滑稽列传》：“诗以达意。”

(14)《礼记·乐记》：“诗言其志也。”

(15)《说苑·修文篇》：“诗言其志。”

(16) 刘歆《七略》：“诗以言情，情者性之符也。”(《御览》六〇九)

(17)《扬子法言·寡见篇》：“说志者莫辩乎诗。”



(18)《诗纬·含神雾》：(a) “孔子曰：‘《诗》者，天地之心，君德之祖，百福之宗，万物之户也。’” (b) “诗三百五篇，诗者，持也。在于敦厚之教，自持其心，讽刺之道，可以扶持邦家者也。”(c) “上以风化下，下以风刺上；主文而谲谏，言之者无罪，闻之者足以戒……治世之音温以裕，其政平；乱世之音怨以怒，其政乖，诗道然也。”



(19)《乐纬·稽耀嘉》：“先王之德泽在民，民乐而歌之，以为诗，说而化之，以为俗。”

(20)《乐纬·动声仪》：“诗人感而后思，思而后积，积而后满，满而后作。言之不足，故嗟叹之；嗟叹之不足，故咏歌之；咏歌之不厌，不知手之舞之足之蹈之也。”

(21)《春秋说题诗》：“《诗》者，天地之精，星辰之度，人心之操也。在事为诗，未发为谋，恬淡为心，思虑为志，故诗之为言志也。”

(22)《汉书·艺文志》：“诵其言谓之诗，咏其声谓之歌。”

(23)《说文·言部》：“诗，志也。从言，寺声。訨，古文诗省。”

(24)《吕氏春秋·慎大览·高注》：“诗，考也。”

(25)《礼记·内则》：“诗负之”郑注：“诗之言承也。”

(26) 郑玄《六艺论》："诗，弦歌讽喻之声也。"

(27) 刘熙《释名》："诗，志也。"

(28)《广雅·释言》："诗，志也。"

(29)《毛诗指说》："梁简文云：'诗者，思也。辞也，发虑在心谓之思，言见其怀抱者也。'"

(30)《文心雕龙·明诗篇》："诗者，持也，持人性情；三百之蔽，义归'无邪'，持之为训，有符焉尔。"

(31)《毛诗诗谱序疏》："诗有三训：承也，志也，持也。"

(32)《毛诗·关雎序疏》："诵言为诗。"

(33)《礼记·孔子闲居疏》："诗者，歌咏欢乐也。"

(34)《穀梁传序疏》："诗者，乐章也。"

(35) 成伯玙《毛诗指说·解说第二》："在辞为诗，在乐为歌，其本一也。"

以上列举的三十五说之中，(18) 的 (a) 及 (21) 的前一部分，主张由诗可以推见天地之间一切的事物，这是一种天人相应的神秘的说法，这种解释当然是不正确的。(2) 及 (21) 的"在事为诗"主张诗是可以描写客观事物的。(3)、(10) 是主张诗可以一样地包含着义理的。除了这三种极少数的主张外，其余都可以归纳到"诗为乐章"。(9)、(26)、(33)、(34)、(35) 持"诗有三训"——志、持、承这几种说法。这些说法，在我们现在看来，当然是意义不甚完整，界限不甚分明，或专就作用而言，或专就目的而言，如 (2)、(3)、(10)、(18) 之类，但是合起这些说法来看，与近人所下诗的定义"诗是文学里用顺利和谐带有音乐性的文字和简练美妙的形式，主观地发表一己心境间所感现，或客观地叙述描写一种事实而都能使读者引起共鸣的情绪"。虽然详略不同，而所谓"诗以言志"、"记物"、"在事"、"弦歌讽喻之声"，也正是说诗是主观地发表一己的感情，客观地叙述外界的事物，而能顺利和谐带有可歌可诵有音乐性的文字；不过前人所说多半偏而不全，不及今人综合前人之说而下的定义而已。

这些说法，多数的训诗为志，而有的又训为持，这是什么缘故呢？从唐代的成伯玙一直到清代的俞正燮都没有说出其所以然来。段氏的《说文注》，王氏的《说文句读》以及朱氏之《说文通训定声》等书是专释字义的，也是如此。章太炎先生是近今的小学大师，他在《国故论衡·辨诗》上说：

> 春官瞽矇，掌九德六诗之歌。然则诗非独六义也，犹有九歌。其隆也，官箴占繇皆为诗，故《诗序》、《庭燎》称“箴”，《沔水》称“规”，《鹤鸣》称“诲”，《祈父》称“刺”，明《诗》外无官箴。……扬搉道之，有韵者皆为诗，其容至博。其杀也，孔子删诗，求合于韶武，赋、比、兴不可歌，因以被简……《七略》序赋为四家，其歌诗与之别……要之，《七略》分诗赋者，本孔子删诗意，不歌而诵，故谓之赋，叶于萧管，故谓之诗。

这里他虽分诗为隆、杀——广狭之二义，而从他的狭义看来，他也主张《诗经》所录全为乐歌，似乎比从前人要进步些，但是从“寺”声的“诗”，从㞢声的“訨”是为什么要训为志？诗有三训——志、持、承，究以何说为是，何说为非？诗三家是怎样解释诗的？他在这一篇中也并未提到。这是我们现在所要讨论的问题，我们必须明瞭了诗的确诂，然后可以判断古说之是非，同时我们也可以考察诗三家对于诗的解释。我以为：

（1）从文字的声义看来，篆文诗与古文诗都只当训为志的。

（2）从三家的遗说看来，原来都训为志而后才有训为持的。

（3）从《礼记》的本文看来，《诗三百篇》的“诗”本是不当训为承的。

三训之外的解释也有的是极合理的，现在依次说明于下：

（1）篆文“诗”与古文“訨”都本当训为“志”。有人说

"篆文诗从寺声，此诗之所以必有节奏也。古文'诗'从之声，此诗之所以表示意志也。……诗从寺得声，而声亦兼义，寺训法度，法度即节奏之谓"。这里他虽然想从文字的声义来解释，其实是望文生义，很错误的。"之"训为"志"，他也没有找到积极的证据。我以为篆文的"诗"从"寺"声，古文的"詘"从"之"声，在金文中是有"寺"、"之"相通用的明证，在《墨子》中也有"之"假为"志"的明证。𡢁侯簠云："𡢁侯作叔姬寺男媵簠。"（罗振玉：《梦郼草堂吉金图续编》页十三）周镈钟云："永保用寺。"（《西清续鉴甲编》卷十七，注一）。邾公䥶钟："分器是寺"（《集成》01. 14）。这里"寺男"即是"之男"，"永保用寺"即是"永保用之"，"分器是寺"即是"分器是之"。此"寺"、"之"两字在古代通用的明证，"寺"从"又"，"之"声，"寺"、"之"古同音的。《墨子·天志篇》中曰："是故子墨子之天之意也。"孙氏《间诂》云："'天之意'本作'天之'，'天之'即'天志'，本篇之名也。古'志'字通作'之'。"又《号令篇》曰："常司上之。"孙氏《间诂》云："'之'读为'志'，《墨子》书或以'之'为'志'。"此"之"、"志"两字在古代通用的明证。"志"从"心"，"之"声，"之"、"志"古亦同音。"寺"、"之"、"志"三字在古代互相的借用，而且这三字在古代都同音。所以古文"詘"的"从言，之声"，固是声以兼义，表示"诗以言志"；即篆文诗之"从言，寺声"，循声以求其义，也当是说"诗以言志"，而不当训为节奏的。所以从文字的声、义来看，篆文"诗"与古文"詘"都本当训为"志"（不当只训为言之的）。"诗"的原始的意义，只是主观的表现一己的情志而已。

（2）诗三家的释诗原来也只训为"志"。《毛诗序》说："诗者，志之所之也，在心为志，发言为诗。"是主张"诗以言志"的。《齐诗》最初的说解本亦训"诗"为"志"，董仲舒是学《齐诗》的，他说："《诗》、《书》序其志。"班固也是治《齐诗》的，他说："诗言志，歌永言。"纬候多是齐学，而《春秋说题辞》亦谓："故诗之为言志也。"足见《齐诗》之说本亦训为志。《诗纬·含神雾》说"诗者持也"，这当是齐说中的另一义；"诗"从"寺"声，寺、持相通。邾公华钟："至于万年，分器是寺。"(《积古斋钟鼎彝器款识·卷三》，阮元云："寺，持之者。")。"分器是寺"即是"分器是持"，在古代是有通用的明证。但以"诗"为"持"，这是翼奉、郎顗一般人所倡导的，他们以为诗有"六情"、"五际"，可以推见治乱兴衰之由，所以主张"诗者持也"，"可以扶持邦家者也"。董仲舒未有此说，而班固亦不之从，这显见是后起的一说了。荀子、刘向都是传《鲁诗》之学的，《儒效篇》说："诗言是其志也。"《说苑·修文篇》说："诗言其志。"《鲁诗》对于诗的解释也是主张"诗以言志"的。《广雅·释言》："诗，志也。"《广雅》是兼述鲁、韩之义的，《韩诗》无异说，当与《鲁诗》同。所以从汉初传诗的三家看来，原来都只训诗为"志"。晚出的《毛序》以为"志之所之"，表面上似乎说的明白些，实在是将诗的朔义"诗言志"暧昧化了。

(3)《诗三百篇》的诗本不当训为"承"。《礼记·内则》"诗负之"郑注："诗之言承也。"就古声韵来说，"诗"属"之"部，"承"属"蒸"部，阴阳对转；诗属审母，承属禅母，古同舌声；当然可以通假的。但在《内则》原文上本是说"国君世子生，告于君，接以大牢，宰掌具。三日，卜士负之……诗负之"，本不是说诗歌的诗的。这正如《公羊襄十三年经》"取诗"之"诗"假为"邿"；《祭义》"文王之诗也"，"诗"为"谓"之误，与诗歌的诗本是无关的。《内则》孔颖达疏也只说"以手维持，则承奉之义，谓以手奉下而抱负之"。《诗谱序疏》乃以为"作者承君政之善恶，述己志而作诗，为诗所以持人之行，使不失队(坠)"。殊不知《内则》郑注本不是说诗歌的意义的，这种说法当然是不对的。即令郑玄有此说，于古也无明据，最多只能说是一种后起之义，这是我们应当注意的。

综上所说，诗有三训，只有诗以言志乃是古义，持、承二训，并是后起，在古代大概只认诗为抒情的作品。他如说诗“记事”、“在物”、“志德之理”，“义之衬也”，这些说法是认诗为现在所谓叙事诗、咏史诗或哲学诗之流，虽然有的是客观的叙述，但也脱不了主观的情志的。所以就意义说，“诗以言志”虽是极笼统的说法，然而是比较正确的。至于以诗为乐章的，那是专就《诗三百篇》的实质来说，我们一检讨古籍所载诗与乐的关系，就知其本是完全入乐的。其详且待下节分解。

## 二

现在流传下来的三百篇，本来全是乐歌，这是我们研究它第一当知道的要义。就《诗经》的编纂来说，是如此的；就诗歌的原则来说，也是如此的。关于前者，《史记·孔子世家》述孔子删诗书，定礼乐，诗、乐是连叙的。《孔子世家》说：

> 孔子语鲁大师：“乐其可知也。始作翕如，纵之纯如，皦如，绎如也，以成。”“吾自卫反鲁，然后乐正，《雅》、《颂》各得其所。”……三百五篇孔子皆弦歌之，以求合《韶》、《武》、《雅》、《颂》之音。礼乐自此可得而述。

郑樵在《通志·乐略·正声序论》上也说：

> 乐从诗为本，诗以声为用，……仲尼编诗，为燕享祭祀之时用以歌，非用以说义也。……得诗而得声者三百篇。则系于《风》、《雅》、《颂》，得诗而不得声者则置之。

这都是就诗的编定而言，认为诗、乐本来是不分的。关于后者，范家相在《诗渖·卷一·声乐》上说：

> 生于心而节于音谓之诗，一言诗而乐自寓焉。委巷

小儿，联歌拍臂，皆可以配管弦；优伶俗乐，吹竹弹丝，亦能别翻声调，一言乐而章曲自生焉。

这里他以为“委巷小儿，联歌拍臂，皆可以配管弦”，足见无论什么诗词，没有不可以入乐的。“一言诗而乐自寓焉”，足见诗与声乐本不可分，《诗三百篇》在原则上本来都是乐歌的。现在《诗经》所录全为乐歌，依下列的十说看来，也是很显明的：

(1)《墨子·公孟篇》：“诵诗三百，弦诗三百，歌诗三百，舞诗三百。”

(2)《荀子·劝学篇》：“诗者，中声之所止也。”

(3)《仪礼·乡饮酒礼》：“正歌备……乡乐唯欲。”郑注：“乡乐者，风也。”

(4)《左襄二十九年传》：“吴公子札来聘，请观于周乐……使工为之歌《周南》、《召南》，……为之歌《邶》、《墉》、《卫》……为之歌《王》……为之歌《郑》，……为之歌《齐》，……为之歌《豳》，……为之歌《秦》，……为之歌《魏》，……为之歌《唐》，为之歌《陈》，……自《桧》以下无讥焉。……”

(5)《史记·孔子世家》：“三百五篇，孔子皆弦歌之，以求合韶武雅颂之音。”

(6)《郑风·青衿（子衿）·毛传》：“古者教以诗乐，诵之、弦之、歌之、舞之。”

(7)《汉书·食货志》：“行人振木铎徇于路，以采诗，献之大师，比其音律。”

(8)《公羊·宣十五年传》注：“男女有所怨恨，相从而歌，饥者歌其食，劳者歌其事。男年六十、女五十无子者，官衣食之，使之民间求诗。”

(9)《郑志·答张逸》云：“国史采众诗时，明其好恶，令瞽矇歌之，其无所主，皆国史主之，令可歌。”

(10)《困学纪闻·卷三》：“《杜夔传》旧雅乐四曲：一曰

《鹿鸣》，二曰《驺虞》，三曰《伐檀》，又加《文王诗》，皆古声辞。《琴操》曰，古琴有诗歌五曲，曰鹿鸣、伐檀、驺虞、鹊巢、白驹。”（注二）

在这十说之中，由《墨子》、《荀子》、《仪礼》、《史记》等书看来，足见《诗三百五篇》，无论《南》、《风》、《雅》、《颂》，在古代都是入乐的。《食货志》与《公羊传注》所述采诗的传说虽不足尽信，然而从诗的搜集看来，也当是全入乐的。而《伐檀》在变风中亦可歌，更足以证明风诗之入乐，所以直至唐代还以“诗为乐章”，以为《诗经》所录全是乐歌的。

到了宋程大昌作《诗论》十七篇，他说：“《诗》有《南》、《雅》、《颂》，无国风。其曰‘风’者，非古色。”因而他只以《南》、《雅》、《颂》为乐名，至于邶、鄘、卫、王、郑、齐、魏、唐、秦、陈、桧、曹、豳这十三国的诗虽然都可以采，而声不入乐，不过只算得徒诗而已。在他《诗论·二》说：

> 春秋战国以来，诸侯卿大夫赋诗道志者，凡诗杂取无择；至考其入乐，则自邶至豳，无一诗在数。事之用《鹿鸣》，《乡饮酒》之笙《由庚》、《鹊巢》，射之奏《騶虞》、《采蘋》，诸如此类，未有或出南、雅之外者。然后知《南》、《雅》、《颂》之为乐诗，而诸国之为徒诗也。

他根据《左传》以为自邶至豳十三国的诗“直以徒诗系之本土”，季札所见，周工所歌的，“单举国名，更无附语，知本无国风”。他却忘了《左传》还有“是其《卫风》乎”这一句。他根据《仪礼》的《乡饮》、《乡射》，以为诗之入乐未有出南、雅之外者，他却忘了《乡饮》、《乡射》在“明日息司正”之下还有“乡乐惟欲”这一句。他的证据本不十分可靠的，但是后来朱熹、焦竑、顾炎武都是赞同他的说法，而且更进一步地又附会《毛诗》正变之说，以为变风、变雅都不入乐。朱子说：

> 二《南》正风，房中之乐也。二《雅》之正雅，朝

廷之乐也。商、周之《颂》，宗庙之乐也。变雅则衰国卿士之作，以言时之得失，而邶、鄘以下，则太师所陈以观民风者耳，非宗庙燕享之所用也。（《日知录》卷三引）

朱子这一说，显然是受了程大昌的影响。马端临在《文献通考》上曾驳他说：

夫《左传》言季札来聘，请观周乐，而所歌者，邶、鄘、卫、郑皆在焉，则诸诗固雅乐矣。使其为里巷狭邪所用，则周乐安得有之？



马端临的意见是很好的，只是所举证据太少。所以焦竑的《国史经籍志》仍用程大昌之说，直用程氏原文“至考其入乐，自邶迄豳，无一在数”。不承认风诗为乐歌。所以顾炎武在《日知录·卷三》也主张诗有入乐不入乐之分，说：



《鼓钟》之诗曰：“以《雅》以《南》。”子曰：“《雅》、《颂》各得其所”。夫二南也，豳之《七月》也；《小雅》正十六篇，《大雅》正十八篇，《颂》也，诗之入乐者也。邶以下十二国之附于二南之后而谓之风，《鸱鸮》以下六篇之附于豳而亦谓之豳，《六月》以下五十八篇之附于《小雅》，《民劳》以下十三篇之附于《大雅》，而谓之变雅，诗之不入乐者也。

清儒治经是好抨击宋人的，而且《毛诗序传》也没有“诗不入乐”之说，所以大多都是反对程大昌之说的。陈启源是主张“诗与乐实分二教”的，他在《毛诗稽古篇举要》上说：

三百十一篇，皆古乐章也。……鲁人歌周乐，则十三国继二南之后，《周礼·籥章》迎寒暑则籥豳、雅，《祭蜡》则籥豳、雅。《大戴·投壶礼》称可歌者八篇，则《魏风》、《文王》并列，十三国变风之入乐，又历历可据也。

他在这里用《周礼》和《大戴记》来反对变风不入乐，证据自然还不十分充足。但在他之后的如胡承珙的《毛诗后笺》，陈奂的《毛诗传疏》都没有更进一步的驳论，而马瑞辰的《毛诗传笺通释》却对于程大昌之说辨订极其明晰。他在卷一“诗入乐”上说：

“《诗三百篇》，未有不入乐者。《虞书》曰：‘诗言志，歌永言，声依永，律和声。’歌声律皆承诗递言之。《毛诗序》曰：‘在心为志，发言为诗。’又曰：‘言之不足，故嗟叹之，嗟叹之不足，故咏歌之。’此言诗所由作，即《虞书》所谓‘声依永，律和声’也。若非诗皆入乐，何以被之声歌，且协诸音律乎？《周官》太师教六诗，而以‘六德为之本，六律为之音’，是六师皆可以调六律也。《墨子·公孟篇》曰：‘诵诗三百，弦诗三百，歌诗三百，舞诗三百。’《郑风·青衿·毛传》云：‘古者教以诗乐，诵之、歌之、弦之、舞之。’其说正本《墨子》，是《三百篇》皆可诵歌弦舞已。若非诗皆入乐。则何以六诗皆以六律为音，又何以同是三百篇，而可诵者即可弦可歌可舞乎？《左传》吴季札请观周乐，使工为之歌《周南》、《召南》，并及于十二国；若非入乐，则十四国之诗，不得统之以周乐也。《史记》言‘诗三百五篇，孔子皆弦歌之，以求合于韶武雅颂’。若非入乐，则诗三百五篇，不得皆求合于韶武雅颂也。《六艺论》云：‘诗，弦歌讽喻之声也。’《郑志·答张逸》云：‘国史采众诗时，明其好恶，令瞽矇歌之，其无所主，皆国史主之，令可歌。’据此，则郑君亦谓诗皆可入乐矣。程大昌谓《南》、《雅》、《颂》为乐诗，自邶至豳不入乐为徒诗，其说非也。”

在这一篇之中，他更提出《尚书》、《墨子》、《左传》、《史记》、《毛传》、《郑志》为验，比陈启源之专据《周礼》《大戴记》立说，证据要可靠的多了！俞正燮《癸巳存稿·诗入乐篇》也提出不少的证明。他说：

《史记》云：三百篇皆可弦诵，谓弦歌皆诗。三代时，甯戚歌"硕鼠"，卫太史歌"巧言"之卒章，鲁为吴公子札歌风、雅、颂，师乙言歌商、歌齐，汉时雅乐可歌者八篇，有《白驹》、《伐檀》，不必如笙诗正小雅也。东汉曹氏时，乐工肆歌《鹿鸣》、《驺虞》、《伐檀》《文王》，魏太和中，惟传《鹿鸣》一篇，则其调不传。……赋诗诵诗，本对歌诗言之，诗不可歌，则不採矣。

后来魏源虽主张"诗有为乐作不为乐作"三分，但他在《诗古微·夫子正乐论》上也以为"周时无不入乐之诗"，康有为《新学伪经考·汉书艺文志辨伪上》关于诗乐是多半采取魏氏之说，亦谓"晋魏时大雩祈旱皆歌《云汉》之章，汉时雅乐可歌者八篇，变风之《伐檀》，变雅之《白驹》在焉马，尤可见诗皆入乐之证"。皮锡瑞《诗经通论·论诗无不入乐〈史〉、〈汉〉与〈左氏传〉可证》更以为：

诗之入乐，有一定者，有无定者，如《乡饮酒礼》"闲歌《鱼丽》，笙《由庚》；歌《南有嘉鱼》，笙《崇丘》；歌《南山有台》，笙《由仪》，合乐《周南》、《关雎》、《葛覃》、《卷耳》，《召南》、《鹊巢》、《采蘩》、《采蘋》。《乡射礼》合乐同，《燕礼》闲歌歌乡乐与《乡饮酒礼》同，《大射》歌《鹿鸣》三终。"《左氏传》云："《湛露》，王所以晏乐诸侯也；《彤弓》，王所以燕献功诸侯也；《文王》，相见之乐也；《鹿鸣》、《四牡皇华》，嘉邻君劳使臣也。"此诗之入乐有一定者也。《乡饮酒礼》正歌备后有无算乐，《注》引《春秋》襄二十九年吴公子季札来聘，请观于周乐，此国君之无算。然则

《左氏传》载列国君卿赋诗言志，变风变雅，皆当在无算乐之中，此诗之入乐无一定者也。若惟正风、正雅入乐，而变风、变雅不入乐，吴札焉得而观之？列国君卿焉得而歌之乎？至宋儒乃有诗不入乐之说，……锡瑞案：谓诗不入乐，与《史》、《汉》皆皆不合，亦无解于《左氏》之文。古者诗教通行，必无徒诗不入乐者。唐人重诗，伶人所歌皆当时绝句：宋人重词，伶人所歌皆当时之词，元人重曲，伶人所歌亦皆当时之曲；有朝脱稿而夕被管弦者。宋歌词不歌诗，于是宋之诗为徒诗，元歌曲不歌词，于是元之词为徒词，明以后歌南曲不歌北曲，于是北曲亦谓徒曲。……周时诗方通行，必不如是宋人与顾氏之说，窃未敢谓然也。

他根据《史记·孔子世家》“孔子皆弦歌之”，以为孔子时诗无不入乐者；根据《汉书·食货志》“献之太师，比其音律”，以为孔子前诗无不入乐，又以周时诗方通行，必无徒诗不入乐者。从各方面推翻了程、顾之说了！诗与乐的关系，由“三百篇全为乐章”之说到宋儒“诸国为徒诗”之说算是两个对立的意见。皮氏的“诗之入乐有一定者有无定者”，与陈启源的“诗乐实分二教”，魏源的“诗有为乐作不为乐作之分”，都是来融合这两个对立的意见的。

但是以上我们所举的陈启源、马瑞辰、俞正燮、皮锡瑞诸家之说，他们主张诗全入乐，不过是就《墨子》、《荀子》、《左传》、《史记》这些传说来证明《诗三百篇》无不入乐，对于《诗三百篇》本文是否为乐歌的形式，尚未说到。近年顾颉刚先生撰《论〈诗经〉所录全为乐歌》一文，就春秋时的徒歌与《诗三百篇》本文来作比较的研究，从《诗经》的本身上证明《诗经》是乐歌。而汉代《乐府》的分地著录，好像是承接着《国风》一样，古代流传下来的无名氏的诗歌也都是乐歌，这都足以证明《诗经》所录全为乐歌的。在那一篇长文之中，他简单地下结论说：

> 春秋时的徒歌是不分章段的，词句的复沓也是不整齐的，《诗经》不然，所以《诗经》是乐歌。凡是乐歌，因为乐调的复奏，容易把歌词铺张到多方面；《诗经》亦然，所以《诗经》是乐歌。两汉六朝的乐歌很多从徒歌变来，那时的乐歌集又是分地著录，承接着《国风》，所以《诗经》是乐歌；徒歌是向来不受人注意的，流传下来的无名氏诗歌亦皆为乐歌；春秋时的徒歌不会特使人注意而结集入《诗经》，所以《诗经》是乐歌。（《古史辨》第三册）



他从《诗经》章段的划分，词句复沓的整齐，以及因为乐调的复奏，而歌词多方面铺张，来证明《诗经》所录全为乐歌，这是极确切的。他所举的《桑中》、《扬之水》更是极好的例证。《桑中》一诗，说在一地期会三个女子，除非认为乐歌，当然是不可解的。例如我们曲解为“男子发抒渴想女子的热情，说孟姜、孟弋、孟庸泛代比一切美貌的女子，名虽三称，实际上诗人所期待的只是他理想中一个美好女子”，这是无由证明其为泛代与理想的。且而这位诗人不从美好上面来铺张，而只在名称上变更，而都总结在桑中上宫同一地点的幽会，情绪没有深浅，进行没有程序，假如不认为是歌，那这一首诗未免太无技术与内容且而太令人难解了！至于《扬之水》虽不是同时戍申、戍甫、又戍许，而从“曷月予还归哉”这一句看来，决不是“征夫一年之中迁戍几个地方的口气”。如若不认为乐章的重沓，而认为叙述一人之事的，那也不可理解。所以由这两个例证看来，我是极赞成顾先生之说的。我以为现存的《诗三百篇》中，有的是诗人所作而后被之管弦，有的是由徒歌而后变成乐歌的。关于前者，可以借用范家相的“委巷小儿，联歌拍臂，皆可以配管弦”来作为理论的说明；关于后者，则顾先生在《论〈诗经〉所录全为乐歌》

一文中已详细地说明徒歌如何变为乐歌；这里都无须详述了。我之认为《诗经》所录全为乐歌的还有四个理由：

第一，由诗三百篇的搜集看来，《诗经》所录当全为乐歌。

第二，由风诗之绝非徒歌看来，《诗经》所录当全为乐歌。

第三，由古代歌舞的关系看来，《诗经》所录当全为乐歌。

第四，由古代“诗”、“乐”的关系看来，《诗经》所录当全为乐歌。

现在依次说明于下：

第一，由诗三百篇的采集看来，《诗经》所录当全为乐歌。现在的诗三百篇本是谁采集的，我们已无从知其详。在唐以前，关于采诗的传说，约有七八说之多。有以为是国史的，有以为是遒人的，有以为是𬨎车使者、遒人使者，有以为古有采诗之官；但是比较早的说法则以为是太师陈风。这些说法，在现在看来固都不可靠，但也决不是如崔述《读风偶识》上所说：“美斯爱，爱斯传，……偶遇文学之士，录而传之。”这是后世的事，不能以推证古代的。我们知道孔子“反鲁正乐之时，年已六十有九，而前此言诗，皆曰三百”，足见诗并不是孔子删的。孔子说：“吾自卫返鲁，然后乐正，《雅》、《颂》各得其所。”又说：“师挚之始，关雎之乱，洋洋乎盈耳哉!”即就这两句话看来，足见《雅》、《颂》、《南》之为乐歌，且是与当日的乐师发生关系的。由孔子说的“郑声淫”足知风诗亦为乐歌，也当与当日的乐师发生关系的。诗与声乐既有关系，在孔子时，犹为乐师所掌，则是诗的采集，本是乐师因为职业的关系而去采诗而配管弦而变徒诗为乐歌；所以最早而最多的传说以为太师采诗。这传说由《论语》的证明是比较的可信，不过不必是岁有定时“徇于路以采”而已。故从诗的职掌及其采集看来，诗三百篇应当是经过最有关系的乐师的搜集或配以管弦或变为乐歌，然则现在《诗经》所录当是全为乐歌了。（本节所引诸说之出处并详《采诗删诗辨》）

第二，由风诗之决非徒歌看来，《诗经》所录当全为乐歌。关于这一点，我们更可分为四层来说：

(1) 在前面所列的自《墨子》至《困学纪闻》十说中，由《墨子》、《荀子》看来，三百篇全入乐的。在后汉雅乐郎杜夔所传旧曲之中有变风的《伐檀》，而蔡邕的《琴操》中也有《伐檀》、《白驹》两歌曲，这都是变风变雅的铁证，所以在汉魏时犹有旧曲的流传。

(2) 风诗的体制最近于《二南》，也有与《大小雅》相似的。《南》、《雅》、《颂》即全为乐歌，风诗就其体制看来，异于《左传》中之徒歌，而同于《二南》、《大小雅》，也应当是全为乐歌的。



(3) 风诗的"风"只可释为声调；《大雅·崧高》篇说"吉甫作颂，其诗孔硕，其凤肆好"。《左成九年传》"钟仪操南音"，范文子说是"乐操土风"，这都是极好的证明。(此外我还有别的例证，详见《说南风雅颂》）风就是声调的意思，风诗也当是全为乐歌的。



(4)《论语·卫灵公》篇："放郑声……郑声淫"。《阳货》篇："恶郑声之乱雅乐也"。"郑声"的意思，后来虽有用为代表土乐的，但在汉儒释经，仍以是郑国的郑。《五经异义》："《鲁论》说：'郑国之俗，有溱洧之水，男女相聚会，讴歌相感，故云郑声淫。'《左传》说：'烦手淫声，谓之郑声者，言烦手踯躅之声，使淫过矣'，谨案：郑诗二十一篇，说妇人者十九，故郑声淫也。"许氏治古学的，也从《鲁论》之说。然则乱雅的郑声，实是入乐的郑诗，风诗之当全为乐歌，在《论语》上也可以得证明的。

从旧曲的流传，风诗的体制，风是声调的意思，与所谓"郑之乱雅"，都是见风诗并非徒歌，然则《诗经》所录当全为乐歌了！

第三，由古代歌舞的关系来看，《诗经》所录当全为乐歌。我们知道古代社会歌与舞是离不开的，现在更试从古代的乐舞、歌舞、歌诗、乐器这四点来看，也足见诗三百篇之当全为乐歌。

(1) 我们从《简兮》的“公庭万舞，……左手执籥”；《君子阳阳》的“左执翿，右招我由敖”；《猗嗟》的“舞则选兮，射则贯兮”；《宛丘》的“坎其击鼓，宛丘之下，无冬无夏，值其鹭羽”；《伐木》的“坎坎鼓我，蹲蹲舞我”；《宾之初筵》的“籥舞笙鼓，乐既和奏”；《有駜》的“鼓咽咽，醉言舞”；《那》的“庸鼓有斁，万舞有奕”。从这些地方看来，知道古代舞蹈的风气是极盛的。同时也可以看出舞蹈时所奏的乐器有“籥”、“鼓”、“笙”、“镛”之类；鼓最多，籥次之。其乐调则有“敖”、“房”(《君子阳阳》) 等，在西周时，歌舞之际，已不仅是夹杂着简陋的音乐了！

(2) 我们再从歌舞看来，在《诗三百篇》中只有《车舝》“式歌且舞”连叙歌舞。但在传世的彝器中，虽不见有用“诗”的 (据《金文编》)，而在楚余义钟却有：“乐我父兄，饮飤诃舞(歌舞)，孙孙用之，后民是语 (娱)”(《攈古录》三之二，《周金文存一》。)‘诃舞’二字连叙。在较晚的《楚辞》上，《九歌》有“展诗兮会舞”；《招魂》中有“起郑舞些，……发激楚些”，这都足以证明在古代歌舞同时。这是不容否认的事实：在跳舞的时候，一面步伐应着乐节，一面还唱着歌。

(3) 我们更从歌、诗的关系来看。在《大小雅》中，如：《四牡》的“是用作歌，将母来谂”；《何人斯》的“作此好歌，以极反侧”；《巷伯》的“寺人孟子，作为此诗，凡百君子，敬而听之”；《四月》的“君子作歌，维以告哀”；《卷阿》的“来游来歌，以矢其音”；《卷阿》的“矢诗不多，维以遂歌”；《桑柔》的“虽曰匪予，既作尔歌”；《崧高》的“吉甫作诵，其诗孔硕”。所用歌、诗二字，直若毫无判别。二《雅》本是乐歌，而说“作为此诗”，“其诗孔硕”，“矢诗不多，维以遂歌”，足见当时所谓之“诗”，都是以可以被之管弦的乐歌。

(4) 我们从当时的乐器来看。如《灵台》的"虡业维枞，贲鼓维镛……鼍鼓逢逢，矇瞍奏公"；《有瞽》的"设业设虡，崇牙树羽。应田县鼓，鞉磬柷圉。既备乃奏，箫管备举"。都是证明当时乐器是很发达。这些诗既然不是假造的，而叙述当代的事实，也非后世推测前代。就上所列两诗中的籥、笙、箫管以及他篇琴、瑟、壎、篪之类，发声都不是单纯的音调，而又有专门的乐工，歌乐当然也是发达的，孔子在齐闻韶，"三月不知肉味"，几乎弄得这位老先生要成"音乐迷"，也足见古代音乐之决不简陋，徒歌之变为乐歌在当时是可能的。



总之，在殷代已有文字的发明，而且农业又如是之发达，就古代社会发展的联系的情形看来，至迟"铁的发现，论理应该是在周初"的；无论如何，在东周时，岂止不是石器时代，恐怕已经迈过了金石器时代了。这时有了精细的乐器，有了专门职业的乐工，则徒歌之变为乐歌，在当时实是可能的（这当然不是说所有的乐歌都是由徒歌变的）。而由乐舞、歌舞、歌诗看来，所谓诗即是乐歌，与舞与乐都有很密切的不容否认的关系，现在的《诗三百篇》，又是由乐师流传，其本来面目只是一些乐歌，在孔子以后，方成为儒家的经典的。然则《诗经》所录本当全为乐歌了。



第四，由古代"诗""乐"的关系看来，《诗经》所录当全为乐歌。古来《乐》本无经的，所谓乐歌就是诗。邵懿辰在《礼经通论》上说："《乐》本无经也。'诗言志，歌永言，声依永，律和声'。故曰：'《诗》为乐心，声为乐体。'……乐之原在《诗》三百篇之中，乐之用在《礼》十七篇之中，故曰：'兴于诗，立于礼，成于乐'；'子所雅言，《诗》、《书》、执礼'，不言乐也。"他这话虽没什么发明，然而却是极其有道理的，在《四库全书总目提要·乐类叙录》上也说过："沈约称乐经亡于秦，考诸古籍，惟《礼记·经解》有'乐教'之文，伏生《尚书大传》引'辟雝舟张'四语，亦谓之乐，然他书均不云有乐经。大抵乐之纲目具于礼，其歌词具于诗，其铿锵鼓舞则传在伶官，汉初制氏所记，盖其遗谱，非别有一经，为圣人手定也。”在《提要》中显白地阐明“乐之原在诗三百篇之中”，乐本无经，并非清末经今文学者的私说。这些虽是清儒的推证，而实际上是合于古的（别详《乐本无经补证》）。要之，在先秦所谓的乐歌，实在就是诗三百篇，而在诗三百篇以外。也不多见别的乐歌；尤其是诗三百篇本为乐歌的明证。故从古代“诗”“乐”的关系来看，《诗经》所录也当全为乐歌的。

以上所举的四个理由，第一是就诗三百篇的来源来看，第二是就诗三百篇的体制来看，第三是就诗与歌舞的关系来看，第四是诗与《乐经》的关系来看。我觉得只要有一个理由能成立，便足以见诗三百篇之当全为乐歌。

**注一**：参看《北平图书馆馆刊》五卷六号，吴其昌：《驫羌钟补考》。《说文》：“旹古文时，从之日。”汉无极山碑“时”亦作“旹”，《殷虚书契前编·六》，页四十三，有旹，与古文同；并足证古“寺”“之”二字相通。

**注二**：《晋书·乐志上》：“魏武平荆州，获汉雅乐郎河南杜夔，能识旧法，以为军谋祭酒，使创定雅乐。”又“杜夔传旧雅乐四曲：一曰《鹿鸣》，二曰《驺虞》，三曰《伐檀》，四曰《文王》”。“《琴操》……《白驹》。”见《太平御览》卷五百七十八。

（原载《北平师范大学学报》1934 年第 14 期）

# 《周颂·时迈》本为周《大武》乐章首篇说

周《大武》乐章是我们祖国流传下来的一个比较古老比较大型的音乐诗歌与跳舞相结合的乐歌。这个乐章，据《左传》和《礼记》的记载，是分着六个阶段演唱出来的。第一个阶段是开始曲，演唱着周武王的志愿，他们开始出征；第二个阶段演唱着他们讨灭了殷王朝；第三个阶段演唱着他们折而向南，征伐南国；第四个阶段演唱着南国也归入了版图；第五个阶段演唱着“周公左，召公右”，分封而治；第六个阶段演唱着他们功成，回归原位。这个乐章，依照它演唱的情节和歌词看来，无疑地是为了歌颂周武王伐殷，统一了中国而创造出来的乐歌。周武王伐殷，统一了中国，在我们现在看来，不过是以暴易暴，他们同是旧统治阶级，全是剥削人民的。但就当时情况看来，殷代是奴隶制社会，殷王朝的血腥统治是残酷无比的。从卜辞看来，臣、妾、奚、奴、僮、仆全是遭受酷刑的奴隶，奴隶主一次杀人之数可以达到数千，人不仅可以用来殉葬，也用作祭祀；战争极为频繁而剧烈，在卜辞中常见有与“土方”、“吕方”等等战争以及“寇周”之事，人民的苦难是异常严重的。《尚书·盘庚》说：“我其劓殄灭之，无遣育。”盘庚尚且露由如此的狰狞面目，像殷纣这样的暴君，拿人命开玩笑，惨酷到无以复加的程度更是可以想象了。周的灭殷，杀伐了凶残的纣王，遏止了杀人流血的悲剧：他们更主张对殷民“今予惟不尔杀，予惟时命有申”；“勿庸杀之，姑惟教之”；允许他们“宅尔宅，畋尔田”，周之伐殷，是比较开明些，显然是将历史推进了一步。《大武》乐章虽是颂扬武士的功德，但诗中宣称着“胜殷遏刘”，希望着“绥万邦，屡丰年”，因之，在某些地方是比较有意义，值得我们探讨的。

《大武》乐章以六个阶段演唱出来，应当有六首诗歌保存在今日的《诗经》中，但因文献记载有令人误会之处，两千年来，讲求《左传》、《礼记》、《诗经》的人，都只能举出其中的四首，《武》、《赉》、《酌》、《桓》在《周颂》中；其余的无明说。到了近代，王国维先生作《周大武乐章考》才提出另两首——《昊天有成命》、《般》，属于周《大武》乐章，而且主张前者是《大武》乐章的第一篇。他这意见并不完全正确。他的弟子陆侃如作《中国诗史》，不赞成他这种说法，主张《周颂》中《我将》是第一首。我对这两个说法始终是怀疑的。前年我读到友人高亨先生所写的《周代大武乐考释》一文，他赞同《大武》首篇是《我将》。高先生学问是我所钦佩的，但是这个意见，我却不敢苟同。我主张《大武》的第一篇应该是《时迈》。为了论述方便，先将王、陆诸家之说略为迻录，次申述我的意见，再将《大武》乐歌全部加以译解，最后略就全诗作一简短的评价。现在分述如下。



## 一

关于《大武》乐章及其诗歌，在《左传》、《礼记》、《乐记》和《毛诗》中都略有记载，但至今《周颂》中哪一首诗是《大武》第一篇还须加以剖辨。王国维先生首先提出这问题，在《周大武乐章考》一文中他说：

> 《乐记》：“夫武，始而北出，再成而灭商，三成而南，四成而南国是疆，五成而分，周公左、召公右，六成复缀以祟”，是《武》之乐凡六成，其诗当有六篇也。据《毛诗序》，于《武》曰：“奏《大武》也。”于《酌》曰：“告成《大武》也。”则六篇得其二。《春秋左氏·宣十二年传》，楚庄王曰：“武王克商……作《武》，其

卒章曰‘耆定尔功’。其三曰：‘敷时绎思，我徂求定。’其六曰：‘绥万邦，屡丰年。’”是以《赉》为《武》之三成，以《桓》为《武》之六成；则六篇则其四。其余二篇，自古无说。（《观堂集林》卷二）

由这段话我们可以看出，《大武》乐章所演唱的诗，有两篇自古无说。这是现在所存在的问题。王氏更进一步举出其余二篇之名说：

案，《祭统》云：“舞莫重于《武宿夜》”，是尚有《宿夜》一篇。《郑注》：“《宿夜》，《武》曲名也”。……案，“宿”古“夙”字，……是《武·宿夜》即《武·夙夜》，其诗中当有“夙夜”二字，因以名篇，如《时迈》有“肆于时夏”语，因称《肆夏》矣。……《大武》六篇，其四篇皆在《周颂》，则此篇亦当于《颂》中求之。今考《周颂》三十一篇，其有“夙夜”字者凡四：《昊天有成命》曰：“夙夜基命宥密。”《我将》曰：“我其夙夜，畏天之威。”《振鹭》曰：“庶几夙夜，以永终誉。”《闵予小子》曰：“维予小子，夙夜敬止。”而《我将》为祀文王于明堂之诗，《振鹭》为二王之后助祭之诗，《闵予小子》为嗣王朝庙之诗，质以《经》文，《序》说不误。惟《昊天有成命·序》云：“郊祀天地也。”然郊祀天地之诗，不应咏歌文物之德；又，郊以后稷配天，尤与文武无涉。盖作《序》者见此诗有“昊天”字，而望文言之。若《武·夙夜》而在今《周颂》中，则舍此篇莫属矣。（《观堂集林》卷二）

他在这里以《昊天有成命》当《大武》的一篇。又说：

如此，则《大武》之诗已得五篇，其余一篇，疑当为《般》。何则？《酌》、《桓》、《赉》、《般》四篇，次在《颂》末，又皆取诗之义以名篇，前三篇既为《武》诗，

则后一篇亦宜然。此《武》诗六篇之可考者也。（《观堂集林》卷二）

他更考定这六篇的次第是《昊天有成命》、《武》、《酌》、《桓》、《赉》、《般》。他这个考证，将《昊天有成命》认为是《大武》的首篇，不过是从“夙夜”二字来看问题，但是《武·夙夜》是舞曲之名，是有声无词的曲调，不一定可为证明。从思想内容看来，这一篇也不能当《大武》的第一篇。这一篇中有“成王不敢康”一语，成王明是人名；《国语》叔向引此诗以为“是道成王之德也，成王能明文昭、定武烈者也”。足见这诗不能是歌颂武王的诗。所以王氏的弟子陆侃如作《中国诗史》，又根据“宿夜”即“夙夜”之说，推定《大武》首篇是《我将》，他的理由是《我将》中有“仪式型文王之典，日靖四方”一语，很合于《大武》“始而北出”的语气。高亨先生在《周代大武乐考释》一文中就支持了此说，他说：

《大武》诗的第一章王先生认为是《宿夜》，是对的；而认为《宿夜》是《昊天有成命》是错的，应该是《我将》。……根据《乐记》，《大武》第一章象征武王出征。而《我将》篇说：“我将我享，维羊维牛，维天其右之！”周人出征，必先祀上帝，祈求上帝的保佑，《我将》这三句正是说这回事。《我将》篇又说：“仪式刑文王之典，日靖四方，伊嘏文王，既右飨之。”周人出征也必先祭祀祖先，祈求祖先的保佑，而且武王出征，军中载着文王的木主，《史记·周本纪》说：“武王上祭于毕，东观兵于盟津，为文王木主，载以车，中军。”《集解》：“马融曰：毕，文王墓地也。”《楚辞·天问》说：“武发杀殷，何所悒？载尸集战，何所急？”王注：“尸，主也。言武王伐纣，载文王木主。”就是明证。《我将》这两句正是说这回事。文王时代，伐犬戎，伐迷须，伐者，伐邘，伐崇（见《史记·周本纪》），即所谓“日靖四方”。武王伐殷正是继承文王的事业，所以说：“仪式刑文王之典。”《我将》又说：“我其夙夜，畏天之威，于时保之。”按殷朝后期，殷与周的矛盾更尖锐了。殷王常压迫侵略周国，甲骨文几次记载“寇周”的占卜，便是明证。文丁囚死周王季历（见《竹书纪年》），纣曾囚文王于羑里。因此周对殷常存警惕。认为殷有灭周的企图，所以武伐殷，在周人的观念是自卫。《我将》这几句话正是这个观念的反映。由此可见，《我将》篇的内容与《大武》舞第一场所象征的故事，完全相符的。(《山东大学学报》二卷二期)





高先生这一段话疏证了《我将》中的词句，认为《我将》是象征武王出征的故事。乍看起来，实在觉着是持之有故，言之有理，而且证据甚多，不得不引起人的信任。但是我们细按起来，仍觉问题多端。因为，从消极一方面说，“武宿夜”是否就是《夙夜》，是否可当《诗经》的一篇，这颇成为问题。假令可当《诗》的一篇，《我将》是否竟真的象征武王出征，这也成为问题。从积极一方面说，从《左传》看来，《大武》首篇应是《时迈》，不是《我将》；从《礼记》看来，《大武》首篇也应是《时迈》而不是《我将》。再就《大武》其他五篇看来，《大武》首篇也应是《时迈》而不是《我将》。这样，我们便可以将问题弄清楚了！

## 二

（一）现在，我们先检查“武宿夜”是否应即《夙夜》，《夙夜》是否可当《诗经》的一篇这个问题。

1. 王国维先生说，“案，《祭统》云：‘舞莫重于《武宿夜》。’是尚有《宿夜》一篇。《郑注》：‘《宿夜》，武曲名也’”。“武宿夜”是“武宿夜”，将“武宿夜”简称为“宿夜”，是王先生错觉上的主张。郑注《礼记》本是“武宿夜，武曲名也”，并未将“武宿夜”简称为“宿夜”，王先生引的《郑注》丢掉一个“武”字，这证明只是王先生才如此说。

2.“武宿夜”是武曲名，我们知道，古代有有声无词的曲调，这如六笙诗，下管的《新宫》，金奏的《九夏》，都是有声无词的。“武宿夜”是武曲名，不一定是诗，王先生以为即《夙夜》，而且拿它当《大武》的一篇，这在前提上也成问题（请参看拙作《逸诗篇句表附考》，《西北大学学报》1958 年第 1 期）。

3. 王先生说，“武宿夜”即《武夙夜》，其诗当有《夙夜》二字，因以名篇，如《时迈》有“肆于时夏”语，因称《肆夏》矣。在我们看来，以《时迈》为《肆夏》，只不过是吕叔玉一人之说，并非公论。即假令如《时迈》有“肆为时夏”语，因称“肆夏”，在诗中应有“武夙夜”三字，而王先生何以断言其诗只当有“夙夜”二字？王先生从《周颂》中有“夙夜”二字的四篇来考察哪一篇是《武宿夜》，这个方法也是不够正确的。

4.《礼记》这书，其中有汉代人的作品，《祭统》这篇是什么时间的作品，也很可疑。王先生根据晚出的文献，割裂原来的曲名，硬说“武宿夜”就是《夙夜》，这方法在前提上已大大成问题。

5. 我们再就《夙夜》是《我将》来说，据《左传》：“郑六卿饯韩宣子于郊。……宣子皆献马焉，而赋《我将》。”在春秋时，《我将》并无异名，如若说《我将》一开头是“我将”，所以春秋人称作“我将”；后面有“夙夜”两个字，所以战国人称“武宿夜”，这是不足怪的。我们试想，诗三百篇的流传，后来改名的甚少，我更想不出为什么“我将”这名称不好而战国人偏要改名为“宿夜”或“武宿夜”，令后人搞不清楚。所以，从上面五点看来，“武宿夜”是否应即《夙夜》，《夙夜》又是否可当《颂》诗的某一篇，《祭统》这篇文献是否十分可靠等等，都是有问题的。以《夙夜》为《昊天有成命》或《我将》，这在方法上，前提上，都是一样靠不住。

（二）我们再就《我将》一诗来检查一下。它是否可以当作《大武》的首篇。

上面我们从“武宿夜”并非就是《夙夜》等等来说明不可因就“夙夜”二字来判定诗中某篇属于《大武》，这不等于说《我将》不可当作《大武》的首篇。因为，很可能的，《我将》的思想内容符合于《大武》首篇。高先生对《我将》全诗的疏证确是持之有故，言之成理。但我们读起这诗来，总觉它不像象征武王克殷的开场曲，总觉它的气势不够雄伟宏壮，不足以当《大武》首篇之任。这是我们不得不首先怀疑的。我们检查了一下在《礼记·乐记》中说到《武》的时候首先有这几句话：

> 夫乐，象成者也。总干而山立，武王之事也。发扬蹈厉，太公之志也。武、乱皆坐，周、召之治也。

“总干而山立”，是大武开始演奏的情况，孔《疏》说这是“将舞之时舞人总持干盾以正立，似山不动摇”。我们可以想象这“总干而山立”、“发扬蹈厉”，气象是威武雄伟的，而《我将》全篇不过只说祭祀文王，摹仿文王，这个题目太小，将武王克殷，奄有天下的意愿及其成功，丝毫没有表达出来，与《乐记》所说的情形不相符合。《我将》一诗，开始三句说的是祭天，结尾三句说的是畏天之威，只有中间四句提到文王，究竟是祭文王的诗，还是祭天而以文王配祭的诗，很难判定。王静安先生也认为这是祀文王于明堂的诗，不是《大武》的一篇。这里面也并没有武王载木主出征的事，我们读起这诗来，很难相信它就是《大武》的第一篇。我们更有铁证可以说明《时迈》是大武的首篇，那么，不是《我将》是极显明的。

（三）从《左传》上看来，我们可以说《时迈》是《大武》的第一篇。这个问题在《左传》中已明明白白地告诉我们。《左传·宣十二年》说：

> 楚子曰：非尔所知也。夫文，止戈为武。武王克商。作《颂》曰："载戢干戈，载櫜弓矢。我求懿德，肆于时夏，允王保之。"又作《武》，其卒章曰："耆定尔功。"其三曰："铺时绎思，我徂维求定。"其六曰："绥万邦，屡丰年。"夫武，禁暴、戢兵、保大、定功、安民、和众、丰财者也。故使子孙无忘其章。今我使二国暴骨，暴矣；观兵以威诸侯，兵不戢矣。暴而不戢，安能保大？犹有晋在，焉得定功？所违民欲犹多，民何安焉？无德而强争诸侯，何以和众？利人之几，而安人之乱，以为己荣，何以丰财？武有七德，我无一焉，何以示子孙？其为先君宫，告成事而已。武非吾功也。

楚庄王这一段话，"夫武，禁暴、戢兵、保大、定功、安民、和众、丰财"，是综合《时迈》、《武》、《赉》、《桓》四篇的思想内容而言，他所说的"武有七德"是将《时迈》也计算在内的"武"，很明显，《时迈》是武的第一篇。"禁暴、戢兵"是就《时迈》中的"载辑干戈，载櫜弓矢"而言。"保大"是就《时迈》中的"我求懿德，肆于时夏，允王保之"句而言。"定功"是就《武》篇的"耆定尔功"而言。"安民"是就所引《赉》篇的"铺时绎思，我徂维求定"而言。"和众、丰财"是就《桓》篇的"绥万邦、屡丰年"而言。孔颖达《左传正义》也一再告诉我们说："传言克商作颂者，包下三篇，皆述武王之事。"又说："楚子既引四篇，乃陈七德，则四篇之内，有此七者之义：戢干戈，櫜弓矢，禁暴戢兵也。时夏，保之，保大也。耆定尔功，定功也。我徂求定，安民也。绥万邦，和众也。屡丰年，丰财也。我徂求定，是能安民，故往求定也；绥万国，由德能和众、故万国安也。"孔《疏》虽未明言《时迈》在《大武》中，但说四篇之内，有此七者之义，可见是将此篇也作为《大武》诗的一篇的。

楚庄王说的这一段话，必定是包含《时迈》一篇在内，所以才能说出“武有七德”。不然，“保大”一词将无所指。孔《疏》是没有弄错的。后人因为《国语》上说《时迈》是周文公之诗，因而误会《时迈》与《大武》乐章不是一回事，更因楚庄王说“又作武”，不了解“又”是“接着”的意思（《穀梁传》成七年：“又，有继之辞也。”《诗·小宛》：“天命不又”；《宾之初筵》“室人入又”、“矧敢多又”。毛传皆解释为“复”。《礼记·文王世子》：“以侍又语”，《郑注》：“又语，后复论说也。”）。楚庄王说的“又作武”，是接着作第二篇《武》的意思，是有继之词，并不是将这篇与武王克商作颂分为两回事。这个又字的古义不明，于是后人遂误以为《武》、《赉》、《桓》三篇与《时迈》不是一事。一些学者，只看上文，不看下文，或者看到下文，忘了上文，将“克商作颂”与“武有七德”分了家，那么，楚庄王所说“武有七德”，“禁暴、戢兵、保大”，不包括在《武》以内，这是如何说得通呢？所以从这一点看来，《时迈》必是周《大武》乐章的首篇，既不是《昊天有成命》，也不是《我将》，这是再明白也没有了！高先生也说过：“《左传》是一部先秦时代的史书，《左传》作者记载楚庄王的话必有当时史料作为根据，那个时代，‘大武’舞还在演奏，《诗经》的本子总是接近原样，楚庄王所见六章的次第，当然具有很大的可靠性。”从楚庄王这一段话，尤其“武有七德”这几句话，千真万确地是包含《时迈》一篇在内，是以《时迈》为首篇，这是铁的证明。比起王国维先生从“武宿夜”来断定《昊天有成命》，或者相信王先生“武宿夜”即《夙夜》之说而断定《我将》为大武的第一篇，那是可靠多了！

（四）我们还可以从《礼记·乐记》来证明《大武》六篇其中必须将《时迈》计算在内，不是《昊天有成命》，也不是《我将》。也可见《左传》所载楚庄王的话是不错的。《礼记·乐记》在叙述“武乐”那一节中有这样一段话：

且汝独未闻牧野之语乎！武王克殷反商（郑注：反当为及，字之误也），未及下车，而封黄帝之后于蓟，……庶民驰政，庶士倍禄。济河而西，马散之华山之阳而弗复乘，牛散之桃林之野而弗复服，车甲衅而藏之府库而弗复用，倒载干戈，包之以虎皮，将帅之士，使为诸侯，名之曰建櫜（郑注：建读为键，字之误也……键櫜言闭藏兵甲也。《诗》曰："载櫜弓矢。"）。然后天下知武王之不复用兵也。

这里是叙说《大武》乐舞而说到"车甲衅而藏之府库而弗复用，倒载干戈，包之以虎皮，……名之曰键櫜。然后天下知武王之不复用兵也"。如果《大武》乐歌中没有"载辑干戈，载櫜弓矢"这两句话，这些话又是从何说起？《乐记》本也是《礼记》的一篇，本来也不一定是可靠的史料，但这篇既说到《武》的六成复缀，详细地谈到舞容，可见这篇作者是知道《大武》的舞容，听到关于《大武》的传说的，从他所说的"倒载干戈，包之以虎皮"等看来，是可以看出《大武》乐章首篇本来是《时迈》。《时迈》中才有"载辑干戈"二语，与《乐记》所说是相符合，与楚庄王所说的禁暴、戢兵也相符合。由于这段话，可以证实《左传》所说之不诬，而《时迈》本为《大武》首篇益明，这是很好的佐证。相反，《乐记》中也完全没有提到武王载木主伐纣之事，这在消极一方面看来，《我将》决不会是大武的第一篇。

（五）我们更从《时迈》这一诗的本身来考察，也足见这诗应为《大武》的首篇。这诗开始说"时迈其邦，昊天其子之"（"迈"与"万"通，"子"读为"慈"，说并详下）。这是说成千上万的国家，老天爷都是很爱护他们的，这与《桓》篇所要求的"绥万邦"的意思是相合的。这是其一。下面说"实右序有周。薄言震之，莫不震叠"（"右"与"佑"通，"序"与"予"通。震，动也；叠，惧也。说并详下）。这是说昊天保佑周人，将天命给予了周人，这样就很快震动了他们，他们也莫不震动畏伏。这是说他们出兵征伐是受了天命，也很快地做到《武》篇所说的“胜殷遏刘”，达到《赉》篇所说“我徂维求定”的目的。这是其二。下面说，“怀柔百神，及河乔岳”，这是所谓“望于山川，遍于群神”，与《般》篇的“坠山乔岳，允犹翕河”大意相同。这是其三。下面说“明昭有周，式序在位”，这说的是分封序爵，与《酌》篇的“蹻蹻王之造，载用有嗣，实维尔公允师”（“造”当为“曹”，“嗣”与“司”通，说更详下）大意也相同。这是其四。下面是戢兵，是保大，这与《桓》篇的要求“绥万邦，屡丰年”，以及“保佑厥士（〈士〉当为〈土〉），于以四方，克定厥家”，也正是相合的。这是其五。这一篇是《大武》的开场曲，它的思想内容与下五篇是相合的，而这是第一篇，“履端于始，则撮辞以举要”，提纲挈领地将全部《大武》乐歌的主题思想说出，全文也极气势充沛，这诗是这个乐章的首篇，应无疑义。





以上我们从消极方面来看，以“武宿夜”为《夙夜》，为《昊天有成命》或《我将》，证据都不甚确。假定说是，那也词旨软弱，不像表扬武功的诗歌的首唱。王、陆二家之说同是不确而且不能令人满意，他们是没有好好地检查一下《左传》和《礼记》的原文，看上文不看下文，主观下的判断。我们更从《左传》的“武有七德”来考查，那就知道《时迈》本为《大武》乐章首篇，从《礼记·乐记》来看，《大武》中也是当有《时迈》一篇；而从《时迈》本身考查，所有词旨都与下五篇相应，《时迈》本为《大武》乐章首篇，这真是铁案如山，摇不动矣！

《时迈》是《大武》乐章的首篇，从《左传》、《礼记》等书看来，证据十分确切，不可摇动，我们再根据《时迈》来考查王国维氏所说的其他的一篇是《般》，这却可以证明是正确的。王氏所举的证据还不太好，铁证还是《时迈》有“及河乔岳”一语，而《般》篇的“坠山乔岳，允犹翕河”与之相应，其他的意思也相应，所以可信《般》是大武的另外一篇。《三家诗·般》篇末也有“于绎思”一语，与《赉》篇相同，可以作为佐证。再则是《般》与《武》、《赉》、《酌》、《桓》都是以诗义名篇，所以这诗可信为《大武》的一篇。《大武》六篇，自来只能举其四篇，其余二篇，自古无说，现在总算是被我们发觉出来了。

这六篇的次第，除把《时》列入第一章外，其他次第我完全拥护高亨先生的说法，即：1.《时迈》；2.《武》；3.《赉》；4.《般》；5.《酌》；6.《桓》。《般》在《酌》前，从《时迈》先说“及河乔岳”，后说“明昭有周，式序在位”，也是一个很显著的证明。高先生说：“‘普天之下’，包括当时的边疆，都遵奉周朝的命令。很明显是中国统一的景象，是征服南国后的景象。诗的内容和《大武》舞第四场所象征的故事如此相符合，那么，《般》篇是《大武》舞第四场所唱，是《大武》诗的第四章，也很明显的。”这些话是不错的。



## 三

为了进一步将本问题搞清楚，我现在将全部《大武》乐歌译为现代文，以便我们再加分析。现在将原诗、译文并附以简单的注解列述如下：

### （一）时迈

| | |
|---|---|
| 时迈①其邦， | 这成千上万的国家， |
| 昊天其子②之。 | 老天爷都爱护他们。 |
| 实右③序有周， | 就这样保佑了周人，将天命给予了我们。 |
| 薄言④震之， | 就很快地震动了他们， |
| 莫不震叠⑤。 | 他们也全都惊动慴伏。 |
| 怀柔⑥百神， | 更来安定一切的神灵， |
| 及河乔岳，⑦ | 奔放的河流，高大的山陵。 |
| 允⑧王维后。 | 真正地成为天下的帝王国君。 |

| | |
|---|---|
| 明昭[9]有周， | 光明照耀着我有周， |
| 式序[10]在位。 | 就分封班爵给予在位臣工， |
| 载戢[11]干戈， | 就聚集起那些干盾戈矛， |
| 载櫜[12]弓矢。 | 就收藏起那一些箭和弓。 |
| | 我求懿德，我们是要求美好的德行， |
| 肆于时夏[13]， | 这样我们就壮大起来了， |
| 允[14]王保之。 | 真正地王天下保有天下。 |

**注释：**



①“尔雅”：时，是也。“迈”与“万”古通用。古金文“万年”多作“迈年”（参看林义光《诗经通解》，以下简称《通解》）。

②郑《笺》：“天其子爱之。”“子”读为“慈”，“慈”与“子”古通用。

③“右”通作“佑”。《通解》：“序读为付予之予。《桑柔》：‘诲尔序爵。’《墨子》引作‘予’，是其证。”

④薄，迫也，很快的意思。“言”与“焉”音近，犹言于是也。



⑤《毛传》：“叠，惧也。”《通解》：‘惧’读为‘慴’。”《说》：“慴、惧也，读若叠。”

⑥《毛传》：“怀：来；柔：安。”

⑦案：“及”当与“急”同义，“急”从心及声。《释名》：“急，及也。”二字音同义近。乔，高也。

⑧郑《笺》：“允，信也。案：‘维’训为‘与’，说见王引之《经传释词》。”

⑨“昭”与“照”古通用。

⑩序是排定次序的意思。依《乐记》之“将帅之士，使为诸侯”，故此处意译作分封班爵。

⑪《毛传》：“戢：聚。”

⑫《毛传》：“櫜：韬也（收藏）。”

⑬《毛传》：“夏：大也。”《通解》：“遂于是大也。”

⑭允：亦信也。

## （二）武

| | |
|---|---|
| 於！皇武王，[1] | 啊！光明伟大的武王， |

无竞维烈。②　　你的功业没人比上。
允文文王，③　　真的有文德啊文王，
克开厥后。能够繁荣他的后代。
嗣武受之，④　　接着武王继承他的事业，
胜殷遏刘，⑤　　战胜了殷人，停止了流血，
耆⑥定尔功。　　到底能够成就你的功业。

**注释：**

①於：赞叹的声音，读如“啊”。《说文》：“皇，大也。”《风俗通》：“皇者，中也，光也。”皇字兼有光明伟大之意。

②“无竞”与“无疆”通用。《毛传》：“烈，业也。”郑《笺》：“无疆乎其克商之功业也。”

③郑《笺》：“信有文德哉文王也。”

④郑《笺》：“嗣子武王受文王之业。”

⑤郑《笺》：“遏，止也。”《毛传》：“刘，杀也。”

⑥“耆”是到底的意思。《毛传》：“耆，致也。”《通解》：“‘耆’读为‘底’，《祈父传》云：底，至也。”

(三) 赉

文王既勤①止，　　文王已经有了勤劳，
我应②受之；　　我们应当继承才好；
敷时绎思！③　　普遍的都是欢欣快乐。
我徂维求定；④　　我们去是求人民安定，
时周之命，⑤　　这是周人接受的天命，
于！绎思！　　啊！好不欢欣快乐！

**注释：**

①《毛传》：“勤，劳。”

②《毛传》：“应，当。”《通解》：“应读为膺。”说亦通。

③敷犹偏也。《通解》：“敷”读为“溥”，是普遍的意思。绎，读如“悦

懌”之“懌”（此用高说）。时，是也。不当作时代讲。

④此句依《左传》当为安民之意。

⑤《尔雅》:“时，是也。”时周之命：郑《笺》：“是周之所以受天命。”

## （四）般

| | |
|---|---|
| 於！皇时周，① | 啊！光明的是我们有周， |
| 陟② 其高山， | 我们可以登上那些山丘， |
| 墮山③ 乔岳， | 那些蜿蜒的山，崇高的岳， |
| 允犹翕河。④ | 奔放的流水，湍急的河流。 |
| 敷天之下， | 普天之下， |
| 哀时之对，⑤ | 聚集的都是周的臣民， |
| 时周之命。⑥ | 这是周人所接受的天命， |
| 於！绎思！⑦ | 啊！好不快乐！ |



**注释：**



①皇，光也，时，是也。

②陟，升也。

③墮山，《尔雅·释山》：郭注：“谓山形长狭者。”墮山应即是“蜿蜒的山”。

④允读为骏（《通解》：“允读为骏，长也。”金文作“　”，故又讹省为“允”），“犹”通作“游”，游是流水，骏游应即是奔放的流水。“翕”当为“潝”，（《小旻》“潝潝訿訿”，《尔雅》潝作翕。《说文》：潝，水急声）“潝河”应即是湍急的河流。《时迈》篇云“及河乔岳”，此篇云“允犹翕河”，其意相若。

⑤哀，郑《笺》：“聚也。”时、是；承上“时周”言。对，郑《笺》：“配也。”哀时之对整句应是在普天之下，聚集是那些与周室相配合的臣民，是所谓“率土之滨、莫非王臣”之意。

⑥与上篇第五句同意。

⑦据陆德明《经典释文》：三家有此一句。据《乐记》：“三成而南，四成而南国是疆，此二篇相连属，以有此句为是。”

## （五）酌

| | |
|---|---|
| 於！铄王师，① | 啊！辉煌美好的王师， |
| 遵养时晦；② | 跟着去讨灭那些黑暗的统治。 |
| 时纯熙③矣， | 时代现在已经光明了， |
| 是用大介④。 | 这是非常好的情形。 |
| 我龙⑤受之， | 我们荣幸的接受这个任务。 |
| 蹻蹻王之造，⑥ | 多们矫键啊这些王家的军人， |
| 载用有嗣⑦， | 就任用他们作公侯和官吏， |
| 实维尔公允师！⑧ | 这是你们的功劳，忠实的王师！ |

**注释：**

①於：叹辞。《毛传》："铄，美。"铄是光明美好的意思。

②《尔雅》："《释诂》：遵，率循也。"《毛传》："养，取也。"养字古有取义，参看马瑞辰《毛诗传笺通释》。时晦，那些暗昧的国家。《左传·宣十二年》晋随武子引此句，下云："耆（攻）昧也。"是古人原如此解，如作养晦韬光讲，与当时实情也并不合。

③《通解》："纯熙"皆训为"光明"。

④《释诂》："介，善也。"

⑤郑《笺》：龙，宠也。

⑥《毛传》："蹻蹻，武也。""造"读为"曹"，曹，群也。

⑦有嗣，有司也。金文多如此作。

⑧"公"与"功"同，允，信也。亦即忠实之意。

（六）桓

| | |
|---|---|
| 绥万邦！ | 安定了这成千上万的国家， |
| 娄[①]丰年。 | 还希望常常地都是大丰年。 |
| 天命匪解[②]！ | 这是天命啊，不可以懈怠！ |
| 桓桓[③]武王， | 英勇的武王， |
| 保有厥士[④]， | 拥有英勇的兵将， |
| 于以四方，[⑤] | 安抚了天下四方， |
| 克定厥家。 | 周室安定兴旺。 |
| 於！昭于天！[⑥] | 啊！光明照耀的天！ |
| 皇以间[⑦]之！ | 光明地照耀着人间！ |





**注释：**

①娄当为屡。齐诗作屡。

②《释文》："解音懈，今作懈。"

③《广雅》："《释训》：桓桓，武也。"

④士，惠栋、马瑞辰并云"士"当为"上"。

⑤于是而保有四方，"以"与"有"同意。

⑥"於"读为"乎"。《通解》："叹美天下之光明昭昭乎也。"

⑦《尔雅》："释言：间，伣也。"《说文》："伣，间见也。"（此用高说）

从上面《大武》的六首诗看来，我们不觉有这样的印象：这些诗第一篇《时迈》颇能总括全诗六首之意，而且全诗也组织颇严密，"首尾园合，条贯统序"，在写作技巧上是费了气力的。从前我很奇怪《盘庚》上、中、下三篇，每篇都有《小序》，每篇都分着"起、中、讫"三段写出来，组织的很好，认为殷人不能有此等作品。现在看到《大武》这六首诗，组织的也很好，则殷末周初的人在写作技巧上已达到相当的成就可知，这也是我们读到这些诗应当加以探索的地方。

（原载《人文杂志》1959 年第 5 期）

# 逸诗篇句表（附考）

《诗三百篇》，至孔子时，已具有成数。三百篇外，或有在孔子前全篇已逸亡者，三百篇后，至六国之灭亡，亦未必全无诗。昧者不察，乃以诸书引诗不见三百篇者，举谓为逸诗。其昕据书之情伪不详考，其所引诗之风格不一辨；笙诗本无辞，而谓为逸亡；下管者吹籥，附会为有辞；逸诗之说，至今为梗；删诗之说，乃无定论。兹既明删诗之事不足信，乃更表列逸诗之篇句，各附以考辨，以见其非必《诗三百篇》之逸，则庶几于孔子删诗之说，亦可以瞭然矣。



## 一　篇名与逸句俱亡者

《商颂》七篇

《国语·鲁语下》："闵马父……曰：昔正考父校商之名颂十二篇于周太师，以《那》为首。"《毛诗·那序》："微子至于戴公，其间礼乐废坏，有正考父者，得《商颂》十二篇于周之太师，以《那》为首。"（《笺》："自正考父至孔子之时，又无七篇矣。"）《后汉书·曹褒传》李注引薛君《章句》："正考父，孔子之先也，作《商颂》十二篇。"（王先谦《诗三家义集疏》："孔子编《诗》时，又佚其七篇也。"）

案：《史记·宋世家》、扬雄《法言》、《后汉书·曹褒传》，并谓"考父咏殷"作《商颂》。《国语》谓之"校"（当读为效，效者献也），其说颇难信。（说详魏源《商颂鲁韩发微》，皮锡瑞《商颂美宋襄公证》，王国维《说商颂》上、下。钱玄同《答顾颉

刚书》）如果有逸篇者，其逸当在孔子以前，非必三百篇之逸也。（《毛诗正义》亦有此说）

《商齐》七篇

《大戴记·投壶》："凡《雅》二十六篇，其八篇可歌。歌《鹿鸣》、《狸首》、《鹊巢》、《采蘩》、《采蘋》、《伐檀》、《白驹》、《驺虞》。"（孔广森《大戴礼记补注》："《小雅》之材七十四，《大雅》之材三十一，此唯二十六篇；又《鹊巢》诸诗，今皆在《风》，亦以为《雅》，盖出汉人之记。……"）"八篇废不可歌，七篇《商齐》可歌也。"（《补注》："《乐记》曰：'商者，五帝之遗声也。……齐者，三代之遗声也。'……七篇之名未闻。"）"三篇间歌。"（《补注》：《乡饮酒》"歌《鱼丽》，笙《由庚》；歌《南有嘉鱼》，笙《崇丘》；歌《南山有台》，笙《由仪》"是也。）"《史辟》、《史义》、《史见》、《史童》、《史谤》、《史宾》、《拾声》、《叡挾》。"（《补注》："此八篇废不可歌。"）





案：《大戴记》所云，以《风》为《雅》，所举篇数，又不合于大、小雅，非传闻之误，必汉人所伪托。不可信。五帝三代之遗声，而谓之曰"商"曰"齐"，就其名称观之，说亦不足置信，然则《商齐》七篇，非删诗之逸，可知。

以上篇名与逸句俱亡者共为十四篇。《商颂》七篇，逸在孔子之前；或本无逸篇。《商齐》七篇，据《大戴记》观之，其说尤难置信。此十四篇本非孔子删《诗》之逸。

《南陔》、《白华》、《华黍》、《由庚》、《崇丘》、《由仪》

《仪礼·燕礼》："笙入，立于县中，奏《南陔》、《白华》、《华黍》……乃间歌《鱼丽》，笙《由庚》，歌《南有嘉鱼》，笙《崇丘》，歌《南山有台》，笙《由仪》。"《乡饮酒礼》："笙入堂下，磬南北面立，乐《南陔》、《白华》、《华黍》……乃间歌《鱼丽》，笙《由庚》，歌《南有嘉鱼》，笙《崇丘》，歌《南山有台》，笙《由仪》。"（郑注："间，代也。谓一歌则一吹。"）乃合乐

《周南》：《关雎》、《葛覃》、《卷耳》；《召南》：《鹊巢》、《采蘩》、《采蘋》。（朱子《诗集传》："曰笙，曰乐，曰奏，而不言歌，则有声而无辞明矣。"）

案：六笙诗无辞，宋儒颇详言之。清儒姚际恒《仪礼通论》、牟庭《诗切序》、皮锡瑞《诗经通论》发挥斯义，尤为明晰。窃谓笙管奏者，皆有声而无辞，观《仪礼》不言歌，《周礼》言"教乐仪"，后汉管《新宫》而辞不传，可知。凡此类非逸诗。（参看下"新宫"条）

（关于姚际恒、牟庭、皮锡瑞三家之说，皮氏《通论》，早有刊本；牟氏之说，可参看一九三四年《清华学报》许维遹《栖霞牟默人先生著述考》一文；姚氏《仪礼通论》，未有刊本，余从顾颉刚氏得借阅其所藏钞本姚氏《仪礼通论》，兹将姚氏原文转录于此以备参考。）

姚氏云："《南陔》、《白华》、《华黍》、《由庚》、《崇丘》、《由仪》，此六诗自来不得其解，迄无定论。此乃作乐者撰此六诗，用以吹笙，而非《三百篇》之诗也。古惟以《三百篇》为歌之用，而施于匏竹诸器者，则准之律吕，制为诗焉。故《仪礼》本文以《鹿鸣》诸诗曰'歌'，以《南陔》诸诗曰'乐'，可验。《郊特牲》云：'歌者在上，匏竹在下，贵人声也。'乐以人声为贵，匏竹为贱；以堂上为贵，堂下为贱。故歌于堂上，用《三百篇》之诗；笙于堂下，用此六诗。既其协助于律吕，且亦不敢袭用《三百篇》之意也。《南陔》之三，则独奏之；《由庚》之三，则间歌之；至于间歌之后，歌《周南》之三，《召南》之三，众乐于之并作，是为合乐，乃将终而极盛者也。当时之歌乐如此，其后礼坏乐崩，笙诗散佚，假如列《三百篇》，岂有亡者？其名篇之义，亦无由考。自序《诗》者见前世有此六诗，误以为《三百篇》之散亡者而以其篇名捃于《三百篇》中，以《南陔》三篇名列于《小雅·鱼丽》之后，荟萃一处，悉本《仪礼》，盖序

《诗》者之妄也。孔子曰‘诗三百’，此举成数言之，汉龚遂为昌邑王曰：‘大王诵《诗三百五篇》。’又王武曰：‘臣以三百五篇谏’，此举实数之。然则或言三百，或言三百五篇，未有言三百十一篇者，此可按验而知也。不然。以《诗》言，何以三百五篇皆不亡，而经《仪礼》所用为笙之六篇独亡乎？以《仪礼》言，何以用三百篇为歌之诗皆不亡，而用三百篇为笙之诗独亡乎？所谓亡者，或并连数简而亡之，今《白华》之三，在《鱼丽》、《南有嘉鱼》之中；《由庚》之三，在《南山有台》、《蓼萧》之中，又何以；两处前后皆不亡，而两处中间三诗独亡乎？此尤必无之事，亦至明而易晓者矣。乃后人群然以此为《三百篇》之诗，或妄说其义（《小序》），或谓有其义亡其辞（《毛传》），或谓词与义皆亡（郑氏），或求之不得其故乃创为异说，音《毛传》‘亡’字作‘无’，谓本有声而无辞（宋刘原父、郑渔仲诸说而朱仲晦从之），而驳之者又谓有辞然后有声，既有篇名，安得无辞？（明郝氏诸说），如是者纷纷几二千矣，可概也夫！”





《陔》、《骜》

《仪礼·乡饮酒礼》：“宾出，奏《陔》。”《乡射礼》：“宾兴，乐正命奏《陔》。”《大射仪》：“宾醉，北面坐，取其荐脯以降，奏《陔》。……公入骜。”（郑注：《陔夏》，乐章也。又：《骜夏》，亦乐章也。以钟鼓奏之。）

案：《陔》、《骜》非必《陔夏》、《骜夏》，然以钟鼓奏之，以为出入之节，则此亦當为有声无辞者，非逸诗也。

《肆夏》、《采荠》

《仪礼·燕礼记》：“若以乐纳宾，则宾及庭，奏《肆夏》。……公拜受爵而奏《肆夏》。”《大射仪》：“公升即席，奏《肆夏》。”《郊特牲》：“宾入大门而奏《肆夏》。”《周礼·乐师》：“教乐仪。行以《肆夏》，趋以《采荠》。”（郑注：“教乐仪，教王以入于大寝朝廷之仪……”郑司农云：“《肆夏》、《采荠》皆乐名，或曰皆逸诗。……若今时行礼于大学，罢出以鼓《陔》为节。”）《礼记·玉藻》：“趋以《采齐》。（郑注：路门外之乐节也。门外谓之趋。齐，当为《楚荠》之荠。）行以《肆夏》，（郑注：登堂之乐节。）……然后玉锵鸣也。”《大戴记·保传》：“步中《采茨》，趋中《肆夏》。”（补注：“旧本云，茨一作荠。”）《保传》又云：“行以《采茨》，趋以《肆夏》。”

案：《肆夏》为登堂之乐节，《采荠》为门外之乐节，郑司农云：“皆乐名”是也。或以为皆逸诗，非也。行礼罢出，鼓《陔》为节，鼓而不歌，则实无辞，传于汉世者犹如是，则知《陔》《骜》并本无辞，《肆夏》、《采荠》并非歌诗。凡言奏皆有声无辞，此铁证不可移者也。其非逸诗，因无待言。

九夏（《三夏》附）

《国语·鲁语下》：“金奏《肆夏》、《樊》、《遏》、《渠》，天子所以飨元侯也。”《左传·襄公四年》：“穆叔如晋。晋侯享之。金奏《肆夏》之三，不拜；工歌《文王》之三，又不拜；歌《鹿鸣》之三。……对曰：‘三夏，天子所以享元侯也’。”（《周礼注疏》卷二十二：“郑司农云：《肆夏》采荠，皆乐名。《左传·襄公四年》杜注：《肆夏》一名《樊》……《昭夏》一名《遏》……《纳夏》一名《渠》。”）《周礼·大司乐》：“王出入则令奏《王夏》，尸出入则令奏《肆夏》，牲出入则令奏《昭夏》。”（郑注：三夏皆乐章名。）《周礼·钟师》：“以钟鼓奏《九夏》：《王夏》、《肆夏》、《昭夏》、《纳夏》、《章夏》、《齐夏》、《族夏》、《祴夏》、《骜夏》。”（郑注：“杜子春云：祴读为陔鼓之陔。王出入奏《王夏》，尸出入奏《肆夏》，牲出入奏《昭夏》，四方宾来奏《纳夏》，臣有功奏《章夏》，夫人祭奏《齐夏》，族人侍奏《族夏》，客醉而出奏《陔夏》，公出入奏《骜夏》。”）吕叔玉云：“《肆夏》、《繁遏》、《渠》，皆《周颂》也。《时夏》，《时迈》也；《繁遏》，执竞也；《渠》，思文也。”

案：《三夏》、《九夏》，《左》、《国》与《周礼》说不同，然《夏》则言金奏，《文王》则言工歌，则知《三夏》、《九夏》皆非歌诗，出入奏之以为节耳，《肆夏》，《繁遏》，《渠》，吕叔玉说与杜亦不同。附会《周颂》，实无明据。汪琬《诗问·九夏非周颂》曰："先儒谓《肆夏》一名《樊》，《时迈》也；《昭夏》一名《遏》，执竞也；《纳夏》一名《渠》，思文也。……皆臆说也。吾未闻一诗而三名者也。且《时迈》有'肆于时夏'一语，适与《肆夏》合，犹可借之以相附会。若《昭》《纳》二夏，则于执竞、思文悉取焉？孔子、子夏不言也，《仪礼》、《左氏传》不言也，后人何从知之？"据此，足知《三夏》、《九夏》并非逸诗，凡言钟鼓奏者，并有声而无词。



《新宫》

《仪礼·燕礼记》："升歌《鹿鸣》，下管《新宫》，笙入三成。"（郑注："管之入三成，谓三终也。"）《大射礼》："乃歌《鹿鸣》三终。……乃管《新宫》三终。"（郑注："管谓吹簜以播。《新宫》之乐，其篇亡，其义未闻。"）《左传·昭公二十五年》："叔孙婼聘于宋，……宋公享昭子，赋《新宫》……"《后汉书·明帝纪》："永平二年冬十月壬子，幸辟雍，初行养老礼。诏曰：'……暮春吉辰，初行大射；令月元日，复践辟雍。'……升歌《鹿鸣》，下管《新宫》，八佾具修，万舞于庭。"（《后汉书集解》："惠栋曰：'案此则后汉《新宫》之乐尚存。'"）



案：此当亦为有声无词者。《集传》谓《新宫》即斯干，其说非是。后汉永平二年犹知下管《新宫》，其声曲至后汉犹存，如有其辞，必无不传。如果为斯干，汉儒当有言之者，不待朱子始云然也。此以管播其声无词之铁证。管奏俱无辞，则六笙诗，亦可见其本无词矣。

《象》

《礼记·文王世子》："反，登歌《清庙》……下管《象》……"

(郑注：“《象》，周武伐纣之乐也。以管播其声，又为之舞，皆于下堂。”)《明堂位》：“升歌《清庙》，下管《象》。”(郑注：“《象》谓《周颂·武》也。”)《祭统》：“夫人尝禘，升歌《清庙》，下而管《象》。”(郑注：“管《象》，吹管而舞《武》、《象》之乐也”。)《仲尼燕居》：“升歌《清庙》，示德也；下而管《象》，示事也。”《毛诗序》：“《维清》，奏《象》舞也。”

案：《象》以管播其声，与《新宫》同，亦有声无词者。《毛诗序》谓“《维清》，奏《象》舞也”，说未可信。孙希旦《礼记集解》曰：“以《诗》及《仪礼》考之，歌、笙同用之诗，其篇皆相比次。升歌《清庙》三终，当为《清庙》、《维天之命》、《维清》；下管《象》三终，当为《维清》、《烈文》、《天作》。然如此则升歌之第三篇，即下管之第一篇，疑其非是。”窃谓孙氏之说，犹可以今诗次第非古之次第以曲解之。下管之本无词，《新宫》实其铁证，且升歌者言《鹿鸣》、《清庙》，皆与诗之篇名相合，而下管者言《新宫》与《象》，无一合于今诗篇者，然则其非歌诗，本有声而无词，亦可以知之矣。要之，非逸诗也。

《武宿夜》

《礼记·祭统》：“声莫重于升歌，舞莫重于《武宿夜》。”(郑注：“《武宿夜》，武曲名也。”)

案：《武宿夜》本舞曲名。“舞莫重于《武宿夜》”，与升歌对举，犹之升歌《清庙》，下管《象》，非歌辞也。魏源《诗古微》以为即《周颂》之《酌》，无确证。王国维谓即《昊天有成命》，说并非。(别详余《周颂时迈为大武乐章首篇考》一文中)

《史辟》八篇（篇名详下）

《大戴礼·投壶》：“凡《雅》二十六篇。……八篇废不可歌也。”(《大戴礼记补注》：“《史辟》以下八篇之名，当即此，讹舛在下。”)“七篇《商》、《齐》可歌也，三篇间歌。《史辟》、《史义》、《史见》、《史童》、《史谤》、《史宾》、《拾声》、《叡挟》。”（孔广森《补注》：“此八篇废不可歌。”）

案：《大戴记》明云“废不可歌”，则非逸诗，尤非删后之逸。《大戴》说亦不可俱信，详见前文。

《桑林》

《左传·襄十年》：“宋公享晋侯于楚丘，请以《桑林》。荀罃辞。荀偃、士匄曰：“诸侯宋、鲁，于是观礼。鲁有禘乐，宾祭用之。宋以《桑林》享君，不亦可乎？”（洪亮吉《左传诂》：“《庄子》‘汤有桑林之舞’。司马彪注：‘《桑林》，汤乐也。’杜注：‘殷天子之乐名。’盖已取诸此。皇甫谧云：‘殷乐一名《桑林》。’”）《庄子·养生主》：“合于桑林之舞”。《墨子·明鬼》：“宋有《桑林》，……此男女所属而观也。”

案：《桑林》明为乐舞之名，墨、庄二子所言足证，然则非逸诗也。《荀子·大略篇》及《尚书大传》所载《桑林》祷辞，非诗之类，今不录。




《三象》

《吕氏春秋·古乐》：“商人服象，为虐于东夷。周公以师逐之，至于江南，乃为《三象》，以嘉其德。”

案：《吕览》所言者为古乐，则《三象》当是古乐名，以为逸诗，则非是也。

《鸠飞》、《河水》

《国语·晋语四》：“秦伯赋《鸠飞》，公子赋《河水》。”（韦注：《鸠飞》，《小雅·小宛》之首章也。……“河”，当为“沔”，字相似，误也。）《左传·僖二十三年》：“公子赋《河水》。”（杜注：“《河水》，逸诗。义取朝宗于海。”）。

案：韦昭谓《鸠飞》即《小宛》，《河水》当为沔水。则非逸诗，证以诗义，其说近是。或其诗本不足传，至孔子之时已逸。则其逸句亦并不传，非删诗之逸也。

《茅鸱》

《左传·襄二十八年》："叔孙穆子食庆封，庆封氾祭，穆子不说，使工为之诵《茅鸱》……"（杜注："《茅鸱》，逸诗，刺不敬。"）

案：《茅鸱》云"诵"不云"赋"，疑非《三百篇》之类。姑阙疑。

《明明》、《崇禹》、《生开》

《逸周书·世俘解》："籥人奏《武》。王入、进万、献《明明》三终，……奏《崇禹》、《生开》三终。"（朱右曾《逸周书集训校释》："《武》、《明明》，皆诗篇名。……孔曰：《崇禹》、《生开》，皆诗篇名。愚案：《国语》：武王克殷作《饫歌》曰：'天之所支，不可坏也'……岂即《禹》乎？"）

案：《逸周书》甚难信，此言"献"言"奏"，或本为乐名，非《三百篇》之类。要之，周武王时不能有是，不可以谓之为逸诗。

《九德之歌》

《周礼·大司乐》："《九德之歌》，《九声》之舞，于宗庙之中奏之。若乐九变，则人鬼可得而礼矣。"（郑注："郑司农云，……《九德之歌》，《春秋传》所谓水、火、金、木、土、谷，谓之六府，正德利用厚生，谓之三事……九功之德，皆可歌也"。）

案：《周礼》一书，本不可信。则是《九德之歌》，亦未可遽认为逸诗。

以上三十九篇，惟《鸠飞》以下七篇似为逸诗之名，余则皆有声无词之乐，或本废不可歌者，非逸篇也。《明明》、《崇禹》、《生开》、《九德之歌》，俱不可信，《鸠飞》或即《小宛》，《河水》或即《沔水》，疑为逸篇名者，惟《茅》耳。不过一篇似为篇名存而逸句亡者。

## 二 篇名与逸句俱存者

《狸首》

《仪礼·大射仪》:“乐正命太师曰:‘奏狸首。’间若一。”(郑注:“《狸首》,逸诗《曾孙》也。……《射义》所载诗曰‘曾孙侯氏’是也”。)《小戴记·射义》:“其节:太子以《驺虞》为节,诸侯以《狸首》为节。……故诗曰:‘曾孙侯氏,四正具举,大夫君子,凡以庶士,小大莫处,御于君所,以燕以射,则燕则誉。”《大戴记·投壶》:“曾孙侯氏,今日泰射。”(补注:“此以下《狸首》之诗也。泰射,大射也。”)“于一张侯参之曰:‘今日泰射,四正具举(补注:“‘今日泰射’,衍句也,‘于一’、‘曰’三字亦衍”。)大夫君子,凡以庶士。大小莫处,御于君所。以燕以射,则燕则誉,……弓既平张,四侯且良,决拾有常,既顺乃让。乃揖乃让,乃隮其堂。乃节其行,乃节其张。射夫命射,射者之声,御者之旌,既获卒莫。”(补注:“亦《狸首》诗也。《小戴》篇末记《狸首》鼓节云:‘取半以下,为投壶礼;尽用之,为射礼。’此不与前章相属,所谓‘半以下’与?……志,志所中也。……莫音暮,与“射”为韵。”)“……嗟尔不宁侯,为尔不朝于王所,故亢而射女,强食,尔食曾孙,侯氏百福。”(补注:“《考工记》曰:……其辞曰:‘唯若宁侯,无或若女不宁侯,不属于王所,故亢而射女,强饮强食,贻女曾孙,诸侯百福。’视此文为备。……诸侯不臣,谓之不宁……此《狸首》之首章也,天子大射歌之以祭侯。曾孙其次章,诸侯以为射节。”郑君《仪礼注》曰:“狸之言不来也。其诗有‘射诸侯首不朝者’之言,即此章是也。”《礼记·檀弓下》:“狸首之班然,执女手之卷然。”

案:《狸首》之诗,似为乐章。《仪礼》于《乡射》云:“奏《驺虞》,间若一。是则《狸首》之诗,当亦《驺虞》之类。今传

《狸首》，以《大戴》所记为最详，共百十五字，以较《驺虞》，约四倍之。此其可疑者一也。且《驺虞》属二南，《狸首》逸诗，则略近二《雅》，此其可疑者二也。又《大小戴》及《考工记》所载之词并不尽同，此其可疑者三也；且此诗首章，如云“嗟尔不宁侯，为尔不朝于王所，故亢而射女。强食，食尔曾孙侯氏百福”。其遣词用韵，并与《三百篇》不同，疑非《三百篇》之类。谓为逸诗，未可深信。刘敞《七经小传》曰：“诸侯以《狸首》为节，郑玄以《射义》引‘曾孙侯氏’为《狸首》之诗；非也。《驺虞》、《采蘋》、《采蘩》，皆在二《南》，则《狸首》者，亦必其俦矣。疑《原壤》所歌‘狸首之班然，执女手之卷然’，即是其章首，但仲尼删诗之时，乐正已亡此篇，而诸侯朝觐之礼久绝，恶《狸首》之害己，又皆除其籍，故使不在二《南》也。”或曰：“《狸首》，《鹊巢》也，篆文狸似鹊，首似巢。《鹊巢》之诗，御之将之成之，此亦时会之通。”刘氏谓《狸首》为《原壤》所歌，又引或说谓《狸首》为《鹊巢》，并无确据。（《经义考》引邹肇敏谓《瓠叶》诗云“有兔斯首”即系《狸首》。亦非）或乐正已早亡此篇，或本非三百篇之类，非删诗之逸也。

《支》

《国语·周语下》：“周《诗》有之曰：‘天之所支，不可坏也。其所坏，亦不可支也。’昔武王克殷而作此诗也，以为饫歌，名之曰《支》。”

案：此与三百篇不甚相似，亦未必为武王所作，盖《采薇》诗之类，非逸诗也。

《祈招》

《左传·昭十二年》：“昔穆王欲肆其心，周行天下。祭公谋父作《祈招》之诗，以止王心，王是以获没于祗宫……其诗曰：‘祈招之愔愔，式昭德音。思我王度，式如玉，式如金。形民之力，（《左传诂》：王肃云：刑，形之误。）而无醉饱之心。’”

案：此诗之意，并无以止王心之辞，且穆王欲周行天下，非欲醉饱也。此诗诗意，与传说异。盖亦《采薇》诗之流，诗句虽古质，然与《诗三百篇》之句为乐章究不同，非三百篇之类，则亦无所谓删诗之逸。

《辔之柔矣》

《左传·襄二十六年》："国子赋《辔之柔矣》。"（《杜注》："逸诗，见《周书》。"）《逸周书·太子晋解》："师旷蹶然起曰：'瞑臣请归。'王子赐之乘车四马，曰：'太师亦善御之？'师旷对曰：'御，吾未之学也。'王子曰：'汝不为夫诗？《诗》曰："马之刚矣，辔之柔也；马亦不刚，辔亦不柔。志气麃麃，取予不疑。"以是御之。'"（《集訓校释》："取予犹罄控也。"）



案：《逸周书》虽见《汉志》，然后儒颇有诋为伪者。赵坦《孔子删诗辨》亦云："若《逸周书·太子晋解》引'马之刚矣'等句，鄙野已甚，直伪託尔。"则是《辔之柔矣》诸诗，不可视为《诗三百篇》之逸，固极明甚。



《无射》、《峤》

《逸周书·太子晋解》："师旷歌《无射》曰：'国诚宁矣，远人来观。修义经矣，好乐无荒。'……王子歌《峤》曰：'何自南极，至于北极？绝境越国，弗愁道远？'"

案：《无射》与《峤》，其遗词用韵并与《三百篇》殊，亦非《三百篇》之逸。

《徵招》、《角招》

《孟子·梁惠王下》："景公悦，大戒于国，出舍于郊……召大师曰：'为我作君臣相说之乐。'盖《徵招》、《角招》是也。其诗曰：'畜君何尤？'"

案：此所云《徵招》、《角招》，其所以不传于世者，未详其故。或至孔子时，其诗早已亡逸。此君臣相说之乐，必不至于见删也，故此亦非删诗之逸。

《骊驹》

《汉书·儒林传》："王式，……博士江公世为《鲁诗》宗，……心嫉式，谓歌吹诸生曰：'歌《骊驹》。'式曰：'闻之于师：客歌《骊驹》，主人歌《客毋庸归》。今日诸君为主人，日尚早，未可也。'"注："见《大戴礼》。……其辞云'《骊驹》在门，仆夫俱存；《骊驹》在路，仆夫整驾'。"（案：又见《文选》马融《舞赋》、曹植《责躬诗》，应休琏《与蒲公书注》）

案：此诗今不在《大戴礼》，《汉书注》所引《骊驹》之词，其词气亦与《三百篇》不类，且不必为《三百篇》之逸也。（案：《客毋庸归》，亦当是歌诗篇名，而其词已逸者）。

以上九篇，惟《狸首》与《徵招》、《角招》三篇为略可信，余六篇皆不似为《诗三百篇》之逸，而疑为《采薇》诗之类。然《狸首》三篇，亦不能遽定为《三百篇》之逸也。



## 三　篇名亡而逸句存者

《左传》：左邱明述孔子之言所引逸诗三条。

（一）成九年"《诗》曰：'虽有丝麻，无弃菅蒯；虽有姬、姜，无弃蕉萃；凡百君子，莫不代匮。'"（《左传诂》："《诗·东门之池》《正义》引《传》作'憔悴'。"）

（二）襄五年"《诗》曰：'周道挺挺，我心扃扃。讲事不令，集人来定。'"（《左传诂》："《尔雅》：'颋，直也。'《广雅》：'侹，直也'。'挺'、'颋'、'侹'音义并同。……'扃'、'炯'字同。"）

（三）宣二年："我之怀矣，自贻伊慼。"（《左传诂》："王肃云：'此《邶风·雄雉》之诗。'"

案：前人所谓为逸诗者，或本《三家诗》之歧句。赵翼《陔余丛考》谓襄三十年引诗"淑慎尔止，毋庸尔伪"为逸诗，魏源《诗古微》辨之以为《抑》篇之歧句。此所引"我之怀矣，自贻伊慼”，亦《邶风·雄雉》之歧句。襄五年、成九年所引者，果为逸诗，抑为歧句，疑莫能明。

《左传》列国公卿自引诗四条：

（一）庄二十二年：“诗曰‘翘翘车乘，招我以弓。岂不欲往，畏我友朋。’”

（二）襄八年：“《周诗》有之曰：‘俟河之清，人寿几何？兆云询多，职竞作罗。’”（杜注：“兆，卜。询，谋也。职，主也。言既卜且谋多，则竞作罗网之难。”）

（三）昭四年：“《诗》曰：‘礼义不愆，何恤于人言？’”

（四）昭二十六年：“《诗》曰：‘我无所监，夏后及商。用难之故，民卒流亡。’”

案：此所引为逸诗，抑为《三家》之歧句，疑莫能明。昭四年所引者亦见《荀子》，作“礼义不愆兮！何恤人之言兮！”与《三百篇》不类，昭二十六年所引者，其遗词亦不类《三百篇》。“左氏浮夸”，此所援引，可信者亦惟二条耳。

大小《戴记》所引逸诗三条：

（一）《礼记·坊记》：“相彼盍旦，尚犹患之。”（注：“盍旦，夜鸣求旦之鸟也。”）

（二）《缁衣》：“《诗》云：‘昔吾有先正，其言明且清。国家以宁，都邑以成，庶民以生。谁能秉国成！不自为政，卒劳百姓。’”

（三）《大戴记·用兵》：“《诗》云：‘鱼在在藻，厥志在饵。’‘鲜民之生矣，不如死之久矣！’‘校德不塞，嗣武孙武子。’”

案：《坊记》、《缁衣》所引。俱非逸诗，《诗古微》已辨之。《大戴记》所引末四句与《蓼莪》、《玄鸟》合，首二句当亦《三百篇》之歧句，非逸诗也。

《荀子》所引逸诗七条：

（一）《王霸》：《诗》曰：“如霜雪之将将，如日月之光明；

为之则存，不为之则亡。”

（二）《臣道》：《诗》曰：“国有大命，不可以告人，妨其躬身。”

（三）《解蔽》：《诗》曰：“凤凰秋秋，其翼若干，其声若箫，有凤有皇，乐帝之心。”

（四）《解蔽》：《诗》云：“墨以为明，狐狸而苍。”

（五）《正名》：《诗》曰：“长夜漫兮，永思骞兮。大古之不漫兮，礼义之不愆兮，何恤人之言兮。”

（六）《法行》：《诗》曰：“涓涓源水，不雍不塞。毂已破碎，乃大其辐。事已败矣，乃重太息。”

（七）《天论》：《诗》曰：“何恤人之言兮。”

案：此所引诗七条，《臣道》篇所引乃《唐扬之水》之异文，自余六篇所引，皆与《三百篇》之风格不甚相合，朱彝尊《经义考》已详辨之。此非《三百篇》之逸或《三百篇》以后战国至秦之诗，亦未可知。

《吕氏春秋》所引逸诗五条：

（一）《爱士》：“此《诗》之所谓曰：‘君君子则正，以行其德；君贱人则宽，以尽其力’者也。”

（二）《权勋》篇：“诗曰：惟则定国”。”

（三）《音初》：“曰：‘燕燕往飞。’”

（四）《行论》：“《诗》曰：‘将欲毁之，必重累之。将欲踣之，必高举之。’”

（五）《原乱》：“《诗》曰：‘毋过乱门’。”

案：“君君子”二句，及《行论》篇所引四句，《国策》引作《周书》，赵氏翼已辨其非诗。《音初》篇引诗，“燕燕往飞”则似《邶风》“燕燕于飞”之异文。《原辟》篇所引诗，《左氏传》引作谚。《权勋》篇所引诗，亦不必《三百篇》之逸。

《战国策》所引逸诗五条：

（一）《秦武王篇》甘茂引诗曰："行百里者半于九十。"

（二）《秦昭襄王篇》客卿造引诗曰："树德莫如滋，除害莫如尽。"

（三）《秦策四》黄歇引诗曰："大武远宅而不涉。"

（四）《秦策三》范雎引诗曰："木实繁者披其枝，披其枝者伤其心，大其都者危其国，尊其臣者卑其主。"

（五）《赵武灵王篇》："诗曰：'服乱以勇，治乱以知，事之计也；立传以行，教少以学，义之经也。'"

案：此所引诗五条，赵翼曰："按行百里句本古语，见贾谊策，'树德'二句，姚本作引《书》，则《泰誓》也。'木实'二句，吴师道谓是古语，则皆非诗也。"今案："木实"二句，又见《逸周书·周祝解》"大武远宅不涉"，即《逸周书·大武》篇"远宅不薄"。然则此所引五条，赵氏已辨其三条不似诗，其实余二条亦不似逸诗。





《管》、《墨》、《列》、《庄》诸子所引逸诗八条：

（一）《管子·小问》篇："浩浩者水，育青者鱼，未有室家，而安召我居？"

（二）《墨子·所染》篇："诗曰：'必择所堪，必谨所堪。'"

（三）《墨子·尚贤》中："《周颂》道之曰：'圣人之德，若天之高，若地之普，其有昭于天下也。若地之固，若山之承，不坼不崩。若日之光，若月之明，与天地同常。'"

（四）《墨子·兼爱》下："周诗曰：'王道荡荡，不偏不党。王道平平，不党不偏。其直若矢，其易若底，君子之所履，小人之所视。'"

（五）《墨子·非攻》中："诗曰：'鱼水不务，陆将何及乎？'"

（六）《列子·汤问》篇："良弓之子，必先为箕；良冶之子，必先为裘。"

（七）《庄子·外物》篇：“青青之麦，生于陵陂。生不布施，死何含珠为！”

（八）《晏子春秋》：“乐矣君子，直言是务。”

案：《管》、《晏》、《列》三书，本属伪托，其所引诗，可勿具论。《墨子》之《所染》、《非攻》所引之诗；其辞与《三百篇》殊；《尚贤》中所引者，如“圣人之德，……其有昭于天下也”诸句，亦与诗三百不同，盖本非《三百篇》之类。《兼爱》下所引者，前四句与今《洪范》略相近，或本引《书》而谓为《诗》，如《战国策》引《泰誓》而以为诗，《吕览》引《周书》亦以为诗者。然《洪范》晚出，亦未可据占。然则《墨子》所引此四句，亦如《所染》诸篇之所引，本非《三百篇》之类，而或为晚出之诗也。其所引后四句，见《小雅·大东》篇，《墨子》特杂引之以成文耳。《庄子》所引，盖亦《三百篇》后之诗，不必为诗之逸句也。

其他诸书所引逸诗十四条：

（一）《史记·商君列传》：“得人者兴，失人者崩。”

（二）《汉书·武帝纪》元朔元年诏：“《诗》云‘九变之贯，知言之选’。”

（三）（同上）元鼎元年詔：“……《诗》云‘四牡翼翼，以征不服。’亲者边陲，用事所极。”

（四）《尚书大传》：“舟张辟雍，鸧鸧相从，八风回回，凤皇喈喈。”

（五）《盐铁论·结和》篇：“诗云：‘雍雍鸣鳱，旭日始旦。’登得前利，不念后咎。”

（六）《说苑·尊贤》篇：“緜緜之葛，在于旷野，良工得之，以为絺纻，良工不得，枯死于野。”

（七）《说苑·权谋》篇：“皇皇上帝，其命不忒，天之与人，必报有德。”

(八)《列女传·辨通》篇:“浩浩白水,儵儵之鱼。君来召我,我将安居。国家未定,从我焉如。”

(九)《白虎通·礼乐》篇:“大夫士,琴瑟御。”

(十)《周礼·春官·乐师注》:“敕尔瞽,率尔众工,奏尔悲诵。肃肃雍雍,无怠无凶。”

(十一)《中论·贵验》篇:“相彼玄鸟,止于陵阪。仁道在近,求之无远。”

(十二)《后汉书·杨终传》:“皎皎练丝,在所染之。”

(十三)《晋书·束皙传》:“羽觞随波。”

(十四)《集韵》:“佞人之蝉。”

案:此皆秦以后诸书所引,或《三百篇》以后之诗,不能谓为《三百篇》之逸也。《诗三百篇》,终于《下泉》,至秦之亡,约数百年。此数百年间,未必无诗也,而全谓为《三百篇》之逸,此理之所不必然者。且如《史记》、《汉书》诸书所引,多不类《三百篇》之词,《白虎通》所引诗,直以传注之文,《中论·贵验》所引,本为古人之歌;其见于《晋书》、《集韵》者,则尤不可以据信矣。皆不当以逸诗论。

以上篇名逸而句犹存者,共约四十九条。左氏邱明自引者,惟二条为逸句,列国公卿所引者,惟三条疑为逸句。大小《戴记》所引本三家之岐句;《荀子》所引七条,一条为异文外,余并不类诗句。《吕览》所引,一条疑有异文,一条疑莫能明,余则并非逸诗。《国策》所引五条,无一似为逸诗者:《管子》、《墨子》诸子所引,惟《墨子》所引之《周诗》四句,或者《三百篇》之逸;其余若秦以后学着所引则更疑非逸诗。四十九条之中,可疑为逸诗者,《左传》所引五条而外,《吕览》一条,《墨子》一条,共惟七条耳。然《吕览》、《墨子》两书所引犹可疑也。

综上所列逸诗篇名:

(一)篇名与逸句俱亡者十四篇,无一可信为《三百篇》

之逸。

（二）篇名存而已亡者三十九篇，惟《茅鸱》一篇似为逸篇，然《左氏》谓之工谓之工诵，非必《三百篇》之类。

（三）篇名与逸句俱存者九篇，所可疑为逸诗者，惟《征招》、《角招》二篇，或本足以传世，不必《三百篇》之逸也。

（四）篇名亡而聚犹存者四十九条，惟《左氏》所引五条略似为逸诗，自余则疑非《三百篇》之类。综计逸篇凡一百一十条；其略可信者乃不过五条，犹恐为三家岐句，或本《左氏》所伪托，是逸诗之数虽所至百余条，直无所谓《三百篇》之逸也。

学者不察，每以逸诗为俱可信，此皆未详其非是也，更以词采风格证之，则可以无疑矣。

（一）传世宗周彝器，其所用之成语，颇多与三百篇相似，足以证其时世相当。《邶风·绿衣》曰："俾无尤兮。"《鄘风·载驰》曰："无我有尤。"大丰敦亦曰："天亡尤王。"（详见阮、吴、邹、罗诸家书，兹不具引）《周南·葛覃》曰："服之无斁。"毛公鼎亦曰："丝（肆）皇天亡睪（无斁）"。《小雅·小旻》曰："旻天疾威。"《雨无正》曰："降丧饥馑。"师訇敦亦曰："天疾畏（威）降丧。"《卫风·淇澳》曰："宽兮绰兮。"蔡姞敦亦曰："绰绾永命。"《大雅·文王》曰："有周不显，帝命不时。"宗周钟亦曰："以召各（昭格）不显祖考文王。"《小雅·天保》曰："万寿无疆……贻尔多福。"井尸妄钟亦曰："降余厚多福亡疆。"《小雅·六月》曰："有严有翼。"虢叔旅钟亦曰："严在上，翼在下。"自余如三事、四方、舍命、配命之类，《三百篇》之用词，与金文相似者，盖不可以枚举。然而观于逸诗之篇句，其数多至一百余条，而与金文之用词略相似者不一见。此足证其时世之不相当，明验一也。

（二）朱彝尊《经义考》云："《荀子》引《诗》多矣！如云'墨以为朗，孤狸而苍'。又云'如霜雪之将将，如日月之光明，为之则存，不为之则亡’。又云：‘凤凰秋秋，其翼若干，其声若箫，有凤有皇，乐帝之心’。又云：‘长夜漫兮！永思骞兮，太古之不漫兮’。其辞则不类《三百篇》中语。”今案：《荀子》所引诸诗，其体制颇近于《楚辞》，而不似逸诗，固不待辨矣。窃谓《墨子》所引“必择所堪，必谨所堪”，“鱼水不务，陆将何及乎”，《荀子》所引“涓涓流水，不雍不塞。毂既破碎，乃大其辐。事以败矣，乃重太息”，《庄子》所引“青青之麦，生于陵陂。生不布施，死何含珠为”，《列子》所引“良弓之子，必先为箕；良治之子，必先为裘”，皆似谚语格言，不类诗之词。盖犹“无过乱门”一语，《左氏传》本引作谚，而《吕览》则引为诗，此皆不类《三百篇》也。且古籍所引之诗，颇有本为伪托者，《吕氏春秋·介立》篇曰：“介子推不肯受赏，自为赋诗曰：‘有龙于飞，周徧天下。五蛇从之，为之丞辅。龙反其乡，得其所处。四蛇从之，得其露雨。一蛇羞之，桥死于中野。’悬书公门而伏于山下。”此所云与《左氏》不合，其所赋诗亦是伪托。推此则知《支》非武王所作，《祈招》非祭公作，虽《左》、《国》之所引，亦未可遽信也。持《支》与《周颂》相较，持《祈招》与《大雅》比，其非武王诗，非西周时诗，风格之殊，灼然易辨。此亦足证逸诗之本非逸，明验二也。昧者不察，乃并笙管奏之本无辞者，举以为逸诗，乃并《逸周书》之类所引者亦以为逸诗：“诗”、“乐”不分，真赝莫辨，复不知三家异文，乃以凡载籍所引诗皆为逸诗，故惟知逸诗篇句之数多，而不知其本非《三百篇》之逸也。不知其本非《三百篇》之逸，乃以孔子于诗尝有所删削，故有逸诗，吾故曰“逸诗之说，至今为梗，删诗之说，乃无定论”也。

兹篇所举逸诗，略依朱彝尊《经义考·逸经》及王崧《说纬》为断。朱氏所已列而王氏不录入者，今从王氏。王晚于朱，说较允也。朱氏列暇辞，暇辞实非诗。朱氏列《韩诗》、《齐诗》

遗句，及《论语》“素以为绚兮”，“唐棣之华，偏其反而，岂不尔思，室是远而”诸句，则三家岐句，非必逸诗也。（说详魏源《诗古微·夫子正乐论》）朱氏复以襄八年《左传》引诗“兆云询多，职竞作罗”下云：“谋之多族，民之多违，事滋无成”三句为逸诗，则本引诗者之语，非诗之逸句也。又，《左氏》引“优哉游哉，聊以卒岁”。《家语》：“子路初见引作歌，则非逸诗也。兹亦不录。近考逸诗者，又有以《国策·秦策》：“削株掘根，无与祸鄰，祸乃不存”三句为逸诗者，则本作“且臣闻之曰”，非逸诗也。又有以《说文·璪》下云：“王粲之璱兮，其璪猛也。”二句为逸诗者，则本引逸《论语》，亦非逸诗也。自余本非逸诗而以为逸诗者，兹并不入录，亦不为详辨。

（注）此篇与拙著《采诗删诗辨》同为 1933 年之旧作，去年拙著《诗经六论》付印时，本拟译为语体文，作为附录发表；因旧疾复发，赶写不及，遂作罢。兹谨先以投登《学报》，请求读者评正，将来当更用语体文改写成篇。

（原载《西北大学学报［人文科学］》1958 年第 1 期）

# 《诗辨妄》序

郑樵的《诗辨妄》是攻驳《毛诗》的一部极重要的著述；因为他力诋《毛序》之妄，才引起朱子的《诗序辨说》；这几百年以来，学者之疑《毛诗》，能使《诗三百篇》的真相慢慢地显露出来，这是不得不令人想到郑樵的功劳的。此书传世不久，不幸就散亡了！十年以前，顾颉刚先生从周孚《非诗辨妄》等书中辑出许多条来，编入《辨伪丛刊》，使与世人相见。顾先生又作《郑樵传》、《郑樵著述考》，使我们更明瞭郑氏之生平及其述作，这也是一件极有功于学术的事，自不待我个人揄扬的。这书早经印就，只待作序就可出版；现在国难日亟，本书更望早些出版；顾先生因为忙于别的工作，让我来作这一篇序。现在我请将郑氏对于《诗经》各种问题的见解评述一下，来当作本书的《序》，藉以请教于顾先生和本书的读者。

孔子删诗的问题，是在《诗经》学上最为聚讼不决的。郑氏的《诗辨妄》专论《毛诗》之得失，他是否谈到删诗，现在全书既不可见，我们自不敢臆定。但是郑氏在《通志·乐略》上说：

> 乐以诗为本，诗以声为用，八音六律为之羽翼耳。仲尼编《诗》，为燕享祀之时用以歌，而非用以说义也。……得诗而得声者三百篇，则系于“风”、“雅”、“颂”，得诗而不得声者则置之，谓之“逸诗”。

据此看来，郑氏对于孔子删诗是承认的。但是他在《六经奥论》上说：

> 删诗之说，与《春秋》始“隐”终“获麟”之事，

皆汉儒倡之。(《删诗辨》)

然则他对于孔子删诗又不承认了。《六经奥论》这书，“实即‘莆阳二郑先生《六经雅言图辨》’，其书非出一人手，且系郑氏早年所为”(见《古史辨》第一册)。《通志》是郑氏死前一年脱稿的(参看《郑樵传》)，这话当然可靠多了！大概郑氏结果还是为汉儒之说所骗，所以他有仲尼编《诗》之言。

依我的拙见看来，“孔子删诗”的传说本出于《史记·孔子世家》，而《孔子世家》上面的话恐怕根本就是后人窜入的。我的理由是：

(一)《史记·宋世家》说，“襄公之时，修行仁义，欲为盟主。其大夫正考父美之，故追道契、汤、高宗，殷所以兴，作《商颂》。”这里明说《商颂》是宋襄公的大夫正考父作的，而《孔子世家》上仍说：“古《诗》三千余篇，及至孔子，去其重，取可施于礼义，上采契、后稷……”这显然与《宋世家》不合，不是“追道契、汤、高宗”的意思。

(二)再说“取其可施于礼义”这一句，则如《肆夏》、《采齐》、《狸首》、《新宫》、《陔》、《骜》、《祈招》之类，此又何不可施于礼义而孔子必删之？朱彝尊在《曝书亭集·诗论一》所告诉我们的话是不错的。故说“孔子删诗，取其可施于礼义”，这话也靠不住。

(三)再说“及至孔子，去其重”这一句，如果古诗三千余篇，删后才只三百五篇，那是在原本上十重其九，乐师矇叟必不遍为讽诵，何至等到孔子手里才去其重？才十去其九呢？就情势而论，这句话已不可信了！再就逸诗来说，现在群经诸子所引逸诗，据赵翼《陔余丛考》及王崧《说纬》所举的不过四五十条，而与今三百篇似为重复的不过五条——(据赵坦《孔子删诗辨》)——只是十与一之比，也不像十重其九的(余别有《逸诗篇句表附考》，可参看)。更就《史记》本身来说，“去其重”不是去其不可施于礼义，“取其可施于礼义”也不止是“去其重，”就意义上来看，这两句话也不能并立。如此，《史记》“去其重”的话也就不可信了。

(四) 据上述的三个理由，可见《史记》“古诗三千”之说在理论上是不足信的！《孔子世家》述《易》的一段，康有为《伪经考·卷二》认为“序彖系象说卦文言”这八个字是后人加入的。前面述《书》、《礼》的一段，崔适《史记探源·卷六》认为“序书传”至“编次其事”这十七字误在“曰夏礼”句上。这样看来，《史记》本有后人窜入，《孔子世家》尤有窜乱；在述《易》，述《书》、《礼》中间的述《诗》的一段，如是之讲不通，又与《宋世家》不合，恐怕也是后人窜改的吧？



总之，删诗说出于《史记》，而《史记》不可信。然而这话无人道破，近如皮锡瑞的《诗经通论》也还以为孔子删诗是“去其重”；魏源《诗古微》中说：“曰‘去其重’者，谓重复倒乱之篇。”更无怪郑樵一方面不信汉儒，一方面还要说是“仲尼编诗”了！郑氏生在南北宋之交，他继续欧阳修等的工作而疑《毛诗》，但其结果也正如欧阳修一样，不信《诗序》，却信删诗。



郑氏最大的功绩是攻击《毛序》之妄。在本书的《诗序辨》中，除掉周孚《非诗辨妄》所驳的(12)、(16)、(38)几条而外，差不多条条都很对的，而且有的是清代抨击《毛序》最力的人，如崔述、康有为等所不能出其范围的。他说：

> 设如子夏所传之《序》，因何齐鲁间先出，学者却不传，反出于赵也？

崔述《读风偶识》卷一也是说：“子夏之门人在鲁者不乏矣！……何以齐鲁两家之诗均不知有此《序》，而独赵人乃得之乎？”和他的论调一致。他说：

> 作《序》者有可经据则指言其人，无可经据则言其意。

又说：

> 诸风皆有指言当代之某君者，惟魏、桧二风无一篇指言某君者；以此二国，《史记》世家，年表，书传不见有所说，故二风无指言也。

康有为《伪经考·卷十》也是说："《国风小序》，于《史》有《世家》者，皆傅之恶谥，至魏、桧之史无世家者，则但以为'刺某君'、'刺某大夫'，而无一谥号世次之可傅会。"与他的主张正一样。他这种议论真是千古卓识，所以后人都不能出其范围。朱子说："郑渔仲谓《诗小序》只是后人将史传去拣，并看谥，却附会作《小序》美刺。"（《朱子语类·卷八十》）而朱子《诗序辨说》中于《柏舟序》说是"依托名谥，凿空妄语"。于《将仲子序》明引郑氏谓"无与于庄公叔段之事"。于《鸡鸣序》说是"哀公未有所考，岂亦以恶谥而得之?"于《蟋蟀序》说是"所谓刺僖公者，盖特以谥得之"。于《宛邱序》说是："幽公特以谥恶，故得为游荡无度之诗"（《东门之枌》，同上；《衡门序》说略同）。《下泉序辨》说是："序因《候人》而遂以为共公。"这些都是明用郑氏说，或受郑氏之影响的。他承受了郑氏站在历史的立场上来观察《毛序》之妄的结论。

郑氏说："《诗序》……皆是村野妄人所作"。这句话好像是很过火，很令人怀疑的。朱子也说："向见郑渔仲有《诗辨妄》，力诋《诗序》，其间言语太甚，以为'皆是村野妄人所作'，始亦疑之"（《语类·卷八十》）。黄震在《黄氏日抄》上也说："雪山王质，夹漈郑樵，始去《序》言《诗》，与诸家之说不同。晦庵先生因郑公之说，尽去美刺，探求古始，其说颇惊俗，虽东莱先生不能无疑。"但我以为细看《毛序》所说，并不见得郑氏的话太过；的确，《毛序》之妄是很多的！郑书既非全豹，我请杂用他家之说来证明《诗序》为"村野妄人所作"之不过火。其荦荦大者，约有十端：

（一）杂取传记。如《关雎序》用《乐记》而不及《乐记》（参看熊朋来《熊氏经说》），《抑》之《序》用《国语》而以为刺厉王（详见朱子《诗序辨说》），他如《鸱鸮序》出于《金縢》，《都人士序》出于《缁衣》之类（详见叶梦得《卫宏诗序说》），都是杂取传记而不尽合诗意的。

（二）傅会书史。如本书所举《宛邱》、《东门之枌》、《蜉蝣》诸序（页七）。凡以世次傅会谥号的都是。

（三）不合情理。如朱子所说"《卷耳》之《序》以求贤审官、知臣下之勤劳为后妃之志，固不论矣，况诗中所谓'嗟我怀人'，非后妃所得施于使臣者"（《语类·卷八十》）。方玉润对于《兔罝序》所说"章章牵涉后妃，此尤无无理可厌"（《诗经原始·卷一》），俱是。

（四）妄生美刺。如《简兮》本非刺诗而以为刺（本书页五），《雄雉序》以为刺宣公，但诗中亦并无刺意（详见姚际恒《诗经通论·卷三》）。

（五）强立分别。如谓《风》有"正""变"（参看本书页八），以及《周南》《召南》分系二公等说（详见汪琬《诗问》"《风》有正变"，"二《南》非系周公召公"）。

（六）自相矛盾。如"《驺虞序》则'天下纯被文王之化'，于《行露序》则反有'强暴之男侵陵正女'而争讼，其前后自相牴牾，无所适从。"（用欧阳修《诗本义·卷二》语）。

（七）曲解诗意。如本书所云《芣苡序》，《将仲子序》，"凡《颂》中有'成王'及'成康'字者，例皆曲为之说。"（用朱子《辨说》语）。

（八）误用传说。如《日月序》以为庄姜伤己不见容于先君，由于误解《春秋传》文，谓庄姜无子由于庄公之不答（参看崔述《读风偶识》）。

（九）望文生义。如本书所云《雨无正》、《何人斯》、《召旻》、《荡》诸序（页九）。

（十）叠见重复。如《江有汜》、《载驰》诸序。“诗之《序》多有重复，惟《关雎》为尤甚。”(用《毛诗李黄集解》李樗说)。

《毛诗序》之谬妄，其大端约为此十点；而在此十点中，郑氏已看出五点来。或者他所见尚多，不过本书佚得太多了，我们苦于无由知其详。即此看来，他以为“是村野妄人所作”，这话也自有其真实性罢！朱子每说“《序》之浅拙”，“未识文意”，“首尾衡决，不相承应，亦非文字之体也”，“失是非之正，害义理之公，以乱圣经之本指，而坏学者之心术”。（详见《诗序辨说》）又以为“不是老师宿儒之言”（见《语类·卷八十》）。欧阳修也曾说过：

> 至于《二南》，其《序》多失；而《麟趾》、《驺虞》所失尤甚，特不可以为信。疑此二篇之《序》，为讲师以己说汩之；不然，安得谬论之如此也。

前乎郑氏的欧阳修已指《毛序》为谬论，无怪郑氏更进一步了！

关于《诗序》的作者，也是历代纷纷聚讼不决的，我曾计算后儒的推测，有十五六样的主张。郑氏虽以为“《诗序》……是村野妄人所作”，但同时又有两三处说是卫宏作的。他说：

> 刘歆《三统历》妄谓文王受命九年而崩，致误卫宏言“文王受命作周”也。

这里认定《毛序》作者是受过刘歆的影响，当然他不是刘歆以前的人物。郑氏以为即是卫宏所作，这话却还有商量的余地。康有为《伪经考·卷九》因为《毛序》多合《左传》，也主张《毛序》首句为刘歆所伪，其下乃是卫宏所续。但是，我看首句下也多用《左传》，更有许多用《周礼》的，如《蒹葭序》言“未能用周礼”，《东方未明序》“挈壶氏”之类，这却未见得必是卫宏所作的。因为：

1.《汉志》本于《七略》，已载有《毛诗》二十九卷，似乎是并《序》计算的（用《经义述闻·卷七》、《诗毛氏传疏》、《汉书补注》说），然则在卫宏之前已有《序》了！

2.《序》中既言“国史明乎得失之迹”，又喜言美刺，这似乎是治《春秋》的人，喜言褒贬的人所作的，但卫宏并不治《春秋》。

3. 据《后汉书·儒林传》，卫宏兼治《尚书》，而今《诗序》附会《尚书》处极少。

4. 后汉学者喜言谶纬，贾逵略与卫宏同时，也免不了受影响；而今《诗序》不见有杂引谶纬的地方。

5. 据范家相《诗审·卷二》说，《毛序》行于新莽之世，卫宏不能明目张胆以作伪。且如果是卫宏所作，在当时必有传说。

读此，可见如果认为卫宏所作，尚有许多不合符的地方。而且《毛序》不像是两人合作的（此崔述说），也不好说是刘歆、卫宏合作。我以为刘歆还未必如是之妄，或者是刘歆的党徒，当时的古学之徒所作的，不过现在难以质证而已！

郑氏对于“风”、“雅”、“颂”的见解，直到如今，还是不刊之论。他说：

> “风”、“雅”、“颂”皆声，如“风”本风雨之“风”，“雅”本乌鸦之“鸦”，“颂”本颂容之“颂”。

近来学者的主张，如顾颉刚先生在《论诗经所录全为乐歌》中说“风字的意义似乎就是声调”。章太炎先生在《大疋小疋说下》说：“大小疋者，其初秦声乌乌。”王国维先生在《说周颂》中说：“风、雅、颂之别，当于声求之”，“颂之声较风、雅为缓。”这些新近的主张都与他的意见相同；而他这几句话，词意都很精当。

第一，他论“雅”虽不及太炎先生所说：“疋之为足迹，声近雅，故为乌乌；声近夏，故为夏声：一言而函数义。”但是“雅”释为迹，便不是以声别了！如说它是“秦声乌乌”，那与

《秦风》既无分别，也不见得奏雅乐时，正如李斯所说“击瓮叩缶，弹筝博髀”那样子的“歌呼乌乌”，只能说是声近“乌乌”而已。只就本义说“雅本乌鸦之鸦”，那是没有错的。

第二，他论“颂”既说是声，又说是“颂容之颂”，兼有阮元释《颂》之意。恐怕《颂》之所以异于《风》、《雅》，亦在声，亦在容。三《颂》各章虽不尽为舞容，然而确有舞容；他的命名之意当本与容有关。

这样看来，他的措辞虽较含混，然而没有瑕疵。他不主张《二南》的独立，也是这样。

他既经主张《风》、《雅》、《颂》皆声，则其对于大、小《雅》的分别当然是主音的。姚际恒说：“大、小《雅》之分，或主政事，或主道德，或主声音，唯严氏主辞体者近之”（《诗经通论·卷九》）。其实严粲说：“咏‘呦呦鹿鸣，食野之苹’，便会得《小雅》兴趣；诵‘文王在上，于昭于天’，便识《大雅》气象”（《诗辑·卷一》）。说“咏”说“诵”，也逃不了声音的关系。姚际恒之解《诗》，还是不明白《诗》在于声的。

“赋”、“比”、“兴”的意义，以“兴”为最难明白。郑氏在本书虽有两处说到“兴”，但不及《六经奥论》卷首《读诗易法》上所说的：

> 凡兴者，所见在此，所得在彼，不可以事类推，不可以理义求也。

“兴”只是一种起头，本不与下文相关。“雎鸠”是鱼鹰，与“窈窕淑女”并无相似之点；“鸠”之居“鹊巢”，也与“百两”“于归”不同。诗之如此作法，是不能拿理义来推测的。诗人的“兴”，往往讲不通。例如“凯风自南，吹彼棘心”，何以见得凯风只吹“棘心”？如不依马瑞辰释“心”为“刺”（详见《毛诗传笺通释》），则“凯风”如何吹到棘的“心”？又如：“墙有茨，不可扫也”，何以见得决不可“扫”？“蝃蝀在东，莫之敢指”，何以见得无人去“指”？既可以说：“山有榛，隰有苓”，也可以说：“采苓采苓，首阳之巅”。既可以说：“山有漆，隰有栗”，也可以说：“东门之栗，有践家室”。这些都很难拿理来讲的。这正如“孔雀东南飞，五里一徘徊”也是“兴”，然而在事实上未必真是五里。又如《吴歌》中的：“萤火虫，夜夜红”（《吴歌甲集·第二十首》），这也是“起兴”，萤火虫当然不是夜夜红的。这样看来，“兴”与下文固不必相关，就是“兴”的本身也未必合理，只是声音上的关涉而已。不然，采苓何以要在“首阳之巅”，采苦何以要在“首阳之下”，采葑何以要在“首阳之东”，如何可以这样地确定呢？既是声音上的关系，则拿联想或象征来解释“兴”，当然还有讲不通的地方；至多只能说偶然有的像是联想或象征而已。郑氏说：“诗在于声，不在于义”（《通志·乐略·正声序论》），所以他说：“不可以事类推，不可以理义求”。“不可以事类推”，大概是不赞成以联想或象征来解释“兴”。不过他说：





> 雎在河中洲上不可得也，以喻淑女不可致之义。

这仍不免以事类推，以理义求。他的见解还不能算是彻底的。

他于诗篇时代的怀疑，以《节南山》、《正月》为桓王诗，其是其非，顾先生已在《非诗辨妄·跋》中说过。我常感觉《十月之交》篇说：“曰予不戕，礼则然矣！”极力诋毁用礼教来压迫人。又说：“下民之孽，匪降自天；噂沓背憎，职竞由人”，不惟对天的信仰薄弱，而且主张事由人定。像这样不满于礼教，又不认一切由于天定，就这些思想看来，时代好像是很晚的。《毛序》既不可信，大概大、小《雅》中有许多诗是平王以后的，不过现在书缺有间，难以质证而已。郑氏大胆的说法，未见得是失败罢！

在本书的《传笺辨》中，他攻击毛、郑之失，却远不及《诗序辨》中所说的。这也许是他所说的“非害理之甚者”，故不为周孚所“撮取”。可惜那许多合理的话，现在已无从知道了！

他说《三家诗》比《毛诗》好，这也未尽然。《三家诗》解《芣苢》道：“卫人伤夫有恶疾也”；解《静女》说：“媵俟迎而嫡作诗也”（详见王先谦《诗三家义集疏）》，其误正与毛氏等。汉人的《诗》说本来只是一丘之貉，“事无两造之辞，则狱有偏听之惑”！

他信《本草》，不信《尔雅》，故谓“鸟兽草木之名，惟陶隐居识其真；如《尔雅》，错失尤多”。但如“螽斯羽”解为“螽之此羽”，这话甚属不词。《方言》有“舂黍谓之蚣蝑”；《广雅·释蟲》说：“蜙蝑，蜳黍也”；陆玑《疏》说：“幽州人谓之舂箕”；郭璞《方言注》说：“江东呼为虴蜢”；王先谦说：“螽斯，蜙蝑，舂箕，舂黍，一物数名，并字随音变”（俱见《诗三家义集疏》）。郑氏错认了只螽一名了！但他信《本草》，不信《尔雅》，这种接近科学的精神和他对于旧说的怀疑，可说是不可多得的态度。

在这几十条中，有许多是值得借鉴的，如说“后妃”二字的构成（页四）及六亡诗但有谱（页十六），还有许多不合理的意见，如周孚《非诗辨妄》所举的（3）、（5）等条，现在不及细说，也不必细说了！

二十二年（1933年）五月于武昌珞珈山

（原载〔宋〕郑樵《诗辨妄》，顾颉刚校点，景山书社1933年）

# 说“曰若稽古”

《尚书·尧典》，以“曰若稽古”发端：传注浩繁，其意义实犹未明。“稽古”之训，说解纷歧；“曰若”之释，尤待考定。桓谭《新论》云：

> 秦延君能说《尧典》，但“说曰若稽古”三万言，（陈乔枞《今文尚书经说考》云：秦延君传《小夏侯尚书》，（见《汉书·儒林传》）。

说“曰若稽古”至于三万言，可谓详矣！今窥其意，盖以“稽古”即为承天，《后汉书·范升传》云：

> 升迁博士，奏光武曰：“吕闻主不稽古，无以承天”。

又《李固传》云：

> 及固在事，奏免百余人……遂共作飞章……曰：“臣闻君不稽古，无以承天。”

范升、李固，并习《今文尚书》，以‘稽古’为承天，盖袭秦君之说。西汉诸儒，喜为阴阳灾变之说，天人相应，亦可藉以感格君心；《尚书·璇玑钤》云：“《书》务以天言之”。此秦延君所以能诱饰其辞，但说“若曰稽古”至三万言也。其后贾、马诸儒，虽以“若稽古”为“顺考古道”：而郑玄注《尚书》仍云：

> 稽，同也；古，天也；言能顺天而行之，与之同功。

> 陈寿《三国志·魏志·三少帝纪》曰：

> 帝（高贵乡公）幸太学，命博士讲《易》毕，复命讲《尚书》，帝问曰：“郑玄云‘稽古同天，言尧同于天

也’。王肃云尧顺考古道而行之。二义不同，何者为是”？博士庾峻曰：“先儒所知执，各有乖异，臣不足以定之。然《洪范》称‘三人占，从二人之言’，贾、马及肃皆以为顺考古道，以《洪范》言之，肃义为长。”帝曰：“仲尼言惟天为大，惟尧则之。尧之大美，在乎则天，顺考古道，非其至也。今发篇开义以明圣德，而舍其大，更称其细，岂作者之意也耶？”

高贵乡公博学好古，以郑说其善，“颇能申郑恉”，与博士问难，使词穷无以应；则稽古同天，其说似乎是矣。然实不如以“稽古”为“考古”之惬人意。降及清代，江声为《尚书集注音疏》，以郑说为长，云：

先郑司农注《周礼·小宰》职云：“稽犹计也，合也”。《说文·同部》云：“同，会合也。”则“稽”、“同”皆有合谊，故云稽同。稽又与禾通，禾者木之曲头止不能上也，是极上而止，则亦上同之谊也。《逸周书·周祝解》曰“天为古”，又《诗·商颂》云：“古帝命武汤”。古帝谓天地也，故云“古，天也”。

此以稽古同天之说为是者也。孙星衍《尚书今古文注疏》则云：

《经》将述尧盛德，先言“稽古”者，《春秋繁露·楚庄王第一》云：“春秋之道，奉天而法古，故圣者法天，贤者法圣。……《诗谱》引《擿雒贰》云：“曰若稽古，周公旦……”。《文选·扬雄〈剧秦美新〉》云：“故若古者称尧舜，威侮者陷桀纣。”是圣人为政，必先稽古也。……张载注《鲁灵光殿赋》“粤若稽古帝汉祖宗”云：“若，顺也；稽，考也；言能顺天地考行古之道者，帝也。”案，本经《皋陶谟》云：“曰若稽古，帝汉祖宗”。云：“曰若稽古。”不得训为同天者，《白虎通·号篇》引

《礼记·谥法》曰："德象天地称帝"。《诗·商颂》云："古帝命武汤"。传云："古帝，天也。"《周书·武穆解》云："曰若稽古，昭天之道"。上既云"古"，下又云"天"，明古义不得兼天。

以本经《皋陶谟》、《周书·武穆解》观之，古义不得兼天，证验甚确。"稽古"之为"考古"可无疑义。然扬雄、贾、马诸儒以"若"为"顺"，孙氏注疏，似从其说。简朝亮《集注述疏》、王先谦《孔传参正》诸书亦无异义。以"曰"为发声字，以"若"（顺）稽古连文，于词义犹未安，则"曰"、"若"二字，其释解如何，犹当更为考定。近杨筠如《尚书核诂》云：

曰，《文选·李善注》引作粤，粤、曰通用字。《尔雅·释诂》："粤，曰也。"曰若，词之惟也。《逸武成》（《逸周书·武穆解》）："粤若来三月。"小盂鼎："雩若翌乙亥。"《汉书·王莽传》："越若翊辛丑。"《召诰》："越若来三月。"雩，古文粤字。粤、越古亦通用，曰、若两字同义。用在文中者，并犹及也；《召诰》："越翌日乙卯。"又曰，"越翌日戊午。"王引之谓皆及义，是也。用在文首时，则并与惟同；《大诰》"越予小子"，犹惟予小子也。"越予冲人"，犹惟予冲人也。《吕刑》："若古有训"，言惟古有训也。《吴语》："伯父令女来，明绍享余一人，若予嘉之"，言惟予嘉之也。单用、连用并同，可证，杨君以"曰若"二字连用，证之《逸武成》、《小盂鼎》、《王莽传》及《召诰》，其说甚是。然以"曰若"二字同义，"同在文中者並犹及"，"用在文首者则並与惟同"，则非。如《召诰》"若翌日乙卯"、"越翌日戊午"，"若"、"越"並在句首：《大诰》"越予小子"，《吕刑》"若古有训"，诸句並在文中；二字同义，于例未谛；"曰若，词之，惟也"，其非确诂，亦可知矣。

愚谓“若曰”之“曰”，《文选注》引作“粤”，《逸武成》亦作“粤”，其本字亦实当为“粤”。此证之小盂鼎，“雩若翌乙亥”；麦尊：“雩若二月侯见于宗周”。古文均作“雩”不作“曰”可知，《说文》“粤，于也。从宷（粤的上一半）从于。”雽，古文粤，从雨于声，然则从粤、雩之“从于”、“于声”言之，“曰”当训为“于”，可无疑义。“若”当训“此”；《论语》：“君子哉若人，尚德哉若人”，“若”並训“此”（见《论语正义》、《公冶长》及《宪问》篇），《荀子·王霸篇》：“亦可以察若言矣”杨注“若言，如此之言。”均其证明。然则“曰若”者，“于此”也。此亦训“是”。《广雅》云：“是，此也。”其谓‘曰若’亦犹言‘于是’也。小盂鼎：“雩若翌乙亥”，言“于是翌日乙亥”；《王莽传》：“越若翌辛丑”，谓“于是翌日辛丑”；《召诰》：“越若来三月”，言“于是至三月”。孙星衍《召诰疏》云：“越同粤，于也”；若者，郑注《周礼》云：“而读为若，声之误也。”则“若”与“而”声相近。“来”者，《释诂》云：“至也”。“越若来三月”，言于是而至三月也。”实较王引之说“越若亦及也，《召诰》‘越若来三月’，言及至三月也”为允。惜以“若与而声相近”则尚未达一同耳，然则可备为一说。

（原载西北大学主办、张西堂主编《文史》双周刊第19期，1949年）

# 《尚书·盘庚》篇今译简解

《尚书·盘庚》上、中、下三篇是流传至今最古老的几篇文献。据郭沫若先生在《先秦天道观之进展》一书（现收入其《青铜时代》）中，说这三篇是周初改定的作品。后来他的《十批判书》又以为确是殷代的文献。他说："以前我把它们的价值评判过低，现在可以承认是错了。那三篇东西确是殷代的文献。"他这前后两说虽不同，但我们可以看出这几篇确是殷史，至多有经过周初的改定的嫌疑，这几篇确是我们祖国传下来的最古的几篇文献。这三篇文章写作技巧很高，每篇正文都有"起"、有"中"、有"结"，在前面还有小序。在正文中，有形象的描写，有对比的词句，在纪元前十几世纪就出现了这样的文章，这是值得我们学习的。这三篇文章写得虽好，但是"次序可是紊乱了。现在的《盘庚》上篇是告众戚的，是迁殷以后相当久的事；《盘庚》中篇是将迁时告民众，《盘庚》下篇是迁徙后不久告百姓。"(借用郭沫若《十批判书》语，清人俞樾《群经平议》已有此说）这一篇对于古史的研究关系更大，但文字写得很早，到了现在，更是难懂，而且字句的解释也有不同的说法，使我们很难正确了解。现在我依靠语法，依靠全篇的分析，将这三篇译成白话文，并附以简单的解释、分析，说明何以必要这样的译，现将原文、译文、简解分段列出如下：

## 《盘庚》上篇

**原文：**

盘庚迁于殷①，民不适有居②，率吁众戚③，出矢言④，曰：

"我王[5]来，既爰宅[6]于兹；重我民，无尽刘[7]！不能胥匡[8]以生，卜稽曰："其如台[9]？"先王有服[10]，恪谨[11]天命，兹[12]犹不常宁，不常厥邑，于今五邦[13]。今不承[14]于古，罔知天之断命[15]，矧[16]曰其克从先王之烈[17]。若颠木之有由蘖[18]，天其永[19]我命于兹新邑。绍[20]复先王之大业底绥[21]四方。"

盘庚敩[22]于民，由乃在位，以常旧服[23]，正法度，曰，"毋或敢伏小人之攸箴"[24]。王命众，悉[25]至于庭。王若[26]曰：

**译文：**

盘庚迁到殷了，人民不安于所居住的地方，相率呼吁那些贵族出来发言（反对），说："我们的王来了，既搬家到这里来了，希望着重我们人民，不要使我们尽受杀伤！不能相互帮助来谋生存，（请）卜筮在那里真是怎样呢？先前国王有事，都是小心勤劳于天命，这样还不得常安宁，不常在一个地方居住，到如今迁移了五个地方。现在如若不能继续古人的勤劳，不知天将要抛弃我们，何况说是追随先王的功业？现在好像一棵倒下了的树木又重生了枝叶，希望天能永保我们的命运在这个新的地方，能继续恢复先王的事业，安定四方。

盘庚也教导给人民。由于那些在位的人，用古老的习俗来定法度，说"不要听那些小民所箴谏的。"盘庚命令众人全都到庭院来，他这样地说：

**简解：**

①盘庚：殷汤第十一世孙。其时代约当殷代的中叶，盘庚至纣凡七代十一王，殷始亡。殷，地名，现在河南安阳。

②适：喜悦，安适；"有居"就是居；有，助词。

③率吁：是相率地呼吁。旧注以率为语词。感的正字是戚，众戚是当时贵族大臣。

④矢是陈列，矢言是陈言，意译为发言。这一句是兼语式，率吁的句主

是上文的民，众戚是率吁的宾语，出矢言的主语。这一句话不当解释为盘庚于是唤来许多贵戚近臣，因为这以下至“底绥四方”是众戚向盘庚的陈言，“王若曰”以下是盘庚答复众戚的。这也足见率吁众戚的主语是民，不是盘庚。这一段话不是盘庚唤众戚时说的。

⑤我王：盘庚。

⑥爰宅：就是迁居。（俞樾云：“爰，易也。《左传·僖公十五年》：‘晋于是乎作爰田’，服注‘爰，易也’”。）

⑦刘：杀。

⑧胥：相；匡：救。

⑨依俞樾《群经平议》：“当以‘卜稽曰其如台’六字为句。曰其犹越其也。传曰‘卜以决疑，不疑何卜？’……盘庚之迁，盖不用卜。”“越其”是“在那儿”的意思。“如台”，犹如我们说“奈何”、“怎样”。盘庚不信占卜，所以人民用占卜所说的结果如何来抱怨他。

⑩服：事。

⑪恪：敬；谨：依王国维说当即“勤”之借字。

⑫兹：此、如此、这样。

⑬五邦：杨筠如《尚书核诂》（以下省称《杨诂》）：亳、嚣、相、奄及殷。《竹书纪年》记载商王仲丁“自亳迁于嚣”、河甲“自嚣迁于相”、祖乙“居庇”、南庚“自庇迁于奄”、盘庚“自奄迁于北蒙，曰殷。”迁都五次。

⑭承：继。

⑮罔：不；断命：断绝命运。

⑯矧：况。

⑰烈：业。

⑱颠：倒；由：依《说文》作“甹”，木生条的意思；蘖，已经砍了的树木余留下来的。

⑲永：长。

⑳绍：继。

㉑底：定；绥：安。

㉒敩：教。

㉓旧服：旧制度。

㉔句中“伏”字，旧注都以为是“伏，藏也”。这是不了解这一篇全文之意而下的注解。这一篇上文有“出矢言”，下文又说“今汝聒聒，起信险肤，予弗知乃所讼。”说他们聒聒不休，“起信险肤”；可见并不是隐藏着“小人之攸箴”。下文更有“汝曷弗告朕，而胥动以浮言，”更可见他们并没有藏着“小人之攸箴”。说“伏”是“藏也”，不合于全篇之意。这个伏字是慑伏或屈服的意思。古字伏与服通，伏小人之攸箴是信服了“小人”所说的，或屈服于小人所说的。又《史记》“（项）籍所击杀数十百人，一府中皆慑伏莫敢起。”慑伏是害怕了的意思，也可以讲得通。盘庚的意思是要众戚不听从百姓的话，不是说不要藏着小百姓的话。

㉕悉：尽也。

㉖若：此也；“王若曰”是王这样地说。

从篇首到“王若曰”是这一篇的小序，叙述盘庚迁殷以后虽然安定了人民的居处（详见《盘庚下》篇），但是人民不安于所居处的地方，呼吁众戚出来说话。从“我王来”至“底绥四方”记的是他们发言的内容。下文叙盘庚听了他们的话，也叫众戚悉至于庭对他们讲话。盘庚是要用老办法纠正他们，叫他们不要服从或屈服于老百姓的话，在“王若曰”以下才是盘庚的讲话，当时史臣用“以常旧服王法度，曰，毋或敢伏小人之攸箴”，将全篇讲话的大意概括出来，这篇序文简明扼要，文笔简练。



**原文：**

格[①]！汝众！予告汝，训汝猷，黜乃心[②]，无傲从[③]康。古我先王，亦惟图任旧人共政[④]。王播[⑤]告之，修不[⑥]匿厥指[⑦]。王用丕钦[⑧]，罔有逸言，民用丕变[⑨]。今汝聒聒[⑩]，起信险肤[⑪]，予弗知乃所讼。

**释文：**

来！你们这些人！我告诉你们，教育你们，要想法子抛弃你们的成见，不要骄傲、贪图安逸。古来我们君王，就是任用旧人共理政事，王告诉众人，从来不藏着他的意旨，王因此而特别注意，没有过言，人民也异常欢乐。现在你们偏聒聒不休，相信险邪肤浅之词，我不知道你们究竟争吵的是些什么？

**简解：**

①格：来。

②猷：谋，想法子。黜：去掉。

③从：追逐，贪图。

④图：谋；任：用；共政：共同执行政事。

⑤播：《说文》引作“譒”，譒，敷也。敷是普遍之意。

⑥修：长，是长久或从来之意。

⑦匿：藏；指：意旨。

⑧丕：大；钦：敬。

⑨“变”与“忭”通，是欢乐的意思（参看《杨诂》）。

⑩《一切经音义》：“聒，扰乱耳孔也。”

⑪险：恶；肤，肤浅（《杨诂》：肤是戏的假借字，戏邪也。）。

以上是盘庚讲话正文的“起”段，在这段中说，“亦惟图任旧人共政”，说“今汝聒聒，起信险肤”，已经透露出他要“以常旧服正法度”，不赞成众戚屈服于“小人之攸箴”的意思，也写出盘庚不耐烦的心理活动。

**原文：**

非予自荒①兹德，惟汝含②德，不惕予一人。予若观火③，予亦拙④谋，作乃逸。若网在纲，有条而不紊；若农服田力穑，乃亦有秋。汝克黜乃心，施实德于民，至于婚友，丕乃⑤敢大言，汝有积德。乃不畏，戎⑥毒于远迩，惰农自安，不昏⑦作劳。不服田亩，越其罔有黍稷。汝不和⑧吉言于百姓，惟汝自生毒，乃败祸奸宄⑨，以自灾于厥身。乃既先恶于民，乃奉其恫⑩，汝悔身何及！相时憸民[11]，犹胥顾于箴言，其发有逸口[12]，矧予制乃短长之命，汝弗曷告朕，而胥动以浮言，恐沈[13]于众？若火之燎于原。不可响迩，其犹可扑灭？则惟汝众自作弗靖，非予有咎。

**译文：**

不是我荒废了这个（任用旧人的）德行，而是你们舍弃了德行不施给我一人，我好像看见火光一样，我也是明明白白地计划来造作你们的安逸。好比网结在纲上，才能有条有理，毫不紊乱；好比农夫耕田，尽力劳作才能有了收获。你们如若能抛弃你们的成见，实实在在地将德行（好处）给于人民，乃至于亲友，你们才敢说你们有积德。但是你们不怕有大的毒害，在远处（将来），在近处（现在），自贪安逸，怠惰农事，不努力地劳动，不从事于田亩，在那样情形之下，是不会有收获的。你们不宣传好话给予百姓，那是你们自生毒害，那就必有奸邪破坏，结果是你们自己害了自己。那是你们先叫人民厌恶，结果你们自己就要承当这个痛苦，你们当身虽悔也来不及了！看看那些好说话的人，还相互地顾忌于箴规之言，岂肯说出错话？何况我操纵了你们的死生之命，你们为什么不告诉我，就用浮言来煽动，来扰乱人心？正好像火烧在草原上，不能面向着它，那还可以扑灭？这是你们自己的不讨安宁，不是我有什么不好。



**简解：**

①荒：乱也，败也。

②含：《史记》引作舍，去也。下文："汝克黜乃心，……丕乃敢大言汝有积德"，可见盘庚原不以他们有含德，《史记》引作舍，此较合理。译文从《史记》作舍。

③观火：表示其见之明。

④拙：《说文》引作"炪"，云："火光也"。旧注多以拙谋为自咎其谋，这不合理。上文说的观火，说他的见解明白，"拙谋"正是说他明明

白白地谋划，不是自咎其谋。“炪”是火光，正如“朏”指月出一样，是明的意思。这个“拙”字应依《说文》作“炪”。

⑤丕乃：古之转语，犹言乃也（参看《杨诂》）。

⑥戎：大。

⑦昏：音悯（mǐn），依郑玄说，“昏读为暋，勉也。”

⑧古字“和”与“宣”可通用（用俞樾说），“和吉言”是传布好言。

⑨败祸奸宄：败，败露；宄，作恶。四字平列成文。

⑩奉：承；恫：痛。

⑪相：视；时：是；憸：邪佞。

⑫其：岂；逸口：错话。

⑬沈是摇动之意，参看孙星衍《尚书今古文注疏》（以下简称《孙疏》）；靖：安，善。

以上是正文“中”段的前半，是责备众戚对百姓不宣传好话，反以浮言互相煽动，就是序文所说的要他们‘毋或敢伏小人之攸箴”。





**原文：**

迟任[1]有言曰：“人惟求旧，器非求旧，惟新”。古我先王，暨[2]乃祖乃父，胥及逸勤[3]，予敢动用非罚？世选[4]尔劳，予不掩尔善。兹予大享于先王，尔祖其从与享之，作福作灾，予亦不敢动用非德。予告汝于[5]难，若射之有志[6]，汝无老侮成人，无弱孤[7]有幼，各长于厥居，勉出乃力。听予一人之作猷[8]，无有远迩，用罪伐厥死，用德章厥善；邦之臧[9]，惟汝众；邦之不臧，惟予一人有佚[10]罚。

**译文：**

从前迟任有一句名言：“人惟求旧，器非求旧，惟新。”你们的祖父同我古代先王，相与勤劳，我岂敢动用不正当的责罚，世世代代，都在计算着你们的功劳，我也不能埋没你们的好处，现在我就要大祭祀于先王，你们的祖先也将陪着受祭祀，作威作福，我也不敢动用不正当的德行。我把困难告诉你们，好像射箭有一定的标准一样。你们不要欺侮成人，更不要轻忽幼年人，各人生长在各人的居处，努力尽你们的力，听我个人的一切计谋。无论远近，有罪就要讨伐你们的罪行；有德就要表扬你们的善行。国家好，由于你们众人；国家不好，是我个人有失察。

**简解：**

①迟任：古之贤人。

②暨：与。

③胥：相；及：与；逸：汉碑引作“肄”，肄，劳也，劳、勤同义。

④选：古“选”字与“算”字通用。

⑤于：犹以也。

⑥志：是标准，靶子。

⑦老侮、弱孤：都是轻忽之意。今本“老侮’作“侮老”错了，应该改过来。

⑧猷：止；作猷：或行或止。

⑨臧：善。

⑩佚：过失。

以上是正文“中”段的后半，用“人惟求旧”来引起他也要图任旧人共政，以常旧服正法度。当时史官把盘庚讲话的正文用“以常旧服正法度，曰，毋或敢伏小人之攸箴”这两句话概括出来，可说是得到了“要领”。盘庚的意思侧重在“毋或敢伏小人之攸箴”；由于以常旧服，不是重点，所以说的比较简略，这也是实际的情形。

**原文：**

凡尔众！其惟致[①]告，自今至于后日，各恭[②]尔事，齐乃位，度[③]乃口，罚及尔身弗可悔。

**译文：**

所有你们大众！这是我最后一次的公告，从现在到将来，每个人都要各尽职守，整齐在你们的岗位，闭着你们的嘴（不要乱说），罚到你们身上；那是不可追悔的！

**简解：**

①致：与至极的“至”同义，是最后一次的意思，不是转达的意思。下篇“今我既羞告尔民于朕志，”羞告是进一步告；此篇“致告”是最后一次的告；从下文盘庚命令他们闭着嘴巴，不许乱说话，可知。

②恭：《孙疏》：恭与共通。“恭尔事”就是恪尽你们的职守。

③度：即“杜”，《说文》引作杜，闭也。

这是上篇的最后的一段——正文中的小结。从这一个小结中，我们可以看出盘庚要那些众戚从今以后都闭嘴不许乱说话，并且警告要罚他们，他已经不耐烦了，这位奴隶主的狰狞面目又出现了，从他的态度以及“其惟致告”一语都可以看出这一篇是盘庚三篇中最后的一篇。从他的狰狞面貌也可以看出他决不会因“民不适有居”他就自动地唤来许多贵戚近臣，出来说话，所以这篇实是人民呼吁众戚“出矢言”之后，盘庚不耐烦了，叫他们“悉至于庭”，又告诫他们一番的讲话。





## 《盘庚》中篇

**原文：**

盘庚作①，惟②涉河以民迁。乃话民之弗率③，诞告用亶④，其有众咸造⑤，勿亵⑥在王廷。盘庚乃登⑦进悉民，曰：

**译文：**

盘庚兴起执政了，想着把人民都迁到河北，于是召集那些不顺从的人民，好好地告诉（他们）实际的情形。那些民众都来了，在王庭中，不敢怠慢。盘庚于是登上高处，招呼他们靠前一些，对他们说：

**简解：**

①作；兴起（俞樾说，读如孟子“贤圣之君六七作”之“作”。）。

②惟：思维，想。这是一个倒装句，可作“惟以民迁涉河”。“以民迁”是“处置式”用法。

③话：与佸、括通，是聚会的意思。率，听从。

④诞：大；亶：与坦通，诚也。

⑤咸：皆、全；造：至。

⑥勿亵：一切经音义引作“勿媟”，媟，慢也。

⑦登。升也。

盘庚中篇是盘庚即位以后，想要迁到黄河以北，他劝导人民所作的一次讲话。这一篇正文前也有小序，正文也有起，有中，有结，这一段是正文前的小序，叙述盘庚听见人民有不满意、不听从的，他召集民众来听他的讲话。



**原文：**

明[①]听朕言，无荒失[②]朕命，呜呼，古我先后，罔不惟民之承[③]，保后胥慼鲜[④]，以不浮[⑤]于天时，殷降大虐，先王不怀厥攸作[⑥]，视[⑦]民利用迁。汝曷弗念我古后之闻，承女俾女[⑧]，惟喜康共[⑨]。非汝有咎，比于罚。予若吁[⑩]怀兹新邑，亦惟汝故，以丕从厥志。

**译文：**

你们要听清楚我的话，不要忽视我的命令。啊！从前我们的先君，没有不爱护人民的，（他们）总是寻觅高原地方来住，为的是不受天时的责罚，国家若是降了大灾害，他们不安于所做的都邑，考察民众的利益而迁徙。你们为什么不想一想我们古后的政绩举措，那是保护你们的，而却只贪图安宁呢？这不是你们有什么过错，好像要受什么责罚似的，我呼吁你们迁向那个新地方，也只是为你们的缘故，并且远遵先王的意愿。

**简解：**

①明：明明白白地，也可作“勉力”讲（王引之说）。

②荒失：荒废。

③罔不：无不；承保两字连文，承受保护之意。(旧从承字下断句，非。参看《杨诂》。)

④“后”与“厚”通；“感”，汉石经作“高”；“鲜”的本字应写作“巘”。江声《尚书集注音疏》云：“胥高谓相度高山；鲜者，诗云‘度其鲜原’下篇所谓‘适于山’也。”江声这个说法，以下篇的“适于山”为证，是理解了盘庚所以要迁都到河北的原因，而后作的解释。这个说法是正确的。

⑤“浮”应与“俘”同音通用。(《孙疏》：如江氏说，高诱注《淮南》云，犹罚也。)

⑥怀：安；攸：所。

⑦视：示。

⑧承女俾女：承俾即承保也。(参看《杨诂》。)

⑨“共”与“拱”通，固也。惟喜康共：犹如惟喜安固。

⑩若吁：若，指的你们，若吁是吁若的倒装。

这是这篇正文的起段，说明他要迁移正是沿用他们祖先的办法，也正是计划永远安康稳妥的办法，不是要害他们，而正是认从了他们的意愿来作的计划。在这一段中已含有下文要用利害的关系及祖先的意愿来劝导人民的意思。

**原文：**

今予将试以汝迁，安定厥邦，汝不忧朕心之攸困，乃咸大不宣[①]乃心，钦念以忱[②]，动[③]予一人，尔惟自鞠[④]自苦，若乘舟，汝弗济，臭[⑤]厥载。尔忱不属[⑥]，惟胥以沈[⑦]。不其或稽[⑧]，自怒曷瘳[⑨]？汝不谋长，以思乃灾，汝诞[⑩]劝忧。今其有今罔后，汝何生在上今予命汝一⑪，无起秽以自臭；恐人倚⑫乃身，迂乃心。予御续⑬乃命于天，予岂汝威，用奉畜汝众。

**译文：**

现在我将要把你们迁移过去，使国家安定。你们不想想我内心的困难，你们的心竟然都很不和顺，不用诚心来仔细地想，同意我一人。这是你们自寻苦恼：好像坐船一样，不渡过去，那你们所装载的东西就会腐臭。你们诚心不合作，那只有一起沉下去。那些不听从我的人，他们将自怨自怒，没有完的。你们不从长计议来思考你们的灾害，你们太可怜了！你们只顾现在，不顾将来，你们将如何生活在此地呢？现在我要求你们一心一意，不要传播谣言来败坏自己，恐怕有人将牵住你们的身体，迷惑你们的心思。我向上天劝说延续你们的生命，我岂是来危害你们，不过是来奉养你们大众而已。



**简解：**

①“宣”与“和”通用，参上篇“汝不和吉言于百姓”注。

②忱：诚。

③动：与“同”通用。（参看《杨诂》。）

④鞠：穷。

⑤臭：腐气。

⑥属：附属，连属，贯注。

⑦胥以沉：相与沉没。

⑧不其：其不、那些不。稽：汉石经作“迪”；迪，进也，从也。

⑨怒：汉石经作“怨”；瘳：病已痊愈。

⑩诞：汉石经作“永”；劝忧：依王国维说，“劝”疑当读为“懽”，《尔雅》：“懽懽愮愮，忧无告也”。

⑪命汝一：根据上文“动予一人”及下文“猷同心”，此处应从一字断句。

⑫倚：同“掎”，《说文》：“掎，偏引也。”（《孙疏》）

⑬御：迎迓；续：延续。

以上是本篇正文中段的前半，主要的意思是拿长久的利益来劝导众民，说不迁居将要后悔。他要求人们同他一样，不要受旁人的牵掣。

**原文：**

予念我先神后之劳尔先，予丕克羞尔[1]，用怀尔；然[2]失于政，陈[3]于兹，高后丕乃崇[4]降罪戾，曰："曷虐朕民"？汝万民乃[5]不生生，暨汝一人猷[6]同心，先后丕降与汝罪戾，曰："曷不暨朕幼孙[7]有比？"故有爽德[8]，自上其罚汝，汝罔能迪[9]。古我先后，既劳乃祖乃父，汝共作我畜民。汝有戕则[10]在乃心，我先后绥[11]乃祖乃父，乃祖乃父，乃断弃汝，不救乃死。兹予有乱政[12]同位。具[13]乃贝玉，乃祖乃父丕乃告我高后曰："作丕刑于朕孙"。迪高后丕乃崇降弗祥[14]。



**译文：**

我想起我的先王曾经烦劳你们的祖先，我要不能贡献你们什么，使你们全都能安宁，反而对于政事有了过失，长久就在这儿(不迁)，先王就要大降罪戾于我，说："为什么虐害我的人民？"你们这些人假如不和我同心同德，先王也会大降罪戾给你们，说："为什么不和我的孙儿同心同德呢？"因此，有了过错，上天就要责罚你们，你们是不能长久的。从前，我的先王既经劳动你们的祖和父，你们又都作了我的畜养的人民，你们要有残贼在你们心中，我先后就要告诉你们的祖先和父辈，他们就要舍弃你们，不救你们的死亡。现在，要是我有贪污的官长同在官位，占有你们的财物，你们的祖先和父辈也将要告诉我的先王，说："作一个大刑罚给我们的子孙"，于是先王也要大降不祥。

**简解：**

①羞：进，供献。

②然：与“而”同。

③陈：陈旧，长久。

④崇：重。

⑤乃：犹若也。(王引之说。)

⑥猷：即下文“有比”之“有”(《杨诂》)。

⑦幼孙：指盘庚言；此：同也。

⑧爽：差。

⑨迪：进，从，行。

⑩戕则：戕，贱；则：为“贼”之假借字（王国维说)。

⑪绥：告。下篇：“绥爰有众”，是其证。

⑫乱政：“政”与“正”通，是长官的意思。乱政是贪乱的官长。

⑬具：具有，占有。

⑭此处“迪”与“攸”同；用也，由也。

以上是这篇正文“中”段的后半，是用“古我先后”的在天之灵，和听众的祖宗的在天的灵，来劝告他们。这里我们要注意的是，那些在天之灵是平等的，由此可以见得这些听众决不是奴隶，而是贵族或是自由民。不要将《盘庚》篇的“民”误会为奴隶。整个中段的意思：先以利诱，后以威逼，又拿鬼神吓人，这是这大奴隶主的真实面貌。



**原文：**

呜呼，今予告汝不易。永敬大恤[①]，无胥绝远。汝分[②]猷念以相从，各设中于乃心。乃有不吉不迪，颠越不恭，暂遇[③]奸宄，我乃劓殄灭之[④]，无遗育，无俾易种于兹新邑[⑤]。往哉生生！今予将试以汝迁，永建乃家。

**译文：**

啊！现在，我告诉你们这个困难，要永远警惕大的忧患，不要互相隔绝远离。你们要同心相从，各设中道在你们心中。假如有不善良的，不听从的，堕落了的，不小心的，或者是欺诈奸邪，我是要消灭他们的，不留下他们的后代，不让他们在那个新地方延续种族。去谋生产生存吧！现在我将率领你们迁移过去，来建立你们长久的家园。

**简解：**

①恤：忧。

②分：汉石经作“比”，是同的意思。猷念犹如谋念。

③暂遇：都是奸邪之意。（王引之说，暂读为渐，渐，诈欺也。遇读“隅差智故”之隅，皆奸邪之称。）

④劓：《说文》作“劓”，断也；殄：绝也。

⑤俾：使；易种：蔓延他的种子。“易”与“施”“延”音近通用。

以上是这篇正文最后的一段——小结。他要求他们同心相从，声明对于那些不驯从的，他将要斩尽杀绝，不让在新地方蔓延他们的种族，他的狰狞面貌毕竟显现出了！但是，尽管如此，他还是怕人民的“共怒”（下篇），怕人民出“矢言”，人民永远是有力量的。





## 《盘庚》下篇

**原文：**

盘庚既迁，奠厥攸居①，乃正厥位②，绥爰有众，曰：

**译文：**

盘庚已经迁都了，奠定了他们的居所，更奠定了他们的宗庙朝廷之位，又告诉大众说：

**简解：**

①奠：定；攸：所。

②正位：正宗庙朝廷之位。

这一节是《盘庚》下篇的小序。下篇记录的是盘庚在迁都定居后所作的一个简短的讲话，其时间在中篇末迁居时之后，在上篇已迁殷“民不适有居”之前；这一篇文字虽短，在前面也有这样的小序，以下方是正文。

**原文：**

无戏怠①，懋②建大命，今予其敷心腹肾肠③，历告尔百姓于④朕志，罔罪尔众，尔无共怒，协比⑤此谗言予一人。

**译文：**

不要嬉戏怠慢，要勤勉地建立我们宏大的功业，现在我将表扬一些贤者，举出他们的经历，来把我的意思告诉你们。不是要加罪于你们众人，你们大家不要发怒，共同对我个人说不满的话。





**简解：**

①无戏怠：即不要嬉戏怠慢。

②懋：勉也。

③敷心腹肾肠：依《今文尚书》当作“优贤扬”连下“历”字，共四字一句，与《古文尚书》不同。(《尚书正义》引夏侯等书作“忧肾阳”。《文选·魏都赋注》引《尚书·盘庚》曰“优贤扬历”。原文应如此。)大约是因形式相近而错成这样的。如若依今本，说“敷心腹”就够了，又何必多说肾肠呢？而且下文还只是说“羞告尔百姓于朕志”，进一步告，何以这里就说出“历告”，屡次的告呢？如依“优贤扬历”讲，优贤是赞美那些贤者，是举出优点；扬历是表扬他们的经历，是总结经验，下文正是举出前人的优点，表扬他们经过，这正是这一篇的主旨所在。依《今文尚书》作“优贤扬历”讲，既合古本，又合实际。今本《尚书》应是误文。

④“于”与“以”同。“告尔百姓于朕志”，就是现代汉语“把（将）我的思想告诉你们百姓”。“于”是“处置式”的用法。

⑤协比：是“和同”的意思，是协和起来、共同起来。

这一段是下篇正文的“起”段，“优贤扬历”是全篇的纲领，在他们讲话的起头，已将下文的意思暗示出来。

**原文：**

古我先王，将多[①]于前功，适于山，用降我凶德[②]，嘉[③]绩于朕邦。今我民用荡析离居，罔有定极[④]，尔谓朕曷震动万民以迁，肆[⑤]上帝将复我高祖之德，乱越我家[⑥]。朕及笃敬[⑦]，恭承[⑧]民命，用永地于新邑。肆予冲人[⑨]，非废厥谋，吊由灵各[⑩]，非敢违卜[⑪]，用宏兹贲[⑫]。



**译文：**

古来我们先王，想要超过前人的功绩，跑到高山上住，来减轻我们不好的获得，更加有成绩在我们的国家。现在我们人民都动荡分散地居住着，没有固定的住所，你们说我为什么要惊动万民来迁居，这就是上帝要恢复我高祖的德行，来光大我们的国家。我是积极地切实小心注意，恭恭敬敬地保护人民的生命，来永远居在新都，这是我所以为年轻人，并非不赞成你们的计划，而是因善是由神灵赐与的，并不是敢违背卜辞，是要发扬光大神灵的美好指示。



**简解：**

①多是加多，此处是超过的意思。(古字“多”“贤”意近。)

②降：降低，减少。德与得通，凶德是不好的获得，即是灾难。

③嘉与加古字通。

④定极：一定的极点。

⑤肆：今也，故也。

⑥乱：此处乱字作治字讲。(《尔雅·释诂》：“乱，治也。”)“越”与“于”同。“乱越我家”即是治于我家。

⑦及：此处“及”是“汲汲”的意思。(《孙疏》：《公羊隐元年传》云：

"及犹汲汲也。"）笃：厚、切实。

⑧承，同拯。（《孙疏》）

⑨冲人：《谥法》："幼小在位曰冲"。

⑩吊，古淑字；淑，善也；由，由于；灵，神灵；各，古格字，格，至也。

⑪非敢违卜：（依俞樾说，盘庚之迁，盖不用卜。）这是盘庚自己辩护的话。（旧注以前"各"字连此句读，兹移属上。）

⑫宏：大；贲：美。

这一段是正文中段的前半，"古我先后，将多于前功，适于山。"就是盘庚所举出的前人的优点，并且以为他这次主张迁都是上帝将"复我高祖之德"，他要赶紧挽救民命。他不赞成一些人民的意见，所以说"非废厥谋"；他也不听从占卜的意思，所以说"非敢违卜"。（如卜筮的结果赞成迁都，人民将无所借口，盘庚也不会屡屡讲话的。）




**原文：**

呜呼！邦伯师长百执事之人①，尚皆隐②哉，予其懋简相尔③，念敬我众，朕不肩④好货，敢共生生⑤，鞠⑥人谋人之保居，叙⑦钦。

**译文：**

啊！邦伯师长一切执事的人，姑且全依着我吧！我要尽力考察你们惦念民众的情况。我是不能贪图财货的，只能小心地谋生产生存，鞠养人们，计划人们的安居，依次（顺序）地小心注意的！

**简解：**

①邦伯：犹言邦长（《杨诂》）；师：众也。

②隐：汉石经作"乘"，都是凭借、依靠的意思。

③懋：勉；简：阅；相：视。

④肩：胜也。

⑤生生：生息也（江声说）。

⑥鞠：养（《郑注》）。

⑦叙：次序。

这一段是正文中段的后半，只是补充前半，完成前半末尽之意，说明他的主迁，不是为了好货，是为了谋生。

**原文：**

今我既羞告尔于朕志[①]，若否[②]，罔有弗钦，无总[③]于货宝。生生自庸，式敷[④]明德，永肩[⑤]一心。



**译文：**

现在我已经把内心的好恶告诉你们，顺从与否全要小心注意。不要聚敛财宝，要谋生产生存，来想于自己有用，由此以敷布明德，永远与民众同心。



**简解：**

①羞：进也；“于朕志”：“犹以朕志”。

②若，顺；若否：顺从与否。

③总：《说文》：“总，聚束也。”

④敷，布。

⑤肩：胜也；也可以说是“能”。

这一段是这篇正文中的小结，盘庚进一步将他的意思说明，要求人们全都小心注意，他表明他不愿聚敛财宝，是为了生产生存；他要求普遍都注重明德而且要永远能一心。

（原载《人文杂志》1958年第6期）

# 《春秋》大义是什么

这篇文字是专论《春秋》在孔子哲学中的地位，和说明“《春秋》大义”的概略的。我研究《春秋》一经，绝对地严守《公羊》之说，我只承认《公羊》是《春秋》的真传。我何故守《公羊》，弃《左》、《榖》，俟将来再说明；但我希望对《公羊》怀疑的人，先看梁任公的《历史研究法》，《要籍解题》这一类的书。对于《榖梁》，近年无多人说，只好先看崔觯甫的《春秋复始》了。

## 一

大概是要研究孔子的哲学，至少也得知道《春秋》的大义，才能得其真，得其全。《春秋》大义是什么呢？我可以不迟疑地回答说：是孔子的哲学之全部。这是如何重要的书籍，但是有许多人不承认《春秋》有大义，而当历史传记看了。有许多人不知道“大义”是哲理，而当为褒贬善恶看了。有许多人对于《春秋》，不知其重要，即专门研究《春秋》的，也有许多人不甚明白，实在是可太息的事情了。本篇所说，意在明《春秋》之有“大义”，说“大义”就是哲学，并论《春秋》是极关重要而已。

我以为《春秋》大义不能讲究明白，慢说研究孔子哲学，要受很大的影响；就是先秦哲学的思想线索，恐怕也连带的不能讲透彻，故我先写出这篇文字，求大家的注意和批评。

## 二

《孟子》说：“晋之《乘》，楚之《梼杌》，鲁之《春秋》，一也。其事则齐桓、晋文，其文则史。孔子曰‘其义，则丘窃取之矣。’”这是《春秋》有“大义”的明证。现在且详说之：

(一)由于孔子著述《春秋》的旨趣，可以看出《春秋》一定是含有深意大义的。古来传说《春秋》的旨趣的，约有三种，大概都极可信。

孟夫子说：

> 世衰道微，邪说暴行有作。臣弑其君者有之，子弑其父者有之。孔子惧，作《春秋》。《春秋》，天子之事也；是故孔子曰：“知我者，其惟《春秋》乎！罪我者，其惟《春秋》乎！”

董仲舒说：

> 周道衰废，孔子知言之不用，道之不行也，是非二百四十二年之中，以为天子仪表。……子曰：“我欲载之空言，不如见之行事之深切著明也。”

司马迁说：

> 子曰：“弗乎弗乎！君子疾殁世而名不称焉。吾道不行矣！吾何以自见于后世哉！”乃因史记作《春秋》，上至隐公，下讫哀公十四年，十二公。“据鲁”，“亲周”，“故殷”；运之三代，约其文词而旨博。

在这三说之中，什么世道、是非，什么“为天下之仪表，以自见于后世”，足见孔子作《春秋》，一定含有深意大义的。但是我们最要留意之一语是：“我欲载之空言，不如见之行事之深切著明也。”孔广森《公羊通义·自序》说：“理不穷其变，则不深；事不当其势，则不切；高论尧舜之道，而无成败之效，则不著不明。故近取诸《春秋》，因乱时之事，季俗之情，渐裁以正道。庶贤者易勉，不肖者易晓，亦致太平之所由基也。”广森这几句话，算是将“深切著明”四字解释清楚了。但是最关紧要的是：“载之空言，不如见之行事”十字，皮锡瑞《春秋通论》说：

> 载之空言，不如见之行事，后人亦多称述，而未必

人人能解。《春秋》一书，亦止是载之空言，如何说是见之行事？即后世能实行《春秋》之法，见之行事，亦非孔子所及见，何以见其深切著明？此二语，看似寻常之言，有令人百思而不得其解者。

这句话的关键，依我看来，就在“见”字。“见”字是表现的意思。孔子的意思是：用空话来说理，不如表现之于实事上，理由和证据能够互相发明。故《春秋》这部书，只是假史明义，因事穷理；义理就是大义，不是一条一条的史文，一件一件的事实了。皮锡瑞又说：“……即专著一书，说明立法之义如何，仍是托之空言，不如见之行事，使人易晓。犹今之《大清律》，必引旧案，以为比例，然后办案乃有把握。故不得不借当时之事，以明褒贬之义，即褒贬之义，以为后来之法。”这几句话，是说何以假史明义，因事穷理的。可以答复：“孔叟既有尔许微言大义，何妨别著一书，而必淆乱历史上事实，以惑后人”的疑问。总之，孔子著作《春秋》之旨趣，只是传义，不是传事，这是很明显的。

（二）由于孔子著述《春秋》的体例，可以看出《春秋》一定是含有深意大义的。《春秋》即是假客观的历史，表主观的哲学，自然和原来史记大异其趣了。《春秋》不详事实之真象，不重先后之次序；应记的反不记，应不记的反记；该详的反不详，该不详的反详；这都是《春秋》非史的明证。分明是晋文公召见天子，《春秋》却说是“天王狩于河阳”（僖公二十八年）；分明大国先而小国后，《春秋》却要说“虞师晋师灭夏阳”（僖公二年）；分明“夫椒之战”是件大事，《春秋》却不登载（此据胡安国《春秋传说》，事在哀公元年）；分明“丹桓宫楹”是件小事，《春秋》却要记录（庄公二十三年）；一个梁国亡了，应详而反略（《春秋》只书“梁亡”二字（僖公十九年）；一个宋伯姬事，应略而反详，《春秋》所书共有八条（至成公七年至襄公三十年）。

还有无其事的，反要书上，譬如襄公七年的“十有二月，公会晋侯、宋公、陈侯、卫侯、曹伯、莒子、邾子于鄬。郑伯髡顽如会，未见诸侯，丙戌，卒于鄵。”这一条，未见诸侯就死了，《春秋》偏要说他“如会”。《春秋》中如此类甚多，可见孔子修《春秋》，只是传义，不是传事，由《春秋》的体例上看来，当然《春秋》是有很多大义可考的。

如若我们说《春秋》是史，那《春秋》真是不伦不类的东西了！王安石肇锡以嘉其名曰“断烂朝报”，梁任公复加之徽号曰“流水账簿”，那都是绝妙的形容词了！但是孔子说：“君子之于言也，无所苟而已矣！”如孔子修《春秋》，他岂肯作出这不伦不类的东西吗？我们看《春秋》，若是用“属词比事”的方法，或细看《公羊传·注》的解释，可以确信《春秋》例义是异常严整的，并非不伦不类。《春秋》重义不重事，是经不是史，千万不可拿历史的眼光看待《春秋》；如拿历史的眼光看待《春秋》，那就真是“断烂朝报”、“流水账簿”了！梁任公先生说：“盖《春秋》而果为史者，则岂惟如王安石所讥之‘断烂朝报’；恐其秽乃不减魏收矣！”我们知道孔子不真那样无知识、无道德的人，孔子决不至于作出这样的书来！家铉翁在《春秋详说·自序》上说：“《春秋》非史也！谓《春秋》为史者，不明乎《春秋》者也！”这是一点也不会错的。

（附说）近来反对“《春秋》非史”之说的，当然以章太炎先生最为有力了。其实太炎先生不过有门户之见，故不得不如此说罢。《国故论衡·原经》上面的话，理由不甚充足，不可为训。

## 三

从孔子到于今，说《春秋》者，大概有数十百家，有些人已经告诉我们“《春秋》大义”是哲学的。他们对于《春秋》的考语，又可以见得《春秋》是经不是史，传义不传事；但是他们都无系统的说明，故至今“《春秋》大义”，还是不昌明，被乌烟瘴气遮蔽满了！现在选出时代最古的、学问最深的几家，来作代表，看他们说“《春秋》大义”是什么。为方便起见，分为两组看。

第一组：

庄子　《春秋》以道名分。

史迁　《易》本隐之以显，《春秋》推见以致隐；《易》与《春秋》，天人之道也。

扬雄　说理者，莫辨于《春秋》。

邵子　《春秋》，尽性之书也。

程子　《春秋》一句即一事，是非便见于此，乃穷理之要，学者只观《春秋》，亦可以尽道矣。

程子　观圣人之书，而知《论语》之安仁，书于《春秋》者，无非此理。

朱子　《易》以形而上者，说出在那形而下者上；《春秋》以形而下者，说上在那形而上者去。

朱子　《春秋》本是正谊明道之书。

第二组：

子贡　《春秋》切而为国家资。

子夏　有国家者，不可以不知《春秋》。(《繁露》)

董君　《春秋》正是非，故长于治人。

周子　《春秋》正王道，明大法也。

程子　《春秋》圣人之用。圣人之用，全在此书，……乃穷理之要。

胡氏　百王之法度，万世之准绳，皆在此书。……学是经者，信穷理之要矣；不学是经而处大事、决大疑，能不惑者，鲜矣！

胡氏　其于格物修身齐家治国，施诸天下，无所求而不得，亦无所处而不当，何莫学夫《春秋》！

由第一组看来，前人对于《春秋》，已看出有论知识、论人生等类地方。庄周、扬雄之言，是说有孔子的名学思想，史迁、朱子之言，是说有孔子的玄学思想，其余如尽性、安仁、正谊明道，是说有孔子的伦理思想，或是孔子哲学的根本观念。故可见"《春秋》大义"，即是孔子的哲学思想。



由第二组看来，前人对于《春秋》，不惟是承认有孔子之政治思想，且将这种思想，恭维得有些太过。《春秋》本因当时之政治史迹，表现其个人意见，这是毫无可疑之处。但政治论之根本，还在人生论的思想；前人对于这一点，未曾看出；故大半以为《春秋》只是长于治人了。总之，"《春秋》大义"是孔子哲学之全部，这是可信任的。



以上由前人之言论，证明《春秋》大义是孔子哲学，现在请将自己的意见说出来。

《春秋》不是史文，而只传义理，这义理当然是孔子的思想，或是孔子的哲学。既是哲学思想，当然有根本观念，有出发点，有归宿处，岂是毫无系统，毫无组织，而可称为哲学家之思想？《春秋》大义，虽分见于各条，但我们能研究出有系统之孔子哲学思想的。在《春秋》中表现之孔子哲学思想，最要者约有五项。请略述之：

（一）正名。孔子正名之业，在于《春秋》，这是人人所知道的。由《春秋》之中，我们可以看出正名主义，至少有：正名实、明是非、示分义、别嫌惑这四种观念。此外示人以求知的方法的，尚有所谓《春秋》"属词比事之教"，亦是很关重要。因此我们相信孔子对于理智，并不轻视。

（二）慎微。司马迁说："《春秋》推见以至隐"，这是《春秋》之要义。由《春秋》之中，我们可以看出慎微主义，无论在正名实、原心意、安仁恕、明政治这几条要旨上，都很重要。至于慎微之方法，如重本慎始，防微杜渐，亦可察见，《春秋》中表现知几其神的意味是很明切的。

（三）原心。董仲舒说："《春秋》之论事，莫重于志"，可知《春秋》有行为动机论。动机不是专为扬榷诚伪，明辨善恶，其实尚有重要的意义。人们的略述诛心论，大概是出于《春秋》尚有许多应当讨论的地方，但必从《春秋》研究，才能得其真义。总之，行为动机论，实是孔子哲学的重要观念。

（四）安仁。仁是万善之总名，是孔子哲学的根本观念。《春秋》之中，亦是如此。凡正名、慎微、原心、明政，这些思想，都出发于仁，归宿于仁。黄楚望说："《春秋》本是一贯之道，天子以一理裁万物，洪纤高下，各有攸当，而学者竟未知其为一贯也。"（赵汸《春秋师说》）一贯之理，只有仁了。

（五）明政。《春秋》兴灭继绝，尊周攘夷，诛暴讨乱，爱民轻君，这都是根本于仁，归宿于仁的政治思想。在《春秋》中，政治思想占居全书最大部分，故董君说："《春秋》辨是非，故长于治人。"我们如只认《春秋》有政治思想，推寻渊源，亦可见出孔子哲学之全部了。

这五种思想，大概也足见《春秋》大义之一般了！《春秋》没有什么论宇宙之来源或论宇宙之本体的。孔子哲学，根本没有这种宇宙论的思想；中国哲学，大半如此，《春秋》自然不是例外。但如参天地、尽物性等，本是孔子哲学的要义，其实这种思想，《春秋》之中也含有的，不能因此否认"《春秋》大义"即是孔子哲学。

从前研究《春秋》的学者，对于"《春秋》大义"，有两种误会之处。第一，他们认错了“《春秋》大义”。譬如研究《公羊传》的人们，他们最喜欢把什么“张三世”、通“三统”，当作“《春秋》大义”。其实那些玩意儿，都是无关宏旨，至多也不过在政治论上有些微之关系，只能说是“小”义，哪能比得正名、慎微等那些“大”义呢？人们因为那些玩意在《春秋》上有些特别，故大讲而特讲，讲明白了，也与孔子哲学无若何之关系。第二，他们错讲了“《春秋》大义”。他们把“《春秋》大义”，只看为一条一条的，他们未说出系统来，故不能把“《春秋》大义”，视为孔子之整个的哲学。



《春秋》本无一字褒贬之说，而人们偏以为《春秋》“寓褒贬”、“别善恶”。赵汸《春秋属辞》说：“《春秋》所以别嫌疑、明是非，而非褒贬之谓也。……学者弗能深考，一字褒贬之说，盖由是生焉；夫既以变文为贬矣，而不变者非褒也，由是有贬无褒之说生焉。”朱子说：“今人看《春秋》，必要谓某字讥某人，则是孔子专任私意，妄为褒贬。”（《语类》三十八）看这两段话，就知道《春秋》不重褒贬了。孔子不是计较利害、论人长短的人。“既往不咎”，孔子又褒贬什么呢？把《春秋》当褒贬看，实在是大错了。



## 四

试看“《春秋》大义”之重要！

现在我们研究孔子哲学，只有根据《周易》、《春秋》、《论语》三书，余如《诗》、《书》、《三礼》，大概都不可信靠。在《周易》、《春秋》、《论语》三书之中，我以为只有《春秋》一类，比《周易》、《论语》，无可疑处。《周易》本是伏羲、文王、周公、孔子四圣合作，现在虽有人否认《周易》有文王、周公的成分（参看皮锡瑞《经学通论》），但也不能否认有伏羲的成分；我们是否能将《周易》完全认作孔子的哲学，这是第一个问题。

相传孔子之作《十翼》，自欧阳修《传易图序》、叶水心《习学记言》辨别以后，我们才知道《十翼》并不是孔子之作，是《易经》尚有窜伪的部分。我们是否能完全相信为孔子哲学，这是第二个疑问。至于《论语》一书，本是曾子弟子纪录出来的（柳子厚《论语辨》），廖季平说：“《论语》少壮、晚年之语俱有”（《今古学考》），康南海说：“《论语》尽是曾门小康之道（《论语注序》）。《论语》在思想方面，尽有难信之处，我们有了第一个疑问了。《论语》上有许多窜乱之处，且有许多不是孔子的话，从韩退之到袁随园，已有不少的发见。《论语》在文字上面，又有难信之处。这是我们第二个疑问了。最好是拿“《春秋》大义”作为资证，才能研究《易经》、《论语》。

再从《春秋》方面立说，《春秋》是极可相信。《三传》的并传，虽使“《春秋》大义”湮没了两千年，但一方面却保证了《春秋》无窜乱的地方。《春秋》虽是口说相传，到汉景帝时，才著竹帛，然而是没有阙漏的。（刘绍攽《春秋笔削微旨》说：“夫所谓阙文者，果传写之误乎？抑旧史之阙乎？以为传写之误，则一传可阙，不容三传具阙也。以为旧史之阙，则‘西狩获麟’，乃孔子所目睹，何难考验而得其日月，而但书时不书月？”）《公羊传》的文字简古谨严，正合《春秋》的笔法，其传授也极可靠（朱子说：“《公羊》是个村朴秀才，《穀梁》又狡黠得些。”），在文字上是没有疑问。其实思想亦洽合《春秋》，不过后世因为有许多“非常异义可怪之论”，故不甚相信。《公羊》经清儒的解释，已经“拨云雾而睹青天”，我们对于《春秋公羊传》之大义，丝毫不用怀疑。

在《春秋》之中，有四条要旨，是《易经》、《论语》所未有，或虽有而不明显详细的。这是我们研究孔子哲学，有研究“《春秋》大义”之必要。

（一）正名主义。在孔子哲学中，占有重要的地位。但是正名的宗旨，正名的方法，只有《春秋》表现得最详尽，在《论语》书中所有的，不过一两条罢！《春秋》属辞比事之教，在《易经》、《论语》上都是没有的。“属”就是综合的意思，“比”就是比较的意思，内中含有归纳法的求同、求异诸术，我们如不研究《春秋》，就不能知道孔子哲学有这种地方了！此“《春秋》大义”根本上之重要之一。

（二）孔子哲学是唯心派，故有动机论。但是在《论语》、《易经》上所说的只有几条，不能得见其全。在《春秋》上关于论行为之动机的就多了！在《论语》上决不能见出原心论有行恕、安仁的意义，而在《春秋》上却表现得极明显。故我们不研究《春秋》，不能知道孔子哲学有这些地方了！此“《春秋》大义”根本上之重要之二。



（三）正谊明道的思想，在《论语》、《易经》上本有甚多的议论，但我想《春秋》本是正谊明道之书，在《春秋》上自然讲得格外明显清晰，条目自然多了。董仲舒首先提出：“正其谊不谋其利，明其道不计其功。”他是《春秋》学者，故能见得如此。此《春秋》大义根本上之重要之三。



（四）《春秋》是评论当日之政治事务和政治行为的。譬如“讥世卿”是打破贵族政治，诛暴君是发挥民本政治，这些都是在《易经》、《论语》上不可多见的。萧楚在《春秋辨疑》上说：“《孟子》曰……‘民为贵，君为轻’，此《春秋》之义也，……故《春秋》所书，大致亦以民事为重。”如不研究《春秋》，能见得《孟子》的话是有渊源的吗？孔子政治哲学，实只传在《春秋》，此《春秋》大义根本上之重要之四。

此外尚有许多处所，亦很重要。譬如显著几微，明察人伦，这两种思想，只要是研究《易经》、《论语》就可知道的，但是《春秋》上表现得格外深切著明，很容意提醒人的。孔子哲学，本关于正心修身的方面较多，这种深切著明的大义，读之，于我们的身心上必有很大的益处。我在上面说的，可以印证《易经》、《论语》，可以见得孔子哲学之“真”之“全”，这不过算一件末事罢！

## 五

在结论中，我请对于“《春秋》大义”之怀疑者加以解释。我请以朱子之语为代表。

朱子是一个博学的孔子之徒，他以为“《春秋》煞有不可晓处”，他对于《春秋》没有什么著述，他觉得《春秋》之研究有不可能的地方，他说：

> 今只眼前朝报差除，尚未之朝廷意思如何，况生乎千百载之下，欲逆推乎千百载上圣人之心？况自己之心，又未如得圣人，如何知得圣人肚里事？除非是孔子还魂亲说出，不知如何。（《语类》三十八）





朱子对于《春秋》这样的怀疑，极可敬佩，其实未免矜慎过度了罢！我对于朱子所说，有三层解答。第一，朱子说过：“孔子修《春秋》，当时亦须与门人讲说，所以《公》、《穀》、《左氏》得一个源流……若是全无传授，如何凿空撰得？”我们现在虽居在孔子千百年之后，如根据孔子亲自传授的《公羊》研究《春秋》，那是孔子的真意，有何不可呢？（朱子不信《公羊》，故如此说。）第二，朱子以为必须孔子还魂，才能再讲《春秋》，这是万办不到的事。但是我们能否将《春秋》束之高阁，存而不问呢？将正名、原心、明政之旨置之不理，孔子之学，又不得其全，我们就因噎废食吗？第三，朱子以为研究《春秋》，不免有“猜谜”的嫌疑。老实说罢，研究古时的学问，都不免于“猜谜”。譬如“子贡方人”四字，有说是子贡“谤”人，有说是子贡“正”人，朱子说是子贡“比”人，这三说那个对呢？朱子能担保“比”人猜对了吗？何以研究他种书籍，不怕猜谜的嫌疑，对于《春秋》，又说如何知得圣人肚里事呢？研究《春秋》，又何尝是像朱子说的那样呢？我请郑重声明：《公羊》是孔子亲自传授下来的，我们只用严谨的方法研究《春秋》罢了！对于朱子这种怀疑，没有什么表同情的地方！

最后，我请引朱子的这一句话告结束："孔子之事，莫大于《春秋》"——《孟子注》。

今年元夜时，在太原改作

（原载《国故学讨论集》第三集）

# 《春秋》大义与孔子哲学思想

《春秋》之笔削。《春秋》本是鲁史，经过孔子笔削而成，但是孔子做这样一件事情，在《论语》上并不曾提过，到了孟子才行提出。自来的学者，都没有异议。即如以疑古为能事的人，如姚际恒、崔述之流，也都是拥护“孔子作《春秋》”之说的。崔述说：“《春秋》孔子之所自作，其文谨严简质”。都在积极方面承认《春秋》为孔子所作。开始怀疑孔子不修《春秋》的要算钱玄同先生。他在民国十二年《努力》增刊、《读书》杂志第十期《答顾颉刚先生书》（此文今收入《古史辨》第一册）中，以为《论语》中无记载关于《春秋》之事。他说：

> 《论语》之中……关于《春秋》的话，简直一句也没有。“答子张问十世”和“颜渊问为邦”两节，今文家最喜征引，说这是关于《春秋》的微言大义，但我们仔细读这两节话，觉得真是平淡无奇，一点也看不出什么“非常异议可怪之论”，而且《春秋经》、《公羊传》、《春秋繁露》中也并没有和这两节相同或相近的话。这样一件大事业，《论语》中找不出一点材料来，不是极为可疑的吗？

又说：

> 《春秋》王安石（有人说不是他）说它是“断烂朝报”，梁启超说它像“流水账簿”，都是极确当的批语。孟轲因为要借重孔丘，于是造出“《诗》亡然后《春秋》

作”，“孔子成《春秋》而乱臣贼子惧”的话，就这部断烂朝报，硬说它有“义”，硬说它是“天子之事”。……

从实际上说，“六经”之中最不成东西的是《春秋》。但《春秋》因为经孟轲的特别表彰，所以两千年中，除了刘知几以外，没有人敢对它怀疑的。孟轲是第一个讲“道统”的人，他的全书的末章，由尧、舜、汤、文王、孔子，叙到他的时候，明明有“独力肩道统”的意思。他全书中讲到《春秋》，共有三处（没有仔细查，不知有无遗漏）：

A. 孟子曰：“世衰道微，邪说暴行有作，臣弑其君者有之，子弑其父者有之。孔子惧，作《春秋》。”《春秋》，天子之事也。是故孔子曰：“知我者其惟《春秋》乎！罪我者其惟《春秋》乎！”……孔子成《春秋》而乱臣贼子惧。……（《滕文公下》）

B. 孟子曰：“王者之迹熄而《诗》亡，《诗》亡然后《春秋》作。晋之《乘》，楚之《梼杌》，鲁之《春秋》，一也。其事则齐桓、晋文，其文则史；孔子曰：‘其义则丘窃取之矣。’”（《离娄下》）

C. 孟子曰：“《春秋》无义战。”（《尽心下》）

B的话实在不通，《诗》和《春秋》的系统关系，无论如何说法，总是支离牵强的。我以为这三则都是孟轲要将自己的学说依托孔丘，正与朱熹自己的“格物穷理说”和王守仁自己的“致良知说”要依托《大学》同样地心理。他要辟杨、墨，为了他们是“无君无父”的学说，所以有A说；他是贵王贱霸的，所以有B说；他是说“善战者服上刑”的，所以有C说。A的后面，有“吾为此惧，闲先圣之道”和“我亦欲正人心，息邪说，距诐行，放淫辞，以承三圣者”等语，则依托孔丘以肩道统之意昭然若揭了。前人讲《春秋》，很相信孟轲的话，很不相信孙复的“《春秋》尊王发微”的话。其实照孟轲的意思，必须像孙复那样讲法才能圆满的。（《古史辨》第一册七七至七九页）

他这一封书中，虽说孔丘无删述或制作《六经》之事，但他对于“孔子作《春秋》”亦不过认为“可疑而已”。整个的《六经》当然不是孔子删述或制作，但是以孔子与《春秋》毫无关系，而对于孟子的说法一概抹杀，这也是不尽然的。钱先生在民国十四年，十，十四，《北京大学国学门周刊》中又发表他的《论春秋性质书》：“以为此书只有两个相反的说法可以成立，（一）认它是孔二先生的大著……（二）认定是历史……”他说：“我近年来主张后一说的。但是又以为如其相信孔子作《春秋》之说，则惟有依前一种那样讲还有些意思。”他对于《春秋》是否为孔子所作，实是疑莫能定。他在二十五年五月《北平师范大学国学丛刊》一卷二期所发表的《左氏春秋考证书后》，更由钟鼎款识以及《春秋》本身，断定《春秋》是经过“笔削”。他说：

> 《春秋》一定是一部“托古改制”的书。你看它对于当时的诸侯各国，称某某为公，某某为侯，某某为伯，某某为子，某某为男，用所谓“五等封爵”也者把他们都限定了，不能随便乱叫。今取钟鼎款识考之，知道全不是那么一回事；原来“王、公、侯、伯、子、男”六个字都是国君的名称，可以随便用的。然则《春秋》中那样一成不变的称谓，一定是儒家的“托古改制”，特地改了来表示“大一统”和“正名”的理想的。又如“公子庆父如齐，齐仲孙来”，“公朝于王所，天王狩于河阳”，“孟子卒”等等，都是用特殊的“书法”以明“义”，不是普通记载事实的态度。所以《春秋》的原本虽是鲁国的真历史，但既经“笔削”，则事实的真相一定改变了许多，断不能全认为史料。

他这里说：“《春秋》一定是一部‘托古改制’的书”，有许多“都是用特殊的‘书法’以明‘义’”，“不是普通记载事实的态度”，所以“《春秋》的原本虽是鲁国的真历史”，但是经过了

"笔削"，"则事实的真相一定改变了许多，断不能全认为史料。"他这种态度，既不认《春秋》是一部历史，而是"孔二先生的大著"。他个人也曾对我说过。当他说《春秋》与孔丘毫无干系的时候，不过是有为而发，也不一定主张孔子未曾笔削过《春秋》，其实这种意见是完全不正确的。现在我请提出八证以明《春秋》之必经孔子之"笔削"：

（一）从《孟子》书来看，《孟子》曾说："由孔子而来至于今，百有余岁，去圣人之世，若此其未远也；近圣人之居，若此其甚也。"（《尽心下》）孟子距离孔子时世与乡里都极相近，他说："孔子惧，作《春秋》"；"晋之《乘》，楚之《梼杌》，鲁之《春秋》，一也。其事则齐桓、晋文，其文则史；孔子曰：'其义则丘窃取之矣。'"他说的话，我们不容不信。而且，孟子的弟子公孙丑曾问孟子说："昔者窃闻之，子夏、子游、子张，皆有圣人之一体；冉牛、闵子、颜渊，则具体而微，敢问所安？"曰："姑舍是。"（《公孙丑上》）孟子之志愿是："乃所愿，则学孔子也。"（同上）他对于孔门的大弟子如颜渊、闵子骞、冉伯牛、子夏之流，都是看不起的。假如《春秋》未经孔子笔削，而是孔门弟子或其他的人物所假托的，他决不会认定地说："孔子惧，作《春秋》"。他距离孔子的时间与地域都很相近的，如若有伪托，他不会不知道，而且屡屡地以为孔子作《春秋》。所以孟子的话，在其他方面，纵有不可信的地方，然而关于《春秋》，我们是不容不信的。此其一。

（二）从《荀子》书来看。《荀子·劝学篇》说："《礼》之敬文也，《乐》之中和也，《诗》、《书》之博也，《春秋》之微也，在天地之间者毕矣。"又说："《礼》、《乐》法而不说，《诗》、《书》故而不切，《春秋》约而不速"。荀子在此篇认儒家之业只有《诗》、《书》、《礼》、《乐》、《春秋》，绝不及《易》。从"在天地之间者毕矣"一语看来，可见荀子是颇得当日之实情的；荀子所说《春秋》之“微”与“约”，又正合“《春秋》推见以至隐”的要旨，足见《春秋》在当日已成为儒家的经典，而其“微言大义”在当日已有了传授。荀子晚于孟子不过数十年，又曾在齐国三为祭酒，距离孔子时世、里居也不甚远，如《春秋》果非孔子所笔削，他应当一反孟子之说的。我们知道，《荀子》的《非十二子篇》是攻击子思、孟轲的“案往旧造说谓之五行，甚僻违而无类，幽隐而无说，闭约而无解，案饰其词而只敬之，曰：此真先君子之言也。”如若“孔子惧而作《春秋》”是子思、孟轲伪托之言，荀子是必定加以攻击。又，《非十二子篇》说：“是子张氏之贱儒也”，“是子夏氏之贱儒也”，“是子游氏之贱儒也”，荀子是一样地看不起孔门弟子，如若《春秋》不是孔子所笔削，而是孔门弟子或孔子再传弟子所伪托，荀子距离孔子的时间与地域都很相近，必不至即以《春秋》为儒家之经典而加以崇奉的。故由荀子看来，一方面足证孟子之言为可信，一方面也可足证《春秋》为孔子笔削之说为可信。





（三）从《春秋》的内容来看。《春秋》原本是鲁国的史记，在庄公七年《公羊传》说：“《不修春秋》曰：‘雨星不及地尺而复’，君子修之曰：‘星霣如雨’。《公羊传》也是以《春秋》有原本的。但《春秋》的原本是历史，而《春秋》则是一部“托古改制”的书，钱先生说得好：“你看它对于当时的诸侯各国……用所谓“五等封爵”也者把他们都限定了，不能随便乱叫。今取钟鼎款识考之，知道全不是那么一回事。……又如‘庆父如齐，齐仲孙来’，‘公朝于王所，天王狩于河阳’，‘孟子卒’等等，都是用特殊的‘书法’以明‘义’，不是普通记载事实的态度。”我们再看《春秋》中只用“王正月”、“王二月”、“王三月”，而不像钟鼎文中连“王九月”、“王十月”、“王十二月”都有，这可见《春秋》的体例，确是经过一番整理，不是如后所讥的“断烂朝报”。据文法的统计看来，《春秋》中所用之“于”无一字与

"於"字相混，不像战国时期的作品。而其中所含的思想确具有"正名"的意思，可决知其出于孔子，或略后于孔子之人，不是前于孔子或孔子同时之史官所为。不过就《孟子》看，如《春秋》非孔子所为，孟子必不至于许为孔子所作。而据定元年《公羊传》说："定、哀多微辞，主人习其读而问其传，则未知己之有罪焉尔。"是《春秋》有讥切时事的地方，不像晚于孔子的人所作的。这样看来，《春秋》既非前于孔子或与孔子同时之史官记载史迹的作品，就时代背景、思想内容等方面看来，亦不似晚于孔子之人所为，且有人托为孔子所为，孟、荀诸子必不贸然信之，我们如说现在流传下来的《春秋》不是孔子所修，无论从哪一方面讲来都不能正确。



(四) 从《春秋》的背景看。《春秋》是一部托古改制的著作，许多地方都是用特殊的笔法以表示其微言大义，不是普通记载历史的态度与方法，这由钟鼎款识与"《春秋》书法"可以得到确切地证明。我们由《春秋》所代表的时代背景也可以看出《春秋》是孔子时的作品的。《春秋·宣十五年》记"初税亩"，而在哀十一年记"用田赋"，这是两重纳税，与《论语·颜渊》篇"哀公问于有若曰：'年饥，用不足，如之何?'有若对曰：'盍彻乎?'曰：'二，吾犹不足，如之何其彻也?'"情形正合，大约是旧时田制与税则俱破坏，而鲁君又令人民二重纳税的现象。在《春秋》中，尊王攘夷的观念颇浓厚，《史记·孔子世家》叙孔子修《春秋》曾说："乃因史记修《春秋》，上至隐公，下讫哀公十四年，十二公。据鲁，亲周，故殷，运之三代。约其文辞而指博。故吴楚之君自称王，而《春秋》贬之曰'子'；践土之会实召周天子，而《春秋》讳之曰'天王狩于河阳'。"这种尊周攘夷的观念，在稍后的儒家，因为时移世易，即不会发生的。例如，孟子总算是贵王贱伯的，他说："五霸者，三王之罪人也；今之诸侯，五霸之罪人也。"(《告子下》) 然而在他的书中，却不见有如何维护周室尊严的论调。后来有人嘲笑孟子说："当日尚有周天子，如何声声竟王齐?"可见在孟子时已不觉地忘了尊王攘夷的观念了！这正足见时代不同，则思想因之而异，如说《春秋》是孔子以后、孟子以前的人所作，则既与所处之时代不同，自然也不会产生尊王攘夷观念，"吴、楚之君自称王，而《春秋》贬之曰'子'。"故由其思想之背景看来，《春秋》也不像孔子以后的所笔削。这些都是很确切的证明。

(五) 就《春秋》的"原料"看。《春秋》是以鲁国史笔削而成，不是可以任意向壁虚造的。假如不是孔子所修，而为孔子以后之人所伪托，则他从何处能得来鲁史已颇成问题。故必如孔子生于鲁国而且又身居显位，才能得见鲁史，才能伪为"笔削"之业。儒家的后辈在鲁国居显位的，除子思外，实无他人。如为子思所作，则必为荀子所攻击，而且也不必有《春秋》"正名"、"尊王攘夷"等观念。如非子思所为，则从原料一方面看来，既有点不可能，而且也不必有《春秋》"正名""尊王攘夷"等等观念，因为时代总是不同了，必有露出马脚的地方。

(六) 就《左传》的续经看。《春秋》本是终于哀十四年春"西狩获麟"，但在《左传》中则有续经至"哀十六年夏四月己丑，孔丘卒"。这三年中，《左氏》续经为数不多，但在这为数不多的续经之中，据刘逢禄《左氏春秋考证》看来，已有很多与《春秋》不同的地方，例如：

《哀公篇·证续经之缪》："夏四月，齐陈恒执其君，置于舒州。""六月，齐人弑其君壬于舒州。"

证曰："……弑君之罪重矣！何暇详其先幽后弑哉！'执'为中国讨罪之词，岂可以臣下施之君上！既曰'陈恒'，又曰'齐人'；孔颖达引伪例曰：'齐君无道'，以纵释陈恒之罪，大违夫子请讨之义。"(《考证》页四一至四二)

"有星孛"。

证曰："《经》无此阙疑法。"（同上）

"成叛"。

证曰："《经》无此书法。"（同上）

仅两年的续经中就有这些毛病，纂修《春秋》，本出一人之手，若稍有伪窜，也并非易事，很易受后人"不谨严"的批评。由这一点看来，也似必为孔子所修的。

（七）从《公羊传》来看。《公羊传》的著作年代，我们不能断言其早，但是《公羊传》似乎未曾"见过"孟子，这一点是可以推证的。《孟子》说："晋之《乘》，楚之《梼杌》，鲁之《春秋》，一也。其事则齐桓、晋文，其文则史；孔子曰：'其义则丘窃取之矣。'"在昭公十二年《公羊传》解释"齐高偃帅师纳北燕伯于阳"说："伯于阳者何？公子阳生也。子曰：'我乃知之矣。'（何注：'子谓孔子。乃，乃是岁也。时孔子年二十三，俱知其事，后作《春秋》。案《史记》，知公误为伯，子误为于，阳在，生刊灭缺。'）在侧者曰：'子苟知之，何以不革。'曰：'如尔所不知何？《春秋》之信史也，其序则齐桓、晋文，其会则主会者为之也，其词则丘有罪焉耳。'"其文辞与《孟子》不同。在《孟子·告子下》篇说："五霸桓公为盛，葵丘之会，诸侯束牲载书而不歃血。初命曰：'诛不孝，无易树子，无以妾为妻。'再命曰：'尊贤育才，以彰有德。'三命曰：'敬老慈幼，无忘宾旅。'四命曰：'士无世官，官事无摄，取士必得，无专杀大夫。'五命曰：'无曲防，无遏籴，无有封而不告。'曰：'凡我同盟之人，既盟之后，言归于好。'"这在《公羊传》是记在僖公三年秋"齐侯、宋公、江人、黄人会于阳谷"的，《公羊传》说："此大会也，曷为末言尔？桓公曰：'无障谷，无贮粟，无易树子，无以妾为妻。'"而在僖公九年九月"戊辰，诸侯盟于葵丘"下则云："桓之盟不日，此何以日？危之也。何危尔？贯泽之会，桓公有忧中国之心，不召而至者江人、黄人也。葵丘之会，桓公震而矜之，叛者九国。震之者何？犹曰振振然。矜之者何？犹曰莫若我也。”这尤可见《公羊传》上都有记载，不过说法稍有不同，《孟子》非取之于《公羊》，《公羊》亦非取自《孟子》，而是各有其所依据，并非无根之谈。

（八）从《论语》一书来看。“答子张问十世”和“答颜渊问为邦”两节，钱先生说：“今文家最喜征引，说这是关于《春秋》的微言大义，但我们仔细读这两节话，觉得真是平淡无奇，一点也看不出什么‘非常异议可怪之论’，而且《春秋经》、《公羊传》、《春秋繁露》中也并没有和这两节相同或相近的话。这样一件大事业，《论语》中找不出一点材料来，不是极为可疑的吗？”依我个人的意见看来，这也殊不尽然。讲《公羊传》的人讲起《论语》来，有的颇好附会《春秋》的“微言大义”，例如〈颜渊〉篇，“樊迟从游于舞雩之下，曰：‘敢问崇德、修慝、辨惑。’子曰：‘善哉问！先事后得，非崇德与？攻其恶，无攻人之恶，非修慝与？一朝之忿，忘其身，以及其亲，非惑与？’”他们以为这是就鲁昭公二十五年秋七月上辛“大雩”，季辛又“雩”，鲁昭公利用雩聚众攻季氏而言，樊迟之问，孔子之答，都是有为而发。不过这也不是证明孔子与《春秋》的关系，只可说这是他们“游于舞雩”的感想。不过在《卫灵公》篇，“子曰：‘吾犹及史之阙文也，有马者，借人乘之，今亡矣夫！’”这可见得孔子确曾见过《不修春秋》，这一章当与孔子“修《春秋》”有关。至于《论语》明不载孔子修《春秋》，则《论语》中所未载的事情正多，殊难以作证明。这不像删《诗》、《书》，就《诗》、《书》的本身看来，就其传说起于西汉看来，那样的不可信。所以《论语》虽未明显记载，然而是可以无疑义的。

近人因《论语》中没有记载孔子之笔削《春秋》，或以《孟子》说的“其义则丘窃取之矣”，而以为只“取”其义，而非“作”其义，“孟子此说，与他的孔子‘作《春秋》’之说不合，而却近于事实。”又说：“孔子主张正名，是《论语》上说过的。不过按之事实，似乎不是因主张正名而作《春秋》，如〈传〉所说；似乎孔子取《春秋》等书之义而主张正名，《孟子》所说：‘其义则丘窃取’者是也。”这一个解释是很好的。但绝不能说只“取”其义，就不能“作”《春秋》，因为“取”与“作”并不是矛盾的。或者孔子因为读到“不修”的《春秋》而感觉其义可“取”，感觉历史也是一种很好教的教训，因取《不修春秋》而“作”之。《孟子》此说，与他的“孔子作《春秋》”之说，并没有什么不合。至于或因《孟子》之说多不可信，而不信“孔子作《春秋》”，这在我们要看事论事，不能因《孟子》之说有不可信的地方而否认其一切可信的地方。《春秋》曾经孔子笔削，从种种方面都可以推证出来，而且那位使人误会了他要取消他的真姓而以“疑古”为姓的钱玄同先生也说：“《春秋》一定是一部‘托古改制’的书”，“不是普通记载事实的态度”，是“经笔削”过了的，则我们也大可看出孔子“作《春秋》”之说是毋庸置疑的。不过，话能如此，但汉儒谓“孔子修《春秋》，笔则笔，削则削，游、夏之徒不能赞一词”，这样地以“修《春秋》”是如何的神秘的说法，似乎渲染过甚，我们当仍视为无根之谈。

# 三国六朝经学上的几个问题

三国六朝三百余年来是经学史上发生很大的变迁的时代。这时今文经学的流传渐渐的减少，古文经学的流传也顿改旧观，博士由分经而不分经，经传本文则多由分而合，经的释解由简而繁，由集解式的演进到义疏式的，说经之义则更杂以玄学、佛学的色彩，直以“玄”、“佛”的眼光来说经。这种种的变迁，比起后汉经学今古文的纷争与杂糅，此起唐宋《五经正义》之统一及其反动，其花样之多是有过之而无不及的。这时期的经学，从表面上看来，不及汉宋两代之盛，所以从来不为人所注意，有些地方简直为人所误解了！例如《隋书·经藉志》以为“晋时……《穀梁》范甯传：……俱立国学”。《北史·儒林传》以为“其《公羊》《穀梁》二传，儒者多不厝怀”。陆德明《经典释文》说：“《齐诗》魏代已亡”。皮锡瑞《经学历史》直以李业兴素不玄学为“北重经学不杂玄学”之证。这些说法都是不合乎当日的实际情形的。从唐宋的学者一直到清儒，对于三国六朝这一时代的经学，颇有没有把握着当日之真相的，也可以说是怪有趣味的事情了！在这一篇文字之中，对于这一时期的经学不能加以整个的详细的叙述，现在所要说明的只是关于这时期的：

（1）所谓玄学对于经学的影响。

（2）魏晋以降太学博士的增损。

（3）经传的分合与经传的集解。

（4）义疏的兴起与义疏之内容。

（5）所谓《三传》之学及其他。

为节省篇幅起见，对于上列的五项，也只是略说而已，其有不备之处，则亦惟有俟诸异日也。

## 一　所谓玄学对於经学的影响

三国六朝的时候本是“儒”、“玄”、“文”、“史”并行发达的时期，经学的发展受“玄”“文”“史”的影响是极显明的。建安时代的文学，正始时代的玄风所给予经学的影响，在干宝《晋纪·总论》说：

> 学者以老庄为宗而黜六经，读者以虚荡为辨而贱名俭（《晋书·武帝纪》作检）。

《晋书·儒林传序》说：

> 有晋始自中朝，迄於江左，莫不崇饰毕竟，祖述虚玄，摈阙里之典经，习正始之余论，指礼法为流俗，目纵诞以清高。

《宋书·臧焘徐广傅隆列传论》说：

> 自魏氏膺命，主爱雕虫，家弃章句，人重异术，……自黄初至於晋末百余年中，儒教尽矣！

《南齐书·刘瓛传论》说：

> 江左儒门，参差互出，虽於时不绝，而罕复专家。晋世以玄言方道，宋氏以文章闲业，服膺典艺，斯风不纯，二代以来，为教衰矣！

《南史·儒林传序》说：

> 洎魏正始以后，更尚玄虚，公卿士庶，罕通经业，……自是中原横溃，衣冠道尽，逮江左草创，日不暇给，以迄宋、齐。

以上所谓“魏氏膺命，主爱雕虫”，“晋世以玄言方道，宋氏以文章闲业”，足见玄学文学之风之盛，竟使“百余年中，儒教尽矣”，其变迁真可谓剧烈了！

但是所谓玄学也者，最初固只指老庄的玄虚而言，后来又指所谓三玄（老、庄、易）而言，后来实又兼指着佛理而言（详见《高僧传》、《出三藏集记》等书）。魏晋之际，如何晏、王弼等人之以老庄之旨说经，这里且不详细说他。《南史·儒林列传》说是："伏曼容，……善《老》《易》，……尝与袁粲罢朝相会言玄理，时论以为一台二绝。""子（伏）暅，……幼传父业，能言玄理。""严植之，少善庄老，能玄言，精解《丧服》。""太史叔明，少善庄老。""全缓……通《周易》、《老》、《庄》，时人言玄者推之。""张讥，……笃好玄言，讲周易》、《老》、《庄》而教授焉。""顾越，……特善老庄，尤长论难。""龚孟舒，亦通《毛诗》，善言名理。"可见后来南学实深受老庄的影响。但是佛学之影响于经学，其程度是决不亚于《老》学，这是必不可忽视的。《宋书·隐逸传》说：

> 周续之，字道祖，雁门广武人也。其先过江，居豫章建昌县。……豫章太守范宁，于郡立学，招集生徒，远方至者甚众。续之年十二，诣宁受业，居学数年，通五经并纬候，名冠同门，号曰"颜子"。既而闲居，读《老》、《易》，入庐山，事沙门释慧远，………通《毛诗》六义及《礼论》、《公羊传》，皆传于世。

雷次宗，字仲伦，豫章南昌人也。少入庐山，事沙门释慧远，笃志好学，尤明《三礼》、《毛诗》。

范宁门下的"颜子"，善讲《丧服》的雷次宗，都是释慧远的弟子。而范宁本人，据《世说新语·言语篇》说：

> 范宁作豫章，八日请佛有板，众僧疑，或欲作答。有小沙弥在坐末曰："世尊默然，则为许可。"众从其义。

也与佛学是有交涉的，可见当日的经生对于佛学的关系的密切。(尚有他证)

梁武帝是提倡经学的人，而“兼笃信正法，尤长释典，制《涅槃大品》、《净名三慧》诸经义记复数百卷，听览馀闲，即於重雲殿及同泰寺讲说，名僧硕学四部听众常万馀人”。简文帝著有《法宝连壁》三百卷。元帝著有《内典博要》一百卷。《昭明太子传》说：“高祖大弘佛教，亲自讲说，太子亦崇信三宝，遍览众经，乃於宫内别立慧义殿，专为法集之所，招引名僧，谈论不绝，太子自立‘三谛法身义’，并有新意。”上有好者，下必甚焉（详见《宏明》集卷十一），皇侃《论语义疏》说：

> 周孔之教，不得无杀，因杀止杀，故同物有杀也。（《述而》篇）
>
> 外教无三世之义，见乎此句也。周孔之教，惟说现在，不明过去未来。（《颜渊》篇）

孔颖达《周易正义序》说：

> 江南义疏，十有余家，皆辞向虚玄，义多浮诞。原夫《易》理难穷，虽复玄之又玄，至于垂范作则，便是有而教有。若论住内住外之空，就能就所之说，斯乃义涉于释氏，非为教于孔门也。

这都足以见南方经学之受佛学的影响。北方之于佛、老，其情形也相同，现在多举几条证据来说：

（1）《魏书·释老志》：“太祖平中山，经略燕赵，所迳郡国佛寺，见诸沙门道士，皆致精敬，禁军旅无有所犯。帝好黄老，颇览佛经。……太宗践位，遵太祖之业，亦好黄老，又崇佛法。”

（2）同上《世祖纪下》：“太平真君……三年，春正月甲申，帝至道壇，亲受符箓，仿法驾，旗帜尽青。”

（3）同上《高祖纪下》：“雅爱读书，手不释卷，五经之义，览之便讲，学不师受，探其精奥。史传百家，无不该涉。善读《庄》、《老》，尤精释义。”

（4）同上《世宗纪》：“雅爱经史，尤长释氏之意，每至讲论，连夜忘疲。”

(5) 同上《刁雍传》：“好尚文典，………笃信佛道，著《教诫》二十余篇。”

(6) 同上《卢玄传》：“元聿第五弟元明，……性好玄理，作《史子新论》数十篇。”

(7) 同上《赵柔传》：“陇西王源贺采佛经幽旨，作《祇洹精舍图偈》六卷，柔为之注解。”

(8) 同上《程骏传》：“师事刘眪………骏谓眪曰：“今世名教之儒，咸谓老庄其言虚诞，不切实要，弗可经世，骏意以为不然。夫老子著抱一之言，庄生申性本之旨，若斯者可谓至顺矣。”

(9) 同上《崔光传》：“肃宗亲释奠国学，光执经南面，百寮剖列，每为沙门朝贵请讲《维摩诘十地经》，听者常数百人，即为《二经义疏》三十余卷。”

(10) 同上《裴叔业传》：“植字久远，叔业兄叔宝子也。少即好学，览综经史，尤长释典，善谈理义。”

(11) 同上《高崇传》：“子谦之，……专意经史，………好文章，留意《老》《易》……凉国盛事佛道，为论贬之，……当世名士，竞以佛理来难。”

(12) 同上《鹿悆传》：“好兵书阴阳释氏之学。”

(13) 同上《儒林传》：“刘献之，……每讲《左氏》，尽隐八年便止，云义例已了，不复须解，……六艺之文，虽不悉注，然所标宗旨，颇异旧义。注《涅槃经》未就而卒。” “孙惠蔚，………先单名蔚，正始中侍讲禁内，夜论佛经，有惬帝旨，诏使加惠，号‘惠蔚法师’焉。” “卢景裕，……所注《易》大行于世，又好释氏，通其大义。”“李同轨，………学综诸经，多所治诵，兼读释氏。”

(14)《北齐书·杜弼传》：“弼性好名理，探味玄宗，自在军旅，带经从役，注《老子道德经》二卷，表上之，……诏答云，……卿才思优洽，业尚通远，息栖儒门，驰骋玄肆，既启专家之学，且畅释老之言。”

(15) 同上《崔暹传》：“魏梁通和，要贵皆遗人随聘使交易，暹惟寄求佛经，梁武帝闻之，为缮写以幡花宝盖赞呗送至馆焉。”

(16)《周书·苏绰传》：“少好学，博览群书，………又著《佛性论》、《七经论》，并行於世。”

(17) 同上《薛善附传》：“太祖雅好谈论，并简名僧深识玄宗者一百人于第内讲说，又命慎等十二人兼学佛义，使内外俱通，由是四方竞为大乘之学。”

(18) 同上《儒林传》：“卢光，………解钟律，又好玄言，……撰《道德经章句》行於世。”“沈重，……学业该博，为当世儒宗，至于阴阳图纬、道经释典，无不通涉。”

(19)《隋书·张照传》：“父羡，……撰《老子庄子义》，名曰‘道言’，五十二篇。”

(20) 同上《长孙炽传》：“建德初，武帝尚道法，尤好玄言，求学兼经史善于谈论者为通道学士，炽应其选。”

(21)《北史·儒林传》：“辛彦之，……崇信佛道，於城内立浮图二所，并十五层。”“何妥，……撰……《庄子义疏》四卷，与沈重等撰《三十科鬼神感应等大义》九卷。”

据以上所列的看来，北学穷经之士之录善释老的，真是其数非一，《儒林传》中的人物有刘献之、孙惠蔚、卢景裕、李同轨、卢光、沈重、辛彦之、何妥等辈，卢何对于庄老并有著述，北之经学亦杂玄学，其证据是再显明也没有了。皮锡瑞等据李业兴一人之“少为书生，止习五典………素不玄学，何敢辄酬”，而抹煞其他的证据，这种说法，真是太不合于当日的实际的情形了。《魏书·释老志》说：“世祖即位，富于春秋，既而锐志武功，……”帝既忿沙门非法，……诏诛沙门长老，焚破佛像。”《周书·武帝纪》说：“（建德三年）初断佛、道二教，经像悉毁，罢沙门道士，并令还民，并禁诸淫祀，礼典所不载者尽除之。”在北朝，所谓佛教的“三武之厄”已占有其二，这固然有的是因为三教之争，而所谓玄学、道佛之学、仍极典盛，实是很明显的事实。因为南北两方的玄学都极盛，所以成为：

（1）六朝义疏的发达的原因之一。因为义疏多用讲疏之名，或是由于受佛教说法的影响而然的。

（2）北学之并入南学的原因之一。因为南学固是极带有玄学的色彩，而北学也是倾向于玄学的。

（3）《周礼》《仪礼》之学不甚发达的原因之一。因为《周礼》《仪礼》说理的地方较少而不合于谈论之风的。(注一)

（4）三国六朝学者思想自由的原因之一。因为玄学之风既盛而学者对于疑经疑圣可无顾虑的。

前人只认为三国六朝的学风与“玄”有关系而不甚理会其与“佛”亦有相当的关系，所以不知义疏的发达是多少要受佛教说法的影响的。他们既认为北重经学不杂玄学，所以以为北学并入南学，只是北学向慕南学的缘故，而不知二者既道一风同，自然有此倾向的。《周礼》、《仪礼》之学不甚发达，当时学者思想之极自由，在他们既不甚注意，更不说其因果了！这些且待下面再为申说。

史学的发达，在后汉已然，据清儒姚振宗《补后汉书艺文志》所著录的已可分十五类之多；在姚氏的《补三国艺文志》，关于史学的著述，著录的有一八四部；黄逢元的《补晋书艺文志》关于史学的著述录的有三二一部，四五八九卷。钱大昕《元史艺文志》说：“自刘子骏校理秘文，分群书为六略，是时固无四部之名，而史家亦未别为一类也。晋荀勖撰《中经簿》，始分甲乙丙丁四部，而子犹先于史。至李充重分四部，五经为甲部，史记为乙部，诸子为丙部，诗赋为丁部，而经史子集之次始定。”史学在三国六朝之时之发达，真是蔚为大观，使目录的分类，由七略而四部，其影响于经学的，当然是很可观的。朱彝尊《经义考》上说：

胡一桂曰："干宝《周易传》十卷，宣和四年蔡攸上其书曰：'其学以卦爻配月，或以配日，时傅诸人事，而以前世已然之迹证之，训议颇有所据。'"

这是以史事说经，足以为证明者一也。《宋书·隐逸传》说：

元嘉十五年，征（雷）次宗至京师，开馆于鸡笼山，聚徒教授，置生百余人。时国学未立，上留心艺术，使丹阳尹何尚之立"玄学"，太子率更令何承天立"史学"，司徒参军谢元立"文学"，凡四学并建。

"凡四学并建"此足为证明者二也。史学的发达，使当时人士多了一条治学的出路，经学的发展自当受其影响，这也是值得注意的。



## 二　魏晋以降太学博士的增损



后汉的十四博士分掌今文诸经，这在《续汉书·百官志》有很显明的记载。魏晋的博士，据《晋书·职官志》说：

晋初承魏制，置博士十九人，……及江左初，减为九人。元帝末，增《仪礼》、《春秋公羊》博士各一人，合为十一人。后又增为十六人，不复分掌《五经》，而谓之太学博士也。孝武太元十年，损国子助教员为十人，而谓之太学博士。

据《宋书·百官志》说：

（博士）：魏及晋西朝置十九人，江左初减为九人，皆不知掌何经。

《魏志·杜畿传注》引鱼豢《魏略·儒宗传》说：

乐详，黄初中征拜博士，於时太学初立，有博士十余人。

魏略与宋书所说，都是较早的记载，已不得知其详了。《魏志·文帝纪》谓：

黄初……五年……夏四月，立太学，制五经课试之法，置《穀梁春秋》博士。

初，肃善贾、马之学，而不好郑氏，采会同异，为《尚书》、《诗》、《论语》、《三礼》、《左氏》解，及撰定父朗所作《易传》，皆列於学官。

据这两处所说，则魏代的博士，有掌《穀梁春秋》及王肃所注的八经的。《晋书·荀崧传》说：

转太常。时方修学校，简省博士，置《周易》王氏，《尚书》郑氏，《古文尚书》孔氏，《毛诗》郑氏，《周官》、《礼记》郑氏，《春秋左传》杜氏、服氏，《论语》、《孝经》郑氏博士各一人，凡九人。其《仪礼》、《公羊》、《穀梁》及郑《易》皆省不置。崧以为不可，乃上疏曰："……世祖武皇帝应运登禅，崇儒兴学，……太学有《石经》古文，先儒典训，贾、马、郑、杜、服、孔、王、何、颜、尹之徒章句传注众家之学；置博士十九人。九州之中，师徒相传，学士如林。……伏闻节省之制，皆三分置二，博士旧置十九人，今五经合九人，准古计今，犹未能半。…今九人以外犹宜增四，……宜为郑《易》置博士一人，郑《仪礼》博士一人，《春秋公羊》博士一人，《穀梁》博士一人。"……诏曰："《穀梁》肤浅，不足置博士，除如奏。"会王敦之难，不果行。

如若依此及《晋书·职官志》、《宋书·百官志》之说，则是晋承魏制，魏的十九博士似有分掌贾、马、郑、杜、服、孔、王、何、颜、尹所注的各经的。不过这十九人之分掌何经，现在实在很难以详细地确定。王静安先生在他所著的《汉魏博士考》

上说：

> 《王肃传》明言其所注诸经，皆列于学官，则郑注五经，亦列于学官可知。然则魏时所立诸经，已非汉代之今学，而为贾、马、郑、王之古学矣。……今以荀崧所举家数，与沈约所举魏博士员数参次之，魏时除《左传》杜注未成，《尚书》孔传未出外，《易》有郑氏、王氏，《书》有贾、马、郑、王氏，《诗》及《三礼》郑氏、王氏，《春秋左传》服氏、王氏，《公羊》颜氏、何氏，《穀梁》尹氏，适得十九家，与博士十九之人数相当。沈约之说，虽他无所征，盖略近之矣。此十九博士之中，惟《礼记》、《公》、《穀》三家为今学，余皆古学，于是西京施、孟、梁邱、京氏之《易》，欧阳、大小夏侯之《书》，齐、鲁、韩之《诗》，庆氏大戴之《礼》，严氏之《春秋》，皆废于此数十年之间，不侍永嘉之乱，而其亡可决矣。学术变迁之在上者，莫剧于三国之际，而自来无能质言之者，此可异也。

这里所谓"学术变迁之在上者，莫剧于三国之际"，这话是一点也不错的；因为王肃所注诸经皆列于学宫，只此一点已足证明其变迁之剧。但是这里王静安先生所列的十九博士，也只能说是"盖略近之矣"。因为：

(1) 据《王肃传》来说，他所注的《论语》，也"皆列于学官"，江左博士减为九人之时，《孝经》、《论语》尚且列于学官，然则王肃所注《论语》之列学官，在他本传所说的应当是事实。现在于十九博士中不列王注的《论语》，是否合于当日实际的情形，是很有疑问的。

(2) 据《南齐书·陆澄传》，陆澄与王俭书说："《左氏》泰元取服虔而兼取贾逵，服传无经，虽在注中，而又有无经者故也。"服虔之注，既如此之不便，服氏之注，也未必为当时所重；

当日王肃既善贾、马之学，则是十九博士之中，应当列贾逵注的《左传》，而是否列服注《左氏》，也应当是有疑问的。

(3) 郑氏之学，据《旧唐书·元行冲传》说："行冲著《释疑论》曰：'王粲称伊雒以东，淮海以北，康成一人而已，莫不宗焉。咸云先儒多阙，郑氏道备，粲窃怪欢，因求其学，得《尚书注》，退而思之，以尽其意，意皆尽矣，所疑之者，犹未喻焉。凡有二卷，列于其集。'"郑学虽受当世宗仰，而如王粲、王肃、王弼、虞翻、钟会、李撰（注二）等人，他们都是对郑氏加以驳难的，郑注五经是否完全立于学官，也应当是有一点疑问的。

(4) 就荀崧的上疏所说："太学有石经古文，先儒典训，贾、马、郑、杜、服、孔、王、何、颜、尹之徒章句传注众家之学；置博士十九人。九州之中，师徒相传，学士如林，犹选张华、刘寔，居太常之官，以重儒教。"贾、马、郑、杜、服、孔、何、颜、尹之徒章句传注众家之学，是否与下文"置博士十九人"有极密切的关系已是很有疑问的。而且晋之博士十九人分掌何经也难考定，则魏博士十九人分掌何经也当是难考定的。



我们现在真是只能说"盖略近之矣"，很难以详细地确定十九博士之分掌何经了！魏时的今文经学，除了"益部多贵今文"而外，实远不如古文经学之盛，但陆德明《经典释文》说"《齐诗》魏代已亡"，这却不尽然的。据《魏略·儒宗传》说："魏禧，字子牙，京兆人也………豢因从问《诗》，禧说齐、韩、鲁、毛四家义，不复执文，有如讽诵。"隗禧说四家义（注三），《齐诗》实在是还未亡的。

晋初博士十九人，后来简省为九人，诚如《晋书·职官志》、《宋书·百官志》所云，在上引荀崧的疏中也可以见出的。《南齐书·陆澄传》说：

> 时国学置郑、王《易》，杜、服《春秋》，何氏《公羊》，麋氏《穀梁》，郑玄《孝经》，澄谓尚书令王俭曰：

"《孝经》小学之类，不宜列在帝典。"乃与俭书论之曰："……晋太兴四年，太常荀崧请置《周易》郑玄注博士，行乎前代，于时政由王、庾，皆隽神清识，能言玄远，舍辅嗣而用康成，岂其妄然？太元立王肃《易》，当以在玄、弼之间。元嘉建学之始，玄、弼两立，逮颜延之为祭酒，黜郑置王，意在贵玄，事成败儒。今若不大弘儒风，则无所立学。众经皆儒，惟《易》独玄，玄不可弃，儒不可缺。谓宜并存，所以合无体之义。且弼于注经中已举《系辞》，故不复别注，今若专取弼《易》，则《系》说无注。《左氏》太元取服虔，而兼取贾逵经，服《传》无经，虽在注中，而《传》又有无经者故也。今留服而去贾，则经有所阙。案杜预注《传》，王弼注《易》，俱是晚出，并贵后生。杜之异古，未如王之夺实；祖述前儒，特举其违；又《释例》之作，所弘惟深。《穀梁》太元旧有麋信注，颜益以范宁，麋犹如故。颜论闰分范注，当以同我者亲。常谓《穀梁》劣，《公羊》为注者又不尽善，竟无及《公羊》之有何休，恐不足两立；必谓范善，便当除麋。世有一《孝经》，题为郑玄注，观其用辞，不与注书相类，案玄自序所注众书，亦无《孝经》。"俭答曰："《易》体微远，实贯群籍，……岂可专据小王，便为该备，依旧存郑，高同来说。……"

陆澄与王俭的这一封书，使我们明了许多的事情：

(1) 是关于《周易》的。《隋书·经籍志》说："梁陈郑玄、王弼二注列于国学，齐代唯传郑义，至隋王注盛行，郑学浸微，今殆绝矣。"这里的记载明说时国学置郑、王《易》，则是《隋志》所云："齐代唯传郑义"这话是不可信的。《北史·儒林传序》说："大抵南北所为章句，好尚互有不同，江左《周易》则王辅嗣，《尚书》则孔安国，《左传》则杜元凯；河洛《左传》则服子慎，《尚书》《周易》则郑康成。”这一封书中明说“舍辅嗣而用康成”，“依旧存郑，高同来说”。是则说是“江左《周易》则王辅嗣”，这话也只是“大抵”而巳。王肃《易》在南朝也立过学官。《北史·儒林传》又说：“河南及青、齐之间，儒生多讲王辅嗣所注。”并足证“南北所为章句，好尚互有不同”，只是一般的倾向。

（2）是关于《穀梁》的。《隋书·经籍志》说：“晋时杜预又为《经传集解》。《穀梁》范宁注，《公羊》何休注，《左氏》服虔、杜预注，俱立国学；然《公羊》《穀梁》，但试读文而不能通其义，后学三传通讲，而《左氏》唯传服义，至隋杜注盛行，服义及《公羊》《穀梁》浸微，今殆无师说。”据这一封书看来，《穀梁》范宁注的立于国学，是在颜延之为祭酒之时，在晋时是尚未立的。至于所谓“《公羊》《穀梁》但试读文，而不能通其义”，“《左氏》唯传服义”，这话是更错了！（注三）《四库总目〈隋书〉提要》说：“惟《经籍志》编次无法，述经学源流，每多舛误。”提出关于伏生《尚书》、卫宏《诗序》、小戴《礼记》三事为证。实在《隋志》是“每多舛误”的。

（3）是关于《孝经》郑注的。陆澄以为“观其用辞，不与注书相类”，怀疑其非郑玄所注。这是关于此书第一次的争辩。刘知几、司马贞在唐代也争辩过。（《唐会要》七十七），王应麟《困学纪闻》说：“《孝经》郑氏注，陆德明云：‘与康成注五经不同’。”今按，康成有‘六天’之说（见《礼记·郊特牲正义》），而《孝经注》云：‘上帝，天之别名’，故陆澄谓不与注书相类。”《孝经郑注》虽立学官，委实是可疑的。清儒如郑珍、皮锡瑞皆对此书极其袒护，然而还是不曾解决的。

要之，这一段记载是谈东晋、宋、齐博士与经注的关系所不可不知的。

《南齐书·百官志》说："博士谓之太学博士，国子祭酒一人，博士二人，助教十人。……总明观祭酒一人……太史六年以国学废，初置综明观'玄''儒''文''史'四科，科置学士各十人……建元中掌治五礼，永明三年国学建，省。"《隋书·百官志》说："国学有祭酒一人，博士二人，助教十人。太学博士八人。又有限外博士员。天监四年置五经博士各一人。旧国子学生限以贵贱，帝欲招来后进，五馆生皆引寒门隽才，不限人数。"《魏书·儒林传》说："道武初定中原，立太学，置五经博士。"《刘芳传》说："太和二十年发敕立四门博士，于四门置学。"这些则只足见博士增损之迹而已。

## 三　经传的分合与经传的集解

在魏晋的时候，经学的发展上，有一可注意的事件，则经典传的合并是也。本来在《汉志·六艺略》著录的各经：《周易》是十二篇，上下经及《十翼》，是各自分开的；《尚书》古文经是四十六卷，今文经是二十九卷，不论除《书序》计或是加《书序》计，《书序》与本文也是分开的；《三家诗》二十八卷，《毛诗》二十九卷，《毛序》与《诗经》原来也是分开的；《仪礼》的记，或者原附于经；《春秋左氏》经十二篇，《公羊》经十一卷，与《左氏传》三十卷，《公羊传》十一卷，《穀梁传》十一卷，也是分开计算的。除了《毛诗》，据《郑笺》说："其义则与众篇之义合编，毛公为诂训传，乃分众篇之义各置于篇端。"其《序》与经相合较早而外，《书》《易》《春秋》经、传、序的合并，应该是在这时期才完成的。据《魏志·高贵乡公纪》说：

> 帝幸太学，……问曰："孔子作《彖》、《象》，郑玄作注，虽圣贤不同，其所释经义一也。今《彖》、《象》不与经文相连，而注连之何也？"俊封曰："郑玄合《彖》、《象》于经者，欲使学者寻省易了也。"帝曰：

“若郑玄合之，于学诚便，则孔子曷为不合以了学者乎？……”

高贵乡公之问，明言“今《彖》、《象》不与经文相连”，则是当时经与《彖》、《象》还未合并的。以《彖》、《象》合于经，实始于王弼注。孔颖达《周易正义》说：

> 夫子所作《象》辞，元在六爻经辞之后，真自卑退，不敢于乱先圣正《象》之辞。及至辅嗣之意，以为《象》者本释经文，宜相附近，其义易了。故分爻之《象》辞，各附其当爻下言之，犹如元凯注《左传》，分经之年与传相附。

《正义》这个说法极其明了，《魏志》所说实是错了的。清儒李遇孙的《六朝经术流派论》说：“此时方论《彖》、《象》不与经连，何转云合之耶？方疑《郑注》与经文相连，何忽及《彖》、《象》之合不合耶？此史家承上文有《彖》、《象》二字而误之耳。”这种说法，甚有理由。但是他还未举出极好、极强有力的证据。陆德明《经典释文·序录》说：

> 郑玄注十卷。录一卷，《七录》云：“十二卷”。
>
> 王弼注七卷；注《易》上下经六卷，作《易略例》一卷。

后来的《崇文总目》也说：

> 《周易》一卷，郑康成注。今惟《文言》《说卦》《序卦》《杂卦》合四篇，余皆逸。

大概《七录》所列，或是郑注原本，经上下及《十翼》共十二卷，是《郑注》不合《彖》、《象》的明证。后来的人又有所改易，所以《隋志》与《七录》不同。《崇文总目》的《郑注》中《文言》犹是单行，更可为《郑注》不合《彖》、《象》的旁证。要之，《易》的经、传的合并，自王弼注而始完成如今之式，这是可无疑义的。

《尚书》的序与经文相连自伪《孔传》始，伪孔安国《尚书序》云：

> 《书序》序所以为作者之意，昭然义见，宜相附近，故引之各冠其篇首。

是书序与经文相连，始于王肃的伪《孔传》。杜预《左氏春秋经传集解》云：

> 分经之年与传之年相附，比其义类，各随而解之，名曰《经传集解》。

是《左氏传》与经文相附，始于杜预的《左氏春秋经传集解》。经与传的合并，大都是魏晋人所为是很明显的。孔颖达《毛诗疏》说："汉初为传训者，皆与经别行，三传之文，不与经连，故《石经》书《公羊传》皆无经文。……毛为诂训，亦与经别也。及马融为《周礼》之注，乃云欲省学者两读，故具载本文。然则后汉以来，始就经为注，未审此诗引经附传，是谁为之?"陈立《公羊义疏》说："蔡邕《石经》《公羊》残碑无经，《解诂》亦但释传也。分经附传，大抵汉后人为之。"试看《隋志》王愆期的《春秋公羊经传》十三卷，范甯的《春秋穀梁传》十二卷，这两种都是经传并注的，晋时《公》《穀》经传当已相连（《四库穀梁注疏提要》："范甯《集解》乃并经注之，疑即甯之所合。"）。大概经、传并合，魏晋人所为者居多。我们如说三国六朝经学的发展，使经传的篇籍惭渐地由分而合，这大概总是可以的。

现在再请说一说当日的集解。

(1) 标题为注的集解。集解的意义，依何晏的《论语集解叙》说："今集诸家之善说，记其姓名，有不安者，颇为改易，名曰《论语集解》。"则是郑玄的《周礼注》，采取郑兴、郑众、杜子春三家之说，而在诸家注下或用己意以破诸家，名虽为注，已是集解的体例了。这是一种名为注而实为集解的。后来当然更多。

(2) 何晏的《论语集解》。《论语集解叙》下署："光禄大夫关内侯臣孙邕，光禄大夫臣郑冲，散骑常侍中领军安亭侯臣曹义，侍中臣荀顗，尚书驸马都尉关内侯臣何晏等上"。《四库总目论语义疏提要》说："晋书载郑冲与孙邕、何晏、曹义、荀顗等共集《论语》诸家训诂之善者，义有不安，辄改易之，名《集解》。亦兼称五人。今本乃独称何晏，……何晏以亲贵总领其事欤?"据此，何晏式的集解，并非晏一人所为，这可以说是一种官修式的集解。现在我们引用何晏《集解》，如若认为何晏一人之意，而大讲其哲学思想，实在是还有问题的。

(3) 杜预的《经传集解》。杜预的《自叙》说："分经之年与传之年相附，比其义类，各随而解之，名曰《经传集解》。"孔颖达的《疏》说"杜言集解，谓聚集经传为之作解，何晏《论语集解》乃聚集诸家义理以解《论语》，言同而意异也"。

(4) 刘兆的《三家集解》。《晋书·儒林传》说："刘兆，……武帝时，五辟公府，三征博士，皆不就。……以《春秋》一经而三家殊途，诸儒是非之议纷然，互为仇敌。乃思三家之异，合而通之。《周礼》有调人之官，作《春秋调人》七万余言，皆论其首尾，使大义无乖。时有不合者，举其长短以通之。又为《春秋左氏解》，名曰《全综》，《公羊》、《穀梁》解诂皆纳经传中，朱书以别之。"刘兆的著作，在《隋志》题为《春秋公羊穀梁传》，在《旧唐志》题为《春秋公羊穀梁左氏集解》，在《新唐志》题为《三家集解》。"三家集解"或非本名，然而《刘兆传》上明说"《公羊》《穀梁》，解诂皆纳经传中"，则明明是三家集解了。他在武帝时对于《春秋》三传已有"举其长短以通之"的说法，他实是开范甯的择善而从之风的。《隋志》又说："梁有《春秋集三师难》三卷，《春秋集三传经解》十卷，胡讷撰。今亡。"严可均《全晋文编》曰："胡讷，永和末太学博士。"《通典》五十九："升平元年八月，符问：'迎皇后大驾应作乐不?'胡讷议婚不举乐。"升平是晋穆帝永和之末改的年号。范甯《穀梁传集解自序》说："升平之末，岁次大梁，先君北蕃迴轸，顿驾于吴，乃帅门生故吏，我兄弟子侄，研讲六籍，……"范甯的《集解》比较刘兆的固晚，比胡讷的也晚，有人以为范甯的"择善而从"是具有革命精神，殊不知刘兆、胡讷更要算是这革命的急先锋的。

(5) 无主名的集解。这一类无主名的集解，《隋志》著录的如:《周易马郑二王四家集解》十卷。《周易荀爽九家注》十卷。梁有《尚书音》五卷，孔安国、郑玄、李执、徐邈等撰。梁有《毛诗》二十卷，郑玄、王肃合注。亡。梁有《毛诗音》十六卷，徐邈等撰。《春秋穀梁传》四卷，残缺，张、程、孙、刘四家集解。这一类的集解，明是魏晋以后学者，杂取诸儒之说，集而录之以为集解。陈振孙《书录解题》以《周易荀爽九家注》就是《淮南九师说》(《汉志》:"《淮南道训》二篇，淮南王安聘明《易》者九人，号九师说")。朱震以为是荀爽所集的，这都是错误的。陆德明《经典释文》说："不知何人所集，称荀爽者，以为主故也。"惠栋《易汉学》七谓："九家易，魏晋以后人所撰，其说以荀爽为宗，朱氏遂谓爽所集，失之。"这一类的集解只是便于讲诵的一种"合本"，与其他《集解》是不可相提并论的。

(6) 陆德明的《经典释文》，为经籍作音训也是三国六朝经学发展上很可注意之事。陆德明《经典释文》主张"孙炎始为反语"，因而他主张"汉人不作音"；后玄对于《书》、《诗》作音，只是"后人所托"，但他对于王肃作音则并不怀疑的。其实依据前儒及近来的考订，"反切"实不始于孙炎，郑玄对于众经作音，本来是可以信任的（参看吾友刘盼遂先生《文字音韵学论丛》之《反切不始于孙叔然辨》，人文书店出版）。各经的音义，在郑玄、王肃以后，学者颇多专为注释的，这自然要有人出而采集魏晋以降各经音训而为之“集解”了；陆德明《经典释文》实在就是做这种工作的。在他的《条例》中说：“其音堪互用，义可并行，或字存多音，众家别读，苟有所取，靡不毕书，各题姓氏，以相甄识”。这与何晏所谓“集诸家之善说，各姓记名”，其辨法正是相同的。所以陆氏的《经典释文》也可以说是集解的一种，不过他所集的只是音义，一部分的集解而已。

要之，三国六朝经学的发展，因为注释经的较多了，逐渐有集解式的说经的书，这实在是一种进步，至其式样有五六种之多，则更足以见其发达之盛。

## 四　义疏之兴起及义疏之内容

义疏的发达在南北朝是很显见的，但是义疏究竟起于何时，以及义疏兴起的原因，这是旧来所不注意的问题。近来有的以为义疏的兴起完全归之佛教的影响，这实在是不对的。依据《隋志》来看，《隋志》说：

> 梁有《尚书义疏》四卷，晋乐安王友伊说撰，亡。
>
> 梁有《毛诗义疏》十卷，谢沉撰，亡。
>
> 《毛诗草木虫鱼疏》二卷，乌程令吴郡陆玑撰。

现在只就这三种来看，马上就告诉我们至少义疏起于晋代，“疏”名起于陆玑。伊说的《尚书义疏》，在新、旧《唐志》虽作《释义》，而《隋志》据《七录》作“义疏”，其性质必是合乎义疏的。《晋书·文六王传》：“乐安平王鉴，武帝践祚，封乐安王，帝为鉴及燕王机高选师友”。“伊说当即师友中之明经者”。（用吴士鉴《补晋书经籍志》语。）《晋书·谢沉传》说；“康帝即位，征为太学博士”。谢氏的义疏，则是成于东晋时。《释文·叙录》谓陆玑为吴太子中庶子乌程令，则玑为三国时人，陆疏与后来的疏虽不同，然而已用疏的名称，则三国时已有疏之名了！皮锡瑞《经学历史》于〈经学分立时代〉说：“南北诸儒，……倡为义疏之学，有功于后世甚大”。殊不知在晋武帝时已有伊说的义疏，三国时已有疏之名的，并非“南北诸儒”才“倡为义疏之学”！

如果再进一步的考察，恐怕所谓疏也者，就其实质上来说，在后汉之末已经发生了！《后汉书·孔奋传》说：“奋晚有子嘉，官至城门校尉，作《左氏说》云。章怀太子《注》说：“说，犹今之疏也。”《隋、唐志》都不著录孔嘉的《左氏说》，《释文·序录》则谓“侍中孔嘉字山甫，扶风人，注解《左氏传》”。章怀太子的话是未必可信的。但是“疏”是解“注”的，如若依此体裁来看，则所谓郑玄的《诗笺》，在实际上已是具有“疏”的性质的一部书。我们决不可因为他叫做“笺”而不叫做‘疏’，于是将其内容忽略过去的。所谓《毛传》者，其实就是“注”。孔颖达《尚书疏》说：“大率秦汉之际，多名为‘传’；于后儒者，以其传多，或有改之，别云‘注解’者；仍有同者，以当时之意耳。”贾公彦《周礼疏》说：“注者于经之下自注已意，使经义可申，故云‘注’也，孔君、王肃之等则言‘传’，传者使可传述；若然，或云注，或云传，不同者，立意有异，无义例也”。《毛传》与“注”是没多大分别的，郑康成的“笺”《诗》，无论如何，他不惟是释经而且是释注（传）的。《六艺论》说：“注《诗》宗毛为主，其义若隐略，则更表明，如有不同，即下己意，使可识别也。”《毛诗疏》说：“郑以毛学审备，遵畅厥旨，所以表明毛意，记识其事，故特称‘笺’，余经无所遵奉，故谓之‘注’”。“以毛为宗，表明毛意”，正是后来疏家奉某注为宗，而更加以疏通证明的办法。不过后来的“疏”，解释的较多，而大半用什么“义”“疏”“讲疏”“述义”“大义”等等名称，不多用所谓“笺”，遂使我们忘了《郑笺》实是义疏的一种。《毛诗》“关关雎鸠，在河之洲”，《郑笺》说：“挚之言至也，谓王雎之鸟，雌雄情意至，然而有别。”这里不释经文，只解《毛传》“挚而有别”，不是“疏”的体裁，他总应当有一句话释经的了！后来的疏，也有不注重专释注文的，也有不一定尊注如经的（详下），拿郑玄的《诗笺》与这一类的疏相比，其程度之差异实相去不甚远，我们如谓《郑笺》为义疏之滥觞，实未尝不可也。

义疏的兴起，说早一点，是在汉末；说晚一点，则在晋初；其发达的原因不是受佛教的影响是极显明的。那而是因为要专主一家的注来讲经，注意隐晦之处则不得不加以疏解。论其兴起，也当是由于不得不然之势。佛教在汉末以至晋初，约当三国六十余年间，在中国尚未十分发达，此时的经学是没有受到佛经的什么影响的。

至于义疏的发达，在南北朝的时代，算是最盛的时候。但是义疏为什么这么这样发达，至少也有两个原因可说：

(1) 从经学本身上来说

关于《诗》的，有郑、王之争，《释文·叙录》说："魏太常王肃，更述毛申郑，荆州刺史王基驳王肃申郑义，晋豫州刺史孙毓为《诗评》，评毛、郑、王肃三家异同，朋于王，徐州从事陈统难孙申郑。《隋志》著录的又有魏秘书郎刘璠的《毛诗义》四卷、《毛诗笺传是非》二卷。

关于《书》的，如王粲的《尚书问》二卷（见《旧唐书·元行冲传》），田琼、韩益的《尚书释问》四卷（据《隋、唐志》、《新唐书·艺文志》），是郑玄、王粲之争；如《隋志》的"《尚书义问》三卷，郑玄、王肃及晋五经博士孔晁撰。梁有《尚书王氏传问》二卷，《尚书义》二卷，范顺问，吴太尉刘毅答。"是郑玄、王肃之争。

关于《礼》的，姑以《圣证论》来说，有马昭的《圣证论难》，张融的《圣证论评》，孔晁的《圣证论答》（马国翰《辑本序》：今以诸引马昭、张融参孔晁说而党于王，则晁固王学辈之首选也），也是郑、王之争。

关于《易》的，干宝《搜神记》说："弼注《易》，笑郑康成为老奴。”《宋书·隐逸传》说：“关康之，……少而笃学，晋陵顾悦之难王弼《易》义四十余条，康之申王难顾，远有情理。”《魏志·钟会传》：“尝论《易》无互体。”《隋志》：“梁有《周易无互体论》三卷，钟会撰。”而《晋书·荀顗传》说“顗难钟会《易互体》，见称于世。”这是《易》也有争论的。

关于《春秋》的，则有服、杜之事，如崔灵恩与虞僧诞（《梁书·儒林传》），王元规之与梁代诸儒（《南史·儒林传》），卫冀隆之与刘休和贾思同（《魏书·贾思同传》）（注四）姚文安、秦道静之与李崇祖（《北史·儒林传》），当时学者对于注家有所争持，他们要疏解他们之注是必然的。

（2）从讲学的风气来说

当时的义疏，很多以讲疏为名的。如《隋志》：“《周易义疏》十九卷，宋明帝集群臣讲。梁又有《国子讲易议》六卷，《宋明帝集群臣讲易义疏》二十卷，《齐永明国学讲周易议疏》二十六卷。”足见这些义疏是开讲的讲稿，或是讲后的记载（《出三藏集记》卷八《毗摩罗诘堤经义疏序》：“是以即于讲次，疏以为记。”可以参证）。《南史·儒林传》说：“……（严）植之馆在潮沟，生徒常百数，讲说有区段次第，析理分明。每当登讲，五馆生毕至，听者千余人。”“（崔）灵恩聚徒讲授，听者常数百人，…解析精理，甚有精致。……除国子博士，讲众尤盛。”一般讲学的风气也与后汉不同，决不是“郑玄在马融门下，三年不得相见，高足弟子传授而已”的情形了。讲说要有区段次第，析理分明，而于经又奉一家之注为主，这也是促成义疏的发达的。惟是这种讲经之法，或缘于当时佛教说法的影响，或是受当时喜言名理的影响，证以老、庄的讲疏在当时也发达，则是由于经学本身的原因要少，而受当时玄学的原因为多。但是经学的发展，在本身上也可以促成义疏的发达，若一概地归之于玄学的原因，那就未免看得太简单了。

以上说的义疏的兴起及义疏的发达，以下再说义疏的内容。

六朝义疏的内容，因为见存者少，亡佚者多，在现在是很难以详细地说明的。但是我们可以由皇侃的《论语义疏》以考见“南学”义疏的大概，我们似乎也可以用北齐时的《公羊徐疏》（注五）以考见“北学”义疏的大概，最好的方法是利用唐人各经义疏对于六朝义疏的批评和唐人各经义疏所用六朝义疏的地方来考见六朝义疏的内容，这样子是可以比较多得一点当日的情形的。现在先将《五经正义》对于六朝义疏的批评抄列于下方：

（1）《周易正义序》：“其江南义疏，十有余家，皆辞尚虚玄，义多浮诞。原夫易理难穷，虽复玄之又玄，至于垂范作则，便是有而教有，若论住内住外之空，就能就所之说，斯乃义涉于释氏，非为教于孔门也。……又不顾其注，妄作异端。”

（2）《尚书正义序》：“其为正义者，蔡大宝、费甝、巢猗、顾彪、刘焯、刘炫等，其诸公旨趣，多或因循帖释注文，义皆浅略，惟刘焯、刘炫，最为详雅，然焯乃织综经文，穿凿孔穴，诡其新见，异彼前儒……炫嫌焯之烦雅……义更太略，辞又过华。”

（3）《毛诗正义序》：“其近代为《义疏》者有全缓、何胤、舒瑗、刘轨思、刘丑、刘焯、刘炫等……然焯、炫等负恃才气，轻鄙先达，同其所异，异其所同，或应略而反详，或宜详而更略，准其绳墨，差忒未免，勘其会同，时有颠踬。”

（4）《礼记正义序》：“其为义疏，南人有……皇甫侃等，北人有……熊安（生）等……熊则违背本经，多易茆义，犹之楚而北行，马虽疾而去逾远矣。又欲释经文，唯聚难义，犹治丝而棼之，手虽繁而丝益乱也……皇氏虽章句详正，微稍繁广，又既遵郑氏，乃时乖郑义……此皆二家之弊，未为得也。”

（5）《春秋左氏传正义序》：“其为义疏者，则有沈文阿，苏宽、刘炫。然沈氏于义例粗可，于经传极疏；苏氏则全不体本文，唯旁攻贾、服；……刘炫于数君之内，实为翘楚，然……其理致难者，乃不入其根节，又意在矜伐，性好非毁，规杜氏之失，凡一百五十余条，习杜义而攻杜氏，犹蠹生于木而还食其木，非其理也。”

由以上（1）的“斯乃义涉于释氏，非为教于孔门也……又不顾其注，妄作异端”，我们知道六朝的玄学，渐渐由老庄而倾向于佛，所以就是王弼以老庄之旨注《易》，后来也瞧不起，而大谈其“住内住外”之空的佛理了！所以他们的疏对于注旨是无意遵守的。由（2）“诡其新见，异彼前儒，……炫嫌焯之繁杂……义更太略，辞又过华”，我们知道当日的风气，是好有新的意见，而思想比较自由。刘炫的“辞又过华”，“虽为文笔之善”，也足以见“北学”之亦有文学的色彩，所谓明经之士也不免于右文的。由（3）的“或应略而反详，或宜详而更略，准其绳墨，差忒未免”，我们知道当日的义疏并无一定的规矩准绳，而其内容决不像《五经正义》之比较有体例。《五经正义》在内容上虽未必比六朝义疏进步，而在体例上，据其评论前人，应当比较进步的。由（4）的“熊则违背本经径，多易茆义……欲释经文，唯聚难义……皇氏虽章句详正，微稍繁广”，我们知道《北史?儒林传序》所云“北学深芜，穷其枝叶”，这话在熊氏的义疏中也可以看出来的。“多易茆义”，“唯聚难义”，这确是不畏深芜，穷其枝叶的表现。由（5）的“于义例粗可，于经传极疏”，则亦可推见《北史》所云“南学约简，得其英华”的大概。“于经传极疏”可以说是好约简；“于义例粗可”，或是得其英华。《五经正义》对于六朝义疏的批评虽极简略，不惟告诉我们内容的一斑，而且告诉我们南北的风气了！但是我们所要注意的是：（1）的“妄作异端”，（2）的“诡其新见”，（3）的“轻鄙先达”，（4）的“遵郑氏而时乖郑氏”，（5）的“习杜而攻杜氏”，这些都是思想极端自由的表现，在各经的学者都是如此的。所以刘炫的《左氏述议》能有“其处者为刘氏”不是《左氏》的原文（《左传·文公十三年》正义)，“《国语》非邱明所作”(《左传·襄公二十九年》正义)，这样大胆的意见。刘毓崧《尚书旧疏考证》说：

> 唐人作疏，不敢轻议注家，岂敢疑经疑圣。此(“静言庸违，象恭滔天”)疏云：“虞史欲彰舜德，归过前人”，是疑《尚书》也。又云：“《春秋》史克以宣公比尧舜，辞颇增甚。”是疑《春秋传》也。又云：“知此等并作下愚，未有大恶”，是疑尧舜也。以此疏推之，他疏凡疑本经，疑他经，疑圣人者，皆六朝旧疏，非唐人笔也。

在唐初的《五经正义》中有此“疑经”“疑圣”的论调，而《尚书》等《正义》“名为新义，实袭旧文”，这种论调当然是沿袭六朝旧疏的。那时思想自由，敢于疑经非圣，自是因受玄学的影响而然。这种风气，经唐人《五经正义》的传播，加以唐人思想也很自由，于是有刘子玄之“疑古”“惑经”，于是有啖助、赵匡之排弃三传，而影响到韩、柳之“以识古书之真伪为年之进退”，更影响到宋儒之“疑古”“考古”“改注”等等运动，真是“论先河后海之义，亦岂可忘筚路蓝缕之功乎”?

皇侃的《论语义疏》对于注文并不完全作疏，如《学而》篇“其为人也孝弟”章，《先进》篇“从我于陈、蔡者”章，例证甚多，而他采集四五十家之说，好像是扩大的集解一般。在他稍前的雷次宗的《略注丧服经传》一卷(《隋书》)，在梁僧慧皎《高僧传》说：

> 慧远内通佛理，外善群书，时讲《丧服经》，雷次宗、宗炳等并执卷承旨。次宗后别著《义疏》，首称雷氏，宗炳因寄书嘲之曰：“昔与足下共于释和尚间面受此义，今便卷首称雷氏乎?”……

在梁僧的心目之中，“义疏”竟与“略注”无别，可知所谓义疏也者，在先原与笺注之意义与形式无大分别。而皇侃《论语义疏》是比较进步的，且保留着集解的意味，传注、集解、笺疏演进之迹，我们于此固可见其大略；说郑玄《〈毛诗传〉笺》具有义疏的雏形，于此更可以确切的证明的。

徐彦《公羊传疏》援引贾、服经说以正经文同异，兼言“声势”“反语”以正经传音读，可为“北学深芜，穷其枝叶”之证。与皇侃《论语义疏》的“自形器以上，名之为无，圣人所体也；自形器而还，名之为有，贤人所体也。”（《为政》篇“吾与回言”章）指尚虚玄，文多俪偶，是不大相同的。这里为篇幅所限，对于二者且不多说了。



## 五　所谓三传之学及其他

《北史·列传第六十九》说：“汉世郑玄并为众经注解，服虔、何休各有所说。玄《易》、《诗》、《书》、《礼》、《论语》、《孝经》，虔《左氏春秋》，休《公羊传》，大行于河北。”这话是并不错的。但是又说：“河北诸儒，能通《春秋》者，并服子慎所注……河外儒生，俱伏膺杜氏。其《公羊传》、《穀梁传》二传，儒者多不厝怀。”这话则有些不尽然。但是《经典释文序录疏证》也说：“二传近代无讲者，恐其学遂绝。”《隋志》也说：“然《公羊》、《穀梁》，但试读文，而不能通其义。后学三传通讲……服义及《公羊》、《穀梁》浸微，今殆无师说。”真令人觉得《公》、《穀》之学在六朝时竟无人去理会他们的。皮锡瑞更谓：“《北史》……《儒林传》载习《公羊春秋》者，止有梁祚一人，而刘兰且排毁《公羊》。则此所云《公羊》大行，似非实录。”皮氏也正是因《经典释文序录疏证》《隋志》之说而误信《北史》后说“《公羊》、《穀梁》二传，儒者多不厝怀”而然的。这一点实不可以不辨。现在略为分述于下：



（1）“休《公羊传》，大行于河北。”《魏书·高允》说：“尤好《春秋公羊》。”《刘芳》说：“芳撰……何休所注《公羊音》”。

《隋书》有“《春秋公羊解序》一卷”，鲜于公撰，又有“《春秋公羊疏》十二卷”。鲜于公当即《北史·列传第六十九》的鲜于灵馥。徐彦《公羊传疏》近来也考定为北齐人作的。好《公羊传》的不止梁祚一人，唯一的疏又出于河北，此外更有三传并习的人，这已足见《公羊传》之大行了！刘兰排毁《公羊传》，《北史·列传第六十九》说：“由是见讥于世”。可见当时舆论是赞成《公羊传》的，这也足见“大行于河北”之说并不算错。皮氏以为似非实录，未免太武断了！

(2)“《公羊》、《穀梁》二传，儒者多不厝怀”。三传通习者，《魏书·列传第三十三·辛绍先》有辛馥，《北史·列传第六十九》有刘献之、孙惠蔚，《列传逸士第七十八》有李谧。《北齐书·儒林》有李铉、张雕、孙灵晖、潘叔度。《北周书》有陈达、熊安生。《隋书·列传第四十》有房晖远、刘炫，《隋书·列传第三十一·郎茂》有郎茂、张率礼，《隋书·列传第四十二·隐逸》有张文诩。说是“儒者多不厝怀”，这只能说是一个大概情形，皮氏据以为实，也是错了的。南方儒者，如周续之之于《公羊传》，孔默之之于《穀梁传》(《宋书·隐逸传》)，刘之遴之《三传同异十科》(《梁书》本传)，崔灵恩之《公羊穀梁文句义》，沈文阿之治三礼三传。也不是“近代无讲者，但试读文而不能通其义”的。

这时的三传之学，据以上所列，或者南不如北之盛，南不如北之兼及《公羊传》、《穀梁传》者多。到了唐代才真是《左氏》盛行，二传几绝。

三礼之学在六朝是盛而又盛的，但是治《周礼》、《仪礼》的远不及治《礼记》者之多，《北史·儒传林序》说：“诸生尽通《小戴礼》，于《周礼》、《仪礼》兼通者十二三焉。”其实不止北朝如此，在南方也是这样的。后来唐《五经正义》只有《礼记》的正义而无《周礼》、《仪礼》的正义，其原因正在此，郑樵说：“孔颖达奉诏撰《五经正义》……独疑《周礼》、《仪礼》非周公书，不为义疏。”这话殊无以见其然。

南北学之分合，除了玄学的这一原因外，当然还有政治的、经济的等等原因。而南学所用的注本实在比北学要好，要方便，要完全（在当时看来），所以早就在河南及青、齐之间，儒生多讲王辅嗣所注。而“杜预注《左氏》，预玄孙坦，坦弟骥于刘义隆世并为青州刺史，传其家业，故齐地多习之。”（《魏书·列传儒林第七十二》）北方之采用南学已非一日，南北学之合并是渐变的，当然随着政治局面的统一，经济状况的进步等等，而北方亦要全讲南学，很容易构成统一的局面的！皮锡瑞说：“天下统一，南并于北；而经学统一，北学反并于南，此不随世运为转移者也。”他还是对于“北学所以并入南之故，尚未了然”！



**注：**

注一：《世说新语·言语第二》载：“刘尹与桓宣武共听讲《礼记》，桓云：‘时有入心处，便觉咫尺玄门。’”足为《礼记》与玄相近之证。



注二：《尚书左文疏证》载：“撰著古文《易》、《尚书》……皆依准贾、马，异于郑玄，与王氏殊隔。”

注三：关于此点，陈汉章《经学通论》已略有说。

注四：自来对于此事多不甚注意，兹将原文录如下：“国子博士辽西卫冀隆为服氏之学，上书难杜氏《春秋》六十三事，思同复驳冀隆乖错者十一条，互相是非，积成十卷，诏下国学，集诸儒考之。未竟而思同卒。后魏郡姚文安、乐陵秦道静复述思同意。冀隆亦寻物故，浮阳刘休和又持冀隆义。至今未能裁正焉。”

注五：详见《师大国学丛刊》一卷一号吴承仕先生《公羊徐疏考》。

（原载北平《师大月刊》第18期，1935年4月）

# 校点《古学考》序

井研廖季平先生是清末的一位经学大师。他在一八八六年(清光绪十二年丙戌)刊行所著《今古学考》；隔了八年之后，在一八九四年（清光绪二十年甲午），因为他的《今古学考》“历经通人指摘”，他又作成这一部《古学考》来“辨明古学之伪”。这书主张“今学传于游、夏，古学张于刘歆；今学传于周秦，古学立于东汉；此今古正变之分，非秦汉以来已两派兼行也。”这样子一反其旧说，其态度略与康有为《新学伪经考》相同（康书刊行于一八九一年），且有两处（本书页一九，二九）明用康氏之说的。

这书在许多地方对于他的旧说都大加以改订，实在是比较地有进步之作，但是也还有一些地方未说到的。例如在《今古学考·今古学宗旨不同表》中，他以为“先秦子书皆今学”，而在《两戴记·今古学分篇目表》中，又将从《荀子·礼论》篇抄出来的《三年问》列在古学一类，这是很显然的一个矛盾。在《今古学统宗表》中，他以为“《穀梁》全同《王制》”，而其实《穀梁传》、《王制》是不尽相合的。《王制》说：“天子诸侯无事则岁三田。”《穀梁传·桓公四年》却说：“四时之田，皆为宗庙之事也。春曰田，夏曰苗，秋曰蒐，冬曰狩。”《王制》与《公羊传》：“春曰苗，秋曰蒐，冬曰狩”岁三田正相合，与《穀梁传》不合的。在《今古学考》卷下，他说：“《公羊》说：‘臣子先死，君父名之。’《左氏》说：‘既没，称字而不名，’许（慎）以为《穀梁》同《左氏》。按此皆后师附会之说，于经传无明文，同异……”实则《穀梁传·恒公二年》明说：“子既死，父不忍称其名；臣既死，君不忍称其名。”廖氏以为传无明文，自是一时间的疏忽。这些地方在这书中都未加修正，或者因为这不是重要得了不得的问题。

至于经今古文的问题，这本是一件很不容易解决的公案；这一问题如若重新提出讨论之时，是应当：第一，对于这两派最初争论的要点——古文经传的真伪问题，予以谨严的考辨；第二，对于这两派因经立说的主旨——今古经说的同异问题，予以详细的划分。这两派的发生，实在是各有各的时代背景，各有各的相当立场，而其兴替变化，都是有不得不然之势的；如若不明了这一点，对于这一问题也是无从获得解决的途径的。廖氏在两书中所用的方法都欠精密，当然他的立说是不免有许多错误和混淆不清的地方，然而这不是说他无相当的成功。

本来古文经传的真伪问题，在刘歆争立古文经的时候，师丹谓其“改乱旧章，非毁先帝所立”（《汉书·刘歆》）；后来公孙禄又说他是：“颠倒《五经》，毁师法，令学士疑惑。”（《汉书·王莽》）在当时已人言啧啧，怀疑他的甚多，并非无一人识其诈者，这一种情形是当注意的。我们再试看汉人之作伪，如后得之伪《泰誓》，张霸之伪《百两篇》，后者虽当时败露，前者则汉世通行，足见作伪是不必要校书中秘的。

刘歆以帝王之懿亲，凭借着渊源的家学，他可以利用民间的三家《诗》而伪《毛诗》，利用民间的春秋《国语》而伪《左氏春秋》，杂采篇记而伪《逸礼》，杂采书传而伪《古书》；他之伪造古文经传，更无须要校书中秘的；而他曾领校秘书，更有作伪的可能。《史记·五宗世家》中“河间王”、“鲁恭王”并无得古文经之事，而当时之人言啧啧说他是“改乱旧章”，“颠倒五经”，真是“事出有因”，并非“查无实据”；如若不信刘歆作伪，则未免太忽略史实了。廖氏在《今古学考》中以为"今，孔子晚年之说；古，孔子壮年主之"，而此书则就刘歆"移书"以证《左氏》学不行于西汉，其书"实不独传《春秋》"(本书页四三)，"《毛传》与杜林《周礼训》相同，但明训故而已，非西汉以前之师说"(本书页三二)，《周礼》"乃刘歆本《佚礼》羼臆说揉合而成……为王莽以后之书"(本书页三八等)。他算是对于古文经真伪问题比较地明瞭一些，所以才能有"今学传于游夏，古学张于刘歆；今学传于周秦，古学立于东汉"的结论。

在《毛传》中，"《大雅》和《商颂》等神话诗全然成了合理的解释；又拿他和齐、鲁、韩三家《诗》来相比较，而《毛诗》这断定是不安稳的，此其一。又前汉诸儒的经注大概是疏疏落落的，没有像《毛传》这样的整齐和简洁。凡简洁的，大抵是改订前人的注说才有。如《尚书》的《伪孔传》，《论语》的何晏《集解》，就是这榜样。《毛传》很简洁而整齐，就那点，像由后汉以来的改篡，此其二"(用本田成之《经学史·论语》，据译本页二〇九)。《毛传》的体例，真是像"东京作章句，必曲曲以敷陈"；而不像"西汉尚微言，不字字而比傅"(皮锡瑞语)。其著述之风与后汉接近，而所谓"六诗"与《周礼》相合，史的意义之浓厚也相合，应当是歆与其党徒所为，否则不当有这样浓厚的史的意味的。

《左氏》学不行于西汉，刘歆始引传以解经，《刘歆传》已明言其事，则凡例自是他作的。有人以为贾谊、张敞曾引《左氏》，不知"贾书则楚惠王等八事，不知采自何书……本与《左传》丝毫无涉……自古人异事同，传记所载，何止一端?"(章炳麟《春秋左传读·叙录》语)，我们不可说贾、张诸人之所引即是《左传》，而谓《左氏传》在刘歆以前就有的。廖氏据《移书》以证其并无传授，则在刘歆前，只有不解经的原本《左氏》而已。《公羊传》、《穀梁传》并是经、传别行，而没有人说治《公羊传》、《穀梁传》者之引传以解经，因为《公羊传》、《穀梁传》本是解经的体例呵。《汉书·刘歆》说歆“引传以解经”，这正足以证明原本《左氏》之不解经，同时也是刘歆作凡例的极好的明证。

廖氏以《逸礼》即《周礼》之原文，这话是不足以令人信从的。但是《周礼·大司乐》：“冬日至，于地上之圜丘奏之……则天神可降……夏日至，于泽中之方丘奏之……则地示皆出。”这种冬至祭天、夏至祭地的说法，在《吕览》、《月令》和《淮南·时则》上是都没有的。大概这种理想正是受了汉成帝建始元年始作长安南北郊的影响。《周礼·大宗伯》有所谓“以血祭祭社稷、五祀、五岳”，“五岳”这一词之应用是很晚的。而在《周礼·大司徒》上又说：“以土宜之法，辨十有二土之名物……辨十有二壤之物。”在《吕览》的《有始览》上，只说“天有九野，地有九州，土有九山，山有九塞，泽有九薮。”《淮南子·天文训》也只说：“天有九野”，“天地之间，九州八柱；土有九山，山有九塞，泽有九薮”。《周礼》这种十有二土，十有二壤的说法，应当是汉武帝部十三州以后才能有的。





《周礼·鼓人》“救日月则诏王鼓”，对日食、月食一样地重视，这在其他书中是少有的，而与《左传·庄公二十五年》“非日月之眚不鼓”相同。这正是刘歆的凡例所云，足证两者是同出于一门。在《周礼》中以“鸡人”属《春官》，“羊人”属《夏官》，与《吕览》《月令》不合，与《尚书大传·洪范五行传》相合，则其著作时代也当在武、宣以后。就《周礼》的其他制度来看，也多是西汉末的社会制度的反映（别详拙著《经学史讲义》），这都足见其为刘歆时之作品。

《逸礼》据邵懿辰说来是有伪造的嫌疑的，而在东汉古文盛行之时，马、郑所注的《尚书》只是“伏生所诵”，则孔氏之本岂不是怪可疑的？当时的人之疑刘歆，真是“事出有因”，并非

"查无实据"。伪证昭昭，如何抵赖？但是廖氏在本书中，一方面说"《汉书》以《周礼》、《毛诗》并传于河间，藏在秘府，《左传》皆有师传授受；《后汉书·儒林传》以建武立《毛诗》博士，皆六朝以后伪说行世，校史者据误说所羼改。……《古文尚书》、《毛诗》为贾逵、谢曼卿始创之说"（本书页三七），这种说法既嫌证据薄弱，也未免太矫枉过正。而一方面又谓"孔氏写定《尚书》，以今文篇数推其异者写成隶字耳。毛公《诗》，班云'自以为子夏所传'，此二家亦今学也"，"《左传》及《官礼》皆为今学也"。（本书页四五）他毕竟是上了这位"作伪名手"刘歆的大当了！

关于今古经说同异的问题，廖氏在本书说："今古之分，师说训诂，亦其大端。今学有授受，故师说详；古学出于刘歆，故无师说。……西汉长于师说，东汉长于训诂。"（本书页四一）这比《今古学考》说的多了一点。但是这也是不完全对的；因为东汉后来也有师说，而西汉也非绝对不讲训诂。关于这一点，近来钱玄同先生在《重论经今古学问题》一文中曾将近人所谓"今文家言'微言大义'，古文家言'训诂名物'，这是两家最不相同之点"，与或又谓"古文家言'六经皆史'，今文家言'六经皆孔子所作'"一一地加以纠正了。廖氏此说以师说训诂分今古，与以"微言大义""训诂名物"分今古是差不多的。今人或谓"今文学视孔子为哲学家、政治家、教育家，古文学视孔子为史学家"。并且说是"今古文家对于六经次第的排列是有意义的，古文家的排列次序是按六经产生时代的早晚，今文家却是按六经内容程度的浅深"。这是误会了康有为《新学伪经考》中"其有舍史迁《儒林传》而颠倒六经之序者可引此案以决之"的误说而然的。在古文家，刘歆亦谓"孔子忧道不行，历国应聘……制作《春秋》，以记帝王之道"，并不是只认孔子为史学家的。我们知道《乐》本无经，《乐》的内容决不比《诗》、《书》还要深，《书》

的内容也未必比《礼》、《乐》都浅；西汉初六经的次第本是无一定的，更无以见得今文家对于六经的排列是按六经内容程度的浅深。所以说今文家只视孔子为哲学家、政治家、教育家，这也是不对。

今古之分，是应当从各方面来想法子的。然而在西汉的今文说与东汉的古文说都不是一成不变的，所以就是详细地来设法也是很不容易的事情。如若勉强地说，则廖氏《今古学考》中就礼制来分今古学的异同是值得注意的，因为礼制范围甚广，无妨详细地分，而且同时也可以看出时代背景来。他如篇数的多寡、文字的异同、说解的变迁，都是今古经说同异中的问题，而后者是尤其值得我们注意。在西汉今文家之分化，与东汉今古说之糅合，及今古两派的争论，都是互相有影响的。这又是因人而异了。在本书中，廖氏以为：

> 旧以今、古同重。李命三以为古不如今，其说是也。……今学既为正宗，而谓别派亦精准详审，与之相比，固非情理所有。若能精思果力，再补义例，突过前贤，亦势所能。若谓足敌今学，则恐终难。

这实在很难以笼统地来说的。

至于今古之分，其所以产生之故，是由于不得不然之势。我们只看小夏侯从大夏侯分化出来，如“大麓”之释为“大录”，及“孟侯”之释为“诸侯之长”，实是基于一种合理的要求，而且后者是比较有根据的，两者都不外为有进步的说法。即如孟喜之改师法，那也是能立一新说，故虽有假冒的嫌疑，而结果仍立诸学官。要求进步，要求合理，这是一定会有的趋势，所谓不得不然之势。今文家的分化，可以如此看去，不必是为的利禄之路，也不一定是故意立异；古文家的产生，也有的是如此，一半固是因为别有作用，也有为的是“合理的”解释。但是那些新说往往太合理了而不合于古，往往又脱不了那产生的时代所与的影响的。所以今文家说、古文家说，在现在看来都是各有短长；而古文经说，因为根据伪的本子，杂采伪的传说，在这些地方是不及今文经说的。在西汉末，明知孟喜之改师法而亦立于学官，明知张霸之伪造百两而“奇霸之才，赦齐辜亦不灭其经”，这是无异于奖励作伪，结果引起了刘歆的大批作伪，这好像也有一点不得不然之势的。所以依所谓利禄之路与合理的要求，今文家的分化与汉廷的措施等看来，刘歆之作伪当比王肃之伪《家语》、伪《孔丛》，乃至于伪《古文尚书》等等有理由得多了！

廖氏在这书中改订他的旧说，因而确认刘歆之伪古文诸经，虽然不免还有些不彻底的地方，然而确是一部较有进步的作品。这书在“六译馆丛书”中，没有单行本的流传，学者知是书者较少。顾颉刚先生本打算将这书校点行世，他差不多已经标点过三分之一了。因为很盼望这书早一点出版，在暑期中由我将这书校点完成，现在更不自揣量地来写这一篇序。





一九三四年除夕之前一夕，张西堂谨序

时寓居于北平中南海居仁堂之西四所

（选自廖平《古学考》，张西堂校点，1936年景山书社出版）

# 《左氏春秋考证》序

顾颉刚先生曾发大愿，编印《辨伪丛刊》，现已出版的有许多种了。这一部顾颉刚先生标点刘逢禄的《左氏春秋考证》（后简称刘氏《考证》）在两年前已经付印，只待作序就可装订成帙的。顾先生因为还有《诗辨妄》、《书序辨》等书亟待作序出版，同时他还有别的许多文章要写，因为我曾著有《穀梁真伪考》，便命我代作本书的序。顾先生对于《春秋》是极有研究的，当然是他自己作序最好。我对于《左氏春秋》并没有很深的研究，我何敢来代他作这一篇序！但是为了本书早与读者相见的关系，为了顾先生别的大作早与读者相见的关系，不得已我只得勉强地为本书略作一介绍，来请教于顾先生和本书的读者了！

现在，我请：一，先略说《左氏春秋》的大概；二，述刘氏《考证》的几个特点；三，述康南海、崔觶甫对于刘氏《考证》所补正的地方；四，述章太炎对于刘氏《考证》的反驳，附以我之答辩；五，再说我所感觉现在研究《左氏春秋》应当注意的几个问题。

## 一

《左氏春秋》这部书本来是与《春秋》没有什么关系的。它不是解释《春秋》的专书，开卷便可见出。例如《春秋》经文的第一条："元年春王正月"，这看来似乎不须烦释，但是真为《春秋》作传时是不当毫无解释的。《公羊传》说："元年者何？君之始年也。春者何？岁之始也。王者孰谓？谓文王也。曷为先言王而后言正月？王正月也。何言乎王正月？大一统也。”《公羊传》的解释是否得当，我们且不管它，但它总算很郑重地为《春秋》作传了！《春秋》，据现在所知的钟鼎文字看来，它的记事方法颇与金文不同。金文中每月皆可以书王，而《春秋》只限于“王二月”、“王三月”（详见沈彤《左传小疏》、陈立《公羊义疏》）；金文中用“初吉”、“既望”、“既生霸”、“既死霸”之类，而《春秋》一概不用；金文中很少用春、夏、秋、冬（参看郭沫若《金文丛考·金文所无考》），而“《春秋》编年，四时具然后为年”（《公羊传》语）。这种记事方法的大变更，如若左氏是亲见夫子的，或者是真有传授的，他不应该毫无说明。现在他对于这一条丝毫不加释解，还不及《公羊传》所说之多（《公羊传》于“王二月”、“王三月”复有“三统”之说，见隐三年注）。开卷便可见它不是解经的。

这一条“元年春王正月”，《左氏》的传文作“元年，春，王周正月”；杜预注说：“言周，以别夏、殷”。其实《春秋》奉周正朔，何须说出“周”字！即使说出，也不当放在“春王”之下。刘逢禄说他“不辞”，这是一点也不错的。我们仔细看去，原来《左氏》多用夏正，如隐公六年“冬，宋人取长葛”，《左氏》作“秋，宋人取长葛”（详见赵访《春秋集传》、叶梦得《春秋考》等书）。《左氏》既多用夏正，所以解经多一“周”字，好使人知道它与经的区别。这些地方，一方面可使“读者最易混看”（《春秋大事表》语），一方面也可证明它本别是一书，开卷便可想到它本不是为经而发的。

现在《左氏春秋》变成了《春秋》三传之一了！在它里面确有不少解经的地方；但我们只要细心考察，它的解经的地方实在有很多说不通的：不是不合事实，便是自相矛盾。例如隐公元年“不书即位”，它说：“不书即位，摄也”。这样子的解释，好像真有其事，其实这话极不合道理，而且违反当日的情势。刘敞在

《春秋权衡》上说：

> 若云隐、庄初不即位，《传》当但云："公不即位，摄也"，"公不即位，文姜出故也"。

这是要证明隐公在当日确乎即过位的。《春秋左传正义》也说："旧说贾、服之徒以为四公皆实即位，孔子修经，乃有不书。"到了杜注才认为"假摄君政，不修即位之礼，故史不书于策"。但《左氏》之以为摄，是绝对讲不通的。崔东壁在《无闻集·鲁隐公不书即位论》上说：

> 鲁隐之元年，《春秋》不书"即位"，先儒以为"摄"。欧阳子曰："隐实为摄，孔子决不书公。孔子书为公，则隐决非摄。"古之人之"摄"有三：舜，君臣而摄也；伊尹、周公，君谅阴而摄也；共和，君在外而摄也。皆不为君，故谓之"摄"。今也隐既君乎鲁矣，即使果授国其弟，亦不过如宋宣公、元武宗焉已尔；即使果自老于菟裘，亦不过如赵武灵、魏献文、宋高宗焉已尔，岂得谓之摄！

徐廷垣的《春秋管窥》也说：

> 不书即位，《左》以为"摄"。夫摄者，行其事而不居其位之谓；若伊之相太甲，周之辅成王是也。今隐自称寡人，臣民君之，天子聘之，大国会之，小国朝之，孰曰非君也者，而岂得谓之"摄"！

就隐公方面说，"摄则不称公，称公则非摄"，这是毫无可疑的。华学泉在《春秋疑义》上说：

> 隐不书"即位"，《传》曰："摄也"。开章第一义，便与群经相戾。《传》称"惠公薨，有宋师，太子少，葬故有阙，是以改葬"。或遂疑惠公之时，桓公已正太子之位，隐承父命，摄以奉桓。审若此，则桓为君，隐为臣，隐摄以奉太子，太子立而谓之篡，可乎？故隐为

则桓不当为簒，桓之立为簒则隐不当为摄，二者不待辨而明也。……设惠公时，桓公果正太子之位，则隐为簒，羽父为忠，桓之立为反正，而《春秋》诛乱贼，隐公其首也。然而《春秋》深恶桓，何也？

就桓公方面说，“隐为摄则桓不当为簒，桓之立为簒则隐不当为摄”，这更是确切的证明。《左氏》说“羽父请杀桓公，将以求太宰……羽父惧，反谮公于桓公而请弑之……使贼弑公于寪氏。”它的口吻也是隐让桓簒，如何能说隐公是摄呢！近来崔觯甫在《春秋复始》上说：

然摄亦非不行即位之礼者。《鲁周公世家》曰“践阼代成王摄行政当国”，是摄政必践阼矣！《祭统》曰“君衮冕立于阼”，则践阼即践君位，践位即即位也。隐公果摄，亦必即位，即位则行即位之礼。是则《左氏》所谓“摄”，不但非《春秋》所谓摄，亦非《史记》所谓摄也。

更证明隐公果摄，亦必行即位之礼；《左氏》所谓之“摄”，于礼也讲不通。然则《左氏》“不书即位，摄也”的解释，在任何方面都是极不合道理，而且违反当日的情势，则很显然易见了！

又，《左氏》解释“郑伯克段于鄢”那一条说：

书曰：“郑伯克段于鄢。”段不弟，故不言“弟”；如二君，故曰“克”；称“郑伯”，讥失教也；谓之郑志。不言“出奔”，难之也。

这几句话夹在上下文本相衔接的叙事文之间，显然是出于后人加入的。这几句话，无一处无毛病，无一处是讲得通的。刘敞《春秋权衡》上说：

非也。若段得出奔他国，则郑伯有伐弟之恶，非兄杀弟，《春秋》但当云“郑伯伐段于鄢”……何以改

“伐”为“克”哉？《传》例又曰：“得儁曰克”。若太叔出奔共，是不“得儁”也，何以书“克”耶？此年十月《传》曰：“共叔之乱，公孙滑奔卫。”公孙滑为是段子，父子宜相从。今于《传》数见段子，不见段身；盖段见杀之后，其子出奔，《左氏》所据记注误云段身出奔尔。又云：“如二君，故曰克。”《春秋》二君相伐多矣，皆曰伐，不曰克。不知所据而认为二君言克邪？……

程端学《春秋三传辨疑》引戴氏曰：

> 段不言公子及公弟，《传》谓失子弟之道。尝观楚比弑君称“公子”，宋辰叛国称“弟”，岂复有子弟之道？





刘逢禄在本书上也说：

> 《春秋》有“杀世子母弟目君”之例，谓视专杀大夫重耳。若讥失教，则晋侯杀申生亦失教乎？斯不然矣！曰“谓之郑志”，“谓之宋志”，若云亲见百二十国书耳。

《左氏》这几句话，如是的自相矛盾，如是的说不通；所谓“不言出奔，难之也”，与它以《春秋》记事都是从赴的原则相衡突。段如果出奔，《春秋》何以不记下来？刘原父说是“左氏所据记注误云段身出奔”，这话是很有理由的。《左氏》释经之纰缪从出，我们只看这一二显明的例证也可以概其余了！

《左氏》受人尊信的缘故，只是它记载史事异常丰富；所以对它怀疑的人也还认定它是很重要的。啖助对于“三传”都不信任，然而他说：“《左氏》……比余《传》，其功最高，博采诸家，叙事尤备，能令百代之下颇见本末。”叶适也说：“《公》、《穀》末世口说流传之学，空张虚义；自有《左氏》，始有本末，而简书具存，大义有归矣。”但是《左氏》所记事实，有许多都算不了信史；有的不合情理，有的自相矛盾，我们必须仔细地加以审查、鉴定，然后才可以信任它。兹将先儒所已考出来的略举数事以为证。

哀公十年《左氏》说：

> 公会吴子、邾子、郯子伐齐南鄙，师于鄎。齐人弑悼公，赴于师。吴子三日哭于军门之外。

叶梦得在《春秋三传谳》上驳他道：

> 邾子、郯子会伐而经不书，杜预以为"兵属于吴，不列于诸侯"，尤非是。且是时邾隐公方奔在齐，岂能从吴反伐齐乎！其妄尤可见，则知叙齐、吴事皆不足据。

程端学《春秋三传辨疑》引黄氏说：

> 既谓吴伐齐，齐人弑悼公以说于吴，吴子安得三日哭？无此理也。

由这两说看来，《左氏》此传所叙之事自是不合情理，而且并非事实。

哀公八年《左氏》说：

> 齐悼公之来也，季康子以其妹妻之，即位而逆之。季鲂侯通焉，女言其情，弗敢与也。齐侯怒。夏，五月，齐鲍牧帅师伐我，取讙及阐。

这里所叙，齐国因一女子的细故，举兵伐鲁，及至到了鲁国，忽然变更目的，多抢地盘。这种办法，恐怕是《左氏》伪造的谣言罢！

程端学在《春秋三传辨疑》上说：

> 《经》书："公入邾，以邾子益来"；继书"吴伐我"，又书"齐人取讙及阐"。属辞比事，大义昭然。《左氏》乃以康子妻妹之事当之，此与桓公侵蔡为蔡姬荡舟之事相类。当以《经》为正。

《左氏》往往将当时侵伐的大事归之于儿女私情与其他琐屑

的原因，程端学在这里所指摘的真是恰中肯綮。吕大圭《春秋五论》说："齐桓将伐楚，必先有事于蔡；晋文将攘楚，必先有事于曹、卫；此事实也。而《左氏》不达其故，于侵蔡则曰为'蔡姬'故，于侵曹伐卫则曰为'观浴，与块'故。此其病在于推寻事由……未可尽据也。"《左氏》所述像这一类不合当日情势的叙事，实在不可以说"能令百代之下颇见本末"。最可笑的，《左氏》还有许多自相矛盾的记载，就是极其推尊它的人也不免引起怀疑。汪中《经义知新记》中有一段说：

> 哀元年《左传》：陈逢滑曰："吴日敝于兵，暴骨如莽"。楚子西曰："阖闾食不二味（云云），勤恤其民而与之劳逸，是以民不罢劳，死知不旷。"阖闾一人之事，《左氏》叙述又同在一年，而矛盾如此，是可异也。



汪容甫是《左氏》的信徒，也不得不认它自相矛盾。又：桓公二年《左氏》说："宋华父督见孔父妻于路，目逆而送之，曰：'美而艳。'"桓公二年《左氏》说："宋督攻孔氏，杀孔父而取其妻；公怒，督惧，遂弑殇公。"程端学对于这一事批评道：



> 叶氏曰："孔父事，《公羊》言之是已。所谓'义形于色'者，此非独《公羊》之辞，其传之必有自；《左氏》亦窃闻之而不能详，故误以色为美色之色，因附会以为督见孔父妻而萌其恶。孔父，宋之卿，督其大夫；杀卿取妻，犹居位不去，待君怒而后始惧，其不近人情已甚。"愚谓《左氏》之言亦自相戾。后言"宋殇公立，十年十一战，民不堪命。孔父嘉为司马，督为太宰，故因民之不堪命，先宣言曰：'司马则然。'已杀孔父而弑殇公，召庄公于郑而立之。"前后异辞矣！

《左氏》后段所叙才是比较真的事实，稍可相信，如照前段所说，不惟不近人情，且在春秋初年，大夫如是之嚣张，弑君如是之儿戏，也是不合乎当日的情形。所谓"目逆而送之，曰：

'美而艳。'"真是道听途说之辞，也不像一个卿的夫人与一个"不可徒行也"的大夫所做的事情。然而《左氏》不顾自相矛盾，也将这一段话拿来解经；像这样的史实，《左氏》所记虽多，对于《春秋》只是"非徒无益而又害之"，算不了信史的。

《左氏》书中有将一事重复记载的。例如昭公三十二年冬十一月"晋魏舒、韩不信如京师，合诸侯之大夫于狄泉"，与定公元年春正月所记大体相同（这话是啖助说的，详见陆淳《春秋集传辨疑》。顾栋高《春秋大事表·一》也提到了）。有误析一事为二事的。例如"晋、楚之盟"，"羊舌虎、杨食我"之类。在现在《左氏》之中，我们更可看出它将一事分配在两三年之中，令人看了好像每年都有传，而其实并非每年都有的。例如华督杀孔父的事，分配在桓公二、三两年。又如：

庄公二十三年《左氏》："晋桓、庄之族逼，献公患之。士蒍曰：'去富子，则群公子可谋也已。'公曰：'尔试其事。'士蒍与群公子谋，谮富子而去之。"

庄公二十四年《左氏》："晋士蒍又与群公子谋，使杀游氏之二子。士蒍告晋侯曰：'可矣。不过二年，君必无患！'"

庄公二十五年《左氏》："晋士蒍使群公子尽杀游氏之族，乃城聚而处之。冬，晋侯围聚，尽杀群公子。"

这本来只是一件事，将它分配在三年之中，令人看了好像年年有传，实在它是比年有阙文的（详下）。这些地方，虽说是杜预"分经之年与传之年相附"的结果，然而很可见出《左氏》本是一段一段的史文，后来将它分类改编，所以免不了记载重复，分析错误；就是很明显的矛盾的地方，也都编辑在一块儿的。书中所叙颇多荒唐神怪之言，无论何等人都有先知的能力（详见郝敬《春秋非左》）。书中害教伤义之论，更是不遑枚举。吕大圭《春秋五论》说："然《左氏》虽曰备事……往往论其成败而不论其是非，习于时世之所趋，而不明乎大义之所在。周、郑交质，而曰‘信不由中，质无益也’。论宋宣公立穆公，而曰‘可谓知人矣’。鬻拳强谏，楚子临之以兵，而谓鬻拳为爱君。赵盾亡不越境，返不讨贼，而曰‘惜也，越境乃免’。此其皆不明理之故，而其叙事失实者尤多。”（参看皮锡瑞《师伏堂春秋讲义》及本书《附录一》）。总之，《左氏》这书，很令人想到它本是近於稗官野史之流，道听途闻之说，经后人编次年月，加以篡改，然后成为今本的《左传》的。这样子，自然引起许多人的怀疑，要考证它，要追究出它的本来面目来。



## 二



原来《左氏春秋》这一部书根本与《春秋》没有关系；在《史记·儒林列传》里，根本就只有《公羊传》、《穀梁传》两家，没有《左氏》。《史记·太史公自序》和《报任安书》，都只是说“左丘失明，厥有《国语》”；《报任安书》下又说：“乃如左丘明无目，孙子断足，终不可用，退论书策以抒其愤。”三次提到左丘明，都只说他作《国语》。《汉书·司马迁传》也只说：“司马迁据《左氏》、《国语》，采《世本》、《战国策》，述《楚汉春秋》。”但有《国语》，无所谓《左氏春秋》（详见本书《附录一》）。在《汉书·刘歆传》里才很清楚地说：

> 初《左氏传》多古字古言，学者传训故而已，及歆治《左氏》，引传文以解经，转相发明，由是章句义理备焉。

这里明说刘歆引《传》文以解《经》，“《传》自解《经》，何待歆引？歆引以解，则非《传》文”，可见解经的《左氏春秋》从刘歆才有的，在《汉书》上说得再明白不过了。当时诸儒谓“《左氏》不传《春秋》”，及“儒者师丹奏歆改乱旧章，非毁先帝所立”，公孙禄议曰：“国师嘉新公颠倒五经，毁师法，令学士疑惑，宜诛以慰天下。”（详见本书卷下所引），个中消息，很可见出《左氏》是刘歆杂采诸书，一手编成，所以弄得群情愤激，大家对于他要痛下攻击了！

但是《左氏》记载繁博，文辞淹富，东汉的时候，郑、贾之流更将条例、训诂、章句，渐渐增加完备，虽有范升、李育们攻击“左氏不祖孔子而出于丘明，师徒相传，又无其人”，但多数人则已受了它的欺骗了！后来杜预在《春秋左传序》上说：

> 左丘明受经于仲尼，以为《经》者，不刊之书也。故《传》或先经以始事，或后经以终义，或依经以辩理，或错经以合异，随义而发。

这种说法，直得将《左氏》与《春秋》不相合的地方，如：无《经》之《传》，不释《经》之《传》，好多都遮掩了！也在注中又多回护，使得《左氏春秋》更盛行起来！后来刘知幾《史通·六家篇》说：

> 予观《左氏》之释《经》也，言见《经》文而事详《传》内，或《传》无而《经》有，或《经》阙而《传》详，其言简而要，其事详而博，信圣人之羽翮而述者之冠冕也。

他的《申左篇》更说：“《左氏》之义有三长，二传之义有五短。”他将《左氏》的价值抬得比《春秋》和《公羊传》、《穀梁传》都要高些了。不过这样的冒牌的货色，终瞒不了明眼人的观察。历来道破他本来面目的，也自不少（详见本书《附录一》）。但是真正对于《左氏》攻击最力的要自唐之啖、赵起。啖助说：

> 予观《左氏传》，自周、晋、齐、宋、楚、郑等国之事最详。晋则每出一师，具列将佐。宋则每因兴废，备举六卿。故知史策之文，每国各异。左氏得此数国之史，以授门人，义则口传，未形竹帛。后代学者，乃演而通之，总而合之，编次年月，以为传记，又广采当时文籍，故兼与子产、晏子及诸国卿佐家传，并卜书梦书

及杂占书，纵横家小说讽谏等杂在其中，故叙事虽多，释意殊少，是非交错，混然难证。（陆淳《春秋集传纂例·三传得失议》）

赵匡也说：

啖氏依旧说，以左氏为丘明，授经于仲尼。今观《左氏》解经浅于《公》、《穀》，诬谬实繁。若丘明才实过人，岂宜若此？……夫子自比，皆引往人……丘明者，盖夫子以前贤人，如史佚、迟任之流。……焚书之后，莫得详知，学者各信胸臆，见《传》及《国语》俱题左氏，遂引丘明为其人。……所谓传虚袭误，往而不返者也。

他们一个提出了左氏不是亲见夫子，好恶与夫子同的；一个说《左氏》是后代学者编次年月所作的传记，这比范升所说的证据确然可靠得多了！到了宋朝，叶适说：





《左氏》有全用《国语》文字者；至吴、越语则采取绝少，齐语复不用。盖合诸国记载，成一家之言；惜他书不存，无以遍观也。（据《经义考》引）

罗璧说：

《左传》、《春秋》，初各一书，后刘歆治《左传》，始取《传》文解经，晋杜预注《左传》，复分经之年与传之年相附，于是《春秋》、《左传》二书合为一。（据《经义考》引）

这两位更差不多将《左传》的原本和他的改编者完全发现了。从啖、赵起，考证《左氏》的书如陆淳《春秋集传辨疑》、刘敞《春秋权衡》、叶梦得《春秋三传谳》、程端学《春秋三传辨疑》，有的攻驳《左氏》的条例，有的批评他所述的义理，有的考证他所记载的事实，都有不少的发现。明末郝敬的《春秋非左》更是专对于《左氏春秋》而发的。《左氏春秋》的真相一天比一天暴露了！

刘逢禄的《左氏春秋考证》，正是继续他们的努力来考订《左氏》，而且是最有成绩的一部书。刘氏发前人所未发的，约有四点：

第一，他发现了《左氏传》之旧名为《左氏春秋》。他认为《史记·十二诸侯年表》上只有鲁君子左丘明作《左氏春秋》的话，无所谓《左氏传》。他说：

《左氏春秋》，犹《晏子春秋》、《吕氏春秋》也。直称《春秋》，太史公所据旧名也。冒曰《左氏春秋》，则东汉以后之以讹传讹矣。

又说：

> 曰“鲁君子”，则非弟子也。曰《左氏春秋》，与《铎氏》、《虞氏》、《吕氏》并列，则非传《春秋》也。故曰《左氏春秋》，旧名也；曰《左氏春秋传》，则刘歆所改也。

他这种话，虽不及后来康有为、崔适见到《十二诸侯年表序》已经是刘歆改了的，虽不及康有为根据《史记·儒林列传》、《史记·五宗世家》、《史记·太史公自序》等篇，证明史迁所据无所谓《左氏春秋》；然而《左氏春秋传》这个名称，经他如此的破坏，它的威信已全失了。我们知道《左氏传》的名称之不可靠，它这部书当然也有问题了。所以，刘氏虽没有像康、崔二氏作进一步的证明，这发现也是很有价值的。

第二，他证明了《左氏传》体例与《国语》相似。他在本书桓公十一年说：

> 《楚屈瑕篇》年月无考，固知《左氏》体例与《国语》相似，不必比附《春秋》年月也。（本书卷上）

又在桓公十七年说：

> 左氏后于圣人，未能尽见列国宝书，又未闻口授微

言大义，惟取所见载籍，如晋《乘》、楚《梼杌》等，相错编年为之，本不必比附夫子之经，故往往比年阙事。刘歆强以为传《春秋》，或缘经饰说，或缘《左氏》本文前后事，或兼采他书以实其年。如此年之文，或即用《左氏》文，而增春、夏、秋、冬之时，遂不暇比附经文，更缀数语。要之，皆出点窜，文采便陋，不足乱真也。（本书卷上）

他这话比叶水心更进一步了！叶氏只说“《左氏》有全用《国语》文字者”，尚未从体例上着想；他历举《左氏》比年阙事，年月无考，证明他与《国语》相似，提出《左氏》本不必比附夫子之经的确证了！康有为说他“虽未悟《左传》之摭于《国语》，亦知由他书所采附，亦几几知为《国语》矣！”这确是他的第二个大贡献。我们必须知道《左氏春秋》原本的体例，然后才想出他的“原料”是什么，这样子的过程是再重要不过的。





第三，他攻破了伪造的《左氏传》传授系统。《史记》中无所谓《左氏春秋传》，在《汉书·儒林传》却有了《左氏传》传授的源流；孔颖达《春秋疏》、陆德明《经典释文》也都未载有；忽然左氏师徒相传又有其人了！这当然是刘歆之徒所妄造的。刘氏将他们一一地驳斥了！现在引崔适《春秋复始》上一段话来证明：

刘逢禄曰：“《张苍传》曰‘著书十八篇，言阴阳律术’而已，不闻修《左氏传》也。《贾谊传》曰‘颇通诸家之书’而已，亦未闻其修《左氏传》也。所著述存者五十八篇，皆与《左氏传》不合。《张敞传》曰‘本治《春秋》’；其所陈说以‘春秋讥世卿’，‘君母下堂则从傅母’，皆《公羊》义。《萧望之传》曰‘治《齐诗》’，曰‘从夏侯胜问《论语》礼服’。其《雨雹对》谓‘季氏专权，卒逐昭公’，伐匈奴对谓‘大士匄之不伐丧'，亦《公羊》义，未闻引《左氏》也。"适案：尹更始与韦玄成上《罢郡国庙议》，亦引《公羊传》文；文见上篇。《翟方进传》曰"受《春秋》"，则与《公孙丞相》、《董生》、《张苍传》所云无异，皆谓《公羊传》也。无一人可见其为《左氏》学者。

这种传授系统很令人引起偶像的崇拜；刘歆之徒为了使人尊信起见，为了避免攻击起见，所以要托之于张苍、贾谊。其实他们至多不过见到《左氏》的原本《国语》及其他，并非现在的《左传》；否则他们的传上不会每个都遗漏的。刘氏将这伪传授系统一一打破，我们更可明白《左氏》之不传《春秋》了！

第四，他辟出了一条考订伪经的新途径。从前考订《左氏》的人，他们大都是："以传考经之事迹，以经别传之真伪。"（用程子语）啖、赵所爱用的方法是"当据《经》文为正"，程端学所爱用的方法也是"当以《经》为正"，这当然是很狭隘的。刘氏的考证便不同了！

（一）他用对照的方法，援引《鲁周公世家》、《宋微子世家》、《陈杞世家》、《晋世家》、《卫康叔世家》、《齐太公世家》，证明《史记》所采《左传》旧文多与现在的《左氏》不合。他援引《列女传》以证明文字之有异同，服、杜以后之尚有改窜。这种方法，后来如魏源在《诗古微》上证明《左氏》书中"息夫人不言"那一事与《史记》、《列女传》不合，康有为在《新学伪经考》上所用之《史记》、《汉书》对照法，都似乎受了他的影响的。

（二）刘氏考证《左氏》，极重《左氏》作伪的痕迹与其增窜之凡例。他辨"不书即位，摄也"说："此类皆袭《公羊》而昧其义例。"辨"郑伯克段于鄢"说："凡'书曰'之文皆歆所增益。"其他如云"此类释《经》，皆增饰之游词"，"此类皆无稽之言"，"凡例皆坿益之辞"，将刘歆作伪之术完全道破了！

(三) 刘氏说:“《河间献王传》言献雅乐,不言献《左氏》、《周官》也。”这几乎是把康有为《伪经考》所说“《史记》无之,则为刘歆之伪窜无疑”的铁证发现了。

关于这些,固然他不免受了阎百诗《尚书古文疏证》的影响,但在清代,他确是考订刘歆伪古学的急先锋。康有为在《新学伪经考·汉书河间献王鲁共王传辨伪》上说:“余读《史记·河间献王鲁共王世家》,怪其绝无献王得书、共王坏壁事,与《汉书》绝殊。……又得魏氏源《诗古微》,刘氏逢禄《左氏春秋考证》,反复证勘,乃大悟刘歆之作伪。”可见康氏受他的影响之深。康氏所说的“奸破覆露,霾开日中。发得巢穴,具告童蒙”,实在刘氏已差不多发现了!我们说刘氏辟出了一条考订伪经的新途径,这话他可以当之无愧的。

总之,他这部书不惟揭穿了《左氏春秋》的黑幕,举凡假冒的招牌,粗劣的原料,不清的来路,一一地发现,而且开出了一条考订伪经的新路线。几乎把新学伪经的真赃实证都道破,这书的价值不可想见吗!戴望在所撰《刘氏行状》(《谪麐堂遗集》)上说:

> 先生论《春秋左氏传》,据《太史公书》,本名《左氏春秋》,若《晏子春秋》、《吕氏春秋》比;自王莽时,国师刘歆增设条例,推衍事迹,强以为传《春秋》,冀夺《公羊》博士师法。所当以《春秋》归之《春秋》,《左氏》归之《左氏》,而删其“书法”、“凡例”,及论断之缪于大义,孤章断句之依附经文者……更成《左氏春秋考证》二卷。知者谓与阎、惠之辨《古文尚书》等。

近来钱玄同先生在重印《新学伪经考·序》上也说:

> 他这部《左氏春秋考证》辨伪的价值,实与阎若璩的《尚书古文疏证》相埒。阎书出而伪《古文尚书》之

案大白；刘书出而伪《春秋左氏传》之案亦大白。

这些话的确是公正的评论。

## 三

但是一个人的智力终是有限的，刘氏考证《左氏春秋》，尚有许多不彻底的地方；后来经过康有为《伪经考》，崔适《史记探源》、《春秋复始》的补正，刘歆伪《左氏》的一案才慢慢的定谳。这正如阎氏疏证《尚书》古文，有了惠栋的《古文尚书考》、丁晏的《尚书余论》而后才定案一样。

第一，关于《左氏春秋》的名称问题。康有为认为不惟《春秋左氏传》是冒名，就是《左氏春秋》这名称也是假的。康氏说：

> 或据《史记·十二诸侯年表》云“鲁君子左丘明，惧弟子人人异端，各安其意，失其真，故因孔子史记具论其语，成《左氏春秋》”以相难，则亦歆所窜入者，辨见前。……而谓“《左氏春秋》犹《晏子春秋》、《吕氏春秋》也，直称‘《春秋》’，太史公所据旧名也，冒曰‘《春秋左氏传》’，则东汉以后之以讹传讹者矣”，盖尚为歆窜乱之《十二诸侯年表》所惑，不知其即《国语》所改。……不得其根原也（本书《附录一》）。

据康氏所述，则《左氏春秋》也是刘歆所伪造的假名称，《十二诸侯年表》也是为刘歆所已窜乱的。后来崔适在《史记探源》中更立七证以证明康氏此说（本书《附录二》），关于《左氏春秋》的名称的问题总算可以确定了！

第二，关于《左氏春秋》与《国语》的问题。康有为又将这个骗局的本源发现，比刘氏《考证》彻底得多了！康氏说：

> 《国语》仅一书，而《志》以为二种，可异一也。

其一，“二十一篇”，即今传本也，其一，刘向所分之“《新国语》五十四篇”；同一《国语》，何篇数相去数倍？可异二也。刘向之书皆传于后汉，而五十四篇之《新国语》，后汉人无及之者，可异三也。盖五十四篇者，左丘明之原本也；歆既分其大半凡三十篇以为《春秋传》，于是留其残剩，掇拾杂书，加以附益，而为今本之《国语》，故仅得二十一篇也。考今本《国语》，《周语》、《晋语》、《郑语》多春秋前事；《鲁语》则大半敬姜一妇人语；《齐语》则全取《管子·小匡篇》；《吴语》、《越语》笔墨不同，不知掇自何书：然则其为《左传》之残余而歆补缀为之至明。





这是用《汉志》的篇数来证刘歆分《国语》为《春秋传》的事实。《左氏》原来就是《国语》的改本，这确是一个惊人的发现。现在《国语》也是“掇拾杂书，加以附益”，然则我们对于《国语》也不可过于信任；《左氏》与《国语》的详略互有不同，这也是将一书瓜分二的显证（钱先生说，详见下方）。近来瑞典人珂罗倔伦著《左传真伪考》（陆侃如有译本），由文法上的统计，证明《左氏》的文法不同于《论语》，孟子——珂罗倔伦所谓之“鲁语”，证明《左氏》的作者不是鲁人。他说：

在周秦和汉初书内，没有一种和《左传》相同的文法组织的，最接近的是《国语》，此外便没有第二部书在文法上和《左传》这么相近的了！

这一段话既证明《史记》“鲁君子左丘明作《左氏春秋》”那一段话是窜入的，又是《左氏》和《国语》本是一书的一个很强有力的证据。《左氏》的骗局，总算可以定案了！

这两点，确是刘氏考证中未发明而必须后人为之补正的。此外，他尚未想到崔适在《春秋复始·外篇》、《史记探源·序证》中所述“终始五德”，“十二分野”，“变象”，“互体”各项也出于窜乱（详见本书附录二、附录三）。除了这一二点遗漏之外，刘氏这书是可以说不受什么批评的。所以我们要说：“刘书出而伪《春秋左氏传》之案亦大白。”

## 四

但是阎氏《尚书古文疏证》出，就有毛奇龄、洪良品他们的反驳出来；刘氏这书一出，在古文学家的眼中当然是不欢迎的，当然是要设法推翻它的。章太炎先生是当今的古文学大师，他在所著《春秋左传读·叙录》中将刘氏《考证》的下一卷痛驳了！太炎先生之为人与其对于古音学上的贡献是我所极钦仰的，不过他老先生的主张，有些我实在不敢赞同。顾颉刚先生曾说过：

> 他在经学上，是一个纯粹的古文家，所以有许多在现在已经站不住的古文家之说，也还要替他们弥缝。他在历史上，宁可相信《世本》的《居》篇、《作》篇，却鄙薄彝器钱物诸谱为琐屑短书；更一笔抹煞殷墟甲骨文字，说全是刘鹗假造的。……在许多地方，都可证明他的信古之情比较求是的信念强烈得多，所以他看家派过于真理，看书本重于实物。他只是一个从经师改装的学者。（《古史辨》第一册《自序》）

颉刚先生的批评实在是一点也不错。太炎先生之驳刘氏只是“看家派过于真理”，要将这已经站不住的《左氏传》替它弥缝罢了！他只将刘氏的下卷反驳，而关于刘氏在上卷所举极重要的本证，章氏的驳辨说是“散在读中”，我们无由拜读。现在只有将章书所述的重要的地方附以答辨，分别地介绍在下面了。

第一，《左氏》的名称问题。关于这一点，章氏以为名称是没有什么关系的。他以为：“名者实之宾，《左氏》自释《春秋》，不在其名《传》与否也。正如《论语》命名，亦非孔子及七十子所定……乃扶卿所名，无害其为孔子语也。”他在总结论上说：

> 《左氏春秋》之名，犹《毛诗》、《齐诗》、《鲁诗》、《韩诗》、《孟氏易》、《费氏易》、《京氏易》、《欧阳尚书》、《夏侯尚书》、《庆氏礼》、《戴氏礼》，举《经》以包《传》也。以为不传孔书而自作《春秋》者，则诸家亦自作《诗》、《书》、《易》、《礼》乎？

章氏这种见解确具相当的理由。但在西汉时只有《公羊传》本名"《春秋》"，其余一概算不了《春秋》（详见《春秋复始》）。一个真的名称可说是没有关系，一个假冒的名称却应当追究的。《齐诗》、《鲁诗》之类，是因为家派多了，不得不加地域或氏姓以示区别；如果左氏真是亲受之夫子，他何须用"左氏"二字来表区别？《左氏春秋》之不同于《左传》，正如《鲁诗》之不同于《鲁故》、《鲁说》，《齐诗》之不同于《齐后氏故》、《齐后氏传》，《欧阳尚书》之不同于《欧阳章句》，《大小夏侯尚书》之不同于《大小夏侯章句》；不能一概说是"举《经》以包《传》也"。《左氏春秋》是解经的，它的命名应该先确定，不能拿《论语》来作比。这个假冒的名称，刘氏追究出来了，使《春秋左氏传》冒名的真相暴露出来，是有价值的；何况连《左氏春秋》这个名称根本就是假的呢？所以，章氏的驳辨，仔细看来，至多具有相当的理由，而不能使我们完全赞同。





第二，《左氏》的体例问题。关于这一点，章氏以为："所谓传体者如何？惟《榖梁传》、《仪礼·丧服》、《夏小正传》与《公羊传》同体耳！毛公作《诗传》，则训故多而说义少，体稍殊矣。伏生作《尚书大传》，则叙事八而说义二，体更殊矣。《左氏》之为《传》，正与伏生同体。然诸家说义虽少，而宏远精括，实《经》所由明，岂必专尚'裁辨，'乃得称《传》乎？"他说：

> 凡言《传》者，有传记，有传注……同此《传》名得兼传记、传注一用。亦犹裴松之注《三国志》，撰集事实，以见同异；间有论事情之得失，订旧史之踼非，

> 无过百分之一；而解诂文义，千无二三。今因《左氏》多举事实，谓之非传，然则裴松之于《三国志》亦不得称《注》耶？且《左氏》释经之文，科条数百，固非专务事实者，而云非《传》之体，则《尚书大传》将又何说？

章氏在这里所说的意见，表面上看来似乎理由充足，但是这些话实在都是极牵强的。《春秋》这部书是孔子所作："'笔则笔，削则削'，两'则'字见得极快……盖褒贬予夺，因事裁制，非一端所可拘，唯化裁因心者能之。"（刘绍攽《春秋笔削微旨》语）"《春秋》言是其微也"，"《春秋》推见至隐"，替它作《传》的，当然不能像《尚书大传》"叙事八而说义二"，将《春秋》中重要的微言大义忽略过去。"书以道事"，故《尚书大传》说义甚少；《左氏传》是不应当如此的。"《左氏》之为《传》，正与伏生同体"，这正是《左氏》不传《春秋》的明证。裴松之注《三国志》，是"奉诏采三国异同"，左氏却未闻受命采取异同。《左氏》记事，将许多重要的大事失于记载，或者兼有错误，如记齐桓霸业之简略而失真，这也是不可与裴松之注《三国志》同日而语的。《左氏》释《经》之荒谬，纵有科条数百，也正是不传《春秋》的明证。章氏以为"《经》无而《传》有者，悉皆《经》之微言"。然则《左氏》所记与《经》毫不相干的话，如怪力乱神之类（详见《春秋非左》下），与《经》之微言有什么干系？左氏好恶与孔子不同，硬要说他就是左丘明，能亲见夫子，蔑视一切的铁证，这未免太牵强了！

第三，《左氏》传授的问题。关于这一点，章氏费了许多力量，来证明张苍、贾谊等之引用《左氏》，确都治过《左氏》的，《左氏传》是真有传授的。祖护《左氏》的人们大都如此说法。刘师培《左盦集》中也有两篇《周季诸子述左传考》、《左氏学行于西汉考》，这一类的文章，他们用力虽勤，而其结果之不足信还是毫无疑义。我们只看刘歆《让太常博士书》便可以知道了。刘歆移书是为《逸礼》、《古文尚书》，尤其是《左氏春秋》而力争的。他说："得此三事，以考学官所传……传问民间，则有鲁国贯公、赵国桓公、胶东庸生遗学与此同。"他只举桓、贯、庸三家传《书》、《礼》之学者，而不举出当时的《左氏》学者来；他连民间的儒生桓、贯、庸三家都要提到，而不引据朝廷执政的《左氏》大师如张丞相、尹咸、翟方进来说：个中消息，不够使我们知道当时《左氏》并无师传，张丞相、尹咸、翟方进等传授之说是确实靠不住的么！（参看廖平《古学考》）刘歆既未说出，则《汉书·儒林传》之谓张苍、贾谊等传《左氏》当然是伪托的了！张、贾等既经刘逢禄、崔适证明其"无一人可见其为《左氏》学者"，而章氏、刘氏不问所根据的材料是否真实，有无窜乱，究竟张、贾之引用《左氏》，是现行的《左氏》，还是《左氏》的旧文及其他，而一概认为是治过《左氏》的。这是不足信的。刘氏说："苍均有书，惜不可考。"足见张苍之治《左氏》是有疑问的。刘氏说："贾子新书足补《左氏》之缺"，章氏也以为"贾书……楚惠王等八事，不知采自何书。各记别事，本与《左传》丝毫无涉……又有《左传》所不载者。……自古人异事同，传记所载何止一端"。足见贾书所说的事不一定是根据《左氏》，贾谊之治《左氏》也是有疑问的。章氏、刘氏以为在他们书中有许多与《左氏》相同的话，便认定他们是治过《左氏》的，那我们也可以说："梅赜之《古文尚书》，其亦三代经传袭用梅氏！"（魏源《诗古微》语）这未免太不足信了！

第四，其他重要的问题。要详细介绍章氏的话，在本篇是不可能的。现在姑就我所感觉的不得不说的几点来说：

（一）《汉书·河间献王传》不言献《左氏》、《周官》，这当然是极重要而驳不了的证据。章氏却说："《传》不言献《左氏》、《周官》，亦犹张、贾本传不言修《春秋》也。"他将一件小事来比一件大事，不想张、贾本传之不言修《春秋》的关系极小，而献《左氏》、《周官》，对于民间古学之兴的关系极大，不可相提并论的。遁辞知其所穷，于此可见一斑。

（二）“师丹为大司空，亦大怒，奏‘歆改乱旧章，非毁先帝所立’”，这也是一件不可否认的事实。章氏却说：“丹虽大儒，耄荒丧志。据《丹传》：丹上书曰：‘臣闻天威不违颜咫尺’，则固引《左氏》语矣。……一议两歧，岂足以定丹之取舍？”这所说好像是不错的。但如章氏攻击《公羊传》，而无形中又许《公羊传》“裁辨”（引见前），我们能说不足以定章氏之取舍吗？章氏极端相信《汉志》，而不信《汉志》所说《毛诗》“自谓子夏所传”的话，是否一议两歧？我们能因此否认章氏所有在学术上的贡献吗？据当时的情形看来，说《左氏》不传《春秋》，不是一个人的意思。师丹即取《左氏》一二语，《左氏》之不传《春秋》还是毋庸置疑的。

（三）《史记·儒林列传》云：“申公独以《诗》经为训以教，无传疑……”章氏以为“‘疑’字衍，《汉书》无”。他说：“《汉书·楚元王传》云：‘申公始为《诗传》。’……然据《艺文志》……仍不谓《鲁诗》有《传》也。夫以学官所习，博士所诵，而有《传》无《传》尚有异同之辞，况《左氏》素非所习，其云不传《春秋》，可据以为证哉！”这是以《鲁诗》有传无传的疑问来证明“《左氏》不传《春秋》”的不可信；其实《鲁诗》是有传的，“疑”字并非衍文（详见马瑞辰《毛诗传笺通释》），不能因《鲁诗》之有疑问而将博士所说“《左氏》不传《春秋》”的话也推翻的。章氏又以为“孔子自有书传”，“《公羊传》亦以《春秋》始作即有传，若舍《左氏》即无传之可言”。这都是曲解证据，不可以取信的。

总之，章氏所驳刘氏《考证》的话，实际上并没有将他驳倒，而往往自陷于矛盾。一方面极端信任《汉志》，一方面却又信《汉志》所鄙薄的《毛诗》。更谓“《史记·儒林列传》不见《左氏》的传授，自是文略”，却不想到如果《左氏》真有传授，史公年十岁诵古文，正当特别对《左氏》加以叙述，决不会忽略过去的。章氏这样牵强说话，反骂“妄人魏源、康有为辈，鄙儒不考，无足致辨”。顾先生说他“看家派过于真理”，“在现在已经站不住的古文家之说，也还要替他们弥缝”，这种批评真是很够证明了。

## 五

现在我请略说我们此时研究《左氏春秋》应当注意的问题，举其荦荦大者约有两端，分述于下：

（一）《左氏春秋》与《国语》的关系。这个问题，虽由康有为、珂罗倔伦他们的主张证明《左氏》是由《国语》分化出来的，《左氏》的文字和《国语》最相接近，但仍不免有怀疑这问题的人。最近钱玄同先生在《重印〈新学伪经考〉序》上说：

> 《左传》与今本《国语》，既证明为原本《国语》所瓜分，则瓜分之迹必有可考者。此事当然须有专书考证，我现在姑举出一点漏洞来：
>
> 1.《左传》记周事颇略，故《周语》所存《春秋》的周事尚详（但同于《左传》的已有好几条）。
>
> 2.《左传》记鲁事最详，而残余之《鲁语》所记多半是琐事；薄薄的两卷中，关于公父文伯的记载竟有八条之多。
>
> 3.《左传》记齐桓公霸业最略，所谓“管仲相桓公霸诸侯，一匡天下”的政绩竟全无记载，而《齐语》则专记此事。
>
> 4.《晋语》中同于《左传》最多，而关于霸业之荦荦大端记载甚略，《左传》则甚详。

5.《郑语》皆春秋以前事。

6.《楚语》同于《左传》者亦多，关于大端的记载亦甚略。

7.《吴语》专记夫差伐越而卒致亡国事，《左传》对于此事的记载又是异常简略，与齐桓霸业相同。

8.《越语》专记越灭吴的经过，《左传》全无。

你看，《左传》与今本《国语》二书，此详则彼略，彼详则此略，这不是将一书瓜分为二的显证吗？至于彼此同记一事者，往往大体相同，而文辞则《国语》中有许多琐屑的记载和支蔓的议论，《左传》大都没有，这更露出删改的痕迹来了！

钱先生这一段话，确是极重要的说明。两书记载一事，有的时间不同：如“晋惠公卒”，《左氏》以为九月（僖公二十四年），《晋语》以为十月。有的人名不同：如“《常棣》之诗”，《左氏》以为召穆公作，《周语》以为周文公作。有的地名不同：如“宋之大城”，《左氏》以为萧亳（昭公十一年），《楚语》以为萧蒙。有的事实不同：例如“晋楚争盟”，《左氏》以为“乃先晋人”（哀公十三年），《吴语》以为吴公先歃。这确见《左氏》是经过删改的。它往往采取《国语》的一二句或一段而敷衍成篇，如“曹刿论战”之类（《鲁语》，《左氏》庄公十年），《左氏》的文章，在艺术上比《国语》好得多了！我们根据现在的《国语》和《左传》，说它们完全出于一人之手，这是不可能的了！但是，我们根据现在的《国语》和《左氏》，说它们是两部各不相干的书，这也是不尽然的。从篇数上、详略上看来，它们是同出一源；从文字上看来，它们是很相接近，它们毕竟是很有关系的两部书，我请更举两个例来谈谈：

齐孝公来伐，臧文仲欲以辞告病焉，问于展禽。对曰：“获闻之，处大教小，处小事大，所以御乱也，不闻以辞。若为小而崇，以怒大国，使加己乱，乱在前矣，辞其何益?”文仲曰：“国急矣！百物惟其可者，将无不趋也。愿以子之词行赂焉，其可乎?”……“恃二先君之所职业。昔者成王命我先君周公及齐先君太公曰：‘女股肱周室以夹辅先王，赐女土地，质之以牺牲，世世子孙无相害也。’今君来讨敝邑之罪，其亦使听从而释之，必不泯其社稷；岂其贪壤地而弃先王之命，其何以镇抚诸侯？恃此以不恐。”（《鲁语》上）

公使展喜犒师，使受命于展禽。……“恃先王之命，昔周公、太公股肱周室，夹辅成王，成王劳之而赐之盟曰：‘世世子孙无相害也。’载在盟府，太师职之。桓公是以纠合诸侯而谋其不协，弥缝其阙而匡救其灾，昭旧职也。及君即位，诸侯之望曰：‘其率桓之功’，我敝（蔽）邑用不敢保聚，曰：‘岂其嗣世九年而弃命废职，其若先君何？君必不然。’恃此以不恐。”（僖廿六年）

这里《国语》所叙，将鲁国连遭兵祸，国家危急，所以要以辞行赂的原因说出，与后来“公子遂如楚乞师”，“公以楚师伐齐取穀”是联贯的（参看《春秋经》）。而《左传》的改本则未将原因说明，忽然地“公使展喜犒师”，并且要慎重的“使受命于展禽”，而退兵的话则比《国语》说的明白多了，但是责齐太过，也不甚合情理。中间加入“载在盟府，太师职之”八字，是《国语》所未有，《左氏》凭空加入的。（顾氏补正：“太师，周之大师，主司盟官。”《左传诂》引《武仪》云：“师，当作史。”）他的意思，可想而知。又：

莒太子仆弑纪公，以其宝来奔。宣公使仆人以书命季文子曰：“……为我与之邑。……”里革遇之而更其书曰：“……为我流之于夷。……”公执之，对曰：

“……毁则者为贼，掩贼者为臧，窃宝者为宄，用宄之财者为奸。……”乃舍之。(鲁语上)

仆因国人以弑纪公，以其宝玉来奔，纳诸宣公。公命与之邑。……季文子使司寇出诸竟。……公问其故。季文子使太史克对曰：“……先君周公制《周礼》曰：‘则以观德，德以处事，事以度功，功以食民。’作誓命曰：‘毁则为贼，掩贼者为藏，窃贿为盗，盗器为奸。主藏之名，赖奸之用，为大凶德。……，……是以去之。昔高阳氏有才子八人……谓之‘八恺’。高辛氏有才子八人……谓之‘八元’。此十六族也……舜臣尧……流四凶族……投诸四裔……”(《左氏》文公十八年)

这里《国语》所叙只有《左氏》的四分之一的样子；两处人物多不相同，《国语》中里革所说的，在《左氏》中变成了“先君周公制周礼曰”，“作誓命曰”，意义既较明显，文辞也美得多了！我们读到这里，大可以明瞭周公之礼是如何产生的了，《左氏传》是如何改编的了！所谓“十六族”，“四凶”，我们从前总认为是真的，崔觯甫告诉我们说：“于《尧典》人名无一同者，是于禹、契为蔽贤，于‘十六族’为攘功。”(本书附录三)看来只是改编的一段欺骗人的谎话罢了！

由此看来，《左氏》是由《国语》改编，时间、地点、人物、事实叙述之不同，或者就是他删改的凭证；所加入的新材料，或是别有所本，或是向壁虚造，这却是我们现在所当努力去研究的事情了。我们不可以随便说两书完全出于一人之手，或者以为是两部各不相干的书；因为作伪者有时故意与所採的原料持相反的论调，如《国语》“民可近也，不可上也”，在伪《古文尚书》中作“民可近，不可下”，上下相反了。康氏说：“掇拾杂书，加以附益，而为今本之《国语》。”如《左氏》所述关于“五体”者甚多，而《国语》中也有一二条，这就是所谓“加以附益”。我们如因此而认定《国语》晚于《左氏》，这也似乎是不应当的。

（二）《左氏春秋》与史料的关系。这一点，我在前面已经说过，《左氏》的记事是靠不住的；现在我请再举一二重要的例证以见《左氏》记事非仔细审查不可的理由。

（1）隐公四年《左氏传》："宋殇公之即位也，公子冯出奔郑，郑人欲纳之。及卫州吁立，将修先君之怨于郑，而求宠于诸侯，以和其民。……故宋公、陈侯、蔡人、卫人伐郑，围其东门，五日而还。"程端学《春秋三传辨疑》说：

> 叶氏曰："前言穆公属殇公而使公子冯出居于郑，则冯固已自处郑矣，安得殇公即位而后出奔也？愚谓《左氏》或本其初而言，义亦可通；但'围其东门'之事未必有也。"

> 叶氏又曰："《经》书'夏，宋公、陈侯、蔡人、卫人伐郑'，'秋，翚帅师会宋公、陈侯、蔡人、卫人伐郑。'《左氏》谓'宋公、陈侯、蔡人、卫人伐郑，围其东门，五日而还。秋，宋公来乞师，翚固请以师会而行；诸侯之师，败郑徒兵，取其禾而还。'自《左氏》言之，则疑以为实；以《春秋》法言之，则非。何者？前伐果'围东门'而还，自当书'围'，后果'败郑徒兵'而还，则当书'战'，何为但书'伐'而已乎？且'乞师'亦当见《经》。盖《左氏》不晓翚不书氏之义，又不晓帅师之义，故于此言'翚帅师，公不许，翚固请而行。'后翚帅师会齐、宋伐郑，言'翚先会'，皆以专行为帅师之义，而实无有也。"

《春秋经》再书"伐郑"，是"书之重，辞之复"，其中是有深意存在的。（此点参看张洽《春秋集注》；清儒孔广森《公羊通义》于文十年曾暗袭其言，陈立《义疏》引之，未悟也。）《左氏》误会为两件事，看它说来言之凿凿，其实都是虚构的，它说："故书曰'翚帅师，'疾之也"，隐元年"公子豫请往，公弗许，遂行"，也是非公命的，何以反书疾翚而不疾豫呢？它之虚构事实，结果还是自相矛盾。像这里所述"围其东门"，"败郑徒兵"，这种记载当然不可视为信史。

(2) 宣公十年"崔氏出奔卫"。《左氏》以为是崔杼。家铉翁在《春秋详说》上说：

> 《左传》以为"崔杼有宠于惠公，高、国畏其逼，因惠死而逐之，书崔氏，非其罪也"。愚以岁月考之，是岁至杼弑君，盖五六十年；使杼得年七十，此时方在弱冠，不应权势已甚，为人所畏。

这一件可疑的事，差不多许多人都知道的。《左氏》所述何尝不像真有其事呢？但是这事之不合情理，就其结果而言，很可见得这出奔的崔氏不是崔杼，《左氏》所述当然没有信史的价值。这些都是有应当注意的必要的。我们该对于《左氏》的记载重新加以检查。

以上两点，是我所感觉我们现在研究《左氏春秋》应当注意的问题，希望这两个重要的问题能于最短期间解决，能令我们早早地看得一个水落石出来！

二十一年（1932年）十一月十一日，张西堂序

（选自刘逢禄《左氏春秋考证》，顾颉刚校点，1933年朴社出版。另，本文亦发表于《古史辨》第五册）

# 《孝经通考》序

《孝经》一书，《吕览·察微》已见征引其文；汉代传授，又实广于五经；然以其书作于孔、曾，在《史记》、《汉书》即已异说，两宋诸儒研寻文义，更以为杂出后人附会。迄于近今，犹无定论，此当详考者一也。《孝经》有今古文，其真赝与是非及传授之先后，清儒甚鲜论及。《孔传》晚出，始作俑于王肃，虽属定谳；《郑注孝经》，是否出于康成，犹为疑案，此当详考者二也。《孝经》传授，在昔虽广，然多兼治，甚少专门。历代著述之存逸，说义疏注之良楛，降及近今，实无总计，此当详考者三也。

尝明《孝经》成书，杂出后人附会，朱晦庵、姚首源所论，实多未融。《谏争章》“诤臣七人、五人、三人”，虽似出自《荀子·子道》，尤似袭之韩诗《外传》；《子道》作“四人、三人、二人”，《外传》作“七人、五人、三人”，《孝经》与《外传》人数尤相近。《孝经》成书于何时，此可疑者也。《孝经郑注》，皮锡瑞疏，据王肃难郑已称引《郑注》，断其出自康成。然《郑注》与五经不同，陆澄诸儒亲见其书，既已献疑；而据刘肃《大唐新语》引郑《自序》云：“念昔先人余暇，述夫子之志。”康成先人多属微贱，所谓“念昔先人”云者，实无所指。则是否出于康成，亦未可遽定也。

比年以来，在平任教，师大同学蔡君汝堃，耽研经籍，颇留意于《孝经》一书，课余撰为《孝经通考》，其持论甚新颖而平允。谓《孝经》始作，在《吕览》以前，汉儒复杂取传记以成书。既不以为成于先秦，无以释朱晦庵、姚首源之所疑；亦不以《吕览》所引为注文，而强谓秦以前无《孝经》一书；如时论所云者。于《郑注》之真伪，亦不遽为断案；于历代《孝经》述造，则考之甚详且明。近以杀青届迹，属余为弁一言。颇感近来承学之士，识见寡浅，习气惰慢，如蔡君之勤于钻研，固不多觏；而依经立说者，其取材富而折衷当，如蔡君之于是书者，亦属鲜见；不觉如闻足音跫然而喜也。是为序。

二十五年（1936 年）十一月十七日

（《孝经通考》，蔡汝堃著。［上海］商务印书馆国学小丛书，民国二十六年五月初版。）

# 诸子名谊考

## 一

古者男子，通称曰“子”；考其自来，约有数变：

（一）子者，《说文》云：“子，十一月，阳气动，万物滋。人以为称，象形。(段玉裁注曰：‘象物滋生之形，亦象人首与首足之形也。’）凡子之子皆从子。(段注：凡言以为者，皆许君发明六书假借之法。子本阳气动万物滋之称，万物莫灵于人，故因假借以为人之称。），古文子，从巛，象发也。籀文子，囟有发，臂、胫在几上也。”由是言之，其在古初，子盖人子之称，(据古籀文，甲骨文多作并其证明）且兼男女而言（《仪礼·丧服》郑注)，或用以为干支之名，本无尊卑之别也。

（二）至于其后，或借以为爵号之称。《白虎通义·爵》篇曰：“天子者，爵称也。爵所以称天子者何？王者父天母地，为天之子也。”《春秋穀梁传》曰：“独阴不生，独阳不生，独天不生，三合然后生。故曰母之子也可，天之子也可，尊者取尊称焉……”《诗》曰：“昊天齐子之。”。(《周颂·时迈》）古以帝王天子，故“子”亦可为尊称。复以嗣子王子之称，而有“子”“男”爵号之名。殷爵惟三等，微子、箕子者，以王子贵，为圻内子爵，故谓之子。(《礼记·王制》疏引《郑志》是其证也）至于姬周，乃以子之爵号，为士大夫通称（《春秋公羊传·宣公六年》何注)。《礼记·王制》：“天子之大夫视子男。”《穀梁传》：“公子之重视大夫，大夫命以视公子”（庄公二十二年)，故曰子以尊之。由是而“子”为男子之尊称。

(三) 往古之世，民智未启，学术或掌于王官，贤哲多居于尊位，官师合一，仕学不异。(《说文》：“仕，学也。”) 学而优则仕，仕而优则学。有学之人，必从政之人；求学之地，亦从政之地。学者之师事，多为当时大夫，秦以吏为师者，犹其流风也。为弟子者，以其师之在位，故称以大夫之称，而尊号之曰“子”，(或曰“夫子”，详见下节) 或以“子”题其述造。此以“子”称师之为大夫者。

(四) 然晚周诸子，以“子”之称。题其书者，要皆当时之卿大夫。老子为周大夫，管子为齐大夫，墨子为宋大夫，尸、吕之流，申、韩之徒，或仕诸侯，或显于世，要皆有爵位之尊。至于后世，乃有本为隐逸之士，而弟子亦称之为“子”，且有以“子”自称者，渐忘其为“大夫称”矣。

此诸子称名之由来也。

## 二

古者称师，或曰“夫子”。皇侃《论语义疏》曰：“《礼经》：身经为大夫者，则得称为夫子。”孔子为鲁大夫，故弟子呼之为夫子也。(邢疏亦曰：“孔子所以称夫子者，孔子当为鲁国大夫。”) 汪容甫《述学》曰：

> 古者孤，卿，大夫皆称“子”。子者，五等之爵也。……《春秋传》：“列国之卿，当小国之君。”小国之君，则子、男也。子、男同等，不可以并称，故著子去男，从其尊者。(堂案：《白虎通义·爵》曰：“合伯子男以为一爵。或曰：‘合从子，贵中也。’”是亦着“子”去“男”之故。) 称子而不成词，则曰“夫子”。夫者，人所指名也。……凡为大夫，自适以下，皆称之曰“夫子”。孟献子，穆伯之孙，穆伯之二子，亲为其诸父，而曰“夫子”；崔成、崔疆称其父，皆曰“夫子”。故知

为大夫者，例称夫子，不以亲别也。孔子为鲁司寇，其门人称之曰“子”、曰“夫子”，后世沿袭，以为师长之通称，而莫有原其始者。（《释夫子》）

刘光汉《小学发微补》曰：

夫子之称，见于《左传》、《国语》者，以十余计，大抵皆卿士大夫之称也。而弟子称师亦为夫子者，则以古人术学出于官府，仕学同流共贯，诸子之学，各出于一官。古者称卿大夫曰子，亦曰夫子。儒者肄业于司徒之官，而卿大夫之职，亦各受教法于司徒，退而颁之卿吏。州长诸官，下至族党比闾之吏，亦皆以治民之权，兼教士之权，是牧长与师儒无别。故士民受业师儒者，亦称为夫子。而士之自为师长者，亦得循列而有此称。（《国粹学报》第一年第六期）





章太炎《诸子学略》曰：

古之学者，多出王官世卿用事之时，百姓当家，则务农商畜牧，无所谓学问也。其欲学者，不得不给事官府为之胥徒，或乃供洒扫为仆役焉。故《曲礼》云：“宦学事师。”学字本或为御；所谓宦者，谓其为官寺也；所谓御者，谓其为仆御也。故事师者，以洒扫进退为职，而后车从者，才比于执鞭拊马之徒。观春秋时，世卿皆称夫子。夫子者，犹今言老爷耳。孔子为鲁大夫，故其徒尊曰夫子，犹是主仆相对之称也。（《国粹学报》第二年第八期）

今案：夫子之“夫”，盖指大夫而言，且为男子美称，汪氏之释，以为“人所指名”，则非郅笃之论。

（一）《春秋穀梁传》曰：“父犹傅也，男子之美称也。”（隐公元年）钟文烝曰：“傅，读为夫。《毛诗传》曰：‘夫，傅相也。’郑君《郊特牲》、《注》曰：‘夫或为傅。’明夫、傅古通用。……夫为男子美称。”（《春秋穀梁经传补注》）夫也者，以知师人者也（《礼记·郊特牲》）；春秋时多以“夫”为名者（如孙良夫），“夫”为美称，于古实然。《白虎通义·爵》曰：“大夫之为言大扶（旧脱此字，据《太平御览》、《孝经》补）进人者也，故《传》曰：‘进贤达能，谓之大夫也’。”陈立《白虎通疏证》曰：“下《五行篇》曰：‘大者，大也。’《嫁娶篇》曰：‘夫者，扶也。’《广雅·释诂》：‘大夫君也。’”大夫即卿大夫之总称号。《王制》疏引作“大夫者达人”，谓扶达于人也。夫之言“扶”，且为男子美称，故大夫之号，即取义于是，而夫子之称，亦取义于是。盖谓其爵则“子”，而言官则“大夫”，能“进达于人”，故合而言之，谓之夫子。犹之“夫人”、“公子”之称，其上一字亦有取义，非称“子”不成词，则漫谓之“夫子”也。

（二）证之古籍，尤见其然。《论语》：“曾皙曰……‘夫子何哂由也?’”（《先进》）“子贡曰：‘夫子自道也。’”（《宪问》）“子游对曰：‘昔者偃也闻诸夫子……’”（《阳货》）“子路曰：‘昔者由也闻诸夫子……’”（同上）皆直对问孔子，而称之曰夫子。如云人所指名，则将焉用“指”矣！其在《左传》、《国语》，亦有是例。（《左传·文公元年》秦伯称孟明：“孤实贪以祸夫子……”《国语·晋语一》：士蒍告里克，“夫子诫之”。）足见“夫子”二字，皆指大夫而言，故弟子之称师，亦曰夫子也。



## 三

古者诸子，身为卿士大夫，故其述造，每由弟子集成；或记答问之辞，或传口授之义，遂以尊师之称，题其师之篇籍。诸子身膺繁难，既无撰述之暇，当时所用简册，又非楮墨之便，其身自造作者，盖百无十一焉。孙星衍曰：“凡称子书，多非自著……”（《问字堂集·晏子春秋序》）严可均曰：“先秦诸子，皆门弟子，或宾客，或子孙撰定，不必手著。”（《铁桥漫稿》卷八《书管子后》）此子之为称，又移以为书名也。

观于先秦子籍，称名约有十类。

（一）或以职官，如《关尹子》，《青史子》，是也。

（二）或以爵谥，“魏文侯”，“公子牟”，是也。

（三）或以别号，《鹖冠子》，《郑长者》，是也。

（四）或以宗派，《墨子》，“神农”，是也。（墨亦别派之称，神农则六国时农家言）

（五）或以氏名，《尹文子》，《邹奭子》，是也。

（六）或以私名，《内业》，《吕氏春秋》，是也。

（七）或以姓系子，《孟子》，《庄子》，是也

（八）或以字系子，“子思”，“孙卿子”，是也。

（九）或于氏上，复冠“子”字，《子晚子》，是也。

（十）或举姓名，而不称“子”，“李克”，《宁越》，是也。

凡兹十类，虽无准则，考其迹象，则诸大家之篇籍，弟子尊之，以子题其述造，甚可信也。西汉以后，诸家儒如贾谊、董仲舒、刘向、扬雄所序；道如曹羽、郎中婴齐；法如晁错；杂如淮南、东方朔；阴阳如张苍、公孙浑邪；纵横如邹阳、主父偃；农如董安国、氾胜之，《汉志》皆录其名氏，甚少称之以子者。是知子之为称，多属先秦诸子，官守之尊，口授之传，有以使之然也。

其“子”著于“字”上者，春秋时已有之（如子夏、子思），上下皆称子者，《墨子》中有“子墨子”；《荀子·天论》中有“子宋子”；《吕览》中有“子华子”（《贵生》）；《公羊传》中有“子沈子”（隐公十一年，何休注曰：“沈子称‘子’冠‘氏’上者，著其为师也；其不冠‘子’者，他师也。”）冠子以称本师，或起战国之世。

诸者，词之总也（释慧琳《一切经音义》廿四引《声类》）都而举之，故曰“诸子”。

（原载《学文》第一卷第二期，1931年）

# 荀子思想概要

## 一　荀子之生卒年代

《史记·孟子荀卿列传》说："荀卿，赵人。年五十始来游学于齐。驺衍之术迂大而闳辩；奭也文具难施；淳于髡久与处，时有得善言。故齐人颂曰：'谈天衍，雕龙奭，炙毂过髡。'田骈之属皆已死。齐襄王时，而荀卿最为老师。齐尚修列大夫之缺，而荀卿三为祭酒焉。齐人或谗荀卿，荀卿乃适楚，而春申君以为兰陵令。春申君死而荀卿废，因家兰陵。"刘向《别录》也说："是时孙卿有秀才，年五十，始来游学。诸子之事，皆以为非先王之法也。孙卿善为《诗》、《礼》、《易》、《春秋》。至齐襄王时，孙卿最为老师。"但在应劭《风俗通·穷通篇》则谓："孙卿有秀才，年十五始来游学。"而晁公武《读书志》引《史记》也作"年十五"，年五十与年十五，在近人的考证，是主张各不同的。但《史记》谓春申君以为兰陵令，则在《春申君列传》也说："春申君相楚八年，为楚北伐灭鲁，以荀卿为兰陵令……春申君相二十五年……楚考烈王卒，李园果先入，伏死士……刺春申君，斩其头。"荀卿仕楚为兰陵令在考烈王八年，西纪元前二五五年，依《史记》的"荀卿最为老师……乃适楚"。假定仕楚之时已有六十岁，则荀子生年当在前三一五年左右，如说年五十游齐，则当在齐襄王末年至齐王建初年（前二六五年至二六〇年之间），齐王建元年适当前二六四年，如说年十五游齐，则当在前三〇〇年，齐湣王二十四年，则与"游学"（此游宦异）"三为祭酒”情形更合。楚考烈王二十五年春申君废，正当纪元前二三六年，荀卿迅不过八十岁，他的卒年则当在此后数年间。《韩非子·难四》说：“燕王哙贤子之而非荀卿，故身死为僇。”燕王哙让国子之在前三一六年，这时荀子刚生，韩非之说自不可信。或据韩非此文而谓荀子生年更早，因疑荀子不及见春申君，但在《史记》说“荀卿卒，因葬兰陵”。刘向《别录》说：“兰陵多善为学，盖以荀卿也，长老至今称之。曰兰陵人喜字为卿，盖以法荀卿。”荀卿之在兰陵，应在晚年而且较久，所以才得兰陵人的崇敬，若“燕王哙贤子之而非荀卿”是事实，荀卿生年，必且更早，则仕兰陵时当百余岁了！又桓宽《盐铁论·毁学》说：“方李斯之相秦也，始皇任之，人臣无二。然而荀卿为之不食，睹其罹不测之祸也。”李斯相秦为始皇三十四年（前二一三年），这时荀卿将近百岁，《盐铁论》之说恐亦不足信。



## 二　荀子各篇之真伪



现行的《荀子》三十二篇，有的是杂乱凑成的，杨倞的《荀子注》已说《大略篇》是“弟子杂录荀卿之语”，《宥坐篇》、《子道篇》、《法行篇》、《哀公篇》、《尧问篇》各篇是“荀卿及弟子所引记传杂事”，在《尧问篇》篇末更说“自为说者以下，荀卿弟子之辞”，这足见《大略篇》等六篇不是荀卿的真著。近来对于《荀子》怀疑的人比较的多，胡适《中国哲学史大纲》说：

> 《汉志》：《孙卿子》三十二篇，又有赋十篇，今本《荀子》三十二篇，连赋五篇，诗两篇在内，大概今本乃系后杂凑成的，其中有许多篇，如有《大略》、《宥坐》、《子道》、《法行》等，全是东拉西扯拿来凑数的。还有许多篇的分段，全无道理，如《非相篇》的后两章，全与非相无干。又如《天论篇》的末段，也和天论无干。又有许多篇，如今都在《大戴》、《小戴》的书中

（如《礼论》、《天论》、《劝学》诸篇），或在《韩诗外传》之中，究竟不知谁抄谁的？大概《天论》、《解蔽》、《正名》、《性恶》四篇，全是荀卿的精神所在，其余的二十余篇，即是真不是他的，也无关紧要了。

梁启超在《要籍解题及其读法》上说：

> 今案读全书，其中大部分固可推定为荀卿自著，然如《儒效篇》、《议兵篇》、《强国篇》皆称"孙卿子"，似出门弟子记录。内中如《尧问》篇末一段纯属批评荀子之语，其为他人所述尤为显然。又《大略》以下六篇，杨倞已指为荀卿弟子所记卿语，及杂录传记，然则非全书悉出卿手盖甚明。

他对于大、小戴两《礼记》文多与《荀子》相同的地方，则谓"凡此皆当认为《礼记》采《荀子》，不能谓《荀子》袭《礼记》，盖《礼记》本汉儒所裒集之丛编，杂采诸各家著述耳。然因此可推见两《戴记》中，其摭拾荀卿绪论而不著其名者或尚不少。而《荀子》书中，亦难保无荀卿以外之著作搀入，盖《荀子》亦由汉儒各自传写，诸本共得三百余篇，未必本本从同，刘向将诸本冶为一炉，但删其重复，其曾悬何种标准以鉴别真伪，则向所未言也"。杨筠如《荀子研究》说："用一般的观察，大致以《正名》、《解蔽》、《富国》、《天论》、《性恶》、《正论》、《礼论》（起首一段）几篇，真的成分多。所以我主张：（一）与《大小戴记》、《韩诗外传》相同的文字，暂时只得割爱；（二）与前面所举几篇中主要思想矛盾的地方也最好不采；（三）凡是称孙卿子的各条，为慎重起见，也最好不要用为荀子学说的资料。"

我个人对于荀子各篇，作如下的见解：

（一）真《荀子》文，间有一段由他篇错入者：《性恶篇》、《正名篇》、《解蔽篇》、《天论篇》、《正论篇》、《富国篇》、《礼论篇》、《劝学篇》、《修身篇》、《不苟篇》、《非十二子篇》、《王制篇》、《王霸篇》、《天论篇》，共十四篇。

（二）是《荀子》文，然篇中有数段俱可疑者：《荣辱篇》、《非相篇》、《君道篇》、《臣道篇》，共四篇。

（三）非荀子文，疑为荀卿弟子所撰述者：《儒效篇》、《议兵篇》、《强国篇》，共三篇。

（四）非荀子文，思想与文字俱不足信者：《仲尼篇》、《致士篇》、《君子篇》，共三篇。

（五）与《荀子》本书无关者：《成相篇》、《赋篇》，共二篇。

（六）汉儒所杂录之辞者：《大略篇》以下六篇。



在《荀子》全书中，大体可信的共有十四篇，《荣辱篇》、《非相篇》等四篇，也有一半是可信（其理由别详拙著《荀子真伪考》）。只认《正名篇》、《解蔽篇》、《富国篇》、《天论篇》、《性恶篇》、《正论篇》、《礼论篇》七篇真的成分较多，未见怀疑过甚。《荀子》与《戴记》、《外传》相同的地方，多半是《戴记》、《外传》抄《荀子》，这些地方，两两对照一下，都极其明显的。本篇述《荀子》，即以（一）项所列十四篇为准，而辅以（二）、（三）所列各篇。



## 三　荀子所生之时代

荀子与孟子不同，他是主张性恶论者；荀子与宋子不同，他是反对情欲寡的；他极不赞成墨子的节用，而主张开发当日的财源；这些思想之所以产生，与他所生的时代实有密切关系。在《王制篇》说：

> 王者之法（法字依王念孙增）：等赋，政事，（原在养万民上，依刘台拱移此。）财万物，所以养万民也。田野什一，关市几而不征，山林、泽梁以时禁发而不税，相地而衰（差）政（征），理道之远近而致贡，通流财物粟米，无有滞留，使相归移也，四海之内若一家。故近者不隐其能，远者不疾其劳。无幽闲隐僻之

国，莫不趋使而安乐之。夫是之谓人师，是王者之法也。

又说：

北海则有走马吠犬焉，然而中国得而畜使之。南海则有羽翮齿革曾青丹干焉，然而中国得而财之。东海则有紫紶鱼盐焉，然而中国得而衣食之。西海则有皮革、文旄焉，然而中国得而用之。故泽人足乎木，山人足乎鱼，农夫不斲削不陶冶而足械用，工贾不耕田而足菽粟。故虎豹为猛矣，然君子剥而用之。故天之所覆，地之所载，莫不尽其美致其用，上以饰贤良，下以养百姓而安乐之。夫是之谓大神。

据这两段看来，如云"四海之内若一家"，"无幽闲隐僻之国，莫不趋使而安乐之"；以及东西南北的出产中国都得而用之；泽居的人不缺之燃料，山居的人不至于有食无鱼之嗟。这足以表现是一个疆域比较广大，交通比较便利，物产比较丰富的社会。这一篇又说：

论百工，审时事，辨功苦，尚完利，便备用，使雕琢文采不敢专造于家，工师之事也。……修采清，易道路，谨盗贼，平室律（郝懿引说：律当为肆），以时顺修，使宾旅安而货财通，治市之事也。

《王霸》篇又说：

关市几而不征，质律禁止而不偏，如是，则商贾莫不敦悫而无诈矣。百工将时斩伐，佻其期日而利其巧任，如是，则百工莫不忠信而不楛矣。……商贾敦悫无诈则商旅安，货财通（财原在通下，依王校改正），而国求给矣。百工忠信而不楛，则器用巧便而财不匮矣。

这两段不惟足见工商业的发达，而且主张依"货财通"而使"国求给"，"器用巧"而"财不匮"。荀子所生的时代，正是物质文明比较从前进步，有了使用“利器”的手工业，可以使生产“恌其期日”。有了远行的商旅的往来，可以使货财相通，他不必要像墨子那样“忧天下之不足”，主张节用，他可以说使百姓都能有余，与墨子相反，而重生产。战国之时，合纵连横，更使人感到分工合作的力量，使国家富足也可以如此辨理，情欲不怕不能满足，他当然要反对“情欲寡”的主张，但是情欲本无穷尽，而争乱也永无已时；文明既已进步，机心亦随之而发达；加以纵横之局，欺诈百出，名、墨之争，诡辩多端；他真不能同孟子一样，还可主张性善，他要主张性恶论了！他主张以礼治以未治，他主张重人为以戡天，从伦理、心理上入手以纠正当日的论调。提出各家的学说来加以相当的批评；种种议论，都是感觉物质文明，人力能以征服自然而发出的。故他虽然是儒家，而又略似法家，不崇古，不贱今，而说“礼者法之大分”，竟是儒法合流了。这些，自然都是新的社会、新的时代所赐予的。





## 四　荀子之宇宙观

荀子的时代，手工业的“器用巧便”能使生产扩大，商业因交通发达而供求相应，人力能以征服自然，所以他不像从前那样信天命、法自然，而主张戡天。他说：

> 天行有常，不为尧存，不为桀亡，应之以治则吉，应之以乱则凶。强本而节用，则天不能贫；养备而动时，则天不能病；修道而不贰，则天不能祸。故水旱不能使之饥渴，寒暑不能使之疾，袄怪不能使之凶。……其道然也。故明于天人之分，则可谓至人矣。……唯圣人为不求知天。

天是有常道的，但人为可胜天，故我们第一要明白天人之分；天道也难测，我们只须尽力知道，不必要知天的。故说“官人守天而自为守道”，他一切都是“人为主义”的。道的解释，在《儒效篇》曾有"道者，非天之道，非地之道，人之所道也"。这篇虽不必是他所说的，然而可信为合于荀学的解释。他是主张"故君子敬其在己者，而不慕其在天者"。他以为"星队木鸣，国人皆恐……是天地之变，阴阳之化，物之罕至者也，怪之可也，而畏之非也。夫日月之有蚀，风雨之不时，怪星之党见，是无世而不常有之"。也不畏天，而且以为：

> 大天而思之，孰与物畜而制之！从天而颂之，孰与制天命而用之！望时而待之，孰与应时而使之！因物而多之，孰与骋能而化之！思物而物之，孰与理物而勿失之也！愿于物之所以生，孰与有物之所以成！故错人而思天，则失万物之情。

这里主张制天化物，真可说是"戡天主义"。说"错人而思天，则失万物之情"，更可见只有天地而无人，则一切事物的作用都丧失了；所以他一切都是"人为主义"的。人有参天之功的。所以说：

> 天有其时，地有其财，人有其治，夫是之谓能参舍其所以参而愿其所参，则惑矣。

人有役物之力，所以说：

> 圣人清其天君，正其天官，备其天养，顺其天政，养其天情，以全其天功。如是，则知其所为，知其所不为矣，则天地官而万物役矣。

他的"戡天主义"，他的人为主义，是具有两重意义的，以人力来征服自然，是人应有的参天的职务，否则是"失万物之情"。他说"知其所为"，"以全天功"，他主张用智慧，尚功利，在他的宇宙观中已可见其大略。

## 五　荀子之人生论

在《性恶篇》首，荀子就说："人之性恶，其善者伪也。"他与告子生之谓性，性无善无不善的意见相接近，与其他的对于“性”的解释是不同的，他在《礼论篇》上说：

性者，本始材朴也；伪者，文理隆盛也。

《正名篇》说：

生之所以然者谓之性，生（原作“性”，依王先谦校改）之和所生，精合感应，不事而自然谓之性。性之好、恶、喜、怒、哀、乐谓之情，情然而心为之择谓之虑。心虑而能为之动谓之伪。（刘念亲《荀子正名篇诂释》：谓之伪当作谓之能，此能为之动。能字亦当读形态之态，态为之动，心为之择对文，谓之能与谓之虑对文，下紧承以虑积焉，能习焉而后成。能、虑并举可证。）虑积焉，能习焉而后成谓之伪。

《性恶篇》说：

凡性者，天之就也，不可学，不可事。礼义者，圣人之所生也，人之所学而能，所事而成者也。不可学、不可事，而在人者，谓之性；可学而能、可事而成之在人者，谓之伪；是性伪之分也。

性是本来的，朴质的，所以是“生之所以然”，伪是人为的，隆理的，要经过性的好恶，心的选择，形的动作，所以是“虑积焉，能习焉，而后成”。性只可说是天生就如此的。他以为：

今人之性，生而有好利焉，顺是，故争夺生而辞让亡焉；生而有疾恶焉，顺是，故残贼生而忠信亡焉；生而有耳目之欲有好声色焉，顺是，故淫乱生而礼义文理亡焉。然则从人之性，顺人之情，必出于争夺，合于犯分（文）乱理而归于暴。故必将有师法之化，礼义之道，然后出于辞让，合于文理，而归于治。用此观之，然则人之性恶明矣，其善者伪也。

他以人生就有好利疾恶之情，耳目声色之欲，从这一点看，人性是恶的。又说：

故枸木必将待檃栝烝矫然后直；钝金必将待砻厉然后利；今人之性恶，必将待师法然后正，得礼义然后治。今人无师法，则偏险而不正；无礼义，则悖乱而不治。古者圣王以人性恶，以为偏险而不正，悖乱而不治；是以为之起礼义、制法度、以矫饰人之情性而正之，以扰化人之情性而导之也。使皆出于治，合于道者也。今之人，化师法、积文学、道礼义者、为君子，纵性情、安恣睢、而违礼义者、为小人。用此观之，然则人之性恶明矣，其善者伪也。

他又以人性必将“待师法然后正，得礼义然后治”，来证明其本恶。又说：

今人之性，饥而欲饱，寒而欲暖，劳而欲休，此人之情性也。今人饥，见长而不敢先食者，将有所让也；劳而不敢求息者，将有所代也。夫子之让乎父，弟之让乎兄；子之代乎父，弟之代乎兄，此二行者，皆反于性而悖于情也；然而孝子之道，礼义之文理也。故顺情性则不辞让矣，辞让则悖于情性矣。用此观之，然则人之性恶明矣，其善者伪也。

这是以礼义善而反性悖情，更足以证明人性本恶而善者伪。从反面来看，不是善性的。他又说：

凡人之欲为善者，为性恶也。夫薄愿厚，恶愿美，狭愿广，贫愿富，贱愿贵，苟无之中者，必求于外；故富而不愿财，贵而不愿势，苟有之中者，必不及于外。用此观之，人之欲为善者，为性恶也。今人之性，固无礼义，故强学而求有之也；性不知礼义，故思虑而求知之也。然则生而已，则人无礼义，不知礼义。人无礼义则乱，不知礼义则悖。然则生而已，则悖乱在己。用此观之，人之性恶明矣，其善者伪也。

这又由人之欲善来说明人性本恶，“苟无之中者，必求于外”，算是他的理由。我们试看他的论证，他以“生之所以然谓之性”，这是可以说得过去的。如从人生就有好利疾恶之情，耳目声色之欲来看，则主张性善者正以“人心之所同然者理也，义也”作为人性善的根据。如说人性必将师法然后正，得礼义然后治，则主张性善者正以仁义礼智，非由外铄我也，我固有之也，师法礼义不过是扩充尽才的。如说礼义善而反性悖情，则主张性善者正以“恭敬之心人皆有之；是非之心人皆有之”，礼义并不反性悖情；如说人性欲善，正因人之性恶，则主张性善者，更可以说人之欲善，正因人之性善的。性恶论与性善论，都只见到片面的。

荀子以为所谓性善者，必是“不离其朴而美之，不离其资而利之也”。必是“夫资朴之于美，心意之于善，若夫可以见之明不离目，可以听之聪不离耳”，如同目明耳聪，是不可以学的。主张性善而又主张学，是离开本质说，不是“性者天之就也，不可学，不可事”了。所以他以为孟子不懂得性伪之分。他又驳孟子说：“凡古今天下所谓善者，正理平治也；所谓恶者，偏险悖乱也；是善恶之分也已。今诚以人之性固正理平治耶，则有恶用圣王，恶用礼义哉？虽有圣王将曷加于正理平治也哉？”他始终以为性善则丝毫不用人为的师法礼义，有了人为的师法礼义，则正是以证明人之性本恶。他比较孟子确注意于性伪之分，注重后天的、客观的、物质的一方面的。

但是说人性恶，则礼义是如何产生呢？荀子以为这是“生于圣人之伪，非故生于人之性也”。正如“陶人埏埴而为器，然则器生于工人之伪，非故生于人之性也”。又如“工人斲木而成器，然则器生于工人之伪，非故生于人之性也”。他以为“尧、舜之与桀、跖，其性一也；君子之与小人，其性一也”。一切的礼义，并不是人性，以为“是人之性，故圣人能生之”，也不对的。他说：

> “涂之人可以为禹”，曷谓也？曰：凡禹之所以为禹者，以其为仁义法正也。然则仁义法正有可知可能之理，然而涂之人也，皆有可以知仁义法正之质，皆有可以能仁义法正之具，然则其可以为禹明矣。今以仁义法正为固无可知可能之理邪？然则唯禹不知仁义法正，不能仁义法正也。将使涂之人固无可以知仁义法正之质，而固无可以能仁义法正之具邪？然则涂之人也，且内不可以知父子之义，外不可以知君臣之正。不然。今涂之人者，皆内可以知父子之义，外可以知君臣之正，然则其可以知之质，可以能之具，其在涂之人明矣。

他既主张性恶，而以“涂之人可以为禹”，看来好像与孟子的“人皆可以为尧舜”一样。但他只以无论何人都有“可以知之质，可以能之具”，不过“伏术为学，专心一志，思索孰察，加日悬久，积善而不息，则通于神明，参于天地”。并不与孟子以性中有善端相同。性只是自然的，善是有待而然的。他不认天就是善，而又很重视人欲；宇宙观与心理学，在孟、荀两家的看法不同，人性论自是不同的。戴震说：“此于性善之说，不惟不相悖，而且若相发明。”（《孟子字义疏证·卷中·性》）陈澧说：“涂之人可以为禹，即孟子所谓人皆可以为尧舜，但改尧舜为禹耳，如此则何必自立一说乎？”这都是误会了《荀子》的意思。荀子以人性为恶，所以他是以“有心知则学以进于神明”，重知重欲，《劝学篇》以诱人日进于智；《富国篇》以使人得遂其欲，重礼乐，正名实，无非是要参天役物，化性起伪。

## 六　荀子之心理学

荀子论性，主张化性起伪；性与情欲有关，情与心知有关，所以他对于心理是极注重的，关于心理的状态与作用也说得比较详细。在《正名篇》他曾说："性之好、恶、喜、怒、哀、乐谓之情，情然而心为之择谓之虑。心虑而能为之动谓之伪。虑积焉，能习焉而后成谓之伪。"伪由于虑积能习，虑积能习由于心为之择，心的重要极其显明。在《正名篇》说：

心也者，道之工宰也。

在《解蔽篇》说：

> 心者，形之君也，而神明之主也，出令而无所受令。自禁也，自使也，自夺也，自取也，自行也，自止也……是之则受，非之则辞。故曰：心容其择也，无禁必自见。

心为"形之君"，"心生而有知"。可以"知道"、"可道"、"守道"、"非道"（详见《解蔽篇》），"喜、怒、哀、乐、爱、恶、欲以心异"（《正名篇》语），所以心不惟是神明之主，而且是道之工宰，权衡礼义，制裁情欲，所以心与化性起伪极有关系。荀子从知与欲两方面来论心，关于知的，他说："凡万物异则莫不相为蔽，此心术之公患也。"世间事物之多，人心不能无蔽。蔽的种类也很多，例如：

> 欲为蔽，恶为蔽，始为蔽，终为蔽，远为蔽，近为蔽，博为蔽，浅为蔽，古为蔽，今为蔽。

蔽的来源也有种种，例如：

> 从山上望牛者若羊，而求羊者不下牵也，远蔽其大也；从山下望木者，十仞之木若箸，而求箸者不上折也，高蔽其长也。……
>
> 凡观物有疑，中心不定，则外物不清，吾虑不清，则未可定然否也。冥冥而行者，见寝石以为伏虎也，见植林以为后（立）人也，冥冥蔽其明也。醉者越百步之沟，以为跬步之浍也，俯而出城门，以为小之闺也，酒

乱其神也。厌目而视者，视一以为两；掩耳而听者，听漠漠而以为哅哅，势乱其官也。……

心不使焉，则白黑在前而目不见，雷鼓在侧而耳不闻，况于使者乎！

环境与精神与心理都可以为蔽。而通常的人，若“蔽于一曲，则闇于大理”，而且：“夫道者，体常而尽变，一隅不足以举之。曲知之人，观于道之一隅而未之能识也，故以为足而饰之，内以自乱，外以惑人，上以蔽下，下以蔽上；此蔽塞之祸也。”

“道者，体常而尽变，一隅不足以举之”，我们不如立定权衡，使心能知这个权衡。他说：

> 圣人知心术之患，见蔽塞之祸，故无欲无恶，无始无终，无近无远，无博无浅，无古无今，兼陈万物而中县衡焉。是故众异不得相蔽以乱其伦也。何谓衡？曰：道。故心不可不知道。

我们有了这个权衡，这个道，固可以守道以禁非道，但是心何以能知道呢？

> 曰：虚壹而静。心未尝不臧也，然而有所谓虚；心未尝不满也，然而有所谓一；心未尝不动也，然而有所谓静。人生而有知，知而有志。志也者，臧也，然而有所谓虚，不以所已臧害所将受谓之虚。心生而有知，知而有异，异也者，同时兼知之。同时兼知之，两也，然而有所谓一，不以夫一害此一谓之壹。心，卧则梦，偷则自行，使之则谋。故心未尝不动也，然而有所谓静，不以梦剧乱知谓之静。未得道而求道者，谓之虚壹而静。作之，则将须道者之虚则人，将事道者之壹则尽，尽将思道者静则察。知道察，知道行，体道者也。虚壹而静，谓之大清明。万物莫形而不见，莫见而不论，莫论而失位。坐于室而见四海，处于今而论久远，疏观万

物而知其情，参稽治乱而通其度……夫恶有蔽矣哉！

虑一而静，在荀子看来，固是知道的方法，也是解蔽的方法。人若蔽于一曲，不免要以已所臧害所将受，所以必定要虚。而不“壹”不“静”之弊荀子则说得极明显：

> 人心譬如槃水，正错而勿动，则湛浊在下而清明在上，则足以见须眉而察理矣。微风过之，湛浊动乎下，清明乱于上，则不可以得大形之正也。心亦如是矣。故导之以理，养之以清，物莫之倾，则足以定是非，决嫌疑矣。小物引之则其正外易，其心内倾，则不足以决庶理矣。故好书者众矣，而仓颉独传者，壹也；好稼者众矣，而后稷独传者，壹也……自古及今，未尝有两而能精者也。



心不静不一，则易为众异所蔽，这也是他主“一”主“静”的理由，与老子之所谓“致虚极，守静笃”，虽似受其影响，而其实不同的。



再说荀子对于欲的意见，他不主张纵欲，但也反对情欲寡浅，他以为“圣人纵其欲，兼其情，而制焉者理矣”，以理化欲而主张节欲，他是性恶论者，是认为天性有欲，心为之节制而已。他说：

> 凡语治而待去欲者，无以道欲而困于有欲者也。凡语治而待寡欲者，无以节欲而困于多欲者也。……欲过之而动不及，心止之也。心之所可中理，则欲虽多，奚伤于治！欲不及而动过之，心使之也。心之所可失理，则欲虽寡，奚止于乱！故治乱在于心之所可，亡于情之所欲。……欲虽不可尽，可以近尽也；欲虽不可去，求可节也。所欲虽不可尽，求者犹近尽；欲虽不可去，所求不得，虑者欲节求也。道者，进则近尽，退则节求，天下莫之若也。

"进则近尽，退则节求"，他对于欲，绝对的不以为是多大的恶的，所以他主张"富国"以养人之欲，给人之求。但他是主张重己以役物，而求心理上的愉乐，不赞成以己徇物，仍侧重於"心为形之君"的观念。他说：

心忧恐，则口衔刍豢而不知其味，耳听钟鼓而不知其声，目视黼黻而不知其状……欲养其欲而纵其情，欲养其性而危其形，欲养其乐而攻其心，欲养其名而乱其行……夫是之谓以己为物役矣。

心平愉，则色不及佣而可以养目，声不及佣而可以养耳，蔬食菜羹而可以养口，粗布之衣、粗𬘓之履而可以养体……故无万物之美而可以养乐，无势列之位而可以养名。如是而加天下焉，其为天下多，其和乐少矣，夫是之谓重己役物。

己与物比较起来，仍是己比物重要，而且心理上不快乐，就在物质上也不能享受，所以荀子转到以心为工宰。他要学圣人，要"止诸至足"，他说：



故学也者，固学止之也。恶乎止之？曰：止诸至足。曷谓至足？曰：圣王也。圣也者，尽伦者也；王也者，尽制者也。

圣人比士君子是最为知圣王之道的，他还是侧重于知的一方面，而且人之性恶，必待礼义积伪才合于善，他不得不特别重视教育，劝学修身，以礼乐来陶冶人性，这是他必然的主张。

## 七 荀子之教育思想

荀子主张性恶，故必将有师法之化，礼义之道，然后出于辞让，合于文理，而归于治；他的教育思想，自是要有师法之化，礼义之道。《劝学篇》说：

学恶乎始？恶乎终？曰：其数则始乎诵经，终乎读礼；其义则始乎为士，终乎为圣人。真积力久则入，学至乎没而后止也。故学数有终，若其义则不可须臾舍也。为之，人也；舍之，禽兽也。

这里将教育的宗旨，学科的范围，学习的方法，大致说明。他的目的是终乎为圣人，这里说过，《解蔽篇》也说过，《礼论篇》也说：

圣人者，道之极也。故学者固学为圣人也。

圣人能以产生礼义，化性积伪，为道之极，故即以圣人为目的。至于学科，《劝学篇》更谓：

故《书》者，政事之纪也；《诗》者，中声之所止也；《礼》者，法之大分，类之纲纪也，故学至乎《礼》而止矣。夫是之谓道德之极。《礼》之敬文也，《乐》之中和也，《诗》、《书》之博也，《春秋》之微也，在天地之间者毕矣。





那时《易》还不成儒家的经典，故在天地之间者，只有《诗》、《书》、《礼》、《乐》，足以为教材。

至于方法，则第一，要专一。《劝学篇》说：

蚓无爪牙之利，筋骨之强，上食埃土，下饮黄泉，用心一也。蟹六跪而二螯，非蛇蟺之穴无可寄托者，用心躁也。……目不能两视而明，耳不能两听而聪。螣蛇无足而飞，梧鼠五技而穷。……故君子结于一也。

第二，贵努力。《劝学篇》开宗明义即说："学不可则已"。又说：

骐骥一跃，不能十步；驽马十驾，功在不舍。锲而舍之，朽木不折；锲而不舍，金石可镂。

以及上文所引的"学至乎没而后止也"。都是教人勉力的。

第三，重积渐。这一篇所谓：

积土成山，风雨兴焉；积水成渊，蛟龙生焉；积善成德，而神明自得，圣心备焉。故不积跬步，无以至千里；不积小流，无以成江海。

以及上文所引的“真积力久则入”，都是教人慢慢积善的。

第四，重环境。《劝学篇》谓：

故君子居必择乡，游必就士，所以防邪僻而近中正也。物类之起，必有所始。荣辱之来，必象其德。肉腐出虫，鱼枯生蠹。怠慢忘身，祸灾乃作……君子慎其所立乎！……

学莫便乎近其人。《礼》、《乐》法而不说，《诗》、《书》故而不切，《春秋》约而不速。方其人之习君子之说，则尊以遍矣，周于世矣。故曰学莫便乎近其人。

《性恶篇》也有“求贤师而事之，择良友而友之”，都是讲注重环境的。

第五，重兴趣。如谓：

君子知夫不全不粹之不足以为美也，故诵数以贯之，思索以通之，为其人以处之……及至其致好之也，目好之五色，耳好之五声，口好之五味，心利之有天下。是故权利不能倾也，群众不能移也，天下不能荡也。生乎由是，死乎由是，夫是之谓德操。

要养成学者对于所学发生了趣味，而生乎由是，死乎由是，与一般之注重兴趣原理者也略不同。

第六，重实行。第一篇说：

君子之学也，入乎耳，著乎心，布乎四体，形乎动静，端而言，蠕而动，一可以为法则。小人之学也，入乎耳，出乎口。口耳之间则四寸耳，曷足以美七尺之躯哉！古之学者为己，今之学者为人。君子之学也，以美其身；小人之学也，以为禽犊。

学是要布乎四体，形乎动静，所以说“不闻不若闻之，闻之不若见之，见之不若知之，知之不若行之；学至于行之而止矣”（《儒效篇》）。荀子注重礼乐，他当然注重实践的。

《礼》、《乐》都是荀子所推崇的学科，在《劝学篇》又说：“将原先王，本仁义，则礼正其经纬蹊径也。若挈裘领，诎五指而顿之，顺者不可胜数也。”礼是仁义蹊径纲领，比空洞的仁义道德都有效用的，荀子不多谈仁义道德而好言礼，这是与孔孟不大相同的。《礼》的起源，据《荀子·礼论篇》说：

> 人生而有欲，欲而不得，则不能无求；求而无度量分界，则不能不争；争则乱，乱则穷。先王恶其乱也，故制礼义以分之，以养人之欲，给人之求。使欲必不穷乎物，物必不屈于欲，两者相持而长，是礼之起也。
>
> 故礼者，养也。刍豢稻粱，五味调香（盉），所以养口也；椒兰芬苾，所以养鼻也；雕琢、刻镂、黼黻、文章，所以养目也；钟鼓、管磬、琴瑟、竽笙，所以养耳也；疏房、檖貌、越席、床笫、几筵，所以养体也。故礼者，养也。
>
> 君子既得其养，又好其别。曷谓别？曰：贵贱有等，长幼有差，贫富轻重皆有称者也。

礼的起源，由于争乱，这种说法不是宗教的，而是唯物的，重要之点，即在“制礼义以分之，以养人之欲，给人之求”，礼不止是制裁争乱的，人的欲求也可因礼而得，精神是“分”，功用是“养”。《非相篇》说：“辨莫大于分，分莫大于礼。”《正论篇》说：“夫礼义之分尽矣。”《礼论篇》说：“既得其养，又好其别。”又说：“礼岂不至矣哉！……至文以有别，至察以有说。”礼与“分”的关系极大。本来礼是起于争乱，而争乱是由于求而无度量分界。礼是制裁争乱，当然要注意于“分”，而且既是制礼，则必是等级差别，其精神自是重在“分”了。且荀子论礼，又略同于法，如《劝学篇》谓“礼者法之大分”，《王霸篇》谓

“而礼法之大分也”。礼、法连用，法是规定分的，一方面是制裁暴乱，一方面是赋予人权，荀子论礼，精神在“分”，功用在“养”，在他以为礼为法之分是必然有的意见。

荀子是注重化性起伪的，礼可以制裁人，乐可以感化人，礼以养人之欲，给人之求，乐也是“人情之所必不免也”。这是荀子于隆礼外兼重乐的理由。《乐论篇》说：

> 夫乐者，乐也，人情之所必不免也……而可以善民心，其感人深，其移风易俗，故先王导之以礼乐而民和睦。

> 夫民有好恶之情而无喜怒之应则乱。先王恶其乱也，故修其行，正其乐，而天下顺焉。

乐是调节性情的。荀子主张性恶，主张导欲，固当发生如此主张；而他的时代工商业发达，不必如墨子忧天下之不足，他更可主张：

> 乐行而志清，礼修而行成，耳目聪明，血气和平，移风易俗，天下皆宁，美善相乐。故曰：乐者，乐也。君子乐得其道，小人乐得其欲。以道制欲，则乐而不乱；以欲忘道，则惑而不乐。故乐者，所以道乐也。金石丝竹，所以道德也。乐行而民乡方矣。

乐以“道乐”、“道德”，“乐行而民乡方”，在性善论者则不必有此说法。

## 八　荀子之政治思想

荀子的政治思想，是见于《王制篇》、《富国篇》等篇。《富国篇》是他的经济思想所在，他以为天地间的物产本是有余的，只在人力善于治理，节流开源，就是国计民生要略。他说：

> 墨子之言，昭昭然为天下忧不足。夫不足，非天下之公患也，特墨子之私忧过计也。今是土之生五谷也，

人善治之则亩数盆，一岁而再获之，然后瓜桃枣李一本数以盆鼓，然后荤菜百疏以泽量，然后六畜禽兽一而剸车，鼋鼍、鱼鳖、鳅䱇以时别，一而成群，然后飞鸟凫雁若烟海，然后昆虫万物主其间，可以相食养者不可胜数也。夫天地之生万物也，固有余足以食人矣；麻葛、茧丝、鸟兽之羽毛齿革也，固有余足以衣人矣。夫（夫下原有“有余”二字，依王校删）不足，非天下之公患也。

又说：

下贫则上贫，下富则上富。故田野县鄙者，财之本也；垣窌仓廪者，财之末也；百姓时和、事业得叙者，货之源也；等赋府库者，货之流也。故明主必谨养其和，节其流，开其源，而时斟酌焉，潢然使天下必有余而上不忧不足。如是则上下俱富，交无所藏之，是知国计之极也。

他注重开发财源，努力生产，在中国经济思想史是很少有的论调。他主张导欲，自然不以俭是怎样美德，要像墨子那样的非乐节用。而且他正要利用人类心理上的好恶来执行赏罚，假使只在非乐节用，则必至于赏罚不行，政治无法维持，所以基于一般人对政治的欲望也不可不注意于开发财源，努力生产。他以田野县鄙为财之本，仍是重农主义，但他却知道所谓分工合作的道理的。他说：

故百技所成，所以养一人也。而能不能兼技，人不能兼官，离居不相待则穷，群居而无分则争。穷者患也，争者祸也，救患除祸，则莫若明分使群矣。强胁弱也，知惧愚也，民下违上，少陵长，不以德为政，如是，则老弱有失养之忧，而壮者有分争之祸矣。事业所恶也，功利所好也，职业无分，如是，则人有树事之患，而有争功之祸矣。

“百技所成，以养一人”，正是合作之效，故说离居不相待则穷，但不能兼技，人不能兼官，故必要分工，明分使群，正是分工合作的道理。《王制篇》说：

> 水火有气而无生，草木有生而无知，禽兽有知而无义，人有气、有生、有知，亦且有义，故最为天下贵也。力不若牛，走不若马，而牛马为用，何也？曰：人能群，彼不能群也。人何以能群？曰：分。分何以能行？曰：义。故义以分则合，合则一，一则多力，多力则强，强则胜物……君者，善群者也。群道当则万物皆得其宜。

分工合作更有力量可以胜物，政治只是要使人群居和一之理，即所谓王者之制，王者之法，也不外以礼治之，使人群居和一。《富国篇》所谓节用以礼，裕民以政，其注重之点也是如此的，荀子的政治思想，实不外使群道当则万物得其宜。



## 九 荀子之正名论

荀子所生的时代，正当惠施、公孙龙辩者之徒的论辩盛行之时；他感觉到“今圣王没，名守慢，奇辞起，名实乱，是非之形不明，则虽守法之吏，诵数之儒，亦皆乱也”。（《正名篇》）是非不明，名实俱乱，故他提出正名的意见，他说：

> 若有王者起，必将有循于旧名，有作于新名。然则所为有名，与所缘以同异，与制名之枢要，不可不察也。

这是他正名的方法。第一是循旧名，他说：“后王之成名：刑名从商，爵名从周，文名从《礼》。散名之加于万物者，则从诸夏之成俗曲期，远方异俗之乡则因之而通。”商周礼与诸夏之成俗曲（周）期（约），大概是他的循旧名的标准。因为这是后王之成名，可因袭素定之名也。第二是作新名，他分析为三层说：

（一）“异形离心交喻，异物名实玄纽，贵贱不明，同异不别，如是则志必有不喻之患，而事必有困废之祸。故知者为之分别，制名以指实，上以明贵贱，下以辨同异。贵贱明，同异别，如是则志无不喻之患，事无困废之祸，此所为有名也。”没有名则志有不喻之患，事有困废之祸，所以必须要以名来分别的。

（二）“然则何缘而以同异？曰：缘天官。……心有征知。征知则缘耳而知声可也，缘目而知形可也，然而征知必将待天官之当簿其类，然后可也。五官簿之而不知，心征之而无说，则人莫不然谓之不知，此所缘而以同异也。”所缘以同异实在是有两种，一是缘天官，声色臭味触所入之官有同异；二是缘征知，当簿其类与未尝簿其类也有同异。

（三）“然后随而命之：同则同之，异则异之，单足以喻则单，单不足以喻则兼，单与兼无所相避则共，虽共，不为害矣。知异实者之异名也，故使异实者莫不异名也，不可乱也，犹使异实者莫不同名也。故万物虽众，有时而欲遍举之，故谓之物。物也者，大共名也。推而共之，共则有共，至于无共然后止。有时而欲遍举之，故谓之鸟兽。鸟兽也者，大别名也。推而别之，别则有别，至于无别然后止。名无固宜，约之以命，约定俗成谓之宜，异于约则谓之不宜。名无固实，约之以命实，约定俗成谓之实名。名有固善，径易而不拂，谓之善名。物有同状而异所者，有异状而同所者，可别也。状同而为异所者，虽可合，谓之二实。状变而实无别而为异者，谓之化。有化而无别，谓之一实。此事之所以稽实定数也，此制名之枢要也。”

这一段所述有四层意思：1. 至“犹使异实者莫不同名也”，是说名因实之同异而定，不可相乱。2. 至“至于无别然后止”，是说名当有共别之差异，当以类举。3. 至“谓之善名”，是说有的名是从而定，求其径易。4. 至“此事之所以稽实定数也”，是说名当依实物的存在，如状态偶变而无大区别，则不可另有名，否则妨碍稽实数。这些话在现在看来虽不精密，然比《墨经》之名达类私固无多逊色。他又批评当日之惑于“用名以乱名”，“用实以乱名”，“用名以乱实”，兹姑从略。

# 老子思想概要

## 一　老子之年代





老子是相传在孔子以前的人物，但经崔述《洙泗考信录》、汪中《老子考异》以及近人的考证，《老子》书实是战国时人所作，且有怀疑根本上没有这个人的。《史记·老子韩非列传》说："老子者，楚苦县厉乡曲仁里人也，姓李氏，名耳，字聃。"老子姓李而称为老子，共有八种不同的解释：

（一）郑玄《礼记·曾子问》注说："老聃，古寿考者之号也。"

（二）葛玄《道德经》序说："生即皓然，号曰老子。"

（三）张守节《史记正义》引张君相说："老子者是号，非名。老，考也。子，孳也。考教众理，达成圣孳，乃孳生万物，善化济物无遗也。"

（四）姚鼐《老子章义序》说："老子者，宋人。子姓，老其氏，子之为李，语转而然。"

（五）江瑔《读子卮言》说："老子老而隐，故自称老子，苏而曰聃，人更合而称之曰老聃。"

（六）胡适《中国哲学史大纲》说："老或是字"，"本名耳，字聃，一字老"。

（七）又谓："老或是姓，姓老而氏李。"

（八）近高亨《老子正诂》则以为："老子一声之转，老子原姓老，后以音变李"，证以孔墨大师皆举其姓，古人姓氏多无本字，老、李二音古本相近。这一说比较地更有理由，我们对于老子姓氏，似可以无须怀疑的。

《史记》叙老子的事迹，说："居周久之，见周之衰，乃遂去。至关，关令尹喜曰：'子将隐矣，强为我著书。'于是老子乃著书上下篇，言道德之意五千余言而去，莫知其所终。""老子百有六十余岁，或言二百余岁。""自孔子死之后百二十九年，而史记周太史儋见秦献公……或曰儋即老子，或曰非也，世莫知其然否。"又说："老子，隐君子也。老子之子名宗，宗为魏将，封于段干。宗子注，注子宫，宫玄孙假，假仕于汉孝文帝。而假之子解为胶西王卬太傅。"有些地方《史记》自身都不能确定，而如叙老子的世系又像是真的。在这一传中，最令后人聚讼不绝的，是关于所记孔子适周将问礼于老子，在《孔子世家》也说："鲁南宫敬叔言鲁君曰：'请与孔子适周。'鲁君与之一乘车，两马，一竖子俱，适周问礼，盖见老子云。"在《庄子》的《天道》、《天运》、《天地》、《外物》、《知北游》等篇都有孔子、老子相见的记载。《天运》篇且说："孔子行年五十有一而不闻道，乃南之沛见老聃。"《吕氏春秋·当染》篇也说："孔子学于老聃、孟苏夔、靖叔。"《礼记·曾子问》篇也有"孔子曰：昔者吾从老聃助葬于巷党，及堩，日有食之，老聃曰：'丘！止柩就道右，止哭以听变。'"似乎孔子真见过老子的，但以时间言：

(一)《史记·孔子世家》说在鲁昭公二十年。

(二)《史记》司马贞索隐说在鲁昭公二十四年。

(三)《老子铭》、《水经注》并言孔子年十七，适周问礼于老聃。据梁玉绳《史记志疑》，以为鲁昭公二十四年南宫敬叔才年十四，未能至周。这三说都不可信的。

(四)《庄子·天运》篇说在孔子五十一岁时，这时正当鲁定公九年，孔子在鲁国任中都宰。这一说也不可以信。

(五) 近黄方刚《〈老子〉年代之考证》谓鲁定公十五年孔子

复见老子。尤无确据。

而以地点言：

（一）《史记》说西适周，见老聃；

（二）《天运》篇说南之沛，见老聃；

（三）据《曾子问》，像是在鲁国。也无一定之说。

可见，孔子与老子相见，就时间、地点而言，都是令人疑莫能决的。然则《史记》中所叙老子的事迹，实在难以令我们全信，最多只能够说：老子是相传在孔子以前的人物而已。



## 二　老子《道德经》

老子《道德经》一书，在近来虽说有的仍以为是孔子以前的老聃所作；有的以为是老子即太史儋，而其书必在孔子后、庄子前；有的以为《老子》的成书时代要迟在《吕氏春秋》以后的。我个人的意见是《老子》一书当成在《庄子》以后。我曾提出过以下几点意见：



（一）《老子》书中多用“玄”字，如“玄之又玄”、“涤除玄览”、“微妙玄通”、“玄德”、“玄同”等等，而《庄子·内篇》则没有。《庄子·大宗师》的“玄冥”，只是表示颜色之意，似未受《老子》的影响。

（二）“无为”是老子的主张，如说“无为而无不为”，“道常无为而无不为”，“上德无为而无不为”，“为无为则无不治”等等；庄子则只在《大宗师》中有“逍遥乎无为之业”一句，至于“无为而无不为”，在《内篇》中绝对没有。这种重要的思想，在《内篇》似毫无感受。

（三）《老子》书中，常用“焉”为句首，如“大道废，焉有仁义”、“智慧出，焉有大伪”、“故信不足，焉有不信”等等（此依古本，参看马叙伦《老子核诂》）。这在《庄子·内篇》也没有的。以“焉”字为句首（以下33字损毁）……

（四）……不常有的现象。

（五）《老子》书中用"离"字入支韵，如十章的"载营魄抱一，能无离乎？专气致柔，能如婴儿乎？涤除玄览，能无疵乎？爱民治国，能无为乎？天门开阖，能为雌乎？""离"与"儿"、"疵"、"雌"为韵，这种用法也比较晚，到《楚辞》中才稍见的。

（六）"夫唯"二字老子常用，如"夫唯弗居"，"夫唯不争"，"夫唯不相识"，"夫唯相盈"之类，在《庄子·内篇》也没有；在《楚辞》中，如"夫唯捷径以窘步"，"夫唯灵修之故也"，才比较多。这些词汇，通过统计，并比较其用词之先后，可以看出《老子》、《庄子》两书之早晚的（请参看民国二十年《学文》第一卷第四期拙作《老、庄先后的问题》）。

其他如梁任公所举"万乘"、"取天下"等词，固不像孔子以前的老聃所说的（《老子》中谓："大国以下小国，则取小国；小国以下大国，则取大国"。两"取"字绝不能曲解为"治"）。

我个人的意见以为，《老子》成书当在《庄子·内篇》后，在《庄子·外篇》、《庄子·杂篇》前，或与《庄子·外篇》、《庄子·杂篇》相去不甚远；从文法的统计以及从思想的影响来看，似乎是如此的。不过这种看法，"亦难为必定无误"，现在姑且依此先叙述《老子》和《庄子》。

## 三　《老子》书中所见之时代

……（前阙）工商业更要发达，借贷亦随之发生，赋税加重，人民贫困，但是民智日开，更觉难以治理，在下列各章中都可以看出来的。

> 天下多忌讳，而民弥贫；民多利器，国家滋昏；人多伎巧，奇物滋起；法令滋彰，盗贼多有。（五十七章）
>
> 和大怨，必有余怨，安可以为善？是以圣人执左契，而不责于人。有德司契，无德司彻。天道无亲，常

与善人。（七十九章）

民之饥，以其上食税之多，是以饥。民之难治，以其上之有为，是以难治。民之轻死，以其上求生之厚，是以轻死。（七十五章）

古之善为道者，非以明民，将以愚之。民之难治，以其智多。故以智治国，国之贼；不以智治国，国之福。（六十五章）

这里所述如“奇物”、“左契”、“食税之多”、“而民弥贫”，都足以表现当时的……人民也愈加困（以下缺损二十余字）……可见人民还有不少铤而走险的，“法令滋彰，盗贼多有”，更令人感觉“为之斗斛以量之，则并与斗斛而窃之”（《庄子·胠箧》）。压力愈大，反抗愈甚；愈是有为，愈觉难治；如若要积极地去维护社会稳定，复礼正名，倒不如消极地返之于自然，返璞无为。



是非善恶的问题，也要因之而发生，是也不尽是，非也不尽非，真好的未必真有用，不好的未必真无用。法令何尝不好？而可引起盗贼；……更可见事物的发展变化必是“物极必反”，发展到极点必一变而为其反面的。所以要说：



天下皆知美之为美，斯恶矣；皆知善之为善，斯不善已。（二章）

唯之与阿（呵），相去几何？善之与恶，相去若何？（二十章）

是非善恶既无所谓，自然可以主张吃饱了饭什么也不干，而且还会说：

是以圣人之治，虚其心，实其腹，弱其志，强其骨。常使民无知无欲，使夫智者不敢为也。（三章）

五色令人目盲，五音令人耳聋，五味令人口爽，驰骋畋猎令人心发狂，难得之货令人行妨。是以圣人为腹不为目，故去彼取此。（十二章）

像老子的思想，真是感觉对于当日社会没有办法，而且为了事件的发展至与自身相反，而不知不觉要走到消极的一方面的。

## 四 《老子》书中对于天道的观念

当时社会的情形，使得《老子》的作者感到，积极有为，加以人力，转不如消极的无为，任其自然。他以为：

飘风不终朝，骤雨不终日。孰为此者？天地。天地尚不能久，而况于人乎？（二十三章）

天之道其犹张弓乎？高者抑之，下者举之；有馀者损之，不足者与之。天之道，损有馀而补不足。人之道则不然，损不足以奉有馀。（七十七章）

在宇宙间好像也是有一个定则的。他主张：

有物混成，先天地生。寂兮寥兮，独立而不改，周行而不殆，可以为天下母。吾不知其名，字之曰道，强为之名曰大。（二十五章）

道之为物，惟恍惟惚。惚兮恍兮，其中有象。恍兮惚兮，其中有物。窈兮冥兮，其中有精。其精甚真，其中有信。（二十一章）

这个原则他名之为“道”，是绝对的、永久的、普遍的。由这个原则可以产生一切事物。他说：

大道氾兮，其可左右。万物恃之以生而不辞，功成而不名有。爱养万物而不为主。（三十四章）

人法地，地法天，天法道，道法自然。（二十五章）

道之尊，德之贵，夫莫之命而常自然。（五十一章）

道常无为，而无不为。侯王若能守，万物将自化。（三十七章）

这样看来，所谓宇宙间的原则，也不过自然而已。但是……（以下佚缺 22 字）……无。故说：

天下之物生于有，有生于无。（四十章）

但“道”能生事物，亦非绝对的“无”，所以“道”兼有无；“无”言其体，“有”言其用。故此他又说：

道，可道，非常道；名，可名，非常名。无名，天地之始；有名，万物之母。故常无，欲以观其妙；常有，欲以观其徼。此两者，同出而异名，同谓之玄。玄之又玄，众妙之门。（一章）

“有”、“无”为“道”的两方面，所以说“此两者同出而异名”。又说：



道生一，一生二，二生三，三生万物。万物负阴而抱阳，冲气以为和。（四十二章）

这里，“道生一”之“一”，相当于《庄子·天下篇》的“建之以常无有，主之以太一”。“一”或道之有，或是天地未分之元素。“二”即天地；“三”即阴阳与“冲气以为和”。《孔子家语·礼运》篇说：“夫礼，必本于太一，分而为天地，转而为阴阳。”《吕氏春秋·大乐》篇曰：“太一生两仪，两仪生阴阳”。《易·系辞传》：“易有太极，是生两仪”。都与“一生二，二生三”的意思相去不远，不过没有说“冲气以为和”的。



## 五　《老子》书中对于人生的观念

天道是法自然，人生则要法地、法天、法道。故说：

孔德之容，惟道是从。（二十一章）

道生之，德畜之，物形之，势成之。是以万物莫不尊道而贵德。道之尊，德之贵，夫莫之命而常自然。（五十一章）

大德的行动，只是要从道，“物形之，势成之”，足见事物也有其必然的原则，故说：“夫莫之命而常自然。”所以在理论方面更要知道这个自然的原则。老子很注重“常”字，好像“常”就是定则的。在《韩非子·解老》篇说："夫物之一存一亡，乍生乍死，初盛而后衰者，不可谓常。唯夫与天地之剖判也俱生，至天地之消散也不死不衰者，谓'常'。"但我们也要注意老子的说法的。《老子》十六章则谓：

致虚极，守静笃。万物并作，吾以观其复。夫物芸芸，各归其根。归根曰静，静曰复命；复命曰常，知常曰明。不知常，妄作凶。知常容，容乃公，公乃王（《老子核诂》：王本字作周），王乃天（《老子核诂》：疑天字乃大字之讹。），天乃道，道乃久，没身不殆。

这里以"复命"曰"常"，而就是归根。这里老子对于"常"的解释也是不容忽视的。"常"固是永久不易，又在于复命归根，所以老子极重"观复"。并且又说：

反者，道之动；弱者，道之用。（四十章）

这两句话更可谓贯穿全书之旨，也是极重要的。他特解释"反"的意义说：

大曰逝，逝曰远，远曰反。（二十五章）

所论归根复命，观复知常，都是见得一事物若发达至于极点，则必变而为自身的反对者所以说：

祸兮福之所倚，福兮祸之所伏。孰知其极！其无正耶？正复为奇，善复为妖。（五十八章）

曲则全，枉则直；洼则盈，敝则新；少则得，多则惑。（二十二章）

将欲歙之，必固张之；将欲弱之，必固强之；将欲废之，必固兴之；将欲取之，必固与之。（三十六章）

故物，或损之而益，或益之而损。（四十二章）

他以为是"正言若反"，在一般人是要觉着他以退为进，打算盘，用机心的。他又主张：

道常无名。朴虽小，天下莫能臣也。侯王若能守

之，万物将自宾。天地相合，以降甘露，民莫之令，而自均。始制有名，名亦既有，夫亦将知止，知止可以不殆。(三十二章)

知其雄，守其雌，为天下溪。为天下溪，常德不离，复归于婴儿。知其白，守其黑，为天下式。为天下式，常德不忒，复归于无极。知其荣，守其辱，为天下谷。为天下谷，常德乃足，复归于朴。(二十八章)

常使民无知、无欲，使夫智者不敢为也。为无为，则无不治。(三章)

是以圣人后其身而身先，外其身而身存。非以其无私邪！故能成其私。(七章)

是以圣人去甚、去奢、去泰。(二十九章)

知足不辱。知止不殆。可以长久。(四十四章)

见其小曰明，守柔曰强。用其光，复归其明，无遗身殃。是为习常。(五十二章)

故圣人云：我无为而民自化，我好静而民自正，我无事而民自富，我无欲而民自朴。(五十七章)

无名返璞，无知、无欲、无为，去甚、去奢、去泰，外身无私知足，知止守柔好静，这些无一不与“反”或“弱”有关系。

## 六 《老子》书中关于政治的思想

《老子》书中，只见到事物发展至极点必变为其反面，但他并不要求由反面再进一步，所以他的思想，主张只要守着消极的一方面，而自然可以成为积极的一方面，即“无为而无不为”。

他于政治、社会只是主张无为、无事，不加干涉。他说：

天下神器，不可为也，为者败之，执者失之。(二十九章)

取天下常以无事，及其有事，不足以取天下。(四

十八章）

以正治国，以奇用兵，以无事取天下。（五十七章）

其政闷闷，其民淳淳。其政察察，其民缺缺。（五十八章）

此外，还有愚民、弃法、崇俭、非战等等的议论。他的理想的社会则是：

小国寡民。使有什伯之器而不用，使民重死而不远徙。虽有舟舆，无所乘之；虽有甲兵，无所陈之。使民复结绳而用之。甘其食，美其服，安其居，乐其俗。邻国相望，鸡犬之声相闻，民至老死不相往来。（八十章）

这成了一种似原始非原始的（以下佚阙）……

（原载张西堂主编《文史》第26期，1949年）

# 尹文子哲学通论

## 一　引言





在中国古代哲学之中，尹文子哲学，最是呈现异样色彩的一家。尹文子生在先秦哲学思想极隆盛的时代，他的思想是要调和各派的纷争，所以他主张是非不是绝对的东西，实用才是唯一的标准，他的哲学，是我们中国的实验主义——实用主义。他对于名分的解释，法律的效用，也有新创的见地；而在政治思想上，他主张的共治主义——分职互助，更是先秦哲学中绝无仅有的议论。真是所谓前三世纪中一个很重要的学派，值得我们注意与研究的。

《汉书·艺文志》中，《尹文子》一篇，列在名家。班固注曰："说齐宣王，先公孙龙。"师古注曰："刘向云：'与宋钘俱游齐稷下。'"《吕氏春秋·正名》篇，又有尹文子与齐愍王相问答的事情。高诱注曰："尹文，齐人，作名书一篇。在公孙龙子前，公孙龙称之。"尹文子所生的时代和地点，我们所知只此。但是我们现存的《尹文子》，却变为《大道》上、下二篇，比原本多了一篇。今本上有魏山阳仲长氏的《序》，说："余黄初末，始到京师，缪熙伯以此书见示，意甚玩之，而多脱误。聊试条次，撰定为上下篇，亦未究其详也。"由此看来，书中既有条次撰定的地方，我们不便用文字来考订其真伪，只有就思想上来说了。依我的浅见看来，书中所讨论的是非问题、实用问题，决不是汉后务虚谈、崇儒术的学者所能注意到的。就思想产生的阶段说，这一点已足证其非伪。

尹文子生在孔、墨、惠、庄、申、商之后，他实在受了儒、墨、名、法各家学说的影响，那时正是“此亦一是非，彼亦一是非”的时代，所以庄子说：“故有儒墨之是非，以是其所非，而非其所是。”又说：“仁义之端，是非之涂，樊然淆乱，吾恶能知其辨？”（《齐物论》）所以慎子主张：“舍是与非，苟可以免；弃知去己，而缘不得已，至于莫之是莫之非而已矣。”（《天下》篇）可见当时很注重这个是非问题了。至于实用问题，本由墨子交相利就是兼相爱提起来的，再加申、商一般法家的狭义功利主义，所以产生尹文子的实用主义了。惠施、商鞅，名、法两派已产生，所以尹文子能以折衷群言，兼具众善，自成一家之言。汉唐之间，虽说黄老刑名之学复兴，无此背景，决不能依托出这样的不朽之作。

以下将尹文子哲学分别叙述，敬求读者之注意与批评。





## 二　尹文子之正名主义

尹文子的正名主义，是尹文子哲学的方法。约有三点，此儒墨两家说得透澈些。第一是名实互相的检察，第二是名与分的区别，第三是法律上的应用。这三点在当时都有很大的进步。尹文子说：

> 名者名形者也，形者应名者也，然形非正名也，名非正形也，则形之与名居然别矣。不可相乱，亦不可相无。……今万物具存，不以名正之则乱；万名俱列，不以形应之则乖。……故善有善名，恶有恶名，圣贤仁智，命善者也；顽嚚凶愚，命恶者也。今即圣贤仁智之名，以求圣贤仁智之实，未之或尽也；即顽嚚凶愚之名，以求顽嚚凶愚之实，亦未或尽也。使善恶尽然有分（胡适之《中国哲学史大纲》以“尽然”之“尽”疑当

作“画”，非是。古有“尽然”之词，《庄子·齐物论》曰：“万物尽然而以是相蕴。”《吕氏春秋·贵当》篇曰：“百事也尽然。”是其例也。此正承上文言，不误），虽未能尽物之实，犹不患其差也。故曰：名不可不辩也。

这一大段说名、实本是两事，不过万物俱存，无名则乱。但名虽不能尽实，然而不可不利用它。只像孔子“必也正名”，墨子“以名举实”，那是不行的。所以他说：

有形者必有名，有名者不必有形。形而不名，未必失其方圆黑白之实，名而不可（孙诒让曰：名而下当有“无形”二字，各本并脱。名面无形，与上文形而不名，正相对。案：此不如从两句相连而误脱例，增“不可”二字，其意尤深也），不可不寻名以检其差。故亦有名以检形，形以定名，名以定事，事以检名。察其所以然，则形名之与事物，无所隐其理矣。





“名以检形，形以定名”，是由名以察实；“名以定事，事以检名”（胡适之谓当作“名以检事，事以正名”，非是），是由实以察名；是互相检定的方法，比较起来，完备得多了。《尸子》书上也说：“正名去伪，事成若化；以实覆名，百事皆成。”名实之间，是非互相的检定不可，这是尹文子的一个进步。

正名主义本有明分的意思在内。但是春秋时只说正名，战国时才说明分。例如《春秋》是孔子正名的书，庄子却说：“《春秋》以道名分。”可见明分的重要，到后来才发明。《尸子》书说：“天生万物，圣人裁之。裁物以制分，使事以立官，君臣、上下、长幼、贵贱、亲疏，皆得其分曰治。爱得分曰仁，施得分曰义，虑得分曰治，动得分曰适，皆得其分，而后曰成人。”由此可见分的重要，与名相等了。有什么名，就有什么分；名一变了，分也就变了。名是分的外表，分是名的内容，这是两件事情。尹文子说：

今亲贤而疏不肖，赏善而罚恶，贤不肖善恶之名宜在彼，亲疏赏罚之称宜属我。我之与彼，又复一名，名之察者也。名贤不肖为亲疏，名善恶为赏罚；合彼我之一称而不别之，名之混者也。故曰名称者，不可不察也。……名宜属彼，分宜属我，我爱白而憎黑，韵商而舍征，好膻而恶焦，嗜甘而逆苦。白黑商徵，膻焦甘苦，彼之名也；爱憎韵舍，好恶嗜逆，我之分也。定此名分，则万事不乱也。

其名在彼，其分在我，彼是客观的，称是主观的；名代表事物的性质，分表示心理的观念，所以有名定要有分。假使只有外部的客观的分别，而无内部的心理的分辨，也是名存实亡。所以名、分还须分别规定，不可相混，还要心里明白，不可专靠外表。才是正名明分。尹文子说：

名定则物不竞，分明则私不行。物不竞非无心，由名定故无所措其心；私不行非无欲，由分明故无所措其欲。

名规定什么是是非善恶，分规定什么当去就取舍。不惟客观的事物有分别，并使人们的心理也明了。这样子并重，当然是进一步的说法。

分是什么，拿现在的术语解释，就是我们当享的权利、当尽的义务。这与法律是极有关系的。本书引彭蒙曰："雉兔在野，众人逐之，分未定也；鸡豕满市，莫有志者，分定故也。"这两个"分"字，就含有权利的意思。权利没有规定，所以聚人逐之；权利已属于人，所以莫有志者。本书又说："全治而无阙者，大小多少，各当其分。"这个"分"字，就含有义务的意思，就是无论什么人都要尽他的义务。由此看来，"明分"的意思，是要将权利义务，划分清楚。这样子非假手法律不为功了。有了法律，才能名定分明。所以尹文子说：

以名稽虚实，以法定治乱。

君不可与臣业，臣不可侵君事。上下不相侵与，谓之名正，名正而法顺也。

先正名明分，而后立法；名分既有了一定的标准，法律也极有效用。尹文子真可谓名、法两家沟通之枢纽，他将正名主义，应用到法律上来了。名分是法律的源泉，法律是名分的实施，这种主张，当然比“刑不上大夫，礼不下庶人”的意见高一些了。

由名而至实，由实而至分，由分而至法，这是先秦哲学思想进化的阶段，到尹文子才算完成。

## 三　尹文子之根本观念



在《尹文子》全书之中，我们可以寻出他的一个基本观念来，那就是“分”。《庄子·天下》篇说：“不累于俗，不饰于物，不苟于人，不忮于众。愿天下之安宁，以活民命。人我之养，毕足而止，以此白心。古之道术有在于是者，宋钘、尹文闻其风而悦之，作为华山之冠以自表，接万物以别宥为始。”“接万物以别宥为始”，就是要首先将事物分别清楚的意思。《吕氏春秋·去宥》篇说：“夫人有所宥者，固以昼为昏，以白为黑，以尧为桀。……故凡人必别宥然后知，别宥则能全其天矣。”颠倒黑白，俾昼作夜，当然没有分别清楚。所以尹文子的根本观念，是要将宇宙间事物，分别出来，它的效用，自然就显见了。尹文子说：



大要在乎先正名分，使不侵杂。

接万物使分，别海内使不杂，见侮不辱，见推不矜，禁暴息兵，救世之门。此人君之德，可以为主矣。守职分不乱，慎所任而无私，饥饱一心，毁誉同虑，赏亦不忘，罚亦不怨。此居下之节，可以为臣矣。

尹文子见得天下之所以乱，正由事物、心思，都是杂乱不明白的。所以他要正名明分，使外物内心，都分辩明白。所以他主张人君之德，就是要能分别海内万物；居下之节，就是要能安职守分不乱。君分之，臣守之，如此，天下便治了。所以尹文子的根本观念，只是一个分的观念。其它的不过是分的方法，分的实用，只用“分”字，可以寻出他思想的系统来。

尹文子是很推重大道的，但是这个大道也就是他所谓的“分”，并不是什么老庄之道、儒墨之道，我们极容易证明出来的。他说：

> 道行于世，则贫贱者不怨，富贵者不骄，愚弱者不慑，智勇者不陵，定于分也。法行于世，则贫贱者不能怨富贵，富贵者不能陵贫贱，愚弱者不敢冀智勇，智勇者不敢鄙愚弱，此法之不及道也。

他以为“道行于世”，就是“定于分也”。“分”（去声）是“分”（平声）的结果，也可见道就是分，分就是道。这是极显见的第一个证据。他又说：

> 物不竞非无心，由名定故无所措其心。私不行非无欲，由分明故无所措其欲。然则心欲人人有之，而得同于无心无欲者，制之有道也。

这里尹文子所谓“制之有道”，就是正名明分，就是分别，可见道就是分，分就是道，这是很显见的第二个证据。后来人不明白尹文子所谓道就是分的意思——尹文子的根本观念，所以对于尹文子是那一流派，也就一人一义，十人十义了。刘歆说是“其学本于黄老”；晁公武说他是“诵法仲尼”；《周氏涉笔》以为他是“自道以至名，自名以至法”；胡适之说他是墨家的一支，还有特别讨论他的流派的。这都是误会了尹文子的意思，不知道他的道是什么，他的根本观念是什么。

现在试用这个“分”的根本观念，来解释他的正名主义、实验主义和政治思想，也是一致的。

（一）尹文子说：“名称者，别彼此而检虚实者也，自古及今，莫不用此而得，用彼而失。失者由名分混，得者由名分察。”

可见正名主义，是他分的手段，是分别彼此、检察虚实的方法。故说“定此名分，万事不乱也”。分别的方法，再没有比正名明分好了。

（二）尹文子的实用主义，是辨别是非的一种标准，但是如何去实用，也非有分别的精神不可。他说：

> 圆者之转，非能转而转，不得不转也。方者之止，非能止而止，不得不止也。因圆者之自转，使不得止；因方之自止，使不得转；何苦物之失分？故因贤者之有用，使不得不用；因愚者之无用，使不得用。用与不用皆非我“也”，因使“可”用（“也”“可”二字据《治要》改），与不可用，而自得其用，奚患物之乱乎？

看他两说用“苦物之失分”，“奚患物之乱乎”，这两句话可见得是注重分别的精神了。实验主义，本极注重各个事项，当然基本上要有分别的观念才行。





（三）尹文子的政治思想，主张人君之德，就是“接万物使分，别海内使不杂”。他要以政治的手段，来实现他的主强的，所以他认定政治上根本的错乱，就是没有分别。他说：

> 治王之典，必有所先诛。先诛者，非谓盗，非谓奸，此二恶者，一时之大害，非乱政之本也。乱政之本，下侵上之权，臣用君之术，心不畏时之禁，行不轨时之法，此大乱之本也。

看他这种议论，乱政之本，只是下侵上权，臣用君术，将法令所规定的分别，都混乱了。可见政治上需要的也是分别了。

但是分别出来的是非善恶等等，全是相对的，不是绝对的，所以尹文子又折衷之于实用主义。

## 四　尹文子之实验主义

尹文子说：“小人亦知言损于治，而不能不言；小人亦知能损于事，而不能不为。故所言者极于儒、墨是非之辩，所为者极于坚伪偏抗之行，求名而已，故明主诛之。”尹文子对于当时儒者之辟墨，墨者之非儒，当然是感觉不安的。所以他将儒、墨是非之辨，以实验主义来解决，便成了相对的、历史的真理论。他以为是非是随时随地可以改变的，只要能合于实用的，就是真理。这种思想，是墨子的实利主义的蜕化，而实是儒、墨相争的时代所应产生的结果。所以尹文子的实验主义，实是时代的产物。且看他的议论何如：

**（一）时间的关系**。天下之是非，有时间的关系在内，合乎时代的就是“是”，不合时代的就是“非”，只要于我们有用就是“是”，尹文子说：

> 凡天下万理，皆有是非，吾所不敢诬。是者常是，非者常非，亦吾所信。然是虽常是，有时而不用；非虽常非，有时而必行。故用是而失有矣，行非而得有矣，是非之理不同，而更兴废，翻为我用，则是非焉在哉！观尧、舜、禹、汤之成，或顺或逆，得时则昌；桀、纣、幽、厉之败，或是或非，失时则亡。

细看他这一段的意思，世间上的是非，虽有许多是天经地义的，不可改变，但是因为时代的关系，是有时而不用，非有时而必行，所以是非是完全相对的，不是绝对的。不管他是“是”也好，是“非”也好，只要合乎实用，就是真理。所以是非不过是要使获得最后胜利的一种工具，没有什么可以争论的了。这话《庄子·秋水》篇也说过：“昔者尧、舜让而帝，之、哙让而绝，汤、武争而王，白公争而灭。由此观之，争让之礼，尧、桀之行，贵贱有时，未可以为常也。”这也是主张真理是随时势变迁的。不过庄子既不主张实用，而认定是非之彰，就是道之所以亏，所以中国哲学史中的实验主义，到尹文子才算完成。

**（二）空间的关系**。是非的变迁，在空间上的关系，比时间上的尤为复杂。这一点是多少人不甚注意的。尹文子说：

> 己是而举世非之，则不知己之是；已非而举世是之，亦不知己所非。然则是非随众贾而为正，非己所独了。则犯众者为非，顺众者为是。故人君处权乘势，处所是之地，则人所不得非也。

这里说是非的问题，有时因为多数的意见才决定，有时因为地位的关系而决定。人与地的关系，只有比时间性还复杂的。例如："滑铁卢战事的细目，同样的确定，可是英国人看了是大成功，法国人眼中是大失败。所以同一宇宙，乐观的学者以为是一成功，悲观的就以为是一个失败。"(用译本《实用主义》语)



再如《列子》书说："越之东有辄木之国，其长子生，则鲜而食之，谓之宜弟。其大父死，负其大母而弃之，曰鬼弃不可以同处。"(《汤问》) 这些事情，在我们中国便以为非了。尹文子见得这些道理，所以说"是非随众贾而为正，非己所独了"，只有处所是之地，则人所不得非也。这也是尹文子要不累于俗与任法重势的理由。



(三) **实用的意义**。尹文子对于是非的意见是："而更兴废，翻为我用。"他是以功用判定一切的是非善恶，以构成他的实验主义。他说：

> 故有理而无益于治者，君子弗言；有能而无益于治者，君子弗为。君子非乐有言，有益于治，不得不言；君子非乐有为，有益于事，不得不为。故所言者不出于名法权术，所为者不出于农稼军陈，用务而已。

这种狭义的功利论，与后来荀子所语的"凡事行有益于理者立之，无益于理者废之，夫是之谓中事。凡知说有益于理者为之，无益于理者舍之，夫是之谓中说"相同。这是当时的倾向。全由墨子"兼利"的学说而来的。因为他们要周务，所以产生共治分工合作的种种道理，这是他们的价值。尹文子拿是非问题与功利主义一齐说，更要完备多了。他说：

> 仁、义、礼、乐、名、法、刑、赏，凡此八者，五常三世治世之术也。故仁以道之，义以宜之，礼以行之，乐以和之，名以正之，法以齐之，刑以威之，赏以勤之。故仁者所以博施于物，亦所以生偏私；义者所以立节行，亦所以成华伪；礼者所以行恭谨，亦所以生惰慢；乐者所以和情志，亦所以生淫放；名者所以正尊卑，亦所以生矜篡；法者所以齐众异，亦所以生乖分；刑者所以威不服，亦所以生陵暴；赏者所以劝忠能，亦所以生鄙争。凡此八术，无隐于人而常存于世，非自显于尧舜之时，非自逃于桀纣之朝。用得其道，则天下治；用失其道，则天下乱，过此而往，虽弥纶天地，笼络万品治道之外，非群生所餐挹，圣人措而不言也。

这一段是尹文子实验主义的总论，大约分三层意思。第一，仁、义、礼、乐、名、法、刑、赏，都有利有弊，有是有非；可见世间上没有绝对的东西，都是相对的真理。第二，这些理论，都可以作为我们的工具，不过我们要用得其道则天下治。第三，治道之外的事物，圣人措而不言，这便成狭义的功利论了。不过我们所要注意的，就是用得其道的“道”字。“道”的意思，也就是分，我们须要注重各个事项（正名），心中有了分辨（明分），然后用在一定范围之内，使得有实际上之效果，这便是用得其道了。尹文子说因彼可用与不可用而自得其用。就是一个证明。实验主义是很注重实际上的分别的，而尹文子哲学的基本观念，就是分别一切，其原因正是先要有了分别，才能实用。

现在将杰姆士的实用主义，与尹文子的实验主义，拿来比较一下。第一，他们的起源相同。杰姆士是因为哲学上的现在的两难，经验主义的刚性者，与唯理主义的柔性者，他们互相的反动，所以拿实用主义作为一种调和思想的方法（参看孟宪承译

《实用主义》第一章)。尹文子也是因为先秦儒、墨是非之辨非常的激烈，所以他也以实验主义的思想，来调和他们的争论。第二，他们的内容相近。杰姆士说：“实验主义常注重各个事项，与唯名论相同。他最重实用上的状况，和功利论又符合的。至于他鄙弃字面的解决，无用的问题，玄学的抽象区别，与实证论又更相契合的。”(参看《实用主义》第二篇:《实用主义的意义》)尹文子也是注重名以检形，形以定名，很注重各个事项的。他对于实用上的状况，尤其注重，他与狭义功利主义相同。所以在内容上他们很相近。第三，杰姆士说：“你可以说他是真的，因为他是有用的，你也可以说他是有用的，因他是真的。”(参看《实用主义》第六篇:《实用主义的真理概念》)尹文子说：“而更兴废，翻为我用，则是非焉在哉。”尹文子同杰姆士全以“用”为是非的标准，他们的真理论更相去不远。但是他们的时代不同，倾向不同，当然不能等量齐观。当然尹文子的实验主义，不及杰姆士、杜威甚远。只要有许多相近的地方，也足见思想的发生，东西有相同之点了。





当然尹文子哲学的价值，在他的实验主义上面，后世不知道注意这一点，故说他是名家或是法家，哪知道他对于名、法任何那一派，都只有相对的满意，他的确是一个实验主义的哲学家。

## 五　尹文子之政治思想

《庄子·天下》篇论尹文子说：“其为人太多，其自为太少，曰：‘请欲固置五升之饭足矣。先生恐不得饱，弟子虽饥，不忘天下。’日夜不休。曰：‘我必得活哉!’图傲乎救世之士哉！曰：‘君子不为苛察，不以身假物。’以为无益于天下者，明之不如已也。以禁攻寝兵为外，以情欲寡浅为内。”依此看来，尹文子是一个实行家，是一个救世主义者。他对于政治的设想，确有许多高妙的见解。大约他的政治思想，有两点是需要我们所注意的。

一是法治主义，一是共治主义。

第一，法治主义。

**（一）客观主义**。尹文子主张分别事物，正名明分来治天下。假如没有固定的标准，就不能有实际的效用，故尹文子主张立法。他说：

> 故人以度审长短，以量受多少，以衡平轻重，以律均清浊，以名稽虚实，以法定治乱，以简制烦惑，以易御险难，以万事皆归于一，百度皆准于法。归一者简之至，准法者易之极，如此，则顽嚣聋瞽，可与察慧聪明同其治也。

正名明分，虽有客观上、主观上的分辨，但是贤者过之，不肖者弗及，没有令之必行的效力。立法来作名分的标准，就是客观主义，使人必行，这是行法治的第一个原因。

**（二）淑世主义**。立法不只是要有了标准，使人民好遵守，而且是国家的威权所寄托，有使人民非奉行不可的力量，所以能改善一切。尹文子说：

> 上之所以率下，乃治乱之所由也。故俗苟沴，必为法以矫之；物苟溢，必立制以检之。累于俗、饰于物者，不可与为治矣。

由此看来，立法之后，不惟有循名责实之效力，而并有改变社会的制度（物），矫正人民的习俗（俗）的力量，（这就）不是消极的，而是积极的了。因此尹文子和慎子一样，也主张用势，他以为“势者，制法之利器，群下不可妄为。”故说“人君处权乘势，处所是之地，则人所不得非也”，这完全是法家的精神。

**（三）法治主义**。尹文子受了申不害、商鞅的影响，认定法是治天下国家唯一的工具，一切德治礼治，都不必须，与儒、墨完全不同了。他说：

> 圣王知民情之易动，故作乐以和之，制礼以节之，

在下者不得用其私。故礼乐独行，则私欲寝废；私欲寝废，则遭贤之与遭愚，均矣。若使遭贤则治，遭愚则乱，是治乱系于贤愚，不系于礼乐；是圣人之术，与主而俱没；圣主之法，逮易世而莫用。则乱多而治寡；乱多而治寡，则贤无所贵，愚无所贱矣。

由此可见，尹文子是一个法治主义者，遭贤则治，遭愚则乱，正道破人治主义的弊病。尹文子的法律思想之可贵，不惟在他的法理方面，而又在他的法治主义。

第二，共治主义。



尹文子的共治主义，是分职主义与互助主义联合而成。

**（一）分职主义**。凡是主张功利主义的人，他们唯一的主张，当然是要功效愈大，利益愈多才好。无论什么，总要利之中取大，害之中取小。尹文子的根本观念，是要分别一切：而他的实验主义，又与功利主义相近；所以他的政治思想，主张分职分工，好使功效愈大些。他说：



天下万事，不可备能。责其备能于一人，则贤圣其犹病诸。设一人能备天下之事，能左右前后之宜（王时润曰：下能字属下，为句当读为则），远近迟疾之间，必有不兼者焉。苟有不兼，于治阙矣。全治而无阙者，大小多少，各当其分。农商工仕，不易其业；老农长商，习工旧仕，莫不存焉。则处上者何事哉！

细看他这一段的意思，扼要的地方，就在“大小多少，各当其分”这两句话，这是他主张分职主义的目的。不但消极的不许一人兼治，凡是国民，都要各尽其能，要作到野无遗贤，人无弃材的地步。是政治上的大分工制度，这种思想，真是登峰造极了。

**（二）互助主义**。凡是主张分工的，其目的是合作互助，这是必然的倾向。尹文子的共治主义，既主张分职分工，所以也要合作互助。他说：

为善使人不能得从，此独善也；为巧使人不能得从，此独巧也，未尽巧善之理。为善与众行之，为巧与众能之，此善之善者，巧之巧者也。故所贵圣人之理者，不贵其独治，贵其能与众共治也。所贵工倕之巧者，不贵其独巧，贵其能与众共巧也。今世之人，行欲独贤，事欲独能，辩欲出群，勇欲绝众。夫独行之贤，不足以成化；独能之事；不足以周务；出群之辩，不可为户说；绝众之勇，不可与正阵。凡此四者，乱之所由生也（也字据治要增）。是以圣人任道以通其险，立法以理其差，使贤愚不相弃，能鄙不相遗。能鄙不相遗，则能鄙齐功；贤愚不相弃，则贤愚等虑，此至治之术也。

这一段所说，“不贵其独治”，“与众共治”，将所有特殊的变为普通的，独占的变为互助的，消极的消弭一切斗争，积极的增加功用的效率，当然是我们理想中的要求。这里所说的“能鄙不相遗，则能鄙齐功；贤愚不相弃，则贤愚等虑”，正是合作互助不二的法门。恐怕不是不同之世，不易办到罢！

共治主义是尹文子政治思想的精华，也是他的哲学思想的结晶，包含着正名明分、实用法治这些观念在内。这一段议论似乎有些德谟克拉西的精神，而其实不是。姑用尹文子的“共治”二字，名之曰共治主义。

## 六　结论

从前黄东发说：“《尹文子》二篇，以‘大道’自名，而所学乃公孙龙子之说。……因缘白马非马之说，而生好牛好马之说，复掇拾名实相乱之事以证之。无理而迂，不足言文，……道表俗坏，士有谬用其心如此者。”（黄震《黄氏日抄》）沈钦韩说：

“以大道为书，而杂以山鸡凤凰，字长子曰盗，字次子曰殴，亦恢嘲无稽甚矣!”（《汉书疏证》）尹文子哲学的价值，在中国久没有人知道了。直至最近，胡适之说：“尹文的学说，据现有的《尹文子》看来，可算得当时一派重要的学说。尹文是中国古代一个法理学大家。”梁任公说：“法家成为一有系统之学派、为时甚晚，盖自慎到、尹文、韩非以后。”又说：“尹文子则墨法两家沟通之枢纽。”依我看来，他对正名明分解释得十分透澈，他以实用主义解决是非问题，他以分职互助而创立共治主义，他实在是在先秦哲学思想中应有的实验主义者，实在是中国哲学史中最呈异样色彩的一家。

（原载《哲学月刊》第二卷第五期，一九三〇年三月）

# 书评：《尹文子校正》

校正者王恺銮　二十四年十二月商务印书馆出版　定价一角五分

现存《尹文》一书，本非《汉志》之旧，近今论者，多谓其为伪作，然虽力加评弹，亦以其书伪则伪矣，而其言啬意丰，文简理富，折衷群说，兼揽众长，大体固亦整齐博赡。其书文字稍浅，故传写之讹误亦较少，清代钱熙祚、汪继培、严可均、孙诒让、陶鸿庆，咸有校订，至民国初年王时润集钱、汪、孙三家之说，间下己意，成为《尹文子校录》一书，虽未及采严、陶二家，然不失为一较佳之注本也。民十左右，北大研究所罗君曾有《尹文子校释》，闻其搜罗甚富，功力甚勤，顾只列为成绩，而未印为专书，则未知其何故。忽忽至今，又十余年，不意是书乃先罗释而印行问世，据《自序》所言，则甲戌之夏，始属稿也。

是书所据以为校正者为《四部丛刊》覆江南图书馆藏明刊本，清儒之说则只采取钱熙祚、汪继培、孙诒让三家。王氏校录，亦多采取。首著者自序，次仲长氏序，次《大道》上，《大道》下，次《附录》。《附录》共析为四：一、事实；二、卷帙；三、逸文；四、集说。粗读一过，觉其可议之处甚多，而其不可掩者则为：

**（一）见闻弇陋**　王氏校录于各家校记未收者，有严可均之校《道藏》本，是书于民十四五年间，已由上海中国书店印行，为校订《尹文子》之要籍，校正作者，乃弗之知。如《大道上》

“处名位虽不肖，不患物不疏己，亲疏系于势利，不系于不肖与仁贤。”严校《道藏》本于“虽不肖”下据《文选》任昉为《萧扬州荐士表》注补“不患物不亲己，在贫贱虽仁贤”十二字，而《校正》乃云：“此段脱误甚多，《文选》任彦升为《萧扬州荐士表·注》引此作‘处名位，虽不肖，不患物不亲己，在贫贱，不患物不疏己，亲疏系乎势利，不系乎不肖与仁贤也。’……”既不知严校已补“虽仁贤”三字，而其所云，实一本于王时润之校录，乃并王氏之名亦不著。他如“宣王如射”，严校《道藏》本实作“宣王好射”；“其实所用不过二石”，严校《道藏》本实作“三石”。《大道下》“虽君子之邮，亦君子之怒也。”王氏《校录》云：“邮与尤通，怒当作恕”；严校《道藏》本正作“亦君子之恕也”，足见严氏校本之善，今著者之为校正，乃不知有此本。于“如射”之当作“好射”，则云宜据《吕氏春秋》改为“好”字；于“二石”之当作“三石”，则云“当据下文‘宣王用不过三石’句改正。”于极易得之严校本尚不之知，而即轻易著述，亦足见其陋矣。




陶鸿庆《读诸子札记》十六，据湖海楼校订《尹文子》者共十二则：如《大道上》篇“形而不名，未必失其方圆黑白之实，名而，不可不寻名以检其差”。陶氏云“‘名而’下当有‘不形’二字，‘名而不形’与‘形而不名’相对为文，即上所谓‘有名者未必有形也’”。此与孙氏《札迻》所云“名而下当有‘无形’二字”说虽不同，可以互相印证。尝见某君依俞氏《古义疑义举例》两句相连而误脱例说“名而”下当补“不可”二字，亦足备一说，且较陶、孙之以意补为有据也。又《大道上》“使善恶尽然有分，虽未能尽物之实，犹不患其差也”；陶氏云“‘尽然’当作‘画然’，以形似又涉上下文，‘尽’字屡见而误。”以“尽然”当作“画然”，在胡适之《中国哲学史大纲》亦如是云，然“尽然”二字，亦非不可通也。又《大道上》“世有因名以得实，亦有因名以失实”，陶氏云“此当云‘世有因名以失实，亦有违名以得实’，二义正相反也。下文云：‘宣王悦其名而丧其实’，又云：‘此违名而得实矣’，皆承此言。”此与王氏《校录》说同，亦可取为参证，以见其必可从。陶氏《札记》于《大道上》篇“我之与彼，又复一名，名之实者也。”云：“又复疑各得二字之误。上文云‘贤不肖善恶之名宜在彼，亲疏赏罚之称宜属我’，彼我各有所宜，是各得一名也。”其说甚精，其它各条，亦足以备一说。陶氏《札记》，今颇有流传，而《校正》作者乃不之知，其见闻之弇陋亦可知矣。

**（二）校订疏略** 著者是书校正文字之处，虽亦有一二出自己见者，然而大体疏略，颇有当举正而未举正者，如：

（1）《大道上》“大道治者”句，王氏《校录》据下文“以名法儒墨治者”谓当作“以大道治者”。下文云“是道治者，谓之善人；藉名法儒墨者，谓之不善人”。窃谓“是道治者”，当依下文作“是藉道治者”；“藉名法儒墨者”当依上文作“藉名法儒墨治者”。

（2）“因圆之自转，使不得止；因方之自止，使不得转”。严校《道藏》本据“治要”作“因圆者之自转”，“因方者之自止”。上文云“圆者之转”，“方者之止”此实当补二“者”字也。

（3）“智不能得夸愚，好不能得嗤丑”，两“得”字并疑为衍文。

（4）“此俗之所齐，物之所饰；故所齐不可不慎，所饰不可不择”。两“饰”字并当读为“饬”。

（5）“咸以为真凤凰，贵欲以献之，遂闻楚王，王感其贵买欲献于己”（据严校本）。“贵欲以献之”，语意不甚合，当据下文作“贵买欲以献之”。

（6）“楚众我寡，请其未悉济而击之。”此数语本依《左氏传》，则“请”下亦当依《左氏传》补“即”字。

(7)《大道下》:“三者独立，无致亲致疎之所。”“致”当读为“至”,“所”当诂为“时”。

(8)“治世非为矜穷独贵贱而治，是治之一事也。乱世亦非侮穷独贵贱而乱，亦是乱之一事也。”“乱世亦非”下亦宜据上文增一“为”字。凡此皆不必据古本及清儒校记而可以上下文推证之也。《校正》著者，云于甲戌之夏，取上海涵芬楼四部丛刊《尹文子》读之，反复校雠，迄秋脱稿。则为时甚暂。无怪其疏略如是也

(三)攘善掠美 著者亟于成书，不免多袭前说。如：

(1)《大道上》:“老子曰：‘道者万物之奥，善人之宝，不善人之所宝’”《校正》云：“所引老子语，见《道德经》第六十二章，次‘宝’字彼作‘保’。王弼注云：‘保以全也’,宝、保二字古通”实袭钱校语。

(2)“设复言好人，则彼属于人矣。”《校正》云：“汪继培曰：‘彼疑复’。孙诒让曰：‘宋本正作复’。”全袭王校语。此类甚多，难以枚举。著者之意，岂谓读者未必取王校诸书一一对照之，而欲一手掩尽天下耳目耶？然攘人之善，实为不德，果欲跻于著作之林，则不当如是也。

虽然，此书亦间有可取者，如《大道上》“楚人担山雉者”,王氏《校录》以为“担上宜增‘有’字”,而此书据华希闵《广事类赋注》引此“担”上有“有”字，宜据补，则足证王说之不谬。他处亦有引《事类赋》《玉赋注》以为说者，然如“田父称家大怖”,钱校谓“‘称’字误,《御览》引作‘其’,无‘田父’二字。”《事类赋》九引与《御览》同，而校正独不知征引，而曲从王氏《校录》之说，以为“称犹举也”,实不如作“其家大怖”之为愈。要之，是书非无一善足取，在商务“国学小丛书”中，尚非至恶劣之作。王氏《校录》流传甚少，有是书以备初学阅读，亦未必大误人。余

以夙好《尹文子》，颇留心关于《尹文子》之撰述，故因是书而备论之，亦非谓是书之绝不可一读也。

（原载《大公报》图书副刊，一九三六年十二月三日）

# 公孙龙哲学

## 一　公孙龙之年代

《史记·孟子荀卿列传》说："赵亦有公孙龙，为坚白同异之辩。"（刘向校雠《孙卿书录》亦云："赵亦有公孙龙，为坚白同异之辞。"）《汉书·艺文志》自注也说他是赵人（师古曰：即为坚白之辩者。）又说："毛公，赵人，与公孙龙等并游平原君赵胜家。"高诱《吕氏春秋·审应览·应言篇》注则说："龙，魏人也"。《庄子·徐无鬼》篇：庄子谓惠子曰："儒、墨、杨、秉四，与夫子为五"。成玄英疏云："秉者，公孙龙子也"。段敬顺《列子释文》也说："公孙龙，平原君之客，字子秉，赵人。"由这些看来，公孙龙为赵人，是比较可信的，高诱说是魏人，段敬顺说"字子秉"，似乎是没有多少根据。《史记·仲尼弟子列传》别有一公孙龙，字子石，少孔子五十三岁。张守节《史记正义》说"《家语》云：卫人"；"《孟子》云：赵人"。司马贞《史记索隐》说："龙即仲尼弟子也。此云'赵人'，《弟子传》作'卫人'，郑玄云：'楚人'，各不能知其真。"司马贞认为二者为一人是错了的。据《吕氏春秋·应言篇》，公孙龙说燕昭王以偃兵，而谓"日者大王欲破齐……其卒果破齐以为功"。燕昭王是在二十八年破齐，至三十三年而卒。公孙龙游燕，当在此五年间，这时正当周赧王三十一至三十六年间，西纪公元前 284 至 279 年。我们如假定这时公孙龙已有三十岁，其生当在前 315 年左右。《战国策·赵策》："侵攻赵，平原君使人请救于魏，信陵君发兵至邯郸城下，秦兵罢。虞卿为平原君请益地……公孙龙闻之，见平原君曰……不如勿受便。”《史记·平原君列传》也有相应的记载。邯郸之围在赵孝成王九年，正当周赧王五十八年，西纪前 257 年。《史记·平原君列传》又谓：“平原君厚待公孙龙……及邹衍过赵，言至道，乃绌公孙龙。”据《平原君列传》、《六国年表》，平原君卒于孝成王十五年，西纪前 251 年。公孙龙被绌定在此年前。则在平原君卒年，他还不过六十余岁。他在此时，未必即故去，不过他的事迹则书缺有间已不可考。

## 二　公孙龙之著述

《扬子法言·吾子》篇曰：“公孙龙诡辞数万以为法”，但《汉志》所著录的《公孙龙子》则只有十四篇，而现存的则仅只有六篇：《迹府》第一，《白马论》第二，《指物论》第三，《通变论》第四，《坚白论》第五，《名实论》第六。第一篇《迹府》，宋陈振孙《直斋书录解题》早已谓其叙孔穿事，文意重复。该篇绝非公孙龙所自著，似由后人割裂群书，荟萃而成。因为：（1）本篇开始就说：“公孙龙，六国时辩士也。”中段又说：“公孙龙，赵平原君之客也。”自著之书，不应有如此口气的。（2）篇中对孔穿先教后师之语，上下重复，明非出于一手。（3）篇中尹文论士一段，见《吕氏春秋·先识览》；孔子论楚人一段，见《孔丛子·公孙龙第十二》，可见此篇本为掇辑而成。（4）“白马非马”已有专篇论之，而此篇又反复说之，覆床叠架，于例未合，也足见其非本人所为。这一篇虽有人仍认为公孙龙所作，但实在是不可信任。成玄英《南华真经注疏》说：“坚白，公孙龙守白论也。孔穿之徒，坚执此论，当时独步，天下无敌。”（《天地》）又说：“龙禀性聪明，率才宏辩，著守白之论，以博辩知名。”（《秋水》）“公孙龙著守白论，见行于世。”鲍彪《战国策注》也说：“公孙龙，赵人，著守白论。”本书（《公孙龙子》）《迹府》篇亦谓："为守白之论……以守白辩。"则在原来，《守白论》也当是本书的篇名，至少也当是《白马论》或《坚白论》的异名。

## 三　公孙龙思想之渊源

在《公孙龙子》中，《白马论》、《坚白论》都是很重要的著述，"白马非马"、"坚白石二"，是他的重要的学说。《庄子·秋水》篇说："公孙龙问于魏牟曰：'龙少学先王之道，长而明仁义之行；合同异，离坚白；然不然，可不可；困百家之知，穷众口之辩。'"《淮南子·齐俗训》说："公孙龙折辩抗辞，别同异，离坚白。"刘向《别录》说："公孙龙及其徒綦母子之属，论'白马非马'之辩。"（《史记》卷七十六《集解》引）桓谭《新论》说："公孙龙，六国时辩士也……为'守白'之论。假物取譬，以'守白'辩，谓白马为非马也。"（《太平御览》四六四引）刘向《别录》更谓："公孙龙持白马之论以度关"。（《初学记》七引）《吕氏春秋·审应览·淫辞》高诱注也说："（龙）乘白马，禁不得度关，因言马白非白马。"据这些地方看起来，白马、坚白之论似乎是他的创论，但在《庄子·齐物论》篇说："惠子之据梧也……彼非所明而明之，故以坚白之昧终。"在《德充符》篇也说："据槁梧而瞑，天选子之形，子以坚白鸣。"则似坚白之辨，未必是惠施所倡导。不过惠施是主张"同"的，庄子说"以坚白之昧终"，他未必有如公孙龙之"坚白石二"之倾向于"异"的主张。至于"白马非马"，在《战国策·赵策二》苏秦说秦王，有"夫刑名之家，皆曰白马非马也已，如白马实马，乃使有马之为也。"《韩非子·外储说左上》篇又有："兒说，宋人善辩者也，持'白马非马'也，服齐稷下之辩者，乘白马而过关，则顾白马之赋。故籍之虚辞，则能胜一国；考实按形，不能谩于一人。"似乎白马之论发生得也很早。但《战国策》的那一段，应当是追述的文字，苏秦时"刑名之家，皆曰白马非马"，时期既早而又普遍，恐非真情。“兒说”据《吕氏春秋·审分览·君守》篇说：“夫一能应万、无方而出之务者，唯有道者能之。……故如兒说之弟子者，以‘不解’解之也。”也不像是刑名之家言（《淮南子·人间训》所述略同）。韩非子的说法，恐怕也说传讹，至多在施、龙间偶有“白马非马”之说，如因此而认定公孙龙之说完全是因袭的，这又是过于信任不可深信的传说了。

## 四　公孙龙之根本观念

惠施的思想是倾向于唯物论一方面的，他的观点注重于注重于信体的物，个体的物，不是永久不变的，故他的主张是“万物毕同毕异”，而归结于“泛爱万物天地一体”。而公孙龙的思想是倾向于观念论一方面的，他的观点注重于物的共相，而物的共相则是永久不变的。他在白马论中主张的“白马非马”，在坚白论中主张的“坚白石二”，在变通论中主张的“二无一”、“变非变”，在指物论中主张的“物莫非指”，在名实论中主张的“彼彼止于彼，此此止于此”，都是所谓“折辩抗辞，别同异，离坚白”，而落脚于“审其名实，慎其所谓”。他的根本观念所在，可以贯通全书之旨。即于《吕氏春秋·淫辞》篇所载：“孔穿、公孙龙相与论于平原君所，深而辩，至于藏三牙。公孙龙言藏之三牙甚辩。”许慎在《淮南鸿烈·诠言训》间诂所谓：“公孙龙以白马非马、冰不寒、炭不热为论”。这些议论都不烦言而解。同书许慎间诂又说他：“好分析诡异之言，以白马不得合为一物，离而为二也。”（《淮南鸿烈·齐俗训》注）所谓“分析”与“离”，确是他的精神所在，《公孙龙子·坚白论》说：“离也者，天下故独而正。”他的思想，确是异于惠施的主“同”而主“异”，异于《墨经》之主“盈”而主“离”的。

## 五　公孙龙子之《白马论》

在《公孙龙子·迹府》篇，公孙龙子自谓：“龙之所以为名者，乃以白马之论耳。”而又有持白马之论以度关以及与孔穿、邹衍争辩的传说，“白马论”实为公孙龙子思想中的重要学说，《公孙龙子·白马论》开篇即说：

> “白马非马”，可乎？
>
> 曰：可。
>
> 曰：何哉？
>
> 曰：马者，所以命形也；白者，所以命色也。命色者非命形也。故曰：白马非马。

这几句是表明白马之非马，在“形”、“色”上即不得并为一物，不得以命形的即是命色的，因为马是一种共相，而白又是一种共相，在类别上并不相同，故曰“白马非马”。他又说：

> 曰：求马，黄、黑马皆可致；求白马，黄、黑马不可致。使白马乃马也，是所求一也。所求一者，白者不异马也。所求不异，如黄、黑马有可有不可，何也？
>
> 可与不可，其相非明。故黄、黑马一也，而可以应有马，而不可以应有白马，是白马之非马，审矣！

这是就周延不周延来立论，“马”是周延的，能包括一切马类的外延全体，故为周延。白马为马之色白者，在众马之中，只占一类。除白马外，尚有黑、黄等类的马，是不周延的。词类既不相同，故白马之非马，审矣。以图表之：

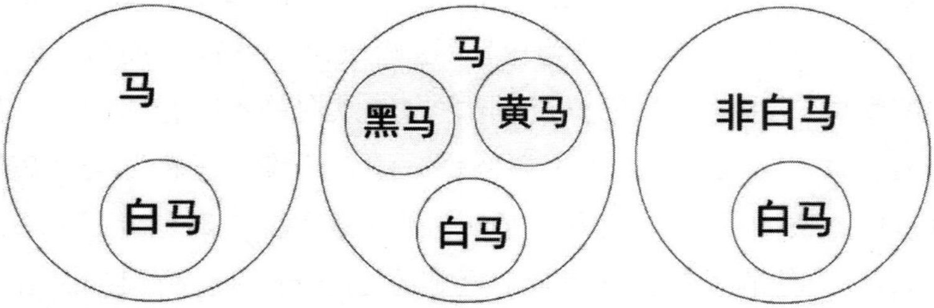


图一　　图二　　图三

白马只是马的一类，其范围、大小并不同（图一）。在众马之中，除白马以外，可有黄、黑等色马（图二）。然而无论其为马也好，为黄、黑马也好，要之总是非白马。而就白马而言，非白马所占的范围相当于马（图三、图一)。非白马相当于马，则白马自非马矣。

他又说：

> 马固有色，故有白马。使马无色，有马如已耳，安取白马？故白者非马也。白马者，马与白也；马与白马也，故曰：白马非马也。

有白马，不可谓无马者，离白之谓也。是离者有白马不可谓有马也。(俞曰："不可谓有马也"句，"有马"当作"无马"，涉下文三言有马而误耳。）故所以为有马者，独以马为有马耳，非有白马为有马。故其为有马也，不可以谓"马，马也"。

依公孙龙看来，白马是"白"和"马"这一形一色所构成的，有白马之不可谓为有"马"，在普通人也只以"马"为"有马"，非以"白马"为"有马"。从形、色为二来说，则其意义更为显明。"白马非马"之论，第一步即在使人明确"形"与"色"是两个完全不同的概念。他更推论：





> 白者不定所白，忘之而可也。白马者，言定所白也。定所白者，非白也。马者无去取于色，故黄、黑皆所以应。白马者，有去取于色，黄、黑马皆所以色去，故唯白马独可以应耳。无去者非有去也。故曰：白马非马。

这里"定所白者非白也"，是说自己为白马之白，则更非普通之白，白、马两字连用，"白"的意义也变迁的。这是他注重"离"、"异"的一说。

## 六　公孙龙子之《坚白论》

"白马论"以说"白"以命色，"马"以命形，离白与马，以具"马"，"白"、"白马"各有其独立的共相，不容丝毫混淆。"坚白论"更就共同的潜存及与感觉的分离，从知识论上入手，以见共相的独立存在。这一篇说：

> 坚、白、石，三可乎？曰：不可。曰：二可乎？曰：可。曰：何哉？曰：无坚得白，其举也二；无白得坚，其举也二。曰：得其所白，不可谓无白；得其所坚，不可谓无坚。而之石也之于然也，非三也？曰：视不得其所坚而得其所白〔得其所白〕（“得其所白”四字，依俞校增）者，无坚也；拊不得其所白，得其〔所〕坚〔者〕（原作“得其坚也”，依俞校改），无白也。



石之有坚有白，一是石之性质，一是石之色彩，在常识上看来，明明与石为三。这里只认为二，“坚”与“石”为二，“白”与“石”为二，故说“无坚得白，其举也二；无白得坚，其举也二”。坚为白得来的时候不同，一与视觉有关，一与触觉有关，“视不得其所坚而得其所白；拊不得其所白而得其所坚”，从感觉上来立论，以见“坚”、“白”两共相不可混为一谈，与“白马非马”之单就形色来说又不同。但得其所白而无坚，是否即是无“坚”的存在？得其所坚而无白，是否即是无“白”的存在？对此他说：



> 有自藏也，非藏而藏也。曰：其白也，其坚也，而石必得以相盛盈，其自藏奈何？曰：得其白，得其坚，见与不见，离不见离，一二不相盈（原作不见“一二不相盈”，依俞校、孙校改）故离。离也者，藏也。

目不见坚，手不得白，“坚”、“白”是自然地潜存，而非故意地潜藏。得“坚”得“白”，只在见不见上分晓，故说“见与不见，离不见离”，而其实这种“离”，“坚”、“白”仍然是潜存的。所以他说：

> 于石，一也；坚白，二也，而在于石。故有知焉，有不知焉；有见焉，〔有不见焉〕。故知与不知相与离，

见与不见相与藏。藏故，孰谓之不离？曰：目不能坚，手不能白，不可谓无坚，不可谓无白。其异任也，其无以代也。坚白域于石，恶乎离？曰：坚未与石为坚，而物兼未与〔物〕为坚而坚，必坚其不坚，石物而坚，天下未有若坚而坚藏。白固不能自白，恶能白石物乎？若白者必白，则不白物而白焉。黄、黑与之然。石其无有，恶取坚、白、石乎？故离也。离也者，因是。

谢希深《注》说："坚者不独坚于石，而亦坚于万物。故曰未与石为坚，而物兼也。亦不与万物为坚，而固当自为坚，故曰'未与物为坚，而坚必坚也'。天下未有若此独立之坚而可见，然亦不可谓之为无坚，故曰而坚藏也。"这几句说明共相虽不可见而潜存，很合公孙龙"坚藏"之意的。白不能自白，则不能使石与物白；白能以自白，即不与石与物白，也与黄、黑一样，可以独立存在。"天下未有无色而能见之石，则石复何有？"所以坚、白更可以说是独立存在。依公孙龙的意见，一切的事物都要分析来看，一切的共相也都分离而独存，故此篇的结论为：

离也者，天下故独而正。

## 七　公孙龙子之《通变论》

"白马论"、"坚白论"从形色、知见上立论，以见共相之独立的存在，此篇则由个体虽变而共相不变，以见共相之独立的存在。篇中更说到类别的关系，尤可见公孙龙之注意于共相，则他与惠施主"同"不同，而主"异"，其原因所在尤觉明显。他说：

曰：二有一乎？曰：二无一。曰：二有右乎？曰：二无右。曰：二有左乎？曰：二无左。曰：右可谓二乎？曰：不可。曰：左可谓二乎？曰：不可。曰：左与右可谓二乎？曰：可。

二只可以谓之二，非左非右亦非一。二虽非左非右，但左与右相加，则其数可为二。然左只可谓左，右只可谓右，左不可谓为二，右不可谓为二，故二无左，二无右，左与右才可谓为二。共相非个体，个体非共相，这一点先要明白的。他又说：

> 曰：谓变非变，可乎？（原作“谓变非不变可乎”，俞云：“既谓之变则非不变可知，此又何足问邪？疑不字衍文也，”）曰：可。曰：右有与，可谓变乎？曰：可。曰：变奚？（原作只，依俞校改。）曰：右。曰：右苟变，安可谓右？曰：苟不变，安可谓变？曰：二苟无左，又无右，二者左与右，奈何？

变有时也并非变的，例如“右有与”，可以说是变，但从左与右为二的观点来看，右虽然变了也仍旧是右。假使是右变而为左，则二者都无左或无右，则二者为左与右又是什么意思呢？他更从类别的同与不同加以证明“二无一”、“变非变”：

> 曰：羊合牛非马，牛合羊非鸡。曰：何哉？曰：羊与牛唯异，羊有齿，牛无齿，而羊之非羊也、牛之非牛也，未可，是不俱有而或类焉。羊有角，牛有角，牛之而羊也，羊之而牛也，未可，是俱有而类之不同也。羊牛有角，马无角，马有尾，羊牛无尾，故曰羊合牛非马也。非马者，无马也。无马者，羊不二，牛不二，而羊牛二，是而羊而牛非马，可也，若举；而以是犹类之不同若左右。犹是举，牛羊有毛，鸡有羽。谓鸡足一，数足二，二而一故三；谓牛羊足一，数足四，四而一故五。牛羊足五，鸡足三，故曰牛合羊非鸡，非有以非鸡也。与马以鸡宁马。材不材，其无以类审矣！举是乱名，是谓狂举。

这是说共相的存在不因为些微的同异而改变的，例如一羊有齿，一牛无齿，而即因这一点的差异，而说牛即非羊、完全不同，是不对的。因为“是不俱有而或类焉”。又如羊有角，牛有角，这一点虽然相同，而说“牛之而羊”，完全相同，也是不对的，因为“是俱有而类之不同也”。可见共相决不因些微的变迁或同异而改变。羊的共相与牛的共相也正和左右一样，相加而为二，不能合而为马，不能合而为鸡。马固稍接近于牛羊，鸡稍不接近于牛羊，如认牛羊为鸡或马，这也是乱名狂举的。类别的重要，共相的潜存，于此都很显然，他主“异”的原因也正在此。

## 八　公孙龙子之《指物论》

以形色、性质、类别：

> 物莫非指，而指非指。天下无指，物无可以谓物。非指者，天下无物（无物原作而物，依俞校改），可谓指乎？

依公孙龙的名实论，“天地与其所产焉，物也。物以物其所物而不过焉，实也。实以实其所实而不旷焉，位也。出其所位，非位。位其所位焉，正也。以其所王，正其所不正，不以其不正（此句依王校增），疑其所正。其正者，正其所实也。正其所实者，正其名也。”以物为实，名实相对，“指”是就物的共相而言的。本篇也说：“天下无指，物无可以谓物”。“指”实是“谓物”的。就物的共相而言，表示物之通性；就人的心理而言，则是所谓“意指”（概念）。物之本体不可知，借物莫非指也。天下无指，而物不可谓谓指者，非有非指也。非有非指者，物莫非指也；物莫非指者，而指非指也。

固然天下无指，而物不可谓指，所以不可谓，正因目之非指，但是若就潜在物中之指而即谓非指，正是所谓“物莫非指”，而且固然天下无指，而物不可谓指．但非有物而非指也，如此则仍“物莫非指”。不过物以其指而见，指亦因物而有，故曰物莫非指者，而指非指也。他又谓：

> 天下无指者，生于物之各有名，不为指也。不为指

而谓之指，是无（无原作兼，依俞校改）不为指。以有不为指之无不为指，未可。

他所谓天下无指者，由于物之各有其名，名可以代表实，可以代表共相，而物则非即共相的。所以说不为指而谓之指，是无不为指，以有不为指之无不为指，未可。公孙龙则云：

指者，天下之所兼，天下无指者，物不可谓无指也；不可谓无指者，非有非指也；非有非指者，物莫非指。指非非指也，指与物非指也。

使天下无物，指谁径谓非指？天下无物，谁径谓指？天下有指无物指谁，径谓非指？径谓无物非指？

他重申前意而更阐发物、指的关系，“指”本是“指”，而非“非指”，“指”是因物才自身不成为“指”的。假使无物，则无所谓“指”与“非指”；假使只有“指”而无“物指”，谁能说“非指”呢？谁能说无“物指”，物莫“非指”呢？故更结以：

且夫指固自为非指，奚待于物而乃与为指？

总而言之，“指”和“物”缺一不可，使天下有“指”无“物”，则“指”之自身不为“指”；使天下有“物”无“指”，则“物”之实体不可知。故说“物莫非指”，而“指”、“非指”，正以证“物”、“指”都有关系。这一篇首二句为全篇纲领，公孙龙之意，谓以“物”、“指”都存在，而相依以行，相须而用，缺一不可。这种主张，与柏拉图以“物”与“意”为“二实”相似，“指”就是柏拉图所谓的“意”，但柏拉图谓二者相符，公孙龙则以二者各有其存在为主旨，是他们的不相同之点。

（原载张西堂主编《黎明日报·文史副刊》1949年第27、28期）

# 老庄先后的问题

近来在《大公报·文学副刊》上，有几篇讨论《老子》年代问题的文章，我对于这个问题，向来也很注意的，不过因为忙于无聊的工作，始终未将我的意见发表，现在趁热闹在这“补白”中略说几句罢！

有一次翻到王柏的《书疑》，他用“玄”字来证明《舜典》中的“玄德升闻”不是当时的原文，使我联想到《老子》中的“玄”字了。我觉着《庄子·内篇》中似没有单独用“玄”字的地方，结果在《庄子·内篇》中找着三处用“玄”的，都是“玄冥”、“玄宫”这一类，实在不同于《礼记》上的“尊有玄酒”之“玄”一样，不像《老子》中所用的“玄之又玄”，含有明显深刻的玄学的意味。可见《庄子·内篇》似在《老子》之前，没有受过所谓五千言的影响。《庄子·外篇》、《庄子·杂篇》便不同了，显见是受了影响的。

因此我就注意到《老子》中的术语，如“天门”、“玄牝”一类的名词，在《庄子·内篇》中没有这样的东西，在《淮南子》、《文子》、《列子》中都有，这更是一个显明的证据。

关于文法上的证据，《老子》中有用“焉”字为句首而当“乃”字讲的。如“信不足，焉有不信”，《庄子·内篇》中没有这个用法，《诗》、《书》、《易》、《论语》中也都没有（此有统计）。还有“夫惟”二字连用，在《老子》中是常见的，《庄子·内篇》中似乎没有，《离骚》上才有“夫惟好修之故也”的句法，这也是一种证明。

在发现这些证据以前，我时常感觉到《老子》中不应当有“法令滋彰”这一类的句头，《庄子》前的老子，不应说出这话；因为“法令”二字连用是很晚的（此有统计），重令的观念似在战国中世才有。就思想上说，应该如此的。

根据这些证据，与其他的证据，我的意思想来决定《老子》、《庄子》先后的问题，虽然有些地方尚需我们重新发现，但因我还先要拥护一部古书。关于这个详细的说明，只好留之以待来年了。

民国二十年（1931年），八，五

（原载《学文》第一卷第四期）

# 《古史辨》第六册序

罗雨亭先生编著的《古史辨》第四册，汇集近人考证诸子的文章为一编，使研究诸子的人们感到很大的便利，这一次他继续着编著《古史辨》第六册，以考据诸子者为上编，考据《老子》者为下编，新收近年考证诸子的文章又将近五十万言。而他去年开始编这一册的时候，约好我来写一篇序，自觉学识谫陋，本不打算来多饶舌，不过近来我稍有一点感想，只好趁此机会来略一陈述。

这一册的下编是专收考据《老子》的文章，据罗先生说："关于考据《老子》年代的文章，止第四册及此册新收，就有三十五六万言。"这个问题在近多少年来真可以说是一个聚讼不决的问题。本来学术上的悬案，到现在还没有解决的，正不知有多少。我因此联想到《伪古文尚书》一案，从宋到清，七百多年的时间，经过多少人的考证，好像大家认为有了定谳，毫不迟疑地说是伪古文。其实拥护伪古文的也大有人在。明末清初的陈第、毛奇龄且不说他。只在毛氏以后，以江昱的《尚书私学》，王劼的《尚书后案驳正》，张崇兰的《古文尚书私议》，赵翼的《陔余丛考》，林春溥的《开卷偶得》，洪良品的《古文尚书四种》，吴光耀的《古文尚书正辞》，王照的《表章先正正论》，以及方苞、齐召南、翁方纲、王植诸家，都是拥护伪古文的。我曾遇见过赞成洪良品之说的人；钱玄同先生也说有一位"三湘人士"是相信伪古文的。看来这一案，在一方面固可说是有了定谳，在另一方面也可以说还是悬案。"证《老子》之伪，其事不如证《伪古文尚书》之易”，在现在就想有一致的意见，大家认为解决，这自是不容易的事情。

问题的症结自然是在有无真凭实据。攻伪古文者因为获得真凭实据，所以比较得到大多数人的同情。毛奇龄、洪良品那样为伪古文鸣冤，因为没有驳例那些真凭实据，所以信从之者毕竟没有多少人。现在考证《老子》年代问题，在主张老在孔后者，自然还需要重新提出真凭实据；在主张老在孔前者，亦未尝不可将怀疑老子年代的所举的证据一一驳倒，问题自有水落石出的一日。



据我所知，现在主张老在孔后者，真凭实据也未必完全举出，既就音韵一项而论，我曾提出《老子》书中“离”与“知”韵为晚出之现象（见民国十四年三月《学灯》拙作《古书辨伪方法》，又见《国故学讨论集》第二集）。我不是专门研究音韵学的，亦未敢以自信。后来听得钱玄同先生说：“即《老子》书中所用韵例，亦足证其书之晚出。”（参看本书）吾友刘盼遂先生也说：“就《老子》书中所韵看来，颇有晚出的嫌疑。”（参看本书）但是从音韵上考《老子》的专文，至今尚未提出。此外当然还可以找出一些可靠的证据来供人们裁判，壁垒愈坚，愈不易为人攻破。



反之，在主张老在孔前的，尽可以将怀疑老子的所举的证据一个一个地驳倒。例如从前梁任公先生提出“仁义”是孟子的专卖品，但“仁义”二字在《左传》中对举的已经不少。《左传》写定时期固有疑问，在与孟子同时而未受孟子若何影响之庄子亦说：“仁义之端，是非之涂，樊然淆乱，吾恶能知其辩?”（《齐物论》）可见“仁义”并非孟子的专卖品，别人也会说的。梁先生又曾提出用“王侯”、“侯王”、“王公”来为老在孔后之证。在《易》蛊七九有“不事王侯”，则说“王侯”、“侯王”、“王公”实不足为老在孔后的确证。这种反证一经指出，自然可以令人信服。但是现在实在还有一些是更应加以反驳的。例如梁先生所提出的“万乘之主”一证，在主张《老子》书为老聃遗言的也还在引用，以为“这显然不是春秋末年所有的”（参看本书)。这当更进一步提出反驳以免再为人所引用，这样子才可以释群疑而息群喙。

不过我们所要注意的是：在提出一个证据与反驳一个证据的时候，最好是尽量地检查自己所提出的证据后再出来应用，以免增加许多无谓的纠纷。“思想线索”、“文字文体”、“时代术语”，都要尽量地检查，已经站不住的“仁义”、“侯王”等证再不要提出来了。有的所依据的材料在本身上还有问题，如两《戴记》的一些篇——《曾子问》、《郊特牲》之类，在没有确定其时代以前，也当谨慎地用。有的话头，在表面看来好像相同而其含义未必相同的，例如“社会”二字，在宋儒所用的含义与现在所用的含义并不相同，不要等量其观。更希望的是：一方面不要立异以为高，一方面不要什么也“特殊”，实事求是地去做，不惟老子年代的问题，可以早有一个水落石出的日子，即如考证其他诸子，也可以省去一些纠缠。

罗先生在《古史辨》第四册的中收了我的一篇《尸子考证》，一篇《陆贾新语辨伪》。前者是我在民国十四年发表的，后来将它附入拙著《穀梁真伪考》；本来很想加以修正，因为当时匆匆南下，未得更张，以至于今。罗先生的大著出版以后，在《图书评论》第二卷第三期中获读孙次舟先生的《再评〈古史辨第四册〉》一文，内容是论《尸子》与《新语》的，恰好与我的两篇文章都有关系。孙先生的意见也是怀疑《尸子》与《新语》，与我对于这两书怀疑的态度正相似，不过立论不大相同，又有一些误会拙文的地方。孙先生的这一篇文章，罗先生已收入本册，现在因为本册做序，不容不再略述拙见。

孙先生的这一篇的第一部分是论尸子的真伪，其一，关于尸子人的考定，孙先生以为“尸子似有二人”。这与我所说的：“其实拿文字时代表作证，商君的先师的尸子，与儒家的后辈的尸子，很容易见出是两人的”（第四册），结论是一样的。不过我是依据辑本《尸子》本文来作证，孙先生则说：

> 以意推之，尸子之年辈后于穀梁赤，故穀梁后学著《穀梁传》于竹帛时，而以其言与穀梁相次也。……穀梁鲁人也，尸子亦当为鲁人。其名不可知，著书与否不可详。此一尸子也。至于《史记》，《别录》，暨《汉书》所载，当为另一人，既商鞅先师尸佼也——非《穀梁传》中之尸子。

孙先生在下文更申述其理由曰：

> 何以知之？考《史记》通例，凡古人之有著作大行于汉代者，列传中率不论其书。……今《尸子》之书既在司马迁“不论”之列，则彼《汉书·艺文志·杂家》所著录之《尸子》二十篇，即为司马迁所不论之书，明矣。《汉志》本诸刘氏《录》、《略》，则史迁所不论之《尸子》书，亦即刘向《别录》中所著录者矣。由此以言，则《史记·孟荀列传》、刘向《别录》、《汉书·古今人表》，以及《艺文志》所言之尸子，实为一人，即商鞅之师尸佼是也。

孙先生以为“尸子似有二人”，这意见是对的。不过依我的拙见看来，孙先生对于《穀梁传》中尸子是“以意推之”，而断其为“此一尸子”，我觉得仍不如依本证来说，似比“以意推之”，稍觉妥当。孙先生以为《尸子》之书在司马迁“不论”之列，故断定“《史记·孟荀列传》、刘向《别录》、《汉书·古今人表》，以及《艺文志》所言之尸子，实为一人”。殊不知《汉志》不必与《史记》尽相吻合，淳于髡书亦在史迁“不论”之列，而《汉志》竟未著录，即其一例。孙先生即据史迁“不论”，而断定

《孟荀列传》所言之尸子绝非孙先生所谓“著书与否不可详”之尸子，我觉得也不如依本证来说，似比考据史迁，较为妥当。最奇怪的是，孙先生在前面既说：

> 尸子之见于记载者，以《穀梁传》为最朔；其次为《史记》、《别录》与《汉书》。

而又说：

> 夫《穀梁传》之著竹帛也，既甚晚矣，而其所言之尸子，徒有其姓，则与《史记》诸书所言之尸子，当非一人。

一方面以“尸子之见于记载者，以《穀梁传》为最朔”；一方面又说：“夫《穀梁传》之著竹帛也，既甚晚矣”。而又即以记载之早晚判定其“当非一人”，孙先生这样子的说法，更是我所不得其解的。不过，我总觉得关于人的考订，还是不如依据本书来做判断。



其二，《尸子》书的流传，孙先生对于拙文评道：“今张西堂氏以为辑本《尸子》中有儒家思想，遂断其非商鞅之师所做；又以其有贬损尸子之辞，则又疑其颇似商鞅之师之语；而结论更谓其中尚有穀梁传尸子之思想，是殆忘却尸子之为杂家欤?”其实我曾说：“《尸子》本列杂家，但我们不可以因这尸子是杂家，就可以认为儒家后辈的尸子就可以非圣诬孔了!”（第四册）我并非忘却尸子之为杂家，但我以为如果就儒家后辈的尸子来看，他是不当如此说的。我的原文本甚显明，只是孙先生没有注意到而已。最可惜的是，孙先生一面说我忘却尸子之为杂家，一面仍然蹈了我的覆辙，也说：

> 夫《尸子》既与《公孙龙子》等书同科，“非先王之法”，“不循孔氏之术”，而今辑本《尸子》多有祖述仲尼，宪章尧舜之辞，何也？设尸佼其人，果如今辑本之祖述仲尼，宪章尧舜者，恐商鞅不能与之共事也。

孙先生明知尸子为杂家，目说“所谓杂家……其书固有儒家之言”，而仍不免蹈我之覆辙，亦以“今辑本《尸子》多有祖述仲尼，宪章尧舜之辞”为疑，岂孙先生亦“殆忘却尸子之为杂家欤”？

其三，论辑本《尸子》，孙先生列举辑本《尸子》之“尤乖谬者”共为八证，“以见其非尸佼之旧”。其第七、第八两证明引“张西堂曰”，是用的拙见。第一证就是蹈我之覆辙以辑本《尸子》中有儒家思想而断其非商鞅之师所作，也是同于拙见的。其他孙先生所举的五证，在我细按起来，觉其三、四两证颇有问题。孙先生的第三证说：



《尔雅》成书，当在汉初。然今辑本《尸子·广泽》篇曰：“天、帝、皇、后、辟、公、弘、廓、宏、溥、介、纯、夏、幠、冢、晊、昄，皆大也”，辞出《尔雅·释诂》。尸佼著书，何由滥入《尔雅》之辞？



“尔雅或书，当在汉初”，这话也很难说，这里也不必说。即就《尸子·广泽篇》论，实恐《尔雅》是抄《尸子》。《尔雅·释诂》的原文是：“林、烝、天、帝、皇、王、后、辟、公、侯，君也。弘、廓、宏、溥、介、纯、夏、幠、厖、坟、嘏、丕、奕、洪、诞、戎、骏、假、京、硕、濯、訏、宇、穹、壬、路、淫、甫、景、废、壮、冢、简、箌、昄、晊、将、业、席，大也。”如系伪造《尸子》者抄《尔雅》。不应将诂为“君”的“天、帝、皇、后、辟、公”改属“大”，且《尔雅》说“大”的不止十余名，而辑本《尸子》仍说“十有余名而实一也”，好像未见过《尔雅》似的。必说辞出《尔雅》，其实甚有疑问。在本册中收有金德建先生《尸子作者与〈尔雅〉》一文，是专就《尸子》作者与《尔雅》的关系立论的，以为“宜即《尔雅》采自前《此尸》子”，其立论正与孙先生相反。我们深知《尸子》不是尸佼所作，然据《尔雅》以证《尸子》。则在证据本身上还有问题的。孙先生的第四证说：

“仁义”之说，倡于孔孟。……梁启超谓“义”为孟子之专卖品，非讆言也。今尸佼乃商鞅之师，其年辈先于孟子，而书中乃“仁义”并重，何哉？

“仁义”本非孟子之专卖品，以此为证，亦有问题。此而前面已为申述，兹不复赘。

孙先生第二证与第六证也并非无讨论的余地的。因为第二证是就“《曾子》之成书既晚，必非尸佼所克见”而言，孙先生以为“设先秦已有《曾子》书，史迁不能不言”，故断定“其成书必甚晚”。但我们知道《吕氏春秋》之《劝学》、《孝行》两篇并引《曾子》，我们实不好说“先秦古籍无道及者”。如就《大戴》记《曾子》十篇而言，两《戴记》中的各篇多半是颇有问题，必须详加考证乃能确定其时代。孙先生谓：

今辑本《尸子·劝学篇》引曾子曰：“父母爱之，喜而不忘；父母恶之，惧而无咎”，盖出《大戴礼·大孝》篇（“惧而无咎”，《大孝》篇作“惧而无怨”），……又《大戴礼·曾子立争》篇曰：“临事而惧者，鲜不济矣”，乃撰《曾子》者剽窃《论语·述而》篇孔子语。……今辑本《尸子·发蒙》篇孔子曰：“临事而惧，希不济。”又易曾子语为孔子语矣。抄袭伪误，足证其伪。

《尸子》的“惧而无咎”，《大戴》作“惧而无怨”，比较进步。《尸子·发蒙》篇的下文是：“《易》曰：‘若履虎尾’，终之吉”。正恐其上文“孔子曰：‘临事而惧’，希不济”，上句为孔子语，下句乃尸子之语，与《左传·庄八年》的“《书》曰‘皋陶迈种德’，德乃降”，上句为引《书》语，下句为鲁庄语，情形相同。纂《戴记》者，不明此种引书文例，乃误会为曾子语。在未确定《戴记》著作时代之前，其与《尸子》之关系，实当慎重的论定。至于第六证谓：

荀子倡“性恶”之说，又以“心”为人之主宰。《尸子·贵言》篇："故曰：心者，身之君也"，当即引荀子"心者，形之君"，尤非尸佼书之所克有也。

这是很有理由的怀疑。《尸子》中像这样可疑的地方正多，如《分篇》之极端重"分"，《发蒙》之言"名"、"分"、"是非"，都可以说是有晚出的嫌疑，但这些不是颠扑不破的证据。因为这些是就"思想线索"而言，"是一把两面锋的剑，可以两面割的"，必须与别的强有力的证据连起来，才能决定向哪一面割去的。这第六证虽是很有理由的怀疑，但在自身上并非不可动摇的。



孙先生的第五证确是很好的证据。在所举五证之中，以这一个为最佳，但这一证仍不如第七第八两证文不怕"特殊"的解释。孙先生在第七证中引拙文后加以按语曰：

按张氏误以现行《尸子》中有《榖梁传》尸子之思想在内，诚属非是，而此处之疑现行《尸子》非尸佼所著，尚足称为有识，故取以佐证焉。



我觉得孙先生获得一个可靠的凭据，说我"立论尚欠坚确"，"亦欠正确结论"，倒不打紧，而一则说我"结论更谓其中有榖梁尸子之思想"，再则说我"误以现行《尸子》中有《榖梁传》尸子之思想在内"，未免有一点"深文周内"。我的原文是说："我承认《榖梁传》上的尸子，在当日或确有其人，不过他决不是尸佼这人；现行的《尸子》上面，或者至少有他的学说思想在内。现在的《尸子》或者至少又有后人的依托部分在内。"在拙文草就之时，并未断言《榖梁》之伪，自不敢断言《榖梁》中之尸子为无其人，亦不敢谓确有其人；故连用"或""或者"以示审慎之意，何尝断言其有？孙先生的文章作在拙作《榖梁真伪考》行世之后，且非不赞同拙考，亦说：

> 榖梁鲁人也，尸子亦当为鲁人，其名不可知，著书与否不可详。

亦未断言《穀梁传》中之尸子未曾著书，即不能真言其未曾著书，则我在当日说或者有其思想在内，这一种审慎的态度，我以为我们是可以有的。

孙先生的文章论陆贾《新语》部分，亦以《新语》为伪，与拙见略相近，我是很愿意见到孙先生所举的例证之比我所举的更多的。因为所牵扯者非止拙文，我想在这里就不再多说了。

总之，考证《老子》也好，考证其他诸子也好，我想我们应当注意的是，尽量地检查自己所提出的证据，以免增加许多无谓的纠缠。不要立异以为高，不要什么也“特殊”，问题总可比较早一点儿解决。

**民国二六年（1937 年），五，九**

## 清代思想的一个特征

清代思想的潮流是对于宋明理学的一个大反动而“以复古为其职志”的。这潮流的趋势又可以说是：“厌倦主观的冥想，而倾向于客观的考察”，“排斥理论，提倡实践”。我们说清代思想的特征，一是“务实”，一是“好古”，这两点都是不错的。

但是清代的思想，我以为另外还有一个特征。这一个特征可以说是“原情”，这是主张“通情遂欲”，由宋明理学引起来的一种“反理欲二元论的倾向”，这不但是对于宋明理学的一个大逆动，而且正是继续宋明理学而要解决他们所遗留下的问题的。

两宋的理学，到了朱子，可以说是集其大成。朱子对于理欲的见解是：“人欲云者，正天理之反耳”“有个天理，便有个人欲”。他们主张“私欲净尽，天理流行”，他们会说“饿死事小，失节事大”，理、欲在他们看来是绝对的对立的。明代的思想家本有一元论的倾向，尤其是王阳明，《明儒学案·师说》上说：“先生承绝学于训诂词章之后，一反求诸心。……即知即行，即心即物，即动即静，即体即用，即工夫即本体，即下即上，无之不一，以救学者支离眩骛，务华而绝根之病。”许多在他看来是“无之不一”的，而他对于天理人欲的意见还是与朱子相差不多。我们只看《传习录》上他说：“心即理也，此心无私欲之蔽，即是天理。”“天理人欲不并立，安有天命为主，人欲又从而听命者。”“只要去人欲、存天理，方是工夫。静时念念去人欲、存天理，动时念念去人欲、有天理”“圣人之所以为圣，只是其心纯乎天理，而无人欲之杂”。理、欲在他看来也还是对立的。这一种理、欲绝对不相容的见解，弥漫在宋、明的理学界，支配了六百年的人心。到了清代，似乎不得不加以清算了。无论这样严格的界限有无流弊，在理论上也难以讲通的。明代的思想家，打破了宋学的理气二元论而倾向于气的一元论；打破了宋儒的心性二元论而倾向于心性一元论，气质之性并非不善，而且情也不一定恶。清代的思想家，继承着这一元论的倾向，自然会要讨论他们所遗留下的问题，因而发生这一种反理欲二元论的倾向。这在清初的思想家已经如此，不必要等到所谓汉学家如戴东原之流才开始，我们可以说这是出于不得不然之势的。

清代的大思想家，严格地说来，在初期是王船山、颜习斋，在中叶是戴东原、焦里堂，在清末是康有为、谭嗣同，这六家的思想无一不是反理欲二元论的。其他的人，如黄梨洲、陈乾初、顾亭林、李刚主、费密、唐甄，如程瑶田、阮元、汪中、俞正燮，如袁枚、崔述、洪亮吉、龚自珍，他们的议论，或是很显明的反理欲二元论，或是主张原情，主张通情遂欲，差不多二十家的说法都有这一种倾向。清代思想的特征，除了“务实”、“好古”而外，还有“原情”、“通情遂欲”、“反理欲二元论的倾向”，这在一般的趋势上也可以看出来的。

现在略举这二十家之说以证此义。

在明末清初接近王学一派的人，如黄梨洲、陈乾初就是有这一种倾向的。黄、陈都是刘宗周的门人，刘宗周就是主张心性一元论的。他说：“凡所云性，只是心之性，决不得心与性对；所云情，可云性之情，决不得性与情对。”又说：“人心惟危，道心惟微，道心即在人心中看出，始见得心性一而二，二而一。”（《语录》）又说：“人心道心，只是一心，气质义理，只是一性。”（《天命章》说）他这里认情性合一，而且与东林学派的高攀龙、孙慎行一样，主张“人心道心，只是一心”，已不像宋儒认人心为私欲、说情是恶了。黄梨洲是要笃守师说的，他在《明儒学案》上也说："自来儒者以未发为性，已发为情，其实性情二字，无处可容分析。性之于情，犹理之于气，非情何以见性?"(《明儒学案》卷十九《江右王门学案》)而在《南雷文约》卷二《陈乾初先生墓志铭》上说：

> 乾初深痛"《乐记》人生而静以上不容说，才说性便已不是性"之语，谓……彼言既发谓之情，才出于气，有善有不善者，非也。又云：人心本无所谓天理，人欲恰好即天理。其主于无欲者，非也。乾初论学，虽不合于诸儒，顾未尝背于师门之旨，先师亦谓之疑团而已。



这一段话正可见陈乾初积极地主张"人欲恰好即天理"，很鲜明地反对理欲二元论，而黄梨洲在消极的方面说他"未尝背于师门之旨"，他对于乾初之说也不加以否认的。这是理气一元论、心性一元论所引起的一种不得不然趋势，所以在东林学派主张"人心明即是天理"(高攀龙语)、"人心道心非有两项心"(孙慎行说)，而陈乾初竟至于发出"人欲恰好即天理"的主张来。梨洲说"先师亦谓之疑团而已"，其实"人心道心只是一心"，自可以产生"人欲恰好即天理"的主张，真可说无背师门之旨的。



顾亭林是极其崇拜朱子的，在《文集》卷四《复张又南书》、《与人书二十二》、卷五《华阴县朱子祠堂上梁文》、卷六《下学指南序》这几篇中都可看出来的。他提倡名教，奖励廉耻，但是他说："昔人之言曰名教、曰名节、曰功名，不能使天下之人以义为利，而犹使之以名为利，虽非纯王之风，亦可以救积洿之俗矣。"(《日知录卷十三·廉耻》)又说："今日贪取之风，所以胶固于人心而不可去者，以俸给之薄而无以赡其家也。"(同上，卷十二《俸禄》)他是最注重正人心善风俗的，但是他说："今将静百姓之心而改其行，必在制民之产，使之甘其食、美其服，而后教化可行，风俗可善。”（同上，《人聚》）又说：“非任土以成赋，重穑以帅民，而欲望教化可行，风俗之美，无是理矣。”（同上，卷十一《以钱为赋》）他这种乐利主义的色彩已与朱子不同，他处处不忘“养人之欲，而给人之求”（同上，卷六《庶民安则财用足》）。而最奇怪的是他说：

> 自天下为家，各亲其亲，各子其子，而人之有私，固情之所不能免矣。故先王弗为之禁，弗惟弗禁，且从而恤之，建国亲侯，胙土命氏，画井分田，合天下之私，以成天下之公，此所以为王政也。至于当官之训，则曰以公灭私。然而禄足以代其耕，田足以供其祭，使人无将母之嗟，室人之谪，又所以恤其私也。世之君子，必曰有公而无私，此后代之美言，非先王之至训矣。（《日知录》卷三《言私其豵》）

这里明说有公而无私是“后代之美言，非先王之至训矣”，很明显的是对宋明以来天理人欲、公私之辨加以反驳的。他所主张的还不止于通情遂欲，作为一个朱子的信徒能说出这样的话，真算是难得了。

王船山也是比较崇拜程、朱而深恶陆、王的。他曾说：“天下之大防有二：一是夷迪华夏，一是君子小人。而这两个大防，只是义利之分。”（《读通监论》卷十四）然而在一方面他固然主张严义利之辨，在另一方面他却是主张理欲一元的。他说：

> 天理充周，原不与人欲相为对垒。理至处，则欲无非理。欲尽处，理尚不得流行。（《读四书大全说》卷六）私欲之中，天理所寓。（《四书训义》卷二十六）

天理人欲并非绝对的对立，而私欲之中且为天理所寓，这比陈乾初的“人欲恰好即天理”的话更进步了！他曾说过“天理即在人欲之中，无人欲则天理亦无从发见”。这两句话是常为谭嗣同《仁学》所称引的（详后）。关于这种议论，在他的著述中很多。他说：

> 以我爱人之心，而为爱人之理，我与人同乎其情也，则亦同乎其道也。人欲之大公，即天理之至正矣。由此思之，则吾之与人相酬酢者，即人人各得之理，是即斯人大共之情，为道之所见端也。（《四书训义》卷三）

> 礼虽纯为天理之节文，而必寓于人欲以见；（原注：饮食，货男女，色。）虽居静而为感通之则，然因乎变合以章其用。（原注：饮食变之用，男女合之用。）唯然，故终不离人而别有天，终不离欲而别有理也。离欲而别为理，其唯释氏为然。盖厌弃物则，而废人之大伦矣。今云“然后力求所以循天理”，则是离欲而别有所循之理也，非释氏之诐辞哉！五峰曰“天理人欲，同行而异情”，韪哉！能合颜、孟之学而一原者，其斯言也夫！即此好货、好色之心，而天之以阴骘万物，人之以载天地之大德者，皆其以是为藏之用；……于此声色臭味，廓然见万物之公欲，而即为万物之公理；……孟子承孔子之学，随处见人欲，即随处见天理。学者循此以求之，所谓“不远之复”者，又岂远哉？（《读四书大全说》卷八）

这两段说“人欲之大公，即天理之至正”，“万物之公欲，即万物之公理”，在他只是主张付之廓然大公。他以为“仁者天理之流行，是推其私而私皆公，节其欲而欲皆理”的（《四书训义》卷十八）。他虽然反对个人的惩忿窒欲（《周易外传》卷三），但也不赞成徇情纵欲的（《诗广传》卷四），以为纵欲只是过欲，也与旁人意见不同。他在《四书训义》卷二十六上更说：

> 王者之道，固与清心寡欲为本，而抑非恬淡无欲，为与万物相忘之，遂足推恩于四海也。……子孟所言之王政，天理也，无非人情也，人情之通天下而一理者，

即天理也。非有绝己之意欲以徇天下，推理之清刚以宰制天下者也。

这里反对推理之清刚以宰制天下，这与后来戴东原说宋儒以理杀人，其意见也相接近，王船山于理欲之辨，在种种方面都有特殊的见地的。可见一时代思想的潮流，因为背景相去不远，思想家的言论虽然各不相谋，但其说法是多半相同的。

颜习斋是主张“必破一分程朱，始入一分周孔”的。他常常“习恭”、“演礼”，主张“学要学圣人”，他在当时已有圣人之称（《年谱》四十二岁），他是“貌古言庄，论议古今，毫无假借”的人（据尹会一《健余文集·颜习斋先生墓表》），这样的“圣人”虽说攻击宋儒的“半日读书，半日静坐”，但他是不会攻击宋儒的理欲二元论的。的确，他说：“理欲之界若一毫不清，则明德一义先失。”（《言行录·理欲第二》）“寡欲以清心，寡染以清身，寡言以清口。”（同上，《齐家第三》）“制欲为吾儒第一功夫，明伦为吾儒第一关节。”（同上，《法乾第六》）。“夫人目之于色，耳之于声，口之于味，四肢之于安佚，皆欲也，须是强制他；若一任之，将何所不至哉！”（同上，《世情第十七》）据这些话看来，好像他真是和宋儒一般见解了。但他终是乐利主义者，他对于理欲虽说要分清，但又说：

阳刚阴柔而天下定，阳下阴上而天下和；反而求之，家也，身也，心也，无不同也。今夫心天理，阳念也，常令刚；人欲，阴念也，常令柔，吾心有不定乎！天理虽为主，而常合乎人情，阳下也；人欲虽无能绝，而常循乎天理，阴上也，吾心有不和乎！（《言行录·理欲第二》）

这里只说天理要合乎人情，人欲要循乎天理，与宋儒的私欲净尽天理流行终不同的。他论性主张才情也都是善的，而且说：“孝子之情浓，忠臣之情盛，炽亦何害？”（《存性编一》）又说：

“顺性中度之谓礼，反性贼情之谓辜。”（《言行录·学问第二十》）这些地方都与讲“私欲净尽”的宋儒不同。他又要讲功利，《言行录》载：

郝公函问：“董子‘正谊明道’二句，似即‘谋道不谋食’之旨，先生不取，何也?”曰：“世有耕种，而不谋收获者乎? 世有荷网持钩而不计得鱼者乎? 抑将恭而不望其不悔，宽而不计其得众者乎? 这‘不谋、不计，两‘不’字，便是老无、释空之根；惟吾夫子‘先难后获’，‘先事后得’，‘敬事后食’三‘后’字无弊。盖‘正谊’便谋利，‘明道’便计功，是欲速，是助长；全不谋利计功，是空寂，是腐儒。”

这不“全不谋利计功”，与宋儒也不同。他的弟子李刚主则说道：

先儒指人心为私欲皆误；“人心维危”，谓易引于私欲耳，非即私欲也。

阳明又有格去物欲之说，近宗之者直训物为私欲，谓同《孟子》“物交物”、《祭统》“不齐则于物无防”，“物”字。夫去欲乃诚意条如恶恶臭之功，非格物事也。且所引证物字亦非。己之物，耳目是也，今指己之耳目而即谓之私欲可乎！外之物，声色是也，今指工歌美人而即谓之私欲可乎！其失在引蔽二字，谓耳目为声色所引蔽而邪僻也。不然，形色天性，岂私欲邪！

宋儒专言去私，……遂使二氏翦除六贼之说得以相杂。始以私欲为贼而攻伐之，究且以己之气质为贼而攻伐之，是戕贼人以为仁义也。(《论语传注问》)

李刚主的态度是比较习斋更显明的。其实习斋在《四书正误》卷四也说：“宋儒以气质为有恶，故视己为私欲，而曰克尽，曰胜私，不惟己之耳目口体不可言去，言胜，理有不通，且明与下文由己相戾，文辞亦相悖矣。”他们师徒都不赞成《朱注》“克胜己身之私欲，私欲净尽，天理流行”之说的。

和颜、李同时的还有费密，也是反对宋、明的理欲二元论的。他的主张是“民人有嗜欲，治之使归大化”。（《弘道书·先王传道述》）他说：

> 版筑鱼监，耕莘钓渭，甘盘箕子，何尝从事冲漠无朕，静观天理也？《孝经》、《论语》，乌有主静无欲也。（同上，《弼辅录论》）

他根本以为宋儒的“主静无欲”、“节欲返性”是古人“不以为学”的（《古经旨论》），所以他的主张是：

> 饮食男女，人之大欲存焉，众人如是也，贤哲亦未尝不如是也。先王忧之，谓欲不可纵，亦不可禁者也。不可禁而强禁之，则人不从；遂不禁，任其纵，则风俗日溃。于是因人所欲，而以不禁禁之，制为礼乐，定为章程，其不率者俟之以刑，使各平心安身而化。（同上卷上，《统典论》）

他又反对宋儒的谈性辨理，即物穷理，以及王学的致良知，以为是无补于救世的（《弼辅录论》），而且他说：

> 义理人所共尊也，然恶得专取义理。一切尽舍而不合量欤？论事必本于人情，议人必兼之时势，功过不相掩，而得失必互存，不当以难行之事徒侈为美谈，不当以必用之规遂指为不肖。

他这主张与戴东原“举旷世之高节，著于义而罪之，尊者以理责卑，长者以理责幼，贵者以理责贱”的意见也相去不远的。

唐甄是比较接近陆、王一派的学者，在他的《潜书》中，《抑尊》、《鲜君》、《备孝》、《内伦》等篇颇有不少的“原情”的理论，而在《良功》篇上，他说：

> 仲尼曰：“穷理尽性以至于命。”理非独明也。天地

万物无不通，是理也性非独得也。天地万物大同焉，是性也。隔于天，隔于地，隔于万物，是不能穷理也。天不安于上，地不安于下，万物不安于中，是不能尽性也。顺天之行，困地之纪，遂情达变，物无诟厉，是能穷理也。

《尚治》篇也说：

善作（风）者因人情之相尚，……苟达其情，无不可为。

穷理尽性，移风易俗，无不归之于通情遂欲，其持也正合当时一般的倾向的。我们看清初的思想家黄、陈、顾、王、颜、李、费、唐都有这一种反理欲二元论的议论，有的直与戴东原的意见吻合，这一种倾向真好像是有其不得不之必然之势，所以主张者是如是之多的。





戴东原所生的时代正是所谓汉学的空气比较浓厚的时代，在野的公然高标汉学的旗帜，在朝的也明日张胆地反宋，他在这种环境之中自是易于反宋学的。何况在他幼年的时代，当日的帝王要与犯了弥天大罪的重犯讲“理”，愈讲愈令人对于“理”要起反感。他又曾往来河北、山西，对于颜李学派讲理欲的种种议论，决不能完全无所听闻知见。历史的积因，时代的背景，使这位汉学家发出反理欲二元的论调，那是毫不足奇的，他在《孟子字义疏证》上说：

理者存乎欲者也……《孟子》言“养心莫善于寡欲”，明乎欲不可无也，寡之而已。人之生也，莫病于无以遂其生。欲遂其生，亦遂人之生，仁也；欲遂其生，至于戕人之生而不顾者，不仁也。不仁，实始于欲遂其生之心；使其无此欲，必无不仁矣。然使其无此欲，则于天下之人，生道穷促，亦将漠然视之。己不必遂其生，而遂人之生。无是情也。

又说：

> 天下之事，使欲之得遂，情之得达，斯已矣。惟人之知，小之能尽美丑之极致，大之能尽是非之极致。然后遂己之欲者，广之能遂人之欲；达己之情者，广之能达人之情。道德之盛，使人之欲无不遂，人之情无不达，斯已矣。

这都是极显明反理欲二元论的论调，而积极的主张通情遂欲的。他以为“圣人以通天下之情，遂天下之欲，权之而分厘不爽，是谓理。”他的议论，近来介绍的甚多，在本篇中恕不一一征列。

程瑶田是戴东原的好友，他会读过《孟子字义疏证》的稿本《绪言》，而说《孟子字义疏证》非定本，定本改名《绪言》的（《轻韵楼集》卷七《答程易田丈书》）。他论学的意见与戴东原是不相合的。在他的《论学小记》上说：“今之言学者，动曰去私去蔽，余以为道内学其第一义，不在去私；致知之第一义亦非去蔽，……虽亦颇疑于性善，及其著于录也，不能不与《荀子·性恶篇》相为表里。”这都是驳戴氏的。但是他说：

> 或谓人之欲乃固有之，安得无恶念居其先者？不知是欲也，必先有善，如耳目口鼻四肢之欲，其先岂必不善？（《论学小记·述性三》）

> 道德经云：“不尚贤，使民不争；不见可欲，使心不乱。”夫天万万不能不生贤，而人性万万不能无可欲。（同上，《述诚二》）

人不能无欲，欲不必不善，这一点则与戴氏很相合，而且戴氏还没有说欲是先有善的。他因性善而主情善，说是：

> 情无不善，情之有不善者，不诚其意之过也。或曰：恒舞酣歌，湎酒渔色，兹非其乐之情欤？侮圣逆忠，远德比顽，兹非其好之情欤？而情无不善者欤？曰

> 此所谓纵淫泆于非彝，拂人之性，而不近于人情者也。然其弊皆由于不诚其意始，独之不慎，而自欺其本心，至于违禽兽不远矣。是岂人之情也哉？（同上，《述情三》）

这都是极力替情欲辩护的话。我觉得颇有趣味的是他的《述公》，他说：

> 孔子之言直躬也，曰："子为父隐，父为子隐，直在其中。"皆言以私行其公。是天理人情之至，自然之施为，等级界限，无意必固我于其中者也。如其不私，则所谓公者，必不出于其心之诚。然不诚，则私焉而已矣。

如没有私心，则公就是假的。他以为周公使管叔监殷是"私其兄而不疑之，此乃天理人情之至"，"圣人之公，不过自遂其私而已"。这种见解也比顾亭林、龚自珍的论私较为透彻。在《述己》篇更以为"尧舜之道，为己而已"，"孔子之栖栖皇皇，为天下也。然而为己而已"。阐明大我小我的关系，在他那时代很是难得的。这些，当然与宋儒的克去己私之见不同，也决不是理欲二元论者所能道出，他将己私看得如此之重，难怪他要不满意于戴东原之去私去蔽了！

焦里堂虽然是治经学的，然而他确实是一个通儒。他以为说经不能自出其性灵而守执一之说以自蔽，那就好像一个人不能自立门户，投到有势力的人家去当奴才，而且扬扬得意，仗着主人家的威风来欺侮人；受他欺侮的人，如若又附和他，那只可以说是奴才的奴才了！他很不赞成当时的学者"无端而立一考据之名"（《里堂家训》卷下），他的思想的根本观念只是一个"通"，或说是"旁通"。他说圣人就是"以通得名"（《论语通释·四》第一条），他论人情也重在通，他说：

> 克伐怨欲，情之私也，因己之情而知人之情，因而

通天下之情；不忍人之心由是而达不忍人之政，由是而立，所谓仁也。知克伐怨欲之私，制之而不行，无论其不可强制，即强制之，亦苦心洁身之士，有其一不可有其二，以己之制而不行例诸人，其措之天下，必不近人情，必不可以平治天下。故孔子曰“……可以为难矣”，难之云者，不可通诸天下也。（《论语通释·三》第五条）

又说：

《孟子》称公刘好货，大王好色，与百姓同之，于王何有？或以《孟子》主文谲谏，断章取意，非也。孟子之学，全得诸孔子，此即己立立人、己达达人之义，必不好色不好货，而于百姓之饥寒怨旷，漠不开心，则坚瓠也。克伐怨欲不行，所以不得为仁也。于此可以知仁，于此可以知王道。（同上，第九条）

孔子以旁通言情，以利贞言性，情利者，变而通之也。以己之情，通乎人之情；以己之欲，通乎人之欲。己欲立而立人，己欲达而达人，所己不欲，勿施于人。因己之好货，而使居者有积仓，行者有裹粮；因己之好色，而使内无怨女，外无旷夫。如是则情通。（《孟子正义》卷二十二）

这是说情可旁通。则情也可以为善，因而主张以己之情通乎人之情，以己之欲通乎人之欲，他的通情遂欲说，是在《周易》上找出根据的。

凌廷堪是戴东原的同乡，而且是极佩服戴氏的，他的《好恶说》认为好恶是先王制礼的大原，只须要节其太过不及。

阮元也是戴学的信徒，他在《性命古训》上说：

欲生于情，在性之内，不能言性内无欲。欲不是善恶之恶，天既生人以血气心知，则不能无欲，惟佛教始言绝欲，若天下人皆如佛绝欲，则举世无生人，禽兽繁矣。此孟子所以说味、色、声、臭安佚为性也。欲在有节，不可纵，不可穷。若惟以静明属之于性，必使说性中本无欲而后快，则此经明云“性之欲也”，欲固不能离性而自成为欲也。

他反对无欲而主张节欲，与凌氏的意见相合，这固不像宋人的私欲净尽，而且并不主张制欲寡欲，当然是极受戴氏的影响。在这一时期中，如袁枚的《清说》说是：“天下之所以丛丛然望治乎圣人，圣人之所以殷殷然治天下者，何哉？无他，情欲而已矣。老者思安，少者思怀，人之情也……使众人无情欲则人类久绝，而天下不必治；使圣人无情欲，则漠不相关，而亦不肯治天下。”汪中的《女子许嫁而婿死从死及守志议》说：“先王恶人之以死伤生也，故为之丧礼以节之。其有不胜丧而死者，礼之所不许也；其有以死为殉者，尤礼之所不许也。”洪亮吉的《真伪篇》直以“伪不可为矣，而亦不然。”俞正燮的《娣姒义》说：“礼本人情，必各遂之，其义始备。”《妒非女人恶德论》说：“妒非女人恶德，妒而不忌，斯上德矣。”乃至于崔述的《讼论》说：“若不论其有情无情，而概以讼为罪，……是大乱之道也。”《争论》说：“惜乎世之君子……而于人情多不谙也。”这些说法，多是原情立论，主张通情遂欲；有的并非受了戴氏的影响，则也可见当时思潮的一般。要之，宋儒所说“私欲净尽，天理流行”，“饿死事小，失节事大”。这些话实在太不近人情，过于以理责人，积久之后，自当有反响出来的。

现在且看所谓“公羊学派”对于理欲的见解如何。本来《春秋》就是主张原心重志，善善从长，恶恶从短的。治《公羊》者，原情立论，主张通情遂欲，是不足为奇的。孔广森《公羊通义》说：“天下唯情出于一，故义者必因人之情而为之制。”而刘逢禄《论语述何》说：“故君子不可货取，而小人当因其所利而利之。”包慎言说：“齐桓之姊妹不嫁，晋文之纳怀嬴，《春秋》

皆不之责焉，以其极生民之功大也。”（《公羊义疏·四十二》引）都是原情立论。不过真正的这一派所处的时代，已是由汉宋之争而变为今古之争，他们对于理欲之辨是没有像从前那样注意，现在姑且就龚自珍、康有为、谭嗣同三家之说来看：其倾向也极显明的。

龚自珍论性是主张性无善无不善，善恶都是后起的（《文集卷二·阐告子》）；他论命则说是“发乎情止于命”，千变万化都是命（《文集卷二·尊命二》）。他不认私为恶，以为圣帝哲后，忠臣孝子，莫不是私，如说大公无私，那简直不是人的道理（《文集卷二·论私》）。他也不认情为恶，以为以情隶欲，以欲隶情，都不对的，结果他对于情，主张“姑自宥之”（《文集卷二·宥情》）。他更有一篇《长短言自叙》说：

> 情之为物也，亦尝有意乎锄之矣，锄之不能而反宥之，宥之不已而反尊之。龚子之为长短言，何为者邪？其殆尊情者邪？情孰为尊？无住为尊，无寄为尊，无境而有境为尊，无指而有指为尊，无哀乐而有哀乐为尊。情孰为畅？畅于声音。声音如何？消瞀以终之。如之何其消瞀以终之？曰先小咽之，乃小飞之，又大挫之，乃大飞之。始孤盘之，闷闷以柔之，空阔以纵游之，而极于哀，哀而极于瞀，则散矣毕矣。……且惟其尊之，是以为《宥情》之书一通，且惟其宥之，是以十五年锄之而卒不克。……凡声音之性，引而上者为道，引而下者非道；引而之于旦阳者为道，引而之于莫夜者非道。道则有出离之乐，非道则有沉沦陷溺之患。虽曰无住，予之住也大矣；虽曰无寄，予之寄也将不出矣。

这里说“宥之不已而反尊之”，其意见更显明。他说“引而之于旦阳者为道”，这也比较简单的宥更要好的。他是治《公羊》学的，懂得所谓原情之义（文集卷一，《春秋决事比答问第一》），他虽要主张“农宗”，但不赞成“相忍为家”（文集卷三，《农宗答问第三》），他对于通情遂欲，是再明白也没有了。

康有为在清代是集今文学之大成的。他根据《公羊》据乱升平太平之义来说天下为公，主张由小康而进于大同之世。《大同书》是他二十七岁时的作品，主张“去苦界至极乐”。他说：

> 人生而有欲，天之性哉！欲无可尽，则当节之，欲可近尽，则愿得之。近尽者何？人人之所得者，吾其不欲得之乎哉！其不可得之也，则耻不比于人数也；其能得之也，则生人之趣应乐也。生人之乐趣，人情所愿欲者何？口之欲美饮食也，居之欲美宫室也，身之欲美衣服也，目之欲美色也，鼻之欲美香泽也，耳之欲美音声也，行之欲灵捷舟车也，用之欲使美机器也，知识之欲学问图书也，游观之欲美园林山泽也，体之欲无疾病也，养生送死之欲无缺也，身之欲游戏登临，从容暇豫，啸傲自由也，公事大政之欲预闻预议也，身世之欲无牵累压制而超脱也，名誉之欲彰彻大行也，精义妙道之欲入于心耳也，多书、妙画、古器、异物之欲罗于眼底也，美男妙女之欲得我意者而交之也，登山、临水、泛海、升天之获火观也……大同之世，人人极乐，愿求皆获，以视乱世生民之终日皇皇，怀而莫得，愿欲不遂，忧心恻恻，何相去之远哉！

他这里罗列各种的欲望，知识欲、政治欲、名誉欲，乃至于要达到性欲的圆满的解决，愿求皆获，他虽说“欲无可尽，则当节之”，恐怕在大多数人看来，他这节欲实在比纵欲主义还来得彻底的。在《孟子微》卷四他又说：

> 宋贤自朱子染于释氏无欲之说，专以克己，禁一切歌乐之事，其道太觳，近于墨氏，使民情不欢，民气不昌，非孔子道也。孔子之道，本诸身，人身本有好货、

好色、好乐之欲，圣人不禁，但欲其推以同人。盖孔孟之学在仁，故推之而弥广；朱子之学在义，故敛之而愈啬，而民情实不能绝也。……朱子何可议，然狭小削刘圣人之道，束缚疲敝生民之气，则不能不据《孟子》以矫之。但贵与民同，而不责以寡欲也。

他这里明显攻击朱子的“狭小削刘圣人之道，束缚疲敝生民之气”，对于一般人的寡欲他且不赞成，其见解可谓极透彻了。

谭嗣同的《仁学》拿“以太”来释“仁”，在其它方面也似乎有些欧化，但他是极受王船山的影响的。他在《仁学界说》中说：“凡为仁学者，……于中国书当通……王船山、黄黎洲之书。”在他的《全集》中提到船山的地方很多，他对于理欲的见解与船山也很相同。他说：

生之谓性，性也；形色天性，性也；……言性善，斯情亦善；生与形色，又何莫非善，故曰皆性也。世俗小儒，以天理为善，以人欲为恶，不知无人欲，尚安得有天理？吾故悲夫世之妄生分别也。天理善也，人欲亦善也。王船山有言曰：“天理即在人欲之中，无人欲则天理亦无从发见。”……可知断断乎无有恶矣。

他反对俭也是受船山的影响的，他说：

夫治平至于人人可奢，物物可贵，即无所用其歆羡畔援，相与两忘，而咸归于淡泊，不惟奢无所眩耀，而奢亦俭。岂必遏之塞之，积疲苦反极，反使人欲横流，一发不可止，终酿为盗贼凶叛，攘夺篡弑之祸哉？

这也是从不赞成遏之塞之反使人欲横流的。他又应用佛说来解释人心道心，天理人欲，而说：

智慧者，孔谓之道心；业识者，孔谓之人心；人心外无道心，即无业识，亦无由转成智慧。王船山曰：“天理即在人欲之中，无人欲则天理亦无从发见”，最与大学之功夫次第合。非如紫阳人欲净尽之误于离，姚江满街圣人之误于混也。且夫大学又与四法界合也：格物，事法界也；致知，理法界也。诚意正心修身，理事无碍法界也。齐家治国平天下，事事无碍法界也。夫惟好学深思，六经未有不与佛经合者也。

由业识而转成智慧，由人欲而有天理，对于人欲净尽之说，更以佛理加以驳难，命我们愈觉宋儒的理欲二元论的错误了！他这样的解释，又使我们觉得东林诸子的"人心即是天理，人心道心非有两项心"，其来源又与佛说有相当的关系（参看《二曲集卷十六·答吴浚长书三》），朱子染于释氏无欲之说，主张私欲净尽，天理流行，而即释氏之说，足以破其立论，理欲二元论在处处都站不住脚的。谭氏又说：

且会也者，生人之公理不可无也，今则不许其公；不许其公，则必出于私，亦公理也。





这里直谓私亦公理。公私之辨，从顾亭林、程瑶田、龚自珍到谭嗣同，说到的也很多，与宋儒的意见都绝不相同的。

以上所举的二十家之说，差不多都是原情立论，主张通情遂欲，反理欲二元论的倾向是很显明的。在清代思想家之中，除了程朱学派的陆世仪、陆稼书、张履祥、张伯行和朱王折衷学派的孙奇逢、李二曲外，所可述的，也不过只这二十家，而这二十家的说法都有这种倾向，我们很可以说清代思想的特征，除了"务实"、"好古"以外，还有"原情"这一特征。二陆、二张、孙、李诸家并不能说是真正的"务实"，而如王船山的主张文明进化，且以为"晋人之字，宋、元之画，澄心堂之典籍，尽取而焚之，亦正人心、端好尚之良法"（《读通鉴论》卷三十），可以算是不"好古"。纵有几家的说法是仍旧主张理欲二元的，那也只是例外而已，残余而已，我们仍然可以说清代的思想，据这二十家说来看，有一个特征是"原情"的。

而且我觉得“务实”、“好古”这两点在明代已经就有了，不过所务的“实”，所好的“古”，与清代不同而已。而据黄黎洲说：“举业盛而圣学亡”（《南雷文案》卷一《恽文升集序》），“百年以来，人士精神，尽注于时文”（同上，《李杲堂文钞序》），“科举场屋之心胸，原无耿耿，治乱存亡之故事”（《南雷文约》卷一《韦奄鲁先生墓志铭》），“士之不学，由于专攻时艺也”（《冯留仙先生诗经时艺序》），“土朱点四书，朱陆急同异，近来学人少，谁何识真伪？遂以科举学，劫人之听视”（《脚气诗》）。顾亭林说：“凡今之所以为学者，为利而已，科举是也。其进于此，而为文辞著书一切可传之事者，为名而已，有明三百年之文人是也。”（《亭林余集·与潘次耕札》）“今则不然，合天下之生员，县以三百计，不下五十万人，而所以教之者，仅场屋之文。然求其成文者，数十人不得一，通经知古今。可为天子用者，数千人不得一也。”（《文集卷一·生员论》）朱舜水说：“明朝以时文取士，此物既为尘羹土饭，而讲道学者又迂腐不近人情，……而国家被其祸。”（《舜水遗集·答林春信问》）颜习斋说：“为治去四秽……时文也，僧也，道也，娼也。”（《年谱上》）“后世诗文字画，乾坤四蠹也。”（《年谱下》）他们之好古务实，未必完全是因为宋明理学的不“古”不“实”，未必不是因为所谓时文的不“古”不“实”。然则“好古”、“务实”还不能完全算是对于宋明理学的一大逆动；而“原情”，反理欲二元论才真是对于宋明理学的一大逆动，而且真是继续宋明理学而要解决他们所遗留下的问题的。

（原载《文哲月刊》第一卷，第六期，1936年3月）

# 黄梨洲的哲学思想

## 一　梨洲传略





黄梨洲，名宗羲，字太冲，晚年自号梨洲老人，浙江余姚黄竹浦人。生于明万历三十八年（一六一〇），卒于清康熙三十四年（一六九五），年八十六。他的父亲忠端公尊素，是属于东林学派的人物，在明天启年间因劾逆阉死于诏狱。到了崇祯即位，梨洲年十九岁，他袖长锥入京为父颂冤，这时逆阉已磔，在刑部会讯奉逆旨拷问忠端的许显纯、崔应元时，他以锥刺显纯，使之流血被体。许、崔二人论斩，又椹应元胸，拔其须，归而祭之于忠端神位之前。又与吴江周廷祚、光山夏承共捶手害忠端的狱卒，应时而毙。就他这几件事看来，他是一个赋性忠孝而行为偏于任侠一流的人。在忠端被逮时，曾命之从蕺山刘宗周受业，又告以学者不可通知史事，“且将架上《献征录》涉略”可也。所以在他二十岁时即约吴越知名之士凡六十余人从刘宗周讲学，以与援儒入佛之石梁陶奭龄对抗。而在十九岁、二十岁两年之中，便将明十三朝《实录》上溯廿一史都读完（此据《历代史表序》，《年谱》系之二十二岁中，误）。这时黄道周治学兼及象数，他以为“是开物成务之学也”，乃出其所穷历律诸家相证疏，亦多不谋而合。从二十一到三十二岁，他常到千顷堂黄氏家中，将所有的藏书翻阅殆遍。关系于山川的，多手抄之。可见他又很留心舆地之学的。在三十五岁时，正是甲申之变，清军入关，鲁王监国，他曾纠合黄竹浦子弟数百人随军江上以与清兵对抗，次年，浙河兵溃，监国由海道至闽，又在四明山结寨自固。四十岁时，又至监国行朝，但因清廷以胜国遗臣不顺命者命有司录家口以闻，他为了老母的缘故，终于陈请监国，间行归家。但他归来以后又奉命乞师日本，或遣使入海告警，故国之思仍无已时。五十三岁著《明夷待访录》，还未忘了“著书待后，有王者起，得而师之”。到了五十八岁，又复与刘宗周等人书院讲会，自谓“始学于子刘子，其时志在举业，不能有得，聊备门人之一数耳。天回地转，强饿深山，尽发藏书而读之，近二十年，胸中碍窒解剖，始知曩日之孤负为不可赎也”（《南雷文案卷一·恽仲升文集序》）。到了晚年，他才又注意到理学一方面的。他生平极喜读书，藏书家如千顷堂黄氏、世学楼纽氏、绛云楼钱氏、丛桂堂郑氏、淡生堂祁氏、天一阁范氏、传是楼徐氏的书籍皆曾借阅，“行年八十，手不释卷”。他的著述，关于经学有《易学象数论》六卷、《授书随笔》一卷、《春秋日食历》二卷、《律吕新义》二卷，又因蕺山“于《大学》有《统羲》，于《中庸》有《独义》，于《论语》有《学案》，皆其微言所寄，独《孟子》无成书”。因著《孟子师说》四卷。关于天文的有《授时历故》一卷、《大统历推法》一卷、《授时假如》一卷、《公历回历假如》各一卷。关于地理的有《四明山志》及《今水经》一卷，《匡庐游录》一卷。关于历史的有《历代甲子考》一卷。他尝欲修《宋史》而未就，仅存《丛目补遗》三卷，又辑《明史案》二百四十四卷，他以为“国可灭，史不可灭”，著有《隆武纪年》、《赣州失事纪》、《绍武争立纪》、《鲁纪年》、《舟山与废》、《日本乞师记》、《四明山寨记》、《永历纪年》、《沙洲定乱记》等书。关于学术史，则有《明儒学案》六十二卷，又辑《宋元学案》，未成编，遗命子百家成之。在史学上开一新纪录。关于文学的则有《明文案》二百十七卷，后广为《文海》四百八十二卷。他的文集，在七十九岁时自订《南雷文案》、《吾悔集》、《撰杖集》、《蜀山集》，钩除其不必存者三分之一曰《南雷文定》，后复欲芟为《文约》。全祖望说他是“以濂洛之统，综会诸家，横渠之礼教，康节之数学，东莱之文献，艮斋、止斋之经制，水心之文章，莫不旁推交通，连珠合璧，自来所未有也”。他确是一反晚明讲学之弊，而注重于经学、史学，他以为“经术所以经世，方不为迂儒之学，故令兼读书史”、“读书不多，无以证斯理之变化；多而不求于心，则为俗学”（全祖望《鲒埼亭集十一·梨洲先生神道碑文》）。他于史学一方面凡天文、地理、政治、学术、文学莫不注重，在清代的学术上功绩自然不小，如专以思想论，则《明夷待访录》、《孟子师说》、《明儒学案》、《文集》等则比较重要。



## 二 梨洲之哲学思想

### （一）本体论



在明代时，罗整庵主张气一元论，以为“通天地，亘古今，无非一气”。这种意见是将理、气合而为一，否认理的客观的存在，在阳明一派的学者是赞成的。刘蕺山也说“盈天地间，一气而已矣”（《语录》）。“盈天地间，凡道理皆从形器而立，绝不是理生气”（《来学问答》）。不过他是赞同阳明之说，以为“心外无物，心外无言，心外无理，心外无义”，所以他也主张“天地万物一物也，一物本无物也，无物者，理之不物于物，为至善之体，而统于吾心者也……莫非物也，则莫非心也”（《大学杂辨》）。“盈天地间，皆万物也；人其生而最灵者，生气宅于虚故灵，而心其统也。”（《三原·原心》）“通天地万物为一心，更无中外可言。”（《语录》）仍归到主观的唯心论了。蕺山虽曾说过“离气无所为理，离心无所为性”，而未尝将理气心性显明地打成一片。到了梨洲，他是严守师说的，他进而主张：

天地间只有一气充周，生人生物，人禀是气以生，

> 心即气之灵处，心体流行，其流行而有条理者即性也。犹四时之气，和则为春，和盛而温则为夏，温衰而凉则为秋，凉盛而寒则为冬，寒衰则复为和。万古如是，若有界限于其间，流行而不失其序，是即理也。理不可见，见之于气；性不可见，见之于心；心即气也。（《孟子师说卷二·浩然章》）

他在《明儒学案》批评魏庄渠说：

> 先生言理自然无为，岂有灵也；气形而下，莫能自主，心则虚灵而能主宰。理也，气也，心也，岐而为三，不知天地间只有一气，其升降往来，即理也。人得之以为心，亦气也，气若不能自主宰，何以春而必夏必秋必冬哉？草木之荣枯，寒暑之运行，地理之刚柔，象纬之顺逆，人物之生化，夫孰使之哉？皆气之自为主宰也。以其能主宰，故名之曰理，其间气之有过不及，亦是理之当然，无过不及，便不成气矣。气既能主宰而灵，则理亦有灵矣。（卷三，《崇仁学案三·魏庄渠学案》）

天地间原只有一气，气自能主宰，是谓理，心即气之灵处，故心即气，其流行而有条理谓之性。将理、气、心、性打成一片，比较起来更觉有系统了。依他的说法：

（1）“理为气之理，无气则无理。”（卷七《河东学案一·薛敬轩学案》）这是以为天地间有气则有理，无气则无理，宇宙本就只是一气。

（2）“造化只有一气流行，流行之不失其则者即为主宰。非有一物以主宰夫流行。”（卷十九《江右王门学案四·刘师泉学案》）这是以为气是流行而自为主宰的。气本身是灵的，本体是绝对善的。

（3）“夫所谓理者，气之流行而不失则者也。”（卷二十二《江右王门学案七·胡庐山学案》）“自其浮沈升降而言，则谓之气自其浮沈升降，而不失其则而言，则谓之理。”（卷四十四《诸儒学案上二·曹月川学案》）“所谓理者，以气自有条理。”（卷五十《诸儒学案中四·王浚川学案》）这是以为气有定则，气有条理，这就是理，理亦有灵。

（4）“太虚中无处非气，则亦无处非理。”（《江右王门学案七·胡庐山学案》）“以大德敦化言之，气无穷尽，理无穷尽，不特理无聚散，气亦无聚散也。以小德川流言之，日新不已，不以已往之气为方来之气，亦不以已往之理为方来之理。不特气有聚散，理亦有聚散。”（卷七《河东学案一·薛敬轩学案》）这是以为理气是普遍永久而且是进化的，本体是永久的而且是进化的。

（5）“气未有不灵者，气之行处皆是心，不仅腔子内始是心也。即腔子内亦未始不是气耳。”（卷七《河东学案一·薛思庵学案》）“在天为气者在人为心，在天为理者在人为性。”（卷四十七《诸儒学案中一·罗整庵学案》）“我与天地万物一气流通，无有碍隔，故人心之理，即天地万物之理。”（卷二十二《江右王门学案七·胡庐山学案》）这是以为气之行处皆是心，而在天为气者在人为心，人心之理即天地万物之理。心自然占最重要的地位，一切是唯心的。所以梨洲在《明儒学案·序》说：

> 盈天地皆心也，变化不测，不能不万殊。心无本体，工夫所至，即其本体。故穷理者，穷此心之万殊，非穷万物之万殊也。是以古之君子，宁凿五丁之间道，不假邯郸之野马，故其涂亦不得不殊。奈何今之君子，必欲出于一涂，使美厥灵根者化为焦芽绝港？夫先儒之语录，人人不同，是印我之心体，变动不居。若执定成局，终是受用不得。此无他，修德而后可讲学，今讲学而不修德，又何怪其举一而废百乎？

这里直说“盈天地皆心”、“穷理者，穷此心之万殊，非万物之万殊”，与蕺山“莫非物则莫非心也”、“气通天地万物为一心”的意见一样，终是阳明一派的说法。所以反对当时提倡程朱的“今之君子”之“必欲出于一涂”，主张修德而后可讲学，与他的平日主张读书思想略有变迁。所谓“穷此心之万殊”，他在《孟子师说》中曾说：

> 自其分者而观之，天地万物各一理也，何其博也？自其合者而观之，天地万物一理也，理亦无理也，何其约也？泛穷天地万物之理，则反之约也甚难，散殊无非一本，吾心是也。俯观仰察，无非使吾心体之流行，所谓反说约也。

这意见正与《明儒学案序》相接近。心是万殊之本，所以穷理是穷此心之万殊。他以为“夫格物者，格其皆备之物，则沓来之物，不是以掩湛定之知，而百官万务行所无事，若夫待物来而后格之，一物有一物之理，未免于安排思索，物理吾心，终判为二，故阳明学之而病。”（《南雷文约》卷二《翰林院编修怡庭陈君墓志铭》）他对于即物穷理始终是反对的。他的知识论当然是主观的观念论。

**（二）心性论**

主张气一元论的罗整庵虽说“通天地，亘古今，无非一气”，但他不惟未将理、气、心、性打成一片，而且以性为体，心为用，理气自理气，心性自心性，心与性是分开说的。后来汪石潭已有认心性为一的倾向，到了东林学派的孙淇澳，他以“说天命者，除理义外，别有一种气运之命，杂糅不齐。因是有理义之性，气质之性，又因而则有理义之心，形义之心”，主张“性善气质亦善，人心道心非有两项心”。这是梨洲所认为发前儒所未发的。到了刘蕺山，因而主张“道心即在人心中看出，始见得心性一而二，二而一”（《语录》）。“道心即人心之本心，义理之性即气质之本性。”（同上）他又主张情也是善的，而说：“何言乎情之善也？孟子言这恻隐心就是仁，何善如之？仁义礼智皆生而有之，所谓性也，乃所以为善也。指情言性，非因情见性也；即心言性，非离心言善也。后之解者曰：因所发之情而见所存之性，因所情之善而见所性之善，岂不毫厘而千里乎？”（同上）故说：“凡所云性，只是心之性；决不得心与性对。所云情，可云性之情，决不得性与情对。”（同上）梨洲对于心性也主张是一元的。他说：

夫在天为气者，在人为心；在天者理者，在人为性；理气如是，则心性亦如是，决无异同。人受天之气以生，只有一心而已。而一动一静，喜怒哀乐，循环无已，当恻隐处自恻隐，当羞恶处自羞恶，当恭敬处自恭敬，当是非处自是非，千头万头，感应纷耘，历然不能昧者，是即所谓性也。初非别有一物立于心之先，附于气之中也。（《诸儒学案中一·罗整庵学案》）





我们知道，梨洲以为气自能自宰而灵，心即是气之灵处，心气都是善的，于今心性一元，则他自然是主张性善的。他在《孟子师说》卷三《道性善》章说：

朱子云：“《易》言继善，是指未生之前；孟子言性善，是指已生之后。”此语说得极分明。盖一阴一阳之流行往来，必为过有不反，宁可有齐之理，然全是一团生气，其生气所聚，自然福善祸淫，一息如是，终古如是。不然，则生理灭息矣。此万有不齐中有一点真主宰，谓之至善，故曰“继之者善也”。继是继续，所谓于穆不已，及到成之而为性，则万有不齐，人有人之性，物有物之性，草木有草木之性，金石有金石之性，一本而万殊。如野葛鸩鸟之毒恶，亦不可不谓之性。孟子单就人分上说，生而禀于清，生而禀于浊，不可言清者是性，浊者非性。然虽至浊之中，一点真心埋没不得。故人为万物之灵。

人禀性虽至浊，然有一点真心埋没不得，这也只可说是善的。依他的说法：

(1) “气质之外无性，气质即性也。第气质之本然是性，失其本然者非性。”（卷二十九《北方王门学案·杨晋庵学案》）气质虽即是性，然而要是不失其本然的。

(2) “气之流行，不能无过不及，而往而不返，其中体未尝不在……人性虽偏于刚柔，其偏刚之处未尝忘柔，其偏柔之处未尝忘刚，即是中体。”（卷二七《南中王门学案三·杨幼殷学案》）“夫气之流行不能无过不及，故人之所禀，不能无偏。气质虽偏，而中正者未尝不在也。犹天之寒暑虽过不及，而盈虚消息，卒归于太和。以此证气质之善，无待于变化。（卷三八《甘泉学案二·吕巾石学案》）气质之失其本然者，与人性之有偏刚偏柔者，其中体未尝不在，本是善的，并不需要变化气质。

(3) “气质之偏，大略从习来。”（卷四一《甘泉学案四·冯少墟学案》）“是气中一点主宰不可埋没，所以常人皆有不忍人之心，而其权归之学矣。”（卷二六《南中王门学案二·唐凝庵学案》）气质有偏，只是由习而来，只须要学以救其偏。这些意见总是以气善性亦善，其恶由于引蔽习染，前承孙淇澳、刘蕺山之说，而与后来颜习斋、戴东原的主张大略相同的。他对于性情的意见也与蕺山一样。他说：

> 自来儒者，以未发为性；已发为情。其实性情二者，无处可容分析。性之于情，犹理之于气，非情何以见性？故喜怒哀乐，情也；中和，性也；于未发言喜怒哀乐，是明明言未发有情矣。奈何分析性情？（卷十九《江右王门学案四·黄洛村学案》）

情只是性之情。情一定是已发，不容分开来说，性善，情必定是善的。他对于人心道心也主张“道心即人心之本心”（说见

《孟子师说卷六·仁人心也章》及《南雷文约卷四·尚书古文疏证序》，兹不具引）。“人只要不失此本心，无有移换，便是允执厥中。”在他是以为心意知物，都是有善无恶，所以决不会以人的本心为恶的。

关于心性，在蕺山和梨洲更有一种见解，即是将“意”特别抬高，以为是心之体、觉之主。他们所以如此者，因为见到阳明的讲良知既伤支离破碎之病，而所谓《四句教》更使“知”为“意”奴，不成为良知。蕺山批评阳明说道：

> 阳明言良知，最有功于后学，然只传《孟子》教法，于《大学》之说有分合。古本《序》曰：“大学之道，诚意而已矣，止至善之则，致良知而已矣。”宛转说来，颇伤气脉。至龙溪所传《天泉问答》，则曰：“无善无恶者心之体，有善有恶者意之动，知善知恶是良知，为恶去恶是格物。”益增割裂矣。……且所谓知善知恶，盖从有善有恶而言者也。因有善有恶，而后知善知恶，是知为意奴也，良在何处？又反无善无恶而言者也。本无善无恶，而又知善知恶，是知为心祟也，良在何处？……且《大学》明言止于至善矣，则恶又从何处来？心意知物，总是至善中全副家当。……止因阳明将意字认坏，故不得不求良于知。（《良知说》）

梨洲批评阳明也说：

> 先生既以良知二字冒天下之道，安得有正修功夫？只因将意字看作已发，故工夫不尽，又要正心又要修身，意是已发，心是未发，身又是已发，先生每讥宋儒支离而躬蹈之，千载而下，每欲起先生于九原质之而无从也。（《明儒学案·姚江学案》）
>
> 先生解《大学》，于意字原看不清楚，所以于四条目处，未免架屋迭床。……先生他日有言曰“心意知物

只是一事”，此是定论。既是一事，决不是一事皆无，蒙因龙溪易一字曰“心是有善无恶之心，则意亦是有善无恶之意，知亦是有善无惑之知，物亦是有善无恶之物”。不知先生首肯否？（同上）

“心意知物只是一事”，都是有善无恶。所以他们主张性善气质亦善，性情二者不容分析，道心即人心之本心，一切都是善的。所以反对阳明“有善有恶意之动”的说法，使知为意奴，工夫破碎。他们主张心是身的主宰，意是心的主宰，而且意是心之所存，只须在意上用工夫，便可以证本体的。梨洲在《先师蕺山先生文集·序》上说：

先儒曰：意者心之所发，师以为心之所存。人心径寸间，空中四达，有太虚之象，虚故生灵，灵生觉，觉有主，是曰意。不然，《大学》以所发先所存，《中庸》以致和为致中，其病一也。然泰州王栋已言之矣。自身之主宰而言谓之心，自心之主宰而言谓之意；心则虚灵而善变，意有定向而中涵，意是心之主宰。以其寂然不动之处，单单有个不虑而知之灵体，自做主张，自裁生化，故举而名之曰独。少间搀以见闻才识之能，情感利害之便，则是有所商量倚靠，不得谓之独矣。……若云心之所发，教人审几于动念之初，念既动矣，诚之奚及。师未尝见泰州之书，至理所在，不谋而合也。（《南雷文约》卷四）

这里所说之意，固是心之主宰，而说“以其寂然不动之处，单单有个不虑而知之灵体，自做主张，自裁生化，故举而名之曰独”。当然不是通常心理学上所指之意志、意念，而实是心中一点灵机灵体。他在《子刘子行状》上说：

意为心之所存非所发，《传》曰“如恶恶臭，如好好色”，言自心中之好恶，一于善而不二于恶，正见意之有善而无恶，所谓几者动之微，吉之先见者也，正指所存言也。如意为心之所发，将孰为所存乎？如心为所存，意为所发，是所为先于所存，岂《大学》知本之旨乎？盖心无体，以意为体；意无体，以知为体；物无用，以知为用；知无用，以意为用；工夫结在主意中，方为真工夫，如离却意根一步，亦更无格致可言。问意为心之所存，好善恶恶非以所发言乎？曰：意之好恶与念之好恶不同。意之好恶一几而互见，念之好恶两在而异情，以念为意，何啻千里？





心无体，以意为体；意是所谓几者动之微，吉之先见者也，与念绝不相同。他在《刘绳伯先生（蕺山子）墓志铭》中也有一段述绳伯之言以解意的，说：

大略圣贤言心有二端，《语》《孟》之言心也，合意知物而言者也，合意知物而言者，故不言诚意，而诚意在其中。……《大学》之言心也，分意知物而言者也，分意知而言者，非外心以言意，即心而指其最初之几曰意，盖必言意而心始有主宰，言诚而正始有实功也。（《南雷文案》卷二）

这里说“即心而指其最初之几曰意，盖必言意而心始有主宰”，也足以发明意是心中一点灵机灵体的。梨洲的意见，意与良知也相去不远，他在《答董吴仲论学书》中说：

承示《刘子质疑》，所言虽广，然其大指，则主张阳明先生“无善无恶心之体，有善有恶意之动，知善知恶是良知，为善去恶是格物”四句，而疑先师意为心之所存未为得也。……阳明提致良知为宗，一洗俗学之弊，可谓不遗余力矣。若必守此四句为教法，则是以知觉为良知，推行为致知，从其心之所发，验其孰为善孰为恶，而后善者从而达之，恶者从而塞之，则方寸之间，已不胜其憧憧之往来矣。夫良知之体，刚健中正，纯粹精者也。今所发之意，不能有善而无恶，则此知尚未光明，不可谓良也。何所藉以为为善去恶之本乎？……四句之弊，不言不知，故阳明曰："良知是未发之中"，则已明言意是未发，第习熟于意者，心之所发之旧话，未曾道破耳。不然，意既动而有善有恶，已发者也，则知亦是已发，如之何知独未发？此一时也，意则已发，知则未发，无乃错杂，将安所施功乎？……然则先师意之所存，与阳明"良知是未发之中"，其宗旨正相印合也。（《文案》卷二）

梨洲认意为心之所存，与阳明良知是未发之中正相合，所以力为发明。在《明儒学案·自序》说："岁己酉，昆陵恽仲升来越，著《刘子节要》。仲升，先师之高第弟子也，书成，羲送之江干，仲升执手丁宁曰：'今日知先师之学者，惟吾与子两人，议论不容不归一，惟于先师言意所在，宜稍通融。'羲曰：'先师所以异于诸儒者，正在于意，岂可不为发明。'仲升欲羲序其《节要》，羲终不敢。是则仲升于殊途百虑之学，尚有成局之未化也。"梨洲的《刘伯绳先生墓铭》作于康熙五年丙午五十七岁，次年丁未，《年谱》说这在一年。"表显师门之学，发前人之所未发者，大端有四：一曰静存之外无动察，一曰意为心之所存非所发，一曰已发未发以表里对待言，不以前后际言，一曰太极为万一之总名。详公所著《子刘子行状》。"《与董吴仲论学书》也在这一年。《学案》成于康熙十五年丙辰，《自序》是康熙三十一年壬申八十三岁时所作，他晚年的思想，从五十七到八十，廿余年中，对于意的见解是坚持不变的。要之，他的心性论是主张心性一元，心是善的，性是善的，意是心体，心之初几，心之主宰，所以意也是有善而无恶。宇宙本是唯心，而意为心之主，意在他的思想中要占最高的地位，他的修养论即从"意为心之所存"这一点发出。

**（三）修养论**

蕺山、梨洲之主张“意为心之所存”，也是为的修养的方便的缘故，这一点梨洲在《与董吴仲论学书》中剖析得最清楚。他说：

> 先师此言，固不专为阳明而发也。从来儒者之得失，此是一大节目，无人说到……《中庸》言致中和，考亭以存养为致中，省察为致和，难中和兼致，而未免分动静为两截，至工夫有二用。其后王龙溪从日用伦物之感应以致其明察。欧阳南野以感应变化为良知，则是致和而不致中。聂双江、罗念庵之归寂守静，则是致中而不致和，诸儒之言，无不曰前后内外浑然一体，然或摄感以归寂，或缘寂以起感，终是有所偏倚，则是意者心之所发一言为崇。致中者以意为不足凭而越过乎意；致和者以动为意之本然而逐乎意；中和兼致者有前乎意之工夫，有后乎意之工夫，而意拦截其间，早知意为心之所存，则操功只有一意，破除拦截方可言前后内外，浑然一体也。

意为心体，而不是已发的，真是只须在意上用工夫，不须存养者察，动静秉顾；摄感缘寂，有所偏倚，只须静存就足够了。梨洲在《子刘子行状》上说：

> 静存之外无动察。问慎独专属之静存，则动时工夫果全无用否？先生曰：如树木有根，方有枝叶，栽培灌溉只在根上用，枝叶上如何着得一毫。静存不得力，纔喜纔怒时便会走作，此时如何用工夫？苟能一如其未发之体而发，此时一毫私意着不得，无工夫可用。若走作后，便觉得，便与他痛改，此时喜怒已过了，仍是静存工夫也。

他们为要讲求“一如其未发之体而发”，所以又好讲未发，而且以为“存发总是一机，中和总是一性。”梨洲在《子刘子行状》上说：

> 已发未发以表里对待言，不以前后际言，谓程子云“喜怒哀乐之未发谓之中，此时下不得个静字”。已是千古卓见，郄不肯下个动字。夫喜怒哀乐非以七情也……乃四时之气，所以循环而不穷者。独赖有中气存乎其间，而发之即为太和之气，是以谓之中，谓之和，性之德也……儒者若于未发前求气象，不亦惑乎？须知一喜怒哀乐，自其存诸中言谓之中，即天道之元亨利贞运于于穆者是也，阳之动也；自其发于外言谓之，和，即天道之元亨利贞呈于化育者是也，阴之静也；存发总是一机，中和总是一性。

意为心体，当然要在未发用功，因为已发未发只是一机，则可更觉静存之功有用。这样子才更可以证得性体分明。梨洲在《明儒学案·蕺山学案》上说：

> 先生之学，以慎独为宗。儒者人人言慎独，唯先生始得其真。盈天地间皆气也，其在人心，一气之流行，诚通诚复，自然分有喜怒哀乐；仁义礼智之名，因此而起者也。不待安排品节，自能不其过则，即中和也，此生而有之，人人如是，所以谓之性善；即不无过不及之差，而性体原自周流，不害其为中和之德。学者但证得性体分明，而以时保之，即是慎矣。慎之工夫，只在主宰上。觉有主，是曰意；离意根一步便是妄，便非独矣。故愈收敛是愈推致。

这是所以要主张诚意慎独的。“离意根一步便是妄”“故愈收敛是愈推致”，这才是他们的修养方法。梨洲以为“少间搀以见闻才识之能，感情利害之便，则是商量倚靠，不得谓之独。”这样子愈收敛以求愈推致，实在是玄之又玄的。梨洲在《明儒学案》还有许多申述静存未发之义的，如：

(1)“动静时也，吾心之体不着于时者也，分工夫为两节，则静不能该动，动不能摄静，岂得为无弊哉？”（卷三《崇仁学案三·余讱斋学案》）这是恐怕工夫两节。

(2)“阳明点出知善知恶原不从发处言，第明知善知恶为自然之本体，故又曰‘良知是未发之中’。若向发时认取，则善恶杂揉，终是不能清楚。”（卷一四《浙中王门学案四·顾箬溪学案》）这是恐怕善恶杂糅。

(3)“吾性体行于日用伦物之中，不分动静，不分画夜，无有停机，流行之合宜处谓之善，其障蔽而壅塞处谓之不善，盖一忘戒惧，则障蔽壅塞矣。”（卷一五《江右王门学案一·邹东廓学案》）这是恐怕障蔽壅塞。

(4)“为学只有存养，省察是存养内一件事。……欲其事事从源头而出，以救零星装合之非。”（卷五三《诸儒学案下一·李谷平学案》）这是为的从源头出。所以他赞成阳明的以收敛为主，而说“阳明自江右以后，始拈良知，其在南中，以默坐澄心为学的，收敛为主，发散是不得已，有未发之中，始能有中节之和。其后学者有喜静恶动之弊，故以致良知救之。而‘良知是未发之中’，则犹之乎前说也。”（卷一七《江右王门学案二·聂双江学案》）而反对阳明的门人轻浮浅露，他说：“阳明以致良知为宗旨，门人渐失其传，总以未发之中，认作已发之和，故工夫只在致知上。甚之而轻浮浅露，待其善恶之形而为克治之事，已不胜其艰难杂揉矣。”（卷十九《江右王门学案四·陈明水学案》）在他同时的学者，他反对潘用微的“归体于用”，他说“夫万感纷纭，头绪杂乱，《易》之所谓憧憧往来是也，岂能复敬？”（《文案卷二·与友人论学书》）他反对陈乾初的“人性无不善，于扩充尽才后见之。”而说“若必扩充尽才始见其善，不扩充尽才未可为善，知不是荀子之性恶，全凭矫揉之力而后至于善乎？”《文案卷二·与陈乾初论学书》二）他到晚年仍旧墨守其师之说，以收敛为主，自不得不反对潘氏“归体于用”、陈氏“扩充尽才”。蕺山明说“工夫结在主意中”。（《来学问答》）“独之外别无本体，慎独之外别无工夫。”（《天命章》说）如梨洲相当赞成“归体于用”“扩充尽才”，则是不怕“才喜才怒便会走作”，不讲静存的工夫了。梨洲所说的工夫所至，即其本体工夫仍结在主意中，独之外仍别无本体，我们不要误会了他的工夫也是“归体于用”“扩充尽才”，而是受了潘、陈二人的影响的。

## 三　梨洲之政治思想



梨洲的个性，从他早年为父复仇看来，是偏于任侠一流的人物。他的少年时代，正值明末政治腐败，阉宦弄权，流寇迭与，结果引起异族入主中国之祸。他在四十（岁）以前，又曾作过救亡运动。几次亲自领兵抗清，又曾经赴日本乞师。在他归来以后，自不能忘情于故国，他虽不能亲与政事，自然也要发于言论。《明夷待访录》是他五十三岁那一年作的，中间多关于政治的理论，激昂慷慨，攻击君主专制．提倡重民思想，主张置相以限制君权，养士以主持清议。在经济一方面则主张减轻赋税，恢复井田，而抑奢崇俭。兹分为三点述之于下：

### （一）重民思想

梨洲以为君主制度之兴，本是为天下人民兴利除害，而后世君主反为天下之害，这是应当铲除的。他说：

> 古者以天下为主，君为客，凡君之所毕世而经营者，为天下也。今也以君为主，天下为客，凡天下之无地而得安宁者，为君也。是以其未得之也，荼毒天下之肝脑，离散天下之子女，以博我一人之产业，曾不惨

然。曰："我固为子孙创业也"。其既得之也，敲剥天下之骨髓，离散天下之子女，以奉我一人之淫乐，视为当然。曰："此我之产业花息也"。然而为天下之大害者，君而已矣。向使无君，人各得自私也，人各得自利也，呜呼！岂设君之道，固如是乎？（《原君》）

古者天下之人爱戴其君，比之如父，拟之如天，诚不为过也；今也天下之人怨恶其君，视之如寇雠，名之为独夫，固其所也。……是故武王，圣人也；孟子之言，圣人之言也；后世之君，欲以如父如天之空名，禁人之窥伺者，皆不便于其言，至废《孟子》而不立，非导源于小儒乎？（同上）

这里他攻击后世君主的自私自利，成为天下之大害，所以应该是视之如寇雠，名之为独夫，对于革命思想是极端赞成的。他在《孟子师说》中也说："何不幸而为今之民也！"（卷三《滕文公问为国章》）又说："元、明之开创者，不可称不嗜杀人，而天下为威势所劫，亦就于一，与秦、隋无异，未尝不延世长久……此尚论之所痛心也。"（卷一《梁襄王章》）他的革命思想始终并未变迁。他在《明夷待访录》中以为臣道也是为天下，为万民，并非忠君就是称职。他说：

有人焉，视于无形，听于无声，以事其君，可乎？曰：否。杀其身以事其君，可谓之臣乎？曰：否。……曰：缘夫天下之大，非一人之所能治，而分治之以群工；故我之出而仕也，为天下，非为君也；为万民，非为一姓也。（《原臣》）

盖天下之治乱，不在一姓之兴亡，而在万民之忧乐，是故桀、纣之亡，乃所以为治也；秦政、蒙古之兴，乃所以为乱也。晋、宋、齐、梁之兴，无与于治乱者也。为臣者轻视斯民之水火，即能辅君而兴，从君而

亡，其于臣道，固未尝不背也。（《原臣》）

他对于法律也以为是当“为天下”的。他说：

> 后之人主，既得天下，唯恐其祚命之不长也，子孙不之保有也，思患于未然以为之法，然则其所谓法者，一家之法而非天下之法也。是故秦变封建而为郡县，以郡县得私于我也。汉建庶孽，以其可以藩屏于我也。宋解方镇之兵，以方镇之不利于我也。此其法何曾有一毫为天下之心哉？而亦可谓之法乎？（《原法》）

他这里不以一姓之兴亡为有若何关系，而以后世之法乃一家之法而非天下之法，对于君主专制制度攻击得体无完肤了。梨洲曾著《孟子师说》，对于孟子“民为贵君为轻”之旨，想必受影响甚深；而又身逢异族压迫中国的苦痛，所以他的言论自然较为激烈，比起邓牧《伯牙琴》中的《君道》《吏道》两篇来，笔锋犀利多了。但他虽然议论激烈，而终止于为天下、为万民的重民思想，并未提到人民直接参政，根本改造成为民主政治。这究竟不能说不是为时势所限的。




**（二）限制君权**

他虽然未想到人民参政，他却提出种种限制君权的方法，他说：

> 原夫作君之意，所以治天下也；天下不能一人而治，则设官以治之，是官者分君之身也。孟子曰“天子一位，公一位，侯一位，伯一位，子、男同一位，凡五等；君一位，卿一位，大夫一位，上士一位，中士一位，下士一位，凡六等。”盖自外而言之，天子之去公，犹公侯伯子男之递相去；自内而言之，君之去卿，犹卿大夫、士之递相去，非独至于天子遂截然无等级也。昔者伊尹、周公之摄政，以宰相而摄天子，亦不殊于大夫之摄卿，士之摄大夫耳。后世君骄臣谄，天子之位始不

列于卿、大夫、士之间，而小儒遂河汉其摄位之事……无乃视天子之位过高所致乎？（《置相》）

天下不是君主一人独裁所能治理的，天子之位，不过去宰相一等，也并非格外崇高。所以主张置相，藉以限制君权。他以为有了宰相，可以使君主不十分骄恣。他说：

古者君之待臣也，臣拜君必答拜，秦汉以后废而不讲；然丞相进，天子御座为起，在舆为下；宰相既罢，天子更无与为礼者矣。遂谓百官之设，所以事我：能事我者我贤之，不能事我者我否之。设官之意既讹，尚能得作君之意乎？（同上）

其次，有了宰相，则天子亦不失传贤之意。他说：

古者不传子而传贤，其视天子之位，去留犹夫宰相也。其后天子传子，宰相不传子，天子之子不皆贤，尚赖宰相传贤足相补救，则天子亦不失传贤之意。宰相既罢，天子之子一不贤，更无与为贤者矣，不亦并传子之意而失之乎？（同上）

有了宰相，更可以免宫奴窃权，而可以古圣哲王之行摩切其主。他说：

使宫奴有宰相之实者，则罢丞相之过也。……使宰相不罢，自得以古圣哲王之行，摩切其主，其主亦有所畏而不敢不从也。（同上）

这是他所主张的限制君权之一法——置相。其次则是养士，他说：

学校所以养士也，然古之圣王，其意不仅此也。必使治天下之具，皆出于学校，而后设学校之意始备。非谓班朝布令，养老恤孤，讯馘大师，旅则会将士，大狱讼则期吏民，大祭祀则享始祖，行之自辟雍也，盖使朝廷之上，闾阎之细，渐摩濡染，莫不有《诗》《书》宽大之气。天子之所是未必是，天子之所非未必非，天子亦遂不敢自为非是，而公其非是于学校。是故养士为学校之一事，而学校不仅为养士而设也。（《学校》）

这是主张公是非于学校，而使天子不敢自为是非。又说：

东汉太学三万人，危言深论，不隐豪强，公卿避其贬议；宋诸生伏阙槌鼓请起李纲，三代遗风，惟此犹为相近。使当日之在朝廷者，以其所非是为非是，将见盗贼奸邪慑心于正气霜雪之下，君安而国可保也。……太学祭酒，推择当世大儒，其重与宰相等，或宰相退处为之。每朔日，天子临幸太学，宰相、六卿、谏议皆从之，祭酒南面讲学，天子亦就弟子之列，政有缺失，祭酒直言无讳。（同上）

这是主张诸生干预政治，而太学祭酒也直论政事。这是他所认为限制君权之一法——养士。他在《学校》、《取士》上下三篇中所主张的颇有普及教育、奖励发明、提倡著述之意，如云“民间童子十人以上，则以诸生之老而不仕者充为蒙师，故郡邑无无师之士。”（《学校》）“绝学者如历算、乐律、测望、占候、火器、水利之类是也，郡县上之于朝，政府考其果有发明，使人待诏，否则罢归。”（《取士下》）“以所著书进览，或他人代进，看详其书旨，以传世者，则与登第者一体出身。”（同上）他的教育眼光也注意到经世致用的。

（三）重农思想

他的经济思想，则主张减轻赋税，恢复井田，而相对的抑制工商。他因为在当时“斯民之苦暴税久矣！有积累莫返之害，有所税非所出之害，有田土无等第之害。”（《田制三》）而说：

吾意有王者起，必当复位天下之赋；复位天下之赋，必当以下下为则，而后合于古法也。（《田制一》）

这是要减轻赋税，他主张三十而税一。又说：

余盖于卫所之屯田，而知所以复井田者，亦不外于是矣。世儒于屯田则言可行，于井田则言不可行，是不知二五之为十矣。……天下屯田见额六十四万四千二百四十三顷，以万历六年实在田土七百一万三千九百七十六顷二十八亩律之，屯田居其十分之一也，授田之法未行者特九分耳。由一以推之九，似亦未为难行。况田有官民，官田者，非民所得而自有者也。州县之内，官田又其十分之三。以实在田土均之，人户一千六十二万一千四百三十六，每户授田五十亩，尚余田一万七千三十二万五千八百二十八亩。以听富民之所占，则天下之田自无不足。……故吾于屯田之行，而知井田之必可复也。（《田制二》）



恢复井田实在也是一种共产的办法，在他同时的人，如顾亭林、王船山、颜习斋，都曾经主张过梨洲这一种思想，在当时很普遍的。不过于屯田之行，而知井田之必可复，则是他个人的理想。减轻赋税与恢复井田，自然都是为农民设想，所以对于稍有害于农民的工商，主张相对的抑制。他说：



今夫通都之市肆，十室而九，有为佛而货者，有为巫而货者，有为倡优而货者，有为奇技淫巧而货者，一概痛绝之，亦庶乎救弊之一端也。此古圣王崇本抑末之道，世儒不察，以工商为末，妄议抑之，夫工固圣王之所欲来，商又使其愿出于涂者，盖皆本也。

这里虽说为的崇俭抑奢，非以工商为末，但说“有为奇技淫巧而货者，一概痛绝之”，毕竟是相对的抑制工商。他所欣慕的是三代之治，故曰“不以三代之治为治者，皆苟焉而已也。”（《孟子师说卷四·离娄章》）所以他的经济思想颇有一点复古的倾向，自然是不赞成物质交明的。他主张废金银（《财计一》），行钱法（《财计二》），也是拒绝新的制度而倾向于复古。他本身是所谓士大夫地主阶级，为了减少地主与农民间的痛苦，也当然是要主张重农思想的。

（原载《文哲月刊》第一卷，第九期，一九三六年十一月）

# 《颜李师承记》匡谬补遗

清初，颜（习斋）、李（恕谷）以“四存之学”崛起燕冀，蔚然成一学派，惟以清初至中叶，汉学之风炽甚，而其传乃益不彰。至民国初，东海徐（世昌）氏，创立“四存学会”于北平，刊行《颜李丛书》，复嘱其门客，撰为颜李学，凡《习斋语要》二卷、《恕谷语要》二卷、《颜李师承记》九卷，欲自附于颜李之传，因不可谓无功于颜李之学也。间尝当取其《师承记》一书读之，则颇病其叙次失当，界画不清，既不注明出处，又无传目可稽，甚不便于检阅。丁丑之春，余既撰《王船山学谱》成，欲庚续谱习斋、恕谷之学，乃取斯记稍详读之，益觉其谬误显出，罅漏殊多，乃知撰斯记者，实未尽心力以为之。以表章颜李学为职志，而其成书乃如是之疏略。殊可悯也。兹既无暇重为《颜李师友记》，乃就是书制为目录，以便检阅；更略举其遗漏讹谬，以当订补，未始非治颜李学之一助也。

是书卷一述习斋、恕谷、王昆绳、恽皋闻、程启生、戴子高诸人，王、恽、程、戴，并为颜李学之钜子，置之卷首，尚无大误。卷二首述陈钟鋑、冯辰诸人，继述陈连宇、于襄勤诸人，则于轻重后先，实失伦次。案习斋生平所言事者为孙征君奇逢，又自谓“吾少时纳交于张石卿、王介祺、刁文孝、张公仪、吕文辅，皆不远百里以会之。近取诸郭敬公、李孝慤录而父事兄事之。而久交不懈，三十年相扶翼，则今王法乾也。”（《言行录》卷下）今不先叙述孙征君、王介祺诸人，以明习斋学术之渊源，而即叙钟、冯诸人，且及无若何关系之陈、于诸人，实已乖其次第。而于恕谷之师，如刘见田、赵思光，且先述之此卷之中，于张石卿、张公仪、吕文辅、郭敬公，至卷七乃言之，亦可见其显然失当也。此其一。恕谷出游四方，先至京，继至浙汴陕宁各地。今是书于卷四述恕谷在陕宁所见诸友，卷五乃及其至浙至汴所见诸友，于先后之次亦倒。此其二。习斋出关寻父在前，后始南游中州，今是书卷五先叙其游中州时所见诸友，卷六乃及其初出关寻父所见诸友，且叙恕谷友于卷三、卷四、卷五，而后乃及习斋之友，先弟子之友朋而后及师之友朋，此何以见其年辈与影响乎？叙次失当，可谓甚矣。此其三。

是书在卷五中述颜李至中州之友，谓“许酉山、朱主一，孙征君三子，耿氏父子、二孙子，杨子、李天佑、孔益仲、李子青、窦静庵王柔之均见前”。实则耿保汝及其子尔良，是书于卷八始述之，而于卷五漫云均见前。此讹误显然者一。卷六复述恕谷在京之友云：

> 八试：春试，辛未、甲戌、庚辰、癸未、丙戌、己丑；秋试，庚午、壬午。而壬午为送弟子王陶阳入试；己丑则郑若洲所邀往，会目疾亦未与试。所接师友弟子，于辛未为魏子相，于庚辰为王昆绳、吴匪庵，于壬午为蔺行上、秦心庵、李景仁、邵时昌、温益修、杨宾实、黄宗夏、冯衡南，于癸未为冯钦南、李荫长、毛充有、毛姬潢、李申牟、朱宇绿、许不弃、倪际唐、张百始、宋若愚、陈正心、孙子未、周伯章、刘石村、李辑五、陈子章、孔林宗、王绅及其子式穀；于丙戌为李敏志、方望溪、戴田有，于己丑为陈纯一、杨淡园、李兴业、邵荣业、李炜、黄弼臣；凡三十九人。魏子相、王昆绳、吴匪庵、蔺行上、温益修、黄宗夏、冯衡南、冯钦南、李荫长、毛充有、毛姬潢、朱宇绿、许不弃、刘石村、陈子章、黄昆圃、刘绰然、方望溪均见前。

此所述三十九人，谓魏子相诸人，前已传述，三十九人之数固无差谬，然如黄昆圃、刘绰然二人则并不在三十九人之中，忽然加入，其行文之讹误显然者二。他如王越千与朱越千本为二人，而不加详考，即指为一人，及其他材料搜讨之遗漏及人数计算之差谬(并详下)，其讹误显然者三。此皆撰述者漫不经心之故也。

是书述颜李之师友，自谓凡七百一十三人。据是书卷九云："右六百六十九人，与两先生往还者，颇有名字邑居可见，其或名字邑居不具而言行有可纪述者，复得四十四人，记之于左。"以所述人数如是之繁硕，而不分别其孰为颜之师友弟子，孰为李之师友弟子，孰为颜李所共相识者。但于卷六云："撮恕谷往来京师及其南北东西，与习斋之东及南游所阅师友弟子，凡有名氏言行可纪者大率具如此。其居相近，在桑梓之地者，习斋、恕谷师友大率彼与此相共，弟子亦交通，其不相通不相共者，以年代有先后，上下不相及也。"然是书于恕谷往来京师及南北东西，习斋之东及南游所阅之师友弟子，既已叙次紊乱，非熟读颜李遗著者，必不能为剖辨。其居相近，在桑梓之地者，二人之师友，实亦不能大率彼与此相共。撰者乃谓"其不相通不相共者，以年代有先后，上下不相及"，实不如分别言之，使未熟读颜李之遗著者，亦可以一览而知之也。

是书述颜李师友之事迹，蹈明人陋习，不注明其出处，兹不必苛责之。其最大之缺临，则全书所列各传概无传目，亦无总目。于其所谓七百一十三人，不能一览而瞭然。如《习斋传》中述及朱晃及习斋养子讱言，朱晃与讱言是否在七百一十三人中，无传目则不能知撰者之意也。如《钟錂传》中述及钟父九经及其弟钦，九经其弟钦是否在此七百一十三人中，无传目则亦不能知撰者之意也。又如白宗伊之事迹在卷二《郝公函传》中附述之，在卷八《杜谦牧传》又述之，史籍固亦有此例；然以前者为正传，则所叙之事甚略，如以后者为传宗伊，则又不及宗伊之字，此亦由不列传目，故令人疑莫能明也。是书自云所叙颜李师友共七百一十三人，然就是书而制目录，计其人数，其当计入之师友实不下七百三十九人。而漫云六百六十九人，又四十四人，所计之数，实不确切。撰者于耿保汝父子本述之于卷八，而卷五中已谓“见前”，于所叙之先后，且不能明，其所云之人数，自亦不可信也。今试举就是书而制成之目录，即可以察，其计数之差误，其目如下：

**《记一》（凡十二人）**

习斋（朱晃、讱言）　恕谷　王源昆绳（子兆符字隆川）恽鹤生皋闻（子宗恂字蒹夫、宗和字敦夫）程廷祚启生（张吁门）　戴望子高

**《记二》（凡九十五人）**

钟錂金若（父九经字行一、弟钦、子淑字子能）　冯辰枢天刘调赞可用（赵本中、刘述舜）　陈世信秉之　于成龙襄勤（李应荐字柱山，赵旭字用九、翟士吉字毅亭、于成龙字北溟）王养粹法乾（门人王怀万、子溥、父王廷献字蕴奇、弟王纯粹字放乾、弟顺乾）　魏弼直帝臣　郝文灿公函（郝也廉、郝也愚、郝也鲁、苗尚信、白宗伊字任若、李宏业、韩习数、郝品、郝梦麟、苗尚俭、杨进文）　朱宁居（子主一，孙本良、和礼）李子青木天（子珖、顺、贞）　王馀佑介祺（子曙光、弟馀厚字若谷、馀岩字柔之、孙世臣）　陆世仪道威　刁包蒙吉（子过之、再濂字静之）　孙奇逢钟元（子君协、君孚、君夔、孙平子、孙箕岸、杨荫千、杨诚甫、李天佑、孔益仲）　贾珍袭什（弟琁字金玉）　吴持明洞云　李明性洞初（兄成性字葆初、弟尽性字馀初、子埴、子培字益溪、子埈、子壣、恕谷子习仁字长人、习人、习中、习礼、孙敬承、埴子习和、培子习任、埈子习圣、习孝）　刘见田（子壮吉）　赵思光锡之（子宏泽、宏济、宏深、宏澎）　郭金城子固（兄金汤字子坚）　彭通九如（父之炳字汉中、叔之璨字

子凡、子好古字敏求）　张而素函白（何千里）　毛奇龄大可

**《记三》（凡四十一人）**

万斯同季野（温睿临字邻翼、王鸿绪）　胡渭朏明　吴涵匪庵（从子师栻字次张、子关杰、子庸楫）　王掞藻儒（魏希征字子相、孙昶字次年）　许三礼酉山（郑某）　徐秉义果亭　窦克勤敏修（冉觐祖字永光）　金德纯素公　阎若璩百诗　温德裕益修　黄曰瑚宗夏（毛惕字用九）　冯雍敬南（冯璇字衡南、冯钦南、冯瓒）　周峋昆来（索克果亭）　李毓樾荫长　朱书字绿杨勤慎修　徐元梦蝶园（张英字敦复、方苞字望溪、杨三炯、望溪子道章字用安）　李光地晋卿（郑知芳字若洲、徐用锡字坛长十四王胤禔、杨兰生、蔡瑞寰一字瑞安）

**《记四》（凡六十八人）**

鲁登阙圣居　张中潜士　蔺佳进行上（张天球字晓夫）　梁盼质人（张景蔚字少文）　蔡麟瑞生（何百禄字万钟、张赤城、陆师旦字西朋、胡元驭、戴大源字梅庄、柯凤字岐山）　王孙裔子丕　陈光陛尚孚　黎宋淳长举　韩武绳其　朱轼可亭（陈仪字子翙）茹凤仪（沈廷桢字青山廷桢子永言，从子素存）　顾之珽（林县县丞。干鲧、马呈图字义征、郭鼎三、周领旗、张二胤、苏克宪、田束孚字信侯，束孚子斌）　陶窳甄夫（王远字带存）　达宸紫旭（王暻文、柳生、张西陆）　王心敬尔辑　李颙中孚（李因笃字天生、鸾柏字复元、郭尧都）　白讷梅溪（白静庵）　古葵季荣（秦子受）　张翚采舒　孙开绪（王奂曾字元亮、陈四如、子章）　江素庵　周侣樵　刘伊园　翁荃兰友　身在修李师柏正芳（刘山字屿洲、郑瀹字涣门）　王元蘅符躬　冯方智（方传恭）　梅文鼎定九（刘湘煃字允恭）　黄叔琪果斋（兄叔琳字昆圃）　曾克任

**《记五》（凡九十六人）**

王复礼草堂　钱煌晓城　姚立方　毛远宗（姬璜兄充有、沈曰抡字卜子、柴陛升）　周梁好生　朱灏（陈荚）　李铖绣持

蔡治瞻岷（费密字此度、徐澄源、张丰村、费锡璜字滋衡） 鹿密观子濂 宋谨豫庵 冯颖明 仲宏通开一 虞龙章 冯景夏树臣（李维坤字宁一） 郭圻十同（邢伟人、刘汉字聚五、李皋字鸾云、徐公潮、朱超字越千、曹谦、赵九鼎、赵瓒字澄溪、乐块然、徐适字仲容、许遇字不弃、魏肤功、王瑄、齐榆、韩石、王秉公、马懋德、畅泰征、陈子彝、耿子达、宁天水、熊伯玉、耿敬仲、孙实则、柴聚魁、丁士杰、宁季和、阎慎行、周础公、张子朗、刘念蓭、李瑶之、杜聿修、周炎、赵龙文、张灿然字天章、田椒柏、郑吉人、梁廷援字以道、刘子厚、王廷佑字次亭、常贞一、苏子文、刘从先、韩旋元、韩智度、张沐字仲诚、李子楷、侯子宾、傅惕若、王子谦、寇楣、王焉倚、李象乾、李乾行、阎辉光、国公玉、郑光欲、郑克昌、杨雨苍、杨济川、贾聿修、国蒲玉、乔百一、张子励、韩同甫、王叙亭、裴文芳字子馨） 程潜伯（路骧皇字趋光、陈宗义）

**《记六》（凡一百一十四人）**

关拉江（曹君佐、曹梅臣、程玉行、金安国） 张鼎彝清臣（弟尚夫、任最六） 申佐领 于南溟（父名世） 张部郎（祝兆鹏字振南） 李龙友（来严若、李之藻、赵德生、张石民）
刘天植挺生（张熙甫，熙甫子张鈜、张钟，刘学山、王顺文）
宋惟孜涵可（任熙宇、王古修、石生、张伯行孝先、郑性、毛孝章、乡饮大宾） 伊介公（陈郎公、申奇章、董汉儒、董汉杰、郭镆、郭鲁、郭宏、伊维藩、伊维城、祁鼐臣、郭培、李启若）
姚苏门（徐阁臣） 华显（李六仪宾） 赵泰岩 何鲁莽（梁翚羽） 郭文炳郁甫 陈鈜国镇（陈极如） 张廉泉（陈健夫、周赟字青士、吴星潭） 孔尚任东塘 邵廷寀允斯 常鋐禹九畴
刘有余绰然（李天柱字丹涯，刘石村） 曹乾斋 王士祯阮亭（许汝霖字时庵，博向亭） 陈心简（吴敬庵、曹正子、员从云字震生、刘巖、朱直岗、韩文萃） 秦心庵（李景仁、邵时昌、

李中牟、倪际唐、张百始、宋若愚、陈正心、周伯章、李辑五，孔兴泰字林宗、王绅字公垂、绅子氏縠，戴名世字田有、陈纯一、李兴业、邵荣业、李炜、杨淡园） 杨名时宾实 孙勷子未 李敏志（李才蕡字去华、李霖字沛公） 黄辅弼臣实 董载臣（陈铣字掌垣、吴学灝字子纯、杨仁澍） 李斯义质君（李来章字礼山、吴长荣字木欣、洪天柱字秋崖、何图字龙章，张炰字御仲、刘枏字百斯） 钱聚庵 李汝懋

**《记七》（凡一百五十人）**

张罗喆石卿（张秉曜字尔韬） 张起鸿公仪（赵琰） 王之佐五修（子兴甫、文甫、献甫、潜甫，崔蔚林字夏章、杨尔淑字谌子） 吕中文辅 郭靖共敬公（赵太若，太若子晫、昕、暽，徐蓝生、李贞吉、汪魁楚） 朱湛参两 彭士奇桓斋（彭朝彦） 刘起声宰宇（子发璋，冯廷献字翼公） 李以朴公（子杜字文长） 王廷秀恂九 王学诗全四 崔璠奂若（贾士珩、王汉臣、宋瑜、徐之琇） 李元英（李止庵、李果） 刘心镜（李书思、刘洪、刘心衡、刘心惠） 王绍先（兄陶阳，陶阳子业豊、业彪，王业鑨） 齐爟燧侯（弟熏字锡侯、弟中岳、父齐国琳字林玉，王文字宏度、王青甸、王楫字辅舟） 张子舒（赵士秀、郭藩、张澍字霖生、张汉、王自新）阎健（弟鈉、铨、钰，父中宽字公度，祖际春字大来、祖齐春、彭如龙、彭犹龙、刘荫旺字润九） 谭采耀 石鸾子云（弟鸑，石继搏字孚远、石耀亭、石鸮、李仁美、李全美、宋希濂字方舟、孙秉彝、齐观光、贺硕德、王恭己、王子佐、朱体三） 习斋族昆弟士俊千人（士佶字吉人，士钧、士侯、士镇、士锐、士综字宗人，族子希濂字廉甫、修己字敬甫、尔俨字畏甫，族孙保邦、族叔心絑、叔祖邃明、叔曾祖龙泉、族叔羽洙、叔父愉如、从叔父恬如，族世父慷初、还初，族大父后溪、洞明，养子尔檥，还初子文芳、怡如子早壮，愉如子亨、子利，父昶，养孙重光、边之藩、夏希舜、王

九成） 朱肖文（马遇乐字赏伯） 陈兆兴（李廷献、管廷耀、管绍昌） 曹可成（田德豊、郝梦祥、郝梦麟） 李植秀果斋 房魁盛擢元 贾易子一 刘士宜（刘贯一字古衡、刘颖生、陈叡庵） 李翼公（王之臣、张纶、王邵武） 张文升

刘崇文焕章 苏德星甘石 宋会龙赓休 彭大训永年（彭超字翔千，超子汝霖）彭如九（彭济寰、彭平子、彭亭立、彭琨）

**《记八》（凡八十三人）**

杜谦牧（杜沃字启心、田如龙字夔庵、刘亭忠字其德、王绍文字宗洙，刘焞、兄熺字霁辉，郑知宠字见百、弟郑仲良、郑长民、张淑章字瞻仰、刘廷直字邦司、杜谦益字友三、张朏明、盖公谟、魏纯嘏） 杨计公（子静甫，武韦皋字彤函、赵卫公、赵启公、彭古愚字子谅、可默字讱言、王杰期、赵垂勋字伟业、垂勋子瑞鸿字斩逵、王博古、弓御九、弓巽字逊甫、弓恒矢字靖莽、刘琛字耒献、琛子廷杰，李树硕字简臣、树硕子用晦、崔甲锽字闻远） 黄时雍（子龙章、子升远） 张业书肆六（父兴家字旺川） 王植槐三（王济光） 李柱介石（子通字六经，孙基） 田沛然（子经埏、界埏、治埏字乃亩） 曹敦化万初 陈天锡 冯梦祯绘升 耿极保汝（子之翰字尔良） 杜越紫峰 刘棻旃甫 张海旭 孙之萍衷渊（弟之藻紫洲） 王经邦咸休 戴昆生（子三聘字莘野）魏一鳌莲陆 杨思茂孔轩（管公式） 阎镐季白 金廷襄应枚（詹远字定侯、陈振赡字见敷、王彪字契九） 张珂可玉（李倜字毅武，倜子肃和） 彭毓宋蕴奇（子璜，朱阔字苍澍、刘鑣字长驭、刘敬蓭、姫鹤亭、吴玉衡） 褚笠叟（澄岚父子）

**《记九》（凡八十人）**

王謇孝微（唐执玉） 吴国对默岩（张天门、吴士玉、王震声、王仲英、魏君弼、李铨字穆庵、唐建中） 毕忠吉淄湄（高荫爵字子和、刘副使、彭捕厅、陆某、浦凤巢、乔某、赵用熙）

陆陇其稼书（邵嗣尧字子昆、黄世发字成宪、赵山公、吴允谟、温仪字载湄、杨廷望） 齐治平泰阶（赵记字光玉） 叶新惟一（孙明明） 孙应榴子房 程贞履正 金正春裕斋 张壬林子有 蒋树培芳原 安清卿（赵晋侯、姚伯涛、魏秀升、冉怀璞、汪若纪、王佳璠、王辅臣、阎佩五、张贞子、单揩侯、冯修五、郑天波、张自天、高台臣、陈康如、胡连城、李甥、韩子垂、郭生、吴仲常、杜益斋、李命侯、高生、杜生、马载图、田起凤、孙其武、萧九苞、赵麟书、萧治台、苗揆文、张文典、吴生、刘懿叔、齐笃公、陈端伯、陈印尼、姚宏绪、无退、维周、周文忠字焕彩，张皓千义山、玉峰太翁、刘遗惠）

据上所列，共凡七百三十九人，与撰者所谓七百一十三人，实多二十六人。即减去朱晃、讱言诸人，亦不当相差如此之多，盖撰于人数之计算实未必确切，正如其显然讹误诸端也。

然此犹不必深责之，其最令人不满者，则是书述颜李之师友弟子，实未遍读颜李之遗著，并未将《颜李丛书》中所涉及之人物一一述之，于材料之搜集实未尽心力以为之，故其成书甚疏略也。习斋《四书正误》卷三云："清苑陈譓庵述先正马钟阳解'成事'指观齐社，'遂事'指与三家盟于社，'既往'指亳社。言责宰我。"又"吾友陈翁譓庵述旧解"云云，是习斋老友之中有陈譓庵其人，且屡称引其说，而撰者乃遗漏之，又《朱子语类评》云："昔在定州，坐王生楷礼斋，言及程、朱灭孔子之道"云云，则习斋弟子中当列入王楷礼，而撰是书亦遗漏之！见于《言行录》者尚有靳氏子、王景万诸人。见于《习斋记余》者尚有谷若衡、王允德、刘启三、王辉臣、孙克之、刘宏斯及其子君显、王元裔、王学诗子际泰、渊颖子、朱异光诸人。其见《习斋年谱》者尚有：朱义、吴瑾、颜希汤、石蓝生、马开一、刘涤翁、许恭王诸人。凡廿一人，皆遗漏之，此述习斋师友弟子可谓未完备也。

其关于恕谷者，则《年谱》所述及之张新六、萃生、振锐、振镆、曾达、本初、马大、马斌、马耒顾、张翼亭、大莲、宋佑咸、阎茂宗、阎世昌，及王子瞻、杜孟南、王桀期、王天佑、陈惺斋、可希哲、尹元甫、吕易品、颜银裔、魏梁园等二十四人，亦并未收入。《恕谷年谱》于戊辰三十岁恕谷如府晤魏莲陆、王子瞻，且云“子瞻，张石卿门人”。又辛未三十三岁云：“晤杜孟南于庞蕞，论学，徵君越子也。”足见恕谷与张石卿、杜紫峰门人子弟之关系，皆颇关重要，而竟阙弗具！载在《年谱》且如斯，亦可见其疏略矣。恕谷《论语大学传注》中答友朋弟子之问者有：吴颖长、张无忌、张南士、方铁壶诸人。恕谷《中庸传注》所列门人有：李逵春、王志燮、李淑圣、宋殷裔、魏炳、王芝、李廷栋、缪尔直、陈琪、赵元璧、赵宏渡、高捷、彭游龙诸人，此十七人中，如方铁壶之名屡见于恕谷诸经传注，关系皆极重要，而亦竟付缺如，殊有愧于表彰颜李学也。

在《恕谷后集》中有：徐生、李吟秋、魏韫石、崔埥、陈鸣九五人未列入。在《恕谷诗集》中更有：

张乘乾、陆翼王、张岫庵、于敏公、王起斯、张云四、王家洲、彭文琪、宋方邹、张平子、陶敏斋、郭蔚甫、白琢之、孔望池、徐云祖、彭碧津、牛善长、彭文乾、陈右函、王云卿、刘独莽、陈叔智、彭信甫、刘右衡、倪允懋、彭叔园、董折瞻、刘在中、王之麟、张羽先、梅勿庵、王九思、高象谦、刘沅道滋、于孝征、刘华祝北村、刘北堂、黄成鼎、张石亭、王淑萃、单乾久、徐玉如、齐龙冶、齐肇洲、余光若、王调甫、王铫公、耿向午、王越千、王象九、虞丘王、齐封之、王玉汝，及董县令、李清轮、乔国瞻、司成达公、巢学士、苍林、济崘丈、天鹿、药中僧、松阿樵者。

凡六十三人，是书并未收入。此六十三人中，参如刘在中疑即刘述舜，彭文琪疑即彭琨，苍林、济崘丈等之不知其为何人，然皆不见于《年谱》诸书者。而就《诗集》以观，可知张云四为张瞻仰之父，郭蔚甫为郭郁甫在建瓯昆弟，王九思为王五公之曾孙，刘道滋为刘焕章之曾孙，乔果瞻为蠡县令乔某之父，黄成鼎为成襄之弟，齐隆冶、齐肇洲、齐封之为齐燧侯之同族，王铫公为王青甸之侄，耿向午尝有助于习斋之东出寻父，使人于颜李友朋弟子之事迹益可了然。他如据《诗集》可知于南溟之名廷弼，周侣樵之名怀臣，齐中岳之字阜侯，王纶之字言丝，吴关杰之字汉三，吴周辑之字传舟，蠡令陆某为陆松崖，皆可补《年谱》诸书所未备。王越千与朱越千实非一人，《习斋年谱》所载未误，而是书以为："《年谱》作王越千，疑误"，尤足以决其非是。撰是书者于此极易搜集之材料，尚不尽心力以择取之，而遽以成书，实未解其何以粗疏如此也。

是书以于襄勤、于清端、徐元梦、张敦复、李光地、十四王胤禵诸显贵列之颜李师友之中，实不免于过滥之讥，然此犹可谓通声气也，而既以十四王胤禵列入，在恕谷诗，又有皇子三王亦谋聘之，则不叙入，实不知其义例何在？又据《习斋年谱》，习斋与彭之灿、赵琰、杜紫峰三人并不相识，三人早死于习斋年幼之时，而是书将此三人列入，亦并失当，皆其弊病也。

昔戴子高撰《颜氏学记》时，未获睹颜李全书，故其颜李弟子录颇有讹误。如郭圻、刘汉并非恕谷之弟子，而戴氏以入弟子之列；于南溟与于鲸并非一人，而戴氏以为一人。兹《师承记》复举其误以李元英为新城人；刘贯一字古衡，而戴氏以贯一为刘士宜之字，皆足以证戴氏之讹。惜其于获睹颜李全书之时，撰为斯记，而乃草率从事，叙次失当，讹谬显出，疏漏甚多，殊失所以表彰颜李学之指意也。

（《史地周刊》第十期，1934年11月）

附：

# 晚清今文学运动

## 一　今文学运动之先驱

### （一）今文学运动发生之原因

乾嘉之世，惠栋、戴震揭橥汉学之旗帜，提倡考证之精神，惠氏弟子江声、余萧客，戴氏弟子段玉裁、王念孙辈踵继其业，一时达官贵人如王昶、毕沅、朱筠、阮元之流更附羽翼其间，天下靡然附和，咸尊汉而抑宋，注重名物训诂之学，考证之风，盛极一时。虽于古学之复兴、古书之整理，成绩不无灿然可观，然其缺陷，亦有可得而言者：

（1）乾嘉诸老，专崇汉学，贬抑宋儒，此固为程、朱一派学者所不满，其实当时揭橥汉学之名，犹未能真尽汉学之实也。江藩撰《汉学师承记》，龚自珍贻书诤之，谓："国朝《汉学师承记》，名目有十不安。"其言有云："琐碎饾饤，不得谓非学，不得为汉学。"又云："近有一类人以名物训诂为尽圣人之学，经师收之，人师摈之，不忍深论。以诬汉人，汉人不受。"（《与江子屏笺》）以名物训诂为汉学，本非汉学之实，且其所宗师者，实为东汉之服、郑，如惠氏之"六经宗服、郑，百行法程、朱"，及江声、王鸣盛等咸以昌明郑学为主旨，皆尚未达到复西汉今文经学之古也。清代学术，本以"复古为解放"，则必有人焉，奉今文经为主，以复西汉之古，出而号召，以改变当时之学风者。此乾嘉学派本身之缺陷，所以引起今文学运动者也。

（2）乾嘉诸老，致力考证之业，以名物训诂为学，既不免支离破碎，且于经世理民之途无补，实失经术所以经世之意。此乾嘉学派虽以功力学问为当时所崇尚，而同时之学者如焦循、方东树辈已深为诟病矣。焦循尝有言曰："近之学者，无端而立一考据之名，群起而趋之，……专执两君之言，以废众家，或比许、郑而同之，自擅为考据之学，余深恶之也。"又曰："自有考据之目，依而附之者有二：一曰本子之学，宋相台岳氏集二十三本以校《九经》，此其嚆矢也；一曰拾骨之学，其书已亡，从类书中鸠灌而出，若王应麟之《诗考》、《郑氏易》是也。是二者，富贵有力之家出其余财，延集稍知文者为之，亦贤于博奕，亦是备学者之参考。若一生精力托此为业，唯供富贵有力者之使，令为衣食糊口计。倘认此为经学，则非也。"（《里堂家训》卷下）焦氏生于乾嘉学风正盛之世，其特流弊尚未显见，而诋諆考据之学，一如后来今文学家龚自珍、魏源、廖平、康有为所讥诃者。此亦必有人焉，以讲求微言大义为主，而摈弃名物训诂之学，如西汉今文经师之所为，出而号召，以改变当时之学风者，此亦乾嘉学派本身之欠缺，所以引起今文学运动者也。





(3) 清代自乾嘉后，盛极而衰，复有鸦片之战，太平天国之乱，外患日亟，内变叠兴，社会经济，渐趋崩溃。已不能使学者安心于故纸堆中，讲求名物训诂、琐碎饾饤之学，而不得不起而注重经世致用之学术。中法、中日两役以后，有识之士，尤深危亡之感，而有维新革命之谋；今文经学，《春秋》有改制之文，《齐诗》有"革政"之说，尤可以借经术以昌言改革，非崇尚东汉服、郑之学所可比拟。此亦乾嘉学派之欠缺不足以应时世之变，而今文学运动所以代兴，乃至盛极一时也。外此则疑古之风气与考古之成绩皆有助长于今文学运动，惟其关系则俱甚微。要之，今文学派比较考证学派进化之点有二：一曰不信孔壁伪经，而用周秦流传之古本，不信东汉人说而用西汉师说，比较"好古"、"近真"，此其一。一曰昌明经术，兼以明道救世，非如考证学派之仅使书受我之益，而不顾国计民生，比较为“务实”、“有用”，此其二。故当其盛极之时，能使政治上、学术上发生极大之影响，不惟为中国启蒙运动之先驱，即以今文学派康、梁诸人之主张维新变政而论，为时虽暂，然所以促成辛亥革命者，其功亦不可泯也。浅见寡闻之士乃以康氏斥伪经为非，因而汩没今文学运动影响之巨，殊非好学深思心知其意者矣。

（二）今文学运动发展之概观

今文学运动发生之原因有三，已如上述，其发展之经过，实亦循斯三主要原因而可约略分为始创、发达与极盛三时期。

（1）今文学运动之始创，实以常州庄存与为其先驱，庄氏著有《春秋正辞》一书，揭橥《公羊》之学，以与考证学派中吴、皖两派相推衡。庄氏弟子有曲阜孔广森、余姚邵晋涵，对于《公羊》、《穀梁》二传并有著述，故今文学派或称为常州学派，《公羊》学派。其从子述祖，孙绶甲并通其学。然庄氏之时，不惟于今古文之界限划分未清，即如《公》、《穀》之学，家法亦未十分明了，庄氏虽倡导今文经学而亦深为伪《古文尚书》辩护，孔氏《公羊通义》则时援引《左氏》以为说，致招后人以“不通家法”之讥评。盖此犹当乾嘉时代，实为今文学运动之发轫时期，但欲复西汉之古经，而无所谓家法今古之别也。与庄氏同时略后之学者，如陈寿祺，虽今人不以今文学家目之，然实从事予搜集今文遗说，至其子乔枞乃完成之，而为今文学派中之巨制。尤足以见在今文学运动之发轫期中，但欲复两汉之古，未暇于分今古、明家法及通经致用也。庄氏之学，再专至其外孙刘逢禄、宋翔凤，家法始稍甄明，然于今古之分亦不甚严，其通经致用之思想亦不甚显见也。

（2）今文学运动之发达，则自龚自珍、魏源为益盛，龚、魏于家法今古之分稍明，而通经致用之意，时时见于言表，盖不仅以复西汉之古为局限，且深恶夫汉学之名及考证学派之支离破碎之无补于家国矣。其时治今文学者，如陈立，则有《公羊义疏》之巨著，陈乔枞则有《诗三家遗说考》、《今文尚书经说考》等书之完成，钟文烝则有《穀梁补注》之写定，邵懿辰之《礼经通论》则主礼经不残缺而《逸礼》为伪撰。主张今文经说者，于《诗》、《书》、《礼》、《易》、《春秋》诸经，咸斐然有述造，不可不谓今文学运动之发达时期矣。其治学之态度，除龚、魏外，于家法虽严，于今古虽明，然而犹鲜有借经术以经世者，故犹非极盛之时期。

（3）至同治、光绪间，廖平、康有为出，乃于今古文之划分极明，排斥伪经，亦复甚力。廖、康皆好讲论微言大义，又好借《春秋》之学以伸其革政之论，颇足以动一时之视听，在朝之士，翁同龢、潘祖荫又复羽翼之，康氏与其弟子梁启超、谭嗣同且颇得光绪帝之信任而掀起戊戌变政之居巨潮，惜为奸佞所阻，不数月而事败。然此时期固不可不谓为今文学运动之极盛时期也。与廖、康同时学者如：王闿运著有《公羊笺》、《穀梁申义》诸书，皮锡瑞著有《经学历史》、《尚书今文考证》诸书，王先谦著有《诗三家义集疏》、《尚书孔传参正》诸书，崔適有《史记探源》、《春秋复始》诸书，或阐发奥义，或取便省览，皆颇足以影响后学；而媲美于陈立、陈乔枞诸儒也。





**（三）今文学派及其他重要学者之年代**

晚清学术，既以今文学运动为主要潮流，故本篇所述，亦以今文学运动之人物为主。然与主潮同时并行者尚有浙粤一派之经学家，如黄式三、陈澧等，亦如今文学派与程朱学派之反乾嘉学派，主汉宋兼采，在晚清经学中，亦不可不谓为一支流，此其一。乾嘉学派之遗风，至于清末，亦未坠替；在今文学运动极盛之时，朴学大师，如俞樾、孙诒让、章炳麟、刘师培诸人，亦颇有足称者。炳麟、师培，于廖、康、皮诸儒，攻击不遗余力，为今文学运动之反对一派，尤不可不附述之，此其二。兹依中卷之例，按各家生年之先后，依次排列于后。庶于年代可以比较而得，可一览而了然矣。

庄存与：康熙五十八年至乾隆五十三年（1719 年—1788 年）。

庄述祖：乾隆十五年至嘉庆二十一年（1750 年—1816 年）。

庄绶甲：乾隆三十九年至道光八年（1774 年—1828 年）。

陈寿祺：乾隆三十六年至道光十四年（1771 年—1834 年）。

迮鹤寿：乾隆三十八年至道光十六年（1773 年—1836 年）。

刘逢禄：乾隆三十九年至道光九年（1774 年—1829 年）。

崔述：乾隆五年七月二十九日至嘉庆二十一年二月六日（1740 年 9 月 19 日—1816 年 3 月 4 日）。

凌曙：乾隆四十年至道光九年（1775 年—1829 年）。

宋翔凤：乾隆四十四年至咸丰十年（1779 年—1860 年）。

许桂林：乾隆四十三年至道光元年（1778 年—1821 年）。

柳兴恩：乾隆六十年至光绪六年（1795 年—1880 年）。

龚自珍：乾隆五十七年至道光二十一年（1792 年—1841 年）。

魏源：乾隆五十九年至咸丰六年（1794 年—1856 年）。

侯康：嘉庆三年至道光十七年（1798 年—1837 年）。

陈乔枞：嘉庆十四年至同治八年（1809 年—1869 年）。

陈立：嘉庆十四年至同治八年（1809 年—1869 年）。

邵懿辰：嘉庆十五年至咸丰十一年（1810 年—1861 年）。

包慎言：生卒年不详。安徽泾县人，字孟开。嘉、道间人。举人。有《公羊历谱》。

龚橙：嘉庆二十二年至同治九年（1817 年—1870 年）。

钟文烝：嘉庆二十三年至同治六年（1818 年—1867 年）。

梅毓：生卒年不详。江苏江都人，字延祖，同治九年科举人著有《穀梁正义长编》一卷。

王咏霓：道光十九年至民国五年（1839 年—1916 年）。

刘恭冕：道光元年至光绪十年（1821 年—1884 年）。

王闿运：道光十二年至民国五年（1832 年—1916 年）。

王先谦：道光二十二年至民国六年（1842 年—1917 年）。

皮锡瑞：道光三十年至光绪三十四年（1850 年—1908 年）。

何若瑶：生卒年不详。广东番禺人，字石卿。道光二十一年进士，有《公羊注疏质疑》、《两汉考证》等。

张宪和：生卒年不详。

王祖畬：道光二十二年至民国七年（1842 年—1918 年）。江苏太仓人，光绪九年进士，有《礼记经注校证》等。

廖平：咸丰二年至民国二十一年（1852 年—1932 年）。

康有为：咸丰八年至民国十六年（1858 年—1927 年）。

梁启超：同治十二年至民国十八年（1873 年—1929 年）。

谭嗣同：同治五年至光绪二十四年（1866 年—1898 年）。

崔适：咸丰二年至民国十三年（1852 年—1924 年）。

李道平：乾隆五十三年至道光二十四年（1788 年—1844 年），字遵王，湖北安陆人。

戴望：道光十七年至同治十二年（1837 年—1873 年）

夏曾佑：同治二年至民国十三年（1863 年—1924 年），浙江钱塘人，字穗卿，光绪庚寅进士。

郑果：生卒年不详。

柯劭忞：道光二十八年至民国二十二年（1848 年—1933 年）

以上三十九人皆今文学派之重要学者。

黄式三：乾隆五十四年至同治元年（1789 年—1862 年）。

丁晏：乾隆五十九年至光绪元年（1794 年—1875 年）。

朱次琦：嘉庆十二年至光绪七年（1807 年—1881 年）。

陈澧：嘉庆十五年至光绪八年（1810 年—1882 年）。

黄一周：道光八年至光绪二十五年（1828 年—1899 年）。

朱一新：道光二十六年至光绪二十年（1846 年—1894 年）。

成蓉镜：嘉庆二十一年至光绪九年（1816 年—1883 年）。

简朝亮：咸丰元年至民国二十二年（1851年—1933年）。

上八人皆汉宋兼采学派之重要学者。

马瑞辰：乾隆四十二年至咸丰三年（1777年—1853年）。

李贻德：乾隆四十八年至道光十二年（1783年—1832年）。

陈奂：乾隆五十一年至同治二年（1786年—1863年）。

刘文淇：乾隆五十四年至咸丰四年（1789年—1854年）。

刘宝楠：乾隆五十六年至咸丰五年（1791年—1855年）。

沈涛：乾隆五十七年至咸丰五年（1792年—1855年）。

邹汉勋：嘉庆十年至咸丰三年（1805年—1853年）。

郑珍：嘉庆十一年至同治三年（1806年—1864年）。

刘毓崧：嘉庆二十三年至同治六年（1818年—1867年）。

俞樾：道光元年至光绪三十三年（1821年—1907年）。

刘寿曾：道光十八年至光绪八年（1838年—1882年）。

孙诒让：道光二十八年至光绪三十四年（1848年—1908年）。

章炳麟：同治八年至民国二十五年（1869年—1936年）。

刘师培：光绪十年至民国八年（1884年—1919年）。

上十四人皆考证学派之重要学者。

## 二　今文学运动之先导大师

### （一）庄存与

存与字方耕，江苏武进人。幼传太原阎若璩之学，博通六艺，而善于剔择。乾隆十年一甲二名进士，授编修。二十年擢少詹事，擢内阁学士，兼礼部侍郎。三十九年提督山东学政，寻调河南学政。五十年命偕礼部尚书德保重辑《律吕正义》。五十一年正月，以存与年力就衰，予原品休致。五十三年十月卒，年七十岁。其所有：

《尚书既见》三卷，《尚书论》二卷，《象传论》一卷，《彖象论》一卷，《繫辞传论》二卷附《序卦传论八卦观象解》二卷，《卦气论》一卷，《王诗说》二卷补一卷附一卷，《周官记》五卷，《周官说》二卷，《春秋正辞》十二卷附举例一卷，《要指》一卷，《四书说》二卷。

上列庄氏著述之中，最有关于今文学运动者，厥为《春秋正辞》十二卷附《举例》一卷、《要指》一卷。盖庄氏之治经，本先治古学，宗郑氏者，故于今文著述犹少也。据其孙庄绶甲所为《周官记·跋》云：

> 先大父之治经也，最先致力于《礼》。病《周官》礼经六篇，《冬官司皇》独亡，以为周家制度，莫备于《周官》，《周官》式法，根柢皆在《冬官》，《冬官》存，举而错之天下，无难也。欲为《冬官》补亡，而阙失不可理，遂原本经籍，博採传记诸子为《周官记》五卷。于《冢宰记》，著官府；于《司徒记》，表均土分民之法；于《司马记》补其阙文；无《宗伯》、《司寇记》。于《司空记》则为拟补其文，而特加《冬官》之目，以剔异诸篇。别有《司空记》一篇，则采撮周秦之书，备材于事典云尔。自为之序，以见大意。于建邦之纲纪法度，举凡郊坛、宗社、明堂、辟雍之兆位，朝市、宅里、仓廪、庛库之营建，律度量衡器用财贿之法制，分州定域、度山量水、治地辨土、任民饬工、尚农审时之大经，以及营卫、车辇、道路之细务，靡不该举；盖将通贯六官以陈一官之典焉。次《周官说》二卷，一则释其要者释之，一则合二礼以究大义。通前书凡七卷，皆平定之。……先大父治《礼》本郑氏学，又遍览晋唐宋明以来，说礼之书，择善而从，为郑氏拾遗补阙，如“六天五帝”，本之谶纬；五服九州，无籍拓大；冕服十二；周不必减九；口率出泉，周未有其事。此等皆为疏通其

指，一衷于经焉。(《经解续编一六五·周官记·跋》)

观绶甲此《跋》，可知庄氏本先治《周礼》而宗郑氏，且择善而从，为郑氏拾遗补阙。其治经之态度，固无今古两派之分；且择善而从，尤不计及专守一家之家法也。此庄氏虽号称为今文学大师，而其著述之关于今文学者惟《春秋正辞》一种也。庄氏于《春秋正辞》有自序，略云。

庄氏此序，述其讲求《春秋》之动机，实缘于心善元赵汸氏之《春秋属辞》，赵氏之学，上承其师黄泽之教，对于《左氏》，颇信为《春秋》之真传，但能事据《左氏》，义参《公》、《穀》，于三传稍能特平，非专宗《公》、《穀》者也。庄氏既善赵氏之书，故其治《春秋》之学，亦不能严守家法；虽颇能申《公羊》之旨，而时不免牵引《左氏》。兹试举其弟子孔广森所著《公羊通义》述庄氏说者以见之，《公羊通义·文公十年楚子蔡侯次于屈貉》条下云：

座主庄侍郎为广森说此经曰："屈貉之役，《左氏》以为陈侯、郑伯在焉，而又有宋公后至，麇子逃归。《春秋》一切不书，主书蔡侯者，甚恶蔡焉。蔡同姓之长，而世役于楚，自绝诸夏。商臣，罪大恶极，犬彘将不食其余，盖窃位以来，诸侯尚未有与盟会者。蔡庄侯首道以搂上国，独与同恶相济，同气相求，不再传，而蔡亦有弑父之祸，遂使通。《春秋》唯商臣与般相望于数十年之间。若蔡侯者，所谓用夷变夏者也。广森三复斯言，诚《春秋》之微旨。昔卫州吁弑君自立，使公孙文仲平陈与宋，及宋殇公、陈桓公之身，而冯弑、佗篡之难作，鲁翚会之卒之，弑隐者翚也。子夏有言曰：'《春秋》之记臣弑君、子弑父者以十数矣。'皆非一日之积也，有渐以至矣。察于彼经曰'卫州吁弑其君完'，'翚率师会宋公、陈侯、蔡人、卫人伐郑'，维之'壬辰，公薨’，‘宋督弑其君与夷’，‘蔡人杀陈佗’，则知党弑君之贼者，其国必有乱。臣观于此经曰‘楚世子商臣弑其君髡’，‘楚子、蔡侯次于屈貉’，又至于‘蔡世子般弑其君固’，则知党弑父之贼者，其家必有逆子。呜呼！国有风，家有俗。久闻习见，风俗以成。白羽素丝，唯其所染。履霜乘火，宁可不慎！”

观此所述，其师、弟发明《春秋》显著几微之旨，不可谓不善。然据《公羊传》所不载而仅见于《左氏》之事实以为说，实不明《春秋》今古文之家法。广森亦同此病，此所以来后世之讥评也。庄氏《春秋正辞》中牵合《左氏》以为说甚多，舍《公羊》而赞《左氏》，皆非守一家言而明于家法者也。庄氏不惟于《春秋公羊》家法不能严守，于今古文之分亦不甚措意，其著述中有《毛诗说》、《周官记》等书，《毛诗》、《周礼》皆古文经，而兼治之，则其对今古文界划不甚严可知。抑尤怪者，庄氏幼传阎若璩之学，阎氏攻驳东晋伪古文经不遗余力，而庄氏则为伪古文辩护，不欲遽废绝之，此不可不谓为别有见地也。据龚自珍《资政大夫礼部侍郎武进庄公神道碑》录云：

阎氏所廓清，已信于海内，江左束发子弟，皆知助阎氏。言官学臣，则议上言于朝，重写二十八篇于学官，颁赐天下，考官命题，学僮讽书，伪《书》毋得与。将上矣，公以翰林学士直上书房为师傅，闻之，忽然起，逌然思，郁然叹，郁然而寐谋。方是时，国家累叶富厚，主上神武，大臣皆自审愚贱，才智不及主上万一。公自顾以儒臣遭世极盛，文名满天下，终不能有补益时务，以负庥隆之期，自语曰：辨古籍真伪，为术浅且近者也，且天下学僮尽明之矣，魁硕当弗复言。古籍坠湮什之八，颇籍伪书存者什之二，帝胄天孙，不能旁览杂氏，惟赖幼习《五经》之简，长以通于治天下。昔者《大禹谟》废，“人心道心”之旨、“杀不辜宁失不经”之诫亡矣；《太甲》废，“俭德礼图”之训坠矣；《仲虺之诰》废，“谓人莫己若”之诫亡矣；《说命》废，“股肱良臣启沃”之谊丧矣；《旅獒》废，“不宝异物贱用物”之诫亡矣；《冏命》废，“左右前后皆正人”之美失矣。今数言幸而存，皆圣人之真言，言尤痌瘝关后世，宜贬须臾之道，以授肄业者。公乃计其委曲，思自晦其学，欲以备援古今之事势。退直上书房日，著书曰《尚书既见》如干卷，数数称《禹谟》、《虺诰》、《伊训》，而晋代掇于百一之罪，功罪且互见。公是书颇为承学者诟病，而古文竟获仍学官不废。

存与不以辨真伪、分今古、守家法，而唯义理是安，唯以“补益时务”，“幼习五经之简，长以通于治天下”，此与乾嘉考证学派诸大师之支离破碎，专重名物训诂，不重时务，不通治道，实迥相异也。不守家法，不分今古，在龚自珍、魏源诸今文大师，犹不能免，则未可以此为庄氏之诟病，可了然矣。庄氏既闻学者治《春秋》，侧重义而求有补时务之风气，其门弟子孔广森著《公羊通义》，邵晋涵著《穀梁正义》，其从子述祖亦昌明其学，再传至刘逢禄、宋翔凤而《公羊》学派之旗帜，愈益鲜明，而发生盛极一时之今文学运动，溯流追源，固不得不以庄氏为此一派之先导大师也。晋涵著有《穀梁正义》、《韩诗内传》。孔广森、邵晋涵虽治《公》、《穀》之学，然广森于后又师事戴震，晋涵实兼治史学、小学，未尝有受其影响而治今文学者。已详述于卷中矣。庄氏之学，则实因其从子述祖而光大。

**（二）庄述祖并庄氏弟子**

述祖字葆琛，乾隆四十五年进士，选山东昌乐县知县，调潍县，寻授桃源同知，不一月，乞养归。著书色养者十六年，未尝一日离左右。嘉庆二十一年卒，年六十七（《清史稿·列传二百六十八·儒林》)。述祖原本家学，研求精密，于世儒所忽不经意者，覃思独辟，洞见本末。以为《连山》亡而尚存《夏小正》，《归藏》亡而尚有《仓颉》古文，略可稽求义类，乃著《夏小正经传考》、《古文甲乙篇》，其余经传悉有撰述，旁及《逸周书》、《尚书大传》、《史记》、《白虎通》，于其舛句讹字，佚文脱简，易次换第，草薙腋补，咸有证据。凡所著十七种，其刊行者：

《尚书今古文考证》七卷，《毛诗考证》四卷，《毛诗〈周颂〉口义》三卷，《五经小学述》二卷，《历代载籍足徵录》一卷，《文钞》七卷，《诗钞》二卷。





其考证《尚书》，于今古文并述，而于《诗》学，专明毛义，其作风亦与庄氏同，庄氏犹有关于《春秋》之专著，述祖则于此而未有。然述祖于《公》、《穀》之学实兼治之，据刘逢禄《穀梁废疾申何》卷二："传曰，言伐言取所恶也"条下云："昔尝以为《穀梁》者《公羊》氏之余绪，长于《公羊》者十之一，同于《公羊》者十之二三，所谓拾遗补艺者也。庄子（原注：名述祖，余从母舅，《诗》、《书》夏时义例、《五经》、小学多从受之）曰：'此《公羊》义。而称传，是其证矣。'既然是余绪，其出于《公羊》之后自是题中之义。"据此足见述祖虽于《公》、《穀》未有著述，而实有所得于二传，其甥刘逢禄、宋翔凤之成为初期今文运动之大师，未始非其启迪之功，不仅于传其家学也。述祖之学，盖于《尚书》用功较深，此可于刘、宋之《书序述闻》、《尚书略说》见之，详后。

（三）存与孙绶甲

绶甲字卿珊，亦传其家学，尤为述祖所爱重。著有：

《尚书考异》三卷，《释书名》一卷，《周官礼郑氏笺》十卷。

绶甲亦兼治古文，于《春秋》、《公》、《穀》亦无所阐述，然据龚自珍《破戒草之余》"同年生胡户部培翚，集同人祀汉郑司农于寓，斋礼既成，绘为卷子，同人为歌诗"小注云：

> 郑兼治十三经，人间完本有《诗》、《三礼》，辑录本有《箴膏肓》、《起废疾》、《发墨守》、《易》、《书》、《鲁论》、《孝经》、《尔雅注》也。《孟子注》见《隋·经籍志》，《隋志》殆未可信。庄君绶甲、宋君翔凤、刘君逢禄、张君瓒昭言封建皆信《孟子》，海内四人而已，张说为尤悲也。

绶甲亦非笃信古文之学者，龚自珍于诗文屡称道之，与刘逢禄、宋翔凤相提并论，可知其必有功于今文学运动，其成绩固不如刘、宋之显见耳。

### （四）刘逢禄

#### 1. 刘逢禄之生平及其著述

今文学派以庄存与为先导大师，其从子述祖传其学，再传至述祖之甥刘逢禄乃益发扬光大。逢禄字申受，一字申甫，号思误居士，江苏武进县人。祖父纶，大学士，谥文定。外祖父庄存与，舅庄述祖，并以经术名世，逢禄尽传其学。年十八补弟子员，二十五中拔萃科，三十二举顺天乡试。嘉庆十九年年三十九，始成进士，选翰林院庶吉士，散馆，改礼部主事。二十五年仁宗大事，逢禄搜集大礼，创为长编，自始事至奉安山陵，典章具备。道光三年通政司参议卢浙请以尚书汤斌从祀文庙，议者以斌康熙中在上书房获谴，乾隆中尝奉敕，难之。逢禄揽笔书曰："后夔典乐，犹有朱均；吕望陈书，难匡管、蔡。"尚书汪廷珍善而用之。越南贡使陈请为其国王母乞人参，得旨赏给，而谕中有"外夷"奠道之语，其使者欲请改为"外藩"。部中以诏书难更易，逢禄草牒复之曰："《周官·职方》，王畿之外分九服，夷服去王国七千里，藩服九千里，是藩远而夷近。《说文》羌、狄、蛮、貊字皆从物旁，惟夷从大、从弓。考东方大人之国，夷俗仁，仁者寿，有东方不死之国，故孔子欲居之。且乾隆间奉上谕申饬四库馆不得改书籍中'夷'字作'彝'。舜东夷之人，文王西夷之人。我朝六合一家，尽去汉、唐以来拘忌嫌疑之陋，使者无得以此为疑。”越南使者无辞而退。逢禄在官十二年，恒以经义决疑，为众所钦服，如此类者甚众。其为学务通大义，不专章句，存与著《春秋正辞》，取资《三传》，逢禄乃研精《公羊》，探源董生，发挥何氏。中交张翰林皋文（惠言），共通《虞氏易》。于《易》主虞氏，于《书》匡马、郑，于《诗》初尚毛学，后好三家。其所著述几二百十余卷。兹录其目如下：

《春秋公羊经何氏释例》三十篇，《公羊春秋何氏解诂笺》一卷，《答难》二卷，《发墨守评》一卷，《穀梁废疾申何》二卷《箴膏肓评》一卷，《礼议决狱》二卷，《论语述何》一卷，《夏时经传笺》一卷，《中庸崇礼论》一卷，《汉纪述例》一卷，《纬略》二卷，《春秋赏罚格》一卷，《左氏春秋考证》二卷，《虞氏易变动表》一卷，《六爻发挥旁通表》一卷，《卦象阴阳大义》一卷，《虞氏易言补》一卷，《易象赋卦气颂》一卷，《尚书今古文集解》三十卷，《书序述闻》一卷，《诗声衍》二十七卷，《庚辰大礼记注长编》十二卷，《春闱杂录》一卷，《东陵勘地图说》一卷，《石渠礼论》一卷，《八代文苑》四十卷，《唐诗选》四十卷，《绝妙好词》二十卷，《词雅》四卷，《诗文集》八卷。





其著述未竣者，尚有：《九章小学》数卷，《史记天官书》《甘石星经》数卷，《五经考异》数卷。其著述较早者为《公羊释例》、《虞氏易表》等书，余所成者，多在服官后十数年。其淹贯宏博，固不仅以《春秋》、《公羊》名家也。道光九年卒，年五十有六。

2. 刘氏对于今文学之贡献

刘氏著述，达二十三种，几二百余卷，其最与今文学运动有关而为后世所推崇者，则其所为《春秋公羊经何氏释例》、《左氏春秋考证》与《书序述闻》等书。刘氏自序其《释例》曰：

> 昔孔子有言，吾志在《春秋》。又曰：知我者其惟

《春秋》乎？罪我者其惟《春秋》乎？盖《孟子》所谓行天子之事，继王者之迹也。传《春秋》者，言人人殊，惟公羊氏五传，当汉景时，乃与弟子胡毋子都等记于竹帛。是时大儒董生，下帷三年讲明而达其用，而学大兴，故其对武帝曰：非六艺之科，孔子之术，皆绝之，弗使复进。汉之吏治经术，彬彬乎近古者，董生治《春秋》倡之也。……迄于东汉之季，郑众、贾逵之徒，曲学阿世，扇中垒之毒焰，鼓图谶之妖氛……自时厥后，陆淳、啖助之流，或以弃置师法，燕说郢书，开无知之妄；或以和合传义，断根取节，生歧出之途，支窒错迕，千喙一沸，而圣人之微言大义盖尽晦矣！大清之有天下百年，开献书之路，招文学之士，以表章六经为首。于是人耻向壁虚造，竞守汉师家法。若元和惠氏栋之于《易》，歙金榜氏之于《礼》，其善学者也。（禄）束发受经，善董生、何氏之书若合符节，则尝以为学者莫不求知圣人，圣人之道，备乎五经，而《春秋》者，五经之管钥也。先汉师儒，略皆亡阙，惟《诗》毛氏、《礼》郑氏、《易》虞氏，有义例可说，而拨乱反正，莫近《春秋》，董何之言，受命如向。然则求观圣人之志，七十子之所传，舍是奚适焉？故寻其条贯，正其统纪，为《释例》三十篇。

刘氏于自序中诋毁“东汉之季，郑众、贾逵之徒，曲学阿世”；又谓“陆淳、啖助之流，或以弃置师法，燕说郢书”；而盛称惠栋金榜之竞守汉师家法。是其于今古文之昼分，师法、家法之遵守，甚为厝意。故又能考证《左》、《穀》二传之真伪，申何难郑，此较其外祖庄氏为进步。刘氏盛称“汉之吏治经术，彬彬乎近古者，董生治《春秋》倡之也”。而刘氏所以为《释例》三十篇者，乃“用冀持世之志粗有折衷”。此又表明吏治经术本相关通，著述者所以达持世之志，亦胜庄氏为进步也。刘氏《释例》，以张三世，通三统，异内外诸例列为卷一，于“张三世”例曰：

> 传曰，亲亲之杀，尊贤之等，礼所生也。《春秋》缘礼义以致太平，用坤乾之义，以述殷道；用夏时之等，以观夏道。等之不著，义将安放？故分十二世，以为三等，有见三世，有闻四世，有传闻五世。于所见，微其词。于所闻，痛其祸。于所传闻，杀其恩。由是辨内外之治，明王化之渐，施详略之文。鲁愈微，而《春秋》之化益广，内诸夏，不言鄙疆，是也。世愈乱，而《春秋》之文益治，讥二名，西狩获麟，是也。……古之造文者，三画而连其中，谓之王。《易》之六爻，夏时之三等，《春秋》之三科，是也。《易》一阴一阳，乾变坤化，归于乾元用九而天下治，要其终于《未济》。……夏时察大正以修王政，修王政以正小正，德化至于鸣隼，……《春秋》起衰乱以近升平，由升平以极太平，尊亲至于凡有血气，……无平不陂，无往不复，圣人以此见天地之心也。

于“通三统”例曰：

> 昔颜子问为邦，子曰行夏之时，乘殷之辂，服周之冕，终之曰乐则韶舞。盖以王者必通三统，而治道乃无偏。而不举之处，自后儒言之。则曰法后王，自圣人言之，则曰三王之道若循环，终则复始，穷则反本，非仅明天命所授者博，不独一姓也。夫正朔，必三而改。故《春秋》损文而用忠。文质必再而复，故《春秋》变文而从质。受命以奉天地，故首建五始。至于治定功成，凤皇来仪，百兽率舞，而韶乐作焉，则始元终麟之道，举而措之，万世无难矣。……文王虽受命称王，而于系《易》，犹以庖牺正乾五之位，而谦居三公，晋、明夷、

升、三卦，言受祖得民而伐罪也。临，商正，言改正朔也。夫文王道未洽于天下，而系《易》以见忧患万世之心，《春秋》象之，故曰文王既没，文不在兹乎！故明《春秋》而后可与言《易》。《易》观会通以行典礼，而示人以易。《春秋》通三代之典礼，而示人以权。经世之志，非二圣，其孰能明之！

于《内外》例曰：

昔文王系《易》，著君德于乾二，辞与五同，言以下而升上，以内而及外也。夫子赞之曰，庸言之信，庸行之谨，闲邪存其诚。善世而不伐，德博而化有，旨哉！慎言行，辨邪正，著诚去伪，皆所以自治也。由是以善世则合内外之道也。至于德博而化，而君道成，《春秋》所谓大一统也。夫治乱之道，非可一言而尽。易变动不居，由一阴一阳而穷天地之变，同归于乾元用九以见天，则《春秋》推见至隐，举内包外，以治纤芥之慝，亦归于元始正本以理万事。故平天下在诚意，未闻枉己而能正人者也。《春秋》之化，极于凡有血气之伦，神灵应而嘉祥见，深探其本，皆穷理尽性之所致。为治平者，反身以存诚，强恕以求仁而已矣。

刘氏尝病说《春秋》者皆袭宋儒直书其事，不烦褒贬之辞，虽庄存与著《春秋正辞》，孔广森著《公羊通义》，能抉摘其蔽，然尚不能信三科九旨为《春秋》微言大义之所在，曾著《春秋论》上下篇以明之，见于其所著《刘礼部集》。《释例》之作，既以张三世，通三统，异内外诸例，冠诸首卷，表明其为“《春秋》大义微言”。又辄征引《诗》、《易》以为说，以明“无平不陂，无往不复”，“终则复始，穷则反本”备环进化之义。合《易》与《春秋》二书观之，由隐之显，推见至隐，“三科九旨”之为《春秋》微言大义，固灼然易见也。“张三世”者，拨乱反正之说，亦即小康、大同之说所由生也；"通三统"者，三代改制之说，亦即孔子改制之说所由生也；异内外者，《春秋》内其国而外诸夏，内诸夏而外夷狄之说，所谓尊王攘夷之义，亦缘此而生也。是三者皆晚清今文学家所乐于称道，而刘氏即能以斯三者为《春秋》之微言大义，发前人所未发，而予后人以启示，此尤较庄氏为有长足之进步矣。刘氏之著是书，亦尝抒其政治理想，故于《褒例》第六曰："智名勇功，后世所以开国承家者，其秉礼度义，则相与诟病，以为不祥，而《春秋》所贵乎持世，乃在此不在彼，为上可以知取人，为下可以知勉学矣。今小民有罪，则能以法治之，有善则不能赏，而爵禄所及，未必非有文无行之士，是以贤不肖混淆，而无所惩劝。是宜修《春秋》举贤之制，而唐宋以来试士之法以次渐废，则朝廷多伏节死义之臣，而闾巷多砥行立名之士。斯结人心，厚风俗，存纪纲之要道也。"此其所言，与亭林所主张劝学奖廉，以名为治，无以异也。于《侵伐战围入灭取邑例·第二十五》曰："夫周之末失，强侵弱，众暴寡，士民涂炭，靡有定止，不思其所由失，而曰封建使然，于是悉废而郡县之，而天下卒以大坏。夫郡县之法，势不能重其权，久其任，如古诸侯也。一旦奸民流窜，盗贼蜂起，其殃民而祸及于国。秦汉之忽亡，晋季之纷扰，视三代之衰则悕矣。……贤圣之才不世出，则莫若修《春秋》之制，得如齐桓、晋文者，以为方伯连帅，则灭亡之祸可弥，而侵夺之罪可正。君国子民，求贤审官，以辅王室，以救中国，持世之要务，太平之正经，《诗》终《殷武》之意也。"此其所言与梨洲主张复藩镇之制度及亭林所主张之郡县重权久任之用意，亦大略相同也。刘氏尝谓："拨乱世反之正，非唯禁暴讨贼而已。乱之所生，唯礼可以已之。"（《名例·第五》于是书《律意轻重例·第十》又曰："或称《春秋》为圣人之刑书，又云五经之有《春秋》，犹法律之有断令，而温城董君独以为礼义之大宗，何哉？盖礼者，刑之精华也。……抑又闻之董生，《春秋》显经隐权，先德而后刑，其道盖原于天。故日常盈，月常阙，辰星太白，法不得参午而见。此亦以阳为经，以阴为权，著于七政者也。夫刑反德而顺于德，亦权之类矣。置于空虚而取以为佐，使阳恒伸而阴恒绌，则万物并育而不害，道并行而不悖，所以与天地参也。矫枉者弗过其正，则不能直，故权必反乎经然，后可与适道。……故持《春秋》以决秦汉之狱，不若明《春秋》以复三代之礼。本末轻重，必有能权衡者。”说《春秋》者，每好称道《春秋》为孔子刑书之说，而刘氏则独采董仲舒“《春秋》者，礼义之大宗”一言。刘氏生平，多以经义决疑，为众所钦服，而独谓“持《春秋》以决秦汉之狱”，不共明《春秋》以复三代之礼。盖《春秋》“原心诛意，禁于未然，其立法严，其行法恕，匪用为教覆用为虐则秋荼也。曲学阿世，缘经文奸，岂非罪哉!”（此刘氏语）故不如守经重礼，尚德缓刑，而亦非不达于权衡也。刘氏此论，既蔼然仁者之言，且与其主张以名为治，结人心，厚风俗，存纪纲之意亦正合，尤不违《春秋》之旨，此实非支离破碎于名物训诂所得能者。经义治术，冶于一炉，此其所以动一时之视听，而转变百年之风尚也。



刘氏《左氏春秋考证》一书为考辨伪经之重要著作，于《春秋左氏传》之名称、源流、体制、义例，均详加考证以见其书之不可信。自唐宋以来，攻击《左氏传》者，如啖助、赵匡、刘敞、朱熹、叶梦得、程端学之流，皆未能如刘氏之直探本源也。关乎《左氏》之名称，《史记·十二诸侯年表》谓：“鲁君子左丘明惧弟子人人异端，各安其意，失其真，故因孔子史记具论其语，成《左氏春秋》。”刘氏证曰：

> 夫子之经，书于竹帛。微言大义，不可以书见，则游、夏之徒传之。邱明盖生鲁悼之后，徒见夫子之经及《史记》、《晋乘》之类，而未闻受微旨，当时口说多异，

因具论其事，不具者阙之。曰“鲁君子”，则非弟子也。曰《左氏春秋》，与铎氏、虞氏、吕氏并列，则非传《春秋》也。故曰《左氏春秋》，旧名也；曰《春秋左氏传》，则刘歆所改也。

又曰：

《左氏春秋》，犹《晏子春秋》、《吕氏春秋》也。直称《春秋》，太史公所据旧名也；冒曰《春秋左氏传》，则东汉以后之以讹传讹者矣。

此虽证明《左氏春秋》之名称原非《春秋左氏传》，然正可以见《左氏》本非传《春秋》者，与《公羊传》不同也。关于《左氏》之传授，《汉书·艺文志》谓：“仲尼思存前圣之业，以鲁周公之国，礼文备物，史官有法，故与左丘明观其史记……丘明论本事而作《传》。”《儒林传》复有“汉兴，北平侯张苍及梁太傅贾谊、京兆尹张敞、太中大夫刘公子皆修《春秋左氏传》，谊为《左氏传训故》，授赵人贯公，为河间献王博士。子长卿为荡阴令，授清河张禹长子。禹与萧望之同时为御史，数为望之言《左氏》，望之善之”等语。刘氏证曰：

《左氏》记事在获麟后五十年，丘明果与夫子同时，共观鲁史，史公何不列于弟子？论本事而作传，何史公不名为《传》而曰《春秋》？

又曰：

《张苍传》曰“好书律术”，曰“习天下图书计籍，又善用算律术”，曰“苍尤好书，无所不观，无所不晓，而尤邃律术”，曰“著书十八篇，言阴阳律术事”而已，不闻其修《左氏传》也。……《贾生传》曰“能诵诗、书属文”，曰“颇通诸家之书”而已，亦未闻其修《左氏传》也。……《张敞传》曰“本治《春秋》，以经术自辅其政”，其所陈说，以《春秋》讥世卿最甚，君母下堂则从傅母，皆《公羊》义，非“尹氏为声子”、“崔杼非其罪”、“宋共姬女而不妇”之谬说也。《萧斗之传》曰“治齐诗”，曰“从夏侯胜问《论语》、礼服”。其雨雹对以“季氏专权卒逐昭公”，伐匈奴对，以“大士匄不伐丧”，亦皆《公羊》义，石渠《礼论》，精于礼服，未闻引《左氏》也，“善《左氏》”，“荐张禹”，亦歆附会。要之，此数公者，于《春秋》、《国语》未尝不疑肄业及之，特不以为孔子《春秋传》耳。

此就刘歆所附会孔子与左丘明共观《史记》及刘歆以前《左氏传》传授之系统，俱证明其为不可信，《左氏》本非《春秋》之《传》，其传授亦无据，则是为伪亦足见矣。关于《左氏》之体制，《左氏》非《春秋》之真《传》，其体制本与《国语》同。宋叶适谓“《左氏》有全用《国语》文字者；至《吴语》、《越语》则采取绝少，《齐语》复不用。盖合诸国记载成一家言，惜他书不存，无以遍观也。”罗璧亦云：“《左传》、《春秋》，初各一书，后刘歆治《左传》，始取传文解经；晋杜预注《左传》，复分经之年与传之年相附，于是《春秋》及《左传》二书合为一。”此已深疑于《左传》之本来面目矣。刘氏更以《左氏》比年文阙，或年月无考，而《左氏》与《国语》体例相似。于《庄公篇·十一年》曰：

“《楚屈瑕篇》年月无考”，固知《左氏》体例与《国语》相似，不必比附《春秋》年月也。

又曰：

《左氏》后于圣人，未能尽见列国宝书，又未闻口授微言大义，惟取所见载籍，如晋《乘》、楚《梼杌》等，相错编年为之，本不必比附夫子之经，故往往比年阙事。刘歆强以为传《春秋》，或缘经饰说，或缘《左氏》本文前后事，或兼采他书以实其年。如此年之文，或即用《左氏》文，而增春、夏、秋、冬之时，逐不暇比附经文，更缀数语。要之，皆出点窜，文采便陋，不足乱真也。然歆虽略解经文，颠倒《左氏》，二书犹不相合。《汉志》所列《春秋》古经十二篇、经十一卷、《左氏传》三十卷是也。自贾逵以后，分经附传，又非刘歆之旧，而附益改窜之迹益明矣。

《左氏》不与经相符合，在《杜注》已云然，《杜注》云："此年经传各自言其事者，或经是直文，或策书虽存，而简牍散落，不究其本末，故传不复申解，但言传事而已。"刘氏此说，非诬之也。而就其年月无考，断为与《国语》相似，较叶适、罗璧之说，实精进矣。关于《左氏》之义例，则自唐宋以来之学者多已置疑于《左氏》之书曰"凡例"，朱子亦以《左氏》所述君子皆鄙陋，刘氏于《左氏·隐公元年》春王周正月"不书即位，摄也"，辨之曰：





此类皆袭《公羊》而昧其义例，增周字亦不辞。

于"书曰：郑伯克段于鄢"，辨之曰：

凡"书曰"之文，皆歆所增益，或歆以前已有之，则亦徒乱《左氏》文采，义非传《春秋》也。

于"冬十月，郑伯以虢师伐宋"，辨之曰：

凡例皆附益之辞。

合《左氏》之名称、源流、体制、义例四者，《左氏》非释《春秋》之《传》，实甚显明。故刘氏因《汉书·刘歆传》谓及歆治《左氏》，引传文以解经，转相发明，而断今本《左氏》书法及比年依经饰《左》，缘《左》增《左》，为歆所附益之明证。《左氏》原为《国语》，今本《左传》乃系刘歆改编之一案，自未来有如刘氏此书所言之明切也。戴望撰《刘氏行状》云：

先生论《春秋左氏传》，据《太史公书》，本名《左氏春秋》，若《晏子春秋》、《吕氏春秋》比。自王莽时，国师刘歆增设条例，推衍事迹，强以为传《春秋》，冀夺《公羊》博士师法。所当以《春秋》归之《春秋》，《左氏》归之《左氏》，而删其书法、凡例及论断之缪于大义，孤章断句之依附经文者，……知者谓与阎、惠之辨《古文尚书》等。

“阎书出而伪《古文尚书》之案大白，刘书出而伪《春秋左氏传》之案亦大白。”（用钱玄同《重印〈新学伪经考〉序》语）刘氏此书在学术上之贡献尤巨也。

刘氏《书序述闻》一书则多记所闻于庄述祖者而附己说于后者也。其足以影响治《今文尚书》之学者有三：一曰《书序》有三统之义。其说曰：

《左氏春秋》引《尧典》，多曰《夏书》。《墨子·明鬼篇》云：“《尚书》、《夏书》，其次商、周之《书》。”郑玄《书赞》曰：三科之条，五家之教。三科谓虞夏一科，商一科，周一科。五家谓唐虞夏商周也。孔子序三统之书首夏书，而唐虞者，夏之三统也；鼓皆以“粤若稽古”首之，以别于三代。而其序则云：旨在帝尧，昔在者，即粤若稽古之例也。太史公述五帝三代本纪，无此四字，而以帝尧者放勋，帝舜曰重华首之，可见曰若稽古非周史所载，即孔子所加，乃三统以前之特笔。

又曰：

《诗》、《书》皆由正而之变，《诗》“四始”言文武之盛而终于《商颂》，志先世之亡以为戒。《书》“三科”述二帝三王之业，而终于《泰誓》，志秦以狄道代周，以霸统维帝王，变之极也。《春秋》错乱反正，始元终麟，由极变而之正也。其为致太平之正经，垂万世之法戒，一也。

此其说在今日视之，殊觉为荒谬无稽之谈，然如宋翔凤、龚自珍辈固乐于从其说也。一曰逸《书》之说不足信，其说曰：

> 《史记》云逸《书》得十余篇，而不详其篇目，且所作《舜本纪》，亦无出《尧典》所述之外者，可知非别有篇矣。至刘歆《让太常博士书》始云"逸《书》有十六篇"，……然马融云："逸十六篇，绝无师说。"则亦《逸周书》之类，未必孔壁中本。或刘歆辈增窜之，以抑今文博士耳。……要之，据《舜典》、《皋陶谟》、《序》读之，则典、谟皆完备，逸《书》别有《舜典》、《大禹谟》、《弃稷》等篇，必歆等之伪也。



刘氏谓《逸书》不足信，后来之今文家亦多从其言。惟刘氏尚谓孔子有序《书》之事，后之说者，如龚橙之《尚书》写定本，王咏霓之《尚书考异》，并《书序》亦以为伪。此则刘氏所弗及知也。



综观刘氏之学，实以严守《公羊》家法，发明"三科九旨"之大义，考订《左》、《穀》二传之遗失，辨明《逸书》之伪，为超迈前人，奠定今文学运动之基础。在刘氏后，治《公》、《穀》者，类能守专门之业，不牵引于《左氏》；因三科九旨之微言，而应用之于论学论政；至于考辨伪书，则更日益精密，未始非刘氏有以启迪之。顾刘氏于《尚书》犹信有孔壁古文与百篇《尚书》之说，所著《尚书今古文集解》，犹间杂以古文，界限不清，则刘氏所处时代使然也。至其《穀梁废疾申何》一书，柳兴恩《穀梁大义述》曾驳其说；其《左氏春秋考证》一书，章炳麟《春秋左传读叙录》亦曾反驳之；然刘氏持论甚坚，柳、章所云，固不能破之也。

**（五）宋翔凤**

1. 宋翔凤之生平及其著述

在庄存与、庄述祖后，从事于今文学而与刘逢禄齐名者厥为宋氏翔凤。翔凤字于庭，江苏长洲人。嘉庆五年举人，湖南新宁县知县。亦庄述祖之甥，述祖有“刘甥可师，宋甥可友”之语，刘谓逢禄，宋谓翔凤也。翔凤通名物训诂，而志在西汉家法，微言大义，亦得庄氏之传。据刘逢禄《左氏春秋考证》云：“余年十二，读《左氏春秋》，疑其书法、是非多失大义，继读《公羊》及董子书，乃恍然于《春秋》非记事之书，不必待《左氏》而明。左氏为战国时人，故其书终三家分晋，而续经乃刘歆妄作也。尝以语宋翔凤，宋云：‘子信《公羊》而以《左氏》、《穀梁氏》为失经意，岂二氏之书，开口便错?’余为言《穀梁传·隐元年》、《传》之失，而检《鲁世家》，果与今《左氏》不合。宋乃大服曰：‘子不惟善治《公羊》，可以为《左氏》功臣，自何邵公、许叔重且未发其疑也。’”翔凤于今文之学，实又多受刘逢禄之影响也。翔凤所著书有：

《论语说义》十卷，《论语郑注》十卷，《大学古义说》二卷，《孟子赵注补正》六卷，《孟子刘熙注》一卷，《四书释地辨证》二卷，《卦气解》一卷，《尚书说》一卷，《尚书谱》、《尔雅·释服》一卷，《小尔雅训纂》六卷，《五经要义》一卷，《五经通义》一卷，《过厅录》十六卷。

咸丰九年重赋《鹿鸣》。踰年卒，年八十六。

2. 宋翔凤在学术上之贡献

翔凤著书虽十余种，然以《论语说义》一书最有关于今文学运动，盖翔凤实能以《春秋》微言大义发明《论语》之旨也。据翔凤《论语说义·序》云：“《论语》说曰，子夏六十四人共撰仲尼微言，以当素王。微言者，性与天道之言也。此二十篇，寻其条理，求其旨趣，而太平之治、素王之业备焉。自汉以来，诸家之说，时合时离，不能画一。尝综核古今，有《纂言》之作。其文繁多，因别录私说，题为《说义》，细绎已久，有未著子墨者。年衰事益，倥偬鲜暇，恐并散佚，遂以此数万言先付杀青。”翔凤于《论语》一书，用力实深。翔凤于是书尝论今古文之别曰：

包氏《论语章句》，其书为鲁《论语》，今文说也。今文家传《春秋》、《论语》，为得圣人之意。今文家者，博士之所传，自七十子之徒，递相授受，至汉时而不绝。如《王制》、《孟子》之书，所言制度，罔不合一。自古文家得《周官》经于屋壁，西汉之末，录之中秘，谓是周公所作，凡他经之不合者，咸断之曰夏殷，其实《春秋》孔子所定，本尧、舜、文王之意，述三代之制，斟酌至当，百世不易。孟子得《春秋》之传，……不可踰也。《周礼》之传，无所师承，或者战国诸人，刓周公之制作，去其籍而易其文，以合其毁坏并兼之术，故何君讥为战国阴谋之书。马、郑两君，笃信古文，辄就《周礼》转诂他经，几使孔孟之所传分为两家之异学，积疑未明，大义斯蔽，后之儒者，不可不辨也。

此其主张依今文以说经而斥马、郑笃信古文之非也。书中说《论语》义，如于子张问“十世可知乎”谓：

素王受命之事，子张能知之，故问受命作《春秋》之后，其法可以十世乎。……孔子作《春秋》以当素王，而通三统，与《论语》答颜渊问为邦，因四代之礼，成制作损益之原，其道如一。

于“中庸之为德”也谓：

中庸之为德，谓明五德之运，以明于天下，是以谓之至德。孔子素王之德，否乎当时而通乎百世，久矣之叹，以时考之，知《春秋》之成，当致太平矣。

于“崇德脩慝辨惑”谓：

《春秋·昭廿五年》书“秋七月，上辛大雩，季辛又雩”之后，即书“九月己亥，公孙于齐，次于阳州”。时昭公又雩，聚逐以逐季氏，终成失位去国之祸，圣贤遊其地，以伤前事，究其所因，遂有“崇德脩慝辨惑”

之问。

于“禄之去公室”谓：

> 《论语》往往斥言季氏、孟氏，与《春秋》“讥世卿”之义相为发明，谋人国者可以知所警惧。

皆能援据《春秋》之义，转相发明。“崇德脩慝辨惑”之问，因昭公逐季氏而发，戴望《论语注》实采用其说，即刘宝楠《论语正义》亦多因宋氏此书之说名物训诂者，宋氏此书，固能相当见重于世也。

宋氏大学古义说谓：

> 周人明堂即大学，圣人南面而听天下，向明而治，故谓之明堂，此“明明德”之义所由出也。……《大学》言教人之法，故先言明德，明德者谓人各有可明之德，而有天下者，先能自明其内得于己，然后明用人之有明德者，是为在明明德。此平天下之本，本于用人，而用人之法，基于兴学设教。

必谓大学即明堂，已近牵强。其释“物有本末，事有终始”更谓：

> 物者，天地之数也；本末者，德为本，财为末；五行之德谓之德，六府之用谓之财。天地以一之之数生成五行，以五行配五神，而水火木金土之德递王。故礼于明堂祀五帝五神，五德之帝，五行之神也。舍五行无德，舍水火木金土穀无财用，王者明五行之德以为本，而后可财而用于民。

则未免求之过深，令人转觉其穿凿附会。《论语》说义谓中庸之为德，为“明五德之运以明于天下”，与此亦同，宋氏盖喜为五德终始之说也。

宋氏《尚书略说》则多论《尚书》之训诂，如“九族”一词，今古文异说，宋氏以为当从今文家以九族兼外亲言；“大麓”

之训，宋氏说云：

> 《尚书大传》，尧尊舜而尚之，属诸侯致天下于大麓之野，此今文家说也。……后人以迁书多古文说，而《史记》云，尧使舜入山林川泽，暴风雷雨，舜行不迷。遂以山足之训为古文训，而不知《史记》注书不尽古文也。

主张《史记》所载不尽为古文说，与陈寿祺《左海经辨》正合，较之江声、王鸣盛、孙星衍之说《尚书》，皆有进步。

宋氏《尚书谱》则考订《尚书》百篇之篇目次第，亦信《书序》为孔子作，而以逸《书》十六篇为不可信。其意见与刘逢禄同。篇中附有与陈寿祺书主张《汉志·大小夏侯经》二十九卷与《欧阳经》三十二卷之异同，在《欧阳经》多《泰誓》三篇。书中有“大著精博，膏肓多起”之语，宋氏《尚书》之学，颇受陈寿祺之影响可见。宋氏于《尚书谱》篇末更叙其作书之缘起与孔子删《书》之旨曰：

> 孔子序周书，自《大誓》讫《䝭命》，皆分之正经，以世次，以多纪，其末序《蔡仲之命》、《粊誓》、《吕刑》、《文侯之命》、《秦誓》五篇，幼尝受其义于葆琛先生，粗晓占毕，未能详纪。犇走燕豫，留滞梁荆，函丈斯隔，七年于兹。兹谱《尚书》，细绎所闻而识之曰：《尚书》者，述五帝三王五伯之事，蛮夷滑夏，王降为霸，君子病之，时之所极，有无如何者也。蔡之建国，东临准徐，南近江汉。伯禽封鲁，淮夷蛮貊，及彼南夷，莫不率从。不意蔡侯一虏，熊赀始大，楚之霸业，先于五邦。吕命穆王，实作自吕，征彼九伯，浸及齐桓；晋秦之兴，复在其后，霸者之业，相循而作，帝王之统，由此一变。史伯之对郑桓，言秦晋齐楚代兴，史儋之见秦献，言别五百载复合，运会所乘，惟圣贤能见其微。

孔子《序》五篇于《书》之终，《中候》之文究于霸免，所以戒后王，制蛮夷、式群侯，不可以不慎。

此从《尚书》末五篇之次第，而谓“运会所乘，惟圣贤能见其微”，孔子序五篇于最后之用意，乃在戒后王制蛮夷，式群侯。以吾人今日之眼光观之，《书序》不必为孔子所作，其次第实按年代定其先失后，无所谓微言大义在，而宋氏在当日津津乐通其说，亦足以觇今文学派之学风固极惟微言大义是求也。宋氏于《春秋》无专门之著述，然于《论语说义》、《过庭录》诸书中可略窥其意见。《论语说义》谓：

> 丘明为鲁太史，自纪当时之事，成《鲁史记》，故汉太常博士咸谓《左氏》为不传《春秋》。求《春秋》之义则在《公羊》、《穀梁》两家之学。然考当时诸侯卿大夫之事，莫备于《左氏》。其人质直有耻，孔子引与相同，故其为书宜为良史，终不可废。但当辨其古字古言，而芟夷其窜乱，固在好学深思之人矣。

甚言似只以《左氏》为有窜乱，而终不可废，比较刘逢禄《左氏春秋考证》为平妥。《过庭录》更曰：

> ……《春秋》之五始与《易》之四德同例。《易》有四德，则六十四卦发挥旁通之情见；《春秋》有五始，则二百四十年褒善贬恶之义明，不可以寻常之文习其读也。或难曰：“子所言之义，皆今文家言，说左氏者恐不然。”答曰：《左氏》之书，史之文也。于《春秋》之义，盖阙而不言，故博士以为不传《春秋》，学者求其义，舍今文末由也。且《左氏》独言周正月，以见正月以下为史官之文，未尝以春为周之春，则亦以为不变。是虽不传《春秋》，而循文求义，亦不佹矣。自汉以来，《左氏》与今文辨论纷然，各立门户，博士守师法者，既不能辨明；好《左氏》者，又不能求合，且惟恐不异

俗说，师心之用，而微言大义晦矣。

宋氏不从刘逢禄《左氏春秋考证》谓“元年春正周正月增一周字”为不辞，转谓《左氏》“虽不传《春秋》，而循文求义，亦不佹矣”。且责“好《左氏》者，又不能求合”，殊不知《左氏》有窜乱，固难以“循文求义”而“求合”，此其识见终不如刘氏之卓也。庄氏述祖已云，“刘甥可师，宋甥可友”，于二人已辨其高下，至今吾人读宋氏书，犹深觉其不如刘氏。虽然，宋氏亦一代今文大师也。龚自珍尝有诗云：

游山五岳东道主，拥书百城南面王。

万人丛中一握手，使我衣袖三年香。

宋氏非有超人之识，固不足使定庵如此其钦服也。

（六）刘、宋同时之今文经师

1. 迮鹤寿

鹤寿字兰宫，号青厓，吴江莘塔人。父朗，字蕴高，号卍川，以文章名世，所著有诗文集、《淮上纪闻》、《游粤笔谈》、《绘事琐言》、《绘事雕虫》等书，迮鹤寿好学笃行，颇能守其家学。弱冠时，与友人挑灯论古，每事必究其根源。尝谓刘歆三统历称“成王元年正月己巳朔，此命伯禽俾侯于鲁之岁也，先是周公摄政五年，孟统二十九章首积月六千五百八十无闰余，积日十九万四千三百十三，大余三十三，小余七，故推至此年为正月己巳朔。金仁山移侯鲁于摄政之元年，则正月乃庚辰朔矣。”其精心探索类如此。汉说《诗》者四家，惟《齐诗》之“四始五际”，已为绝学，迮鹤寿则曰：“古人著书，其术即在书中，特后人不悟耳。四始五际，出于阴阳五行，阴阳莫大于天地，天地二十有五，地数三十，凡天地之数五十有五，倍之为百有十。五行以土为君，天五生土，地十成之，生数五，成数十，今以《二雅》之诗篇循环读之，仰为一部，自《天保》至《常棣》，百有十篇，满大数；自《伐木》至《由庚》，满小数，以下《南有嘉鱼》，又为一部。周而复始。”尝闭户著书，偶因郯令刘昭《续汉志注》所引《帝王世纪》有“尧时垦田若干顷，民口若干人”数语，遂推衍三代土田户口之数，至三万余言。又谓“封建之法，有榖土三等地，有廛里九等地，有沟洫三等地，有采邑王等地有山林六等地，有山泽邑居地，《孟子》与《周礼》一举其土地，一举其封疆，非有二制，井田始于公刘，夏殷之田不以井授，武王亦只行于圻内，非尽天下而井之，或五十，或七十，或百亩，若今江南之行田，改移甚便。”道光壬午举于乡，丙戌成进士，铨授池州府教授。其所著有：

《齐诗翼氏学》四卷，《孟子班爵禄正经界两章疏证》百二十卷。

《齐诗》之学，自西晋以来，久已失传，清代学者，虽如孔广森《经学卮言》，蒋湘南《七经楼文钞》，对于“四始五际”偶有所说，然实不如迮鹤寿《齐诗翼氏学》一书之条理分明。迮鹤寿自序其书云：“汉翼少君治《齐诗》，元帝时陇西地震，白鹤馆灾，少君上言，闻五际之要，《十月之交》篇，知地震火灾。班孟坚谓其假经立谊，依托象类，或不免乎亿则屡中；然遇灾陈戒，不失直言极谏之道，岂得疑其附会而少之？且请徙都成周，以应戹会，元帝虽不从，而光武卒应其言。少君其深知数学者欤！至四始五际，诗篇之部分，值岁之多寡，近代罕有言者，故诠次之，以备观览。而《诗纬》改戌际为辰际，殊失《齐诗》本旨。附录其说于后，使通经之士，知所去取云。”吾人今读迮氏此书，深觉其所诠次，实明晰而允当。其《四始五际名义》曰：

> 五际之说，出于《齐诗》，则四始之说亦出于《齐诗》，五际必兼四始言之，盖四始为之纲，五际为之纪也。《诗纬·含神雾》曰：“诗者天地之心，君德之祖，百施之宗，万物之户也。集微揆著，上统元皇，下序四始，罗列五际。”《诗纬·推度灾》曰：“建四始五际而

而八节通，卯、酉为革政，午、亥为革命。”“四始”者，《诗纬·汎历枢》曰：“《大明》在亥，水始也；《四牡》在寅，木始也；《嘉鱼》在巳，火始也；《鸿雁》在申，金始也。”“五际”者，《齐诗内传》曰：“五际：卯、酉、午、戌、亥也。阴阳终始际会之岁，于此则有变改之政也。”《汎历枢》曰：“卯，《天保》也；酉，《祈父》也；午，《采芑》也；亥，《大明》也。”翼氏曰：“窃学《齐诗》，闻五际之要，戌即《十月之交》是也。”四始皆阳，木、火、金、水分布于四方，故为四始也。土独无始者，土为五行之君，周流于四者之间，循环无端也。五际始终皆阳，中间皆阴，自亥至寅，渐入阳刚，亥为阳水，以一阳起群阴之中。君子所以经纶草昧、开国承家，故亥为一际也。自寅至酉，正在光明，即为阴木，午为阴火，酉为阴金，其象暗昧，国家于此当有变改之政，故卯、午、酉各为一际也。自酉至戌，渐入阴柔，戌为阳土，以一阳陷群阴之内，国家于此，必有灾异之应，故戌为一际也。四始起于亥，天一生水也。五际止于戌，天五生土也。

其《〈文王〉、〈鹿鸣〉不为始》解曰：

《大雅》始于《文王》，《小雅》始于《鹿鸣》，犹《易》之有乾坤也。乾为君道，而《文王》一篇，述周家受命之由；坤为臣道，而《鹿鸣》一篇，叙嘉宾、式燕之事。四始不以此为始者，文王未尝履帝位，至武王始有革命之事。《诗纬·汎历枢》曰：“午、亥之际为革命，《诗》称肆伐大商，会朝清明，即甚事也。”此如《易》之有屯，所以经纶草昧也。《大雅》既不以《文王》为始，则《小雅》亦不以《鹿鸣》为始。《鹿鸣》言饮食宴乐，至《四牡》乃为臣子勤劳王事。郎顗谓

“四始之缺，《诗》称‘王事靡盬，我心伤悲。’靡盬则有缺限矣。故以《四牡》为始。”此如《易》之有蒙，所以击蒙御寇也。四始专论木火金水之始，故别有取义，非《关雎》、《鹿鸣》、《文王》、《清庙》，各举篇首之谓也。

其解释“四始五际”何以为始，何以为际，皆由阴阳终始际会，说殊明晰允确。于《文王》、《鹿鸣》不为始，而以《大明》、《四牡》为始，说解亦谛。他如诗篇专用《二雅》解，谓诗篇专用《二雅》，不同《风》与《颂》，盖由于“《二雅》皆述王者之命运政教，四始五际专以阴阳之终始际会，推度国家之吉凶休咎，故止用《二雅》”。“改戌际为辰际解”谓：“《诗纬·氾历枢》云，午、亥之际为革命，卯、酉之际为改政，辰在天门，出入候听”；“以卯、酉、午、亥、辰为五际，与《齐诗》名同而实异”，皆论辨精晰，足以发聋振聩，后来陈乔枞《齐诗翼氏学疏证》所不逮也。



2. 凌曙

凌曙，字晓楼，江都人，国子监生，曙好学根性，家贫，读四子书，未毕，即去乡耕作佣保，而绩学不倦。年二十，为童子师，问所当治业于泾包世臣，世臣曰：“治经必守家法，专法一家，以立其基，则诸家渐通。”乃示以武进张惠言所辑四子书汉说数十事。曙乃治郑氏学，颇得要领，又从吴沈钦韩问疑义，益贯穿精审。后闻武进刘逢禄论何氏《公羊春秋》而好之。入都，为仪征阮元校辑《经郛》，尽见魏晋以来诸家《春秋》说，学乃大进，更博稽旁讨，发为著述。家居读《礼》，以《丧服》为人伦大经，后儒舛议，是非颇谬，作《礼论》百篇，引申郑义。阮元延曙入粤课子，曙书与元商榷，乃删合为三十九篇。道光九年卒，年五十五。曙有甥仪征刘父淇，贫而颖悟，爱而课之，遂知名，其学实出自曙也。曙所著有：

《四书典故覈》一卷，《春秋繁露注》十七卷，《公羊礼疏》十一卷，《公羊礼说》一卷，《公羊问答》二卷，《礼论》一卷。

凌氏关于《公羊》之著述，虽有四种，然《繁露注》所以诂释董仲舒书，《公羊礼疏》、《公羊礼说》亦但疏述《公羊》传注之牵涉于礼制者，说解虽精，然于微言大义，尚少发挥。其《公羊问答》一书，则于义理故训，年有所甄明。如：

问：隐元年注何以云原心定罪也。曰，桓宽曰：《春秋》治狱，原心定罪，志善而违于法免，志恶而合于法者诛。

问：桓十一年传以为知权，前此有言权者否？曰：《易翼》以行权，荀爽《九家易解》：异象号令，又为近利。人君改教，遁退释利，而为权也。《春秋传》曰：权者反于经，然后有善者也。据此，则权字不始于《春秋》。

问：哀十四年注，待圣汉之王以为法，此汉儒之空言欤？抑果有确证否？曰：两汉君臣，皆以经义发为文章，观其诏诰奏议，凡决疑定策，悉本之于《公羊》。举其大略，可得而言焉。……凡此皆散见于两《汉书》中。是以东平为王苍曰："孔子曰：'行夏之时，乘殷之转，服周之冕'，为汉制法。"王充曰："孔子曰：'文王既没，文不在兹乎？'文王之文传在孔子，孔子为汉制，文传在汉也。

凌氏此书，虽于义理之发明不如后来包慎言所述，训诂之解释不及陈立之《义疏》，然多援据他书以释本经，筚路蓝缕之功亦不可没也。

（七）刘、宋同时之《穀梁》经师

1. 柳兴恩

兴恩原名兴宗，字宾叔，丹徒人。道光十二年举人。受业于仪征阮元。初治《毛诗》，以毛公师荀卿，荀卿师穀梁，《穀梁春秋》，千古绝学，元刻《皇清经解》.《公羊》、《左氏》俱有专家，而《穀梁》缺焉，乃发愤沈思，研求《穀梁》之义，成《穀梁春秋大义述》三十卷。番禺陈澧尝为《穀梁笺》及《条例》未成，后见兴恩书，叹其精博，遂出其说备采，不后作。光绪六年，兴恩卒，年八十有六。其所著有：

《穀梁春秋大义述》三十卷，《周易卦气辅》四卷，《虞氏逸象考》二卷，《尚书篇目考》二卷，《毛诗注疏纠补》三十卷，《续王应麟诗地考》二卷，《群经异义》四卷，《刘向年谱》二卷，《仪礼释官考辨》二卷，《史记汉书南齐书校勘记》，《说文解字校勘记》，《宿堂斋诗文集》。

兴恩之著《穀梁大义述》，实缘于当时并无治《穀梁》学者，故兴恩为弥缝其缺，乃从事于《穀梁》之学，揆其用意，亦聊以复西汉之古耳。兴恩有《序例》一篇已流露此意。《叙例》曰：

> 《春秋》终于获麟，而托始隐公之元年，杜预曰："因获麟而作，作起获麟，则文止于所起。"此说允矣。至何以托始于隐元？忆自十岁外读《左氏传》，时即怀此疑，见杜预"平王东迁之始，王隐公，让国之贤君"云云，窃以为其词支。嗣是博访通人，均未有剀切言之者。及年四十有四，奉讳居忧，向治《毛诗》，知毛公师荀卿，荀卿师穀梁，毛《传》中多穀梁说，因即家弟所藏汲古阁毛氏初印注疏本翻阅之，见范宁之《序》，亦以遭父大故，而订《穀梁》传注，益觉与蒙之读《礼》同也。而专精治之，治之久，而不觉数十年来之疑顷释也。……乌呼！自汉以来，《穀梁》师授既不敌二《传》之多，至哓哓于《废疾》、《起废疾》之辨，抑末也。近阮相国刻《皇清经解》凡千四百卷，为书百八十余种，其中经师七十余人，《公羊》、《左氏》俱有专家，而《穀梁》缺焉。其著述中兼及之者，如齐侍郎《经

传考证》、王尚书《经义述闻》，又多沿其支流，鲜克举斯大义。蒙故发愤卒业于此，并思为《穀梁》集其大成。

观兴恩所述其治《穀梁》之经过，虽云其治《穀梁》，由于居丧读《礼》，因治《毛诗》而治此经，然所谓“近阮相国刻《皇清经解》凡千四百卷，为书百八十余种……而《穀梁》缺焉……蒙故发愤卒业于此”。则兴恩之治《穀梁》，实为弥缝其阙，非深有用意与心得而后发为著述也。兴恩此书前有阮元《序》云：“《六艺论》云：‘穀梁亦善于经。’岂以其亲炙于子夏所传为得其实与？公羊同师子夏，而郑氏《起废疾》则以《穀梁》为近孔子，公羊为六国时人。”然则“善经近孔”四字固此传之确评矣。世之治经者，多治《左氏公羊》，于《穀梁》慢之，故余整齐百家为《皇清经解》千五百卷，《左氏》、《公羊》皆有专家，《穀梁》无之，心每欿然。“道光十六年，始闻有镇江柳氏学《穀梁》之书，二十年夏，柳氏兴恩挟其书渡江来，始得读之”。知其专从善于经入手，而善经则以属辞比事为据，事与辞则以《春秋》日月等名例定之。发愤沈恩，久乃卒业。阮氏谓兴恩专从《穀梁》善于经入手，吾人读柳氏此书，则其所谓《穀梁》大义，柳氏实未解尽述之，不过“思为《穀梁》集其大成”而已。柳氏自序其《凡例》云：

圣经既以《春秋》定名，而无事犹必举四时之首月。后儒纷纷竟谓日月非经之大例，岂通论哉？况“桓五年春王正月甲戌、己丑陈侯鲍卒”，一事而两日迭书；“十有二年丙戌，公会郑伯，盟于武父”，“丙戌，卫侯晋卒”，二事而一日两书；“僖十有六年春王正月戊申朔，陨石于宋五，是月六鹢退飞过宋都”，日先书、月后书。此即经之自起凡例也。《穀梁》日月之例，泥则难通，比则易见，与其议《传》而转谓《经》误，何如信《经》而并存《传》说之为得耶？述《日月例第一》。

《春秋》治乱于已然，《礼》乃防乱于未然。穀梁亲受子夏，其中典礼尤与《论语》夏时周冕相表里。

《毛诗正义》云："字与三家异者，动以百数。"谨案：《穀梁》之经与《左氏》、《公羊》经异者，亦以百数。此非经旨有殊，或由齐、鲁异读，音转而字亦分也。陆氏《释文》虽备载之，而未尝析其源流，今本仁和赵徵君坦《春秋异文笺》，以引而伸焉。

穀梁亲受子夏，故传中用孔子、孟子说者，如《隐元年》"成人之美，不成人之恶"，《僖二十有二年》"礼人而不答则反其敬"。其他暗相吻合者更多。《毛诗》云"古训是式"，窃有志焉。

自汉以来，《穀梁》师授即不敌二传之多，迨唐以后，说经者竞治《春秋》，即不束《穀梁》于高阁，或采用一二焉，或批驳一二焉。虽属兼及，鲜有专家，要不得摈诸师说之外也。

汉儒师说之可见者，唯尹更始、刘向二家，然搜获者亦寥寥矣。其说已亡而名仅存者，自汉以后并治三传亦收录焉，共若干人。

《穀梁》久属孤经，今日更成绝学。兹于所见载籍之涉《穀梁》者，以经、史、子、集之序循次摘录，附以论断，庶为之集其大成。

吾人读柳氏《凡例》，知其书所述者范围殊广，篇一《述日月例》则许桂林《春秋穀梁传时日月书法释例》之类是也；篇二《述礼》则侯康《穀梁礼证》之类是也，篇三《述异文》则赵坦《春秋异文笺》、李富孙《穀梁异文释》之类是也。兴思于一书之中而统括而叙述之，范围虽广，而于专精之道，终有未逮。是书篇五《述师说》，谓唐以后说经者，其于《穀梁》，或兼用一二焉，要不得摈诸师说之外。然如唐之啖、赵，宋之孙觉，则皆采摭未及。其篇六《述经师》，云自汉以后，并治三传者亦收录焉，则不免于贪多务得，使人转不明了了。其篇七摘录载籍之关于《穀梁》者，对于陆贾《新语》，则并付阙如。皆其未尽善之处也。惟《述师说》之中，有录王引之《经义述闻》而驳其说者，有录刘逢禄《穀梁废疾申何》而加以反诘者，王氏非专治《春秋》者，其所驳容是；刘氏之说甚精，兴恩加以反诘，亦应有之事也。惟就全书而论，则所谓《述日月例》、《述礼》、《述异文》之属，与《春秋》之微言大义关系既浅，《述师说》、《述经师》、《述长编》之属，更有颇无关于微言大义者，而名之曰《穀梁大义述》，吾人须知其所述不必尽大义也。



2. 许桂林

桂林字同叔，海州人。嘉庆二十一年举人。少孤，孝于母及生母，无间言。家贫，不以厚币易远游，日以诂经为事。道光元年，丁内艰，以毁卒，年四十三。其所著有：



《春秋穀梁传时日月书法释例》四卷，《易确》二十卷，《毛诗后笺》八卷，《春秋三传地名考证》六卷，《汉世别本礼记长义》四卷，《大学中庸讲义》二卷，《四书因论》二卷，《许氏说音》十二卷，《说文后解》十卷，《宣西通》三卷，《算牖》四卷。

桂林《穀梁释例》，析为《总论》、《提纲》、《述传》、《传外余例》四卷。其书有引《公羊》而互证者，有驳《公羊》而专主者，虽于微言大义，发明甚少，然而条理精密，论辨明允，阳湖孙星衍尝以是称之。其所著《易确》，大旨以乾为主，谓全《易》皆乾所生，博观约取，于《易》义实有发挥。其所为《宣西通》者，则说天文之作。以歧伯言地，大气举之；气外无壳，其气将散；气外有壳，此壳何依？思得一说，以补所未及。谓天实一气，而其根在北，北极是也，北极不当为天枢，而当为气母，因采集宣夜遗文，以西法通之，故曰《宣西通》。桂林所著，尚有《疑左》一种，《穀梁释例·总论》云：

窃谓《左氏》左袒晋三家、齐田氏，必六国时逊词避祸，昔人疑为六国时人，良是。盖其人负绝世文才，就《公》、《穀》二传左右采获，因而曼衍成一家书。……从来文人之心，翔天入渊，无所不至，凿空而造人名，造地名，凿空而为梦境，为繇词，可惊可喜，不必尽事实也。八世之卜，二竖之梦，栾京、庐小、王桃甲诸人，恐或子虚乌有尔，别详于桂林所撰《疑左》二卷中。要而言之，《左氏》似因《穀梁》、《公羊》而成，《穀梁》似以《公羊》为外传，说《春秋》者，其惟《穀梁》为优欤！汉郑君硕学大儒，作《六艺论》，独称《穀梁》善于经，其必有所见矣。夫善于经者，时日月书法亦其一也，而可讥为迂妄乎哉！

《疑左》一书，盖如郝敬《春秋非左》之类，专以辟《左氏》之诞妄不经，语反怪力乱神者。桂林虽亦治《毛诗》，不尽为今文学，然亦能专守一家，在刘逢禄、宋翔凤后，说经之士，固益知专守一家家法，此不惟治今文学者如是，即考证学派中之陈奂，所著《毛诗传疏》，并《郑笺》亦不为之疏，是其例也。



## 三　今文学运动之发达

**今文学运动之发达阶段之重要学者**

1. 龚自珍

(1) 概况

自珍字尔玉，又字璱人。后更名巩祚，号定盦，也作定庵，又号羽琌山民。浙江仁和人。父丽正，字赐泉，号闇斋，嘉庆丙辰进士，官至苏松太兵备道，所著书有《国语发正》等；母金坛段氏女。自珍自幼即喜典章制度之学，又擅诗文。年十二，外祖父段玉裁授以许氏《说文解字》部目，始为名物训诂、目录校雠之学；盖其幼年所学，本受之古文家影响。年二十三，侍父徽州府任，任徽府文献之役；二十五，侍父苏松太道任，凡关甄综人物，搜辑掌故之役，无不兴焉。二十七中式浙江乡试，出高邮王文简门下。二十八始从武进刘申受先生受《公羊春秋》，次年入都，得内阁中书。年三十八成进士，殿试大指祖王荆公上仁宗皇帝书，三试三不及格，不入翰林。年四十五，官宗人府主事，翌年改礼部祠祭司主事。年五十，卒于丹阳。其所著书有：

《诗非序》、《非毛》、《非郑》各一卷，《尚书序大义》一卷，《大誓答问》一卷，《尚书马氏家法》一卷，《春秋决事比》六卷，《左氏春秋服注补义》一卷，《左氏决疣》一卷，《西汉君臣称〈春秋〉之义考》一卷，《商周彝器文录》，《羽琌山馆金石墨本记》五卷，《羽琌之山典宝记》二卷，《镜苑》一卷，《瓦韵》一卷，《泉文记》一卷，《金石通考》五十四卷（未成），《吉金款识》十二卷，《汉器文录》，《今方言》，《汉书补注》（未成），《读汉书随笔四百事》，《汉官拾遗》一卷，《蒙古图志》（未成），《典客道古录》一卷，《奉常道古录》一卷，《孤虚表》一卷，《古今用兵孤虚图说》一卷，《纪游》一卷，《布衣传》一卷，《升平分类读史雅诗》一卷，《诗文集》十卷。

(2) 龚氏对于学术上之贡献

自珍幼年之时，从外王父段玉裁受许氏《说文》，后中乡试，又出于王引之之门，其于学术，受古文家之影响，实深切著明，然龚氏卒从刘申受受《公羊春秋》，而成为晚清今文经学大师，推其缘故，盖有二焉：

(a) 龚氏之时，清廷政治，已盛极而衰，龚氏《西域置行省议》曾有言曰：

> 今中国生齿日益繁，气象日益隘，黄河日益为患，大官非不忧，主上非不谘，而不外乎开捐例、加赋、加盐价之议，譬如割臂以肥脑，自啖自肉，无受代者。自乾隆末年以来，官吏士民，狼艰狈蹶，不士、不农、不

> 工、不商之人，十将五六；又或食菸草，习邪教，取诛戮；或冻馁以死，终不肯治一寸之丝、一粒之饭以益人。承乾隆六十载太平之盛，人心惯于泰侈，风俗习于游荡，京师其尤甚者。自京师始，概乎四方，大抵富户变贫户，贫户变饿者，四民之首，奔走下贱，各省大局，岌岌乎皆不可以支月日，奚暇问年岁？

龚氏《乙丙之际塾议第一》亦曰："道年会空虚，大吏告民穷，而至尊忧帑匮。"此可见当日之国计民生，已极困穷，忧时之世，固不能安于琐屑饾饤之学，如乾嘉诸老之所为，则不得不趋向于经世理民之学，如今文家之欲以经术致用也。

(b) 龚氏少年之时，颇喜于考订典章制度，此已可觇其留意于经世之业，而所谓典章制度者实史之属也。龚氏有《尊史一》，其说曰：

> 史之尊，非其职语言、司谤誉之谓，尊其心也。心何如而尊？善入。何者善入？天下山川形势，人心风气，土所宜，姓所贵，皆知之；国之祖宗之令，下逮吏胥之所守，皆知之；其于言礼、言兵、言政、言狱、言掌故、言文体、言人贤否，如其言家事，可谓入矣。又如何而尊？善出。何者善出？天下山川形势，人心风气，土所宜，姓所贵，国之祖宗之令，下逮吏胥书所守，皆有联事焉，皆非所专官。其于言礼、言兵、言政、言狱、言掌故、言文体、言人贤否，如优人在堂下，号跳舞歌，哀乐万千；堂上观者，肃然踞坐，眄睐而指点焉，可谓出矣。……尊之之所归宿如何？曰，乃又有所大出入焉。何者大出入？曰，出乎史，入乎道。欲知大道，必为史。

此可觇龚氏所谓之史，乃在知天下形势，人心风气，礼兵政狱之属，而归宿于出乎史，入乎道。此亦重在经世理民，非殆琐屑饾饤之学所可比拟也。龚氏所处之时代既如彼，而其幼年所治之业又如此，此龚氏所以虽受当时古文学派之影响而终能不为考证之学所囿，且倾向于微言大义之学也。

龚氏反对“汉学”之说，见于其所著《与江子屏笺》，谓其所著《汉学师承记》名目有十不安，当改为“经学师承记”，此文作于自珍二十六岁时，在其中浙江乡试前一年，乡试虽出王引之门，而于次年乃从刘申受学《公羊春秋》，就龚氏思想变迁之迹言之，龚氏之不满于当时所谓“汉学”，固非受刘氏之影响，乃因不满意于所谓汉学而从业于刘氏也。龚氏从学于刘氏后，乃有《五经大义终始论》、《春秋决事比》、《大誓答问》诸作，皆俨然今文家之言。其《五经大义终始论》谓：

> 昔者仲尼有言：“吾道一以贯之。”又曰：“文不在兹乎！”文学言游之徒，其语门人曰：“有始有卒者，其惟圣人乎！”诚知圣人之文，贵乎知始与卒之间也。圣人之道，本天人之际，胪幽明之序，始乎饮食，中乎制作，终乎闻性与天道。民事终，天事始，鬼神假，福禔应，圣迹备，若庖犠、尧、舜、禹、稷、契、皋陶、公刘、箕子、文王、周公是也。

此就五经大义之终始立说，谓“始乎饮食，中乎制作，终乎闻性与天道”，证以“夫礼之初，始于饮食”，及“《洪范》八政配三世”，“八政又各有三世”，“食货者据乱而作，祀也。司徒、司寇、司空也，治升平之世，宾师乃文致太平之事。”（《五经大义终始答问·一》）虽其所论，不免有所附会，然实以古代社会进化之次第立论，较之刘氏之专以《春秋》言大义，固稍有进步也。其《春秋决事比答问》谓：“今律，有部议，有部拟，有阁臣票双签、票三签，有恩旨缓决，皆本《春秋》立文者也；先原奏，后旨意，两者具，然后狱具，作者曰，是亦吾所为测《春秋》也。”以《春秋》之义与当时之律相勘对比，如：“问，今律一人犯数罪，以重者科之，中《春秋》某律？答，庄十年公侵宋，公羊子曰：战不言伐，围不言战，灭不言入，书其重者也。”又，“问，今律初犯轻，再犯重，中《春秋》某律？答，庄七年大水无麦苗。公羊子曰，待无麦然后书无苗。何休曰，不登二谷乃书，天不以一灾儆人，君子不以一过责人，是也。”此以二者比勘立论，亦深足以发明《春秋》之义。然此皆非最重要之著述，其影响于今文学运动者甚浅也。

龚氏著述，以《大誓答问》为最得后人之推崇，其书谓《今文尚书》伏生原本二十九篇，非二十八篇，夏侯氏无增篇，欧阳氏无增篇，而主张今文二十九篇中无《泰誓》，乃《顾命》与《康王之诰》分而为二而成二十九篇。其说曰：

> 问曰，儒者百喙一词，言伏生尚书二十八篇，武帝末，民间献《大誓》，立诸博士，总之曰二十九篇，今文家始有二十九篇。又云，得《大誓》以并归于伏生弟子，始有二十九篇，其言何如？答曰，使《尚书》千载如乱丝，自此言始矣。《史记·儒林传》：秦时焚书，伏生壁藏之，其后兵大起，流亡。汉定，伏生求其书，亡失数十篇，独得二十九篇。《汉书·艺文志》语正同。迁固此言，昭昭揭日月而行，诸儒万无不见，亦万无不信，而乃舍康庄而求荆棘，察其受病，厥有四端：篇目之不考，一也；笃信民间晚出书，二也；误以孔安国为传古文，固以史迁亦传古文，固笃信《周本纪》，三也；不以今文、古文、晚出书三事，截然分明，各还其数，而合并数之，自生瞀闷，歧之中有歧焉，四也。今先证以欧阳、夏侯卷数，使先知今文大师之不可厚诬，而后白黑可得定，乱丝可得而理也。（《大誓答问·第一》）

又曰：

> 问诸儒之说，始郑玄一言，元谓伏生、欧阳、夏

侯，皆以《康王之诰》合于《顾命》，故止二十八篇矣。答曰，百篇之书，孔子之所订也，七十子之所序也。自“无坏我高祖寡命”以上为《顾命》，自“王若曰庶邦”以下为《康王之诰》，孔子所见如此，不必问伏生矣。《盘庚》之合为一，欧阳生方且促而分之，岂有《顾命》、《康王之诰》之本分，而反从而合之乎？欧阳何其勤于复孔子之旧，伏生何其勇于汩乱孔子乎？必不然矣。（《大誓答问·第五》）

龚氏此说，虽以今观之，未必尽是，然受其影响者殊夥，如皮锡瑞之《今文尚书考证》，王先谦之《尚书孔传参正》，皆服膺其说者也，龚氏此论，实因百篇之书为孔子之所订，七十子之所序而发，然百篇《书序》之说，怀疑之者，颇有人在，故其说未必尽是也。惟龚氏谓孔壁中无《大誓》，谓：“问，今文家之无《大誓》，吾子之言，固其根株，又行其蕃垣，敬闻命矣，敢问古文？答曰，其无，不俟问，孔鲋藏壁中者，本亦百篇，兵火后略同孔壁之散亡。《艺文志》：‘鲁共王坏孔子宅，闻鼓琴瑟钟磬之音，乃止不坏，而得《古文尚书》，皆古字也。孔安国者，孔子后也。悉得其书，以考二十九篇，得多十六篇，安国献之。’班氏此言，其亦明且清矣。二十九者，则前目录是。十六者，则郑玄数者是：一《舜典》，二《汩作》，三《九共》，四《大禹谟》，五《益稷》，六《五子之歌》，七《胤征》，八《汤诰》，九《咸有一德》，十《典宝》，十一《伊训》，十二《肆命》，十三《原命》，十四《武成》，十五《旅獒》，十六《毕命》。此刘歆所欲立者也，何处容《大誓》？”此所论则实甚确。

龚氏集中又有《六经正名》说中古文诸作，亦后世所乐于称道者。《六经正名》主张《礼记》、《周官》、《论语》、《孝经》、《尔雅》、《孟子》皆不当称经，其说谓：“六经、六艺之名，由来久远，不可以臆增益……何居乎后也有七经、九经、十经、十二经、十三经、十四经之喋喋也？或以《传》为一经，《公羊》为一经，《穀梁》为一经，《左氏》为一经，审如是，是则韩亦一经，齐亦一经，鲁亦一经，毛亦一经，可乎？欧阳一经，两夏后各一经，可乎？……后世又以《论语》、《孝经》为经，假使《论语》、《孝经》可名经，则刘向早名之，且曰'序八经'，不曰'序六艺'矣。……于是乎又以子为经……出《孟子》于诸子，而夷之于二戴所记之间，名为尊之，反卑之矣。……后世以《传》为经，以《记》为经，以群书为经，以子为经，犹以为未快意，则以经之舆？为经，《尔雅》是也。《尔雅》者，释《诗》、《书》之书，所释又《诗》、《书》之肤末，乃使之与《诗》、《书》抗，是尸祝舆？之鬼，配食昊天上帝也。"吾人读龚氏此说，亦可知后世七经、九经、十三经、十四经之称之非是矣。龚氏《说中古文》则谓：

成帝命刘向领校中五经秘书，但中古文之说，余所不信。秦烧天下儒书，汉因秦宫室，不应宫中独藏尚书，一也；萧何收秦图籍，乃地图之属，不闻收《易》与《书》，二也；假使中秘有《尚书》，何必遣晁错往伏生所受廿九篇，三也；假使中秘有《尚书》，不应安国献孔壁书，始知曾多十六篇，四也；假使中秘有《尚书》，以宣武之为君，诸大儒之为臣，百余年间无言之者，不应刘向始知校《召诰》、《酒诰》，始知与博士本异文七百，五也；此中秘《书》既是古文，外廷所献古文，遭巫蛊不立，古文亦不亡，假使有之，则是烧书者，更始之火，赤眉之火，而非秦火矣，六也；中秘既是古文，外廷自博士以迄民间，应奉为定本，斠若画一，不应听其古文家、今文家纷纷异家法，七也；中秘有《书》，应是孔门百篇全经，不但《舜典》、《九共》之文，终西汉世具在，而且孔安国之所无者，亦在其中，孔壁之文，又何足贵？今试考其情事，然邪不邪？八也；秦火后，千古儒者，独刘向、歆父子见全经，而平生不曾于二十九篇外，引用一句，表章一事，九也；亦不传授一人，斯谓空前，斯谓绝后，此古文者，迹过如扫矣。异哉异至于此，十也；假使中秘《书》并无百篇，则向作《七略》，当载明是何等篇，其不存者亡于何时，其存者又何所受也？而皆无原委，千古但闻有中古文之名，十一也；中秘既有五经，独《易》、《书》著，其三经何以蔑闻，十二也；当帝之时，以中书校《百两篇》，非是，予谓此中古文，亦张霸《百两》之流，成帝不知而误收之，或即刘歆所自序之言，托于其父，并无此事。古文《书》如此，古文《易》可知，宜其独与绝无师承之费直《易》相同，而不与施、孟、梁、邱同也。《汉书·刘向》一传，本非班作，歆也博而诈，固也侗而愿。





龚氏此篇列举十二证以言中古文之不足信，其三、四、五、八、九、十一、十二诸证，皆颠扑不可破，宜后儒多信其说也。龚氏于考辨伪经，并不甚力，但于《周礼》、《左传》二者，不深信之，其攻《周礼》，并无专书，仅于《六经正名》一文中谓："《周官》晚出，刘歆始立，刘向、班固灼知其出于晚周先秦之士之掇拾旧章所为，附之于《礼》，等之于《明堂阴阳》而已。后世称为经，是为述刘歆，非述孔氏。"其于《左氏》则有《左氏决疣》之作，其《己亥杂诗》"姬周史统太销沈，况复炎刘古学喑。崛起有人扶《左氏》，千秋功罪总刘歆"。自注云："癸巳岁成《左氏春秋服杜补义》一卷，其刘歆窜益《左氏》显然有迹者，为《左氏决疣》一卷。"然龚氏虽不信《周礼》、《左氏》，实非由于酷信今文而然，观其所著有《左氏春秋服杜补义》，有《尚书马氏家法》，于古文师说，并为之疏通证明。其《己亥杂诗》“经有家法夙所重，诗无达诂独不用。我心即是四始心，沉寥再发姬公梦。”注云：“为《诗非序》、《非毛》、《非郑》各一卷，予说诗以涵泳经文为主，于古文、毛、今文三家无所尊、无所废。”实可见其并非有家法之成见，而侈断何者为真，何者为伪也。龚氏不信中古文之论，盖实有所见而云然，此非若其《古史钩沉论》，主张六经皆史，乃受章学诚辈之影响，实龚氏之卓识也。

自珍治学，虽不必有今文家之成见，然既从刘申受受《公羊春秋》，治经能重微言大义，其《己亥杂诗》有：“端门受命有云礽，一脉微言我敬承，宿草敢祧刘礼部，东南绝学在毗陵。”自注云：“年二十有八，始从武进刘申受受《公羊春秋》，近岁成《春秋决事比》六卷，刘先生卒十年矣。”又：“玉立长身宋广文，长洲重到忽思君。遥怜屈贾英灵地，朴学奇材张一军。”自注云：“春怀宋于庭丈作，于庭投老得楚南一令，奇才朴学，二十年前目君语，今无以易也。”可见其于刘、宋服膺并笃，则龚氏虽间有发明古文家说者，实不得不以今文家目之；不惟如是，今文家说，以龚氏之奇才，益发挥张大之，亦实有其重要贡献矣。

2. 戴望

字子高，浙江德清人。诸生。始好词章，继读博野颜元、李塨书，遂治颜李学。后谒长洲陈奂，通声音训诂，复从宋翔凤受《公羊春秋》，遂通《公羊》之学，尤得宋氏《论语说义》之传。其所著书有：

《论语注》二十卷，《管子校正》二十四卷，《颜氏学记》十卷，《谪麐堂遗集》四卷。

3. 刘恭冕

字叔俛，江苏宝应人。父宝楠，撰有《论语正义》二十四卷，恭冕实续成之。恭冕幼承家学，博涉通经，所学“于训练文字，辨核极精确，尤喜寻绎微言大义，无主汉奴宋之习”。光绪五年举人。入安徽学政朱兰幕，为校李贻德《春秋贾服注辑述》，移补百数十事。后主讲湖北经心书院，敦品饬行，崇尚朴学。幼本习《毛诗》，晚年乃治《公羊春秋》，发明新周之义，与何休《公羊解诂》不同，一时通儒皆题之。年六十卒。所著书有：

《论语正义补》、《何休论语注训述》、《广径堂文钞》。

4. 王闿运

字壬秋，又字壬父，号湘绮，湖南湘潭人。咸丰三年举人。幼好学，质鲁，日诵不能及百言。发愤自责，勉强而行之，昕所习者，不成诵不食；夕所诵者，不得解不寝。于是年十有五而明训诂，二十而通章句，二十四而能言礼，考三代之制度，详品物之所用；二十八而达春秋微言，张《公羊》，申何学，遂通诸经。刻苦励学，寒暑无间，经史百家，靡不诵习，笺、注、抄、校，日有定课。遇有心得，随笔记述，阐明奥义，中多前贤未发之覆。尤肆力于文，溯庄、列，探贾、董，其骈俪则揖颜、庾，于诗歌则抗阮、左，而记事之体，一取裁于龙门。学成出游，初馆山东巡抚崇思，入都就尚书肃顺聘，肃顺奉之若师保，军事多咨而后行。左宗棠之狱，闿运实解之。已而参曾国藩幕，胡林翼、彭王麐等皆加敬礼。然以自负奇才，所议多不合，乃退息，无复用世之志，唯出所学以教后进。光绪五年，四川总督丁宝桢聘主尊经书院，待以宾师之礼，成材甚众。归为长沙思贤讲舍及衡州船山书院山长。光绪二十八年主南昌高等学堂，旋辞退回湘，在湘绮楼讲学授徒。前后得弟子数千人，有门生满天下之誉。光绪三十四年潮南巡抚上其学行，特授检讨户乡试重逢，加侍读；入民国，尝一领史馆。五年卒，年八十五。

5. 王先谦

字益吾，长沙人。同治四年进士，迁庶克士，授编修。光绪元年大考二等，擢中允，充日讲起居注官。历上疏言言路防弊，请筹东三省防务，并劾云南巡抚徐之铭，六年晋国子监祭酒，八年丁忧归，服阕，仍故官。疏请三海停工，出为江苏学政，十四年以太监李莲英疏请惩戒，措词甚为激昂。先谦历典云南、江西、浙江乡试，搜罗人才，不遗余力，既莅江苏，先奏设书局，仿阮元《皇清经解》例，刊刻《续经解》一千四百三十卷。南菁书院创于黄体芳，先谦广筹经费，每邑拔取才士入院而督教之，诱掖奖励，成就人才甚多。开缺还家，历主思贤讲舍岳麓城南两书院，其培植人才，与前无异。三十三年总督陈夔龙、巡抚岑春蓂奏以所著书进呈，授内阁学士衔。民国后改居乡间，越六年卒，年七十五。所著书有：

《诗三家义集疏》二十八卷，《尚书孔传参正》三十六卷，《汉书补注》一百卷，《后汉书集解》一百二十卷，《荀子集解》二十卷，《日本源流考》二十二卷，《外国通鉴》三十卷，《虚受堂诗文集》三十六卷。

王氏读《左》质疑，据其自跋，乃“同治年间，假馆吴门，私有所论说”而成者。其言有云：“又有甚者，刘歆阿附新莽，动以经术文饰，其为逆探莽意，窜入传文，以为假借欺人之具，不独《周官》一书，滋后人之短。故余尝谓秦人禁书，未禁者固不亡，汉人明经，其借明经以乱经者，经乃亡，非刻论也。”王氏力攻伪《左》与《周官》，其论调乃与刘逢禄、龚自珍等，不可谓非今文学运动之健将也。其《读左质疑》论“隐元年不书即位，摄也”云：

> 呜呼！是非《春秋》之旨也，古制，诸侯幼弱，天子命贤大夫辅相为政，无摄代之义。即当日周公辅成王，亦只以冢宰行国事，非有践祚摄位之文，朱子以为他事可摄，即位不可摄，千古不易之论也。隐公维室之子，于第当立，寻父娶仲子之义，终有推位让国之心，故立以为太子，以示异日立弟不立子，如后世赵太祖之于太宗，故生称公，死称薨，隐自为君，而桓自为太子，无嫌也。王莽由假皇帝以倾汉祚，其奏太后，直引

此文为证，缘饰经解，心售其奸，而窜入之迹，不辨而自明矣。

论“君子以齐人之杀哀姜也，为已甚矣”云：

哀姜淫乎共仲，与杀二子，鲁几亡，鲁之臣子不能讨，而齐以伯主得行其法，亦天讨也。乃以为已甚，而区区于女子从人之说以文饰其辞，其不知《春秋》之公义矣。

论“昭十六年诸侯之无伯害哉”云：

诗曰：四国有王，郇伯劳之。吾闻上有明王而后有贤伯。未闻舍王而恩伯者也。此与春秋贵王贱霸之义正相反。

论“定十五年葬定公两不克襄事礼也”云：

送死大事，宜无不备，因两不克襄事，慢也。何以为礼？（同上）





凡此皆力攻《左氏》之疵病，与明郝敬之《春秋非左》异曲同工，在晚清今文学运动中有此一书，亦足见古文之真不可信，而今文之当兴也。王氏此书为民七戊午孟冬月茹经堂唐氏援梓，唐氏即唐文治，王氏之弟子也。唐氏亦有《跋》云：“宣圣义法，邱明盖闻之熟矣。而今案其书，类多浮夸之辞，甚且索隐行怪，违离道本，何哉？殆有二故焉。《论语》曰，‘巧言令色足恭，左邱明耻之。’意其为人，必磊落瑰奇，讲求气节，故其驰骋万有，涵盖古今，写其胸中之蕴蓄，而不规规于经，故昔人谓邱明之传，非以说经，犹子长之文，非以作史，此其故一也。后人好改经传，《左氏》离厄尤甚。大国既盛，田氏有窜入者，如懿氏卜妻敬仲之类；魏氏有窜入者，如毕万之后必大之类；赵氏有窜入者，如越境乃免之类；秦燔而后，刘氏有窜入者，如处者为刘氏之类。西汉时，《公羊》先立于学官，缘饰谶纬，治《左氏》者傚之，亦窜入符瑞之说，下逮王符之世，刘歆奋其私笔，任意增改，谬误可疑之处，乃孳乳而浸多，此其故二也。”唐氏非能治今文者，而亦力攻《左氏》与刘歆，盖实王氏之学有以启之也。

6. 丁晏

字柘堂，江苏山阳人。阮元为漕督，以汉《易》十五家发策，晏条对万余言，为当世冠。道光元年举人。生平笃好郑学，于《诗笺》、《礼注》，研讨尤深。尝辑《郑康成年谱》，颜其堂曰《六艺》取康成《六艺论》以深仰止之思。然晏治经学，不掊击宋儒，尝谓汉学、宋学之分，门户之见也。汉儒正其诂，诂正而义以显；宋儒析其理，理明而诂以精，二者不可偏废。尤熟于《通鉴》，故经世优裕。尝与人论钞币，谓轻钱行，钞必有利而无害。论禁烟，谓不禁则民日以弱，中国必疲；禁则利在所争，外夷必畔。且禁烟当以民命为重，不当计利立法，当以中国为先，不当扰夷。后悉如其言。在籍时，办堤工，司账务，修府城，浚市河，开通文渠中支，均有功于乡里。咸丰三年，太平军蔓延大江南北，督抚檄行府县，练勇积谷，为守御计，淮安以晏主其事。十年，捻匪扰淮安北关，晏号召团练，分布要隘，城以获全。十一年，以团练大臣晏端书荐叙前守城绩，由侍读衔内阁中书加三品衔。晏少多疾病，迨长，读书养气，日益强固。治一书毕，方治他书；生平校订书籍极多，必彻终始。光绪元年卒，年八十二。其所著书凡四十七种：

《尚书余论》二卷，《禹贡集释》三卷，《郑氏诗谱考正》一卷，《诗考补注》二卷，《补遗》一卷，《三礼释注》八卷，《周易述传》二卷，《孝经述注》一卷，《毛郑诗释》四卷，《周易解故》一卷，《讼卦浅说》一卷，《尚书余论》一卷等。

7. 黄式三

字薇香，浙江定海人，号儆居，清道光十二年岁贡生。事亲孝，十四年赴乡试，母以暴疾卒于家，驰归，恸绝。父老且病，卧床第数年，衣食盥洗，必躬亲之。比殁，持丧以礼，誓不再应乡试，终身治学。于学不立门户，不拘汉、宋，博综群经，择是而从。治《诗》，治《易》，治《春秋》，而尤长《三礼》；论禘郊宗庙，谨守郑学，然于论封域、井田、兵赋、学校、明堂、宗法诸制，有大疑义，必厘正之。同治元年卒，年七十四。所著书有：

《论语后案》二十卷，《书启蒙》四卷，《诗丛说》一卷，《诗序说通》二卷，《诗传笺考》二卷，《春秋释》二卷，《周季编略》九卷，《儆居集经说》四卷，《史说》四卷。

8. 马瑞辰

字符伯，安徽桐城人。父宗琏，字器之，由举人官东流影教谕，嘉庆六年成进士。少从舅氏姚鼐学《诗》及古文词，既而精通古训及地理之学。乡举时以解《论语》、《过位》、《升堂》合于古制，大兴朱珪亟拔之。后从邵晋涵、任大椿、王念孙游，其学益进。尝以解经必先通训诂，而载极博，未有汇成一编者，乃偕同志孙星衍、阮元、朱锡庚分韵编录，适南旋中辍，其后元视学江浙，萃诸名儒为《经籍纂诂》，其凡例犹宗琏所手订也。其所著有《左氏补注》、《毛郑诗诂训考证》等书，博征汉魏诸儒之说，不苟同立异。瑞辰尽传其学。瑞辰于嘉庆十五年成进士，选翰林院庶吉士，散馆改工部营缮司主事，擢郎中，因事罣误，发往盛京效力，旋援主事，补工部员外郎。复坐事发往黑龙江，未几释归。先后主江西白鹿洞、山东峄山、安徽庐阳书院讲席。太平军陷桐城，胁之降，不从，遂遇害，年七十九。其所著有：《毛诗传笺通释》三十二卷。

9. 魏源

名远达，字默深，湖南邵阳人。魏源七岁从塾师刘之纲、魏辅邦读经史，八岁受书，即解大义。九岁赴县应童子试，考官指画有“太极图”茶杯出“杯中含太极”嘱对，魏源即对曰：“腹内孕乾坤。”年十五补贡生，乃究王阳明氏心学，尤好读史。嘉庆十九年以拔贡入都，复从胡承珙、姚学塽问汉宋儒学，又别受《公羊》学于刘逢禄；诗古文词则时与龚自珍、董桂敷相切磨。萧山汤金钊雅重之，尝造其寓，源出迓，鬓发如蓬。金钊愕眙，既知订《大学》古本，叹曰"吾子深造乃苦是耶?"盖自幼时，源绩学已甚勤也。道光二年举顺天乡试，宣宗亲阅其试卷，挥翰褒赏，名籍甚。会试落第，房考刘逢禄赋两生行惜之。两生者，谓源及龚自珍也。善化贺长龄时为江苏布政使，乃延源辑《皇朝经世文编》，由是留心时务。九年，纳赀为内阁中书，因得遍观秘籍，由是又熟于国故朝章。二十四年成进士，明年权知东台县。咸丰元年补高邮州知州，时值太平天国之乱，扬州城陷，太平军至召伯埭，去州城四十里。源倡办团练，督以防堵。会钦差大臣琦善统兵至，人心乃安。咸丰四年，周天爵督军于皖，奏留营以剿宿州匪，降其众。咸丰六年卒，年六十三。源生平罕嗜欲，自博览群籍外，惟好游，轮蹄几遍域内。与客接，无多言。独至古今成败、国家利病、学术得失，则反复辨难，风起潮涌，不可遏；或未当，亦能虚以受人。尝谓河宜改复北行故道，至咸丰五年，铜瓦厢决口，河果北流。又作《筹鹾篇》上总督陶澍，谓："自古有缉场私之法，无缉邻私之法。邻私惟有减价敌之而已。非裁费曷以轻本减价？非变法曷以裁费?"后总督陆建瀛力主行之。

其所著书有：《书古微》十二卷，《诗古微》二十二卷，《元史新编》九十五卷，《圣武记》十四卷，《海国图志》一百卷。

其未成与未刊行者则有：

《两汉今古文家法考》、《公羊古微》、《曾子发微》、《子思子发微》、《高子学谱》、《孝经集传》、《孔子年表》、《孟子年表》、《小学古经》、《大学古本》、《明代兵食二政录》、《春秋繁露注》、《老子注》、《墨子注》、《说苑注》、《六韬注》、《孙子注》、《吴子注》、《古微堂诗文集》等书。

魏源在学术上之贡献：

魏氏受《公羊》学于刘氏逢禄，又与龚自珍时相切磨，与龚自珍同为当时之今文经学大师。魏氏所为关于今文经学著作，虽有《公羊古微》、《诗古微》、《书古微》、《两汉今古文家法考》等书，然除《诗古微》、《书古微》已刊行外，《公羊古微》与《两汉今古文家法考》并未流传于世，盖并为未成之作。今魏氏集中有《两汉经师今古文家法考叙》一篇，吾人尚可借以明了魏氏对于今古经学之意见。其《叙》云：

道光……之岁，源……得《周易》今文家施氏学第一，梁丘学第二，孟喜氏学第三，孟氏学旁出京氏、焦氏第四，《周易》古文家费氏第五，其流为荀氏卦气之学、郑玄爻辰之学，此外又有虞翻消息卦变之学，斯为《易》学今古文传授大概也。

《尚书》今文列于博士者，有伏生，欧阳，大、小夏侯二十八篇之学，有孔安国古文四十余篇之学。至东汉初，刘歆、杜林、卫宏、贾逵、马融、郑康成又别创古文之学，其篇次与今文同，而孔安国佚十六篇仍无师说，此皆不列于博士者。及东晋伪古文及伪孔《传》出，唐代列于学校，而伏、欧之今文，马、郑之古文，同时并亡。予据《大传》残编，加以《史记》、《汉书》诸子所征引，共成《书古微》，斯《尚书》今、古文传授大概也。

《诗》则汉初皆习齐辕固生、鲁申公、韩婴三家，惟《毛诗》别为古文。郑康成初年习《韩诗》，及笺《诗》改从毛，于是齐、鲁、韩次第佚亡，今惟存毛《传》。及宋朱子、王应麟始采《三家诗》残文而未得条绪，明何楷、本朝范家相、桐城徐璈次第蒐辑，始获《三家诗》十之七八，而余发挥之，成《诗古微》，此

《诗》今古文大概也。

小学以《说文》为宗，历代罕究。国朝顾炎武始明音学，而段、王二氏发明《说文》、《广雅》，惟转注之说尚有疏舛，予特为发明之，此小学家之大概也。

《礼经》则禘祫之义，王肃与郑玄抗衡，郑主纬书感生五帝之说，肃主人帝为始祖所自出之帝，输攻墨（一本"墨"下有"守"字），秦固失之，楚亦未得，而郑玄《周礼注》计口出泉，至宋遂启王安石新法之祸。惟宋朱子纂《仪礼经传通解》，分家礼、邦国礼、王朝礼、丧祭礼，合《三礼》为一书，此则古今《三礼》之大概也。

魏氏著述在今文经学上发生较大之影响者厥为《诗古微》，是书辨订《毛诗》之伪，申明三家之旨，颇多独到之处，可谓在刘逢禄后考辨伪经之重要著作。他如论孔子之删诗以及《商颂》为美宋襄公，非殷代而作，皆至当不易之论。《诗古微》卷一《齐鲁韩毛异同论》上谓："世之矫诬三家者，不过三端，曰：齐鲁韩皆未见古序也，《毛诗》与经传诸子合而三家无证也，《毛诗》出子夏、孟、荀而三家无考也。"魏氏皆"一一破其疑，起其坠"，而由《论〈毛诗〉之传授为不足信》曰：

《汉书·楚元王传》言浮邱伯传《鲁诗》于荀卿，则亦出《荀子》矣；《唐书》载"《韩诗》卜商序"，则亦出子夏矣；《韩诗外传》："高子问《载驰》之诗于孟子。孟子曰：'有卫女之志则可，无卫女之志则怠'"；又载《荀卿·非十二子》篇，独去子思、孟子，且《外传》屡引七篇之文，则亦出《孟子》矣；故《汉书》曰："又有毛公之学，自言子夏所传。自言云者，人不取信之词也。"至《释文》引徐整云，"子夏授高行子，高行子授薛苍子，薛苍子授帛妙子，帛妙子授河间人大毛公。毛公为《诗故训传》于家，以授赵人小毛公，小毛公为河间献王博士。”一云子夏授曾申，申传魏人李克，克传鲁人孟仲子，孟仲子传鲁人大毛公。夫同一《毛诗》传授源流，而姓名无一同，且一以为出荀卿，一以为出不出荀卿；一以为河间人，一以为鲁人，辗转附会，安所据依？岂非《汉书》自言子夏所传一语已发其覆乎？以视三家源流，孰传疑？（《经解续编》卷一二九二）

魏氏此处表明《三家诗》之传授，而《毛诗》之源流转不足信，后来康有为撰《新学伪经考》即采用其说，今文学运动至魏氏时，又攻破古文《诗》之伪，不止《左传》与《尚书》也。《毛诗》次第多与古不合，而其说义亦多有未谛，魏氏尝谓："《齐诗》先《采蘋》而后《草虫》与《仪礼》合，《小雅》'四始五际'次第与乐章合，《鲁诗》、《韩诗》说《硕人》、《二子乘舟》、《载驰》、《黄鸟》与《左氏》合，说《抑》及《昊天有成命》与《国语》合，说'《驺虞》乐官备也'与《射义》合，说《岂风》、《小弁》与《孟子》合，说《出车》、《采薇》'非文王伐猃狁'与《尚书大传》合，《大武》六章次第与乐章合；其不合诸书者安在?《毛诗》则动与抵牾，其合诸书者又安在?"而魏氏最大之发明，则在其以"《商颂》非殷代作，实为宋诗"。《诗古微六·商颂鲁韩发微》曰：

尝读《尚书》，怪《伊训》、《说命》之古文，反易于殷盘周诰之今文，及读朱、吴、梅、阎之论说，始知先汉今文古，后晋古文今也。尝怪《小雅》之《文王》、《出车》、《采薇》，何一似宣王《六月》、《采芑》之诗，及考三家遗说，始知《南仲》诸篇，果宣王变雅也。抑尝读《三颂》之诗，窃怪《周颂》皆止一章，章六七句，其词噩噩尔；而《商颂》则《长发》七章，《殷武》

六章，且皆数十句，其词灏灏尔。何其文家之质，质家之文？及考《后汉书·曹褒传》（“奚斯颂鲁，考父咏殷”），扬雄《法言》“正考父尝晞尹吉甫矣，公子奚斯尝晞正考父矣”。《史记·宋世家》之遗说：“襄公之时，修行仁义，欲为盟主，其大夫正考父美之，故追道契、汤、高宗，殷所以兴，作《商颂》。”而后知《商颂》与《鲁颂》一例，宋襄与鲁僖同科，犹《书》之附《费誓》、《秦誓》也。（《经解续编》一二九七）

魏氏发抒鲁、韩之义，共立十三证以明其说，其第一证曰：

《乐记》：“肆直而慈爱者宜歌商，温良而能断者宜歌齐。”《郑注》：“《商》，宋诗也。《疏》谓据下文商人识之，故谓之《商》；齐人识之，故谓之《齐》；知此《商》为宋人所歌之诗。宋是商后故也。”《左氏春秋·哀二十四年》衅夏曰：“周公及武公娶于薛，孝、惠娶于商，自桓以下娶于齐。”杜注：“商，宋也。”又哀九年《左传》曰：“利以伐姜，不利子商。”杜注：“子商，宋也。”《逸周书·王会解》：“堂下之左，尹公、夏公立焉。”《庄子》、《韩非子》均有商太宰，与孔子、庄子同时，皆谓宋为商之证。盖鲁定公名宋，故鲁人讳宋称商。夫子录诗，据鲁太师之本．犹卫之称邶、鄘，晋之称唐，皆仍其旧。证一。（同上）

其第五证与第八证曰：

《商颂》果作于商代？如《笺》说《那》之祀成汤者为太甲，《烈祖》之祀中宗者谓仲丁，《玄鸟》之祀高宗者谓祖庚，则皆以子祭父，如成王之于文、武，何以遽称之曰“自古”，“古曰”，“在昔”，“昔曰先民”？而且一则曰“顾予烝尝，汤孙之将”；再则曰“顾予烝尝，汤孙之将”，岂非易世之后，人往风微，庶莫先祖：眷

顾而祐我孙子乎？证五。（同上）

《殷武》诗三章《笺》云："时楚不修诸侯之职"，四章《笺》云："时楚僭号王位。"此亦郑君暗用《韩诗》，以三章、四章为《春秋》僖四年公会齐侯、宋公伐楚之事。故笺以岁时来辟，责苞茅不贡之文；不僭不滥，责僭号称王之义，与《鲁颂》"荆舒是惩"，皆侈召陵攘楚之伐，同时同事同词，故宋襄作颂以美其父。楚入《春秋》，历隐、桓、庄、闵，止称荆，至僖二年始称楚，安得高宗即有伐楚之名？《孔疏》亦穷于词，故云周有天下，始封熊绎为楚子，于武丁之世，未审楚君何人。证八。（同上）





魏氏之第一证，就《商颂》之名称以证其本当为宋诗也；其第五、第八两证，则更就诗篇中词语以证其非殷代所作也。此说发明鲁、韩之义，益见毛说为不足信。魏氏倡此义后，皮锡瑞《商颂·美宋襄公证》更立七说以补证之，王国维《说商颂》亦就《商颂》之用词与地名，增立二证，魏氏此说益觉其可信矣。魏氏论孔子删诗曰："善乎《鲁诗》班固之言曰，孔子纯取周诗，上取殷，下取鲁，凡三百五篇，曰纯取者，明无所去取其间也。因是以通《史记》之言曰，孔子去其重，取可施于礼义者，凡三百五篇。曰去其重者，谓重复倒乱之篇，而非谓乐章可删，列国可黜也。吾故曰，夫子有正乐之功，无删诗之事，三家之本有同异，则三百之外不尽逸诗也。"（同上一二九二）其立论亦甚平允。

魏氏《书古微》草成则《诗古微》后，乃"所以发明西汉《尚书》今古文之微言大义，而闻东汉马、郑古文之业凿空无师传也"（《书古微·序》）。惟尚以孔安国复得《古文尚书》四十五篇于孔壁为可信，而谓孔安国"校伏生本多佚《书》十六篇，而安国从欧阳生受业，尝以今文读古文，又以古文考今文，司马迁亦尝从安国问故，是西汉今古文本即一家，大同小异，不过什一，初非判然二家（同上）”。则犹信孔壁古文之说，而以史迁所传为古文也。魏氏自谓是书得于经者氏四大端，《序》云：

> 予既成《诗古微》二十二卷，复致力于《尚书》，坠绪茫茫，旁搜远绍，其得于经者，凡四大端：一曰补亡，谓补《舜典》，补《九共》，而并补《汤诰》，又补《泰誓》三篇，《武成》二篇，《牧誓》下篇，以及《度邑》、《作雒》为《周诰》之佚篇。二曰正讹，如正典谟“稽古”，而并正殷《高宗肜日》为胤嗣，而非为祭祢；《微子》所问为太师疵少师疆，而非父师箕子；《金縢》之“弗辟”为自任，而非疑忌；《梓材》为鲁诰而非康诰。三曰稽地，如考禹河而知有千年不决之渎，稽江汉而知下游有三江分流入海之口，上游有江在荆州夷陵，有分为九江之事；中游至寻阳别分九派，不谓九江。且彭蠡在江北，不在江南，而汉为北江；“江水由胥溪汇震泽，吴淞为中江”之案定。又知雍州黑、弱合流，潜入青海，自合黎视之，谓为南海；自雍州望之，谓之西海；《地理志》“西海有黑水祠”，“有西王母石室”，此《尚书》家旧说；至今青海不通舟楫，不胜鸿毛，惟冰合可度入小岛，此弱水之明证。四曰象天，知黄道极为维斗之极，旋绕乎北极，周建乎四时，终古无岁差，故可为外璇机，亦可为大玉衡，而非北斗之玉衡；即北斗之三建，亦皆指北方而正子位，以佐璇机之用，而并非建子、建丑、建寅之建。于是天文地理皆定位于高高下下之中，孔思周情各呈露于噩噩浑浑之际，天其复明斯道于世，尽黜伪古文十六篇，并尽黜马、郑之说，而颁西汉古谊于学宫矣乎？（同上）

睹此所云，可知全书重要之端。然魏氏所自诩以为得于经者，正讹之类，如以《高宗肜日》非为祭祢，《梓材》乃鲁诰非康诰，则治《尚书》学者，固未尝采用之，其是否为得尚待论定也。书中又谓《金縢》“后半篇不如从马、郑说以定经义而息斗诤，非如前半篇《郑注》之支离害道，断不可用。西汉今文，千得岂无一失？东汉古文，千失岂无一得？并行不悖也”（《金縢·发微下》，《经解续编》一二八七）。以家法绳之，则是魏氏未能严守，然以吾人今日之眼光观之，“东汉古文，千失岂无一得”，实持平之论也。

10. 陈寿祺、陈乔枞



(1) 陈寿祺、陈乔枞简历

在晚清今文学运动中，有本为考证学派之嫡传，而因好古之故，致力于今文经说之搜辑，结果关于今文经说之著述较多，而关于古文之著述较少，于今古两家之说，乃无所偏倚，传至其子，则俨然一今文家者，则陈寿祺、陈乔枞父子是也。寿祺与刘逢禄、宋翔凤同时，字恭甫，福建侯官县人。嘉庆四年进士，选翰林院庶吉士，散馆授编修，寻告归。性至孝，不忍言仕，家贫无食，父命之入都，先后充广东、河南行试副考官，十四年充会试同考官，京、察一等记名御史，以父卒归，拒仕乞以养母，母殁终丧，卒不出。寿祺会试出朱珪、阮元门，乃专为汉学，又及见钱大昕、段玉裁、王念孙、程瑶田诸人，故学益精博，解经得两汉大义，每举一说，辄有折衷。两汉经师，莫先于伏生，莫备于许、郑，寿祺于伏、许遗书，皆为之阐明焉。乞养归后，阮元延课诂经精舍生徒，元纂群经大义为《经郛》，寿祺为撰条例，明所以原本故训，会通典礼，存家法而析异同之意。后主泉州清源书院十年，主鳌峰书院十一年，与诸生言修身励学，教以经术，作义利辨，知耻说，科举论，以示学者。规约整肃，士初苦之，久乃悦服。家居与诸当事书，于桑梓利弊，蒿目痗心，虽触忌讳无所隐，明儒黄道周孤忠绝学，寿祺搜辑遗文，为之刊行。

又具呈大吏，乞疏从祀孔庙，如所请。盖寿祺于时世之务，亦甚厝意也。道光十四年卒，年六十四。其所著有《五经异义疏证》三卷，《尚书大传辑校》三卷，《序录》一卷，《订误》一卷，附《汉书五行志刘向五行传论》三卷，《东越儒林文苑后传》二卷，《东观存稿》一卷，《左海经辨》二卷，《左海文集》十卷，《左海骈体文》二卷，《绛趺堂诗集》六卷，其所欲著者尚有《三家诗遗说考》、《欧阳夏侯经说考》、《礼记郑读考》，则其子乔枞为完成之。

乔枞字朴园，道光五年举人，二十四年以大挑知县分发江西，历宦分宜、弋阳、德化、南城诸县，署袁州、临江、抚州诸府。以经术饬吏治，居官有声。同治七年卒于官，年六十一。乔枞承其父志，紬绎旧闻勒成：《礼记郑读考》六卷，《三家诗遗说考》十五卷，其所自著后有：《齐诗翼氏学疏证》二卷，《诗纬集证》四卷，《今文尚书经说考》三十三卷，《今文尚书叙录》一卷，《欧阳夏侯经说考》一卷，《诗经四家异文考》五卷，《毛诗郑笺改字说》四卷，《礼堂经说》二卷。乔枞能修世业，张其家法，实可次与元和惠氏、高邮王氏媲美。

(2) 寿祺与今文学之关系

寿祺为阮氏弟子，其受当时考证学派戴、段诸家之影响，固甚显明。尝谓："治经之道，当实事求是，不可党同妒真，汉儒学近古，其家法出七十子之徒，宋后学者好非古，其明断在千百载之下，故不能不舍彼而取此，而亦非尽废之也。其有存古可资者，何尝不兼收参订，以为薄宋后之书，辄并其善者而不旁涉，又岂通儒之见哉？夫说经以义理为主，固也。然未有形声训故不明与名物象数不究，而谓能尽通义理者也。何谓义理？寓于形声训故与名物象数而不遗者也。言形声训故与名物象数，舍汉学何由？而非心知其意，博综源流，未足以与此？"（《经解》一二五三）又谓："寿祺所以不喜攻郑者，以为学者未尝深究本原，会通撰述之微意，徒耳熟于王子雍、赵伯循等之说，悦其浅近易晓，遂从风掊击，不顾其安，而非敢阿好古人，宁道周、孔失，不言郑服非也。”（《经解》一二五三）就其议论观之，亦当属于考证学派，其所以有今文《尚书大传定本》、《欧阳夏侯经说考》、《鲁齐韩诗说考》诸书之作者，则以寿祺主张通儒之见与其甚好辑佚之学。寿祺《答翁覃谿学士书》曰：“寿祺向尝钩考齐鲁韩诗者，正欲为《毛传》郑笺疏通证明，非旁骛也。《诗》有三家，犹《春秋》之有《公羊》、《穀梁》，不可偏废；二《传》存而《三家诗》亡，说经者之不幸也。”（同上）其上《仪征阮夫子请定〈经郛〉义例书》，亦曰：“善夫鲁丕上疏曰：‘说经者，传先师之言，非从己出，不得相让；相让则道不明，若规矩权衡之不可枉也。难者必明其据，说者务立其义，浮华无用之言，不陈于前，故精思不劳而道术愈章，法异者各令自说师法，博观其义。’盖守一先生之言而不敢杂，此经生之分也，总群师之言，稽合同异，而不偏废，此通儒之识也。……曩者岁在著雍敦牂，养秦家术，亦尝稍事缀辑，取便浏览。人事当迫，废焉不修。”（同上）可见寿祺闲居之时，即好抄撮，取便浏览，且以为总群师之言而不偏废，乃通儒之识，故虽从事古学，而于今文诗书之学，并加搜讨，终异于其他之古文经师。故寿祺之学，虽出于考证学派，而实则颇尽搜辑今文经说之力，可以列于今文学派，且足以见今文学运动之兴起，其所由来非一端也。





寿祺《与许子锦论经义书》谓：“所欲述者，有《欧阳夏侯尚书考》、《尚书大传笺》、《鲁齐韩诗说考》……《公羊礼》、《穀梁礼》等书”，其所欲致力于今文经学之著述，约四五种，然除《尚书大传笺》笃定为《尚书大传辑校》外，余并未成。今《左海文集》中载有《尚书大传笺序》，可见寿祺对于今文学之态度。《序》云：

伏生以明经为秦博士，汉孝文时年且百岁，……自以二十九篇授张生、欧阳生，教于齐鲁之间，迄武宣世，有欧阳、大小夏侯氏，立学官，是为今《尚书》。孔安国晚得壁中古文，多逸《书》十六篇，顾绝无师说。终汉之世，独传二十九篇而已。何则？二十九篇今文具存，文字异者不过数百，其余与古文大旨略均足相推校。逸十六篇，既无今文可考，遂莫能尽通其义。凡古文《易》、《书》、《诗》、《礼》、《论语》、《孝经》所以传，悉由今文为之先驱，今文所无辄废。古《春秋左氏传》赖张苍先修其业，故传；《礼》古经五十六篇，传《士礼》十七篇，与后、戴同，而三十九篇逸《礼》竟废；《书》亦犹是也。向微伏生，则唐、虞、三代典谟诰命之经，烟销灰灭，万古长夜，夫天为斯文笃，生名德期颐之寿，以昌大道，岂偶然哉？《尚书》今学精或不逮古文，然亦各守师法。贾逵以为俗儒，康成以为嫉此蔽冒不悛，乃谓当时博士末师，破碎章句亡过，而伏生大传条撰大义，因经属旨，其文辞尔雅深厚，最近大小《戴记》、七十子之徒所说，非汉诸儒传训之所能及也。（《经解》一二五四）

寿祺于此《序》虽云“《尚书》今学精或不逮古文”，而谓“然亦各守师法”，贾、郑所诋其者，乃谓当时博士末师，此已无所轩轾于其间。而云“凡古文《易》、《书》、《诗》、《礼》、《论语》、《孝经》所以传，悉由今文为之先驱”，则亦深知今文经学为古文之本源矣。寿祺于《诗三家遗说》，虽未写定成书，然其搜集之功颇勤；乔枞虽为卒成其业，故于“凡乔枞所增缉者，加补字别识之”，吾人犹可觇其一斑，不可悉委为乔枞所为。寿祺亦有《三家诗遗说考自序》云：“两汉《毛诗》未列于学，凡马、班、范三史所引，皆鲁齐韩《诗》，异者见异，同者见同，绪论所存，悉宜补缀，不宜取此而弃彼也。”此尤可见寿祺致力于今文经说，而无所轩轾今古也。寿祺有《五经异义疏证》一书，疏释许慎、郑玄两家之说，许、郑或从今说，或从古说，已非绝对遵守一家之言，在许、郑东汉之经师，犹非全从古说，则寿祺于今古无所轩轾，固其宜也。

(3) 寿祺在学术上之贡献

寿祺于今文经学，颇具搜判之功，其所主张影响于后世者，犹有二事。其一曰：论《史记》用今文《尚书》，江声、孙星衍为《尚书》作新疏，皆误认《史记》所用为古文说；段玉裁为《古文尚书》撰异，则以凡《史记》引用《书》说之不合于古文者皆委为今文；所见实有未逮。寿祺在《左海经辨·史记用今文尚书》条云：



> 《史记》始用《书序》，采摭十之七八，其说多异，盖今文家言也。虽班固称迁书载《尧典》、《禹贡》、《微子》、《洪范》、《金縢》诸篇多古文说，今以此五篇考之，如《五帝纪》之载《尧典》“居郁夷，曰柳谷”，“便在伏物”，“黎民始饥”，“五品不训”，“归，至于组祢朝”，“五流有度，五度三居”；《夏本纪》之载《禹贡》“维箘簬、楛”，“荥播既都”；《周本纪》之载《洪范》“毋侮鳏寡”，文字皆与今文吻合，则所谓多古文说者，特指其说义耳。若文字固不尽从古文也。五篇而外，所录皆今文可知；不独“黎”之作“耆”，“流为雕”之作“流为乌”，“如熊如羆”之作“如豺如离”而已。司马子长时《书》惟有欧阳，大小夏侯未立学官，然则《史记》所据《尚书》，乃为欧阳本也。（《经解》一二五一）



寿祺此说，近治《尚书》，多援用之，盖史迁之时，古文犹未兴起，谓“多古文”说，实不足据也。其曰今文《尚书》有《序》说，寿祺历举十七证以明今文《尚书》之有《序》，说虽未谛，然除王咏霓《尚书异》、康有为《新学伪经考》外，大抵多用其说，宋氏翔凤尤称赞之，亦足见其影响之大。王、康虽驳斥之，寿祺所举证亦有颠扑不破者在，固非游谈无根所可与比拟者也。

寿祺《上仪征阮夫子请定〈经郛〉义例书》，主张搜集唐宋以前诸子百家诸史志传之有关经义者，类而集之，依经条次，以申许、郑之闳渺，补孔、贾之阙遗。并取扬子《法言》之语，总系《经郛》。寿祺别撰《经郛》条例，颇足以见其计划之宏大，亦可窥见当时所主张之方法。条例曰：

《经郛》荟萃经说，本末兼赅，源流具备，阐许、郑之闳渺，补孔、贾之阙遗，上自周秦，下讫隋唐。网罗众家，理大物博，汉魏以前之籍，搜采尤勤，凡涉经义，不遗一字。其大端有十：一曰探原本。以经解经，厥义最古，如《三传》、《礼记》所引《易》、《书》、《诗》，《尔雅》所释诂言训是也。二曰钩微言。奥训眇辞，注家阙略，如《说文》所解、《广雅》所释是也。三曰综大义。发明指归，会通典礼，如《荀子》之论《礼》、《乐》，董子之论《春秋》，《史》、《志》、《通典》之历议礼议服议是也。四曰存古礼。三代遗制，周人能言，如《左氏传》之称《礼经》，《小戴记》之载杂说是也。五曰存汉学。两京家法，殊途同归，载籍既湮，旧闻廑见，如《史记》载《尚书》多古文说，《白虎通》引经多今文说，《汉书·五行志》多《三传》先师之说，《五经异义》多《石渠议奏》之说是也。六曰证传注。古人解经，必无虚造，间出异同，皆有依据，如《毛传》之合于《雅》诂，郑《笺》之涉于鲁、韩是也。七曰通互诠。一家之说，或前后参错，而互相发明，如郑志之通诸注差互，《箴膏肓》、《发墨守》、《起废疾》之别《三传》短长是也。八曰辨剿说。晋代注家，每摭拾前人而不言所自，如《伪孔尚书》传之本于王肃，杜预《左传注》之本于服虔，郭璞《尔雅注》之本于樊孙是也。九曰正谬解。大道多岐，习非胜是，实事求是，择焉必精，如《易》之象数明则辅嗣之玄宗可退，《书》之训诂核则仲真之伪传可排是也。十曰广异文。古籀、篆、隶，易时递变，众家授受，传本不同，如《说文》之古文，《玉篇》之异字，汉碑之异礼，《经典释文》之异本是也。统诸十端，囊括古今，诚六艺之潭奥，众论之苑囿。



寿祺此种主张，无异欲为经学编一辞书，阮氏颇采纳之，惟其事甚繁重，故终未底于成。然吾人读寿祺此条例，亦可见活学之方法。寿祺见地如此，所以能于今古两派中俱占重要之位置也。



寿祺关于古文经之专著，实只《礼记郑读考》一种，且未卒业，其《序》谓因“或讥郑司农注《礼记》多改字”，乃“专举郑注异读，博稽文字，证明本源，为《礼记郑读考》”（《序》语）。盖专发明《礼记》郑注文字通假之作。寿祺别有《汉读举例》，载《左海经辨》中，说明一般原则，其价值转在此书之上，较为可观。

（4）陈乔枞在学术上之贡献

乔枞《欧阳夏侯尚书经说考》、《鲁齐韩诗遗说考》，并踵继寿祺未竟之作而完成者，其《今文尚书经说考》等书亦取其父志而纂述者，惟乔枞对于今文乔说绝无诋毁之词，此较其父实并进步。寿祺《尚书大篯·自序》，谓“向微伏生，则唐、虞、三代典谟诰命之经，烟销灰灭”，而继之以“《尚书》今学，精或不逮古文”。乔枞《今文尚书经说考·自序》述寿祺之语，而自“尚书学今”以下易为：

尝为乔枞曰："……《尚书》三家今文各守师法，皆传伏生之业者，苟能钩考佚文，得其单辞片义，以寻三家今文千数百年不传之绪，使百世之下，犹知当日幸有三家今文，赖以维持圣经于不坠，则岂徒以延绝学而广异义云尔哉?"乔枞敬承庭训，识之勿敢忘。曩尝搜讨群书，稽求佚义，缀缉颇具，梗概粗陈。顾以宦海浮沉，日月逾迈，恒以不克继志为惧。今春免官，逆杜门下帷，乃录旧稿，重复研寻，成《欧阳夏侯经说考》一卷，《今文尚书序录》一卷，《今文尚书经说考》三十三卷。凡所采摭经史传注及诸子百家之说，实事以求是，必溯师承；沿流以讨源，务随家法，而参评考校，则亦有取于马、郑之传注，为之旁证而引伸之，前后屡更寒暑而后卒业焉。

乔枞已不云"《尚书》今学，精或不逮古文"，而云"幸有三家今文，赖以维持圣经于不坠"，非"徒以延绝学而广异义"，乔枞之意在发明今学，非如其父"钩考齐、鲁、韩诗者，正欲为《毛传》郑笺疏通证明"。其旨趣不同，固显然易见。此乔枞所以云"必溯师承"，"务随家法"，而所以"有取于马、郑之传注"，乃"为之旁证而引伸之"，俨然一今文家之口吻，非复如其父之于今学犹非深崇信之也。乔枞《今文尚书叙录》，则录两汉三国今文《尚书》经师之传略，使人可借知今文《尚书》传授之源流，然于三家并未分列，故于流派不甚显，亦有《今文尚书经说考》中所述及之经师而叙录并未列者，故仅读其《叙录》，于源流尚不能详知。乔枞《欧阳夏侯尚书经说考》，则多利用其父寿祺《五经异义疏证》之说，此为承其父志而作，乔枞《今文尚书经说考》固可包举三家之说而又另为一书，亦所以评述之也。

乔枞《三家诗遗说考》虽属增补其父寿祺之遗作而成，而实较其父所见为允当，此则乔枞功力较深于乃父之明验。如《鲁说遗说考·燕燕篇》，寿祺引《列女传·母仪篇》说此诗为卫定姜送其妇作，郑康成注《礼记》引齐说又与微异。寿祺曰："案《坊记》引此诗先君之思，以畜寡人。"郑君注云："畜，孝也。献公无礼于定姜，定姜作诗，言献公当思先君定公，以孝于寡人。"《释文》曰："此是《鲁诗》。考《列女传》此诗为定姜送妇而作，献公无礼之事，不涉作诗，《列女传》皆用鲁说，顾与郑君记注颇不合，鲁字疑误。"乔枞则曰："案郑君《礼记注》多述《齐诗》说，《释文》：鲁字疑齐之误。合此篇鲁、齐同以为定姜之诗，而说微异，鲁说以为送其妇归而作诗，齐以为并为献公无礼而作诗也。王氏诗考以此记注收入《鲁诗》，然则王所见《释文》，已误作鲁矣。"（《经解续编》一一一九）此可见寿祺于郑注用诗尚不知其属于何家，不能决《释文》之误，乔枞后出乃转精也。乔枞于《三家诗遗说考》并有序，颇可以见其搜讨之方法，其《鲁诗遗说考序》云：





案《鲁诗》授受源流，《汉书》章章可考。申公受《诗》于浮邱伯，伯者，荀卿门人也。刘向校录《孙卿书》亦云："浮邱伯受业于孙卿，为名儒，是申公之学，出自荀子，《荀子》书中说《诗》者，大都为《鲁说》所本，今缀之，列于《鲁诗》，原其所自始也。"孔安国从申公受《诗》为博士，至临淮太守，见《史记·儒林传》，太史公从孔安国问业，所习当为《鲁诗》，观其传儒林首列申公，叙申公弟子首数孔安国，此太史公尊其师传，故特先之。刘向父子，世习《鲁诗》，高邮王氏《经义述闻》以向为治《韩诗》，未足征信。考《楚元王传》，言"元王好《诗》，诸子皆读《诗》"。"高后时，浮丘伯在长安，元王遣于郢客与申公俱卒业。"文帝时，"申公始为《诗》传，号《鲁诗》。元王亦次之《诗》传，号曰《元王诗》。"向为元王子休侯富曾孙，汉人传经，最重家学，知向世修其业。《说苑》、《新序》、《列女传》诸书，其所称述，必出于《鲁诗》无疑矣。后汉建初四年，“下太常，将、大夫、博士、议郎、郎中及诸生、诸儒会白虎观，讲议五经同异，使五官中郎将魏应承制问，侍中淳于恭奏，帝亲称制临决，如孝宣甘露石渠故事，作《白虎议奏》”。今于《白虎通》引诗，皆定为鲁说，以当时会议诸儒，如魏应，皆习《鲁诗》，而承制专掌问难，又出于魏应也。《尔雅》亦《鲁诗》之学，汉儒谓《尔雅》为叔孙通所传。叔孙通，鲁人也。臧庸堂《拜经日记》，以尔雅所释诗字训义，皆为《鲁诗》，其注尔雅，多袭汉人旧义，若犍为舍人、刘歆、樊光、李巡诸家注解，征引《诗经》，皆鲁家今文，往往与毛氏殊，郭璞沿用其语，如释“故阳予也”注引《鲁诗》“阳如之何”；释“草蓝茎”注引诗“山有蓝”文，与《石经·鲁诗》同，尤其确证。熹平《石经》以《鲁诗》为主，闻有齐、韩字，盖叙二家异同之说，此蔡邕、杨赐所奉诏同定者也。若夫张衡《东京赋》“改奢即俭，制美斯干”之语，与《刘向传》说诗义合；王逸《楚辞注》“繁鸟萃棘，负子肆情”之解，与《列女传》歌诗事同。至如“佩玉晏鸣”，“《关雎》叹之”，臣瓒谓“事见《鲁诗》”。而王充《论衡》、扬雄《法言》，亦并以《关雎》为康王之时，仁义陵迟，《鹿鸣》刺焉；史迁语盖本鲁说；而王符《潜夫论》、高诱《淮南注》，亦均以《鹿鸣》为刺上之作。互证而参观之，夫固可以考见家法矣。

其《齐诗遗说考自序》云：

汉时经师，以齐、鲁为两大宗，文、景之际，言《诗》者鲁有申培公，齐有辕固生，《春秋》、《论语》，亦皆有齐鲁之学，此其大较也。先大夫尝言汉儒治经，最重家法。学官所立，经生递传，专门命氏，咸自名家，三百余年，显于儒林，虽《诗》分为四，《春秋》分为五，文字或异，训义固殊，要皆各守师法，持之弗失，宁固而不肯少变，斯亦古人之质厚，贤于季俗之逐波而靡也。乔枞比补缉《齐诗》佚文、佚义，于经征之《仪礼》、大小戴《礼记》；于史征之班固《汉书》、荀悦《汉纪》；于诸子百家，征之董仲舒《春秋繁露》、焦赣《易林》、桓宽《盐铁论》、荀悦《申鉴》诸书；皆确有证据，不逞私臆之见，不为附会之语，蕲于实事求是而已。夫辕生以治《诗》为博士，诸齐以诗贵显者皆固之弟子，而昌邑太傅夏侯始昌最明。始昌通五经，后苍事始昌亦通《诗》、《礼》，为博士。迄孝、宣世，《礼》学后苍最明，戴德、戴圣、庆普皆其弟子，三家立于学官。《诗》、《礼》师传既同出自后氏，则《佚礼》及二戴《礼记》中的引佚诗，皆当为《齐诗》之文矣。郑君本治《小戴礼》，注《礼》在笺《诗》之前，未得毛传。《礼》家师说，均用《齐诗》，郑君据以为解，知其所述，多本《齐诗》之义，故《郑志》答炅模云："《坊记注》以《燕燕》为夫人定姜之诗"，先师亦然。先师者，谓《礼》家师说也。《齐诗》有翼、匡、师、伏之学，班固之从祖伯少受《诗》于师丹，诵说有法，故叔皮父子，世皆家学。《汉书·地理志》引"子之营兮"及"自杜沮漆"，并据《齐诗》之文。又云，"陈俗巫鬼，晋俗俭陋"，其语亦与匡衡说《诗》合，是其验已。荀悦叔父爽师事陈寔，寔子纪传《齐诗》，见陆德明《经典释文》，《后汉书》言荀爽尝著《诗传》，爽之《诗》学，太邱所授，其为齐学明矣。辕固生作《诗内外传》，荀悦特著于《汉纪》，尤足证荀氏家学皆治《齐诗》，故言之独详耳。至如公羊氏本齐学，治《公羊春秋》者，其于《诗》皆称齐，犹之穀梁氏为鲁学，治《穀梁春秋》者，其于《诗》亦称鲁也。董仲舒通五经，治《公羊春秋》，与齐人胡毋生同业，则习齐可知。《易》有孟京卦气之候，《诗》有翼奉五际之要，《尚书》有夏侯《洪范》之说，《春秋》有公羊灾异之条，皆明于象数，善推祸福，以著天人之应，渊源所自，同一师承，确然无疑。孟喜从田王孙受《易》，得《易》家候阴阳灾变书，喜即东海孟卿子，焦延寿所从问《易》者，是亦齐学也。故焦氏《易林》，皆主《齐诗》说。岂仅甲戊己庚，达性任性之语，与翼氏《齐诗》言五性六情合；亥午相错，败乱绪业之辞，与《诗·氾历枢》言"午亥之际为革命"合已哉？若夫桓宽之《盐铁论》，以《周南》之《罝兔》为刺，义与鲁、韩、毛迥异，以《邶风》之"鸣雁"为"鳨"，文与鲁、韩、毛并殊，又其显然易见者耳。

其《韩诗遗说考自序》云：

《诗》之有鲁、齐、韩、毛，犹《春秋》之有公、穀、邹、夹也。邹氏无师，夹氏未有书，故其传不显于世。《诗》则鲁、齐、韩三家，并立学官，家诵户习，终两汉之世，经师称极盛矣。顾自魏晋改代，毛、郑诗行而三家之学始微。《韩诗》虽最后亡，持其业者盖寡。惟杜琼著《韩诗章句》十余万言，见于《蜀志》；张纮从濮阳闿受《韩诗》，见于《吴书》；崔季珪少读《韩诗》，就郑氏学，见于《魏志》；晋太康中，何随治《韩诗》，研精文纬，见于《华阳国志》；外此恒不数觏焉。夫去圣久远，学不厌博，汉世褒显儒术，建立五经，为置博士，一经之学，数家竞爽，凡别名家者，皆增置博士，各以家法教授，所以扶进微学，尊广道艺也。后之人因陋就简，安其所习，毁所不见，师法既失，家学就湮，岂非学士大夫之过欤？稽之《汉书·艺文志》，《韩诗经》二十八卷，《韩故》三十六卷，《内传》四卷，《外传》六卷，《韩说》四十一卷，而《隋书·经籍志》只载《韩诗》二十二卷，薛氏章句；《唐书·艺文志》则载《韩诗》卜商序、韩婴注二十二卷，又《外传》十卷。然观唐人经义及类书所引《韩诗》，要皆《薛氏章句》为多，至于《内传》，仅散见一二焉。据《后汉书·儒林传》言，薛汉世习《韩诗》，父子以章句著名，又言杜樵少受业于薛汉，定《韩诗章句》，其所作诗题约义通，学者传之，曰杜君注。疑《唐书·艺文志》所载，当即此种，故卷数与《汉志》不同。虽题为韩婴注，知非太傅之旧本，盖《韩故》、《韩说》二书，其亡佚固已久矣。他如赵长君《诗细》，世虽不传，然《韩诗谱》二卷，《诗·历神渊》一卷，侯包《韩诗翼要》十卷，具列《隋志》，是其书犹未尽佚。惜当时定《五经正义》，专主《毛诗》郑笺，独立国学，《韩诗》虽在，世所不用，课士不取，人无能明之者。陆元朗《经典释文》，间采毛、韩异同，而罣漏尚多，斯亦稽古者之大憾也。宋元以后，毛、郑诗亦复罕有专门，而《韩诗》之传遂绝。其仅有存者，《外传》十篇而已。说者因班《志》有取《春秋》采杂说咸非其本义之语，遂訾其不合《诗》意，不知董仲舒有言“诗无达诂”，刘向亦言“诗无通故”，读诗之法，亦贵善以意逆志耳。太史公《儒林传》，称《韩诗》推诗之意而为内外传数万言，其语颇与齐鲁间殊，然其归一也。夫《诗》三百篇中，迩之事父，远之事君，兴观群怨之旨，于斯焉备；其主文而谲谏也，言者无罪，闻之者足以戡，善恶美刺，盖不可不察焉。《孟子》曰：“王之迹息而《诗》亡，《诗》

亡然后《春秋》作。”然则《诗》之与《春秋》，固相为维持世道也。子夏序《诗》，言“国史明乎得失之迹，伤人伦之废，衰刑政之苛，吟咏情性以讽其上，达于事变而怀其旧俗者也。”今观《外传》之文，记夫子之《绪论》与《春秋杂说》，或引诗以证事，或引事以明诗，使为注者彰显，为戒者著明；虽非专于解经之作，要其触类引伸，断章取义，皆有合于圣门商、赐之言诗也。况夫微言大义，往往而有，上推天人性理，明皆有仁义礼智顺善之心，下究万物情状，多识于草木鸟兽之名，考风雅之正变，知王道之兴衰，夫固天人性道之蕴，而古今得失之林耶？

皆可见其立论之确。

11. 陈立

陈立，字卓人，句容人。道光二十一年进士，二十四年补应殿试，选翰林院庶吉士，散馆改刑部主事。升郎中，授云南曲靖府知府，请训时，文宗有为人清慎之褒。时以道梗不克之任。少客扬州，师江都梅植之，受《诗》古文辞。师江都凌曙，仪征刘文淇，受《公羊春秋》、许氏《说文》、郑氏《礼》，而于《公羊》尤深致力。尝与刘文淇、刘宝楠、包慎言辈共约分为新疏，立乃矢志为《公羊新疏》，博稽载籍，凡唐以前《公羊》古义及清儒说《公羊》者，皆左右采获，创为长编，凡三十年，规模略具，南归后，乃整齐排比，融会贯通，而定稿始完成。立虽为《公羊》学，然于考订服制典章，推究声音训诂，亦用力甚勤。卒年六十一。其所著书有：

《公羊义疏》七十六卷，《白虎通疏证》二十卷，《尔雅旧注》二卷，《说文谐声孳生述》三卷，《句溪杂著》六卷。

陈氏之《公羊》学 虽受江都凌曙之传，然其为《公羊》作新疏，则本非其夙志，特出于朋辈间无意中之要约。陈氏非于

《公羊》初具有特殊之见解与兴会也。陈氏喜于考订服制典礼，甄明声音训诂，盖可知其非喜于微言大义，如刘申受、宋于庭之所为者。顾陈氏于《公羊义疏》外，更别为《白虎通疏证》。《白虎通》一书，乃东汉今文博士讲论五经同异之记录，实为今文学上重要之典籍，陈氏于《公羊传》、《白虎通》两书，俱为疏明，此陈氏所以于晚清今文学派占居重要之位置也。《白虎通疏证》一书，成于道光壬辰，其书之成在《公羊义疏》前，盖以初治《公羊》，因及汉儒说经师法，故先为之疏证，其书以条举旧闻，畅隐抉微为主，而不辨驳。其自序云：





> 缅惟端门化帛，嬴秦肆破术之谣；秘室谈经，汉氏开献书之路；时则意存罔括，志切搜罗；下币诏于公孙，坐安轮于申傅；河间真本，竞出民间；东鲁佚编，间来壁下。然而《诗》则鲁、韩各授，《书》则今古攸区；《礼》溯后苍，庆、戴递传其绪；《乐》原制氏，常山竟绝其传；向、歆则父子殊归，毛、孟则师生异读；原其授受，本别参商；稽厥指归，殊淆黑白。班氏位参玄武，生值东京；待诏金马之门，珥笔白虎之观。胪群言之同异，衷师说之是非，立学官者十有四家，著《艺》、《略》者三十八种。洙经故训，杂出西州；蝌蚪佚文，仍遗东观。虽一尊之定说未伸，而六艺之微言斯在。今欲疏其指受，证厥源由，有四难焉。……立质赋颛愚，学渐俗陋，耻向壁之虚造，守先儒之旧闻，不揣梼昧，为之疏证，凡十二卷。祗取疏通，无资辨难，仿冲远作疏之例，依河间述义之条，析其滞疑，通其结轖，集专家之成说，广如线之师传，口传而剽，固未究其枝叶；管窥莛击，或有补于涓埃云尔。

陈氏于此序云："河间真本，竞出民间；东鲁佚编，间来壁下。"于是河间献王得民间真本，竞出民间古本，鲁恭王坏孔子壁，诸事皆深信弗疑，此与刘、宋、龚、魏诸家于今古文之態度，已颇异其趣，盖陈虽治今文，而不口传耳剽，以抨击古文，此其一也。陈氏于此序云："衹取疏通，无资辨难，仿冲远作疏之例，依河间述义之条。"其曰"衹取疏通，无资辨难"，亦可见其与刘、宋、龚、魏诸人之喜于发抒论议，留心治术，亦迥然悬殊，此其二也。此陈氏虽号称为今文学派之学者，而实与《春秋》微言大义，发明甚少，盖治《公羊》不必为其素志也。陈氏《公羊义疏》亦然，于考订训诂，所得较多，于微言大义，则多征引他家之说以弥缝其阙，陈氏殊无若何见地。如《公羊旧疏》之作者，陈氏云：

按《公羊旧疏》，不知何人所著，洪氏頤煊《读书丛录》云，《公羊疏》不著撰人名氏，或云徐彦，不知何时人；宋董逌谓当在贞元、长庆之后。頤煊案，疏中引《尔雅》孙炎注，郭璞《书序长义》、《孝经疏》之类，皆唐以前本，疏"司空掾"云，"若今之三府掾"，三府掾亦六朝时有之，至唐以后则无此称矣。此疏为梁、齐间旧帙无疑。《校勘记序》云："徐彦疏，《唐志》不载。《崇文总目》始著录，亦无撰人名氏。"宋董逌云："世传徐彦所作，其时代里居，不可得而详矣。"王鸣盛云："即《北史》之作徐遵明，不为无见也。"盖其文气似六朝人，不似唐人所为者。《郡斋读书志》、《书录解题》并做三十卷，世所传本乃二十八卷，其参差之由，亦无由考也。姚氏范援《鹑堂笔记》："隋唐间不无有三府掾，亦无三府之称，意者在北齐萧梁之前乎？"又云："梁有孔衍《公羊集解》十四卷，按《孔衍传》不言解《公羊》。"又云："梁有《公羊传问》九卷，荀爽问，魏安平太守徐钦答。又，晋车骑将军庾翼问，王愆期答。"其书在隋并亡，而《唐志》有之。今疏中有问答，未知为徐为王。然此疏不类魏晋间人语。又内引《家语》，《家语》出于王肃，疑非钦所得引，盖此为王衍期语。按问答语甚精赡，必非隋唐人作，或即旧疏人所述欤？（《经解续编》一一八九）

《公羊旧疏》之作者，自来不得其详，陈氏历引洪、姚诸家之说，断其必非隋唐人作，亦非魏晋间人所为，虽作者之姓氏时代不能考，然较之以为唐人所作之说，固为近似。惟惜尚未能如刘文淇之作《左传旧注疏证》而先为《左氏旧疏考证》等书，尚需后人为之补证，而此案乃明也。陈氏疏何注“原心定罪”云：

凌先生曙《公羊问答》云：“问：何以原心定罪也？曰：桓宽曰：‘《春秋》治狱，论心定罪，忠善而违于法者免，志恶而合于法者诛。’《后汉书·霍谞传》曰：‘《春秋》之义，原情定过，赦事诛意，故许止虽弑君而不罪，赵盾以纵贼而见书，此仲尼所以垂王法，而汉世所宜遵前修也。’按《汉书·王嘉传》云：‘圣王断狱，必先原心定罪，探意立情。’又《薛宣传》：‘《春秋》之义，原心定罪。’《后汉书·应劭传》：‘若乃小大以情，原心定罪，此谓求生，非谓代死可以生也。’《繁露·正贯》云：‘论罪源深浅定法诛，然后绝属之分别矣。’《盐铁论·绍圣》云：‘《春秋》原罪。’《繁露·精华》云：‘《春秋》之听狱也，必本其事而原其志，志邪者不待成，首恶者罪特重，本直者其论轻。是故逄丑父当戮，而辕涛涂不宜执，鲁季子追庆父，而吴季子释阖庐，此四者罪同异论，其本殊也。俱欺三军，而或死或不死，俱杀君，或诛或不诛，听讼折狱，可无审耶？即原心定罪之义也。’”（同上，一一九）

此段历举《汉书》之《王嘉传》、《薛宣传》，《后汉书·应劭传》，《繁露》之《正贯》、《精华》，《监铁论·绍圣》等篇之说，以明原心春秋之义，其所举证，倍详于凌曙《公羊问答》，然于原心之义，实无所发明。此皆足觇陈氏于考订训诂，所得较多，于微言大义，殊无若何见地也。然陈氏此疏，既能分别《公羊》、《左》、《穀》三家之说，而不淆乱，且能笃守何注之谊而不为他家之说所乱，其评孔广森《公羊通义》云：

> 《公羊》由子夏口授，传之孔子，故圣人改周受命之制，惟《公羊》得其传焉。后世惟说三科九旨有异。孔氏著《公羊通义》，遗何氏而杂用宋氏，其说云："《春秋》之为书也，上本天道，中用王法，而下理人情。不奉天道，王法不正；不合人情，王法不行。天道者，一曰时，二曰月，三曰日；王法者，一曰讥，二曰贬，三曰绝；人情者，一曰尊，二曰亲，三曰贤，此三科九旨既布，而一裁以内外之异例，远近之异辞，错综酌剂，相须成礼，是也。"

陈氏惟能笃守何注之义，故以孔氏之杂用宋衷说为非，然犹备引之，以备一家之说。陈氏此疏之作，固如其疏证《白虎通》，其态度为："衹取疏通，无资辨难"，而其目的则在："析其滞疑，通其结轖，集专家之成说，广如线之师传。"非喜于微言大义如刘申受、宋于庭之所为者。然两汉今文学要籍，陈氏皆为之疏通证明，而又能笃守家法，此其所以于今文学派中占重要之位置，极受皮锡瑞、梁启超之推崇也。

12. 包世荣（1783—1826）

字季怀。安徽泾县人。包世臣从弟。少时家贫苦，随其伯父读书，行文时有奇气。十九岁开始应考，均无结果，第八次时被督学徐颋提为府学案首，道光元年（1821）乡试中举。道光六年（1826）辞官南归，辞世于家中，享年四十三岁。

包世荣曾跟随包世臣学诗，一同游历扬州。后独自旅居达二十年，闭门治学，不与俗世之人往来，遇到绩学敦行的贤达之士，则甘以弟子身份自居。与薛传均、刘文淇、姚配中等诸人友谊笃善，时常互相切磋交流治学心得，学识与日俱增。

包世荣是徽派朴学阵营之中一位重要的学者，精于汉学，特别潜心于名物训诂之学。因念及郑玄笺《毛诗》，多参以礼，遂研学三礼。包世荣为学主张读古书不可凭主观臆想猜测判断文义，应“悉检诸泾注疏以下古今图籍”（《清代朴学大师列传》），强调多方考证。其著述贯穿驰骋，洽通而不错迕，成就卓著，被尊称为雅儒。

包世荣著有《毛诗礼征》十卷，《因成训诂》八卷，《鸟兽》、《虫鱼》、《舆地》各一卷。

13. 包慎言，安徽泾县人，字孟开，嘉、道间人，举人，治汉学，有《公羊历谱》。

[佚失]……包氏之《公羊历谱》，所阐述者，乃关于《春秋》所记岁时日食月食之事，于《春秋》之微言大义，关涉甚浅。然包氏实于《春秋》之义理，多所发明，不惟非如陈立之《公羊义疏》，仅于考订训诂有所获得，且较之刘宋龚魏之发明《春秋大义微言》，有过之而无不及。盖凡《公羊传》中非常异义可怪之论，包氏靡不为之析疑解惑也。惟包氏之说，未为专书流传于世，仅见于陈氏《公羊义疏》中，虽断简残篇，实可珍异。如《春秋》之五始，《公羊》家说以之为天地之始，春为一岁之后，王为人道之始，正月为政教之始，公即位为一国之始。两汉之世，发明其义者，如《繁露·楚庄王篇》云：“春秋之道，奉天而法古，故圣者法天，贤者法圣。”又《竹林篇》云：“《春秋》之序辞也，置王于春正之间，非曰上奉天施而下正人，然后可以为王云尔?”《汉书·董仲舒传》云：“臣谨按《春秋》之文，求王道之端，得之于正，正次王，王次春，春者天之所为也，正者王之所为也，其意曰，上承天之所为，而下以正其所为，正王道之端焉耳。然则王者有所欲为，宜求其端于天。”《说苑·建本

篇》云："魏武侯问元年于吴子，吴子对曰，言国君必慎始也。慎始奈何？曰王之。正之奈何？曰明智，智不明何以见正？多闻而择焉，所以明智也。"《春秋元命苞》云："诸侯不上奉王之正，则不得即位，正不由王出，不得为正，王不承于天以制号令则无法，天不得正其元则不得成其元也。王不上奉天元以立号，则道术无原，故先陈后言王，天不深正其元则不能其化，故先起元然后陈春矣。"此其所述，固皆天人相须之义，而实具有慎始重微之意。在两汉后，则发明此旨者甚少，包氏有五始说一篇，论之甚详，今全录其文如次，借以表彰包氏之学焉。包氏云：

> 五始：一曰元，二曰春，三曰王，四曰正月，五曰公即位。子思赞述祖德曰，仲尼祖述尧瞬，宪章文武，上律天时，下袭水土。祖述宪章者，制作之事也；上律下袭者，制作之文也，而推其德，譬之于天地。郑氏康成曰："推五始是以当之。"初莫解其故，既而思之：天者，天命之性也；春者，率性之道也，王者，修道之主而政教由之出焉，王奉天出教，诸侯奉行之以治其国，各以岁时述职于王，所以大一统也。合天下独者也。以其独见之明、独运之智，为天下经纶大经。立大本，是以肫肫乎其仁也，渊渊乎其渊也，浩浩乎其天也。尧舜文武以至圣至诚在天位，故身与其事，仲尼不当天位，而制作之侔神明，文成麟致，瑞应昭焉，不啻身备其事也。史公曰："为人君父者不可以不知《春秋》，为人君父而不通《春秋》，则必蒙首恶之名；为人臣子者不可以不知《春秋》，为人臣子而不通《春秋》，则必蹈篡弑之诛，故曰知远知近，知风之自，知微之显，可与入德矣。谓见末正本而可与入元德也。"子尝曰："文王既没，文不在兹乎？"子思述祖德而篇末两引文王之诗曰："不显惟德，百辟其刑之，其王正月之谓乎？上天之载，

无声无臭，其元之谓乎？与天合德者而齐趋于王，统百王而皆奉一元，修德凝道，戒慎乎其所不睹，恐惧乎其所不闻，故能一以贯三。所谓不睹者，非探之茫茫；所谓不闻者，非索之冥冥也；缘所睹以遂测所不睹，缘所闻以逆测所不闻，吉凶悔吝之著焉耳。”王褒曰：“恭惟《春秋》，五始之要，在乎省己正统而已。统者何？本也。正本在乎省己，省己者，省所睹所闻；于《春秋》而反亡于己，则本正。王自正其本，则其聪明睿智足以有临，负裕温柔足以有容，发强刚毅足以有执，齐庄中正足以有敬，文理密察足以有别。所谓溥博时出见之政教者，一如日月之代明，四时之错行，故尊亲偏于凡有血气之区，然至圣之所以如此者，无他焉，至诚焉而已。至诚者，戒慎恐惧之要于，天所命也。故曰王者孰谓，谓文王也，文之在兹，仲尼一文王也。”（《经解续编》一一八九）

陈立《公羊义疏》引包氏此篇之文，谓“其发明五始之旨，以中庸说《春秋》，尤为明显”。包氏此篇因郑玄《中庸注》推五始足以当之，而有元者天命之性，春者率性之道，不显惟德，百辟其刑，其王正月之谓，上天之载，无声无臭，其元之谓诸说，阐明天人之关系。因王褒春秋五始之要，在乎省已正统而已，而有至诚者，戒慎恐惧之要于独者也之论，此两汉诸儒所论者，冶之一炉，颇能阐明玄旨，在刘逢禄《公羊释例》、何氏《公羊解诂笺》中，如此议论，亦并不多见也。惜包氏原书，未刊刻传世，今吾人仅可于陈氏《公羊义疏》中，见于议论之一斑也。

14. 邵懿辰

邵懿辰，字位西，仁和人。性峭直，能文章，必名节自励，于近儒慕方苞、李光地之学。道光十一年举人，授内阁中书。久宦京师，因究悉朝章国故，与曾国藩、梅曾亮、朱琦数辈游处，文益茂美。志量恒在天下，后升刑部员外郎，入直军机处，以因触怒权贵大学士琦善，故不得安其位，发十九事难之，罢归故里。粤乱作，赛尚阿出视师，复上书次辅祁寯藻，力言不可者七端，颇留意于时事也。时承平久，朝宦率雍客养望，而邵氏独无媕阿之习，一切以古义相绳责，由是人皆惮之，思屏之于外。会太平军陷江宁，北京震动，乃命视山东河工，未行。复命巡防河口。至咸丰四年，生无效镌职。既罢归，乃致力于经籍，于经义多有所发明，虽亦从事考证校雠之学，而实以大义为归。咸丰十年，太平军陷杭州，以奉母先去，获免于难。母卒既葬，复返杭居，太平军又至，乃遣其妻子出避，而独留与巡抚王有龄登陴固守，翌年城陷，遂死于难。时曾国藩督师江南，闻而叹曰：嗟乎！贤者之处患难，亲在则出避，亲殁则死之，义之至衷者也。乃迎致其妻子于安庆。邵氏协防杭州时，已复原官，死事闻，赠道衔，祀本省邵忠祠。其所著有：

《尚书通义》，《礼经通论》一卷，《孝经通论》，《四库简明目录标注》二十卷，《半岩庐遗集》，等等。

邵氏之学，本非得当时今文学家之传授，观其所著有《古文尚书通义》，《四库简明目录标注》等书，一则为伪《古文尚书》辩护，一则专言目录版本之学，此亦非刘、宋、龚、魏所喜言者，然邵氏之《礼经通论》，发明《礼》十七篇本无残缺，因而主张《逸礼》三十九篇为不足信；又阐述“《乐》本无经”之说，实为考辨伪经之作，与今文家之口吻一致，此又不得不以今文家视之也。邵氏论《礼》十七篇当从《大戴》之次，本无阙佚；曰：

> 汉初鲁高堂生传《礼经》十七篇，五传至戴德、戴圣，分为大戴、小戴之学，皆不言其有阙也。言仅十七篇者，后人据《汉·艺文志》及刘歆《七略》，因多《逸礼》三十九篇而言耳。夫高堂、后苍、二戴、庆普

不以十七篇为不全者，非专已而守残也，彼有所取证，证之所附之《记》焉耳。《冠义》、《昏义》诸记，本以释经为《仪礼》之传，无儒无异说，观《昏义》曰："夫礼始于冠，本于昏，重于丧祭，尊于朝聘，和于射乡。"故有《冠义》以释《士冠》，有《昏义》以释《昏礼》，有《问丧》以释《士丧》，有《祭义》、《祭统》以释《特牲》、《少牢》，《有司彻》，《有乡饮酒义》以释《乡饮》，有《射义》以释《乡射》、《大射》，有《燕义》以释《燕食》，有《聘义》以释《聘礼》，有《朝事》以释《觐礼》，有《四制》以释《丧服》，而无一篇之义出乎十七篇之外者，是冠昏丧祭朝聘乡射八者，约十七篇而言之也。更证之《礼运》，《礼运》凡两举八者以语子游，特射乡讹为射御耳。一则曰达于丧、祭、射、乡、冠、昏、朝、聘，再则曰其行之以货力辞让饮食，冠、昏、丧、祭、射、乡、朝、聘。……而其证之尤为明确而可指者，适合于大戴十七篇之次序。按大戴《士冠礼》一，昏礼二，士相礼三，士丧礼四，既夕五，士虞礼六，特性馈食礼七，少牢馈食礼八，有司徹九，乡饮酒礼十，乡射礼十一，燕礼十二，大射仪十三，聘礼十四，公食大夫礼十五，觐礼十六，丧服十七，是一、二、三篇，冠、昏也，四、五、六、七、八、九篇，丧、祭也，十、十一、十二、十三篇，射、乡也，十四、十五、十六篇，朝聘也，而丧服之通乎上下者附焉。……大戴之次，合乎《礼运》，疑自高堂生、后苍以来而圣门相传篇序固已如此也。（《经解续编》一二七七）

邵氏自谓"初不习乎《礼经》，偶因读《礼运》识御、乡一字之误，因据孔子之言，证以经解盛德及十七篇大戴之次，有会于四祭八编之说，冠、昏、丧、祭、射、乡、朝、聘之说，自幸为天牖其衷，是乃二千年儒先未发之覆”。吾人兹考其言，亦当以《礼运》所云与十七篇之次巧合，此必非偶然者矣。《礼运》“射乡”讹为“射御”，乃邵氏之假定，后人有不承认邵氏之说，因不承认《礼》十七篇为完全无缺，然邵氏谓《逸礼》三十九篇为不足信，如此说不误，则既无亡佚，则《礼经》实无缺也。邵氏曰：

刘歆曰：鲁共王得古文于坏壁之中，《逸礼》有三十九，《书》十六篇。天汉之后，孔安国献之，此刘歆之奸言也。《书》十六篇，余既博考而明辨之矣。……歆颂言《毛诗》、《左传》、《逸礼》、古文《书》之当立，至结党求助。连名移书，让太常博士，未言无陷于文吏之议，以相劫制，而逸《礼》及《书》，皆其作伪，宜名儒龚胜、师丹，发奋而固拒也。……按先儒三百三千之语，惜古《礼》散亡，而因惜三十九篇逸《礼》之亡，因三十九篇之亡，遂视十七篇为残缺不完之书，而失圣人定《礼》之本意。宋明以来，直废此经，不以设科取士，则皆刘歆之奸且妄，有以淆其耳目而塞其聪明也。夫即后人所引禘于太庙礼、王居明堂礼、烝尝礼、中霤礼、天子巡狩礼、朝贡礼，及吴所辑奔丧、投壶、迁庙、衅庙、公冠之类，厕于十七篇之间，不相比附而连合也，何也？皆非当世通行之礼。常与变不相入，偏与正不相袭也。况其逸文之存，如《太平御览》引《巡狩礼》，文辞不古，及三皇禅云云，五帝禅亭亭，既诞而不足信矣。而《月令注》及《皇览》引《王居明堂礼》数条，皆在《尚书大传》第三卷《洪范·五行传》之中。吴氏不如其有全文，而仅引《礼》、《注》合为一篇，然观其文意，实与伏生《五行传》前后相协，必非古“王居明堂礼”，而伏生全引入于《大传》也，则为刘歆剽取《大传》以为《王居明堂礼》，明矣。即此一端，而其他可知。亦犹十六篇逸《书》，即伪《武成》之剽《世俘解》，见其他皆伪作也。

邵氏此说，因论《逸礼》为伪，为刘歆辩护者，自当有人。如丁晏谓："位西此论，谓《逸礼》不是信，过矣。当依草庐氏吴氏，别存逸经为允。至斥《逸礼》为刘歆诬伪，颇嫌臆断，且《逸礼》古经，汉初鲁共王得于孔壁，河间献王得于淹中，《朝事仪》见于《大戴礼》，《学礼》见于贾谊书，皆远在刘歆以前，未可指为歆赝作也。惟《逸礼》之文，如'三皇禅云云，五帝禅亭亭'等，实与《仪礼》不类。"鲁共王坏孔子壁，河间献王得书事，康有为以为并不足信，丁晏所驳，在今文家固不甚重视之，而邵氏之说，实具有相当之理由，所谓"朝事仪见于《大戴记》，学礼见于贾谊书"者，其文亦不类十七篇之《仪礼》，即在刘歆前，歆实有剽取之可能也。邵氏又有论"《乐》本无经"之论，谓：

《乐》本无经也，诗言志，歌咏言，声依永，律和声，故曰：诗为乐心，声为乐体。夫声之铿锵鼓舞，不可以言传也；可以言传，则如制氏等之琴调曲谱而已。石林叶氏以来，言之悉矣。乐之原在《诗》三百篇之中，乐之用在《礼》十七篇之中，故曰，兴于《诗》，立于《礼》，成于乐。子所雅言，《诗》、《书》、执《礼》，不言乐也。……习礼与乐，必在乡饮射时焉，故衰麻哭泣，所以节丧纪也；钟鼓干戚，所以和安乐也；昏姻冠笄，所以别男女也；射乡食飨，所以正交接也；言冠昏及丧，皆不用乐，祭春无乐，独射乡食飨，以正交接之时，乃用钟鼓干戚以和安乐也。工歌《鹿鸣》之三，以宾兴贤能之士，所谓"《宵雅》肄三，官其始也"》合乡乐；《周南》、《召南》则所谓"《关雎》之乱，洋洋盈耳"。乡乐、邦国乐，当时通习；而《雅》、

《颂》之用于朝廷宗庙者，稀旷不习，故或至失所。而孔子反鲁而正之，则《文王》之三，《清庙》之三等，亦各识职而不相渎乱矣。故欲知乐之大原，观三百篇而可；欲知乐之大用，观十七篇而可，而初非别有《乐经》也。窦公所为献其书，乃《周官·大司乐》章者，固不得与《礼经》比并，而汉代阳成子长之所为，则更缀拾形器之粗迹，而不足以为经矣。先儒惜《乐经》之失，不知四术有乐，六经无乐，乐亡，非经亡也。周秦间六经、六艺之云，特自四术加以《易》、《春秋》而名之耳。(《经解续编》一二七七)

15. 钟文烝

文烝，字子勤，嘉善人。道光二十六年举人，候选知县。于学无所不通，而其全力则专注于《穀梁春秋》。沉潜反覆，三十余年，乃有所述造，所著为：

《穀梁经传补注》二十四卷，《论语序详正》一卷。

文烝《穀梁经传补注》，网罗诸家之说，而折衷于一是，其未经人道，自比于梅鷟之辨伪书，陈第之谈古韵，书中引用宋元诸儒之说甚多，不似他家之用宋元人说而暗易其语，发明之处，亦屡见不鲜，昔释“禘祫祖祢”以及“心志不通，仁不胜道，以道受命”之类，皆能提纲挈要，实事求是。盖清儒说《穀梁》之书，实以文烝《补注》为较佳，非柳兴恩、许桂林所能及也。文烝是书卷首为自序，次论经十八条，次论传十五条，次为略例及范宁《序》。其《自序》云：

汉世三传并行，大约宣、元以前则《公羊》盛，明、章以后则《左氏》兴，而《穀梁》之学颇微。江左中兴，妄谓《穀梁》肤浅，不足立学，相沿至唐初，谓之小书，而《穀梁》之学益微，苟非有范宁、徐邈阐明于前，杨士勋辈缵述于后，则《穀梁传》之在今日，几何不为十六篇《书》、《三家诗》之无征不信哉！吾于此叹唐人义疏之功大也。大历以降，经学一变，前此说《春秋》者，皆说三传，主于一而兼于二，未有自我作故，去取唯欲者，啖助、赵匡、陆淳之书出，而两宋孙复、刘敞、孙觉、程子、叶梦得、胡安国、陈傅良、张洽之徒继之，元之黄泽、赵汸，用功尤深，尤踵而详之，于是三家之书，各不成家，而《春秋》之说滋乱，至于今未已也。然而风气日开，智慧日出，讲求益密，义理益详，则亦自有灼然不惑之说。故啖助谓《穀梁》意深；陆淳谓义不如《穀梁》之精；孙觉谓以三家之说，校其当否，《穀梁》最为精深；叶梦得谓《穀梁》所得尤多；胡安国谓义莫精于《穀梁》；蔡元定谓三传中道理《穀梁》及七八分；某氏《六经奥论》谓解经莫若《穀梁》之密；而乾、道中浦江郑绮遂著《穀梁合经论》三万言，惜不可见矣。清兴，李文贞公光地变通朱子之学以治群经，其论《春秋》曰："三传好，《穀梁》尤好。"迨后惠士奇父子倡古学于东南，亦云论莫正于《穀梁》，其专宗《穀梁》者，溧水王芝藻，而后亦颇有人，而书皆不行。

文烝此段历述自唐以来学者稚崇《穀梁》之语，言简而意赅，足以使读其书者，知《穀梁》之价值，非如江左所云《穀梁》肤浅，不足立学，较之柳兴恩之《穀梁大义述·述经师》等篇实能以少许胜多许。盖文烝于是书用力颇深，故能提要钩玄也。文烝维谓：

窃以国家二百年来，经籍道盛，宜有专门巨编，发前人所未发者，且以范《注》之略而解也，杨《疏》之浅而庞也，苟不备为补正，将令穀梁氏之面目精采，永为《左氏》、《公羊》所掩，谓非斯文之阙事乎哉。文烝年九岁、十岁时（道光丙戌、丁亥），先君子亲以《三传》全文授读，备承庭训，兼奉慈箴。……年将三十，始知《穀梁》源流之正，义例之精，数年之间，所见渐多，颇有所得，用是不揣梼昧，详为之注。……乙巳迄癸丑岁，稿立；己未岁始有定本。……自后又修饰畅檃之，而纪之以诗，癸亥之三月也。又六岁，增易又以千百计，然后疑滞疏漏，渐渐免矣。夫学欲多也，思欲专也，取群书以治一书者，其道无以易此也。予讨论百家之解，稽合四部之言，所谓思之思之，鬼神教之，盖有之矣，所谓天下之理，眩于求而真于遇，盖有之矣。敢自谓多且专乎哉，抑亦有二十余年心力之勤焉。

文烝是书立稿以迄定本，经过凡十五年，又竭数载之力以增易之，历廿余年之久，成书不过数卷，固可谓功力甚深也。其所云学欲多而思欲专，弃为治《春秋》之要法，此其能于书中颇多心得之言也。其论经有云：

夫鲁史记之为信史也，其体严，其事重也，修之若无可修也，以义断之，又甚难言也，而观于《穀梁传》，则述作新旧之间，去留加损之际，章之离合，句之繁约，字之先后，亦既一一精其义而深其文辞矣，而在圣人，不过岁月间之事也，岂非无矩而有矩，有心而无心者欤？夫矩者中也，中者权也。尧曰："允执其中"，子曰："中庸之为德也"，其至矣乎！又曰"过犹不及"，孟子曰："执中无权，犹执一也"，此之谓也。大抵圣人之学，始于志，中于立，终于权，故四十而不惑，五十而知天命，六十而耳顺，皆由立而权之节次功候也。至于七十而从心所欲不逾矩，则权道之备而作《春秋》之年也。知《礼》者可与立，知《春秋》者可与权。权者立之极至也，《春秋》者《礼》之极至也。《记》曰：

"礼，时为大。"时者，谓中而权也。

此一段由孔子"七十而从心所欲不逾矩"之言，申明矩与中权之关系，时含亦有中权之意义，可谓真能以理说《春秋》，非当时一般汉学家之比。文烝尝谓："自己酉岁来，最喜黄泽之学，黄氏之言，尤切中枢要……赵汸继黄而加详，其大致亦自足取。"盖颇受宋元学者之影响，欲求《春秋》之义理，不似陈立《公羊义疏》之专着重于训诂也。其论传谓：

> 至其解经之妙，或专释，或通说，或备言相发，或省文相包，或一经而明众义，或阐义至于无文，此乃程瑶田之论《丧服传》，所谓端绪虽多，一线不乱，而凌曙以为唯郑氏能综核不误者也。昔夫《左氏》得之品藻，失之浮夸，《公羊》得之于辨，失之于俗，具如旧说，其解经不及《穀梁》，又无论矣。郑君论《三传》曰："《左氏》善于礼，《公羊》善于谶，《穀梁》善于经。"案：《左氏》言礼，未必尽当；图谶起于哀、平，乃附合《公羊》家说为之；郑评二传，窃所未安，唯《穀梁》善经一语，则不可易。《墨子》曰："夫辩者，将以明是非之分，审治乱之纪，明同异之处，察名实之理，处利害，决嫌疑焉，摹略万物之然，论求群言之比，以名举实，以辞抒意。"文烝为此书，颇有志乎此数语，而要以《穀梁》善经一语为准。

此一段谓《穀梁》经，乃《穀梁》家应有之语，而谓《左氏》言礼，未必尽当，图谶起于哀、平，乃附合《公羊》家说为之。颇曲护《公羊》而抑《左氏》。而其引《墨子·小取篇》，谓颇有志乎此，盖以说理者莫辨乎《春秋》，治《春秋》者固当知注重于裁辨也。重视义理，亦柳兴恩、许桂林辈所弗能及者也。

16. 侯康（附梅毓）

与龚、魏同时治《穀梁》者，又有侯康。侯康，字君谟，广东番禺人。道光十五年举人。少孤，事母孝。家贫，欲买书，母称贷得钱，买《十七史》读之，卷帙皆敝，遂通史学。及长，精研注疏，乃湛深经术，与同甲陈澧相交最笃。其所著有：

《春秋古经说》二卷，《穀梁礼证》二卷，《后汉书补注续》一卷，《三国志补注》一卷，《补后汉艺文志》四卷，《补三国艺文志》四卷。

又尝考汉魏六朝礼仪，贯串三礼，著书数十篇。陈澧尝叹以为精深浩博。十七年卒，年四十。

侯康虽名为治《穀梁》者，然其《春秋古经说》则以《左氏》古经为善；《穀梁》出较先，其误尚寡；《公羊》出最晚，其误较甚。盖犹深信左氏亲见国史也。如，“隐三年夏四月辛卯，君氏卒”，侯氏云：“君，《公》、《穀》作尹，云天子之大夫，按左氏亲见国史，不应以男子为妇人，乖谬至是。”（《经解续编》九五五）此先有一“亲见国史”之念存于胸中，故以为《左氏》不应乖经也。然侯氏亦非处处袒护《左氏》，如昭二十四年“婼至自晋”，侯氏云，“《公羊》作‘叔孙舍至自晋’。按宣元年‘遂以夫人妇姜至自齐’，《公羊传》云‘遂何以不称公子’，一事而再见者，卒名也，最得经旨。……《左》、《穀》俱未憭此，后儒更从而为之辞，无足置辨，必当以《公羊》为正。”（同上九五六）此又以《左传》、《穀梁》不如《公羊》，则侯氏说经，固不欲严守家法也。其《穀梁礼证》，亦不尽以《穀梁》之说为善，如《穀梁传》云：“《春秋》之义，诸侯与正而不与贤也。”侯氏证曰：“此与《公羊》立嫡以长不以贤同义。……至《公羊》谓立子以贵不以长，非《穀梁》义。……就二义相衡，以《公羊》较密，《穀梁》似同《左氏》，·不同《公羊》。”（同上九五七）此明以《公羊》密于《左氏》、《穀梁》，不故为回护也。侯氏本先治史学，稍后乃治经，其不为家法门户之见所囿，固其宜也。

附：

梅毓，字延祖，江都人，道光中，举本省乡试。诗人稽庵子也。稽庵名植之，通经术，工词章，与刘文淇、包世臣、薛传均、刘宝楠、陈立辈为友，尝同试金陵，为著书之约，文淇任治《春秋左氏传》，稽庵任治《穀梁》，宝楠任治《论语》，立任治《公羊》。嗣后立作《公羊疏》，垂老仅就。宝楠《论语疏》，及子恭冕始克写定。文淇《左疏》，则三世未有成书。稽庵疏《穀梁》，更止发凡起例而已。延祖继之，亦甫草创长编数卷，遽卒。

同治九年举人，候选教谕。著有《穀梁正义长编》一卷。延祖又尝治《毛诗》、《郑笺小尔雅》，复拟续江郑堂《汉学师承记》，遗稿并散弗传。别有《刘更生年谱》一卷，收《积学斋丛书》中。其《续师承记商例》。如谓拟仿《汉书儒林传》例，以所习之经为类，不以年世为叙次之后先。又前书附传诸人，有并无学术而亦得列入者，未免太滥。又更有似是而非者，痛斥传注，一似千古不传之秘，至今始发其覆，大言不惭，谬妄已极。又或其……（以下佚阙）

# 平津闻见记

尚　土

这一篇文字是记载笔者于民国二十七年暑期中偷入平津所见所闻的一些情形的。笔者到平津的时间是在六七月之交，而回到华南的时期则正在双十节后，在平津勾留的时间大约有三月之久。我回到香港以后，不久即至广州，当时本想马上草成此文，向读者报道一切。但我到了广州之后，即得到倭人从惠阳资水一带登陆的消息。不久广州失陷，我更马上过着颠沛流离的生活，以致心绪纷乱，无从执笔。现在生活比较安定，回想前尘，愈觉伤感，所以我仍旧将它追录下来。发表过迟，虽不免有明日黄花之感，但是从我所记录的看来，可以使你知道偷入平津是如何艰险困难的事情，可以使你知道倭伪在平津一带是如何的倒行逆施，可以使你知道我们的志士在平津一带活跃的情形。这一篇文字，发表虽迟了一些时候，但是因我个人所见所闻不尽与他人相同，当然还有是它的稗官野史的价值。

二七，一二，二五，笔者识

## 一

在卢沟桥事变的时候，因为当时和战未定，所以当时无从计划逃出平津。而且我们也不相信平津失陷如是之速，预备着随二十九军在这古城中困守两三个月。结果平津失陷得太快了，个人因为种种的问题而不能不逃出这沦陷的区域。妻子因为刚分娩，不能随同离平，而且恐怕南来之后，生活漂泊无定，于是只好暂留在古城之中。当时朋友离平而眷属不离平者甚多，所以我也只好如法炮制。在离平之后，我侥幸在广东省立一个学校（广东省立勷勤大学）教书，本来想在今年暑期之前接妻子前来，但是她的母亲在平害着重病，她不得不暂留在平，而要求我回平一视，然后再随同出平。我因为在平尚有旧日的文稿应修订的，文稿不容易带出北平，而且北平的书多，心中盘算，如果能到北平整理我的文稿，又能多读一点参考书，偷进平津去看一看，也未尝不是一件有趣而值得做的事情。在暑期前，我考虑着我回平的计划，当时我的同事都很反对，以为既从虎穴中逃出，就不应当又跑到虎穴中去。一位朋友尤其劝阻我不要北去，他是曾在日本留过学的，他说日警对于信件的检查以及私人的行动都极其注意，他有一个朋友离开东京到海参崴去，嘱他转信，而因为他的朋友的信件有可疑的地方，他被日警捉将官里去，毒打一顿，然后才释放出来。他说我从南方跑回北平，必受倭人的严格的监视与注意，或者我的生命将有危险。我当时听了，自然不得不再加以考虑。但是事实上我必须回到北平才能解决我个人的私事，考虑良久，最终我决定到北方的办法是先到香港打听船是否直接开到天津英租界，如若开到英租界，当然可以不受敌人的检查与盘诘，那就到了天津暂居租界中而不必回平，也可与妻子相见，决定可否一同南来。如若船不开到英租界，要在塘沽上岸，为了安全起见，那只有不去了！这个意见，许多朋友不以为然。所以我决定等到暑期开始就去香港一游兼作北归之计。

## 二

暑期快要开始了，这时距离徐州陷落不到一个月的光景，这时心想函嘱家眷南来，终恐将来有逃难之一日，不如仍旧北去一视再说。同时听说一位同事在伪组织之下的北京师范学院的院长王谟有信到广州，约人到北平去，此君虽不应约，但我想必有应约的，然则一介书生到北平去，或不至受如何的危险，因为那般汉奸还在欢迎人往北方去。在临行的前一两天，又听说有人从北平出来，说是在平津的检查并不严重，北平的情形外表上还好，只是日本商店多了，颇有些日本的风味。北平城中戒严的时候很多，有人要搭车出平，而遇着戒严，几天不能乘上火车。听了这一段话，又使我壮了一些胆。我是乘船到香港去的，在船中几个同行的谈到抗战的前途，一位学经济的，说日本这一次战事所用的军火，原料是从外国买来的，到十月就得付给现金，在十月就是日本的难关，恐怕日人未必能通过。他解释港币价格提高的原因有四，一是有钱的人屯积相当数量的港币，一是逃难经过香港的人太多，一是利用港币购买外汇的关系，一是奸商趁机的操纵。港币发行额不多，所以价格腾贵了起来。但与这战局前途关系甚浅，我们不必因此而疑虑。一位同行的也说起我们愈打仗则兵器愈好，他指出潼关要塞的大炮，在从前是不能命中对岸风陵渡的敌人，但是我们换了新大炮，所以敌人不能盘踞在风陵渡一带。同行的四五个人，你一句，我一句，一路中颇不寂寞。船行的时候，我们也无意贪看沿途的风景，只是行抵江门，候税关检查的时候，天空上又传来敌机轰鸣的声音，而在对岸上又看到被敌机轰炸了的造糖厂的断宇颓垣，令我们深刻地感觉到时局之危并回忆到敌机的残酷。在六月二十日的午间，我们到了香港，下榻大东酒店。同行有的是要到上海的，他们打听着当日有太古的安庆号要开往上海，他们决定当日启程，我也随着他们到太古的售票处的地方南泰恒打听一下。到了南泰恒买票的时候，我看见售票处挂着一块牌子，上面写着大意是到天津的旅客，凡购统船与吊铺的一律须从塘沽登岸，由塘沽到天津的费用，他们不负责任。这一个通告明明告诉我坐统船与吊铺的不能直达天津，而坐头、二等还可以直达天津。售票的人并说现在夏天水长了，由塘沽到天津不需要驳船了，或者坐统舱也能直达天津。我听了这一段话虽不相信，但由他们的通告，却使我想坐头、二等船可以直到天津租界，于是决定等候下一班的船，是二十九号开的海轮，买一张二等票到天津好了。我于是回到旅馆中去，恰好有一位在港住家的朋友来看我，他说在香港候九天船未免太慢，而且一切都用港币，也太不经济，不如先到上海去，再在上海候船，或者还要快些。这位朋友的意见是很对的，我当时就决定也坐安庆号到上海去，为的是原来同行的有两三人都到上海，一路有照应而且不寂寞。这时距船开的辰光不过两个钟头，我赶紧地去买票，种牛痘，随着我同行的三人坐电船一直开到安庆号停泊的所在。本来想在香港稍停留一二天，多会一两位朋友，结果在港只耽搁了四五个钟头，什么地方也没有去，连当初不便带往北方的文件也只交与那位在港有家的朋友保存，行色真可谓匆忙了。



## 三



这一次我们坐安庆号到上海去都是买的统舱船票，一方面是较好的舱位已经卖完了，一方面是想着北去的人不太多，不至于拥挤，就受三几天的罪也不要紧。但是当我们到的时候，我们才知道船中已经拥挤不堪，我们后到的人不惟没有隙地可以容纳我们三人的铺位，就是想将行李放好在上面坐着过三两天的地方也没有。甲板上的人也挤满了，你要想露天地睡三两夜也不可能。我看这种拥挤的情形，比我去年从天津逃出来坐船到青岛的时候的情形有过之而无不及。那时甲板上也是挤满了人，你要从前面走到后面去，都没有路走，只有在满甲板上的人当中与行李堆中找着能够容纳一只脚的隙地，一步一步地越过这人丛中与行李堆中。假使船上没有水手与茶房等来往，恐怕这一点交通也不能维持。那时是我们逃难出来，现在是人家逃难回去。在徐州陷落之后，许多逃在汉口的人，又从汉口逃到香港，一心想回到上海，再转回到他们的家乡。在前数日的香港，短时间的登载从汉口到香港的难民有百十家之多，我此时恍然大悟，他们不是逃到香港，而是大部分经过香港回他们的家乡。我们在安庆轮上与之相遇，一方面令我们觉着政府对于安置难民未免太无办法，使一些壮丁又逃到沦陷区域，将来不免为敌利用。我们同行三人这一次不算逃难，而我们上船之后，竟无隙地可容，没有办法，只有向水手火夫先生们想法了。电船上送我们来的人介绍了一个水夫的房间与我们，恰三个床铺，他索价五十元港币。结果我们还到三十元才算成功。钱可通神，居然在没有办法之中得包一个小房间，也算是很过得去了。这是一个工头的房间，他有侍应来照料我们的茶水，而且有地方让我们冲凉，这位工头先生在下班的时候也常来同我们谈天，他告诉我们这一次船上共载有二千多人，所以这样拥挤，在平日统舱至多只容纳三百人的。他告诉我们在开船以前曾捉住两个汉奸，但是如何的手续，是否引渡，则他也不能对我们告知。他报告我们厦门是如何失守的：据说是敌人用几艘渔船内载着一二十个兵与军火在前面驶行，而后面则用敌人的小汽船假装追着这些渔船。厦门的守军看见了，以为前面是真的中国渔民的渔船，于是让它靠岸，而开火射击敌人的小汽船，结果真的日本小汽船虽然退去，而满装敌兵的假渔船则未加检查。以至敌人于攻击厦门之时，得收内应外合的功效。他说在厦门临失守之先，厦门市已有高悬太阳旗的所在，以致守军莫名其妙仓惶退出。他说在敌军占领厦门之后，只厦门的铜元运到日本去的已有五船。他说中国的军火固有不如人的地方，而用计谋也有不如人的地方。言下也不胜唏嘘之感。凡是一个中国人对于日本此次企图灭亡中国的野心，都应当痛恨。这位工头先生自然不在例外了。船行的第二天，他更报告我们船上得到安庆失守的消息，这一座的名城的重行陷入敌军之手，使敌人攻击武汉的路径愈加接近。我们听了，甚是担忧，自不高兴。船行的第三日遇雾，我们本来在二十三日可以到上海的，结果二十四日上午才到。

## 四

在安庆号轮船之上，我已深悔没有十分考虑调查就跑到上海来，深恐到天津还是要在塘沽口登岸，为了这个问题，已经几夜没有睡好了。到了上海，将行李安置在爱多亚路一家旅店之中，就跑到太古公司去打听，果然，卖票的说，只要是中国人都得要受敌人的检查，无论你是坐大餐间也好，坐统舱也好。不过并不要紧，只要你不带书籍文件以及他们所认为有妨碍的物品。我心中很奇怪为什么在香港的南泰恒不明白告诉旅客而通告上只说坐统舱与吊铺的客人不负责驳运至天津。我犹豫着究竟是否到天津去，与我同行的朋友说："你既不是三十岁以下的青年，又不像赳赳武夫的模样，你在北平住家，你答应是回家，则应当是没有问题，不会怀疑到你是便衣队或负有其他使命的。既到了上海还是北去罢!"后来我到八仙桥青年会去拜访一个朋友，座中有一位比较熟悉情形的，也说没有问题。他举出某某人回到北平，某某人将家眷送至天津而后又只身南来服务，可见检查虽严，而难关还是好渡过。我听了这一段话才决定继续到天津去，心想冒一点险也不要紧，好在我既非军人又非少年，而且也不是从事于政治之人，于军事政治既无关，应当没有什么太大危险。在上海我听说沪江大学的校长刘湛恩的被刺，是因他将敌军在南京暴行的照相作了国际宣传，因而招了敌军的忌恨，所以使人暗杀了他。汉奸顾馨一被人枪杀一案又正发生，可见我们志士是有不少停留在上海。上海因为有租界的关系，几令我们看不出是沦陷区域。一个朋友约我至虞洽卿路晚餐，餐后到大新公司去购物，在虞洽卿路听到一些跳舞厅中靡曼的音乐，在南京路所见到的霓虹灯与络绎不绝的人群与汽车，那些醉生梦死的人们，他们是已经忘了国家的危急与战局之紧张了。虽然租界中的报纸仍然与沦陷前的口吻一样，不怕敌人的干涉，鼓励着民众，实际上关心国事的恐怕只有少数人而已。

我决定到天津去了，于是买好船票，第二天就上船，因为售出船票未超过座位的关系，所以船上的人不大拥挤。开船以后，账房对每个客人送来一张单子，上面分着五栏：姓名、年龄、籍贯、职业、住址，要每个客人都填写清楚，以备他们造表交与塘沽口的敌伪检查。这一来我诅咒在太古办事的人了，他们只顾做买卖，却不肯将路上的情形告诉旅客，使他们考虑可以去或不可以去。即如这一张单子，你叫人填的罢，但是这真的姓名又恐怕他无理由地已经注意了你。你说填假的罢，如若遇到盘诘的时候，说得牛头不对马嘴，岂不弄巧成拙，反要遭殃？我心中盘算又盘算，真是左右为难，这时真恨在太古公司做事的人，为什么不早告诉我们，省得要我们开出履历让人家盘查。转想天津英租界的当局为什么如此之软弱，为什么好好的租界的码头不靠，偏要叫旅客从塘沽上岸？结果对于这名单只有迟迟交卷，我的真名恕不愿教他知道，写了一个使我的亲戚容易知道的名字，住址就写在天津一位亲戚的住址，职业填了一个上海的编辑，交到买办房去。凡只问起我来，填天津的住址也是没有错的，名字与职业的不真那也无关系，因为在天津本无户籍，看他如何的追究。但是经过这一次填写名单，心中忐忑不安，虽然力求镇定，但是总不好过。船第二天到青岛，居然也不靠码头，回想去年过此地时还上岸去游玩了一些地方，现在想靠岸也不能，真是不胜沧桑之感。

到青岛的旅客只有坐着舢板上岸，舢板上的脚夫，都穿着镶红边的背心，上面钉着什么“日华亲善”，人家要用武力征服我们，还要嚷着什么亲善，欺人乎？欺天乎？也真够令人愤慨了！

再过一天，船到了烟台，下船的人比较多些，这时烟台查的不紧。有一位与我同舱的到此登岸，他是一位教友，在船中他告诉我们在南京陷落的时候一位美国女教师在南京如何救济难民。她目睹着敌军将一群群的中国人先捆绑起来，蘸上煤油，烧至半死，然后推到湖中。南京城的玄武湖、莫愁湖浮着尽是死尸。敌军在南京的暴行，真惨无人道极了。如今我追录这一段话，心中犹有余恨。

第二天的清晨，船驶到了塘沽口。

## 五



最繁张的局面要算是从塘沽登岸的时候。一早晨买办就派茶房通知每个客人不要带刀子、剪子、火柴、烟仔，刀子、剪子有破坏电线等嫌疑，不得带在身边，这犹可说。火柴是因为有人放过火烧了粮草，也可以说。而说带烟仔就带有火柴，真是毫无理由。船上的人如此说法，可见有因仅带有烟仔而被敌军枪杀的人。读者请看，这是否蛮横到如何的程度！除了上述的物品外，上海的报纸也是不可带到平津的，其他具有政治性的书籍文件当然也不可以带了。我是去年从北平逃出的，一个字也未曾带出，这次自然也一个字不带到平津。不能带火柴烟仔，这是过去所未有的现象。我去年因为想使在天津车站的人不注意，将胡须蓄得较长，衣服也穿的比较破旧，结果扣留我在车站上等候检查，一直等了三刻钟之久，心中弄得很不好过，不知是否祸要临头。这一次一点也不装扮了，胡须特别刮了一下，衣服还要我的绸长褂，预备着态度坦然地跑进北平。船等候医生验完了无病人才开靠码头，这时我们已经知道不是按照名单一个个地检查，而是登陆以后，各人带着行李，分为两排，等候敌警的检查，我此时已觉着情形当不十分严重。船靠好了码头，有在海关作事的以及由青岛上船的汉奸之流，他们因有特殊关系，不候检查就直到塘沽车站，我们只有在那里鹄候着，听人宰割好了。一直等十一点钟，两位日本宪兵带着两个中国警察才从木栅栏门的那边坐车而来。他们也分开两边检查，我是在一边的第三个，他们先让我们打开箱子行李，一一地翻了一遍，又让每一个人解开衣服，检查你是否口袋还藏有其他的东西。一位中国警察问了我一句，“到天津做什么?”我答以“回家”，他也不说什么。大概我是没有什么形迹可疑，而且听我的话，也可以知道我是久居北平的人，“回家”在这时候是他们最欢迎不过的。我口袋中还剩有二十几元法币，分装两处，这一点却动了他的疑心，他问我为什么放在两处，我说：“十块一张现在用不着了，所以放在一处，零钱还要用，所以另放在一处。”他也不说什么。如此这般，我算是通过了这第一道难关。于是我们出太古码头坐洋车到塘沽车站，到天津的车要到三点半才有，但有日人所办之华北汽车公司有汽车在两点钟开至天津，这是船上的人告诉我的。我一到车站，就看见华北汽车公司，在那里候车的日本人已经有四五十人，我本不想坐汽车，看到这种情形，更不愿与日人为伍了。于是将行李交与中国旅行社运至天津，省得在天津检查时的麻烦。候火车的时候，在车站内外观察，三五成群的日人及各种的日本广告，已经使我们感觉日本风味之大，其最足以使我们伤心的有数点：第一是在车站的四周以及车站上只看见太阳旗在那里飘扬，并无伪组织所用的五色国旗，可见日人所扶持的傀儡组织实在是一种虚幌子，他实在要占领全中国，并不是要中国有一个伪政府。所谓伪组织、“日华亲善”真是欺人之谈。第二是现在北宁路以及其他交通机关都改用一种以东京为标准的标准钟，比北平的时间要早一点钟。这也是将华北视为日本的囊中物，所以不以平津为标准而以日本东京为标准。第三是车站内一个角落里有一个售卖汽水糖果的摊子，除了汽水以外，一切都是日货，而且有一个日人在那里卖东西，可见凡是敌人势力所能及的，真是无孔不入地来经营，沦陷不到一年平津已如此，则将来真可以使我们死无噍类了！第四是一些荒谬的标语贴在车站的墙壁上来蛊惑人心，例如他夸张徐州的陷落，使津浦线打通，彷佛我们已无力量恢复我们的河山。在敌人铁蹄下的沦陷区域一切已日本化，真使我们伤心极了。

好容易快到三点半，才许我们进到月台上，车准时从关外到来，我们都上了车，不过几分钟，车就开了。在车上所见的有少数日人，查车票的也是日人，与去年我离开时不同了。我初从华南跑来，看着真不顺眼。车行相当的快，据说这是一班快车，每天来往津沽之车有五六次，他们的交通已恢复常态，然而在我则是不愉之感。车行约一时余，即到天津，我随着大众出站，和去年一样，不是每人都要检查；但是不幸，我又被检查的中国便衣队注意到了，将我拉在一旁，听候检查。我看看四周的日本兵不像去年那样多，只有一两个日本宪兵在旁边监视，而且不是拿着枪戴着钢盔的。情形远不如去年我逃出时之严重。我因为在塘沽的难关已过，这时更不惊惶，装着若无其事的样子。检查的人叫我打开手提的一个小提箱，他打开我热水壶、胰子盒，看一看是否有夹带，翻一翻箱中的衣服，结果没有什么获得。他问我做什么事的，我答应是编字典的。他也没有办法，只好让我走了。与我同被扣留的有一位同船来学生，被检查出他所带的在上海买的礼物，问他是不是在上海读书？他答应是学生，也通过了。另外有两名女警察也拉着一位女士在检查，也未扣留。拦着被检查的人并不多，情形远不如此前之严重。





## 六

离开了天津车站，坐车过法国桥，就近找了一家旅馆。因为自己很疲倦，打电话请我的亲戚来谈。他不久就来了，问了一路上的情形以及南方的的局势，我告诉他我们很乐观的。他也告诉我平津郊外游击队活动的情形，他说距天津不过十五里已非倭子的势力范围，而且告诉我说，冀东的游击队闹得最凶，现在承德附近也有游击队活跃。在承德附近也有游击的活跃，这真是我们想不到的。当晚我更约了一位在英租界工部局作事的朋友来谈，商量我是到北平还是在天津暂住，他说假如你此来没有什么任务，北平也未尝不可住；假如你有所活动，则在租界中亦不见得安全。他举出前不久英租界耀华中学的校长被暗杀为例，那位校长被暗杀的地点是在马路上，在他身旁还有两个密探，但是他被日方派人暗杀，结果不过将凶手当时捉住而已。日方所以要暗杀这位校长，是因为他没有换教科书，换用敌伪所审订的教科书，其实这是董事会的主张，完全不是他的责任。日方蛮横无理可以想见，天津也不是绝对安全的。第二天我到这位朋友的家去谈，他家住着有三个新从北平出来而预备到香港去的人，一位太太，两个北平育英中学刚毕业的学生。他们告诉我北平未尝不可住，但是危险当然也有。这两位学生说，前不久敌伪在北平举行徐州陷落庆祝大会，强迫各学校参加，学生不到的由家长负责，教员不到的由校长负责。学生为了家长，教员为了校长，都不好不去。但是徐州陷落，谁不悲哀？谁愿意去参加他们的会？所以各校的学生虽去，但是接到他们的宣传品马上就掷之地下，结果反足以告诉敌伪“北平人心未死”，他们的宣传是无用的。我问他们，前些时报载育英中学因检查书籍，而有一位教员因在寄宿舍中挂着一张全国运动会的照片而被捕的事，他们告诉我这是敌伪在北平举行所谓“剿共灭党周”，因而在各校检查书籍，凡是有孙中山先生的遗像、遗嘱，以及印有党国旗、“三民主义”字样的一概不许存留。北平中法大学附属中学的主任，因为在校中查出一本《四存月刊》，上有总理遗像以及一本书目录上有三民主义的名目而被捕。至于这位教员之所以被捕，实是当时检查的警察想乘机攫取财物，而这位体育教员偏在寄宿舍中，所以拿一张全国运动会的照片为理由而将他逮捕。结果算是不久即被释放了。他同时告诉我有一人因为携带一本公文程式，上面印有总理遗像与党国旗，在北平前门车站被检查出来了，立时被日本宪兵毒打一顿而将他带走。这种毫无理由的蛮横真是层见叠出。那位女士更说在北平只要有人用匿名信诬告你，立时有被捉去毒刑拷打的危险。对于有共党嫌疑的人尤其不问青红皂白用严酷刑具对待。不过他们又说只要没有什么嫌疑，在北平还可住。我在天津居了三天，写信与南方的朋友，请他们一切信都寄到天津，我自己还是想到北平去住，拼着冒一点险。

在“七七”的前三天，我搭车到北平。这是一班由济南开到北平的快车，由北平到天津，只停了阳村、廊坊、黄村、丰台四站。沿途所见敌兵、兵车甚少；而在几处桥梁附近都有敌人的防御工事，这是与去年所见不同的，因为听说车上便衣侦探甚多，所以不敢与人攀谈。车行两小时余即到北平。



出站时旅客须排成单行经日人监视下的中国警察的检查，每人都要解开衣襟，并打开行李来看。我因为行李已交车上代运，只有小提箱，内中装着一些儿童玩具，不问可知，是“回家”的，所以没有什么盘诘，就出站了。洋车拉到家的门口，妻子已在“倚闾而望”。脱险而至，当然高兴极了。我决定在平闭户读书，尽量少出，以免与关系较浅的朋友撞见，而且我也可以少见一些不愉快的事。但是依着朋友的劝告，报告公安局说我“回家”了，但也不说不再南来的话。在北平我一共蛰居了两个多月，虽然除了理发购物以外很少出去，但在临行的前数日却在城内做了一个大概的观察，沦陷一年后的北平市的状况，总算大致都看到了。下文为了方便起见，将我这两三个月所见所闻的情形，分为北平市面之一斑，敌伪之丧心病狂，平津一带之便衣队与游击队这三点来叙述，对于沦陷一年后的北平，敌伪的倒行逆施以及我们志士的英勇活动，都可以略见一斑了。

## 七　北平市面之一斑

在铁蹄下的这一座古城，因为沦陷了一年而且早已变为敌人的后方，所以秩序有相当恢复。去年我临行时所见的满街是一队一队的日本兵，满街飞跑的军用汽车，有时还见着敌军的坦克车在天安门前开来开去；今年则仅见二三成群的敌兵，很少的大队伍，不过因为应付郊外游击队的关系，满卡车的敌兵还时有所见。未沦陷以前的北平，日人多住在东城，店铺不过东亚公司、扶桑馆几家，现在则四城的偏僻小巷之中都可以发见有日韩人居住，不过日本气味之浓厚则仍在东城一带。在扶桑馆对过新开的有百货店、文具店，原来的大陆电影院变成了专映日片的电影院。日人在北平的店铺以旅馆、饭馆为最多，这些则散布在小胡同小巷子之中，除了大商店的日本广告之外，这些散在小胡同的旅馆、饭馆在胡同口都有广告，“ホテル”“御料理”的字样触目皆是。中国商店有做日人的买卖的，门口也有日文的广告，在东安市场北门对过一家理发店雇了一个能讲日语的理发师，商店也有派人学日语的，也渐渐地日本化了。在北平因为避难的人多，所以虽然离平的人们甚多，然比起去年来只减少了三万。但是你如到东安市场去买东西，则要感觉到所见的有一半是日韩人，他们那种趾高气扬的味道，十足地告诉你现在已当了亡国奴，被他们征服了。北平的街道，因未沦陷前，都修筑甚好，所以不须修理。原来市政府的公共汽车也有几路开行，有开往香山和颐和园的，有在市内的，而且乘客甚多；新添不少小的运货汽车。日本式的洋车因为生活费用高了而索价也较高。汉奸在北平想收买人心，也有一些新的花样，例如举行交通安全周，在西单、王府井等重要街市旁装置标准钟之类，装扮着“繁荣”的模样。因为想收买人心，所以在北平内城的居民尚可以过得去，只是精神束缚，见着许多事情敢怒而不敢言而已。听说在外城日本浪人较多，故时不免有所骚扰，据说在崇文门尚有浪人强行带走妇女的事情。内城的东北、西北角都变成白面窟，韩人在那里卖白面的极多。在内城居住也不是怎样的好，听说在王府井的附近有一家日人的商店，日人时有出而殴打行人之事。北平的居民只有忍气吞声，不惹那些日韩人而已。时间久了，也有不怕的人，例如洋车夫如遇着日韩人少给车价的事，有的也敢大声争执，同他讲理。一位日人要强租一栋民房，以二十四年为期，房主不允，他也无可奈何。不过普通的如将房子租给日人，日人想要修改，不征求房主同意就修改；而取房租时，则百般留难。北平市面，因为避难人多，所以还看不出十分萧条，只是敌货充斥，有的除了敌货之外，想买本国货或西洋货都买不着。王府井大街的国货公司，因为汉奸说现在不应该有国家观念，该与日人共同提携，迫令改为“百货公司”。“国”字改为“百”字的痕迹宛然犹在。但听说此举并不得日人的高兴，敌人还装着说没有中国的领土的野心咧！市面的货币，则有“上海”字样或无地名的法币均不许流通，而代之以朝鲜银行的老头票以及伪联合准备银行的钞票。但实际则法币价值较高，而且与外人交易，如购船票仍需用“北平”、“天津”字样的法币。物价则普遍高了二三成，而面粉、煤炭、鸡蛋等物则因为供不应求的关系，比未沦陷前价高一倍有余。除了汉奸之外，人民莫不叫苦连天，四乡来避难的，因为多举债为活，也有“长安居大不易”之感，纷纷预备回乡。虚伪的繁荣是不能长久支持的。





## 八　敌伪之丧心病狂

北平的伪组织临行政府行政委员会地址在中南海公园内，王逆克敏、汤逆尔和、齐逆燮元、王逆揖唐、朱逆深分长各部，扮演傀儡戏剧。他们自然毫无设施，不过仰日人的鼻息，来压迫国人而已。（因为三月间我们志士谋刺王逆克敏一案，弄得这班汉奸人人畏惧，每逢出入，必定戒严，颇为一般市民所苦。）交通、财政，完全为日人所掌握，例如铁路则由满铁经营，电信则由华北电信局支配，他们却要随着日人倡导什么日华经济提携来欺骗民众。我在北平的时候，正值他们下法币贬值令，强迫市面的“平津”字样中交票作九折计算，希图吸收法币，硬说法币已不及他们的“联票”，完全不顾事实。最令人痛恨的是在伪组织指导之下的新民会分子，他们想用新民会来代替国民党，新民主义来代替三民主义，利用这个机关来煽惑民众，发动一切无耻的丧心病狂的勾当。世间上哪有什么新民主义，这是去年临时由小号汉奸宋介仰承日人的意旨而发明的，宋介著有《新民精神》一书，来发挥他们的汉奸理论。于是由政府办新民会、新民报、新民学院等等机关。什么“徐州陷落庆祝大会”，“剿共灭党周”，挨户检查书籍等为北平市民所痛恶的事都是他们策动的。在我临南来时，新民报与天津已举行“汉口陷落日期大投票”，他们唯恐中国不亡，唯恐中国土地不丧失。《新民报》登载日本国内的事，过有“天皇陛下”字样，都是提行抬头，如专制时代对于君主一样。他们是要作日本的新民，已表现得十足了。新民会抄袭党的办法，在每个县、市都有支部，新民学院就是造就这些支部的干部的。他们有所谓新民歌、新民操，新民歌每天由无线电台广播，新民操则强迫每个学校的体育教员学习，教给学生。在天桥的平民市场办有新民茶社，并编有新民鼓词，深入民间地宣传他们的新奴隶主义，说来也真令人可怕。主持新民会的，日人之外，以缪斌、宋介为首领，缪斌是指导部长，宋介是教化部长。在燕京大学毕业的张寿林，作了新民学院的讲师；在清华研究院毕业的陶国贤作了新民会的科长，他们都是中国的智识分子，而竟甘心倒行逆施，真可叹息了。在伪组织下的学校有所谓北京大学，校长一席，暂由汤逆自兼，下分四院，理、工、农、医，没有文、法学院。理学院在马神庙旧日北京大学第二院，工学院、医学院在原址，农学院因为郊外原校驻兵了，所以改在原来的商学院，又占用朝阳学院旧址。北京大学之外有男子师范学院，占用师大厂甸旧址（石驸马大街文学院已驻兵）。女子师范学院，用原来平大女子文理学院改成。男师学院院长为王谟；女师院长原由伪教次黎世蘅自兼，后来改由张恺（山西人）充任；北京大学的理学院长为文元模；农学院长为庞敦敏。他们今年新招的学生每院不过三四十人，而日本学生要占五分之一。原来的燕京、辅仁、中法三大学还继续开办，而中法则比较受日人歧视。市立的中、小学除女二中停办外，其余照旧，课本是由他们改订的，日文日语成为主要课程，英文则减为二小时，在日人统治下的学校当然是这样的。学校统由日人顾问主持，校长外出，有时径向日顾问请假。私立中国大学仍存在，校长何其巩是土肥原派。暑期中由日人主办的东亚文化协会将日本的名流教授都邀来参加，王谟在某一次会次会中主张完全接收日本文化，何其巩主张取其长而去其短，两人冲突了，结果由王向何道歉了事。但暑期中中大招生国文题为“行己有耻”，历史题是关于文天祥的，据说是出于现任中大国文系主任孙人和的手笔，颇为一般人称道。老教授如钱玄同、马裕藻、高步瀛俱称病谢绝人事，钱玄同并未去世，南边报载其死乃系钱桐死之误传。





## 九　平津一带之便衣队与游击队

游击队活动于平津一带，在南方报章所有的记载是不错的。据说北平城内的便衣队就有成千上万，而且准备在“七七”周年纪念之日内外夹攻北平，结果消息为一警察泄露，故未成事。不过是否可靠，殊成问题。有的人说，北平城内便衣队的活动，绑架日韩人而置之死地的平均每日有十余人之多，这也无从证实。但北平城内有便衣队甚多则甚可信。在春天有谋刺王逆克敏一案，王逆虽幸未死，而与王逆同车之日人山本荣治终于夏天死于病院。我临南来之时，北平又轰传有几位刺客要刺伪联合准备银行总裁汪时璟未成，而将看门的两名警察刺死的事。这些都可信为北平城内有不少的便衣队。而北平城内时时举行临时检查，于冲要的街市拦住行人检查，与汉奸之往来街市中必下令戒严，每日必有一二次戒严，这都是以证明北平市内确有不少便衣队在活动。北平郊外，自然更多。据说河北省鹿钟麟主席的布告在德胜门外即可看见。又听说西直门、阜城门外车辆时有被毁的情事，这些大约都极可信。至于河北省各县游击队的活跃，在汉奸报纸上虽尽量不登载，但由日人举行阵亡将士之“慰灵祭”，日人追击游击队之胜利的宣传，火车的时常误点，路局通告旅客的死亡，以及四乡逃入北平的人们的传说，在北平的人都已深知日人已苦于应付游击队，冀东、热河都有了，足见日人占领之土地愈多，愈无办法。北平市民一年来已由悲观而变为乐观，相信日人终必退出中国的领土，最后胜利必属于我。冀东、河北、平津一带活动的游击队，有的属于第八路军，有的属于二十九军，及其他的正规军，有的是由绿林豪客组织而成，他们不许敌货运至铁道线以外，不许农产物至铁道线以内，不许联合银行的票子在乡村间流行，而其结果使日人所占有的地点得不着实在的利益，不惟在军事上消耗敌人的实力，而且在经济上抑制敌人的搜括，其功效之大，是我们所不易想象的。在我临南来时，在《新民报》上看见一个日本部队长因攻击游击队而阵亡的消息，这位部队长在“七七”以后的广安门事变，以及以后的大同、太原的战争都很有功的，但是死于游击队之手，可见游击战一样能杀敌致果。据说日人本预备于攻下汉口后即不再前进，以便用力于肃清华北的游击队，但是看日人在晋南北作战的成绩，效果是不会有的。天津方面便衣队的活动，因为种种的关系，比较北平的更来得凶。天津英法租界都有小型的报纸报告一切真实的消息，在“七七”、“八一三”、“九一八”等纪念日有人散发传单。在敌伪举行

"反蒋和平大会"的时候，曾枪杀几个日人。一位汉奸中学校长也遭暗杀。在法租界正兴德茶庄，因见有人怀着手枪想报捕房，而不知其为便衣队，结果赔了二十万才算了事。种种的传说，都令我们感到游击队之英勇，而敌人之畏惧游击队的情形，如白天散在各车站的日兵，都晚上聚集在一大站中。日兵在平津决不敢一个人单独出行，都十足地表现他们畏怯的心理。

## 十

欧战风云紧急了，我恐怕没有太古的船直达香港，所以于九月廿八日即离平赴津，出平的时候，检查比较好些。二十九日在天津英租界上船，一直到九日船到香港，因为罚港，十一日始得登陆，次日我就乘船到广州了。这一次我偷入平津一趟，总计起来，虽不满三月，但令我深刻感觉到的却有两事：一是相信中国抗战必胜。现在中国失地虽多，但就沦陷区域的游击队看来，敌人所占领的确只是点与线的占领，而非面的。游击战的效用可使日人军事上必须于沦陷区域分驻大量兵额，消耗许多实力，支出大量军费，而在经济上则难得若干便宜。日人必难长久支持，必沦于溃败一途。一旦正规军能打胜仗，或国际形势更好转，则胜利尤必属于我。一是感觉中国不可言和。和平是必须"平"才能"和"的，如在敌人战胜之时言和，则所谓经济互惠平等实不外假他的优势来剥削中国的经济，如所谓允许内地居住营业之自由，则亦将挟其优势而处处欺凌中国人民，这样子中国已不亡而亡。何况敌人还要求在中国驻兵，使中国永不得翻身呢？读者如想到日人在战前在中国之蛮横，如走私案、浮尸案，更想到日人在沦陷区域内之暴行，在南京以及其他各处的，更看我上面叙述沦陷一年后的北平，日人用怀柔策统的北平，尚有强租民房，强带妇女，强打行人等等蛮横的事，就可以知不能随便言和，不平而和，而只有向抗战必胜的前途迈进。

# 穀梁真偽考

# 自序

《春秋》上明天理，下正人心；治事之准仪，揆道之楷范也。自三《传》并行，莫辨其是非，而五经失学，亦莫甚于《春秋》，欲明《春秋》微言大义之学，此不可不察也。《左氏》之不传《春秋》，自西汉已有是说；近如南海康氏，尤能灼见其源；瑞典珂罗倔伦，更据文字考之；盖足为定谳矣。《穀梁》亦为古文，本杂取传记以造，非得《春秋》之真传，能憭之者，殆属鲜觏。迩者吴兴崔氏，始谓《穀梁》一传，刘歆之所伪造，藉以破坏《春秋》。依据史籍，判其本真。其证验至确，然未多考传文，以大明之。世人之论，犹谓《公》、《穀》一家，且或笃信《穀梁》；其是非黑白，未能遽以定也。堂自丱年受经，喜于探索辞理；丙辰以还，钻研诸子，思举圣哲道术，撩理使有统序。孔子者，诸子之卓也；说理者，莫辩乎《春秋》。于是专治《春秋》，紬其微言大义。每谓《穀梁》迂，甚违孔子之指。壬戌之冬，撰《春秋六论》，于崔氏说，犹未深韪之。自是厥后，睹《穀梁》“是月”之不读“提月”，“画我”之袭取《公羊》齐语，又有无经之传与不释经之传，乃恍然悟其非真传，本杂取传记以造者。崔氏所论，固可征信。不揣梼昧，因取治《穀梁》者——如江熙、范宁、孙觉、叶梦得、侯康、许桂林、钟文烝、柳兴恩、廖平、柯劭忞诸家之说，以攻《穀梁》；更博采于诸儒，参以已见，明非私论，亦以坚其壁垒。由其体例、文词、义理，探其本源，考其年代，为《穀梁不传春秋证》一篇。更就《公》、《穀》之所详略，明其异同，见其指归，为《公穀详略异同证》一篇。皆所以见《穀梁》之非真传，欲以明孔子《春秋》之学者，因名之曰《穀梁真伪考》，共上下两篇。世之君子，匡其不逮，所甚幸焉。

民国二十年八月一日

# 上篇

## 《穀梁》不传《春秋》证





《穀梁》有无经之传，不释经之传。义例自相乖戾，文词复病重累；且晚出于《公羊》，而不合于“鲁语”。又多违反孔子之论；盖本杂取传记以造，非得《春秋》之真传者也。自何邵公（休）著《穀梁废疾》，及刘原父（敞）之《春秋权衡》，发其纰缪，已多确切；刘申受（逢禄）之《申何》，弥彰其恶；郑康成、柳兴恩辈辨之，未为允也。晚近陈兰甫（澧）广其采摭《公羊》，崔觯甫（适）《春秋复始》又诋之为古文，其不治之沈疴，益以大显于世；虽欲饰之，不可饰矣。然《春秋》一经，本无达例，治《穀梁》者，或藉为说词，谓“《穀梁》鲁学，笃守师法”，而“《公羊》齐学，著录稍晚”。（语见廖季平《穀梁古义疏》）此非另辟蹊径，重加稽核，无以判辨黑白，论定是非也。蒙于《穀梁》，夙见其谬，历年以来，每有所获。窃谓：其无经之传，不释经之传，不合传经之体；其义例乖戾，与文词重累，又失谨严之义；其晚出于《公羊》，而不合于“鲁语”，及其违反孔子之论，尤属症结所在；足知其非真传，本杂取传记以造者。盖实古文之学，而晚出于汉代，非止“不传‘建五始’、‘通三统’、‘张三世’、‘异内外’诸大旨”。（刘申受语）此治《春秋》之学者，所不可不深察者也。何、郑、刘、柳往复之辨难，未足以继，因取治《穀梁》学者平论《穀梁》之说，以攻《穀梁》。旁采诸儒，参以己见，著为斯篇。戈盾之兴，不尽我作，抨弹所加，或为公论。博雅君子，其无讥焉。

# 第一　《穀梁》有无经之传

《经》冬十月。（成公元年）

《传》季孙行父秃，晋郤克眇，卫孙良夫跛，曹公子手偻，同时而聘于齐。齐使秃者御秃者，使眇者御眇者，使跛者御跛者，使偻者御偻者，萧同侄子处台上而笑之，闻于客。客不悦而去，相与立胥闾而语，移日不解。齐人有知之者，曰："齐之患，必自此始矣。"

证曰：经之"冬十月"，录"首时"（时之首月）之例。《春秋》例不遗时，无事亦书首时。（桓公元年《穀梁传》曰："无事焉，何以书？不遗时也。《春秋》编年，四时具而后为年。"）"冬十月"下无事，本不当有传者也，而《穀梁》乃忽为之发传，此其无经之传之确证。夫传以释经为主，不能离经而为传，离经而为传，则与《左氏春秋》相同，非得《春秋》之真传者也。《穀梁》有无经之传，或当有传而无传（详见下篇第三），或其传并不释经（详见本篇第二），则不可执以通经，固明甚矣。治《穀梁》者，远如范宁，近如柳兴恩、钟文烝、廖季平，皆病此传之非，而欲辨之；曲为之说，终不可以强通。

范宁《穀梁传记解》曰："穀梁子作传，皆释经以言义，未有经无其文，而横发传者。宁疑经'冬十月'下云：'季孙行父如齐。'脱此六字。"范氏疑此无经之传，而谓经有脱文，不知他经容有脱误，《春秋》则无是事。刘绍攽《春秋笔削微旨》曰："夫所谓阙文者，果传写之误乎？抑旧史之阙乎？以为传写之误，则一传可阙，不容三传俱阙也。以为旧史之阙乎？则西狩获麟，孔子所目睹，何难考验其日月，而但书时不书月？……故当日因鲁史之旧文，而孟子直谓之作，作者，自我创之之谓。学者不得其笔削之义，而辄委于鲁史之旧文，何不取孟子之言，而细思之?”观于刘氏此说，知《春秋》之无阙文，如以为有脱误，不容《左氏》、《公羊》，亦俱脱也。范氏委之脱文，其误盖甚易知。故治《穀梁》者，多不取其说。

钟文烝《春秋穀梁经传补注》曰：“此传当与下‘其日或日’相连，误跳在此。盖以《传》合《经》者误之耳。范以《传》称季孙聘于齐，《经》无为不书其事，但《经》书如齐，不当录日，二家《经》皆无之，自以何休说为长。或当以季孙不悦而去，聘事不成，故使无如齐之文。其事亦不审在何年也。”案：钟氏以“如例”书时不书月，驳范注经有脱文之说，而谓传有误跳，则亦属曲解也。试如其说，合诸下传观之，文气实不相联。下经传曰：《经》“六月癸酉，季孙行父、臧孙许、叔孙侨如、公孙婴齐帅师会晋郤克，卫孙良夫、曹公子手及齐侯战于鞍，齐师败绩”。《传》“其日，或曰：‘日其战也。’或曰：‘日其悉也。’曹无大夫，其曰公子何也？以吾之四大夫在焉，举其贵者也”。（成公二年）取前之传，置之“其日，或曰”之上，则中无叙“鞍战”之事，接以“其日”，文势中断，不可以读。置之“举其贵者也”下，则先后次序尤不合，文义尤乖戾，气势尤阻隔，《穀梁》之叙事，不至如是也。钟氏见此无经之传，而以曲说解之，不知文气不顺，终不可以强通也。

王引之《经义述闻》曰：“《左氏》、《公羊》‘冬十月’下，皆无‘季孙行父如齐’之文，不应《穀梁》独有……窃疑‘季孙行父秃’以下，当在二年‘战于鞍’之末。盖帅师与齐侯战于鞍者，有季孙行父、晋郤克、卫孙良夫、曹公子手四人，传于是追述齐患所起，因慢此四人之故，而及前此四人同时聘齐之事。

……错简在‘冬十月’下耳，《公羊》叙齐患之始，与此略同；而于经文‘盟于袁娄’下，始追叙之，《穀梁》或亦相似也。”案：王氏此说，误与钟同。传文本不相连，不可以强移也。其说柳兴恩所不取，兹不具辨。

柳兴恩《穀梁大义述》曰：“蒙校本引《襄二十有一年传》‘庚子，孔子生’之例，亦经无其文而发传者。固不得如范注之说，妄补‘季孙行父如齐’六字，亦不得如王错简之说，移于二年鞌战之末也。”案：柳氏援“庚子，孔子生”之例，谓亦经无其文而发传者，据彼证此，谓《穀梁》有无经之传，可也，其所援引之例，则非是也。“庚子，孔子生”者，虽似无经之传，盖《穀梁》经师所记，本非释《春秋》之文，明为特异之例，不当以无经之传论。“季孙行父秃”以下，乃先经而为传，“庚子，孔子生”之传，则与他经无涉，不得妄相比附，牵合为说者也。柳氏之意，盖以《公羊传》中，亦有记“孔子生”之文，故特认为无经之传，则凡攻《穀梁》者，则可据《公羊》以为词，故不从范、王之说。考陆德明《公羊释文》曰：“‘庚子孔子生’，传上有‘十月庚辰’，此亦十月也。一本作‘十一月庚子’，又本无此句。”是《公羊》本无此句，《公羊》后师或增之，其文或作“十月”，或作“十一月”，亦未能一律，非《公羊》所旧有也。段玉裁《经韵楼集公穀记孔子生说》曰：“徐彦解云：‘《左氏》无此言，则《公羊》师从后记之。’……陆氏云：‘庚子，孔子生，传文也。’又一本无此句，可证唐初《公羊》尚有无此条者。”由是言之，《公羊》本无此条，至唐初且如此；《穀梁》旧有此条，且各本俱一律（《释文》于《穀梁》无说），是知《穀梁》有无经之传，《公羊》本无无经之传；《公羊》传之谨严，终不可攀援以为说。柳氏之用心虽苦，终难以掩饰之也。此柯劭忞之《春秋穀梁传注》，宁从钟说，不从柳氏也。廖季平《穀梁古义疏》曰：“考聘齐事，不在此年。传先言此事，附经文时，因冬无事，故系于其下，今仍之。《集解》以为经脱‘季孙行父如齐’六字，误矣。”亦不尽从柳氏说也。《穀梁》有此无经之传，其病正与《左氏》相若，盖不得《春秋》之真传，故不以释经为主，其不合传经之体，甚昭然若揭也。此无经之传，何邵公、刘原父俱未及见于是。刘申受之《穀梁废疾申何》亦然。申受且曰：“昔尝以《穀梁》者，《公羊》氏之余绪；长于《公羊》者十之一，同于《公羊》者十之二三，所谓拾遗补阙者也。”康南海《春秋笔削大义微言考》亦曰：“试舍一万六千四百四十六字之史文，徒摘《公》、《穀》口传之大义，则无一不同，特附史文时有异同耳。”《发凡》又曰：“《公》、《穀》终各有所长。”（僖公二十年）皆犹以《公》、《穀》为一家，至崔觯甫之为《春秋复始》，始以“《穀梁》亦古文学也”，“古文本刘歆杂取传记而造”者（说详本篇第九），此其所以有无经之传也。

# 第二　《穀梁》有不释经之传

《经》冬，十有二月己丑，葬我君桓公。（桓公十八年）

《传》知者虑，义者行，仁者守，有此三者备，然后可以会矣。

证曰："知者虑"以下五句，与葬桓公不相涉。传以释经为主，今与经不相关，其不合传经之体，失《春秋》谨严之义，即此已可知其略矣。治《穀梁》者，如柯劭忞，盖亦病之。柯氏《注》曰："此五句宜在'公会齐侯于泺'下，传写之误。隐元年已发传，此复发者，明桓公无此三者，所以见杀。"其曰传写之误，实病之也。"会泺"在正月下，不至误跳在此。《穀梁》此传，实不释经，此柯《注》之说，亦以为误也。

《废疾申何》曰："此古训欤，不责坊淫之法，不云篡弑之戒，不申复仇之义，引喻失当，爱其轻身，甚哉！其蔽也。"申受虽斥其妄蔽，犹未见其不释经。柳兴恩辩之曰："刘氏所云三者，知、义、仁足以包之。"夫知、义、仁三者，所以论"出会"也，与坊淫复仇，实两不相涉；经书"葬"而传言"会"，亦风马牛不相及。柳氏之辩，其不允多类此。

《经》五月，葬桓王。（庄公三年）

《传》曰：近不失崩，不志崩，失天下也。独阴不生，独阳不生，独天不生，三合然后生。故曰母之子也可，天之子也可。尊者，取尊称焉；卑者，取卑称焉。其曰王者，民之所归往也。

证曰："曰：近不失崩"以下，与"葬桓王"亦无涉。传之不释经，此亦一端也。廖《疏》曰："此释王不志崩之传，传无所系，故附录于此。"云无所系而附录此，则其不当于此发传甚明，则此传不主于释经亦明。隐三年"天王崩"，传不为说，乃于"葬桓王"时，牵涉发传，体例不严，滋人诟病。传《春秋》谨严之义者，必不当疏略如此也。

《经》秋，大水，鼓，用牲于社、于门。（庄公二十五年）

《传》高下有水灾曰大水。既戒鼓而骇众，用牲可以已矣。救日以鼓兵，救水以鼓众。

证曰："高下有水灾曰大水"，已见《桓二年传》、《庄七年传》。此甚易知者，乃重复发传；"于门"之为礼与否，不甚易知者也，传既不目言之，注疏亦遂无说，传不释经，有如此者。《公羊传》曰："于门，非礼也。"钟氏《补注》始援引之以说《穀梁》。《穀梁》此传，非得《公羊》之说，不能明也。

《经》秋，筑台于秦。（庄公三十一年）

《传》不正罢民三时，虞山林薮泽之利；且财尽则怨，力尽则怼，君子危之，故谨而志之也。或曰：倚诸桓也。桓外无诸侯之变，内无国事，越千里之险，北伐山戎，为燕辟地。鲁外无诸侯之变，内无国事，一年罢民三时，虞山林薮泽之利，恶内也。

证曰：虞者，典兽之官（范注）。筑台与虞，两不相涉。钟氏《补注》引高诱《吕氏春秋注》曰："'积土四方而高曰台，台加木为榭。'何休曰：'礼，天子有灵台，以候天地；诸侯有时台，以候四时。登高远望，人情所乐，动而无益于民者，虽乐不为也。'"台以远望为乐，非以为虞甚明。文十六年"毁泉台"，《穀梁》曰："自古为之，今毁之，不如勿处而已矣。"台为居处之所，《穀梁》亦明言之。今此传乃以虞利释之，虽曰释经，犹不释也。孙觉《春秋经解》曰："《穀梁》曰：'虞山林薮泽之利'，筑台亦以虞利，此传误矣。"孙氏善《穀梁》者，亦不以为然也。廖《疏》曰："筑时更令山林薮泽各出财物，以供所费。"以虞为"筑台财用取之于山泽，与民争利"。曲为之解。是赋税之义，非虞义也，传不当言虞。如此之类，名为释经，实不释经。

《经》梁山崩。（成公五年）

《传》不日，何也？高者，有崩道也。有崩道，则何以书也？曰：梁山崩，壅遏河三日不流，晋君召伯尊而问焉。伯尊来，遇辇者，辇者不辟，使车右下而鞭之，辇者曰："所以鞭我者，其取道远矣。"伯尊下车而问焉。曰："子有闻乎？"对曰："梁山崩，壅遏河三日不流。"伯尊曰："君为此召我也。为之奈何？"辇者曰："天有山，天崩之；天有河，天壅之。虽召伯尊，如之何？"伯尊由忠问焉。辇者曰："君亲素缟，帅群臣而哭之，既而祠焉，斯流矣。"伯尊至，君问之，曰："梁山崩，壅遏河三日不流，为之奈何？"伯尊曰："君亲素缟，帅群臣而哭之，既而祠焉，斯流矣。"孔子闻之曰："伯尊其无绩乎？攘善也。"

证曰：此《穀梁》传不释经之铁证。刘原父《春秋权衡》曰："寻《穀梁》此文，似云山有崩道，崩不当书，今晋侯问伯尊，故独书也。是岂《春秋》意耶！"原父此说，信不诬矣。《穀梁传》不主释经，故其所答非所问，以为所以书崩者，晋君召伯尊之故；其不谨严，亦已甚矣！萧楚《春秋辨疑》曰："六经惟《易》、《春秋》出于圣人手，而《春秋》纪事不尚文，其辞尤简严有法，一字先后不妄下。"（《石鹢论》）《穀梁》荒略如此，杂取传记以造，不得《春秋》之真传者也。

《经》宋司马华孙来盟。（文公十五年）

《传》来盟者何？前定也。不言及者，以国与之也。

《经》春，卫侯使孙良夫来盟。（宣公七年）

《传》来盟，前定也。不言及者，以国与之。不言其人，亦以国与之。

《经》冬，十有一月，晋侯使荀庚来聘。卫侯使孙良夫来聘。丙午，及荀庚盟。丁未，及孙良夫盟。（成公三年）

《传》其日，公也。来聘，而求盟。不言及者，以国与之也。不言其人，亦以国与之也。



证曰：此所录《穀梁》三传，皆有不释经之文。来盟自不言及，而文十五年传曰："不言及者，以国与之也。"此二句不释经。刘申受曰："来盟安得言及。"柳兴恩曰："来盟从无言及者。此二句疑为衍文，不敢强为之说。"虽柳之能辩，亦无说词矣。此其一也。宣七年经，既言来盟，自不言及；卫孙良夫，则其人也。而是传曰："不言及者，以国与之。不言其人，亦以国与之。"凡此四句，亦不释经。此其二也。成三年经既已言"及"，而是传曰："不言及者，以国与之也。"荀庚、孙良夫，又即其人也。而是传曰："不言其人，亦以国与之也。"此四句不当有。范《注》谓"不言及，谓凡书来盟者"，此非来盟，焉用释之？传不释经，此其三也。反复发传，既失之乱，与经又极不相干，故三传无一是者。其病之深，盖至于此。



柯《注》《序》曰："有因此而通释彼事之例：宣七年，卫侯使孙良夫来盟。传日：'不言及者，以国与之。不言其人，亦以国与之。'此举成七年及荀庚盟及孙良夫盟之言'及'，闵二年齐高子，僖四年楚屈完之不言其人，而通释之。不言其人者，不言使其人也，若卫侯使孙良夫，则言其人矣。"此说固胜于柳氏矣。然不言其人，而释之曰不言使其人，有增字解经之嫌。如谓因此而通释彼事，则前既通释，成三年传，无须复发矣。且范注谓成三年传释宣七年经来盟，此又以宣七年传释成三年言及，通释之例，当如是耶？盖非通释经，实不释经也。《穀梁》杂取传记而造，为之注者，固难说之。(与此相似者，如桓十年传："不言其人，以吾败也。"亦不释经，其证尤确。详见本篇第四)

《经》冬，黑肱以滥来奔。(昭公三十一年)

《传》其不言邾黑肱何也？别乎邾也。其不言滥子何也？非天子所封也。来奔，内不言叛也。

证曰：《公羊》此经传曰："文何以无邾？通滥也。"何君《注》曰："据读言邾娄。""通滥为国，故使无所系。"孔广森《〈公羊〉通义》曰："《春秋》口授，恐久而失实，故文虽无邾，师法自连邾读之，因以起其义也。"《公羊》读言"邾娄"，所以知为邾也。谓经"通滥为国"，所以别乎邾也。其于《春秋》书法，说之盖极显明。《穀梁传》则不然，滥非天子所封者，而经不言邾黑肱，其所以别乎邾之故。《穀梁》固未尝详释之，其何以知为邾黑肱，更未尝详以言之。("其不言邾黑肱"句，殊觉突如其来)《穀梁》此传，未释经之书法，亦即不释经也。治《穀梁》者，乃不得不依《公羊》以为说。钟文烝曰："当依何休云'据读言邾'。"廖《疏》曰："《公羊》所谓'口系邾娄'，口言邾而文无邾。"钟、廖皆欲守其家法而患不能也。柯《注》曰："何休《公羊》说据读言邾，非传义，传义下自明了。"此较钟、廖为知家法，然传义则实不明了。孙觉曰："若黑肱实受封于邾，则亦犹邾臣尔，安得不系邾乎？"传义不明，故孙氏致诘尔。钟、廖亦非真不知当守家法也。要之，《穀梁》无口授之传，本杂取传记而造者，即此不释经之书法，固亦可以推见矣。

## 第三　《穀梁》义例之相乖戾

《经》九月，纪履緰纶来逆女。（隐公二年）

《传》以国氏者，为其来交接于我，故君子进之也。

《经》秋，九月，荆败蔡师于莘，以蔡侯献武归。（庄公十年）

《传》荆者，楚也。何为谓之荆？狄之也。

《经》秋，七月，荆入蔡。（庄公十四年）

《传》荆者，楚也。其曰荆，何也？州举之也。州不如国，国不如名，名不如字。

《经》邾子克卒。（庄公十六年）

《传》其曰子，进之也。

《经》荆人来聘。（庄公二十三年）

《传》善累，而后进之。其曰人，何也？举道不待再。

证曰：《春秋》设七等之文，以备进退之义，《穀梁》虽只举四等，庄公十四年复以“氏”、“人”、“子”三者为进退，例自相违，说故两歧。刘原父曰：“《穀梁庄十年传》云：‘其曰荆者，狄之也。’今又云：‘州举之也。’若实狄之，则非州举之；若实州举之，则非狄之，而两说并存，不知果狄之耶，抑州举之耶。……寻究二说，似前说本出《穀梁》，后说则掇取《公羊》之例而续焉者。不然，无为相异。”刘申受曰：“脱氏、人、子三等，《春秋》设七等之文不具矣。”二刘所云，俱甚是也。《穀梁》之说两歧，足知其无条理，不知《春秋》谨严之义，不得《春秋》之真传也。

柳兴恩曰："七等自在经文，《穀梁》略举之以见例，所以为简而赅也。且专于此言进退，几于舞文矣。"柳之遁词，殊可悯笑。夫七等既在经文，传释经者，何以只备四等？若谓传不必释经，则《穀梁传》果何为者？其谓《穀梁》略举见例，所以为简而赅，简则有之，赅则未然。柳欲掩饰其非，乃曰几于舞文。若经无七等之文，《穀梁》亦不言进退，谓之舞文，则犹可也。否则非刘之舞文，实柳之舞文也。《穀梁》义例之相违，盖已铁案如山矣！柳氏只知求胜，不惜并诟经传，如此之辨，不如无辨。廖《疏》曰："《公羊》云：'人不如名，名不如字，字不如子。'此大夫贵贱称号之例，如天子卿称子、大夫称字、元士称名、微者称人是也。传文有脱误，当据《公羊》补正。"其谓《传》有脱误，盖《穀梁》本杂取传记以造者，故其义例多相乖违，非真传文之有脱误也。





《经》单伯逆王姬。（庄公元年）

《传》单伯者何？吾大夫之命乎天子者也。命大夫，故不名也。其不言如，何也？其义不可受于京师也。其义不可受于京师，何也？曰：躬君弑于齐，使之主婚姻，与齐为礼，其义固不可受也。

《经》王姬归于齐。（庄公元年）

《传》为之中者归之也。

《经》秋，七月，齐王姬卒。（庄公二年）

《传》为之主者卒之也。

证曰：桓九年"纪季姜归于京师"，传曰："为之中者，归之也。"范《注》曰："中谓关与婚事。"鲁不主婚季姜，故曰"为之中者"。今鲁主王姬之婚，庄元年《传》明言之，二年卒亦云"为之主者"；元年"归于齐"，《传》乃云"为之中者"，义例乖戾，一何甚矣！钟氏《补注》引丁溶曰："中当为主。《疏》云：'彼王姬非鲁主婚。'又二年传：'为之主者，卒之也。'明此亦当为主。"《穀梁》之自相乖戾，不谓为误字，固难以说之。此其明证也。

《经》夏，公如齐观社。(庄公二十三年)

《传》观，无事之辞也，以是为尸女也。无事不出竟。

《经》公至自齐。(庄公二十三年)

《传》公如、往，时；正也。致，月，故也。如、往，月；致，月，有惧焉尔。

证曰：尸女（主为女往）近淫，危惧甚矣！往事书时，致不书月，《穀梁》此二传，例自相乖戾。孙觉曰："公观社于齐而不书月，得曰正乎？致不书月，得曰无故乎？不通也。"莘老善《穀梁》，而亦以为不通，《穀梁》如何，其可知矣！杨《疏》曰："《二十七年传》曰：'桓会'不致，(案：谓鲁与齐桓公相会，则不书至)此与下文观社，皆书公至自齐者，《公羊传》云：'桓会不致，此何以致，危之也。'徐邈亦云：'不以礼行，故致以见危。'"杨《疏》袭《公羊》为说，不必辨其是非。要之，《穀梁》不得别嫌之义，故其传令人疑莫能解，孙因以抨之，则可断言也。许桂林《穀梁释例》乃不得不以为正。其言曰："此往时、致时皆正，故《穀梁》无传，《公羊》谓陈佗外淫，与《左》、《穀》异。此又以陈佗比庄公，好言淫乱，非事实也。"许氏之言，又与《疏》异，《穀梁传》之自相乖戾，故说《穀梁》者亦相异也。许氏与《穀梁》尸女说违，非《经》、《传》意。

《经》齐人伐山戎。(庄公三十年)

《传》齐人者，齐侯也。其曰人，何也？爱齐侯乎山戎也。其爱之，何也？桓内无因国，外无从诸侯，而越千里之险，北伐山戎，危之也。则非之乎？善之也。

何善乎尔？燕，周之分子也。贡职不至，山戎为之伐矣。

证曰：桓十一年传云："其曰人，何也？贬之也。"庄二十八年传云："其曰人，何也？微之也。"称人为贬词，为微词。今实齐侯而称齐人，明为卑微之词，而又云善之也。《穀梁》称人之例，自相乖戾甚矣！且齐侯之伐山戎，亦本无善可言。张洽《春秋集注》曰："远人不服，则修文德以来之。今中国之声教未洽，近有荆楚为中国患，尚未正罪，而勤兵于远，为燕辟地，其治之先后，兵之次第，皆失之矣。"《穀梁》以齐侯为善，固未必是也。率尔立词，故自乖戾。

《庄十七年传》曰："人者，众词也。以人执，与之词也。"刘申受曰："宋执祭仲，齐执涛涂，传以为贬爵称人，今以为与辞，其疾在不传称人、称侯之别，故自乱其例。"柳兴恩曰："《公羊·僖四年传》：'执者曷为或称侯，或称人？称侯而执者，伯讨也；称人而执者，非伯讨也。'今案：《公羊》以陈袁、涛涂辟军之道，齐桓执之，明明伯讨，乃经不书齐侯而书人；《公羊》又谓齐桓不修其师，是袭《穀梁》贬爵称人之例矣。然则《公羊》虽传称人、称侯之例，亦未尝不自乱其例矣。"柳氏云："亦未尝不自乱其例。"足见《穀梁》义例之自相乖戾，不可以掩饰矣！《公羊》固未尝自乱其例，称人而执，明不得为伯讨。

《经》六月，齐侯来献戎捷。（庄公三十一年）

《传》不言使，内与同，不言使也。

证曰：此齐侯自来，故经不言使。《穀梁》谓非齐侯自来，而谓"内与同，不言使"。以自来为使，既失经意，又自相违戾。孙觉曰："实齐侯自来，不得曰使也。安得内与同哉？《穀梁》曰：'内齐侯也'，按齐侯矜功而自伐，《春秋》方深罪之，安得内而进之哉？"孙氏从《穀梁》说者，固亦以此传为非也。刘申受曰："实齐侯自来，安得言使乎？书以志齐侯之骄我，我鲁之自夸，因以张‘王’文也。”柳兴恩述曰：“经书献捷，即齐侯自来，亦岂亲献，固必有使矣。”案：柳氏此说，不足辨也。齐侯虽不亲献，固是齐侯自来，不能言使。犹之诸侯主兵，虽不亲战，亦举诸侯为重，不言使也。如柳氏说，则凡诸侯之主兵者，亦皆内与同，不言使耶？《经》明言齐侯来献，而传谓使人来献，果使人来献者，《经》无为不书使文也。王闿运《穀梁申义》曰：“今云来献，明是使人；又不言使，明是内之。”来献明是自来，明非使人来也。王氏此说，殊属非是。《穀梁》义自违戾，固不可以讳也。



《经》冬，十月壬午，公子友帅师败莒师于丽，获莒挐。（僖公元年）

《传》莒无大夫，其曰莒挐，何也？以吾获之目之也。内不言获，此其言获，何也？恶公子友之绐。绐者奈何？公子友谓莒挐曰：“吾二人不相说，士卒何罪？”屏左右而相搏，公子友处下。左右曰“孟劳”。孟劳者，鲁之宝刀也。公子友以杀之。然则何以恶乎绐也？曰：弃师之道也。



证曰：《穀梁》此传，既与经不相合，其义又自违戾，凡有数证。范《注》引江熙曰：“经书败莒师，而传云二人相搏；则师不战，何以得败？理自不通也。夫王赫斯怒，贵在爰整；子所慎三，战居其一。季友令德之人，岂当舍三军之整，佻身独斗，潜刃相害，以决胜负者哉！虽千载之事难明，然风味之所期，古犹今也。此又事之不然，传或失之。”《穀梁》此传之误，江、范不惜言之。刘申受曰：“传例疑（诈）战不‘日’，此书壬午，知非恶绐。”柳兴恩曰：“疑战者不约战日。此书壬午，明约战日矣。约战日而不用士卒，二人相搏，故《经》书获，传恶绐。乃江熙不信相搏之说，故非传，而范从之；杨《疏》已云，乃是范失，非《传》失矣。”杨《疏》曰：“《老子》云：‘以正治国，以奇用兵。’季子知莒挐之可擒，弃文王之整旅，佻身独斗，潜刃相争；据礼虽乖，於权未爽。纵使理违，犹须申《传》，况《传》文不失，江生何以为非乎？又且季子无轻斗之事，《经》不应书获，《传》不须云弃师之道。既《经》、《传》文符，而江熙妄难，范引其说，意亦同之。乃是范失，非《传》失之。”案：杨《疏》之说，纵使理违，犹须申《传》，意存偏袒。其谓据礼虽乖，于权未爽，则《传》恶绐之言，无由生矣。《经》之书获，以获莒挐也，非以恶季子，乃书获也。知《穀梁传》意，实自有其病；江熙之言，未为无理也。（破《疏》说）《经》之书获，“大季子之获也”。（此《公羊》义）《穀梁》不得其解，乃谓之恶绐耳。如果为绐者，《经》必不书壬午，见其以诈相袭。且经未有书获以恶绐者，柳氏之辨，非经意也。（以上辨其与《经》相违）

且据《穀梁》观之，季子亦非绐者。季子之既败而处下，左右乃告之以“孟劳”，是左右之欲救季子，非季子预潜刃以相害也。故如《传》说，实无绐意。自相违牾，其证一。且如季子果为绐者，以奇用兵，而获莒挐，是全师之道也，非弃师之道也。《穀梁》曰：“然则何以恶乎绐也？曰：弃师之道也。”亦自相矛盾，其证二。弃师者，弃己之师也；恶绐者，恶绐莒挐也。详《穀梁》所以恶绐之故，不过为弃己之师而已，亦非真恶季子为不德也，则非诚恶绐，于义亦未安。其证三。盖《穀梁》不得《春秋》之真传，本其道听途闻之说，杂取传记，造为斯《传》，故其多误如此。孙觉曰：“《穀梁》之说，江熙非之，当矣！”廖《疏》曰：“《公羊》以此获为大季子，《传》以为恶绐，盖《公羊》就本事言之，《传》则专就相搏一节立说。《公羊》言其大体，本传说其细节。”柯劭忞曰：“因绐获而传闻之说，乃谓其佻身相搏耳。”此皆治《穀梁》者，孙许江熙，廖云细节，柯谓其为传闻之说，皆于《穀梁》有微词也。（以上辨其自相违戾）

《经》秋，楚人围陈，纳顿子于顿。（僖公二十五年）

《传》纳者，内弗受也。围，一事也；纳，一事也。

而遂言之，盖纳顿子者，陈也。

证曰：何君《穀梁废疾》曰："休以为即陈纳之，当举陈，何以不言陈?"郑康成《起穀梁废疾》曰："纳顿子固宜为楚也。《穀梁》见《经》云'楚人围陈，纳顿子于顿'，有似'晋阳处父伐楚救江'之文，故云盖陈也。"刘申受曰："陈纳之，即不举陈，当加陈人执顿子等文以起之。救江亦晋非楚，引之欲以何明也?"柳兴恩曰："楚之围陈，使纳顿子也。此等无关大义，哓哓置辩，徒词费耳。"廖季平曰："举陈，则其文间断，不见为一事。伐陈以纳顿子，纳顿者，陈；所以使陈纳顿者，楚；与'伐楚救江'同文，不可复举晋也。"（《起起穀梁废疾》）案：楚之围陈，使纳顿子，纳顿子者，固非陈也。犹之伐楚救江，救江者晋，固非楚也。今云纳顿子者陈，所以使纳颐子者楚。然则晋伐楚以解江之围，亦可云救江者楚，所以使救江者晋耶？陈之不欲纳顿子，犹楚之不欲救江，所以有伐围之事也。今云纳顿子者陈，亦未免乖戾矣。柳氏不能辨之，乃云无关大义。实词穷也，非恐词费也。（俞曲园《茶香室经说》曰："此传本云：'盖出顿子者陈也。'……因涉经文误作'纳顿子者陈也'，义不可通。"）

# 第四 《穀梁》文词之重累

《经》夏，五月，莒人入向。(隐公二年)

《传》入者，内弗受也。向，我邑也。

《经》无侅帅师入极。(隐公二年)

《传》入者，内弗受也。极，国也。

〔疏〕入极，复言之者，向者，他入我；极者，我入他。恐内外不同，故两发之。

《经》秋，卫师入郕。(隐公五年)

《传》入者，内弗受也。郕，国也。

〔疏〕重发传者，前起者邑，今是国，故重发之。

《经》庚寅，我入邴。(隐公八年)

《传》入者，内弗受也。

〔疏〕重发传者，嫌易田与兵入异，故重发以明之。

《经》秋，宋人、卫人入郑。(隐公十年)

《传》(无说)

《经》冬，十月壬午，齐人、郑人入郕。(隐公十年)

《传》入者，内弗受也。

〔疏〕(无说)

《经》秋，七月壬午，公及齐侯、郑伯入许。(隐公十一年)

《传》(无说)

《经》九月，入杞。(桓公二年)

《传》我入之也。

《经》许叔入于许。(桓公十五年)

《传》其曰入，何也？其归之道，非所以归也。

《经》秋，九月，郑伯突入于栎。(桓公十五年)

《传》(无说)

《经》秋，纪季以酅入于齐。(庄公三年)

《传》入者，内弗受也。

〔疏〕重发之者，此齐不可受，嫌违例，故重发之。

《经》夏，六月，卫侯朔入于卫。(庄公六年)

《传》入者，内弗受也。

〔疏〕(无说)

《经》齐小白入于齐。(庄公九年)

《传》大夫出奔反，以好曰归，以恶曰入。

《经》乙巳，公子遂帅师入杞。(僖公二十七年)

《传》(无说)

《经》三月丙午，晋侯入曹，执曹伯畀宋人。(僖公二十八年)

《传》入者，内弗受也。

〔疏〕前已有传，重发之者，以晋文初霸，嫌得入中国，故发传以明之。

《经》秦人入滑。(僖公三十三年)

《传》滑，国也。

《经》晋郤缺帅师伐蔡。戊申，入蔡。(文公十五年)

《传》(无说)

《经》丁亥，楚子入陈。(宣公十一年)

《传》入者，内弗受也。

〔疏〕（无说）

《经》楚人入郓。（成公九年）

《传》（无说）

《经》晋栾盈复入于晋，入于曲沃。（襄公二十三年）

《传》（无说）

《经》六月壬子，郑公孙舍之帅师入陈。（襄公二十五年）

《传》（无说）

《经》郑良霄出奔许，自许入于郑。郑人杀良霄。（襄公三十年）

《传》（无说）

《经》秋，莒去疾自齐入于莒。（昭公元年）

《传》（无说）

《经》宋华亥、向宁、华定自陈入于宋南里以叛。（昭公二十一年）

《传》入者，内弗受也。

〔疏〕（无说）

《经》秋，刘子、单子以王猛入于王城。（昭公二十二年）

《传》入者，内弗受也。

〔疏〕（无说）

《经》春，宋公之弟辰及仲佗、石彄、公子地自陈入于萧以叛。（定公十一年）

《传》入者，内弗受也。

〔疏〕（无说）

《经》秋，宋乐大心自曹入于萧。（定公十一年）

《传》（无说）

《经》晋赵鞅入于晋阳以叛。（定公十三年）

《传》以者，不以者也。叛，直叛也。

《经》齐阳生入于齐。齐陈乞弑其君荼。（哀公六年）

《传》入者，内弗受也。

〔疏〕（无说）

证曰：《春秋》之义，已明者去之，未明者著之，其辞至约。故经传从可知者，多省其文。此《春秋》之所以谨严也。《穀梁》传曰："有所见则日。"（庄公三十二年）又曰："其不正前见矣。"（僖公十七年）皆谓见于此者，其义可见于彼。"得一端而多连之，见一孔而博贯之。"（董仲舒《春秋繁露》语）不必重累其词，而学者自知之也。沈钦韩《左传补注》曰："《春秋》之义，有见于彼而略于此者。于彼见一义，于此又见一义……则其例可以类推。"沈氏此言是也。其例可以类推，则不必重复发传，文词谨严，而义自明。《穀梁传》未能如是，盖不得《春秋》真传，不知谨严之义，故重累其词也。"入者，内弗受也"，其例本可类推，《穀梁》发传者，几十有二见。且或重发，或不重发；既病重累，亦失之乱。《疏》之说曰："内外异，邑国异，故重发之。"则隐十年二国入郑，不为发传；二国入郕，乃为发传，果又何耶？桓之十五年，许叔不以道入，郑伯突以篡入，其义与前俱异，又何以不重发传？驯至传之重发，疏亦未由释之，如庄六、宣十一、昭廿一、定十一、哀六年诸传；由是言之，《穀梁》不得《春秋》谨严之义，据其重复发传，亦可知矣。柯《注》曰："至于同一事，有发传不发传之别，有前后发传之别，又有处处发传，不嫌重复者……参差互错，皆精义之所在……'《穀梁》之复传，其文省而理密'。"呜呼！其果文省而理密耶？徒见其散乱而无纪也。

《经》齐侯使其弟年来聘。（隐公七年）

《传》诸侯之尊，弟兄不得以属通。其弟云者，以其来接于我，举其贵者也。

《经》冬，齐侯使其弟年来聘。（桓公三年）

《传》（无说）

《经》夏五，郑伯使其弟语来盟。（桓公十四年）

《传》诸侯之尊，弟兄不得以属通。其弟云者，以其来我，举其贵者也。

〔疏〕重发例者，前弟年来聘，今御来盟，嫌不同，故重发之。

《经》陈侯之弟光出奔楚。（襄公二十年）

《传》诸侯之尊，弟兄不得以属通。其弟云者，亲之也，亲而奔之，恶也。

〔疏〕（无说）

《经》陈侯之弟光自楚归于陈。（襄公二十三年）

《传》（无说）

《经》卫侯之弟鱄出奔晋。（襄公二十七年）

《传》专，喜之徒也。专之为喜之徒何也？己虽急纳其兄，与人之臣谋弑其君，是亦弑君者也。专其曰弟何也？专有是信者，君赂不入乎喜而杀喜，是君不直乎喜也，故出奔晋，织絇邯郸，终身不言卫。专之去，合乎《春秋》。

《经》夏，秦伯之弟鍼出奔晋。（昭公元年）

《传》诸侯之尊，弟兄不得以属通，其弟云者，亲之也。亲而奔之，恶也。

〔疏〕重发传者，陈侯之弟称归为无罪，鍼后无归文，则罪之轻重不可知……明与陈光同。

《经》陈侯之弟招杀陈世子偃师。（昭公八年）

《传》诸侯之尊，弟兄不得以属通，其弟云者，亲之也。亲而杀之，恶也。

〔疏〕此称弟恶招，光称弟恶陈侯者，光有归文见经，明知光无罪，今招亲杀世子，故知称弟以恶招也。

《经》秋，盗杀卫侯之兄絷。（昭公二十年）

《传》盗，贱也。其曰兄，母兄也。目卫侯，卫侯累也。然则何为不为君也？曰："有天疾者，不得入乎宗庙。"

《经》宋公之弟辰暨宋仲佗、石弧出奔陈。（定公十年）

《传》（无说）

《经》宋公之弟辰及仲佗、石弧、公子地自陈入于萧以叛。（定公十一年）

《传》未失其弟也。

〔疏〕案：辰以前年出奔，离骨肉之义。今岁入邑，有叛国之罪，失弟之道，彰于经文。而曰未失何也？公不能制御强臣，以抚其弟，而使二卿胁以外奔……故重发例以明无罪。

《经》宋公之弟辰自萧来奔。（定公十四年）

《传》（无说）

证曰：此重发"不以属通"之传者五，亦多重累，失之芜乱。来盟嫌与来聘不同而重发传，则宋辰自萧来奔亦当复发矣。同为出奔，光重发传，鱄不重发。且盗杀卫侯之兄，亦异于他事矣，而不重发传。传之发否，实无准绳（此破《疏》说）。适足以见其重累，不得谨严之真传也。

《经》祭公来，遂逆王后于纪。（桓公八年）

《传》遂，继事之辞也。

《经》秋，公子结媵陈人之妇于鄄，遂及齐侯、宋公盟。（庄公十九年）

《传》媵，浅事也，不志。此其志何也？辟要盟也。何以见其辟要盟也？媵，礼之轻者也；盟，国之重也；

以轻事遂乎国重，无说。其曰陈人之妇，略之也。其不日，数渝，恶之也。

《经》遂伐楚，次于陉。(僖公四年)

《传》遂，继事也。次，止也。

《经》诸侯遂救许。(僖公六年)

《传》善救许也。

《经》遂次于匡。(僖公十五年)

《传》遂，继事也。次，止也。

《经》诸侯遂围许。(僖公二十八年)

《传》遂，继事也。

《经》曹伯襄复归于曹，遂会诸侯围许。(僖公二十八年)

《传》遂，继事也。

《经》公子遂如京师，遂如晋。(僖公三十年)

《传》以尊遂乎卑，此言不敢叛京师也。

《经》遂城郚。(文公七年)

《传》遂，继事也。

《经》楚子、郑人侵陈，遂侵宋。(宣公元年)

《传》遂，继事也。

《经》至笙，遂奔齐。(宣公十八年)

《传》遂，继事也。

《经》遂城虎牢。(襄公二年)

《传》若言中国焉，内郑也。

《经》夏，五月，甲午，遂灭偪阳。(襄公十年)

《传》遂，直遂也。其曰遂何也？不以中国从夷狄也。(“其曰遂何”，依王引之说：当作“其日何”)

《经》季孙宿帅师救郃，遂入郓。(襄公十二年)

《传》遂，继事也。

《经》遂灭赖。(昭公四年)

《传》遂，继事也。

证曰：遂为继事，义郅明显。而或重发传，或不重发传，例既无定，《疏》亦遂不能为之说。词之芜乱，莫兹为甚；词之重累，亦莫兹为甚。适足以见其不得《春秋》谨严之真传也。

《经》冬，十有二月，丙午，齐侯、卫侯、郑伯来战于郎。(桓公十年)

《传》来战者，前定之战也。内不言战，言战则败也。不言其人，以吾败也。不言及者，为内讳也。

〔疏〕不言其人者，谓不称公也。不言及者，谓不云及齐侯、卫侯、郑伯也。传与下十七年传文同，但观经立说，故二处有异耳。

《经》夏，五月丙午，及齐师战于奚。(桓公十七年)

《传》内讳败，举其可道者也。不言其人，以吾败也。不言及之者，为内讳也。

〔注〕言人，则微者败于微者，其耻又甚，故言“师”。及当有人，公亲帅之，耻大不可言。

〔疏〕传云为“内讳”，则是公可知。

《经》秋，八月，丁未，及邾人战于升陉。(僖公二十二年)

《传》内讳败，举其可道者也。不言其人，以吾败也。不言及之者，为内讳也。

〔疏〕不言其人，以吾败也，谓不言邾之主名也。不言及者，为内讳也，谓不言鲁之主名也。与桓十七年解异者，观经为说，不可执文也。

证曰：“内讳败”等句，皆重复发传，且或不释经。其人者，彼之人也。桓公十年经已举齐侯、卫侯、郑伯，彼之人也，而曰：“不言其人，以吾败也。”其误一（桓公十年《疏》非是）。

僖二十二年经已言邾人，亦发“不言其人”之传。其误二。（《春秋》将卑师少称人。邾，小国，自不出主名，《疏》说非是）来战无从言及（经不能言及齐侯、卫侯、郑伯来战），桓公十年经自不书及，而是传曰：“不言及者，为内讳也。”其误三。隐公元年传曰：“及者何？内卑者也。”经既书及，自不言鲁之主名（此破《疏》说），而僖公二十二年传曰：“不言及之者，为内讳也。”其误四。此皆不必发传，而妄发传，既嫌于重累，又或不释经。至使《注》、《疏》不得不弃传以就经。其曰：“观经为说，不可执文。”盖《穀梁》之失乱，不能掩饰之也。

《经》冬，十有二月，夫人姜氏会齐侯于禚。（庄公二年）

《传》妇人既嫁，不逾竟，逾竟，非正也。妇人不言会，言会非正也。飨甚矣。

《经》春，王二月，夫人姜氏飨齐侯于祝丘。（庄公四年）

《传》飨，甚矣。飨齐侯，所以病齐侯也。

《经》夏，夫人姜氏如齐师。（庄公五年）

《传》师而曰如，众也。妇人既嫁不逾竟，逾竟，非礼也。

〔疏〕复发传者，嫌师与国异也。

《经》春，夫人姜氏会齐侯于防。（庄公七年）

《传》妇人不会，会非正也。

《经》冬，夫人姜氏会齐侯于谷。（庄公七年）

《传》妇人不会，会非正也。

〔疏〕再发传者，防是鲁地，谷是齐邑。故重发之。

《经》夏，夫人姜氏如齐。（庄公十五年）

《传》妇人既嫁，不逾竟，逾竟，非礼也。

〔疏〕重发之者，此非淫，恐异，故发传同之。

《经》夫人姜氏如莒。（庄公十九年）

《传》妇人既嫁不逾竟，逾竟，非正也。

〔疏〕重发《传》者，嫌此适异国恐别，故发传以同之。

《经》春，王二月，夫人姜氏如莒。（庄公二十年）

《传》妇人既嫁不逾竟，逾竟，非正也。

〔疏〕重发传者，比再如莒失礼之甚，故详之。

证曰：妇人既嫁不逾竟，逾竟则非礼非正；不重发传，亦可知也。虽微有异，亦可不必，而《穀梁》不惮烦其词。庄七年会于穀，与会禚同为齐地；《疏》之为说，乃隐匿之，不可信也。会于防与飨祝丘同为鲁地，传之重发，《疏》且不能为之说矣。《穀梁》文词之重累芜乱，不可讳也。柯《注》曰："《春秋》之义，不可胜讥，但壹讥。若君臣、父子、夫妇之大闲，则必每事谨之。故数发传，不嫌其重复也。"其于此数传之重累，为之回护不遗余力。而于四年传注曰："已见前会禚传，无庸复说，盖衍文。"则亦病其重累。《穀梁》之失乱，灼然可知矣。许桂林曰："穀梁子受业子夏，孔门文学科也，深得古人为文体要，以其所论，推其所不论，省文互见，条理自具。观其与公羊为同门，各自为传，而详略亦复相备，则其本传之不为繁赘宜矣。"许氏此说，《穀梁》当之，殊有愧色。

《经》冬，十有二月，己丑，葬我君桓公。（桓公十八年）

《传》葬我君，接上下也。君弑，贼不讨，不书葬。此其言葬何也？不责逾国而讨于是也。桓公葬而后举谥，谥所以成德也，于卒事乎加之矣。

《经》夏，六月，辛酉，葬我君庄公。（闵公元年）

《传》庄公葬而后举谥，谥所以成德也，于卒事乎加之矣。

〔疏〕复发传者，桓公被杀，庄公好终，僖公葬缓，嫌异礼，故各发传以明之。

《经》夏，四月，丁巳，葬我君僖公。（文公元年）

《传》薨称公，举上也。葬我君，接上下也。僖公葬而后举谥，谥所以成德也，于卒事乎加之矣。

〔疏〕重发传者，桓不以礼终，僖则好卒，二者既异，故《传》详之。

证曰：鲁君葬谥之例，《穀梁》于桓已发之，则于庄公之葬，虽省文亦可知；僖亦好卒，尤可从略。疏谓僖公葬缓有异，则昭公丧自外至亦异，（定元年，夏，六月癸亥，公之丧至自乾侯）而不发传，果又何耶。（破《疏》说）且于僖葬说疏“薨称公”之义，亦不释经。《穀梁》文词之重累，失《春秋》谨严之义者，实非一也。





《经》八月癸亥，公薨于路寝。（庄公三十二年）

《传》路寝，正寝也。寝疾居正寝，正也。男子不绝于妇人之手，以齐终也。

《经》冬，十月，壬戌，公薨于路寝。（宣公十八年）

《传》路寝，正寝也。

〔疏〕重发传者，庄据始，故发之。宣篡弑有嫌，成承所嫌之下，故各发传。

《经》己丑，公薨于路寝。（成公十八年）

《传》路寝，正寝也。男子不绝妇人之手，以齐终也。

〔疏〕（无说）

证曰：路寝之为正寝，不必重发传也。宣之篡弑，成之承嫌，与寝居有何相涉者？《疏》之为说，甚曲解也。如果相涉，则宣公之葬，亦当复发传，而不复发，可以知矣。柯《注》曰：

“重发传者，宣篡立，臣子之义，犹予其正终。”其说与《疏》同。“男子不绝妇人之手，以齐终也”。于成重发传，于宣不重发，疏之无说，不可以强说也。(柯《注》亦然)《穀梁》如果有条理者，则宣、成当俱发之，或俱不发。此足证其不得谨严之传也。

# 第五　《穀梁》之晚于《公羊》

《经》春，正月，寔来。（桓公六年）

《传》寔来者，是来也。何谓是来？谓州公也。其谓之是来何也？以其画我，故简言之也。诸侯不以过相朝也。

〔注〕画是相过，去朝远。

证曰：《穀梁》此传“画我”之词，盖本《公羊》“化我”之语。“化我”，齐语，故公羊用之，穀梁鲁人（详见本篇第十），则不当用之，此其晚于《公羊》，采摭《公羊》之明证。桓六年《公羊》曰：“曷为谓之寔来，慢之也。曷为慢之，化我也。”何君《注》曰：“行过无礼谓之化，齐人语也。”哀六年《公羊》传亦曰：“陈乞曰：‘常（陈乞子）之母有鱼菽之祭，愿诸大夫之化我也。’”陈乞，齐人，“化我”齐语，见于《公羊》，甚明且切。《穀梁》为鲁语，鲁语之中，无有用“画我”之词者，必《穀梁》之袭用《公羊》齐语，可无疑也。钟文烝曰：“画、化声近。何休曰：‘行过无礼谓之化……’然则画者，鲁人语也。”案：《论语》、《孟子》诸书，皆出自邹鲁，未有一用“画我”之词者，（《论语》“今汝画”，不作“相过”解）则钟之立说，固臆说也。《穀梁》采摭《公羊》，晚于《公羊》，此其确证。

《释文·序录》曰：“穀梁赤乃后代传闻。”陈兰甫《东塾读书记》阐明之甚详。足与此论《穀梁》袭用《公羊》之说参证。具详于后。

《经》癸未，葬宋穆《公》。(隐公三年)

《传》曰葬，故也，危不得葬也。

证曰：许桂林曰：“窃尝读《三传》，而疑《公羊》、《穀梁》二《传》，为一人所述，其书彼详此略，异同互存，似属有意。如《穀梁》‘葬宋缪公’，《传》‘危不得葬也’。‘翚帅师伐郑’，《传》‘不称公子，与乎弑公，故贬也’。其故皆详于《公羊传》。(案：详见下篇)‘莒人灭缯’，《穀梁》但云‘立异姓以莅祭祀’，而《公羊》‘叔孙豹，鄫世子巫如晋’，《传》详言其故；(案：在襄公五年)‘曹杀其大夫’，《穀梁》但云‘为曹羁崇’，而《公羊》于‘曹羁出奔陈’及‘曹杀其大夫’两《传》详之。(案：详见下篇)其两《传》义异者，则《穀梁》之义多正，《公羊》之义多偏，盖以《穀梁》为正传，《公羊》为外传，如《左氏》之与《国语》耳。”案：许氏谓：“其书彼详此略，异同互存”，此实《穀梁》晚于《公羊》之明证也。《穀梁》及见《公羊》，故于《公羊》所详，则反略之，或于《公羊》所略，则转详之；似已见《公羊》，而后为传者，许氏所举数例，皆其证也。然《穀梁》不详于大义，则非《春秋》之真传，非《公羊》之袭《穀梁》也。如“癸未，葬宋缪公”，本传慎微之大义。《春秋》所以书“癸未”日者，为后有公子冯之弑也（在桓公二年)。《公羊》传曰：“故君子大居正，宋之祸，宣公为之也。”(详见下篇第三)此《春秋》经意也。陈卓人（立)《公羊义疏》曰：“易戒‘履霜坚冰至’，疾其末者，贵正其本。是以宋有冯之弑，而危之于穆公之卒；齐有无知之弑，(案：在庄公九年）而危之于僖之卒；(案：在桓公十五年）……人君尊本重统，卒葬君之终始，《春秋》于是示大经大法。”此《春秋》所以以为危不得葬之义也。《穀梁》于其事既不备，于其义自不详，徒见《公羊》已言其故，而以两语说之，传《春秋》之义者，必不当如是也。其他《公羊》所详，而《穀梁》所简略者，非关大义，则其本事。《穀梁》

之所详者，或属礼制，或为琐节，不关微言大义。（详见下篇）明《公羊》之为正传，故能得其旨要，《穀梁》晚出于《公羊》，不得其旨要耳。亦《穀梁》非《春秋》之真传，本杂取传记而造之明验也。许氏之说，足为《穀梁》晚出之证；至其所谓“《穀梁》之义多正，《公羊》之义多偏”，则囈言尔。

《经》夏公子庆父帅师伐于余丘。（庄公二年）

《传》国而曰伐，于余丘，邾之邑也。其曰伐何也？公子贵矣，师重矣，而敌人之邑，公子病矣。病公子，所以讥乎公也。其一曰：“君在而重之也。”

《经》二月，庚子，子叔姬卒。（文公十二年）

《传》其曰子叔姬，贵也。公之母姊妹也。其一传曰：“许嫁以卒之也。”男子二十而冠，冠而列丈夫，三十而娶；女子十五而许嫁，二十而嫁。

证曰：陈兰甫《东塾读书记》曰：“郑君云：‘《穀梁》近孔子，《公羊》正当六国之亡。’（《王制疏》引《释废疾》）《释文·序录》则云：‘公羊高受之于子夏，穀梁赤乃后代传闻。’澧案：宣十五年，《公羊传》云：‘多乎什一，大桀小桀；寡乎什一，大貉小貉。’此用孟子语。《公羊》当六国之亡，此其证也。僖二十二年《穀梁传》云：‘故曰礼人而不答，则反其敬；爱人而不亲，则反其仁；治人而不治，则反其知。’此亦用孟子语，则不得先于《公羊》也。且《穀梁》不但不在《公羊》之先，实在《公羊》之后，《释文·序录》之言是也。‘庄二年，公子庆父帅师伐于余丘’。《公羊》云：‘邾娄之邑也，曷为不系乎邾娄？国之也。曷为国之？君存焉尔。’《穀梁》云：‘公子贵矣，师重矣，而敌人之邑，公子病矣。其一曰君在而重之也。’刘原父《权衡》云：‘此似晚见《公羊》之说而附益之。’（隐公二年，无骇帅师入极。八年，无骇卒。《穀梁》皆两说。刘氏亦以为《穀梁》见《公羊》之书而窃附益之）（堂案：刘氏于庄公十四年亦云然，本篇第三已举其说）澧案：更有可证者，‘文十二年，子叔姬卒’，《公羊》云：‘此未适人，何以卒？许嫁矣。’《穀梁》曰：‘其曰子叔姬，贵也，公之母姊妹也。其一传曰：许嫁以卒之也。’此所谓‘其一传’，明是《公羊传》矣。”案：陈氏之说，非祖《公羊》者，而亦以《穀梁》为晚出，盖一传他无所指，说又与《公羊》同，舍《公羊》莫属也。《穀梁传》文多与《公羊》同者。（详下）此更直称之“其一传曰”，其晚于《公羊》，本杂取传记而造者，固百喙所不能辞也。廖《疏》曰：“《丧服》有《大传》、《间传》、《服问》、《小记》、《三年问》、《丧服四制》，共六篇。鲁学《春秋》当与之同。即以旧传言，亦惟一家一本而已。”又曰：“《公羊传》此文，不言传曰。”其说矫诬实甚。《公羊》从无引传曰之说，《公羊》得《春秋》之真传，不须引他传也。即谓鲁学《春秋》，当有数传，《穀梁》所引，亦必《公羊》，谓之旧传，则无据也。柯《注》曰：“其一二字，疑误衍。传者，非经师所口授，著于简策之文。”不认《穀梁》为晚出，惟有以为衍文也。刘师培《左盦集·春秋三传先后考》曰：“所引‘一曰’之文，或系传《穀梁》者所增，或系邹夹诸传有是说与《公羊》同。非《穀梁》后于《公羊》也。”说并无据。





陈氏又曰：“《公羊》、《穀梁》二传同者，隐公不书即位，《公羊》云‘成公意’，《穀梁》云‘成公志’；郑伯克段于鄢，皆云‘杀之’。如此者，不可枚举矣。僖十七年‘夏灭项’，《公羊》云：‘孰灭之？齐灭之。曷为不言齐灭之？《春秋》为贤者讳。此灭人之国，何贤尔？君子之恶恶也疾始，善善也乐终。桓公尝有继绝存亡之功，故君子为之讳也。’《穀梁》云：‘孰灭之？桓公也。何以不言桓公也？为贤者讳也。既灭人之国矣，何贤乎？君子恶恶疾其始，善善乐其终。桓公尝有存亡继绝之功，故君子为之讳也。’此更句句相同，盖《穀梁》以《公羊》之说为是而录取之也。《穀梁》在《公羊》之后，研究《公羊》之说，或取之，或不取，或驳之，或与己说兼存之，其传较《公羊》为平正者，以此也。”“定三年，哀十年、十一年，《公羊》皆无传；《穀梁》亦无传。定五年、六年、七年、九年，《公羊》每年只有传一条，《穀梁》亦然。此尤可见《穀梁》之因于《公羊》也。”《穀梁》同于《公羊》者十之二三，皆其采摭《公羊》，晚于《公羊》之证。

《经》冬，蝝生。（宣公十五年）

《传》蝝，非灾也。其曰蝝，非税亩之灾也。

证曰：陈兰甫曰：“宣十五年‘初税亩’，‘冬，蝝生’。《穀梁》云：‘蝝，非灾也。其曰蝝，非税亩之灾也。’此《穀梁》驳《公羊》之说也。《公羊》以为，宣公税亩，‘应是而有天灾’，《穀梁》以为不然。故曰‘非灾也’，驳其以为天灾也。又云‘其曰蝝，非税亩之灾也’，驳其以为应税亩而有是灾也。其在《公羊》之后，更无疑矣。”案：陈氏此说，大略近是。《穀梁》晚出《公羊》之后，其说多务与《公羊》为难，凡与《公羊》所不合者，大率皆欲淆乱《公羊》之说也。如论“鲁隐”、“祭仲”、“尹氏卒”、“宋襄公”诸条皆是（详见本篇第七）。陈氏所举，固未备也。晁说之曰：“《穀梁》晚出于汉，因得监省《左氏》、《公羊》之违畔而正之。”（《景迂生集》）《春秋复始》曰：“穀梁氏云云者，左氏无异说，则与之代兴，以破坏《春秋》尔。”《穀梁》晚于《公羊》，驳《公羊》之说者，诚非一也。

## 第六 《穀梁》之不合鲁语





《经》春，王正月。戊申，朔，陨石于宋五。是月，六鹢退飞，过宋都。(僖公十六年)

《传》是月者，决不日而月也。

证曰：是月之“是”，当读为“堤”，鲁人语也，不当如字读。《穀梁》所谓鲁人，乃不知之，则作传者，非必鲁人；或远出于六国之后，不得《春秋》之真传者，此最为明验也。《公羊传》曰：“是月者何？仅逮是月也。”何君曰：“是月边也。鲁人语，在正月之几尽，故曰劣及是月也。”孔广森曰：“‘是’读为‘堤’，堤之言边也。凡经传言‘是月’，有当如字读者，其义为‘此月也’；有当读“提月”者，其义为‘尽此月’。《檀弓》曰：‘祥而缟，是月禫。’言尽缟之月而为禫祭也。识古‘是月’之语，乃得其解。”卢文弨《钟山札记》曰：“《公羊经》，僖十有六年春，王正月，戊申，朔，陨石于宋，五。提月，六鹢退飞，过宋都。’《传》云：‘提月者何？仅逮是月也。’”“在陆德明时所见本，固有以‘提月’改作‘是月’者，故《释文》先言‘是月，如字，或一音徒兮反’。陆氏不详审传文及邵公之注，明是为提字作训诂，若作是月，何劳如此费辞乎？《初学记》‘晦日’条引此正作‘提月’。陆佃注《鹖冠子·王𫓧篇》‘家里用提’云：‘提，零日也。’亦引《公羊》为证。”据此，《公羊传》之作提月，而孔氏以《檀弓》证之，正合鲁语，最足置信。(以《檀弓》为鲁语，见珂罗倔伦《左传真伪考》）《穀梁》则无异本，又不得其正解，故其为传不合鲁语，其证一。且如《穀梁》之说，“是月”不读“提月”，则《春秋》之经文，宜为“寔来”之“寔”，而训“寔”为“是”（此）；如桓六年“寔来”，不当只作“是”，其证二。又，如《穀梁传》说，“决不日而月也”，则经当再书月，亦不宜云是月。桓十二年经曰：“丙戌，公会郑伯盟于武父。”“丙戌，卫侯晋卒。”《穀梁传》曰：“再称日，决日义也。”（《公羊》说亦略同。范《注》曰：“明二事皆当日也。”俞曲园《群经平议》曰：“决者，明也。”）决日义者，经再书日。则决不日而月，经亦当再书月，不宜先后不同，此则云“是月也”，足知经之作“是月”，非“决不日而月也”。其证三。据此三证，经文不作“寔”，于例又两歧，“是”必当读为“隄”，不当如字读之。《公羊》鲁语之说，必有所传授者，其字之本作“提”，至唐初且如此。穀梁，鲁人，乃不知之。于其为月边之义，《传》绝无一言及之。不合鲁语，自相违戾。其不得《春秋》之真传，本杂取传记而造者，其验之明确，无逾于此矣。




(附记)：瑞典珂罗倔伦著《左传真伪考》，以“若如”、“斯则”、“斯此”、“乎于”、“与”、“及”、“於于”，证明《左传》之文字，与所谓鲁语不合。谓《左氏》中：

(一)“若”作“使”（假使）解者，《左氏》皆用“若”；鲁语则用“如”。

(二)“若”作“如”（像）解者，《左氏》全用“如”；鲁语则“如”、“若”并用。

(三)《左氏》之中，无代“则”之“斯”，无代“此”之“斯”，鲁语则多用“斯”以代“则”，代“此”。

(四)鲁语之中，有用“乎”为“于”者，《左氏》之中，则极罕见。

(五)鲁语之中，多以“与?”代“乎?”者，《左氏》之中，则不多见。

（六）鲁语之中，多以“与”代“及”者，《左氏》之中，则“及”、“与”并用。

（七）《左氏》之中，“于”、“於”有分辨；鲁语之中，则多用“於”。又谓：《庄子》、《荀子》、《吕氏春秋》、《战国策》、《韩非子》诸书之文字：

（1）无代“则”之“斯”。

（2）无代“此”之“斯”。

（3）“若”、“如”俱用为“如”（像）。

（4）有用“乎”为“于”者。

（5）有用“与”为“欤”者。

（6）无“于”、“於”之别。

（7）有用“邪”为“乎”者，《左氏》文字，则略异于是。（详见《左传真伪考》及胡适之《提要与批评》）

案：以文字考古籍，其法固亦可用，犹须于其本书，考其他之本证。此余考订《穀梁》，不专以文法为验也。珂罗倔伦谓鲁语多用“与”以代“及”，《左氏》则多“及”、“与”并用。《左氏》“于”、“於”有辨，鲁语多用“於”字。其说亦未合。《春秋》所用鲁语，多用“及”以代“与”，而“于”则常用，未有用“於”（介字）者。盖其时其地所用之文法也。至所举其他之五证，似极可信。惟《公》、《穀》之书，皆汉时著竹帛，专以文字考之，不能断其伪也。《穀梁》之书：

（1）用“则”者百余见（一七二），而无代“则”之“斯”。

（2）用“此”者九十余（九十九），亦无代“此”之“斯”。

（3）全书之中，约一“与”字用为“乎”者，（文四年：“或者公与?”）余皆以“乎”字为疑词。

（4）全书之中，代“于”之“乎”，亦不多见。然不罕见，异于《左氏》。

(5) 全书之中，“若”、“如”俱用为“如”。若作“使”解者，全传约两见。“如”作“使”解者，全传约九见。

此异于《左氏》者也，然与《庄》、《荀》诸书，则较为相同。亦无“于”、“於”之别，而或用“也”为“乎”。（案：《庄》、《荀》书有“斯”字为例外，《穀梁》亦有代“则”之“斯”二，代“此”之“斯”二，然比之“一七二”、“九十九”，固犹无也）盖《穀梁》所杂取传记，多出周汉之交也。其非真传，固可无疑。

# 第七 《穀梁》之违反孔子

《经》元年，春，王正月。(隐公元年)

《传》虽无事，必举正月，谨始也。公何以不言即位？成公志也。焉成之？言君之不取为公也。君之不取为公何也？将以让桓也。让桓正乎？曰不正。《春秋》成人之美，不成人之恶。隐不正而成之何也？将以恶桓也。其恶桓何也？隐将让而桓弑之，则桓恶矣。桓弑而隐让，则隐善矣。善则其不正焉何也？《春秋》贵义而不贵惠，信道而不信邪。孝子扬父之美，不扬父之恶。先君之欲与桓，非正也，邪也。虽然，既胜其邪心以与隐矣。已探先君之邪志而遂以与桓，则是成父之恶也。兄弟，天伦也，为子受之父，为诸侯受之君。已废天伦而忘君父，以行小惠，曰小道也。若隐者，可谓轻千乘之国，蹈道则未也。

证曰：《春秋》一经，借事明义，即物穷理。一简之中，随宜褒贬；一行之善，不责备全。善事未成，则顺成之；善志未遂，则养遂之。盖《春秋》之至意，在勉人于为善也。故其立法虽严，而责人尚宽。胡安国《春秋传》曰："《春秋》立法谨严，而宅心忠恕。"其言是也。说《春秋》者，亦必如此。黄楚望(泽)曰："凡说《春秋》，须先识圣人气象，要识圣人浑然醇厚，凡一切峭刻烦碎之说，皆除去之。毋惑传注，而后圣人之旨自明，褒贬得其当矣。"（赵汸《春秋师说》）此得《春秋》之旨也。高闶曰："或问《春秋》孰贤？曰：'东迁以后，土彊（疆）不守，职贡不奉，朝觐之礼尽废，征伐之事专出，皆罪人也。'"（《春秋集注》）则违《春秋》之意矣。故《传》说有不合忠恕之义，违反孔子之精神者，必非《春秋》之真传；《春秋》，孔子所笔削者也。

《春秋》之义，莫贵于让。孔广森曰："《春秋》拨乱之教，以让为首。君兴让，则息兵；臣兴让，则息贪；庶人兴让，则息讼。故天下莫不乱于争而治于让。"廖《疏》亦曰："《春秋》弑杀奔逐之祸，多起于争；争为乱阶。欲绝乱原，务须明让。故《春秋》贵让。"《穀梁传》亦有言曰："人之所以为人者，让也。"一部《春秋》之义，未有重于此者。苟志于让矣，无恶也。《春秋》始于鲁隐，而遂成其让志，所以教天下之让，以止天下之争也。《穀梁》乃曰："隐不正而成之，何也？将以恶桓也。"似非为恶桓，则隐让不足成者。又曰："若隐者，可谓轻千乘之国，蹈道则未也。"义似严矣，实近于刻。《春秋》之义，莫重于志，原情定过，赦事诛意，"志善而违于法者免，志恶而合于法者诛"(详见凌曙《公羊问答》)。隐有让心，实是善事，虽终让不成，原情固无过也。《穀梁》深文周内，断隐为恶；开宗明义，而成人之恶，《穀梁》此传，殆不然矣。且卫侯之弟专，本弑君之贼，而《穀梁》曰："专有是信者"，"专之去合乎《春秋》"（襄公二十七年，详见本篇第四)。弑君之贼，犹深许之；让国之君，反深抑之。《穀梁》之所善恶，亦甚无准绳矣。廖《疏》于专曰："虽与弑，有信，犹取之。设教之义不求全，《春秋》之义唯节取。"而于隐公曰："又首鼠两端，使佞臣窥伺，卒酿弑身之祸。仁而不断，修小节而忘大道。"《穀梁》之义如此，则是严于让国之君，不知节取；宽于弑君之贼，义唯节取。是《春秋》非崇礼让，非讨乱臣贼子者。《穀梁》传意，盖亦偵矣！此后世独孤及辈之所以复以吴季札之让国为非贤也。隐果未蹈道，《春秋》何用成之？如将以恶桓，不必成隐乃可。《穀梁》传说，实伤《春秋》垂教之意，违反孔子之意旨，非得《春秋》之真传者也。胡安国以为《穀梁》失之凿，《穀梁》穿凿之论，实所在多有也。

《经》夏，四月辛卯，君氏卒。（隐公三年）

《传》尹氏者何也？天子之大夫也。外大夫不卒，此何以卒之也？于天子之崩为鲁主，故隐而卒之。

《经》齐崔氏出奔卫。（宣公十年）

《传》氏者，举族而出之之辞也。

证曰：经书氏者，讥世卿也。《公羊·隐公三年传》曰："尹氏者何？天子之大夫也。其称尹氏何？贬。曷为贬？讥世卿。世卿，非礼也。"《公羊》宣十年传曰："崔氏者何？齐大夫也。其称崔氏何？贬。曷为贬？讥世卿。世卿非礼也。"此孔子笔削《春秋》之义也。孔子之时，政在大夫，潜逼理极，故《春秋》卿，《论语》言举贤才，盖孔子之意，欲以矫时弊也。《汉书·张敞传》曰："臣闻公子季友有功于鲁，大夫赵衰有功于晋，大夫田完有功于齐，皆畴其（官邑），延及子孙，终后田氏篡齐，赵氏分晋，季氏颛鲁。故仲尼作《春秋》，迹盛衰，讥世卿最甚。"《后汉书·乐恢传》曰："夫政在大夫，孔子所疾；世卿持权，《春秋》以戒。圣人恳恻，不虚言也。"钱大昕《潜研堂答问》曰："尹氏立王子朝在昭公之世，而书'尹氏卒'于隐之策；崔杼弑君在襄之世，而书'崔氏奔卫'于宣之策，此卿不得世之义也。"拨乱世，反诸正，孔子之教，盖必如是。而《穀梁》于尹氏，既不传讥世卿之义，于崔氏之奔卫，又以为举族而出之。故何君《废疾》曰："即称氏为举族而出，'尹氏卒'宁可复以为举族死乎？"《穀梁》出词之不当，违反孔子之经意，亦甚甚矣。郑君曰："举族而出之之辞者，固讥世卿也。"犹欲为《穀梁》饰。钟氏《补注》曰："《穀梁》解'宋大夫'，言'司马'为'祖之位'，此正《春秋》不讥世卿之验。"柯《注》曰："《五经异义》列《公羊》、《穀梁》说：'卿大夫世，则权并于一姓，妨塞贤路，专政犯君。故经讥周尹氏、齐崔氏也。’”按：《穀梁传》无讥世卿之文，《异义》与《公羊》并引者，尹氏《穀梁》无传，不容略而不言。《汉书·艺文志》有《穀梁外》、《穀梁章句》，其义当出《外传》、《章句》二书中。”据此，《穀梁》之无明文，（《外传》、《章句》，自不可信）且言司马为祖之位，是《穀梁》不讥世卿也。违反孔子之旨矣。其不得《春秋》之真传，本杂取传记以造者，举此一端，亦足以见。

《经》突归于郑。（桓公十一年）

《传》曰突，贱之也。曰归，易辞也。祭仲易其事，权在祭仲也。死君难，臣道也。今立恶而黜正，恶祭仲也。

《经》秋，公子结媵陈人之妇于鄄，遂及齐侯、宋公盟。（庄公十九年）

《传》媵，浅事也，不志。此其志何也？辟要盟也。何以见其辟要盟也？媵，礼之轻者也；盟，国之重也；以轻事遂乎国重，无说。其曰“陈人之妇”，略之也。其不日，数渝，恶之也。

《经》晋士匄帅师侵齐，至谷，闻齐侯卒，乃还。（襄公十九年）

《传》还者，事未毕之辞也。受命而诛生，死，无所知其怒。不伐丧，善之也。善之，则何为未毕也？“君不尸小事，臣不专大名”，“善则称君，过则称己”，则民作让矣。士匄外专君命，故非之也。

证曰：孔子之学，贵乎中庸。以权为高，以时为大。孔子曰：“中庸之为德也，其至矣乎！”又曰：“可与立，未可与权。唐棣之华，偏其反而。”《春秋》，孔子所笔削者，盖必传孔子中庸、权时之义者。程子曰：“《春秋》以何为准，无如中庸。欲知中庸，无如权……何物为权？义也，时也。”一部《春秋》之义，实以权时为准。钟文烝曰："大氐圣人之学，始于志，中于立，终于权，故'四十而不惑，五十而知天命，六十而耳顺'，皆由立而权之节次功候也。至于'七十而从心所欲，不逾矩'，则权道之备，而作《春秋》之年也。知礼者可与立，知《春秋》者可与权。权者立之极至也，《春秋》者礼之极至也。《记》曰：'礼，时为大。'《孟子》曰：'孔子，圣之时者也。'时者，谓中而权也。"箫楚曰："守道之经，而不观于时之会通者，未足与议也。执义之常，而不度于事之机变者，未足与言义。之二者，胥失也。君子于此贵于观时会通，而不拘于道之经；度事机变，而不牵于义之常，故能因时乘理，裁宜通变，以济当世，自非其深足以通天下之权，孰能与此者？此其说吾于《春秋》见之矣。"（《春秋辨疑》、《春秋统辨》）孔子之学，《春秋》之义，于通权达变，其深切有如此者，虽钟之治《穀梁》，亦不能没之也。然《穀梁》一传，则讳言行权；全传之中，无许人以权者，违反孔子之旨，不合《春秋》之义。郑祭仲、公子结、晋士匄，《春秋》所许以行权者也。《公羊》于祭仲曰："何贤乎祭仲？以为知权也。……古人之有权者，祭仲之权是也。权者何？权者，反于经然后有善者也。"于公子结曰："聘礼，大夫受命不受辞，出竟有可以安社稷、利国家者，则专之可也。"于晋士匄曰："大夫以君命出，进退在大夫也。"《穀梁》于三人之通权达变，因时乘理，无一以为可者。全传之中，说皆如是：钟氏论经，谓极于权，《穀梁》之传则实不然。得《春秋》之真传者，必不当违反孔子，至如斯之甚也。

《经》冬，十有一月，己巳，朔，宋公及楚人战于泓，宋师败绩。（僖公二十二年）

《传》日事遇朔曰"朔"。《春秋》三十有四战，未有以尊败乎卑，以师败乎人者也。以尊败乎卑，以师败乎人，则骄其敌。襄公以师败乎人，而不骄其敌，何也？责之也。泓之战，以为复雩之耻也。雩之耻，宋襄公有以自取之。伐齐之丧，执滕子，围曹，为雩之会，不顾其力之不足，而致楚成王，成王怒而执之。故曰："礼人而不答，则反其敬；爱人而不亲，则反其仁；治人而不治，则反其知。""过而不改，又之，是谓之过。"襄公之谓也。古者，被甲婴胄，非以兴国也，则以征无道也，岂曰以报其耻哉？宋公与楚人战于泓水之上，司马子反曰："楚众我少，鼓险而击之，胜无幸焉。"襄公曰："君子不推人危，不攻人厄。须其出。"既出，旌乱于上，陈乱于下，子反曰："楚众我少，击之，胜无幸焉。"襄公曰："不鼓不成列。"须其成列而后击之，则众败而身伤焉，七月而死。倍则攻，敌则战，少则守。人之所以为人者，言也。人而不能言，何以为人？言之所以为言者，信也。言而不信，何以为言？信之所以为信者，道也。信而不道，何以为道？道之贵者时，其行势也。

证曰：宋襄之败，《公羊》以为"临大事而不忘大礼。有君而无臣，以为虽文王之战，亦不过此也"。《穀梁》反责其信而不道，亦甚不合于孔子之旨。"钓而不纲，弋不射宿。"（《论语·述而》）其言曰："君子喻于义，小人喻于利。"（《里仁》）"自古皆有死，民无信不立。"（《颜渊》）皆纯任仁者之心，不稍较其利害得失，故有杀身以成仁，而无求生以害也。《春秋》之义，亦一本于仁。程子论《春秋》曰："夫其至动至赜之不齐，而圣人何以一之哉？曰：仁而已矣。故万物之聚散，经世之纪纲，圣人一道以成之曰'仁'。观《论语》之书，而知圣心之安'仁'。书于《春秋》者，无非此理。"董君论《春秋》曰："《春秋》之所治，人与我也。所以治人与我者，仁与义也。以仁安人，以义正我。"（《春秋繁露·仁义法》）此皆得《春秋》之根本者也。仁人者，"正其谊不谋其利，明其道不计其功"（董君语）。朱子以为"《春秋》本是正谊明道之书"（《朱子语类》八十三）。功利之见，《春秋》所卑。《穀梁》

之于宋襄，则以成败论之。此与《左氏》相同，失《春秋》之意矣。朱子曰："《左氏》之病，是以成败论是非，而不本于义理之正。尝谓《左氏》是个滑头，孰事趋炎附势之人。"又曰："《公羊》是个村朴秀才，《穀梁》又狡黠得些。"孔广森曰："襄公之于楚，始为乘车之会，期以礼服之不可得服，然后以兵治之。迹其'征齐'以义，'会霍'以信，'不厄险'以仁，虽功烈不及伯者之为，其所向慕，则王者之用心焉，是以引而进之。楚之病中国久矣，……能言距楚者，《春秋》之所高也。苟将伸齐而抑宋，则是先功利而后仁义，岂文王之所以为治！《繁露》曰：'《春秋》之义，贵信而贱诈，诈人而胜之，虽有功，君子弗为也。''故善宋襄公不厄人，不由其道而胜，不如由其道而败。《春秋》贵之，将以变习俗而成王化。'……孔子曰：'君子去仁，恶乎成名，造次必于是，颠沛必于是。'未有守正以败而恶之也。"故《穀梁》之传意，与孔子相违反。若其亲传《春秋》，则必不至于此。





崔觯甫曰："《穀梁》于'献捷'之楚人，以为楚子。（案：献捷在僖公二十一年）于战泓之楚人，则曰：'以尊败乎卑，以师败乎人。'乃以'将卑师少称人'之义当之。人字之义既相歧，且既云'以师败乎人'，是谓宋师众而楚人寡也。又曰'倍则攻，敌则战，少则守'，是又谓楚人倍而宋师少也。众寡之数复相反。是皆誉矛鬻盾，誉盾鬻矛而已。……既造故实以诬襄公，释经之语，乃系之穀梁氏，以破坏传义而为《左氏》驱除也。"又曰："兵家之言曰：'兵不厌诈。'儒家言曰：'不由其道而胜，不如由其道而败。'故如孙膑为齐围魏救赵之计，兵家贵之，儒家贱焉。陈余称'儒家用兵，不尚诈谋'，其有得于《春秋》之义乎！"（《春秋复始》卷二十七）《穀梁》喜言兵术诈谋，非《春秋》之真传也。

叶梦得《春秋传》曰："以襄公有取败之道则可。以襄公为非战之道则不可。《春秋》贵偏战，不贵诈战，则襄公之义，有不可贬也。"叶氏善《穀梁》者，亦不以为是也。

# 第八 《穀梁》之杂取传记

《经》莒人伐杞，取牟娄。(隐公四年)

《传》传曰："言伐言取，所恶也。"

《经》春，公观鱼于棠。(隐公五年)

《传》传曰："常事曰视，非常曰观。"

《经》五月，葬桓王。(庄公三年)

《传》传曰："改葬也。"

《经》冬，十月，甲午，叔孙得臣败狄于咸。(文公十一年)

《传》直败一人之辞也。……传曰："长狄也。弟兄三人。"

《经》春，王正月，杞伯来逆叔姬之丧以归。(成公九年)

《传》传曰："夫无逆出妻之丧而为之也。"

《经》曹伯卢卒于师。(成公十三年)

《传》传曰："闵之也。"

《经》春，王正月，雨木冰。(成公十六年)

《传》雨而木冰也。……传曰："根枝折。"

《经》天王杀其弟佞夫。(襄公三十年)

《传》传曰："诸侯且不首恶，况于天子乎？"

《经》晋荀吴帅师败狄于大卤。(昭公元年)

《传》传曰："中国曰'大原'，夷狄曰'大卤'。号从中国，名从主人。”

证曰：《四库全书总目·穀梁提要》曰：“《汉书·艺文志》载《公羊》、《穀梁》二家，《经》十一卷，《传》亦各十一卷，则《经》、《传》初亦别编。范宁《集解》乃并经注之。疑即宁之所合。……至‘公观鱼于棠’一条，‘葬桓王’一条，‘杞伯来逆叔姬之丧以归’一条，‘曹伯卢卒于师’一条，‘天王杀其弟佞夫’一条，皆冠以‘传曰’字，惟‘桓王’一条，与《左传》合，余皆不知所引何传。疑宁以传附经之时，每条皆冠以‘传曰’字，如郑元、王弼之《易》，有‘彖曰’、‘象曰’之例。后传写者删之，此五条其删除未尽者也。”齐召南《春秋穀梁传注疏考证》曰：“传中引‘传曰’者凡八见。……皆所谓传闻之说也。”案：《穀梁》引“传曰”者，实凡九见。其在传文之间者凡二，并不尽冠其首。则非范宁以传附经之时，每条皆冠以“传曰”字，其后传写，删之有未尽者；盖《穀梁》杂引传记之说也。其引“传曰”，多有所指，或本于《公羊》，或暗合《左氏》，或为他之传记，而今不可考者。此《穀梁》本杂取传记以造者，提要未之悟也。





《穀梁》所引“传曰”，其语同于《公羊》者三，其义合于《公羊》者三，与《左氏》合者一，今不可考者二。庄三年引“传曰”：“改葬也。”《公羊传》曰：“此未有言崩者，何以书葬？盖改葬也。”略同《公羊》，其一。（《提要》以为与《左氏》合，实传引“或曰”与之合，见下）文十一年引“传曰”：“长狄也，弟兄三人。”《公羊传》曰：“狄者何？长狄也。兄弟三人。”直用其语，其二。昭元年引“传曰”：“中国曰‘大原’，夷狄曰‘大卤’。号从中国，名从主人。”《公羊传》曰：“此大卤也。曷为谓之大原？地物从中国，邑人名从主人。”略变其词，其三。古人引据他书，每有加损其文。此三者，其语略同《公羊》，必引《公羊》之说也。隐四年引“传曰”：“言伐言取，所恶也。”其义本于《公羊》，庄述祖曰：“此《公羊》义，而称‘传曰’。是其证矣。”（据《穀梁废疾申何》引）

其一。成九年引"传曰"："夫无逆出妻之丧以归而为之也。"《公羊传》曰："内辞也，胁而归之也。"语虽不同，正反若一。义本出于《公羊》，其二。成十六年《穀梁》曰："雨而木冰也。……传曰：'根枝折。'"《公羊传》曰："雨而木冰也。"何注曰："木者少阳，幼君大臣之象；冰者凝阴，兵之类也。冰胁木者，君臣将执于兵之征也。"何《注》多当时口说（《春秋笔削大义微言考·发凡》："《春秋》口说，传在《公羊》家董仲舒、何休"）。陈卓人《公羊义疏》曰："《穀梁》引传曰'根枝折'，正与'阴气胁木'之义合。"《穀梁》所引，非无所本，其三。此三者，义皆合于《公羊》，其词则变易殊甚耳，亦引《公羊》之说也。(庄二年引其一曰："君在而重之也。"本出《公羊》"君存焉尔"传，知《穀梁》之引《公羊》，多变易其文字，无足怪者）襄三十年引"传曰"："诸侯且不首恶，况于天子乎？"《左氏》曰："罪在王也。"《穀梁》之义，与之相合，盖亦师其意而不师其词者。隐五年引"传曰"："常事曰视，非常曰观。"此本他传记文。庄二十四年亦用之，（"公如齐观社"传："常事曰视，非常曰观。观，无事之辞也。"）则不复著"传曰"。成三年引"传曰"："闵之也。"亦他传记之文，襄十八年引用之（"曹伯负刍卒于师"下），亦不复著"传曰"。其所引《传》，今不可考，要必古之成文，杂引以为说也。故就其所引"一传"，及所引"传曰"、"或曰"，与其暗用古传记之文（详下），而又不得《春秋》之真传，明《穀梁》之本杂取传记以造者，非诬之也。

《经》纪子帛、莒子盟于密。（隐公二年）

《传》或曰："纪子伯、莒子而与之盟。"或曰："年同，爵同，故纪子以伯先也。"

《经》冬，十有二月，无骇卒。（隐公八年）

《传》或曰："隐不爵大夫也"。或说曰："故贬之也。"

《经》祭公来，遂逆王后于纪。（桓公八年）

《传》或曰："天下无外，王命之则成矣。"

《经》齐师迁纪、郱、鄑、郚。（庄公元年）

《传》或曰："迁纪于郱、鄑、郚。"

《经》五月，葬桓王。（庄公三年）

《传》或曰："却尸以求诸侯。"

《经》秋，筑台于秦。（庄公三十一年）

《传》或曰："倚诸桓也。"

《经》十有二月，丁巳，夫人氏之丧至自齐。（僖公元年）



《传》或曰："为齐桓讳杀同姓也。"

《经》夏，五月，王子虎卒。（文公三年）

《传》或曰："以其尝执重以守也。"

《经》六月，癸酉，季孙行父、臧孙许、叔孙侨如、公孙婴齐帅师会晋郤克、卫孙良夫、曹公子首，及齐侯战于鞌。齐师败绩。（成公二年）



《传》或曰："日其战也。"或曰："日其悉也。"

《经》夏，五月，壬午，宋、卫、陈、郑灾。（昭公十八年）

《传》或曰："人有谓郑子产曰：'某日有灾。'"

《经》有鸜鹆来巢。（昭公二十五年）

《传》或曰："增之也。"

《经》冬，城中城。（定公六年）

《传》或曰："非外民也。"

《经》得宝玉、大弓。（定公九年）

《传》或曰："阳虎以解众也。"

证曰：《穀梁》所引"或曰"，全传凡十三见，亦其杂取传记，而託之于"或曰"也。此所引十三条中，同于《公羊》者四，同于《左氏》者四，今不可考者五。隐八年无侅卒，《公羊》

传曰："何以不氏，疾始灭也，故终其身不氏。"此引或曰："故贬之也。"同于《公羊》，而易其语，其一。（刘原父已有是说，详见本篇第五）桓八年祭公来逆王后，《公羊》传曰："女在其国称女，此其称王后何？王者无外，其辞成矣。"此引"或曰"："天子无外，王命之则成矣。"同于《公羊》，略易其语，其二。成二年鞍之战鲁四卿并出。何君《注》曰："不举重者，恶内多虚国家，悉出用兵，重录内也。"此引"或曰"："日其悉也。"与何注《公羊》之口说正同，其三。定九年得宝玉大弓，此引"或曰"："阳虎以解众也。"其事传在《公羊》，所谓"惧然后免"是也。得之传闻，故略有异，其四。《穀梁》同于《公羊》者十之二三，或直用其文，或暗袭其义，或以"传曰"引之，或以"或曰"引之。所以使人不察其多袭取《公羊》也。

庄三年葬桓王，《左氏》曰："缓也。"此引"或曰"："郤尸以求诸侯。"义同《左氏》。（柳兴恩亦曰："《左氏》云：缓也。则《穀梁》所谓'郤尸以求诸侯'者也。"其一。僖元年夫人氏之丧至自齐，《左氏》曰："君子以齐人之杀哀姜也为已甚矣！"此引"或曰"："为齐桓讳杀同姓也。"其意相若（柯《注》同），其二。文三年王子虎卒。此引"或曰"："以其尝执重以守也。"柯《注》曰："或说子虎，即《左氏》之王叔文公。"暗用《左氏》，其三。昭十七年《左氏》曰："郑禆灶言于子产曰：'宋、卫、陈、郑将同日火。'"此传所引"或曰"之说，实略同于《左氏》，其四。若其不可考之五传之中。定六年传引"或曰"："非外民也。"成九年"城中城"传，则直曰"非外民也"。不冠以"或曰"字。盖《穀梁》之引用异说，有加以"传曰"、"或曰"者，有直用以为己说者。故或加或否，先后不一律，极似讳其为杂取传记者。然其不可考者固多，其可考者，亦甚多也。

《经》春，王正月，师次于郎，以俟陈人、蔡人。

（庄公八年）

《传》故曰善陈者不战，此之谓也。善为国者不师，善师者不陈，善陈者不战，善战者不死，善死者不亡。

证曰：《穀梁》本杂取传记以造者，考厥取材，约有六类。一、其袭取《公羊》之文为最多，刘氏所谓"十之二三"是也。二、其次则为《礼经》、《礼记》。惠栋《九经古义·穀梁》曰："传中所载，与《仪礼》、《礼记》诸经合者，不可悉举。"其说是也。（《穀梁》非传礼者，其与《礼经》、《礼记》合，当是《穀梁》袭《礼经》、《礼记》。例详下篇第一）三、又其次者，《左氏》、《国语》。（已略详上，余更详下。《左氏》、《国语》本先于《穀梁》）四、又其次者则为《荀子》，《荀子·大略篇》："货财曰赙，舆马曰赗，衣服曰襚，玩好曰赠，贝玉曰含。"《穀梁·隐公元年》传曰："乘马曰赗，衣衾曰襚，贝玉曰含，钱财曰赙。"不及《荀子》之详。又《大略篇》曰："诰誓不及五帝，盟诅不及三王，交质子不及五伯。"隐八年《穀梁》传亦有此文，惟云二伯，不云五伯，是其例也。（《荀子》传《公羊》之学者，盖《穀梁》录之《荀子》也。《劝学篇》云："《春秋》之微也。"《大略篇》云："《春秋》贤缪公，以为能变也。"皆《公羊》义。详见汪中《荀卿子通论》）五、又其次者，为《毛诗传》。王应麟《困学纪闻》曰："《穀梁》言'大侵'之礼，与《毛诗·云汉传》略同；言'蒐狩'之礼，与《毛诗·车攻传》相合。此古《礼》之存者。"（例详下篇）柳兴恩亦曰："《毛传》多用《穀梁》师说，他如'旱既太甚'章'岁凶，年谷不登'以下云云。"俱其证也。（此当是《穀梁》、《毛传》同出一源。《穀梁》不及《毛传》所述之详，或取之《毛传》。详见下篇）六、再其次者，如"齐人伐山戎"传本《管子》（此顾亭林《日知录》说），"梁山崩"传本《韩诗外传》之类（详见下篇），及古之成文不尽可考者。兹所举传"故曰"以下，并皆古之成文。《汉书·刑法志》称："故曰：'善师者不陈，善陈者不战，善战者不败，善败者不亡。'"钞本《北堂书钞》引《逸周书·大武》曰："善政（同征）不攻，善攻不侵，善侵不伐，善伐不陈，善陈不战，善战不斗，善斗不败。"《盐铁论》曰："善克者不战，善战者不师，善师者不陈。"文虽有异，足见古有是语。并《穀梁》杂取传记成文之确证。汉代以《穀梁》为古文，其传授又不甚可考（详下），且不得传经之体，而失谨严之义，不合鲁语，违反孔子，足证其不得《春秋》之真传，本杂取传记以造者。其所取材，既约六类，则其取《公羊》者十之二三，取《礼经》、《礼记》者十之二三，取他之传记者十之一二。加以其所以向壁虚造，以臆断者，作为斯传，固不难也。

# 第九　《穀梁》亦古文学

《经》甲午，治兵。（庄公八年）

《传》出曰治兵，习战也；入曰振旅，习战也。

《经》秋，大水，鼓，用牲于社、于门。（庄公二十五年）

《传》既戒鼓而骇众，用牲可以已矣。

证曰：《春秋复始·穀梁氏亦古文学》曰："《汉书·梅福传》：'推迹古文，以《左氏》、《穀梁》、《世本》、《礼记》相明。'《后汉书·章帝纪》：'令群儒受学《左氏》、《穀梁》、《古文尚书》、《毛诗》。'此于《穀梁》，一则明言'古文'，一则与三古文并列，其为古文明矣。……古文为刘歆所造，则武、宣之世，安得有《穀梁》？刘歆、班固皆有《汉书》，后人杂之，遂成今之《汉书》（原注：说详《史记探源》卷一《序证》'要略'节注），故其言多矛盾，以全书互证之，洞见症结矣。《儒林传》曰：'瑕丘江公授《穀梁》、《春秋》及《诗》于鲁申公，传子至孙。武帝时，江公与董仲舒并，仲舒通《五经》，能持论，善属文；江公呐于口，上使与仲舒议，不如仲舒；而丞相公孙弘本为《公羊》学，比辑其议，卒用董生。于是上因尊《公羊》家，诏太子受《公羊春秋》。由是《公羊》大兴。太子既通，复私问《穀梁》而善之。其后浸微，唯鲁荣广、皓星公二人受焉。广与《公羊》大师眭孟等论，数困之，故好学者颇复受《穀梁》。沛蔡千秋、梁周庆、丁姓皆从广受；千秋又事皓星公。宣帝闻卫太子好《穀梁》，以问丞相韦贤，长信少府夏侯胜，侍中史高，皆鲁人也，汝南尹更始本自事千秋，会千秋病死，征江公孙为博士；刘向以故谏大夫待诏，受《穀梁》，欲令助之，江博士复死，乃征周庆、丁姓待诏保宫。甘露元年，召五经名儒太傅萧望之大议殿中，平《公羊》、《穀梁》同异，各以经处是非；时《公羊》博士严彭祖、侍郎申挽、伊推、宋显，《穀梁》议郎尹更始、待诏刘向、周庆、丁姓并论，望之等十一人，各以经谊对，多从《穀梁》，由是《穀梁》大盛。'（原注：'以上皆引《儒林传》。'案：有删节）案：此传宗旨，与《六艺略》同，亦刘歆所作也。歆造《左氏传》以篡《春秋》之统，又造《穀梁传》为《左氏》驱除；故兼论《三传》则申《左》，并论《公》、《穀》则右《穀》。谓江之屈于董也以呐，而董又藉公孙丞相之助，以见《穀》之非不如《公》；其后荣广论困眭孟，以见《公》之不如《穀》；谓《穀梁》鲁学，则其亲炙七十子之徒，自广于《公羊》齐学矣。但如此大议，岂不视傅太后称尊事重要相若？彼时媚说太后者为董宏，而弹劾董宏者师丹、傅喜、孔光、王莽也，四人传中皆言之。《后汉书》光武帝建武二年，韩歆欲立《左氏》博士，范升、陈元互相争辩，二人传中皆言之，《儒林·李育传》又引之。何以廷议《穀梁》，屈江公，申董生，仲舒、公孙传中并不言；对宣帝问，韦贤、夏侯胜、萧望之、刘向传中亦不言也？江公之《穀梁》学，既为公孙丞相所不用，武帝因尊《公羊》而诏卫太子受《公羊》，则卫太子复安所问《穀梁》？且公孙丞相薨于元狩二年，尝逐仲舒胶西，则用董生又在其前。董生用则江公罢，太子果问《穀梁》，当在江公未罢以前；即使同在一年，是时太子甫八岁，未闻天纵如周晋，安能辨《公》、《穀》之孰善？宣帝尊武帝为世宗，谥卫太子曰戾，抑扬之意可知；独于经学则违世宗而从戾园，亦情理所不合者也。谓贤、胜、望之皆右《穀梁》，更始、向且为《穀梁》学家。乃考其言，贤子玄成，少修父业者也，玄成为丞相，与谏大夫尹更始《陈罢郡国庙议》曰：'毁庙之主，臧乎太祖，五年而再殷祭。'萧望之《雨雹对》曰：'季氏专权，卒逐昭公。'《伐匈奴对》曰：'大士匄之不伐丧。'刘向《上封事》

曰：'周大夫祭伯出奔于鲁，而《春秋》为讳，不言"来奔"。是后尹氏世卿而专恣。'所引皆《公羊传》文，而无引《穀梁》者。惟胜言于《公》、《穀》皆无所引。若韦、尹、萧、刘明引《公羊》尚不足为《公羊》学之证，岂不引《穀梁》转足为《穀梁》学之证乎？然则《儒林传》谓《公》、《穀》二家争论于武、宣之世者，直如捕风系影而已。至成帝绥和元年，立二王后，采梅福所上书，引《春秋》经曰：'宋杀其大夫。'《穀梁传》曰：'其不称名姓，以其在祖位，尊之也。'是为引穀梁氏之始，去河平三年刘歆始校书时十八年矣。歆所伪造书已出故也。"案：《穀梁》之为古文，崔氏以史籍证之，甚确据也。复有可证者，《穀梁传》中，多袭用《左氏》、《毛传》之说（详上），且有与《周礼》、《尔雅》合者，并其明验。庄八年经"治兵"，《穀梁》与《周礼》、《左氏》、《尔雅》同，《尔雅》"出曰治兵"，《疏》曰："《周礼》、《左传》、《穀梁》与此皆同，惟《公羊》以治兵为祠兵。"其证一。庄二十五年《穀梁传》曰"既戒鼓而骇众"，亦与《周礼》说合。《周礼·大仆职》曰"始崩戒鼓"，与此传"戒鼓"同（说详下篇第一），其证二。它与《周礼》相同，见于《五经异义》，及先儒已证明者，例据尚多，不遑枚举，皆"《穀梁传》为古文学"之显证。古文者，非西汉初年通行于世之学，两《汉书》并以《穀梁》列于古文，其书虽间用《公羊》之说，亦必当以古文论之也。（刘师培《经学传授考》，亦以《穀梁》属古文学）《穀梁》晚出于汉（说详第十），且用《左氏》"君子曰"之说，（见僖公元年所引或曰，详上）则当亦刘歆所伪造者。崔氏之说，非诬之也。其不得《春秋》之真传，固于斯而益信矣。

# 第十　《穀梁》晚出于汉

《经》春，天王使南季来聘。（隐公九年）

《传》南，氏姓也；季，字也；聘，问也。聘诸侯，非正也。

《经》春，王正月，师次于郎，以俟陈人、蔡人。（庄公八年）

《传》善师者不陈，善陈者不战，善战者不死，善死者不亡。

《经》春，王正月，公败齐师于长勺。（庄公十年）

《传》不日，疑战也。疑战而曰败，胜内也。

〔注〕疑战者，言不克日而战，以诈相袭。

《经》冬，十有一月，己巳，朔，宋公及楚人战于泓。宋师败绩。（僖公二十二年）

《传》倍则攻，敌则战，少则守。……道之贵者时，其行势也。

《经》晋阳处父帅师伐楚，以救江。（文公三年）

《传》此伐楚，其言救江，何也？江远楚近，伐楚，所以救江也。

证曰：《穀梁》之亦为古文，本杂取传记而造，则《穀梁》之书，必晚出于汉，此亦可证者也。桓谭《新论》曰："《左氏》传世后百余年，鲁人穀梁赤为《春秋》，残略多所遗失。"（《御览·六百十》引）应劭《风俗通》曰："穀梁子名赤，子夏弟子。"麋信则以为“秦孝公同时人”。阮孝绪《七录》则以为“名俶，字元始”。《汉书·艺文志》颜《注》云：“名喜。”而《论衡·案书》篇又云“穀梁实”。《四库提要》曰：“其传，则士勋《疏》称‘穀梁子名俶，字元始，一名赤。受经于子夏，为经作传’，则当为穀梁子所自作。徐彦《公羊传疏》又称：公羊高五世相授，至胡毋生乃著竹帛，题其亲师，故曰《公羊传》。《穀梁》亦是著竹帛者题其亲师，故曰《穀梁传》，则当为传其学者所作。……但谁著于竹帛，则不可考耳。”据桓谭诸儒所云，穀梁一人而有四名，初只谓之鲁人，渐为子夏弟子，渐而名号完具，此必传闻揣测之词。(如有所本，则六说中，必有一引据之者）其书谁著之于竹帛，亦无可考。则是为《穀梁》者，其主名莫知，其传授莫详。盖必本无其传，且或本无其人。是其所以为古文之学，杂取传记以造者。其晚出于汉代，就其传授可知者也。隐九年《穀梁》曰：“南，氏姓也。”侯康《穀梁礼证》曰：“氏以为姓，三代以下尽然，春秋时似未闻也。南季当是以姓为氏，非以氏为姓。”“聘诸侯，非正也。”秦氏惠田云：“《穀梁》说于礼无据。”以氏为姓，在三代以下尽然，是《穀梁》之说，必出三代以下。《穀梁》多以“氏姓”连用；庄元年传：“不言氏姓，贬之也。”亦其证也。其说又多无据。证以其不知“是”之当读为“隄”（详见第六）；及其体例、文词、义理，三者之疏谬，其采摭诸书，至于六七类，其非《春秋》之真传，固极可信；其晚出于汉代，就其传说亦可知也。晁说之曰：“《穀梁》晚出于汉。”（《景迂生集》卷十二《三传说》）斯有其明验矣。

僖二十二年《传》曰：“倍则攻，敌则战，少则守。”刘申受难之曰：“《春秋》恶战之书，非言兵之书。”“道之贵者时；其行，势也。”杨士勋《疏》曰：“老子，至道之人，犹曰：以正治国，以奇用兵。”刘申受难之曰：“三代用师之意，孟子、荀卿传之，《穀梁》以功利言道，盖战国之学也。”案：《穀梁》极喜言兵，近似兵家之学。庄八年《传》曰：“善陈者不战，善战者不死。”实与孔子“兵旅之事，未之学也。”（《论语·卫灵公》）大相乖戾。庄十年《传》曰：“疑战而曰败，胜内也。”文三年传曰：“江远楚近，伐楚，所以救江也。”皆好功利之言，不惜以诈相袭。《公羊传》曰：“其言救江何？为谖（诈）也。其为谖奈何？伐楚为救江也。”则异于是。此其尊尚诈谋，而失《春秋》之义，谓曰战国之学，固非虚加之也。(日本本田成之撰《春秋穀梁传考》亦谓：“《穀梁》近于法家，其书成于秦汉。”）然谓其书成于汉代，固亦未尝不可。或《穀梁》所杂取传记，多出战国之世，而其成书之时，则在西汉之末。此必可以无疑者也。

附记:《四库全书总目·陆贾新语提要》曰:“《穀梁传》至汉武帝时始出，而《道基》篇末乃引《穀梁传》曰，‘时代抵牾，其殆后人依托，非贾原本欤?’”《提要》以《新语》引《穀梁》，而断其为后人依托。钟氏《补注》曰：“《道基》之末引《穀梁传》曰:‘仁者以治亲，义者以利尊，万世不乱，仁义之所治也。’今传中无此四语，盖在《汉志》所称《穀梁外传》、《穀梁章句》中，而通谓之传也。又第八篇《至德》之末论鲁庄公事，而曰‘故《春秋穀梁》’云云，今自‘梁’字以下皆缺，不知何语。观陆生两引《穀梁》，则此传信为周代书，并《外传》、《章句》之属，有非晚出者矣。”(案:《新语》引用《穀梁传》说，实凡四见。钟氏《补注》所举之外，别有两处。一、《辨惑》篇论鲁定公之时与齐侯会于颊谷，孔子行相事。与定十年《穀梁》说略同。二、《至德》篇论“鲁庄公一年之中，以三时兴筑作之役……乃遣臧孙辰请籴于齐。”与庄二十八年、三十一年《穀梁传》相合）严可均《铁桥漫稿·新语叙》曰：“《穀梁传》孝武时始立学官，非陆贾所预见。今此书《道基篇》引《穀梁传》曰：‘仁者以治亲，义者以利尊。’乃是《穀梁》旧传，故今传无此文。因知瑕丘江公所受于鲁申公者，其本复经改造，非穀梁赤之旧也。”钟、严皆以《新语》非依托者。据今《新语》考之，贾从《公羊》义者，《辅政》、《无为》、《至德》、《怀虑》、《明诫》诸篇，均述《公羊》谊（用刘师培《春秋三传先后考》语）。云“书鱄绝骨肉之亲，弃大夫之位”（《公羊》作“鱄”，《穀梁》作“专”），尤破《穀梁》“专之去合乎《春秋》”之说，其不明引《公羊》，而转征引《穀梁》，其可疑一。且如崔觯甫说，韦贤、夏侯胜、萧望之、刘向，皆习《穀梁》而晚于贾，所引皆《公羊》传文，而不及《穀梁》一字；贾生于其前，反得征引之，果又何耶？其可疑二。贾书《本行》篇曰：“按纪图录，以知性命，表定六艺，以重儒术。”“表定六艺”，非贾所为，此本董君事，贾不当云此。其书实似为依托者。其可疑三。钟氏之说，以传为《外传》或《章句》，自觉未安。如果贾书非伪，而又征引《穀梁》，则严氏云：“其本复经改造，非穀梁赤之旧。”较可信。且与桓谭《新论》所云“残略多所遗失”相合。或其书本非真传，在汉初又极浸微，“残略多所遗失”，“其本复经改造”者。则未知其果若是也？其诸刘歆之所伪造者也？

# 下篇

## 《公羊》、《穀梁》详略异同证

《春秋》一经，借事明义，因事穷理，为之传者，必当详说其义，兼明其事者也。《穀梁》详于礼制，略于大义；详于琐节，略于本事；其非传《春秋》微言大义之学者，皦然易知。许桂林曰：“《公羊》、《穀梁》二传……其书彼详此略，异同互存，似属有意。”故就《公》、《穀》详略，参伍而比之，而且是非得失，亦足以察矣。钟文烝曰：“全传十一卷，义最该密，而文或简略，……是其好从简略矣。然则内事如获莒挐、败咸、叔肸卒、叔倪卒，至自�谷，外事如灭夏阳、盟召陵、盟葵丘、杀里克、灭黄、战泓、败殽、杀阳处父、弑夷皋、杀泄冶、战鞍、盟爰娄、梁山崩、宋灾、伯姬卒、杀庆封、宋卫陈郑灾、弑贾、唁乾侯、战伯举、入楚、归脤、会黄池，此二十七传者，何以述事独详？盖作书时意有所到，偶然详之。或以当时习知其事，习闻其义，因备述于《传》。如灭夏阳一条，则《战国策·魏策》谓赵王论晋人伐虢之事，《春秋》罪虞之义，可相证也。”由是言之，《穀梁》之所详者，不过二十余传，然如叔肸卒、叔倪卒、灭黄三传，实非《穀梁》之长传。灭夏阳、盟葵丘、战泓、败殽、杀阳处父、战鞍、盟爰娄、宋灾、伯姬卒、战伯举、入楚，此十《传》长短，与《公羊》相同；钟氏之说，未可从以判详略也。今别取《穀梁》述礼之十传，与其所简略者十余传，及钟氏所举之十余传，共四十传，列而校之，《穀梁》之所详略，乃可以并见矣。爰赘数语，以补上篇。

## 第一 《穀梁》之详于礼制

《经》九月，齐侯送姜氏于讙。（桓公三年）

《穀梁传》礼，送女，父不下堂，母不出祭门，诸母兄弟不出阙门。父戒之曰："谨慎从尔舅之言。"母戒之曰："谨慎从尔姑之言。"诸母般申之曰："谨慎从尔父母之言。"送女逾竟，非礼也。

〔《公羊传》〕何以书？讥。何讥尔？诸侯越竟送女，非礼也。此入国矣，何以不称夫人？自我言齐，父母之于子，虽为邻国夫人，犹曰吾姜氏。

证曰：《穀梁》此传，与《仪礼》、《士昏》、《礼记》略同。彼曰："庶母及门内，施鞶，申以父母之命。命之曰：'敬恭听，宗尔父母之言。'"此曰："诸母般申之曰。"脱一"施"字，则不类矣。其下夫人姜氏至自齐，《穀梁》曰："子贡曰：'冕而亲迎，不已重乎？'"又袭用《礼记·哀公问》语。此所以《穀梁》详于礼也。《公羊》此传既较略矣，全传亦无"父母送女戒命之词"。

《经》秋，八月壬申，御廪灾。乙亥，尝。（桓公十四年）

《穀梁传》御廪之灾不志，此其志何也？以为唯未易灾之余而尝可也，志不敬也。天子亲耕以共粢盛，王后亲蚕以共祭服。国非无良农工女也，以为人之所尽事其祖祢，不若以己所自亲者也。何用见其未易灾之余而尝也？曰：甸粟而内之三宫，三宫米而藏之御廪，夫尝，必有兼甸之事焉。壬申御廪灾，乙亥尝，以为未易灾之余而尝也。

〔《公羊传》〕御廪者何？粢盛委之所藏也。御廪灾何以书？记灾也。（乙亥尝）常事不书，此何以书？讥。何讥尔？讥尝也。曰：犹尝乎？御廪灾，不如勿尝而已矣。

证曰：《穀梁》泛袭《祭礼》言之。《公羊》所不详也。

《经》春，王三月，刻桓宫桷。（庄公二十四年）

《穀梁传》礼，天子之桷，斫之砻之，加密石焉。诸侯之桷，斫之砻之。大夫斫之，士斫本。刻桷，非正也。夫人所以崇宗庙也，取非礼与非正而加之于宗庙，以饰夫人，非正也。刻桓宫桷，丹桓宫楹，斥言桓宫，以恶庄也。

〔《公羊传》〕何以书？讥。何讥尔？刻桓宫桷，非礼也。

证曰："士斫本"以上，与《国语·晋语八》张老对赵文子略同。彼曰："天子之室，斫其椽而砻之，加密石焉。诸侯砻之，大夫斫之，士首之。备其物，义也。从其等，礼也。"《尚书大传》卷二曰："其桷，天子斫其材而砻之，加密石焉。大夫达棱，士首本，庶人到加。"其词亦加详。盖《穀梁》节取之以为说也。《公羊》惟何休《注》乃有此说。传《春秋》者，传其微言大义，固不必详于礼也。

《经》六月辛未，朔，日有食之，鼓，用牲于社。（庄公二十五年）

《穀梁传》言日，言朔食，正朔也。鼓，礼也。用牲，非礼也。天子救日，置五麾，陈五兵、五鼓。诸侯置三麾，陈三鼓、三兵。大夫击门。士击柝。言充其阳也。

〔《公羊传》〕日食则曷为鼓，用牲于社？求乎阴之道也。以朱丝营社。或曰："胁之。"或曰："为暗。"恐人犯之，故营之。

证曰：《礼记·曾子问》篇孔子曰："如诸侯皆在而日食，则从天子救日，各以其方色与其兵。"《周礼·鼓人》救日月。传并与合。下"秋，大水"传云："既戒鼓而骇众。"（详见上篇第二）"戒"即击鼓之名，字亦作"駴"。《周官·大司马》职"鼓皆駴"，郑注曰："疾雷击鼓曰駴。"是其义也。《周官·大仆》职曰："始崩戒鼓。"与此传同。则《穀梁》用《周礼》说也。《公羊》于鼓为礼之说不详，亦未言"戒鼓而骇众"。

《经》三月，作丘甲。（成公元年）

《穀梁传》作为也。丘为甲也。丘甲，国之事也；丘作甲，非正也。丘作甲之为非正，何也？古者立国家，百官具，农工皆有职以事上。古者有四民：有士民，有商民，有农民，有工民。夫甲，非人人之所能为也。丘作甲，非正也。

〔《公羊传》〕何以书？讥。何讥尔？讥始丘使也。

证曰："四民"之说，本于《管子》（此惠栋说）。《公羊》所不详也。

《经》大饥。（襄公二十四年）

《穀梁传》五谷不升为大饥。一谷不升谓之嗛，二谷不升谓之饥，三谷不升谓之馑，四谷不升谓之康，五谷不升谓之大侵。大侵之礼，君，食不兼味，台榭不涂，弛侯，廷道不除，百官布而不制，鬼神祷而不祀。此大侵之礼也。

〔《公羊传》〕（无说）

证曰：王应麟曰："《穀梁》言大侵之礼与《毛诗·云汉传》略同。"案：《小雅·云汉传》曰："岁凶，年谷不登，则趣马不秣；师氏弛其兵，驰道不除；祭事不县，膳夫彻膳；左右布而不修，大夫不食粱，士饮酒不乐。”《正义》曰：“此当先有成文，故传引之。”《穀梁》以大侵释大饥，或本之成文，或取之《毛传》。《毛传》于礼加详，非取之《穀梁》也。《韩诗外传》卷八，则几全同于此。《外传》“康”作“荒”，“布”作“补”，今古之别。或《穀梁》与《外传》同出一源也。《公羊》于大饥则全传无说，亦所不必详也。

《经》秋，搜于红。（昭公八年）

《穀梁传》正也，因搜狩以习用武事，礼之大者也。艾兰以为防，置旃以为辕门，以葛覆质以为槷；流旁握，御轚者不得入。车轨尘，马候蹄，掩禽旅；御者不失其驰，然后射者能中。过防弗逐，不从奔之道也。面伤不献，不成禽不献。禽虽多，天子取三十焉；其余与士众，以习射于射宫，射而中，田不得禽，则得禽；田得禽而射不中，则不得禽。是以知古之贵仁义而贱勇力也。

〔《公羊传》〕搜者何？简车徒也。何以书？盖以罕书也。

证曰：王应麟曰：“《穀梁》……言搜狩之礼与《毛诗·车攻传》相合。”侯康曰：“《书传》、《诗传》，俱有其文。”案：《小雅·车攻传》曰：“田者，大芟草以为防，或舍其中，褐缠旃以为门，裘缠质以为槷。闲容握，驱而入，轚则不得入。左者之左，右者之右，然后焚而射焉。”《毛传》又曰：“面伤不献，践毛不献，不成禽不献。禽虽多，择取三十焉。其余以与大夫、士，以习射于泽宫。田虽得禽，射不中不得取禽；田虽不得禽，射中则得取禽。古者以辞让取，不以勇力取。”《正义》曰：“此有成文。《书传》、《穀梁传》与此略同。”《尚书大传》卷四亦略说此。《穀梁》“无褐缠旃”等语，而其文字则较明晰，或本之成文，或取之

《毛传》，非《毛传》取之《穀梁》也。《公羊》于搜狩之礼亦无说，盖传所不必详也。

《经》戊辰，公即位。（定公元年）

《穀梁传》殡，然后即位也。定无正，见无以正也。逾年不言即位，是有故公也；言即位，是无故公也。即位，授受之道也。先君无正终，则后君无正始也；先君有正终，则后君有正始也。戊辰，公即位，谨之也。定之即位，不可不察也。公即位，何以日也？戊辰之日，然后即位也。癸亥，公之丧至自乾侯，何为戊辰之日然后即位也？正君乎国，然后即位也。沈子曰："正棺乎两楹之间，然后即位也。"内之大事日，即位，君之大事也，其不日何也？以年决者，不以日决也。此则其日，何也？著之也。何著焉？逾年即位，厉也，于厉之中，又有义焉。未殡，虽有天子之命犹不敢，况临诸臣乎？周人有丧，鲁人有丧，周人吊，鲁人不吊。周人曰："固吾臣也，使人可也。"鲁人曰："吾君也，亲之者也，使大夫则不可也。"故周人吊，鲁人不吊，以其下成、康为未久也。君，至尊也，去父之殡而往吊犹不敢，况未殡而临诸臣乎？

〔《公羊传》〕癸亥，公之丧至自乾侯，则曷为以戊辰之日然后即位？正棺于两楹之间，然后即位。子沈子曰："定君乎国，然后即位。"即位不日，此何以日？录乎内也。

证曰：此论即位，详于《公羊》。其说鲁事，当有成文。今不可考耳。

《经》九月，大雩。（定公元年）

《穀梁传》雩月，雩之正也。秋大雩，非正也。冬大雩。非正也。秋大雩，雩之为非正何也？毛泽未尽，人力未竭，未可以雩也。雩月，雩之正也，月之为雩之正何也？其时穷，人力尽，然后雩，雩之正也。何谓其时穷、人力尽？是月不雨，则无及矣；是年不艾，则无食矣。是谓其时穷、人力尽也。雩之必待其时穷、人力尽何也？雩者，为旱求者也。求者请也，古之人重请。何重乎请？人之所以为人者，让也。请道去让也，则是舍其所以为人也，是以重之。

〔《公羊传》〕（无传）

证曰：此说应上公，传闻之说也。当有成文。无关大义，故《公羊》不详。

《经》鼷鼠食郊牛角，改卜牛。夏，四月辛巳，郊。（哀公元年）

《穀梁传》此该郊之变而道之也。于变之中，又有言焉：鼷鼠食郊牛角，改卜牛，志不敬也。郊牛日展觓角而知伤，展道尽矣。郊，自正月至于三月，郊之时也。夏四月郊，不时也。五月郊，不时也。夏之始，可以承春；以秋之末，承春之始，盖不可矣。九月用郊，用者，不宜用者也。郊三卜，礼也；四卜，非礼也；五卜，强也。卜免牲者，吉则免之，不吉则否。牛伤，不言伤之者，伤自牛作也，故其辞缓。全曰牲，伤曰牛，未牲曰牛，其牛一也，其所以为牛者异。有变而不郊，故卜免牛也。已牛矣，其尚卜免之，何也？礼，与其亡也，宁有。尝置之上帝矣，故卜而后免之，不敢专也。卜之不吉则如之何？不免，安置之，系而待六月上甲始庀牲，然后左右之。子之所言者，牲之变也，而曰我一该郊之变而道之，何也？我以六月上甲始庀牲，十月上甲始系牲。十一月、十二月牲虽有变，不道也，待正月，然后言牲之变，此乃所以该郊。郊，享道也，贵其时，大其礼。其养牲虽小，不备可也。子不志三月卜郊，何也？郊自正月至于三月，郊之时也。我以十二月下辛，卜正月上辛；如不从，则以正月下辛，卜二月上辛；如不从，则以二月下辛，卜三月上辛；如不从，则不郊矣。

〔《公羊传》〕（无传）

证曰：郊祭之礼，《公羊》于僖三十一年“夏，四月，四卜郊”说之，亦不及《穀梁》此传之详。《公羊》说“鲁郊何以非礼”，此惟详于“养牲”与“卜郊”，未能见其大也。

证曰：《春秋》明义，非以明礼，《穀梁》虽详之，无关宏旨也。《废疾》、《申何》曰：“郑君以《穀梁》精于礼，礼本于婚，婚礼不称主人，且无传焉。若求其精，安能知之。”《穀梁》详于礼，而不精于礼，则是本杂取传记以造，非得《春秋》明义之真传者也。此详于礼之十传，大抵俱本有成文，今不可考者，三四传而已。

# 第二　《穀梁》之详于琐节

《经》冬十月，壬午，公子友帅师败莒师于丽，获莒挐。（僖公元年）

《穀梁传》莒无大夫，其曰莒挐，何也？以吾获之目之也。内不言获，此其言获，何也？恶公子之绐。绐者奈何？公子友谓莒挐曰："吾二人不相说，士卒何罪？"屏左右而相搏，公子友处下。左右曰"孟劳！"孟劳者，鲁之宝刀也。公子友以杀之。然则何以恶乎紿也？曰：弃师之道也。

〔《公羊传》〕莒挐者何？莒大夫也。莒无大夫，此何以书？大季子之获也。何大乎季子之获？季子治内难以正，御外难以正。其御外难以正奈何？公子庆父弑闵公，走而之莒。莒人逐之，将由乎齐，齐人不纳，却反舍于汶水之上，使公子奚斯入请。季子曰："公子不可以入，入则杀矣！"奚斯不忍反命于庆父，自南涘，北面而哭。庆父闻之曰："嘻！此奚斯之声也，诺已。"曰："吾不得入矣！"于是，抗辀经而死。莒人闻之曰："吾已得子之贼矣！"以求赂乎鲁。鲁人不与，为是兴师而伐鲁。季子待之以偏战。

证曰：廖《疏》曰："《公羊》以此获为大季子，传以为恶绐。《公羊》就本事言之，传则专就相搏一节立说。《公羊》言其大体，本传说其细节，二者相合，其义乃足。"《穀梁》此传，虽略于《公羊》，独好详其琐事。不关大体，廖说足证。传《春秋》微言大义之学者，不当如是也。

《经》晋杀其大夫里克。（僖公十年）

《穀梁传》称国以杀，罪累上也。里克弑二君与一大夫，其以累上之辞言之，何也？其杀之不以其罪也。其杀之不以其罪奈何？里克所为杀者，为重耳也。夷吾曰："是又将杀我乎？"故杀之，不以其罪也。其为重耳弑奈何？晋献公伐虢，得丽姬。献公私之，有二子，长曰奚齐，稚曰卓子。丽姬欲为乱，故谓君曰："吾夜者梦夫人趋而来，曰：'吾苦畏！'胡不使大夫将卫士而卫冢乎？"公曰："孰可使？"曰："臣莫尊于世子，则世子可。"故君谓世子曰："丽姬梦夫人趋而来，曰：'吾苦畏！'女其将卫士而往卫冢乎？"世子曰："敬诺！"筑宫，宫成。丽姬又曰："吾夜者梦夫人趋而来，曰：'吾苦饥！'世子之宫已成，则何为不使祠也？"故献公谓世子曰："其祠！"世子祠。已祠，致福于君。君田而不在。丽姬以鸩为酒，药脯以毒。献公田来，丽姬曰："世子已祠，故致福于君。"君将食。丽姬跪曰："食自外来者，不可不试也。"覆酒于地，而地贲；以脯与犬，犬死。丽姬下堂而啼呼，曰："天乎！天乎！国，子之国也，子何迟于为君？"君喟然叹曰："吾与女未有过切，是何与（仇）我之深也？"使人谓世子曰："尔其图之！"世子之傅里克谓世子曰："入自明！入自明则可以生，不入自明则不可以生。"世子曰："吾君已老矣，已昏矣！吾若此而入自明，则丽姬必死；丽姬死则吾君不安。所以使吾君不安者，吾不若自死。吾宁自杀以安吾君以重耳为寄矣！"刎脰而死。故里克所为弑者，为重耳也。夷吾曰："是又将杀我也。"

〔《公羊传》〕里克弑二君，则曷为不以讨贼之辞言之？惠公之大夫也。然则孰立惠公？里克也。里克杀奚齐、卓子，逆惠公而入。里克立惠公，则惠公曷为杀之？惠公曰："尔既杀夫二孺子矣，又将图寡人。为尔君者，不亦病乎？"于是杀之。然则曷为不言惠公之入？晋之不言出入者，踊（豫）为文公讳也。

证曰：《穀梁》此传详于《公羊》，亦琐事也。此盖杂取《国语》、《左氏》诸书而为之者，《国语·晋语二》说此亦详也（文过繁，不具引）。《公羊》略于丽姬事，于荀息之死难乃独详之(僖公十年)，能见其大也。

《经》冬，十月甲午，叔孙得臣败狄于咸。（文公十一年）

《穀梁传》不言帅师而言败，何也？直败一人之辞也。一人辞也。一人而曰败，何也？以众焉言之也。传曰："长狄也，弟兄三人。"佚宕中国，瓦石不能害。叔孙得臣，最善射者也；射其目，身横九亩。断其首而载之，眉见于轼。然则何为不言获也？曰：古者不重创，不禽二毛，故不言获，为内讳也。"其之齐者，王子成父杀之，则未知其之晋者也。"

〔《公羊传》〕狄者何？长狄也。兄弟三人，一者之齐，一者之鲁，一者之晋。其之齐者，王子成父杀之。其之鲁者，叔孙得臣杀之。则未知其之晋者也。其言败何？大之也。其日何？大之也。其地何？大之也。何以书？记异也。

证曰："身横九亩"，"眉见于轼"，亦琐节也。《穀梁》详之。何君《注》曰："盖长百尺；之三国，欲为君。"此据《关中记》、《考异邮》（据徐彦《疏》）。《公羊》独略之者，以其无关大旨也。《穀梁》盖得之传而增饰者也。"则未知其之晋者也"，明为

《公羊》句法。袭之《公羊》也。

《经》陈杀其大夫泄冶。（宣公九年）

《穀梁传》称国以杀其大夫，杀无罪也。泄冶之无罪如何？陈灵公通于夏徵舒之家，公孙宁、仪行父亦通其家，或衣其衣，或衷其襦，以相戏于朝。泄冶闻之，入谏曰："使国人闻之，则犹可，使仁人闻之，则不可。"君愧于泄冶，不能用其言，而杀之。

〔《公羊传》〕（无传）

证曰：此亦琐节，《公羊》无说。

《经》梁山崩。（成公五年）

《穀梁传》不日，何也？高者有崩道也。有崩道，则何以书也？曰：梁山崩，壅遏河三日不流。晋君召伯尊而问焉。伯尊来，遇辇者，辇者不辟，使车右下而鞭之。辇者曰："所以鞭我者，其取道远矣。"伯尊下车而问焉，曰："子有闻乎？"对曰："梁山崩，壅遏河三日不流。"伯尊曰："吾为此召我也。为之奈何？"辇者曰："天有山，天崩之。天有河，天壅之。虽召伯尊，如之何？"伯尊由忠问焉。辇者曰："君亲素缟，帅群臣而哭之，既而祠焉，斯流矣。"伯尊至，君问之，曰："梁山崩，壅遏河三日不流，为之奈何？"伯尊曰："君亲素缟，帅群臣而哭之，既而祠焉，斯流矣。"孔子闻之，曰："伯尊其无绩乎！攘善也。"

〔《公羊传》〕梁山者何？河上之山也。梁山崩何以书？记异也。何异尔？大也。何大尔？梁山崩，壅河三日不流。外异不书，此何以书？为天下记异也。

证曰：《韩诗外传》卷八亦有此文。《外传》曰："梁山崩，晋君召大夫伯宗，道逢辇者，以其辇服其道。伯宗使其右下，欲鞭之。辇者曰：'君趋道岂不远矣！不知事而行，可乎？'伯宗喜，问其居。曰：'绛人也。'伯宗曰：'子亦有闻乎?'曰：'梁山崩，壅河顾三日不流，是以召子。'伯宗曰：'如之何?'曰：'天有山，天崩之；天有河，天壅之；伯宗将如之何?'伯宗私问之，曰：'君其率群臣，素服而哭之，既而祠焉，河斯流矣!'伯宗问其姓名，弗告。……"《外传》"以其辇服其道"诸句，不及《穀梁》传文之详明，其曰"降人也"，当别有所本，非袭之《穀梁》。此或本有成文，或《穀梁》袭《外传》，非《外传》之袭《穀梁》也。《穀梁》引用之而不释经，贪于琐事，忘其本矣！辨见前。

《经》秋，七月，楚子、蔡侯、陈侯、许男、顿子、胡子、沈子、淮夷伐吴，执齐庆封杀之。(昭公四年)

《穀梁传》此入而杀，其不言入何也？庆封封乎吴钟离。其不言伐钟离何也？不与吴封也。庆封其以齐氏何也？为齐讨也。灵王使人以庆封令于军中曰："有若齐庆封弑其君者乎?"庆封曰："子一息，我亦且一言。"曰："有若楚公子围弑其兄之子而代之为君者乎?"军人粲然皆笑。庆封弑其君而不以弑君之罪罪之者，庆封不为灵王服也。不与楚讨也。《春秋》之义，用贵治贱，用贤治不肖，不以乱治乱也。孔子曰："怀恶而讨，虽死不服，其斯之谓与?"

〔《公羊传》〕此伐吴也，其言执齐庆封何？为齐诛也。其为齐诛奈何？庆封走之吴，吴封之于防。然则曷为不言伐防？不与诸侯专封也。庆封之罪何？胁齐君而乱齐国也。

证曰：庆父胁齐君而乱齐国，本国不能诛，中夏不能讨；楚以蛮夷诛以行霸；虽云怀恶，圣人不逆诈，不亿不信，故犹以义与之也（孔广森说)。《穀梁》贪记璅事，误引《公羊》之说，托之孔子，于义乖矣。

《经》夏，五月壬午，宋、卫、陈、郑灾。（昭公十八年）

《穀梁传》其志，以同日也。其日，亦以同日也，或曰："人有谓郑子产曰：'某日有灾。'子产曰：'天者神，子恶知之？'是人也，同日为四国灾也。"

〔《公羊传》〕何以书？记异也。何异尔？异其同日而俱灾也。外异不书，此何以书？为天下记异也。

证曰：《穀梁》此传，袭之《左氏》（已详上篇第八）。不言记异，而言琐事，非也。

《经》夏，公会齐侯于颊谷，公至自颊谷。（定公十年）

《穀梁传》离会不致，何为致也？危之也。危之，则以地致何也？为危之也。其危奈何？曰：颊谷之会，孔子相焉。两君就坛，两相相揖。齐人鼓噪而起，欲以执鲁君。孔子历阶而上，不尽一等，而视归乎齐侯，曰："两君合好，夷狄之民何为来为？"为命司马止之。齐侯逡巡而谢曰："寡人之过也。"退而属其二三大夫曰："夫人率其君，与之行古人之道，二三子独率我而入夷狄之俗，何为？"罢会。齐人使优施舞于鲁君之幕下。孔子曰："笑君者，罪当死！"使司马行法焉，首足异门而出。齐人来归郓、**讙**、龟、阴之田者，盖为此也。因是以见虽有文事，必在武备，孔子于颊谷之会见之矣。

〔《公羊传》〕（无传）

证曰：陆贾《新语》载此事曰："鲁定公之时，与齐侯会于夹谷。孔子行相事，两君升坛，两相处下，两相欲揖，君臣之礼，济济备焉。齐人鼓噪而起，欲执鲁公。孔子历阶而上，不尽一等而立，谓齐侯曰：'两君合好，以礼相率，以乐相化。臣闻嘉乐不野合，牺象之荐不下堂，夷狄之民何来为？'命司马请止之。定公曰：'诺。'齐侯逡巡而避席曰：'寡人之过。'退而自责大夫。罢会。齐人使优旃儛于鲁公之幕下，傲戏，欲候鲁君之隙，以执定公。孔子叹曰：'君辱臣当死。'使司马行法斩焉，首足异门而出。"《新语》嘉乐二句，袭用《左氏》传文。余皆袭用《穀梁》，无出《穀梁》右者。（文虽加详，事不加详，且多不合文法）此亦琐节，其事已甚，非也。故《公羊》略之也。

《经》天王使石尚来归脤。（定公十四年）

《穀梁传》脤者，何也？俎实也，祭肉也。生曰脤，熟曰膰。其辞石尚，士也。何以知其士也？天子之大夫不名。石尚欲书《春秋》。谏曰："久矣！周之不行礼于鲁也，请行脤。"贵复正也。

〔《公羊传》〕石尚者何？天子之士也。脤者何？俎实也。腥曰脤，熟曰燔。

证曰：石尚欲书《春秋》，事之不必然者。刘原父曰："不知石尚欲书孔子之《春秋》乎？鲁国之《春秋》乎？若孔子之《春秋》也，孔子是时未作《春秋》，石尚安得书？如鲁国之《春秋》，王人至则书之矣，何足以为荣耶？是殆不然。"王应麟曰："石尚欲书《春秋》，曾是以为礼乎？"《穀梁》好言琐事，不知其非是也。

《经》公会晋侯及吴子于黄池。（哀公十三年）

《穀梁传》黄池之会，吴子进乎哉！遂子矣。吴，夷狄之国也，祝髪文身。欲因鲁之礼，因晋之权，而请冠端而袭。其藉于成周，以尊天王，吴进矣。吴，东方之大国也，累累致小国以会诸侯，以合乎中国。吴能为之，则不臣乎！吴进矣。王，尊称也，辞尊称而居卑称，以会乎诸侯，以尊天王。吴王夫差曰："好冠来。"孔子曰："大矣哉？夫差未能言冠，而欲冠也。"

〔《公羊传》〕吴何以称子？吴主会也。吴主会则曷为先言晋侯？不与夷狄之主中国也。其言及吴子何？会两伯之辞也。不与夷狄之主中国，则曷为以会两伯之辞言之？重吴也。曷为重吴？吴在是则天下诸侯莫敢不至也。

证曰：不与夷狄之主中国，《公羊》所传之大义也。《穀梁》言“好冠来”，则于经意无关。《春秋复始》曰：“《国语》：晋人不能与吴人争先，故今改吴王称吴公以易之。穀梁氏袭《国语》而失其本旨尔。区区一冠，何系轻重，而贬王称子以求之乎？”（定公十四年）其说是也。

证曰：《穀梁》述事，惟此十传略详于《公羊》。余如：灭夏阳等十传，大抵略同《公羊》。他则并不详矣。故就其详略之迹言之，《穀梁》于礼制琐节独多，则其不重于《春秋》之大义，《春秋》之本事可知。为经作传者，必不当如是也。其所详之琐节，亦多本有成文，今不可考者，亦只二三传。《穀梁》不得《春秋》真传，本杂取传记以造者，此可知矣。

# 第三 《穀梁》之略于大义

《经》癸未，葬宋缪公。（隐公三年）

《穀梁传》曰葬，故也，危不得葬也。

〔《公羊传》〕葬者曷为或日，或不日？不及时而日，渴葬也；不及时而不日，慢葬也。过时而日，隐之也；过时而不日，谓之不能葬也。当时而不日，正也。当时而日，危不得葬也。此当时，何危尔？宣公谓缪公曰："以吾爱与夷，则不若爱女；以为社稷宗庙主，则与夷不若女；盍终为君矣！"宣公死，缪公立，缪公逐其二子庄公冯与左师勃，曰："尔为吾子，生毋相见，死毋相哭。"与夷复曰："先君之所为不与臣国而纳国乎君者，以君可以为社稷宗庙主也。今君逐君之二子而将致国乎与夷，此非先君之意也。且使子而可逐，则先君其逐臣矣。"缪公曰："先君之不尔逐可知矣！吾立乎此，摄也。"终致国乎与夷，庄公冯弑与夷。故君子大居正，宋之祸，宣公为之也。

证曰：此传慎微之义，其说已见上篇（第五）。戴子高《论语注》曰："人苟志于仁，君子不忍加恶。宋宣公兄弟相让，虽不居正，而《春秋》成其善志，故于与夷之弑，移之宋督而不以冯。以此。"《穀梁》略其事，并略其义矣。

《经》九月，宋人执郑祭仲。突归于郑。（桓公十一年）

《穀梁传》宋人者，宋公也。其曰人，何也？贬之也。曰突，贱之也。曰归，易辞也。祭仲易其事，权在祭仲也，死君难，臣道也。今立恶而黜正，恶祭仲也。

〔《公羊传》〕祭仲者何？郑相也。何以不名？贤也。何贤乎祭仲？以为知权也。其为知权奈何？古者郑国处于留。先，郑伯有善于郐公者，通乎夫人以取其国，而迁郑焉，而野留。庄公死，已葬，祭仲将往省于留；塗出于宋，宋人执之，谓之曰："为我出忽而立突。"祭仲不从其言，则君必死，国必亡。从其言，则君可以生易死，国可以存易亡。少辽缓之，则突可故出，而忽可故反。是不可得则病，然后有郑国。古人之有权者，祭仲之权是也。权者何？权者反于经，然后有善者也。权之所设，舍死亡无所设。行权有道，自贬损以行权，不害人以行权；杀人以自生，亡人以自存，君子不为也。突何以名？挈乎祭仲也。其言归何？顺祭仲也。

证曰：《公羊》此传，阐明行权，孔巽轩《公羊通义》、陈卓人《公羊义疏》，说之极详，可以释疑（兹不具引）。《穀梁》全传，无许人以行权者，不传此义也。辨见上篇。

《经》纪侯大去其国。（庄公四年）

《穀梁传》大去者，不遗一人之辞也。言民之从者，四年而后毕也。纪侯贤而齐侯灭之，不言灭而曰大去其国者，不使小人加乎君子。

〔《公羊传》〕大去者何？灭也。孰灭之？齐灭之。曷为不言齐灭之？为襄公讳也。《春秋》为贤者讳，何贤乎襄公？复仇也。何仇尔？远祖也。哀公亨乎周，纪侯谮之。以襄公之为于此焉者，事祖祢之心尽矣。尽者何？襄公将复仇乎纪，卜之曰："师丧分焉。""寡人死之，不为不吉也。”远祖者几世乎？九世矣。九世犹可以复仇乎？虽百世可也。家亦可乎？曰：不可。国何以可？国君一体也。先君之耻，犹今君之耻也；今君之耻，犹先君之耻也。国君何以为一体？国君以国为体，诸侯世故国君为一体也。今纪无罪，此非怒与？曰：非也。古者有明天子，则纪侯必诛，必无纪者。纪侯之不诛，至今有纪者，犹无明天子也。古者诸侯必有会聚之事，相朝聘之道，号辞必称先君以相接。然则齐、纪无说焉。不可以并立乎天下。故将去纪侯者，不得不去纪也。有明天子，则襄公得为若行乎？曰：不得也。不得则襄公曷为为之？上无天子，下无方伯，缘恩疾者可也。

证曰：《公羊》假襄公以明复仇之义，《穀梁》略之，则其义不能详矣。朱子序《戊午谠议》曰：“有天下者，承万世无疆之统，则亦有万世无疆之仇。吁！何止百世哉！”《穀梁》不传此，则是谓国可以无耻也，非《春秋》义，且与经违。崔觯甫曰：“穀梁氏曰：‘大去者，不遣一人之辞也。言民之从者，四年而后毕也。’皆言纪侯不死，民皆從之而去。不知纪已无国，君民去将何之。为不通也。不然，伯姬何以不葬，而待齐侯葬之？叔姬何以不从纪侯，而归于酅耶?”《穀梁》传义，实难通也。

《经》秋，七月癸巳，公子牙卒。(庄公三十二年)

《穀梁传》(无传)

〔《公羊传》〕何以不称弟？杀也。杀则曷为不言刺？为季子讳杀也。曷为为季子讳杀？季子之遏恶也，不以为国狱，缘季子之心而为之讳。季子之遏恶奈何？庄公病，将死，以病召季子，季子至而授之以国政，曰：“寡人即不起此病，吾将焉致乎鲁国?”季子曰：“般也存，君何忧焉?”公曰：“庸得若是乎？牙谓我曰：

‘鲁一生一及，君已知之矣。庆父也存。’”季子曰：“夫何敢？是将为乱乎？夫何敢？”俄而，牙弒械成。季子和药而饮之，曰：“公子从吾言而饮此，则必可以无为天下戮笑，必有后乎鲁国。不从吾言而不饮此，则必为天下戮笑，必无后乎鲁国。”于是从其言而饮之，饮之无傫氏，至乎王堤而死。公子牙今将尔。辞曷为与亲弒者同？君亲无将，将而诛焉，然则善之与？曰：“然。”杀世子、母弟直称君者，甚之也。季子杀母兄，何善尔？诛不得辟兄，君臣之义也。然则曷为不直诛而鸩之？行诛乎兄，隐而逃之，使托若以疾死然，亲亲之道也。



证曰：“君亲无将，将而诛焉。”此《春秋》大义也。《穀梁》不传此义，并其事而没之，此当有传而不为传之例。《穀梁》云：“大夫日卒，正也。”（《隐公元年传》）所以没其事也。



《经》齐师、宋师、曹师次于聂北，救邢。（僖公元年）

《穀梁传》救不言次，言次非救也。非救而曰救，何也？遂齐侯之意也。是齐侯与？齐侯也。何用见其是齐侯也？曹无师。曹师者，曹伯也。其不言曹伯，何也？以其不言齐侯，不可言曹伯也。其不言齐侯何也？以其不足乎扬，不言齐侯也。

〔《公羊传》〕救不言次，此其言次何？不及事也。不及事者何？邢已亡矣。孰亡之？盖狄灭之。曷为不言狄灭之？为桓公讳也。曷为为桓公讳？上无天子，下无方伯，天下诸侯有相灭亡者，桓公不能救，则桓公耻之。曷为先言次，而后言救？君也。君，则其称师何？不与诸侯专封也。曷为不与？实与，而文不与。文曷为不与？诸侯之义，不得专封也。诸侯之义，不得专封，则其曰实与之何？上无天子，下无方伯，天下诸侯有相灭亡者，力能救之则救之可也。

证曰：《穀梁》不为文实之别，而谓齐侯不足乎扬，无劝善之心，非《春秋》教也。萧楚曰："齐桓存三亡国，封卫之功，尤为彰著。卫人欲厚报之，至形于篇咏，……观《木瓜》之什，列于《国风》，则是圣人亦以为善矣，于《春秋》独没其事，何也？夫存亡继绝，建邦开国，所谓作天下之福，王人秉此，以怀人心，以永天命，不可失者也。君子不书于经，俾读《春秋》者，如无其事焉，所以示王道之存也。……王天下者，大柄有二：曰威，曰福。二柄举则天下治矣；一有失焉，不以沦亡，则以败乱。……何谓福，恩惠是也。……恩惠之事，诸侯擅之，虽未足以倾周，皆削而不书，冀后之君子，观其所书，而知天下之所以乱，索其所不书，而知王之所以存。庄子曰：'《春秋》经世，先王之志，圣人议而不辩。'此之谓也。"此《春秋》所以有文实之义，《穀梁》固不传之。

《经》公子遂如齐纳币。（文公二年）

《穀梁传》（无传）

〔《公羊传》〕纳弊不书，此何以书？讥。何讥尔？讥丧娶也。娶在三年之外，则何讥乎丧娶？三年之内不图婚。吉禘于庄公，讥。然则曷为不于祭焉讥？三年之恩疾矣，非虚加之也。以人心为皆有之。以人心为皆有之，则曷为独于娶焉讥？娶者，大吉也，非常吉也，其为吉者，主于己。以为有人心焉者，则宜于此焉变矣。

证曰：讥丧娶之义，《穀梁》无明文，则不合孔子仁孝之意。孔子三年丧服之制，惟《公羊》传之，《左氏》且以丧中图婚为合礼矣。

《经》夏，五月，宋人及楚人平。（宣公十五年）

《穀梁传》平者成也，善其量力而反义也。人者，众辞也。平称众，上下欲之也。外平不道，以吾人之存焉道之也。

〔《公羊传》〕外平不书，此何以书？大其平乎己也。何大乎其平乎己？庄王围宋，军有七日之粮尔。尽此不胜，将去而归尔。于是使司马子反乘堙而窥宋城，宋华元亦乘堙而出见之。司马子反曰："子之国何如？"华元曰："惫矣！"曰："何如？"曰："易子而食之，析骸而炊之。"司马子反曰："嘻！甚矣惫！虽然，吾闻之也，围者，柑马而秣之，使肥者应客，是何子之情也？"华元曰："吾闻之，君子见人之厄则矜之，小人见人之厄则幸之。吾见子之君子也，是以告情于子也。"司马子反曰："诺，勉之矣！吾君亦有七日之粮尔，尽此不胜，将去而归尔。"揖而去之，反于庄王。庄王曰："何如？"司马子反曰："惫矣！"曰："何如？"曰："易子而食之，析骸而炊之。"庄王曰："嘻！甚矣惫！虽然，吾今取此然后而归尔。"司马子反曰："不可，臣已告之矣，军有七日之粮尔。"庄王怒曰："吾使子往视之，子曷为告之？"司马子反曰："以区区之宋，犹有不欺人之臣，可以楚而无乎？是以告之也。"庄王曰："诺。舍而止。虽然，吾犹取此然后归尔。"司马子反曰："然则君请处于此，臣请归尔。"庄王曰："子去我而归，吾孰与处于此，吾亦从子而归尔。"引师而去之。故君子大其平乎己也。此皆大夫也，其称人何？贬。曷为贬？平者在下也。

证曰：此平称人，犹有贬意。二子非出竟，故不许其权。《穀梁》于事义则并略。《春秋复始》曰："穀梁氏曰：'外平不道，以吾人之存焉道之也。'以此节上承'公孙归父会楚子于宋'而言，然则公孙归父不会楚子于宋，则此平不书于《春秋》，大

其平乎已之精义没焉。不成人之美如此。”（卷廿八）

《经》夏，曹公孙会自鄸出奔宋。（昭公二十年）

《穀梁传》自鄸者，专乎鄸也。曹无大夫，其曰公孙何也？言其以贵取之，而不以叛也。

〔《公羊》传〕奔未有言自者，此其言自何？畔也。畔则曷为不言其畔？为公子喜时之后讳也。《春秋》为贤者讳。何贤乎公子喜时？让国也。其让国奈何？曹伯庐卒于师，则未知公子喜时从与？公子负刍从与？或为主于国，或为主于师。公子喜时见公子负刍之当主也，逡巡而退。贤公子喜时，则曷为为会讳？君子之善善也长，恶恶也短；恶恶止其身，善善及子孙。贤者子孙，故君子为之讳也。

证曰：“善善也长，恶恶也短；恶恶止其身，善善及子孙。”《穀梁》不传斯义，且并略而不详其事。此所以《穀梁》略于义也。

《经》冬，黑肱以滥来奔。（昭公三十一年）

《穀梁传》其不言邾黑肱，何也？别乎邾也。其不言滥子，何也？非天子所封也。来奔内，不言叛也。

〔《公羊传》〕文何以无邾娄？通滥也。曷为通滥？贤者子孙宜有地也。贤者孰谓？谓叔术也。何贤乎叔术？让国也。其让国奈何？当邾娄颜之时，邾娄女有为鲁夫人者，则未知其为武公与？懿公与？孝公幼，颜淫九公子于宫中，因以纳贼，则未知其为鲁公子与？邾娄公子与？臧氏之母，养公者也。——君幼则宜有养者，大夫之妾，士之妻，则未知臧氏之母者，曷为者也？——养公者必以其子入养。臧氏之母闻有贼，以其子易公，抱公以逃，贼至，凑公寝而弑之。臣有鲍广父与梁买子者，闻有贼，趋而至。臧氏之母曰：“公不死也，在是，吾以吾子易公矣。”于是负孝公之周诉天子；天子为之诛颜而立叔术，反孝公于鲁。颜夫人者，妪盈女也，国色也，其言曰：“有能为我杀杀颜者，吾为其妻。”叔术为之杀杀颜者，而以为妻。有子焉，谓之盱。夏父者，其所为有于颜者也，盱幼而皆爱之，食必坐二子于其侧而食之，有珍怪之食，盱必先取足焉。夏父曰：“以来，人未足，而盱有馀。”叔术觉焉，曰：“嘻！此诚尔国也夫！”起而致国于夏父，夏父受而中分之，叔术曰：“不可！”三分之，叔术曰：“不可！”四分之，叔术曰：“不可！”五分之，然后受之。公扈子者，邾娄之父兄也，习乎邾娄之故。其言曰：“恶有言人之国贤若此者乎？”诛颜之时，天子死，叔术起而致国于夏父。当此之时，邾娄人常被兵于周，曰：“何故死吾天子？”通滥，则文何以无邾娄？天下未有滥也。天下未有滥，则其言以滥来奔何？叔术者，贤大夫也，绝之则为叔术，不欲绝，不绝则世大夫也。大夫之义不得世，故于是推而通之也。

证曰：包慎言曰：“叔术之妻嫂窃国，论其绝也，必矣。《公羊》以其让国之公，除其前之淫罪。盖论人君与士大夫异科；君与国为体，有功于国，其余小过则略之。齐桓之姊妹不嫁，晋文之纳怀嬴，《春秋》皆不之责，以其拯生民之功大也。叔术妻嫂之罪当绝，而其见机能作，举国而授之夏父，免数世争篡之祸；以隐、桓之事衡之，则术之当机立断，而不受辱，其智为不可及矣。”《穀梁》于其事既不详，其当机立断之义自不见，故于经之书法，亦不能明之也。辨已见前。崔觯甫曰：“穀梁氏曰，其言不邾黑肱何也？别乎邾也。”注：“邾无滥封黑肱，故别之若国。”《左氏》以为三叛人之一。皆不及贤者子孙宜有地之义，比而叛《春秋》也。

《经》十有四年，春，西狩获麟。（哀公十四年）

《穀梁传》引取之也。狩地，不地，不狩也。非狩而曰狩，大获麟，故大其适也。其不言来，不外麟于中国也。其不言有，不使麟不恒于中国也。

〔《公羊传》〕何以书？记异也。何异尔？非中国之兽也。然则孰狩之？薪采者也。薪采者则微者也，曷为以狩言之？大之也。曷为大之？为获麟大之也。曷为为获麟大之？麟者，仁兽也。有王者则至，无王者则不至。有以告者曰："有麕而角者。"孔子曰："孰为来哉！孰为来哉！"反袂拭面，涕沾袍。颜渊死，子曰："噫！天丧予！"子路死，子曰："噫！天祝予！"西狩获麟，孔子曰："吾道穷矣！"《春秋》何以始乎？隐祖之所逮闻也。所见异辞，所闻异辞，所传闻异辞。何以终乎哀十四年？曰：备矣！君子曷为为《春秋》？拨乱世，反诸正，莫近诸《春秋》，则未知其为是与？其诸君子乐道尧舜之道与？末不亦乐乎！尧舜之知君子也。制《春秋》之义，以俟后圣，以君子之为亦有乐乎此也。

证曰：《春秋》始于鲁隐，终于哀十四年，为之传者，宜有说也。《穀梁》于隐元年，不释元年春王正月五始之义，不善始矣。而于西狩获麟，亦不说《春秋》何以终于获麟之义，传家体例，不当如是。《公羊》于《春秋》终始并有说，盖实得《春秋》之真传者也。《穀梁》略之，可以知矣。

证曰：以上十传，《穀梁》于事义并略，甚失传经之体例，且不合《春秋》借事明义之根本，亦足以见其不得《春秋》之真传：郑康成《六艺论》曰："《左氏》善于礼，《公羊》善于谶，《穀梁》善于经。"善于经者，果当略其本事，并略其大义耶？

## 第四　《穀梁》之略于本事

《经》宋公、陈侯、蔡人、卫人伐郑。秋，翚帅师会宋公、陈侯、蔡人、卫人伐郑。(隐公四年)

《穀梁传》翚者何也？公子翚也。其不称公子何也？贬之也。何为贬之也？与于弑公，故贬之也。

〔《公羊传》〕翚者何？公子翚也。何以不称公子？贬。曷为贬？与弑公也。其与弑公奈何？公子翚谄乎隐公，谓隐公曰："百姓安子，诸侯说子，盍终为君矣？"隐曰："吾否。吾使修涂裘，吾将老焉。"公子翚恐若其言闻乎桓，于是谓桓曰："吾为子口隐矣。隐曰：'吾不反也。'"桓曰："然则奈何？"曰："请作难，弑隐公。"于钟巫之祭焉弑隐公也。

证曰：隐之弑所必详，而《穀梁》反略之，非为经作传者，所当出此也。

《经》三月，夫人孙于齐。(庄公元年)

《穀梁传》孙之为言，犹孙也。讳奔也。接练时，录母之变，始人之也。不言氏姓，贬之也。人之于天也，以道受命；于人也，以言受命。不若于道者，天绝之也。不若于言者，人绝之也。臣子大受命。

〔《公羊传》〕孙者何？孙，犹孙也。内讳奔，谓之孙。夫人固在齐矣，其言孙于齐何？念母也。正月以存君念母以首事。夫人何以不称姜氏？贬。曷为贬？与弑公也。其与弑公奈何？夫人谮公于齐侯，公曰：“同非吾子，齐侯之子也。”齐侯怒，与之饮酒。于其出焉，使公子彭生送之。于其乘焉，搚干而杀之。念母者，所善也，则曷为于其念母焉贬？不与念母也。

证曰：此与隐之见杀，同所当详者，而《穀梁》略之，无乃太简乎？

《经》秋，八月甲午，宋万弑其君捷，及其大夫仇牧。（庄公十二年）

《穀梁传》宋万，宋之卑者也，卑者以国氏。及其大夫仇牧，以尊及卑也。仇牧，闲也。

〔《公羊传》〕及者何？累也。弑君多矣，舍此无累者乎？孔父、荀息皆累也。舍孔父、荀息无累者乎？曰：“有。”有则此何以书？贤也。何贤乎仇牧？仇牧可谓不畏强御矣。其不畏强御奈何？万尝与庄公战，获乎庄公。庄公归，散舍诸宫中，数月然后归之。归反，为大夫于宋，与闵公博，妇人皆在侧。万曰：“甚矣！鲁侯之淑，鲁侯之美也！天下诸侯，宜为君者，唯鲁侯尔！”闵公矜此妇人，妒其言，顾曰：“此虏也！尔虏焉故，鲁侯之美恶乎至？”万怒，搏闵公，绝其脰。仇牧闻君弑，趋而至，遇之于门，手剑而叱之。万臂摋仇牧，碎其首，齿着乎门阖。仇牧可谓不畏强御矣。

证曰：《穀梁》云：“仇牧，闲也。”其传不详言之，《公羊》已详之也。

《经》冬，公会齐侯，盟于柯。（庄公十三年）

《穀梁传》曹刿之盟也。信齐侯也。桓盟虽内与不日，信也。

〔《公羊传》〕何以不日？易也。其易奈何？桓之盟不日，其会不致，信之也。其不日何以始乎此？庄公将会乎桓，曹子进曰："君之意何如？"庄公曰："寡人之生，则不若死矣！"曹子曰："然则君请当其君，臣请当其臣。"庄公曰："诺。"于是会乎桓，庄公升坛，曹子手剑而从之。管子进曰："君何求乎？"曹子曰："城坏压竟，君不图与？"管子曰："然则君将何求？"曹子曰："愿请汶阳之田。"管子顾曰："君许诺。"桓公曰："诺。"曹子请盟。桓公下与之盟。已盟，曹子摽剑而去之。要盟可犯，而桓公不欺；曹子可仇，而桓公不怨。桓公之信著乎天下，自柯之盟始焉。



证曰：《穀梁》曰："曹刿之盟也。"而不详言之。《公羊》已说之也。故从略耳。此皆晚于《公羊》，及见《公羊》之证。

《经》冬，戎侵曹，曹羁出奔陈。（庄公二十四年）曹杀其大夫。（庄公二十六年）

《穀梁传》（无传）（庄公二十四年）言大夫而不称名姓，无命大夫也。无命大夫而曰大夫，贤也。为曹羁崇也。（庄公二十六年）



〔《公羊传》〕曹羁者何？曹大夫也。曹无大夫，此何以书？贤也。何贤乎曹羁？戎将侵曹，曹羁谏曰："戎众以无义，君请勿自敌也。"曹伯曰："不可。"三谏不从，遂去之。故君子以为得君臣之义也。（庄公二十四年）何以不名？众也。曷为众杀之？不死于曹君者也。君死乎位曰灭，曷为不言其灭？为曹羁讳也。此盖战也，曷以不言战？为曹羁讳也。（庄公二十六年）

证曰：此与说"曹刿之盟"相同，盖以《公羊》已言之，不能变易其词也：《春秋复始》曰："穀梁氏曰：'言大夫而不称名姓，无命大夫也。无命大夫而曰大夫，贤也。为曹羁崇也。'此谬说也。经书曹羁出奔陈矣，不言曹羁归于曹，则曹君焉得而杀之。……要之，穀梁氏以不称名姓为贤，与《左氏》以不称名为非其罪。皆与不死于曹君者也之义相反。比而叛《春秋》者也。”

《经》楚屈完来盟于师，盟于召陵。（僖公四年）

《穀梁传》楚无大夫，其曰屈完，何也？以其来会桓，成之为大夫也。其不言使，权在屈完也。则是正乎？曰：非正也。以其来会诸侯，重之也。来者何？内桓师也。于师前定也；于召陵得志乎桓公也。得志者，不得志也。以桓公得志为仅矣。屈完曰：“大国之以兵向楚，何也？”桓公曰：“昭王南征不反，菁茅之贡不至，故周室不祭。”屈完曰：“菁茅之贡不至则诺；昭王南征不反，我将问诸江。”

〔《公羊传》〕屈完者何？楚大夫也。何以不称使？尊屈完也。曷为尊屈完？以当桓公也。其言盟于师、盟于召陵何？师在召陵也。师在召陵，则曷为再言盟？喜服楚也。何言乎喜服楚？楚有王者则后服，无王者则先叛。夷狄也，而亟病中国。南夷与北狄交，中国不绝若线；桓公救中国，而攘夷狄，卒心占荆，以此为王者之事也。其言来何？与桓为主也。前此者有事矣，后此者有事矣，则曷为独于此焉？与桓公为主，序绩也。

证曰：“昭王南征不反”诸句，似较《公羊》为详明矣，然而不详尊王攘夷之事。不序齐桓为主之绩，非《春秋》义。

《经》秋，九月乙丑，晋赵盾杀其君夷皋。（宣公二年）春，晋赵盾、卫孙免侵陈。（宣公六年）

《穀梁传》穿弑也，盾不弑，而曰盾弑，何也？以罪盾也。其以罪盾，何也？曰：灵公朝诸大夫而暴弹之，观其辟丸也。赵盾入谏，不听。出亡，至于郊。赵穿弑公，而后反赵盾。史狐书贼，曰：“赵盾弑公。”盾曰：“天乎！天乎！予无罪。孰为盾而忍弑其君者乎？”史狐曰：“子为正卿，入谏不听，出亡不远，君弑，反不讨贼，则志同，志同则书重，非子而谁？”故书之曰“晋赵盾弑其君夷皋”者，过在下也。子曰：“于盾也，见忠臣之至，于许世子止，见孝子之至。”（宣公二年）此帅师也，其不言帅师何也？不正其败前事，故不与帅师也。（宣公六年）

〔《公羊传》〕（无传）（宣公二年）赵盾弑君，此其复见何？亲弑君者，赵穿也。亲弑君者赵穿，则曷为加之赵盾？不讨贼也。何以谓之不讨贼？晋史书贼曰：“晋赵盾弑其君夷嗥。”赵盾曰：“天乎！无辜！吾不弑君，谁谓吾弑君者乎？”史曰：“尔为仁为义，人弑尔君，而复国不讨贼，此非弑君而何？”赵盾之复国奈何？灵公为无道，使诸大夫皆内朝，然后处乎台上，引弹而弹之；已趋而辟丸，是乐而已矣。赵盾已朝而出，与诸大夫立于朝。有人荷畚，自闺而出者。赵盾曰：“彼何也？夫畚曷为出乎闺？”呼之，不至，曰：“子大夫也，欲视之，则就而视之。”赵盾就而视之，则赫然死人也。赵盾曰：“是何也？”曰：“膳宰也。熊蹯不熟，公怒，以斗摮而杀之，支解，将使我弃之。”赵盾曰：“嘻！”趋而入。灵公望见赵盾，诉而再拜。赵盾逡巡北面再拜稽首，趋而出。灵公心怍焉，欲杀之。于是使勇士某者往杀之。勇士入其大门，则无人门焉者；入其闺，则无人闺焉者；上其堂，则无人焉。俯而窥其户，方食鱼飧。勇士曰：“嘻！子诚仁人也。吾入子之大门，则无人焉；入子之闺，则无人焉；上子之堂，则无人焉；是子之易也。子为晋国重卿，而食鱼飧，是子之俭也。君将使我杀子，吾不忍杀子也。虽然，吾亦不可复见吾君矣！”遂刎颈而死。灵公闻之，怒，滋欲杀之甚；众莫可使往者。于是伏甲于宫中，召赵盾而食之。赵盾之车右祁弥明者，国之力士也；仡然从乎赵盾而入，放乎堂下而立。赵盾已食，灵公谓盾曰："吾闻子之剑，盖利剑也，子以示我，吾将观焉。"赵盾起，将进剑，祁弥明自下呼之曰："盾食饱则出，何故拔剑于君所!"赵盾知之，躇阶而走。灵公有周狗，谓之獒。呼獒而属之，獒亦躇阶而从之。祁弥明逆而跋之，绝其颔。赵盾顾曰："君之獒，不若臣之獒也!"然而宫中甲鼓而起。有起于甲中者，抱赵盾而乘之。赵盾顾曰："吾何以得此于子?"曰："子某时所食活我于暴桑下者也。"赵盾曰："子名为谁"?曰："吾君孰为介?子之乘矣!何问吾名?"赵盾驱而出，众无留之者。赵穿缘民众不说，起弑灵公，然后迎赵盾而入，与之立于朝。而立成公黑臀。

证曰：事之详略自明。

《经》夏，六月乙卯，晋荀林父帅师及楚子战于邲，晋师败绩。(宣公十二年)

《穀梁传》绩，功也；功，事也。日，其事败也。

〔《公羊传》〕大夫不敌君，此其称名氏以敌楚子何?不与晋而与楚子为礼也。曷为不与晋而与楚子为礼也?庄王伐郑，胜乎皇门，放乎路衢。郑伯肉袒，左执茅旌，右执鸾刀，以逆庄王曰："寡人无良，边垂之臣，以干天祸，是以使君王沛焉，辱到敝邑。君如矜此丧人，锡之不毛之地，使帅一二耋老而绥焉，请唯君王之命。"庄王曰："君之不令臣交易为言，是以使寡人得见君之玉面，而微至乎此。"庄王亲自手旌，左右抪军，退舍七里。将军子重谏曰："南郢之与郑相去数千里，诸大夫死者数人，厮役扈养，死者数百人，今君胜郑而不有，无乃失民臣之力乎?"庄王曰："古者杅不穿、皮不橐，则不出于四方。是以君子笃于礼而薄于利，要其人而不要其土。告从，不赦，不详。吾以不详道民，灾及吾身，何日之有？”既则晋师之救郑者至，曰：“请战。”庄王许诺。将军子重谏曰：“晋，大国也，王师淹病矣，君请勿许也。”庄王曰：“弱者吾威之，强者吾辟之，是以使寡人无以立乎天下！”令之还师而逆晋寇。庄王鼓之，晋师大败。晋众之走者，舟中之指可掬矣。庄王曰：“嘻！吾两君不相好，百姓何罪？”令之还师而佚晋寇。

证曰：事之详略自明。

《经》夏，五月戊辰，许世子止弑其君买。冬葬许悼公。（昭公十九年）

《穀梁传》日杀，正卒也。正卒，则止不弑也。不弑而曰弑，责止也。止曰：“我与夫弑者，不立乎其位，以与其弟虺。哭泣，歠饮粥，嗌不容粒，未逾年而死。故君子即止自责而责之也。日卒时葬，不使止为弑父也。”曰：子既生，不免乎水火，母之罪也；羁贯成童，不就师傅，父之罪也；就师学问无方，心志不通，身之罪也；心志既通，而名誉不闻，友之罪也；名誉既闻，有司不举，有司之罪也；有司举之，王者不用，王者之过也。许世子不知尝药，累及许君也。

〔《公羊传》〕贼未讨，何以书葬？不成于弑也。曷为不成于弑？止进药而药杀也。止进药而药杀，则曷为加弑焉尔？讥子道之不尽也。其讥子道之不尽奈何？曰：“乐正子春之视疾也，复加一饭则脱然愈，复损一饭则脱然愈，复加一衣则脱然愈，复损一衣则脱然愈。”止进药而药杀，是以君子加弑焉尔，曰：“许世子止弑其君买，是君子之听止也。葬许悼公，是君子之赦止也。赦止者，免止之罪辞也。”

证曰：《穀梁》不详于事者，其传甚多；此传似较《公羊》稍详。然《公羊》“讥子道之不尽”，是《春秋》经意（加弑），《穀梁》云：“累及许君也。”非《春秋》经意（本赦止也）。

《经》齐侯唁公于野井。（昭公二十五年）

《穀梁传》吊失国曰唁，唁公不得入于鲁也。

〔《公羊传》〕唁公者何？昭公将弑季氏，告子家驹曰：“季氏为无道，僭于公室久矣，吾欲弑之，何如？”子家驹曰：“诸侯僭于天子，大夫僭于诸侯久矣。”昭公曰：“吾何僭矣哉？”子家驹曰：“设两观，乘大路，朱干玉戚以舞《大夏》，八佾以舞《大武》，此皆天子之礼也。且夫牛马，维娄委已者也而柔焉。季氏得民众久矣，君无多辱焉。”昭公不从其言，终弑而败焉，走之齐。齐侯唁公于野井，曰：“奈何君去鲁国之社稷？”昭公曰：“丧人不佞，失守鲁国之社稷，执事以羞。”再拜颡，庆子家驹曰：“庆子免君于大难矣。”子家驹曰：“臣不佞，陷君于大难，君不忍加之以**铁**锧，赐之以死。”再拜颡。高子执箪食，与四脡脯，国子执壶浆，曰：“吾寡君闻君在外，馂饔未就，敢致糗于从者。”昭公曰：“君不忘吾先君，延及丧人，锡之以大礼，再拜稽首，以衽受。”高子曰：“有夫不祥，君无所辱大礼。”昭公盖祭而不尝。景公曰：“寡人有不腆先君之服，未之敢服。有不腆先君之器，未之敢用，敢以请。”昭公曰：“丧人不佞，失守鲁国之社稷，执事以羞，敢辱大礼，敢辞。”景公曰：“寡人有不腆先君之服，未之敢服，有不腆先君之器，未之敢用，敢固以请。”昭公曰：“以吾宗庙之在鲁也，有先君之服，未之能以服，有先君之器，未之能以出，敢固辞。”景公曰：“寡人有不腆先君之服，未之敢服，有不腆先君之器，未之敢用，请以飨乎从者。”昭公曰：“丧人其何称？”景公曰：“孰君而无称。”昭公于是噭然而哭，诸大夫皆哭。既哭，以人为菑，以幦为席，以鞍为几，以遇礼相见。孔子曰：“其礼与！其辞足观矣！”

证曰：文之详略自明。

证曰：钟文烝曰：“季子之耽叔牙，叔彭生之死，归父之遣，与宋宣缪之让国，殇闵之被弑，孔父、仇牧之死难，华元之平楚，陈袁涛涂之误齐桓，晋荀息之死难，齐竖刁、易牙之争权，逢丑父之救君，陈乞之迎阳生，卫叔武之被杀，宁殖之命子，郑弦高之犒秦师，楚庄王之赦郑，灵王之经死；《左氏》、《公羊》皆有明文，传绝无之。又《公羊》载曹子之劫齐桓，孔子之行乎季孙，曹羁之谏君，齐高子之城鲁，《传》亦绝无之。又《公羊》解经有卫石踖、郑高克、楚子玉得臣、晋先轸、曹公子喜时等姓氏名字，《传》皆不具。夫此数十事者，公羊高尚能得之于师，则穀梁子尤当知之，今皆隐约其词，或没而不说，是其好从简略矣。”案：《穀梁》略于述经之本事者，固不止如钟氏所举之数十事，及兹所举之十传。自余如公子友葬原仲（庄公二十七年），子般卒（庄公三十二年），执宋公以伐宋（僖公二十一年），卫侯之弟专奔晋（襄公二十七年），吴子使札来聘（襄公二十九年），楚公子比自晋归于楚（昭公十三年），盗窃宝玉大弓（定公八年）等诸传，皆远不及《公羊》之详。大抵其略于大义本事者，共不下五十余传。虽《春秋》重义不重事，然事过略则义不明。《穀梁》徒知详于礼制琐节，而独忽于大事大义，果得《春秋》之真传者，必不当疏略如此也。其非得之于师，固亦可以明矣。

**附录一：**

# 《穀梁》为古文学补证

辛未之夏，余撰为《穀梁不传春秋》证，用吴兴崔氏说，明《穀梁》亦古文。当时撰述之旨，端在推见《穀梁》一书，本非《春秋》之真传，乃杂取传记以造；于《穀梁》之为古文，但略加以阐明，未遑详举其例。余书行世，论者虽多韪余说，以谓《穀梁》真伪至是可以定谳。然私意固欲更深切著明之也。近十年来，讲授之余，颇究心于经今古文学。暇时翻览经传史籍，于两《汉书》中，偶获数证。如：《梅福传》引匡衡《奏议》用《礼记》“孔子曰：‘丘，殷人也。’”之说，与《穀梁传》“宋杀其大夫。其不称名姓，以其在祖之位，尊之”之说合。而“上以其语不经”，如：《贾逵传》谓：“至光武皇帝，奋独见之明，兴立《左氏》、《穀梁》，会二家先师不晓图谶，故令中道而废。”等事，皆颇足见《儒林传》言《穀梁》于宣帝时已立学官之说，未为可信。更于《五经异义》一书中获见明文。如：“故（古）《穀梁》传云”，足见东汉经师实以《穀梁》为古文学。乃复参之三家经文，考其同异，而《穀梁》文同于《左氏》者十之六七，《穀梁》经文，实颇多用古文，与《公羊》异趣。此皆足证《穀梁》实为古文，《穀梁》、《左氏》并非真传。崔氏谓“歆造《左氏传》以篡《春秋》之统，又造《穀梁传》为《左氏》驱除”。《穀梁》为歆所伪，虽无明确之证，然《穀梁》之为古文，宣帝时并未立学，稽之本经，参之史传，验之师说，佐证甚确，明文足据。则其本为古文，固可以定谳矣。兹表列经文异同，然后详为之说。

**《春秋》今古文异同表**

| 《春秋》 | 《左传》 | 《公羊》 | 《穀梁》 |
|---|---|---|---|
| （隐公元年）三月，公及邾仪父盟于蔑 | 公及邾仪父盟于蔑 | 公及邾娄仪父盟于眛 | 公及邾仪父盟于眛 |
| （二年）无骇帅师入极 | 司空无骇入极 | 无骇 | 无侅 |
| 九月，纪裂𦈡来逆女 | 九月，纪裂𦈡来逆女 | 纪履緰 | 纪履緰 |
| 纪子帛莒子盟于密 | 纪子帛莒子盟于密 | 纪子伯 | 纪子伯 |
| （三年）夏四月辛卯，君氏卒 | 夏，君氏卒 | 尹氏卒 | 尹氏卒 |
| 癸未，葬宋穆公 | 八月庚辰宋穆公卒 | 葬宋缪公 | 葬宋缪公 |
| （四年）卫州吁弑其君完 | 卫州吁弑桓公而立 | 卫州吁 | 卫祝吁 |
| 卫人杀州吁于濮 | 丑莅杀州吁于濮 | 杀州吁 | 杀祝吁 |
| （五年）春，公矢鱼于棠 | 春，公将如棠观鱼 | 观鱼于棠 | 观鱼于棠 |
| 秋，卫师入郕 | 卫师入郕 | 卫师入盛 | 卫师入郕 |
| （六年）春，郑人来渝平 | 郑人来渝平 | 输平 | 输平 |
| （八年）三月，郑伯使宛来归祊 | 郑伯使宛来归祊 | 归邴 | 归邴 |
| 公及莒人盟于浮来 | 公及莒人盟于浮来 | 盟于包来 | 盟于包来 |
| 无骇卒 | 无骇卒 | 无骇 | 无侅 |
| （九年）挟卒 |  | 侠卒 | 侠卒 |
| 冬，公会齐侯于防 | 公会齐侯于防 | 于邴 | 于防 |
| （十年）宋人、蔡人、卫人伐戴 | 伐戴 | 伐载 | 伐载 |

续表

| 《春秋》 | 《左传》 | 《公羊》 | 《穀梁》 |
| --- | --- | --- | --- |
| 齐人、郑人入郕 | 入郕 | 入盛 | 入郕 |
| (十一年) 夏，公会郑伯于时来 | 会郑伯于郲 | 夏五月，公会郑伯于祁黎 | 夏五月，公会郑伯于时来 |
| (桓公二年) 秋七月，杞侯来朝 | 杞侯来朝 | 纪侯来朝 | 纪侯来朝 |
| (三年) 六月，公会杞侯于郕 | 公会杞侯于欢，杞求成也 | 会纪侯于盛 | 会杞侯于郕 |
| (五年) 天王使仍叔之子来聘 | | 仍叔之子 | 任叔之子 |
| 螽 | | 螽螺 | 螽 |
| (六年) 夏四月，公会纪侯于成 | 夏，会于成 | 公会纪侯于成 | 公会纪侯于郕 |
| (十一年) 公会宋公于夫钟 | | 于夫童 | 于夫钟 |
| (十二年) 公会杞侯、莒子盟于曲池 | 夏，盟于曲池 | 盟于殴蛇 | 盟于曲池 |
| 公会宋公于虚 | 又会于虚 | 于郯 | 于虚 |
| (十四年) 郑伯使其弟语来盟 | 郑子人来寻盟 | 语来盟 | 御来盟 |
| 宋人以齐人、蔡人、卫人、陈人伐郑 | 宋人以诸侯伐郑 | 齐人、卫人、蔡人、陈人 | 齐人、蔡人、卫人、陈人 |
| (十七年) 公会邾仪父，盟于趡 | 乃邾仪父盟于趡 | 公及邾娄仪父盟于趡 | 公及邾仪父盟于趡 |
| 夏五月丙午，及齐师战于奚 | 夏，及齐师战于奚 | 五月丙午，及齐师战于奚 | 及齐师战于郎 |
| (十八年) 公与夫人姜氏遂如齐 | 公将有行，遂与姜氏如齐 | 公夫人姜氏 | 公与夫人姜氏 |

续表

| 《春秋》 | 《左传》 | 《公羊》 | 《穀梁》 |
| --- | --- | --- | --- |
| (庄公元年) 夏，单伯送王姬 | | 单伯逆王姬 | 单伯逆王姬 |
| (二年) 夫人姜氏会齐侯于禚 | 冬，夫人姜氏会齐侯于禚 | 会齐侯于郜 | 会齐侯于禚 |
| (三年) 冬，公次于滑 | 冬，公次于滑 | 公次于郎 | 公次于郎 |
| (四年) 夫人姜氏享齐侯于祝丘 | | 飨齐侯 | 飨齐侯 |
| 冬，公及齐人狩于禚 | | 狩于郜 | 狩于郜 |
| (五年) 秋，郳犁来来朝 | 郳犁来来朝 | 倪黎来来朝 | 郳黎来来朝 |
| (六年) 春王正月，王人子突救卫 | 春，王人救卫 | 王三月，王人子突救卫 | 王三月，王人子突救卫 |
| 冬，齐人来归卫俘 | 齐人来归卫宝 | 齐人来归卫宝 | 齐人来归卫宝 |
| (七年) 夏四月辛卯，夜，恒星不见。夜中，星陨如雨 | 夏，恒星不见 | 夜，恒星不见，夜中，星陨如雨 | 辛卯昔，恒星不见 |
| (八年) 甲午，治兵 | 春，治兵于庙 | 甲午，祠兵 | 甲午，治兵 |
| 夏，师及齐师围郕，郕降于齐师 | 围郕。郕降于齐师 | 围城，成降于齐师 | 围郕。郕降于齐师 |
| (九年) 公及齐大夫盟于既 | 盟于既 | 盟于暨 | 盟于暨 |
| 夏，公伐齐纳子纠 | 公伐齐，纳子纠 | 公伐齐纳纠 | 公伐齐纳纠 |
| (十年) 以蔡侯献舞归 | 以蔡侯献舞归 | 以蔡侯献舞归 | 以蔡侯献武归 |
| (十二年) 八月甲午，宋万弑其君捷 | 宋万弑闵公于蒙泽 | 弑其君接 | 弑其君捷 |
| (十三年) 春，齐侯、宋人、陈人、蔡人、邾人会于北杏 | 春，会于北杏，以平宋乱 | 齐侯、宋人、陈人、蔡人、邾娄人会于北杏 | 齐人、宋人、陈人、蔡人、邾人会于北杏 |

续表

| 《春秋》 | 《左传》 | 《公羊》 | 《穀梁》 |
| --- | --- | --- | --- |
| (十五年)秋，宋人、齐人、邾人伐郳 | 秋，诸侯为宋伐郳 | 宋人、齐人、邾娄人伐儿 | 宋人、齐人、邾人伐郳 |
| (十六年)冬十有二月，会齐侯、宋公、陈侯、卫侯、郑伯、许男、滑伯、滕子同盟于幽 | 冬，同盟于幽，郑成也 | 公会齐侯、宋公、陈侯、卫侯、郑伯、许男、曹伯、滑伯、滕子同盟于幽 | 会齐侯、宋公、陈侯、卫侯、郑伯、许男、曹伯、滑伯、滕子，同盟于幽 |
| (十七年)春，齐人执郑詹 | 齐人执郑詹 | 齐人执郑瞻 | 齐人执郑詹 |
| 夏，齐人歼于遂 | ……齐人歼焉 | 瀸于遂 | 歼于遂 |
| 秋，郑詹自齐逃来 | | 郑瞻自齐逃来 | 郑詹自齐逃来 |
| (二十年)冬，齐人伐戎 | | 齐人伐戎 | 齐人伐我 |
| (廿二年)春王正月，肆大眚 | | 肆大省 | 肆大眚 |
| 陈人杀其公子御寇 | 陈人杀其大子御寇 | 陈人杀其公子御寇 | 陈人杀其公子御寇 |
| (廿六年)春，公伐戎 | | 公伐戎 | 春，公伐戎 |
| (廿八年)公会齐人、宋人救郑 | | 公会齐人、宋人、邾娄人救郑 | 公会齐人、宋人救郑 |
| 冬，筑郿(麋) | 筑郿 | 筑微 | 筑微 |
| (三十年)夏，次于成 | | 师次于成 | 师次于成 |
| (三十二年)春，城小穀 | 春，城小穀 | 春，城小穀 | 春，城小穀 |
| 冬十月己未，子般卒 | 冬十月己未，共仲使圉人荦贼子般于党氏 | 冬十月乙未，子般卒 | 冬，十月乙未，子般卒 |

续表

| 《春秋》 | 《左传》 | 《公羊》 | 《穀梁》 |
|---|---|---|---|
| (闵公元年) 秋八月，公及齐侯盟于落姑 | 盟于落姑 | 盟于洛姑 | 盟于洛路 |
| 夏六月，邢迁于夷仪 | 夏，邢迁夷仪 | 邢迁于陈仪 | 邢迁于夷仪 |
| 八月，公会齐侯、宋公、郑伯、曹伯、邾人于柽 | 盟于荦 | 于朾 | 于柽 |
| 九月，公败邾师于偃 | 九月，公败邾师于偃 | 公败邾娄师于缨 | 公败邾师于偃 |
| 冬十月壬午，公子友帅师败莒于郦，获莒挐 | 公子友败诸郦，获莒子之弟挐 | 公子友帅师败莒师于犁，获莒挐 | 公子友帅师败莒师于丽，获莒挐 |
| (二年) 虞师、晋师灭下阳 | 晋里克、荀息帅师会虞师伐虢，灭下阳 | 虞师、晋师灭夏阳 | 虞师、晋师灭夏阳 |
| 秋九月，齐侯、宋公、江人、黄人盟于贯 | 秋，盟于贯 | 盟于贯泽 | 盟于贯 |
| (三年) 冬，公子友如齐位盟 | 冬，公子友如齐位盟 | 如齐莅盟 | 如齐莅盟 |
| (四年) 齐人执陈辕涛涂 | 执辕涛涂 | 执陈袁涛涂 | 执陈袁涛涂 |
| 葬许穆公 | 许穆公卒于师，葬之以侯 | 葬许缪公 | 葬许穆公 |
| 冬十有二月，公孙兹帅师会齐人、宋人、卫人、郑人、许人、曹人侵陈 | 冬，叔孙戴伯帅师，会诸侯之师侵陈 | 公孙慈帅师 | 公孙兹帅师 |
| (五年) 公及齐侯、宋公、陈侯、卫侯、郑伯、许男、曹伯会王世子于首止 | 会于首止 | 会王世子于首戴 | 会王世子于首戴 |
| (七年) 秋七月，公会齐侯、宋公、陈世子款、郑世子华盟于宁母 | 秋，盟于宁母 | 盟于宁毋 | 盟于宁母 |
| 曹伯班卒 |  | 曹伯般卒 | 曹伯班卒 |

续表

| 《春秋》 | 《左传》 | 《公羊》 | 《穀梁》 |
| --- | --- | --- | --- |
| (八年) 春王正月，公会王人、齐侯、宋公、卫侯、许男、曹伯、陈世子款盟于洮 | 春，盟于洮 | ……陈世子款、郑世子华盟于洮 | ……陈世子款，盟于洮 |
| (九年) 春王三月丁丑，宋公御说卒 | 春，宋桓公卒 | 宋公御说卒 | 宋公御说卒 |
| 甲子，晋侯佹诸卒 | 九月，晋献公卒 | 甲戌，晋侯诡诸卒 | 甲子，晋侯诡诸卒 |
| 冬，晋里奚克杀其君之子奚齐 | 冬十月，里克杀奚齐于次 | 晋里克弑其君之子奚齐 | 晋里克杀其君之子奚齐 |
| (十年) 晋里克弑其君卓及其大夫荀息 | | 弑其君卓子及其大夫荀息 | 弑其君卓及其大夫荀息 |
| 冬，大雨雪 | | 冬，大雨雹 | 冬，大雨雪 |
| (十一年) 春。晋杀其大夫平郑 | 晋侯使以平郑之乱来告 | 晋杀其大夫丕郑父 | 晋杀其大夫丕郑父 |
| (十二年) 冬十有二月丁丑，陈侯杵臼卒 | | 陈侯处臼卒 | 陈侯杵臼卒 |
| (十四年) 夏六月，季姬及鄫子遇于防，使鄫子来朝 | 鄫季姬来宁……以鄫子之不朝也……而使来朝 | 季姬及鄫子遇于防，使鄫子来朝 | 季姬及缯子遇于防，使缯子来朝 |
| (十五年) 公孙敖帅师及诸侯之大夫救徐 | | 公孙敖率师 | 公孙敖帅师 |
| (十六年) 春王正月戊申朔，陨石于宋五 | 春，陨石于宋五 | 霣石于宋五 | 陨石于宋五 |
| 是月，六鹢退飞过宋都 | 六鹢退飞过宋都 | 六鹢退飞过宋都 | 六鶂退飞过宋都 |
| (十八年) 春王正月，宋公、曹伯、卫人、邾人伐齐 | 春，宋襄公以诸侯伐齐 | 宋公会曹伯、卫人、邾娄人伐齐 | 宋公、曹伯、卫人、邾人伐齐 |

续表

| 《春秋》 | 《左传》 | 《公羊》 | 《穀梁》 |
| --- | --- | --- | --- |
| （十九年）夏六月，宋公、曹人、邾人盟于曹南 | | 宋人、曹人、邾娄人 | 宋公、曹人、邾人 |
| 鄫子会盟于邾 | | 鄫子会于邾娄 | 缯子会盟于邾 |
| 冬，会陈人、蔡人、楚人、郑人盟于齐 | 冬，盟于齐 | 公会陈人、蔡人、楚人、郑人 | 会陈人、蔡人、楚人、郑人 |
| （廿一年）秋，宋公、楚子、陈侯、蔡侯、郑伯、许男、曹伯会于盂 | 秋，诸侯会宋公于盂 | 会于霍 | 会于雩 |
| （廿二年）春，公伐邾，取须句 | 春，伐邾，取须句 | 公伐邾娄，取须朐 | 公伐邾，取须句 |
| （廿三年）春，齐侯伐宋，围婚 | 春，齐侯伐宋，围缗 | 齐侯伐宋，围缗 | 齐侯伐宋，围闵 |
| 夏五月庚寅，宋公兹父卒 | 夏五月，宋襄公卒 | 宋公慈父卒 | 宋公兹父卒 |
| （廿六年）春王正月，己未，公会莒子、卫宁速盟于向 | 春，王正月，公会莒兹、卫宁庄子盟于向 | 公会莒子、卫宁漱盟于向 | 公会莒子、卫宁速，盟于向 |
| 齐人侵我西鄙，公追齐师，至酅，不及 | | 公追齐师至巂，弗及 | 公追齐师，至巂，弗及 |
| 秋，楚人灭夔，以夔子归 | 楚成得臣、斗宜申帅师灭夔，以夔子归 | 楚人灭隗，以隗子归 | 楚人灭夔，以夔子归 |
| （廿八年）冬，公会晋侯、齐侯、宋公、蔡侯、郑伯、陈子、莒子、邾人、秦人于温 | 冬，会于温 | 公会晋侯、齐侯、宋公、蔡侯、郑伯、陈子、莒子、邾娄子、秦人于温 | 公会晋侯、宋公、蔡侯、郑伯、陈子、莒子、邾子、秦人于温 |

续表

| 《春秋》 | 《左传》 | 《公羊》 | 《穀梁》 |
|---|---|---|---|
| 天王狩于河阳 | 天王狩于河阳 | 天王狩河阳 | 天王守于河阳 |
| (廿九年) 夏六月，会王人、晋人、宋人、齐人、陈人、蔡人、秦人盟于翟泉 | 夏，公会王子虎、晋狐偃、宋公孙固、齐国归父、陈辕涛涂、秦小子慭，盟于翟泉 | 盟于狄泉 | 盟于翟泉 |
| (三十二年) 夏四月己丑，郑伯捷卒 | | 郑伯接卒 | 郑伯捷卒 |
| (三十三年) 夏四月辛巳，晋人及姜戎败秦师于殽 | 夏四月辛巳，败秦师于殽 | 晋人及姜戎败秦于殽 | 晋人及姜戎败秦师于殽 |
| 公伐邾，取訾娄 | 公伐邾，取訾娄 | 公伐邾娄，取丛 | 公伐邾，取訾楼 |
| 陨霜不杀草 | | 霣霜不杀草 | 陨霜不杀草 |
| (文公元年) 二月癸亥，日有食之 | | 二月癸亥朔，日有食之 | 二月癸亥，日有食之 |
| 冬十月丁未，楚世子商臣弑其君頵 | | 楚世子商臣弑其君髡 | 楚世子商臣弑其君髡 |
| (二年) 夏六月，公孙敖会宋公、陈侯、郑伯、晋士縠盟于垂陇 | 六月，穆伯会诸侯及晋司空士縠盟于垂陇 | 盟于垂敛 | 盟于垂敛 |
| (三年) 晋阳处父帅师伐楚以救江 | 晋阳处父伐楚以救江 | 晋阳处父帅师伐楚救江 | 晋阳处父帅师伐楚救江 |
| (五年) 三月辛亥，葬我小君成风。王使召伯来会葬 | 召昭公来会葬 | 王使召伯来会葬 | 王使毛伯来会葬 |
| (六年) 八月乙亥，晋侯欢卒 | 八月乙亥，晋襄公卒 | 晋侯欢卒 | 晋侯驩卒 |

续表

| 《春秋》 | 《左传》 | 《公羊》 | 《穀梁》 |
| --- | --- | --- | --- |
| 晋狐射姑出奔狄 | 贾季奔狄 | 晋狐射姑出奔狄 | 晋狐夜姑出奔狄 |
| (七年)三月甲戌,取须句 | 三月甲戌,取须句 | 取须朐 | 取须句 |
| 夏四月,宋公王臣卒 | 夏四月,宋成公卒 | 宋公王臣卒 | 宋公壬臣卒 |
| 戊子,晋人及秦人战于令狐。晋先蔑奔秦 | 己丑,先蔑奔秦 | 晋先眛以师奔秦 | 晋先蔑奔秦 |
| (八年)乙酉,公子遂会洛戎,盟于暴 | | 公子遂会伊雒戎,盟于暴 | 公子遂会雒戎,盟于暴 |
| 公孙敖如京师,不至而复。丙戌,奔莒 | | 公孙敖如京师,不至复。丙戌,奔莒 | 公孙敖如京师,不至而复。丙戌,奔莒 |
| (九年)冬,楚子使椒来聘 | 冬,楚子越椒来聘 | 楚子使椒来聘 | 楚子使萩来聘 |
| (十年)楚子、蔡侯次于厥貉 | 冬,遂及蔡侯次于厥貉 | 楚子、蔡侯次于屈貉 | 楚子、蔡侯次于厥貉 |
| (十一年)春,楚子伐麇 | 春,楚子伐麇 | 楚子伐圈 | 楚子伐麇 |
| (十二年)春,王正月,郕伯来奔 | 春,郕伯卒,郕人立君。大子以夫钟与郕邽来奔 | 盛伯来奔 | 郕伯来奔 |
| 秦伯使术来聘 | 秦伯使西乞术来聘 | 秦伯使遂来聘 | 秦伯使术来聘 |
| 季孙行父帅师城诸及郓 | 城诸及郓 | 季孙行父帅师城诸及运 | 季孙行父帅师,城诸及郓 |
| (十三年)邾子蘧蒢卒 | 五月,邾文公卒 | 邾娄子蘧篨卒 | 邾子蘧篨卒 |
| 大室屋坏 | | 世室屋坏 | 大室屋坏 |

续表

| 《春秋》 | 《左传》 | 《公羊》 | 《穀梁》 |
|---|---|---|---|
| 冬，公如晋。卫侯会公于沓 | 冬，公如晋，朝，且寻盟。卫侯会公于沓 | 冬，公如晋。卫侯会于沓 | 冬，公如晋。卫侯会公于沓 |
| (十四年) 晋人纳捷菑于邾，弗克纳 | 晋赵盾以诸侯之师八百乘纳捷菑于邾 | 晋人纳接菑于邾娄，弗克纳 | 晋人纳捷菑于邾，弗克纳 |
| (十六年) 六月戊辰，公子遂及齐侯盟于郪丘 | 公使襄仲纳赂于齐侯，故盟于郪丘 | 公子遂及齐侯盟于犀丘 | 公子遂及齐侯盟于师丘 |
| 冬十有一月，宋人弑其君杵臼 | 十一月甲寅，宋昭公将田孟诸，未至，夫人王姬使帅甸攻而杀之 | 宋人弑其君处臼 | 宋人弑其君杵臼 |
| (十七年) 夏四月癸亥，葬我小君声姜 | 夏四月癸亥，葬声姜 | 葬我小君圣姜 | 葬我小君声姜 |
| (宣公元年) 宋公、陈侯、卫侯、曹伯会晋师于棐林，伐郑 | 会于棐林，以伐郑也 | 会晋师于斐林，伐郑 | 会晋师于棐林，伐郑 |
| 冬，晋赵穿帅师侵崇 | 冬，赵穿侵崇 | 晋赵穿帅师侵柳 | 晋赵穿帅师侵崇 |
| (二年) 秋九月乙丑，晋赵盾弑其君夷皋 | 赵穿攻灵公于桃园。宣子未出山而复大史书曰赵盾弑其君。 | 晋赵盾弑其君夷獔 | 晋赵盾弑其君夷皋 |
| (三年) 楚子伐陆浑之戎 | 楚子伐陆浑之戎 | 楚子伐贲浑戎 | 楚之伐陆浑戎 |
| 葬郑穆公 | | 葬郑缪公 | 葬郑穆公 |
| (五年) 秋九月，齐高固来逆叔姬 | 齐高固来逆女 | 齐高固来逆子叔姬 | 齐高固来逆子叔姬 |
| (八年) 戊子，夫人嬴氏薨 | | 夫人熊氏薨 | 夫人熊氏薨 |

续表

| 《春秋》 | 《左传》 | 《公羊》 | 《穀梁》 |
|---|---|---|---|
| 楚人灭舒蓼 | 楚为众舒叛，故伐舒蓼，灭之 | 楚人灭舒蓼 | 楚人灭舒鄝 |
| 冬十月己丑，葬我小君敬嬴 | 冬，葬敬嬴 | 葬我小君顷熊 | 葬我小君顷熊 |
| (十年) 公孙归父帅师伐邾，取绎 | 师伐邾，取绎 | 公孙归父帅师伐邾娄，取蘱 | 公孙归父帅师伐邾，取绎 |
| (十一年) 夏，楚子、陈侯、郑伯盟于辰陵 | 夏，楚盟于辰陵，陈、郑服也 | 盟于辰陵 | 盟于夷陵 |
| 丁亥，楚子入陈。纳公孙宁、仪行父于陈 | 书曰：楚子入陈，纳公孙宁、仪行父于陈 | 纳公孙宁、仪行父于陈 | 纳公孙宁、仪行父于陈 |
| (十三年) 春，齐师伐莒 | 春，齐师伐莒 | 齐师伐卫 | 齐师伐莒 |
| 冬，晋杀其大夫先縠 | 晋人讨邲之败……归罪于先縠而杀之 | 晋杀其大夫先縠 | 晋杀其大夫先縠 |
| (十五年) 仲孙蔑会齐高固于无娄 | | 仲孙蔑会齐高固于牟娄 | 仲孙蔑会齐高固于无娄 |
| (十六年) 夏，成周宣榭火 | 夏，成周宣榭火 | 夏，成周宣谢灾 | 成周宣榭灾 |
| (十八年) 秋七月，邾人伐鄫子于鄫 | 秋，邾人戕鄫子于鄫 | 邾娄人戕鄫子于鄫 | 邾人戕缯子于缯 |
| 甲戌，楚子旅卒 | 楚庄王卒 | 楚子旅卒 | 楚子吕卒 |
| 归父还自晋，至笙。遂奔齐 | 及笙……遂奔齐 | 至柽，遂奔齐 | 至柽，遂奔齐 |
| (成公元年) 秋，王师败绩于茅戎 | 秋，王人来告败 | 王师败绩于贸戎 | 王师败绩于贸戎 |
| (二年) …… 曹公子首…… | | 曹公子手 | 曹公子手 |
| 秋七月，齐侯使国佐如师。己酉，及国佐盟于袁娄 | 秋七月，晋师及齐国佐盟于爰娄 | 盟于袁娄 | 盟于爰娄 |

续表

| 《春秋》 | 《左传》 | 《公羊》 | 《穀梁》 |
|---|---|---|---|
| 庚寅，卫侯速卒 | | 卫侯漱卒 | 卫侯速卒 |
| (成公三年）辛亥，葬卫穆公 | | 葬卫缪公 | 葬卫穆公 |
| 晋郤克、卫孙良夫伐啬咎如 | 晋郤克、卫孙良夫伐啬咎如 | 伐将咎如 | 伐墙咎如 |
| (四年）三月壬申，郑伯坚卒 | | 郑伯臤卒 | 郑伯贤卒 |
| (五年）夏，叔孙侨如会晋荀首于谷 | 夏，晋荀首如齐逆女，故宣伯餫诸谷 | 叔孙侨如会晋荀秀于谷 | 叔孙侨如会晋荀首于谷 |
| (六年）晋栾书帅师救郑 | 晋栾书救郑 | 晋栾书率师侵郑 | 晋栾书帅师救郑 |
| (八年）秋七月，天子使召伯来赐公命 | 秋，召桓公来赐公命 | 天子使召伯来锡公命 | 天子使召伯来锡公命 |
| (十年）冬十月 | | 无“冬十月”三字 | 冬十月 |
| (十一年）晋侯使郤犨来聘，已丑，及郤犨盟 | 郤犨来聘，且莅盟 | 晋侯使郤州来聘。已丑，及郤州盟 | 晋侯使郤犨来聘。已丑，及郤犨盟 |
| (十二年）夏，公会晋侯、卫侯于琐泽 | | 公会晋侯、卫侯于沙泽 | 公会晋侯、卫侯于琐泽 |
| (十三年）曹伯卢卒于师 | 曹宣公卒于师 | 曹伯庐卒于师 | 曹伯庐卒于师 |
| (十五年）癸丑，公会晋侯、卫侯、郑伯、曹伯、宋世子成、齐国佐，邾人同盟于戚 | | ……邾娄人同盟于戚 | ……邾人同盟于戚 |
| (十六年）九月，晋人执季孙行父，舍之于苕丘 | 九月，晋人执季文子于苕丘 | 晋人执季孙行父，舍之于招丘 | 晋人执季孙行父，舍之于苕丘 |

续表

| 《春秋》 | 《左传》 | 《公羊》 | 《穀梁》 |
| --- | --- | --- | --- |
| (十七年) 春，卫北宫括帅师侵郑 | 卫北宫括救晋，侵郑 | 卫北宫结率师侵郑 | 卫北宫括帅师侵郑 |
| 壬申，公孙婴卒于狸脤 | 壬申，(声伯) 至于狸脤……之莫而卒 | 公孙婴齐卒于狸轸 | 公孙婴齐卒于狸蜃 |
| (十八年) 晋侯使士鲂来乞师 | 晋士鲂来乞师 | 晋侯使士彭来乞师 | 晋侯使士鲂来乞师 |
| (襄公元年) 夏，晋韩厥帅师伐郑 | | 晋韩屈帅师伐郑 | 晋韩厥帅师伐郑 |
| 仲孙蔑会齐崔杼、曹人、邾人、杞人次于鄫 | 东诸侯之师次于鄫，以待晋师 | ……邾娄人、杞人次于合 | ……邾人、杞人，次于鄫 |
| (四年) 秋七月戊子，夫人姒氏薨 | 秋，定姒薨 | 夫人弋氏薨 | 夫人姒氏薨 |
| 八月辛亥，葬我小君定姒 | | 葬我小君定弋 | 葬我小君定姒 |
| (五年) 仲孙蔑、卫孙林父会吴于善道 | 孟献子、孙文子会吴于善道 | 会吴于善稻 | 会吴于善稻 |
| 公会晋侯、宋公、卫侯、郑伯、曹伯、齐世子光救陈 | 冬，诸侯戍陈……十一月甲午，会于城棣以救之 | 公会晋侯、宋公、卫侯、郑伯、曹伯、莒子、邾娄子、滕子、薛伯、齐世子光救陈 | 公会晋侯、宋公、卫侯、郑伯、曹伯、莒子、邾子、滕子、薛伯、齐世子光，救陈 |
| (七年) 郑伯髡顽如会，未见诸侯，丙戌，卒于鄵 | 郑僖公……及鄵，子驷使贼夜弑僖公 | 郑伯髡原如会，未见诸侯，丙戌卒于操 | 郑伯髡原如会，未见诸侯；丙戌，卒于操 |
| (八年) 郑人侵蔡，获蔡公子燮 | 郑子国、子耳侵蔡，获蔡司马公子燮 | 郑人侵蔡，获蔡公子燮 | 郑人侵蔡，获蔡公子湿 |

续表

| 《春秋》 | 《左传》 | 《公羊》 | 《穀梁》 |
| --- | --- | --- | --- |
| (九年) 春，宋灾 | 春，宋灾 | 春，宋火 | 九年春，宋灾 |
| 秋八月癸未，葬我小君穆姜 | | 葬我小君缪姜 | 葬我小君穆姜 |
| (十年) 夏五月甲午，遂灭逼阳 | 五月庚寅，荀偃、士匄帅卒攻逼阳，亲受矢石。甲午，灭之 | 遂灭逼阳 | 遂灭傅阳 |
| 冬，盗杀郑公子骓、公子发、公孙辄 | 尉止……帅贼以入，晨攻执政于西宫之朝，杀子驷、子国、子耳 | 盗杀郑公子斐…… | 盗杀郑公子斐…… |
| (十一年) 秋七月己未，同盟于亳城北 | 秋七月，同盟于亳 | 同盟于京城北 | 同盟于京城北 |
| (十二年) 春王二月，莒人伐我东鄙，围台 | 春，莒人伐我东鄙，围台 | 春王三月，莒人伐我东鄙，围台 | 王三月，莒人伐我东鄙，围邰 |
| 季孙宿帅师救台，遂入郓 | 季武子救台，遂入郓 | 季孙宿帅师救台，遂入运 | 季孙宿帅师救邰，遂入郓 |
| 夏，晋侯使士鲂来聘 | 夏，晋士鲂来聘 | 晋侯使士彭来聘 | 晋侯使士鲂来聘 |
| (十三年) 夏，取邿 | 夏，邿乱，分为三。师救邿，遂取之 | 夏，取诗 | 夏，取邿 |
| (十四年) 春王正月，季孙宿、叔老会晋士匄、齐人、宋人、卫人、郑公孙虿、曹人、莒人、邾人、滕人、薛人、杞人、小邾人会吴于向 | 春，吴告败于晋。会于向 | 季孙宿、叔老会晋士匄、齐人、宋人、卫人、郑公孙虿、曹人、莒人、邾娄人、滕人、薛人、杞人、小邾娄人会吴于向 | 季孙宿，叔老会晋士匄、齐人、宋人、卫人、郑公孙虿、曹人、莒人、邾人、滕人、薛人、杞人、小邾人，会吴于向 |

续表

| 《春秋》 | 《左传》 | 《公羊》 | 《穀梁》 |
| --- | --- | --- | --- |
| 己未，卫侯出奔齐 | 四月己未，子展奔齐 | 卫侯衎出奔齐 | 卫侯出奔齐 |
| (十七年) 春王二月庚午，邾子卒 | | 邾娄子瞷卒 | 邾子瞷卒 |
| 秋，齐侯伐我北鄙，围桃 | 秋，齐侯伐我北鄙，围桃 | 齐侯伐我北鄙，围洮 | 齐侯伐我北鄙，围桃 |
| 高厚帅师伐我北鄙，围防 | 高厚围臧纥于防 | 齐高厚帅师伐我北鄙，围防 | 齐高厚帅师伐我北鄙，围防 |
| (十八年) 秋，齐师伐我北鄙 | 秋，齐侯伐我北鄙 | 齐师伐我北鄙 | 齐侯伐我北鄙 |
| (十九年) 春王正月，诸侯盟于祝柯 | 春，诸侯还自沂上，盟于督扬 | 诸侯盟于祝阿 | 诸侯盟于祝柯 |
| 秋七月辛卯，齐侯环卒 | 夏五月壬辰晦，齐灵公卒 | 七月辛卯，齐侯瑗卒 | 七月辛卯，齐侯环卒 |
| 郑杀其大夫公子嘉 | 甲辰，子展、子西率国人伐之，杀子孔而分其室 | 郑杀其大夫公子喜 | 郑杀其大夫公子嘉 |
| (廿年) 春王正月辛亥，仲孙速会莒人盟于向 | 孟庄子会莒人，盟于向 | 仲孙遬会莒人，盟于向 | 仲孙速会莒人，盟于向 |
| 蔡杀其大夫公子燮 | 公子燮求从先君以利蔡，不能而死 | 蔡杀其大夫公子燮 | 蔡杀其大夫公子湿 |
| 陈侯之弟黄出奔楚 | (陈) 公子黄出奔楚 | 陈侯之弟光出奔楚 | 陈侯之弟光出奔楚 |
| (廿一年) 公会晋侯、齐侯、宋公、卫侯、郑伯、曹伯、莒子、邾子于商任 | 会于商任，锢栾氏也 | 公会晋侯、齐侯、宋公、卫侯、郑伯、曹伯、莒子、邾娄子于商任 | 公会晋侯、齐侯、宋公、卫侯、郑伯、曹伯、莒子、邾子于商任 |

续表

| 《春秋》 | 《左传》 | 《公羊》 | 《穀梁》 |
| --- | --- | --- | --- |
| (廿二年)冬，公会晋侯、齐侯、宋公、卫侯、郑伯、曹伯、莒子、邾子、薛伯、杞伯、小邾子于沙随 | 冬，会于沙随 | 公会晋侯、齐侯、宋公、卫侯、郑伯、曹伯、莒子、邾娄子、滕子、薛伯、杞伯、小邾娄子于沙随 | 公会晋侯、齐侯、宋公、卫侯、郑伯、曹伯、莒子、邾子、滕子、薛伯、杞伯、小邾子于沙随 |
| (廿三年)夏，邾畀我来奔 | | 邾娄鼻我来奔 | 邾畀我来奔 |
| 八月，叔孙豹帅师救晋，次于雍榆 | 叔孙豹帅师救晋，次于雍榆 | 叔孙豹帅师救晋，次于雍渝 | 叔孙豹帅师救晋，次于雍渝 |
| (廿五年)公会晋侯、宋公、卫侯、郑伯、曹伯、莒子、邾子、滕子、薛伯、杞伯、小邾子于夷仪 | 晋侯济自泮，会于夷仪 | 公会晋侯、宋公、卫侯、郑伯、曹伯、莒子、邾娄子、滕子、薛伯、杞伯、小邾娄子于陈仪 | 公会晋侯、宋公、卫侯、郑伯、曹伯、莒子、邾子、滕子、薛伯、杞伯、小邾子于夷仪 |
| 冬，郑公孙夏帅师伐陈 | 冬十月，子展相郑伯如晋……子西复伐陈 | 冬，郑公孙虿帅师伐陈 | 郑公孙夏帅师伐陈 |
| 十有二月，吴子遏伐楚 | | 吴子谒伐楚 | 吴子谒伐楚 |
| (廿六年)秋，宋公弑其世子痤 | (宋)大子痤……乃缢而死 | 宋公杀其世子痤 | 宋公杀其世子座 |
| (廿七年)夏，叔孙豹会晋赵武、楚屈建、蔡公孙归生、卫石恶、陈孔奂、郑良霄、许人、曹人于宋 | | 叔孙豹会……陈孔瑗、郑良霄、许人、曹人于宋 | 叔孙豹会……陈孔奂、郑良霄、许人、曹人于宋 |

续表

| 《春秋》 | 《左传》 | 《公羊》 | 《穀梁》 |
|---|---|---|---|
| 卫侯之弟鱄出奔晋 | | 卫侯之弟鱄出奔晋 | 卫侯之弟专出奔晋 |
| (廿九年) 仲孙羯会晋荀盈、齐高止、宋华定、卫世叔仪、郑公孙段、曹人、莒人、滕子、薛人、小邾人城杞 | | 仲孙羯会晋荀盈、齐高止、宋华定、卫世叔齐、郑公孙段、曹人、莒人、邾娄人、滕人、薛人、小邾娄人城杞 | 仲孙羯会晋荀盈、齐高止、宋华定、卫世叔仪、郑公孙段、曹人、莒人、邾人、滕人、薛人、小邾人城杞 |
| (三十年) 王正月，楚子使薳罢来聘 | 楚子使薳罢来聘 | 楚子使薳颇来聘 | 楚子使薳罢来聘 |
| 五月甲午，宋灾。宋伯姬卒 | 甲午，宋大灾。宋伯姬卒 | 宋灾，伯姬卒 | 宋灾，伯姬卒 |
| 天王杀其弟佞夫 | 五月癸巳，尹言多、刘毅、单蔑、甘过、巩成杀佞夫 | 天王杀其弟年夫 | 天王杀其弟佞夫 |
| 秋七月，叔弓如宋，葬宋共姬 | 秋七月，叔弓如宋，葬共姬 | 叔弓如宋，葬宋共姬 | 叔弓如宋，葬共姬 |
| (昭公元年) 叔孙豹会晋赵武、楚公子围、齐国弱、宋向戌、卫齐恶、陈公子招、蔡公孙归生、郑罕虎、许人、曹人于虢 | 正月乙未……遂会于虢 | 叔孙豹会晋赵武、楚公子围、齐国酌、宋向戌、卫石恶、陈公子招、蔡公孙归生、郑轩虎、许人、曹人于漷 | 叔孙豹会晋赵武、楚公子围、齐国弱、宋向戌、卫齐恶、陈公子招、蔡公孙归生、郑罕虎、许人、曹人于郭 |
| 三月，取郓 | 季武子伐莒，取郓 | 三月取运 | 三月，取郓 |
| 晋荀吴帅师败狄于大卤 | 晋中行穆子败无终及群狄于大原 | 晋荀吴帅师败狄于大原 | 晋荀吴帅师败狄于大原 |

续表

| 《春秋》 | 《左传》 | 《公羊》 | 《穀梁》 |
| --- | --- | --- | --- |
| 莒展舆出奔吴 | 展舆奔吴 | 莒展出奔吴 | 莒展出奔吴 |
| 冬十有一月己酉，楚子麇卒 | 十一月己酉，公子围至，入问王疾，缢而弑之 | 楚子卷卒 | 冬，十有一月己酉，楚子卷卒 |
| (三年) 春王正月丁未，滕子原卒 | 丁未，滕子原卒 | 滕子泉卒 | 滕子原卒 |
| (四年) 春王正月，大雨雹 | | 大雨雪 | 大雨雪 |
| 秋七月，楚子、蔡侯、陈侯、许男、顿子、胡子、沈子、淮夷伐吴，执齐庆封，杀之。遂灭赖 | 执齐庆封而尽灭其族 | 执齐庆封杀之……遂灭厉 | 执齐庆封杀之……遂灭厉 |
| (五年) 戊辰，叔弓帅师败莒师于蚡泉 | 戊辰，叔弓败诸蚡泉 | 叔弓帅师败莒师于濆泉 | 叔弓帅师败莒师于贲泉 |
| (六年) 楚薳罢帅师伐吴 | 楚子……使薳泄伐徐 | 楚薳颇帅师伐吴 | 楚薳罢帅师伐吴 |
| (七年) 三月，公如楚。叔孙婼如齐莅盟 | | 叔孙舍如齐莅盟 | 叔孙婼如齐莅盟 |
| (八年) 冬十月壬午，楚师灭陈。执陈公子招，放之于越。杀陈孔奂 | | 楚师灭陈，执陈公子招，放之于越。杀陈孔瑗 | 楚师灭陈。执陈公子招，放之于越。杀陈孔奂 |
| (九年) 夏四月，陈灾 | 夏四月，陈灾 | 四月，陈火 | 四月，陈火 |
| (十年) 夏，齐栾施来奔 | | 晋栾施来奔 | 齐栾施来奔 |

续表

| 《春秋》 | 《左传》 | 《公羊》 | 《穀梁》 |
|---|---|---|---|
| 秋七月，季孙意如、叔弓、仲孙貜帅师伐莒 | 秋七月，平子伐莒 | 季孙隐如、叔弓、仲孙貜帅师伐莒 | 季孙意如、叔弓、仲孙貜帅师伐莒 |
| 十有二月甲子，宋公成卒 | 十二月，宋平公卒 | 宋公戌卒 | 宋公成卒 |
| （十一年）春王二月，叔弓如宋。葬宋平公 | 二月，叔弓如宋，葬平公 | 正月，叔弓如宋。葬宋平公 | 二月，叔弓如宋。葬宋平公 |
| 仲孙貜会邾子，盟于祲祥 | 孟僖子会邾庄公，盟于祲祥 | 仲孙貜会邾娄子，盟于侵羊 | 仲孙貜会邾子，盟于祲祥 |
| 秋，季孙意如会晋韩起、齐国弱、宋华亥、卫北宫佗、郑罕虎、曹人、杞人于厥慭 | | 季孙隐如会晋韩起、齐国酌、宋华亥、卫北宫佗、郑轩虎、曹人、杞人于屈银 | 季孙意如会晋韩起、齐国弱、宋华亥、卫北宫佗、郑罕虎、曹人、杞人于厥慭 |
| 冬十有一月丁酉，楚师灭蔡，执蔡世子有以归，用之。 | 冬十一月，楚子灭蔡，用隐大子于冈山 | 楚师灭蔡，执蔡世子有以归用之 | 楚师灭蔡，执蔡世子友以归，用之 |
| （十二年）楚杀其大夫成熊 | | 楚杀其大夫成然 | 楚杀其大夫成虎 |
| 冬十月，公子慭出奔齐 | | 公子整出奔齐 | 公子慭出奔齐 |
| （十三年）楚公子弃疾杀公子比 | | 楚公子弃疾弑公子比 | 楚公子弃疾杀公子比 |
| （十五年）春王正月，吴子夷末卒 | | 吴子夷昧卒 | 吴子夷末卒 |
| 夏，蔡朝吴出奔郑 | 夏，蔡人逐朝吴。朝吴出奔郑 | 蔡昭吴奔郑 | 蔡朝吴出奔郑 |

续表

| 《春秋》 | 《左传》 | 《公羊》 | 《穀梁》 |
| --- | --- | --- | --- |
| (十六年)楚子诱戎蛮子杀之 | 楚子闻蛮氏之乱也，与蛮子之无质也，使然丹诱戎蛮子嘉杀之，遂取蛮氏 | 楚子诱戎曼子，杀之 | 楚子诱戎蛮子杀之 |
| (十七年)八月，晋荀吴帅师灭陆浑之戎 | 九月丁卯，晋荀吴帅师涉自棘津，使祭史先用牲于洛。陆浑人弗知，师从之。庚午，遂灭陆浑 | 晋荀吴帅师灭贲浑戎 | 晋荀吴帅师灭陆浑戎 |
| (廿年)夏，曹公孙会自鄸出奔宋 | 三月，大子建奔宋 | 曹公孙会自鄸出奔宋 | 曹公孙会自梦出奔宋 |
| 秋，盗杀卫侯之兄縶 | | 盗杀卫侯之兄辄 | 盗杀卫侯之兄辄 |
| 冬十月，宋华亥、向宁、华定出奔陈 | 戊辰，华、向奔陈 | 宋华亥、向宁、华定出奔陈 | 宋华亥、向宁、华定出奔陈 |
| (廿一年)宋华亥、向宁、华定自陈入于宋南里以叛 | | 宋华亥、向宁、华定自陈入于宋南里以畔 | 宋华亥、向宁、华定自陈入于宋南里以叛 |
| 八月乙亥，叔辄卒 | 八月，叔辄卒 | 叔痤卒 | 叔辄卒 |
| 冬，蔡侯朱出奔楚 | 蔡侯朱出奔楚 | 蔡侯朱出奔楚 | 蔡侯东出奔楚 |
| (廿二年)大搜于昌间 | | 大搜于昌奸 | 大搜于昌间 |
| (廿三年)戊辰，吴败顿、胡、沈、蔡、陈、许之师于鸡父，胡子髡、沈子逞灭，获陈夏啮 | | 吴败顿、胡、沈、蔡、陈、许之师于鸡父。胡子髡、沈子楹灭，获陈夏啮 | 吴败顿、胡、沈、蔡、陈、许之师于鸡甫。胡子髡、沈子盈灭 |

续表

| 《春秋》 | 《左传》 | 《公羊》 | 《穀梁》 |
|---|---|---|---|
| 冬，公如晋，至河，有疾，乃复 | 公为叔孙故如晋，及河，有疾而复 | 公如晋，至河，公有疾乃复 | 公如晋，至河，公有疾，乃复 |
| (廿四年）婼至自晋 | 二月，婼至自晋 | 叔孙舍至自晋 | 婼至自晋 |
| 丁酉，杞伯郁厘卒 | | 丁酉，杞伯郁厘卒 | 杞伯郁厘卒 |
| (廿五年）夏，叔诣会晋赵鞅、宋乐大心，卫北宫喜、郑游吉、曹人、邾人、滕人、薛人、小邾人于黄父 | 夏，会于黄父 | 叔倪会晋赵鞅、宋乐世心、卫北宫喜、郑游吉、曹人、邾娄人、滕人、薛人、小邾娄人于黄父 | 叔倪会晋赵鞅、宋乐大心、卫北宫喜、郑游吉、曹人、邾人、滕人、薛人、小邾人于黄父 |
| 有鸲鹆来巢 | 今鸲鹆来巢，其将及乎？ | 有鹳鹆来巢 | 有鸲鹆来巢 |
| 九月己亥，公孙于齐，次于阳州 | 己亥，公孙于齐，次于阳州 | 公孙于齐，次于杨州 | 公孙于齐……次于阳州 |
| (廿六年）尹氏、召伯、毛伯以王子朝奔楚 | 召伯盈逐王子朝，王子朝及召氏之族、毛伯得、尹氏固、南宫嚚奉周之典籍以奔楚 | 尹氏、召伯、毛伯以王子朝奔楚 | 尹氏、召伯、毛伯以王子朝奔楚 |
| (廿八年）夏四月丙戌，郑伯宁卒 | | 四月丙戌，郑伯宁卒 | 四月丙戌，郑伯宁卒 |
| 秋七月癸巳，滕子宁卒 | | 秋七月癸巳，滕子宁卒 | 七月癸巳，滕子宁卒 |
| (三十年）冬十有二月，吴灭徐，徐子章羽奔楚 | 己卯，灭徐。徐子章禹断其发……遂奔楚 | 冬十有二月，吴灭徐，徐子章禹奔楚 | 十有二月，吴灭徐。徐子章羽奔楚 |

续表

| 《春秋》 | 《左传》 | 《公羊》 | 《穀梁》 |
| --- | --- | --- | --- |
| (三十一年) 季孙意如会晋荀跞于适历 | | 季孙隐如会晋荀栎于适历 | 季孙意如会晋荀跞于适历 |
| 冬，黑肱以滥来奔 | 冬，邾黑肱以滥来奔 | 黑弓以滥来奔 | 黑肱以滥来奔 |
| (三十二年) 冬，仲孙何忌会晋韩不信、齐高张、宋仲几、卫世叔申、郑国参、曹人、莒人、薛人、杞人、小邾人，城成周 | 己丑，士弥牟营成周 | 仲孙何忌会晋韩不信、齐高张、宋仲几、卫世叔申、郑国参、曹人、莒人、邾娄人、薛人、杞人、小邾娄人，城成周 | 仲孙何忌会晋韩不信、齐高张、宋仲几、卫大叔申、郑国参、曹人、莒人、邾人、薛人、杞人、小邾人，城成周 |
| (定公三年) 二月辛卯，邾子穿卒 | 春二月辛卯，邾子……遂卒 | 三月辛卯，邾娄子穿卒 | 三月辛卯，邾子穿卒 |
| 冬，仲孙何忌及邾子盟于拔 | 冬，盟于郯，修邾好也 | 仲孙何忌及邾娄子盟于枝 | 仲孙何忌及邾子盟于拔 |
| (四年) 夏四月庚辰，蔡公孙姓帅师灭沈，以沈子嘉归，杀之 | 夏，蔡灭沈 | 夏四月庚辰，蔡公孙归姓帅师灭沈，以沈子嘉归，杀之 | 夏四月庚辰，蔡公孙姓帅师灭沈，以沈子嘉归，杀之 |
| 五月，公及诸侯盟于皋鼬 | | 五月，公及诸侯盟于浩油 | 五月，公及诸侯盟于皋鼬 |
| 杞伯成卒于会 | | 杞伯戊卒于会 | 杞伯成卒于会 |
| 晋士鞅、卫孔围帅师伐鲜虞 | | 晋士鞅、卫孔圄帅师伐鲜虞 | 晋士鞅、卫孔圄帅师伐鲜虞 |
| 冬十有一月庚午，蔡侯以吴子及楚人战于柏举，楚师败绩 | 十一月庚午，二师陈于柏举 | 蔡侯以吴子及楚人战于伯莒，楚师败绩 | 蔡侯以吴子及楚人战于伯举，楚师败绩 |

续表

| 《春秋》 | 《左传》 | 《公羊》 | 《穀梁》 |
| --- | --- | --- | --- |
| 庚辰，吴入郢 | 庚辰，吴入郢 | 庚辰，吴入楚 | 庚辰，吴入楚 |
| （五年）春王三月辛亥朔，日有食之 | | 正月辛亥朔，日有食之 | 正月辛亥朔，日有食之 |
| （六年）春王正月癸亥，郑游速帅师灭许，以许男斯归 | 春，郑灭许，因楚败也 | 郑游遬帅师灭许 | 郑游速帅师灭许 |
| （七年）齐侯、卫侯盟于沙 | | 齐侯、卫侯盟于沙泽 | 齐侯、卫侯盟于沙 |
| （八年）晋士鞅帅师侵郑，遂侵卫 | 秋，晋士鞅会成桓公，侵郑，围虫牢，报伊阙也。遂侵卫 | 晋赵鞅帅师侵郑，遂侵卫 | 晋士鞅帅师侵郑，遂侵卫 |
| （九年）夏四月戊申，郑伯虿卒 | | 四月戊申，郑伯虿卒 | 四月戊申，郑伯虿卒 |
| （十年）夏，公会齐侯于夹谷 | 夏，公会齐侯于祝其，实夹谷 | 公会齐侯于颊谷 | 公会齐侯于颊谷 |
| 齐人来归郓、欢、龟阴田 | 齐人来归郓、欢、龟阴之田 | 齐人来归运、讙、龟阴田 | 齐人来归郓、讙、龟、阴之田 |
| 秋，叔孙州仇、仲孙何忌帅师围郈 | 武叔懿子围郈 | 叔孙州仇、仲孙何忌帅师围费 | 叔孙州仇、仲孙何忌帅师围郈 |
| 宋乐大心出奔曹 | | 宋乐世心出奔曹 | 宋乐大心出奔曹 |
| 宋公子地出奔陈 | 公子地奔陈 | 宋公子池出奔陈 | 宋公子地出奔陈 |
| 冬，齐侯、卫侯、郑游速会于安甫 | | 齐侯、卫侯、郑游遬会于鞍 | 齐侯、卫侯、郑游速会于安甫 |

续表

| 《春秋》 | 《左传》 | 《公羊》 | 《穀梁》 |
| --- | --- | --- | --- |
| 宋公之弟辰暨仲佗、石彄出奔陈 | 冬，母弟辰暨仲佗、石彄出奔陈 | 齐公之弟辰暨宋仲佗、石彄出奔陈 | 宋公之弟辰暨宋仲佗、石彄出奔陈 |
| (十二年) 冬十月癸亥，公会齐侯盟于黄 | | 公会齐侯盟于晋 | 公会齐侯，盟于齐 |
| (十三年) 春，齐侯、卫侯次于垂葭 | 春，齐侯、卫侯次于垂葭 | 齐侯、卫侯次于垂瑕 | 齐侯次于垂葭 |
| 冬，晋荀寅、士吉射入于朝歌以叛 | 丁未，荀寅、士吉射奔朝歌 | 晋荀寅及士吉射入于朝歌以叛 | 晋荀寅、士吉射入于朝歌以叛 |
| (十四年) 春，卫公叔戌来奔。卫赵阳出奔宋 | 春，卫侯逐公叔戌与其党，故赵阳奔宋，戌来奔 | 卫公叔戌来奔。晋赵阳出奔宋 | 卫公叔戌来奔。晋赵阳出奔宋 |
| 二月辛巳，楚公子结、陈公孙佗人帅师灭顿，以顿子牂归 | 顿子牂欲事晋，背楚而绝陈好。二月，楚灭顿 | 三月辛巳，楚公子结、陈公子佗人帅师灭顿，以顿子牄归。 | 二月辛巳，楚公子结、陈公孙佗人帅师灭顿，以顿子牂归 |
| 五月，于越败吴于槜李 | 吴伐越。越子句践御之，陈于槜李 | 于越败吴于醉李 | 于越败吴于槜李 |
| 公会齐侯、卫侯于牵 | 公会齐侯、卫侯于脾、上梁之间 | 公会齐侯、卫侯于坚 | 公会齐侯、卫侯于牵 |
| (十五年) 郑罕达帅师伐宋 | 郑罕达败宋师于老丘 | 郑轩达帅师伐宋 | 郑罕达帅师伐宋 |
| 齐侯、卫侯次于渠蒢 | 齐侯、卫侯次于蘧挐 | 齐侯、卫侯次于籧篨 | 齐侯、卫侯次于渠蒢 |

续表

| 《春秋》 | 《左传》 | 《公羊》 | 《穀梁》 |
| --- | --- | --- | --- |
| 秋七月壬申，姒氏卒 | 秋七月壬申，姒氏卒 | 七月壬申，姒氏卒 | 七月壬申，弋氏卒 |
| 丁巳，葬我君定公，雨不克葬。戊午日下昊，乃克葬 | 葬定公 | 丁巳，葬我君定公。雨不克葬，戊午日下昃，乃克葬 | 丁巳，葬我君定公，雨不克葬。……戊午，日下稷，乃克葬 |
| 辛巳，葬定姒 | 葬定姒 | 辛巳，葬定姒 | 辛巳，葬定弋 |
| (成公四年）郑伯睔卒 | 郑伯坚卒 | 郑伯睔卒 | 郑伯贤卒 |
| (哀公元年）鼷鼠食郊牛，改卜牛 | | 鼷鼠食郊牛，改卜牛 | 鼷鼠食郊牛角，改卜牛 |
| (二年）秋八月甲戌，晋赵鞅帅师及郑罕达帅师战于铁，郑师败绩 | 大子复伐之，郑师大败，获齐粟千车 | 晋赵鞅帅师及郑轩达帅师战于栗，郑师败绩 | 晋赵鞅帅师及郑罕达帅师战于铁，郑师败绩 |
| (三年）季孙斯、叔孙州仇帅师城启阳 | | 季孙斯、叔孙州仇帅师城开阳 | 季孙斯、叔孙州仇帅师城启阳 |
| (四年）春王二月庚戌，盗杀蔡侯申 | 春，蔡昭侯……公孙翩逐而射之 | 三月庚戌，盗杀蔡侯申 | 三月庚戌，盗弑蔡侯申 |
| 晋人执戎蛮子赤归于楚 | 蛮子听卜，遂执之，与其五大夫，以畀楚师于三户 | 晋人执戎曼子赤归于楚 | 晋人执戎蛮子赤归于楚 |
| 六月辛丑，亳社灾 | | 六月辛丑，蒲社灾 | 六月辛丑，亳社灾 |
| (五年）春，城毗 | | 春，城比 | 春，城毗 |
| 秋九月癸酉，齐侯杵臼卒 | 秋，齐景公卒 | 九月癸酉，齐侯处臼卒 | 九月癸酉，齐侯杵臼卒 |

续表

| 《春秋》 | 《左传》 | 《公羊》 | 《榖梁》 |
|---|---|---|---|
| （六年）春，城邾瑕 | | 春，城邾娄葭 | 春，城邾瑕 |
| 齐陈乞弑其君荼 | | 齐陈乞弑其君舍 | 齐陈乞弑其君荼 |
| （八年）夏，齐人取讙及阐 | 夏五月，齐鲍牧帅师伐我，取讙及阐 | 齐人取讙及僤 | 齐人取讙及阐 |
| （十年）薛伯夷卒 | | 薛伯寅卒 | 薛伯夷卒 |
| （十一年）夏，陈辕颇出奔郑 | 夏，陈辕颇出奔郑 | 陈袁颇出奔郑 | 陈辕颇出奔郑 |
| （十二年）秋，公会卫侯、宋皇瑗于郧 | 秋，卫侯会吴于郧 | 公会卫侯、宋皇瑗于运 | 公会卫侯、宋皇瑗于郧 |
| （十三年）夏，许男成卒 | | 夏，许男戍卒 | 夏，许男成卒 |
| 晋魏曼多帅师侵卫 | | 晋魏多帅师侵卫 | 晋魏曼多帅师侵卫 |
| 盗杀陈夏区夫 | | 盗杀陈夏彄夫 | 盗杀陈夏区夫 |





证曰：《榖梁》之为古学，崔氏据“《梅福传》‘推迹古文，以《左氏》、《榖梁》、《世本》、《礼记》相明’；《后汉书·章帝纪》‘令群儒受学《左氏》、《榖梁》、《古文尚书》、《毛诗》’”，以谓“此于《榖梁》，一则明言‘古文’，一则与三古文并列，其为古文明矣”。据“《屈江公》、《申董生》、《仲舒》、《公孙传》中并不言”，“对宣帝问，《韦贤》、《夏侯胜》、《萧望之》、《刘向传》中亦不言”，“韦、尹、萧、刘明引《公羊》，尚不足为《公羊》学之证，岂不引《榖梁》，转足为《榖梁》学之证乎?”以见“《儒林传》谓《公》、《榖》二家，争论于武宣之世者，直如捕风系影而已”。以史籍考之，崔氏说固是，《儒林传》说之未可据

信，尚可以申论之也。

（一）《传》谓“宣帝闻卫太子好《穀梁》，以问丞相韦贤，长信少府夏侯胜，侍中史高，皆鲁人也，言穀梁子本鲁学，公羊氏乃齐学也，宜兴《穀梁》”。此说殆亦虚构。贤子玄成，少修父业，明引《公羊》，不及《穀梁》。足见韦之不必右《穀梁》。胜虽于《公》、《穀》皆无所引，然胜治《尚书》，本伏生《尚书》，既为齐学；夏侯家学，并为齐学。《夏侯胜传》载胜“喜说灾异”事，“昌邑王嗣立，数出，胜当乘舆前谏曰：‘天久阴而不雨，臣下有谋上者。’……胜对言在《鸿范传》，曰：‘皇之不极，厥罚常阴，时则下人有伐上者。’”则胜所持，实与眭孟、京房、翼奉诸齐学者相若。则此《传》谓胜诎齐学，而伸鲁学，不惟胜所未言，于情实有所不合矣。



（二）《传》谓“征江公孙为博士，刘向以故谏大夫待诏受《穀梁》，欲令助之。江博士复死，乃征周庆、丁姓待诏保宫。甘露元年，召《五经》名儒，太子太傅萧望之等大议殿中，平《公羊》、《穀梁》同异，各以经处是非。”“《穀梁》议郎尹更始，待诏刘向、周庆、丁姓并论。”“多从《穀梁》，由是《穀梁》大盛。”《传》以谓《穀梁》立学，在甘露元年前，然稽之《宣帝纪》及《百官公卿表序》则并不然。《宣帝纪》谓“甘露三年，立梁丘《易》、大小夏侯《尚书》、《穀梁春秋》博士”。《百官公卿表序》则云“博士，宣帝黄龙元年稍增员十二人”。《穀梁》立学，《儒林传》谓在甘露前，而《宣帝纪》、《百官公卿表序》则并谓在甘露元年后。王国维《汉魏博士考》亦云：“宣帝增置博士之年，《纪》、《表》虽不同，然皆以为在论石渠之后。然《儒林传》言欧阳高孙地余为博士论石渠，又林尊事欧阳高为博士论石渠，张山拊事小夏侯建为博士论石渠，则论石渠时，似欧阳有二博士，小夏侯亦已有博士，与《纪》、《传》均不合。盖所纪历官时代有错误也。”则《儒林传》谓“《公》、《穀》二家争论于武宣之世”，“《穀梁》于宣帝时已立学”，亦未可遽信。固甚明矣。

（三）据《梅福传》载成帝久亡继嗣，福以为宜建二统，封孔子之世，以为殷后。复上书曰“臣闻存人所以自立也，壅人所以自塞也。善恶之报，各如其事。昔者秦灭二周，夷六国，隐士不显，佚民不举，绝三统，灭天道，是以身危子杀，厥孙不嗣，所谓壅人以自塞者也。故武王克殷，未下车，存五帝之后，封殷于宋，绍夏于杞，明著三统，示不独有也。是以姬姓半天下，迁庙之主，流出于户，所谓存人以自立者也。今成汤不祀，殷人亡后，陛下继嗣久微，殆为此也。《春秋经》曰：‘宋杀其大夫。’《穀梁传》曰：‘其不称名姓，以其在祖位，尊之也。’此言孔子故殷后也，虽不正统，封其子孙以为殷后，礼亦宜之。”《传》谓“武帝时，始封周后姬嘉为周子南君。至元帝时，尊周子南君为周承休侯，位次诸侯王。使诸大夫博士，求殷后，分散为十余姓，郡国往往得其大家，推求子孙，绝不能纪。时匡衡议，以为：‘王者存二王后，所以尊其先王而通三统也。其犯诛绝之罪者绝，而更封他亲为始封君，上承其王者之始祖。《春秋》之义，诸侯不能守其社稷者绝，今宋国已不守其统而失国矣，则宜更立殷后为始封君，而上承汤统，非当继宋之绝侯也，宜明得殷后而已。今之故宋，推求其嫡，久远不可得；虽得其嫡，嫡之先已绝，不当得立。《礼记》孔子曰：“丘，殷人也。”先师所共传，宜以孔子世为汤后。’上以其语不经，遂见寝。至成帝时，梅福复言宜封孔子后以奉汤祀。”就此《传》所引匡衡之奏议观之，孔子之为殷后，于《礼记》中有明文，于《穀梁传》中亦有明据。使宣帝时《穀梁》已立学官，《穀梁》之学大盛；则匡衡与萧望之本同师后苍学《诗》，其为奏议，在元帝时，岂有不知孔子之为殷后，于《穀梁传》中有明文？何至仅举《礼记》为说，而不更举《穀梁》为证？此由匡衡之奏，足知《儒林传》说之不足信。且就“上以其语不经”一语观之，不经者，不合于经也，使元帝时《穀梁》早已立学，其学且已更盛，元帝之时，方向经学，岂有不知孔子之为殷后，《穀梁》传中有明文？纵以《礼记》说为不经，何至又以《穀梁》中所有者为不经乎？此由元帝之言，亦足知《儒林传》说之不足信也。如《儒林传》说，在宣帝时，《穀梁》果已立学，而元帝则斥匡衡之奏为不合经，则是非毁先帝所立。《穀梁》果已立学，不当如是也。《儒林传》所谓"《公》、《穀》二家争论于武宣之世者"，殆真"如捕风系影"，崔氏所论，盖洵不诬也。

虽然，此犹仅就《儒林传》与《梅福传》中所言者推论之，《穀梁》于宣帝时已否立学，已可见其要概。试更证之以宣帝增立博士之事，则《穀梁》在宣帝时并未立学，尤可灼见。案《汉书》言宣帝时增立博士事，凡五见：

(一)《宣帝纪》："甘露三年，立梁丘《易》、大小夏侯《尚书》、《穀梁春秋》博士。"

(二)《百官公卿表序》："博士，宣帝黄龙元年稍增员十二人。"

(三)《艺文志·总叙》：《易》，"讫于宣、元，有施、孟、梁丘、京氏，列于学官。"《书》，"讫孝宣也，有欧阳、大小夏侯氏，立于学官。"《诗》，"鲁、齐、韩三家，皆立于学官。"《礼》，"讫孝、宣，后苍最明，戴德、戴圣、庆普皆其弟子，三家皆立于学官。"《春秋》，"四家之中，《公羊》、《穀梁》立于学官。"

(四)《刘歆传》："往者博士，《书》有欧阳，《春秋》公羊，《易》则施、孟，然孝宣帝犹复广立《穀梁春秋》、梁丘《易》、大小夏侯《尚书》。"

(五)《儒林传·赞》："初，《书》惟有欧阳，《礼》后，《易》杨，《春秋》公羊而已。至孝宣世，复立大小夏侯《尚书》，大小戴《礼》，施、孟、梁丘《易》，《穀梁春秋》。"

宣帝时增立博士事，《汉书》纪、表、志、传并言之，然纪、表、志、传所言，亦互异，非详察之，则其所增置者，实不易明其果为何经。王国维《汉魏博士考》云："案宣帝增置博士事，纪、表、志、传所纪互异，《纪》系于甘露三年，《表》系于黄龙元年，一不同也。《纪》与《刘歆传》均言立梁丘《易》、大小夏侯《尚书》、《穀梁春秋》，而《儒林传·赞》复数大小戴《礼》，《艺文志》复数庆氏《礼》，二不同也。又博士员数，《表》与《传》亦不同，据《刘歆传》，则合新旧仅得八人，如《儒林传·赞》则合新旧得十二人。似与《表》合矣，然二《传》皆不数《诗》博士。案：申公、韩婴，均于孝文时为博士，辕固于孝景时为博士，则文景之世，鲁、齐、韩三家《诗》，已立博士。特孝宣时，于《诗》无所增置，故刘歆略之。《儒林传·赞》综计宣帝以前立博士之经，而独遗《诗》鲁、齐、韩三家，则疏漏甚矣。又宣帝于《礼》博士亦无增置，《儒林传·赞》谓宣帝立大小戴《礼》，不知戴圣虽于宣帝时为博士，实为后氏《礼》博士，尚未自名其家，与大戴分立也。《艺文志》谓庆氏亦立官者，误与此同。今参伍考之，则宣帝末所有博士，《易》则施、孟、梁丘，《书》则欧阳、大小夏侯，《诗》则齐、鲁、韩，《礼》则后氏，《春秋》则公羊、穀梁，适得十二人。《儒林传·赞》遗《诗》三家，因刘歆之言而误。《赞》又数大小戴《礼》，《艺文志》并数庆氏《礼》，则又因后汉所立而误也。"今案，王氏此说，揭举《汉书》志、传讹误，至为显白，似为辨矣；然以宣帝末所增博士，《春秋》有《公羊》、《穀梁》，而《礼》仅后氏，以谓"宣帝于《礼》博士亦无增置，《儒林传·赞》谓宣帝立大小戴《礼》，不知戴圣虽于宣帝时为博士，实为后氏《礼》博士，尚未自名其家，与大戴分立"。则实为臆度，而未能详考。王氏之误盖在未能详察：

（一）大、小戴在前汉已自名家，《大戴》在前汉且已有博士，《儒林传》云："《大戴》授琅邪徐良斿卿，为博士、州牧、郡守，家世传业……由是《大戴》有徐氏，《小戴》有桥、杨氏之学。”徐良以《大戴》弟子为《礼》家博士，自不可仍诿为后氏《礼》之博士，则大、小戴在前汉已分立，十二博士中有大、小戴《礼》，则无《穀梁春秋》博士，甚明。

（二）试更据后汉之十四博士言之，大、小戴在前汉实已分立，而《穀梁》在前汉实未立学，亦甚明确。《后汉书·儒林传序》云："于是立五经博士，各以家法教授，《易》有施、孟、梁丘、京氏，《尚书》欧阳、大小夏侯，《诗》齐、鲁、韩、毛（此毛字衍），《礼》大、小戴，《春秋》严、颜。"《后汉书·列传三十四注》引《汉官》云："光武中兴，恢弘稽古，《易》有施、孟、梁丘贺、京房，《书》有欧阳和伯、夏侯胜、建，《诗》有申公、辕固、韩婴，《春秋》有严彭祖、颜安乐，《礼》有戴德、戴圣，凡十四博士。"此十四博士，京氏《易》则据前汉《儒林传》云："至元帝世，复立京氏《易》。"是其立学本在前汉。《春秋》颜氏，在后汉始有博士，前汉治颜氏者实未有为博士之事。是十四博士中，后汉所增立者惟颜氏《春秋》耳。《汉官》明云："光武中兴，恢弘稽古。"则十四博士，除所增立颜氏及元帝时之京氏《易》外，盖一准古制，而无所增损。是宣帝时十二博士，有大、小戴而无《穀梁》，亦甚明矣。

（三）试更证之于《后汉书·章帝纪》，则曰："汉承暴秦，褒显儒术，建立五经，为置博士。……孝宣皇帝，以为去圣久远，学不厌博，故遂立大、小夏侯《尚书》，后又立京氏《易》。"据此所云，则宣帝时亦并无增立《穀梁》事甚明。章帝又"令群儒选高才生，受学《左氏》、《穀梁春秋》、《古文尚书》、《毛诗》"，如宣帝时《穀梁》已立学，必能知之；知之宜无不言也。

（四）再试证之于《后汉书·贾逵传》，逵上书云："至光武皇帝，奋独见之明，兴立《左氏》、《穀梁》，会二家先师不晓图谶，故令中道而废。"如《穀梁》在前汉已立学官，则贾逵上书，不当云"奋独见之明，兴立《左氏》、《穀梁》"。《穀梁》之学，前汉已盛，不当云《穀梁》先师，亦不晓图谶。此传所云，“光武皇帝，奋独见之明”与《汉官》所云“光武中兴，恢弘稽古”，斯二语又可以相互证明，稽古而立者无《穀梁》，而独见所兴者有《穀梁》，则《穀梁》在宣帝世并未立学，岂非明白已甚。后汉光武有兴立《穀梁》之事，至章帝又有令群儒受学《穀梁》之事，十四博士之有大小戴而无《穀梁》，实准前汉之制，非宣帝时《礼》仅后氏，《春秋》则有《公羊》、《穀梁》，亦甚明矣。王氏之说，实为臆度。崔氏谓《儒林传》谓：“《公》、《穀》二家争论于武宣之世者，直如捕风系影而已。”盖洵不诬也。

崔氏谓《穀梁》为古文学，仅据《梅福传》“推迹古文，以《左氏》、《穀梁》、《世本》、《礼记》相明”，及《章帝纪》“令群儒受学《左氏》、《穀梁》、《古文尚书》、《毛诗》”，以谓“此于《穀梁》，一则明言古文，一则与三古文并列，其为古文甚明。”又谓“胡常所传《尚书》、《左氏》皆古文，则《穀梁》亦古文明矣”。王莽时所立学皆古文学，萧秉以《穀梁》贵显，《穀梁》为古文又明。则证验犹有不足。愚前以“治兵”、“戒鼓”等语，明其与《周礼》、《左氏》相合，谓“《穀梁》实为古文之说，固已大明”。以今观之，实尚有可为补证者也。其一，《穀梁》在汉儒实以为古文，此可以许慎《五经异义》之明文证之。《异义》征引“今”、“古”文诸经说，其上每冠以“今”或“古”二字，以辨其为“今”说抑“古”说。“古”、“故”二字古通，《异义》于古文说，间亦以“故”代“古”，冠于古说之上。如《异义》第五〔田税〕云：“今《春秋》、《公羊》说……‘十一行而颂声作。’故《周礼》说，‘国中园廛之赋……’云云”，“故《周礼》说”实为“古《周礼》说”。陈寿祺《五经异义疏证》云：“故当为古，字误。”则未知其果为字误，抑许氏《异义》本如此也。又如《异义》第六〔天号〕云：“今《尚书》欧阳说‘春曰昊天……’《尔雅》亦然。古《尚书》说……云云。”“古《尚书》说”

之"古"，《周礼疏》引作"故"。陈氏《疏证》云："《周礼疏》作'故'，《毛诗正义》作'古'，当从之。"此亦《异义》所冠之"古"，有转写为"故"，或原本作"故"之一例也。《异义》征引《穀梁》，实以《穀梁》为古文说。如《礼记·曲礼》："约信曰誓，莅牲曰盟。"《正义》引《异义》云："《异义》，礼约盟不？今《春秋公羊》说'古者不盟，结言而退。'故《穀梁传》云：'诰誓不及五帝，盟诅不及三王，交质子不及二伯。'诅盟非礼。故《春秋左氏》云……"此条《异义》以"故"字冠之《穀梁传》上，盖《异义》明以《穀梁》为古文说；特"古"讹为"故"，是以后世不觉察，而以《穀梁》为今文说耳。现存诸书所引许氏《五经异义》，引《穀梁传》说，亦并无以"今"字冠诸其上者。尤足见《异义》此条"故"字非有讹误。许氏实以《穀梁》非今文说而实为古文说，与《章帝纪》"令群儒受学《左氏》、《穀梁》、《古文尚书》、《毛诗》"，《梅福传》"推迹古文，以《左氏》、《穀梁》、《世本》、《礼记》相明"，一则明言古文，一则与三古文并列，其意正同。而《异义》以"故"冠《穀梁传》说上，明著其为"古"说，较《梅福传》之明言古文，其词意尤为显白，《穀梁》之为古学，有此明文足证，益可信崔氏说之为不诬矣。《穀梁》一传，前汉《儒林传》言其传授綦详，而纪、志之中，并言其已立学官，故后儒多奉为今文说，今既申论《儒林传》说本不足信，又由诸家博士之数，见其本未立学，更于《异义》之中获此明文为证；《穀梁》之为古文，盖真可谓"铁案如山摇不动"矣。

其二，《穀梁》之为古文，汉师以为古说，此又可以《春秋》三家经文异同证之，据上所立《春秋今古文异同表》观之。《左氏》、《穀梁》与《公羊》经文异者凡三百又六事，前儒以《公》、《穀》同为今文，《左氏》独为古文，故未能深察《穀》、《左》文虽多异于《公羊》，而《穀》、《左》经文，实多自从同。就上所立表观之，《穀》、《左》文异于《公羊》者三百有六事，而此三百有六事中，《穀梁》异文与《左氏》同者凡二百二十又三事，《穀梁》文异于《公羊》，而与《左氏》从同者实约十之六七，则《穀梁》经文，多与《左氏》经同，亦可立见。《穀》、《左》文多相同，其书之出孰先孰后，虽未可以一言决，然《穀梁》与《左氏》同为古文，同属古学，又有明验矣。试详察之，则：

（一）《穀梁》文异于《公羊》者多用古文，或与《周礼》《世本》诸书从同。（1）桓五年，《穀梁》作“螽”，《说文·蟲部》云：“螽，蝗也。从蟲，夂声”，古文“终”字。《穀梁》以“螽”为“螺”，取夂，从古文也。（2）庄二十二年，“春，王正月，肆大省”，二《传》作“眚”。《龙城札记》云，古“眚”、“省”通用，《周礼·大司徒》“眚礼”即“省礼”。《穀梁》作“眚”，与《周礼》“眚礼”之为“省礼”意相若。则古文经多如此作。（3）文十三年“世室屋坏”。“世室”二《传》作“大室”，惠栋《公羊古义》云：“《公羊》皆以‘世’为‘太’，如卫‘太叔仪’为‘世叔仪’，宋‘乐太心’为‘乐世心’。又推而广之，如郑大夫子‘大叔’，《论语》作‘世叔’；天子之子称太子，《春秋》传曰‘会世子于首止’，诸侯之子称世子，而晋有太子申生，郑有大子华，《春秋》经‘齐世子光’，《公羊》云‘太子光’，明古‘世’与‘太’同。”赵坦《春秋异文笺》云：“《左氏》桓九年经‘曹伯使其世子射姑来朝’，《正义》曰，诸经称‘世子’，如‘衔世叔申’，经作‘世’，传皆为‘大’。然则古者‘世’字与‘大’字义通也。宣十八年经‘晋侯卫世子臧伐齐’，《传》‘晋侯卫太子臧伐齐’。”《穀梁》以“大”为“世”，不与《春秋》经同，而与《左氏传》同，尚有“乐大心”、“大叔申”诸例，明与经文以“世子”为“太子”之词例违牾，而与《左氏》独相符合，此尤与《左氏》同为古文之明证。（4）《宣十八年经》“楚子旅卒”，“旅”《左氏》亦作“膂”，《穀梁》作“吕”，《说文·吕部》云："吕，脊骨也，象形。昔太岳为禹心吕之臣，故封吕侯，凡吕之属皆从吕。'膂'篆文'吕'，从肉从旅。"《穀梁》不用篆文之体，所以示其为古文也。（5）成四年"郑伯臤卒"，"臤"《左氏》作"坚"，《穀梁》作"贤"，《说文·臤部》云："臤，坚也。从又，臣声。凡臤之属皆从臤。臤，读若铿锵之铿。古文以为贤字。"《穀梁》以"臤"为"贤"，更《穀梁》用古文之显证。（6）昭十一年"楚师灭蔡，执蔡世子有以归，用之。"《穀梁》经文"有"作"友"，赵坦《异文笺》云："《穀梁》作'世子友'或古文。《史记·蔡世家·注》引《世本》作'太子友'。"此《穀梁》与《世本》同为古文之一例。由上六例观之，足知《穀梁》之为古文，不独多同《左氏》，实又颇有与《周礼》、《世本》相合者。若"旅"之用古文作"吕"，"臤"之古文以为"贤"，尤可见《穀梁》实为古学。他如（7）僖四年"葬许缪公"，《穀》、《左》"缪"并作"穆"，然据《孟子·公孙丑下》："昔者鲁缪公"，《万章上》："以要秦缪公"，《荀子·王制篇》："分未定也，则有昭缪"，又《荀子》云："缪缪肫肫，其事不可循"，是古书"穆"字多作"缪"，顾炎武《唐韵正一屋》云："缪莫六切，去声，则音茂。《礼记·檀弓》'缪公召县子而问焉'缪音木。《大传》'序以昭缪'注'缪读为穆，声之误也'。《坊记》'阳侯犹杀缪侯而窃其夫人'缪音穆。《春秋》隐三年'葬宋穆公'，'《公羊》、《穀梁》传并作缪'。僖四年'葬许穆公'，宣三年'葬郑穆公'，成三年'葬卫穆公'，襄九年'葬我小君穆姜'同。（案，《穀梁》缪作穆）《史记·鲁世家》'大公召公乃缪卜'，徐广曰：'古书穆字多作缪。'"《儒林传》"缪生"，《索隐》曰："缪音亡救反……一音穆。"赵氏《异文笺》云："《汉书·异姓诸侯王表》'秦起襄公，章文缪献。'《古今人表》'秦缪公，许缪夫人，郑缪公兰，陈缪公，晋缪侯，燕缪侯，蔡缪公，卫缪公，曹缪公，楚缪王'凡'穆'字皆作'缪'。"而《穀》、《左》"缪"

同作“穆”。此名为古文，而实不合于古之证一。（8）僖七年“曹伯般卒”，《穀梁》“般”并作“班”，而据《左氏·庄三十二年经》“子般卒”，《僖二十八年传》“宋人使门尹般如晋师告急”，宣四年“斗般为令尹”，成十三年传“郑公子般”，《襄三十年经》“蔡世子般”，昭十一年“楚子虔诱蔡侯般杀之于申”，《二十六年传》“晋师使成公般戍周而还”，《哀二年传》“郑子姚子般送之”，《墨子·尚贤》中篇“般爵以贵之”，《列子·说符篇》“公输般服，而不肯以兵”。知“班”与“般”古字虽通，古人名实多用“般”。今《穀梁》作“班”，此名为古文而实不合于古之证二。（9）僖二十六年“公会莒子、卫宁遬盟于向”，《穀》、《左》“遬”并作“速”，而据《晏子春秋·内篇·问下》“公曰：‘政而遬亡，其行何也’”；《内篇·杂上》“君之来遬”；《外篇》“知不若车之遬”；《荀子·议兵篇》“轻利僄遬”；《管子·小称篇》“造父有以感辔筴，故遬兽可及，远道可致”；《刑德篇》“易节失次，则贼气遬至”；《墨子·明鬼下》“若此之僭遬也”。《吕览·贵卒篇》“得之同则遬为上”，《汉书·宣帝纪》“匈奴呼遬累单于帅众来降”，师古曰：“遬古速字”，是“速”、“遬”字同，而古字作“遬”。《穀梁》“般”作“班”，“遬”作“速”，此名为古文而实不合于古之证三。（10）宣十六年“成周宣谢灾”，《穀》、《左》“谢”并作“榭”。赵氏《异文笺》云：“榭古作‘射’或假用‘谢’，后世始从木作榭。”《公羊》作“谢”，盖假借字；《左氏》及《穀梁》作“榭”，皆后起字。以古文经而多用后起字，名为古文实不合于古之证四。（11）襄十三年“取诗”，《穀》、《左》“诗”并作“邿”。赵氏《异文笺》云：“《公羊》作‘诗’，……《水经注·济水篇》‘元父县有诗亭，《春秋》之诗国。’”《公羊》作“诗”，实合于古。《左》、《穀》作“邿”，乃后起字。以古文经而多用后起字，此名为古文而实不合于古之证五。（12）昭十年“宋公戌卒”，《穀》、《左》“戌”并作“成”，赵氏《异文笺》

云："《公羊》作'戌'，释文音"恤"，宋平公钟铭亦作'戌'，则《公羊》为得。《左》、《穀》作'成'，或字之讹。"《左》、《穀》之文，与古钟鼎铭文不合，此尤足见《穀》、《左》名为古文，而其实不合于真古文，其证六。(13）昭十一年"仲孙貜会邾娄子盟于侵羊"，《穀》、《左》"侵羊"并作"祲祥"。赵氏《异文笺》云："《公羊》'祲'作'侵'，假音字。'祥'作'羊'古省文。"惠氏《公羊古义》云："古'祥'字皆作'详'，《易·履上九》'视履考祥'，《释文》云'本又作详'；《尚书·君奭》云'其终出于不详'，蔡邕《石经》云'其道出于不详'；《吕刑》'告尔祥刑'，《后汉·刘恺传》引作'详刑'；郑氏《周礼注》亦云'度作详刑，以诰四方'；皆古'祥'字，故《左传》'祲祥'，服虔引《公羊》作'详'；今《公羊》作'侵羊'者，《春秋繁露》云'羊'之为言犹'祥'，郑众《百官六礼辞》亦云'羊者祥也'。疑古'祥'、'详'字皆省作'羊'。"《墨子·明鬼下》篇"不能敬莙以取羊"，毕沅云："秦汉金石多以'羊'为'祥'。"《左氏》改羊为祥，此《左氏》名为古文，实与秦汉金石文多不合，《穀梁》异文多同《左氏》，而其讹误亦多同，此名为古文，而实不合于古，其证七。(14）昭三十一年"黑弓以滥来奔"，《穀》、《左》"弓"并作"肱"。赵氏《异文笺》云："《左传》有周公黑臀'公子黑臀，此邾黑肱义亦相类。'""弓"、"肱"非由讹误，《仪礼》"侯道五十弓"注云："'弓'，今文改'弓'为'肱'"。此或《左》、《穀》改"弓"为"肱"，以求合于古耳。《公羊》作"弓"实与古本相合，《左》、《穀》作"肱"，不必为真古文其证八。(15）桓十二年"公会纪侯、莒子，盟于殴蛇"，"殴蛇"二《传》并作"曲池"，顾氏《唐韵正三烛》云，"'曲'，平声则音'区'"，《春秋桓十二年》"公会杞侯莒子盟于曲池"，《公羊传》作"殴蛇"，《汲冢书》作"殴蛇"，是《公羊》与《汲冢书》合，《左》、《穀》古文转与古不合，其证九。(16）宣十五年“仲孙蔑会齐高固于牟娄”，《穀》、《左》“牟娄”并作“无娄”。《方言》一云：“亾、牟，爱也，韩、郑曰怃，宋、鲁之间曰牟。”朱骏声《春秋三传异文覈》云：“宣十五年会高固于无娄，《公羊》‘无’作‘牟’，此双声通写字。犹《仪礼》之‘毋追’，‘毋’读‘牟’，庄子‘伯昬无人’，亦作‘瞀人’也。按隐四年‘莒人伐杞取牟娄’，在今山东青州府诸城县境。”《穀》、《左》“牟娄”作“无娄”，既不合于宋、鲁方言，亦不合于《春秋》经之“牟娄”。《穀》、《左》此文不合于古，从可知矣，其证十。由此十例观之，皆足见《左氏》号称古经，《穀梁》亦为古学，而其实非真古本，冒曰古文，非真传也。《左氏》之中尚有四例，如：(17) 隐六年“郑人来输平”，《左氏》“输平”作“渝平”，王念孙《广雅疏证释文诂》：“翰，更也。”云：“‘输’读为‘渝’；《左氏春秋隐六年》‘郑人来渝平’，传云‘更成也’，《公羊》、《穀梁》传并作‘输’。‘输’、‘渝’古通用，《尔雅》‘渝，变也’，变亦更也。”然据王应麟《困学纪闻》云：“《诅楚文》‘变输盟’，‘输’即‘渝’字，朱文公引以证《公》、《穀》‘郑人来输平’即《左氏》‘渝平’。”是《公羊》作“输平”有古铭文足证。《左氏》作“渝平”，不必真古本也。(18) 成二年“会晋郤克、卫孙良夫、曹公子手及齐侯战于鞌。”《左氏》“公子手”作“首”。钱大昕《潜研堂金石文跋尾》云：“卯敦铭‘拜手䭫手’即稽首，《春秋》曹公子‘首’，二《传》或作‘手’，声同假借也。”《左氏》之“手”为“首”，不合于古铭文。《仪礼·大射仪》“相者皆左何瑟后首”注，古文“后首”为“后手”；《士丧礼》“鱼左首”注：“古文首为手。”《仪礼》古文“首”为“手”，亦与《左氏》不合也。(19) 成八年“天子使召伯来锡公命”，《左氏》“锡”作“赐”，赵氏《异文笺》云：“赐、锡音相近，然古器物款识多作‘锡’，则《公》、《穀》作‘锡’亦得。”惠氏《公羊古义》云：“‘《庄九年传》云，锡者何赐也。’古文

‘赐’作‘锡’。”《左氏》之“锡”作“赐”，不合于古器物，亦不合《春秋》经，其非古文，此尤其确证。(20) 襄七年“郑伯髡原如会，未见诸侯，丙戌卒于操”，《左氏》“操”作“鄵”，赵氏《异文笺》云：“《说文》无“鄵”字，古只借用‘操’字，后世始去手从邑。《公》、《穀》作‘操’，犹是古文。”《左氏》作“鄵”，乃后起字。赵氏亦不能不言《左氏》之非古文，此皆足见《左氏》非真古文，而《穀梁》之为古文，不得《春秋》之真传；亦可借以为证也。

(二) 试更就《穀》、《左》文字之多于《公羊》者论之。则《穀》、《左》之经，所见为多者，亦不必果《公羊》之缺佚，而《穀》、《左》果合于本真。《穀》、《左》经文似为增多于《公羊》者，于全经中有十六例。《穀》、《左》同多于《公羊》者，如：(1) 桓十八年“公会齐侯于泺，公夫人姜氏遂如齐。”《传》曰：“公何以不言及夫人？夫人外也。夫人外者何？内辞也，其实夫人外公也。”《穀》、《左》“公夫人”作“公与夫人”。赵氏《异文笺》云：“《公羊》脱‘与’字，传者据以为解。”(2) 僖三十三年“晋人及姜戎败秦于殽”；《传》曰：“其谓之秦何？狄之也。”注：“据败者称师，未得师称人。”《穀》、《左》“秦”作“秦师”。赵氏《异文笺》云：“《公羊》或脱‘师’字，传从而为之辞。”(3) 文八年“公孙敖如京师，不至复，丙戌，奔莒。”《穀梁》“不至复”作“不至而复”，赵氏《异文笺》云：“《公羊》或脱‘而’字。” (4) 文十三年“公如晋，卫侯会于沓。”《穀》、《左》“会于沓”作“会公于沓”。赵氏《异文笺》云：“《公羊》脱‘公’字。”(5) 成十年《公羊》经无“冬十月”三字。《穀》、《左》并有。赵氏《异文笺》云：“《公羊》脱‘冬十月’三字。”孙志祖《读书脞录续编》云：“《公羊》成十年‘公如晋’，何休注云：‘如晋者冬也，去冬者，恶成公。前既怨怼不免牲，今复如晋，过郊乃反，遂怨怼无事天之意。’案‘公如晋’与‘秋七月’连文，盖公以秋七月如晋也。《左传》‘秋，公如晋’可证。《穀》、《左》经文于此年末本有‘冬十月’三字，《公羊》经文偶脱尔。”（6）襄十五年“蔡昭吴奔郑”，《穀》、《左》“奔”作“出奔”。赵氏《异文笺》云：“《公羊》脱‘出’字。”（7）哀十三年“晋魏多帅师侵卫”，《传》曰：“此晋魏曼多也，曷为谓之晋魏多？讥二名，二名，非礼也。”注云：“据上七年言曼多。”赵氏《异文笺》云：“《公羊》经作魏多，当是讹脱‘曼’字。”据此七例以观，似《公羊》有脱误。然细按之，则桓十八年“公夫人”之脱一“与”字，《成十年经》之无“冬十月”三字，僖三十三年“败秦于殽”之脱一“师”字，哀十三年“晋魏多”之脱一“曼”字，《公羊》经师非不知其似有阙逸，而传注乃从而为之辞者，必实有“夫人外公”，“狄秦”，“恶成公”，“讥二名”，诸微言大义。《公羊》传自先秦，汉初始著竹帛，其传授既较早，而经师亦非一，如果文有讹脱，必可按寻文义，为之增补。而不妄为增补，是必有微言大义存乎其间也。如必谓《公羊》有脱误，则桓十八年“公与夫人”，当如僖十一年“公及夫人姜氏会齐侯于阳谷”，书“及”而不书“与”。僖三十三年“败秦于殽”，如有“师”字，则《穀梁》亦不当言“狄秦也。秦之为狄，自殽之战始也”。《穀》、《左》之经，似无脱误，盖由寻省上下文义以为增补，其实不必《公羊》真有脱误，而《穀》、《左》之无脱误，为可信也。文八年“不至复”，《穀》、《左》多一“而”字，赵笺云：“《公羊》或脱‘而’字”，亦未敢必言《穀》、《左》之非误衍，而《公羊》之必为脱误。文十三年“会于沓”，《穀》、《左》多一“公”字；襄十五年“蔡朝吴奔郑”，《穀》、《左》多一“出”字。《公羊》传注无说，盖实本有脱文，然传注既无说，则其讹脱也晚，未足以证《穀》、《左》之经善于《公羊》。而据“公与夫人”之不言“及”，“败秦于殽”之言“秦师”观之，《穀》、《左》经文之多于《公羊》者；亦颇可见其故为增多，而不必真合于古也。《穀梁》经文之独多于《公羊》者亦有四例。(8) 桓十七年“五月丙午，及齐师战于奚”，《穀梁》“五月”作“夏五月”。赵氏《笺》云：“《左氏》、《公羊》无‘夏’字，《穀梁》有为是。《春秋序正义》曰：‘四时必具，乃得戈年。’桓十七年五月无‘夏’，昭十年十二月无‘冬’，二者皆有月而无时，既得其月，时则可知。仲尼不应故阙其时，独书其月，当是仲尼之后，写者脱漏。”(9) 僖三年“冬，公子友如齐莅盟”；《穀梁》“公子友”作“公子季友”。赵氏《笺》云：“《穀梁》作‘公子季友’，似从书字之例，或衍一‘季’字尔。”(10) 定十年“齐人来归郓、讙、龟阴田”，《穀梁》“田”作“之田”，赵氏《笺》云：“《穀梁》衍‘之’字。”(11) 哀元年“鼷鼠食郊牛，改卜牛。”《穀梁》“郊牛”作“郊牛角”。赵氏《笺》云：“《穀梁》有‘角’字，或衍文。”综此四例观之，桓十七年无“夏”者，《公羊传》何注云：“夏者阳也，月者阴也，去夏者，明夫人不系于公也。”桓十七年五月无“夏”者，实与昭十年十二月无“冬”从同。或有大义微言。《穀梁》之有夏者，乃据文义以增，未必《穀梁》之以有为是也。僖三年“公子友”作“季友”，实为衍文。庄二十五年“公子友如陈”，僖元年“公子友帅师”，僖七年“公子友如齐”，俱无“季”字，至僖十六年“公子季友卒”，始书“季”以褒之，则此不当言“季友”也。定十年《穀梁》衍“之”字，哀元年《穀梁》有“角”字，或衍文。赵氏说并甚韪。《穀梁》文多于《公羊》者，未必《穀梁》是而《公羊》非。其多衍文，适足以见其故为增多，而不必真合于古也。至《左氏》经文之多于《公羊》者约有五例。(12) 文三年“晋阳处父帅师伐楚救江”，《左氏》“救江”作“以救江”，赵氏《笺》云：“《公》、《穀》脱‘以’字。”(13) 文十三年“还自晋，郑伯会公于棐。”《左氏》“还自晋”作“公还自晋”，赵氏《笺》

云："《公》、《穀》少'公'字，或阙文。"(14) 宣三年"楚子伐贲浑戎"，《左氏》"戎"作"之戎"，赵氏《笺》无说。(15) 襄三十年"宋灾，伯姬卒。"《左氏》作"宋伯姬卒"。赵氏《笺》云："《左氏》亦云'宋伯姬'，且下经'叔弓如宋葬宋共姬'有'宋'字，则此云'宋灾，宋伯姬卒'，所以系伯姬于宋，著鲁女之嫁于宋者也。有'宋'字为是。"(16) 昭元年"莒展出奔吴"，《左氏》"莒展"作"莒展舆"。赵氏《笺》云："《公》、《穀》脱'舆'字。"据此五例以观，《左氏文十三年》"公还自晋"，宣三年"伐陆浑之戎"，多一"公"字，一"之"字，此寻省文义，即可以增补，未足以见《左氏》必是，而《公羊》必非。赵氏于"还自晋"谓《公》、《穀》或阙文，而于"陆浑之戎"，更不言其从违，亦未能质言其是非也。文三年"伐楚救江"，《左氏》多一"以"字，亦可以意增补。《公羊传》曰："此伐楚也，其言救江何？为谖也，其为谖奈何？伐楚为救江也。"经不言"以"，而意自明。《左氏》多一"以"字，与古人文字简省不合，其所增多亦足以见其不必为真古也。至"宋灾，伯姬卒"，虽有"宋"字为是，然《公羊传》实云"宋灾，伯姬卒焉。宋灾，伯姬存焉。"而成九年经亦言"杞伯来逆叔姬"，则有"宋"亦不必是也。"莒展出奔吴"，何君《注》云："皆不氏，当国也。"《左氏》言"莒展舆"，乃据传以增经，其所增多，自来可信其必为真古也。总此十六例观之，《穀》、《左》文多于《公羊》者，或增多语助，如"公与夫人"、"不至而复"、"陆浑之戎"、"龟阴之田"、"朝吴出奔"、"伐楚以救江"之类，此玩经文之意，即可以为增补。或增多一名物，如"夏五月"、"冬十月"、"会公于沓"、"公还自晋"、"宋伯姬卒"、"食郊牛角"、"公子季友"、"败秦师于殽"之类，此玩全经文例，亦可为之增补。至于"魏曼多"、"莒展舆"，则据传文可以增补经文。此十有六例，《穀》、《左》文多于《公羊》者，大抵貌为增多，不合于古本真。则就此貌为增多之以观，《穀》、《左》之不为真古经亦可以明知矣。

（三）试更就《穀》、《左》文字之少于《公羊》者论之，则《穀》、《左》之经所见为少者，实比较《公羊》为脱漏，而非《穀》、《左》之果合于本真，此则足见《穀》、《左》之经，不必为真本。在全经中，《穀》、《左》所脱漏之文词共三十一例。《穀》、《左》二经俱脱漏者，如：(1) 桓十五年“公会齐侯、宋公、卫侯、陈侯于侈伐郑”，《穀》、《左》同脱“齐侯”二字，赵氏《笺》云：“《公羊》多‘齐侯’二字，古本《左氏》经亦当有‘齐侯’字。观《说文》所引可证。”然《说文·衣部》云：“袳，张也，从衣多声；《春秋》传曰：‘公会齐侯于袳’。”《说文》所引为《传》，非谓《春秋》经也。(2) 庄十六年“公会齐侯、宋公、陈侯、卫侯、郑伯、许男、曹伯、滑伯、滕子，同盟于幽。”《穀》、《左》“会”上无“公”，《左氏》更无“曹伯”二字。赵氏《笺》云：“《左氏》无‘公’字，杜氏以为使微者会；夫以齐桓之盛，而鲁敢使微者与之会，于理未可信。当是脱文。《左氏》无‘曹伯’二字亦脱漏。《古经解钩沉》十六引《折衷》云，《左氏》、《穀梁》无‘公’字，阙文也。”(3) 庄二十八年“公会齐人、宋人、邾娄人救郑”，《穀》、《左》同脱“邾人”等字。赵氏《笺》云：“《公羊》有‘邾娄人’三字，或衍文。”此未足以见《公羊》之为衍，而《穀》、《左》之非脱也。(4) 僖二年“齐侯、宋公、江人、黄人盟于贯泽。”《穀》、《左》并无“泽”字。赵氏《笺》云：“《公羊》经本无‘泽’字，故《公羊·疏》于《僖九年传》‘贯泽之会’下解云：‘即上二年秋九月，齐侯、宋公、江人、黄人盟于贯是也。而此言于贯泽者，盖地有二名。’《疏》说如此。陆德明所据本有‘泽’字，故云二《传》无‘泽’字，然则在唐时，《公羊》已有二本不同，有‘泽’者或衍文。”《僖九年传》明言“贯泽之会”，杜预《释例》亦引“或曰”、“齐有贯泽”，古本《公羊》当有“泽”字，陆氏据本有“泽”为是。亦未足以见《公羊》之为衍，而《穀》、《左》之非脱也。(5) 僖八年“公会王人、齐侯、宋公、卫侯、许男、曹伯、陈世子款、郑世子华盟于洮”，《穀》、《左》并无“郑世子华”。赵氏《笺》云：“此经下即次‘郑伯乞盟’，则‘郑世子华’不会盟可知，《公羊》衍此四字。”(6) 僖十年“晋里克弑其君卓子及其大夫荀息。”《穀》、《左》并无“子”字。赵氏《笺》云：“《左氏·庄二十八年传》‘晋伐骊戎，骊戎男女以骊姬。归生奚齐。其娣生卓子。’则‘卓子’本二名，《左》、《穀》经作‘卓’，或脱‘子’字。”(7) 僖十八年“宋公会曹伯、卫人、邾娄人伐齐”，《穀》、《左》并无“会”字。赵氏《笺》云：“《公羊》衍‘会’字。然此亦未足以见《公羊》之为衍，而《穀》、《左》之非脱也。”(8) 僖十九年“公会陈人、蔡人、楚人、郑人盟于齐”，《穀》、《左》并无“公”字。赵氏《笺》云：“陈、蔡、楚、郑俱称‘人’，则不当书‘公会’，《公羊》衍‘公’字。”案，此亦未足见《公羊》之必衍，而《穀》、《左》之非脱也。(9) 文元年“二月癸亥，朔，日有食之”，《穀》、《左》并无“朔”。赵氏《笺》云：“《穀》、《左》无‘朔’字，或阙文。”(10) 文七年“晋人及秦人战于令狐，晋先眛以师奔秦。”《穀》、《左》无“以师”二字。赵氏《笺》云：“《公羊》有‘以师’二字，或衍文。”案：《公羊传》明云：“此偏战也，何以不言师败绩？敌也。此晋先眛也，其称人何？贬。曷为贬？外也。其外奈何？以师外也。”《传》明言“师败绩”，又言“以师外”，则《公羊》不为衍，《穀》、《左》盖脱漏也。(11) 文八年“公子遂会伊雒戎，盟于暴”，《穀》、《左》并无“伊”字。赵氏《笺》云：“《左氏》传云‘遂会伊雒之戎。’是‘伊雒’二字可并言，经文作‘雒戎’，从省文。《公羊》作‘伊雒戎’，当是不省‘伊’字。”经文非从省文，此实

《穀》、《左》脱漏也。(12) 襄十四年“卫侯衎出奔齐”,《穀》、《左》并无“衎”字。赵氏《笺》云:“《礼记》曰:‘诸侯失地名’,《左氏》传云:‘定姜曰,告亡而已,无告无罪。’则诸侯之策,当书卫侯名为得。《穀》、《左》或脱‘衎’字。”朱氏《异文覈》亦云:“《公羊》‘侯’下有‘衎’字,是也。”《左传》脱误,杜注非是。(13) 昭二十四年“叔孙舍至自晋”,《穀》、《左》并无“叔孙”二字。赵氏《笺》云:“《左氏》无‘叔孙’二字,舍族尊盟主之义也,使若有罪得释然。《公羊》有‘叔孙’二字,或衍文。”案,《公羊·疏》云:“今此‘叔孙’不去氏者,盖以无罪故也。”(14) 定四年“蔡公孙归姓帅师灭沈,以沈子嘉归,杀之。”《穀》、《左》并无“归”字。赵氏《笺》云:“昭元年经‘会于虢’,《左》、《公》、《穀》皆作‘蔡公孙归生’,此经《穀》、《左》无‘归’字,或阙文。”(15) 定七年“齐侯、卫侯盟于沙泽”,《穀》、《左》无“泽”字。赵氏《笺》云:“《左》、《穀》作‘盟于沙’,当是省‘泽’字。僖公二年盟于‘贯’,《公羊》经作盟于‘贯泽’,是《左》、《穀》亦省‘泽’字。《公羊》不省,或衍文。”此足见《公羊》非误衍,乃《左》、《穀》有脱漏耳。(16) 定十三年“晋荀寅及士吉射入于朝歌以叛”,《穀》、《左》无“及”字。赵氏《笺》云:“《公羊》衍‘及’字。”案:赵氏说据《左氏》经以断言《公羊》经,实则《公羊》未必衍,或《穀》、《左》有脱漏也。据上十六例观之,如:(1) 齐侯,(2) 公会,(4) 贯泽,(6) 卓子,(9) 癸亥朔,(11) 伊雒戎,(12) 卫侯衎,(14) 归姓,(15) 沙泽,九例则据经传可知《穀》、《左》必为脱漏。赵氏《笺》无异说。如:(3) 邾娄人,(7) 宋公会,(8) 公会,(16) 及士吉射诸例,赵氏《笺》以《公羊》衍文,而实无塙据。如:(10) 以师,(13) 叔孙舍诸例,则赵氏《笺》据《左氏》传谓《公羊》衍,然据《公羊传·注》观之,则《穀》、《左》亦实为脱漏。

此十六例之中，唯（5）“郑世子华”据经文观之，似《公羊》为衍文。然而《穀》、《左》之脱误亦正足见其多矣。至《穀梁》之独脱漏者，共有三例。（17）僖二十八年“公会晋侯、齐侯、宋公、蔡侯、郑伯、陈子、莒子、邾娄子、秦人于温”，《穀梁》无“齐侯”二字。赵氏《笺》云：“《穀梁》无‘齐侯’二字，或脱文。”（18）襄三十年“叔弓如宋，葬宋共姬”，《穀梁》脱下“宋”字。赵氏《笺》亦云：“《穀梁》脱‘宋’字。”（19）定十三年“齐侯、卫侯次于垂葭”，《穀梁》无“卫侯”二字，赵氏《笺》亦云，“《穀梁》脱‘卫侯’二字。”此三事者，皆明见《穀梁》之讹脱。至《左氏》之阙漏，则有十二例。如：（20）隐十一年“夏，五月，公会郑伯于祁黎”，《左氏》经无“五月”二字，赵氏《笺》云：“《左氏》脱‘五月’二字。”（21）庄十六年“同盟于幽”〔详见例（2）〕，《左氏》经无“曹伯”二字。赵氏《笺》云：“《左氏》无‘曹伯’二字，亦脱漏。”（22）庄三十年“师次于成”，《左氏》作“次于成。”赵氏《笺》云：“《左氏·庄三年传》：‘凡师一宿为舍，再宿为信，过信为次。’则‘次’为师再宿以后之辞，此年经《左氏》无‘师’字，或脱字。”（23）僖十一年“晋杀其大夫丕郑父”，《左氏》经无“父”。赵氏《笺》云：“《左氏·僖十年传》云：‘遂杀丕郑、祁举及七舆大夫’，传无‘父’字，则经无‘父’字可知，故《公羊·疏》云，《左氏》经无‘父’字。令本《左氏》经有‘父’字或后人从《公》、《穀》经。《公》、《穀》有‘父’字亦衍文。”赵氏谓“《公》、《穀》有‘父’字亦衍文”，其实《左氏》未必信，或《左氏》脱也。（24）宣五年“齐高固来逆子叔姬”，《左氏》经无“子”字。赵氏《笺》云：“《左氏》脱‘子’字。”张洽《春秋集传》云：“据高固及子叔姬来，当从《公》、《穀》有‘子’字，在‘叔姬’上。”今案《左氏传》云：“齐高固来逆女，自为也。故书曰‘逆叔姬’，卿自逆也。”此足见《左氏》经传本无“子”字，本为脱漏也。(25) 襄五年“楚公子贞帅师伐陈，公会晋侯、宋公、卫侯、郑伯、曹伯、莒子、邾娄子、滕子、薛伯、齐世子光救陈。”《左氏》经无“莒子”以下九字。赵氏《笺》云：“《左氏》脱‘莒子、邾娄子、滕子、薛伯’九字。”朱氏《异文覈》亦云：“襄五年救陈，《公》、《穀》皆有莒、邾、滕、薛四国在齐前，按此《左氏春秋》经脱误也。”(26) 襄十七年“齐高厚帅师伐我北鄙，围防。”《左氏》经无“齐”字。赵氏《笺》云：“此经接‘齐侯伐我北鄙，围桃’下，则高厚为齐侯分遣之师，故不须复系齐。《公》、《穀》作‘齐高厚’，或衍‘齐’字。”今案，赵说曲为《左氏》回护。殊未必然。《春秋》谨严，当有“齐”字。《左氏》之经实为讹脱。(27) 襄二十二年“公会晋侯、齐侯、宋公、卫侯、郑伯、曹伯、莒子、邾娄子、滕子、薛伯、杞伯、小邾娄子于沙随。”《左氏》经无“滕子”二字。赵氏《笺》云：“《左氏》经‘邾子’下无‘滕子’，或阙文。”(28) 襄二十九年“仲孙羯会晋荀盈、齐高止、宋华定、卫世叔齐、郑公孙段、曹人、莒人、邾娄人、滕人、薛人、小邾娄人城杞。”《左氏》“莒人”下无“邾人”。赵氏笺云：“《左氏》经‘莒人’下脱‘邾人’二字。”(29) 昭三十二年“仲孙何忌会晋韩不信，齐高张、宋仲几、卫世叔申、郑国参、曹人、莒人、邾娄人、薛人、杞人、小邾娄人城成周。”《左氏》“莒人”下无“邾人”二字。赵《笺》亦云：“《左氏》‘莒人’下脱‘邾人’二字。”(30) 昭二十三年“冬，公如晋，至河，公有疾，乃复。”《左氏》无下“公”字。赵氏《笺》云：“《公》、《穀》衍下‘公’字，何劭公遂曲为之解，从《左氏》为得。”今案，《公羊》传曰：“何言乎‘公有疾，乃复？’杀耻也。”据传文是《公羊》古经本有下“公”字，何注：“举公者，重疾也。”亦非曲为之解，然则《公羊》非衍，实《左氏》脱漏也。(31) 定十年“宋公之弟辰暨宋仲佗、石彄出奔陈”，《左氏》无下“宋”字。《公羊传》何《注》云：“复出宋者，恶仲佗悉欲帅国人去，举国言之，公子池乐世心石彄从之，皆是也。”赵氏《笺》云：“《公》、《穀》衍‘宋’字，何劭公亦曲为之说。”今案，经言“宋仲佗”，复出“宋”者，文意更明，自非衍文。何《注》所说，虽不尽是，然以谓《左氏》非脱误，则亦曲为说也。就上列十二例观之，如：(19)、(21)、(22)、(24)、(25)、(27)、(28)、(29) 八例，赵氏明以为脱，自余 (23) 之“丕郑父”，(26) 之“齐高厚”，(30) 之“公有疾”，(31) 之“宋仲佗”，赵氏谓《公羊》衍，其实并《左氏》有脱漏，非《公羊》衍也。综上三十一例观之，赵氏以为《穀》、《左》脱漏者凡二十例，自余十一例，赵氏乃牵引《左氏》为说，然亦可见《穀》、《左》脱漏之多矣。且其所阙遗者，如：(1) 公会齐侯，(9) 癸亥朔，(12) 卫侯衎，(14) 公孙归姓，(17) 齐侯，(25) 莒子、邾子、滕子、薛伯，(27) 滕子，(28) 邾人诸事，类皆关涉重要，如果为古本经，则不当如是也。

(四) 试更就《穀》、《左》经文与《公羊》经文之互倒者观之，则全经中只有一例，《桓十四年》“宋人以齐人、卫人、蔡人、陈人伐郑。”《穀梁》“卫人蔡人”作“蔡人卫人”。赵氏《笺》云：“《左氏·定四年传》：‘晋文公为践土之盟，卫成公不在；夷叔其母弟也，犹先在。’杜注：‘践土、召陵二会，经书蔡在卫上，霸主以国大小之序也。子鱼所言，盟歃之次。’此经《左氏》、《穀梁》‘蔡’在‘卫’上，似亦以大小为次，《公羊》或传写之讹。”然此经之书“卫人蔡人”，其时较早，其当以大小为次，抑以盟歃为次衡之，固未易定。《公羊》未必传写之误。以《穀》、《左》多误诸例衡之，或此仍为《左》、《穀》经之讹误也。

要之，《左氏》、《穀梁》所脱漏者，类皆关涉重要，而其所增多者，不过“与”、“而”、“之”、“以”等字，间亦有不免讹误者，其文字多不合于古，则其非真古本经，固已有明验矣。《穀梁》之经，多同《左氏》，而且讹误亦多相同，此《穀梁》之所以亦为古文学也。

**一九四一年十月写于四川江津白沙，一九五七年三月校订于西安西北大学**

附录二：

# 尸子考证

这一篇本是在 1925 年 3 月上海《时事新报·学灯》上发表的，后来未经我的同意又转载在《国故学讨论集》上。因为尸子与《穀梁》是有关系的，所以附录于此。现在手边没有原稿，也没有《学灯》，只好就《国故学讨论集》上的本文，将错字改好，暂且录出来。正式的修补，到将来再说。

一九三一年八月二十日　作者附识



## 一

《汉书·艺文志》有"《尸子》二十篇"，列在杂家。班固自注曰："名佼，鲁人。秦相商君师之，鞅死，佼逃入蜀。"《史记·孟荀列传》上说："楚有尸子。"刘向《别录》说是在蜀。王应麟在《汉艺文志考证》上说："今案尸子书，晋人也。名佼，秦相卫鞅客也。鞅谋事画计，立法理民，未尝不与佼规也。商君被刑，佼恐并诛，乃逃入蜀，造二十篇书，凡六万余言。"这是尸子的来历，我们所知道的大约如此。

《尸子》全书，到宋时早已散亡了。现在通行的《尸子》，一是任兆麟辑的，一是章宗源辑的，一是孙星衍辑的，一是汪继培辑的。这四种辑本之中，惟有汪本搜罗最多，所以人们都说："汪辑最好。"现在我们考订《尸子》，只有根据汪本了。

记得梁任公先生在《哲学杂志》第四期上说《尸子》"辑本

近真”。胡适之先生在《中国哲学史大纲》上说：“《尸子》书二十卷，向来列在杂家，今原书已亡，但是有从各书里辑成的《尸子》两种。据这些引语看来，尸佼是一个儒家的后辈，……即使这些不真是尸佼的，也可以代表当时的一派法理学者。”可见人们对于《尸子》，没有哪个积极地反证《尸子》是极不可靠的，是有问题的。我读现今汪辑《尸子》，就很不相信是无问题的，六七年来，对于这个疑问，很加注意，渐渐证据也多了。我以为有三个问题是该讨论的：（一）人的问题；（二）文的问题；（三）时的问题。换言之，我以为现在通行的《尸子》，至少是两个人作出的，并且有两个时代的嫌疑。请把我的意见说明，以便讨论。



## 二

现在通行的《尸子》是两人的，这是很容易看出来的。



汪继培的《尸子叙》上说：“刘向序《荀子》，谓‘尸子著书，非先王之法，不循孔氏之术。’刘勰又谓其‘兼总杂术，术通而文钝。’今原书散佚，未究大旨。诸家征说，率皆採撷精华，剪落枝叶，单词剩义，转可宝爱。”

章怀太子注《后汉书·宦者吕强列传》谓：“《尸子》书二十篇，十九篇陈道德仁义之纪，一篇言九州险阻，水泉所起。”

据这两段话看来，显而易见的是有两样学说，两样的作者。如若尸子是秦相商君之师，画议图计，必相与偕。那样，尸子既能与商君合作，又能与商君亲密，尸子必定也是任法重刑，弃知非圣的主张者。鞅死逃蜀，便是个明证。刘向说尸子是“非先王之法，不循孔氏之术。”当然也是真实可靠的。

但是反过来说，《穀梁传》在隐公五年有《尸子》的：“初献六羽，始厉乐矣”这一句；在桓公九年有：“夫已多乎道。”也是《尸子》的。尸子既是《穀梁》经师，必定私淑孔子，服膺圣道；

《穀梁传》上的引语，当然可靠。章怀太子说“《尸子》书二十篇，十九篇陈仁义道德之纪”，应该也是真实可信的。（《元和姓纂》一书《穀梁》姓下引《尸子》曰：“穀梁俶传《春秋》十五卷。”此语当在《尸子》原书中，此亦一证据）

我们现在将刘向、章怀太子的话证明了。在《汉书·艺文志》上，只有一种《尸子》，在刘向和章怀太子的口中，却有两样的《尸子》。大概在以前总有两种《尸子》，所以他们说法不同，不过我们现在因原书已亡，把《尸子》误认为一人的了。讲《穀梁传》的，有不承认《尸子》是一个人的。阮文达说：“隐五年、桓六年（应是九年）并引《尸子》，说者谓即尸佼。佼为秦相商鞅客，鞅被刑后，遂亡逃入蜀。而预为征引，必无是事；或传中所言，非尸佼也。”（《穀梁传注疏校勘记·序》）廖季平说：“先师也。人表序以为在孟子后，或以为佼，非也。”（《穀梁古义疏·隐五注》）但阮、廖皆未寻出什么根据来，其实拿文字时代来作证，商君的先师的尸子，与儒家的后辈的尸子，很容易见出是两人的。




## 三

现在通行的纂辑的《尸子》，大概是两样作者的文字，这是很能帮助证明“尸子”这两字代表两人的。由文字上观察思想，其不合之处，略有三种。请引辑本《尸子》的话语，来作证明。

凡治之道莫如因智，因智之道莫如因贤。（《治天下》）

治天下有四术：一曰忠爱，二曰无私，三曰用贤，四曰度量。（《君治》）

圣人正己而四方治矣。（《神明》）

仲尼曰：“得之身者得之民，失之身者失之民；不出于户而知天下，不下其堂而治四方，知反之于己者也。”以是观之，治己则治人矣。（《处道》）

这个尸子，大概是儒家后辈，所以他要讲究“忠爱”，“无私”，“正己”，“因贤”，这必不能与商君合作。韩非说：“商君教秦孝公燔诗、书而明法令。”（《和氏》）又说：“公孙鞅之治秦……赏厚而信，刑重而必……故其国富而兵强。”商君不重贤智，不讲仁爱，哪能和这尸子志同道合呢？必不能做到“未尝不与佼规”，而结果佼至“遂亡逃入蜀”。我们可以断定这非刘向和班固所说的尸子，这不是“非先王之道”的。

但是如若认定他是儒家的后辈，当然这尸子就是《穀梁》经师，圣人之徒了。他偏又说：

“墨子贵兼，孔子贵公，皇子贵衷，田子贵均，列子贵虚，料子贵别囿。其学之相非也，数世矣，而已皆弇于私也。”（《广泽》）



这一段话把孔夫子列在第二位，让墨子坐第一把交椅，又说孔夫子是“而已皆弇于私也”。这很不像是陈仁义之纪的尸子，倒像与商君合作的一人。孙星衍校本《尸子叙》说：“……而尸子以为孔子贵公，与诸子并论，不亦失言乎？”这就是对于儒家的后辈的尸子怀疑了！《尸子》本列杂家，但我们不可以这尸子是杂家，就认为儒家后辈的尸子，就可以非圣诬孔了！



孔子说：“道之以政，齐之以刑，民免而无耻。”儒家本是注重人格的感化的，尸子也很主张感化主义的，所以说：“圣人正己而四方治矣。”但书中有：“是则有赏，非则有罚，人君之所独断也。”这便不合儒家的尸子的口味，我们不能无疑。我不敢说那些是商君之师的尸子的话语，也不敢说那些不是商君之师的尸子的话。

最重要的还是尸子时代之考证。

## 四

据前二节的证明看来，现行《尸子》，在作者方面，在文字方面，都可见得是两样的人。其实这两样人是未必同时代的。班固以为是尸佼，秦相商鞅师之，更未必可靠。这是本文最重要的地方，我今从三方面立论，来求读者的注意和批评。

(一)《尸子》说："墨子贵兼，孔子贵公，皇子贵衷，田子贵均，列子贵虚，料子贵别囿，其学之相非也，数世矣，而已皆弇于私也。"这一段话，有几处很可疑的，足证尸子决不能是商君之师的尸佼。第一，"田子贵均"当然是指田骈。田骈又叫陈骈，《吕氏春秋·不二篇》说："陈骈贵齐。"田、陈古通，均、齐义同，这是一个旁证。《庄子·天下篇》说："彭蒙、田骈、慎到……齐万物以为首。"这也是可以证明"田子贵均"的田子是田骈。田骈的时代，大概是公历前三世纪的初年，田骈学说之成熟，大概是前三世纪的初半。然而尸佼是于公历前三三八年，商君被刑后入蜀的，这和田骈的学说之成熟，相距至少有四五十年。(凡关于年代，请看胡适《中国哲学史大纲》三四〇至三六〇页) 尸佼是商君之师，如何能活得那样长久，如何能知道"田子贵均"呢？最可疑的是：第二，"其学之相非也，数世矣"这一句。尸子能知道田骈的学说和别种的学说，相非至于数世么？第三，"料子贵别囿"这话也可疑。"别囿"是宋钘、尹文派的思想，在田骈之后，尸佼能知道这学派的产生吗？能说他们相非数世吗？合这三个疑点看来，现行《尸子》，未必是尸佼的罢！

(二) 现行《尸子》上有这一句："赤县州者，实为昆仑之墟。""赤县神州"是驺衍的新创，驺衍约和平原君同时，《史记·平原君传》且说驺衍在信陵破秦存赵之后，约在公历前二五七年。尸佼前三三八年入蜀，他能知道这六七十年以后的学说吗？他能知道"赤县州"这个名词吗？尸佼如若是商君之师，我以为他说不出这话来。

(三) 现在我们从《穀梁传》来看罢！如若尸子是《穀梁》经师，他是否即是尸佼？他的时代又如何？穀梁这个人，传说有四个名字，两个时代，很可以考定的（看柳兴恩《穀梁大义·述经师》篇)。《穀梁传》大概更不是穀梁本人作出的(看《四库全书总目提要》)。我们不可以拿《穀梁》的时代,推定《尸子》的时代。但是据纪昀的《四库提要》,陈澧的《东塾读书记》,皮锡瑞的《春秋通论》等书看来,《穀梁传》是见过了《公羊传》然后作出的。《公羊传》是"公羊高五世相授,至胡毋生乃著竹帛"的(徐彦《公羊传疏》),那么,《穀梁》的"著于竹帛",当然在《公羊》后了。而《尸子》有"穀梁俶传《春秋》十五卷"的话,这尸子似乎见过《穀梁》已著竹帛的,故能说"十五卷"这些话了。这是汉时的经师才能说的,当然不是尸佼了。我因此疑《穀梁传》既引《尸子》,而成若干卷,《尸子》又不应说这"穀梁俶传《春秋》十五卷"的话。然则不是《尸子》有后人伪造的部分在内,则《穀梁传》必有后人窜乱的情形了。这总算我的第三个证据了。

(附说:关于《穀梁》方面,我本还有似乎极强的证据,足证明《尸子》不是尸佼那个时代的。因为牵连的引证太多,我尚有一二怀疑的地方,只好暂时从略,候将来再发表罢!)

我因为现代《尸子》上很多关于正名的话,恐怕刘向所说的尸子是战国末年的人物,所以他能举出当时各派的学说。根据"穀梁俶传《春秋》十五卷"这一句话,我恐怕章怀太子所见的作《尸子》的是汉代的人物。但是刘向何以没有见到"陈仁义之纪"的"尸子"呢?尸子怎又能说"十五卷"的话呢?我恐怕真的尸佼的书已亡,唐宋所见的《尸子》是后人伪造的——至少有一部分是伪造的——不过我是尚无确证罢了。

## 五

在我这结论上,我请声明三件事:

(一)我以为现在通行的《尸子》,决不是尸佼的著述,但当日确有尸佼这个人。我承认《穀梁传》上的尸子,在当日或确有其人，不过他决不是尸佼这人；现行的《尸子》上面，或者至少有他的许多学说思想在内。现在的《尸子》，或者至少又有后人的依托部分在内，我们不可随便当作可以代表先秦时代的思想——这些是这篇《尸子考证》的结论，希望读者予以尽量之批评。

（二）尸子的问题，不仅是与诸子有关系，也与《春秋穀梁传》有关系。以前的学者——讲《穀梁》的，似乎对于尸子，都未讲得透彻、确凿。康有为先生曾说过尸子是始皇时代的人，但也未说出充分之理由（参看《春秋笔削大义微言考》）。我希望从此有人注意这个问题。

（三）凡是前人书籍已散亡，经后人搜集起来的东西，大概都不可深信，我们不可以为辑本就是可靠的。我希望谈古书真伪的人们，对于这个提议，也加以注意！

一九二五年二月三日，在太原

# 后序

现在这一本《穀梁真伪考》三校已经完了。我怎样地要作这一部书，为什么采用这样的组织法，以及我作完后的感想等等，似乎还有要说明的地方，现在利用这一篇《后序》略述一下。

## 一

在一九二二年的冬天，我作《春秋六论》的时候，我对于《穀梁》不合孔子思想的地方，已经是很怀疑的。我对于《穀梁》，已经是很少采用他的说法。到一九二五年的时候，我将《春秋六论》第一篇之前半改造为《春秋大义是什么》一文，在《时事新报》的《学灯》上发表。那一篇《前叙》上说："我研究《春秋》一经，绝对地严守《公羊》之说，我只承认《公羊》是《春秋》的真传；我何故守《公羊》，弃《左》、《穀》，俟将来再说明。"同时我在《学灯》上发表的《尸子考证》上面也说："《穀梁传》必有窜乱的情形，……俟将来再发表。"在我心中盘旋这《穀梁》是否真传的问题实在有多少年了，但是我的意见始终不敢发表。

治经是要守家法的，研究《春秋》更不当于三传择善而从；孔广森在《公羊通义》的《叙》上说："倘将参而从焉，衡而取焉，彼孰不自以择善者?"这话是不错的。研究《春秋》不将三传的问题解决，终是一个缺陷。《左传》经过许多学者的论辩，和近来珂罗倔伦的《左传真伪考》用文法上统计的证明，《左氏》

不传《春秋》，总可以相信了。惟有《穀梁》还是悬案。刘申受的《穀梁废疾申何》被柳兴恩驳了，崔觯甫的“《穀梁》亦古文学”也很难令人信服，所以在《左传真伪考》出世以后，我才想将来作一部小小的《穀梁春秋考证》，来讨论这一个悬案。

现在这年头研究经是要感困难的，差不多也没有什么人注意《春秋》经，何况是《穀梁传》呢？我自己学问很浅薄，又有些其他的工作，我的理想并没有想使它实现。去年秋后我着手作诸子通考式的《诸子通论》，想把诸子的名称、宗派、渊源、缘起、流变、真伪等等作一种有系统的叙述。到今年初稿完成，而我的旧病复发。恰好我要替《学文》第三期作一篇文章，我才决定在养病期中来试验地讨论这个问题。后来越作越多，不得已才节录上篇的五分之一去充《学文》的篇幅。我的重要的证据也未录出，不得不将全文发表了。同时我知道刘申受的《左氏春秋考证》快要印单行本了，我才预备将这一点玩艺儿也“灾及铅民”，用一个摩登而明白些的名称——《穀梁真伪考》——将它付印。趁趁热闹，撑撑面子，省得外国的学者很麻烦地替我们来作，显见得我们似乎太不注意这个问题了。

这些是我要将这一点玩艺儿拿出来献丑的缘故，实在是出乎我意料的。

## 二

我作这一部书，本来是要用《穀梁春秋考证》的名称的，所以用的是《左氏春秋考证》的组织法。但是我并不想完全学刘申受，更不愿替他的《穀梁废疾申何》作辩护士，他那不分类别的格式似乎很不适用。所以我要另想方法，将前人未说过的挑出来说，和已说过而确凿的来重说。一方面想贡献一点新的意见，一方面来作旧说的重新证明。引用《穀梁》学者之说来证明不是私见，引用其他学者之说来帮助明了，同时也算是搜集前人对于

《穀梁》的评论。再探出它的本源，考出它的年代，我想这样子已经够了。

本来我对于《穀梁》还有三四十条要评论的地方。应当加入本书的。例如：《穀梁传·闵公元年》说："不以齐侯使高子也。"高子是齐国的大夫，为什么齐侯不能使呢？所以刘申受说："岂君臣之义乎？"柳兴恩驳道："《公羊·成二年》亦云'君不使乎大夫'。""君不使乎大夫"与"君不使大夫"当然不同。《公羊》那句本当作"君不行使乎大夫"，见《校勘纪》，是说君不遣使"到"（乎）大夫那里去。柳兴恩将"乎"字忽略了，也不看《校勘记》，拿来回护《穀梁》，实在没有道理；《穀梁》那一句话，实在有违君臣之义。又如：吕大圭在《春秋五论》上说："是故桓公将攘楚，必先有事于蔡；晋文将攘楚，必先有事于曹、卫，此事实也。而《左氏》不达其故，于侵蔡则曰为蔡姬故，于侵曹伐卫则曰为观浴与块故。此其病在于推寻事由，……未尽可据也。"《穀梁》于侵曹伐卫也说："再称晋侯，忌也。"（僖公二十八年）"忌"是怨恨，和《左传》的"为观浴与块"的报复的意思正是相合。足见《左》、《穀》是一个鼻孔出气的，不尽可据。这三四十条要说的地方本可编成一个中篇，但我想大可以不必。上篇作为主脑，下篇作为注脚，中篇暂付阙如。这样子似乎也够了。

本书每条先引经，注明某公某年，其次传，其次注疏。所录原文，以重要为标准。所以多少不拘。但是为上下文的关系，为的容易明了的关系，或者多写几句，或者缘出全文。本书中引用他书时，第一次提出作者及其书名，再引时只说出作者的名字，或书籍的名称。容易检查的不附注卷数篇名，不易检查的才注明卷数篇名，为的双方省得许多麻烦。这是本书的略例。

从前的人对于《春秋》是极端崇拜的。吕大圭说："圣人之笔如化工随物赋形，洪纤高下各得其所，生生之意常流行于其间；虽其所纪事实不出于鲁史之旧，而其精神风采则异矣。”他这“生生之意常流行于其间”，是何等崇拜的口吻！但是现在也发生《春秋》不是孔子所笔削的问题了！我对于这个问题并未讨论，因为《穀梁》本身并没有否认孔子笔削《春秋》，所以这个问题也根本上谈不到。

还有，本书虽假定《穀梁》不得《春秋》之真传，也许其中有真的部分。庄公三十年经“齐人降鄣。”崔觯甫说：“穀梁氏曰：‘不言公，耻不能救鄣也。’此必《春秋》家相传之旧传也。”(《春秋复始》十六)《穀梁》又有同于《公羊》的地方，当然有许多《春秋》家相传之旧说，讲《春秋》的当然也无妨拿来参考。

本书考订《穀梁》的真伪，同时有几条（如上篇第六）也可帮助证明《左传》的是非，因为牵涉得太远，我想这也是很容易知道的，所以我并没有说明。这些，是我要请读者注意和原谅的。





## 三

我自己的学问很浅薄，我对于这部书的出世，觉得很应当慎重些。在我初稿完成之后，我将内中最重要的证据，《穀梁传》的“是月”不读“提月”，请求吴检斋先生的指教；吴先生也说：“如果‘是’字当‘此’字讲，《春秋》经上应当作‘寔来’的‘寔’。”吴先生认为无妨将稿子付印。这样子我才大胆子要拿出来公之于世。

关于文字上的问题，我请我的朋友刘盼遂先生当面将上篇看过一遍。他也很严格地劝我改订了四五处，他对于小学是极有心得极有研究的，他对于我所说的《穀梁》“画我”之袭用《公羊》“化我”，也是表同意的。

这书的全稿曾请黎劭西先生评阅，并求黎先生转请钱玄同先生评阅。据黎先生说：钱先生对于这书“甚赞许”的。这些无非是给我多少勇气。但是，因为如此，我才决定出版，来向读者请教。

上述的四位先生，对于本书很多帮助；在太原时，蒙张损闇先生（著有《周易古训》、《京房翼奉学笔记》、《说文定声》、《伯淳法言》等书）指导我怎样做学问。本书出版，更蒙左仲纶先生的许多指导，这都是我所当志谢的。

一九三一年八月三十日

# 荀子真伪考

# 略例

一、《荀子》一书，文多与大、小《戴记》,《韩诗外传》相同，非两两对勘，无以定真伪。本篇《荀子》与《戴记》、《韩诗外传》文相同者，并先对勘，然后考其真伪；但关于《荀子》真伪已明之各篇，为省篇幅起见，则概从略叙述。

二、《荀子》、《戴记》、《韩诗外传》等书，流传既久，版本甚繁。兹为便利起见，俱用《四部丛刊》本，以为对勘之资。《韩诗外传》有民二十年丹徒吴氏、江都秦氏覆元椠本（简称"覆元椠本"），亦间取以参校。(兹为节省篇幅，於对勘之原文，但录起讫，注明卷数页数，以便检阅)

三、是编于《荀子》各篇，多逐段为之说明，兹为便利起见，即用王氏《集解》分段。其王氏分段有不甚合者，亦不为之改订；非为苟简，借免混淆。

四、《荀子》、《戴记》、《韩诗外传》数书，流传既久，对勘之时，其有明知为因传抄而误，而非关于两书之先后者，则不论列；且为避免繁冗，亦不加以说明；缘此等处，固一见而可知之也。

五、《荀子》一书，真伪互淆，是编定《劝学》等十四篇为真《荀子》文，较之时贤所定，几于增多一倍。其有不足信者，亦必从严假定，总期勿以伪而乱真。海内宏达，不吝赐教，所甚幸焉。

# 一、引言

## （一）《荀子》与刘向、杨倞





荀子的著述，据《汉书·艺文志·诸子略》所列的是《孙卿子》三十三篇，又《诗赋略》所列的有《孙卿赋》十篇。据刘向的《孙卿书录》说："所校雠中《孙卿书》凡三百二十二篇，以相校除复重二百九十篇，定著三十二篇。"《汉志·诸子略》所列的是经过刘向校定的，"三十三篇"是当作"三十二篇"。（此王应麟《汉书艺文志考证》已言之）在《隋志》所列的，《子部·儒家》有《孙卿子》十二卷，云："楚兰陵令荀况撰，梁有王孙子一卷，亡。"又《集部·别集》有楚兰陵令《荀况集》一卷，云："残缺，梁二卷。"到了唐代，杨倞为《荀子注》，他以为"《荀子》未有注解，亦复编简烂脱，传写谬误"。又以其"文字繁多，故分旧十二卷三十二篇为二十卷，又改《孙卿新书》为《荀卿子》，其篇第亦颇有移易，使以类相从"。我们现在流传下来的《荀子》，即是一度经刘向的校定，再度经杨倞所改编的。这两本的篇第不同，兹表列于下：

**新旧篇第列表对照**

| 刘向本 | 杨倞本 |
|---|---|
| 《劝学篇》第一 | 同 |
| 《修身篇》第二 | 同 |

续表

| 刘向本 | 杨倞本 |
| --- | --- |
| 《不苟篇》第三 | 同 |
| 《荣辱篇》第四 | 同 |
| 《非相篇》第五 | 同 |
| 《非十二子篇》第六 | 同 |
| 《仲尼篇》第七 | 同 |
| 《成相篇》第八 | 第二十五 |
| 《儒效篇》第九 | 第八 |
| 《王制篇》第十 | 第九 |
| 《富国篇》第十一 | 第十 |
| 《王霸篇》第十二 | 第十一 |
| 《君道篇》第十三 | 第十二 |
| 《臣道篇》第十四 | 第十三 |
| 《致士篇》第十五 | 第十四 |
| 《议兵篇》第十六 | 第十五 |
| 《强国篇》第十七 | 第十六 |
| 《天论篇》第十八 | 第十七 |
| 《正论篇》第十九 | 第十八 |
| 《乐论篇》第二十 | 同 |
| 《解蔽篇》第二十一 | 同 |
| 《正名篇》第二十二 | 同 |
| 《礼论篇》第二十三 | 第十九 |
| 《宥坐篇》第二十四 | 第二十八 |
| 《子道篇》第二十五 | 第二十九 |

续表

| 刘向本 | 杨倞本 |
| --- | --- |
| 《性恶篇》第二十六 | 第二十三 |
| 《法行篇》第二十七 | 第三十 |
| 《哀公篇》第二十八 | 第三十一 |
| 《大略篇》第二十九 | 第二十七 |
| 《尧问篇》第三十 | 第三十二 |
| 《君子篇》第三十一 | 第二十四 |
| 《赋篇》第三十二 | 第二十六 |





这两本的篇次虽不相同，其内容固无大差异。关于这一点，梁任公先生在《要籍解题及其读法》上说：

> 杨倞所改编，是否惬当，另为一问题。但刘向旧本，亦不过就中秘所藏三百余篇之丛稿，订讹芟复，从新编次，原非必荀卿时之旧，故改编亦不必指为紊古也。

刘向校中秘时，既有重复二百九十余篇可为参考，则刘向于荀书篇第，不惟未必紊古，或以多从其旧。就现存之《荀子》书看来，如《天论》、《正名》等篇之可信为荀文者，其中亦不免有一两段系错入；如刘向果以己意多所更易，则这些掺入之各段，他未尝不可另立篇目以容纳之，或细加排比使稍整齐。所以说刘向是“芟复”则可以的，一定指为“紊古”则殊不必。又如《性恶篇》，刘向旧次杂在《子道》、《法行》之间；《成相篇》旧次在第八，都不甚合；刘氏如易荀卿之旧，亦当稍以类从。刘氏既不如此，则其校定《荀子》之时，盖必保存原书几分真面目。现在《荀子》之有真伪问题，或系《荀子》书原来编定之时，真《荀子》文本编在一处，而荀子弟子所记，或荀子弟子所作，亦本另编在一处。不过流传既久，篇简不免错乱，而有真伪混淆之象。

如刘向未必紊古，又未必多更易，篇章之错乱，应由于如此，就现在看起来，也只当如此的。

刘向校定的《荀子》，有《成相》及《赋》两篇，而《汉志》于《诸子略》中既列《孙卿子》三十三篇，《赋家》又列《孙卿赋》十篇；《汉志》原本《七略》，则刘向定《七略》时，这两种是否别行，这也是在我们看来要发生疑问的。关于这一点，胡元仪在他所作的《郇卿别传》上说：

> 今《郇卿书》、《赋篇》仅有《赋》六篇，读者莫明其故，盖即《郇卿书》中之《赋篇》、《成相篇》也。……《成相》亦赋之流也。今案《赋篇》，《礼》、《知》、《云》、《蚕》、《箴》五赋之外有，《佹诗》一篇，凡六篇。《成相篇》自"请成相，世之殃"，至"不由者乱，何疑为"，是第一篇。自"凡成相，辨法方"，至"宗其贤良，辨孽殃"，是第二篇。自"请成相，道圣王"，至"道古圣贤，基必张"，是第三篇。自"愿陈辞"，至"托于成相以喻意"，是第四篇。自"请成相，言治方"，至"后世法之成律贯"，是第五篇。合之《赋》六篇，实十有一篇。今《汉志》云"孙卿赋十篇"者，亦脱"一"字，当作"十一篇"也。

他这种算法是认为两书虽然别行，但在《孙卿子》中可有《成相》及《赋》两篇的。梁任公《要籍解题及其读法》则谓：

> 刘向本篇第，是否即向之旧，似仍有问题。《汉书·艺文志·儒家》载"《孙卿子》三十三篇"，而《赋家》复载"《孙卿赋》十篇"，知刘向裒定《七略》时，两书本各自别行。乃今本则《赋篇》即在三十二篇中，而其《赋》又仅五首，颇难索解……案：本书《大略篇》首"大略君人者隆礼尊贤而王……""大略"二字与下文不相属，明是标题。而《儒效》末一段云："人论，志不

免于曲私……”“人论”二字不与下连；《王制篇》篇中一段云：“序官，宰爵知宾客……”“序官”二字与下不连，体例正如《大略篇》。是“人论”“序官”本为两篇名，略可推见。然则后此何故失此二目而将四篇并为两篇耶？当缘有传抄者以“孙卿子”与“孙卿赋”合为一书，将赋十篇附于末。二度传抄者，不解“成相”之义，见其文与“非相”相近，遂提前置诸第八篇。三度传抄者，觉增此二篇与“三十二篇”之数不符，而当时各篇名，或皆如《大略篇》之仅著于篇首，并未提行另写，抄者失察，遂合四为二。谓符原数。信如是也，则《仲尼篇》第七之下，宜次以《儒效篇》第八，《人论篇》第九，《王制篇》第十，《序官篇》第十一，其《富国》《王霸》至《尧问》《君子》诸篇以次从第十二递推至三十二。而《成相》《赋》两篇则别为“孙卿赋”，而不以入《荀子》，庶几还中垒校录之旧观矣。

梁氏这种说法，是要经三度传抄然后“合四为二”以“符原数”，这种假定是很危险的。而且刘向的《书录》有目有录，传抄者又必须将其篇目也加以改订，这恐怕是不合情理的。《汉志》颇多裁篇别出，如《弟子职》一篇列《孝经类》中，而《管子》中仍有此篇，《荀子》的《成相》、《赋》两篇恐怕也是这样。我以为这是不当求之太深的。

## （二）《荀子》之真伪问题

《荀子》一书，虽经刘、杨的编定，但是自来怀疑其书之真伪者，实不甚多。杨倞《荀子注》在《大略篇》篇目下说：

此篇（《大略》）盖弟子杂录荀卿之语。

在《宥坐篇》篇目下说：

此以下（《宥坐》及以下《子道》、《法行》、《哀公》、《尧问》共五篇），皆荀卿及弟子所引记传杂事，故总推之于末。

而在《尧问篇》末段又说：

自“为说者”以下，荀卿弟子之辞。

他所怀疑为非荀子所作者只有《大略》、《宥坐》、《子道》、《法行》、《哀公》、《尧问》等篇，在《君子篇》篇目下他又说：

凡篇名多用初发之语名之．此篇皆论人君之事，即“君子”当为“天子”，恐传写误也。

这只以为传写之误，不以为非荀子作的。在他以后，如宋濂的《诸子辨》，胡应麟的《四部正讹》，姚际恒的《古今伪书考》，虽多辨诸子之赝伪，然而对于《荀子》是没有提出新的意见，说《大略》以下六篇外还有别的伪篇窜入的。

清代为《荀子》作校注的人，例如卢文弨在《非相篇》末一段说：

《非相篇》当止于此，下文所论较大，并与相人无与，疑是《荣辱篇》错简于此。

在《儒效篇》“造父者，天下之善御者也”这一段说：

案此段“在一大夫之位”云云，当为衍文，《韩诗外传》卷五无，此径接下文，语势方吻合。

在《致士篇》第二段也说：

前《王制篇》已有此数语．或是脱简于彼。

郝懿行在《致士篇》“得众动天”四句下说：

四句一韵，文如箴铭，而与上下颇不相蒙，疑或他篇之误脱。

王先谦在《王制篇》“序官”一段下说：

案：《乐论篇》云“其在序官也，曰修宪命，审诛赏，禁淫声，以时顺修，使夷俗邪音不敢乱雅，太师之事也”，则《序官》是篇名。上文“王者之人”、“王者之制”等语，及各篇分段，首句类此者，疑皆篇名，应与下文离析，经传写杂乱，不可考矣。

他们这三人都只怀疑到篇章的传写杂乱，而对于《荀子》本身的真伪也没有发生什么意见。不过王氏说到“序官”等是篇名，而以篇名湮没，有的在现在已不可考，这实在是很进一步的见解。

近来的人，对于《荀子》怀疑其真伪的，则比较多。梁任公先生在《要籍解题及其读法》上则说：

> 今案读全书，其中大部分固可推定为卿自著，然如《儒效篇》、《议兵篇》、《强国篇》，皆称“孙卿子”，似出门弟子记录。内中如《尧问篇》末一段，纯属批评荀子之语，其为他人所述尤为显然。又《大略》以下六篇，杨倞已指为荀卿弟子所记卿语及杂录传记，然则非全书悉出卿手盖甚明。

他对于大、小《戴记》文多与《荀子》相同，则以为：

> 凡此皆当认为《礼记》采《荀子》，不能谓《荀子》袭《礼记》。盖《礼记》本汉儒所裒集之丛编杂采诸各家著述耳。然因此可推见两《戴记》中其摭拾荀卿绪论而不著其名者或尚不少。而《荀子》书中，亦难保无荀卿以外之著作掺入。盖《荀子》书亦由汉儒各自传写，诸本共得三百余篇，未必本本从同。刘向将诸本冶为一炉，但删其重复，其曾否悬何种标准以鉴别真伪，则向所未言也。杨倞将《大略》、《宥坐》、《子道》、《法行》、《哀公》、《尧问》六篇降附于末，似有特识。……故此六篇宜认为汉儒所杂录，非《荀子》之旧。其余二十六篇，有无窜乱或缺损，则尚待细勘也。

这两段所说的，如对于《儒效》、《议兵》、《强国》三篇提出新的证明，如谓“其余二十六篇，有无窜乱或缺损，则尚待细勘"，确是很好且很稳妥的见解。在他以后，继续讨论此问题的则有杨筠如先生之《荀子研究》。他依据：

1. 体裁的差异，如《天论》、《礼论》、《富国》、《性恶》等篇之为论文体，《哀公》、《仲尼》、《尧问》、《宥坐》等篇之为语录体，决定其有一部分是属于伪作。又《致士篇》"得众动天"四句韵语，《乐论篇》"穷本极变"一段韵语，谓其非《荀子》原书，显然可知。而且以为《成相》一篇，旧次在第八，不当用韵文，明是《汉志》中间汉人的《成相》、《杂辞》，与荀子毫不相干。

2. 思想的矛盾，如《天论篇》后段"故人之命在天"，《修身篇》"人有此三行，虽有大过，天其不遂乎"。与《荀子·天论篇》反对天命的精神大相反对。《乐论篇》"著诚去伪，礼之经也"与《性恶篇》"人之性恶，其善者伪也"。一为诈伪之伪，一为人为之义，大相反对。

3. 篇章的杂乱，如《天论篇》"在天者莫明于日月，……人之命在天。……"这一段与上既无所承，与下文也不相接，既不是论天，而且与前文的思想矛盾。《性恶篇》"涂之人可以为禹"一段以后，忽然接以"有圣人之知者，有士君子之知者，……"，"有上勇者，有中勇者，有下勇者……"两段，全然与《性恶》没有关系。

4. 其他的旁证，如《大略篇》引《穀梁传》"诰誓不及五帝，盟诅不及三王，交质子不及五伯"，又说"《春秋》贤缪公，以为能变也"。"故《春秋》善胥命。"是取文公十二年、桓公三年《公羊传》，这都可以作为《荀子》书有许多晚出的材料的旁证。他由这四点更下结论说：

> 我们既知道《荀子》是混杂的东西，除了《成相》以下八篇，明知与《荀子》无关外，其余各篇，都不免有鱼目混珠的现象。用一般的观察，大致以《正名》、

《解蔽》、《富国》、《天论》、《性恶》、《正论》、《礼论》（起首一段）几篇，真的成分较多。所以我主张：（一）与大、小《戴记》，《韩诗外传》相同的文字，暂时只得割爱。（二）与前面所举几篇中主要思想相矛盾的地方，也最好不采。（三）凡是称孙卿子的各条，为慎重起见，也最好不要用为荀子学说的资料。

他这里所说，确有不少的新意见。而于可信为荀子所作的《天论》、《解蔽》、《正名》、《性恶》四篇以外，又以《富国》、《正论》及《礼论》之起首一段为可信，其意见也极平允。不过关于《荀子》与大、小《戴记》，《韩诗外传》（以下省称《戴记》、《外传》）相同的地方，仍未一一对勘，则其孰先孰后，问题仍未解决。我们现在所能信的只是《成相》以下八篇决非荀子所作，而《天论》、《富国》等篇比较他篇为真；但是《天论》等篇亦有与《戴记》、《外传》文同者，又何以决定其必为真，所以《荀子》全书的真伪，在未将荀书与《戴记》、《外传》对勘以前，是没有方法作相当的解决的。





## （三）《荀子》与《戴记》、《外传》

依上文所述，我们现在如欲决定《荀子》书中各篇之真伪，最好是将《荀子》与《戴记》、《外传》文字相同者，一一对勘，先作一番比较的研究，然后再决定其孰真孰伪。《荀子》与《戴记》相同的，共有十七处；与《外传》相同的，共有五十七处。现在且先将这些相同的各篇互举其篇卷如下：

1.《荀子》与《戴记》相同各篇篇目表

《荀子·劝学》——《大戴·劝学》

《荀子·修身》——《大戴·曾子立事》

《荀子·礼论》——《小戴·三年问》

《荀子·礼论》——《小戴·经解》

《荀子·礼论》——《大戴·礼三本》

《荀子·乐论》——《小戴·乐记》

《荀子·乐论》——《小戴·乡饮酒义》

《荀子·宥坐》——《大戴·劝学》

《荀子·大略》——《小戴·经解》

《荀子·大略》——《大戴·曾子立事》

《荀子·大略》——《大戴·虞戴德》

《荀子·大略》——《小戴·祭义》

《荀子·法行》——《大戴·曾子疾病》

《荀子·法行》——《小戴·聘义》

《荀子·哀公》——《大戴·哀公问五义》

2.《荀子》与《外传》相同各篇篇目表

《荀子·劝学》——《外传》六、九、四

《荀子·修身》——《外传》一、二、五、四

《荀子·不苟》——《外传》三、二、六、四、一

《荀子·非相》——《外传》三、五

《荀子·非十二子》——《外传》四、六

《荀子·儒效》——《外传》七、五、三、五、四

《荀子·王制》——《外传》五、三、三、三

《荀子·富国》——《外传》六

《荀子·君道》——《外传》四、五、五、六

《荀子·臣道》——《外传》四、六

《荀子·致士》——《外传》五

《荀子·议兵》——《外传》三、四

《荀子·强国》——《外传》六

《荀子·天论》——《外传》二、二、一

《荀子·大略》——《外传》八、四、五

《荀子·宥坐》——《外传》三、三、七

《荀子·子道》——《外传》十、九、三

《荀子·法行》——《外传》二、四

《荀子·哀公》——《外传》四、四、二

《荀子·尧问》——《外传》六、三、七、七

由上列的两表看来，《荀子》与《戴记》、《外传》相同的共有七十余处之多，这一问题如不解决，真不好解决《荀子》的真伪。过去的人，多以《戴记》与《外传》都是抄《荀子》的，如汪中《荀卿子通论》说：

> 《韩诗》之存者，《外传》而已，其引《荀卿子》以说《诗》者四十有四。由是言之，《韩诗》，荀卿子之别子也。
>
> ……
>
> 荀卿所学，本长于《礼》，《儒林传》云："东海兰陵孟卿善为《礼》、《春秋》，授后苍、疏广。"刘向《叙》云："兰陵多善为学，盖以荀卿也。长老至今称之。"曰："兰陵人喜字为'卿'，盖以法荀卿。"又二《戴礼》并传自孟卿，《大戴礼·曾子立事篇》载《修身》、《大略》二篇文，《小戴·乐记》、《三年问》、《乡饮酒义篇》载《礼论》、《乐论》篇文。由是言之，曲台之《礼》，荀卿之支与余裔也。（《述学补遗》）





汪氏所说，固然是由于《荀子》比较《戴记》、《外传》要早的缘故，但是他所说的，在我们现在看来，还是不错的。现在我们试分述其理由于下：

（1）大、小《戴记》，本是汉儒所裒集的丛编，其所采取之原料，可以分析之如下：

a. 有礼家之《礼记》，如《汉志》所列之《记》百三十一篇。

b. 有乐家之《乐记》，如《乐记》一篇本为汉儒所采辑。

c. 有属于《论语》者，如《大戴》中有《孔子三朝记》

七篇。

d. 有属于《尚书》者，如《大戴》中之《文王官人》一篇。

e. 有九流中之儒家，如《大学》、《中庸》等篇为儒家言。

f. 有九流中之道家，如《武王践阼》之本《太公阴谋》。

g. 有九流中之杂家，如《月令》一篇之采《吕氏春秋》。

h. 有明系汉人之作，如《王制》、《公冠》等篇。

i. 有近于所谓《逸礼》，如《奔丧》、《投壶》诸篇。

《戴记》的来源，分析起来，可以有此九类。本为杂纂而成，则其采录《荀子》，不需要对勘，实没有什么疑问的。而且我们从两《戴记》成立的时间来看，旧说以为《戴记》成于西汉，实则恐怕还要晚于西汉。关于这一点，近来钱玄同先生在《重论经今古文学问题》一文上说：

> 今之《大戴礼记》与《小戴礼记》这两部书，据我的研究，决非戴德和戴圣这两个人编成的；看它们的内容，虽不见得是删《古文记》而成，但的确采了好些《古文记》……这两部书，一定是东汉人编成的，所以其中“今”“古”杂糅，不易辨析……陆氏《经典释文序录》……说：“后汉马融、卢植考诸家同异，附戴圣篇章，去其繁重及所叙略，而行于世，即今之《礼记》是也。郑玄亦依卢、马之本而注焉。”这明明说今之《礼记》为卢植、马融所编定，郑注所注者即是卢、马编定之本。然则无论戴圣曾否编有《礼记》，即使有之，而今郑注之《礼记》四十九篇，则决非戴圣之本也。（《古史辨》第五册）

我们试看《小戴记》中之《明堂位》，姚际恒、方苞等俱以为“新莽时人为之”（《续礼记集说》卷五十九引），《大戴记》中之《盛德》记《明堂》之事，《朝事》与《周礼》相合，这都是晚出古文家之说，都可以证明两《戴记》是辑于东汉时的。（吾友童书业先生《二戴礼记辑于东汉考》，发表在《浙江省立图书馆馆刊》第四卷第二期上，复列五证，可以参看。）两《戴记》既辑成于东汉，则在刘向校定《荀子》之时，不当有《戴记》混入《荀子》。而且我们由两书的对勘，实有确切的证明（详下），所以说“《礼记》采《荀子》，不能谓《荀子》袭《礼记》”，这话是不错的。

（2）至于《外传》，则在《汉志》已说：“汉兴，鲁申公为《诗》训故，而齐辕固、燕韩生皆为之《传》，或取《春秋》，采杂说，咸非其本义。”《外传》本取《春秋》，采杂说；其采录《荀子》，我们本不需要对勘，是没什么疑问的。《外传》采《荀子》的地方，多不说明出自《荀子》，而有五处不惟不称荀子，且直称“传曰”（详下），好像“他所谓传，当然就是指的《春秋》杂说之类，这可以证明不是《外传》取的《荀子》，是将《春秋》杂说混入《荀子》书中了”。其实《外传》之中，如“舜生于诸冯，迁于负夏”（卷三）采《孟子·离娄》下，“伯夷叔齐，目不视恶色”（卷三）采《孟子·万章》下，都不说明是《孟子》，而且有所删节。其采他书，也多不著其名。《外传》之采《荀子》而不说明是《荀子》是不足疑的。至于所称“传曰”，如云“传曰：‘夫《行露》之人许嫁矣，然而未往也。’”（卷一）明是释《诗》之传，并非指《春秋》杂说言，其有的冠以“传曰”，有的不冠以“传曰”，则或是传写者去之有未尽（参看《四库全书总目提要》），或是古人著书体例之不严谨，如谓这些“传曰”之文，是指的《春秋》杂说之类，而可以证明不是《外传》取的《荀子》，是将《春秋》杂说混入《荀子》。既是混入，则：

a. 其文字当尽同，而何以对勘起来，文字既不尽相同，而反像《外传》改编《荀子》的？既是改编《荀子》，则自不能说是混入。

b. 如系混入，则当不只混入一段，有两段相连混入的可能。而何以所混入者，完全都只有一段，而无两段相连的？就这种种现象看来，由《外传》混入《荀子》之说，绝对不可信。我们还须知道：《外传》有的意见与《荀子》并不从同，在臧琳《经义杂记》七上说：

《韩诗外传》……考《汉志》本作六卷，则今书非韩氏原编，容有后人分并，且以他书厕入者。……其书有曰："子曰：'不知命，无以为君子。'言天之所生，皆有仁义礼智顺善之心。……"斯言也，即《孟子》性善之说也。秦、汉以来，如毛公、董生，皆可为（案：当作谓）见道之醇儒矣，而性善之说，则俱未能言也。琳谓孟子之后，程、朱以前，知性善者，韩君一人而已，故特表而出之。（《韩子·知命说》）

臧氏这里所说是不错的，在《外传》卷五上说：

茧之性为丝，弗得女工燔以沸汤，抽其统理，不成为丝。卵之性为雏，不得良鸡覆伏孚育，积日累久，则不成为雏。夫人性善，非得明王圣主扶携，内之以道，则不成为君子。《诗》曰："天生烝民，其命匪谌，靡不有初，鲜克有终。"言惟明王圣主然后使之然也。

《外传》确是主张性善的。在《外传》中，无与《荀子·性恶篇》相同之处，自是以主张不同之故，所以不采。而于《荀子·非十二子》虽略有采取，而不非子思、孟轲，自然也是因为主张性善的缘故。如此等处，如谓《荀子》由《外传》混入，则混入之时又必有增加非子思、孟轲的一段，这决不是随便混入的现象。而且《外传》所非十子之中，有范雎、田文、庄周等人为《荀子·非十二子》中所无者，如《荀子·非十二子》由《外传》混入而后加以改编，则由汉人所改编的，其思想文字决不能与《性恶》等篇相合，故其伪造的情形，必很显然。而现在《荀子》中各篇殊无此痕迹，则更不能说是混入了。

《戴记》、《外传》之本身为纂辑他书而成，由其著作时代之晚，且其文字之不尽与《荀子》相同，很显明地《荀子》各篇不是由《戴记》、《外传》混入。我以为不应当随便说"大概《荀子》本已残缺，于是孟卿将他的《礼说》、《春秋说》都假托《荀子》为名，将他和《荀子》原书混为一起，后来传入秘府以后，刘向就将他马马虎虎地排比一下，便算是《荀子》本书”的。依个人以《戴记》、《外传》与《荀子》互相对勘，以及对《天论》等篇推证的结果，我觉得《荀子》一书之真伪应该分为六组来看：

第一组：《劝学》、《修身》、《不苟》、《非十二子》、《王制》、《富国》、《王霸》、《天论》、《正论》、《礼论》、《乐论》、《解蔽》、《正名》、《性恶》共十四篇。这十四篇都可信为真《荀子》文，不过有的间有一二段是由他篇错入的。

第二组：《荣辱》、《非相》、《君道》、《臣道》共四篇。这四篇中，每篇俱有数段可信为真荀子文，但又有几段很可疑为非荀子所作，《荣辱》、《非相》两篇，尤为显然。

第三组：《仲尼》、《致士》、《君子》共三篇。这三篇恐非荀子文，其思想或文字顿令人怀疑。

第四组：《儒效》、《议兵》、《强国》共三篇。这三篇亦非荀子文，应是荀卿弟子所撰述。

第五组：《成相》、《赋》共两篇。这两篇本与儒家之孙卿子无关。

第六组：《大略》以下六篇。这六篇应为汉儒所采录之词。

在第一组中，自然《天论》、《解蔽》、《正名》、《性恶》四篇为最可靠，其余十篇正可由此四篇推证其为真荀子所作。在第二组中的四篇，大约每篇只有一半可信，故与第一组稍觉不同。第三组三篇，是我个人的假定。第四组三篇是从梁先生的意见。其余的两组，则旧来有说。这种看法，本不必要将《戴记》、《外传》与《荀子》对勘然后才可以推证出来，不过为了怀疑《荀子》与《戴记》、《外传》之关系，这种对勘的工作，也应当做一做的。

在下文中，谨将个人对于《荀子》各篇真伪的意见，依上列六组，先将其与《戴记》、《外传》之关系，依次对勘，而后再下以判断。为方便起见，第一组十四篇，更分为四项述之：

《天论》、《性恶》、《解蔽》、《正名》；

《富国》、《正论》、《礼论》；

《劝学》、《修身》、《不苟》；

《非十二子》、《王制》、《王霸》、《乐论》。

# 二、《荀子》各篇真伪考

## (一)《天论》、《性恶》、《解蔽》、《正名》

1.《天论》等四篇，近人认为全是荀卿的精华所在，这几篇是比较可靠的。但是《天论》与《外传》相同的地方，即有三处：

(1)《荀子·天论》

> 星队、木鸣，国人皆恐。曰：是何也？曰：无何也。是天地之变，阴阳之化，物之罕至者也。怪之可也，而畏之非也。夫日月之有蚀，风雨之不时，怪星之党见，是无世而不常有之。上明而政平，则是虽并世起，无伤也；上暗而政险，则是虽无一至者，无益也。夫星之队，木之鸣，是天地之变，阴阳之化，物之罕至者也。怪之可也，而畏之非也。物之已至者，人祆则可畏也。楛耕伤稼，耘耨失薉，政险失民，田薉稼恶，籴贵民饥，道路有死人，夫是之谓人祆。政令不明，举错不时，本事不理，勉力不时……，夫是之谓人祆。礼义不修，内外无别，男女淫乱，则父子相疑，上下乖离，寇难并至，夫是之谓人祆。祆是生于乱。三者错，无安国。其说甚尔，其灾甚惨。……《传》曰："万物之怪，书不说。"无用之辩，不急之察，弃而不治，若夫君臣之义、父之亲、夫妇之别，则日切磋而不舍也。(卷十一)

(2)《荀子·天论》

雩而雨，何也？曰：无何也，犹不雩而雨也。日月食而救之，天旱而雩，卜筮然后决大事，非以为得求也，以文之也。故君子以为文，而百姓以为神。以为文则吉，以为神则凶也。（卷十一）

《外传》卷二：

《传》曰：雩而雨者，何也？曰：无何也，犹不雩而雨也。星坠木鸣，国人皆恐，何也？是天地之变，阴阳之化，物之罕至者也。怪之可也，畏之非也。夫日月之薄蚀，怪星之党见，风雨之不时，是无世而不尝有也。上明政平，是虽并至无伤也。上暗政险，是虽无一无益也。夫万物之有灾，人妖最可畏也。曰：何谓人妖？曰：枯耕伤稼，枯耘伤岁，政险失民，田秽稼恶，籴贵民饥，道有死人，寇贼并起，上下乖离，邻人相暴，对门相盗，礼义不修，牛马相生，六畜作妖，臣下杀上，父子相疑，是谓人妖，是生于乱。《传》曰：天地之灾，隐而废也；万物之怪，书不说也；无用之变，不急之灾，弃而不治。若夫君臣之义，父子之亲，男女之别，切瑳而不舍也。《诗》曰：如切如瑳，如琢如磨。

这是在《荀子》的两段，《外传》并为一段，“雩而雨者”至“犹不雩而雨也”，在《荀子》本是说“君子以为文，而百姓以为神”的，《外传》只抄《荀子》的三句，又移在“星坠木鸣，国人皆恐”一段之上，殊不知“雩而雨”不是灾变，与“星坠木鸣，国人皆恐”是不同的。这明是《外传》袭《荀子》，而忘其文义之不协。如说由《外传》混入《荀子》，则何以秩序颠倒，而且在《荀子》这一段的下文，又从何处而来？“君子以为文，而百姓以为神。以为文则吉，以为神则凶”，正是说不当迷信，与荀子精神正合，犹可见不是后人改编的。至于《外传》由“星坠木鸣”起，将《荀子》的“则是虽并世起，无伤也”和“则是虽无一至者，无益也”，改作“是虽并置无伤也”与“是虽无一无益也”，文字比较整齐。而删去《荀子》的“夫星之队……而畏之非也”，使人不觉重复。“物之已至者，人祆则可畏也”改作“夫万物之有灾，人妖最可畏也”意义比较显明。“楛耕伤稼，耘耨失薉”，改作“枯耕伤稼，枯耘伤岁”，既见整齐，亦觉显明。下文《外传》又删去《荀子》的三个“夫是之谓人祆”以及“三者错，无安国”等句，修改合并而归结于“是谓人妖”，使气势较为畅达，文字较为简洁。“万物之怪，书不说也”之上又增“天地之灾，隐而废也”，相对成文。这都是《外传》袭用《荀子》的明证。如说由《外传》混入《荀子》，则不当文字有所更易，而所更易的反不整齐简洁明白畅达，更不如《外传》的。这里《荀子》与《外传》相同的两处，毫无可疑的不是《荀子》之袭《外传》。




(3)《荀子·天论》

在天者莫明于日月，在地者莫明于水火，在物者莫明于珠玉，在人者莫明于礼义。故日月不高，则光辉不赫；水火不积，则晖润不博；珠玉不睹乎外，则王公不以为宝；礼义不加于国家，则功名不白。故人之命在天，国之命在礼。君人者，隆礼尊贤而王，重法爱民而霸，好利多诈而危，权谋倾覆幽险而尽亡矣。(卷十一)

《外传》卷一：

《传》曰：在天者莫明乎日月，在地者莫明于水火，在人者莫明乎礼义。故日月不高，则所照不远；水火不积则光炎不博，礼义不加乎国家则功名不白。故人之命在天，国之命在礼。君人者降礼尊贤而王，重法爱民而霸，好利多诈而危，权谋倾覆而亡。《诗》曰：“人而无礼，胡不遄死。”

这一段《外传》删去《荀子》的“在物者莫明于珠玉”及“珠玉不睹乎外，则王公不以为宝”，只举天地人是整齐些的。“光晖不赫”改为“所照不远”，“晖润不博”改为“光炎不博”，也觉浅显明白。也是《外传》袭用《荀子》。如由《外传》混入《荀子》，则文字不当有更易；即有更易，亦不当反觉着不整齐、浅显明白的。所以这两书相同的地方仍无疑地不是《荀子》之袭《外传》。这一段《荀子》中有“人之命在天”一语，似与《天论篇》的精神相冲突，但荀子并非绝对不信命，在《正名篇》说：

> 性伤谓之病，节遇谓之命。（卷十六）

可见他并不否认有所谓“命”。在《性恶篇》他说：“善言古者必有节于今，善言天者必有征于人”。他并非对于天就绝对不谈，不过以为“从天而颂之，孰与制天命而用之”，这样才合於“天有其时，地有其财，人有其治，夫是之谓能参”。“人之命在天”这一句话，在表面上看来，似与《天论》的精神相冲突，其实这并非是不可解释的矛盾。这一段的下文还有“大天而思之，孰与物畜而制之”一段，必不是由他篇误入。不过这一篇末两段都好像与《天论》无关（末段的前一段实当分为两段），而末一段批评慎子、老子等，极合荀子的精神，可信为荀子所作。这几段之错入，无极强之反证，不能断其为伪。至于这是《荀子》原书本就如此，还是刘向定著为三十二篇时才如此，现在无由知其详了。

《天论》这一篇，大家公认为真荀子所作，我们除与《戴记》、《外传》对勘而外，在积极方面，更可以由时代背景来证明《天论》的“戡天主义”之必为荀子时代的作品。《王制篇》说：

> 王者之等赋、政事，财万物，所以养万民也。田野什一，关市几而不征，山林泽梁以时禁发而不税，相地而衰政，理道之远近而致贡，通流财物粟米，无有滞

留，使相归移也。四海之内若一家，故近者不隐其能，远者不疾其劳，无幽闲隐僻之国莫不趋使而安乐之。夫是之谓人师，是王者之法也。（卷五）

又说：

北海则有走马吠犬焉，然而中国得而畜使之；南海则有羽翮、齿革、曾青、丹干焉，然而中国得而财之；东海则有紫、紶、鱼、盐焉，然而中国得而衣食之；西海则有皮革、文旄焉，然而中国得而用之。故泽人足乎木，山人足乎鱼，农夫不斫削、不陶冶而足械用，工贾不耕田而足菽粟。故虎豹为猛矣，然君子剥而用之。故天之所覆，地之所载，莫不尽其美，致其用，上以饰贤良，下以养百姓而安乐之，夫是之谓大神。（同上）

据这两段来看，如云“四海之内若一家”，“无幽闲隐僻之国莫不趋使而安乐之”，以及东西南北的出产，中国都可以利用，泽居的人不至于缺乏燃料，山居的人不至于有“食无鱼”之嗟，这都足以表示荀子所生的时代是一个疆域比较广大，交通比较便利，物产比较丰富的时代。《王制篇》又说：

论百工，审时事，辨功苦，尚完利，便备用，使雕琢文采不敢专造于家，工师之事也。……修采清，易道路，谨盗贼，平室律，以时顺修，使宾旅安而赀（货）财通，治市之事也。（同上）

《王霸篇》说：

关市几而不征，质律禁止而不偏，如是则商贾莫不敦悫而无诈矣。百工将时斩伐，佻其期日，而利其巧任，如是则百工莫不忠信而不楛矣。……商贾敦悫无诈，则商旅安，货财通而国求给矣。百工忠信而不楛，则器用巧便而财不匮矣。（卷七）

这两段所说的，不惟足见工商的发达，而且主张因“货财通而国求给”，“器用巧便而财不匮”，荀子所生的时代，正是物质文明比较进步，有了使用利器的手工业，可以使生产“利其巧任”，有了远征的商旅的来往，可以使货财相通，他不必要像墨子那样“忧天下之不足”，这明明告诉他人力可以征服自然，一切事情不当听天委命，而要发生：

> 天行有常，不为尧存，不为桀亡；应之以治则吉，应之以乱则凶。强本而节用，则天不能贫；养备而动时，则天不能病；……（卷十一）

的主张。而以为“错人而思天，则失万物之情”，而要主张参天役物了。他说：

> 天有其时，地有其财，人有其治，夫是之谓能参。舍其所以参，而愿其所参，则惑矣！（同上）

> 圣人清其天君，正其天官，备其天养，顺其天政，养其天情，以全其天功；如是，则知其所为，知其所不为矣；则天地官而万物役矣。（同上）

这种参天役物的思想，正是由于人力可以征服自然的社会所造成，可以说是极明显的。在孟子时虽感觉到“机变之巧”，而未感到器用巧便可使生产加速；在韩非子，他说“当今争于气力”，则又相信“力”之高于一切，似乎时代中更有进步；荀子略后于孟子，而较早于韩非子，他的《天论篇》所有的思想之发生，由他所述看来，由孟子与韩非子看来，与其时代正相吻合。所以他要一反“由天谓之，道尽因矣”的道家思想，而成为“戡天主义”。这一篇是确可无疑的为荀子所作的。

2.《性恶》

《性恶》这一篇与《戴记》、《外传》都没有相同的地方，自然没有袭用《戴记》或《外传》的嫌疑。不过怀疑《性恶篇》的也未尝无人。有人以为《性恶篇》不是荀子所作，而且讲《荀子》的往往讲成荀子主张性善，讲孟子的又往往讲成与荀子性恶的意思相去不远。例如清代戴震的《孟子字义疏证》本是发挥孟子之说，而程瑶田《论学小记》则说他不能“不与荀子《性恶》相表里”。焦循《孟子正义》直认“孟子以人能改过为善，决其为性善，伏羲之前，人同禽兽，其贪淫争夺，思之可见”。则人原来并非性善，只是“乃若其情，则可以为善也”。其实孟、荀性善、性恶之分，就他们对于天道观念看来，他们决不会相同的。孟子说：

> 万物皆备于我矣，反身而诚，乐莫大焉。(《尽心上》)
>
> 尽其心者，知其性也；知其性，则知天矣。(同上)

孟子以为“万物皆备于我”，“反身而诚”则乐，天道既是善的，人性当然是善，所谓“道大而善小，善大而性小”(用王夫之《周易外传》语)，只须扩充尽才，只须尽心知性，不是要改变本性才能善的。《荀子》的《天论》是主张人力可以征服自然，所以对于性也主张化性起伪，不能认为原来就是善的。所以他在《性恶篇》说：

> 人之性恶，其善者伪也。……然则从人之性，顺人之情，必出于争夺，合于犯分乱理而归于暴。故必将有师法之化，礼义之道，然后出于辞让，合于文理而归于治。用此观之，然则人之性恶明矣，其善者伪也。(卷十七)

他们所处的时代也略不同。孟子虽然也生在战国之世，“争地以战，杀人盈野；争城以战，杀人盈城”，但他还未感觉到有如长平之战一坑降卒至四十余万之多。由《孟子》书中看来，似乎他也未感觉到当日诡辩家种种的诡辩，没有像荀子那样批评当日名、墨之“用名以乱实”，“用实以乱名”。孟子还可以说人性是善，到了荀子，他真要觉着战祸之烈，惨酷已极，名墨之争，诡辩多端，再不可以说人性是善了。荀子“性恶”的主张，正可以说是因时代而产生，我们如怀疑其非荀子所作，或以为荀子主张性善，这都是不对的。

在《性恶篇》，“涂之人可以为禹”一段以后，有“有圣人之知者，有士君子之知者，有小人之知者，有役夫之知者”一段，及“有上勇者，有中勇者，有下勇者”一段，似乎不是本篇所应该有的。但这两段，历来并未分出，在前人是并不以为与上下文不相衔接。其实我们也可以说这分出四等之知，三等之知，令人日跻于圣知上勇。而且在这两段以下说：

> 繁弱、钜黍，古之良弓也；然而不得排檠，则不能自正。桓公之葱，太公之阙，……古之良剑也；然而不加砥砺则不能利……骅骝、騹骥、纤离、绿耳，此皆古之良马也；然而前必有衔辔之制，……然后一日而致千里也。夫人虽有性质美而心辩知，必将求贤师而事之，择良友而友之。得贤师而事之，则所闻者尧、舜、禹、汤之道也；得良友而友之，则所见者忠信敬让之行也。（卷十七）

文气并非不相衔接，这后一段既非窜入，则前两段自不可以说是由他篇混入的。所以这一篇自首至尾都应当认为是真《荀子》文。

3.《解蔽》

《解蔽》与《戴记》、《外传》也没有相同的地方，不需经过对勘，可无疑其为荀子所作，而这一篇也没有人怀疑其伪的。荀子在《性恶篇》说“礼义者是生于圣人之伪，非故生于人之性”，“凡所贵尧、禹君子者，能化性，能起伪”，“今人之性，固无礼义，故强学而求有之也；性不知礼义，故思虑而求知之也。”他是极注意“圣”、“知”、“礼”、“学”的。在《解蔽篇》他说：

> 夫何以知？曰：心知道然后可道，可道然后能守道以禁非道，……何以知道？曰：心。心何以知？曰：虚一而静。（卷十五）

> 故学也者，固学止之也。恶乎止之？曰：止诸至

足。曷谓至足？曰：圣也。圣也者，尽伦者也；王也者，尽制者也。……不好辞让，不敬礼节，而好相推挤，此乱世奸人之说也。（同上）

《解蔽》这一篇正是欲解人之蔽，使注重于“圣”、“知”、“礼”、“学”；由荀子之性恶论看来，积极地也可以证明其为荀子所作。

这一篇虽自来没有人疑其窜伪，但在篇末云：

周而成，泄而败，明君无之有也；宣而成，隐而败，暗君无之有也；……（同上）

这一段也颇不像本篇所当有的，不过即使这一段不是《解蔽篇》的，而与《正论篇》第一段意思相合，也无害于此篇为真《荀子》文。



4.《正名》

《正名》这一篇也是与《戴记》、《外传》没有相同地方的。



这一篇说“所为有名”是因为：

异形离心交喻，异物名实玄纽，贵贱不明，同异不别，如是则志必有不喻之患，而事必有困废之祸，故知者为之分别，制名以指实，上以明贵贱，下以辨同异，……此所为有名也。（卷十六）

他攻击“用名以乱名”，“用实以乱名”，“用名以乱实”，说：

凡邪说辟言之离正道而擅作者，无不类于三惑者矣，故明君知其分而不与辨也。（同上）

重同异之分辨，正由重知与《解蔽》而来的。这一篇之用词，如云：

生之所以然者谓之性。生（原作“性”，依王先谦校改）之和所生，精合感应，不事而自然谓之性。性之好、恶、喜、怒、哀、乐谓之情。情然而心为之择谓之虑。心虑而能为之动谓之伪。虑积焉、能习焉而后成谓

之伪。(同上)

与《性恶篇》相合。又说：

辨说也者，心之象道也。心也者，道之工宰也。道也者，治之经理也。(同上)

“心也者，道之工宰也”，与《解蔽篇》的“心者形之君也，而神明之主也”相合，所以这一篇确可无疑其为《荀子》的。

这一篇末两段与正名实无关系，计不似为此篇之文，一段是：

凡语治而待去欲者，无以道欲而困于有欲者也。凡语治而待寡欲者，无以节欲而困于多欲者也。……故治乱在于心之所可，亡于情之所欲……(同上)

一段是：

凡人莫不从其所可而去其所不可，知道之莫之若也，而不从道者，无之有也。……如是而加天下焉，其为天下多，其和乐少矣。(同上)

而结以：

无稽之言，不见之行，不闻之谋，君子慎之。(同上)

这两段是论情欲，似与《正名篇》无干。但前一段云：“故欲过之而动不及，心止之也”，“欲不及而动过之，心使之也”，“性者，天之就也，情者，性之质也”。与《解蔽篇》的“心者形之君也”及《性恶篇》的“性者天之就也”意见相合。后一段云：“道者古今之正权也”，“故人无动而不可以不与权俱”，与《解蔽篇》的“何谓衡？曰：道”正相合。不过篇末三句，杨倞注说：

《说苑》作“无类之说，不戒之行，不赞之辞，君子慎之”。此三句不似此篇之意，恐误在此耳。

杨注所说，甚有理由。这三句或是由传抄者误入。不过与《说苑》文并不同，(《说苑》恐系采取《外传》卷五之文)也不

好说由《说苑》混入的。(近刘念亲《荀子正名篇诂释》则不以此三句为误入)

## (二)《富国》、《正论》、《礼论》

1.《富国》

《富国》、《正论》、《礼论》三篇在杨著《荀子研究》中即以为真荀子所作的。《富国》与《戴记》无相同之处,与《外传》相同者一处:

(1)《荀子·富国》





持国之难易,事强暴之国难,使强暴之国事我易。事之以货宝,则货宝单而交不结;约信盟誓,则约定而畔无日;割国之锱铢以赂之,则割定而欲无厌。事之弥烦,其侵人愈甚,必至于资单国举,然后已。虽左尧而右舜,未有能以此道得免焉者也。譬之是犹使处女婴宝珠,佩宝玉,负戴黄金,而遇中山之盗,虽为之逢蒙视,诎要挠腘,君庐屋妾,由将不足以免也。故非有一,人之道也,直将巧繁拜请,而畏事之,则不足以持国安身,故明君不道也。必将修礼以齐朝,正法以齐官,平政以齐民,然后节奏齐于朝,百事齐于官,众庶齐于下。如是,则近者竞亲,远方致愿,上下一心,三军同力,名声足以暴炙之,威强足以捶笞之,拱揖指麾,而强暴之国,莫不趋使。譬之是犹乌获与焦侥搏也。故曰:"事强暴之国难,使强暴之国事我易。"此之谓也。(卷六)

《外传》卷六:

事强暴之国难,使强暴之国事我易。事之以货宝,则货单而交不结;约契盟誓,则约定而反无日;割国之强乘以赂之,则割定而欲无厌;事之弥顺,其侵之愈甚，必致宝单国举而后已，虽左尧右舜，未有能以此道免者也。故非有圣人之道，持（覆元椠本作“特”）以巧敏拜请畏事之，则不足以持国安身矣，故明君不道也。必修礼以齐朝，正法以齐官，平政以齐下，然后礼义节奏齐乎朝，法则度量正乎官，忠信爱利平乎下；行一不义，杀一无罪，而得天下，不为也。故近者竞亲，而远者愿至，上下一心，三军同力，名声足以熏（覆元椠本作“暴”）炙之，威强足以一齐之，则拱揖指麾。而强暴之国，莫不趋使，如赤子归慈母者。何也？仁形义立，教诚爱深故。《诗》曰：“王犹允塞，徐方既来。”

这里《外传》删去《荀子》的第一句“持国之难易”，这一句是近于标题的。“锱铢”好像太不重要了，又与上文“货宝”近重复，《外传》改为“强乘”，都比较进步的。下文更删去《荀子》“譬之”至“君庐屋妾”一段不重要的譬喻，免得“逢蒙视”与“君庐屋妾”令人看得不易了解，或者竟是《外传》不了解“君”为“若”之误文，而将这几句删去。“节奏”二字太空泛了，故《外传》于其上更增“礼仪”二字；“百事”、“众庶”也觉空泛，所以改为“法则度量”、“忠信爱利”。而于其下忽插入从《王霸》抄来的“行一不义，杀一无罪，而得天下，不为也”几句，实在与上下文并无深切关系。下文因国之与国不好说“捶笞”，故改为“一齐”二字，“乌获与焦侥搏”不合乎“趋使”，故改为“如赤子归慈母者”，下文《外传》“仁形义立，教诚爱深”，“爱”与上文毫无关系，只是《外传》因“如赤子归慈母”编来作结的。统观这一段，《外传》删改了《荀子》，使其明白进步；而引《王霸》及自作结，则不合上下文；明是采用《荀子》而稍加更易的。如说混入《荀子》，则非《外传》原文，如说混入以后稍加更易，则不应反不如《外传》的有进步，而这改编的人，恰好将录自《王霸》的以及“仁形义立，教诚爱深”不甚合的几句删去。这相同的地方，可无疑为《外传》袭《荀子》的。

从思想文字一方面看来，这一篇第一段说：“离居不相待则穷，群居而无分则争。穷者患也，争者祸也。”第三段说：“人之生不能无群，群而无分则争，争则乱，乱则穷。”这与《礼论篇》第一段的“人生而有欲，欲而不得，则不能无求，求而无度量分界，则不能不争，争则乱，乱则穷。”正相合。而这一篇第四段说：

> 墨子之言，昭昭然为天下忧不足。夫不足，非天下之公患也，特墨子之私忧过计也。……夫天地之生万物也，固有余，足以食人矣；麻葛茧丝，鸟兽之羽毛齿革也，固有余，足以衣人矣。夫有余不足，非天下之公患也，特墨子之私忧过计也。(卷六)



这里以为天生万物，衣食有余，只要“人善治之”，不必忧天下之不足，极与《天论篇》以人力征服自然的意见相合。在第二段说“足国之道”，要使“田肥以易，则出实百倍，……余若丘山，不时焚烧”。又说：“使民必胜事，事必出利，利足以生民”。第五段说“垂事养民”，要使“事成功立，上下俱富”。第七段说“潢然使天下必有余，而上不忧不足，如是则上下俱富”。其思想正一脉相承。所以这一篇由《礼论》、《天论》的思想，更可以积极地证其为荀子所作。



2.《正论》

《正论篇》没有与《戴记》或《外传》相同的地方，是没有袭用两书的嫌疑的。由思想文字一方面来看，这一段说：“上周密则下疑玄矣，上幽险则下渐诈矣”，“故主道利明不利幽，利宣不利周”。其用“疑玄”二字与《解蔽篇》“凡人之有鬼也，必以其感忽之间，疑玄之时正之”相合。所谓“主道利宣不利周”，与《解蔽篇》末段“故君人者，周则谗言至矣”；“君人者，宣则直言至矣”语意相合。第二段说：“非圣人莫之能尽，故非圣人莫之能王，圣人备道全美者也。”这与《解蔽篇》：“圣也者，尽伦者也；王也者，尽制者也；两尽者足以为天下极矣。”语意正合。第四段说：“是王者之至也”，“未足与及王者之制也”。在《解蔽篇》也有“王也者，尽制者也”，“天下有二：非察是，是察非，谓合王制与不合王制也。”其重王制相同。第五段说：“圣王在上，图德而定次，量能而授官，皆使民载其事而各得其宜。不能以义制利，不能以伪饰性，则兼以为民”。重在“以伪饰性”，与《性恶篇》正合。第七段说：“上无以法使，下无以度行”。与《性恶篇》的“圣人积思虑习伪，故以生礼义而起法度”。连举“法度”，也正相合。第八段评子宋子说到“有益”、“无益”，与《解蔽篇》：“为之无益于成也，求之无益于得也，忧戚之无益于几也，则广焉而弃之矣”。注意功利主义，词意都相近的。末一段评子宋子“情欲寡”，与《正名篇》：“情欲寡……此惑于用实以乱名也。”大意相合。第三、第六两段，亦无窜乱之迹，所以这一篇全可信为真《荀子》文的。杨倞在篇首注云：

此一篇皆论世俗之乖谬，荀卿以正论辨之。

在这一篇反驳：(1)“世俗之为说者曰：主道利周”。(2)“世俗之为说者曰：桀、纣有天下，汤、武篡而夺之”。(3)“世俗之为说者曰：治古无肉刑有象刑”。(4)“世俗之为说者曰：汤、武不能禁令”。(5)“世俗之为说者曰：尧、舜擅让”。(6)“世俗之为说者曰：尧、舜不能教化”。(7)“世俗之为说者曰：太古薄葬”。前七段都是驳“世俗之为说者”。后两段都是驳子宋子。而且说“二三子之善於子宋子”。足见著述之时，尚有慕子宋子道者，更足见其必为荀子所作。

3.《礼论》

《礼论篇》与《外传》没有相同的地方，而与《戴记》则有三处相同，兹先对勘于下：

（1）《荀子·礼论》

礼有三本：天地者，生之本也；先祖者，类之本也；君师者，治之本也。无天地，恶生？无先祖，恶出？无君师，恶治？三者偏亡，焉无安人。故礼，上事天，下事地，尊先祖，而隆君师，是礼之三本也……故王者天太祖，诸侯不敢坏，大夫士有常宗，所以别贵始；贵始得之本也。郊止乎天子，而社止于诸侯，道及士大夫，所以别尊者事尊，卑者事卑，宜大者巨，宜小者小也。故有天下者事七世，有一国者事五世，有五乘之地者事三世，有三乘之地者事二世，持手而食者不得立宗庙，所以别积厚；积厚者流泽广，积薄者流泽狭也。大飨，尚玄尊，俎生鱼，先大羹，贵食饮之本也。飨、尚玄尊而用酒醴，先黍稷而饭稻粱。祭、齐大羹而饱庶羞，贵本而亲用也。贵本之谓文，亲用之谓理，两者合而成文，以归大一，夫是之谓大隆。故尊之尚玄酒也，俎之尚生鱼也，豆之先大羹也，一也。利爵之不醮也，成事之俎不尝也，三臭之不食也，一也。大昏之未发齐也，太庙之未入尸也，始卒之未小敛也，一也。大路之素未集也，郊之麻絻也，丧服之先散麻也，一也。三年之丧，哭之不反也，清庙之歌，一唱而三叹也，县一钟，尚拊膈，朱弦而通越也，一也。凡礼，始乎棁，成乎文，终乎悦校。故至备，情文俱尽；其次，情文代胜；其下复情以归大一也。天地以合，日月以明，四时以序，星辰以行，江河以流，万物以昌；好恶以节，喜怒以当；以为下则顺，以为上则明，万物变而不乱，贰之则丧也。礼岂不至矣哉！（卷十三）

《大戴·礼三本》：

礼有三本：天地者，性之本也；先祖者，类之本也；君师者，治之本也。无天地焉生，无先祖焉出，无君师焉治，三者偏亡，无安之人。故礼，上事天，下事地，宗事先祖而宠君师，是礼之三本也。王者天太祖，诸侯不敢怀，大夫士有常宗，所以别贵始，德之本也。郊止天子，社止诸侯，道及士大夫，所以别尊卑，尊者事尊，卑者事卑，宜钜者钜，宜小者小也。故有天下者事七世，有国者事五世，有五乘之地者事三世，有三乘之地者事二世，待年而食者不得立宗庙，所以别积厚者流泽光，积薄者流泽卑也。大飨尚玄尊，俎生鱼，先大羹，贵饮食之本也。大飨尚玄尊而用酒，食先黍稷而饭稻粱，祭哜大羹而饱乎庶羞，贵本而亲用。贵本之谓文，亲用之谓理，两者合而成文，以归太一，夫是谓大隆。故尊之尚玄酒也，俎之生鱼也，豆之先大羹也，一也。利爵之不啐也，成事之俎不尝也，三侑之不食也，一也。大昏之未发齐也，庙之未纳尸也，始卒之未小敛也，一也。大路车之素幭也，郊之麻冕也，丧服之先散带也，一也。三年之哭不反也，清庙之歌一倡而三叹也，县一磬而尚拊搏，朱弦而通越也，一也。凡礼始于脱，成于文，终于隆。故至备，情文俱尽；其次，情文佚兴；其下，复情以归太一。天地以合，四海以洽，日月以明，星辰以行，江河以流，万物以倡，好恶以节，喜怒以当。以为下则顺，以为上则明，万变不乱，贷之则丧。（卷一）

这两处相同的文字出入甚少，但可决其为《戴记》采《荀子》者：以焉为句首，这在后来是不常用的。《大戴》不了解《荀子》的“焉无安人”，所以改作“无安之人”。“县一钟，尚拊膈”，是不大好懂的，《大戴》改作“县一磬而尚拊搏”，又“始乎棁，成乎文，终乎悦校”，也是不大好懂，《大戴》改作“始于脱，成于文，终于隆”。便易于了解了。这些地方，不像《荀子》的“诸侯不敢坏”，《大戴》“坏”作“怀”，“三臭之不食”，《大戴》“臭”作“侑”，因形近的关系，或者我们现在所见的《荀子》本是有误，未必是《大戴》改的。所以从这几点可以看出来是《大戴》袭《荀子》的。至于《荀子》“生之本也”，《大戴》“生”作“性”；“积厚者流泽广”，《大戴》“广”作“光”；“其次，情文代胜”，《大戴》“代胜”作“佚兴”，这在我们现在看来，《大戴》比较难懂，而这在从前看来，声义方面，可以互用，其例非一，不能说是《荀子》袭《大戴》。在《荀子》这一段的下文尚多，尤不可谓为由《大戴》混入《荀子》，据《荀子》下文并由他处混入看来，亦足为《大戴》此篇采取《荀子》的明证。





(2)《荀子·礼论》

故绳墨诚陈矣，则不可欺以曲直；衡诚县矣，则不可欺以轻重；规矩诚设矣，则不可欺以方圆；君子审于礼，则不可欺以诈伪。故绳者，直之至；衡者，平之至；规矩者，方圆之至；礼者，人道之极也。然而不法礼，不足礼，谓之无方之民；法礼，足礼，谓之有方之士。(卷十三)

《小戴·经解》：

礼之于正国也，犹衡之于轻重也，绳之于曲直也，犹规矩之于方圆也。故衡诚县，不可欺以轻重；绳墨诚陈，不可欺以曲直；规矩诚设，不可欺以方圆；君子审礼，不可诬以奸诈。是故隆礼、由礼谓之有方之士，不隆礼、不由礼谓之无方之民。(卷一五)

《小戴·经解》，据孙希旦《礼记集解》说：“此篇凡为三段：首论六经教人之得失，次言天子之德，终言礼之正国，其义各不相蒙，盖记者杂采众篇而录之也。”可见《经解》本自不成为一篇，而是杂采众篇而成。其与《荀子》相同者，正是《荀子》与《礼三本》相同的一段，《经解》则正是终段的开始，故将《荀子》的本文前后颠倒，使比较顺适。而“隆礼、由礼”，反极似《荀子》之文。如谓《荀子》袭《戴记》，则不当反改为“法礼，足礼”，不像用“隆礼”字样之合于《荀子》的（说更详下）。在《荀子》的下文说：“圣人者，道之极也，故学者，固学为圣人也”，“文理繁，情用省，是礼之隆也。文理省，情用繁，是礼之杀也”。与《解蔽篇》的“故学也者，固学止之也。恶乎止之？曰，止诸至足。曷谓至足？曰：圣也”。及《性恶篇》的“合于犯分乱理而归于暴”，“合于文理而归于治”，“学为圣人”，“注重文理”，都极相合。然则就《荀子》的下文看来，尤可见这与《礼三本》、《经解》相同的一段，既不是混入《荀子》，更不是混入以后又改编的。

(3)《荀子·礼论》

三年之丧，何也？曰：称情而立文，因以饰群，别亲疏贵贱之节，而不可益损也。故曰：无适不易之术也。创巨者其日久，痛甚者其愈迟；三年之丧，称情而立文，所以为至痛极也。齐衰，苴杖，居庐，食粥，席薪，枕块，所以为至痛饰也。三年之丧，二十五月而毕，哀痛未尽，思慕未忘，然而礼以是断之者，岂不以送死有已，复生有节也哉！凡生天地之间者，有血气之属必有知，有知之属莫不爱其类。今夫大鸟兽则失亡其群匹，越月逾时，则必反铅过故乡，则必徘徊焉，鸣号焉，踯躅焉，踟蹰焉，然后能去之也。小者是燕爵犹有啁焦之顷焉，然后能去之。故有血气之属莫知于人；故人之于其亲也，至死无穷。将由夫愚陋淫邪之人与？则彼朝死而夕忘之；然而纵之，则是曾鸟兽之不若也，彼安能相与群居而无乱乎！将由夫修饰之君子与？则三年之丧，二十五月而毕，若驷之过隙，然而遂之，则是无穷也。故先王圣人安为之立中制节，一使足以成文理，则舍之矣。然则何以分之？曰：至亲以期断。是何也？曰：天地则已易矣，四时则已遍矣，其在宇中者莫不更始矣，故先王案以此象之也。然则三年何也？曰：加隆焉，案使倍之，故再期也。由九月以下，何也？曰：案使不及也。故三年以为隆，缌小功以为杀，期九月以为间。上取象于天，下取象于地，中取则于人，人所以群居和一之理尽矣。故三年之丧，人道之至文者也，夫是之谓至隆；是百王之所同，古今之所一也。（卷十三）

《小戴·三年问》：

三年之丧何也？曰：称情而立文，因以饰群，别亲疏、贵践之节，而弗可损益也。故曰："无易之道也。"创钜者其日久，痛甚者其愈迟。三年者，称情而立文，所以为至痛极也。斩衰、苴杖，居倚庐，食粥，寝苫枕块，所以为至痛饰也。三年之丧，二十五月而毕，哀痛未尽，思慕未忘，然而服以是断之者，岂不送死者有已，复生有节也哉！凡生天地之间者，有血气之属必有知，有知之属莫不知爱其类。今是大鸟兽则失丧其群匹，越月逾时焉，则必反巡过其故乡，翔回焉，鸣号焉，蹢躅焉，踟蹰焉，然后乃能去之。小者至于燕雀，犹有啁噍之顷焉，然后乃能去之。故有血气之属者莫知于人，故人于其亲也，至死不穷。将由夫患邪淫之人与？则彼朝死而夕忘之，然而从之，则是曾鸟兽之不若也。夫焉能相与群居而不乱乎？将由夫修饰之君子与？则三年之丧，二十五月而毕，若驷之过隙，然而遂之，则是无穷也。故先王焉为之立中、制节，壹使足以成文理，则释之矣。然则何以至期也？曰：至亲以期断。是何也？曰：天地则已易矣，四时则已变矣，其在天地之中者，莫不更始焉，以是象之也。然则何以三年也？曰：加隆焉尔也。焉使倍之，故再期也。由九月以下何也？曰：焉使弗及也。故三年以为隆，缌、小功以为杀，期、九月以为间。上取象于天，下取法于地，中取则于人，人之所以群居和壹之理尽矣。故三年之丧，人道之至文者也。夫是之谓至隆。是百王之所同，古今之所壹也，未有知其所由来者也。孔子曰："子生三年，然后免于父母之怀。"夫三年之丧，天下之达丧也。（卷一八）

这两处相同的，《荀子》的"无适不易之术"，《小戴》改作"无易之道也"；"居庐"不甚明了，《小戴》改作"居倚庐"；"礼以是断之者"，《小戴》改作"服以是断之者"；"反铅过故乡"，"铅"是《荀子》常用的，《小戴》改作"巡"；"然则何以分之"（杨注："分，半也"）实在不大明白，《小戴》改作"然则何以至期也"。都是《小戴》比《荀子》进步的明证。在《荀子》的下文本还有："君之丧所以取三年，何也？……"一段，说三年之义并未完。而《小戴》不采，反采取"孔子曰：……天下之达丧也"一段，明见《小戴》是东拉西扯的。若说是混入《荀子》，则何以由"孔子曰"至"天下之达丧也"几句都未混入，而反增加"君之丧所以取三年"的一段，反不见有杂篡的痕迹呢？所以无疑地不是由《小戴》混入。

《礼论》起首的一段，说礼义起于乱，合于《性恶》的主张，第二段与《礼三本》、《经解》有一部分相同，而说"学为圣人"及用"文理"等词与《解蔽》、《性恶》合；第三段又攻击墨家的薄葬，与《正论》第七段攻击薄葬相合。第四段说："性者，本始材朴也；伪者，文理隆盛也。无性则伪之无所加；无伪则性不能自美。"与《性恶篇》合。第五段说："刻死而附生谓之墨"，也是衍篇首及攻击墨家薄葬之意的。再次论三年丧、论殡、论祭，且说："其在君子以为人道也，其在百姓以为鬼事也"，也与《荀子》不信天鬼，主张人道的意见相合。末段虽有"如或飨之"，"如或尝之"，"如或觞之"，好像用韵，其实并非整句，而下文则用的是"如或去之"，可见并非有意用韵。这当然不是文体有何不同。统观全篇，在文字上，在意义上，都可以无疑为真《荀子》文。

## （三）《劝学》、《修身》、《不苟》





1.《劝学》

上文证明《荀子·天论》等七篇是真《荀子》文，现在再从《劝学篇》说起。《劝学篇》与《戴记》有一段相同：

(1)《荀子·劝学》

君子曰：学不可以已。青，取之于蓝，而青于蓝；冰，水为之，而寒于水。木直中绳，𫐓以为轮，其曲中规，虽有槁暴，不复挺者，𫐓使之然也。故木受绳则直，金就砺则利，君子博学而日参省乎己，则知明而行无过矣。故不登高山，不知天之高也；不临深溪，不知地之厚也；不闻先王之遗言，不知学问之大也。干、越、夷、貉之子，生而同声，长而异俗，教使之然也。诗曰："嗟尔君子，无恒安息。靖共尔位，好是正直。神之听之，介尔景福。"神莫大于化道，福莫长于无祸。吾尝终日而思矣，不如须臾之所学也。吾尝跂而望矣，不如登高之博见也。登高而招，臂非加长也，而见者远；顺风而呼，声非加疾也，而闻者彰。假舆马者，非利足也，而致千里；假舟楫者，非能水也，而绝江河。君子生非异也，善假于物也。南方有鸟焉，名曰蒙鸠，以羽为巢，而编之以发，系之苇苕，风至苕折，卵破子死。巢非不完也，所系者然也。西方有木焉，名曰射干，茎长四寸，生于高山之上，而临百仞之渊。木茎非能长也，所立者然也。蓬生麻中，不扶而直；白沙在涅，与之俱黑。兰槐之根是为芷，其渐之滫，君子不近，庶人不服。其质非不美也，所渐者然也。故君子居必择乡，游必就士，所以防邪僻而近中正也。物类之起，必有所始；荣辱之来，必象其德。肉腐出虫，鱼枯生蠹。怠慢忘身，祸灾乃作。强自取柱，柔自取束。邪秽在身，怨之所构。施薪若一，火就燥也；平地若一，水就湿也。草木畴生，禽兽群焉，物各从其类也。是故质的张而弓矢至焉，林木茂而斧斤至焉，树成荫而众鸟息焉，醯酸而蜹聚焉。故言有招祸也，行有招辱也，君子慎其所立乎！积土成山，风雨兴焉；积水成渊，蛟龙生焉；积善成德，而神明自得，圣心备焉。故不积跬步，无以至千里；不积小流，无以成江海。骐骥一跃，不能十步；驽马十驾，功在不舍。锲而舍之，朽木不折；锲而不舍，金石可镂。蚓无爪牙之利，筋骨之强，上食埃土，下饮黄泉，用心一也。蟹六跪而二螯，非蛇蟺之穴，无可寄托者，用心躁也。是故无冥冥之志者无昭昭之明，无惛惛之事者无赫赫之功。行衢道者不至，事两君者不容。目不能两视而明，耳不能两听而聪。螣蛇无足而飞，梧鼠五技而穷。诗曰："尸鸠在桑，其子七兮。淑人君子，其仪一兮。其仪一兮，心如结兮。"故君子结于一也。昔者瓠巴鼓瑟而流鱼出听，伯牙鼓琴而六马仰秣。故声无小而不闻，行无隐而不形；玉在山而草木润，渊生珠而崖不枯。为善不积邪，安有不闻者乎？（卷一）

《大戴·劝学》：

君子曰：学不可以已矣。青取之于蓝，而青于蓝；

水则为冰，而寒于水。木直而中绳，輮而为轮，其曲中规，枯暴不复挺者，輮使之然也。是故不升高山，不知天之高也；不临深溪，不知地之厚也；不闻先王之遗道，不知学问之大也。于越、戎貉之子，生而同声，长而异俗者，教使之然也。是故木从绳则直，金就砺则利，君子博学如日参己焉，故知明则行无过。《诗》云："嗟尔君子，无恒安息。靖恭尔位，好是正直。神之听之，介尔景福。"神莫大于化道，福莫长于无咎。孔子曰："吾尝终日思矣，不如须臾之所学；吾尝跂而望之，不如升高而博见也。"升高而招，非臂之长也，而见者远；顺风而呼，非声加疾也，而闻者著。假车马者，非利足也，而致千里；假舟楫者，非能水也，而绝江海。君子之性非异也，而善假于物也。南方有鸟，名曰蝬鸠，以羽为巢，编之以发，系之苇苕，风至苕折，子死卵破，巢非不完也，所系者然也。西方有木，名曰射干，茎长四寸，生于高山之上，而临百仞之渊，木茎非能长也，所立者然也。蓬生麻中，不扶自直。兰氏之根，怀氏之苞，渐之滫中，君子不近，庶人不服，质非不美也，所渐者然也。是故君子靖居恭学，修身致志，处必择乡，游必就士，所以防僻邪而道中正也。物类之从，必有所由。荣辱之来，各象其德。肉腐出虫，鱼枯生蠹。殆教亡身，祸灾乃作。强自取折，柔自取束。邪秽在身，怨之所构。布薪若一，火就燥；平地若一，水就湿。草木畴生，禽兽群居，物各从其类也。是故正鹄张而弓矢至焉，林木茂而斧斤至焉，树成荫而鸟息焉，醯酸而蚋聚焉。故言有召祸，行有招辱，君子慎其所立焉。积土成山，风雨兴焉；积水成川，蛟龙生焉；积善成德，神明自传，圣心备矣。是故不积跬步，无以致千里；不积小流，无以成江海。骐骥一跃，不能千里；驽马无极，功在不舍。楔而舍之，朽木不折；楔而不舍，金石可镂。夫蚓无爪牙之利，筋脉之强，上食晞土，下饮黄泉者，用心一也；蟹二螯八足，非蛇夔之穴，而无所寄托者，用心躁也。是故无愤愤之志者，无昭昭之明；无绵绵之事者，无赫赫之功。行跂涂者不至，事两君者不容。目不能两视而明，耳不能两听而聪。螣蛇无足而腾，鼫鼠五伎而穷。《诗》云："鸤鸠在桑，其子七兮。淑人君子，其仪一兮。其仪一兮，心若结兮。"君子其结于一也。昔者，瓠巴鼓瑟而沈鱼出听，伯牙鼓琴而六马仰秣。夫声无细而不闻，行无隐而不行。玉居山而木润，渊生珠而岸不枯。为善而不积乎，岂有不至哉！（卷七）

这一大段《荀子》与《大戴》相同的地方，如《荀子》的"冰，水为之"，《大戴》改作"水则为冰"；"虽有槁暴，不复挺者"，《大戴》改作"枯暴不复挺者"；"强自取柱"，改作"强自取折"；"质的张而弓矢至"，改作"正鹄张而弓矢至"；"驽马十驾"改作"驽马无极"；"蟹六跪而二螯"改作"蟹二螯八足"；"无冥冥之志"改作"无愤愤之志"；"无惛惛之事"改作"无绵绵之事"，都比较顺适明白。《荀子》的"物类之起，必有所始"，《大戴》改作"物类之从（一本作徒），必有所由"，以与下文"物各从其类也"相合；《荀子》的"怠慢忘身，祸灾乃作"，《大戴》改作"殆教亡身，祸灾乃作"，以与"劝学"之意义相合，这些都是《大戴》的要求更进一步。从这些地方看来，显见《大戴》是袭《荀子》。但《大戴》也有比《荀子》难懂的，如《荀子》的"而日参省乎己"，《大戴》"而"作"如"（本当作"知"），但《大戴》别有一本字正作"而"；《荀于》的"兰槐之根是为芷"，《大戴》改作"兰氏之根，怀氏之苞"，依孔广森

《大戴礼记补注》说："氏，语词。怀，读为'櫰'。《尔雅》曰：'櫰，槐大叶而黑。'苞，本也。"则《大戴》是有意分别地说，使其意义比较显明。不像《荀子》"兰槐"连用，令人误会为"兰槐当是兰茝的别名"（杨注）。《大戴》在表面上"氏"为语助，"怀"、"櫰"通假，现在看来觉着难懂，其实是分别地说，将槐的本名表述出来，是较《荀子》有进步的。在现在看来，只有《大戴》改《荀子》"蒙鸠"作"䗂鸠"，改《荀子》"一跃"作"一跞"，好像难懂些；但这是声假的关系，而无关于句意之浅深。就以上所说看来，《大戴》比较《荀子》进步，顺适浅显，已足见其为袭《荀子》，如就两篇的下文看，则尤其明了。《大戴》在下文一段说："天子藏珠玉"，一段说："见大川必观"，各不相谋，愈说愈与学没有关系。《荀子》在下文一直言学，而且说"五经"不及《易》，足为荀子所作之确证。则与《大戴》相同的一大段，当然不是混入而经人改编，何况就文字看来，显明地是《大戴》袭《荀子》呢。《大戴·劝学》之后几段各不相谋，亦可见其本属杂采他书以成，孰先孰后，很显明的。

附注："冥冥"、"惛惛"，杨注谓"皆专默精诚之谓也"，望文生训；王氏《集解》从之，非是。《荀子》上文谓"锲而舍之，朽木不折；锲而不舍，金石可镂"。实谓学当黾勉。"冥冥"、"惛惛"，实即黾勉之意也。"冥"、"黾"双声，古字通用。《左传》定公四年"还塞大隧、直辕、冥阨"，"冥阨"即"鄳阨"也。《战国策》载："填黾塞之内，而投己乎黾塞之外。"汉置鄳县，即《左传》"冥阨"也。其证也。"惛"、"㥵"、"暋"、"昬"，声近古通。《尔雅·释诂》载："昬，强也。"《尚书·盘庚》载："不昬作劳。"郑注："昬，勉也。"并足证。《大戴》袭《荀子》，不知"冥冥"、"昬昬"之意，改作"愤愤"、"绵绵"，虽觉较易了解，然不合黾勉之意，实不及《荀子》也。

这一篇与《外传》相同的地方，则有三处，现在依次对勘于下：

(1)《荀子·劝学》

昔者瓠巴鼓瑟而流鱼出听，伯牙鼓琴而六马仰秣，故声无小而不闻，行无隐而不形；玉在山而草木润，渊生珠而崖不枯。为善不积邪，安有不闻者乎？（卷一）

《外传》卷六：

孟子说齐宣王而不说。淳于髡侍。孟子曰："今日说公之君，公之君不说，意者其未知善之为善乎？"淳于髡曰："夫子亦诚无善耳。昔者瓠巴鼓瑟而潜鱼出听，伯牙鼓琴而六马仰秣。鱼马犹知善之为善，而况君人者也？"孟子曰："夫雷电之起也，破竹折木，震惊天下，而不能使聋者卒有闻。日月之明，遍照天下，而不能使盲者卒有见。今公之君若此也。"淳于髡曰："不然。昔者揖封生高商，齐人好歌。杞梁之妻悲哭，而人称咏。夫声无细而不闻，行无隐而不形。夫子苟贤，居鲁而鲁国之削，何也？"孟子曰："不用贤，削何有也？吞舟之鱼不居潜泽，度量之士不居污世。夫艺冬至必彫，吾亦时矣。《诗》曰：'不自我先，不自我后。'非遭彫世者欤？"

这里《外传》与《荀子》相同的四句，似乎难以辨别谁抄谁的。但在《荀子》以"声无小而不闻"，承上文"瓠巴鼓瑟而流鱼出听，伯牙鼓琴而六马仰秣"之言"声"而引起下文"行无隐而不形"等句之连用比譬，而结以"安有不闻者乎"，文气是一贯的。《外传》以"瓠巴鼓瑟而潜鱼出听，伯牙鼓琴而六马仰秣"，说"鱼马犹知善之为善，而况君人者也"这种譬喻还可以用。而以"声无细而不闻，行无隐而不形"，说"夫子苟贤，居鲁而鲁国之削，何也？"以"闻"、"形"喻"削"，这种比拟就不甚合。只可以说"夫子苟贤，居鲁而鲁国必知之"；若说到鲁国之削，牵涉得太远了。《外传》这一段意义上也不甚贯串，如说

"度量之士，不居污世"，这是说最好隐居，与下文"夫艺，冬至心彫"，必然的情形不相合。明明是杂凑成文，用了《荀子》的几句。

(2)《荀子·劝学》

> 君子之学也，入乎耳，箸乎心，布乎四体，形乎动静，端而言，蠕而动，一可以为法则。小人之学也，入乎耳，出乎口。口耳之间则四寸耳，曷足以美七尺之躯哉！古之学者为己，今之学者为人。君子之学也，以美其身；小人之学也，以为禽犊。(卷一)

《外传》卷九：

> 传曰：君子之闻道，入之于耳，藏之于心，察之以仁，守之以信，行之以义，出之以逊，故人无不虚心而听也。小人之闻道，入之于耳，出之于口，苟言而已，譬如饱食而呕之，其不惟肌肤无益，而于志亦戾矣。





这一段是《外传》演绎《荀子》而成，在《荀子》是以"为己"、"为人"为君子、小人之别，其界限极分明；而《外传》以"藏之于心"，"人无不虚心而听也"，并非是"为己"了。《荀子》"端而言"、"蠕而动"这两句比较不好懂，《外传》则省略去，文字比较显明，尤足为《外传》抄袭《荀子》之证。

(3)《荀子·劝学》

> 问楛者勿告也，告楛者勿问也，说楛者勿听也，有争气者勿与辩也。故必由其道至，然后接之，非其道则避之。故礼恭而后可与言道之方，辞顺而后可与言道之理，色从而后可与言道之致。故未可与言而言谓之傲，可与言而不言谓之隐，不观气色而言谓之瞽。故君子不傲、不隐、不瞽，谨顺其身。(卷一)

《外传》卷四：

> 问楛者不告，告楛者勿问。有诤气者勿与论。必由

其道至，然后接之。非其道，则避之。故礼恭然后可与言道之方，辞顺然后可与言道之理，色从然后可与言道之极。故未可与言而言谓之瞽，可与言而不与之言谓之隐。君子不瞽不隐，言谨（覆元椠本下有慎字）其序。《诗》曰："彼交匪纾，天予所予。"言必交吾志然后予。

这里《外传》所注重的是"言必交吾志然后予"，所以将《荀子》的"说楛者勿听也"删去。《荀子》的"未可与言而言谓之傲"，是不合情理的，《外传》将"傲"字改作"瞽"，就比较合理而易了解了。又删去"不观气色而言谓之瞽"，使"未可与言而言"与"可与言而不与之言"，两两相对，比较整齐，这都足以证明《外传》之袭《荀子》。《外传》是一段一段的，《荀子》尚有上下文，更不好说是由《外传》混入。

我们如从文字思想一方面来推证《劝学》，更可以见其必为真荀子文。我觉得可信为荀子所作的共有八证：

其一，这一篇说："学恶乎始？恶乎终？曰：其数则始乎诵经，终乎读礼；其义则始乎为士，终乎为圣人。真积力久则入，学至乎没而后止也。"与《解蔽》篇所说："故学也者，固学止之也。恶乎止之？曰：止诸至足。曷谓至足？曰：圣也。"一重"止"字，一重"圣"字，两处意见完全相合，其证一。

其二，这一篇极重"积"字，如云"真积力久则入"。如云"积土成山，风雨兴焉；积水成渊，蛟龙生焉；积善成德，而神明自得，圣心备焉。"与《正名》篇的："虑积焉、能习焉，而后成谓之伪。"《性恶》篇的："化师法，积文学，道礼义者为君子"，"圣人积思虑，习伪故，以生礼义而起法度"，注重"积"的意见相同，其证二。

其三。这一篇说："蚓无爪牙之利……用心一也。蟹六跪而二螯……用心躁也。……目不能两视而明，耳不能两听而聪……故君子结于一也。"与《解蔽》篇的："何以知道？曰：心。心何以知？曰：虚一而静”，“自古及今，未尝有两而能精者也”。注重“一”，注重“静”，两处的意见也正相符合。其证三。

其四。这一篇说：“将原先王，本仁义，则礼正其经纬蹊径也。若挈裘领，诎五指而顿之，顺者不可胜数也。不道礼宪，以《诗》、《书》为之，譬之犹以指测河也，以戈舂黍也，以锥餐壶也。”重礼过于《诗》、《书》，与《性恶》篇的“今人之性恶，必将待师法然后正，得礼义然后治”，《礼论》篇的“先王恶其乱也，故制礼义以分之”，及“礼者，人道之极也”，特意的重视礼相合。其证四。



其五，这一篇说：“君子生非异也，善假于物也。”列举“所系者然也”，“所立者然也”，“所渐者然也”，以明“君子居必择乡，游必就士，所以防邪僻而近中正也”。又说：“学莫便乎近其人。学之经莫速乎好其人”，对于环境极其重视。这与《性恶》篇的：“夫人虽有性质美而心辩知，必将求贤师而事之，择良友而友之。得贤师而事之，则所闻者尧、舜、禹、汤之道也；得良友而友之，则所见者忠信敬让之行也。身日进于仁义而不自知也者，靡使然也。”这正是“近其人”、“好其人”的办法，旨意相合，其证五。



其六，《劝学》篇所用的文字，多与《解蔽》等篇相合，如云：“安特将学杂识志”，与《解蔽》篇的“案直将治怪说，玩奇辞”，“安特将”与“案直将”的文法是一样的。又如这一篇说：“故诵数以贯之”，而在《正名》篇亦有：“则虽守法之吏，诵数之儒，亦皆乱也。”“诵数”是《荀子》常用的。《劝学》与《解蔽》等篇自当出于一手，其证六。

其七，最重要的是《劝学》篇说“五经”而不及《易》，足为其文字成立较早的确证。《劝学》篇提到“五经”的有两处：

a.《礼》之敬文也，《乐》之中和也；《诗》、《书》之博也，《春秋》之微也，在天地之间者毕矣。

b.《礼》、《乐》法而不说，《诗》、《书》故而不切，《春秋》约而不速。

这里绝不谈到《易经》，而说的是“在天地之间者毕矣”，彷佛不知天壤间有所谓《易经》者，也可以作为儒家的经典的。这尤其应当是荀卿时代的作品的明证。若《非相》末段与《大略》篇中竟说到《易》，荀子为知《易》者，则不当说“在天地之间者毕矣”。所以据这一点看来，不需要《解蔽》、《性恶》等篇的证明，也可以断定此篇为荀子时代之产物，决非《大戴》或《外传》所混入。然则以为《荀子》与《大戴》、《外传》相同，最好不要信为荀子所作，我们真要为荀子大鸣其冤了。

其八，这一篇的思想，与《吕氏春秋·劝学》等篇比较起来，则后者实比较进步。例如《吕氏春秋·尊师》篇云：“凡学非能益也，达天性。能全天之所生而勿败之，是谓善学。”谓“学”为发展本能。《诬徒》篇云：“人之情，不能乐其所不安，不能得于其所不乐。为之而乐矣，奚待贤者，虽不肖者犹若劝之。为之而苦矣，奚待不肖者，虽贤者犹不能久。反诸人情，则得所以劝学矣。”谓“学”当注重兴趣。又云：“善教者则不然，视徒如己。反己以教，则得教之情也。”对于教学方法也极注重，比较《荀子》进步，也可见《荀子》之著述较早，其证八。这一篇是可无疑的为荀卿所作的。



2.《修身》

《修身》篇与《大戴》的关系，在汪中以为“《曾子立事》载《修身》篇文”，细检此篇，只有一句与《曾子立事》大意相同。兹录之于下：

《荀子·修身》：

此言君子之能以公义胜私欲也。（卷一）

《大戴·曾子立事》：

君子攻其恶，求其过，强其所不能，去私欲，从事

于义，可谓学矣。（卷四）

这两处只可说大意相同，依我看来，如说谁抄谁的，都觉勉强。这样子相同的地方，在古书中甚多，未必都是有意采用，这两处相同的地方，也只有如此解释。不过《荀子》这一篇从别方面确无可疑，而《大戴》本裒集成书，则二者之先后，自可明了。

至于这一篇与《外传》相同的地方，则共有四处：

(1)《荀子·修身》

扁善之度，以治气养生则后彭祖，以修身自名则配尧、禹。宜于时通，利以处穷，礼信是也。凡用血气、志意、知虑，由礼则治通，不由礼则勃乱提僈；食饮、衣服、居处、动静，由礼则和节，不由礼则触陷生疾；容貌、态度、进退、趋行，由礼则雅，不由礼则夷固僻违，庸众而野。故人无礼则不生，事无礼则不成，国家无礼则不宁。《诗》曰："礼仪卒度，笑语卒获。"此之谓也。（卷一）

《外传》卷一：

君子有辩善之度，以治气养性，则身后彭祖。修身自强，则名配尧、禹，宜于时则达，厄于穷则处，信礼者也。凡用心之术，由礼则理达，不由礼则悖乱。饮食衣服，动静居处，由礼则和节，不由礼则垫陷生疾。容貌态度，进退移步，由礼则雅，不由礼则夷固。国政无礼则不行，王事无礼则不成，国无礼则不宁，王无礼则死亡无日矣。《诗》曰："人而无礼，胡不遄死。"

《外传》将"扁善"改作"辩善"；"宜于时通，利以处穷"改作"宜于时则达，厄于穷则处"；"凡用血气、志意、知虑"改作"凡用心之术"；"由礼则治通，不由礼则勃乱提僈"改作"由礼则理达，不由礼则悖乱"，比较明白简洁齐整，处处都见进步。

《荀子》的“人无礼则不生，事无礼则不成”，与修身有关系；《外传》改作“国政”、“王事”等等，则与修身稍远，与上文也不甚合，显见其为杂凑。故很明白地不是由《外传》混入《荀子》，而是《外传》采用《荀子》。

(2)《荀子·修身》

治气养心之术：血气刚强，则柔之以调和；知虑渐深，则一之以易良；勇胆猛戾，则辅之以道顺；齐给便利，则节之以动止；狭隘褊小，则廓之以广大；卑湿、重迟、贪利，则抗之以高志；庸众驽散，则劫之以师友；怠慢僄弃，则炤之以祸灾；愚款端悫，则合之以礼乐，通之以思索。凡治气养心之术，莫径由礼，莫要得师，莫神一好。夫是之谓治气养心之术也。(卷一)

《外传》卷二：

夫治气养心之术，血气刚强则务之以调和，智虑潜深则一之以易谅，勇毅强果则辅之以道术，齐给便捷则安之以静退，卑摄贪利则抗之以高志，容众驽散则劫之以师友，怠慢摽弃则慰之以祸灾，愿婉端悫则合之以礼乐。凡治气养心之术，莫径由礼，莫优得师，莫慎一好。好一则博，博则精，精则神，神则化。是以君子务结心乎一也。《诗》曰：“淑人君子，其仪一兮。其仪一兮，心如结兮。”

这里《外传》将“勇胆猛戾，则辅之以道顺”改作“勇毅强果则辅之以道术”；将“卑湿、重迟、贪利，则抗之以高志”，改作“卑摄贪利则抗之以高志”，删去“重迟”两字；将“愚款端悫，则合之以礼乐”改作“愿婉端悫则合之以礼乐”，比较明了整齐。而如改《荀子》之“渐”为“潜”、“给”为“捷”，“渐”、“给”是《荀子》常用的。(《正论》篇：“上幽险则下渐诈矣。”《性恶》篇：“齐给便敏而无类。”例证甚多。)足证本是真荀子文，而为《外传》所采用。至于《外传》后所加的几句，与其所引《诗》之“一”合，《荀子》无之，尤可见非《荀子》采《韩诗外传》或由《韩诗外传》混入。

(3)《荀子·修身》

道虽迩，不行不至；事虽小，不为不成。其为人也多暇日者，其出入不远矣。好法而行，士也；笃志而体，君子也；齐明而不竭，圣人也。(卷一)

《韩诗外传》卷四：

道虽近，不行不至。事虽小，不为不成。每自多者，出人不远矣。夫巧弓在此手也，传（覆元椠本作“傅”）角被筋，胶漆之和，即可以为万乘之宝也，及其彼手而贾不数铢。人同材钧而贵贱相万者，尽心致志也。《诗》曰：“中心藏之，何日忘之?”



这里《韩诗外传》与《荀子》相同的几句，《韩诗外传》在下文所述的与前几句并不甚合，应当也是杂凑成文，《荀子》在下文就“士”、“君子”、“圣人”来说，都与上文一致，可无疑为真《荀子》文。



(4)《荀子·修身》

礼者，所以正身也；师者，所以正礼也。无礼何以正身？无师，吾安知礼之为是也？礼然而然，则是情安礼也；师云而云，则是知若师也。情安礼，知若师，则是圣人也。故非礼，是无法也；非师，是无师也。不是师法而好自用，譬之是犹以盲辨色，以聋辨声也，舍乱妄无为也。故学也者，礼法也。夫师，以身为正仪而贵自安者也。《诗》云：“不识不知，顺帝之则。”此之谓也。(卷一)

《外传》卷五：

礼者，则天地之体，因人之情而为之节文者也。无礼，何以正身？无师，安知礼之是也？礼然而然，是情安于礼也。师云而云，是知若师也。情安礼，知若师，则是君子之道。言中伦，行中理，天下顺矣。《诗》曰："不识不知，顺帝之则。"

这里《荀子》的头两句是"礼者，所以正身也；师者，所以正礼也"，所以下文承以"无礼"、"无师"云云。《外传》头几句只说礼，下文忽接以"无礼"、"无师"云云，突如其来，文义不贯，而且下文说："则是君子之道。言中伦，行中理，天下顺矣。"也不相承。显见是杂采成文，用了《荀子》几句，自己加上头尾。若说是由《外传》混入《荀子》，不应《荀子》反文从义顺，则《外传》是杂凑的。这一篇与《外传》四处相同，而皆显然为《外传》袭《荀子》。

这一篇第一段说"隆师而亲友"，第二段说"人无礼则不生，事无礼则不成"。第四段说"莫径由礼，莫要得师"。与《性恶》篇的"今人无师法则偏险而不正，无礼义则悖乱而不治"，主张相合。第三段说"是是非非谓之知，非是是非谓之愚"，与《解蔽》篇"天下有二：非察是，是察非"。意见相合。第六段说"体倨固而心执诈，术顺墨而精杂污"。《解蔽》篇也是攻击慎、墨的。第八段说"驽马十驾则亦及之"，"然而君子不辩，止之也"。第十一段说"学也者礼法也"。与《劝学》篇"驽马十驾，功在不舍"，"礼者，法之大分"等合。这都是从积极方面来看，足证此篇之为真《荀子》文。在第十二段说："人有此三行，虽有大过，天其不遂乎？"看来好似信天命，与《天论》篇相冲突。但据杨注说："若不幸而有过，天亦祐之矣，此固不宜有大灾也。"可见并非十分信天，故说"天其不遂乎？"这一篇实无可疑的，这一段与《天论》也无何冲突之点。

3.《不苟》

《不苟》篇与《外传》相同的地方共有五处，兹分别对勘于下：

(1)《荀子·不苟》

君子行不贵苟难，说不贵苟察，名不贵苟传，唯其当之为贵。故怀负石而赴河，是行之难为者也，而申徒狄能之；然而君子不贵者，非礼义之中也。山渊平，天地比，齐、秦袭，入乎耳，出乎口，钩有须，卵有毛，是说之难持者也，而惠施、邓析能之；然而君子不贵者，非礼义之中也。盗跖吟口，名声若日月，与舜、禹俱传而不息；然而君子不贵者，非礼义之中也。故曰：君子行不贵苟难，说不贵苟察，名不贵苟传，唯其当之为贵。《诗》曰："物其有矣，唯其时矣。"此之谓也。(卷二)

《外传》卷三：

君子行不贵苟难，说不贵苟察，名不贵苟传，惟其当之为贵。夫负石而赴河，行之难为者也，而申徒狄能之。君子不贵者，非礼义之中也。山渊平，天地比，齐秦袭，入乎耳，出乎口，钩有须，卵有毛，此说之难持者也，而邓析、惠施能之。君子不贵者，非礼义之中也。盗跖吟口，名声若日月，与舜禹俱传而不息。君子不贵者，非礼义之中也。故君子行不贵苟难，说不贵苟察，名不贵苟传，维其当之为贵。《诗》曰："不竞不絿，不刚不柔。"

这两处文字很相同，《外传》只加了一个"夫"字，删去一个"是"字，三个"然而"，这自然很难以分别谁抄谁的。但在《韩诗外传》用"邓析、惠施"，而《荀子》则作"惠施、邓析"，《荀子》的《非十二子》、《儒效》都以"惠施、邓析"连用，则此段自合于《荀子》，则非由《外传》混入《荀子》。

(2)《荀子·不苟》

君子易知而难狎，易惧而难胁，畏患而不避义死，欲利而不为所非，交亲而不比，言辩而不辞。荡荡乎，其有以殊于世也。（卷二）

《外传》卷二：

君子易和而难狎也，易惧而不可劫也，畏患而不避义死，好利而不为所非，交亲而不比，言辩而不乱，荡荡乎其易不可失也，磏乎其廉而不刿也，温乎其仁厚之光大也，超乎其有以殊于世也。《诗》曰："美如玉，美如玉，殊异乎公族。"

这里《外传》多了三句，所谓"磏乎其廉而不刿"，"温乎其仁厚之光大也"，完全为引《诗》"美如玉"而加的。《荀子·法行》："夫玉者，君子比德焉。温润而泽，仁也……廉而不刿，行也。"说玉是有如此说法的。这可见是《外传》采《荀子》而改编，不是由《外传》混入《荀子》。《外传》"易知"作"易和"、"欲利"作"好利"，也比较好懂，亦其证明。





(3)《荀子·不苟》

君子崇人之德，扬人之美，非谄谀也；正义直指，举人之过，非毁疵也；言己之光美，拟于舜、禹，参于天地，非夸诞也；与时屈伸，柔从若蒲苇，非慑怯也；刚强猛毅，靡所不信，非骄暴也。以义变应，知当曲直故也。《诗》曰："左之左之，君子宜之；右之右之，君子有之。"此言君子能以义屈信变应故也。（卷二）

《韩诗外传》卷六：

君子崇人之德，扬人之美，非道谀也。正言直行，指人之过，非毁疵也。诎柔顺从，刚强猛毅，与物周流，道德不外。《诗》曰："柔亦不茹，刚亦不吐，不侮矜寡，不畏强御。"

这两处相同的，《韩诗外传》比《荀子》少。《韩诗外传》为下面引《诗》“柔亦不茹，刚亦不吐”，所以将《荀子》这一段的后半改作“诎柔顺从”四句，以为刚柔相应。而如“正义直指”改作“正言直行”，比较浅显，也是删改《荀子》之证。《荀子》中说“舜禹”，如本篇言“与舜禹俱传而不息”，与前后相合，亦足见非由《外传》混入《荀子》，而是《外传》采用《荀子》。

(4)《荀子·不苟》

君子，小人之反也。君子大心则敬天而道，小心则畏义而节；知则明通而类，愚则端悫而法；见由则恭而止，见闭则敬而齐；喜则和而理，忧则静而理；通则文而明，穷则约而详。小人则不然，大心则慢而暴，小心则淫而倾，知则攫盗而渐，愚则毒贼而乱；见由则兑而倨，见闭则怨而险；喜则轻而翾，忧则挫而慑；通则骄而偏，穷则弃而儑。传曰：“君子两进，小人两废。”此之谓也。(卷二)





《外传》卷四：

君子大心则敬天而道，小心则畏义而节，知则明达而类，愚则端悫而法，喜则和而治，忧则静而违，达则宁而容，穷则纳而详。小人大心则慢而暴，小心则淫而倾，知则攫盗而徼（覆元椠本作“渐”），愚则毒贼而乱，喜则轻易而快，忧则挫而慑，达则骄而偏，穷则弃而累。其肢体之序与禽兽同节，言语之暴与蛮夷不殊，出则为宗族患，入则为乡里忧。《诗》曰：“如蛮如髦，我则用忧。”

《外传》这一段少“君子，小人之反也”及“小人则不然”两句，因为其目的只在说明小人与蛮夷不殊，不需要君子小人相比的。删去《荀子》的“见由……”、“见闭……”等句，使“知则……”、“愚则……”等句一律，文字比较整齐。“通则文而明”改作“达则宁而容”，确比《荀子》进步，以免与“知则明通而类”犯复；“穷则弃而累”确比《荀子》“穷则弃而儑”好懂。这些都是《外传》晚于《荀子》的现象。

(5)《荀子·不苟》

君子絜其辩而同焉者合矣，善其言而类焉者应矣。故马鸣而马应之，牛鸣而牛应之，非知也，其势然也。故新浴者振其衣，新沐者弹其冠，人之情也。其谁能以己之潐潐，受人之掝掝者哉！（卷二）

《外传》卷一：

传曰：君子洁其身而同者合焉，善其音而类者应焉。马鸣而马应之，牛鸣而牛应之，非知也，其势然也。故新沐者必弹冠，新浴者必振衣，莫能以己之皭皭，容人之混污然。《诗》曰：“我心匪鉴，不可以茹。”

这两处相同的，《外传》改“辩”作“身”，改“言”作“音”，是求与下文“鸣”、“应”、“沐”、“浴”相合的。“沐”在“浴”前，也合秩序。比较《荀子》实觉进步。而且改“潐潐”为“皭皭”，改“掝掝”为“混污”，更觉显明，很易见为采《荀子》而稍加改编的。

这一篇与《外传》五处相同，而处处都见得是《外传》采《荀子》，不是《荀子》混入《外传》。我们从思想文字方面来看，亦足见此篇之为真《荀子》文。例如第一段攻击惠施、邓析与《非十二子》相合，说“山渊平”与《正名》篇“山渊平……此惑于用实以乱名”举证相合。第三段用“僻违”，第六段用“类”、“法”，与《修身》的“不由礼则夷固僻远”、“辟违而不悫”、“依乎法而又深其类”，《非十二子》的“甚辟违而无类”，《解蔽》的“案以圣王之制为法，法其法以求统类”，用词相合。第十段说：“天地始者，今日是也；百王之道，后王是也。”这与《王制》篇的“道不过三代，法不贰后王”，《性恶》篇的“善言古者必有节于今”，不盲目的从古相合。第十二段说“公生明，偏生暗”，与《正名》篇的“以公心辨”，“贵公正而贱鄙争”，重公之意相合。末一段说“田仲、史鳝不如盗也”，与《非十二子》之攻击陈仲、史鳝，两人并提相合。其他与《正名》、《性恶》、《劝学》、《修身》等篇相合的尚多。只这些证明，已足见此篇之为真荀子文，没有反证可以提出的。

## （四）《非十二子》、《王制》、《王霸》、《乐论》

1.《非十二子》

《非十二子》与《戴记》没有相同的地方，与《外传》相同的则有两处。《外传·非十二子》那一段与《荀子》部分相同，然而差异甚远，兹分别对勘于下：

(1)《荀子·非十二子》

假今之世，饰邪说，文奸言，以枭乱天下，矞宇嵬琐，使天下混然不知是非治乱之所存者有人矣。（中不与《外传》同，文长略去）……若夫总方略，齐言行，壹统类，而群天下之英杰而告之以大古，教之以至顺，奥窔之间，簟席之上，敛然圣王之文章具焉，佛然平世之俗起焉；六说者不能入也，十二子者不能亲也；无置锥之地，而王公不能与之争名；在一大夫之位，则一君不能独畜，一国不能独容；成名况乎诸侯，莫不愿以为臣；是圣人之不得执者也，仲尼子弓是也。一天下，财万物；长养人民，兼利天下；通达之属，莫不从服；六说者立息，十二子者迁化，则圣人之得势者，舜禹是也。今夫仁人也，将何务哉？上则法舜禹之制，下则法仲尼子弓之义，以务息十二子之说，如是，则天下之害除，仁人之事毕，圣王之迹著矣。（卷三）

《外传》卷四：

夫当世之愚，饰邪说，文奸言，以乱天下，欺惑众愚，使混然不知是非治乱之所存者，则是范睢、魏牟、田文、庄周、慎到、田骈、墨翟、宋钘、邓析、惠施之徒也。此十子者，皆顺非而泽，闻见杂博，然而不师上古，不法先王，按往旧造说，务自为工（覆元椠本作“务而自功”），道无所遇，而人相从，故曰：十子者之工说，说皆不足合大道，美风俗，治纲纪。然其持之各有故，言之皆有理，足以欺惑众愚，交乱朴鄙，则是十子之罪也。若夫总方略，一统类，齐言行；群天下之英杰，告之以大道，教之以至顺；隩要之间，衽席之上，简然圣王之文具，沛然平世之俗趋（覆元椠本作“起”），工说者不能入也，十子者不能亲也。无置锥之地，而王公不能与争名，则是圣人之未得志者也，仲尼是也，舜、禹是也。仁人将何务哉？上法舜、禹之制，下则仲尼之义，以务息十子之说。如是者，仁人之事毕矣，天下之害除矣，圣人之迹著矣。《诗》曰：“雨雪瀌瀌，见晛曰消”。

我们读过《荀子》，再看《外传》所说，它不惟将荀子所非子思、孟轲删去；荀子所非的它嚣，变成范睢；荀子所非的陈仲、史鰌，变成田文、庄周；《外传》十子之中，与《荀子》不同的更有三人，所以不能多采《荀子》，只有用《荀子》的前后几句了，“假今之世”，改作“夫当世之愚”，比较好懂了，但《外传》的“当世”，是没有所谓十子的。《荀子》的“矞宇嵬琐”，不大好懂，所以删去。只抄到“使混然不知是非治乱之所存者”。下文因十子的不同，所以都不采用，算是用了“不法先王”，“闻见杂博”，“按往旧造说”，“其持之各有故，其言之皆有理”等句；“顺非而泽”，则从《宥坐篇》而来，《外传》算是自编了一段以说“十子之罪也”。自“若夫总方略”起，才多与《荀子》文同，然如“奥窔”改作“隩要”，“敛然”改作“简然”，“佛然”改作“沛然”，都是比较浅近，也显见是后出的。下文更有许多删改，而不用《荀子》“一天下”至“则圣人之得势者”等句，使舜、禹也变成“则是圣人之未得志者也”，最无道理。难怪《汉志》要说《外传》是“采《春秋》杂说，咸非其本义”了。《外传》与《荀子》这样的不同，以王应麟之深闳博瞻而在《困学纪闻》犹云：“荀卿《非十二子》，《韩诗外传》引之，止云十子，而无子思、孟子。愚谓荀卿非子思、孟子，盖其门人如韩非、李斯之流，托其师说以毁圣贤，当以《韩诗》为正。”不知道《外传》不同于《荀子》者，不止子思、孟轲二人。不知道《外传》文与《荀子》之不尽同甚矣，两书之不可不对勘也。





(2)《荀子·非十二子》

兼服天下之心：高上尊贵，不以骄人；聪明圣知，不以穷人；齐给速通，不争先人；刚毅勇敢，不以伤人；不知则问，不能则学，虽能必让，然后为德。遇君则修臣下之义，遇乡则修长幼之义，遇长则修子弟之义，遇友则修礼节辞让之义，遇贱而少者则修告导宽容之义。无不爱也，无不敬也，无与人争也，恢然如天地之苞万物。如是，则贤者贵之，不肖者亲之；如是，而不服者，则可谓妖怪狡猾之人矣，虽则子弟之中，刑及之而宜。诗云：“匪上帝不时，殷不用旧；虽无老成人，尚有典刑；曾是莫听，大命以倾。”此之谓也。(卷三)

《外传》卷六：

吾语子：夫服人之心，高上尊贵，不以骄人；聪明圣知，不以幽人；勇猛强武，不以侵人；齐给便捷，不以欺诬人。不能则学，不知则问；虽知必让，然后为知。遇君则修臣下之义，出乡则修长幼之义，遇长老则修弟子之义，遇等夷则修朋友之义，遇少而贱者则修告道宽裕之义。故无不爱也，无不敬也，无与人争也。旷然而天地苞万物也。如是则老者安之，少者怀之，朋友信之。《诗》曰："惠于朋友，庶民小子，子孙绳绳，万民靡不承"。

这里《外传》与《荀子》相同，《外传》在后半段引用《论语》的"老者安之，少者怀之，朋友信之"，而不提出引《论语》，已足见其杂凑成文。"遇长老则修弟子之义"，"遇等夷则修朋友之义"，比《荀子》文字整齐。不过"等夷""幽人"，现在看来，比较难懂；"虽知必让，然后为知"，也不如《荀子》好。但是"恢"改为"旷"，则较明了。而其引用《论语》，明是杂凑成文，则前半段自是用《荀子》，非《荀子》此段由《外传》混入的。

《荀子》与《外传》两处相同，《荀子》都没有袭《外传》的嫌疑，已经证明了。从这一篇的思想与用词看来，也可以找出其为真荀子文的明验。这一篇推崇仲尼、子弓，一方面却又大骂子思、孟轲，唯有儒家的荀卿而又是主张性恶的才有这种思想；儒家而主张性善的，如《外传》的作者，决不会闹出这样的"玩意儿"的。所以这一篇第一段《非十二子》一定是荀子之文，最合荀子的主张与其时代。第二段说："故多言而类，圣人也；少言而法，君子也。""类""法"并举，与《修身》等篇合。这一篇最后一段攻击"子张氏之贱儒"，"子夏氏之贱儒"，"子游氏之贱儒"，也与非子思、孟轲一样，决非西汉初年的儒家所能说的。而用"偷儒惮事，无廉耻而嗜饮食"，与《修身篇》"劳苦之事，则偷儒转脱"，"偷儒惮事，无廉耻而嗜乎饮食"，用词相合。这都可以证明《非十二子》是真《荀子》文。其他各段也并无非《荀子》文的嫌疑。

近来有人怀疑《非十二子》之攻击陈仲、史䲡用"忍情性"三字，"忍"与《性恶》之"其善者伪也"思想矛盾；又攻击惠施、邓析之“不法先王”，与荀子“法后王”的思想不合。这种怀疑颇有道理。但在《解蔽篇》说：

有子恶卧而焠掌，可谓能自忍矣，未及好也。（卷十五）

又说：

夫微者至人也，至人也，何强何忍何危？（同上）

这也是不赞成“忍”的，可见荀子虽主张“伪”，并非绝对地不说“忍”，这在荀子并非矛盾。见于《解蔽篇》的，当然是极可信。至于攻击不法先王，则在《解蔽篇》说：

古为蔽，今为蔽。（同上）

荀子的意思在：“喜言古者必有节于今”，并非绝对地不法先王。在《性恶篇》也说：“凡所贵尧、禹君子者”，正可以为明证。有些看似矛盾，其实仔细地看，不唯不相矛盾，而其意旨实相合。



2.《王制》



《王制篇》无与《戴记》相同之处，与《外传》相同的地方，则共有四处，兹分别对勘于下：

(1)《荀子·王制》

请问为政？曰：贤能不待次而举，罢不能不待须而废，元恶不待教而诛，中庸不待政而化。分未定也，则有昭缪。虽王公士大夫之子孙也，不能属于礼义，则归之庶人。虽庶人之子孙也，积文学，正身行，能属于礼义，则归之卿相士大夫。故奸言、奸说、奸事、奸能，遁逃反侧之民，职而教之，须而待之，勉之以庆赏，惩之以刑罚。安职则畜，不安职则弃。五疾，上收而养之，材而事之，官施而衣食之，兼覆无遗。才行反时者死无赦，夫是之谓天德，是王者之政也。（卷五）

《外传》卷五：

王者之政，贤能不待次而举，不肖不待须臾而废；

元恶不待教而诛，中庸不待政而化。分未定也，则有昭穆。虽公卿大夫之子孙也，行绝礼义，则归之庶人，遂倾覆之民牧而试之；虽庶民之子孙也，积学而（覆元椠本作“文”）正身行，能礼仪，则归之士大夫，敬（覆元椠本作“倾”）而待之。安则畜，不安则弃。反侧之民，上收而事之官。而衣食之，王覆无遗，材行反时者，死之无赦，谓之天诛。是王者之政也。《诗》曰：“人而无仪，不死何为？”

这里《外传》与《王制》相同，《外传》将《荀子》的“罢不能不待须而废”改作“不肖不待须臾而废”，比较好懂。“王公士大夫之子孙”改作“公卿大夫之子孙”；“归之卿相士大夫”改作“归之士大夫”，这是因为王公之子孙不能随便归之庶人，而庶人也不好随便归之卿相，《外传》的时代，比较荀子时代稍为安定，不能升降太悬殊。有此数点，即可见出《外传》之晚于《荀子》；其他《外传》、《荀子》相异之处，《外传》多所删改，都是晚于《荀子》的明证。




(2)《荀子·王制》

成侯、嗣公聚敛计数之君也，未及取民也；子产，取民者也，未及为政也；管仲，为政者也，未及修礼也。故修礼者王，为政者强，取民者安，聚敛者亡。故王者富民，霸者富士，仅存之国富大夫，亡国富筐箧，实府库。筐箧已富，府库已实，而百姓贫。夫是之谓上溢而下漏。入不可以守，出不可以战，则倾覆灭亡，可立而待也。故我聚之以亡，敌得之以强。聚敛者，召寇、肥敌、亡国、危身之道也，故明君不蹈也。（卷五）

《外传》卷三：

成侯嗣公，聚敛计数之君也，未及取民也；子产取民也者，未及为政也；管仲为政也，未及修礼。故修礼者王，为政者强，取民者安，聚敛者亡。故聚敛以招谷，积财以肥敌，危身亡国之道也，明君不蹈也。将修礼以齐朝，正法以齐官，平政以齐下；然后节奏齐乎朝，法则度量正乎官，忠信爱刑平乎下。如是，百姓爱之如父母，畏之如神明，是以德泽洋乎海内，福祉归乎王公。《诗》曰："降福简简，威仪反反；既醉既饱，福禄来反"。

这里《外传》前半是用的《王制篇》，后半是用的《富国篇》（前已详引），而自"如是，百姓爱之如父母"以下，又是另外编成，以与引《诗》相合，完全杂凑成的。自是《外传》之袭《荀子》，不待详证，即可明了。





（3）《荀子·王制》

王者之论：无德不贵，无能不官，无功不赏，无罪不罚。朝无幸位，民无幸生。尚贤使能，而等位不遗；折愿禁悍，而刑罚不过。百姓晓然皆知夫为善于家，而取赏于朝也；为不善于幽，而蒙刑于显也。夫是之谓定论，是王者之论也。（卷五）

《外传》卷三：

王者之论德也，而不尊无功，不官无德，不诛无罪。朝无幸位，民无幸生，故上贤使能而等级不逾，折暴禁悍而刑罚不过。百姓晓然皆知夫为善于家，取赏于朝也，为不善于幽而蒙刑于显。夫是之谓定论，是王者之德。《诗》曰："明昭有周，式序在位"。

《荀子》这一段并非说王者之论德，而《外传》改作论德，实属勉强。而如"折愿"，《外传》改作"折暴"，确比《荀子》浅显，在这寥寥数行之中，《外传》与《荀子》相同的如此切近，而亦可以辨明为《外传》袭《荀子》，非此段由《外传》混入《荀子》。

(4)《荀子·王制》

王者之法：等赋、政事、财万物，所以养万民也。田野什一，关市几而不征，山林泽梁，以时禁发而不税。相地而衰政，理道之远近而致贡，通流财物粟米，无有滞留，使相归移也，四海之内若一家。故近者不隐其能，远者不疾其劳，无幽闲隐僻之国，莫不趋使而安乐之。夫是之谓人师，是王者之法也。（卷五）

《外传》卷三：

王者之等赋正事，田野什一；关市讥而不征；山林泽梁，以时入而不禁；相地而正壤，理道而致贡；万物群来，无有流滞，以相通移，近者不隐其能，远者不疾其劳。无幽间僻陋之国，莫不趋使而安乐之。夫是之谓王者之等赋正事。《诗》曰："敷政优优，百禄是遒"。

这里《外传》与《荀子》相同的地方，《外传》删去不必要的"财万物，所以养万民也"。将"以时禁发而不税"改作"以时入而不禁"；又删去"理道之远近而致贡"的"之远近"三字，以与上句相对成文，是比《荀子》进步的。后面又将"夫是之谓人师，是王之法也"，改为"夫是之谓王者之等赋正事"，以与首句相应。这全是《外传》袭用《荀子》之确证。

《荀子·王制》与《外传》四处相同，都是《外传》袭《荀子》，而非《荀子》书中有《外传》混入。从思想文字方面来看，亦足见此篇为真荀子文。这一篇第一段说："积文学，正身行，能属于礼义"。"文学""礼义"，在《性恶》等篇是常提到的。"奸言、奸说、奸事、奸能"，正是《非十二子》所攻击的"三奸"之类。"兼覆无遗"，在《非十二子》有"兼利天下"，在《富国篇》也常说"兼利天下"，"兼足天下之道"，"兼而覆之，兼而爱之"，荀子虽反对墨子，却受了"墨子贵兼"的影响。第二段说"其有法者以法行，无法者以类举"。在《修身篇》有

“依乎法而又深其类”，在《非十二子篇》有“多言而类”、“少言而法”，重“法”重“类”，极合《荀子》的精神。第三段说：“争则必乱，乱则穷矣，先王恶其乱也，故制礼义以分之”。与《礼论篇》起首“争则乱，乱则穷，先王恶其乱也，故制礼义以分之”，句法正同。第八段说“道不过三代，法不贰后王”，与《荀子》“善言古者必有节于今”相合，更是积极的证明。第十、第十一两段说“无幽闲隐僻之国，莫不趋使而安乐之”，“泽人足乎木，山人足乎鱼”，正合荀子的时代，前已为之证明。第十二段说：“以类行杂，以一行万”。正与《不苟篇》“千人万人之情，一人之情是也；……五寸之矩，尽天下之方”的意见相合。第十三段说：“和则一，一则多力”，“人生不能无群，群而无分则争”，与《富国篇》的“人之生不能无群，群而无分则争”，《礼论篇》的“群居和一之理”，意见相合。第十四段“序官”，在《乐论篇》有“其在序官也”，王先谦且疑“序官”为篇名，则这一段之为真荀子文又有确证。其他各段主张平政爱民、隆礼敬士、尚贤使能，亦甚合荀子之旨。惟有最后一段，自“具具而王”以下，则卢文弨已云：“篇末自‘具具而王’至此，文义浅杂，当是残脱之余”。统观《王制》全篇，除此一段而外，实可无疑为真荀子文的。

3.《王霸》

《王霸篇》与《戴记》、《外传》没有大段相同的地方，我们从思想文辞方面来考察，这一篇也是真荀子文。在第一段说：“非本政教也，非致隆高也，非綦文理也”；“唯其不由礼义而由权谋也”。在第二段说：“国无礼则不正，礼之所以正国也。譬之犹衡之于轻重也，犹绳墨之于曲直也，犹规矩之于方圆也”。这是与《性恶篇》的重“礼义”、“文理”，《礼论篇》的“高者礼之隆也”等句相合。在第三段说：“大有天下，小有一国，……为之者，役夫之道，墨子之说也”。与《富国篇》攻击墨子“大有天下，小有一国，……将少人徒，省官职，上功劳苦”相合，而结以“礼法之大分也”；与《劝学篇》“礼者法之大分”正合。第五段说：“舜、禹还至，王业还起”，“功壹天下，名配舜、禹”。连用“舜”、“禹”，与《不苟篇》的“与舜、禹俱传而不息”，“拟于舜、禹”；《非十二子篇》的“舜、禹是也”，“上则法舜、禹之制”，相合。第六段说：“无国而不有治法，无国而不有乱法”，与《王制篇》的“故有良法而乱者有之矣”，相合。第七段又说：“礼法之枢要”，“莫不以是为隆正”。在《解蔽篇》也有“天下有不以是为隆正”，“隆正”一词，荀子所常用的。第八段说：“治国者分已定，则主相臣下百吏各谨其所闻，不务听其所不闻”。第九段说：“主道治近不治远，治明不治幽”，与《正论篇》首段“主道利明不利幽，利宣不利周”相合。第十段说：“兴天下同利，除天下同害，天下归之”。而《正论篇》也说“兴天下之同利，除天下之同害，而天下归之也”。足见文出一手。第十一段说：“朝廷必将隆礼义而审贵贱”，固合荀子的精神，而说“商贾敦悫无诈，则商旅安货通财而国求给矣，百工忠信而不楛，则器用巧便而财不匮”，荀子不像墨子那样“忧天下之不足”，在这里也露出这样的口吻。这一篇中实无一段有破绽，是真《荀子》文。



4.《乐论》

《乐论》没有与《外传》相同的地方，而与《小戴》之《乐记》、《乡饮酒义》两篇都有相同之处；《乐记》与此篇相同，共有三段，兹分别论之于下：

(1)《荀子·乐论》

夫乐者，乐也，人情之所必不免也。故人不能无乐，乐则必发于声音，形于动静；而人之道，声音动静，性术之变尽是矣。故人不能不乐，乐则不能无形，形而不为道，则不能无乱。先王恶其乱也，故制《雅》、

《颂》之声以道之，使其声足以乐而不流，使其文足以辨而不諰，使其曲直、繁省、廉肉、节奏，足以感动人之善心；使夫邪污之气无由得接焉；是先王立乐之方也。而墨子非之，奈何！

故乐在宗庙之中，君臣上下同听之，则莫不和敬；闺门之内，父子兄弟同听之，则莫不和亲；乡里族长之中，长少同听之，则莫不和顺。故乐者，审一以定和者也，比物以饰节者也，合奏以成文者也；足以率一道，足以治万变，是先王立乐之术也。而墨子非之，奈何！

故听其《雅》、《颂》之声，而志意得广焉；执其干戚，习其俯仰屈伸，而容貌得庄焉；行其缀兆，要其节奏，而行列得正焉，进退得齐焉。故乐者，出所以征诛也，入所以揖让也；征诛揖让，其义一也。出所以征诛，则莫不听从；入所以揖让，则莫不从服。故乐者，天下之大齐也，中和之纪也，人情之所必不免也。是先王立乐之术也，而墨子非之，奈何！

且乐者，先王之所以饰喜也；军旅鈇钺者，先王之所以饰怒也。先王喜怒皆得其齐焉。是故喜而天下和之，怒而暴乱畏之。先王之道，礼乐正其盛者也，而墨子非之！故曰：墨子之于道也，犹瞽之于白黑也，犹聋之于清浊也，犹欲之楚而北求之也。（卷十四）

《小戴·乐记》：

夫乐者，乐也；人情之所不能免也。乐必发于声音，形于动静，人之道也。声音动静，性术之变，尽于此矣。故人不耐无乐，乐不耐无形，形而不为道，不耐无乱。先王耻其乱，故制《雅》、《颂》之声以道之，使其声足乐而不流，使其文足论而不息，使其曲直繁瘠，廉肉节奏，足以感动人之善心而已矣。不使放心邪气得接焉，是先王立乐之方也。是故乐在宗庙之中，君臣上下同听之，则莫不和敬；在族长乡里之中，长幼同听之，则莫不和顺；在闺门之内，父子兄弟同听之，则莫不和亲。故乐者，审一以定和，比物以饰节，节奏合以成文，所以合和父子君臣，附亲万民也。是先王立乐之方也。故听其《雅》、《颂》之声，志意得广焉；执其干戚，习其俯仰诎伸，容貌得庄焉；行其缀兆，要其节奏，行列得正焉；进退得齐焉。故乐者，天地之命，中和之纪，人情之所不能免也。夫乐者，先王之所以饰喜也；军旅𫓧钺者，先王之所以饰怒也；故先王之喜怒，皆得其齐焉；喜则天下和之，怒则暴乱者畏之，先王之道，礼乐可谓盛矣。（卷一一）

这里《荀子·乐论》与《小戴·乐记》相同的，在《乐记》属第十段，而在《荀子》是篇首。《乐记》凡关于荀子攻击墨子的，概行删去。又删去“故乐者，出所以征诛也”等句，在《荀子》下文有：“乐中平则民和而不流，乐肃庄则民齐而不乱，民和齐则兵劲城固，敌国不敢婴也”。《乐记》编成的时代，正是儒家重文之候，不重武事，而且乐于武事关系稍浅，《乐记》不采《荀子》的下文，所以对于“出所以征诛也”这几句也略去。从“非墨”与“重武”看来，正可见《荀子》是原文，《乐记》是改编的。时代不同这两处的文字也因而不同。

(2)《荀子·乐论》

凡奸声感人而逆气应之，逆气成象而乱生焉；正声感人而顺气应之，顺气成象而治生焉。唱和有应，善恶相象，故君子慎其所去就也。

君子以钟鼓道志，以琴瑟乐心；动以干戚，饰以羽旄，从以磬管，故其清明象天，其广大象地，其俯仰周旋有似于四时。故乐行而志清，礼修而行成，耳目聪明，血气和平，移风易俗，天下皆宁，美善相乐。故曰：乐者，乐也。君子乐得其道，小人乐得其欲；以道制欲，则乐而不乱；以欲忘道，则惑而不乐。（卷十四）

《小戴·乐记》：

凡奸声感人，而逆气应之，逆气成象，而淫乐兴焉；正声感人，而顺气应之，顺气成象而和乐兴焉。倡和有应，回邪曲直，各归其分，而万物之理，各以类相动也。是故君子反情以和其志，比类以成其行，奸声乱色，不留聪明，淫乐慝礼，不接心术，惰慢邪辟之气，不设于身体，使耳目鼻口心知百体，皆由顺正以行其义。然后发以声音，而文以琴瑟，动以干戚，饰以羽旄，从以箫管，奋至德之光，动四气之和，以著万物之理。是故清明象天，广大象地，终始象四时，周还象风雨，五色成文而不乱，八风从律而不奸，百度得数而有常；小大相成，终始相生，倡和清浊，迭相为经。故乐行而伦清，耳目聪明。血气和平，移风易俗，天下皆宁。故曰：乐者，乐也；君子乐得其道，小人乐得其欲。以道制欲，则乐而不乱；以欲忘道，则惑而不乐。（卷一一）

这里《乐记》与《荀子》相同的，《乐记》所增加的甚多。《荀子》文少，可见非混入《荀子》。而如《荀子》的“乱生焉”，“治生焉”，《乐记》改作“淫乐兴焉”、“和乐兴焉”，更切于乐，也足见《乐记》文进步，而为晚于《荀子》之确证。

(3)《荀子·乐论》

且乐也者，和之不可变者也；礼也者，理之不可易者也。乐合同，礼别异；礼乐之统，管乎人心矣。穷本极变，乐之情也；著诚去伪，礼之经也；墨子非之，几遇刑也；明王已没，莫之正也；愚者学之，危其身也；

君子明乐，乃其德也；乱世恶善，不此听也。於乎哀哉！不得成也。弟子勉学，无所营也。（卷十四）

《小戴·乐记》：

乐也者，情之不可变者也；礼也者，理之不可易者也。乐统同，礼辨异；礼乐之说，管乎人情矣。穷本知变，乐之情也；著诚去伪，礼之经也。礼乐偩天地之情，达神明之德，降兴上下之神。而凝是精粗之体，领父子君臣之节。（卷一一）

这里《乐记》与《荀子》相同的，就《乐记》改“合”为“统”；改“统”为“说”，在文义上似比《荀子》进步。而《乐记》只抄到“著诚去伪，礼之经也”，下文自“墨子非之”起即不抄了，也可见其本为《荀子》文，固非《墨子》。而《乐记》编成的时代较晚，在儒家统一思想以后，不必要非墨子的，先后之迹显然。不过这一段《荀子》的“著诚去伪，礼之经也”，以“伪”为“诈伪”之“伪”，与《性恶篇》“其善者伪也”，以“伪”为“人为”之“伪”不合。而自“穷本极变，乐之情也”起，至“弟子勉学，无所营也”止，完全都是韵文，与前后不类，不像出于一人之手，这是很可疑的。但以“伪”为“诈伪”之“伪”，在《荀子》中颇多有例，如：

a.《不苟篇》：“诈伪生塞，诚信生神”。（卷二）

b.《礼论篇》：“君子审于礼，则不可欺以诈伪”。（卷十三）

c.《性恶篇》：“今与不善人处，则所闻者欺诬诈伪也”。（卷十七）

这些地方都用“诈伪”字样，则在《荀子》亦非绝对不用“伪”为“诈伪”之“伪”，似乎这一点可以不用怀疑。至于这一段用韵固极可疑，而说“墨子非之，几遇刑也；……乱世恶善，不此听也”，极合荀子时代的口吻。而且在《荀子》中也颇有在散文之中忽插入几句韵语的。例如：

a.《劝学篇》："积土成山，风雨兴焉；积水成渊，蛟龙生焉；积善成德，而神明自得，圣心备焉。……"(卷一)

b.《解蔽篇》："恢恢广广，孰知其极？睪睪广广，孰知其德？涫涫纷纷，孰知其形？(依卢文弨说：'形'当作'则')明参日月，大满八极。"(卷十五)

则《乐论篇》虽有这段韵文，在《荀子》颇有其例，也未足多疑。《解蔽篇》的几句，也正是上下都是散文而忽然插入几句韵语，我们可不必因此怀疑的。

至于《荀子》与《小戴·乡饮酒义》相同之处则是：





《荀子·乐论》：

吾观于乡，而知王道之易易也。主人亲速宾及介，而众宾皆从之；至于门外。主人拜宾及介，而众宾皆入；贵贱之义别矣。三揖至于阶，三让以宾升。拜至，献酬，辞让之节繁，及介省矣。至于众宾，升受、坐祭、立饮，不酢而降；隆杀之义辨矣。工入，升歌三终，主人献之；笙入三终，主人献之；间歌三终，合乐三终，工告乐备，遂出。二人扬觯，乃立司正，焉知其能和乐而不流也。宾酬主人，主人酬介，介酬众宾，少长以齿，终于沃洗者，焉知其能弟长而无遗也。降，说屦升坐，修爵无数。饮酒之节，朝不废朝，莫不废夕。宾出，主人拜送，节文终遂，焉知其能安燕而不乱也。贵贱明，隆杀辨，和乐而不流，弟长而无遗，安燕而不乱，此五行者，足以正身安国矣。彼国安而天下安。故曰：吾观于乡，而知王道之易易也。(卷十四)

《小戴·乡饮酒义》：

孔子曰：吾观于乡，而知王道之易易也。主人亲速宾及介，而众宾自从之；至于门外，主人拜宾及介，而众宾自入，贵贱在义别矣。三揖至于阶，三让以宾升，拜至献酬辞让之节繁；及介省矣；至于众宾，升受坐祭立饮，不酢而降，隆杀之义辨矣。工入，升歌三终，主人献之；笙入三终，主人献之；间歌三终，合乐三终，工告乐备，遂出；一人扬觯，乃立司正焉，知其能和乐而不流也。宾酬主人，主人酬介，介酬众宾，少长以齿，终于沃洗者焉，知其能弟长而无遗也。降说屦，升坐，修爵无数；饮酒之节，朝不废朝，莫不废夕；宾出，主人拜送。节文终遂焉，知其能安燕而不乱也。贵贱明，隆杀辨，和乐而不流，弟长而无遗，安燕而不乱，此五行者，足以正身安国矣。彼国安而天下安，故曰：吾观于乡，而知王道之易易也。(卷二十)

这里《戴记》与《荀子》相同的，只有数字之差，几无法以辨其孰先孰后。但这是《荀子》文，似仍无可疑者。《戴记》本属杂纂之书，而《乡饮酒义》一篇尤可见。其末段自“乡饮酒之义”以下，据孙希旦《礼记集解》云：

自此以下，与首一段大同小异，而别以“乡饮酒之义”起其端。盖传礼之家，各为解说其义，本异人之作，别为一篇，记者见其与前篇所言，义虽大同，而间有为前之所未备者，不忍割弃，因录而附于前篇之末也。

可见这一篇之尤杂凑成文。其采《荀子》，于此段之首加“孔子曰”三字，这本是《戴记》编纂之惯伎。如《劝学篇》：“吾尝终日而思矣，不如须臾之所学也”。《大戴·劝学》即加“孔子曰”三字以冠之。这里所加，亦自不足信。《乡饮酒义》与《荀子》不同者如“一人扬觯”，《荀子》作“二人扬觯”，其实一人扬觯是比较合于礼的。而以焉为句首，《荀子》中颇有其例，也足见《戴记》是袭《荀子》的（《礼论篇》有“焉无安人”等句），则《戴记》此篇所引亦可见其晚于《荀子》。

从思想角度来看，这一篇攻击墨子的非乐，立论极合荀子的精神。而“其在序官也”一段，王先谦以为“序官”是篇名，其实如认“序官”为《荀子》的一段的标题，《荀子》这样的引用，也极合当时著述之体。《韩非子》、《吕览》都有说到文章的例子，也正可为此篇为荀子所作之确证。上文已将“穷本极变，乐之情也”几句韵语，证明其无疑为荀子所作，则这一篇的第一大段是无可疑的。“吾观于乡”一段，上文已明其非由《礼记》混入，这一段虽不完全论乐，而因“工入”“升歌”等等连类以入，在《荀子》中，如《天论》等篇且如此，则此段自亦可无疑。末段“乱世之征”有“其声乐险”句，故亦入此篇。而有“其养生无度，其送死瘠墨”，与《礼论篇》“送死不忠厚不敬文谓之瘠，刻死而附生谓之墨”相合，则亦可无疑为真荀子文。



### （五）《非相》、《荣辱》、《君道》、《臣道》

1.《非相》



《非相篇》与《戴记》无有相同的文字，与《外传》则有二处相同，兹对勘之于下：

(1)《荀子·非相》

> 夫妄人曰：“古今异情，其所以治乱者异道。”而众人惑焉。彼众人者，愚而无说，陋而无度者也。其所见焉，犹可欺也，而况于千世之传也？妄人者，门庭之间，犹诬欺也，而况于千世之上乎？圣人何以不可欺？曰：圣人者，以己度者也。故以人度人，以情度情，以类度类，以说度功，以道观尽，古今一也。类不悖，虽久同理，故乡乎邪曲而不迷，观乎杂物而不惑，以此度之。五帝之外无传人，非无贤人也，久故也。五帝之中无传政，非无善政也，久故也。禹汤有传政而不若周之察也，非无善政也，久故也。传者久则论略，近则论详，略则举大，详则举小。愚者闻其略而不知其详，

闻其详而不知其大也。是以文久而灭，节族久而绝。（卷三）

《外传》卷三：

夫诈人者曰：古今异情，其所以治乱异道。而众人皆愚而无知，陋而无度者也，于其所见，犹可欺也，况乎千岁之后乎？彼诈人者，门庭之间犹挟欺，而况乎千岁之上乎？然则圣人何以不可欺也？曰：圣人以己度人者也。以心度心，以情度情，以类度类，古今一也。类不悖，虽久同理，故性缘理而不迷也。夫五帝之前无传人，非无贤人，久故也。五帝之中无传政，非无善政，久故也。虞夏有传政，不如殷周之察也，非无善政，久故也。夫传者久则愈略，近则愈详；略则举大，详则举细。故愚者闻其大不知其细，闻其细不知其大，是以久而差。三王五帝，政之至也。《诗》曰："帝命不违，至于汤齐"。言古今一也。





这里《外传》改"妄"为"诈"，是没有批评的勇气的。删改《荀子》"而众人惑焉，彼众人者，愚而无说"，成为"而众人皆愚而无知"，实在比较言简意赅。"以人度人"改为"以心度心"，删去"以说度功，以道观尽"，以及改"故乡乎邪曲而不迷，观乎杂物而不惑"，为"故性缘理而不迷"，都比较明了简洁。说"性缘理而不迷"，是性善的主张，与《外传》是一致，与《荀子》不同的。是以"久而差"，也比《荀子》之用"灭"、"绝"来得和平，都足见其晚于《荀子》。

(2)《荀子·非相》

谈说之术：矜庄以莅之，端诚以处之，坚强以持之，譬称以喻之，分别以明之，欣欢芬芗以送之，宝之，珍之，贵之，神之。如是则说常无不受；虽不说人，人莫不贵。夫是之谓为能贵其所贵。传曰："唯君

子为能贵其所贵。”此之谓也。(卷三)

《外传》卷五：

孔子曰：夫谈说之术，齐庄以立之，端诚以处之，坚强以待之，辟称以喻之，分以明之，欢忻芬芳以送之，宝之，珍之，贵之，神之，如是则说恒无不行矣。夫是之谓能贵其所贵。若夫无类之说，不形之行，不赞之辞，君子慎之。《诗》曰：“无易由言，无曰苟矣”。

这里《外传》与《荀子》大抵相同，只删去“虽不说人，人莫不贵”，因为这与“谈说之术”无甚关系。又删去《荀子》的引“传曰：‘唯君子为能贵其所贵’”，《荀子》以引《传》文作结，《外传》是要引《诗》作结，所以不得不有变更。这一段仍无由《外传》混入《荀子》之嫌疑。





《非相篇》与《外传》相同的两段，比较来看，虽无由《外传》混入之嫌疑，但《非相》这一篇是比较有问题的。第一段“非相”，不迷信形相，很合荀子的精神，而用“仲尼长，子弓短”，不著名的子弓，也在所论之列，与《非十二子篇》又合，所以这一段是可信为荀子文的。从第二段起，卢文弨以为是“《荣辱篇》错简于此”。依我看来，第二段说“人有三不祥”及“人有三必穷”，极重上下长幼之义。第三段说“人道莫不有辨，辨莫大于分，分莫大于礼”，以及“彼后王者，天下之君也，舍后王而道上古，譬之是犹舍己之君而事人之君也”。这与《荀子》重“分”、“礼”、“法后王”之意见相合。第四段说“类不悖，虽久同理”；以及“五帝之外无传人”、“五帝之中无传政”，与《荀子》重“类”、“法后王”的思想也相合。这几段都可信为真荀子文。从第五段起，则大有可疑。第五段说：“故君子必辩，凡人莫不好言其所善，而君子为甚”。又说：“故君子之于言无厌”。重辩重言，已与《解蔽篇》的：

案强钳而利口，厚颜而忍诟，无正而恣睢，妄辩而几利，不好辞让，不敬礼节，而好相推挤，此乱世奸人之说也，则天下之治说者，方多然矣。传曰："析辞而为察，言物而为辩，君子贱之"。（卷十五）

贱言贱辩，不甚相同。荀子只是相对的重辩，不像"于言也无厌"的。此可疑者一。其次，"君子必辩，凡人莫不好言其所善，而君子为甚"。与本篇第八段首几句相重复，又"志好之，行安之，乐言之"，三句在本篇第八段中也有，也相重复，近于杂凑成文。此可疑者二。最重要的是：这一段终了引"《易》曰：'括囊，无咎无誉'，腐儒之谓也。"《易》在《劝学篇》是不曾提到的，而且述《五经》而结以"在天地之间者毕矣"，明明不认天地间有所谓《易》经也者，而这里引用起来，也真有点奇怪了。此可疑者三。（《大略篇》非荀子文，前人已有定说，而屡引《易》，亦可为此段晚出之旁证。）据此，我很疑心这一段不是荀子本人所作。而第六段说"凡说之难"，第七段说"谈说之术"，第八段又说"君子必辩"，主张"与时迁移，与世偃仰"，"欣欢芬芗以送之，宝之，珍之"，与《正名篇》的"不动乎众人之非誉，不治观者之耳目，不赂贵者之权势，不利传辟者之辞，……是士君子之辩说也"大异其趣。又荀子是恶巧敏佞说如张仪、苏秦一般人的（见《臣道篇》），也不像主张"与时迁移，与世偃仰"的。这一类重游说的话，当与第五段同出于一手，所以这一篇的后半是极可疑为非荀子文的。

2.《荣辱》

《荣辱篇》与《戴记》、《外传》都没有相同的地方，但是这一篇也颇有很可疑的地方。《荀子》一书的篇名，或但用初发之语，如《不苟》等篇；或隐括全篇之义，如《劝学》等篇；而这一篇名"荣辱"，是由第六段首句"荣辱之大分"一句而来，我颇疑心这一篇前五段本非《荀子》之文，而自第六段以后才较可信。试看第一段说：

憍泄者，人之殃也；恭俭者，偋五兵也。虽有戈矛之刺，不如恭俭之利也。故与人善言，暖于布帛；伤人之言，深于矛戟。故薄薄之地，不得履之，非地不安也，危足无所履者也。凡在言也，巨涂则让，小涂则殆，虽欲不谨，若云不使。（卷二）

这一段前说“恭俭之利”，中说“凡在言也”，末又重在一“谨”，寥寥数行，语意三截，杂凑成文，在真《荀子》各篇中是没有这样子的。再看第五段说：

鯈鉟者，浮阳之鱼也，胠于沙而思水，则无逮矣。挂于患而思谨，则无益矣。自知者不怨人，知命者不怨天；怨人者穷，怨天者无志。失之己，反之人，岂不亦迂哉！（同上）

前半说“挂于患而欲谨，则无益矣”，是说当预防祸患；后半说“失之己，反之人”，是说人有过当自责。前后各不相谋，也近于杂凑的。这一段与《法行篇》的一段相同，《法行篇》上说：

曾子曰：同游而不见爱者，吾必不仁也；交而不见敬者，吾必不长也；临财而不见信者，吾必不信也。三者在身，曷怨人？怨人者穷，怨天者无识。失之己而反诸人，岂不亦迂哉？（卷二十）

《法行篇》这一段起首就说“吾必不仁也”，就很明显地有自责之意，自首至尾，文意一贯。《法行篇》本是“荀卿及弟子所引记传杂事”，尚且如此，岂有真《荀子》文而如此杂凑的？所以这一段实极可疑。第四段以“狗”、“䠷”、“贾盗”、“小人”、“士君子”分说四等之勇，这种分类的方法在他篇也没有。第二、三两段虽无显明可疑的地方，然而前后几段都可疑，我想这两段也当是一同混入这一篇的。所以除了第一、第五两段极可疑外，这三段也在可疑之列。

从第六段“荣辱之大分”起，合于本篇的标题；第七段有“饰邪说，文奸言”，及“官人百吏”等，为《荀子》书所常用之词（参看王氏《集解》），而言“材性知能，君子小人一也”，合于性恶之旨。第八段说“尧、禹者，非生而具者也，夫起于变故，成乎修为，待尽而后备者也”，也合于性恶之旨。第九段说“人之情，食欲有刍豢，衣欲有文绣”，重在“人情之同欲”，与《正名篇》末段之重欲合；而又说“先王案为之制礼义以分之”，及“是夫群居和一之道也”。与《礼论篇》相合。这四段从文字、思想上来看，都是可无疑为真《荀子》文。这一篇与《非相篇》相反，前半是极可疑，则或者由于《荀子》篇简错乱而至于此，或是刘向校定之时，以为不像《宥坐》等篇的各段，冠有“孔子曰”、“曾子曰”等字样，而认为荀卿之文，竟自放在一起的。这在现在当然难以决定其究由于何种原因的。





3.《君道》

《君道篇》与《戴记》无相同的地方，与《外传》文同者，则共有四处，兹对勘之于下：

(1)《荀子·君道》

请问为人君？曰：以礼分施，均遍而不偏。请问为人臣？曰：以礼待君，忠顺而不懈。请问为人父？曰：宽惠而有礼。请问为人子？曰：敬爱而致之。请问为人兄？曰：慈爱而见友。请问为人弟？曰：敬诎而不苟。请问为人夫？曰：致功而不流，致临而有辨。请问为人妻？曰：夫有礼则柔从听侍，夫无礼则恐惧而自竦也。此道也，偏立而乱，俱立而治，其足以稽矣。请问兼能之奈何？曰：审之礼也。古者先王审礼以方皇周浃于天下，动无不当也。故君子恭而不难，敬而不巩，贫穷而不约，富贵而不骄，并遇变态而不穷，审之礼也。故君子之于礼，敬而安之；其于事也，径而不失；其于人也，寡怨宽裕而无阿；其为身也，谨修饰而不危；其应变故也，齐给便捷而不惑；其于天地万物也，不务说其所以然而致善用其材；其于百官之事、伎艺之人也，不与之争能而致善用其功；其待上也，忠顺而不懈；其使下也，均遍而不偏；其交游也，缘义而有类；其居乡里也，容而不乱。是故穷则必有名，达则必有功，仁厚兼覆天下而不闵，明达用天地理万变而不疑，血气和平，志意广大，行义塞于天地之间，仁知之极也。夫是之谓圣人审之礼也。（卷八）

《外传》卷四：

君人者，以礼分施，均遍而不偏。臣以礼事君，忠顺而不解。父宽惠而有礼，子敬爱而致恭。兄慈爱而见友，弟敬诎而不慢。夫照临而有别，妻柔顺而听从。若夫行之而不中道，即恐惧而自竦，此全（覆元椠本作“妇”）道也。偏立则乱，具立则治。请问兼能之奈何？曰：审礼。昔者先王审礼以惠天下，故德及天地，动无不当，夫君子恭而不难，敬而不巩，贫穷而不约，富贵而不骄，应变而不穷，审之礼也。故君子于礼也，敬而安之；其于事也，经而不失；其于人也，宽裕寡怨而弗阿。其于仪也，修饰而不危；其应变也，齐给便捷而不累；其于百官伎艺之人也，不与争能，而致用其功；其于天地万物也，不拂（覆元椠本作“说”）其所，而谨裁其盛；其待上也，忠顺而不解；其使下也，均遍而不偏；其于交游也，缘类而有义；其于乡曲也，容而不乱。是故穷则有名，通则有功。仁义兼覆天下而不穷，明通天地，理万变而不疑。血气平和，志意广大，行义塞天地，仁知之极也。夫是谓先王审之礼也。若是，则老者安之，少者怀之，朋友信之，如赤子之归慈母也。

曰：仁刑义立，教诚爱深，礼乐交通故也。《诗》曰：“礼仪卒度，笑语卒获”。

这里《外传》与《荀子》相同的，《外传》将“请问为人君”“请问为人子”等句删去，稍加改变，便觉简洁。而如《荀子》之“待君”改作“事君”；“致文”改作“致恭”；“不苟”改作“不慢”；删去“致功而不流”，将“致临”改作“照临”，都比较合理而易懂。以下省略删改，大抵都较《荀子》进步。《荀子》的“其于天地万物也，不务说其所以然”。不大合荀子重知的精神，《外传》改作“不沸其所，而谨裁其盛”，又移在下，比较《荀子》更觉合理。下文改《荀子》“夫是之谓圣人审之礼也”作“夫是谓先王审之礼也”. 以与前面“古者先王审礼”相应，也比较《荀子》好。不过《外传》终是采杂说的，下文又袭《论语》之文，更足见其为采《荀子》，而非《荀子》之中有《外传》文混入，这两处相同，可无疑其孰先孰后。

(2)《荀子·君道》

君者，民之原也；原清则流清，原浊则流浊。故有社稷者而不能爱民，不能利民，而求民之亲爱己，不可得也。民不亲不爱，而求为己用，为己死，不可得也。民不为己用，不为己死，而求兵之劲，城之固，不可得也。兵不劲，城不固，而求敌之不至，不可得也。敌至而求无危削，不灭亡，不可得也。危削灭亡之情举积此矣，而求安乐，是狂生者也。狂生者不胥时而乐。故人主欲强固安乐，则莫若反之民；欲附下一民，则莫若反之政；欲修政美国，则莫若求其人。彼或蓄积而得之者不世绝，彼其人者，生乎今之世而志乎古之道。以天下之王公莫好之也，然而于是独好之；以天下之民莫欲之也，然而于是独为之。好之者贫，为之者穷，然而于是独犹将为之也，不为少顷辍焉。晓然独明于先王之所以得之，所以失之；知国之安危臧否若别白黑。是其人者也，大用之则天下为一，诸侯为臣；小用之则威行邻敌；纵不能用，使无去其疆域，则国终身无故。故君人者爱民而安，好士而荣，两者无一焉而亡。《诗》曰："介人维藩，大师为垣。"此之谓也。（卷八）

《外传》卷五：

君者，民之源也。源清则流清，源浊则流浊。故有社稷者，不能爱其民，而求民亲己爱己，不可得也；民不亲不爱，而求为己用，为己死，不可得也；民弗为用，弗为死，而求兵之劲，城之固，不可得也；兵不劲，城不固，而欲不危削灭亡，不可得也。夫危削灭亡之情，皆积于此，而求安乐是闻，不亦难乎？是枉生者也。悲夫！枉生者不须时而灭亡矣。故人主欲强固安乐，莫若反己，欲附下一民，则莫若及之政；欲修政美俗，则莫若求其人。彼其人者，生今之世，而志乎古之世，以天下之王公莫之好也，而是子独好之。以民莫之为也，而是子独为之也。抑为之者穷，而是子犹为之，而无是须臾怠焉差焉。独明夫先王所以遇之者，所以失之者，知国之安危臧否，若别白黑；则是其人也。人主欲强固安乐，则莫若与其人为之。巨用之，则天下为一，诸侯为臣；小用之，则威行邻国，莫之能御。若殷之用伊尹，周之遇太公，可谓巨用之矣；齐之用管仲，楚之用孙叔敖，可为小用之矣。巨用之，者如彼，小用之者如此也。故曰："粹而王，驳而霸，无一而亡"。《诗》曰："四国无政，不用其良。"不用其良臣而不亡者，未之有也。

这里《外传》与《荀子》相同的地方，《外传》删去"不能利民"一句，而将《荀子》的"而求敌之不至，不可得也；敌至而求无危削，不灭亡，不可得也”，改作“而欲不危削灭亡，不可得也”。都极见简洁。下文将《荀子》“莫若反之民”，改作“莫若反己”，则比较合于源流的说法；删去“彼或蓄积而得之者不世绝”一句，使易于了解。下文又多所更易，都比《荀子》进步，兹不必详举。只就《外传》增加“若殷之用伊尹，周之遇太公”，及从《荀子·王霸篇》抄来的“故曰：粹而主，驳而霸，无一焉而亡”等句，即足见《外传》之杂凑成文，明是袭用《荀子》，而非由《外传》混入《荀子》。

(3)《荀子，君道》

道者何也？曰：君道也。君者何也？曰：能群也。能群也者何也？曰：善生养人者也，善班治人者也，善显设人者也，善藩饰人者也。善生养人者人亲之，善班治人者人安之，善显设人者人乐之，善藩饰人者人荣之。四统者俱而天下归之，夫是之谓能群。不能生养人者，人不亲也；不能班治人者，人不安也；不能显设人者，人不乐也；不能藩饰人者，人不荣也。四统者亡而天下去之，夫是之谓匹夫。故曰：道存则国存，道亡则国亡。省工贾，众农夫，禁盗贼，除奸邪，是所以生养之也。天子三公，诸侯一相，大夫擅官，士保职，莫不法度而公，是所以班治之也。论德而定次，量能而授官，皆使人载其事而各得其所宜。上贤使之为三公，次贤使之为诸侯，下贤使之为士大夫，是所以显设之也。修冠弁、衣裳、黼黻、文章、琱琢、刻镂，皆有等差，是所以藩饰之也。故由天子至于庶人也，莫不骋其能，得其志，安乐其事，是所同也。衣暖而食充，居安而游乐，事时制明而用足，是又所同也。若夫重色而成文章，重味而成珍备，是所衍也。圣王财衍以明辨异，上以饰贤良而明贵贱，下以饰长幼而明亲疏，上在王公之朝，下在百姓之家，天下晓然皆知其非以为异也，将以明分达治而保万世也。故天子诸侯无靡费之用，士大夫无流淫之行，百吏官人无怠慢之事，众庶百姓无奸怪之俗，无盗贼之罪，其能以称义遍矣。故曰：治则衍及百姓，乱则不足及王公。此之谓也。（卷八）

《外传》卷五：

道者，何也？曰：君之所道也。君者，何也？曰：群也。为天下万物而除其害者，谓之君。王者，何也？曰：往也。天下往之谓之王。曰：善养生者，故人尊之；善辩治人者，故人安之；善显设人者，故人亲之；善粉饰人者，故人乐之；四统者具，天下往之；四统无一，而天下去之；往之谓之王，去之谓之亡。故曰：道存则国存，道亡则国亡。夫省工商，众农人，谨盗贼，除奸邪，是所以生养之也。天子三公，诸侯一相，大夫擅官，士保职，莫不治理，是所以辩治之也。决德而定次，量能而授官，贤以为三公，贤以为诸侯，次则为大夫，是所以显设之也。修冠弁衣裳，黼黻文章，琱琢刻镂，皆有等差，是所以粉饰之也。故自天子至于庶人，莫不称其能，得其意，安乐其事，是所同也。若夫重色而成文，累味而备珍，则圣人所以分贤愚，明贵贱。故道得则泽流群生，而福归王公。泽流群生则下安而和，福归王公则上尊而荣。百姓皆怀安和之心，而乐戴其上，夫是之谓下治而上通。下治而上通，颂声之所以兴也。《诗》曰："降福简简，威仪反反，既醉既饱，福禄来反"。

这里《外传》与《荀子》相同的，《外传》增加"为天下万物而除其害者，谓之君。王者，何也？曰：往也。天下往之谓之王"。等句，这是与本段上下文无关系的。自"善养生者"以下，在《荀子》本为两小节；而《外传》删改为一节，在文字上比较简洁，而加上“往之谓之王”，成了解释“王”，不是解释君为君道了。下文《外传》更有删节，但如删去《荀子》“重色而成文章，重味而成珍备”下之“是所衍也”一句，直成“重色而成文，累味而备珍，则圣王所以分贤愚，明贵贱”。则虽简洁，而不及原文好，这又是只顾删节而不顾意义了。自“福归三公”下，《外传》又自改编，以与所引《诗》合，而不同于《荀子》。差异之处甚多，《荀子》中这一段决非由《外传》混入的。

(4)《荀子·君道》

至道大形：隆礼至法，则国有常；尚贤使能，则民知方；纂论公察，则民不疑；赏克罚偷，则民不怠；兼听齐明，则天下归之；然后明分职，序事业，材技，官能，莫不治理，则公道达而私门塞矣，公义明而私事息矣。如是，则德厚者进，而佞说者止；贪利者退，而廉节者起。《书》曰：“先时者，杀无赦，不逮时者，杀无赦。”人习其事而固。人之百事，如耳、目、鼻、口之不可以相借官也。故，职分，而民不慢；次定，而序不乱；兼听齐明，而百事不留。如是，则臣下、百吏至于庶人，莫不修己而后敢安正，诚能而后敢受职。百姓易俗，小人变心，奸怪之属，莫不反悫。夫是之谓政教之极。故，天子不视而见，不听而聪，不虑而知，不动而功，块然独坐，天下从之，如一体，如四肢之从心。夫是之谓大形。《诗》曰：“温温恭人，维德之基。”此之谓也。(卷八)

《外传》卷六：

赏勉罚偷，则民不怠；兼德齐明，则天下归之。然后明其分职，考其事业，较其官能，莫不理法，则公道达而私门塞，公义立而私事息。如是，则持厚者进，而佞谄者止；贪戾者退，而廉洁者起。《周制》曰："先时者死无赦，不及时者死无赦。"人习事而因人之事使，如耳目鼻口之不可相错也，故曰：职分而民不慢，次定而序不乱。兼听齐明而百事不留，如是，则群下百吏，莫不修己然后敢安仕，成能然后敢受职。小人易心，百姓易俗，奸宄之属，莫不反悫。夫是之为政教之极，则不可加矣。《诗》曰："讦谟定命，远犹辰告，敬慎威仪，惟民之则"。





这里《外传》与《荀子》相同的，《外传》将《荀子》这一段的首尾删去；其他如"《书》曰"改作"《周制》曰"，"奸怪"改作"奸宄"，都见进步。显见不是由《外传》混入《荀子》，而其先后是极明显的。

《君道》这一篇与《外传》相同的地方，虽然显为《外传》袭《荀子》，但这一篇也颇有可疑。这一篇从第五段起说："君者，民之原也"。以为"爱民而安，好士而荣，两者无一焉而亡"。第六段说："君者何也？曰：能群也。能群也者何也？曰：善生养人者也。"第七段说："至道大形，隆礼至法，则国有常"。第八段说："为人主者，……在慎取相"。第九段说："人主无便嬖左右足信者谓之闇，无卿相辅佐足任者谓之独"。第十段说"材人"，以为"知隆礼义之为尊君也，知好士之为美名也，知爱民之为安国也，知有常法之为一俗也，知尚贤使能之为长功也，知务本禁末之为多材也，知无与下争小利之为便于事也，知明制度权物称用之为不泥也，是卿相辅佐之材也"。这些地方，以爱民尚贤、隆礼重法为说，与《荀子》在他篇所说颇相合。而在第一段说："有乱君，无乱国；有治人，无治法；……法者，治之端也；君子者，法之原也"。重人治于法治，以人为法之原，这犹可说。在第二段又说："故械数者，治之流也，非治之原也。……不待合符节别契券而信，不待探筹投钩而公，不待衡石称县而平，不待斗斛敦概而啧”。这样不重视法，与《劝学》所说“礼者法之大分”，《王霸》所说“礼法之大分也”，《礼论》所说“君子审于礼则不可以欺以诈伪”，《性恶》所说“起礼义，制法度，以矫饰人之情性而正之”终嫌有些不合。与本篇第十段：“知有常法之为一俗”，“知明制度权物称用之为不泥”也相冲突。《王霸篇》说“无国而不有法治，无国而不有乱法”也与此段之直云无治法不同。而第三段说君道有“请问为人夫”，“请问为人妻”之语，又说“请问兼能之，奈何?”这实有一点“欠亨”。又说：“其于天地万物也，不务说其所以然”。与《解蔽篇》所云“疏观万物，而知其情，参稽治乱，而通其度”，显然冲突。前两段所说，犹可加解释，这一段就文义看来，实在可疑。第四段说：“请问为国，曰：闻修身，未尝闻为国也。”完全重德化，也甚可疑。这四段虽不与《非相篇》之后半有确实证据可以说其非《荀子》文，但亦不敢必其为真《荀子》文。置之这一组中，比较认其全体为真《荀子》文，似觉稍当。





4.《臣道》

《臣道篇》与《戴记》没有相同的地方，与《外传》文同者，共有二处，兹分别对勘之于下：

(1)《荀子·臣道》

有大忠者，有次忠者，有下忠者，有国贼者。以德复君而化之，大忠也；以德调君而补之，次忠也；以是谏非而怒之，下忠也；不恤君之荣辱，不恤国之臧否，偷合苟容以之持禄养交而已耳，国贼也。若周公之于成王也，可谓大忠矣；若管仲之于桓公，可谓次忠矣；若子胥之于夫差，可谓下忠矣；若曹触龙之于纣者，可谓国贼矣。(卷九)

《外传》卷四：

有大忠者，有次忠者，有下忠者，有国贼者。以道覆君而化之，是谓大忠也；以德调君而辅之，是谓次忠也；以谏非君而怨之，是谓下忠也。不恤乎公道之达义，偷合苟同，以持禄养者，是谓国贼也。若周公之于成王，可谓大忠也；管仲之于桓公，可谓次忠也；子胥之于夫差，可谓下忠也；曹触龙之于纣，可谓国贼也。皆人臣之所为也。吉凶贤不肖之效也。《诗》曰："匪其止共，惟王之邛"。

这两处相同的，《外传》文比较多，足证其为采取《荀子》而改编，非由《外传》混入《荀子》。《荀子》"不恤君之荣辱，不恤国之臧否"，《外传》改作"不恤乎公道之达义"，公道达义，人所共知，而不之恤，尤可谓为国贼。意义比较进步。要之，此处《外传》文字较多，决非《荀子》由《外传》混入也。





(2)《荀子·臣道》

故仁者必敬人。敬人有道，贤者则贵而敬之，不肖者则畏而敬之；贤者则亲而敬之，不肖者则疏而敬之。其敬一也，其情二也。若夫，忠信、端悫而不害伤，则无接而不然，是仁人之质也。忠信以为质，端悫以为统，礼义以为文，伦类以为理，喘而言，臑而动，而一可以为法则。《诗》曰："不僭不贼，鲜不为则。"此之谓也。(卷九)

《外传》卷六：

仁者必敬其人。敬其人有道，遇贤者则爱亲而敬之，遇不肖者则畏疏而敬之。其敬一也，其情二也。若夫忠信端悫而不害伤，则无接而不然。是仁之质也。仁以为质，义以为理，开口无不可以谓人法式者。《诗》曰："不僭不贼，鲜不为则"。

这里《外传》与《荀子》相同的，《外传》合并《荀子》"贤者则贵而敬之"四句成为"遇贤者则爱亲而敬之，遇不肖者则畏疏而敬之”两句，下文又并《荀子》“忠信以为质”四句为“仁以为质，义以为理”两句，这时务求其简。而于“喘而言，臑而动”，改为“开口”使其浅近，尤足见其晚出，改编《荀子》而成。非《荀子》此段由《外传》混入。

这一篇第一段说：“人臣之论，有态臣者，有篡臣者，有功臣者，有圣臣者”。第二段说：“从命而利君谓之顺，从命而不利君谓之谄，逆命而利君谓之忠，逆命而不利君谓之篡”。第三段说：“事圣君者，有听从，无谏争；事中君者，有谏争，无谄谀；事暴君者，有补削，无挢拂”。第六段说：“有大忠者，有次忠者，有下忠者，有国贼者”。都是说的臣道。在第一段中推重管仲、咎犯、孙叔敖，以为是功臣，而不羞霸业，与《君道》末一段说“上可以王，下可以霸”以及《王霸篇》的“义立而王，信立而霸”相合。在第二段中推重伊尹、箕子、比干、子胥，在第六段中推重周公、管仲、子胥，都与第一段之重忠而不反对霸业相合。第五段说：“事人而不顺者，不疾者也，疾而不顺者，不敬者也；敬而不顺者，不忠者也，忠而不顺者，无功者也；有功而不顺者，无德者也”。一味的重在顺。第七段说：“仁者必敬人，……人贤而不敬，则是禽兽也；人不肖而不敬，则是狎虎也”。第八段说：“恭敬，礼也；调和，乐也；谨慎，利也；斗怒，害也”。都与臣道无关。第九段说“通忠之顺，权险之平，祸乱之从声，三者，非明主莫之能知也”。而所谓“权险之平”是“夺然后义，杀然后仁，上下易位然后贞；功参天地，泽被生民；夫是之谓权险之平。汤、武是也。”殊不知汤、武之世是无明主的。这几段都很可疑。在第七段中有“喘而言，‘臑’而动，而一可以为法则”三句，我很疑心这是荀卿弟子采用《劝学》的句子而成。因为《劝学篇》说：“入乎耳，著乎心，布乎四体，形乎动静，端而言，臑而动，一可以为法则”。“言”、“动”承上文“动静”而来。这一篇的上文是“忠信以为质，端悫以为统，礼义以为文，伦类以为理”与动静关系较浅，而《劝学篇》于“喘”、“臑”用借字，此篇用本字，比较明显些。在荀卿弟子所作《儒效》、《强国》颇有用《荀子》之文的，我们一看那些例子（详见下）就可以明瞭。这几段虽不与《非相篇》的后半，《荣辱篇》之前半，有确据可以断其非《荀子》文，但依我看来，放在这一组中，似比认其全为真《荀子》文，稍觉妥当。

## （六）《仲尼》、《致士》、《君子》

1.《仲尼》



这一篇与《戴记》、《外传》都没有关系，然而这一篇在《荀子》中恐怕是最不可信的一篇。这一篇开端说：

> 仲尼之门人，五尺之竖子，言羞称乎五伯。是何也？曰：然。彼诚可羞称也。齐桓，五伯之盛者也。（卷三）



这是不赞成霸术的。在《荀子》文中，称说霸术的，实不一而足。如《王制篇》云：“王者富民，霸者富士”。又说“臣诸侯者王，友诸侯者霸”，“欲王而王，欲霸而霸”。在《君道篇》末段也说：“上可以王，下可以霸”。更有《王霸》一篇，以为：

> 故用国者，义立而王，信立而霸，权谋立而亡。（卷七）

荀子对于霸，虽不甚赞许，然而并不以五伯是诚可羞称的。《王霸》这一篇，据其云“商贾敦悫无诈，则商旅安，货通财，而国求给矣；百工忠信而不楛，则器用巧便而财不匮矣”，是一篇较可信的文字。对于五伯说：

> ……威动天下，五伯是也。非本政教也，非致隆高也，非綦文理也，非服人之心也；乡方略，审劳佚，谨畜积，修战备，齺然上下相信，而天下莫之敢当。故齐桓、晋文、楚庄、吴阖闾、越勾践，是皆僻陋之国也，

威动天下，强殆中国，无它故焉，略信也。是所谓信立而霸也。（同上）

这是许五伯之信。我们试再看《仲尼篇》所说的则不然了。

然而仲尼之门人，五尺之竖子言羞称乎五伯，是何也？曰：然。彼非本政教也，非致隆高也，非綦文理也，非服人之心也；乡方略，审劳佚，畜积修斗，而能颠倒其敌者也，诈心以胜矣。彼以让饰争，依乎仁而蹈利者也，小人之杰也，彼固曷足称乎大君子之门哉？（卷三）

差不多一样的笔调，一较而攻击他是“诈心以胜矣”。不是“信立而霸”了。这样的矛盾当如何解释呢？更有趣味的是在这一段说得如是之高尚，“言羞称乎五伯”，而在下一段开始就说：“持宠处位终身不厌之术”，在第三段开始又说：“求善处大重，理任大事，擅宠于万乘之国，必无后患之术”。要求擅宠固位，患得患失，尽是卑劣的话头。杨倞在这里真不得不起疑心了。他说：



或曰：《荀子》非王道之书，其言驳杂，今此又言以术事君。曰：不然。夫荀卿生于衰世，意在济时，故或论王道，或论霸道，或论强国，在时君所择，同归于治者也。若高言尧、舜，则道必不合，何以拯斯民于涂炭乎？故反经合义，曲成其道。若得行其志，治平之后，则亦尧、舜之道也。又荀卿门人多仕于大国，故戒以保身推贤之术，与《大雅》“既明且哲”，岂云异哉？（卷三）

他也感觉到这里以术事君太不成话，然而他要为之回护，自然是不能令人满意的。在清代卢文弨即说：

推贤让能，人臣之正道，以此为固宠之术，亦不善于持说矣。注曲为之解，非是。

这里所说的是要求擅宠，且恐失宠，完全是卑劣的话头。与《王霸篇》所说“与积礼义之君子为之则王，与端诚信全之士为之则霸，与权谋倾覆之人为之则亡”，《臣道篇》所说“巧敏佞说善取宠乎上，是态臣也”，都不相合。荀子是重礼义，恶佞态的，如何又有这种卑劣的心理？下一段又说：“天下之行术”，末一段说：“势不在人上，而羞为人下，是奸人之心也”。这好像是说不必擅宠了，然而结以“故君子时诎则诎，时伸则伸也”。终觉可疑。

这一篇共五段，第一段“言羞称乎五伯”，说得太高了，与《王制篇》、《王霸篇》、《君道篇》不合。从第二段起，又说得太低了，与其重礼义，恶佞态之思想又不合。而且将第一段与后几段凑在一起，在本篇更觉不伦不类。我主张这一篇最好是不要认为真《荀子》文。这在《杨注》、《卢校》即有异感，不过他们不觉《荀子》中除《大略》等篇外，还有非荀子的作品，所以不以为伪，我们“信信”、“疑疑”，对于这一篇是当毫无疑义地认为非《荀子》文。





2.《致士》

《致士篇》与《戴记》没有相同的地方，与《外传》则有一段文同，兹先并录于下：

(1)《荀子·致士》

> 川渊深而鱼鳖归之，山林茂而禽兽归之。刑政平而百姓归之，礼义备而君子归之。故礼及身而行修，义及国而政明，能以礼挟而贵名白，天下愿，令行禁止，王者之事毕矣。《诗》曰：“惠此中国，以绥四方。”此之谓也。(卷九)

《外传》卷五：

> 水渊深广，则龙鱼生之。山林茂盛，则禽兽归之。礼义修明，则君子怀之。故礼及身而行修，礼及国而政

明。能以礼扶身，则贵名自扬，天下顺焉，令行禁止，而王者之事毕矣。《诗》曰：“有觉德行，四国顺之。”夫此之谓也。

这里《外传》与《荀子》相同的，如“贵名白”改作“贵名自扬”，“能以礼挟”改作“能以礼扶身”，都较明显，这都是晚于荀子的现象。殊无《荀子》袭《外传》之痕迹。

这一篇也是《荀子》中很可疑的一篇。第三段说：“得众、动天；美意、延年。诚信，如神；夸诞，逐魂”。郝懿行已说：“按四句一韵，文如箴铭，而与上下颇不相蒙，疑或他篇之误脱”。这四句我们实不知其来历如何。第九段说：“赏不欲僭，刑不欲滥。赏僭则利及小人，刑滥则害及君子。若不幸而过，宁僭勿滥。与其害善，不若利淫”。卢文弨已说：“此数语全本《左传》”。第八段说：“师术有四，而博习不与焉：尊严而惮，可以为师；耆艾而信，可以为师；诵说而不陵不犯，可以为师；知微而论，可以为师。……”既非本篇之文，词旨又极庸近。第六段说：“程者物之准也；礼者节之准也”。第七段说：“君者国之隆也，父者家之隆也”。也与本篇《致士》无涉。这五段都不与本篇相干，而彼此无关系的。第一段说：“衡听、显幽、重明、退奸、进良之术”，这是所谓“致士”了。然而屡称“君子不听”，“君子不用”，而说“然后士其刑赏而还与之”，似乎致士之权，即在“君子”之手。而君子又可以“士其刑赏而还与之”。第二段前半说：“礼及身而行修，义及国而政明”。在后半段则说：“道之与法也者，国家之本作也；君子也者，道法之总要也”。又重“道法”，而“道法”与前所云之礼义不相谋，“道法”连用在《荀子》中也是罕见的。结以“故有良法而乱者，有之矣，有君子而乱者，自古及今，未尝闻也。《传》曰：‘治生乎君子，乱生乎小人’，此之谓也”。又撇开“道”不说了。这几句依卢文弨说：“前《王制篇》亦有此数语，或是脱简于彼”。依我看来，这里上文“道法”并重，而此数语则只言“法”；《王制篇》这几句正承上文“其有法以法行”等句，所重在法，或者在《王制篇》的为原文，这里为用《王制篇》语。这一篇共九段，而五段不相干，是杂凑起来的。第一、第二两段也可疑，我恐怕这一篇也如同《大略》等篇为荀卿以后的人所杂录而成的。就第三段、第八段、第九段看来，尤其显然杂凑而成，我以为最好是认此篇为非荀子文。

3.《君子》

《君子》这一篇没有与《戴记》、《外传》相同的地方，但这一篇刘向的旧篇次为第三十一，只居《赋篇》之前。杨倞在篇首注云：“凡篇名多用初发之语名之，此篇皆论人君之事，即‘君子’当为‘天子’，恐传写误也。”近来杨筠如著《荀子研究》则说：“今《荀子·君子篇》全言天子之事，内容与篇题不类，疑为《君道篇》的错简？杨倞疑‘君子’当为‘天子’，似也不确。我疑《君子篇》的本文，已经错入《不苟篇》。”此篇内容既与篇题完全不合，原文错入何篇，现在无法确知；现在全篇内容，并非全言天子之事，来源如何，已难以确定。这一篇所述，词旨颇庸近，其说圣人曰：“故仁者，仁此者也；义者，分此者也；节者，死生此者也；忠者，惇慎此者也，兼此而能之备矣。备而不矜，一自善也，谓之圣。”（卷十七）以“仁”、“义”、“节”、“忠”、“一自善也”为言，与《解蔽篇》“圣也者，尽伦者也”，《礼论篇》“圣人者，道之极也”，亦不甚相合。为慎重起见，最好不要认此篇为真《荀子》文。



### （七）《儒效》、《议兵》、《强国》

《儒效》、《议兵》、《强国》三篇在梁任公先生《要籍解题及其读法》一书上，即以为是“似出门弟子记录”，这种说法是确实可信的。细查这三篇，如：

(1)《儒效》

《诗》言是其志也，《书》言是其事也，《礼》言是其行也，《乐》言是其和也，《春秋》言是其微也。……天下之道毕是矣。(卷四)

这与《劝学篇》“《书》者政事之纪也，……《礼》之敬文也，《乐》之中和也，《诗》、《书》之博也，《春秋》之微也，在天地之间者毕矣”文相近，而对于经的说法则较进步。

(2)《儒效》

无置锥之地，而王公不能与之争名；在一大夫之位，则一君不能独畜，一国不能独容，成名况乎诸侯，莫不愿得以为臣。(同上)

这与《非十二子篇》文同。卢文弨以为《儒效篇》“此段‘在一大夫之位’云云当为衍文，《外传》卷五无此，径接下文，语势方吻合”。《外传》多有删节，是不足为凭的，恐这句实系袭《非十二子篇》之文。

(3)《儒效》

言道德之求，不下于安存；言志意之求，不下于士；言道德之求，不二后王；道过三代谓之荡，法二后王谓之不雅。(同上)

这里“道过三代谓之荡，法二后王谓之不雅”，恐系用《王制篇》文。但说“言道德之求”，是应接以“不过三代”，而说“不二后王”，不如《荀子·王制》原文之好。《王制篇》上文有“道不过三代，法不贰后王”，方才接以“道过三代谓之荡，法贰后王谓之不雅”，《儒效》上文并不言法，而说“法二后王谓之不雅”，则是上无所承，可见不如《王制篇》本文的。

(4)《强国》

故人之命在天，国之命在礼。人君者，隆礼尊贤而王，重法爱民而霸，好利多诈而危，权谋倾覆幽险而

亡。(卷十一)

这与《天论篇》文同。但《天论篇》上文有“在天者莫明于日月”等句,“故人之命在天”,是承上文而来,《强国篇》这几句的上文绝不谈到天,明明不如《天论篇》之文。

(5)《强国》

故君人者,爱民而安,好士而荣,两者无一焉而亡。(卷十一)

这几句与《君道篇》第五段文同,但《君道篇》的上文确是说“爱民”、“好士”,而《强国篇》这几句的上文却不是说“爱民”“好士”,显见这几句也是不如《君道篇》的。

(6)《强国》

故曰:“淬而王,驳而霸,无一焉而亡”。(同上)

这几句与《王霸篇》第一段语同,但《王霸篇》上文有“故与积礼义之君子为之则王,与端诚信全之士为之则霸,与权谋倾覆之人为之则亡”。而《强国篇》的上文是“其殆无儒耶?”绝未提到“王”、“霸”、“亡”三者,其不如《王霸篇》之文显然。这些地方都颇足以助证这三篇之晚出,而实“似出门弟子所记录”。

我们既知在《荀子》中有荀卿门人的作品,而在荀卿门人之中,如韩非、李斯之流是好讲游说,希望禄位的;在《荀子》中,难保无这一派人的议论羼入。如《非相篇》之后半,说“凡说之难”,重“谈说之术”,及《仲尼篇》之“持宠处位终身不厌之术”,与《臣道篇》攻击“巧敏佞说,善取宠乎上”的态臣苏秦、张仪相反。恐是这一派人的言论。在荀卿门弟子之中,当亦有重王道人治与德化礼貌的,这一派人的言论,也难保不羼入《荀子》之中。如《仲尼篇》之“言羞称乎五伯”,及《君道》中的前几段,重人治重德化,恐是这一派人的言论。这种“似出门弟子所录”的各篇各段,因为习熟于其师说,专就文字上看,是很难以判别出来,而就意义上看,则有时现出破绽。如《仲尼篇》与《王霸篇》一样地用“非本政教也,非致隆高也,非綦文理也”等句，然而在《王霸篇》的上文连用“不欺其民”、“不欺其与”，以及“国一綦明，与国信之”等句。而在《仲尼篇》上文并没有攻击齐桓之不信，而事实上齐桓也并非不重信，如《仲尼篇》所云“诈心以胜矣”。《臣道篇》的几段在意义上颇可疑，而亦有袭用《劝学篇》的三句的嫌疑，正如《儒效》、《强国》、《仲尼》等篇之袭用真《荀子》文，所以也疑为非《荀子》文的。又，《儒效》、《强国》等篇之“似出门弟子记录”而各自成篇，则刘向校《荀子》之时，其重复之篇如是之多，未必全是杂乱无序，必本有以类相近的。如《仲尼篇》全篇，《非相篇》之后半，《荣辱篇》之前半，都极可疑，而全是以类相近的，我们亦可藉此以剖辨真伪。由《荀子》一书看来，是颇觉有如此现象。

这三篇与《戴记》全无相同的地方，但与《外传》都有相同之文，但亦无《荀子》袭《外传》之嫌疑，兹以此三篇既明知非荀子所自作，故于对勘之文从略。



### (八)《成相》以下各篇

在《荀子》中，《成相》与《赋》两篇，本是辞赋之流，前人谓《汉志·诗赋略》所列的《孙卿赋》十篇，即是《成相》与《赋》，依《汉志》裁篇别出，这话是可信的。《成相》刘向旧次在《仲尼》之后，列为第八。这或者因其“杂论君臣治乱之事，以自见其意”《杨注》，所以列在前面。刘向旧次，如《非相》列第五，《仲尼》列第七，本不以其篇之好坏为衡，刘向将《赋篇》放在末后，将《成相》放在第八，本无理由，不当因此发生什么真伪的疑问。《赋篇》的计算，前为《礼》、《知》、《云》、《蚕》、《箴》五赋，其下《佹诗》一首，后附小歌，小歌与诗相连，实当认为六篇。荀卿所作，既有赋诗，则《成相》一篇，为赋的体裁，似亦无何疑问。这两篇与荀子思想本无关系，我们至今亦无理由不认其为荀卿所作。

《大略》一篇，杨倞以为荀卿弟子杂录荀卿之语。这一篇不惟引《易》，而且说：“善为《诗》者不说，善为《易》者不占，善为《礼》者不相”。以《易》与《诗》、《书》并论，又有似《易传》之语，实是较晚的现象。但如“诰誓不及五帝，盟诅不及三王，交质不及五伯”等语，虽与《穀梁传》同，则恐系《穀梁传》采用《荀子》，未可以作为此篇晚于《穀梁传》之证。至于说“《春秋》贤缪公，以为能变也”。又说“故《春秋》善胥命”。好像是采用《公羊》文公十二年、桓公三年《传》语。其实在《荀子》已说“《春秋》之征也”，当时《春秋》已有传授，亦未必即是采取《公羊传》，未可以为晚于《公羊传》之证。而且《大略》以下六篇与《外传》及《戴记》相同之处，并无《荀子》晚于《戴记》、《外传》之嫌疑，则此六篇的成立，至迟也当在汉初。不过《尧问篇》末一段说：

> 为说者曰：“孙卿不及孔子，……今之学者，得孙卿之遗言余教……。”

直称孙卿，实极可疑。此六篇之成立，又较《儒效》等篇为晚，梁说以为“宜认为汉儒所杂录”，实比较妥当。

这六篇既明知晚出，其与《戴记》、《外传》相同之处，殊无对勘之必要，兹亦从略。

# 结语

在上文中，我考定《荀子·劝学》等十四篇为真《荀子》文，这是没有什么疑问的。《儒效》、《议兵》、《强国》三篇以及《成相》以下八篇，俱从旧说假定，亦无若何疑问。惟《荣辱》、《非相》、《君道》、《臣道》四篇之有几段疑为非《荀子》文，《仲尼》、《致士》、《君子》之疑为非《荀子》文，这在过去虽有，也一样地怀疑过，但亦未有积极主张之者。兹篇所述，本为从严假定，目的在毋以伪乱真。《仲尼篇》之"羞称五伯"，及言"持宠处位之术"，实不像荀子所说的。《致士》、《君子》杂凑成篇，宜与《大略》以下六篇，等量齐观。《荣辱篇》的第一段、第五段之近于杂凑，《非相篇》自第五段以下引《易》及重谈说，俱实可疑。《君道篇》的第三段有"请问为人妻"等语，《臣道篇》的第九段以为汤、武之世还可有明主，都不甚近情理。《荣辱》、《非相》、《君道》、《臣道》四篇除这极可疑的几段外，其他的各段，为审慎起见，自未妨全认为《荀子》之文。不过如从严假定，仍以稍持怀疑的态度，才不至于以伪乱真，容更详之。

# 唐人辨伪集语

# 序

疑古辨伪的风气，通常以为在两宋是极盛的，至于汉、唐的时候，则多以为辨伪的人毕竟是太少了，所辨的伪书也是很少的。但是宋代辨伪的风气何以如此之盛，那绝不是一朝一夕之故，其所由来也必是以渐的。宋人的辨伪，固然有一些其他的原因，而所受唐人辨伪的影响，实在要算是一个很重要的原因；不然，则司马光《论风俗劄子》所谓：

> 新进后生，口传耳剽，读《易》未识卦爻，已谓《十翼》非孔子之言；读《礼》未知篇数，已谓《周官》为战国之书；读《诗》未尽《周南》、《召南》，已谓毛、郑为章句之学；读《春秋》未知十二公，已谓《三传》可束之高阁。

陆务观所谓：

> 唐及国初，学者不敢议孔安国、郑康成，况圣人乎！自庆历后，诸儒发明经旨，非前人所及；然排《系辞》，毁《周礼》，疑《孟子》，讥《书》之《胤征》、《顾命》，黜《诗》之序，不难于议经，况传、注乎！

在北宋的时候，辨伪之风忽然如是之盛，是很不容易解释的。

原来唐人的辨伪，其风气也是很可观的。在国家颁布的《五经正义》之中，对于《史记》所载孔子删《诗》之说，认为：

> 《书》、《传》所引之诗，见在者多，亡逸者少，则孔子所录，不容十分去九。马迁之言未可信也。

对于《尚书·尧典》、《尚书·舜典》则说：

虞史欲盛彰舜德，归过前人，《春秋》史克以宣公比尧，辞颇增甚。

蛮夷猾夏，与兵犯边……唐尧之圣，协和万邦，不应末年顿至于此。盖少有其事，辞颇增甚。

对于《周礼》则说：

《周礼·大司徒》云："诸公之地，封疆方五百里，侯四百里，伯三百里，子二百里，男一百里。"盖是周室既衰，诸侯相并，自以国土宽大，皆违礼文，乃除去本经，妄为说耳。

对于两《戴记》则说：

《大戴礼》遗逸之书，文多假托，不立学官，世无传者；其《盛德篇》云"明堂外水名曰辟雍"，《政穆篇》称"太学明堂之东序"，皆后人所增，失于事实。

《礼记》是后世之言，不与经典合也。

《月令》"秋，其帝少昊者"……唯托记之耳。

对于《易经》则不认《卦辞》、《爻辞》并是文王所作，而以纬书为伪，说是：

《卦辞》文王，《爻辞》周公，马融、陆绩等并同此说，今依而用之。

《孝经纬》称……但纬文鄙伪，不可全信。

对于《春秋》则以《左氏》有增窜，《穀梁》不可信，而说：

《传》说处秦为刘氏，未知何意言此。讨寻上下，其文不类。

《穀梁传》汉初始作，不见经文，妄言之耳。

这里所依据的材料，无论为真为伪，他们所得来的结论，无论为是为非，这样子大胆的议论，敢于疑圣疑经而不顾，这决不是陆务观所说的"唐及国初，学者不敢议孔安国、郑康成，况圣人乎”那样情形的。

《五经正义》对于《竹书纪年》、《国语》、《世本》、《史记》、《管子》、《家语》，也都怀疑。《隋书·经籍志》也是官修的，对于所谓《归藏》、《古文孝经》，以及《孝经》孔传、郑注，也都怀疑。他如《广成子》、《随巢子》等书，或认为未可据信，或以为后人所录，其范围是很大的。国家颁行的官修书，疑古辨伪，态度如此，其影响于古书的真伪问题，其影响于后来辨伪的风气，当然是比私人著述的力量要大的。

颜师古的《汉书注》，辨伪的也有几条，对于《礼记》的《中庸》和《西京杂记》开始怀疑。但是他的影响还不甚大。刘知幾之《史通》，他的《疑古》、《惑经》、《申左》诸篇，直怀疑到尧、舜、禹、汤、文、武、周公、《论语》、《春秋》，比之宋人的好讲“危微精一”，以为尧、舜、禹、汤以来的道统，一则虽疑古而尊圣，一则直是疑经非圣，态度还要激烈些。刘氏对于三《传》并言其非，而在《申左》篇说：

> 夫学者苟能征此二说以考三《传》，亦足以定是非，明真伪者矣。

三《传》的真伪问题，到了他全行提出。他于《孝经郑注》、《老子河上公注》、《子夏易传》、《李陵答苏武书》，都认为伪造的；而于刘向的《洪范·五行传》及《新序》、《说苑》、《列女》、《列仙》诸传，认为多构伪辞；许多都是发前人之所未发。这样子的辨伪，置之宋人之中，真是有过之而无不及的。

影响于宋代经学最大的当然是啖助、赵匡。他们要从繁琐的《五经正义》中解放了出来，他们不惟不信《三传》，怀疑其著作人物及其传授，而且对于《周礼》、《礼记》、《史记》、《竹书纪年》、《本草》、《山经》也都怀疑。他们不信传注，而宋代治经的态度正是受其影响。《困学纪闻》说：

> 自汉儒至于庆历间，谈经者守训故而凿，《七经小

传》出而稍尚新奇矣。至《三经义》行，视汉儒之学若土梗。(《卷八·经说》)

刘敞之《七经小传》、《春秋权衡》等书正是用的啖、赵的方法，即此已足见宋代辨伪的风气是渊源于唐代的。

韩愈是歌颂"《春秋》三《传》束高阁，读抱遗《经》究终始"的，他的《诗之序议》说子夏不序《诗》。他以识古书之真伪为年之进。清代阎若璩的《尚书古文疏证·卷一》说：

> 呜呼！事莫大于好古，学莫善于正伪，韩昌黎以识古书之正伪为年之进，岂欺我哉？

他正是利用韩愈的话来唤醒那一般盲目的信从古书的人。韩愈大弟子李汉更要说：

> 《书》、《礼》剔其伪。

对于《书》、《礼》一并怀疑。吴挚甫在《写定尚书后记》上说：

> 由晋、宋以来，士汩于晚出之伪篇，莫知子云之所谓。独韩退之氏称《虞夏书》亦曰"浑浑"，于商于周，独取其"诘屈聱牙"者。《诗》曰"惟其有之，是以似之"，信哉！其徒李汉叙论《六艺》，又曰："《书》、《礼》剔其伪。"《书》之伪，盖自此发，且必退之与其徒常所讲说云尔。而汉诵述之不然，汉之智殆不及此！

吴氏这话虽不尽然，要之，怀疑伪古文也好，怀疑今文也好，疑《书》总是从唐人疑起的。在《五经正义》以后，唐人还是有说"《书》、《礼》剔其伪"的。

啖、赵的弟子陆淳是柳宗元极其崇拜的，在他所作《陆文通先生墓表》和《答元饶州论〈春秋〉书》，都可以看出他崇拜陆淳的言论。《答元饶州论〈春秋〉书》上说：

> 京中于韩安平处，始得《微指》，和叔处始见《集注》，恒愿扫于陆先生之门。及先生为给事中，与宗元

入尚书同日，居又与先生同巷，始得执弟子礼。未及讲讨，会先生病，时闻要论，尝以易教诲见宠。不幸先生疾弥甚，宗元又出邵州，乃大乖谬，不克卒业。复于亡友凌生处，尽得《宗指》、《辨疑》、《集注》等一通。伏而读之……反复甚喜。若吾生前距此数十年，则不得是学矣。

柳宗元对于啖、赵、陆如此之崇拜，他的《辨列子》、《辨文子》、《论语辨》、《非国语》等等当然是受他们的影响的。在他《与吕恭论墓中石书》说：

今视石之署其年曰永嘉，其书则今田野人所作也；虽支离其字，尤不能近古，为其"永"字等颇效王氏变法，皆永嘉所未有。辞尤鄙近，若今所谓律诗者，晋时盖未尝为此声，大谬妄矣。又言植松乌擢之，怪而掘其土，得石，尤不经，难信。或者得无奸为之乎？

对于发掘出来的东西也十分注意，固不仅限于书本上的辨伪了。





韩、柳的古文，到宋代极其风行，据宋朱弁《曲洧旧闻·四》说：

穆修伯长在本朝，为初好学古文者。始得韩、柳善本，大喜，自序云："天既餍予以韩，而又饫我以柳，谓天不予飨过矣。"欲二家文集行于世，乃自镂板，鬻于相国寺。性伉直不容物，有士人来，酬价不相当，辄语之曰："但读得成句，便以一部相赠。"或怪之，即正色曰："诚如此，修岂欺人者？"士人知其伯长也，皆引去。

韩、柳的文集经他这样的提倡，而后来欧阳修对于韩、柳"苦志探赜"，"至忘寝食"（《宋史》本传），无怪乎他也敢排《系辞》，疑《周礼》。他所奖掖的后进，如王安石、苏氏父子，也是极有辨伪的精神的。在经学上，文学上，宋儒都很受唐人的影响，蛛丝马迹，处处可寻，更无怪乎辨伪的潮流，在两宋要变本加厉了！所以司马光一面不赞成“新进后生，口传耳剽”的不信古，一面他自己还脱离不了这种风气而要疑《孟》。不过陆务观说唐及宋初不敢疑经，这简直是不明白这两代的学术潮流的。

我不惟觉得宋儒之辨伪是受唐人的影响的，而且疑心清儒之辨伪，有的也是受唐人的影响的。清代学者的辨伪，如阎若璩之辨《古文尚书》要借重韩愈的话，后来如方苞之辨《周官》，姚鼐之疑《庄子》，袁枚之疑《仪礼》、辨《金縢》，那些古文家的疑古辨伪，在好古空气浓厚的时候，恐怕有的只是见韩、柳也曾如此，然后才敢在凡古必真的圈内，居然发出了一些辨伪的言论。当然，这有的是因为本是疑案的关系；而且也许是是非之心，人皆有之，真之是，伪之非，总有人来理会它的。



是非之心是人人都有的，所以在一方面有人作伪，在一方面也就有人辨伪。所以就孔老夫子说，他不语“怪力乱神”，他主张“多闻阙疑”，他曷尝对于那些假玩意儿就相信？到了孟子，他更要说：“尽信《书》不如无《书》，吾于武成，取二三策而已。”辨伪事、辨伪书，这事是早有的。战国、秦、汉间，作伪的固多，辨伪的也多（参看《史学年报》二卷二期顾颉刚：《战国秦汉间的造伪与辨伪》）。到了东汉，如班固的《汉志》，王充的《论衡》，他们辨订伪事，这里且不详细说它。这时怀疑《泰誓》的有马融，怀疑《周礼》的有何休、临硕，更有孟子张和包周等人（《周礼·春官·宗伯》“五命赐则”贾《疏》），怀疑纬书的有桓谭、樊英（《后汉书·方术列传》）、荀爽（《申鉴俗嫌》），辨伪的人愈来愈多。我们且看这一位经学大师郑玄罢！他说：



> 天下之事，以前验后，其不合者，何可悉信，是故悉信亦非，不信亦非。（《诗经·生民·疏》）

这可见他的怀疑的根本态度。《周颂·丝衣》，《毛序》有

"高子曰零星之尸也"这一句，他答张逸问说；

> 高子之言，非毛公，后人著之。（《诗经·丝衣·疏》）

以为高子之言非《毛诗》所原有，可见他于《毛诗》的不悉信。在《诗经·凫鹥·疏》说：

> 然则川泽曰沈，盖亦沈而后埋。何者？《释天》云："祭山曰庪悬"，不言理。张逸亦引以问，而郑答曰："《尔雅》之文杂，非一家之注，不可尽据以难《周礼》。"

这是他对于《尔雅》之不信任。《左传·哀十三年·正义》说：

> 郑玄云："不可以《国语》乱周公所定法。"

这是他对于《国语》的不信任。这样子的经学大师对于《毛诗》、《尔雅》、《国语》等书这样子地怀疑辨伪，岂是后来讲郑学的所能及的？

后来傅玄也说："《国语》非丘明所作。"（《左传·哀公十三年·疏》）又说："《管子书》过半是后之好事者所加，《轻重篇》尤鄙俗。"（王应麟《汉书艺文志考证）南齐的陆澄与王俭也掀动了关于《孝经郑注》的真伪的一桩公案（《南齐书·陆澄传》），这一案到现在还不好决定孰胜孰负。《经典释文·序录》上说：

> 齐明帝建武中，吴兴姚方兴采马、王之注，造孔传《舜典》一篇，云于大舫头买得，上之。梁武时为博士议曰："孔《序》称伏生误合五篇，皆文相承接，所以致误。《舜典》首有'曰若稽古'，伏生虽昏耄，何容合之？"遂不行用。

梁武帝对于这伪中之伪的《舜典》首二十八字可算是当场别白其真伪了。

《文心雕龙·明诗篇》说：

> 至成帝品录，三百余篇，朝章国采，亦云周备，而

辞人遗翰，莫见五言，所以李陵、班婕妤见疑于后代也。……又古诗佳丽，或称枚叔，其孤竹一篇则傅毅之词。比类而推，两汉之作乎？

《颜氏家训·书证篇》说：

或问："《山海经》，夏禹及益所记，而有长沙、零陵、桂阳、诸暨，如此郡县不少，以为何也？"答曰："史之阙文，为日久矣；加复秦人灭学，董卓焚书，典籍错乱，非止于此。譬犹《本草》神农所述，而有豫章、朱崖、赵国、常山、奉高、真定、临淄、冯翊等郡县名，出诸药物；《尔雅》周公所作，而云'张仲孝友'；仲尼修《春秋》，而《经》书孔丘卒；《世本》左丘明所书，而有燕王喜、汉高祖；《汲冢琐语》乃载《秦望碑》；《仓颉篇》李斯所造，而云'汉兼天下，海内并厕，豨黥韩覆，畔讨灭残'；《列仙传》刘向所造，而《赞》云七十四人出佛经；《列女传》亦向所造，其子歆又作《颂》，终于赵悼后，而传有更始韩夫人、明德马后及梁夫人嫕：皆由后人所羼，非本文也。"

这些怀疑及于诗人之作，《本草》、《山经》、《尔雅》、《世本》等书，范围日广一日，真是天下是非自在人心，既有人作伪，自有人辨伪，所以辨伪之风也日盛一日的。不过像颜之推以为《本草》、《山经》、《尔雅》、《世本》只是"后人所羼，非本文也"，这种态度还不严格。那样，我们竟可以说没有一部伪书，只是有的经过后人窜改，那也太不足以明是非而别真伪，实在还有些不及唐人的。刘毓崧在《尚书旧疏考正》上说：

唐人作疏，不敢轻议注家，岂敢疑经疑圣？……凡疑本经，疑他经，疑圣人者，皆六朝旧疏，非唐人笔也。

他这里直说唐人不敢疑经疑圣，殊不知唐人之疑经疑圣实在比六朝人还有彻底的。在这一小册子中将《五经正义》辨伪书语直认为唐人的，刘氏之说只好算是一种推测而已。要之，辨伪的工作，从东汉到隋唐，做的人是一天比一天多了！

我们现在试来考察一下它的原因罢！

从汉末起，就有所谓藏书之家，而书籍的流行，慢慢地也商品化了。书籍既是多了，流行也容易了，绩学之士涉猎既多，“天下之事，以前验后，其不合者，何可悉信”，“凡说一事”，“二文不同”，“其言相反，不可强合”，这自然要发生孰是孰非的感想，而且也要发生孰真孰伪的感想；何况“《本草》皆后汉时郡国，而题以神农；《山海经》广说殷时，而云夏禹所记”，哪能不怀疑它的真伪及其年代？此其原因之一。

在佛经目录中，如道安的《综理众经目录》，及僧祐的《出三藏记集》，都有所谓“疑经录”以别真伪。唐智升《开元释教录序》也说：

> 夫目录之兴也，盖所以别真伪，明是非……

目录学的兴起，与别真伪有关，足见当日更有以辨伪为业的，则如《隋志》等书辨伪，自然无形中受其影响。此其原因之二。

三国六朝固然是“摈阙里之典经”的时代，三国六朝的人固然敢于疑经非圣而无顾忌，其实唐代只有更甚些的。唐代的僧、道并重，无形中夺去了儒家一尊的局面；唐代的艺术发达，无形中分去了专攻经学的局面。而且，“唐代更是一个解放的时代，这个时代的人生观是一种放纵的，爱自由的，求自然的人生观，那不近人情的佛教威权刚倒，而那不近人情的道学权威还没有起来”。(用胡适之《白话文学史》语) 人们思想既较自由解放，自然比较敢于说话的。何况三国六朝的人，他们已然疑经非圣而无顾忌，他们已然注意别真伪，明是非；则是唐人的敢于疑古辨伪是比较更有理由的。此其原因之三。

唐人辨伪的风气，受之于三国六朝而影响及于宋人，这其间的关系极显明而重要，不了解唐人的辨伪，对于宋人的辨伪书是不能获得深刻的认识的。尤其在经学史上，所谓两宋“经学变古时代”这样的大波澜，所以引起来的，更与唐人辨伪有关。为了明瞭宋人辨伪的来源，为了明瞭学术思想变迁的关系，我们对于唐人辨伪似乎应当相当的加以注意的。

在民国二十二年的夏天，我从南边来到北平，一日偶与顾颉刚先生谈到了此事，他提议来辑成一部《唐人辨伪集语》，编入《辨伪丛刊》。姑就平时阅读所及，再略一翻一下《全唐文》，先搜集一些材料，以后再来增补。于是我在去年夏天，算是将它写成；本来还要稍候一时再行付印，但是时不我与，只好将这材料不甚完备的小册子先行印出，以俟将来订补了！

材料的选择，引号的应用，都是从广义的；辨伪的结论，有的错了的，也不为之辨订；乐、史诸家的加入，是模仿《全唐文》的；本书略例，大约如此，所为者亦只是表示这时代的一种精神而已。

材料搜集的时候，承罗根泽先生告诉我韦承造的一条；本书排印的时候，承顾颉刚先生一次二次三次的校对：现在在这里一并致谢。

一九三五年十二月十五日

# 一 《五经正义》

## 论《卦辞》、《爻辞》谁作

其《周易·系辞》，凡有二说：一说所以卦辞、爻辞并是文王所作。知者，案《系辞》云："《易》之兴也，其于中古乎？作《易》者，其有忧患乎？"又曰："《易》之兴也，其当殷之末世，周之盛德邪？当文王与纣之事邪？"又《乾凿度》云："垂皇策者牺，卦道演德者文，成命者孔。"《通卦验》又云："苍牙通灵，昌之成，孔演命，明道经。"准此诸文，伏羲制卦，文王《系辞》，孔子作《十翼》，《易》历三圣，只谓此也。故史迁云"文王囚而演《易》"，即是"作《易》者其有忧患乎"。郑学之徒并依此说。二以为验爻辞多是文王后事。案：《升》卦六四"王用享于岐山"，武王克殷之后，始追号文王为王，若是爻辞是文王所制，不应云"王用享于岐山"。又，《明夷》六五"箕子之明夷"，武王观兵之后，箕子始被囚奴，文王不宜豫言箕子之明夷。又，《既济》九五"东邻杀牛，不如西邻之禴祭"。说者皆云"西邻谓文王，东邻谓纣"。文王之时，纣尚南面，岂容自言己德受福胜殷；又欲抗君之国，遂言相邻而已。又，《左传·昭公二年》韩宣子适鲁见《易象》云："吾乃知周公之德"，周公被流言之谤，亦得为忧患也。验此诸说，以为卦辞文王，爻辞周公，马融、陆绩等并同此说，今依而用之。所以只言三圣，不数周公者，以父统子业故也。（《周易正义卷一·论卦辞爻辞谁作》）

**纬文鄙伪，不可全信**

《孝经纬》称："《易》建八卦，序六十四卦，转成三百八十四爻。运机布度，其气转易，故称经也。"但纬文鄙伪，不可全信。（同上卷一，《论谁加经字》）

**纬文鄙近，伪起哀、平**

《艺文志》曰："仲尼没而微言绝，七十子丧而大义乖。"况遭秦焚书之后，群言竞出，其纬文鄙近，不出圣人；前贤共疑，有所不取，通人考正，伪起哀、平。则孔君之时未有此纬，何可引以为难乎？（《尚书正义·序》"古者伏羲氏之王天下也……由是文籍生焉"《疏》）



**《世本》为儒者所乱，《家语》则王肃多私定，《大戴礼》、《本纪》，出于《世本》**



今《世本·帝系》及《大戴礼·五帝德》并《家语·宰我问》、太史公《五帝本纪》，皆以黄帝为五帝，此乃史籍明文，而孔君不从之者。孟轲曰："尽信《书》，则不如无《书》。吾于《武成》取二三策而已矣。"言《书》以渐染之滥也；孟轲已然，况后之说乎！又，《帝系》、《本纪》、《家语》、《五帝德》皆云少昊即黄帝子青阳是也；颛顼，黄帝孙昌意子；帝喾，高辛氏，为黄帝曾孙玄嚣孙，侨极子；尧为帝喾子；舜为颛顼七世孙。此等之书，说五帝而以黄帝为首者，原由《世本》经于暴秦，为儒者所乱；《家语》则王肃多私定；《大戴礼》、《本纪》，出于《世本》。以此而同；盖以少昊而下皆出黄帝，故不得不先说黄帝，因此谬为五帝耳。（同上《尚书正义·序》"少昊、颛顼、高辛、唐、虞之书，谓之《五典》，言帝道也"《疏》）

**今之《泰誓》非伏生所得**

《史记》及《儒林传》皆云伏生独得二十九篇以教齐鲁，则今之《泰誓》非初伏生所得。案：《马融传》云：“《泰誓》后得。”郑玄《书论》亦云：“民间得《泰誓》。”《别录》曰：“武帝末，民有得《泰誓》书于壁内者，献之，与博士使读说之，数月，皆起传以教人。”则《泰誓》非伏生所传，而言二十九篇者，以司马迁在武帝之世，见《泰誓》出而得行，入于伏生所传内，故为史总之，并云伏生所出，不复曲别分析。云民间所得，其实得时不与伏生所传同也。但伏生虽无此一篇（宋本“一”作“三”），而《书传》有八百诸侯俱至孟津，白鱼入舟之事，与《泰誓》事同；不知为伏生先为此说？不知为是《泰誓》出后，后人加增此语？案：王充《论衡》及后汉史献帝建安十四年黄门侍郎房宏等说云：“宣帝泰和（毛本‘泰和’作‘本始’）元年，河内女子有坏老子屋，得古文《泰誓》三篇。”《论衡》又云：“以掘地所得者。”今《史》、《汉》书皆云伏生传二十九篇，则司马迁时已得《泰誓》，以并归于伏生，不得云宣帝时始出也。则云宣帝时女子所得，亦不可信。或者尔时重得之，故于后亦据而言之。《史记》云伏生得二十九篇，《武帝纪》载今文《泰誓》末篇由此。刘向之作《别录》，班固为《儒林传》不分明，因同于《史记》。而刘向云武帝末得之《泰誓》，理当是一，而古今文不同者，即马融所云：“吾见书传多矣，凡诸所引，今之《泰誓》皆无此言。”而古文皆有，则古文为真，亦复何疑。但于先有张霸之徒，伪造《泰誓》以藏壁中，故后得而惑世也。亦可今之《泰誓》，百篇之外，若《周书》之例，以于时实有观兵之誓，但不录入《尚书》，故古文《泰誓》曰：“皇天震怒，命我文考肃将天威，大勋未集。肆予小子发，以尔友邦冢君，观政于商”是也。（同上《尚书序》“百篇之义，世莫得闻”《疏》）

## 伪《书》二十四篇

案壁内所得，孔为传者，凡五十八篇，为四十六卷。三十三篇与郑注同，二十五篇增多郑注也。其二十五篇者：《大禹谟》一，《五子之歌》二，《胤征》三，《仲虺之诰》四，《汤诰》五，《伊训》六，《太甲》三篇九，《咸有一德》十，《说命》三篇十三，《泰誓》三篇十六，《武成》十七，《旅獒》十八，《微子之命》十九，《蔡仲之命》二十，《周官》二十一，《君陈》二十二，《毕命》二十三，《君牙》二十四，《冏命》二十五。但孔君所传，值巫蛊不行，以终前汉。诸儒知孔本有五十八篇，不见孔《传》，遂有张霸之徒于郑《注》之外伪造《尚书》凡二十四篇，以足郑《注》三十四篇，为五十八篇。其数虽与孔同，其篇有异。孔则于伏生所传二十九篇无古文《泰誓》，除《序》尚二十八篇，分出《舜典》、《益稷》，《盘庚》二篇，《康王之诰》，为三十三；增二十五篇为五十八篇。郑玄则于伏生二十九篇之内分出《盘庚》二篇，《康王之诰》，又《泰誓》三篇（案："三"当为"二"），为三十四篇；更增益伪《书》二十四篇为五十八。所增益二十四篇者，则郑注《书序》：《舜典》一，《汩作》二，《九共》九篇十一，《大禹谟》十二，《益稷》十三，《五子之歌》十四，《胤征》十五，《汤诰》十六，《咸有一德》十七，《典宝》十八，《伊训》十九，《肆命》二十，《原命》二十一，《武成》二十二，《旅獒》二十三，《冏命》二十四。以二十四为十六卷，以《九共》九篇共卷，除八篇故为十六，故《艺文志》刘向《别录》云"五十八篇"。《艺文志》又云："孔安国者，孔子后也，悉得其《书》，以古文又多十六篇。"篇即卷也，即是伪《书》二十四篇也。（同上"大题"《虞书·疏》）





## 虞史欲盛彰舜德，辞颇增甚

明君圣主，莫先于尧，求贤审官，王政所急，乃有放齐之不识是非，驩兜之朋党恶物，共工之巧言令色，崇伯之败善乱常，圣人之朝，不才总萃；虽曰难之，何其甚也？此等诸人，才实中品，亦虽行有不善，未为大恶，故能仕于圣代，致位大官。以帝尧之末，洪水为灾，欲责非常之功，非复常人所及，自非圣舜登庸，大禹致力，则滔天之害未或可平；以舜、禹之成功见此徒之多罪，勋业既谢，愆衅自生，为圣所诛，其咎益大。且虞史欲盛彰舜德，归过前人；《春秋》史克以宣公比尧，辞颇增甚。知此等并非下愚，未有大恶，其为不善，惟帝所知；将言求舜，以见帝之知人耳。(同上《尧典》“静言庸达”《疏》)

**《世本》之言，未可据信**

《世本》，尧是黄帝玄孙，舜是黄帝八代之孙，计尧女于舜之曾祖为四从姊妹，以之为妻，于义不可。《世本》之言，未可据信；或者古道质故也。(同上《尧典》“女于时”《疏》)

**“蛮夷猾夏”辞颇增甚**

蛮夷猾夏，兴兵犯边……唐尧之圣，协和万邦，不应末年顿至于此。盖少有其事，辞颇增甚。（同上《舜典》“蛮夷猾夏”《疏》）

**《穀梁传》汉初始作，不见经文，妄言之耳**

隐八年《穀梁传》曰：“诰誓不及五帝，盟诅不及三王，交质不及二伯。”二伯，谓齐桓公、晋文公也。不及者，言于时未有也。据此文，五帝之世有誓；《周礼》立司盟之官，三王之世有盟也；《左传》云平王与郑交质，二伯之前有质也。《穀梁传》汉初始作，不见经文，妄言之耳。(同上，《大禹谟》“誓于师”《疏》)

**《纪年》之书有妄说**

《纪年》云：“殷仲壬即位，居亳，其卿士伊尹；仲壬崩，伊尹乃放太甲于桐而自立也。伊尹即位于太甲七年；太甲潜出自桐，杀伊尹，乃立其子伊陟、伊奋，命复其父之田宅而中分之。”案此经序伊尹奉太甲归于亳，其文甚明。《左传》又称伊尹放太甲而相之。《孟子》云：“有伊尹之志则可，无伊尹之志则篡。”伊尹不肯自立，太甲不杀伊尹也。必若伊尹放君自立，太甲起而杀之，则伊尹死有余罪，义当污宫灭族，太甲何所感德，而复立其子，还其田宅乎？《纪年》之书，晋太康八年，汲郡民发魏安僖王冢得之，盖当时流俗有此妄说，故其书因记之耳。（同上，《咸有一德》“伊尹既复政厥辟，将告归，乃陈戒于德。”《疏》）





**《周礼·大司徒》妄为说耳**

爵五等，地三品，武王于此既从殷法，未知周公制礼亦然以否？《孟子》曰：“北宫锜问于孟子曰：‘周之班爵禄如何？’孟子曰：‘其详不可得闻矣，尝闻其略：天子之制，地方千里，公侯方百里，伯七十里，子男五十里。’”《汉书·地理志》亦云：“周爵五等，其土三等也：公、侯百里，伯七十里，子、男五十里。”汉世儒者多以为然。包咸注《论语》云：“千乘之国，百里之国也。”谓大国惟百里耳。《周礼·大司徒》云：“诸公之地，封疆方五百里，侯四百里，伯三百里，子二百里，男一百里。”盖是周室既衰，诸侯相并，自以国土宽大，皆违礼文，乃除去本经，妄为说耳。（同上，《武成》“分土惟三”《疏》）

**《礼记》是后世之言，不与经典合也**

此言“建官惟百”，“夏、商官倍”，则唐、虞一百，夏、商二百。《礼记·明堂位》云：“有虞氏官五十，夏、商氏官百”者，《礼记》是后世之言，不与经典合也。（同上，《周官》“建官惟百”《疏》）

## 司马迁言古《诗》三千余篇，未可信

《史记·孔子世家》云："古者《诗》三千余篇……去其重，取其可施于礼义……三百五篇。"是《诗》三百者，孔子定之。如《史记》之言，则孔子之前诗篇多矣。案书传所引之诗，见在者多，亡逸者少，则孔子所录不容十分去九；司马迁言古《诗》三千余篇，未可信也。（《毛诗正义·诗谱序》"谓之变风变雅"《疏》）

## 《大戴礼》遗逸之书，文多假托

案《大戴礼·盛德篇》云："明堂者，所以明诸侯尊卑。外水名曰辟雍。"《政穆篇》云："大学，明堂之东序也。"如此文则辟雍、明堂同处矣，故诸儒多用之。卢植《礼记注》云："明堂即太庙也。天子太庙，上可以望气，故谓之灵台；中可以序昭穆，故谓之太庙；圆之以水似壁，故谓之辟雍。古法皆同一处，近世殊异，分为三耳。"蔡邕《月令论》云："取其宗庙之清貌，则曰清庙；取其正室之貌，则曰太庙；取其堂，则曰明堂；取其四门之学，则曰太学；取其周水圆如璧，则曰辟雍。"贾逵、服虔注《左传》亦云："灵台在太庙明堂之中。"此等诸儒皆以庙学、明堂、灵台为一。郑必知异处者，袁准《正论》云："明堂、宗庙、大学，礼之大物也。事义不同，各有所为。而世之论者，合以为一体，取《诗》、《书》放逸之文、经典相似之语而致之，不复考之人情，验之道理，失之远矣。夫宗庙之中，人所致敬，幽隐清静，鬼神所居，而使众学处焉。飨射其中，人鬼慢黩，死生交错，囚俘截耳，疮痍流血，以干犯鬼神，非其理矣。且夫茅茨采椽，至质之物，建日月、乘玉辂，以处其中，象箸玉杯，而食于土簋，非其类也。如《礼记》先儒之言明堂之制：四面，东西八丈，南北六丈。礼，天子七庙，左昭右穆，又有祖宗，不在数中。以明堂之制言之，昭穆安在？若又区别，非一体也。夫宗庙，鬼神所居，祭天而于人鬼之室，非其处也。明堂法天之宫，非鬼神常处，故可以祭天，而以其祖配之，配其祖父于天位可也，事天而就人鬼，则非义也。自古帝王必立大小之学，以教天下。有虞氏谓之上庠、下庠；夏后氏谓之东序、西序；殷谓之右学、左学；周谓之东胶、虞庠，皆以养老乞言。《明堂位》曰：'瞽宗，殷学也，周置师保之官，居虎门之侧，然则学宫非一处也。'《文王世子》：'春夏学干戈，秋冬学羽钥，皆于东序。'……又曰：'世子齿于学，国人观之宗庙之中，非百姓所观也。'《王制》曰：'周人养国老于东胶，不曰'辟雍'。殷人养国老于右学，养庶老于左学。宗庙之事不应与小学为左右也。辟雍之制，圆之以水。圆象天，取生长也；水润下，取其惠泽也；水必有鱼鳖，取其所以养也。是故明堂者，大朝诸侯讲礼之处；宗庙，享鬼神岁觐之宫；辟雍，大射养孤之处。大学，众学之居；灵台，望气之观；清庙，训俭之室，各有所为，非一体也。古有王居明堂之礼，《月令》则其序也。天子居其中，学士处其内，君臣同处，死生参并，非其义也。大射之礼，天子张三，大侯九十步，其次七十步，其次五十步。辟雍处其中，今未知辟雍广狭之数。但二九十八，加之辟雍，则径三百步也。凡有公卿、大夫、诸侯之宾，百官侍从之众，殆非宗庙中所能容也。礼，天子立五门，又非一门之间所能受也。明堂以祭鬼神，故亦谓之庙。明堂、太庙者，明堂之内太室，非宗庙之太庙也。于辟雍献捷者，谓鬼神恶之也。或谓之学者，天下之所学也；总谓之宫，大同之名也。生人不谓之庙，此其所以别也。先儒曰：'春秋，人君将行，告祭宗庙，反献于庙。'《王制》'释奠于学，以讯馘告'，则太学亦庙也。其上句曰：'小学在公宫南之左，太庙在郊。'明太学非庙，非所以为证也。周人养庶老于虞庠，虞庠在国之西郊，今《王制》亦小学近而大学远。其言乖错，非以为正也。左氏云：'公既视朔，遂登观台，以其言遂，故谓之同处。'

夫遂者，遂事之名，不必同处也。马融云：‘明堂在南郊，就阳位。而宗庙在国外，孝子之情也。古文称明堂阴阳者，所以法天道、顺时政，非宗庙之谓也。’融云：‘告朔行政，谓之明堂。’夫告朔行政，上下同也，未闻诸侯有明堂之称也；顺时行政，有国者皆然，未闻诸侯有居明堂者也。齐宣王问孟子：‘人皆谓我毁明堂，毁诸已乎？’孟子曰：‘夫明堂者，王者之堂也，王欲行王政，则勿毁之矣。’夫宗庙之政，非独王者也，若明堂即宗庙，不得曰夫明堂，王者之宗庙也。且说诸侯而教毁宗庙，为人君而疑于可毁与否，虽复浅丈夫未有是也。孟子，古之贤士，而子思弟子，去圣不远，此其一证也。《尸子》曰：‘昔武王崩，成王少，周公践东宫，祀明堂，假为天子。’明堂在左，故谓之东宫。王者而后有明堂，故曰祀明堂。假为天子，此又其证也。”窃以准之此论，可以申明郑意。《大戴礼》遗逸之书，文多假托，不立学官，世无传者；其《盛德篇》云“明堂外水名曰辟雍”，《政穆篇》称“太学，明堂之东序”，皆后人所增，失于事实。（同上，《大雅·灵台序》“以及鸟兽昆虫”《疏》）





## 《月令》不韦不得以十月为正

郑《目录》云：“名曰《月令》者，以其记十二月政之所行也，本《吕氏春秋》十二月纪之首章也。以礼家好事抄合之。后人因题之名曰《礼记》，言周公所作。其中官名时事，多不合周法。此于《别录》属《明堂阴阳记》。”此卷所出，解者不同，今且申郑旨释之。按：吕不韦集诸儒士，著为十二月记，合十余万言，名曰《吕氏春秋》，篇首皆有《月令》，与此文同，是一证也。又周无太尉，唯秦官有太尉，而此《月令》云：“乃命太尉”，此是官名不合周法，二证也。又，秦以十月建亥为岁首，而《月令》云“为来岁授朔日”，即是九月为岁终，十月为授朔，此是时不合周法，三证也。又，周有六冕，郊天迎气则用大裘，乘玉辂，建太常日月之章，而《月令》服饰车旗并依时色，此是事不合周法，四证也。故郑云："其中官名时事，多不合周法。"然按秦始皇十二年吕不韦死，二十六年并天下，然后以十月为岁首。岁首用十月时，不韦已死十五年，而不韦不得以十月为正。又云"《周书》先有《月令》"，何得云不韦所造？又，秦并天下立郡，何得云诸侯？又，秦以好兵杀害，毒被天下，何能布德施惠，春不兴兵？既如此不同，郑必谓不韦作者，以《吕氏春秋》十二月记正与此同，不过三五字别；且不韦集诸儒所作，为一代大典，亦采择善言之事，遵立旧章，但秦自不能依行，何怪不韦所作也？(《礼记正义》"月令第六"《疏》)



### 《家语》王肃所足

按《家语》云："孝公有慈母良。"今郑云未知何公者，郑不见《家语》故也。或《家语》王肃所足，故郑不见也。(同上，《曾子问》"丧慈母自鲁昭公始也"《疏》)



### 《月令》"秋，其帝少昊"唯托记之耳

云"少昊氏修黄帝之法，后王无所取焉"者，以《易纬》有黄帝及颛顼以下之乐，无少昊之乐；又，《易·系辞》云"神农氏没，黄帝、尧、舜氏作"，皆不云少昊，故知无取焉。《月令》"秋，其帝少昊者，直以五行在金，唯托记之耳"。(同上，《祭法》"其余不变也"《疏》)

### 世有《管子》书，或是后人所录

世有《管子》书者，或是后人所录，其言甚详。……《外传·齐语》与《管子》大同，《管子》当是本耳。《管子》无治于高傒之言，鲍叔之美《管子》，其言非一，说者各记所闻，故不同耳。(《左传正义·庄公九年》"管夷吾治于高傒使相可也"《疏》)

**《传》说“处秦为刘氏”，其文不类**

伍员属其子齐，使为王孙氏者，知己将死，豫令改族，其传又为而发之。士会之帑在秦不显，于会之身复无所辟，传说“处秦为刘氏”，未知何意言此。讨寻上下，其文不类，深疑此句或非本旨。盖以为汉室初兴，损弃古学，《左氏》不显于世，先儒无以自申；刘氏从秦徙魏，其源本出刘累，插注此辞，将以媚于世。明帝时，贾逵上疏云：“五经皆无证图谶明刘氏为尧后者，而《左氏》独有明文。”窃谓前世藉此以求道通，故后引之以为证耳。（《正传正义·文公十三年传》“其虐者为刘氏”《疏》）

**传言于人，惧误后学**

炫于处秦为刘，谓非丘明之笔；家韦、唐杜，不信元、恺之言，己之远祖，数自讥评。或闻此义，必将见嗤。但传言于人，惧误后学，意之所见，不敢有隐，唯贤者裁之。（《正传正义·襄公二十四年传》“在周为唐杜氏”《疏》）

# 二 《隋书·经籍志》

### 《归藏》不似圣人之旨

《归藏》汉初已亡，案晋中经簿有之，唯载卜筮，不似圣人之旨。以本卦尚存，故取贯于《周易》之首，以备殷《易》之缺。(《隋书·经籍志·经籍一·易类小序》)

### 《古文孝经》疑非古本

《古文孝经》一卷。孔安国传，梁末亡逸；今疑非古本。(《隋书·经籍一·孝经类》)

### 《孝经》郑玄《注》与玄所注余书不同，《孔传》非孔旧本

又有郑玄《注》，相传或云郑玄，其立义与玄所注余书不同，故疑之。梁代安国及郑氏二家并立国学；而安国之本亡于梁乱，陈及周、齐唯传郑氏。至隋，秘书监王劭于京师访得《孔传》，送至河间刘炫，炫因序其得丧，述其议疏，讲于人间，渐闻朝廷，后遂著令与郑氏并立；儒者喧喧，皆云炫自作之，非孔旧本。(《隋书·经籍一·孝经类小序》)

### 《图》、《纬》、《谶》文辞浅俗

说者又云，孔子既叙六经以明天人之道，知后世不能稽同其意，故别立纬及谶以遗来世。其书出于前汉，有《河图》九篇、《洛书》六篇，云自黄帝至周文王所受本文。又别有三十篇，云

自初起至于孔子，九圣之所增演，以广其意。又有《七经纬》三十六篇，并云孔子所作，并前合为八十一篇。而又有《尚书·中侯》、《洛罪级》、《五行传》、《诗推灾度》、《汜历枢》、《含神雾》、《孝经勾命诀》、《援神契》、《杂谶》等书，汉末有郗氏、袁氏说，汉末郎中郗萌集图、纬、谶、杂占为五十篇，谓之《春秋灾异》，宋均、郑玄并为谶律之注。然其文辞浅俗，颠倒舛谬，不类圣人之旨，相传疑世人造为之后，或者又加点窜，非其实录；起王莽好符命，光武以图谶兴，遂盛行于世。汉时又诏东平王苍正《五经》章句，皆命从谶，俗儒趋时，益为其学，篇卷第目转加增广。言《五经》者皆凭谶为说，唯孔安国、毛公、王璜、贾逵之徒独非之，相承以为妖妄，乱中庸之典；故因汉鲁恭王、河间献王所得古文，参而考之，以成古学。当世之儒又非毁之，竟不得行。魏代王肃推引古学，以古学以难其义，王弼、杜预从而明之，自是古学稍立。至宋大明中，始禁图谶；梁天监以后，又重其制；及高祖受禅，禁之踰切；炀帝即位，乃发使四出，搜天下书籍与谶纬相涉者皆焚之，为吏所纠者至死。自是无复其学，秘府之内亦多散亡。（《隋书·经籍一·纬书类小序》）

**《列仙图》杂以虚诞怪妄之说**

汉时阮仓作《列仙图》，刘向典校经籍，始作《列仙》、《列士》、《列女》之传，皆因其志尚，率尔而作，不在正史。……魏文帝又作《列异》，以序鬼物奇怪之事；嵇康作《高士传》，以叙圣贤之风；因其事类，相继而作者甚众，名目转广，而又杂以虚诞怪妄之说……载笔之士删探其要焉。（《隋书·经籍二·杂传类小序》）

**《广成子》疑近人作**

《广成子》十三卷，商洛公撰，张太衡注，疑近人作。（《隋

书·经籍三·道家类》）

**《随巢子》，巢似墨翟弟子**

《随巢子》一卷，巢似墨翟弟子。

**《胡非子》，非似墨翟弟子**

《胡非子》一卷，非似墨翟弟子。（《隋书·经籍三·墨家类》）

**《尸子》其九篇亡，魏黄初中续**

《尸子》二十卷，目一卷，梁十九卷；秦相卫鞅上客尸佼撰。其九篇亡，魏黄初中续。（《隋书·经籍三·杂家》）

## 三　颜师古

### 《中庸》本非《礼经》

（《中庸说》二篇）今《礼记》有《中庸》一篇，亦本非《礼经》，盖此之流。（《汉书·艺文志注·礼》）

### 《孔子家语》非今所有《家语》

（《孔子家语》二十七卷）非今所有《家语》。（《汉书·艺文志·论语》）

### 《谰言》"孔穿所造"，非也

（《谰言》十篇）说者引《孔子家语》云"孔穿所造"，非也。（《汉书·艺文志·儒家》）

### 邓析非子产杀

（《邓析》二篇）《列子》及《孙卿》并云："子产杀邓析。"据《左传·昭公二十年》子产卒，定公九年驷歂杀邓析而用其竹刑，则非子产杀也。（《汉书·艺文志·名家》）

# 四　刘知幾

### 《孝经》非玄所注；《老子·河上公注》其言鄙陋；《易》无子夏作传者





（开元七年三月一日敕：“《孝经》、《尚书》有古文本孔、郑注，其中旨趣，颇多踳驳，精义妙理苦无所归，作业用心复何所适。宜令诸儒并访后进达解者，质定奏闻。”）其月六日，诏曰：“《孝经》者，德教所先。自顷以来，独宗郑氏，孔氏遗旨，今则无闻。又子夏《易传》，近无习者。辅嗣注《老子》，亦甚甄明，诸家所传，互有得失。独据一说，能无短长？其令儒官详定所长，令明经者习读。若将理等，亦可并行。其作《易》者，并帖子夏《易传》，共为一部，亦详其可否奏闻。”时议以为不可，遂停。其年四月七日，左庶子刘子玄上《孝经注议》曰：

> 谨按：今俗所行《孝经》，题曰“郑氏注”，爰自近古，皆云郑即康成；而魏晋之朝无有此说。至晋穆帝永和十一年及孝武帝太元元年，再聚群臣，其（《孝经正义》作“共”）论经义。有荀昶者，撰集《孝经》诸说，始以郑氏为宗。自齐、梁以来多有异论。陆澄以为非玄所注，请不藏于秘省，王俭不依其请，遂得见传于时。魏、齐则立于学官，著在律令。盖由肤（《孝经正义》作“虏”）俗无识，故致斯讹舛。然则《孝经》非玄所注，其验十有二条。据郑君《自序》云：“遭党锢之事逃难，注《礼》。党锢事解，注《古文尚书》、《毛

诗》、《论语》。为袁谭所逼，未至元城，乃注《周易》。”都无注《孝经》之文。其验一也。郑君卒后，弟子追论师所著述及应对，时人谓之《郑志》。其言郑所注者，唯有《毛诗》、《三礼》、《尚书》、《周易》，都不言《孝经》。其验二也。又，《郑志》目录，记郑之所注《五经》之外，有《中候》、《书传》、《七政论》、《乾象历》、《六艺论》、《毛诗谱》、《答临硕难礼》、《驳许慎异义》、《释废疾》、《发墨守》、《箴膏肓》及《答甄子然》等书。寸纸片札，莫不悉载，若有《孝经》之注，岂容匿而不言？其验三也。郑之弟子，教授门徒，祖述师言，更相问答，编录其语，谓之《郑志》（《孝经正义》“志”作“记”）。唯载《诗》、《书》、《礼》、《易》、《论语》，其言不及《孝经》，其验四也。赵商作《郑先生碑铭》，具称诸所注笺、驳论，亦不言注《孝经》。晋《中经簿》，《周易》、《尚书》、《尚书中侯》、《尚书大传》、《毛诗》、《周礼》、《仪礼》、《礼记》、《论语》，凡九书，皆云“郑氏注，名玄”。至于《孝经》，则称“郑氏解”，无“名玄”二字。其验五也。《春秋演孔图注》云：“康成注三《礼》、《诗》、《易》、《尚书》、《论语》。其《春秋》、《孝经》，则别有评论。”宋均《诗谱》（《孝经正义》“谱”下有“序”字，《文苑英华》“谱”作“纬”）云“先师北海郑司农”，则均是玄之传业子弟也。师所注述，无容不知。而云《春秋》、《孝经》，唯有评论，玄之所著（《文苑英华》“著”并作“注”），于此特明。其验六也。又，宋均《孝经纬注》引郑《六艺论》叙《孝经》云：“玄又为之注，《司农论》。如是，而均无闻焉，有义无辞，令予昏惑。”举郑之语而云无闻。其验七也。宋均《春秋纬注》云“玄为《春秋》、《孝经》略说”。

则非注之谓。所言“玄又为之注”者，泛辞耳，非事实。其序《春秋》，亦云“玄又为之注也”，宁可复责以实注《春秋》乎？其验八也。后汉史书存于代者，有谢承、薛莹、司马彪、袁崧等，其为郑玄传者，载其所注，皆无《孝经》。其验九也。王肃《孝经传》，首有司马宣王之奏，玄奉诏令诸儒注述《孝经》。以肃说为长。若先有郑《注》，应言及，而不言郑。其验十也。王肃注《书》，发扬郑矩，凡有小失，皆在圣证；若《孝经》此注亦出郑氏，被肃攻击最应烦多，而肃无言。其验十一也。魏晋朝贤辩论时事，郑氏诸注，无不撮引，未有一言引《孝经》之注。其验十二也。凡此证验，易为讨核，前世之学者，不觉其非，乘彼谬说，竞相推举，诸解不立学官，此注独行于代。观夫言语鄙陋（《孝经正义》下有“义理乖谬”四字），固不可示彼后来，传诸不朽。

如古文《孝经》孔传，本出孔子壁中，语其（“其”当为“甚”）详正，无俟商榷，而旷代亡逸，不复流行。至隋开皇十四年，侍书学士王孝逸于京市陈人处买得一本，送与著作郎王劭，以示河间刘炫，仍令校定。而更此书更无兼本（《孝经正义》无上“更”字），难可依凭，炫辄以所见率意刊改，因著《古文孝经稽疑》一篇，以为此书经文尽正，传义甚美，而历代未尝置于学官，良可惜也。然则孔、郑二家，云泥致隔，今纶音发问，校其短长，愚谓行孔废郑，于义为允。

又，今俗所行《老子》，是河上公注。其《序》云：“河上公者，汉文帝时人，结草庵于河曲，乃以为号。所注《老子》授文帝，因冲空上天。”此乃不经之鄙言，流俗之虚语。按《汉书·艺文志》，注《老子》者二家，河上所释无闻焉尔，岂非注者欲神其事，故假造其说耶？然其言鄙陋，其理乖讹……岂如王弼……义旨为优，必黜河上公，升王辅嗣，在于学者，实得其宜。

又，按：《汉书·艺文志》，《易》有十三家，而无子夏作传者。至梁阮氏《七录》，始有《子夏易》六卷。或云韩婴作。或云丁宽作。然据《汉书·艺文志》，《韩易》有二篇，《丁易》有八篇，求其符合，则事殊隳刺者矣。岁越千龄，时经百代，其所著述，沈翳不行，岂非后来假凭先哲，亦犹石崇谬称阮籍，郭璞滥名周宝。必欲行用，深以为疑。

……当以郑氏《孝经》、河上公《老子》，二书讹舛，不足流行。孔、王两家，实堪师授。每怀此意，其愿莫从。伏见去月十日，敕令所司详定四书得失，具状奏闻。臣等寻草议，请行王、孔二书，牒礼部讫……如状为允，请即颁行。（《唐会要》卷七十七《论经义》）





**《史通·疑古》篇**

盖古之史氏，区分有二焉：一曰记言，一曰记事。而古人所学，以言为首，至若虞夏之典，商周之诰，仲虺、周任之言，史佚、臧文之说，凡有游谈专对，献第上书者，莫不引为端绪，归其准的。其于事也则不然。至若少昊之以鸟名官；陶唐之御龙拜职；夏氏之中衰也，其盗有后羿、寒浞；齐邦之始建也，其君有蒲姑、伯陵：斯并开国承家，异闻奇事。而后世学者罕传其说，唯夫博物君子或粗知其一隅。此则记事之史不行而记言之书见重，断可知矣！

及《左氏》之为传也，虽义本释经而语杂他事，遂使两汉儒者嫉之若仇，故二传大行，擅名于世。又，孔门之著录也，《论语》专述言辞，《家语》兼陈事业，而自古学徒相授，唯称《论语》而已。由斯而谈，并古人轻事重言之明效也。然则上起唐尧，下终秦穆，其《书》所录，唯有百篇；而《书》之所载，以言为主，至于废兴行事，万不记一，语其缺略，可胜道哉！故令后人有言，唐虞以下帝王之事未易明也。

案《论语》曰："君子成人之美，不成人之恶。"又曰："成事不说，遂事不谏，既往不咎。"又曰："民可使由之，不可使知之。"夫圣人立教，其言若是，在于史籍，其义亦然。是以美者因其美而美之，虽有其恶，不加毁也；恶者因其恶而恶之，虽有其美，不加誉也。故《孟子》曰："尧、舜不胜其美，桀、纣不胜其恶。"魏文帝曰："舜、禹之事，吾知之矣。"汉景帝曰："言学者无言汤武受命，不为愚。"斯并曩贤精鉴，已有先觉，而拘于礼法，限以师训，虽口不能言，而心知其不可者盖亦多矣。

又案鲁史之有《春秋》也，外为贤者，内为本国，事靡洪纤，动皆隐讳。斯乃周公之格言；然何必《春秋》，在于六经亦皆如此。故观夫子之刊《书》也，夏桀让汤，武王斩纣，其事甚著，而芟夷不存。观夫子之定《礼》也，隐、闵非命，恶、视不终，而奋笔昌言，云鲁无篡弑。观夫子之删《诗》也，凡诸国风皆有怨刺，在于鲁国，独无其章。观夫子之《论语》也，君娶于吴，是谓同姓，而司败发问，对以知礼。斯验世人之饰智矜愚、爱憎由己者多矣。加以古文载事，其词简约，推者难详，缺漏无补；遂令后来学者莫究其源，蒙然靡察，有如聋瞽。今故讦其疑事以著于篇，凡有十条，列之于后：

**尧时群小在位，安得谓之"克明俊德"，"比屋可封"**

盖《虞书》之美放勋也，云"克明俊德"；而陆贾《新语》又曰"尧舜之臣，比屋可封"，盖因《尧典》成文而广造奇说。案《春秋传》云高阳、高辛二氏各有才子八人，谓之元恺；此十六族也，世济其美，不陨其名，以至于尧，尧不能举。帝鸿氏、少昊氏、颛顼氏各有不才子，谓之浑沌、穷奇、梼杌；此三族也，世济其凶，增其恶名，以至于尧，尧不能去。缙云氏亦有不才子，天下谓之饕餮，以比三族，俱称四凶，而尧亦不能去。斯则当尧之世，小人君子比肩齐列，善恶无分，贤愚共贯；且《论语》有云“舜举皋陶，不仁者远”，是则当咎繇未举，不仁甚多，弥验尧时群小在位者矣。又安得谓之“克明俊德”，“比屋可封”者乎？其疑一也。

**舜放尧于平阳，禅授为疑**

《尧典序》又云：“将逊于位，让于虞舜。”孔氏注曰：“尧知子丹朱不肖，故有禅位之志。”按《汲冢琐语》，云舜放尧于平阳，而《书》云某地有城，以囚尧为号。识者凭斯臆说，颇以禅受为疑。然则观此二书，已足为证者矣，而犹有所未睹也，何者？据《山海经》，谓放勋之子为帝丹朱，而列君（《史通通释》云，“君”疑“名”字之讹）于帝者，得非舜虽废尧，仍立尧子，俄又夺其帝者乎？观近有奸雄奋发，自号勤王，或废父而立其子，或黜兄而奉其弟，始则示相推戴，终亦成其篡夺。求诸历代，往往而有。必以古方今，千载一揆，斯则尧之授舜，其事难明，谓之让国，徒虚语耳。其疑二也。

**陟方之死，其殆文命之志乎**

《虞书·舜典》又云：“五十载陟方乃死。”注云：“死苍梧之野，因葬焉。”案：“苍梧者，于楚则川号汨罗，在汉则邑称零桂，地总百越，山连五岭，人风婐划，地气歊瘴。虽使百金之子，犹惮经履其途；况以万乘之君，而堪巡幸其国。且舜必以精华既竭，形神告劳，舍兹宝位，如释重负，何得以垂殁之年，更践不毛之地乎？”兼复二妃不从，怨旷生离，万里无依，孤魂溘尽，让王高蹈岂其若是者乎？历观自古人君废逐，若夏桀放于南巢，赵嘉迁于房陵，周王流彘，楚帝徙郴，语其艰棘，未有如斯之甚者也。斯则陟方之死，其殆文命之志乎？其疑三也。

**益与伊尹见戮，仍可覆也**

《汲冢书》云“舜放尧于平阳”，“益为启所诛”。又曰“太甲杀伊尹”，“文丁杀季历”。凡此数事，语异正经，其书近出，世人多未之信也。按，舜之放尧，文之杀季，无事别说，足验其情，已于此篇前后言之详矣。夫唯益与伊尹受戮，于正书犹无其证，推而论之，如启之诛益，仍可覆也，何者？舜废尧而立丹朱，禹黜舜而立商均，益手握机权，势同舜禹，而欲因循故事，坐膺天禄，其事不成，自贻伊咎。观夫近古篡夺，桓独不全，马仍反正……若启之诛益，亦犹晋之杀桓乎？若舜禹相代，事业皆成，唯益覆车，伏辜夏后，亦犹桓效曹马，而独致元兴之祸者乎？其疑四也。





**汤之饰让，伪迹甚多**

《汤誓序》云：“汤伐桀……战于鸣条。”又云：“汤放桀于南巢，唯有惭德。”而《周书·殷祝篇》称桀让汤王位……此则有异于《尚书》。如《周书》所说，岂非汤既胜桀，力制夏人，使桀推让归王于己。盖欲比迹尧舜，袭其高名者乎？又按《墨子》云：“汤以天下让务光，而使人说曰，汤欲加恶名于汝，务光遂投清冷之泉而死，汤乃即位无疑。”然则汤之饰让，伪迹甚多，考墨家所言，雅与《周书》相会。夫（《通释》云，当有“周”字）《尚书》之作，本出《尚书》，孔父截剪浮词，裁成雅诰，去其鄙事，直云“惭德”，岂非欲灭汤之过，增桀之恶者乎？其疑五也。

**辛癸之罪，将非厚诬者乎**

夫《五经》立言，千载犹仰，而求其前后，理甚相乖，何者？称周之盛也，则云三分有二，商纣为独夫。语殷之败也。又云纣有臣亿万人其亡，流血漂杵。斯则是非无准，向背不同者焉。又按武王为《泰誓》，数纣过失，亦犹近代之有吕相绝秦，陈琳为袁檄，魏欲加之罪，能无辞乎？而后来诸子承其伪说，竞列纣罪，有倍《五经》。故孔子曰："桀纣之恶不至是，君子恶居下流。"……班生亦云"安有据妇人临朝"。刘向又曰："世人有弑父害君，桀、纣不至是，而天下（《通释》云：当有"归"字）恶者，必以桀、纣为先。"此其自古言辛癸之罪，将非厚诬者乎？其疑六也。

**"杀武庚"，考诸名教，生死无惭**

《微子之命》篇云"杀武庚"，按，禄父即商纣之子也。属社稷倾覆，家国沦亡，父首枭悬，母躯分裂，永言怨耻，生死莫二，向使其侯服事周，而全躯保其妻子也，仰天俯地，何以为生？含齿戴发，何以为貌？既而合谋二叔，徇节三监，虽君亲之怨不除，而臣子之诚可见。考诸名教，生死无惭于义者。苟以其功业不成，便以顽人为目，必如是，则有君若夏少康，臣若伍子胥，向若陨雠雪怨，众败身灭，亦当隶迹丑徒，编名逆党者耶？其疑七也。

**姬之事殷，当比司马之臣魏**

《论语》曰："大矣！周之德也，三分天下有其二，犹服事殷。"按，《尚书》云"西伯戡黎"，"殷始咎周"。夫姬氏，爵乃诸侯，而辄行征伐，结怨王室，殊无愧畏。此则《春秋》荆蛮之灭诸姬，《论语》季氏之伐颛臾也。又按，某书曰朱雀云云，文王受命称王云云，夫天无二日，地惟一人，有殷犹存，而王号遽立。此即《春秋》楚及吴越僭号而陵天子也。然则戡黎灭崇，自同王者，服事之道，理不如斯。亦犹近者，魏司马文王害权臣黜少帝，坐加九锡，行驾六马，及其殁也，而荀勖犹谓之人臣以终。盖姬之事殷，当比司马之臣魏，必称周德之大者，不亦虚为其说乎？其疑八也。

**太伯如云“可谓至德”者，无乃谬为其誉乎**

《论语》曰：“太伯可谓至德也已，三以天下让，民无得而称焉。”按《吕氏春秋》（《通释》云：当是《吴越春秋》）所载云云，太王钟爱厥孙，将立其父。太伯年居长嫡，地实妨贤，向若强颜苟视，怀疑不去，大则类卫伋之诛，小则同楚建之逐，虽欲勿让，君亲其立诸？且太王之殂，太伯来赴，季历承考遗命，推让厥兄，太伯以形质已残，有辞获免。原夫毁兹玉体，从彼被发者，本以外绝嫌疑，内释猜忌。譬雄鸡自断其尾，用获免于人牺者焉。又按《春秋》，晋申生之将废也，士蒍曰：“为吴太伯，犹有令名”，是太伯申生，事如一体，直以出处有异，故成败不同。若夫子之论太伯也，必美其因病成妍，转祸为福，斯则当矣。如云“可谓至德”者，无乃谬为其誉乎！其疑九也。

**周公于友于之义薄矣**

《尚书·金縢》篇云：“管、蔡流言，公将不利于孺子。”《左传》云：“周公杀管叔而放蔡叔，夫岂不爱？王室故也。”按，《尚书·君奭》篇《序》云：“召公为保，周公为师，相成王为左右，召公不说。”斯则且行不臣之礼，挟震主之威，迹居疑似，坐招讪谤。虽奭以亚圣之德，负明允之才，目睹其事，犹怀愤懑，况彼二叔者，才处中人，地居下国，侧闻异议，能不怀猜？原其推戈反噬，事由误諴，而周公自以不诚，遽加显戮。与夫汉代赦淮南，明帝宽阜陵，一何远哉！斯则周公于友于之义薄矣，而《诗》之所述，用为美谈者，何哉？其疑十也。

## 《史通·惑经》篇

大抵自《春秋》以前，《尚书》之世，其作者述事如此。今取其正经雅言，理有难晓，诸子异说，义或可凭，参而会之，以相研核；如异于此，则无论焉。夫远古之书与近古之史，非惟繁约不类，固亦向背皆殊。何者？近古之史也，言唯详备，事罕甄择，使夫学者睹一邦之政则善恶相参，观一主之才而贤愚殆半。至于远古则不然，夫其所录也，略举纲维，义存褒讳，寻其终始，隐没者多。尝试言之，向使汉、魏、晋、宋之君生于上代，尧、舜、禹、汤之主出于中叶，俾史官易地而书，各叙时事，校其得失，固未可量。若乃轮扁称其糟粕，孔氏述其传疑。《孟子》曰："尽信《书》不如无《书》……《武成》之篇，吾取其二三简。"推此而言，则远古之书，其妄甚矣。岂比王、沈之不实，沈约之多诈，若斯而已矣。（《史通·外篇·疑古第三》）

昔孔宣父以大圣之德，应运而生，生人以来，未之有也。故使三千弟子，七十门人，钻仰不及，请益无倦。然则尺有所短，寸有所长，其间切磋酬对，颇亦互闻得失。何者？睹仲由之不悦，则矢天厌以自明；答言偃之弦歌，则称戏言以释难。斯则圣人设教，其理含弘，或援誓以表心，或称非以受屈，岂与夫庸儒末学，文过饰非，使夫问者缄辞杜口，怀疑不展，若斯而已哉！嗟夫！古今世殊，师授路隔，恨不得亲膺洒扫，陪五尺之童，躬奉德音，抚四科之友，徒以研寻蠹简，穿凿遗文，菁华久谢，糟粕为偶。遂至理有未达，无由质疑，是用握卷踌躇，挥毫悱愤。傥梁木斯坏，魂而有灵，敢效接舆之歌，辄同林放之问。但孔氏之立言行事，删《诗》赞《易》，其义既广，难以具论。今惟据其史文，评之于后。

### 奚为齐、郑及楚，国有弑君，遂皆书卒

案夫子所修之史，是曰《春秋》；窃详《春秋》之义，其所

未谕者十有二。何者？赵孟以无辞伐国，贬号为人；杞伯以夷礼来朝，降爵称子。虞班晋上，恶贪贿而先书；楚长晋盟，讥无信而后列。此则人伦臧否，在我笔端；直道而行，夫何所让。奚为齐、郑及楚，国有弑君，各以疾赴，遂皆书卒？夫臣弑其君，子弑其父，凡在含识，皆知耻惧。苟欺而可免，则谁不谓然。且官为正卿，反不讨贼；地居冢嗣，药不亲尝，遂皆被以恶名，播诸来叶。以彼三逆，方兹二弑，躬为枭獍，则漏网遗名，迹涉瓜李，乃凝脂显录。嫉恶之情，岂其若是？其所未谕一也。



**齐乞野幕之戮，《春秋》捐其首谋，舍其亲弑**

又案，齐乞野幕之戮，事起阳生；楚比干溪之缢，祸由观从；而《春秋》捐其首谋，舍其亲弑，亦何异鲁酒薄而邯郸围，城门火而池鱼及。必如是，则邾之阍者私憾射姑，以其君卞急而好洁，可行欺以激怒，遂倾瓶水以决庭，俾废垆而烂卒，斯亦罪之大者，奚不书弑乎？其所未谕二也。



**狄实灭卫，因桓耻而不书；河阳召王，成文美而称狩**

盖明镜之照物也，妍媸必露，不以毛嫱之面或有疵瑕，而寝其鉴也。虚空之传响也，清浊必闻，不以绵驹之歌时有误曲，而辍其应也。夫史官执简，宜类于斯。苟爱而知其丑，憎而知其善，善恶必书，斯为实录。观夫子之修《春秋》也，多为贤者讳。狄实灭卫，因桓耻而不书；河阳召王，成文美而称狩。斯则情兼向背，志怀彼我。苟书法其如是也，岂不使为人君者，靡惮宪章，虽玷白圭，无惭良史也乎？其所未谕三也。

**哀再与吴盟而皆不书，桓及戎盟则书之**

哀八年及十三年，公再与吴盟，而皆不书，桓二年公及戎盟，则书之。戎实豺狼，非我族类。夫非所讳而仍讳，谓当耻而无耻，求之折衷，未见其宜。其所未谕四也。

**阳虎盗入于讙，经独无闻**

诸国臣子，非卿不书；必以地来奔，虽贱亦志。斯岂非国之大事，不可限以常流者耶？如阳虎盗入于讙，拥阳关而外叛，传具其事，经独无闻，何哉？且弓玉中亡，犹获显记；城邑失守，反不沾书。略大存小，理乖惩劝。其所未谕五也。

**何为般、野之殁皆以名书，而恶、视之殂直云“子卒”**

案诸侯世嫡嗣业，居丧既未成君，不避其讳，此《春秋》之例也。何为般、野之殁皆以名书，而恶、视之殂直云“子卒”？其所未谕六也。

**臣当为杀，而称及，与君弑同科**

凡在人伦，不得其死者，邦君已上，皆谓之弑，卿士以上通谓之杀。此《春秋》之例也。案桓二年，书曰：“宋督弑其君与夷及其大夫孔父。”僖十年，又曰：“晋里克弑其君卓及其大夫荀息。”夫臣当为杀，而称及，与君弑同科。苟弑、杀不分，则君臣靡别者矣。其所未谕七也。

**苟涉嫌疑，动称耻讳**

夫臣子所书，君父是党。虽事乖正直，而理合名教。如鲁之隐、桓戕弑，昭、哀放逐，姜氏淫奔，子般夭酷，斯则邦之孔丑，讳之可也。如公送晋葬，公与吴盟，为齐所止，为邾所败，盟而不至，会而后期，并讳而不书，岂非烦碎之甚？且按汲冢《竹书》晋《春秋》及《纪年》之载事也，如重耳出奔，惠公见获，书其本国，皆无所隐。唯鲁《春秋》之记其国也则不然。何者？国家事无大小，苟涉嫌疑，动称耻讳，厚诬来世，奚独多乎？其所未谕八也。

**一褒一贬，时有弛张；或沿或革，曾无定体**

案昭十二年，齐纳北燕伯于阳。“伯于阳”者何？公子阳生也。子曰：“我乃知之矣。”在侧者曰：“子苟知之，何以不革？”曰：“如尔所不知何？”夫如是，夫子之修《春秋》，皆遵彼乖僻，习其讹谬，凡所编次，不加刊改者矣。何为其间则一褒一贬，时有弛张；或沿或革，曾无定体。其所未谕九也。

**定六年书“郑灭许”，而哀元年书“许男与楚围蔡”**



又，书事之法，其理宜明，使读者求一家之废兴，则前后相会；讨一人之出入，则始末可寻。如定六年书“郑灭许，以许男斯归”，而哀元年书“许男与楚围蔡”；夫许既灭矣，君执家亡，能重列诸侯，举兵围国者，何哉？盖其间成事，必当有说。经既不书，传又缺载，缺略如此，寻绎难知。其所未谕十也。



**巨细不均，繁省失中**

案：晋自鲁闵公已前，未通于上国；至僖二年灭下阳已降，渐见于《春秋》，盖始命行人自达于鲁也。而《琐语春秋》载鲁国闵公时事，言之甚详。斯则闻事必书，无假相赴者也。盖当时国史，它皆仿此。至如夫子所修也，则不然。凡书异国，皆取来告。苟有所告，虽小必书；如无其告，虽大亦阙。故宋飞六鹢，小事也，以有告而书之；晋灭三邦，大事也，以无告而阙之。用使巨细不均，繁省失中。比夫诸国史记，奚事独为疏阔？寻兹例之作也，盖因《周礼》旧法，鲁策成文。夫子既撰不刊之书，为后王之则，岂可仍其过失，而不中规矩者乎？其所未谕十一也。

**真伪莫分，是非相乱**

盖君子以博闻多识为工，良史以实录直书为贵。而《春秋》

记它国之事，必凭来者之辞，而来者所言，多非其实。或兵败而不以败告，君弑而不以弑称；或宜名而不以名，或应氏而不以氏；或春崩而以夏闻，或秋葬而以冬赴。皆承其所说而书，遂使真伪莫分，是非相乱。其所未谕十二也。

凡所未谕，其类尤多，静言思之，莫究所以。岂夫子之墙数仞，不得其门者欤？将“某也幸，苟有过，人必知之”者欤？如其与夺，请谢不敏。

又世人以夫子固天攸纵，将圣多能，便谓所著《春秋》，善无不备。而审形者少，随声者多，相与雷同，莫之指实。榷而为论，其虚美者有五焉：

**“子夏之徒不能赞一辞。”其虚美一**

案：古者国有史官，具列时事。观汲坟出记，皆与鲁史符同。至于周之东迁，其说稍备；隐、桓已上，难得而详。此之烦省，皆与《春秋》不别。又获君曰止，诛臣曰刺，杀其大夫曰杀，“执我行人”，“郑弃其师”，“陨石于宋五”，诸如此句，多是古史全文。则知夫子之所修者，但因其成事，就加雕饰，仍旧而已，有何力哉！加以史策有阙文，时月有失次，皆存而不正，无所用心，斯又不可殚说矣。而太史公云：“孔子……为《春秋》，笔则笔，削则削，子夏之徒不能赞一辞。”其虚美一也。

**“善人劝焉，淫人惧焉。”其虚美二**

又案：宋襄执滕子而诬之以得罪，楚灵王杀郏敖而赴之以疾亡，《春秋》皆承告而书，曾无变革。是则无辜者反加以罪，有罪者得隐其辜，求诸劝戒，其义安在？而左丘明论《春秋》之义云：“或求名而不得，或欲盖而名彰……善人劝焉，淫人惧焉。”其虚美二也。

**“孔子成《春秋》而乱臣贼子惧”，其虚美三**

又案：《春秋》之所书本以褒贬为主，故《国语》晋司马侯对其君悼公曰：“以其善行，以其恶戒，可谓德义矣。”公曰：“孰能？”对曰：“羊舌肸习于《春秋》。”至于董狐书法而不隐；南史执简而累进；又宁殖出君，而卒之犹名在策书。故知当时史臣各怀直笔，斯则有犯必死，书法无舍者矣。自夫子之修《春秋》也，盖他邦之篡贼其君者有三，本国之弑逐其君者有七，莫不缺而靡录，使其有逃名者。而《孟子》云“孔子成《春秋》而乱臣贼子惧”，无乃乌有之谈乎？其虚美三也。

**“知我者其惟《春秋》，罪我者其惟《春秋》”。其虚美四**

又案，《春秋》之文虽有成例，或事同书异，理殊画一。故太史公曰：“孔氏著《春秋》，隐、桓之间则章，至定、哀之际则微，为其切当世之文而罔褒，忌讳之辞也。”斯则危行言逊，吐刚茹柔，推避以求全，依违以免祸。而《孟子》云：“孔子曰：‘知我者其惟《春秋》乎，罪我者其惟《春秋》乎！’”其虚美四也。

**“仲尼殁而微言绝。”其虚美五**

又案：赵穿杀君而称宣子之弑，江乙亡布而称令尹所盗，此则春秋之世，有识之士，莫不微婉其辞，隐晦其说。斯盖当时之恒事，习俗所常行。而班固云“仲尼殁而微言绝”。观微言之作，岂独宣父者耶？其虚美五矣。

考兹众美，征其本源，良由达者相承，儒教传授，既欲神其事，故谈过其实。语曰：“众善之，必察焉。”《孟子》曰：“尧、舜不胜其美，桀、纣不胜其恶。”寻世之言《春秋》者，得非睹众善而不察，同尧、舜之多美者乎？昔王充设论，有《问孔》之篇，虽《论语》群言多见指摘，而《春秋》杂义曾未发明。是用广彼旧疑，增其新觉；将来学者，幸为详之。（《史通·外篇·惑经第四》）

**《史通·申左》篇**

古人之言《春秋》三传者多矣！战国之世，其事罕闻；当前汉专用《公羊》；宣皇已降，《穀梁》又立于学；至成帝世，刘歆始重《左氏》，而竟不列学官。大抵自古重两传而轻《左氏》者固非一家，美《左氏》而讥两传者亦非一族，互相攻击，各用朋党，哤聒纷竞，是非莫分。然则儒者之学，苟以专精为主，止于治章句，通训释，斯其可矣；至于论大体，举宏网，则言罕兼统，理无要害，故使今古疑滞莫得而申者焉。必扬榷而论之，言传者固当以《左氏》为首，但自古学《左氏》者，谈之又不得其情；如贾逵撰《左氏长义》，称“在秦者为刘氏，乃汉室所宜推先，但取悦当时，殊无足采”。又案：桓谭《新论》曰：“《左氏传》于《经》，犹衣之表里。”而《东观汉记》陈元奏云：“光武兴立《左氏》，而桓谭、卫宏并共诋訾，故中道而废。”班固《艺文志》云：丘明与孔子观鲁史记而作《春秋》，有所贬损，事形于传，惧罹时难，故隐其书；末世口说流行，遂有《公羊》、《穀梁》、《邹氏》诸传。而于《固集》复有难《左氏》九条三评等科。夫以一家之言，一人之说，而参差相背，前后不同，斯又不足观也。夫解难者以理为本，如理有所阙，欲令有识心伏，不亦难乎？今聊次其所疑，列之于后。盖《左氏》之义有三长，而二传之义有五短：

**丘明之传皆得周典**

案，《春秋》昭二年：韩宣子来聘，观书于太史氏，见易象与《鲁春秋》，曰：“周礼尽在鲁矣。吾乃今知周公之德，与周之所以王也。”然《春秋》之作，始自姬旦，成于仲尼。丘明之传，所有笔削及发凡例，皆得周典，传孔子教，故能成不刊之书，著将来之法。其长一也。

**丘明躬为太史，每事皆详。其长二**

又案，哀三年，鲁司铎火，南宫敬叔命周人出御书，子服、景伯命宰人出礼书，其时于鲁文籍最备。丘明既躬为太史，博总群书，至如《梼杌》、《纪年》之流，《郑书》、《晋志》之类，凡此诸籍，莫不毕睹。其传广包他国，每事皆详。其长二也。



**以同圣之才，而膺授《经》之托，其长三**

《论语》子曰：“左丘明耻之，丘亦耻之。”夫以同圣之才，而膺授经之托，加以达者七十，弟子三千，远自四方，同在一国，于是上询夫子，下访其徒，凡所采摭，实广闻见。其长三也。



**穀梁、公羊者，生于异国，长自后来，其短一**

如穀梁、公羊者，生于异国，长自后来，语地则与鲁产相违，论时则与宣尼不接。安得以传闻之说，与亲见者争先者乎？譬犹近世，汉之太史，晋之著作，撰成国典，时号正书。既而《先贤》、《耆旧》、《语林》、《世说》，竞造异端，强书他事。夫以传自委巷，而将册府抗衡；访诸古老，而与同时（一为“干、孙”）并列，斯则难矣。彼二传之于《左氏》，亦奚异于此哉？其短一也。

**二《传》所载，语乃龃龉，文皆琐碎。其短二**

《左氏》述臧哀伯谏桓纳鼎，周内史美其说言；王子朝告于诸侯，闵马父嘉其辨说。凡如此类，其数实多。斯盖当时发言，形于翰墨；立名不朽，播于他邦。而丘明仍其本语，就加编次。亦犹近代《史记》载乐毅、李斯之文，《汉书》录晁错、贾生之笔。寻其实也，岂是子长藁削，孟坚雌黄所构者哉？观二传所载。有异于此。其录人言也，语乃龃龉，文皆琐碎。夫如是者何哉？盖彼得史官之简书，此传流俗之口说，故使隆促各异，丰俭不同。其短二也。

**二《传》记言载事，失彼菁华。其短三**

寻《左氏》载诸大夫词令，行人应答，其文典而美，其语博而奥，述远古则委曲如存，征近代则循环可覆。必料其功用厚薄，指意深浅，谅非经营草创出自一时，琢磨润色独成一手。斯盖当时国史已有成文，丘明但编而次之，配经称传而已也。如二传者，记言载事，失彼菁华；寻源讨本，取诸胸臆。夫自我作故，无所准绳，故理甚迂僻，言多鄙野，比诸《左氏》不可同年。其短三也。





**二《传》虽以释《经》为主，缺漏不可殚论。其短四**

案：二传虽以释经为主，其缺漏不可殚论。如《经》云："楚子麇卒。"而《左传》云："公子围所杀。"及公羊、穀梁作《传》，重述《经》文，无所发明，依违而已。其短四也。

**《公羊》违夫子之教，失圣人之旨，其短五**

《汉书》载成方遂诈称戾太子，至于阙下。隽不疑曰："昔卫蒯聩违命出奔，辄拒而不纳，《春秋》是之。"遂命执以属吏。霍光由是始重儒学。案隽生所引，乃《公羊》正文。如《论语》冉有曰："夫子为卫君乎？"子贡曰："夫子不为也。"何则？父子争国，枭獍为曹，礼法不容，名教同嫉。而《公羊》释义，反以卫辄为贤，是违夫子之教，失圣人之旨，奖进恶徒，疑误后学。其短五也。

若以彼三长，校兹五短，胜负之理，断然可知。必执二传之文，唯取依经为主。而于内则为国隐恶，于外则承赴而书，求其本事，大半失实，已于《惑经》篇载之详矣。

寻斯义之作也，盖是周礼之故事，鲁国之遗文，夫子因而修之，亦存旧制而已。至于实录，付之丘明，用使善恶毕彰，真伪尽露。向使孔经独用，《左传》不作，则当代行事，安得而详者哉？盖语曰："仲尼修《春秋》，逆臣贼子惧。"又曰："《春秋》之义也，欲盖而彰，求名而亡，善人劝焉，淫人惧焉。"寻《春秋》所书，实兼此义，而《左传》所录，无愧斯言。此则传之与经，其犹一体，废一不可，相须而成。如谓不然，则何者称为劝戒者哉？

儒者苟讥左氏作传，多叙经外别事。如楚、郑与齐三国之贼弑，隐、桓、昭、哀四君之篡逐。其外则承告于彼，其内则隐讳如此。若无左氏立传，其事无由获知。然设使世人习《春秋》而唯取两传也，则当其时二百四十年行事，茫然阙如，俾后来学者，兀成聋瞽者矣。

且当秦、汉之世，《左氏》未行，遂使五经、杂史、百家诸子，其言河汉，无所遵凭。故其记事也，当晋景行霸，公室方强，而云韩氏攻赵，有程婴、杵臼之事；鲁侯御宋，得儁乘丘，而云庄公败绩，有马惊流矢之祸；楚、晋相遇，唯在邲役，而云二国交战，置师于两棠；子罕相国，宋睦于晋，而云晋将伐宋，觇哭于阳门；鲁师灭项，晋止僖公，而云项实桓灭。《春秋》为贤者讳；襄年再盟，君臣和叶，而云诸侯失政，大夫皆执国权。其记时也，秦穆居《春秋》之始，而云其女为荆昭夫人；韩、魏处战国之时，而云其君陪楚庄王葬焉。《列子》书论尼父，而云生在郑穆之年；扁鹊医疗虢公，而云时当赵简子之日；栾书仕于周子，而云以晋文如猎，犯颜直言；荀息死于奚齐，而云观晋灵作台，累碁申诫。或以先为后，或以后为先，日月颠倒，上下翻覆，古来君子曾无所疑。及《左传》既行，而其失自显。语其弘益，不亦多乎？而世之学者，犹未之悟，所谓忘我大德，日用而不知者焉。

然自丘明之后，迄于魏灭。年将千祀，其书寝废。至晋太康年中，汲冢获书，全同《左氏》。故束皙云：“若使此书出于汉世，刘歆不作五原太守矣。”于是挚虞、束皙引其义以相明，王接、荀顗取其文以相证，杜预申以注释，干宝藉为师范。由是世称实录，不复言非，其书渐行，物无异议。故孔子曰：“吾志在《春秋》，行在《孝经》。”于是授《春秋》于丘明，授《孝经》于曾子。《史记》云：“孔子……西观周室，论史记旧闻，兴于鲁而次《春秋》……七十子之徒口授其传指，为有所刺讥褒讳挹损之文辞不可以书见也。鲁君子左氏明惧弟子人人异端，各安其意，失其真，故因孔子史记具论其语，成《左氏春秋》。”夫学者苟能征此二说，以考三传，亦足以定是非，明真伪者矣。何必观汲冢而后信者乎？从此而言，则于三传之优劣见矣。（《史通·外篇·申左第五》）

**《左传》非而《晋》文实**

语曰：" 传闻不如所见。" 斯则史之所述，其谬已甚，况乃传写旧记而违其本录者乎？至如虞、夏、商、周之《书》，《春秋》所记之说，可谓备矣。而《竹书纪年》出于晋代，学者始知后启杀益，太甲杀伊尹，文丁杀季历，共伯名和；郑桓公，厉（宣）王之子。则与经典所载，乖刺甚多。又《孟子》曰：晋谓《春秋》为《乘》。寻《汲冢琐语》，即乘之流邪？其《晋春秋》篇云：“平公疾，梦朱罴窥屏。”《左氏》亦载斯事，而云“梦黄熊入于寝门”。必有舍传闻而取所见，则《左传》非而《晋》文实矣。呜呼！向若二书不出，学者为古所惑，则代成聋瞽，无由觉

悟也。(《史通·外篇·杂说上·汲冢纪年》)

**《李陵集》有《与苏武书》，殆后来所为，假称陵作**

《李陵集》有《与苏武书》，词采壮丽，音句流靡。观其文体，不类西汉人，殆后来所为，假称陵作也。迁史缺而不载，良有以焉。编于李集中，斯为谬矣。(《史通·外篇·杂说下·别传》)

**刘向误以夏姬之生当夫战国之世**

刘向《列女传》云："夏姬再为夫人，三为王后。"夫为夫人则难以验也，为王后则断可知矣。案其时诸国称王，唯楚而已。如巫臣谏庄将纳姬氏，不言曾入楚宫，则其为后当在周室。盖周德虽衰，犹称秉礼。岂可族称姬氏而妻厥同姓者乎？且鲁娶于吴，谓之孟子。聚麀之诮，起自昭公。未闻其先已有斯事，礼之所载，何其阙如！又以女子一身，而作嫔三代，求诸人事，理必不然。寻夫春秋之后，国称王者有七。盖由向误以夏姬之生，当夫战国之世，称三为王后者，谓历嫔七国诸王；校以年代，殊为乖刺。至于他篇，兹例甚众。故论楚也，则昭（平）王与秦穆同时；言齐也，则晏婴居宋景之后。今粗举一二，其流可知。

**《洪范五行》及《新序》、《说苑》、《列女》、《列仙》诸传，多构伪辞**

观刘向对成帝称武、宣行事，世传失实。事具《风俗通》，其言可谓明鉴者矣。及自造《洪范五行》及《新序》、《说苑》、《列女》、《神仙》诸传，而皆广陈虚事，多构伪辞。非其识不周而才不足，盖以世人多可欺故也。呜呼！后生可畏，何代无人，而辄轻忽若斯者哉？夫传闻失真，书事失实，盖事有不获已，人所不能免也。至于故造异说，以惑后来，则过之尤甚者矣！案苏秦答燕易王，称有妇人将杀夫，令妾进其药酒，妾佯僵而仆之。

又甘茂谓苏代云："贫人女与富人女会绩，贫人女曰：'我无以买烛，而子之烛光幸有余，子可分我余光，无损子明而得一斯便焉。'"此战国之时，游说之士，寓言设理以相比兴。及向之著书也，乃用苏氏之说，为二妇人立传，定其邦国，加其姓氏，以彼乌有，持为指实，何其妄哉！又有甚于此者，至如伯奇化鸟，对吉甫以哀鸣；宿瘤隐形，干齐王而作后。此则不附于物理者矣。复有怀嬴失节，目为贞女；刘安覆族，定以登仙。立言如是，岂顾丘明之有传，孟坚之有史哉？（同上，《史通·外篇·杂说下·别传》）

# 五　司马贞

## 《孝经》古文二十二章经文不真，传文浅伪

(国子博士司马贞议曰:) 今文《孝经》是汉河间王所得颜芝本，至刘向以此参校古文，省除烦惑，定为此一十八章，其注相承云是郑玄所作，而《郑志》及目录等不载，故往贤共疑焉。唯荀昶、范晔以为郑注，故昶集解《孝经》，具载此注，而其《序》云:“以郑为主。”是先达博选，以此注为优；且其注纵非郑氏所作，而义旨敷畅，将为得所，虽数处小有非稳，实亦非爽经传。其古文二十二章，元出孔壁；先是安国作《传》，缘遭巫蛊，世未之行，荀昶集注之时，尚有孔《传》，中朝遂亡其本。近儒欲崇古学，妄作此传，假称孔氏，辄穿凿改更，又伪作《闺门》一章；刘炫诡随，妄称其善。且《闺门》之义，近俗之语，非宣尼之正说。案其文云:“闺门之内，具礼矣乎？严兄妻子（《孝经正义》作‘严亲严兄，妻子臣妾’），繇百姓徒役也。”是比妻子于徒役，文句凡鄙，不合经典。又分《庶人章》从“故自天子”以下，别为一章，仍加“子曰”二字。然故者连上之辞，既是章首，不合言故。古文既亡（《文苑英华》作“是古文既亡”），后人妄开此等数章，以应二十二章之数；非但经文不真，抑且传习（《孝经疏》“习”作“文”）浅伪。又注“因（《文苑英华》作“用”）天之时，因地之利”，其略曰：“脱衣就功，暴其肌体，朝暮从事，露发跣足，少而习之，其心安焉。”此语虽傍出诸子，而引之为注，何言之鄙俚乎？与郑氏所云：“分别五土，视其高

下，高田宜黍稷，下田宜稻麦”，优劣悬殊，曾何等级！今议者欲取近儒诡说，残经缺传，而废郑《注》，理实未可。望请准令式《孝经》郑《注》与孔《传》依旧俱行。

**注《老子》河上公，汉史实无其人**

又，注《老子》河上盖凭虚立号，汉史实无其人。然其注以养神为宗，以“无为”为体；其词近，其理宏；小足以修身洁诚，大可以宁人安国。且河上公虽曰注书，即文立教，皆没略远体，指明近用。斯可谓知言矣。王辅嗣雅善元谈，颇采道要；穷神明乎橐籥，守静默于玄牝；其理畅，其旨微；在于玄学，颇是所长。至若近人立教，修身弘道，则河上为得。今望请王、河二注令学者俱行。

**子夏《易传》多非真本**

又按：刘向《七略》有子夏《易传》，但此书不行已久，今所存者多失真本。又，荀勖《中经簿》云“《子夏传》四卷，或云丁宽所作”，是先达疑非子夏矣。又，《隋书·经籍志》云：“《子夏传》残缺，梁时六卷，今三卷。”是知其书错谬多矣。（《唐会要·卷七十七》）

# 六　啖　助

### 《本草》皆后汉时郡国，而题以神农；《山海经》广说殷时，而云夏禹所记

古之解说，悉是口传，自汉以来，乃为章句。如《本草》皆后汉时郡国，而题以神农；《山海经》广说殷时，而云夏禹所记。自余书籍，比比甚多。是知三《传》之义本皆口传，后之学者乃著竹帛，而以祖师之目题之。

### 《左氏传》叙事虽多，释意殊少，是非交错，混然难证

予观《左氏传》，自周、晋、齐、宋、楚、郑等国之事最详。晋则每出一师，具列将佐；宋则每因兴废，备举六卿。故知史策之文，每国各异。左氏得此数国之史，以授门人，义则口传，未形竹帛。后代学者乃演而通之，总而合之，编次年月以为传记，又广采当时文籍，故兼与子产、晏子及诸国卿佐家传，并卜书、梦书及杂占书、纵横家、小说、讽谏等杂在其中。故叙事虽多，释意殊少，是非交错，混然难证。其大略皆是《左氏》旧意，故比余传，其功最高，博采诸家，叙事尤备，能令百代之下，颇见本末，因以求意，经文可知。又况论大义，得其本源，解三数条大义（“天王狩于河阳”之类）亦以原情为说，欲令后人推此以及余事。而作传之人不达此意，妄有附益，故多迂诞。又《左氏》本未释者，抑为之说，遂令邪正纷糅，学者迷宗也。

**《公羊》、《穀梁》初亦口授，后人据其大义，失其纲统**

《公羊》、《穀梁》初亦口授，后人据其大义，散配经文（传中犹称“穀梁子曰”，是其证也。），故多乖谬，失其纲统。然其大指亦是子夏所传，故二《传》传经密于《左氏》。《穀梁》意深，《公羊》辞辨，随文解释，往往钩深。但以守文坚滞，混难不通，比附日月，曲生条例，义有不合，亦复强通，踳驳不伦，或至矛盾，不近圣人夷旷之礼也。（《春秋集传纂例·三传得失议第二》）

**先君遇弑，则嗣子废即位之礼；《左氏》不达其意，曲为其说**

凡先君遇弑，则嗣子废即位之礼。《穀梁》云：“继弑君，不书即位，正也。”（庄、闵、僖三公是，《公羊》同此。）此说是也。凡继弑君，而行即位礼，非也。《穀梁》云：“桓公继弑君而行即位，则是与闻乎弑也。”《公羊》云：“宣公继弑君而行即位，其意也。”《左氏》不达其意，曲为其说，而云庄公不言即位，“文姜出故也”；闵公不言即位，“乱故也”；僖公不言即位，“公出故也；公出复入不书，讳故也”。以得罪去国，犹曰“不忍”，父为他国所弑，其情若何？不举其大，而举其细，非通论也。且三月文姜方孙，何妨正月即位乎？故知解庄公不言即位，妄也。国有危难，岂妨行礼？故知解闵公不言即位，妄也。若君出讳而不书，昭公何以书乎？假如实出，亦当非时即位，如定公也。故知解僖公不言即位，妄也。（同上，《公即位例第十》）

**纳币不书，《左氏》不达此例**

鲁往他国纳币，皆常事，不书；凡书者，皆讥也。他国来，亦如之。《公羊》云“纳币不书”，此说是也。《左氏》不达此例，云襄仲如齐纳币为合礼，误亦甚矣！（同上，《婚姻例第十三·纳币》）

**为君逆夫人，皆以非礼书，《左氏》以卿逆为合礼，殊误矣**

诸侯亲迎皆常事，不书。《穀梁》云："亲迎常事不志"，是也。公子翚、公子遂、叔孙侨如为君逆夫人，皆以非礼书，翚、遂公子而行婚礼，尤不可也；《左氏》以卿逆为合礼，殊误矣！（同上，《内逆女》）

**《左氏》："凡诸侯嫁女，同姓媵之，异姓则否。"此礼难行**

凡媵，常事，不书。公子结为遂事起本也；三国来媵，非礼也，故书。《公羊》云："媵不书。"《穀梁》云："媵，浅事也，不志。"此说皆是。《左氏》云："凡诸侯嫁女，同姓媵之，异姓则否。"若然，则莒姓己，邾姓曹，此二国同姓至少，如嫁女，孰为媵乎？恐此礼难行，今不取。（同上，《媵》）

**凡公与他国卿盟则耻之，会则不耻。而《左氏》曲解之**

凡公与他国卿盟，则耻之，会则不耻。故蜀之会书公子婴齐，澶渊之会书郑良霄。《左氏》言澶渊之会，赵武不书（《左氏》言"晋人，赵武也，尊公故书人也"）尊公也。若如此，良霄何不尊公乎？盖时会者非赵武，别是未命之卿会耳；而《左氏》曲解之，理甚乖越。《穀梁》言蜀之会书婴齐，伉也；《穀梁》之义云处父高傒以伉，故不言公，而婴齐之伉，何以书公乎？理亦自相反也。（同上，《盟会例第十六·公会外大夫》）

**《左氏》："未陈而薄之曰败某师。"如内战用此例，并非也**

凡外战，皆先书被伐之国，以及来伐者，僖十八年宋师伐齐，宋师及齐师战，独违常例。按《左氏》二国已和，齐又伐宋，此乃齐伐宋也，故可云宋及齐战；若鲁国与他国战，则皆先书鲁以及外：此内外之体也。凡外有不书胜败者，《公羊》云

"敌也"，言胜败等也，此说是。《左氏》曰"未陈而薄之曰败某师"，言师未成列，则非战也。又曰"大崩曰败绩"，言功绩败散也。此说为外战例，则可通，如内战用此例，并非也。若是未陈则曰败某师，据鲁败外师凡八，皆言败某师，岂是尽未陈乎？唯两处书败绩者，即别有义。(同上，《用兵例第十七·外战及败》)

**《传》凭杂记之事，当凭经以为正**

齐高厚、楚却宛、莒意恢等，据《左氏传》事迹，并是两下相杀，而经以国讨为文者，盖杀者承君之命，故经书国以累上；《传》凭杂记之事，意在传归罪于杀者，故遗君命耳。且当凭经以为正也。(同上，《杀例第二十六·外杀大夫公子》)

**《左氏传》博采诸记，错综而为之**

《左氏传》所序，当时人或言本爵，或言公，吴楚则或言王，皆随本国他国之史文也。楚国史则曰王。他国之史则曰子。其言人臣，或称爵位，或言名氏，或言其官，亦或从其家传，或从其国史，或从当时杂记，故不一也。一行之内，则有数名，故知博采诸记，错综而为之也。(同上，《姓氏名字爵谥义例第三十一·爵谥》)

**《左氏》谓单伯是周大夫，何为书至乎**

诸国大夫，王赐之畿内邑，为号令归国者，皆书族书字，同于王大夫，敬之也。郑祭仲、鲁单伯，陈女叔是也。《左氏》谓单伯是周大夫，若然，何得会鄄之时不列序，而言单伯会齐侯乎？又自齐来鲁，何为书至乎？女叔则《左氏》曰："嘉之，故不名。"结好者多矣，何独嘉女叔乎？《公羊》云："书曰祭仲，贤也。"以废君为贤，害教之甚也。(同上，《姓氏名字爵谥义例第三十一·诸侯之卿大夫士》)

## 《公》、《穀》多以日月为例，皆穿凿妄说也

《公》、《穀》多以日月为例，或以书日为美，或以为恶。夫美恶在于事迹，见其文，足以知其褒贬，日月之例复何为哉？假如书曰“春正月叛逆”，与言甲子之日叛逆，又何差异乎？故知皆穿凿妄说也。假如用之，则踳驳至甚，无一事得通，明非《春秋》之意审矣。《左氏》唯卿卒以日月为例，亦自相乖戾。杜元凯曰：“凡朝聘会遇、侵伐用兵、执杀士功之属，例不书日；盟战、败入、灭、崩薨、卒葬、弑君、日食之属，例多书日；自文公以前，书日者凡二百四十九，宣公以下，书日者四百三十二，年数略同而日数加倍，故知久远遗落，不与近同。”予窃谓《公羊》所谓不日，远也，所见异辞，所闻异辞，亦久远多遗落也。凡例当书而不书者，皆旧史之文，明非褒贬所要也；例当书日而不书者，盖为遗阙；其例不当书而书者，皆有意也。义各见本传。（同上，《日月为例义第三十五》）





## 《左氏传》事迹倒错者甚多

“夏五”之下，必知脱月字；“郭公”之下，必知有字；四时不具者，亦必知是脱；其余不可得而详也。《左氏传》事迹倒错者甚多：文十二年《传》言“杞伯请无绝婚”，当在成八年也。襄四年“夫人姒氏薨”，《传》曰“不殡于庙，无榇不虞”，宜在定十五年“姒氏卒”下。“吴侵陈”，《传》云“延州季子帅师”，此传当在前数十年。如此类甚多，不可备举；皆由作传之人采旧说既多，故不免有所交错。《公羊》例不言会，当在公经下而误在会下。《穀梁》“虞山林薮泽之利”，当在“筑鹿囿”之下，而误在“筑微”下。此例亦甚多，皆由传文本别为卷，后人散配经文，不免至差舛也。并略举例尔，其类甚多。（同上，《脱谬略第三十六》）

# 七 赵 匡

## 丘明者，盖夫子以前贤人

啖氏依旧说以左氏为丘明，受经于仲尼；今观《左氏》解经，浅于《公》、《穀》，诬谬实繁。若丘明才实过人，岂宜若此？推类而言，皆孔门后之门人，但《公》、《穀》守经，《左氏》通史，故其体异耳。且夫子自比皆引往人，故曰："窃比我于老、彭。"又说伯夷等六人云："我则异于是。"并非同时人也。丘明者，盖夫子以前贤人，如史佚、迟任之流，见称于当时耳。焚书之后，莫得详知。学者各信胸臆，见《传》及《国语》俱题《左氏》，遂引丘明为其人。此事既无明文，唯司马迁云："左丘失明，厥有《国语》。"刘歆以为《春秋左氏传》是丘明所为。且迁好奇多谬，故其书多为淮南所驳。刘歆则以私意所好，编之《七略》；班固因而不革，后世因以为真。所谓传虚袭误，往而不返者也。

## 司马迁所论不韦自相违背，其说丘明之谬，何疑焉

或曰：司马迁、刘歆与左丘明年代相近，固当知之。今以远驳近，可乎？答曰：夫求事实当推理例，岂可独以远近为限？且迁作《吕不韦传》云："不韦为秦相，集门客千人，著其所闻，集为八览、六论、十二纪，号曰《吕氏春秋》，悬之秦市。"及其《与任安书》，乃云："文王幽而演《周易》；仲尼厄而修《春秋》；屈原放逐，乃赋《离骚》；左丘失明，厥有《国语》；孙子膑脚，

兵法修列；不韦迁蜀，世传《吕览》。”则迁所论不韦书与《传》自相违背若此之甚，其说丘明之谬，复何疑焉？刘歆云：“左氏亲见夫子。”杜预云：“凡例皆周公之旧典《礼经》。”按其传例云：“弑君称君，君无道也；称臣，臣之罪也。”然则周公先设弑君之义乎？又云“大用师曰灭，弗地曰入”，又周公先设相灭之义乎？又云“诸侯同盟，薨则赴以名”，又是周公令称先君之名以告邻国乎？虽夷狄之人，不应至此也。

又云“平地尺为大雪”，若以为灾沴乎？则尺雪丰年之征也；若以为常例须书乎？不应二百四十二年唯两度大雪。凡此之类，不可类言，则刘、杜之言，浅近甚矣，左氏决非夫子同时，亦已明矣。



### 《纪年》是后人追修，观其所记，多诡异鄙浅



或曰：若左氏非受经于仲尼，则其书与汲冢《纪年》符同，何也？答曰：彭城刘惠卿（名贶）著书云：“《纪年》序诸侯列会，皆举其谥，知是后人追修，非当世正史也。至如‘齐人歼于遂’、‘郑弃其师’，皆夫子褒贬之意，而《竹书》之文亦然。其书郑杀其君某，因释曰‘是子亹’；楚囊瓦奔郑，因曰‘是子常’；率多此类。别有《春秋》一卷，全录《左氏传》卜筮事，无一字之异。故知此书按《春秋》经传而为之也。”刘之此论当矣。且经书“纪子伯、莒子盟于密”，《左氏》经改为“纪子帛”，《传》释云“鲁故也”，以为是纪大夫裂繻之字，缘为鲁结好，故褒而书字，同之内大夫，序在莒子上。此则鲁国褒贬之意，而《竹书》自是晋史，亦依此文而书，何哉？此最明验。其中有郑庄公杀公子圣（《春秋》作段），鲁桓公、纪侯、莒子盟于区蛇，如此数事，又与《公羊》同。其称今王者，魏惠成王也。此则魏惠成王时，史官约诸家书，追修此纪，理甚明矣。观其所记，多诡异鄙浅，殊无条例，不足凭据而定邪正也。

**《左传》、《国语》非一人所为；丘明以授曾申，申传吴起，其伪可知**

且《左传》、《国语》，文体不伦，序事又多乖刺，定非一人所为也。盖左氏广集诸国之史，以释《春秋》。传成之后，盖其家子弟及门人，见嘉谋事迹，多不入《传》，或有虽入传而复不同，故各随国编之，而或此书，以广异闻尔。自古岂止有一丘明姓左乎？何乃见题“左氏”，悉称丘明？近代之儒，又妄为记录，云：“丘明以授鲁申，申传吴起，起传其子期，期传楚人铎椒，椒传虞卿，卿传荀况，况传张苍，苍传贾谊。”此乃近世之儒欲尊崇《左氏》，妄为此记。向若传授分明如此，《汉书》张苍、贾谊及《儒林传》何故不书？则其伪可知也。

**公、穀孔门后之门人，但不知师资几世耳**

或曰：公、穀定何时人也？答曰：此二传虽不记事迹，然其解经密于《左氏》，是知必孔门后之门人也，但不知师资几世耳。传记无明文，故三传先后亦莫可知也。先儒或云：“公羊名高，子夏弟子也。”或云：“汉初人。”或曰：“穀梁亦子夏弟子，名赤。”或曰：“秦孝公同时人。”或曰：“名俶，字符始。”皆为强说也。儒史之流尚多及此，况语怪者哉！（《春秋集传纂例·赵氏损益义第五》）

**《左氏》所记纵不悉妄，妄必多矣**

《左氏》所记，以一言一行，定其祸福，皆验若符契。如此之类，继踵比肩，纵不悉妄，妄必多矣。（同上，《啖赵取舍三传义例第六》）

**《左氏》乱记事，不达经意**

《左氏》乱记事迹，不达经意，遂妄云：“礼也。”今考其合

经者留之，余悉不取。(同上，《啖赵取舍三传义例第六》)

### 谶纬始于汉哀、平间，伪书也

郑玄注《祭法》云：“禘，谓配祭昊天上帝于圜丘也。”盖见《祭法》所说，文在郊上，谓为郊之最大者，故为此说耳。《祭法》所论禘、郊、祖、宗者，谓六庙之外，永世不绝者有四种尔。非关配祭也。禘之所及最远，故先言之尔，何关圜丘哉！若实圜丘，《五经》之中何得无一字说处？又云：“祖之所自出，谓感生帝灵威仰也。”此何妖妄之甚？此又出自谶纬，始于汉哀、平间，伪书也。故桓谭、贾逵、蔡邕、王肃之徒疾之如仇，而郑玄通之于《五经》，其为诬蠹甚矣！（同上，《郊庙雩社例第十二·辨禘义》）



### 《礼记》诸篇或是汉初诸儒私撰之



问者曰：“若禘非时祭之名，则《礼记》诸篇所说，其故何也?”曰：“《礼记》诸篇，或孔门后末流弟子所撰；或是汉初诸儒私撰之，以求购金。皆约《春秋》为之。见《春秋》禘于庄公，遂以为时祭之名；见《春秋》唯两度书‘禘’，一春一夏，所以或谓之春祭，或谓之夏祭；各自著书，不相符会，理可见也。”(同上，《郊庙雩社例第十二·辨禘义》)

### 《明堂位》庸浅鄙妄

问者曰：《明堂位》云：“季夏六月，以禘礼祀周公于太庙。”又云：“夏礿，秋尝，冬烝。”此即以禘为大祭，而时祭阙一时，义甚明著也。答曰：《礼篇》之中，夏礿，秋尝，冬烝，庸浅鄙妄，此篇为甚。故云：“四代之官，鲁兼用之。”又云：“君臣未尝相弑也；礼、乐、刑法未尝变也。”其鄙若此，何足征乎？（同上，《郊庙雩社例第十二·辨禘义》）

**三望之名，三家之义，皆可疑也**

三望之名，《公羊》云："泰山、河、海也"。而《左氏》《穀梁》无其名。说《左氏》者云："分野之星及封内山川。"说《穀梁》者云："泰山、淮、海。"据《礼篇》云"诸侯祭名山大川在其封内者"，而不言星辰；又，淮、海非鲁之封内，《公羊》云："山川不在其封内者则不祭"，而云祀河、海，则三家之义皆可疑也。"（同上，《郊庙雩社例第十二·望》）

**外女归，《穀梁》云："为之中者归之。"则他公何不见有婚主之事**

凡外女归皆以非常乃书。《穀梁》云："为之中者即归之。"若然，则他公何不见有婚主之事，而庄公独两处书乎？则知书归者皆非常也，讥与仇为婚主也。（同上，《婚姻例第十三·王女归》）

**《左氏》例云"夫人归宁曰如某"，此说非也**

诸侯之女既嫁，父母存则归宁，不然则否；今则不尔，故书曰"如"；《左氏》例云"夫人归宁曰如某"，此说非也。据经文所书者，皆以非礼故也。若以文姜如齐为合礼，则天下无非礼事矣。又书"如莒"，岂是归宁乎？《穀梁》每经下皆云："妇人既嫁不踰竟；踰竟，非礼也。"若然，则父母存，岂得绝其归宁乎？又，未嫁之女，孀居之妇，岂得踰竟乎？故不足取。（同上，《婚姻例第十三·夫人如及会飨》）

**《左氏》云异姓则不合媵，何假先书卫乎**

《左氏》云异姓则不合媵，则成十年直云"齐人来媵"，足知非礼，何假先书卫乎？所以先书二国者，明九女已足，而又来媵，所以为失礼；非谓讥异姓来媵，其义亦甚明。（同上，《婚姻例第十三·媵》）

## 《左氏》云："凡诸侯同盟，故薨则赴以名。"此例于理不安

《左氏》云："凡诸侯同盟，故薨则赴以名。"此例于理不安，岂有臣子正当创巨痛深之日，乃忍称君之名？礼固不尔。且《礼篇》所录，亦云寡君不录而已；凡会同盟，会知其名，故于死时书之以纪易代。《左氏》但见旧说，知有同盟书名之事，不察其理，遂妄发例尔。据《春秋》诸侯卒不同盟者凡五十二人，九人不书名，余并书名；《左氏》又云"从赴而书"，若未同盟，实不合赴以名；岂有如此众国，越礼而称亡君父之名乎？《左氏》又云："凡诸侯同盟，于是称名，故薨则赴以名；告终称嗣，以继好息民。"据此意乃以亡君父之名，为求好之意，何诬鄙之甚？况于例之不合乎。《春秋》中唯有九人，卒不书名，检寻事迹，并无朝会聘告处所，以不知其名耳，是其明证也。余则悉书名，检寻皆有往来事迹，则知不必同盟。（同上，《崩薨卒葬例第十四·诸侯卒》）




## 《周官》之伪

盟者，刑牲而征严于神明者也；王纲坏，则诸侯恣而仇党行，故干戈以敌仇，盟誓以固党，天下行之，遂为常焉。若王政举，则诸侯莫敢相害，盟何为焉？贤君立，则信著而义达，盟可息焉。观《春秋》之盟，有以见王政不行，而天下无贤侯也。或曰：《周官·司寇》有司盟，掌盟载之法；又，《礼记》云："殷人作誓而人始畔，周人作会而人始疑。"如此，则何独于衰世哉！答曰：《周官》之伪，予已论之矣（赵子著《五经辨惑》，说《周官》是后人附益也）。所称其官三百六十，举其人数耳，何得三百六十司哉？作伪者既广立名目，遂有此官耳。且盟誓者，季世皆有之，不必在周。而圣人建邦创义，岂先立此官？《礼记》所言，亦据二代之衰时耳。（同上，《盟会例第十六》）

### 《左氏》之例非，《公羊》之例非，《穀梁》亦非

《左氏》曰："有钟鼓曰伐，无曰侵。"按，前后凡书侵者，齐侯侵蔡在僖四年，晋侯侵楚在定四年之类，皆用大师而总数国；若无钟鼓，何以行师乎？又狄师亦战伐者，岂是能有钟鼓乎？则知《左氏》之例非矣。《国语》亦有序钟鼓为伐之义，此则一门之书，自相扶会，不足疑也。《公羊》则云"粗者曰侵，精者曰伐"，此则以深者为精，浅者为粗。按，前后有侵师至破其国，伐师不深者殊多，则《公羊》之例又非矣。《穀梁》则云："苞人民，殴牛马，曰侵；斩树木、坏宫室，曰伐。"按，齐桓伐楚，不战而服，无坏宫室、伐树木之事，又岂有二百四十二年行师，悉皆如此暴乱乎？则知《穀梁》亦非也。（同上，《用兵例第十七》）

### 《左氏》曰"弗地曰入"，侵伐围灭亦是不有其地

入者，《公羊》所谓"得而不居"是也。《左氏》曰"弗地曰入"，言入其国而不有其地。按，侵伐、围灭等，亦是不有其地，何独于入云尔乎？《穀梁》曰："入，内不受也。"按，侵伐围灭，皆用兵之事，安有彼国愿受之乎？独隐五年"我入邴"，义与"归入"之"入"同，言不当入也，与用兵之入不同。（同上，《用兵例第十七·外入》）

### 《左氏》云："凡书取，言易也。"何关难易

《左氏》云："凡书取，言易也。"《穀梁》亦曰："取，易辞也。"按，取者，收夺之名，何关难易？假令取之难而得之，欲如何书之乎？又云："凡克邑不用师徒，曰取。"今经文见云伐，何得云不用师徒乎？（同上，《用兵例第十七·外取邑》）

**《左氏》云“凡师一宿为舍，再宿为信”，按经无信、舍之文**

《左氏》云：“凡师一宿为舍，再宿为信，过信为次。”按经无信、舍之文，此例亦妄也。(同上，《用兵例第十七 · 次》)

**《春秋》别无书执本国人者，故知《左氏》误**

内女见执，依内大夫例书之。《左氏》言是齐侯舍之母，《春秋》例别无书执本国人者，故知《左氏》误。此乃鲁女嫁齐，齐以非礼，不肯受而执之耳。《公》、《穀》之义为是也。(同上，《执放例第二十七 · 执内女》)

# 八 杜 佑

## 《管子》疑后人续之，而注颇浅陋，非玄龄

（《管子》八十六篇）唐房玄龄注。其书载管子将没，对桓公之语，疑后人续之：而注颇浅陋，恐非玄龄，或云：“尹知章也。”（晁公武《读书志》引杜佑《指略》）

## 《轻重》或编断简蠹，或传写讹谬

详《轻重》之本旨，摧抑富商兼并之家，隘塞利门，则与夺贫富，悉由号令，然可易为理也。此篇经秦焚书，潜蓄人间。自汉兴，晁、贾、桑、耿诸子，犹有言其术者，其后绝少寻览，无人注解，或编断简蠹，或传讹写谬，年代绵远，详正莫由。今且梗概粗知，固难得搜摘其文字。凡阅古人之书，盖欲发明新意，随时制事，其道无穷，而况机权之术，千变万化，若一二模楷，则同刻舟胶柱耳。（《通典卷十二・食货十二・轻重》）

# 九　权德舆

## 《风》有《王风》，何殊于《鄘》、《卫》？颇疑倒置

问：二《南》之化，六义之宗，以类声歌，以观风俗。列国斯众，何限于十四？陈诗固多，岂止于三百？《颂》编《鲁颂》，奚异于《商》、《周》？《风》有《王风》，何殊于《鄘》、《卫》？颇疑倒置，未建指归。至若以句命篇，义例非一，《瓜瓞》取“绵绵”之状，《草虫》序“喓喓”之声，斯类则多，不能具举，既传师学，一为起予。企闻博依之喻，当纵解颐之辨。（《全唐文四八三·明经策问七》）





## 周制六官，岂周公之信然

问：周制六官，以倡九牧，分事任之广，计名物之多。下士吏胥，类颇繁于冗食，上农播殖，力或屈于财征。简则易从，寡能理众。疑宋母之失实，岂周公之信然。（同上，《明经策问八》）

## 一〇 韩 愈

### 子夏不序《诗》有三

子夏不序《诗》，有三焉：知不及，一也；暴扬中冓之私，《春秋》所不道，二也；诸侯犹世，不敢以云，三也。(《诗之序议》。案：《诗之序议》，今不载于韩集中，朱彝尊《经义考》云："亡。"以上据杨慎《升庵经说》引录入）察夫《诗序》，其汉之学者，欲显其传，因籍之子夏，故其序大国详，小国略，斯可见矣。(《诗之序议》。以上据《毛诗》李黄《集解》引录入。)



### 识古书之正伪

……虽然，学之二十余年矣！始者非三代两汉之书不敢观，非圣人之志不敢存，处若忘，行若遗，俨乎其若思，茫乎其若迷。当其取于心而注于手也，惟陈言之务去，戛戛乎其难哉！其观于人也，不知非笑之为非笑也。如是者亦有年，犹不改，然后识古书之正伪，与虽正而不至焉者，昭昭然白黑分矣，而务去之，乃徐有得也。当其取于心而注于手也，汩汩然来矣，其观于人也，笑之则心以为喜，誉之则心以为忧，以其犹有人之说者存也。如是者亦有年，然后浩乎其沛然矣。(《答李翊书》)

### 孟轲之书，非轲自著

孟轲之书，非轲自著，轲既没，其徒万章、公孙丑相与记轲所言焉耳。(《昌黎集卷十四・答张籍书》)

# 一一　柳宗元

**《辨列子》**

刘向古称博极群书，然其录《列子》，独曰郑穆公时人。穆公在孔子前几百岁，《列子》书言郑国，皆云子产、邓析，不知向何以言之如此?《史记》郑繻公二十五年，楚悼王四年，围郑，郑杀其相驷子阳。子阳正与列子同时。是岁，周安王四年，秦惠公、韩列侯、赵武侯二年，魏文侯二十七年，燕厘公五年，齐康公七年，宋悼公六年，鲁穆公十年。不知向言鲁穆公时遂误为郑耶？不然，何乖错至如是！其后张湛徒知怪《列子》书言穆公后事，亦不能推知其时。然其书亦多增窜，非其实。要之，庄周为放依其辞，其称夏棘、狙公、纪渻子、季咸等，皆出《列子》，不可尽纪。虽不概于孔子道，然其虚泊寥阔，居乱世，远于利，祸不得逮于身，而其心不穷。《易》之"遁世无闷"者，其近是欤？余故取焉。其文辞类《庄子》而尤质厚，少伪作，好文者其可废耶？其《杨朱》、《力命》，疑其杨子书。其言魏牟、孔穿皆出列子后，不可信。然观其辞，亦足通知古之多异术也，读焉者慎取之而已矣！（《增广注释音辨唐柳先生集卷之四·辨列子》）

**《辨文子》**

《文子》书十二篇，其传曰："老子弟子。"其辞时有若可取，其指意皆本《老子》；然考其书，盖驳书也。其浑而类者少，窃取他书以合之者多。凡孟、管辈数家，皆见剽窃，峣然而出其类。其意绪文辞，义牙相抵而不合。不知人之增益之欤？或者众为聚敛以成其书欤？然观其往往有可立者，又颇惜之。悯其为之也劳，今刊去谬恶乱杂者，取其似是者，又颇为发其意，藏于家。(同上，《辨文子》)

**《论语辨·一》**

或问曰："儒者称《论语》孔子弟子所记，信乎？"曰："未然也。孔子弟子，曾参最少，少孔子四十六岁。曾子老而死。是书记曾子之死，则去孔子也远矣！曾子之死，孔子弟子略无存者矣。吾意曾子弟子之为之也。何哉？且是书载弟子必以字，独曾子、有子不然。由是言之，弟子之号之也。然则有子何以称子？曰：孔子之殁也，诸弟子以有子为似夫子，立而师之。其后不能对诸子之问，乃叱避而退，则固尝有师之号矣！今所记独曾子最后死，余是以知之。盖乐正子春、子思之徒与为之尔。或曰：孔子弟子尝杂记其言，然而卒成其书者，曾氏之徒也。"（同上，《论语辨·一》）

**《辨鬼谷子》**

元冀好读古书，然甚贤《鬼谷子》，为其《指要》几千言。《鬼谷子》要为无取，汉时刘向、班固录书无《鬼谷子》。《鬼谷子》后出，而险盭峭薄，恐其妄言，乱世难信，学者宜其不道。而世之言纵横者，时葆其书，尤者，晚乃益出《七术》，怪谬异甚，不可考校。其言益奇，而道益陿，使人狙狂失守，而易于陷坠。幸矣，人之葆之者少！今元子又文之以《指要》，呜呼！其为好术也过矣！(同上，《辨鬼谷子》)

**《辨晏子春秋》**

司马迁读《晏子春秋》，高之，而莫知其所以为书。或曰晏子为之，而人接焉；或曰晏子之后为之，皆非也。吾疑其墨子之徒有齐人者为之。墨好俭，晏子以俭名于世，故墨子之徒尊著其事，以增高为己术者。且其旨多尚同、兼爱、非乐、节用、非厚葬久丧者，是皆出墨子。又非孔子，好言鬼事，非儒、明鬼，又出墨子。其言问枣及古冶子等，尤怪诞；又往往言墨子闻其道而称之，此甚显白者。自刘向、歆，班彪、固父子，皆录之儒家中。甚矣，数子之不详也！盖非齐人不能具其事，非墨子之徒，则其不若是。后之录诸子书者，宜列之墨家。非晏子为墨也，为是书者，墨之道也。（同上，《辨晏子春秋》）



**《辨亢仓子》**

太史公为《庄周列传》，称其为书，《畏累虚》、《亢桑子》，皆空言无事实。今世有《亢桑子》书，其首篇出《庄子》，而益以庸言。盖周所云者尚不能有事实，又况取其语而益之者，其为空言尤也。刘向、班固录书无《亢仓子》，而今之为术者，乃始为之传注，以教于世，不亦惑乎！（同上，《辨亢仓子》）



**《辨鹖冠子》**

余读贾谊《鹏赋》，嘉其词，而学者以为尽出《鹖冠子》。余往来京师，求《鹖冠子》，无所见。至长沙始得其书。读之，尽鄙浅言也，惟谊所引用为美，余无可者。吾意好事者伪为其书，反用《鹏赋》以文饰之，非谊有取之，决也。太史公《伯夷列传》称："贾子曰：贪夫殉财，列士殉名，夸者死权。"不称《鹖冠子》。迁号为博极群书，假令当时有其书，迁岂不见耶？假令真有《鹖冠子》书，亦必不取《鹏赋》以充入之者，何以知其然耶？曰：不类。（同上，《辨鹖冠子》）

**《与吕道州温论非国语书》**

……尝读《国语》，病其文胜而言尨，好诡以反伦，其道舛逆。而学者以其文也，咸嗜悦焉，伏膺呻吟者，至比六经，则溺其文必信其实，是圣人之道翳也。余勇不自制，以当后世之讪怒，辄乃黜其不臧，救世之谬。凡为六十七篇，命之曰《非国语》。既就，累日怏怏然不喜，以道之难明而习俗之不可变也，如其知我者果谁欤？凡今之及道者，果可知也已。后之来者，则吾未之见，其可忽耶？故思欲尽其瑕纇，以别白中正。度成吾书者，非化光而谁？辄令往一通，惟少留视役虑，以卒相之也。往时致用作《孟子评》，有韦词者告余曰："吾以致用书示路子，路子曰：'善则善矣，然昔之为书者，岂若是抚前人耶？'"韦子贤斯言也。余曰："致用之志以明道也。非以摭《孟子》，盖求诸中而表乎世焉尔。"今余为是书，非《左氏》尤甚。若二子者，固世之好言者也，而犹出乎是，况不及是者滋众，则余之望乎世也愈狭矣！卒如之何？苟不悖于圣道，而有以启明者之虑，则用是罪余者，虽累百世滋不憾而恧焉！……（同上，卷三十一，《与吕道州温论非国语书》）





**《与吕恭论墓中石书》**

宗元白：元生至，得弟书，甚善，诸所称道具之。元生又持部中庐父墓者所得石书，模其文示余，云若将闻于上，余故恐而疑焉。仆蚤好观古书，家所蓄晋、魏时尺牍甚具；又二十年来，遍观长安贵人好事者所蓄，殆无遗焉。以是善知书，虽未尝见名氏，亦望而识其时也。又文章之形状，古今特异。弟之精敏通达，夫岂不究于此！今视石文，署其年曰"永嘉"，其书则今田野人所作也。虽支离其字，犹不能近古。为其"永"字等颇效王氏变法，皆永嘉所未有。辞尤鄙近，若今所谓律诗者，晋时盖未尝为此声。大谬妄矣！又言植松乌擢之，怪而掘其土，得石，尤不经，难信。或者得无奸为之乎？且古之言"'葬者'藏也"，"坏树之"而君子以为议。况庐而居者，其足尚之哉？圣人有制度，有法令，过则为辟。故立大中者不尚异，教人者欲其诚，是故恶夫饰且伪也。过制而不除丧，宜庐于庭；而矫于墓者，大中之罪人也。况又出怪物，诡神道，以奸大法，而因以为利乎？夫伪孝以奸利，诚仁者不忍擿过，恐伤于教也。然使伪可为而利可冒，则教益坏。若然者，勿与知焉可也，伏而不出之可也。以大夫之政良，而吾子赞焉，固无阙遗矣。作东郛，改市鄽，去比竹茨草之室，而垍土、大木、陶甄、梓匠之工备，孽火不得作；化堕窳之俗，绝偷浮之源，而条桑、浴种、深耕、易耨之力用，宽徭、啬货、均赋之政起，其道美矣！于斯也，虑善善之过而莫之省，诚悫之道少损，故敢私言之。夫以淮、济之清，有玷焉若秋毫，固不为病；然而万一离娄子眇然睨之，不若无者之快也。想默已其事，无出所置书，幸甚。宗元白。（《全唐文五七四·与吕恭论墓中石书书》）

# 一二 李 汉

**《书》、《礼》剔其伪**

文者，贯道之器也，不深于斯道，有至焉者不也？《易》繇爻象，《春秋》书事，《诗》咏歌，《书》、《礼》剔其伪，皆深矣乎！（《昌黎先生集序》）

# 一三　张　籍

**师之贤者，其徒纪其师之说以为书，若《孟子》是已**

古之学君臣父子之道必资于师，师之贤者，其徒数千人，或数百人。是以没则纪其师之说以为书，若《孟子》者是已。传者犹以孟子自论集其书，不云没后其徒为之也。（《全唐文六百八十四·上韩昌黎第二书》）

# 一四 刘肃

## 《艺文志》无河上公注，无《子夏传》

开元初，左庶子刘子玄奏议，请废郑子《孝经》，依孔注；老子请停河上公注，行王弼注；《易传》非子夏所造，请停。引今古为证，文多不尽载。其略曰："今所行《孝经》，题曰郑氏。爰在近古，皆云是郑玄，而魏、晋之朝无有此说。后魏、北齐之代，立于学官。盖虏俗无识，故致斯谬。今验《孝经》非郑玄所注。河上公者，汉文帝时人，庵于河上，因以为号。以所注《老子》授文帝，因冲空上天。此乃不经之鄙言，习俗之虚语。案《艺文志》，注《老子》有三家，而无河上公注，虽使才别朱紫，粗分菽麦，亦皆嗤其过谬，况有识者乎？《艺文志》，《易》有一三家，而无子夏传。"子玄争论，颇有条贯，会苏、宋文吏，拘于流俗，不能发明古义，竟排斥之。深为识者所叹。(《大唐新语》卷九)

## 《孝经注》与康成所注《五经》，体并不同

梁载言《十道志》解南城山引《后汉书》云："郑玄遭黄巾之难，客于徐州。"今者有《孝经序》，相承云郑氏所作。其序曰："仆避难南城山，栖迟岩石之下，念昔先人，余暇述夫子之志而注《孝经》。"盖康成胤孙所作也。陆德明亦云："案郑志及《晋中经簿》并无，

唯晋穆帝集讲《孝经》，云以郑注为主。”今验《孝经注》，与康成所注五经体并不同。则刘子玄所证，信有征矣。(《大唐新语》卷九)

**襄阳处士王源撰《亢仓子》**

道家有庚桑子者，代无其书。开元末，襄阳处士王源撰《亢仓子》两卷以补之。序云：“《庄子》谓之庚桑子，《史记》作亢桑子，《列子》作亢仓子，其实一也。”源又取《庄子·庚桑楚》一篇为本，更取诸子文义相类者，合而成之。亦行于代。(同上)

# 一五 李 肇

**伪为《庚桑子》者，其辞鄙俚**

天宝中，天下屡言圣祖见，因以四子列学官；故有伪为《庚桑子》者，其辞鄙俚，非古人书。（《唐国史补》卷上）

# 一六　皮日休

## 《无项托》

符朗著《符子》，言项托诋訾夫子之意者，以吾道将不胜于黄老。呜呼！孔子门唯称少，故仲尼曰：“颜氏之子，其殆庶几乎！”又曰：“贤哉回也。”叹其道与已促，固不足夫蔽之也。如托之年，与回少远矣！托之智，与回又远矣！岂仲尼不称之于时邪？夫四科之外有七十子，七十子外有三千之徒，其人也有一善，仲尼未尝不称之，岂于项氏独掩其贤哉？必不然也。呜呼！项氏之有无，亦如乎庄周称盗跖、渔父也，墨子之称墨尿、娟婵也，岂足然哉！岂足然哉！（《全唐文》卷七九九《无项托》）

# 一七 司空图

## 《疑经》

经曰:“天王使来求金”,又曰:“求车。”岂天王之使私有求于鲁耶?不然,传闻之误耳。若诸侯之使来求金,则谓求可矣;若致天子之命,征于诸侯,其可谓之求耶?且率土之人与其货殖,皆一人之所有;父之材守于其子,则用否莫不恭命:其可谓之求乎?《春秋》之旨,尊君卑臣,岂圣人为鲁不为周耶?书云“天王狩于河阳”,尚为晋侯讳召天子,岂可不为周讳其过哉?纵天子制用失节,多取于诸侯,而欲垂诫,即书于周史可矣;若书于诸侯之史,是悔吝其货而侮王命也,王祭亦不供矣,必非圣人之文也。必若王人责其稽命,曷不书曰“天王使某责贡金”?倘以取金为不文,曷不曰“天王使某来征贡金”?亦讥在中矣。以是愚疑仲尼书“天王使来求金”,是使私自求而惩之也。不然,求与责文或相近,传写之误焉。不尔,何子夏之徒不能措一言哉?舍此而讥诃,皆小小者耳。(《全唐文》卷八〇九《疑经》)

# 一八　韦承造

## 《释武豹门记》



往之事不知者，多以故老之传而实之，舛生于讹，以至大谬。至若正气为邪气所逼，本非正气也，盖疑生于莫析，以逮于言思耳。愚咸通甲午岁孟春月十有七日，奉天子诏来牧兹郡之人，以武豹门为祛邪御魅之作也；其门北向，左画白虎，执以苍头之手；右画大豕，拒以雄武之威；门之东壁有刻石焉，乃故大光禄李公暨前牧是邦，为文以解之，义与夫郡人之说不贰也。又曰："图于寝室，恍恍焉疑有所压，愈不知其所由来者矣。适有多才能之士胡（姓）承裕（名）为愚释之曰：'是州也，其宅东西广，正北倾，后无干地，南北崄巇，林木森耸，水自北来，山势岗阜，即是八难地，而武豹门正当九苦风，时俗以武豹为辟邪。'"按韩王元嘉始创之旨，乃以五行所克，胜其灾而灭之祸：武属木，以木临亥位，故以豕承之；寅主东方，故画东垣；豹主西方，故志西壁；御祸之风，制空之位，一其义也。今愚所筑池北望月台，池南钓丝台，亘及此门，中架虹梁，正与韩之设色三兽，暗合其理也。愚故命笔书之，庶将释惑表异，为后君子信与不信耳。时乾符二年四月六日，绛州刺史韦承造记。（《全唐文》卷八二七《释武豹门记》）

# 一九　道　世

## 《辨道经真伪表》

窃闻白马东游，三藏创兹而起；青牛西逝，二篇自此而兴；或阐元元以化民，或明空空而救物，检之图牒，指掌可知。所以发唱显宗，终乎此世，释教翻译，时代炳然；文史备彰，黎民不惑。至如道家元籍，斯则不然。唯《老子》二篇，李聃亲阐；自余经制，皆杂凡情。何者？前汉王褒造《洞元经》，后汉张陵造《灵宝经》及《章醮》等二十四卷，吴葛孝先造《上清经》，晋世王浮造《化胡经》，又鲍靖造《三皇经》，齐朝陈显明造《六十四真步虚经》，梁陶弘景造《太清经》及众《醮仪》十卷，周武张宾之、焦子顺、马翼、李运挑揽佛经一千余卷，隋辅惠祥改《涅槃经》为《长安经》。《笑道论》曰："道家妄注诸子三百五十卷为道经。"又按汉明帝时，褚善信等总将道经、诸子书等三十七部七百四十四卷。晋葛洪《神仙传》云："老教所有度世消灾之法凡九百三十卷，符书等七十卷。"宋太始七年，陆修静答明帝云："道家经书并药方、符图等一千二百二十八卷，云一千九十卷已行于世，一百三十八卷犹在天宫。又检《元都目录》，妄取《艺文志》书名，矫注八百八十四卷为道经。"今《元都经目》云，依中陆氏所上之目，乃有六千三百六十三卷；云二千四十卷，见有其本；四千三百二十三卷，并未见。据此前数目有无不同，虚妄明矣。增加卷目，添足篇章，依傍佛经，改头换尾，或言名山唱出，或云仙洞飞来；何乃黄领独知，英贤不睹，书史无闻，典籍不记？请问道士后世之经，为是老子别陈，为是天尊更说？纵其说也，应有时方，师资说处，代年邦月，复是如何？如其有据，容可流行；若也妄言，理须焚翦。伏愿当今明朝云云。（《全唐文》卷九一二《辨道经真伪表》）

# 二〇　成伯玙

## 《诗》大、小《序》子夏惟裁初句耳

序者，绪也，如茧丝之有绪，申其述作之意也，亦与义同。学者以《诗》大、小《序》皆子夏所作，未能无惑。如《关雎》之《序》，首尾相结，冠束二《南》，故昭明太子亦云：“《大序》是子夏全制，编入文选。其众余篇之《小序》，子夏惟裁初句耳，至‘也’字而止。”《葛覃》，后妃之本也”，“《鸿雁》，美宣王也”，如此之类是也。其下皆是大毛公自以诗中之意而系其辞也。后人见《序》下有注，又曰东海卫宏所作。事虽两存，未为允当。当是郑玄于《毛公传》下即得称笺；于毛公《序》末略而为注耳。毛公作《传》之日，汉兴已亡其六篇，但据亡篇之《小序》，惟有一句，毛既不得诗体，无由得措其辞也。又，高子是战国时人，在子夏之后；当子夏之世，祭皆有尸，零星之尸，子夏无为取引。一句之下，多是毛公，非子夏，明矣。(《毛诗指说》)

## 二一　邱光庭

### 《诗序》非毛作也

先儒言《诗序》并《小序》子夏所作，或曰：毛苌所作。明曰：非毛苌所作也。何以知之？按《郑风·出其东门序》云：“民人思保其室家。”经曰：“缟衣綦巾，聊乐我员。”《毛传》曰：“愿其室家得相乐也。”据此传意，与《序》不同，自是又一取义也。何者？以有女如云者，皆男女相弃，不能保其室家，即缟衣綦巾，是作诗者之妻也。既不能保其妻，乃思念之言，愿更得聊且与我为乐也。如此，则与《序》合。今毛以“缟衣綦巾”为他人之女，愿为室家，得与相乐。此与《序》意相远，故知《序》非毛作也。此类实繁，不可具举。或曰：既非毛作，毛为《传》之时何不解其序也？答曰：以《序》文明白，无烦解也。(《兼明书》)

# 二二　乐　史

## 《仪礼》有可疑者五

《仪礼》有可疑者五：汉儒传授《曲台杂记》，后马融、郑众始传《周官》，而《仪礼》未尝以教授，一疑也。《周礼》缺《冬官》，求之千金不可得；使有《仪礼》全书，诸儒宁不献之朝乎？班固《七略》，刘歆九种，并不著《仪礼》；魏、晋、梁、陈之间，是书始行：二疑也。《聘礼篇》所记宾行飨饩之物，禾米刍薪之数，笾豆簠簋之实，铏壶鼎瓮之列，考之《周官》掌客之说不同，三疑也。其中一篇《丧服》，盖讲师设问难以相解释之辞，非周公之书，四疑也。《周官》所载，自王以下至公侯伯子男皆有其礼，而《仪礼》所谓《公食大夫礼》及《燕礼》，皆公与卿大夫之事，不及于王；其他篇所言，曰主人曰宾而已，似侯国之书：使周公当太平之时，岂不设天子之礼，五疑也。(《经义考》卷百三十《引》)